Stephan Schauhoff
Handbuch der Gemeinnützigkeit

Schauhoff

Handbuch der Gemeinnützigkeit

Verein – Stiftung – GmbH

Recht · Steuern · Personal

Herausgegeben von

Dr. Stephan Schauhoff

Rechtsanwalt und
Fachanwalt für Steuerrecht in Bonn

Bearbeitet von

Dr. Christoph Benicke, Universität Heidelberg; *Harald Bott,* Dipl.Finw., Oberamtsrat im Finanzamt Offenbach; *Dr. Jens Eric Gotthardt,* Rechtsanwalt in Bonn; *Christian Hoppen,* Wirtschaftsprüfer und Steuerberater in Bonn; *Dr. Lucas van Randenborgh,* Rechtsanwalt und Fachanwalt für Steuerrecht in Düsseldorf; *Ralf Rasche,* Oberregierungsrat im Finanzministerium Nordrhein-Westfalen in Düsseldorf; *Dr. Stephan Schauhoff,* Rechtsanwalt und Fachanwalt für Steuerrecht in Bonn; *Karsten Tötter,* Rechtsanwalt und Fachanwalt für Arbeitsrecht in Hamburg; *Dr. Klaus Wagner,* Richter am Finanzgericht Düsseldorf

Verlag C. H. Beck München 2000

Die Deutsche Bibliothek – CIP-Einheitsaufnahme

Handbuch der Gemeinnützigkeit : Verein – Stiftung – GmbH ; Recht, Steuern, Personal / hrsg. von Stephan Schauhoff. Bearb. von Christoph Benicke ... – München : Beck, 2000
ISBN 3-406-45226-4

ISBN 3 406 45226 4

Wilhelmstraße 9, 80801 München
Druck: C. H. Beck'sche Buchdruckerei Nördlingen
(Adresse wie Verlag)
Bindung: Großbuchbinderei Monheim
Satz: Otto Gutfreund GmbH, Darmstadt

Gedruckt auf säurefreiem, alterungsbeständigem Papier
(hergestellt aus chlorfrei gebleichtem Zellstoff)

Vorwort

Darstellungen zum Gemeinnützigkeitsrecht gibt es viele, allerdings sind die meisten Werke entweder mit deutlichem steuerrechtlichem Schwerpunkt konzipiert oder es handelt sich um Einzeldarstellungen zum Vereinsrecht oder zum Stiftungsrecht. Mit diesem Handbuch – und diese Überlegung gab uns den Mut, trotz der vorhandenen Werke ein neues Buch zu schaffen – wird dagegen eine Gesamtdarstellung zum Recht und Steuerrecht für den Non-Profit-Bereich angestrebt, unabhängig davon, in welcher Rechtsform die Körperschaft organisiert ist.

Die besondere Bedeutung des *Steuerrechts* für gemeinnützige Körperschaften ergibt sich daraus, daß eine zweckwidrige und damit steuerschädliche Tätigkeit vielfach durch hohe existenzbedrohende Steuernachforderungen sanktioniert wird. In diesem Handbuch wird daher versucht, eine bessere Übersichtlichkeit über die zahlreichen steuerrechtlichen Regelungen, die für gemeinnützige Körperschaften gelten, dadurch zu erreichen, indem nicht die ungeordneten gesetzlichen Vorschriften kommentiert werden, sondern die Darstellung nach Sachgebieten gegliedert ist. Dieser Zielsetzung folgt die gewählte Aufgliederung in die Kapitel „Gemeinnützigkeit", „Finanzierung", „Gemeinnützige Mittelverwendung", „Rechtsfolgen bei Verstoß gegen Gemeinnützigkeitsvorschriften" und „Umstrukturierung". Abgerundet wird der Themenbereich Steuerrecht durch Einzeldarstellungen zur „Partiellen Steuerpflicht" und zur „Umsatzsteuer" sowie den „Verkehrsteuern".

Der Themenbereich *Recht* wird mit einer Betrachtung zur Rechtsformwahl bei Gründung gemeinnütziger Körperschaften eröffnet und widmet sich dann detailliert den wesentlichen Rechtsformen für Non-Profit-Organisationen: dem Verein, der Stiftung und der GmbH. Berücksichtigt wird stets der Zusammenhang mit der gemeinnützigen Zwecksetzung unter Einbeziehung der steuerlichen Privilegien für Stifter oder Vereinsmitglieder sowie der denkbaren Gestaltungen zur Vermögensausstattung gemeinnütziger Körperschaften. In diesen Themenbereich gehören auch die Erörterungen zur Rechnungslegungspflicht mitsamt den dazugehörenden Zweckmäßigkeitserwägungen, zum Insolvenzrecht und zum Konzernrecht sowie zu Rechtsfragen bei Beendigung der gemeinnützigen Tätigkeit.

Im dritten großen Themenbereich *Personal* wird das „Individual- und Kollektivarbeitsrecht" sowie das „Sozialversicherungs- und Lohnsteuerrecht", aber auch das Recht der „ehrenamtlichen Tätigkeit" abgehandelt. Der Personalbereich unterliegt bei gemeinnützigen Körperschaften teilweise besonderen Regeln, teilweise müssen wegen der typischen Tätigkeiten im Grenzbereich zwischen hauptberuflichem und ehrenamtlichem Wirken spezielle Abgrenzungsfragen besonders beachtet werden. In diesem Handbuch ist deshalb dem Personalrecht für gemeinnützige Körperschaften erstmals ein eigener, gewichtiger Abschnitt gewidmet.

Gewissermaßen garniert werden die drei Themenbereiche mit einer einleitenden Darstellung der *wirtschaftlichen Bedeutung* sowie der *verfassungsrechtlichen Rahmenbedingungen* für den Non-Profit-Bereich einschließlich eines Rückblicks in die Entwicklung des Rechts der Non-Profit-Organisationen. Am Ende des Buches steht – gleichsam als Ausblick – eine Erörterung, wie sich das Recht der gemeinnützigen Organisationen vor dem Hintergrund der immer mehr an Bedeutung gewinnenden *europarechtlichen Normen* bewährt.

Das Handbuch ist in seinen wesentlichen Teilen auf dem Rechtsstand 30. Juni 2000. Damit konnten die wichtigen Rechtsänderungen durch das Gesetz zur weiteren steuerlichen Förderung von Stiftungen, insbesondere zur spendenrechtlichen Berücksichtigung von Stiftungserrichtungen und Verankerung der Regelungen zur sog. zeitnahen Mittelverwendung in der Abgabenordnung noch berücksichtigt werden. Auch das mit Wirkung zum 1. 1. 2000 in Kraft getretene neue Spendenrecht sowie die 1999 eingeführten Rechtsänderungen zur sog. Scheinselbständigkeit sind eingearbeitet. Die Änderungen durch das soeben verabschiedete Unternehmenssteuerreformgesetz (Steuersenkungsgesetz 2001) sind noch kurz vor Drucklegung bereits im Kapitel über die partielle Steuerpflicht berücksichtigt worden.

Bei der Autorenauswahl wurde bewußt darauf geachtet, daß neben beratenden Rechtsanwälten, Steuerberatern und Wirtschaftsprüfern auch Autoren aus der Finanzverwaltung, Finanzgerichtsbarkeit und Wissenschaft gewonnen werden konnten, um einen möglichst breiten Erfahrungsschatz in das Buch einfließen zu lassen. Dank gebührt allen Autoren für ihren persönlichen und arbeitsintensiven Einsatz neben ihrer beruflichen Tätigkeit sowie den Lektoren des Beck Verlages, Herrn Albert Buchholz und Herrn Michael Thomas, für ihre engagierte, nachdrückliche und geduldige Begleitung des Werkes.

Das Handbuch hat nicht den Ehrgeiz, die gemeinnützigkeitsrechtlichen Streitfragen mit allen vertretenen Meinungen zu erläutern, sondern möchte den Geschäftsführern und ehrenamtlichen Führungskräften gemeinnütziger Körperschaften sowie deren Beratern aus den rechts-, steuer- und wirtschaftsberatenden Berufen den gegenwärtigen Rechtszustand, wie er sich in erster Linie aufgrund der Rechtsprechung der Gerichte und der Erlasse der Finanzverwaltung ergibt, darstellen. Dennoch ist es auch unser Anliegen, die Debatte um ein praktikables und Rechtssicherheit vermittelndes Gemeinnützigkeitsrecht voranzubringen. Es gibt nur wenige Rechtsmaterien wie das Gemeinnützigkeitsrecht, bei dem selbst erfahrenere Praktiker so häufig klagen, die Rechtslage sei unübersichtlich und in zahllose spezielle Problembereiche zersplittert, so daß die Handlungsmaximen für gemeinnützige Körperschaften nur undeutlich zu erkennen seien.

Wir hoffen, daß es uns gelungen ist, durch die Sammlung der verschiedenen Rechtsmaterien in einem Handbuch die rechtlichen Rahmenbedingungen, die für gemeinnützige Körperschaften gelten, umfassend darzustellen und die Klarheit der Entscheidungsgrundlagen damit zu verbessern. Ob wir damit geschafft haben, was Aufgabe aller ist, die im gemeinnützigen Bereich arbeiten, nämlich ein gutes Werk zu tun, mögen die Leser entscheiden. Für Anregungen und konstruktive Kritik sind wir jederzeit dankbar.

Bonn, den 1. August 2000 Der Herausgeber

Inhaltsübersicht

Inhaltsverzeichnis

§ 2 Vereinsrecht (*Bearbeiter:* Dr. Lucas van Randenborgh)

§ 4 GmbH-Recht (Grundzüge)

(*Bearbeiter:* Dr. Lucas van Randenborgh)

§ 6 Finanzierung der gemeinnützigen Tätigkeiten

(*Bearbeiter:* Dr. Stephan Schauhoff)

§ 7 Partielle Steuerpflicht (*Bearbeiter:* Dipl.-Finw. Harald Bott)

§8 Gemeinnützige Mittelverwendung

(*Bearbeiter:* Dr. Stephan Schauhoff)

§ 9 Rechtsfolgen bei Verstoß gegen Gemeinnützigkeitsvorschriften
(*Bearbeiter:* Dipl.-Finw. Harald Bott)

§ 10 Rechnungslegung (*Bearbeiter:* Christian Hoppen)

§ 11 Umsatzsteuer (*Bearbeiter:* Ralf Rasche)

§ 12 Besondere Verkehrsteuern und Grundsteuer

(*Bearbeiter:* Ralf Rasche)

§ 13 Arbeits- und Sozialversicherungsrecht
(*Bearbeiter:* Karsten Tötter)

§ 14 Lohnsteuer (*Bearbeiter:* Dr. Klaus J. Wagner)

§ 15 Betriebsverfassungsrecht (*Bearbeiter:* Karsten Tötter)

§ 16 Recht der ehrenamtlichen Tätigkeit
(*Bearbeiter:* Karsten Tötter)

§ 17 Umstrukturierung (*Bearbeiter:* Dr. Stephan Schauhoff)

§ 18 Gemeinnützige Körperschaft in der Krise

(*Bearbeiter:* Dr. Jens Eric Gotthardt)

§ 19 Beendigung der gemeinnützigen Tätigkeit
(*Bearbeiter:* Dr. Jens Eric Gotthardt)

§ 20 Konzernrechtliche Besonderheiten
(*Bearbeiter:* Dr. Jens Eric Gotthardt)

§ 21 Europarechtliche Einflüsse

(*Bearbeiter:* Dr. Christoph Benicke)

Abkürzungsverzeichnis

aA . . . . anderer Ansicht
aaO . . . . am angegebenen Ort
ABl EG . . . . Amtsblatt der Europäischen Gemeinschaften
Abs. . . . . Absatz
Abschn. . . . . Abschnitt
aE . . . . am Ende
AEAO . . . . Anwendungserlaß zur AO
aF . . . . alte Fassung
AfA . . . . Absetzung für Abnutzung
AG. . . . . Aktiengesellschaft; auch Zeitschrift „Die Aktiengesellschaft"; mit Ortsbezeichnung Amtsgericht
AK/HK . . . . Anschaffungskosten/Herstellungskosten
AktG . . . . Aktiengesetz
aM . . . . anderer Meinung
Anh. . . . . Anhang
Anm. . . . . Anmerkung
AntBewVO . . . . Verordnung zur gesonderten Feststellung des gemeinen Wertes nichtnotierter Anteile an Kapitalgesellschaften (Anteilsbewertungsverordnung) vom 19. 7. 1977
AO . . . . Abgabenordnung
AR . . . . Aufsichtsrat
Art. . . . . Artikel
AStG . . . . Gesetz über die Besteuerung bei Auslandsbeziehungen (Außensteuergesetz)
Aufl. . . . . Auflage
Az.. . . . . Aktenzeichen

BAG . . . . Bundesarbeitsgericht
BAK . . . . Bundesaufsichtsamt für das Kreditwesen
BAnz. . . . . Bundesanzeiger
BaWü . . . . Baden-Württemberg
Bay. . . . . Bayern
BayOLG . . . . . . Bayerisches Oberstes Landesgericht
BB. . . . . Der Betriebs-Berater (Zeitschrift)
Bd. . . . . Band
BdF . . . . Bundesminister der Finanzen
BDI . . . . Bundesverband der Deutschen Industrie
BdJ . . . . Bundesminister der Justiz
Begr. . . . . Begründung
Begr. Kropff. . . . Textausgabe des Aktiengesetzes 1965 mit Begründungen und Berichten, Düsseldorf 1965
Bem. . . . . Bemerkungen
Ber. . . . . Bericht

Ber. Helmrich . . . Bericht der Abg. Helmrich u. a. zum Entwurf des Rechtsausschusses zum Bilanzrichtlinien-Gesetz
Berl. . . . . Berlin
BerlinFG . . . . . . Berlinförderungsgesetz
Betr., betr. . . . . . Betreff, betrifft
BetrAV . . . . Betriebliche Altersversorgung; auch Mitteilungsblatt der Arbeitsgemeinschaft für betriebliche Altersversorgung
BetrAVG. . . . . . . Gesetz zur Verbesserung der betrieblichen Altersversorgung (= Betriebsrentengesetz)
BetrVG. . . . . Betriebsverfassungsgesetz
BewDV . . . . Durchführungsverordnung zum Bewertungsgesetz
BewG . . . . Bewertungsgesetz
BezG . . . . Bezirksgericht
BFH . . . . Bundesfinanzhof
BFH/NV . . . . . . Sammlung amtlich nicht veröffentlichter Entscheidungen des Bundesfinanzhofs
BFHE . . . . Sammlung der Entscheidungen des Bundesfinanzhofs, hrsg. von den Mitgliedern des Bundesfinanzhofs
BFinBl. . . . . Amtsblatt des Bundesfinanzministeriums
BFuP . . . . Betriebswirtschaftliche Forschung und Praxis (Zeitschrift)
BGB. . . . . Bürgerliches Gesetzbuch
BGBl. . . . . Bundesgesetzblatt
BGH . . . . Bundesgerichtshof
BGHZ . . . . Amtliche Sammlung von Entscheidungen des Bundesgerichtshofs in Zivilsachen
BiRiLiG. . . . . . . Bilanzrichtlinien-Gesetz
BMF . . . . Bundesminister(ium) der Finanzen
BMJ. . . . . Bundesminister(ium) der Justiz
BMWi. . . . . Bundesminister(ium) für Wirtschaft
BPg. . . . . siehe StBp
BPO. . . . . Betriebsprüfungsordnung
BR . . . . Bundesrat
Brb. . . . . Brandenburg
BR-Drs. . . . . Bundesrats-Drucksache
BReg. . . . . Bundesregierung
BSG. . . . . Bundessozialgericht
BStBl. . . . . Bundessteuerblatt
BT . . . . Bundestag
BT-Drs. . . . . Bundestags-Drucksache
Buchst. . . . . Buchstabe
BVerfG. . . . . Bundesverfassungsgericht
BVerfGE . . . . . . Amtliche Sammlung von Entscheidungen des BVerfG
BVerwG. . . . . . . Bundesverwaltungsgericht

BVerwGE ..... Entscheidungen des Bundesverwaltungsgerichts
bzgl. .... bezüglich
bzw. .... beziehungsweise

DB .... Der Betrieb (Zeitschrift)
DBA .... Doppelbesteuerungsabkommen
ders. .... derselbe
dh. .... das heißt
Diss. .... Dissertation
DJZ .... Deutsche Juristenzeitung
DM .... Deutsche Mark
DNotZ .... Deutsche Notarzeitung
DR .... Deutsches Recht
Drs. .... Drucksache
DStBl. .... Deutsches Steuerblatt
DStJG, Bd. .... Deutsche Steuerjuristische Gesellschaft, Band
DStPr .... Deutsche Steuerpraxis (Zeitschrift)
DStR .... Deutsches Steuerrecht (Zeitschrift)
DStZ .... Deutsche Steuerzeitung
DSWR .... Datenverarbeitung in Steuer, Wirtschaft und Recht (Zeitschrift)
DV, DVO ...... Durchführungsverordnung
DVR .... Deutsche Verkehrsteuer-Rundschau

EAV .... Ergebnisabführungsvertrag
ECU .... Europäische Währungseinheit (European Currency Unit)
EFG .... Entscheidungen der Finanzgerichte
EG .... Europäische Gemeinschaft
eG .... Genossenschaft
EGBGB .... Einführungsgesetz zum Bürgerlichen Gesetzbuch
EGHGB .... Einführungsgesetz zum Handelsgesetzbuch
EG-Richtl. .... Richtlinie der Europäischen Gemeinschaft
einschl. .... einschließlich
EK .... Eigenkapital
entspr. .... entsprechend
ErbSt .... Erbschaftsteuer
ErbStG. .... Erbschaftsteuer- und Schenkungsteuergesetz
ErbStRG ...... Erbschaftsteuer-Reformgesetz
ErfVO .... Erfinderverordnung
EStDV .... Einkommensteuer-Durchführungsverordnung
EStG .... Einkommensteuergesetz
EStR .... Einkommensteuer-Richtlinien
etc. .... et cetera
EU .... Europäische Union
EuGH .... Europäischer Gerichtshof
EuGHE .... Entscheidungen des Europäischen Gerichtshofes
evtl. .... eventuell

EWG	Europäische Wirtschaftsgemeinschaft
EWIR	Entscheidungen zum Wirtschaftsrecht (Entscheidungssammlung)
f., ff.	folgend, folgende
FA, FÄ	Finanzamt, Finanzämter
FG	Finanzgericht
FG/IdW	Fachgutachten des Instituts der Wirtschaftsprüfer in Deutschland e. V.
FGG..........	Gesetz über die freiwillige Gerichtsbarkeit
FGO	Finanzgerichtsordnung
FinAussch.	Finanzausschuß
FinMin-NW....	Finanzminister Nordrhein-Westfalen
FinVerw.	Finanzverwaltung
FKPG.........	Gesetz zur Umsetzung des Föderalen Konsolidierungsprogramms vom 23. 6. 1993
FN...........	Fachnachrichten des Instituts der Wirtschaftsprüfer in Deutschland e. V. (internes Mitteilungsblatt)
FördergebietsG ..	Fördergebietsgesetz
FR...........	Finanz-Rundschau (Zeitschrift)
FS	Ertragsbesteuerung – Festschrift für Ludwig Schmidt, hrsg. von Arndt Raupach und Adalbert Uelner, München 1993
FVG..........	Finanzverwaltungsgesetz
GAV..........	Gewinnabführungsvertrag
GBl.	Gesetzblatt
GBO	Grundbuchordnung
GbR	Gesellschaft bürgerlichen Rechts
gem.	gemäß
GenG.........	Gesetz betreffend die Erwerbs- und Wirtschaftsgenossenschaften (Genossenschaftsgesetz)
GesVollstO	VO über die Gesamtvollstreckung (jetzt Gesamtvollstreckungsordnung) vom 6. Juni 1990 (GBl. I S. 285) in der Fassung des Einigungsvertrages, BGBl. 1990 II S. 885, 1153
GewSt.	Gewerbesteuer
GewStDV......	Gewerbesteuer-Durchführungsverordnung
GewStG	Gewerbesteuergesetz
GewStR.......	Gewerbesteuer-Richtlinien
GG...........	Grundgesetz
ggf.	gegebenenfalls
gGmbH	gemeinnützige Gesellschaft mit beschränkter Haftung
GKG	Gerichtskostengesetz
GmbH	Gesellschaft mit beschränkter Haftung
GmbHÄndG ...	GmbH-Änderungsgesetz
GmbHG.......	Gesetz betreffend die GmbH

GmbHR ...... GmbH-Rundschau (Zeitschrift)
GoB .... Grundsätze ordnungsmäßiger Buchführung
grds. .... grundsätzlich
GrESt. .... Grunderwerbsteuer
GrEStG .... Grunderwerbsteuergesetz
GrS .... Großer Senat
GuV-Rechnung. . Gewinn- und Verlustrechnung
GVBl., GVOBl. . Gesetz- und Verordnungsblatt
GVG .... Gerichtsverfassungsgesetz
GWB......... Gesetz gegen Wettbewerbsbeschränkungen

Halbs. .... Halbsatz
HdR .... Handbuch der Rechnungslegung (siehe Küting/Weber)
HdU .... Handbuch der Unternehmensbesteuerung, hrsg. vom IdW, 2. Aufl., Düsseldorf 1994
Hess. .... Hessen
HFR .... Höchstrichterliche Finanzrechtsprechung
HGB .... Handelsgesetzbuch
HGBE .... Entwurf eines Dritten Buchs des Handelsgesetzbuchs
HGrG .... Gesetz über die Grundsätze des Haushaltsrechts des Bundes und der Länder (Haushaltsgrundsätzegesetz)
hL .... herrschende Lehre
hM .... herrschende Meinung
HR .... Handelsregister
hrsg., Hrsg. .... herausgegeben, Herausgeber

idF........... in der Fassung
idR .... in der Regel
idS........... in diesem Sinne
IdW .... Institut der Wirtschaftsprüfer
IDW-FAMA.... Stellungnahmen des Fachausschusses für moderne Abrechnungssysteme des IDW
IDW-FAR ..... Stellungnahmen des Fachausschusses Recht des IDW
IDW-HFA ..... Stellungnahmen des Hauptfachausschusses des IDW
IDW-SABI..... Stellungnahmen des Sonderausschusses des IDW; Bilanzrichtlinien-Gesetz des IDW
iE .... im einzelnen
iL .... in Liquidation
incl. .... inclusiv
INF .... Die Information über Steuer und Wirtschaft (Zeitschrift)
insb. .... insbesondere
InsO .... Insolvenzordnung
InstFSt .... Institut Finanzen und Steuern
Intertax .... Europäische Steuer-Zeitung
iSd. (e.)....... im Sinne des (eines)
IStR .... Internationales Steuerrecht (Zeitschrift)

iSv. . . . . im Sinne von
iVm. . . . . in Verbindung mit
IWB. . . . . Internationale Wirtschaftsbriefe
iwS . . . . im weiteren Sinne

JbDStJG . . . . Jahrbuch der Deutschen Steuerjuristischen Gesellschaft e. V.
JbFfSt. . . . . Jahrbuch der Fachanwälte für Steuerrecht
Jg. . . . . Jahrgang
jPdöR . . . . juristische Person des öffentlichen Rechts
JR . . . . Juristische Rundschau (Zeitschrift)
JW . . . . Juristische Wochenschrift (Zeitschrift)
JZ . . . . Juristenzeitung

KAGG . . . . Gesetz über Kapitalanlagegesellschaften
KapErhG . . . . . . Gesetz über die Kapitalerhöhung aus Gesellschaftsmitteln und über die Verschmelzung von Gesellschaften mit beschränkter Haftung (Kapitalerhöhungsgesetz)
KapErhStG . . . . . Gesetz über steuerrechtliche Maßnahmen bei Erhöhung des Nennkapitals aus Gesellschaftsmitteln (Kapitalerhöhungs-Steuergesetz)
KapESt. . . . . Kapitalertragsteuer
KG . . . . Kammergericht; Kommanditgesellschaft
KGaA . . . . Kommanditgesellschaft auf Aktien
Kj. . . . . Kalenderjahr
KO . . . . Konkursordnung
KÖSDI . . . . Kölner Steuerdialog (Zeitschrift)
KSt. . . . . Körperschaftsteuer
KStDV . . . . Körperschaftsteuer-Durchführungsverordnung
KStG . . . . Körperschaftsteuergesetz
KStR . . . . Körperschaftsteuer-Richtlinien
KStZ . . . . Kommunale Steuer-Zeitschrift
KTS . . . . Zeitschrift für Konkurs-, Treuhand- und Schiedsgerichtswesen
KVSt. . . . . Kapitalverkehrsteuer
KVStG . . . . Kapitalverkehrsteuergesetz
KWG . . . . Kreditwesengesetz

LB . . . . Lehrbuch
lfd. . . . . laufende
LG . . . . Landgericht
LöschG . . . . Löschungsgesetz
LSt. . . . . Lohnsteuer
LStDV . . . . Lohnsteuer-Durchführungsverordnung
LStR . . . . Lohnsteuer-Richtlinien
LSW . . . . Lexikon des Steuer- und Wirtschaftsrechts
lt. . . . . laut

MDR . . . . Monatsschrift für Deutsches Recht
mE . . . . meines Erachtens
MeVo. . . . . Mecklenburg-Vorpommern
MinBl. . . . . Ministerialblatt
Mio. . . . . Million
MitBestG . . . . . . Gesetz über die Mitbestimmung der Arbeitnehmer (Mitbestimmungsgesetz)
mwN . . . . mit weiteren Nachweisen

Nds. . . . . Niedersachsen
nF . . . . neue Fassung
NJW . . . . Neue Juristische Wochenschrift (Zeitschrift)
Nr., Nrn. . . . . . . Nummer, Nummern
NW . . . . Nordrhein-Westfalen
NWB/F . . . . Neue Wirtschaftsbriefe/Fach

OFD . . . . Oberfinanzdirektion
og. . . . . oben genannt(e)
OHG . . . . Offene Handelsgesellschaft
OLG . . . . Oberlandesgericht
OLGE . . . . Die Rechtsprechung des Oberlandesgerichts in Zivilsachen

PublG . . . . Gesetz über die Rechnungslegung von bestimmten Unternehmen und Konzernen (Publizitätsgesetz)

RA . . . . Rechtsanwalt
RAO . . . . Reichsabgabenordnung
RAussch. . . . . . . Rechtsausschuß
rd. . . . . rund
RefE InsO . . . . . Referentenentwurf zum Gesetz zur Reform des Insolvenzrechts
RegE . . . . Regierungsentwurf
RFH . . . . Reichsfinanzhof
RFHE . . . . Entscheidungen des Reichsfinanzhofs
RG . . . . Reichsgericht
RGBl. . . . . Reichsgesetzblatt
RGZ . . . . Amtliche Sammlung von Entscheidungen des Reichsgerichts in Zivilsachen
Rhld-Pf. . . . . . . Rheinland-Pfalz
RiW . . . . Recht der internationalen Wirtschaftspraxis (Zeitschrift)
Rspr. . . . . Rechtsprechung
RStBl. . . . . Reichssteuerblatt
RWP . . . . Rechts- und Wirtschaftspraxis, Blattei-Handbuch (Zeitschrift)

S. . . . . Seite
s. . . . . siehe

Abkürzungsverzeichnis

s. a. .... siehe auch
Saarl. .... Saarland
Schl.-Holst. .... Schleswig-Holstein
s. o. .... siehe oben
sog. .... sogenannte(r)
SolZ. .... Solidaritätszuschlag
Sp. .... Spalte
SpTrUG .... Gesetz über die Spaltung der von der Treuhandanstalt verwalteten Unternehmen (Spaltungsgesetz)
StÄndG .... Steueränderungsgesetz
StandOG ...... Standortsicherungsgesetz v. 13. 9. 1993
StAnpG .... Steueranpassungsgesetz
StB .... Der Steuerberater (Zeitschrift)
Stbg. .... Die Steuerberatung (Zeitschrift)
StbJb. .... Steuerberater-Jahrbuch
StBp. .... Steuerliche Betriebsprüfung (Zeitschrift)
StEK .... Steuererlasse in Karteiform, hrsg. von Felix, Köln (Loseblatt)
StGB .... Strafgesetzbuch
StiftG. .... Stiftungsgesetz
StKongRep. .... Steuerberater-Kongreß-Report
StMBG .... Mißbrauchs- und Steuerbereinigungsgesetz v. 10. 12. 1993
str. .... strittig
StRefG. .... Steuerreformgesetz
StuW .... Steuer und Wirtschaft (Zeitschrift)

TDM .... Tausend Deutsche Mark

u.ä. .... und ähnliches
u. a. .... unter anderem; und andere
u. a. m. .... und anderes mehr
uE .... unseres Erachtens
UmwG. .... Umwandlungsgesetz
UmwStErl 1 .... Schreiben betr. Gesetz über steuerliche Maßnahmen bei Änderung der Unternehmensform (UmwStG 1977) vom 15. April 1986 (BStBl. I S. 164)
UmwStErl 2 .... Schreiben betr. Gesetz über steuerliche Maßnahmen bei Änderung der Unternehmensform (UmwStG 1977) vom 16. Juni 1978 (BStBl. I S. 235)
UmwStG ...... Umwandlungssteuergesetz
UR .... Umsatzsteuer-Rundschau (Zeitschrift)
UStDV. .... Umsatzsteuer-Durchführungsverordnung
UStG .... Umsatzsteuergesetz
UStR .... Umsatzsteuer-Richtlinien
u. s. w. .... und so weiter
uU .... unter Umständen

v.	vom (von)
vBP	vereidigte(r) Buchprüfer
VermBG	Vermögensbildungsgesetz
vGA	verdeckte Gewinnausschüttung
vgl.	vergleiche
vH.	vom Hundert
VO	Verordnung
VRG	Vorruhestandsgesetz
VStG	Vermögensteuergesetz
VStR.	Vermögensteuer-Richtlinien
vT	von Tausend
VwGO	Verwaltungsgerichtsordnung
VZ	Veranlagungszeitraum
WIB	Wirtschaftsrechtliche Beratung (Zeitschrift)
Wj.	Wirtschaftsjahr
WM	Zeitschrift für Wirtschaft und Bankrecht – Wertpapiermitteilungen
WP	Wirtschaftsprüfer
WPg.	Die Wirtschaftsprüfung (Zeitung)
zB	zum Beispiel
ZfB	Zeitschrift für Betriebswirtschaft
ZfbF	Zeitschrift für betriebswirtschaftliche Forschung
ZG.	Zollgesetz
ZGR	Zeitschrift für Unternehmens- und Gesellschaftsrecht
ZHR	Zeitschrift für das gesamte Handels- und Wirtschaftsrecht
Ziff.	Ziffer
ZIP	Zeitschrift für Wirtschaftsrecht und Insolvenzpraxis
ZPO	Zivilprozeßordnung
ZRFG	Zonenrandförderungsgesetz
zT	zum Teil
zZ	zur Zeit

Literaturverzeichnis

ADS . . . . Adler/Düring/Schmaltz, Rechnungslegung und Prüfung der Unternehmen, 5. Auflage, Stuttgart (Loseblatt)

AN . . . . Amtliche Nachrichten für Reichsversicherung; herausgegeben vom Reichsarbeitsministerium und dem Reichsversicherungsamt

Andersen . . . . Körperschaftsteuergesetz (Loseblatt), Bonn

Andrick . . . . Stiftungsrecht und Staatsaufsicht unter besonderer Berücksichtigung der nordrhein-westfälischen Verhältnisse, Baden-Baden 1988

AP-BAGE . . . . Nachschlagewerk des Bundesarbeitsgerichts – Arbeitsrechtliche Praxis – Entscheidungssammlung des Bundesarbeitsgerichts, hrsg. von den Mitgliedern des Bundesarbeitsgerichts

Balser/Bokelmann/Piorreck/Dostmann/Kauffmann . . . . . . Umwandlung, Verschmelzung, Vermögensübertragung, Freiburg 1990

Baumbach/Hopt, HGB . . . . Handelsgesetzbuch, 30. Auflage, München 2000

Baumbach/Hueck, AktG . . . . Aktiengesetz, 13. Auflage, München 1986

Baumbach/Hueck, GmbHG . . . . GmbH-Gesetz, 16. Auflage, München 1995

Beck Bil-Kommentar/Bearbeiter . . . . Beck'scher Bilanzkommentar, 4. Auflage, München 1999

Beck GmbH-HB/Bearbeiter . . . . Beck'sches Handbuch der GmbH, 2. Auflage, München 1999

Beck HdR/Bearbeiter . . . . Castan/Heymann/Müller/Ordelheide/Scheffler (Hrsg.), Beck'sches Handbuch der Rechnungslegung (Loseblatt), München

Beck StB-Handbuch/Bearbeiter . . . . Beck'sches Steuerberater-Handbuch 2000/2001, München 2000

Beermann . . . . Steuerliches Verfahrensrecht, Kommentar (Loseblatt), Bonn

BGB-RGRK . . . . . s. RGRK

Bereiter-Hahn/Schieke/Mehrtens . . Kommentar zur gesetzlichen Unfallversicherung SGB VII (Loseblatt)

Berndt . . . . Stiftung und Unternehmen, 6. Auflage, Herne/Berlin 1998

Literaturverzeichnis

Biener/Berneke . . . Bilanzrichtlinien-Gesetz (Textausgabe mit Materialien), Düsseldorf 1986

Birkenfeld . . . . Das große Umsatzsteuer-Handbuch (Loseblatt), 3. Auflage, Köln

Blümich . . . . Einkommensteuergesetz, Körperschaftsteuergesetz, Gewerbesteuergesetz, Nebengesetze (Loseblatt), 16. Auflage, München

BMF-Schriftenreihe Unabhängige Sachverständigenkommission zur Überprüfung des Gemeinnützigkeits- und Spendenrechts, Heft-Nr. 40, Bonn 1988

Boettcher/Leibrecht Kommentar zur Gemeinnützigkeitsverordnung mit Ergänzungsbestimmungen, 2. Auflage, München 1971

Boruttau . . . . Grunderwerbsteuergesetz, 14. Auflage, München 1997

Brandmüller . . . . . Gewerbliche Stiftungen, 2. Auflage, Bielefeld 1998

Breithaupt . . . . Sammlung von Entscheidungen aus dem Sozialrecht (zitiert nach Jahrgang und Seite)

Brick (Hrsg.) . . . . . Praxishandbuch zum Lohnsteuerrecht (zitiert PzL)

BSGE . . . . Entscheidungssammlung des Bundessozialgerichts, hrsg. von Mitgliedern des Bundessozialgerichts

Bunjes/Geist . . . . . Umsatzsteuergesetz, 6. Auflage, München 2000

Carstensen . . . . Vermögensverwaltung und Rechnungslegung gemeinnütziger Stiftungen, Frankfurt a. M. 1996

Coenenberg/ v. Wysocki . . . . Handwörterbuch der Revision, Stuttgart 1983

Dauses . . . . Handbuch des EG-Wirtschaftsrechts (Loseblatt), 2. Auflage, München

Dehmer. . . . . Umwandlungsgesetz, Umwandlungssteuergesetz, 2. Auflage, München 1996

Dewald . . . . Die privatrechtliche Stiftung als Instrument zur Wahrung öffentlicher Zwecke, Frankfurt a. M. 1990

Dötsch/Eversberg/ Dütz. . . . . Verbandsbezogene Verhaltenspflichten von Koalitionsmitgliedern, in: Festschrift für Hilker und Stumpf, 1983

Dötsch/Eversberg/ Jost/Witt . . . . Die Körperschaftsteuer, Stuttgart (Loseblatt)

Ebersbach . . . . Handbuch des deutschen Stiftungsrechts, 1972

Emmerich/Sonnenschein . . . . Konzernrecht, 6. Auflage, München 1997

Enneccerus/ Lehmann. . . . . Recht der Schuldverhältnisse, 15. Bearbeitung, 1958

Erman/Bearbeiter. . Kommentar zum Bürgerlichen Gesetzbuch (2 Bände), 9. Auflage, Münster 1993

Fittig, Fittig/Kaiser/ Heither/Engels. . . . Kommentar zum Betriebsverfassungsgesetz, 20. Auflage, München 2000

Franz . . . . Grundlagen der Besteuerung gemeinnütziger Körperschaften bei wirtschaftlicher Betätigung, Berlin 1991

Frotscher/Maas . . .	Kommentar zum Körperschaftsteuergesetz (Loseblatt)
FS Döllerer/ Bearbeiter	Handels- und Steuerrecht, Festschrift für Georg Döllerer, hrsg. von Knobbe-Keuk/Klein/Moxter, Düsseldorf 1988
FS Goerdeler	Bilanz- und Konzernrecht – Festschrift für Reinhard Goerdeler, hrsg. von Hans Hauermann, Düsseldorf 1987
FS Schmidt	Ertragsbesteuerung – Festschrift für Ludwig Schmidt, hrsg. von Arndt Raupach und Adalbert Uelner, München 1993
Gail/Goutier/ Grützner u. a.	Kommentar zum Körperschaftsteuergesetz (Loseblatt), Herne ab 1979
Galli.	Das Rechnungswesen im Berufsfußball, Düsseldorf 1997
Geßler/Hefermehl .	Kommentar zum HGB, 5. Auflage, München 1990
Geßler/Hefermehl/ Eckardt/Kropff . . .	Kommentar zum Aktiengesetz, München 1973 ff. (Loseblatt)
Glade/Steinfeld . . .	Kommentar zum Umwandlungssteuergesetz 1977, 4. Auflage, Herne
Glanegger/Güroff. .	Gewerbesteuergesetz, 3. Auflage, München 1994
GmbH-Handbuch .	Centrale für GmbH Dr. Otto Schmidt (Hrsg.), GmbH-Handbuch (Loseblatt)
Gottwald/Bearbeiter	Insolvenzrechts-Handbuch, München 1990 mit Nachtrag 1993
Grabitz/Hilf.	Das Recht der Europäischen Union (Loseblatt), München
v. d. Groeben/ Thiesing/Ehlermann	Kommentar zum EU-/EG-Vertrag, 5. Auflage, Baden-Baden 1997/1999
Großkomm. AktG .	Barz u. a., Großkommentar zum Aktiengesetz, 4. Auflage, Berlin/, New York 1997
Großkomm HGB . .	Brüggemann u. a., Großkommentar zum Handelsgesetzbuch 3. Auflage Berlin/New York 1967/1982 (4. Auflage ab 1982)
Grunewald	Der Ausschluß aus Gesellschaft und Verein, 1987
Grunsky	Kommentar zum Arbeitsgerichtsgesetz, 7. Auflage, München 1995
Habscheid	Freiwillige Gerichtsbarkeit, 7. Auflage, 1983
Hachenburg/ Bearbeiter	GmbHG – Gesetz betreffend die Gesellschaften mit beschränkter, Haftung. Kommentar, 8. Auflage, Berlin/New York 1990/1992
Hadding	Festschrift für R. Fischer, 1979
Hahn/Schindler . . .	Die Besteuerung der Stiftungen, 2. Auflage, 1977

Haritz/Benkert . . . . Umwandlungssteuergesetz, 2. Auflage, München 2000

Häuselmann/Rümker/Westermann . . . . . . Häuselmann/Rümker/Westermann, Die Finanzierung der GmbH durch ihre Gesellschafter, Frankfurt 1992

HdJ/Bearbeiter . . . . Wysocki/Schulze-Osterloh (Hrsg.), Handbuch des Jahresabschlusses (Loseblatt), Köln

Helmrich BiRiLiG . Bilanzrichtlinien-Gesetzestexte, Stellungnahmen, Protokolle, zusgest. und bearb. von Herbert Helmrich, München 1986

Herbert . . . . Der wirtschaftliche Geschäftsbetrieb des gemeinnützigen Vereins, 1988

Herrmann/Heuer/Raupach . . . . Einkommensteuergesetz und Körperschaftsteuergesetz mit Nebengesetzen. Kommentar (Loseblatt), 21. Auflage, Köln

Heuermann/Wagner Das gesamte Lohnsteuerrecht (Loseblatt), 7. Auflage, München

HHR . . . . s. Herrmann/Heuer/Raupach

HHSp . . . . s. Hübschmann/Hepp/Spitaler

Hofbauer/Kupsch . . Bonner Handbuch der Rechnungslegung, Bonn (Loseblatt)

Hübschmann/Hepp/Spitaler . . . . Kommentar zur Abgabenordnung und Finanzgerichtsordnung (Loseblatt), 10. Auflage, Köln

Hueck/von Hoyningen-Huene/Link . . . . Kommentar zum Kündigungsschutzgesetz, 12. Auflage, München 1997

Hüttemann . . . . . . Wirtschaftliche Betätigung und steuerliche Gemeinnützigkeit, Köln 1991

HURB . . . . Handwörterbuch unbestimmter Rechtsbegriffe im Bilanzrecht des HGB, hrsg. von Leffson/Rückle/Großfeld, Köln 1986

HVBG-Info . . . . . . Aktueller Informationsdienst für die berufsgenossenschaftliche Sachbearbeitung; Herausgeber Hauptverband der gewerblichen Berufsgenossenschaften

HWR . . . . s. Kosiol/Chemilewicz/Schweitzer

HWRev . . . . s. Coenenberg/v. Wysocki

IDW-Symposium . . Stiftungen – Rechnungslegung, Kapitalerhaltung, Prüfung und, Besteuerung, Düsseldorf 1997

Igl . . . . Rechtsfragen des freiwilligen sozialen Engagements – Rahmenbedingungen und Handlungsbedarf – Gutachten im Auftrag des BMFuS, Band 26

Ipsen . . . . Soziale Dienstleistungen und EG-Recht, Berlin 1997

Jacobs/Schubert . . . Die Beratung des bürgerlichen Gesetzbuchs, Allgemeiner Teil, 1. Teilband, 1985

Jauernig . . . . Jauernig u. a., Kommentar zum Bürgerlichen Gesetzbuch, 7. Auflage, München 1994
Jost/Witt. . . . . Die Körperschaftsteuer, Kommentar (Loseblatt), Stuttgart
Karpen . . . . Gemeinnützige Stiftungen im pluralistischen Rechtsstaat. Neuere Entwicklungen des amerikanischen und deutschen Stiftungs(steuer)rechts, Frankfurt a. M. 1980
Keidel/Kuntze/Winkler . . . . Freiwillige Gerichtsbarbeit; Teil A: FGG, 13. Auflage, München 1992; Teil B: BeurkG, 12. Auflage, München 1986
Kießling/Buchna . . Gemeinnützigkeit, 7. Auflage, Achim 2000
Kirchhof/Söhn. . . . Einkommensteuergesetz (Loseblatt), Heidelberg
Kittner/Trittin . . . . Kommentar zum Kündigungsschutzgesetz, 12. Auflage, 1997
Klein . . . . Abgabenordnung, 7. Auflage, München 2000
Kluge . . . . Arbeitsrechtliche Probleme im Bereich der freien gemeinnützigen Wohlfahrtspflege, Diss. Bonn 1974
Knobbe-Keuk . . . . Bilanz und Unternehmenssteuerrecht, 9. Auflage, Köln 1993
Knorr/Klaßmann . . Besteuerung von Krankenhäusern, Düsseldorf 1994
Koch/Scholtz . . . . . Kommentar zur Abgabenordnung, 4. Auflage, Köln 1993
Kölner Komm.. . . . Kölner Kommentar zum Aktiengesetz (Loseblatt), Hrsg. W. Zöllner, Köln/Berlin/Bonn/München ab 1971
Kosiol/Chemilewicz/Schweitzer. . . . . . . Handwörterbuch des Rechnungswesens, 2. Auflage, Stuttgart 1981
KR/Bearbeiter. . . . s. Krauskopf
Krauskopf/Bearbeiter Gemeinschaftskommentar zum Kündigungsschutzgesetz und zu den sonstigen kündigungsrechtlichen Vorschriften (KR), 5. Auflage 1998
Kronke . . . . Stiftungen in der Rechtsprechung, Bd. 4, Düsseldorf 1993
Kronke . . . . Stiftungstypus und Unternehmensträgerstiftung, Tübingen 1988
Kühn/Hofmann . . . Abgabenordnung, 17. Auflage, Stuttgart 1995
Kühr. . . . . Steuerhandbuch für Vereine und Verbände, 1991
Küting/Weber . . . . Handbuch der Rechnungslegung, 3. Auflage, Stuttgart 1990
Küting/Weber-Konzern . . . Handbuch der Konzernrechnungslegung, Stuttgartt 1989
Küttner. . . . . Personalbuch, München 2000
Lademann/Bearbeiter . . . . Kommentar zum Körperschaftsteuergesetz (Loseblatt)

Lademann/Söffing/
Brockhoff . . . . Kommentar zum Einkommensteuergesetz (Loseblatt), Stuttgart

Lang/Seer . . . . Die Besteuerung der Drittmittelforschung, Bonn 1992

Leisner/Kronke . . . Stiftungen in der Rechtsprechung, Bd. I–IV, Düsseldorf 1984

Lenski/Steinberg . . Kommentar zum Gewerbesteuergesetz (Loseblatt), Köln

Liermann. . . . . Handbuch des Stiftungsrechts, Bd. 1, Tübingen 1963

Limbach . . . . Theorie und Wirklichkeit der GmbH, 1966

Littmann/Bearbeiter Littmann/Bitz/Hellwig, Kommentar zum Einkommensteuergesetz (Loseblatt), Stuttgart

Löwisch/Rieble . . . Kommentar zum Tarifvertragsgesetz, München 1992

Loidl. . . . . Die GmbH ohne erwerbswirtschaftliche Zielsetzung, 1970

Lutter . . . . Umwandlungsgesetz (2 Bände), 2. Auflage, Köln 2000

Lutter/Hommelhoff GmbH-Gesetz, 15. Auflage, Köln 2000

Madle . . . . Der Sportverein als Unternehmen: Gesellschafts- und steuerrechtliche, Gesichtspunkte, Wiesbaden 1994

Märkle . . . . Der Verein im Zivil- und Steuerrecht, 10. Auflage, Stuttgart 2000

Meincke . . . . Erbschaftsteuer- und Schenkungsteuergesetz, 12. Auflage, München 1999

Meyer-Landrut/
Miller/Niehus . . . . Gesetz betreffend die Gesellschaften mit beschränkter Haftung (GmbH-Gesetz). Kommentar, Berlin/ New York 1987

Müller/Hense. . . . . Beck'sches Handbuch der GmbH, 2. Auflage, München 2000

MünchArbR/
Bearbeiter . . . . Münchner Handbuch zum Arbeitsrecht in 3 Bänden, 2. Auflage, München 2000

Münch Kommentar/
Bearbeiter . . . . Münchener Kommentar zum Bürgerlichen Gesetzbuch hrsg. von K. Rebmann, R. Rixecker und F. J. Säcker, 3. Auflage, München 1992 ff.

Mummenhoff . . . . Gründungssysteme und Rechtsfähigkeit, 1979

Niehus/Scholz . . . . s. Meyer-Landrut/Miller/Niehus

Oppermann . . . . . . Europarecht, 2. Auflage, München 1999

Pahlke/Franz . . . . . Grunderwerbsteuerrecht, 2. Auflage, München 1999

Palandt/Bearbeiter. . Bürgerliches Gesetzbuch, 59. Auflage, München 2000

Petzoldt. . . . . Erbschaftsteuer- und Schenkungsteuergesetz, Kommentar, 2. Auflage, Herne 1986

Planck. . . . . Kommentar zum Bürgerlichen Gesetzbuch, 1905/06

Pohley . . . . Kommentar zum Bayerischen Stiftungsgesetz, 2. Auflage, Wiesbaden 1993

Raiser . . . . Recht der Kapitalgesellschaften, 2. Auflage, München 1992

Rau/Dürrwächter/Flick/Geist ...... Kommentar zum Umsatzsteuergesetz (Loseblatt), 8. Auflage, Köln

Reichert/Dannecker Handbuch des Vereins- und Verbandsrechts, 7. Auflage, 1999

Reuber .... Die Besteuerung der Vereine (Loseblatt), Stuttgart

RGRK/Bearbeiter . Reichsgerichtsräte-Kommentar zum Bürgerlichen Gesetzbuch, 12. Auflage, Berlin 1982 ff.

Rittner .... Die werdende juristische Person, 1973

Rösner .... Hessisches Stiftungsgesetz, 1967

Rössler/Troll ..... Bewertungsgesetz und Vermögensteuergesetz, 17. Auflage, München 1995

von Rotberg ..... Kommentar zum Stiftungsgesetz Baden-Würtemberg, Wiesbaden 1992

Roth .... Kommentar zum GmbHG, 2. Auflage, München 1987

Rowedder/Bearbeiter Rowedder/Roth/Fuhrmann/Koppensteiner u. a., Gesetz betr. die Gesellschaften mit beschränkter Haftung (GmbHG), Kommentar, 3. Auflage, München 1997

Salomon/Anheier . . The emerging non-profit sector, Manchester University Press 1996

Sauer/Luger. ..... Vereine und Steuern, 4. Auflage, München 1997

Sauter/Schweyer/Waldner .... Der eingetragene Verein, 16. Auflage, München 1997

Schaub .... Arbeitsrechts-Handbuch, 9. Auflage, München 1999

Scherrer .... Sportkapitalgesellschaften, Stuttgart 1998

Schick. .... Gemeinnützigkeitsrecht für soziale Einrichtungen, Wiesbaden 1997

Schiemann ...... Spenden und Stiftungswesen in rechtshistorischer Sicht, Erlanger Universitätsreden, Bd. 40, Erlangen 1992

Schleder .... Besteuerung der Vereine, Herne/Berlin 1995

Schlegelberger/Bearbeiter .... Schlegelberger, Handelsgesetzbuch Kommentar, bearb. v. Feßler/Hefermehl/Hildebrand/Schröder, 5. Auflage, München ab 1973

Karsten Schmidt, GesR .... Gesellschaftsrecht, 2. Auflage, Köln 1991

Karsten Schmidt. . . Verbandszweck und Rechtsfähigkeit im Vereinsrecht, 1984

Karsten Schmidt. . . Stiftungswesen-Stiftungsrecht-Stiftungspolitik, Bergisch Gladbach 1987

Ludwig Schmidt. . . Einkommensteuergesetz, 19. Auflage, München 2000

Scholz/Bearbeiter. . Kommentar zum GmbH-Gesetz, 8. Auflage, Köln 1993/1995

Schulte .... Staat und Stiftung, Verfassungsrechtliche Grundlagen und Grenzen des Stiftungsrechts und der Stiftungsaufsicht, Heidelberg 1989

Schwarz .... Kommentar zur Abgabenordnung (Loseblatt), 11. Auflage, Freiburg
Schweitzer/Hummer Europarecht, 5. Auflage, Neuwied 1996
Seifart/ von Campenhausen Handbuch des Stiftungsrechts, 2. Auflage, München 1999
Seifart.......... Niedersächsisches Stiftungsgesetz (NdS StiftG), Kommentar, 1980
Siegmund-Schultze. Kommentar zum Niederländischen Stiftungsgesetz, 6. Auflage, Wiesbaden 1997
Sölch/Ringleb/List . Umsatzsteuergesetz (Loseblatt), 6. Auflage, München
Soergel .... Kommentar zum Bürgerlichen Gesetzbuch, 12. Auflage, Stuttgart 1987 ff.
SozR .... Sozialrecht, Rechtsprechung und Schrifttum, bearbeitet von Richtern des Bundessozialgerichts
Staub/Bearbeiter. . . Kommentar zum Handelsgesetzbuch, 4. Auflage, Berlin ab 1995
Staudinger/ Bearbeiter .... Kommentar zum Bürgerlichen Gesetzbuch, 13. Auflage, Berlin ab 1995
Stengel .... Kommentar zum Hessischen Stiftungsgesetz, Wiesbaden 1994
Stöber.......... Handbuch zum Vereinsrecht, 7. Auflage, Köln 1997
Streck .... Kommentar zum Körperschaftsteuergesetz, 5. Auflage, München 1997
Strodthoff .... Kraftfahrzeugsteuer (Loseblatt), Neuwied
Sudhoff......... Der Gesellschaftsvertrag der GmbH, 8. Auflage, München 1992
Thiel/Eversberg . . . Die neue Vereinsbesteuerung, 4. Auflage, Köln 1998
Tipke/Kruse...... Kommentar zur Abgabenordnung, Finanzgerichtsordnung (Loseblatt), 16. Auflage, Köln 1996
Tipke/Lang ...... Steuerrecht, 16. Auflage, Köln 1998
Troll........... Grundsteuergesetz, 7. Auflage, München 1997
Troll........... Die Besteuerung von Vereinen, Stiftungen und Körperschaft des öffentlichen Rechts, 4. Auflage München 1996
Troll/Gebel/Jülicher Erbschaftsteuer- und Schenkungsteuergesetz (Loseblatt), 3. Auflage, München
Vogel .... Kommentar zu den Doppelbesteuerungsabkommen, 3. Auflage, München 1996
Voß .... Steuern im 3. Reich, München 1995
Wannagat/Bearbeiter Wannagat, Kommentar zum gesamten Recht des Sozialgesetzbuchs (Loseblatt)
Westebbe........ Eine Untersuchung des Privatrechts der unselbständigen gemeinnützigen Stiftung mit rechtsvergleichenden Hinweisen auf den charitable trust, Baden-Baden 1993
Widmann/Mayer . . Kommentar zum Umwandlungsrecht (Loseblatt), 3. Auflage, Bonn

Wiedemann . . . . . . Gesellschaftsrecht, Bd. I, 1980
Wilhelm/Brandl. . . Bayerisches Stiftungsgesetz
WP-Handbuch. . . . Wirtschaftsprüfer-Handbuch der Unternehmensbesteuerung (Jahrbuch), Düsseldorf
WPK-Mitt . . . . . . Mitteilungsblatt der Wirtschaftsprüferkammer Düsseldorf
Zöller/Bearbeiter . . Zivilprozeßordnung. Kommentar mit Gerichtsverfassungsgesetz und den Einführungsgesetzen, mit Internationalem Zivilprozeßrecht, Kostenanmerkungen, 21. Auflage, Köln 1999

Einleitung

Bearbeiter: Dr. Stephan Schauhoff

Übersicht

A. Wirtschaftliche Bedeutung gemeinnütziger Einrichtungen

Der gemeinnützige Sektor bildet in der Bundesrepublik Deutschland einen **gewichtigen wirtschaftlichen Faktor**. Mit geschätzten Aufwendungen von 87,1 Mrd. DM im Jahr 1990 stellt der gemeinnützige Sektor einen „Wirtschaftszweig" dar, der sich durchaus mit anderen Branchen messen kann. Die Mehrzahl der Einrichtungen auf dem Gebiet des Wohlfahrts- und Gesundheitswesens sowie im Kultur- und Wissenschaftsbereich gehört, soweit sie privatrechtlich organisiert sind oder als Betrieb gewerblicher Art einer juristischen Person des öffentlichen Rechts eine steuerbare Tätigkeit ausüben, dem gemeinnützigen Sektor an. Man schätzt, daß gemeinnützigen Stiftungen ein Vermögen von jedenfalls deutlich mehr als 30 Milliarden DM gehört.[1] Auch die „Freizeitindustrie" hat sich, mit den Sportvereinen an der Spitze, in der 1

[1] *Brummer/Ruprecht* Statistiken zum Deutschen Stiftungswesen 1998, S. 11.

Regel im Status der Gemeinnützigkeit organisiert. In der Bundesrepublik Deutschland arbeiteten 1990 rd. 250000 private Vereine, Gesellschaften und Stiftungen im gemeinnützigen Sektor. Man schätzt, daß jeder vierte Deutsche Mitglied eines gemeinnützigen Vereins ist. Gemeinsam haben diese verschiedenen Organisationen, daß sie nicht Gewinne erwirtschaften möchten, sondern daß sie eine ideelle Zielsetzung verfolgen. Steuerlich verbindet diese Organisationen unabhängig von ihrer Rechtsform der Status der Gemeinnützigkeit und damit weitgehende Steuerfreiheit nach den §§ 51 ff. AO. Derartige Einrichtungen sind nicht nur im Steuerrecht privilegiert, sondern werden in vielerlei Hinsicht vom Staat unterstützt. Immerhin beschäftigen diese Organisationen weit über 1 Mio. Menschen in der Bundesrepublik Deutschland.[2] Rund $^1/_3$ der Beschäftigten ist dabei im Gesundheitswesen tätig, $^1/_3$ im Wohlfahrtswesen, und das restliche Drittel betätigt sich auf dem Bildungs- und Wissenschafts- oder auf dem kulturellen Sektor. Bei den Sportvereinen und den Vereinen der Brauchtumspflege sind dagegen meist ehrenamtliche Kräfte tätig, geschätzt werden allein für die alten Bundesländer 5,6 Mio. Menschen.[3] Die nachfolgende Tabelle, die einer Studie von Salomon/Anheier entstammt, gibt einen Überblick darüber, auf welchen Arbeitsgebieten gemeinnützige Tätigkeit entfaltet wird und in welchem Umfang gemeinnützige Körperschaften dabei in Wettbewerb mit öffentlich-rechtlichen oder gewinnorientiert arbeitenden Trägern stehen, denn die Anzahl der jeweils Beschäftigten ist ein Indikator für die Organisation der Tätigkeit auf dem jeweiligen Gebiet.

[2] Sämtliche Zahlen aus 1990 nach einer Studie des Instituts für Stiftung und Gemeinwohl der Universität Witten, Handelsblatt vom 31. 10. 1994, S. 5; einen ausführlichen Überblick gibt die Studie von *Salomon/Anheier* The emerging non-profit sector, Manchester University Press 1996. Nach dem statistischen Jahrbuch waren 1996 1,87 Mio. Menschen bei privaten Organisationen ohne Erwerbscharakter beschäftigt.

[3] Rheinischer Merkur v. 13. 6. 1997, S. 15.

Beschäftigung in ausgewählten Bereichen des Nonprofit-Sektors in Deutschland (alte Bundesländer), 1990

Ausgewählte Bereiche der Beschäftigung

	Nonprofit-Sektor in %	Öffentlicher Sektor in %	Gewinnorientierter Unternehmenssektor	Vollzeitäquivalente Beschäftigung gesamt
Kultur und Freizeit	**10,7**	**44,9**	**44,4**	**175,158**
Theater und Opernhäuser	4,5	72,7	22,9	31,602
Orchester, Chöre etc.	9,5	19,0	71,5	5,915
Museen, Ausstellungshäuser	9,2	71,7	19,2	17,490
Allgemeine Bibliotheken	2,7	38,1	59,2	30,559
Erholungsheime	65,2	10,1	24,7	15,207
Ferienheime	22,2	2,6	75,3	10,977
Sporteinrichtungen	2,3	45,2	52,6	62,603
Sportschulen	68,3	31,7	–	805
Bildung und Forschung[1]	**10,9**	**83,3**	**5,7**	**1,144,216**
Schulen	6,0	92,2	1,7	632,106
Hochschulen	1,2	98,6	0,2	198,042
Erziehungsheime	76,2	12,1	11,7	9,136
Berufsausbildung	21,5	60,9	17,6	202,898
Erwachsenenbildung	100,0	–	–	9,559
Forschungsarchive und -bibliotheken	5,7	88,7	5,6	7,779
Forschungseinrichtungen	34,8	59,8	5,4	49,984
Gesundheitswesen	**34,4**	**48,8**	**16,8**	**1,050,222**
Krankenhäuser	29,7	57,4	12,9	830,126
Pflegeheime	63,0	16,8	20,2	128,510
Sonstige Einrichtungen	36,2	16,2	47,6	91,586
Soziale Dienste	**61,2**	**22,1**	**16,7**	**428,766**
Kantinen, Suppenküchen	8,5	6,8	84,7	38,220
Jugend-, Studenten-, Arbeiterwohnheime	34,5	8,5	57,0	23,571
Altenwohnheime	67,6	14,7	17,7	67,14
Jugendheime	73,0	17,6	9,4	17,388
Behindertenhilfe	83,6	6,9	9,5	96,171
Tagesheime	46,4	48,1	5,4	22,766
Kindertagesstätten	62,3	36,7	1,0	155,874
Humanitäre und Flüchtlingshilfen	63,1	30,1	6,8	7,636

Quelle: Johns Hopkins Comparative Nonprofit Sector Project, dargestellt in Anheier, Priller 1995, Tabelle 14

[1] Einschließlich der zahlenmäßig nicht näher ausgewiesenen „sonstigen Einrichtungen des Bildungs- und Forschungswesens".

2 Zu einem guten Teil wird die gemeinnützige Tätigkeit durch **Staatszuschüsse** finanziert. Insbesondere im Bereich des Wohlfahrtswesens und des Gesundheitswesens bringt die Versichertengemeinschaft gemeinsam mit der öffentlichen Hand die notwendigen Mittel auf. Auch im Bereich der Kultur und der Bildung und Wissenschaft fördert der Staat traditionell die Gestaltung der öffentlichen Aufgabe durch private Anbieter. Abgesehen von dieser hohen Staatsquote finanzieren sich die gemeinnützigen Einrichtungen zu 28 % aus **Eigeneinnahmen**. Die gemeinnützigen Einrichtungen entfalten wirtschaftliche Tätigkeiten, wie den Wohltätigkeitsbasar oder die Erhebung von Eintrittsgeldern bei eigenen Veranstaltungen, um Mittel für die Finanzierung der gemeinnützigen Tätigkeit zu erhalten. Eine immer größere Bedeutung als Finanzierungsfaktor bekommt das **Sport-, Kultur- und Sozialsponsoring**. Nur 4 % der Einnahmen der gemeinnützigen Einrichtungen stammen aus der Vermögensverwaltung und aus Spenden. In den letzten Jahren hat sich die Spendenquote erhöht. Professionelle Spendensammelorganisationen arbeiten dazu Marketingkonzepte aus. Gleichzeitig werden immer mehr gemeinnützige Stiftungen errichtet.[4]

3 In Zeiten knapper öffentlicher Kassen ist durchaus zu erwarten, daß der Eigeninitiative privater gemeinnütziger Einrichtungen ein ständig größerer Raum eingeräumt wird. Der Staat ist zunehmend darauf angewiesen, bestimmte Tätigkeitsfelder privaten Organisationen zu überlassen.[5] Gleichzeitig erwächst vielen gemeinnützigen Einrichtungen Konkurrenz durch privatwirtschaftlich organisierte Unternehmen. So stieg der Gesamtumsatz der Fitneßbranche 1993 nach eigenen Angaben um 10 % auf etwa 2,7 Milliarden DM. In rund 5300 Fitneßstudios trainieren bundesweit über 3,2 Millionen Menschen.[6] Auch im Pflegebereich etablieren sich neben den öffentlichen und gemeinnützigen Trägern privatwirtschaftliche Träger. Der Gesetzgeber fördert den Wettbewerb zwischen den verschiedenen Trägern, um dadurch die Wirtschaftlichkeit und Qualität der Dienstleistung zu stärken.[7] Dennoch ist zu erwarten, daß die **wirtschaftliche Bedeutung gemeinnütziger Einrichtungen wachsen** wird. Im Jahr 1990 waren in den USA vergleichsweise 7,12 Mio. Beschäftigte dem gemeinnützigen Sektor zuzuordnen. Immerhin erwirtschafteten sie 6,3 % des Bruttoinlandsproduktes. Im Vergleich dazu entfielen in der Bundesrepublik Deutschland 1990 erst 3,6 % des Bruttoinlandsproduktes auf diesen Bereich. Allerdings ist auch in Deutschland ein erhebliches Beschäftigungswachstum in den Jahren nach 1980 in diesem Bereich zu verzeichnen.[8] Dennoch waren in Deutschland 1995 nur ca. 4 % aller Beschäftigten im Non-

---

[4] Die Hälfte der in Deutschland bestehenden Stiftungen wurde nach 1980 gegründet, s. *Brummer/Ruprecht* (Fn. 1) S. 12 f.

[5] Zu verfassungsrechtlichen Grenzen bei der Privatisierung kommunaler kultureller Einrichtungen *Kadelbach* NJW 1997, 1114 ff.

[6] *Maier* Sportvereine Modernes Steuermanagement für Vereinsfunktionäre, Einleitung.

[7] Vgl. § 93 BSHG i.V. m. § 10 BSHG.

[8] Vgl. *Salomon/Anheier* (Fn. 2) 29.

profit-Bereich tätig, in den Niederlanden aber mehr als 12 %. Deutschland nimmt damit einen Mittelplatz unter den Industrieländern ein. Daran zeigt sich insbesondere die unterschiedliche Tradition bei der Organisation des Wohlfahrtswesens. Der gemeinnützige Bereich wird zu Recht weltweit als Wachstumsmarkt bezeichnet.[9] Die Steuerrechtsordnungen aller Industriestaaten haben sich auf diesen besonderen Sachverhalt eingestellt und, ähnlich dem deutschen Gemeinnützigkeitsrecht, Steuerfreiheit für Vermögensverwaltungs- und Zweckbetriebseinnahmen festgelegt.[10]

B. Gemeinnützige Organisationsformen

Im allgemeinen Sprachgebrauch wird der Begriff „gemeinnützig" 8
oft in einem weiten Sinn verwandt, um Organisationen zu kennzeichnen, die im Dienste der Allgemeinheit tätig werden. So kennt das Stiftungsrecht die Unterscheidung von öffentlichen und privaten Stiftungen des bürgerlichen Rechts. Als öffentliche Zwecke gelten nach der Definition in Art. 1 Abs. 3 BayStiftG die der Religion, der Wissenschaft, der Forschung, der Bildung, des Unterrichts, der Erziehung, der Kunst, der Denkmalpflege, der Heimatpflege, des Schutzes der natürlichen Lebensgrundlagen, des Sportes, der sozialen Aufgaben oder sonst dem Gemeinwohl dienenden Zwecke. Der Oberbegriff **Gemeinwohl** umfaßt alle Zwecke, die auf die Erfüllung einer der Allgemeinheit gestellten, also öffentlichen Aufgabe gerichtet sind.[11] Auch wenn nicht jede öffentliche Stiftung gemeinnützig ist, so verfolgt doch jede gemeinnützige Stiftung öffentliche Zwecke.[12] **Gemeinnützig** sind nach der nur für das Steuerrecht bedeutsamen Definition in § 52 AO Körperschaften, deren Tätigkeit darauf gerichtet ist, die Allgemeinheit auf materiellem, geistigem oder sittlichem Gebiet selbstlos zu fördern. Zum gemeinnützigen Sektor gehören auch Einrichtungen, die mildtätige oder kirchliche Zwecke i. S. d. §§ 53, 54 AO verfolgen. Im Steuerrecht werden weitestgehend dieselben Zwecke wie im Stiftungsrecht als dem Gemeinwohl förderlich anerkannt.[13] So wundert es nicht, daß die öffentliche Hand die Zuschußvergabe an Einrichtungen, die dem Gemeinwohl dienen, in der Regel von dem Steuerstatus der Gemeinnützigkeit abhängig macht. Eine allgemein anerkannte Umschreibung dessen, was dem Gemeinwohl dient, gibt es nicht. Im pluralistischen Rechtsstaat muß letztlich der Gesetzgeber in dem verfassungsrechtlich vorgegebenen Rahmen definieren, in welchem Umfang er gemein-

---

[9] *van Haizen* ET 1997, 336.

[10] Einen detaillierten Überblick über das Steuerrecht für Non-Profit-Organisationen in ca. 20 Staaten geben die Cahiers de droit fiscal international, Vol. LXXXIV a, Amsterdam 1999; zu aktuellen internationalen Trends *Salomon/Anheier* Der Dritte Sektor, Gütersloh 1999.

[11] *Pohley* Art. 1 BayStiftG Erl. 5.1.

[12] *Staudinger/Rawert* Vorbem. zu §§ 80 ff. Anm. 12; *Pohley* ebenda.

[13] Näher unten § 5.

wohlfördernde Tätigkeit außerhalb des Staates zulassen und unterstützen will.[14]

9 § 51 Satz 2 AO bestimmt, daß den Steuerstatus der Gemeinnützigkeit nur die **Körperschaften**, Personenvereinigungen und Vermögensmassen **i. S. d. Körperschaftsteuergesetzes** erlangen können. Dazu gehören nach § 1 KStG zunächst die Kapitalgesellschaften, d. h. insb. die AG und die GmbH, dann aber auch die sonstigen juristischen Personen des privaten Rechts wie Stiftungen oder Vereine. Schließlich können nicht rechtsfähige Vereine und Stiftungen des privaten Rechts den Status der Gemeinnützigkeit beanspruchen. Dabei ist zu beachten, daß regionale Untergliederungen von Vereinen unter Umständen als steuerlich selbständige nicht rechtsfähige Vereine angesehen werden.[15]

10 Steuervergünstigungen nach §§ 51 ff. AO können allerdings nur **unbeschränkt steuerpflichtige Körperschaften** in Anspruch nehmen.[16] Nur Vereine, Stiftungen oder Gesellschaften, die ihren Sitz oder den Ort ihrer Geschäftsleitung in Deutschland haben, können den Steuerstatus der Gemeinnützigkeit beanspruchen. Ausländische gemeinnützige Körperschaften können im Einzelfall aufgrund der von der Bundesrepublik Deutschland abgeschlossenen Doppelbesteuerungsabkommen ebenfalls in den Genuß der Steuerbefreiungen, die inländischen gemeinnützigen Körperschaften gewährt werden, kommen.[17]

11 Außer den juristischen Personen des Privatrechts kann auch eine **juristische Person des öffentlichen Rechts** den Status der Gemeinnützigkeit erlangen. Soweit eine juristische Person des öffentlichen Rechts einen Betrieb gewerblicher Art unterhält, weil sie eine nicht hoheitliche Tätigkeit ausübt, unterliegt sie der Körperschaftsteuer (§ 1 Abs. 1 Nr. 6 KStG i. V. m. § 4 KStG). Ein derartiger Betrieb gewerblicher Art kann, wenn er die Voraussetzungen der Gemeinnützigkeitsvorschriften erfüllt, steuerbefreit sein.[18] Dies ergibt sich bereits aus den §§ 55 Abs. 3, 62 AO.

12 Gleichgültig welcher Organisationsform sich eine Einrichtung, die den Status der Gemeinnützigkeit anstrebt, bedient, in jedem Fall wird, wie § 59 AO bestimmt, die Steuervergünstigung nur gewährt, wenn sich aus der Satzung, dem Stiftungsgeschäft oder der sonstigen Verfassung der Körperschaft ergibt, welchen Zweck die Körperschaft verfolgt, daß dieser Zweck gemeinnützig im Sinne der Vorschriften der Abgabenordnung ist und daß er ausschließlich und unmittelbar verfolgt wird. Von daher gibt es eine **enge Verknüpfung zwischen dem Gemeinnützigkeitsrecht und dem Organisationsrecht**. Nur wenn in der Satzung der Körperschaft die im Gemeinnützigkeitsrecht bestimm-

---

[14] *Karpen* Gemeinnützige Stiftungen im pluralistischen Rechtsstaat, S. 30; zur Geschichte des Gemeinnützigkeitsbegriffs unten Rz. 16 ff.; zum Verfassungsrecht unten Rz. 39 ff.

[15] § 5 Rz. 6.

[16] BFH, BStBl. 1975, 95.

[17] Art. 27 DBA USA; Art. 28 DBA Schweden; Art. 21 Abs. 7 b DBA Frankreich; Art. 13 E DBA Israel.

[18] BFH BStBl. 1985, 162.

ten Regularien enthalten sind, kann diese Körperschaft die Steuerbefreiung beanspruchen. Gleichzeitig setzt die Steuerfreiheit voraus, daß die Organe der gemeinnützigen Körperschaft sich in der täglichen Arbeit tatsächlich an die eigenen Satzungsbestimmungen halten. Die Verknüpfung zwischen Steuerrecht und privatem Organisationsrecht ist auf dem Gebiet des Gemeinnützigkeitsrechts besonders eng. Der Verstoß gegen Satzungsbestimmungen löst nicht nur Folgen im Zivilrecht aus, sondern gefährdet gleichzeitig auch den Steuerstatus.

C. Rechtsentwicklung

I. Von der pia causa zur Gemeinnützigkeit

Der Begriff der „Gemeinnützigkeit" entstammt dem modernen Recht. Doch kannte selbstverständlich schon das Mittelalter Rechtsformen, die es privaten Personen erlaubten, eine gemeinwohlfördernde Tätigkeit in Organisationsformen des Privatrechts zu entfalten. Im älteren gemeinen Recht wurde, zurückgehend auf den Codex Justinians, die Lehre von den piae causae entwickelt. Bei den „**piae causae**" handelte es sich um **kirchlich-religiöse und soziale Angelegenheiten**. Ihre materielle Förderung ist von Anfang an ein Anliegen der christlichen Gemeinden gewesen. Die griechischen Kirchenväter haben gelehrt, daß jeder Christ einen Teil seines Vermögens durch Schenkung oder Zuwendung von Todes wegen für diese Zwecke zur Verfügung stellen solle. Die Kirche hielt die Gläubigen an, diese Forderung im Interesse ihres Seelenheils, pro salute animae, zu erfüllen und übernahm die praktische Durchführung solcher Verfügungen.[19] Deswegen traf bereits der Codex Anordnungen, wie die Durchführung entsprechender erbrechtlicher Verfügungen gesichert werden kann. Der Begriff der piae causae umfaßte Zuwendungen für folgende Zwecke: 16

- Seelenmessen pro salute animae;
- an Christus, die Heiligen, die Kirche allgemein oder an bestimmte Kirchen, Klöster, Hospitäler und andere kirchlichen Anstalten, sowie an Studenten;
- an die Armen, Witwen und andere miserabiles personae, zur Ausstattung armer Mädchen, zum Loskaufen von Gefangenen;
- für das öffentliche Wohl (publica utilitas), insbesondere zur Herstellung von Wegen und Brücken;
- zur Befriedigung der Gläubiger.[20]

Aus diesen Anfängen hat sich im Recht des Mittelalters dann das **Institut der Stiftung** entwickelt. Zunächst wurde das Rechtsinstitut der unselbständigen Stiftungen geschaffen, die meist der kirchlichen Verwaltung unterstanden. Seit dem 13. Jahrhundert trat in den Städten ein Stiftungswesen in Erscheinung, das außerhalb der Kirche stand, von Laien

---

[19] *Coing* in: *Seifart-v. Campenhausen* § 5 Rz. 14.
[20] *Coing* aaO.

verwaltet und von städtischen Behörden, insb. dem Rat, beaufsichtigt wurde.[21] Die aus dieser Zeit vielfach erhaltenen Stifterbilder belegen das Interesse, sichtbare Frömmigkeit mit der Repräsentation der stiftenden Persönlichkeit zu verbinden.[22] Was die Stiftungszwecke angeht, so orientierten sich auch die weltlichen Zwecksetzungen zunächst am kanonischen Recht. Es handelte sich meist um Stiftungen für piae causae. Hervorzuheben sind die heute noch teilweise vorhandenen Anstaltsstiftungen des Mittelalters, wie Spitäler, Armenhäuser und Herbergen. Die ältesten auch heute noch tätigen deutschen Stiftungen stammen aus dem 10. Jahrhundert.[23] 241 existierende Stiftungen sind älter als 500 Jahre.[24]

17 In der frühen Neuzeit setzte sich dann die Verweltlichung des Stiftungswesens fort. Die Regeln über die piae causae galten zwar weiter. In der Aufklärung traten die weltlichen Zwecke in den Vordergrund. Anfangs wurde mit der „utilitas publica" vor allem die Schaffung von Wohlfahrtseinrichtungen verbunden, bald entstanden aber auch Stiftungen zur Förderung von Erziehung und Wissenschaft, wie die Franke'schen Stiftungen in Halle (1692) und die Senckenbergischen Stiftungen in Frankfurt am Main (1763).[25] Gleichzeitig ergaben sich aus dem fürsorgenden Staatsverständnis heraus Zweifel daran, inwiefern **private Stiftungen zum allgemeinen Besten** ohne staatliche Aufsicht wirken dürften. Was für den gemeinsamen Nutzen zu tun war, sollte der Staat besorgen. *Turgot*, Physiokrat und Finanzminister Ludwig XVI., wollte Stiftungen generell untersagen, weil sie nur auf der Eitelkeit der Stifter beruhten, die in ihrem begrenzten Verstand ihr Vermögen auf unnütze und gesellschaftsschädliche Weise für die Ewigkeit festlegen wollten. Menschenwerk sei aber nicht für die Ewigkeit bestimmt.[26] Deswegen wurde in dieser Zeit nicht nur das Erfordernis einer staatlichen Genehmigung der privaten Stiftungen unterstrichen. Darüber hinaus wurden die Stiftungen auch einer straffen staatlichen laufenden Aufsicht unterworfen. Im preußischen Allgemeinen Landrecht wurde dem Staat gestattet, nichtnützliche Stiftungen ohne weiteres aufzuheben.[27] Allenthalben konzentrierte die weltliche Obrigkeit das Stiftungswesen in staatlichen Behörden und versuchte, den selbständigen Wirkungskreis privater Gemeinwohlpflege auf diese Weise zu kontrollieren.[28] In Nordrhein-Westfalen waren diese Regelungen des preußischen Allgemeinen

---

[21] *Coing* aaO Rz. 30.

[22] *Schiemann* Erlanger Universitätsreden 40, 1992, S. 9 ff.; *von Müller* FAZ v. 29. 05. 1999, Beilage I.

[23] Das älteste Mitglied im Bundesverband Deutscher Stiftungen e.V. ist die Hospitalstiftung in Wemding in Ries, die seit dem Jahr 917 ein Alters- und Pflegeheim für bedürftige Bürger unterhält, vgl. *von Campenhausen* in: IDW-Symposion Stiftungen, S. 12.

[24] *Turner* DB 1995, 413 (414).

[25] *Schulte* Staat und Stiftung S. 29.

[26] Vgl. *K. Schmidt* Stiftungswesen – Stiftungsrecht – Stiftungspolitik, Bergisch-Gladbach 1987, S. 8.

[27] *Staudinger/Rawert* Vorbem. zu §§ 80 ff. Rz. 32.

[28] Vgl. dazu ALR § 8 II 19; s. auch *von Campenhausen* (Fn. 23, S. 16 ff.).

Landrechtes bis 1977 die – weitgehend unveränderte – gesetzliche Grundlage für die Stiftungsaufsicht.[29]

Bis hinein in das 19. Jahrhundert war das Stiftungswesen vom Gedanken der Mildtätigkeit und Frömmigkeit beherrscht. Berühmt wurde der Fall der Städel'schen Stiftung in Frankfurt.[30] Der Bankier Johann Friedrich Städel hatte durch Testament vom März 1815 das Städel'sche Kunstinstitut in Frankfurt errichtet und diese Stiftung zum Universalerben eingesetzt. Die gesetzlichen Erben verlangten Herausgabe des Nachlasses auch mit der Begründung, daß kulturelle Zwecke nicht unter die piae causae fielen. Die Kieler Rechtsfakultät, um ein Gutachten gebeten, urteilte, daß „ein bloßes Kulturinstitut, welches doch immer nur einen Gegenstand des Luxus, wenn auch des edleren und feineren, betreffe, auf den Namen und die Rechte einer gemeinnützigen Stiftung im Sinne des Gesetzes keinen Anspruch habe...“ Letztlich setzten sich die weltlich denkenden Legisten durch: Statt der Frömmigkeit wurde die Gemeinnützigkeit der zentrale Begriff dafür, welche Tätigkeiten vom Staat als gemeinwohlfördernd anerkannt werden. Eine **Blütezeit des Stiftungs- und Spendenwesens** wurde dann die Zeit vor dem 1. Weltkrieg. Die Industriellen, meist self-made men, wollten mit Spenden und Stiftungen für Kultur und Wissenschaft bestätigen, daß sie zum Bildungsbürgertum gehören und den zweckfreien Geist achten, wie er sich in Kunst und Wissenschaft äußert.[31] So wurde beispielsweise die Frankfurter Universität, 1914 gegründet, als Stiftungsuniversität errichtet. **18**

Seit Mitte des 19. Jahrhunderts wurde es den Bürgern erlaubt, sich ohne staatliche Genehmigung in **Vereinen** als weiterer Organisationsform ideeller Tätigkeit zusammenzuschließen, nachdem über Jahrhunderte der Staat der freien Vereinsbildung reserviert gegenüber stand, weil es in Vereinen zur unerwünschten politischen Betätigung kommen konnte.[32] Idealvereine, die keiner staatlichen Konzession bedürfen, können, wie es in den Protokollen zum BGB heißt, gemeinnützigen, wohltätigen, geselligen, wissenschaftlichen, künstlerischen und anderen nicht auf einen wirtschaftlichen Geschäftsbetrieb gerichteten Zwecken dienen.[33] Der Begriff der Gemeinnützigkeit wurde bereits im ausgehenden 18. Jahrhundert im gemeinen Recht verwandt. Schon im Preussischen Allgemeinen Landrecht waren Corporationen rechtlich privilegiert, wenn sie sich einem „fortdauernden, gemeinnützigen Zweck“ verschrieben hatten.[34] Dabei galt auch die Verwaltung und Nutzung eigenen Vermögens als unschädlich, sofern damit die „Beförderung des gemeinschaftlichen Besten der Gesellschaft“ einherging.[35] **19**

---

[29] *Seifart- v. Campenhausen/v. Campenhausen* Stiftungshandbuch, § 3 Rz. 6.

[30] Vgl. *Liermann* S. 250ff.; *Kiefner* Das Städel'sche Kunstinstitut – zugleich zu C. F. Mühlenbends Beurteilung eines berühmten Rechtsfalles: Quaderni fior. 11/12 (1982/83), 339; *Becker* FS Hübner S. 21ff.; *Schiemann* a.a.O. (Fn. 22).

[31] *Niemeyer* FS Goerdeler S. 566 (573).

[32] Ausführlich *Madl* Sportverein, S. 87ff.

[33] *Mugdan* I Protokolle, S. 603f.

[34] § 25 II 6 ALR.

[35] § 71 II 6 ALR.

II. Steuerrecht

1. Problemstellungen und Lösungsversuche

24 Die erste **Steuerbefreiung für eine gemeinnützige Einrichtung** findet sich in der Befreiung von der Grundabgabe für Gebäude, die zu gemeinnützigen Zwecken bestimmt waren, in einem am 9. 7. 1812 in Dresden erschienenen Mandat.[36] Seitdem Ertragsteuern eingeführt waren, gab es Befreiungen davon für gemeinnützige Körperschaften. In Preußen waren ursprünglich nur die AG, wirtschaftlichen Vereine und GmbH subjektiv einkommensteuerpflichtig, nicht aber Stiftungen und Idealvereine. Dagegen bestimmte § 6 Ziff. 10 des Sächsischen EStG i. d. F. des Änderungsgesetzes vom 24. 7. 1900, daß die ausschließlich kirchlichen, gemeinnützigen, wohltätigen Besoldungs- und Pensionszwecken dienenden juristischen Personen und mit dem Recht auf Vermögenserwerb ausgestatteten Personenvereinigungen und Vermögensmassen aufgrund ihrer gemeinnützigen und wohltätigen Zwecke von der Steuer befreit seien. Das Sächsische Oberverwaltungsgericht hat sich schon am 6. 8. 1908 mit der Frage befaßt, wie weit diese Steuerbefreiung für gemeinnützige Körperschaften reicht.[37] Im Streitfall ging es um die Frage, ob eine mildtätige Stiftung des privaten Rechts mit dem Zweck, armen Kindern unentgeltlich Unterricht und Erziehung zu gewähren, die Steuerbefreiung behalten konnte, obwohl sie in dem Streitjahr den Großteil der Schüler gegen Zahlung eines Schulgeldes aufgenommen hatte. Die Stiftung verwandte die zusätzlichen Einnahmen nicht sogleich, um eine größere Zahl armer Kinder aufzunehmen, sondern sammelte diese Erträge zur Aufstockung des Stiftungsvermögens an, um mit den höheren Erträgen aus dem gewachsenen Kapital in der Zukunft eine erweiterte Anstalt betreiben zu können. Dazu entschied das Sächsische Oberverwaltungsgericht, daß eine gemeinnützige Stiftung schon dann den gemeinnützigen Zwecken diene, wenn sie Teile ihres Einkommens nicht unmittelbar den gemeinnützigen Zwecken zuführe, sondern zunächst zur Kapitalbildung verwende, um später mit den Erträgen des neu gewonnenen Vermögens in größerem Maße gemeinnützig wirken zu können. Im übrigen erkannte das Sächsische Oberverwaltungsgericht die Gemeinnützigkeit dieser Stiftung an und erachtete die Einkommenserzielung nicht als schädlich. Die Stiftung mußte ihr Einkommen aus der Erhebung des Schulgeldes deswegen nicht besteuern, weil das Sächsische StaatsEStG eine entsprechende Einschränkung der Steuerbefreiung nicht enthielt. Doch schon 1909 wurde in Art. II Ziff. 5 des Sächsischen StaatsEStG eine Regelung eingeführt, wonach die Steuervergünstigung für gemeinnützige Körperschaften nicht für deren Einkünfte aus Grundbesitz oder Gewerbebetrieb gelten sollte.[38]

[36] *Harl* Steuerregulierung (1814), Band 1 S. 332 nach *Madl* Sportverein S. 113.

[37] Urteil des II. Senats Nr. 110 II S07, Jahrbücher des Sächsischen Oberverwaltungsgerichts Bd. 12, 360; vgl. zum folgenden *Hüttemann* S. 1 ff.

[38] Ähnlich Entwurf eines bayerischen Einkommensteuergesetzes von 1908, Art. 4 Abs. 1 Nr. 5 Abs. 3.

Auch in der Folgezeit hat sich das Steuerrecht immer wieder mit der Frage auseinandergesetzt, ob **gemeinnützigen Körperschaften eine wirtschaftliche Betätigung erlaubt sein** und inwiefern diese wirtschaftliche Betätigung der Besteuerung unterworfen werden soll. Ursprünglich war nach der Gemeinnützigkeitsverordnung zum KStG 1922 die Verfolgung eigenwirtschaftlicher Zwecke, solange diese nicht von der gemeinnützigen Körperschaft in erster Linie verfolgt wurden, mit der subjektiven Steuerfreiheit für die gemeinnützige Körperschaft vereinbar.[39] Später wurde unter Verwendung des Begriffs des wirtschaftlichen Geschäftsbetriebs die Steuerfreiheit für die gemeinnützigen Körperschaften zunächst insofern eingeschränkt, als die Gewinne eines wirtschaftlichen Geschäftsbetriebs besteuert werden mußten. Dann bestimmte § 9 Abs. 1 Nr. 7 KStG i. d. F. von 1931 sogar, daß bei Vorliegen eines wirtschaftlichen Geschäftsbetriebs der Körperschaft die Steuerfreiheit insgesamt zu versagen sei. Beabsichtigt war mit diesen Gesetzesänderungen die wettbewerbliche Gleichstellung gemeinnütziger Körperschaften des privaten Rechts mit öffentlichen Betrieben und mit anderen Unternehmen. Die Rechtsprechung lokkerte die steuerschädliche Wirkung von Erwerbstätigkeiten beginnend mit einem Urteil des Reichsfinanzhofs vom 11. 1. 1934[40] aber wieder auf, indem sie eine wirtschaftliche Betätigung, die unmittelbar und aus einer gewissen Naturnotwendigkeit und Zwangsläufigkeit heraus dem gemeinnützigen Zweck dient, der steuerbegünstigten Sphäre zuordnete. Anhand dieser Kriterien entwickelte die Rechtsprechung den Begriff des **Zweckbetriebs**. Im KStG 1934 wurde dann der Begriff des wirtschaftlichen Geschäftsbetriebs nur noch zur Festlegung einer partiellen Steuerpflicht einer gemeinnützigen Körperschaft eingesetzt. Die gemeinnützige Körperschaft selbst konnte wieder trotz Betreibens eines wirtschaftlichen Geschäftsbetriebs steuerbefreit sein. 25

Eine ähnlich schwankende Entwicklung läßt sich auch für die Ausbildung des Begriffs des **steuerpflichtigen wirtschaftlichen Geschäftsbetriebs** feststellen.[41] Während zeitweise jegliche Erwerbstätigkeit zur Steuerpflicht führen konnte, wurden später bestimmte Tätigkeiten der privaten Vermögensverwaltung aus dem Begriff des wirtschaftlichen Geschäftsbetriebs ausgegrenzt.[42] Nach 1934 wurden in den einzelnen Steuergesetzen fast durchgehend nur solche wirtschaftlichen Geschäftsbetriebe einer Steuerpflicht unterworfen, die über den Rahmen einer Vermögensverwaltung hinausgingen.[43] Der wesentliche Grund für diese Differenzierung war darin zu sehen, daß nach der damals herrschenden Ansicht in Rechtsprechung und Literatur der wirtschaftliche Geschäftsbetrieb selbst auf den Erwerb zielte und damit in besonderer 26

[39] Zum folgenden *Franz* S. 32 ff.

[40] RFH RStBl. 1934, 246 (247 f.).

[41] *Franz* S. 140 ff.

[42] RFH v. 26. 1. 1932, RStBl. 1932, 400.

[43] *Franz* Nachweise S. 152 Fußn. 131.

Weise wettbewerbsbeeinträchtigend wirken konnte, während der Zweck der Vermögensverwaltung allein auf die Erhaltung des Vermögens gerichtet war, ohne daß die Körperschaft am Markt eine aktive Tätigkeit entfaltete.[44]

27 Damit hat das Gemeinnützigkeitsrecht seit jeher die Frage beschäftigt, in welchem Maße einer gemeinnützigen Körperschaft eine Erwerbstätigkeit erlaubt ist, wie der steuerpflichtige wirtschaftliche Geschäftsbetrieb von der steuerbefreiten Sphäre der Vermögensverwaltung und der steuerbefreiten Sphäre des Zweckbetriebs abzugrenzen ist, und in welchem Zeitraum die gemeinnützige Körperschaft die von ihr erwirtschafteten Mittel für die gemeinnützigen Zwecke ausgeben muß. Diese Fragen stehen sämtlich heute noch im Mittelpunkt des Gemeinnützigkeitsrechts.[45]

2. Definition der gemeinnützigen Zwecke

31 Welche Tätigkeit gemeinnützig ist, hat der Gesetzgeber bis heute nicht zweifelsfrei definiert. Die allgemeine Formel lautete früher, daß das **gemeine Beste** gefördert werden muß.[46] Was aber das gemeine Beste ist, blieb ebenso undeutlich wie die heute in § 51 AO verwandte Definition, daß „eine Körperschaft gemeinnützige Zwecke verfolgt, wenn ihre Tätigkeit darauf gerichtet ist, die Allgemeinheit auf materiellem, geistigem oder sittlichem Gebiet selbstlos zu fördern". Außer der Gemeinnützigkeit i. e. S. fallen unter die §§ 51 ff. AO auch die Verfolgung mildtätiger und kirchlicher Zwecke.

32 Von Mitte des 19. Jahrhunderts bis 1990 gehörte die Förderung des Wohnungsbaus zu den gemeinnützigen Zwecken. Das **Wohnungsgemeinnützigkeitsgesetz** erlaubte die Bildung großer Unternehmen der Wohnungswirtschaft im steuerbefreiten Sektor, bevor der Gesetzgeber die Steuerbefreiung für diese Tätigkeiten abschaffte.

33 Im Laufe der Geschichte wurde die gesetzliche Definition des Begriffs „Gemeinnützigkeit" je nach dem herrschenden politischen Willen weiter oder enger gefaßt. So hat der **nationalsozialistische Gesetzgeber** in § 17 StAnpG festgelegt, daß als gemeinnützig nur noch eine Tätigkeit anerkannt werden könne, welche dem Wohl der deutschen Volksgemeinschaft diene. Mit dieser Gesetzesänderung wurden im Einklang mit der nationalsozialistischen Rassenideologie jüdische Einrichtungen von der Eignung als gemeinnützig ausgeschlossen.[47] Auch der Begriff der Mildtätigkeit, der sämtliche bedürftige Personen ohne Rücksichtnahme auf völkische oder rassische Beschränkungen erfaßte und sowohl an die kör-

---

[44] *Hüttemann* S. 116 ff.

[45] Zum Umfang einer zulässigen wirtschaftlichen Tätigkeit einer gemeinnützigen Körperschaft § 6 Rz. 4; zur Abgrenzung von wirtschaftlichem Geschäftsbetrieb und Vermögensverwaltung § 6 Rz. 62–72; zur Abgrenzung zwischen wirtschaftlichem Geschäftsbetrieb und Zweckbetrieb § 6 Rz. 83–89; zur sog. zeitnahen Mittelverwendung § 8 Rz. 71–101.

[46] Vgl. u. a. § 7 Abs. 1 DVO zum Körperschaftsteuergesetz 1925.

[47] *Voss* Steuern im Dritten Reich, S. 145.

perliche wie geistige oder wirtschaftliche Hilfsbedürftigkeit anknüpfte, wurde entsprechend der nationalsozialistischen Ideologie deutlich eingeschränkt. Nach § 18 Abs. 1 StAnpG vom 1. Dezember 1936 konnte nur noch die Unterstützung bedürftiger deutscher Volksgenossen den Begriff der Mildtätigkeit erfüllen. Gleichzeitig waren Zuwendungen für die Pflege gebrechlicher Menschen ohne deren gleichzeitige wirtschaftliche Hilfsbedürftigkeit nicht mehr steuerbegünstigt. Ebenso wurde die Steuerbegünstigung für kirchliche Zwecke nach § 19 Abs. 1 StAnpG auf christliche Religionsgesellschaften beschränkt. Auch diese Gesetzesänderung zielte auf die Verfolgung der jüdischen Mitbürger ab, deren Gemeinden sukzessive die Steuerbefreiung aberkannt wurde.[48]

Durch alliierte Kontrollratsgesetze wurden in den Jahren 1945 und 34
1946 diese nationalsozialistisch motivierten Einschränkungen des Gemeinnützigkeitsbegriffs rückgängig gemacht. § 17 StAnpG definierte als gemeinnützig solche Zwecke, durch deren Erfüllung ausschließlich und unmittelbar die Allgemeinheit gefördert wird. In § 17 Abs. 2 StAnpG war festgelegt, daß eine Förderung der Allgemeinheit nur anzunehmen ist, wenn „die Tätigkeit dem allgemeinen Besten auf materiellem, geistigem oder sittlichem Gebiet nutzt". Als gemeinnützige Zwecke wurden anerkannt die öffentliche Gesundheitspflege, die Jugendpflege und Jugendfürsorge sowie die körperliche Ertüchtigung des Volks durch Leibesübungen und die Förderung der Wissenschaft, Kunst und Religion, der Erziehung, Volks- und Berufsbildung, der Denkmalpflege, Heimatpflege und Heimatkunde. Die entspr. Vorschriften wurden in die am 1. 1. 1977 in Kraft getretene AO übernommen. Der Gesetzgeber hat dann aber durch das **Vereinsförderungsgesetz** vom 18. 12. 1989 den Umfang der gemeinnützigen Zwecke erheblich ausgedehnt. Er erkannte auch eine Reihe von **Freizeitbetätigungen als gemeinnützig** an, wie die Förderung der Tierzucht, der Pflanzenzucht, der Kleingärtnerei, des traditionellen Brauchtums einschließlich des Karnevals, der Fastnacht und des Faschings, der Soldaten- und Reservistenbetreuung, des Amateurfunkens, des Modellflugs und auch des Hundesports, was die Bemerkung provozierte, das Gemeinnützigkeitsrecht sei auf den Hund gekommen.[49] Daß der Modellflug oder Hundesport die Allgemeinheit auf materiellem, geistigem oder sittlichem Gebiet nicht fördert, wie es der Grundtatbestand des § 52 Abs. 1 AO für die Anerkennung einer gemeinnützigen Tätigkeit an sich verlangt, ist offenkundig. Diese Eingriffe des Gesetzgebers zeigen, daß in der Demokratie letztlich die parlamentarischen Mehrheiten darüber entscheiden, welche Tätigkeit steuerbegünstigt werden soll.[50] Die Eingriffe des Gesetzgebers erschweren die Auslegung des Gemeinnützigkeitsbegriffs durch die Rechtsprechung.[51]

---

[48] *Voss* a.a.O., S. 94 ff.; S. 145 f.

[49] *Tipke* StuW 1989, 165.

[50] A. A. *Karpen* Gemeinnützige Stiftungen im pluralistischen Rechtsstaat, S. 33.

[51] Dazu § 5 Rz. 20–80

35 In der DDR ließ der Staat aus ideologischen Gründen einen nennenswerten selbständigen Wirkungskreis privater Gemeinwohlpflege nicht zu, denn der sozialistische Staat beanspruchte selbst, die Bedürfnisse seiner Untertanen zu bestimmen und zu befriedigen. Folgerichtig wurden Stiftungen, sieht man von einigen wenigen kirchlichen ab, erst enteignet und schließlich 1976 das Stiftungsrecht ersatzlos aufgehoben.[52] Die Geschichte privater gemeinnütziger Einrichtungen zeigt, wie wechselnde Ideologien den Bestand dieser Institutionen gefährden können. Andererseits benötigt gerade eine Gesellschaft freier Bürger, wie die der Bundesrepublik Deutschland, Stiftungen, Vereine und Gesellschaften, die dem Gemeinwohl verpflichtet sind.

3. Gemeinnützigkeit und Verfassungsrecht

39 Es gehört in unserer Rechtsordnung zu den **verfassungsrechtlich geschützten Rechten** des Einzelnen, sich im Rahmen der Rechtsordnung in gemeinwohlnütziger Weise zu betätigen. Das Recht, eine Stiftung zu errichten, ist ein verfassungsrechtlich geschützter Akt privatautonomer Lebensgestaltung.[53] Geschützt ist auch das Recht, sich zu diesem Zweck in Idealvereinen zusammenzuschließen oder eine Gesellschaft zu gründen. Selbstverständlich darf diese Betätigung nur im Rahmen der allgemeinen Rechtsordnung erfolgen. Verbirgt sich hinter der Rechtsform für eine ideelle Tätigkeit tatsächlich ein Wirtschaftsunternehmen, so ist zu prüfen, ob ein Mißbrauch der Rechtsform vorliegt.[54]

40 Gemeinnützige Einrichtungen genießen, soweit sie nach Art. 19 Abs. 3 GG **grundrechtsfähig** sind, staatliche Förderung, wenn diese aufgrund einzelner Grundrechtsbestimmungen geboten ist.[55] Gemeinnützige Einrichtungen, die selbst Forschungsaufgaben erfüllen oder wissenschaftliche Lehre betreiben oder Kunst und Kultur fördern, stehen unter dem Schutz des Art. 5 Abs. 3 GG. Dies hindert den Staat, derartige Einrichtungen im Kernbereich ihrer Tätigkeit zu behindern.[56]

41 Aus dem Recht des Einzelnen, sich für das Gemeinwohl zu betätigen, ergibt sich aber noch nicht die Pflicht des Staates, gemeinnützige Tätigkeiten in besonderer Weise zu fördern. Gemeinnützige Körperschaften genießen **Steuerprivilegien**, denn das von ihnen erzielte Einkommen unterliegt nicht der Besteuerung. Zusätzlich werden sie dadurch steuerlich gefördert, daß freiwillige Zuwendungen anderer Steuerpflichtiger als **Spenden** bei den Zuwendenden steuermindernd berücksichtigt werden. Diese Durchbrechung einer an sich gegebenen Steuerpflicht

---

[52] *Rawert* Suppl. Deutsche Einigung, DB 1991, Folge 19, 13.

[53] *Staudinger/Rawert* Vorbem. zu §§ 80 ff. Rz. 45; a. A. *Sachs* in: FS Leisner, 955 ff.; offengelassen v. BayVGH v. 21. 11. 1966.

[54] Vgl. § 22 BGB für wirtschaftliche Vereine; *K. Schmidt,* Stiftungswesen, S. 20 ff. für Unternehmensstiftungen.

[55] Näher *Seifart-v. Campenhausen/Hof* § 4 Rz. 131, 160; vgl. BVerwG NJW 1986, 2843 für die Berufung auf Art. 5 Abs. 3 ff.

[56] Vgl. BVerwG v. 28. 2. 1986, DÖV 1986, 518 ff.

bedarf der **verfassungsrechtlichen Legitimation**.[57] Die verfassungsrechtliche Rechtfertigung der Steuervergünstigungen für gemeinnützige Körperschaften ist umstritten. Teilweise wird es für ausreichend erachtet, wenn eine gemeinnützige Körperschaft staatsentlastende Tätigkeiten entfaltet, indem sie Pflichtaufgaben des Staates oder der Kommunen selbstlos erfüllt.[58] Dem wird entgegengehalten, daß die Gemeinnützigkeit auf das Gemeinwesen und nicht auf den Staat bezogen ist. Gemeinnützige Aufgaben sind gerade dem staatlichen Zugriff entzogen. Der Staat kann gemeinnützige Körperschaften in ihren religiösen, sittlichen und kulturellen Tätigkeiten nicht ersetzen, und mithin können gemeinnützige Körperschaften den Staat in diesem Bereich auch nicht „entlasten".[59] Staatsaufgaben bilden immer nur einen Ausschnitt aus der Gesamtheit der Aufgaben, die das Gemeinwohl i. S. d. Gewährleistung des „guten Lebens" aller Glieder des Gemeinwesens erfüllen muß. Die Staatsorganisation ist allein für das Gemeinwohl da. Doch sie hat kein Monopol auf Gemeinwohlverwirklichung. Die Gemeinwohl-Förderlichkeit als solche reicht aber nicht aus, um eine Steuerbefreiung wegen „Gemeinnützigkeit" zu rechtfertigen. Die Sorge für die Lebensgrundlagen ist grds. keine Rechtfertigung für Steuerprivilegien, weil die meisten Lebensbedürfnisse, idR jedenfalls, aus dem versteuerten Einkommen oder doch durch steuerpflichtige Leistungen privater Unternehmer erfüllt werden können. Nur wo die privatautonome und zumeist privatnützige Motivation typischerweise zu schwach ist, um gemeinwohlrelevante Bedürfnisse zu erfüllen, setzt die Möglichkeit ein, durch Steuervergünstigungen Privatinitiative anzuregen, zu fördern, zu erhalten und zu belohnen. Diese Voraussetzung ist exemplarisch gegeben in bestimmten Bereichen der Kultur, der Bildung, der Erziehung und der Wohlfahrtspflege. Eine zusätzliche Legitimation ergibt sich dort, wo der Staat aufgrund seiner verfassungsrechtlichen Bindungen gemeinwohlwichtige Aufgaben nicht oder jedenfalls nicht angemessen erfüllen könnte. Das ist der Fall in den Bereichen der Religion und der Moral, aber auch in dem Bereich der politischen Willensbildung, kurz „in allen gemeinwohlwichtigen Bereichen, in denen der Staat zur Neutralität gegenüber pluralistischen Kräften verpflichtet ist".[60] Dagegen bestehen verfassungsrechtliche Bedenken, wenn eine Körperschaft steuerliche Privilegien erhält, die nicht altruistisch für andere tätig ist, sondern in erster Linie die Selbstverwirklichung der in ihr vereinigten Mitglieder fördert. Die **Verfolgung ideeller Zwecke im Bereich privater Lebensführung**, insbesondere die eigennützige Befriedigung kultureller, sportlicher, spielerischer und geselliger Bedürfnisse, fördert das Gemeinwohl nicht.[61]

[57] Dazu *Isensee/Knobbe-Keuk* S. 341; *Isensee* FS Dürig, S. 42 ff.; *Lang* StuW 1987, 221 (241 ff.).

[58] Gutachten, S. 94.

[59] *Isensee/Knobbe-Keuk* S. 347.

[60] *Isensee/Knobbe-Keuk* a.a.O.

[61] Gutachten, S. 95; *Isensee/Knobbe-Keuk* S. 355; *Lang* StuW 1987, 221 (249 f.).

42 Der Gesetzgeber hat sich im Gegensatz zu den verfassungsrechtlichen Auffassungen in der Literatur allerdings dafür entschieden, **auch private Freizeitbetätigungen als gemeinnützig** anzuerkennen. Er wollte damit bewußt ein Zeichen setzen, daß die Betätigung der Sportvereine, aber auch der Vereine, die das Brauchtum pflegen, staatlich erwünscht ist und gefördert werden soll. Die Steuervergünstigung für derartige Vereine gehört zum Bereich der Subventionsnormen, bei denen mit Mitteln des Steuerrechts allgemein-politisch erwünschtes Verhalten gefördert wird. Ob eine derartige Förderung verfassungswidrig ist, hängt letztlich davon ab, wie weit das Ermessen des Gesetzgebers reicht, mit Mitteln des Steuerrechts andere politische Zwecke zu verfolgen. Allerdings zeigt der Umstand, daß Mitgliedsbeiträge zu den Sport- und Freizeitvereinen nicht als Spenden steuerlich geltend gemacht werden können, daß der Steuergesetzgeber durchaus diese verfassungsrechtlichen Erwägungen im Blick hat.[62]

4. Reformüberlegungen

43 Die Bundesregierung hat im Dezember 1985 eine unabhängige Sachverständigenkommission zur Prüfung des Gemeinnützigkeitsrechts eingesetzt. Die Kommission erhielt den Auftrag, gutachtlich zu der Frage Stellung zu nehmen, wie unter Berücksichtigung des Wettbewerbs und unter Beachtung systematischer Gesichtspunkte das Gemeinnützigkeitsrecht sowie das Spendenrecht vereinfacht und verbessert werden können und wie die gemeinnützigen und nicht gemeinnützigen Zwecke sowie steuerbegünstigten und nicht steuerbegünstigten Tätigkeiten gemeinnütziger Körperschaften abgegrenzt werden können. In ihrem im März 1988 veröffentlichten Gutachten kam die Kommission zu dem Ergebnis, daß die Förderung jeglicher **eigennütziger Zwecke** der Mitglieder der Körperschaften, **wie die Geselligkeit oder Freizeitgestaltung, nicht gemeinnützig** ist. Deswegen solle insb. die Förderung des Sports künftig nicht mehr als gemeinnützig und damit auch nicht mehr als spendenbegünstigter Zweck gelten. Die Generalklausel des § 52 AO wurde als untauglich zur Abgrenzung zwischen gemeinnützigen und nicht gemeinnützigen Zwecken verworfen. Statt dessen wurde die Festlegung eines Numerus Clausus der gemeinnützigen Zwecke empfohlen. Es wurde angeregt, die Chancengleichheit im Wettbewerb zu steuerpflichtigen Unternehmen dadurch zu verbessern, daß der Katalog möglicher Zweckbetriebe enger gefaßt werden sollte. Die Steuervergünstigung für Einrichtungen des sozialen Sektors sollten unter den **Vorbehalt einer Subsidiaritätsklausel** gestellt werden, d.h. es sollten Steuervergünstigungen nur noch solchen Einrichtungen gewährt werden, deren Tätigkeit nicht auch von privaten, nicht begünstigten Unternehmen wahrgenommen werden kann. Eine gemeinnützigkeitsschädliche eigennützige Tätigkeit wurde bereits dann angenommen, wenn die Mitglieder einer Körper-

[62] Vgl. dazu § 6 Rz. 50.

schaft oder deren Angehörige oder den Mitgliedern nahestehende Personen Vorteile wirtschaftlicher oder nicht wirtschaftlicher Art durch das Wirken der gemeinnützigen Körperschaft erlangen könnten. In bezug auf die wirtschaftliche Betätigung gemeinnütziger Körperschaften sollte festgelegt werden, daß diese, soweit sie nicht in den Bereich des steuerbefreiten Zweckbetriebs fallen, nur dann zulässig sind, wenn sie von untergeordneter Bedeutung für das Wirken der gemeinnützigen Körperschaft sind.[63] Der Gesetzgeber hat sich diesen Reformvorschlägen nicht angeschlossen, sondern im Gegenteil die Steuervergünstigung auf die Förderung von Freizeitbetätigungen ausgedehnt. Er hat nur punktuell Vorschläge der Sachverständigenkommission übernommen, im wesentlichen aber das bestehende Gemeinnützigkeitsrecht unverändert fortgelten lassen. Bedeutende Gesetzesänderungen ergeben sich aus dem Gesetz zur weiteren steuerlichen Förderung von Stiftungen, das das Parlament endgültig am 9. Juni 2000 verabschiedet hat.[64] In den §§ 55 und 58 AO sind die Grundsätze der zeitnahen Mittelverwendung kodifiziert und den gemeinnützigen Körperschaften erweiterte Möglichkeiten zur Vermögensbildung gewährt worden.[65] Zudem wird die Errichtung gemeinnütziger Stiftungen mit der Einführung erweiterter Spendenabzugsbeträge von zusätzlich DM 40000 und DM 600000 mit Wirkung ab dem 1. 1. 2000 steuerlich erheblich besser als in der Vergangenheit gefördert.[66]

Schließlich sind die Regelungen zur Vermögensausstattung von gemeinnützigen Körperschaften[67] und die Spendenregelungen punktuell verbessert worden,[68] allerdings zu dem Preis einer noch deutlich verstärkten Instransparenz des Spendenrechts.

D. Bedeutung des Gemeinnützigkeitsstatus

I. Vorteile

Gemeinnützige Körperschaften sind **subjektiv von den Ertragsteuern** befreit, soweit sie nach der Satzung und der tatsächlichen Geschäftsführung ausschließlich und unmittelbar gemeinnützigen, mildtätigen oder kirchlichen Zwecken dienen. Die Steuerbefreiung ist aber insoweit ausgeschlossen, wie ein wirtschaftlicher Geschäftsbetrieb un- 46

[63] Zum ganzen Gutachten vgl. insb. die Synopse der verschiedenen Gesetzesvorschläge, S. 511 ff. Die Sachverständigenkommission hat kein einheitliches Gutachten abgegeben. Die Kommissionsmitglieder *Isensee* und *Knobbe-Keuk* haben ein eigenes Sondervotum vorgelegt. In den Grundzügen stimmten die Gutachter allerdings überein.

[64] Eingehend zu den verschiedenen Reformüberlegungen im Vorfeld *Crezelius/Rawert* ZIP 1999, 337; *Schauhoff* ZEV 1999, 121; *Wochner* BB 1999, 1441.

[65] Dazu § 8 Rz. 71 ff.

[66] Dazu § 3 Rz. 26, 27.

[67] Dazu § 6 Rz. 23, 24.

[68] Dazu § 6 Rz. 46.

terhalten wird.[69] Diese Steuerbefreiung gilt für alle Einkünfte, die eine gemeinnützige Körperschaft aus der Vermögensverwaltung oder aus wirtschaftlicher Tätigkeit, die den Satzungszwecken dient, ohne steuerpflichtige potentielle Wettbewerber zu beeinträchtigen, erzielt. Soweit eine gemeinnützige Körperschaft unentgeltliche Zuwendungen wie Spenden, Erbschaften oder Stiftungen erhält, handelt es sich um nicht steuerbare Vermögensmehrungen, die nach § 13 Abs. 1 Nr. 16 ErbStG **erbschaftsteuerfrei** empfangen werden können. Sofern ein gemeinnütziger Verein Mitgliedsbeiträge einnimmt, liegen aufgrund des § 8 Abs. 6 KStG ebenfalls nicht steuerbare Zuwendungen vor. Derartige Zuwendungen werden auch nicht von der ErbSt erfaßt, da sie bei unentgeltlicher Zuwendung ebenfalls erbschaftsteuerfrei vorgenommen werden können (vgl. § 18 ErbStG).

47 Darüber hinaus kann eine gemeinnützige Körperschaft auch zahlreiche weitere steuerliche Vorteile beanspruchen. So werden die Einkünfte aus dem wirtschaftlichen Geschäftsbetrieb nur besteuert, sofern die **Einnahmen des wirtschaftlichen Geschäftsbetriebs DM 60000 im Jahr übersteigen** (§ 64 Abs. 3 AO). **Umsatzsteuerrechtlich** müssen gemeinnützige Körperschaften die Umsätze ihrer Zweckbetriebe nur dem halben Steuersatz von gegenwärtig 7 v. H. unterwerfen. Darüber hinaus kennt das UStG eine Reihe von speziellen Steuerbefreiungen, die an den Tatbestand der Gemeinnützigkeit anknüpfen. Kulturelle und sportliche Veranstaltungen gemeinnütziger Einrichtungen sind, soweit das Entgelt in Teilnehmergebühren besteht, umsatzsteuerfrei (§ 4 Nr. 22 b UStG). Ebenso sind wissenschaftliche und belehrende Veranstaltungen von Einrichtungen, die gemeinnützigen Zwecken dienen, von der USt befreit (§ 4 Nr. 22 a UStG).[70] Auch in anderen Steuergesetzen, wie dem GrStG, dem Rennwett- und Lotteriegesetz oder dem Kraftfahrzeugsteuergesetz, sind steuerliche Vergünstigungen für gemeinnützige Körperschaften vorgesehen.[71]

48 Die **nebenberufliche Tätigkeit von Mitarbeitern** gemeinnütziger Einrichtungen ist steuerrechtlich mit einem besonderen Freibetrag privilegiert (§ 3 Nr. 26 EStG).[72] Im **Betriebsverfassungsrecht** gelten Besonderheiten, weil gemeinnützige Körperschaften in besonderem Maße das sie beherrschende Allgemeininteresse gegenüber den Einzelinteressen der Beschäftigten durchsetzen können.[73] Außer diesen steuerlichen Vorteilen werden **Zuwendungen der öffentlichen Hand** zur Förderung einer bestimmten Tätigkeit häufig davon abhängig gemacht, daß die begünstigte Organisation den Status der Gemeinnützigkeit besitzt. Gemeinnützige Körperschaften sind vielfach von staatlichen Gebühren und Kosten befreit, erhalten günstigere Konditionen bei der Anmietung von Räumlichkeiten oder der Kreditaufnahme. Schließlich geht

[69] § 5 Abs. 1 Nr. 9 KStG; § 3 Nr. 6 GewStG; § 3 Abs. 1 Nr. 2 b GrStG.
[70] Dazu § 11.
[71] Dazu § 12.
[72] Dazu § 14.
[73] Dazu § 15.

mit dem Status der Gemeinnützigkeit ein **positives Image** einher, welches gemeinnützige Körperschaften bei Aktivitäten zur Finanzierung ihrer wirtschaftlichen Tätigkeit, wie bei Wohltätigkeitsbasaren, der Vermarktung des Logos oder der Werbung von Sponsoren, auszunutzen versuchen.

Allerdings erwirtschaften zahlreiche gemeinnützige Vereine kein wesentliches Einkommen. Sie leben überwiegend von Mitgliedsbeiträgen. Für sie ist der Vorteil, daß sie zum **Empfang steuerbegünstigter Mitgliedsbeiträge und Spenden** berechtigt sind, von größerer finanzieller Bedeutung als die Steuerfreiheit des Einkommens. Die Mitgliedsbeiträge und Spenden können von den Zahlenden i. d. R. als Ausgaben zur Förderung mildtätiger, kirchlicher, religiöser, wissenschaftlicher oder der als besonders förderungswürdig anerkannten gemeinnützigen Zwecke in bestimmten Grenzen als Sonderausgaben vom Gesamtbetrag ihrer Einkünfte abgezogen werden.[74] 49

Für die **Errichtung gemeinnütziger Stiftungen** spielt der Gesichtspunkt der Erbschaftsteuerfreiheit der Vermögensübertragung i. d. R. die entscheidende Rolle, weil auf diese Weise der Erhalt des geschaffenen Lebenswerkes, beispielsweise eines Unternehmens oder der Beteiligung an einem Unternehmen, ohne belastende Steuerzahlungen sichergestellt werden kann.[75] 50

II. Bindungen

Diese Steuervergünstigungen werden gemeinnützigen Körperschaften aber nur gewährt, wenn diese dabei zahlreiche Bindungen beachten, die sich insb. aus der Abgabenordnung ergeben.[76] Gemeinnützige Körperschaften müssen **ausschließlich gemeinnützige Zwecke** verfolgen. Deswegen ist es ihnen nicht möglich, andere ideelle Tätigkeiten, selbst wenn sie die gemeinnützige Zweckverfolgung ergänzen mögen, neben den gemeinnützigen Zwecken zu verfolgen. Es ist einer gemeinnützigen Körperschaft auch nicht erlaubt, ihre **Gesellschafter oder diesen nahestehende Personen** besonders zu begünstigen. Es ist schädlich, wenn eine gemeinnützige Körperschaft wissenschaftliche Forschung für die Allgemeinheit und daneben noch Forschung für ihre Mitglieder, um diesen auf diese Weise besondere Vorteile zuzuwenden, betreibt. Allerdings gibt es von dem Gebot der Ausschließlichkeit durchaus Ausnahmen. In beschränktem Umfang kann eine gemeinnützige Körperschaft die Geselligkeit ihrer Mitglieder fördern. In § 58 Nr. 5 AO ist vorgesehen, daß das Einkommen einer gemeinnützigen Körperschaft nicht ausschließlich für die gemeinnützigen Zwecke verwendet werden muß, sondern bis zu $^1/_3$ zur Versorgung des Stifters und seiner Angehörigen verwendet werden darf. 55

[74] Dazu § 6 Rz. 36–50.
[75] Dazu § 6 Rz. 21, 22.
[76] Vgl. dazu insb. § 8.

56 Soweit eine gemeinnützige Körperschaft eine wirtschaftliche Tätigkeit entfaltet, muß diese stets dem Zweck dienen, **Mittel für die gemeinnützige Tätigkeit zu erwirtschaften**. Deswegen ist es für Gemeinnützige besonders kritisch, wenn bei einer wirtschaftlichen Tätigkeit Verluste erwirtschaftet werden. Denn mit dem Verlustausgleich durch die gemeinnützige Körperschaft liegt eine zweckwidrige Mittelverwendung vor.[77]

57 Weitere Bindungen ergeben sich daraus, daß die gemeinnützige Körperschaft streng an die **Bestimmungen ihrer Satzung** gebunden ist. Selbst wenn sie Zwecke verfolgt, die per se gemeinnützig sind, aber nicht in der Satzung vorgesehen sind, liegt ein Verstoß gegen das Gemeinnützigkeitsrecht vor, der zum Verlust der Steuerbefreiung führt.[78] Sodann müssen gemeinnützige Körperschaften ihre sämtlichen Mittel **zeitnah für gemeinnützige Zwecke** ausgeben. Im Grundsatz muß die gemeinnützige Körperschaft die Mittel, die sie im Jahr 1 erwirtschaftet, im Jahr 2 ausgeben. Deswegen ist es gemeinnützigen Stiftungen nur in begrenztem Maße möglich, Mittel anzusparen, um das Stiftungsvermögen in seinem Wert zu erhalten.[79]

58 Aus diesen hier nur beispielhaft aufgeführten rechtlichen Bindungen ergeben sich **besondere Nachweispflichten**. Die gemeinnützige Körperschaft muß nachweisen, daß sie ihre Mittel ausschließlich und zeitnah für gemeinnützige Zwecke eingesetzt hat. Besonders wichtig ist dieser Nachweis für Spendenmittel. Im Spendenabzugsrecht sind je nach gemeinnützigem Zweck, dem die gespendeten Gelder dienen, unterschiedliche Abzugshöhen von 5 v. H. bzw. 10 v. H. des Gesamtbetrags der Einkünfte des Spenders vorgesehen. Deswegen muß eine gemeinnützige Körperschaft, die verschiedene gemeinnützige Zwecke verfolgt, aufzeichnen, für welchen Zweck die jeweils eingenommenen Mittel tatsächlich ausgegeben wurden. Ansonsten droht die persönliche Haftung der Vorstandsmitglieder wegen einer zweckwidrigen Verwendung von Spendenmitteln.

59 Erwirtschaftet eine gemeinnützige Körperschaft **Gewinne in einem wirtschaftlichen Geschäftsbetrieb**, so müssen zusätzlich die steuerlichen Gewinnermittlungsvorschriften beachtet werden.[80] Dafür ist es i. d. R. notwendig, die Kosten der Einrichtung mittels einer Schätzung auf den ideellen Bereich einerseits und den wirtschaftlichen Geschäftsbetrieb andererseits aufzuteilen. In zahlreichen Detailfragen bestehen rechtliche Zweifel über die zutreffende Behandlung. Dies alles erschwert gemeinnützigen Einrichtungen die tägliche Arbeit.

60 Verstößt eine Körperschaft gegen das Gemeinnützigkeitsrecht, so sind die **Sanktionen**, die ihr drohen, erheblich. Neben der **persönlichen Haftung der Vorstandsmitglieder** für eine zweckwidrige Verwendung von Spendenmitteln kommt es zur Besteuerung des Einkom-

---

[77] § 8 Rz. 4.
[78] Vgl. zum Grundsatz der formellen Satzungsmäßigkeit § 5 Rz. 95–98.
[79] § 8 Rz. 71–101.
[80] Dazu § 7.

mens der Körperschaft, häufig gar zur rückwirkenden Besteuerung. Für zahlreiche zurückliegende Jahre das Einkommen zu ermitteln, ist oft schon tatsächlich schwierig. Daneben gehen Umsatzsteuerbefreiungen verloren, die zur Nacherhebung von erheblicher Umsatzsteuer führen können. Schließlich droht auch noch die Nachzahlung von Erbschaftsteuer, die nacherhoben werden kann, wenn eine Körperschaft zehn Jahre nach der Zuwendung die Gemeinnützigkeit verliert. Schließlich verbindet die öffentliche Hand die Zuwendung von Mitteln häufig mit der Auflage, daß die gemeinnützige Mittelverwendung sichergestellt ist, und prüft beim Verlust der Gemeinnützigkeit die Rückforderung der Mittel. Oft sind bei der gemeinnützigen Körperschaft die entspr. Mittel aber bereits verausgabt worden. Dann hilft nur noch das Hoffen auf einen Billigkeitserlaß der Steuernachforderungen, um den finanziellen Ruin der Körperschaft abzuwenden. Darüber hinaus löst eine zweckwidrige Verwendung von Mitteln, die zur Aberkennung der Gemeinnützigkeit geführt hat, nicht selten auch noch andere Sanktionen für die Entscheidungsträger in dem Verein oder der Stiftung aus. Eine zweckwidrige Mittelverwendung führt zur persönlichen Haftung aus dem Stiftungsrecht oder dem Vereinsrecht.[81] In besonders extremen Fällen kann auch eine strafrechtlich relevante Untreue gegeben sein. Deswegen erfordert ein Tätigwerden als Entscheidungsträger einer gemeinnützigen Einrichtung genaue Kenntnisse des Gemeinnützigkeitsrechts. Die **steuerlichen Vorschriften** müssen **jederzeit beachtet** werden. In den Fällen, in denen es aus finanziellen Gründen nicht erforderlich ist, den Status der Gemeinnützigkeit beizubehalten, kann durchaus darüber nachgedacht werden, auf die steuerlichen Privilegien zu verzichten, um den Bindungen des Gemeinnützigkeitsrechts zu entgehen.

III. Alternativen

1. Unterstützung ideeller Tätigkeit von natürlichen Personen

Eine ideelle „gemeinnützige" Tätigkeit kann auch von natürlichen Personen verfolgt werden. Handelt es sich um einen Zusammenschluß mehrerer natürlicher Personen, so wird regelmäßig zu untersuchen sein, ob dieser Zusammenschluß einen nicht rechtsfähigen Verein bildet. Natürliche Personen können im Unterschied zu Körperschaften allerdings nicht in den Genuß des steuerlichen Status der Gemeinnützigkeit kommen. Verfolgt eine natürliche Person eine ideelle Tätigkeit, so müssen Zuwendungen, die zu diesem Zweck der natürlichen Person gemacht werden, dennoch nicht der Besteuerung unterliegen. Wenn beispielsweise ein Missionar christliche Ideen verbreitet und seinen Lebensunterhalt von Spenden bestreitet, die von den Gebern steuerlich nicht geltend gemacht werden (können), erzielt der Missionar weder Einkünfte aus Gewerbebetrieb noch erbringt er sonstige Leistungen i. S. d. § 22 65

[81] § 3 Rz. 114–121.

Nr. 3 EStG.[82] Wenn die Spenden nach Wahl des Missionars für die Verbreitung von Schriften oder für den Lebensunterhalt der Familie verwendet werden dürften und eine Gegenleistung für die Spende nicht eingefordert werden kann, liegen keine Einkünfte aus Gewerbebetrieb vor. Auch sonstige Einkünfte i. S. d. § 22 Abs. 3 EStG sind nur anzunehmen, wenn der Tatbestand eines auf Einkommens- bzw. Vermögensmehrung durch Leistungsaustausch gerichteten wirtschaftlichen Verhaltens erfüllt wird. Allerdings sind entsprechende freiwillige Gaben erbschaftsteuerbar. Sie werden jedoch regelmäßig unter den Freibeträgen liegen.

66 Andererseits kann aber der einzelne Bürger die **direkte Unterstützung bedürftiger Personen** nicht steuerlich geltend machen. Die Aufnahme von Personen aus Kriegs- und Katastrophengebieten, z. B. Kinder aus der Tschernobyl-Region oder Flüchtlingen aus Bosnien, rechtfertigt keinen Spendenabzug nach § 10 b EStG. Auch sind die Aufwendungen keine außergewöhnliche Belastung i. S. d. § 33 EStG, da es insoweit an der erforderlichen Zwangsläufigkeit der Aufwendungen fehlt.[83] In diesen Fällen ist es erforderlich, daß eine gemeinnützige Körperschaft oder eine Kirche, die Spendenquittungen ausstellen kann, die Leistungen gegenüber den hilfesuchenden Personen erbringt und mit der Hilfeleistung die natürlichen Personen beauftragt. Hat die beauftragte Person Anspruch auf Ersatz ihrer Aufwendungen gegenüber der spendenempfangsberechtigten Körperschaft, so führt der Verzicht auf diesen Aufwandsersatzanspruch zu einer Aufwandsspende, für die eine Spendenquittung erteilt werden kann. Der Aufwandsersatzanspruch darf jedoch nicht unter der Bedingung des Verzichts eingeräumt worden sein (§ 10 b Abs. 3 Satz 4 f. EStG).[84] Demnach können natürliche Personen ihre Aufwendungen für eine ideelle Tätigkeit steuerlich nur geltend machen, wenn eine als gemeinnützig anerkannte Körperschaft oder eine juristische Person des öffentlichen Rechts eingeschaltet wird.

2. Ideelle Tätigkeit und Steuern bei einer juristischen Person

67 Entfaltet eine juristische Person – in erster Linie wird dies bei einem Verein in Betracht kommen – eine **ideelle Tätigkeit, so führt dies nicht zwangsläufig zu einer Steuerpflicht** dieses Vereins. Aus dem Umstand, daß eine Körperschaftsteuerbefreiung nach dem KStG nicht gegeben ist, folgt nicht ohne weiteres die Ertragsteuerpflicht jedweder Vermögensmehrung. Ertragsteuerliche Auswirkungen ergeben sich nur dann, wenn der Verein eine der Einkunftsarten des § 2 Abs. 1 EStG verwirklicht. Nicht zu einer Steuerpflicht führen beispielsweise die Einnahmen aus Mitgliedsbeiträgen (§ 8 Abs. 6 KStG) oder Spenden. Wird der Verein freiwillig unterstützt, um seine Zwecke verwirklichen zu können, ohne daß der „Spender" dafür eine Gegenleistung erhält oder

[82] FG Rheinland-Pfalz v. 14. 10. 1994, EFG 1995, 311; Niedersächsisches FG v. 15. 12. 1978, EFG 1979, 184.

[83] Vfg. OFD Frankfurt 2223 A-126 St II 22 vom 11. 5. 1995.

[84] Vfg. OFD Frankfurt, ebenda; zur Aufwandsspende § 6 Rz. 42.

eine bestimmte Leistung des „Spendenempfängers" ausgelöst wird, liegt kein einkommensteuerbarer Tatbestand vor.[85] Zwar handelt es sich bei einer derartigen „Spende" um einen schenkungsteuerbaren Erwerb, doch wird der Freibetrag in diesen Fällen in aller Regel nicht überschritten sein. Sofern allerdings der nicht gemeinnützige Verein eine Spendenquittung ausstellt, haften die verantwortlichen Personen selbstverständlich nach § 10b EStG, wenn der „Spender" von einer derartigen Spendenquittung Gebrauch gemacht haben sollte.

Demnach erzielt ein nicht gemeinnütziger Verein oder eine Stiftung 68
immer nur dann steuerpflichtige Einkünfte, wenn diese **Einkünfte aus einer Erwerbstätigkeit,** auch in Form der Vermögensanlage, stammen. Gleichgültig, ob diese Einkünfte aufgrund der Vermögensanlage oder einer wirtschaftlichen Betätigung erzielt werden, ist der Gewinn aus diesen Einkünften zu besteuern. In diesem Zusammenhang ist zu beachten, daß auch Vereinsbeiträge, die ein Entgelt für bestimmte Leistungen des Vereins zugunsten der Mitglieder darstellen, unabhängig von ihrer Bezeichnung keine Mitgliedsbeiträge sind und zu steuerpflichtigen Einnahmen führen.[86] Soweit eine Körperschaft der wirtschaftlichen Förderung der Einzelmitglieder dient, liegen steuerpflichtige Einnahmen vor, auch wenn dieses Entgelt pauschal ermittelt und für alle Mitglieder unabhängig von dem individuellen Vorteil, der aus der Mitgliedschaft gezogen wird, bemessen wird.[87] Zudem ist zu berücksichtigen, daß die steuerpflichtigen Einkünfte eines nicht steuerbefreiten Vereins nicht durch **Aufwendungen für den Vereinszweck**, oder bei einer Stiftung den Stiftungszweck, gemindert werden können. § 10 Nr. 1 KStG schreibt vor, daß Aufwendungen einer Körperschaft, die zu der Einkommensverwendung gehören, nicht einkünftemindernd abgezogen werden können.

Aus diesem Grund hat ein nicht gemeinnütziger Verein, der eine 69
ideelle Tätigkeit entfaltet, dann **keine Ertragsteuern** zu entrichten, sofern er seine Einkünfte nur aus Mitgliedsbeiträgen bestreitet, die er wiederum für die ideelle Tätigkeit verwendet. Die kurzzeitige Anlage von Mitteln bei der Bank wird regelmäßig unterhalb der steuerlichen Freibeträge liegen. Soweit der Verein allerdings aus einer Erwerbstätigkeit, wie einer Vermögensanlage, erhebliche Mittel erzielt oder aber für die Vereinsmitgliedschaft die Spendenabzugsfähigkeit der Mitgliedsbeiträge wesentlich ist, ist es sinnvoll, den Status der Gemeinnützigkeit anzustreben, um in den Genuß der steuerlichen Vorteile zu kommen.

Bei einer ideellen Tätigkeit im wirtschaftsnahen Bereich können die 70
Mitglieder häufig anstelle des Spendenabzugs auch den **Betriebsausgabenabzug für die Beitragsleistungen** an den ideellen Verein geltend machen. Dafür ist Voraussetzung, daß der Verein Leistungen erbringt, die mit der beruflichen oder betrieblichen Tätigkeit des Leistenden in unmittelbarem Zusammenhang stehen. Insofern können

---

[85] FG Rheinland-Pfalz vom 23. 5. 1996, EFG 1996, 937; vgl. auch § 7 Rz. 65 ff.
[86] BFH vom 28. 6. 1989 I R 86/85, BStBl. 1990 II, 550; vgl. § 6 Rz. 122.
[87] BFH vom 29. 8. 1973 I R 234/71, BStBl. II 1974, 60.

Mitglieder von nicht gemeinnützigen Vereinen ihre Beiträge mitunter durchaus steuerlich geltend machen, ohne auf den Spendenabzug angewiesen zu sein. Je nach Art der Finanzierung der Vereinstätigkeit kann daher der „Verzicht“ auf die Gemeinnützigkeit angebracht sein, wenn der Status der Gemeinnützigkeit keine finanziellen Vorteile verschafft, andererseits aber die erheblichen Bindungen, die mit diesem Status einhergehen, durch den „Verzicht“ vermieden werden können.[88]

3. „Verzicht“ auf die Gemeinnützigkeit

71 Die Steuerbefreiung für gemeinnützige Körperschaften ist nicht antragsabhängig. Sie wird vielmehr von Gesetzes wegen gewährt. Ein „Verzicht“ auf die Gemeinnützigkeit ist nicht möglich, wenn die Voraussetzungen der §§ 51 ff. AO erfüllt sein sollten.[89] Allerdings gehört zu den gesetzlichen Voraussetzungen, daß eine den gemeinnützlichkeitsrechtlichen Vorschriften entspr. Satzung vorliegt. In dieser Satzung müssen eine Reihe von Formalia erfüllt sein. Die Absicht, ausschließlich und unmittelbar gemeinnützige Zwecke im Sinne der Abgabenordnung zu verfolgen, muß sich aus der Satzung ergeben. Deswegen können Idealkörperschaften, die die Bindungen des Gemeinnützigkeitsrechts vermeiden wollen, diesem Steuerstatus ohne weiteres ausweichen, indem die Satzung des Vereins bewußt unter Verzicht auf diese formalen Erfordernisse abgefaßt wird.

---

[88] Ebenso *Lang* HdU Gemeinnützigkeits- und Spendenrecht Rz. 37.
[89] Erlaß FinMin Nds. v. 22. 1. 1962 – S 2512–46/31 3.

§ 1 Rechtsformwahl

Bearbeiter: Dr. Lucas van Randenborgh

Übersicht

1. Allgemeines

Für verschiedene Steuerarten räumt der Gesetzgeber Körperschaften 1
eine vollständige Steuerbefreiung unter der Voraussetzung ein, daß diese ausschließlich und unmittelbar gemeinnützige, mildtätige oder kirchliche Zwecke verfolgen. Beispielhaft seien dazu hier die Regelungen in § 5 Abs. 1 Nr. 9 KStG und § 3 Nr. 6 GewStG genannt. Die dort aufgelisteten Zwecke werden auch als „steuerbegünstigte" oder vereinfachend **„gemeinnützige" Zwecke** zusammengefaßt. Eine weitere Konkretisierung der steuerbegünstigten Zwecke bei gleichzeitiger Vorgabe zusätzlicher tatbestandlicher Voraussetzungen enthalten die §§ 51 ff. AO. Sie definieren die einzelnen steuerbegünstigten Zwecke und umschreiben die zusätzlichen tatbestandlichen Kriterien wie „Selbstlosigkeit", „Ausschließlichkeit" und „Unmittelbarkeit".

Privilegien für die Verfolgung steuerbegünstigter Zwecke nach den 2
§§ 51 ff. AO gewährt das Gesetz **ausschließlich Körperschaften**. Der Begriff der Körperschaft richtet sich nach dem Katalog des § 1 Abs. 1 KStG. Danach gelten als Körperschaft idS:

- Kapitalgesellschaften
- Erwerbs- und Wirtschaftsgenossenschaften
- Versicherungsvereine auf Gegenseitigkeit
- Sonstige jur. Personen des privaten Rechts
- Nichtrechtsfähige Vereine, Anstalten, Stiftungen und andere Zweckvermögen des privaten Rechts
- Betriebe gewerblicher Art von jur. Personen des öffentlichen Rechts

Der Anwendungsbereich der §§ 51–68 AO ist begrenzt auf die vor- 3
genannten Rechtsformen. Andere als die hier genannten Rechtsträger können selbstverständlich ebenfalls steuerbegünstigte Zwecke verfolgen, erfahren hierfür aber keine unmittelbaren steuerlichen Privilegien.

Vor allem natürliche Personen – Privatpersonen – sind unmittelbar von den steuerlichen Privilegien ausgeschlossen. Sie können nur mittelbar, beispielsweise durch die Anerkennung bestimmter Aufwendungen oder Zahlungen an steuerbegünstigte Körperschaften als Sonderausgaben, von dem steuerlichen Privileg profitieren.

4 Im Recht der Gemeinnützigkeit besitzen unter den in § 1 Abs. 1 KStG genannten Körperschaften vor allem der eingetragene **Verein**, die **Stiftung** und die **GmbH** praktische Relevanz. Andere als diese Rechtsformen werden in der Praxis nicht oder jedenfalls nicht in nennenswertem Umfang ausgewählt. Rein zahlenmäßig sind unter den in der Praxis für steuerbegünstigte Zwecke gewählten Rechtsformen der eingetragene Verein und die Stiftung absolut dominant. Die Rechtsform der GmbH ist vergleichsweise selten anzutreffen.

2. Subjektive Auswahlkriterien

5 Für die Wahl der Rechtsform sind nicht immer allein juristische Kriterien, die sich etwa aus dem Gesetz oder der Struktur der Rechtsform ergeben, ausschlaggebend. Häufig sind es gerade die **subjektiven Wertvorstellungen**, die die Entscheidung der Gründer maßgeblich mit beeinflussen. Insbesondere was die Stiftung anbelangt, ist rein vordergründig zu sehen, daß nach dem allgemeinen Verständnis in der Bevölkerung mit einer Stiftung oftmals schon rein begrifflich „Gutes Tun", „Wohlfahrt", „Mildtätigkeit" und „Gemeinnützigkeit" verbunden ist. „Stiften" wird im Volksmund gar zu gern mit „Schenken" gleichgesetzt. Wer stiftet, der tut Gutes, und dies soll mit der Verfolgung steuerbegünstigter Zwecke letztlich auch erreicht werden. In weiten Teilen ist die hier vereinfacht dargestellte Assoziation auch sicherlich berechtigt. Vom Gründer einer GmbH oder eines Vereins läßt sich dies noch lange nicht behaupten.

6 Vor die Frage der Rechtsformwahl gestellt, entscheiden sich zahlreiche Betroffene daher nicht selten für die Stiftung, ohne daß es weiter auf die vom Gesetzgeber vorgegebenen Besonderheiten und die spezifischen Regelungen ankommt. Allein in dem Begriff „Stiftung" schwingt also ein positiver Unterton mit. Umgekehrt könnte – ohne diesen Gesichtspunkt näher vertieft zu haben – hierin auch ein Grund dafür liegen, daß die GmbH für die Umsetzung gemeinnütziger Zwecke vergleichsweise selten gewählt wird, da sich rein begrifflich mit dieser Rechtsform eben keine „gemeinnützige" Assoziation verknüpft. Allerdings sollte stets bedacht werden, daß firmen- und namensrechtlich u. U. eine gemeinnützige GmbH auch als „Stiftungs-GmbH" bezeichnet werden darf und auch Vereine mitunter als „Stiftung e.V". benannt sind. Dabei muß allerdings der Grundsatz beachtet werden, daß die GmbH oder der Verein mit einem so nennenswerten Vermögen ausgestattet werden, daß der gemeinnützige Zweck aus den erwarteten Vermögenserträgen jedenfalls für einen gewissen Zeitraum verfolgt werden kann.[1]

---

[1] Für den Verein vgl. OLG Köln Beschl. v. 2. 10. 1996, NJW-RR 1997, 1531.

Nähert man sich dem Vergleich der drei Rechtsformen von juristischer Seite, so ist vorab festzustellen, daß es für die Beratung pauschal „die beste“ oder „die geeignetste“ Rechtsform nicht gibt. Vielmehr wird der vernünftige Berater erst in Kenntnis der genauen Sachlage unter Berücksichtigung der Interessen der Initiatoren und der konkreten Ziele, die mit der zu gründenden Körperschaft verfolgt werden, die eine oder andere Rechtsform empfehlen können. 7

Im folgenden sollen einige der wesentlichen strukturellen und organisatorischen Unterschiede zwischen Verein, Stiftung und GmbH aufgezeigt werden, die bei der Rechtsformwahl mit zu berücksichtigen sind. 8

3. Vermögensmäßige Beteiligung und Eigentümerstellung

Im gesamten Gesellschaftsrecht haben neben den Organen jeweils die Gesellschafter die Möglichkeit der Einflußnahme auf die Gesellschaftstätigkeit. Der Umfang dieser Gestaltungsmöglichkeiten bestimmt sich einerseits nach der jeweiligen Rechtsform der Gesellschaft und andererseits nach den Bestimmungen im Gesellschaftsvertrag. Die **Gesellschafterrechte** stehen dem jeweiligen Gesellschafter zu. Die Gesellschafter halten die Gesellschaftsbeteiligung als Vermögenswert und sind deren Eigentümer. Gesellschaftsrechte können vom Grundsatz her veräußert und abgetreten werden, dies gilt sowohl für eine Übertragung unter Lebenden als auch von Todes wegen. Wesentliche Einschränkungen der Verfügungsmöglichkeiten ergeben sich häufig aus dem Gesellschaftsvertrag, der beispielsweise die Abtretung an eine qualifizierte Zustimmung der übrigen Gesellschafter knüpft. Für den Bereich der GmbH hat der Gesetzgeber die Abtretung von Geschäftsanteilen aus Gründen der Rechtssicherheit und -klarheit zusätzlich erschwert und dem Erfordernis der notariellen Beurkundung unterstellt (vgl. § 15 Abs. 3 GmbHG). 9

Grundsätzlich anders ist die Rechtslage im Hinblick auf eine vermögensmäßige Beteiligung der Mitglieder beim Verein. Im eingetragenen Verein haben allenfalls die Mitglieder als Kollektiv (= Mitgliederversammlung) insofern eine eigentümerähnliche Stellung am Vereinsvermögen, als im Falle der Liquidation das Vereinsvermögen auf die Vereinsmitglieder verteilt wird. Im übrigen jedoch begründet das Mitgliedschaftsrecht regelmäßig keine eigentümerähnliche Vermögensposition. Die Mitgliedschaft ist **kein Vermögensrecht**, sondern ein Personenrechtsverhältnis. Scheidet ein Mitglied aus dem Verein aus, stehen ihm – anders als bei der GmbH – grundsätzlich keine Abfindungs- oder sonstigen vermögenswerten Ausgleichsansprüche zu. Anders als die Gesellschafter einer GmbH kann auch das Vereinsmitglied seine Mitgliedschaftsrechte nicht auf Dritte übertragen, das gilt sowohl für die Übertragung unter Lebenden als auch für die Übertragung von Todes wegen. Die Mitgliedschaft entsteht durch Eintritt und sie erlischt im Regelfall durch den Austritt oder den Tod des Vereinsmitglieds. Eintritt, und Austritt erfordern nach dem Gesetz keine besondere Form und können deswegen rasch und unkompliziert vollzogen werden. 10

Deswegen wird die Wahl der Rechtsform sinnvollerweise auf den Verein fallen, wenn eine Vielzahl von Mitgliedern gewünscht ist oder aber der Mitgliederbestand wie üblicherweise bei Sport-, Karnevals- oder Musikvereinen öfters wechseln wird. Formerfordernisse wie etwa bei der Übertragung von Geschäftsanteilen einer GmbH würden hier das Vereinsleben hemmen. Auch ist der Verein die geeignete Rechtsform, wenn die Vereinsleistungen gerade einer individualisierbaren Vielzahl von Begünstigten, nämlich gerade den Vereinsmitgliedern, zukommen sollen und vornehmlich nur sie von den Angeboten des Vereins profitieren können. So dürfen auf den Plätzen eines Tennisvereins in erster Linie nur die Vereinsmitglieder spielen. Dritten ist der Zugang regelmäßig versagt. Ein typisches Kriterium für den Verein sind die sog. Vorteilsrechte, die sich an die Mitgliedschaft knüpfen.

11 Die Unabhängigkeit von der Person der Mitglieder stempelt den Verein zum Prototyp der Körperschaft. Demgegenüber ist bei der GmbH die entsprechende Bindung an die Person des Gesellschafters stärker ausgeprägt. Die Übertragung und auch die Schaffung von weiteren Gesellschaftsrechten (bspw. durch Kapitalerhöhung) ist vergleichsweise schwerfällig und bedarf stets der notariellen Beurkundung. Die Rechtsform der GmbH bietet sich deswegen vor allem dann an, wenn die Anteilseigner nicht oder auf absehbare Zeit nur selten wechseln werden. Eine stabile Zusammensetzung des Gesellschafterkreises ist also wünschenswert.

12 Gänzlich aufgegeben ist jede Form von „Eigentümerstellung“ im Bereich der Stiftung. Die rechtsfähige Stiftung erfordert einen **Stifter**. Der Stifter erweckt die Stiftung mit dem Stiftungsgeschäft, das zusätzlich der staatlichen Genehmigung bedarf, zum Leben.[2] An der Stiftung selbst aber bestehen keine gesellschaftsähnlichen oder mitgliedschaftsähnlichen Rechte. Die Stiftung hat keinen Eigentümer, sie gehört und verwaltet sich selbständig. Diese Besonderheit hat erhebliche Auswirkungen hinsichtlich der späteren Möglichkeiten der Einflußnahme auf die Leitung der Körperschaft und deren Verantwortung.

4. Möglichkeiten der Einflußnahme auf die Geschäftsführung und die Struktur der Körperschaft

13 Für die Dauer der Gesellschaft sind die Gesellschafter letztlich die maßgeblichen **Entscheidungsträger** für alle wesentlichen Fragen der Geschäftspolitik und der inneren Struktur und Organisation der GmbH. Dies gilt unabhängig davon, ob sie zum Kreis der Gründungsgesellschafter gehören oder die Geschäftsanteile später unter Lebenden oder von Todes wegen erworben haben. Die Gesellschafter können durch – qualifizierten – Beschluß die Geschäftsführer ernennen und abwählen und ihnen einzelne Aufgaben oder Aufgabenfelder zuweisen. Es liegt damit letztlich in der Hand der Gesellschafter, die Geschäftstätigkeit der Gesellschaft zu lenken und die Leitlinien und Schwerpunkte

[2] Vgl. § 80 BGB.

der Geschäftspolitik bis hin auch zu detaillierten Einzelfragen vorzugeben. Im Einzelfall mögen sich dabei die Gesellschafter auf seltene Korrekturen hinsichtlich der Geschäftsführung beschränken. Die Verantwortung für die Geschicke der Gesellschaft liegt im Ergebnis jedoch auf der Ebene der Gesellschafter, selbst wenn diese im Außenverhältnis der Gesellschaft weder geschäftsführende Funktionen noch eine persönliche Haftung übernehmen. Die Befugnisse der Gesellschafter gehen ferner so weit, ggf. auch noch nach Jahren die rechtlichen Strukturen einer GmbH abzuändern und ggf. weitere Mitglieder in die Geschäftsführung zu berufen, einen Beirat zu installieren oder ggf. abzulösen. Die GmbH bietet sich deswegen im Gegensatz zur Stiftung als geeignete Rechtsform an, wenn den Gründern daran gelegen ist, Kontroll- und Steuerungsmöglichkeiten auch noch nach Jahren in der gemeinnützigen Körperschaft zu bewahren und z. B. auch für seine Erben oder seine Familie zu erhalten.

Vergleichbar ist die Rechtslage insoweit beim Verein. Ähnlich wie 14
die Gesellschafter einer GmbH können die Vereinsmitglieder den Vorstand durch Beschluß ernennen oder ihn abwählen. Der Vereinsvorstand ist an Weisungen der Mitgliederversammlung gebunden. Formell und materiell wirksame Beschlüsse hat der Vorstand zu beachten und auszuführen. Aufgrund der typischerweise höheren Anzahl an Vereinsmitgliedern als Gesellschaftern einer GmbH ist die Beschlußfassung hier regelmäßig schwerfälliger. Dies führt regelmäßig zu einer größeren Unabhängigkeit des Vorstands und zu einer geringeren Kontrolldichte.

Vollständig anders hingegen stellt sich die Rechtslage bei der Stif- 15
tung dar. Der Vorstand leitet die Stiftung eigenverantwortlich, und er ist mit Ausnahme der Stiftungsaufsicht, die sich in der Regel auf die Prüfung äußerst grundsätzlicher Gesichtspunkte reduziert und nicht das Tagesgeschäft mit in die Prüfung einbezieht, keiner weiteren Kontrolle unterlegen. Der Stiftungsvorstand, der sich zudem in den meisten Fällen durch Kooptation fortsetzt, besitzt daher im Ergebnis eine weit höhere Unabhängigkeit als die Geschäftsführung einer GmbH oder der Vorstand eines Vereins. Gebunden ist der Vorstand in seiner Tätigkeit in erster Linie durch den Willen des Stifters, so wie er in der Stiftungsverfassung seinen Niederschlag gefunden hat. Regelmäßig werden die Vorgaben hier aber nicht allzu detailliert sein, um die auf unbestimmte Dauer angelegte Tätigkeit der Stiftung nicht schon im Vorfeld unnötig einzuengen.[3] Es ist allerdings möglich, und in der Praxis durchaus geläufig, daß sich der Stifter für die Dauer seines Lebens vorbehält, den Stiftungsvorstand und ggf. die Mitglieder des Beirats oder des „Kuratoriums" selbst zu bestimmen und ggf. auch auszuwechseln.

Eine **laufende Kontrolle**, so wie sie im Verein durch die Mitglieder- 16
versammlung oder bei der GmbH durch ihre Gesellschafter erfolgt, existiert nicht. Zwar ist es selbstverständlich zulässig, auch innerhalb einer Stiftung einen Beirat oder ein Kuratorium als Kontrollorgan vorzusehen. Die Mitglieder dieser Kontrollorgane sind jedoch – anders als

---

[3] Siehe dazu § 3.

die Gesellschafter einer GmbH – in der Regel vermögensmäßig nicht an das Schicksal der Stiftung gebunden. Dies kann im Einzelfall dazu führen, daß ihre Entscheidungen mit weniger Nachdruck verbunden sind und sie ihre berechtigten Anregungen weniger intensiv verfolgen.

17 Im übrigen unterliegen hinsichtlich der Aufgaben und Tätigkeiten die drei Körperschaften in der Rechtsform Stiftung, Verein und GmbH jeweils in gleicher Weise den Maßstäben der §§ 51 ff. AO über steuerbegünstigte Zwecke.[4]

5. Kapitalausstattung und Beiträge

18 Die GmbH und die Stiftung erfordern aufgrund der gesetzlichen Bestimmungen jeweils einen finanziellen Grundstock. Gem. § 5 GmbHG beträgt das Stammkapital einer GmbH mindestens 25 000 EUR. Das Dotationskapital einer Stiftung hingegen ist gesetzlich nicht vorgegeben. Auf der anderen Seite jedoch wird von den zuständigen Behörden in den einzelnen Bundesländern die Genehmigung für die Gründung einer selbständige Stiftung versagt, wenn die dauernde und nachhaltige Erfüllung des Stiftungszwecks nicht gewährleistet ist.[5] Unter Hinweis auf die rechtliche Möglichkeit auch einer unselbständigen Stiftung haben die Genehmigungsbehörden für die selbständige Stiftung daher in der Vergangenheit zunehmend ein Dotationskapital von mindestens DM 100 000 bis DM 500 000 je nach Zweckrichtung verlangt, denn nur ein so ausreichend bemessenes Kapital könne eine dauerhafte Erfüllung des Stiftungszwecks sicherstellen.[6]

19 Keine finanziellen Grundanforderungen werden demgegenüber an den Verein gestellt. Darüber hinaus ermöglicht es allein das Vereinsrecht, auf einfache und praktikable Art seinen Mitgliedern regelmäßige laufende monatliche oder jährliche Beiträge aufzuerlegen, um daraus die notwendigen finanziellen Mittel für die Verfolgung der steuerbegünstigten Zwecke zu erhalten.

6. Lebensdauer, Auflösung

20 Die Gesellschafter einer GmbH und die Mitglieder eines Vereins können durch qualifizierten Mehrheitsbeschluß die Auflösung der Gesellschaft bzw. des Vereins beschließen. Dies kommt mitunter in Betracht, wenn das Gesellschafts- oder das Vereinsvermögen, das dem steuerbegünstigten Zweck dienen soll, aufgezehrt ist oder aber beispielsweise aus dem Kreis der Mitglieder oder Gesellschafter keine erfolgversprechenden Ideen mehr zur Umsetzung des Gewollten vorgetragen werden und so die Aktivität der Körperschaft erlahmt.

21 Anders ist die Rechts- und Sachlage bei der Stiftung. Die Stiftung wird geprägt durch den im Stiftungsgeschäft niedergelegten und perpetuierten Willen des Stifters. Die Stiftung unterliegt der Stiftungsauf-

---

[4] Vgl. dazu insbesondere § 5

[5] Vgl. beispielsweise: § 4 Abs. 1 b) StiftG NRW.

[6] Siehe dazu § 3.

sicht, welche die Einhaltung und Umsetzung des Stifterwillens überwacht. Zwar kann die für die Stiftungsaufsicht zuständige Behörde die Stiftung auflösen oder ihr eine andere Zweckbestimmung geben, wenn entweder die Erfüllung des Stiftungszwecks unmöglich geworden (beispielsweise das Stiftungsvermögen aufgebraucht ist) oder aber sie das Gemeinwohl gefährdet (vgl. § 87 Abs. 1 BGB). Im übrigen jedoch besteht, sofern nicht die Satzung abweichende Regelungen enthält oder der Stiftungsvorstand keine entsprechende Initiative aufbringt, die Stiftung in alle Ewigkeit fort. Dies ist allerdings nicht zwingend vorgeschrieben: Die Stiftungsverfassung kann eine kalendermäßig bestimmte Lebensdauer für die Stiftung vorsehen.[7] Da aber der Stifter im Regelfall eine möglichst lange und unbegrenzte Zielsetzung im Auge hat, sind zeitlich begrenzte Stiftungen äußerst selten.

Zusammenfassend läßt sich für die Wahl der Rechtsform folgende 22
Faustregel feststellen: Steht der persönliche Einfluß des Gründers und ganz bestimmter, von ihm gewünschter Personen (Erben, Familienmitglieder) auf die Körperschaft auf lange Dauer im Vordergrund, dann dürfte die Rechtsform der GmbH überlegenswert sein. Dominiert aber die Vermögenswidmung für einen bestimmten gemeinnützigen Zweck, notfalls auch ohne Rücksicht auf die handelnden Personen, so spricht vieles für die Wahl der Stiftung als Rechtsform. Steht eine größere Personenzahl als „Leistungsempfänger" oder aber als „Beitragszahler" in Frage, so dürfte die Rechtsform des Vereins angemessen sein, dies insbesondere dann, wenn zu erwarten ist, daß die Mitglieder oder einige von ihnen als Leistungsempfänger auch bereit sind, innerhalb der Körperschaft eigene Verantwortung zu übernehmen und damit zur Körperschaft in ein dauerhaftes persönliches Engagement zu treten.

---

[7] Siehe dazu § 3.

§ 2 Vereinsrecht

Bearbeiter: Dr. Lucas van Randenborgh

Übersicht

A. Der rechtsfähige Verein

Das BGB kennt keine **Legaldefinition** für den rechtsfähigen Verein. Für den Bereich des öffentlichen Vereinsrechts definiert das Gesetz in § 2 Abs. 1 VereinsG den Verein als eine Vereinigung, zu der sich eine Mehrheit natürlicher oder juristischer Personen für längere Zeit zu einem gemeinsamen Zweck freiwillig zusammengeschlossen und einer organisierten Willensbildung unterworfen haben. In verschiedenen Entscheidungen hatte noch das Reichsgericht den Verein umschrieben als einen auf eine gewisse Dauer angelegten, körperschaftlich organisierten Zusammenschluß einer Anzahl von Personen, die ein gemeinschaftliches Ziel verfolgen.[1] Damit grenzt sich der Verein vornehmlich nur durch das Kriterium des körperschaftlich organisierten Zusammenschlusses von der Gesellschaft bürgerlichen Rechts, wie sie in den §§ 705 ff BGB definiert ist, ab. 1

Das Gesetz differenziert in Vereine, deren Zweck auf einen wirtschaftlichen Geschäftsbetrieb gerichtet ist (sog. wirtschaftliche Vereine, § 22 BGB) und andere, sog. nichtwirtschaftliche Vereine (§ 21 BGB). Wirtschaftliche Vereine sind praktisch selten. Für sie gilt das Konzessionssystem. Sie können Rechtsfähigkeit nur durch Verleihung erlangen. Der Grund für die unterschiedliche Behandlung wirtschaftlicher und nichtwirtschaftlicher Vereine liegt darin, daß in den gesetzlichen Bestimmungen der §§ 21 ff. BGB Schutzvorschriften zu Gunsten des Rechtsverkehrs und der Gläubiger, wie sie für wirtschaftliche Vereine an sich notwendig wären, fehlen.[2] Für wirtschaftliche Vereine, die sich nicht in der Rechtsform einer AG, einer GmbH oder Genossenschaft organisieren, ist daher eine besondere staatliche Prüfung erforderlich.[3] Es gilt der Grundsatz der Subsidiarität. Die Verleihung der Rechtsfähigkeit darf nur erfolgen, wenn es für die Vereinigung wegen besonderer Umstände unzumutbar ist, sich als AG, GmbH oder Genossenschaft zu organisieren,[4] etwa wenn die Rechtsform des wirtschaftlichen Vereins durch bundesgesetzliche Sonderregelungen ausdrücklich zugelassen ist.[5] Die Abgrenzung des nichtwirtschaftlichen Vereins (Idealverein) zum wirtschaftlichen Verein ist Gegenstand zahlreicher gerichtlicher Verfahren gewesen. Sie ist im Einzelfall oft nicht leicht zu treffen.[6] In 2

---

[1] RG, RGZ 60, 94 (99); RG, RGZ 74, 371 (372 f.); RG, RGZ 165, 140 (143).

[2] *K. Schmidt* Verbandszweck und Rechtsfähigkeit im Vereinsrecht, 1984, S. 92 ff.; *Mummenhoff* Gründungssysteme und Rechtsfähigkeit, 1979, S. 92 ff.

[3] BGH v. 14. 7. 1966, BGHZ 45, 397.

[4] BVerwG v. 20. 3. 79, NJW 1979, 2265, BGH v. 29. 9. 1982, BGHZ 85, 89

[5] Vgl. z. B. § 19 WaldG; § 3 MarktstrukturG.

[6] Als *Idealverein* wurden von der Rspr. qualifiziert: Berufs- und Interessenverbände, soweit hier die Förderung der allgemeinen beruflichen Interessen und die Beratung und Betreuung der Mitglieder im Vordergrund steht (OLG Stuttgart, Rpfl. 1970, 334), der Verein Kreditreform (KG in DNotZ 1928, 247), Vereine zur Förderung der Interessen von Gewerbetreibenden durch Öffentlichkeitsarbeit (OLG Bremen,

Zusammenhang mit steuerbegünstigten Zwecken im Sinne der §§ 51 ff. AO werden sich die nachfolgenden Ausführungen jedoch allein auf den nichtwirtschaftlichen Verein konzentrieren.

3 Für den Bereich der **nichtwirtschaftlichen Vereine** unterscheidet das Gesetz ferner in rechtsfähige und nichtrechtsfähige Vereine. Rechtsfähige Vereine sind juristische Personen. Sie sind Träger von Rechten und Pflichten im Rechtsverkehr und erlangen damit eine Selbständigkeit auch im Verhältnis zu ihren Mitgliedern. Auf nichtrechtsfähige Vereine hingegen finden gem. § 54 BGB die Vorschriften über die Gesellschaft bürgerlichen Rechts (§§ 705 ff. BGB) Anwendung. Zwar unterscheiden sich nichtrechtsfähige Vereine durch ihre körperschaftliche Organisationsform grundlegend von der BGB-Gesellschaft. Der Gesetzgeber hat aber diesen Unterschied bewußt ignoriert.[7] Politisch beabsichtigte der Gesetzgeber, Vereine, die sich jeglicher staatlicher Kontrolle entzogen, indem sie von einer Eintragung in das Vereinsregister absahen, oder deren Antrag nach Einspruch der Verwaltung abgelehnt wurde, damit einem für sie ungünstigen Recht zu unterstellen, das zu einer persönlichen Haftung der Mitglieder führte und gleichzeitig die Vermögensbildung erschwerte.[8] Letztlich haben sich Rspr. und Literatur über die in weiten Teilen ungeeignete Verweisung auf das Recht der Gesellschaft bürgerlichen Rechts hinweggesetzt, so daß doch zu einem guten Teil auf den nichtrechtsfähigen Verein die Bestimmungen für den rechtsfähigen Verein Anwendung finden.[9]

I. Gründung des eingetragenen Vereins

1. Der Gründungsakt

4 Zur Gründung des eingetragenen Vereins ist erforderlich, daß die für den künftigen Verein verbindlichen Regelungen in einer Satzung niedergelegt werden. Der eigentliche Gründungsakt besteht in der Einigung der Gründer über die Verbindlichkeit der Satzung und die Ab-

---

Rpfl. 1988, 532), Verein zur Förderung gewerblicher Interessen (RG, RGZ 78, 78 (80)), Haus- und Grundbesitzerverein (RG, RGZ 88, 334; BGH v. 4. 10. 1983, BB 1984, 459), Verein der Kassenärzte (RG, RGZ 83, 231), Lohnsteuerhilfeverein (OLG Celle v. 1. 10. 1975, NJW 1976, 197);
Als *wirtschaftlicher Verein* wurde von der Rspr. qualifiziert: Verein der Immobilienmakler zum Abgleich von Angebot und Nachfrage (OLG Celle v. 5. 5. 1995, NJW-RR 1996, 1502; OLG Düsseldorf v. 24. 1. 1996, NJW-RR 1996, 989), Verein zur privatärztlichen Verrechnungsstelle (LG Hagen, Rpfl. 1959, 348), Abmahnverein (BGH, NJW-RR 1988, 1444 und NJW-RR 1990, 102; Aufsatz von *K. Schmidt* NJW 1983, 1520), Verein zur Förderung von Datenkommunikation über das Internet (OFD Münster, BB 1996, 676), Verein zur Koordination als Taxi-Zentrale (BGH v. 20. 3. 1979, BGHZ 45, 395; OLG Frankfurt v. 19. 2. 1965, BB 1966, 52), Time-sharing-Vereine zu Ferienwohnungen (BayOblG v. 6. 4. 1989, DNotZ 1990, 103).

[7] *Palandt/Heinrichs* § 54 Rz. 1.
[8] *Staudinger/Weick* § 54 Rz. 2.
[9] S. unten Abschn. B.

sicht, den Verein in das Vereinsregister eintragen zu wollen, so daß er Rechtsfähigkeit erlangt.

2. Die Satzung als Bestandteil des Gründungsakts

Die Satzung ist zunächst ein von den Vereinsgründern geschlossener Vertrag. Für ihn bestehen keine besonderen Formvorschriften. Praktisch ist aber doch die Einhaltung der Schriftform wegen der Bestimmung in § 59 Abs. 2 Nr. 1 BGB erforderlich, da der Anmeldung zur Eintragung in das Vereinsregister die Satzung in Urschrift und Abschrift beizufügen ist. Vom Grundsatz her reicht es, wenn sich am Gründungsakt mindestens zwei Personen beteiligen. Nach § 56 BGB soll die Eintragung aber nur dann erfolgen, wenn die Zahl der Vereinsmitglieder mindestens sieben beträgt. Es ist daher zweckmäßig, mit der Gründung des Vereins so lange abzuwarten, bis wenigstens sieben Personen bereit sind, sich zu beteiligen. 5

Nach früher herrschender Auffassung fanden auf die Willenserklärungen zum Abschluß des Gründungsvertrags die allgemeinen Vorschriften über Rechtsgeschäfte Anwendung.[10] Für den Fortbestand des Vereins war aber auch schon nach dieser Rechtsauffassung die spätere Anfechtung ohne Bedeutung, wenn die erforderliche Mindestzahl der Vereinsmitglieder auch nach der Anfechtung noch gegeben war. Nach der heute überwiegend vertretenen Ansicht in Rspr. und Literatur ist es erforderlich, die Folgen des Vorliegens von Nichtigkeits- und Anfechtungsgründen weiter einzuschränken, und zwar nicht nur mit Rücksicht auf die Gläubiger des Vereins, sondern auch mit Rücksicht auf eine gerechte Abwicklung der Innenbeziehung unter den Beteiligten.[11] Für den Verein hat daher die Anfechtung der Willenserklärung eines Gründers, die er bei der Gründung des Vereins abgegeben hat, nur die Wirkung einer Austrittserklärung. Die Anfechtung beeinträchtigt nicht den Fortbestand des Vereins als solchen, schon gar nicht, wenn der Verein bereits in Tätigkeit getreten war.[12] 6

3. Der Vorverein

Mit der Einigung der Gründer über die Satzung des Vereins entsteht der Vorverein. Er stellt sich bereits als **körperschaftliche Organisationseinheit** dar. Seine Satzung ist für die Mitglieder bindend.[13] Dem Verein fehlt nun noch die Rechtsfähigkeit als juristische Person. 7

Der Vorverein erfüllt alle Kriterien des nicht eingetragenen Vereins i. S. d. § 54 BGB. Für ihn gilt daher an sich das für den nicht eingetra- 8

---

[10] *Enneccerus/Nipperdey* § 106 II.

[11] *Enneccerus/Lehmann* Recht der Schuldverhältnisse, 15. Bearbeitung 1958, § 176; BGB v. 24. 10. 1951, BGHZ 3, 285; BGH v. 2. 12. 1974, BGHZ 63, 344; *Münch. Komm.-Reuter* §§ 21, 22 Rz. 48 ff.

[12] *Lehmann/Hübner* § 61 II 1 b; *Larenz* AT, § 10 I 1; *Soergel/Schultze/von Lasaulx* § 25 Rz. 19.

[13] *Soergel/Hadding* § 25 Rz. 20.

genen Verein maßgebende Recht.[14] Entgegen der engen Formulierung in § 54 Satz 1 BGB wenden Rspr. und Lehre auf den Vorverein jedoch überwiegend körperschaftliches Vereinsrecht analog an, soweit nicht im Einzelfall die Rechtsfähigkeit als juristische Person vorausgesetzt wird oder das für den Vorverein geltende Gesamthandsprinzip einer Anwendung des körperschaftlichen Vereinsrechts widerspricht.[15]

a) Zweck des Vorvereins

9 Der Vorverein verfolgt den Zweck, alle noch notwendigen Gründungsgeschäfte vorzunehmen, die bis zur Erlangung der Rechtsfähigkeit erforderlich sind. Daneben kann die Zielsetzung des Vorvereins auch bereits auf die **Verwirklichung** und die Aufnahme der späteren eigentlichen Vereinstätigkeit gerichtet sein.[16] Scheitert das Erlangen der Rechtsfähigkeit als juristische Person, ist durch Auslegung des Gründungsvertrags unter Berücksichtigung des Vereinszwecks festzustellen, ob der Vorverein wegen Eintritts einer auflösenden Bedingung i. S. v. § 158 Abs. 2 BGB endet oder ob er als auf Dauer angelegter und nicht eingetragener Verein fortgesetzt werden soll. Wenngleich die Lebensdauer des Vorvereins zeitlich nicht beschränkt ist, so ist der Verein in diesem Stadium doch regelmäßig auf eine Durchgangsperiode angelegt. Mit Erlangung der Rechtsfähigkeit durch Eintragung in das Vereinsregister findet der Vorverein sein Ende.

b) Anwendbares Recht

10 Auf den Vorverein finden die für den nicht eingetragenen Verein entwickelten Rechtsgrundsätze Anwendung. Für Beschlußfassungen gilt der Mehrheitsgrundsatz.[17] Satzungsänderungen erfordern nach der überwiegenden Auffassung – soweit Satzung oder Gesetz dies bestimmen – eine qualifizierte Mehrheit.[18] Einstimmig müssen Änderungen des Vereinszweckes beschlossen werden.[19] Die gegenteilige Auffassung, wonach bei Satzungsänderungen stets Einstimmigkeit erforderlich sein soll,[20] ist nicht überzeugend, da auch schon im Stadium des Vorvereins die Satzung für die Mitglieder bindend geworden ist und sie das Rechtsverhältnis der Mitglieder untereinander und gegenüber dem Vorverein selbst reglementiert.

11 Da der Vorverein mit Abschluß des Gründungsvertrags bereits eine körperschaftliche Struktur angenommen hat, sind auch vor Eintragung

---

[14] *Flume* Festschrift für Gessler, 1971, S. 3; *Rittner* Die werdende juristische Person, 1973, S. 357.

[15] *Soergel/Hadding* § 54 Rz. 16.

[16] *Stöber* Handbuch zum Vereinsrecht, Rz. 22.

[17] *Soergel/Hadding* § 54 Tz. 13; *Reuter* ZHR 148 (1984), 523, 548 ff.; BGH v. 13. 1. 1955, BGHZ 16, 143, 150; BGH v. 17. 1. 1957, BGHZ 23, 122, 129.

[18] Vgl. § 33 BGB.

[19] Vgl. § 33 Abs. 1 Satz 2 BGB.

[20] Vgl. *Münch. Komm.-Reuter* §§ 21, 22 Rz. 74.

des Vereins Ein- und Austritte von Mitgliedern zulässig.[21] Es handelt sich insoweit nicht um eine Änderung des Gründungsvertrags.[22]

Der Vorverein unterliegt gem. Abschn. 2 Abs. 4 Satz 9 KStR der unbeschränkten Körperschaft- und Gewerbesteuerpflicht. 12

c) Vertretung des Vorvereins

Vertreten wird der Vorverein durch seinen **Vorstand**. Er ist auch 13 schon im Gründungsstadium des Vereins zu bilden.[23] Die durch das Handeln des Vorstands erworbenen Rechte werden Bestandteil des Vereinsvermögens, das dem Vorverein gesamthänderisch zugeordnet ist.[24] Der Umfang der Vertretungsmacht richtet sich nach § 26 BGB und den Bestimmungen der Satzung. IdR ist die Vertretungsmacht des Vorstandes im Stadium des Vorvereins auf Handlungen begrenzt, die dem Erwerb der Rechtsfähigkeit als juristische Person dienen.[25] Durch das Handeln des Vorstands wird gleichzeitig der Vorverein als Gesamthand verpflichtet. Seine Mitglieder haften Dritten gegenüber jedoch nur mit ihrem jeweiligen Anteil am Vereinsvermögen.[26]

Prozessual ist der Vorverein dem eingetragenen Verein in vielerlei 14 Hinsicht gleichgestellt. Der Vorverein ist gem. § 11 InsO insolvenzfähig, er besitzt Namensschutz und ist, wie der nicht eingetragene Verein, passiv parteifähig (§ 50 Abs. 2 ZPO).

d) Haftung der Handelnden

Wer als Handelnder für den Vorverein auftritt, den trifft gem. § 54 15 Satz 2 BGB eine unbeschränkte persönliche Haftung. Diese gesetzliche Bestimmung soll den Druck auf die Vorstandsmitglieder erhöhen, alle ausstehenden Schritte zur alsbaldigen Anmeldung des Vereins zum Vereinsregister zu veranlassen. Die Handelndenhaftung knüpft zeitlich an einen wirksamen Gründungsakt an.[27] Solange eine rechtsgeschäftliche Einigung der Gründer über die Satzung nicht vorliegt, kommt die Handelndenhaftung nicht zum Tragen. Handelnder in diesem haftungsrechtlichen Sinne ist nur derjenige, der als Vorstand (§ 26 BGB), besonderer Vertreter (§ 30 BGB) oder wie ein solcher als „faktisches Organ" für den Verein auftritt.[28] Der Handelnde muß im Rechtsverkehr gegenüber Dritten tätig geworden sein. Geschäftsführungsmaßnahmen im Innenverhältnis des Vereins begründen deswegen keine Handelndenhaftung.[29]

---

[21] Vgl. § 39 BGB.
[22] *Stöber* Handbuch zum Vereinsrecht, Rz. 22.
[23] Vgl. § 59 Abs. 2 Nr. 2 BGB.
[24] BGH v. 11. 7. 1968, BGHZ 50, 325, 329.
[25] *Münch. Komm.-Reuter* §§ 21, 22 Rz. 77; *Soergel/Hadding* vor § 21 Rz. 67.
[26] *Soergel/Hadding* § 54 Rz. 24.
[27] BGB v. 11. 5. 1984, BGHZ 91, 148 für die GmbH; BGH, WM 1985, 479.
[28] BGH v. 8. 10. 1979, NJW 1980, 287; BGH v. 15. 12. 1975, BGHZ 65, 378, 380.
[29] BGH v. 20. 11. 1954, BGHZ 15, 204, 206; BGH v. 17. 3. 1980, BGHZ 76, 320, 325.

16 Die Haftung des Handelnden bestimmt sich in ihrem **Inhalt und Umfang** nach der Verbindlichkeit des Vorvereins.[30] Umstritten ist, in welchem Umfang die Haftung des Handelnden gem. § 54 Satz 2 BGB noch nach Entstehung des rechtsfähigen Vereins als juristische Person durch Eintragung fortbesteht. Während ein Teil der Literatur hier eine Differenzhaftung der Gründer annimmt,[31] geht nach der hier vertretenen Auffassung die Haftung des Handelnden nach Erlangung der Rechtsfähigkeit des Vereins als juristische Person unter.[32] Für das Vereinsrecht fehlen die Vorschriften über die Kapitalaufbringung und Kapitalerhaltung. Für eine Differenzhaftung entspr. der für die GmbH entwickelten Rechtsgrundsätze bleibt damit kein Raum. Mit Eintragung erhält der Gläubiger letztlich den Schuldner, mit dem er von Anfang an das Rechtsgeschäft abschließen wollte. Dies rechtfertigt ein Erlöschen der persönlichen Haftung des Handelnden. Ist der Handelnde für den Vorverein insb. ein Dauerschuldverhältnis eingegangen, wurde ohnehin auch schon früher die Annahme vertreten, daß die Handelndenhaftung mit Übergang der Verbindlichkeit auf den rechtsfähigen Verein erlöschen soll.[33]

4. Von der Gründung bis zur Eintragung

a) Anmeldung zur Eintragung

20 Gem. § 59 Abs. 1 BGB hat der Vorstand den Verein zur Eintragung anzumelden. Die Anmeldepflicht besteht gegenüber dem Vorverein als zuständigem Rechtssubjekt. Obwohl sich die gesetzliche Regelung als „Mußvorschrift" darstellt, handelt es sich um keine öffentlich-rechtliche Anmeldepflicht. Das Registergericht kann die Anmeldung zur Eintragung nicht erzwingen.[34] Bei der Erstanmeldung des Vereins müssen alle Mitglieder des Vorstands mitwirken. Dies gilt auch, soweit die Vereinssatzung bei einem mehrgliedrigen Vorstand Mehrheitsvertretung oder Alleinvertretung vorsieht.[35] Sollte sich der Vorstand weigern, den Verein zur Eintragung anzumelden, wird man mit der überwiegenden hierzu vertretenen Auffassung davon ausgehen müssen, daß die Vereinsmitglieder gem. § 27 Abs. 2 BGB den alten Vorstand abberufen und einen neuen Vorstand bestellen müssen.[36] Entsprechend

---

[30] BGH v. 9. 2. 1970, BGHZ 53, 210, 214; BGH v. 19. 12. 1977, BGHZ 70, 132, 140.

[31] *Staudinger/Coing* § 54 Rz. 70; so wohl auch: *Münch. Komm.-Reuter* §§ 21, 22 Rz. 81 ff.

[32] *Stöber* Handbuch zum Vereinsrecht, Rz. 23; OLG Celle v. 7. 11. 1975, NJW 1976, 806; BGH v. 9. 3. 1981, BGHZ 80, 129.

[33] OLG Celle v. 7. 11. 1975, NJW 1976, 806; OLG Düsseldorf MDR 1984, 489; *Soergel/Hadding* vor § 21 Rz. 71.

[34] *Münch. Komm.-Reuter* § 59 Rz. 1; *Palandt/Heinrichs* § 59 Rz. 1.

[35] KG DR 1942, 725; BayObLG Rpfl. 1972, 132, 134; OLG Hamm Rpfl. 1980, 384; OLG Hamm Rpfl. 1983, 487; *Münch. Komm.-Reuter* § 59 Rz. 3; a. A.: *Sauter/Schweyer* Der eingetragene Verein, Rz. 395; *Kirberger* ZIP 1986, 346, 349.

[36] *Münch. Komm.-Reuter* § 59 Rz. 2; *RGRK-Steffen* § 59 Rz. 1; a. A.: *Staudinger/Habermann* § 59 Rz. 2, der § 29 BGB für anwendbares Recht hält.

§ 37 Abs. 2 kann auch eine Minderheit die hierzu notwendige Mitgliederversammlung einberufen. Ob im Einzelfall auch ein Vereinsmitglied allein den Anspruch auf Anmeldung zur Eintragung gegenüber dem Vorstand geltend machen kann, ist in der Literatur umstritten.[37] Diese Situation dürfte aber in der Praxis ohnehin nur selten anzutreffen sein.

Gem. § 59 Abs. 2 BGB sind der Anmeldung die Vereinssatzung in Urschrift und Abschrift sowie eine Abschrift der Urkunde über die Bestellung des Vorstandes beizufügen. Die Satzung soll von mindestens 7 Mitgliedern unterzeichnet sein und die Angaben des Tages der Errichtung enthalten (§ 59 Abs. 3 BGB). Diese Vorschrift besitzt Ordnungscharakter. Eine nachträgliche Löschung der Eintragung gem. §§ 159, 142, 143 FGG kommt nicht in Betracht, wenn die Zahl der Mitglieder sich nach erfolgter Eintragung verringert. Mindestens zwei Vereinsmitglieder müssen aber stets vorhanden sein, denn sonst besteht keine Personenmehrheit, die sich körperschaftlich organisieren könnte.[38] Soweit die Zahl der Vereinsmitglieder unter drei absinkt, droht dem Verein der Entzug der Rechtsfähigkeit gem. § 73 BGB. 21

b) Zuständigkeit

Zuständig für die Eintragung ist das **Amtsgericht**, in dessen Bezirk der Verein seinen Sitz hat.[39] Die Bestimmungen über die Führung des Vereinsregisters richten sich verfahrensmäßig nach dem Gesetz über die Angelegenheiten der freiwilligen Gerichtsbarkeit. Die funktionale Zuständigkeit bei Gericht bestimmt sich nach § 3 Nr. 1 RpflG, wobei sämtliche Geschäfte in Vereinsregistersachen dem Rechtspfleger übertragen sind. Der Richter wird mit Vereinsregistersachen nur befaßt, wenn der Rechtspfleger ihm die Angelegenheit nach § 5 RpflG vorlegt oder wenn Erinnerung eingelegt wird. 22

Nach § 55 Abs. 2 BGB sind die Landesjustizverwaltungen ermächtigt, Vereinsregistersachen bei einzelnen Amtsgerichten zu zentralisieren. Von dieser Möglichkeit haben ein Großteil der Bundesländer Gebrauch gemacht. Verstöße gegen die gesetzlichen Zuständigkeitsbestimmungen bleiben weitgehend ohne Rechtsfolgen. Bei örtlicher Unzuständigkeit bleibt die Eintragung des Vereins gem. § 7 FGG wirksam.[40] Gleiches gilt weitgehend bei einem Verstoß gegen die sachliche oder gegen die funktionelle Zuständigkeit.[41] 23

---

[37] Vgl. dazu *Soergel/Hadding* § 59 Rz. 2; *Münch. Komm.-Reuter* § 59 Rz. 2; *Lutter* in: AcP 180, 84, 135 f.

[38] *Staudinger/Coing* § 56 Rz. 2; *Palandt/Heinrichs* § 56 Rz. 1.

[39] § 55 Abs. 1 BGB.

[40] *Münch. Komm.-Reuter* § 55 Rz. 4; *Staudinger/Habermann* § 55 Rz. 1; *Habscheid* Freiwillige Gerichtsbarkeit, 7. Aufl. 1983, § 13 I.

[41] Vgl. *Habscheid* Freiwillige Gerichtsbarkeit, 7. Aufl. 1983, § 13 I; *Staudinger/Habermann* § 55 Rz. 1; *Münch. Komm.-Reuter* § 55 Rz. 2 und 4.

c) Prüfungsumfang bei Anmeldung

24 In Zusammenhang mit der Eintragung hat das Registergericht eine **umfassende Prüfung** aller Bestimmungen vorzunehmen, die den Verein betreffen.[42] Gem. § 60 BGB hat das Gericht unter Angaben von Gründen die Anmeldung zurückzuweisen, wenn den in den §§ 56 bis 59 aufgelisteten Erfordernissen, die Mindestanforderungen an den Inhalt der Vereinssatzung stellen, nicht genügt ist.

d) Einspruchsrecht der Verwaltung

25 Wird die Anmeldung nach diesen Kriterien zur Eintragung zugelassen, hat das Amtsgericht den Vorgang der zuständigen Verwaltungsbehörde mitzuteilen.[43] Ihr steht insoweit ein Mitwirkungsrecht zu, als daß sie gegen die Eintragung des Vereins Einspruch erheben kann, sofern der Verein nach öffentlichem Vereinsrecht verboten werden kann.[44] Für den hier relevanten Bereich der Vereine mit gemeinnütziger Ausrichtung kommt dem öffentlichen Vereinsrecht und damit auch der Frage eines eventuellen Vereinsverbots nur eine nachrangige Bedeutung zu und soll deswegen nicht weiter vertieft behandelt werden.[45]

e) Umfang und Wirkung der Eintragung

26 Bei der Eintragung sind schließlich der Name und der Sitz des Vereins, der Tag der Errichtung der Satzung sowie die Mitglieder des Vorstands im Vereinsregister anzugeben. Satzungsbestimmungen, die den Umfang der Vertretungsmacht des Vorstands beschränken oder die eine von der gesetzlichen Vorgabe in den §§ 28 Abs. 1, 32, 34 BGB abweichende Regelung über Beschlußfassungen des Vorstands vorsehen, sind gleichfalls einzutragen.[46] Mit der Eintragung ändert der Verein seinen Namen insoweit, als daß er den Zusatz „eingetragener Verein" erhält. Die Abkürzung „e.V". ist zulässig.

27 Mit Eintragung in das Vereinsregister erhält der Verein **Rechtsfähigkeit**. Er ist eine juristische Person und fähiger Träger von Rechten und Pflichten. Die Rechtsfähigkeit stellt den Verein weitgehend auf eine Stufe mit der natürlichen Person. Der Verein kann eigenes Vermögen erwerben. Er ist grundbuchfähig und kann als Eigentümer, Hypotheken- oder Grundschuldgläubiger oder als Inhaber eines sonstigen dinglichen Rechts im Grundbuch eingetragen werden. Grundsätzlich ist der eingetragene Verein prozeßfähig, d. h. er kann vor Gericht klagen und verklagt werden. Ebenso kann das Vereinsvermögen Gegenstand der Zwangsvollstreckung werden. Nach Art 19 Abs. 3 GG ist der Verein als Träger von Grundrechten anerkannt, soweit diese Grundrechte ihrem

---

[42] BGH, NJW 1952, 1216; *Palandt/Heinrichs* § 60 Rz. 1.

[43] Die formelle Zuständigkeit richtet sich hier nach Landesrecht, idR liegt die Zuständigkeit bei den unteren Verwaltungsbehörden.

[44] § 61 Abs. 2 BGB.

[45] Vgl. dazu § 3 Vereinsgesetz; *Reichert/Dannecker* Rz. 187 ff.; § 63 BGB.

[46] § 64 BGB.

Wesen nach auf den Verein anwendbar sind. Dies gilt insb. für die Grundrechte der Vereinigungsfreiheit, den Gleichheitsgrundsatz,[47] die Religionsfreiheit[48] und das Recht auf Namensführung.[49] Die Grenzen der Rechtsfähigkeit liegen dort, wo Rechtspositionen üblicherweise nur natürlichen Personen zugebilligt werden. So besitzt der eingetragene Verein insb. keine Rechtsfähigkeit im Bereich des Familienrechts. Ebenso ist der Verein regelmäßig nicht strafrechtlich verantwortlich, weil ihn kein Schuldvorwurf treffen kann.[50]

Nach heute ganz überwiegend vertretener Auffassung sind Vorverein 28
und eingetragener Verein rechtlich identisch.[51] Die vom Vorverein eingegangenen Rechte und Pflichten setzen sich unmittelbar in der durch Eintragung entstandenen juristischen Person fort, ohne daß es eines Übertragungsaktes bedarf.

II. Die Rechtsgrundlagen des Vereinsrechts und die Satzung

Die Rechtsgrundlagen des Vereinsrechts finden sich jeweils nach 30
dem konkreten Sachzusammenhang in unterschiedlichen Gesetzen. Zu nennen sind hier insb. die §§ 21 bis 79 BGB, die die Rahmenbestimmungen über Rechtsfähigkeit, Verfassung, also die Festlegung der Vereinsorgane mit Vorstand, die Mitgliederversammlung, die Mitgliederrechte, die Haftung und die Auflösung des Vereins enthalten. Die Bestimmungen über das Vereinsregister sowie das Verfahren beim Amtsgericht legt vornehmlich das Gesetz über die Angelegenheiten der freiwilligen Gerichtsbarkeit in seinen §§ 159 bis 162 fest. Kostenregelungen dazu enthält § 80 KostO. Auf der Seite des öffentlichen Rechts bestimmt das Gesetz zur Regelung des öffentlichen Vereinsrechts die Grenzen der Vereinsfreiheit und enthält Sondervorschriften für ausländische Vereine. Dieses Gesetz bestimmt insb. auch, unter welchen Voraussetzungen ein Verbot von Vereinen ausgesprochen und die Beschlagnahme oder Einziehung des Vereinsvermögens angeordnet werden kann.

Neben diesen vom Gesetzgeber vorgegebenen Rahmenbestimmun- 31
gen haben die Gründer und Mitglieder eines Vereins die Möglichkeit, über die Vereinssatzung ein eigenes Innen-Recht festzulegen und vor allem Aufgaben und Rechte einzelnen Vereinsorganen oder -mitgliedern zuzuweisen.

1. Rechtliche Einordnung der Satzung

In den Grenzen der zwingenden Vorschriften des BGB kann der In- 32
halt der Vereinssatzung grds. frei bestimmt werden (vgl. § 40 BGB). Es ist als Ausfluß der **Vereinsautonomie** anzusehen, daß vor allem Grün-

[47] BVerfG v. 3. 6. 1954, BVerfGE 3, 383, 390.
[48] BVerfG v. 5. 2. 1991, NJW 1991, 2623.
[49] BVerfG v. 24. 2. 1971, NJW 1971, 1123.
[50] *Soergel/Hadding* Vor § 21 Rz. 33.
[51] RG, RGZ 85, 256; BGH v. 16. 6. 1955, BGHZ 17, 385, 387; BGH, WM 1978, 115, 116; *Larenz* Allgemeiner Teil, § 10 I c.

dungsmitglieder in diesem Rahmen die Rechtsverhältnisse des Vereins selbst ordnen können. Zu beachten ist, daß Satzungsbestimmungen weder gegen ein gesetzliches Verbot (§ 134 BGB) noch gegen die guten Sitten (§ 138 BGB) verstoßen dürfen.

33 Nach Auffassung der Rspr. löst sich mit Eintragung und gleichzeitiger Entstehung der juristischen Person die Satzung von der Person der Gründer, und sie erlangt die Stellung einer zumindest normartigen Regelung (sog. Normentheorie).[52] Die sog. Vertragstheorie sieht demgegenüber in der Vereinssatzung keine Rechtsnorm, sondern unverändert den Ausfluß privater Willensbetätigung.[53] Der hier nur in seinen Ansätzen aufgezeigte Theorienstreit ist für die praktische Anwendung ohne wesentliche Bedeutung. Zwischen beiden Theorien besteht Einverständnis darüber, daß auf die Satzung die Vorschriften über Rechtsgeschäfte nicht schematisch angewendet werden können, sondern der normähnliche Charakter, insb. bei der Auslegung der Bestimmungen, zu berücksichtigen ist.[54] So hat sich die Auslegung am Zweck des Vereins und den berechtigten Interessen der Mitglieder vorrangig auszurichten. Außerhalb der Satzung liegende Umstände können im Rahmen der Auslegung der Bestimmungen nur dann berücksichtigt werden, wenn deren Kenntnis bei allen betroffenen Mitgliedern erwartet werden kann.[55] Im übrigen ist die Satzung aus sich heraus nach objektiven Gesichtspunkten auszulegen. Die Entstehungsgeschichte und die Interessen der Gründer sind dabei idR unbeachtlich.[56] Nach ganz allgemeiner Auffassung findet auch die Bestimmung nach § 139 BGB auf die Vereinssatzung keine Anwendung. Sollten einzelne Satzungsbestimmungen nichtig sein, bleibt die Satzung grds. im übrigen wirksam.[57] Die dispositiven Vorschriften des BGB treten für diesen Fall an die Stelle der nichtigen Satzungsbestimmung. Ggf. ist durch ergänzende Vertragsauslegung eine provisorische Regelung zu entwickeln. Eine Gesamtnichtigkeit der Satzung ist hingegen nur in Ausnahmefällen anzunehmen, wenn sich die verbleibenden Satzungsbestimmungen nicht zu einer sinnvollen Ordnung des Vereinslebens ergänzen lassen.[58]

2. Inhalt der Satzung

34 Im Rahmen des Eintragungsverfahrens überprüft das Gericht den Inhalt der Satzung. Die Satzung muß den Zweck des Vereins, seinen Namen und seinen Sitz bestimmen und ferner ergeben, daß der Verein eingetragen werden soll.[59] Enthält die Satzung diese **Mindestangaben**

---

[52] BGH v. 6. 3. 1967, BGHZ 47, 179.

[53] *Hadding* in FS Fischer, 1979, 166.

[54] BGH v. 6. 3. 1967, BGHZ 47, 180; BGH v. 11. 11. 1985, BGHZ 96, 245; BGH v. 3. 3. 1971, NJW 1971, 880.

[55] BGH v. 2. 12. 1974, BGHZ 63, 290.

[56] *Stöber* Handbuch zum Vereinsrecht, Rz. 44.

[57] BGH v. 6. 3. 1967, BGHZ 47, 180.

[58] KG, NJW 1962, 1917.

[59] § 57 Abs. 1 BGB.

nach § 57 Abs. 1 BGB nicht, ist die Eintragung unzulässig und der Verein kann ggf. auch noch später aus dem Vereinsregister gem. § 159, 142, 143 FGG von Amts wegen gelöscht werden. Demgegenüber enthält § 58 BGB „Soll-Vorgaben". Enthält die Satzung keine der in § 58 BGB vorgeschriebenen Bestimmungen, ist die Anmeldung zwar von dem Amtsgericht zurückzuweisen.[60] Eine trotz des Mangels erfolgte Eintragung ist jedoch gültig. Eine Löschung von Amts wegen geschieht wegen Verstoßes gegen diese „Soll-Vorgaben" nicht.[61]

a) Vereinszweck

Der Zweck des Vereins muß zulässig sein. Für die Auswahl des Vereinszwecks gilt der **Grundsatz der freien Zweckbestimmung**, der sich aus der Vereinigungsfreiheit gem. Art 9 Abs. 1 GG ableiten läßt. Grundsätzlich kann jeder ideelle oder wirtschaftliche Zweck Vereinszweck sein. Zulässig ist auch die Verbindung mehrerer Zwecke. Aus Art 9 Abs. 2 GG sowie aus den §§ 134, 138 BGB ergeben sich Schranken der Zweckauswahl. Insbesondere darf der Verein nicht gegen die verfassungsmäßige Ordnung, Strafgesetze oder andere gesetzliche Vorschriften oder die guten Sitten verstoßen. Zusätzlich muß die Satzung erkennen lassen, ob der Verein als Idealverein oder als wirtschaftlicher Verein einzuordnen ist. Bei der Abfassung des Zwecks in der Vereinssatzung sind ferner die Vorgaben des Gemeinnützigkeitsrechts zu beachten.[62] 35

Nicht in das Vereinsregister eingetragen werden dürfen sog. wirtschaftliche Vereine i. S. v. § 22 BGB. Ein Verein, dessen Zweck auf einen wirtschaftlichen Geschäftsbetrieb gerichtet ist, erlangt in Ermangelung besonderer gesetzlicher Vorschriften Rechtsfähigkeit nur durch staatliche Verleihung, und nicht, wie im Falle des nichtwirtschaftlichen Vereins, durch Eintragung in das Vereinsregister des zuständigen Amtsgerichts.[63] 36

---

[60] Vgl. § 60 BGB

[61] *Staudinger/Habermann* § 58 Rz. 1.

[62] Vgl. dazu im einzelnen § 5.

[63] Die Abgrenzung zwischen nichtwirtschaftlichen und wirtschaftlichen Vereinen ist bis heute nicht eindeutig geklärt, in der Praxis jedoch gerade in Zusammenhang mit dem Gemeinnützigkeitsrecht nicht von großer Bedeutung. Teilweise wird die Auffassung vertreten, die Abgrenzung ermögliche allein der Zweck, den der jeweilige Verein verfolgt (sog. *Zwecktheorie:* OLG Stuttgart, OLGZ 1970, 416; *Staudinger/Coing* 12. Aufl., § 21 Rz. 8 ff.). Die Gegenmeinung stellt primär auf das tatsächlich objektive Vorhandensein eines wirtschaftlichen Geschäftsbetriebs ab (sog. *Objektive Theorie: Planck* Bürgerliches Gesetzbuch, I, 3. Aufl. 1903). Zunehmend wird für die Abgrenzung auch auf den Begriff des Unternehmens abgestellt unter teleologisch-typologischer Betrachtungsweise. Danach ist ein wirtschaftlicher Verein, der selbständig, planmäßig, entgeltlich und auf Dauer am Markt anbietend tätig wird (*Karsten Schmidt* Rpfleger 1972, 286 und 343; vgl. dazu auch: OLG Düsseldorf v. 10. 12. 1997, NJW-RR 1998, 683).

b) Name

37 Das Vereinsrecht schränkt die Auswahl des Vereinsnamens nicht ein.[64] Wie für Kaufleute gilt aber auch hier der Grundsatz der Namenswahrheit entspr. § 18 Abs. 2 HGB. Der Name des Vereins darf nicht über Zweck, Bedeutung, Art, Alter und Größe im Rechtsverkehr täuschen.[65] Deswegen wären in den Namen aufgenommene Berufsbezeichnungen wie beispielsweise „Ärztlicher Arbeitskreis" unzulässig, wenn nur 1/3 der Mitglieder Ärzte sind.[66] Ebenso darf der Begriff der Gemeinnützigkeit nicht in den Vereinsnamen aufgenommen werden, wenn der Verein für Leistungen ein Entgelt fordert, das über den Selbstkosten liegt.[67] Entsprechendes gilt bei Namenszusätzen wie „Akademie" oder „Universität", wenn der Verein kein Träger einer Lern- oder Fortbildungsstätte ist,[68] oder Partei, wenn keine dem Parteigesetz entspr. Satzung vorliegt,[69] oder Stiftung bei einem auf Spendensammlung ausgerichteten Verein.[70] In Zusammenhang mit der Bezeichnung eines Vereins als „Stiftung" wird von der Rechtsprechung ferner die Auffassung vertreten, diese Bezeichnung sei im Rechtsverkehr irreführend, wenn der Verein weder über eine kapitalartige Vermögensausstattung noch über eine gesicherte Anwartschaft auf eine solche Dotierung verfüge, durch die eine dem Wesen einer Stiftung entsprechende Aufgabenerfüllung jedenfalls für einen gewissen Zeitraum gewährleistet ist.[71] Ist ein über den eigentlichen Vereinszweck täuschender Name in das Register eingetragen, so kann dies die Löschung des Vereins von Amts wegen rechtfertigen.

38 Weniger folgenschwer sind Verstöße gegen das Gebot der Unterscheidungsfähigkeit des Namens.[72] § 57 Abs. 2 BGB versteht sich als bloße Ordnungsregelung, die einer Verwechselungsgefahr der am selben Ort ansässigen Vereine vorbeugt.[73] Bei drohender Verwechselungsgefahr wird das Amtsgericht die Anmeldung zur Eintragung zurückweisen. Ein späteres Amtslöschungsverfahren kommt hingegen nicht in Betracht.[74] Es gilt insoweit der Prioritätsgrundsatz, d. h. der bereits eingetragene Vereinsname genießt Bestandsschutz.[75]

---

[64] *Staudinger/Coing* 12. Aufl., § 57 Rz. 9.
[65] OLG Hamm vom 26. 07. 1999, DB 1999, 2002.
[66] OLG Karlsruhe, OLGZ 1982, 385.
[67] BGH, GRUR 1981, 670.
[68] OLG Bremen v. 8. 9. 1971, NJW 1972, 164.
[69] *Sauter/Schweyer* Der eingetragene Verein, Rz. 59.
[70] BayObLG v. 25. 10. 1972, NJW 1973, 249.
[71] OLG Köln v. 2. 10. 1996, NJW-RR 1997, 1531.
[72] § 57 Abs. 2 BGB.
[73] BGH, NJW 1953, 577.
[74] *Münch. Komm.-Reuter* § 57 Rz. 3; *Staudinger/Habermann* § 57 Rz. 5; a. A.: *Reichert/Dannecker* Rz. 373.
[75] *Reichert/Dannecker* Rz. 371 ff.; *Soergel/Hadding* § 57 Rz. 10.

c) Eintritt und Austritt, Mitgliedsbeitrag

39 Ergänzend zu den Anforderungen gem. § 57 Abs. 1 BGB soll die Satzung gem. § 58 Nr. 1 und 2 BGB Bestimmungen enthalten über den Eintritt und Austritt von Mitgliedern, ob und wenn ja, welche Beiträge von den Mitgliedern zu leisten sind. Nach allgemeiner Auffassung ist die Festsetzung der Beitragshöhe durch die Satzung selbst nicht zwingend erforderlich. Sie kann vielmehr auch durch einen in der Satzung vorgesehenen Beschluß der Mitgliederversammlung oder ggf. auch des Vereinsvorstands erfolgen.[76] Im Einzelfall kann der Beitrag auch in einer Werk- oder einer Dienstleistung bestehen.[77] Keine Beitragspflicht besteht, wenn die Satzung vollständig zur Frage der Beiträge schweigt. In Ausnahmefällen kann sich eine Beitragspflicht auch konkludent bereits aus dem Vereinszweck ergeben.[78] Soweit ein gemeinnütziger Verein die Allgemeinheit fördert, indem sich das Leistungsangebot, wie typischerweise bei Sportvereinen, allein an die Vereinsmitglieder richtet, erfordert die Beitragshöhe die Beachtung gemeinnützigkeitsrechtlicher Schranken.[79]

d) Bildung des Vorstands, Bestimmungen zur Mitgliederversammlung

40 Gem. § 58 Nr. 3 BGB soll die Satzung ferner Vorschriften über die Bildung des Vorstandes enthalten. Fehlt in der Satzung eine Vorgabe über die Anzahl der Vorstandsmitglieder, so wird der Vorstand entspr. der gesetzlichen Mindestanforderung in § 26 BGB durch eine Person gebildet (Einzelvorstand). Vernünftigerweise sollte deshalb die Satzung die Anzahl der Vorstandsmitglieder festlegen. Dabei kann die Satzung auch Mindest- oder Höchstzahlen an Vorstandsmitgliedern vorgeben. Erforderlich ist weiterhin, daß die Satzung mit ausreichender Klarheit bestimmt, welche Vereinsmitglieder auf welche Art und Weise die Vorstandsmitglieder wählen oder ernennen.

41 Abschließend soll die Satzung Bestimmungen über die Voraussetzungen, unter denen die Mitgliederversammlung zu berufen ist, über die Form der Berufung und über die Beurkundung der Beschlüsse enthalten. Fehlen entgegen § 58 Nr. 4 BGB satzungsmäßige Bestimmungen über die Einberufung der Mitgliederversammlung, so verbleibt es hinsichtlich der Voraussetzungen bei den Regelungen der §§ 36, 37 BGB. Danach ist eine Mitgliederversammlung einzuberufen, wenn es das Interesse des Vereins erfordert oder wenn der zehnte Teil der Vereinsmitglieder die Berufung schriftlich unter Angabe des Zweckes und der Gründe verlangt.

---

[76] *Staudinger/Habermann* § 58 Rz. 3; *Münch. Komm.-Reuter* § 58 Rz. 2; *Palandt/Heinrichs* § 58 Rz. 3.

[77] *Dütz* Verbandsbezogene Verhaltenspflichten von Koalitionsmitgliedern, in Festschrift für Hilker und Stumpf 1983, 99, 103; *Palandt/Heinrichs* § 58 Rz. 3 b.

[78] *Soergel/Hadding* § 58 Rz. 3.

[79] Vgl. dazu im einzelnen §§ 5, 6.

III. Rechte und Pflichten der Mitglieder

1. Eintritt von Mitgliedern

45 Die Mitgliedschaft entsteht in den allermeisten Fällen durch den Eintritt in einen bestehenden Verein. Für den Eintritt maßgebend sind dabei in erster Linie die Bestimmungen der Satzung. Nach § 58 Nr. 1 BGB soll die Satzung Bestimmungen über den Ein- und den Austritt von Vereinsmitgliedern enthalten. Dies gilt insb. für die Form der Beitritts- und/oder Aufnahmeerklärung. Regelmäßig empfiehlt sich die Schriftform, sie ist fast allgemein üblich. Enthält die Satzung hingegen hierzu keine Formvorschriften, kann die Beitrittserklärung mündlich und im Einzelfall durch schlüssiges Verhalten abgegeben werden.

46 Der Verein kann grds. die **Voraussetzungen** für den Erwerb der Mitgliedschaft frei in seiner Satzung festlegen. Die satzungsmäßigen Regelungen können beispielsweise Geschlecht, Alter, Beruf, Wohnsitz und Staatsangehörigkeit von Mitgliedern vorsehen. Auch kann die Satzung nur natürliche Personen zur Mitgliedschaft zulassen, das bedeutet dann, daß juristische Personen oder sonstige Vereinigungen als solche nicht Mitglied werden können.[80] Die in der Satzung hier enthaltenen Vorgaben orientieren sich oftmals am Vereinszweck. Je nach Zweck des Vereins kann die Einschränkung der Mitgliedschaft auf bestimmte Eigenschaften von Vorteil sein. Unter gemeinnützigkeitsrechtlichen Gesichtspunkten wird im übrigen nicht beanstandet, wenn der Vereinsvorstand bei der Aufnahme von weiteren Mitgliedern eine Ermessensentscheidung treffen und neue Mitglieder unter vorgegebenen Kriterien auswählen kann. Allerdings darf, wenn der Verein die gemeinnützigen Zwecke in erster Linie gegenüber den Mitgliedern verfolgt, der Mitgliederkreis nicht zu eng gefaßt werden, ansonsten ist die Gemeinnützigkeit gefährdet.[81]

47 Die Mitgliedschaft **entsteht durch Vertrag** zwischen dem Verein und dem neuen Mitglied. IdR erklärt der Bewerber den Antrag, als Mitglied in den Verein aufgenommen zu werden (sog. Beitrittserklärung), und der Vereinsvorstand erklärt, daß der Antrag angenommen wird (sog. Aufnahmeerklärung).[82] Für den Abschluß des Aufnahmevertrags gelten die Bestimmungen der Satzung. Enthält die Satzung zur Form der Beitritts- und Aufnahmeerklärung keine ausdrückliche Bestimmung, so kann die Beitrittserklärung mündlich und ggf. auch durch schlüssiges Verhalten abgegeben werden. Für die Annahme einer Beitrittserklärung bedarf es zunächst einer Willensbildung über die Aufnahme des Bewerbers. Ob eine solche ausdrückliche Willensbildung über die Aufnahme stattzufinden hat und wer dafür im Verein zuständig ist, richtet sich ebenfalls nach den Vorgaben der Satzung. IdR

---

[80] Vgl. *Sauter/Schweyer* Der eingetragene Verein, Rz. 70.

[81] Vgl. dazu im einzelnen § 5.

[82] Vgl. BGH v. 18. 9. 1958, BGHZ 28, 131, 134; BGH v. 29. 6. 1987, NJW 1987, 2503; *Münch. Komm.-Reuter* § 38 Rz. 34; *Stöber* Handbuch zum Vereinsrecht, Rz. 136.

sieht die Satzung für die Annahme einer Beitrittserklärung den Aufnahmebeschluß des Vorstands oder eines hiermit betrauten Ausschusses oder sogar der Mitgliederversammlung des Vereins vor.

Gleichzeitig kann die Satzung die Aufnahme auch an weitere Voraus- 48
setzungen koppeln. Nicht selten ist in der Satzung bestimmt, daß ein Bewerber um die Mitgliedschaft einen oder mehrere Bürgen aus dem Kreis der Mitglieder zu benennen hat. Die Bürgen sollen gewissermaßen gewährleisten, daß der Bewerber einen guten Leumund besitzt und sich als neues Vereinsmitglied eignet.[83]

Enthält die Satzung keine besonderen Vorschriften über die Willens- 49
bildung bei der Aufnahme eines neuen Vereinsmitglieds, so ist maßgebend, ob der Eintritt sich nach den Verhältnissen im Einzelfall als Geschäftsführungsmaßnahme oder als sog. Grundlagengeschäft darstellt. Je nachdem genügt die Entscheidung des Vereinsvorstands oder es ist der Beschluß der Mitgliederversammlung erforderlich.[84]

Im übrigen besitzt der Aufnahmevertrag keinen Austauschcharakter. 50
Die §§ 320 ff. BGB sind nicht anwendbar.[85] Insbesondere ist der Verein auch nicht verpflichtet, Mitgliedschaftsbewerber, selbst wenn diese die satzungsmäßigen Voraussetzungen erfüllen, aufzunehmen.[86] Dem Verein steht es also grds. frei, den Kreis seiner Mitglieder festzulegen. In Sonderfällen kann sich ein Anspruch auf Aufnahme jedoch aus übergeordneten allgemeinen Rechtsgrundsätzen ergeben.[87] Ein **Aufnahmezwang** besteht beispielsweise bei Vereinen oder Verbänden, die eine Monopolstellung besitzen.[88] Die Rspr. hat die mehrfach für „Dachverbände", Landessportverbände u. ä. erkannt.[89] Regelmäßig besteht jedoch keine Aufnahmezwang, wenn Nichtmitglieder dies Leistungen des Vereins im wesentlichen in gleicher Weise in Anspruch nehmen können.[90] Für die Klage auf Aufnahme ist nach Erschöpfung des Instanzenwegs innerhalb des Vereins durch den Bewerber der Rechtsweg zu den ordentlichen Gerichten gegeben, selbst wenn es sich um die Aufnahme in eine politische Partei handelt.[91]

Für die Willenserklärungen zum Abschluß des Aufnahmevertrags 51
gelten weitgehend die allgemeinen Vorschriften. So können die Beitritts- als auch die Aufnahmeerklärung unter einer Bedingung erteilt

[83] Soweit die Bürgen auch für die Verbindlichkeiten des neuen Mitglieds gegenüber dem Verein persönlich haften sollen, müßte dies in der Vereinssatzung ausdrücklich niedergelegt sein; vgl. dazu: *Sauter/Schweyer* Der eingetragene Verein, Rz. 72.

[84] Vgl. §§ 30, 32 BGB.

[85] BGH v. 3. 7. 1971, BGHZ 55, 381, 385; BGH v. 7. 10. 1991, NJW-RR 1992, 507; *Münch. Komm.-Reuter* § 38 Rz. 34.

[86] BGH v. 29. 6. 1987, BGHZ 101, 193.

[87] BGH v. 1. 10. 1984, NJW 1985, 1214 ff.

[88] BGH v. 10. 12. 1984, BGHZ 93, 152; BGH v. 26. 6. 1979, NJW 1980, 186; Bartodziej ZGR 1991, 517; *Sauter/Schweyer* Der eingetragene Verein, Rz. 77.

[89] BFH v. 10. 10. 1984, BGHZ 93, 151; BGH v. 29. 6. 1987 BGHZ 101, 193; Kammergericht v. 5. 5. 1992, NJW-RR 1993, 183.

[90] *Sauter/Schweyer* Der eingetragene Verein, Rz. 77.

[91] VGH Mannheim v. 1. 6. 1976, NJW 1977, 72; RG, RGZ 106, 120, 127.

werden.[92] Nach allgemeiner Auffassung kann die Aufnahme in den Verein sowohl von dem Mitglied als auch vom Verein selbst wegen Irrtums, Drohung oder arglistiger Täuschung angefochten werden. In der Rechtsliteratur ist zu dieser Frage umstritten, ob bei wirksamer Anfechtung die Aufnahme in den Verein als von Anfang an nichtig anzusehen ist[93] oder ob die Mitgliedschaft erst von dem Zeitpunkt an fortfällt, in dem die Anfechtungsgründe geltend gemacht werden[94] (Wirkung ex nunc). Soweit ersichtlich, hat die Rspr. hierzu noch nicht entschieden.

52 Ist der Bewerber in der Geschäftsfähigkeit beschränkt, ist zur Abgabe einer wirksamen Beitrittserklärung die Zustimmung des gesetzlichen Vertreters erforderlich.[95] Dabei umfaßt die Einwilligung idR auch die zukünftige Ausübung der Mitgliedschaftsrechte im Verein.[96]

53 Mit Aufnahme in den Verein unterwirft sich das neue Mitglied der geltenden Vereinssatzung und etwa bestehenden Nebenordnungen. Es ist nicht entscheidend, ob ihm diese bekannt sind oder nicht. Sämtliche noch geltende Vereinsbeschlüsse sind ebenfalls ohne weiteres für das neue Mitglied verbindlich.[97] Um hier Mißverständnissen vorzubeugen, empfiehlt es sich, regelmäßig den Zeitpunkt, mit dem die Mitgliedschaft erworben wird, eindeutig festzulegen.

54 Dem Grundrecht der Vereinigungsfreiheit nach Art 9 Abs. 1 GG entspricht es, daß Vereine grds. die Möglichkeit haben, für ihre Ziele zu werben und im Rahmen einer organisierten Öffentlichkeitsarbeit Mitglieder zu locken. **Mitgliederwerbung** darf – wiederum allgemein – nicht mit unlauteren Mitteln betrieben werden und als solche nicht gegen die guten Sitten oder andere Schutzgesetze verstoßen. Gemeinnützige Vereine müssen in bezug auf den Aufwand für die Mitgliederwerbung berücksichtigen, daß dieser gegenüber der Mittelverwendung für die gemeinnützige Zweckverfolgung untergeordnet sein muß.[98] Die gesetzlichen Bestimmungen über Haustürgeschäfte nach dem Haustürwiderrufsgesetz gelten entsprechend.[99] Auch sind u. U. die Vorschriften des AGBG von Bedeutung, wenn beispielsweise Mindestlaufzeiten der Mitgliedschaft unter den Geboten von Treu und Glauben zu einer unangemessenen finanziellen Bindung führen.[100]

---

[92] *Soergel/Hadding* § 38 Rz. 9; a. A.: *Staudinger/Weick* § 35 Rz. 26, der einen bedingten Beitritt nicht mit dem Eigentum des Vereinsrechts für vereinbar hält.

[93] *RGRK-Steffen* § 38 Rz. 7.

[94] *Palandt/Heinrichs* § 38 Rz. 4; *Walter* NJW 1975, 1033.

[95] §§ 107, 108 BGB.

[96] *Braun* NJW 1962, 92; *Hamelbeck* NJW 1962, 722.

[97] *Sauter/Schweyer* Der eingetragene Verein, Rz. 80.

[98] Vgl. auch §§ 5, 8.

[99] OLG München v. 18. 5. 1995, NJW 1996, 263; LG München I v. 29. 6. 1994, ZIP 1994, 1191.

[100] OLG Düsseldorf v. 24. 10. 1997, NJW-RR 1998, 710.

2. Mitgliedschaftsrechte

Die Mitgliedschaft ist die Stellung des Mitglieds im Rechtsverhältnis zum Verein. Sie ist kein Vermögensrecht, sondern ein **Personenrechtsverhältnis**. Die Mitgliedschaft umfaßt die Gesamtheit aller Rechte und Pflichten der Vereinsmitglieder nach der Satzung und dem Gesetz.[101] 55

Die Grundlage für das Rechtsverhältnis zwischen Mitglied und dem Verein bilden in erster Linie die Satzung, Vereinsordnungen, Sonderabreden beim Eintritt eines Mitglieds, Beschlüsse und sonstige Maßnahmen der Vereinsorgane. 56

Mitgliedschaftsrechte werden zweckmäßig eingeteilt in Mitverwaltungsrechte und Vorteils- oder sog. Genußrechte. Außerdem hat jedes Mitglied einen Anspruch auf Gleichbehandlung, soweit nicht Sonderrechte für einzelne Mitglieder bestehen. 57

a) Mitverwaltungsrechte

Zu den Mitverwaltungsrechten (auch Organschaftsrechte genannt) gehört zunächst das Recht auf Teilnahme an der **vereinsinternen Willensbildung**. Dies umfaßt das Recht auf Teilnahme an Mitgliederversammlungen, das grds. jedem Mitglied zusteht, das Rederecht in Mitgliederversammlungen und das Stimmrecht bei Beschlüssen der Mitglieder. Gleichzeitig steht jedem Mitglied das Wahlrecht bei der Bestellung von Organen des Vereins zu. Außerdem besitzt jedes Mitglied das sog. passive Wahlrecht, d. h. das Recht, sich zu einem Organ des Vereins bestellen zu lassen, sowie im Rahmen des sog. Minderheitenrechts die Möglichkeit, zusammen mit anderen Mitgliedern die Einberufung einer Mitgliederversammlung zu erzwingen. 58

Das Teilnahmerecht wird flankiert von dem Recht auf Information über Angelegenheiten des Vereins. Dieses Recht besteht wegen der körperschaftlichen Organisation nur in der Mitgliederversammlung. Der **Informationsanspruch** reicht, soweit die Auskunft zur sachgemäßen Beurteilung des Gegenstands der Tagesordnung erforderlich ist.[102] Darüber hinaus hat unter besonderen Umständen jedes Mitglied das Recht auf Einsicht der Bücher und Schriften des Vereins, soweit hierzu ein berechtigtes Interesse dargetan wird.[103] Im Einzelfall sind das Interesse des einzelnen auf Einsichtnahme und das Interesse des Vereins an der Geheimhaltung seiner Angelegenheiten abzuwägen. Nach ganz überwiegender Auffassung steht dem Mitglied aber ein Anspruch auf Aushändigung eines Exemplars der Vereinssatzung und ein Anspruch auf Einsicht in die Mitgliederliste oder die Urkunden über den Ein- und Austritt der Mitglieder zu, weil es sich hier nicht nur um innere Ver- 59

---

[101] *Sauter/Schweyer* Der eingetragene Verein, Rz. 333; *Münch. Komm.-Reuter* § 38 Rz. 6; *Stöber* Handbuch zum Vereinsrecht, Rz. 126.

[102] BayOLG v. 3. 5. 1972, NJW 1972, 1377, 1378; *Lepke* NJW 1966, 2099 ff.; *Staudinger/Weick* § 27 Rz. 25.

[103] RG, RGZ 49, 142, 149; LG Mainz v. 17. 1. 1989, BB 1989, 812 (für den wirtschaftlichen Verein).

einsangelegenheiten, sondern um die Rechtsbeziehung des Mitglieds zum Verein und den anderen Vereinsmitgliedern handelt.[104]

b) Vorteilsrechte

60 Die Mitgliedschaft umfaßt ferner das Recht, die Einrichtungen des Vereins nach Maßgabe einer evtl. bestehenden Benutzungsordnung in Anspruch zu nehmen. Jedes Mitglied hat ein Recht auf Teilhabe an den Vorteilen aus der Verfolgung des Vereinszwecks.[105] Je nach Ausgestaltung des Vereinszwecks umfaßt dies auch ein Recht auf Beratung oder Unterstützung bei der Verfolgung bestimmter Ziele[106] oder auch das Recht auf Benutzung eines vom Verein geprägten Gütezeichens.[107]

61 Zu den Vorteilsrechten zählt es auch, wenn Vereine mit wirtschaftlichem Nebenbetrieb für bestimmte Leistungen Vereinsmitgliedern Vorzugspreise einräumen. Diese Vorzugspreise gelten regelmäßig als Unkostenbeiträge. Sie fallen regelmäßig nicht unter den Anwendungsbereich von § 1 Rabattgesetz und gelten nicht als Sonderpreisverträge.[108] Die Einräumung von Vorzugspreisen an Mitglieder kann allerdings unter den Kriterien der Gemeinnützigkeit bedenklich sein.[109]

c) Recht auf Gleichbehandlung

62 Jedem Mitglied steht grds. ein Anspruch auf Gleichbehandlung durch die Vereinsorgane zu. Die Satzung kann jedoch **unterschiedliche Mitgliedergruppen** mit unterschiedlichen Mitgliederrechten schaffen. So ist es durchaus zulässig, wenn die Satzung für bestimmte Kategorien von Mitgliedern, wie beispielsweise auswärtigen, außerordentlichen, fördernden, Ehrenmitgliedern und dergleichen, das Stimmrecht in den Mitgliederversammlungen entzieht. Auch kann sie anderen Mitgliedern erhöhte Stimmrechte zubilligen oder ihnen erhöhte Beitragsleistungen auferlegen.[110] Der Anspruch auf Gleichbehandlung ist damit nicht auf gleiche Rechte und Pflichten der Mitglieder im Verein gerichtet, sondern er geht dahin, daß von seiten der Vereinsorgane eine ungerechtfertigte, sachwidrige und willkürliche Schlechterstellung eines Mitglieds oder einer Gruppe von Mitgliedern unterbleibt.[111] Das Recht auf Gleichbehandlung begründet für das einzelne Mitglied unter Umständen einen durchsetzbaren Anspruch. Das Mitglied kann bei gleicher Sachlage in gleichem Umfang und in gleicher Weise wie andere Mitglieder auch Leistungen des Vereins, Zugang zu der Benutzung von Vereinseinrichtungen oder Teilhabe an sonstigen Vorteilen aus der Verfolgung des Ver-

[104] OLG Hamm v. 4. 10. 1973, DB 1973, 2443; LG Karlsruhe, Rpfl. 1987, 164.
[105] *Sauter/Schweyer* Der eingetragene Verein, Rz. 340.
[106] OLG Düsseldorf, WuW 1981, 366.
[107] LG Frankfurt, WM 1986, 302, 303, 304.
[108] OLG Hamm v. 1. 4. 1976, DB 1977, 446; OLG Stuttgart, WRP 1981, 54, 63.
[109] Vgl. dazu § 5.
[110] *Sauter/Schweyer* Der eingetragene Verein, Rz. 338 ff.
[111] BGH, NJW 1960, 2142, 2143; BGH v. 3. 3. 1971, BGHZ 55, 381, 385; BGH v. 3. 3. 1971, NJW 1971, 879; *Sauter/Schweyer* Der eingetragene Verein, Rz. 351.

einszwecks verlangen.[112] Auch können einzelne Mitglieder oder eine bestimmte Mitgliedergruppe nicht nachträglich ohne deren Zustimmung willkürlich oder aufgrund sachfremder Erwägungen mit erhöhten Mitgliedsbeiträgen belastet werden.[113] Ein Beschluß der Mitgliederversammlung oder des Vorstands, der diesem Anspruch auf Gleichbehandlung nicht genügt, ist grds. unwirksam.[114]

d) Sonderrechte

Der Grundsatz der Gleichbehandlung schließt es nicht aus, über die 63
Satzung für einzelne Mitglieder oder Mitgliedergruppen „Sonderrechte" vorzusehen. Sonderrechte können sog. Organschafts- oder auch Werterechte sein. Sonderrechte in Form von Organschaftsrechten sind beispielsweise der dauernde Sitz eines Mitglieds im Vorstand oder in einem anderen Vereinsorgan. Nicht selten finden sich für manche Mitglieder oder Mitgliedergruppen auch erhöhte Stimmrechte oder ein Vetorecht bei Vereinsbeschlüssen. Ebenso könnte als Sonderrecht festgelegt werden, daß bestimmte Mitglieder keine Vereinsbeiträge zu zahlen haben oder aber Satzungsänderungen nicht ohne ihre Zustimmung durchgeführt werden können.[115]

Zur Begründung von Sonderrechten ist stets eine Festlegung in der 64
Satzung erforderlich.[116] Nach der Gründung eines Vereins können Sonderrechte durch Satzungsänderung nur eingeräumt werden, wenn alle anderen Vereinsmitglieder, die durch das Sonderrecht nicht begünstigt werden, zustimmen. Hinzuweisen ist in diesem Zusammenhang auf die Regelung in § 35 BGB, wonach Sonderrechte eines Mitglieds nicht ohne dessen Zustimmung durch Beschluß der Mitgliederversammlung beeinträchtigt werden können. Zur Schmälerung von Sonderrechten ist daher stets die Zustimmung des jeweils durch das Sonderrecht begünstigten Mitglieds erforderlich.

e) Ausübung der Mitgliedschaftsrechte

Soweit die Satzung keine abweichenden Bestimmungen enthält, 65
können Mitgliedschaftsrechte **grds. nur persönlich** ausgeübt werden. Gem. § 38 Satz 2 BGB kann die Ausübung von Mitgliedschaftsrechten nicht anderen überlassen werden. Deswegen kann sich ein Mitglied regelmäßig auch nicht durch einen Dritten vertreten lassen. Bei Minderjährigen oder anderen Personen, die ihre Mitgliedschaftsrechte nicht persönlich ausüben können, ist die Vertretung durch den gesetzlichen Vertreter (Eltern, Pfleger) zulässig, soweit dies mit dem Vereinszweck vereinbar erscheint.[117] Erlaubt jedoch bereits die Satzung, daß sämtliche

---

[112] BVerwG v. 25. 11. 1986, NJW 1987, 1900.
[113] BGH, NJW 1954, 953.
[114] BGH v. 9. 11. 1976, BGHZ 59, 369, 371.
[115] Vgl. *Stöber* Handbuch zum Vereinsrecht, Rz. 176.
[116] BGH, MDR 1970, 913; *Palandt/Heinrichs* § 35 Rz. 1.
[117] *Soergel/Hadding* § 32 Rz. 26; *Palandt/Heinrichs* § 38 Rz. 3.

oder einzelne Mitgliedschaftsrechte durch Bevollmächtigte ausgeübt werden können, dürfen ohne weiteres auch Nichtmitglieder bevollmächtigt werden.[118]

66 Im übrigen ist die Mitgliedschaft ein höchstpersönliches Recht. Sie ist nicht übertragbar und nicht vererblich (§ 38 Satz 1 BGB), es sei denn, die Satzung enthält hierzu ausdrücklich abweichende Bestimmungen. Für Mitverwaltungsrechte gilt das sog. Abspaltungsverbot, d. h. diese Rechte sind nicht selbständig übertragbar. Auch die Vorteilsrechte sind als Bestandteil einer personenbezogenen Mitgliedschaft grds. nicht selbständig von dem Mitglied auf einen anderen abtretbar. Demgegenüber können die in Ausnahmefällen bestehenden vermögensrechtlichen Ansprüche des Mitglieds auch ohne ausdrückliche Regelung in der Satzung grds. abgetreten werden.

f) Schmälerung oder Entziehung der allgemeinen Mitgliedsrechte

67 Soweit einzelne Mitgliedsrechte auf einfachem Vereinsbeschluß beruhen, können sie ebenfalls durch einfachen Vereinsbeschluß geschmälert oder entzogen werden. Im übrigen bedarf es zur Schmälerung oder Entziehung von einzelnen Mitgliedsrechten der Satzungsänderung. Auch im Rahmen einer beabsichtigten Beschränkung von Mitgliedsrechten ist der Grundsatz der Gleichbehandlung zu beachten. Jedem Mitglied steht es frei, die Ungültigkeit derartiger Beschlüsse im Klagewege feststellen zu lassen, und zwar auch dann, wenn kein Sonderrecht, sondern ein allgemeines Mitgliedsrecht zur Diskussion steht.[119] Die Klage auf Feststellung der Nichtigkeit von Beschlüssen der Mitgliederversammlung wegen Satzungsverstoßes ist hier nicht an eine Frist gebunden. Es gelten für den eingetragenen Verein insb. nicht die Vorschriften des Aktiengesetzes (§ 246 AktG) und des Genossenschaftsgesetzes (§ 51) .[120] Anders also als im Aktienrecht tritt durch Zeitablauf keine „Heilung“ ein. Das beeinträchtigte Mitglied ist nicht gezwungen, entweder zügig gegen den betreffenden Beschluß anzugehen oder ihn passiv hinzunehmen. Die Rechtsposition des Vereinsmitglieds ist insoweit stärker als diejenige eines Aktionärs, der sich zur Wahrnehmung seiner Rechte an bestimmte Fristen halten muß. Allerdings wird diskutiert, von welchem Zeitpunkt an ein Vereinsmitglied sein Anfechtungsrecht verwirkt hat.

g) Deliktschutz

68 Das Mitgliedschaftsrecht ist als sonstiges Recht im Sinne von § 823 Abs. 1 BGB grds. anerkannt. Nach den verschiedenen Einzelfallentscheidungen höchstrichterlicher Rspr.[121] soll jedenfalls ein Anspruch aus § 823

---

[118] *Soergel/Hadding* § 38 Rz. 20; a. A.: *Staudinger/Weick* § 38 Rz. 4, dies widerspreche dem Charakter des Idealvereins.

[119] KG v. 30. 10. 1987, NJW 1988, 3159.

[120] OLG Schleswig, NJW 1960, 1862; BGH v. 3. 11. 1972, BGHZ 59, 369.

[121] RG, RGZ 100, 274; RG, RGZ 158, 255; BGH v. 12. 3. 1990, BGHZ 110, 323.

Abs. 1 BGB bestehen, wenn die Beeinträchtigung die Mitgliedschaft „in ihrem Kern" trifft. Ausdrücklich verwarf der BGH[122] die Auffassung, im Verhältnis zwischen Vereinsmitglied zum Verein verdränge das Vereinsinnenrecht die allgemeine Bestimmung des Deliktsrechts nach § 823 BGB. Nach Ansicht des BGH besteht kein Grund, das Vereinsrecht „von dem Grundsatz auszunehmen, daß das Recht der unerlaubten Handlungen bei Verletzung deliktsrechtlich geschützter Positionen auch im Rahmen besonderer Schuldverhältnisse zur Anwendung kommt". Die persönliche Haftung der Vorstandsmitglieder aus § 823 Abs. 1 BGB soll jedoch dann entfallen, wenn der Vorstand in Vollzug verbindlicher Entscheidungen der Mitgliederversammlung gehandelt hat.[123]

3. Mitgliedschaftspflichten

Die einem Mitglied aus dem Rechtsverhältnis zum Verein obliegenden Pflichten werden nach ihrem Inhalt in Beitragspflichten, Mitverwaltungspflichten und Treuepflichten eingeteilt.[124] 69

a) Beitragspflichten

Die Vereinssatzung soll gem. § 58 Nr. 2 BGB Bestimmungen darüber enthalten, ob und welche Beiträge die Mitglieder zu leisten haben. Auch wenn die Satzung keine Beiträge vorsieht, kann die Mitgliederversammlung für die Zukunft eine Beitragserhebung beschließen. Soweit die erhobenen Beiträge nicht alle Vereinsmitglieder treffen, ist der Grundsatz der Gleichbehandlung zu berücksichtigen. 70

Mitgliedsbeiträge sind idR auf eine einmalige oder wiederkehrende **Geldleistung** gerichtet, die Zahlungsverpflichtung ist erfüllt, wenn das Mitglied im Hinblick auf die Beitragspflicht das Vereinsvermögen in dem vorgegebenen Umfang vermehrt hat. Grundsätzlich kommen Mitgliedsbeiträge auch als **Dienst- oder Werkleistungen** in Betracht. Die Beitragspflicht kann im Verein also auch auf ein Tun oder Unterlassen gerichtet sein, das geeignet ist, die Verfolgung des Vereinszwecks zu fördern.[125] Was den Umfang der Beitragspflichten anbelangt, so müssen gemeinnützige Vereine, die die Allgemeinheit fördern, indem sich ihr Leistungsangebot in erster Linie an die Vereinsmitglieder richtet – typisch für Sportvereine – die gemeinnützigkeitsrechtlichen Schranken beachten. 71

Zusätzlich zu den Mitgliedsbeiträgen, die auf eine Finanzierung der laufenden Einkünfte abzielen, kann der Verein Umlagen zur Deckung besonderer Aufwendungen beschließen. Hierzu bedarf es jedoch einer diese Sonderleistung rechtfertigenden Satzungsbestimmung.[126] 72

---

[122] BGH v. 12. 3. 1990, BGHZ 110, 323.

[123] *Münch. Komm.-Reuter* § 38 Rz. 8.

[124] Vgl. *Lutter* AcP 180 (1980), 84, 102 ff.

[125] *K. Schmidt* Gesellschaftsrecht, § 20 II 1 b) bb); *RGRK-Steffen* § 58 Rz. 2.

[126] Satzungsbestimmungen über die Möglichkeit, Sonderleistungen zu beschließen, verstoßen nicht gegen das Grundrecht der Vereinigungsfreiheit (BVerfG v. 19. 10. 1990, NJW 1991, 2626).

b) Mitverwaltungspflichten

73 Die Vereinssatzung kann im Einzelfall den Mitgliedern bestimmte Aufgaben aufbürden. In Betracht kommen hier die **Teilnahme an Mitgliederversammlungen** oder auch die Pflicht, unter bestimmten Voraussetzungen ein Vereinsamt zu übernehmen. Außerdem kann bereits die Satzung vorsehen, daß die Mitglieder an Veranstaltungen des Vereins organisatorisch oder sonst helfend mitzuwirken haben.

74 Soweit nicht schon die Satzung entspr. Regelungen hierzu enthält, kann auch die Mitgliederversammlung durch Beschluß oder das sonst für diese Belange zuständige Vereinsorgan entspr. Pflichten für die Mitglieder begründen.[127]

c) Treuepflicht

75 Die Vereinsmitglieder sind gehalten, die Vereinszwecke und die gemeinsamen Interessen zu fördern und mit den übrigen Vereinsmitgliedern zusammenzuwirken. Sie müssen die Satzung und die sonstigen Ordnungen des Vereins beachten und die Weisungen befolgen, welche die Vereinsorgane im Rahmen ihrer Zuständigkeit nach diesen Regelungen geben. Aus dem Rechtsverhältnis zum Verein besteht für das einzelne Mitglied damit eine allgemeine **Loyalitätspflicht**.[128]

76 Der Inhalt der Treuepflicht richtet sich nach den Umständen des Einzelfalls. Maßgebend für die Ausprägung der Treuepflicht ist primär der Vereinszweck. Bei wirtschaftlichen Verbänden sind häufig Unterlassungspflichten als Ausprägung der Treuepflicht von großer Bedeutung. Im Einzelfall kann sich aber auch eine Pflicht zum Handeln ergeben.[129]

77 Verstößt ein Mitglied gegen die ihm obliegende Loyalitätspflicht, werden die sich an die Verletzung knüpfenden Rechtsfolgen in Rspr. und Literatur nicht einheitlich beurteilt. Als umfassendste Sanktion kommt die Ausschließung aus wichtigem Grund in Betracht, sofern das Mitglied dem Vereinszweck zuwiderhandelt. Als minderschwere Sanktion steht dem Verein gegen das Mitglied auch ein klagbarer Unterlassungsanspruch zu.[130] Gegenüber dem Ausschluß ist u. U. die Leistungsklage auf Vornahme inhaltlich hinreichend bestimmter Handlungen vorrangig.[131]

78 Tritt wegen einer vom Mitglied zu vertretenen Verletzungshandlung beim Verein ein Schaden ein, ist das Mitglied entspr. der überwiegend vertretenen Auffassung nach den Grundsätzen der pVV ersatzpflichtig.[132] Die Frage, ob der Verein selbst mögliche Sanktionen bei der Ver-

---

[127] *Staudinger/Weick* § 35 Rz. 7.

[128] *Münch. Komm.*-Reuter § 38 Rz. 25; *Soergel/Hadding* § 38 Rz. 23.

[129] Z. B. Warnungen an den Vorstand; Weitergabe bestimmter Mitteilungen, etc.

[130] *Münch. Komm.-Reuter* § 38 Rz. 26; *Erman-Westermann* § 38 Rz. 2.

[131] LG Bonn, WM 1987, 1074, 1076.

[132] BGH v. 4. 7. 1977, DB 1977, 2226; *Münch. Komm.-Reuter* § 38 Rz. 26; *Palandt/Heinrichs* § 38 Rz. 1.

letzung mitgliedschaftlicher Pflichten gegenüber seinen Mitgliedern wirksam verhängen darf, hat die Rspr. dem Grunde nach bejaht.[133]

d) Änderung der Mitgliedschaftspflichten als Ausdruck der Vereinsautonomie

Die Mitgliedschaftspflichten sind Inhalt des Rechtsverhältnisses zwischen Mitglied und Verein. In Ausübung der **Vereinsautonomie** können solche Pflichten neu begründet und auch abgeändert werden. So kann die Mitgliederversammlung eine Erhöhung oder Absenkung der zu leistenden Beiträge oder auch die Erhebung einer Umlage zur Finanzierung und Deckung besonderer Aufwendungen beschließen. Soweit in diesem Zusammenhang Mehrheitsbeschlüsse zulässig sind oder ein Vereinsorgan Maßnahmen im Rahmen seiner satzungsmäßigen oder gesetzlichen Zuständigkeit trifft, muß das Mitglied diese Änderung, die auch eine Verringerung seiner bisherigen Mitgliedschaftsrechte oder eine Erhöhung von Mitgliedschaftspflichten bedeuten kann, grds. hinnehmen. Nur für sog. **Sonderrechte** gilt insoweit eine Ausnahme. Wenn ein Mitglied mit solchen Änderungen nicht einverstanden ist, bleibt ihm das unabdingbare Recht zum einseitigen Austritt aus dem Verein.[134] Je bedeutsamer sich allerdings die Mitgliedschaft in dem Verein für das betroffene Mitglied darstellt, desto weiter gehend kann die Treuepflicht des Vereins gegenüber dem Mitglied ausfallen und eine Rücksichtnahme des Vereins erfordern.[135] 79

4. Austritt, Ausschluß

Die Mitgliedschaft endet durch das Ausscheiden eines Mitglieds aus dem Verein. Dies erfolgt durch Austritt, Ausschluß oder Tod eines Mitglieds. Gem. § 38 BGB ist die Mitgliedschaft nicht übertragbar und nicht vererblich. 80

a) Austritt

Gem. § 39 Abs. 1 BGB sind die Mitglieder zum Austritt aus dem Verein berechtigt. Mit dieser kurzen Bestimmung im Gesetz ist der Austritt gewissermaßen die „ultima ratio" des Mitglieds, wenn es mit der im Verein bestimmten Richtung bei der Verfolgung des Vereinszwecks nicht mehr einverstanden ist.[136] Der Austritt ermöglicht dem Mitglied, sich der „Vereinsmacht" zu entziehen. Es handelt sich hierbei um ein Kündigungsrecht (Gestaltungsrecht), durch dessen Ausübung das unbefristete Dauerrechtsverhältnis zum Verein beendet werden kann. 81

---

[133] Vgl. BGH v. 18. 9. 1958, BGHZ 28, 131, 133; *Soergel/Hadding* § 25 Rz. 37.

[134] BGH v. 13. 7. 1967, BGHZ 48, 207, 210.

[135] BGH v. 3. 3. 1971, BGHZ 55, 381; LG Köln, NJW-RR 1986, 832; zur Frage der Verbindlichkeit von Vereinsordnungen und den materiellen Grenzen ihres Regelungsinhalts vgl. *Sauter/Schweyer* Der eingetragene Verein, Rz. 151 ff.

[136] *Staudinger/Weick* § 39 Rz. 1.

82 Der Austritt aus dem Verein kann in der Satzung nur nach Maßgabe des § 39 Abs. 2 BGB beschränkt werden. Im übrigen ist das Austrittsrecht gem. § 39 Abs. 1 zum Schutz des Mitglieds unabdingbar.[137]

83 Der Austritt ist eine einseitige empfangsbedürftige Willenserklärung. Sie wird mit Zugang an ein Vorstandsmitglied oder an das in der Satzung bestimmte sonstige Vereinsorgan wirksam (§§ 130, 28 Abs. 2 BGB). Die Austrittserklärung kann auch durch einen Vertreter abgegeben werden.[138] Die Austrittserklärung bewirkt regelmäßig die **sofortige Beendigung der Mitgliedschaft**. Die Satzung kann jedoch bestimmen, daß die Wirkung der Austrittserklärung erst zum Schluß eines Geschäftsjahres oder nach dem Ablauf einer höchstens zweijährigen Kündigungsfrist eintritt (§ 39 Abs. 2 BGB). Im übrigen kann die Satzung die Austrittserklärung nicht weiter beschränken, sondern nur die Zeit ihrer Rechtswirkung hinausschieben. Nach überwiegender Auffassung kann die Satzung die Schriftform der Austrittserklärung vorsehen.[139] Als unzulässig wird es jedoch angesehen, wenn die Satzung die Austrittserklärung an eine nicht kostenlos und ohne Zeitaufwand zu erhaltende Form, etwa der notariellen Beurkundung oder der öffentlichen Beglaubigung, koppelt.[140] Ist in der Satzung eine nach § 39 Abs. 2 BGB zu lange Kündigungsfrist vorgesehen, fällt sie nicht ersatzlos weg, vielmehr gilt dann die Regelung nach § 39 Abs. 2 (Zweijahresfrist).[141] Weitere Ausnahmen gelten hinsichtlich der Kündigungsfrist bei Gewerkschaften. Die Rspr. sieht hier die Höchstgrenze der Kündigungsfrist bei sechs Monaten an.[142] In politischen Parteien sind die Parteimitglieder jederzeit zum sofortigen Austritt berechtigt (§ 10 Abs. 2 Satz 3 PartG).

84 Auch wenn die Satzung gem. § 39 Abs. 2 BGB eine Frist für die Austrittserklärung bestimmt hat, so ist trotzdem eine außerordentliche Kündigung aus wichtigem Grund regelmäßig möglich. Ein wichtiger Grund liegt vor, wenn ein Verbleiben im Verein bis zum Ablauf der satzungsmäßigen Frist für das Mitglied eine unzumutbare, unerträgliche Belastung darstellen würde.[143] Dies ist insb. anzunehmen, wenn ohne eigenes Verschulden einem Mitglied die Erfüllung seiner Mitgliedspflichten unmöglich gemacht oder in unbilliger Weise erschwert wird. Nur in Ausnahmefällen bei drastisch ansteigenden Belastungen rechtfertigt eine ordnungsgemäß beschlossene Beitragserhöhung den sofortigen Austritt.[144] Ein wichtiger Grund kann aber auch

---

[137] *Palandt/Heinrichs* § 39 Rz. 2.

[138] *Soergel/Hadding* § 39 Rz. 3.

[139] *Palandt/Heinrichs* § 39 Rz. 2.

[140] LG München v. 4. 3. 1986, NJW 1987, 847; *Soergel/Hadding* § 39 Rz. 6; BGB-*RGRK-Steffen* § 39 Rz. 4.

[141] RGJW 1937, 3236.

[142] BGH v. 26. 9. 1980, NJW 1981, 340; AG Hamburg v. 16. 4. 1986, NJW 1987, 2380.

[143] BGH, BGHLM Nr. 2 zu § 39; BGH v. 2. 4. 1978, NJW 1979, 2304, 2306; OLG Frankfurt, NJW-RR 1991, 1276.

[144] Vgl. AG Essen, DWW 1961, 119; LG Aurich, Rpfl. 1987, 115, 116; *Soergel/Hadding* § 39 Rz. 5.

darin liegen, daß anderen Mitgliedern die Mitgliedschaftsrechte beschnitten wurden.[145]

85 Mit dem Austritt **endet die Mitgliedschaft**. Das bisherige Mitglied ist an die Satzung des Vereins und an Anordnungen der Vereinsorgane nicht mehr gebunden.[146] Eine Bindung besteht nur noch insoweit, als es sich um Ansprüche handelt, die aus der Zeit vor dem Austritt stammen. Im Einzelfall kann das Mitglied auch für die Zeit nach seinem Ausscheiden aus dem Verein eine Schweigepflicht in bezug auf bestimmte Vereinsangelegenheiten treffen.[147] Mit dem Ende der Mitgliedschaft erlöschen die Mitgliederrechte einschließlich eventueller Sonderrechte und der Rechte am Vermögen des Vereins.

b) Ausschluß

86 Dem Recht des Mitglieds zum Austritt steht als Kehrseite das Recht des Vereins zum Ausschluß eines Mitglieds gegenüber. Es handelt sich auch hier um ein Kündigungsrecht, durch dessen Ausübung der Verein das idR unbefristete Dauerrechtsverhältnis zu seinem Mitglied einseitig beenden kann. Der Ausschluß ist Ausdruck der **Disziplinargewalt des Vereins**.[148] Es wird empfohlen, die tatbestandlichen Voraussetzungen für den Ausschluß in der Satzung festzulegen.[149] Das Verfahren zum Ausschluß selbst kann sodann auch in einer anderen Vereinsordnung niedergeschrieben werden. Der in der Satzung näher aufzuführende Ausschlußgrund muß nach überwiegender Auffassung so schwerwiegend sein, daß dem Verein unter Berücksichtigung aller Umstände eine Fortsetzung der Mitgliedschaft nicht zumutbar ist. Vereinsrechtlich genügt die Formulierung in der Satzung, daß ein „schwerwiegend vereinsschädliches Verhalten“ den Ausschluß rechtfertigen soll. Die Vereinssatzungen haben sich dabei an den Maßstäben zu orientieren, die allgemein im Gesellschaftsrecht zum „wichtigen Grund“ als Ausschlußtatbestand entwickelt worden sind.[150] Auf ein Verschulden des Mitglieds kommt es nicht an.[151]

87 Mit dem Ausschluß endet die Mitgliedschaft. Die Mitgliedschaftsrechte und -pflichten erlöschen. Im Rahmen einer Feststellungsklage nach § 256 ZPO kann das Mitglied die Rechtmäßigkeit des Ausschlusses überprüfen lassen.

---

[145] LG, NJW-RR 1989, 1539.

[146] RG, RGZ 122, 266 ff.; RG, RGZ 143, 1 ff.

[147] *Staudinger/Weick* § 39 Rz. 8.

[148] *Reuter* NJW 1987, 2401, 2404 ff.

[149] BGH v. 6. 3. 1967, BGHZ 47, 172; *Sauter/Schweyer* Der eingetragene Verein, Rz. 88 ff.

[150] *Soergel/Hadding* § 39 Rz. 11; *Palandt/Heinrichs* § 25 Rz. 27.

[151] BGH v. 26. 2. 1959, BGHZ 29, 352, 359; BGH v. 13. 7. 1972, NJW 1972, 1892, 1893; BGH v. 28. 9. 1972, NJW 1973, 35, 36.

IV. Die Mitgliederversammlung

1. Bedeutung

90 Nach § 32 Abs. 1 BGB werden die Angelegenheiten des Vereins, soweit sie nicht von dem Vorstand oder durch Bestimmungen der Satzung von anderen Vereinsorganen zu besorgen sind, durch Beschlußfassung in einer Versammlung der Mitglieder geregelt. Das BGB etabliert damit die Mitgliederversammlung als notwendiges und oberstes Vereinsorgan. Soweit die Satzung nichts anderes bestimmt, bestellt und entläßt die Mitgliederversammlung den Vorstand und kann ihn weisungslos erteilen. Sie bestimmt über die Vereinssatzung, den Vereinszweck und mögliche Satzungsänderungen und entscheidet über die Existenz des Vereins und seine Auflösung.[152] Ferner ist die Mitgliederversammlung auch bei Streitigkeiten zwischen anderen Organen des Vereins, z. B. zwischen Vorstand und Mitgliederversammlung oder bei zwei Vorstandsmitgliedern untereinander, zuständig. Die Anrufung der Gerichte ist in solchen Streitigkeiten nachrangig.[153]

91 Trotz dieser vom Gesetz herausgehobenen Positionierung ist die Mitgliederversammlung nicht berechtigt, den Verein nach außen hin zu vertreten. Die Vertretungsbefugnis des Vorstands wird durch die Regelung in § 32 BGB nicht berührt.[154]

2. Zuständigkeit

92 Ohne die Aufgabenfelder im einzelnen zu benennen, begründet § 32 Abs. 1 BGB die gesetzliche Vermutung zugunsten der Zuständigkeit der Mitgliederversammlung. Im Zweifel ist die Mitgliederversammlung in allen Angelegenheiten berechtigt, dem Vorstand Anweisungen zu erteilen.[155] Sie kann damit die gesamte Geschäftsführung an sich ziehen und – im Extremfall – den Vorstand allein auf die Ausführung ihrer Beschlüsse zurückdrängen. Soweit dem Vorstand jedoch Geschäftsführungspflichten gesetzlich in unentziehbarer Weise zugewiesen sind, ist auch er an die Anweisungen der Mitgliederversammlung nicht gebunden.[156]

93 Die Vorschrift des § 32 BGB kann durch die Satzung sehr weitgehend abgeändert werden. Nach ganz überwiegender Auffassung darf aber die Mitgliederversammlung als notwendiges Organ des Vereins nicht fehlen.[157] Wenn § 32 BGB auch durch die Satzung abdingbar ist, so bezieht sich dies nur auf die Zuständigkeit und die Beschlußfassung der Mitgliederversammlung. Als notwendiges Organ hingegen kann

---

[152] Vgl. §§ 33, 41 BGB.
[153] RG, RGZ 79, 409; BGH v. 14. 3. 1968, BGHZ 49, 396, 398.
[154] LG Frankfurt, Rpfl. 1979, 103; *Erman/Westermann* § 32 Rz. 1.
[155] Vgl. § 27 Abs. 3 BGB.
[156] Vgl. RG, RGZ 117, 203; *Staudinger/Weick* § 32 Rz. 5.
[157] *Soergel/Hadding* § 32 Rz. 2; *Enneccerus/Nipperdey* § 111 Fn. 2.

die Mitgliederversammlung selbst durch die Satzung nicht abgeschafft werden.[158]

Die laufende Geschäftsführung wird regelmäßig an den Vorstand übertragen. Hier ist die Mitgliederversammlung nicht erforderlich. Ebenso kann bei Großvereinen an die Stelle der Mitgliederversammlung eine Delegiertenversammlung treten. Dies kommt insb. in Betracht, wenn durch die hohe Zahl der Mitglieder die Willensbildung schwerfällig oder faktisch unmöglich wäre.[159] Das Recht zur Beeinflussung der Geschäftsleitung des Vereins bleibt der Mitgliederversammlung aber unter allen Umständen und nicht zuletzt deswegen erhalten, weil sie gem. der unabänderlichen Bestimmung in § 27 Abs. 2 i.V. m. § 40 BGB die Bestellung des Vorstands jederzeit widerrufen kann. 94

3. Einberufung der Mitgliederversammlung

Die Mitgliederversammlung ist ein Vereinsorgan, das nur in den durch Gesetz und Satzung bestimmten Formen tätig werden kann. Nur in einer ordnungsgemäß einberufenen Versammlung ist eine wirksame Willensbildung möglich.[160] Die Voraussetzungen einer ordnungsgemäßen und damit rechtswirksamen Einberufung bestimmt das Gesetz und ergänzend die jeweilige Vereinssatzung. Die Mitgliederversammlung ist stets in den durch die Satzung bestimmten Fällen (§ 58 Nr. 4 BGB) sowie dann einzuberufen, wenn das Gesetz dies erfordert. 95

a) Zuständigkeit

Die Mitgliederversammlung tritt im Zweifel nur auf besondere Berufung zusammen. Enthält die Satzung keine abweichende Bestimmung, so ist der **Vorstand** in seiner vertretungsberechtigten Zusammensetzung als geschäftsführendes Organ des Vereins zur Einberufung der Mitgliederversammlung zuständig. Die Satzung kann diese Aufgabe aber auch anderen Vereinsorganen übertragen. Daneben ist die Mitgliederversammlung zu berufen, wenn der durch die Satzung bestimmte Teil oder in Ermangelung einer Bestimmung der zehnte Teil der Mitglieder die Berufung schriftlich unter Angabe des Zwecks und der Gründe verlangt (§ 37 Abs. 1 BGB). Wird dem Verlangen nicht entsprochen, so kann das Amtsgericht unmittelbar die betreffenden Mitglieder zur Einberufung der Versammlung berechtigen (§ 37 Abs. 2 BGB). 96

Grundsätzlich kann der Vorstand seine Aufgaben nur wahrnehmen, solange er noch wirksam im Amt ist. Nach Ablauf seiner Amtszeit kann der Vorstand deswegen grds. auch keine Mitgliederversammlung mehr wirksam einberufen. Entsprechend der Rechtsauffassung zu § 121 Abs. 2 AktG wird ganz überwiegend die Auffassung vertreten, daß auch ein nicht mehr amtierender Vorstand die Mitgliederversammlung 97

158 *Soergel/Hadding* § 32 Rz. 2.

159 Vgl. für Genossenschaften § 43a GenG i. d. F. v. 19. 8. 1994.

160 OLG Köln, ZIP 1984, 1351; *Staudinger/Weick* § 32 Rz. 8.

wirksam einberufen könne, solange er noch in das Vereinsregister eingetragen sei. Die Eintragung begründet den Rechtsschein der Amtsinhaberschaft.[161] Aus Gründen der Rechtssicherheit gilt dies auch dann, wenn die einzelnen Vereinsmitglieder von dem Ablauf der Amtszeit des Vorstandes Kenntnis haben. Auf ihre Kenntnis kommt es also insoweit nicht an. Die Mitgliederversammlung gilt als wirksam einberufen und ist insoweit beschlußfähig.

b) Ort, Zeit

98 Mit der Einberufung sind Ort und Zeit der Mitgliederversammlung festzulegen. Durch die Orts- und Zeitwahl darf die Teilnahme an der Mitgliederversammlung nicht unzumutbar erschwert werden. Dies kann zu einem Einberufungsmangel führen.[162] Der Vorstand wird als Versammlungsort zweckmäßigerweise den Verwaltungssitz des Vereins wählen, auch wenn dieser nicht mit dem satzungsmäßigen Sitz im Einzelfall übereinstimmt.[163]

99 Eine Einberufungsfrist sieht das Gesetz nicht vor, die Satzung kann eine Frist für die Einberufung bestimmen. In jedem Falle hat die Einberufung aber doch so rechtzeitig zu geschehen, daß sich die Mitglieder auf die Versammlung vorbereiten können. Dabei sind Postlaufzeiten und Anreisezeiten angemessen zu berücksichtigen. Eine zu kurzfristige Einladung begründet einen Einberufungsmangel.[164]

c) Inhalt und Form

100 Voraussetzung einer wirksamen Beschlußfassung ist, daß die Einladung zur Mitgliederversammlung die Gegenstände der Beschlußfassung hinreichend bezeichnet (§ 32 Abs. 1 BGB). Die **Gegenstände der Beschlußfassung** müssen so konkret bestimmt werden, daß den einzelnen Mitgliedern die Entscheidung über die Teilnahme und eine Vorbereitung zu ermöglichen ist und sie vor Überraschungen geschützt sind.[165] Den Mitgliedern soll also bekanntgemacht werden, „worum es geht".[166] Auf der anderen Seite müssen jedoch der Wortlaut der Beschlußfassung ebensowenig wie die sonstigen Einzelheiten der Beschlußfassung mitgeteilt werden. Die Tagesordnung soll die Mitglieder nur allgemein über Verhandlungsgegenstände der Versammlung unterrichten.[167] Dazu reicht in der Ankündigung der Tagesordnung schlagwortartige Bezeichnung oder die Bezugnahme auf die die Grundlage

---

[161] BGH v. 12. 10. 1961, BB 1961, 1294; *Richert* NJW 1957, 1545; BayObLG, NJW-RR 1989, 765; *Staudinger/Weick* § 32 Rz. 8.

[162] Vgl. BayObLG, NJW 1959, 485; *Reichert/Dannecker* Rz. 829, 831.

[163] BayObLG, NJW 1959, 485; BGH, WM 1985, 567.

[164] RG, RGZ 53, 101, 104; Kammergericht, Rpfl. 1971, 396.

[165] BGH v. 17. 11. 1986, NJW 1987, 1811; BGH, BGHZ 64, 301, 304; OLG Frankfurt, ZIP 1985, 213, 219.

[166] *Stöber* Handbuch zum Vereinsrecht, Rz. 453.

[167] BGH v. 12. 5. 1975, BGHZ 64, 301, 305; BayObLG v. 21. 2. 1973, NJW 1973, 1086; *Sauter/Schweyer* Der eingetragene Verein, Rz. 178.

des Beschlusses bildende Satzungsbestimmung.[168] Jedoch ermöglichen die pauschalen Bezeichnungen wie „Verschiedenes" oder „Sonstige Anträge" keine wirksame Beschlußfassung.[169] Ungenügend ist auch die allgemein gehaltene Bezeichnung „Satzungsänderung". Zwischen ordentlicher und außerordentlicher Mitgliederversammlung braucht in der Ladung nicht unterschieden zu werden.

Die Satzung soll gem. § 58 Nr. 4 BGB die Form der Einberufung 101
der Mitgliederversammlung festlegen. Im übrigen enthält das **BGB** über die Art und Weise der Bekanntgabe der Versammlung an die Mitglieder keine weiteren Vorschriften. Die **Satzung** kann daher die öffentliche Berufung in bestimmten Zeitschriften, Rundschreiben oder eingeschriebenem Brief vorschreiben oder auch eine andere Mitteilungsart gestatten. In jedem Falle muß die Satzung die Form aber eindeutig vorgeben.[170] Nicht ausreichend bestimmt sind satzungsmäßige Formulierungen wie „durch die Tagespresse" oder „durch ortsübliche Bekanntmachung".[171] Mit der gewählten Form muß sichergestellt sein, daß sämtliche Vereinsmitglieder von der Einberufung zumindest in zumutbarer Weise Kenntnis nehmen können. Im übrigen kann die Einladung auch mündlich, fernmündlich oder schriftlich ergehen.[172]

d) Mängel der Einberufung

Für den Verein kennt das BGB die Unterscheidung zwischen bloß an- 102
fechtbaren und nichtigen Beschlüssen nicht. Anders als bei den kapitalgesellschafts- und genossenschaftsrechtlichen Vorschriften hat der Gesetzgeber hier bewußt von einer entspr. Differenzierung abgesehen.[173] Leidet die Einberufung an einem Mangel, so hat dies grds. die Ungültigkeit, d. h. die **Nichtigkeit**, der durch die Mitgliederversammlung gefaßten Beschlüsse zur Folge.[174] So sind entspr. Beschlüsse der Mitgliederversammlung vor allem dann nichtig, wenn gegen gesetzliche oder satzungsmäßige Bestimmungen der Einberufung verstoßen wurde, die als tragende Grundsätze des Verbandsrechts eine ordnungsmäßige Willensbildung im Verein gewährleisten sollen und damit Voraussetzung einer wirksamen Beschlußfassung sind.[175]

Der **Mangel** muß außerdem für den Inhalt des durch die fehlerhaft 103
einberufene Mitgliederversammlung gefaßten Beschlusses **ursächlich** gewesen sein. Steht fest, daß der Beschluß nicht auf dem Verstoß beruht und er bei ordnungsgemäßer Ladung ebenso ausgefallen wäre, ist der

---

168 RG, JW 1908, 674 (zur Frage der Ausschließung von Mitgliedern); BGH, WM 1960, 859 (zur Frage der Abberufung des Vorstandes)

169 *Reichert/Dannecker* Rz. 849; *Soergel/Hadding* § 32 Rz. 13.

170 *Soergel/Hadding* § 32 Rz. 9; *Staudinger/Weick* § 32 Rz. 11.

171 LG Bremen, Rpfl. 1992, 304; OLG Zweibrücken, Rpfl. 1985, 31.

172 OLG Hamm, OLGZ 1965, 65; BGH v. 9. 11. 1972, BGHZ 59, 369, 376.

173 BGH v. 9. 11. 1972, BGHZ 59, 369, 371; OLG Schleswig, NJW 1960, 1862; *Sauter/Schweyer* Der eingetragene Verein, Rz. 212; *Palandt/Heinrichs* § 32 Rz. 9.

174 OLG Hamm, OLGZ 1965, 65; *Palandt/Heinrichs* § 33 Rz. 9.

175 BGH v. 9. 11. 1972, BGHZ 59, 369, 373.

Einberufungsmangel nicht weiter von Belang.[176] Im übrigen können Fehler der Einberufung nur in engen Ausnahmen geheilt werden. Die Heilung setzt voraus, daß auf die Einberufung hin sämtliche Mitglieder zur Versammlung erscheinen („Vollversammlung") und sie in Kenntnis des Einberufungsmangels zur Tagesordnung verhandeln und beschließen.[177] Widerspricht auch nur ein Mitglied ausdrücklich oder konkludent, so ist die Heilung des Berufungsmangels ausgeschlossen.

4. Leitung der Mitgliederversammlung

104 Die Zuständigkeit für die Leitung der Mitgliederversammlung legt die Satzung u. U. auch als Sonderrecht gem. § 35 BGB fest. Trifft die Satzung keine entspr. Bestimmungen, so ist der **Vorstand** das für die Leitung zuständige Organ. Bei mehrköpfigen Vorständen übernimmt der Vorstandsvorsitzende regelmäßig diese Aufgabe. Bei drohenden Interessenkollisionen im Zusammenhang mit Wahlen etc. kann die Versammlungsleitung zeitweilig auch Dritten übertragen werden.[178]

105 Der Versammlungsleiter hat die Mitgliederversammlung zu eröffnen und ihre Beschlußfähigkeit festzustellen. Er hat die einzelnen Tagesordnungspunkte aufzurufen und sie nach Aussprache zur Sache zur Beschlußfassung zu stellen. Er nimmt Anträge und Wortmeldungen entgegen. Den Versammlungsleiter trifft zu Sachfragen im Rahmen der Mitgliederversammlung keine Neutralitätspflicht. Er kann also seine eigene Meinung offen darlegen, wenngleich er seine Position als Versammlungsleiter dazu nicht mißbrauchen darf.[179]

106 Im Laufe der Mitgliederversammlung hat ihr Leiter auf eine gleichmäßige Behandlung der anwesenden Mitglieder zu achten. Soweit erforderlich, kann die Redezeit der anwesenden Mitglieder zu einzelnen Sachfragen beschränkt werden.[180] Bei abschweifenden und insb. beleidigenden Äußerungen des Redners oder bei Überschreiten der festgelegten Redezeit kann einem Mitglied das Wort entzogen werden.[181] Als abschließende Sanktion kann der Versammlungsleiter das betreffende Mitglied von der weiteren Teilnahme an der Versammlung ausschließen.[182] Entsprechende Sanktionsmaßnahmen müssen sich am Gebot der Verhältnismäßigkeit und der gleichmäßigen Behandlung der Mitglieder orientieren, d. h. die Sanktion ist auf Geeignetheit, Erforderlichkeit und Angemessenheit im konkreten Einzelfall hin zu überprüfen. Der

---

[176] BGH v. 9. 11. 1972, BGHZ 59, 369, 375; OLG Köln, OLGZ 1983, 269; OLG Frankfurt, ZIP 1985, 213, 222; *Flume* Die juristische Person, § 7 VII 4, S. 255.

[177] BGH v. 9. 11. 1972, BGHZ 59, 369, 373; OLG Frankfurt, ZIP 1985, 213, 222, 224; *Stöber* Handbuch zum Vereinsrecht, Rz. 458.

[178] OLG Köln, ZIP 1985, 1139; OLG Frankfurt, ZIP 1985, 213, 224.

[179] KG, NJW 1957, 1680; Frankfurt, WM 1985, 1466; *Soergel/Hadding* § 32 Rz. 20.

[180] OLG Stuttgart, NJW-RR 1986, 1277; *Reichert/Dannecker* Rz. 1007; *Sauter/Schweyer* Der eingetragene Verein, Rz. 186.

[181] BGH v. 11. 11. 1965, BGHZ 44, 245, 255; *Quack* AG 1985, 145 ff.; *Reichert/Dannecker* Rz. 1008; LG Oldenburg, GRUR 1984, 835.

[182] BGB v. 11. 11. 1965, BGHZ 44, 245, 248, 251, 255; *Sauter/Schweyer* Rz. 188.

Versammlungsleiter darf – soweit es notwendig erscheint – die Versammlung vorübergehend unterbrechen.[183] Ihm steht jedoch kein Recht zu, eigenmächtig Tagesordnungspunkte abzusetzen oder auf einen späteren Zeitpunkt zu verschieben. Ebensowenig ist er berechtigt, die Aussprache zur Sache von sich aus zu beenden,[184] insb. dann nicht, wenn noch nicht alle Tagesordnungspunkte abgehandelt wurden.[185] Zur Absicherung seiner eigenen Maßnahmen kann der Versammlungsleiter regelmäßig und kurzfristig einen Beschluß der Mitgliederversammlung einholen.[186] Dem Versammlungsleiter kommt damit eine Ordnungsfunktion zu, die auch rein pragmatische Fragen betrifft wie etwa, ob das Rauchen im Versammlungsraum zu gestatten ist oder ob die Wortbeiträge einzelner Mitglieder auf private Tonbandgeräte aufgezeichnet werden dürfen.[187]

Fehlerhafte Maßnahmen können nicht isoliert vor Gericht angefochten werden. 107
Unter Umständen leidet jedoch der in diesem Zusammenhang gefaßte Beschluß der Mitgliederversammlung an einem anfechtbaren Mangel.[188] Auch für die Versammlungsleitung besteht also eine verhältnismäßig große Formstrenge. Werden die zur Satzung berufenen Personen an der Leitung der Mitgliederversammlung gehindert, liegt darin ein Verstoß gegen die Satzungsbestimmungen, der regelmäßig die Unwirksamkeit der in der Versammlung gefaßten Beschlüsse begründet,[189] es sei denn, es bestand kein Zusammenhang zwischen dem Beschlußergebnis einerseits und der Verhandlungsführung andererseits.[190] Auch ist zu beachten, daß die in der Versammlung anwesenden Mitglieder nicht ohne weiteres und gegebenenfalls aus reinen Zweckmäßigkeitsüberlegungen die Versammlungsleitung abweichend von den satzungsmäßigen Bestimmungen anderen Personen zuweisen können.[191]

5. Beschlußfassung der Mitgliederversammlung

Die Aussprache zu jedem einzelnen Tagesordnungspunkt wird durch 108
die Abstimmung der Mitgliederversammlung abgeschlossen. Dabei kann der Antrag, wenn er nicht von einem Vereinsmitglied vorgegeben ist, vom Vorstandsvorsitzenden durch Zusammenfassung der Ergebnisse

---

[183] RG, RGZ 81, 332, 334; *Reichert/Dannecker* Rz. 1021 ff.; eine Unterbrechung für mehrere Tage ist nicht statthaft.

[184] *Reichert/Dannecker* Rz. 992 ff.; *Sauter/Schweyer* Der eingetragene Verein, Rz. 189, 195.

[185] KG NJW-RR 1989, 16.

[186] Vgl. BGH v. 11. 11. 1965, BGHZ 44, 245, 248 (für die AG).

[187] BGH v. 19. 9. 1994, BGHZ 127, 107, 116; OLG Celle v. 4. 7. 1985, NJW 1986, 140; soweit ein Redner dies verlangt, sind private Tonbandgeräte unter dem Gesichtspunkt des Schutzes des Persönlichkeitsrechts des Sprechenden auszuschalten.

[188] BGH v. 11. 11. 1965, BGHZ 44, 245, 248; *Sauter/Schweyer* Der eingetragene Verein, Rz. 194; *Münch. Komm.-Reuter* § 32 Rz. 16.

[189] LG Bonn, Rpfl. 1985, 198.

[190] Vgl. *Barz* in: Großkommentar Aktiengesetz, § 119, Rz. 18.

[191] LG Bonn, Rpfl. 1985, 198.

der Aussprache in geeigneter Weise formuliert werden. Hinsichtlich der Reihenfolge der Abstimmung ist zu sagen, daß bei mehreren Anträgen regelmäßig zunächst über den weitergehenden und erst dann über die enger gefaßten Anträge abgestimmt wird. Gibt nicht bereits der Inhalt der Abstimmungspunkte eine gewisse Reihenfolge vor, kann die Abstimmung auch in der chronologischen Reihenfolge zu den eingebrachten Anträgen erfolgen.

109 Nach wohl überwiegender Auffassung wird der Beschluß der Mitglieder als **mehrseitiges Rechtsgeschäft eigener Art** qualifiziert.[192] Mit der Beschlußfassung wird die gesamte Willensbildung der Mitglieder festgelegt. Der Beschluß wird deswegen vor allem auch von der Rspr. als Gesamt- oder Sozialakt der körperschaftlichen Willensbildung durch Mehrheitsentscheid angesehen.[193] Mit der Abstimmung in der Versammlung wird der Wille der Mitgliedermehrheit zum Ausdruck gebracht, einen Beschlußgegenstand verbindlich zu regeln.[194] Von einem Vertrag i. S. d. §§ 305 ff. BGB grenzt sich der Beschluß ab, da es sich hier nicht um gegenläufige, sondern um gleichgerichtete Interessenerklärungen handelt. Auch ist zu bedenken, daß der Beschluß diejenigen Vereinsmitglieder gleichzeitig bindet, die entweder sich der Stimme enthalten oder gegen den Antrag gestimmt haben. Wegen des organisationsrechtlichen Charakters des Beschlusses kommen die vertragsbezogenen Vorschriften gem. §§ 157, 139, 181 BGB nur im Einzelfall und eingeschränkt zur Anwendung.

a) Stimmrecht

110 Das Stimmrecht ist ein **Mitverwaltungsrecht** und Bestandteil der Mitgliedschaft. Das Stimmrecht beinhaltet die Befugnis, an Beschlußfassungen des Vereins durch Stimmabgabe mitzuwirken.

111 Wegen des sog. Abspaltungsverbots in bezug auf Mitverwaltungsrechte kann die Ausübung des Stimmrechts grds. nicht anderen überlassen werden.[195] Ebensowenig können Stimmrechte Nichtmitgliedern eingeräumt werden.

112 Aus der Pflicht zur Gleichbehandlung folgt, daß jedem Mitglied grds. ein gleiches Stimmrecht zusteht. Die Satzung kann jedoch das Stimmrecht – für alle Mitglieder einheitlich – an das Vorliegen bestimmter Voraussetzungen koppeln und unter Umständen Stimmrechtsbeschränkungen oder auch Mehrfachstimmrechte vorsehen und diese dann als Sonderrecht i. S. v. § 35 BGB ausgestalten.[196] Bei Mehrfachstimmrech-

---

[192] *Hadding* Festschrift für R. Fischer, 1979, S. 190; *Wiedemann* Gesellschaftsrecht I, § 3 III 1 b; *Flume* Die juristische Person, § 7 VII 1.

[193] BGH v. 22. 9. 1969, BGHZ 52, 316, 318; BGH v. 6. 10. 1960, BGHZ 33, 189, 191; BGH v. 9. 12. 1968, BGHZ 51, 209, 217; *Sauter/Schweyer* Der eingetragene Verein, Rz. 203.

[194] BayObLG, NJW-RR 1990, 1104; *Stöber* Handbuch zum Vereinsrecht, Rz. 518.

[195] BGH, WM 1987, 70 (für die AG); *Flume* Die juristische Person, § 7 II 1.

[196] *Sauter/Schweyer* Der eingetragene Verein, Rz. 198; *Reichert/Dannecker* Rz. 896; *Münch. Komm.-Reuter* § 32 Rz. 20.

ten ist zu beachten, daß dieses jeweils nur einheitlich im Rahmen der Stimmabgabe ausgeübt werden darf.[197] Nur in Ausnahmefällen ist eine uneinheitliche Stimmabgabe zulässig, wenn dies entweder die Satzung zuläßt oder beispielsweise ein Mitglied hinsichtlich eines Teils der von ihm wahrgenommenen Stimmen fremden Weisungen unterworfen ist.[198] Nach ganz überwiegender Auffassung werden **Stimmrechtsbindungen** für den Verein ebenso wie bei Handelsgesellschaften anerkannt. Dies gilt jedenfalls für die Stimmrechtsbindung gegenüber einem anderen Mitglied oder einem Organ des Vereins.[199] Soweit die Stimmrechtsbindung mit einem vereinsfremden Dritten vereinbart werden soll, ist die Meinungsbildung unterschiedlich. Teilweise wird hierzu die Auffassung vertreten, daß in diesen Fällen die Stimmrechtsbindung der Zustimmung der Mitgliederversammlung bedürfe.[200]

In jedem Falle wirkt die Stimmrechtsvereinbarung nicht im Verhält- 113
nis zum Verein, sondern nur schuldrechtlich zwischen den Partnern der Stimmrechtsbindungsvereinbarung. Verstößt ein Mitglied gegen die Stimmrechtsbindung, so ist die Stimmabgabe also dennoch wirksam. Die Verletzung der Stimmbindungsvereinbarung begründet unter Umständen aber einen Schadensersatzanspruch des Vertragspartners.

b) Stimmabgabe

Die Stimmabgabe ist auf die Gesamtwillensbildung im Verein durch 114
Beschlußfassung gerichtet. Sie wird allgemein als **empfangsbedürftige, bedingungsfeindliche Willenserklärung** qualifiziert.[201] Die Stimmabgabe hat jeweils gegenüber dem Versammlungsleiter bzw. dem Vorstand zu erfolgen, der insoweit den Verein vertritt.[202] Auf die Stimmabgabe selbst finden damit die allgemeinen Vorschriften über Willenserklärungen und ihr Wirksamwerden Anwendung. Insbesondere kommt bei Willensmängeln auch eine Anfechtung wegen Irrtums, Täuschung oder Drohung (§§ 119 ff. BGB) in Betracht.

Die Stimmabgabe Geschäftsunfähiger ist unwirksam. Gleiches gilt 115
für die Stimmabgabe beschränkt Geschäftsfähiger, sofern die Stimmabgabe den Minderjährigen nicht lediglich einen rechtlichen Vorteil

---

[197] *Münch. Komm.-Reuter* § 32 Rz. 25; BGH v. 17. 9. 1964, DB 1964, 1620; *Sauter/Schweyer* Der eingetragene Verein, Rz. 200.

[198] RG, RGZ 157, 57; *Flume* Die juristische Person, § 7 VII 2; *Schulz/Schmidt* GmbHG, 6. Aufl., § 47 Rz. 68.

[199] BGH v. 29. 5. 1967, BGHZ 48, 163, 166; BGH v. 20. 1. 1983, NJW 1983, 1910; *Soergel/Hadding* BGB. § 32 Rz. 23; differenzierend: *Staudinger/Coing* 12. Aufl. § 32 Rz. 23.

[200] *Flume* Die juristische Person, § 7 VI; *Schulz/Schmidt* GmbHG, 6. Aufl., § 47 Rz. 41; *Soergel/Hadding* § 32 Rz. 23; für grds. Zulässigkeit: *Münch. Komm.-Reuter* § 32 Rz. 24; *Reichert/Dannecker* Rz. 933.

[201] BGH v. 14. 7. 1954, BGHZ 14, 264, 267; BGH v. 18. 9. 1975, BGHZ 65, 93, 97; *Münch. Komm.-Reuter* § 32 Rz. 27; *Reichert/Dannecker* Rz. 1047.

[202] *Münch. Komm.-Reuter* § 32 Rz. 23; *Flume* Die juristische Person, § 7 VII 1, der sich dafür ausspricht, daß die Stimmabgabe nicht gegenüber dem Verein, sondern „für die juristische Person“ erfolgt.

bringt. Dies richtet sich nach dem jeweiligen Beschlußgegenstand. Für die beiden vorgenannten Personengruppen wird das Stimmrecht regelmäßig durch den gesetzlichen Vertreter ausgeübt, im Falle von minderjährigen Kindern also durch die Eltern gemeinschaftlich. Unter Umständen kann bereits in der Zustimmung zum Vereinsbeitritt eines Minderjährigen auch die Einwilligung des gesetzlichen Vertreters in Stimmabgaben bei Mitgliederversammlungen gesehen werden.[203]

116 Soweit die Vereinssatzung nicht ausdrücklich die Bevollmächtigung zur Stimmrechtsausübung zuläßt, ist die gewillkürte Stellvertretung i. S. d. §§ 164 ff. BGB grds. unzulässig.[204] Die Satzung kann dabei auch die Vertretung von weiteren Voraussetzungen abhängig machen und beispielsweise nur andere Vereinsmitglieder als mögliche Vertreter zulassen. Ein Auftreten als Vertreter ohne Vertretungsmacht ist entspr. § 180 Satz 1 BGB unzulässig. Wird ein Mitglied von einem anderen Vereinsmitglied vertreten, so stellt sich die Frage nach der Anwendbarkeit von § 181 BGB, dem Verbot von In-sich-Geschäften. Bei Vereinsbeschlüssen hält die Rspr. die Vorschrift des § 181 BGB grds. für nicht anwendbar, da es sich um einen Sozialakt der körperschaftlichen Willensbildung handelt.[205]

117 Wichtig ist noch, daß im Rahmen der Mitgliederversammlung grds. gem. § 34 BGB ein Mitglied nicht stimmberechtigt ist, wenn die Beschlußfassung die Vornahme eines Rechtsgeschäfts mit ihm oder die Einleitung oder Erledigung eines Rechtsstreits zwischen ihm und dem Verein betrifft. Unter den Stimmrechtsausschluß nach § 34 BGB fallen nicht nur Verträge und einseitige Rechtsgeschäfte, sondern vor allem auch der Entlastungsbeschluß. Im Rahmen der Beschlußfassung über ihre Entlastung können daher insb. Vorstandsmitglieder nicht mitstimmen. das gilt für eine Vorstandsentlastung en bloc für sämtliche Vorstandsmitglieder.[206] Im übrigen kommt der Stimmrechtsausschluß gem. § 34 BGB auch in Betracht bei der Abstimmung über die Geltendmachung von Ersatzansprüchen gegen einzelne Mitglieder.[207]

c) Ablauf der Beschlußfassung

118 Für die Beschlußfähigkeit der Mitgliederversammlung kann die Satzung die Anwesenheit einer bestimmten Anzahl oder Quote an Mitgliedern voraussetzen.[208] Wird die hier festgelegte Quote nicht erreicht

---

[203] *Enneccerus/Nipperdey* § 111 Fn. 7; *Hamelbeck* NJW 1962, 722; *Soergel/Hadding* § 32 Rz. 26.

[204] *Münch. Komm.-Reuter* § 32 Rz. 22; *Reichert/Dannecker* Rz. 902; *Sauter/Schweyer* Der eingetragene Verein, Rz. 199.

[205] BGH v. 6. 10. 1960, BGHZ 33, 189, 191; BGH v. 22. 9. 1969, BHGZ 52, 316, 318; BGH v. 9. 12. 1968, BGHZ 51, 209, 217; *Sauter/Schweyer* Der eingetragene Verein, Rz. 203.

[206] *Stöber* Handbuch zum Vereinsrecht, Rz. 537; BGH v. 12. 6. 1989, NJW 1989, 2694.

[207] So für die GmbH: BGH v. 20. 1. 1986, BGHZ 97, 28.

[208] Vgl. *Stöber* Rz. 194.

und fehlt es in der Mitgliederversammlung an der Beschlußfähigkeit, so sollte für diesen Fall die Satzung die Berufung einer zweiten, unter erleichterten Voraussetzungen beschlußfähigen Versammlung vorsehen.[209] Entscheidend ist für das Erreichen der Quote der Zeitpunkt der einzelnen Abstimmung und nicht der Versammlungsbeginn.[210] Im übrigen – soweit also keine besonderen Satzungsbestimmungen vorliegen – wird die Anwesenheit auch nur eines Mitgliedes als Voraussetzung einer wirksamen Beschlußfassung ausreichen.[211] Der so durch Einzelwillensbildung zustande gekommene Beschluß ist dann auch für sämtliche nichterschienenen Vereinsmitglieder verbindlich, da sie letztlich die Einzelwillensbildung ermöglicht haben.

Sofern die Satzung selbst kein besonderes Abstimmungsverfahren 119
vorsieht, ist die Mitgliederversammlung in der Form der Beschlußfassung frei. Der Versammlungsleiter kann für diesen Fall die Form der Beschlußfassung bestimmen.[212] Regelmäßig wird eine Aussprache der Beschlußfassung zu den einzelnen Tagespunkten vorausgehen. Anschließend kann die Beschlußfassung durch namentlichen Aufruf, Aufstehen von den Sitzen, Handaufheben, die Abgabe von Stimmzetteln oder andere mechanische oder elektronische Abstimmanlagen erfolgen.[213] Im übrigen darf das Wahlverfahren nicht im vorhinein das Beschlußergebnis beeinflussen. Soweit die Satzung keine abweichende Regelung beinhaltet, braucht nicht notwendig eine geheime Abstimmung zu erfolgen.[214] Die Satzung kann einzelne nVereinsmitgliedern das Recht zubilligen, eine geheime Abstimmung zu verlangen.[215]

Bei der Beschlußfassung entscheidet gem. § 32 Abs. 1 Satz 3 BGB 120
grds. die Mehrheit der erschienenen Mitglieder. Zu beachten ist dabei, daß Stimmenthaltungen oder ungültige Stimmen in die Mehrheitsberechnung nicht mit einbezogen werden. Nach überwiegender Auffassung würde der Erklärungswert der Stimmenthaltung verfälscht, wenn sie im Ergebnis wie eine Ablehnung behandelt werden würde. Ein Vereinsmitglied, das sich der Stimme enthält, möchte demgegenüber so behandelt werden, als wenn es insgesamt der Versammlung fern geblieben wäre. Folglich werden für die Mehrheitsberechnung nur die abgegebenen Ja- und Nein-Stimmen herangezogen.[216]

---

[209] Vgl. *Sauter/Schweyer* Der eingetragene Verein, Rz. 204, Rz. 449; BGH, NJW 1962, 394; LG Wuppertal v. 5. 7. 1977, BB 1979, 347; *Deckert* NJW 1979, 2291.

[210] *Stöber* Handbuch zum Vereinsrecht, Rz. 513; BayObLG, NJW-RR 1987, 595.

[211] RG, RGZ 82, 386, 388; *Staudinger/Weick* § 32 Rz. 13.

[212] BGH v. 15. 9. 1969, BGHZ 52, 297, 301 (für Rechtsanwaltskammer); BGH v. 27. 5. 1982, BGHZ 84, 209, 219 (Gewerkschaft).

[213] *Reichert/Dannecker* Rz. 1037; *Sauter/Schweyer* Der eingetragene Verein, Rz. 209.

[214] BGH v. 15. 9. 1969, BGHZ 52, 297, 299.

[215] BGH v. 27. 5. 1982, BGHZ 84, 209, 218; LG Frankfurt, ZIP 1985, 213, 224.

[216] BGH v. 25. 1. 1982, BGHZ 83, 35 ff.; BGH v. 12. 1. 1987, NJW 1987, 2430; *Sauter/Schweyer* Der eingetragene Verein, Rz. 206; *Münch. Komm.-Reuter* § 32 Rz. 32.

121 **Beispiel:**
Zu einer Mitgliederversammlung sind 60 Mitglieder erschienen. Bei der Wahl stimmen 25 Mitglieder für X und 20 Mitglieder für Y; 15 Mitglieder enthalten sich der Stimme. Rechtsfolge: X wäre damit gewählt, obwohl er nicht die Hälfte der erschienenen Mitgliederstimmen auf sich vereinigen konnte.[217]

122 Qualifizierte Mehrheiten verlangt das Gesetz für Satzungsänderungen, den Verschmelzungs-, Spaltungs- oder Formwechselbeschluß und den Auflösungsbeschluß (§§ 33 Abs. 1 Satz 1, 41 Satz 2 BGB; §§ 103, 125, 275 Abs. 2, 284 UmwG). Nur mit der Zustimmung aller Mitglieder – auch der nichterschienenen Mitglieder – kann der Verein seinen Zweck verändern (§ 33 Abs. 1 Satz 2 BGB). Die hier vom Gesetz vorgegebenen qualifizierten Mehrheiten können durch Bestimmungen der Vereinssatzung abbedungen werden (vgl. § 40 BGB).

123 Im übrigen kann die Satzung den Modus der Beschlußfassung abändern, erschweren, erleichtern oder konkretisieren.[218] Sie kann insb. qualifizierte Mehrheiten einführen oder im Einzelfall auch relative Mehrheiten genügen lassen. Zur Vermeidung von Pattsituationen kann sie darüber hinaus bestimmen, daß dann die Stimme des Vorsitzenden oder die eines anderen Vereinsmitglieds, eines Dritten oder das Los den Ausschlag geben soll.[219] Stehen mehr als zwei Wahlvorschläge zur Entscheidung an, kann die Satzung die relative Stimmenmehrheit genügen lassen. In diesem Fall ist dann der Vorschlag angenommen, der die meisten Stimmen auf sich vereinigt. Soll die Mehrheit im Einzelfall durch eine „Blockwahl" oder „Listenwahl" gefunden werden, bedarf es hierzu einer besonderen Satzungsbestimmung,[220] da hierdurch das aktive Wahlrecht der Mitglieder in Form eines „Wahlzwangs" eingeschränkt wird.

124 Die Mitgliederversammlung ist grds. frei, die Reihenfolge der Abstimmungsfragen selbst zu bestimmen. Faßt die Mitgliederversammlung hierzu keinen Beschluß, entscheidet der Versammlungsleiter insoweit über den Abstimmungsmodus. Mit der Reihenfolge der Abstimmungsfragen ist unter anderem die ungehinderte Willensbildung der Versammlungsteilnehmer und die klare Feststellung des Abstimmungsergebnisses sicherzustellen.

125 Nach erfolgter Abstimmung hat der Versammlungsleiter das Abstimmungsergebnis und den Beschlußinhalt als Konkretisierung des körperschaftlichen Gesamtwillens festzustellen. Die Feststellung des Beschlußergebnisses hat jedoch anders als im Aktienrecht keine konstitutive Bedeutung. Etwaige Zähl- oder Verkündungsfehler sind daher

---

[217] Der Sachverhalt ist der BGH-Entscheidung v. 25. 1. 1982, NJW 1982, 1585 nachgebildet; zustimmend: *Münch. Komm.-Reuter* § 32 Rz. 32; *Palandt/Heinrichs* § 32 Rz. 7; *Staudinger/Weick* § 32 Rz. 13; a. A.: OLG Celle v. 16. 5. 1991, NJW-RR 1992, 86; *Staudinger/Coing* § 32 Rn. 13; *Stöber* Handbuch zum Vereinsrecht, Rz. 527 ff., die sich dafür einsetzen, die Stimmenthaltungen zu berücksichtigen.

[218] *Stöber* Rz. 197; *Reichert/Dannecker* Rz. 1058 ff.

[219] *Stöber* Handbuch zum Vereinsrecht, Rz. 533.

[220] BGH v. 17. 12. 1973, NJW 1974, 183, 185; BGH v. 23. 3. 1982, BGHZ 83, 228, 233.

unerheblich.[221] Die Satzung kann darüber hinaus als weitere Wirksamkeitsvoraussetzung der Beschlußfassung die formelle Feststellung des Beschlußergebnisses oder dessen Protokollierung vorsehen.[222]

d) Beschlußfassung ohne Mitgliederversammlung

Nach § 32 Abs. 2 BGB können Beschlüsse im Verein auch ohne Mit- 126
gliederversammlung gefaßt werden, sofern alle Mitglieder ihre Zustimmung zu dem Beschluß schriftlich erklären. Die inhaltlich übereinstimmende Willenserklärung aller Vereinsmitglieder bildet für diesen Sonderfall den Vereinswillen. Voraussetzung für diese Art der Beschlußfassung ist jedoch, daß sämtliche Mitglieder inhaltlich übereinstimmend votieren. Stimmenthaltungen oder ungültige Stimmen machen den Beschluß im ganzen unwirksam.[223] Die Bestimmung des § 32 Abs. 2 BGB ist jedoch nicht zwingendes Recht (vgl. § 40 BGB). Die Vereinssatzung kann daher entweder für alle Beschlüsse oder auch nur für einzelne Angelegenheiten die schriftliche Beschlußfassung mit einfacher oder auch mit qualifizierter Mehrheit vorsehen. Das schriftliche Verfahren zur Beschlußfassung kommt in der Praxis vor allem für Vereine mit einem überschaubaren Mitgliederkreis in Betracht. Soweit ein schriftliches Verfahren auch mit einfacher oder qualifizierter Mehrheit zugelassen werden soll, empfiehlt es sich, die Abstimmungsmodalitäten (Form der Stimmabgabe, Empfänger der Stimmabgabe, Überlegungsfrist, Rechtsfolge bei verspätetem Eingang der Stimmabgabe, Auswertung der Stimmen, etc.) detailliert in der Satzung festzulegen, da insoweit auf gesetzliche Regelungen nicht ohne weiteres zurückgegriffen werden kann.

e) Beschlußmängel

Für den Bereich der **materiellen Fehler** ist festzustellen, daß Be- 127
schlüsse, die gegen zwingendes Gesetzesrecht gem. § 134 BGB verstoßen, nichtig sind. Dies gilt beispielsweise für Verstöße gegen das Vereinsgesetz, die Abschaffung des Vorstands (§ 26 Abs. 1 Satz 1 BGB), die Erschwerung des Austritts (§ 39 BGB) oder den Verzicht auf Liquidation (§§ 45–47 BGB). Gleiches gilt aber auch, wenn der Beschluß gegen die ungeschriebenen Regelungen, beispielsweise die Pflicht zur gleichmäßigen Behandlung aller Mitglieder oder die Rücksichtnahmeverpflichtung gegenüber dem einzelnen Mitglied, verstößt. Ferner können Beschlüsse nach ihrem Inhalt dann nichtig sein, wenn sie gegen sonstige Vorschriften der Satzung des Vereins oder die guten Sitten

---

[221] BGH v. 26. 5. 1975, NJW 1975, 2101; BGH v. 9. 12. 1968, BGHZ 51, 209 (für die GmbH).

[222] *Münch. Komm.-Reuter* § 32 Rz. 30; *Schmidt* AG 1977, 245, 251; *Reichert/Dannecker* Rz. 1074.

[223] *Reichert/Dannecker* Rz. 1023 ff.; *Sauter/Schweyer* Der eingetragene Verein, Rz. 210.

(§ 138 BGB) verstoßen oder sie in sich widersprüchlich und nach allgemeiner Auffassung unklar abgefaßt sind.

128 **Formelle Fehler**, wie Fehler in der Einberufung, der Versammlungsleitung oder der eigentlichen Beschlußfassung führen demgegenüber nur dann zur Nichtigkeit des Beschlusses, wenn sie auch für das Ergebnis der Beschlußfassung ursächlich gewesen sind. Wirkt sich ein solcher formeller Fehler nicht auf das Beschlußergebnis aus, so ist er im Regelfall unbeachtlich.[224] Der Verein trägt dabei die Beweislast für fehlende Ursächlichkeiten. Dabei ist jedoch zu bedenken, daß sich die Beweislast umkehren kann, wenn die zeitlich nachfolgende Mitgliederversammlung widerspruchslos das Protokoll der vorangegangenen fehlerbehafteten Mitgliederversammlung genehmigt.[225] Berührt die Verletzung nur individuell mitgliederschützende Verfahrensbestimmungen, so ist außerdem erforderlich, daß die betroffenen Mitglieder den begangenen Verstoß auch umgehend geltend machen.[226] Die zum Vollzug eines nichtigen Beschlusses innerhalb des Vereins abgegebenen Willenserklärungen sind grds. unwirksam.[227] Im übrigen kann ein formeller Verfahrensfehler nicht rückwirkend geheilt werden. Vielmehr bedarf es zur Bestätigung der erneuten ordnungsgemäßen Abstimmung zu dem betreffenden Punkt.

129 **Fehler hinsichtlich der Stimmabgabe** nur einzelner Mitglieder z. B. aufgrund fehlender Geschäftsfähigkeit oder Anfechtung, berühren grds. nicht die Wirksamkeit des Beschlusses. Die Regelung nach § 139 BGB findet hier keine Anwendung. Wegen der körperschaftlichen Struktur des Vereins kommt es insoweit nicht auf die Stimme des einzelnen Mitglieds an. Die im Einzelfall nichtige Stimmabgabe ist dann nach der hier vertretenen Auffassung so wie eine Stimmenthaltung zu behandeln und bei der Berechnung der erforderlichen Stimmenmehrheiten nicht zu berücksichtigen. War die nichtige Stimme für die Mehrheitsverhältnisse entscheidend, kann es zu einer Änderung des Beschlußergebnisses kommen.[228] Bis zur Feststellung des Mangels und des tatsächlichen Abstimmungsergebnisses ist der fehlerhafte Beschluß als unwirksamer Scheinbeschluß zu qualifizieren.[229]

130 Das Vereinsrecht des BGB differenziert nicht zwischen der Beschlußfassung der Mitgliederversammlung einerseits und der späteren Feststellung der Nichtigkeit andererseits. Mängel im Beschluß der Mitglie-

---

[224] BGH v. 18. 12. 1967, BGHZ 49, 209, 213; BGH v. 9. 11. 1972, BGHZ 59, 369, 373; OLH Karlsruhe v. 23. 09. 1997, NJW-RR 1998, 684; *Reichert/Dannecker* Rz. 1149.

[225] BGH v. 18. 12. 1967, BGHZ 49, 209, 212.

[226] Vgl. BGH v. 18. 12. 1967, BGHZ 49, 209, 212; *Soergel/Hadding* § 32 Rz. 37.

[227] BGH v. 27. 10. 1986, NJW 1987, 1890 (für die GmbH).

[228] *Münch. Komm.-Reuter* § 32 Rz. 34; *Flume* Die juristische Person, § 7 VII 4; a. A.: *Staudinger/Coing* § 32 Rz. 30; *Sauter/Schweyer* Der eingetragene Verein, Rz. 205, der sich für eine Wiederholung der Beschlußfassung einsetzt.

[229] Für Kapitalgesellschaften: BGH v. 9. 12. 1968, BGHZ 51, 209, 211; BGH v. 28. 1. 1980, BGHZ 76, 154, 156; BGH v. 13. 3. 1980, BGHZ 76, 191, 197; *Schmidt* NJW 1986, 2018.

derversammlung können deswegen nur mit der Feststellungsklage gem. § 256 ZPO geltend gemacht werden.[230] Die Feststellungsklage ist gegen den Verein zu richten. Im Regelfall steht das erforderliche Feststellungsinteresse nach § 256 Abs. 1 ZPO nur den Vereinsmitgliedern oder einzelnen Organmitgliedern zu. In Ausnahmefällen ist es jedoch möglich, daß unmittelbar auch Dritte in ihren Rechten durch einen fehlerhaften Vereinsbeschluß berührt sind.[231]

V. Der Vorstand

Der Verein muß einen Vorstand haben (§ 26 Abs. 1 BGB). Der Vorstand ist notwendiges Vertretungsorgan des Vereins. 135

1. Rechtsstellung

Der Vorstand vertritt den Verein gerichtlich und außergerichtlich. Er hat die Stellung eines **gesetzlichen Vertreters** (§ 26 Abs. 2 BGB). Als juristische Person nimmt der Verein gewissermaßen durch den Vorstand am Rechtsverkehr teil. Indem der Gesetzgeber den Vereinsvorstand einem gesetzlichen Vertreter „gleichstellt", wollte er dem Theorienstreit über die Qualifizierung der juristischen Person und damit über die Stellung des Vorstands im Verein ausweichen.[232] 136

Nach Auffassung eines Teils der Rechtsliteratur ist der Verein als juristische Person handlungsunfähig. Ihm wird der Vorstand als gesetzlicher Vertreter zur Seite gestellt, wobei wiederum das Verhalten des Vorstands dem Verein zugerechnet wird.[233] Da der Vorstand somit zwingend notwendig ist, damit die juristische Person im Rechtsverkehr wirksam handeln kann, ist es nach der herrschenden Meinung gerechtfertigt, den Vorstand als Teil des Vereins und damit als **Organ des Vereins** anzusehen.[234] Die beiden dargestellten unterschiedlichen dogmatischen Ansätze führen in der Praxis kaum zu nennenswert unterschiedlichen Auswirkungen. 137

Schon im Gründungsstadium des Vereins muß der Vorstand bestellt werden. Um die Rechtsfähigkeit zu erlangen, wirkt er bei der Anmeldung zur Eintragung in das Vereinsregister mit. Im übrigen ist der Vorstand Vertretungs- und Geschäftsführungsorgan des Vereins. Im Außenverhältnis kann der Vorstand als Vertretungsorgan weder durch die Mitgliederversammlung noch durch einzelne Vereinsmitglieder ersetzt werden.[235] Was die Entscheidungsbefugnisse im Innenverhältnis (Geschäftsführungsbefugnis) betrifft, so ist jedoch zu sehen, daß hier die 138

---

230 BGH v. 9. 11. 1972, BGHZ 59, 369, 371; *Soergel/Hadding* § 32 Rz. 40.

231 *Reichert/Dannecker* Rz. 1175; BGH v. 26. 5. 1975, NJW 1975, 2101.

232 Protokolle, Mugdan I, S. 609; *Jacobs/Schubert* Die Beratung des bürgerlichen Gesetzbuchs, allgemeiner Teil, 1. Teilband, 1985, S. 327.

233 *Flume* Die juristische Person, § 11 I, S. 377 ff.; *Baumann* ZGR 1973, 284, 290.

234 Sog. Organtheorie: BGH, WM 1958, 557, 561; *Münch. Komm.-Reuter* § 26 Rz. 11; *Staudinger/Weick* § 26 Rz. 10; *Enneccerus/Nipperdey* § 103 VI 2.

235 BayObLG DNotZ 1972, 79, BayObLG DNotZ 1972, 286.

Satzung oder auch die Mitgliederversammlung die Angelegenheiten der Geschäftsführung unabhängig vom Vorstand auch einem Dritten übertragen kann.[236] Fehlt im Einzelfall der Vorstand als notwendiges Vertretungsorgan, so wird unter den Voraussetzungen von § 29 BGB vom zuständigen Registergericht ein Notvorstand bestellt.

2. Zusammensetzung und Organisation

139 Gemäß § 58 Nr. 3 BGB soll die Satzung Bestimmungen über die Zusammensetzung und Bildung des Vorstands enthalten. Fehlen hier entspr. eindeutige Regelungen, so ist die Mitgliederversammlung sowohl für die Bestellung der Vorstandsmitglieder als auch für Regelungen der Zusammensetzung des Vorstands zuständig (§ 32 Abs. 1 Satz 1, § 40 BGB).

140 Der Vereinsvorstand kann sowohl als **Einzelvorstand** – also aus nur einer Person – als auch als **mehrgliedriger Vorstand** bestellt sein. Im Einzelfall wird die Satzung eine bestimmte Anzahl oder auch eine Höchst- oder Mindestzahl von Vorstandsmitgliedern vorgeben.[237] Darüber hinaus kann die Satzung den jeweiligen Aufgaben und Zuständigkeitsbereich (Schriftführer, Kassierer, Vorsitzender) bei mehreren Vorstandsmitgliedern festlegen.

141 Stets muß sich zum Schutz des Rechtsverkehrs aus dem Vereinsregister eindeutig ergeben, wer bei einem mehrgliedrigen Vorstand Mitglied des Vertretungsorgans i. S. d. § 26 BGB ist.[238] Alternativregelungen oder Bestimmungen einer nur bedingten Vorstandszugehörigkeit sind deswegen zumeist unzulässig.[239] Enthält die Satzung die Bestimmung, daß einerseits die drei Vereinsvorsitzenden und zwei weitere Vereinsmitglieder den Vorstand bilden, andererseits der Verein durch jeden der drei Vorsitzenden allein vertreten werden kann, so genügt diese Regelung wegen fehlender Bestimmtheit nicht. Auch hier läßt sich nicht eindeutig erkennen, wer im Rechtsverkehr nach außen hin den Verein vertreten kann. Im Einzelfall dürfte der Rechtspfleger die Eintragung in das Vereinsregister versagen und durch Zwischenverfügung auf Klarstellung und eindeutige Fassung der Satzungsbestimmung hinwirken.[240] Wegen Verstoßes gegen den Grundsatz organschaftlicher Vertretung ist nach ganz überwiegender Auffassung für das Vereinsrecht auch die sog. unechte Gesamtvertretung, also eine Regelung, wonach ein Vorstandsmitglied gemeinsam mit einem nicht dem Vorstand angehörenden „Geschäftsführer" den Verein vertritt, unzulässig.[241]

---

[236] BGH v. 19. 9. 1977, BGHZ 69, 250; *Klamroth* DB 1972, 1953; *Danckelmann* NJW 1973, 735; *Münch. Komm.-Reuter* § 26 Rz. 3.

[237] *Stöber* Handbuch zum Vereinsrecht, Rz. 232.

[238] KG, OLGZ 42, 196; BayObLG, Rpfl. 1971, 352.

[239] BayObLG v. 4. 2. 1969, NJW 1969, 1966; LG München, DNotZ 1972, 667.

[240] BayObLG, Rpfl. 1971, 352.

[241] *Sauter/Schweyer* Der eingetragene Verein, Rz. 229; *Münch. Komm.-Reuter* § 26 Rz. 13; *Soergel/Hadding* § 26 Rz. 8; a. A.: *Kirberger* Rpfl. 1979, 5, 48.

Sollen nach den Bestimmungen in der Satzung zwei Vorstandsmitglieder gemeinsam den Verein vertreten und scheidet hier ein Vorstandsmitglied aus, so ist zu beachten, daß sich die Vertretungsbefugnis des verbleibenden Vorstandsmitglieds ohne eine besondere Ermächtigung in der Satzung nicht automatisch zu einer Alleinvertretungsbefugnis ausweitet.[242] Aus diesem Grunde könnte überlegt werden, jedenfalls zwei Vorstandsmitgliedern Einzelvertretungsbefugnis einzuräumen. Diese Gestaltung gewährleistet dann, daß bei Wegfall gegebenenfalls ein handlungsunfähiger Vorstand verbleibt und kein gerichtlich bestellter Vorstand eingesetzt werden muß.[243] 142

Änderungen in der Zusammensetzung des Vereinsvorstands (Vergrößerung, Verkleinerung, Zusammenlegung von Ämtern, etc.) kann die Mitgliederversammlung entweder durch einfachen Beschluß oder als Satzungsänderung beschließen. Die Änderung ist jeweils gemäß § 67 BGB beim Registergericht zur Eintragung anzumelden. 143

3. Vertretung und Vertretungsmacht

Nach § 26 Abs. 2 BGB wird der Verein durch seinen Vorstand **gerichtlich und außergerichtlich vertreten**. Für den Bereich rechtsgeschäftlichen Handelns gelten dabei in erster Linie die Bestimmungen der §§ 164 ff. BGB. Soweit auf die Kenntnis oder das Kennenmüssen abgestellt wird, ist nach § 166 Abs. 1 BGB die Person des Vertreters, also des Vorstands maßgebend. Beim mehrgliedrigen Vorstand ist zu beachten, daß die Kenntnis bloß eines der Vorstandsmitglieder ausreicht.[244] Unerheblich ist, ob das einzelne Vorstandsmitglied anderen Vorstandsmitgliedern seine Kenntnis bewußt verschweigt,[245] an dem betreffenden Rechtsgeschäft nicht beteiligt war oder nach Kenntniserlangung, aber vor Abschluß des Rechtsgeschäfts aus dem Vorstand ausgeschieden war oder seine Kenntnis außerhalb seiner Tätigkeit für den Verein erlangt hat.[246] Im Verhältnis zum Verein ist der Vorstand mehr als nur ein bevollmächtigter Vertreter. Die Vorschrift des § 166 Abs. 2 BGB findet hingegen auf den Vorstand nach überwiegender Auffassung keine Anwendung, weil hier die Vertretungsmacht nicht auf einem Rechtsgeschäft beruht.[247] Gegenüber dem Verein ist der Vorstand weder Besitzdiener noch Besitzmittler (§§ 855, 868 BGB). Mit der körperlichen Inbesitznahme erwirkt der Verein unmittelbaren Besitz durch seine Organe.[248] Aus Rechtsgeschäften des Vorstands für den Verein wird allein der Verein berechtigt und verpflichtet. Die Willenserklärung des Vorstands wirkt daher unmittelbar für und gegen den Verein. 144

[242] OLG Hamburg v. 11. 9. 1987, GmbHR 1988, 67.
[243] So auch: *Stöber* Handbuch zum Vereinsrecht, Rz. 240.
[244] BGH v. 6. 4. 1969, BGHZ 41, 282, 287; a. A.: *Baumann* ZGR 1973, 284 ff.
[245] BGH v. 3. 3. 1956, BGHZ 20, 149.
[246] BGH, WM 1959, 81, 84; BGH, WM 1955, 830, 832.
[247] *Staudinger/Weick* § 26 Rz. 22; *Soergel/Hadding* § 26 Rz. 11.
[248] BGH, NJW 1954, 428.

145 Gegenüber Dritten und insb. gegenüber Behörden kann der Vorstand den Nachweis seiner Organstellung durch ein sog. Eintragungszeugnis des **Vereinsregisters** gem. § 69 BGB führen.

146 Der Vorstand vertritt den Verein nicht nur außergerichtlich und vor Behörden im Verwaltungsverfahren sondern wie ein gesetzlicher Vertreter gem. § 51 ZPO auch vor Gericht, im Grundbuchverkehr und in Verfahren der freiwilligen Gerichtsbarkeit.

147 Der Einzelvorstand vertritt der Verein notwendigerweise allein. Besteht der Vorstand hingegen aus mehreren Mitgliedern, so ist umstritten, ob der Verein im Rahmen einer **Gesamtvertretung** durch alle Vorstandsmitglieder gemeinsam[249] oder aber allein durch die Mehrheit der Vorstandsmitglieder vertreten wird.[250] Für die Beschlußfassung innerhalb des Vorstands geht das Gesetz gem. § 28 Abs. 1 i.V.m. § 32 BGB vom Mehrheitsprinzip aus. Da jedoch jede Vertretungshandlung zugleich eine Geschäftsführungsmaßnahme ist, läßt sich vom Innenverhältnis auf die Vertretung nach außen schließen, um so bei fehlender ausdrücklicher Satzungsbestimmung die Zuständigkeit zur Geschäftsführung und Vertretung einheitlich zu gestalten. Nach der hier vertretenen Auffassung ist daher im mehrgliedrigen Vorstand die Mitwirkung der Mehrheit der Vorstandsmitglieder zur Vertretung des Vereins im Rechtsverkehr ausreichend. Dabei ist ein Vorstandsbeschluß gem. § 28 Abs. 1 über das betreffende Rechtsgeschäft für eine wirksame Vertretung des Vereins nicht notwendig. Im Einzelfall kann der Verstoß gegen die Bestimmung des § 28 BGB jedoch zu einer Pflichtverletzung im Innenverhältnis aus pVV führen.

148 Abweichend von den vorbenannten Regelungen kann die Vereinssatzung aber auch ausdrücklich eine Gesamtvertretung durch alle oder mehrere Vorstandsmitglieder oder auch eine Alleinvertretung durch ein oder mehrere Vorstandsmitglieder vorsehen.[251] Entsprechende abweichende Gestaltungen sind zur Sicherheit im Rechtsverkehr in das Vereinsregister einzutragen.[252]

149 Vom Grundsatz her ist die **Vertretungsmacht** des Vorstands umfassend und unbeschränkt. Ihre Grenze findet die Vertretungsmacht vor allem in Grundlagengeschäften, die nach der gesetzlichen Zuständigkeitsordnung der Mitgliederversammlung zugewiesen sind.[253] Darüber hinaus ergibt sich nach der herrschenden Meinung unmittelbar aus dem Vereinszweck eine Einschränkung der Vertretungsmacht. So sind Rechtsgeschäfte, die erkennbar außerhalb des Vereinszwecks liegen, von der Vertretungsmacht des Vorstands nicht gedeckt.[254]

---

[249] *Staudinger/Weick* § 26 Rz. 13; *Reichert/Dannecker* Rz. 1370; *Hübner* Allgemeiner Teil, Rz. 139.

[250] So die wohl herrschende Auffassung: *Larenz* Allgemeiner Teil, § 10 II b; *Flume* Die juristische Person, § 10 II 2a; *Sauter/Schweyer* Der eingetragene Verein, Rz. 231; *Münch. Komm.-Reuter* § 26 Rz. 15.

[251] BGH v. 19. 9. 1977, BGHZ 69, 250; *Reichert/Dannecker* Rz. 1370, 1401 ff.

[252] Vgl. § 64 BGB; LG Düsseldorf, Rpfl. 1982, 477.

[253] *Soergel/Hadding* § 26 Rz. 20.

[254] BGH v. 28. 2. 1956, BGHZ 20, 119; BGH, JZ 1953, 474; *Larenz* Allgemeiner Teil,

150 Die Vertretungsmacht des Vorstands kann auch – anders als bei körperschaftlichen Handelsgesellschaften – mit Außenwirkung beschränkt werden. Dazu müssen sich jedoch die Beschränkungen aus der Vereinssatzung selbst ergeben, und sie sind in das Vereinsregister gem. § 64 BGB einzutragen. Dritte müssen sich für diesen Fall die Beschränkungen in der Vertretungsmacht entgegenhalten lassen (sog. negative Publizitätswirkungen des Vereinsregisters). Fehlt es an einer entspr. Eintragung, wirkt die Beschränkung nur gegenüber demjenigen Dritten, der sie kennt.

151 Als **Beschränkungen der Vertretungsmacht** kommen insb. sachliche Begrenzungen auf bestimmte Arten von Rechtsgeschäften (beispielsweise keine Grundstücksgeschäfte, keine Kreditgeschäfte etc.) oder auch für Geschäfte unterhalb einer bestimmten Wertgrenze in Betracht.[255] Zulässig kann auch die Vertretungsmacht an die Zustimmung eines anderen Vereinsorgans – beispielsweise der Mitgliederversammlung – gekoppelt werden.[256] In all diesen Fällen ist jedoch darauf zu achten, daß sich die Beschränkung der Vertretungsmacht aus der Satzung hinreichend bestimmt ergibt.[257]

152 Soweit die Satzung keine gegenläufige Regelung enthält, kann der Vorstand den Verein nicht bei In-sich-Geschäften (§ 181 BGB) vertreten. Das für die Vorstandsbestellung und -abberufung zuständige Organ (idR die Mitgliederversammlung) kann hierfür jedoch im Einzelfall eine Ausnahme beschließen.[258] Auch durch Bestellung eines Unterbevollmächtigten durch den verhinderten Vorstand selbst kann das Verbot des § 181 BGB grds. nicht umgangen werden.[259] Nach der Rspr. soll es jedoch beim mehrgliedrigen Vorstand mit Gesamtvertretung zulässig sein, daß das wegen § 181 BGB verhinderte Vorstandsmitglied durch ein weiteres Vorstandsmitglied zur Alleinvertretung des Vereins ermächtigt und schließlich mit ihm das Rechtsgeschäft abschließt.[260]

---

§ 10 II b; *Palandt/Heinrichs* § 26 Bem. 2a; a. A.: *Reichert/Dannecker* Rz. 1396; *Soergel/Hadding* § 26 Rz. 20, wonach außerhalb des Vereinszwecks liegende Geschäfte nur wegen eines Mißbrauchs der Vertretungsmacht dem Verein nicht zugerechnet werden können, vgl. auch: *Flume* Die juristische Person, § 10 II 2d; *Münch. Komm.-Reuter* § 26 Rz. 14.

[255] Vgl. *Sauter/Schweyer* Der eingetragene Verein, Rz. 229; *Münch. Komm.-Reuter* § 26 Rz. 13.

[256] BGH v. 18. 8. 1978, BGHZ 69, 250, 253; *Sauter/Schweyer* Der eingetragene Verein, Rz. 234.

[257] BGH v. 28. 4. 1980, NJW 1980, 2799; *Münch. Komm.-Reuter* § 26 Rz. 14; BGH v. 21. 10. 1955, BGHZ 18, 303, 306.

[258] Ebenso: *Sauter/Schweyer* Der eingetragene Verein, Rz. 239; *Soergel/Hadding* § 26 Rz. 22; a. A.: *Stöber* Handbuch zum Vereinsrecht, Rz. 279, er vertritt die Auffassung, daß durch einfachen Mitgliederbeschluß auch für den Einzelfall eine Befreiung von § 181 BGB nur dann erteilt werden könne, wenn eine entspr. Satzungsgrundlage für diese Befreiung gegeben ist.

[259] BGH v. 6. 3. 1975, BGHZ 64, 72, 74; OLG Hamm, NJW 1982, 1105.

[260] BGH v. 6. 3. 1975, BGHZ 64, 72, 75; *Klammroth* BB 1975, 851; *Flume* Die juristische Person, § 10 II 2b.

4. Geschäftsführung

153 Ist der Vorstand wirksam bestellt, entsteht für ihn das Recht und die Pflicht, die Geschäfte des Vereins zu führen. Die Geschäftsführungsbefugnis kann nach Art und Umfang grds. abweichend von der Vertretung und der Vertretungsmacht ausgestaltet sein. Inhalt und Umfang der Geschäftsführungsbefugnis und der Vertretungsmacht können somit auseinanderfallen, so daß eine Handlung des Vorstands zwar im Außenverhältnis den Verein bindet, im Innenverhältnis zum Verein sich aber als pflichtwidrige Geschäftsführungsmaßnahme darstellt.

154 Nach § 27 Abs. 3 BGB finden auf die Geschäftsführung des Vorstands die für den Auftrag geltenden Vorschriften der §§ 664–670 BGB entspr. Anwendung. Der Vorstand nimmt damit sein Amt grds. unentgeltlich wahr. Soweit die Satzung keine abweichenden Bestimmungen enthält, ist der Vorstand **persönlich** zur Geschäftsführung verpflichtet (§ 664 Abs. 1 BGB). Hinsichtlich einzelner Aufgaben darf sich der Vorstand Angestellter als Erfüllungsgehilfen bedienen. Eine allgemeine Übertragung der Geschäftsführung auf Dritte ist hingegen unzulässig.

155 Für den Abschluß des **Anstellungsvertrages** mit einem Vorstandsmitglied ist regelmäßig die Mitgliederversammlung zuständig, also das Vereinsorgan, das auch nach dem Gesetz zur Bestellung und Abberufung von Vorstandsmitgliedern berufen ist.[261] Über die Zuständigkeit kann die Satzung auch hier abweichende Bestimmungen treffen.[262] Die Vereinbarung vom Auftragsrecht abweichender Regelungen kommt insb. dann in Betracht, wenn aufgrund der Größe des Vereins oder der von den Vorstandsmitgliedern übernommenen Verantwortung ihre Tätigkeit besonders vergütet werden soll. Auch ein gemeinnütziger Verein kann selbstverständlich die Tätigkeit der Vorstandsmitglieder vergüten, soweit dabei der Angemessenheitsgrundsatz beachtet wird.[263] Das ursprünglich bloße Auftragsverhältnis wandelt sich damit in ein Dienstverhältnis zwischen dem Vorstandsmitglied einerseits und dem Verein andererseits um.[264]

156 Ebenso wie bei der Vertretung gilt auch für die Geschäftsführung nach überwiegender Auffassung der Mehrheitsgrundsatz.[265] Auch der Umfang der Geschäftsführungsbefugnis richtet sich im Grundsatz nach dem Umfang der Vertretungsmacht. Abweichende Regelungen durch die Satzung sind zu Art und Umfang der Geschäftsführungsbefugnis möglich. Besteht keine abweichende Satzungsbestimmung, so hat eine Geschäftsführungsmaßnahme durch ein alleingeschäftsführungsbefugtes und auch alleinvertretungsberechtigtes Vorstandsmitglied bei Wi-

---

[261] BGH v. 21. 1. 1991, BGHZ 113, 237.

[262] BGH v. 21. 1. 1991, BGHZ 113, 237.

[263] Vgl. dazu § 5.

[264] Zu den lohnsteuerrechtlichen und sozialversicherungsrechtlichen Fragen vgl.: §§ 13, 14, 15.

[265] *Sauter/Schweyer* Der eingetragene Verein, Rz. 227; *Soergel/Hadding* § 27 Rz. 22 a; a. A. *Reichert/Dannecker* Rz. 1484, die sich für eine Gesamtgeschäftsführung einsetzen.

derspruch eines weiteren alleingeschäftsführungsbefugten Vorstandsmitglieds zu unterbleiben.[266]

Dem Verein gegenüber ist der Vorstand zu Auskunft und Rechenschaft seiner Tätigkeit verpflichtet.[267] Die Rechenschaft ist gegenüber der Mitgliederversammlung abzugeben. Grundsätzlich besteht keine Auskunftsverpflichtung gegenüber einzelnen Vereinsmitgliedern.[268] Der Vorstand ist ferner an Weisungen der Mitgliederversammlung gebunden. Formell und materiell wirksame Beschlüsse der Versammlung hat er zu beachten und auszuführen.[269] Durch den Verweis auf das Auftragsrecht ergibt sich für die Mitglieder des Vorstands ein Anspruch auf Vorschuß und Aufwendungsersatz (§§ 669, 670 BGB). 157

Gegenüber dem Verein ist der Vorstand zur ordnungsgemäßen Geschäftsführung verpflichtet.[270] Bei einem mehrgliedrigen Vorstand besteht keine gegenseitige Aufsichtspflicht. Nur sobald ein Vorstandsmitglied im Rahmen seiner allgemeinen Geschäftsführungspflicht bemerkt, daß dem Verein ein Schaden droht, muß es den Geschäftsführungsbereich eines anderen Vorstandsmitglieds einschreiten. Für pflichtwidrige Geschäftsführungsmaßnahmen haftet das jeweilige Vorstandsmitglied. Ein Schadensersatzanspruch des Vereins kann sich dabei aus den Grundsätzen der positiven Forderungsverletzung sowohl des organschaftlichen Rechtsverhältnisses als auch des zum Vorstand bestehenden Anstellungsverhältnisses ergeben.[271] Nach Auffassung der Rechtsprechung sind dabei die Grundsätze der Geschäftsführerhaftung bei einer GmbH durchaus auch auf ein ehrenamtlich und unentgeltlich tätiges Vorstandsmitglied eines Arbeitnehmer beschäftigenden Vereins übertragbar.[272] Kommt der Verein aufgrund grober Fahrlässigkeit seinen steuerlichen Pflichten – beispielsweise der Lohnsteueranmeldung – nicht nach, kommt daher u. U. eine Haftung des damit beauftragten Vorstandsmitglieds oder auch des Schatzmeisters in Betracht.[273] Gleiches gilt für die Haftung eines Vereinsvorstandes für die zweckwidrige Verwendung von Spenden nach § 10 b Abs. 4 EStG.[274] 158

Mit der **Entlastung** des Vorstands nach Ablauf eines Geschäftsjahres oder zum Ende seiner Amtszeit billigt der Verein die Amtsführung. Nach erteilter Entlastung, die nach h. M. eine empfangsbedürftige Willenserklärung darstellt,[275] sind umfassend eventuelle Ersatzansprüche 159

---

[266] BGH v. 12. 10. 1992, BGHZ 119, 379, 383.

[267] Vgl. § 666 i.V. m. § 259 BGB.

[268] BGH, NJW 1960, 1151; BGH, NJW 1962, 104; *Lepke* NJW 1966, 2099.

[269] *Staudinger/Coing* § 27 Rz. 24; *Reichert/Dannecker* Rz. 1503.

[270] Gegenüber Dritten hingegen besteht diese Verpflichtung nicht, vgl. BGH, WM 1987, 13, 16; vgl. §§ 93 Abs. 5, 117 Abs. 1 AktG für die AG.

[271] Vgl. FG Bad-Wü, DStRE 1999, 295; FG Brandenburg, EFG 1999, 874.

[272] BFH v. 23. 06. 1998, BStBl. II 1998, 761; FG Brandenburg v. 19. 5. 1999, EFG 1999, 874.

[273] vgl. auch BFH v. 20. 1. 1998, BFH/NV 1998, S. 814; FG Münster v. 19. 3. 1997, EFG 1998, 702.

[274] FG Baden-Württemberg v. 14. 7. 1998, DStRE 1999, 295.

[275] Str., vgl. *Münch. Komm.-Reuter* § 27 Rz. 23.

und sonstige Ansprüche des Vereins gegenüber dem Vorstand oder einzelnen seiner Mitglieder wegen pflichtwidriger Geschäftsführung ausgeschlossen.[276]

160 Ein Anspruch des Vorstands oder einzelner Vorstandsmitglieder gegen den Verein auf Entlastung besteht nicht.[277] Im Einzelfall besteht jedoch die Möglichkeit, über eine negative Feststellungsklage zu bestätigen, daß behauptete Ersatzansprüche des Vereins nicht bestehen.[278] Zuständig für die Erteilung der Entlastung ist regelmäßig die Mitgliederversammlung (§ 32 Abs. 1 BGB).

5. Bestellung des Vorstands

161 Die Bestellung erfolgt gem. § 27 Abs. 1 durch **Beschluß der Mitgliederversammlung**. Mit der Bestellung erlangt der Vorstand seine organschaftliche Rechtsstellung und damit seine Befugnis zur Geschäftsführung und Vertretung des Vereins.

162 Nach ganz überwiegender Auffassung können geschäftsunfähige Personen nicht in den Vereinsvorstand bestellt werden, da sie den Verein nicht durch Abgabe von Willenserklärungen vertreten können.[279] Beschränkt Geschäftsfähige dagegen können grds. zum Vorstand bestellt werden. Zu beachten ist jedoch, daß die mit der Übernahme des Vorstandsamtes verbundenen Pflichten erst mit Zustimmung oder Genehmigung des gesetzlichen Vertreters wirksam werden.[280] Anders als im Recht der Aktiengesellschaften wird man ferner mit der herrschenden Meinung davon ausgehen können, daß auch juristische Personen zum Vorstand eines Vereins wirksam bestellt werden können.[281] Für diesen Fall wird das Vorstandsamt im Verein durch das betreffende Vertretungsorgan der zum Vorstand bestellten juristischen Person ausgeübt.

163 Anders als bei Personengesellschaften gilt beim Verein nicht der Grundsatz der Selbstorganschaft. Ebenso wie bei anderen körperschaftlichen Personenvereinigungen kann daher auch ein Nichtmitglied zum Vorstand des Vereins berufen werden.[282] Soweit gewünscht kann die Satzung zusätzliche Voraussetzungen an die Person möglicher Vorstandsmitglieder (z. B.: Mindest- oder Höchstalter, Berufszugehörigkeit, Mindestdauer der Mitgliedschaft etc.) vorgeben.

164 Soweit die Satzung abweichende Regelungen enthält, ist für die Bestellung des Vorstands die Mitgliederversammlung zuständig. Die Satzung kann im Einzelfall aber die Wahl und Bestellung der Vorstandsmitglieder einem gesonderten Wahlgremium oder außenstehenden

---

[276] BGH v. 21. 3. 1957, BGHZ 24, 47, 54; *Sauter/Schweyer* Der eingetragene Verein, Rz. 289; *Münch. Komm.-Reuter* § 27 Rz. 23.

[277] BGH v. 20. 5. 1985, BGHZ 94, 324, 328; *Münch. Komm.-Reuter* § 27 Rz. 23.

[278] BGH v. 20. 5. 1985, BGHZ 94, 324, 329; *Schmidt* ZGR 1978, 440 ff.

[279] *Staudinger/Weick* § 27 Rz. 5.

[280] *Staudinger/Weick* § 27 Rz. 6 mwN.; a. A. *Erman/Westermann* § 27 Rz. 3.

[281] *Staudinger/Coing* 12. Aufl., § 27 Rz. 8; *Soergel/Hadding* § 27 Rz. 5; *Erman/Westermann* § 27 Rz. 3.

[282] *Enneccerus/Nipperdey* § 109 I; *Soergel/Hadding* § 27 Rz. 3.

Dritten übertragen.[283] Beim mehrgliedrigen Vorstand kann die Satzung auch eine Nachfolgeregelung vorsehen. Die Vorstandsmitglieder bestimmen und wählen damit selbst ihre Nachfolger im Amt. Im Regelfall erfolgt die Bestellung zum Vorstand durch Beschluß der Mitgliederversammlung. Dies entspricht schon der gesetzlichen Regelung in § 27 Abs. 1 BGB. Im Gründungsstadium des Vereins kann der Beschluß über die Vorstandsbestellung auch unmittelbar in der Vereinbarung der Satzung liegen.[284] Die Bestellung zum Vorstandsmitglied ist bedingungsfeindlich. Durch die Aufnahme einer Bedingung könnten im Rechtsverkehr nach außen die Organstellung und die Vertretungsmacht unklar sein.[285]

Die Bestellung selbst ist ein Akt der körperschaftlichen Willensbildung. Sie ist eine empfangsbedürftige Willenserklärung und bedarf nach der ganz herrschenden Auffassung des Zugangs an den Betroffenen und der Annahme der Wahl und der Bestellung durch ihn.[286] Bestellung und Änderung des Vorstands sind nach § 59 Abs. 2 i.V. m. § 67 BGB im Vereinsregister zur Eintragung anzumelden. Die Eintragung hat dabei deklaratorische Wirkung (vgl. negative Publizität) und beeinflußt die Bestellung zum Vorstandsmitglied und die daraus erwachsenden Rechte und Pflichten nicht. **165**

6. Beendigung des Vorstandsamts

Anders als im Recht der Aktiengesellschaften gem. § 84 Abs. 1 AktG ist beim eingetragenen Verein die **Amtsdauer** des Vorstands gesetzlich nicht begrenzt, sofern nicht die Satzung hierzu ausdrücklich Bestimmungen enthält. Fehlt ein gesonderter Anstellungsvertrag, so ist die Kündigung gem. § 671 Abs. 1 BGB jederzeit ohne Angabe von Gründen sowohl von seiten des Vereins als auch von seiten des Vorstands möglich.[287] Dabei darf die Amtsniederlegung oder Kündigung nicht „zur Unzeit" geschehen. Für den Widerruf zuständig ist regelmäßig das für die Stellung des Vorstands zuständige Organ. Schranken des freien Widerrufsrechts ergeben sich nur aus den §§ 138, 242 BGB.[288] Soweit im Einzelfall das Vorstandsamt als Sonderrecht eines Mitglieds ausgestaltet sein sollte, kann die Bestellung nur aus wichtigem Grund oder mit Zustimmung des Betroffenen widerrufen werden.[289] **166**

---

283 OLG Frankfurt v. 27. 11. 1978, BB 1979, 68.

284 *Soergel/Hadding* § 25 Rz. 22 und § 26 Rz. 4.

285 *Soergel/Hadding* § 26 Rz. 8; LG Bremen, NJW 1949, 345; *Enneccerus/Nipperdey* § 109 I Fn. 4.

286 BGH v. 22. 9. 1969, BGHZ 52, 316, 321; BGH v. 26. 5. 1975, NJW 1975, 2101; *Staudinger/Weick* § 27 Rz. 10; *Reichert/Dannecker* Rz. 1104; *Sauter/Schweyer* Der eingetragene Verein, Rz. 251.

287 BGH v. 14. 7. 1980, BGHZ 78, 82, 85; Schneider, GmbHR 1980, 4.

288 BGH, NJW 1954, 998.

289 *Sauter/Schweyer* Der eingetragene Verein, Rz. 269; BGH v. 27. 10. 1986, NJW 1987, 1890.

167 Der Widerruf als solcher ist eine empfangsbedürftige Willenserklärung. Mit Zugang der Widerrufserklärung fällt die Organstellung des Betroffenen weg. Er ist von nun an nicht mehr zur Vertretung des Vereins und zur Geschäftsführung befugt. Grundsätzlich bleibt das schuldrechtliche Anstellungsverhältnis zwischen Verein und Vorstandsmitglied durch den Widerruf unberührt. Im Einzelfall muß durch Auslegung ermittelt werden, ob durch den Widerruf auch das zugrundeliegende Geschäftsbesorgungs- oder Auftragsverhältnis gekündigt ist.[290] Dies ist insb. anzunehmen, wenn der Widerruf auf einem wichtigen Grund, also wegen Pflichtverletzung oder wegen Unfähigkeit zur Geschäftsführung, beruht.

VI. Weitere Vereinsorgane

170 Je nach Art, Größe und Untergliederungen des Vereins kann es vernünftig sein, insb. über die Vereinssatzung weitere Organe vorzusehen. In Betracht kommen dazu vor allem der besondere Vertreter, ein Aufsichtsrat, der erweiterte Vorstand und die Einrichtung des Ältestenrats oder eines Verbandsgerichts.

1. Der besondere Vertreter

171 Neben dem Vorstand kann gem. § 30 BGB durch die Satzung als **zusätzliches Organ** der besondere Vertreter bestimmt werden. Dem besonderen Vertreter ist dabei funktional von der Satzung ein eigener Tätigkeits- und Verantwortungsbereich zugewiesen. Für diesen Aufgabenkreis erlangt der besondere Vertreter eine gewisse Selbständigkeit neben dem Vorstand. In vielen Fällen übernimmt er auch in festgelegten Teilbereichen Aufgaben des Vorstands und sorgt damit für eine Entlastung. Bei überregionalen Vereinen oder Verbandsstrukturen ist häufig das Amt des Geschäftsführers oder Hauptgeschäftsführers satzungsmäßig als besonderer Vertreter i. S. v. § 30 BGB ausgekleidet. Der Vorstand allein wäre hier nicht in der Lage, alle anfallenden Aufgaben zu bewältigen. Deswegen stehen ihm häufig in Bundesverbänden hauptberufliche Geschäftsführer zur Wahrnehmung der laufenden Verwaltungsgeschäfte zur Seite.

172 Soweit die Satzung keine abweichenden Regelungen enthält, wird der besondere Vertreter vor der Mitgliederversammlung entspr. der allgemeinen Bestimmungen über die Berufung des Vorstandes bestellt. In jedem Falle bedarf es zur Bestellung eines besonderen Vertreters der Ermächtigung und der Festlegung des Aufgabenkreises in der Satzung selbst.[291] Darüber hinaus kann die Satzung an die Person des besonderen Vertreters bestimmte berufliche Mindestanforderungen stellen. Der besondere Vertreter muß nicht Vereinsmitglied sein, sofern die Satzung keine dahingehende Regelung enthält. Auch eine Ämterhäufung als

[290] *Staudinger/Weick* § 27 Rz. 14; *Sauter/Schweyer* Der eingetragene Verein, Rz. 271; *Reichert/Dannecker* Rz. 1254.

[291] *Reichert/Dannecker* Rz. 1567.

Vorstandsmitglied und zugleich als besonderer Vertreter ist grds. in Personalunion zulässig.[292]

Dem organschaftlich bestellten besonderen Vertreter muß schon begriffsmäßig ein **Außenhandeln** zustehen. Ebenso wie beim Vorstand wird der Verein dann durch die vom besonderen Vertreter im Rahmen seiner Vertretungsmacht abgeschlossenen Rechtsgeschäfte allein und unmittelbar berechtigt und verpflichtet. Dabei ist jedoch zu sehen, daß die Vertretungsbefugnis für den besonderen Vertreter inhaltlich immer geringer sein muß als diejenige des Vorstands. Das Gesetz formuliert in § 30 BGB, daß der besondere Vertreter eben nur „für gewisse Geschäfte" bestellt werden kann. Ist die Vertretungsmacht des besonderen Vertreters unbegrenzt, dann besteht in Wirklichkeit ein Vorstandsamt.[293] **173**

Die grds. freie Widerrufsmöglichkeit bei Vorstandsmitgliedern gem. § 27 BGB kann nach wohl überwiegender Auffassung nicht ohne weiteres auch auf den besonderen Vertreter übertragen werden, weil der Gesetzgeber hier eben bewußt eine entspr. gesetzliche Regelung unterlassen hat.[294] Deswegen ist die Beendigung der Organstellung und insb. die Möglichkeit seiner Abberufung in der Satzung zu regeln. **174**

Unter formellen Kriterien ist noch zu sehen, daß der besondere Vertreter nach überwiegender Auffassung weder namentlich noch in bezug auf den ihm zugewiesenen Geschäftskreis in das Vereinsregister eingetragen werden muß.[295] Allerdings kann der besondere Vertreter eingetragen werden. Dies erleichtert seine Tätigkeit im Außenverhältnis erheblich und entspricht daher zunehmend der Praxis. **175**

2. Der Aufsichtsrat

Als Kontrollorgan kann die Vereinssatzung die Bestellung eines Aufsichtsrats vorsehen. Dies bietet sich insb. für Vereine mit großem Vereinsvermögen an. **176**

Schon aufgrund der Aufgabenstellung ist das Amt des Aufsichtsratsmitglieds mit der Zugehörigkeit zum Vereinsvorstand unvereinbar. Im übrigen ist zu sehen, daß auf den Aufsichtsrat des Vereins nicht ohne weiteres die aktienrechtlichen Bestimmungen anwendbar sind. Vielmehr sollte die Satzung die Aufgaben und Befugnisse des Aufsichtsrats möglichst genau umschreiben. So kann die Satzung z. B. anordnen, daß der Aufsichtsrat vom Vorstand jederzeit einen Bericht über die Angelegenheiten des Vereins verlangen kann und ermächtigt ist, die Bücher des Vereins einzusehen und auch seine Vermögensverhältnisse zu prüfen. **177**

Ohne abweichende Bestimmungen in der Satzung haften die Mitglieder des Aufsichtsrats gegenüber dem Verein für jedes Verschulden und auch für leichte Fahrlässigkeit bei der Wahrnehmung seiner Aufga- **178**

---

292 *Reichert/Dannecker* Rz. 1437.

293 *Reichert/Dannecker* Rz. 1569.

294 *Reichert/Dannecker* Rz. 1571.

295 *Soergel-Hadding* § 30 Rz. 14; *RGRK-Steffen* § 64 Rz. 3; *Reichert/Dannecker* Rz. 1573; a. A.: *Sauter/Schweyer* Der eingetragene Verein, Rz. 313.

ben. Die Inanspruchnahme der Aufsichtsratsmitglieder setzt einen entspr. Beschluß der Mitgliederversammlung voraus.

3. Erweiterter Vorstand

179 Insbesondere bei größeren Vereinen, die entweder wirtschaftlich oder auch räumlich verselbständigte Abteilungen besitzen, kommt es in Betracht, einzelnen Teilen des Vorstands bestimmte Aufgaben wie beispielsweise die Bewältigung von Verwaltungsaufgaben aufzuerlegen. Durch die besondere Hervorhebung einzelner Vorstandsmitglieder besteht damit der Gesamtvorstand aus diesen geschäftsführenden Vorstandsmitgliedern und dem erweiterten Vorstand.

4. „Ältestenrat" oder „Vereinsgericht"

180 Grundsätzlich ist zur Durchsetzung der vereinsinternen Ordnungsgewalt die Mitgliederversammlung zuständig. Je nach Größe und Anzahl der Mitglieder kann sich allerdings diese Zuständigkeitsverteilung als unpraktikabel erweisen. Aus diesem Grunde sieht die Satzung gerade größerer Vereine die Bildung eines „Vereinsgerichts" vor. Entsprechende Ausschüsse sollten in der Vereinssatzung nicht als „Schiedsgericht" tituliert werden, um Verwechslungen mit einem Schiedsgericht i. S. d. ZPO zu vermeiden.

181 Die Grundlage für die Einrichtung entsprechender Disziplinarorgane des Vereins sollte regelmäßig in der Satzung verankert werden.[296] Dies bedeutet aber nicht, daß die disziplinarische Verfahrensordnung vollständig dort geregelt ist. Vielmehr besteht die Möglichkeit, gesonderte Verfahrensordnungen zu erlassen und nur die besonders belasteten Nebenfolgen einer möglichen Ahndung, wie die Pflicht, die Verfahrenskosten zu übernehmen oder die Veröffentlichung in der Vereinszeitschrift hinzunehmen, in die Satzung aufzunehmen.[297]

B. Besonderheiten beim nichtrechtsfähigen Verein

200 Der Rspr. des Reichsgerichts folgend wird unter einem Verein verstanden „eine auf die Dauer gerichtete Verbindung einer größeren Anzahl von Personen zur Erreichung eines gemeinsamen Zwecks, die nach ihrer Satzung körperschaftlich organisiert ist, einen Gesamtnamen führt und auf einen wechselnden Mitgliederbestand angelegt ist".[298] Rechtsfähige wie nichtrechtsfähige Vereine stimmen in diesen Kriterien überein.

---

[296] *Soergel/Hadding* § 39 Rz. 15; *Sauter/Schweyer* Der eingetragene Verein, Rz. 99; *Staudinger/Coing* 12. Aufl., § 35 Rz. 37.

[297] BGB v. 26. 2. 1959, BGHZ 29, 352, 358; BGH v. 6. 3. 1967, BGHZ 47, 172, 177; *Reichert/Dannecker* Rz. 1656.

[298] RGZ 143, 212, 213; RGZ 165, 140, 143; BGH in BGHLM Nr. 1 zu § 31 BGB.

I. Abgrenzung zu anderen Rechtsformen

Da der rechtsfähige und der nichtrechtsfähige Verein von der jeweiligen Struktur her gleichartig ausgestaltet sind, erfolgt hier die Abgrenzung zwischen beiden Arten von Vereinen über das Tatbestandsmerkmal „rechtsfähig" sowie das Kriterium der Eintragung in das Vereinsregister.[299] 201

Die Abgrenzung zwischen nichteingetragenem Verein und Personenhandelsgesellschaft bestimmt sich vorwiegend über den **Zweck der jeweiligen Personengemeinschaft**. Sobald der Zweck einer Personengemeinschaft auf den Betrieb eines vollkaufmännischen Handelsgewerbes gerichtet ist, ist damit eine OHG oder KG gegeben.[300] Als Sonderregelungen verdrängen die Vorschriften der §§ 105 ff. HGB über die offene Handelsgesellschaft und die Kommanditgesellschaft die Vorschriften über den nichtrechtsfähigen Verein. 202

Von der Gesellschaft bürgerlichen Rechts nach den §§ 705 ff. BGB unterscheidet sich der nichtrechtsfähige Verein vor allem durch die körperschaftliche Organisation. Kennzeichnende Kriterien sind hierfür vor allem eine „Satzung" mit vereinsmäßigem Inhalt, die Festlegung von vereinstypischen Organen wie Vorstand und Mitgliederversammlung, eine große Anzahl von Mitgliedern, freier Eintritt und Austritt, ohne daß Abfindungsansprüche der ausscheidenden Mitglieder entstehen, und das Führen eines vereinstypischen Namens.[301] Zahlreiche Abgrenzungsfälle wurden anhand der aufgelisteten Kriterien von der Rspr. entschieden.[302] 203

II. Anwendbare Vorschriften

Nach § 54 BGB finden auf den nichtrechtsfähigen Verein die Vorschriften über die Gesellschaft (§§ 705 ff. BGB) Anwendung. Hintergrund dieser Verweisung ist, daß der Gesetzgeber die Bildung von Zusammenschlüssen mit politischer, sozialpolitischer oder religiöser Zwecksetzung erschweren und unter staatliche Kontrolle bringen wollte, indem er diese Zusammenschlüsse als nichtrechtsfähige Vereine dem an sich unpassenden Gesellschaftsrecht mit der drohenden Folge einer unbeschränkten persönlichen Haftung unterstellte. Der dadurch entstehende Druck sollte zur Eintragung in das Handelsregister moti- 204

---

299 BGH v. 6. 10. 1964, BGHZ 42, 210, 216; BGH v. 26. 4. 1965, BGHZ 43, 316, 319; BGH v. 11. 7. 1968, BGHZ 50, 325, 328; LG Bonn, NJW 1957, 1883.

300 BGH v. 29. 11. 1956, BGHZ 22, 240, 244; *Münch. Komm.-Reuter* § 54 Rz. 28.

301 BGH v. 4. 10. 1956, BGHZ 21, 370, 374; BGH v. 10. 10. 1957, BGHZ 25, 312, 313; *Schmidt* Gesellschaftsrecht, § 25 I 2b.

302 RGZ 74, 371 (Erdölbohrgesellschaft als Verein); RG Recht 1938 Nr. 3818 (die zunächst erstrebte Rechtsfähigkeit als juristische Person wurde nicht erlangt); RG Recht 1917 Nr. 1 (einer als Versicherungsverein auf Gegenseitigkeit gegründeten Personenvereinigung wurde die Erlaubnis zum Geschäftsbetrieb versagt); RGZ 76, 25 (Tarifgemeinschaft der deutschen Buchdrucker als Verein); RGZ 76, 276 (Caliborgesellschaft als Verein); RGZ 78, 134 (Studentische Verbindung als Verein); RGZ 82, 294 (Handelssyndikat als Verein); RAG in JW 1935, 2228 (Heilsarmee als Verein).

vieren und damit eine stärkere staatliche Beobachtung ermöglichen.[303] Nach der in Rspr. und Literatur einhellig vertretenen Auffassung hat jedoch vor allem die körperschaftlich organisierte Struktur des Vereins letztlich dazu geführt, daß der Verweisung durch § 54 BGB auf das Gesellschaftsrecht weitgehend keine Bedeutung mehr zukommt.[304] Auch für den nichtsrechtsfähigen Verein gilt damit weitgehend das Vereinsrecht des BGB.[305] Die danach nur noch lose bestehende Verweisung auf das Gesellschaftsrecht führt dazu, daß im Rahmen der Gestaltungsfreiheit Vereinigungen mit sowohl körperschaftlichen als auch mit personalistischen Elementen und mit fließenden Übergängen von mehr vereinsmäßigen zu mehr gesellschaftsähnlichen Formen möglich sind. Bei diesen Mischformen ist nach dem jeweiligen konkreten Regelungsbereich zu prüfen, ob die Normen des Vereinsrechts oder die des Gesellschaftsrechts Anwendung finden.

III. Entstehung des nichteingetragenen Vereins

205 Die Gründung setzt – wie beim eingetragenen Verein auch – die rechtsgeschäftliche Einigung der Gründer über den Inhalt der Satzung des Vereins voraus. Der Gründungsvorgang ist ein Rechtsgeschäft. Er ist auf die Errichtung einer körperschaftlich organisierten Personengemeinschaft mit einem gemeinsamen Zweck und entspr. Förderpflichten gerichtet. Der Gründungsvorgang ist mit dem Wirksamwerden der Gründererklärungen abgeschlossen. Einer ausdrücklichen Gründungsvereinbarung bedarf es nicht, wenn sich der übereinstimmende Wille aus den Umständen ergibt. Die Entstehung des nichteingetragenen Vereins entspricht den tatbestandlichen Anforderungen an die Errichtung eines Vorvereins als Durchgangsstadium bei der Gründung des eingetragenen Vereins.[306]

IV. Vereinsverfassung und Vereinsvermögen

206 Auch für den nichtrechtsfähigen Verein gilt, daß die Vereinsverfassung durch die Satzung und die gesetzlichen Vorschriften des Vereinsrechts festgelegt ist. Im Regelfall wird auch beim nichtrechtsfähigen Verein eine **Satzung** schriftlich niedergelegt sein. Zwingende Voraussetzung ist dies aber nicht, und es bestehen auch keine dahingehenden Formvorschriften.

207 Ebenso wie dem rechtsfähigen Verein steht dem nichtrechtsfähigen Verein das körperschaftliche Selbstverwaltungsrecht zu. Die Mitglieder ordnen sich den in der Satzung festgelegten Bestimmungen und der Vereinsstrafgewalt unter. Dabei ist jedoch der Grundsatz der Gleichstellung der Gleichbehandlung zu beachten. Beitragspflichten können fest-

---

[303] Vgl. BGH v. 6. 10. 1964, BGHZ 42, 210, 215; BGH v. 11. 7. 1968, BGHZ 50, 325, 328.

[304] BGH v. 6. 10. 1964, BGHZ 42, 210, 215; OLG Frankfurt, ZIP 1985, 213, 215.

[305] *Stöber* Handbuch zum Vereinsrecht, Rz. 1235.

[306] *Stöber* Handbuch zum Vereinsrecht, Rz. 1240.

gelegt werden. Auch für den nichtrechtsfähigen Verein gilt, daß die Ausschließung eines Mitglieds von den ordentlichen Gerichten nur unter den Kriterien der Gesetzwidrigkeit, Sittenwidrigkeit oder offenbaren Unbilligkeit nachgeprüft werden kann.[307] Der Austritt darf nicht über den Rahmen des § 39 Abs. 2 BGB (also unter Einhaltung einer Kündigungsfrist von höchstens zwei Jahren zum Ende eines Geschäftsjahres) hinaus erschwert werden. Mit dem Austritt wird grds. kein Anspruch auf Teilhabe am Vereinsvermögen begründet, das somit den übrigen Vereinsmitgliedern verbleibt. Das Vereinsvermögen ist somit von einem Wechsel im Mitgliederbestand unberührt.[308]

Die Mitgliederversammlung ist – wie auch beim eingetragenen Ver- **208**
ein – das oberste Vereinsorgan. Sie ist für alle Angelegenheiten des Vereins zuständig, soweit nicht die Satzung abweichende Bestimmungen enthält. Mitglieder eines nichtrechtsfähigen Vereins können sowohl natürliche als auch juristische Personen sein. Auch im übrigen gelten für die Mitgliedschaft durch Eintritt bzw. Aufnahmevertrag, den Austritt und die Ausschließung aus dem Verein weitgehend die auch für den rechtsfähigen Verein geltenden Bestimmungen. Mit seiner körperschaftlichen Verfassung ist auch der nichtrechtsfähige Verein auf einen sich ändernden Mitgliederbestand angelegt, ohne daß der Inhalt der Satzung durch einen Eintritt oder Austritt beeinflußt wird. Das mitgliedschaftliche Rechtsverhältnis besteht jeweils zwischen dem Mitglied und dem Verein und nicht auch zugleich – also anders als bei Personengesellschaften – jeweils zwischen den Mitgliedern.[309]

Der nichtrechtsfähige Verein wird durch seinen Vorstand vertreten. **209**
Damit berechtigt und verpflichtet der Vorstand in Anlehnung an die Regelung nach § 714 BGB alle Vereinsmitglieder persönlich als deren Bevollmächtigter. Die Vertretungsmacht kann dabei ggf. auch gegen den Widerspruch einzelner Mitglieder ausgeübt werden, wenn sie als solche für den Vorstand in der Satzung niedergelegt ist.[310] Vor diesem Hintergrund ist es zulässig und ratsam, den Umfang der Vertretungsmacht des Vorstands insoweit einzuschränken, als es sich um die persönliche Haftbarkeit aus den Geschäften des Vorstands für den Verein mit einem Dritten handelt.[311] Zur Klarheit sollte diese Beschränkung mit in die Satzung des Vereins aufgenommen werden.

Inhaber des Vereinsvermögens sind die Vereinsmitglieder in ihrer **210**
gesamthänderischen Vereinigung. Sie sind **gesamthänderisch** Träger der Rechte und Pflichten.[312] Zum Vereinsvermögen gehören insb. die Mitgliedsbeiträge sowie das durch Handlungen des Vorstands im Rahmen seiner Geschäftsführung für den Verein erworbene Vermö-

---

[307] RG, RGZ 140, 23; RG, RGZ 147, 11; BGH v. 27. 2. 1954, BGHZ 13, 5.

[308] RG, RGZ 82, 160; RG, RGZ 127, 309, 312; *Stöber* Handbuch zum Vereinsrecht, Rz. 1268.

[309] RGZ 143, 212, 214.

[310] RG, RGZ 82, 93; *Staudinger/Weick* BGB § 54 Rz. 36.

[311] RG, RGZ 63, 62, 65; *Staudinger/Weick* BGB § 54 Rz. 51; *Soergel/Hadding* BGB § 54 Rz. 24.

[312] RG, RGZ 127, 309, 311; RG, RGZ 143, 213.

gen.[313] Gem. §§ 54, 719 BGB kann das einzelne Vereinsmitglied über seinen Anteil am Vereinsvermögen und die zum Vereinsvermögen gehörenden Wirtschaftsgüter nicht verfügen. Das einzelne Mitglied kann ebensowenig die Teilung des Vereinsvermögens verlangen.

211 Auch der nichtrechtsfähige Verein darf einen Namen führen, und für ihn besteht **Namensschutz**. Er kann unter seinem Namen verklagt werden. Als Beklagter hat er im Rechtsstreit die Stellung eines rechtsfähigen Vereins.[314] Selber Klage vor Gericht erheben kann der nichtrechtsfähige Verein jedoch nicht. In diesem Fall muß er seine Ansprüche durch Klage seiner sämtlichen Mitglieder geltend machen.[315]

V. Beendigung des nichteingetragenen Vereins

212 Hinsichtlich der Beendigung des nichtrechtsfähigen Vereins gelten keine Besonderheiten gegenüber dem rechtsfähigen Verein. In Betracht kommen insb. ein Auflösungsbeschluß der Mitgliederversammlung, die Zweckerreichung des Vereinszwecks oder der Wegfall sämtlicher Mitglieder.

C. Verbandsrecht

I. Begriffsbestimmung

220 Herkömmlich versteht man unter dem Verband eine **Vereinigung von natürlichen oder juristischen Personen** mit dem Ziel der Einflußnahme und Förderung der gemeinsamen Interessen im politischen Bereich, am Markt oder in sonstigen ökonomischen, sozialen oder kulturellen Bereichen.[316]

221 In der Rechtsordnung ist der **Verbandsbegriff nicht einheitlich definiert**. In verschiedenen Bereichen werden entspr. der verschiedenen Belange unterschiedliche Definitionsansätze gebraucht. Zur Anmeldung eines Verbandszeichens berechtigt sind nach den §§ 17 ff. WZG rechtsfähige Verbände, die gewerbliche Zwecke verfolgen. Danach können Träger eines Rechts aus einem Verbandszeichen sowohl Vereine, aber ebenso auch eine Gesellschaft mit beschränkter Haftung, Stiftungen oder Genossenschaften sein.[317] Wenngleich das Oberlandesgericht München in

---

[313] RG, RGZ 54, 297, 299.

[314] Vgl. §§ 50 Abs. 2, 171, 735 ZPO.

[315] BGH v. 6. 10. 1989, BGHZ 109, 15; OLG Koblenz v. 3. 3. 1993, NJW-RR 1993, 697; *Zöller-Vollkommer* ZPO § 50 Rz. 32: Bei Vereinen mit einer großen Zahl an Mitgliedern ist dies mitunter nicht praktikabel. Hier bietet sich als Lösung die treuhänderische Übertragung des Vereinsvermögens auf den Vorstand oder einen Dritten an, der dann diese Ansprüche des Vereins in eigenem Namen als Kläger geltend macht (vgl. OLG Frankfurt, NJW 1962, 792 mit Anm. *Lent*; BGH v. 6. 10. 1964, BGHZ 42, 210, 213).

[316] *Creifelds* Rechtswörterbuch, 13. Aufl.

[317] *Baumbach/Hefermehl* WZG, § 17 Rz. 5.

seiner Entscheidung v. 16. 7. 1974[318] der Auffassung ist, daß Verbände regelmäßig eine Organisation von nicht unerheblicher Größe verkörpern, so kann auch dies nicht verallgemeinert werden, denn zum Teil bezeichnet der Gesetzgeber auch solche Personenvereinigungen als Verbände, die über keine weit verzweigte Organisation verfügen und nur wenige Mitglieder haben. So besetzen beispielsweise die in Art 164 EGBGB erwähnten Verbände[319] häufig einen örtlich begrenzten Wirkungskreis. Demgegenüber steht der Unterlassungs- und Widerrufsanspruch gem. § 13 Abs. 2 AGBG nur dann rechtsfähigen Verbänden zu, wenn diese mindestens 75 Mitglieder haben.

Mit Verbänden im Sinne der nachfolgenden Ausführungen sind je- 222
doch vor allem Vereinigungen auf Landes- oder Bundesebene gemeint, die nach ihrer Organisation und Bedeutung die Einzelvereine überragen. Häufig werden diese Art von Verbänden auch als Spitzenverband bezeichnet. Gemeint ist damit die oberste Vereinigungsform von vereinsrechtlich organisierten Körperschaften, die im Regelfall ihr Tätigkeitsgebiet im gesamten Bundesgebiet hat.

Bei den Verbänden im hier bezeichneten Sinne wird allgemein unter- 223
schieden zwischen sog. Vereinsverbänden und Großverbänden. Als **Vereinsverband** wird dabei ein Verein bezeichnet, dessen Mitglieder ausschließlich oder aber doch überwiegend Körperschaften sind.[320] Es handelt sich dabei um einen horizontalen Zusammenschluß der Körperschaften.

Im Gegensatz zum Vereinsverband liegt beim **Großverband** eine 224
hierarchische, vertikale Gliederungsstruktur vor.[321] Großverbände bestehen überwiegend auf Bundes- oder Landesebene. Dazu bestehen jeweils weitere Untergliederungen entweder in der Rechtsform ebenfalls eingetragener Vereine oder als unselbständige Verwaltungsstellen. Im Gegensatz zu den Vereinsverbänden sind im Bereich der Großverbände die Mitglieder der in Vereinsform bestehenden Untergliederung gleichzeitig auch Mitglieder des Großverbands. Es kommt insoweit zu einer doppelten Mitgliedschaft.[322]

In Zusammenhang mit der Untergliederung von Großverbänden 225
spricht man häufig von sog. Zweigvereinen. Sie besitzen alle typischen Merkmale eines eingetragenen Vereins, gliedern sich jedoch nach ihrem Zweck in die Organisation des Zentralverbandes ein. In vielen Fällen tragen dabei die Zweigvereine einen eigenen Namen, der aber in wesentlichen Teilen mit dem Namen des Großverbands übereinstimmt und nur durch einen Zusatz auf die Eigenschaft als Zweigverein hin-

---

318 DB 1974, 1857.

319 Realgemeinden und ähnliche Verbände, deren Mitglieder als solche zu Nutzungen an land- und forstwirtschaftlichen Grundstücken berechtigt sind.

320 *Soergel/Hadding* vor § 21 Rz. 54; *Palandt/Heinrichs* Einführung vor § 21 Rz. 20; *Sauter/Schweyer* Der eingetragene Verein, Rz. 323.

321 Großverbände werden zum Teil auch als „Hauptverein" oder „Zentralverein" bezeichnet.

322 BVerfG v. 5. 2. 1991, NJW 1991, 2623, 2625; BGH v. 24. 10. 1988, BGHZ 105, 306, 312.

weist. Wenngleich der Zweigverein als solcher rechtlich selbständig ist, so darf er doch bei Beendigung der Mitgliedschaft im Großverband den übernommenen Namen nur mit Zustimmung des Großverbands fortführen.[323] Die Satzung des Zweigvereins ist in vielen Fällen ganz oder teilweise identisch mit der Satzung des Großvereins. Dies folgt idR aus dem übereinstimmenden Zweck des Großvereins und seiner Untergliederungen. Auch wird in vielen Fällen der Großverein den Zweigvereinen Satzungsbestimmungen inhaltlich vorgeben.

226 Wenn auch im Grundsatz die Zweigvereine sich in zentralen Fragen der gemeinsamen Zweckverfolgung den Vorgaben des Großverbandes unterordnen, so darf dies nicht dazu führen, daß der Zweigverein seine Befugnis zur Regelung seiner eigenen Angelegenheiten verliert. Sind die Vorgaben des Großverbands so eng, daß dem Zweigverein in eigenen Angelegenheiten kein Selbstbestimmungsrecht mehr zusteht, fehlt es am Vereinscharakter der Untergliederung.[324] Der Großverband kann deswegen nur in dem Umfang in die Tätigkeit des Zweigvereins eingreifen, wie dies auch durch die Satzung des Zweigvereins stets gedeckt ist. Es besteht also hier im Kernbereich des Zweigvereins eine gewisse Autonomie. Insbesondere kann die Satzung des Großvereins nicht anordnen, daß Änderungen der Verbandssatzung automatisch auch die Änderungen der Satzungen der Zweigvereine nach sich ziehen. Solche und ähnliche Regelungen würden dem Grundsatz der Vereinsautonomie des Zweigvereins widersprechen.

II. Funktion der Verbände

230 Zusammenschlüsse entweder in der Form von Vereinsverbänden oder in der Form der Großverbände verfolgen in aller Regel den Zweck, die gemeinsamen Interessen der Mitglieder und Mitgliedsorganisationen zu stützen. Hierbei kann es sich um berufliche, wirtschaftliche, soziale, kulturelle, wissenschaftliche oder auch politische Zwecke handeln. Die Aufgabe der Spitzenverbände konzentriert sich dabei vorwiegend auf die wesentlichen und **zentralen bundes- oder landeseinheitlichen Ziele**. Nicht selten handelt es sich vor allem um die Koordinierung von Veranstaltungen der Untergliederungen, das Abhalten von Schulungen oder die Erstellung übereinstimmender Verhaltensmaßregeln.

III. Besonderheiten bei Vereinsverbänden

231 Der Vereinsverband ist dem Grunde nach ein „gewöhnlicher“ **Verein**. Sowohl für die Gründung des Vereinsverbands als auch hinsichtlich seiner Verfassung und der Mitgliedschaft gelten die allgemeinen Bestimmungen des Vereinsrechts. Eine Besonderheit ergibt sich nur dadurch, daß mitgliedsfähig regelmäßig vorwiegend rechtsfähige und nichtrechtsfähige Vereine, ggf. aber auch sonstige juristische Personen

---

[323] BGH, GRUR 1976, 644.

[324] *Sauter/Schweyer* Der eingetragene Verein, Rz. 329; *Reichert/Dannecker* Rz. 2674.

des öffentlichen oder privaten Rechts sind. Auch teilrechtsfähige Gesellschaften wie Kommanditgesellschaften oder offene Handelsgesellschaften können Mitglied sein.

Die Mitglieder im Vereinsverband sind damit regelmäßig als solche handlungsunfähig. Zur Wahrnehmung ihrer Rechte in der Mitgliederversammlung des Vereinsverbands müssen sie durch natürliche Personen vertreten werden. In Betracht kommt hier, daß der Mitgliedsverein durch seinen Vorstand oder ein einzelnes Vorstandsmitglied in der Mitgliederversammlung des Vereinsverbands vertreten ist. Man spricht in diesem Fall von „geborenen Vertretern". Auf der anderen Seite kann aber auch die Verbandssatzung vorsehen, daß der Mitgliedsverein einen Delegierten, der nicht Vorstandsmitglied zu sein braucht, als „gekorenen Vertreter" entsendet. Von Bedeutung ist in diesem Zusammenhang der Unterschied zwischen beiden Vertretungssystemen. Während der Vorstand eines Mitgliedsvereins an die Weisungen „seiner" Mitgliederversammlung gebunden ist, ist der Delegierte als gekorener Vertreter regelmäßig keinen Weisungen unterworfen.[325] 232

Eine weitere Besonderheit hinsichtlich der Mitgliederversammlung des Vereinsverbands erklärt sich durch die unterschiedliche Größe und Bedeutung der jeweiligen Mitgliedsvereine. Um diesem Problem gerecht zu werden, gewährleistet in vielen Fällen die Verfassung des Vereinsverbands in Abhängigkeit von der Bedeutung, dem Beitragsaufkommen und der Zahl der eigenen Vereinsmitglieder auch die Zuteilung einer unterschiedlichen Stimmenzahl in der Mitgliederversammlung. Wie es auch für weite Teile des Gesellschaftsrechts vertreten wird, kann dabei der Inhaber eines Mehrstimmenrechts im Rahmen eines Abstimmungsvorgangs von seinen Stimmrechten nicht unterschiedlichen Gebrauch machen. Er kann also nicht mit einem Teil seiner Stimmen „Ja" und einem anderen Teil seiner Stimmen mit „Nein" abstimmen. Wohl ist es aber nach teilweise vertretener Auffassung zulässig, wenn sich der Stimmberechtigte mit Teilen des Mehrstimmrechts der Stimme enthält.[326] 233

IV. Besonderheiten beim Großverband

Großverbände haben häufig eine sehr hohe Zahl an Mitgliedern, da die Mitglieder der Zweigvereine gleichzeitig auch Mitglied im Großverband sind. Deswegen ist bei ihnen die Willensbildung unter Beteiligung aller Mitglieder nur unter erheblichem Aufwand an Zeit und Geld möglich. Eine Mitgliederversammlung ist schwerfällig, und angesichts der Anzahl der Mitglieder entstehen Raum- und Verständigungsprobleme. Vor diesem Hintergrund hat es die Rspr. für zulässig erachtet, daß eine besondere **Delegiertenversammlung** die Zuständigkeiten der Mitgliederversammlung übernimmt.[327] 234

---

325 *Reichert/Dannecker* Rz. 2686.
326 *Reichert/Dannecker* Rz. 2686.
327 OLG Frankfurt, OLGZ 1973, 137; BGH v. 22. 3. 1982, NJW 1982, 2558, 2559.

235 Die Bildung einer Delegiertenversammlung, die an die Stelle einer Mitgliederversammlung treten soll, ist in der Satzung des Großverbandes zu verankern. Die Verbandssatzung muß festlegen, auf wie viele Mitglieder ein Delegierter entfällt.[328] Bei der Festlegung der Delegiertenquote muß der Grundsatz der gleichmäßigen Vertretung aller Mitglieder der Untergliederungen Beachtung finden. D. h., es ist für alle Mitglieder auch in den jeweiligen Untergliederungen ein einheitlicher Schlüssel zu wählen, der festlegt, für jeweils wie viele Mitglieder ein Delegierter in die Delegiertenversammlung entsendet wird. Die Verbandssatzung ist jedoch darin frei, die Delegiertenquote nicht allein nach Köpfen zu bestimmen, sondern sie kann sie beispielsweise auch am jeweiligen Beitragsaufkommen festmachen. Entscheidend ist die Beachtung des Gleichheitsgrundsatzes. Es muß also ein einheitlicher Maßstab gefunden werden.

236 Zuständig für die **Wahl der Delegierten** ist die Mitgliederversammlung. Dafür ist es mitunter zweckmäßig, daß die Einzelheiten der Durchführung in einer Wahlordnung neben der Satzung niedergelegt werden. Die Wahl erfolgt entweder unmittelbar in der Mitgliederversammlung selbst oder auch durch Briefwahl. Die Verbandssatzung sollte hierzu eine Regelung treffen. Außerdem kann die Satzung an die Person der Delegierten besondere Anforderungen stellen und beispielsweise ein Mindestalter, eine Mindestmitgliedschaftsdauer oder auch eine bestimmte berufliche Qualifikation vorsehen.

237 Das Delegiertenamt wird zivilrechtlich als **Auftragsverhältnis** (§§ 662 ff. BGB) qualifiziert.[329] Wird neben dem Aufwendungsersatz dem Delegierten zusätzlich eine Vergütung gewährt, liegt ein auf Geschäftsbesorgung gerichteter Dienstvertrag zugrunde (§ 675 i. V. m. §§ 611 ff. BGB).

238 Soweit die Verbandssatzung keine abweichenden Bestimmungen enthält, braucht der Delegierte selbst nicht Verbandsmitglied zu sein. Er ist regelmäßig in der Wahrnehmung seiner Aufgaben weisungsunabhängig.[330] In seinem Verhalten hat der Delegierte die Gesamtinteressen des Verbandes im Auge zu behalten. Er ist zusätzlich verpflichtet, die Interessen der ihn wählenden Mitglieder zur Geltung zu bringen, und muß sich in diesem Zusammenhang auch über die wesentlichen Belange des Verbands regelmäßig informieren. Neben der Informationspflicht trifft den Delegierten die Verpflichtung, an den Delegiertenversammlungen teilzunehmen. Bei Pflichtverletzungen kommt im Einzelfall ein Schadensersatzanspruch wegen Schlechterfüllung des Auftrags- oder Geschäftsbesorgungsvertrages gegen den Delegierten in Betracht.

239 Unter den Rechten des Delegierten sind in erster Linie das Anwesenheits-, Rede-, Antrags- und Stimmrecht im Rahmen der Delegiertenversammlung zu nennen. Außerdem kann jeder Delegierte unwirksame

---

[328] OLG Frankfurt, WM 1985, 1466, 1469.

[329] *Reichert/Dannecker* Rz. 2700.

[330] BGH v. 14. 7. 1980, NJW 1980, 2707, 2708; *Sauter/Schweyer* Der eingetragene Verein, Rz. 220.

Beschlüsse durch eine gerichtliche Feststellungsklage angreifen, und er hat das Recht auf Übersendung eines Protokolls der Delegiertenversammlung.

Die Delegiertenversammlung hat weitgehend die Rechtsstellung ei- 240
ner Mitgliederversammlung. Für ihren Ablauf im übrigen gelten deswegen die allgemeinen Ausführungen zur Mitgliederversammlung, sofern nicht die Verbandssatzung abweichende Regelungen vorsieht.

§ 3 Stiftungsrecht

Bearbeiter: Dr. Stephan Schauhoff

Übersicht

A. Die rechtsfähige Stiftung

I. Grundlagen

1. Stiftungsbegriff

1 Eine Stiftung wird errichtet, wenn ein Stifter oder eine Mehrzahl von Stiftern in einem Stiftungsgeschäft **förmlich** den Willen bekunden, zur **Verwirklichung eines bestimmten Zwecks** auf Dauer eine Stiftung zu errichten und diese mit den hierzu benötigten Mitteln (**Vermögen**) und einer **zweckentsprechenden Organisation** (Vorstand) auszustatten. Der **Stiftungszweck**, das **Stiftungsvermögen** und die **Stiftungsorganisation** sind die drei wesentlichen den Stiftungsbegriff prägenden Elemente. Die rechtsfähige Stiftung bedarf zu ihrer Entstehung der staatlichen Genehmigung. Stiftungen unterscheiden sich von Körperschaften, wie Vereine oder Gesellschaften des Handelsrechts oder Gebietskörperschaften des öffentlichen Rechts dadurch, daß sie keine Mitglieder und keine Eigentümer (Gesellschafter) haben.

2 Der Stifter legt im Stiftungsgeschäft, dessen wesentlicher Bestandteil die Stiftungssatzung ist, fest, zu welchem Zweck die Stiftung betrieben werden soll. Eine gemeinnützige Stiftung muß ausschließlich **gemeinnützige Zwecke** verfolgen. Wesentlich für die Stiftung ist, daß der Stifterwille auf alle Zeiten bis zur Beendigung der Stiftung wirkt. Er bleibt oberste und bestimmende Richtschnur der Stiftungstätigkeit, die sich nach der Stiftungssatzung richtet.[1] Die Formulierung des Stifterwillens in Stiftungsgeschäft und Satzung ist deswegen eine hochbedeutsame Aufgabe. Gerade in der sich verselbständigenden und perpetuierenden Wirkung des Stifterwillens liegt das entscheidende Charakteristikum der Stiftung.[2] Die Stiftung ist im deutschen Recht das einzige Rechtsinstitut, mit dem eine natürliche Person es erreichen kann, ihren Willen auch noch Jahrhunderte nach ihrem Ableben für nachfolgende Generationen verbindlich zu machen. Ansonsten endet die Einflußmöglichkeit einer verstorbenen Person 30 Jahre nach dem Tode, denn das zweite bedeutsame Rechtsinstitut, um den eigenen Willen über den Tod hinaus durchzusetzen, die Dauertestamentsvollstreckung, ist nach § 2210 BGB auf 30 Jahre beschränkt. Es wird bestritten, daß es nach geltendem Recht zulässig sei, außer der gemeinwohlkonformen Allzweckstiftung andere Stiftungen zu errichten.[3] Die Zulässigkeit einer gemeinnützigen Stiftung steht außerhalb jeder Diskussion.

3 Um die unabhängige und dauerhafte Verwirklichung des Stifterwillens zu gewährleisten, wird die Stiftungstätigkeit durch die staatliche **Stiftungsaufsicht** begleitet, die auf Einhaltung der vom Stifter gesetzten und vom Staat genehmigten Satzungsbestimmungen achtet.

---

[1] BVerfG, Beschluß v. 11. 10. 1977 – 2 BvR 209/76, BVerfGE, 73, 85.

[2] *Seifart-v. Campenhausen* § 1 Rz. 19.

[3] *Rawert* ZEV 1999, 294; dazu *Schiffer* ZEV 1999, 424.

Die Ausstattung der Stiftung mit dem **Stiftungsvermögen** ist unabdingbare Voraussetzung einer Stiftungserrichtung. Das Vermögen muß ausreichend sein, um den Zweck der Stiftung nachhaltig aus dessen Erträgen verwirklichen zu können. Der Erhalt des Stiftungsvermögens bildet damit eine der wesentlichen Voraussetzungen dafür, daß die Stiftung dauerhaft den ihr vom Stifter mitgegebenen Zweck erfüllen kann. Der Erhalt des Stiftungsvermögens bestimmt deswegen die Tätigkeit der Organe der Stiftung ebenso, wie die Entscheidungen über die Verwendung der aus dem Stiftungsvermögen erwirtschafteten **Erträge** für den Stiftungszweck. 4

2. Erscheinungsformen

Stiftungen gehören meist zu den in den §§ 80 ff. BGB geregelten **privatrechtlichen Stiftungen**, die auch als **Stiftungen des bürgerlichen Rechts** bezeichnet werden. Davon zu unterscheiden ist die **öffentlich-rechtliche Stiftung**, die in das System der staatlichen Verwaltung eingegliedert ist und öffentliche Aufgaben erfüllt. Die Entstehung oder Anerkennung einer öffentlich-rechtlichen Stiftung erfolgt durch staatlichen Hoheitsakt. Im folgenden werden nur die privatrechtlichen Stiftungen abgehandelt. Die Stiftungen des öffentlichen Rechts bedürfen in aller Regel des Status der Gemeinnützigkeit nicht, da sie gem. § 1 Abs. 1 Nr. 6 KStG als juristische Personen des öffentlichen Rechts ohnehin nur dann der Körperschaftsteuer und den anderen Steuern unterliegen, soweit sie einen **Betrieb gewerblicher Art** unterhalten. Im Einzelfall kann auch ein Betrieb gewerblicher Art den Gemeinnützigkeitsstatus anstreben.[4] Die Unterscheidung zwischen der privatrechtlichen und der öffentlich-rechtlichen Stiftung darf nicht mit der Unterscheidung zwischen der privaten und öffentlichen Stiftung verwechselt werden. So ist z. B. im Bayerischen Stiftungsrecht die öffentliche Stiftung als eine rechtsfähige Stiftung des bürgerlichen Rechts definiert, die nicht ausschließlich private Zwecke verfolgt. Als öffentliche Zwecke gelten dabei die gemeinnützigen Zwecke. Die öffentliche Stiftung ist also der durch das Gemeinnützigkeitsrecht steuerlich privilegierten Stiftung ähnlich, muß aber im Unterschied zu den gemeinnützigen Stiftungen nicht ausschließlich steuerbegünstigte Zwecke verfolgen.[5] 5

Als eigene Gruppe von Stiftungen werden die **kirchlichen Stiftungen** bezeichnet. Kirchliche Stiftungen können privatrechtlichen oder öffentlich-rechtlichen Charakter haben. Sie können als selbständige rechtsfähige Stiftungen ausgestaltet sein. Oft findet man aber auch unselbständige Stiftungen. Charakteristisches Merkmal der kirchlichen Stiftungen ist, daß sie zum Ordnungsbereich einer Kirche gehören und mit dieser organisatorisch zusammenhängen. Kirchliche Stiftungen finden sich insb. im Bereich der karitativen Tätigkeit von Kirchen, wie dem Krankenhauswesen. Die wichtigste Besonderheit der kirchlichen Stiftungen 6

---

[4] Vgl. dazu unten § 5 Rz. 5.

[5] Art. 1 Abs. 3 BayStiftG; *Seifart-v. Campenhausen* § 2 Rz. 3.

liegt darin, daß sie der staatlichen Stiftungsaufsicht entzogen sind und dafür der Aufsicht nach kirchlichem Recht durch die zuständige Kirchenbehörde unterstehen. Soweit kirchliche Stiftungen privatrechtlich organisiert sind, müssen sie die Voraussetzungen des Gemeinnützigkeitsrechts erfüllen, um steuerbefreit zu sein. Kirchliche Stiftungen verwirklichen allerdings oft nicht kirchliche Zwecke iSd. Gemeinnützigkeitsrechts, weil darunter nur Zwecke fallen, die speziell dem kirchlichen Kultus und den darauf bezogenen kirchlichen Aufgaben dienen, sondern gehören zur Gruppe der gemeinnützigen oder mildtätigen Stiftungen.

7 Eine weitere große Gruppe der Stiftungen bilden die **kommunalen Stiftungen**[6]. Diese Stiftungen sind idR privatrechtliche Stiftungen, denen vom Stifter die Erfüllung öffentlicher Aufgaben im Rahmen einer Kommune gestellt wurde, und die, um als kommunale Stiftungen bezeichnet werden zu können, von einer Kommune verwaltet werden müssen. Kommunale Stiftungen können rechtlich selbständig oder unselbständig ausgestaltet sein. Handelt es sich um nichtrechtsfähige Stiftungen, die kommunalen Zwecken dienen, sind die Kommunen nach den StiftG der meisten Länder **verpflichtet**, die ihnen angetragenen Stiftungen zu verwalten.[7] Dem Stifter ist es selbstverständlich unbenommen, bei seiner Stiftung die Erfüllung kommunaler Zwecke festzulegen, sie aber mit einer eigenen Organisation auszustatten, zumal in der Vergangenheit die Kommunen bei der Verwaltung ihrer Stiftungen gelegentlich der Neigung nachgegeben haben sollen, die Stiftungserträge für andere Zwecke, als sie vom Stifter festgelegt wurden, einzusetzen.[8] In größeren Gemeinden und Städten sind zur Verwaltung der Stiftungen idR eigene Ämter eingerichtet, die oft eine Vielzahl selbständiger und unselbständiger Stiftungen betreuen.

8 Auch die privatrechtlichen Stiftungen können **selbständig** oder **unselbständig** organisiert sein. Die unselbständige Stiftung besitzt keine eigene Rechtspersönlichkeit.[9] Sie entsteht, indem der Stifter Vermögensgegenstände auf eine vorhandene Person, z. B. auch eine juristische Person privaten Rechts, mit der Maßgabe überträgt, das Vermögen oder dessen Erträge für bestimmte Zwecke zu verwenden. Steuerrechtlich besteht kein Unterschied, ob eine unselbständige oder selbständige Stiftung gemeinnützige Zwecke verfolgt. In der Stiftungswirklichkeit spielt die unselbständige Stiftung eine erhebliche Rolle, weil die Stiftungsaufsichtsbehörden bei kleineren Vermögen die Errichtung einer rechtsfähigen Stiftung nicht genehmigen.[10] Bei der unselbständigen Stiftung entfallen das stiftungsrechtliche Genehmigungsverfahren und die staatliche Stiftungsaufsicht.

---

[6] *Seifart-v. Campenhausen* §§ 29 ff.

[7] § 19 Abs. 1 NdsStiftG; § 2 Abs. 3 S. 1 NWStiftG; § 39 RhldPfStiftG; § 20 Abs. 1 SaStiftG; § 17 Abs. 1 SHStiftG; Art. 29 Abs. 3 BayStiftG; § 18 Abs. 4 HessStiftG.

[8] *Seifart-v. Campenhausen* § 34 Rz. 2.

[9] Vgl. näher unten Rz. 181 ff.

[10] Vgl. unten Rz. 61.

3. Rechtsquellen

11 Die maßgebenden Rechtsvorschriften für die Stiftung bürgerlichen Rechts finden sich in den §§ 80 ff. des **Bürgerlichen Gesetzbuches** (BGB) mit Verweisen auf das Vereinsrecht. Die öffentlich-rechtlichen Fragen des Stiftungsrechts, insb. die staatliche Genehmigung und die Stiftungsaufsicht, regeln die **Stiftungsgesetze der Länder.** Die Landesregelungen ergänzen insoweit die privatrechtlichen Bestimmungen des BGB. Fast alle Bundesländer haben eigene Stiftungsgesetze erlassen.[11] In Sachsen und Thüringen gilt das noch von der letzten Volkskammer der DDR verabschiedete Gesetz über dic Bildung und Tätigkeit von Stiftungen vom 13. 9. 1990 – DDR-Stiftungsgesetz – fort.[12]

12 Das Stiftungsrecht des jeweiligen Bundeslandes gilt für die rechtsfähigen Stiftungen des bürgerlichen und des öffentlichen Rechts, die ihren Sitz in dem jeweiligen Bundesland haben (§ 80 BGB). In erster Linie ergibt sich der Sitz einer Stiftung aus der Satzung. Wenn kein Satzungssitz bestimmt ist, kommt es auf den Sitz der Verwaltung der Stiftung an. **Rechtssitz** und **Verwaltungssitz** einer Stiftung können auseinanderfallen.[13] Dann geht, wie sich aus § 80 Satz 3 BGB ergibt, die Bestimmung des Rechtssitzes vor. Deswegen ist es möglich, daß sich eine Stiftung durch die Bestimmung ihres Rechtssitzes „ihr" Landesstiftungsrecht aussucht, auch wenn sie an einem anderen Ort verwaltet wird. Teilweise wird jedoch ein rein fiktiver Sitz ohne jeden Bezug zur Stiftungstätigkeit für unzulässig erachtet.[14] Auch für international-privatrechtliche Fragestellungen ist der Ort des Verwaltungssitzes von wesentlicher Bedeutung.[15]

13 Nach § 85 BGB wird die **Verfassung einer Stiftung**, soweit sie nicht auf Bundes- oder Landesgesetz beruht, durch das Stiftungsgeschäft bestimmt. Als Verfassung wird die Gesamtheit aller Rechtsnormen bezeichnet, die die Organisation der selbständigen Stiftung betreffen. Neben den zwingenden und dispositiven Regelungen des Bundes- und Landesrechts handelt es sich vor allem um die Stiftungssatzung.[16] Die Normen der Stiftungsverfassung sind neben den unabänderlichen gesetzlichen Regelungen aus dem gesamten Inhalt des Stiftungsgeschäfts zu entnehmen. Sie müssen nicht in einer Urkunde niedergelegt sein, sondern können sich aus sonstigem Schriftverkehr, den der Stifter

---

[11] BWStiftG v. 4. 10. 77 idF v. 23. 7. 93; BayStiftG idF v. 7. 3. 1966; BlnStiftG idF v. 26. 1. 93; BreStifG idF v. 7. 3. 89; §§ 6–23 AGBGB idF v. 1. 7. 58 für Hamburg; HessStiftG idF v. 31. 1. 78; MVStiftG v. 24. 2. 93; NdsStiftG idF v. 20. 12. 85; NWStiftG idF v. 21. 6. 77; RhldPfStiftG idF v. 8. 4. 91; SaStiftG v. 11. 7. 84; SHStiftG v. 13. 7. 72.

[12] Dazu *Rawert* Beil. 19 BB 1990, 13 ff.

[13] *Staudinger/Rawert* § 80 Rz. 22.

[14] Str., vgl. LG Berlin v. 10. 6. 1998, NZG 1998, 782; *MünchKomm/Reuter* § 80 Rz. 9; *Hennerkes/Schiffer/Fuchs* BB 1995, 209; *Staudinger/Rawert* § 80 Rz. 22; vgl. zur Wahl des Stiftungssitzes unten Rz. 66.

[15] Vgl. dazu *Kiefer* NZG 2000, 352.

[16] Dazu Rz. 56 ff.

im Zusammenhang mit der Stiftungserrichtung mit der Aufsichtsbehörde geführt hat, ergeben.

II. Die Entstehung der Stiftung

1. Notwendige Schritte zur Errichtung einer Stiftung

18 Zur Entstehung einer selbständigen Stiftung privaten Rechts sind nach § 80 BGB ein **Stiftungsgeschäft** und die **Genehmigung des Stiftungsgeschäfts** durch die nach Landesrecht zuständige Behörde erforderlich. Die Errichtung kann entweder von Todes wegen oder durch Stiftungsgeschäft unter Lebenden erfolgen. In jedem Fall ist notwendig, daß das Stiftungsgeschäft den eigentlichen Stiftungsakt, ein Vermögen dauerhaft für einen bestimmten Zweck zu widmen, und Angaben zur Verfassung der Stiftung enthält.

a) Stiftungsgeschäft

19 Das Stiftungsgeschäft[17] hat die Grundordnung der Stiftung zu bestimmen. Diese wird idR als Satzung, in einzelnen Bundesländern auch als Verfassung bezeichnet. Die Satzung ist die Grundordnung der Stiftung. Die Mindestanforderungen an das Stiftungsgeschäft sind zugleich notwendige Satzungsbestandteile. **Zwingend erforderlich** sind Anordnungen über Zweck, Vermögensausstattung und Sitz der Stiftung sowie Regelungen über Namen und Organe. In den einzelnen Bundesländern bestehen zum Teil **umfangreiche Soll-Vorschriften über weitere Satzungsbestimmungen**, die bei der Errichtung der Stiftung beachtet werden müssen. Diese Soll-Vorschriften betreffen beispielsweise Regeln über die Anzahl, Berufung, Amtsdauer und Abberufung der Mitglieder der Stiftungsorgane, den Geschäftsbereich und die Vertretungsmacht der Stiftungsorgane sowie die Einberufung, Beschlußfähigkeit und Beschlußfassung durch die Organe aber auch Regeln über die Beurkundung von Beschlüssen und etwaige Rechte derer, die durch die Stiftung bedacht sind.[18] Die Genehmigungsbehörden achten darauf, daß die Satzungsbestimmungen eindeutig gefaßt sind, damit Streitigkeiten innerhalb der Organe oder zwischen verschiedenen Organen einer Stiftung oder auch zwischen der Aufsichtsbehörde und den Stiftungsorganen nach Möglichkeit vermieden werden können. Deswegen nehmen sie idR im Genehmigungsverfahren auf die Satzungsgestaltung Einfluß.

b) Genehmigungsverfahren

20 Rechtsfähige Stiftungen des privaten Rechts erlangen die Rechtsfähigkeit nach dem Konzessionssystem durch privatrechtsgestaltenden

---

[17] *Staudinger/Rawert* § 80 Rz. 10.

[18] Vgl. z. B. § 4 NWStiftG; § 7 Abs. 3a) MVStiftG; § 5 BbgStiftG; § 4 HessStiftG; § 5 NdsStiftG.; § 5 Abs. 2 RhldPfStiftG; nur wenige Erfordernisse enthalten § 8 Abs. 2 BayStiftG; § 3 Abs. 1 BlnStiftG.

Verwaltungsakt, die Stiftungsgenehmigung.[19] Die Genehmigungsbehörden sind in den meisten Bundesländern die Mittelbehörden, d. h. die zuständigen Bezirksregierungen oder Regierungspräsidenten, teilweise aber auch das Landesministerium.[20] Es ist umstritten, ob der Stifter einen Rechtsanspruch auf die Genehmigung hat oder ob die Genehmigung im freien Ermessen der Stiftungsaufsichtsbehörde steht.[21] Aus verfassungsrechtlichen Gründen wird die Auffassung vertreten, daß bei Vorliegen aller Voraussetzungen für die Errichtung einer Stiftung die landesrechtlichen Genehmigungstatbestände verfassungskonform als **subjektiv öffentliches Recht des Stifters auf Errichtung der Stiftung** auszulegen seien.[22] Außerhalb der gesetzlich normierten Versagungsgründe in den Stiftungsgesetzen der Länder hätten die Behörden deswegen keine Möglichkeit, ein Stiftungsvorhaben, das den Mindestanforderungen an die Errichtung einer selbständigen Stiftung entspricht, zu verhindern. In der Praxis wird die Versagung der Genehmigung einer rechtsfähigen Stiftung von den Aufsichtsbehörden nur darauf gestützt, daß den landesrechtlichen Genehmigungserfordernissen nicht genügt sei. Die Streitfrage spielt für gemeinnützige Stiftungen keine Rolle.[23] Als ein Grund zur Versagung der Genehmigung wird die willkürliche Sitznahme in einem Land genannt, obwohl der Verwaltungssitz in einem anderen Bundesland liegt[24] oder wenn **aufgrund einer zu geringen Vermögensausstattung** die dauernde und nachhaltige Erfüllung des Stiftungszwecks nicht gewährleistet ist.[25] Zulässig ist es allerdings, wenn von vornherein nur eine **zeitlich befristete Stiftung** gewollt ist. Voraussetzung für deren Zulässigkeit ist, daß die Stiftungszwecke nicht nur durch den Verbrauch des Stiftungsvermögens, sondern für einen begrenzten Zeitraum auch aus den Stiftungserträgen erfüllt werden sollen, und die rechtliche Verselbständigung für die begrenzte Zeit der Zweckerfüllung erforderlich er-

---

[19] Es gibt Bestrebungen, das Genehmigungsverfahren durch die notarielle Beurkundung zu ersetzen, vgl. F. D. P., Entwurf eines Gesetzes zur Förderung des Stiftungswesens, BT-Drs. 14/336 v. 29. 1. 1999; dazu *Crezelius/Rawert* ZIP 1999, 337 (340); *Schauhoff* ZEV 1999, 121.

[20] Die Mittelbehörden sind meist zuständig, vgl. Art. 6 BayStiftG; § 3 Abs. 1 BWStiftG; § 3 NdsStiftG; § 4 RhPfStiftG; auch in NW nach der VO zur Übertragung von Befugnissen v. 19. 11. 91; in anderen Ländern ist das Innenministerium § 7 iVm § 3 BbgStiftG; § 2 SaStiftG; § 2 SHStiftG; § 3 MVStiftG, oder Justizministerium § 2 Abs. 1 BlnStiftG zuständig.

[21] Vgl. § 10 Abs. 1 S. 2 HessStiftG und BVerwG v. 22. 9. 72, DVBl. 1973, 795; *Staudinger/Rawert* § 80 Rz. 28 f.

[22] *Flume* Juristische Person § 4 V, S. 136; *Staudinger/Rawert* Vorbem. zu §§ 80 ff. Rz. 48; *MünchKomm/Reuter* Vorbem. 8 zu § 80; *Seifart-v. Campenhausen/Hof* § 4 Rz. 6 ff.; a. A. *Pohley* Art. 4 BayStiftG Anm. 4; *Sachs* in: FS Leisner, 955 ff.; offen gelassen von BayVGH v. 21. 11. 66.

[23] Vgl. § 9 VO zum BayStiftG.

[24] *Stengel* § 3 HessStiftG Rz. 4.3.

[25] Vgl. Art. 5 BayStiftG; § 4 Abs. 1 Buchst. b) NWStiftG; Zur Höhe der notwendigen Vermögensausstattung unter Rz. 61.

scheint.[26] Hauptdiskussionspunkt im Genehmigungsverfahren ist regelmäßig neben der Höhe der Vermögensausstattung die Formulierung einzelner Satzungsbestimmungen, wobei die Genehmigungsbehörde aber nur unklare oder fehlende Regelungen, die die Stiftungssatzung nach dem Stiftungsrecht enthalten soll, rügen darf. Soweit eine Satzungsbestimmung entbehrlich ist, weil eine gesetzliche Regelung besteht, kann ihr Fehlen auch nicht beanstandet werden. Unzulässig wäre es, wenn die Genehmigungsbehörde versuchen würde, ihre Vorstellungen von der Organisation einer Stiftung unter Hinweis darauf, daß die Genehmigung in ihrem Ermessen stünde, durchzusetzen. Beispielsweise ist es dem Stifter möglich zu entscheiden, was er als angemessene Vergütung hauptberuflich tätiger Organmitglieder ansieht und wie er den Begriff der sparsamen Stiftungsverwaltung ausfüllt.[27] Auch muß es die Genehmigungsbehörde ausschließlich dem Stifter überlassen, ob und in welchem Umfang die von ihm errichtete Stiftung öffentlichen Interessen dienen soll.

21 Allerdings genehmigt die Stiftungsaufsichtsbehörde die Errichtung einer gemeinnützigen Stiftung nur, wenn die zuständige **Finanzbehörde bescheinigt** hat, daß **die Stiftungssatzung** den **Gemeinnützigkeitserfordernissen entspricht**[28]. Dabei prüft die Finanzbehörde insb., ob die Stiftungszwecke im Einklang mit den Gemeinnützigkeitsvorschriften festgelegt sind, eine steuerlich ausreichende satzungsmäßige Vermögensbindung besteht und ob sichergestellt ist, daß keine Person durch unverhältnismäßig hohe Vergütungen begünstigt werden wird. Die Finanzverwaltung hat eine Mustersatzung herausgegeben, in der die gemeinnützigkeitsrechtlich notwendigen Bestimmungen enthalten sind.[29] Eine Verpflichtung, die Formulierungen der Finanzverwaltung zu übernehmen, gibt es allerdings nicht.[30]

22 Die **Stiftungsgenehmigung wird wirksam**, wenn sie dem Antragsteller bekannt gegeben wird. Betroffen von der Stiftungsgenehmigung sind alle Personen, deren Rechtsstellung von der Stiftungsgenehmigung berührt wird, z. B. der Stifter, seine Erben oder sein Testamentsvollstrecker.[31] Der Stiftungsvorstand ist nicht Adressat der Genehmigungserklärung, sein Wirken beginnt erst mit Genehmigung der Stiftung.[32]

---

[26] *Staudinger/Rawert* Vorbem. zu §§ 80 ff. Rz. 8; *Seifart-v. Campenhausen/Hof* § 8 Rz. 54; *MünchKomm/Reuter* Vorbem. 12 zu § 80.

[27] *Büermann* in: IDW S. 40: BVerwG VII C 27.71 v. 22. 9. 1972, BVerwGE 40, 347 (350).

[28] Für die Prüfung ist meist die jeweilige OFD zuständig, mitunter auch die Finanzministerien; Vorabauskünfte zur Genehmigungsfähigkeit dürfen die FÄ nicht erteilen, vgl. OFD Münster v. 13. 2. 1996 – S 0170 – 5 – St 13 – 34, DB 1996, 504.

[29] Anlage 2 zu § 60 AEAO; s. § 5 Rz. 109 f.

[30] BFH I B 21/96 v. 30. 4. 1997, BFH/NV 1997, 732; Ziff. 2 zu § 60 AEAO.

[31] OVG Münster NJW 1959, 1700 hält nur die Bekanntgabe an den Stifter für erforderlich; *Seifart-v. Campenhausen/Hof* § 7 Rz. 244 fordert alternativ die Bekanntgabe an den Stiftungsvorstand oder den Stifter. Nach Landesrecht ist teilweise darüber hinaus eine Bekanntmachung in öffentlichen Anzeigen vorgeschrieben.

[32] a. A. *Staudinger/Rawert* § 80 Rz. 36.

c) Bestellung des Vorstands

Im Stiftungsgeschäft selbst müssen nur abstrakte Bestimmungen über den Vorstand der Stiftung enthalten sein, wobei die Ernennung konkreter Organpersonen selbst nicht erforderlich ist.[33] Wenn die Stiftung sodann durch die Genehmigung der Aufsichtsbehörde wirksam entstanden ist, sind von den in der Satzung vorgesehenen Personen die Organpersonen zu benennen. Die Stiftungsaufsichtsbehörde wird dazu auffordern, sobald die Stiftung genehmigt ist. Wirksam wird die Bestellung der Organpersonen frühestens mit deren **Erklärung gegenüber den benennungsberechtigten Personen**, dieses Amt anzunehmen. Die Anzeige der Organpersonen bei der Aufsichtsbehörde, die in den StiftG der Länder vorgeschrieben wird, ist nur deklaratorisch.[34] 23

d) Stiftungsvermögen

Der Stifter muß im Stiftungsgeschäft die Mittel angeben, durch welche der Stiftungszweck erreicht werden soll. Bei der Stiftung von Todes wegen muß das Stiftungsgeschäft selbst die Zuwendung des Stiftungsvermögens enthalten, insb. aufgrund einer Erbschaft oder eines Vermächtnisses. Beim Stiftungsgeschäft unter Lebenden genügt es, wenn der Stifter den Weg beschreibt, auf welchem die Stiftung die zur Durchführung ihrer Zwecke erforderlichen Mittel erlangt, sofern nachgewiesen werden kann, daß zum Zeitpunkt der Genehmigung die sichere Aussicht besteht, daß die Stiftung die benötigten Mittel in absehbarer Zeit erhält.[35] Die Aufsichtsbehörden verlangen teilweise vor Genehmigung der Stiftungserrichtung, daß das Stiftungsvermögen zu diesem Zweck bereits hinterlegt ist. 24

Nach der Art ihrer Vermögensausstattung lassen sich zwei Grundtypen der Stiftung unterscheiden: die sog. **Kapital- oder Hauptgeldstiftung**, die ihren Zweck mit Hilfe der aus dem Grundstockvermögen erwirtschafteten Erträge finanziert, und die **Anstaltsstiftung**, die dies unmittelbar durch den Einsatz ihres Stiftungsvermögens, z. B. eines Krankenhauses oder eines Kunstbesitzes, erreicht.[36] IdR handelt es sich bei den Stiftungen um Mischformen. **Anstaltsstiftungen ohne Ertragsmöglichkeiten** sind in aller Regel nicht genehmigungsfähig. Andererseits ist es aber ausreichend, wenn nachgewiesen werden kann, daß die Stiftung **in Zukunft ein laufendes Einkommen** erzielen wird, welches die Verwirklichung der Stiftungszwecke gewährleisten kann. **Sammelstiftungen**, die ihre Tätigkeit mit einem niedrigen Grundstockvermögen aufnehmen sollen, um alsdann Zustiftungen zu werben, sind nur genehmigungsfähig, wenn bereits das Anfangsvermögen eine dauerhafte Zweckverfolgung gewährleistet. Gleiches gilt für sog. **Vorratsstiftungen**, die vom Stifter zu Lebzeiten mit nur einem geringen 25

---

[33] *RGRK/Steffen* § 80 Rz. 2.

[34] Vgl. Art. 20 Abs. 2 BayStiftG.

[35] So bereits *Stinzing* AcP 88 [1898], 400 f.

[36] *Staudinger/Rawert* Vorbem. zu § 80 Rz. 21.

Vermögen ausgestattet werden und denen ihre endgültige Dotation erst mit dem Tode des Stifters zufallen soll. Dies gilt allerdings nicht, soweit das Anfangsvermögen der Stiftung bereits ausreichend ist, um eine Verwirklichung des Stiftungszwecks zu gewährleisten. Denkbar ist es auch, eine Stiftung zu errichten, die sich aus laufenden Zuwendungen Dritter speisen soll (**sog. Einkommensstiftung**). Sie ist nur genehmigungsfähig, wenn auf diese Zuwendungen tatsächlich ein durchsetzbarer Anspruch besteht. Deswegen ist insb. die unter Haushaltsvorbehalt gestellte Errichtung von Stiftungen des privaten Rechts durch Körperschaften der öffentlichen Hand unter dem Gesichtspunkt der Stiftungsautonomie problematisch.[37] Eine **Mindestkapitalausstattung** ist dem Stiftungsrecht nicht bekannt. In der Praxis der Stiftungsaufsichtsbehörden haben sich dennoch Regularien herausgebildet, wonach die Errichtung einer Stiftung erst ab einer bestimmten Höhe des Grundstockvermögens genehmigt wird.[38]

e) Steuerliche Privilegierung der Vermögensübertragung beim Stifter

26 Sofern der Stifter bei einer Errichtung der Stiftung zu seinen Lebzeiten Stiftungskapital bereitstellt, welches für immer gemeinnützigen Zwecken gewidmet bleibt, weil es der Vermögensbindung nach § 61 AO unterliegt,[39] kann er das zugewendete Stiftungskapital als **Spende** im Rahmen der steuerlichen Höchstbeträge und bei Beachtung des Spendenabzugsverfahrens geltend machen.[40] Dies erforderte nach dem bis zum 31. 12. 1999 geltenden Recht, daß das Stiftungskapital bei den sog. **Durchlaufspenden** über eine juristische Person des öffentlichen Rechts geleitet wurde, wobei die Finanzverwaltung aus Billigkeitsgründen bei der Übertragung von Grundstücken und Gesellschaftsbeteiligungen auf die Einhaltung des Verfahrens verzichtet hat.[41]

Seit dem 1. 1. 2000 sind die meisten gemeinnützigen Körperschaften selbst zur Ausstellung von **Zuwendungsbestätigungen** berechtigt. Darüber hinaus hat der Gesetzgeber mit dem Gesetz zur weiteren steuerlichen Förderung von Stiftungen in § 10 b EStG weitere erhebliche steuerliche Spendenabzugsmöglichkeiten mit Wirkung ab dem 1. 1. 2000 eingeführt. Zum einen können Zuwendungen an rechtsfähige und nicht rechtsfähige Stiftungen des privaten sowie des öffentlichen Rechts generell bis zur Höhe von **DM 40 000** jährlich über die Begrenzung aufgrund der Spendenhöchstbeträge hinaus **als Sonderausgaben** abgezogen werden, es sei denn, die gemeinnützige Stiftung würde sog. Freizeitzwecke i.S.d. § 52 Abs. 2 Nr. 4 AO fördern.[43] Diese

---

[37] Dazu ausführlich *Dewald* Die privatrechtliche Stiftung als Instrument zur Wahrnehmung öffentlicher Zwecke (1990), S. 72 ff.; *MünchKomm/Reuter* Vor § 80 Rz. 31.

[38] Dazu unten Rz. 61.

[39] Näher § 5 Rz. 102–107.

[40] BFH v. 5. 2. 1992, BStBl. II 1992, 748; vgl. dazu ausführlich § 6 Rz. 20 ff.

[41] Erlaß FinMin Brandenburg v. 18. 7. 1997, 35 – S – 2223, FR 1997, 742.

[43] S. dazu § 5 Rz. 72.

Sonderregel gilt nicht nur für die Zuwendung bei Errichtung einer Stiftung, sondern bei jeder Spende an eine Stiftung. Soweit die Einzelzuwendung DM 50 000 überschreitet und zu wissenschaftlichen, mildtätigen oder kulturellen Zwecken erfolgt, besteht zudem die Möglichkeit des Spendenvor- und -rücktrages und es erhöht sich der Spendenabzugsrahmen um DM 40 000. Der Spendenrücktrag nach 1999 wird allerdings insoweit wohl nicht möglich sein. Das Einkommen kann allenfalls auf DM 0 gestellt werden. Unklar ist, wie diese Vorzugsbehandlung der Stiftungen gegenüber anderen gemeinnützigen Körperschaften verfassungsrechtlich gerechtfertigt werden soll.[44] Zum anderen sieht der neu eingeführte § 10b Abs. 1a EStG vor, daß die Zuwendung des Stiftungsvermögens anläßlich der Neugründung einer rechtsfähigen oder nicht rechtsfähigen Stiftung des privaten oder öffentlichen Rechts, die innerhalb eines Jahres nach Genehmigung der Stiftung erfolgen muß, im Jahr der Zuwendung und in den folgenden neun Veranlagungsjahren auf Antrag des Stifters bis zur Höhe von insgesamt **DM 600 000 als Sonderausgabe** abgezogen werden kann. Innerhalb eines Zehnjahreszeitraumes können die DM 600 000 insgesamt von jedem Steuerpflichtigen nur einmal in Anspruch genommen werden. Der Antrag soll für jeden Veranlagungszeitraum gesondert gestellt werden können, um den Steuervorteil durch Ausnutzung des Progressionsvorteils zu optimieren. Diese beiden neuen Spendenabzugsmöglichkeiten gelten auch im Gewerbesteuerrecht,[45] während für Körperschaften, insbesondere für stiftende Kapitalgesellschaften, allein die Abzugsmöglichkeit von DM 40 000 besteht.[46] Der steuerliche Anreiz für Stifter ist damit zwar erheblich verbessert worden, gleichzeitig ist aber die gesetzliche Regelung noch unübersichtlicher geworden.

Errichtet **beispielsweise** ein Steuerpflichtiger mit einem Gesamtbetrag der Einkünfte von DM 200 000 und Sonderausgaben vor Spenden von DM 10 000 eine Stiftung zur Förderung der Aus- und Weiterbildung mit einem Stiftungskapital von DM 1 Mio., so kann er als Spende geltend machen:

1. Spendenabzug von 5. v. H. des Gesamtbetrages der Einkünfte im Jahr der Zuwendung: DM 10 000
2. Zusätzlicher Abzug von DM 40 000 und
3. Sonderausgabenabzug von weiteren DM 140 000 im Jahr der Zuwendung. Der Sonderausgabenabzug kann insgesamt stets nur in Höhe des steuerbaren Einkommens geltend gemacht werden. Damit sind bei einem Einkommen von DM 200 000 Sonderausgaben von insgesamt DM 200 000 anzusetzen.

---

[44] Vgl. dazu *Hüttemann* NRW 2000, 638, *Schauhoff* Stiftung und Sponsoring 2000, S. 19 ff.; s. § 6 Rz. 23, 25.

[45] S. § 9 Nr. 5 S. 3 ff. GewStG.

[46] S. § 9 Abs. 1 Nr. 2 S. 3 ff. KStG.

Mithin zahlt der Stifter im Jahr der Stiftungserrichtung keine Steuern. Allerdings kann er von dem gestifteten Kapital von DM 1 Mio. im Jahr der Errichtung auch nur DM 190 000 steuerlich geltend machen. Unterstellt, in den Jahren 2–5 nach der Zuwendung erzielt er noch ein Einkommen von jährlich DM 100 000 bei einem sonstigen Sonderausgabenabzug von DM 10 000, danach kein steuerpflichtiges Einkommen mehr, weil er sich im Ruhestand befindet, so kann er in den folgenden Jahren noch Steuern auf jährlich jeweils DM 90 000, insgesamt also auf DM 360 000, sparen. Insgesamt wurde die Stiftungserrichtung dann mit Steuern auf DM 550 000, dies sind bei einem unterstellten Steuersatz von 30 v. H. DM 165 000 Steuerersparnis, steuerlich gefördert. Dem Stiftungskapital von DM 1 Mio. ist die Steuerförderung von DM 165 000 gegenüberzustellen.

Steuerlich vorteilhafter ist es, wenn die sog. **Großspendenregelung**, die auch für stiftende Körperschaften gilt, in Anspruch genommen werden kann. Wird eine Stiftung errichtet, die wissenschaftliche,[47] mildtätige[48] oder kulturelle Zwecke[49] fördert, so erhöht sich der Spendenabzugsrahmen auf 10 v. H. des Gesamtbetrages der Einkünfte oder 2 v. T. der Summe der gesamten Umsätze und der im Kalenderjahr aufgewendeten Löhne und Gehälter.[50] Zudem kann die im Jahr der Zuwendung aufgrund des Überschreitens der Höchstsätze nicht berücksichtigte Spende von über DM 50 000, im vorangegangenen Veranlagungsjahr und in den folgenden fünf Veranlagungsjahren im Rahmen dieses Spendenabzugsrahmens, welcher für den jeweiligen Veranlagungszeitraum in Abhängigkeit von den vorgenannten Kenndaten gesondert ermittelt wird, abgezogen werden. Hinzu kommen, je nach Einzelfall, die weiteren Spendenabzugsmöglichkeiten über DM 40 000 und DM 600 000. Im **Beispielsfall** wird unterstellt, daß der Stifter im Jahr vor der Zuwendung ebenfalls DM 200 000 verdiente und in den Jahren 2–8 jeweils DM 100 000. Der Spendenabzug errechnet sich dann für die Stiftung von DM 1 Mio., wenn Wissenschaft, Mildtätigkeit oder kulturelle Zwecke gefördert werden:

– Spendenrücktrag in das Jahr vor der Zuwendung:		
DM 200 000 x 10 v. H.	DM	20 000
Sonderzuwendung Stiftungen:	DM	40 000
– Jahr der Zuwendung:		
DM 200 000 x 10 v. H.	DM	20 000
Sonderzuwendung Stiftungen:	DM	40 000
Sonderausgabenabzug:	DM	130 000

[47] § 5 Rz. 52, 53.
[48] § 5 Rz. 81–86.
[49] § 5 Rz. 56, 57.
[50] Siehe zur Höchstbetragsregelung § 6 Rz. 46.

– Jahr 2–6 jeweils:		
DM 100 000 x 10 v. H.	DM	10 000
Sonderzuwendung Stiftungen:	DM	40 000
Sonderausgabenabzug:	DM	40 000
– Jahr 7 und 8 jeweils:		
Sonderausgabenabzug:	DM	90 000

Mit dem Sonderausgabenabzug von DM 130 000 + 5 x DM 40 000 + 2 x DM 90 000 = DM 510 000 ist der Höchstbetrag von DM 600 000 noch nicht ausgeschöpft. Insgesamt errechnen sich damit als steuerlich wirksam:

– Spendenrücktrag:	DM	20 000
	DM	40 000
– Jahr der Zuwendung:	DM	190 000
– Jahr 2–6 jeweils:		
DM 90 000 x 5	DM	450 000
– Jahr 7 und 8 jeweils:		
DM 90 000 x 2	DM	180 000
		880 000

Von dem Sonderausgabenhöchstbetrag von DM 600 000 sind somit bis zum Jahr 8 erst DM 510 000 verbraucht. Erzielt der Stifter in den Jahren 9 und 10 weiteres Einkommen von DM 90 000, kann der Sonderausgabenabzug von DM 600 000 ausgeschöpft werden. Dies reicht aber nicht, um das gestiftete Kapital von DM 1 Mio. steuerlich vollständig zu verwerten, denn steuerlich wirksam werden dann nur DM 970 000. Um das Stiftungskapital von DM 1 Mio., verteilt über 11 Jahre, vollständig steuerlich geltend zu machen, könnte erwogen werden, das Stiftungskapital verteilt über einen längeren Zeitraum zuzuwenden, um eine Verlängerung des Vortragszeitraumes zu erreichen. Würden beispielsweise die letzten DM 40 000 des Stiftungskapitals erst im Jahr 9 zugewandt, so würden diese den Spendenabzugsrahmen erweitern. Es ergäbe sich:

– Spendenrücktrag	DM	60 000
– Jahr der Zuwendung:	DM	190 000
– Jahre 2–6: 5 x DM 90 000	DM	450 000
– Jahre 7–8: 2 x DM 90 000	DM	180 000
– Jahre 9–10:	DM	120 000
	DM	1 000 000

Es bedarf stets einer genauen Prüfung des Einzelfalles und prophetischer Gaben, um zu verhindern, daß aufgrund einer der zahlreichen spendenrechtlichen Beschränkungen steuerliche Nachteile entstehen.

Wird der **gestiftete Gegenstand**, beispielsweise ein Grundstück, **aus einem Betriebsvermögen** entnommen, so kann die Übertragung unter den Voraussetzungen des § 6 Abs. 1 Nr. 4 S. 4 EStG ohne Aufdekkung stiller Reserven erfolgen.[51] Allerdings kann die Übertragung umsatzsteuerliche Folgen auslösen.[52]

Bei der Errichtung einer **Stiftung von Todes wegen** können weder die mit einem entspr. Vermächtnis oder einer Auflage belasteten Erben[53] eine Spende geltend machen, noch erfolgt die Einkommensteuerveranlagung des verstorbenen Stifters selbst unter Berücksichtigung des auf die gemeinnützige Stiftung von Todes wegen übergegangenen Stiftungskapitals.[54] Nicht entschieden ist die Frage, ob ein Spendenabzug beim Stifter bei einer – durch seinen Tod bedingten – Übertragung von Vermögen auf die Stiftung durch Stiftungsgeschäft unter Lebenden möglich ist.[55]

27 Die Übertragung von Vermögen auf eine gemeinnützige Stiftung ist nach § 13 Abs. 1 Nr. 16 b ErbStG von der **Erbschaftsteuer befreit**. Diese Erbschaftsteuerbefreiung gilt nicht, sofern die Zuwendung zur Veräußerung in einem wirtschaftlichen Geschäftsbetrieb der Stiftung bestimmt ist.[56] Früher war die Finanzverwaltung der Auffassung, auch wenn durch die Zuwendung ein wirtschaftlicher Geschäftsbetrieb bei der gemeinnützigen Stiftung begründet wird, beispielsweise weil Anteile an einer Personengesellschaft oder einer Kapitalgesellschaft, bei der Personalunion in der Geschäftsführung der Stiftung und der Gesellschaft besteht, oder ein kaufmännisches Einzelunternehmen zugewendet wird, entfalle die Erbschaftsteuerfreiheit.[57] Diese Auffassung hat die Finanzverwaltung mittlerweile aufgegeben, so daß auch die Vermögensausstattung mit den vorgenannten Gegenständen erbschaftsteuerfrei erfolgen kann.[58] Allerdings muß der wirtschaftliche Geschäftsbetrieb seine Erträge vollständig den gemeinnützigen Zwecken zuführen. Die **Erbschaftsteuerfreiheit** geht jedoch **rückwirkend verloren**, wenn die Stiftung innerhalb von zehn Jahren nach dem Zeitpunkt der Zuwendung den Status der Gemeinnützigkeit verlieren sollte *und* das Stiftungsvermögen nicht be-

---

[51] § 6 Rz. 23, 25.

[52] Eigenverbrauch, dazu einführend § 11 Rz. 30–37; vgl. aber A 111 Abs. 1 S. 5 EStR; *Kießling/Buchna* S. 246.

[53] BFH v. 22. 9. 1993, BStBl. II 1993, 874.

[54] BFH v. 23. 10. 1996, BStBl. 1997 II, 239; v. 22. 9. 1993, BStBl. 1993 II, 874; s. § 6 Rz. 22.

[55] S. dazu unten Rz. 43.

[56] Abschn. 47 Abs. 2 S. 5, 6 ErbSt 1998; *Thiel* DB 1993, 1494; a. A. *Schauhoff* ZEV 1995, 439.

[57] Vgl. OFD München, Vfg. v. 7. 5. 1993, StEK ErbStG § 13 Nr. 11.

[58] Abschn. 47 Abs. 2 S. 5, 6 ErbStR 1998; ebenso schon *Thiel* DB 1993, 1494; *Schauhoff* ZEV 1995, 439.

günstigten Zwecken zugeführt werden sollte, weil unter Verstoß gegen den Grundsatz der Vermögensbindung das Vermögen für nicht gemeinnützige Zwecke eingesetzt wird.[59] Zudem kann geerbtes oder geschenktes Vermögen nach § 29 Abs. 1 Nr. 4 ErbStG nachträglich erbschaftsteuerfrei gestellt werden, wenn das Vermögen innerhalb von 24 Monaten nach dem Erwerb einer gemeinnützigen Stiftung zugewandt wird, die Zwecke iSd. § 52 Abs. 2 Nr. 1–Nr. 3 fördert.[60]

f) Kosten der Stiftungserrichtung

In den einzelnen Bundesländern werden **Gebühren** erhoben für die Genehmigung der Stiftungserrichtung. In vielen Bundesländern ist die Genehmigung gemeinnütziger Stiftungen gebührenfrei. In anderen Bundesländern beläuft sich die Gebühr auf einen verhältnismäßig geringen Betrag, beispielsweise zwischen DM 200 bis DM 1000.[61] Notargebühren für die Errichtung einer Stiftung fallen nicht an, da die Stiftungserrichtung in privatschriftlicher Form vorgenommen werden kann, auch wenn sich der Stifter im Stiftungsgeschäft zur Übertragung von Grundbesitz verpflichtet.[62] 28

2. Errichtung einer Stiftung von Todes wegen

a) Verfügung von Todes wegen

Nach § 83 BGB kann das Stiftungsgeschäft in einer Verfügung von Todes wegen enthalten sein. Die Stiftung kann als Erbin, Miterbin, Vorerbin, Nacherbin oder Ersatzerbin testamentarisch eingesetzt sein. Ferner ist es auch zulässig, wenn die Stiftungserrichtung vom Erblasser in der Form eines Vermächtnisses oder einer Auflage vorgeschrieben wird. Wirksam ist diese Form der Stiftungserrichtung nur, wenn die erbrechtlichen Formvorschriften beachtet werden. Durch Schenkung von Todes wegen kann eine Stiftung nicht errichtet werden, da das Stiftungsgeschäft unter Rücksicht auf den Bestand der Stiftung als juristische Person bedingungsfeindlich ist.[63] In diesem Fall muß geprüft werden, ob die Schenkung von Todes wegen in ein Vermächtnis nach §§ 140, 2084 BGB umgedeutet werden kann. Ein Stiftungsgeschäft von Todes wegen kann auch mittels eines Erbvertrages abgeschlossen werden. In einem von BGH entschiedenen Fall hatten Eheleute, die beide als Stifter fungierten, sich erbvertraglich gebunden, eine Stiftung nach dem Tod des Erstversterbenden zu errichten.[64] Allerdings teilt bei 31

---

[59] Zum Grundsatz der Vermögensbindung § 5 Rz. 102–107.

[60] Bislang greift diese Sonderbestimmung nur, wenn die Stiftung wissenschaftlichen oder kulturellen Zwecken dient. In dem Gesetz zur weiteren steuerlichen Förderung von Stiftungen, BT-Drs. 14/2340, ist die Erweiterung im beschriebenen Sinne eingeführt worden; *v. Oertzen* ZEV 1999, 422.

[61] Vgl. NdsAllGO, Nds.GVBl. S. 322.

[62] OLG SH v. 1. 8. 95, DNotZ 1996, 770 m. Anm. *Wochner*; dazu näher unten Rz. 41.

[63] *Seifart-v. Campenhausen/Hof* § 7 Rz. 90.

[64] BGH Urt. v. 9. 2. 78, BGHZ 70, 313.

solcher Gestaltung das Stiftungsgeschäft das rechtliche Schicksal des Vertrages und erlischt mit dessen Aufhebung oder beim Rücktritt eines der Partner vom Erbvertrag. Ist das Stiftungsgeschäft als Vermächtnis ausgestaltet, so besteht die Vermögensausstattung der Stiftung aus den vermachten Gegenständen. Dieser Anspruch richtet sich gegen den mit dem Vermächtnis Beschwerten. Aufgrund der Fiktion des § 84 BGB entsteht der Anspruch auf das Stiftungsvermögen bereits mit dem Tod des Stifters, obwohl die Stiftung erst zu einem späteren Zeitpunkt genehmigt wird.

32 Die Errichtung der Stiftung von Todes wegen ist nur **wirksam**, wenn die Verfügung den wesentlichen Inhalt eines Stiftungsgeschäfts, insb. Festlegung des Vermögens, des Zwecks und der Grundlinien der Stiftungsorganisation enthält.[65]

33 Das Stiftungsgeschäft von Todes wegen kann auch in einer **Auflage** an den Erben oder Vermächtnisnehmer bestehen.[66] Allerdings muß die Auflage dem Beschwerten die Vollziehung eines vom Stifter selbst stammenden und inhaltlich vollständigen Stiftungsgeschäfts abverlangen. Fehlt es daran, kann die Auflage nur durch Errichtung einer Stiftung des Beschwerten unter Lebenden vollzogen werden. Der Erblasser ist dann nur mittelbarer Stifter. § 83 BGB gilt nicht.

34 Der Stifter kann auch Testamentsvollstreckung anordnen und den **Testamentsvollstrecker** dazu verpflichten, der Stiftung eine Satzung zu geben bzw. eine von ihm selbst der Stiftung bereits gegebene Satzung den Anordnungen der Genehmigungsbehörde entsprechend anzupassen. Ein fehlender Stiftungszweck sowie mangelnde Angaben zur Vermögensausstattung der Stiftung können vom Testamentsvollstrecker jedoch nicht geheilt werden. Beide Festsetzungen sind persönlicher Ausdruck des Stifterwillens und können nur vom Stifter selbst bestimmt werden. Die Genehmigungsbehörde kann die Abberufung des Testamentsvollstreckers erwirken, wenn dieser seine Befugnisse im Rahmen der Stiftungserrichtung mißbraucht.[67] Sofern der Stifter nichts anderes bestimmt hat, enden die Befugnisse des Testamentsvollstreckers mit der Genehmigung der Stiftung. Zu Satzungsänderungen nach erfolgter Genehmigung ermächtigen sie idR nicht.[68] Die Rechte der Stiftung gegenüber dem Nachlaß werden ab Genehmigung von ihrem Vorstand und nicht mehr vom Testamentsvollstrecker wahrgenommen. Personalunion zwischen Vorstand und Testamentsvollstrecker ist aber zulässig.[69]

---

[65] BayObLG, ZEV 1998, 387; *von Oertzen* Rote Seiten 1/1999 Stiftung & Sponsoring.

[66] Dazu BayObLG Beschl. v. 27. 11. 90, FamRZ 1991, 612; *Staudinger/Rawert* § 83 BGH Urt. v. 9. 2. 78 Rz. 7; *MünchKomm/Reuter* § 83 Rz. 4; *Seifart-v. Campenhausen/Hof* § 7 Rz. 87; *von Oertzen* a.a.O.

[67] Vgl. LG Wuppertal, Beschl. v. 20. 9. 90, StiftRSpr. IV, S. 133; Vorinstanz S. 121.

[68] BGH, BGHZ 41, 23.

[69] *Seifart-v. Campenhausen/Hof* § 7 Rz. 101.

b) Widerruf der Stiftungserrichtung

Die durch Verfügung von Todes wegen errichtete Stiftung kann zu Lebzeiten des Stifters **entsprechend den erbrechtlichen Bestimmungen widerrufen** werden. Bei einer testamentarischen Errichtung ist jederzeit der freie Widerruf möglich (§§ 2253 ff. BGB). Bei wechselbezüglichen Verfügungen oder erbvertraglichen Festlegungen sind die jeweiligen Einschränkungen (§§ 2271, 2272 bzw. §§ 2290 ff. BGB) zu beachten. Den Erben des Stifters steht kein Widerrufsrecht zu, allerdings können sie die Stiftungserrichtung ggf. anfechten (§§ 2078 ff. BGB). § 81 Abs. 2 Satz 1 BGB gilt nicht für das Stiftungsgeschäft von Todes wegen.[70] 35

c) Genehmigungsverfahren

Bei der Stiftung von Todes wegen setzt die **Einleitung des Genehmigungsverfahrens** nicht die Antragstellung durch einen Beteiligten voraus, wie § 83 BGB festlegt. Sofern nicht der Erbe oder Testamentsvollstrecker um Genehmigung der Stiftung nachsucht, hat das Nachlaßgericht die Genehmigung einzuholen. Hat der Erblasser seine Verfügungen zu notariellem Protokoll erklärt, ist durch die von den Justiz- und Innenministern der Länder gleichlautend erlassenen Verfügungen über die Benachrichtigung in Nachlaßsachen sichergestellt, daß das für den letzten Wohnsitz des Erblassers zuständige Amtsgericht von dem Stiftungsgeschäft erfährt und von Amts wegen um die Stiftungsgenehmigung nachsucht.[71] Schon vor der Genehmigung kann für die zukünftige Stiftung ein **Pfleger** bestellt werden, wenn der Nachlaß analog §§ 1912, 1913 BGB einer bestimmten Person zugeordnet werden muß.[72] Will der Stifter bereits zu seinen Lebzeiten erfahren, ob eine von ihm von Todes wegen geplante Stiftung genehmigt werden wird, kann er die Erteilung einer Zusage nach § 38 VwVfG beantragen, durch die sich die Stiftungsaufsichtsbehörde verpflichtet, die geplante Stiftung tatsächlich zu genehmigen.[73] 36

Im Rahmen der Prüfung der Genehmigung einer von Todes wegen errichteten Stiftung kann die Aufsichtsbehörde in bestimmtem Rahmen das Stiftungsgeschäft ersetzen oder ergänzen. Nicht eingreifen kann die Aufsichtsbehörde aber in die Regelung über Zweck, Vermögensausstattung und Sitz der Stiftung sowie über den Namen und die Organe. Lassen sich auch durch Auslegung der Verfügung von Todes wegen diese Mindesterfordernisse im Stiftungsgeschäft nicht ermitteln, ist die Stiftung nicht genehmigungsfähig. 37

---

[70] *Staudinger/Rawert* § 83 BGB Rz. 12; *Soergel/Neuhoff* § 83 Rz. 8; *Erman/Westermann* § 83 Rz. 3.

[71] *Staudinger/Rawert* § 83 Rz. 13.

[72] *MünchKomm/Reuter* § 80 Rz. 11.

[73] *Siegmund-Schultze* NdsStiftG, § 4 Anm. 4 c.

d) Pflichtteilsansprüche

38 Soweit die Stiftungserrichtung dazu führt, daß Vertragserben des Stifters beeinträchtigt oder Pflichtteilsberechtigte übergangen werden, können diese gegen die neu errichtete Stiftung als Rechtsnachfolger des Stifters ihre zivilrechtlichen Ansprüche nach den §§ 2287, 2325, 2329 BGB geltend machen.[74] Sofern derartige zivilrechtliche Ansprüche erwarten lassen, daß die Stiftung den ihr vom Stifter beigelegten Zweck nicht nachhaltig wird erfüllen können, ist die Stiftung nicht genehmigungsfähig.

e) Übergang des Vermögens

39 Nach § 84 BGB gilt eine Stiftung von Todes wegen, die erst nach dem Tode des Stifters genehmigt wird, schon als mit dessen Tode entstanden. Allerdings betrifft § 84 BGB nur die zivilrechtliche Rückwirkung des Vermögensanfalls, nicht aber, daß die Stiftung mit dem Tod unabhängig von der Genehmigung als sog. **Vorstiftung** entstanden wäre.[75] Ein Vermögenszuwachs in der Zeit zwischen dem Todestag des Stifters und der Genehmigung der Stiftung unterliegt der **Erbschaftsteuer** bei dem Verwalter des Vermögens des Stifters.[76] **Ertragsteuerlich** wirkt die Steuerbefreiung wegen der Gemeinnützigkeit zurück, weil das Körperschaftsteuersubjekt „Stiftung" als im Werden begriffene juristische Person bereits mit dem Tod entsteht.[77] Voraussetzung für die Rückwirkung ist selbstverständlich, daß die Stiftung in Übereinstimmung mit den Gemeinnützigkeitsvorschriften verwaltet wird und das verwaltete Vermögen tatsächlich der Stiftung zuzurechnen ist.[78] Für den Schwebezustand zwischen dem Tod des Stifters und der Genehmigung der Stiftung hat die Fiktion des § 84 BGB bei Stiftungen von Todes wegen zur Konsequenz, daß abweichende Verfügungen eines Erbschaftsbesitzers nachträglich unwirksam werden. Die Stiftung kann die Nachlaßgegenstände von demjenigen, der die Rechte oder Vermögensgegenstände von dem Nichtberechtigten erworben hat, herausverlangen oder aber die Verfügung des Nichtberechtigten analog § 184 Abs. 2 BGB nachträglich genehmigen.[79] Ist die Stiftung nur als Vermächtnisnehmer eingesetzt worden, so wird der Erbe aufgrund der Fiktion des § 84 BGB nicht nachträglich zum Nichtberechtigten. Vielmehr haftet der Erbe der Stiftung nach den erbrechtlichen Vorschriften auf die ordnungsgemäße Erfüllung des Vermächtnisses und die Herausgabe des vermachten Gegenstandes sowie der daraus gezogenen Früchte oder des sonst aufgrund des vermachten Rechts Erlangten (§§ 2174, 2184, 2176 BGB).

---

[74] LG Baden-Baden v. 31. 7. 1998, ZEV 1999, 152; *Rawert/Katschinski* ZEV 1996, 161.

[75] *Schmidt* ZEV 1998, 81; a. A. *Schwinge* BB 1978, 527 (528).

[76] BFH II R 20/92 v. 25. 10. 1995, BStBl. II 1996, 99; a. A. *Ebeling* ZEV 1998, 93.

[77] Ausführlich *Orth* ZEV 1997, 327; vgl. § 5 Rz. 2.

[78] BFH II R 20/92 v. 25. 10. 1995, BStBl. VI 1996, 99; FG Köln v. 12. 5. 1999 1 K 1996/97; EFG 1999, 834.

[79] Zum Meinungsstand *Staudinger/Rawert* § 84 Rz. 7.

3. Stiftungsgeschäft unter Lebenden

a) Stiftungsgeschäft unter Lebenden

40 Das Stiftungsgeschäft unter Lebenden kann von einem oder mehreren unbeschränkt geschäftsfähigen Stiftern vorgenommen werden. Das Stiftungsgeschäft ist eine **einseitige, nicht empfangsbedürftige Willenserklärung**, auch wenn es in einer Vertragsurkunde enthalten ist. Das Stiftungsgeschäft ist nicht höchstpersönlicher Natur, weswegen Stellvertretung nach allgemeinen Regeln zulässig ist. Grds. ist das Stiftungsgeschäft bedingungsfeindlich, da im Interesse des Rechtsverkehrs Unsicherheit über den Bestand der Stiftung als juristische Person vermieden werden muß. Es empfiehlt sich, vor der Errichtung einer Stiftung die Genehmigungsfähigkeit des Stiftungsgeschäfts mit der zuständigen Aufsichtsbehörde abzustimmen, um das Genehmigungsverfahren insgesamt zu verkürzen. Auch wenn der Stifter plant, sein wesentliches Vermögen erst nach seinem Tode auf eine rechtsfähige Stiftung zu übertragen, sollte der Stifter erwägen, bereits zu Lebzeiten eine mit geringem Vermögen dotierte Stiftung zu errichten, die er dann durch Verfügung von Todes wegen als Erbe einsetzt oder mit einem Vermächtnis bedenkt.[80] Der Vorteil liegt vor allem darin, daß der Stifter noch selbst die stiftungsrechtliche Genehmigung und die steuerrechtliche Anerkennung erwirken und eventuelle Zweifel hinsichtlich des Stifterwillens authentisch ausräumen und eine Stiftungstradition begründen kann, die aller Erfahrung nach die nachfolgenden Stiftungsorgane in ihrem Wirken beeinflußt.

b) Formbedürftigkeit des Stiftungsgeschäftes

41 § 81 BGB bestimmt, daß das Stiftungsgeschäft unter Lebenden **in privatrechtlicher Form** abgeschlossen werden kann. Grds. genügt die privatschriftliche Form auch dann, wenn zu dem der Stiftung gewidmeten Vermögen Grundstücke gehören.[81] Allerdings ist es erforderlich, das Stiftungsvermögen nach der Genehmigung der Stiftung dinglich auf die Stiftung zu übertragen, da das Grundstückseigentum nicht kraft Gesetzes, sondern immer erst durch gesonderten Übertragungsakt auf die Stiftung übergeht.[82] Deswegen bedarf die nach Genehmigung der Stiftung erforderliche Auflassung der notariellen Beurkundung (§ 925 BGB). Wurde die Stiftungserrichtung nicht notariell beurkundet, fällt dafür eine $^{20}/_{10}$-Gebühr nach § 36 Abs. 2 KostO an.[83] Das OLG Schleswig-Holstein legt § 36 Abs. 2 KostO allerdings einschränkend dahin aus, daß der Notar für die Auflassung nur $^{1}/_{2}$ Gebühr beanspruchen kann.[84] Auch bei der Übertragung von Geschäftsanteilen an einer GmbH

---

80 *Seifart-v. Campenhausen/Hof* § 7 Rz. 82; zu den Grenzen der Genehmigungsfähigkeit einer Vorratsstiftung Rz. 25, 43.

81 Str., vgl. *Staudinger/Rawert* § 81 BGB Rz. 3; OLG Schleswig-Holstein v. 1. 8. 1995, DNotZ 1996, 770; a. A. *Wochner* DNotZ 1996, 773 ff.

82 Vgl. § 82 BGB; BayObLG v. 25. 6. 87, NJW-RR 1987, 1418.

83 *Staudinger/Rawert* § 81 BGB Rz. 3.

84 OLG Schleswig-Holstein v. 1. 8. 1995, DNotZ 1996, 770.

auf die Stiftung muß nicht die Form des § 15 GmbHG beachtet werden, weil auch insoweit § 81 Abs. 1 BGB die speziellere Rechtsvorschrift enthält.[85] Nach § 82 Satz 2 BGB gehen Rechte, für deren Übertragung ein Abtretungsvertrag genügt, beispielsweise Wertpapiere, im Zweifel bereits mit der Genehmigung der Stiftung von Gesetzes wegen über.

c) Der Widerruf des Stiftungsgeschäfts

42 Das Stiftungsgeschäft unter Lebenden kann vom Stifter nach der **Antragstellung** jederzeit aufgrund des § 81 Abs. 2 BGB durch eine entspr. Erklärung gegenüber der für die Genehmigung zuständigen Behörde widerrufen werden. Hat der Stifter zwar ein Stiftungsgeschäft unter Lebenden vorgenommen, ist er aber vor der Genehmigung verstorben, so kann der Erbe des Stifters nach § 81 Abs. 2 Satz 2 BGB das Stiftungsgeschäft nicht mehr widerrufen. Ist das Stiftungsgeschäft von mehreren Stiftern errichtet worden, so kann jeder Stifter für sich widerrufen. Das Schicksal des Stiftungsgeschäfts insgesamt bestimmt sich dann danach, ob anzunehmen ist, daß die übrigen Stifter das Stiftungsgeschäft auch gelten lassen wollen, obwohl ein Stifter widerrufen hat.

d) Stiften zu Lebzeiten und Schenkung von Todes wegen

43 Nicht selten sind sog. Vorratsstiftungen, wobei der Stifter die Stiftung zu seinen Lebzeiten nur mit einem geringeren Vermögen ausstattet, aber beabsichtigt, daß im Falle seines Todes ein größerer Teil des Vermögens auf die Stiftung übergehen soll. Vorratsstiftungen sind unzulässig, sofern das Vermögen so gering sein sollte, daß der Stiftungszweck nicht erfüllt werden kann.[86] Möglich ist es aber, in der Errichtungsurkunde verbindlich festzulegen, daß die Stiftung beim Tode des Stifters weitere Zuwendungen erhält. Wirksam ist eine derartige Zusage nur, wenn die Stiftung bereits zu Lebzeiten des Stifters genehmigt wird, weil bereits zu diesem Zeitpunkt ausreichend Stiftungskapital übertragen wird. Für die Form einer derartigen Zusage gilt § 81 BGB. Eine entspr. Zusage des Stifters bildet kein Schenkungsversprechen von Todes wegen, sondern ist als die **aufschiebend bedingte Zusage der Dotation** des Stiftungsvermögens mit weiterem Kapital auszulegen.

e) Die Stiftung im Errichtungsstadium

44 Zwischen der Vornahme des Stiftungsgeschäfts, in dem der Stifter rechtsverbindlich, d. h. in schriftlicher Form, eine Willenserklärung abgibt, ein bestimmtes Vermögen zu einem bestimmten Zweck widmen zu wollen, und der für die Erlangung der Rechtspersönlichkeit erforderlichen Genehmigung durch die Stiftungsaufsichtsbehörde

---

[85] *Flume* Die juristische Person, 140; *Seifart-v. Campenhausen/Hof* § 7 Rz. 15.
[86] VG Minden, Urt. v. 23. 80. 1989 – 10 K 2164/88, StiftRspr. IV S. 83 ff.

kann ein längerer Zeitraum liegen. In der Literatur wird teilweise die Auffassung vertreten, in dieser Zeit bestehe eine sog. **Vorstiftung**. Diese soll grundbuchfähig sein, Beteiligungen erwerben können und analog den Regeln über die Vorgesellschaft bzw. den Vorverein den Schutz von Rechtsverkehr und Gläubigern gewährleisten.[87] Die Figur einer Vorstiftung ist abzulehnen, weil der Stifter bis zur Genehmigung der Stiftung jederzeit die Existenz der Stiftung widerrufen kann (§ 81 Abs. 2 BGB).[88] Im Rechtsverkehr würde eine zu große Unsicherheit entstehen, wenn die Figur der Vorstiftung zugelassen würde. Die Praxis behilft sich in eilbedürftigen Fällen damit, daß zunächst eine nichtrechtsfähige Stiftung gegründet wird, die keiner Genehmigung durch die Aufsichtsbehörde bedarf, und anschließend das Vermögen der nichtrechtsfähigen Stiftung auf die rechtsfähige Stiftung nach deren Genehmigung übertragen wird. Auf diese Weise kann eine nichtrechtsfähige Stiftung, die ebenso den steuerlichen Status der Gemeinnützigkeit beanspruchen kann, wie die rechtsfähige, vor dem Vorliegen der Genehmigung bereits für die gemeinnützigen Zwecke tätig werden.[89]

f) Einfluß des Stifters auf die Stiftung nach der Genehmigung

Nach der Errichtung der Stiftung sind die Stiftungsorgane ausschließlich an die Bestimmungen der Satzung und die Regelungen im BGB und dem einschlägigen LandesStiftG gebunden. Auf den Willen des Stifters kommt es nur noch in bezug auf die **Auslegung** der Stiftungssatzung an. Der Stiftungsvorstand hat den nach Errichtung gebildeten Willen des Stifters allenfalls zu beachten, sofern sich dieser Wille als mutmaßlicher Wille des Stifters bei der Errichtung der Stiftung aus der Satzung entnehmen läßt.[90] Deswegen muß der Stifter den Stiftungszweck so bestimmt formulieren, daß die Stiftungsorgane einen eindeutigen und abgrenzbaren Auftrag erhalten, dessen Erfüllung sich als Vollzug des ursprünglichen Stifterwillens und nicht als Produkt korporativer Willensbildung darstellt. Möglich ist es, daß der Stifter es sich in der Satzung vorbehält, die Vorstandsmitglieder zu seinen Lebzeiten selbst zu benennen. Sofern er von seinem in der Satzung eingeräumten Recht Gebrauch gemacht hat, d.h. eine bestimmte Person mit dem erforderlichen Rechtsbindungswillen benannt hat, und die betreffende Person das Amt angenommen hat, ist ein späterer Widerruf der Entscheidung nur möglich, wenn auf satzungsrechtlicher Grundlage die Voraussetzungen für eine Abberufung des Organmitglieds vorliegen. Der Stifter kann zu seinen Lebzeiten auch Satzungsänderungen durch die Stiftungsorgane anregen. Die Aufsichtsbehörde hat dann zu prüfen, 45

[87] *Schwinge* BB 1978, 527; *Weimar/Delp* BB 1987, 1709 Anm. 37.

[88] *Staudinger/Rawert* § 80 Rz. 42; *MünchKomm/Reuter* § 80 Rz. 11; vgl. auch *Schmidt* ZEV 1998, 81.

[89] Vgl. zu den steuerrechtlich möglichen Gestaltungen § 5 Rz. 3.

[90] BVerwG, Beschl v. 29. 11. 90, NJW 1991, 713; OVG Bremen, Beschl. v. 9. 8. 90, StiftRspr. IV, 127, 129 f., 131.

inwiefern die geplante Satzungsänderung dem Stifterwillen entspricht.[91] Dabei kommt es allerdings nicht auf den möglicherweise zwischenzeitlich geänderten Willen des Stifters an, sondern auf seinen mutmaßlichen Willen, wie er ihn bei der Stiftungserrichtung gefaßt hatte. Der Stifter kann sich zu seinen Lebzeiten auch das Vetorecht für alle Maßnahmen der Stiftungsorgane vorbehalten. Einflußrechte Dritter sind grds. zulässig, sofern in der Stiftungsverfassung dafür eine eindeutige Rechtsgrundlage vorhanden ist.[92] Ohne eine satzungsmäßige Grundlage hat der Stifter – oder auch seine Erben – keinen Einfluß auf die Stiftung.

g) Pflichtteilsergänzungsansprüche

46 Die Errichtung einer Stiftung unter Lebenden stellt eine freigebige Zuwendung durch den Stifter dar, die geeignet ist, **Pflichtteilsrechte zu beeinträchtigen**. Aufgrund des § 2325 BGB können pflichtteilsberechtigte Kinder oder Ehegatten des Stifters einen Pflichtteilsergänzungsanspruch gegen die Stiftung richten. Die Zehn-Jahresfrist des § 2325 Abs. 3 BGB beginnt frühestens mit der Bekanntgabe der Genehmigung. Sofern für den Vermögensübergang auf die Stiftung noch die Eigentumsübertragung erforderlich ist, kommt es auf das dingliche Rechtsgeschäft an.[93]

h) Übertragung des Stiftungsvermögens und Schenkungsrecht

47 Überträgt der Stifter zu seinen Lebzeiten sein Vermögen auf die Stiftung, so kann sich ihm die Frage stellen, ob er bei seiner Verarmung nach § 528 BGB das übertragene Vermögen zurückfordern oder sich aus anderen Gründen den Widerruf des Stiftungsgeschäfts vorbehalten kann. Nach mittlerweile überwiegender Ansicht bildet die Zuwendung des Vermögens an die Stiftung Geschäftsgrundlage ihrer Genehmigung. Die **schenkungsrechtlichen Vorschriften** der §§ 528 ff. BGB werden deswegen **nicht analog** auf das Stiftungsgeschäft **angewandt**.[94] Will sich der Stifter vor dem Risiko seiner eigenen Verarmung schützen, so müssen in der Stiftungssatzung Anordnungen über die Auflösung der Stiftung für diese Fälle getroffen werden. Die Auflösung der Stiftung bedarf der Genehmigung der Aufsichtsbehörde. Die Aufsichtsbehörde wird sich das Vorliegen des Auflösungsgrundes nachweisen lassen.[95] Ein Auflösungsgrund, der vom freien Willen des Stifters abhängt, ist nicht zulässig, weil sich der Stifter dann seines Vermögens tatsächlich durch das Stiftungsgeschäft noch nicht begeben hat, so daß die Stiftung nicht genehmigungsfähig ist.

---

[91] Vgl. § 7 Abs. 2 Satz 2 NdsStiftG.

[92] *Staudinger/Rawert* § 85 Rz. 9.

[93] Näher *Rawert/Katschinski* Stiftungserrichtung und Pflichtteilsergänzung, ZEV 1996, 161 ff.

[94] *MünchKomm/Reuter* § 82 Rz. 3; *Seifart-v. Campenhausen/Hof* § 7 Rz. 35; *Staudinger/Rawert* § 80 Rz. 11; a. A. *Palandt/Heinrichs* § 82 Rz. 1; *RGRK/Steffen* § 82 Rz. 4.

[95] *Staudinger/Rawert* § 80 Rz. 6.

4. Errichtung einer privatrechtlichen Stiftung durch eine öffentlich-rechtliche Körperschaft

Stiftungen des bürgerlichen Rechts werden häufig auch durch öffentlich-rechtliche Körperschaften errichtet. Bei der Errichtung ist insb. unter Berücksichtigung des **Haushaltsrechts** und des **Demokratieprinzips,** wonach die Exekutive auch bei einer Stiftungserrichtung die Kontrollrechte des Parlaments zu wahren hat, zu prüfen, ob eine Umgehung öffentlich-rechtlicher Vorschriften vorliegt. Stiftungsrechtlich ist es wesentlich, daß die Stiftungszwecke mit der notwendigen Bestimmtheit festgelegt sind und die Erfüllung des Stiftungszwecks aus eigenen Erträgen des Stiftungsvermögens dauerhaft gesichert ist und nicht von haushaltsrechtlichen Voraussetzungen abhängt.[96] 48

III. Verfassung der Stiftung

1. Der Stifter

Der Stifter ist die **zentrale Person des Stiftungsrechts**. Der von ihm in Stiftungsgeschäft und Satzung niedergelegte Wille bleibt über die Stiftungsverfassung für die Geschäftstätigkeit der Stiftung wie für die Befugnisse der Aufsichtsbehörden bestimmend. Natürliche und juristische Personen können gleichermaßen Stifter sein. Auch Körperschaften des öffentlichen Rechts und Kirchen können eine privatrechtliche Stiftung errichten. Denkbar ist, daß mehrere Personen bei der Stiftungserrichtung zusammenwirken und gemeinsam als Stifter auftreten. Von der Person des Stifters sind diejenigen Personen zu unterscheiden, die zwar Zuwendungen an die Stiftung leisten, aber nicht selbst als Stifter auftreten. Auf den Willen dieser Dritten kommt es bei der Auslegung der Stiftungssatzung nicht an. 56

2. Der Stiftungszweck

a) Zulässige Zwecke

Grds. ist der Stifter im Rahmen der Rechtsordnung bei der inhaltlichen Ausgestaltung des Stiftungszwecks frei. Soll aber die Stiftung den steuerlichen Status der Gemeinnützigkeit erlangen, muß der Stifter einen **gemeinnützigen Zweck** auswählen.[97] Unter der denkbaren Vielzahl von gemeinnützigen Zwecken ist der Stifter nicht auf einen Zweck beschränkt. Auch stiftungsrechtlich ist es aber erforderlich, daß die beabsichtigte Zweckverfolgung zum einen eine gewisse Dauerhaftigkeit aufweist und zum anderen bestimmt genug ist.[98] Aus gemeinnützigkeitsrechtlichen Gründen müssen sich aus der Stiftungssatzung 57

---

[96] Näher dazu *Dewald* Die privatrechtliche Stiftung als Instrument zur Wahrnehmung öffentlicher Zwecke (1990); *Schulte* Staat und Stiftung, S. 67 ff. (1989); *MünchKomm/Reuter* Vor § 80 Rz. 3.

[97] Vgl. dazu unten § 5 Rz. 20–88.

[98] *Staudinger/Rawert* § 80 Rz. 14.

neben den Satzungszwecken auch die **Art ihrer Verwirklichung** ergeben (§ 60 AO). Diese müssen so genau bestimmt sein, daß aufgrund der Satzung geprüft werden kann, ob die satzungsmäßigen Voraussetzungen für die Steuervergünstigung gegeben sind. Trotz dieser erforderlichen Konkretisierung ist es nicht ratsam, den Stiftungszweck zu eng zu fassen. Letztlich muß der Stifter bei der Gestaltung der Satzung darüber entscheiden, welchen Spielraum er den Stiftungsorganen bei der Ausgestaltung seines Willens lassen möchte. Von daher kann er den Stiftungsorganen unter einer Vielzahl gemeinnütziger Zwecke, die mit der Stiftung verfolgt werden können, eine Reihenfolge vorgeben, an die die Stiftungsorgane gebunden sind. Der Stifter kann sich bei der Ausgestaltung der Satzung aber auch darauf beschränken, gemeinnützige Zwecke, die verfolgt werden sollen, festzulegen und die Entscheidung über die Art der Verwirklichung der gemeinnützigen Zwecke nur beispielhaft zu erläutern. Denkbar ist schließlich die Entscheidung darüber, ob die Stiftungserträge von der Stiftung selbst für gemeinnützige Zwecke eingesetzt werden, oder ob sich die Stiftung auf die Förderung gemeinnütziger Projekte anderer steuerbegünstigter Einrichtungen beschränkt, den Stiftungsorganen zu überlassen.[99]

58 Eine Stiftung erlangt den Status der Gemeinnützigkeit nur dann, wenn sie nicht nur **gemeinnützige Zwecke** verfolgt, sondern darüber hinaus diese Tätigkeit **ausschließlich, unmittelbar und selbstlos** erbringt.[100] Bei der Abfassung der Stiftungszwecke ist darauf zu achten, daß diesen gemeinnützigkeitsrechtlichen Erfordernissen genügt wird. Sämtliche Tätigkeiten, die nicht selbst zum gemeinnützigen Zweck gehören, sondern der Beschaffung von Mitteln für die gemeinnützige Tätigkeit dienen sollen, können nicht in den Stiftungszweck aufgenommen werden, weil ansonsten die Ausschließlichkeit der gemeinnützigen Zweckverfolgung in Frage gestellt werden würde. Die Finanzverwaltung akzeptiert bei der Satzungsgestaltung auch nicht, wenn derartige Nebenzwecke, wie die Mittelbeschaffung, als Mittel zur Verfolgung der eigentlichen gemeinnützigen Zwecke gekennzeichnet werden, obwohl damit die Ausschließlichkeit der gemeinnützigen Zweckverfolgung nicht in Frage gestellt würde. Ebenso darf die politische Meinungsbildung in der Öffentlichkeit nur Nebenzweck einer gemeinnützigen Stiftung sein, weil politische Zwecke nicht zu den gemeinnützigen Zwecken gehören.[101]

b) Gemeinnützige Zwecke und Vermögenserhalt

59 Motiv einer Stiftungserrichtung ist neben der Absicht, den gemeinnützigen Zweck zu fördern, häufig die Annahme, dadurch das auf die Stiftung übertragene Vermögen erhalten zu können.[102] Allerdings darf der Vermögenserhalt nicht selbst als Stiftungszweck festgelegt werden,

[99] Zu den gemeinnützigkeitsrechtlichen Unterschieden zwischen einer operativen und einer fördernden Tätigkeit § 8 Rz. 46–63.

[100] Dazu unten § 5 Rz. 91 ff.; § 8 Rz. 8–32; 46–63.

[101] AEAO Nr. 9 zu § 52 AO; BFH v. 29. 8. 84, BStBl. II 1984, 844.

[102] *Staudinger/Rawert* Vorbem. zu §§ 80 ff. Rz. 7.

weil das Stiftungsvermögen nicht nur seiner eigenen Perpetuierung, sondern einem außerhalb seiner selbst liegenden Zweck gewidmet werden muß.[103] In der Satzung einer gemeinnützigen Stiftung muß deswegen klargestellt sein, daß die wirtschaftliche Tätigkeit der Stiftung der nichtwirtschaftlichen Tätigkeit funktional untergeordnet ist. Das **Stiftungsvermögen** darf nur als wenigstens **grundsätzlich austauschbare Dotationsquelle** für die Erwirtschaftung der für gemeinnützige Zwecke zu verwendenden Mittel angesehen werden.[104] Für die Erhaltung des Stiftungsvermögen um andere Gründe als der Ertragsoptimierung willen besteht aus der Sicht einer gemeinnützigen Stiftung keine Veranlassung.[105] Damit die untergeordnete Funktion des Vermögens im Interesse der Haupttätigkeit der Stiftung sichergestellt ist, darf die Stiftungssatzung keine institutionelle Bindung der Stiftung an den Erhalt des Stiftungsvermögens in einer bestimmten Form vorsehen. Die Stiftung muß sich von dem Stiftungsvermögen trennen können, wenn es im Interesse einer möglichst sicheren und ertragreichen Anlage des Stiftungsvermögens geboten erscheint.[106] Bei einer gemeinnützigen Stiftung ist der Wille des Stifters stets auf die dauernde und nachhaltige Erfüllung der gemeinnützigen Stiftungszwecke gerichtet. Nur soweit der Erhalt des gestifteten Vermögens in Natur oder dem Werte nach mit diesem Grundsatz nicht in Konflikt gerät, entfaltet der Grundsatz der Vermögenserhaltung eigene Wirkungskraft.[107]

c) Änderung der Stiftungszwecke

Der Stifter kann in der Stiftungssatzung festlegen, unter welchen 60
Voraussetzungen die Stiftungsorgane die von ihm festgelegten Stiftungszwecke ändern dürfen. Soweit der Beschluß der Stiftungsorgane dem mutmaßlichen Willen des Stifters entspricht oder der Stifter sich selbst eine Zweckänderung zu seinen Lebzeiten in der Satzung vorbehalten hat, ist die Änderung des Stiftungszwecks von der Aufsichtsbehörde zu genehmigen.[108] Auch ohne einen entsprechenden Vorbehalt in der Stiftungssatzung kommt eine Zweckänderung durch die Stiftungsorgane dann in Betracht, wenn diese Zweckänderung **dem mutmaßlichen Willen** des Stifters entsprochen hätte. Ist in der Stiftungssatzung nur angeordnet, welches Organ mit welcher Mehrheit über eine

---

[103] Ganz h. M. *Flume* Jur. Person, 133 [Anm. 146]; *K. Schmidt* DB 1987, 261; *Soergel/Neuhof* Vorbem. zu § 80 Rz. 70; *MünchKomm/Reuter* Vorbem. zu § 80 Rz. 7; *Staudinger/Rawert* Vorbem. zu §§ 80 ff. Rz. 9.

[104] Eingehend *Hüttemann* FS f.W. Flume zum 90. Geburtstag, 59 ff.

[105] *Staudinger/Rawert* Vorbem. zu §§ 80 ff. Rz. 109.

[106] *MünchKomm/Reuter* Vorbem. 25 zu § 80; *Goerdeler* FS Heinsius, 180; *Staudinger/Rawert* Vorbem. zu §§ 80 ff. Rz. 109.

[107] *Hüttemann* FS f.W. Flume zum 90. Geburtstag, 59 (89 ff.); s. unten Rz. 91 ff.

[108] BVerwG v. 29. 11. 1990, NJW 1991, 713; a. A. *MünchKomm/Reuter* § 85 Rz. 5: So wie der Stifter von vornherein mehrere Stiftungszwecke festlegen kann, steht es ihm auch frei, deren zeitlich nachfolgende Erfüllung unter bestimmten Voraussetzungen anzuordnen.

Zweckänderung entscheiden darf, besteht die Änderungsmöglichkeit beim Vorliegen der gesetzlichen Möglichkeiten für eine Zweckänderung. Bei einer Satzungsänderung ist stets abzugrenzen, ob es sich um eine Klarstellung und zeitgemäße Anpassung der bereits in der Satzung angelegten Regelungen handelt, oder ob es um die Neubestimmung der Zwecke geht. Da im Laufe der Zeit oft unvorhersehbare Veränderungen in den Existenzbedingungen einer Stiftung eintreten können, kann es notwendig sein, die Stiftungsverfassung den veränderten Verhältnissen anzupassen. Die Bestimmung des Stiftungszwecks soll den Stiftungsorganen einen eindeutigen und klar abgegrenzten Auftrag geben, um Rechtsunsicherheit, Willkür der Stiftungsverwaltung und ein Verzetteln der Stiftungsleistungen zu verhüten. Erweist sich der Stiftungszweck als nicht erreichbar, so berechtigt dies die Organe nicht, ihn nicht oder nur weniger genau zu befolgen. Vielmehr sind alsdann die Wege zu beschreiten, die das Stiftungsrecht für diesen Fall eröffnet, wie Zweckänderung, Zusammenschluß mit einer anderen Stiftung oder Auflösung.[109] Aber auch bei einer derartigen Zweckänderung ist der in der Stiftungssatzung niedergelegte Stifterwille zu respektieren und zu verwirklichen.[110] Die Zweckänderung ist nur zulässig, wenn festgestellt werden kann, daß es dem mutmaßlichen Willen des Stifters entsprochen hätte, den ursprünglichen Zweck nicht mehr weiter zu verfolgen, die Stiftung aber auch nicht aufzulösen, sondern einen anderen Zweck zu verwirklichen.[111] Dabei ist zu berücksichtigen, daß die Auflösung bei einer gemeinnützigen Stiftung regelmäßig nicht zum Anfall des Vermögens bei den Anfallberechtigten führen wird, weil das Stiftungsvermögen wegen des Grundsatzes der Vermögensbindung gemeinnützigen Zwecken gewidmet bleiben muß. Es ist abzuwägen, ob es eher dem Willen des Stifters entsprochen hätte, mit „seiner“ Stiftung andere Zwecke zu verfolgen, oder daß mit „seinem Vermögen“ ein anderer die von ihm festgelegten Zwecke verfolgt. Häufig ist in den Stiftungssatzungen geregelt, daß der Stiftungszweck nur nach Genehmigung oder wenigstens nach einer Anhörung des Finanzamtes geändert werden darf, um zu verhindern, daß unbeabsichtigt der Status der Gemeinnützigkeit verloren geht. Zuständig dafür ist das örtlich zuständige Finanzamt.[112]

3. Das Stiftungsvermögen

a) Verhältnis zwischen dem Stiftungszweck und dem Vermögen

61 Das Stiftungsgeschäft muß die sachlichen Mittel angeben, durch welche der Stiftungszweck erreicht werden soll. Eine Mindestkapitalausstattung entsprechend dem GmbH- oder Aktienrecht ist im Stiftungsrecht zwar nicht bekannt. Doch muß das Stiftungsvermögen vom Stifter so bemessen sein, daß der **Zweck der Stiftung mit dem**

---

[109] BGH v. 3. 3. 1977, BGHZ 64, 142 ff.

[110] BGH v. 26. 4. 1976, WM 1976, 869 (872); v. 22. 1. 1987, BGHZ 99, 344 (349).

[111] BGH III ZR 10/74 v. 3. 3. 1977, BGHZ 64, 142 (148).

[112] FinMin NRW v. 20. 3. 1987 S 0170 – 4 – V B Nr. 46.

bereitgestellten Vermögen erfüllt werden kann. Bei einem Stiftungsvermögen von DM 500 000 stehen bei einer nachhaltig erzielbaren Verzinsung von 6 % jährlich DM 30 000 zur Erfüllung der Stiftungszwecke zur Verfügung. In den einzelnen Bundesländern haben sich unterschiedliche Sätze herausgebildet, aufgrund derer eine Stiftung genehmigt wird.[113] Eine Vermögensausstattung unter DM 50 000 wird idR nicht genehmigt,[114] teilweise werden auch erheblich höhere Mindestausstattungen bis zu DM 300 000 genannt, in der Mehrzahl der Bundesländer wird eine Mindestausstattung von DM 100 000,– erwartet.[115] Auch sog. Vorratsstiftungen, die vom Stifter zunächst nur mit einem zu geringen Vermögen ausgestattet werden und denen ihre endgültige Dotation erst mit dem Tode des Stifters zufallen sollen, sind nicht genehmigungsfähig.[116] Soll eine Stiftung sich aus laufenden Zuwendungen Dritter speisen, ist sie nur genehmigungsfähig, wenn auf diese Zuwendungen gegenüber dem Dritten ein durchsetzbarer Anspruch besteht.

b) Definition des Stiftungsvermögens

In den Stiftungsgesetzen der Länder ist festgelegt, daß das Stiftungsvermögen in seinem Bestand ungeschmälert zu erhalten ist.[117] Mit Stiftungsvermögen idS ist das sog. **Dotationskapital** oder **Grundstockvermögen** gemeint, das der Stiftung durch den Stiftungsakt übertragen worden ist. Es ist deswegen ungeschmälert zu erhalten, weil die Stiftungszwecke aus den Erträgen dieses Vermögens verwirklicht werden müssen. Der Stifter kann bei der Vermögensausstattung einer Stiftung ohne Einschränkung wählen, ob diese Ausstattung mit Sachwerten oder mit Barvermögen erfolgt. Nicht selten ist auch die Ausstattung einer Stiftung mit Betriebsvermögen oder Unternehmensanteilen. Mit der Zuwendung des Vermögens legt der Stifter gleichzeitig konkludent oder ausdrücklich fest, welcher **Kapitalerhaltungskonzeption** der Stiftungsvorstand folgen soll.[118] 62

Das Stiftungsvermögen ist grds. **in Natur zu erhalten**, soweit Sachmittel übertragen wurden, bei denen davon auszugehen ist, daß sie selbst die Grundlage für die Stiftungserträge bilden sollen, wie dies beispielsweise bei Mietshäusern oder Unternehmensbeteiligungen regelmäßig der Fall sein wird. Eine Umschichtung dieser Vermögenswerte ist dem Stiftungsvorstand nur erlaubt, wenn nicht vorhersehbare Ent- 63

---

[113] *Damrau/Wehinger* ZEV 1998, 178; *Hennerkes/Schiffer/Fuchs* BB 1995, 209.

[114] Vgl. *Büermann* in: IDW, S. 32; vgl. auch Anm. zu VG Minden, StiftRspr. IV S. 89.

[115] *Damrau/Wehinger* ZEV 1998, 178.

[116] VG Minden, Urt. v. 23. 80. 1989 – 10 K 2164/88, StiftRspr. IV 83, 86 ff.

[117] Art. 10 Abs. 1 BayStiftG; § 7 Abs. 2 BWStiftG; § 3 Abs. 3 BlnStiftG; § 7 Abs. 1 BreStiftG; § 6 Abs. 1 HessStiftG; § 9 Abs. 1 MVStiftG; § 14 Abs. 2 NdsStiftG; § 9 Abs. 1 BbgStiftG; § 7 Abs. 1 NWStiftG; § 14 Abs. 1 RhldPfStiftG; § 7 HmbAGBGB.

[118] HFA, Entwurf Verlautbarung zur Rechnungslegung und Prüfung von Stiftungen unter 221. (3), FN-IDW 1997, 554 (559); *Hüttemann* FG Flume zum 90. Geburtstag, 59 (68 ff.).

wicklungen eine Umschichtung des Vermögens gebieten, insb. um das Vermögen dauerhaft in seiner Leistungskraft erhalten zu können, oder wenn der Stifter es dem Stiftungsvorstand freigestellt hat, auch diese Gegenstände nach seinem Ermessen umzuschichten. Mit der Festlegung des Dotationskapitals durch den Stifter wird damit zugleich dem Stiftungsvorstand vorgegeben, worauf sich der Grundsatz der Vermögenserhaltung bezieht und inwiefern eine Umschichtung des Vermögens den Stiftungsorganen erlaubt ist.[119]

c) Zustiftung oder Zuwendung

64 Das Stiftungsvermögen kann durch Zustiftungen ergänzt werden, soweit sich aus der Zuwendung ergibt, daß sie der Stärkung des Grundstockvermögens dienen soll und nicht zum Verbrauch bestimmt ist. Eine entspr. Bestimmung durch den Zuwendenden ist gemeinnützigkeitsrechtlich unbedenklich und wird bei Zuwendungen von Todes wegen und Sachzuwendungen, die ihrer Natur nach der Vermögensbildung dienen, unterstellt.[120] Soweit die Zustiftung an bestimmte Auflagen geknüpft wird, ist sie nach den LandesStiftG regelmäßig genehmigungspflichtig.

4. Stiftungsname und Sitz

65 Im Stiftungsgeschäft muß der Stifter den **Namen** der Stiftung festlegen, unter dem sie im Rechtsverkehr auftreten soll. Der Name der Stiftung genießt den Schutz des § 12 BGB.[121] Bei der Wahl des Namens ist der Stifter im Rahmen der §§ 30, 37 HGB, 16 UWG und § 24 WZG frei.[122] Insb. muß vermieden werden, daß die Stiftung mit anderen Rechtsträgern **verwechselt** werden kann. Darüber hinaus gilt der Grundsatz der **Namenswahrheit**.[123] Deswegen dürfen keine geographischen Bezeichnungen geführt werden, die täuschen, oder Begriffe wie Akademie geführt werden, wenn tatsächlich keine Lehrtätigkeit entfaltet wird.

66 Die Stiftung kann ihren **Satzungssitz frei wählen**.[124] Allerdings bestehen stiftungsrechtlich Bedenken dagegen, wenn Satzungssitz und Verwaltungssitz dauerhaft ohne Begründung auseinanderfallen. Bei der Wahl des Satzungssitzes kann berücksichtigt werden, in welchem Bundesland die Überwachung über die Stiftung nach den stiftungsrechtlichen Vorschriften besonders streng gehandhabt wird und in welchen Bundesländern die Aufsichtspraxis großzügiger ist. Eine besondere Kontrolldichte besteht in Bayern, während in den kleineren Bundesländern die Aufsichtsbehörden in der Aufsichtspraxis häufig großzügiger

---

[119] *Hüttemann* ebda.; vgl. dazu Rz. 126 ff.
[120] Ziff. 11 zu § 55 AEAO; § 8 Rz. 81, 82.
[121] Vgl. dazu OLG Hamburg, 3 K 26/85 v. 19. 12. 85, NJW-RR 1986, 1305.
[122] *Seifart-v. Campenhausen/Hof* § 7 Rz. 22.
[123] *Hadding* in: Soergel § 24 BGB Rz. 5.
[124] Siehe dazu oben Rz. 12.

verfahren.[125] Allerdings wird die Sitznahme in einem Bundesland, ohne daß eine tatsächliche Beziehung dahin besteht, als rechtsmißbräuchlich angesehen[126]. Die Sitzverlegung der Stiftung über die Grenze des Bundeslandes ist eine genehmigungspflichtige Satzungsänderung im Land, welches verlassen werden soll. Mit der Genehmigung der Sitzverlegung im aufnehmenden Land unterliegt die Stiftung dem neuen Landesrecht. Auf die Rechtsfähigkeit der Stiftung hat die Sitzverlegung keinen Einfluß.[127] Allerdings prüfen die Bundesländer bei der Sitzverlegung, ob die Stiftung auch in ihrem Land als rechtsfähig anerkannt werden würde und die Satzungsbestimmungen den landesrechtlichen Erfordernissen entsprechen.

5. Die Organe

a) Der Vorstand 67

Nach §§ 86, 26 Abs. 2 Satz 1 BGB ist der **Vorstand der Stiftung ihr gesetzlicher Vertreter**. Er vertritt die Stiftung gerichtlich und außergerichtlich. Nach den Stiftungsgesetzen der Länder ist die Vertretungsmacht des Vorstands allerdings durch Genehmigungsvorbehalte für bestimmte Arten von Rechtsgeschäften eingeschränkt.[128] Über die Bildung und Abberufung des Vorstands sowie die Rechtsstellung seiner Mitglieder entscheidet in erster Linie die Stiftungssatzung, dann das jeweils geltende Landesrecht.

aa) Auswahl und Bestellung

Die Auswahl der Stiftungsorgane wird nach Wahl des Stifters in der 68
Satzung häufig einem stiftungseigenen Organ, beispielsweise dem Vorstand selbst, im Wege der Kooptation durch einstimmigen oder Mehrheitsbeschluß oder einem Kontrollorgan innerhalb der Stiftung, meist Kuratorium genannt, übertragen. Vielfach sehen Stiftungssatzungen aber auch vor, daß die Bestellung zu Lebzeiten dem Stifter höchstselbst vorbehalten bleibt. Als außenstehende Benennungsgremien werden beispielsweise die Familie des Stifters, der Oberbürgermeister, der Präsident eines Gerichts oder der Industrie- und Handelskammer oder ein Vertrauter des Stifters eingesetzt. Das Bestellungsrecht steht im Zweifel dem jeweiligen Amtsinhaber ad personam zu.[129] Soll die von dieser Person repräsentierte Institution das Bestellungsrecht ausüben, so muß das in der Satzung angegeben sein. Die Bestellung hat dann im normalen Entscheidungsverfahren der Institution zu erfolgen, also durch einen Beschluß des Gemeinderats, wenn eine Gemeinde bestellungsberechtigt

---

125 *Hennerkes/Schiffer/Fuchs* DB 1995, 209.

126 LG Berlin v. 10. 6. 1998, NZG 1998, 782.

127 H. M., vgl. *von Rothberg* § 6 BWStiftG, Anm. 2 d; *Siegmund-Schultze* § 7 NdsStiftG Anm. 7.

128 Dazu unten Rz. 112, 137.

129 BGH LM § 85 BGB Nr. 2.

ist. Der Stifter kann sich auch selbst zum Vorstand der Stiftung bestellen und sich zu seinen Lebzeiten als alleiniger Vorstand einsetzen. Aber auch der Stifter ist in seinem Handeln als Vorstandsmitglied selbstverständlich an die Regelungen der Stiftungssatzung gebunden und kann daher nicht wegen einer Meinungsänderung von seinem in der Satzung niedergelegten Willen abweichen.

Sofern eine Person aufgrund einer Festlegung in der Satzung berechtigt ist, in ein Vorstandsamt nachzurücken, kann sie, wenn ihre **Anwartschaft** durch eine Änderung der Stiftungssatzung zu ihren Lasten beseitigt wird, durch eine Feststellungsklage vor den Zivilgerichten dagegen vorgehen, selbst wenn die Stiftungsaufsichtsbehörde diese Satzungsänderung genehmigt haben sollte.[130] Die Bestellung des Vorstandsmitglieds wird wirksam, wenn das Vorstandsmitglied das Amt angenommen hat. Die Annahmeerklärung muß gegenüber dem bestellungsberechtigten Organ abgegeben werden. Bis zur Annahme des Amtes kann das bestellungsberechtigte Organ die Berufung jederzeit widerrufen.

69 In den meisten Stiftungsgesetzen der Länder ist geregelt, daß der Stifter auch die **Dauer**, für die der Stiftungsvorstand berufen werden soll, in der Stiftungssatzung festzulegen hat. Üblich ist eine Dauer zwischen 3 und 5 Jahren. In Ausnahmefällen wird der Stiftungsvorstand auch auf Lebensdauer bestellt, wobei aber Vorsorge dafür getroffen werden muß, daß der Stiftungsvorstand handlungsfähig bleibt. Nachfolger von abberufenen oder sonst ausgeschiedenen Mitgliedern können entweder für eine volle Amtszeit oder für den Rest der Amtszeit ihres Vorgängers bestellt werden. Die letztgenannte Alternative ist in der Satzung oder Geschäftsordnung ausdrücklich anzusprechen, da sie im Hinblick auf die sonstige Gleichstellung der Organmitglieder einen Sonderfall darstellt.[131]

bb) Abberufung

70 Dasselbe Stiftungsorgan, welches zur Bestellung der Vorstandsmitglieder berechtigt ist, ist, wenn die Stiftungssatzung keine abweichenden Bestimmungen enthält, für die Abberufung oder den Ausschluß eines Vorstandsmitglieds aus dem Vorstand zuständig. Die Abberufung eines Vorstandsmitglieds kann jederzeit durch das bestellungsberechtigte Organ vorgenommen werden, wenn für die Abberufung ein wichtiger Grund besteht.[132] In der Satzung kann vorgesehen sein, daß die Abberufung mit der Ernennung eines Nachfolgers verbunden werden muß, wenn dies für den Erhalt eines handlungsfähigen Vorstands erforderlich ist. Sofern die Vorstandsmitglieder für eine bestimmte Amtsdauer berufen werden, ist – vorbehaltlich einer abweichenden Satzungsregelung – ihre vorzeitige **Abberufung** nur **aus wichtigem Grund** möglich. § 103 Abs. 2 AktG, wonach ein Vorstandsmitglied

[130] BGH v. 26. 4. 1976 WM 1976, 869 (872).
[131] *Seifart-v. Campenhausen/Hof* 1. Aufl. § 9 Rz. 116.
[132] *Soergel/Neuhoff* § 86 Rz. 9.

vom entsendungsberechtigten Organ jederzeit abberufen werden kann, findet keine analoge Anwendung. Der Stifter muß ggf. in der Satzung festlegen, daß er das bestellungsberechtigte Organ ermächtigen möchte, Vorstandsmitglieder jederzeit wieder abberufen zu können, um auf diese Weise die Machtverteilung zwischen den verschiedenen Stiftungsorganen deutlich zu machen.

Die Abberufung eines Mitglieds der Stiftungsorgane durch die Stiftungsaufsichtsbehörden ist nur in seltenen Ausnahmefällen möglich, nämlich wenn sich das Vorstandsmitglied einer groben Pflichtverletzung schuldig gemacht hat oder es zur ordnungsmäßigen Geschäftsführung unfähig sein sollte.[133] Eine grobe Pflichtverletzung wird angenommen, wenn das Vorstandsmitglied sich beharrlich weigert, den Stiftungszweck zu fördern oder das betroffene Vorstandsmitglied objektiv überfordert ist.[134] Das Vorstandsmitglied, welches von der Aufsichtsbehörde aus einem dieser Gründe abberufen wird, kann sich dagegen vor den Verwaltungsgerichten wehren. Dagegen kann ein anderes Vorstandsmitglied, welches die Abberufung eines anderen Organmitglieds wünscht, nicht die Aufsichtsbehörde gerichtlich dazu zwingen, den unerwünschten Kollegen abzuberufen, da die Aufsicht im öffentlichen Interesse liegt und kein Anspruch Dritter gegenüber der Aufsichtsbehörde auf aufsichtsbehördliches Einschreiten besteht.[135]

cc) Amtsniederlegung

Ein Vorstandsmitglied kann seine Vorstandsposition **jederzeit niederlegen**. Eine Einschränkung dieses Grundsatzes ergibt sich allein 71
daraus, daß die Amtsniederlegung nicht zur Unzeit erfolgen darf, insb. dann nicht, wenn die Stiftung ansonsten handlungsunfähig werden würde, oder wenn sie sich in einer Krise befindet.

dd) Bestellung eines Notvorstandes

Durch zahlreiche StiftG der Länder und die §§ 86, 29 BGB wird ge- 72
regelt, daß die Aufsichtsbehörde ermächtigt ist, die Notbestellung eines Vorstands vorzunehmen. Allerdings ist vorrangig darauf zu achten, daß das in der Satzung dafür vorgesehene bestellungsberechtigte Organ zunächst seine Beschlußfähigkeit herstellt, um selbst das Vorstandsmitglied auszuwählen. Gibt es nur ein Organ und tritt deswegen Beschlußunfähigkeit ein, so ist im Zweifel davon auszugehen, daß die verbliebenen Vorstandsmitglieder ermächtigt sind, im Wege der Kooptation den Vorstand wieder zu ergänzen.[136]

---

133 Vgl. dazu BGH, III ZR 157/91 v. 14. 10. 1993, NJW 1994, 184.

134 Vgl. *Siegmund-Schultze* NdsStiftG § 14 Rz. 2; *Stengel* HessStiftG § 15; *Pohley* BayStiftG Art. 21.

135 Vgl. VGH Mannheim 10 S 1697/84 v. 17. 9. 1984 NJW 1985, 1473; *Soergel/Neuhoff* § 86 Rz. 9.

136 *Soergel/Neuhoff* § 86 Rz. 10.

b) Der besondere Vertreter

73 Neben dem Vorstand kann die Stiftungssatzung für bestimmte Geschäfte, insb. **die laufende Geschäftsführung**, die Bestellung besonderer Vertreter vorsehen (§§ 86, 30 BGB).[137] Mangels abweichender Regelung erstreckt sich deren Vertretungsmacht auf alle Rechtsgeschäfte, die der ihnen zugewiesene Geschäftsbereich gewöhnlich mit sich bringt. Die Geschäftsführer der Stiftungen sind häufig in der Satzung als besondere Vertreter verankert, wenn ein ehrenamtlich bestellter Stiftungsvorstand und ein hauptberuflicher Geschäftsführer zusammenarbeiten. Die Satzung sollte von vornherein die Möglichkeit vorsehen, bei einer Ausweitung der Tätigkeiten und der finanziellen Möglichkeiten durch Zustiftungen ein hauptamtliches Vorstandsmitglied oder einen Geschäftsführer zu bestellen, weil spätere Änderungen, wenn Organe nicht nur ehrenamtlich tätig sein möchten, von den Aufsichtsbehörden unter Hinweis auf den Stifterwillen, der nur ehrenamtliches Tätigwerden gewünscht habe, mitunter verwehrt werden. Soweit die Satzung nichts anderes bestimmt, sind die für den Vorstand aufgrund des positiven Rechts geltenden Regelungen über die Bestellung, die Abberufung und die Willensbildung auf den besonderen Vertreter entspr. anwendbar.[138]

c) Weitere Stiftungsorgane

74 Außer dem Vorstand und dem besonderen Vertreter sehen die Satzungen vieler Stiftungen zusätzlich noch weitere Organe, wie beispielsweise das sog. **Kuratorium**, vor. Je nach Ausgestaltung in der Satzung haben diese Organe echte Entscheidungsbefugnis, indem sie beispielsweise die Vorstandsmitglieder benennen und abberufen dürfen oder den Vorstand in seiner Tätigkeit, ähnlich wie der Aufsichtsrat bei einer Aktiengesellschaft, überwachen.[139] Dann handelt es sich um Kontrollorgane. In diesem Fall ist eine Personalunion von Kontrollorgan und dem Vorstand als Exekutivorgan zu vermeiden, um die Effektivität der Kontrolle sicherzustellen.[140] Neben den Kontrollorganen gibt es öfter aber auch **beratende** Organe, die permanent zur Verfügung stehen, an deren Vorschläge der Stiftungsvorstand aber nicht gebunden ist. Derartige Beratungsgremien werden häufig eingerichtet, damit bekannte Persönlichkeiten an die Stiftung gebunden werden können. Die Stiftung kann dann vom fachlichen Rat dieser Personen oder von deren Ansehen in der Öffentlichkeit und Verbindungen profitieren. Dem Stiftungsvorstand ist es im Rahmen seiner Aufgaben darüber hinaus selbstverständlich unbenommen, selbst Beratergremien einzusetzen, die

---

[137] Der satzungsmäßig verankerte besondere Vertreter ist kein Arbeitnehmer, BAG 5 AZB 39/96 v. 5. 5. 1977 DB 1977, 1984; vgl. näher § 13 Rz. 16.

[138] S. o. Rz. 68 ff.; *Staudinger/Rawert* § 86 Rz. 19.

[139] Vgl. dazu BGH III ZR 157/91 v. 14. 10. 1993, NJW 1994, 184.

[140] *Seifart-v. Campenhausen/Hof* § 9 Rz. 58.

in der Satzung nicht vorgesehen und daher auch nicht mit satzungsmäßig verbrieften Rechten ausgestattet sind.[141]

6. Die Satzungsänderung

a) Mögliche Satzungsänderungen

Satzungsänderungen sind nur zulässig, wenn sie in der Satzung selbst ausdrücklich vorgesehen oder vom Gesetz für zulässig erklärt sind, denn im Unterschied zur GmbH oder zum Verein verfügt eine Stiftung über **kein autonomes Organ,** welches selbst den Willen der Stiftung erst bilden dürfte.[142] IdR setzt eine Satzungsänderung eine wesentliche Veränderung der vom Stifter zugrundegelegten Verhältnisse voraus. Als solche Veränderung kann beispielsweise anzusehen sein, daß das Stiftungsvermögen die eigenständige Zweckerfüllung nicht mehr sicherstellen kann oder daß die Stiftungsorganisation den gestellten Anforderungen nicht mehr genügt. Die Satzungsänderung muß geeignet sein, die weitere Verfolgung der vom Stifter gesetzten Zwecke trotz der geänderten Verhältnissen zu ermöglichen.[143] Eine Anpassung der Satzung an geänderte Bedingungen ist dann zulässig, wenn sie dem mutmaßlichen Willen des Stifters entspricht.[144] Eine **Änderung der Organisationsstruktur** mit der Abschaffung von Kontrollorganen, die der Stifter eingerichtet hat, wird meist nicht dem Willen des Stifters entsprechen. Dagegen ist eine zeitgemäße Anpassung von bereits in der Satzung angelegten Regelungen regelmäßig genehmigungsfähig.[145] Selbst die Änderung des Stiftungszwecks ist bei einer auf Dauer angelegten Einrichtung allein schon deswegen zulässig, weil im Laufe der Zeit unvorhersehbare Veränderungen in den Existenzbedingungen eintreten können, die es als notwendig erscheinen lassen, die Stiftungsverfassung den veränderten Verhältnissen anzupassen.[146] 75

b) Verfahrensrechtliche Voraussetzungen

In der Stiftungssatzung ist vorzusehen, mit welchen Mehrheiten die zuständigen Organe eine Satzungsänderung vornehmen dürfen.[147] Ohne einen derartigen Beschluß kommt eine Satzungsänderung nicht in Betracht. Dieser Beschluß der zuständigen Organe bedarf der **Genehmigung durch die Stiftungsaufsichtsbehörde**.[148] Nach den StiftG der Länder wird die Genehmigung nur erteilt, wenn die Satzung 76

---

141 BVerwG 7 B 155/90 v. 29. 11. 1990, NJW 1991, 713; *Seifart-v. Campenhausen/Hof* § 9 Rz. 64.

142 *Flume* Die juristische Person, § 4 V S. 31; *MünchKomm/Reuter* Vor § 80 Rz. 12.

143 Vgl. oben Rz. 60; *Seifart-v. Campenhausen/Hof* § 7 Rz. 157.

144 BGH III ZR 21/74 v. 26. 4. 1976, DB 1976, 1664.

145 Vgl. BVerfG 2BvR 209/76 v. 11. 10. 1977 BVerfE 46, 73 (85).

146 BGH v. 3. 3. 1977, BGHZ 68, 142 ff.

147 Zur Auslegung derartiger verfahrensrechtlicher Bestimmungen BAG 1AZR 372/89 v. 7. 8. 1990, NJW 1991, 514.

148 BVerwG 7B 155/90 v. 29. 11. 1990, NJW 1991, 713.

den Organen für bestimmte Fälle das Recht zur Änderung der Satzung gibt oder wenn sich die Verhältnisse seit der Errichtung der Stiftung wesentlich geändert haben und zu vermuten ist, daß der Stifter der Satzungsänderung zustimmen würde.[149] Zu Lebzeiten des Stifters bedarf die Satzungsänderung nach den StiftG zahlreicher Länder darüber hinaus dessen Zustimmung.[150] Aus der Stiftungssatzung kann sich auch ergeben, daß Satzungsänderungen überhaupt, also auch bei einer wesentlichen Änderung der Verhältnisse, untersagt sein sollen. In diesem Fall kann nur noch in den gesetzlichen in den LandesStiftG oder § 87 BGB vorgesehenen Fällen eine Änderung der Stiftungssatzung erfolgen, nämlich wenn die Erreichbarkeit des Stiftungszwecks unmöglich geworden ist, sei es aus rechtlichen oder tatsächlichen Gründen, und deswegen entweder eine Zweckänderung, Zusammenlegung oder Auflösung der Stiftung erforderlich geworden ist.[151] Hat der Stifter aber Satzungsänderungen generell untersagt, so spricht eine Vermutung dafür, daß er bei Unmöglichkeit der Erfüllung der Satzungszwecke eher die Auflösung der Stiftung als eine Satzungsänderung gewollt hätte.

c) Ermittlung des mutmaßlichen Stifterwillens

77 Der mutmaßliche Stifterwille ist zunächst aus dem Gesamtzusammenhang der Satzung zu ermitteln.[152] Dabei sind die vom Stifter verwandten Begriffe aus dem zu ihrer Zeit herrschenden örtlichen Zeitgeist heraus auszulegen.[153] Daneben können auch Begleitschreiben zur Stiftungserrichtung Aufklärung darüber geben, welche Absichten der Stifter mit den einzelnen Satzungsbestimmungen verfolgt hat. Läßt sich ein mutmaßlicher Wille des Stifters, daß er der Satzungsänderung zugestimmt hätte, nicht ermitteln, so muß diese unterbleiben.

d) Rechtsschutz

78 Die Satzungsänderung wird erst wirksam, wenn die Aufsichtsbehörde sie genehmigt. Versagt die Aufsichtsbehörde die Genehmigung, so kann die Stiftung, vertreten durch ihren Vorstand, **Verpflichtungsklage** bei dem zuständigen Verwaltungsgericht auf Genehmigung der Satzungsänderung erheben.[154] Im Klageverfahren wird geprüft werden, ob die Voraussetzungen für die angestrebte Satzungsänderung tatsächlich vorliegen.

79 Wenn eine Satzungsänderung genehmigt worden sein sollte, die die Rechte Dritter in der Satzung beeinträchtigt hat, so können die Dritten vor den **Zivilgerichten** die Stiftung auf **Feststellung** verklagen, daß

---

[149] BVerwG 7B 155/90 v. 29. 11. 1990, NJW 1991, 713.
[150] Vgl. § 7 Abs. 2 Satz 2 StiftG Nieders.
[151] BGH v. 3. 3. 1971 BGHZ 68, 142 ff.
[152] Vgl. OLG Hamburg 13 U 33/93 v. 31. 8. 1994, ZIP 1994, 1950
[153] BVerfG 2 BvR 209/76 v. 11. 10. 1977, BVerfGE 46, 73 (85); vgl. OLG Hamburg, a.a.O.
[154] Vgl. BVerwG 7B 155/90 v. 29. 11. 1990, NJW 1991, 713.

die Satzungsänderung ihnen gegenüber unrechtmäßig ist.[155] Bei einer entsprechenden Streitigkeit um die Rechtsstellung von Organen innerhalb einer Stiftung handelt es sich um eine nichtvermögensrechtliche Streitigkeit. Entsprechend ist der Streitwert begrenzt. Dies gilt selbst dann, wenn die Organmitgliedschaft vermögensrechtliche Reflexwirkungen hervorrufen sollte.[156] Dagegen können weder überstimmte Vorstandsmitglieder[157] noch in ihren Rechten beeinträchtigte Dritte wie Familienangehörige des Stifters[158] von der Stiftungsaufsichtsbehörde verlangen, eine vom Stiftungsvorstand beantragte Satzungsänderung nicht zu genehmigen.

7. Auslegung der Stiftungssatzung

Eine Stiftungssatzung hat Normcharakter. Ihre Auslegung durch die 80
Tatsachengerichte ist reversibel.[159] Es gelten die für die Gesellschaftsverträge bzw. Satzungen von Kapitalgesellschaften aufgestellten Grundsätze. Maßgebend für die Auslegung der Satzung ist der **objektivierte Stifterwille**, so wie er im Stiftungsgeschäft und den Erklärungen des Stifters im Rahmen des Genehmigungsverfahrens zum Ausdruck gekommen ist.[160] Lücken in der Satzung sind durch ergänzende Auslegung mit der Bestimmung, die der Stifter mutmaßlich getroffen hätte, zu schließen.[161]

Es ist umstritten, ob der Stifter die Auslegung der Satzung unter 81
Ausschluß des Rechtsweges einem Stiftungsorgan oder der Aufsichtsbehörde übertragen kann.[162] Nach richtiger Ansicht verbleibt die **Letztkompetenz** für die Auslegung der Satzung **bei den Gerichten**. Die Stiftungsorgane selbst müssen der Aufsicht der Aufsichtsbehörden, die wiederum von den Gerichten überprüft werden kann, unterworfen werden, weil die Stiftung nicht körperschaftlich verfaßt ist und deswegen bei der Stiftung den Organen keine Rechte eingeräumt sind, ihre Entscheidungen vom ursprünglichen Stifterwillen abzukoppeln.[163] Mittlerweile wird jedoch erwogen, ob nicht die StiftG so geändert werden sollten, daß die Aufsichtsbehörden nur noch dann tätig werden, wenn der Stifter dies ausdrücklich wünscht.[164] Allerdings sollten die

---

155 BGH III ZR 21/74, DB 1976, 1664; BGH III ZR 26/85 v. 22. 1. 1987, BGHZ 99, 344; OLG Hamburg, v. 31. 8. 1994, ZIP 1994, 1950.

156 OLG Hamburg, a.a.O.; *Rawert* ZIP 1994 (1953); a. A. OLG Hamm ZIP 1993, 1384.

157 VGH Mannheim 10 S 1697/84 v. 17. 9. 1984, NJW 1985, 1573.

158 BVerwG 7 B 211/84 v. 10. 5. 1985, NJW 1985, 2964; OLG Lüneburg 10 A 102/82 v. 18. 9. 1984, NJW 1985, 1572.

159 RG HRA 1929 Nr. 1523; BGH NJW 1957, 708; BGH WM 1976, 869; BGHZ 68, 142; BGHZ 70, 313; BGHZ 99, 344; BGH NJW 1994, 184 (185).

160 *Seifart-v. Campenhausen/Hof* § 7 Rz. 109; *Staudinger/Rawert* § 85 Rz. 3.

161 Zur Ermittlung des mutmaßlichen Willens s. o. Rz. 77.

162 So OLGZ 100, 230 (234); *MünchKomm/Reuter* § 85 Rz. 3 m. w. N.; a. A. *Seifart-v. Campenhausen/Hof* § 7 Rz. 115; *Staudinger/Rawert* § 85 BGB Rz. 4.

163 BVerwG v. 10. 5. 1985 (Fn. 147); OVG Bremen StiftRspr. IV, 127, 129 f., 131.

164 *Büermann* in: IDW S. 59.

Gerichte und die Aufsichtsbehörden eine vertretbare Auslegung der Satzung durch die Stiftungsorgane akzeptieren, da nur rechtswidriges Handeln der Organe beanstandet werden darf. Soweit die Stiftungssatzung auslegungsfähig ist, hat der Stifter den Organen die entspr. Auslegungskompetenz eingeräumt.

82 Bei der Auslegung der Stiftungssatzung sind die vom Stifter verwendeten Begriffe aus ihrer Bedeutung in der Zeit, in der die Stiftung errichtet wurde, zu verstehen.[165] Andererseits sind Wertungsentscheidungen des Stifters, die in heutiger Zeit unüblich geworden sind, zu respektieren, es sei denn, die Bestimmung wäre mittlerweile als sittenwidrig und deswegen als nichtig anzusehen.[166] Geben keine weiteren Schriftstücke oder Zeugenaussagen einen Hinweis darauf, was der Stifter mit einem von ihm verwandten Begriff gemeint haben könnte, so ist der Begriff iSd allgemeinen Sprachgebrauchs auszulegen.[167] Soweit die Rechtssprache verwandt wurde, kann der juristisch festgelegte Bedeutungsinhalt zugrunde gelegt werden.[168] Die Auslegung hat so zu erfolgen, daß die Regelungen in der Stiftungssatzung insgesamt schlüssig angewandt werden können.

83 Auch bei der **Bestimmung des mutmaßlichen Stifterwillens** kommt es darauf an, welche Regelung der Stifter getroffen hätte, wenn ihm bewußt gewesen wäre, daß die von ihm getroffenen Regelungen lückenhaft sind und deswegen einer Ergänzung bedürfen oder an die veränderten Verhältnisse angepaßt werden müssen. Hat der Stifter beispielsweise ein bestimmtes Kontrollsystem in der Stiftung installiert, so muß dieses Kontrollsystem erhalten bleiben. Hat er angeordnet, daß für die Auswahl der Vorstandsmitglieder keine Einschränkung in der Form gilt, daß eine bestimmte Berufsgruppenzugehörigkeit erforderlich ist oder Familienangehörige ausgeschlossen bleiben, so ist der Stifterwille bei einer Satzungsänderung unbedingt zu respektieren.[169]

---

[165] BVerfG v. 11. 10. 1977 (Fn. 142).
[166] BGH III ZR 59/76 v. 9. 2. 1978 BGHZ 70, 313 (325).
[167] Vgl. OLG Hamburg v. 31. 8. 1994, ZIP 1994, 1950 (1951).
[168] BAG v. 7. 8. 1990 (Fn. 100)
[169] OLG Hamburg (Fn. 122).

IV. Geschäftsführung und Vertretung

1. Pflichten des Vorstands

a) Vermögenserhalt und Zweckverwirklichung

Nach § 27 Abs. 3 BGB i.V. m. § 86 BGB gelten für die Geschäftsführung einer Stiftung durch den Vorstand und dessen Rechtsverhältnis zur Stiftung die §§ 664–670 BGB. In der Sache besteht die Geschäftsführungstätigkeit des Vorstands vornehmlich in der **ordnungsmäßigen Verwaltung** des Stiftungsvermögens und einem **bestmöglichen Einsatz der Vermögenserträge** zur Verwirklichung der Stiftungszwecke. Bei der Verwaltungstätigkeit muß der Vorstand stets die Erfüllung der Stiftungszwecke zum Ziel haben.[170] Es kommt auf die langfristige Erfüllung der Stiftungszwecke an, weswegen der reale Vermögenserhalt für die Stiftungstätigkeit ebenso wesentlich ist, wie die gegenwartsnahe Verwendung der Stiftungserträge zur Erfüllung der Stiftungszwecke. Der Vermögenserhalt darf nicht Selbstzweck werden.[171] Der Vorstand als Organ muß über alle Geschäftsführungsmaßnahmen entscheiden, weswegen ein zu großer Vorstand die Handlungsfähigkeit einer Stiftung beeinträchtigen kann. Entscheidungen einzelner Vorstandsmitglieder sind unerheblich, es sei denn, diese wären dazu durch den Gesamtvorstand legitimiert. Die dauerhafte Übertragung von Entscheidungskompetenzen des Vorstands auf einzelne Vorstandsmitglieder ist nur zulässig, soweit die Stiftungssatzung dafür eine Ermächtigungsgrundlage enthält, indem der Vorstand beispielsweise befugt ist, sich selbst eine Geschäftsordnung mit einer Aufteilung von Ressortverantwortlichkeiten zu geben. 91

Die Rechtsfähigkeit ermöglicht der Stiftung die Teilnahme am Vermögensverkehr. Eine Stiftung kann Vereinsmitglied und Gesellschafter werden. Sie kann sich auf ihre **Persönlichkeitsrechte** berufen und das Recht auf den eigenen Namen oder die eigene Firma geltend machen.[172] Darüber hinaus kann sie Ehrenschutz beanspruchen. So hat beispielsweise eine Stiftung gegenüber einer Tageszeitung auf Unterlassung von Äußerungen geklagt, wonach von ihr veranstaltete wissenschaftliche Tagungen von der Tabakindustrie gesponsert worden seien. Der Stiftung wurden Unterlassungsansprüche nach den §§ 823, 1004 BGB i.V. m. Art. 2, 5 GG zugebilligt.[173] Eine Stiftung ist parteifähig und sie kann im eigenen Namen klagen und verklagt werden und für die Prozeßführung das Armenrecht beanspruchen. 92

Bei der Verwaltungstätigkeit sind die Vorgaben des Stifters aus der Satzung und die Regelungen in dem jeweils geltenden StiftG zu beachten. **Wie** der Stiftungsvorstand in diesem Rahmen seine Aufgaben erfüllt, 93

[170] *Seifart-v. Campenhausen/Hof* § 9 Rz. 150.

[171] Zur Bedeutung des Grundsatzes der Vermögenserhaltung s. Rz. 126 ff.

[172] OLG Hamburg 3 U 26/85 NJW-RR 1986, 1305; § 12 BGB, §§ 30, 37 HGB, § 16 UWG, § 24 WZG.

[173] OLG München v. 15. 5. 1996, NJW – RR 1997, 724.

unterliegt mit Ausnahme der gesetzlich vorgeschriebenen Genehmigungserfordernisse **keiner aufsichtsbehördlichen** oder gerichtlichen **Kontrolle**[174]. Öffentliche Interessen dürfen bei der Genehmigungsprüfung nur insoweit berücksichtigt werden, als sie in der Stiftungssatzung selbst begründet sind oder sich doch zumindest unmittelbar oder mittelbar aus dem Stiftungszweck ergeben. Nur wenn die Pflichten, die sich aus der Satzung, den Landesstiftungsgesetzen oder einer Geschäftsordnung, in der das Verfahren für die tätig werdende Organe näher geregelt ist, von einem Organmitglied mißachtet werden, kann es bei einem schuldhaften Verstoß zur Haftung des Organmitglieds kommen.

b) Rechnungslegungspflicht

94 Der Stiftungsvorstand ist aufgrund der StiftG der Länder zur Rechnungslegung verpflichtet. Dabei sind die Regelungen in den einzelnen StiftG durchaus unterschiedlich.[175] Teilweise wird vorgeschrieben, daß die Stiftung zur Führung von Büchern und zur Aufstellung des Jahresabschlusses verpflichtet ist.[176] Teilweise müssen die Stiftungen einen **Haushaltsplan** feststellen, in dem Einnahmen und Ausgaben, die für das Rechnungsjahr zu erwarten sind, nach Zweckbestimmung und Ansatz getrennt auszuweisen sind und zum Ausgleich zu bringen sind.[177] Abgesehen von der Regelung in den StiftG der Länder, die der Stiftungsaufsicht dienen, kann der Stifter auch noch weitergehende Anordnungen treffen, in welcher Weise der Stiftungsvorstand zur Rechnungslegung verpflichtet ist. Soweit die Stiftung ein erwerbswirtschaftliches Unternehmen betreibt, hat sie darüber hinaus einen Jahresabschluß vorzulegen. Bei Erreichen der Größenklassen nach dem **Publizitätsgesetz** muß auch eine gemeinnützige Stiftung, die einen in kaufmännischer Weise eingerichteten wirtschaftlichen Geschäftsbetrieb unterhält, einen geprüften Jahresabschluß vorlegen.[178]

95 Soweit eine Stiftung aus öffentlichen Mitteln errichtet worden ist, sind unter Umständen auch die Bestimmungen des jeweiligen Haushaltsrechtes zu beachten. Möglicherweise unterliegt eine Stiftung sogar der **Kontrolle der Rechnungshöfe**.[179]

c) Beachtung der stiftungsaufsichtsbehördlichen Genehmigungs- und Anzeigepflichten

96 Je nachdem, in welchem Bundesland eine Stiftung ansässig ist, hat sie zahlreiche Genehmigungs- und Anzeigepflichten nach dem StiftG

---

[174] Grundlegend BVerwG VII C 27.71 v. 22. 9. 1972, BVerwGE 40, 347; vgl. zur Praxis der Aufsichtsbehörden *Büermann* IDW, S. 37.

[175] Näher zu den gesetzlichen Bestimmungen und zur zweckmäßigen Gestaltung der Rechnungslegung unten § 11 sowie *Orth* DB 1997, 1341; *ders.* FS Rädler S. 457 ff.

[176] § 10 NWStiftG; § 12 Abs. 1 S. 4 BrbStiftG; § 7 Abs. 3 BWStiftG; § 9 Abs. 3 MVStiftG; § 5 Abs. 1 S. 2 SaStiftG; § 4 SHStiftG.

[177] § 17 RhldPfStiftG; § 52 AVO StiftG Bay.

[178] § 10 Rz. 110.

[179] Vgl. BVerwG 7 C 42/82 v. 28. 2. 1986, NJW 1986, 2843.

des jeweiligen Landes zu erfüllen. Anzuzeigen sind regelmäßig die Veränderungen im Vorstand. Genehmigungspflichtig sind Satzungsänderungen. Darüber hinaus bedürfen eine Reihe von Rechtsgeschäften, die eine Stiftung vornehmen möchte, der Genehmigung der Aufsichtsbehörde.[180] Es gehört zu den Aufgaben des Vorstands, die aufsichtsrechtlichen Bestimmungen genau zu beachten.

d) Steuerliche Pflichten

Der Vorstand der Stiftung haftet nach § 69 AO persönlich auf die 97
ordnungsgemäße Beachtung der steuerlichen Pflichten der Stiftung. Insb. hat er die erforderlichen Steuererklärungen zu erstellen und dabei wahrheitsgemäße Angaben zu machen.[181] Der Vorstand ist als gesetzlicher Vertreter der Stiftung verantwortlich für die Einhaltung der steuerlichen Pflichten (§ 34 AO). Die persönliche Haftung für Steuerschulden bei schuldhaftem Verstoß eines Organs gegen steuerliche Pflichten wird auch nicht gemindert, wenn der Stiftungsvorstand nur ehrenamtlich tätig ist.[182]

2. Beschlußfindung im Vorstand

a) Einberufung

Die Satzung der Stiftung regelt, wie das zuständige Stiftungsorgan 98
in einem ordnungsgemäßen Entscheidungsverfahren zu einer Entscheidung gelangt. Regelmäßig stehen alternativ mündliche oder schriftliche Entscheidungsverfahren zur Verfügung. Bei mündlichen Entscheidungsverfahren muß die Versammlung ordnungsgemäß und unter Angabe der zur Beschlußfassung gestellten Gegenstände einberufen werden. Die Einberufung hat unter Wahrung einer angemessenen Frist zu geschehen, Zeitpunkt und Ort müssen grds. allen Organmitgliedern gleichermaßen offenstehen. Bei der Einberufung ist die Tagesordnung bekanntzugeben. In einer fehlerhaft einberufenen Versammlung getroffene Beschlüsse sind nichtig. Sie können ausnahmsweise nur dann wirksam ergehen, wenn alle Organmitglieder erschienen sind und der Beschlußfassung nicht widersprochen haben.[183] Dies gilt auch, sofern nur ein wesentlicher Tagesordnungspunkt auf der Einladung nicht aufgeführt war.

b) Beschlußfähigkeit

Für die Feststellung der Beschlußfähigkeit kommt es allein darauf 99
an, wieviel Mitglieder dem jeweiligen Stiftungsorgan angehören. Sofern diese Mitglieder erschienen sind, ist das zuständige Stiftungsorgan

---

[180] Siehe unten Rz. 137, 112.

[181] Dazu für die Lohnsteuer § 14 Rz. 253 ff.; 273 ff.; für die Umsatzsteuer § 11 Rz. 120–130; für die Ertragsteuern § 7 Rz. 330 ff.; vgl. auch unten Rz. 118.

[182] BFH v. 23. 6. 1998 VII R 4/98 BStBl. II 1998, 761; zur Haftung s. a. Rz. 118.

[183] *Seifart-v. Campenhausen/Hof* § 9 Rz. 128.

auch dann beschlußfähig, wenn ein einzelnes Mitglied nicht stimmberechtigt ist, weil es suspendiert ist oder aufgrund des Umstandes, daß über seine eigene Angelegenheit, beispielsweise ein Rechtsgeschäft mit ihm persönlich, abgestimmt werden soll, nicht abstimmungsfähig ist.[184]

c) Mehrheitsprinzip

100 Regelmäßig werden Entscheidungen innerhalb des Vorstands nach dem Mehrheitsprinzip gefällt. Dabei ist – vorbehaltlich einer abweichenden Satzungsbestimmung – die absolute Mehrheit entscheidend. Für besonders gewichtige Vorgänge wie Satzungs- oder Zweckänderungen sieht die Stiftungsatzung idR qualifizierte Mehrheiten vor. In aller Regel haben die Organmitglieder **gleichgewichtige Stimmen**. Um Patt-Situationen zu vermeiden wird häufig festgelegt, daß bei Stimmengleichheit die Stimme des Vorsitzenden den Ausschlag gibt. Mitunter wird auch geregelt, daß der Stifter oder andere ihm nahestehende Personen gegen bestimmte Entscheidungen ein Veto einlegen können.

101 Ein Vorstandsmitglied ist analog § 34 BGB nach h. M. **nicht stimmberechtigt**, wenn die Beschlußfassung die Vornahme eines Rechtsgeschäfts mit ihm oder die Einleitung oder Erledigung eines Rechtsgeschäfts zwischen ihm und der Stiftung betrifft, obwohl § 86 BGB nicht auf § 34 BGB verweist.[185]

3. Rechte des Vorstands

a) Auslagenersatz

102 Für die Geschäftsführung durch den Vorstand und dessen Rechtsverhältnis zur Stiftung gilt, wenn keine abweichenden Regelungen in der Satzung vorhanden sind, § 27 Abs. 3 BGB. Danach finden die §§ 664 bis 670 BGB entspr. Anwendung. Aufgrund des § 670 BGB kann **jedes Vorstandsmitglied Ersatz seiner Auslagen verlangen**. Die Stiftung schuldet den Auslagenersatz nur dann nicht, wenn in der Satzung niedergelegt ist, daß die Tätigkeit unter Verzicht auf Auslagenersatz ausgeübt wird.

b) Vergütung

103 In der Satzung sollte geregelt werden, ob der Vorstand ehrenamtlich, nebenamtlich oder hauptamtlich tätig werden soll. Die Erträge des Stiftungsvermögens müssen ausreichend erscheinen, damit eine hauptamtlich tätig werdende Person neben der Verwendung der Stiftungserträge für die gemeinnützigen Zwecke beschäftigt werden kann. Auch aus gemeinnützigkeitsrechtlichen Gründen ist es erforderlich, daß die Verwaltungskosten in einem **angemessenen Verhältnis zu der Verwendung**

[184] BGH III ZR 157/91, v. 14. 10. 1993, NJW 1994, 184.
[185] *Seifart-v. Campenhausen/Hof* § 9 Rz. 142.

der Mittel für gemeinnützige Zwecke stehen.[186] Maßgebend für eine Vergütung ist die Art der Leistungen, die die Vorstandsmitglieder übernehmen sollen. Soweit Organmitglieder entgeltlich tätig werden, sehen eine Reihe von StiftG vor, daß Art und Umfang der Dienstleistung und der Vergütungen vor Aufnahme der Tätigkeit schriftlich zu regeln sind.[187] In der Satzung sollte festgelegt werden, wer die Stiftung beim Abschluß der Verträge mit Organmitgliedern vertritt. Fehlt es an einer entspr. Regelung und kann die Stiftung nicht vertreten werden, ist von der Aufsichtsbehörde ein Notvertreter nach §§ 86, 29 BGB zu bestellen. Dasselbe gilt, wenn nur ein Organmitglied berufen ist, welches zu seinen Gunsten einen Vertrag abschließen möchte.

Soweit der Stifter in der Stiftungssatzung Vorgaben für die Höhe der Besoldung gegeben hat, sind diese zu beachten. Sofern sich ein Üblichkeitsmaßstab für Vergütungen herausgebildet haben sollte, kann dieser einen Anhaltspunkt dafür geben, welche Vergütung im Einzelfall angemessen ist. Eine Stiftung ist aber selbstverständlich darin frei, die Organmitglieder nach strikten Leistungsprinzipien zu bezahlen und dabei von Vergütungsgrundsätzen für Angestellte im öffentlichen Dienst abzuweichen.[188] Die Aufsichtsbehörde darf die Höhe von Vergütungen nur rügen, wenn feststeht, daß eine gleichwertige Tätigkeit üblicherweise erheblich niedriger vergütet wird und daß die Erfüllung des Stiftungszwecks durch die vergleichsweise hohe Vergütung beeinträchtigt wird.[189]

4. Verwaltungskosten

Eine Stiftung muß notwendigerweise zur Deckung ihrer Verwal- 104
tungskosten die Erträge des Stiftungsvermögens einsetzen. Allerdings schreiben die StiftG der Länder regelmäßig vor, daß der Stiftungsvorstand die **Kosten der Verwaltung** der Stiftung **so gering wie möglich** zu halten hat.[190] In vielen Fällen ist es allerdings künstlich, die Verwaltungskosten von Aufwendungen zur Erfüllung der Stiftungszwecke zu trennen. Die Aufwendungen für die Stiftungsverwaltung sind am Stiftungszweck und der für die Erfüllung des Stiftungszwecks einzusetzenden Mittel zu messen. Handelt es sich um eine operativ tätig werdende Stiftung, so sind die Verwaltungsaufwendungen naturgemäß erheblich höher, als wenn die Stiftung sich auf die Förderung fremder Projekte beschränkt. Die Entscheidung, ob die Stiftung operativ oder fördernd tätig wird, obliegt allein dem Stiftungsvorstand im Rahmen der Stiftungsatzung. Welche Maßnahmen der Stiftungsvorstand er-

---

186 Vgl. dazu § 8 Rz. 19 sowie § 6 Abs. 4 NdsStiftG, § 16 Abs. 2 RhldPfStiftG; § 5 Abs. 2 SaStiftG; § 4 Abs. 3 SHStiftG.

187 § 6 Abs. 4 NdsStiftG, § 16 Abs. 3 RhldPfStiftG; § 5 Abs. 2 SaStiftG.

188 BVerwG VII C 27.71 v. 22. 9. 1972, BVerwGE 40, 347 [352]; *Büermann* IDW, S. 40.

189 BVerwG. a.a.O.; zum Gemeinnützigkeitsrecht vgl. § 8 Rz. 19 ff.

190 § 9 Abs. 1 NWStiftG; § 6 Abs. 4 NdsStiftG, § 7 Abs. 1 BWStiftG; zum Gemeinnützigkeitsrecht vgl. § 8 Rz. 19 ff.

greift, um die Stiftungszwecke zu fördern, hat er ebenfalls allein in Ausübung seines Ermessens zu entscheiden. Dabei müssen die vom Vorstand gewählten Maßnahmen ein geeignetes Mittel sein, um den Stiftungszweck zu fördern. Die dafür nützlichen Aufwendungen sind angemessen, es sei denn, die Stiftungserträge würden nicht ausreichen, um die im Einzelfall gewählte Maßnahme fördern zu können, so daß das Handeln mit einer vernünftigen wirtschaftlichen Betrachtungsweise unvereinbar ist.[191]

5. Vertretung

a) Umfang der Vertretungsbefugnis

105 Der Umfang der Vertretungsmacht eines einzelnen Vorstandsmitglieds richtet sich grds. nach der Satzung der Stiftung. Dort kann entweder **Einzelvertretung oder Gesamtvertretung** angeordnet sein. Fehlen Regelungen in der Satzung, so ist von der Gesamtvertretung aller Vorstandsmitglieder auszugehen. Allerdings kann dann im Einzelfall die Vertretungsmacht einzelnen Vorstandsmitgliedern übertragen worden sein.[192] Nicht zulässig ist es, abweichend von den Satzungsbestimmungen einzelnen Personen eine unbeschränkte Generalvollmacht zu erteilen. Dies erfordert vielmehr eine Satzungsänderung.[193] Die entspr. Regelungen in der Satzung gelten zunächst für die Aktivvertretung.

106 Neben den Vorstandsmitgliedern können aufgrund der Satzung auch die besonderen Vertreter berechtigt sein, die Stiftung bei laufenden Geschäften zu vertreten. Soweit andere Angestellte die Stiftung nach außen vertreten, benötigen sie zu ihrer Legitimation eine Ermächtigung durch die vertretungsberechtigten Vorstandsmitglieder im Einzelfall. Die Erteilung einer Generalvollmacht an Personen, denen aufgrund der Satzung keine Vertretungsbefugnis eingeräumt wurde, ist nicht zulässig, weil ansonsten die vom Stifter vorgegebenen Vertretungsregeln unterlaufen werden.

107 Gemäß §§ 86, 28 Abs. 2 BGB genügt zur **Passivvertretung** bei Willenserklärungen an die Stiftung deren Abgabe gegenüber einem von mehreren Vorstandsmitgliedern. Demzufolge genügt auch das Kennen oder Kennenmüssen von Tatsachen bei einem Mitglied des Stiftungsvorstands, damit die Stiftung bösgläubig wird. Die Kenntnis eines Organmitglieds wird der Stiftung als Ganzes zugerechnet.

108 Nach den §§ 86, 26 Abs. 2 Satz 2 BGB kann **in der Satzung der Stiftung der Umfang der Vertretungsmacht** der Vorstandsmitglieder **mit Wirkung gegen Dritte beschränkt** werden. Zu unbestimmt sind aber allein größenabhängige Klauseln, wie die Anordnung von Zustimmungspflichten für Investitionen über DM 50 000,–. Nur wenn die einzelnen zustimmungspflichtigen Rechtsgeschäfte, wie Erwerb

---

[191] BVerwG VII C 27.71 v. 22. 9. 1972, BVerwGE 40, 347 (352).

[192] *Seifart-v. Campenhausen/Hof* § 9 Rz. 31.

[193] *Seifart-v. Campenhausen/Hof* § 9 Rz. 31.

oder Belastung von Grundstücken, genau bezeichnet sind, kommt eine bescheinigungsfähige Beschränkung der Vertretungsmacht in Betracht.[194] Nicht zu folgen ist der Lehre, daß sich bereits aus dem Stiftungszweck eine Einschränkung der Vertretungsmacht der Organmitglieder der Stiftung ergebe.[195] Grds. können die Vorstandsmitglieder die Stiftung unbeschränkt vertreten. Der Geschäftspartner hat nicht zu prüfen, ob sie dabei im Rahmen des vorgegebenen Stiftungszwecks handeln.[196] Wenn dem Geschäftspartner eine vom Stifter in der Satzung angeordnete beschränkende Vertretungsmacht des Stiftungsvorstands unbekannt geblieben sein sollte, erwirbt er von einem Nichtberechtigten. Die Verfügung der Vorstandsmitglieder ist unwirksam, es sei denn der Geschäftspartner erwirbt wirksam aufgrund der Vorschriften über den Gutglaubenserwerb.[197]

b) Verbot des Selbstkontrahierens

Nach den StiftG der Länder bedürfen Geschäfte, die zwischen der Stiftung und einem Vorstandsmitglied abgeschlossen werden sollen, der Genehmigung durch die Stiftungsaufsichtsbehörde.[198] Sofern allerdings das Stiftungsgeschäft oder die Satzung Befreiungen von den Beschränkungen des § 181 BGB vorsehen, werden diese Befreiungen von der Genehmigung der Stiftung nach § 80 BGB i. V. m. dem einschlägigen Landesrecht erfaßt.[199] Anderes gilt nur, wenn das Landesrecht für Insichgeschäfte zwingend die aufsichtsbehördliche Bestellung eines besonderen Vertreters vorschreibt, wie dies in Art. 22 BayStiftG geregelt ist. Das Verbot der Insichgeschäfte greift nicht, wenn das Rechtsgeschäft ausschließlich in der Erfüllung einer Verbindlichkeit besteht oder entspr. der Rechtsprechung zu § 181 BGB für die Stiftung lediglich rechtlich vorteilhaft ist. Mißlich kann das Verbot des Selbstkontrahierens beispielsweise in den Fällen sein, in denen den Vorstandsmitgliedern ein Aufwandsersatz für ihr Tätigwerden zugebilligt wird. In diesen Fällen kann von der Aufsichtsbehörde eine generelle Erlaubnis für derartige Geschäfte erteilt werden. 109

c) Nachweis der Vertretungsmacht und Rechtsfähigkeit

Für das Auftreten der Stiftung im Rechtsverkehr ist es von entscheidender Bedeutung, daß diese die Vertretungsmacht der Organmitglieder nachweisen kann. Im Unterschied zum Vereinsregister oder Handelsregister gibt es kein Stiftungsregister mit positiver oder negativer 110

[194] BayObLG v. 19. 8. 1999 2 Z BR 63/99, NJW-RR 2000, 41.

[195] So BGH NJW 1957, 708; *Palandt/Heinrichs* § 86 BGB Rnr. 1; *RGRK/Steffen* § 86 Rnr. 3.

[196] *Staudinger/Rawert* § 86 Rz. 8; *MünchKomm/Reuter* § 86 Rz. 3; *Seifart-v. Campenhausen/Hof* § 9 Rnr. 33; *Kronke* S. 111.

[197] *Seifart-v. Campenhausen/Hof* § 9 Rz. 30; *MünchKomm/Reuter* § 86 Rz. 33; *Palandt/Heinrichs* § 86 Rz. 1.

[198] Vgl. § 13 BWStiftG, § 21 NWStiftG; §§ 18, 34 RhldPfStiftG; § 9 SHStiftG.

[199] KG StiftRspr. III, 35, 36 f.

Publizität für die Vorstandsmitglieder.[200] Soweit in den LandesStiftG die Führung von Stiftungsverzeichnissen mit den wesentlichen Angaben zur Stiftung wie Namen, Zweck, Sitz, Organe oder Vertretung angeordnet wird, schützen diese Verzeichnisse nicht das Vertrauen des Rechtsverkehrs in die Richtigkeit und Vollständigkeit der in ihnen enthaltenen Eintragungen.[201] Sie sind bloße Informationsmittel.[202] Aufgrund dessen ist es für die Stiftung von entscheidender Bedeutung, daß die Aufsichtsbehörde verpflichtet ist, den Organmitgliedern eine Vertretungsbescheinigung auszustellen, damit sich diese im Rechtsverkehr legitimieren können. Zwar ist die Ausstellung von **Vertretungsbescheinigungen** gesetzlich nur in wenigen Bundesländern geregelt.[203] Doch gehört die Erteilung der Vertretungsbescheinigungen auch ohne gesetzliche Anordnung zu den Aufgaben der Stiftungsaufsicht.[204] Die Stiftung hat einen Rechtsanspruch auf Erteilung einer Vertretungsbescheinigung, wenn sie ohne die Vertretungsbescheinigung im Rechtsverkehr nicht handlungsfähig ist. Mit der in den LandesStiftG vorgeschriebenen Anmeldung der Vorstandsmitglieder bei der Aufsichtsbehörde sollte im Regelfall auch der Antrag auf Ausstellung einer Vertretungsbescheinigung verbunden werden. Zwar entfaltet eine derartige Vertretungsbescheinigung keine Publizitätswirkung, doch muß die Stiftung die Vertretungsbescheinigung analog §§ 172, 173 BGB gegen sich gelten lassen, bis dem Geschäftspartner ihr Widerruf bekannt geworden ist.[205] Die Stiftungsaufsichtsbehörde haftet unter Amtshaftungsgesichtspunkten, wenn sie schuldhaft eine falsche Vertretungsbescheinigung ausstellen sollte und dadurch der Geschäftspartner der Stiftung einen Schaden erleidet. Die Vertretungsbescheinigung kann nicht nur für die Vorstandsmitglieder, sondern auch für die besonderen Vertreter, soweit diese aufgrund der Satzung zur Vertretung berechtigt sind, beansprucht werden. Sie wird im Rechtsverkehr, beispielsweise von Notaren bei der Grundstücksbeurkundung, allgemein anerkannt.

111 In Einzelfällen benötigt eine Stiftung außer einer Vertretungsbescheinigung für das Auftreten im Rechtsverkehr auch einen **Rechtsfähigkeitsnachweis**. Eine Stiftung, die bereits in der Zeit vor Inkrafttreten des BGB errichtet worden ist, kann einen Rechtsfähigkeitsnachweis von der zuständigen Stiftungsaufsichtsbehörde erhalten, wenn sie ihre Rechtsfähigkeit bei der Aufsichtsbehörde nachzuweisen vermag. Eine entspr. Bescheinigung gilt als öffentliche Urkunde, die beispielsweise von den Grundbuchämtern anzuerkennen ist.[206]

---

[200] Vgl. aber zu Reformvorschlägen *Crezelius/Rawert* ZIP 1999, 37; *Schauhoff* ZEV 1999, 121; *Wochner* BB 1999, 1441.

[201] Stiftungsregister bestehen nach §§ 4 BWStiftG; 26, 33 NWStiftG; 18 SaStiftG; 26 BbgStiftG; 11 BlnStiftG; 4 MOStiftG.

[202] *Staudinger/Rawert* Vorbem. zu §§ 80 ff. Rz. 78; vgl. §§ 26, 33 NWStiftG; § 4 BWStiftG.

[203] § 17 Hbg AGBGB.

[204] *Staudinger/Rawert* Vorbem. zu §§ 80 ff. Rz. 80.

[205] *MünchKomm/Reuter* § 86 Rz. 3.

d) Wirkung aufsichtsbehördlicher Genehmigungsvorbehalte

In den Stiftungsgesetzen der meisten Länder ist vorgesehen, daß die Stiftungsorgane für den Abschluß einer Reihe von Rechtsgeschäften die Genehmigung der Aufsichtsbehörde benötigen.[207] Bis zur Erteilung der stiftungsrechtlich notwendigen Genehmigung ist das Rechtsgeschäft, und zwar sowohl das Verpflichtungs- als auch das dingliche **Geschäft, schwebend unwirksam** (§§ 182 ff. BGB).[208] Die Genehmigung wirkt nach § 184 BGB auf den Zeitpunkt der Vornahme des Geschäfts zurück. Bei **einseitigen Geschäften** ist das Geschäft **unwirksam**, wenn nicht zuvor die Genehmigung der Aufsichtsbehörde vorliegt. Ist das Verpflichtungsgeschäft genehmigt, so muß das grds. auch für das Verfügungsgeschäft gelten, sofern die Behörde sich dessen besondere Genehmigung nicht ausdrücklich vorbehalten hat.[209] Die Genehmigung der Aufsichtsbehörde deckt das Geschäft in dem Umfang ab, in dem es der Aufsichtsbehörde zur Beurteilung vorgelegen hat. Geht die Stiftung über diesen Umfang hinaus, so ist § 139 BGB entspr. anzuwenden. Wenn eine Genehmigung nicht erforderlich ist, sollte die Stiftungsaufsichtsbehörde ein Negativattestat ausstellen, damit die Stiftung nachweisen kann, daß das Geschäft zustandegekommen ist. Insb. bei notariellen Verfügungen oder bei Verfügungen, die das Grundbuch berühren, wird die Stiftung in einer Reihe von Bundesländern nur handeln können, wenn sie nachweisen kann, daß von seiten der Aufsichtsbehörde keine Bedenken gegen die Ausführung des Geschäfts bestehen. 112

Genehmigt die Stiftungsaufsichtsbehörde das Geschäft nachträglich, so wird der Vertrag nur dann von Beginn an wirksam, wenn dem Vertragspartner von der Stiftung über die Genehmigung Mitteilung gemacht wird. Die Stiftung ist also nicht gezwungen, von der erteilten Genehmigung Gebrauch zu machen.[210] Der Vertragspartner kann der Stiftung eine Frist von zwei Wochen setzen, bis das Vorliegen der Genehmigung nachgewiesen sein muß. Hat er diese Frist gesetzt, wird das Geschäft selbst dann hinfällig, wenn die Aufsichtsbehörde noch nicht entschieden haben sollte. Auch von daher empfiehlt es sich, die Genehmigung entweder vor Abschluß des Geschäfts einzuholen oder aber zumindest die Genehmigungsbedürftigkeit des Geschäfts im Vertrag aufzunehmen. 113

6. Die Haftung des Vorstands

Jedes einzelne Vorstandsmitglied haftet für Pflichtverletzungen im Rahmen seiner Geschäftsführungstätigkeit aus positiver Forderungs- 114

---

[206] OLG Frankfurt/M. v. 4. 9. 1996, NJW-RR 1997, 401; OLG Hamm, NJW-RR 1995, 469.

[207] Näher dazu unten Rz. 156 ff.

[208] BayObLG BReg. 37114/89 v. 5. 10. 1989, BB 1989, 2425.

[209] *Seifart-v. Campenhausen/Hof* § 11 Rz. 203; *Pohley* Art. 27 BayStiftG, Rz. 2; *Andrick* S. 138 f.

[210] Vgl. RGZ 76, 364; 132, 261.

verletzung nach §§ 86, 27 Abs. 3, 664–670 BGB auf Schadensersatz. Grds. haftet das einzelne Organmitglied ab jeder **leicht fahrlässigen Nicht- oder Schlechterfüllung** der Pflichten eines Vorstandsmitgliedes. In einer Reihe von Landesgesetzen ist allerdings die Haftung für einfache Fahrlässigkeit ausgeschlossen.[211] Es ist umstritten, ob der Ausschluß der einfachen Fahrlässigkeit durch eine landesgesetzliche Bestimmung überhaupt zulässig ist.[212] Jedenfalls kann der Stifter in der Stiftungssatzung den Rückgriff auf die Organmitglieder auf Fälle von Vorsatz und grober Fahrlässigkeit beschränken. Mehrere Organmitglieder haften regelmäßig als Gesamtschuldner.

115 Haftungsbegründend ist zum einen die **Fehlverwendung von Mitteln** der Stiftung. Ob eine Fehlverwendung vorliegt, hängt von der Beachtung der satzungsrechtlichen Vorgaben ab. Eine gemeinnützige Tätigkeit allein genügt nicht, vielmehr muß der vom Stifter niedergelegte Zweck verfolgt werden.[213] Auch wenn der Vorstand einer gemeinnützigen Stiftung Fördermittel, die der Stiftung an sich zuständen, nicht abruft, kann eine haftungsbegründende Pflichtverletzung vorliegen, sofern dadurch tatsächlich ein Vermögensschaden entstanden sein sollte.[214] Haftungsbegründend ist es auch, wenn die Organmitglieder bei ihrer Tätigkeit nicht die **landesgesetzlichen Genehmigungsvorbehalte** beachten oder das Stiftungsvermögen **entgegen den Vorgaben des Stifters oder der Aufsichtsbehörde** anlegen. Zwar wird heute in den Stiftungsgesetzen eine mündelsichere Vermögensanlage nicht mehr gefordert, doch sollten die Organmitglieder die Art der Vermögensanlage zumindest in den Grundzügen mit der Aufsichtsbehörde durchsprechen, um das Risiko einer eigenen Haftung auszuschließen. Wenn der Aufsichtsbehörde der haftungsbegründende Sachverhalt in vollem Umfang bekannt war und sie ihn gleichwohl nicht beanstandet hat, scheidet eine Haftung der Organmitglieder persönlich aus. Allerdings kommt dann eine Haftung der Aufsichtsbehörde wegen Verletzung von Amtspflichten gegenüber der Stiftung in Betracht.[215]

116 Ansprüche der Stiftung gegen die Organmitglieder können von der Stiftungsaufsicht im Namen und auf Kosten der Stiftung im Wege einer **gesetzlichen Prozeßstandschaft** geltend gemacht werden. Allerdings soll die Stiftungsaufsichtsbehörde in erster Linie darauf drängen, daß der nachfolgende Stiftungsvorstand Ansprüche gegen abberufene Vorstandsmitglieder geltend macht. Zur Klärung und Durchsetzung von Haftungsansprüchen kann die Aufsichtsbehörde der Stiftung auch einen besonderen Vertreter bestellen.

117 Auch wenn der Rechenschaftsbericht des Vorstands von der Aufsichtsbehörde gebilligt wird, so liegt darin keine **Entlastung** des Vor-

---

[211] Vgl. Art. 15 BayStiftG, § 6 Abs. 1 BreStiftG; § 8 HessStiftG; § 8 Abs. 2 MVStiftG; § 6 Abs. 3 NdsStiftG.; § 19 RhldPfStiftG; § 5 Abs. 2 SaStiftG.

[212] *Staudinger/Rawert* § 86 Rz. 13.

[213] BGH III ZR 10/74 v. 3. 3. 1977, BGHZ 68, 142.

[214] OLG Hamm v. 20. 5. 1999, NJW-RR 1999, 1715.

[215] BGH III ZR 10/74 v. 3. 3. 1977, BGHZ 68, 142.

stands der Stiftung, da die Aufsichtsbehörde nicht über Ersatzansprüche der Stiftung gegenüber den Organmitgliedern verfügen kann. Wenn aber der Stifter in der Satzung ausdrücklich angeordnet hat, daß ein besonderes Stiftungsgremium über die Entlastung der Vorstandsmitglieder entscheiden darf, so erlöschen die Regreßansprüche der Stiftung, da dieses Gremium nach dem Willen des Stifters auf Rechte der Stiftung verzichten kann.

Der Stiftungsvorstand muß als Organ der Gesellschaft gem. § 34 118
AO die **steuerlichen Pflichten** der Gesellschaft **erfüllen und haftet gem. § 69 AO**, wenn er dieser Verpflichtung vorsätzlich oder grob fahrlässig nicht nachkommt. Wenn die Stiftung beispielsweise zu Unrecht den Status der Gemeinnützigkeit beansprucht oder einen tatsächlich bestehenden wirtschaftlichen Geschäftsbetrieb nicht der Besteuerung unterwirft, haftet der Vorstand, wenn die Stiftung später nicht in der Lage ist, den bestehenden Steueranspruch zu erfüllen. Der Haftungsanspruch richtet sich in erster Linie gegen das Vorstandsmitglied, welches nach der schriftlichen Geschäftsverteilung bei der Stiftung für die Erfüllung der steuerlichen Ansprüche zuständig ist.[216] Die Haftung ist subsidiär. Der Vorstand haftet nur, nachdem die Vollstreckung der Steueransprüche gegen die Stiftung erfolglos geblieben ist oder absehbar keinen Erfolg verspricht. Allerdings setzt die Haftung nach § 69 AO grob fahrlässiges Verhalten voraus, woran es fehlt, wenn der Vorstand von der Möglichkeit der Finanzierung von Steuerschulden durch Dritte ausgehen durfte.[217] Eine ehrenamtliche Vorstandstätigkeit führt allerdings nicht zu verminderten Sorgfaltspflichten.[218]

Die Vorstandsmitglieder haften für **nicht einbehaltene und nicht** 119
abgeführte Lohnsteuer oder Beiträge zur Sozialversicherung ebenfalls persönlich nach §§ 529 RVO, 150 RVG, weil diese Vorschriften als Schutzgesetz i. S. d. § 823 Abs. 2 BGB anzusehen sind. Ein Schadensersatzanspruch gegen den Vorstand persönlich entsteht allerdings nur bei Nichtleistung der von den Arbeitnehmern geschuldeten Beitragsanteile.

Darüber hinaus kann ein Vorstandsmitglied sich auch der Untreue 120
gegenüber einer Stiftung schuldig machen. Ein strafbares Verhalten nach § 266 StGB kommt insb. dann in Betracht, wenn die Vorstandsmitglieder eigennützig handeln und das Stiftungsvermögen für ihre privaten Interessen einsetzen. Soweit die Stiftung Aufgaben der öffentlichen Verwaltung erfüllt und dabei staatlicher Steuerung und Kontrolle unterliegt, kommt auch eine Bestrafung aufgrund der Eigenschaft als Amtsträger in Betracht.[219] Eine **strafrechtliche Verantwortlichkeit** und persönliche Haftung kann auch durch einen **verspäteten Konkursantrag** begründet werden.[220]

---

216 FG Brbg. 4 V 426/98 H v. 6. 5. 1998, EFG 1998, 1106.

217 FG BadWü 12 K 270/94 v. 24. 7. 1996, EFG 1997, 1274.

218 BFH v. 23. 6. 1998 VII R 4/98, BStBl. II 1998, 761.

219 BGH 2 StR 521/97 v. 19. 12. 1997; vgl. zur Haushaltsuntreue BGH 1 StK 273/97 NJW 1998, 913.

220 Zum Konkursrecht und Zeitpunkt der Einleitung eines Insolvenzverfahrens vgl. § 18.

121 Eine besondere Form der steuerlichen Haftung enthält noch § 10b EStG, wonach ein Vorstandsmitglied, welches vorsätzlich oder grob fahrlässig eine **unrichtige Spendenbescheinigung** ausstellt oder veranlaßt, daß Spenden, die steuerlich abgezogen werden konnten, nicht zu den in der Bescheinigung angegebenen steuerbegünstigten Zwecken verwendet werden, auf die entgangene Steuer haftet (§ 10b Abs. 4 Satz 2 EStG). Dabei wird die entgangene Steuer mit 40 v. H. des zugewendeten Betrages angesetzt. Die Frage, ob sich der Spendenabzug beim Spender überhaupt steuerlich ausgewirkt hat, bleibt ohne Bedeutung für das Entstehen der Haftung.[221] Vorstandsmitglieder einer Stiftung sollten daher insb. auf eine satzungsgemäße Verwendung von Spendenmitteln achten.[222]

7. Die Haftung der Stiftung für das Tätigwerden der Organe

122 Die Stiftung **haftet gegenüber Dritten** zwingend für jeden Schaden, den ein Stiftungsorgan oder ein Organmitglied in Ausführung der ihm übertragenen Aufgaben verursacht hat (§§ 86, 31 BGB). Voraussetzung der Haftung ist nach § 31 BGB ein innerer Zusammenhang zwischen der schädigenden Handlung und der Organtätigkeit. Besteht die schädigende Handlung aber lediglich in einer Überschreitung der Vertretungsmacht, so haftet dafür nach § 179 BGB nicht die Stiftung, sondern das Organmitglied selbst. Dasselbe gilt, wenn ein Rechtsgeschäft aufgrund fehlender aufsichtsbehördlicher Genehmigung nichtig sein sollte. In diesem Fall haftet das Organmitglied bei fehlender Genehmigung persönlich auf den Schaden, der dem Vertragspartner dadurch entstanden ist, daß das schon abgeschlossene Geschäft nicht genehmigt worden ist, es sei denn, die Genehmigungsbedürftigkeit des Rechtsgeschäftes wäre Teil des Vertrages geworden. Für ihre sonstigen Bediensteten oder Bevollmächtigten haftet die Stiftung nach den allgemeinen Vorschriften, also gem. § 278 BGB bei vertraglich begründeten Schuldverhältnissen und nach § 831 BGB außerhalb von Schuldverhältnissen für Verrichtungsgehilfen.

V. Erhaltung des Stiftungsvermögens

1. Vermögenserhaltung und Ertragsverwendung

126 In den StiftG der Länder sind zwei Grundsätze geregelt, die stets miteinander in Einklang zu bringen sind:

- Die Erträge des Stiftungsvermögens sind ausschließlich für den Stiftungszweck einzusetzen;
- das Stiftungsvermögen ist in seinem Bestand zu erhalten.

Der Grundsatz der Ertragsverwendung bezieht sich auf die Erträge, die aus dem Stiftungsvermögen fließen. Wesentlich sind dabei die Ein-

---

[221] OFD Frankfurt/M. v. 27. 5. 1994 S 2223 A-95-St II 12.
[222] Vgl. dazu näher unten § 6 Rz. 36–49.

nahmen der Stiftung, über die die Stiftung **tatsächlich verfügen** kann. Hält die Stiftung beispielsweise eine Beteiligung an einer Personengesellschaft, kommt es auf die Gewinnanteile der Stiftung bei der Personengesellschaft an, die die Stiftung tatsächlich aus dem Vermögen der Personengesellschaft entnehmen kann. Nicht eine bilanzielle Vermögensmehrung, sondern tatsächlich zugeflossene Erträge sind für die Stiftungszwecke einzusetzen. Die bilanzielle Behandlung von Vermögenserträgen ist unerheblich.

Die stiftungsrechtliche Pflicht, die Vermögenserträge **ausschließlich** 127
für die Stiftungszwecke zu verwenden, verbietet eine beliebige Ansammlung der Erträge im Vermögen. Ebenso wie im Gemeinnützigkeitsrecht der Grundsatz der zeitnahen Verwendung der Mittel einer gemeinnützigen Einrichtung festgeschrieben ist,[223] regeln die StiftG der Länder, daß die Erträge des Stiftungsvermögens ausschließlich für den Stiftungszweck zu verwenden sind. Regelmäßig ist vorgesehen, daß sie nur ausnahmsweise der Vermögensmasse zugeführt werden dürfen, wenn dies die Satzung vorsieht oder wenn die Zuführung zum Stiftungsvermögen zum Ausgleich von Vermögensverlusten erforderlich ist.[224] Es handelt sich dabei stiftungsrechtlich um das sog. **Admassierungsverbot**[225].

Die Stiftungsgesetze der Länder schreiben andererseits vor, daß das 128
Stiftungsvermögen in seinem Bestand ungeschmälert zu erhalten ist.[226] Damit wird zunächst zum Ausdruck gebracht, daß das gestiftete Vermögen in Natur zu erhalten ist. Dieser Grundsatz gilt beispielsweise für Grundstücke oder Unternehmensbeteiligungen, sofern der Stifter in der Errichtungsurkunde deutlich gemacht hat, daß dieser gestiftete Vermögensgegenstand dauerhaft das Stiftungsvermögen bilden soll. Wenn mit der Veräußerung derartiger Vermögensgegenstände bilanzrechtlich ein Gewinn realisiert werden sollte, so erhöht dieser Gewinn allein das Dotationskapital. Der Veräußerungserlös muß für die ursprünglich eingebrachten Vermögensgegenstände zur Ertragserzielung eingesetzt werden. Soweit dagegen Geld oder Wertpapiere gestiftet wurden, setzt die Bestandserhaltung nicht voraus, daß die Vermögensgegenstände in Natur erhalten bleiben. Vielmehr muß die Ertragskraft des Vermögens sichergestellt werden.[227] Die Ertragskraft wird aber auch durch den Wertverzehr aufgrund von Inflation beeinträchtigt.[228] Des-

---

[223] Dazu ausführlich unten § 8 Rz. 71–101.

[224] Vgl. § 6 Abs. 2 Satz 2 NdsStiftG; § 15 Abs. 1 RhlPfStiftG; Art. 12 BayStiftG; § 10 Abs. 1 BbgStiftG; § 7 Abs. 3 BreStiftG; § 6 Abs. 3 HessStiftG; § 8 Abs. 1 NWStiftG; § 6 Abs. 2 SaStiftG; § 4 Abs. 3 SHStiftG.

[225] Vgl. dazu eingehend *Carstensen* Vermögensverwaltung S. 58–66; *ders.*, WPg. 1996, 781 (784).

[226] Art. 10 Abs. 1 BayStiftG; § 3 Abs. 3 BlnStiftG; § 7 Hbg. AGBGB zum BGB; § 6 HessStiftG; § 6 Abs. 1, 2 NdsStiftG; §§ 7, 8 NWStiftG; §§ 14, 15 Abs. 2, 3 RhldPfStiftG; § 6 SaStiftG; § 4 Abs. 2, 3 SHStiftG.

[227] So ausdrücklich § 6 Abs. 2 SaStiftG; § 4 Abs. 3 SHStiftG; § 8 Abs. 1 NWStiftG.

[228] Zutreffend *Carstensen* WPg. 1996, 781 ff.

wegen ist im Zweifel davon auszugehen, daß der Stifter eine reale Kapitalerhaltung gewollt hat.[229] Stets ist jedoch zu beachten, daß der Grundsatz der Vermögenserhaltung nicht zum Selbstzweck werden darf und daher die Stiftungsorgane zur Vermögensumschichtung gezwungen sind, wenn anders die Leistungskraft des Stiftungsvermögens nicht erhalten werden kann. Vielmehr sollte die Vermögensanlage so gewählt werden, daß sie einerseits stetige Vermögenserträge verspricht, andererseits vor Wertverlust des Kapitals aber schützt.

129 Der Grundsatz der Vermögenserhalt verbietet deswegen eine **Aufzehrung oder Teilaufzehrung des Dotationskapitals** zugunsten des Stiftungszwecks. Nur in Ausnahmefällen darf das Stiftungsvermögen angegriffen oder verzehrt werden. Mitunter wird das Stiftungsvermögen selbstverständlich unbeabsichtigt in seinem Wert erheblich gemindert, wenn beispielsweise das gestiftete Mietshaus oder die gestiftete Unternehmensbeteiligung zwischenzeitlich an Wert verloren haben sollte. Dann muß der Stiftungsvorstand entscheiden, ob zur Erhaltung des Vermögenwertes eine Vermögensumschichtung geboten ist. Soweit das Stiftungsvermögen kurzzeitig durch einen Vermögensverzehr geschmälert ist, ist es stiftungsrechtlich zulässig, die Stiftungserträge zunächst zur Auffüllung des Vermögensverlustes zu verwenden. Auch können Mittel angespart werden, um beispielsweise die Beteiligungsquote an einem Unternehmen zu erhalten. Allerdings würde der Stiftungsvorstand das ihm eingeräumte Ermessen überschreiten, wenn er dauerhaft nur noch Erträge thesauriert, ohne die Stiftungszwecke zu verwirklichen, um den ursprünglichen Wert des Vermögens wiederherzustellen. Hat das Vermögen einen nachhaltigen Wertverlust erfahren, müssen die Stiftungszwecke mit den geringeren Erträgen verfolgt werden, sofern nicht stiftungsrechtliche und gemeinnützigkeitsrechtliche Admassierungen zur Aufholung des Wertverlustes zulässig sind.[230]

130 In der Literatur wird die Auffassung vertreten, daß sich der gemeinnützigkeitsrechtliche **Grundsatz der zeitnahen Mittelverwendung** und der stiftungsrechtliche **Grundsatz der Vermögenserhaltung** widersprechen würden.[231] Die Stiftung sei aufgrund der stiftungsrechtlichen Vorschriften gezwungen, soviel Erträge aus dem Stiftungsvermögen anzusparen, daß der Wertverzehr des Vermögens durch Inflation ausgeglichen wird, während gemeinnützigkeitsrechtlich nur die Bildung einer Rücklage nach § 58 Nr. 7a AO in Höhe von $^1/_4$ des Überschusses der Einnahmen über die Kosten aus der Vermögensverwaltung erlaubt werde.[232] Tatsächlich ist es gemeinnützigen Stiftungen nicht erlaubt, über den Anwendungsbereich des § 58 Nr. 7a AO hin-

---

[229] HFA Verlautbarung zur Rechnungslegung von Stiftungen, FN-IDW 2000, 129.

[230] *Hüttemann* FS Flume 90. Geburtstag, 59 (80 ff.).

[231] *Carstensen* WPg 1996, 781 (787 f.); zum Gemeinnützigkeitsrecht § 8 Rz. 71–101.

[232] Durch das Gesetz zur Stiftungsförderung ist jetzt die Anhebung des Rücklagensatzes auf $^1/_3$ mit Wirkung ab 1. 1. 2000 angekündigt.

aus Vorsorge für einen Wertverzehr durch die Inflation zu schaffen. Der Gesetzgeber hat damit typisierend den Schwierigkeiten der gemeinnützigen Stiftungen, ihr Vermögen dem Wert nach zu erhalten, Rechnung getragen.[233] Gemildert wird die Problematik dadurch, daß Erträge aus Vermögensumschichtungen nicht dem Gebot der zeitnahen Mittelverwendung unterliegen, so daß es gemeinnützigen Stiftungen wenigstens idR möglich ist, dem Grundsatz der Vermögenserhaltung zu entsprechen, ohne gegen die Gemeinnützigkeitsvorschriften zu verstoßen. Eine Rangfolge der Normen derart, daß die stiftungsrechtlichen Bestimmungen den gemeinnützigkeitsrechtlichen Bestimmungen vorgehen, existiert nicht.[234] Die gemeinnützige Stiftung wird bewußt vom Stifter dem Regime des Gemeinnützigkeitsrechts unterworfen, welches daher für sie verbindlich ist. Der Steuergesetzgeber hat sich aber auch im Gemeinnützigkeitsrecht dem Nominalwertprinzip angeschlossen, weswegen die Bildung von Rücklagen über den Rahmen des § 58 Nr. 7a AO hinaus aus den Erträgen des Stiftungsvermögens gemeinnützigkeitsrechtlich nicht zulässig ist. Diese Entscheidung bindet die Stiftungen steuerrechtlich. Stiftungsrechtlich kann der Vorstand regelmäßig frei entscheiden, ob er Erträge des Vermögens zum Ausgleich von Inflationsverlusten thesauriert oder gegenwartsnah für die Stiftungszwecke verwendet.[235] Dabei muß er untersuchen, ob der reale Wert des Stiftungsvermögens möglicherweise erheblich über dem bilanziellen Wert liegt, so daß ein Wertverzehr durch Inflation tatsächlich nicht eingetreten ist. In der stiftungsrechtlichen Literatur wird auch die These vertreten, daß der vorübergehende Verlust der Gemeinnützigkeit durch einen Verstoß gegen das Gebot der zeitnahen Mittelverwendung in Kauf zu nehmen sei, sofern die in das Grundstockvermögen zu überführenden Kapitalerträge aufgrund der steuerlichen Vorschriften von der Besteuerung ausgenommen blieben.[236] Im Einzelfall mag der Stifter durchaus den Vorrang der stiftungsrechtlichen Bestandserhaltungsvorschriften angeordnet haben. Wenn die Stiftung tatsächlich durch das Gebot der zeitnahen Mittelverwendung in ihrer Existenz gefährdet werden sollte, was nur in extremen Ausnahmefällen gegeben sein könnte, wird ein Ansparen von Vermögenserträgen stiftungsrechtlich geboten sein. In diesen Fällen dürfte es aber auch nicht zum Verlust der Gemeinnützigkeit kommen, weil in diesen Fällen nach § 63 Abs. 4 AO ein zeitweiliges Ansparen von Mitteln unbedenklich sein könnte.[237]

---

[233] Ziff. 9 zu § 55 AEAO.

[234] So aber *Carstensen* a.a.O., WPg. 1996, 781 (787 f.); ebenso *Hüttemann* FS Flume 59 (90 ff.).

[235] *Büermann* in: IDW, S. 166; vgl. *Carstensen* in: IDW, S. 61 ff. m. w. N. und die auf der Tagung geführte kontroverse Diskussion.

[236] *Pohley* BayStiftG, Art. 26 Rz. 4.

[237] Zu § 63 Abs. 4 AO s. § 8 Rz. 34.

2. Stiftung und Unternehmensträgerschaft

a) Einfluß der Stiftung auf das Unternehmen

131 Einer Stiftung ist es unbenommen, entweder selbst ein **kaufmännisches Gewerbe** zu betreiben oder aber an einem Unternehmen beteiligt zu sein, jedenfalls solange die Stiftung sich als gemeinnützige Stiftung einem ideellen Hauptzweck widmet.[238] Auch Gemeinnützigkeit und unternehmerische Tätigkeit schließen sich nicht von vornherein aus. Soweit eine gemeinnützige Stiftung ein Unternehmen betreibt, um damit Mittel für die gemeinnützige Tätigkeit zu erwirtschaften, handelt es sich um einen steuerpflichtigen wirtschaftlichen Geschäftsbetrieb, der aber die Gemeinnützigkeit der Stiftung unberührt läßt, sofern der Zweck dieses wirtschaftlichen Geschäftsbetriebes in der Mittelbeschaffung besteht.[239] Gemeinnützige Stiftungen können auch ein Unternehmen unterhalten, welches selbst den gemeinnützigen Zwekken dient. Beispielsweise ist dies bei Behindertenwerkstätten der Fall. Bei derartigen Einrichtungen handelt es sich gemeinnützigkeitsrechtlich um sog. **Zweckverwirklichungsbetriebe**.[240] Dient der in der Rechtsform der Stiftung geführte wirtschaftliche Geschäftsbetrieb als **reine Dotationsquelle**, so ist es stiftungsrechtlich zulässig, daß die Stiftung einen derartigen Betrieb unterhält. Allerdings muß durch Stiftungssatzung und Gesellschaftsverträge sichergestellt sein, daß **keine institutionelle Bindung** der Stiftung an den Geschäftsbetrieb besteht. Die Stiftung muß sich von dem Unternehmen trennen können, wenn dies im Interesse einer möglichst sicheren und ertragreichen Anlage des Stiftungsvermögens geboten erscheint.[241] Ist die freie Verfügbarkeit über die Dotationsquelle sichergestellt, so ist eine auf die Beschaffung von wirtschaftlichen Mitteln gerichtete Nebentätigkeit der gemeinnützigen Stiftung nicht genehmigungsschädlich. Das Stiftungsrecht verlangt nicht eine institutionelle Trennung der Organe der Stiftung und des Beteiligungsunternehmens, weil die Organpersonen in ihrer jeweiligen Funktion an die jeweilige Satzung gebunden sind und die Rechtsordnung von einer verantwortungsbewußten Wahrnehmung der jeweiligen Funktion ausgeht.[242]

132 Häufig fungieren gemeinnützige Stiftungen als **Unternehmensträgerstiftungen**. Ein Unternehmer vermacht die Anteile an einer Perso-

---

[238] Es wird die These vertreten, es sei stiftungsrechtlich unzulässig, wenn eine Stiftung als Unternehmensträger fungiere, so insb. *K. Schmidt* DB 1987, 263; a. A. *Ulmer* in: Staub § 105 HGB Rz. 92. Jedenfalls soll die stiftungsrechtliche Unzulässigkeit im Rahmen des sog. Nebenzweckprivilegs nicht gelten, so insb. *Reuter* in: MünchKomm. Vorbem. zu § 80 BGB Rz. 7; *Rawert* in: Staudinger Vorbem. zu § 80 BGB Rz. 88.

[239] S. u. § 6 Rz. 1 ff. und Rz. 111–134.

[240] S. u. § 6 Rz. 81–104.

[241] *Staudinger/Rawert* Vorbem. zu §§ 80 ff. Rz. 109; *MünchKomm/Reuter* Vorbem. 25 zu § 80; *Soergel/Neuhoff* Vorbem. 15 zu § 80; *Goerdeler* FS Heinsius, S. 180; vgl. auch *Berndt* Stiftung und Unternehmen Rz. 1641 ff.

[242] A. A. *MünchKomm/Reuter* Vor § 80 Rz. 25.

nen- oder Kapitalgesellschaft einer gemeinnützigen Stiftung. Damit werden regelmäßig zwei Zwecke verfolgt: Zum einen soll der Erhalt des Unternehmens dadurch sichergestellt werden, daß die Beteiligungsrechte zum Stiftungsvermögen gemacht werden, zum anderen sollen die Erträge aus dem Unternehmen, soweit sie nicht zu dessen Wachstum oder Erhalt benötigt werden, für gemeinnützige Zwecke verausgabt werden.[243] In diesen Fällen gerät das Interesse der gemeinnützigen Stiftung, möglichst hohe Erträge aus dem Stiftungsvermögen zur Verwirklichung der gemeinnützigen Zwecke zu erzielen einerseits, und das Interesse des Unternehmens, eine hohe Eigenkapitalquote unter Vorsorgegesichtspunkten zu erhalten andererseits, in Widerstreit. Häufig wird versucht, diesen Interessenwiderstreit dadurch aufzulösen, daß Doppelträgerstiftungen gegründet werden. Die gemeinnützige Stiftung erhält zwar das Kapital der unternehmerischen Beteiligung, die Stimmrechte werden aber einer anderen, nicht gemeinnützigen Stiftung oder Gesellschaft, zugeordnet. Auf diese Weise wird erreicht, daß die zuständigen Gremien der gemeinnützigen Stiftung keinen Einfluß auf die Ausschüttungspolitik bei dem Unternehmen nehmen können. Es wird die These vertreten, daß stiftungsrechtlich die Preisgabe der Stiftungsherrschaft über das Unternehmen verboten sei. Stiftungsorgane und notfalls die Stiftungsaufsicht müßten darauf achten, daß gesellschaftsrechtliche Einflußmöglichkeiten bei dem Beteiligungsunternehmen erhalten blieben.[244] Dieser These ist zuzustimmen, soweit sich ein Stiftungsvorstand nachträglich der Einflußrechte bei einer Beteiligungsgesellschaft begeben möchte. Wenn aber der Stifter bereits bei der Errichtung der Stiftung vorgesehen hat, daß die Stiftung die Beteiligungsrechte am Unternehmen ohne Stimmrechtseinfluß erhält, so kann die Errichtung der Stiftung dennoch genehmigt werden, sofern sichergestellt scheint, daß die Stiftung fortlaufend aus dem Unternehmen Erträge erhalten wird, die ausreichen, um den Stiftungszweck zu erfüllen. Notfalls kann der Stiftung durch eine Garantiedividende, die als unentziehbares Sonderrecht in dem Gesellschaftsvertrag des Beteiligungsunternehmens verankert werden kann, dieses Recht dauerhaft gegeben werden.[245] Bei der Ausübung der Gesellschafterrechte in den Beteiligungsunternehmen hat der Stiftungsvorstand neben den Unternehmensinteressen auch die Stiftungsinteressen zu berücksichtigen. Soweit die Bildung einer Rücklage im Beteiligungsunternehmen bei vernünftiger kaufmännischer Beurteilung wirtschaftlich begründet ist, liegt sie auch im Stiftungsinteresse. Typisierend kann zum Erhalt einer bestimmten Eigenkapitalquote beim Unternehmen im Gesellschaftsvertrag die Bildung einer jährlichen Gewinnrücklage vorge-

---

[243] Kritisch aus betriebswirtschaftlicher Sicht *Verst* DStR 1997, 674; zu den erbschaftsteuerlichen und spenden- sowie ertragsteuerlichen Überlegungen bei derartigen Stiftungen § 6 Rz. 20–24.

[244] *Kronke* Organkompetenzen in Stiftung, Kapital- und Personengesellschaft, ZGR 1996, 18 ff.

[245] Zu der steuerrechtlichen Behandlung von Ausschüttungen einer Kapitalgesellschaft § 6 Rz. 67–71; § 7 Rz. 340 ff. Zur Gestaltung der Doppelstiftung *Staudinger/Rawert* Vorbem. zu §§ 80 ff. Rz. 92, m. w. N.

schrieben sein. Soweit eine derartige Regelung dem Stifterwillen entspricht, kann der Stiftungsvorstand nicht ohne weiteres den Gesellschaftsvertrag ändern.[246] Allerdings kann die Thesaurierung von Mitteln gemeinnützigkeitsrechtlich untersagt sein.[247]

b) Die unternehmensverbundene Stiftung im Handels-, Gesellschafts- und Arbeitsrecht

133 Unterhält eine Stiftung selbst ein kaufmännisches Gewerbe, so ist sie in das **Handelsregister** (Abt. A) einzutragen. Entscheidend ist, daß sie ein Handelsgewerbe i. S. d. § 1 HGB betreibt, oder Art und Umfang ihres Betriebs nach § 2 HGB eine Eintragung erforderlich machen. Dies gilt auch, wenn das Gewerbe, wie stets bei einer gemeinnützigen Stiftung, nur als Nebenbetrieb geführt wird.[248] Die Mitglieder des Stiftungsvorstands sind dann im Handelsregister als vertretungsberechtigte Personen einzutragen. Auch hinsichtlich der Prokura sowie der Handelsbücher gelten für die Stiftung, die Kaufmann i. S. d. §§ 1, 2 i.V. m. § 33 HGB ist, keine Besonderheiten.

134 Als Voll- oder Sollkaufmann muß die Stiftung eine **Firma** führen, in der ihr Name enthalten ist.[249] Die Stiftung ist verpflichtet, ihren Abschluß dem Handelsregister nach den §§ 325–329, 339 HGB beim Überschreiten bestimmter Größengrenzen einzureichen (§ 3 Abs. 1 Nr. 4 PublG).[250]

135 Die Regeln über die **Unternehmensmitbestimmung** finden dagegen auf die Stiftung keine Anwendung. Das Recht der Unternehmensmitbestimmung gilt nur für die in den Mitbestimmungsgesetzen enumerativ aufgezählten Rechtsformen, zu denen die Stiftung nicht gehört.[251] Der rechtsformunabhängigen betrieblichen Mitbestimmung ist auch die Stiftung unterworfen (§ 1 BetrVerfG 1972).[252] Bei einer Stiftung mit mehreren Betrieben ist ein Gesamtbetriebsrat zu bilden.[253]

c) Unternehmerische Tätigkeit und allgemeine Gesetze

136 Die Stiftung unterliegt im Rechtsverkehr auch den allgemeinen gesetzlichen Bestimmungen. Eine Stiftung, die beispielsweise Bankgeschäfte betreibt, hat die Regelungen des **Kreditwesengesetzes** zu beachten, selbst wenn die Bankgeschäfte nur der Unterstützung bedürftiger Personen dienen sollten.[254] Wenn die gemeinnützige Stiftung **im**

---

[246] IDW, Gestaltungen zur Unternehmensfortführung – Die Stiftung –, S. 61; a. A. *Kronke* ZGR 1996, 18 ff.

[247] Vgl. § 8 Rz. 29, Rz. 81 f., 99.

[248] OLG Kiel, OLGE 41, 189; *Soergel/Neuhoff* Vorbem. 75 zu § 80; *Staudinger/Rawert* Vorbem. zu §§ 80 ff. Rz. 116.

[249] *Goerdeler* ZHR 113 (1950), 149; *Berndt*, Stiftung und Unternehmen, S. 53.

[250] Näher unten § 10.

[251] *Staudinger/Rawert* Vorbem. zu §§ 80 ff. BGB Rz. 121.

[252] S. § 15.

[253] S, § 15; *Soergel/Neuhoff* Vorbem. 76 zu § 80 unter Berufung auf BAG AP Nr. 4 zu § 47 BetrVG 1972, § 47.

[254] VG Berlin v. 19. 8. 1996, NJW-RR 1997, 808.

Wettbewerb auftritt, ist sie an die Grenzen des § 1 UWG gebunden. Sie darf nicht ihr eigenes Geschäft dadurch fördern, daß wettbewerbliche Interessen und gemeinnützige Zweckverfolgung vermischt werden.[255]

3. Vermögensanlage durch den Stiftungsvorstand

a) Genehmigungsbedürftige Rechtsgeschäfte

In den Stiftungsgesetzen der Länder sind – je nach StiftG unterschiedlich – **Genehmigungsvorbehalte für bestimmte Rechtsgeschäfte** vorgesehen. Die Genehmigungsvorbehalte dienen lediglich der Rechtsaufsicht. Eigene Zweckmäßigkeitserwägungen darf die Stiftungsaufsichtsbehörde nicht anstelle der Stiftungsorgane vornehmen. Erst wenn deren Handeln nicht mehr vertretbar, insb. mit einer vernünftigen wirtschaftlichen Betrachtungsweise unvereinbar ist, kann die Stiftungsaufsicht die Genehmigung von Verträgen ablehnen.[256] Da die Genehmigungsvorbehalte Elemente einer – mittlerweile wegen der grundgesetzlich geschützten Handlungsfreiheit der Stiftung nicht mehr zulässigen – Fachaufsicht über die Stiftung enthalten, sind sie eng, bezogen darauf, daß die Stiftungsorgane ihre Handlungsfreiheit nicht entgegen dem in der Stiftungssatzung niedergelegten Stifterwillen ausnutzen dürfen, auszulegen.[257] Zu den genehmigungsbedürftigen Rechtsgeschäften gehören regelmäßig Geschäfte, die die Stiftung besonders belasten, weil sie mit Auflagen oder Folgekosten verbunden sind oder die Stiftung auf andere Weise in ihrer Dispositionsfreiheit erheblich einschränkt. Beispielhaft werden genannt die Aufnahme von Darlehen,[258] die Übernahme von Bürgschaften[259] und die Gewährung unentgeltlicher Zuwendungen, die nicht zur Erfüllung des Stiftungszwecks dienen.[260] Auch Vermögensumschichtungen, die die Stiftung in ihrer Leistungsfähigkeit beschränken können, lassen sich hier einordnen.[261] Sodann unterliegen Rechtsgeschäfte von besonderer Tragweite für den Bestand des Stiftungsvermögens, insb. Belastung und Veräußerung von Gegenständen des Grundstockvermögens sowie von Grundstücken und Grundstücksrechten oder Sachen, die einen bedeutenden wissenschaftlichen, künstlerischen oder geschichtlichen Wert besitzen, einschließlich der entspr. Verpflichtungsverträge regelmäßig der Genehmigungspflicht.[262] Hinzu kommen alle Rechtsgeschäfte, die die Stiftung mit 137

---

[255] Vgl. BGH I ZR 40/85 v. 12. 3. 87, GRUR 1987, 534, wonach es wettbewerbswidrig ist, wenn damit geworben wird, daß die Tageseinnahmen eines Unternehmens einer gemeinnützigen Einrichtung zukommen sollen.

[256] BVerwG VII C 27.71 v. 22. 9. 1972, BVerwGE 40, 347 (352); *Seifart-v. Campenhausen/Hof* § 11 Rz. 128 ff.

[257] Vgl. *Flume* AT I 2 Jur. Person § 4 V S. 138; *Andrick* S. 96 f.

[258] § 13 BWStiftG; Art. 31 Nr. 5 BayStiftG.

[259] § 13 BWStiftG, Art. 31 Nr. 5 BayStiftG.

[260] § 13 BWStiftG, § 9 Abs. 1 Nr. 2 SHStiftG.

[261] § 6 Abs. 1 NdsStiftG; § 21 Abs. 1 Nr. 1 NWStiftG; § 34 RhdPfStiftG; § 9 Abs. 1 Nr. 1 SHStiftG.

[262] Vgl. die vorstehend zitierten Vorschriften.

Mitgliedern von Stiftungsorganen abschließt. Zu den Rechtsfolgen einer fehlenden Genehmigung vgl. Rz. 112.

b) Leitlinien

138 In bezug auf die Anlage des Stiftungsvermögens haben die Stiftungsaufsichtsbehörden früher eine mündelsichere Anlage vorgeschrieben. Mittlerweile enthalten die StiftG der Länder keine näheren Bestimmungen mehr, wie die Vermögensanlage vorzunehmen ist.[263] Es gilt jetzt der allgemeine Grundsatz, daß Stiftungsgelder nach den **Grundsätzen einer sicheren und wirtschaftlichen Vermögensverwaltung** anzulegen sind.[264] Die Vermögensanlage liegt somit in erster Linie in der Selbstverantwortung der Stiftungen und ihrer Organe. Die Anlegung von Stiftungsgeldern auf Girokonten oder Festgeldkonten würde ebenso gegen den Grundsatz der Wirtschaftlichkeit verstoßen wie andererseits die Anlage in risikobehafteten Werten mit spekulativem Charakter gegen den Grundsatz der Sicherheit. Als Richtschnur sollte im Zweifel gelten „**Sicherheit vor Rendite**". Darüber hinaus muß die Anlage so erfolgen, daß stetig Erträge zur Verfolgung der Stiftungszwecke zur Verfügung stehen. In diesem Rahmen sind die Stiftungsorgane frei, eine übliche Vermögensanlagepolitik zu betreiben. Der Stifter kann Richtlinien für die Anlagepolitik vorgeben, wie beispielsweise den Drittelmix (Aktien, Wertpapiere, Immobilien), an die die Stiftungsorgane gebunden sind. Leitlinien für die Vermögensanlage können der Aufsichtsbehörde zur Genehmigung vorgelegt werden, um zu verhindern, daß bei zahlreichen Transaktionen, die der Kapitalmarkt erfordert, jede Einzelmaßnahme erst genehmigt werden muß, und um Unsicherheiten in bezug auf die persönliche Haftung der Vorstandsmitglieder auszuschließen.

VI. Verwendung der Stiftungserträge

1. Zweckverfolgung durch die Stiftung

146 Die Erträge aus dem Stiftungsvermögen sind zur Erfüllung des Stiftungszwecks einzusetzen.[265] Verwendet für den Stiftungszweck bedeutet nicht nur die unmittelbare Erfüllung, indem beispielsweise eine bestimmte Maßnahme, die vom Stiftungszweck gedeckt ist, finanziert wird. Vielmehr gehören alle Aufwendungen, die der Zweckerfüllung dienen, wie beispielsweise die Bezahlung öffentlicher Abgaben, Verwaltungskosten oder Instandhaltungskosten dazu. Auf welche Weise die Stiftung die Zweckerfüllung betreibt, liegt stiftungs- und gemeinnützigkeitsrechtlich[266] grds. im **Ermessen des Stiftungsvorstands**. Die

[263] Ausnahme: Art. 10 BayStiftG.

[264] So Art. 13 BayStiftG.

[265] Art. 12 BayStiftG; § 6 Abs. 3 HessStiftG; § 6 Abs. 2 NdsStiftG; § 8 Abs. 1 NWStiftG; § 15 Abs. 1 RhldPfStiftG; § 6 Abs. 2 SaStiftG.

[266] Vgl. dazu ausführlich § 8.

Stiftungsaufsicht beschränkt sich dabei auf die Prüfung, ob eine zweckwidrige Mittelverwendung gegeben ist.

Hat der Stifter der Stiftung eine Vielzahl von Zwecken gegeben, so müssen die Stiftungsorgane mittels Auslegung ermitteln, in welcher **Rangfolge die verschiedenen Stiftungszwecke** zueinander stehen. Es müssen nicht alle Zwecke immer gleichermaßen erfüllt werden. Ist der Stifter erkennbar von einem Subsidiaritätsverhältnis ausgegangen, so können die nachgeordneten Stiftungszwecke auch längere Zeit überhaupt nicht erfüllt werden, bis die Stiftung über ausreichende Mittel verfügt, um alle Zwecke zu erfüllen. Erst wenn feststeht, daß die Erträge einer Stiftung nicht ausreichen werden, um auch diese nachgeordneten Zwecke zu erfüllen, kann der Stiftungszweck im Wege einer förmlichen Satzungsänderung unter Berücksichtigung des Stifterwillens eingeschränkt und abgeändert werden.[267] Auch wenn umgekehrt der Stiftungszweck so gefaßt ist, daß mehr Erträge zur Verfügung stehen, als für eine sinnvolle Zweckerfüllung benötigt werden, kann im Wege einer Satzungsänderung eine Erweiterung der Zweckbestimmung vorgenommen werden.[268] 147

Die Stiftung muß die Stiftungszwecke aus den Erträgen **grundsätzlich zeitnah verfolgen**.[269] Eine Thesaurierung der Stiftungsmittel ist nach den StiftG der Länder nur erlaubt, wenn die Stiftungserträge benötigt werden, um eine eingetretene Wertminderung des Stiftungsvermögens auszugleichen.[270] Deswegen sind die Stiftungsaufsichtsbehörden anfangs, als entspr. § 58 Nr. 7 AO 25 v. H. der Stiftungserträge aufgrund der gemeinnützigkeitsrechtlichen Bestimmungen von zahlreichen Stiftungen in eine freie Rücklage eingestellt wurden, dagegen eingeschritten.[271] Die Begründung dafür war, daß wegen des Thesaurierungsverbots eine Einstellung von Stiftungserträgen in eine besondere Rücklage nur zulässig sei, wenn der Stifter dies ausdrücklich in der Satzung vorgesehen habe. Mittlerweile erlauben die Aufsichtsbehörden die Bildung einer Rücklage nach § 58 Nr. 7 AO regelmäßig auch, wenn eine satzungsmäßige Grundlage dafür fehlt.[272] 148

---

[267] Zu den gemeinnützigkeitsrechtlichen Erwägungen bei der Auswahl der verschiedenen Fördermaßnahmen vgl. § 8 Rz. 8 ff.

[268] BGH III ZR 10/74 v. 3. 3. 1977, BGHZ 64, 142 (148 f.); *Seifart-v. Campenhausen/Hof* § 10 Rz. 115.

[269] Zum Gebot der zeitnahen Mittelverwendung aus gemeinnützigkeitsrechtlicher Sicht § 8 Rz. 71–101. Die steuerrechtlichen Erwägungen können auch für das Stiftungsrecht fruchtbar gemacht werden.

[270] S. oben Rz. 126 ff.

[271] Vgl. Innenministerium Nds., Erlaß v. 4. 5. 1973 in: *Siegmund-Schultze* NdsStiftG S. 125 f.

[272] *Büermann* in: IDW S. 40.

2. Ansprüche Dritter auf Stiftungsmittel

149 Die Rechtsstellung Dritter gegenüber der Stiftung richtet sich allein nach der Satzung der Stiftung.[273] Der Stifter kann dritten Personen durch die Stiftungssatzung sowohl **Verwaltungs- und Mitwirkungsrechte** als auch **Ansprüche auf Stiftungsleistungen** einräumen. Wenn der Stifter beispielsweise eine Förder-Stiftung errichtet hat, die eine bestimmte andere gemeinnützige Einrichtung fördern soll, stellt sich die Frage, ob diese andere gemeinnützige Einrichtung gegenüber der Stiftung auf Zahlung von Stiftungserträgen klagen kann.[274] Klagbare Ansprüche von Destinatären kommen allerdings nur selten vor. Hat der Stifter für die Bestimmung des Kreises der in Frage kommenden Begünstigten in der Satzung objektive Merkmale festgelegt, so entsteht kraft satzungsrechtlicher Regelung ein klagbarer Anspruch der Begünstigten, wenn die im einzelnen benannten Bedingungen erfüllt sind. Die Stiftungsorgane haben in diesem Fall keine Auswahlmöglichkeit. Der Erwerb des Anspruchs erfolgt automatisch. Hat der Stifter umgekehrt dem nach der Satzung zuständigen Organ einen Beurteilungs- oder Ermessensanspruch gelassen, so bleibt der Stiftung die Möglichkeit der Wahl. Ansprüche Dritter entstehen erst, wenn sie vom Bestimmungsberechtigten zuerkannt worden sind.[275] Selbst wenn der Begünstigte einen Rechtsanspruch auf Stiftungsleistungen hat, so darf er sich diese gleichwohl nicht eigenmächtig verschaffen, sondern muß vielmehr auf dem Zivilrechtsweg Klage gegen die Stiftung auf Leistung der ihm zustehenden Geldmittel erheben.[276] Die Stiftungsaufsicht ist nicht verpflichtet, im Interesse des Begünstigten tätig zu werden. Die Beziehungen der Begünstigten zur Stiftung sind stets rein privatrechtlicher Natur, auch wenn der Staat sich der Stiftung zur Erbringung von Leistungen bedient, es sei denn, die Stiftung sei ausnahmsweise als Beliehener anzusehen.[277]

150 Die Rechtsnatur von Ansprüchen auf Stiftungsleistungen ist nicht abschließend geklärt. Einigkeit besteht nur darüber, daß es sich nicht um Schenkungen handelt.[278] Durch Zuwendungen an die Begünstigten wird der Stiftungszweck erfüllt. Folglich bildet der **Stiftungszweck** und nicht ein Rechtsgeschäft i. S. d. § 518 BGB die **causa der Leistung**. Es handelt sich um Ansprüche eigener Art.[279] Wenn das zuständige, vertretungsberechtigte Organ der Stiftung einem Begünstigten eine Leistung zugesagt hat, kann dieser deswegen auf Erfüllung klagen. Entspr. Zusagen bedürfen nicht der notariellen Form, weil es sich nicht um Schenkungen handelt. Ein Widerruf derartiger Zusagen ist nur

---

[273] BGH III ZR 26/85 v. 22. 1. 1987, DB 1987, 1528; OLG Hamburg, ZIP 1994, 1950 (1951) mit Anm. *Rawert.*

[274] Zum Gemeinnützigkeitsrecht der Förderstiftungen § 8 Rz. 53–62.

[275] BGH NJW 1957, 708; BGHZ 99, 344; *Staudinger/Rawert* § 85 Rz. 13.

[276] BGH III ZR 26/85, DB 1987, 1528; LG Köln NJW-RR 1986, 1396.

[277] BVerfG NJW 1985, 2964; BVerwG 7 B 120/89, NVWZ 1990, 754.

[278] BGH NJW 1957, 708.

[279] *Soergel/Neuhoff* § 85 Rz. 16.

möglich, wenn in der vertraglichen Vereinbarung ein entsprechender Vorbehalt gemacht worden ist.

3. Die Bindung der Stiftung an die allgemeinen Gesetze

Die Stiftung unterliegt auch, soweit ihre Maßnahmen der gemeinnüt- 151
zigen Zweckverfolgung dienen, selbstverständlich den allgemeinen Gesetzen. Deswegen muß eine Stiftung, die bedürftigen Studenten zinslos Darlehen gewährt, beachten, daß sie Bankgeschäfte betreibt und deswegen den Regelungen des Kreditwesengesetzes unterliegt.[280] Auch wenn die Stiftung ein kaufmännisches Gewerbe betreiben sollte, um mit diesem ihren gemeinnützigen Zwecken nachzugehen, hat sie dabei die Vorschriften des HGB und der Gewerbeordnung zu beachten. Soweit die Stiftung Forschungsleistungen erbringt, kann sie die Urheberrechte nutzen. Es gelten aufgrund des § 43 UrhG die §§ 31 bis 44 UrhG entsprechend.

VII. Die Stiftungsaufsicht

1. Laufende Aufsicht über die Stiftung

Eine Aufgabe der Stiftungsaufsichtsbehörde ist es, darüber zu wa- 156
chen, daß das Stiftungsvermögen und seine Erträge in Übereinstimmung mit der Satzung und den ergänzenden gesetzlichen Regelungen verwaltet und verwendet werden.[281] Die Aufgabe der Aufsichtsbehörde beschränkt sich darauf, mit den Mitteln der Stiftungsaufsicht **die Beachtung des Stifterwillens durch die Stiftungsorgane zu überwachen** und den Fortbestand der Stiftung im Interesse des Stifters zu sichern. Der Behörde ist es bei der Ausübung der Stiftungsaufsicht aber verwehrt, eigene Zweckmäßigkeitsentscheidungen zu treffen.[282] Soweit der Stifter den Organen der Stiftung ein Ermessen eingeräumt hat, um ihren Pflichten nachzukommen, hat die Stiftungsaufsicht dieses den Organen eingeräumte Ermessen zu beachten.[283]

Eine unverzichtbare Grundlage jeder Aufsichtstätigkeit schaffen die 157
in den StiftG vorgesehenen **Informationsansprüche** der Aufsichtsbehörde. Zur Befriedigung dieser Informationsansprüche verlangen die StiftG der Länder die Vorlage einer Jahresrechnung samt einer Vermögensübersicht und eines Berichts über die Erfüllung des Stiftungszwecks. Gefordert sind kurze, auf das Wesentliche beschränkte Zusammenstellungen. Der Zeitraum für die Vorlage reicht je nach StiftG der einzelnen Länder von drei bis zu sechs Monaten nach Ablauf eines Kalenderjahres.[284] Darüber hinaus sind der Aufsichtsbehörde unverzüglich

---

[280] VG Berlin v. 19. 8. 1996, NJW-RR 1997, 808.

[281] Vgl. § 19 Abs. 1 NWStiftG; *Andrick* S. 120 ff.

[282] BVerwG VII C 27.71 v. 22. 9. 1972, BVerwGE 40, 347; *Buermann* in: IDW, S. 37.

[283] BVerwG ebd.; *Wochner* BB 1999, 1441.

[284] Vgl. § 9 Abs. 1 BWStiftG; § 8 BlnStiftG; § 13 Hbg.AGBGB; § 7 HessStiftG; § 11 NdsStiftG.; § 11 SaStiftG; § 10 SHStiftG.

Änderungen in der Zusammensetzung der vertretungsberechtigten Organe mitzuteilen. Die Aufsichtsbehörde kann durch konkrete Anfragen weitere Informationen verlangen, soweit die Gewinnung der Information zur Durchführung einer effektiven Aufsicht notwendig ist. Entspr. Anforderungen müssen sich jeweils an dem Grundsatz der Verhältnismäßigkeit messen lassen.[285]

Hinausgehend über die Informationsrechte kann die Stiftungsaufsicht unter Beachtung des Grundsatzes der Verhältnismäßigkeit auch die Verwaltung der Stiftung prüfen. Prüfungsmaßstab sind dabei die Anforderungen von Stiftungssatzung und Gesetz. Die Kosten der Prüfung trägt die geprüfte Stiftung. Die Stiftungsaufsicht kann sich dabei der Hilfe Dritter, beispielsweise von Wirtschaftsprüfern oder Rechnungsprüfungsämtern, bedienen.[286]

159 Nach einigen StiftG kann die Aufsichtsbehörde auch ein **Ruhen der Aufsicht** anordnen, wenn nach Ansicht der Aufsichtsbehörde durch stiftungsinterne Kontrollvorkehrungen die Überwachung der zweckentsprechenden Verwaltung und Verwendung des Stiftungsvermögens sichergestellt ist.[287] Der Stifter oder die Stiftung können ein Ruhen der Staatsaufsicht beantragen, wenn in der Satzung entspr. Kontrollorgane vorgesehen sind. Die Aufsichtsbehörde wird ein Ruhen der Aufsicht anordnen, wenn die Unabhängigkeit des Kontrollorgans von dem Stiftungsvorstand gegeben ist. Unberührt vom Ruhen bleiben allerdings der Informationsanspruch der Aufsichtsbehörde, die Genehmigungsvorbehalte für bestimmte Rechtsgeschäfte und die mit der Führung des Stiftungsverzeichnisses verbundenen Aufgaben.

2. Aufsichtsmaßnahmen

a) Beanstandung

160 Die mildeste Maßnahme, die der Aufsichtsbehörde zur Disziplinierung der Stiftungsorgane zur Verfügung steht, ist die **Beanstandung**. Durch die Beanstandung wird es den Stiftungsorganen ermöglicht, innerhalb einer angemessenen Frist die beanstandete Entscheidung oder Maßnahme aufzuheben, abzuändern oder rückgängig zu machen. Ist dies aus rechtlichen oder tatsächlichen Gründen nicht mehr möglich, so behält die Beanstandung gleichfalls einen Sinn, weil die Stiftungsorgane von einem Wiederholungsfall abgehalten werden.

b) Aufhebung

161 Über die Beanstandung hinaus geht das in einigen StiftG vorgesehene Recht der Aufsichtsbehörde, Entscheidungen oder Maßnahmen, die die Stiftungsorgane getroffen haben, ausdrücklich aufzuheben.[288] Mit der Bestandskraft der **Aufhebungsverfügung** wird die Entschei-

[285] *Seifart-v. Campenhausen/Hof* § 11 Rz. 126.
[286] Vgl. Art. 25 Abs. 2 BayStiftG; § 33 RhldPfStiftG.
[287] § 19 NWStiftG; § 8 Abs. 2 Satz 2 BWStiftG.
[288] Vgl. NdsStiftG; § 10 BWStiftG; § 13 Abs. 1 HessStiftG; § 35 RhldPf StiftG.

dung der Stiftungsorgane rechtsunwirksam. Die Aufhebung ist allerdings nur dann wirksam, wenn das beanstandete Rechtsgeschäft tatsächlich und rechtlich noch rückgängig gemacht werden kann.

c) Anordnung

Während die Aufhebung der Rückgängigmachung einer getroffenen 162
Entscheidung dient, bewirkt die **Anordnung** als weitere aufsichtliche Maßnahme, daß die Stiftungsorgane verpflichtet werden, eine bestimmte Maßnahme innerhalb einer gesetzten Frist vorzunehmen. Befolgt die Stiftung die Anordnung nicht, so sehen die StiftG ergänzend die Ersatzvornahme durch die Aufsichtsbehörde vor.[289] Die Ersatzvornahme muß regelmäßig von der Behörde zuvor angedroht worden sein und dem Gebot der Verhältnismäßigkeit genügen.

d) Zwangsgeld

Nach dem allgemeinen Verwaltungsvollstreckungsgesetz kann die 163
Stiftungsaufsichtsbehörde grds. auch ein Zwangsgeld gegenüber der Stiftung festsetzen, um damit den Anordnungen oder Beanstandungen durch die Aufsichtsbehörde einen besonderen Nachdruck zu verleihen.

e) Abberufung von Organmitgliedern

Als eine der schwerwiegendsten Maßnahmen kann die Aufsichtsbe- 164
hörde im Einzelfall Organmitglieder der Stiftung abberufen.[290] Diese Maßnahme ist nur unter besonderen Voraussetzungen und in seltenen Ausnahmefällen zulässig. Erforderlich ist entweder eine grobe Pflichtverletzung durch das Organmitglied oder seine Unfähigkeit zu ordnungsmäßiger Geschäftsführung. Hauptanwendungsfall wird die Vermischung von Privat- und Stiftungsvermögen durch ein Organmitglied sein. Zunächst muß die Stiftungsaufsichtsbehörde die Stiftung auffordern, das betreffende Organmitglied wegen des Vorliegens eines wichtigen Grundes abzuberufen. Kommt die Stiftung dieser Anordnung innerhalb einer angemessenen Frist nicht nach, so kann die Behörde selbst die Abberufung vornehmen.[291] Als milderes Mittel kann einem Organmitglied auch die Ausübung seiner Funktion in der Stiftung auf Zeit untersagt werden.[292] Mit der Abberufung eines Organmitglieds kann gleichzeitig von der Aufsichtsbehörde ein neues Organmitglied ernannt werden, wenn nicht durch das dafür in der Stiftungssatzung vorgesehene Verfahren dem Stiftungsorgan, welches

---

[289] § 11 Abs. 2 BWStiftG; Art. 20 Abs. 5 BayStiftG; § 14 HessStiftG; § 13 Abs. 2 NdsStiftG; § 22 Abs. 2 NWStiftG; § 13 Abs. 2 SaStiftG.

[290] Vgl. § 12 Abs. 1 BWStiftG; Art. 24 BayStiftG; § 9 BlnStiftG; § 18 Hbg. AGBGB; § 15 HessStiftG; § 14 NdsStiftG; § 22 Abs. 3 NWStiftG; § 14 SaStiftG; § 13 SHStiftG.

[291] *Seifart-v. Campenhausen/Hof* § 11 Rz. 168.

[292] Vgl. BGH, III ZR 157/91, NJW 1994, 184; § 12 Abs. 2 BWStiftG; § 22 Abs. 3 NWStiftG; § 14 NdsStiftG.

zur Bestellung von Vorstandsmitgliedern berufen ist, vorrangig Gelegenheit zu geben ist, selbst das neue Organmitglied zu benennen. Die Bestellung des Nachfolgers eines abberufenen oder aus anderen Gründen ausgeschiedenen Organmitglieds darf von der Aufsichtsbehörde nur im Notfall vorgenommen werden, wenn auf andere Weise die Handlungsfähigkeit der Stiftung nicht mehr sichergestellt werden kann.

f) Schadensersatzansprüche gegen Organmitglieder

165 Einige Stiftungsgesetze ermächtigen die Aufsichtsbehörde, Schadensersatzansprüche gegen Organmitglieder im eigenen Namen zu betreiben. Teilweise ist auch die Bestellung eines besonderen Vertreters zur Klärung und Durchsetzung der Ansprüche durch die Aufsichtsbehörde vorgesehen. Ähnlich sind die Regelungen in den StiftG, wenn die Aufsichtsbehörde Beauftragte oder Sachwalter benennen kann.[293]

g) Genehmigungsvorbehalte bei Rechtsgeschäften

166 Die praktisch wichtigste Aufsichtsmaßnahmen außer der Überwachung der laufenden Stiftungstätigkeit besteht darin, daß die Aufsichtsbehörde bestimmte Rechtsgeschäfte zu genehmigen hat, damit diese überhaupt Wirksamkeit erlangen können.[294]

h) Genehmigung von Satzungsänderungen

167 Auch jegliche Satzungsänderung erlangt nur dann Wirksamkeit, wenn sie von der Aufsichtsbehörde genehmigt worden ist.[295]

3. Zweckänderung, Zusammenlegung und Aufhebung durch die Aufsichtsbehörde

168 Das schwerwiegendste Aufsichtsmittel besteht darin, daß der Stiftungszweck geändert oder sogar die Existenz der Stiftung durch hoheitliche Verfügung beendet wird. Nach § 87 BGB ist eine Zweckänderung durch die Behörde nur zulässig, wenn die Erfüllung des Stiftungszwecks unmöglich geworden ist oder der Stiftungszweck das Gemeinwohl gefährdet. Eine Gemeinwohlgefährdung liegt nur dann vor, wenn der Stiftungszweck selbst gegen die Rechtsordnung verstößt.[296] Dazu gehört auch die Rechtsformverfehlung, wenn die Stiftung tatsächlich ein gewerbliches Unternehmen bildet, ohne sich der für den Betrieb eines kaufmännischen Gewerbes vorgesehenen Rechtsformen zu bedienen.[297] Häufiger als die Gemeinwohlgefährdung wird

---

[293] § 16 HessStiftG; § 24 NWStiftG; § 37 RhldPfStiftG; § 16 SaStiftG § 14 SHStiftG; dazu näher *Seifart-v. Campenhausen/Hof* § 11 Rz. 184 ff.

[294] Dazu oben Rz. 137, 112.

[295] Dazu oben Rz. 75 ff.

[296] Vgl. dazu BVerwG v. 12. 2. 1998, 3 C 55.96, NJW 1998, 2545 und *Sachs* in: FS für Walter Leisner, 955 ff.

[297] *Staudinger/Rawert* § 87 Rz. 7; zu dem Meinungsstreit über die Rechtsformverfehlung vgl. Rz. 131.

ein Fall der Unmöglichkeit vorliegen, weil der Stiftungszweck endgültig erfüllt worden ist oder das Stiftungsvermögen dauerhaft verloren wurde, so daß die Zweckerfüllung zukünftig nicht mehr möglich ist.[298] Liegt eine dieser beiden Voraussetzungen vor, so hat die Stiftungsaufsichtsbehörde nach den StiftG der Länder i.V.m. § 87 BGB die Möglichkeit, entweder eine Zweckänderung herbeizuführen oder die Stiftung mit einer anderen Stiftung zusammenzulegen oder zu einer anderen Stiftung zu legen oder aber die Stiftung aufzuheben.[299] Bei der Anwendung dieser verschiedenen Möglichkeiten ist der Grundsatz der Verhältnismäßigkeit zu beachten.[300] Das mildere Mittel der Zweckänderung hat grds. Vorrang vor der Zusammenlegung mit einer anderen Stiftung oder vor der Aufhebung der Stiftung.[301] Die Aufsichtsbehörde ist verpflichtet, bei der Anwendung jedes dieser Mittel die Absichten des Stifters tunlichst zu berücksichtigen.[302] Allerdings ist zu beachten, daß das Existenzrecht der Stiftung nur nach Maßgabe des ursprünglichen Stifterwillens besteht. Steht der Stifterwille einer Fortsetzung der Stiftung unter geändertem Zweck entgegen, ist die Aufhebung der Stiftung die einzig zulässige Maßnahme.[303] Die genannten Maßnahmen nach § 87 BGB sind stets subsidiär. Die Stiftungsaufsichtsbehörden dürfen erst eingreifen, wenn die Stiftungsorgane selbst keine Abhilfe schaffen oder schaffen können.[304]

4. Widerruf der Stiftungserrichtung bei einer fehlerhaft errichteten Stiftung

Die Genehmigung der Stiftungserrichtung durch die Aufsichtsbehörde vermag rechtliche Mängel des Stiftungsgeschäfts grds. nicht zu heilen.[305] Dennoch erwirbt auch die fehlerhafte Stiftung mit Genehmigung uneingeschränkte Rechtsfähigkeit.[306] Ein Mangel des Stiftungsgeschäfts, beispielsweise weil in der Satzung nach dem jeweiligen Landesrecht eigentlich zwingend notwendige Bestimmungen fehlen, führt **nicht** dazu, daß die **Genehmigung der Stiftungserrichtung nichtig** wäre.[307] Nur wenn das Stiftungsgeschäft ausnahmsweise unwirksam sein sollte, beispielsweise weil der Stifter nicht geschäftsfähig war, kann eine Aufhebung der Stiftung in Betracht gezogen werden, wobei diese Aufhebung dann nur ab dem Zeitpunkt der Zustellung der Aufhebungsverfügung wirkt. Regelmäßig ist die Aufhebung geboten, **169**

---

298 Zur Unmöglichkeit infolge von Inflation und Währungsumstellung *Gutzschebauch* BB 1949, 119 ff.

299 Zu den steuerrechtlichen Folgen derartiger Maßnahmen vgl. § 17 Rz. 55–58.

300 BVerwG, NJW 1991, 713; BGHZ 99, 344.

301 Näher zur Zusammenlegung § 17 Rz. 37, 42; näher zur Aufhebung § 19 Rz. 61–80.

302 Näher zur Ermittlung des mutmaßlichen Willens Rz. 75, 87.

303 BVerwG, NJW 1991, 713 BGH III ZR 10/74 v. 3. 3. 1977, BGHZ 64, 142 (148); *Staudinger/Rawert* § 87 BGB Rz. 13; a. A. *Seifart-v. Campenhausen/Hof* § 7 Rz. 66.

304 Vgl. § 6 Abs. 4 Satz 2 BWStiftG; § 8 SaStiftG.

305 BVerwGE 29, 314; BGHZ 70, 313.

306 *Staudinger/Rawert* § 80 Rz. 30 m. w. N.

307 BVerwG VII C 103/66 v. 26. 4. 1968, NJW 1969, 339.

wenn das Stiftungsvermögen von den tatsächlichen Erben des Stifters wegen der zivilrechtlichen Nichtigkeit der Übertragung des Vermögens auf die Stiftung herausverlangt werden kann.

5. Gebühren

170 In der Regel sind Maßnahmen der Stiftungsaufsicht gebührenpflichtig. Allerdings werden Stiftungen, die als steuerbegünstigt im Sinne der Abgabenordnung anerkannt sind, vielfach von den Gebühren der Stiftungsaufsicht befreit. In manchen Bundesländern findet auch eine Kostenteilung zwischen Stiftung und Behörden in bezug auf die Gebühren statt. Beispielhaft werden die Gebührensätze nach dem Kostentarif zur Allgemeinen Gebührenordnung für das Land Niedersachsen aufgeführt. Die Genehmigung einzelner Rechtsgeschäfte verursacht dort Gebühren zwischen DM 50,– bis DM 200,–. Die Durchführung der Prüfung des Jahresabschlusses der Stiftung kostet DM 100,– bis DM 1000,–. Für die Anforderung der Jahresrechnung, der Vermögensübersicht und des Berichts über die Erfüllung des Stiftungszwecks werden nur bei Überschreitung der vorgesehenen Fristen Gebühren verlangt. Verschiedene Aufsichtsmaßnahmen kosten jeweils zwischen DM 50,– und DM 600,– je Maßnahme. Das Ausstellen der Bescheinigung über die Zusammensetzung des Vorstandes der Stiftung kostet eine Gebühr von DM 30,– bis DM 300,–. Mit einem Ansteigen dieser Gebühren in der Zukunft ist zu rechnen.

6. Rechtsschutz gegen Maßnahmen der Aufsichtsbehörde

171 Für den Rechtsschutz gegen Maßnahmen der Stiftungsaufsicht gelten die allgemeinen Grundsätze des Verwaltungsrechts. Soweit die Aufsichtsbehörde eine die Stiftung belastende Verfügung erläßt, z. B. weil bestimmte Maßnahmen beanstandet werden, ist die Anfechtungsklage durch die Stiftung selbst die richtige Klageart. Zunächst ist allerdings innerhalb der Monatsfrist der §§ 70, 58 VwGO Widerspruch zu erheben. Der **Widerspruch** hat aufschiebende Wirkung. Bleibt er erfolglos, so kann innerhalb eines weiteren Monats Anfechtungsklage erhoben werden.

Wenn die Stiftung eine Genehmigung der Aufsichtsbehörde benötigt, beispielsweise zu einer beantragten Satzungsänderung oder zur Vornahme genehmigungspflichtiger Rechtsgeschäfte, muß sie Verpflichtungsklage nach Einlegung des Widerspruchs erheben. Einstweilen Rechtsschutz kann sie nur über eine **einstweilige Anordnung** erlangen.

172 Neben der Stiftung kann im Einzelfall auch der Stifter **Klage** gegen aufsichtsbehördliche Maßnahmen einreichen, sofern er bei Zweckänderungen oder der Aufhebung der Stiftung in eigenen Rechten beeinträchtigt sein sollte. Im Einzelfall haben die Erben die Klagebefugnis durch Gesamtrechtsnachfolge vom Stifter erworben, um auf Beachtung des Willens des Erblassers hinzuwirken.[308] Schließlich kommen als Wi-

[308] Vgl. KGStRspr. III, 85 ff.

derspruchsführer oder Kläger auch **Organmitglieder** in Betracht, wenn es um ihre Abberufung oder darum geht, ob sie berechtigt sind, Organmitglieder zu werden.

7. Haftung der Aufsichtsbehörde

Verletzt die Stiftungsaufsicht schuldhaft ihre Aufsichtspflichten, die sich insb. aus den StiftG der Länder ergeben, und erleidet die Stiftung dadurch einen Schaden, so kann das jeweilige Bundesland als Träger der **Aufsichtsbehörde** nach Art. 34 GG i.V. m. § 839 BGB **auf Schadensersatz** in Anspruch genommen werden. Erfährt die Stiftungsaufsichtsbehörde, daß der Stiftung ein Schaden droht, so verstößt sie gegen ihre Aufsichts- und Beratungspflichten, wenn sie die ihr verfügbaren Aufsichtsmittel nicht oder nur unzureichend nutzt. Insb. muß die Behörde gegen eine zweckwidrige Verwendung von Stiftungsmitteln durch die Organe einschreiten.[309] Nach richtiger Ansicht muß sich die Stiftung das Fehlverhalten ihrer eigenen Organe nicht als Mitverschulden auf ihren Schadensersatzanspruch anrechnen lassen, denn die Stiftungsaufsicht dient gerade dazu, die Interessen der Stiftung vor Fehlern der Organe zu beschützen.[310] Nach § 839 Abs. 1 Satz 2 BGB scheidet ein Amtshaftungsanspruch allerdings aus, soweit die Stiftung das pflichtwidrig handelnde Organmitglied in Anspruch nehmen kann.[311] 173

8. Anwendbares Recht für alte Stiftungen

Art. 163 EGBGB regelt, inwiefern Stiftungen aus der Zeit vor Inkrafttreten des BGB rechtsfähig sind.[312] Rechtsfähige Stiftungen aus dem Beitrittsgebiet bestehen nach Art. 231 § 3 Abs. 1 EGBGB fort. Es zählt zu den Aufgaben der Aufsichtsbehörden, den Rechtsstatus von Stiftungen festzustellen, wenn unklar ist, ob diese rechtlich selbständig oder unselbständig sind.[313] 174

B. Besonderheiten bei der nichtrechtsfähigen Stiftung

I. Rechtsgrundlage

1. Begriff

Unter einer nichtrechtsfähigen (nichtselbständigen) Stiftung versteht man die Zuwendung von Vermögenswerten durch den Stifter an eine natürliche oder juristische Person mit der Maßgabe, die übertragenen 181

309 BGH III ZR 10/74 v. 3. 3. 1977, BGHZ 68, 142.

310 *Seifart-v. Campenhausen/Hof* § 11 Rz. 361; *MünchKomm/Reuter* vor § 80 Rn. 29; a. A. BGH v. 3. 3. 1977, ebenda.

311 Dazu näher oben Rz. 114 ff.

312 Dazu OLG Hamm, FamRZ 1987, 1084.

313 Art. 40 Abs. 2 BayStiftG; § 13 BlnStiftG; § 22 HessStifG; § 27 NW StiftG; § 49 RhldPfStiftG; vgl. auch OLG Frankfurt a. M. v. 4. 9. 1996, NJW-RR 1997, 401.

Werte dauerhaft zur Verfolgung eines vom Stifter festgelegten Zwecks zu nutzen.[314] Die nichtrechtsfähige Stiftung zeichnet sich ebenso wie die selbständige Stiftung durch eine nichtverbandsmäßige Struktur und die Dauerhaftigkeit des mit ihr verfolgten Zweckes sowie der dazu erforderlichen Vermögenswidmung aus. Ihr fehlt indes die eigene Rechtspersönlichkeit. Dennoch ist die nichtrechtsfähige Stiftung ein eigenes **Steuersubjekt**.[315] Dementsprechend kann auch eine nichtrechtsfähige Stiftung wegen der Verfolgung gemeinnütziger Zwecke von der Besteuerung befreit sein.

182 Der wesentliche Unterschied zwischen einer nichtrechtsfähigen und einer rechtsfähigen Stiftung besteht darin, daß nur die rechtsfähige Stiftung der Aufsicht staatlicher Behörden untersteht und zu ihrer Entstehung einer staatlichen Genehmigung bedarf. Die nichtrechtsfähige Stiftung kann deswegen auch kurzfristig durch einen Vertrag zwischen dem Stifter und dem Rechtsträger errichtet werden.

183 Obwohl die nichtrechtsfähige Stiftung an sich der dauerhaften Zweckverfolgung dienen soll, ist allgemein anerkannt, daß sie ausnahmsweise auch als **Vorstufe einer selbständigen Stiftung** dienen kann, deren Errichtung dem Träger der nichtrechtsfähigen Stiftung aufgegeben wird. Insofern kann sie mit einem zeitlich begrenzten Zweck ausgestattet werden, weil sich die Dauerhaftigkeit der Vermögenswidmung aus der angestrebten Rechtsfähigkeit der Stiftung ergibt. Besondere Aufmerksamkeit ist bei der Errichtung einer nichtselbständigen Stiftung als Vorstufe einer selbständigen Stiftung der Frage zu widmen, inwiefern der Rechtsträger noch Ergänzungen der Satzung vornehmen darf und muß.[316]

184 Die nichtselbständige Stiftung hat im BGB keine eigenständige Regelung erfahren. Die analoge Anwendung der §§ 80–88 BGB auf die nichtselbständige Stiftung ist nicht zulässig.[317] Auch die LandesStiftG erfassen die nichtselbständige Stiftung nicht.[318] **Rechtsgrundlage** für die zivilrechtliche Existenz der nichtrechtsfähigen Stiftung ist vielmehr der Vertrag zwischen dem Stifter und dem von ihm ausgewählten Rechtsträger. Zur Errichtung der nichtrechtsfähigen Stiftung bedarf es stets eines Rechtsträgers, der die mit der Vermögenswidmung der Stiftung verbundenen Rechte und Pflichten wahrnimmt, insb. für die Stiftung im Rechtsverkehr handelt.[319]

---

[314] RGZ 88, 335 (339); OLG Hamburg, NJW-RR 1986, 1305; vgl. § 2 Abs. 2 NWStiftG; *Staudinger/Rawert* Vorbem. zu §§ 80 ff. Rz. 151 ff.; *Soergel/Neuhoff* Vorbem. 21 zu § 80; *MünchKomm/Reuter* Vorbem. 41 zu § 80; dazu ausführlich *Wochner* ZEV 1999, 125 ff.; *Seifart-v. Campenhausen/Hof* § 36; *Westebbe* Die Stiftungstreuhand 1993.

[315] Dazu unten § 7 Rz. 28; vgl. § 34 AO, § 1 Abs. 1 Nr. 5 KStG; *Streck* StuW 1975, 135 ff.

[316] *Seifart-v. Campenhausen/Hof* § 36 Rz. 52; vgl. zum Wechsel zur rechtsfähigen Stiftung § 17 Rz. 59.

[317] Grundlegend RGZ 105, 305 (306 f.).

[318] Ausnahme für nichtselbständige Stiftungen in öffentlicher Verwaltung in §§ 2 Abs. 2, 32, 33 NWStiftG.

[319] *Westebbe* Die Stiftungstreuhand (1993), S. 33.

2. Vertrag mit dem Rechtsträger

a) Mögliche Rechtsträger

Der Rechtsträger ist nicht Organ der unselbständigen Stiftung, sondern handelt im Rechtsverkehr im eigenen Namen. Gegenüber dem Stifter oder dessen Rechtsnachfolger ist er lediglich schuld- oder erbrechtlich gebunden. Taugliche Rechtsträger sind alle natürlichen oder juristischen Personen. Unzulässig ist es dagegen, wenn der Stifter sich selbst zum Stiftungsträger machen möchte (sog. **Eigenstiftung**).[320] Der Rechtsträger kann vom Stifter durch Rechtsgeschäft unter Lebenden oder von Todes wegen eingesetzt werden. Die Wirksamkeit der Stiftungserrichtung setzt stets voraus, daß der Rechtsträger die Vermögensübertragung annimmt. 185

b) Treuhandvertrag oder Schenkung unter Auflage

Der Vertrag zwischen dem Stifter und dem Rechtsträger, in dem geregelt wird, für welche Zwecke der Rechtsträger die Erträge aus dem Stiftungsvermögen einzusetzen hat, wird beim Stiftungsgeschäft unter Lebenden entweder als Treuhandvertrag (Auftrag, Geschäftsbesorgung) oder als Schenkung unter Auflage qualifiziert. Regelmäßig wird ein **Treuhandvertrag** vorliegen. Danach ist der Auftragnehmer zur uneigennützigen Verwaltung des Stiftungsvermögens verpflichtet. Er hat den Stiftungszweck aus den Erträgen des Stiftungsvermögens zu erfüllen. Die Vermögensübertragung setzt ein gesondertes dingliches Rechtsgeschäft voraus.[321] Ist die Errichtung der unselbständigen Stiftung dagegen als **Schenkung unter Auflage** zu qualifizieren, so finden die §§ 516ff. BGB Anwendung. Das Stiftungsgeschäft bedarf notarieller Beurkundung, sofern die Formnichtigkeit nicht durch den sofortigen Vollzug geheilt wird. Ein Widerruf der Schenkung kommt nur unter den engen Voraussetzungen der §§ 528ff. BGB oder mangels Vollziehung der Auflage in Betracht. Die Vollziehung der Auflage können der Stifter und seine Rechtsnachfolger verlangen. Wesentlich für die Qualifizierung des Vertragsverhältnisses zwischen dem Stifter und dem Rechtsträger ist der Parteiwille. Nur wenn ein **deutliches Eigeninteresse** des Rechtsträgers ersichtlich ist, das Stiftungsvermögen zu verwalten, kommt eine Schenkung unter Auflage in Betracht. Die Verbindung der eigenen Interessen mit denen des Schenkers ist das typische Merkmal für die Schenkung unter Auflage, während die Verwaltung ausschließlich im Interesse des Stifters auf einen Treuhandvertrag hindeutet.[322] 186

---

[320] *Seifart-v. Campenhausen/Hof* § 36 Rn. 39; *Staudinger/Rawert* Vorbem. zu §§ 80ff. Rz. 152; a. A. *Soergel/Neuhoff* Vorbem. 21 zu § 80.

[321] Dazu *Soergel/Neuhoff* Vorbem. 23ff. zu § 80; *Seifart-v. Campenhausen/Hof* § 36 Rn. 58ff.; *Westebbe* Die Stiftungstreuhand, S. 66f.; *Staudinger/Rawert* Vorbem. zu §§ 80ff. Rz. 159.

[322] Zur Schenkung unter Auflage *MünchKomm/Reuter* Vorbem. 43 zu § 80.

c) Verfügung von Todes wegen

187 Das Stiftungsgeschäft von Todes wegen kann die Form einer **Erbeinsetzung** oder eines **Vermächtnisses unter Auflage** annehmen. Der Rechtsträger ist verpflichtet, die den Stiftungszweck enthaltende Auflage auszuführen. Für den Anspruch auf Vollziehung der Auflage gilt § 2194 BGB. Der belastete Erbe haftet unbeschränkt, aber beschränkbar (§§ 1975 ff. BGB). Die Wirksamkeit eines entspr. Rechtsgeschäftes richtet sich danach, ob die erbrechtliche Verfügung wirksam ist.

d) Übertragung des Stiftungsvermögens

188 Damit der Rechtsträger seine vertragliche Bindung erfüllen kann, muß das Stiftungsvermögen in sein Eigentum übertragen werden. Die Wirksamkeit der Übertragung richtet sich nach den **allgemeinen zivilrechtlichen Vorschriften**. § 82 BGB ist auch nicht analog anwendbar. Damit eine Inanspruchnahme des Stiftungsvermögens durch Gläubiger des Rechtsträgers in Zwangsvollstreckung oder Konkurs vermieden werden kann, empfiehlt es sich, im Stiftungsgeschäft mit dem Rechtsträger eine gesonderte Verwaltung des Stiftungsvermögens ausdrücklich festzulegen.[323]

e) Rechtsfähigkeit alter Stiftungen

189 Es existieren noch zahlreiche Stiftungen aus der Zeit vor Inkrafttreten des BGB. Ob diese Stiftungen überhaupt rechtsfähig sind, oder als nichtrechtsfähige Stiftungen fortwirken, muß aus Indizien wie dem Vorhandensein besonderer Stiftungsorgane, Grundbucheintragungen oder der Rechtsgeschichte entnommen werden.[324]

3. Verfassung der nichtrechtsfähigen Stiftung

190 Grds. entspricht die Verfassung der nichtrechtsfähigen Stiftung der Verfassung der rechtsfähigen Stiftung.[325] Durch den Vertrag mit dem Rechtsträger wird dieser an die Anordnungen des Stifters in der Satzung gebunden. Der Stifter kann, damit die Erfüllung des Stiftungszwecks sichergestellt ist, in der Satzung die Einrichtung einer besonderen Kontrollinstanz, die als Beirat oder Kuratorium bezeichnet werden kann, anordnen. In dem Vertrag mit dem Rechtsträger kann vorgesehen werden, daß dieser bei seinen sämtlichen Entscheidungen im Rahmen der Erfüllung seines Vertrages mit dem Stifter an die **Weisungen dieses besonderen Organs** gebunden ist. Es empfiehlt sich, zur Vermeidung von Streitigkeiten und Unklarheiten die Aufgabenverteilung zwischen dem Rechtsträger und einem derartigen Organ genau zu regeln.[326] Es kann vorgesehen werden, daß dieses Gremium allein über die Vergabe

---

323 Zu den Grenzen dieser Separierung aber unten Rz. 192 ff.
324 Vgl. dazu auch oben Rz. 174.
325 Vgl. dazu oben Rz. 56 ff.
326 *Seifart-v. Campenhausen/Hof* § 36 Rz. 76.

von Stiftungsmitteln entscheidet und dem Rechtsträger lediglich die Ausführung dieser Beschlüsse als allein handlungsfähigem Organ übertragen wird. Denkbar ist auch, daß dieses Organ nur als Kontrollinstanz für die Entscheidungen des Rechtsträgers dient.

Wenn **Satzungsänderungen** durch den Träger oder ein derartiges 191
besonderes Stiftungsorgan zulässig sein sollen, muß dies in der Satzung ausdrücklich angegeben werden. Damit der Rechtsträger nicht gegen den Vertrag mit dem Stifter verstößt, ist es ihm nur dann erlaubt, die Satzung zu ändern, wenn dies in dem Vertrag mit dem Stifter ausdrücklich vorgesehen worden ist. Denkbar ist auch, daß zu diesem Zweck auf die Regelungen für die rechtsfähigen Stiftungen verwiesen wird, wonach es darauf ankommt, ob die Anpassung der Satzung dem mutmaßlichen Willen des Stifters entspricht. Als letzte Möglichkeit kann der Rechtsträger eine einvernehmliche Änderung des Vertrages mit dem Stifter oder dessen Rechtsnachfolgern herbeiführen.[327] Aus dem letztgenannten Grund besitzt die nichtrechtsfähige Stiftung eine weitaus größere Anpassungsfähigkeit als die rechtsfähige Stiftung.

II. Stiftungsvermögen und Trägervermögen

1. Schutz gegen Gläubiger des Trägers

Das Vermögen der unselbständigen Stiftung wird **Teil des Vermö-** 192
gens seines Trägers. Deswegen haftet dieses Vermögen grds. auch für die Verbindlichkeiten des Stiftungsträgers. Wenn aber die nichtrechtsfähige Stiftung als Treuhandverhältnis ausgestaltet ist, kann der Stifter oder dessen Rechtsnachfolger nach § 771 ZPO Widerspruchsklage gegen Gläubiger des Rechtsträgers erheben und Absonderung dieses Vermögens von dem übrigen Vermögen des Rechtsträgers in einem Zwangsvollstreckungsverfahren verlangen.[328] Ein selbständiges Konkurs- oder Vergleichsverfahren kann über das Vermögen der unselbständigen Stiftung nicht eröffnet werden.[329]

2. Beschränkung der Vermögenshaftung auf das Stiftungsvermögen

Aus Rechtsgeschäften, die der Stiftungsträger im Rahmen der Stif- 193
tungsverwaltung abschließt, haftet er persönlich mit seinem gesamten Vermögen.[330] Etwas anderes gilt nur dann, sofern mit dem jeweiligen Vertragspartner eine abweichende Vereinbarung getroffen worden sein sollte. Auch sofern der Rechtsträger in Erfüllung seiner Aufgaben aus dem Stiftungsvertrag eine deliktische Handlung begehen sollte, haftet dafür das Vermögen des Rechtsträgers und der Stiftung.

---

[327] Vgl. dazu *Seifart-v. Campenhausen/Hof* § 36 Rz. 119 ff.
[328] *Staudinger/Rawert* Vorbem. zu §§ 80 ff. Rz. 168.
[329] Vgl. *Seifert-v. Camphausen/Hof* § 36 Rz. 141.
[330] *Staudinger/Rawert* Vorbem. zu §§ 80 ff. Rz. 167 m. w. N.

3. Haftung des Rechtsträgers gegenüber der Stiftung

194 Bei schuldhafter Verletzung seiner Pflichten haftet der Rechtsträger gegenüber dem Stifter oder seinen Rechtsnachfolgern auf ordnungsgemäße Erfüllung seiner Aufgaben. Er muß dem Stiftungsvermögen diesen Schaden ersetzen.[331]

III. Auflösung der Stiftung

195 Die Voraussetzung der Auflösung unselbständiger Stiftungen bestimmen sich grds. nach den für das jeweilige Stiftungsgeschäft geltenden Vorschriften des BGB, soweit der Vertrag zwischen dem Rechtsträger und dem Stifter insofern nicht ausschließliche und abweichende Vorgaben setzt. Ist das Rechtsgeschäft als ein Treuhandgeschäft zu qualifizieren, so kann sowohl der **Rechtsträger** als auch **der Stifter** jederzeit von Gesetzes wegen das Stiftungsgeschäft **kündigen**. Ein Verzicht auf das ordentliche Kündigungsrecht kann nur bei ausdrücklichem Ausschluß im Stiftungsgeschäft angenommen werden. Sollte der Rechtsträger die Kündigung ausüben, wird er aber verpflichtet sein, alle notwendigen Maßnahmen zu ergreifen, um beispielsweise den gemeinnützigkeitsrechtlichen Grundsatz der Vermögensbindung nach § 55 Abs. 1 Ziffer 4, 61 AO zu erfüllen und daher das Vermögen einer gemeinnützigen nichtrechtsfähigen Stiftung nicht auf den Stifter oder dessen Rechtsnachfolger, sondern entspr. der Satzung auf eine andere Körperschaft, die gemeinnützige Zwecke verfolgt, mit Beendigung seiner Rechtsträgerschaft zu übertragen. Wegen dieser Kündigungsmöglichkeit durch den Rechtsträger bietet die nicht rechtsfähige Stiftung eine geringere Gewähr für die Dauerhaftigkeit der gemeinnützigen Zweckverfolgung als eine rechtsfähige Stiftung. Für den Fall, daß der Rechtsträger stirbt oder seine rechtliche Selbständigkeit verliert, kann der Stifter zur Erhaltung seiner Stiftung in der Satzung die Rechtsnachfolge regeln und einen anderen Träger bestimmen. Im übrigen teilt das Stiftungsvermögen das Schicksal des Vermögens des Trägers.[332]

---

331 *Seifart-v. Campenhausen/Hof* § 36 Rz. 133.

332 Vgl. näher *Seifart-v. Campenhausen/Hof* § 36 Rz. 136 ff.

§ 4 GmbH-Recht (Grundzüge)

Bearbeiter: Dr. Lucas van Randenborgh

Übersicht

A. Entwicklung und Bedeutung

1 Mit dem Gesetz von 1892 schuf der deutsche Normgeber ohne geschichtliches Vorbild und in kurzer Vorbereitungszeit[1] die Rechtsform der GmbH. Die AG als die bis dahin alleinige Form einer Kapitalgesellschaft richtete sich von ihrer Struktur her – anders als die GmbH – vorwiegend an einen großen Kreis von Gesellschaftern. Die Kosten ihrer Gründung und der laufenden Verwaltung waren hoch. Somit blieb das Bedürfnis insbesondere des unternehmerischen Mittelstands nach einer Kapitalgesellschaft mit der Möglichkeit persönlicher Haftungsbeschränkung für die Gesellschafter einerseits bei vergleichsweise geringerem Kapitalbedarf, kleinem Gesellschafterkreis und Zulässigkeit der Drittorganschaft andererseits. Diesen Anforderungen sollte die Rechtsform der GmbH dienen.

2 Über die ersten rd. 80 Jahre der Entwicklungsgeschichte des GmbH-Rechts beschränkte sich der Gesetzgeber weitgehend auf redaktionelle Änderungen im gesetzlichen Regelwerk. Anschließend veränderten eine Reihe zusätzlicher Bestimmungen das GmbH-Recht.[2]

3 Die Bedeutung der Rechtsform „GmbH" in unserer Gesellschaft läßt sich statistisch belegen. Ihre Zahl hat sich von 80146 Ende 1970 auf rd. 770 000 zu Beginn des Jahres 1997 erhöht. Das aggregierte Stammkapital hat sich in demselben Zeitraum von rd. 43 Mrd. DM auf rd. 300 Mrd. DM versiebenfacht.[3] Der Zahlenvergleich zur AG zeigt, daß heute auf eine AG nahezu 200 GmbHs kommen. Auch die Kapitalziffern weisen keinen Vorsprung der AG mehr aus.[4]

4 Die GmbH kann gemäß § 1 GmbHG zu jedem gesetzlich zulässigen Zweck gegründet werden. Die GmbH dient naturgemäß unterschiedlichen Zielen.[5] Vergleichsweise selten verfolgen die Gesellschafter mit der GmbH steuerbegünstigte Zwecke im Sinne der §§ 51 ff. AO. Vereine und vor allem auch Stiftungen haben hier nach Anzahl und Bedeutung die Oberhand. Aber auch als Träger gemeinnütziger Aufgaben gewinnt die GmbH mehr und mehr an Bedeutung. Dies zeigt die wachsende Zahl der Stiftungs-GmbHs, der gemeinnützigen GmbHs mit wirtschaftlicher Zielsetzung. Dabei ist vom Grundsatz her festzuhalten,

---

[1] *Schubert* Festschrift GmbHG, S. 1f.

[2] Zu nennen sind hier vor allem das Umwandlungsgesetz, das Publizitätsgesetz, die Gesetze über die Mitbestimmung der Arbeitnehmer (das Betriebsverfassungsgesetz 1952, die Montan-Gesetze und das Mitbestimmungsgesetz 1976) sowie die gesellschaftsrechtlichen Richtlinien der Europäischen Gemeinschaft (Publizitätsrichtlinie, Verschmelzungsrichtlinie, Bilanzrichtlinie).

[3] *Hansen* GmbHR 1997, 204 ff.

[4] Zum Jahresende 1996 dürften vom Nominalkapital aller Kapitalgesellschaften rd. 58 % auf GmbHs und 42 % auf AGs entfallen sein; vgl.: *Hansen* GmbHR 1997, 204 ff.

[5] Vgl. *Limbach* Theorie und Wirklichkeit der GmbH (1996); *Loidl* Die GmbH ohne erwerbswirtschaftliche Zielsetzung (1970).

daß auf gemeinnützige GmbHs unmittelbar die Bestimmungen des GmbHG Anwendung finden. Das GmbHG kennt insoweit keine Ausnahmeregelungen für gemeinnützige GmbHs.

B. Gründung der GmbH

I. Stadien der Gründung

Die GmbH ist – im Gegensatz etwa zum bürgerlich rechtlichen Verein – als Organisationsform für eine beschränkte Zahl von Gesellschaftern konzipiert. Die gesetzlichen Regelungen zielen auf den Gläubigerschutz und weniger stark auf den Schutz der Anleger ab. 5

Die Gründung einer GmbH setzt den Abschluß eines **Gesellschaftsvertrags** voraus, der die notarielle Beurkundung erfordert (§ 2 Abs. 1 GmbHG). Der Gesellschaftsvertrag muß enthalten die Firma und den Sitz der Gesellschaft, den Gegenstand des Unternehmens, den Betrag des Stammkapitals und den Betrag der von jedem Gesellschafter auf das Stammkapital zu leistenden Einlagen.[6] 6

Das GmbHG verlangt, daß bereits vor Entstehung die von einem Gesellschafter übernommene Stammeinlage wenigstens teilweise in das Vermögen der Gesellschaft geleistet worden ist.[7] Folglich besteht schon vor Eintragung ins Handelsregister ein Gesellschaftsvermögen und ein **Personenzusammenschluß**, der als Träger dieses Vermögens auftritt. Unstreitig wird daher schon zu diesem Zeitpunkt ein Gesellschaftsverhältnis der Gründer untereinander angenommen. 7

Zur Gründung einer GmbH werden herkömmlich drei Stadien unterschieden: Die Vorgründungsgesellschaft, die Vorgesellschaft – oder auch Vor-GmbH genannt – und die eigentliche GmbH, die erst mit Eintragung im Handelsregister als juristische Person existent wird. 8

1. Die Vorgründungsgesellschaft

Die Vorgründungsgesellschaft entsteht durch den Zusammenschluß der Gründer mit dem Ziel, eine GmbH als rechtsfähige Körperschaft ins Leben zu rufen. Eines förmlichen Gründungsakts bedarf es nicht. Auch durch bloß gemeinschaftlich eingeleitete Maßnahmen zur Vorbereitung oder Gründung kann die Vorgründungsgesellschaft konkludent auf vertraglicher Grundlage entstehen. 9

Die Vorgründungsgesellschaft ist im Regelfall eine **Gesellschaft bürgerlichen Rechts**, auf die die §§ 705 ff. BGB Anwendung finden. Werden in diesem Stadium bereits Handelsgeschäfte iSv § 1 Abs. 2 HGB getätigt, handelt es sich bei der Vorgründungsgesellschaft rechtlich um eine OHG.[8] Die unternehmerische Tätigkeit vollzieht sich hier 10

---

[6] Vgl. § 3 GmbHG.

[7] § 7 Abs. 2 GmbHG.

[8] BGH v. 29. 11. 1956, BGHZ 22, 240, 244, 245; BGH v. 7. 5. 1984, BGHZ 91, 148, 151.

nach überwiegender Auffassung in der Vorgründungsgesellschaft selbst, obwohl die Tätigkeit über den eigentlichen Zweck der Vorgründungsgesellschaft – Gründung einer GmbH – hinausgeht.[9]

11 Die Vorgründungsgesellschaft bedeutet für die Gesellschafter regelmäßig keine rechtlich bindende Verpflichtung zur Errichtung einer GmbH.[10] Kommt eine Gründung letztlich nicht zustande, kann es unter dem Gesichtspunkt der Verletzung von Treue- und Schutzpflichten zu wechselseitigen Ansprüchen auf Ersatz des Vertrauensschadens kommen.[11]

12 Mit Abschluß des GmbH-Gesellschaftsvertrags findet die Vorgründungsgesellschaft durch **Zweckerfüllung** ihr Ende (§ 726 BGB). Soweit in der Vorgründungsgesellschaft Vermögen gebildet wurde, kann es nur im Wege der Einzelrechtsnachfolge auf die Vorgesellschaft übertragen werden. Die Vorgründungsgesellschaft und die durch den Abschluß des GmbH-Gesellschaftsvertrags entstehende Vorgesellschaft bilden voneinander **unterschiedliche rechtliche Einheiten**, es findet kein „automatischer" Vermögensübergang und keine Gesamtrechtsnachfolge statt.

2. Die Vorgesellschaft

13 Die Vorgesellschaft ist definiert als **gesamthänderischer Zusammenschluß** der Gründer, der aus der Errichtung der zu schaffenden Körperschaft mit Abschluß des GmbH-Gesellschaftsvertrags hervorgeht und durch ihre Eintragung beendet (oder wesentlich verändert) wird.[12]

14 Obwohl die Vorgesellschaft keine volle Rechtsfähigkeit besitzt, trägt sie bereits den Firmennamen der künftigen GmbH mit dem Zusatz „in Gründung". Die Vorgesellschaft ist Trägerin von Rechten und Pflichten, sie ist grundbuchfähig, parteifähig und sie kann unter eigenem Namen klagen und verklagt werden.[13] Auf die Vorgesellschaft finden sowohl im Innenverhältnis der Gesellschafter untereinander als auch gegenüber Dritten im Rechtsverkehr die Regeln des Gesellschaftsvertrags sowie die Bestimmungen des GmbH-Rechts Anwendung, soweit diese nicht gerade die Rechtsfähigkeit der Gesellschaft voraussetzen.

---

[9] *Hachenburg/Ulmer* § 2 Anm. 50.

[10] BGH vom 7. 10. 1991, DStR 91, 1465, 1466, zur Unterscheidung zwischen Vorgründungsgesellschaft „im weiteren Sinn" und „im engeren Sinn": Eine Vorgründungsgesellschaft „im engeren Sinn" ist anzunehmen, wenn sich die künftigen Gesellschafter im Rahmen eines Vorvertrags, der der notariellen Form bedarf, zur Gründung der GmbH gegenseitig wirksam verpflichten. Die Rechtsform der Vorgründungsgesellschaft „im engeren Sinn" entspricht im übrigen der Rechtsform einer Vorgründungsgesellschaft „im weiteren Sinn".

[11] *Scholz/K. Schmidt* § 11 Anm. 8; offen ist, ob dieser Anspruch aus culpa in contrahendo oder aus positiver Vertragsverletzung herzuleiten ist.

[12] Vgl. zu den Besonderheiten der Einmann-Vorgesellschaft: *Hüffer* ZHR 145 (1981), 521; *Ulmer/Ihrig* GmbHR 88, 373.

[13] *Lutter/Hommelhoff* § 11 Anm. 5; *Scholz/Schmidt* GmbHG, § 11 Rz. 27 ff.; vgl. zur Parteifähigkeit bei der eigenen Registeranmeldung: OLG Stuttgart v. 5. 12. 91, BB 92, 88.

Die Vorgesellschaft ist nach überwiegender Auffassung mit der künftigen GmbH identisch.[14] Die in der Vorgesellschaft begründeten Rechte und Pflichten werden mit der Eintragung der Vorgesellschaft in das Handelsregister solche der GmbH. Ein weiterer Übertragungsakt ist nicht erforderlich. Vorgesellschaft und künftige GmbH bilden einen **einheitlichen Rechtsträger**, der mit der Eintragung der GmbH lediglich eine andere Gestalt annimmt. 15

Führen jedoch die Gesellschafter die Geschäftstätigkeit in der Gesellschaft fort, ohne die Eintragung ins Handelsregister weiter zu verfolgen, wandelt sich die Vorgesellschaft in eine Gesellschaft bürgerlichen Rechts oder – je nach Tätigkeitsfeld – in eine OHG um mit der Folge der persönlichen Außenhaftung aller Gesellschafter, auch für Altschulden.[15] 16

3. Eintragung

Mit der Eintragung entsteht die Gesellschaft als juristische Person. Die Gesellschaft erhält damit eine **eigene Rechtspersönlichkeit** und ist aufgrund ihrer Rechtsform Vollkaufmann gem. § 6 Abs. 1 HGB. Im Unterschied zu natürlichen Personen ist die GmbH nur eingeschränkt grundrechtsfähig und kann nur beschränkt Persönlichkeitsrechte für sich in Anspruch nehmen.[16] 17

4. Haftungsrisiken bei der Gründung

Für die Gesellschafter einer GmbH besteht ein Haftungsprivileg, denn für Verbindlichkeiten der Gesellschaft haftet nur das Gesellschaftsvermögen (§ 13 Abs. 2 GmbHG), nicht hingegen der Gesellschafter selbst.[17] Das Haftungsprivileg ist an die Eintragung der Gesellschaft in das Handelsregister gebunden. Da Vorgründungsgesellschaft und Vorgesellschaft ihrerseits die Einhaltung von Kapitalaufbringungsvorschriften nicht erfordern, noch sichergestellt ist, daß die Gesellschaft jemals entstehen wird, taucht in der Praxis immer wieder die Frage auf, wer in welchem Umfang für Verbindlichkeiten der Vorgründungs- oder Vorgesellschaft aufkommen muß. 18

Im Stadium der **Vorgründungsgesellschaft** (GbR oder OHG) haften für Verbindlichkeiten letztlich die Gesellschafter persönlich und unbeschränkt.[18] Haftungsbeschränkungen auf das Stammkapital der späteren GmbH bedürfen einer ausdrücklichen Vereinbarung mit den Gläubigern. Insb. genügt zur Erlangung der Haftungsbeschränkung nicht, daß die Vorgründungsgesellschaft bereits als „GmbH" im Rechtsverkehr auftritt und damit der Schein einer beschränkten Haftung gesetzt 19

---

14 *Lutter/Hommelhoff* § 11 Anm. 2.

15 BGH v. 29. 11. 1956, BGHZ 22, 240; BGH v. 9. 3. 1981, BGHZ 80, 142; *Lutter/Hommelhoff* § 11 Anm. 9.

16 *Hachenburg/Ulmer* § 13 Anm. 10 ff.

17 Ausnahmen bestehen hier insb. für den Bereich des qualifiziert faktischen Konzerns.

18 *Kort* DStR 1991, 1317.

wird.[19] Auch beseitigt die nachfolgende Errichtung und Eintragung der GmbH die persönliche Haftung der Vorgründungsgesellschafter nicht.[20]

20 Im Stadium der **Vorgesellschaft** sind rechtsgeschäftliche Verbindlichkeiten primär aus dem Gesellschaftsvermögen zu tilgen. Daneben kommt aber eine unmittelbare Haftung der Gesellschafter vor allem unter den Schlagworten Gründerhaftung und Handelndenhaftung in Betracht.

21 Die persönliche **Haftung der Gründungsgesellschafter** ist mit der bisher überwiegenden Meinung in Rspr. und Literatur auf die ausstehenden Einlagen beschränkt.[21] Nur bis in Höhe der noch nicht geleisteten Einlagen haften die Gesellschafter der Vor-GmbH den Gläubigern persönlich und unmittelbar.[22] Positivrechtlich geht es dabei u. a. um das Problem, ob § 13 Abs. 2 GmbHG auf die Vor-GmbHG analog Anwendung findet. Unter teilweiser Aufgabe seines bisherigen Standpunkts hat der BGH in einer jüngeren Entscheidung zu diesem Themenkomplex nunmehr ausgeführt (Leitsatz):

„Die Gesellschafter einer Vor-GmbH haften für die Verbindlichkeiten dieser Gesellschaft unbeschränkt. Es besteht eine einheitliche Gründerhaftung in Form einer bis zur Eintragung der Gesellschaft andauernden Verlustdeckungshaftung und einer an die Eintragung geknüpften Vorbelastungs-(Unterbilanz-)haftung. Die Verlustdeckungshaftung ist ebenso wie die Vorbelastungs-(Unterbilanz-)haftung eine Innenhaftung.“ [23]

Offen ist in diesem Zusammenhang aber unverändert die Frage, ob die Gründungsgesellschafter hier gesamtschuldnerisch oder jeweils pro rata im Umfang ihrer Beteiligung am Nennkapital der Gesellschaft haften.[24] Mit Eintragung der GmbH in das Handelsregister erlischt die Gründerhaftung, auch wenn die restlichen Einlagen bis dahin nicht geleistet worden sind.[25] Soweit die Einlagen zu diesem Zeitpunkt noch nicht vollumfänglich geleistet sind, tritt die sog. Vorbelastungshaftung – auch Differenzhaftung genannt – an ihre Stelle, so daß Gläubigern insoweit kein zusätzlicher Haftungsausfall droht.

22 Nach § 11 Abs. 2 haften ferner die vor Eintragung im Namen der Gesellschaft Handelnden unmittelbar persönlich und solidarisch. Die Bestimmung ist eine Durchbrechung des allgemeinen Grundsatzes in § 164 Abs. 1 BGB, wonach bei Einschaltung eines bevollmächtigten

[19] OLG Karlsruhe vom 2. 3. 1988 GmbHR 1988, 482.

[20] *Baumbach/Hueck* GmbHG § 11 Rz. 33.

[21] BGH vom 20. 6. 1983, NJW 1983, 2822; *Fleck* GmbHR 1983, 7.

[22] *Rowedder/Rittner/Schmidt-Leithoff* GmbHG § 11 Rz. 92 ff.; *Hachenburg/Ulmer* GmbHG § 11 Rz. 61 ff.; *Baumbach/Hueck* GmbHG § 11 Rz. 22; a. A.: *Scholz/Schmidt* GmbHG § 11 Rz. 79 ff.; *Lutter-Hommelhoff* GmbHG § 11 Rz. 7; *Roth* ZGR 1984, 597, 626, die für eine unbeschränkte Außenhaftung der Gesellschafter eintreten.

[23] BGH vom 27. 1. 1997, ZIP 1997, 679; vgl. auch: *Schmidt* ZIP 1997, 671 ff.; *Flume* DB 1998, 41; *Altmeppen* NJW 1997, 3272.

[24] Vgl. *Schmidt* ZIP 1997, 671 ff.

[25] *Rowedder/Rittner/Schmidt-Leithoff* GmbHG § 11 Rz. 97 ff.

Vertreters ausschließlich der Vertretene – und nicht der Vertreter selbst – aus dem abgeschlossenen Rechtsgeschäft berechtigt und verpflichtet wird. Die **Handelndenhaftung** trifft idR aber nur die Geschäftsführer oder designierte Geschäftsführer der GmbH, da sie für die Gesellschaft im Rechtsverkehr auftreten. Der Begriff der Handelnden ist also eng auszulegen.[26] Die bloße Förderung der Geschäftsaufnahme durch einen der Gründer reicht zur Begründung einer Handelndenhaftung nicht aus.[27] Neben oder auch anstelle der Handelndenhaftung kommen je nach individueller Konstellation des Sachverhalts gegen den Handelnden Ansprüche aus vollmachtloser Vertretung oder aus Rechtsschein in Betracht. Durch Vereinbarung mit den Gläubigern ist die Handelndenhaftung abdingbar.[28]

Mit der Eintragung der GmbH in das Handelsregister erlöschen Gründer- und Handelndenhaftung. Verbindlichkeiten sind von diesem Zeitpunkt an nach dem Rechtsgedanken des § 13 Abs. 2 GmbHG nur noch aus dem Gesellschaftsvermögen zu tilgen. Das Haftungsprivileg setzt jedoch voraus, daß im Zeitpunkt der Eintragung ein ungemindertes Gesellschaftsvermögen existiert. Unterschreitet dagegen das Nettovermögen der GmbH einschließlich Gründungsaufwand den Nominalbetrag des Stammkapitals, haften die Gesellschafter der GmbH nach der vorwiegend auf Richterrecht begründeten allgemeinen Differenzhaftung auf den Differenzbetrag nach dem Verhältnis ihrer Geschäftsanteile, also nicht als Gesamtschuldner. Fällt hierbei einer der Gesellschafter aus, verteilt sich der auf ihn entfallende Haftungsanteil wiederum auf die übrigen Gesellschafter nach dem Verhältnis der Nennbeträge ihrer Geschäftsanteile (Ausfallhaftung; Rechtsgedanken des § 24 GmbHG).[29] Die Differenzhaftung ist ein geeignetes Instrument zur Sicherung der realen Kapitalaufbringung bei der GmbH. Sie verjährt analog § 9 Abs. 2 GmbHG in fünf Jahren nach Eintragung der Gesellschaft in das Handelsregister. 23

II. Gesellschaftsvertrag

1. Allgemeines

Der Gesellschaftsvertrag formt das juristische Gerüst der GmbH. Er ist einerseits ein Schuldvertrag, indem er den Gesellschaftern und der Gesellschaft Rechte und Pflichten auferlegt. Andererseits beinhaltet er die für die GmbH wesentlichen organisationsrechtlichen Vorgaben. Der Gesellschaftsvertrag trifft damit Aussagen zu drei Bereichen, nämlich dem Verhältnis zwischen GmbH und Gesellschafter, dem Verhältnis der Gesellschafter zueinander und der internen Organisationsstruktur der 24

[26] *Rowedder/Rittner/Schmidt-Leithoff* GmbHG § 11 Rz. 103 ff.

[27] BGH vom 26. 01. 1967, BGHZ 47, 25, 29 ff.; BGH vom 15. 12. 1975, BGHZ 65, 378, 380; BGH vom 15. 06. 1978, BGHZ 72, 45, 46.

[28] *Baumbach/Hueck* § 11 Anm. 49 a.

[29] *Baumbach/Hueck* § 24 Anm. 7; *Rowedder/Rittner/Schmidt-Leithoff* GmbHG § 11 Rz. 28 ff.

GmbH selbst. Im GmbH-Recht besteht im übrigen vorwiegend Gestaltungsfreiheit in weiten Teilen der Organisationsstruktur der Gesellschaft, der Befugnisse der Geschäftsführung sowie der Rechte und Pflichten der Gesellschafter. Wo der Gesellschaftsvertrag keine Regelung vorsieht, gelten die Bestimmungen des GmbH-Gesetzes.

25 Der Abschluß des Gesellschaftsvertrags drückt die Einigung der Gründer aus, eine GmbH zu errichten, dieser beizutreten und die versprochenen Einlagen zu leisten. Hierbei handelt es sich um bedingungsfeindliche Rechtsgeschäfte. Werden dennoch insoweit Bedingungen in den Vertrag aufgenommen, so ist der Vertrag nichtig, sofern noch keine Einlagen in die Gesellschaft geleistet wurden. Vom Zeitpunkt der Einlageerbringung an gelten hingegen die Grundsätze der fehlerhaften Gesellschaft mit der Folge, daß – abgesehen von besonders schwerwiegenden Verstößen nur die Liquidation der Vorgesellschaft verlangt werden kann.[30]

2. Mindestinhalt

26 Der Gesellschaftsvertrag muß folgende Mindestangaben enthalten:[31]
- Firma der Gesellschaft
- Sitz der Gesellschaft
- Gegenstand des Unternehmens
- Betrag des Stammkapitals und der von jedem Gesellschafter auf das Stammkapital zu leistenden Einlage

27 In bezug auf die **Firma** sind die üblichen handelsrechtlichen Grundsätze der §§ 17 bis 37 a HGB auch auf die Nonprofit-GmbH anzuwenden. Hierzu zählen u. a. der Grundsatz der Firmenwahrheit,[32] der Firmenbeständigkeit[33] und der Firmenunterscheidbarkeit.[34] Die GmbH durfte nach der bisherigen Rechtslage eine Sach- oder Personenfirma oder eine zwischen beiden Formen gemischte Firma tragen. Dabei mußte die Sachfirma aus dem Gegenstand des Unternehmens entliehen sein. In einer reinen Personenfirma war bei mehreren Gesellschaftern ein entsprechender Zusatz, beispielsweise „& Co". oder „& Partner" erforderlich.

28 Mit dem Handelsrechtsreformgesetz vom 22. 6. 1998[35] hat der Gesetzgeber das Firmenrecht weiter liberalisiert. Neben einer Personen- oder Sachfirma sind nunmehr grds. auch Phantasiebezeichnungen als Firma zulässig. § 18 Abs. 1 HGB n. F. verlangt lediglich, daß die Firma „. . . zur Kennzeichnung des Kaufmanns geeignet sein und Unterscheidungskraft besitzen . . ." muß. Außerdem gilt das Verbot der Irreführ-

---

[30] *Lutter/Hommelhoff* § 2 Anm. 18–20; *Hachenburg/Ulmer* § 2 Anm. 94 ff.; *Raiser* Recht der Kapitalgesellschaften, § 24 Anm. 93–96; weitere Besonderheiten gelten für die Ein-Mann-GmbH.

[31] § 3 Abs. 1 GmbHG.

[32] § 18 Abs. 2 HGB.

[33] § 22 ff. HGB.

[34] § 30 HGB.

[35] BGBl. I 1998, 1474.

rung. So wird man verlangen müssen, daß eine Sachfirma nicht im Widerspruch zum Unternehmensgegenstand steht.[36] Auch darf das Wort „gemeinnützig" in der Firma erscheinen, sofern die Voraussetzungen des § 52 AO erfüllt sind.[37] Die allgemeinen Anforderungen an die regional beschränkte Unterscheidungskraft nach § 30 Abs. 1 HGB bleibt unverändert. Im Hinblick auf Phantasiebezeichnungen ist zu beachten, daß die Phantasiefirma grds. keine Rechte, etwa Markenrechte etc., anderer verletzen darf. Unverändert muß die Firma der Gesellschaft zur Klarheit im Rechtsverkehr die Bezeichnung „Gesellschaft mit beschr. Haftung" oder eine allgemein verständliche Abkürzung dieser Bezeichnung enthalten.

Der Gesellschaftsvertrag beschreibt den **Unternehmensgegenstand**, also das Aufgabenfeld und die künftige Tätigkeit der GmbH. Er 29
steckt damit den Rahmen für das Handeln der geschäftsführenden Organe ab.[38] Die GmbH kann zu jedem gesetzlich zulässigen **Zweck** errichtet werden.[39] Bei der gemeinnützigen GmbH sind jedoch die §§ 59, 60 AO zu beachten. Gem. § 59 AO werden besondere Steuervergünstigungen nur gewährt, wenn sich aus der Satzung ergibt, welchen Zweck die Körperschaft verfolgt, und daß dieser Zweck den Anforderungen der §§ 52–55 AO entspricht und er ausschließlich und unmittelbar verfolgt wird.[40]

Die Differenzierung zwischen Unternehmensgegenstand einerseits 30
und Zweck der Gesellschaft andererseits wird teilweise bei der Abfassung von Gesellschaftsverträgen nicht ausreichend beachtet. Im Ergebnis stellt der Zweck der Gesellschaft das für den Zusammenschluß der Gesellschafter maßgebende Ziel dar, das dann mit Hilfe des Unternehmensgegenstandes verwirklicht werden soll.[41]

Der Unternehmensgegenstand sollte inhaltlich in der Satzung nicht 31
zu allgemein formuliert werden, da der eintragende Registerrichter aus der Beschreibung eventuelle Genehmigungserfordernisse erkennen können muß. Auf der anderen Seite aber kann eine zu detaillierte Vorgabe in der Satzung den Tätigkeitsspielraum der Gesellschaft ohne Not einengen. Neue Aufgaben- und Tätigkeitsfelder ließen sich dann späterhin nur nach einer Satzungsänderung erschließen.

3. Fakultativer und empfehlenswerter Inhalt

Fakultativ enthält der Gesellschaftsvertrag regelmäßig eine Vielzahl 32
weiterer Bestimmungen. Um spätere Streitigkeiten zwischen Gesellschaftern und Gesellschaft oder den Gesellschaftern untereinander zu vermeiden haben sich vertraglich formulierte Bestimmungen zu folgenden Punkten als sinnvoll erwiesen:

---

[36] *Priester* GmbHR 1999, 151.
[37] *Priester* GmbHR 1999, 151.
[38] *Priester* GmbHR 1999, 151.
[39] § 1 GmbHG.
[40] Siehe dazu im einzelnen § 5.
[41] Vgl. *Scholz/Emmerich* GmbHG § 1 Rz. 2a.

– Austritt von Gesellschaftern (Kündigung)
– Beirat und/oder Aufsichtsrat
– Beschränkungen in der Geschäftsführung
– Bewertung der Anteile beim Ausscheiden von Gesellschaftern; Abfindungsregeln
– Einziehung von Geschäftsanteilen (§ 34 Abs. 1 GmbHG)
– Ergebnisverwendung (§ 29 GmbHG)
– Geschäftsjahr und Jahresabschluß
– Gesellschafterversammlung, Beschlußfassung
– Anbietungspflichten, Vorkaufsrechte
– Schiedsgerichtsvereinbarung
– Verfügungs- und Vererbungsbeschränkungen (§ 15 Abs. 5 GmbHG)

Sind diese Punkte im Gesellschaftsvertrag nicht geregelt, so gelten hilfsweise stets die gesetzlichen Vorschriften, die jedoch im GmbHG nur recht grobmaschig enthalten sind.

33 Gem. § 2 GmbHG unterliegt der Abschluß des Gesellschaftsvertrags strengen **Formvorschriften**. Der Gesellschaftsvertrag bedarf der notariellen Beurkundung. Er ist von sämtlichen Gesellschaftern zu unterzeichnen. Die Unterzeichnung durch Bevollmächtigte ist grundsätzlich nur mittels einer notariell errichteten oder beglaubigten Vollmacht zulässig.

III. Geschäftsführer

34 Die GmbH hat einen oder mehrere Geschäftsführer. Ohne Geschäftsführer ist die Gesellschaft nicht handlungsfähig (§ 6 Abs. 1 GmbHG). Die Bestellung des Geschäftsführers kann entweder im Gesellschaftsvertrag oder durch Beschluß der Gesellschafterversammlung erfolgen. Die Bestellung im Gesellschaftsvertrag ist selten. Sie empfiehlt sich, wenn einem der Gesellschafter ein unentziehbares Sonderrecht gleichzeitig als Geschäftsführer der Gesellschaft eingeräumt werden soll.[42] Im übrigen ist die Bestellung durch einen gesonderten Beschluß anzuraten, da bei späteren Änderungen in der Geschäftsführung der Gesellschaftsvertrag seine Aktualität nicht verliert und er nicht ständig neu gefaßt werden muß. Für den Bestellungsbeschluß ist grundsätzlich die einfache Mehrheit ausreichend.

IV. Stammkapital und Stammeinlagen

35 Das Stammkapital gibt den satzungsmäßig festzulegenden Betrag vor, in dessen Höhe die Gesellschafter zum Schutz der Gläubiger besonderen Pflichten der Aufbringung und Erhaltung des Gesellschaftsvermögens unterliegen. Im Umfang des Stammkapitals gilt bei der GmbH der Grundsatz der **Sicherung der Kapitalaufbringung und Kapitalerhaltung.**

---

[42] Vgl. *Scholz/U. Schneider* § 6 Anm. 30.

36 Das Stammkapital einer GmbH muß mindestens € 25 000 betragen.[43] Ausnahmeregelungen erfordern für bestimmte Tätigkeitsfelder ein höheres Stammkapital.[44] Das Stammkapital wird im Gesellschaftsvertrag in Stammeinlagen zerlegt. Der Gesamtbetrag der Stammeinlagen entspricht dem Stammkapital der GmbH. Die Stammeinlagen bezeichnen die Beträge, mit denen sich die Gründungsgesellschafter an der GmbH beteiligen. Die Mindesthöhe einer Stammeinlage ist € 100, der Betrag der Stammeinlage muß durch € 50 teilbar sein.[45] Die durch Übernahme der Stammeinlage erworbene Beteiligung wird als „Geschäftsanteil" bezeichnet. Das Verhältnis der Geschäftsanteile zum Stammkapital drückt den Umfang der Beteiligung an der Gesellschaft und am Wert ihres Vermögens aus. Bei der Gründung (oder späterer Kapitalerhöhung) kann jeder Gesellschafter nur einen einzigen Geschäftsanteil erwerben (also z. B. nicht zehn Geschäftsanteile à € 100, sondern stets nur einen Geschäftsanteil, im Beispiel à € 1000).

37 Stammeinlagen werden entweder als Bar- oder Sacheinlagen festgelegt. Eine Kombination beider Einlageformen ist zulässig. Bareinlagen sind in „Geld", also in inländischer Währung, zu erbringen. Nach der Vorgabe in den §§ 5 Abs. 4 und 19 Abs. 5 GmbHG befreien nur Bareinlagen den Gesellschafter von seiner Einlageschuld, sofern nicht der Gesellschaftsvertrag ausdrücklich den Gegenstand der Sacheinlage und den Betrag der Stammeinlage, auf den sich die Sacheinlage bezieht, bezeichnet. **Einlagefähig** ist im übrigen jeder Vermögensgegenstand mit einem erfaßbaren wirtschaftlichen Wert. Hierzu zählen bewegliche oder unbewegliche Sachen, aber auch Rechte und Forderungen. Unstreitig können auch ein Kundenstamm, ein Firmenwert oder ein bewertungsfähiger Goodwill Gegenstand der Sacheinlage sein. Nicht einlagefähig ist hingegen in Anlehnung an die Bestimmung in § 27 Abs. 2 AktG die Verpflichtung zu eigenen oder fremden Dienstleistungen.

38 Besondere Bestimmungen gelten für die **Bewertung** von Sacheinlagen. Da Stammeinlagen in ihrer Gesamtheit im Rechtsverkehr als Haftungsvolumen dienen, muß ihre Werthaltigkeit garantiert sein. Zur Sicherung der Kapitalaufbringung haben die Gesellschafter daher in einem von der Satzung getrennten sogenannten Sachgründungsbericht die für die Angemessenheit der Leistung der Sacheinlagen wertbestimmenden Eigenschaften darzulegen und sie auf Verlangen des Handelsregisters nachzuweisen.[46] Der Zeitpunkt der Handelsregisteranmeldung ist der für die Bewertung der Sacheinlage maßgebende Zeitpunkt. Treten bis zur endgültigen Eintragung der Gesellschaft Wertminderungen ein, lösen sie die Differenzhaftung der Gesellschafter aus.

39 Von der **Verpflichtung zur Leistung der Einlage** können die Gesellschafter gem. § 19 Abs. 2 GmbHG nicht befreit werden. Diese gesetzliche Sicherung der Kapitalaufbringung ist weit gefaßt und gilt für

---

43 § 5 Abs. 1 GmbHG; bislang DM 50 000.

44 Vgl. z. B. § 2 Abs. 2 Satz 2 KAGG, DM 500 000 für Investmentgesellschaften.

45 § 5 Abs. 1 GmbHG; § 5 Abs. 3 Satz 2 GmbHG.

46 § 5 Abs. 4 Satz 2 GmbHG.

Sach- wie für Geldeinlagen.[47] Inhaltlich erfaßt das Verbot des § 19 Abs. 2 GmbHG vor allem den Erlaß und die Stundung der Stammeinlage. An dem Gegenstand einer Sacheinlage kann grundsätzlich kein Zurückbehaltungsrecht geltend gemacht werden.[48] Ebensowenig ist zur Einlageerfüllung die Aufrechnung mit einer Forderung gegen die GmbH zulässig.[49]

40 Zur Sicherung der Kapitalaufbringung sieht das GmbH-Recht ferner bei verzögerter Einzahlung der Stammeinlage die **Kaduzierung** vor, d.h., die GmbH kann unter bestimmten Voraussetzungen dem säumigen Gründungsgesellschafter den Geschäftsanteil entziehen und diesen im Wege öffentlicher Versteigerung verkaufen, um auf diese Weise den rückständigen Betrag zu erlangen. Die Kaduzierung ist idR kein praktikables Sicherungsinstrument und hat in der Praxis keine große Bedeutung.

41 Wirkungsvoller sind zur Sicherung der Kapitalaufbringung die Bestimmungen der §§ 24ff. GmbHG, wonach die übrigen Gesellschafter den zur Deckung bestehenden Fehlbetrag nach dem Verhältnis ihrer Geschäftsanteile – also nicht gesamtschuldnerisch – aufzubringen haben (Ausfallhaftung). Die Ausfallhaftung ist jedoch subsidiär und kommt erst zum Tragen, wenn die Stammeinlage von dem betreffenden säumigen Gesellschafter weder unmittelbar noch durch die Kaduzierung seines Geschäftsanteils erlangt werden kann.

V. Anmeldung und registerrechtliches Verfahren

42 Mit der Eintragung der Gesellschaft ins Handelsregister findet der Gründungsvorgang seinen Abschluß. Die Eintragung durch das Registergericht als Abteilung des örtlich für den Sitz der Gesellschaft zuständigen Amtsgerichts setzt einen Antrag (Anmeldung) sämtlicher Geschäftsführer voraus.[50]

43 Die Anmeldung darf nach § 7 Abs. 1 GmbHG erst erfolgen, wenn die sämtlichen Bareinlagen zu mindestens einem Viertel eingezahlt sind und der Gesamtbetrag der geleisteten Bar- und Sacheinlagen mindestens 1/2 des Stammkapitals, das heißt also mindestens € 12500 bei einer GmbH mit einem Stammkapital von € 25000, beträgt.[51] Sacheinlagen müssen bis zum Zeitpunkt der Anmeldung vollständig bewirkt sein (§ 7 Abs. 3 GmbHG). Die Anmeldung ist in notariell beglaubigter Form beim örtlich zuständigen Registergericht einzureichen.[52] Der Anmeldung sind die in § 8 GmbHG aufgelisteten Unterlagen beizufügen.[53] Gleichzeitig haben die Geschäftsführer mit der Anmeldung zu versi-

---

[47] BGH BGHZ 29, 300, 305.

[48] § 19 Abs. 2 S. 3 GmbHG.

[49] Vgl. § 19 Abs. 2 Satz 2 und 3 GmbHG.

[50] § 78 GmbHG; nach *Scholz/Winter* § 7 Anm. 10 ist die Anmeldung ein höchstpersönlicher Akt, Geschäftsführer können sich hierbei nicht vertreten lassen.

[51] Vgl. § 7 Abs. 2 GmbHG.

[52] Vgl. § 12 Abs. 1 HGB.

[53] Hierzu zählen: Gesellschaftsvertrag, Gründungsvollmachten, Legitimation der Geschäftsführer, Liste der Gesellschafter, Verträge über Sacheinlagen, Sachgrün-

chern, daß die Einlagen ordnungsgemäß bewirkt wurden und sich der Leistungsgegenstand jeweils zur endgültig freien Verfügung der Gesellschaft befindet. Darüber hinaus haben die Geschäftsführer zur Aufbewahrung beim Handelsregister ihre Unterschrift zu leisten und zu versichern, daß gegen sie keine persönlichen Ausschlußgründe vorliegen.[54]

Vor Eintragung der GmbH überprüft das Handelsregister alle formellen und materiellen Fragen einer wirksamen und gesetzeskonformen Gesellschaftsgründung. Dem Registergericht obliegt der Amtsermittlungsgrundsatz, d. h. das Gericht hat über die Prüfung der Anmeldungsunterlagen hinaus ggf. weitere Nachforschungen anzustellen. Werden dem Gericht dabei Vorbelastungen des Gesellschaftsvermögens bekannt, ist die Eintragung abzulehnen.[55] 44

Mit der **Eintragung** in Abteilung „B" des Handelsregisters entsteht die GmbH „als solche".[56] Die Eintragungen im Handelsregister genießen öffentlichen Glauben mit der Vermutung der Richtigkeit.[57] Sie können grundsätzlich von jedermann beim Registergericht eingesehen werden.[58] Handelsregister-Eintragungen sind nach den §§ 10, 11 HGB schließlich im BAnz. und den Amtsblättern des Registergerichts zu veröffentlichen. 45

C. Die Gesellschafter

I. Stellung der Gesellschafter

Die Gesellschafter bilden in ihrer Gesamtheit im Rahmen der Gesellschafterversammlung das oberste Organ einer GmbH. Die Gesellschafterversammlung hat dem Grundsatz nach eine **allumfassende Zuständigkeit** für sämtliche Belange der Gesellschaft. Der Gesellschafterversammlung steht – mit qualifizierter Mehrheit – auch das Recht zu, den Gesellschaftsvertrag und damit auch die innere Struktur der Gesellschaft selbst zu verändern. 50

Die Gesellschafter können die Wahrnehmung ihrer Interessen auf andere delegieren. Vorwiegend kommt die Übertragung von Einzelkompetenzen auf Geschäftsführer oder einzelne der Gesellschafter in Betracht. 51

---

dungsbericht bei Sacheinlagen, Wertnachweis bei Sacheinlagen, staatliche Genehmigungsurkunden soweit erforderlich.

[54] Die Geschäftsführer müssen versichern, daß gegen sie keine Verurteilung wegen einer weniger als fünf Jahre zurückliegenden Konkursstraftat nach den §§ 283 bis 283 d StGB vorliegt, keine gerichtlichen oder behördlichen Berufs- oder Gewerbeverbote bestehen und sie über eine diesbezüglich gegenüber dem Registergericht existierende unbeschränkte Auskunftspflicht belehrt wurden (§ 8 Abs. 3 i.V. m. § 6 Abs. 2 Satz 3 und 4 GmbHG).

[55] BayObLG vom 1. 10. 91, GmbHR 92, 108.

[56] § 11 Abs. 1 GmbHG.

[57] § 15 HGB.

[58] § 9 Abs. 1 HGB.

52 Der Gesellschaftsvertrag kann zur Aufrechterhaltung einer homogenen Struktur der Gesellschafter die Gesellschafterstellung an bestimmte Eigenschaften oder Qualifikationen knüpfen. Er kann beispielsweise vorsehen, daß ausschließlich Angehörige eines bestimmten Berufszweigs oder Personen mit im vorhinein festgelegten Qualifikationen Gesellschafter werden können.

II. Rechte der Gesellschafter

53 Über den Gesellschaftsvertrag können Rechte und Pflichten der Gesellschafter weitgehend individuell ausgestaltet werden. Die gesetzlichen und vertraglichen Regelungen in diesem Bereich dienen vornehmlich dazu, das Verhältnis der Gesellschafter untereinander zu ordnen und einen Ausgleich der oft gegenläufigen Individualinteressen einzelner Gesellschafter oder Gesellschaftergruppen zu schaffen.

54 Sachlich werden die Gesellschafterrechte in Vermögensrechte einerseits und Verwaltungsrechte andererseits eingeteilt. Zu den **Vermögensrechten** zählt u. a. die Beteiligung am Gewinn oder an einem eventuellen Liquidationserlös der Gesellschaft. Diese Rechte sind jedoch bei der gemeinnützigen GmbH regelmäßig von geringer Bedeutung, da sie ohnedies den Grundsätzen der gemeinnützigen Vermögensbindung unterliegt. Zu den **Verwaltungsrechten** gehören in erster Linie das Informationsrecht, das Recht auf Teilnahme an den Gesellschafterversammlungen und vor allem das Stimmrecht. Verwaltungsrechte können grundsätzlich – anders als Vermögensrechte – nicht von den Geschäftsanteilen abgespalten werden.

55 Im übrigen werden die mit dem Geschäftsanteil verbundenen Rechte herkömmlich unterteilt in Individualrecht, Kollektivrechte und Minderheitsrechte. Individualrechte stehen dem einzelnen Gesellschafter unabhängig von der Höhe seiner gesellschaftsrechtlichen Beteiligung zu.[59] Kollektivrechte können demgegenüber nur von den Gesellschaftern in ihrer Gesamtheit wahrgenommen werden und sie setzen eine Beschlußfassung der Gesellschafterversammlung voraus. Als bedeutendes Kollektivrecht ist das Weisungsrecht gegenüber der Geschäftsführung beispielhaft zu nennen. Bei Minderheitsrechten hängt die Rechtsausübung von einer bestimmten Mindestbeteiligungsquote einzelner Gesellschafter oder einer Gruppe von Gesellschaftern am Gesellschaftsvermögen ab.[60]

---

[59] Zu den Individualrechten gehören insb.: Stimmrecht, Recht auf Teilnahme an Gesellschafterversammlungen; Informationsrecht; Anfechtungsklage gegen Gesellschafterbeschlüsse; Informationsrecht gem. § 51a GmbHG; Gewinnbezugsrecht; Bezugsrecht bei Kapitalerhöhungen; Informationsrechte gegenüber Mitgesellschaftern; Austrittsrechte aus wichtigem Grund; Klagebefugnis zugunsten der Gesellschaft; Recht auf Klage zur Nichtigkeitserklärung der Gesellschaft; Recht auf Liquidationsüberschuß.

[60] Zu den Minderheitsrechten gehören u. a. das Recht auf Einberufung von Gesellschafterversammlungen und auf Ankündigung von Tagesordnungspunkten (§ 50 Abs. 1 GmbHG). Minderheitsrechte sind idR nicht abdingbar.

1. Informationsrecht

Nach § 51a Abs. 1 GmbHG haben die Geschäftsführer jedem Gesellschafter auf Verlangen unverzüglich Auskunft über die Angelegenheiten der Gesellschaft zu geben und ihnen die Einsicht der Bücher und Schriften zu gestatten. Einsichtnahme und Auskunftserteilung dürfen von den Geschäftsführern nur dann verweigert werden, wenn eine Verwendung dieser Informationen zu gesellschaftsfremden Zwecken mit nicht unerheblichen Nachteilen für die Gesellschaft zu befürchten ist (§ 51a Abs. 2 GmbHG). Über die **Verweigerung** entscheiden nicht die Geschäftsführer, sondern es bedarf eines gesonderten Beschlusses der Gesellschafterversammlung. Die Möglichkeit, auf diesem Weg Informationen einzelnen Gesellschaftern vorzuenthalten, ist eine inhaltliche Konkretisierung der gesellschaftsrechtlichen Treuepflicht. Sie soll den Mißbrauch von Informationen verhindern. Das Informationsrecht impliziert daher die Verpflichtung des Gesellschafters zur vertraulichen Behandlung der erlangten Informationen. 56

Das Informationsrecht nach § 51a GmbHG steht nicht zur Disposition. Der Gesellschaftsvertrag kann von dieser **zwingenden gesetzlichen Vorschrift** nicht abweichen. 57

Die im Einzelfall begehrte Auskunft ist dem Gesellschafter je nach Umfang der Informationen mündlich oder schriftlich zu erteilen. Bei der Einsichtnahme in Bücher oder Schriften ist es dem Gesellschafter gestattet, auch Sachverständige hinzuzuziehen und von den Unterlagen Kopien zu fertigen. Für eine gerichtliche Entscheidung über das Auskunfts- und Einsichtsrecht des Gesellschafters ist im Streitfall das LG am Sitz der Gesellschaft – Kammer für Handelssachen – zuständig (§ 51b GmbHG), soweit nicht der Gesellschaftsvertrag für derartige Fälle ein gesondertes schiedsgerichtliches Verfahren vorsieht. 58

Als besondere Ausprägung des Informationsrechts nach § 51a GmbHG hat jeder Gesellschafter im Vorfeld einer Gesellschafterversammlung die Möglichkeit, alle notwendigen Informationen in Zusammenhang mit dem konkret anstehenden Beschlußgegenstand zu erhalten. Den Geschäftsführern obliegt als Sachwalter fremder Vermögensinteressen die Verpflichtung, ohne besondere Aufforderung den Gesellschaftern die hierzu erforderlichen Informationsmaterialien rechtzeitig zuzuleiten. 59

2. Prüfungs- und Überwachungsrecht gegenüber der Geschäftsführung

Von dem allgemeinen Informationsrecht nach § 51a GmbHG zu unterscheiden ist das Prüfungs- und Überwachungsrecht gem. § 46 Ziff. 4 GmbHG, das den Gesellschaftern kollektiv in ihrer Gesamtheit gegenüber den Geschäftsführern zusteht. Das Prüfungs- und Überwachungsrecht ist Ausdruck der Allzuständigkeit der Gesellschafter. 60

III. Pflichten der Gesellschafter

1. Gesellschafterliche Treuepflicht

61 Jeden Gesellschafter trifft die Verpflichtung zur Loyalität und Rücksichtnahme sowohl gegenüber der Gesellschaft als auch gegenüber den Mitgesellschaftern (Treuepflicht). Die Treuepflicht ist Konsequenz der mitgliedschaftlichen Verbundenheit. Aus der Treuepflicht leitet sich die Verpflichtung zur Mitwirkung an wesentlichen Entscheidungen[61] ab, insb. bei Maßnahmen, die zur Erhaltung des in der Gesellschaft Geschaffenen und zur Erreichung ihres Zweckes dringend geboten sind. Ferner bestehen Unterlassungs- und Loyalitätspflichten,[62] die z. B. die Informationsweitergabe über geplante Veränderungen in der Beteiligungsstruktur ebenso beinhalten können wie die Aufdeckung von Treuhandverhältnissen[63] oder die Erläuterung der Auswirkungen eines bestimmten Gesellschafterbeschlusses an geschäftsunerfahrene Mitgesellschafter.[64]

2. Wettbewerbsverbot

62 Als Ausdruck gesellschafterlicher Treuepflicht kann ein allgemeines Wettbewerbsverbot entstehen, ohne daß es einer zusätzlichen Konkretisierung im Gesellschaftsvertrag bedarf. Das Wettbewerbsverbot trifft jeden Gesellschafter. In erster Linie richtete es sich an Mehrheitsgesellschafter oder Gesellschafter, die aufgrund ihrer Stellung einen auf die Gesellschaft beherrschenden Einfluß ausüben können.[65] Aber auch den „einfachen" Gesellschafter trifft das Wettbewerbsverbot, wenn er beispielsweise beabsichtigt, Informationen, die er als Gesellschafter erlangt hat, zum Nachteil der GmbH für sich selbst zu verwerten.[66]

63 Die Gesellschaft ist aus dem Wettbewerbsverbot berechtigt. Ihr steht gegen den betreffenden Gesellschafter ein Anspruch auf Schadensersatz und auf Unterlassung zu. Ferner hat die Gesellschaft entsprechend den Bestimmungen in den §§ 112, 113 HGB das Recht, in die unter Verletzung des Wettbewerbsverbots getätigten Geschäfte einzutreten.

---

[61] Hierzu zählt beispielsweise die Mitwirkung bei der Feststellung des Jahresabschlusses, der Änderung einer unzureichenden Gesellschaftssatzung oder die Einleitung der Liquidation bei nicht behebbaren finanziellen Schwierigkeiten.

[62] So darf ein Gesellschafter die Gesellschaft nicht Dritten gegenüber diskreditieren oder sie nicht zu eigenem Nutzen schädigen (vgl. BGH vom 5. 6. 1975, BGHZ 65, 15; *Rowedder* GmbHG, § 13 Rz. 12 ff.

[63] OLG Hamburg vom 30. 4. 1993, BB 93, 1030.

[64] Vgl. BGH vom 7. 10. 1991, DB 91, 2588.

[65] BGH v. 5. 12. 1983, BGHZ 89, 162 ff.; *Lutter/Hommelhoff* § 14 Anm. 12; *v. d. Osten* GmbHR 1989, 450 ff.

[66] *Scholz/Winter* § 14 Anm. 59.

3. Sonstige Pflichten

Als wesentliche Pflichten der Gesellschafter sind ferner zu nennen **64**
die Leistung der versprochenen Stammeinlagen und die Aufbringung von Einlagefehlbeträgen anderer Gesellschafter. Rückzahlungen zu Lasten des Stammkapitals der Gesellschaft sind nur in sehr eingeschränktem Umfange zulässig. Für diesen Fall können sich Erstattungsverpflichtungen der betroffenen Gesellschafter ergeben.

IV. Die Beschlußfassung der Gesellschafter

Die Beschlüsse der Gesellschafter werden in Versammlungen gefaßt. **65**
Auch außerhalb der förmlichen Gesellschafterversammlung kann ein wirksamer Beschluß herbeigeführt werden, wenn sämtliche Gesellschafter sich schriftlich mit der zu treffenden Bestimmung oder mit der schriftlichen Abgabe der Stimmen einverstanden erklären (schriftliches Umlaufverfahren).[67] Das schriftliche Umlaufverfahren eignet sich in Praxis aber nur für Gesellschaften mit kleinerem Gesellschafterkreis.

Die Gesellschafterversammlung wird durch ihre oder ihren Ge- **66**
schäftsführer einberufen.[68] Die Einberufung hat insb. zur Entscheidung über einen der in § 46 GmbHG aufgeführten Punkte zu erfolgen. Hierzu zählen die Feststellung des Jahresabschlusses und die Verwendung des Ergebnisses ebenso wie die Einforderung von Einzahlungen auf Stammeinlagen,[69] die Teilung und Einziehung von Geschäftsanteilen, die Bestellung und Abberufung von Geschäftsführern sowie deren Entlastung, Maßregeln zur Prüfung und Überwachung der Geschäftsführung, die Bestellung von Prokuristen und Handlungsbevollmächtigten[70] sowie die Geltendmachung von Ersatzansprüchen, welche der Gesellschaft aus der Gründung oder Geschäftsführung gegen den Geschäftsführer oder Gesellschafter zustehen. Ferner ist die Gesellschafterversammlung gem. § 49 Abs. 3 GmbHG zwingend einzuberufen, wenn sich aus der Jahresbilanz oder aus einer im Laufe des Geschäftsjahres aufgestellten Bilanz ergibt, daß die Hälfte des Stammkapitals der Gesellschaft verloren ist oder aber, wenn Gesellschafter, die mindestens 10 % des Stammkapitals vertreten, unter Angabe des Zwecks und der Gründe die Berufung der Versammlung verlangen.[71]

---

67 § 48 Abs. 2 GmbHG.

68 § 49 Abs. 1 GmbHG.

69 Anders als im Aktienrecht obliegt die Entscheidung über die Einforderung den Gesellschaftern. Der Einforderungsbeschluß der Gesellschafter ist Voraussetzung der Geltendmachung (BGH v. 29. 6. 1961 BB 1961, 953). Der Einforderungsbeschluß ist eine Willenserklärung der Gesellschaft gegenüber den Gesellschaftern, und er wird anwesenden Gesellschaftern gegenüber sofort wirksam, nicht anwesenden Gesellschaftern ist der Beschluß mitzuteilen (*Hachenburg/Hüffer* GmbHG, § 46 Rz. 29).

70 Die Entscheidung über die Bestellung obliegt im Innenverhältnis den Gesellschaftern, auch in der mitbestimmten GmbH. Hingegen ist die Bestellung selbst Vertretungshandlung, die von den Geschäftsführern vorzunehmen ist.

71 § 50 Abs. 1 GmbHG.

67 Die Form der Einberufung kann im Gesellschaftsvertrag nach dem Willen der Gesellschafter frei festgelegt werden. Fehlt es hier an einer Vorgabe, erfolgt die Berufung der Gesellschafterversammlung durch Einladung der Gesellschafter mittels eingeschriebenen Briefes und unter Beachtung einer Frist von mindestens einer Woche.[72] Bei nicht ordnungsgemäßer Einberufung der Versammlung ist zu beachten, daß Beschlüsse nur dann wirksam gefaßt werden können, wenn sämtliche Gesellschafter anwesend oder vertreten sind. Dies gilt auch für Beschlüsse über Gegenstände, welche nicht wenigstens drei Tage vor der Versammlung in der vorgeschriebenen Weise angekündigt wurden.[73]

68 Soweit der Gesellschaftsvertrag keine abweichende Regelung enthält, werden Gesellschafterbeschlüsse regelmäßig mit der einfachen Mehrheit der abgegebenen Stimmen gefaßt.[74] Dabei gewähren je 50 € eines Geschäftsanteils eine Stimme.

69 Die Vertretung einzelner Gesellschafter im Rahmen der Gesellschafterversammlung ist grundsätzlich zulässig, bedarf zu ihrer Gültigkeit allerdings der Schriftform.[75] Das Gesetz enthält in § 47 Abs. 4 GmbHG ferner den Grundsatz, daß ein Gesellschafter, der durch die Beschlußfassung entlastet oder von einer Verbindlichkeit befreit werden soll, vom Stimmrecht ausgeschlossen ist. Dasselbe gilt für Entscheidungen der Gesellschafter über die Vornahme eines Rechtsgeschäfts oder die Einleitung oder Erledigung eines Rechtsstreits gegenüber einem Gesellschafter.

70 Nur in wenigen Fällen verlangt das Gesetz abweichend von der Grundregel des § 47 Abs. 1 GmbHG eine besondere qualifizierte Mehrheit in Höhe von 3/4 der abgegebenen Stimmen. Hierzu zählen Beschlüsse über Änderungen des Gesellschaftsvertrages, die Auflösung der Gesellschaft, die Umwandlung oder Verschmelzung der Gesellschaft sowie die Erhöhung des Stammkapitals. Nach der Rechtsprechung ist darüber hinaus auch für die Ausschließung eines Gesellschafters ein Beschluß mit 3/4-Mehrheit der Gesellschafter erforderlich,[76] wobei der betroffene Gesellschafter selbst kein Stimmrecht besitzt. Nur mit Zustimmung aller Gesellschafter kann eine Änderung des Gesellschaftszwecks oder ein Beherrschungs- oder Gewinnabführungsvertrag wirksam abgeschlossen werden.[77]

71 Beschlüsse zur Änderung des Gesellschaftsvertrags sind notariell zu beurkunden (§ 53 Abs. 2 GmbHG). Ohne Beurkundung ist die Beschlußfassung unwirksam.[78]

---

[72] § 51 Abs. 1 GmbHG.

[73] § 51 Abs. 3 und 4 GmbHG.

[74] § 47 Abs. 1 GmbHG.

[75] § 47 Abs. 3 GmbHG.

[76] BGH v. 1. 4. 1953, BGHZ 9, 157, 177; *Hachenburg/Ulmer* GmbHG, § 34 Anh. Rz. 23; *Lutter/Hommelhoff* GmbHG, § 34 Rz. 27; a. A., die einen Beschluß mit einfacher Mehrheit genügen läßt: *Scholz/Winter* GmbHG, § 15 Rz. 140; *Baumbach/Hueck* GmbHG, § 34 Anh. Rz. 9.

[77] *Scholz/Schmidt* § 47 Anm. 5; einschränkend: *Rowedder/Koppensteiner* Anh. § 42 Anm. 40.

[78] Die notarielle Urkunde zur Änderung des Gesellschaftsvertrags muß den Wort-

V. Auslegung von Gesellschafterbeschlüssen

Die Auslegung von Gesellschafterbeschlüssen richtet sich nach den allgemeinen Regeln über Willenserklärungen.[79] Primär wird sich die Auslegung regelmäßig am Wortlaut des Beschlusses orientieren. Dies ist auch schon aus Gründen der Rechtssicherheit für die Mitgesellschafter untereinander vor allem bei satzungsändernden Beschlüssen erforderlich. Daneben ist aber auch der objektiv erkennbare Wille der Gesellschafter zur berichtigenden Auslegung des Beschlusses heranzuziehen. 72

VI. Fehlerhafte Gesellschafterbeschlüsse

Auf fehlerhafte Gesellschafterbeschlüsse kommen nach ganz überwiegender Auffassung in Rechtsprechung und Literatur die aktienrechtlichen Vorschriften der §§ 241 ff. AktG zur Anwendung.[80] 73

Im Bereich der fehlerhaften Gesellschafterbeschlüsse ist zu unterscheiden zwischen Scheinbeschlüssen, die nur den Anschein eines Gesellschafterbeschlusses erwecken und keine Rechtswirkungen entfalten, und tatsächlichen Beschlüssen, die mit Mängeln behaftet sind. 74

Bestimmte **schwere Mängel** machen einen Gesellschafterbeschluß von Anfang an unwirksam, also nichtig. Die Art dieser Mängel ist in § 241 AktG abschließend aufgeführt.[81] Der Gesellschaftsvertrag kann die gesetzlichen Nichtigkeitsgründe weder erweitern, noch sie einschränken. Die zur Nichtigkeit eines Beschlusses führenden Mängel werden analog § 242 Abs. 2 AktG nach Ablauf von drei Jahren seit Eintragung im HR geheilt. Soweit nur ein Beurkundungsmangel zugrunde liegt, tritt bereits mit Eintragung des Gesellschafterbeschlusses im HR die Heilung ein.[82] 75

Fehlerhafte Gesellschafterbeschlüsse – soweit sie nicht nichtig sind – können idR analog § 243 Abs. 1 AktG wegen Verletzung des Gesetzes oder des Gesellschaftsvertrags angefochten werden. Nicht hingegen 76

---

laut der beabsichtigten Satzungsänderung, die Tatsache der Beschlußfassung im Rahmen einer Gesellschafterversammlung, das Abstimmungsergebnis sowie dessen eventuelle Feststellung durch einen Versammlungsleiter enthalten; vgl. *Scholz/Priester* § 53 Anm. 67.

[79] OLG Köln v. 9. 6. 1981, BB 1982, 579.

[80] BGH v. 16. 12. 1953, BGHZ 11, 231, 235; BGH v. 9. 12. 1968, BGHZ 51, 209, 210; OLG Hamburg v. 17. 12. 1982, WM 1983, 130, 132; *Lutter/Hommelhoff* Anh. § 47 Anm. 1; *Baumbach/Hueck/Zöllner* Anh. § 47 Anm. 1 ff.

[81] *Scholz/Schmidt* § 45, 63; BGH v. 25. 2. 1982, BGHZ 83, 106. Nichtig ist in analoger Anwendung des Katalogs in § 241 AktG ein Beschluß der Gesellschafterversammlung insb., wenn die Gesellschafterversammlung unter Verstoß gegen gesetzliche oder gesellschaftsvertragliche Bestimmungen einberufen war oder auch der Beschluß entgegen den gesetzlichen Bestimmungen nicht notariell beurkundet wurde, der seinem Inhalt nach gegen die guten Sitten verstößt, durch Anfechtungsklage oder Urteil rechtskräftig für nichtig erklärt wurde oder mit dem Wesen der GmbH nicht zu vereinbaren ist oder eher Gläubigerschutzbestimmungen grob verletzt.

[82] § 242 Abs. 1 AktG analog.

kann die **Anfechtung** mit Erfolg auf die unternehmerische Unzweckmäßigkeit einer Maßnahme gestützt werden.[83] Verfahrensfehler begründen im übrigen nur dann die Anfechtung, wenn sie für das Beschlußergebnis erheblich sind.[84] Ferner sind anfechtbar Beschlüsse, die auf eine Durchbrechung gesellschaftlicher Treuebindungen oder des Gleichbehandlungsgrundsatzes aller Gesellschafter abzielen.[85]

77 Bis zum Ablauf der Anfechtungsfrist können fehlerhafte Gesellschafterbeschlüsse angefochten werden. Die regelmäßige Anfechtungsfrist beträgt analog § 246 Abs. 1 AktG auch für den Bereich der GmbH einen Monat.[86]

D. Geschäftsführung und Vertretung

80 Nach § 6 Abs. 1 GmbHG hat die Gesellschaft einen oder mehrere Geschäftsführer. Die Geschäftsführer werden grundsätzlich von den Gesellschaftern bestellt und abberufen.[87] Die Satzung kann diese Befugnis auch einzelnen Gesellschaftern zuweisen. Eine spätere Abberufung der Geschäftsführer ist jederzeit möglich. Ferner kann der Gesellschaftsvertrag den Widerruf auf den Fall beschränken, daß ein wichtiger Grund zur Abberufung vorliegt. Dabei sind als „wichtiger Grund" vor allem grobe Pflichtverletzungen oder Unfähigkeit zur ordnungsgemäßen Geschäftsführung anzusehen.[88]

81 Die Gesellschaft wird durch ihre Geschäftsführer gerichtlich und außergerichtlich vertreten.[89] Schweigt der Gesellschaftsvertrag, so vertreten im Innenverhältnis alle Geschäftsführer die Gesellschaft stets gemeinschaftlich.[90] Dies ist in der Praxis ungewöhnlich. IdR ist jeder einzelne Geschäftsführer alleinvertretungsberechtigt. Auch eine sog. unechte Gesamtvertretung durch einen Geschäftsführer zusammen mit einem Prokuristen ist zulässig und wird häufig in Gesellschaftsverträgen vorgesehen.[91] Die **Vertretungsmacht** der Geschäftsführer im Außen-

---

[83] *Lutter/Hommelhoff* Anh. § 47 Anm. 52.

[84] *Lutter/Hommelhoff* Anh. § 47 Anm. 46; *Rowedder/Koppensteiner* § 47 Anm. 99; *Scholz/Schmidt* § 45 Anm. 94 ff.

[85] BGH v. 5. 6. 1975, BGHZ 65, 15; *Ulmer* ZHR 84, 412; BGH v. 26. 10. 1983, BGHZ 88, 328; BGH v. 16. 2. 1981, BGHZ 80, 69; BGH v. 5. 12. 1983, BGHZ 89, 162; *Lutter* AcP 80, 120, 128.

[86] Die Monatsfrist aus § 246 Abs. 1 AktG gilt für die GmbH nicht strikt, sondern nach überwiegender Auffassung nur als Leitbild (OLG Düsseldorf v. 11. 3. 1982, GmbHR 83, 125); OLG Hamburg v. 6. 7. 1984, GmbHR 1985, 120). Die Anfechtungsfrist kann in keinem Fall auf weniger als 1 Monat bemessen sein. Hingegen gilt eine Frist von mehr als 3 Monaten als übermäßig lang (BGH ZIP 87, 1251).

[87] § 46 Nr. 5 GmbHG; unter den Voraussetzungen der Mitbestimmung fallen Abschluß, Abänderung und Aufhebung der Anstellungsverträge mit den Geschäftsführern in die Zuständigkeit des Aufsichtsrats (BGH v. 14. 11. 1983, BGHZ 89, 48, 51).

[88] § 38 Abs. 1 und 2 GmbHG.

[89] § 34 Abs. 1 GmbHG.

[90] § 35 Abs. 2 GmbHG.

[91] BGH v. 6. 11. 1986, BGHZ 99, 76, 78 ff.

verhältnis, also im Rechtsverkehr mit Dritten, ist unbegrenzt und auch nicht beschränkbar.[92] Demgegenüber kann die **Geschäftsführungsbefugnis** im Innenverhältnis sehr eng begrenzt werden. Die Gesellschafter können entsprechende Bestimmungen sowohl im Gesellschaftsvertrag als auch durch Gesellschafterbeschluß vorsehen. Aufgrund ihrer Allzuständigkeit können die Gesellschafter – als Kollektivorgan – der Geschäftsführung verbindlich Weisungen erteilen.[93]

Die Tätigkeit als Geschäftsführer einer GmbH ist eine **höchst persönliche Aufgabe**. Dem Geschäftsführer ist es daher nicht gestattet, seine Befugnisse insgesamt durch Vollmachtserteilung auf Dritte zu übertragen.[94] Der Geschäftsführer ist der GmbH zur Sorgfalt und Loyalität verpflichtet. Seine Treuepflicht beinhaltet u. a. das Verbot, zu der Gesellschaft in Wettbewerb zu treten.[95] Nur im Innenverhältnis können die Geschäftsführer Dritten gegenüber durch Weisungen oder Beschlüsse der Gesellschafter von ihren Pflichten und einer aus ihrer Verletzung ggf. resultierenden Haftung entbunden werden.[96] 82

Die Geschäftsführer sind gehalten, die Geschäfte der Gesellschaft mit der Sorgfalt eines ordentlichen Kaufmanns zu führen.[97] Hierzu zählt u. a. die Pflicht, für die ordnungsgemäße Buchführung der Gesellschaft zu sorgen, Gesellschaftern unter Berücksichtigung des Grundsatzes der Verhältnismäßigkeit auf Verlangen Auskunft über die Angelegenheiten der Gesellschaft zu erteilen, Formalpflichten, die sich insb. auf die Anmeldung bestimmter Vorgänge beim HR beziehen, zu beachten, die Gesellschafterversammlung im Falle des § 49 Abs. 3 GmbHG einzuberufen, wenn die Gesellschaft mehr als die Hälfte ihres Stammkapitals verloren hat, die Eröffnung eines Insolvenzverfahrens der Gesellschaft bei Zahlungsunfähigkeit und Überschuldung zu beantragen[98] sowie die steuerlichen Anzeige-, Aufzeichnungs- und Erklärungspflichten[99] zu erfüllen, für deren Einhaltung die Geschäftsführer ebenfalls haften. Für gemeinnützige GmbHs kommt hinzu die Beachtung der gesetzlichen Bestimmungen über die Gemeinnützigkeit (Erhalt der Gemeinnützigkeit, Vermögensbindung, Verfahren bei Spenden, etc.). 83

Die Geschäftsführer haben keinen Anspruch auf Erteilung einer **Entlastung**.[100] Der Beschluß der Gesellschafter nach § 46 Nr. 5 GmbHG über die Entlastung der Geschäftsführer bedeutet für die Gesellschaft den Verzicht auf eventuelle der GmbH gegen die Geschäftsführer zustehende Ersatzansprüche,[101] sofern der zugrundeliegende Sachverhalt in- 84

[92] § 37 Abs. 2 GmbHG.
[93] § 37 Abs. 1 GmbHG.
[94] BGH v. 12. 12. 1960, BGHZ 34, 27, 31.
[95] BGH WM 1983, 498; BGH v. 9. 11. 1967, BGHZ 49, 30, 31.
[96] § 43 Abs. 3 GmbHG.
[97] § 43 GmbHG.
[98] § 64 Abs. 1 GmbHG.
[99] Vgl. §§ 20, 137, 138, 140, 143 bis 147, 150, 69 AO.
[100] BGH v. 20. 5. 1985, BGHZ 94, 324, 327 mit dem Hinweis, daß es sich um eine Ermessensentscheidung handelt.
[101] BFH v. 21. 4. 1986, BGHZ 97, 382, 386.

haltlich im Zeitpunkt der Beschlußfassung bekannt war. Anders als bei der AG hat damit die Entlastung hier eine sehr weitreichende Bedeutung.

E. Kapitalerhaltung

90 Das zur Erhaltung des Stammkapitals erforderliche Vermögen der Gesellschaft darf an die Gesellschafter nicht ausgezahlt werden (§ 30 Abs. 1 GmbHG). Diese Regelung aus dem GmbH-Recht wird flankiert von den steuerrechtlichen Vorgaben der Vermögensbindung bei gemeinnützigen Körperschaften. Beide Regelkreise, also sowohl das Verbot der Einlagerückgewähr als auch die steuerrechtlichen Vorgaben der Mittelverwendung und der Vermögensbindung, sind voneinander unabhängig und unterliegen eigenen Voraussetzungen. Ein Verstoß gegen die Kapitalerhaltungsregeln führt in der Regel aber gleichzeitig auch zur einer Verletzung der Bestimmungen über die steuerbegünstigten Zwecke gem. §§ 51 ff. AO.

91 Das gesellschaftsrechtliche Verbot der Einlagerückgewähr ist eine der zentralen gesetzlichen Bestimmungen zur Kapitalerhaltung der GmbH. Das Verbot ist dem Grunde nach verletzt, wenn aus dem Gesellschaftsvermögen Leistungen an einen Gesellschafter erbracht werden, denen keine vollwertige Gegenleistung des Empfängers an die GmbH gegenübersteht, die Leistungen der Gesellschaft also zu einer Minderung des Eigenkapitals wertmäßig unter ihr Stammkapital führen und sich nicht als Verteilung von Bilanzgewinn darstellen. Die Rechtsprechung verlangt für einen Verstoß ferner, daß ein ordentlicher und gewissenhafter Geschäftsführer das Mißverhältnis von Leistung und Gegenleistung erkannt und keinen rechtlichen oder betrieblichen Anlaß gesehen hätte, das Geschäft dennoch abzuschließen.[102]

92 Ein Verstoß gegen das Verbot der Einlagerückgewähr löst den Erstattungsanspruch der GmbH aus (§ 31 Abs. 1 GmbHG). Der betreffende Gesellschafter muß die unberechtigte Ausschüttung der Gesellschaft zurückgewähren. Zu beachten ist, daß der Anspruch gegenüber dem gutgläubigen Empfänger eingeschränkt ist. Er haftet nur in dem Umfang, wie es zur Befriedigung der Gläubiger erforderlich ist.[103] Kann die Erstattung von dem nach § 31 Abs. 1 verpflichteten Gesellschafter nicht erlangt werden, kommt eine Ausfallhaftung der anderen Mitgesellschafter in Betracht.[104]

93 Auch Darlehen, die der Gesellschaft von einem Gesellschafter zur Abwendung finanzieller Schwierigkeiten, insb. der Insolvenz, eingeräumt worden sind, werden als Eigenkapital behandelt und dürfen deshalb entsprechend § 30 Abs. 1 GmbHG nicht zurückgezahlt werden, wenn dadurch der Wert des Gesellschaftsvermögens unter den Betrag

---

[102] BGH WM 1987, 348; *Scholz/Westermann* § 30 Rn. 17; BGH v. 5. 6. 1975, BGHZ 65, 15, 18.

[103] §§ 31 Abs. 2 und 32 GmbHG.

[104] § 31 Abs. 3 GmbHG.

des Stammkapitals sinken würde.[105] I. d. S. werden nach ständiger Rechtsprechung Darlehen als eigenkapitalersetzend qualifiziert, wenn die Gesellschaft im Zeitpunkt der Darlehensgewährung von Dritten keinen Kredit zu marktüblichen Bedingungen erhalten hätte.[106] Diese Bestimmungen finden entsprechende Anwendung, wenn Gesellschafterdarlehen vor Eintritt einer Notlage in der GmbH nicht abgezogen, sondern in der Gesellschaft stehengelassen werden.[107] Die Vorschriften über die Rückgewähr kapitalersetzender Darlehen gelten gemäß § 32 a GmbHG sinngemäß auch für andere Rechtshandlungen eines Gesellschafters oder eines Dritten, die der Darlehensgewährung wirtschaftlich entsprechen.[108] Wird das eigenkapitalersetzende Darlehen entgegen der Bestimmung in § 30 Abs. 1 GmbHG vor der Öffnung eines Insolvenzverfahrens zurückbezahlt, dann erwirbt die Gesellschaft den Erstattungsanspruch gem. § 30 Abs. 1 GmbHG. Der Erstattungsanspruch verjährt gem. § 31 Abs. 5 GmbHG in 5 Jahren. Daneben ist für ein Anfechtungsrecht nach § 133 InsO und § 3 AnfG kein weiterer Raum.

Soweit die Gesellschafter Sicherheiten für Verbindlichkeiten der Gesellschaft bestellt haben, bleiben auch bei Insolvenz der Gesellschaft diese Sicherheiten zur Befriedigung der Gesellschaftsgläubiger verhaftet. 94

F. Rechnungslegung

Gem. § 13 Abs. 3 GmbHG gilt die Gesellschaft als Handelsgesellschaft i. S. d. Handelsgesetzbuches, und sie ist daher verpflichtet, Bücher zu führen und in diesen ihre Handelsgeschäfte und die Lage ihres Vermögens nach den Grundsätzen ordnungsgemäßer Buchführung ersichtlich zu machen.[109] Nach § 140 AO sind die handelsrechtlichen Buchführungspflichten auch für die Besteuerung zu erfüllen. 95

Die Geschäftsführer sind verpflichtet, für die ordnungsgemäße Buchführung der Gesellschaft zu sorgen.[110] Diese Pflicht kann vertraglich weder ausgeschlossen noch beschränkt werden.[111] Die Buchführungspflicht beginnt nach überwiegender Auffassung mit dem ersten buchführungspflichtigen Geschäftsvorfall nach Abschluß des Gesellschaftsvertrags.[112] Im übrigen gelten auch für die GmbH die allgemeinen 96

---

105 BGH v. 24. 3. 1980, BGHZ 76, 326, 330.

106 BGH v. 13. 7. 1981, BGHZ 81, 252, 255; BGH v. 16. 10. 1989, BGHZ 109, 55, 62.

107 BGH v. 24. 3. 1980, BGHZ 76, 326, 331; BGH v. 21. 9. 81, BGHZ 81, 311, 318; BGH v. 14. 12. 1992, WM 1993, 144.

108 Dies gilt beispielsweise für die Konstellation, daß die Geschäftsanteile über eine zwischengeschaltete Gesellschaft gehalten werden, und insb. für miet- und pachtweise Gebrauchsüberlassung von Wirtschaftsgütern (BGH v. 19. 9. 1988, BGHZ 105, 168, 174 ff.; BGH v. 16. 10. 1989, BGHZ 109, 55, 61 ff.).

109 §§ 6 Abs. 1, 238 Abs. 1 Satz 1 HGB.

110 § 41 GmbHG.

111 *Hachenburg/Goerdeler* § 41 Rz. 9; *Scholz/Crezelius* § 41 Rz. 3.

112 *Scholz/Crezelius* Anh. § 42 a Rz. 35; *Beck Bil-Komm./Budde/Kunz* § 238, Rz. 49; *Baumbach/Hueck* § 41 Rz. 14.

Buchführungsgrundsätze der §§ 238 ff. HGB, d. h. die Buchführung soll insb. vollständig, materiell und formell richtig auf der Grundlage von Belegen, zeitgerecht und nachvollziehbar alle Geschäftsvorfälle aufzeigen. Der Jahresabschluß und der Lagebericht einer großen und mittelgroßen GmbH müssen nach § 264 Abs. 1 Satz 2 HGB innerhalb von drei Monaten nach dem Bilanzstichtag aufgestellt werden. Die kleine GmbH braucht ihren Jahresabschluß nur innerhalb von sechs Monaten nach dem Bilanzstichtag aufzustellen, wenn und soweit dies einem ordnungsgemäßen Geschäftsgang entspricht.[113] Nur für die mittelgroße und große GmbH ist eine zwingende Abschlußprüfung vorgesehen. Hat hier die Pflichtprüfung nicht stattgefunden, kann der Jahresabschluß auch nicht festgestellt werden.[114] Gegenstand der Prüfung des Jahresabschlusses sind Bilanz, Gewinn- und Verlustrechnung nebst Anhang unter Einbeziehung der Buchführung und der schriftliche Lagebericht. Die Abschlußprüfung schließt mit dem Bestätigungsvermerk ab, der das Gesamturteil über die Gesetz- und Ordnungsmäßigkeit der Buchführung, des Jahresabschlusses und des Lageberichts zusammenfaßt.

97 Für Gesellschaften, die steuerbegünstigte Zwecke im Sinne der §§ 51 ff. AO verfolgen, gelten zahlreiche Sonderregelungen und Erleichterungen bei der Buchführung. Insoweit wird auf die Ausführungen in § 10 verwiesen.

G. Ergebnisermittlung und Ergebnisverwendung

I. Ergebnisermittlung

100 Die GmbH ermittelt ihren Gewinn nach den §§ 246 ff. HGB und den Grundsätzen ordnungsgemäßer Buchführung. Dabei stehen durch Ansatzwahlrechte, Bewertungswahlrechte, Methodenwahlrechte und Zuschreibungswahlrechte in vorgegebenem Umfang Möglichkeiten offen, die Höhe des Jahresergebnisses zu beeinflussen. Auch andere Bilanzpositionen, vor allem der Bereich der Rückstellungen, erlauben im Einzelfall Gestaltungsfreiheiten.[115]

101 Nach § 41 GmbHG sind die Geschäftsführer verpflichtet, für die ordnungsgemäße Buchführung der Gesellschaft zu sorgen. Hierbei steht es jedoch der Gesellschafterversammlung frei, der Geschäftsführung Weisung zu erteilen.[116] Die Weisungsbefugnis erstreckt sich sowohl auf Einzelfragen wie die Bildung und Behandlung bestimmter Rückstellungen als auch auf Regelungen allgemeiner Art wie z. B. die Anwendung bestimmter Abschreibungsmethoden. Die Geschäftsführer sind jedoch

---

[113] § 264 Abs. 1 Satz 3 HGB.

[114] § 316 Abs. 1 Satz 2 HGB.

[115] *Beck Bil-Komm./Clemm/Nonnenmacher* § 253 Anm. 154 ff.

[116] Die Weisungsbefugnis folgt aus § 37 Abs. 1 GmbHG; vgl. *Scholz/Schmidt* § 46 Anm. 1; *Lutter/Hommelhoff* § 37 Anm. 17.

nicht an Weisung der Gesellschafterversammlung gebunden, sofern sie bei Ausführung der Weisung selbst Gesetze verletzen oder sich der Gefahr einer persönlichen Haftung aussetzen würden. Das Weisungsrecht findet also dort seine Grenze, wo die Weisung gegen zwingende gesetzliche Vorschriften oder Regelungen der Satzung verstößt.[117]

Die Geschäftsführer haben den Jahresabschluß und den schriftlichen 102
Lagebericht nach Aufstellung unverzüglich den Gesellschaftern zum Zwecke der Feststellung des Jahresabschlusses vorzulegen.[118] Daraufhin haben die Gesellschafter spätestens bis zum Ablauf der ersten acht Monate[119] des neuen Geschäftsjahrs über die Feststellung des Jahresabschlusses des vorangegangenen Geschäftsjahrs und über die Ergebnisverwendung zu beschließen.[120] Die Gesellschafterversammlung ist, anders als die Hauptversammlung einer AG, an den aufgestellten Jahresabschluß nicht gebunden.[121] Sie kann den Jahresabschluß – unter Beachtung der handelsrechtlichen Bestimmungen und der Grundsätze der ordnungsgemäßen Buchführung – abändern.

II. Ergebnisverwendung

Nach § 29 Abs. 1 GmbHG haben die Gesellschafter Anspruch auf 103
den Jahresüberschuß zzgl. eines Gewinnvortrags und abzgl. des Verlustvortrags, soweit der sich ergebende Betrag nicht durch Gesetz, Gesellschaftsvertrag oder durch Beschluß der Gesellschafterversammlung über die Verwendung des Ergebnisses von der Verteilung unter die Gesellschafter ausgeschlossen ist. Der Gewinnanspruch der Gesellschafter einer GmbH errechnet sich danach aus dem Jahresüberschuß wie folgt:

	Jahresüberschuß
+	Gewinnvortrag
./.	Verlustvortrag
./.	Einstellung in Rücklagen[122]
+ /./.	Mehr- oder Minderaufwand in Zusammenhang mit dem Gewinnverteilungsbeschluß[123]
=	Gewinnanspruch

[117] Im Konfliktfall bleibt dem Geschäftsführer im übrigen nur die Möglichkeit, sein Amt niederzulegen. Die rechtswidrige Weisung zur Falschbilanzierung kann den Geschäftsführer zur außerordentlichen Kündigung des Anstellungsverhältnisses berechtigen (*Lutter/Hommelhoff* Anh. zu § 6 Anm. 56; *Baumbach/Hueck* § 35 Anm. 15).

[118] § 42 a Abs. 1 GmbHG.

[119] Bei kleinen Kapitalgesellschaften i. S. v. § 267 Abs. 1 HGB bis zu Ablauf der ersten 11 Monate des Geschäftsjahres (§ 42 a Abs. 2 GmbHG).

[120] § 42 a Abs. 2 GmbHG.

[121] *Meyer-Landrut/Miller/Niehus* § 46 Anm. 9.

[122] Aufgrund gesetzlicher oder satzungsmäßiger Bestimmungen oder aufgrund eines dahingehenden Beschlusses der Gesellschafter.

[123] Berücksichtigung insb. des in Zusammenhang mit der Ausschüttung entstehenden Körperschaftsteuerguthabens/-aufwands.

104 Die Gesellschafter können grundsätzlich auch beschließen, den gesamten verwendungsfähigen Teil des Ergebnisses vorzutragen oder ihn in die Rücklagen einzustellen. Unter dem Gesichtspunkt des Minderheitenschutzes kann im Einzelfall ein solcher Beschluß jedoch als Verstoß gegen die gesellschafterlichen Treupflichten angesehen werden.[124]

105 Aufgrund der Bestimmungen der AO über steuerbegünstigte und gemeinnützige Zwecke erfahren die nach dem GmbHG bestehenden Möglichkeiten der Ergebnisverwendung erhebliche Einschränkungen. Ausschüttungen an die Gesellschafter sind regelmäßig nicht oder aber nur in sehr vermindertem Umfang mit den Bestimmungen über die Gemeinnützigkeit vereinbar. Entsprechendes gilt für die Gewinnthesaurierung in Form offener Rücklagen. Zu den Bindungen durch die Regelungen der AO über steuerbegünstigte Zwecke sei hier verwiesen auf die Ausführungen zu §§ 8, 9 in diesem Buch.

H. Geschäftsanteile im Rechtsverkehr

110 Die Geschäftsanteile einer GmbH sind regelmäßig frei veräußerlich und vererblich.[125] Zu beachten ist jedoch, daß sämtliche Verpflichtungsgeschäfte, die auf die **Übertragung** eines Geschäftsanteils gerichtet sind, der **notariellen Form** bedürfen.[126] Unter die Formvorschrift des § 15 Abs. 4 GmbHG fallen dabei ebenso Vorverträge als auch die Schenkung von Geschäftsanteilen oder die Vereinbarung über ein Vorkaufsrecht an einem Geschäftsanteil.[127]

111 Nicht formbedürftig ist die Vereinbarung einer Innengesellschaft an dem Geschäftsanteil einer GmbH, da hier der bisherige Gesellschafter (Hauptgesellschafter) alleiniger Rechtsträger des GmbH-Geschäftsanteils bleibt. Die Unterbeteiligten sind nur im Innenverhältnis an den vermögensrechtlichen Ansprüchen aus dem Geschäftsanteil beteiligt.[128]

112 Die notarielle Urkunde muß neben der Verpflichtung zur Abtretung alle Punkte enthalten, welche die Beteiligten im Zusammenhang mit der Übertragungspflicht für wesentlich erachtet haben. Aufzunehmen sind daher alle Vereinbarungen, mit denen nach dem Willen auch nur eines der Vertragsbeteiligten das Geschäft „stehen und fallen soll".[129] Daher sind regelmäßig auch alle Nebenabreden, die mit dem Geschäft in Zusammenhang stehen, in die notarielle Urkunde mit aufzunehmen.

---

[124] Vgl. OLG Hamm v. 3. 7. 1991, DB 1991, 2477; *Lutter/Hommelhoff* § 29 Anm. 45; *Rowedder/Zimmermann* § 55 Anm. 57.

[125] § 15 Abs. 1 GmbHG.

[126] Im Rahmen eines Prozeßvergleichs wird die notarielle Beurkundung durch Aufnahme in das gerichtliche Protokoll gem. § 127 a BGB ersetzt.

[127] Soweit das Gesetz in diesem Zusammenhang die notarielle Beurkundung vorschreibt, erhebt sich oft die Frage, ob hierzu die von einem ausländischen Notar vollzogene Urkunde (meist aus Gründen der Kostenersparnis) ausreicht. Diese Frage ist bis heute streitig und nicht endgültig geklärt.

[128] *Hachenburg/Zutt* § 15 Anm. 24.

[129] BGH v. 30. 6. 1969, DB 1969, 1884; BGH v. 6. 11. 1980, NJW 1981, 274, 275; OLG Düsseldorf v. 10. 2. 1978, MDR 1978, 668.

Ein Verstoß gegen die Formvorschrift des § 15 Abs. 4 GmbHG führt grundsätzlich zur Nichtigkeit der schuldrechtlichen Vereinbarung. Gemäß § 15 Abs. 4 Satz 2 GmbHG wird die ohne notarielle Form getroffene Vereinbarung aber durch Abschluß eines wirksamen Abtretungsvertrags vollumfänglich geheilt. Die Heilung wirkt ex nunc, also nicht für die Vergangenheit.[130] 113

Zwingend erfordert die Abtretung von Geschäftsanteilen gemäß § 15 Abs. 3 GmbHG die notarielle Beurkundung. Eine Heilungsmöglichkeit, wie sie das Gesetz in § 15 Abs. 4 Satz 2 GmbHG für das Verpflichtungsgeschäft vorsieht, besteht hier nicht. Wird die notarielle Form nicht gewahrt, ist die Abtretung von Anfang an nichtig. Die Abtretung muß dann formgerecht nachgeholt werden. 114

Die Abtretung eines Geschäftsanteils erfordert dessen eindeutige Bezeichnung. Bei der Abtretung mehrerer Anteile wird dem Bestimmtheitserfordernis nicht Genüge getan, wenn nur der Gesamtbetrag mehrerer zu übertragender Anteile aufgeführt wird. Ein Verstoß gegen das Bestimmtheitserfordernis macht die Abtretung nichtig.[131] Im übrigen zulässig ist die Abtretung unter einer aufschiebenden oder auflösenden Bedingung. Nicht selten knüpft der Gesellschaftsvertrag die Wirksamkeit einer dinglichen Abtretungsvereinbarung an die Zustimmung der Gesellschafter. Solche oder ähnliche gesellschaftsvertragliche Regelungen, die die Abtretbarkeit von Geschäftsanteilen einschränken, sind für die GmbH allgemein anerkannt. Dieser Form der Vinkulierung kommt in der Praxis erhebliche Bedeutung zu, weil hierdurch Einfluß auf die Zusammensetzung des Gesellschafterkreises genommen werden kann.[132] 115

Formfrei können Geschäftsanteile einer GmbH durch Gesamtrechtsnachfolge (z. B.: Tod des Gesellschafters), Begründung der ehelichen Gütergemeinschaft oder auch durch dingliche Surrogation erworben werden. Gleiches gilt auch für die Übertragung kraft staatlichen Hoheitsaktes. Beim Übergang von Todes wegen von Anteilen an einer gemeinnützigen GmbH erfolgt die erbschaftsteuerliche Bewertung der übergehenden Anteile zum günstigen Nominalwert der Anteile. 116

Die Abtretung ist der Gesellschaft anzuzeigen. Der Gesellschaft gegenüber gilt im Falle der Veräußerung eines Geschäftsanteils nur derjenige als Erwerber, dessen Erwerb unter Nachweis des Übergangs bei der Gesellschaft angemeldet ist.[133] Der Erwerber muß auch die vor Anmeldung von der Gesellschaft gegenüber dem Veräußerer in bezug auf das Gesellschaftsverhältnis vorgenommenen Handlungen gegen sich gelten lassen.[134] Die Bestimmungen über die Anmeldung sind zwingend, der Gesellschaftsvertrag kann lediglich die bestehenden gesetzlichen Anforderungen zusätzlich verschärfen. 117

---

130 *Baumbach/Hueck* § 15 Anm. 35; *Hachenburg/Zutt* § 15 Anm. 71.

131 OLG Düsseldorf v. 10. 2. 1978, MDR 1978, 668; *Baumbach/Hueck* § 15 Anm. 23.

132 *Lutter/Hommelhoff* § 15 Anm. 17; *Baumbach/Hueck* § 15 Anm. 37; *Scholz/Winter* § 15 Anm. 92.

133 § 16 Abs. 1 GmbHG.

134 § 16 Abs. 2 GmbHG.

118 Teile eines Geschäftsanteils können – sofern die Satzung keine anderslautende Bestimmung enthält – nur mit Genehmigung der Gesellschaft veräußert werden.[135] Die Genehmigung bedarf der Schriftform, sie muß die Person des Erwerbers und den Betrag bezeichnen, der auf jeden der durch die Teilung entstehenden Geschäftsanteile entfällt.[136]

119 Soweit der Gesellschaftsvertrag keine abweichende Regelung vorsieht, können an Geschäftsanteilen einer GmbH Unterbeteiligungen oder ein Nießbrauch im Sinne der §§ 1068 ff. BGB oder dinglich wirkende Vorkaufsrechte bestellt werden. Desgleichen kann ein Geschäftsanteil verpfändet werden.

120 In Zusammenhang mit dem Ausscheiden eines Gesellschafters aus einer gemeinnützigen GmbH sei abschließend angemerkt, daß sich nach der jüngeren Rechtsprechung die Abfindung nach dem Nominalwert der von diesem Gesellschafter geleisteten Einlage richtet.[137] Bei der dem OLG Hamm zugrundeliegenden Entscheidung enthielt die Satzung keine Bestimmungen zur Bemessung einer Abfindung. Der klagende Gesellschafter hatte hingegen eine Abfindung zum Verkehrswert begehrt. Das Gericht stützte seine Entscheidung im Ergebnis wohl zutreffend darauf, daß die Satzungsbestimmungen, wonach die Gesellschafter am wirtschaftlichen Erfolg der Gesellschaft bis auf eine Verzinsung ihres eingezahlten Kapitals nicht teilnehmen sollten, dem Gemeinnützigkeitsgedanken folgend, eine Zweckbindung des Gesellschaftsvermögens vorsahen.

---

[135] § 17 Abs. 3 GmbHG.
[136] § 17 Abs. 2 GmbHG.
[137] OLG Hamm DB 1997, 1612.

§ 5 Gemeinnützigkeit

Bearbeiter: Dr. Stephan Schauhoff

Übersicht

A. Gemeinnützige Körperschaften

I. Inländische Körperschaften

1. Körperschaften iSd KStG

1 § 51 Satz 2 AO bestimmt ausdrücklich, daß nur Körperschaften i. S. des Körperschaftsteuergesetzes (KStG) die Steuerbegünstigung der Gemeinnützigkeit erlangen können. Derartige Körperschaften werden abschließend in § 1 Abs. 1 KStG definiert. Dazu gehören die **Kapitalgesellschaften**, insb. die GmbH oder die AG. Als sonstige juristische

Personen des privaten Rechts sind insbesondere die **rechtsfähigen Vereine** und **Stiftungen** zu nennen. Nach § 1 Abs. 1 Nr. 5 KStG sind auch die nichtrechtsfähigen Vereine,[1] Anstalten und Stiftungen[2] und andere Zweckvermögen des privaten Rechts, wie beispielsweise die sog. **Sammelvermögen**,[3] eigene Körperschaftsteuersubjekte, die infolge dessen auch als gemeinnützige Körperschaften steuerbefreit agieren können. Schließlich ergibt sich aus § 1 Abs. 1 Nr. 6 KStG, daß die juristischen Personen des öffentlichen Rechts mit ihren **Betrieben gewerblicher Art** als gemeinnützige Körperschaften anerkannt werden können. Wenn die juristischen Personen des öffentlichen Rechts, beispielsweise die Stiftungen des öffentlichen Rechts, keinen Betrieb gewerblicher Art unterhalten, benötigen sie den Status der Gemeinnützigkeit nicht, da sie von vornherein schon keine Körperschaftsteuersubjekte sind.[4]

Aufgrund der gesetzlichen Definition in § 51 Satz 2 AO können weder **Personengesellschaften** noch natürliche Personen den Status der Gemeinnützigkeit beanspruchen. Dies gilt auch für Gesellschaften in der Rechtsform einer GmbH & Co. KG, da diese auch kein Körperschaftsteuersubjekt bildet.[5] 2

Die Steuerpflicht beginnt bei Kapitalgesellschaften und Vereinen regelmäßig nicht erst mit der Erlangung der Rechtsfähigkeit durch die Eintragung in das Handels- oder Vereinsregister, sondern erstreckt sich auch auf die mit Abschluß des Gesellschaftsvertrages oder Feststellung der Satzung entstehende **Vorgesellschaft**, d. h. die Kapitalgesellschaft oder den Verein im Gründungsstadium.[6] Auch wenn die Gesellschaft oder der Verein nicht in das Handels- bzw. Vereinsregister eingetragen werden sollten, handelt es sich doch bereits ab diesem Zeitpunkt um eine juristische Person, die ihrerseits als Körperschaftsteuersubjekt den Gemeinnützigkeitsstatus erlangen kann und deswegen von der Körperschaftsteuer befreit sein kann. Im Gegensatz zur Vorgesellschaft ist die **Vorgründungsgesellschaft** nur dann ein eigenes Körperschaftsteuersubjekt, wenn sie bereits einen nichtrechtsfähigen Verein bilden sollte, weil ein größerer Kreis von Personen, eine Verfassung und besondere Organe vorhanden sind. Ansonsten sind die Einkünfte einer derartigen Vorgründungsgesellschaft bei den Gesellschaftern zu besteuern. Wenn eine **Stiftung von Todes wegen** errichtet und Erbe geworden sein sollte, sind ihr das Einkommen und Vermögen des verstorbenen Stifters vom Eintritt des Erbfalls an zuzurechnen, auch wenn die Stiftung erst später genehmigt werden sollte (vgl. § 83 BGB).[7] Die Steuerbefreiung 3

[1] Zu den nichtrechtsfähigen Vereinen § 2 Rz. 200–212.

[2] Zu der nichtrechtsfähigen Stiftung § 3 Rz. 181–195.

[3] Dazu *Streck* StuW 1975, 135.

[4] Vgl. S. 3 AEAO zu § 51 AO.

[5] BFH-Urteil v. 25. 6. 1984, BStBl. 1984 II 751; Abschn. 2 Abs. 1 KStR.

[6] BFH-Urteil v. 11. 4. 1973, BStBl. II 1973, 568; v. 13. 3. 1981, BStBl. II 1981, 600; v. 20. 10. 1982, BStBl. II 1993, 247; v. 8. 11. 1989, BStBl. 1990 II 91; v. 13. 12. 1989, BStBl. 1990 II 468; vgl. auch Abschn. 2 Abs. 3 KStR., dazu aus vereinsrechtlicher Sicht § 2 Rz. 4–26; zum GmbH-Recht § 4 Rz. 5–18.

[7] Ausführlich § 3 Rz. 39.

der Gemeinnützigkeit wirkt ebenfalls ab diesem Zeitpunkt, da die Satzung der von Todes wegen errichteten gemeinnützigen Stiftung mit dem Tod in Kraft gesetzt wird, wenn zusätzlich das Nachlaßvermögen im Einklang mit der gemeinnützigen Satzung verwaltet wird.[8] Ob die **unter Lebenden errichtete Stiftung** eine eigene handlungsfähige juristische Person auch schon vor Genehmigung der Stiftung ist, ist umstritten.[9] In einigen Bundesländern wird sie als eigenes gemeinnütziges Körperschaftsteuersubjekt behandelt, wenn der Stifter die Stiftungssatzung zur Genehmigung eingereicht, auf den Widerruf des Stiftungsgeschäfts verzichtet und das Stiftungsvermögen auf ein Stiftungsorgan, welches das Stiftungsvermögen entspr. den Satzungsbestimmungen verwaltet, übertragen hat. Alternativ kann für die Zeit bis zum Abschluß des Genehmigungsverfahrens eine nichtrechtsfähige Stiftung gegründet werden, welche ein eigenes, gemeinnütziges Körperschaftsteuersubjekt bildet.

4 Unter Umständen kann auch ein **Zweckvermögen** die gemeinnützigkeitsrechtlichen Privilegien erlangen. Beispiel für ein Zweckvermögen ist das Sammelvermögen des § 1914 BGB. Wenn durch öffentliche Sammlung Vermögen für einen vorübergehenden Zweck zusammengebracht worden ist, entsteht ein Zweckvermögen, welches für einen bestimmten gemeinnützigen Zweck eingesetzt werden soll. Die Erträge aus diesem Vermögen können steuerfrei erwirtschaftet werden, wenn das Sammelvermögen über eine Satzung verfügt, in der von vornherein die gemeinnützige Zweckverfolgung festgelegt worden ist. Die Zweckbindung erfolgt durch Richtlinien, denen der Sammler unterworfen ist. Diese Richtlinien müssen den gemeinnützigkeitsrechtlichen Vorschriften entsprechen, damit die Steuerbefreiung gewährt werden kann.[10]

5 Soweit juristische Personen öffentlichen Rechts mit ihren **Betrieben gewerblicher Art** gemeinnützige Zwecke verfolgen, können sie auch die Steuerbefreiung aufgrund der §§ 51 ff. AO beanspruchen. Allerdings setzt die Steuerfreiheit für die Betriebe gewerblicher Art voraus, daß die juristische Person des öffentlichen Rechts für ihren Betrieb gewerblicher Art eine Satzung geschaffen hat, die den gemeinnützigkeitsrechtlichen Vorschriften entspricht.[11] Die Finanzverwaltung hat eine Mustersatzung für derartige Betriebe gewerblicher Art entwickelt, in der die aus gemeinnützigkeitsrechtlicher Sicht notwendigen Bestimmungen aufgeführt sind.[12]

2. Regionale und funktionale Untergliederungen

6 Die ganz überwiegende Zahl der gemeinnützigen Körperschaften ist in der Rechtsform des Vereins organisiert. Nach der Rechtsprechung des Bundesgerichtshofes können **regionale Untergliederungen** (Landes-,

---

[8] So wohl FS Düsseldorf v. 8. 10. 1999, 6 V 5427/99A, ZEV 2000, 79.

[9] Dazu oben § 3 Rz. 44.

[10] Vgl. dazu *Streck* StuW 1975, 135 (143).

[11] Vgl. dazu unten Rz. 95–109.

[12] Vgl. Anlage 2 zu § 60 AEAO; unten Rz. 109.

Bezirks- oder Ortsverbände) von **Großvereinen** als nichtrechtsfähige Vereine rechtlich selbständig sein.[13] Handelt es sich um nichtrechtsfähige Vereine aufgrund der zivilrechtlichen Bestimmungen, so sind diese nichtrechtsfähigen Landes-, Bezirks- oder Ortsverbände auch selbständige Steuersubjekte im Ertrag- und Umsatzsteuerrecht.[14] Die selbständigen regionalen Untergliederungen können nur dann als gemeinnützig behandelt werden, wenn sie auch über eine eigene Satzung verfügen, die den gemeinnützigkeitsrechtlichen Anforderungen entspricht. Eine rechtliche Selbständigkeit wird immer dann gegeben sein, wenn die Landes-, Bezirks- oder Ortsverbände über eigene satzungsmäßige Organe (Vorstand, Mitgliederversammlung) verfügen **und** über diese auf Dauer nach außen im eigenen Namen auftreten **und** eine eigene Kassenführung haben. Die **eigenständige Steuersubjekteigenschaft** dieser Landes-, Bezirks- oder Ortsverbände kann steuerrechtlich erhebliche Nachteile haben, sofern die Untergliederungen schon allein mangels Satzung nicht als gemeinnützig anerkannt werden können. In diesem Fall können beispielsweise Mitgliedsbeiträge von Mitgliedern dieser Unterverbände nicht als Spenden abgezogen werden. Aufgrund dieser schwerwiegenden Folgen hat die Finanzverwaltung angeordnet, daß nach Treu und Glauben keine Folgerungen aus dem Fehlen eigener Satzungen der Untergliederung gezogen und die Hauptsatzung derartiger Vereine als ausreichend angesehen werden soll, wenn die Notwendigkeit einer eigenen Satzung irrtümlich übersehen worden sein sollte.[15] Dementsprechend sollten die Landes-, Bezirks- oder Ortsverbände ein Auftreten nach außen im eigenen Namen, eben als Landes-, Bezirks- oder Ortsverband eines Großvereins, nur vornehmen, wenn der Schritt in die rechtliche und steuerliche Selbständigkeit zuvor gut überlegt worden ist.

Auch **Abteilungen von Großvereinen**, beispielsweise einzelne 7
Sportabteilungen, können zivilrechtlich als eigene nichtrechtsfähige Vereine angesehen werden, wenn sie über eigene satzungsmäßige Organe verfügen, eine eigene Kassenführung haben und über ihre Organe auf Dauer nach außen im eigenen Namen auftreten. Mitunter werden entsprechende Abteilungen auch selbst als rechtsfähige Vereine in das Vereinsregister eingetragen. Für das Gemeinnützigkeitsrecht bestimmt § 51 Satz 3 AO, daß funktionale Untergliederungen (Abteilungen) von Körperschaften auch dann nicht als selbständige Steuersubjekte gelten, wenn sie als nichtrechtsfähige oder rechtsfähige Vereine verselbständigt worden sein sollten. Aufgrund des eindeutigen Wortlauts erfaßt § 51 S. 3 AO nicht die Fälle, in denen eine regionale Untergliederung ein eigenes Körperschaftsteuersubjekt bildet. § 51 Satz 3 AO gilt nicht für die sog. Spendensammelvereine, da die Finanzierungsfunktion im Rahmen eines Großvereins nicht ausreicht, um eine funktionale Untergliederung der geförderten Körperschaft anzunehmen.[16] Die Bestimmung

[13] BGH, Urteil v. 19. 3. 1984, NJW 1984, 2223; BGHZ 90, 331.

[14] BMF-Schreiben v. 18. 10. 1988 IV A 2-S 71014–22/88, BStBl. 1988 I 443.

[15] Vgl. Erlaß FinMin NW v. 18. 9. 1990 – S 2705–5 – VB 4.

[16] *Lang* in: Gemeinnützigkeits- und Spendenrecht, IdW Kapitel T Rz. 46.

des § 51 Satz 3 AO gilt nach ihrem Wortlaut nicht nur für Vereine, sondern kann sich beispielsweise auch auf **gemeinnützige GmbHs als Tochtergesellschaften** eines gemeinnützigen Trägers beziehen, sofern diese gemeinnützigen GmbHs funktionale Untergliederungen des gemeinnützigen Trägers bilden. Eine funktionale Untergliederung ist anzunehmen, wenn die Abteilung wirtschaftlich in die gemeinnützige Körperschaft eingebunden ist, weil eine Quersubventionierung zwischen verschiedenen Abteilungen vorliegt und eine einheitliche Leitung aller Abteilungen durch die Geschäftsführung der Körperschaft erfolgt. Maßgebend ist die **organisatorische** und **wirtschaftliche** Eingliederung in eine gemeinnützige Einrichtung ähnlich den Bestimmungen über die **Organschaft** im Körperschaftsteuerrecht.[17] Die Ausgliederung von Abteilungen auf steuerpflichtige oder steuerbefreite GmbHs kann damit steuerrechtlich unbeachtlich sein.

8 Die Vorschrift des § 51 Satz 3 AO ist rechtspolitisch als Vorschrift zur Verhinderung eines Mißbrauchs durch die mehrfache Inanspruchnahme der Freigrenze nach § 64 Abs. 3 AO gedacht.[18] Der Wortlaut dieser mißglückten Vorschrift ist entspr. diesem Zweck **einschränkend auszulegen**. Grundsätzlich ist die steuerrechtliche Selbständigkeit von Körperschaftsteuersubjekten auch bei gemeinnützigen Einrichtungen anzuerkennen. Nur in bezug auf die Freigrenze des § 64 Abs. 3 AO sollte sie mit der Rechtsfolge negiert werden, daß die funktionale Untergliederung entspr. den allgemeinen Vorschriften zwar Steuersubjekt bleibt, aber die Freigrenze des § 64 Abs. 3 AO für die gemeinnützige Körperschaft und ihre funktionalen Untergliederungen nur einmal angewandt wird. Der Rechtsunsicherheit, zu der § 51 Satz 3 AO bei einer wörtlichen Auslegung schon allein im Steuerverfahrensrecht führt, sollte durch eine entspr. einschränkende Auslegung begegnet werden.

9 Nicht selten wird die steuerrechtliche Selbständigkeit von regionalen oder funktionalen Untergliederungen der Großvereine lange Zeit weder von den Steuerpflichtigen selbst noch von der FinVerw. erkannt. Aus Gründen sachlicher Billigkeit erfassen Freistellungsbescheide, die einem **Gesamtverein** wegen seiner Gemeinnützigkeit erteilt wurden, auch die Untergliederung, sofern deren steuerrechtliche Selbständigkeit irrtümlich übersehen worden sein sollte. Nur mit Wirkung für die Zukunft können Folgerungen aus der steuerrechtlichen Selbständigkeit gezogen werden. Auch ein **Zusammenschluß mehrerer Personen**, die für längere Zeit einen gemeinsamen Zweck verfolgen und sich einer organisierten Willensbildung unterwerfen, kann zu einem anerkannten Rechts- und Steuersubjekt „nichtrechtsfähiger Verein" führen, ohne daß die Aktivitäten dieser Personengruppe einer gemeinnützigen Körperschaft zuzurechnen wären. Für die Zurechnung kommt es entscheidend

[17] Vgl. *Thiel/Eversberg* DB 1990, 395 (396 Fn. 104).

[18] Vgl. Einzelbegründung zu § 51 AO, BT-Drs. 11/5582, S. 31; *Thiel/Eversberg* a.a.O.; § 7 Rz. 13.

darauf an, wie die Personengruppe ihre Tätigkeit im einzelnen abgewickelt hat.[19]

3. Dachverband

Den Status der Gemeinnützigkeit können auch **Dachverbände** beanspruchen, die selbst unmittelbar keine steuerbegünstigten Tätigkeiten erbringen. Nach § 57 Abs. 2 AO wird eine Körperschaft, in der andere steuerbegünstigte Körperschaften zusammengefaßt sind, einer Körperschaft gleichgestellt, die selbst unmittelbar steuerbegünstigte Zwecke verfolgt. Diese Steuerbefreiung gilt insb. für Dach- oder Spitzenverbände. Wenn ein oder mehrere Mitgliedsvereine derartiger Dach- oder Spitzenverbände ihre Gemeinnützigkeit verloren haben sollten, führt dies regelmäßig auch zum Wegfall der Gemeinnützigkeit für den Dachverband, es sei denn, der Dachverband selbst würde steuerbegünstigte Zwecke unmittelbar verfolgen.[20] Um diesem Risiko zu begegnen, sollten Dachverbände deswegen stets eigene gemeinnützige Zwecke verfolgen, die beispielsweise schon dann gegeben sind, wenn ein Satzungszweck des Dachverbandes darin besteht, Mittel für die gemeinnützigen Mitgliedsvereine zu beschaffen.[21] 10

II. Ausländische Körperschaften

Von den steuerlichen Vorteilen des Status der Gemeinnützigkeit nach den deutschen Rechtsvorschriften können grds. nur Körperschaften profitieren, die entweder ihren **Sitz oder den Ort ihrer Geschäftsleitung in der Bundesrepublik Deutschland** haben. Dies ergibt sich zwar nicht aus dem Wortlaut des § 51 Satz 2 AO, da auch ausländische Körperschaften solche i.S.d. KStG sind. Doch bestimmt § 5 Abs. 2 Nr. 3 KStG ausdrücklich, daß beschränkt steuerpflichtige Körperschaftsteuersubjekte i. S. des § 2 Nr. 1 KStG die Körperschaftsteuerbefreiung aufgrund der Gemeinnützigkeit nicht beanspruchen können. Körperschaften, deren Sitz sich im Ausland, Geschäftsleitung aber in Deutschland befindet, können als nichtrechtsfähige Zweckvermögen anzusehen sein und dann den Status der Gemeinnützigkeit beanspruchen.[22] 11

Allerdings wird die **Tätigkeit ausländischer gemeinnütziger Körperschaften steuerlich** von der Bundesrepublik Deutschland **begünstigt**. In zahlreichen neueren Doppelbesteuerungsabkommen, die 12

---

[19] BFH vg. 18. 12. 1996 I R 16/96, BStBl. II 1996, 361; vgl. zur Zurechnung auch § 8 Rz. 27.

[20] Vgl. OFD Düsseldorf v. 25. 6. 1980 S. 2729 A-St 13 H.

[21] Näher zu den Dachverbänden § 8 Rz. 63; aus vereinsrechtlicher Sicht § 2 Rz. 220–234.

[22] Vgl. BFH IX R 182/87 v. 23. 6. 1992, BStBl. 1992 II 972; FinMin NW, Erlaß v. 4. 10. 1993 S2701–2 –VB4; dagegen werden in Österreich beschränkt steuerpflichtige gemeinnützige Körperschaften wie inländische gemeinnützige Körperschaften behandelt, vgl. *Aigner* IStR 1998, Beihefter 7/98; zu den international-privatrechtlichen Fragestellungen *Kiefer* NZG 2000, 352.

die Bundesrepublik Deutschland abgeschlossen hat, ist angeordnet, daß Einkünfte einer Körperschaft i. S. d. KStG, die im anderen Vertragsstaat ansässig ist und ausschließlich religiöse, mildtätige, wissenschaftliche oder andere gemeinnützige Zwecke verfolgt, in der Bundesrepublik Deutschland steuerbefreit sind, wenn diese Körperschaft sowohl in ihrem Sitzstaat steuerbefreit ist, als auch in der Bundesrepublik Deutschland steuerbefreit wäre, wenn sie eine in Deutschland ansässige Gesellschaft oder Organisation wäre.[23]

13 Darüber hinaus sind Zuwendungen an ausländische gemeinnützige Organisationen u. U. aufgrund der besonderen Bestimmungen des § 13 Abs. 1 Nr. 16 c) bzw. Nr. 17 ErbStG von der **Erbschaftsteuer** befreit.[24] Sofern die Zuwendung für die Verwendung zu einem bestimmten gemeinnützigen Zweck erfolgt, ist sie stets als Zweckzuwendung für einen in Deutschland anerkannten gemeinnützigen Zweck nach § 13 Abs. 1 Nr. 17 ErbStG steuerbefreit.[25] Wenn die Zuwendung ohne besondere Zweckbestimmung erfolgt, kommt es darauf an, ob zwischen der Bundesrepublik Deutschland und dem Ansässigkeitsstaat der gemeinnützigen Organisation eine Gegenseitigkeitserklärung abgeschlossen worden ist, wonach die gemeinnützigen Organisationen gegenseitig als steuerbefreit anerkannt werden. Entsprechende Befreiungsvorschriften enthalten teilweise auch die Erbschaftsteuer-Doppelbesteuerungsabkommen, die die Bundesrepublik Deutschland abgeschlossen hat.[26]

14 Dagegen sind Zuwendungen an ausländische gemeinnützige Körperschaften nicht **spendenbegünstigt**.[27] Dies ergibt sich aus § 48 Abs. 3 EStDV. Wenn für eine Zuwendung an eine ausländische gemeinnützige Körperschaft der Spendenabzug gewünscht ist, muß die Zuwendung an eine in Deutschland ansässige Körperschaft erfolgen, die ihrerseits spendenbegünstigte Zwecke verfolgt und die ihr zugewandten Mittel durch die Förderung gemeinnütziger Zwecke im Ausland verwendet.[28] Nach § 58 Nr. 1 AO wird die Steuervergünstigung der Gemeinnützigkeit bei einer entspr. Fördereinrichtung nicht dadurch ausgeschlossen, daß die in Deutschland ansässige gemeinnützige Körperschaft ihre Mittel für die Verwirklichung der steuerbegünstigten Zwecke einer anderen, durchaus auch im Ausland ansässigen Körperschaft zuwendet.[29]

---

[23] Vgl. Art. 27 DBA/USA; Art. 21 VIIb DBA Frankreich; Art. 13E DBA Israel; Art. 28 DBA Schweden; dazu *Schauhoff* IWB 1999, 295 (305 ff); ausführlich *Schauhoff* Cahiers de droit fiscal, Vol. LXXXIVa S. 417 ff. Art. 28;

[24] Vgl. dazu ausführlich *Jülicher* in: Troll, § 13 ErbStG Rz. 22, 231; FG Hbg. v. 28. 9. 1999, EFG 2000, 227.

[25] BFH II R 21/95 v. 4. 9. 1996, DStR/E 1997, 207.

[26] Vgl. Art. 10 Abs. 2 ErbSt-DBA/USA; Nachweise bei *Jülicher* in: Troll, § 13 ErbStG Rz.. 222, 231.

[27] Vgl. § 7 Rz. 14.

[28] Zu den Voraussetzungen dazu unten § 8 Rz. 26.

[29] Vgl. Ziff. 1 S. 3 zu § 58 AEAO.

B. Gemeinnützige Tätigkeit

I. Förderung der Allgemeinheit auf materiellem, geistigem oder sittlichem Gebiet

1. Förderung des Gemeinwohls

a) Abgrenzung zwischen den gemeinnützigen Zwecken

20 Eine Körperschaft verfolgt gemeinnützige Zwecke aufgrund der Legaldefinition in § 52 AO, wenn ihre Tätigkeit darauf gerichtet ist, die Allgemeinheit auf materiellem, geistigem oder sittlichem Gebiet selbstlos zu fördern. Die in § 52 AO definierten gemeinnützigen Zwecke begründen die sog. Gemeinnützigkeit im engeren Sinne. Hinzu kommen die in den §§ 53, 54 AO niedergelegten mildtätigen und kirchlichen Zwecke, die ebenfalls als gemeinnützig anerkannt sind. In § 52 Abs. 2 AO sind die wichtigsten gemeinnützigen Zwecke aufgezählt. Der Katalog des § 52 Abs. 2 AO erklärt sich aus der historischen Entwicklung.[30] Gemeinnützige Tätigkeit hat sich in erster Linie in den Bereichen entfaltet, in denen einerseits die privatautonome und zumeist privatnützige Motivation typischerweise zu schwach war, um **gemeinwohlrelevante Bedürfnisse** zu erfüllen, andererseits aber der Staat kein Monopol auf die Erfüllung dieser Bedürfnisse beansprucht hat. Diese Voraussetzung ist exemplarisch gegeben in den Bereichen der Kultur, der Bildung, der Erziehung und der Wohlfahrtspflege. Hinzu kommen gemeinwohlwichtige Aufgaben, die der Staat aufgrund seiner verfassungsrechtlichen Bindungen nicht erfüllen könnte, wie beispielsweise in den Bereichen der Religion, der Moral oder aber auch der politischen Willensbildung. Eine Erweiterung haben diese traditionellen Bereiche gemeinnütziger Tätigkeit durch die Aufnahme gemeinnütziger Freizeitbetätigungen in § 52 Abs. 2 Nr. 4 AO gefunden.[31] Die verfassungsrechtliche Legitimation dieser vom Gesetzgeber des Vereinsförderungsgesetzes 1989 neu eingeführten gemeinnützigen Zwecke ist umstritten.[32]

21 Von den verschiedenen in den §§ 52 ff. AO aufgeführten gemeinnützigen Zwecken verfolgen viele Körperschaften mehrere. Die **Abgrenzung zwischen den verschiedenen gemeinnützigen Zwecken** kann steuerlich erhebliche Bedeutung erlangen. Die Feststellung, daß eine Körperschaft gemeinnützig ist, sagt zunächst nur etwas über die Steuerbefreiung dieser Körperschaft von Ertrag- und Besitzsteuern aus. Auch sind Zuwendungen an gemeinnützige Körperschaften nach § 13 Abs. 1 Nr. 16 ErbStG von der Erbschaft- und Schenkungsteuer befreit. Dagegen setzt die Berechtigung, eine freiwillige Zuwendung an eine gemeinnützige Körperschaft als Spende vom eigenen Einkommen ab-

---

30 Vgl. dazu Einleitung Rz. 31–38.

31 Vgl. dazu unten Rz. 57 ff.

32 Vgl. dazu Einleitung Rz. 42, 43; sehr kritisch *Tipke/Kruse* § 52 AO Rz. 32 ff.

zuziehen, nach §§ 10 b EStG, 9 Nr. 3 KStG voraus, daß die begünstigte Körperschaft besonders förderungswürdige gemeinnützige oder mildtätige oder kirchliche Zwecke verfolgt. Derartige Körperschaften genießen auch noch insofern steuerliche Privilegien, als bei ihnen die stillen Reserven der Wirtschaftsgüter beim Wechsel von einem wirtschaftlichen Geschäftsbetrieb in den steuerfreien Bereich, nicht der Besteuerung unterworfen werden (§ 13 Abs. 4 KStG).[33] Nur bei Zuwendungen an gemeinnützige Körperschaften, die besonders förderungswürdige gemeinnützige oder mildtätige oder kirchliche Zwecke verfolgen, kann der Zuwendende nach § 6 Abs. 1 Nr. 4 Satz 4 EStG für die Übertragung von Vermögensgegenständen aus einem Betriebsvermögen auf die gemeinnützige Körperschaft das Buchwertprivileg in Anspruch nehmen.[34] Eine weitere Differenzierung zwischen den verschiedenen gemeinnützigen Zwecken enthält das Gemeinnützigkeitsrecht auch dadurch, daß Mitgliedsbeiträge teilweise nicht als Spenden abgezogen werden können.[35] Verfolgt die Körperschaft einen gemeinnützigen Zweck, möglicherweise auch nur neben mehreren anderen, der nicht im Abschnitt A zu Anlage 1 zu § 48 EStDV aufgeführt ist, so können Beiträge von Mitgliedern, die auf einer vertraglichen, satzungsmäßigen oder ähnlichen Verpflichtung gegenüber einem gemeinnützigen Verein beruhen (z. B. Mitgliedsbeiträge, Aufnahmegebühren, satzungsmäßige Umlagen), nicht als Spende von dem Zuwendenden abgezogen werden. Dies betrifft beispielsweise alle Sportvereine sowie die Vereine, die bestimmte kulturelle Zwecke oder die Entwicklungshilfe oder Freizeitbetätigungen fördern. Diese Vereine werden von ihren Mitgliedern mit den aufgrund der Satzung geschuldeten Beiträgen aus versteuertem Einkommen unterstützt.[36]

22 Auch ist der **Höchstbetrag für den Abzug von Spenden** regelmäßig auf 5 v. H. des Einkommens gem. § 10 b EStG bzw. § 9 Abs. 1 Nr. 3 KStG beschränkt.[37] Nur dann, wenn die gemeinnützige Körperschaft besonders förderungswürdige kulturelle Zwecke oder die Wissenschaft oder mildtätige Zwecke fördert, erhöht sich der Höchstbetrag für den Abzug von Spenden auf 10 v. H. des Einkommens. Auch nur dann besteht die Möglichkeit des Spendenvor- oder Rücktrags.[38] Eine weitere Differenzierung ist nunmehr durch das Gesetz zur weiteren Förderung von Stiftungen eingeführt worden, da Stiftungen, die sog. Freizeitzwecke i.S.d. § 52 Abs. 2 Nr. 4 AO fördern, keinen Spendenabzugsbetrag von DM 40 000,– vermitteln können.[39]

23 Sieht man von dieser weiteren Besonderheit ab, lassen sich somit **vier Stufen von gemeinnützigen Zwecken** unterscheiden:

---

[33] Vgl. dazu § 7 Rz. 140ff.
[34] Dazu § 3 Rz. 26; § 6 Rz. 23, 25.
[35] Einzelheiten dazu § 6 Rz. 50.
[36] Vgl. dazu unten § 6 Rz. 50.
[37] Näher zum Spendenabzug § 6 Rz. 36–49.
[38] Vgl. dazu unten § 6 Rz. 46.
[39] S. dazu § 3 Rz. 26.

- Förderung der „einfachen" gemeinnützigen Zwecke mit der Folge, daß die begünstigte Körperschaft selbst mit Ausnahme ihres wirtschaftlichen Geschäftsbetriebs nicht der Körperschaft- oder Gewerbesteuer unterliegt und Zuwendungen an diese Körperschaft nicht der Erbschaftsteuer unterliegen. Zuwendungen an derartige Körperschaften können nicht als Spenden abgezogen werden. Nur wenige gemeinnützige Tätigkeiten, wie beispielsweise Feuerbestattungsvereine,[40] oder bestimmte Freizeitzwecke erfüllen nur die Voraussetzungen für die „einfache" Gemeinnützigkeit;
- die Körperschaft verfolgt Zwecke, die nach Abschnitt B Anlage 1 zu § 48 EStDV im Prinzip spendenbegünstigt sind, weil es sich dabei um besonders förderungswürdige gemeinnützige Zwecke handelt. Mitgliedsbeiträge und andere satzungsmäßige Zuwendungen an die gemeinnützige Körperschaft können nicht als Spende steuerlich geltend gemacht werden. Zu den entspr. Zwecken gehören beispielsweise der Sport und die freizeitbestimmenden kulturellen Zwecke sowie die Mehrzahl der sog. Freizeitbetätigungen;
- sodann gibt es eine Reihe besonders förderungswürdiger gemeinnütziger Zwecke, bei denen auch satzungsgemäße Beiträge als Spende abgezogen werden dürfen, aber der Höchstbetrag für Zuwendungen an derartige Körperschaften sich auf 5 v. H. des Einkommens beschränkt. Dazu gehören beispielsweise die Förderung der Jugendpflege und Jugendfürsorge oder der Erziehung, Volks- und Berufsbildung einschließlich der Studentenhilfe und die Förderung des Tierschutzes oder der Fürsorge für politisch, rassisch oder religiös Verfolgte;
- die höchste Stufe einer gemeinnützigen Betätigung wird erreicht, wenn die Körperschaft wissenschaftliche, mildtätige oder kulturelle Zwecke verfolgt. Spenden an derartig gemeinnützige Körperschaften können bis zur Höhe von 10 v. H. des Gesamtbetrages der Einkünfte in einem Veranlagungsjahr steuerlich geltend gemacht werden. Wird eine Zuwendung über DM 50 000,– an eine Körperschaft gemacht, die derartige Zwecke verfolgt, so besteht die Möglichkeit, die Spenden in den auf das Jahr der Zuwendung folgenden sechs Veranlagungszeiträumen auch noch steuerlich geltend zu machen (§ 10 b EStG; § 9 Abs. 1 Nr. 2 KStG).[41] Darüber hinaus sind Zuwendungen an bestimmte gemeinnützige Stiftungen noch mit einem zusätzlichen Sonderausgabenabzug bis zu DM 40 000 belohnt und es kann für die Stiftungserrichtung ein weiterer Sonderausgabenabzug bis zu DM 600 000,– geltend gemacht werden.[42] Diese ganz unterschiedliche Behandlung von Zuwendungen an gemeinnützige Körperschaften behindert die Spendenbereitschaft vermutlich.[43]

---

[40] BFH v. 14. 12. 1978, BStBl. 1979 II 491.
[41] Im einzelnen § 6 Rz. 46.
[42] Vgl. § 3 Rz. 26.
[43] *Hüttemann* NJW 2000, 638.

24 Aufgrund dieser bedeutsamen unterschiedlichen Folgen, je nachdem welcher gemeinnützige Zweck verfolgt wird, ist es notwendig, in der **Satzung** einer gemeinnützigen Körperschaft den tatsächlich **verfolgten gemeinnützigen Zweck genau zu bezeichnen**. Selbstverständlich ist es zulässig, daß eine Körperschaft mehrere gemeinnützige Zwecke nebeneinander und gleichzeitig verfolgt. Der erhöhte Spendenabzug nach den soeben angegebenen Regeln kann in diesen Fällen nur geltend gemacht werden, wenn die Verfolgung der steuerlich besonders privilegierten gemeinnützigen Zwecke der Körperschaft von der Erfüllung der anderen steuerbegünstigten Zwecke eindeutig abgegrenzt werden kann. Außerdem muß die Körperschaft **getrennte Aufzeichnungen** führen und einwandfrei nachweisen können, daß die für unterschiedliche Zwecke bestimmten Spenden auch entsprechend verwendet worden sind.[44] Kann ein entspr. Nachweis dagegen nicht geführt werden oder können die unterschiedlichen steuerbegünstigten Zwecke aufgrund der einheitlichen Tätigkeit der gemeinnützigen Körperschaft nicht eindeutig voneinander abgegrenzt werden, so dürfen auch keine Spendenbestätigungen darüber ausgestellt werden, daß besondere gemeinnützige Zwecke verfolgt wurden. Liegt eine **einheitliche Tätigkeit** vor, die sich unter verschiedenen gemeinnützigen Zwecken einordnen läßt, wenn beispielsweise ein Museumsverein sowohl kulturelle Zwecke als auch die Volksbildung fördert, so war früher für die Einordnung des Zwecks in den Katalog der gemeinnützigen Zwecke maßgebend, welchem Zweck die Körperschaft in erster Linie dient.[45] Es galt die sog. **Abfärbetheorie**, wonach es unabhängig von der im einzelnen geförderten Tätigkeit auf die von der Körperschaft insgesamt verfolgten Zwecke ankam. Nunmehr wurde entschieden, daß es allein auf die Auflage des Spenders, welcher Zweck gefördert werden soll, ankommt, unabhängig von den ansonsten von der Körperschaft geförderten Zwecken.[46] Nur wenn der Spender keine spezielle Auflage gemacht hat, ist die Einordnung der Zwecke der Körperschaft entscheidend. Soweit verschiedene gemeinnützige Zwecke in Frage stehen, ist zudem zu prüfen, welche steuerliche Norm als die **speziellere Vorschrift** die tatsächlich ausgeübte Tätigkeit erfaßt. Wenn beispielsweise ein Verein die Musik fördert, indem er Konzerte veranstaltet und zudem Werke der Musikliteratur erläutert werden, betreibt er neben der Förderung der Musik auch die Volksbildung. Die Förderung der Musik ist aber als der speziellere gemeinnützige Zweck anzusehen, so daß diese gemeinnützige Körperschaft kulturelle Zwecke fördert, was zu einem höheren Spendenabzugsrahmen führt.[47] Aus diesen Gründen sollte bereits bei der Errichtung oder Gründung der gemeinnützigen Körperschaft auf die Formulierung der verfolgten gemeinnützigen Zwecke größte Sorgfalt verwandt werden. Die genaue Bezeichnung der ge-

---

[44] Vfg. OFD Hannover v. 4. 11. 1991 S2729–21–St0231.

[45] BFH v. 18. 11. 1966, BStBl. 1967 III 365.

[46] BFH v. 15. 12. 1999–XI R 93/97, FR 2000, 469.

[47] Vgl. hierzu FG Nürnberg v. 11. 7. 1994, EFG 1994, 1090.

meinnützigen Zwecke erleichtert die Durchsetzung der Möglichkeit, spendenbegünstigte Zuwendungen empfangen zu können.

b) Förderung auf materiellem, geistigem oder sittlichem Gebiet

In § 52 Abs. 1 AO ist geregelt, daß eine Körperschaft dann gemein- 25
nützige Zwecke verfolgt, wenn ihre Tätigkeit darauf gerichtet ist, die **Allgemeinheit auf materiellem, geistigem oder sittlichem Gebiet selbstlos zu fördern**. Damit ist dem Gemeinnützigkeitsrecht eine Generalklausel vorangestellt, die je nach subjektivem Verständnis des Rechtsanwenders eine Vielzahl möglicher Tätigkeiten als gemeinnützig erklären kann.[48] Gemeinnützige Zweckverfolgung könnte in der weitesten denkbaren Auslegung als Tätigkeit verstanden werden, bei der nur ausschließlich selbstlos gehandelt werden muß, weil jede selbstlose Tätigkeit das Allgemeininteresse auf materiellem, geistigem oder sittlichem Gebiet fördert. Auch die Förderung privater Lebensgestaltung einzelner vermag im Allgemeininteresse zu sein. Die entgegengesetzte Vorstellung vom Begriff der Gemeinnützigkeit knüpft an Goethes Vers „Edel sei der Mensch, hilfreich und gut" an. Im Vordergrund steht die Läuterung des Menschen durch Wissenschaft, Bildung, Erziehung, Kunst und Kultur sowie Mildtätigkeit für das Wahre, Schöne und Gute.[49] Bei diesem Verständnis des Gemeinnützigkeitsbegriffs können nur höherwertige Tätigkeiten den gestellten Anforderungen genügen.[50]

Die Generalklausel des § 52 AO hält sich zwischen diesen beiden 26
Auslegungsmöglichkeiten. **Materielle Förderung** meint insb. die mildtätige Unterstützung anderer. **Geistige Förderung** zielt auf die Förderung geistiger Interessen durch Wissenschaft und Forschung, Bildung und Erziehung, Kunst und Kultur. Das **Sittliche** betrifft Werte des Verhaltens und der Gesinnung, wie beispielsweise die Förderung der Völkerverständigung oder auch den Sport.[51] Die Frage, ob die Tätigkeit einer Körperschaft die Allgemeinheit auf materiellem, geistigem oder sittlichem Gebiet fördert, ist anhand einer Vielzahl von Werten zu beurteilen, die der herrschenden Staatsverfassung, der geistigen und kulturellen Ordnung, der Erkenntnisse in Wissenschaft und Technik sowie der Wertvorstellungen der Bevölkerung entnommen werden können.[52] Der Begriff der Allgemeinheit darf nicht in der Weise falsch verstanden werden, daß notwendig die Gesamtheit der Bürger der Bundesrepublik Deutschland oder eine daraus zu ermittelnde Mehrheit der Bevölkerung gefördert werden muß. Vielmehr kann ein Nutzen für die Allgemeinheit auf materiellem, geistigem oder sittlichem Gebiet auch dann gegeben sein, wenn nur einzelne oder wenige Personen

---

[48] Ebenso *Lang* Gemeinnützigkeitsabhängige Steuervergünstigungen, StwW 1987, 221 (231).

[49] *Tipke* Deklassierte Gemeinnützigkeit, StuW 1989, 165 (167).

[50] Für eine entsprechende Konzeption insb. *Tipke/Kruse* § 52 AO Rz. 8.

[51] *Tipke* a.a.O., 167.

[52] BFH I R 39/78 v. 13. 12. 1978, BStBl. 1979 II 482 ff.; siehe dazu auch *von Wallis* DStZ 1979, 339 (340).

gefördert werden. Die Tätigkeit darf allerdings nicht nur den Belangen bestimmter Personen dienen, sondern muß zumindest so angelegt sein, daß ein größerer Teil der Bevölkerung von der Tätigkeit profitieren kann. Die Förderung des Werkes eines einzelnen Künstlers wird beispielsweise nur dann im Allgemeininteresse sein, wenn dieser Künstler in der Öffentlichkeit zumindest eine regionale Anerkennung gefunden hat.

27 Dennoch bleibt als Schwierigkeit bei der Beantwortung der Frage, ob die Allgemeinheit durch eine bestimmte Tätigkeit gefördert wird, daß damit allein noch nicht die **Anspruchshöhe** festgelegt ist, durch die eine gemeinnützige Tätigkeit von Maßnahmen, die allein der Glückseligkeit dienen, unterschieden werden kann. Die Frage ist, von welchem Niveau der Geistigkeit oder Sittlichkeit der Gesetzgeber der Abgabenordnung ausgeht.[53] Die Beantwortung dieser Frage wird erheblich dadurch erschwert, daß der Gesetzgeber insb. in § 52 Abs. 2 Nr. 4 AO eine Reihe von Tätigkeiten bis hin zum Hundesport aufgenommen hat, die er als gemeinnützig ansieht, bei denen aber nicht ersichtlich ist, wieso derartige Tätigkeiten eine steuerliche Vorzugsbehandlung genießen dürfen. Diese gesetzgeberischen Einzelfallentscheidungen haben in der Rechtsanwendung dazu geführt, daß gemeinnützige Zwecke ganz überwiegend den in § 52 Abs. 2 AO bzw. in der Anlage zu § 48 EStDV selbst enthaltenen oder aber doch ähnlichen Zwecken entnommen werden. Kann eine Analogie zu den dort genannten Zwecken nicht begründet werden, so schwinden die Chancen, die Gemeinnützigkeit einer nicht aufgeführten Tätigkeit durchzusetzen.[54] Es ist allein Aufgabe des Gesetzgebers, Zielkonflikte innerhalb des Katalogs des § 52 Abs. 2 AO durch Einschränkungen der begünstigten Zwecke oder durch Regelung im Polizei-, Umwelt- und Ordnungsrecht zu lösen. Dies gilt auch für etwaige Zielkonflikte zwischen dem Katalog des § 52 Abs. 2 AO und Art. 20a GG. Deswegen ist die Förderung jeder Sportart gemeinnützig, selbst wenn Zweifel an der Umweltverträglichkeit bestehen sollten. Allerdings muß tatsächlich die körperliche Ertüchtigung Ziel des Betreibens von Sport sein. Menschenverachtende Kriegsspiele sind kein Sport.[55]

28 Auch wenn einer der im Katalog des § 52 Abs. 2 AO genannten Zwecke verfolgt wird, muß die Tätigkeit der Körperschaft doch gleichzeitig auf die **Förderung der Allgemeinheit** gerichtet sein. Die Rechtsprechung hat für die in § 52 Abs. 2 Nr. 4 AO aufgeführten Freizeitbetätigungen entschieden, daß die dort genannten Zwecke ohne weitere Prüfung geeignet sind, die Allgemeinheit auf materiellem, geistigem oder sittlichem Gebiet zu fördern.[56] Wenn die Rechtsprechung

---

53 *Tipke* StuW 1989, 165 (168); vgl. dazu auch *Lang* StuW 1987, 221 ff.

54 So eindeutig BFH v. 29. 10. 1997 I R 13/97, BStBl. II 1998, 9; *Hofmeister* DStZ 1999, 545.

55 Vgl. Vfg. OFD Nürnberg v. 22. 4. 1999 –SO171–661/St 31, DB 1999, 986.

56 BFH IR 153/93 v. 14. 9. 1994, BStBl. 1995 II 499; dem folgend Ziff. 1 AEAO zu § 52 AO; a. A. *Gmach* FR 1997, 793 (795).

auch § 52 Abs. 1 Satz 1 AO bei den Regelbeispielen des § 52 Abs. 2 AO zur Anwendung gebracht hätte und beispielsweise die Förderung des Hundesports nicht als gemeinnützig angesehen hätte, weil der Hundesport die Allgemeinheit auf geistigem Gebiet nicht ebenso wie die Wissenschaft und Forschung oder ähnliche Zwecke fördert, so wäre die **gesetzgeberische Entscheidung**, bestimmte Freizeitbetätigungen als gemeinnützig anzuerkennen, konterkariert worden.[57] Auch wenn die Entscheidungen des Gesetzgebers zur Gemeinnützigkeit von Freizeitbetätigungen rechtspolitisch und möglicherweise auch verfassungsrechtlich bedenklich sein mögen, so sind sie doch zu respektieren. Aus demselben Grund ist auch der Motorsport gemeinnützig, weil jede sportliche Betätigung im Allgemeininteresse liegt, wenn sie im Rahmen der allgemeinen Rechtsordnung ausgeübt wird.[58] Wird eine Tätigkeit iSd § 52 Abs. 2 AO verfolgt, so ist im Einzelfall aufgrund des § 52 Abs. 1 AO zu prüfen, ob durch diese Tätigkeit tatsächlich die Allgemeinheit gefördert wird und sie nicht nur den Interessen Einzelner dient. Dabei darf aber nicht der Tätigkeit als solcher das Gemeinnützigkeitsprädikat versagt werden, nur die Art der Ausübung der Tätigkeit kann den Gemeinnützigkeitsvorschriften widersprechen.[59]

Zu Recht hat der BFH deswegen entschieden, daß der Katalog des 29
§ 52 Abs. 2 Nr. 4 AO einen Ausnahmecharakter trägt und daher Tätigkeiten, die mit den in § 52 Abs. 2 Nr. 4 AO genannten Freizeitgestaltungen identisch sind, ebenfalls als gemeinnützig anerkannt werden können. Nicht gemeinnützig ist aber die Förderung von Freizeittätigkeiten, die keinem der in § 52 Abs. 2 Nr. 4 AO genannten Zwecke ähnlich ist, wie beispielsweise Skat,[60] Bridge, Briefmarkensammeln oder auch die Freikörperkultur.[61] Anders als in früheren Entscheidungen des Bundesfinanzhofes kann der Freikörperkultur allerdings nicht deswegen das Prädikat der Gemeinnützigkeit versagt werden, weil weite Kreise der Bevölkerung derartigen Bestrebungen ablehnend gegenüberstünden. Vielmehr ist maßgebend, daß der Gesetzgeber in § 52 Abs. 2 Nr. 4 AO deutlich gemacht hat, daß er nur bestimmte **Freizeitaktivitäten** als gemeinnützig anerkannt wissen möchte. Für eine erweiternde Auslegung dieser Ausnahmeregelung besteht kein Anlaß.[62] Wenn die Frage geprüft werden soll, ob ein bestimmter Zweck als gemeinnütziger Zweck anerkannt werden kann, empfiehlt sich daher zunächst die Untersuchung, ob dieser Zweck zu den Regelbeispielen des § 52 Abs. 2 AO und den in Anlage 1 zu § 48 EStDV aufgeführten

---

57 Dies fordern allerdings *Gmach* a.a.O.; *Tipke/Kruse* § 52 AO, Rz. 6 ff.

58 Zutreffend BFH I R 13/97 v. 29. 10. 1997, BStBl. 1998 II, 9.; Ziff. 2 Satz 2 zu § 52 AEAO.

59 St. Rspr., zuletzt BFH I R 13/97 v. 29. 10. 1997 a. a. O. m. w. ›N.

60 Dazu Schl.-Holst. FG v. 25. 10. 1998 II 809/75, EFG 1999, 50.

61 Vgl. Ziff. 1 AEAO zu § 52 AO; *Widmann* JBFStR 1976/1977, 383 (387); BFH I R 122/62 U v. 31. 10. 1963, BStBl. 1964 III 83; I B 34/69 v. 20. 11. 1969, BStBl. 1970 II 133; III R 81/70 v. 22. 10. 1971, BStBl. 1972 II 197.

62 Ebenso überzeugend Nds. FG VI 54/91 v. 18. 2. 1997, EFG 1997, 1340; a. A. zur Freikörperkultur noch *Widmann* a.a.O.

Zwecken gehört oder doch zumindest den dort genannten Zwecken sehr ähnlich ist. In einem zweiten Schritt ist dann zu untersuchen, ob eines der im folgenden genannten Ausschlußmerkmale, die der Gemeinnützigkeit entgegenstehen können, gegeben ist. In Rechtsprechung und Literatur haben sich mittlerweile eine Reihe von Negativkriterien herausgebildet, bei deren Vorliegen eine Förderung der Allgemeinheit iSd § 52 AO nicht angenommen wird. Zusammenfassend läßt sich sagen, daß die Festlegung dessen, was als gemeinnützige Tätigkeit anzusehen ist, im demokratischen Staat dem Parlament vorbehalten ist. Der Gesetzgeber läßt durch die Regelbeispiele in § 52 Abs. 2 AO erkennen, an welche Tätigkeiten er dabei denkt. Grundlegende Erweiterungen gegenüber diesem Katalog bleiben Aufgabe der Rechtsetzung durch das Parlament. Andererseits sollte der Rechtsanwender sich hüten, seine Wertung, welche Tätigkeit im Interesse der Allgemeinheit liegt, an die Stelle der Entscheidung des Gesetzgebers zu setzen.[63]

c) Negativabgrenzungen

aa) Förderung hoheitlicher Aufgaben durch von öffentlicher Hand getragene privatrechtliche Einrichtungen

36 In den vergangenen Jahren haben zahlreiche Hoheitsträger zur Ausführung hoheitlicher Aufgaben, z. B. im Bereich der Müll- und Abwasserbeseitigung, gemeinnützige Körperschaften gegründet. Mit der Tätigkeit derartiger Körperschaften, meist in der Rechtsform einer gemeinnützigen GmbH, ist zwar regelmäßig eine Förderung der Allgemeinheit verbunden, da beispielsweise der Umweltschutz durch die Müll- und Abwasserbeseitigung gefördert wird. Nach Auffassung der Finanzverwaltung nehmen derartige Kapitalgesellschaften, soweit sie **Pflichtaufgaben** ihres Gesellschafters erfüllen, aber dennoch keine gemeinnützige Tätigkeit wahr.[64] In der Rechtsliteratur wird teilweise die Auffassung vertreten, daß der Staat und die von ihm getragenen Körperschaften Steuervergünstigungen für gemeinnützige Tätigkeiten grds. nicht in Anspruch nehmen könnten, weil der Staat von Staats wegen zur Förderung der öffentlichen Aufgaben verpflichtet ist und die Staatstätigkeit aus den Steuern finanzieren muß und daher die entsprechende Steuervergünstigung nicht beanspruchen kann.[65] Auch der Reichsfinanzhof hat bereits die These vertreten, daß von staatlichen Einrichtungen getragene Körperschaften, die in Erfüllung ihres gemeinnützigen Zwecks hoheitliche Pflichtaufgaben ihrer Träger wahrnehmen, dabei nicht selbstlos handeln.[66] Von der öffentlichen Hand

---

[63] Vgl. zu den verfassungsrechtlichen Grenzen Einleitung Rz. 43, 44; ebenso BFH I R 13/97 v. 29. 10. 1997, BStBl. 1998 II,9; *Hofmeister* DStZ 1999, 545.

[64] BMF-Schreiben v. 27. 12. 1990 IV A 2 – S 7300–66/90, BStBl. 1991 I, 81; Erlaß FinMin NW v. 14. 5. 1985 S 0171–19-VB 4; v. 20. 2. 1986 S0171–19–VB4; FinMin Sachsen v. 9. 8. 1995 III–S 0171–89–5; OFD Magdeburg, Vfg. v. 14. 6. 1995 -S 0171–59-St 234, DB 1995, 1887.

[65] *Knobbe-Keuk* Sondervotum, S. 404ff.; *Isensee* FS Dürig, 1990, 33 (57ff.).

[66] RFH VI a A 33/37 v. 24. 9. 1937, RStBl. 1937 1105; I A 57/34 v. 29. 4. 1935,

getragene Körperschaften, die ideelle Tätigkeiten entfalten, können deswegen nur dann die Anerkennung als gemeinnützig erlangen, wenn die Wahrnehmung der ideellen Tätigkeit durch die öffentliche Hand selbst bei dieser als gemeinnützig anerkannt werden würde und die öffentliche Hand dabei keine Pflichtaufgabe wahrnimmt. Dies gilt beispielsweise für Krankenhäuser, Alten- und Pflegeheime, Kindergärten, Jugend- und Studentenheime oder Behindertenwerkstätten oder für kulturelle Einrichtungen wie Theater und Museen.[67]

bb) Verbot der Förderung politischer Zwecke

37 Die Beeinflussung der allgemeinen politischen Meinungsbildung oder die Förderung politischer Parteien zählen grundsätzlich nicht zu den gemeinnützigen Zwecken.[68] Eine **Beeinflussung der politischen Meinungsbildung** in speziellen Fragen schließt jedoch die Gemeinnützigkeit nicht aus.[69] Deswegen ist die Stellungnahme zu tagespolitischen Themen, die mit dem eigentlich geförderten gemeinnützigen Zweck in Zusammenhang stehen, nicht verboten. Auch eine politische Bildungstätigkeit, bei der Vorträge zum Verständnis des staatlichen Aufbaus, des Föderalismusprinzips oder der Wahlgrundsätze gehalten werden, führt zur Anerkennung der Gemeinnützigkeit, wenn eine Einwirkung im parteipolitischen Interesse nicht erfolgt. Für eine schädliche politische Tätigkeit sprechen insb. die finanzielle oder ideelle Unterstützung einer Partei oder Bildungsveranstaltungen, die vornehmlich im Interesse einer Partei vorgenommen werden.[70] Allgemein-politische Meinungsäußerungen gehören auch nicht zur staatsbürgerlichen Bildung und führen daher, wenn sie neben den satzungsgemäß verfolgten Zwecken stehen, zum Verlust der Gemeinnützigkeit.[71]

cc) Keine Förderung jeglicher Lebensphilosophie

38 Nach § 52 Abs. 1 Satz 1 AO ist die Förderung der Allgemeinheit auf geistigem Gebiet gemeinnützig. Doch läßt der Gesetzgeber durch den Katalog des § 52 Abs. 2 Nr. 1 AO erkennen, daß die Förderung von Lebensphilosophien nicht generell gemeinnützig ist.[72] Herausgehoben sind dort einerseits die Förderung von Wissenschaft und Forschung und andererseits die Förderung von Bildung und Erziehung sowie der Religion. Das Betreiben von Wissenschaft und Forschung setzt eine **Offenheit gegenüber dem Forschungsgegenstand** voraus, welche bei der Verbreitung einer bestimmten Lebensphilosophie fehlt. Auch ist ein

---

RStBl. 1935, 857; *Hüttemann* S. 71; *Franz* S. 93f.; ausdrücklich offengelassen von BFH X R 115/91 v. 15. 12. 1993, BStBl. 1994 II 314.

[67] Dazu *Thiel* Die gemeinnützige GmbH, DStJG 1996, 103 (112); vgl. zur Tätigkeit einer gemeinnützigen Körperschaft für den Staat auch § 6 Rz. 85.

[68] Ziff. 9 AEAO zu § 52 AO.

[69] BFH v. 29. 8. 1984, BStBl. 1984 II 844.

[70] Erlaß FinMin Thüringen v. 23. 6. 1993 S0171A–20–2.06.

[71] FG Köln v. 19. 5. 1998 13 K 521/93, EFG 1998, 1665.

[72] BFH I R 47/89 v. 26. 2. 1992, BFH/NV 1992, 695.

Fall der Volksbildung nicht gegeben, wenn nur eine bestimmte Lebensphilosophie verbreitet wird.[73] Eine Anerkennung der Verbreitung einer Lebensphilosophie als Förderung der Religion setzt voraus, daß mit der Tätigkeit tatsächlich die Religion, zu der eine Vorstellung von Transzendenz gehört, gefördert wird.[74] Nunmehr erkennt die Rechtsprechung trotz des Wortlautes des § 52 Abs. 2 AO, § 10 b EStG die Förderung jeglicher Weltanschauung als gemeinnützig an.[75] Wieso der Gesetzgeber verfassungsrechtlich gezwungen ist, religiöse wie weltanschauliche Gemeinschaften in bezug auf die Gemeinnützigkeit gleichermaßen zu fördern, wird aus dem Urteil allerdings nicht deutlich.[76]

dd) Förderung wirtschaftlicher Interessen nur in Fällen der Not

39 Die Förderung materieller Interessen Dritter ist nur unter engen Voraussetzungen gemeinnützig. Insb. dann, wenn einzelne Personen infolge ihrer wirtschaftlichen Bedürftigkeit iSd § 53 Nr. 2 AO auf die Hilfe Dritter angewiesen sind, ist deren Förderung als Verfolgung mildtätiger Zwecke steuerlich begünstigt. § 53 Nr. 2 AO legt die Grenzen der wirtschaftlichen Hilfsbedürftigkeit fest, wobei Einrichtungen der Wohlfahrtspflege auch dann gemeinnützig sind, wenn sie nur zu $^2/_3$ wirtschaftlich hilfsbedürftige Mitmenschen unterstützen. Ansonsten erkennt die AO nur unter engen Voraussetzungen die **unmittelbare Förderung einer wirtschaftlichen Tätigkeit** an. In § 58 Nr. 10 AO ist festgelegt, daß nur eine von einer Gebietskörperschaft errichtete Stiftung zur Erfüllung ihrer steuerbegünstigten Zwecke Zuschüsse an Wirtschaftsunternehmen vergeben darf. Im Umkehrschluß zu dieser Ausnahmeregelung ergibt sich, daß ansonsten die Vergabe von Zuschüssen an Wirtschaftsunternehmen zur Verfolgung gemeinnütziger Zwecke, beispielsweise auf dem Gebiet des Umweltschutzes oder der Wissenschaft und Forschung, nicht zulässig ist.[77] Allerdings ist es unschädlich, wenn wirtschaftliche Interessen Dritter mittelbar dadurch gefördert werden, daß eine gemeinnützige Körperschaft beispielsweise Lehrlingsausbildung oder berufliche Fortbildung für die Beschäftigten mehrerer Unternehmen betreibt, solange die geistige Förderung der Lehrgangsteilnehmer und nicht die wirtschaftliche Förderung der von Kosten entlasteten Unternehmen im Vordergrund steht.

ee) Förderung der Geselligkeit nicht gemeinnützig

40 Einrichtungen, die mit ihrer Tätigkeit auf die Erholung arbeitender Menschen oder auf die Förderung der Geselligkeit ausgerichtet sind, können regelmäßig nicht als gemeinnützig anerkannt werden, es sei

[73] Ebenso FG Münster 15 K 5247–87 U v. 25. 5. 1994, EFG 1994, 810.

[74] Zur Definition der religiösen Zwecke BFH v. 6. 6. 1951, BStBl. 1951 III 148; Vfg. OFD Münster v. 18. 12. 1990 S2729–133–St 13–31.

[75] BFH v. 23. 9. 1999 XI R66/98, DStR 2000, 461.

[76] Dazu Einleitung Rz. 41.

[77] Vgl. dazu BFH I R 38/96 v. 21. 5. 1997, BFH/NV 1997, 904; unten Rz. 58.

denn, daß das Gewähren von Erholung einem besonders schutzwürdigen Personenkreis wie Kranken oder der Jugend zugute kommen soll oder auf sportlicher Grundlage vorgenommen wird.[78] Wie sich aus einem Umkehrschluß zu § 58 Nr. 8 AO ergibt, ist eine Körperschaft, bei der **gesellige Zusammenkünfte** und nicht die Förderung eines bestimmten gemeinnützigen Zwecks **im Vordergrund** stehen, nicht als gemeinnützig anzuerkennen.[79] In diesem Zusammenhang genügt es nicht, wenn eine gemeinnützige Körperschaft die Kameradschaft als selbständige Zwecksetzung in der Satzung erwähnt.[80] Schädlich ist es aber, wenn der Förderung der Geselligkeit dieselbe Bedeutung wie der Förderung des eigentlichen gemeinnützigen Zwecks zukommen soll. Die Körperschaft trägt bei Zweifeln die Darlegungslast dafür, daß sie nicht in erster Linie die Geselligkeit ihrer Mitglieder oder Dritter fördern möchte.

ff) Hilfe für andere allein nicht gemeinnützig

Selbsthilfegruppen alleinstehender Menschen können idR nicht als gemeinnützigen Zwecken dienend anerkannt werden, da diese Vereine regelmäßig auch die gemeinsame Freizeitgestaltung fördern.[81] Die **gegenseitige Unterstützung allein** ist **nicht gemeinnützig**. Nur dann, wenn ein besonders schutzwürdiger Personenkreis, wie beispielsweise Behinderte, Kranke oder die Jugend, unterstützt wird, kann eine gemeinnützige Betätigung vorliegen. 41

gg) Keine Förderung eines abgeschlossenen Personenkreises

Nach § 52 Abs. 1 Satz 2 AO ist eine Förderung der Allgemeinheit nicht gegeben, wenn der Kreis der Personen, dem die Förderung zugute kommt, **fest abgeschlossen** ist, z. B. infolge der Zugehörigkeit zu einer Familie oder zur Belegschaft eines Unternehmens, oder infolge seiner Abgrenzung, insb. nach räumlichen oder beruflichen Merkmalen, dauernd nur klein sein kann. Schädlich ist es beispielsweise, wenn die Lehrlingsausbildung überwiegend nur den Angehörigen eines Unternehmens zur Verfügung steht. 42

Ist der Zweck einer Körperschaft auf die Förderung des Sports oder anderer als gemeinnützig anerkannter Freizeitbetätigungen gerichtet, so kommt die Tätigkeit der Körperschaft im wesentlichen ihren Mitgliedern zugute. Von einer Förderung der Allgemeinheit kann in diesen Fällen nur dann ausgegangen werden, wenn im Grundsatz jedermann **freien Zutritt zur Körperschaft** hat und die Mitglieder sich dement- 43

---

[78] Ziff. 8 AEAO zu § 52 AO, BFH v. 22. 11. 1972, BStBl. 1973 II 251; v. 30. 9. 1981, BStBl. 1982 II 148.

[79] Ziff. 16 AEAO zu § 58 AO; vgl. dazu ausführlich § 8 Rz. 18.

[80] BFH v. 11. 3. 1999, BStBl. 1999 II, 331, a. A. FG Köln 12 K 2972/93, EFG 1997, 186; dazu *Gmach* FR 1997, 793 (797).

[81] OFD Münster Vfg. v. 24. 6. 1994 – S2729 B–159–St 13–31, DB 1994, 1755; FR 1994, 551.

sprechend zumindest als Ausschnitt der Allgemeinheit darstellen.[82] In diesen Fällen ist es gemeinnützigkeitsschädlich, wenn durch die Höhe der laufenden Beiträge, Aufnahmebeiträge und Umlagen eine Repräsentation der Allgemeinheit im Mitgliederbestand nicht mehr gewährleistet ist.[83] Gerade bei Vereinen, die eine sportliche Betätigung fördern, welche erhebliche Kosten verursacht, wie dies bei Golf- oder Segelvereinen typischerweise der Fall ist, ist es in der Vergangenheit immer wieder zu Diskussionen mit der Finanzverwaltung gekommen, inwiefern die Höhe von Mitgliedsbeiträgen und zusätzlich **erwarteten Spenden** von neu eintretenden Mitgliedern zum Versagen der Gemeinnützigkeit dieser Vereine führt. Die Finanzverwaltung hat dazu Erlasse herausgegeben, in denen die Höchstgrenze für Mitgliedsbeiträge und Aufnahmegebühren bei Sportvereinen festgeschrieben wurde.[84] Unschädlich sind Mitgliedsbeiträge und Umlagen im Durchschnitt von DM 2000 je Mitglied und Jahr oder Aufnahmegebühren für die im Jahr aufgenommenen Mitglieder im Durchschnitt von DM 3000. Der BFH hat entschieden, daß erwartete Spenden von neu eintretenden Mitgliedern in diese Durchschnittsberechnungen nicht einbezogen werden dürfen, sofern feststeht, daß keiner Person die Mitgliedschaft vorenthalten oder wieder entzogen wurde, weil sie nicht die von dem Sportverein erwarteten Spenden geleistet hatte. Die Aufforderung an die Mitglieder, eine Spende zu tätigen, um den Spielbetrieb aufrechtzuerhalten, mache die Spende nicht zum Pflichtbeitrag.[85] Wenn aber tatsächlich die Aufnahme in den Verein von derartigen Aufnahmespenden abhängig gemacht werde, gehe die Gemeinnützigkeit verloren.[86] Die genannten Höchstgrenzen gelten nicht für den Beitritt von Mitgliedern zu Vereinen, die Privatschulen betreiben. Diesen Vereinen bleibt die Gemeinnützigkeit erhalten, sofern bei Ergänzungsschulen satzungsgemäß festgelegt ist, daß bei 25% der Schüler keine Sonderung nach den Besitzverhältnissen der Eltern vorgenommen werden darf.[87] Auch bei Privatschulen wird vielfach versucht, durch angeblich freiwillige Spenden die Kosten für den Schulbesuch steuerlich abzugsfähig zu machen. Sofern allerdings die Mitgliedsbeiträge so niedrig bemessen sind, daß die Privatschule aus

---

[82] BFH I R 19/96 v. 13. 8. 1997, DB 1997, 2204; I R 39/78, BStBl. 1979 II 482; III R 40/72, BStBl. 1973 II 430.

[83] BFH v. 13. 8. 1997, I R 19/96 BStBl. 1997 II, 794; I R 152/93 v. 13. 11. 1996, DB 1997, 509; I R 256/78 v. 20. 1. 1982, BStBl. 1982 II 336; a. A. *Tipke/Kruse* § 52 AO Rz. 10.

[84] BMF-Schreiben v. 20. 10. 1998, BStBl. I 1998, 1424.

[85] BFH I R 19/96 v. 13. 8. 1997, DB 1997, 2204; a. A. Schl.-Holst. FG, EFG 1996, 604; vgl. dazu auch *Gast-de Haan* DStR 1996, 405ff.; *Prugger* DB 1996, 496; *Wallenhorst* DStR 1997, 479; *Möller* DB 1997, 949; FG Rhld.-Pf. v. 10. 1. 2000 5 K 1397/98, DStRE 2000, 399.

[86] FG BaWü. v. 2. 10. 1997 3 K 159/94, EFG 1998, 613; ausführlich zur Feststellung, ob verpflichtende Eintrittsspenden vorliegen, BMF-Schreiben v. 20. 10. 1998, a.a.O.

[87] FinMin Mecklenburg-Vorpommern v. 7. 10. 1999, DStR 1999, 813; OFD Nürnberg v. 28. 10. 1999, DB 1999, 2389.

Spenden finanziert werden muß, wird den Spenden die steuerliche Anerkennung versagt.[88]

Die allgemeine Zugänglichkeit zu einem gemeinnützigen Verein wird auch nicht dadurch ausgeschlossen, daß **Satzungsklauseln** die Aufnahme von Vereinsmitgliedern in das Ermessen des Vereinsvorstands stellen. Entsprechende Klauseln sind allgemein in der Vereinspraxis üblich und ändern nichts daran, daß der Verein im Prinzip für die Allgemeinheit zugänglich ist.[89] Wesentlich ist die tatsächliche Aufnahmepraxis. Wenn jedes Vereinsmitglied allerdings dem Beitritt eines neuen Mitglieds zustimmen muß, ist keine freie Zugänglichkeit mehr gegeben.[90] 44

In den Fällen, in denen die Allgemeinheit nicht dadurch gefördert wird, daß die Vereinsmitglieder selbst sich in einer bestimmten Weise betätigen, beispielsweise Sport betreiben oder einer anderen Freizeitbetätigung nachgehen, liegt eine Förderung der Allgemeinheit dann vor, wenn nach der Satzung und der tatsächlichen Geschäftsführung der gemeinnützigen Einrichtung **prinzipiell jedermann in den Genuß der Leistungen** der gemeinnützigen Einrichtung kommen kann. Die gemeinnützige Einrichtung muß im Rahmen ihrer Möglichkeiten zwischen den möglichen Maßnahmen und dabei möglicherweise **zwischen förderungswürdigen Personen auswählen**. Kein Kriterium bei der ermessensgerechten Auswahl darf die Zugehörigkeit zu einer Familie oder zur Belegschaft eines Unternehmens oder zu einem bestimmten kleinen Kreis sein. Andererseits darf die Zugehörigkeit zu einem bestimmten Kreis die grds. förderungswürdigen Personen natürlich auch nicht von der Förderung ausschließen. Entscheidend für die Auswahl zwischen verschiedenen förderungswürdigen Personen muß sein, bei welcher Förderungsmaßnahme der gemeinnützige Zweck am meisten gefördert wird. 45

hh) Wahrung der verfassungsmäßigen Ordnung

Wenn eine Körperschaft den **Rahmen der verfassungsmäßigen Ordnung überschreitet**, handelt sie nicht gemeinnützig.[91] Als gemeinnützigkeitsschädlich wurde bereits die Ankündigung von gewaltfreiem Widerstand und die Nichtbefolgung von polizeilichen Anordnungen angesehen.[92] Auch die Förderung von Jugendreligionen und Jugendsekten dient typischerweise nicht der Verwirklichung gemeinnütziger Zwecke, weil die Verfolgung einer Weltverbesserungsideologie mit Totalitätsanspruch im Widerspruch zur verfassungsmäßigen Ordnung in der Bundesrepublik Deutschland steht und daher nicht steuerlich geför- 46

---

[88] BFH v. 12. 8. 1999 – XIR 65/98, DB 2000, 305.

[89] BFH I R 19/96 v. 13. 8. 1997, DB 1997, 2204; a. A. Schl.-Holst. FG, EFG 1996, 604.

[90] FG Hamburg v. 8. 12. 1997 II 98/95, EFG 1998, 916.

[91] BFH v. 29. 8. 1984, BStBl. 1985 II 106.

[92] BFH, a.a.O.; Ziff. 11 AEAO zu § 52 AO.

dert werden kann.[93] Tatsächlich kann eine Weltverbesserungsideologie keinen Anspruch auf den Status der Gemeinnützigkeit erheben.[94] Soweit ein Verein politische Zwecke verfolgt, die im Widerspruch zu den völkerrechtlich verbindlichen Verträgen der Bundesrepublik Deutschland mit ihren Nachbarstaaten und zum Grundgesetz stehen, liegt keine Förderung der Allgemeinheit vor, weil die Änderung der bestehenden politischen Verhältnisse allein kein gemeinnütziger Zweck ist.[95]

47 Zweifelhaft ist aber, ob **Verstöße** eines gemeinnützigen Vereins **gegen die allgemeine Rechtsordnung** zur Aberkennung der Gemeinnützigkeit führen dürfen.[96] Auch wenn eine gemeinnützige Einrichtung einmal eine Tätigkeit ausführen sollte, die gegen die Rechtsordnung verstößt, darf ihr deswegen doch nicht sofort die Gemeinnützigkeit aberkannt werden, weil in der Rechtsordnung jeweils festgelegt ist, welche Sanktionen rechtswidriges Verhalten nach sich zieht, ohne daß dies auch automatisch zu steuerlichen Folgen führen dürfte. Nur wenn die Tätigkeit einer gemeinnützigen Körperschaft gegen die Rechtsordnung gerichtet ist, weil ein an sich gemeinnütziger Zweck mit rechtswidrigen Mitteln verfolgt werden soll, widerspricht der Zweck der Einrichtung dem Gemeinnützigkeitsrecht.[97] Wenn eine gemeinnützige Körperschaft keine freiwilligen Spenden, sondern Gelder von bestimmten Personen erpreßt,[98] liegt ein Verstoß gegen das Gebot der Selbstlosigkeit vor und ist der Einrichtung die Gemeinnützigkeit deswegen abzuerkennen. Wenn steuerliche Erklärungspflichten verletzt werden, können Bußgeldbescheide gegen die handelnden Organe ergehen oder Säumniszuschläge festgesetzt werden, die Gemeinnützigkeit der Tätigkeit selbst wird dadurch nicht in Frage gestellt.[99] Erst wenn durch Feststellungen in einer Reihe von Einzelfällen der Schluß ermöglicht wird, daß die tatsächliche Geschäftsführung einer gemeinnützigen Körperschaft planmäßig gegen die Rechtsordnung gerichtet ist, ist die Gemeinnützigkeit als solche gefährdet.

2. Bedeutung der gesetzlichen Regelbeispiele

a) Allgemeines

51 Oben wurde bereits dargestellt, daß sich Rechtsprechung und Finanzverwaltung bei der Prüfung, ob eine Körperschaft gemeinnützige Zwecke verfolgt, an den gesetzlichen Regelbeispielen des § 52 Abs. 2 AO i.V.m. der Anlage 1 zu § 48 EStDV, in der niedergelegt ist, welche

---

[93] BFH I R 47/89 v. 26. 2. 1992, BFH/NV 1992, 695; vgl. OFD Erfurt Verfügung v. 4. 7. 1994 – S0170A–14St 313; DB 1994, 1956.

[94] Dazu oben Rz. 24.

[95] Vgl. BFH v. 16. 10. 1991, BFH/NV 1992, 505; FinMin Nds., Erlaß v. 14. 11. 1995 – S0171–105–312, DB 1996, 356.

[96] Vgl. dazu BFH I R 5/93 v. 13. 7. 1994, DStR 1995, 254; FG Berlin 8435/96 v. 24. 2. 1997, EFG 1997, 1006; eingehend auch § 8 Rz. 27/28; § 9 Rz. 75ff.

[97] *Tipke/Kruse* § 52 AO Rz. 4.

[98] BFH v. 13. 7. 1994, DStR 1995, 254.

[99] So aber FG Berlin v. 24. 2. 1997, EFG 1997, 1006.

gemeinnützigen Zwecke spendenbegünstigt sind, orientieren. Notwendig ist insbesondere auch eine Abgrenzung zwischen verschiedenen möglicherweise gleichzeitig verfolgten gemeinnützigen Zwecken, um die Höhe der Spendenabzugsberechtigung feststellen zu können.[100] § 52 Abs. 2 AO wird positivistisch der Beurteilung dessen, was gemeinnützig ist, zugrunde gelegt. Unerheblich ist, in welchem Wertungsverhältnis die gemeinnützigen Zwecke zueinander stehen.[101] Deswegen werden die verschiedenen Regelbeispiele im folgenden näher erläutert.

b) Förderung von Wissenschaft und Forschung

Eine forschende oder wissenschaftliche Tätigkeit liegt vor, wenn die 52
Tätigkeit auf die **Gewinnung von neuen wissenschaftlichen oder technischen Erkenntnissen** und Erfahrungen allgemeiner Art gerichtet ist.[102] Dabei kann die Wissenschaft und Forschung auf allen Gebieten der Geistes- und Naturwissenschaften betrieben werden. Förderungswürdig sind nicht nur bereits bestehende wissenschaftliche Disziplinen. Allerdings setzt eine wissenschaftliche Tätigkeit voraus, daß mit objektiv nachvollziehbaren Methoden eine Vermehrung der Erkenntnisse angestrebt wird. Der Ausbau vorwissenschaftlicher Annahmen erfüllt nicht die Voraussetzungen für eine wissenschaftliche Tätigkeit.

Das Betreiben von Wissenschaft und Forschung allein ist nicht ge- 53
meinnützig. Eine gemeinnützige Tätigkeit liegt nur dann vor, wenn dadurch die Allgemeinheit gefördert wird. Dies setzt voraus, daß die Ergebnisse der wissenschaftlichen Tätigkeit der Allgemeinheit publik gemacht werden, gleichgültig ob dies durch Veröffentlichungen oder öffentliche Veranstaltungen geschieht. Die Unterstützung von Stipendiaten ist nur gemeinnützig, wenn deren Forschungstätigkeit im Interesse der Allgemeinheit liegt und für die Öffentlichkeit zugänglich gemacht wird.[103]

c) Bildung und Erziehung

Bildung ist die **Vermehrung der Kenntnisse und Fähigkeiten** 54
des einzelnen, und zwar sowohl die Allgemeinbildung als auch die Berufsaus- oder Fortbildung einschließlich eines Studiums. Der Inhalt der Bildungsarbeit muß dazu geeignet sein, die Allgemeinheit zu fördern.[104] Die Vermittlung von Kenntnissen, die weder zur Allgemeinbildung gehören noch für die Berufsaus- oder Weiterbildung wesentlich sind, ist nicht gemeinnützig.[105] Die Verbreitung neuer Techniken, auch wenn sie nur für einen vergleichsweise kleinen Teil der Bevölkerung

---

[100] Vgl. dazu oben Rz. 24.

[101] *Hofmeister* DStZ 1999, 545 (546) s. Rz. 25 ff.

[102] Vgl. Schl.-Holst. FG I 535/92 v. 22. 3. 1996, EFG 1996, 940.

[103] Vgl. näher dazu § 8 Rz. 10.

[104] Schl.-Holst. FG I 535/92 v. 22. 3. 1996, EFG 1996, 940; FG BaWü. v. 4. 2. 1988, EFG 1988, 270.

[105] Zur Berufsausbildung vgl. BFH v. 23. 6. 1988, BStBl. 1988 II 890 und v. 26. 3. 1992, BStBl. 1973 II 20; zur Erwachsenenbildung BFH v. 10. 3. 1976, BStBl. 1976 II

von Interesse ist, erfüllt die Voraussetzungen für die Volksbildung.[106] Auch die Aufklärung über Kriminalprävention vermehrt die Kenntnisse, die dem Einzelnen in der Gesellschaft nutzen können.[107] Der Bildungsinhalt muß nicht geistig hochstrebend sein, auch die Ausbildung einfacher Fertigkeiten genügt, doch muß das Allgemeininteresse dadurch gewahrt werden, daß die Vermehrung der Kenntnisse und nicht die Verbreitung einer bestimmten Lebensanschauung die gemeinnützige Tätigkeit prägt. Unter diesen Voraussetzungen umfaßt der Begriff der Volksbildung auch die politische Bildung, der es auf der Grundlage der Normen und Vorstellungen einer rechtsstaatlichen Demokratie um die Schaffung und Förderung politischer Wahrnehmungsfähigkeit und politischen Verantwortungsbewußtseins geht.[108]

55 Erziehung ist die **planmäßige Tätigkeit zur körperlichen, geistigen und charakterlichen Formung junger Menschen**.[109] Auch eine sinnvolle Freizeitgestaltung dient beim Jugendlichen der Erziehung und gehört daher zum gemeinnützigen Bereich.[110] Studentische Verbindungen sind allerdings als Geselligkeitsvereine grds. nicht gemeinnützig.[111] Auch Vereine, die unter Berücksichtigung pädagogischer Konzepte Jugendliche betreuen, fördern die Erziehung.[112] Das Einrichten von Jugendtreffs ohne pädagogischen Anspruch kann nur als Förderung der Jugendfürsorge eine gemeinnützige Tätigkeit darstellen. Bildung und Erziehung können die Allgemeinheit nur dann fördern, wenn sie innerhalb eines erkennbaren und überprüfbaren Konzeptes stattfinden, das sich an allgemein gültigen Regeln der Wissensvermittlung und Charakterbildung orientiert und sich im Rahmen der verfassungsmäßigen Grundordnung bewegt.[113]

d) Kunst und Kultur

56 In den Bereich der Kunst und Kultur fallen die **Förderung der Filmkunst, der Bildhauerei, der Malerei, der Musik, der Literatur, der Theater, Museen und des Denkmalschutzes**. Die Förderung der Kunst ist nicht auf bestimmte Kunstrichtungen oder ein bestimmtes Niveau abgestellt, weil es für die Beurteilung, ob ein gemeinnütziger Zweck verfolgt wird, nicht darauf ankommt, ob die Mehrheit der Bevölkerung die Tätigkeit als förderungswürdig erachtet.

469; zur Abgrenzung zwischen gemeinnütziger Bildungsarbeit und parteipolitischen Zwecken vgl. Erlaß FinMin Thüringen v. 23. 6. 1993, StEK, AO 1977, § 52 Nr. 23.

[106] Zu Internet-Vereinen OFD Münster Vfg. v. 6. 2. 1996 – S2729–171–St 13–31, DB 1996, 656; zu Trägervereinen des nicht-kommerziellen Rundfunks OFD Frankfurt v. 27. 9. 1995 –S0171A–80–StII12, FR 1995, 873.

[107] OFD Hannover, Vfg. v. 3. 11. 1997 – S2729–302–Sto 214, DB 1997, 2407.

[108] BFH v. 23. 9. 1999 XI R 63/98, BStBl. II 2000, 200.

[109] Vgl. BFH v. 17. 5. 1995, BStBl. 1995 II 1018.

[110] BFH v. 24. 11. 1974, BStBl. 1995, 390; vgl. auch BFH I R 122/97 v. 11. 4. 1990, BStBl. 1990 II 724.

[111] Ziff. 6 AEAO zu § 52 AO.

[112] Vgl. OFD Düsseldorf, Vfg. v. 5. 11. 1996 – S 2729A–St1312, DB 1996, 2364.

[113] FG Hamburg v. 8. 12. 1997 II 98/95, EFG 1998, 916 (918).

Wesentlich ist allerdings die **eigenschöpferische Gestaltung eines Werkes**, damit Kunst angenommen werden kann. Auf welche Weise eine künstlerische Betätigung gefördert wird, ist unerheblich. Die Durchführung oder Finanzierung von künstlerischen Veranstaltungen, wie die Förderung von Musikaufführungen oder eines bestimmten Museums oder aber auch die Förderung einzelner Künstler, ist gemeinnützig.[114]

Eine Förderung der Kultur liegt nur vor, wenn die Allgemeinheit 57
durch die kulturelle Tätigkeit gefördert wird, weil sich das **kulturelle Programm inhaltlich, konzeptionell und formal** von bereits **vorhandenen kulturellen Angeboten kommerzieller Anbieter unterscheidet.**[115] Die Brauchtumspflege ist ein Teil der Kultur und wird deswegen, beispielsweise wenn sie von Karnevals- oder Schützenvereinen betrieben wird, als gemeinnützige Tätigkeit anerkannt.[116] Bei der Förderung des traditionellen Brauchtums muß die Aufrechterhaltung eines bestimmten Brauches, der Teil des kulturellen Lebens einer Gemeinde oder einer Region ist, im Vordergrund stehen. Auch die Neubelebung zwischenzeitlich verschütteter Bräuche kann gemeinnützig sein. Allerdings wird in diesen Fällen stets geprüft, ob bei der behaupteten Brauchtumspflege nicht tatsächlich die Förderung der gemeinsamen Geselligkeit im Vordergrund steht. Wenn die Förderung der Geselligkeit entscheidender Grund der Tätigkeit ist, ist eine Anerkennung als gemeinnütziger Verein ausgeschlossen.[117] Allerdings fällt die traditionelle Brauchtumspflege unter § 52 Abs. 2 Nr. 4 AO, weswegen Mitgliedsbeiträge an derartige Vereine nicht als Spenden abgezogen werden können.[118] Soweit Vereine in erster Linie der Veranstaltung örtlicher Feste dienen, liegt keine gemeinnützige Brauchtumspflege vor.[119]

e) Förderung der Religion

Unter dem Begriff Förderung der Religion können alle Aktivitä- 58
ten eingeordnet werden, die sich mit dem **Verhältnis der Menschen zur Idee der Gottheit** befassen. Eine Einschränkung auf christliche Religionen ist unzulässig. Die Förderung von Religionsgemeinschaften in der Rechtsform der juristischen Person des öffentlichen Rechts ist als Förderung kirchlicher Zwecke nach § 54 AO begünstigt. Auch Religionen, die den Anschauungen des abendländischen Kulturkreises widersprechen, beispielsweise die Wiedergeburt

---

[114] Vgl. dazu auch Schl.-Holst. FG I 535/92 v. 22. 3. 1996, EFG 1996, 940 (942); *Bauer* FR 1989, 61ff; vgl. zum Sponsoring § 6 Rz. 52.

[115] Zur Gemeinnützigkeit kommunaler Kinos e. V. Vfg. OFD Düsseldorf v. 27. 10. 1987 S2729A–St13H; vgl. auch Schl.-Holst. FG I 535/92 v. 22. 3. 1996, 940.

[116] Vgl. Vfg. OFD Frankfurt v. 7. 8. 1991 S0184A–9–StII12; Abschn. B Ziff. 2 der Anlage 1 zu § 48 Abs. 2 EStDV

[117] Ziff. 6 zu § 52 AEAO.

[118] Vgl. Ziff. 6 zu § 52 AEAO, Abschn. 2 Ziff. 2 der Anlage 1 zu § 48 Abs. 2 EStDV; s. u. Rz. 62, 72.

[119] Ziff. 6 zu § 52 AEAO.

annehmen, haben Anspruch auf den Gemeinnützigkeitsstatus.[120] Eine Förderung der Religion kann auch durch Pilgerreisen zu Wallfahrtsorten erfolgen. Soweit derartige Reisen aber nicht nur unwesentlich den touristischen Interessen der Teilnehmer dienen, liegt keine gemeinnützige Tätigkeit vor.[121] Abzugrenzen ist eine religiöse Tätigkeit stets von der Förderung einer allgemeinen Lebensphilosophie, die nicht gemeinnützig ist.[122] Soweit religiöse Sekten mit rechtswidrigen Praktiken ihre Ziele verfolgen, können sie nicht den Status der Gemeinnützigkeit beanspruchen.[123]

f) Entwicklungshilfe und Völkerverständigung

59 Entwicklungshilfe ist die **partnerschaftliche Zusammenarbeit zum Fortschritt der Entwicklungsländer**.[124] Sie muß die Förderung der wirtschaftlichen und gesellschaftlichen Entwicklung in Ländern, die dazu aus eigener Kraft nicht in der Lage sind, bezwecken. Die Entwicklungshilfe ist nicht auf die Länder der sog. Dritten Welt beschränkt, sondern umfaßt auch die Förderung in den Ländern Mittel-, Südost- und Osteuropas.[125]

60 Durch die Völkerverständigung sollen die **freundschaftlichen Beziehungen zwischen den Völkern** entwickelt und gestärkt werden und damit zur Friedenssicherung und Entspannung beigetragen werden. Alle Aktivitäten, die zur zwischenmenschlichen Begegnung der Völker beitragen, das Wissen über andere Völker mehren und die Einsicht in die Vorteile des friedlichen Zusammenlebens der Völker vertiefen, dienen der Völkerverständigung.[126] Der Aufbau einer Infrastruktur in einer Stadt, damit sich Menschen aus unterschiedlichen Ländern kulturell, erzieherisch und wissenschaftlich mit dem Ziel der Einheit der Menschen engagieren, dient der Völkerverständigung.[127]

g) Förderung des Umweltschutzes

61 Eine Förderung des Umweltschutzes ist bei allen Maßnahmen gegeben, die darauf gerichtet sind, **Schädigungen des natürlichen Lebensraums des Menschen zu verhindern oder zu beseitigen**. Dazu gehört insb. der Emissionsschutz, aber auch die Förderung von technischen Neuentwicklungen, die umweltfreundlichere Produkte zur Folge hat, oder die Aufklärung der Bevölkerung über aus umweltpolitischer

---

[120] BFH v. 6. 6. 1951, BStBl. III 148; v. 5. 6. 1973, BStBl. II 850; Vfg. OFD Münster v. 18. 12. 1990 S2729-St 1331; a. A. OFD Erfurt v. 4. 7. 1994 –S0170A–14–St313, DB 1994, 1956.

[121] Vfg. OFD Frankfurt/M. v. 4. 3. 1993 S0183A–10-StII12.

[122] Siehe dazu oben Rz. 25.

[123] Vgl. oben Rz. 34.

[124] Näher Vfg. OFD Köln v. 9. 12. 1991 S0171–91–St133, DB 1992, 68.

[125] Vfg. OFD Düsseldorf v. 12. 6. 1991 S2223A–St13H.

[126] BFH v. 23. 11. 1988, BStBl. 1989 II 392; FG BaWü. v. 4. 2. 1988, EFG 1988, 270.

[127] FG Bremen v. 29. 10. 1998, 497 162K1, EFG 1999, 526.

Sicht notwendige Maßnahmen.[128] Soweit der Umweltschutz sich auf die Erfüllung hoheitlicher Pflichtaufgaben beschränkt, wird keine gemeinnützige Tätigkeit ausgeübt.[129] Teil des Umweltschutzes ist auch der Naturschutz und die Landschaftspflege.

h) Pflege des Heimatgedankens

Zur Pflege des Heimatgedankens gehört die **Pflege der Verbundenheit mit der Heimat**, insb. durch die historische Landesforschung sowie die Volks- und Heimatkunde und die regional bezogene Brauchtumspflege.[130] Junggesellen- und Burschen- oder Freizeitwinzervereine können als gemeinnützig anerkannt werden, sofern sie nicht in erster Linie der Durchführung von Festveranstaltungen oder der Geselligkeit ihrer Mitglieder dienen.[131] Schützenvereine können nur wegen der Förderung des Sportschießens als gemeinnützige Sportvereine anerkannt werden.[132] 62

i) Jugendhilfe und Altenhilfe

Zur Jugendhilfe gehören insbesondere die Einrichtung und Unterhaltung von Kindergärten, Jugend-, Schul- und Lehrlingsheimen sowie Jugendherbergen. Zu Jugendlichen werden in Anlehnung an die in § 4 Nr. 23 UStG getroffene Regelung Personen vor Vollendung des 27. Lebensjahres gerechnet. Die Jugendhilfe umfaßt den gesamten Bereich der **Jugendbetreuung, Jugendpflege und Jugendfürsorge** sowie die Bildung und Erziehung Jugendlicher. Unschädlich ist es, wenn die entsprechenden Einrichtungen konfessionell, weltanschaulich oder politisch ausgerichtet sind, soweit die jugendpflegerische Tätigkeit deutlich gegenüber der politischen oder weltanschaulichen Zielsetzung überwiegt. 63

Unter **Altenhilfe** sind alle Tätigkeiten zu verstehen, die dazu beitragen, Schwierigkeiten, die durch das Alter entstehen, zu verhüten, zu überwinden oder zu mildern und alten Menschen die Möglichkeit zu erhalten, am Leben in der Gemeinschaft teilzunehmen. 64

j) Förderung des öffentlichen Gesundheitswesens

Zum öffentlichen Gesundheitswesen gehören die Seuchenbekämpfung, der Arbeitsschutz, die Unfallverhütung, die Rettung aus Lebensgefahr wie auch die Bekämpfung von Zivilisationskrankheiten wie Alkoholismus oder des Drogen- und Rauschgiftmißbrauchs. Soweit **Krankenhäuser** im diagnostischen Bereich tätig werden, liegt ebenfalls eine Förderung des Gesundheitswesens vor. Der gesamte Bereich 65

---

[128] Vgl. dazu BFH v. 29. 8. 1984, BStBl. 1984 II, 844.

[129] Vgl. dazu oben Rz. 23.

[130] Vgl. auch BFH v. 21. 8. 1985, BStBl. 1986 II, 92; s. o. Rz. 57.

[131] Vgl. dazu § 6 Rz. 112 bzw. § 8 Rz. 18.

[132] FinMin. Niedersachsen v. 28. 3. 2000 – S0171-141-31, DB 2000, 900.

der Unfallrettung, auch durch Flugrettungsdienste, dient der Förderung des Gesundheitswesens.[133] Das öffentliche Gesundheitswesen ist von der Förderung des Zivilschutzes oder der Förderung mildtätiger Zwecke abzugrenzen.[134]

k) Wohlfahrtswesen

66 Der Begriff des Wohlfahrtswesens ist in § 66 Abs. 2 AO definiert. Wohlfahrtspflege ist die planmäßige, zum Wohle der Allgemeinheit und nicht des Erwerbes wegen ausgeübte **Sorge für notleidende oder gefährdete Mitmenschen**. Die Sorge kann sich auf das gesundheitliche, sittliche, erzieherische oder wirtschaftliche Wohl erstrecken. In § 68 AO sind eine Reihe von Einrichtungen der Wohlfahrtspflege beispielhaft aufgeführt. Träger des privaten Wohlfahrtswesens sind die in der Bundesarbeitsgemeinschaft der freien Wohlfahrtspflege e. V. zusammengeschlossenen Spitzenverbände, zu denen die Arbeiterwohlfahrt, das Diakonische Werk, der Deutsche Caritasverband, der Deutsche Paritätische Wohlfahrtsverband, das Deutsche Rote Kreuz und die Zentrale Wohlfahrtsstelle der Juden in Deutschland sowie ihre zahlreichen Mitgliedsorganisationen gehören.[135]

l) Sport

67 Der Sport ist deswegen als ein gemeinnütziger Zweck anerkannt, weil es sich dabei um eine unmittelbare, planvolle **auf die körperliche Ertüchtigung von Menschen** gerichtete Leistung oder Bewegung handelt.[136] Weder muß die körperliche Ertüchtigung durch Leibesübungen erfolgen noch sind unfallträchtige oder umweltbelastende Sportarten von der Gemeinnützigkeit ausgeschlossen.[137] Die Förderung des bezahlten Sports ist nach § 58 Nr. 9 AO grundsätzlich kein gemeinnütziger Zweck, weil dadurch eigenwirtschaftliche Zwecke der bezahlten Sportler und ihrer Vereine gefördert werden. Unter den Voraussetzungen des § 67 a AO ist es aber unschädlich, wenn ein gemeinnütziger Sportverein auch den Profisport fördert. Die Bundesliga-Fußballvereine sind beispielsweise idR gemeinnützig.[138] Eine sportliche Tätigkeit iSd Gemeinnützigkeitsrechts liegt nur vor, wenn die Betätigung der körperlichen Ertüchtigung dient, Wettkämpfe vorbereitet und veranstaltet werden und die Geselligkeit nicht im Vordergrund steht. Skat,[139] Bridge und Go-Spiele sind deswegen kein Sport. Ob der Motorsport

---

133 FinMin NW v. 22. 9. 1988, S0171–71–VB4.

134 FinMin NW v. 11. 5. 1989 S0171–38–VB4.

135 Näher dazu Vfg. OFD Magdeburg v. 2. 4. 1994 S0170–9–St233.

136 BFH v. 13. 12. 1978, BStBl. 1979 II 495; Ziff. 2 zu § 52 AEAO; vgl. *Trzaskalik* StuW 1986, 219.

137 BFH I R 13/97 v. 29. 10. 1997 BStBl. II 1998, 9; Ziff. 2 zu § 52 AEAO.

138 Ziff. 3 AEAO zu § 52 AO; dies schließt den zwischenzeitlichen Verlust der Gemeinnützigkeit nicht aus, vgl. BFH IR 280/81, BStBl. 1988 II 75.

139 Schl.-Holst. FG v. 23. 10. 1998 II 809/95, EFG 1999, 50.

eine gemeinnützige Tätigkeit darstellt, war streitig.[140] Bei Betätigungen wie Minigolf, Kegeln, Tanzen, Billard und ähnlichen Freizeitbeschäftigungen ist eine Einordnung als Förderung des Sports nur dann möglich, wenn regelmäßige Trainingseinheiten absolviert werden und die Betätigung der Teilnahme an Wettkämpfen dient. Aufgrund der gesetzlichen Fiktion in § 52 Abs. 2 Nr. 2 AO gilt der Schach als Sport.[141] Der Pferderennsport und der Hundesport stellen wegen Förderung des Tierschutzes bzw. aufgrund der ausdrücklichen Aufnahme in den Katalog des § 52 Abs. 2 Nr. 4 AO eine gemeinnützige Tätigkeit dar.[142]

Ein Sportverein fördert nur dann die Allgemeinheit, wenn sein 68
sportliches Angebot **für die Allgemeinheit zugänglich** ist.[143]

Eine Förderung des Sports kann auch durch **Sporthilfe-Förderver-** 69
eine erfolgen, bei denen nicht die Mitglieder selbst sich sportlich betätigen, sondern die sportliche Betätigung durch Dritte gefördert wird. Eine derartige gemeinnützige Einrichtung muß ihre Mittel jedoch grundsätzlich nach leistungsabhängigen und offenzulegenden Förderrichtlinien nur an Sportler vergeben, die die Förderhilfskriterien erfüllen und keine ausreichende andere Möglichkeiten zur Finanzierung ihrer sportlichen Betätigung haben, beispielsweise weil sie sportbezogene Einkünfte oder Einkünfte aus Erwerbstätigkeit und Vermögen beziehen.[144] Diese Grundsätze gelten allerdings nur für Sporthilfe-Fördervereine, deren Tätigkeit sich auf die Vergabe von Förderleistungen an vereinsfremde Sportler beschränkt. Wenn dagegen ein Sportverein, der selbst die sportliche Tätigkeit durchführt, Sportlern Aufwendungen erstattet oder die sportliche Tätigkeit bezahlt, gelten die allgemeinen Grundsätze der §§ 55, 67 a AO.[145]

m) Förderung des demokratischen Staatswesens

Die Förderung des demokratischen Staatswesens steht im Gegensatz 70
zur nicht gemeinnützigen Verfolgung politischer Zwecke.[146] Dazu gehört beispielsweise die Förderung der Gleichberechtigung von Mann und Frau oder auch das Eintreten für Gesetz und Recht sowie für die guten Sitten im Rechtsverkehr oder für die Verwirklichung von Verfassungsrechten.[147]

---

140 Jetzt entschieden durch BFH I R 13/97 v. 29. 10. 1997 BStBl. II 1998, 9; ablehnend Hess. FG, 4 K 1824/94 v. 29. 10. 1996, EFG 1997, 514; anerkannt von Ziff. 2 S. 2 AEAO zu § 52 AO; zum Motorsport vgl. FinMin MeVo v. 5. 11. 1992 IV 320–S0171–36/92 und Erlaß Hess. FinMin v. 21. 6. 1994 S0171A–17–IIA11; dazu oben Rz. 21.

141 Zu den Tanzsportvereinen Erlaß FinMin NW v. 8. 12. 1972 S1291–39–VB4.

142 Zum Pferderennverein vgl. Erlaß FinMin NW v. 21. 11. 1994 –S0171–43–VB4, FR 1995, 293.

143 Dazu oben Rz. 29, 30.

144 FinMin Thüringen Erlaß v. 25. 4. 1996 S0171A–35–205.2, DStR 1996, 921.

145 OFD Saarbrücken, Vfg. v. 16. 9. 1997, S0171–24–St211, DStR 1997, 1726; vg. dazu auch unten § 6 Rz. 93–96.

146 Vgl. dazu oben Rz. 24; Ziff. 10 zu § 52 AEAO.

147 Vgl. Unabhängige Sachverständigenkommission S. 120ff.

n) Tier- und Pflanzenzuchtvereine

71 Zu den Pflanzenzuchtvereinen gehören beispielsweise die Obst- und Gartenbauvereine. Derartige Vereine sind allerdings nur dann gemeinnützig, wenn sie nicht in erster Linie die eigenwirtschaftlichen Zwecke ihrer Mitglieder fördern, sondern den Interessen der Allgemeinheit dienen.[148] Auch Zoologische Gärten können gemeinnützige Zwecke verfolgen.[149]

o) Freizeitbetätigungen

72 Unter § 52 Abs. 2 Nr. 4 AO sind insb. mit dem Amateurfunken und dem Modellflug Freizeitbetätigungen aufgeführt, die der Gesetzgeber ausdrücklich als gemeinnützig definiert. Zahlreiche weitere Einrichtungen, in denen Mitglieder ihre **Freizeit gestalten**, haben aufgrund dieser gesetzlichen Regelung versucht, ebenfalls den Status der Gemeinnützigkeit zu erlangen. Die Aufzählung in § 52 Abs. 2 Nr. 4 AO ist nicht abschließend, denn schon aufgrund des Gleichheitssatzes müssen identische Tätigkeiten auch den Status der Gemeinnützigkeit erhalten. Als Förderung der Allgemeinheit darf nach der Rechtsprechung jedoch nur die Förderung solcher Freizeitaktivitäten außerhalb des Sports anerkannt werden, die hinsichtlich der ihre steuerrechtliche Förderung rechtfertigenden Merkmale mit den im Katalog des § 52 Abs. 2 Nr. 4 AO genannten Freizeitgestaltungen **identisch** sind. Es reiche nicht aus, daß die Freizeitgestaltung sinnvoll und einer der in § 52 Abs. 2 Nr. 4 AO genannten Tätigkeiten ähnlich ist. Die Förderung des Modellbaus und des Modellsports sei in gleicher Weise und mindestens in gleichem Umfang wie die Förderung des Modellflugs geeignet, die Allgemeinheit zu fördern, und könne deswegen als gemeinnützige Tätigkeit anerkannt werden.[150] Mit der gleichen Begründung ist mittlerweile das CB-Funken als identisch mit dem Amateurfunken anerkannt worden und wird deswegen ebenfalls als gemeinnützige Tätigkeit angesehen.[151] Die Finanzverwaltung hat einen umfangreichen Erlaß herausgegeben, in dem festgelegt wird, daß auch der Drachenflug oder die Tätigkeit der Eisenbahnvereine, die sich zumindest auch dem Bau und Betrieb von Eisenbahnmodellen widmen, als identisch anzusehen seien. Dagegen sind Sammeltätigkeiten, wie das Sammeln von Briefmarken, Münzen, Steinen oder Autogrammen, oder auch Karten- und Brettspiele, Amateurfilmen und Fotografieren, soweit es sich nicht um eine künstlerische Betätigung handelt, sowie sämtliche Tätigkeiten von Reise- und Touristikvereinen oder anderen Geselligkeitsvereinen nicht als gemeinnützig anzuerkennen.[152]

---

[148] Ziff. 5 AEAO zu § 52 AO.

[149] Erlaß FinMin Brandenburg v. 17. 8. 1994 35–S2729–28/94.

[150] BFH I R 153/93 v. 14. 9. 1994, BStBl. 1995 II 499; dazu krit. *Gmach* Freizeitaktivitäten und Gemeinnützigkeit, FR 1996, 308.

[151] FinMin Bayern Erlaß v. 6. 11. 1996–33-S0171–48/25–63063, DB 1996, 2415.

[152] OFD Erfurt v. 28. 11. 1996 S0171A–21–St312; vgl. auch Ziff. 4 zu § 52 AEAO.

p) Wirtschaftsförderung

Wirtschaftsförderungsgesellschaften, die sich der Industrieansiedlung oder der Beschaffung neuer Arbeitsplätze und der Sanierung von Altlasten widmen, werden nicht mehr als gemeinnützige Körperschaften anerkannt.[153] Begründet wird diese Auffassung damit, daß entsprechende wirtschaftsfördernde Tätigkeiten allenfalls mittelbar der Allgemeinheit dienen würden, da diese Tätigkeit **in erster Linie den geförderten Wirtschaftsunternehmen** zugute komme. Die wirtschaftliche Unterstützung anderer ist aber nur dann gemeinnützig, wenn die wirtschaftliche Not der unterstützten Personen nachgewiesen werden kann[154] oder die Wirtschaftsstruktur in Entwicklungsländern gefördert wird, nicht dagegen die Förderung der wirtschaftlichen Entwicklung einer Region in Deutschland.[155] Aus dem gleichen Grund können auch Beschäftigungsgesellschaften, die Arbeitsbeschaffungsmaßnahmen durchführen oder fördern, idR nicht als gemeinnützig behandelt werden. Die Förderung der wirtschaftlichen Tätigkeit eines anderen ist nicht gemeinnützig. Eine Ausnahme gilt jedoch für die Fälle, in denen das Schwergewicht der Tätigkeit von **Beschäftigungsgesellschaften** auf der beruflichen Qualifizierung, der Umschulung oder der sozialen Betreuung von Arbeitslosen liegt.[156] Arbeitstherapeutische Beschäftigungsgesellschaften dienen einem gemeinnützigen Zweck, sofern das Schwergewicht ihrer Tätigkeit in der therapeutischen Betreuung von Langzeitarbeitslosen liegt. Wollten derartige Beschäftigungsgesellschaften den Status der Gemeinnützigkeit erhalten, müssen sie bestrebt sein, die Langzeitarbeitslosen an eine regelmäßige Tätigkeit durch therapeutische Maßnahmen heranzuführen. Die Aufrechterhaltung einer Beschäftigungsmöglichkeit allein ist nicht gemeinnützig. Sobald die therapeutische Betreuung erfolgreich beendet werden konnte, muß der Wechsel der Beschäftigten auf den freien Arbeitsmarkt erfolgen. Die Förderung von Wirtschaftsunternehmen ist nur dann möglich, wenn die Voraussetzungen der Ausnahmevorschrift des § 58 Nr. 10 AO vorliegen, wonach von Gebietskörperschaften errichtete rechtsfähige und nichtrechtsfähige Stiftungen ihre steuerbegünstigten Zwecke, die nicht nur in der Förderung einer wirtschaftlichen Tätigkeit bestehen dürfen, sondern beispielsweise auf dem Gebiet des Umweltschutzes liegen müssen, mittelbar durch Zuschüsse an Wirtschaftsunternehmen verwirklichen können.[157] 73

Auch die Förderung des örtlichen oder überregionalen Fremdenverkehrs ist kein gemeinnütziger Zweck, weil auch durch derartige Tätig- 74

---

[153] FinMin NW v. 15. 11. 1993 S0170–3–VB4; best. durch BFH I R 38/96 v. 21. 5. 1997, BFH/NV 1997, 904.

[154] Vgl. oben Rz. 25.

[155] FG Schl.-Holst. v. 3. 9. 1997 I 1095/94, EFG 1998, 520.

[156] Vgl. FinMin NW v. 11. 3. 1992 S0171–67–VB4; OFD Frankfurt/M. v. 18. 7. 1997 –S0171A–85–StII12, DB 1997, 2055; BFH v. 26. 4. 1995, BStBl. 1995 II, 767.

[157] Vgl. Ziff. 17 zu § 58 AEAO.

keiten in erster Linie die wirtschaftlichen Interessen der Fremdenverkehrseinrichtungen gefördert werden.[158]

II. Mildtätigkeit

81 Nach § 53 AO ist das mildtätige Handeln steuerlich privilegiert. Mildtätigkeit liegt vor, wenn Personen unterstützt werden, die infolge ihres **körperlichen, geistigen oder seelischen Zustandes auf die Hilfe anderer angewiesen** sind oder die unter den Voraussetzungen des § 53 Nr. 2 AO **wirtschaftlich hilfsbedürftig** sind, weil ihre Bezüge nicht höher als das 4fache des Regelsatzes der Sozialhilfe iSd § 22 BSHG liegen. Völlige Unentgeltlichkeit der mildtätigen Zuwendung wird nicht verlangt. Die mildtätige Zuwendung darf nur nicht des Entgelts wegen erfolgen. Soweit eine Person infolge ihres körperlichen, geistigen oder seelischen Zustandes auf die Hilfe anderer angewiesen ist, kommt es auf ihre wirtschaftliche Unterstützungsbedürftigkeit nicht an. Bei Personen, die das 75. Lebensjahr vollendet haben, kann körperliche Hilfsbedürftigkeit ohne weitere Nachprüfung angenommen werden.[159] Eine Körperschaft, die mildtätige Zwecke verfolgt, muß im Unterschied zur Verfolgung gemeinnütziger Zwecke nicht die Allgemeinheit fördern. Vielmehr genügt auch die Förderung eines abgegrenzten Personenkreises, wie beispielsweise einer Familie oder der Zugehörigen eines Betriebes, die hilfsbedürftig sind.[160]

82 Abzugrenzen ist die Mildtätigkeit insb. von der Förderung der Wohlfahrtspflege. Der Begriff der Wohlfahrtspflege ist weiter gefaßt als die Mildtätigkeit nach § 53 AO, da sich mildtätige Aktivitäten „nur“ auf bereits hilfsbedürftige Personen erstrecken dürfen, während eine Einrichtung der Wohlfahrtspflege zwar zum überwiegenden Teil bereits hilfsbedürftigen Personen zugute kommen muß, es bei ihr aber nach § 66 Abs. 2 Satz 2 AO genügt, wenn sich die Sorge auf **gefährdete Mitmenschen** bezieht, die aber noch nicht hilfsbedürftig sind. Dementsprechend kann der Spendenabzug für mildtätige Zwecke in erhöhtem Maße gegenüber dem Spendenabzug für Zwecke der Wohlfahrtspflege geltend gemacht werden.

83 Zu den Personen, denen wegen ihrer körperlichen Hilfsbedürftigkeit die Mildtätigkeit gelten darf, zählen auch diejenigen, die **pflegebedürftig** iSd § 68 Abs. 1 BSHG sind.[161] Die persönliche Hilfsbedürftigkeit iSd § 53 Nr. 1 AO umfaßt auch die Hilfsbedürftigkeit wegen seelischer Probleme. Daher wird beispielsweise die **Telefonseelsorge** als mildtätige Tätigkeit angesehen.[162]

---

[158] OFD Erfurt, Vfg. v. 26. 2. 1996 S0171A–22-St313, DStR 1996, 1246.

[159] Ziff. 3 zu § 53 AEAO.

[160] Kritisch aber zu Familienvereinen OFD Düsseldorf/Köln StEK AO 1977 zu § 58 Nr. 2 AO; OFD Hannover v. 15. 3. 2000 – S0177-12-StO 214/S 2729-326 – StH 233, BB 2000, 913.

[161] FinMin Sachsen-Anhalt, Erlaß v. 11. 4. 1996–43–S–0185–1, DB 1996, 1703.

[162] Ziff. 1 zu § 53 AEAO.

In § 53 Abs. 2 AO ist festgelegt, wann Personen wirtschaftlich hilfsbedürftig sind. Danach dürfen die Bezüge der unterstützten Personen das Vierfache, beim Haushaltsvorstand oder beim Alleinstehenden das Fünffache des Regelsatzes der Sozialhilfe nicht übersteigen. Auszugehen ist von dem Regelsatz ohne Zuschläge wegen eines Mehrbedarfs. Auch sind Leistungen für die Unterkunft nicht besonders zu berücksichtigen. Die monatlichen Regelbeträge belaufen sich gegenwärtig je nach Bundesland zwischen DM 522 und DM 548 für den Haushaltsvorstand und Alleinstehende. Sonstige Erwachsene erhalten zwischen DM 418 und DM 438, für Kinder gelten entsprechend niedrigere Sätze. Demnach sind monatliche Zuwendungen an Personen möglich, deren Bezüge monatlich nicht mehr als ca. DM 2120 unter Berücksichtigung anderer Unterhaltsleistungen erreichen.[163] **Leistungen der Sozialhilfe** gehören dabei nicht zu den nach § 53 Nr. 2 AO anzurechnenden Bezügen. Unterhaltsleistungen, die anstelle von Leistungen der Sozialhilfe erbracht werden, rechnen nach § 53 Nr. 2 b AO ebenfalls nicht dazu. Bei einer Familie mit Kindern können sich ohne weiteres Bezüge von monatlich bis zu DM 5000 ergeben, die eine mildtätige Zuwendung dennoch nicht ausschließen. Bei der Berechnung sind allerdings auch steuerfreie Einnahmen wie das Kindergeld oder das Wohngeld oder pauschal versteuerte Lohnbezüge sowie nicht steuerbare Einkünfte, wie Gewinne aus Aktienverkäufen, einzubeziehen. Grundsätzlich ist eigenes Vermögen der unterstützten Personen zu berücksichtigen, sofern es DM 30 000 übersteigt und nicht nur der Deckung des eigenen Wohnbedarfs dient. In Ausnahmefällen, beispielsweise bei **Naturkatastrophen**, dürfen mildtätige Einrichtungen auch Personen unterstützen, die an sich nicht wirtschaftlich hilfsbedürftig sind. Denn nach § 53 Nr. 2 Satz 3 AO dürfen die Grenzen für die Annahme einer wirtschaftlichen Hilfsbedürftigkeit überschritten werden, wenn die wirtschaftliche Lage bei den Personen aus besonderen Gründen zu einer Notlage geworden ist.[164] 84

Mildtätige Zwecke werden auch dann verfolgt, wenn nur der Großteil der unterstützten Personen selbst die Voraussetzungen einer wirtschaftlichen Hilfsbedürftigkeit nach § 53 Nr. 2 AO erfüllt, die gemeinnützige Einrichtung ihr Vermögen zur **Kapazitätsauslastung** im übrigen aber anderen Personen zur Verfügung stellt. Wesentlich ist, daß diese Personen die Einrichtung nur zu Marktpreisen nutzen dürfen. So wurde einer diakonischen Einrichtung, die Wohnraum preisgünstig ganz überwiegend an wirtschaftlich hilfsbedürftige Personen vermietete, einen Teil aber, im Streitfall ca. 16,5 v. H., an Personen vermietete, die nicht die Voraussetzungen des § 53 Nr. 1 oder 2 AO erfüllten, die Steuerbefreiung wegen der Mildtätigkeit gelassen.[165] 85

Eine mildtätige Körperschaft, die behauptet, sie erfülle gemeinnützige Zwecke, ist dafür im Zweifel beweispflichtig. Sie muß sich des- 86

---

[163] Vgl. dazu OFD Frankfurt/Main v. 16. 9. 1996 S0172A–3–StIIS.

[164] *Kießling/Buchna* S. 75.

[165] BFH I R 35/94 v. 24. 7. 1996, BStBl. 1996 II 583.

wegen von der wirtschaftlichen Hilfsbedürftigkeit der von ihr unterstützten Personen überzeugen, indem sie sich deren Einkommens- und Vermögensverhältnisse darlegen läßt und ggf. Nachweise anfordert.[166] Die wirtschaftliche Hilfsbedürftigkeit darf dabei nicht nur am Anfang der Unterstützung überprüft werden, sondern muß die gesamte Unterstützungszeit gegeben sein. Bei bestimmten Personengruppen wird von der Finanzverwaltung von vornherein vermutet, daß sie wirtschaftlich hilfsbedürftig sind. Dies gilt beispielsweise für Studenten, weswegen die Mensa- und Cafeteriabetriebe von Studentenwerken als Zweckbetriebe anerkannt werden.[167]

III. Kirchliche Zwecke

87 Nach § 54 AO sind neben den gemeinnützigen und mildtätigen Zwecken auch die kirchlichen Zwecke steuerlich privilegiert. Ein kirchlicher Zweck iSd § 54 AO liegt vor, wenn die Tätigkeit einer Körperschaft darauf gerichtet ist, eine **Religionsgemeinschaft, die Körperschaft des öffentlichen Rechts** ist, selbstlos zu fördern. Die bekannten Religionsgemeinschaften, wie die evangelische und die katholische Kirche in ihrer Erscheinung als Landeskirche, Bistum oder Pfarrgemeinde oder die jüdischen Kultusgemeinden und auch noch andere kirchlichen Gemeinschaften sind als Körperschaften des öffentlichen Rechts anerkannt. Sie selbst sind nicht steuerpflichtig, soweit sie keinen Betrieb gewerblicher Art unterhalten. Ein kirchlicher Zweck iSd § 54 AO liegt auch dann vor, wenn Vermögen, welches der Kirche gehört, verwaltet wird.[168] Dabei muß es sich aber um der Kirche selbst gehörendes Vermögen handeln.

IV. Art der Förderung

88 Nach § 60 AO müssen in der Satzung einer gemeinnützigen Körperschaft nicht nur die Satzungszwecke festgelegt sein, sondern auch **die Art der Verwirklichung der Satzungszwecke** muß so genau bestimmt sein, daß aufgrund der Satzung geprüft werden kann, ob die satzungsmäßigen Voraussetzungen für die Steuervergünstigungen gegeben sind. Nicht ausreichend ist es daher, wenn ein Verein die Verfolgung sämtlicher steuerbegünstigter Zwecke iSd § 51 AO für sich satzungsgemäß in Anspruch nimmt, ohne darzustellen, wie diese Zwecke verfolgt werden sollen.[169] Die gemeinnützigen Zwecke können regelmäßig durch eine Vielzahl verschiedener Maßnahmen verfolgt werden. So kann die Wissenschaft sowohl durch die Unterstützung staatlicher Forschungsinstitute als auch dadurch, daß die Institution selbst Forscher beschäftigt, als auch durch die Forschung für Industrieunterneh-

---

[166] Vgl. BFH v. 28. 10. 1960, BStBl. 1961 III 109.
[167] OFD Erfurt v. 1. 8. 1995 –S2729A–04–St3111, BB 1995, 2568.
[168] BFH I R 35/94 v. 24. 7. 1996, BStBl. 1996 II 583.
[169] FG Rheinland-Pfalz 5 K 1341/92 v. 11. 10. 1993, EFG 1994, 594.

men gegen Entgelt gefördert werden. Zweifelsfrei gemeinnützig ist nur die erstgenannte Art der Förderung der Wissenschaft. Die Forschung gegen Entgelt für einen bestimmten Kreis, ohne daß die Allgemeinheit von der Forschung profitieren kann, wird dagegen nicht gemeinnützig sein. Eine Satzungsbestimmung, wonach durch eigenes Personal geforscht werden soll, ist noch nicht hinreichend präzise, solange nicht festgelegt ist, auf welche Weise die Öffentlichkeit von den Forschungsergebnissen in Kenntnis gesetzt werden soll. Zudem ist der im Gesetz verwandte Begriff der Wissenschaft ein Oberbegriff. Aus der Satzung selbst muß sich ergeben, welches Forschungsgebiet betrieben werden soll, um ermitteln zu können, ob die Körperschaft wissenschaftliche Zwecke verfolgt.[170] Die vielfältigen Arten, auf die gemeinnützige Zwecke verwirklicht werden können, werden näher erläutert unter § 8 Rz. 8–29.

C. Satzungsgestaltung bei gemeinnützigen Körperschaften

I. Notwendiger Satzungsinhalt

1. Gesetzlicher Maßstab

95 In § 59 AO ist geregelt, daß die Steuervergünstigung der Gemeinnützigkeit gewährt wird, wenn sich aus der Satzung, dem Stiftungsgeschäft oder der sonstigen Verfassung der Körperschaft ergibt, welchen Zweck die Körperschaft verfolgt, daß dieser Zweck den Anforderungen der §§ 52 bis 55 AO entspricht und daß er ausschließlich und unmittelbar verfolgt wird. § 60 AO präzisiert diese Regelung dahingehend, daß die Satzungszwecke und die Art ihrer Verwirklichung so genau bestimmt sein müssen, daß bereits aufgrund der Satzung geprüft werden kann, ob die satzungsmäßigen Voraussetzungen für die Steuervergünstigung gegeben sind. In §§ 59, 60 AO sind die Vorschriften über die **formelle Satzungsmäßigkeit** enthalten. Das Gemeinnützigkeitsrecht verlangt von den Körperschaften nicht nur, daß die tatsächliche Geschäftsführung den Gemeinnützigkeitsvorschriften entspricht, sondern darüber hinaus muß auch die rechtliche Grundlage für diese tatsächliche Geschäftsführung mit den Bestimmungen des Gemeinnützigkeitsrechts im Einklang sein. Eine Körperschaft, deren tatsächliche Geschäftsführung zwar den Gemeinnützigkeitsvorschriften folgt, ist nicht gemeinnützig, wenn die Satzung nicht den gesetzlichen Vorgaben entspricht.

96 Aufgrund der §§ 59, 60 AO genügt die bloße Bezugnahme auf Satzungen oder andere Regelungen Dritter nicht, um der formellen Satzungsmäßigkeit zu genügen.[171] Allerdings verlangt die Abgabenordnung nicht, daß die Vorschriften der Abgabenordnung wörtlich in der Satzung wiederholt werden. Es reicht vielmehr aus, wenn sich die **satzungsmäßigen Voraussetzungen** aufgrund einer **Auslegung aller**

---

170 Vgl. BFH I R 14/82 v. 9. 7. 1986, BFH/NV 1987, 632.

171 BFH v. 19. 4. 1989, BStBl. II, 595.

Satzungsbestimmungen ergeben.[172] Eine Satzung braucht daher nicht allein deswegen geändert zu werden, weil in ihr auf Vorschriften des Steueranpassungsgesetzes oder der Gemeinnützigkeitsverordnung verwiesen oder das Wort „selbstlos" nicht verwandt wird.[173] Nach § 60 Abs. 1 AO müssen die Satzungszwecke und die Art ihrer Verwirklichung deswegen so genau bestimmt sein, damit aufgrund der Satzung geprüft werden kann, ob die satzungsmäßigen Voraussetzungen für die Steuerbefreiung gegeben sind. Diese gesetzlich geforderte Festschreibung der Satzungszwecke und der Art ihrer Verwirklichung in der Satzung hat die Funktion eines **Buchnachweises**.[174] Die zuständige Finanzbehörde soll in die Lage versetzt werden, schon anhand der Satzung prüfen zu können, ob die Körperschaft ausschließlich steuerbegünstigte Zwecke verfolgt. Der formellen Satzungsmäßigkeit wird zwar genügt, wenn sich die satzungsmäßigen Voraussetzungen für die Steuervergünstigungen aufgrund einer Auslegung aller Satzungsbestimmungen ergeben. Doch muß diese Auslegung zum Ergebnis haben, daß tatsächlich eine gemeinnützige Tätigkeit in der Satzung festgelegt ist. Die Möglichkeit, eine Satzung auszulegen, berechtigt nicht zu satzungsergänzenden Interpretationen, wenn sich für derartige Interpretationen in der Satzung selbst keine Anhaltspunkte finden. Wenn eine gemeinnützige Körperschaft beispielsweise als X Sozialbauten GmbH firmiert und Satzungszweck der Bau und die Erweiterung sozialer Einrichtungen in einer bestimmten Stadt ist, ist damit doch noch nicht gesagt, daß diese Körperschaft dadurch gemeinnützige Zwecke verfolgt. Der Bau von Sozialeinrichtungen ist selbst nicht gemeinnützig. Sofern sich aus der Satzung nicht ergibt, daß die Sozialeinrichtungen in bestimmter Weise von der gemeinnützigen Körperschaft selbst betrieben werden sollen, indem sie bspw. an bedürftige Personen im Rahmen der steuerlichen Mildtätigkeit überlassen werden, fehlt es an Anhaltspunkten dafür, auf welche Art die gemeinnützigen Zwecke verwirklicht werden sollen. Schon wegen Verstoßes gegen § 60 AO konnte dieser Körperschaft die Gemeinnützigkeit nicht zuerkannt werden.[175]

97 Als Teil des Grundsatzes der formellen Satzungsmäßigkeit in den §§ 59, 60 AO ist in den §§ 61, 62 AO noch geregelt, daß in der Satzung die Bindung des Vermögens für steuerbegünstigte Zwecke für den Fall der Auflösung oder Zweckänderung der Körperschaft enthalten sein muß. Läßt sich der Satzung durch Auslegung nicht entnehmen, daß das Vermögen gebunden ist, liegt ein Verstoß gegen den **Grundsatz der Vermögensbindung** vor, der alleine bereits verhindert, daß der Körperschaft die Steuerbefreiung der Gemeinnützigkeit gewährt werden kann.

---

[172] BFH v. 13. 12. 1978, BStBl. II 1979, 482; v. 13. 8. 1997, BStBl. II, 794.

[173] Tz. 3 zu § 60 AEAO.

[174] BFH v. 26. 2. 1992 I R 47/89, BFH/NV 1992, 695; v. 13. 8. 1997, BStBl. II 1997, 794.

[175] BFH v. 10. 11. 1998 I R 95/97, HFR 1999, 481; FG Baden-Württemberg, EFG 1997, 1341.

In § 60 Abs. 2 AO ist ausdrücklich geregelt, daß die Satzung den vorgeschriebenen Erfordernissen bei der Körperschaft- und Gewerbesteuer während **des ganzen Veranlagungs- oder Besteuerungszeitraumes** entsprechen muß, bei den anderen Steuern im Zeitpunkt der Entstehung der Steuer diese Voraussetzungen gewahrt sein müssen. Eine Satzungsanpassung an die gesetzlichen Erfordernisse während eines laufenden Veranlagungszeitraumes schützt daher nicht vor dem Verlust der Gemeinnützigkeit in diesem Veranlagungszeitraum. Allerdings hat die Finanzverwaltung einen Verstoß gegen die formelle Satzungsmäßigkeit aus **Billigkeitsgründen** zu ignorieren, wenn die Körperschaft den Verstoß nicht zu vertreten hat, insbes. weil das zuständige Finanzamt selbst die Satzung längere Jahre als in Übereinstimmung mit den Gemeinnützigkeitsvorschriften behandelt hat, sofern die Körperschaft allein gegen den Grundsatz der formellen Satzungsmäßigkeit verstoßen hat.[176] Dann wird das Finanzamt eine Anpassung der Satzung für die Zukunft verlangen, aus dem Verstoß in der Vergangenheit aber keine nachteiligen Schlüsse ziehen.[177] **98**

2. Verfolgung gemeinnütziger Zwecke

§ 60 AO verlangt, daß sich aus der Satzung selbst ergibt, daß die Körperschaft gemeinnützige Zwecke verfolgt. Die gemeinnützigen Zwecke sind weitgehend durch die gesetzlichen Regelungen in § 52 Abs. 2 AO vorgegeben.[178] Dabei ist zu beachten, daß die Wiederholung abstrakter Begriffe, wie „Förderung der Wissenschaft" oder „Förderung von Bildung und Erziehung" oder „Förderung des Sports" allein nicht ausreicht, damit sich aus der Satzung ergibt, daß diese Zwecke durch eine gemeinnützige Tätigkeit gefördert werden sollen. Alle in § 52 Abs. 2 AO genannten Zwecke werden teilweise durch gemeinnützige Körperschaften, teilweise durch kommerzielle Anbieter, teilweise aber auch durch Körperschaften des öffentlichen Rechts verfolgt.[179] Daher muß sich aus der Satzung selbst ergeben, wie der jeweils genannte gemeinnützige Zweck tatsächlich gefördert werden soll, damit das Finanzamt aus der Satzung ersehen kann, daß die Art der Förderung den Gemeinnützigkeitsvorschriften entspricht. Bei der Satzungsgestaltung ist darauf zu achten, daß einerseits die verfolgten gemeinnützigen Zwecke so weit gefaßt werden, daß die Organe der gemeinnützigen Körperschaft noch ausreichenden Handlungsspielraum zwischen verschiedenen Alternativen haben, andererseits aber dem Gebot des § 60 AO genügt wird. Es ist ohne weiteres zulässig, die Art der Förderung in der Satzung nur beispielhaft aufzuführen. Durch entsprechende „insbesondere"-Aufzählungen wird erreicht, daß neben der ursprünglich in Aussicht genommenen Tätigkeit später noch andere Tätigkeiten aufgenom- **99**

---

[176] *Tipke/Kruse* § 60 AO Rz. 1; *Fischer* in HHSp. § 60 Rz. 25.

[177] *Kießling/Buchna* S. 166; vgl. auch BFH v. 6. 6. 1951, BStBl. 1951 III, 148.

[178] Vgl. dazu oben Rz. 25ff.

[179] Vgl. zu diesem Wettbewerb der verschiedenen Rechtsträger Einl. Rz. 1 sowie § 5 Rz. 88.

men werden können, ohne daß jedes Mal die Satzung geändert werden muß.[180] Letztlich läßt sich nur durch Auslegung der in § 52 Abs. 2 AO vorgegebenen Begriffe bestimmen, ob die **konkret in Aussicht genommene Tätigkeit tatsächlich** unter die **gemeinnützige Zweckverwirklichung** fällt.[181] Der formellen Satzungsmäßigkeit ist insofern genügt, wenn sich die satzungsmäßigen Voraussetzungen für die steuerlichen Vergünstigungen aufgrund einer Auslegung aller Satzungsbestimmungen ergeben. So wurde im Falle eines Golfvereins angenommen, daß sich die Art der Verwirklichung des gemeinnützigen Zwecks deswegen ausreichend aus den Satzungsbestimmungen ergeben habe, weil sich aus dem Vereinsnamen und § 12 der Satzung, wonach der Vorstand aus dem Kreis der Mitglieder u. a. einen sog. Platzausschuß zur Betreuung des Spielgeländes bilden kann, ergeben habe, daß der Zweck der Förderung des Sports durch Errichtung und Unterhalt einer Golfanlage verwirklicht werden sollte.[182]

3. Förderung der Allgemeinheit

100 In § 52 Abs. 1 AO ist festgelegt, daß eine Förderung der Allgemeinheit nicht gegeben ist, wenn der **Kreis der Personen**, dem die Förderung zugute kommt, **fest abgeschlossen** ist, z. B. durch Zugehörigkeit zu einer Familie oder zur Belegschaft eines Unternehmens, oder infolge seiner Abgrenzung, insbesondere nach räumlichen oder beruflichen Merkmalen, **dauernd nur klein** sein kann. Aus der Satzung selbst können sich bereits derartige Beschränkungen ergeben. Zwar muß die Satzung einer gemeinnützigen Körperschaft keine ausdrückliche Regelung darüber enthalten, unter welchen Voraussetzungen ein Bewerber um die Mitgliedschaft abgelehnt werden kann. Eine Satzungsbestimmung, wonach jedes Aufnahmegesuch von zwei Vereinsmitgliedern befürwortet werden muß, ist nicht per se gemeinnützigkeitsschädlich.[183] Dennoch muß bei gemeinnützigen Körperschaften, die die Allgemeinheit in erster Linie dadurch fördern, daß sie ihre Leistungen gegenüber den Vereinsmitgliedern erbringen, wie dies typischerweise bei den Sport- und Freizeitvereinen oder auch den Kunstvereinen der Fall ist, durch die Gestaltung der Aufnahmegebühren sichergestellt sein, daß die Allgemeinheit Zugang zu der Körperschaft hat.[184] Eine gemeinnützige Körperschaft, die allerdings die Aufnahme von einem einstimmigen Beschluß der Vereinsmitglieder abhängig macht, kann nicht als gemeinnützig anerkannt werden.[185] Demnach ist zunächst anhand des Satzungszwecks zu bestimmen, ob die gemeinnützigen Leistungen tatsächlich gegenüber der Allgemeinheit erbracht werden sollen, und in den Fällen, in denen die Leistungen in erster Li-

---

[180] *Kießling/Buchna* S. 164.
[181] Zu dieser Auslegung s. o. Rz. 36ff.
[182] BFH v. 13. 8. 1997 I R 19/96, BStBl. 1997 II, 794.
[183] BFH v. 13. 8. 1997 I R 19/96, BStBl. 1997 II, 794.
[184] Vgl. dazu oben Rz. 43f.
[185] FG Hamburg v. 8. 12. 1997 II 98/95, EFG 1998, 916 (918).

nie gegenüber den Vereinsmitgliedern vorgenommen werden sollen, die zulässige Höhe der Aufnahmegebühr zu überprüfen. Allerdings kann von der gemeinnützigen Körperschaft nicht verlangt werden, in der Satzung ausdrücklich klarzustellen, daß die Allgemeinheit gefördert werden soll. Solange sich aus der Satzung selbst nichts Gegenteiliges ergibt, entspricht die Satzung den Gemeinnützigkeitsvorschriften, wenn das Beitrittsverfahren in das Ermessen der zuständigen Vereinsorgane gestellt ist. Das Gemeinnützigkeitsrecht stellt insofern keine engeren Anforderungen als das Vereinsrecht.[186]

4. Grundsatz der ausschließlichen, selbstlosen und unmittelbaren gemeinnützigen Mittelverwendung

In § 59 AO ist festgelegt, daß in der Satzung selbst geregelt sein 101
muß, daß der Gemeinnützigkeitszweck dem Gebot der Selbstlosigkeit entspricht und daß er ausschließlich und unmittelbar verfolgt wird. Die Einhaltung dieser Grundsätze, die sich aus dem Gebot der formellen Satzungsmäßigkeit ergeben, erfordert nicht, daß der Gesetzeswortlaut in der Satzung wiederholt wird. Vielmehr genügt es, wenn sich durch Auslegung aller Satzungsbestimmungen ergibt, daß die Körperschaft den gemeinnützigen Zweck selbstlos, ausschließlich und unmittelbar verfolgen möchte.[187] Sofern in der Satzung zumindest die **Förderung gemeinnütziger Zwecke** festgelegt ist, ergibt sich, daß die Mitglieder oder Gesellschafter keine Gewinnanteile und in ihrer Eigenschaft als Mitglieder auch keine sonstigen Zuwendungen aus Mitteln der Körperschaft erhalten dürfen. Denn entsprechende Zuwendungen wären zweckwidrig. Auch der Umstand, daß eine gemeinnützige Körperschaft nicht in erster Linie eigenwirtschaftliche Zwecke verfolgen darf, läßt sich bereits aus der Festlegung des gemeinnützigen Zwecks selbst entnehmen. Gemeinnützige Tätigkeit und eigenwirtschaftliche Zweckverfolgung schließen sich aus, so daß die letztgenannte Voraussetzung nicht ausdrücklich in der Satzung aufgeführt sein muß. Darüber hinaus ist in § 55 Abs. 1 Nr. 3 AO das sog. Begünstigungsverbot festgehalten, wonach eine gemeinnützige Körperschaft keine Person durch Ausgaben, die dem Zweck der Körperschaft fremd sind, oder durch unverhältnismäßig hohe Vergütungen begünstigen darf. Bereits die Formulierung des § 55 Abs. 1 Nr. 3 AO zeigt, daß damit Verhaltensweisen noch einmal ausdrücklich verboten werden, die bereits **aufgrund der zivilrechtlichen Gegebenheiten als zweckwidrig** einzuschätzen sind. Auch insofern genügt daher eine Satzungsbestimmung, wonach ein konkret bezeichneter gemeinnütziger Zweck verfolgt werden soll. Eine gesonderte Vorschrift, in der dieses Verbot noch einmal ausdrücklich niedergelegt ist, ist vor dem Hintergrund der formellen Satzungsmäßigkeit nicht erforderlich, da sich diese rechtliche Bindung der Organe

[186] Vgl. dazu oben § 2 Rz. 45.

[187] Zum Grundsatz der Selbstlosigkeit insb. § 8 Rz. 8–29; zum Grundsatz der Ausschließlichkeit insb. § 8 Rz. 14; zum Grundsatz der Unmittelbarkeit insb. § 8 Rz. 46–63.

der gemeinnützigen Körperschaft bereits aus der Festlegung des gemeinnützigen Zwecks ergibt. Sofern in der Satzung als verfolgter Zweck alleine der gemeinnützige Zweck genannt ist, ist dem Erfordernis des § 56 AO genügt, wonach ausschließlich steuerbegünstigte Zwecke verfolgt werden dürfen. Unschädlich ist es sogar, wenn als weiterer Zweck die „Förderung der Kameradschaft" genannt werden sollte, sofern sich durch Auslegung der Satzung ermitteln läßt, daß damit lediglich eine Verbundenheit der Vereinsmitglieder angestrebt wird, die aus der gemeinnützigen Vereinstätigkeit folgt.[188] Schließlich muß sich durch Auslegung der Satzung ermitteln lassen, ob die gemeinnützige Körperschaft die gemeinnützigen Zwecke entweder selbst oder durch Förderung anderer gemeinnütziger Körperschaften verwirklichen möchte.[189] Sofern eine steuerbegünstigte Körperschaft gem. § 58 Nr. 1 AO Mittel für die Verwirklichung der steuerbegünstigten Zwecke einer anderen steuerbegünstigten Körperschaft oder für die Verwirklichung steuerbegünstigter Zwecke durch eine Körperschaft des öffentlichen Rechts beschaffen will (sog. **Fördervereine** oder Spendensammelvereine bzw. entsprechende Stiftungen), bietet es sich an, in der Satzung bspw. die folgende Bestimmung aufzunehmen:

„Zweck der Stiftung ist die Beschaffung von Mitteln für (Bezeichnung einer anderen steuerbegünstigten Körperschaft) zur Verwirklichung – seiner – ihrer – steuerbegünstigten Zwecke oder für den/die ... (Bezeichnung einer Körperschaft des öffentlichen Rechts) zur Verwirklichung von steuerbegünstigten Zwecken." oder „Zweck der Stiftung ist die Beschaffung von Mitteln zur (z. B. Förderung von Wissenschaft und Forschung usw.) durch eine andere steuerbegünstigte Körperschaft oder durch eine Körperschaft des öffentlichen Rechts."[190]

Unschädlich ist es, wenn sich nur durch Auslegung der Satzung eine entsprechende Bestimmung ergibt. Schädlich ist es aber, wenn aus der Satzung deutlich werden sollte, daß eine steuerpflichtige Einrichtung gefördert werden soll. Eine derartige Förderung widerspricht dem Gemeinnützigkeitsrecht. Nicht notwendig ist es, daß in der Satzung ausdrücklich darauf hingewiesen wird, daß die Satzungszwecke auch durch die Einschaltung von Hilfspersonen gefördert werden können.[191] Jede juristische Person, was gemeinnützige Körperschaften in aller Regel sind, benötigen Hilfspersonen, um ihre gemeinnützigen Zwecke verwirklichen zu können. Einer entsprechenden ausdrücklichen Erwähnung bedarf es daher nicht.

---

[188] BFH v. 11. 3. 1999 V R 57, 58/96; BStBl. 1999 II, 331, FG Köln, EFG 1997, 186.

[189] Vgl. dazu unter § 8 Rz. 46–63.

[190] OFD Kiel, Verfügung v. 19. 6. 1998 – S 0179 A ST 141, DB 1998, 1492.

[191] Vgl. dazu § 8 Rz. 49.

5. Grundsatz der Vermögensbindung

a) Alternative Satzungsformulierungen

In § 55 Abs. 1 Nr. 4 AO ist bestimmt, daß **bei Auflösung** oder **Aufhebung** einer gemeinnützigen Körperschaft oder bei Wegfall des gemeinnützigen Zwecks das Vermögen der Körperschaft, soweit es die eingezahlten Kapitalanteile der Mitglieder und den gemeinen Wert der von den Mitgliedern geleisteten Sacheinlagen übersteigt, **nur für steuerbegünstigte Zwecke verwendet werden** darf (Grundsatz der Vermögensbindung). Diese Voraussetzung ist gem. § 55 Abs. 1 Satz 2 AO auch erfüllt, wenn das Vermögen einer anderen steuerbegünstigten Körperschaft oder einer Körperschaft des öffentlichen Rechts für steuerbegünstigte Zwecke übertragen werden soll. Mit dem Grundsatz der Vermögensbindung soll verhindert werden, daß Vermögen, welches sich aufgrund der Steuervergünstigungen gebildet hat, später zu nicht begünstigten Zwecken verwendet wird. Die Rechtsfolgen bei einem Verstoß gegen den **Grundsatz der Vermögensbindung** werden näher erläutert unter § 9 Rz. 60–74. Der Grundsatz wird durch die formelle Satzungsmäßigkeit abgesichert. Nur wenn der Grundsatz der Vermögensbindung in der Satzung seinen Niederschlag gefunden hat, kann eine Körperschaft als gemeinnützig anerkannt werden. Die satzungsmäßigen Anforderungen an die Vermögensbindung sind in den § 61 und 62 AO bestimmt. In § 61 AO ist geregelt, daß eine steuerlich ausreichende Vermögensbindung nur vorliegt, wenn der Zweck, für den das Vermögen bei Auflösung oder Aufhebung der Körperschaft oder bei Wegfall ihres bisherigen Zwecks verwendet werden soll, in der Satzung so genau bestimmt ist, daß aufgrund der Satzung geprüft werden kann, ob der Verwendungszweck steuerbegünstigt ist. Der § 61 Abs. 1 AO läßt zum einen die Satzungsgestaltung zu, daß eine bestimmte juristische Person des öffentlichen Rechts oder eine andere steuerbegünstigte Körperschaft bezeichnet wird, die das Vermögen im Falle der Auflösung oder bei Wegfall des steuerbegünstigten Zwecks für ihre eigenen gemeinnützigen, mildtätigen oder kirchlichen Zwecke zu verwenden hat. Alternativ kann auch die Bestimmung der juristischen Person des öffentlichen Rechts oder der anderen steuerbegünstigten Körperschaft noch offengelassen werden. Dann muß aber der Zweck, für den das Vermögen verwendet werden soll, genau festgelegt werden. Ohne weiteres ist es möglich, den Verwendungszweck in Übereinstimmung mit den eigenen steuerbegünstigten Zwecken festzulegen. Wird eine bestimmte andere gemeinnützige Körperschaft bezeichnet, so muß dem Finanzamt die Steuerbegünstigung dieser anderen Körperschaft dadurch nachgewiesen werden, daß ein Körperschaftsteuer-Freistellungsbescheid dieser anderen Körperschaft, gegebenenfalls auch nur ein Bescheid über die vorläufige Anerkennung als gemeinnützige Körperschaft, zu den Steuerakten eingereicht wird. Nur dann, wenn weder eine bestimmte juristische Person des öffentlichen Rechts oder eine andere steuerbegünstigte Körperschaft noch ein bestimmter gemeinnütziger Zweck festgelegt werden kann, kann aus **zwingenden Grün-** 102

den ausnahmsweise gemäß § 61 Abs. 2 AO in der Satzung dem Grundsatz der Vermögensbindung auch durch folgende Bestimmung genügt werden:

„Bei Auflösung der Körperschaft oder bei Wegfall steuerbegünstigter Zwecke ist das Vermögen zu steuerbegünstigten Zwecken zu verwenden. Beschlüsse über die künftige Verwendung des Vermögens dürfen erst nach Einwilligung des Finanzamtes ausgeführt werden."

Derartige zwingende Gründe werden sich kaum einmal anführen lassen, da es der gemeinnützigen Körperschaft in aller Regel zuzumuten sein wird, in ihrer Satzung festzulegen, daß das Vermögen bei Auflösung oder Wegfall des gemeinnützigen Zwecks in gleicher Weise wie für die gemeinnützigen Zwecke der aufgelösten Körperschaft selbst verwendet werden soll. Die nach § 61 Abs. 2 AO mögliche Klausel erlaubt an sich eine **Abweichung von dem Grundsatz der Vermögensbindung**, da der gemeinnützige Zweck, für den das Vermögen einmal verwendet werden soll, bei dieser Klausel entgegen den Anforderungen des § 60 AO nicht von vorneherein feststeht. Die Gründe für das Fehlen eines genauen künftigen Verwendungszwecks sind von der Körperschaft anzugeben.[192] Es ist in jedem Fall zu empfehlen, die Aufnahme einer Satzungsklausel nach § 61 Abs. 2 AO zunächst mit dem zuständigen Finanzamt abzustimmen, um festzustellen, ob tatsächlich entsprechende zwingende Gründe für eine Nichtnennung des Verwendungszwecks anerkannt werden. Eine weitere **Ausnahme von dem Grundsatz**, daß die steuerbegünstigte Körperschaft, an die das Vermögen schließlich fallen soll, von vorneherein genannt werden muß, enthält § 62 AO. Nach dieser Vorschrift müssen gemeinnützige Betriebe gewerblicher Art von Körperschaften des öffentlichen Rechts, die staatlich beaufsichtigten rechtsfähigen Stiftungen sowie die von einer Körperschaft des öffentlichen Rechts verwalteten unselbständigen Stiftungen und die geistlichen Genossenschaften nicht in der Satzung festlegen, an wen das Vermögen letztlich fallen soll. Auf die satzungsmäßige Vermögensbindung ist bei diesen gemeinnützigen Körperschaften verzichtet worden, weil diese Körperschaften auch hinsichtlich der tatsächlichen Verwendung ihres Vermögens zu steuerbegünstigten Zwecken der Kontrolle der für sie zuständigen Aufsichtsbehörden unterliegen. Ist in Satzungen derartiger Körperschaften eine Vermögensbindung festgelegt, muß sie allerdings den Erfordernissen des § 61 AO entsprechen.

b) Gebundenes Vermögen

103 Der Grundsatz der Vermögensbindung erfaßt gemäß § 55 Abs. 1 Nr. 4 AO von vorne herein nur das **Vermögen** der gemeinnützigen Körperschaft, welches **in der Zeit der Steuerbegünstigung gebildet** wird. Es ist deswegen gemeinnützigkeitsrechtlich unschädlich, wenn in der Satzung bestimmt ist, daß die Gesellschafter, Mitglieder, Stifter

---

[192] BFH IB 134/96 V. 12. 8. 1997, BFH NV 1998, 146.

oder Erben des Stifters das Vermögen, welches im Zeitpunkt der Vermögensausstattung der gemeinnützigen Körperschaft auf diese übertragen worden ist, bei Auflösung der gemeinnützigen Körperschaft oder bei Wegfall ihres gemeinnützigen Zwecks wieder zurückerhalten. Eine entsprechende Satzungsregelung hat allerdings spendenrechtliche Auswirkungen.[193] In dem Fall, daß bei Auflösung oder Zweckänderung Vermögensgegenstände des Ausstattungskapitals an die Ausstattenden zurückgegeben werden, haben diese die Differenz zwischen dem Wert des Gegenstandes bei Hingabe an die gemeinnützige Körperschaft und Rückgabe in Geld auszugleichen.[194]

c) Satzungsänderung

Entscheidet sich eine gemeinnützige Körperschaft bei der Gründung 104
dafür, eine bestimmte andere steuerbegünstigte Körperschaft oder Körperschaft des öffentlichen Rechts zu begünstigen oder bestimmte gemeinnützige Zwecke nach Auflösung oder Zweckänderung zu fördern, so steht es der gemeinnützigen Körperschaft selbstverständlich frei, später im Wege einer Satzungsänderung eine andere steuerbegünstigte Körperschaft oder andere steuerbegünstigte Zwecke festzulegen. Ein gemeinnützigkeitsschädlicher Verstoß gegen den Grundsatz der Vermögensbindung liegt nach § 61 Abs. 3 AO nur dann vor, wenn die Bestimmung über die Vermögensbindung nachträglich so geändert wird, daß sie den Anforderungen des § 55 Abs. 1 Nr. 4 AO nicht mehr entspricht, indem als letzter Begünstigter der Wertsteigerungen in der Zeit der Steuerbegünstigung steuerpflichtige Personen festgelegt werden oder überhaupt keine Bestimmung über das schließlich zu verwendende Vermögen mehr getroffen wird.

d) Einzelfragen

Fraglich ist, inwiefern eine gemeinnützige Körperschaft dann, wenn 105
sie in bezug auf die Vermögensbindung eine **andere** bestimmte gemeinnützige **Körperschaft benennt**, deren **materielle Gemeinnützigkeit überprüfen** muß. Der BFH hat die These vertreten, der Grundsatz der Vermögensbindung erstrecke sich im Falle der Übertragung des steuerbegünstigten Vermögens auch auf die empfangende Körperschaft, d. h. diese selbst müsse objektiv die Voraussetzungen für die Anerkennung der Gemeinnützigkeit erfüllen. Dies sei jedenfalls nicht der Fall, wenn die empfangende Körperschaft in ihrer Satzung gegen den Grundsatz der Vermögensbindung verstößt.[195] Sofern das Gesetz es zuläßt, daß eine bestimmte andere steuerbegünstigte Körperschaft[196] oder Körperschaft des öffentlichen Rechts benannt wird, ist

---

193 Vgl. dazu § 6 Rz. 22, 25ff.

194 § 55 Abs. 2 AO; Tz. 16 zu § 55 AEAO.

195 BFH v. 21. 7. 1999 I R 2/98, nicht veröffentlicht; FG Niedersachsen VI 137/92 v. 19. 8. 1997, EFG 1998, 596.

196 BFH v. 12. 8. 1997 IB 134/96, BFH/NV 1998, 146.

bei der Letztgenannten neben der Benennung auch erforderlich, daß ein bestimmter gemeinnütziger Zweck angegeben wird, der mit dem übertragenen Vermögen gefördert werden soll. Denn Körperschaften des öffentlichen Rechts verfolgen viele Zwecke, die Vermögensbindung ist aber nur gegeben, wenn mit dem Vermögen gemeinnützige Zwecke verfolgt werden.[197] Auch wenn die benannte Körperschaft des öffentlichen Rechts tatsächlich ausschließlich einen gemeinnützigen Zweck verfolgt, ist die genaue Benennung des zu fördernden gemeinnützigen Zwecks wegen des erforderlichen Buchnachweises geboten. Allerdings erlaubt § 55 Abs. 1 Nr. 4 AO, daß eine juristische Person des öffentlichen Rechts als Letztbegünstigter benannt wird. Bei juristischen Personen des öffentlichen Rechts gibt es keinen Grundsatz der Vermögensbindung. Daher kann die Aufnahme eines entsprechenden Grundsatzes in deren Satzung auch nicht verlangt werden.[198] Nach Auffassung des BFH genügt es nicht, wenn in der Satzung lediglich der **gemeinnützige Gesellschafter genannt** wird, an den das Vermögen bei Wegfall des gemeinnützigen Zwecks oder bei Auflösung der Körperschaft fallen soll.[199] Aus § 55 Abs. 1 Nr. 4 Satz 2 AO ergibt sich, daß der Grundsatz der Vermögensbindung auch gewahrt ist, wenn das Vermögen einer anderen steuerbegünstigten Körperschaft übertragen werden soll. Ein bestimmter Zweck, zu dem das Vermögen verwandt werden soll, muß dann nicht genannt werden. Insofern läßt es das Urteil des BFH an Ausführungen vermissen, warum trotz dieser eindeutigen gesetzlichen Regelung noch einmal der Verwendungszweck gesondert aufgeführt werden soll. § 61 AO schränkt den Anwendungsbereich des § 55 Abs. 1 Nr. 4 Satz 2 AO nicht ein, sondern erläutert die satzungsmäßige Gestaltung. Ist eine bestimmte andere steuerbegünstigte Körperschaft benannt, so ergibt sich automatisch durch Auslegung, daß die steuerbegünstigten Zwecke dieser anderen steuerbegünstigten Körperschaft letztlich als Verwendungszweck festgelegt sind.[200]

106 In der Vergangenheit ist von der Finanzverwaltung die Rechtsauffassung vertreten worden, daß dem Grundsatz der Vermögensbindung auch dann genügt werde, wenn als **Letztbegünstigter ein ausländischer Verein** eingesetzt wird. Nunmehr wird die These vertreten, eine Vermögensbindung auf eine ausländische Körperschaft des öffentlichen Rechts oder auf eine ausländische steuerbegünstigte Körperschaft sei nicht zulässig.[201] Unschädlich sei es nur, wenn in der Satzung bestimmt ist, daß die steuerbegünstigte Körperschaft vor Wegfall des steuerbegünstigten Zwecks oder vor ihrer Auflösung das Vermögen selbst noch im Ausland für steuerbegünstigte Zwecke einsetzt. Die Übertragung des Vermögens an eine andere Körperschaft für steuerbegünstigte

---

[197] BFH v. 21. 7. 1999, a.a.O.

[198] A. A. FG Nds. v. 19. 8. 1997, a.a.O.

[199] BFH I B 134/96 v. 12. 8. 1997, BFH NV 1998, 146.

[200] In diesem Sinne auch FG Niedersachsen VI 637/92 v. 19. 8. 1997, EFG 1998, 596.

[201] OFD Köln, Vfg. v. 16. 3. 1998 S 0180–I–ST133, DStR 1998, 974.

Zwecke sei nicht möglich, da der Vermögensempfänger eine andere steuerbegünstigte Körperschaft oder eine Körperschaft des öffentlichen Rechts sein müsse. Steuerbegünstigte Körperschaften im Sinne des § 55 Abs. 1 Nr. 4 AO könnten aber nur in Deutschland ansässige Körperschaften sein. Demnach kann eine nach ausländischem Recht steuerbegünstigte Körperschaft nur dann in der Satzung als Letztbegünstigter genannt werden, wenn gleichzeitig in der Satzung deutlich gemacht wird, daß diese ausländische Körperschaft das Vermögen als Hilfsperson der inländischen gemeinnützigen Körperschaft in der Zeit von deren eigener Steuerbegünstigung zu verwenden hat.[202]

Der Grundsatz der formellen Satzungsmäßigkeit erfordert, daß in **107**
der Satzung selbst niedergelegt ist, welche steuerbegünstigten Zwecke verfolgt werden sollen. Jede **Satzungsbestimmung** wird erst mit ihrer **Eintragung in das Vereinsregister** bzw. Handelsregister oder Genehmigung durch die Stiftungsaufsichtsbehörde wirksam. Die Beschlüsse der Mitgliederversammlung können die Eintragung in das Vereinsregister grundsätzlich nicht ersetzen.[203] Allerdings läßt die Finanzverwaltung unter dem Gesichtspunkt von Treu und Glauben zu, daß eine Satzung im Rahmen einer bestimmten Übergangsfrist an eine neue Rechtsauffassung angepaßt wird.[204] Wenn eine gemeinnützige Körperschaft aufgrund der bisherigen Sachbehandlung durch das Finanzamt der Auffassung war, ihre Satzung genüge dem Grundsatz der Vermögensbindung und der formellen Satzungsmäßigkeit, so ist das Finanzamt nach Treu und Glauben gezwungen, diesem Verein zunächst eine Frist zur Änderung der Satzung und Anpassung an die geänderte Rechtsauffassung zu setzen. Unerheblich ist, ob die Steuerbescheide zunächst unter dem Vorbehalt der Nachprüfung nach § 164 AO standen oder nur vorläufige Bescheinigungen ausgestellt worden sind.[205] Auch durch die vorläufige Bescheinigung oder Steuerbescheide unter dem Vorbehalt der Nachprüfung schafft die Finanzverwaltung zumindest insofern Vertrauenstatbestände, als der Sachverhalt, hier die Satzungsgestaltung, die bekannt ist, als mit dem Gemeinnützigkeitsrecht in Einklang stehend angesehen wird. Eine Änderung der Meinung ist ankündigungspflichtig.[206]

6. Verbotener Satzungsinhalt

Eine gemeinnützige Körperschaft darf ausschließlich gemeinnützige **108**
Zwecke verfolgen. **Nebenzwecke, die nicht gemeinnützig sind**, dürfen dagegen **nicht in der Satzung** aufgenommen werden. Die Finanzverwaltung hat deswegen bestimmt, daß das Unterhalten wirtschaftlicher Geschäftsbetriebe, die keine Zweckbetriebe sind, und die

---

202 Vgl. zur Unterscheidung zwischen Hilfsperson und Förderung § 8 Rz. 49–52.

203 BFH v. 3. 9. 1999 IB 75/98, BFH/NV 2000, 301; FG Nürnberg I 260/94 v. 24. 3. 1998, EFG 1998, 975.

204 Vgl. bspw. OFD Köln, Verfügung v. 16. 3. 1998, DStR 1998, 974.

205 A. A. FG Nürnberg I 260/94 v. 24. 3. 1998, EFG 1998, 975 (978).

206 S. BFH v. 15. 7. 1998, DB 1998, 2304.

Vermögensverwaltung selbst nicht Satzungszweck sein dürfen.[207] Allerdings verbietet das Gemeinnützigkeitsrecht nur, daß das Unterhalten eines wirtschaftlichen Geschäftsbetriebes oder die Vermögensverwaltung Selbstzweck werden. Zulässig ist es dagegen, steuerpflichtige erwerbswirtschaftliche Betätigungen oder die Vermögensverwaltung als Mittelbeschaffungsmaßnahmen durchzuführen. Sofern sich aus der Satzung ergibt, daß mit dem Unterhalten eines wirtschaftlichen Geschäftsbetriebes oder der Vermögensverwaltung lediglich eine Mittelbeschaffungsaktivität im Rahmen der gemeinnützigen Zwecke ausgeübt werden soll, spricht nichts dagegen, derartige Aktivitäten in der Satzung aufzuführen.[208] Letztlich ist stets aus der gesamten Satzung durch Auslegung zu ermitteln, in welchem Verhältnis die verschiedenen genannten Tätigkeiten zueinander stehen. Soweit die Finanzbehörden allein die Erwähnung des Wortes „steuerpflichtiger wirtschaftlicher Geschäftsbetrieb" oder „Vermögensverwaltung" als dem Grundsatz der formellen Satzungsmäßigkeit entgegenstehend ansehen, geht ihre Rechtsauffassung zu weit.

II. Mustersatzung der Finanzverwaltung

109 Die Finanzverwaltung hat für die gemeinnützigen Körperschaften eine Reihe von Mustersatzungen herausgegeben, in denen die Satzungsbestimmungen, die sie aufgrund des **Grundsatzes der formellen Satzungsmäßigkeit** erwartet, enthalten sind. In der Rechtspraxis überprüfen zahlreiche Finanzämter allein die Übereinstimmung des Wortlautes der Satzung der gemeinnützigen Körperschaft mit den Vorgaben der jeweiligen Mustersatzung. Die Mustersatzungen sind deswegen im folgenden abgedruckt. Ihre Verwendung ist zu empfehlen. Allerdings läßt sich der wesentliche Problempunkt bei der Satzungsgestaltung gemeinnütziger Körperschaften, nämlich eine konkrete und den Anforderungen des § 60 AO entsprechende Formulierung des gemeinnützigen Zwecks, auch mit den Mustersatzungen alleine nicht bewältigen. Trotz dieser Bedeutung, die die Mustersatzungen in der Rechtswirklichkeit erlangt haben, handelt es sich dabei selbstverständlich nicht um Rechtsvorschriften. Es gibt keine Vorschrift, die die Verwendung der Mustersatzungen vorschreibt oder Abweichungen von den Mustern mit Sanktionen belegt.[209]

---

[207] Tz. 1 zu § 59 AEAO.

[208] In diesem Sinne auch BFH V R 57, 58/96 v. 11. 3. 1999, BStBl. 1999 II, 331.

[209] BFH v. 30. 4. 1997, BFH/NV 1997, 732.

Mustersatzung für einen Verein 110

(nur aus steuerlichen Gründen notwendige Bestimmungen ohne Berücksichtigung der vereinsrechtlichen Vorschriften des BGB)

§ 1

Der .... (e. V.)
mit Sitz in ....
verfolgt ausschließlich und unmittelbar – gemeinnützige – mildtätige – kirchliche – Zwecke (nicht verfolgte Zwecke streichen) im Sinne des Abschnitts „Steuerbegünstigte Zwecke" der Abgabenordnung.

Zweck des Vereins ist ....
....
....
(z. B. die Förderung von Wissenschaft und Forschung, Bildung und Erziehung, Kunst und Kultur, des Umwelt-, Landschafts- und Denkmalschutzes, der Jugend- und Altenhilfe, des öffentlichen Gesundheitswesens, des Sports, Unterstützung hilfsbedürftiger Personen).

Der Satzungszweck wird verwirklicht insbesondere durch
....
....
(z. B. Durchführung wissenschaftlicher Veranstaltungen und Forschungsvorhaben, Vergabe von Forschungsaufträgen, Unterhaltung einer Schule, einer Erziehungsberatungsstelle, Pflege von Kunstsammlungen, Pflege des Liedgutes und des Chorgesanges, Errichtung von Naturschutzgebieten, Unterhaltung eines Kindergartens, Kinder-, Jugendheimes, Unterhaltung eines Altenheimes, eines Erholungsheimes, Bekämpfung des Drogenmißbrauchs, des Lärms, Errichtung von Sportanlagen, Förderung sportlicher Übungen und Leistungen.

§ 2

Der Verein ist selbstlos tätig; er verfolgt nicht in erster Linie eigenwirtschaftliche Zwecke.

§ 3

Mittel des Vereins dürfen nur für die satzungsmäßigen Zwecke verwendet werden. Die Mitglieder erhalten keine Zuwendungen aus Mitteln des Vereins.

§ 4

Es darf keine Person durch Ausgaben, die dem Zweck der Körperschaft fremd sind, oder durch unverhältnismäßig hohe Vergütungen begünstigt werden.

§ 5

Bei Auflösung des Vereins oder bei Wegfall steuerbegünstigter Zwecke fällt das Vermögen des Vereins

a) an – den – die – das ....
....

(Bezeichnung einer juristischen Person des öffentlichen Rechts oder einer anderen steuerbegünstigten Körperschaft)

– der – die – das – es unmittelbar und ausschließlich für gemeinnützige, mildtätige oder kirchliche Zwecke zu verwenden hat.

oder

b) an eine juristische Person des öffentlichen Rechts oder eine andere steuerbegünstigte Körperschaft zwecks Verwendung für ....
....
(Angabe eines bestimmten gemeinnützigen, mildtätigen oder kirchlichen Zwecks, z. B. Förderung von Wissenschaft und Forschung, Bildung und Erziehung, der Unterstützung von Personen, die im Sinne von § 53 AO wegen ....
bedürftig sind, Unterhaltung des Gotteshauses in ....)

Alternative zu § 5

Kann aus zwingenden Gründen der künftige Verwendungszweck jetzt noch nicht angegeben werden (§ 61 Abs. 2 AO), so kommt folgende Bestimmung über die Vermögensbindung in Betracht:
„Bei Auflösung des Vereins oder bei Wegfall steuerbegünstigter Zwecke ist das Vermögen zu steuerbegünstigten Zwecken zu verwenden. Beschlüsse über die künftige Verwendung des Vermögens dürfen erst nach Einwilligung des Finanzamtes ausgeführt werden."

111 **Mustersatzung für andere Körperschaften**

(Betriebe gewerblicher Art von juristischen Personen des öffentlichen Rechts, Stiftungen, geistliche Genossenschaften und Kapitalgesellschaften)

Das vorgenannte Muster ist unter entsprechenden Änderungen auch für andere Körperschaften verwendbar:

a) Bei Betrieben gewerblicher Art von juristischen Personen des öffentlichen Rechts, bei staatlich beaufsichtigten Stiftungen, bei den von einer juristischen Person des öffentlichen Rechts verwalteten unselbständigen Stiftungen und bei geistlichen Genossenschaften (Orden, Kongregationen) muß die Vermögensbindung in der Satzung nicht festgelegt werden. Damit kann § 5 des Musters entfallen.
Außerdem ist ggf. folgende Bestimmung aufzunehmen:
§ 3 Abs. 2:
„Der – die – das – ....
erhält bei Auflösung oder Aufhebung der Körperschaft oder bei Wegfall steuerbegünstigter Zwecke nicht mehr als – seine – ihre – eingezahlten Kapitalanteile und den gemeinen Wert – seiner – ihrer – geleisteten Sacheinlagen zurück.'
Bei Stiftungen ist diese Bestimmung nur erforderlich, wenn die Satzung dem Stifter einen Anspruch auf Rückgewähr von Vermögen

einräumt. Fehlt die Regelung, wird das eingebrachte Vermögen wie das übrige Vermögen behandelt.

b) Bei Kapitalgesellschaften sind folgende ergänzende Bestimmungen in die Satzung aufzunehmen:
- § 3 Abs. 1 Satz 2:
  „Die Gesellschafter dürfen keine Gewinnanteile und in ihrer Eigenschaft als Gesellschafter auch keine sonstigen Zuwendungen aus Mitteln der Körperschaft erhalten."
- § 3 Abs. 2:
  „Sie erhalten bei ihrem Ausscheiden oder bei Auflösung der Körperschaft oder bei Wegfall steuerbegünstigter Zwecke nicht mehr als ihre eingezahlten Kapitalanteile und den gemeinen Wert ihrer geleisteten Sacheinlagen zurück."
- § 5:
  „Bei Auflösung der Körperschaft oder bei Wegfall steuerbegünstigter Zwecke fällt das Vermögen der Körperschaft, soweit es die eingezahlten Kapitalanteile der Gesellschafter und den gemeinen Wert der von den Gesellschaftern geleisteten Sacheinlagen übersteigt, . . ."
- Alternative zu § 5 unter den Voraussetzungen des § 61 Abs. 2 AO:
  „Bei Auflösung der Körperschaft ist das Vermögen, soweit es die eingezahlten Kapitalanteile der Gesellschafter und den gemeinen Wert der von den Gesellschaftern geleisteten Sacheinlagen übersteigt, zu steuerbegünstigten Zwecken zu verwenden.
  Beschlüsse über die künftige Verwendung des Vermögens dürfen erst nach Einwilligung des Finanzamtes ausgeführt werden."

  § 3 Abs. 2 und der Satzteil, „soweit es die eingezahlten Kapitalanteile der Gesellschafter und den gemeinen Wert der von den Gesellschaftern geleisteten Sacheinlagen übersteigt", in § 5 sind nur erforderlich, wenn die Satzung einen Anspruch auf Rückgewähr von Vermögen einräumt.

D. Prüfung der Gemeinnützigkeit

I. Vorläufige Bescheinigung

1. Rechtsinhalt der vorläufigen Bescheinigung

Ein **besonderes Verfahren**, mittels dessen eine Körperschaft als 115
gemeinnützig anerkannt wird, ist im Gemeinnützigkeitsrecht **nicht vorgesehen**. Ob eine Körperschaft steuerbegünstigt ist, entscheidet das Finanzamt vielmehr im jeweiligen Veranlagungsverfahren durch Steuerbescheid. Sofern aufgrund der Gemeinnützigkeit keine Steuern geschuldet werden, ergeht ein sogenannter **Freistellungsbescheid**.[210] Solange ein Freistellungsbescheid noch nicht ergangen ist, kann jede gemeinnützige Körperschaft die Ausstellung einer **vorläufigen Be-**

[210] Ziffer 3 zu § 59 AEAO.

scheinigung beantragen, die es ihr möglich macht, als vorläufig anerkannte steuerbegünstigte Körperschaft Spenden zu empfangen oder eine Gebührenbefreiung zu erlangen. Eine vorläufige Bescheinigung über die Gemeinnützigkeit darf nur ausgestellt werden, wenn eine Satzung vorliegt, die den gemeinnützigkeitsrechtlichen Vorschriften entspricht. Die vorläufige Bescheinigung über die Gemeinnützigkeit stellt *keinen* Verwaltungsakt dar, sondern lediglich eine rechtlich unverbindliche Auskunft über die formelle Satzungsmäßigkeit und die Berechtigung, Spenden auszustellen. Sie kann dagegen naturgemäß nichts über die Übereinstimmung von Satzung und tatsächlicher Geschäftsführung aussagen,[211] da sie bereits unmittelbar nach Gründung der gemeinnützigen Körperschaft ausgestellt wird. Die vorläufige Bescheinigung wird für die Dauer von 18 Monaten erteilt und ist frei widerruflich.[212] Trotz dieses Charakters der vorläufigen Bescheinigung als unverbindliche Auskunft, die das Finanzamt nicht bindet,[213] hat die Finanzverwaltung einen **Rechtsanspruch** der gemeinnützigen Körperschaften auf Ausstellung einer vorläufigen Bescheinigung anerkannt. Denn der vorläufigen Bescheinigung kommt im Hinblick auf die Finanzierung der Körperschaft durch Spenden eine erhebliche Bedeutung zu. Ohne eine vorläufige Bescheinigung sind viele gemeinnützige Körperschaften nicht in der Lage, überhaupt ihre Tätigkeit zu beginnen. Daher muß die Finanzverwaltung ermessensfehlerfrei über einen entsprechenden Antrag entscheiden.[214] Darüber hinaus kann jede gemeinnützige Körperschaft auch mittels einer **Feststellungsklage** vor Gericht klären lassen, ob und welchen spendenbegünstigten Zweck sie verfolgt.[215]

116 Die Ausstellung einer vorläufigen Bescheinigung kann entgegen der Formulierung in Tz. 4 zu § 59 AEAO nicht nur beantragt werden, wenn die Voraussetzungen der Steuervergünstigung noch nicht im Veranlagungsverfahren festgestellt worden sind, sondern auch dann, wenn eine gemeinnützige Körperschaft aufgrund einer tatsächlichen Geschäftsführung, die gegen das Gemeinnützigkeitsrecht verstoßen hat, die **Steuerbegünstigung verloren** haben sollte.[216] Der Verstoß gegen Gemeinnützigkeitsvorschriften wirkt grundsätzlich nur für das betreffende Veranlagungsjahr.[217] Die Gemeinnützigkeit führt daher auch nur für das betreffende Veranlagungsjahr zum Anfall von Körperschaftsteuer. In den Folgejahren kann durchaus, wenn die tatsächliche Geschäftsführung geändert werden sollte, die Steuerfreiheit der Gemeinnützigkeit wieder in Anspruch genommen werden. Damit die gemeinnützige Körperschaft in die Lage versetzt wird, Spenden entgegenzunehmen, hat sie einen Anspruch auf ermessensfehlerfreie Ent-

---

211 Tz. 4f. zu § 59 AEAO.
212 BFH v. 7. 5. 1986, BStBl. 1986 II, 67; 70.
213 So zuletzt BFH I B 82/98 v. 23. 9. 1998, FR 1998 1033 (1035).
214 so BFH v. 23. 9. 1998, a.a.O. unter 1036.
215 BFH v. 23. 9. 1999 XI R 66/98, DStRE 2000, 461.
216 So auch BMF-Schreiben, bei Drucklegung noch nicht veröffentlicht.
217 Vergleiche dazu § 9 Rz. 15–29.

scheidung über ihren Antrag auf Ausstellung einer vorläufigen Bescheinigung, sofern in einem Freistellungsbescheid über den Wegfall der Gemeinnützigkeit erkannt worden sein sollte. Denn nur in den Fällen, in denen ein Freistellungsbescheid ergeht, ist die Körperschaft für die Folgejahre vorläufig zur Ausstellung von Spendenbestätigungen berechtigt. Nach ständiger Verwaltungspraxis darf in den Spendenbestätigungen auf den für einen früheren Veranlagungszeitraum ergangenen Freistellungsbescheid verwiesen und damit um steuerbegünstigte Spenden geworben werden. Der Freistellungsbescheid hat insofern dieselbe rechtliche Wirkung wie eine vorläufige Bescheinigung.[218] Eine Spendenbestätigung, in der entsprechend den Mustern für Spendenbestätigungen eine vorläufige Bescheinigung oder ein Freistellungsbescheid, der die Gemeinnützigkeit bestätigt, angegeben wird, führt zum Vertrauensschutz beim Spender und ermöglicht daher der gemeinnützigen Körperschaft erst, Spenden einzusammeln.[219] Daher benötigt nicht nur eine neu gegründete Körperschaft, sondern auch eine Körperschaft, die die Gemeinnützigkeit vorübergehend verloren hat, eine vorläufige Bescheinigung. Darüber hinaus kommt die Erteilung einer vorläufigen Bescheinigung auch in Betracht, wenn das Finanzamt zwar die Voraussetzungen der Gemeinnützigkeit nicht für gegeben erachtet, aber diese Beurteilung ernstlich zweifelhaft ist und die Körperschaft dagegen klagt sowie auf Spenden angewiesen ist.[220]

2. Einstweiliger Rechtsschutz

Eine gemeinnützige Körperschaft kann auch im einstweiligen Rechtsschutzverfahren mittels einer **einstweiligen Anordnung** beantragen, eine Bescheinigung über die vorläufige Anerkennung als einer gemeinnützigen Zwecken dienenden Körperschaft zu erhalten. Eine derartige einstweilige Anordnung ergeht, sofern die gemeinnützige Körperschaft zur Erfüllung ihrer satzungsmäßigen und ihrer Art nach gemeinnützigen Zwecke auf den Erhalt steuerbegünstigter Spenden angewiesen ist und die wirtschaftliche Existenz der gemeinnützigen Körperschaft ohne eine derartige Regelungsanordnung bedroht ist.[221] Die Minderung des Spendenaufkommens ist ein wesentlicher Nachteil im Sinne des § 114 Abs. 1 Satz 2 FGO, der zum Erlaß einer einstweiligen Anordnung führen kann. Auch wenn die gemeinnützige Körperschaft nachweisen kann, daß ihr beispielsweise öffentliche Zuschüsse verwehrt werden, weil die vorläufige Bescheinigung über die Gemeinnützigkeit nicht vorgelegt werden kann, kann eine entsprechende einstweilige Regelungsanordnung beantragt werden. Die vorläufige Bescheinigung selbst greift der Entscheidung im Veranlagungsverfahren und auch der Entscheidung in einem etwaigen sich anschließenden Klageverfahren rechtlich nicht vor. Ob die Körperschaft wegen 117

[218] BFH v. 23. 9. 1998, a.a.O.
[219] Dazu BFH v. 12. 8. 1999 XI R 65/98, DB 2000, 305.
[220] So auch BMF-Schreiben v. 15. 5. 2000, DStR 2000, 968.
[221] BFH v. 23. 9. 1998, I B 82/98, FR 1998, 1033.

Verfolgung steuerbegünstigter Zwecke von der Körperschaftsteuer befreit ist, wird ohne Bindung an die zuvor erteilte vorläufige Bescheinigung ausschließlich im Körperschaftsteuer-Veranlagungsverfahren bzw. dem sich anschließenden Klageverfahren entschieden. Trotz dieser eindeutigen und überzeugenden Ausführungen des BFH hat die Finanzverwaltung sich bislang nicht dazu durchringen können, die Entscheidung amtlich zu veröffentlichen.[222] Allerdings soll dieses Zögern allein auf den anderen Rechtsausführungen in der grundlegenden Entscheidung beruhen, die das Gebot der Selbstlosigkeit betreffen. Insoweit wird von der Finanzverwaltung gegenwärtig noch ein spezieller Erlaß erarbeitet.[223]

II. Veranlagungsverfahren

1. Prüfung der Gemeinnützigkeit im Veranlagungsverfahren

118 Im **Veranlagungs-** bzw. **Festsetzungsverfahren** ist für die jeweilige Steuer und den jeweiligen Steuerabschnitt darüber zu entscheiden, ob eine Körperschaft nach ihrer Satzung und tatsächlichen Geschäftsführung ausschließlich und unmittelbar gemeinnützigen Zwecken dient und deshalb steuerbegünstigt ist.[224] Da über die jeweilige Steuer und den jeweiligen Steuerabschnitt stets gesondert entschieden wird, ist es denkbar, daß beispielsweise in bezug auf die Körperschaftsteuer die Gemeinnützigkeit anerkannt wird, während für die Umsatzsteuer von einer Steuerpflicht ausgegangen wird. Soeben wird in der Finanzverwaltung in bezug auf die ertrag- und umsatzsteuerliche Behandlung von Sponsoringeinnahmen intensiv darüber diskutiert, wie diese Einnahmen bei gemeinnützigen Körperschaften zu behandeln sind. Anscheinend vertreten die zuständigen Fachreferate für die Körperschaft- und Umsatzsteuer teilweise unterschiedliche Auffassungen. In der Praxis der Finanzbehörde wird aber in aller Regel der sogenannte Freistellungsbescheid, der für die Körperschaft- und Gewerbesteuer ergeht, der gemeinnützigkeitsrechtlichen Beurteilung für die Umsatz- oder Erbschaftsteuer zugrunde gelegt. **Grundlagenbescheid** im Sinne von § 171 Abs. 10 AO ist ein derartiger Freistellungsbescheid, der für die Körperschaft- und Gewerbesteuer ergangen ist, für andere Steuerarten aber nicht.

119 Der sogenannte Freistellungsbescheid ergeht aufgrund einer Steuererklärung auf **besonderem Steuererklärungsvordruck** (GEM 1-Erklärung). Erstmalig innerhalb der 18 Monate, bevor die vorläufige Freistellungsbescheinigung ihre Wirksamkeit verliert, und zwar nach Ablauf des ersten Veranlagungsjahres, hat die gemeinnützige Körperschaft einen Freistellungsbescheid zu beantragen. Die Finanzverwaltung führt

---

[222] Dazu § 7 Rz. 331.

[223] Dazu § 8 Rz. 19.

[224] BFH v. 13. 11. 1996, I R 151/93, BStBl. 1998 II, 711 (715); v. 13. 12. 1978 I R 77/76, BStBl. II 1979, 481; v. 10. 1. 1992 III R 201/90, BStBl. II 1992, 684 (ständige Rechtsprechung).

die Überprüfung mittels Freistellungsbescheides in Abständen von jeweils 3 Jahren durch (Ziff. 6 zu § 59 AEAO). Der Freistellungsbescheid kann auch für jeden einzelnen Veranlagungszeitraum beantragt werden, wenn er beispielsweise für die Bewilligung öffentlicher Zuschüsse benötigt wird. Durch den Freistellungsbescheid wird verbindlich festgestellt, daß die Körperschaft aufgrund des vom Finanzamt geprüften Sachverhalts eine bestimmte Steuer dem Grunde nach für einen bestimmten Veranlagungs- oder Erhebungszeitraum nicht schuldet. Der Freistellungsbescheid wirkt über den jeweils beschiedenen Veranlagungszeitraum nicht hinaus. Er enthält Hinweise zur Berechtigung der Ausstellung von Spendenbestätigungen. In dem Erklärungsvordruck werden Angaben über die vorhandenen steuerpflichtigen wirtschaftlichen Geschäftsbetriebe, sofern diese mehr als DM 60 000 Einnahmen erzielt haben, abverlangt.[225] Darüber hinaus muß dargelegt werden, welche Rücklagen gebildet worden sind.[226]

Steuerbefreite Körperschaften, die einen steuerpflichtigen wirtschaftlichen Geschäftsbetrieb unterhalten, der die Besteuerungsgrenzen des § 64 Abs. 3 AO überschreitet, müssen **jährlich Steuererklärungen** abgeben.[227] Die Festsetzung der im Rahmen der partiellen Steuerpflicht entstehenden Steuer erfolgt mittels eines Körperschaft- und/oder Gewerbesteuerbescheides. Ergänzend zur Festsetzung der Steuer wird in einer Anlage festgestellt, daß die Körperschaft im übrigen steuerfrei und zur Ausstellung von Spendenbestätigungen berechtigt ist. **120**

Ein Freistellungsbescheid kann auch dann erteilt werden, wenn zwar ein steuerpflichtiger wirtschaftlicher Geschäftsbetrieb unterhalten wird, dieser aber unter Berücksichtigung des Freibetrages nach § 24 KStG zu keiner Körperschaftsteuer oder zu **keiner Körperschaftsteuererhebung** führt. Es gibt kein gesondertes Verfahren, mittels dessen die Gemeinnützigkeit aberkannt oder widerrufen würde. Vielmehr wird darüber allein im Körperschaftsteuer-Veranlagungsverfahren oder ggf. den anderen Steuererhebungsverfahren entschieden. Nicht selten wird im Körperschaftsteuer-Veranlagungsverfahren gleichzeitig mit der Ablehnung der Erteilung eines Körperschaftsteuer-Freistellungsbescheides ein Körperschaftsteuerbescheid erlassen, der auf DM 0,00 lautet, weil gemeinnützige Körperschaften, sofern sie keine Gewinne erwirtschaften konnten, auch bei Verlust der Steuerfreiheit im Ergebnis keine Körperschaftsteuer schulden.[228] Ein entsprechender Freistellungsbescheid kann gemäß den abgabenrechtlichen Verfahrensvorschriften auch unter Vorbehalt der Nachprüfung nach § 164 AO oder in bezug auf einzelne Punkte nach § 165 AO vorläufig ergehen. **121**

---

[225] S. § 7 Rz. 47.
[226] S. § 8 Rz. 90–98.
[227] S. § 7 Rz. 334ff.
[228] BFH v. 13. 12. 1978 I R 77/76, BStBl. II 1979, 481.

2. Betriebsprüfung

122 In der Regel erfolgt die Überprüfung der tatsächlichen Geschäftsführung gemeinnütziger Körperschaften durch das zuständige Finanzamt an Amtsstelle. Bei Vorliegen eines begründeten Anlasses wird aber auch häufig hinsichtlich einzelner Steuerarten eine **Außenprüfung angeordnet**.[229] Eine Prüfungsanordnung kann ohne weitere Begründung auf § 193 AO gestützt werden, ohne daß ein zusätzlicher Hinweis auf die Prüfung der Gemeinnützigkeit gegeben werden muß.[230] Bei Einnahmen von jährlich über DM 20 Mio., gleich aus welcher Quelle, ist nach § 4 Abs. 2 BPO die Großbetriebsprüfung zuständig.[231]

3. Vertrauensschutz

123 Die vorläufige Bescheinigung entfaltet, wie oben ausgeführt, keine Rechtswirksamkeit, sondern stellt lediglich einen rechtlich unverbindlichen Hinweis dar. Auch der Freistellungsbescheid über die Gemeinnützigkeit wirkt jeweils nur für die jeweilig bereits abgelaufenen Veranlagungsjahre, entfaltet aber keine Wirkung für die Zukunft. Soweit nachträglich neue Tatsachen oder Beweismittel bekannt werden, die die Aberkennung der Gemeinnützigkeit rechtfertigen, kann ein für das vergangene Veranlagungsjahr erteilter **Freistellungsbescheid nachträglich** analog § 173 Abs. 1 Nr. 1 AO **aufgehoben oder geändert** werden. Unerheblich ist insofern, daß nach dem Wortlaut der Vorschrift eine Änderung nur möglich sein soll, wenn eine höhere Steuer geschuldet werden sollte.[232] Unglücklich ist für die gemeinnützigen Körperschaften dabei, daß die Frage, wann die tatsächliche Geschäftsführung einer Körperschaft auf die gemeinnützigen Zwecke gerichtet ist, in vielen Einzelpunkten umstritten sein kann. Hat das Finanzamt einmal die rechtliche Beurteilung abgegeben, daß eine bestimmte Geschäftsführung mit den Gemeinnützigkeitsvorschriften im Einklang steht, entsteht dadurch bei den verantwortlichen Organen eine Vertrauenswirkung. Dennoch ist nach dem gegenwärtig geltenden Verfahrensrecht nicht vorgesehen, daß der Körperschaftsteuer-Freistellungsbescheid eine entsprechende Dauerwirkung entfaltet und der Finanzverwaltung nur einen Widerruf der Gemeinnützigkeit mit Wirkung für die Zukunft erlaubt. Auch aufgrund des Gebotes von Treu und Glauben kann nicht verlangt werden, daß das Finanzamt an der einmal getroffenen Beurteilung zur gemeinnützigkeitsgemäßen Verhaltensweise festhält.[233] Es bestehen Zweifel, ob diese formelle Sichtweise vor dem Hintergrund des Art. 20 GG tatsächlich zutreffend ist. Bei den erheblichen **haftungsrechtlichen Folgen**, beispielsweise in bezug auf Spendenhaftung, aber auch in bezug auf sonstige Haftung für Steuern, die sich für die zustän-

[229] Dazu *Buchna/Koopmann* StBp 1998, 225; 253; *Teufel*, DB 1999, 874.
[230] FG Rhld.-Pf. v. 24. 9. 1984, EFG 1985, 158 f.
[231] *Buchna/Koopmann* StBp 1998, 225 ff.
[232] BFH v. 13. 11. 1996 I R 152/93, BStBl. 1998 II, 711.
[233] FG Nürnberg v. 24. 3. 1998 I 260/94, EFG 1998, 975 (978).

digen Geschäftsführungsorgane bei Aberkennung der Gemeinnützigkeit ergeben können, scheint es mit den rechtsstaatlichen Grundprinzipien nur schwer vereinbar, das Risiko einer rechtlichen Fehlbeurteilung allein diesen häufig ehrenamtlich tätigen Kräften aufzubürden und Erklärungen der Finanzbehörden jegliche Vertrauensschutzwirkung abzusprechen. Die Rechtsprechung sollte insofern von ihrer formellen Betrachtungsweise Abstand nehmen.

4. Einspruch und Klage gegen die Aberkennung der Gemeinnützigkeit

Wurde der gemeinnützigen Körperschaft im Veranlagungsverfahren 124 die Gemeinnützigkeit „aberkannt" und somit kein Körperschaftsteuer-Freistellungsbescheid erlassen, so kann sie dagegen **Einspruch** und **Klage** auch dann erheben, wenn der Körperschaftsteuer- und Gewerbesteuerbescheid zu **keiner Steuerzahlung** führen sollte. Für die Darlegung einer Rechtsverletzung durch einen auf DM 0,00 lautenden Körperschaftsteuerbescheid reicht es aus, wenn die Körperschaft geltend macht, sie sei gemäß § 5 Abs. 1 Nr. 9 KStG von der Körperschaftsteuer befreit und durch den Bescheid sei zu Unrecht eine Körperschaftsteuerpflicht bejaht worden.[234] Würde in derartigen Fällen eine Beschwerde verneint, könnte kein effektiver Rechtsschutz gewährt werden. Solange über die Steuerbefreiung nach § 5 Abs. 1 Nr. 9 KStG erst im Körperschaftsteuer-Veranlagungsverfahren entschieden wird, muß den die Steuerbefreiung wegen Gemeinnützigkeit beanspruchenden Steuerpflichtigen die Möglichkeit gegeben werden, einen auf DM 0,00 lautenden Körperschaftsteuerbescheid auf seine Rechtmäßigkeit hin überprüfen zu lassen. Andernfalls könnten Steuerpflichtige, denen das Finanzamt die Gemeinnützigkeit abspricht und deren Einkommen nicht zu einer Steuerpflicht führt, nicht gerichtlich klären lassen, ob sie gemeinnützigen Zwecken dienen oder nicht. Der Streitwert eines entsprechenden Gerichtsverfahrens beläuft sich auf DM 8.000,00 je angefochtener Steuerfestsetzung.[235] Ein Rechtsstreit über die Frage, ob das Finanzamt zu Recht einen Körperschaftsteuerbescheid erlassen hat, erledigt sich nicht dadurch, wenn gegenüber den Spendern entschieden wurde, daß sie ihre Spenden an diesen gemeinnützigen Verein steuerlich geltend machen konnten. Davon wird der Rechtsstreit des gemeinnützigen Vereins selbst nicht berührt, so daß eine Erledigungserklärung des Vereins nicht zur Beendigung des Klageverfahrens führt.[236] Dasselbe gilt, wenn über die Gemeinnützigkeit zwar in einem Verfahren über die Körperschaftsteuer entschieden wurde, für ein anderswo anhängiges Verfahren über die Umsatzsteuer aber keine Entscheidung vorliegt. **Prozeßkostenhilfe** kann auch eine gemeinnützige Körperschaft nur beanspruchen, wenn dargelegt werden kann, daß sie außerstande ist, die Kosten der Rechtsverteidigung zu tragen.[237]

---

[234] BFH v. 14. 9. 1994 I R 153/93, BStBl. 1995 II, 499.
[235] BFH v. 5. 1. 1998 I E 2/97, BFH/NV 1998, 879.
[236] BFH v. 30. 7. 1997 I R 8/95, BFH/NV 1998, 187.
[237] BFH v. 21. 7. 1999 I S 6/98, BFH/NV 2000, 65.

§ 6 Finanzierung der gemeinnützigen Tätigkeiten

Bearbeiter: Dr. Stephan Schauhoff

Übersicht

A. Einführung

I. Finanzierungsfreiheit

1. Ausschließlichkeit

Nach § 56 AO muß eine gemeinnützige Körperschaft **ausschließlich ihre steuerbegünstigten satzungsmäßigen Zwecke** verfolgen. Das Ziel der steuerbegünstigten Körperschaft muß es sein, alle Tätigkeiten auf die Erreichung des steuerbegünstigten Zwecks auszurichten. Dieser Grundsatz bedeutet aber nicht, daß jede einzelne Tätigkeit, die von der steuerbegünstigten Körperschaft vorgenommen wird, für sich betrachtet gemeinnützig sein müßte.[1] Vielmehr hat bereits der Reichsfinanzhof zu dem Verhältnis zwischen Aktivitäten einer gemeinnützigen Körperschaft, Einnahmen zur Finanzierung der gemeinnützigen Tätigkeit zu erwirtschaften, und der gemeinnützigen Zweckverfolgung mit der Deutlichkeit ciceronischer Rhetorik ausgeführt:[2] 1

„Wenn von einem Menschen gesagt wird, daß er ausschließlich seinem Vaterlande gedient hat, so ist damit gemeint, daß der Betreffende alle die Tätigkeiten, in denen er die Erfüllung seines Lebenszweckes erblickt hat, lediglich im Interesse seines Vaterlandes ausgeübt habe. Der Betreffende hat während dem natürlich geatmet, gegessen und sich auch seinen Lebensunterhalt erarbeitet, also Tätigkeiten ausgeübt, mit denen er der Erhaltung seines Körpers „gedient" hat. Niemand wird aber bei der moralischen Wertung – und die Prüfung der Gemeinnützigkeit ist auch eine moralische Wertung – die zur Erhaltung des Daseins notwendigen Handlungen als egoistische werten und damit den Charakter der ausschließlichen Selbstlosigkeit einem solchen Menschen absprechen. Wie die physischen Personen müssen auch die Körperschaften und Vermögensmassen Tätigkeiten ausüben, um sich am Leben zu erhalten."

[1] Ausführlich dazu *Hüttemann* S. 30 ff.
[2] RFH v. 23. 4. 1929, I A a 753/28, RStBl. 1929, 575; *Fischer* in: Hübschmann/Hepp/Spitaler, § 55 AO Rz. 86 Fn. 28.

2 **Wirtschaftliche Aktivitäten**, die eine gemeinnützige Körperschaft entfaltet, sind ihr daher **nicht verboten**, sondern in aller Regel notwendig, um die erforderlichen Mittel zur Finanzierung der gemeinnützigen Aktivität zu erhalten. Welche wirtschaftlichen Aktivitäten eine gemeinnützige Körperschaft ergreift, um die notwendigen Finanzmittel zu bekommen, steht im Ermessen ihrer Organe. Die AO schreibt den gemeinnützigen Körperschaften keine bestimmten Aktivitäten zur Finanzierung ihrer Tätigkeit vor. Diese sind in ihren Dispositionen frei.[3]

3 Allerdings werden die Einkünfte, die eine gemeinnützige Körperschaft aufgrund ihrer Aktivitäten erzielt, **gemeinnützigkeitsrechtlich** und **steuerlich unterschiedlich behandelt**. Es wird unterschieden zwischen den Einkünften im **ideellen Bereich** (Spenden, Mitgliedsbeiträge, Zuschüsse), den Einkünften aus der **Vermögensverwaltung**, die aufgrund der Bestimmung des § 14 Satz 3 AO steuerfrei bleiben, den Einkünften im steuerbefreiten **Zweckbetrieb** (§§ 65 ff. AO) und den Einkünften im **steuerpflichtigen wirtschaftlichen Geschäftsbetrieb**. Der Umstand, daß die Einkünfte steuerlich unterschiedlich behandelt werden, bedeutet jedoch nicht, daß die Einnahmeerzielung aus der Vermögensverwaltung gegenüber der Einnahmeerzielung in einem wirtschaftlichen Geschäftsbetrieb gemeinnützigkeitsrechtlich präferiert würde. Vielmehr steht es der Körperschaft frei, auf welche Weise sie die von ihr benötigten Mittel erwirtschaftet.[4]

4 Jegliche wirtschaftliche Aktivität einer gemeinnützigen Körperschaft steht allerdings unter dem Vorbehalt, daß sie nicht Selbstzweck werden darf. Da § 56 AO bestimmt, daß eine gemeinnützige Körperschaft nur ihre gemeinnützigen Zwecke verfolgen darf, ist es unzulässig, wenn die wirtschaftliche Aktivität nicht mehr nur ein Mittel zur gemeinnützigen Zweckverfolgung darstellt, sondern ein selbständiger Hauptzweck wird. Wann eine **Mittelbeschaffungsaktivität** zu einem **selbständigen Hauptzweck** wird, ist eine schwierig zu entscheidende **Wertungsfrage**.[5] Ein Mißverhältnis zwischen dem im wirtschaftlichen Bereich eingesetzten Anlagekapital und dessen Erträgen ist ein Beweisanzeichen dafür, daß das Vermögen der gemeinnützigen Körperschaft nicht zweckgerichtet für die ideellen Zwecke eingesetzt wird.[6] Dies gilt gleichermaßen, wenn das Vermögen der gemeinnützigen Körperschaft verzinslich oder in Immobilien angelegt ist und die Erträge steuerfrei bleiben, wie auch, wenn eine steuerpflichtige Tätigkeit in einem wirtschaftlichen Geschäftsbetrieb ausgeführt wird, in dem ein erheblicher Teil des Vermögens der gemeinnützigen Körperschaft gebunden ist.[7] Allerdings dürfen Mittel nur dann im steuerpflichtigen wirtschaft-

---

[3] Vgl. BFH v. 23. 10. 1991, BStBl. 1992 II, S. 62; *Kießling/Buchna* S. 101; *Sauer* in: *Beermann* § 64 AO Rz. 1.

[4] Vgl. dazu *Schauhoff* DStR 1998, 701.

[5] Dazu ausführlich unten Rz. 112 sowie § 8 Rz. 23.

[6] *Hüttemann* S. 43 ff.; *Fischer* in: Hübschmann/Hepp/Spitaler, § 55 AO Rz. 87.

[7] Str., wie hier *Kießling/Buchna* S. 115; *Hüttemann* S. 108 ff.; a. A. *Thiel* DB 1992, S. 1900 Tz. IV.1.; unklar BFH v. 23. 10. 1991 I R 19/91, BStBl. 1992 II, 62.

lichen Geschäftsbetrieb gebunden bleiben, wenn sie dort zur Sicherung des wirtschaftlichen Erfolges benötigt werden.[8] Läßt sich nicht feststellen, daß eingesetztes Kapital oder Personal und Ertrag aus der wirtschaftlichen Aktivität zueinander in einem angemessenen Verhältnis stehen, ist die Gemeinnützigkeit der Körperschaft gefährdet. Allerdings muß die **tatsächliche Geschäftsführung** nur **auf** den **Erfolg** der wirtschaftlichen Tätigkeit **gerichtet** sein. Das dauerhaft erfolglose Liegenlassen von Vermögenswerten kann deswegen ebenfalls zum Verlust der Gemeinnützigkeit führen.[9] Unbeabsichtigte wirtschaftliche Mißerfolge gefährden nicht die Gemeinnützigkeit, solange nicht planmäßig eine wirtschaftliche Tätigkeit ohne Gewinnerzielungsabsicht betrieben wird.[10] Wirtschaftliche Erfolge gefährden die Gemeinnützigkeit auch nicht, sofern die erwirtschafteten **Mittel zeitnah** für die gemeinnützigen Zwecke **verwendet** werden, was nachgewiesen werden muß.[11] Nur wenn das Erwirtschaften von Erträgen Selbstzweck wird, ohne daß die geschaffenen Vermögenswerte zeitnah für die gemeinnützigen Zwecke eingesetzt werden, liegt ein gemeinnützigkeitsschädlicher Verstoß gegen das Ausschließlichkeitsgebot vor.

2. Verbot der zweckwidrigen Verwendung gebundener Mittel

Besonders kritisch ist es, wenn durch die **wirtschaftliche Aktivität** 5
entgegen ihrem eigentlichen Sinn keine Mittel für den gemeinnützigen Zweck erwirtschaftet werden, sondern tatsächlich **Verluste** entstehen. Die Verwendung von Mitteln, die für gemeinnützige Zwecke gewidmet sind, zum Ausgleich von Verlusten, die im steuerpflichtigen wirtschaftlichen Geschäftsbetrieb entstanden sind, sieht die Finanzverwaltung als nicht zulässig an, es sei denn, daß dies nur gelegentlich geschieht und der Ausgleich der Verluste auf anderen Wegen ernsthaft, beispielsweise durch die Erhöhung der Entgelte für die Leistung des wirtschaftlichen Geschäftsbetriebes, versucht wird.[12] Erlaubt ist einer gemeinnützigen Körperschaft jedoch der Ausgleich entsprechender Verluste durch dafür bestimmte Umlagen und Zuschüsse. Derartige Zahlungen sind keine steuerbegünstigten Spenden.

Allerdings ist auch einer gemeinnützigen Körperschaft nicht der Ver- 6
lust aus einer wirtschaftlichen Betätigung verboten. Der AO läßt sich nicht entnehmen, daß eine wirtschaftliche Aktivität, die bei einer gemeinnützigen Körperschaft zu einem Verlust geführt hat, zwingend zur Aberkennung der Gemeinnützigkeit führen muß.[13] Die **gemeinnützi-**

---

[8] BFH v. 15. 7. 1998 IR 156/94, FR 1998, 1089.

[9] Vgl. dazu RFH v. 7. 5. 1931, I A 92/31, RFHE 28, 346 (354); *Fischer* in: Hübschmann/Hepp/Spitaler, § 55 AO Rz. 89; näher unter Rz. 113.

[10] S. näher unten Rz. 6.

[11] Siehe dazu ausführlich unten § 8 Rz. 71–101.

[12] Ziff. 8 zu § 55 AEAO; vgl. BFH v. 2. 10. 1968, BStBl. 1968 II, S. 43; enger jetzt BMF-Schreiben v. 19. 10. 1998, BStBl. I 1998, 1423.

[13] Unzutreffend BFH v. 13. 11. 1996 I R 152/93, DStR 1997, 278; dazu *Schauhoff* DStR 1998, 701 ff.

ge Körperschaft schuldet allein das Bemühen, durch ihre wirtschaftlichen Aktivitäten Mittel für die gemeinnützigen Zwecke zu erwirtschaften. Darauf muß die Tätigkeit der handelnden Organe gerichtet sein. Nicht jede Handlung, die sich im nachhinein als unzweckmäßig oder erfolglos herausgestellt hat, gefährdet die Gemeinnützigkeit. Verlangt wird jedoch, daß die handelnden Organe aus der Ex-ante-Perspektive mit einem Erfolg ihres wirtschaftlichen Handelns rechnen durften. Kommt es zu unbeabsichtigten Verlusten, so muß die verlustbringende Aktivität ggf. eingestellt und eine andere Anlageform gesucht oder durch Maßnahmen im wirtschaftlichen Bereich eine Verbesserung des Ergebnisses zu erreichen versucht werden. Die Finanzverwaltung akzeptiert bei einer wirtschaftlichen Aktivität, die aufgebaut wird, wenn innerhalb von drei Jahren insgesamt ein positives Ergebnis vorliegt. Verluste und Gewinne mehrerer wirtschaftlicher Geschäftsbetriebe können gem. § 64 Abs. 2 AO saldiert werden. Außerhalb der Sonderregelung für Anlaufverluste gibt die Finanzverwaltung der gemeinnützigen Körperschaft sieben Jahre Zeit, in denen – saldiert betrachtet – keine Verluste das Vermögen der gemeinnützigen Körperschaft gemindert haben durften.[14] Allerdings darf nur mit den sechs zurückliegenden Jahren verrechnet werden, während ein Gewinn, zwei Jahre nach dem Verlust erwirtschaftet, die Gemeinnützigkeit für das Verlustjahr nicht mehr zu retten vermag.

7 Ein Sonderfall ist dann gegeben, wenn durch eine wirtschaftliche Aktivität in einem steuerpflichtigen wirtschaftlichen Geschäftsbetrieb ein **positiver Cash flow** erwirtschaftet wird, **steuerrechtlich jedoch ein Verlust** ausgewiesen wird, der durch die Abschreibungen auf die in dem wirtschaftlichen Geschäftsbetrieb genutzten Wirtschaftsgüter entstanden ist. Verluste infolge Sonderabschreibungen oder degressiver Abschreibungen sind für die gemeinnützigkeitsrechtliche Betrachtung unerheblich.[15] Wesentlich ist, ob unter Berücksichtigung der von einem ordentlichen Kaufmann angewandten Abschreibungssätze ein **Verlust** durch eine wirtschaftliche Aktivität entsteht. Jeder Verlust in einem wirtschaftlichen Geschäftsbetrieb, der auf **Abschreibungen** beruht, gefährdet die Gemeinnützigkeit dann nicht, wenn der Verlust allein dadurch entstanden ist, daß ein der ideellen Tätigkeit dienendes Wirtschaftsgut zur besseren **Kapazitätsauslastung** und mit dem Ziel, zusätzliche Mittel für den ideellen Bereich zu beschaffen, teil- oder zeitweise für einen steuerpflichtigen wirtschaftlichen Geschäftsbetrieb genutzt wird. Allerdings muß die gemeinnützige Körperschaft dabei marktübliche Entgelte fordern. Dieselben grundsätzlichen Überlegungen wie für die Abschreibungen gelten auch für alle anderen **gemischten Aufwendungen der Körperschaft**, wie z. B. für den Bereich der Personalkosten.[16]

---

[14] BMF-Schreiben v. 19. 10. 1998, BStBl. I 1998 1423; vgl. dazu unten Rz. 113.

[15] A. A. *Schulz* DStR 1999, 354 (357); vermutlich auch BMF-Schreiben a.a.O.

[16] BMF-Schreiben v. 19. 10. 1998, BStBl. I 1998, 1423; vgl. dazu unter Rz. 113; § 7 Rz. 270.

8 Nicht selten bieten gemeinnützige Körperschaften **komplementär** zu ihrer gemeinnützigen Kernaktivität **Maßnahmen** gegen Entgelt an, mit denen sie in Wettbewerb zu steuerpflichtigen Anbietern treten, weswegen ein steuerpflichtiger wirtschaftlicher Geschäftsbetrieb angenommen wird. So hält die Bildungseinrichtung nicht nur Kurse für die Allgemeinheit ab, sondern berät auch Einzelpersonen. Entsprechende komplementäre Aktivitäten bezwecken mitunter in größerem Maße, Erfahrungen zur Steigerung der Qualität der gemeinnützigen Arbeit zu gewinnen, als Mittel dafür zu beschaffen, weil die Marktsituation eine ertragreiche Arbeit bei einer Einrichtung, die – zumindest nicht nur – auf wirtschaftliche Rationalität angelegt ist, häufig nicht zuläßt. In entsprechenden Ausnahmefällen kann – entgegen der Rechtsauffassung der Finanzverwaltung – die Komplementärfunktion der wettbewerbsschädlichen Tätigkeit zur gemeinnützigen Kerntätigkeit die **Verlustentstehung rechtfertigen**.[17] Allerdings muß die gemeinnützige Körperschaft diesen Ausnahmefall überzeugend darlegen können, damit es nicht zu verbotenen Daueralimentierungen eines Verlustbetriebs kommt. Insb. darf ein entsprechender steuerpflichtiger wirtschaftlicher Geschäftsbetrieb nicht über den Rahmen hinauswachsen, der zum Sammeln von Erfahrungen notwendig ist.

9 Unterhält eine gemeinnützige Körperschaft mehrere wirtschaftliche Geschäftsbetriebe, von denen einige einen Verlust machen, andere aber einen Gewinn, so erlaubt § 64 Abs. 2 AO die **Saldierung der Gewinne und Verluste**. Nach Auffassung der Finanzverwaltung soll in diesen Fällen durchaus die Subventionierung eines Verlustbetriebs erlaubt sein.[18]

10 Die vorgenannten Grundsätze gelten nicht nur für Verluste, die im Rahmen eines steuerpflichtigen Geschäftsbetriebes entstehen, sondern werden von der Finanzverwaltung teilweise auch auf **Verluste**, die **durch** eine steuerbefreite **vermögensverwaltende Tätigkeit** hervorgerufen werden, übertragen.[19] Nach § 55 Abs. 1 Nr. 1 Satz 1 AO darf eine gemeinnützige Körperschaft ihre Mittel nur für satzungsmäßige Zwecke verwenden. Sie muß ihre Mittel vollständig und zeitnah den satzungsmäßigen Zwecken zuführen. Die Verwendung für die satzungsmäßigen Zwecke meint die Verwendung der Mittel im ideellen Bereich und im Zweckbetrieb, nicht aber die Verwendung im Bereich der Vermögensverwaltung oder im Bereich eines wirtschaftlichen Geschäftsbetriebes. Aus diesem Grund ist es einer gemeinnützigen Körperschaft nicht erlaubt, ihre Mittel in der steuerbefreiten Vermögenssphäre oder in einem steuerpflichtigen wirtschaftlichen Geschäftsbetrieb zu verschwenden. Das Streben der gemeinnützigen Körperschaft muß vielmehr darauf gerichtet sein, aus dem Bereich der Vermögensverwaltung oder des steuerpflichtigen wirtschaftlichen Geschäftsbetriebes

---

[17] In diesem Sinn BFH v. 24. 07. 1996 I R 35/94, BStBl. II 1996, 583.

[18] Tz. 7 zu § 64 Abs. 2 AEAO; *Hüttemann* S. 89 f.; *Schauhoff* DStR 1998, 701 (705).

[19] Vgl. OFD Cottbus v. 10. 9. 1996, DB 1996, 2004; *Kießling/Buchna* S. 115; OFD Hannover, Vfg. v. 29. 7. 1999, DStR 1999, 1565; a. A. *Thiel* DB 1992, S. 1900 Tz. IV.1.

Mittel für die gemeinnützige Zweckverfolgung zu beschaffen. Ob die unterschiedliche wettbewerbliche Relevanz von Verlustsubvention im wirtschaftlichen Geschäftsbetrieb und im Bereich der Vermögensverwaltung eine gemeinnützigkeitsrechtlich unterschiedliche Beurteilung rechtfertigt, ist gegenwärtig offen.

11 Eine gemeinnützige Körperschaft ist nur verpflichtet, ihre wirtschaftlichen Aktivitäten so anzulegen, daß daraus Gewinne entstehen. Dies bedeutet nicht, daß die optimale Rendite erwirtschaftet werden muß. Vielmehr werden gerade die Organe gemeinnütziger Körperschaften eine vorsichtige Vermögensanlagepolitik aufgrund der stiftungs- und vereinsrechtlichen Vorgaben betreiben.[20] Daraus folgt naturgemäß eine geminderte Rendite. Wie die gemeinnützige Körperschaft versucht, aus ihrem Vermögen Erträge zu erwirtschaften, steht allein im Ermessen ihrer Organe. Es kommt darauf an, daß im Bereich der wirtschaftlichen Aktivitäten (Vermögensverwaltung, steuerpflichtiger wirtschaftlicher Geschäftsbetrieb) eine **Gewinnerzielungsabsicht** festgestellt werden kann. Je nach Wirtschaftsgut und Investitionsform bedarf es eines kürzeren oder längeren Zeitraums, um feststellen zu können, daß die Absicht besteht, Gewinne zu erzielen. Insofern erscheinen die schematischen Festlegungen der Finanzverwaltung auf einen Drei- bzw. Sechsjahreszeitraum[21] zu starr. Die Bestimmung in dem Erlaß, daß ein einmal eingetretener Anlaufverlust zwingend innerhalb von drei Jahren ausgeglichen werden muß, soll nicht die Gemeinnützigkeit verlorengehen, widerspricht dem Grundsatz, daß auch gemeinnützige Körperschaften nicht zum Erfolg verdammt sind, und zwingt zur Aufrechterhaltung einmal begonnener verlustbringender Aktivitäten, um doch noch die Steuerbefreiung zu erhalten.

3. Zeitnahe Mittelverwendung

12 Nach §§ 55, 56 AO muß eine gemeinnützige Körperschaft die ihr tatsächlich für die gemeinnützigen Zwecke zur Verfügung stehenden Vermögenswerte im Grundsatz zeitnah für die gemeinnützigen Zwecke verwenden. Die gemeinnützige Körperschaft muß nachweisen, daß sie ihrer Pflicht zur zeitnahen Mittelverwendung genügt hat. Dazu muß sie ggf. eine sog. **Mittelverwendungsrechnung** vorlegen.[22] Daraus ergibt sich, daß die gemeinnützige Körperschaft ihr Vermögen jeweils so anlegen muß, daß ihr die **Vermögenswerte zeitgerecht** zur Finanzierung der steuerbegünstigten Zwecke **zur Verfügung stehen**.[23] Auch wenn die Körperschaft eine Beteiligung an einem gewerblichen Unternehmen hält und sie diesem Unternehmen darlehensweise Mittel zur Verfügung stellt und sie nicht zeitgerecht Zinsen aus ihrer Investition erhält, um die gemeinnützigen Zwecke verfolgen zu können, liegt eine gemeinnützigkeitswidrige Mittelverwendung vor.[24] Sofern die gemein-

---

[20] Zu Stiftungen siehe § 3 Rz. 91; 126 ff; zu Vereinen siehe § 2 Rz 151.

[21] S. o. Rz. 6.

[22] S. dazu unten § 8 Rz. 71–80.

[23] *Kießling/Buchna* S. 116; *Thiel* Rote Seiten Stiftung & Sponsoring 1998.

[24] Vgl. dazu unten § 8 Rz. 71–80.

nützige Körperschaft Vermögenswerte dadurch der Pflicht zur zeitnahen Verwendung für satzungsmäßige Zwecke entzieht, daß sie diese entweder im Bereich der Vermögensverwaltung oder in einem wirtschaftlichen Geschäftsbetriebs zur Erwirtschaftung weiterer Vermögenswerte anlegt, obwohl sie für die gemeinnützigen Zwecke verwendet werden müssen, handelt sie gemeinnützigkeitswidrig.[25] Erlaubt ist es einer gemeinnützigen Körperschaft aber selbstverständlich, Vermögenswerte, die noch nicht oder überhaupt nicht zeitnah für gemeinnützige Zwecke ausgegeben werden müssen, dazu zu verwenden, um mit diesem Vermögen weitere Erträge zu erwirtschaften, die wiederum den gemeinnützigen Zwecken zugeführt werden können. Eine gemeinnützige Körperschaft sollte die Absicht verfolgen, Gewinne zu erzielen, um das eigene Vermögen zu mehren, bis die Vermögenswerte für die gemeinnützigen Zwecke verwendet werden.[26] Aus der grundsätzlichen Freiheit einer gemeinnützigen Körperschaft, selbst zu entscheiden, welche Vermögensanlage sie wählt, folgt, daß die Vermögenswerte einmal in einem steuerpflichtigen wirtschaftlichen Geschäftsbetrieb, dann aber in dem Bereich der steuerfreien Vermögensverwaltung oder im Bereich eines steuerbefreiten Zweckbetriebs eingesetzt werden können. Es muß allein gewährleistet sein, daß die gemeinnützige Körperschaft in dem Zeitpunkt, in dem der Vermögensbetrag für die gemeinnützigen Zwecke tatsächlich verwendet werden muß, dieser Verwendungspflicht nachgekommen ist.[27]

4. Transfer zwischen den Vermögenssphären

Der Umstand, daß eine gemeinnützige Körperschaft aus Sicht des 13
Steuerrechts regelmäßig über **vier Einkommens- und Vermögenssphären** verfügen kann, darf nicht dahin mißverstanden werden, daß die gemeinnützige Körperschaft gleichsam in vier Bereiche aufgeteilt wäre und zwischen diesen Bereichen jeweils ein Transfer von Vermögenswerten erfolgen würde. Vielmehr muß die gemeinnützige Körperschaft ihrer Pflicht zur **zeitnahen Mittelverwendung** selbstverständlich nur **betragsmäßig** genügen. Woher die Vermögenswerte stammen, die zeitgerecht für die gemeinnützigen Zwecke verwendet werden, ob es Vermögenswerte sind, die aus dem Bereich der Vermögensverwaltung oder aus dem Bereich eines wirtschaftlichen Geschäftsbetriebes kommen und zu welchem Zeitpunkt diese schließlich eingesetzten Vermögenswerte dort investiert wurden, ist unerheblich.[28] Eine gemeinnützige Körperschaft muß bezüglich sämtlicher von ihr zwischenzeitlich angelegter Vermögenswerte sicherstellen, daß diese

[25] S. hierzu Tz. 9 zu § 55 AEAO; *Thiel* DB 1992, 1900 ff.; *Kießling/Buchna* S. 115 ff.; *Hüttemann* S. 45 und S. 84 ff.

[26] Grundlegend dazu *Hüttemann* S. 48 ff.; *Fischer* in: Hübschmann/Hepp/Spitaler, § 55 AO Rz. 93; dort auch ausführlich zu dem Meinungsstand.

[27] Dazu unten ausführlich § 8 Rz. 71–101.

[28] Etwas mißverständlich *Kießling/Buchna* S. 116 f.; BFH v. 15. 7. 1998 I R 156/94, FR 1998, 1089

Vermögenswerte nach Maßgabe des Gebotes der zeitnahen Mittelverwendung zum richtigen Zeitpunkt wieder für die Verwendung zu steuerbegünstigten Zwecken zur Verfügung stehen. Die **Mittelverwendungsrechnung** bezieht sich auf sämtliche Einnahmen und Vermögenswerte einer gemeinnützigen Körperschaft, unabhängig davon, in welchem Bereich, ob in der steuerbefreiten Vermögensverwaltung, im Zweckbetrieb oder im steuerpflichtigen wirtschaftlichen Geschäftsbetrieb, die Einnahmen erzielt werden konnten. Von daher sollte dem Bild, daß eine gemeinnützige Körperschaft dem eigenen wirtschaftlichen Geschäftsbetrieb gleichsam ein „Darlehen" gewährt, keine zu große Bedeutung beigemessen werden. Maßgebend ist allein, daß der zu verwendende Vermögensbetrag zeitgerecht für die gemeinnützigen Zwecke eingesetzt wird.

II. Die Aufteilung der gemeinnützigen Körperschaft in vier Einkommenssphären

18 Gemeinnützigkeitsrechtlich und steuerrechtlich werden **vier Vermögenssphären** unterschieden, die das einheitlich zu betrachtende Steuersubjekt, die gemeinnützige Körperschaft, haben kann. Es handelt sich um

- den **ideellen Bereich**, in dem Einnahmen aus Spenden, Mitgliedsbeiträgen und Zuschüsse der öffentlichen Hand vereinnahmt werden. Einnahmen im ideellen Bereich sind von den Ertragsteuern befreit. Umsatzsteuerrechtlich fallen sie im nichtunternehmerischen Bereich an und erhöhen daher nicht die umsatzsteuerrechtliche Bemessungsgrundlage.[29]
- Der zweite Bereich betrifft die **Vermögensverwaltung**. Eine Vermögensverwaltung liegt nach § 14 Satz 3 AO idR vor, wenn Vermögen genutzt, z. B. Kapitalvermögen verzinslich angelegt oder unbewegliches Vermögen vermietet oder verpachtet wird. Die Vermögensverwaltung unterscheidet sich von einem wirtschaftlichen Geschäftsbetrieb dadurch, daß eine gemeinnützige Körperschaft im Bereich der Vermögensverwaltung bereits vorhandenes Vermögen für die Einnahmeerzielung einsetzt, während ein steuerpflichtiger wirtschaftlicher Geschäftsbetrieb vorliegt, wenn durch eine Erwerbstätigkeit neue Vermögenswerte erst geschaffen werden sollen. Die Einnahmen aus der Vermögensverwaltung sind ertragsteuerlich steuerfrei. Andererseits sind die Leistungen, die die gemeinnützige Körperschaft in diesem Bereich ausführt, zwar umsatzsteuerbar, in vielen Fällen aber von der Umsatzsteuer befreit.[30]
- Die dritte Sphäre einer gemeinnützigen Körperschaft bezieht sich auf die Einnahmen aus einem **steuerbefreiten Zweckbetrieb** nach den §§ 65 ff. AO. Erzielt eine gemeinnützige Körperschaft Einnahmen aus einer Erwerbstätigkeit nach § 14 Satz 1 AO, so un-

[29] Vgl. zum Umsatzsteuerrecht § 11 Rz. 14, 15.
[30] Dazu unten § 11 Rz. 41–71.

terliegen die entsprechenden Einkünfte der Ertragsteuerpflicht, es sei denn, ausnahmsweise wären die Einnahmen nach den §§ 65 ff. AO von den Ertragsteuern befreit, weil die Tätigkeit, die die Körperschaft entfaltet, der gemeinnützigen Zweckverfolgung dient und die gemeinnützige Körperschaft durch diese Tätigkeit nicht in potentiell wettbewerbsbeeinträchtigende Konkurrenz zu anderen steuerpflichtigen Unternehmen tritt. Für zahlreiche spezielle Zweckbetriebstätigkeiten wurde die Steuerbefreiung gesetzlich geregelt. Umsatzsteuerlich führen die Aktivitäten im Zweckbetrieb grds. zur Umsatzsteuerbarkeit, in vielen Fällen sind die Einnahmen aus einem Zweckbetrieb aber umsatzsteuerbefreit.[31]

– Die vierte Sphäre einer gemeinnützigen Körperschaft bezieht sich auf den **steuerpflichtigen wirtschaftlichen Geschäftsbetrieb**. Die Einnahmen im steuerpflichtigen wirtschaftlichen Geschäftsbetrieb unterliegen den Ertragsteuern.[32] Umsatzsteuerrechtlich liegen idR steuerbare und umsatzsteuerpflichtige Einnahmen vor, die meist mit dem Regelsteuersatz von 16 v. H. belegt sind.[33]

Es steht der gemeinnützigen Körperschaft frei, auf welche Weise sie die von ihr für die gemeinnützigen Zwecke benötigten Mittel erwirtschaftet. Es sind allerdings **zwei Grundsätze** zu beachten: 19

– Steuerpflichtige wirtschaftliche Geschäftsbetriebe und Vermögensanlagen im Bereich der steuerfreien Vermögensverwaltung dürfen allein dazu dienen, Mittel für die gemeinnützige Tätigkeit zu erwirtschaften. Sie dürfen kein Selbstzweck werden und gewissermaßen gleichberechtigt neben die gemeinnützige Zweckverfolgung treten. Von daher muß die gemeinnützige Körperschaft ihre **Absicht** darlegen können, durch ihre Aktivitäten in diesem Bereich **Gewinne zu erzielen**.[34]
– Sodann ist die gemeinnützige Körperschaft verpflichtet, sämtliche von ihr erwirtschafteten Vermögenswerte, gleichgültig, aus welchem der vier Bereiche sie stammen, **zeitnah für ihre gemeinnützigen Zwecke zu verwenden**. Die Vermögenswerte der gemeinnützigen Körperschaft dürfen von daher dann nicht mehr für die Erwirtschaftung von Einnahmen eingesetzt werden, wenn sie aufgrund der Pflicht zur zeitnahen Mittelverwendung für die gemeinnützigen Zwecke verwandt werden müßten. Unter bestimmten Voraussetzungen können allerdings Rücklagen im Bereich der Vermögensverwaltung oder eines steuerpflichtigen wirtschaftlichen Geschäftsbetriebs gebildet werden.[35]

Im übrigen steht es einer gemeinnützigen Körperschaft frei, auf welche Weise sie ihre Tätigkeit finanziert. Das Gemeinnützigkeitsrecht präferiert keine der denkbaren Möglichkeiten, um Mittel für die gemein-

---

[31] Zu den Umsatzsteuerbefreiungen § 11 Rz. 41–71.
[32] Zur Gewinnfeststellung § 7 Rz. 235 ff.
[33] Zur Umsatzsteuerpflicht s. unten § 11 Rz. 84–91.
[34] Vgl. unten Rz. 112; oben Rz. 5 ff.
[35] Rz. 2 zu § 55 AEAO; vgl. unten § 8 Rz. 71–80.

nützige Tätigkeit zu erwirtschaften. Die unterschiedliche steuerliche Behandlung der verschiedenen Einkommensmöglichkeiten erfordert allerdings eine Abgrenzung zwischen den Vermögens- und Einkommenssphären. Diese Abgrenzung ist im Einzelfall oft problematisch und wird im folgenden näher erörtert.

B. Ausstattung der gemeinnützigen Körperschaft mit Vermögen

I. Stiftungserrichtung

1. Erbschaftsteuer

20 Die **Errichtung einer Stiftung** von Todes wegen oder unter Lebenden bildet gem. § 3 Abs. 2 Nr. 1 bzw. § 7 Abs. 1 Nr. 8 ErbStG einen **erbschaftsteuerbaren Tatbestand**. Der Zeitpunkt der Vermögensübertragung erfolgt aus steuerlicher Sicht aufgrund der ausdrücklichen gesetzlichen Regelung in § 9 Abs. 1 Nr. 1c ErbStG mit dem Zeitpunkt der Genehmigung der Stiftung.[36] Die Übertragung des Vermögens auf eine als gemeinnützig anerkannte Stiftung ist allerdings nach § 13 Abs. 1 Nr. 16 b ErbStG erbschaftsteuerfrei. Maßgebend für die Erbschaftsteuerfreiheit ist, daß die gemeinnützige Stiftung nach ihrer Satzung und ihrer tatsächlichen Geschäftsführung gemeinnützige Zwecke verfolgt. Darüber hinaus muß die Stiftung innerhalb von **zehn Jahren nach der Zuwendung** mit ihrem Vermögen gemeinnützige Zwecke verfolgen. Unerheblich ist, wenn die Stiftung für einzelne Veranlagungsjahre die Steuerbefreiung verlieren sollte, das ihr zugewandte Vermögen aber gemeinnützigen Zwecken verhaftet bleibt, indem es entweder auf einen anderen Rechtsträger zur Verwendung für gemeinnützige Zwecke gemäß dem Gebot der Vermögensbindung übertragen wird oder die Stiftung die Steuerbefreiung aufgrund ihrer tatsächlichen Geschäftsführung wieder anstrebt, so daß das Vermögen bei der begünstigten Stiftung selbst den gemeinnützigen Zwecken gewidmet bleibt. Wird eine gemeinnützige Stiftung errichtet, so wird bereits während des Genehmigungsverfahrens die Übereinstimmung der Satzung mit den Gemeinnützigkeitsvorschriften überprüft, ansonsten kann die Stiftung nicht wirksam errichtet werden.[37] Bei der Errichtung einer Stiftung ist in bezug auf die tatsächliche Geschäftsführung maßgebend, daß die Stiftung für das Veranlagungsjahr, in dem die Zuwendung erfolgt ist, die Steuerbefreiung erhält. Die Anknüpfung der Befreiungsvorschrift an Satzung und tatsächliche Geschäftsführung bedeutet die Maßgeblichkeit eines Dauerzustandes. Eine tatsächliche Geschäftsführung allein bezogen auf einen einzelnen Stichtag ist begrifflich nicht möglich, deswegen ist maßgebend, ob die Steuerbefreiung für das Ver-

[36] BFH v. 25. 10. 1995, DStZ 1996, 157.
[37] Vgl. dazu oben, § 3 Rz. 21.

anlagungsjahr zu gewähren ist.[38] Die Erbschaftsteuerfinanzämter können insoweit die Wertungen des für die Ertragsteuern zuständigen Finanzamts übernehmen.

Die Steuerfreiheit einer Zuwendung ist auch dann gegeben, wenn der **zugewendete Gegenstand ertragsteuerlich zu einem steuerpflichtigen wirtschaftlichen Geschäftsbetrieb** bei der gemeinnützigen Stiftung führen sollte.[39] Wenn beispielsweise die Beteiligung an einer Personengesellschaft oder eine Beteiligung an einer Kapitalgesellschaft, die als wirtschaftlicher Geschäftsbetrieb bei der gemeinnützigen Stiftung beurteilt wird,[40] zugewendet werden sollte, schließt dies die Erbschaftsteuerfreiheit für die Zuwendung nicht aus. Allerdings verlangt die Finanzverwaltung für die Erbschaftsteuerfreiheit in diesen Fällen, daß die Überschüsse des wirtschaftlichen Geschäftsbetriebs vollständig für die gemeinnützigen Zwecke verwandt werden.[41] Fraglich ist damit, wie die Gewinnthesaurierung zu behandeln ist. Maßgebend ist nach dem ausdrücklichen Wortlaut des § 13 Abs. 1 Nr. 16 (b) ErbStG allein, daß die Stiftung im Moment der Zuwendung den Status der Gemeinnützigkeit beanspruchen kann und ihr Vermögen auch für wenigstens 10 Jahre nach der Zuwendung den gemeinnützigen Zwecken gewidmet bleibt. Diese Voraussetzung ist auch dann erfüllt, wenn ein Teil des Vermögens der gemeinnützigen Körperschaft aus ertragsteuerlicher Sicht zu einem steuerpflichtigen wirtschaftlichen Geschäftsbetrieb gehört. Die Schenkung eines Betriebsvermögens oder von Mitunternehmeranteilen führt nach § 6 Abs. 3 EStG nicht zur Aufdeckung stiller Reserven beim Zuwendenden. Allerdings nimmt die Rechtsprechung für den Fall, daß die steuerbefreite Körperschaft keinen wirtschaftlichen Geschäftsbetrieb fortführt, sondern Einnahmen im Bereich der Vermögensverwaltung erzielt, eine Zwangsentstrickung der stillen Reserven mittels der Betriebsaufgabe[42] an. Dabei wird jedoch die Bedeutung des § 13 Abs. 4 KStG nicht problematisiert.[43] Relevant wird dies bspw. bei der Zuwendung eines land- und forstwirtschaftlichen Betriebes. 21

2. Spendenrecht

Die **Zuwendung** des **Stiftungskapitals** kann vom Stifter **als Spende** geltend gemacht werden. Dem Spendenabzug steht nicht entgegen, daß das Stiftungskapital selbst nicht unmittelbar für die gemeinnützigen Zwecke eingesetzt wird, sondern nur die Erträge aus dem Stiftungskapital den gemeinnützigen Zwecken dienen. Allerdings muß in der Stiftungssatzung vorgesehen werden, daß das zugewandte 22

---

[38] Vgl. FG Nürnberg IV 4/95 v. 30. 9. 1997, EFG 1998, 121.

[39] FG Nürnberg, a.a.O.; *Schauhoff* ZEV 1995, 439; Thiel DB 1993, 2452; *Troll/Jülicher* Erbschaftsteuergesetz, § 13 Tz. 200; A 47 Abs. 2 S. 5, 6 ErbStR 1998.

[40] Vgl. dazu unten Rz. 67–71.

[41] A 47 Abs. 2, S. 5, 6 ErbStR 1998.

[42] BFH v. 19. 2. 1998 IV R 38/97, BStBl. 1998 II, 509.

[43] *Schauhoff* DStR 1996, 366 ff.; a. A. *Bott* § 7 Rz. 140 ff.

Stiftungsvermögen auch nach Auflösung der Stiftung gemeinnützigen Zwecken gewidmet bleibt, damit der Spendenabzug geltend gemacht werden kann.[44] Nur bei der Errichtung einer Stiftung von Todes wegen kann kein Spendenabzug, weder beim Erblasser noch bei den Erben, erreicht werden.[45] Um den Spendenabzug zu erlangen, müssen die spendenrechtlichen Vorschriften beachtet werden. Soweit die gemeinnützigen Zwecke, die von der Stiftung verfolgt werden, die Stiftung nicht selbst zur Ausstellung einer Spendenbescheinigung berechtigen, sondern bis Ende 1999 das sog. Durchlaufverfahren angewandt werden mußte,[46] hatte die Finanzverwaltung für die Übertragung von Immobilien Erleichterungen zugelassen.[47] Der Spendenabzug kann nur bis zu den spendenrechtlichen Höchstbeträgen, die 5 v. H. des Einkommens in dem Jahr der Zuwendung oder 2 v. T. der Summe der gesamten Umsätze und der im Kalenderjahr aufgewendeten Löhne und Gehälter ausmachen, geltend gemacht werden. Für wissenschaftliche, mildtätige und als besonders förderungswürdig anerkannte kulturelle Zwecke erhöht sich der Vomhundertsatz auf 10 v. H. des Einkommens. Trotz dieses erhöhten Spendenrahmens übersteigt das hingegebene Stiftungsvermögen ertragsteuerlich häufig die Spendenabzugsmöglichkeit in einem Veranlagungszeitraum. Bei einem Gesamtbetrag der Einkünfte von TDM 500 und einem Stiftungszweck, der zum erhöhten Spendenabzug berechtigt, können bei einem Stiftungskapital von TDM 500 bspw. nur TDM 50 im Veranlagungsjahr steuerwirksam gespendet werden. Für diese Fälle hat der Gesetzgeber bei einer Einzelzuwendung von mindestens DM 50 000 die Möglichkeit geschaffen, im Jahr der Zuwendung und in sechs weiteren Veranlagungszeiträumen (§ 9 Nr. 3 KStG) bzw. in dem vorausgegangenen und fünf folgenden Veranlagungsjahren (§ 10 b EStG) die Spende abzuziehen. Trotz dieser Möglichkeiten würden in dem o. a. Beispiel bei der Ausstattung einer Stiftung mit TDM 500 und gleichbleibenden Einkommensverhältnissen TDM 150 spendenrechtlich unverwertet bleiben. Je nach Einkommensverhältnissen und Höhe des Stiftungskapitals müssen mitunter noch weit höhere Teile aus versteuertem Einkommen aufgebracht werden. Deswegen hat der Gesetzgeber speziell für Stifter neben dem Spendenabzug einen weiteren Sonderausgabenabzug von TDM 40 und einen besonderen Sonderausgabenabzug für Stifter in Höhe von DM 600 000, der alle 10 Jahre genutzt werden kann, eingeführt, der das Stiften in Zukunft besonders anregen wird.[48] Nicht selten möchten gemeinnützige Körperschaften selbst, bspw. ein Verein, eine Stiftung errichten. Das **Stiftungskapital** darf allerdings **nicht aus zeitnah zu verwendenden Mitteln** genommen werden, denn anson-

---

[44] BFH v. 5. 2. 1992 I R 63/91, BStBl. 1992 II, 748.

[45] BFH v. 23. 10. 1996, BStBl. 1997 II, 239; v. 22. 9. 1993, X R 107/91, BStBl. 1993 II, 874; *Kießling/Buchna* S. 322 m. w. N.

[46] Vgl. dazu unten Rz. 37;

[47] OFD Hannover, Vfg. v. 29. 6. 1999 – S 2729–27 – StO 214, DB 1999, 1580.

[48] Dazu § 3 Rz. 26.

sten würde die gemeinnützige Körperschaft ihre Gemeinnützigkeit verlieren.[49] Gemeinnützigkeitsrechtlich bedarf eine derartige Stiftungserrichtung nach § 58 Nr. 1 AO einer Satzungsgrundlage.[50] Nunmehr hat der Gesetzgeber es den Stiftungen durch eine Änderung des § 58 Nr. 7 a AO ermöglicht, in erweitertem Maße Vermögen anzusparen, so daß diese Form der Stifungserrichtung durch Stiftungen in Zukunft einfacher verwirklicht werden kann.

3. Ertragsbesteuerung des Stifters

Sofern eine Kapitalgesellschaft als Stifter auftritt, wird die Finanzverwaltung vorrangig prüfen, ob die Stiftungserrichtung nicht als **verdeckte Gewinnausschüttung** der Kapitalgesellschaft an ihren Gesellschafter anzusehen ist.[51] In dem Rahmen, in dem die Kapitalgesellschaft auch ansonsten Ausgaben zur Förderung gemeinnütziger Zwecke leistet, kann sie auch eine Stiftung mit der Wirkung des Spendenabzugs errichten.[52] Allerdings haben aber auch Kapitalgesellschaften oder Körperschaften des öffentlichen Rechts das Recht, als Stifter aufzutreten. Insb. in den Fällen, in denen die Stiftungserrichtung als Maßnahme der Öffentlichkeitsarbeit begründet wird, ohne daß eine betriebliche Veranlassung eindeutig erkennbar wäre, ist sie steuerrechtlich anzuerkennen. Steht die Spendenmotivation gegenüber den betrieblichen Interessen im Vordergrund, kommt kein Betriebsausgabenabzug, sondern allein der Spendenabzug in Betracht.[53] Da das Spenden in aller Regel privat motiviert ist, denn es dient, anders als das Sponsoring, nicht dem betrieblichen Interesse, der Gesetzgeber aber die Spendenhingabe durch Kapitalgesellschaften ausdrücklich anerkannt hat, kann nur in Ausnahmefällen, wenn der Ruhm der Spende auf den Gesellschafter fällt, von einer verdeckten Gewinnausschüttung ausgegangen werden. 23

Besteht das Stiftungsvermögen in Wirtschaftsgütern, die steuerlich zu einem Betriebsvermögen gehören, beispielsweise in Immobilien oder in einem Personengesellschaftsanteil, kann das betreffende Wirtschaftsgut **steuerneutral aus dem Betriebsvermögen entnommen** werden (§ 6 Abs. 1 Nr. 4 Satz 4 EStG), mit der Folge, daß dann die Höhe des Spendenabzugs auf den Buchwert beschränkt ist, sofern die Zuwendung an eine Stiftung erfolgt, die wissenschaftliche, mildtätige oder als besonders förderungswürdig anerkannte gemeinnützige Zwekke verfolgt. Die Finanzverwaltung vertritt teilweise allerdings die Auffassung, wenn beispielsweise eine Stiftung zur Kunstförderung mit Bildern ausgestattet werde, sei keine Buchwertentnahme aus einem Be- 24

---

[49] Tz. 8 zu § 55 AEAO; OFD Frankfurt/M. v. 23. 3. 1998 – S0174A-8-StII 12, DB 1998, 1062.

[50] S. § 8 Rz. 54, 55.

[51] Vgl. BFH v. 9. 8. 1989 I R 4/84, BStBl. 1990 II, 237; FG Schl.-Holst. v. 16. 6. 1999 I 338/96, EFG 2000, 193.

[52] A 42 Abs. 6 KStR.

[53] Zur Abgrenzung vgl. Erlaß BMF v. 9. 7. 1997, BStBl. 1997 I, 726 (Sponsoringerlaß).

triebsvermögen – beispielsweise eines Künstlers – möglich, weil die Kunstförderung nur dann als besonders förderungswürdiger Zweck anzusehen sei, wenn die Zuwendung an eine Körperschaft des öffentlichen Rechts erfolge. Ob eine begünstigte Körperschaft einen förderungswürdigen gemeinnützigen Zweck verfolgt, hing aber schon bislang nicht davon ab, in welcher Rechtsform die Körperschaft agiert. Maßgebend für § 6 Abs. 1 Nr. 4 S. 4 EStG ist allein der verfolgte Zweck, nicht wer Empfänger der Zuwendung ist. Nachdem das sog. Durchlaufspendenverfahren abgeschafft worden ist[54] und der Wortlaut des § 6 Abs. 1 Nr. 4 Satz 4 EStG mit dem Gesetz zur weiteren Förderung von Stiftungen klargestellt worden ist, hat sich dieser Meinungsstreit erledigt. Wird ein Betrieb, Teilbetrieb oder ein Mitunternehmeranteil gestiftet, gewährleistet § 6 Abs. 3 EStG die Erfolgsneutralität der Vermögensübertragung. Sofern Gegenstände des Privatvermögens, beispielsweise eine Beteiligung an einer Kapitalgesellschaft, gestiftet werden, tritt aufgrund der allgemeinen Grundsätze, wonach die §§ 17, 23 EStG, 21 UmwStG nur entgeltliche Veräußerungen erfassen, keine Gewinnrealisierung ein. Wird die Sachspende aus dem Vermögen einer Kapitalgesellschaft, deren Gesellschafter der Stifter ist, genommen, besteht die Gefahr, daß die Finanzverwaltung anstelle einer steuerneutralen Buchwertübertragung nach § 8 Abs. 1 KStG iVm. § 6 Abs. 1 Nr. 4 S. 4 EStG eine verdeckte Gewinnausschüttung annimmt. Die Errichtung einer Stiftung kann zudem auch nach § 29 Abs. 1 Nr. 4 ErbStG zur Erbschaftsteuerbefreiung für den Teil des Nachlasses führen, der in die gemeinnützige Stiftung eingebracht wird.[55]

II. Vereinsgründung

25 Statten die Mitglieder eines gemeinnützigen **Vereins** diesen mit **Vermögen** aus, so handelt es sich zumindest dann nicht um eine steuerbare Schenkung, wenn die Vereinsmitglieder die Anfallberechtigten für den Fall der Auflösung des Vereins sind. § 45 BGB bestimmt, daß in der Vereinssatzung die Anfallberechtigten zu benennen sind. Wird als Anfallberechtigter ein anderer gemeinnütziger Verein oder eine Körperschaft des öffentlichen Rechts eingesetzt, die mit dem Vereinsvermögen bei einer Auflösung des Vereins gemeinnützige Zwecke verfolgen sollen, so können die Vereinsmitglieder für die Hingabe des Vermögens analog zu den Regeln der Stiftungserrichtung den Spendenabzug beanspruchen.[56] Sofern ein Vereinsmitglied den Verein mit mehr Vermögen ausstattet, als ihm im Falle der Auflösung des Vereins zustehen wird, liegt ein Schenkungsteuertatbestand an den Verein vor, der aber aufgrund der speziellen Regelung des § 13 Abs. 1 Nr. 16 b ErbStG regelmäßig erbschaftsteuerfrei bleiben wird.[57]

---

[54] Vgl. Rz. 36 ff.
[55] § 3 Rz. 27. *Von Oertzen* Rote Seiten 1/1999 Stiftung & Sponsoring.
[56] Vgl. BFH v. 5. 2. 1992 I R 63/91, BStBl. 1992 II, 748.
[57] Vgl. oben Rz. 22.

Das einzelne Vereinsmitglied erwirbt durch den **Vereinsbeitritt** ein **Mitgliedschaftsrecht**. Dieses Mitgliedschaftsrecht ist höchstpersönlicher Art und hat daher bei einem gemeinnützigen Verein keinen eigenen Vermögenswert.[58] Das Vermögen, welches dem gemeinnützigen Verein anläßlich seiner Gründung zugewendet wird, muß von diesem nicht zeitnah für gemeinnützige Zwecke ausgegeben werden, sondern dient der Vermögensausstattung und unterliegt daher nicht dem Gebot der zeitnahen Mittelverwendung.[59] Manche Vereine erheben eine spezielle Aufnahmegebühr. Bei Vereinen, die ihre gemeinnützige Tätigkeit vornehmlich den Mitgliedern anbieten, darf die Aufnahmegebühr nicht eine Höhe von gegenwärtig DM 3 000 überschreiten, soll es nicht zum Verlust der Gemeinnützigkeit kommen.[60] 26

III. Gründung einer gemeinnützigen GmbH

Gründet jemand eine gemeinnützige GmbH, so führt die Gründung der GmbH zum Erwerb von Geschäftsanteilen an dieser GmbH.[61] Es liegt von vornherein kein schenkungsteuerbarer, sondern ein tauschähnlicher Vorgang vor. Der Spendenabzug kann für die Zeichnung des Stammkapitals nicht in Anspruch genommen werden, da das eingesetzte Kapital bei einer Liquidation der GmbH dem Gesellschafter zusteht. Sofern allerdings in der Satzung der gemeinnützigen GmbH geregelt ist, daß sämtliches Vermögen, auch das eingezahlte Stammkapital, dauerhaft gemeinnützigen Zwecken gewidmet bleibt, kann der Spendenabzug beansprucht werden.[62] Vorsicht ist geboten, wenn der Gesellschafter „seiner" gemeinnützigen GmbH Geschenke macht. Diese werden einkommensteuerrechtlich als verdeckte Einlagen behandelt und können, beispielsweise bei der Schenkung einer wesentlichen Beteiligung an einer GmbH, nach § 17 Abs. 1 S. 2 EStG Einkommensteuerpflicht auslösen. Allerdings ist zweifelhaft, ob die Wertung der verdeckten Einlagen als tauschähnlicher Vorgang auch dann zutreffend ist, wenn der Gesellschafter im Gegenzug für die Hingabe eines Vermögenswertes tatsächlich keine Wertsteigerung seiner Beteiligung an der GmbH erfährt, weil der Wert der Beteiligung an einer gemeinnützigen GmbH im Verkehr regelmäßig allenfalls mit dem Nominalkapital angesetzt wird. Die **Geschäftsanteile an der gemeinnützigen GmbH** gehören zum Vermögen des Gesellschafters und unterliegen dort der **Erbschaftsteuer**.[63] Allerdings wird der Anteil idR mit dem Vermögenswert der GmbH mit einem Abschlag von 30 v. H. bewertet, da die gemeinnützige GmbH keine Gewinne an den Gesellschafter ausschüt- 27

58 § 2 Rz. 48.
59 Tz. 11 zu § 55 AEAO.
60 BMF-Schreiben v. 20. 10. 1998, BStBl. I 1998, 1424; s. o. § 5 Rz. 43 f.
61 § 4 Rz. 33.
62 Vgl. BFH v. 5. 2. 1992 I R 63/91, BStBl. 1992 II, 748; vgl. Tz. 14 zu § 55 AEAO.
63 FG München v. 1. 8. 1997, 4 V 4878/96, UVR 1997, 401.

ten darf. Höchstens wird jedoch der Nominalwert der Geschäftsanteile als Wert bei der Besteuerung zugrunde gelegt.[64] In dem Fall, in dem Vermögenszuwendungen in die Rücklage erfolgen, die bei der Liquidation an den Gesellschafter zurückzugewähren sind, müßten diese Vermögenswerte bei der Bewertung der Anteile über den Nominalwert hinaus an sich berücksichtigt werden. Wenn der Gesellschafter einer gemeinnützigen GmbH weder laufende Gewinnausschüttungen noch das Vermögen der GmbH bei ihrer Liquidation beanspruchen kann, haben die Anteile an sich überhaupt keinen Vermögenswert für ihn. Die Übertragung der Geschäftsanteile sollte deswegen dann erbschaftsteuerfrei bleiben. Das der gemeinnützigen GmbH im Zuge der Gründung zugewendete Kapital kann entweder als Stammkapital oder in der Form der Kapitalrücklage bilanziert werden. Dieses Vermögen unterliegt nicht dem Gebot der zeitnahen Mittelverwendung, da es sich um Einzelzuwendungen handelt, die zur Ausstattung der gemeinnützigen Körperschaft mit Vermögen oder zur Erhöhung des Vermögens bestimmt sind.[65]

IV. Der Wechsel von der Steuerpflicht zur Steuerfreiheit[66]

28 Bislang steuerpflichtige Körperschaften, beispielsweise eine GmbH, ein Verein oder eine Stiftung, können in den Steuerstatus der Gemeinnützigkeit wechseln, ohne daß sie eigens gegründet werden. Wird eine bisher steuerpflichtige Körperschaft erstmals von der Körperschaftsteuer befreit, dann ist aufgrund der **Regelung des § 13 KStG**, soweit die Körperschaft Gewinneinkünfte erzielt, im Regelfall eine Schlußbesteuerung durchzuführen. Die in der Zeit der Steuerpflicht gebildeten stillen Reserven sind aufzudecken und der Besteuerung zu unterwerfen.[67] In erster Linie sind davon Kapitalgesellschaften betroffen, die in vollem Umfang steuerpflichtige Einkünfte erzielen. Wenn Stiftungen oder Vereine von der Steuerpflicht in die Steuerfreiheit wechseln, gilt § 13 KStG zunächst nur für die Einkünfte aus Gewerbebetrieb, Land- und Forstwirtschaft und die wesentliche Beteiligung an einer Kapitalgesellschaft. Von der Grundregel des § 13 KStG sieht § 13 Abs. 4 KStG eine Ausnahme für die Fälle vor, in denen eine bislang steuerpflichtige Körperschaft zukünftig besonders förderungswürdige gemeinnützige, mildtätige oder kirchliche Zwecke verfolgt. Verfolgt die Körperschaft einen derartigen Zweck, so wird auf die Versteuerung der in der Zeit der Steuerpflicht gebildeten stillen Reserven verzichtet. Vielmehr können von der gemeinnützigen Körperschaft die **Buchwerte** der bislang steuerpflichtigen Körperschaft **fortgeführt** werden.[68] Soweit Wirtschaftsgüter einer derartigen bisher steuerpflichtigen Körperschaft nicht

---

[64] Abschn. 16 VStR 1995.
[65] Tz. 11 c zu § 55 AEAO.
[66] Vgl. dazu auch § 7 Rz. 135 ff.
[67] Vgl. A 47 Abs. 1 KStR.
[68] Vgl. *Schauhoff* DStR 1996 S. 366 ff.

zu einem Betriebsvermögen gehören – dies gilt beispielsweise für die Anteile an Kapitalgesellschaften, die außerhalb eines Gewerbebetriebes von Vereinen oder Stiftungen gehalten werden – werden Wertveränderungen nach den allgemein geltenden steuerlichen Bestimmungen regelmäßig nicht bei der Einkommensermittlung erfaßt. Eine besondere Regelung hinsichtlich des Beginns der Steuerpflicht ist deshalb insoweit nicht erforderlich. Allein wenn eine **wesentliche Beteiligung an einer Kapitalgesellschaft** iSd. § 17 EStG gehalten werden sollte, bestimmt § 13 Abs. 6 KStG, daß im Falle des Eintritts der Steuerbefreiung die wesentliche Beteiligung als zum gemeinen Wert veräußert gilt. Ausgenommen sind aber auch insoweit die Fälle, in denen zukünftig spendenbegünstigte gemeinnützige Zwecke iSd. § 13 Abs. 4 KStG verfolgt werden.[69]

V. Zuwendungen von Todes wegen

Werden einer gemeinnützigen Körperschaft Zuwendungen von Todes wegen gemacht, so können diese erbschaftsteuerfrei vereinnahmt werden.[70] Weder der Erbe noch der Erblasser können den Spendenabzug für eine Zuwendung von Todes wegen beanspruchen.[71] Das der gemeinnützigen Körperschaft von Todes wegen zugewendete Vermögen unterliegt nicht dem **Gebot der zeitnahen Mittelverwendung**, da derartige Zuwendungen so angesehen werden, als ob sie das Vermögen der steuerbegünstigten Körperschaft stärken sollen. Nur wenn der Erblasser eine zeitnahe Verwendung vorschreibt, geht dessen Auflage auch gemeinnützigkeitsrechtlich vor.[72] Wird ein steuerpflichtiger Betrieb zugewandt, so kommt es beim Erblasser regelmäßig zur steuerpflichtigen Betriebsaufgabe, wenn der Betrieb von der gemeinnützigen Körperschaft nicht fortgeführt werden sollte.[73] Noch offen ist allerdings, ob in den Fällen, in denen das Vermögen auf eine spendenbegünstigte Körperschaft übergeht, analog § 13 Abs. 4 KStG etwas anderes gilt.[74] 29

[69] *Kießling/Buchna* S. 354 ff.; s. o. Rz. 21.
[70] Vgl. oben Rz. 20 f. sowie ausführlich § 7 Rz. 435 ff.
[71] Vgl. BFH v. 23. 10. 1996, BStBl. II 1997, 239; v. 22. 9. 1993, BStBl. II 1993, 874.
[72] Tz. 11 a) zu § 55 AEAO.
[73] BFH v. 19. 2. 1998 IV R 38/97, BB 1998, 1722.
[74] *Schauhoff* DStR 1996, 366; zustimmend *Kießling/Buchna* S. 354; a. A. *Bott* § 7 Rz. 140 ff.

C. Finanzierung durch Spenden, Mitgliedsbeiträge, Zuschüsse und Sponsoring

I. Spenden

1. Rechtsgrundlagen

36 Zahlreiche gemeinnützige Körperschaften finanzieren ihre Aufgaben zu einem wesentlichen Teil aus den ihnen zugewendeten Spenden. Das EStG, KStG und GewStG erlauben es Spendern, freiwillige Zuwendungen an eine gemeinnützige Körperschaft, und teilweise auch Mitgliedsbeiträge, unter bestimmten Voraussetzungen steuermindernd geltend zu machen. Durch den **Spendenabzug** wird zu **privatem, uneigennützigem Handeln** angeregt.[75] Für den Spendenabzug sind die Bestimmungen und Anweisungen in § 10b EStG, § 9 Abs. 1 Nr. 2 KStG und § 8 Nr. 9 GewStG, §§ 48 und 40 EStDV sowie Abschn. 111 bis 113 EStR, Abschn. 42 KStR maßgebend. Nachdem der BFH erkannt hatte, daß keine ausreichende Rechtsgrundlage für die in den §§ 48, 40 EStDV getroffenen Regelungen gegeben ist, waren die besonders förderungswürdigen und damit spendenbegünstigten gemeinnützigen Zwecke eine Zeitlang unmittelbar aus § 52 Abs. 2 AO zu entnehmen.[76] Eine Spende ist eine freiwillige, unentgeltliche Zuwendung an eine gemeinnützige Körperschaft. Alle gesetzlichen Vorschriften lassen den Spendenabzug je Veranlagungsjahr allerdings nur bis zu bestimmten **Höchstbeträgen**, die im Regelfall je nach gemeinnützigem Zweck entweder 10 v. H. oder 5 v. H. des steuerpflichtigen Einkommens betragen, zu. Alternativ wird auch an den Umsatz[77] oder die Lohnsumme angeknüpft. Die Abgrenzung zwischen den verschiedenen gemeinnützigen Zwecken, die verschiedene Höchstbeträge vermitteln können, folgt der Lex-specialis-Regel. Deswegen kann beispielsweise für eine Spende an eine kirchliche Einrichtung, mit der wissenschaftliche Zwecke verfolgt werden, ein Spendenabzug in Höhe von 10 v. H. des Einkommens erreicht werden, da die Verwendung für wissenschaftliche Zwecke der Verwendung durch eine kirchliche Einrichtung vorgeht.[78] Die Rechtsprechung hat die These, daß sich die spendenrechtliche Abzugsfähigkeit in erster Linie nach den gemeinnützigen Zwecken des Empfängers richtet, aufgegeben. Vielmehr kommt es darauf an, welche Zweckbestimmung der Spender ausdrücklich festgelegt hat.[79] Ein

[75] BFH v. 25. 11. 1987 I R 126/85, BStBl. 1988 II, 220; v. 12. 9. 1990 I R 65/86, BStBl. 1991 II, 258; v. 22. 9. 1993 BStBl. 1993 II, 74.

[76] BFH v. 24. 11. 1993 X R 5/91, BStBl. II 1994, 683; FG Berlin v. 26. 1. 1998 8 K 8264/97, EFG 1998, 1193.

[77] Zur Ermittlung der Umsätze BFH v. 4. 12. 1996 I R 151/93, BStBl. II 1997, 327; zur Alternativität FG Düsseldorf v. 16. 8. 1999 12 V 4031/99 A(E); EFG 1999, 1219.

[78] Vgl. dazu oben § 5 Rz. 24; FG Rhld.-Pf. v. 26. 6. 1996 1 K 2611/95, EFG 1996, 1216; FG Köln v. 8. 10. 1996 7 K 4270/94, EFG 1997, 474.

[79] BFH v. 15. 12. 1999 XI R 93/97, DB 2000, 317.

erhöhter Spendenabzug kommt jedoch nur in Betracht, wenn die gemeinnützige Körperschaft auf der Spendenbescheinigung die Verwendung für die privilegierten gemeinnützigen Zwecke bestätigt.[80]

Das Spendenabzugsrecht ist mit Wirkung ab dem 1. 1. 2000 deswegen reformiert worden, weil es ohne ausreichende Rechtsgrundlage und sehr verwaltungsaufwendig gestaltet war.[81] Je nach gemeinnützigem Zweck, der von der spendenempfangsberechtigten Körperschaft verfolgt wurde, durfte entweder diese selbst die Spendenquittungen ausstellen und die Spenden entgegennehmen oder aber die Spenden mußten über eine juristische Person des öffentlichen Rechts, z. B. die Bundesländer, die Gemeinden, Gemeindeverbände, Anstalten und Stiftungen des öffentlichen Rechts oder öffentliche Dienststellen wie Universitäten und Forschungsinstitute geleitet werden (**sog. Durchlaufspenden**).[82] Als „Durchlaufstelle" erkannte die Finanzverwaltung nur Gebietskörperschaften sowie deren Dienststellen an, nicht dagegen andere Körperschaften des öffentlichen Rechts, die selbst keine steuerbegünstigten Zwecke verfolgen, wie z. B. öffentlich-rechtliche Sparkassen und öffentlich-rechtliche Rundfunk- und Fernsehanstalten.[83] Allerdings war der Unterschied zwischen Durchlaufverfahren und der Möglichkeit, selbst Spendenquittungen ausstellen zu können, deswegen erheblich eingeebnet, weil mit BMF-Schreiben vom 3. 1. 1986[84] das **sog. Listenverfahren** zugelassen wurde. Auch wenn eine gemeinnützige Körperschaft selbst nicht berechtigt war, Spendenquittungen auszustellen, so konnte sie doch Spenden entgegennehmen. Sie sammelte die Spenden auf einem besonderen Konto und stellte eine Liste der Spender mit den jeweiligen Beträgen auf. Sodann wurde der gesammelte Betrag an eine Körperschaft des öffentlichen Rechts überwiesen, die die Spendenquittungen ausstellte und den Betrag anschließend an die gemeinnützige Körperschaft zurücküberwies, nachdem sie die Steuerbegünstigung der Körperschaft überprüft und sich die ordnungsgemäße Verwendung der Spendenmittel hatte versichern lassen. Anstelle der Körperschaft selbst konnte auch eines ihrer Mitglieder die Spenden auf einem gesondert eingerichteten Konto (Treuhandkonto) ansammeln. Das Verfahren konnte allerdings für Sachspenden oder sog. Aufwandsspenden[85] nicht angewandt werden. **Mit Wirkung ab dem 1. 1. 2000** kann jede gemeinnützige Körperschaft selbst Spendenquittungen ausstellen. Das Durchlaufspendenverfahren wurde abgeschafft. In § 50 EStDV ist bestimmt, daß die empfangende gemeinnützige Körperschaft eine **Zuwendungsbestätigung** ausstellen muß, damit die Spende steuerlich geltend gemacht werden kann, es sei denn, es läge eine Zuwendung zur Katastrophenhilfe an einen anerkannten Verband der 37

---

80 FG Münster v. 14. 8. 1996 11 K 1437/93, EFG 1997, 659.
81 Zu Reformbestrebungen *Weiß* DStZ 1995, 650.
82 BMF-Schreiben v. 15. 12. 1994, BStBl. I 1994, 884.
83 OFD Frankfurt/M. v. 13. 7. 1995, FR 1996, 38.
84 BMF-Schreiben v. 3. 1. 1986, BStBl. II 1986, 52.
85 *Kießling/Buchna* S. 300 f.; a. A. FinMin. MeVo v. 21. 3. 1996, DB 1996, 1444.

freien Wohlfahrtspflege vor oder die Zuwendung überstiege nicht DM 100 und Verwendungszweck und Steuerbegünstigung der empfangenden Körperschaft ergäbe sich aus den Bankbelegen. Die empfangende gemeinnützige Körperschaft muß die Vereinnahmung der Zuwendung und ihre zweckentsprechende Verwendung **ordnungsgemäß aufzeichnen** und ein **Doppel** der Zuwendungsbestätigung aufbewahren.

38 Auch der **Betrieb gewerblicher Art** einer Körperschaft des öffentlichen Rechts kann an seine **Trägerkörperschaft** mit steuerlicher Wirkung Spenden ausführen, sofern an die Trägerkörperschaft in gleicher Höhe wie an andere gemeinnützige Körperschaften gespendet wird.[86] Dies hat vor allem für Sparkassen Bedeutung. Dieser sog. **Fremdspendenvergleich** wird von der Finanzverwaltung auch bei Spenden einer Kapitalgesellschaft an den gemeinnützigen Gesellschafter angewandt. In die Vergleichsbetrachtung werden die Fremdspenden des betroffenen Wirtschaftsjahres und der beiden vorangegangenen Jahre einbezogen und daraus ein Durchschnitt gebildet. Soweit die Spende an den Gesellschafter die durchschnittliche Spende übersteigt, liegt eine **verdeckte Gewinnausschüttung** vor.[87] Auch wenn die Spende durch die Kapitalgesellschaft nicht unmittelbar an den Gesellschafter, sondern an eine dem Gesellschafter nahestehende Person gemacht wird, beispielsweise eine vom Gesellschafter errichtete gemeinnützige Stiftung, kann nach Auffassung von Rechtsprechung und Finanzverwaltung eine verdeckte Gewinnausschüttung vorliegen.[88] Der Wortlaut des § 9 Nr. 3a KStG macht deutlich, daß die Regeln über die verdeckte Gewinnausschüttung neben dem Spendenabzug gelten. Andererseits beruht eine Spende immer auf einer außerbetrieblichen Motivation der Organe der Kapitalgesellschaft, da sie, anders als das Sponsoring, nicht die Unternehmensziele durch Marketingmaßnahmen fördern soll. Daher sollte nur, wenn die Förderung der privaten Interessen des Gesellschafters gegenüber der außerbetrieblichen Motivation bei der Spendenhingabe eindeutig ist, von einer verdeckten Gewinnausschüttung an eine nahestehende Person ausgegangen werden. Eine gemeinnützige Körperschaft kann selbst ihr steuerliches Ergebnis in einem **steuerpflichtigen wirtschaftlichen Geschäftsbetrieb** nicht durch eine Spende an sich selbst mindern, weil ein einheitliches Steuersubjekt vorliegt.[89]

2. Zur Förderung gemeinnütziger Zwecke

39 Eine Spendenquittung darf nur ausgestellt werden, wenn die Spende zur Förderung der gemeinnützigen Zwecke gegeben wird. Damit ist erforderlich, daß die Zuwendung **freiwillig** erfolgt und **ohne Anspruch auf eine Gegenleistung** gegeben wird. Es genügt, wenn die Rechtspflicht, aus der sich die Verpflichtung zur Zahlung der Spende ergab,

---

86 BFH v. 9. 8. 1989 I R 4/84, BStBl. 1990 II, 237.
87 BFH v. 9. 8. 1989 IR 4/84, BStBl. II 1990, 257.
88 FG BaWü v. 30. 7. 1998 6V 38/97, EFG 1998, 1488.
89 BFH v. 13. 3. 1991, BStBl. II 1991, 645; § 7 Rz. 212.

freiwillig eingegangen wurde. Unerheblich ist, wenn die Spendenzahlung vom sozialen Umfeld erwartet wird, wie dies beispielsweise bei den erwarteten Spenden anläßlich des Beitritts zu einem Golfverein der Fall ist.[90] Der Begriff der Gegenleistung ist nicht im bürgerlich-rechtlichen Sinne zu verstehen.[91] Eine Spende wird schon dann nicht zur Förderung der gemeinnützigen Zwecke gegeben, wenn sich der Zuwendende davon einen Vorteil verspricht. Aus diesem Grunde kann beispielsweise die Zuwendung, die gegeben wird, um die Einstellung eines Strafverfahrens zu erreichen,[92] oder die zur Erfüllung eines Vermächtnisses hingegeben wird,[93] nicht als Spende abgezogen werden. Dasselbe gilt, wenn beispielsweise ein Los im Rahmen einer Tombola für gemeinnützige Zwecke gekauft wird. Im Vordergrund steht dabei der Kauf des Loses und das Hoffen auf den Gewinn.[94] Auch beim Erwerb von Eintrittskarten zu Benefizveranstaltungen kann nicht ein Teil des Entgelts als Spende geltend gemacht werden, selbst wenn der Eintrittspreis deutlich über den vergleichbaren Preisen anderer Veranstaltungen liegen sollte.[95] Eine freiwillige Spendenhingabe ist nur vorstellbar, wenn der Zugang zur Veranstaltung zu einem von vornherein feststehenden Preis ermöglicht wird und darüber hinaus anläßlich der Veranstaltung zusätzliche freiwillige Spenden gegeben werden. Bei einer Betriebsprüfung wird auch überprüft werden, ob die „Spende" tatsächlich verkapptes Entgelt für eine Leistung des Vereins ist, beispielsweise für Trainerstunden im Tennisverein. Die zu Unrecht ausgestellte Spendenquittung kann dann zu einer Anklage wegen Steuerhinterziehung, begangen in mittelbarer Täterschaft, führen. Nach der Rechtsprechung des BFH darf bereits dann keine Spendenquittung ausgestellt werden, wenn ein Schulträger das Schulgeld so niedrig ansetzt, daß Spenden an den Förderverein der Schule benötigt werden, um den normalen Schulbetrieb aufrechtzuerhalten.[96]

Keine Zuwendung zur Förderung gemeinnütziger Zwecke liegt nach herrschender Ansicht auch dann vor, wenn die Zuwendung zum **Verbrauch** in einem **steuerpflichtigen wirtschaftlichen Geschäftsbetrieb** bestimmt ist. Dies gilt in den Fällen, in denen beispielsweise Sponsoren den Berufssportlern eines Sportvereins für die sportliche Tätigkeit ein Entgelt bezahlen oder Sachspenden zuwenden, wie Inventar für den Kantinenbetrieb des Sportvereins. Entsprechende Zuwendungen können nicht als Spende abgezogen werden und unterliegen der Erbschaftsteuer, sofern keine betriebliche Veranlassung für die Zahlung 40

[90] BFH v. 13. 8. 1997 I R 19/96, DB 1997, 2204; FG Düsseldorf v. 13. 2. 1998 11 K 6161/97 E, EFG 1999, 115; a. A. Hess. FG v. 28. 4. 1999 2 K 5239/96, EFG 1999, 769; FG Rhld.-Pf. v. 10. 1. 2000 5 K 1397/98, DStRE 2000, 399.

[91] BFH v. 22. 3. 1995 X B 285/94, BFH/NV 1995, 963.

[92] BFH v. 19. 12. 1990 X R 40/86, BStBl. 1991 II, 234.

[93] BFH v. 22. 9. 1993 X R 107/91, BStBl. 1993 II, 874.

[94] BFH v. 29. 1. 1971, BStBl. 1971 II, 799.

[95] OFD Nürnberg v. 23. 11. 1990, DStR 1991, 119; BFH v. 25. 8. 1987, BStBl. II 1987, 850; BFH v. 13. 6. 1969, BStBl. 1969 II, 701.

[96] BFH v. 12. 8. 1999 XI R 65/98, DStR 2000, 149.

festgestellt werden kann.[97] Zudem wird die Zuwendung als laufende Einnahme im steuerpflichtigen wirtschaftlichen Geschäftsbetrieb behandelt.[98] Nach anderer Ansicht wird der gemeinnützige Zweck auch durch Zuwendungen in einen steuerpflichtigen wirtschaftlichen Geschäftsbetrieb gefördert, weil dieser der Mittelbeschaffung für die gemeinnützige Tätigkeit dient und das Gesetz nicht danach unterscheidet, wo das zugewendete Geld oder Wirtschaftsgut bei der gemeinnützigen Körperschaft eingesetzt wird. Wesentlich ist allein, daß die Körperschaft ausschließlich ihren gemeinnützigen Zweck verfolgt, auch mit einem steuerpflichtigen wirtschaftlichen Geschäftsbetrieb.[99] Von daher erscheint die Unterscheidung, daß die Zuwendung eines Gegenstandes, der zum Verkauf auf einem Wohltätigkeitsbasar bestimmt ist, keinen Spendenabzug vermitteln kann, dagegen die Zuwendung von Geld, welches zur Anschaffung von Gegenständen zum Einsatz in dem Basar dient, zum Spendenabzug verhilft, gekünstelt. Jegliche Tätigkeit einer gemeinnützigen Körperschaft muß auf die Erfüllung der steuerbegünstigten Zwecke ausgerichtet sein. Erfährt die gemeinnützige Körperschaft für irgendeine ihrer Tätigkeiten durch Zuwendungen eine Erleichterung, so stehen im Saldo mehr Mittel zur Verfügung, um die gemeinnützigen Zwecke zu verfolgen. Mit jeder Zuwendung an eine gemeinnützige Körperschaft wird deren gemeinnützige Zweckverfolgung unterstützt, was ausreicht, um eine Spende im Sinne der gesetzlichen Vorschriften annehmen zu können.[100] Auch sofern ertragsteuerlich in diesen Fällen eine Betriebseinnahme angenommen werden sollte, schließt dies den Spendenabzug nicht aus, sofern die Zuwendung freiwillig und unentgeltlich erfolgt ist.[101] Nach einer dritten Auffassung sollen wenigstens die Sachzuwendungen, die beispielsweise durch Veräußerung auf einem Basar verwertet werden, als Spenden angesehen werden, weil der wirtschaftliche Geschäftsbetrieb nur zu dem Zweck eingeschaltet wird, die Spende dem begünstigten Zweck zuzuführen.[102]

3. Sach- und Aufwandsspenden

41 Als Ausgabe iSv. § 10 b EStG, 9 Abs. 2 KStG und § 9 Ziff. 5 GewStG gilt auch die Zuwendung von Wirtschaftsgütern. Eine **Sachspende** wird mit Übergabe des wirtschaftlichen Eigentums an dem Wirt-

---

[97] *Thiel* DB 1993, 2452 unter Berufung auf BFH v. 5. 2. 1992, BStBl. 1992 II, 748.; ebenso FG Düsseldorf v. 5. 2. 1997 13 K 2126/93, EFG 1997, 473; auch *Kirchhof* in Kirchhof/Söhn § 10 b EStG, Rz. B75 ff.; vgl. für Sponsoring und Betriebsausgaben Rz. 52.

[98] BFH v. 26. 2. 1992 I R 149/90, BStBl. 1992 II, 693; v. 10. 6. 1992 I R 76/90, BFH/NV 1992, 839.

[99] *Schauhoff* ZEV 1995, 439.

[100] Vgl. dazu aber *Thiel* DB 1993, 24.52; ähnlich *Kießling/Buchna* S. 316 f.

[101] So jetzt auch OFD Kiel v. 18. 5. 1998 – S 2223 A – St 142, DB 1998, 1740 für Aufwandsspenden.

[102] So *Kießling/Buchna* S. 316 f.

schaftsgut bewirkt. Der Spendenabzug kann in Höhe des gemeinen Wertes des Wirtschaftsgutes geltend gemacht werden.[103] Im Zweifelsfall ist es Aufgabe des Spenders, den Wert einer Spende nachzuweisen.[104] Eine Gruppenbewertung ist nicht zulässig, vielmehr muß für jeden einzelnen gespendeten Gegenstand der Einzelveräußerungspreis ermittelt und in der Spendenquittung angegeben werden. Bei Zuwendung eines Betriebes oder von Mitunternehmeranteilen oder von im Privatvermögen gehaltenen Beteiligungen an einer Kapitalgesellschaft, deren Veräußerung entweder nach § 21 UmwStG oder § 17 EStG steuerpflichtig wäre, kann der gemeine Wert des Betriebes oder der Beteiligung als Spende geltend gemacht werden. Eine Gewinnrealisierung findet infolge der Spende nicht statt, da die unentgeltliche Übertragung eines Betriebes, Teilbetriebes oder von Anteilen an einer Kapitalgesellschaft nicht zu einer steuerpflichtigen Veräußerung führt. Eine Sonderregelung gilt für die Fälle, in denen ein Wirtschaftsgut aus einem Betriebsvermögen entnommen wird und das Wirtschaftsgut bei der Entnahme auf Grund der Bestimmung des § 6 Abs. 1 Nr. 4 S. 4 EStG mit dem Buchwert angesetzt worden ist. In diesem Fall kann die **Spende** nach § 10b Abs. 3 S. 2 EStG bzw. § 9 Abs. 2 S. 2 KStG nur in Höhe des **Buchwertes** des Wirtschaftsgutes steuerlich geltend gemacht werden.[105]

Nutzungen und **Leistungen** sind nach § 10b EStG, § 9 Abs. 2 42
KStG und § 9 Nr. 5 GewStG vom Abzug als Spende ausgeschlossen. Weder die kostenlose Überlassung von Räumlichkeiten an eine gemeinnützige Körperschaft noch die Mitarbeit in der gemeinnützigen Körperschaft kann zur Ausstellung einer Spendenquittung führen. Allerdings kann dann, wenn die betreffende Person für die Überlassung der Nutzungen oder der Leistungen einen **Rechtsanspruch** auf eine Vergütung erlangt hat, der in einem Vertrag oder der Satzung ausdrücklich dokumentiert ist, und der Spender freiwillig auf diesen Anspruch **verzichtet**, nachdem er den Anspruch erlangt hat, doch eine Spendenquittung in Höhe des Anspruchs ausgestellt werden. Für diese Fälle sind im vorhinein klare schriftliche Vereinbarungen zu treffen und für den jeweiligen Anspruchsberechtigten entsprechende Einzelabrechnungen erforderlich.[106] Die Finanzverwaltung geht von der tatsächlichen Vermutung aus, daß **ehrenamtliche Mitarbeiter** eines Vereins diesem gegenüber keinen Aufwandsersatzanspruch erwerben, weswegen der Verein nachweisen muß, daß er aufgrund seiner wirtschaftlichen Leistungsfähigkeit und der tatsächlichen Übung in vergleichbaren Fällen ernsthaft zur Leistung von Aufwandsersatz bereit war. Möglich ist es

---

[103] § 10b Abs. 3 S. 3 EStG.

[104] BFH v. 20. 10. 1971, BStBl. 1972 II, 55; v. 23. 05. 1989, BStBl. 1989 II, 879; OFD Frankfurt/M. v. 6. 2. 1998 -S2223-A-22-StII22, BB 1998, 628.

[105] Vgl. dazu auch Rz. 24.

[106] BMF-Schreiben v. 7. 6. 1999, BStBl. 1999 I, 591; Thür. FG v. 2. 9. 1998 III 130/98, EFG 1998, 1640; a. A. OFD Kiel, Vfg. v. 14. 10. 1998 – S 2223 A-St 142, FR 1998, 1099: pauschaler Aufwendungsersatz für Unterkunft und Verpflegung nach der jeweiligen Sachbezugsverordnung zulässig.

aber beispielsweise, den Mitgliedern in einer besonderen Vereinsordnung **Ersatz** ihrer **Reisekosten** für Fahrten im Interesse des Vereins zuzusagen.[107] Der Verein verstößt nicht gegen das gemeinnützigkeitsrechtliche Mittelverwendungsgebot, wenn er den angemessenen Aufwand eines Mitglieds ersetzt, auch wenn er erst durch eine Spende des Mitglieds die dafür erforderlichen Mittel erwarb.[108]

4. Steuerliche Behandlung der Spendenmittel bei der gemeinnützigen Körperschaft

43 Freiwillige Zuwendungen an eine gemeinnützige Körperschaft fallen bei dieser regelmäßig in den ideellen Bereich und unterliegen daher von vornherein nicht den Ertragsteuern. Spenden setzen begriffsnotwendig voraus, daß **kein Anspruch** auf eine **Gegenleistung** durch die gemeinnützige Körperschaft besteht. Es handelt sich um unentgeltliche Zuwendungen, die schenkungsteuerbar sind, idR aber nach § 13 Abs. 1 Nr. 16 b ErbStG von der Schenkungsteuer befreit sind.[109] Verzichtet ein Spender auf einen Anspruch gegenüber einer gemeinnützigen Körperschaft, so kann unter den soeben beschriebenen Voraussetzungen eine **Aufwandsspende** gegeben sein, die auch nicht zu ertragsteuerlichen Auswirkungen führt. Vielmehr ist davon auszugehen, daß der Spender den Verzicht auf Aufwandsersatz aus ideellen Gründen ausgesprochen hat. Sollte der Aufwandsersatzanspruch aufgrund einer Tätigkeit für den steuerpflichtigen wirtschaftlichen Geschäftsbetrieb der gemeinnützigen Körperschaft entstanden sein, kann der Verzicht auf den Aufwandsersatzanspruch als Zuwendung in den ideellen Bereich und gleichzeitige Einlage in den steuerpflichtigen wirtschaftlichen Geschäftsbetrieb behandelt werden, wenn tatsächlich eine Zuwendung für die ideelle Tätigkeit vorliegt. Allerdings können auch Betriebseinnahmen einer Mittelbeschaffungseinrichtung der gemeinnützigen Körperschaft gegeben sein. Der BFH hat beispielsweise entschieden, daß die sog. Kleiderspenden bei den Altkleidersammlungen zu Betriebseinnahmen im steuerpflichtigen wirtschaftlichen Geschäftsbetrieb führen, weil die entsprechenden Zuwendungen direkt in den steuerpflichtigen Bereich hinein gemacht werden und durch die Mittelbeschaffungsaktivität der Körperschaft, nämlich die Altkleider zu beseitigen, im wesentlichen veranlaßt sind.[110] Die Betriebseinnahme ist dabei mit den Anschaffungskosten von DM 0 anzusetzen und nicht etwa mit dem sog. Teilwert, der bei einer Einlage zur Geltung käme.[111]

---

[107] Vgl. OFD Frankfurt/M., Vfg. v. 20. 4. 1998 – S 2223 A-22-St II 22, DB 1998, 1159.

[108] BFH v. 3. 12. 1996 IR 67/95, BStBl. II 1997, 474.

[109] Zur Ausnahme bei der Zuwendung zur Verwendung in einem stpfl. wirtschaftlichen Geschäftsbetrieb s. Rz. 40.

[110] BFH v. 26. 2. 1992, BStBl. 1992 II, 693; v. 10. 6. 1992 I R 76/90, BFH/NV 1992, 839.

[111] Vgl. § 7 Rz. 138; sowie § 64 Abs. 5 AO; vgl. aber auch zweifelnd *Kießling/Buchna* S. 316 f.

Zahlreiche gemeinnützige Körperschaften sind mittlerweile dazu übergegangen, **erhebliche** Mittel einzusetzen, um **Mitglieder** und **Spenden** zu **werben**. In der Vergangenheit wurde die Rechtsauffassung vertreten, es liege eine gemeinnützigkeitsrechtliche Fehlverwendung von gemeinnützigkeitsrechtlich gebundenen Mitteln vor, wenn der Aufwand für die Werbung neuer Mitglieder und Spender 10 v. H. der in dem jeweiligen Jahr vereinnahmten Mitgliedsbeiträge und Spenden übersteige.[112] Diese Rechtsauffassung ist sehr zweifelhaft, da die gemeinnützige Körperschaft zumindest dann, wenn die eingenommenen Mittel den Aufwand für die Spenden- und Mitgliederwerbung überschreiten, einen Vorteil für die gemeinnützige Zweckverfolgung erlangt hat. Der Gesetzgeber läßt durch § 58 Nr. 1 AO erkennen, daß sich eine gemeinnützige Körperschaft mit ihrer gesamten Kraft der Mittelbeschaffung für die gemeinnützigen Zwecke widmen darf. Eine Begrenzung der „Investition" in Mitglieder und Spender auf 10 v. H. des Beitrags und Spendenaufkommens eines Veranlagungsjahres findet daher keine Stütze im Gesetz, zumal entsprechende Kampagnen in einem Veranlagungszeitraum häufig mit Wirkung für mehrere Jahre gestartet werden. Jedenfalls kann ein übermäßiger Aufwand zur Spender- und Mitgliederwerbung als Mittelfehlverwendung mit der Folge, daß die Gemeinnützigkeit aberkannt wird, gewertet werden. Nach der Rechtsprechung des BFH ist regelmäßig von einer derartigen Mittelfehlverwendung auszugehen, wenn der Aufwand zur Deckung der Verwaltungskosten und für die Spendenwerbung mehr als 50 v. H. der Einnahmen aus Geldspenden ausmacht. In einer (dreijährigen) Anlaufphase kann der entspr. Aufwand auch noch höher sein.[113] 44

Die Spendenmittel müssen von der gemeinnützigen Körperschaft **tatsächlich** für die in der Spendenquittung angegebenen Zwecke **verwendet** werden. Die Verwendung der Spendenmittel muß gegebenenfalls durch Aufzeichnungen nachgewiesen werden können.[114] Verfolgt eine gemeinnützige Körperschaft verschiedene Zwecke, die in **unterschiedlicher Höhe zum Spendenabzug berechtigen** (beispielsweise wissenschaftliche Zwecke, für die ein Spendenhöchstbetrag von 10 v. H. gegeben ist, oder Bildungszwecke, für die ein Spendenabzug von 5 v. H. gegeben ist) so muß die gemeinnützige Körperschaft nachweisen können, daß die für die jeweiligen Zwecke eingenommenen Spendenmittel auch tatsächlich dafür verwandt worden sind, es sei denn, es wurde von vornherein nur bestätigt, daß die hingegebene Spende in Höhe von 5 v. H. des Einkommens zum Spendenabzug berechtigt.[115] Werden die Spenden von einem Spendensammelverein an eine andere gemeinnützige Körperschaft weitergegeben, so kann die 45

---

112 FG Köln v. 28. 1. 1998 VI 56194/97, EFG 1998, 755; FG Baden-Württemberg v. 6. 12. 1990, 10 K 236/86, n. v.

113 BFH v. 23. 9. 1998 I B 82/98; ausführlich § 8 Rz. 20–24.

114 Vgl. Tz. 1 zu § 63 AEAO.

115 BdF v. 3. 4. 1952, BStBl. 1952 I, 239; *Kießling/Buchna* S. 318; zur Abgrenzung zwischen den verschiedenen Zwecken s. Rz. 36.

Verwendung der Spenden entsprechend der Bescheinigung durch dessen Freistellungsbescheid nachgewiesen werden.[116]

5. Exkurs: Spendenabzug

46 Der Zuwendende kann die ihm zugewendete Spende stets nur im Rahmen bestimmter Höchstbeträge geltend machen.[117] Je nach Zweck, welchen die bedachte Körperschaft verfolgt, können entweder 10 v. H. oder 5 v. H. des Gesamtbetrags der Einkünfte (bei der Körperschaftsteuer: des Einkommens nach § 9 Abs. 2 Satz 1 KStG, bei der Gewerbesteuer: des Gewinns nach § 7 GewStG) oder 2 v. T. der Summe der gesamten Umsätze und der im Wirtschaftsjahr aufgewendeten Löhne und Gehälter als Spende geltend gemacht werden.[118] **Großspenden**, dies sind Einzelzuwendungen von mehr als DM 50 000, die zur Förderung wissenschaftlicher, mildtätiger oder als besonders förderungswürdig anerkannter kultureller Zwecke gegeben werden, können dann, wenn diese sich im Jahr der Hingabe wegen Überschreitens der Höchstbeträge nicht auswirken konnte, nach § 10 b EStG auf einen abgelaufenen Veranlagungszeitraum und auf die fünf folgenden Veranlagungszeiträume bzw. nach § 9 Abs. 3 KStG auf die folgenden sechs Jahre vorgetragen werden.[119] Erst mit Wirkung ab dem 1. 1. 1999 ist der Verteilungszeitraum für Großspenden von sieben auf sechs Jahre verkürzt worden. Der verkürzte Verteilungszeitraum gilt nur für Spenden, die ab dem Veranlagungszeitraum 1999 geleistet wurden.[120] Die Großspendenregelung dient in erster Linie für die Fälle, in denen eine gemeinnützige Stiftung mit Kapital ausgestattet wird.[121] Für Spenden an Stiftungen ist neben der Großspendenregelung noch ein besonderer Abzugsbetrag von DM 40 000 eingeführt worden. Darüber hinaus gilt für die Errichtung von Stiftungen ein spezieller Sonderausgabenabzug von bis zu DM 600 000 in 10 Jahren.[122] Der gutgläubige Spender, dem die Unrichtigkeit der Spendenbescheinigung unbekannt war und auch nicht wegen grober Fahrlässigkeit unbekannt geblieben ist, kann auf die Richtigkeit der Spendenbescheinigung vertrauen und die bescheinigte Spende steuerlich geltend machen, auch wenn der Körperschaft die Gemeinnützigkeit aberkannt worden sein sollte.[123] Die Spendenhingabe kann aus

---

[116] OFD Frankfurt a. M. v. 28. 7. 1994, DB 1994, 1902.

[117] Vgl. die Berechnungen bei *Orth* DStR 1995, 733.

[118] S. dazu Rz. 36; zur Ermittlung des Höchstbetrages bei Einkünften aus einer Organschaft FG Münster v. 29. 01. 1997, 4 K 1884/94, EFG 1997, 704.

[119] Zur Berechnung des Spendenhöchstbetrages *Kießling/Buchna* S. 289 ff.; zu den körperschaftsteuerlichen Besonderheiten, insb. zu den Wirkungen auf die Gliederung des verwendbaren EK, FinMin. Hessen v. 15. 4. 1994, FR 1994, 413; zur Wirkung des Großspendenabzugs auf die ESt-Ermittlung OFD Hannover v. 20. 4. 1998 – S 2223–213 – StO 242/S 2223–309 – StH 215, BB 1998, 1671; zum Verfahrensrecht bei Großspenden OFD Magdeburg v. 30. 9. 1997 -S2223 S7-St 234, FR 1997, 919.

[120] OFD Ffm., Vfg. v. 15. 9. 1999 – S 2751 A-14-St II 10, FR 1999, 1204; OFD Koblenz v. 4. 10. 1999 – S 2751 A-St 34 2, BB 1999, 2655.

[121] Oben Rz. 22 ff.

[122] Ausführlich zu diesen beiden Abzugsbeträgen § 3 Rz. 26.

[123] BFH v. 11. 6. 1997 X R 242/93, BStBl. II 1997, 612.

gesellschaftsrechtlichen Gründen nur mit Zustimmung der Aktionäre oder Gesellschafter zulässig sein, wenn die Spenden im Verhältnis zur Bilanzsumme einen relevanten Umfang annehmen sollten.[124] Falls eine gemeinnützige Körperschaft die Spende nicht satzungsgemäß verwenden sollte, wird der Spender den Betrag regelmäßig gem. § 812 Abs. 1 S. 2 BGB kondizieren können.

6. Ausstellung von Spendenbescheinigungen

Spendenbescheinigungen können nach der Neuregelung des 47
Spendenrechts[125] entweder von der gemeinnützigen Körperschaft selbst oder von einer juristischen Person des öffentlichen Rechts oder einer öffentlichen Dienststelle ausgestellt werden. Es ist weiterhin zulässig, eine Spende an eine Gebietskörperschaft mit der Auflage zu geben, die Spende an eine gemeinnützige Körperschaft weiterzureichen und eine Spendenbescheinigung von der Gebietskörperschaft zu erhalten (sog. **Durchlaufspendenverfahren**).[126] Spendenbescheinigungen werden von einer juristischen Person des öffentlichen Rechts oder einer inländischen öffentlichen Dienststelle auch ausgestellt, wenn diese selbst für eigene gemeinnützige Tätigkeit Spendenempfänger sind. Beispiele sind Zuwendungen an die Gemeinde zum Bau eines Freibades oder an die Universität zur Forschungsförderung.[127]

Eine Spendenbescheinigung ist nur wirksam, wenn sie von einer 48
zur Entgegennahme von Spenden berechtigten **Person unterschrieben** wurde. Einen entsprechenden Auftrag zur Unterzeichnung kann nur die durch die Satzung zum Empfang der Spenden berechtigte Person erteilen. Auf die Vollziehung der handschriftlichen Unterschrift kann nicht verzichtet werden. Eine Ausnahme gilt, wenn Bestätigungen maschinell nach einem vorher mit dem Finanzamt abgestimmten Verfahren erstellt werden. Aus Vereinfachungsgründen läßt § 50 EStDV unter bestimmten Voraussetzungen den Zahlungsbeleg der Post oder eines Kreditinstituts als Spendennachweis ausreichen. Dies gilt zum einen in Katastrophenfällen, zum anderen für die im Lastschriftverfahren geleisteten Zuwendungen bis zu DM 100.[128] Wesentlich ist, daß sich aus dem Zahlungsbeleg der steuerbegünstigte Zweck, der Freistellungsbescheid der empfangenden Körperschaft und die Bestätigung, daß entweder ein Mitgliedsbeitrag oder eine Spende vorliegt, ergeben. Im übrigen müssen die Bestätigungen nach amtlich vorgeschriebenem Muster ausgestellt werden und genaue Angaben über Name und Anschrift des Zuwendenden, die ausstellende gemeinnützige Körperschaft, den Betrag und den Tag der Zuwendung sowie die Freistellungsbescheinigung des Finanzamts und die Angabe, ob es sich um einen Mit-

---

[124] OLG Frankfurt a. M. v. 4. 8. 1993 20 W 295/90, AG 1994, 39 f.; *Rittner* in: FS Knur, S. 227 ff.; *Schneider* AG 1983, 311.

[125] S. o. Rz. 37.

[126] OFD Düsseldorf v. 1. 12. 1999, FR 2000, 110.

[127] OFD Ffm. v. 29. 12. 1998, S 2223 A-35-St II 22, DStR 1999, 631.

[128] § 50 EStDV, früher Abschn. 111 Abs. 6 EStR.

gliedsbeitrag oder eine Spende handelt, enthalten.[129] Die Finanzverwaltung sieht die Muster als verbindlich an und untersagt daher Danksagungen oder das Anbringen von Werbelogos auf der Vorderseite der Zuwendungsbestätigung. Auch ist es zwingend, den zugewendeten Betrag sowohl in Ziffern als auch in Buchstaben zu benennen. Auch die Ausstellung von **Sammelbestätigungen** über mehrere Spenden in einem Kalenderjahr ist zulässig. Die Zuwendungsbestätigung ist ausdrücklich als Sammelbestätigung zu kennzeichnen. Ausdrücklich ist der folgende Text aufzunehmen:

„Es wird bestätigt, dass über die in der Gesamtsumme enthaltenen Zuwendungen keine weiteren Bestätigungen, weder formelle Zuwendungsbestätigungen noch Beitragsquittungen o. ä. ausgestellt wurden und werden."

In einer Anlage zur Sammelbestätigung sind die einzelnen Zuwendungen mit den o. a. erforderlichen Angaben aufzulisten. Damit wird von der Finanzverwaltung ein Formalismus verlangt, der mit den EDV-technischen Notwendigkeiten zur Rationalisierung der Ausstellung von Spendenbescheinigungen nur schwer zu vereinbaren ist.

7. Haftung für falsche Spendenbescheinigungen

49 Stellt die gemeinnützige Körperschaft **falsche Spendenbescheinigungen** aus oder **verwendet** sie die **Spende entgegen der Bescheinigung** nicht für gemeinnützige Zwecke, so können die **verantwortlichen Organe** für die fehlerhaften Angaben in der Spendenbescheinigung **persönlich haftbar** gemacht werden.[130] Eine Haftung kommt in Betracht, wenn die Bestätigung vorsätzlich oder grob fahrlässig falsch ausgestellt wurde oder die Spendenmittel steuerschädlich verwendet wurden. Auf eine vorsätzliche oder grob fahrlässig falsche Verwendung der Zuwendung selbst kommt es nicht an. Eine objektive Fehlverwendung ist beispielsweise gegeben, wenn die Spendenmittel außerhalb des gemeinnützigen Bereichs eingesetzt werden.[131] Allerdings liegt nicht allein deswegen eine Fehlverwendung von Spenden vor, weil dem Empfänger der Zuwendung die Gemeinnützigkeit aberkannt wurde. Es kommt auf die Fehlverwendung des Spendenbetrages an.[132] Der Aussteller der Spendenbescheinigung haftet auch dafür, daß tatsächlich eine Spende, d. h. eine freiwillige und unentgeltliche Zuwendung, vorlag. Bescheinigt die gemeinnützige Körperschaft eine Spende, obwohl tatsächlich ein Entgelt für eine Leistung der Körperschaft gegeben ist, weil die angeblichen freiwilligen Zuwendungen notwendigerweise zur Finanzierung von Leistungen an die „Spender" erforderlich sind, kommt

---

[129] Muster für Zuwendungsbestätigungen, s. BMF-Schreiben v. 18. 11. 1999, BStBl. I 1999, 979.

[130] *Oppermann/Peter* DStZ 1998, 424; Hess. FG v. 14. 1. 1998, K 2594/94, EFG 1998, 757.

[131] OFD Frankfurt v. 27. 05. 1994, DB 1994, 1900; Hess. FG, a.a.O.

[132] So *Kießling/Buchna* S. 265; *Kirchhof* in: Kirchhof/Söhn § 10 b EStG Rz. E 52; a. A. Hess FG v. 14. 1. 1998, a.a.O.; FG BaWü v. 14. 7. 1998 DStRE 1999, 295 ff.

es zur Spendenhaftung.[133] Als Haftungsschuldner kommt zum einen die gemeinnützige Körperschaft selbst, aber auch die Durchlaufstelle, die die Spendenbescheinigung ausgestellt hat,[134] sowie die für beide handelnden natürlichen Personen in Betracht. Die Finanzverwaltung kann nach eigenem Ermessen bei der Haftungsinanspruchnahme auswählen. Allerdings hat sie den Haftungsanspruch geltend zu machen, wenn die Spender Vertrauensschutz genießen.[135] Vorrangig werden diejenigen Personen in Anspruch genommen, die tatsächlich für die fehlerhafte Ausstellung der Spendenbescheinigung oder die Fehlverwendung der Mittel verantwortlich sind. Die Spendenhaftung wird in der Weise berechnet, daß typisierend von einem Steuerausfall in Höhe von 40 v. H. der bescheinigten Spendenbeträge ausgegangen wird. Sind darüber hinaus auch Gewerbesteuerbeträge ausgefallen, ist dieser Steuerausfall mit 10 v. H. neben der Haftung für Einkommen oder Körperschaftsteuer zusätzlich anzusetzen. Außer der persönlichen Haftung kann sich die verantwortliche Person auch strafrechtlich wegen Steuerhinterziehung oder Untreue schuldig gemacht haben. Seit der Einführung der Spendenhaftung ist die Finanzverwaltung im Regelfall nach Treu und Glauben gehindert, beim Spender selbst die ausgefallene Steuer nachzufordern, wenn dem Zuwendungsempfänger nachträglich für das Jahr der Zuwendung die Gemeinnützigkeit aberkannt wird.[136]

II. Mitgliedsbeitrag

Mitgliedsbeiträge sind Zahlungsverpflichtungen, die das Mitglied ei- 50
nes Vereins aufgrund Satzung oder einer Beitragsordnung des Vereins schuldet. Die **Mitgliedsbeiträge** können schon aufgrund der Bestimmung des § 8 Abs. 6 KStG **steuerfrei vereinnahmt** werden. Wenn allerdings der Verein die wirtschaftlichen, nicht die ideellen, Interessen der Mitglieder fördert, können die Mitgliederbeiträge pauschalierte Gegenleistung für eine Leistung des Vereins sein. Dies gilt beispielsweise, wenn die Mitgliedschaft in einem Verein einen besonderen Versicherungsschutz vermittelt. Bei dem Verein liegen in Höhe der pauschalierten Gegenleistung Einnahmen in einem wirtschaftlichen Geschäftsbetrieb vor, die als Zweckbetriebseinnahmen steuerfrei bleiben können oder in einem steuerpflichtigen wirtschaftlichen Geschäftsbetrieb anfallen.[137] Auch **Umlagen,** die von allen Mitgliedern in gleicher Höhe oder nach einem bestimmten Maßstab, der vom Maßstab der Mitgliedsbeiträge abweichen kann, erhoben werden, gehören zu den Mitgliedsbeiträgen, sofern nicht einzelne Mitglieder einen Sondervorteil

---

[133] BFH v. 9. 11. 1999 II R 54/98, DStR 2000, 151; a. A. Schl.-Holst. FG v. 19. 3. 1998 I 184/94, EFG 1998, 1197.

[134] FG München v. 16. 7. 1996 16 K 3638/94, EFG 1997, 322.

[135] Hess. FG v. 14. 1. 1998, a.a.O.

[136] BFH v. 11. 6. 1997 XR 242/93, BStBl. 1997 II, 612.

[137] Vgl. BFH v. 28. 6. 1989 IR 86/85, BStBl. 1990 II, 550; A 38 ff. KStR, insb. A 40 KStR; vgl. dazu unten Rz. 83 ff.

aus dieser Umlage erlangen, was indiziert wird, wenn mehr als 20 v. H. der Mitglieder zu der Umlage nicht herangezogen werden.[138] **Mitgliedsbeiträge** können dann von dem Mitglied **als Spenden** steuerlich geltend gemacht werden, wenn der gemeinnützige Verein ausschließlich Zwecke verfolgt, die in Abschnitt A zu Anlage 1 zu § 48 EStDV aufgeführt sind. Insb. Sportvereine und Vereine, die sog. Freizeitzwecke iSd. § 52 Abs. 2 Nr. 4 AO verfolgen, können damit keine Spendenbestätigungen für Mitgliedsbeiträge ausstellen.[139] Verfolgt der Verein auch nur teilweise Zwecke, für die er selbst keine Spendenquittungen ausstellen darf, sind die Mitgliedsbeiträge vollständig nicht als Spenden abziehbar. **Mitgliedsbeiträge** können jederzeit **gesenkt werden**. Die Festsetzung der Höhe der Mitgliedsbeiträge obliegt der Autonomie der Mitgliederversammlung. Es besteht keine Rechtspflicht, zukünftig dieselben Mitgliedsbeiträge wie in der Vergangenheit für die gemeinnützigen Zwecke zu leisten. Allerdings dürfen die Mitgliedsbeiträge bei Vereinen, deren Tätigkeit in erster Linie den Mitgliedern zugute kommt, nicht DM 2000 laufenden Beitrag und DM 3000 Aufnahmegebühren übersteigen, soll nicht die Gemeinnützigkeit mangels Förderung der Allgemeinheit gefährdet werden.[140] Mitgliedsbeiträge müssen grds. **zeitnah** für die gemeinnützigen Zwecke **verwendet** werden, es sei denn, bei ihrer Sammlung wäre ausdrücklich darauf hingewiesen worden, daß die Mittel der Bildung eines Vereinsvermögens dienen sollen.[141]

III. Zuschüsse

51 Gemeinnützige Körperschaften finanzieren ihre Tätigkeit nicht selten durch Zuschüsse. Derartige Zuschüsse können entweder zu **Einnahmen** in einem steuerbefreiten Zweckbetrieb oder steuerpflichtigen wirtschaftlichen Geschäftsbetrieb führen, oder aber der **Subvention** der ideellen Tätigkeit dienen. Soweit die Zuschüsse, die typischerweise von der öffentlichen Hand gegeben werden, ohne jede Auflage und bedingungslos erbracht werden, liegen keine Einnahmen vor, die durch eine Tätigkeit der Körperschaft erzielt worden wären. Die Abgrenzung zwischen Zuschüssen, die der ideellen Tätigkeit dienen, und Zuschüssen, die gegeben werden, damit die gemeinnützige Körperschaft eine Leistung gegenüber dem Zuschußgeber erbringt, ist im Einzelfall schwierig zu leisten. Sofern die gemeinnützige Körperschaft ihre Leistung erkennbar um der Gegenleistung willen erbringt, liegen Einnahmen in einem wirtschaftlichen Geschäftsbetrieb vor. Ob die Leistung derart mit der Zahlung verknüpft ist, ergibt sich aus den Vereinbarungen, z. B. den zugrundeliegenden Verträgen oder den Vergaberichtlinien

---

[138] A 8 Abs. 4 S. 6 ff. KStR.

[139] § 48 Abs. 4 EStDV.

[140] Näher § 5 Rz. 43; BMF-Schreiben v. 20. 10. 1998 IV C 6-SO171-11/98, BStBl. 1998 I, 1424.

[141] Tz. 11 b) zu § 55 AEAO; vgl. § 8 Rz. 71–101.

linien. Maßgebend ist das Förderungsziel.[142] Wenn der Zuschuß dazu dient, die gemeinnützige Körperschaft nur allgemein in die Lage zu versetzen, tätig werden zu können oder ihre Zwecke erfüllen zu können, liegt ein echter Zuschuß vor. Vorteile in Form von Subventionen, die die gemeinnützige Körperschaft als Anerkennung oder zur Förderung ihrer im allgemeinen Interesse liegenden Tätigkeiten ohne Bindung an bestimmte Leistungen erhält, sind kein Entgelt.[143] Unschädlich ist es, wenn die öffentliche Hand mit einer Reihe von Auflagen in einem Zuwendungsbescheid oder Vertrag sicherstellen möchte, daß der Zuschuß auch seinen Zwecken gemäß von der gemeinnützigen Körperschaft verwendet wird. Sofern dagegen die Zuschüsse gegeben werden, damit die gemeinnützige Körperschaft in die Lage versetzt wird, hoheitliche Aufgaben zu erfüllen, für deren Durchführung sich der Zuschußgeber die Letztverantwortung vorbehalten hat, liegen Einnahmen in einem steuerpflichtigen wirtschaftlichen Geschäftsbetrieb vor.[144] Spezielle Bestimmungen, die die Verwendung für die gemeinnützigen Zwecke festlegen und die Anrechnung anderweitiger Einnahmen auf den Zuschuß vorschreiben, insb. im Bereich der institutionellen Förderung mit Verlustdeckung oder der Fehlbedarfsfinanzierung, schließen die Annahme eines echten Zuschusses nicht aus. Bei Zuwendungen zur Forschungsförderung, die im Rahmen der Haushaltsbestimmungen versehen mit haushaltsrechtlichen Auflagen vergeben werden, ist regelmäßig ebenfalls von echten Zuschüssen auszugehen.[145] Dagegen führt die Durchführung von Auftragsforschung im Interesse einer Körperschaft des öffentlichen Rechts regelmäßig zu Einnahmen in einem wirtschaftlichen Geschäftsbetrieb, wobei allerdings in weiten Bereichen nunmehr aufgrund der Sonderbestimmungen des § 68 Nr. 9 AO ein steuerunschädlicher Zweckbetrieb vorliegen kann.[146] Finanziert die öffentliche Hand bestimmte Projekte, ist wiederum zu unterscheiden, ob die Projektfinanzierung allein dazu dient, der gemeinnützigen Körperschaft die Verwirklichung des Projektes zu ermöglichen, oder ob die öffentliche Hand die Ergebnisse des Projektes für ihre eigene hoheitliche Tätigkeit benötigt und sich insb. besondere Rechte am Projektergebnis vorbehält sowie Projektauswahl und -durchführung steuert.[147] Nach denselben Grundsätzen sind bei Zuwendungen eines Gesellschafters an

---

[142] Vgl. für die übertragbaren Abgrenzungen aus dem USt-R Abschn. 150 UStR sowie § 11 Rz. 26–29; BFH-Urteil v. 8. 3. 1990, BStBl. 1990 II, 708; v. 25. 11. 1986, BStBl. 1987 II, 228.

[143] BFH v. 6. 8. 1970, BStBl. II 1970, 730.

[144] Vgl. BMF-Schreiben v. 27. 12. 1990, BStBl. I 1991, 81; FG Münster v. 16. 6. 1998 15 K 2840/96 U, EFG 1998, 1364.

[145] Zuletzt BMF-Schreiben v. 9. 7. 1999 – IV D 1 – S 7200–75/99, BStBl. I 1999, 854.

[146] BFH v. 30. 11. 1995, BStBl. II 1997, 189; dazu unten Rz. 104; *Thiel* DB 1996, 1944; *Olbertz* DStZ 1996, 531; vgl. *Lang/Seer* Die Besteuerung der Drittmittelforschung, 1992.

[147] BFH v. 15. 10. 1998 VR 51/96, UR 1999, 450; BFH v. 5. 5. 1986 BFH/NV 1987, 1991.

eine gemeinnützige GmbH Betriebseinnahmen im steuerpflichtigen wirtschaftlichen Geschäftsbetrieb von Einlagen zur Förderung einer gemeinnützigen Tätigkeit abzugrenzen. Wenn allerdings Zuwendungen gegeben werden, damit die gemeinnützige Körperschaft spezielle Tätigkeiten im Interesse ihres Gesellschafters ausführt, liegt die Annahme einer Betriebseinnahme nahe.[148]

IV. Sponsoring

52 Wird eine gemeinnützige Körperschaft nicht von der öffentlichen Hand, sondern von einer Privatperson oder einem Unternehmen unterstützt, so stellt sich ebenfalls die Frage, ob **Einnahmen in einem wirtschaftlichen Geschäftsbetrieb** oder **steuerfreie Vermögensmehrungen** vorliegen. Sofern die Zuwendung sich als Mäzenatentum darstellt und die Werbeleistung der gemeinnützigen Körperschaft allenfalls einen Nebenzweck für den Zuwender bildet, was am Verhältnis des Werbeeffekts zum Sponsorenentgelt abgemessen werden kann, liegen Einnahmen im ideellen Bereich des gemeinnützigen Vereins vor, die nicht steuerbar sind.[149] Private Zuwendungsgeber erwarten aber als Gegenleistung für die Unterstützung der gemeinnützigen Körperschaft in aller Regel zumindest den öffentlichen Hinweis, daß die gemeinnützige Tätigkeit von dem Unternehmen unterstützt wurde. Die Finanzverwaltung sieht diesen Hinweis als unschädlich an, da ihrer Auffassung nach diese Form der Werbung für ein privates Unternehmen keine Gegenleistung für den Geldbeitrag bildet. Unschädlich sei, wenn der Empfänger der Leistung auf Plakaten, Veranstaltungshinweisen, Ausstellungskatalogen oder in anderer Weise auf die Unterstützung durch einen Sponsor lediglich hinweise.[150] Dieser Hinweis könne unter Verwendung des Namens, Emblems oder Logos des Sponsors, jedoch ohne besondere Hervorhebung, erfolgen.[151] Die Benennung eines Saales in einem Museum nach einem Sponsor ist unschädlich, nicht aber das Schaffen einer Verbindung (Link) von der Homepage einer gemeinnützigen Körperschaft zu den Werbeseiten eines Unternehmens.[152] In dem Erlaß der Finanzverwaltung wird eine **Billigkeitsregelung** getroffen, obwohl sich die gemeinnützigen Körperschaften in den heute üblichen Sponsorenverträgen dazu verpflichten müssen, einen Hinweis auf den Sponsor in einer Form zu geben, daß der Sponsor vom Publikum wahrgenommen wird. Die Klärung der Rechtsgrundlage für die Steuer-

[148] FG Nürnberg v. 24. 1. 1995 I 103/94, EFG 1995, 652.

[149] FG Mecklenburg-Vorpommern v. 30. 5. 1997, 1 V 94/96, DStRE 1997, 681.

[150] BMF-Schreiben v. 9. 7. 1997, BStBl. I 1997, 726; ergänzt durch BMF-Schreiben v. 18. 2. 1998, BStBl. I 1998, 212.

[151] Zum Sponsoring vgl. auch *Boochs/Gantefiührer* DB 1989, 2095; *Ansorge* BB 1995, S. 2505; *Breuninger/Rückert* DB 1993, S. 503; vgl. auch *Spiegel* DStR 1997, 1800; *Orth* FR 1995, S. 253 (256); *Breuninger/Prinz* DStR 1994, 1401 (1402); *Heuer* DStR 1996, 1789 (1793); *Thiel* DB 1998, 842; *Weiand* BB 1997, 1570; *Boochs* NWB Fach 3 S. 10525; *Krone* DB 1999, 2030.

[152] FinMin. Bayern v. 11. 2. 2000 – 33-S 0183-12/14-59238, DB 2000, 548.

freistellung ist insb. deswegen wichtig, damit die umsatzsteuerlichen Folgerungen daraus gezogen werden können und beantwortet werden kann, ob Sponsorenzuwendungen zur Rücklagenbildung nach § 58 Nr. 7a AO berechtigen. Anscheinend geht die Finanzverwaltung von einer entgeltlichen Werbeleistung der gemeinnützigen Körperschaft für den Sponsor aus, die nur aus Billigkeitsgründen für die Ertragsteuern steuerfrei gestellt wird,[153] so daß eine Rücklagenbildung nicht möglich ist. Umsatzsteuerlich sollen Einnahmen aus der Vermögensverwaltung mit dem halben Umsatzsteuersatz angenommen werden. Richtig ist daran, daß ein Sponsor als Gegenleistung für die Geldhingabe – jedenfalls in den meisten Fällen – eine Werbung mit seinem Namen erwartet. Diese Gegenleistung der gemeinnützigen Körperschaft führt jedoch dann, wenn eine Zweckbetriebstätigkeit gesponsert wird, zu steuerfreien Zweckbetriebseinnahmen, sofern die Werbetätigkeit gegenüber dem Aspekt, daß eine bestimmte gemeinnützige Tätigkeit unterstützt wird, von untergeordneter Bedeutung ist, indem sie sich auf einen Hinweis auf die Sponsoren beschränkt.[154] Die Einordnung als Zweckbetriebseinnahme, die auch der Rechtslage in Österreich entspricht, berücksichtigt, daß es dem Sponsor neben dem Werbeeffekt für seine Person gleichermaßen auf die Förderung der gemeinnützigen Tätigkeit ankommt. Mit einem bloßen Hinweis wird aber keine Aktivität entfaltet, die getrennt von der Durchführung der gemeinnützigen Veranstaltung gewürdigt werden könnte, so daß der Hinweis nicht als steuerpflichtige Mittelbeschaffungsaktivität einzuordnen ist.[155] Vielmehr verpflichtet sich die gemeinnützige Körperschaft – untrennbar verbunden mit der Werbetätigkeit – zur Zweckbetriebsaktivität. Der Wettbewerb anderer Werbeträger, der dadurch berührt wird, hat diese Aktivität hinzunehmen, solange die Sponsorenhinweise sich darauf beschränken, das Image des Sponsors als Finanzier gemeinnütziger Aktivitäten zu fördern. Als **steuerfreie Vermögensverwaltung** wird die Überlassung des Rechtes an den Sponsor, selbst mit dem Hinweis, die Tätigkeit der gemeinnützigen Körperschaft zu unterstützen, werben zu dürfen, eingeordnet.[156] Allerdings setzt das **Wettbewerbsrecht** derartigen Werbemaßnahmen Grenzen. Der Hinweis auf die Unterstützung gemeinnütziger Aktivitäten, als Kaufanreiz gestaltet, wird von den Zivilgerichten regelmäßig als sittenwidrig und damit nach § 1 UWG verboten, eingeordnet.[157] Zulässig ist allerdings ein Spendenaufruf, der nicht mit der Werbung für bestimmte Produkte verbunden wird.[158] Sponsorenzuwendungen können von dem leisten-

---

[153] Vgl. *Thiel* DB 1998, 842.

[154] *Schauhoff* DB 1998, 494 ff.; ähnlich schon *Breuninger/Prinz* DStR 1994, 1401 (1402).

[155] So zur Zuwendung eines Busses mit Aufschrift des Sponsors OFD Frankfurt/M. v. 13. 5. 1998 – S 0183 A – 15 St II 12, DB 1998, 1208.

[156] BMF, a.a.O.

[157] BGH v. 12. 3. 1987 I ZR 40/85, GRUR 1987, 534. OLG Stuttgart v. 19. 9. 1996, NJWE-WettbR 1996, 145; dazu *Hollerbach/Kapp* DB 1998, 1501.

[158] BGH v. 16. 12. 1982 I ZR 163/80, DB 1983, 2135.

den Unternehmen als Betriebsausgaben steuerlich abgesetzt werden, sofern das Unternehmen durch die Zahlung wirtschaftliche Vorteile erwarten kann. Liegt allerdings eine unangemessen niedrige Gegenleistung der gemeinnützigen Körperschaft vor, indem sie keine Werbeleistung für den Sponsor erbringt, kommt anstelle des Betriebsvermögensabzugs allenfalls der Spendenabzug in Betracht.[159] Die steuerliche Behandlung beim Sponsor entscheidet nicht über die Steuerpflicht der Zuwendung beim Gesponserten.

D. Finanzierung durch Erträge aus der Vermögensverwaltung

I. Steuerfreiheit der Erträge aus der Vermögensverwaltung

1. Gesetzliche Grundlage

61 Nach § 14 Satz 1 AO setzt eine steuerpflichtige Tätigkeit in einem wirtschaftlichen Geschäftsbetrieb voraus, daß die Tätigkeit über den Rahmen der Vermögensverwaltung hinausgeht. Nach der Legaldefinition in § 14 Satz 3 AO liegt eine Vermögensverwaltung idR vor, wenn Vermögen genutzt, z. B. Kapitalvermögen verzinslich angelegt oder unbewegliches Vermögen vermietet oder verpachtet wird. Die steuerfreie Vermögensverwaltung erfordert, daß sich die gemeinnützige Körperschaft auf die Nutzung des vorhandenen Vermögens beschränkt. Wesentlich für die in § 14 AO getroffene **Abgrenzung zwischen dem wirtschaftlichen Geschäftsbetrieb** und der **Vermögensverwaltung** ist der Wettbewerbsgedanke.[160] Der Gesetzgeber wollte nur vermeiden, daß sich steuerbefreite Körperschaften unter Ausnutzung ihres Steuervorteils am wirtschaftlichen Verkehr beteiligen und auf diese Weise den gemeinnützigen Körperschaften ein Wettbewerbsvorteil gewährt wird, obwohl sich die Art ihrer Betätigung nicht von der steuerpflichtiger Personen unterscheidet, während die Vermögensverwaltung als passive Tätigkeit steuerfrei gelassen werden konnte. Die **Abgrenzung** zwischen erwerbswirtschaftlicher und vermögensverwaltender Tätigkeit wird im Rahmen des § 14 AO idR nach denselben Kriterien vorgenommen, die im Einkommensteuerrecht für die Abgrenzung der Einkünfte aus Kapitalvermögen oder Vermietung und Verpachtung gegenüber den Einkünften aus Gewerbebetrieb angewandt werden.[161] Unerheblich ist zunächst der Umfang des verwalteten Vermögens. Es ist selbstverständlich, daß ein umfangreiches Vermögen vielfach erhebliche Verwaltungstätigkeiten erfordert. Die Umschlaghäufigkeit sagt insb. bei der Verwaltung von Kapitalvermögen noch nicht aus, daß eine gewerbliche Tätigkeit vorliegt. Nur wenn sich

[159] Hess. FG v. 23. 11. 1998 4K 1309/97 EFG 1999; BMF-Schreiben v. 9. 7. 1997, BStBl. I 1997, 726; dazu *Rödel* INF 1999, 716 ff.

[160] *Franz* S. 140 ff. mit Nachweisen zur Gesetzesentwicklung, *Hüttemann* S. 148 ff.

[161] Vgl. BFH-Urteil v. 26. 2. 1992, BStBl. 1992 II, S. 693; zu Abweichungen im Einzelfall *Hüttemann* S. 151 f.

die kapitalbesitzende gemeinnützige Körperschaft am Markt wie ein Händler aufführt, indem Fremdkapital aufgenommen wird, um in größerem Maße Spekulation betreiben zu können, wird idR die Grenze zum steuerpflichtigen wirtschaftlichen Geschäftsbetrieb überschritten werden.[162] Die Abgrenzung zwischen der Vermögensverwaltung und einer Erwerbstätigkeit wird insb. dadurch gezogen, ob die Körperschaft mit ihrer Tätigkeit **am wirtschaftlichen Verkehr** teilnimmt. Abzugrenzen ist zwischen den Erträgen, die das vorhandene Vermögen abwirft, und einer Tätigkeit, für die das Vermögen lediglich als Kapitalstock benutzt wird.[163] Eine Teilnahme am allgemeinen wirtschaftlichen Verkehr ist nicht erforderlich.[164] Die Tätigkeit kann auch auf einen Leistungs- oder Güteraustausch gerichtet sein,[165] der sich nur auf den Kreis der Mitglieder der gemeinnützigen Körperschaft beschränkt oder allein gegenüber anderen gemeinnützigen Körperschaften vollbracht wird.[166] Unerheblich ist, ob die Körperschaft nur kostendeckende Einnahmen anstrebt.[167]

2. Abgrenzung zwischen der Vermögensverwaltung und einem steuerpflichtigen wirtschaftlichen Geschäftsbetrieb

a) Einkünfte aus Vermietung und Verpachtung

In § 14 Satz 3 AO ist gesetzlich festgelegt, daß Vermögensverwaltung vorliegt, wenn Vermögen genutzt, beispielsweise wenn bewegliches Vermögen vermietet oder verpachtet wird. Die Steuerbefreiung der Vermögensverwaltung erfaßt aber nicht nur die Überlassung eines der gemeinnützigen Körperschaft gehörenden Wirtschaftsgutes zur Nutzung, sondern ebenso die Veräußerung der der gemeinnützigen Körperschaft gehörenden Wirtschaftsgüter. Die Verpachtung eines Gewerbebetriebs, beispielsweise einer Gaststätte, an selbständige Unternehmer gehört ebenfalls grds. dem Bereich der steuerfreien Vermögensverwaltung an. Wenn allerdings die Gaststätte zunächst als steuerpflichtiger wirtschaftlicher Geschäftsbetrieb geführt wurde, kann eine steuerpflichtige Betriebsverpachtung vorliegen.[168] Unerheblich ist es für die Frage der Steuerpflicht oder Steuerfreiheit der Pachteinnahmen, ob der Pachtzins partiarisch ausgestaltet wird.[169] Allerdings ist es schädlich, wenn die gemeinnützige Körperschaft mit dem Unternehmen, für die das zur Nutzung überlassene Wirtschaftsgut eine wesentliche Betriebsgrundlage bildet, personell verflochten sein sollte. Denn auch für gemeinnützige Kör- 62

---

[162] BFH v. 12. 3. 1964, BStBl. 1964 III, 364; BFH v. 9. 10. 1992, BFH/NV 1994, 80; BFH v. 31. 7. 1990, BStBl. II 1991, 66, v. 6. 3. 1991, BStBl. II 1991, 631; vgl. *Sorgenfrei* FR 1999, 61 ff.

[163] *Fischer* in: Hübschmann/Hepp/Spitaler § 64 AO Rz. 18.

[164] BFH v. 8. 3. 1967, BStBl. 1967 II, 373.

[165] BFH v. 24. 1. 1990, BFH/NV 1990, 798.

[166] BFH v. 2. 10. 1968, BStBl. 1969 II, 43; v. 21. 8. 1985, BFH/NV 1986, 239.

[167] BFH v. 27. 10. 1993, BStBl. 1994 II, 573.

[168] S. § 7 Rz. 161.

[169] Vgl. OFD Frankfurt v. 7. 9. 1995 in StEK AO 1977, Nr. 83 zu § 52 AO.

perschaften gelten die **Regeln der Betriebsaufspaltung**, wonach die Überlassung einer wesentlichen Betriebsgrundlage an ein Unternehmen, welches mehrheitlich von der gemeinnützigen Körperschaft beherrscht wird, als Betriebsaufspaltung zu beurteilen ist.[170] Die Folge dessen ist, daß die Beteiligung an dieser Betriebsgesellschaft zu einem steuerpflichtigen wirtschaftlichen Geschäftsbetrieb bei der gemeinnützigen Körperschaft gehört und insb. der Pachtzins sowie sämtliche anderen Entgelte, die die gemeinnützige Körperschaft aus der Überlassung des Wirtschaftsgutes erzielt, bei ihr im Rahmen eines steuerpflichtigen wirtschaftlichen Geschäftsbetriebes der Besteuerung unterliegen.

63 Die **ständig wechselnde Vermietung** einzelner Standplätze an verschiedene Unternehmer überschreitet ebenfalls den Bereich der Vermögensverwaltung. Wesentlich ist in diesem Zusammenhang, daß die Körperschaft eine eigene Erwerbstätigkeit entfaltet, wenn sie eine gemeinnützige Veranstaltung durchführt und dabei anderen Unternehmen Gelegenheit gibt, sich zu präsentieren. Dies betrifft beispielsweise die Vermietung einzelner Standplätze an Schausteller und Gewerbetreibende anläßlich eines sich alljährlich wiederholenden Schützenfestes oder aber die Überlassung von Standplätzen bei Ausstellungen, Kongressen und Messen der gemeinnützigen Organisation.[171] Von dieser Fallgruppe sind allerdings die Fälle zu unterscheiden, in denen eine gemeinnützige Körperschaft zur **Auslastung ihrer Kapazitäten** ihre ohnehin vorhandenen Raumkapazitäten zeitweise anderen Einrichtungen gegen Entgelt zur Verfügung stellt. Dabei wird tatsächlich nur ein Raum überlassen. Die Häufigkeit, mit der die Mieter wechseln, ist nicht ausschlaggebend, weil die Überlassung von Räumlichkeiten allein nach der typisierenden Betrachtung des Gesetzgebers nicht als erwerbswirtschaftliche Betätigung anzusehen ist.[172] Anders ist wiederum der Fall zu beurteilen, in dem die gemeinnützige Körperschaft ihren gesamten eingerichteten Betrieb, beispielsweise eine Tagungsstätte, die gewöhnlich im Rahmen eines gemeinnützigen Zweckbetriebes eingesetzt wird, zu kommerziellen Zwecken anderen überläßt. Diese Art der Betätigung ist erwerbswirtschaftlicher Art, da die „Tagungsstätte" als Gewerbebetrieb genutzt wird. Die Betriebsverpachtung führt zu einem steuerpflichtigen wirtschaftlichen Geschäftsbetrieb.

64 In bezug auf die Veräußerung von Immobilien, die die gemeinnützige Körperschaft längerfristig an andere überläßt, sind maßgebend die Grundsätze, die von der Rechtsprechung zur Abgrenzung zwischen privater Vermögensverwaltung und gewerblichem Grundstückshandel entwickelt worden sind. Nach der sog. **Drei-Objekt-Grenze** ist im Regelfall die Veräußerung von bis zu drei Grundstücksobjekten innerhalb von zehn Jahren im Bereich der steuerfreien Vermögensverwaltung

---

170 BFH v. 12. 5. 1997 I R 164/94, GmbHR 1997, 1007; Erlaß FMNW v. 22. 12. 1981 S2729–12-VB4; OFD Münster v. 26. 7. 1995 S2729–78-St 13–31; s. Rz. 66, 68.

171 RFH v. 20. 12. 1938, RStBl. 1938, 688; BFH v. 21. 12. 1954, BStBl. 1955 III, 59; v. 25. 4. 1968, BStBl. 1969 II, 94; FG Nds. v. 25. 8. 1980, EFG 1981, 259.

172 So schon BFH, Urteil v. 17. 12. 1957, BStBl. 1958 III, 96.

möglich.[173] Schädlich ist insb. die Entwicklung von Immobilien, um sie zu veräußern, nicht aber die sukzessive Veräußerung eines gestifteten Immobilienbestandes. Für die Steuerpflicht entscheidend ist letztlich die sich in objektiven Umständen manifestierende Absicht, den Ertrag aus der Veräußerung des Vermögens zu erzielen, indem etwa Objekte anderer Marktgängigkeit oder nach Art eines Bauträgers veräußerungsreife Immobilien geschaffen werden.[174]

b) Nutzung von Kapitalvermögen

Die Überlassung von Kapitalvermögen auf Zeit gehört ebenfalls 65
zum Bereich der steuerbefreiten Vermögensverwaltung. Auch das Kaufen und Verkaufen von Aktien innerhalb der Spekulationsfrist überschreitet nicht die Grenzen der Vermögensverwaltung.[175] Erst wenn eine gewerbliche Tätigkeit durch die Verwaltung und Nutzung von Kapitalvermögen ausgeübt werden sollte, liegt ein steuerpflichtiger wirtschaftlicher Geschäftsbetrieb vor. Dies hängt aber nicht vom Umfang des verwalteten Vermögens ab, sondern allein davon, inwiefern sich die gemeinnützige Einrichtung, insb. durch die Aufnahme von Krediten, oder die ständigen An- und Verkäufe in der Absicht, Spekulationsgewinne zu erwirtschaften, wie ein **Wertpapierhändler am Markt** betätigt.[176] Dagegen ist eine **professionelle Vermögensverwaltung**, die auch einen gewissen Umschlag des Vermögens erforderlich macht, um eine angemessene Rendite zu erwirtschaften, nicht schädlich. Unerheblich ist, ob die gemeinnützige Körperschaft selbst oder ein von ihr **beauftragter Vermögensverwalter** die Vermögensanlage durchführen. Wenn allerdings die gemeinnützige Körperschaft an einem Publikums- oder Spezialfonds beteiligt ist, ist deren Anlageverhalten der gemeinnützigen Körperschaft nach den allgemeinen Regeln nicht zuzurechnen. Trotz der prinzipiellen Steuerfreiheit der vermögensverwaltend erzielten Einkünfte aus Kapitalvermögen für gemeinnützige Körperschaften besteht in diesem Bereich aufgrund der Kapitalertragsteuer zunächst eine partielle Steuerpflicht der gemeinnützigen Körperschaft nach § 5 Abs. 2 KStG. Nur bei Vorlage einer Nichtveranlagungsbescheinigung oder Durchführung eines Erstattungsverfahrens wird von dem Steuerabzug bei Auszahlung von Zinsen oder Dividenden, der auch gemeinnützige Körperschaften trifft, abgesehen (näher § 7 Rz. 340 ff.).

---

[173] Vgl. BMF-Schreiben v. 20. 12. 1990 IV B 2 – S 2240–6190, BStBl. I 1990, S. 884 sowie zahlreiche weitere dazu ergangene Schreiben der Verwaltung und die darin zitierten Urteile des BFH.

[174] FG München v. 12. 5. 1998 1V4470/97, EFG 1998, 1311.

[175] FG Nds. v. 24. 11. 1988 VI 208/87, EFG 1989, 253; *Hüttemann* S. 163.

[176] BFH v. 19. 2. 1997, BStBl. II 1997, 399; v. 29. 10. 1998 XIR 80/97, DStR 1999, 317; FG Rhld.-Pf. v. 6. 9. 1996 3 K 1265/95, EFG 1997, 337; FG Münster v. 15. 10. 1997 1 K 6133/94 E, EFG 1998, 284 v. 8. 6. 1995, 5 K 4338/93 E, EFG 1995, 1018.

c) Überlassung von Werberechten und -flächen

66 Die **langfristige Überlassung von Werberechten,** beispielsweise des Logos oder des Namens der Vereins, zählt ebenfalls zum Bereich der Vermögensverwaltung.[177] Die Finanzverwaltung sieht es als Vermögensverwaltung an, sofern die Überlassung an eine Werbeagentur erfolgt, die ihrerseits die Werbeflächen in ihrem Namen und auf ihre eigene Rechnung mit angemessenem Gewinn an Dritte vertreibt.[178] Dagegen wird die Überlassung von Werbeflächen, insb. die Bandenwerbung am Rande von Sportstadien, von der Rspr. und Finanzverwaltung als steuerpflichtiger wirtschaftlicher Geschäftsbetrieb beurteilt.[179] Wesentlich ist dabei insb. für die Rspr., daß mit der sportlichen Veranstaltung eine erwerbswirtschaftliche Tätigkeit ausgeübt wird, wobei die damit in Zusammenhang stehende Bandenwerbung selbst nicht der gemeinnützigen Zweckverfolgung dient und daher nicht, im Gegensatz zu der Sportveranstaltung selbst, als steuerbegünstigter Zweckbetrieb beurteilt werden kann. Die Überlassung des Namens oder der Werberechte an eine Kapital- oder Personengesellschaft, die ihrerseits von der gemeinnützigen Körperschaft beherrscht wird, wird dagegen steuerlich als **Betriebsaufspaltung** beurteilt. Folge dessen ist, daß die gemeinnützige Einrichtung das Nutzungsentgelt im Rahmen eines steuerpflichtigen wirtschaftlichen Geschäftsbetriebes erzielt.[180] Auch das Anzeigengeschäft in der Vereinszeitung wird als ein steuerpflichtiger wirtschaftlicher Geschäftsbetrieb betrachtet. Zwar wird die Herausgabe der Vereinszeitung dem ideellen Tätigkeitsbereich zugerechnet und ist das Anzeigengeschäft untrennbar mit der Herausgabe der Vereinszeitung verbunden, doch vertritt der Bundesfinanzhof die Rechtsauffassung, eine isolierte Betrachtung der wirtschaftlichen Tätigkeit „Anzeigengeschäft" sei geboten. Steuerrechtlich müsse jede Tätigkeit, die die gemeinnützige Körperschaft ausübt, für sich betrachtet werden. Nur zur Ermittlung der Höhe der Einkünfte sei eine schätzweise Aufteilung von Einnahmen und Ausgaben geboten.[181] Der Umstand, daß untrennbare Tätigkeiten vorliegen, hindert damit die Wertung, eine zusätzliche Tätigkeit, die der Mittelbeschaffung dient, begründe einen steuerpflichtigen wirtschaftlichen Geschäftsbetrieb, nicht.

d) Beteiligung an einer Tochtergesellschaft

67 Ist eine gemeinnützige Körperschaft an einer **gewerblich tätigen Personengesellschaft** beteiligt, so bilden die Gewinnanteile dieser Personengesellschaft bei ihr Einkünfte in einem steuerpflichtigen wirtschaftlichen Geschäftsbetrieb, weil aus Gründen der Wettbewerbsneu-

---

177 BGH v. 23. 9. 1992 – I ZR 251/90 NJW 1993, 918.

178 Tz. 9 zu § 67 a AEAO.

179 Vgl. BFH v. 27. 3. 1991 IR 31/89, BStBl. II 1992, 103; v. 27. 3. 1991 IR 30/89 BFH/NV 1992, 412; v. 5. 2. 1992 IR 59/91 BFH/NV 1993, 341.

180 BFH v. 12. 5. 1997 I R 164/94, GmbHR 1997, 1007.

181 BFH, BStBl. II 1962, 73; v. 8. 3. 1967 I 145/64, BStBl. II 1967, 373.

tralität die Gewinne einer gewerblich tätigen Personengesellschaft einmal besteuert werden müssen, unabhängig davon, ob der Gesellschafter aus Gründen, die in seiner Person liegen, möglicherweise eine Steuerbefreiung in Anspruch nehmen kann.[182] Dies gilt aber nicht, wenn die Beteiligung an einer **vermögensverwaltend tätigen**, auch einer gewerblich geprägten **GmbH & Co. KG**, bestehen sollte, denn die vermögensverwaltende Tätigkeit einer solchen Personengesellschaft gebietet die Gleichbehandlung mit Wettbewerbern, wie § 14 S. 3 AO erkennen läßt, nicht.[183] § 14 AO, der für die Frage der Reichweite der Steuerbefreiungsvorschrift des § 5 Abs. 1 Nr. 9 KStG lex specialis gegenüber § 15 Abs. 3 Nr. 2 EStG ist, enthält keine Regelung über eine gewerbliche Prägung kraft Rechtsform, sondern stellt alleine auf die Art der Tätigkeit ab.

Dagegen gehört die **Beteiligung an einer Kapitalgesellschaft** 68
zum Bereich der steuerbefreiten Vermögensverwaltung.[184] Ausnahmsweise wird die Beteiligung jedoch in einem steuerpflichtigen wirtschaftlichen Geschäftsbetrieb gehalten, wenn es sich um eine Betriebsgesellschaft im Rahmen einer **Betriebsaufspaltung** handeln sollte, weil die gemeinnützige Körperschaft der Kapitalgesellschaft, an der sie mehrheitlich beteiligt ist, wesentliche Betriebsgrundlagen zur Nutzung überlassen hat.[185] Eine personelle Verflechtung ist auch angenommen worden, wenn die Betriebsgesellschaft mittelbar über eine Stiftung beherrscht werden kann.[186] Sofern aber eine gemeinnützige Tochtergesellschaft personell und sachlich mit einer gemeinnützigen Muttergesellschaft verflochten ist, liegt keine Betriebsaufspaltung vor.[187] Auch wenn die gemeinnützige Einrichtung selbst tatsächlich ständig eine wirtschaftliche Aktivität durch die Kapitalgesellschaft ausübt, gehört die Beteiligung zu einem steuerpflichtigen wirtschaftlichen Geschäftsbetrieb.[188] Allerdings wird nach diesem Urteil vorausgesetzt, daß die gemeinnützige Einrichtung tatsächlich ständig Einfluß auf die Tätigkeit der Kapitalgesellschaft ausübt und diese gleichsam als eine Betriebsabteilung der gemeinnützigen Einrichtung geführt wird. Über diese strengen Anforderungen des Bundesfinanzhofes hinaus unterstellt die Finanzverwaltung bereits in den Fällen, in denen eine **Personalunion** zwischen einem Organ der gemeinnützigen Einrichtung und dem Geschäftsführer der Kapitalgesellschaft besteht, daß laufende Einflußnah-

---

182 Vgl. dazu BFH v. 27. 7. 1988, BStBl. II 1989, 134; Abschn. 8 Abs. 5 S. 7 KStR; *Schauhoff* ZEV 1995, 439 (441), *Scholtz* in: FS für Ludwig Schmidt, München 1993, 707 (721); Institut Finanzen und Steuern, Brief Nr. 330, S. 33 ff.

183 Vgl. Abschn. 8 Abs. 4 S. 7 KStR; FG D'dorf v. 18. 5. 1984 I 714/79, EFG 1985, 83; a. A. *Fischer* in: HHSp § 14 AO Rz. 105; die FinVerw. stellt teilweise auf die gewerbliche Prägung ab.

184 A 8 S. 3 Abs. 5 KStR.

185 Vgl. BFH v. 5. 6. 1985 I S 2/85, BFH/NV 1986, 433; FG Köln v. 28. 1. 1986 V 136/82, EFG 1986, 351.

186 BFH v. 16. 6. 1982 IR 118/80, BStBl. II 1982, 662.

187 OFD Hannover v. 16. 2. 1995, FR 1995, 293.

188 BFH v. 30. 6. 1971, I R 57/70, BStBl. II 1971, 753; a. A. *Hüttemann* S. 157.

me auf die Geschäftsführung vorliege.[189] Unklar ist, ob die Mehrheit der Organpersonen der gemeinnützigen Körperschaft gleichzeitig Geschäftsführer der Kapitalgesellschaft sein müssen oder ob die Personalunion bei einer Person bereits ausreicht.[190] Die Auffassung der Finanzverwaltung weicht von der Rechtsprechung des BFH ab, wonach auch der Alleingesellschafter und Geschäftsführer einer Kapitalgesellschaft „seine" Beteiligung selbstverständlich im Bereich der Vermögensverwaltung hält. Die Personalunion zwischen dem Inhaber der Herrschaftsrechte über die Beteiligung und dem Geschäftsführer qualifiziert das Halten der Beteiligung noch nicht zu einer erwerbswirtschaftlichen Tätigkeit, sondern läßt ihren grundsätzlichen Charakter als Vermögensverwaltung unberührt.[191] Es ist unverständlich, wieso für gemeinnützige Körperschaften insoweit andere Anforderungen gelten.[192]

69 Die Finanzverwaltung nimmt unabhängig von den Grundsätzen der Betriebsaufspaltung einen steuerpflichtigen wirtschaftlichen Geschäftsbetrieb im Verhältnis zu einer Kapitalgesellschaft auch schon dann an, wenn aufgrund einer **engen wirtschaftlichen Verflechtung** zwischen der gemeinnützigen Einrichtung und der Kapitalgesellschaft, die durch zahlreiche Verrechnungen zwischen beiden Steuersubjekten dokumentiert wird, die Beteiligung an der Kapitalgesellschaft als Betriebsteil der gemeinnützigen Einrichtung erscheint.[193] Diese Rechtsauffassung geht zu weit, soweit zwischen der gemeinnützigen Einrichtung und der Kapitalgesellschaft allein eine Reihe von rechtlichen Beziehungen bestehen, ohne daß tatsächlich eine laufende Einflußnahme der gemeinnützigen Einrichtung auf die Kapitalgesellschaft nachgewiesen werden kann.

70 Wird die Beteiligung an der Kapitalgesellschaft im Bereich der steuerfreien Vermögensverwaltung gehalten, so bleibt der Gewinn, den die Kapitalgesellschaft an ihre Mutterkörperschaft ausschüttet, im Ergebnis nur mit der körperschaftsteuerlichen Ausschüttungsbelastung von gegenwärtig 30 v. H. belastet. KapESt wird zwar zunächst auf die Ausschüttung erhoben,[194] dann jedoch vom Bundesamt für Finanzen erstattet. Dieses steuerliche Ergebnis kann noch gemindert werden, falls die Kapitalgesellschaft von der gemeinnützigen Einrichtung in den **Grenzen des §8a KStG fremdfinanziert** werden sollte. Dann sind die

---

189 Ebenso *Lex* DB 1997, 349.

190 Für die Mehrheit spricht sich *Orth* IDW-Stiftungen, S. 202 aus.

191 Vgl. das Halten einer GmbH-Beteiligung durch den Alleingeschäftsführer, der infolge der Dividendenausschüttung selbstverständlich nur Einnahmen aus Kapitalvermögen und nicht aus Gewerbebetrieb erzielt.

192 Vgl. dazu auch § 20 Rz. 44 mit Hinweis zu den konzernrechtlichen Erwägungen; ebenfalls kritisch *Fischer* in HHSp § 14 AO Rz. 101f.; *Hüttemann* 147ff.; *Roolf* DB 1985, 1156; § 7 Rz. 128 Fn. 182.

193 Vgl. Erlaß FinMin. Baden-Württemberg v. 21. 2. 1996 SO 171/54, IDW-HdB KSt S. 702ff; FinMin. Brandenburg v. 7. 30. 1996–35 – SO 171–6/96, DB 1996, 1161 für den Fall der deutschen Eishockey-Liga.

194 Vgl. § 7 Rz. 340ff.; zur Neuregelung dieser Bestimmungen aufgrund des Steuersenkungsgesetzes 2001 s. § 7 Rz. 359.

Fremdkapitalzinsen bei der Kapitalgesellschaft als Betriebsausgaben abzugsfähig, während sie von der gemeinnützigen Einrichtung im Bereich der Vermögensverwaltung steuerfrei vereinnahmt werden können. Wenn die steuerpflichtige GmbH Leistungen erbringt, die allein im Satzungsinteresse der gemeinnützigen Mutter liegen, ohne ein angemessenes Entgelt zu erhalten, wird regelmäßig eine verdeckte Gewinnausschüttung vorliegen.[195] Soweit die Beteiligung an der Kapitalgesellschaft nicht in einem steuerpflichtigen wirtschaftlichen Geschäftsbetrieb gehalten wird, bleibt der Veräußerungsgewinn steuerfrei. Wenn aber die Geschäftsanteile an der Kapitalgesellschaft **einbringungsgeboren** sind, weil die Beteiligung aus der Einbringung eines Betriebs hervorgegangen ist, wird der Veräußerungsgewinn aufgrund der besonderen Bestimmung des § 21 Abs. 3 Nr. 2 UmwStG besteuert, auch wenn die Beteiligung nicht in einem steuerpflichtigen wirtschaftlichen Geschäftsbetrieb gehalten werden sollte.[196]

Verpachtet eine gemeinnützige Einrichtung den von ihr unter- 71
haltenen **Betrieb** an einen Dritten, so hat sie bei der Verpachtung ein Wahlrecht, ob zukünftig eine Verpachtung im Bereich der steuerfreien Vermögensverwaltung oder im Bereich des steuerpflichtigen wirtschaftlichen Geschäftsbetriebes ausgeübt werden soll.[197] Wird die Einstellung des wirtschaftlichen Geschäftsbetriebes nicht als Betriebsaufgabe besteuert, so unterliegen die Pachtzinsen zukünftig der Steuerpflicht. Sofern dagegen bei der Einstellung des steuerpflichtigen wirtschaftlichen Geschäftsbetriebes die angesammelten stillen Reserven besteuert werden, können die Pachtzinsen zukünftig steuerfrei vereinnahmt werden. Allerdings hat die Finanzverwaltung angekündigt, daß zukünftig die Aufgabe des steuerpflichtigen wirtschaftlichen Geschäftsbetriebes unter den Voraussetzungen des § 13 Abs. 4 KStG steuerfrei gelassen werden soll, so daß es dann auf dieses Wahlrecht nicht mehr ankommen würde.[198]

e) Veräußerung von Vermögensgegenständen

Die **Tätigkeit der Geschäftsstelle** einer gemeinnützigen Körper- 72
schaft ist Teil der Vermögensverwaltung. Der Verkauf von Altmaterial, Einrichtungsgegenständen, Maschinen, Kraftfahrzeugen und dergleichen bildet eine Einheit mit der Tätigkeit der Geschäftsstelle. Ein wirtschaftlicher Geschäftsbetrieb wird dadurch nicht begründet, weil es an der Selbständigkeit dieser Tätigkeit fehlt.[199] Dagegen soll die planmäßige Verwertung von geerbten Gegenständen einen steuerpflichtigen wirtschaftlichen Geschäftsbetrieb darstellen.[200] Die sukzessive Veräußerung eines vorhandenen Vermögensgegenstandes gehört aber zur

---

195 Vgl. FG Saarland v. 26. 6. 1997 1 K 177/94, EFG 1997, 1153.
196 Näher § 7 Rz. 370 ff.
197 Abschn. 47 Abs. 12 S. 4 KStR.
198 Eingehend zu diesen Rechtsfragen § 7 Rz. 153 ff.
199 RFH v. 24. 7. 1937, RStBl. 1937, 1103; A 8 Abs. 6 KStR.
200 *Sauer* in: Beermann § 64 AO Rz. 23.

Fruchtziehung aus dem Vermögen, nicht zu einer erwerbswirtschaftlichen Betätigung. Eine Steuerpflicht scheidet bei Stiftungen und Vereinen schon deswegen aus, weil die Veräußerung vorhandenen Vermögens keine gewerbliche Tätigkeit i.S.d. § 15 EStG begründet.[201] Aus dem gleichen Grund ist auch die gelegentliche Veräußerung von Kunstwerken durch eine Künstlerstiftung steuerfrei.[202] Auch soweit Räume, Einrichtungsgegenstände oder Personal **an andere gemeinnützige Körperschaften gegen Entgelt überlassen** werden, liegt keine Beteiligung am wirtschaftlichen Verkehr vor, da die Förderung der gemeinnützigen Zwecke auch dann, wenn sie mit einem Geldausgleich verbunden wird, nicht eine selbständig zu beurteilende Tätigkeit begründet.[203] Dagegen führt das Betreiben einer **Kantine** zugunsten der Arbeitskräfte der Körperschaft[204] ebenso zu einem steuerpflichtigen wirtschaftlichen Geschäftsbetrieb wie die **Gründung einer Einkaufsgesellschaft** ausschließlich für gemeinnützige Körperschaften, weil dies wettbewerbsrelevante erwerbswirtschaftliche Tätigkeiten sind.[205]

II. Gemeinnützigkeitsgemäße Vermögensverwaltung

1. Gewinnerzielungsabsicht

73 In welcher Form eine gemeinnützige Körperschaft ihr Vermögen anlegt, steht im **Ermessen der zuständigen Organe**.[206] Grundsätzlich ist es ihr deswegen auch nicht erlaubt, das Vermögen ungenutzt liegen zu lassen.[207] Vielmehr muß ihr Bestreben darauf gerichtet sein, das Vermögen in einer Weise anzulegen, daß daraus Erträge für die gemeinnützige Arbeit fließen. Dabei kommt es nicht auf die optimale Rendite an, vielmehr darf gerade eine gemeinnützige Körperschaft der Sicherheit der Vermögensanlage den Vorzug vor einer optimalen Rendite geben. Vermögen, welches in einer Weise angelegt wird, daß praktisch keine Erträge aus diesem Vermögen fließen, können die zuständigen Organe der gemeinnützigen Körperschaft dazu zwingen, über alternative Anlageformen, mit denen sich eine höhere, stetige Rendite erzielen läßt, nachzudenken. Das Ziel der Vermögensanlage ist es in erster Linie, einen **stetigen Zufluß von Erträgen** für die gemeinnützigen Zwecke sicherzustellen. Auch im Bereich der Vermögensverwaltung gilt möglicherweise, daß einer gemeinnützigen Körperschaft die **dauerhafte Subvention einer verlustbringenden Anlage** verboten ist.[208] Allerdings schuldet die gemeinnützige Körperschaft nur das Bemühen, aus

---

201 Vgl. § 7 Rz. 68 ff.

202 *Boochs/Gantefühler* DB 1997, 1840.

203 Str., vgl. unten Rz. 126–128.

204 A 8 Abs. 4 S. 10 KStR.

205 BFH v. 15. 10. 1997 II R 94/94, BFH/NV 1998, 150; vgl. unten Rz. 130.

206 Vgl. *Schauhoff* DStR 1998, 701 ff.

207 *Hüttemann* S. 108; s.o. Rz. 10.

208 OFD Cottbus v. 10. 9. 1996 SO177-1 – ST123 unter II.; OFD Hannover, Vfg. v. 29. 7. 1999 S0177-8-StO 214/S2729-326-StH233, DStR 1999, 1565; *Kießling/*

der Vermögensanlage Gewinne zu erzielen. Ggf. müssen die Organe reagieren, wenn sich eine Vermögensanlage dauerhaft als nachteilig erweisen sollte. Der Verlust im Bereich der Vermögensanlage, der beispielsweise durch den Wertverfall von Immobilien oder Kursverluste bei Wertpapieren entstehen kann, hat unmittelbar keine Auswirkungen auf die Gemeinnützigkeit. Maßstab ist, in welcher Weise ein ordentlicher und gewissenhafter Geschäftsleiter einer gemeinnützigen Körperschaft sich darum bemüht hätte, mit der Vermögensanlage zusätzliche Mittel für die gemeinnützige Tätigkeit zu erwirtschaften. Demgegenüber möchte die Finanzverwaltung teilweise die Gemeinnützigkeit bereits dann aberkennen, wenn der in einem Jahr eingetretene Verlust nicht durch Gewinne in den sechs vorangegangenen Jahren oder in dem nachfolgenden Jahr ausgeglichen werden kann.[209] Offen bleibt dabei, ob auch nicht realisierte Verluste durch Wertverfall maßgebend sind und ob dann nicht realisierte Gewinne aus Wertsteigerungen verrechnet werden können oder ob allein auf realisierte Gewinne und Verluste abgestellt wird. Jedenfalls erscheint diese Auffassung zu eng, da sich beispielsweise bei Immobilieninvestitionen nachhaltige Wertsteigerungen erst nach einer längeren Anlageperiode einstellen.

2. Begünstigungsverbot

Eine gemeinnützige Körperschaft kann ihre Vermögenswerte grds. 74
auch Vereinsmitgliedern oder anderen nahestehenden Personen zur Nutzung überlassen. Eine derartige Nutzungsüberlassung ist gemeinnützigkeitsrechtlich erlaubt. Allerdings verbietet § 55 Abs. 1 Satz 2 AO, daß die Mitglieder eines Vereins oder Gesellschafter einer gemeinnützigen GmbH in dieser Eigenschaft Zuwendungen aus Mitteln der Körperschaft erhalten. Derselbe Rechtsgedanke liegt auch § 55 Abs. 1 Nr. 3 AO zugrunde, wonach keine Person durch Ausgaben, die dem Zweck der Körperschaft fremd sind, begünstigt werden darf. Daraus folgt, daß die Vermögensanlage bei Mitgliedern oder Gesellschaftern den **Bedingungen** entsprechen muß, die auch **zwischen fremden Dritten** vereinbart würden.[210] Nach einer Rechtsauffassung gilt im Verhältnis zwischen einem gemeinnützigen Verein oder Gesellschaft und ihrem Gesellschafter oder den Vereinsmitgliedern bzw. den Stiftungen und dem Stifter und ihren Erben (§ 55 Abs. 3 AO) das sog. **Rückwirkungsverbot**, wonach obligatorische Vereinbarungen nicht rückwirkend zu Lasten der gemeinnützigen Körperschaft geändert werden können. Ebenso soll das **Förmlichkeitsgebot** gelten, wonach die Vereinbarungen der Schriftform entsprechen müssen.[211] Die Grundlage dieser Rechtsauffassung ist zweifelhaft. In der gesetzlichen Vorschrift wird nur vorausgesetzt, daß die Vereinbarungen einem Drittfremdvergleich stand-

---

Buchna S. 115; *Fischer* in: Hübschmann/Hepp/Spitaler § 55 AO Rz. 121; *Schauhoff* DStR 1998, 701; a. A. *Thiel* DB 1992, 1900 Tz. IV. 1.

[209] OFD Hannover, a.a.O.

[210] Vgl. dazu § 8 Rz. 13–18.

[211] Vgl. FG Saarland v. 2. 10. 1996, EFG 1997, 38.

halten. Die Anpassung an marktgerechte Preise kann auch rückwirkend und mündlich erfolgen, sofern nachgewiesen werden kann, daß auch fremde Dritte einer derartigen Anpassung zugestimmt hätten. Allerdings ist zu befürchten, daß Rechtsprechung und Finanzverwaltung aus Gründen der Beweiserleichterung am Rückwirkungsverbot und Förmlichkeitsgebot festhalten.

E. Zweckbetrieb

I. Einnahmen aus einem wirtschaftlichen Geschäftsbetrieb

81 Nach der Legaldefinition in § 65 AO ist ein **Zweckbetrieb** gegeben, wenn ein wirtschaftlicher Geschäftsbetrieb

- in seiner Gesamtrichtung dazu dient, die steuerbegünstigten satzungsmäßigen Zwecke der Körperschaft zu verwirklichen und
- die Zwecke nur durch einen solchen Geschäftsbetrieb erreicht werden können und
- der wirtschaftliche Geschäftsbetrieb zu nichtbegünstigten Betrieben derselben oder ähnlicher Art nicht in größerem Umfang in Wettbewerb tritt, als es bei Erfüllung der steuerbegünstigten Zwecke unvermeidbar ist.

Nur wenn **Einnahmen** in einem **wirtschaftlichen Geschäftsbetrieb** gegeben sind, der über den Rahmen der Vermögensverwaltung hinausgeht, ist es für die ertragsteuerliche Befreiung der Zweckbetriebseinnahmen maßgebend, daß die Voraussetzungen der §§ 65 ff. AO erfüllt werden. Die Einnahmen in einem wirtschaftlichen Geschäftsbetrieb sind aufgrund der Bestimmung des § 14 AO zum einen von den Einnahmen im ideellen Bereich der gemeinnützigen Körperschaft[212] und zum anderen von den Einnahmen aus dem Bereich der Vermögensverwaltung abzugrenzen.[213] **Spenden**[214] und **Zuschüsse**,[215] die nicht für eine bestimmte erwerbswirtschaftliche Betätigung der gemeinnützigen Körperschaft geleistet werden, sondern generell der Förderung der gemeinnützigen Arbeit dienen, führen nicht zu Einnahmen in einem wirtschaftlichen Geschäftsbetrieb. Nur wenn eine Einnahme durch eine bestimmte Leistung der gemeinnützigen Körperschaft an den Zahlenden veranlaßt worden sein sollte, liegen die Voraussetzungen des § 14 AO vor.[216]

82 Von der steuerbefreiten Vermögensverwaltung unterscheidet sich der steuerbefreite Zweckbetrieb dadurch, daß Zweckbetriebseinnahmen aus einer erwerbswirtschaftlichen Betätigung stammen, während bei der Vermögensverwaltung das bei der Körperschaft bereits vorhandene Vermögen genutzt wird. Solange sich die Tätigkeit der Körperschaft auf

---

[212] S. oben Rz. 36 ff.
[213] S. Rz. 61–72.
[214] Rz. 36–50.
[215] Rz. 51.
[216] S. insb. Rz. 51 sowie § 7 Rz. 255 ff.

die **Verwaltung** des **vorhandenen Vermögens** beschränkt und nicht mehr Tätigkeiten entfaltet werden, als zur ordnungsgemäßen Verwaltung dieses Vermögens zweckmäßig sind, liegen Einnahmen aus der Vermögensverwaltung vor. Die Unterscheidung zwischen Zweckbetriebseinnahmen und Einnahmen aus der Vermögensverwaltung hat insb. im Hinblick auf die **Bildung der Rücklage nach § 58 Nr. 7a AO** Bedeutung. Der Überschuß aus der Vermögensverwaltung kann zu 25 v. H. in diese Rücklage eingestellt werden und muß daher nicht zeitnah für gemeinnützige Zwecke ausgegeben werden.[217] Einnahmen aus einem Zweckbetrieb unterliegen dagegen vollständig dem Gebot der zeitnahen Mittelverwendung. Die Frage wird dann relevant, wenn Zinseinnahmen, beispielsweise auf dem Festgeldkonto eines steuerbefreiten Krankenhauses, anfallen. Entsprechende Zinseinnahmen gehören nach einer Rechtsansicht so lange zu dem steuerbefreiten Zweckbetrieb, bis eine Umbuchung der Beträge in den Bereich der Vermögensverwaltung hinein erfolgt ist. Erforderlich sei eine buchmäßige Trennung zwischen den Einnahmen aus der Vermögensverwaltung und dem Zweckbetrieb, da die gemeinnützige Körperschaft die Beweislast für das Vorliegen der Voraussetzungen des § 58 Nr. 7a AO trägt. Nach anderer Auffassung sind jegliche Erträge aus der Überlassung von Kapital den Einkünften aus der Vermögensverwaltung zuzurechnen. Einer gesonderten Entnahme- oder Einlagehandlung der gemeinnützigen Körperschaft bedürfe es nicht, weil eine gemeinnützige Körperschaft nicht buchmäßig zwischen den verschiedenen Sphären trennen müsse, es vielmehr auf die Qualifikation der erzielten Einkünfte selbst ankomme. Wieso gemeinnützige Körperschaften Vermögen, welches der Sicherung ihrer langfristigen Tätigkeit dient, zwar aus Einnahmen aus der Vermögensverwaltung, nicht aber aus Zweckbetrieben bilden dürfen, ist nicht recht verständlich. Der Gesetzgeber sollte anerkennen, daß es der Sicherung der gemeinnützigen Tätigkeit dient, wenn diese in begrenztem Rahmen aus den erwirtschafteten Mitteln einen in Notfällen erforderlichen Vermögensstock bilden können.

II. Die Zweckbetriebsdefinition

§ 65 AO enthält die Zweckbetriebsdefinition. Die Zweckbetriebs- 83
definition hat sich aus der Rechtsprechung des Reichsfinanzhofs entwickelt, wonach bestimmte erwerbswirtschaftliche Betätigungen, die in enger Verbindung mit der gemeinnützigen Tätigkeit stehen, dem steuerfreien Bereich zugeordnet werden können und deshalb steuerlich begünstigt sind. Die Prüfung der Voraussetzungen des § 65 AO erfordert eine Abwägung, ob der gemeinnützigen Zweckverfolgung oder dem Schutz steuerpflichtiger Wettbewerber der Vorrang zukommt, wenn eine gemeinnützige Körperschaft komplementär zum Angebot des Marktes Tätigkeiten, für die sie ein Entgelt nimmt, verfolgt. Diese **Abwägung** führt notwendigerweise zur Rechtsunsicherheit, da ver-

[217] Vgl. dazu § 8 Rz. 96, 97.

schiedene Rechtsanwender naturgemäß zu unterschiedlichen Abwägungsergebnissen kommen. Deswegen hat der Gesetzgeber diese allgemeine Zweckbetriebsdefinition in den §§ 66–68 AO durch spezielle Bestimmungen für den Bereich der Wohlfahrtspflege, der Krankenhäuser und des Sports, der Bildungseinrichtungen und auch der kulturellen sowie einer Reihe sonstiger Einrichtungen ergänzt. Die **speziellen Zweckbetriebsdefinitionen**, mit denen der Gesetzgeber dem Rechtsanwender die Verantwortung für eine Abwägungsentscheidung abgenommen hat, zeigen wiederum auf, welche Tätigkeiten, die gegen Entgelt ausgeführt werden, der Gesetzgeber als steuerbefreiten Zweckbetrieb anerkennen möchte. Bei der Auslegung des § 65 AO können die in den §§ 66 ff. niedergelegten gesetzgeberischen Entscheidungen ergänzend herangezogen werden.[218]

1. Einnahmeerzielung durch die Förderung satzungsmäßiger Zwecke

84 Ein Zweckbetrieb kommt nach § 65 AO nur in Betracht, wenn durch die Förderung der in der Satzung der Körperschaft niedergelegten gemeinnützigen Zwecke Einnahmen erzielt werden. Die Tätigkeit selbst, die die Einnahmen veranlaßt, muß unmittelbar den steuerbegünstigten Zwecken dienen.[219] Wann eine bestimmte Tätigkeit die gemeinnützigen Zwecke fördert, hängt von einer genauen Definition des verfolgten steuerbegünstigten Zwecks ab.[220] Unschädlich ist es, wenn die Tätigkeit auch den Interessen der Gesellschafter entspricht, diese aber nicht unmittelbar wirtschaftliche Vorteile aus der gemeinnützigen Tätigkeit ziehen.[221] Diese Voraussetzung liegt nicht vor, wenn die gemeinnützige Tätigkeit nur mittelbar gefördert werden soll, indem die Einnahmen aus dem wirtschaftlichen Geschäftsbetrieb für die gemeinnützige Tätigkeit verwendet werden sollen.[222] Problematisch sind insb. die Fälle, in denen in Zusammenhang mit der gemeinnützigen Tätigkeit **Tätigkeiten von untergeordneter Bedeutung** erbracht werden. Beispielhaft sei hierfür das Sponsoring genannt, bei dem der Name des Sponsors während der kulturellen Veranstaltung genannt wird. Eine derartige untergeordnete Tätigkeit für den Sponsor ändert nichts daran, daß die **Gesamtrichtung** des wirtschaftlichen Geschäftsbetriebs der Verwirklichung des gemeinnützigen Zwecks dient.[223] Der BFH hat beispielsweise in dem Fall, in dem Jugendherbergen in geringfügigem Umfang von bis zu 10 v. H. des Gesamtumsatzes alleinreisende Erwachsene haben übernachten lassen, die steuerunschädliche Zweckbetriebstätigkeit auf die Übernachtung der Erwachsenen erstreckt, obwohl der

---

[218] BFH v. 9. 4. 1987 V R 150/78, BStBl. II 1987, 659; *Fischer* in: Hübschmann/Hepp/Spitaler § 65 AO Rz. 13.

[219] BFH v. 26. 4. 1995, BStBl. 1995 II, 767.

[220] Vgl. dazu oben § 5 Rz. 51–87.

[221] Vgl. zu Ausbildungsstätten FG Nürnberg v. 24. 1. 1995 I 103/94, EFG 1995, 652.

[222] BFH v. 9. 11. 1988 I R 200/85, BFH/NV 1989, 342.

[223] Str.; vgl. zum Meinungsstand Rz. 52.

gemeinnützige Zweck selbst in der Förderung Jugendlicher besteht.[224] Wesentlich war dabei die Erwägung, daß die **Tätigkeit**, die nicht begünstigt ist, der Tätigkeit, die steuerbegünstigt ist, **vollkommen entspricht. Unterscheidet sich die Tätigkeit** dagegen und läßt sie sich dementsprechend von der gemeinnützigen Zweckverfolgung abtrennen, so ist sie steuerlich auch isoliert zu betrachten. Regelmäßig wird dann die Annahme eines Zweckbetriebs ausscheiden. Beispiel dafür ist das Anzeigengeschäft als Bestandteil einer Vereinszeitung. Obwohl das Anzeigengeschäft nicht ohne Druck und Verbreitung der Vereinszeitung ausgeführt werden kann, kann es doch **isoliert betrachtet** werden, da mit dieser weiteren Tätigkeit Einnahmen erzielt werden, die nur mittelbar der gemeinnützigen Zweckverfolgung dienen.[225]

Die Tätigkeit dient in ihrer Gesamtrichtung nur dann den steuer- 85
begünstigten satzungsmäßigen Zwecken, wenn das erhobene Entgelt sich letztlich an dem Prinzip der Kostendeckung orientiert. Zwar müssen nicht lediglich Selbstkosten in Rechnung gestellt werden, doch muß deutlich sein, daß nicht die Mittelbeschaffung wesentlich für die Festsetzung der Höhe des Entgelts ist, sondern die Verwirklichung des gemeinnützigen Zwecks. Bei der **Preisgestaltung** und der **Auswahl** der **entgeltlich angebotenen Güter** muß die Verfolgung des ideellen Zwecks im Vordergrund stehen.[226] Die Bestimmung des § 65 Nr. 2 AO, wonach die gemeinnützigen Zwecke nur durch eine solche erwerbswirtschaftliche Betätigung erreicht werden können, hat neben § 65 Nr. 1 AO keinen eigenen Bedeutungsgehalt. Entscheidend ist letztlich allein, ob die Verwirklichung des konkreten satzungsmäßigen Zwecks ohne die Erhebung der geforderten Entgelte denkbar ist.[227] Sofern allerdings ein gemeinnütziger Verein nicht seine eigenen satzungsmäßigen Tätigkeiten ausführt, sondern als Beliehener oder kraft Aufgabenzuweisung durch eine Körperschaft öffentlichen Rechts **öffentlich-rechtlich** vorgegebene **Pflichtaufgaben** abarbeitet, scheidet eine steuerbegünstigte satzungsmäßige Tätigkeit von vornherein aus.[228]

Unerheblich ist, ob die eigene Tätigkeit der Körperschaft auf steuer- 86
pflichtige gewerbliche Unternehmen übertragen werden könnte oder die Körperschaft ihre gemeinnützige Tätigkeit auch aus anderen Quellen finanzieren könnte, sofern tatsächlich der **verfolgte konkrete gemeinnützige Zweck** auf Dauer gesehen die Erhebung von Entgelten notwendig macht. Die Überlassung einer Sportanlage an clubfremde Spieler führt zu einer Mittelbeschaffungsaktivität, weil damit nicht der eigene Satzungszweck der gemeinnützigen Körperschaft verwirklicht wird, der darin besteht, den Clubmitgliedern die sportliche Betätigung

---

224 BFH v. 18. 1. 1995 V R 139–142/92, BStBl. 1995 II S. 446; vgl. *Kießling/Buchna* S. 265.

225 Vgl. dazu BFH v. 4. 3. 1976, BStBl. 1976 II, 472.

226 *Fischer* in: Hübschmann/Hepp/Spitaler § 65 AO Rz. 20.

227 Vgl. *Hüttemann* S. 173 ff.

228 Nds. FG v. 8. 7. 1999 V362/97, EFG 1999, 1256.

zu ermöglichen.[229] Wird die Sportanlage zu gleichen Bedingungen an Mitglieder und Nichtmitglieder kurzfristig vermietet, liegt ein einheitlicher steuerpflichtiger wirtschaftlicher Geschäftsbetrieb vor.[230] Nur wenn die Vermietung an Nichtmitglieder unter 10 v. H. der Gesamtleistung liegen sollte, wird wegen der Gesamtrichtung ein einheitlicher steuerfreier Zweckbetrieb angenommen.[231] Auch die Bereitstellung einer öffentlichen Kunsteisbahn fördert nicht die Allgemeinheit, denn die Überlassung von Sportanlagen alleine ist nicht hinreichend für die Förderung des Sports.[232] Eine sportliche Veranstaltung kann in der Überlassung einer Kunsteisbahn zum Publikumslauf nicht gesehen werden. Übergeordnete Gemeinwohlerwägungen, die es rechtfertigen könnten, potentiellen Wettbewerb anderer Anbieter zu stören, sind nicht ersichtlich.[233]

87 Trotz dieser Grundsätze, die sich aus der Rechtsprechung herausarbeiten lassen, führt die Frage, inwiefern die Unterhaltung eines wirtschaftlichen Geschäftsbetriebs zur Verwirklichung der gemeinnützigen Tätigkeit tatsächlich notwendig ist, zu einer Wertung, die auch von den individuellen Prioritäten des jeweiligen Rechtsanwenders mitbestimmt wird. Von daher erschließt sich, daß die Entscheidungen zur **Abgrenzung** zwischen steuerpflichtigem wirtschaftlichen Geschäftsbetrieb und steuerbefreitem Zweckbetrieb in vielen Fällen **kasuistisch** wirken. Diese Rechtsunsicherheit hat dazu geführt, daß der Gesetzgeber mit immer neuen Bestimmungen den speziellen Zweckbetriebskatalog der §§ 66–68 AO ergänzt hat und damit dem Rechtsanwender die Wertentscheidung abnimmt. Letztlich geht es nunmehr für die Vielzahl der Fälle darum, ob eine der speziellen Zweckbetriebsdefinitionen der §§ 66–68 AO dem verwirklichten Sachverhalt so ähnlich ist, daß die Gewährung der Steuerfreiheit geboten ist.

2. Wettbewerbsbeeinträchtigung

88 Sofern der steuerpflichtige wirtschaftliche Geschäftsbetrieb **potentiell** in Wettbewerb zu steuerbefreiten Tätigkeiten treten kann, kommt eine Steuerfreiheit aufgrund der Wettbewerbsklausel des § 65 Nr. 3 AO idR nicht mehr in Betracht, es sei denn, die Wertung wäre möglich, daß die Beeinträchtigung des Wettbewerbs hinter dem höheren Gut, die Verfolgung des gemeinnützigen Zwecks durch einen notwendigen wirtschaftlichen Geschäftsbetrieb zu ermöglichen, zurücktreten müßte.[234]

[229] So BFH v. 9. 4. 1987 V R 150/78, BStBl. II 1987, 659; anders die Vorinstanz FG Rheinland-Pfalz v. 11. 9. 1978 V 250/78, EFG 1979, 206.

[230] BFH v. 2. 3. 1990 III R 89/87, BStBl. II 1990, 1012; FG Düsseldorf v. 23. 7. 1997 5 K 8155/934, EFG 1998, 416.

[231] BFH v. 10. 1. 1992 III R 201/90, BStBl. II 1992, 884.

[232] BFH v. 7. 5. 1997 V B 96/96, BFH/NV 1998, 96; a. A. FG Baden-Württemberg v. 30. 6. 1983 III 369/80, EFG 1984, 627; FG Rheinland-Pfalz v. 11. 9. 1978 V 270/78, EFG 1979, 206; vgl. auch *Hüttemann* S. 174.

[233] FG Nürnberg v. 27. 4. 1999 II 8/98 EFG 1999, 748.

[234] BFH v. 27. 10. 1993 I R 60/91, BStBl. II 1994, 573; vgl. *Rabenschlag* DStZ 1997, 717.

Mittlerweile ist auf den meisten Feldern, auf denen die Non-Profit-Organisationen früher ein Monopol besaßen, **Wettbewerb durch gewinnorientierte Unternehmen** entstanden.[235] Weite Bereiche einer früher rein ideellen Tätigkeit sind kommerzialisiert worden. Typisch dafür ist der Sport, welcher sich von der Leibesertüchtigung zum Showgeschäft gewandelt hat und dessen Gemeinnützigkeit bei den Fußballbundesligavereinen häufig nur noch historisch erklärt werden kann, auch wenn der Lizenzspielerbereich selbst natürlich ein steuerpflichtiger Geschäftsbetrieb ist, der aber doch dem Verein vielfach das Gepräge gibt.[236] Potentieller Wettbewerb liegt in den Fällen nicht vor, in denen der **Markt kein Angebot an bestimmte Marktteilnehmer** machen würde, weil sich dieses Angebot für gewinnorientierte Unternehmen nicht lohnt.[237] Damit wird insb. die Funktion von gemeinnützigen Körperschaften, bestimmte Nischen, die zwischen der staatlichen Daseinsfürsorge und privaten Marktangeboten bleiben, zu besetzen, gestärkt. Typischerweise wird hier die Suppenküche für Bedürftige genannt, die mangels Renditeerwartung von steuerpflichtigen Marktteilnehmern nicht angeboten werden würde. Wenn das Angebot darauf ausgerichtet ist, Personen zu erreichen, die die allgemein zugänglichen Erwerbsmöglichkeiten – beispielsweise aufgrund ihrer Drogenabhängigkeit – meiden, führt die Erweiterung des Angebots nicht zur Wettbewerbsbeeinträchtigung.[238] Ein anderes Beispiel bilden die Druckwerke zu bestimmten Themen, die naturgemäß in derart geringer Auflage erscheinen, daß ein Abnehmerkreis, der eine Kostendeckung möglich machen würde, nicht zu erwarten ist.[239] Hinzu kommt, daß eine gemeinnützige Einrichtung, die bestimmte Ideen propagieren oder auf die Bewußtseinsbildung in der Öffentlichkeit einwirken möchte, keine andere Wahl hat, als dies durch Veröffentlichungen zu machen.[240] Die Beeinträchtigung des potentiellen Wettbewerbers „andere Verlage" ist unvermeidbar und daher von diesen hinzunehmen. § 65 Nr. 3 AO enthält nämlich kein absolutes Wettbewerbsverbot und schließt die Steuervergünstigung im Fall eines unvermeidbaren Wettbewerbs nicht aus.[241] Eine unvermeidbare Wettbewerbsbeeinträchtigung ist insb. in den Fällen anzunehmen, in denen der steuerpflichtige wirtschaftliche Geschäftsbetrieb überwiegend solche Personen versorgt, die nicht zum tatsächlichen oder potentiellen Kundenkreis steuerpflichtiger Anbieter zählen. Unvermeidbar ist dann der Restwettbewerb, den die steuer-

---

[235] Vgl. die Übersicht über den Wettbewerb zwischen gemeinnützigen, gewinnorientierten und staatlichen Einrichtungen unter Einleitung Rz. 1.

[236] Vgl. dazu *Madl* BB 1997, 1126.

[237] *Fischer* in: Hübschmann/Hepp/Spitaler, § 65 AO Rz. 28.

[238] OFD Ffm. v. 13. 10. 1998 – SO183A-18-StII2, DB 1998, 2300 zum Vertrieb von Einmalspritzen an Drogenabhängige.

[239] RFH v. 26. 4. 1938 VI 27/36, RStBl. 1938, 582; BFH v. 23. 11. 1988, BStBl. II 1989, 391.

[240] Zur Eigenwerbung eines Vereins als Zweckbetrieb BFH v. 10. 5. 1955 I 173/53, BStBl. III 1955, 177; *Fischer* in: Hübschmann/Hepp/Spitaler, § 65 AO Rz. 34.

[241] Vgl. dazu *Hüttemann* S. 181 ff.

pflichtigen Anbieter hinzunehmen haben, weil der gemeinnützige Anbieter trotz zumutbarer Vorkehrungen, Überschneidungen mit dem Angebot der steuerpflichtigen Unternehmen herstellen muß, um sein Marktsegment sinnvoll bearbeiten zu können. Beispielhaft seien hier die **Beschäftigungsgesellschaften** genannt, die es sich zum Ziel gesetzt haben, Langzeitarbeitslose wieder in der Berufsleben einzugliedern.[242] Obwohl derartige Gesellschaften mit den von ihnen hergestellten Produkten notwendig in Wettbewerb zu steuerpflichtigen Anbietern treten, wird, analog den §§ 68 Nr. 2–5 AO, dem Ziel, eine Beschäftigungsmöglichkeit zu schaffen, in diesen Fällen die höhere Bedeutung beigemessen. Darüber hinausgehend ist die Abwägung, daß der Wettbewerb notwendig ist, letztlich dem Gesetzgeber vorbehalten, der diese Abwägung durch die besonderen Bestimmungen in den §§ 66–68 AO vorgenommen hat. Der Wettbewerbsgesichtspunkt spielt bei den Zweckbetrieben nach §§ 66–68 AO keine Rolle, weil der Gesetzgeber bewußt entschieden hat, daß gewinnorientierte Konkurrenten der gemeinnützigen Körperschaft insoweit den Wettbewerb aus übergeordneten Gesichtspunkten hinzunehmen haben.

89 Mittlerweile läßt es der Bundesfinanzhof zu, daß **steuerpflichtige Wettbewerber** einer gemeinnützigen Körperschaft vor den Finanzgerichten die Berufung einer gemeinnützigen Körperschaft auf eine **Zweckbetriebsbefreiung gerichtlich überprüfen** lassen. Voraussetzung der Zulässigkeit einer derartigen Klage ist es, daß das steuerpflichtige Unternehmen substantiiert geltend macht, daß die rechtswidrige Nichtbesteuerung oder zu geringe Besteuerung der mit ihm in Wettbewerb stehenden gemeinnützigen Körperschaft das Recht des Klägers auf Teilnahme an einem steuerrechtlich nicht zu seinem Nachteil verfälschten Wettbewerb beeinträchtigt.[243] Es bleibt abzuwarten, inwiefern dieses Urteil zu einer verschärften Anwendung der Zweckbetriebsbefreiungen führen wird. Auch aus europäischer Sicht ist mittlerweile geklärt, daß Zweckbetriebsbefreiungen als unerlaubte Beihilfen nach Europäischem Recht angesehen werden können.[244] So hat die Europäische Kommission entschieden, daß die Förderung der Beschäftigung Langzeitarbeitsloser durch gemeinnützige Körperschaften mittels Zuschüssen eine unzulässige Beihilfe darstellt, wenn der Zuschuß sich nicht auf den Ausgleich von Wettbewerbsnachteilen durch die Gemeinnützigkeit beschränkt.[245]

---

[242] Vgl. BFH v. 26. 4. 1995 I R 35/93, BStBl. II 1995, 767; BMF-Schreiben v. 11. 3. 1992, BStBl. I 1992, 241; Nds. FG v. 19. 8. 1997, IV 358/94, EFG 1998, 407.

[243] BFH v. 15. 10. 1997 I R 10/92, BStBl. 1998 II, 63 ff.

[244] Vgl. dazu unten § 20 Rz. 90–123.

[245] Europ. Kom. v. 16. 5. 1996, ABl. EG C144, S. 9.

III. Die gesetzlich festgelegten Zweckbetriebe

1. Einführung

In den §§ 66–68 AO sind eine Reihe von wirtschaftlichen Geschäfts- **90**
betrieben genannt, welche kraft Gesetzes als Zweckbetriebe gelten, ohne daß zusätzlich die allgemeinen Voraussetzungen für die Annahme eines Zweckbetriebs erfüllt sein müßten.[246] Durch die Festlegung in den §§ 66–68 AO hat der Gesetzgeber deutlich gemacht, in welchen Fällen er der **Förderung des gemeinnützigen Zwecks** durch eine erwerbswirtschaftliche Betätigung den **höheren Rang** gegenüber der Beeinträchtigung potentieller Wettbewerber einräumt. Obwohl der Gesetzgeber beispielsweise auf dem Gebiet der Alten-, Altenwohn- und Pflegeheime sowie der Krankenhäuser mittlerweile einen vollständigen Wettbewerb zwischen Trägern der öffentlichen Hand, Trägern gemeinnütziger Organisationen und gewinnorientiert ausgerichteten Unternehmen zuläßt, ändert diese bestehende Wettbewerbslage nichts daran, daß Krankenhäuser und Alten-, Altenwohn- und Pflegeheime als steuerbefreite Zweckbetriebe geführt werden können.[247] Aus den gesetzlichen Regelbeispielen in den §§ 66–68 AO lassen sich gleichzeitig Rückschlüsse auf die Auslegung des § 65 AO ziehen. Soweit ein bestimmter wirtschaftlicher Geschäftsbetrieb zwar nicht dem Wortlaut nach eine der besonderen Zweckbetriebsdefinitionen der §§ 66–68 AO erfüllt, aber doch eine Analogie zu einem gesetzlich festgelegten Zweckbetriebstatbestand geboten erscheint, wird der entsprechende wirtschaftliche Geschäftsbetrieb regelmäßig aufgrund der allgemeinen Definition in § 65 AO steuerbefreit sein.[248] Insb. in § 68 AO sind eine Reihe von Spezialfällen geregelt, die den Rückschluß zulassen, daß auch der Grundtatbestand als Zweckbetrieb steuerbefreit ist. So ordnet § 68 Nr. 8 AO die Steuerfreiheit der Begebung von Mahlzeiten und Übernachtungen durch Bildungseinrichtungen an. Daraus erschließt sich, daß Bildungseinrichtungen generell als Zweckbetriebe angesehen werden, sofern die Einrichtung durch ihr Angebot und die Preisgestaltung deutlich macht, daß die Allgemeinheit gefördert wird, obwohl auch auf dem Bildungsmarkt gemeinnützige und erwerbswirtschaftlich ausgerichtete Unternehmen zweifelsohne in starkem Wettbewerb stehen.

2. Wohlfahrtspflege und Krankenhäuser

Nach § 66 Abs. 2 AO ist **Wohlfahrtspflege** die planmäßige, zum **91**
Wohle der Allgemeinheit und nicht des Erwerbes wegen ausgeübte Sorge für notleidende oder gefährdete Mitmenschen. Die Sorge kann sich auf das gesundheitliche, sittliche, erzieherische oder wirtschaftliche

---

246 BFH v. 15. 1. 1995, BStBl. 1995 II, 446; v. 25. 7. 1996 VR 7/95, BStBl. II 1997, 154; *Fischer* in: Hübschmann/Hepp/Spitaler, § 65 AO Rz. 13.

247 Zu den bestehenden Wettbewerbslagen vgl. Einleitung Rz. 1.

248 BFH a.a.O.

Wohl erstrecken und Vorbeuge oder Abhilfe bezwecken. Eine Einrichtung der Wohlfahrtspflege ist dann ein Zweckbetrieb, wenn mindestens zwei Drittel ihrer Leistungen Personen zugute kommen, die entweder infolge ihres körperlichen, geistigen oder seelischen Zustands auf die Hilfe anderer angewiesen sind oder die i. S. d. § 53 Nr. 2 AO wirtschaftlich bedürftig sind.[249] Die Wohlfahrtspflege wird in erster Linie von den Spitzenverbänden der freien Wohlfahrtspflege, wie dem Diakonischen Werk, der Caritas, dem Deutschen Paritätischen Wohlfahrtsverband, dem Deutschen Roten Kreuz, der Arbeiterwohlfahrt und den angeschlossenen Mitgliedsverbänden ausgeübt. Die Zweckbetriebsbefreiung gilt nur, soweit bedürftige Personen unmittelbar unterstützt werden. Eine Tätigkeit gegenüber anderen steuerbegünstigten Körperschaften genügt nicht.[250] Typische Betreuungseinrichtungen der Wohlfahrtspflege sind Pflege-, Flüchtlings- und Obdachlosenheime. Auch die Beförderung von behinderten Personen kann als entgeltliche Hilfeleistung für behinderte Menschen einen steuerbegünstigten Zweckbetrieb darstellen. Dasselbe gilt für die Fahrdienste des ärztlichen Notfalldienstes.[251] Selbst die Mensa- und Cafeteriabetriebe der Studentenwerke werden als Einrichtungen der Wohlfahrtspflege angesehen, weil bei Studenten ohne entsprechende Einzelprüfung von deren wirtschaftlicher Hilfsbedürftigkeit i. S. d. § 53 AO ausgegangen wird.[252] Soweit in der Cafeteria alkoholische Getränke oder andere Handelswaren verkauft werden, fallen die entsprechenden Veräußerungsgeschäfte nach Auffassung der Finanzverwaltung ebenfalls in den steuerunschädlichen Zweckbetrieb, wenn die Umsätze nicht mehr als 5 v. H. des Gesamtumsatzes ausmachen.[253] Dagegen wird bei Teestuben, in denen vorwiegend Jugendliche verkehren, generell von steuerpflichtigen wirtschaftlichen Geschäftsbetrieben ausgegangen, weil bei Jugendlichen nicht von deren wirtschaftlicher Hilfsbedürftigkeit auszugehen sei.[254] Die Abgrenzung ist zweifelhaft. Eine Typisierung bestimmter bedürftiger Bevölkerungsgruppen muß letztlich dem Gesetzgeber vorbehalten bleiben, im übrigen wäre der Nachweis im Einzelfall durch die gemeinnützige Körperschaft erforderlich. Die wirtschaftliche Bedürftigkeit entfällt regelmäßig, wenn Unterhaltsansprüche bestehen. Derartige Unterhaltsansprüche werden häufig gegeben sein, auch wenn das eigene Einkommen nicht die fraglichen Sätze des § 53 Nr. 2 AO übersteigt.

92 **Krankenhäuser** bilden dann nach § 67 AO einen Zweckbetrieb, wenn mindestens 40 v. H. der jährlichen Pflegetage auf Patienten entfallen, bei denen nur Entgelte für allgemeine Krankenhausleistungen berechnet werden. Was unter einem Krankenhaus zu verstehen ist, ergibt sich aus § 2 Krankenhausfinanzierungsgesetz und aus § 2 Nr. 1

---

[249] Vgl. dazu oben § 5 Rz. 81–86.

[250] BFH v. 18. 10. 1990, BStBl. 1991 II, 268; BFH, BStBl. 1991 II, 157.

[251] OFD Frankfurt v. 17. 3. 1995, FR 1995, 486.

[252] BMF-Schreiben v. 8. 4. 1991, BStBl. 1991 I, 485.

[253] OFD Erfurt v. 1. 8. 1995, DB 1995, 2398.

[254] BFH, v. 11. 4. 1990 IR 122/87, BStBl. 1990 II, 724.

BundespflegesatzVO.[255] Unerheblich ist, ob das Krankenhaus in den Krankenhausbedarfsplan aufgenommen ist. Krankenhäuser können mit ihren ärztlichen oder pflegerischen Leistungen einen Zweckbetrieb begründen. Leistungen der Belegärzte oder anderer Personen gehören nicht zu den allgemeinen Krankenhausleistungen.[256] Übt ein Krankenhaus andere erwerbswirtschaftliche Tätigkeiten aus, kann ein eigenständiger wirtschaftlicher Geschäftsbetrieb vorliegen. Dies gilt beispielsweise für Krankenhausapotheken und Wäschereien, die Besuchercafeterien, die Belieferung von Schulen, Unternehmenskantinen oder anderer gemeinnütziger Einrichtungen mit Speisen sowie Laborleistungen für Dritte.[257] Nicht selten zentralisieren verschiedene Krankenhäuser aus betriebswirtschaftlichen Gründen bestimmte Funktionen, wie das Beschaffungswesen, die Buchhaltung oder Apotheken, Wäschereien und Küchen. Nach herrschender Ansicht soll die Leistung der Zentrale an andere gemeinnützige Einrichtungen einen steuerpflichtigen wirtschaftlichen Geschäftsbetrieb begründen.[258] Aufgrund der Krise im Gesundheitswesen sind insb. Rehabilitationskliniken gezwungen, ihre Kliniken mit Urlaubsgästen zu füllen. Die Finanzverwaltung behandelt diese Tätigkeit als steuerpflichtigen wirtschaftlichen Geschäftsbetrieb, ohne die Gemeinnützigkeit im ganzen abzuerkennen, sofern überwiegend Rehabilitationsmaßnahmen erbracht werden und eine räumliche und organisatorische Trennung zum Krankenhausbetrieb vorgenommen wird.[259]

3. Sportliche Veranstaltungen

In § 67a AO ist geregelt, daß sportliche Veranstaltungen von einem gemeinnützigen Sportverein generell als **steuerbefreiter Zweckbetrieb** behandelt werden können.[260] Ein steuerbefreiter Zweckbetrieb liegt dann vor, wenn die Einnahmen aus den sportlichen Veranstaltungen einschließlich Umsatzsteuer insgesamt DM 60 000 im Jahr nicht übersteigen. Als sportliche Veranstaltung ist die organisatorische Maßnahme eines Sportvereins anzusehen, die es aktiven Sportlern, die nicht Vereinsmitglied sein müssen, ermöglicht, Sport zu treiben.[261] Auch die sportliche Darbietung bei einem Dritten kann darunter fallen.[262] Keine sportliche Veranstaltung ist der Publikumslauf zur Freizeitgestaltung.[263] Der Verkauf von Speisen und Getränken sowie die Werbung durch den Sportverein führen stets zu Einnahmen in einem 93

---

[255] Dazu BFH v. 18. 10. 1990, BStBl. 1991 II, 157.

[256] BFH v. 25. 11. 1994, BStBl. 1994 II, 212.

[257] Vgl. BFH v. 28. 1. 1995, BStBl. 1995 II, 446; zu Einzelheiten vgl. *Knorr* Die Besteuerung von Krankenhäusern, 2. Aufl.

[258] S. unten Rz. 124 ff.

[259] OFD Frankfurt/M v. 6. 7. 1998, DStR 1998, 1357.

[260] Vgl. dazu *Wien* DStZ 1998, 572; *Bischoff* Stgb. 1998, 112.

[261] BFH v. 25. 7. 1996, BStBl. 1997 II, 154.

[262] BFH v. 4. 5. 1994, BStBl. 1994 II, 886.

[263] FG Nürnberg v. 27. 4. 1999 IUI 80/98, EFG 1999, 748.

steuerpflichtigen wirtschaftlichen Geschäftsbetrieb. Soweit die Steuerbefreiung des § 67a Abs. 1 AO in Anspruch genommen wird, ist es unerheblich, ob mit den Einnahmen auch bezahlte Sportler für ihre Teilnahme an der Veranstaltung entlohnt werden. Als sportliche Veranstaltung gilt nicht nur das Vereinsfest, sondern dazu können auch Sportreisen oder die Sportausbildung gehören. Die Teilnahme einer breiten Öffentlichkeit oder von Zuschauern ist nicht erforderlich. Unerheblich ist auch, in welchem Rahmen die sportliche Veranstaltung durchgeführt wird.[264]

94 Der Sportverein kann auf die **Anwendung des § 67a Abs. 1 AO verzichten**. Dieser Verzicht ist insb. dann vorteilhaft, wenn in der sportlichen Veranstaltung regelmäßig Verluste entstehen, die mit Gewinnen aus einem anderen steuerpflichtigen Geschäftsbetrieb ausgeglichen werden könnten, wenn nicht die Steuerbefreiung gewählt worden wäre. Wird auf die Steuerbefreiung nach § 67a Abs. 1 AO verzichtet, so ist der Sportverein an diese Wahl für fünf Jahre gebunden. In diesem Fall führt jede sportliche Veranstaltung, an der Berufssportler teilnehmen, zu einem steuerpflichtigen wirtschaftlichen Geschäftsbetrieb. Steuerfreie Zweckbetriebseinnahmen liegen aber vor, solange die an der Sportveranstaltung teilnehmenden Sportler nur eine reine Aufwandsentschädigung, beispielsweise Kostenersatz für die Anreise und Übernachtung vor Ort, erhalten. Als unschädliche Aufwandsentschädigung gilt auch noch eine pauschale Zahlung von DM 700 durchschnittlich pro Monat oder der Ersatz der nachgewiesenen tatsächlichen Kosten des Sportlers. Die laufenden Zuwendungen der Stiftung deutsche Sporthilfe sind auf die Aufwandspauschale von DM 700 nicht anzurechnen.[265] Unerheblich ist, ob der Sportler bei anderer Gelegenheit Zuwendungen erhält. Ob die jeweilige sportliche Veranstaltung ein Zweckbetrieb oder ein wirtschaftlicher Geschäftsbetrieb ist, hängt allein davon ab, wie die Sportler für ihre Teilnahme an dieser Veranstaltung bezahlt werden. Auch die Zahlung eines Preisgeldes gilt als Entgelt an den Sportler, welche zu einem steuerpflichtigen wirtschaftlichen Geschäftsbetrieb führt.

95 Zu den Einnahmen aus sportlichen Veranstaltungen gehören auch die **Ablösezahlungen**, die einem Sportverein für die Freigabe von Sportlern zufließen. Sofern allerdings ein Amateursportler abgelöst wird, sind die Zahlungen dem Zweckbetrieb sportliche Veranstaltungen i. S. d. § 67a Abs. 3 AO zuzuordnen. Aus den Mitteln eines steuerbefreiten Zweckbetriebes kann eine Ablösezahlung für einen Amateursportler bis zur Höhe von DM 5000 gezahlt werden. Bei Übersteigen der DM 5000-Grenze sind die tatsächlich entstandenen Ausbildungskosten für den Sportler nachzuweisen.[266]

---

[264] BFH v. 4. 5. 1994 XI R 109/90, DB 1994, 2012; v. 25. 7. 1996 VR 7/95, BStBl. 1997 II, 154; BMF v. 10. 7. 1995 – IV B 7–50184–10195, BB 1995, 1781.

[265] Tz. 10 zu § 67a Abs. 3 AO.

[266] Vgl. näher zu § 67a AO die umfangreichen Regelungen im AEAO zu § 67a AO.

Ein steuerbefreiter Zweckbetrieb liegt auch vor, sofern Mitglieder und Nichtmitglieder eine **Gebühr für die Benutzung der Sportanlage** zu entrichten haben, solange die Leistung an die Dritten unter 10 v. H. bleibt.[267] Die **Werbung** an der Sportstätte oder die Trikotwerbung führt regelmäßig zu Einnahmen in einem steuerpflichtigen wirtschaftlichen Geschäftsbetrieb.[268] Nur wenn die Werberechte langfristig und zu einem angemessenen Entgelt verpachtet worden sein sollten, liegt steuerfreie Vermögensverwaltung vor.[269] Die Einnahmen aus dem Sportsponsoring sind im Regelfall den Einnahmen in einem Zweckbetrieb oder einem steuerpflichtigen wirtschaftlichen Geschäftsbetrieb zuzuordnen.[270] Soweit Sportvereine mit Berufssportlern am Spielbetrieb teilnehmen, unterhalten sie einen steuerpflichtigen wirtschaftlichen Geschäftsbetrieb. Dieser erstreckt sich nicht auf die Tätigkeit der Amateurabteilungen,[271] diese bilden vielmehr den ideellen Bereich, für dessen Unterhalt der kommerzielle Sportbereich die notwendigen Mittel beschafft. 96

4. Altenheime und Kindergärten

Nach § 68 Nr. 1a AO sind Altenheime, Altenwohnheime und Pflegeheime Einrichtungen, in denen alte Menschen sowie pflegebedürftige oder behinderte Volljährige nicht nur vorübergehend aufgenommen und betreut werden. Sofern derartige Einrichtungen zumindest **zu zwei Drittel den in § 53 AO genannten Personen dienen**, handelt es sich um steuerbefreite Zweckbetriebe. Einrichtungen zur vorübergehenden Aufnahme pflegebedürftiger Personen sind allerdings keine Pflegeheime.[272] Da sämtliche Personen, die das 75. Lebensjahr vollendet haben, körperlich hilfsbedürftig i. S. d. § 53 Nr. 1 AO sind, wird bei Pflegeheimen in aller Regel ein steuerbefreiter Zweckbetrieb vorliegen. Nur wenn das Pflegeheim zu mehr als einem Drittel Personen beherbergen sollte, die weder wirtschaftlich hilfsbedürftig sind noch älter als 75 Jahre, scheidet eine Steuerbefreiung aus. Ein allgemein zugängliches Café eines Seniorenheims ist allerdings nicht Teil eines Zweckbetriebs i. S. d. § 68 Nr. 1a AO.[273] 97

Auch **Kinderheime**, Kindergärten, Schullandheime und **Jugendherbergen** bilden in aller Regel steuerbefreite Zweckbetriebe. Allerdings fördert ein Kindergarten, der als Betriebskindergarten nur Kindern von Angehörigen eines bestimmten Betriebs zur Verfügung steht, nicht die Allgemeinheit. Soweit Jugendherbergen auch Übernachtungs- und Verpflegungsleistungen an Erwachsene erbringen und sofern diese Leistung nicht mehr als 10 v. H. der Gesamtleistungen der Ju- 98

---

[267] S. Rz. 86.
[268] S. u. Rz. 129.
[269] S. u. Rz. 129.
[270] S. o. Rz. 52.
[271] FG Münster v. 31. 5. 1994 15 K 1396/92 U, EFG 1994, 812.
[272] A. A. BFH v. 1. 12. 1994, BStBl. 1995 II, 220.
[273] BFH v. 24. 1. 1990, BStBl. 1990 II, 470.

gendherberge übersteigen, ist die Jugendherberge ein einheitlicher Zweckbetrieb.[274]

5. Selbstversorgungseinrichtungen und Fürsorgeeinrichtungen für Blinde und Körperbehinderte

99 Die §§ 68 Nr. 2 – Nr. 5 AO enthalten spezielle Zweckbetriebsbestimmungen für **Selbstversorgungseinrichtungen** und Einrichtungen der Fürsorge für Blinde und Körperbehinderte, wie Werkstätten für Behinderte und Einrichtungen der Fürsorgeerziehung und Erziehungshilfe. Die Selbstversorgungseinrichtungen betätigen sich erwerbswirtschaftlich, indem sie ihre Leistungen nicht ausschließlich für die eigene gemeinnützige Körperschaft erbringen, sondern darüber hinaus ihre Leistungen, wie beispielsweise die Krankenhausapotheke, an fremde Dritte abgeben. Der Gesetzgeber hat bestimmt, daß Lieferungen und sonstige Leistungen an Außenstehende, die nicht mehr als 20 v. H. des Wertes der gesamten Lieferungen und Leistungen der Einrichtung erreichen, als Zweckbetrieb anzusehen sind. Leistungen an andere steuerbegünstigte Körperschaften sind den Leistungen an Außenstehende gleichzustellen.[275] Bei Überschreiten der 20-v. H.-Grenze liegt ein steuerpflichtiger wirtschaftlicher Geschäftsbetrieb vor, der dann die gesamten Leistungen umfaßt, die nicht zur Eigenversorgung benötigt werden.

100 Die **Werkstätten für Behinderte, die Einrichtungen der Fürsorge für Blinde** und Körperbehinderte sowie die Einrichtung der Fürsorgeerziehung und Erziehungshilfe sind dadurch gekennzeichnet, daß es sich um Einrichtungen handelt, mit denen die betroffenen Personen in das Arbeitsleben eingegliedert werden sollen. Soweit derartige Einrichtungen die von ihnen hergestellten Produkte an Dritte verkaufen, liegen steuerbefreite Zweckbetriebe vor. Der Verkauf von Waren, die nicht von dem betroffenen Personenkreis selbst hergestellt worden sind, war früher nur im begrenzten Umfang unschädlich, wenn durch den Vertrieb der Zusatzwaren der Verkauf der Hauptwaren gefördert wird.[276] Allerdings durfte der Handel mit fremden Produkten nicht mehr als 10 v. H. des Umsatzes erreichen. Nunmehr wird der Handel mit zugekauften Waren stets als steuerpflichtiger wirtschaftlicher Geschäftsbetrieb beurteilt, gefährdet die Gemeinnützigkeit der Einrichtung selbst aber nicht.[277] Die Beschäftigung Nichtbehinderter, also des Stammpersonals, ist zumindest über einen längeren Zeitraum gesehen nur in einem für den Arbeitsablauf notwendigen Ausmaß zulässig.

6. Lotterien

101 Nach § 68 Nr. 6 AO können Gewinne aus Lotterien in Ausnahmefällen als steuerbegünstigter Zweckbetrieb behandelt werden. Wesentlich

[274] BFH v. 18. 1. 1995, BStBl. 1995 II, 446.
[275] BFH v. 18. 10. 1990, BStBl. 1991 II, 157.
[276] RFH v. 20. 1. 1939, RStBl. 1939, 545.
[277] FinMin. Thüringen v. 23. 3. 1998 S0184A-6–205.2, DStR 1998, 648.

ist, daß die **Lotterieveranstaltung** höchstens zweimal im Jahr durchgeführt wird und **öffentlich genehmigt** worden ist. Die Genehmigung wird nur erteilt, sofern die Lotterie allgemein zugänglich ist. Insb. bei der Tombola, die der Mittelbeschaffung für die gemeinnützige Körperschaft dient, sollte die öffentliche Genehmigung eingeholt werden, wenn die steuerpflichtigen wirtschaftlichen Geschäftsbetriebe der gemeinnützigen Körperschaft insgesamt die Freigrenze von DM 60 000 übersteigen. Für die Zweckbetriebsbefreiung kommt es weder auf die Höhe des Spielkapitals noch auf den Umfang der Werbung für die Teilnahme an der Lotterie an. Eine Befreiung von der Lotteriesteuer ist mit der Regelung in § 68 Nr. 6 AO verbunden.[278]

7. Kulturelle Einrichtungen und Veranstaltungen

Sämtliche kulturellen Veranstaltungen, wie sie von **Museen, Theatern, Bibliotheken** oder **Sammlungen** oder bei **Konzerten von Solisten, Orchestern** und Veranstaltungen, die von privaten Museen, Theatern oder **Chören** durchgeführt werden, führen in aller Regel zu einem Zweckbetrieb nach § 68 Nr. 7 AO. Sämtliche kulturelle Einrichtungen und Veranstaltungen von gemeinnützigen Körperschaften, bei denen die Förderung der Kultur Satzungszweck ist, sind Zweckbetriebe. Ein Zweckbetrieb ist auch gegeben, wenn der Kulturverein in Erfüllung seiner Satzungszwecke im Rahmen einer Veranstaltung einer anderen Person oder Körperschaft kulturelle Darbietungen erbringt. Die Veranstaltung, bei der die Darbietung präsentiert wird, braucht selbst nicht steuerbegünstigt zu sein.[279] Die steuerliche Vergünstigung gilt nicht nur für die Eintrittsgelder aus der kulturellen Veranstaltung selbst, sondern auch für den Verkauf von Programmheften oder Ausstellungskatalogen, nicht aber für einen damit verbundenen Restaurationsbetrieb.[280] Für die Abgrenzung zwischen den typischen Leistungen einer kulturellen Einrichtung, die steuerfrei bleiben, und den steuerpflichtigen Mittelbeschaffungsaktivitäten kann Abschnitt 100 bis 110 UStR zu § 4 Nr. 20 UStG herangezogen werden.[281] Auch bei Werbeleistungen anläßlich der kulturellen Veranstaltung liegen in aller Regel Einnahmen in einem steuerpflichtigen wirtschaftlichen Geschäftsbetrieb vor. Allerdings läßt die Finanzverwaltung Sponsorengelder steuerfrei, sofern sich die Werbung für den Sponsor auf einen Hinweis, daß dieser die kulturelle Veranstaltung unterstützt hat, beschränkt. Sobald jedoch Produkte des Sponsors von der gemeinnützigen Einrichtung anläßlich der Veranstaltung angepriesen werden, liegt eine werbende Tätigkeit vor, die zu einem steuerpflichtigen wirtschaftlichen Geschäftsbetrieb führt.[282] Der Verkauf von Speisen und Getränken ist steuerpflichtig. Wird für den Besuch einer Veranstaltung mit Bewirtung 102

[278] Vgl. § 18 Rennwett- und Lotteriegesetz.
[279] Vgl. Tz. 9 zu § 68 Nr. 7 AEAO.
[280] BFH v. 21. 8. 1985, BStBl. 1986 II, 92.
[281] Vgl. dazu auch unten § 11 Rz. 63, 64.
[282] Siehe näher oben Rz. 52.

ein einheitliches Entgelt verlangt, so ist dieses schätzungsweise aufzuteilen.[283]

8. Bildungseinrichtungen

103 Sämtliche gemeinnützige Bildungseinrichtungen, die Kurse belehrender Art, sei es im Rahmen der Ausbildung oder der beruflichen oder allgemeinen Weiterbildung gegen Entgelt anbieten, erzielen Einnahmen in einem steuerbefreiten Zweckbetrieb. Unerheblich ist insoweit, daß Bildungseinrichtungen in aller Regel in Wettbewerb gegenüber steuerpflichtigen Anbietern stehen. Selbst die **Beherbergung** und **Beköstigung von Veranstaltungsteilnehmern** gilt als steuerbefreiter Zweckbetrieb.[284] Allerdings muß sich die Bildungsveranstaltung an die Allgemeinheit richten, d. h. die bildende Tätigkeit ist von einer Dienstleistung im Interesse einzelner natürlicher Personen, Unternehmen oder Institutionen abzugrenzen. Die Bildung einzelner Personen, beispielsweise der Einzelunterricht im Rahmen von Nachhilfeangeboten oder aber die innerbetrieblichen Seminare, die speziell auf die Interessen eines einzelnen Unternehmens zugeschnitten werden, fallen nicht in den Bereich der steuerbegünstigten Tätigkeit, es sei denn, allein aus organisatorischen Gründen wird dieselbe Weiterbildungsveranstaltung, die sich an die Allgemeinheit richtet, sukzessive für mehrere Gruppen durchgeführt. Wesentlich ist, daß Veranstaltungen wissenschaftlicher oder belehrender Art durchgeführt werden, die sich an einen breiten Kreis von Interessenten wenden.

9. Auftragsforschung

104 Nach § 68 Nr. 9 AO, der mit dem Jahressteuergesetz 1997 eingeführt wurde, kann im Ausnahmefall auch die Forschungstätigkeit von gemeinnützigen Einrichtungen im Interesse einzelner als steuerbefreiter Zweckbetrieb beurteilt werden. Früher ging die Finanzverwaltung davon aus, daß jede Form der Auftragsforschung, bei der dem Auftraggeber **Exklusivrechte hinsichtlich der Verwertung der Forschungsergebnisse** übertragen werden, als steuerpflichtiger wirtschaftlicher Geschäftsbetrieb anzusehen sei, im übrigen aber Auftragsforschung zu einem steuerbegünstigten Zweckbetrieb führen könne.[285] Nachdem der Bundesfinanzhof diese Abgrenzung verworfen hatte, wurde § 68 Nr. 9 AO eingeführt.[286] Nunmehr können Wissenschafts- und Forschungseinrichtungen, deren Träger sich überwiegend aus Zuwendungen der öffentlichen Hand oder Dritter oder aus der Vermögensverwaltung

---

[283] Vgl. dazu § 7 Rz. 258 ff.

[284] Zur Abgrenzung bei der Aufnahme Dritter BFH v. 11. 4. 1990, BStBl. II 1990, 724; v. 18. 1. 1995, BStBl. II 1995, 446.

[285] OFD Frankfurt a. M., Vfg. 2. 3. 1990; zur früheren Praxis *Thiel* DB 1996, 1944.

[286] BFH v. 30. 11. 1995, VR 29/41, BFHE 179, 447; vgl. *Thiel* a.a.O.; *Lang/Seer* Die Besteuerung der Drittmittelforschung, 1992, S. 9 f.; kritisch zur Neuregelung *Olbertz* DStZ 1996, 531; vgl. auch *Fischer* in: Hübschmann/Hepp/Spitaler, § 68 Rz. 23 ff.

finanzieren und bei denen die Auftragsforschung demnach nur zu weniger als der Hälfte zur Finanzierung beiträgt, diese im Rahmen eines steuerbefreiten Zweckbetriebs ausführen. Ein steuerpflichtiger wirtschaftlicher Geschäftsbetrieb liegt hingegen stets vor, soweit wirtschaftliche Tätigkeiten ohne Forschungsbezug ausgeübt werden. Die Vorschrift des § 68 Nr. 9 AO ist im Einzelfall schwer zu handhaben, da die **Übernahme von Projektträgerschaften** bei wissenschaftlichen Projekten oder die **Anwendung gesicherter wissenschaftlicher Erkenntnisse** im Einzelfall nur schwer von einer forschenden Tätigkeit abgegrenzt werden kann und der Finanzierungsbeitrag der Auftragsforschung zum Gesamthaushalt der Forschungseinrichtung erst am Ende des Veranlagungsjahres feststeht, so daß nachträglich eine Änderung der Verträge mit dem Auftraggeber, beispielsweise in bezug auf den anzuwendenden Umsatzsteuersatz von 7 v. H. oder 16 v. H., notwendig werden kann.[287] Jedenfalls hat der Gesetzgeber mit § 68 Nr. 9 AO deutlich gemacht, welche Tätigkeiten von Forschungseinrichtungen er stets als steuerpflichtig ansieht, wann je nach Umfang eine steuerpflichtige oder steuerfreie Tätigkeit angenommen werden und wann mit Gewißheit eine steuerfreie Tätigkeit vorliegt. Beispielsweise fallen massenhaft angewandte Materialprüfungen oder Blutalkoholuntersuchungen unter Dienstleistungen auf wissenschaftlicher Grundlage, sind aber keine steuerbegünstigte forschende Tätigkeit. Die Finanzverwaltung wendet § 68 Nr. 9 AO nur auf gemeinnützige Einrichtungen an, deren satzungsmäßiger Zweck ausschließlich die Förderung von Wissenschaft und Forschung ist. Eine überwiegende Finanzierung der Einrichtung durch Einnahmen im ideellen Bereich oder durch Zuschüsse oder Erträge aus der Vermögensverwaltung wird für einen Dreijahreszeitraum festgestellt. Dieser umfaßt den zu beurteilenden und die beiden vorausgegangenen Veranlagungszeiträume.[288] In dem Erlaß hat die Finanzverwaltung festgelegt, daß eine Forschungseinrichtung, die sich überwiegend durch die Auftragsforschung oder andere steuerpflichtige Tätigkeiten finanziert, insgesamt die Gemeinnützigkeit für das betreffende Veranlagungsjahr verliert.

F. Steuerpflichtiger wirtschaftlicher Geschäftsbetrieb

I. Gemeinnützigkeitsrechtliche Zulässigkeit

1. Ausschließliche gemeinnützige Zweckverfolgung

Aus § 64 AO und § 5 Abs. 1 Nr. 9 KStG ist ersichtlich, daß es einer gemeinnützigen Körperschaft durchaus erlaubt ist, einen steuerpflichtigen wirtschaftlichen Geschäftsbetrieb zu unterhalten, ohne die Gemeinnützigkeit im Ganzen zu verlieren. Dies bedeutet jedoch nicht, **111**

[287] Zu dieser Vorschrift siehe BFH, Urteil v. 30. 11. 1995, DB 1996, 967; *Thiel* in: DB 1996, 1944; *Seer* DStR 1997, 436.

[288] BMF-Schreiben v. 22. 9. 1999 IV C 6-S0171–97/99, BStBl. 1999 I, 944.

daß es aus gemeinnützigkeitsrechtlicher Sicht gleichgültig ist, ob und welchen steuerpflichtigen wirtschaftlichen Geschäftsbetrieb eine gemeinnützige Körperschaft betreibt. In § 56 AO hat der Gesetzgeber eindeutig zum Ausdruck gebracht, daß eine gemeinnützige Körperschaft verpflichtet ist, ausschließlich gemeinnützige Zwecke zu verfolgen. Damit ergibt sich die Notwendigkeit zu bestimmen, in welchem Maße es einer gemeinnützigen Körperschaft erlaubt ist, einer steuerpflichtigen Tätigkeit nachzugehen.[289] **Wirtschaftliche Tätigkeiten** zur Erhöhung der Einkünfte, die von gemeinnützigen Körperschaften **mit Gewinnabsicht** unternommen werden, sind gemäß § 63 Abs. 1 AO dann auf die Erfüllung der gemeinnützigen Zwecke gerichtet, wenn ihre Durchführung die gegenwärtige Verwirklichung der satzungsmäßigen Zwecke weniger einschränkt, als sie durch die zusätzlichen Einnahmen gefördert wird. Die Entfaltung solcher Aktivitäten zur Mittelbeschaffung – z. B. der Einsatz ehrenamtlicher Helfer, Nutzbarmachung vorhandener Vermögenswerte, gewerblicher Einsatz ungenutzter Kapazitäten der Einrichtung des steuerbefreiten Bereichs – kann Ausdruck einer effizienten Gesamttätigkeit mit dem Ziel einer größtmöglichen gegenwärtigen Förderung der Allgemeinheit auf der Grundlage der gegebenen personellen, sachlichen und finanziellen Ressourcen der Körperschaft sein. Es gibt zahlreiche Fälle, in denen die Mittelbeschaffungsaktivitäten die steuerbegünstigte Tätigkeit nur unwesentlich einschränken, andererseits aber zu erheblichen Mehreinnahmen für die satzungsmäßigen Zwecke führen. Dies ist beispielsweise für das Anzeigengeschäft im Rahmen einer Vereinszeitschrift ebenso der Fall wie für die Veranstaltung von Basaren durch gemeinnützige Körperschaften. Darüber hinaus eröffnen sich zahlreichen gemeinnützigen Körperschaften Betätigungsfelder komplementär zur eigentlichen Zweckerfüllung, wenn beispielsweise die wissenschaftliche Einrichtung Auftragsforschung betreibt oder die Bildungseinrichtung zur Einzelberatung übergeht. Solange die steuerpflichtigen Mittelbeschaffungsbetriebe einen Beitrag zur Finanzierung der gemeinnützigen Körperschaft leisten können, sind Mittelbeschaffungsaktivitäten gemeinnützigkeitsrechtlich nicht verboten, sondern erwünscht. Sofern allerdings aus dem Einsatz des Personals oder Kapitals der gemeinnützigen Körperschaft keine angemessene Rendite mehr im steuerpflichtigen wirtschaftlichen Geschäftsbetrieb nach Steuern erwirtschaftet wird, muß darüber nachgedacht werden, die wirtschaftliche Tätigkeit einzustellen, da sie als **unzulässiger Nebenzweck** zur **gemeinnützigen Haupttätigkeit** angesehen werden könnte. Die gemeinnützige Körperschaft muß sich stets fragen, ob die Rendite, die sie im steuerpflichtigen wirtschaftlichen Geschäftsbetrieb nach Steuern erwirtschaftet, das größere Risiko, welches bei einer erwerbswirtschaftlichen Tätigkeit regelmäßig gegeben ist, überhaupt rechtfertigt oder ob es nicht risikoloser und sicherer ist, im Bereich der steuerfreien Vermögensverwaltung zu investieren.[290]

[289] Vgl. dazu insb. *Hüttemann* S. 97 ff.
[290] Näher dazu oben Rz. 61.

Auch Gewinne im steuerpflichtigen wirtschaftlichen Geschäftsbetrieb dürfen nicht bedenkenlos reinvestiert werden. Nur wenn die Thesaurierung für die Erhaltung der Existenz des steuerpflichtigen wirtschaftlichen Geschäftsbetriebes notwendig ist, dürfen Rücklagen aus den Gewinnen gebildet werden.[291]

Verboten ist es einer gemeinnützigen Körperschaft allerdings, allein 112
eine **Erhöhung der eigenen Einkünfte** anzustreben, um in ferner Zukunft gemeinnützige Tätigkeiten auszuüben, oder tatsächlich im Gewande der Gemeinnützigkeit eigenwirtschaftliche Zwecke der Mitglieder zu verfolgen, oder die wirtschaftliche Tätigkeit, die keinen Ertrag für die gemeinnützige Tätigkeit erbringt, als **Selbstzweck** neben der gemeinnützigen Zweckverfolgung zu etablieren. Zur Beurteilung der Rechtsfrage, ob ein wirtschaftlicher Geschäftsbetrieb vorliegt, der gemeinnützigkeitsrechtlich nicht gerechtfertigt werden kann, vermag der **Umsatz**, der im steuerpflichtigen wirtschaftlichen Geschäftsbetrieb im Vergleich zu den Einnahmen aus den steuerbefreiten Tätigkeiten erzielt wird, keine Aussage zu treffen. Gerade der erfolgreiche steuerpflichtige wirtschaftliche Geschäftsbetrieb, der aufgrund des hohen Umsatzes einen beachtlichen Gewinn für die gemeinnützige Tätigkeit zu erwirtschaften vermag, ist gemeinnützigkeitsrechtlich erwünscht, weil auf diese Weise besonders viel Mittel für die gemeinnützigen Zwecke beschafft werden können. Nach der gegenwärtig herrschenden Lehre soll es darauf ankommen, ob die wirtschaftliche oder die gemeinnützige Aktivität der Körperschaft das **Gepräge** gibt. Als ein Indiz unter mehreren, aber als ein gewichtiges Indiz, wird dabei der Umsatz, der im steuerpflichtigen wirtschaftlichen Geschäftsbetrieb erzielt wird, angesehen.[292] Weitere Indizien sollen sich aus dem im steuerpflichtigen wirtschaftlichen Geschäftsbetrieb eingesetzten Personal im Vergleich zu dem Personal, welches im ideellen Bereich eingesetzt wird, ergeben. Diese Lehre wird zusammenfassend idR als **Geprägetheorie** bezeichnet, wonach es darauf ankommen soll, ob die wirtschaftliche oder die gemeinnützige Tätigkeit der Körperschaft das Gepräge gibt. Diese Theorie ist beeinflußt von dem Wortlaut des § 55 Abs. 1 Nr. 1 AO, wonach eine Körperschaft nur dann das Prädikat der Gemeinnützigkeit beanspruchen kann, wenn in erster Linie gemeinnützige Zwecke verfolgt werden. Allerdings wird die Vorschrift des § 55 Abs. 1 Nr. 1 AO falsch verstanden, wenn sie in Gegensatz zu der Bestimmung des § 56 AO gebracht wird, wonach eine gemeinnützige Körperschaft ausschließlich gemeinnützige Zwecke verfolgen muß.[293] Jede wirtschaftliche Tätigkeit einer gemeinnützigen Körperschaft, die nicht der gemeinnützigen Zweckverfolgung dient, ist gemeinnützigkeitsrechtlich verboten. Auf der anderen Seite läßt § 58 Nr. 1 AO erkennen, daß eine gemeinnützige

---

291 BFH v. 15. 7. 1998 I R 156/94, DStR 1998, 1710; vgl. § 8 Rz. 88; § 7 Rz. 300 ff.

292 *Lang/Seer* FR 1994, 521 (527); *Müller-Gatermann* FR 1995, 261; *Kießling/Buchna* S. 86 f.; *Orth* FR 1995, 253 ff.

293 Dazu *Hüttemann* S. 35 ff.; *Fischer* in: Hübschmann/Hepp/Spitaler, § 55 AO Rz. 71 ff.

Körperschaft auch ihre sämtlichen Aktivitäten darauf ausrichten darf, möglichst viele Mittel für eine gemeinnützige Zweckverfolgung zu beschaffen. Dienen die wirtschaftlichen Aktivitäten dazu, eine gemeinnützige Tätigkeit zu fördern, und besteht der Zweck der Körperschaft in der Mittelbeschaffung für gemeinnützige Zwecke, so wird die wirtschaftliche Aktivität dieser Körperschaft das Gepräge geben. Dennoch kann die Körperschaft als gemeinnützig anerkannt werden. Der Wettbewerb ist ausreichend dadurch geschützt, daß die Einkünfte dieser Körperschaft versteuert werden. Die Geprägetheorie hat demnach insofern einen zutreffenden Kern, als es einer gemeinnützigen Körperschaft verboten ist, neben der gemeinnützigen Zweckverfolgung einen weiteren nicht gemeinnützigen Zweck zu fördern. Die wirtschaftliche Aktivität muß stets Mittel zum Zweck bleiben, darf aber nicht Selbstzweck werden. Ein Überwiegen der wirtschaftlichen Aktivität mit dem Zweck, die Gemeinnützigkeit durch Zuwendung von Mitteln zu fördern, ist nicht schädlich.[294] Der BFH hat die Gemeinnützigkeit allerdings dann zu Recht aberkannt, wenn die einzelnen Tätigkeiten der Körperschaft sachlich, wirtschaftlich und organisatorisch derart verknüpft waren, daß sie einen einheitlichen steuerpflichtigen wirtschaftlichen Geschäftsbetrieb bildeten und sich die Aktivitäten der Körperschaft in diesem Betrieb im wesentlichen erschöpften.[295]

2. Subventionierung einer steuerpflichtigen Tätigkeit

113 Verboten ist es einer gemeinnützigen Körperschaft, **auf Dauer** einen **Verlustbetrieb** zu **subventionieren**. Im Gegensatz zu einem Urteil des BFH[296] führt der Ausgleich des in einem steuerlichen wirtschaftlichen Geschäftsbetrieb entstandenen Verlustes in einem Veranlagungsjahr nicht zwingend zur Aberkennung der Gemeinnützigkeit. Die Finanzverwaltung nimmt keine schädliche Mittelverwendung durch die Verlustentstehung an, wenn der Verlust im steuerpflichtigen wirtschaftlichen Geschäftsbetrieb durch in den sechs vorangegangenen Veranlagungsjahren entstandene Gewinne, die dem ideellen Bereich zugeführt wurden, ausgeglichen werden kann.[297] Dabei werden alle steuerpflichtigen wirtschaftlichen Geschäftsbetriebe einer gemeinnützigen Körperschaft gem. § 64 Abs. 2 AO als Einheit betrachtet. Unschädlich ist der Verlust zudem, wenn er im nachfolgenden Veranlagungsjahr durch Zuwendungen aus dem nichtsteuerbegünstigten Bereich wieder ausgeglichen werden kann. Bei neu gegründeten Betrieben wird eine unschädliche Anlaufperiode von drei Jahren zugebilligt.[298] Mit anderen Worten:

---

[294] In diesem Sinne auch BFH v. 15. 7. 1998 IR 156/94, DStR 1998, 1710; *Bopp* DStZ 1999, 123 ff.

[295] BFH v. 27. 10. 1993, BStBl. 1994 II, 314, zur Müllsammlung und Entsorgung; v. 30. 11. 1995, DB 1996, 967.

[296] BFH v. 13. 11. 1996 I R 152/93, DStR 1997, 278; dazu *Schauhoff* DStR 1998, 701 ff.

[297] BMF-Schreiben v. 19. 10. 1998 IV C6-S0171–10/98, BStBl. I 1998, 1423.

[298] Zur ertragsteuerlichen Verlustberücksichtigung § 7 Rz. 220 ff.

die Gemeinnützigkeit geht nach Auffassung der Finanzverwaltung regelmäßig im Jahr des Verlustes in allen steuerpflichtigen wirtschaftlichen Geschäftsbetrieben verloren, wenn dieser entstandene Verlust nicht durch Gewinne in den sechs vorangegangenen Jahren oder in einem nachfolgenden Jahr ausgeglichen werden kann.

Bei der **gemeinnützigkeitsrechtlichen** Betrachtung, ob in einem steuerpflichtigen wirtschaftlichen Geschäftsbetrieb ein Gewinn oder ein Verlust erwirtschaftet wird, ist nach Auffassung der Finanzverwaltung auf die ertragsteuerlichen Gewinnermittlungsvorschriften abzustellen.[299] Richtig wäre es dagegen, die **handelsrechtlichen Gewinnermittlungsmethoden** zugrunde zu legen.[300] Steuerliche Sonderabschreibungen oder auch degressive Abschreibungen, die in einzelnen Wirtschaftsjahren zu einem steuerlich besonders niedrigen Ergebnis führen, blieben dann unberücksichtigt. Auch wenn eine gemeinnützige Körperschaft an einer gewerblich tätigen Personengesellschaft beteiligt ist, bildet diese Beteiligung bei ihr einen steuerpflichtigen wirtschaftlichen Geschäftsbetrieb.[301] Solange die gemeinnützige Körperschaft nicht zu Nachschüssen in das Gesellschaftsvermögen verpflichtet ist, berührt der Verlust der Tochtergesellschaft die Gemeinnützigkeit aber nicht unmittelbar.[302] Wenn aber absehbar ist, daß aus der Vermögensanlage in der Tochtergesellschaft kein Gewinn erwirtschaftet werden kann, müssen die zuständigen Organe der gemeinnützigen Körperschaft über Alternativanlagen nachdenken und sich ggf. von der Beteiligungsgesellschaft trennen. Vielfach werden steuerpflichtige wirtschaftliche Geschäftsbetriebe, beispielsweise die steuerpflichtige Vermietung einer Tagungsstätte an Dritte, auch nur zur Kapazitätsauslastung eines Gebäudes eingerichtet, welches ganz überwiegend der ideellen Tätigkeit dient. Die Finanzverwaltung läßt es in diesen Fällen für die steuerliche Gewinnermittlung zu, die anteiligen Aufwendungen, die auf das Gebäude entfallen, so zu berücksichtigen, daß durchaus steuerlich ein Verlust entstehen kann. Aus gemeinnützigkeitsrechtlicher Sicht gefährdet ein derartiger Verlust die Gemeinnützigkeit der Körperschaft nicht, sofern die Körperschaft nachweisen kann, daß sie marktübliche Preise für ihre Tätigkeit nimmt und der Verlust allein deswegen entsteht, weil Abschreibungen und Finanzierungskosten, die die gemeinnützige Körperschaft ohnehin treffen, steuerlich geltend gemacht werden können.[303] Verboten ist es einer gemeinnützigen Körperschaft jedenfalls, einen steuerpflichtigen wirtschaftlichen Geschäftsbetrieb ohne Gewinnerzielungsabsicht zu unterhalten. Zwar könnte aus § 14 Satz 2 AO, in dem festgelegt ist, daß ein wirtschaftlicher Geschäftsbetrieb auch dann vorliegt, wenn nicht die Absicht besteht, Gewinn zu erzielen, etwas anderes geschlossen werden. Doch muß man sich dabei vor Augen halten, 114

[299] BMF-Schreiben, a.a.O.

[300] So auch noch OFD Hannover v. 23. 2. 1996, DB 1996, 859.

[301] Vgl. dazu oben Rz. 67.

[302] A. A. vermutlich BMF-Schreiben, a.a.O.

[303] BMF-Schreiben, a.a.O.

daß § 14 Satz 2 AO zum einen eine Vorschrift für sämtliche Steuerarten, insb. auch für die Substanzsteuern ist, und andererseits § 14 Satz 2 AO allein festlegt, wann ein wirtschaftlicher Geschäftsbetrieb gegeben ist, dessen Ergebnis besteuert werden kann, aber nicht definiert, wann die Gemeinnützigkeit einer Körperschaft gefährdet ist, wenn diese einer steuerpflichtigen wirtschaftlichen Tätigkeit nachgeht.[304] Maßgebend zur Feststellung der Gewinnerzielungsabsicht sollte anstelle der zu schematischen Festlegungen im BMF-Schreiben, durch das Anlaufverluste praktisch verboten werden und ein sehr schlechtes Jahr jahrelange Anstrengungen zunichte machen kann, die sogenannte **Totalgewinnprognose** sein.[305] In bezug auf das Gemeinnützigkeitsrecht ist allerdings zu beachten, daß eine gemeinnützige Körperschaft ihre **gemeinnützigen Zwecke gegenwartsnah** verfolgen muß. Dies verbietet es, steuerpflichtige wirtschaftliche Geschäftsbetriebe einzurichten, deren Gewinn erst nach langen Fristen entsteht. Vielmehr muß die erwerbswirtschaftliche Tätigkeit darauf gerichtet sein, innerhalb einer vergleichsweise kurzen Frist, die Finanzverwaltung geht regelmäßig von **drei Jahren** aus, ein insgesamt positives Ergebnis im steuerpflichtigen wirtschaftlichen Geschäftsbetrieb zu erwirtschaften. Aufgrund der gesetzlichen Bestimmung des § 64 Abs. 2 AO ist es zulässig, die Ergebnisse mehrerer wirtschaftlicher Geschäftsbetriebe, die eine gemeinnützige Körperschaft unterhält, zu saldieren.[306]

115 Das Verbot der Subventionierung von Dauerverlusten im wirtschaftlichen Geschäftsbetrieb ist ein spezieller Anwendungsfall des Gebotes, die Mittel ausschließlich für gemeinnützige Zwecke zu verwenden. Es stellt sich die Frage, ob aufgrund dieses Gebotes die **Finanzierung** einer **steuerpflichtigen Tätigkeit** ausschließlich mit Mitteln aus der freien Vermögenserhaltungsrücklage, Zuwendungen Dritter ohne Spendenabzug oder dem Ausstattungskapital erfolgen muß, weil ansonsten gemeinnützigkeitsrechtlich gebundene Mittel für steuerpflichtige Zwecke eingesetzt würden.[307] Diese These beruht jedoch auf einem Fehlverständnis des Gebotes der zeitnahen Mittelverwendung. Denn eine gemeinnützige Körperschaft darf alle ihre Mittel, solange sie nicht für die gemeinnützigen Zwecke verwendet werden müssen, zur Ertragsmehrung investieren, wie sie möchte.[308] Das Gemeinnützigkeitsrecht verlangt nicht die Trennung der zugewendeten Gelder je nach Einsatz bei der gemeinnützigen Körperschaft, weil sämtliche Mittel ausschließlich für gemeinnützige Zwecke eingesetzt werden müssen, und sei es in der Form, daß sie zur Gewinnerzielung im Bereich der Vermögensverwaltung oder des steuerpflichtigen wirtschaft-

---

[304] Zur Gewinnerzielungsabsicht als Voraussetzung der Ertragsteuerpflicht wirtschaftlicher Geschäftsbetriebe vgl. § 7 Rz. 71 ff.

[305] Vgl. dazu *Schauhoff* DStR 1998, 701 ff.

[306] Vgl. Ziff. 7 zu § 64 AEAO sowie näher § 7 Rz. 235 f.

[307] So *Thiel* DB 1992, 1902; *Kümpel* DStR 1999, 96; zutreffend dagegen *Kießling/Buchna* S. 116; *Thiel* Rote Seiten Stiftung & Sponsoring 1998.

[308] S. o. Rz. 12.

lichen Geschäftsbetriebes (vorübergehend) investiert werden. Daher ist nach der hier vertretenen Auffassung der Transfer von Wirtschaftsgütern aus dem steuerbefreiten in den steuerpflichtigen Bereich zulässig. Allerdings entsteht dadurch für die gemeinnützige Körperschaft die Pflicht, den Gegenwert des bislang für ideelle Zwecke eingesetzten Wirtschaftsgutes zeitnah für gemeinnützige Zwecke zu verwenden.[309] In allen diesen Fällen ist zunächst zu prüfen, ob die Nutzungsänderung in bezug auf ein Wirtschaftsgut tatsächlich zu dessen Zuordnung zum wirtschaftlichen Geschäftsbetrieb führt.[310] Zur ertragsteuerlichen Behandlung einer derartigen Einlage bei der Betriebseröffnung s. § 7 Rz. 138 ff.

3. Wettbewerbsrelevante Tätigkeit

In Einzelfällen kann eine Tätigkeit in einem steuerpflichtigen wirt- 116
schaftlichen Geschäftsbetrieb ihre Rechtfertigung auch darin finden, daß diese **Tätigkeit komplementär zu der eigentlich gemeinnützigen Tätigkeit** ausgeübt wird, um Erfahrungen und Kenntnisse zu erwerben, die für die Durchführung der gemeinnützigen Tätigkeit von großer Bedeutung sind. Insoweit ist die gemeinnützige Körperschaft aber darlegungs- und ggf. beweispflichtig. Insb. dürfen derartige Tätigkeiten nicht dazu dienen, einen steuerpflichtigen wirtschaftlichen Geschäftsbetrieb zu subventionieren. Vielmehr müssen marktübliche Preise verlangt werden, auch wenn mit einer derartigen Tätigkeit aufgrund der Marktsituation vorübergehend keine Gewinne erwirtschaftet werden können.[311] Abgesehen von diesen wenigen Ausnahmen muß die gemeinnützige Körperschaft ihr Streben danach richten, Gewinne mit ihrem Mittelbeschaffungsbetrieb zu erwirtschaften und dabei eine Rendite zu erzielen, die nach Steuern die **Rendite** aus dem Bereich der steuerfreien Vermögensverwaltung im Verhältnis zum eingesetzten Kapital und zum Risiko, welches mit derartigen Tätigkeiten verbunden ist, übersteigt. Allerdings darf nicht sogleich die Gemeinnützigkeit für ein Veranlagungsjahr mit unabsehbaren spenden-, umsatz- und ertragsteuerlichen Folgen aberkannt werden, wenn beispielsweise ein Zweckbetrieb in einem Veranlagungsjahr, auch für die gemeinnützige Körperschaft überraschend, zum steuerpflichtigen wirtschaftlichen Geschäftsbetrieb mutiert, weil beispielsweise einzelne der in § 68 AO festgelegten Größenklassen überschritten werden. Wenn die gemeinnützige Körperschaft **vermeintlich** einen **Zweckbetrieb unterhalten** hat, objektiv aber ein steuerpflichtiger wirtschaftlicher Geschäftsbetrieb gegeben war, und deswegen ohne die erforderliche Gewinnerzielungsabsicht gehandelt wurde, wurde dennoch dem Ausschließlichkeitsgebot genügt. Die tatsächliche Geschäftsführung einer gemeinnützigen Körperschaft muß allein auf die Zweckerfüllung gerichtet sein. Nicht jede

[309] § 8 Rz. 83, 84.
[310] § 7 Rz. 247 ff.
[311] vgl. oben Rz. 8.

Maßnahme muß aus der Ex-post-Sicht objektiv den gemeinnützigkeitsrechtlichen Geboten entsprochen haben.[312]

II. Definition des wirtschaftlichen Geschäftsbetriebes

1. Grundsätze

117 Der Begriff des wirtschaftlichen Geschäftsbetriebes ist einheitlich für alle Steuerarten in § 14 AO geregelt. Ein wirtschaftlicher Geschäftsbetrieb ist eine selbständige nachhaltige Tätigkeit, durch die Einnahmen oder andere wirtschaftliche Vorteile erzielt werden und die über den Rahmen der Vermögensverwaltung hinausgeht. Bei der Auslegung der einzelnen Begriffsmerkmale ist zu beachten, daß § 14 AO **nicht die objektive Steuerpflicht nach den Einzelsteuergesetzen** betrifft, sondern nur eine Eingrenzung der subjektiven Steuervergünstigung der Gemeinnützigkeit enthält.[313] Daraus folgt, daß selbst dann, wenn festgestellt werden sollte, daß eine erwerbswirtschaftliche Tätigkeit betrieben wird, die als steuerpflichtiger wirtschaftlicher Geschäftsbetrieb anzusehen ist, noch nicht feststeht, ob und wie diese Tätigkeit besteuert wird. Beispielsweise liegt nach § 14 Satz 2 AO ein wirtschaftlicher Geschäftsbetrieb unabhängig davon vor, ob eine Gewinnerzielungsabsicht gegeben ist. Doch wenn es an der Gewinnerzielungsabsicht fehlen sollte, kommt jedenfalls die Festsetzung von Körperschaftsteuern nicht in Betracht, da Ertragsteuern nur bei dem Vorhandensein einer Gewinnerzielungsabsicht erhoben werden (vgl. § 8 Abs. 1 KStG i.V. m. § 2 EStG).[314] Zwar wird dann keine Steuer für die Tätigkeit im wirtschaftlichen Geschäftsbetrieb erhoben, doch ist die Gemeinnützigkeit insgesamt gefährdet, weil die wirtschaftliche Tätigkeit nicht der Erfüllung des gemeinnützigen Zwecks dient.

2. Die einzelnen Begriffsmerkmale

a) Selbständigkeit

118 Nach der ganz überwiegenden Auffassung ist das Tatbestandsmerkmal „Selbständigkeit" iSd. § 14 Satz 1 AO in dem Sinn zu verstehen, daß eine **Tätigkeit** dann selbständig ist, wenn sie von dem steuerbegünstigten Wirkungskreis der Körperschaft **abgrenzbar** ist.[315] Allerdings wird jede Tätigkeit, die nicht unmittelbar auf die Förderung der gemeinnützigen Zwecke gerichtet ist, sondern der Mittelbeschaffung dient, auch dann als selbständige Tätigkeit angesehen, wenn sie in einem **untrennbaren Zusammenhang** mit einer ideellen Tätigkeit stehen sollte. So wird beispielsweise die Anzeigenwerbung, die in der Vereinszeitung gemacht wird, als selbständiger wirtschaftlicher Geschäfts-

---

[312] Vgl. § 8 Rz. 32ff.

[313] Vgl. dazu insb. *Hüttemann* S. 132.

[314] § 7 Rz. 42.

[315] BFH v. 18. 1. 1984 I R 138 oder 188/79, BStBl. II 1984, 451 m. w. N.; a. A. eine beachtliche Minderheit, vgl. *Hüttemann* S. 134 ff. mit zahlreichen Nachweisen.

betrieb beurteilt, obwohl diese Form einer wirtschaftlichen Tätigkeit ohne die gleichzeitige Herausgabe der Vereinszeitung, die dem ideellen Bereich zugehört, nicht entfaltet werden könnte. Unerheblich ist es auch, wenn Veranstaltungsteilnehmer beispielsweise ein **einheitliches Entgelt** für gemeinnützige und nicht gemeinnützige Tätigkeiten entrichten. Ein derartiges einheitliches Entgelt ist ggf. aufzuteilen.[316] Wenn eine wirtschaftliche Tätigkeit sachlich, wirtschaftlich und organisatorisch mit einer ideellen Tätigkeit verknüpft ist, neigt die Rechtsprechung vielmehr dazu, einen einheitlichen wirtschaftlichen Geschäftsbetrieb anzunehmen. Wesentlich ist allein, ob sich die Betätigung von der Gesamtbetätigung der Körperschaft wirtschaftlich abhebt und nicht mit dieser eine Einheit bildet.[317] Das Tatbestandsmerkmal der Selbständigkeit ist nicht bedeutsam für die Frage, welche Einnahmen oder Ausgaben bei der steuerlichen Gewinnermittlung einzubeziehen sind. Insoweit kommt es allein auf die Vorschriften in den jeweiligen Einzelsteuergesetzen, in bezug auf die Zuordnung von Einnahmen und die Abzugsfähigkeit von Ausgaben insb. auf das Veranlassungsprinzip, an.[318]

b) Nachhaltigkeit

Eine Tätigkeit ist dann nachhaltig, wenn sie auf Wiederholung ange- 119
legt ist. Dafür genügt es bereits, wenn der allgemeine **Wille** besteht, gleichartige oder ähnliche **Handlungen** bei sich bietender Gelegenheit zu **wiederholen**.[319] Sind mehrere aufeinanderfolgende gleichartige Handlungen vorgenommen worden, genügt dies bereits, um von einer nachhaltigen Tätigkeit auszugehen.[320] Eine einmalige Tätigkeit ist dagegen nur dann nachhaltig, wenn nachgewiesen werden kann, daß gleichartige Handlungen bei sich bietender Gelegenheit wiederholt werden sollen.[321] Die Finanzverwaltung und Rechtsprechung stellen geringe Anforderungen an die Erfüllung des Tatbestandsmerkmals der Nachhaltigkeit.

c) Teilnahme am wirtschaftlichen Verkehr

Nach ständiger Rechtsprechung des BFH ist eine Teilnahme am wirt- 120
schaftlichen Verkehr schon dann gegeben, wenn eine Tätigkeit auf einen Leistungs- oder Güteraustausch gerichtet ist, selbst wenn sich die Betätigung nur auf den Kreis der Mitglieder beschränken sollte oder nur die Erzielung kostendeckender Einnahmen angestrebt werden sollte.[322] Die

---

316 Vgl. Tz. 10 zu § 68 Nr. 7 AEAO zum Eintrittsgeld für eine kulturelle Veranstaltung, welches den Preis der dargereichten Mahlzeit einschließt. Näher § 7 Rz. 258; Rz. 274 ff.

317 Vgl. BFH v. 20. 9. 1963, BStBl. 1963 III, 532.

318 Vgl. dazu § 7 Rz. 255 ff.; BFH v. 21. 7. 1999 IR 55/98, HFR 2000, 29.

319 Vgl. BFH v. 11. 4. 1989, BStBl. 1989 II; 621.

320 BFH v. 3. 6. 1954 V 262/53 U, BStBl. III 1954, 238; BFH v. 21. 8. 1985 I R 60/80, BStBl. II 1986, 88 (90).

321 BFH v. 26. 4. 1962 V 293/59 U, BStBl. III 1962, 264.

322 BFH v. 24. 1. 1990, BFH/NV 1990, 798; v. 2. 10. 1968, BStBl. 1969 II, 42; v. 21. 8. 1985, BFH/NV 1986, 239; v. 27. 10. 1993, BStBl. 1994 III, 573.

Teilnahme am allgemeinen wirtschaftlichen Verkehr ist daher auch gegeben, wenn allein Mitglieder des gemeinnützigen Vereins selbst oder andere gemeinnützige Körperschaften als Abnehmer der Leistungen der gemeinnützigen Körperschaft in Betracht kommen sollten. Das **Tatbestandsmerkmal** hat heute jegliche **Bedeutung verloren**. Sofern eine erwerbswirtschaftliche Betätigung vorliegt, wird ein steuerpflichtiger wirtschaftlicher Geschäftsbetrieb angenommen, es sei denn, die Tätigkeit wäre eben nicht als erwerbswirtschaftlich, sondern als Vermögensverwaltung einzuordnen.[323]

d) Erzielung von Einnahmen und anderen wirtschaftlichen Vorteilen

121 Eine erwerbswirtschaftliche Betätigung liegt nur dann vor, wenn durch die Tätigkeit Einnahmen oder sonstige wirtschaftliche Vorteile erzielt werden. Unter Einnahmen fallen alle Zuflüsse in **Geld und Zahlungsmitteln**, aber auch die **geldwerten Vorteile** i. S. d. § 8 Abs. 2 EStG. Andere wirtschaftliche Vorteile sind rechtliche oder wirtschaftliche Positionen, denen im Geschäftsverkehr ein Wert beigemessen zu werden pflegt. Sie ähneln den geldwerten Vorteilen. Abzugrenzen sind die Einnahmen dagegen von den Schenkungen oder Erbschaften und Zuschüssen. Auch **unentgeltliche Zuwendungen** können zu Einnahmen in einem steuerpflichtigen wirtschaftlichen Geschäftsbetrieb führen. Typisch sind die Kleiderspenden, die durch die Sammlung und damit durch die erwerbswirtschaftliche Betätigung veranlaßt sind. Dabei kann nicht von einer zunächst zugewendeten Sachspende in den ideellen Bereich mit anschließender Einlage zum Teilwert ausgegangen werden.[324] Auch Zuwendungen unter Auflagen sind nicht als Einnahmen anzusehen, wenn die Auflage nicht gerade darin besteht, daß die gemeinnützige Körperschaft bestimmte Leistungen im Interesse des Zuwendenden ausführt und daher eine teilentgeltliche Tätigkeit anzunehmen ist. Die Abgrenzung entspricht insoweit der aus dem Einkommensteuerrecht geläufigen Abgrenzung zwischen Schenkung unter Auflage und Teilentgelt.[325] Allein soweit ein Entgelt vorliegt, kommt eine Einnahme im wirtschaftlichen Geschäftsbetrieb in Betracht, im übrigen liegt eine unentgeltliche Zuwendung für die ideelle Tätigkeit vor.[326]

122 Erhält eine gemeinnützige Körperschaft von öffentlicher oder privater Hand einen **Zuschuß**, so ist ebenfalls zu prüfen, ob insofern ein echter oder unechter Zuschuß anzunehmen ist. Wenn der Zuschuß der Subventionierung der Tätigkeit der gemeinnützigen Körperschaft dient, ist er nicht als Entgelt für eine bestimmte Tätigkeit anzusehen. Wenn dagegen die gemeinnützige Körperschaft beispielsweise von der öffentlichen Hand den Auftrag erhält, bestimmte Forschungen durchzuführen, die

---

[323] *Hüttemann* S. 136 f.; zur Abgrenzung im einzelnen s. Rz. 61–72.
[324] BFH v. 26. 2. 1992, BStBl. II 1992, 693.
[325] Abschn. 17 ErbStR.
[326] Vgl. § 7 Rz. 259.

speziell im Interesse des Auftraggebers sind, kann ein unechter Zuschuß vorliegen, der zu Einnahmen in einem steuerpflichtigen oder steuerbefreiten wirtschaftlichen Geschäftsbetrieb führen kann.[327]

Schließlich sind die Einnahmen insb. von den **Mitgliedsbeiträgen** 123
abzugrenzen. Mitgliedsbeiträge können durchaus als pauschalierte Gegenleistung für die Förderung durch die Vereinigung angesehen werden. Dient eine Personenvereinigung auch der wirtschaftlichen Förderung der Einzelmitglieder, so können die Mitgliederbeiträge durch Schätzung in einen steuerfreien Teil (reine Mitgliederbeiträge) und in einen steuerpflichtigen Teil (pauschalierte Gegenleistungen) aufgeteilt werden.[328] Wenn die Mitglieder besondere Vergünstigungen im Rahmen des Mitgliedschaftsverhältnisses erhalten, beispielsweise verbilligten Eintritt bei Veranstaltungen des Vereins, ist in Höhe des verbilligten Betrages eine Einnahme in einem wirtschaftlichen Geschäftsbetrieb anzunehmen, die bei einem gemeinnützigen Verein in aller Regel im Rahmen eines steuerbefreiten Zweckbetriebs anfallen dürfte. Üblicherweise wird die Abgrenzung zwischen einem Mitgliederbeitrag und dem Entgelt eines Mitglieds in der Weise vorgenommen, daß bloße wirtschaftliche Vorteile des einzelnen Mitglieds aus der Verbandstätigkeit nicht ausreichen, sondern versucht wird, zwischen den Sonderbelangen des einzelnen Mitglieds und den Gesamtbelangen aller Mitglieder zu unterscheiden. Letztlich lassen sich heutzutage aber viele Vorteile, die ein Mitglied durch die ideelle Tätigkeit eines Vereins erzielt, auch kommerzialisieren, weil die Tätigkeit vielfach gleichzeitig am Markt gegen Entgelt angeboten wird. Bloße wirtschaftliche Vorteile des einzelnen Mitglieds aus der Verbandstätigkeit reichen demnach nicht aus, um Einnahmen in einem steuerpflichtigen wirtschaftlichen Geschäftsbetrieb anzunehmen. Erst wenn das Mitglied durch seine Beitragszahlung einen individuellen Leistungsanspruch gegenüber dem gemeinnützigen Verein erwirbt, der ihm von dem Verein nicht mehr durch einen Beschluß der zuständigen Organe genommen werden kann, ist in bezug auf den Mitgliedsbeitrag von einer Einnahme in einem steuerpflichtigen wirtschaftlichen Geschäftsbetrieb auszugehen. Solange sämtliche Mitglieder in gleicher Weise die Möglichkeit haben, von dem Vereinswirken zu profitieren und die Mitgliedsbeiträge nicht an der Häufigkeit der Inanspruchnahme der Vereinsleistungen ausgerichtet werden, kann davon ausgegangen werden, daß ein allgemeiner mitgliedschaftsrechtlicher Anspruch auf Teilhabe an den Vereinseinrichtungen vorliegt und daher keine Einnahme in einem wirtschaftlichen Geschäftsbetrieb gegeben ist.[329] Etwas anderes gilt, wenn die Mitglieder einen Vorteil außerhalb der gemeinnützigen Zweckverfol-

---

327 Vgl. zu dieser Abgrenzung oben Rz. 51.

328 Vgl. Abschn. 38 Abs. 3 KStR, BFH, Urteil v. 5. 6. 1953, BStBl. III, 212; v. 16. 11. 1954, BStBl. 1955 III, 12; v. 12. 7. 1955, BStBl. III, 271; v. 9. 2. 1965, BStBl. III, 294; v. 8. 6. 1966, BStBl. III, 632.

329 Vgl. *Schön* DStJG 1990, 81 (115); *Hüttemann* S. 141.

gung erlangen, weil dann eine gesondert zu beurteilende Tätigkeit der gemeinnützigen Körperschaft vorliegt.[330]

e) Abgrenzung des wirtschaftlichen Geschäftsbetriebs von der Vermögensverwaltung

124 Weitere Voraussetzung dafür, daß ein wirtschaftlicher Geschäftsbetrieb vorliegt, ist, daß keine Vermögensverwaltung i. S. d. § 14 Satz 3 AO angenommen werden kann.[331]

3. Abgrenzung zum Zweckbetrieb

125 Selbst wenn nach den soeben dargelegten Kriterien ein steuerpflichtiger wirtschaftlicher Geschäftsbetrieb i. S. d. § 14 AO angenommen werden sollte, bedeutet dies doch nicht, daß der Gewinn oder das Vermögen, welches dieser Tätigkeit gewidmet ist, der Besteuerung in jedem Fall unterliegen würde. Vielmehr ist der steuerpflichtige wirtschaftliche Geschäftsbetrieb vom **steuerbefreiten Zweckbetrieb** i. S. d. §§ 65 ff. AO abzugrenzen.[332]

III. Beispiele steuerpflichtiger wirtschaftlicher Geschäftsbetriebe

1. Tätigkeit der Geschäftsstelle

126 Der **Verkauf** von Altmaterial, Einrichtungsgegenständen, Maschinen, Kraftfahrzeugen und dergleichen bildet eine Einheit mit der Tätigkeit der Geschäftsstelle. Für die Begründung eines wirtschaftlichen Geschäftsbetriebs fehlt es insofern an der erforderlichen Selbständigkeit.[333] Dagegen führt die Vorführung und der Verleih von Filmen und Tonbändern oder die **Beratung** einzelner Personen wie auch der Abschluß oder die **Vermittlung** von Versicherungen und ähnlichen Vorteilen, die den Mitgliedern geboten werden,[334] oder aber die **Veranstaltung von Märkten** und die Unterhaltung einer **Kantine** für die Arbeitskräfte oder die Herausgabe und der Verlag oder Vertrieb von Fachzeitschriften, Fachzeitungen und anderen fachlichen Druckerzeugnissen zu einem wirtschaftlichen Geschäftsbetrieb. Nur **Mitgliederzeitschriften**, in denen die Mitglieder über die Tätigkeit des Vereins unterrichtet werden, führen nicht zu einem wirtschaftlichen Geschäftsbetrieb, sondern gehören zu einem steuerbefreiten Zweckbetrieb.[335] Wird jedoch in dieser Zeitschrift Anzeigen- oder Annoncenwerbung betrieben, liegt insoweit

[330] BFH v. 15. 10. 1997, IR 2/97, BStBl. II 1998, 175 zum Versicherungsschutz für Mitglieder; dazu *Fidorra* DB 1999, 559; näher zu Vorteilszuwendungen an Mitglieder § 8 Rz. 17.

[331] Vgl. dazu oben Rz. 61 ff.

[332] Vgl. dazu oben Rz. 81 ff.

[333] Abschn. 8 Abs. 6 KStR.

[334] BFH v. 15. 10. 1997 IR 2/97, BStBl. 1998 II, 175.

[335] BFH v. 10. 5. 1955 I 173/53, BStBl. III 1955, 177; s. o. Rz. 88.

ein steuerpflichtiger wirtschaftlicher Geschäftsbetrieb vor.[336] Einnahmen aus der Vorführung einer freiwilligen Feuerwehr gehören wiederum zu den Zweckbetriebseinnahmen, da sie der Selbstdarstellung und Mitgliederwerbung und damit unmittelbar dem gemeinnützigen Zweck dienen.[337] Steuerpflichtig ist allerdings die Veräußerung von „Sachspenden" im Rahmen eines Basars oder von Teilen eines geerbten Nachlasses.[338] Auch die Altkleidersammlung begründet eine erwerbswirtschaftliche Betätigung, wobei der Gewinn aufgrund der Sondervorschrift des § 64 Abs. 5 AO geschätzt werden kann.[339]

2. Personalgestellung

Mit der entgeltlichen Gestellung von Personal oder Sachmitteln be- 127
gründet eine steuerbegünstigte Körperschaft einen steuerpflichtigen wirtschaftlichen Geschäftsbetrieb.

Zwar sieht **§ 58 Nr. 3 AO** vor, daß es gemeinnützigen Körperschaf- 128
ten erlaubt ist, ihre Arbeitskräfte einer anderen Person für steuerbegünstigte Zwecke zur Verfügung zu stellen. Doch enthält diese Vorschrift nach der Rechtsprechung des BFH lediglich eine Ausnahme vom Erfordernis der unmittelbaren Zweckerfüllung, ändert aber nichts daran, daß die Überlassung von Personal an andere steuerbegünstigte Körperschaften als steuerpflichtiger wirtschaftlicher Geschäftsbetrieb eingeordnet werden kann.[340] Dabei ist noch zu bedenken, daß § 58 Nr. 3 AO nur die Ausführung steuerbegünstigter Tätigkeiten erlaubt. Die Arbeitskräfte müssen zur Verwirklichung steuerbegünstigter Zwecke eingesetzt werden. Es wird die These vertreten, deswegen wäre für die Gemeinnützigkeit der überlassenden Körperschaft der Einsatz des Personals in der allgemeinen Verwaltung, beispielsweise in der Buchhaltung,[341] schädlich. Wesentlich ist aber nur, daß durch den Einsatz unmittelbar die ideellen Zwecke einer anderen gemeinnützigen Körperschaft gefördert werden, was auch dann der Fall ist, wenn die notwendigen Verwaltungstätigkeiten einer steuerbegünstigten Körperschaft dadurch unterstützt werden. Erfolgt demnach die Überlassung von Personal unter diesen Voraussetzungen an steuerbegünstigte Einrichtungen unentgeltlich oder zu nicht kostendeckenden Entgelten, steht dieser Vorgang in Einklang mit dem Gemeinnützigkeitsrecht, weil der Verzicht auf ein kostendeckendes Entgelt von § 58 Nr. 2, Nr. 3 AO gerade vorausgesetzt wird. Dennoch wird angenommen, daß das Entgelt, welches durch den Einsatz von Personal, beispielsweise bei einer gemeinnützigen Tochtergesellschaft, erwirtschaftet wird, nicht als Zweckbetriebseinnahme angesehen werden kann. Mangels unmittelba-

---

336 Vgl. Abschn. 8 Abs. 4 KStR.

337 FG Düsseldorf v. 20. 2. 1991, EFG 1991, 752.

338 FG München v. 15. 6. 1988 III 220/85 U, EFG 1989, 142; zum Spendenrecht s. Rz. 40.

339 Dazu *Kümpel* FR 1999, 888; s. § 7 Rz. 305 ff.

340 BFH v. 30. 11. 1995, DB 1996, 967; m.E. sehr zweifelhaft.

341 *Kießling/Buchna* S. 144.

rer Verfolgung der eigenen steuerbegünstigten Zwecke sei bei entgeltlicher Überlassung regelmäßig ein steuerpflichtiger wirtschaftlicher Geschäftsbetrieb i. S. d. §§ 14, 64 AO anzunehmen.[342] In den Fällen allerdings, in denen mit der Tätigkeit des Personals sowohl eigene Zwecke der überlassenden Körperschaft als auch gleichzeitig Zwecke der gemeinnützigen Körperschaft, für die das Personal tätig wird, erfüllt werden, ist kein Grund ersichtlich, warum die Personalüberlassung, die allein innerhalb der gemeinnützigen Tätigkeit durchgeführt wird, als steuerpflichtiger wirtschaftlicher Geschäftsbetrieb behandelt werden sollte. Im Bereich der öffentlichen Hand führt die Amtshilfe der einen Körperschaft des öffentlichen Rechts für die andere Körperschaft zu Recht ebenfalls nicht zu einem Betrieb gewerblicher Art und damit zu einer steuerpflichtigen Tätigkeit. Dieselbe Regelung gilt für Berufsverbände, bei denen das Zurverfügungstellen von Personal für einen anderen Berufsverband ebenfalls nicht zur Begründung eines steuerpflichtigen wirtschaftlichen Geschäftsbetriebes führt.[343] Eine Begründung für die abweichende Behandlung im Gemeinnützigkeitsrecht ist nicht ersichtlich.

3. Entgeltliche Gestellung von Sachmitteln

129 Überläßt eine gemeinnützige Körperschaft ihre Sachmittel oder Räumlichkeiten an eine andere steuerbegünstigte Einrichtung unentgeltlich, so ist ihr Verhalten regelmäßig nach § 58 Nr. 2, Nr. 4 AO gerechtfertigt, da die Unterstützung der gemeinnützigen Tätigkeit eines anderen dann, wenn sie nicht Hauptzweck der gemeinnützigen Körperschaft wird, zulässig ist.[344] Erfolgt die Überlassung entgeltlich, ist zu prüfen, ob die Einnahmen daraus im Rahmen der **steuerfreien Vermögensverwaltung** bezogen werden oder, ob die Körperschaft damit einen **steuerpflichtigen** wirtschaftlichen **Geschäftsbetrieb** begründet. Nutzt die gemeinnützige Körperschaft ihre Räumlichkeiten und Sachmittel selbst für steuerbegünstigte Zwecke und überläßt sie die Räume nur gelegentlich zur Kapazitätsausnutzung gegen Entgelt an Dritte, kann diese Überlassung als steuerfreie Vermögensverwaltung angesehen werden.[345] Erfolgt die Überlassung unmittelbar gegenüber einer Person, die damit keine steuerbegünstigten Zwecke verfolgt, muß ein marktgerechtes Entgelt erhoben werden, soll keine gemeinnützigkeitsschädliche Mittelfehlverwendung angenommen werden. Wenn Gerätschaften allein zu dem Zweck angeschafft werden, sie ständig an

---

[342] OFD Frankfurt am Main v. 12. 8. 1992, DB 1992, 2064; FG Baden-Württemberg v. 3. 2. 1993, EFG 1993, 619; BFH v. 7. 11. 1996, DB 1997, 859; BFH v. 18. 10. 1990, BStBl. 1991 II, 157.

[343] Vgl. RFH-Urteil v. 24. 7. 1937, RStBl. 1937, 1103; Abschn. 8 Abs. 6 Satz 6 KStR.

[344] Unzulässig als Hauptzweck ist die Überlassung von Räumlichkeiten für andere steuerbegünstigte Körperschaften, sog. Hallenbauvereine, s. FinMin. NW v. 6. 8. 1990, DB 1990, 1745.

[345] Vgl. BFH-Urteil v. 17. 12. 1957, BStBl. 1958 III, 96.

wechselnde Personen zu überlassen, führt dies zu Einnahmen in einem steuerpflichtigen wirtschaftlichen Geschäftsbetrieb.[346]

4. Zentrale Beschaffungs- und Verwaltungsstellen

Erbringt eine gemeinnützige Körperschaft mit einer rechtlich un- 130
selbständigen Stelle für zahlreiche steuerbegünstigte Körperschaften Leistungen gegen Entgelt, wie beispielsweise **den zentralen Einkauf** oder die **zentrale Gehaltsabrechnungsstelle** oder **Buchstelle**, so liegt insoweit nach Ansicht der Rechtsprechung und Verwaltung stets ein steuerpflichtiger wirtschaftlicher Geschäftsbetrieb vor.[347] Wesentlich ist die Erwägung, daß die gemeinnützige Körperschaft damit in Wettbewerb zu kommerziellen Anbietern tritt. Unerheblich ist, daß der Kundenkreis ausschließlich aus anderen steuerbegünstigten Körperschaften besteht, weil die gemeinnützige Körperschaft nicht mehr nur für ihre eigenen Zwecke tätig wird, sondern sich am Markt betätigt, um dadurch Vorteile für zahlreiche gemeinnützige Körperschaften zu erlangen. Auch wenn diese Rechtsprechung nachvollziehbar ist, so ist es doch insb. für größere gemeinnützige Einrichtungen unerfreulich, daß die betriebswirtschaftlich in vielen Fällen gebotene Zentralisierung in diesen Fällen aus steuerlichen Gründen verhindert wird, wenn die begünstigten gemeinnützigen Körperschaften nicht konsequent gemeinschaftlich handelnd auf obligatorischer Grundlage auftreten oder durch die rechtliche Verselbständigung der zentralen Stelle den steuerlichen Gewinn gering halten.

5. Gesellige Veranstaltungen und Kleinverkäufe

Soweit eine gemeinnützige Körperschaft bestimmte Gegenstände 131
zum Verkauf anbietet oder **Feste veranstaltet**, verhält sie sich ebenso wie jeder andere gewerbliche Anbieter. Unerheblich ist, daß ihre Tätigkeit letztlich den gemeinnützigen Zwecken zugute kommen soll. Daher begründen diese Tätigkeiten stets einen steuerpflichtigen wirtschaftlichen Geschäftsbetrieb.[348]

6. Beratung

Die **Beratung von Einzelpersonen**, die beispielsweise Teil einer wis- 132
senschaftlichen Zwecksetzung oder zum Satzungszweck eines Vereins gehören kann, der die Bildung fördert, erfüllt selbst nicht mehr unmittelbar den gemeinnützigen Zweck. Es liegt keine Förderung der Allgemeinheit, sondern die Förderung der Interessen einzelner vor. Daher führt diese erwerbswirtschaftliche Tätigkeit notwendig zu einem steuerpflichtigen

[346] Vgl. BMF-Schreiben vom 18. 6. 1996, DB 1996, 1548.

[347] BFH v. 15. 10. 1997 II R 94/94, BFH/NV 1998, 150; OFD Münster v. 5. 1. 1998 – S 2729–152 – St 13–31, FR 1998, 291; FinMin. Thüringen v. 21. 7. 1994, DB 1994, 1700; OFD Frankfurt v. 12. 8. 1992, DB 1992, 2064; FG Baden-Württemberg v. 3. 2. 1993, EFG 1993, 619; BFH v. 7. 11. 1996, DB 1997, 859.

[348] Vgl. bspw. BFH v. 21. 8. 1985, BStBl. 1986 II, 88 und 92.

wirtschaftlichen Geschäftsbetrieb.[349] Anders sind die Fälle zu beurteilen, in denen gerade die Beratung im Einzelfall, beispielsweise bei der Förderung des Gesundheitswesens, Teil der gemeinnützigen Tätigkeit ist.

7. Werbung

133 Die **kommerzielle Werbung** für Wirtschaftsunternehmen oder andere Auftraggeber führt regelmäßig zu Einnahmen in einem steuerpflichtigen wirtschaftlichen Geschäftsbetrieb. Dies gilt auch für Werbeleistungen gegenüber einem Sponsor, soweit sich die Werbung für den Sponsor nicht nur auf den Hinweis auf dessen Sponsoreneigenschaft beschränkt.[350] Zu den typischen Werbeleistungen in diesem Sinne zählt das Anzeigen- und Inseratengeschäft oder die Überlassung von Werbeflächen in Sportstadien, welches aber ggf. der steuerfreien Vermögensverwaltung zugeordnet werden kann. Die Finanzverwaltung läßt es zu, daß die steuerbegünstigte Körperschaft das Werberecht als solches langfristig gegen Entgelt einem Dritten, sei es einer Agentur oder einer dem Verein nahestehenden Person, vermietet, die dafür wiederum ein Entgelt an den gemeinnützigen Verein zahlt.[351] Diese entgeltliche Übertragung des Werberechts wird von der Finanzverwaltung jedoch nur dann der Vermögensverwaltung zugeordnet, wenn dem Pächter ein angemessener Gewinn verbleibt. Wichtig ist bei diesen Gestaltungen, daß die steuerbegünstigte Körperschaft nicht selbst beherrschender Gesellschafter der pachtenden Agentur ist, weil dann eine Betriebsaufspaltung begründet wird.[352] Auch die Trikotwerbung wird als steuerpflichtiger wirtschaftlicher Geschäftsbetrieb eingeordnet.[353] Die kostenlose Überlassung von Trikots oder Sportschuhen wird als Einnahme im wirtschaftlichen Geschäftsbetrieb gewertet.[354] Soweit die Sportkleidung nur im Rahmen eines steuerbefreiten Zweckbetriebs genutzt wird, ist diese Einordnung allerdings zweifelhaft, denn der Umstand alleine, daß die Zuschauer einen bestimmten Hersteller von Sportartikeln als Ausstatter erkennen können, entspricht dem steuerunschädlichen Hinweis auf einen Sponsor.[355] Unschädlich ist es jedenfalls, sofern einem Unternehmen allein gestattet wird, in der eigenen Werbung auf die Unterstützung eines gemeinnützigen Vereins hinzuweisen. Die Einräumung eines entsprechenden Rechts wird als die Überlassung von Vermögensrechten angesehen, nicht aber als erwerbswirtschaftliche Betätigung der gemeinnützigen Körperschaft selbst. Es ist zweifelhaft, ob eine gemeinnützige Körperschaft, die sich dauerhaft im öffentlichen Gespräch hält und dadurch für Sponsoren interessant wird, nicht bereits deswegen die

---

[349] A 8 Abs. 4 S. 9 KStR.

[350] Vgl. dazu oben Rz. 52.

[351] BFH v. 27. 3. 1991, BStBl. 1991 II, 103; vgl. dazu Tz. I-9 AEAO zu § 67 a AO und Fn. zu dem vorgenannten BFH-Urteil, a.a.O.

[352] Vgl. dazu BFH v. 12. 5. 1997 I R 164/94, GmbHR 1997, 1007.

[353] BFH v. 9. 12. 1981 I R 215/78, BStBl. II 1983, 27; Tz. I-9 AEAO zu § 67 a AO.

[354] *Fischer* in: Hübschmann/Hepp/Spitaler, § 64 AO Rz. 12 b).

[355] a. A. FG Saarland v. 26. 6. 1997 1 K 177/94, EFG 1997, 1153.

Grenze zur Teilnahme am wirtschaftlichen Verkehr überschreitet, so daß zumindest die Rechtsprechung eine vermögensverwaltende Tätigkeit bei der Überlassung des Rechts, den Namen der gemeinnützigen Körperschaft für die eigene Werbung einzusetzen, nicht annehmen würde.[356]

8. Beteiligung an einer Tochtergesellschaft

Wann eine Beteiligung an einer Tochtergesellschaft als steuerpflichti- 134
ger wirtschaftlicher Geschäftsbetrieb oder als steuerfreie Vermögensverwaltung angesehen wird, ist unter Rz. 67–71 erläutert.

IV. Die Besteuerung des wirtschaftlichen Geschäftsbetriebs

Wie der wirtschaftliche Geschäftsbetrieb im einzelnen besteuert 135
wird, regeln die jeweiligen Einzelsteuergesetze i.V.m. § 64 AO. Wesentlich ist zunächst die Vorschrift des § 64 Abs. 3 AO, wonach ein wirtschaftlicher Geschäftsbetrieb nur dann der Körperschaft- und Gewerbesteuer unterliegt, wenn die Summe der Einnahmen sämtlicher wirtschaftlicher Geschäftsbetriebe der gemeinnützigen Körperschaft einschließlich der Umsatzsteuer im Kalenderjahr den Betrag von DM 60 000 übersteigt. § 64 Abs. 3 AO wirkt als Besteuerungsgrenze, d.h. betragen die Einnahmen DM 61 000, so wird der Gesamtgewinn besteuert. Übersteigen die Einnahmen die **Besteuerungsgrenze**, so ist der Überschuß oder Gewinn des steuerpflichtigen wirtschaftlichen Geschäftsbetriebs nach den allgemeinen Grundsätzen zu ermitteln.[357] In § 64 Abs. 2 AO ist angeordnet, daß sämtliche wirtschaftlichen Geschäftsbetriebe einer gemeinnützigen Körperschaft zusammenzufassen sind. Entscheidende Bedeutung erlangt § 64 Abs. 2 AO im Hinblick auf die Möglichkeit, ohne Gefährdung der Gemeinnützigkeit einen Verlustausgleich zwischen mehreren wirtschaftlichen Geschäftsbetrieben vornehmen zu können.[358] Nach den allgemeinen steuerlichen Vorschriften richtet sich auch, welches Einkommen oder welche Vermögenswerte dem steuerpflichtigen wirtschaftlichen Geschäftsbetrieb zuzuordnen sind.[359] Soweit Ausgaben der Körperschaft auch ohne den wirtschaftlichen Geschäftsbetrieb entstanden wären, mindern sie die Einkünfte des Geschäftsbetriebes nicht. Ist die Ausgabe durch den steuerpflichtigen oder den steuerfreien Teil entstanden, ist sie diesem jeweils in vollem Umfang zuzuordnen.[360] Umstritten ist zwischen Rechtsprechung und Verwaltung, ob gemischt veranlaßte Aufwendungen schätz-

---

356 Vgl. die Überlegungen in dem BFH-Urteil v. 27. 3. 1991, BStBl. 1991 II, 103; s. Rz. 66.

357 Vgl. dazu § 7 Rz. 37 ff.; speziell zur Besteuerungsgrenze § 7 Rz. 47 ff.

358 Vgl. Tz. 6 AEAO zu § 64 AO; dazu oben Rz. 113 ff.; zum Verlustausgleich aus ertragsteuerlicher Sicht § 7 Rz. 220 ff.

359 Zu Einzelheiten vgl. § 7 Rz. 235 ff.

360 BFH v. 21. 7. 1999 -IR 55/98-, HFR 2000, 29.

weise aufzuteilen sind oder ob es auf eine Gewichtung der Veranlassungsmomente ankommt und im Zweifel die ideelle Grundausrichtung den Ausschlag gibt.[361] Zu Beginn und Ende der partiellen Steuerpflicht durch Unterhalt eines steuerpflichtigen wirtschaftlichen Geschäftsbetriebs sowie zum Steuersatz und Steuerverfahrensrecht vgl. gleichfalls § 7.

---

[361] § 7 Rz. 270 ff.

§ 7 Partielle Steuerpflicht

Bearbeiter: Dipl.-Finw. Harald Bott

Übersicht

A. Allgemeines

I. Einzelne Steuerbefreiungsvorschriften

1 Die Befreiungsvorschriften für steuerbegünstigte Körperschaften i. S. d. §§ 51 ff. AO (= Körperschaften, Personenvereinigungen und Vermögensmassen i. S. d. KStG, s. § 51 Satz 2 AO) sind nach der jeweiligen Steuerart unterschiedlich ausgestaltet. Gemeinsamer Anknüpfungspunkt der jeweiligen **Einzelsteuergesetze** sind die in der AO als Mantelgesetz normierten Voraussetzungen der Steuerbegünstigung (s. § 51 Satz 1 AO).

2 Eine an der Zielsetzung gemeinnütziger Einrichtungen orientierte steuerliche Privilegierung sieht der Gesetzgeber auf der Ebene der gemeinnützigen Körperschaft für die **Steuerarten** mit folgendem Umfang vor:

Steuerart	Norm	Wirkung
Ertragsteuern		
Körperschaftsteuer	§ 5 Abs. 1 Nr. 9 KStG	Befreiung
Gewerbesteuer	§ 3 Abs. 1 Nr. 6 GewStG	Befreiung
Substanzsteuern		
Vermögensteuer	§ 3 Abs. 1 Nr. 12 VStG	Befreiung
Grundsteuer	§ 3 Abs. 1 Nr. 3 b GrStG	Befreiung
Erbschaftsteuer und Schenkungsteuer	§ 13 Abs. 1 Nr. 16 b ErbStG	Befreiung
Verkehrsteuern		
Umsatzsteuer	§ 4 a	VorSt-Vergütung
	§ 4 Nr. 16, 18, 20, 21, 22, 23, 24, 25, 27 UStG	Befreiung
	§ 12 Abs. 2 Nr. 8 a UStG	ermäßigter Steuersatz
	§ 23 a UStG	VorSt-Pauschalierung
Grunderwerbsteuer	§§ 3, 4 GrEStG	Befreiung
Kraftfahrzeugsteuer	§ 3 Nr. 5, 5 a KraftStG	Befreiung

3 Über Art und Umfang der Steuerbegünstigung entscheidet das Finanzamt im **Veranlagungs- bzw. Festsetzungsverfahren** für die jeweilige Steuerart und den jeweiligen Steuerabschnitt (s. Rz. 330 ff.).

Eine den formellen Anforderungen genügende Satzung muß bei der KSt und der GewSt während des ganzen Veranlagungszeitraums bzw. Bemessungszeitraums, bei den anderen Steuern im Zeitpunkt der Entstehung der Steuern vorliegen (§ 60 Abs. 2 AO).[1] Die Steuerbegünstigung wird gewährt, wenn die tatsächliche Geschäftsführung während des Besteuerungsabschnitts bzw. zum Zeitpunkt der Entstehung der Steuern den gemeinnützigkeitsrechtlichen Satzungsbestimmungen entspricht (§ 63 Abs. 1, Abs. 2 i.V. m. § 60 Abs. 2 AO).

Zur Auswirkung von Verstößen gegen gemeinnützigkeitsrechtliche Bestimmungen s. § 9 Rz. 30 ff, 70 ff.

II. Partielle Steuerpflicht

4 Die **partielle Steuerpflicht** gemeinnütziger Körperschaften, Personenvereinigungen und Vermögensmassen bedeutet eine nach Maßgabe der Einzelsteuergesetze lediglich eingeschränkte (teilweise) Heranziehung zu einer Steuer bei gleichzeitiger Freistellung weiterer, begünstigter Tätigkeitsbereiche des Steuersubjekts.

Für die einzelnen Steuerarten wird eine steuerliche Belastung der im übrigen steuerbefreiten Körperschaften auf unterschiedliche Weise gesetzestechnisch sichergestellt. Während im ertragsteuerlichen Bereich eine partielle Steuerpflicht i. d. R. durch einen teilweisen Ausschluß der Steuerbefreiung wieder auflebt, wird im Bereich der Verkehrsteuern eine „partielle Steuerpflicht" i. d. R. durch eine im vorhinein auf die begünstigten Bereiche beschränkte Vergünstigung begründet.

5 Die in der Praxis bedeutsamste Form der partiellen Steuerpflicht entsteht durch die Unterhaltung eines steuerschädlichen **wirtschaftlichen Geschäftsbetriebs** (§ 64 Abs. 1 AO). Im Rahmen einer teilweisen Steuerpflicht unterliegt die gemeinnützige Einrichtung hier im Rahmen der KSt, GewSt und VSt[2] insoweit (partiell) der Besteuerung, als sie zu sonstigen steuerpflichtigen Unternehmen in einem für die Verfolgung steuerbegünstigter Zwecke nicht erforderlichen Maß in Wettbewerb tritt. Mit der partiellen Steuerpflicht in einem nach dem Telos der Befreiung nicht zu schützenden Bereich stellt der Gesetzgeber eine dem Gleichheitsgrundsatz der Besteuerung entsprechende Belastung sicher. Mit einer dem Grundsatz der Wettbewerbsneutralität der Besteuerung entsprechenden Besteuerung wirtschaftlicher Aktivitäten gemeinnütziger Einrichtungen wirkt der Gesetzgeber einer durch steuerliche Belastungsunterschiede bedingten Wettbewerbsverzerrung entgegen.[3] Zur

---

[1] S. im einzelnen AEAO, zu § 60 AO Rz. 6.

[2] Letztmals für VZ 1996, s. Rz. 410.

[3] Vgl. u. a. *Hüttemann* Wirtschaftliche Betätigung und steuerliche Gemeinnützigkeit, Köln 1991, 116 ff., m. w. N. sowie *Tipke/Kruse* § 14 AO Rz. 2.

Zulässigkeit der Unterhaltung eines wirtschaftlichen Geschäftsbetriebs aus gemeinnützigkeitsrechtlicher Sicht s. § 6 Rz. 111 ff.

Zur Anknüpfung der Besteuerung an das Vorliegen eines wirtschaftlichen Geschäftsbetriebs im Rahmen der **KSt** s. Rz. 10 ff., für Zwecke der **GewSt** s. Rz. 380 ff. und Rz. 425 ff., bei der bis einschl. VZ 1996 zu erhebenden **VSt** s. Rz. 410 ff.

Im ertragsteuerlichen Bereich kann darüber hinaus eine **sonstige Art der partiellen Steuerpflicht** zum Tragen kommen, wenn bei Bezug steuerabzugspflichtiger Kapitalerträge Vereinfachungsgesichtspunkte eine ggf. vorübergehende Belastung erfordern (s. Rz. 340 ff.) oder im Falle der Gewinnausschüttung steuertechnische und -systematische Überlegungen eine körperschaftsteuerliche Vorbelastung bedingen (s. Rz. 360 ff.). 6

Die partielle Steuerpflicht der gemeinnützigen Einrichtung kann sich aus der Befreiungsnorm selbst (s. § 5 Abs. 1 Nr. 9 Satz 2 KStG), ergänzenden Bestimmungen der Einzelsteuergesetze (s. § 5 Abs. 2 Nr. 1 und 2 KStG) sowie letztlich auch aus spezialgesetzlichen Vorschriften (s. § 21 Abs. 3 Nr. 2 UmwStG, s. Rz. 370 ff.) ergeben.

Zur steuerlichen Belastung gemeinnütziger Körperschaften im Rahmen sonstiger Steuerarten, die dem Grunde nach nicht an das Vorliegen eines wirtschaftlichen Geschäftsbetriebs als Besteuerungstatbestand anknüpfen und eine umfängliche Steuerbefreiung insoweit nicht i. S. d. § 64 Abs. 1 i.V. m. § 14 AO partiell aufheben, eine steuerliche Vergünstigung jedoch insbesondere im Bereich eines steuerschädlichen wirtschaftlichen Geschäftsbetriebs nicht gewähren, s. im Bereich der Substanzsteuern zur **ErbSt** Rz. 435 ff. sowie zur **GrSt** Rz. 450 ff., im Bereich der Verkehrsteuern zur **USt** Rz. 455 ff., zur **GrESt** Rz. 465 ff., sowie zur **KraftSt** Rz. 470 ff. 7

B. Ertragsteuern

I. Körperschaftsteuer

Gemeinnützige Körperschaften, Personenvereinigungen und Vermögensmassen i. S. d. §§ 51 ff. AO sind nach **§ 5 Abs. 1 Nr. 9 KStG** von der KSt befreit. Zu den Anforderungen der Steuerbefreiung zählen mit dem Verweis auf die gemeinnützigkeitsrechtlichen Bestimmungen der AO ein auf die Verfolgung gemeinnütziger, mildtätiger oder kirchlicher Zwecke gerichtetes und der formellen Satzungsmäßigkeit entsprechendes Statut (§ 60 AO)[4] sowie eine mit diesem übereinstimmende tatsächliche Geschäftsführung (§ 63 Abs. 1, § 59 AO).[5] Die Steuerbefreiung ist ausgeschlossen, soweit die steuerbegünstigte Einrichtung einen wirtschaftlichen Geschäftsbetrieb (§ 14 AO) – mit Ausnahme eines selbstbewirtschafteten Forstbetriebs – unterhält, der nicht die Voraussetzungen eines Zweckbetriebs i. S. d. §§ 65 ff. AO erfüllt (§ 5 Abs. 1 Nr. 9 10

[4] S. § 5 Rz. 95 ff.

[5] S. § 5 Rz. 20 ff.

Satz 2 und 3 KStG). Die Befreiungsnorm zählt zu den sachlichen Steuerbefreiungen des Befreiungskatalogs i. S. d. § 5 KStG.[6]

11 Über Art und Umfang der Steuerbefreiung wird für den jeweiligen Besteuerungsabschnitt (Veranlagungszeitraum) entschieden, der grundsätzlich dem Kalenderjahr entspricht (§ 49 Abs. 1 KStG i.V.m. § 25 Abs. 1 EStG). Der Umfang der Steuerbefreiung wird durch die Reichweite der partiellen Steuerpflicht abgegrenzt. Auch bei partieller Steuerpflicht bleibt die Steuerbefreiung der gemeinnützigen Einrichtung im übrigen unberührt.[7] Zum Verfahrensrecht im einzelnen s. Rz. 330 ff.

12 Die Befreiung gemeinnütziger Körperschaften, Personenvereinigungen und Vermögensmassen von der KSt nach § 5 Abs. 1 Nr. 9 KStG setzt deren **unbeschränkte KSt-Pflicht** i. S. d. § 1 Abs. 1 KStG voraus (s. § 5 Abs. 2 Nr. 3 KStG).

Eine Körperschaft ist unbeschränkt körperschaftsteuerpflichtig, wenn sie über eine inländische Geschäftsleitung als Mittelpunkt der geschäftlichen Oberleitung (§ 10 AO) und/oder einen inländischen statutarischen Sitz (§ 11 AO) verfügt und ein Steuersubjekt i. S. d. § 1 Abs. 1 KStG darstellt (s. Rz. 14 ff.).

13 Für **funktionale Untergliederungen** (Abteilungen) sieht die Regelung des § 51 Satz 3 AO als lex specialis zu den Steuersubjektnormen der Einzelsteuergesetze – mithin auch zu § 1 KStG – eine Einschränkung der Steuersubjekteigenschaft vor.[8] Danach gelten funktionale Untergliederungen auch bei zivilrechtlicher Verselbständigung nicht als eigenständige Steuersubjekte. Mit der Regelung, nach der eine Verselbständigung von Abteilungen steuerrechtlich wirkungslos bleibt, soll eine Aufsplittung größerer Körperschaften (Großvereine) in eigenständige rechtsfähige oder nichtrechtsfähige Vereine zur mehrfachen Inanspruchnahme von Freibeträgen[9] und Freigrenzen[10] verhindert werden.[11] Die Bestimmung geht von einer im Innenverhältnis unveränderten Eingliederung der rechtlich verselbständigten Abteilung in den Hauptverein aus und gilt für funktionale, nicht hingegen für regionale Untergliederungen.[12] Die Vorschrift steht in engem Zusammenhang mit der Bestimmung des § 64 Abs. 4 AO, die über die Regelung des § 51 Satz 3 AO hinaus auch außerhalb einer Abspaltung funktionaler Untergliederungen für eine Aufspaltung der gemeinnützigen Körperschaft zur mehrfachen Inanspruchnahme von Freibeträgen und Freigrenzen einen Gestaltungsmißbrauch i. S. d. § 42 AO annimmt, s. Rz. 53.

14 Ausländische Rechtsgebilde gelangen im Rahmen der beschränkten Steuerpflicht nach § 2 Nr. 1 KStG nicht in den Anwendungsbereich der Steuerbefreiung nach § 5 Abs. 1 Nr. 9 KStG, die eine unbeschränkte

---

[6] S. BFH v. 21. 8. 1985 I R 60/80, BStBl. II 1986, 88, BFH v. 13. 11. 1996 I R 152/93, BStBl. II 1998, 711, sowie *Bott* in Arthur Andersen, § 5 KStG Rz. 13 ff.

[7] S. BFH v. 21. 8. 1985 I R 208/81, BFH/NV 1987, 397.

[8] S. hierzu kritisch *Lang* WPHdU, Kap. A Rz. 43 ff.

[9] Z. B. nach § 24 KStG, s. Rz. 111 oder § 11 Abs. 1 GewStG, s. Rz. 393.

[10] Z. B. nach § 64 Abs. 3 AO, s. Rz. 47 ff. oder § 67 a Abs. 1 AO.

[11] S. BT-Drs. 11/5582, 31 sowie *Thiel/Eversberg* DB 1990, 395 f.

[12] Vgl. *Klein/Gersch* § 51 AO Rz. 5, s. hierzu auch § 5 Rz. 6 ff.

Körperschaftsteuerpflicht des Steuersubjekts voraussetzt (s. § 5 Abs. 2 Nr. 3 KStG).[13] Einer Anerkennung von Körperschaften, die weder ihren Sitz noch den Ort der Geschäftsleitung im Inland haben, stünde letztlich auch die fehlende Möglichkeit der Überprüfung der Voraussetzungen und der Überwachung im Zuge der fehlenden deutschen Steueraufsicht entgegen.[14]

Hiervon unberührt bleiben Befreiungen, die für gemeinnützige Einrichtungen über das nationale Recht hinaus[15] aufgrund **bilateraler Abkommen** zur Vermeidung einer Doppelbesteuerung vorgesehen sind. Eine entsprechende inländische Befreiung sieht z. B. Art. 27 Abs. 2 DBA-USA[16] für Einkünfte einer Gesellschaft oder Organisation in den Vereinigten Staaten vor, die ausschließlich religiöse, mildtätige, wissenschaftliche, erzieherische oder öffentliche Zwecke verfolgt, wenn und soweit sie in den Vereinigten Staaten steuerbefreit ist und bezüglich dieser Einkünfte in der Bundesrepublik Deutschland steuerbefreit wäre, sofern sie eine deutsche Gesellschaft oder Organisation wäre, die ausschließlich in der Bundesrepublik Deutschland tätig ist.

1. Steuersubjekt

15 Die Rechtspersönlichkeiten, die als Körperschaftsteuersubjekt Träger von körperschaftsteuerlichen Rechten und Pflichten sein können, sind für die unbeschränkte Körperschaftsteuerpflicht enumerativ in **§ 1 Abs. 1 KStG** aufgelistet. Für die Zuordnung eines Rechtsgebildes zu den hier aufgeführten einzelnen Gruppen ist grds. die Rechtsform maßgebend.[17] Von der Aufzählung des § 1 Abs. 1 KStG sind für die Steuerbegünstigung i. S. d. § 5 Abs. 1 Nr. 9 KStG insbesondere
- Kapitalgesellschaft (insbes. GmbH) (§ 1 Abs. 1 Nr. 1 KStG),
- Verein/Stiftung (§ 1 Abs. 1 Nr. 4 und 5 KStG) und
- juristische Person des öffentlichen Rechts (§ 1 Abs. 1 Nr. 6 KStG)

von Bedeutung.

a) Kapitalgesellschaft

16 Zu den Kapitalgesellschaften als Körperschaftsteuersubjekten der unbeschränkten Körperschaftsteuerpflicht zählen nach **§ 1 Abs. 1 Nr. 1 KStG** die AG, die KGaA sowie die GmbH. Entscheidend für die Einordnung in die Gruppe der Kapitalgesellschaften ist, ob das Rechtsgebilde die zivilrechtliche Rechtsform einer der in § 1 Abs. 1 Nr. 1 KStG aufgeführten, rechtsfähigen Kapitalgesellschaften besitzt.[18] Im Rahmen der

---

[13] Kein Verstoß gegen Diskriminierungsverbot, s. BFH v. 18. 4. 1975 III B 24/74, BStBl. II 1975, 595 zur VSt.

[14] S. BFH v. 11. 11. 1966 VI R 45/66, BStBl. III 1967, 116 zu Spenden an ausländische Körperschaften des öffentlichen Rechts.

[15] S. § 2 AO.

[16] V. 29. 8. 1989, BGBl. II 1991, 355.

[17] S. BFH v. 25. 6. 1984 GrS 4/82, BStBl. II 1984, 751 m. w. N.

[18] S. BFH v. 25. 6. 1984 GrS 4/82, BStBl. II 1984, 751 m. w. N., BFH v. 29. 10. 1986 I R 318–319/83 BStBl. II 1987, 310 sowie BFH v. 23. 6. 1992 IX R 182/87, BStBl.

Befreiung nach § 5 Abs. 1 Nr. 9 KStG erlangt als Steuersubjekt i. S. d. § 1 Abs. 1 Nr. 1 KStG insbesondere die **gemeinnützige GmbH** Bedeutung.

17 Die Kapitalgesellschaft erlangt ihre Rechtsfähigkeit mit konstitutiver Eintragung in das Handelsregister.[19] Die Steuerpflicht i. S. d. § 1 Abs. 1 Nr. 1 KStG und damit auch eine hieran anknüpfende sachliche Steuerbefreiung i. S. d. § 5 Abs. 1 Nr. 9 KStG erstreckt sich nicht nur auf die mit Eintragung in das Handelsregister entstandene juristische Person, sondern auch auf die mit Abschluß des notariellen Gesellschaftsvertrags[20] errichtete **Vorgesellschaft**, d. h. die Kapitalgesellschaft im Gründungsstadium.[21] Mit der Steuerpflicht erstreckt sich auch eine Befreiung nach § 5 Abs. 1 Nr. 9 KStG sowie eine ggf. abzugrenzende partielle Steuerpflicht nach § 5 Abs. 1 Nr. 9 Satz 2 KStG bereits auf dieses Vorstadium der später entstehenden juristischen Person.

18 Organe der GmbH sind grundsätzlich der oder die Geschäftsführer (§§ 6, 35 ff. GmbHG) sowie die Gesellschafterversammlung (§§ 45 ff. GmbHG). Die Bestellung eines Aufsichtsrats, für den die Bestimmungen des AktG über den Aufsichtsrat entsprechend Anwendung finden, ist möglich (s. § 52 GmbHG) bzw. nach den Bestimmungen des Betriebsverfassungsgesetzes und des Mitbestimmungsgesetzes im Einzelfall ggf. auch zwingend erforderlich. Zu den Grundzügen des GmbH-Rechts im einzelnen s. § 4 Rz. 1 ff.

19 Zu den gemeinnützigkeitsrechtlichen Besonderheiten zählen bei der GmbH die Einschränkung des Gewinnbezugsrechts der Gesellschafter und das hiermit korrespondierende grds. Ausschüttungsverbot[22] nach § 55 Abs. 1 Nr. 1 AO (s. § 8 Rz. 108) sowie die Vermögensbindung hinsichtlich des die Stammeinlagen der Gesellschafter[23] übersteigenden Vermögens nach § 55 Abs. 1 Nr. 4 AO.[24]

b) Verein/Stiftung

20 Die für gemeinnützige Körperschaften in der Praxis **bevorzugte Organisationsform** bilden Verein und Stiftung. Die körperschaftsteuer-

---

II 1992, 972 zur Erfassung ausländ. KapGes. mit inländ. Geschäftsleitung nach § 1 Abs. 1 Nr. 5 i. V. m. § 3 KStG, vgl. hierzu kritisch *Kalbfleisch* in Arthur Andersen, § 1 KStG Rz. 31 ff. und *Graffe* in Dötsch/Eversberg/Jost/Witt, § 1 KStG Rz. 68 ff. sowie im Anschluß an die „Centros"-Entscheidung des EuGH v. 2. 3. 1999, Rs C-212/97, DB 1999, 625 auch *Sörgel* DB 1999, 2236.

[19] Vgl. § 11 Abs. 1 GmbHG.

[20] Vgl. § 2 GmbHG.

[21] S. BFH v. 8. 11. 1989 I R 174/86, BStBl. II 1990, 91, BFH v. 13. 12. 1989 I R 98–99/86 I R 98/86, BStBl. II 1990, 468 sowie BFH v. 14. 10. 1992 I R 17/92, BStBl. II 1993, 352.

[22] Ausgenommen Ausschüttungen an gemeinnützige Anteilseigner, s. AEAO, zu § 58 AO Rz. 2, zum Verzicht auf die Abstandnahme vom KapESt-Abzug und die Herstellung der Ausschüttungsbelastung in derartigen Fällen s. Rz. 345 ff. sowie Rz. 360 f.

[23] S. AEAO, zu § 55 AO Rz. 14.

[24] Zur gGmbH siehe auch *Thiel* GmbHR 1997, 10.

liche Subjektfähigkeit unterscheidet in ihrer Anknüpfung nach § 1 Abs. 1 KStG zwischen rechtsfähigen und nichtrechtsfähigen Gebilden.

Die Organisationsform sowohl des rechtsfähigen als auch des nicht- 21
rechtsfähigen Vereins wird in der Praxis nicht nur für Zusammenschlüsse auf unterer Ebene, sondern auch für **Verbände** auf überregionaler Landesebene bzw. Bundesebene genutzt. Zum Verbandsrecht im einzelnen s. § 2 Rz. 220 ff.

aa) Rechtsfähige Gebilde

Rechtsfähige Vereine bzw. Stiftungen werden nach **§ 1 Abs. 1 Nr. 4** 22
KStG als Körperschaftsteuersubjekt erfaßt. Die Bestimmung des § 1 Abs. 1 Nr. 4 KStG, nach der sonstige juristische Personen des privaten Rechts der unbeschränkten Körperschaftsteuerpflicht unterliegen, stellt einen Sammeltatbestand für nicht bereits durch § 1 Abs. 1 Nr. 1 bis 3 KStG erfaßte juristische Personen des privaten Rechts dar.

Die juristische Person des privaten Rechts erlangt ihre Rechtsfähigkeit durch Eintragung in ein Register oder durch staatliche Verleihung.

Der **rechtsfähige Verein** erlangt als *ideeller Verein* seine Rechtsfähig- 23
keit durch die Eintragung in das Vereinsregister (§§ 21, 55 ff. BGB); er führt den Zusatz e.V. (s. § 65 BGB). Der *wirtschaftliche Verein,* dessen Zweck auf einen wirtschaftlichen Geschäftsbetrieb gerichtet ist, erlangt seine Rechtsfähigkeit durch staatliche Verleihung (§ 22 BGB).

Organe des rechtsfähigen Vereins sind der Vorstand (§ 26 BGB) sowie die Mitgliederversammlung (§ 32 BGB); das Vereinsvermögen ist rechtlich von dem der Mitglieder getrennt. Zum Vereinsrecht im einzelnen s. § 2 Rz. 1 ff.

Die **rechtsfähige Stiftung des privaten Rechts** ist geregelt in den 24
§§ 80 ff. BGB sowie in ergänzenden landesrechtlichen Vorschriften.[25] Das Rechtsgebilde, das eine Vermögensmasse darstellt, die auf Dauer einem bestimmten Zweck gewidmet ist, entsteht mit der Vornahme des Stiftungsgeschäfts und der Genehmigung der zuständigen Landesregierung (§ 80 Satz 1 BGB).

Die Organe der Stiftung werden durch die auf das Stiftungsgeschäft zurückgehende Stiftungsverfassung (s. § 85 BGB) geregelt. Neben dem zur Geschäftsführung berufenen Stiftungsvorstand (s. § 86 BGB i.V. m. §§ 26, 27 Abs. 3 BGB) kann das Statut des Stifters Gremien mit beratender oder auch kontrollierender und überwachender Funktion (z. B. Beirat, Kuratorium) vorsehen. Die Stiftungsaufsicht überwacht die Beachtung des Stifterwillens. Zu den stiftungsrechtlichen Grundlagen im einzelnen s. § 3 Rz. 1 ff., zur Einbindung der Stiftungsaufsicht s. § 3 Rz. 156 ff.

Zu den gemeinnützigkeitsrechtlichen Besonderheiten der Stiftung gehören die steuerbegünstigte Erstausstattung der Stiftung und Erhöhung des Stiftungskapitals[26] sowie die nach § 58 Nr. 5 AO mögliche Versor-

---

[25] Z. B. Hess. Stiftungsgesetz, GVBl. I 1966, 77.

[26] § 10 b EStG, § 9 Abs. 1 Nr. 2 KStG, s. hierzu OFD Hannover v. 29. 6. 1999 – S

gung des Stifters und dessen nächster Angehörigen mit höchstens einem Drittel des Einkommens als Ausnahme zur grds. erforderlichen Selbstlosigkeit gemeinnütziger Einrichtungen nach § 55 Abs. 1 und 3 AO.[27] Mit der **Reform des Stiftungssteuerrechts** durch das Gesetz zur weiteren steuerlichen Förderung von Stiftungen v. 14. 7. 2000[28] hat der Gesetzgeber die steuerlichen Anreize zur Errichtung steuerbegünstigter Stiftungen i.S.d. §§ 51 ff. AO mit Wirkung ab VZ 2000 deutlich erweitert.[29] Familienstiftungen[30] gelangen mangels Selbstlosigkeit i. d. R. nicht in den Anwendungsbereich der §§ 51 ff. AO.

25 Die **öffentlich-rechtliche Stiftung** ist, soweit sie einen Betrieb gewerblicher Art i. S. d. § 4 KStG unterhält, nicht auf der Grundlage des § 1 Abs. 1 Nr. 4 KStG, sondern nach § 1 Abs. 1 Nr. 6 KStG Subjekt der unbeschränkten Körperschaftsteuerpflicht (s. Rz. 29 ff. sowie § 3 Rz. 5).

bb) Nichtrechtsfähige Gebilde

26 Neben rechtsfähigen Gebilden können auch nichtrechtsfähige Personenvereinigungen und Vermögensmassen, mithin auch nichtrechtsfähiger Verein und nichtrechtsfähige Stiftung die Steuerbefreiung i. S. d. § 5 Abs. 1 Nr. 9 KStG in Anspruch nehmen. Das KStG verwendet den Begriff der Körperschaften i. w. S. und kennt neben juristischen Personen des privaten Rechts (Körperschaften i. e. S.) auch Rechtsgebilde ohne eigene Rechtspersönlichkeit, die ungeachtet ihrer zivilrechtlichen Rechtsfähigkeit nach **§ 1 Abs. 1 Nr. 5 KStG** (nichtrechtsfähige Vereine, Anstalten, Stiftungen und andere Zweckvermögen des privaten Rechts) Körperschaftsteuersubjekt der unbeschränkten Körperschaftsteuerpflicht und damit **körperschaftsteuerlich rechtsfähig** sind. Die Regelung des § 3 Abs. 1 KStG bildet einen Auffangtatbestand sowie eine ergänzende Vorschrift zur Körperschaftsteuerpflicht von nicht in § 1 Abs. 1 Nr. 5 KStG aufgezählten nichtrechtsfähigen Personenvereinigungen und Vermögensmassen, wenn das Einkommen dieser Rechtsgebilde weder nach dem KStG noch nach dem EStG unmittelbar bei einem anderen Steuerpflichtigen zu versteuern ist.[31]

27 Als nichtrechtsfähige Personenvereinigung, die als Zusammenschluß mehrerer natürlicher od. juristischer Personen zur Erreichung eines gemeinsamen gemeinnützigen Zwecks errichtet wird, erlangt insbesondere der **nichtrechtsfähige Verein** (§ 54 BGB) Bedeutung. Auf die Organisationsform des nichtrechtsfähigen Vereins finden die Vorschrif-

---

2729 – 27 – StO 214/- 66 – StH 233, StEd 1999, 518 sowie BFH v. 5. 2. 1992 I R 63/91, BStBl. II 1992, 748; § 13 Abs. 1 Nr. 16 b ErbStG, s. Rz. 441 ff.

[27] S. hierzu *Schauhoff* DStR 1996, 1693 sowie § 8 Rz. 103 f.

[28] BGBl. I 2000, 1034

[29] S. § 10 b Abs. 1 Satz 3 und Abs. 1 a EStG, § 52 Abs. 24 a EStG jew. i.d.F. des G v. 14. 7. 2000 (BGBl. I S. 1034), s. auch BT-Drs. 14/2340, BT-Drs. 14/3010 sowie BR-Drs. 351/00.

[30] Zum Begriff s. R 2 Abs. 2 ErbStR.

[31] S. BFH v. 25. 6. 1984 GrS 4/82, BStBl. II 1984, 751, BFH v. 23. 6. 1992 IX R 182/87, BStBl. II 1992, 972.

ten über die GbR Anwendung (§ 54 Satz 1 BGB). Der nichtrechtsfähige Verein als korporativ strukturiertes Subjekt ist von der nicht der KSt unterliegenden Gesellschaft bürgerlichen Rechts i. S. d. § 705 BGB abzugrenzen.[32] Zu den zivilrechtlichen Grundlagen des nichtrechtsfähigen Vereins im einzelnen s. § 2 Rz. 200 ff.

Der Begriff des nichtrechtsfähigen Vereins ist in § 1 Abs. 1 Nr. 5 KStG – wie der Begriff der Kapitalgesellschaft i. S. d. § 1 Abs. 1 Nr. 1 KStG – für den Bereich des Körperschaftsteuerrechts in Anknüpfung an das Zivilrecht (§ 54 BGB) abschließend bestimmt und einer erweiternden Auslegung nicht zugänglich.[33]

Die **nichtrechtsfähige Stiftung** stellt eine Stiftung ohne staatliche 28 Genehmigung dar. Die erforderliche wirtschaftliche Verselbständigung des zu einem bestimmten Zweck eingesetzten Vermögens, die eine eigene Subjektfähigkeit i. S. d. § 1 Abs. 1 Nr. 5 KStG rechtfertigt, wird durch die Übertragung des Eigentums auf einen Träger des Vermögens (Fiduziar) und eine diesen in der Verfügungsbefugnis beschränkende Treuhandvereinbarung erreicht. Zur nichtrechtsfähigen Stiftung im einzelnen s. § 3 Rz. 181 ff.

c) Juristische Person des öffentlichen Rechts

Neben privatrechtlich organisierten Körperschaften i. w. S. kann auch 29 eine juristische Person des öffentlichen Rechts nach § 1 Abs. 1 Nr. 6 i.V. m. § 4 KStG Steuersubjekt der unbeschränkten Körperschaftsteuerpflicht sein und damit in den Anwendungsbereich der Steuerbefreiung nach § 5 Abs. 1 Nr. 9 KStG gelangen. Die juristische Person des öffentlichen Rechts ist wie juristische Personen des privaten Rechts mit einer eigenen Rechtspersönlichkeit ausgestattet, die sie jedoch auf der Grundlage des öffentlichen Rechts durch Gesetz bzw. Verleihung erlangt (z. B. Gebietskörperschaften [Bund, Länder, Gemeinde, Gemeindeverbände], Zweckverbände dieser Körperschaften, Kammern, Anstalten, etc.).

Die Steuersubjektfähigkeit der juristischen Person des öffentlichen 30 Rechts setzt das Vorliegen eines Betriebs gewerblicher Art i. S. d. § 4 KStG voraus. Die juristische Person des öffentlichen Rechts ist Steuersubjekt wegen jedes einzelnen von ihr unterhaltenen **Betriebs gewerblicher Art.**[34] Die Inanspruchnahme der Steuerbefreiung nach § 5 Abs. 1 Nr. 9 KStG setzt voraus, daß der einzelne Betrieb gewerblicher Art die tatbestandsmäßigen Voraussetzungen der Befreiungsnorm erfüllt.[35] Neben einer den gemeinnützigkeitsrechtlichen Bestimmungen

---

[32] Siehe hierzu BMF v. 18. 12. 1992 – IV B 4 – S 2000–273/92, BStBl. I 1993, 58 zu Zinsabschlag sowie OFD Frankfurt am Main v. 8. 6. 1989 – S 0171 A – 45 – St II 12, KSt-Kartei § 5 KStG Karte H 37 zu regionalen Untergliederungen von Großvereinen, s auch § 5 Rz. 6 ff.

[33] S. BFH v. 25. 6. 1984 GrS 4/82, BStBl. II 1984, 751.

[34] S. grundlegend BFH-Urt. v. 13. 3. 1974 BStBl. II 1974, 391 sowie im einzelnen *Bott* in Arthur Andersen, § 4 KStG Rz. 19 ff.

[35] S. BFH v 13. 3. 1974 I R 7/71, BStBl. II 1974, 391, 395; BFH v. 30. 11. 1989 I R 19/87, BStBl. II 1990, 246, 248.

entsprechenden tatsächlichen Geschäftsführung muß hier auch eine Satzung oder sonstige Verfassung vorhanden sein, aus der sich ergibt, daß der Betrieb gewerblicher Art ausschließlich und unmittelbar steuerbegünstigten Zwecken i. S. d. §§ 51 ff. AO dient.[36] Unterhält die juristische Person des öffentlichen Rechts mehrere Betriebe gewerblicher Art, ist für jeden einzelnen Betrieb gewerblicher Art eine eigene Satzung erforderlich.[37] Zur fiktiven Verselbständigung des Betriebs gewerblicher Art für Zwecke der Einkommensermittlung s. Rz. 116.

31 Die gemeinnützigkeitsrechtlichen Beschränkungen hinsichtlich der gebotenen Selbstlosigkeit der Körperschaft im Hinblick auf Zuwendungen an Mitglieder oder Gesellschafter gelten bei Betrieben gewerblicher Art von juristischen Personen des öffentlichen Rechts sinngemäß (§ 55 Abs. 3 AO i.V. m. § 55 Abs. 1 Nr. 1, 2 und 4 AO). Eine Festlegung der Vermögensbindung in der Satzung ist bei Betrieben gewerblicher Art von juristischen Personen des öffentlichen Rechts nicht erforderlich (§ 62 AO i.V. m. § 61 AO); die tatsächliche Bindung an eine entsprechende Verwendung i. S. d. § 61 AO bleibt hiervon unberührt.[38]

2. Besteuerungsgegenstand (Steuerobjekt)

35 Erfüllt ein unbeschränkt steuerpflichtiges Rechtsgebilde als Steuersubjekt i. S. d. § 1 Abs. 1 KStG die Voraussetzungen der Steuerbefreiung i. S. d. § 5 Abs. 1 Nr. 9 KStG i.V. m. §§ 51 ff. AO,[39] kann es im Rahmen einer der folgenden **Arten der partiellen Steuerpflicht** zur KSt herangezogen werden:

- Unterhaltung eines steuerschädlichen wirtschaftlichen Geschäftsbetriebs (§ 5 Abs. 1 Nr. 9 Satz 2 KStG, s. Rz. 37 ff.),
- Bezug steuerabzugspflichtiger Kapitalerträge (§ 5 Abs. 2 Nr. 1 KStG, s. Rz. 340 ff.),
- Herstellung der Ausschüttungsbelastung (§ 5 Abs. 2 Nr. 2 KStG, s. Rz. 360 ff.),
- Sonstiges (§ 21 Abs. 3 Nr. 2 UmwStG, s. Rz. 370 ff.).

36 Die sachliche Steuerpflicht der steuerbegünstigten Einrichtung beschränkt sich auf das Ergebnis im Rahmen der jeweiligen partiellen Steuerpflicht. Die Steuerbefreiung der Einrichtung im übrigen bleibt hiervon unberührt.[40] Zur verfahrensrechtlichen und verwaltungspraktischen Handhabung der partiellen Steuerpflicht im Rahmen des Freistellungs- und Anerkennungsverfahrens s. Rz. 330 ff.

---

[36] S. BFH v. 31. 10. 1984 I R 21/81, BStBl. II 1985, 162 zu Krankenhaus eines Landkreises, s. auch BFH v. 11. 2. 1997 I R 161/94, BFH/NV 1997, 625 sowie § 55 Abs. 3 AO.

[37] S. AEAO, zu § 59 AO Rz. 2.

[38] S. AEAO, zu § 62 AO Rz. 1.

[39] S. hierzu § 5 Rz. 20 ff.

[40] Vgl. BFH v. 21. 8. 1985 I R 208/81, BFH/NV 1987, 397.

3. Besteuerung der wirtschaftlichen Geschäftsbetriebe

a) Allgemeines

Unterhält die steuerbegünstigte Einrichtung einen wirtschaftlichen Geschäftsbetrieb i. S. d. § 14 AO, unterliegt sie mit dessen Ergebnis nach **§ 5 Abs. 1 Nr. 9 Satz 2 KStG** i.V. m. § 64 Abs. 1 AO partiell der KSt. Die partielle Steuerpflicht führt zu einer auf den Bereich des wirtschaftlichen Geschäftsbetriebs beschränkten Einkommensermittlung (s. Rz. 90 ff.) und Körperschaftsteuerveranlagung der im übrigen steuerbefreiten Einrichtung. Steuersubjekt i. S. d. § 1 Abs. 1 KStG ist die den wirtschaftlichen Geschäftsbetrieb unterhaltende Körperschaft, nicht dieser selbst (s. Rz. 115). 37

Der wirtschaftliche Geschäftsbetrieb unterliegt nicht der partiellen Körperschaftsteuerpflicht nach § 5 Abs. 1 Nr. 9 Satz 2 KStG, wenn er

- die Voraussetzungen eines in die Steuerbefreiung einbezogenen Zweckbetriebs i. S. d. §§ 65 ff. AO erfüllt (s. Rz. 54) bzw.
- einen selbstbewirtschafteten forstwirtschaftlichen Geschäftsbetrieb darstellt (§ 5 Abs. 1 Nr. 9 Satz 3 KStG, s. Rz. 55).

Der nach Maßgabe des § 5 Abs. 1 Nr. 9 Satz 2 und 3 KStG steuerschädliche wirtschaftliche Geschäftsbetrieb führt zum partiellen Verlust der körperschaftsteuerlichen Steuerbefreiung (s. § 64 Abs. 1 AO). Mit der partiellen Steuerpflicht nach § 5 Abs. 1 Nr. 9 Satz 2 KStG für sog. steuerschädliche wirtschaftliche Geschäftsbetriebe, die zur Erreichung des steuerbegünstigten Zwecks nicht zwingend erforderlich sind und einen vermeidbaren **Wettbewerb** zu steuerpflichtigen Unternehmen bedeuten, beschränkt der Gesetzgeber eine sachliche Steuerpflicht der gemeinnützigen Einrichtung auf die durch den Zweck der Steuerbefreiung nicht abgedeckte wettbewerbsrelevante Betätigung.[41] Die hiermit einhergehende Einschränkung der sachlichen Steuerbefreiung trägt dem Grundsatz der Wettbewerbsneutralität des Steuerrechts Rechnung und vermeidet steuerlich bedingte Wettbewerbsverzerrungen zu Lasten sonstiger steuerpflichtiger Unternehmen. Zur historischen Entwicklung der partiellen Steuerpflicht nach § 5 Abs. 1 Nr. 9 Satz 2 KStG s. *Hüttemann*.[42] 38

Die Regelung des § 5 Abs. 1 Nr. 9 Satz 2 KStG i.V. m. §§ 64 bis 68 AO ist eine drittschützende Norm und ermöglicht eine **Konkurrentenklage** wegen Nichtbesteuerung eines als gemeinnützig anerkannten Wettbewerbers. Ein Verstoß der Finanzbehörden gegen § 5 Abs. 1 Nr. 9 Satz 2 KStG i.V. m. §§ 64 ff. AO kann – wenn er wettbewerbsrelevant ist – zu einer die Klagebefugnis eröffnenden Verletzung von Rechten der Wettbewerber führen. Inhaltlich besteht das Recht des Wettbewerbers in einem Anspruch gegenüber der für die Besteuerung der Körperschaft zuständigen Finanzbehörde, die Körperschaft hinsichtlich des wirtschaftlichen Geschäftsbetriebs nach Maßgabe des § 5 Abs. 1 Nr. 9 Satz 2 KStG zu besteuern, falls der Betrieb nicht die Voraussetzungen 39

[41] S. § 65 Nr. 3 AO.
[42] A. a. O., 113.

eines Zweckbetriebs gemäß §§ 65 bis 68 AO 1977 erfüllt und sich die Nichtbesteuerung zum Nachteil des Wettbewerbers auswirkt.[43]

41 Der **Begriff des wirtschaftlichen Geschäftsbetriebs**, der mit § 5 Abs. 1 Nr. 9 Satz 2 KStG für Zwecke der Ertragsteuern Anknüpfungspunkt der partiellen Steuerpflicht gemeinnütziger Einrichtungen ist, wird in **§ 14 AO** gesetzlich definiert. Zum Begriff des wirtschaftlichen Geschäftsbetriebs im einzelnen s. § 6 Rz. 116 ff.

42 Die Erfassung einer wirtschaftlichen Betätigung der gemeinnützigen Körperschaft im Rahmen der partiellen Steuerpflicht nach § 5 Abs. 1 Nr. 9 Satz 2 KStG setzt zudem die Steuerbarkeit nach Maßgabe des § 8 Abs. 1, 2 KStG i.V. m. § 2 Abs. 1, §§ 13 ff. EStG voraus (s. Rz. 66). Soweit der für unterschiedliche Steuerarten[44] in § 14 AO geregelte Begriff des wirtschaftlichen Geschäftsbetriebs nach der ausdrücklichen Bestimmung in § 14 Satz 2 AO nicht mit **Gewinnerzielungsabsicht** betrieben werden muß, unterscheiden sich die Anforderungen des weitgefaßten Begriffs des wirtschaftlichen Geschäftsbetriebs im Vergleich zur gewerblichen Betätigung i. S. d. § 15 Abs. 2 EStG, die gleichfalls eine selbständige, nachhaltige Betätigung voraussetzt. Eine Tätigkeit wird mit Gewinnerzielungsabsicht i. S. d. § 15 Abs. 2 Satz 1 EStG ausgeübt, wenn durch sie eine Vermögensmehrung in Form eines Totalgewinns erstrebt wird.[45] Diese Absicht fehlt, wenn die Einrichtung lediglich eine Deckung der Selbstkosten – einschließlich der Kosten der Erhaltung des der Tätigkeit dienenden Vermögens – anstrebt.[46]

Da die Steuerbarkeit von Einkünften i. S. d. § 8 Abs. 1 KStG i.V. m. § 2 EStG als Erwerbseinkünften generell eine Einkünfteerzielungsabsicht voraussetzt[47] und eine nicht auf eine Vermögensmehrung gerichtete Tätigkeit des Steuerpflichtigen weder zu Gewinneinkünften[48] noch zu Überschußeinkünften[49] führt,[50] erlangt der Verzicht auf eine Gewinnerzielungsabsicht in § 14 Satz 2 AO insoweit für die KSt keine Bedeutung.[51] Die Regelung des § 14 AO bietet lediglich einen Anknüpfungspunkt zum Ausschluß der Steuervergünstigung i. S. d. § 5 Abs. 1 Nr. 9 KStG, erweitert jedoch nicht die sachliche Steuerpflicht i. S. d. § 8 Abs. 1 KStG i.V. m. § 2 EStG (s. Rz. 65 ff.). Die Bestimmung des § 14

---

[43] S. BFH v. 15. 10. 1997 I R 10/92 BStBl. II 1998, 63 zur Konkurrentenklage eines Arztes gegen einen Dialysezentren unterhaltenden gemeinnützigen Verein.

[44] Im Überblick *Fischer* in Hübschmann/Hepp/Spitaler, § 14 AO Rz. 25 ff.

[45] S. BFH v 25. 6. 1984 GrS 4/82, BStBl. II 1984, 751 sowie v. 12. 12. 1995 VIII R 59/92, BStBl. II 1996, 219.

[46] S. BFH v. 18. 5. 1995 IV R 31/94, BStBl. II 1995, 718 zu Getränkeverkauf in Tanzschule, BFH v. 16. 12. 1998 I R 36/98, DB 1999, 1096 zu Lohnsteuerhilfeverein.

[47] S. *Tipke/Lang* 13. Aufl., 218 f. m.w.N., zur Ausnahme des § 8 Abs. 2 KStG s. Rz. 69.

[48] S. § 2 Abs. 1 Nr. 1 bis 3 EStG.

[49] S. § 2 Abs. 1 Nr. 4 bis 7 EStG.

[50] S. BFH v. 16. 12. 1989 I R 137/97, BFH/NV 1999, 1250 m. w. N.

[51] S. *Fischer* in Hübschmann/Hepp/Spitaler, § 14 AO Rz. 43, 85, *Hüttemann* 122 ff.; a. A. offensichtlich BFH v. 19. 8. 1998 I R 21/98, BStBl. II 1999, 99 zu Berufsverband i. S. d. § 5 Abs. 1 Nr. 5 KStG.

Satz 2 AO erlangt dabei weiterhin für solche Steuerarten Bedeutung, in denen eine Steuervergünstigung einerseits für den Bereich des wirtschaftlichen Geschäftsbetriebs eingeschränkt[52] oder ausgeschlossen[53] ist, deren Steuerbarkeit andererseits jedoch nicht von dem Vorliegen einer Erwerbseinkunft und einer Einkünfteerzielungsabsicht abhängig ist. Zur Steuerschädlichkeit eines ohne Gewinnerzielungsabsicht unterhaltenen wirtschaftlichen Geschäftsbetriebs aus gemeinnützigkeitsrechtlicher Sicht s. § 6 Rz. 114, 117.

Die Regelung des § 2 Abs. 3 GewStG, die für Zwecke der GewSt den Besteuerungsgegenstand bei Vereinen mit dem wirtschaftlichen Geschäftsbetrieb i. S. d. § 14 AO abgrenzt, steht dem m. E. nicht entgegen. Die Regelung besitzt mit der Anknüpfung an einen ggf. auch ohne Gewinnerzielungsabsicht unterhaltenen wirtschaftlichen Geschäftsbetrieb rechtsbegründenden Charakter ausschließlich für die GewSt (s. Rz. 384), nicht hingegen für den Bereich der KSt.[54]

Zu den Einkunftsarten, die eine gemeinnützige Körperschaft im Rahmen eines wirtschaftlichen Geschäftsbetriebs i. S. d. § 14 AO erzielen kann, s. Rz. 67 ff.

Mit einer **wettbewerbsrelevanten Tätigkeit** als für die Besteuerung 43
ausreichendem Merkmal zieht der Gesetzgeber die steuerbegünstigte Körperschaft i. S. d. § 5 Abs. 1 Nr. 9 KStG in vergleichbarer Weise zur KSt heran, wie er auch wirtschaftliche Aktivitäten der öffentlichen Hand nach § 1 Abs. 1 Nr. 6 i.V. m. § 4 KStG mit unterhaltenen Betrieben gewerblicher Art körperschaftsteuerlich belastet.[55] Wenngleich der mit dem Begriff des wirtschaftlichen Geschäftsbetriebs eng verwandte Begriff des Betriebs gewerblicher Art[56] nach ausdrücklicher gesetzlicher

---

[52] S. § 12 Abs. 2 Nr. 8 a UStG, Rz. 457.

[53] S. § 8 GrStG, Rz. 451.

[54] So auch *Jost* DB 1991, 518, *Hüttemann* 122 ff., *Fischer* in Hübschmann/Hepp/Spitaler, § 14 AO Rz. 45, FG Berlin v. 12. 1. 1998 8 K 8567/97, EFG 1998, 1031, nachgehend BFH v. 16. 12. 1998 I R 36/98, DStR 1999, 846; der BFH hat die im Urteilsfall infolge voller Steuerpflicht und nicht lediglich partieller Steuerpflicht nicht entscheidungserhebliche Frage, inwieweit die Fiktion des § 2 Abs. 3 GewStG auch auf den Bereich der KSt durchschlägt, der wie z. B. im Rahmen des § 5 Abs. 1 Nr. 9 Satz 2 KStG die Steuerpflicht von dem Unterhalten eines wirtschaftlichen Geschäftsbetriebs abhängig macht und hier auch bei fehlender Gewinnerzielungsabsicht fiktiv von gewerblichen Einkünften auszugehen ist, zuletzt mit Entscheidungen v. 16. 12. 1998 (I R 137/97, BFH/NV 1999, 1250 und I R 36/98, DStR 1999, 846 zu Lohnsteuerhilfeverein) für die VZ 1983 ff. ausdrücklich offengelassen, jedoch gleichzeitig darauf hingewiesen, daß die von einer entsprechenden Verbindung von GewSt und KSt ausgehende Entscheidung des I. Senats v. 28. 6. 1989 I R 86/85, BStBl. II 1990, 550 mit der Fiktion gewerblicher Einkünfte i. S. d. § 15 EStG im Anwendungsbereich des § 2 Abs. 3 GewStG auch für Zwecke der KSt zumindest zu einer inzwischen überholten Rechtslage ergangen ist. Mit der Übernahme der Definition des Gewerbebetriebs aus § 1 GewStDV nach § 15 Abs. 2 EStG wird dieser ab VZ 1984 für ertragsteuerliche Zwecke ausschließlich im EStG geregelt.

[55] S. hierzu *Bott* in Arthur Andersen, § 4 KStG Rz. 27 ff.

[56] S. BFH v. 30. 11. 1989 I R 19/87, BStBl. II 1990, 246, 248, s allerdings auch BFH v. 11. 2. 1997 I R 161/94, BFH/NV 1997, 625.

Regelung in § 4 Abs. 1 Satz 2 KStG im Gegensatz zur Regelung des § 14 AO eine Beteiligung am allgemeinen wirtschaftlichen Verkehr nicht voraussetzt, steht dem der wirtschaftliche Geschäftsbetrieb i. S. d. § 14 AO mit der Annahme einer ausreichenden Beteiligung am wirtschaftlichen Verkehr bereits bei Beschränkung eines Leistungs- und Güteraustauschs auf den Kreis der Mitglieder[57] und einer Erfassung letztlich jeder erwerbswirtschaftlichen Betätigung außerhalb der Vermögensverwaltung (s. § 14 Satz 3 AO) nicht nach.[58]

Zu den für eine steuerliche Erfassung im Rahmen des § 5 Abs. 1 Nr. 9 Satz 2 KStG i. V. m. §§ 14 Satz 1, 64 Abs. 1 AO ausreichenden wirtschaftlichen Betätigungen der gemeinnützigen Körperschaft zählen z. B.

- die **Restauration** im Rahmen eines Hallenfestes und Flugtags als eigenständiger wirtschaftlicher Geschäftsbetrieb,[59]
- **Werbeleistungen** eines Sportverbandes durch Produktwerbung, Tragen von Sportschuhen eines bestimmten Herstellers bei bestimmten Spielen durch Spieler der Nationalmannschaft,[60]
- das **Anzeigengeschäft** in Festschrift bzw. Vereinszeitschrift,[61]
- **Vermittlungsleistungen** bzw. die Übernahme des Inkassos im Versicherungsgeschäft (Gruppenversicherungsvertrag).[62]

Zu weiteren Beispielen des steuerpflichtigen wirtschaftlichen Geschäftsbetriebs s. § 6 Rz. 125 ff.

44 Mit der Anknüpfung der partiellen Steuerpflicht an einen steuerschädlichen wirtschaftlichen Geschäftsbetrieb i. S. d. § 14 AO beschränkt der Gesetzgeber mit § 5 Abs. 1 Nr. 9 Satz 2 KStG die sachliche Steuerpflicht gemeinnütziger Einrichtungen auf wirtschaftliche Betätigungen, die im Rahmen dieses gesetzlich gezogenen Rahmens Einkünften i. S. d. § 2 EStG zugeordnet werden können (s. Rz. 65 ff.). Ungeachtet der letztlich maßgebenden Einkunftsart wirkt die in Bezug genommene Vorschrift des § 14 AO i. V. m. §§ 64 ff. AO wie ein **Filter** aus dem Blickwinkel des Telos der Befreiungsnorm. Der Wettbewerbsgedanke als ratio legis der Besteuerung gemeinnütziger Einrichtungen[63] zur Aufrechterhaltung des Grundsatzes der **Wettbewerbsneutralität der Besteuerung** wird durch die Eingangsvoraussetzung der partiellen Steuerpflicht in Form des wirtschaftlichen Geschäftsbetriebs i. S. d. § 14 AO konkretisiert. Die Verwirklichung einkünfterelevanter Tatbestände führt nur dann zur partiell körperschaftsteuerpflichtigen Betätigung, wenn gleichzeitig die Voraussetzungen eines

---

[57] S. BFH v. 2. 10. 1968 I R 40/68, BStBl. II 1969, 43 sowie BFH v. 24. 1. 1990 X R 44/88, BFH/NV 1990, 798.

[58] S. hierzu § 6 Rz. 119, *Klein/Gersch* § 14 AO Rz. 3, *Fischer* in Hübschmann/Hepp/Spitaler, § 14 AO 79, *Lang* WPHdU, Kap. T Rz. 143 sowie *Hüttemann* 136 f.

[59] S. BFH v. 21. 8. 1985 I R 60/80, BStBl. II 1986, 88

[60] S. BFH v. 9. 12. 1981 I R 215/78, BStBl. II 1983, 27.

[61] S. BFH v. 4. 3. 1976 IV R 189/71, BStBl. II 1976, 472, BFH v. 28. 11. 1961 I 34/61 U, BStBl. III 1962, 73.

[62] S. BFH v. 15. 10. 1997 I R 2/97, BStBl. II 1998, 175 sowie BFH v. 27. 6. 1990 I R 166/85, BFH/NV 1991, 628.

[63] S. *Hüttemann* 116 ff., *Tipke/Kruse* § 14 AO Rz. 2.

steuerschädlichen wirtschaftlichen Geschäftsbetriebs i. S. d. § 14 i.V. m. § 64 Abs. 1 AO gegeben sind. Im übrigen führen Einnahmen, die der gemeinnützigen Körperschaft im Rahmen einer Einkunftsart i. S. d. § 2 EStG zufließen, zu nach § 5 Abs. 1 Nr. 9 Satz 1 KStG nicht steuerpflichtigen Einkünften. Zum Verhältnis des wirtschaftlichen Geschäftsbetriebs i. S. d. § 14 AO zu den Einkunftsarten i. S. d. § 2 EStG s. auch Rz. 67 ff.

Der wirtschaftliche Geschäftsbetrieb i. S. d. § 14 AO als **Besteuerungsobjekt** erlangt **lediglich für partiell steuerpflichtige**, d. h. im übrigen steuerbefreite **Körperschaften** Bedeutung.[64] Für voll steuerpflichtige Rechtsgebilde richtet sich der Umfang der sachlichen Steuerpflicht ausschließlich nach der Vorschrift des § 8 Abs. 1, 2 KStG i.V. m. § 2 Abs. 1, §§ 13 ff. EStG; die im Rahmen der partiellen Steuerpflicht nach § 5 Abs. 1 Nr. 9 Satz 2 KStG gleichzeitig relevanten Tatbestandsmerkmale des § 14 AO müssen hier nicht gewährleistet sein.[65] Bei voll steuerpflichtigen Körperschaften kommen damit insbesondere auch die privaten Einkunftsarten i. S. d. § 2 Abs. 1 Nr. 4 bis 7 EStG zum Tragen. Zur entsprechenden Behandlung bei Aberkennung der Gemeinnützigkeit s. § 9 Rz. 40 ff. 45

Unterhält die Körperschaft **mehrere** steuerschädliche **wirtschaftliche Geschäftsbetriebe**, d. h. wirtschaftliche Geschäftsbetriebe, die nicht die Voraussetzungen eines Zweckbetriebs i. S. d. §§ 65 bis 68 AO erfüllen, werden diese nach **§ 64 Abs. 2 AO** als ein wirtschaftlicher Geschäftsbetrieb behandelt. Diese im Rahmen des VereinsfördG v. 18. 12. 1989[66] mit Wirkung ab VZ 1990 aufgenommene Bestimmung läßt mit einer Zusammenfassung verschiedener wirtschaftlicher Betätigungen einen gemeinnützigkeitsrechtlich relevanten Ergebnisausgleich zu. Die Fiktion des einheitlichen wirtschaftlichen Geschäftsbetriebs nach § 64 Abs. 2 AO erlangt bei defizitären Ergebnissen in lediglich einzelnen wirtschaftlichen Geschäftsbetrieben Bedeutung und verhindert im Fall des nun auch gemeinnützigkeitsrechtlich zulässigen Verlustausgleichs innerhalb steuerschädlicher wirtschaftlicher Geschäftsbetriebe einen nach § 55 Abs. 1 Nr. 1 AO unzulässigen Mittelverzehr im ideellen Bereich sowie einen hierauf zurückzuführenden Verlust des Gemeinnützigkeitsstatus. Die Gemeinnützigkeit ist ab VZ 1990 nur noch dann gefährdet, wenn nach der Saldierung von Gewinnen und Verlusten aus den wirtschaftlichen Geschäftsbetrieben noch ein Verlust verbleibt.[67] Zur Unschädlichkeit verbleibender Verluste im wirtschaftlichen Bereich und ihrem gemeinnützigkeitsrechtlich zulässigen periodenübergreifenden Ausgleich nach der Verwaltungspraxis s. BMF v. 19. 10. 1998[68] im Anschluss an BFH v. 13. 11. 1996.[69] 46

---

[64] S. BFH v. 21. 8. 1985 I R 208/81, BFH/NV 1987, 397.

[65] S. BFH v. 16. 12. 1998 I R 36/98, BFH/NV 1999, 1250 zu Lohnsteuerhilfeverein.

[66] BGBl. I 1989, 2212.

[67] S. AEAO, zu § 64 Abs. 2 AO Rz. 7, BFH v. 11. 2. 1997 I R 161/94, BFH/NV 1997, 625 sowie im einzelnen *Thiel/Eversberg* DB 1990, 344, 346 und § 6 Rz. 5 ff.

[68] – IV C 6 – S 0171–10/98, BStBl. I 1998, 1423.

[69] I R 152/93, BStBl. II 1998, 711.

Die Saldierung von Ergebnissen aus wirtschaftlichen Geschäftsbetrieben im Rahmen der Einkommensermittlung resultiert bislang bereits aus der Zusammenführung im Rahmen der Ermittlung der Summe der Einkünfte und kann durch § 2 Abs. 3 EStG i. d. F. des StEntlG 1999/2000/2002 erstmals ab VZ 1999 eine Einschränkung erfahren. Zur Bedeutung der Regelung des § 64 Abs. 2 AO für die Einkommensermittlung der Körperschaft und die Ergebnis-(Gewinn-)ermittlung für den einzelnen wirtschaftlichen Geschäftsbetrieb s. Rz. 80 ff. Zur Berücksichtigung des § 64 Abs. 2 AO im Rahmen der Begründung einer Buchführungspflicht nach § 141 AO s. Rz. 243.

47 Ungeachtet der dem Grunde nach bestehenden partiellen Steuerpflicht unterliegen die Besteuerungsgrundlagen der wirtschaftlichen Geschäftsbetriebe nicht der KSt, wenn die umsatzabhängige **Besteuerungsgrenze des § 64 Abs. 3 AO** nicht überschritten wird. Mit Einnahmen aus wirtschaftlichen Geschäftsbetrieben, die keine Zweckbetriebe (§§ 65 bis 68 AO) sind, i. H. v. max. **60 000 DM** im Jahr (einschl. USt) wird das wirtschaftliche, wettbewerbsrelevante Engagement der steuerbegünstigten Einrichtung nicht zur KSt und zur GewSt herangezogen.[70] Übersteigen die Einnahmen aus steuerschädlichen wirtschaftlichen Geschäftsbetrieben die Besteuerungsgrenze, wird die gemeinnützige Körperschaft mit ihrem Ergebnis aus wirtschaftlichen Geschäftsbetrieben nach allgemeinen Grundsätzen zur KSt und GewSt veranlagt.

Die im Rahmen des VereinsförderG v. 18. 12. 1989[71] mit Wirkung ab VZ 1990[72] aufgenommene Regelung des § 64 Abs. 3 AO geht auf einen Vorschlag der unabhängigen Sachverständigenkommission zur Überprüfung des Gemeinnützigkeits- und Spendenrechts[73] zurück und soll für eine Vielzahl steuerbegünstigter Einrichtungen aus steuerlicher Sicht eine Ermittlung des Ergebnisses aus wirtschaftlichem Geschäftsbetrieb sowie eine in diesem Zusammenhang oft schwierige Zuordnung der Ausgaben erübrigen.[74] Die **Vereinfachungsregelung** des § 64 Abs. 3 AO erübrigt in zahlreichen Fällen eine Veranlagung zur KSt und bedeutet für viele kleinere steuerbegünstigte Einrichtungen eine wesentliche Erleichterung hinsichtlich der Erklärungspflichten gegenüber dem Finanzamt.[75] Den Aufzeichnungspflichten nach § 63 Abs. 3 AO zum Nachweis der tatsächlichen Geschäftsführung muß die gemeinnützige Einrichtung gleichwohl auch bei Unterschreiten der Besteuerungs-

---

[70] Vgl. AEAO, zu § 64 Abs. 3 AO, Rz. 8 ff.

[71] BGBl. I 1989, 2212.

[72] Art. 97 § 1d EGAO, s. hierzu auch BFH v. 14. 9. 1994 I B 172/93, BFH/NV 1995, 180.

[73] Gutachten v. 24. 3. 1988, Schriftenreihe des BMF, Heft Nr. 40, 199 ff.

[74] S. BT-Drs. 11/4176, 9 und 11.

[75] Zum Vorrang des Vereinfachungseffekts vor dem Grundsatz der Steuergerechtigkeit s. auch FG Rheinland-Pfalz v. 28. 7. 1999 – 2 K 2248/98, EFG 1999, 1002 mit Hinweis auf ein bei Einnahmen unter 60 000 DM unterstelltes steuerliches Ergebnis unter der Freibetragsgrenze des § 24 KStG (zvE < 7500 DM).

grenze nachkommen.[76] Ungeachtet der Vereinfachung und Freistellung nach § 64 Abs. 3 AO ist eine ggf. überschlägige Ergebnisermittlung schließlich auch für die Prüfung eines gemeinnützigkeitsschädlichen Gesamtverlustes aus unterhaltenem wirtschaftlichem Geschäftsbetrieb i. S. d. § 64 Abs. 2 AO erforderlich.[77]

Für die Ermittlung der **Einnahmen** sind dem Vereinfachungsgedanken der Regelung entsprechend die Grundsätze der jeweiligen steuerlichen Gewinnermittlung maßgebend:[78] 48

- Ermittelt die steuerbegünstigte Einrichtung ihren Gewinn durch Betriebsvermögensvergleich i. S. d. §§ 4, 5 EStG, bestimmt sich der Umfang der Einnahmen i. S. d. § 64 Abs. 3 AO auf der Grundlage des auch steuerlich maßgebenden handelsrechtlichen Aufwands- und Ertragsprinzips (§ 252 Abs. 1 Nr. 5 HGB) nach den im abgelaufenen Wirtschaftsjahr realisierten Erlösen.
- Ermittelt die gemeinnützige Körperschaft ihr Ergebnis aus wirtschaftlichem Geschäftsbetrieb durch Überschußrechnung, bestimmt sich die Höhe der Einnahmen nach dem Zufluß-Prinzip i. S. d. § 11 EStG.

Die Vorschrift des § 64 Abs. 3 AO erstreckt sich grds. auf sämtliche im Rahmen der steuerlichen Gewinnermittlung relevanten Einnahmen, die durch den steuerschädlichen wirtschaftlichen Geschäftsbetrieb (§ 64 Abs. 1 AO) veranlaßt und der gemeinnützigen Körperschaft in Geld oder Geldeswert zugegangen sind.

Für die Abgrenzung der Einnahmen i. S. d. § 64 Abs. 3 AO sind hierbei folgende Grundsätze zu beachten: 49

- Die **USt** gehört entsprechend der Behandlung im Rahmen einer Überschußrechnung auch dann zu den Einnahmen i. S. d. § 64 Abs. 3 AO, wenn die gemeinnützige Körperschaft den Gewinn aus wirtschaftlichem Geschäftsbetrieb bilanziell durch Bestandsvergleich nach § 4 Abs. 1 oder § 5 EStG ermittelt. USt, die aufgrund eines Vorsteuerüberhangs der partiell steuerpflichtigen Körperschaft von dem Finanzamt erstattet wird, gehört nicht zu den Einnahmen i. S. d. § 64 Abs. 3 AO.[79]
- Bei gemeinnützigen Körperschaften mit einem vom Kalenderjahr **abweichenden Wirtschaftsjahr** sind entsprechend der ertragsteuerlichen Handhabung (s. Rz. 114) auch für die Besteuerungsgrenze die Einnahmen maßgebend, die im Wirtschaftsjahr erwirtschaftet worden sind.[80]
- Hinsichtlich der **Beteiligung** der gemeinnützigen Einrichtung an einer Kapitalgesellschaft oder Personengesellschaft ist für die Ermitt-

---

[76] Vgl. *Woitschell* in Arthur Andersen § 5 KStG Rz. 566 ff.

[77] S. AEAO, zu § 64 AO Rz. 16, vgl. hierzu auch BMF v. 19. 10. 1998, BStBl. I 1998, 1423 sowie § 6 Rz. 5 f.

[78] S. AEAO, zu § 64 AO Rz. 8, gl. A. *Thiel/Eversberg* DB 1990, 344, 345 sowie *Korn* KÖSDI, 8099, 8103.

[79] S. OFD Frankfurt am Main v. 24. 5. 1991 – S 0183 A – 8 – St II 12, KSt-Kartei § 5 KStG Karte H 53 sowie AEAO zu § 64 AO Rz. 12 e.

[80] S. AEAO, zu § 64 AO Rz. 15.

lung der Einnahmen i. S. d. § 64 Abs. 3 AO wie folgt zu unterscheiden:

- Die im wirtschaftlichen Geschäftsbetrieb vereinnahmte Dividende aus der Beteiligung an einer Kapitalgesellschaft geht mit dem Bruttobetrag der Dividende (§ 20 Abs. 1 Nr. 1 EStG) zuzüglich der anrechenbaren KSt (§ 20 Abs. 1 Nr. 3 EStG) in die Berechnung der Einnahmen i. S. d. § 64 Abs. 3 AO ein.[81]
- Ist die gemeinnützige Körperschaft an einer Personengesellschaft beteiligt, ist für die Anwendung des § 64 Abs. 3 AO auf die anteiligen Einnahmen und nicht auf die festgestellten Gewinnanteile abzustellen.[82]

- Einnahmen aus der **Verwertung von Altmaterial** gehören auch dann zu den Einnahmen i. S. d. § 64 Abs. 3 AO, wenn die Voraussetzungen für eine Reingewinnschätzung i. S. d. § 64 Abs. 5 AO (s. Rz. 305 ff.) vorliegen.[83]
- Neben den Einnahmen aus laufender wirtschaftlicher Tätigkeit zählen zu den Einnahmen i. S. d. § 64 Abs. 3 AO auch **Veräußerungserlöse** aus dem Verkauf einzelner Wirtschaftsgüter, im Reinvestitionsfall i. S. d. § 6 b EStG in ungekürzter Höhe.[84] Entsprechendes gilt für Vermögenszuflüsse, die der gemeinnützigen Körperschaft unter Aufdeckung stiller Reserven im Rahmen einer Betriebsveräußerung i. S. d. § 16 Abs. 1 EStG zufließen.[85]
- Ungeachtet ihrer ertragsteuerlichen Relevanz zählen **Entnahmen** i. S. d. § 8 Abs. 1 KStG i.V. m. § 4 Abs. 1 Satz 2 EStG nicht zu den Einnahmen i. S. d. § 64 Abs. 3 AO.[86] Entsprechendes gilt für steuerrelevante Aufgabevorgänge i. S. d. § 16 Abs. 3 EStG[87] sowie für Buchgewinne im Fall einer nach § 13 Abs. 5 KStG relevanten Nutzungsänderung von Teilen des Betriebsvermögens. Entsprechende Entnahme- bzw. Aufgabegewinne sind demzufolge nur dann steuerpflichtig, wenn die Besteuerungsgrenze bereits durch sonstige Einnahmen/Erlöse aus wirtschaftlicher Betätigung überschritten wird.[88]

Zu weiteren Einzelfragen s. AEAO, zu § 64 AO Rz. 11 bis 13.

50 Der wirtschaftliche Charakter der Tätigkeit als nichtbegünstigter steuerschädlicher wirtschaftlicher Geschäftsbetrieb i. S. d. § 64 Abs. 1 AO sowie die **partielle Steuerpflicht** dem Grunde nach bleiben bei Über- bzw. Unterschreiten der Besteuerungsgrenze **unberührt**.[89] Die KSt wird bei Einnahmen aus wirtschaftlichen Geschäftsbetrieben un-

---

[81] Gl. A. *Thiel/Eversberg* DB 1990, 344, 345.

[82] S. AEAO, zu § 64 AO Rz. 9, gl. A. FG Rheinland-Pfalz v. 28. 7. 1999 – 2 K 2248/98, EFG 1999, 1002, rev, Az des BFH: I R 78/99 zu kapitalistisch ausgeprägter Publikums-Personengesellschaft.

[83] S. AEAO, zu § 64 AO Rz. 10.

[84] S. AEAO, zu § 64 AO Rz. 12 b.

[85] Gl. A. *Thiel/Eversberg* DB 1990, 344 f., *Korn* KÖSDI, 8099, 8105.

[86] S. AEAO, zu § 64 AO Rz. 13 c.

[87] Gl. A. *Korn* KÖSDI, 8099, 8105.

[88] Gl. A. *Fischer* in Hübschmann/Hepp/Spitaler, § 64 AO Rz. 70.

[89] Gl. A. *Thiel/Eversberg* DB 1990, 290, 344, *Kießling/Buchna* 216.

terhalb der Besteuerungsgrenze i. H. v. 60 000 DM aus Vereinfachungsgründen lediglich nicht erhoben. Das Über- oder Unterschreiten der Besteuerungsgrenze des § 64 Abs. 3 AO erfordert demzufolge auch keine Abgrenzung der stillen Reserven, die § 13 KStG für den (ggf. teilweisen) Wechsel der Steuerpflicht hinsichtlich steuerverhafteten Vermögens gewährleistet.[90]

Zur Berücksichtigung von **Verlusten** aus wirtschaftlichen Geschäfts- 51
betrieben und deren Verbrauch im Hinblick auf die Anwendung des § 64 Abs. 3 AO im Rahmen des Verlustabzugs nach § 8 Abs. 1 KStG i.V. m. § 10 d EStG s. Rz. 228 ff.

Im Gegensatz zur Besteuerungsgrenze i. S. d. § 64 Abs. 3 AO stellt 52
die für **Betriebe gewerblicher Art** von juristischen Personen des öffentlichen Rechts i. S. d. § 1 Abs. 1 Nr. 6 i.V. m. § 4 KStG maßgebende Gewichtigkeitsgrenze i. H. v. 60000 DM[91] nach der Verwaltungspraxis eine Aufgriffsgrenze im Rahmen der Prüfung der Steuerpflicht dem Grunde nach dar, die zudem auf die einzelne wirtschaftliche Tätigkeit abstellt.[92] Die Vorschrift des § 64 Abs. 3 AO führt im Rahmen der für den jeweiligen Betrieb gewerblicher Art vorzunehmenden Einkommensermittlung auch im Rahmen einer partiellen Steuerpflicht der öffentlichen Hand nach § 5 Abs. 1 Nr. 9 Satz 2 KStG nicht zu einer Zusammenfassung von Ergebnissen aus unterschiedlichen wirtschaftlichen Betätigungen (s. Rz. 85, 116).

Die **Aufteilung einer Körperschaft** in mehrere selbständige Kör- 53
perschaften zum Zweck der mehrfachen Inanspruchnahme der Besteuerungsgrenze des § 64 Abs. 3 AO gilt nach der Mißbrauchsvorschrift des **§ 64 Abs. 4 AO** als Gestaltungsmißbrauch i. S. d. § 42 AO. Die Anwendung des § 64 Abs. 4 AO setzt eine kausale steuerliche Motivation zur Aufteilung im Hinblick auf die Besteuerungsgrenze des § 64 Abs. 3 AO voraus und kommt bei regionalen Untergliederungen[93] oder auch Fördervereinen nicht zum Tragen.[94] Zu der nach Intention des Gesetzgebers gleichgerichteten, in ihrer Auswirkung jedoch weitergehenden Vorschrift des § 51 Satz 3 AO, der für die rechtliche Verselbständigung funktionale Untergliederungen (Abteilungen) einer Körperschaft bereits die Steuersubjekteigenschaft abspricht, s. Rz. 13.

b) Ausnahmen

Wirtschaftliche Geschäftsbetriebe der gemeinnützigen Körperschaft 54
sind von der partiellen Steuerpflicht nach § 5 Abs. 1 Nr. 9 Satz 2 KStG ausgenommen, wenn sie die Funktion eines **Zweckbetriebs** i. S. d. §§ 65 ff. AO besitzen.

---

[90] S. AEAO, zu § 64 AO, Rz. 14 sowie hierzu im einzelnen Rz. 135 ff.

[91] S. Abschn. 5 Abs. 5 KStR.

[92] S. hierzu im einzelnen *Bott* in Arthur Andersen, § 4 KStG Rz. 63 ff.

[93] S. AEAO, zu § 64 AO Rz. 18, s. hierzu auch § 5 Rz. 6 ff.

[94] S. im einzelnen *Thiel/Eversberg* DB 1990, 395, *Märkle* 188 f. sowie *Klein/Gersch* § 64 AO Rz. 5.

Der Zweckbetrieb ist ein wirtschaftlicher Geschäftsbetrieb, der nicht als bloßer Mittelbeschaffungsbetrieb dient, sondern mit der Verwirklichung der steuerbegünstigten satzungsmäßigen Zwecke der Körperschaft derart eng verwoben ist, daß er als Bestandteil der nach dem Telos der Befreiungsnorm begünstigten Betätigung in die Steuerbefreiung mit einzubeziehen ist.

Die Voraussetzungen eines Zweckbetriebs, dessen unvermeidbare Beeinträchtigung des Wettbewerbs zu steuerpflichtigen Unternehmen auch im Hinblick auf den Grundsatz der Wettbewerbsneutralität der Besteuerung zugunsten des Allgemeinwohls in Kauf genommen wird, sind in § 65 AO gesetzlich definiert. Die spezialgesetzlichen Vorschriften der §§ 66 bis 68 AO sehen darüber hinaus für bestimmte wirtschaftliche Betätigungen der gemeinnützigen Körperschaft mit eigenständigen, die Regelung des § 65 AO z.T. einschränkenden Tatbestandsmerkmalen die Zweckbetriebseigenschaft vor.

Zu Voraussetzungen und Beispielen des Zweckbetriebs im einzelnen s. § 6 Rz. 81 ff.

55 Nach § 5 Abs. 1 Nr. 9 Satz 3 KStG werden **selbstbewirtschaftete Forstbetriebe** gemeinnütziger Körperschaften, Personenvereinigungen und Vermögensmassen von der partiellen Steuerpflicht i. S. d. § 5 Abs. 1 Nr. 9 Satz 2 KStG ausgenommen und damit dem steuerbefreiten Bereich zugeordnet. Mit dieser Ausnahmeregelung dehnt der Gesetzgeber die Steuerbefreiung auch auf dem Grunde nach steuerschädliche wirtschaftliche Geschäftsbetriebe i. S. d. § 14 AO aus, die nach der Verwaltungspraxis vor Inkrafttreten der AO 1977 bei gemeinnützigen Stiftungen dem begünstigten Bereich der Vermögensverwaltung zugeordnet worden sind.[95]

Die im Rahmen des VereinsfördG v. 18. 12. 1989[96] mit Wirkung auch für frühere Veranlagungszeiträume (s. § 54 Abs. 3 KStG) vorgenommene Ergänzung in § 5 Abs. 1 Nr. 9 KStG gleicht im Ergebnis i. R. einer **Fiktion** den weit gefaßten Begriff des wirtschaftlichen Geschäftsbetriebs i. S. d. § 14 AO dem insoweit engeren Begriff des Betriebs gewerblicher Art i. S. d. § 4 KStG an, der wirtschaftliche Betätigungen der öffentlichen Hand im Bereich der Land- und Forstwirtschaft nicht zur KSt heranzieht.[97]

Die Aufnahme der Ausnahmeregelung des § 5 Abs. 1 Nr. 9 Satz 3 KStG geht auf einen entsprechenden Vorschlag der unabhängigen Sachverständigenkommission zur Prüfung des Gemeinnützigkeits- und Spendenrechts[98] zurück, die eine Begünstigung des selbstbewirtschafteten Forstbetriebs von Stiftungen im Interesse der Erhaltung der Stif-

[95] Vgl. *Thiel/Eversberg* DB 1990, 395, 401 unter Hinweis auf RFH v. 19. 11. 1934, RStBl. 1934, 377, RFH v. 19. 12. 1934, RStBl. 1934, 379 und OFH v. 25. 2. 1950 I 8/49 S, BStBl. I 1951, 452, 454, s. hierzu auch s. BFH v. 16. 3. 1977 I R 198/74, BStBl. II 1977, 493.

[96] BGBl. I 1989, 2212.

[97] S. hierzu *Bott* in Arthur Andersen, § 4 KStG Rz. 27 ff., 60.

[98] Gutachten v. 24. 3. 1988, Schriftenreihe des BMF, Heft Nr. 40, 191 ff.

tungsvermögen für angebracht und unter dem Wettbewerbsaspekt für unbedenklich erachtet hat. Mit der Ergänzung des § 5 Abs. 1 Nr. 9 KStG im Rahmen des VereinsfördG ist der frühere Rechtszustand vor Inkrafttreten der AO 1977 wiederhergestellt und die **frühere Verwaltungsauffassung** auf eine ausreichende gesetzliche Grundlage gestellt worden.[99] Die Befreiung für selbstbewirtschaftete Forstbetriebe ist hierbei gleichzeitig auf forstwirtschaftliche Nebenbetriebe sowie aus Gründen der Gleichbehandlung auf sämtliche nach § 5 Abs. 1 Nr. 9 KStG befreiten Einrichtungen ausgedehnt worden.

c) Ermittlung des steuerpflichtigen Einkommens

aa) Grundsätze der Einkommensermittlung

(1) Allgemeines

Das Einkommen der partiell körperschaftsteuerpflichtigen gemeinnützigen Einrichtung i. S. d. § 5 Abs. 1 Nr. 9 KStG ermittelt sich nach den **Bestimmungen des EStG und des KStG** (§ 8 Abs. 1 KStG). Das Körperschaftsteuerrecht enthält keine eigenständige Abgrenzung der einzelnen Stufen der Einkommensermittlung, sondern nimmt hierzu auf die Vorschriften des EStG Bezug. 60

Mit dem Verweis des § 8 Abs. 1 KStG auf die Vorschriften des **EStG** kommen die dort geregelten Begriffsbestimmungen, Einkunftsarten (§ 2 EStG) und Grundsätze zur Einkünfteermittlung einschl. der bilanziellen Gewinnermittlung (§§ 4 ff. EStG) auch im Bereich der KSt zum Tragen. Der zentrale Einkommensbegriff des EStG (§ 2 Abs. 4 EStG) findet im Rahmen der KSt in modifizierter Form Anwendung; Vorschriften des EStG, die nach dem Regelungsinhalt wie z. B. Sonderausgaben (§§ 10 ff. EStG), außergewöhnliche Belastungen (§§ 33 ff. EStG) oder tarifliche Freibeträge (§ 32 EStG) auf natürliche Personen ausgerichtet sind, finden für Zwecke der Ermittlung der körperschaftsteuerlichen Bemessungsgrundlage *keine* Anwendung.[100] Für den Spendenabzug beinhaltet § 9 Abs. 1 Nr. 2 KStG eine eigenständige und mit der Bestimmung des § 10 b EStG weitgehend deckungsgleiche Regelung (s. Rz. 210 ff.). Zur Auflistung der bei der Körperschaftsteuer anwendbaren einkommensteuerrechtlichen Vorschriften vgl. Abschn. 27 KStR. 61

Die Vorschriften zur Einkommensermittlung, die das **KStG** ergänzend zu den einkommensteuerlichen Regelungen beinhaltet, tragen als vorrangige Spezialbestimmungen der Struktur und Rechtsnatur der Körperschaften, Personenvereinigungen und Vermögensmassen Rechnung. Neben den allgemeinen Einkommensermittlungsvorschriften der §§ 8 bis 10 KStG sieht der Gesetzgeber besondere Bestimmungen zur Einkommensermittlung in den §§ 11 bis 13 KStG zur Schlußbesteuerung und Abgrenzung stiller Reserven bei verändertem Umfang der Steuerpflicht, mit den §§ 14 bis 19 KStG für Fälle der Organschaft 62

---

[99] S. BT-Drs. 11/4176, 13.

[100] S. BFH v. 8. 5. 1991 I R 33/90, BStBl. II 1992, 437 zu § 16 Abs. 4 EStG.

sowie in den §§ 20 bis 23 KStG für Versicherungsunternehmen und Genossenschaften vor.

(2) Einkünfte aus wirtschaftlichem Geschäftsbetrieb

65 Die Ermittlung des zu versteuernden Einkommens als steuerlicher Bemessungsgrundlage (§ 7 Abs. 1 KStG) der mit dem Ergebnis aus wirtschaftlichem Geschäftsbetrieb partiell steuerpflichtigen gemeinnützigen Einrichtung folgt dem auch für voll steuerpflichtige Unternehmen maßgebenden **Schema** (vgl. Abschn. 24 KStR), das auf der Grundlage der einkommensteuerrechtlichen Bestimmungen zunächst die **Summe der Einkünfte** aus den Einkunftsarten ermittelt (§ 2 Abs. 1 bis 3 EStG).

66 Die Anknüpfung der partiellen Steuerpflicht nach § 5 Abs. 1 Nr. 9 Satz 2 KStG an das Vorliegen eines steuerschädlichen wirtschaftlichen Geschäftsbetriebs i. S. d. § 64 Abs. 1 i.V. m. § 14 AO läßt die erforderliche Zuordnung des erzielten Überschusses/Gewinns zu einer Einkunftsart i. S. d. § 2 Abs. 1 EStG unberührt. Die **Steuerbarkeit** von Einkünften der gemeinnützigen Einrichtung bestimmt sich auch im Rahmen des § 5 Abs. 1 Nr. 9 Satz 2 KStG nicht nach der Vorschrift des § 14 AO, sondern nach den Tatbestandsmerkmalen des § 8 Abs. 1, 2 KStG i.V. m. § 2 Abs. 1, §§ 13 ff. EStG.[101] Die Anwendung des § 14 AO setzt nach Maßgabe der Einzelsteuergesetze steuerbare Einkünfte voraus und beantwortet im Zusammenspiel mit § 64 Abs. 1 AO erst anschließend die Frage, für welche – dem Grunde nach steuerbaren und nach § 5 Abs. 1 Nr. 9 Satz 1 KStG freigestellten – Einkünfte die sachliche Befreiung im Rahmen der partiellen Steuerpflicht nach § 5 Abs. 1 Nr. 9 Satz 2 KStG aus Gründen des Wettbewerbs wieder aufzuheben ist (s. Rz. 41 ff. sowie im Überblick Abb. 1 Rz. 68); die für unterschiedliche Steuerarten maßgebende Regelung des § 14 AO begründet danach insbesondere keine Ausweitung der sachlichen Steuerpflicht, die für den Bereich der KSt durch § 8 Abs. 1, 2 KStG i.V. m. § 2 EStG abgegrenzt wird.

67 Die im Rahmen des § 64 Abs. 1 i.V. m. § 14 Satz 1 AO zum Tragen kommenden Einkünfte, die eine steuerbegünstigte Einrichtung im Rahmen der Unterhaltung eines oder mehrerer wirtschaftlicher Geschäftsbetriebe erzielen kann, müssen sowohl die Tatbestandsmerkmale einer Einkunftsart i. S. d. § 2 Abs. 1 EStG als auch die Legaldefinition des § 14 Satz 1 AO erfüllen und können unterschiedlichen **Einkunftsarten** zuzuordnen sein.

Entsprechende Voraussetzungen erfüllen mit der Folge der partiellen Steuerpflicht i. S. d. § 5 Abs. 1 Nr. 9 Satz 2 KStG der Art nach der

- gewerbliche wirtschaftliche Geschäftsbetrieb mit Einkünften aus Gewerbebetrieb i. S. d. **§ 15 EStG**,
- der land- und forstwirtschaftliche Geschäftsbetrieb mit Einkünften aus Land- und Forstwirtschaft i. S. d. **§ 13 EStG** sowie

[101] Gl. A. *Fischer* in Hübschmann/Hepp/Spitaler, § 14 AO Rz. 35, 43 sowie § 64 AO Rz. 33, *Hüttemann* 122 ff., *Kießling/Buchna* 336, *Jost* DB 1991, 518.

– der sonstige wirtschaftliche Geschäftsbetrieb mit sonstigen Einkünften i. S. d. **§ 22 Nr. 3 EStG.**[102]

Einkünfte i. S. d. § 2 Abs. 1 EStG, die nicht gleichzeitig den Tatbestand i. S. d. § 14 AO erfüllen (z. B. i. S. d. §§ 20, 21 EStG im Hinblick auf die nach § 14 Satz 1 AO erforderliche Nachhaltigkeit der Betätigung,[103] Veräußerungsgewinne i. S. d. §§ 17, 23 EStG sowie ggf. auch i. S. d. § 22 Nr. 3 EStG),[104] gehören zu den nach der Befreiungsnorm des § 5 Abs. 1 Nr. 9 Satz 1 KStG von der KSt freigestellten Einkünften (s. Rz. 120 ff.). Selbständige Einkünfte i. S. d. § 18 EStG kommen bei Körperschaften i. S. d. KStG i. d. R. nicht in Betracht.[105]

Abb. 1 Partielle Steuerpflicht i. S. d. § 5 Abs. 1 Nr. 9 Satz 2 KStG

– Abbildung abgedruckt auf Seite 354 – **68**

69 Ist die den wirtschaftlichen Geschäftsbetrieb unterhaltende gemeinnützige Körperschaft **handelsrechtlich zur Buchführung verpflichtet** (§§ 238 ff. HGB), werden nach der Fiktion des § 8 Abs. 2 KStG **stets gewerbliche Einkünfte i. S. d. § 15 EStG** erzielt:[106]

– Eine entsprechende handelsrechtliche Buchführungs- und Bilanzierungspflicht trifft die Kapitalgesellschaft bereits aufgrund ihrer Rechtsform als **Formkaufmann**[107] nach den §§ 238 ff. i.V. m. §§ 264 ff. HGB. Ein gewerblicher wirtschaftlicher Geschäftsbetrieb i. S. d. § 15 Abs. 1 Nr. 1 EStG wird hier nach der Fiktion des § 8 Abs. 2 KStG auch dann als nach § 2 Abs. 1 EStG steuerbare Tätigkeit unterhalten, wenn eine Gewinnerzielungsabsicht nicht vorliegt.[108]
– Handelsrechtliche Buchführungspflicht besteht darüber hinaus rechtsformunabhängig z. B. auch für Vereine oder Stiftungen, soweit der unterhaltene wirtschaftliche Geschäftsbetrieb ein **Handelsgewerbe i. S. d. §§ 1 ff. HGB** i. d. F. des Handelsrechtsreformgesetzes v. 22. 6. 1998[109] darstellt.[110] Ein Handelsgewerbe liegt nach § 1 Abs. 2 HGB

---

[102] S. *Kießling/Buchna* 337, *Hüttemann* 132, BFH v. 8. 6. 1966 I 151/63, BStBl. III 1966, 632, Abschn. 15 Abs. 1 GewStR 1998 sowie bereits § 6 GemVO 1953 v. 24. 12. 1953, BStBl. I 1954, 6, s. hierzu auch *Fischer* in Hübschmann/Hepp/Spitaler, § 14 AO Rz. 11, 16.

[103] S. hierzu § 6 Rz. 118 sowie AEAO, zu § 64 AO Rz. 2 unter Hinweis auf BFH v. 21. 8. 1985 I R 60/80, BStBl. II 1986, 88.

[104] Vgl. *Fischer* in Hübschmann/Hepp/Spitaler, § 14 AO Rz. 43.

[105] Zur Annahme gewerblicher Einkünfte bei der Art nach selbständigen Einkünften von Körperschaften s. BFH v. 4. 3. 1970 I R 140/66, BStBl. II 1970, 428, BFH v. 30. 11. 1989, BStBl. II 1990, 246 sowie BFH v. 13. 3. 1991, BStBl. II 1991, 595.

[106] S. Abschn. 27 Abs. 3 KStR.

[107] Vgl. § 13 Abs. 3 GmbHG i.V. m. § 6 HGB.

[108] Gl. A. *Kießling/Buchna* 338 sowie *Thiel* GmbHR 1997, 10; zur Vorschrift des § 8 Abs. 2 KStG s. auch BFH v. 4. 12. 1996 I R 54/94, DStR 1997, 492 unter Hinweis auf entsprechende Tragweite des § 2 Abs. 2 GewStG für die GewSt, s. hierzu BFH v. 22. 2. 1990 I R 67/88, BStBl. II 1990, 250; eine entsprechende Fiktion sieht im übrigen auch die Regelung des § 13 Abs. 3 GmbHG i.V. m. § 6 HGB im Hinblick auf die Kaufmannseigenschaft der GmbH vor.

[109] BGBl. I 1998, 1474.

[110] Vgl. § 10 Rz. 5 ff.

Zu Rz. 68: Abb. 1. Partielle Steuerpflicht i.S.d. § 5 Abs. 1 Nr. 9 Satz 2 KStG

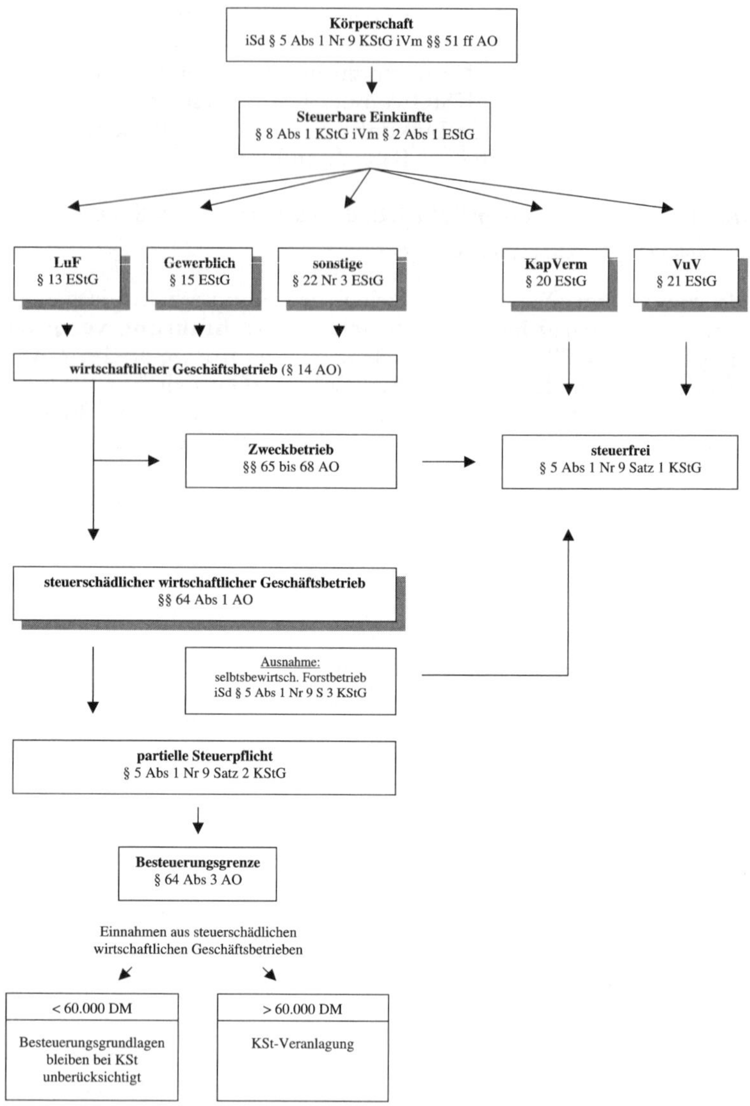

bei einem Gewerbetrieb vor, der nach Art und Umfang einen in kaufmännischer Weise eingerichteten Geschäftsbetrieb erfordert. Eine Buchführungspflicht nach den §§ 238 ff. HGB wird darüber hinaus allerdings auch dann begründet, wenn der unterhaltene Gewerbebetrieb nach Art oder Umfang keinen in kaufmännischer Weise eingerichteten Geschäftsbetrieb erfordert, der Unternehmer jedoch zur Kaufmannseigenschaft optiert und eine entsprechende Eintragung im Handelsregister herbeiführt (s. § 2 HGB). Entsprechendes gilt für Betriebe der Land- und Forstwirtschaft mit einem nach Art und Umfang erforderlichen kaufmännisch eingerichteten Geschäftsbetrieb (s. § 3 HGB).

Unbeschränkt steuerpflichtige Körperschaftsteuersubjekte, die **nicht zur Führung von Büchern nach den Vorschriften des HGB verpflichtet** sind, können grds. Bezieher sämtlicher Einkünfte i. S. d. § 2 Abs. 1 EStG sein.[111] Die Zuordnung zu den einzelnen Einkunftsarten richtet sich nach den Tatbestandsmerkmalen der §§ 13 bis 24 EStG. Im Rahmen der partiellen Steuerpflicht nach § 5 Abs. 1 Nr. 9 Satz 2 KStG kommen infolge der Anknüpfung an die Tatbestandsmerkmale eines wirtschaftlichen Geschäftsbetriebs i. S. d. § 14 Satz 1 AO (s. Rz. 65 ff.) allerdings lediglich die vorstehend aufgeführten Einkunftsarten i. S. d. §§ 13, 15 und 22 Nr. 3 EStG in Betracht. 70

– Die nicht nach Handelsrecht buchführungspflichtige gemeinnützige Körperschaft erzielt **gewerbliche Einkünfte i. S. d. § 15 EStG**, wenn sie mit ihrem wirtschaftlichen Geschäftsbetrieb einer selbständigen nachhaltigen Betätigung mit Gewinnerzielungsabsicht und Beteiligung am allgemeinen wirtschaftlichen Verkehr nachgeht und die Betätigung auch nicht als Ausübung von Land- und Forstwirtschaft anzusehen ist (s. § 15 Abs. 2 Satz 1 EStG).[112] 71

Die nach § 15 Abs. 2 Satz 1 EStG erforderliche Gewinnerzielungsabsicht, die über die Anforderungen des § 14 Satz 1 AO hinausgeht (vgl. Rz. 42), bezieht sich bei der partiell steuerpflichtigen Körperschaft i. S. d. § 5 Abs. 1 Nr. 9 Satz 2 KStG nicht auf die Gesamtbetätigung der gemeinnützigen Einrichtung, sondern lediglich auf die wirtschaftliche Betätigung, die Grundlage des wirtschaftlichen Geschäftsbetriebs i. S. d. §§ 14 Satz 1, 64 AO ist und die sachliche Steuerpflicht gegenständlich abgrenzt. Die Annahme gewerblicher Einkünfte i. S. d. § 15 Abs. 2 EStG ist daher auch dann zu bejahen, wenn die nach ihrer statutarischen Zielsetzung gewinnlos tätige Körperschaft mit ihrem wirtschaftlichen Geschäftsbetrieb die Erwirtschaftung eines positiven Ergebnisses anstrebt.[113] Die Gewinnerzielungsabsicht

---

[111] Vgl. Abschn. 27 Abs. 2 KStR; Ausnahme: §§ 18, 19 EStG.

[112] Von dem Gewerbebetrieb daneben abzugrenzende selbständige Einkünfte i. S. d. § 18 EStG kommen bei einer Körperschaft nicht in Betracht, s. BFH v. 4. 3. 1970 I R 140/66, BStBl. II 1970, 428 sowie BFH v. 30. 11. 1989, BStBl. II 1990, 246.

[113] Zur Besteuerung sog Non-Profit-Organisationen s. auch *Schauhoff* IWB Fach 1, 1493, zur Verneinung einer vGA bei einer satzungsmäßig gewinnlosen GmbH in Höhe eines üblichen Mindestgewinns s. FG Köln v. 26. 11. 1998 – 13 K 9352/97, EFG 1999, 398, rev., Az. des BFH: I R 4/99.

ist i. d. R. bei wirtschaftlichen Geschäftsbetrieben gegeben, die als Mittelbeschaffungsbetriebe zur Unterstützung und Finanzierung der ideellen Tätigkeit unterhalten werden.

Zum Erfordernis der über die Vermögensverwaltung hinausgehenden Beteiligung am wirtschaftlichen Verkehr auch im Rahmen des § 14 AO s. Rz. 43 sowie § 6 Rz. 116 ff.

72 Die Annahme gewerblicher Einkünfte i. S. d. § 15 EStG gilt nach h. M. auch für **Betriebe gewerblicher Art i. S. d. § 4 KStG**, die von juristischen Personen des öffentlichen Rechts unterhalten werden und zur Steuersubjektfähigkeit der juristischen Personen des öffentlichen Rechts nach § 1 Abs. 1 Nr. 6 KStG führen.[114] Gewerbliche Einkünfte i. S. d. § 8 Abs. 1 KStG i.V. m. § 15 Abs. 1 Nr. 1 EStG liegen bei Betrieben gewerblicher Art auch dann vor, wenn auf der Grundlage des § 4 Abs. 1 Satz 2 KStG mit einer fehlenden Gewinnerzielungsabsicht und/oder einer fehlenden Beteiligung am allgemeinen wirtschaftlichen Verkehr die Voraussetzungen eines Gewerbebetriebs i. S. d. § 15 Abs. 2 EStG nicht gegeben sind.[115] Eine außersteuerliche Buchführungspflicht kann sich bei Betrieben gewerblicher Art mit der Folge der Anwendung des § 8 Abs. 2 KStG (s. Rz. 69) aufgrund der Bestimmungen der landesspezifischen Eigenbetriebsgesetze[116] sowie bei kaufmännischen Betrieben auch aufgrund einer unmittelbaren Anwendung der handelsrechtlichen Rechnungslegungsvorschriften (§§ 238 ff. HGB) ergeben.[117]

73 – **Land- und forstwirtschaftliche Einkünfte i. S. d. § 13 EStG** erzielt die nach § 5 Abs. 1 Nr. 9 Satz 2 KStG partiell steuerpflichtige Körperschaft mit einem Betrieb der Land- und Forstwirtschaft, der keinen nach § 5 Abs. 1 Nr. 9 Satz 3 KStG von der Steuerpflicht ausgenommenen selbstbewirtschafteten Forstbetrieb darstellt (s. Rz. 55). Zur Abgrenzung land- und forstwirtschaftlicher Einkünfte i. S. d. § 13 EStG von gewerblichen Einkünften i. S. d. § 15 EStG s. im einzelnen R 135 EStR.

74 – **Sonstige Einkünfte i. S. d. § 22 Nr. 3 EStG** kann die gemeinnützige Körperschaft im Rahmen eines sonstigen wirtschaftlichen Geschäftsbetriebs i. S. d. § 14 AO erzielen, wenn die gemeinnützige Körperschaft außerhalb einer gewerblichen Betätigung i. S. d. § 15 EStG selbständig und nachhaltig mit Überschußerzielungsabsicht tätig wird. Der Begriff des sonstigen wirtschaftlichen Geschäftsbetriebs i. S. d. § 22 Nr. 3 EStG ist im Gegensatz zum gewerblichen wirt-

---

[114] Vgl. BFH v. 1. 8. 1979 I R 106/76, BStBl. II 1979, 716; BFH v. 30. 11. 1989 I R 19/87, BStBl. II 1990, 246; Abschn. 28 Abs. 5 KStR, zweifelnd *Seer* DStR 1992, 1751, 1790, 1792.

[115] Vgl. BFH v. 28. 10. 1970, BStBl. II 1971, 247; FG Baden-Württemberg v. 14. 5. 1981, EFG 1981, 515; FG Niedersachsen v. 4. 11. 1981, EFG 1982, 421; vgl. hierzu kritisch *Seer* a. a. O.

[116] S. z. B. § 22 des Hessischen Eigenbetriebsgesetzes v. 9. 6. 1989, GVBl. I 1989, 154.

[117] Vgl. FinMin NRW v. 23. 12. 1987 – S 0311–4 – V C 2, DB 1988, 421 sowie OFD Frankfurt am Main v. 27. 3. 2000 – S 2706 A-82-St II 13, KSt-Kartei § 4 KStG Karte A 23.

schaftlichen Geschäftsbetrieb i. S. d. § 15 EStG z. B. auch dann erfüllt, wenn sich die gemeinnützige Körperschaft mit ihren Leistungen nicht am allgemeinen wirtschaftlichen Verkehr beteiligt. Der partiellen Steuerpflicht i. S. d. § 5 Abs. 1 Nr. 9 Satz 2 KStG können hier z. B. Ergebnisse aus der Veräußerung von Gegenständen an die Mitglieder sowie Einkünfte aus der Vermietung beweglicher Gegenstände unterliegen.

Einmalige, gelegentliche und nicht mit Wiederholungsabsicht ausgeübte Tätigkeiten (Leistungen) der gemeinnützigen Einrichtung, die zwar den Tatbestand i. S. d. § 22 Nr. 3 EStG, nicht hingegen den des wirtschaftlichen Geschäftsbetriebs i. S. d. § 14 Satz 1 AO mit einer erforderlichen nachhaltigen Betätigung[118] erfüllen, begründen keinen im Rahmen der partiellen Steuerpflicht i. S. d. § 5 Abs. 1 Nr. 9 Satz 2 KStG zur KSt heranzuziehenden sonstigen wirtschaftlichen Geschäftsbetrieb.[119]

Die Steuerbarkeit von Einkünften setzt auch im Anwendungsbereich des § 22 Nr. 3 EStG eine auf das Erzielen eines Überschusses angelegte Erwerbsgrundlage, mithin eine mit **Einkünfteerzielungsabsicht** erbrachte Leistung der gemeinnützigen Einrichtung voraus.[120] Auch im Rahmen der Einkunftsart des § 22 Nr. 3 EStG geht damit die erforderliche Steuerbarkeit i. S. d. § 8 Abs. 1 KStG i.V. m. § 2 Abs. 1 EStG über die Anforderungen des weiter gefaßten § 14 AO hinaus, der für das Vorliegen eines wirtschaftlichen Geschäftsbetriebs nach § 14 Satz 2 AO eine Gewinnerzielungsabsicht nicht voraussetzt (s. Rz. 42).[121] Zur Steuerschädlichkeit eines ohne Gewinnerzielungsabsicht unterhaltenen wirtschaftlichen Geschäftsbetriebs aus gemeinnützigkeitsrechtlicher Sicht s. § 6 Rz. 114, 117.

Zur Ermittlung der Einkünfte im einzelnen s. Rz. 235 ff.

(3) Summe der Einkünfte/Gesamtbetrag der Einkünfte

Mit einer Zuordnung der Einkünfte zu einzelnen Einkunftsarten 80
und der Bildung der Summe der Einkünfte aus jeder Einkunftsart läßt der Gesetzgeber zunächst einen horizontalen **Verlustausgleich** innerhalb der jeweiligen Einkunftsart zu (vgl. § 2 Abs. 1 sowie § 2 Abs. 3 Satz 2 EStG). Der mit der Bildung der Summe der Einkünfte nach § 2

118 Zum Begriff der Nachhaltigkeit s. BFH v. 21. 8. 1985 I R 60/80, BStBl. II 1986, 88 sowie § 6 Rz. 118.

119 S. *Fischer* in Hübschmann/Hepp/Spitaler, § 14 AO Rz. 43, *Lang* StuW 1987, 221, 229.

120 S. *Schmidt/Heinicke* § 22 EStG Rz. 132, *Schmidt/Seeger* § 2 EStG Rz. 22, BVerfG v. 30. 9. 1998 2 BvR 1818/91, DStR 1998, 1743, nachgehend BFH v. 16. 12. 1998 X R 125/97, BFH/NV 1999, 917 m. w. N. sowie BFH v. 23. 9. 1999 IV R 4/99, BFH/NV 2000, 426 zur Vercharterung einer – nicht ins Schiffsregister eingetragenen – Segelyacht sowie BFH v. 16. 12. 1998 I R 36/98, DStR 1999, 846 und BFH v. 16. 12. 1998 I R 137/97, BFH/NV 1999, 1250 zu Lohnsteuerhilfeverein; a. A. noch BFH v. 8. 6. 1966 I 151/63, BStBl. III 1966, 632.

121 A. A. offensichtlich OFD Frankfurt am Main v. 12. 2. 1998 – S 0183 A – 16 – St II 12, KSt-Kartei § 5 KStG Karte H 110.

Abs. 3 EStG darüber hinaus bislang weitgehend uneingeschränkt mögliche vertikale Verlustausgleich als Saldierung positiver und negativer Einkünfte verschiedener Einkunftsarten innerhalb des jeweiligen Veranlagungszeitraums (VZ) kann durch die ab VZ 1999 maßgebende Neufassung des § 2 Abs. 3 EStG i. d. F. des StEntlG 1999/2000/2002 v. 24. 3. 1999[122] über § 8 Abs. 1 KStG im Einzelfall auch bei einem nach § 5 Abs. 1 Nr. 9 Satz 2 KStG partiell körperschaftsteuerpflichtigen Rechtsgebilde Einschränkungen erfahren, das Einkünfte aus unterschiedlichen Einkunftsarten erzielen kann (z. B. Verein, Stiftung).[123]

Die Regelung des **§ 2 Abs. 3 EStG i. d. F. des StEntlG 1999/2000/2002** erfordert für eine Saldierung der Ergebnisse aus unterschiedlichen Einkunftsarten die Bildung der Summe der positiven Einkünfte sowie der Summe der negativen Einkünfte. Der Verlustausgleich ist ab VZ 1999 begrenzt auf max. 100 000 DM zzgl. der Hälfte der verbleibenden Summe der positiven Einkünfte. Der Verlustausgleich wird bei den positiven Einkünften unter Berücksichtigung der Verhältniszahlen vorgenommen, in denen die positiven Ergebnisse der jeweiligen Einkunftsart zur Summe der positiven Einkünfte stehen. Den Verlustausgleich übersteigende negative Beträge gehen mit dem Verhältnis in den künftig einkunftsartbezogenen Verlustabzug ein, in dem die negativen Ergebnisse aus den einzelnen Einkunftsarten zur Summe der negativen Einkünfte stehen.[124] Zur korrespondierenden Einschränkung der Verlustnutzung im Rahmen des Verlustabzugs nach § 8 Abs. 1 KStG i. V. m. § 10 d EStG i. d. F. StEntlG 1999/2000/2002 s. Rz. 225.

Eine entsprechende Einschränkung des Verlustausgleichs sowie des Verlustabzugs beschränkt sich bei **partiell steuerpflichtigen Einrichtungen i. S. d. § 5 Abs. 1 Nr. 9 Satz 2 KStG** auf die im Rahmen eines wirtschaftlichen Geschäftsbetriebs erzielten Ergebnisse aus den Einkunftsarten i. S. d. §§ 13, 15 und § 22 EStG. Zur Ausnahme insbesondere der Einkünfte i. S. d. §§ 20, 21 EStG im Rahmen der partiellen Steuerpflicht gemeinnütziger Einrichtungen s. Rz. 120 ff., zur Befreiung der Ergebnisse aus selbstbewirtschafteten Forstbetrieben s. Rz. 55. Zur Frage eines nach § 2 Abs. 3 EStG n. F. lediglich eingeschränkten Verlustausgleichs bei partiell steuerpflichtigen Einrichtungen nach Auffassung der FinVerw. im Hinblick auf die Regelung des § 64 Abs. 2 AO s. Rz. 82.

81 Die Problematik des vertikalen Verlustausgleichs bei Ergebnissen aus unterschiedlichen Einkunftsarten stellt sich nicht bei **gemeinnützigen Kapitalgesellschaften**, die mit unterhaltenen wirtschaftlichen Geschäftsbetrieben nach § 8 Abs. 2 KStG i. V. m. § 15 Abs. 1 Nr. 1 EStG stets gewerbliche Einkünfte erzielen und demzufolge lediglich den Tatbestand einer Einkunftsart erfüllen (s. Rz. 69). Entsprechendes gilt für

---

[122] BStBl. I 1999, 304.

[123] Gl. A. *Kießling/Buchna* 218.

[124] S. im einzelnen *Korn/Strahl* KÖSDI, 11964, 11974 f. sowie *Herzig/Briesemeister* DStR 1999, 1377.

Betriebe gewerblicher Art von juristischen Personen des öffentlichen Rechts (s. Rz. 72).

Eine nach § 5 Abs. 1 Nr. 9 KStG teilweise von der KSt befreite Körperschaft kann **mehrere wirtschaftliche Geschäftsbetriebe** unterhalten. Übt sie verschiedene, ihrer Art nach unterschiedliche Tätigkeiten i. S. d. § 14 Satz 1 AO aus, bilden diese grds. mehrere wirtschaftliche Geschäftsbetriebe.[125] Dies gilt auch dann, wenn die Tätigkeiten wirtschaftlich eng miteinander verflochten sind und sich gegenseitig bedingen.[126] Verschiedene Tätigkeiten begründen allerdings dann einen einheitlichen wirtschaftlichen Geschäftsbetrieb, wenn sie sachlich, wirtschaftlich und organisatorisch eng verknüpft sind.[127] Unterhält die gemeinnützige Einrichtung verschiedene wirtschaftliche Geschäftsbetriebe, steht die gemeinnützigkeitsrechtliche Fiktion des **§ 64 Abs. 2 AO** zur Behandlung mehrerer unterhaltener steuerschädlicher wirtschaftlicher Geschäftsbetriebe (s. Rz. 46) der ggf. erforderlichen Annahme unterschiedlicher Einkunftsarten i. S. d. § 8 Abs. 1 KStG i.V. m. § 2 Abs. 1 EStG, der gesonderten Ergebnisermittlung sowie den hieraus im Einzelfall ggf. resultierenden Einschränkungen im Rahmen des Verlustausgleichs und Verlustabzugs nicht entgegen. 82

Soweit sich die **FinVerw.** mit aktualisierter Fassung des AEAO v. 15. 7. 1998[128] zu § 64 Abs. 2 AO unter Rz. 5 gleichwohl für die Beachtung des § 64 Abs. 2 AO auch im Rahmen der Einkommensermittlung ausspricht, läßt sich dieser Standpunkt als Billigkeitsmaßnahme der FinVerw. interpretieren, die keine Einwendungen erhebt, wenn auch für Zwecke der Einkommensermittlung die einzelnen Geschäftsbetriebe als ein Betrieb behandelt werden und damit eine im Einzelfall ggf. aufwendige konkrete Aufteilung und Zuordnung von Ausgaben erübrigt.[129]

Nach Telos und gesetzessystematischer Stellung bildet § 64 Abs. 2 AO eine Norm, deren Regelungsinhalt auf die gemeinnützigkeitsrechtliche Beurteilung beschränkt ist und einen gemeinnützigkeitsrelevanten Ergebnisausgleich gewährleisten soll. Sinn des § 64 Abs. 2 AO ist es, Körperschaften die Steuervergünstigung wegen Verfolgung steuerbegünstigter Zwecke auch dann zu erhalten, wenn sie Gewinne aus Nichtzweckbetrieben zur Abdeckung von Verlusten aus derartigen Betrieben und nicht für steuerbegünstigte Zwecke verwenden.[130] Die 83

---

[125] S. BFH v. 13. 3. 1991 I R 8/88, BStBl. II 1992, 101.

[126] S. BFH v. 27. 3. 1991 I R 31/89, BStBl. II 1992, 103 unter Hinweis auf BFH v. 28. 11. 1961 I 34/61 U, BStBl. III 1962, 73, v. 8. 3. 1967 I 145/64, BStBl. III 1967, 373 sowie v. 4. 3. 1976 IV R 189/71, BStBl. II 1976, 472.

[127] S. BFH v. 27. 10. 1993 I R 60/91, BStBl. II 1994, 573 zu Betrieb eines Müllheizkraftwerks (GmbH) hinsichtlich Müllannahme, Müllverbrennung und Verkauf der aus der Müllverbrennung gewonnenen Energie sowie BFH v. 13. 3. 1991 I R 8/88, BStBl. II 1992, 101 zu unterschiedlichen Werbemaßnahmen anläßlich Sportveranstaltungen.

[128] BStBl. I 1998, 630.

[129] So auch *Kießling/Buchna* 339.

[130] S. hierzu *Woitschell* in Arthur Andersen, § 5 KStG Rz. 557 ff., *Klein/Gersch*

Vorschrift des § 64 Abs. 2 bildet auch vor diesem Hintergrund **keine Einkommensermittlungsvorschrift**, sondern eine in die Bestimmungen der §§ 51ff. AO eingebundene Regelung zur Abgrenzung steuerbegünstigter Betätigung i. S. d. § 5 Abs. 1 Nr. 9 KStG.[131] Der Ausgleich von Ergebnissen aus wirtschaftlichen Geschäftsbetrieben im Rahmen der Einkommensermittlung partiell steuerpflichtiger gemeinnütziger Körperschaften war zum Zeitpunkt der Aufnahme des § 64 Abs. 2 AO unproblematisch und erfährt erstmals ab VZ 1999 mit der Neufassung des § 2 Abs. 3 EStG i. d. F. des StEntlG 1999/2000/2002 eine Einschränkung (s. Rz. 80).

Die Ermittlung des Einkommens vollzieht sich auch im Rahmen der partiellen Steuerpflicht gemeinnütziger Körperschaften nach den allgemeinen körperschaftsteuer- und einkommensteuerlichen Grundsätzen (§ 8 Abs. 1, 2 KStG i.V. m. § 2 EStG). Nach diesen allgemeinen ertragsteuerlichen Grundsätzen bestimmt sich das Vorliegen einer den Steuertatbestand erfüllenden Einkunftsart, die hiermit verbundene Frage der Einkünfteermittlung und des jeweils anzuwendenden Realisationsprinzips sowie der Umfang der den jeweiligen Einkünften nach Maßgabe des § 4 Abs. 4 EStG bzw. § 9 EStG zuzuordnenden Ausgaben. Die Vorschrift des § 64 Abs. 2 AO läßt für die gemeinnützigkeitsrechtlich relevante Frage eines steuerschädlichen Verlustes aus wirtschaftlichem Geschäftsbetrieb eine Saldierung der auch unterschiedlichen Einkunftsarten zuzurechnenden Ergebnisse aus steuerschädlichen wirtschaftlichen Geschäftsbetrieben zu; die eigenständige Ermittlung des Ergebnisses für jeden einzelnen Geschäftsbetrieb innerhalb der jeweiligen Einkunftsart sowie das Vorliegen unterschiedlicher Einkunftsarten im Rahmen der Ermittlung der steuerlichen Bemessungsgrundlage bleibt hiervon unberührt.[132] Der anschließende Verlustausgleich im Rahmen der Bildung der Summe der Einkünfte hat daher ungeachtet der Regelung des § 64 Abs. 2 AO zur Beurteilung der gemeinnützigkeitsrechtlichen Frage der Selbstlosigkeit ausschließlich nach Maßgabe des § 8 Abs. 1 KStG i.V. m. § 2 Abs. 3 EStG und den insofern ab VZ 1999 zu beachtenden Einschränkungen zu erfolgen.[133]

---

§ 64 AO Rz. 3, BFH v. 11. 2. 1997 I R 161/94, BFH/NV 1997, 625 sowie BT-Drs. 11/4176, 10 f.

[131] Gl. A. *Thiel/Eversberg* DB 1990, 344, 347; *Kießling/Buchna* 213, 327, 339, s. auch BFH v. 27. 3. 1991 I R 31/89, BStBl. II 1992, 103 zu § 64 AO a. F.; a. A. offensichtlich BFH v. 21. 7. 1999 I R 55/98, BFH/NV 2000, 85, 86 zu Festzeltbetrieb und Herausgabe einer Festzeitschrift, so wohl auch BFH v. 11. 2. 1997 I R 161/94, BFH/NV 1997, 625.

[132] Gl. A. *Thiel/Eversberg* DB 1990, 344, 347, *Woitschell* in Arthur Andersen, § 5 KStG Rz. 561 f. sowie OFD Frankfurt am Main v. 12. 2. 1998 – S 0183 A – 16 – St II 12, KSt-Kartei § 5 KStG Karte H 110; vgl. hierzu auch AEAO, zu § 64 AO Rz. 4 und Rz. 22 hinsichtlich der von § 64 Abs. 2 AO abweichenden gesonderten Ergebnisermittlung bei wirtschaftlichen Geschäftsbetrieben, die neben Werbemaßnahmen (Betriebsausgabenpauschale i. H. v. 25 v. H., s. Rz. 273) bzw. Altmaterialsammlungen (Reingewinnschätzung, § 64 Abs. 5 AO, s. Rz. 305 ff.) unterhalten werden.

[133] Gl. A. *Kießling/Buchna* 218.

Die mit AEAO v. 15. 7. 1998[134] zu § 64 Abs. 2 AO unter Rz. 5 eingenommene Position der FinVerw schließt mit einer Zusammenfassung der Ergebnisse aus mehreren wirtschaftlichen Geschäftsbetrieben hingegen einen eingeschränkten Verlustausgleich oder Verlustabzug nach Maßgabe des § 2 Abs. 3 EStG n. F. bzw. § 10 d EStG n. F. zugunsten der gemeinnützigen Einrichtungen aus.

Zum Verlustabzug bei partiell steuerpflichtigen gemeinnützigen Ein- 84
richtungen s. Rz. 220 ff. Zur Bedeutung des § 64 Abs. 2 AO im Rahmen der Buchführungspflicht nach § 141 Abs. 1 AO s. Rz. 243.

Soweit die Rechtsprechung eine Anwendung des § 64 Abs. 2 AO 85
auf **Betriebe gewerblicher Art** von juristischen Personen des öffentlichen Rechts ablehnt,[135] entspricht diese Schlußfolgerung der in ständiger Rechtsprechung für Zwecke der Einkommensermittlung aufrechterhaltenen Teilverselbständigung des Betriebs gewerblicher Art, der als solcher zur Steuersubjektfähigkeit der juristischen Person des öffentlichen Rechts führt und eine gesonderte Erfassung und steuerliche – mithin auch gemeinnützigkeitsrechtliche – Beurteilung erfordert.[136]

Der **Gesamtbetrag der Einkünfte** i. S. d. § 2 Abs. 3 EStG stellt sich 86
aus körperschaftsteuerlicher Sicht als die um Spenden nach § 9 Abs. 1 Nr. 2 KStG (vgl. Rz. 210 ff.) und den bei land- und forstwirtschaftlichen Einkünften in Betracht kommenden Freibetrag nach § 13 Abs. 3 EStG verminderte Summe der Einkünfte dar. In Organschaftsfällen wird das zuzurechnende Einkommen der Organgesellschaft bei Ermittlung des Gesamtbetrags der Einkünfte des Organträgers berücksichtigt.[137]

Spenden werden im Rahmen der Ermittlung der körperschaftsteuerlichen Bemessungsgrundlage nach § 9 Abs. 1 Nr. 2 KStG („abziehbar sind auch") bereits bei Ermittlung des Gesamtbetrags der Einkünfte in Abzug gebracht. Die ESt berücksichtigt Spenden als Sonderausgaben hingegen erst nach Ermittlung des Gesamtbetrags der Einkünfte im Rahmen der Berechnung des Einkommens.[138] Die praktische Auswirkung zeigt sich in Verlustjahren, in denen der Spendenabzug körperschaftsteuerlich das (rücktrags- bzw. vortragsfähige) negative Ergebnis erhöht,[139] während einkommensteuerrechtlich ein Spendenabzug in derartigen Fällen zu keiner steuerlichen Entlastung führt. Zum Spendenabzug bei partiell steuerpflichtigen gemeinnützigen Einrichtungen i. S. d. § 5 Abs. 1 Nr. 9 Satz 2 KStG im einzelnen s. Rz. 210 ff.

---

[134] BStBl. I 1998, 630.

[135] S. BFH v. 11. 2. 1997 I R 161/94, BFH/NV 1997, 625.

[136] S. hierzu grundlegend BFH v. 13. 3. 1974 I R 7/71, BStBl. II 1974, 391 sowie *Bott* in Arthur Andersen, § 4 KStG Rz. 20 ff.

[137] Vgl. Abschn. 24 KStR.

[138] Vgl. § 2 Abs. 4, § 10 b Abs. 1 Satz 1 EStG sowie das Ermittlungsschema in R 3 Abs. 1 EStR.

[139] Vgl. Abschn. 42 Abs. 2 KStR unter Hinweis auf BFH v. 21. 10. 1981, BStBl. II 1982, 177 zur Behandlung des § 9 Abs. 1 Nr. 2 KStG bei einer Kapitalgesellschaft als Gewinnermittlungsvorschrift.

(4) Einkommen

90 Das **Einkommen** ist nach § 2 Abs. 4 EStG der um Sonderausgaben und außergewöhnliche Belastungen verminderte Gesamtbetrag der Einkünfte. Körperschaftsteuerlich stellt der um den Verlustabzug nach § 8 Abs. 1 und 4 KStG, § 10 d EStG verringerte Gesamtbetrag der Einkünfte das körperschaftsteuerliche Einkommen dar.[140] Mit dem Generalverweis des § 8 Abs. 1 KStG auf die Vorschriften des EStG kommen auch die dort geregelten Grundsätze und Abzugsbeschränkungen im Rahmen der Ermittlung des körperschaftsteuerlichen Einkommens zum Tragen. Den einkommensteuerrechtlichen Bestimmungen zum Abzug von Sonderausgaben und außergewöhnlichen Belastungen entsprechende Regelungen zur Abgrenzung einer steuerbegünstigten Einkommensverwendung sieht das KStG mit den besonderen körperschaftsteuerrechtlichen Einkommensermittlungsvorschriften der §§ 9, 10 KStG lediglich in eingeschränktem Umfang vor (s. Rz. 175 ff., 210 ff.). Der Abzug von den Sonderausgaben vergleichbaren Aufwendungen wird auf der Grundlage des Einkommensbegriffs i. S. d. § 2 Abs. 4 EStG im Einzelfall hier auch dann geboten sein, wenn die dem Grunde nach begünstigten Aufwendungen im Rahmen der Einkünfte noch nicht steuermindernd berücksichtigt worden sind und die Vorschrift des § 9 KStG keine korrespondierende Begünstigung vorsieht.[141]

Zum Verlustabzug bei gemeinnützigen Einrichtungen, die mit dem Ergebnis aus wirtschaftlichem Geschäftsbetrieb nach § 5 Abs. 1 Nr. 9 Satz 2 KStG ggf. lediglich für einzelne Veranlagungszeiträume der partiellen Körperschaftsteuerpflicht unterliegen bzw. zur KSt herangezogen werden, s. Rz. 220 ff. Weitere auf die Besonderheiten von Körperschaften abstellende Einkommensermittlungsvorschriften sieht das KStG u. a. für den Verlustabzug (Mantelkauf, § 8 Abs. 4 KStG), die Gesellschafterfremdfinanzierung (§ 8 a KStG), für die Behandlung ausländischer Beteiligungen (§ 8 b KStG)[142], für den Wechsel in der Steuerpflicht ganz oder partiell steuerbefreiter Einrichtungen (§ 13 KStG, s. Rz. 135 ff.) sowie für die Einkommenszurechnung in Organschaftsfällen (§§ 14 ff. KStG) vor.

91 Die Ergebnisse aus unterhaltenen wirtschaftlichen Geschäftsbetrieben dürfen nach dem objektiven Nettoprinzip, das den allgemeinen ertragsteuerlichen Grundsatz der Besteuerung nach der wirtschaftlichen Leistungsfähigkeit konkretisiert,[143] lediglich durch solche Aufwendungen steuerlich gemindert werden, die mit der Erzielung der **steuer-**

---

[140] Vgl. Abschn. 24 Abs. 1 KStR.

[141] Z. B. Steuerberatungskosten i. S. d. § 10 Abs. 1 Nr. 6 EStG; zur Berücksichtigung des Sonderausgaben-Pauschbetrags nach § 10 c EStG bei einer ausländischen Familienstiftung s. BFH v. 5. 11. 1992 I R 39/92, BStBl. II 1993, 388.

[142] Nach § 8 b KStG i.d.F. des **StSenkG 2001** auch für inländische Beteiligungen an anderen Körperschaften und Personenvereinigungen, vgl. Beschlußempfehlung und Bericht des Finanzausschusses des Dt. BT v. 10. 5. 2000, BT-Drs. 14/3366, 61.

[143] S. hierzu *Tipke/Lang* 13. Aufl., 57 ff., *Jakob* 2. Aufl. 1996, § 1 Rz. 8 ff., *Herzig* in WPHdU, Kap. A Rz. 13 ff. sowie *Lang/Seer* FR 1994, 521, 524 m. w. N.

relevanten Einkünfte in wirtschaftlichem Zusammenhang stehen. Die Abzugsfähigkeit von Aufwendungen im Rahmen der Ermittlung des Einkommens der nach § 5 Abs. 1 Nr. 9 Satz 2 KStG partiell steuerpflichtigen Einrichtung richtet sich zum einen nach der wirtschaftlichen Veranlassung sowie zum anderen nach Abzugsbeschränkungen oder -verboten, die nach EStG, KStG oder anderen Gesetzen zu beachten sind.

Nach dem **Grundsatz des Veranlassungszusammenhangs** dürfen 92
lediglich solche Aufwendungen den Gewinn aus wirtschaftlichem Geschäftsbetrieb mindern, die durch die wirtschaftliche und partiell steuerpflichtige Tätigkeit verursacht sind (s. Rz. 265 ff.). Im Rahmen der Ermittlung des Einkommens aus wirtschaftlichem Geschäftsbetrieb **unberücksichtigt** bleiben **Ausgaben**, die mit nicht steuerbaren bzw. steuerbefreiten Einnahmen der gemeinnützigen Körperschaft in Zusammenhang stehen, d. h. durch diese veranlaßt sind.

- Durch den **ideellen Tätigkeitsbereich** veranlaßte satzungsmäßige Aufwendungen der gemeinnützigen Körperschaft dürfen das steuerliche Einkommen aus der Unterhaltung des wirtschaftlichen Geschäftsbetriebs nach § 10 Nr. 1 KStG nicht mindern,[144] s. Rz. 176 ff. Zur Abgrenzung der ideellen Sphäre im Rahmen der Einkommensermittlung im Hinblick auf Mitgliedsbeiträge nach § 8 Abs. 6 KStG s. Rz. 125.
- Ausgaben der Körperschaft, die mit dem **steuerbefreiten Einkünftebereich** in Zusammenhang stehen, dürfen gleichfalls das steuerliche Einkommen aus wirtschaftlichem Geschäftsbetrieb nicht mindern (s. § 3 c EStG). Auch solche Vermögensminderungen stellen aus dem Blickwinkel des der partiellen Steuerpflicht nach § 5 Abs. 1 Nr. 9 Satz 2 KStG unterliegenden wirtschaftlichen Geschäftsbetriebs außerbetrieblich veranlaßte Wertabgaben der gemeinnützigen Körperschaft dar und berühren nicht den auf der Grundlage des objektiven Nettoprinzips abzugrenzenden steuerpflichtigen Teilbereich der gemeinnützigen Körperschaft. Zu den nach § 5 Abs. 1 Nr. 9 Satz 1 KStG steuerbefreiten Einkünften zählen die Ergebnisse aus Vermögensverwaltung, aus privaten Veräußerungsgeschäften, aus selbstbewirtschafteten Forstbetrieben i. S. d. § 5 Abs. 1 Nr. 9 Satz 3 KStG sowie aus Zweckbetrieben i. S. d. §§ 65 AO (s. im einzelnen Rz. 127 ff).

In der Praxis nehmen die gemeinnützigen Einrichtungen ihre Ergebnisermittlung im Hinblick auf die steuerlich unterschiedliche Behandlung idR separat für die **einzelnen Tätigkeitsbereiche** der partiell steuerpflichtigen Körperschaft i. S. d. § 5 Abs. 1 Nr. 9 Satz 2 KStG (s. hierzu Rz. 121) vor. Die entsprechenden Teilergebnisse sind ggf. im nachhinein aus einem einheitlichen Aufzeichnungs- bzw. Buchführungswerk und Abschluß abzuleiten. Zum Veranlassungszusammenhang und Zuordnung der Einnahmen und Ausgaben im einzelnen s. Rz. 255 ff., zur Behandlung sog. gemischt veranlaßter Aufwendungen s. Rz. 269 ff.

---

[144] S. BFH v. 15. 7. 1987 I R 280/81, BStBl. II 1988, 75.

93 Daneben enthalten Bestimmungen sowohl des EStG als auch anderer Gesetze **Abzugsbeschränkungen und -verbote,** die im Rahmen der Einkommensermittlung der partiell steuerpflichtigen Körperschaften i. S. d. § 5 Abs. 1 Nr. 9 Satz 2 KStG zu beachten sind.

- Mit den **allgemeinen Bestimmungen des EStG** (s. § 8 Abs. 1 KStG) gelten für die Ermittlung des steuerpflichtigen Einkommens aus wirtschaftlichem Geschäftsbetrieb auch die dort geregelten Abzugsbeschränkungen und -verbote insbesondere i. S. d. **§ 4 Abs. 5 EStG**, wie z. B. für Geschenke (§ 4 Abs. 5 Nr. 1 EStG), Bewirtungskosten (§ 4 Abs. 5 Nr. 2 EStG), Aufwendungen für Jagd, Fischerei, Segel- und Motoryachten und ähnliche Zwecke (§ 4 Abs. 5 Nr. 4 EStG), Geldbußen (§ 4 Abs. 5 Nr. 8 EStG), Schmier- und Bestechungsgelder (§ 4 Abs. 5 Nr. 10 EStG) sowie Aufwendungen zur Förderung staatspolitischer Zwecke (§ 4 Abs. 6 EStG). Haben entsprechende Aufwendungen den Gewinn aus wirtschaftlichem Geschäftsbetrieb gemindert, sind im Rahmen der Einkommensermittlung entsprechende Korrekturen (Hinzurechnungen) vorzunehmen. Nach dem gleichfalls zu beachtenden Abzugsverbot des **§ 3 c EStG** dürfen Betriebsausgaben oder Werbungskosten, die in unmittelbarem Zusammenhang mit steuerfreien Einnahmen stehen, bei Ermittlung der steuerlichen Bemessungsgrundlage nicht berücksichtigt werden.
- Mit der Vorschrift des **§ 10 KStG** sieht der Gesetzgeber für die Besteuerung der Körperschaften eine **besondere Einkommensermittlungsvorschrift** vor, die mit „nichtabziehbare Aufwendungen" überschrieben ist und ergänzend zu den Abzugsbeschränkungen und -verboten des EStG die Abzugsfähigkeit von bestimmten Aufwendungen regelt, die ausschließlich bei Körperschaften anzutreffen sind. Die Vorschrift des § 10 KStG ändert wie die des § 9 KStG für abziehbare Ausgaben den für ESt und KSt gleichermaßen anzuwendenden Einkommensbegriff inhaltlich nicht ab, beide Normen tragen lediglich der unterschiedlichen Natur der Steuerpflicht bei Einkommensteuerpflichtigen und Körperschaftsteuerpflichtigen Rechnung.[145] Die beispielhafte Aufzählung und ergänzende Funktion des § 10 KStG wird mit dem Wortlaut der einleitenden Formulierung *„nichtabziehbar sind auch. . .:"* deutlich. Zu den für die Besteuerung partiell steuerpflichtiger gemeinnütziger Körperschaften bedeutsamen Bestimmungen des § 10 KStG im einzelnen s. Rz. 175 ff. Zur Abzugsbeschränkung bei geleisteten Spenden nach **§ 9 Abs. 1 Nr 2 KStG** s. Rz. 210 ff.
- Die Nichtabziehbarkeit von Aufwendungen kann sich schließlich auch aus **anderen Gesetzen** ergeben, z. B. § 160 AO bei fehlender Empfängerbenennung.

94 Für nichtabziehbare Ausgaben erforderliche **Korrekturen** werden im Rahmen der Einkommensermittlung vorgenommen und stellen sich im Fall der bilanziellen Gewinnermittlung als außerbilanzielle Hinzurechnungen dar, soweit sie zuvor den Jahresüberschuß/Bilanzgewinn als Ausgangsgröße der Einkommensermittlung gemindert haben.

---

[145] S. BFH v. 21. 10. 1981 I R 149/77, BStBl. II 1982, 177.

Hinsichtlich der ermittlungstechnischen Berücksichtigung der im Rahmen der Einkommensermittlung nichtabziehbaren Aufwendungen i. S. d. EStG bzw. KStG ist im einzelnen wie folgt zu unterscheiden:

- Bei Steuersubjekten, die handels- und gesellschaftsrechtlich **ausschließlich eine betriebliche Sphäre** besitzen und infolge ihrer handels- und steuerbilanziellen Gewinnermittlung nach § 8 Abs. 2 KStG ausschließlich gewerbliche Einkünfte erzielen,[146] wirken sich entsprechende Ausgaben zunächst stets als den Gewinn mindernde Betriebsausgaben und damit bereits im Rahmen der Einkünfteermittlung aus.[147] Ausgangsgröße der Einkommensermittlung ist hier der handelsrechtliche Jahresüberschuß als betriebliche Vermögensveränderung im Rahmen der bilanziellen Gewinnermittlung. Bei partieller Steuerpflicht beschränkt sich die steuerbilanzielle Gewinnermittlung i. S. d. § 4 Abs. 1 Satz 1 EStG auch bei einer Kapitalgesellschaft auf den steuerrelevanten Bereich des steuerschädlichen wirtschaftlichen Geschäftsbetriebs (s. Rz. 235 ff., 245 f.). Die besonderen Einkommensermittlungsvorschriften der §§ 9, 10 KStG sowie z. B. des § 4 Abs. 5 ff. EStG regeln, inwieweit der vorliegende betriebliche Aufwand auch steuerlich abzugsfähige Betriebsausgabe i. S. d. § 4 Abs. 4 EStG bleibt oder im Rahmen einer außerbilanziellen Korrektur im Rahmen der Einkommensermittlung zu neutralisieren ist.
  Zur Abgrenzung der durch die Person des Gesellschafters außerbetrieblich[148] (gesellschaftlich) veranlaßten Vermögensminderungen/-mehrungen, die als steuerlich unbeachtliche Einkommensverwendung bzw. -erhöhung nach § 4 Abs. 1 EStG, § 8 Abs. 3 KStG gleichfalls die steuerliche Bemessungsgrundlage nicht berühren dürfen, s. Rz. 97.
- Bei Steuersubjekten, die bereits nach ihrer Rechtsnatur neben ihrem betrieblichen Bereich auch eine **außerbetriebliche Sphäre** besitzen können (z. B. Verein, Stiftung), wirken sich einzelne Aufwendungen nicht zwingend im betrieblichen bzw. einkünfterelevanten Bereich aus. Entsprechendes gilt für die Einkommensermittlung von Steuersubjekten, die – z. B. mit dem Ergebnis aus einem wirtschaftlichen Geschäftsbetrieb nach § 5 Abs. 1 Nr. 9 Satz 2 KStG –, lediglich im Rahmen einer **partiellen Steuerpflicht** zur KSt herangezogen werden. Auch die gemeinnützige, partiell steuerpflichtige Kapitalgesellschaft besitzt hier eine (steuerlich) außerbetriebliche Sphäre. Die Vorschriften der §§ 9, 10 KStG, § 4 Abs. 5 ff. EStG regeln hier ergänzend bzw. einschränkend, inwieweit Aufwendungen im Rahmen der Einkom-

---

146 So z. B. Kapitalgesellschaften, s. BFH v. 4. 12. 1996 I R 54/95, DB 1997, 707, v. 22. 1. 1997 I R 64/96, BStBl. II 1997, 548 sowie zuletzt v. 8. 7. 1998 I R 123/97, DStR 1998, 1749, entgegen früherer Liebhaberei-Rechtsprechung auch bei KapGes, s. hierzu BFH v. 2. 11. 1965 I 221/62 S, BStBl. III 1966, 255 sowie BFH v. 4. 3. 1970 I R 123/68, BStBl. II, 470, jeweils zu Gestüt.

147 Zu KSt und VSt als handelsrechtlicher Aufwand s. BFH v. 15. 12. 1976 I R 4/75, BStBl. II 1977, 220 sowie BFH v. 4. 12. 1991 I R 26/91, BStBl. II 1992, 686.

148 S. auch *Thiel* GmbHR 1997, 10, 13.

mensermittlung die steuerliche Bemessungsgrundlage mindern dürfen.

95 Über die Abzugsbeschränkungen und -verbote nach den Einkommensermittlungsvorschriften des EStG und des KStG hinaus sind **außerbetrieblich veranlaßte Vermögensminderungen/Vermögensmehrungen,** die das Ergebnis aus wirtschaftlichem Geschäftsbetrieb berührt haben, im Rahmen der Ermittlung der steuerlichen Bemessungsgrundlage zu neutralisieren. Entsprechende Wertabgaben/Vermögenszuflüsse sind nicht Ausdruck der wirtschaftlichen Leistungsfähigkeit des aus Wettbewerbsgründen zur KSt herangezogenen wirtschaftlichen Geschäftsbetriebs und dürfen nach dem Grundsatz der Gleichmäßigkeit der Besteuerung und dem das Ertragsteuerrecht beherrschenden Prinzip der Besteuerung nach der Leistungsfähigkeit das steuerliche Ergebnis nicht verfälschen.[149]

Die sich an der steuerrelevanten **Leistungsfähigkeit** des Rechtsgebildes orientierende Ertragsbesteuerung wird durch das objektive Nettoprinzip[150] konkretisiert und erfordert auch für die Ermittlung des Einkommens aus wirtschaftlichem Geschäftsbetrieb der nach § 5 Abs. 1 Nr. 9 Satz 2 KStG partiell steuerpflichtigen Körperschaft eine **Trennung** zwischen dem Bereich der **Einkünfteerzielung** und dem der **Einkünfteverwendung**. Dieser Rechtsgedanke findet in der Gewinnformel des § 4 Abs. 1 Satz 1 EStG (s. Rz. 96 ff.), der Regelung des § 8 Abs. 3 KStG zur Behandlung einer Gewinnverteilung (s. Rz. 99 f.), den Bestimmungen in § 8 Abs. 6 KStG zu Mitgliedsbeiträgen (s. Rz. 125) und in § 10 Nr. 1 KStG für Aufwendungen des ideellen Bereichs (s. Rz. 176 ff.) sowie nicht zuletzt in der Vorschrift des § 4 Abs. 4 EStG zur Berücksichtigung von Aufwendungen im Rahmen der Einkünfteermittlung nach dem Veranlassungsprinzip (s. Rz. 265 ff.) seine gesetzliche Ausgestaltung.

96 Für die steuerbilanzielle Gewinnermittlung sieht die in § 4 Abs. 1 Satz 1 EStG enthaltene **Gewinnformel** eine Korrektur der für das jeweilige Wirtschaftsjahr ermittelten Betriebsvermögensveränderung um Entnahmen (§ 4 Abs. 1 Satz 2 EStG) und Einlagen (§ 4 Abs. 1 Satz 5 EStG) als außerbetrieblich veranlaßte Wertabgaben und Wertzuflüsse vor.

Eine dem Einzelunternehmen vergleichbare und im Rahmen der Besteuerung abzugrenzende **außerbetriebliche/ideelle Sphäre** liegt im Bereich der partiellen Steuerpflicht i. S. d. § 5 Abs. 1 Nr. 9 Satz 2 KStG nicht nur bei Verein, Stiftung und juristischen Personen des öffentlichen Rechts, sondern – ausnahmsweise – auch bei Kapitalgesellschaften vor, die im übrigen keine außerbetriebliche Sphäre kennen (s. Rz. 94 f.). Hier sind **Entnahmen und Einlagen i. S. d. § 4 Abs. 1**

---

[149] S. hierzu *Tipke/Lang* 13. Aufl., 57 ff., *Jakob* Einkommensteuer 2. Aufl. 1996, § 1 Rz. 8 ff., *Herzig* in WPHdU, Kap. A Rz. 13 ff. sowie *Lang/Seer* FR 1994, 521, 524 m. w. N.

[150] S. *Jakob* 2. Aufl. 1996, § 1 Rz. 8 ff. sowie *Lang/Seer* FR 1994, 521, 523 f. m. w. N.

Satz 1 EStG desselben Rechtssubjekts möglich.[151] Zur „außerbetrieblichen Sphäre“ der Körperschaft im Hinblick auf die Person des Gesellschafters / Mitglieds und zur Abgrenzung der verdeckten Gewinnausschüttung und verdeckten Einlage von der Entnahme bzw. Einlage i. S. d. § 4 Abs. 1 Satz 1 EStG s. Rz. 97.

– Überführt die partiell steuerpflichtige Körperschaft – z. B. im Rahmen einer Nutzungsänderung – Wirtschaftsgüter aus dem Vermögensbereich des wirtschaftlichen Geschäftsbetriebs in den eigenen steuerbefreiten Bereich, sind entsprechende Wertabgaben als **Entnahmen** (§ 4 Abs. 1 Satz 2 EStG) im Rahmen der Ermittlung der steuerlichen Bemessungsgrundlage hinzuzurechnen (§ 8 Abs. 1 KStG i.V. m. § 4 Abs. 1 Satz 1 EStG). Der Ansatz der Wertabgabe mit dem Teilwert (s. § 6 Abs. 1 Nr. 4 EStG) gewährleistet eine der Substanzverhaftung Rechnung tragende Aufdeckung vorhandener stiller Reserven noch im betrieblichen Bereich. Eine steuerneutrale Überführung von Wirtschaftsgütern in den steuerbefreiten Bereich derselben Körperschaft kommt weder auf der Grundlage einer Buchwertentnahme i. S. d. § 6 Abs. 1 Nr. 4 Satz 4 EStG noch im Hinblick auf das Buchwertprivileg des § 13 Abs. 4 i.V. m. Abs. 1, 5 KStG in Betracht (s. Rz. 160). 97

Entsprechende Korrekturen sind durch den Ansatz von Nutzungsentnahmen i. S. d. § 4 Abs. 1 Satz 2 EStG auch dann vorzunehmen, wenn Wirtschaftsgüter des wirtschaftlichen Geschäftsbetriebs (s. Rz. 247) im außerbetrieblichen Bereich eingesetzt werden und die im Rahmen der Gewinnermittlung eingetretene Ergebnisminderung als Wertabgabe zugunsten des nicht steuerpflichtigen Bereichs die steuerliche Bemessungsgrundlage nicht mindern darf (s. Rz. 247 f.). Zur Behandlung gemischt veranlaßter Aufwendungen s. Rz. 265 ff.

– Hat sich der im Rahmen des Betriebsvermögensvergleichs ermittelte Vermögensunterschied im Zuge der Überführung von Vermögen aus dem steuerbefreiten in den eigenen steuerpflichtigen Bereich des wirtschaftlichen Geschäftsbetriebs erhöht, werden entsprechende außerbetrieblich veranlaßte Vermögenszuführungen als **Einlagen** (§ 4 Abs. 1 Satz 5 EStG) durch einen Abzug neutralisiert (s. § 4 Abs. 1 Satz 1 EStG). Der Ansatz der Einlagen mit dem Teilwert (§ 6 Abs. 1 Nr. 5 EStG) gewährleistet hier eine Freistellung der zum Zeitpunkt der Einlage vorhandenen, jedoch noch nicht realisierten stillen Reserven. 98

Als weitere Form der außerbetrieblich bedingten Vermögensveränderung kommen bei Körperschaften i. S. d. KStG **gesellschaftlich/mitgliedschaftlich veranlaßte Vermögensminderungen/-mehrungen** 99

---

[151] Gl. A. *Hüttemann* 145, *Lang/Seer* FR 1994, 521, 532, *Streck* § 5 KStG Rz. 11, *Achenbach* in Dötsch/Eversberg/Jost/Witt, § 8 KStG Rz. 26, *Fischer* in Hübschmann/Hepp/Spitaler, § 64 AO Rz. 52, *Märkle* 315; a. A. *Thiel* GmbHR 1997, 10, 13, der für die gGmbH im Gegensatz zu Verein und Stiftung von einem auch den ideellen und steuerbefreiten Bereich umfassenden Betriebsvermögensbegriff i. S. d. § 4 Abs. 1 Satz 1 EStG ausgeht.

in Betracht, die das steuerliche Ergebnis aus wirtschaftlichem Geschäftsbetrieb i. S. d. § 5 Abs. 1 Nr. 9 Satz 2 KStG i.V. m. §§ 64, 14 AO nicht berühren dürfen.

100 – Vermögensminderungen, die ihre Veranlassung nicht in der betrieblichen Tätigkeit der partiell steuerpflichtigen Einrichtung i. S. d. § 5 Abs. 1 Nr. 9 Satz 2 KStG, sondern in der Person des Gesellschafters bzw. des Mitglieds der Körperschaft finden und den Gewinn aus wirtschaftlichem Geschäftsbetrieb gemindert haben, sind im Rahmen der Einkommensermittlung als **verdeckte Gewinnausschüttung** i. S. d. § 8 Abs. 3 Satz 2 KStG hinzuzurechnen. Entsprechende außerbetrieblich veranlaßte Wertabgaben, die sowohl als Vermögensminderung[152] als auch als verhinderte Vermögensmehrung[153] auftreten können, stellen sich als Gewinn-/Einkommensverwendung dar, die nach dem allgemeinen und in § 8 Abs. 3 KStG ausdrücklich wiedergegebenen Besteuerungsgrundsatz von dem Bereich der Einkünfteerzielung zu trennen ist und die steuerliche Bemessungsgrundlage grds. nicht beeinflussen darf.[154] Während die Entnahme i. S. d. § 4 Abs. 1 Satz 2 EStG einen Vermögenstransfer zugunsten des eigenen steuerbefreiten Bereichs der Körperschaft bedeutet, stellt die verdeckte Gewinnausschüttung i. S. d. § 8 Abs. 3 KStG eine Schmälerung des Vermögens der Körperschaft zugunsten der hinter dieser stehenden Gesellschafter/Mitglieder dar. Im Hinblick auf die Anwendung der Gewinnformel des § 4 Abs. 1 Satz 1 EStG tritt die verdeckte Gewinnausschüttung i. S. d. § 8 Abs. 3 KStG als steuerlich unbeachtliche Einkommensverwendung an die Stelle der Entnahme i. S. d. § 4 Abs. 1 Satz 2 EStG.[155]

Die Annahme einer verdeckten Gewinnausschüttung i. S. d. § 8 Abs. 3 Satz 2 KStG setzt auf der Ebene des Begünstigten keine Einnahmen aus Kapitalvermögen i. S. d. § 20 Abs. 1 Nr. 1 EStG voraus und ist auch bei einer Nichtkapitalgesellschaft, mithin auch bei Verein oder Stiftung denkbar.[156] Eine im Rahmen der Einkommensermittlung nach § 8 Abs. 3 Satz 2 KStG zu korrigierende verdeckte Gewinnausschüttung liegt insbesondere dann vor, wenn die Körperschaft ihrem Gesellschafter/Mitglied einen Vermögensvorteil zuwendet, den sie bei Anwendung der Sorgfalt eines ordentlichen und gewissenhaften Geschäftsleiters/Vorstands einem Nichtgesellschafter/Nichtmitglied nicht gewährt hätte.[157] Ist die den Vorteil einräumende

---

[152] Z. B. überhöhte Vergütungen, s. BFH v. 17. 12. 1997 I R 58/97, BStBl. II 1998, 357, 359.

[153] Z. B. unangemessen niedrig berechnetes Entgelt, s. BFH v. 13. 8. 1997 I R 85/96, BStBl. II 1998, 161.

[154] Zur Ausnahme der steuerbegünstigten Einkünfteverwendung im Rahmen des Spendenabzugs nach § 9 Abs. 1 Nr. 2 KStG s. Rz. 210 f.

[155] S. BFH v. 26. 10. 1987 GrS 2/86, BStBl. II 1988, 348.

[156] S. grundlegend BFH v. 9. 8. 1989 I R 4/84, BStBl. II 1990, 237 zu öffentl.-rechtl. Sparkasse sowie BFH v. 13. 11. 1991 I R 45/90, BStBl. II 1992, 429 zu VVaG, a. A. noch BFH v. 11. 2. 1987 I R 43/83, BStBl. II 1987, 643.

[157] S. BFH v. 19. 8. 1998 I R 21/98, BStBl. II 1999, 99 zur betrieblich veranlaßten

Körperschaft nicht nach Maßgabe der §§ 27, 43 KStG in das körperschaftsteuerliche Anrechnungsverfahren einbezogen, beschränkt sich die Rechtsfolge der verdeckten Gewinnausschüttung auf eine Einkommenskorrektur i. S. d. § 8 Abs. 3 Satz 2 KStG. Die Annahme einer die Herstellung der Ausschüttungsbelastung auslösenden anderen Ausschüttung i. S. d. § 27 Abs. 3 Satz 2 KStG scheidet hier aus. Zur Herstellung der Ausschüttungsbelastung bei Kapitalgesellschaften s. Rz. 360 ff.

Aus gemeinnützigkeitsrechtlicher Sicht verstößt die verdeckte Gewinnausschüttung grds. gegen den auch im Rahmen des wirtschaftlichen Geschäftsbetriebs zu beachtenden Grundsatz der gebotenen Mittelverwendung und Selbstlosigkeit nach § 55 Abs. 1 Nr. 1 Satz 2 und Nr. 3 AO.[158] Eine verdeckte Gewinnausschüttung i. S. d. § 8 Abs. 3 KStG ist allerdings auch dann möglich, wenn der Gesellschafter oder das Mitglied der Körperschaft gemeinnützigkeitsrechtlich zulässig (z. B. nach § 58 Nr. 2 AO) einen Vermögensvorteil (z. B. Preisnachlaß) zu Lasten des Ergebnisses aus wirtschaftlichem Geschäftsbetrieb erhält.[159]

– Vermögensmehrungen, die durch die Person des Gesellschafters bzw. des Mitglieds und nicht durch die Unterhaltung des wirtschaftlichen Geschäftsbetriebs bedingt sind, werden im Rahmen der Einkommensermittlung als **verdeckte Einlagen** nach § 4 Abs. 1 Satz 1, 5 EStG in Abzug gebracht, soweit sie den Gewinn aus wirtschaftlichem Geschäftsbetrieb erhöht haben.[160] Diese Vermögensmehrungen sind nicht Ausdruck der wirtschaftlichen Leistungsfähigkeit des Steuersubjekts und dürfen demzufolge die steuerliche Bemessungsgrundlage nicht beeinflussen. Die Rechtsprechung wendet im Rahmen der Gewinnermittlung die Regelung des § 4 Abs. 1 Satz 5 i. V. m. Satz 1 EStG zur Korrektur von Einlagen unmittelbar und ungeachtet der Tatsache an, daß die Zuführung von Vermögen nicht durch das Steuersubjekt, das die Einkünfte erzielt, sondern vom Gesellschafter/Mitglied vorgenommen wird.[161] 101

Rückvergütungen eines Berufsverbands (Buchstelle) unter Hinweis auf BFH v. 16. 3. 1967 I 261/63, BStBl. III 1967, 626.

[158] S. AEAO, zu § 55 AO Rz. 4 sowie zu § 64 AO Rz. 6, s. im einzelnen Rz. 295 ff. sowie § 8 Rz. 108.

[159] Gl. A. *Kießling/Buchna* 343 f.

[160] S. BFH v. 26. 10. 1987 GrS 2/86, BStBl. II 1988, 348.

[161] S. BFH v. 26. 10. 1987 GrS 2/86, BStBl. II 1988, 348.

102

Abb. 2. Abgrenzung des wirtschaftlichen Geschäftsbetriebs im Rahmen der steuerlichen Gewinn/ Einkommensermittlung

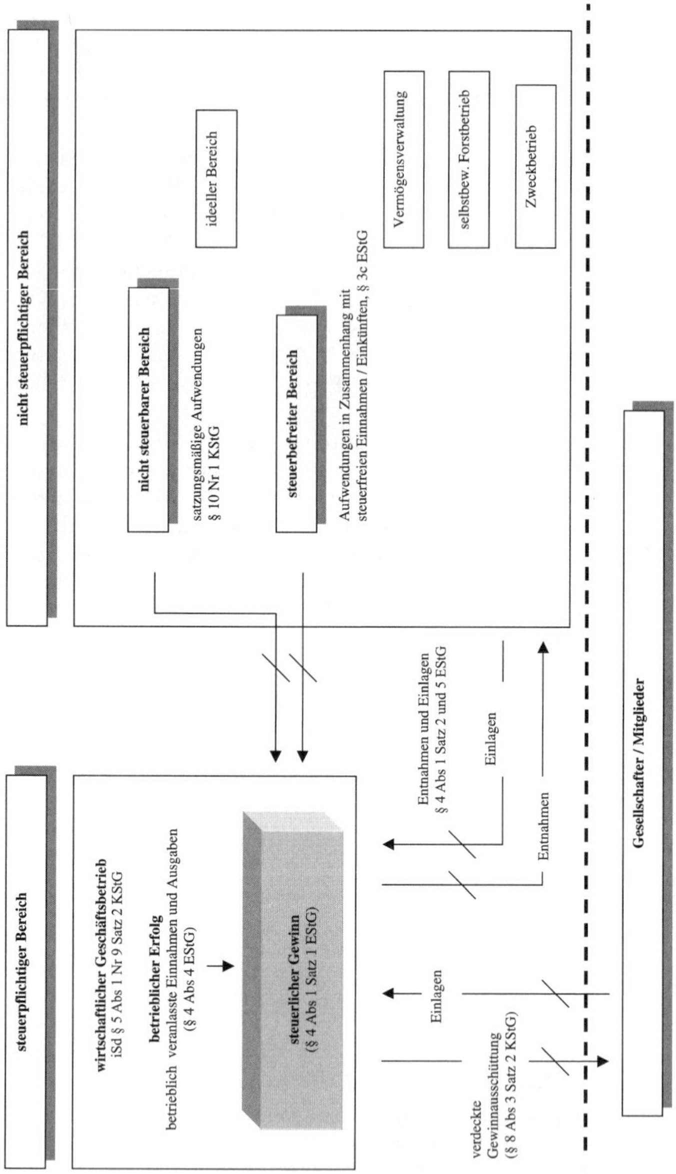

Zu den **Besonderheiten** der Einkommensermittlung partiell steuerpflichtiger Rechtsgebilde zählt die Abgrenzung stiller Reserven bei einem **Wechsel der Steuerpflicht** (§ 13 KStG). Bei einem (ggf. teilweisen) Beginn oder Erlöschen der Steuerbefreiung werden danach während der Steuerpflicht angefallene stille Reserven im Falle der Steuerverstrickung im betrieblichen Bereich grds. aufgedeckt sowie während der Steuerbefreiung entstandene, jedoch noch nicht realisierte betriebliche Vermögensmehrungen endgültig von der Ertragsbesteuerung freigestellt. Für gemeinnützige Einrichtungen i. S. d. § 5 Abs. 1 Nr. 9 KStG mit spendenbegünstigten Zwecken sieht das Gesetz Ausnahmeregelungen vor (s. Rz. 135 ff.). **103**

(5) Zu versteuerndes Einkommen

Als körperschaftsteuerliche Bemessungsgrundlage[162] unterliegt das **zu versteuernde Einkommen** bei partiell steuerpflichtigen Einrichtungen i. S. d. § 5 Abs. 1 Nr. 9 Satz 2 KStG rechtsformunabhängig einem Steuersatz i. H. v. 40 v. H. (§ 23 Abs. 1 KStG, s. Rz. 315 ff.). Das zu versteuernde Einkommen ist nach § 7 Abs. 2 KStG das um die Freibeträge i. S. d. §§ 24 und 25 KStG verminderte Einkommen i. S. d. § 8 Abs. 1 KStG. **110**

– Den **Freibetrag i. S. d. § 24 KStG** i. H. v. max. 7500 DM können Körperschaften in Anspruch nehmen, die nicht in das körperschaftsteuerliche Anrechnungsverfahren i. S. d. §§ 27 ff. KStG einbezogen sind und deren Leistungen bei den Empfängern demzufolge nicht zu Kapitalerträgen i. S. d. § 20 Abs. 1 Nr. 1 oder 2 EStG führen. Die Freibetragsregelung erlangt damit insbesondere für partiell steuerpflichtige **Vereine, Stiftungen sowie Betriebe gewerblicher Art** von juristischen Personen des öffentlichen Rechts Bedeutung. Der Freibetrag führt zu einer steuerlichen Entlastung auf der Ebene der Körperschaft, die bei den in das Anrechnungsverfahren einbezogenen Körperschaften infolge der Wirkung des Anrechnungsverfahrens und der Beseitigung der körperschaftsteuerlichen Vorbelastung der ausschüttenden Körperschaft auf der Ebene des Anteilseigners (s. § 36 Abs. 2 Nr. 3 EStG) nicht erforderlich wird. Der Freibetrag kommt sowohl bei voller als auch bei partieller Steuerpflicht i. S. d. § 5 Abs. 1 Nr. 9 Satz 2 KStG zum Tragen.[163] **111**

  Die mit einem wirtschaftlichen Geschäftsbetrieb partiell steuerpflichtige **GmbH** ist als Kapitalgesellschaft in das körperschaftsteuerliche Anrechnungsverfahren auf der Ebene der ausschüttenden Körperschaft einbezogen;[164] ihre im Hinblick auf die gemeinnützigkeitsrechtliche Bindung nach § 55 AO idR unzulässige Ausschüttung[165] führt bei dem Gesellschafter zu Kapitalerträgen i. S. d. § 20 Abs. 1

---

[162] S. § 7 Abs. 1 KStG.

[163] S. Abschn. 74 Abs. 1 KStR.

[164] S. § 27 Abs. 1 KStG sowie BFH v. 24. 1. 1990 I R 33/86, BStBl. II 1990, 470.

[165] Ausnahme: an gleichfalls gemeinnützige Gesellschafter i. R. d. § 58 Nr. 1 bzw. Nr. 2 AO, s. AEAO, zu § 58 AO Rz. 2 sowie Rz. 360.

Nr. 1 oder 2 EStG. Die Freibetragsregelung findet hier **keine Anwendung** (s. § 24 Satz 2 Nr. 1 KStG). Zur Verpflichtung der GmbH, das (für Ausschüttungen) verwendbare Eigenkapital nach den §§ 29, 30 und § 47 KStG zum Schluß eines jeden Wirtschaftsjahres nach der Tarifbelastung zu gliedern, s. Rz. 320 ff., zur Herstellung der Ausschüttungsbelastung bei Ausschüttungen der GmbH s. Rz. 360 ff.

112 – Für bestimmte land- und forstwirtschaftliche Genossenschaften und Vereine sieht der Gesetzgeber mit **§ 25 KStG** einen Freibetrag i. H. v. max. 30 DM für das Gründungsjahr sowie die hierauf folgenden neun Veranlagungszeiträume vor.

113 Die KSt ist eine **Jahressteuer** (§ 7 Abs. 3 Satz 1 KStG). Die Steuerfestsetzung erfolgt für den jeweiligen Veranlagungszeitraum (= Kalenderjahr); die partiell steuerpflichtige Einrichtung wird nach Ablauf des Veranlagungszeitraums nach dem Einkommen zur KSt veranlagt, das sie in diesem Veranlagungszeitraum bezogen hat (§ 49 Abs. 1 KStG i.V. m. § 25 Abs. 1 EStG).

114 **Ermittlungszeitraum** ist das Kalenderjahr bzw. das (ggf. hiervon abweichende) Wirtschaftsjahr.

– Die Besteuerungsgrundlagen, mit denen die gemeinnützige Einrichtung für einen Veranlagungszeitraum zur KSt herangezogen wird, sind grds. für das **Kalenderjahr** zu ermitteln (§ 7 Abs. 3 Satz 2 KStG).
– Abweichend von diesem Grundsatz ermitteln nach handelsrechtlichen Bestimmungen buchführungspflichtige Körperschaften (s. Rz. 69) ihre Besteuerungsgrundlagen für das **Wirtschaftsjahr**, für das sie regelmäßig ihren Jahresabschluß erstellen (§ 7 Abs. 4 Satz 1 KStG). Weicht das Wirtschaftsjahr vom Kalenderjahr ab, gilt der Gewinn als in dem Veranlagungszeitraum bezogen, in dem das Wirtschaftsjahr endet (§ 7 Abs. 4 Satz 2 KStG).

Bei partiell steuerpflichtigen gemeinnützigen Körperschaften i. S. d. § 5 Abs. 1 Nr. 9 KStG läßt die FinVerw. für die Besteuerung des wirtschaftlichen Geschäftsbetriebs in entsprechender Anwendung des § 7 Abs. 4 KStG darüber hinaus auf Antrag eine Ermittlung der Besteuerungsgrundlagen für ein vom Kalenderjahr abweichendes Wirtschaftsjahr auch in den Fällen zu, in denen die gemeinnützige Einrichtung ohne Verpflichtung nach den Vorschriften des Handelsgesetzbuchs ordnungsmäßig Bücher führt und regelmäßig Abschlüsse macht.[166] Der vom Kalenderjahr abweichende Ermittlungszeitraum ist auch für die Frage des Überschreitens der Besteuerungsgrenze des § 64 Abs. 3 AO maßgebend.[167] Die Voraussetzungen für die Gewährung der Steuervergünstigung müssen jedoch auch bei einem vom Kalenderjahr abweichenden Wirtschaftsjahr jeweils für den Veranlagungszeitraum (= Kalenderjahr) vorliegen (s. §§ 60 Abs. 2, 63 Abs. 2 AO).[168]

---

166 S. Abschn. 26 Abs. 2 KStR.

167 S. AEAO, zu § 64 AO Rz. 15.

168 Gl. A. *Jost* in Dötsch/Eversberg/Jost/Witt, § 5 KStG Rz. 60 u.

bb) Berücksichtigung von Rechtsbeziehungen zwischen dem wirtschaftlichen Geschäftsbetrieb und dem Steuersubjekt

115 Der von der gemeinnützigen Einrichtung als Steuersubjekt unterhaltene wirtschaftliche Geschäftsbetrieb ist **kein eigenständiges Steuersubjekt**. Er stellt den Besteuerungsgegenstand (Steuerobjekt) dar, mit dem die Körperschaft im Rahmen der partiellen Steuerpflicht nach § 5 Abs. 1 Nr. 9 Satz 2 KStG zur KSt herangezogen wird. Der Besteuerungsgegenstand ist rechtlich unselbständiger Bestandteil und Geschäftsbereich des Steuersubjekts und als solcher grds. **keinen Rechtsbeziehungen** (sowohl zivilrechtlich als auch steuerrechtlich) mit dem daneben bestehenden ideellen bzw. steuerbefreiten Bereich des ihn unterhaltenden Steuersubjekts zugänglich. Zu den Vermögens- und Einkommenssphären der partiell steuerpflichtigen gemeinnützigen Einrichtungen s. Rz. 121. Diese Grundsatz gilt für gemeinnützige Einrichtungen in der Rechtsform des **Vereins**, der **Stiftung** oder der **Kapitalgesellschaft**. Die sowohl zivilrechtlich als auch steuerrechtlich fehlende Eigenständigkeit des wirtschaftlichen Geschäftsbetriebs hat z. B. zur Folge, daß der wirtschaftliche Geschäftsbetrieb keine vertraglichen Beziehungen als Grundlage eines steuerwirksamen Leistungsaustauschs mit dem ihn tragenden Steuersubjekt eingehen kann. Einkommenswirksame Spenden i. S. d. § 9 Abs. 1 Nr. 2 KStG sind bei dem wirtschaftlichen Geschäftsbetrieb lediglich an eine andere steuerbegünstigte Körperschaft, nicht hingegen zugunsten des steuerbegünstigten Bereichs des gleichen Steuersubjekts denkbar; der dem Verwendungsgebot des § 55 Abs. 1 Nr. 1 AO entsprechende Transfer und Einsatz der Mittel im eigenen steuerbegünstigten Bereich stellt eine dem Bereich der Einkünfteerzielung nachgeschaltete und im Rahmen der Einkommensermittlung nicht begünstigte Gewinnverwendung dar, die die steuerliche Bemessungsgrundlage nicht mindern darf (s. Rz. 213). Das Eingehen von Rechtsbeziehungen zwischen gemeinnütziger Einrichtung und den diese tragenden Mitgliedern, Stiftern oder Gesellschaftern bleibt hiervon unberührt.

116 Eine **Ausnahme** kommt bei juristischen Personen des öffentlichen Rechts und den von diesen unterhaltenen **Betrieben gewerblicher Art** i. S. d. § 1 Abs. 1 Nr. 6 i.V. m. § 4 KStG zum Tragen, die gleichfalls als wirtschaftliche Geschäftsbetriebe eine partielle Körperschaftsteuerpflicht i. S. d. § 5 Abs. 1 Nr. 9 Satz 2 KStG begründen können.

Unterhält eine juristische Person des öffentlichen Rechts mehrere Betriebe gewerblicher Art, ist für jeden einzelnen Betrieb gewerblicher Art das **Einkommen gesondert zu ermitteln** und die KSt gesondert gegen die juristische Person des öffentlichen Rechts festzusetzen.[169] Die juristische Person des öffentlichen Rechts ist als Zuordnungssubjekt i. S. d. § 1 Abs. 1 Nr. 6 KStG Träger der Steuerpflicht für jeden der von ihr unterhaltenen Betriebe gewerblicher Art. Mit der getrennten steuer-

---

[169] S. grundlegend BFH v. 13. 3. 1974 I R 7/71, BStBl. II 1974, 391.

lichen Erfassung der einzelnen wirtschaftlichen Tätigkeiten wird der Grundsatz der Wettbewerbsneutralität als Besteuerungszweck des § 1 Abs. 1 Nr. 6 i.V. m. § 4 KStG auch in wirtschaftlichen Teilbereichen gewährleistet; mehrere wirtschaftliche Tätigkeiten können hier lediglich ausnahmsweise zu einem einheitlichen Betrieb gewerblicher Art zusammengefaßt werden.[170]

Die aus der Regelung des § 1 Abs. 1 Nr. 6 KStG für Zwecke der Einkommensermittlung abgeleitete Teilverselbständigung des einzelnen Betriebs gewerblicher Art bedingt eine Besteuerung der juristischen Person des öffentlichen Rechts, die sich von der steuerlichen Erfassung von im übrigen lediglich partiell steuerpflichtigen Körperschaftsteuersubjekten unterscheidet. Sie führt zu einer objektsteuerartigen Abgrenzung der persönlichen Steuerpflicht und räumt ein, daß die juristische Person des öffentlichen Rechts als Steuersubjekt i. S. d. § 1 Abs. 1 Nr. 6 KStG mit mehreren (ggf. positiven und negativen) Einkommen jeweils separat zur KSt veranlagt wird. Auf der Grundlage dieser steuerlichen Fiktion der Teilverselbständigung geht die Rechtsprechung von der Möglichkeit **steuerwirksamer (interner) Vereinbarungen** zwischen Trägerkörperschaft und unselbständigem Betrieb gewerblicher Art aus und behandelt den Teilbereich der juristischen Person des öffentlichen Rechts im Rahmen der Einkommensermittlung als ein eigenständiges Rechtssubjekt.[171] Die steuerrechtliche Anerkennung von Rechtsbeziehungen zwischen Steuersubjekt und Steuerobjekt läßt die steuerliche Berücksichtigung von „vertraglichen" Vereinbarungen (z. B. Miet- und Pachtverträge, Darlehensverträge) zu, die lediglich dann einzuschränken ist, wenn der Besteuerungszweck des § 1 Abs. 1 Nr. 6 i.V. m. § 4 KStG durch eine Verselbständigung und die hierauf aufbauenden Fiktionen insbesondere aufgrund der fehlenden Rechtspersönlichkeit des Betriebs gewerblicher Art nicht erreicht wird.[172]

Die fiktive Verselbständigung des Betriebs gewerblicher Art im Rahmen der Einkommensermittlung der juristischen Person des öffentlichen Rechts führt schließlich auch zur Anerkennung steuerwirksamer Spenden i. S. d. § 9 Abs. 1 Nr. 2 KStG an die Trägerkörperschaft (s. Rz. 214). Die Vorschrift des § 64 Abs. 2 AO findet auf Betriebe gewerblicher Art von juristischen Personen des öffentlichen Rechts im Zuge der gebotenen gesonderten steuerlichen Betrachtung jeder einzelnen wirtschaftlichen Betätigung keine Anwendung (s. Rz. 85).

117 Eine fiktive steuerliche Verselbständigung sowohl des wirtschaftlichen Geschäftsbetriebs als auch des Betriebs gewerblicher Art ohne

[170] S. Abschn. 5 Abs. 8 ff. sowie hierzu im einzelnen *Bott* in Arthur Andersen, § 4 KStG Rz. 140 ff.

[171] S. BFH v. 12. 10. 1978, BStBl. II 1979, 192; BFH v. 1. 9. 1982, BStBl. II 1982, 783; BFH v. 1. 9. 1982, BStBl. II 1983, 147; BFH v. 14. 3. 1984 I R 223/80, BStBl. II 1984, 496; BFH v. 3. 2. 1993 I R 61/91, BStBl. II 1993, 459, BFH v. 10. 7. 1996 I R 108–109/95, BStBl. II 1997, 230; so auch Abschn. 28 Abs. 2 KStR.

[172] S. BFH v. 10. 7. 1996 I R 108–109/95, BStBl. II 1997, 230, Abschn. 28 Abs. 3 und 4 KStR sowie im einzelnen *Bott* in Arthur Andersen, § 4 KStG Rz. 296 ff.

eigene Rechtspersönlichkeit sieht auch das **StSenkG**[173] im Zuge der Einführung des Halbeinkünfteverfahrens ab VZ 2001[174] in § 44 Abs. 6 EStG für Zwecke des KapESt-Abzugs vor. Der Gewinn eines wirtschaftlichen Geschäftsbetriebs bzw. Betriebs gewerblicher Art unterliegt einer Tarifbelastung i. H. v. 25 v. H. nach § 23 Abs. 1 KStG. Die im Rahmen einer flankierenden Belastung hierauf erhobene Kapitalertragsteuer beträgt 10 v. H. (§ 20 Abs. 1 Nr. 10 b EStG i. V. m. § 43 Abs. 1 Nr. 7 c, § 43 a Abs. 1 Nr. 6 EStG), siehe hierzu auch Rz. 359. Wirtschaftlicher Geschäftsbetrieb und Betrieb gewerblicher Art gelten hierbei als Schuldner der Kapitalerträge sowie steuerbefreite Einrichtung und juristische Person des öffentlichen Rechts als Gläubiger der Kapitalerträge (§ 44 Abs. 6 Satz 1 EStG).

cc) Einnahmen aus nichtsteuerbarer/steuerbefreiter Tätigkeit

Einnahmen der gemeinnützigen Körperschaft, die nicht im Rahmen eines steuerschädlichen wirtschaftlichen Geschäftsbetriebs i. S. d. § 64 Abs. 1, § 14 AO anfallen, sind grundsätzlich dem **nicht steuerbaren bzw. steuerbefreiten Bereich** zuzuordnen und unterliegen nicht der Körperschaftsteuer. 120

Die gemeinnützige Einrichtung kennt folgende **vier Sphären**:[176] 121

a) **ideeller Bereich**
Mitgliedsbeiträge i. S. d. § 8 Abs. 6 KStG, Spenden, Zuschüsse
= nicht steuerbar

b) **Vermögensverwaltung**
Einkünfte i. S. d. §§ 20, 21 EStG,
einschließlich Veräußerungsergebnisse i. S. d. §§ 17, 23 EStG
= steuerfrei, § 5 Abs. 1 Nr. 9 Satz 1 KStG[177]
selbstbewirtschafteter Forstbetrieb
= steuerfrei, § 5 Abs. 1 Nr. 9 Satz 3 KStG

c) **Zweckbetrieb**
(§§ 64 i. V. m. 65 ff. AO)
= steuerfrei, § 5 Abs. 1 Nr. 9 Satz 1 KStG

d) **steuerschädlicher wirtschaftlicher Geschäftsbetrieb**
(§ 64 Abs. 1, § 14 AO)
= steuerpflichtig, § 5 Abs. 1 Nr. 9 Satz 2 KStG

Die Ermittlung der steuerlichen Bemessungsgrundlage für den wirtschaftlichen Geschäftsbetrieb setzt eine **Abgrenzung** und Zuordnung der Einnahmen/Ausgaben nach Tätigkeits- und Vermögensbereich der gemeinnützigen Körperschaft voraus. Ausgaben und Einnahmen der nichtsteuerbaren bzw. steuerbefreiten Tätigkeitsbereiche dürfen nicht berücksichtigt werden (s. hierzu Rz. 255 ff.). 122

---

[173] S. Gesetzentwurf, BT-Drs. 14/2683, 11, 117 sowie Beschlußempfehlung und Bericht des Finanzausschusses des Dt. BT v. 10. 5. 2000, BT-Drs. 14/3366, 34.

[174] § 52 Abs. 53 Satz 2 EStG.

[176] Vgl. *Fischer* in Hübschmann/Hepp/Spitaler, § 64 AO Rz. 23, *Lang* in WPHdU, Kap. T Rz. 138 ff. sowie *Kießling/Buchna* 185 und § 6 Rz. 18.

[177] Zur partiellen Steuerpflicht nach § 5 Abs. 2 Nr. 1 KStG für inländische steuerabzugspflichtige Kapitalerträge s. Rz. 340 ff.

123 Zu den **nicht steuerbaren Vermögenszuflüssen** der gemeinnützigen Einrichtungen zählen Einnahmen, die nicht im Zusammenhang mit einer konkreten und auf die Erzielung eines Entgelts gerichteten Leistung der Körperschaft stehen und daher keiner Einkunftsart i. S. d. § 8 Abs. 1 KStG i.V. m. § 2 Abs. 1 EStG zugeordnet werden können, mithin keinen steuerbaren Tatbestand erfüllen. Die mit der Erfüllung der steuerbegünstigten Satzungszwecke in Zusammenhang stehenden Aufwendungen sind im Rahmen der Ermittlung des Einkommens aus steuerschädlichem wirtschaftlichem Geschäftsbetrieb nicht abzugsfähig (§ 10 Nr. 1 KStG, s. Rz. 176 ff.).

124 – Zu den nichtsteuerbaren Einnahmen der gemeinnützigen Einrichtung zählen insbesondere die für die Erfüllung der steuerbegünstigten Zwecke erhaltenen **Spenden** als freiwillige unentgeltliche Zuwendungen des Leistenden (s. hierzu im einzelnen § 6 Rz. 36 ff.). Die steuerliche Privilegierung entsprechender Ausgaben auf der Seite der Zuwendenden[178] wird auf der Seite der empfangenden Körperschaft durch das Fehlen eines steuerrelevanten Tatbestands § 8 Abs. 1 KStG i.V. m. § 2 Abs. 1 EStG flankiert.

125 – Echte nichtsteuerbare **Mitgliedsbeiträge** i. S. d. § 8 Abs. 6 KStG liegen vor, wenn die Beiträge von den Mitgliedern nach der Satzung zur Erfüllung des satzungsmäßigen Gemeinschaftszwecks zu entrichten sind.[179] Werden Mitgliedsbeiträge nicht nur aufgrund der Eigenschaft als Mitglied, sondern auch für die Wahrnehmung besonderer geschäftlicher Interessen oder für (individuelle) Leistungen zugunsten der Mitglieder entrichtet, ist eine Aufteilung in echte und **unechte Mitgliedsbeiträge** vorzunehmen.[180] Ein der Nichtsteuerbarkeit entgegenstehender Leistungsaustausch ist insbesondere dann anzunehmen, wenn das einzelne Mitglied aufgrund seines Beitrags gegenüber dem Personenverband berechtigt ist, ein bestimmtes Tun oder Unterlassen zu verlangen, und dieses nicht mehr von der inhaltlichen Ausgestaltung durch die Vereinsorgane abhängig ist, mithin einen individuellen und durchsetzbaren Leistungsanspruch erlangt.[181] Unechte Mitgliedsbeiträge als ggf. pauschalierte Gegenleistungen stellen Betriebseinnahmen eines wirtschaftlichen Geschäftsbetriebs dar.[182]

126 – **Zuschüsse** gehören ebenfalls zu den nicht steuerbaren Einnahmen der gemeinnützigen Einrichtung, wenn sie außerhalb einer Einkunftsart i. S. d. § 2 Abs. 1 EStG bezogen werden, mithin nicht als

---

[178] S. § 10 b EStG, § 9 Abs. 1 Nr. 2 KStG.

[179] S. u. a. BFH v. 15. 10. 1997 I R 2/97, BStBl. II 1998, 175, *Tipke/Kruse* § 14 AO Rz. 10, s. auch R 4 UStR m. w. N., s. auch § 6 Rz. 50.

[180] S. BFH v. 13. 8. 1997 I R 85/96, BStBl. II 1998, 161 sowie Abschn. 38 KStR m. w. N., zur pauschalen Aufteilung s. Abschn. 39, 40 KStR.

[181] S. *Hüttemann* 140 f. unter Hinweis auf *Schön* in DStJG 1990, 81 sowie *Fischer* in Hübschmann/Hepp/Spitaler, § 64 AO Rz. 34 f.

[182] S. BFH v. 8. 6. 1966 I 151/63, BStBl. III 1966, 632, BFH v. 13. 8. 1997 I R 85/96, BStBl. II 1998, 161 sowie Rz. 258 f.

Entgelt für eine Leistung der gemeinnützigen Organisation zu sehen sind.[183]

Zu den im Rahmen des Tatbestands des § 5 Abs. 1 Nr. 9 KStG **steuerbefreiten Einkünften** gehören 127
- Einkünfte aus **Vermögensverwaltung**,
- Ergebnis aus **Veräußerungsgeschäften,**
- Einkünfte aus **selbstbewirtschaftetem Forstbetrieb** sowie
- Einkünfte aus **Zweckbetrieben** i. S. d. §§ 65 ff. AO.

Die Steuerbefreiung erstreckt sich auf Ergebnisse, die einer Einkunftsart i. S. d. § 8 Abs. 1, 2 KStG i. V. m. § 2 Abs. 1 EStG zuzuordnen und damit dem Grunde nach steuerbar sind, im Rahmen des § 5 Abs. 1 Nr. 9 KStG jedoch keinen die partielle Steuerpflicht i. S. d. § 5 Abs. 1 Nr. 9 Satz 2 KStG auslösenden steuerschädlichen wirtschaftlichen Geschäftsbetrieb i. S. d. §§ 14, 64 Abs. 1 AO darstellen und demzufolge sachlich von der KSt befreit sind. Soweit Ausgaben der partiell steuerpflichtigen Körperschaft mit steuerbefreiten Einnahmen in Zusammenhang stehen, dürfen sie das steuerpflichtige Ergebnis aus wirtschaftlichem Geschäftsbetrieb i. S. d. § 5 Abs. 1 Nr. 9 Satz 2 KStG nicht mindern (s. § 3 c EStG). Zur Abgrenzung der Ausgaben nach dem Veranlassungsprinzip s. Rz. 265 ff.

Einkünfte aus **Vermögensverwaltung** i. S. d. **§§ 20, 21 EStG** erzielt 128
eine gemeinnützige Einrichtung im Rahmen einer Einkunftsart i. S. d. § 2 Abs. 1 EStG. Die partielle Steuerpflicht nach § 5 Abs. 1 Nr. 9 Satz 2 KStG stellt jedoch einschränkend auf das Vorliegen eines wirtschaftlichen Geschäftsbetriebs i. S. d. §§ 14, 64 AO ab und erstreckt sich insoweit lediglich auf Tätigkeiten, die über den Rahmen einer Vermögensverwaltung hinausgehen (§ 14 Satz 1 AO). Der hiervon abzugrenzende Bereich der Vermögensverwaltung liegt in der Regel vor, wenn Vermögen genutzt, zum Beispiel Kapitalvermögen verzinslich angelegt oder unbewegliches Vermögen vermietet oder verpachtet wird (§ 14 Satz 3 AO).

Der Bereich der Vermögensverwaltung wird allerdings mit der Annahme **gewerblicher Einkünfte** i. S. d. § 15 EStG und der Folge der partiellen Steuerpflicht nach § 5 Abs. 1 Nr. 9 Satz 2 KStG i. V. m. §§ 64 Abs. 1, 14 Satz 1 AO überschritten,
- wenn die Überlassung von Vermögen durch **zusätzliche Leistungen** der Körperschaft ergänzt wird **oder** die **Vermögensumschichtung** in den Vordergrund tritt und die Tätigkeit der gemeinnützigen Einrichtung den Rahmen einer bloßen Fruchtziehung verläßt,[184]

---

[183] S. *Tipke/Kruse* § 14 AO Rz. 10 sowie BFH v. 18. 1. 1984 I R 138/79, BStBl. II 1984, 451; zur parallelen umsatzsteuerlichen Frage der Steuerbarkeit von Zuschüssen s. BFH v. 10. 8. 1989 V R 154/84, BFH/NV 1990, 398, BFH v. 13. 11. 1997 V R 11/97, BStBl. II 1998, 169 sowie R 150 UStR m. w. N. und § 6 Rz. 51.

[184] S. BFH v. 13. 3. 1991 I R 8/88, BStBl. II 1992, 101 zur Bandenwerbung sowie BFH v. 26. 2. 1992 I R 149/90, BStBl. II 1993, 693, BFH v. 19. 2. 1997 XI R 1/96, BStBl. II 1997, 399, R 137 EStR, im einzelnen *Schmidt/Weber-Grellet* § 15 EStG Rz. 50 ff.

– wenn für eine sich äußerlich als steuerfreie Vermögensverwaltung darstellende Tätigkeit die Voraussetzungen einer **Betriebsaufspaltung** gegeben sind.[185] Die Grundsätze zur Betriebsaufspaltung sind nach Auffassung der FinVerw. allerdings nicht anzuwenden, wenn aus einer gemeinnützigen Einrichtung ein Zweckbetrieb ausgegliedert wird und sowohl das Besitz- als auch das Betriebsunternehmen gemeinnützig sind oder die Beteiligungsgesellschaft ausschließlich vermögensverwaltend tätig wird.[186]
– wenn im Falle einer Betriebsverpachtung eine Aufgabeerklärung nicht erfolgt ist und die Pachterlöse demzufolge als gewerbliche Einkünfte zu qualifizieren sind. Die Grundsätze zur steuerlichen Behandlung einer **Betriebsverpachtung** mit dem Wahlrecht der sofortigen oder aber zeitlich aufgeschobenen Aufdeckung entstandener stiller Reserven[187] finden auch für gemeinnützige Einrichtungen Anwendung, wenn eine betriebliche Tätigkeit im Rahmen eines wirtschaftlichen Geschäftsbetriebs beendet wird.[188]
– wenn die gemeinnützige Einrichtung als Gesellschafter tatsächlich **entscheidenden Einfluß** auf die laufende Geschäftsführung einer Kapitalgesellschaft nimmt, die weder steuerbegünstigt noch ausschließlich vermögensverwaltend tätig ist.[189]

Zur Abgrenzung der Einkünfte aus Vermögensverwaltung von gewerblichen Einkünften im einzelnen s. § 6 Rz. 62 ff.

129 Zur partiellen Steuerpflicht im Bereich der Vermögensverwaltung nach § 5 Abs. 2 Nr. 1 KStG bei inländischen Einkünften, die dem **Steuerabzug** unterliegen, s. Rz. 340 ff.

130 Ergebnisse aus **Veräußerungsgeschäften** i. S. d. § 17 bzw. § 22 Nr. 2 i.V. m. § 23 EStG unterliegen gleichfalls nicht der partiellen Steuerpflicht i. S. d. § 5 Abs. 1 Nr. 9 Satz 2 KStG i.V. m. §§ 14, 64 AO, soweit diese nicht Gegenstände eines wirtschaftlichen Geschäftsbetriebs betreffen.
– Der Gewinn aus der Veräußerung einer wesentlichen Kapitalbeteiligung, die nicht in einem wirtschaftlichen Geschäftsbetrieb gehalten wird, ist auch nicht im Hinblick auf die Vorschrift des **§ 17 EStG** im Rahmen der partiellen Steuerpflicht nach § 5 Abs. 1 Nr. 9 KStG zu

---

[185] S. BFH v. 21. 5. 1997 I R 164/94, BFH/NV 1997, 825 zur Überlassung von Werberechten.

[186] S. OFD Frankfurt am Main v. 22. 2. 1999, S 2729 A – 3 – St II 12, DStR 1999, 1111, AEAO, zu § 64 AO Rz. 3 sowie *Kümpel* DStR 1999, 1505, 1508.

[187] S. R 139 Abs. 5 EStR unter Hinweis auf BFH v. 4. 11. 1965 IV 411/61 U, BStBl. III 1966, 49 und v. 23. 6. 1977 IV R 43/73, BStBl. II S. 719.

[188] S. Abschn. 47 Abs. 12 Satz 4 ff. KStR sowie im einzelnen Rz. 161.

[189] So die FinVerw, s. AEAO, zu § 64 AO Rz. 3 entsprechend Abschn. 8 Abs. 5 KStR unter Bezugnahme auf BFH v. 30. 6. 1971 I R 57/70, BStBl. II 1971, 753, gl. A. *Tipke/Kruse* § 14 AO Rz. 12 sowie *Kießling/Buchna* 193 f., vgl. auch *Märkle* 194; a. A. mit der Annahme steuerbefreiter Vermögensverwaltung unter Hinweis auf Trennungsprinzip s. u. a. *Fischer* in Hübschmann/Hepp/Spitaler, § 14 AO Rz. 101 f. sowie *Hüttemann*, 147 ff., 153 ff. und *Roolf* DB 1985, 1156; der bedenkliche Durchgriff wird mit den Rückausnahmen der FinVerw. im Falle einer lediglich vermögensverwaltenden bzw. gleichfalls steuerbegünstigten Betätigung der Beteiligungsgesellschaft unterstrichen.

erfassen. Das Halten auch einer wesentlichen Kapitalbeteiligung ist wie die Veräußerung einer derartigen Beteiligung grds. dem Bereich der Vermögensverwaltung zuzuordnen. Die Vorschrift des § 17 EStG begründet selbst keinen steuerschädlichen wirtschaftlichen Geschäftsbetrieb.[190] Anders zu beurteilen sind hingegen Veräußerungsvorgänge mit betrieblicher Steuerverhaftung der Kapitalbeteiligung im Fall der Betriebsaufspaltung oder im Falle der entscheidenden Einflußnahme auf die laufende Geschäftsführung der Kapitalgesellschaft (s. Rz. 128).[191] Zur Steuerpflicht der Veräußerung einbringungsgeborener Anteile nach § 21 Abs. 3 Nr. 2 UmwStG s. Rz. 370 ff.

– Veräußerungsgeschäfte i. S. d. **§ 22 Nr. 2 i.V. m. § 23 EStG** erfüllen nicht die Voraussetzungen eines wirtschaftlichen Geschäftsbetriebs i. S. d. § 14 AO und sind daher gleichfalls nach § 5 Abs. 1 Nr. 9 Satz 1 KStG von der KSt befreit.

Steuerbefreit sind schließlich auch **Leistungen** i. S. d. § 22 Nr. 3 EStG, die als einmalige, gelegentliche und ohne Wiederholungsabsicht unternommene Tätigkeiten nicht den Begriff des sonstigen wirtschaftlichen Geschäftsbetriebs i. S. d. § 14 AO erfüllen (s. Rz. 41 ff.) und insofern nicht der partiellen Steuerpflicht i. S. d. § 5 Abs. 1 Nr. 9 Satz 2 KStG unterliegen.[192] 131

In die Steuerbefreiung nach § 5 Abs. 1 Nr. 9 Satz 1 KStG sind Ergebnisse aus **selbstbewirtschafteten Forstbetrieben** einbezogen, die bis einschl. VZ 1976 nach der Verwaltungspraxis als Gegenstand der Vermögensverwaltung gesehen wurden und nunmehr nach § 5 Abs. 1 Nr. 9 Satz 3 KStG von der partiellen Steuerpflicht nach § 5 Abs. 1 Nr. 9 Satz 2 KStG ausgenommen sind (s. Rz. 55). 132

Die Steuerbefreiung nach § 5 Abs. 1 Nr. 9 Satz 1 KStG erstreckt sich schließlich auch auf Ergebnisse, die von der gemeinnützigen Einrichtung aus der Unterhaltung von **Zweckbetrieben** i. S. d. §§ 65 bis 68 AO erzielt werden. Der Zweckbetrieb stellt einen wirtschaftlichen Geschäftsbetrieb i. S. d. § 14 Satz 1 AO dar, der zur Erreichung der steuerbegünstigten Zwecke erforderlich ist und demzufolge eine steuerliche Privilegierung erfährt. Die Steuerbefreiung erfaßt Geschäftsbetriebe, die entweder die Tatbestandsmerkmale des § 65 Nr. 1 bis 3 AO erfüllen oder in den Anwendungsbereich der typisierenden Bestimmungen der §§ 66 ff. AO fallen (s. § 64 Abs. 1 AO). 133

Zur Abgrenzung der steuerbefreiten Zweckbetriebe als steuerunschädliche wirtschaftliche Geschäftsbetriebe von den die partielle Steuerpflicht

---

[190] S. RFH v. 29. 3. 1938 I 53/38, RStBl. 1938, 471 zum Vorliegen eines Betriebs gewerblicher Art. i. S. d. § 1 Abs. 1 Nr. 6 i.V. m. § 4 KStG, gl. A. *Märkle* 307, *Hüttemann* 158, *Fischer* in Hübschmann/Hepp/Spitaler, § 14 AO Rz. 103, *Woitschell* in Arthur Andersen, § 5 KStG Rz. 548 sowie OFD Münster v. 29. 9. 1982 – S 2729 – 82 – St 13–31, KStHA 1998, § 5 KStG H 8.

[191] Das **StSenkG 2001** sieht mit § 8 b Abs. 2 KStG im Rahmen der Einkommensermittlung von KSt-Subjekten für die Übertragung von Kapitalbeteiligungen nach dem 31. 12. 2001 (§ 34 Abs. 6 d Nr. 2 KStG) eine allgemeine Befreiung für Veräußerungsgewinne vor (s. BT-Drs. 14/2683, 78, 124).

[192] Gl. A. *Fischer* in Hübschmann/Hepp/Spitaler, § 14 AO Rz. 43.

nach § 5 Abs. 1 Nr. 9 Satz 2 KStG auslösenden steuerschädlichen wirtschaftlichen Geschäftsbetrieben im einzelnen s. § 6 Rz. 81 ff.

dd) Beginn der partiellen Steuerpflicht

135 Die partielle Steuerpflicht der gemeinnützigen Einrichtung i. S. d. § 5 Abs. 1 Nr. 9 Satz 2 KStG wird durch die Unterhaltung eines steuerschädlichen wirtschaftlichen Geschäftsbetriebs i. S. d. § 64 Abs. 1 i.V. m. § 14 Satz 1 AO begründet. Nimmt die gemeinnützige Einrichtung eine entsprechende wirtschaftliche Tätigkeit auf, führt die hierdurch begründete Steuerpflicht zu einem partiellen Erlöschen der sachlichen Steuerbefreiung i. S. d. § 5 Abs. 1 Nr. 9 KStG.

Ein entsprechender partieller Verlust der Steuervergünstigung (s. § 64 Abs. 1 AO) tritt bei der nach § 5 Abs. 1 Nr. 9 KStG im übrigen steuerbefreiten Körperschaft ein mit

– der **Eröffnung oder** dem **Erwerb eines wirtschaftlichen Geschäftsbetriebs** i. S. d. §§ 14 Satz 1, 64 Abs. 1 AO oder
– dem **Wegfall der Zweckbetriebsvoraussetzungen** i. S. d. §§ 65 bis 68 AO.

Zur unveränderten partiellen Steuerpflicht bei Überschreiten der Besteuerungsgrenze i. S. d. § 64 Abs. 3 AO s. Rz. 144.

136 Mit dem Beginn der partiellen Steuerpflicht ist das **jährliche steuerliche Ergebnis** des einzelnen wirtschaftlichen Geschäftsbetriebs für das Kalender- bzw. Wirtschaftsjahr zu ermitteln und im Rahmen des Veranlagungsverfahrens für den jeweiligen Veranlagungszeitraum zur KSt heranzuziehen (s. Rz. 109). Zur Zusammenfassung verschiedener wirtschaftlicher Geschäftsbetriebe nach § 64 Abs. 2 AO sowie zur Bedeutung dieser Regelung im Rahmen der Einkommensermittlung s. Rz. 82 f.

Der **Beginn** der partiellen Steuerpflicht wird im Fall der Eröffnung bzw. bei Erwerb mit dem Beginn der entsprechenden wirtschaftlichen Tätigkeit begründet und fällt bei Wegfall der Zweckbetriebsvoraussetzungen auf den Beginn des Veranlagungszeitraums (= Kalenderjahrs), der auf den Veranlagungszeitraum der letztmaligen Befreiung folgt.

Zur Gewinnermittlung im einzelnen s. Rz. 235 ff. Zur Zuordnung von Einnahmen und Ausgaben s. Rz. 255 ff.

137 Der Beginn der partiellen Steuerpflicht der gemeinnützigen Körperschaft wirft im **steuerverhafteten betrieblichen Bereich** gleichzeitig die Frage der Abgrenzung und Freistellung der in steuerbefreiter Zeit begründeten **stillen Reserven** auf. Eine erforderliche Bewertung der in den partiell steuerpflichtigen Bereich überführten Wirtschaftsgüter mit dem Teilwert wird nach allgemeinen ertragsteuerrechtlichen Grundsätzen zur Erfassung von Einlagen (§ 4 Abs. 1 Satz 1 und 5, § 6 Abs. 1 Nr. 5 und 6 EStG) bzw. nach der besonderen Einkommensermittlungsvorschrift des § 13 Abs. 5 i.V. m. Abs. 2 KStG erreicht (im Überblick s. Abb. 3 Rz. 170). Erzielt ein Körperschaftsteuersubjekt neben Gewinneinkünften auch Überschußeinkünfte i. S. d. § 2 Abs. 2

Nr. 2 EStG,[193] ist eine Abgrenzung stiller Reserven insoweit ohne Belang und lediglich für den betrieblichen Einkünftebereich durchzuführen.

(1) Abgrenzung nach allgemeinen ertragsteuerlichen Grundsätzen

Im Falle der **Betriebseröffnung** ergibt sich eine erforderliche Ab- 138
grenzung der in steuerbefreiter Zeit gebildeten stillen Reserven bereits nach den allgemeinen steuerlichen Gewinnermittlungsvorschriften der §§ 4 ff. EStG. Aufgrund der lediglich subsidiären Funktion des § 13 KStG sind die allgemeinen bilanzsteuerrechtlichen Normen vorrangig vor der besonderen Einkommensermittlungsvorschrift des § 13 KStG anzuwenden:[194]

– Wird der wirtschaftliche Geschäftsbetrieb mit bereits **vorhandenen** und bislang dem steuerbefreiten Bereich zuzuordnenden **Wirtschaftsgütern** eröffnet, wird eine entsprechende Abgrenzung vorhandener stiller Reserven durch den Ansatz der aus dem außerbetrieblichen (ideellen) Bereich in den steuerverhafteten betrieblichen Bereich überführten Wirtschaftsgüter als **Einlage** mit dem **Teilwert** erreicht (§ 4 Abs. 1 Satz 1 und 5, § 6 Abs. 1 Nr. 6 und 5 EStG). Eine konkrete Zuordnung der einzelnen Wirtschaftsgüter ist ggf. für den Zeitpunkt des Wechsels der Steuerpflicht vorzunehmen; zum Umfang des Betriebsvermögens partiell steuerpflichtiger gemeinnütziger Einrichtungen s. Rz. 247. Der Ansatz des Teilwerts führt bei späterer Veräußerung des Wirtschaftsguts zu einem höheren, dem Verkaufspreis gegenüberzustellenden Restbuchwert und gewährleistet, daß lediglich nach steuerbefreiter Zeit entstandene stille Reserven der Besteuerung unterworfen werden. Eine entsprechende Einlagenbewertung ist nicht nur im Falle der Betriebseröffnung, sondern auch bei bestehendem wirtschaftlichen Geschäftsbetrieb vorzunehmen, wenn die im übrigen steuerbefreite Körperschaft Wirtschaftsgüter dem wirtschaftlichen Geschäftsbetrieb zuführt.[195]

Die Vorschrift des **§ 13 KStG**, die als besondere Einkommensermittlungsvorschrift des KStG – auch bei teilweisem Wechsel der Steuerpflicht im Bereich der bilanziellen Gewinnermittlung – eine Abgrenzung der stillen Reserven durch eine Schluß- und Anfangsbilanzierung nach § 13 Abs. 5 i.V. m. Abs. 1 und 2 KStG sicherstellt, besitzt

---

193 Z. B. als Verein oder Stiftung i. S. d. § 1 Abs. 1 Nr. 4 und 5 KStG nach § 8 Abs. 1 KStG i.V. m. § 22 Nr. 3 EStG, s. Rz. 70 ff.

194 Gl. A. *Streck* § 13 KStG Rz. 11; *Jost* in Dötsch/Eversberg/Jost/Witt, § 13 Rz. 225 f., vgl. auch *H/H/R* § 13 KStG Rz. 10; a. A. *Blümich/Wied* § 13 KStG Rz. 33.

195 Zur gemeinnützigkeitsrechtlichen Beschränkung auf eine Überführung von Vermögensgegenständen bzw. Mitteln des zulässigen Vermögens im Hinblick auf das Mittelverwendungsgebot des § 55 Abs. 1 Nr. 1 i.V. m. § 58 Nr. 6, 7 AO s. *Kümpel* DStR 1999, 1505, 1506 f., *Hüttemann* 84 f., sowie *Fischer* in Hübschmann/Hepp/Spitaler, § 64 AO Rz. 55 ff.

lediglich **subsidiären Charakter**[196] und regelt lediglich den Wechsel in der Steuerpflicht, nicht hingegen Begründung und Beendigung einer Einkunftsquelle. Die Bestimmung des § 13 Abs. 5 i.V. m. Abs. 2 KStG, die hinsichtlich der Überführung vorhandener Wirtschaftsgüter in den partiell steuerpflichtigen Bereich zu einem Teilwertansatz (§ 13 Abs. 3 Satz 1 KStG) führen würde, findet bei der Eröffnung eines wirtschaftlichen Geschäftsbetriebs **keine Anwendung**. Einer Verstrickungsbilanz i. S. d. § 13 Abs. 2 KStG, die ein der Einlagenbewertung entsprechendes Ergebnis sicherstellen soll,[197] bedarf es insoweit nicht, da entsprechende Einlagehandlungen bereits durch die allgemeinen bilanzsteuerrechtlichen Bestimmungen der §§ 4 ff. EStG abgegrenzt werden. Zum entsprechenden Vorrang der allgemeinen ertragsteuerlichen Gewinnermittlungsgrundsätze bei Beendigung eines wirtschaftlichen Geschäftsbetriebs durch Betriebsveräußerung, Betriebsverpachtung und Betriebsaufgabe s. Rz. 150 ff.

– **Wirtschaftsgüter**, die von der gemeinnützigen Einrichtung im Zuge der Betriebseröffnung **erworben** werden, stellen Geschäftsvorfälle der neuen steuerrelevanten betrieblichen Betätigung dar. Sie sind gleichfalls nach den allgemeinen bilanzsteuerrechtlichen Grundsätzen, mithin nach Maßgabe des § 8 Abs. 1 KStG i. V. m. § 4 Abs. 1, §§ 5, 6 Abs. 1 Nr. 1 und 2 EStG mit den **Anschaffungs- bzw. Herstellungskosten** zu aktivieren. Unter den Voraussetzungen des § 6 Abs. 2 EStG führen sie als geringwertige Wirtschaftsgüter sowie darüber hinaus bei unterjähriger betrieblicher Nutzungsdauer nach § 4 Abs. 4 EStG zu sofort abzugsfähigem Aufwand.

139 Ein zutreffender bilanzsteuerrechtlicher Ansatz der dem wirtschaftlichen Geschäftsbetrieb der partiell steuerpflichtigen gemeinnützigen Einrichtung dienenden Wirtschaftsgüter wird auch im Fall des **Erwerbs eines Betriebs** durch die allgemeinen Gewinnermittlungsvorschriften des EStG gewährleistet. Für eine Anwendung des § 13 KStG besteht weder im Hinblick auf den gebotenen steuerbilanziellen Wertansatz noch nach Sinn und Zweck dieser Norm ein Bedarf.[198]

– Geht der die partielle Steuerpflicht begründende wirtschaftliche Geschäftsbetrieb auf einen **entgeltlichen** Erwerb des Betriebs zurück, sind die Wirtschaftsgüter, mit denen der wirtschaftliche Geschäftsbetrieb unterhalten wird, nach § 6 Abs. 1 Nr. 7 EStG mit den Teilwerten, höchstens jedoch mit den Anschaffungskosten bzw. Herstellungskosten (§ 6 Abs. 1 Nr. 1 und 2 EStG) anzusetzen.
– Auch im Falle des **unentgeltlichen** Erwerbs eines gewerblichen wirtschaftlichen Geschäftsbetriebs, z. B. einer zugestifteten oder von Todes wegen zugewendeten mitunternehmerischen Kommanditbeteiligung, stellen bereits die allgemeinen steuerlichen Gewinnermittlungsvorschriften mit § 8 Abs. 1 KStG i.V. m. § 6 Abs. 3 EStG[199] eine

---

[196] S. *Bott* in ArthurAndersen, § 13 KStG Rz. 26 sowie *Schauhoff* DStR 1996, 366, 367.
[197] Vgl. BT-Drs.. 7/1470, 346.
[198] Gl. A. *Jost* in Dötsch/Eversberg/Jost/Witt, § 13 KStG Rz. 225.
[199] Bis einschl. VZ 1998: § 7 Abs. 1 EStDV.

erforderliche weitergehende Verstrickung der mitunternehmerischen Beteiligung mit einer Buchwertfortführung sicher.[200] Die Regelung des § 13 KStG findet auch hier keine Anwendung.

(2) Anwendung des § 13 KStG

140 Beim **Wegfall der Voraussetzungen** für die Annahme eines steuerunschädlichen **Zweckbetriebs** i. S. d. §§ 65 ff. AO führt die entstehende partielle Steuerpflicht mit einem (teilweisen) Wechsel der Steuerpflicht nach der hier einschlägigen Regelung des **§ 13 Abs. 5 i.V. m. Abs. 2 KStG** zur Aufstellung einer **Anfangsbilanz**; in dieser sind die dem bisherigen Zweckbetrieb dienenden Wirtschaftsgüter grundsätzlich nach § 13 Abs. 3 Satz 1 KStG mit den Teilwerten anzusetzen.[201] Die steuerneutrale Aufdeckung der stillen Reserven verhindert eine nachträgliche Versteuerung der während der Steuerbefreiung entstandenen stillen Reserven in partiell steuerpflichtiger Zeit[202] und stellt den Wegfall der Zweckbetriebsvoraussetzungen tatsächlichen Einlagehandlungen gleich.

Da eine steuerliche Erfassung von Vermögensmehrungen/-minderungen grds. nur im Bereich der substanzverhafteten betrieblichen Einkunftsarten erfolgt, kommt die Vorschrift des § 13 Abs. 2 KStG lediglich bei **Gewinneinkünften** i. S. d. § 2 Abs. 2 Nr. 1 EStG zum Tragen, die auf der Grundlage eines Betriebsvermögensvergleichs (§§ 4, 5 EStG) ermittelt werden. Die Regelung des § 13 Abs. 2 i.V. m. Abs. 5 KStG ist danach bei Körperschaften i. S. d. § 8 Abs. 2 KStG, die in vollem Umfang gewerbliche Einkünfte erzielen, stets anwendbar. Sie erlangt bei anderen Körperschaften lediglich für den Bereich der Gewinneinkünfte Bedeutung.[203]

141 Eine endgültige Freistellung der während der Steuerbefreiung entstandenen stillen Reserven wird durch einen bilanziellen Ausweis der Wirtschaftsgüter zu Teilwerten (s. § 13 Abs. 3 Satz 1 KStG) sichergestellt. Die Abgrenzung der stillen Reserven setzt daher eine **bilanzielle Gewinnermittlung** i. S. d. § 4 Abs. 1 EStG (ggf. i.V. m. § 5 EStG) für die Zeit nach dem Wegfall der Steuerbefreiung voraus.[204]

Hat die Körperschaft, Personenvereinigung oder Vermögensmasse vor dem Wegfall der Steuerbefreiung ihren Gewinn im Rahmen einer vereinfachten **Überschußrechnung i. S. d. § 4 Abs. 3 EStG** ermittelt, ist für eine dem Wortlaut sowie dem Zweck der Norm entsprechende erfolgsneutrale Aufdeckung der stillen Reserven erforderlich, daß die gemeinnützige Einrichtung ihren Gewinn mit Beginn der Steuerpflicht durch Bestandsvergleich i. S. d. § 4 Abs. 1, § 5 EStG i.V. m. § 8 Abs. 1 KStG ermittelt. Wenngleich die gemeinnützige Einrichtung zu einer entsprechenden künftigen bilanziellen Gewinnermittlung für den wirtschaftlichen Geschäftsbetrieb nicht verpflichtet ist, ist

---

200 S. *Schauhoff* DStR 1996, 366, 368.

201 Zur Ausnahmeregelung des § 13 Abs. 4 Satz 2 KStG s. Rz. 142.

202 S. *Bott* in Arthur Andersen, § 13 KStG Rz. 42 ff.

203 Vgl. Abschn. 47 Abs. 4 KStR.

204 Vgl. BT-Drs. 7/1470, 346 sowie Abschn. 47 Abs. 4 Satz 1 KStR.

ein entsprechender Wechsel und Übergang der Gewinnermittlungsart zweckmäßig, um in den Anwendungsbereich des § 13 Abs. 2 i.V. m. Abs. 5 KStG und den hiermit verbundenen Teilwertansatz in der Anfangsbilanz zu gelangen.[205]

142 Die Wirtschaftsgüter sind nach der **Ausnahmeregelung** des § 13 Abs. 4 Satz 2 KStG mit dem **Buchwert** anstelle des Teilwerts in die steuerverhaftete partielle Steuerpflicht zu überführen, wenn diese bereits bei einem vorherigen Wechsel der Steuerpflicht, mithin bei einem früheren (ggf. teilweisen) Beginn der Steuerbefreiung nach § 13 Abs. 4 Satz 1 KStG gleichfalls mit dem Buchwert aus dem steuerpflichtigen in den steuerbefreiten Bereich überführt worden sind. Der Ansatz der fortgeführten Buchwerte gewährleistet hier im Rahmen der erneuten (partiellen) Steuerpflicht eine Erfassung nicht nur der zum Zeitpunkt des früheren Eintritts in die Steuerbefreiung nach § 13 Abs. 4 Satz 1 KStG nicht realisierten, sondern auch der während der Steuerbefreiung begründeten stillen Reserven.[206]

143 Ein Anwendungsfall des § 13 Abs. 5 KStG liegt mit einem Wechsel der Steuerpflicht schließlich auch bei dem **Wegfall der Steuerbefreiung** bei einer mit einem wirtschaftlichen Geschäftsbetrieb lediglich **partiell steuerpflichtigen** Körperschaft vor. Erfüllt eine bislang lediglich mit einem wirtschaftlichen Geschäftsbetrieb partiell steuerpflichtige, im übrigen jedoch steuerbefreite Körperschaft nicht mehr die Voraussetzungen der Steuerbefreiung, sind in einer Anfangsbilanz i. S. d. § 13 Abs. 5 i.V. m. Abs. 2 KStG vorbehaltlich der Ausnahmeregelung des § 13 Abs. 4 Satz 2 KStG (s. Rz. 142) die Wirtschaftsgüter mit dem Teilwert (§ 13 Abs. 3 Satz 1 KStG) anzusetzen, die nicht dem Betriebsvermögen des wirtschaftlichen Geschäftsbetriebs zuzuordnen und mit dem **Eintritt in die volle Steuerpflicht** in die Steuerverhaftung überführt worden sind, vgl. § 9 Rz. 43 ff.

(3) Keine Abgrenzung stiller Reserven

144 Überschreitet die gemeinnützige Einrichtung mit ihren Einnahmen aus steuerschädlichen wirtschaftlichen Geschäftsbetrieben die umsatzabhängige **Besteuerungsgrenze i. S. d. § 64 Abs. 3 AO** i. H. v. 60 000 DM (s. Rz. 47), bleibt die partielle Steuerpflicht i. S. d. § 5 Abs. 1 Nr. 9 Satz 2 KStG, die bereits mit Aufnahme der steuerschädlichen wirtschaftlichen Tätigkeit begründet worden ist, unberührt. Die Tatsache, daß im Anwendungsbereich des § 64 Abs. 3 AO keine KSt erhoben und der Gewinn des wirtschaftlichen Geschäftsbetriebs erstmals zur KSt herangezogen wird, bedeutet insbesondere keinen Beginn der partiellen Steuerpflicht. Da das Über- oder Unterschreiten der Besteuerungsgrenze i. S. d. § 64 Abs. 3 AO keinen Wechsel in der sachlichen Steuerpflicht der steuerbegünstigten Körperschaft darstellt, liegt hier **kein Anwendungsfall des § 13 Abs. 5 KStG** vor.[207]

[205] Vgl. *Bott* in Arthur Andersen, § 13 KStG Rz. 44 ff.
[206] S. hierzu im einzelnen *Bott* in Arthur Andersen, § 13 KStG Rz. 165 ff.
[207] S. AEAO, § 64 AO Rz. 14.

Das Überschreiten der Besteuerungsfreigrenze verändert weder den Charakter des wirtschaftlichen Geschäftsbetriebs als solchen noch die Steuerverhaftung des dem wirtschaftlichen Geschäftsbetrieb dienenden Betriebsvermögens. Auch Einlagen i. S. d. § 4 Abs. 1 Satz 1 und 5 EStG sind demzufolge bei Überschreiten der Besteuerungsgrenze nicht abzugrenzen.[208]

Zur Nachversteuerung nach § 61 Abs. 3 AO, die gleichfalls keinen Anwendungsfall des § 13 KStG darstellt, s. § 9 Rz. 60 ff. 145

ee) Ende der partiellen Steuerpflicht

Die partielle Steuerpflicht i. S. d. § 5 Abs. 1 Nr. 9 Satz 2 KStG wird durch das Unterhalten eines im Sinne der Befreiungsnorm des § 5 Abs. 1 Nr. 9 KStG steuerschädlichen wirtschaftlichen Geschäftsbetriebs begründet und aufrechterhalten. Mit dem Wegfall einer wirtschaftlichen Betätigung i. S. d. § 14 AO, die nicht die Voraussetzungen eines Zweckbetriebs i. S. d. §§ 65 ff. AO erfüllt, wird die sachliche Steuerbefreiung i. S. d. § 5 Abs. 1 Nr. 9 KStG partiell erweitert. 150

Eine entsprechende (ggf. teilweise) Beendigung der partiellen Steuerpflicht der im übrigen steuerbefreiten gemeinnützigen Einrichtung tritt ein mit

- der **Einstellung** oder dem **Verkauf des wirtschaftlichen Geschäftsbetriebs** i. S. d. §§ 14 Satz 1, 64 Abs. 1 AO bzw.
- dem **Vorliegen der Zweckbetriebsvoraussetzungen** i. S. d. §§ 65 bis 68 AO.

Zur unveränderten partiellen Steuerpflicht bei Unterschreiten der Besteuerungsgrenze i. S. d. § 64 Abs. 3 AO s. Rz. 169.

Bei einem Wegfall der partiellen Steuerpflicht stellen sich im betrieblichen und demzufolge substanzverhafteten Einkünftebereich i. S. d. § 2 Abs. 2 Nr. 1 EStG Fragen der **Abgrenzung stiller Reserven** sowie der Vornahme einer hieran anknüpfenden Schlußbesteuerung. Das während der partiellen Steuerpflicht steuerverhaftete Betriebsvermögen setzt sich aus den Wirtschaftsgütern zusammen, die dem wirtschaftlichen Geschäftsbetrieb der Körperschaft bislang dienten (s. Rz. 247). Erzielt ein Steuersubjekt im Rahmen der partiellen Steuerpflicht neben Gewinneinkünften auch Überschußeinkünfte i. S. d. § 2 Abs. 2 Nr. 2 EStG, ist eine Abgrenzung der stillen Reserven auch im Anwendungsbereich des § 13 KStG für den nicht steuerverstrickten Einkünftebereich ohne Belang und lediglich für den betrieblichen Einkünftebereich durchzuführen.[209] 151

Wird eine betriebliche Tätigkeit aufgegeben, ist eine entsprechende **Schlußbesteuerung** weitgehend nach den allgemeinen Gewinnermittlungsvorschriften des EStG (§§ 4 ff., § 16 Abs. 1 und 3 EStG) gewährleistet, auf die § 8 Abs. 1 KStG für die Besteuerung von Körperschaften verweist. Im Anwendungsbereich des § 13 KStG hingegen läßt 152

[208] Gl. A. *Thiel/Eversberg* DB 1990, 345.

[209] Gl. A. *Streck* § 13 KStG Rz. 8 unter Hinweis auf den Wortlaut des § 12 Abs. 1 RegEntw., BT-Drs. 7/1470, 174 sowie Abschn. 47 Abs. 2 Satz 2 KStR

das **Buchwertprivileg** des § 13 Abs. 4 KStG für gemeinnützige Einrichtungen mit spendenbegünstigten Zwecken eine Überführung der Wirtschaftsgüter in den steuerbefreiten Bereich ohne Aufdeckung der stillen Reserven zu.

Eine im Einzelfall auftretende **Konkurrenzsituation** zwischen Aufdeckung der während der Steuerpflicht entstandenen stillen Reserven nach den allgemeinen ertragsteuerlichen Bestimmungen des EStG einerseits und Überführung der Wirtschaftsgüter nach den Bestimmungen des § 13 Abs. 1, 5 i.V. m. Abs. 4 Satz 1 KStG zu Buchwerten andererseits wird im Schrifttum sowie von der FinVerw. aufgrund des lediglich subsidiären Charakters des § 13 KStG (s. Rz. 138) grds. und m. E. zutreffend zugunsten der allgemeinen ertragsteuerlichen Grundsätze mit der Folge einer Schlußbesteuerung gelöst.[210] Die Heranziehung des Ersatzrealisierungstatbestandes des § 13 Abs. 1 i.V. m. Abs. 5 KStG kommt danach auch mit der Folge der Anwendung der begünstigenden Regelung des § 13 Abs. 4 Satz 1 KStG (s. Rz. 164 ff.) nur dann in Betracht, wenn nicht bereits die allgemeinen einkommensteuerrechtlichen Bestimmungen eine systemgerechte Schlußbesteuerung sicherstellen. Ein hiervon abweichender Ansatz ist in der Literatur in neuerer Zeit hinsichtlich der Betriebsaufgabe, teilweise auch allgemein hinsichtlich der Überführung von Wirtschaftsgütern in den ideellen Bereich im Fall einer Nutzungsänderung vorzufinden.[211]

Zur Abgrenzung stiller Reserven bei Beginn und Ende der partiellen Steuerpflicht im Überblick s. Abb 3 Rz. 170.

(1) Abgrenzung nach allgemeinen ertragsteuerlichen Grundsätzen

153 Wird ein wirtschaftlicher Geschäftsbetrieb als gewerblicher Betrieb oder Teilbetrieb im Wege der **Betriebsveräußerung** eingestellt, hat die gemeinnützige Einrichtung nach der allgemeinen Vorgabe des § 8 Abs. 1 KStG i.V. m. § 16 Abs. 1 Nr. 1 EStG einen (steuerpflichtigen) Veräußerungsgewinn zu ermitteln, der zu den gewerblichen Einkünften i. S. d. § 15 EStG gehört. Den Veräußerungserlösen sind hierbei die vorhandenen Restbuchwerte sowie angefallene Veräußerungskosten gegenüberzustellen (s. § 16 Abs. 2 EStG). Die mit der Veräußerung realisierten stillen Reserven sind Bestandteil des Ergebnisses aus steuerschädlichem wirtschaftlichem Geschäftsbetrieb und werden im Rahmen der partiellen Steuerpflicht nach § 5 Abs. 1 Nr. 9 Satz 2 KStG einer **Schlußbesteuerung** zugeführt. Der Veräußerungsgewinn gehört materiell bereits nach der Bestimmung des § 4 Abs. 1 Satz 1 EStG zum betrieblichen Gewinn; die Vorschrift des § 16 EStG erlangt insoweit lediglich deklaratorische

---

[210] S. *Jost* in Dötsch/Eversberg/Jost/Witt, § 13 KStG Rz. 9 ff., 187 ff.; *Streck* § 13 KStG Rz. 11, *Blümich/Wied* § 13 KStG Rz. 35; *H/H/R* § 13 Rz. 10; *Schauhoff* DStR 1996, 366, *Dötsch/Jost* DB Beilage 4/96, 17 f. sowie Abschn. 47 Abs. 12 KStR.

[211] So *Schauhoff* DStR 1996, 366, 368, *Posdziech* krit., KStK 47/9, *Kümpel* DStR 1999, 1505, 1510, sowie *Märkle* 10. Aufl. 2000, 197, *Kießling/Buchna* 354 und *Thiel* GmbHR 1997, 10, 14 f.

Bedeutung.[212] Die im Rahmen einer Betriebsveräußerung erzielten Erlöse zählen m.E. zu den im Rahmen der Besteuerungsgrenze i.S.d. § 64 Abs. 3 AO zu ermittelnden Einnahmen (s. Rz. 47 ff., 49).

154 Der **Freibetrag** nach § 16 Abs. 4 EStG ist nach der einschränkenden Neufassung durch das JStG 1996 v. 11. 10. 1995[213] mit max. 30 000 DM letztmals für **vor dem 1. 1. 1996** erfolgende Realisierungstatbestände zu berücksichtigen.[214]

155 Hat die partiell steuerpflichtige Körperschaft ihren Gewinn **bislang** nach **§ 4 Abs. 3 EStG** vereinfacht durch Gegenüberstellung der Betriebseinnahmen und Betriebsausgaben ermittelt, wird für den Zeitpunkt der Veräußerung ein vorheriger Wechsel der Gewinnermittlungsart und damit ein Übergang zur Gewinnermittlung durch Betriebsvermögensvergleich nach § 4 Abs. 1 EStG unterstellt.[215]

156 Die besondere Einkommensermittlungsvorschrift des **§ 13 KStG** mit ihrem grundsätzlichen Teilwertansatz[216] und dem diesen durchbrechenden Buchwertprivileg des § 13 Abs. 4 Satz 1 KStG (s. Rz. 164 ff.) findet aufgrund ihres subsidiären Charakters als Ersatzrealisierungstatbestand[217] im Falle der Betriebsveräußerung **keine Anwendung**. Die Vorschrift des § 13 KStG trägt den Besonderheiten der partiellen Steuerpflicht Rechnung und stellt dann eine grundsätzliche Entstrickung mit dem Teilwertansatz sicher, wenn nicht bereits die allgemeinen Gewinnermittlungsgrundsätze eine systemgerechte Schlußbesteuerung ermöglichen. Ist für einen wirtschaftlichen Geschäftsbetrieb eine Steuerentstrickung wie im Falle der Betriebsveräußerung bereits nach allgemeinen Grundsätzen durchzuführen, kann die bislang insoweit partiell steuerpflichtige Körperschaft i.S.d. § 5 Abs. 1 Nr. 9 KStG eine nach den allgemeinen Grundsätzen erforderliche Schlußbesteuerung nicht mit einer Buchwertfortführung i.S.d. § 13 Abs. 4 Satz 1 vermeiden.[218] Die Inanspruchnahme des sog. Buchwertprivilegs i.S.d. § 13 Abs. 4 Satz 1 KStG setzt als Ausnahmeregelung zur Bewertungsnorm des § 13 Abs. 3 Satz 1 KStG eine grds. Anwendung des § 13 KStG voraus, die hier aufgrund der vorrangigen allgemeinen Bestimmung der § 8 Abs. 1, 2 KStG i.V.m. §§ 15, 16 und § 4 Abs. 1 EStG allerdings nicht zum Tragen kommt.

157 Werden im Rahmen der (Teil-)Betriebsveräußerung **einzelne Wirtschaftsgüter zurückbehalten** und in den steuerbefreiten Bereich (ideell, Vermögensverwaltung, Zweckbetrieb) überführt, erfüllt die gemeinnützige Körperschaft den Tatbestand der **Entnahme** i.S.d. § 8 Abs. 1 KStG i.V.m. § 4 Abs. 1 Satz 1 und 2 EStG, die nach § 6 Abs. 1

---

[212] S. BFH v. 2. 3. 1989 IV R 128/86, BStBl. II 1989, 543 unter Hinweis auf BFH v. 16. 9. 1966 VI 118–119/65, BStBl. III 1967, 70.

[213] BStBl. I 1995, 438.

[214] S. § 52 Abs. 34 Satz 3 EStG i.d.F. des StEntlG 1999/2000/2002.

[215] S. R 16 Abs. 7 EStR.

[216] S. § 13 Abs. 3 Satz 1 KStG.

[217] S. hierzu *Bott* in Arthur Andersen, § 13 KStG Rz. 4, *Schauhoff* DStR 1996, 366 sowie Rz. 138.

[218] Vgl. Abschn. 47 Abs. 12 KStR.

Nr. 4 EStG mit dem **Teilwert** zu bewerten ist und demzufolge gleichfalls zu einer Aufdeckung vorhandener stiller Reserven führt. Eine Entnahme i. S. d. § 4 Abs. 1 Satz 2 EStG („für betriebsfremde Zwecke") ist begrifflich hier auch dann möglich, wenn es sich bei der gemeinnützigen Einrichtung um eine Kapitalgesellschaft handelt. Da die Kapitalgesellschaft als Steuersubjekt Wirtschaftsgüter aus dem betrieblichen in ihre eigene außerbetriebliche Sphäre überführt, ist die Vorschrift des § 4 Abs. 1 Satz 2 i.V. m. Satz 1 EStG im Rahmen der steuerlichen Gewinnermittlung der partiell steuerpflichtigen Körperschaft unmittelbar anwendbar (s. Rz. 96 f.). Mit dem Teilwertansatz nach § 6 Abs. 1 Nr. 4 Satz 1 EStG wird die während der Steuerpflicht begründete betriebliche Vermögensveränderung in gleicher Weise wie bei laufenden Entnahmen nach den allgemeinen bilanzsteuerrechtlichen Grundsätzen der §§ 4 ff. EStG als Bestandteil des betrieblichen und vorliegend im Rahmen der partiellen Steuerpflicht nach § 5 Abs. 1 Nr. 9 Satz 2 KStG steuerpflichtigen Ergebnisses erfaßt.[219] Eine Buchwertentnahme i. S. d. § 6 Abs. 1 Nr. 4 Satz 4 EStG (Sachspende)[220] kommt auch bei Verfolgung spendenbegünstigter Zwecke nicht in Betracht, da diese eine Zuwendung an eine andere Körperschaft voraussetzt.[221]

158 Als Veräußerung i. S. d. § 16 i.V. m. § 15 EStG gilt nach § 16 Abs. 3 EStG auch eine Einstellung des gewerblichen wirtschaftlichen Geschäftsbetriebs durch **Betriebsaufgabe**. Eine Betriebsaufgabe i. S. d. § 16 Abs. 3 EStG liegt vor, wenn die wirtschaftliche Tätigkeit endgültig eingestellt wird und alle wesentlichen Betriebsgrundlagen in einem einheitlichen Vorgang entweder in den steuerbefreiten Bereich überführt bzw. anderen betriebsfremden Zwecken zugeführt werden oder insgesamt einzeln an verschiedene Erwerber veräußert oder teilweise veräußert und teilweise entnommen werden.[222] Die Einstellung des Geschäftsbetriebs durch Betriebsaufgabe wird nach der Rechtsprechung des BFH als Sonderform der Entnahme gewertet[223] und erfordert die Aufdeckung vorhandener stiller Reserven im Rahmen einer **Schlußbesteuerung** der betrieblichen Tätigkeit. Der Aufgabegewinn gehört wie der Veräußerungsgewinn materiell bereits nach der Bestimmung des § 4 Abs. 1 Satz 1 EStG zum betrieblichen Gewinn; die Vorschrift des § 16 EStG erlangt insoweit lediglich deklaratorische Bedeutung.[224] Werden die einzelnen dem Betrieb gewidmeten Wirtschaftsgüter im

---

[219] Gl. A. *Jost* in Dötsch/Eversberg/Jost/Witt, § 13 KStG Rz. 189, *Kümpel* DStR 1999, 1505, 1511; a. A. *Thiel* GmbHR 1997, 10, 14 für Anwendung des § 13 KStG.

[220] S. hierzu § 6 Rz. 4.

[221] Gl. A. *Kümpel* DStR 1999, 1505, 1511, s. auch Rz. 160.

[222] S. *Schmidt/Wacker* § 16 EStG Rz. 173 m. w. N. sowie H 139 Abs. 2 EStH.

[223] S. BFH v. 15. 10. 1987 IV R 66/86, BStBl. II 1988, 260 sowie BFH v. 13. 12. 1983 VIII R 90/81, BStBl. II 1984, 474 m. w. N.; zur entsprechenden Behandlung laufender Entnahmen i. S. d. § 4 Abs. 1 Satz 2 EStG i.V. m. § 6 Abs. 1 Nr. 4 Satz 1 EStG im Rahmen der Einkommensermittlung der partiell steuerpflichtigen Körperschaft s. R 96 f.

[224] S. BFH v. 2. 3. 1989 IV R 128/86, BStBl. II 1989, 543 unter Hinweis auf BFH v. 16. 9. 1966 VI 118–119/65, BStBl. III 1967, 70.

Rahmen der Aufgabe des Betriebs veräußert, so sind die Veräußerungspreise anzusetzen. Werden die Wirtschaftsgüter nicht veräußert, so ist der gemeine Wert im Zeitpunkt der Aufgabe anzusetzen (§ 16 Abs. 3 Satz 5 EStG). Für Aufgabetatbestände vor dem 1. 1. 1996 kommt die Freibetragsregelung des § 16 Abs. 4 EStG (s. Rz. 154) zum Tragen. Buchgewinne aus Aufgabetatbeständen gehören m. E. nicht zu den im Rahmen der Besteuerungsgrenze i. S. d. § 64 Abs. 3 AO zu ermittelnden Einnahmen (s. Rz. 47 ff., 49). Eine steuerliche Erfassung des Aufgabegewinns setzt demzufolge ein Überschreiten der Besteuerungsgrenze bereits aufgrund weiterer wirtschaftlicher Aktivitäten voraus.

Eine Anwendung der Vorschrift des § 13 Abs. 1 i.V. m. Abs. 5 KStG **159**
und des hieran anknüpfenden **Buchwertprivilegs des § 13 Abs. 4 Satz 1 KStG**, das bei einem Wechsel der Steuerpflicht bei gemeinnützigen Einrichtungen mit spendenbegünstigten Zwecken abweichend vom grundsätzlichen Teilwertansatz eine Aufdeckung der stillen Reserven vermeidet, ist auch im Falle der Betriebsaufgabe *nicht möglich.*[225] Zu der hiervon abweichenden, im Schrifttum angekündigten neuen Position der FinVerw. s. Rz. 161.

Zu dem Vorrang einer entsprechenden Schlußbesteuerung nach § 16 Abs. 3 EStG führen die gleichen Erwägungen, die auch im Falle der Betriebsveräußerung als Schlußakt der betrieblichen Betätigung zu einer Aufdeckung der stillen Reserven führen, von der sich die Betriebsaufgabe im Hinblick auf die Frage der Realisierung vorhandener stiller Reserven letztlich nicht unterscheidet.[226] Die Betriebsaufgabe bedeutet die **Einstellung einer betrieblichen Tätigkeit**, die nach allgemeinen ertragsteuerlichen Grundsätzen eine Schlußrechnung erfordert, und stellt keinen Wechsel in der Steuerpflicht i. S. d. § 13 KStG dar, der auf die Besonderheiten der partiellen Steuerpflicht von im übrigen steuerbefreiten Körperschaften zurückzuführen und demzufolge von dieser Norm abzufangen wäre. Die gesetzliche Normierung der Steuerentstrickung in § 13 KStG trägt der fehlenden gesetzlichen Kodifizierung eines allgemeingültigen Entstrickungsgrundsatzes Rechnung, der eine Versteuerung der stillen Reserven im Zeitpunkt des Ausscheidens aus der Steuerverstrickung zuließe.[227] Die Betriebsaufgabe ist allerdings bereits nach der allgemeinen Bestimmung des § 16 Abs. 3 EStG als gesetzlicher Gewinnrealisierungstatbestand ohne Umsatzprozeß als Realisationsakt geregelt. Die Betriebsaufgabe ist wie die Betriebsveräußerung **keine Besonderheit partiell steuerpflichtiger Körperschaften**, die durch die besondere Einkommensermittlungsvorschrift des § 13 KStG im Interesse einer systematisch zutref-

---

[225] Gl. A. *Jost* in Dötsch/Eversberg/Jost/Witt, § 13 KStG Rz. 192 f.; *Streck* § 13 Anm. 11; *Blümich/Wied* § 13 KStG Rz. 35, *Dötsch/Jost* DB Beilage 4/96, 18, Abschn. 47 Abs. 12 Satz 1 bis 3 KStR; a. A. *Schauhoff* DStR 1996, 366, 368 sowie *Thiel* GmbHR 1997, 10 14 ff.

[226] S. *Schmidt/Wacker* § 16 EStG Rz. 174.

[227] Vgl. *Bott* in Arthur Andersen, § 13 KStG Rz. 4 sowie *Schauhoff* DStR 1996, 366, 367.

fenden Abgrenzung stiller Reserven zu regeln ist. Im Gegensatz zur Anwendung des § 13 KStG bei Wegfall der Zweckbetriebsvoraussetzungen (s. Rz. 163 ff.) als Wechsel von der Steuerbefreiung zur Steuerpflicht beinhaltet die Betriebsaufgabe mit dem Entschluß zur Einstellung des bislang unterhaltenen Geschäftsbetriebs eine dem Veräußerungstatbestand vergleichbare Handlung der gemeinnützigen Einrichtung, die zur Aufgabe der Einkunftsquelle führt. Die Anwendung des § 16 Abs. 3 EStG bei partiell steuerpflichtigen gemeinnützigen Körperschaften resultiert letztlich aus der aus Gründen des Wettbewerbs gebotenen Gleichstellung mit nicht steuerbefreiten Unternehmen.[228]

160 Soweit sich das Schrifttum für eine Verdrängung des § 16 Abs. 3 EStG durch eine Anwendung des § 13 Abs. 5 i. V. m. § 13 Abs. 1, Abs. 4 KStG als lex specialis ausspricht, wird diese Sonderbehandlung gegenüber der Betriebsveräußerung insbesondere mit der Parallele zur **Buchwertentnahme** bei Sachspenden nach § 6 Abs. 1 Nr. 4 Satz 4 EStG begründet.[229] Eine derartige Differenzierung wird der gebotenen Gewinnabgrenzung und der hierauf basierenden Rechtsprechung des BFH[230] zur Berücksichtigung geleisteter Spenden im Rahmen der Einkommensermittlung einer partiell steuerpflichtigen Körperschaft nicht gerecht.

Wenngleich der Gesetzgeber sowohl mit der Buchwertentnahme nach § 6 Abs. 1 Nr. 4 Satz 4 EStG als auch mit dem Buchwertprivileg des § 13 Abs. 4 Satz 1 KStG auf eine Aufdeckung von stillen Reserven verzichtet, wenn die überführten Wirtschaftsgüter den spendenbegünstigten Zwecken einer gemeinnützigen Einrichtung dienen, setzt die Buchwertentnahme i. S. d. § 6 Abs. 1 Nr. 4 Satz 4 EStG eine anschließende Spende und damit eine Übertragung **auf eine (andere) steuerbegünstigte Körperschaft** voraus. Entsprechendes gilt für eine ertragsteuerliche Berücksichtigung von Spenden, die eine partiell steuerpflichtige gemeinnützige Einrichtung lediglich zugunsten einer anderen steuerbegünstigten Körperschaft leisten kann (s. Rz. 213). Die Überführung von Wirtschaftsgütern aus dem wirtschaftlichen Geschäftsbetrieb in den steuerbefreiten Bereich des gleichen Steuersubjekts ist hingegen nach § 6 Abs. 1 Nr. 4 Satz 1 EStG unter Aufdeckung vorhandener stiller Reserven vorzunehmen und mangels Zuwendung an eine andere Person einer Buchwertentnahme i. S. d. § 6 Abs. 1 Nr. 4 Satz 4 EStG nicht zugänglich.[231] Die anschließende Verwendung des Entstrickungsgewinns für steuerbegünstigte Zwecke (neben dem laufenden Gewinn aus wirtschaftlichem Geschäftsbetrieb) ist sowohl im

[228] S. *Hüttemann* 199 sowie Rz. 38 f.

[229] S. *Schauhoff* DStR 1996, 366, 369; *Thiel* GmbHR 1997, 10 hingegen geht für GmbH im Gegensatz zu Verein oder Stiftung von einem auch den ideellen und steuerbefreiten Bereich umfassenden Betriebsvermögensbegriff i. S. d. § 4 Abs. 1 EStG aus und erachtet für die GmbH lediglich § 13 KStG und mangels außerbetrieblichem Bereich nicht die Regelung des § 16 Abs. 3 EStG für einschlägig. S. hierzu auch § 6 Rz. 24.

[230] S. BFH v. 13. 3. 1991 I R 117/88, BStBl. II 1991, 645.

[231] Gl. A. *Jost* in Dötsch/Eversberg/Jost/Witt, § 13 KStG Rz. 189, 191 sowie *Schmidt/Glanegger* § 6 EStG Rz. 427, hier zu Betrieb gewerblicher Art.

Fall der Entnahme bzw. Betriebsaufgabe als auch im Falle der Betriebsveräußerung nach § 55 Abs. 1 Nr. 1 AO zwingend (s. Rz. 295); eine steuerliche Privilegierung des in Erfüllung der gesetzlichen Mittelverwendungspflicht erfolgten Transfers von Überschüssen in den ideellen Bereich gegenüber der freiwilligen Zuwendung i. S. d. § 10 b EStG, § 9 Abs. 1 Nr. 2 KStG würde das objektive Nettoprinzip sowie den im Rahmen der Besteuerung gebotenen Gleichheitsgrundsatz verletzen.[232] Eine unterschiedliche Behandlung von Betriebsaufgabe und Betriebsveräußerung scheidet auch vor diesem Hintergrund aus.[233]

Nach im Schrifttum von Vertretern der **FinVerw** geäußerten Meinungen[234] beabsichtigt diese, die Einstellung des wirtschaftlichen Geschäftsbetriebs durch Betriebsaufgabe künftig abweichend von der Bestimmung in Abschn. 47 Abs. 12 Satz 1 bis 3 KStR nicht nach Maßgabe des § 16 Abs. 3 EStG, sondern unter Anwendung des § 13 Abs. 4 Satz 1 i.V. m. Abs. 5 KStG erfolgsneutral zu behandeln, soweit der Betrieb/Teilbetrieb als Ganzes in den ideellen bzw. steuerbefreiten Bereich überführt wird und die Wirtschaftsgüter dort zu spendenbegünstigten Zwecken i. S. d. § 9 Abs. 1 Nr. 2 KStG verwendet werden. 161

Nicht durch das Buchwertprivileg des § 13 Abs. 4 Satz 1 KStG begünstigt bleiben danach einzelne Wirtschaftsgüter, die im Rahmen der Betriebsaufgabe in den ideellen bzw. steuerbefreiten Bereich überführt werden; Entsprechendes gilt für Veräußerungserlöse, die im Rahmen der Betriebsaufgabe erzielt werden.[235]

Neben den grundlegenden systematischen Überlegungen (s. Rz. 158) werfen hierbei die unterschiedliche Behandlung der Überführung einzelner Wirtschaftsgüter sowie – im Einzelfall ggf. aus solchen bestehende – Betriebe bzw. Teilbetriebe i. S. d. § 5 Abs. 1 Nr. 9 Satz 2 KStG einerseits sowie die sich in den Fällen der Betriebsverpachtung (s. Rz. 162) im Hinblick auf die unterschiedliche Behandlung der Sachverhalte mit bzw. ohne Aufgabeerklärung ergebenden steuerlichen Folgen andererseits kritische Fragen auf.

Wird der wirtschaftliche Geschäftsbetrieb durch die steuerbefreite Körperschaft als wirtschaftliche Einheit nicht aufgelöst, sondern mit seinen wesentlichen Grundlagen an einen Dritten verpachtet, sind die von der Rechtsprechung entwickelten Grundsätze zur **Betriebsverpachtung**[236] entsprechend anzuwenden.[237] Nach den hier gleichfalls gegenüber der Bestimmung des § 13 KStG vorrangig anzuwendenden allgemeinen ertragsteuerrechtlichen Grundsätzen unterhält die Körperschaft danach auch im Rahmen der Verpachtungstätigkeit weiterhin einen partiell steuerpflichtigen wirtschaftlichen Geschäftsbetrieb, wenn 162

---

232 S. *Hüttemann* 199.

233 S. hierzu auch *Posdziech* krit., KStK 47/9 f.

234 S. *Kümpel* DStR 1999, 1505, 1510, *Kießling/Buchna* 354 f. sowie *Märkle* 10. Aufl., 197 f.

235 S. *Märkle* 10. Aufl., a. a. O.

236 S. BFH v. 13. 11. 1963 GrS 1/63, BStBl. II 1964, 124 sowie R 139 Abs. 5 EStR.

237 Vgl. Abschn. 47 Abs. 12 Satz 4 ff. KStR, so bereits OFD Frankfurt am Main v. 24. 4. 1985 – S 0171 A – 43 – St II 12, KSt-Kartei § 5 KStG Karte H 36.

sie nicht ausdrücklich die Aufgabe des Betriebs erklärt hat.[238] Wird im Falle einer Betriebsverpachtung die Aufgabe des Betriebs erklärt, ist der Aufgabegewinn nach § 16 Abs. 3 EStG zu ermitteln und der Freibetrag i. S. d. § 16 Abs. 4 EStG (letztmals für VZ 1995 bzw. 1996, s. Rz. 154) zu gewähren. Werden im Zuge der Betriebsverpachtung einzelne Wirtschaftsgüter, die keine wesentlichen Betriebsgrundlagen darstellen, zurückbehalten und in den steuerbefreiten Bereich überführt, sind vorhandene stille Reserven im Rahmen dieser Entnahme nach § 6 Abs. 1 Nr. 4 Satz 1 EStG zu realisieren; weder das Buchwertprivileg für Sachentnahmen i. S. d. § 6 Abs. 1 Nr. 4 Satz 4 EStG noch das des § 13 Abs. 4 Satz 1 KStG findet hier m. E. Anwendung (s. Rz. 159 f.).

Die in der Literatur angekündigte und von Abschn. 47 Abs. 12 KStR abweichende künftige Auffassung der FinVerw. zum Anwendungsbereich des § 13 KStG in den Fällen der Betriebsaufgabe (s. Rz. 161) soll

– bei einer Betriebsverpachtung mit Aufgabeerklärung eine steuerneutrale Überführung der Wirtschaftsgüter in den steuerbefreiten Bereich zum Buchwert nach § 13 Abs. 4 Satz 1 KStG mit anschließenden steuerfreien Verpachtungserträgen vorsehen,
– bei unterbliebener Aufgabeerklärung und Fortführung der betrieblichen Verpachtung weiterhin von einem unterhaltenen wirtschaftlichen Geschäftsbetrieb mit der Folge steuerpflichtiger Pachteinnahmen ausgehen.[239]

Die Auffassung der FinVerw. ist im Hinblick auf die unterschiedliche Behandlung der Pachterträge nach und vor Betriebsaufgabe und die hier steuerlich folgenlose Betriebsaufgabe allerdings äußerst bedenklich.

(2) Anwendung des § 13 KStG

163 Erfüllt ein bislang steuerschädlicher wirtschaftlicher Geschäftsbetrieb nunmehr die **Voraussetzungen eines steuerunschädlichen Zweckbetriebs** i. S. d. §§ 65 bis 68 AO, liegt ein (teilweiser) Wechsel in der Steuerpflicht der gemeinnützigen Einrichtung i. S. d. **§ 13 KStG** vor, der zu einer Erweiterung der sachlichen Steuerbefreiung nach § 5 Abs. 1 Nr. 9 KStG führt. Im steuerverhafteten betrieblichen Bereich ist eine Schlußbilanz für den Teil des Betriebsvermögens, der in die Steuerbefreiung überführt wird (§ 13 Abs. 5 i.V. m. Abs. 1 KStG), aufzustellen. Der hier nach § 13 Abs. 3 Satz 1 KStG grundsätzlich maßgebende Teilwertansatz, der als Ersatzrealisierungstatbestand eine Schlußbesteuerung und damit eine Aufdeckung der in steuerpflichtiger Zeit entstandenen stillen Reserven auch ohne Einstellung der wirtschaftlichen Tätigkeit aufgrund des Wegfalls der Steuerverhaftung gewährleistet,[240] steht unter dem Vorbehalt des Buchwertprivilegs nach § 13 Abs. 4 Satz 1 KStG.

---

[238] Zur Aufgabeerklärung s. BFH v. 19. 8. 1998 X R 176/96, BFH/NV 1999, 454.

[239] S. *Märkle* 10. Aufl., 197 zum Bsp. der Vereinsgaststätte sowie *Kümpel* DStR 1999, 1505, 1511.

[240] S. Rz. 156 sowie *Bott* in Arthur Andersen, § 13 KStG Rz. 4 und *Schauhoff* DStR 1996, 366.

Im Anwendungsbereich der Steuerbefreiung für gemeinnützige Einrichtungen nach § 5 Abs. 1 Nr. 9 KStG verhindert das **Buchwertprivileg** des § 13 Abs. 4 Satz 1 KStG eine steuerwirksame Entstrickung. In der Schlußbilanz der partiell steuerpflichtigen gemeinnützigen Körperschaft sind die überführten Wirtschaftsgüter mit dem Buchwert anzusetzen, wenn diese **spendenbegünstigten Zwecken i. S. d. § 9 Abs. 1 Nr. 2 KStG** dienen.[241] Das Buchwertprivileg ist zuletzt durch das StandOG v. 13. 9. 1993[242] mit Wirkung ab VZ 1994 ausgeweitet und auf die Förderung sämtlicher spendenbegünstigten Zwecke i. S. d. § 9 Abs. 1 Nr. 2 KStG ausgedehnt worden und kommt damit für den überwiegenden Teil der gemeinnützigen Einrichtungen i. S. d. § 5 Abs. 1 Nr. 9 KStG zum Tragen. Die mit dem Ansatz der Buchwerte unterbundene Realisierung der in steuerpflichtiger Zeit entstandenen stillen Reserven soll Härten vermeiden und den Zweck der Steuerbefreiung i. S. d. § 5 Abs. 1 Nr. 9 KStG nicht beeinträchtigen.[243] 164

Die neben den mildtätigen, kirchlichen, religiösen und wissenschaftlichen Zwecken für den Spendenabzug als besonders förderungswürdig anerkannten Zwecke werden bis einschl. 1999 in Anlage 7 zu R 111 Abs. 1 EStR sowie nach der Reform des Spendenrechts ab VZ 2000 mit Anlage 1 zu § 48 Abs. 2 EStDV i. d. F. v. 10. 12. 1999[244] aufgelistet.

Im Gegensatz zu früheren Gesetzesfassungen stellt die Ausnahmeregelung des § 13 Abs. 4 Satz 1 KStG i. d. F. des StandOG v. 13. 9. 1993 nach einer sprachlichen Änderung nicht mehr auf die nach § 5 Abs. 1 Nr. 9 KStG befreite Körperschaft, Personenvereinigung oder Vermögensmasse, sondern auf die **Wirtschaftsgüter** ab, **die der Förderung spendenbegünstigter Zwecke dienen**. Die Intention des Gesetzgebers sowohl im Rahmen der Neufassung des § 13 Abs. 4 Satz 1 KStG als auch im Rahmen der flankierenden Änderung des § 6 Abs. 1 Nr. 4 Satz 4 EStG i. d. F. des JStG 1996[245] ist eindeutig auf eine Ausdehnung des Buchwertprivilegs gerichtet.[246] Wenngleich die sprachliche Änderung, die hinsichtlich der Regelung des § 13 Abs. 4 Satz 1 erst im Verlauf des Gesetzgebungsverfahrens auf Antrag des BR vorgenommen wurde,[247] zu einem Wortlaut geführt hat, der auch eine einengende Auslegung zuläßt, kann hinsichtlich der Wirtschaftsgüter, die dem Bereich der **Vermögensverwaltung** der Körperschaft zuzuordnen sind, nicht von einer Verschärfung gegenüber der bisherigen Rechtslage ausgegangen werden.[248] 165

Verfolgt die partiell steuerpflichtige gemeinnützige Körperschaft **keine spendenbegünstigten Zwecke**, geht der Vorbehalt des § 13 166

---

[241] S im einzelnen *Bott* in Arthur Andersen, § 13 KStG Rz. 156 ff.
[242] BGBl. I 1993, 1569.
[243] Vgl. BT-Drs. 7/1470, 346.
[244] BGBl. I 1999, 2413.
[245] Zuvor: § 6 Abs. 1 Nr. 4 Satz 2 EStG.
[246] Vgl. BT-Drs. 12/4158, 4, 10, 33 und 39.
[247] Vgl. BT-Drs. 12/5016, 95.
[248] Gl. A. *Schauhoff* DStR 1996, 366, *Kümpel* DStR 1999, 1505, 1511; a. A. *Jost* in Dötsch/Eversberg/Jost/Witt, § 13 KStG Rz. 159 für VZ ab 1994.

Abs. 3 Satz 1 KStG zugunsten des § 13 Abs. 4 KStG ungeachtet der Steuerbefreiung nach § 5 Abs. 1 Nr. 9 KStG ins Leere. Mit dem Teilwertansatz der überführten Wirtschaftsgüter werden vorhandene stille Reserven nach der besonderen Einkommensermittlungsvorschrift des § 13 Abs. 3 Satz 1 KStG einer Schlußbesteuerung zugeführt. Der auf der Grundlage dieses Ersatzrealisierungstatbestandes erfaßte **Entstrickungsgewinn** erhöht den laufenden Gewinn des letzten (ggf. Rumpf-) Wirtschaftsjahrs und unterliegt grds. der tariflichen KSt i. S. d. § 23 Abs. 1 KStG i. H. v. derzeit 40 v. H. (s. Rz. 315), gehört jedoch nicht zu den im Rahmen der Besteuerungsgrenze nach § 64 Abs. 3 AO zu ermittelnden Einnahmen (s. Rz. 47 ff., 49).

Entsprechendes gilt, wenn die steuerbegünstigte Körperschaft neben spendenbegünstigten Zwecken i. S. d. § 9 Abs. 1 Nr. 2 KStG auch sonstige nach § 5 Abs. 1 Nr. 9 KStG anerkannte gemeinnützigen Zwecke verfolgt. Durch das Buchwertprivileg des § 13 Abs. 4 Satz 1 KStG begünstigt sind hier nur diejenigen Wirtschaftsgüter, die den spendenbegünstigten Zwecken i. S. d. § 9 Abs. 1 Nr. 2 KStG dienen.[249] Die den nichtspendenbegünstigten gemeinnützigen Zwecken dienenden Wirtschaftsgüter sind in der Schlußbilanz nach der grds. Regelung des § 13 Abs. 3 Satz 1 KStG mit dem Teilwert anzusetzen.

167 Die Freibetragsregelung des **§ 16 Abs. 4 EStG** findet nach Auffassung der FinVerw. im Rahmen der Schlußbesteuerung nach § 13 Abs. 1 i. V. m. Abs. 3 KStG keine Anwendung.[250] Die sachliche Befreiungsvorschrift des § 16 Abs. 4 EStG, die für Körperschaften nur noch für (Ersatz-)Realisationstatbestände vor dem 1. 1. 1996 Bedeutung erlangt (s. Rz. 154) und den Zweck hat, bei geringen Veräußerungs- bzw. Aufgabegewinnen auftretende Härten durch Gewährung völliger Steuerbefreiung zu beseitigen,[251] ist nach der Rechtsprechung des BFH allerdings auch auf Liquidationsgewinne einer Kapitalgesellschaft (s. § 11 KStG) anzuwenden.[252] Den Vorschriften der §§ 11 und 13 KStG liegt der gleiche Rechtsgedanke zugrunde.[253] Im Hinblick auf den Realisierungszwang bei Übergang einer bislang steuerpflichtigen Körperschaft zur Steuerfreiheit nach § 13 Abs. 3 Satz 1 KStG ist eine analoge Anwendung des § 16 Abs. 4 EStG bei einem Wechsel in die Steuerbefreiung m. E. auch im Rahmen der Schlußbesteuerung nach § 13 Abs. 1 KStG geboten.[254]

168 Ist der partielle Beginn der Steuerbefreiung auf einen **Eintritt in die Steuerbefreiung** bei gleichzeitig bestehendem wirtschaftlichen Geschäftsbetrieb zurückzuführen, erstreckt sich die vorbehaltlich § 13 Abs. 4 Satz 1 KStG durchzuführende Schlußbesteuerung i. S. d. § 13

---

[249] S. Abschn. 47 Abs. 8 Satz 3 KStR.

[250] Vgl. Abschn. 47 Abs. 5 Satz 6 KStR; gl. A. *Jost* in Dötsch/Eversberg/Jost/Witt, § 13 KStG Rz. 44.

[251] S. BT-Drs. IV/3189, 6.

[252] Vgl. BFH v. 8. 5. 1991 I R 33/90, BStBl. II 1992, 437 sowie nunmehr auch Abschn. 26 Abs. 3 Satz 5 i. V. m. Abschn. 46 Abs. 3 KStR 1995.

[253] Vgl. BT-Drs. 7/1470, 345.

[254] Gl. A. *Posdziech* krit., KStK 47/5 sowie *Streck* § 13 KStG Rz. 10.

Abs. 5 i.V.m. Abs. 1 KStG auf das Betriebsvermögen, das außerhalb des weiterhin bestehenden wirtschaftlichen Geschäftsbetriebs in den steuerbefreiten Bereich überführt worden ist.

(3) Keine Abgrenzung stiller Reserven

Unterschreitet eine Körperschaft, Personenvereinigung oder Vermö- 169
gensmasse i. S. d. § 5 Abs. 1 Nr. 9 KStG mit den Einnahmen aus ihren wirtschaftlichen Geschäftsbetrieben die **Besteuerungsgrenze i. S. d. § 64 Abs. 3 AO** i. H. v. 60000 DM (vgl. Rz. 47 ff.), bleiben der Charakter des wirtschaftlichen Geschäftsbetriebs als solcher unberührt und das dem wirtschaftlichen Geschäftsbetrieb dienende Betriebsvermögen weiterhin steuerverhaftet. Eine Gewinnrealisierung ist bereits nach allgemeinen Gewinnermittlungsgrundsätzen nicht vorzunehmen.[255] Der fehlende Wechsel in der Steuerpflicht schließt zudem eine Anwendung des § 13 KStG aus; eine Schlußbesteuerung nach § 13 Abs. 5 KStG ist insoweit auch nach Auffassung der FinVerw[256] nicht durchzuführen.

Entsprechendes gilt, wenn bei unveränderter wirtschaftlicher Betätigung eine KSt lediglich aufgrund der Inanspruchnahme des **Freibetrags nach § 24 KStG** nicht festzusetzen ist.

[255] Gl. A. *Thiel/Eversberg* DB 1990, 345.
[256] S. AEAO, § 64 AO Rz. 14.

170

Abb. 3. Abgrenzung der stillen Reserven bei Beginn und Ende der partiellen Steuerpflicht

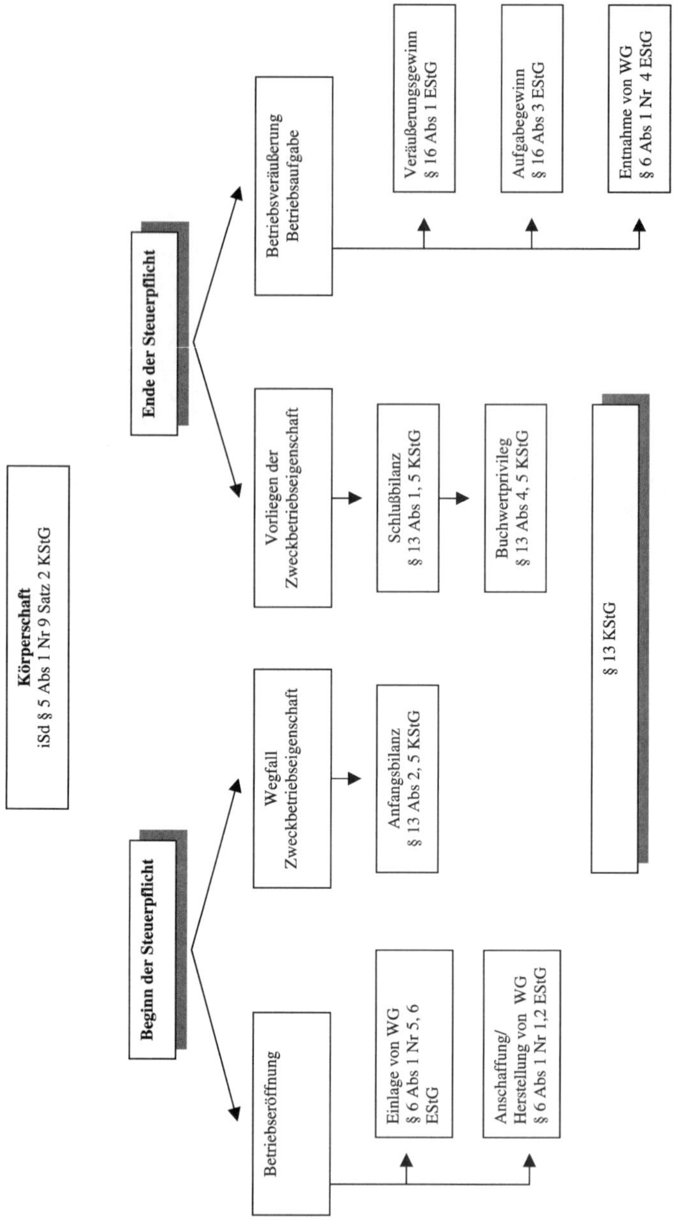

ff) Nichtabziehbare Aufwendungen

175 Als besondere körperschaftsteuerliche Einkommensermittlungsvorschrift regelt § 10 KStG Abzugsbeschränkungen, die ausschließlich für Körperschaften i. S. d. KStG Bedeutung erlangen. Die Bestimmung ergänzt die einkommensteuerrechtlichen Abzugsbeschränkungen, die nach § 8 Abs. 1 KStG auch im Rahmen der körperschaftsteuerlichen Einkommensermittlung zu beachten sind (s. Rz. 93), und trägt der unterschiedlichen Natur der Steuerpflicht bei Einkommensteuerpflichtigen und Körperschaftsteuerpflichtigen Rechnung, ohne den für ESt und KSt gleichermaßen anzuwendenden Einkommensbegriff inhaltlich abzuändern.[257]

(1) Aufwendungen für satzungsmäßige Zwecke

176 Nach des § 10 Nr. 1 KStG dürfen Aufwendungen für die Erfüllung von Zwecken des Steuerpflichtigen, die **durch Stiftungsgeschäft, Satzung oder sonstige Verfassung vorgeschrieben** sind, die steuerliche Bemessungsgrundlage nicht mindern. Die Bestimmung des § 9 Abs. 1 Nr. 2 KStG zum Spendenabzug (s. Rz. 210 ff.) bleibt hiervon allerdings unberührt (§ 10 Nr. 1 Satz 2 KStG, s. Rz. 181).

177 Ausgaben zur Zweckverwirklichung i. S. d. § 10 Nr. 1 KStG bedeuten ihrer Art nach eine **Verwendung des erzielten Einkommens**, zu der die gemeinnützige Einrichtung nach Satzung und gemeinnützigkeitsrechtlichem Grundsatz der Einkünfte- und Vermögensbindung (s. § 55 Abs. 1 Nr. 1 AO) verpflichtet ist. Auch setzen sie einen nichtsteuerbaren (ideellen) Bereich neben einem vorhandenen steuerrelevanten Bereich desselben Steuersubjekts voraus. Die Vorschrift ist damit nicht nur für Rechtsgebilde wie Stiftungen oder Vereine, sondern im Bereich der partiellen Steuerpflicht nach § 5 Abs. 1 Nr. 9 Satz 2 KStG z. B. ebenso für Kapitalgesellschaften von Bedeutung, die mit ihrem steuerbefreiten Bereich im Gegensatz zu voll steuerpflichtigen Kapitalgesellschaften über eine außerbetriebliche Sphäre verfügen (s. Rz. 94, 96).

Aufwendungen zur Erfüllung der satzungsmäßigen Aufgabenstellung dürfen nach der Bestimmung des § 10 Nr. 1 KStG ähnlich der Regelung des § 12 Nr. 1 EStG für den Bereich der Einkommensteuer nicht bei der Ermittlung des steuerlichen Einkommens aus wirtschaftlichem Geschäftsbetrieb abgezogen werden.[258] Die Vorschrift des § 10 Nr. 1 KStG spiegelt einen allgemeingültigen Grundsatz der Ertragsbesteuerung, der für eine Besteuerung nach der wirtschaftlichen Leistungsfähigkeit des Steuersubjekts eine Trennung zwischen Einkommenserzielung und Einkommensverwendung fordert.[259] Der Be-

---

[257] S. BFH v. 21. 10. 1981 I R 149/77, BStBl. II 1982, 177.

[258] S. BFH v. 24. 3. 1993 I R 27/92, BStBl. II 1993, 637 zu Rentenzahlungen einer nichtrechtsfähigen Stiftung an natürliche Person als testamentarisch festgelegter Stiftungszweck.

[259] S. BFH v. 17. 12. 1997 I R 58/97, BStBl. II 1998, 357 m. w. N. sowie BFH v. 15. 7. 1987 I R 280/81, BStBl. II 1988, 75 unter Hinweis auf die Entstehungsgeschichte der Vorschrift.

steuerung wird das erwirtschaftete Nettoergebnis aus wirtschaftlichem Geschäftsbetrieb i. S. d. § 5 Abs. 1 Nr. 9 Satz 2 KStG unterworfen. Die anschließende Verwendung des erzielten Einkommens darf die steuerliche Bemessungsgrundlage grundsätzlich[260] nicht mindern (s. Abb. 2 Rz. 102).

178 Der Rechtsgedanke, der der Bestimmung des § 10 Nr. 1 KStG zugrunde liegt, findet sich ausdrücklich auch in **§ 8 Abs. 3 KStG** zur Verteilung des Einkommens an die Gesellschafter/Mitglieder der Körperschaft. Während die Vorschrift des § 8 Abs. 3 KStG eine Gewinn-/Einkommensverwendung, die das Vermögen der Körperschaft zugunsten der hinter der Körperschaft stehenden Gesellschafter bzw. Mitglieder geschmälert hat (s. Rz. 100), für die Ermittlung des steuerlichen Einkommens für unbeachtlich erklärt, zielt die Vorschrift des § 10 Nr. 1 KStG auf eine Einkommensverwendung ab, die sich (ggf. zunächst) innerhalb der Vermögenssphäre der Körperschaft selbst zu Lasten des Ergebnisses aus wirtschaftlichem Geschäftsbetrieb vollzieht.[261] § 8 Abs. 3 KStG und § 10 Nr. 1 KStG ergänzen sich hierbei. Im Bereich der steuerlichen Gewinnermittlung können sich Überschneidungen zwischen Aufwendungen i. S. d. § 10 Nr. 1 KStG einerseits und Entnahmen i. S. d. § 4 Abs. 1 Satz 2 EStG (s. Rz. 96 f.) andererseits ergeben (s. Rz. 181). Zur Abgrenzung des wirtschaftlichen Geschäftsbetriebs im Rahmen der steuerlichen Gewinn-/Einkommensermittlung im Überblick s. Abb. 2 Rz. 102.

179 Das Abzugsverbot des § 10 Nr. 1 KStG kann durch die **Kausalität einer Einkunftsart** überlagert werden. Soweit sich die Erfüllung satzungsmäßiger Zwecke gleichzeitig als gewerbliche Tätigkeit darstellt, sind die hiermit zusammenhängenden Ausgaben ggf. anteilig (s. Rz. 265 ff.) bei der Gewinnermittlung zu berücksichtigen.[262] Die Vorschrift des § 10 Nr. 1 KStG will – ähnlich wie § 12 EStG – lediglich verhindern, daß Ausgaben, die ihrer Art nach eine Verwendung des erzielten Einkommens bedeuten, bei Ermittlung des Einkommens abgezogen werden.[263] Stehen Aufwendungen, die von der gemeinnützigen Einrichtung in Erfüllung der Satzungszwecke geleistet werden, mit steuerpflichtigen Einkünften aus einem wirtschaftlichen Geschäftsbetrieb in Zusammenhang, wird das in § 10 Nr. 1 KStG normierte **Abzugsverbot** durch den Abzug der Aufwendungen als Werbungskosten bzw. Betriebsausgaben nach allgemeinen Gewinnermittlungsgrundsätzen bereits im vorgelagerten Bereich der Einkünfteerzielung **verdrängt**. Auch im Bereich der ESt kommen Aufwendungen für den Sonderausgabenabzug als begünstigte Form der Einkommensverwen-

---

[260] Zur Ausnahme des Spendenabzugs nach § 9 Abs. 1 Nr. 2 KStG als steuerbegünstigte Gewinn-/Einkommensverwendung s. Rz. 210 ff.

[261] Vgl. BFH v. 17. 12. 1997 I R 58/97, BStBl. II 1998, 357 zur Anwendung sowohl des § 10 Nr. 1 KStG als auch des § 8 Abs. 3 KStG bei Unterhaltsaufwendungen für im wirtschaftlichen Geschäftsbetrieb eingesetzte Vereinsmitglieder.

[262] Vgl. BFH v. 15. 7. 1987 I R 280/81, BStBl. II 1988, 75; BFH v. 17. 12. 1997 I R 58/97, BStBl. II 1998, 357.

[263] S. BFH v. 15. 7. 1987 I R 280/81, BStBl. II 1988, 75 m. w. N.

dung lediglich dann in Betracht, wenn es sich nicht um Betriebsausgaben oder Werbungskosten handelt, die bereits dem Bereich der Einkünfteerzielung zuzuordnen sind.

Ein bedeutsamer Unterschied zwischen dem Abzugsverbot des § 10 Nr. 1 KStG und der Parallelvorschrift des § 12 Nr. 1 EStG betrifft die **Mischkosten**. Sind Aufwendungen sowohl mit steuerpflichtigen Einkünften als auch mit einer Form der bloßen Einkommensverwendung verbunden, greift im Anwendungsbereich des § 10 Nr. 1 KStG eine **anteilige Berücksichtigung** der durch erwerbswirtschaftliche Einkünfte mitverursachten Aufwendungen. Im Bereich der ESt hingegen sieht § 12 Nr. 1 Satz 2 EStG für gemischt veranlaßte Aufwendungen ein Aufteilungs- und Abzugsverbot vor,[264] das im Rahmen der Besteuerung von Körperschaften keine Anwendung findet.[265] Zur anteiligen Berücksichtigung gemischt veranlaßter Aufwendungen im Rahmen der Gewinn-/Einkommensermittlung aus wirtschaftlichem Geschäftsbetrieb s. Rz. 265 ff. 180

Der **Spendenabzug** stellt eine nach § 9 Abs. 1 Nr. 2 KStG begünstigte Form der Einkommensverwendung dar und ist insoweit von dem Abzugsverbot nach § 10 Nr. 1 Satz 2 KStG ausdrücklich **ausgenommen**. Steuerwirksame Spenden können danach auch dann die steuerliche Bemessungsgrundlage mindern, wenn mit dieser Ausgabe gleichzeitig satzungsmäßige Aufgaben erfüllt werden.[266] Zum Abzug von Spenden im Rahmen der Ermittlung des Einkommens der mit einem wirtschaftlichen Geschäftsbetrieb partiell steuerpflichtigen Körperschaft s. Rz. 210 ff. 181

Keine nach § 9 Abs. 1 Nr. 2 KStG abzugsfähige Spende, sondern eine nichtbegünstigte Einkommensverwendung i. S. d. § 10 Nr. 1 KStG bildet der „Mitteltransfer" aus dem wirtschaftlichen Geschäftsbetrieb in den eigenen steuerbegünstigten Bereich der Körperschaft zur Verfolgung der satzungsmäßigen Zwecke. Entsprechende Gewinnminderungen im Zuge der Verwendung des aus wirtschaftlichem Geschäftsbetrieb erwirtschafteten Ergebnisses sowie infolge laufender Wertabgaben sind idR bereits als Entnahmen i. S. d. § 4 Abs. 1 Satz 2 EStG zu neutralisieren (§ 4 Abs. 1 Satz 1 EStG, s. Rz. 96 f., 160). Die Vorschrift des § 10 Nr. 1 KStG erlangt über die Regelung des § 4 Abs. 1 Satz 1 und 2 EStG hinaus auch außerhalb der betrieblichen Einkünfteermittlung Bedeutung.

(2) Steuern und steuerliche Nebenleistungen

Nach **§ 10 Nr. 2 KStG** darf das Einkommen der partiell steuerpflichtigen Einrichtung i. S. d. § 5 Abs. 1 Nr. 9 Satz 2 KStG nicht um **nichtabzugsfähige Steuern** gemindert werden. Entsprechendes gilt grds. für die darauf entfallenden **steuerlichen Nebenleistungen**. Das 185

---

[264] S. *Schmidt/Drenseck* § 12 EStG Rz. 11 ff.

[265] S. BFH v. 7. 7. 1976 I R 180/74, BStBl. II 1976, 753, BFH v. 16. 12. 1981 I R 140/81, BStBl. II 1982, 465.

[266] S. BFH v. 3. 12. 1963 I 121/62 U, BStBl. III 1964, 81.

Abzugsverbot des § 10 Nr. 2 KStG, das in der Bestimmung des § 12 Nr. 3 EStG für die Einkommensteuer eine Parallele findet, erstreckt sich auf die Steuern vom Einkommen und sonstige Personensteuern sowie auf die USt auf Eigenverbrauch bzw. auf die ab 1. 4. 1999 als fiktive Lieferungen und sonstige Leistungen behandelten Eigenverbrauchstatbestände (s. Rz. 187).

186 Zu den **nichtabzugsfähigen Steuern** i. S. d. § 10 Nr. 2 KStG zählen bei der partiell steuerpflichtigen gemeinnützigen Körperschaft

- die **KSt.** Das Abzugsverbot erstreckt sich auch auf ausländische KSt, einschl. ausländischer Quellensteuer.[267] Hiervon unberührt bleibt die Möglichkeit des Abzugs ausländischer Steuer bei Ermittlung der Einkünfte zur Milderung einer Doppelbesteuerung der ausländischen Einkünfte.[268]
- die **KapESt** für bezogene Kapitalerträge (einschl. Zinsabschlag), die auf Namen und für Rechnung der gemeinnützigen Einrichtung als Gläubiger der Kapitalerträge nach den §§ 43 ff. EStG einbehalten und abgeführt wird.
- der **SolZ** als Zuschlagssteuer zur Körperschaftsteuer und Kapitalertragsteuer (ab VZ 1995, s. Rz. 400 ff.).
- die **VSt** (bis VZ 1996); auf der Grundlage der Entscheidung des BVerfG v. 22. 6. 1995[269] wird die Vermögensteuer letztmals für den VZ 1996 festgesetzt und erhoben (s. Rz. 410 ff.).
- die **ErbSt**, bei Stiftungen auch die verrentete Erbersatzsteuer i. S. d. § 1 Abs. 1 Nr. 4 ErbStG[270] (s. Rz. 435 ff.).
- die **USt auf den Eigenverbrauch** nach § 1 Abs. 1 Nr. 2 UStG (bis VZ 1998/99). Das Abzugsverbot erstreckt sich danach auf die Entnahme von Gegenständen für unternehmensfremde Zwecke (Abs. 1 Nr. 2 a), die Ausführung von sonstigen Leistungen für Zwecke außerhalb des Unternehmens (Abs. 1 Nr. 2 b) sowie auf den Aufwandseigenverbrauch für Aufwendungen, die unter das Abzugsverbot des § 4 Abs. 5 Satz 1 Nr. 1 bis 7, Abs. 7 EStG fallen (Abs. 1 Nr. 2 c). Die verdeckte Gewinnausschüttung wird von der Rechtsprechung dem Eigenverbrauchstatbestand i. S. d. § 1 Abs. 1 Nr. 2 a und b UStG und nicht dem Tatbestand i. S. d. § 1 Abs. 1 Nr. 3 UStG zugeordnet.[271] Zur Vermeidung einer doppelten Hinzurechnung der auf die verdeckte Gewinnausschüttung entfallenden USt sowohl nach § 8 Abs. 3 KStG (Ansatz der verdeckten Gewinnausschüttung mit dem gemeinen Wert, d. h. brutto) als auch nach § 10 Nr. 2 KStG wird insoweit auf eine Hinzurechnung nach § 10 Nr. 2 KStG verzichtet.[272]

---

[267] S. BFH v. 16. 5. 1990 I R 80/87, BStBl. II 1990, 920 sowie BFH v. 25. 4. 1990 I R 70/88, BStBl. II 1990, 1086.

[268] S. § 26 Abs. 6 KStG i.V. m. § 34 c Abs. 2, 3 und 6 EStG.

[269] 2 BvL 37/91, BStBl. II 1995, 655, 665.

[270] S. BFH v. 14. 9. 1994 I R 78/94, BStBl. II 1995, 207, sowie OFD Düsseldorf v. 24. 6. 1980, S 2755 A – St 13 H, IdW Veranlagung KSt 1998, Anl. § 010–03.

[271] S. BFH v. 3. 11. 1983, BStBl. II 1984, 169 sowie R 7 Abs. 1 UStR 1996.

[272] S. Abschn. 31 Abs. 10 KStR.

187 Im Zuge der Änderung der Eigenverbrauchsbesteuerung durch das **StEntlG 1999/2000/2002** v. 24. 3. 1999[273] in den §§ 1, 3 und 15 UStG sind die bisherigen Eigenverbrauchstatbestände i. S. d. § 1 Abs. 1 Nr. 2 Buchst. a und b UStG (sowie zudem Abs. 1 Nr. 3) aufgehoben worden; entsprechende Umsätze werden ab dem 1. 4. 1999 den entgeltlichen Lieferungen bzw. sonstigen Leistungen gleichgestellt[274] (§§ 3 Abs. 1b, Abs. 9a UStG n. F.); der bisherige Aufwandseigenverbrauch i. S. d. § 1 Abs. 1 Nr. 2 Buchst. c UStG (z. B. auf nichtabzugsfähige Ausgaben i. S. d. § 4 Abs. 5 EStG) entfällt künftig; statt dessen sieht § 15 Abs. 1a UStG n. F. für entsprechende Eingangsumsätze einen Ausschluß des VorSt-Abzugs vor.

Mit der Neufassung des § 10 Nr. 2 Halbs. 1 KStG als Folgeänderung zur europäischen Harmonisierung der Eigenverbrauchsbesteuerung erfaßt das Abzugsverbot des § 10 Nr. 2 KStG ab dem **VZ 1999** anstelle der bisherigen USt auf den Eigenverbrauch künftig die USt für Umsätze, die Entnahmen oder verdeckte Gewinnausschüttungen sind, sowie die Vorsteuerbeträge auf nichtabziehbare Aufwendungen i. S. d. § 4 Abs. 5 Satz 1 Nr. 1 bis 4 und 7 oder Abs. 7 EStG.

188 Als Betriebssteuern im Rahmen der Gewinnermittlung **abzugsfähig** bleiben **GewSt, LSt** (als Bestandteil des Bruttoarbeitslohns) und **USt** auf sonstige umsatzsteuerliche Tatbestände, z. B. auf Lieferungen und sonstige Leistungen i. S. d. § 1 Abs. 1 Nr. 1 UStG. Da die GewSt abzugsfähigen Betriebsaufwand darstellt, jedoch nach dem Gewerbeertrag (§ 7 GewStG) bemessen wird, tritt hinsichtlich des Gewerbesteueraufwands im Rahmen der Gewinn-/Gewerbeertragsermittlung ein Selbstminderungseffekt ein.[275] Zur GewSt partiell steuerpflichtiger gemeinnütziger Einrichtungen s. Rz. 380 ff.

189 Das Abzugsverbot des § 10 Nr. 2 KStG erstreckt sich auch auf **steuerliche Nebenleistungen** (§ 3 Abs. 3 AO) zu nichtabzugsfähigen Steuern i. S. dieser Norm. Eine Ausnahme hiervon erfahren Zinsen auf Steuerforderungen nach § 10 Nr. 2 Halbs. 2 KStG bis einschließlich VZ 1998 (s. Rz. 191)

Zu den nichtabziehbaren steuerlichen Nebenleistungen auf nichtabzugsfähige Steuern gehören[276]

- **Säumniszuschläge** (§ 240 AO),
- **Verspätungszuschläge** (§ 156 AO), nicht hingegen Verspätungszuschlag auf abzuführende KapESt,[277]
- **Zwangsgelder** (§ 329 AO),
- **Hinterziehungszinsen** (§ 235 AO); zum Abzugsverbot für Hinterziehungszinsen zu abzugsfähigen Steuern s. § 4 Abs. 5 Nr. 8a EStG,
- **Vollstreckungskosten** (§§ 337 ff. AO).

---

273 BStBl. I 1999, 304.
274 Vgl. R 24a UStR 2000.
275 Vgl. R 20 Abs. 2 EStR.
276 Vgl. Abschn. 43 Abs. 3 KStR.
277 S. BFH v. 22. 1. 1997 I R 64/ 96, BStBl. II 1997, 548.

Die ausdrückliche Erwähnung der steuerlichen Nebenleistungen in der Vorschrift des § 10 Nr. 2 KStG geht auf eine Neufassung der Norm durch das **StRefG 1990** v. 25. 7. 1988 zurück. Mit einer der bisherigen Verwaltungspraxis entsprechenden[278] Ergänzung des Abzugsverbots hat der Gesetzgeber auf eine sich abzeichnende Änderung der Rechtsprechung[279] zur Frage der Reichweite des § 10 Nr. 2 KStG 1984 reagiert und ein Abzugsverbot für steuerliche Nebenleistungen gesetzlich festgeschrieben.[280] Mit einer rückwirkenden Anwendung der neugefaßten Bestimmung auch für VZ vor 1990[281] hat der Gesetzgeber eine seiner Auffassung lediglich klarstellende Funktion der Ergänzung für steuerliche Nebenleistungen unterstrichen.[282] Zur Annahme eines generellen Abzugsverbots für steuerliche Nebenleistungen auf nichtabzugsfähige Steuern im Vorfeld der Ergänzung des § 10 Nr. 2 KStG durch das StRefG 1990 s. auch BMF v. 29. 9. 1989.[283]

190 Steuerliche Nebenleistungen zu abzugsfähigen Betriebssteuern (z. B. GewSt, USt) werden von dem Abzugsverbot des § 10 Nr. 2 KStG nicht erfaßt und mindern die steuerliche Bemessungsgrundlage als Betriebsausgaben. Dies gilt nicht für **Hinterziehungszinsen** i. S. d. § 235 AO, die bereits nach § 8 Abs. 1 KStG i.V. m. § 4 Abs. 5 Nr. 8 a EStG einem Abzugsverbot unterliegen.[284]

191 Mit einer **Ausnahmeregelung** in § 10 Nr. 2 Halbs. 2 KStG nimmt der Gesetzgeber bis einschließlich VZ 1998 folgende steuerliche Nebenleistungen von einem Abzugsverbot aus:

- **Nachforderungszinsen** (§ 233 a AO)
- **Stundungszinsen** (§ 234 AO)
- **Aussetzungszinsen** (§ 237 AO)

Die zur Erleichterung der Einführung der Vollverzinsung mit dem StRefG 1990 v. 25. 7. 1988[285] mit Wirkung **ab VZ 1990**[286] aufgenommene Ausnahmeregelung soll sicherstellen, daß Zinsen auf Steuerforderungen die steuerliche Bemessungsgrundlage mindern können.[287]

---

[278] Vgl. Abschn. 43 Abs. 2 KStR 1985.

[279] S. BFH 27. 6. 1985 I B 23/85, BStBl. II 1985, 605 sowie BFH v. 24. 2. 1988 I R 180/85, n.v.

[280] Vgl. *Bott* in Arthur Andersen, § 54 KStG Rz. 101 ff., *Streck* § 10 KStG Rz. 10 sowie *Kiesling* DStZ 1990, 159

[281] S. § 54 Abs. 8 KStG 1991.

[282] A. A. offensichtlich BFH v. 23. 11. 1988 I R 180/85 BStBl. II 1989, 116 zu Stundungszinsen, bestätigend hingegen BFH v. 7. 12. 1994 I R 7/94, BStBl. II 1995, 477 zu Hinterziehungszinsen und Säumniszuschlägen unter Hinweis auf die verfassungsrechtliche Unbedenklichkeit der rückwirkenden Bestimmung des § 54 Abs. 8 KStG 1991, s. hierzu auch *Bott* in Arthur Andersen, § 54 KStG Rz. 104 ff.

[283] BStBl. I 1989, 401.

[284] S. hierzu auch BFH v. 7. 12. 1994 I R 7/94, BStBl. II 1995, 477.

[285] BGBl. I 1988, 1093.

[286] S. § 54 Abs. 1 i. d. F. des StRefG 1990.

[287] S. BT-Drs. 11/2536, 89; zur Abzugsfähigkeit von Stundungszinsen zur Körperschaftsteuer einer Kapitalgesellschaft als Betriebsausgaben bereits im Vorfeld der Änderung des § 10 Nr. 2 KStG durch das StRefG 1990 s. BFH v. 23. 11. 1988 I R 180/85, BStBl. II 1989, 116 sowie *Bott* in Arthur Andersen, § 54 KStG Rz. 101 ff.

Mit der Neufassung des § 10 Nr. 2 KStG durch das **StEntlG 1999/2000/2002** ist die bisherige **Ausnahmeregelung für Nachforderungs-, Stundungs- und Aussetzungszinsen aufgehoben** worden. Die neugefaßte Bestimmung des § 10 Nr. 2 KStG sieht mit Wirkung **ab VZ 1999**[288] ein Abzugsverbot für sämtliche steuerlichen Nebenleistungen vor, die auf nichtabziehbare Steuern entfallen. Die Aufhebung der bisherigen Ausnahmeregelung geht mit der Streichung des § 10 Abs. 1 Nr. 5 EStG einher, der für den Bereich der ESt im Rahmen eines Sonderausgabenabzugs die steuerliche Berücksichtigung von Nachforderungs-, Stundungs- und Aussetzungszinsen gewährleistet hat. 192

Werden Aufwendungen i. S. d. § 10 Nr. 2 KStG **erstattet**, sind entsprechende Vermögensmehrungen im Umkehrschluß nicht der Besteuerung zu unterwerfen, sondern als steuerfreie Einnahmen zu behandeln. 193

(3) Strafen

Die Vorschrift des § 10 Nr. 3 KStG sieht ein Abzugsverbot für **Geldstrafen u. ähnliche Rechtsnachteile** vor. Eine entsprechende Bestimmung ist für die ESt in § 12 Nr. 4 EStG enthalten. Wenngleich nach inländischem Strafrecht gegen Körperschaften keine Geldstrafen verhängt werden können, erfaßt das Abzugsverbot des § 10 Nr. 3 KStG jedoch die auch hier mögliche Einziehung von Gegenständen[289] sowie im Ausland verhängte Sanktionen. Ausländische Geldstrafen und Sanktionen fallen allerdings dann nicht unter das Abzugsverbot des § 10 Nr. 3 KStG, wenn sie in wesentlichen Grundsätzen der deutschen Rechtsordnung (ordre public) widersprechen.[290] Nicht unter das Abzugsverbot fallen die mit den Strafen und ähnlichen Rechtsnachteilen zusammenhängenden Verfahrenskosten, insbes. Gerichts- und Anwaltskosten.[291] 195

Geldbußen, Ordnungsgelder und Verwarnungsgelder, die von Gerichten oder Behörden im Inland sowie von Organen der Europäischen Gemeinschaft festgesetzt werden und auch juristische Personen oder eine Personenvereinigung betreffen können (z. B. nach § 30 OWiG), werden nicht von der Regelung des § 10 Nr. 3 KStG, sondern von dem Abzugsverbot des § 8 Abs. 1 KStG i.V. m. § 4 Abs. 5 Nr. 8 EStG erfaßt. 196

(4) Aufsichtsratsvergütungen

Vergütungen für die Überwachung der Geschäftsführung (Aufsichtsratsvergütungen) sind nach § 10 Nr. 4 KStG lediglich zur Hälfte ab- 200

---

288 § 54 Abs. 1 KStG 1999.

289 S. § 74 Abs. 2 Nr. 1 StGB.

290 S. BFH v. 31. 7. 1991 VIII R 89/86, BStBl. II 1992, 85

291 S. BFH v. 21. 11. 1983 GrS 2/82, BStBl. II 1984, 160 sowie Abschn. 44 KStR, zum Anwendungsbereich des § 10 Nr. 3 KStG im einzelnen s. *Velten* in Arthur Andersen, § 10 KStG Rz. 63 ff., 83 ff.

zugsfähig und unterliegen damit einem **hälftigen Abzugsverbot**. Neben den Leistungen, die als Entgelt für die Tätigkeit gewährt werden, sind auch Tagegelder, Sitzungsgelder und sonstige Aufwandsentschädigungen im Rahmen des § 10 Nr. 4 KStG zu berücksichtigen. Der Ersatz des dem einzelnen Aufsichtsratsmitglied aus der Wahrnehmung seiner Tätigkeit tatsächlich entstandenen Aufwands fällt nicht unter das Abzugsverbot des § 10 Nr. 4 KStG.[292]

201 Das Abzugsverbot gilt nicht nur für Kapitalgesellschaften, sondern für alle körperschaftsteuerpflichtigen Rechtssubjekte i. S. d. § 1 Abs. 1 KStG, die Vergütungen an Personen zahlen, die mit der **Überwachung der Geschäftsführung** beauftragt sind, mithin auch für Genossenschaften, Vereine, Stiftungen und Betriebe gewerblicher Art von juristischen Personen des öffentlichen Rechts.[293] Für die GmbH kann ein Aufsichtsrat fakultativ nach § 52 GmbHG bzw. obligatorisch nach § 77 Abs. 1 BetrVG 1952[294] bestellt sein. Der Begriff der Überwachung ist **weit auszulegen**. Auf die tatsächliche Bezeichnung des zur Überwachung und Kontrolle der Geschäftsführung kraft Gesetz oder Satzung berufenen Gremiums (Aufsichtsrat, Beirat, Verwaltungsrat) kommt es nicht an. Der Beirat einer GmbH stellt ein Überwachungsorgan i. S. d. § 10 Nr. 4 KStG dar, wenn das Schwergewicht seiner Aufgaben in der Überwachung und Prüfung der Geschäftsführung und nicht in der Beratung besteht.[295]

202 Unter das teilweise Abzugsverbot fällt jede **Tätigkeit** eines Aufsichtsratsmitglieds, die innerhalb des möglichen Rahmens seiner Aufgaben liegt.[296] Die Vergütung, die eine Gesellschaft an den vom Aufsichtsrat zur Unterstützung seiner Kontrollfunktion beauftragten Sachverständigen zahlt, unterliegt nicht dem Abzugsverbot des § 10 Nr. 4 KStG.[297]

203 Ist die Körperschaft für entsprechende Leistungen zum **Vorsteuerabzug** i. S. d. § 15 UStG berechtigt, unterliegt die Vergütung mit ihrem Nettobetrag der Regelung des § 10 Nr. 4 KStG; ist die Körperschaft ganz oder teilweise vom Vorsteuerabzug ausgeschlossen, unterliegt insoweit auch die auf die Eingangsleistung entrichtete Umsatzsteuer dem hälftigen Abzugsverbot nach § 10 Nr. 4 KStG.[298]

204 Beschränkt steuerpflichtige Aufsichtsratsmitglieder unterliegen mit ihren Vergütungen der **Aufsichtsratssteuer** nach § 50a Abs. 1 EStG, d. h. einem Steuerabzug i. H. v. 30 v. H. (s. § 50a Abs. 2 EStG).

---

292 S. Abschn. 45 Abs. 1 Satz 3 KStR.

293 Vgl. § 111 AktG, § 38 GenG.

294 Anzahl der ArbN über 500.

295 S. BFH v. 11. 3. 1981 I R 8/77, BStBl. II 1981, 623 sowie BFH v. 16. 12. 1999 I B 117/97, BFH/NV 2000, 895.

296 S. BFH v. 20. 9. 1966 I 265/62 BStBl. III 1966, 688 zur Finanzierungsberatung sowie RFH v. 23. 8. 1938, RStBl. 1124 zur rechtsanwaltlichen Beratung.

297 S. BFH v. 30. 9. 1975 I R 46/74, BStBl. II 1976, 155.

298 Vgl. Abschn. 45 Abs. 2 KStR.

gg) Spendenabzug

Nach § 9 Abs. 1 Nr. 2 KStG gehören Ausgaben zur Förderung mildtätiger, kirchlicher, religiöser und wissenschaftlicher Zwecke sowie der als besonders förderungswürdig anerkannten gemeinnützigen Zwecke zu den abziehbaren Ausgaben.[299] Mit dem Spendenabzug nach § 9 Abs. 1 Nr. 2 KStG regelt der Gesetzgeber eine steuerbegünstigte Form der **Einkommensverwendung**, die der Regelung des § 10b EStG zum Sonderausgabenabzug im Bereich der ESt entspricht. **210**

Die Vorschrift des § 9 Abs. 1 Nr. 2 KStG stellt eine besondere Einkommensermittlungsvorschrift dar und gilt auch für Körperschaften, die teilweise von der KSt befreit sind.[300] Für die mit der Unterhaltung eines wirtschaftlichen Geschäftsbetriebs **partiell steuerpflichtige gemeinnützige Einrichtung** i. S. d. § 5 Abs. 1 Nr. 9 KStG kommt ein das Einkommen mindernder Spendenabzug i. S. d. § 9 Abs. 1 Nr. 2 KStG in Betracht, wenn entsprechende Ausgaben aus wirtschaftlichen Geschäftsbetrieben an eine andere steuerbegünstigte Körperschaft geleistet werden. **211**

- Die Spende muß **aus dem der Besteuerung unterliegenden wirtschaftlichen Geschäftsbetrieb** heraus geleistet werden. Das zu versteuernde Einkommen einer teilweise von der Körperschaftsteuer befreiten Körperschaft darf nicht durch Spenden gemindert werden, die aus steuerbefreiten Bereichen der Körperschaft stammen.[301] Eine entsprechende Beschränkung hinsichtlich der Herkunft der für die Spenden verwendeten Mittel ergibt sich zwar nicht aus der Bestimmung des § 9 KStG, resultiert jedoch aus dem partiellen Ausschluß der Steuerbefreiung nach § 5 Abs. 1 Nr. 9 Satz 2 KStG i.V. m. § 64 Abs. 1 AO und dem insoweit abgegrenzten steuerrelevanten Bereich der partiellen Steuerpflicht. **212**
- Der Spendenabzug setzt die Begünstigung einer **anderen Körperschaft** voraus. Der wirtschaftliche Geschäftsbetrieb der im übrigen steuerbefreiten Einrichtung ist kein selbständiges Steuersubjekt. Die partiell steuerpflichtige Einrichtung i. S. d. § 5 Abs. 1 Nr. 9 Satz 2 KStG kann daher aus ihrem wirtschaftlichen Geschäftsbetrieb in ihren eigenen ideellen steuerbegünstigten Bereich keine steuerwirksamen Spenden i. S. d. § 9 Abs. 1 Nr. 2 KStG leisten. **213**
  Die Zuführung von Überschüssen aus wirtschaftlichem Geschäftsbetrieb in den **eigenen steuerbegünstigten Bereich** ist keine freiwillige Spende, sondern nach dem Mittelverwendungsgebot des § 55 Abs. 1 Nr. 1 AO vielmehr Voraussetzung für die Gewährung der Steuerbefreiung außerhalb des wirtschaftlichen Geschäftsbetriebs.[302] Ent-

---

299 Die als besonders förderungswürdig anerkannten Zwecke werden bis einschl. 1999 in Anl. 7 zu R 111 Abs. 1 EStR sowie nach der Reform des Spendenrechts ab VZ 2000 in Anl. 1 zu § 48 Abs. 2 EStDV i. d. F. v. 10. 12. 1999 (BGBl. I 1999, 2413) aufgelistet.

300 S. BFH v. 13. 3. 1991 I R 117/88, BStBl. II 1991, 645.

301 S. BFH v. 13. 3. 1991 I R 117/88, a. a. O.

302 Gl. A. *Kümpel* DStR 1999, 1505, 1509, *Hüttemann* 199.

sprechende Aufwendungen stellen eine Gewinnverwendung dar, die das steuerliche Einkommen aus wirtschaftlichem Geschäftsbetrieb nach dem allgemeinen ertragsteuerlichen Grundsatz der Besteuerung nach der wirtschaftlichen Leistungsfähigkeit und dem diesen Grundsatz konkretisierenden objektiven Nettoprinzip (s. Rz. 91 ff.) nicht mindern darf.[303] Die Überführung von Mitteln in den eigenen steuerbegünstigten Bereich stellt eine steuerlich unbeachtliche Einkommensverwendung i. S. d. § 10 Nr. 1 KStG dar, die mangels Zuwendung an eine andere Person auch nicht von dem Vorbehalt des § 10 Nr. 1 Satz 2 KStG erfaßt wird (s. Rz. 164 sowie Rz. 137, 142). Der Spendenabzug steht schließlich nach § 9 Abs. 1 Nr. 2 Satz 1 KStG unter dem ausdrücklichen Vorbehalt, daß es sich bei ihm nicht um eine Gewinn- bzw. Einkommensverteilung i. S. d. den gleichen Rechtsgedanken normierenden Vorschrift des § 8 Abs. 3 KStG handelt. Über die Regelung des § 10 Nr. 1 KStG hinaus wird nach § 8 Abs. 3 KStG auch die Gewinnverteilung an außenstehende Personen (Gesellschafter/Mitglieder) zu Lasten des steuerlichen Einkommens ausgeschlossen (s. Rz. 137 sowie Abb. 2 Rz. 102).

Auf diese Weise ist für die partiell steuerpflichtige gemeinnützige Einrichtung ein Besteuerungsergebnis sichergestellt, das dem Grundsatz der Wettbewerbsneutralität der Besteuerung als tragender Säule der partiellen Steuerpflicht gemeinnütziger Körperschaften gerecht wird. Die wirtschaftliche Tätigkeit gemeinnütziger Körperschaften wird damit steuerlich nicht anders behandelt als die erwerbswirtschaftliche Tätigkeit gewerblicher Unternehmen, die ebenfalls ohne Rücksicht auf die geplante Einkommensverwendung (s. § 8 Abs. 3 KStG) der Ertragsteuer unterworfen wird.[304]

214 Eine Sonderstellung nehmen **Betriebe gewerblicher Art** von juristischen Personen des öffentlichen Rechts ein. Die fiktive Verselbständigung der Betriebe gewerblicher Art im Rahmen der Einkommensermittlung führt zu steuerrechtlicher Anerkennung sowohl von Vereinbarungen als auch von sonstigen Geschäftsvorfällen zwischen rechtlich unselbständigem Betrieb gewerblicher Art und Trägerkörperschaft (vgl. Rz. 116). Die Rechtsprechung erkennt demzufolge auch eine gewinnmindernde Berücksichtigung von Spenden i. S. d. § 9 Abs. 1 Nr. 2 KStG an, die der Betrieb gewerblicher Art zugunsten seiner Trägerkörperschaft leistet.[305] Die erforderliche Abgrenzung der nach § 9 Abs. 1 Nr. 2 KStG steuerlich abzugsfähigen Spenden von einer für die Einkommensermittlung unbeachtlichen Einkommensverteilung i. S. d. § 8 Abs. 3 KStG nimmt die Rechtsprechung auf der Grundlage eines Fremdvergleichs, mithin unter Berücksichtigung des Spendenver-

---

[303] Gl. A. *Märkle* 248, *Kießling/Buchna* 349, *Posdziech* krit., KStK 42/12, so auch Abschn. 42 Abs. 8 KStR; a. A. *Streck* § 9 KStG Rz. 14 im Hinblick auf die Besonderheiten bei Betrieben gewerblicher Art von jPdöR, s. Rz. 163.

[304] S. *Hüttemann* 199

[305] S. BFH v. 5. 6. 1962, BStBl. III 1962, 355; BFH v. 12. 10. 1978, BStBl. II 1979, 192.

haltens gegenüber Dritten in vorangegangenen Veranlagungszeiträumen vor.[306]

Die Beschränkungen, die gemeinnützige Einrichtungen für den Spendenabzug hinsichtlich eines Mitteltransfers in den steuerbegünstigten Bereich hinnehmen müssen (Rz. 213), sind m. E. allerdings auch für die Besteuerung der öffentlichen Hand einschlägig, wenn der Betrieb gewerblicher Art als Subjekt der Einkommensermittlung neben einem partiell steuerpflichtigen Geschäftsbetrieb i. S. d. § 5 Abs. 1 Nr. 9 Satz 2 KStG selbst über einen ideellen bzw. steuerbefreiten Bereich verfügt und erwirtschaftete Überschüsse aus wirtschaftlichem Geschäftsbetrieb entsprechend dem statutarischen Mittelverwendungsgebot des § 55 Abs. 1 Nr. 1 AO dem steuerbegünstigten Bereich des Betriebs gewerblicher Art zur Verfügung stellt.

Der Spendenabzug nach § 9 Abs. 1 Nr. 2 KStG ist bei der partiell **215**
steuerpflichtigen gemeinnützigen Einrichtung auch dann möglich, wenn der Spendenempfänger die gleichen steuerbegünstigten Zwecke wie die leistende Körperschaft verfolgt.[307] Das Abzugsverbot des **§ 10 Nr. 1 KStG** erstreckt sich nach § 10 Nr. 1 Satz 2 KStG ausdrücklich nicht auf Spenden i. S. d. § 9 Abs. 1 Nr. 2 KStG und steht demzufolge der Berücksichtigung einer entsprechenden Spende im Rahmen der Ermittlung des Einkommens aus steuerpflichtigen wirtschaftlichen Geschäftsbetrieben nicht entgegen (s. Rz. 181). Aus gemeinnützigkeitsrechtlicher Sicht ist eine entsprechende Mittelverwendung auf der Grundlage der Bestimmungen in § 58 Nr. 1 und 2 AO, im letztgenannten Fall auch ohne satzungsmäßige Verankerung,[308] zulässig (s. hierzu auch § 8 Rz. 53 ff.).

Der Spendenabzug ist der Höhe nach auf 5 v. H. des Einkommens **216**
bzw. 2 v.T. der Summe der gesamten Umsätze der im Kalenderjahr aufgewendeten Löhne und Gehälter begrenzt. Für wissenschaftliche, mildtätige und als besonders förderungswürdig anerkannte kulturelle Zwecke erhöht sich der begünstigte Spendenrahmen um weitere 5 v. H. des Einkommens (§ 9 Abs. 1 Nr. 2 Satz 2 KStG). Das für die **Spendenhöchstbetragsberechnung** als Bemessungsgrundlage maßgebende Einkommen wird in § 9 Abs. 2 Satz 1 KStG eigenständig als Größe vor Spenden- und Verlustabzug definiert. Für die Ermittlung des maximal begünstigten Spendenvolumens sind die Verhältnisse des steuerpflichtigen wirtschaftlichen Geschäftsbetriebs i. S. d. § 5 Abs. 1 Nr. 9 KStG maßgebend. Die Spendenhöchstbetragsberechnung ist daher auf der Grundlage des Einkommens aus wirtschaftlichem Geschäftsbetrieb bzw. der hier getätigten Umsätze und gezahlten Löhne und Gehälter durchzuführen. Merkmale des ideellen Bereichs, unterhaltener Zweckbetriebe oder der steuerbefreiten Vermögensverwaltung finden hierbei keine Berücksichtigung.

---

306 S. hierzu Abschn. 42 Abs. 6 KStR m. w. N. sowie *Bott* in Arthur Andersen § 4 KStG Rz. 338 ff.

307 S. BFH v. 3. 12. 1963 I 121/62 U, BStBl. III 1964, 81, *Kießling/Buchna* 349

308 S. AEAO, zu § 58 AO Rz. 18.

217 Die in § 9 Abs. 1 Nr. 2 Satz 3 und 4 KStG enthaltene Regelung für **Großspenden** sieht für Einzelzuwendungen i. H. v. mindestens 50 000 DM zur Förderung wissenschaftlicher, mildtätiger und als besonders förderungswürdig anerkannter kultureller Zwecke eine steuerliche Berücksichtigung nicht nur innerhalb des Veranlagungszeitraums (VZ) der Leistung, sondern auch der folgenden sieben VZ vor. Der nicht abziehbare Teil der Spende wird zum Schluß des Kalenderjahrs gesondert festgestellt und bildet ein in künftigen Veranlagungszeiträumen nutzbares Vortragsvolumen. Mit der Neufassung des § 9 Abs. 1 Nr. 2 Satz 3 und 4 KStG durch das StEntlG 1999/2000/2002 v. 24. 3. 1999[309] ist der Verteilungszeitraum für Großspenden mit Wirkung ab VZ 1999 um ein Jahr auf den VZ der Zuwendung und die folgenden sechs VZ verkürzt worden. Eine entsprechende Änderung hat die Parallelbestimmung des § 10 b Abs. 1 Satz 3 EStG erfahren.

Nach der **Reform des Stiftungssteuerrechts** durch das Gesetz zur weiteren steuerlichen Förderung von Stiftungen v. 14. 7. 2000[310] sind Zuwendungen, die eine Körperschaft, Personenvereinigung oder Vermögensmasse an Stiftungen des öffentlichen Rechts sowie an nach § 5 Abs. 1 Nr. 9 KStG steuerbefreite Stiftungen des privaten Rechts zur Förderung steuerbegünstigter Zwecke i. S. d. §§ 52 bis 54 AO (mit Ausnahme der Zwecke i. S. d. § 52 Abs. 2 Nr. 4 AO) leistet, nach § 9 Abs. 1 Nr. 2 Satz 3 KStG i. d. F. des ÄndG ab VZ 2000[311] über die Spendenhöchstbetragsberechnung hinaus bis zur Höhe von 40 000 DM abziehbar.[312]

218 Der Spendenabzug wird im Rahmen der Veranlagung zur KSt – im Gegensatz zur ESt[313] – bereits **vor Ermittlung des Gesamtbetrags der Einkünfte** berücksichtigt und erhöht damit in Verlustjahren einen vor- bzw. rücktragsfähigen Verlust.[314] Der BFH hat bislang mangels steuerlicher Relevanz dahingestellt sein lassen, ob die Spenden bei einer partiell steuerpflichtigen Einrichtung entsprechend der Behandlung bei Kapitalgesellschaften nach § 9 Abs. 1 Nr. 2 KStG als Gewinnermittlungsvorschrift[315] bereits im Rahmen der Ermittlung des Gewinns der einzelnen wirtschaftlichen Geschäftsbetriebe oder erst bei Ermittlung des Gesamtbetrags der durch die steuerpflichtigen wirtschaftlichen Geschäftsbetriebe erzielten Einkünfte abzuziehen ist.[316]

---

[309] BStBl. I 1999, 304.
[310] BGBl. I 2000, 1034.
[311] § 54 Abs. 7 KStG i. d. F. des ÄndG v. 14. 7. 2000, BGBl. I S. 1034.
[312] S. BT-Drs. 14/2340, 5 f.
[313] S. § 2 Abs. 4 EStG, R 3 EStR.
[314] S. BFH v. 21. 10. 1981 I R 149/77, BStBl. II 1982, 177 sowie Abschn. 24 Abs. 1, Abschn. 42 Abs. 2 und Abschn. 37 Abs. 1 KStR.
[315] S. BFH v. 21. 10. 1981 I R 149/77, a. a. O. sowie BFH v. 25. 11. 1987 I R 126/85, BStBl. II 1988, 220, 222.
[316] S. BFH v. 12. 3. 1991 I R 117/88, BStBl. II 1991, 645.

hh) Verlustabzug

Nach der Vorschrift des **§ 10 d EStG**, die nach § 8 Abs. 1 KStG auch bei der Ermittlung des körperschaftsteuerlichen Einkommens einer partiell steuerpflichtigen Einrichtung i. S. d. § 5 Abs. 1 Nr. 9 Satz 2 KStG anzuwenden ist, werden bei Ermittlung der Einkünfte aus einer Einkunftsart (vertikal) bzw. bei Ermittlung der Summe der Einkünfte (horizontal) **nicht ausgeglichene Verluste** veranlagungszeitraumübergreifend in einer **anderen Steuerperiode** berücksichtigt. Der Abzug nicht ausgeglichener negativer Ergebnisse in anderen Veranlagungszeiträumen als dem Verlustentstehungsjahr führt zu einem zeitnahen Liquiditätsvorteil. Mit der steuerlichen Entlastung durch die steuermindernde Berücksichtigung defizitärer Ergebnisse aus früheren bzw. späteren Veranlagungszeiträumen im Rahmen der Einkommensermittlung für Gewinnjahre trägt der Gesetzgeber dem Grundsatz der Besteuerung nach der wirtschaftlichen (Gesamt-)Leistungsfähigkeit des Steuersubjekts und damit dem objektiven Nettoprinzip als Ausdruck der Besteuerung nach der objektiven Leistungsfähigkeit[317] Rechnung. 220

Zur gemeinnützigkeitsrechtlichen Problematik des Ausgleichs von Verlusten aus wirtschaftlichem Geschäftsbetrieb mit Mitteln des ideellen bzw. steuerbefreiten Bereichs s. § 6 Rz. 5 ff.

Der **Verlustabzug** nach § 10 d EStG sieht zunächst einen Rücktrag nicht ausgeglichener Ergebnisse in vorangegangene VZ (§ 10 d Abs. 1 EStG) sowie nachrangig einen Vortrag für nachfolgende VZ (§ 10 d Abs. 2 EStG) vor. Der am Schluß eines Veranlagungszeitraums verbleibende Verlustvortrag wird gesondert festgestellt (§ 10 d Abs. 4 EStG). 221

Die Regelung des § 10 d Abs. 1 EStG zum **Verlustrücktrag** sieht vor, daß die bei Ermittlung des Gesamtbetrags der Einkünfte nicht ausgeglichenen Verluste 222

- **bis VZ 1998** auf die **zwei vorangehenden Jahre** sowie **max. i. H. v. 10 Mio DM** zurückgetragen werden. Nach der gesetzlichen Reihenfolge des § 10 d Abs. 1 EStG erfolgt der Rücktrag grds. (von Amts wegen) zunächst auf den zweiten dem Verlustjahr vorangehenden Veranlagungszeitraum; soweit danach noch nicht ausgeglichene Beträge vorliegen, erfolgt ein Rücktrag auf den ersten dem Verlustjahr vorangehenden Veranlagungszeitraum.
- Nach der Neufassung des § 10 d Abs. 1 EStG durch das StEntlG 1999/2000/2002 wird die Rücktragsfähigkeit von Verlusten **ab VZ 1999** auf lediglich **ein vorangehendes Jahr** sowie **max. i. H. v. 2 Mio DM** begrenzt; **ab VZ 2001** beträgt das zulässige Rücktragsvolumen max. **1 Mio DM.**[318]
- In Ausübung des durch das StandOG v. 13. 9. 1993 mit erstmaliger Wirkung für Verluste des VZ 1994 eingeführten **Wahlrechts** nach **§ 10 d Abs. 1 Satz 7 und 8 EStG** (Antragstatbestand) kann der Steu-

[317] Vgl. *Tipke/Lang* 13. Aufl., 203 ff., *Herzig* WPHdU, Kap. A Rz. 13ff, *Lang/Seer* FR 1994, 521, 524 m. w. N. sowie BVerfG v. 30. 9. 1998 2 BvR 1818/91, DStR 1998, 1743.

[318] S. § 52 Abs. 1, Abs. 25 Satz 2 EStG i. d. F. des ÄndG v. 14. 7. 2000, BGBl. I S. 1034.

erpflichtige einen **Verlustrücktrag** in den dem Verlustjahr vorangegangenen Veranlagungszeitraum ganz oder teilweise **beschränken** und damit zwischen Verlustrücktrag und Verlustvortrag wählen.
- Sind für die Vorjahre bereits Veranlagungen bestandskräftig durchgeführt worden, ermöglicht **§ 10 d Abs. 1 Satz 5 EStG** als **eigenständige Korrekturvorschrift** die nachträgliche Vornahme bzw. Berichtigung des Verlustabzugs im Rahmen eines Verlustrücktrags.
- Das im KSt-Bescheid für das Verlustentstehungsjahr ermittelte **negative Einkommen** (= steuerlicher Verlust) stellt nach **§ 47 Abs. 2 Nr. 2 KStG** eine für den KSt-Bescheid des Verlustrücktragsjahrs gesondert festgestellte Besteuerungsgrundlage (§§ 179, 182 Abs. 1 AO) dar.

223 Ein **Verlustvortrag** als Verlustabzug in künftigen, d.h. auf das Verlustentstehungsjahr folgenden Veranlagungszeiträumen kommt nach § 10 d Abs. 2 EStG in Betracht,
- soweit ein Ausgleich der Verluste durch Verlustrücktrag nach § 10 d Abs. 1 EStG nicht möglich ist bzw. auf Antrag des Steuerpflichtigen nach § 10 d Abs. 1 Satz 7 f. EStG unterbleibt.
- Die Regelung des § 10 d Abs. 2 EStG sieht einen (seit 1985) **zeitlich unbegrenzten** Verlustvortrag vor.
- Bei dem Verlustvortrag ist im Gegensatz zum Verlustrücktrag (§ 10 d Abs. 1 EStG) **keine Begrenzung** möglich (kein Wahlrecht).

224 Als **verbleibender Verlustvortrag** wird nach § 10 d Abs. 4 EStG
- der am **Schluß des Veranlagungszeitraums** (= Kj.)[319] bislang noch nicht (durch Rücktrag oder Abzug) verbrauchte und für einen künftigen Verlustabzug **noch verfügbare steuerliche Verlust** gesondert festgestellt (§§ 179 ff. AO).
- Die gesonderte Feststellung des verbleibenden Verlustabzugs wird jährlich fortgeschrieben und berücksichtigt nach § 10 d Abs. 3 Satz 2 EStG folgendes **Ermittlungsschema**:

verbleibender Verlustabzug zum 31. 12. 04	
+ laufender Verlust 05	
./. Verlustabzug in 05	(§ 10 d Abs. 2 EStG)
./. Verlustrücktrag auf 03 bzw. 04	(§ 10 d Abs. 1 EStG)
= verbleibender Verlustabzug zum 31. 12. 05	

- Der verbleibende Verlustvortrag als verfahrensrechtlich selbständige Besteuerungsgrundlage erfordert im Einzelfall eine ausschließliche **Anfechtung** des Verlustfeststellungsbescheids; die Anfechtung des Folgebescheids (ESt- oder KSt-Bescheid des Folgejahrs) kann infolge der Grundlagenfunktion und Bindungswirkung des vortragsfähigen verbleibenden Verlustabzugs als gesondert festgestellter Besteuerungsgrundlage[320] keinen Erfolg haben (s. § 351 Abs. 2 AO).[321] In Verlustjahren hingegen sind Einwendungen gegen die Höhe des Ver-

319 S. § 25 Abs. 1 EStG.
320 S. § 171 Abs. 10, § 182 Abs. 1 AO.
321 Vgl. BFH v. 28. 10. 1999 VIII R 7/97, BFH/NV 2000, 564.

lustes im Hinblick auf die Grundlagenfunktion des KSt-Bescheides nach § 47 Abs. 2 Nr. 2 KStG unmittelbar im Einspruchsverfahren gegen den KSt-Bescheid geltend zu machen.

- Das im KSt-Bescheid ausgewiesene **körperschaftsteuerliche Einkommen** bildet nach **§ 47 Abs. 2 Nr. 3 KStG** eine gesondert festgestellte Besteuerungsgrundlage für den Bescheid über die gesonderte Feststellung nach § 10 d Abs. 4 EStG; betrifft im positiven Fall den GdE (Verringerung bzw. Verbrauch des verbleibenden Verlustabzugs) sowie im negativen Fall das Einkommen (Erhöhung des vortragsfähigen Verlustes)

Die durch das **StEntlG 1999/2000/2002** in § 2 Abs. 3 EStG aufgenommenen **Beschränkungen zum Verlustausgleich** sind auch im Rahmen der entsprechenden angepaßten Vorschrift des § 10 d zu beachten (s. § 10 d Abs. 1 Satz 2 und 3 EStG n. F.). Auch im Rahmen des Verlustabzugs (Verlustrücktrag/Verlustvortrag) ist **ab VZ 1999** die Verrechnung von Ergebnissen aus unterschiedlichen Einkunftsarten nur noch begrenzt bis zur Höhe von 100 000 DM sowie darüber hinaus bis zur Hälfte des übersteigenden Teils der positiven Einkünfte möglich (s. Rz. 80). Der verbleibende Verlustvortrag i. S. d. § 10 d Abs. 4 EStG wird demzufolge erstmals zum 31. 12. 1999[322] getrennt nach Einkunftsarten gesondert festgestellt (§ 10 d Abs. 4 Satz 1 EStG n. F.). 225

Für die Ermittlung des Einkommens aus wirtschaftlichen Geschäftsbetrieben einer nach § 5 Abs. 1 Nr. 9 Satz 2 KStG **partiell steuerpflichtigen Einrichtung** erlangt die Regelung des § 10 d EStG mit ihren Ausgleichsmöglichkeiten zum einen lediglich für den partiell steuerpflichtigen Bereich sowie zum anderen lediglich für die Veranlagungszeiträume Bedeutung, in denen die Körperschaft, Personenvereinigung oder Vermögensmasse auch unter Berücksichtigung der Besteuerungsgrenze des § 64 Abs. 3 AO zur KSt herangezogen wird (s. Rz. 47 ff.). 226

Die Wirkung des Verlustabzugs nach § 10 d EStG ist bei partiell steuerpflichtigen gemeinnützigen Körperschaften **auf den** zur Besteuerung herangezogenen **Bereich des wirtschaftlichen Geschäftsbetriebs beschränkt**. 227

Sowohl für die Ermittlung des **steuerlichen Verlustes** als auch für die Minderung des Einkommens in Ausgleichsjahren sind lediglich die Ergebnisse der unterhaltenen steuerpflichtigen wirtschaftlichen Ergebnisse maßgebend; Ergebnisse des ideellen Bereichs, des steuerbefreiten Bereichs der Vermögensverwaltung sowie aus unterhaltenen Zweckbetrieben lassen die Größe des rück- oder vortragsfähigen Verlustes i. S. d. § 10 d EStG unberührt. Zur Zuordnung der Einnahmen und Ausgaben sowie zur Berücksichtigung gemischt veranlaßter Aufwendungen s. Rz. 255 ff. Der steuerliche Verlust aus wirtschaftlichem Geschäftsbetrieb ermittelt sich nach den allgemeinen Bestimmungen des EStG und des KStG (§ 8 Abs. 1 KStG, s. Rz. 60 ff.). Dies führt dazu, daß nicht nur im wirtschaftlichen Geschäftsbetrieb eingetretene nichtsteuerbare Vermö-

---

[322] S. § 52 Abs. 25 Satz 1 EStG i. d. F. des ÄndG v. 14. 7. 2000, BGBl. I S. 1034.

gensmehrungen (z. B. Einlagen, § 4 Abs. 1 Satz 5 EStG, s. Rz. 98, 101) und erzielte steuerfreie Einnahmen (Einkünfte, s. Rz. 120 ff.), sondern auch aus dem wirtschaftlichen Geschäftsbetrieb geleistete abzugsfähige Spenden (s. Rz. 210 ff.) das steuerliche Einkommen aus wirtschaftlichem Geschäftsbetrieb mindern und damit den nach § 10 d EStG berücksichtigungsfähigen Verlust der Körperschaft erhöhen.[323] Entnahmen aus dem wirtschaftlichen Geschäftsbetrieb (§ 8 Abs. 1 KStG i.V. m. § 4 Abs. 1 Satz 2 EStG, s. Rz. 97) sowie verdeckte Gewinnausschüttung (§ 8 Abs. 3 KStG, s. Rz. 100) erhöhen das steuerliche Ergebnis. Zum körperschaftsteuerlichen Abzug der Spenden bereits vor Ermittlung des Gesamtbetrags der Einkünfte s. Rz. 218.

228 Wird die partiell steuerpflichtige Einrichtung in einzelnen Veranlagungszeiträumen wegen Unterschreitens der **Besteuerungsgrenze des § 64 Abs. 3 AO** nicht zur KSt herangezogen, wirken sich die Besteuerungsgrundlagen dieser Veranlagungszeiträume, mithin die hier erzielten Ergebnisse auf den Verlustabzug i. S. d. § 10 d EStG nicht aus. In diesen Veranlagungszeiträumen tritt weder ein Verbrauch noch eine Erhöhung des vorhandenen verbleibenden Verlustvortrags ein.[324]

– Erzielt die Körperschaft in einem Veranlagungszeitraum Einnahmen aus steuerschädlichen wirtschaftlichen Geschäftsbetrieben i. H. v. max. 60 000 DM, wird ein in diesem Veranlagungszeitraum erwirtschaftetes **positives Ergebnis** bereits nach § 64 Abs. 3 AO von der KSt freigestellt. Ein zu Beginn des Veranlagungszeitraums aus wirtschaftlichem Geschäftsbetrieb vorhandener verbleibender Verlustabzug bleibt unberührt und steht ungeschmälert für künftige Veranlagungszeiträume zur Verfügung, in denen die Körperschaft die Besteuerungsgrenze des § 64 Abs. 3 AO überschreitet und dann mit ihren Ergebnissen zur KSt herangezogen wird.
– Erwirtschaftet die partiell steuerpflichtige gemeinnützige Einrichtung in Veranlagungszeiträumen, in denen sie die Besteuerungsgrenze des § 64 Abs. 3 AO unterschreitet, aus ihren wirtschaftlichen Geschäftsbetrieben einen **Verlust**, kann dieser nicht in spätere Veranlagungszeiträume vorgetragen werden.[325] Ein zu Beginn des Veranlagungszeitraums vorhandener verbleibender Verlustvortrag wird insoweit nicht erhöht.

229 Ein **rück- oder vortragbarer Verlust** kann danach nur in Jahren entstehen, in denen die Einnahmen die Besteuerungsgrenze übersteigen und mithin die Vorschrift des § 64 Abs. 3 AO nicht zur Anwendung gelangt.

230 Wenngleich die partielle Steuerpflicht und der steuerschädliche Charakter der wirtschaftlichen Betätigung auch bei Unterschreiten der Besteuerungsgrenze unberührt bleiben (s. Rz. 169), unterbleibt eine Fort-

[323] Vgl. Abschn. 37 Abs. 1 und 2, Abschn. 42 Abs. 2 KStR.

[324] S. AEAO, zu § 64 AO Rz. 17, gl. A. *Thiel/Eversberg* DB 1990, 290, 344, 345, *Korn* KÖSDI, 8099, 8103, *Kießling/Buchna* 216 f. sowie FG Rheinland-Pfalz v. 3. 7. 1996 1 K 1291/94, EFG 1997, 306; so nun auch *Tipke/Kruse* § 64 AO Rz. 18, Aufl. Okt. 97.

[325] S. FG Rheinland-Pfalz v. 3. 7. 1996 1 K 1291/94, a. a. O.

schreibung des Verlustabzugs in VZ, in denen die Besteuerungsgrenze unterschritten wird. § 64 Abs. 3 AO ist entsprechend seinem Vereinfachungsgedanken auszulegen. Die Regelung des § 64 Abs. 3 AO, die eine steuerliche Ergebnisermittlung mit den hiermit verbundenen Zuordnungsfragen sowie eine Dokumentation und Prüfung der Besteuerungsgrundlagen im Rahmen einer steuerlichen Erfassung unterhalb der Besteuerungsgrenze vermeiden will (s. Rz. 47 ff.), würde ihren Zweck verfehlen, wenn eine entsprechende Rechnungslegung gegenüber dem Finanzamt sowie eine dort vorzunehmende Prüfung und Bescheiderteilung für Zwecke der zutreffenden Ermittlung und Feststellung des Verlustes oder des Verbrauchs eines Verlustes erforderlich werden würde.[326] Die damit einhergehende Verletzung des objektiven Nettoprinzips im Anwendungsbereich des § 64 Abs. 3 AO kann sich sowohl zugunsten (kein Verbrauch eines vorhandenen Verlustvortrags) als auch zu Lasten der gemeinnützigen Körperschaft (keine Berücksichtigung erwirtschafteter Verluste) auswirken.[327]

Entsprechende Grundsätze gelten für die Ermittlung eines **Gewer- 231
beverlustes** nach § 10 a GewStG.

d) Gewinnermittlung im wirtschaftlichen Geschäftsbetrieb

Die aus der Unterhaltung von wirtschaftlichen Geschäftsbetrieben 235
erzielten steuerrelevanten Einkünfte sind im **betrieblichen Bereich** (§§ 13, 15 EStG) zwingend als Gewinn zu ermitteln.[328] Die Gewinnermittlung im betrieblichen Einkünftebereich erstreckt sich nicht nur auf die im Betrieb zugeflossenen oder abgeflossenen Erträge und Aufwendungen, sondern berücksichtigt mit der Steuerverhaftung der Substanz auch Veränderungen im Betriebsvermögen.

Betriebliche **Gewinneinkünfte** aus wirtschaftlichem Geschäftsbe- 236
trieb

- werden in der Praxis i. d. R. im Rahmen der Einkunftsart des **§ 15 EStG** erwirtschaftet. Entsprechende gewerbliche Einkünfte werden bei handelsrechtlicher Buchführungspflicht bereits nach der Fiktion des § 8 Abs. 2 KStG, im übrigen bei Vorliegen der Tatbestandsmerkmale des § 15 EStG erzielt (s. Rz. 69 ff.),
- liegen auch bei Einkünften aus einem land- und forstwirtschaftlichen Geschäftsbetrieb i. S. d. **§ 13 EStG** vor (s. Rz. 73), der nicht in den Anwendungsbereich des § 5 Abs. 1 Nr. 9 Satz 3 KStG (s. Rz. 55) fällt.

Der betriebliche Gewinn ist hinsichtlich der **Gewinnermittlungs- 237
technik** grds. durch Betriebsvermögensvergleich (§ 8 Abs. 1 KStG i.V. m. §§ 4, 5 EStG, s. Rz. 241 ff.), in Ermangelung einer Buchführung aus Vereinfachungsgründen auch durch Einnahme-Überschuß-Rechnung (§ 4 Abs. 3 EStG, s. Rz. 249 ff.) zu ermitteln. Für die Verwertung

---

[326] Gl. A. FG Rheinland-Pfalz v. 3. 7. 1996 1 K 1291/94, a. a. O.

[327] Zum Vorrang des Vereinfachungseffekts vor dem Grundsatz der Steuergerechtigkeit s. auch FG Rheinland-Pfalz v. 28. 7. 1999–2 K 2248/98, EFG 1999, 1002.

[328] S. § 2 Abs. 2 Nr. 1 i.V. m. §§ 4 ff. EStG.

unentgeltlich erworbenen Altmaterials sieht die Regelung des § 64 Abs. 5 AO eine pauschalierte Gewinnermittlung vor (s. Rz. 305 ff.). Im Anwendungsbereich des § 13 EStG kann im Einzelfall anstelle einer Überschußermittlung auch eine Gewinnermittlung nach Durchschnittssätzen (s. § 13 a EStG) in Betracht kommen.

238 Erzielt die partiell steuerpflichtige Einrichtung mit einem sonstigen wirtschaftlichen Geschäftsbetrieb i. S. d. § 22 Nr. 3 EStG (s. Rz. 74) sonstige Einkünfte im hiervon abzugrenzenden **außerbetrieblichen Einkünftebereich**, ist das Ergebnis als Überschuß der Einnahmen über die Werbungskosten zu ermitteln.[329] Im Gegensatz zu den betrieblichen Einkunftsarten ist das dem wirtschaftlichen Geschäftsbetrieb i. S. d. § 22 Nr. 3 EStG dienende Vermögen nicht steuerverhaftet.

aa) Bilanzierung oder Einnahme-/Überschußrechnung

240 Für die Ermittlung des **betrieblichen Gewinns** bedient sich der Gesetzgeber grds. der bilanziellen Gewinnermittlungstechnik.[330] Der Gewinn ist danach durch einen **Betriebsvermögensvergleich**, bei Gewerbetreibenden unter Beachtung der handelsrechtlichen Grundsätze ordnungsmäßiger Buchführung zu ermitteln (§§ 4, 5 EStG). Der Gewinn (= Jahreserfolg) als steuerliche Bemessungsgrundlage basiert auf einer Gegenüberstellung des Anfangs- und Endvermögens eines Wirtschaftsjahrs und errechnet sich als Betriebsvermögensveränderung (Unterschiedsbetrag) des zugrunde liegenden Ermittlungszeitraums (s. Rz. 114). Die Gewinnformel des § 4 Abs. 1 Satz 1 EStG stellt eine periodische Ergebnisermittlung sicher, die auf einem lückenlosen Anschluß durch den zugrunde liegenden Bilanzenzusammenhang basiert. Neben der Ermittlung der einzelnen periodischen Vermögensveränderung als Ausgangsgröße der steuerlichen Einkommensermittlung ermöglicht die bilanzielle Gewinnermittlung nach dem Grundsatz des formellen Bilanzenzusammenhangs zudem die korrekte Erfassung des betrieblichen Totalgewinns.[331]

241 Die partiell steuerpflichtige gemeinnützige Körperschaft hat ihren Gewinn aus wirtschaftlichem Geschäftsbetrieb durch Bestandsvergleich i. S. d. § 4 Abs. 1, § 5 Abs. 1 EStG zu ermitteln, wenn sich eine entsprechende **Bilanzierungspflicht** entweder bereits aus außersteuerlichen Bestimmungen (§ 140 AO) oder aber aus originär steuerlicher Sicht aufgrund Überschreitens größenabhängiger Merkmale (§ 141 AO) ergibt.

242 – Ist die Körperschaft als Kaufmann i. S. d. §§ 1 ff. HGB bereits handelsrechtlich nach den §§ 238ff HGB zur Buchführung und Bilanzierung verpflichtet, nutzt der Gesetzgeber diese Verpflichtung nach § 140 AO als **steuerrechtlich abgeleitete Buchführungsverpflich-**

---

[329] S. § 2 Abs. 2 Nr. 2, §§ 8, 9 EStG.

[330] Zur vereinfachten Gewinnermittlung durch Überschußrechnung nach § 4 Abs. 3 EStG s. Rz. 249 ff.

[331] S. *von Wallis* DStZ 1991, 437 sowie u. a. BFH v. 4. 3. 1998 XI S 1/98, BFH/NV 1999, 21, BFH v. 22. 4. 1998 IV B 107/97, BFH/NV 1999, 162, BFH v. 28. 4. 1998 VIII R 46/96, BStBl. II 1998, 443 und BFH v. 6. 8. 1998 IV R 67/97, BStBl. II 1999, 14.

tung auch für Zwecke der steuerlichen Gewinnermittlung i. S. d. §§ 4, 5 EStG.
Eine entsprechende Verpflichtung trifft z. B. partiell steuerpflichtige Kapitalgesellschaften, die als Formkaufmann nach Handelsrecht zur Buchführung und Bilanzierung verpflichtet sind (s. § 13 Abs. 3 GmbHG, § 6 HGB i.V. m. §§ 238 ff., 264ff. HGB). Entsprechendes gilt für Steuersubjekte, die mit ihrem wirtschaftlichen Geschäftsbetrieb ein Handelsgewerbe i. S. d. § 1 ff. HGB unterhalten und demzufolge nach den §§ 238 ff. HGB zu bilanzieren haben (s. Rz. 69).
Der handelsrechtlich zu erstellende Jahresabschluß wird nach Maßgabe der §§ 4, 5 ff. EStG der Ermittlung der steuerlichen Bemessungsgrundlage zugrunde gelegt. Die Grundsätze zur Maßgeblichkeit der Handelsbilanz für die steuerliche Gewinnermittlung (s. § 5 Abs. 1 Satz 1 und 2 EStG) sind hierbei zu beachten.

– Eine **originäre steuerliche Buchführungspflicht** sieht § 141 AO 243
als gegenüber der Vorschrift des § 140 AO subsidiäre Bestimmung für Gewerbetreibende und Land- und Forstwirte dann vor, wenn der wirtschaftliche Geschäftsbetrieb eines der in § 141 Abs. 1 AO alternativ aufgeführten größenabhängigen Merkmale[332] überschreitet. Die Bilanzierungspflicht i. S. d. § 141 AO knüpft an wesentliche handelsrechtliche Bestimmungen an[333] und setzt nach § 141 Abs. 2 AO aus Gründen des Vertrauensschutzes eine rechtzeitige, vorherige Aufforderung durch das Finanzamt vor Beginn des entsprechenden Wirtschaftsjahrs voraus.[334]
Die FinVerw. geht für die Anwendung des § 141 Abs. 1 AO von dem einheitlichen wirtschaftlichen Geschäftsbetrieb i. S. d. **§ 64 Abs. 2 AO** aus.[335] Eine steuerliche Buchführungs- und Bilanzierungspflicht nach Maßgabe des § 141 AO kommt danach bereits zum Tragen, wenn die gemeinnützige Körperschaft mit ihren unterschiedlichen wirtschaftlichen Tätigkeiten i. S. d. §§ 14, 64 AO zusammen die in § 141 Abs. 1 AO aufgeführten Grenzen überschreitet. Als bedenklich erweist sich dieser Ansatz dann, wenn ein Teil der wirtschaftlichen Aktivitäten bereits von der vorrangigen Regelung des § 140 AO erfaßt wird und/oder für einzelne wirtschaftliche Geschäftsbetriebe unterschiedliche Gewinnermittlungsmethoden oder sogar besondere Gewinnermittlungsvorschriften (z. B. § 64 Abs. 5 AO, s. Rz. 305 ff.) zum Tragen kommen.[336] Auch die Regelung des § 141 AO bezieht sich nach ihrer Diktion[337] nicht auf das Unternehmen i. S. d. § 2

[332] Umsatz › 500 000 DM, Gewinn aus Gewerbebetrieb bzw. Land- und Forstwirtschaft › 48 000 DM, selbstbewirtschaftete land- und forstwirtschaftliche Flächen mit einem Wirtschaftswert i. S. d. § 46 BewG › 40 000 DM.

[333] S. § 141 Abs. 1 Satz 2 AO i.V. m. §§ 238, 240 bis 242 Abs. 1, §§ 243 bis 256 HGB.

[334] S. AEAO, zu § 141 AO Rz. 2, 4.

[335] S. AEAO, zu § 64 AO Rz. 5, gl. A. *Woitschell* in Arthur Andersen § 5 KStG Rz. 560, *Märkle* 10. Aufl., 310 f., *Fischer* in Hübschmann/Hepp/Spitaler, § 64 AO Rz. 63.

[336] So bereits *Thiel/Eversberg* DB 1990, 344, 347.

[337] S. § 141 Abs. 1 Satz 1 AO

UStG sondern auf die Verhältnisse des einzelnen Betriebs i. S. d. EStG, auch wenn der Steuerpflichtige mehrere Betriebe gleicher Einkunftsart hat.[338] Im Anwendungsbereich des § 64 Abs. 2 AO läßt die FinVerw. diesen Grundsatz unberücksichtigt.[339]

244 Die für die bilanzielle Gewinnermittlung i. S. d. § 8 Abs. 1 KStG i.V. m. §§ 4, 5 EStG maßgebende **Gewinnformel** des § 4 Abs. 1 Satz 1 EStG sieht neben der Ermittlung der Betriebsvermögensveränderung für das jeweilige Wirtschaftsjahr die Hinzurechnung von **Entnahmen** (§ 4 Abs. 1 Satz 2 EStG) sowie die Kürzung um vorgenommene **Einlagen** (§ 4 Abs. 1 Satz 5 EStG) vor, die auch bei partiell steuerpflichtigen Einrichtungen i. S. d. § 5 Abs. 1 Nr. 9 Satz 2 KStG einschließlich der gemeinnützigen Kapitalgesellschaft als außerbetrieblich veranlaßte Vermögensminderungen oder -mehrungen zum Tragen kommen können (s. Rz. 96 ff.). Der außerbetriebliche Bereich umfaßt alle Vermögensbereiche außerhalb des steuerpflichtigen wirtschaftlichen Geschäftsbetriebs.

Entsprechende Korrekturen für Entnahmen und Einlagen tragen dem Grundsatz der Besteuerung nach der **wirtschaftlichen Leistungsfähigkeit** Rechnung, demzufolge auch die gemeinnützige Körperschaft im Rahmen ihrer partiellen Steuerpflicht nach § 5 Abs. 1 Nr. 9 Satz 2 KStG lediglich mit dem betrieblichen Ergebnis aus steuerrelevanter wirtschaftlicher Tätigkeit zur Besteuerung herangezogen wird und der Bereich der Einkünfteerzielung von dem Bereich der Einkünfteverwendung zu trennen ist (s. Rz. 91 ff., 265 ff.). Zur Abgrenzung des wirtschaftlichen Geschäftsbetriebs im Rahmen der Gewinn-/Einkommensermittlung im Überblick s. Abb. 2 Rz. 102.

245 Die steuerbilanzielle Gewinnermittlung des Ergebnisses aus **steuerschädlichem wirtschaftlichem Geschäftsbetrieb** erstreckt sich auf den Tätigkeits-/Vermögensbereich, der i. S. d. § 5 Abs. 1 Nr. 9 Satz 2 KStG zur Körperschaftsteuer herangezogen wird. Lediglich insoweit erlangt das (Teil-)Ergebnis der im übrigen steuerbefreiten Einrichtung für die Ermittlung des steuerlichen Einkommens (§§ 7, 8 KStG) Bedeutung. Dementsprechend bezieht sich auch die zur Einkommensermittlung herangezogene Gewinnformel des § 4 Abs. 1 Satz 1 EStG (ggf. i.V. m. § 5 EStG) lediglich auf den nach § 5 Abs. 1 Nr. 9 Satz 2 KStG steuerrelevanten Bereich des wirtschaftlichen Geschäftsbetriebs.[340]

246 Erstellt die partiell steuerpflichtige Körperschaft aufgrund ihrer handelsrechtlichen Verpflichtung oder für Dokumentationszwecke eine **Gesamtbilanz**, die sämtliche Aktivitäten und Tätigkeitsbereiche umfaßt, ist für Zwecke der Gewinnermittlung i. S. d. § 8 Abs. 1 KStG

---

[338] S. BFH v. 13. 10. 1988 IV R 136/85, BStBl. II 1989, 7 sowie *Klein/Brockmeyer* § 141 AO Rz. 1.

[339] Vgl. AEAO, zu § 141 AO Rz. 3.

[340] Gl. A. *Lang/Seer* FR 1994, 521, 532, *Jost* in Dötsch/Eversberg/Jost/Witt, § 13 KStG Rz. 181 f. sowie *Fischer* in Hübschmann/Hepp/Spitaler, § 64 AO Rz. 52; a. A. *Thiel* GmbHR 1997, 10, 13 für die gGmbH.

i.V.m. §§ 4, 5 EStG lediglich der Bereich zu betrachten, der Gegenstand eines wirtschaftlichen Geschäftsbetriebs i.S.d. § 5 Abs. 1 Nr. 9 Satz 2 KStG ist. Hierzu zählt auch der im Einzelfall nach § 64 Abs. 3 AO nicht zur KSt herangezogene Bereich, der Gegenstand der partiellen Steuerpflicht nach § 5 Abs. 1 Nr. 9 Satz 2 KStG (s. Rz. 47 ff.) ist. Zur konkreten Zuordnung von Einnahmen und Ausgaben sowie zur Berücksichtigung gemischt veranlaßter Aufwendungen s. Rz. 255 ff.

Der **Umfang des Betriebsvermögens**, das dem wirtschaftlichen Geschäftsbetrieb zuzuordnen ist und dessen Veränderung im Rahmen der bilanziellen Gewinnermittlung i.S.d. §§ 4, 5 EStG erfaßt wird, richtet sich nach den für die Zuordnung von Wirtschaftsgütern maßgebenden allgemeinen bilanzsteuerrechtlichen Grundsätzen. 247

- Zu dem **notwendigen Betriebsvermögen** gehören Wirtschaftsgüter, die ausschließlich und unmittelbar für betriebliche Zwecke genutzt werden oder dazu bestimmt sind.[341] Dem Betriebsvermögen des wirtschaftlichen Geschäftsbetriebs sind danach neben beweglichen Wirtschaftsgütern mit einer überwiegenden eigenbetrieblichen Nutzung[342] im Einzelfall auch Grundstücke, Grundstücks- oder selbst Gebäudeteile zuzuordnen, die mit ihrem betrieblichen Nutzungs- und Funktionszusammenhang steuerrechtlich selbständige Wirtschaftsgüter darstellen.[343]
- Die Bildung von **gewillkürtem Betriebsvermögen** ist darüber hinaus bei Wirtschaftsgütern möglich, die in einem gewissen objektiven Zusammenhang mit dem Betrieb stehen und ihn zu fördern bestimmt und geeignet sind.[344] Gewillkürtes Betriebsvermögen scheidet aus, wenn bereits bei Erwerb/Zugang erkennbar ist, daß das Wirtschaftsgut dem Betrieb keinen Nutzen, sondern nur Verluste bringt.[345] Wirtschaftsgüter der gemeinnützigen Einrichtung, die diese für den ideellen steuerbegünstigten Bereich angeschafft hat und die lediglich im wirtschaftlichen Bereich mitbenutzt werden, bleiben allerdings dem steuerbegünstigten Bereich zuzuordnen.[346]
  Die Bildung gewillkürten Betriebsvermögens setzt nach Auffassung der FinVerw. voraus, daß der steuerliche Gewinn durch Betriebsvermögensvergleich i.S.d. § 4 Abs. 1, § 5 EStG und nicht als Überschuß i.S.d. § 4 Abs. 3 EStG ermittelt wird.[347]

Für die Bildung sowohl notwendigen als auch gewillkürten Betriebsvermögens sind die gemeinnützigkeitsrechtlichen Beschränkungen zu

---

341 S. R 13 Abs. 1 Satz 1 EStR.

342 › 50 v. H., s. R 13 Abs. 1 Satz 4 EStR.

343 S. R 13 Abs. 3 ff. EStR

344 Vgl. R 13 Abs. 1 Satz 3 EStR.

345 Vgl. BFH v. 19. 2. 1997, BStBl. II 1997, 399 zu Wertpapieren.

346 Gl. A. *Fischer* in Hübschmann/Hepp/Spitaler, § 64 AO Rz. 58.

347 Vgl. R 13 Abs. 1 Satz 3 und 6 EStR, s. hierzu im Hinblick auf die Erfassung eines zutreffenden Totalgewinns sowohl bei Bestandsvergleich als auch bei Überschußermittlung nach § 4 Abs. 3 EStG die m.E. beachtliche Kritik bereits bei BFH v. 22. 9. 1993, BStBl. II 1994, 172 sowie bei *Schmidt/Heinicke* § 4 EStG Rz. 109, 166 f., m.w.N.

beachten, die sich aus dem nach § 55 Abs. 1 Nr. 1 i.V. m. § 58 Nr. 6, 7 AO gebotenen gegenwartsnahen Einsatz der Mittel für steuerbegünstigte Zwecke ergeben. Für die Errichtung oder Unterhaltung eines wirtschaftlichen Geschäftsbetriebs dürfen lediglich Mittel der gemeinnützigen Einrichtung aus deren zulässigen Vermögen eingesetzt werden, nicht hingegen aus dem für steuerbegünstigte Zwecke gebundenen Vermögen.[348]

248 Sind **gemischt genutzte Wirtschaftsgüter** infolge ihrer Zuordnung zum Betriebsvermögen in die steuerbilanzielle Gewinnermittlung einbezogen, erfordert die „außerbetriebliche" Nutzung der Wirtschaftsgüter im ideellen bzw. steuerbefreiten Bereich eine Abgrenzung von Wertabgaben durch den Ansatz von Entnahmen nach Maßgabe des § 8 Abs. 1 KStG i.V. m. § 4 Abs. 1 Satz 1 und 2 EStG (s. Rz. 96 f.). Andererseits steht auch die Zuordnung eines betrieblich mitbenutzten Wirtschaftsguts zum „Privatvermögen", d. h. dem ideellen bzw. steuerbefreiten Bereich der gemeinnützigen Körperschaft, einer zutreffenden Ermittlung des betrieblichen Ergebnisses nicht entgegen. Betrieblich mitveranlaßte Aufwendungen sind nach § 4 Abs. 4 EStG anteilig und bilanztechnisch über Kosteneinlagen i. S. d. § 4 Abs. 1 Satz 1 i.V. m. Satz 5 EStG[349] zu berücksichtigen (s. im einzelnen Rz. 265 ff.).

249 Besteht keine gesetzliche Buchführungspflicht nach den §§ 140, 141 AO und bilanziert die Körperschaft auch nicht auf freiwilliger Basis, kann sie ihren Gewinn nach **§ 4 Abs. 3 EStG** in vereinfachter Form durch Gegenüberstellung der Betriebseinnahmen und der Betriebsausgaben des jeweiligen Wirtschaftsjahrs (**Überschußrechnung)** ermitteln (§ 4 Abs. 3 Satz 1 EStG).

Diese im Bereich der partiell steuerpflichtigen gemeinnützigen Einrichtungen häufig anzutreffende und im Vergleich zur Bilanzierung wesentlich einfachere Ermittlungstechnik ist z. B. dann möglich, wenn einzelne wirtschaftliche Tätigkeiten eine Bilanzierungsverpflichtung weder aufgrund Art und Umfang der Betätigung oder Option des Unternehmers nach handelsrechtlichen Bestimmungen (§§ 1 ff., 238 ff. HGB, s. Rz. 242), noch aufgrund Überschreitens der größenabhängigen Merkmale des § 141 Abs. 1 AO (s. Rz. 243) nach rein steuerlichen Bestimmungen nach sich ziehen.

250 Die Überschußrechnung stellt im Ergebnis grds. auf das **Zufluß-/Abflußprinzip** i. S. d. § 11 EStG ab. Betriebseinnahmen werden im Zeitpunkt der Vereinnahmung sowie Betriebsausgaben grds. im Zeitpunkt der Verausgabung steuerwirksam erfaßt. Zur Berücksichtigung der Anschaffungs-/Herstellungskosten erst im Zeitpunkt der Veräußerung oder Entnahme s. § 4 Abs. 3 Satz 4 EStG.

Im Vergleich zur bilanziellen Gewinnermittlung nach § 4 Abs. 1 EStG mit einem grundlegenden Aufwands- und Ertragsprinzip[350]

---

[348] S. hierzu *Kümpel* DStR 1999, 1505, 1506 f., *Fischer* in Hübschmann/Hepp/Spitaler, § 64 AO Rz. 53 ff., *Hüttemann* 84 f. sowie Rz. 138.

[349] S. *Lang/Seer* FR 1994, 521, 534

[350] S. § 252 Abs. 1 Nr. 5 HGB.

führt die Einnahmen-/Ausgabenrechnung i. S. d. § 4 Abs. 3 EStG aufgrund ihres unterschiedlichen Realisationsprinzips zwar zu unterschiedlichen Periodenergebnissen, nach dem Grundsatz der Gesamtgewinngleichheit jedoch zu einem **identischen Totalgewinn**.[351] Während sich die bilanzielle Gewinnermittlung mit dem Jahresabschluß an der Vermögenslage orientiert und den Jahreserfolg aus der im Wirtschaftsjahr jeweils eingetretenen Veränderung des Betriebsvermögens ableitet, läßt die Überschußrechnung i. S. d. § 4 Abs. 3 EStG Wertminderungen, Forderungs- und Schuldenbestände bis zum Zeitpunkt der Realisierung bzw. Erfüllung unberücksichtigt. Spätestens im Zeitpunkt der Veräußerung oder der Aufgabe des wirtschaftlichen Geschäftsbetriebs werden bislang unterschiedliche Periodenergebnisse ausgeglichen. Stille Reserven sind im Rahmen der Überschußrechnung nach § 4 Abs. 3 EStG in gleicher Weise steuerverhaftet wie im Rahmen der bilanziellen Gewinnermittlung nach den §§ 4, 5 EStG. Nichtabnutzbare Wirtschaftsgüter des Anlagevermögens werden in einem besonderen Verzeichnis aufgeführt, s. § 4 Abs. 3 Satz 5 EStG. Außerbetrieblich veranlaßte Vermögensmehrungen bzw. -minderungen sind zur zutreffenden Gewinnermittlung auch bei der Überschußrechnung nach § 4 Abs. 3 EStG als Einlagen bzw. Entnahmen nach § 4 Abs. 1 Satz 1 ff. EStG in gleicher Weise wie bei bilanzieller Gewinnermittlung zu berücksichtigen.[352]

Im Hinblick auf die auch hier zu beachtende Steuerverhaftung des Betriebsvermögens und der hieran anknüpfenden Erfassung von Wertsteigerungen (-veränderungen) ist die vereinfachte Gewinnermittlung nach § 4 Abs. 3 EStG von der Überschußrechnung im Rahmen der außerbetrieblichen Einkunftsarten nach § 2 Abs. 2 Nr. 2 i.V. m. §§ 8, 9 EStG abzugrenzen.

Da grundlegende Gewinnermittlungsart der Betriebsvermögensver- 251
gleich i. S. d. § 4 Abs. 1 bzw. § 5 EStG ist und eine Überschußrechnung i. S. d. § 4 Abs. 3 EStG lediglich dann in Betracht kommt, wenn die partiell steuerpflichtige Körperschaft ihr Ergebnis aus wirtschaftlichem Geschäftsbetrieb auch nicht freiwillig durch bilanzielle Gewinnermittlung berechnet, besteht letztlich ein **Wahlrecht zur Überschußermittlung** nach § 4 Abs. 3 EStG, das durch entsprechende Aufzeichnungen ausgeübt wird.[353]

Die unterschiedlichen Tätigkeitsbereiche und Vermögenssphären der 252
partiell steuerpflichtigen gemeinnützigen Körperschaft i. S. d. § 5 Abs. 1 Nr. 9 Satz 2 KStG erfordern auch im Rahmen der Überschußrechnung nach § 4 Abs. 3 EStG eine **Zuordnung der Einnahmen und Ausgaben** nach dem Veranlassungsprinzip (s. Rz. 255 ff.). Zur Abgrenzung von Entnahmen und Einlagen, die als außerbetrieblich

---

[351] S. BFH v. 23. 2. 1984 IV R 128/81, BStBl. II 1984, 516, BFH v. 29. 4. 1999 IV R 7/98, BStBl. II 1999, 488 sowie *Lang/Seer* FR 1994, 521, 534.

[352] S. BFH v. 22. 1. 1980 VIII R 74/77, BStBl. II 1980, 244; zur Gewinnermittlung nach § 4 Abs. 3 EStG im einzelnen s. *Schmidt/Heinicke* § 4 EStG Rz. 370 ff.

[353] S. BFH v. 13. 10. 1989 III R 30–31/85, BStBl. II 1990, 287.

veranlaßte Vermögensveränderungen auch im Rahmen der Überschußrechnung nach § 4 Abs. 3 EStG zur Ermittlung eines zutreffenden Totalgewinns erforderlich sind, s. Rz. 96 ff.

bb) Gewinnermittlung im einzelnen

(1) Zuordnung der Einnahmen

255 Betriebseinnahmen sind Wertzugänge in Geld oder Geldeswert, die durch den Betrieb veranlaßt sind. Bei Ermittlung des Gewinns bzw. des Einkommens aus **wirtschaftlichem Geschäftsbetrieb** i. S. d. § 5 Abs. 1 Nr. 9 Satz 2 KStG sind dementsprechend Einnahmen zu berücksichtigen, die durch den der partiellen Steuerpflicht unterliegenden wirtschaftlichen Geschäftsbetrieb **veranlaßt** sind. Dies ist der Fall, wenn die Einnahmen infolge der den Geschäftsbetrieb begründenden **Tätigkeit** entstanden sind.[354] Zur steuerrelevanten Betätigung i. S. d. § 5 Abs. 1 Nr. 9 Satz 2 KStG i.V. m. §§ 14, 64 AO, die auch dann zu einer steuerwirksamen Erfassung von Einnahmen führen kann, wenn sich die zugrunde liegende wettbewerbsrelevante Tätigkeit äußerlich nicht als Betrieb darstellt, s. Rz. 43. Das Veranlassungsprinzip als Maßstab der Zuordnung von betrieblichen Vermögensmehrungen gilt einheitlich sowohl für die bilanzielle Gewinnermittlung i. S. d. § 4 Abs. 1, § 5 EStG als auch für die Einnahme-Überschuß-Rechnung i. S. d. § 4 Abs. 3 EStG.

256 Einnahmen führen dann zur Erhöhung oder Begründung einer steuerlichen Bemessungsgrundlage, wenn sie der partiell steuerpflichtigen Körperschaft im Rahmen einer **Einkunftsart** i. S. d. § 8 Abs. 1, 2 i.V. m. § 2 Abs. 1 EStG zufließen, die gleichzeitig den Anforderungen des § 14 Satz 1 AO genügt (s. Rz. 66 ff.).

257 Einnahmen, deren Entstehung im **ideellen bzw. steuerbefreiten Bereich** der partiell steuerpflichtigen gemeinnützigen Einrichtung begründet sind, scheiden bei der Ermittlung der steuerlichen Bemessungsgrundlage i. S. d. §§ 7, 8 KStG aus. Demzufolge erhöhen weder (echte) Mitgliedsbeiträge oder Zuschüsse im ideellen nichtsteuerbaren Bereich noch steuerbefreite Vermögensmehrungen aus Vermögensverwaltung oder Zweckbetrieben das Einkommen der nach § 5 Abs. 1 Nr. 9 Satz 2 KStG partiell steuerpflichtigen Körperschaft (s. Rz. 120 ff.).

258 Einnahmen der gemeinnützigen Körperschaft werden sich nach ihrer Entstehung idR eindeutig einer bestimmten Tätigkeit des steuerpflichtigen bzw. nicht steuerpflichtigen Bereichs zuordnen lassen. Dies gilt insbesondere dann, wenn die Einnahme als Entgelt für eine bestimmte Leistung der gemeinnützigen Einrichtung gezahlt wird. Lassen sich Einnahmen in ihrer Entstehung auf **steuerrechtlich unter-**

---

[354] S. BFH v. 27. 3. 1991 I R 31/89 BStBl. II 1992, 103, s. auch BFH v. 26. 2. 1992 I R 149/90, BStBl. II 1992, 693 zur Altkleiderspende als durch Altkleidersammlung veranlaßter wirtschaftlicher Vorteil i. S. d. § 14 Satz 1 AO sowie BFH v. 9. 12. 1981 I R 215/78, BStBl. II 1983, 27 zu Sportartikeln als vereinnahmten Sachleistungen i. R. v. Werbemaßnahmen als wirtschaftlichem Geschäftsbetrieb.

schiedlich zu beurteilende Tätigkeiten der partiell steuerpflichtigen Körperschaft zurückführen, ist die Einnahme aus wirtschaftlicher Betätigung auch dann ggf. im Schätzungswege abzugrenzen, wenn diese absolut oder relativ geringfügig sein sollte.[355]

259 Eine entsprechende Aufteilung kann auf der Grundlage eines sich an objektiven Kriterien orientierenden Aufteilungsmaßstabs bzw. hilfsweise im Schätzungswege bei unechten Mitgliedsbeiträgen[356] sowie bei Zuschüssen in Betracht kommen, die nicht in vollem Umfang als nichtsteuerbare Zuflüsse zu werten sind, sondern (ggf. zum Teil) ein Entgelt für bestimmte Leistungen der steuerbegünstigten Körperschaft darstellen (s. Rz. 125 f.). Eine Aufteilung wird sich hierbei insbesondere dann vornehmen lassen, wenn die Beiträge **verdeckte Leistungsentgelte** beinhalten, deren Höhe sich als Sonderentgelt nach der Inanspruchnahme von Leistungen der gemeinnützigen Körperschaft richtet und die von den Mitgliedern eingezogenen Beiträge sich nicht nach leistungsunabhängigen Kriterien bemessen.[357] Eine Aufteilung wird sich hingegen in den Fällen eines einheitlichen Leistungsentgeltes schwieriger gestalten.[358] Der auf den Leistungsaustausch entfallende und ggf. im Schätzungswege zu ermittelnde Teil der Mitgliedsbeiträge führt dann zu Betriebseinnahmen, die der Besteuerung zu unterwerfen sind.[359]

260 Als außerbetrieblich veranlaßte Vermögensmehrungen sind schließlich auch **Einlagen** i. S. d. § 8 Abs. 1 KStG i.V. m. § 4 Abs. 1 Satz 1 und 5 EStG im Rahmen der Gewinn-/Einkommensermittlung auszuscheiden, soweit diese erfolgswirksam das Ergebnis aus wirtschaftlichem Geschäftsbetrieb erhöht haben. Sie stellen Vermögensmehrungen dar, die nicht auf der wirtschaftlichen Leistungsfähigkeit beruhen, sondern durch Zuführungen aus anderen, außerbetrieblichen Bereichen der Körperschaft oder auch deren Anteilseignern/Mitgliedern begründet sind (s. Rz. 98, 101).

(2) Zuordnung der Ausgaben/des Aufwands

265 Betriebsausgaben sind nach § 8 Abs. 1 KStG i.V. m. § 4 Abs. 4 EStG Aufwendungen, die durch den Betrieb **veranlaßt** sind. Betriebsausga-

---

355 So auch *Fischer* in Hübschmann/Hepp/Spitaler, § 64 AO Rz. 35.

356 S. hierzu BFH v. 28. 6. 1989 I R 86/85, BStBl. II 1990, 550, BFH v. 13. 8. 1997 I R 85/96, BStBl. II 1998, 161 sowie Abschn. 38 ff. KStR.

357 Gl. A. *Klein/Gersch* § 14 AO Rz. 5, *Fischer* in Hübschmann/Hepp/Spitaler, § 64 AO Rz. 34 f.

358 S. BFH v. 25. 8. 1987 IX R 24/85, BStBl. II 1987, 850 zu Schulgeld, zur ggf. schätzweisen Aufteilung eines einheitlichen Leistungsentgelts s. allerdings auch AEAO, zu § 68 AO Rz. 10 hinsichtlich Aufteilung eines einheitlichen Eintrittspreises für Besuch einer kulturellen Veranstaltung mit Bewirtung in Entgeltsanteil für Besuch und für Bewirtung.

359 S. BFH v. 28. 6. 1989 I R 86/85, BStBl. II 1990, 550 zu Vermittlungsprovision und Entgelt für Zinsvergünstigung, R 150 Abs. 2 UStR zur entsprechenden ustlichen Behandlung von Zuschüssen sowie Abschn. 38 Abs. 3 Satz 2 f. KStR m. w. N.

ben des wirtschaftlichen Geschäftsbetriebs i. S. d. § 5 Abs. 1 Nr. 9 Satz 2 KStG i.V. m. §§ 14, 64 AO sind daher Aufwendungen, deren Entstehung durch die den wirtschaftlichen Geschäftsbetrieb begründende **Tätigkeit** veranlaßt sind.[360] Die erforderliche Verknüpfung mit der betrieblichen Tätigkeit liegt nach ständiger Rspr vor, wenn die Aufwendungen objektiv mit dem Betrieb zusammenhängen und subjektiv dem Betrieb zu dienen bestimmt sind.[361]

266 Bei der Ermittlung des zu versteuernden Einkommens einer teilweise von der KSt befreiten Körperschaft sind nur die Einnahmen und Ausgaben (Aufwendungen) zu berücksichtigen, die zu den steuerpflichtigen wirtschaftlichen Geschäftsbetrieben der Körperschaft gehören, d.h. die ihnen zuzuordnen sind (s. § 64 Abs. 1 AO). Einnahmen und Ausgaben, die den **übrigen Tätigkeitsbereichen** zuzuordnen sind, dürfen nicht berücksichtigt werden; sie berühren die (Teil-)Ergebnisse aus steuerbefreiten Bereichen der Körperschaft (ideeller Bereich, Vermögensverwaltung bzw. Zweckbetriebsbereich, s. Rz. 120 ff.).

267 Das objektive **Nettoprinzip** als Konkretisierung des allgemeinen ertragsteuerlichen Grundsatzes der Besteuerung nach der individuellen wirtschaftlichen Leistungsfähigkeit[362] erfordert eine isolierte Betrachtung des der partiellen Steuerpflicht unterliegenden wirtschaftlichen Geschäftsbetriebs. Lediglich hinsichtlich der diesem zuzuordnenden Besteuerungsgrundlagen verliert die partiell steuerpflichtige Körperschaft i. S. d. § 5 Abs. 1 Nr. 9 Satz 2 KStG ihre Steuervergünstigung (s. § 64 Abs. 1 AO). Die den Einnahmen aus wirtschaftlichem Geschäftsbetrieb unmittelbar bzw. mittelbar zuzuordnenden Erwerbsaufwendungen dürfen danach den steuerlichen Gewinn mindern. Ausgaben der partiell steuerpflichtigen Körperschaft, die mit Einnahmen in Zusammenhang stehen, die nicht unter den Einkommensbegriff i. S. d. § 8 Abs. 1, 2 KStG i.V. m. § 2 EStG fallen, dürfen das zur Besteuerung herangezogene Ergebnis nicht mindern. Dieser Rechtsgedanke hat seine gesetzliche Ausgestaltung hinsichtlich satzungsmäßiger Aufwendungen in § 10 Nr. 1 KStG (s. Rz. 176), hinsichtlich steuerbefreiter Einkünfte in § 3 c EStG sowie hinsichtlich betrieblicher Gewinnermittlung in der Gewinnformel des § 4 Abs. 1 Satz 1 EStG (s. Rz. 96, 245) gefunden. Zur Abgrenzung des wirtschaftlichen Geschäftsbetriebs im Rahmen der Gewinn-/Einkommensermittlung im Überblick s. Abb 2 Rz. 102.

Entsprechende Überschneidungen, die eine **Abgrenzung des wirtschaftlichen Geschäftsbetriebs** bei der körperschaftsteuerlichen Gewinnermittlung erfordern, können sich bereits zwischen mehreren steuerpflichtigen wirtschaftlichen Geschäftsbetrieben,[363] insbesondere

---

[360] S. BFH v. 27. 3. 1991 I R 31/89, BStBl. II 1992, 103.

[361] S. BFH v. 17. 12. 1997 I R 58/97, BStBl. II 1998, 357, BFH v. 4. 7. 1990 GrS 2–3/88, BStBl. II 1990, 817, BFH v. 21. 11. 1983 GrS 2/82, BStBl. II 1984, 160, s. hierzu auch *Lang/Seer* FR 1994, 521.

[362] S. hierzu *Herzig* in WPHdU, Kap. A Rz. 13 ff., *Lang/Seer* FR 1994, 521, 523 f., m. w. N.

[363] S. BFH v. 27. 3. 1991 I R 31/89, BStBl. II 1992, 103.

jedoch zwischen steuerpflichtigem wirtschaftlichem Geschäftsbetrieb und den einzelnen steuerbefreiten Bereichen der partiell steuerpflichtigen Körperschaft, d. h. ideellem Bereich, Vermögensverwaltung und Zweckbetriebsbereich, ergeben.

Vor diesem Hintergrund kann es erforderlich werden,

- eine Belastung des Ergebnisses aus steuerpflichtigem wirtschaftlichem Geschäftsbetrieb mit Ausgaben des **ideellen Vereinsbereichs** zu vermeiden.[364] Die mit nichtsteuerbaren Spenden, Zuschüssen oder Mitgliedsbeiträgen (§ 8 Abs. 6 KStG, s. Rz. 124 ff.) zusammenhängenden Ausgaben dürfen nicht bei den steuerpflichtigen Einkünften in Abzug gebracht werden;[365] zur Vorschrift des § 10 Nr. 1 KStG s. Rz. 176 ff.,
- die Verrechnung von Ergebnissen des wirtschaftlichen Geschäftsbetriebs i. S. d. § 5 Abs. 1 Nr. 9 Satz 2 KStG mit Ausgaben aus dem Bereich der steuerfreien **Vermögensverwaltung** auszuschließen (§ 3 c EStG, s. Rz. 128);[366]
- das Ergebnis aus **selbstbewirtschafteten Forstbetrieben** i. S. d. § 5 Abs. 1 Nr. 9 Satz 3 KStG getrennt zu ermitteln, die gleichfalls in die Steuerbefreiung nach § 5 Abs. 1 Nr. 9 Satz 1 KStG einbezogen und deren Ausgaben nach § 3 c EStG gleichfalls abzugrenzen sind (s. Rz. 55);[367]
- die Trennung des Einkommens aus wirtschaftlichem Geschäftsbetrieb von den Besteuerungsmerkmalen der in die Steuerbefreiung mit einbezogenen **Zweckbetriebe** sicherzustellen;[368]
- die Ergebnisse **mehrerer unterschiedlicher wirtschaftlicher Geschäftsbetriebe** abzugrenzen, z. B. bei unterschiedlichen Gewinnermittlungstechniken und -methoden[369] bzw. ab VZ 1999 im Hinblick auf den Verlustausgleich nach § 2 Abs. 3 EStG[370] (s. Rz. 80).

---

[364] S. u. a. BFH v. 28. 11. 1961 I 34/65 U, BStBl. III 1962, 73 zur Anzeigenwerbung in einer Vereinszeitschrift.

[365] S. BFH v. 19. 2. 1964 I 179/62 U, BStBl. III 1964, 277 zu Eintrittsgeldern.

[366] Zur Unzulässigkeit eines entsprechenden Ausgleichs auch aus gemeinnützigkeitsrechtlicher Sicht s. BFH v. 13. 11. 1996 I R 152/93, BStBl. II 1998, 711, BMF v. 19. 10. 1998 IV C 6 – S 0171–10/98, BStBl. I 1998, 1423, *Schauhoff* DStR 1998, 701 m. w. N. sowie § 6 Rz. 73.

[367] S. *Märkle* 10. Aufl., 309; zum gemeinnützigkeitsrechtlich schädlichen Ausgleich von Verlusten aus diesen Betrieben mit Mitteln des steuerbegünstigten Bereichs s. FinMin Baden-Württemberg v. 16. 1. 1990 – S 0177–4/81, IdW Veranlagung KSt 1997, Anl. 111.

[368] S. u. a. BFH v. 9. 12. 1981 I 215/78 BStBl. II 1983, 27 zu Produktwerbung am Mann und sportlichen Veranstaltungen, BFH v. 21. 8. 1985 I R 60/80, BStBl. II 1986, 88 zu Restauration (Verkauf von Getränken und Eßwaren) und sportlichen Veranstaltungen, BFH v. 4. 3. 1976 IV R 189/71, BStBl. II 1976, 472 zu Annoncengeschäft und geselligen Veranstaltungen i. S. d. § 9 Abs. 1 Nr. 11 GemVO sowie BFH v. 5. 2. 1992 I R 59/91, BFH/NV 1993, 341 zu Trikotwerbung und sportlichen Veranstaltungen.

[369] S. § 64 Abs. 5 AO zur Verwertung von Altmaterialien, Rz. 305 ff., BFH v. 27. 3. 1991 I R 31/89, BStBl. II 1992, 103 zu Werbung und Gaststätte sowie AEAO, zu § 64 AO Rz. 4 zur Abgrenzung des wirtschaftlichen Geschäftsbetriebs Werbung mit Betriebsausgaben-Pauschale i. H. v. 25 v. H. von sonstigen steuerschädlichen wirtschaftlichen Geschäftsbetrieben.

[370] I. d. F. des StEntlG 1999/2000/2002 v. 24. 3. 1999, BStBl. I 1999, 304.

Die von seiten der FinVerw. empfohlene und in der Praxis übliche gesonderte Gegenüberstellung der Einnahmen und Ausgaben für die unterschiedlichen Tätigkeitsbereiche erleichtert die im Rahmen der steuerlichen Einkommensermittlung erforderliche gesonderte Betrachtung der dem wirtschaftlichen Geschäftsbetrieb i. S. d. § 5 Abs. 1 Nr. 9 Satz 2 KStG zuzuordnenden Besteuerungsgrundlagen.[371]

268 Den Einnahmen aus wirtschaftlichem Geschäftsbetrieb sind im Rahmen der Gewinnermittlung Aufwendungen gegenüberzustellen, die dem wirtschaftlichen Geschäftsbetrieb **unmittelbar** zugeordnet werden können, d. h. infolge der Ausübung der wirtschaftlichen Tätigkeit entstanden sind. Hierbei handelt es sich um Aufwendungen, die ohne die der Steuerpflicht unterliegende wirtschaftliche Tätigkeit nicht oder lediglich in geringerem Umfang angefallen wären.[372] Entsprechende originär durch die wirtschaftliche Tätigkeit veranlaßte und insofern direkt zuordenbare Aufwendungen können sowohl Einzelkosten als auch Gemeinkosten sein (s. Rz. 274).

269 Inwieweit im Rahmen der Gewinnermittlung für den wirtschaftlichen Geschäftsbetrieb darüber hinaus anteilig auch solche Gemeinkosten berücksichtigt werden können, die sowohl mit der steuerpflichtigen als auch mit der nicht steuerpflichtigen Tätigkeit der partiell steuerpflichtigen Körperschaft verbunden sind, mit dem betrieblichen Erfolg jedoch gleichfalls in wirtschaftlichem Zusammenhang stehen und sich diesem lediglich **mittelbar** als betrieblicher Aufwand i. S. d. § 4 Abs. 4 EStG zuordnen lassen, wird von Rechtsprechung (s. Rz. 270), Literatur (s. Rz. 271) und FinVerw. (s. Rz. 272) bislang uneinheitlich beantwortet.

270 Die Berücksichtigung gemischt veranlaßter und dem wirtschaftlichen Geschäftsbetrieb lediglich mittelbar zuordenbarer Aufwendungen ist von seiten des **BFH** bislang restriktiv behandelt worden.[373] Beruht das Entstehen einer Ausgabe auf mehreren, steuerrechtlich unterschiedlich zu beurteilenden Tätigkeiten, setzt die Zuordnung der Ausgabe nach Auffassung des BFH eine **Gewichtung** der verschiedenen Anlässe ihrer Entstehung voraus. Bereits mit Entscheidung vom **27. 3. 1991**[374] hat der BFH hierbei der satzungsmäßig verankerten steuerbegünstigten Zielsetzung und Aufgabenstellung der partiell steuerpflichtigen Einrichtung (s. § 55 Abs. 1 AO) wesentliche Bedeutung beigemessen und entgegen früherer Rechtsprechung[375] für mittel-

---

[371] Vgl. hierzu *Märkle* 10. Aufl., 316 ff.

[372] S. BFH v. 27. 3. 1991 I R 31/89, BStBl. II 1992, 103, BFH v. 21. 7. 1999 I R 55/98, BFH/NV 2000, 85.

[373] S. BFH v. 27. 3. 1991 I R 31/89, BStBl. II 1992, 103; BFH v. 5. 2. 1992 I R 59/91, BFH/NV 1993, 341, BFH v. 21. 9. 1995 I B 85/94, BFH/NV 1996, 268, zuletzt BFH v. 21. 7. 1999 I R 55/98, BFH/NV 2000, 85.

[374] I R 31/89, BStBl. II 1992, 103 zur Berücksichtigung von Kosten der Sportveranstaltung/des Spielbetriebs im Rahmen der Ergebnisermittlung für Werbemaßnahmen.

[375] S. BFH v. 28. 11. 1961 I 34/61 U, BStBl. III 1962, 73 zu Annoncengeschäft in einer Vereinszeitung sowie BFH v. 9. 12. 1981 I R 215/78, BStBl. II 1983, 27 zu Produktwerbung mit Ausgabenpauschale i. H. v. 25 v. H.

bar veranlaßte Gemeinkosten eine anteilige Berücksichtigung dann ausgeschlossen, wenn die Ausgabe im ideellen bzw. steuerbefreiten Bereich in entsprechender Höhe auch ohne die steuerlich relevante wirtschaftliche Betätigung angefallen wäre.

Der BFH hat diese enge Position zunächst mit Folgeentscheidungen bestätigt[376] und seine **Interpretation des Veranlassungsprinzips** im Rahmen der partiellen Steuerpflicht i. S. d. § 5 Abs. 1 Nr. 9 Satz 2 KStG hinsichtlich gemischt veranlaßter Aufwendungen zuletzt mit Urteil v. **21. 7. 1999**[377] unter Bezugnahme auf seine frühere Rechtsprechung wie folgt fortentwickelt und zusammengefaßt:

– Im Rahmen der Einkommensermittlung für einen wirtschaftlichen Geschäftsbetrieb steuerlich abzugsfähig sind aufgrund der nach § 4 Abs. 4 EStG erforderlichen Veranlassung durch die wirtschaftliche Tätigkeit (nur) solche Ausgaben, die ihre **Ursache** im Unterhalten des steuerpflichtigen wirtschaftlichen Geschäftsbetrieb haben.
– Wären die Ausgaben auch ohne den wirtschaftlichen Geschäftsbetrieb entstanden, so können sie bei der Gewinnermittlung nicht berücksichtigt werden.

Beruht das Entstehen einer Ausgabe auf **mehreren, steuerrechtlich unterschiedlich zu beurteilenden Tätigkeiten**, d.h. besteht ein wirtschaftlicher Zusammenhang der Aufwendungen sowohl mit einem betrieblichen Erfolg als auch mit einem Ergebnis des nicht steuerpflichtigen Bereichs, setzt die Zuordnung nach Auffassung des BFH eine Gewichtung der verschiedenen Anlässe der Entstehung der Ausgabe voraus.

– Ist danach die Entstehung einer Ausgabe **allein** durch das Unterhalten des wirtschaftlichen Geschäftsbetriebs **veranlaßt**, so ist sie in vollem Umfang bei der Gewinnermittlung abzuziehen. Wäre eine Betriebsausgabe auch ohne den steuerpflichtigen Geschäftsbetrieb entstanden, so darf sie den steuerpflichtigen Gewinn nicht mindern.
– Ergibt die Gewichtung, daß eine Ausgabe **vorrangig** durch den ideellen Bereich bzw. den wirtschaftlichen Geschäftsbetrieb **veranlaßt** ist, so ist sie dem jeweiligen Bereich in vollem Umfang zuzuordnen. Eine anteilige Schätzung entfällt.
– Etwas anderes gilt nur, wenn z. B. eine primär durch den ideellen Bereich veranlaßte Ausgabe sich aufgrund der wirtschaftlichen Tätigkeit erhöht, mithin ein **Mehraufwand** entsteht. Der überschießende Betrag kann als ausschließlich durch den wirtschaftlichen Geschäftsbetrieb veranlaßt gesehen werden.

---

[376] S. BFH v. 5. 2. 1992 I R 59/91, BFH/NV 1993, 341 sowie BFH v. 21. 9. 1995 I B 85/94, BFH/NV 1996, 268 zur Berücksichtigung von Kosten eines Kunstvereins zur Vor- und Nachbereitung von Kunstreisen bei der Gewinnermittlung für den wirtschaftlichen Geschäftsbetrieb Vermittlung von Reisen.

[377] I R 55/98, BFH/NV 2000, 85 zur Berücksichtigung von Ausgaben eines Kreisfeuerwehrtages i. R. d. wirtschaftlichen Geschäftsbetriebs Festzeltbewirtschaftung und Herausgabe Festschrift mit Werbung.

– Führt die Gewichtung zu **keinem eindeutigen Ergebnis**, so ist davon auszugehen, daß die steuerbegünstigte Körperschaft „in erster Linie" ideelle Zwecke verfolgt (§ 55 Abs. 1 AO).

Der BFH stellt danach im Vergleich zu seiner bisherigen Rechtsprechung die primäre Veranlassung im steuerbefreiten Bereich nicht mehr in den Vordergrund der Betrachtung, sondern läßt diesen sich an § 55 Abs. 1 AO orientierenden Gedanken nur noch dann zum Tragen kommen, wenn weder eine vorrangige Zuordnung gemischt veranlaßter Aufwendungen zu betrieblichem bzw. außerbetrieblichem Bereich noch eine Abgrenzung von (anteiligen) Gemeinkosten als eindeutig betrieblich veranlaßtem Mehraufwand möglich ist.

Mit der vollumfänglichen Zuordnung einer vorrangig (überwiegend) betrieblich bzw. außerbetrieblich veranlaßten Ausgabe und der Ablehnung einer anteiligen Berücksichtigung nimmt der BFH offensichtlich auch dann eine Unschärfe hinsichtlich der Abgrenzung des Ergebnisses aus wirtschaftlichem Geschäftsbetrieb in Kauf, wenn sich der auf den außerbetrieblichen Bereich entfallende Anteil nach objektiven Merkmalen abgrenzen ließe.

271 Das **Schrifttum** hat sich insbesondere zur BFH-Entscheidung vom 27. 3. 1991[378] kritisch geäußert.[379] Mit einer Berücksichtigung lediglich der Einzelkosten und der eindeutig (unmittelbar) zuordenbaren Gemeinkosten sieht die Literatur insoweit insbesondere das objektive Nettoprinzip als grundlegenden Maßstab der Ertragsbesteuerung verletzt und eine Übermaßbesteuerung im Vergleich zur Belastung steuerpflichtiger Unternehmen als Verstoß gegen den Grundsatz der Wettbewerbsneutralität des Steuerrechts begründet.[380] Gegenstimmen sehen allerdings auch mit dem BFH eine unmittelbare Veranlassung der Ausgaben im wirtschaftlichen Bereich als unabdingbare Voraussetzung für eine gewinnmindernde Berücksichtigung und eine darüber hinausgehende Berücksichtigung von Aufwendungen als der tatsächlichen Wettbewerbssituation nicht gerecht werdende steuerliche Begünstigung der gemeinnützigen Einrichtungen an.[381] Die jüngste Entscheidung des BFH v. 21. 7. 1999,[382] mit der der I. Senat an seiner Interpretation des Veranlassungsprinzips im Rahmen der partiellen Steuerpflicht i. S. d. § 5 Abs. 1 Nr. 9 Satz 2 KStG hinsichtlich der Nichtberücksichtigung von primär im ideellen Bereich veranlaßten Kosten festhält, geht auf den Meinungsstand in der Literatur nicht ein.

272 Die **FinVerw.** hat ihre reservierte Haltung bereits mit der Veröffentlichung der Entscheidung v. 27. 3. 1991[383] zum Ausdruck gebracht. Zuletzt hat sie in allgemeiner Form eine anteilige Berücksichtigung gemischt veranlaßter Aufwendungen zugelassen, sofern ein **objektiver**

---

[378] I R 31/89, BStBl. II 1992, 103.

[379] So *Thiel* DB 1993, 1208; *Lang/Seer* FR 1994, 521, *Kießling/Buchna* 341 ff.

[380] S. im Einzelnen *Thiel* DB 1993, 1208 sowie *Lang/Seer* FR 1994, 521.

[381] So *Hüttemann* 142 ff. sowie *Pauly* DB 1994, 1160.

[382] I R 55/98, BFH/NV 2000, 85.

[383] A. a. O., vgl. Fußnote BStBl. II 1992, 103 unter Hinweis auf Weitergeltung der Betriebsausgabenpauschale i. H. v. 25 v. H. der Werbeeinnahmen.

Aufteilungsmaßstab vorliegt, der eine Aufteilung der Aufwendungen (z. B. nach räumlichem oder zeitlichem Anteil der Nutzung) auf die unterschiedlichen Tätigkeits- und Vermögensbereiche der gemeinnützigen Körperschaft ermöglicht.[384] Der anteilige Abzug der Aufwendungen (ggf. der anteiligen AfA) umfaßt danach z. B. auch Personal- und Sachkosten für die allgemeine Verwaltung. Die FinVerw. läßt damit anteilig auch solche Aufwendungen im Rahmen der Gewinnermittlung für den wirtschaftlichen Geschäftsbetrieb zum Abzug zu, die primär im außerbetrieblichen Bereich der partiell steuerpflichtigen Körperschaft veranlaßt sind und ggf. in entsprechender Höhe auch ohne die Unterhaltung des wirtschaftlichen Geschäftsbetriebs entstanden wären, jedoch mit zum betrieblichen Erfolg im Rahmen der wirtschaftlichen Tätigkeit beigetragen haben und insofern einen wirtschaftlichen Zusammenhang zu den Einnahmen aus wirtschaftlichem Geschäftsbetrieb aufweisen.

Zu den von der FinVerw. beurteilten Fallgestaltungen, die eine Be- 273
rücksichtigung gemischt veranlaßter Aufwendungen im Rahmen der Gewinnermittlung des wirtschaftlichen Geschäftsbetriebs auf der Grundlage eines objektiven Aufteilungsmaßstabs zulassen, zählen z. B.

- die anteilige Berücksichtigung von gemischt veranlaßten Aufwendungen eines **Musikvereins** (Noten, Uniform, Verwaltungskosten (Personal- und Sachkosten) bei der Ermittlung des Gewinns aus wirtschaftlichem Geschäftsbetrieb **„Auftritte bei Festveranstaltungen“**[385]
- Berücksichtigung von **Abschreibungen** bei gemischtgenutzten Wirtschaftsgütern mit dem auf den steuerpflichtigen Bereich entfallenden Anteil[386]
- **Trainingskosten** bei Sportvereinen, die sowohl auf unbezahlte als auch auf bezahlte Sportler entfallen, ggf. Aufteilung im Schätzungswege[387]
- die Berücksichtigung von (anteiligen) **Unterhaltsaufwendungen** für im wirtschaftlichen Geschäftsbetrieb eingesetzte **Ordensangehörige**.[388]

---

[384] S. OFD Hannover v. 10. 3. 1999 – S 2729–331 – StO 214/-694 – StH 233, DB 1999, 1093 sowie OFD Frankfurt am Main v. 29. 12. 1998 – S 0183 A – 19 – St II 12, KSt-Kartei § 5 KStG Karte H 117, s. hierzu auch *Woitschell* in Arthur Andersen, § 5 KStG Rz. 564, *Thiel* GmbHR 1997, 10, 14 sowie *Kießling/Buchna* 341 ff. und *Märkle* 312 ff.

[385] S. OFD Frankfurt am Main v. 29. 12. 1998 – S 0183 A – 19 – St II 12, KSt-Kartei § 5 KStG Karte H 117, zur Berücksichtigung anteiliger gemischt veranlaßter Personal- und Sachkosten s. auch BMF v. 19. 10. 1998 – IV C 6 – S 0171–10/98, BStBl. I 1998, 1423, Tz. 2.

[386] S. OFD Hannover v. 23. 2. 1996 – S 0183 A – 14 – St II 12, DB 1996, 859 sowie OFD Frankfurt am Main v. 23. 2. 1996 – S 0183 A – 14 – St II 12, KSt-Kartei § 5 KStG Karte H 93, entgegen BFH v. 27. 3. 1991 I R 31/89, BStBl. II 1992, 103, so offensichtlich auch BMF v. 19. 10. 1998 – IV C 6 – S 0171–10/98, BStBl. I 1998, 1423, Tz. 2.

[387] S. AEAO, zu § 67 a Abs. 3 AO, Rz. 6.

[388] S. OFD Frankfurt am Main v. 10. 12. 1996 – S 0171 A – 42 – St II 12, KSt-Kartei § 5 KStG Karte H 35, so auch BFH v. 17. 12. 1997 I R 58/97, BStBl. II 1998, 357.

Darüber hinaus geht die FinVerw. auch **ohne objektives Abgrenzungskriterium** von einer gewinnmindernden Berücksichtigung von im außerbetrieblichen Bereich entstandenen Aufwendungen aus, soweit sie für **Werbemaßnahmen,** z. B. bei sportlichen oder kulturellen Veranstaltungen, den Abzug einer Ausgabenpauschale i. H. v. 25 v. H. der Werbeeinnahmen (ohne USt) zur Abgeltung der unmittelbar durch die Werbung veranlaßten Aufwendungen zuläßt.[389] Die im Rahmen der Überschußrechnung nach § 4 Abs. 3 EStG als Betriebsausgabe zu berücksichtigende USt ist hierbei durch die Pauschale noch nicht abgedeckt.

Nach den engen Grundsätzen der BFH-Entscheidung v. 27. 3. 1991[390] verfährt die FinVerw. neuerdings hingegen bei der Gewinnermittlung für wirtschaftliche Geschäftsbetriebe von **Pferderennvereinen.**[391] Eine anteilige Berücksichtigung von Aufwendungen des Zweckbetriebs Rennveranstaltungen bei den einzelnen wirtschaftlichen Geschäftsbetrieben (z. B. Totalisatorbetrieb) wird hiernach ab VZ 1995 ausgeschlossen, lediglich für Werbemaßnahmen wird eine Betriebsausgabenpauschale i. H. v. 25 v. H. der Werbeeinnahmen zur Berücksichtigung der „unmittelbar durch die Werbung verursachten Kosten" zugelassen.

Eine der gesetzlichen Ausnahmeregelung des § 64 Abs. 5 AO (s. Rz. 305 ff.) entsprechende **Reingewinnschätzung** und eine damit verbundene weitergehende Berücksichtigung von unmittelbar bzw. mittelbar veranlaßten Aufwendungen läßt die FinVerw. schließlich hinsichtlich der Pauschalierung des Gewinns der **Blutspendedienste der Landesverbände des DRK** mit 3 v. H. des Umsatzes aus der Abgabe von Produkten der 2. Fraktionierungsstufe im Verwaltungswege zu.[392]

274 Eine sachgerechte Abgrenzung des betrieblichen Erfolgs aus wirtschaftlichem Geschäftsbetrieb wird **m. E.** durch die Berücksichtigung der Einzelkosten und durch einen anteiligen Abzug der Gemeinkosten erreicht, die nach dem **objektiven Aufteilungsmaßstab** auf der betrieblichen Tätigkeit beruhen. Dies gilt auch für solche Gemeinkosten, die sich – wie z. B. Personal- und Sachkosten der allgemeinen Verwal-

---

[389] S. AEAO, zu § 64 AO Rz. 4, im Hinblick auf die Höhe der Pauschale und der damit – ungeachtet des Wortlauts der Verwaltungsanweisung – einhergehenden Berücksichtigung auch von lediglich mittelbar zuzuordnenden Veranstaltungskosten – siehe hierzu auch *Thiel* DB 1993, 1208, 1209 – letztlich entgegen BFH v. 27. 3. 1991, I R 31/89, BStBl. II 1992, 103 und BFH v. 21. 7. 1999 I R 55/98, BFH/NV 2000, 85.

[390] I R 31/89, BStBl. II 1992, 103.

[391] S. OFD Frankfurt am Main v. 10. 3. 1999 – S 0171 A – 69 – St II 12, KSt-Kartei § 5 KStG Karte H 84, mit Übergangsregelung bis einschl. VZ 1994: insoweit noch Aufteilung der gesamten Ausgaben des Rennvereins nach dem Verhältnis der Einnahmen.

[392] S. OFD Frankfurt am Main v. 26. 10. 1998 – S 0183 A – 3 – St II 12, KSt-Kartei § 5 KStG Karte H 19.

tung – im Einzelfall dem wirtschaftlichen Geschäftsbetrieb nicht unmittelbar zuordnen lassen.[393]

– Werden **Wirtschaftsgüter des Betriebsvermögens** des wirtschaftlichen Geschäftsbetriebs (s. Rz. 247) im Rahmen der partiell steuerpflichtigen wirtschaftlichen Tätigkeit verwendet oder verbraucht, schlägt sich der hieraus resultierende **betriebliche Aufwand** unmittelbar im Rahmen der steuerlichen Gewinnermittlung für den wirtschaftlichen Geschäftsbetrieb nieder. Entsprechendes gilt für laufende Aufwendungen des wirtschaftlichen Geschäftsbetriebs.

– Werden **Wirtschaftsgüter des außerbetrieblichen Bereichs** für die steuerlich relevante Tätigkeit i. S. d. § 5 Abs. 1 Nr. 9 Satz 2 KStG genutzt oder verbraucht, sind die betrieblich veranlaßten Aufwendungen als Betriebsausgaben i. S. d. § 4 Abs. 4 EStG zu berücksichtigen.[394] Bei gemischtgenutzten Wirtschaftsgütern stellen anteilige Aufwendungen, deren tatsächliche betriebliche Inanspruchnahme oder Nutzung objektiv meßbar ist, unmittelbaren betrieblichen Aufwand i. S. d. § 4 Abs. 4 EStG dar. Entsprechende Einzelkosten oder Gemeinkosten sind im Rahmen der steuerlichen Gewinnermittlung für den wirtschaftlichen Geschäftsbetrieb ggf. anteilig in Abzug zu bringen[395] und bilanztechnisch über eine **Aufwands- bzw. Kostenkorrektureinlage** i. S. d. § 4 Abs. 1 Satz 1 und 5 EStG[396] zu berücksichtigen. Zum gegenläufigen Ansatz von Entnahmen i. S. d. § 4 Abs. 1 Satz 2 EStG bei Nutzung betrieblicher Gegenstände im außerbetrieblichen Bereich s. Rz. 285. Einlage- und Entnahmevorgänge sind auch im Rahmen der Überschußermittlung nach § 4 Abs. 3 EStG abzugrenzen, s. Rz. 250.
Entsprechendes gilt für die ggf. anteilige Inanspruchnahme von aufwandswirksamen Dienstleistungen[397] und sonstigen aus dem ideellen bzw. steuerbefreiten Bereich für den wirtschaftlichen Geschäftsbetrieb geleisteten Aufwendungen.

– Neben der Berücksichtigung der unmittelbar zuzuordnenden Einzel- und Gemeinkosten sind im Rahmen der Gewinnermittlung für den wirtschaftlichen Geschäftsbetrieb anteilig auch solche Gemeinkosten zu berücksichtigen, die lediglich in **mittelbarem** wirtschaftlichem Zusammenhang mit der betrieblichen Tätigkeit stehen. Der für eine betriebliche Veranlassung i. S. d. § 4 Abs. 4 EStG ausreichende mittel-

---

[393] Gl. A. *Thiel* DB 1993, 1208, *Lang/Seer* FR 1994, 321, *Kießling/Buchna* 340 ff. sowie *Tipke/Kruse* § 64 AO Rz. 10.

[394] S. BFH v. 26. 10. 1987 GrS 2/86 BStBl. II 1988, 348 sowie R 18 Abs. 1 Satz 2 EStR.

[395] S. OFD Hannover v. 23. 2. 1996 – S 0183 A – 14 – St II 12, DB 1996, 859, Tz. 2 a zu AfA bei gemischt genutzten Wirtschaftsgütern, so auch BFH v. 21. 7. 1999 I R 55/98, BFH/NV 2000, 85 m. w. N. hinsichtlich eines ausschließlich betrieblich bedingten Mehraufwands.

[396] S. *Lang/Seer* FR 1994, 521, 532 ff. sowie *Kießling/Buchna* 342 ff.

[397] So auch BFH v. 17. 12. 1997 I R 58/97, BStBl. II 1998, 357 zur anteiligen Berücksichtigung von Unterhaltsaufwendungen für in einem wiG eingesetzte Vereinsmitglieder.

bare betriebliche Zusammenhang[398] von Aufwendungen, die primär im außerbetrieblichen Bereich entstanden, gleichwohl jedoch zu dem betrieblichen Erfolg mit beigetragen haben, bedingt eine dem objektiven Nettoprinzip (s. Rz. 267) Rechnung tragende anteilige Berücksichtigung im Rahmen der Ermittlung der steuerlichen Bemessungsgrundlage. Die abzusetzenden Erwerbsaufwendungen sind auf der Grundlage eines nach dem konkreten Einzelfall zu bestimmenden, sachgerechten Aufteilungsmaßstabs zu ermitteln.

Soweit der BFH in seinen Entscheidungen v. 27. 3. 1991[399] und v. 21. 7. 1999[400] eine anteilige Berücksichtigung von mittelbar zuordenbaren Gemeinkosten ablehnt, ist die im Schrifttum an dieser Position geäußerte Kritik berechtigt.

Der BFH läßt mit den vorbezeichneten Entscheidungen solche Aufwendungen des außerbetrieblichen Bereichs nicht zum Abzug zu, die auch ohne die Unterhaltung des wirtschaftlichen Geschäftsbetriebs angefallen wären. Er verschärft damit allgemeine Abgrenzungsgrundsätze[401] und stellt auf eine unmittelbare wirtschaftliche Veranlassung als Voraussetzung des Betriebsausgabenabzugs i. S. d. § 4 Abs. 4 EStG im Rahmen der Gewinnermittlung partiell steuerpflichtiger gemeinnütziger Einrichtungen ab. Eine **mittelbare betriebliche Veranlassung** mit einem hierauf basierenden anteiligen Abzug erachtet der BFH hingegen auch für den Bereich der partiellen Steuerpflicht (zutreffend mit Urteil v. 17. 12. 1997[402]) bei Unterhaltsaufwendungen für Vereinsmitglieder als ausreichend, soweit diese im wirtschaftlichen Geschäftsbetrieb eingesetzt werden. Entsprechende Unterhaltsaufwendungen wären für den Verein auch bei vollumfänglichem Einsatz der Vereinsmitglieder im ideellen Bereich angefallen. Die tatsächliche und ggf. von einer ursprünglichen Absicht abweichende Verwendung der Bediensteten begründet einen für den Betriebsausgabenabzug ausreichenden wirtschaftlichen Zusammenhang. Ein zunächst bestehender außerbetrieblicher Zusammenhang kann durch einen betrieblichen Umstand überlagert werden und umgekehrt. Damit im Einklang steht die begriffliche Erläuterung des steuerrechtlich anzuerkennenden wirtschaftlichen Zusammenhangs, die zum einen auf die wertende Beurteilung des die betreffenden Aufwendungen „auslösenden Moments" sowie zum anderen auf die Zuweisung dieses maßgeblichen Bestimmungsgrundes zur ertragsteuerlich relevanten Erwerbssphäre abstellt.[403] Zur korrespondierenden Überlagerung ideeller Satzungszwek-

---

398 S. BFH v. 1. 10. 1982 VI R 192/79, BStBl. II 1983, 17, *Schmidt/Heinicke* § 4 EStG Rz. 488, *Thiel* DB 1993, 1208 sowie *Lang/Seer* FR 1994, 521, 528, s. auch Abschn. 28 Abs. 5 KStR zur Berücksichtigung entsprechender anteiliger Aufwendungen im Rahmen der Einkommensermittlung für Betriebe gewerblicher Art von jPdöR.

399 I R 31/89, BStBl. II 1992, 103.

400 I R 55/98, BFH/NV 2000, 85.

401 S. BFH v. 1. 10. 1982 VI R 192/79, BStBl. II 1983, 17, *Schmidt/Heinicke* § 4 EStG Rz. 488, m. w. N.

402 I R 58/97, BStBl. II 1998, 357.

403 S. BFH v. 4. 7. 1990 GrS 2–3/88, BStBl. II 1990, 817 unter II.2.

ke durch die Kausalität einer Einkunftsart im Rahmen der Anwendung des § 10 Nr. 1 KStG mit der Folge der anteiligen Berücksichtigung s. Rz. 176 ff. sowie nachstehend.

Der BFH lässt darüber hinaus allgemeine Grundsätze zur Abgrenzung des betrieblichen Erfolgs unberücksichtigt, als er sich zuletzt mit Entscheidung v. 21. 7. 1999[404] generell gegen eine **Aufteilung von Aufwendungen** ausspricht und stattdessen eine vollumfängliche Zuordnung von Ausgaben nach der vorrangigen (überwiegenden) Veranlassung vornimmt. Eine hiervon abweichende Aufteilung und Abgrenzung des betrieblichen Ergebnisses resultiert bereits aus der Gewinnformel des § 4 Abs. 1 Satz 1 EStG. Außerbetrieblich veranlasste Wertabgaben und Vermögensmehrungen sind nach § 4 Abs. 1 Satz 1 i.V. m. Satz 2 und 5 EStG abzugrenzen; sie dürfen die steuerliche Bemessungsgrundlage nicht berühren (s. Rz. 96, 245). Wenngleich Überlegungen zur vorrangigen Verwendung auch im Rahmen der Zuordnung von Wirtschaftsgütern zum Betriebsvermögen des wirtschaftlichen Geschäftsbetriebs Bedeutung erlangen (s. Rz. 247), lassen auch diese eine sich an den tatsächlichen Verhältnissen orientierende Korrektur i. S. d. § 4 Abs. 1 Satz 1 EStG aufgrund außerbetrieblicher Einflüsse unberücksichtigt. Entsprechendes gilt für eine nachträgliche Berücksichtigung betrieblicher Aufwendungen, die im außerbetrieblichen Bereich angefallen und als Betriebsausgaben im Rahmen der Gewinnermittlung zu berücksichtigen sind.[405]

Eine Aufteilung von Aufwendungen steht schließlich im Einklang mit der Rechtsprechung des BFH zur Anwendung des § 10 Nr. 1 KStG. Bei Überlagerung von zunächst im außerbetrieblichen Bereich veranlaßten Aufwendungen mit einer Einkunftsart ist ein anteiliger Abzug im Rahmen der steuerlichen Gewinnermittlung zulässig. § 10 KStG kennt im Gegensatz zu der im Körperschaftsteuerrecht nicht anwendbaren Bestimmung des § 12 Nr. 1 Satz 2 EStG für gemischt veranlaßte Aufwendungen kein Aufteilungs- und Abzugsverbot (s. Rz. 176 ff., 180). Eine Aufteilung gemischt veranlaßter Aufwendungen nach dem Grad der unterschiedlichen Veranlassungen ist schließlich auch bei Aufwendungen vorzunehmen, die durch mehrere Einkunftsarten veranlaßt sind,[406] sowie schließlich nach dem Aufteilungsgebot des § 3 c EStG erforderlich, soweit Aufwendungen sowohl mit steuerpflichtigen als auch mit steuerbefreiten Einnahmen in Zusammenhang stehen.[407]

Als Betriebsausgaben des wirtschaftlichen Geschäftsbetriebs sind lediglich tatsächlich entstandene Ausgaben, nicht hingegen **fiktive Aufwendungen** abzugsfähig.[408] Die Abzugsfähigkeit z. B. von Lohnauf- 275

[404] A. a. O.

[405] S. auch R 18 Abs. 1 EStR zur Behandlung gemischt genutzter Wirtschaftsgüter.

[406] S. BFH v. 23. 1. 1991 X R 37/86, BStBl. II 1991, 398.

[407] Vgl. *Lang/Seer* FR 1994, 521, 530 f.

[408] S. BFH v. 21. 8. 1985 I R 60/80, BStBl. II 1986, 88 zur Berücksichtigung fiktiver Lohnaufwendungen bei Restaurationsbetrieb.

wendungen setzt einen Abfluß aus dem Vermögensbereich der Körperschaft voraus und geht mit einem entsprechenden steuerrelevanten Zufluß bei dem Berechtigten einher. Dies gilt auch im Falle des Verzichts des Berechtigten, der im Rahmen einer Zuwendung i. S. d. § 10 b EStG einen vorhergehenden Zufluß voraussetzt und eine Verfügung im Rahmen einer Einkommensverwendung bedeutet.[409]

Eine gesetzlich geregelte Ausnahme zu vorstehenden Grundsätzen beinhaltet die Vorschrift des **§ 64 Abs. 5 AO**, die für die Ermittlung des Ergebnisses aus der Verwertung von unentgeltlich erworbenem Altmaterial eine Reingewinnschätzung und damit im Ergebnis die Berücksichtigung von fiktiven Lohnaufwendungen zuläßt (s. Rz. 305 ff.).

276 Der Abschluß von Miet-, Pacht- oder Darlehensvereinbarungen des wirtschaftlichen Geschäftsbetriebs mit dem ideellen Bereich der Körperschaft scheidet grds. aus (s. Rz. 115 f.). Die anteilige Berücksichtigung im außerbetrieblichen Bereich primär entstandener Aufwendungen, die nach objektiven Kriterien teilweise dem wirtschaftlichen Geschäftsbetrieb zugeordnet werden können, bleibt hiervon allerdings unberührt (s. Rz. 274).

(3) Abschreibungen

280 Zu den Ausgaben bzw. Aufwendungen, die das steuerliche Ergebnis aus wirtschaftlichem Geschäftsbetrieb i. S. d. § 5 Abs. 1 Nr. 9 Satz 2 KStG sowohl im betrieblichen als auch im privaten Einkünftebereich verringern, zählen auch **Absetzungen für Abnutzung (AfA)** i. S. d. §§ 7 ff. EStG, die auf eine Abnutzung oder Verzehr von Wirtschaftsgütern entfallen, deren Anschaffungs- bzw. Herstellungskosten nicht bereits im Zeitpunkt der Zahlung als sofort abzugsfähige Betriebsausgaben behandelt werden können, sondern auf die Dauer der betriebsgewöhnlichen Nutzung zu verteilen sind.[410] Die Funktion der Abschreibungen besteht darin, den Wertverzehr des Anlagevermögens auszuweisen und gleichzeitig Mittel zur Anschaffung von Ersatzwirtschaftsgütern freizusetzen.

281 Werden im steuerpflichtigen wirtschaftlichen Geschäftsbetrieb Wirtschaftsgüter des abnutzbaren Anlagevermögens eingesetzt, mindern die **planmäßigen AfA** i. S. d. § 7 EStG den Gewinn aus wirtschaftlichem Geschäftsbetrieb (s. § 6 Abs. 1 Nr. 1 und 2 EStG); zur Zuordnung zu dem in die bilanzielle Gewinnermittlung nach § 4 Abs. 1 Satz 1 EStG einbezogenen Betriebsvermögen s. Rz. 247. Für die Höhe der AfA, die maßgebende Absetzungsmethode und Verteilung der Anschaffungs-

---

[409] Vgl. *Kießling/Buchna* 347 sowie BFH v. 5. 12. 1990 I R 5/88, BStBl. II 1991, 308, s. auch FG Rheinland-Pfalz v. 6. 3. 1996 – 1 K 2123/93, EFG 1996, 828 zur Berücksichtigung ordnungsgemäß versteuerter und nach Erhalt der Zahlung als Spende zurückgewährter Aushilfslöhne sowie FG Kassel v. 23. 11. 1998 – 4 K 6322/97, EFG 1999, 459 zur Nichtberücksichtigung von Löhnen, die unter dem Vorbehalt der Rückgewähr ausgezahlt worden sind; zur Berücksichtigung von Aufwandsspenden s. BMF v. 7. 6. 1999 – IV C 4 – S 2223 – 111/99, BStBl. I 1999, 591.

[410] S. § 4 Abs. 1 Satz 6, § 5 Abs. 6 sowie § 9 Abs. 1 Nr. 7 EStG.

kosten bzw. Herstellungskosten gelten die allgemeinen ertragsteuerrechtlichen Grundsätze. Ungeachtet der im Einzelfall ggf. zu beachtenden handelsrechtlichen Grundsätze zur Berücksichtigung planmäßiger Abschreibungen (s. § 253 HGB) sehen die nach § 5 Abs. 6 EStG für Zwecke der steuerlichen Gewinnermittlung zwingend zu beachtenden Bestimmungen des § 7 EStG eine Unterscheidung zwischen Absetzungen für Gebäude und Gebäudeteile (§ 7 Abs. 4 und 5 EStG) und Absetzungen für sonstige Wirtschaftsgüter (§ 7 Abs. 1 und 2 EStG) vor. Der Grundsatz der Maßgeblichkeit der Handelsbilanz für die steuerliche Gewinnermittlung kann insoweit durchbrochen werden (s. § 5 Abs. 1 i.V. m. Abs. 6 EStG).

- Steuerliche Absetzungen für **Gebäude und Gebäudeteile** sind nach § 7 Abs. 4 EStG (linear) grds. mit 2 v. H. bzw. 2,5 v. H. der Anschaffungs- bzw. Herstellungskosten sowie in den Fällen des § 7 Abs. 5 EStG (degressiv) nach Maßgabe der dort für den jeweiligen Anwendungsfall geregelten Staffelung vorzunehmen. 282

  Der für das Gebäude bzw. den Gebäudeteil bestehende jeweilige Nutzungs- und Funktionszusammenhang begründet steuerlich ein eigenständiges Wirtschaftsgut,[411] für das jeweils Abschreibungen auch nach unterschiedlichen AfA-Methoden vorgenommen werden können (s. § 7a Abs. 5 EStG). Die Anschaffungs- oder Herstellungskosten des gesamten Gebäudes sind grds. nach dem Verhältnis der Nutzfläche eines Gebäudeteils zur Nutzfläche des ganzen Gebäudes auf die einzelnen Gebäudeteile aufzuteilen (R 13 Abs. 6 Satz 1 f. EStR). Zur Zuordnung von Schuldzinsen auf einzelne Gebäudeteile als eigenständige Wirtschaftsgüter im Falle der Fremdfinanzierung der AK/HK des Gebäudes hinsichtlich der das Gesamtgebäude betreffenden Kosten s. BFH v. 27. 10. 1998.[412]
- für **sonstige Wirtschaftsgüter** sind die Anschaffungs- bzw. Herstellungskosten nach § 7 Abs. 1 EStG grds. linear auf die voraussichtliche Nutzungsdauer sowie bei beweglichen Wirtschaftsgütern nach § 7 Abs. 2 EStG auch degressiv mit max. 30 v. H. des jeweiligen Restbuchwerts zu verteilen. 283

Erhöhte Absetzungen, die anstelle der AfA/AfS nach § 7 EStG in Anspruch genommen werden und mindestens i. H. der linearen AfA als Mindest-AfA vorzunehmen sind (§ 7a Abs. 3 EStG), sind nach § 7c EStG im Mietwohnungsbereich, § 7d EStG im Umweltschutzbereich, nach § 7h EStG in Sanierungsgebieten und städtebaulichen Entwicklungsbereichen, nach § 7i EStG für Baudenkmäler und nach § 7k EStG für Wohnungen mit Sozialbindung vorgesehen. 284

Sonderabschreibungen, die zusätzliche Abschreibungen zur regulären AfA darstellen (§ 7a Abs. 4 EStG), können nach § 7f EStG für Krankenhäuser, nach § 7g EStG bei kleineren und mittleren Betrieben sowie nach §§ 3, 4 FördergebietsG für Investitionen im Beitrittsgebiet in Anspruch genommen werden.

---

[411] S. R 13 Abs. 3 ff. EStR.

[412] IX R 44/95, BStBl. II 1999, 676.

285 Werden Wirtschaftsgüter des Betriebsvermögens nicht nur für betriebliche Zwecke, sondern auch für außerbetriebliche Zwecke (ideeller bzw. steuerbefreiter Tätigkeitsbereich) mitbenutzt, sind entsprechende anteilige Absetzungsbeträge i. S. d. § 7 EStG als **Entnahmen** i. S. d. § 4 Abs. 1 Satz 1 und 2 EStG bei der steuerlichen Gewinnermittlung hinzuzurechnen.[413] Entsprechende Wertabgaben sind nicht auf eine betriebliche, sondern auf eine außerbetriebliche Nutzung der Vermögensgegenstände zurückzuführen und dürfen als Einkommensverwendung im steuerbefreiten Bereich das steuerliche Ergebnis des wirtschaftlichen Geschäftsbetriebs nicht mindern. Mit dem Ansatz von Kostenkorrekturentnahmen werden die mit der Vornahme der Absetzungen eingetretenen Vermögensminderungen hinsichtlich des außerbetrieblich veranlaßten Teils neutralisiert.

286 Wirtschaftsgüter, die **nicht** dem **Betriebsvermögen** (s. Rz. 247), sondern dem außerbetrieblichen Bereich (ideell, steuerbefreit) der gemeinnützigen Einrichtung zuzuordnen sind, werden im Rahmen der Gewinnermittlung für den wirtschaftlichen Geschäftsbetrieb mit den **anteiligen AfA-Beträgen** berücksichtigt, die auf die Nutzung der Wirtschaftsgüter durch den wirtschaftlichen Geschäftsbetrieb nach Maßgabe der tatsächlichen betrieblichen Inanspruchnahme oder Nutzung entfallen.[414] Da diese Wirtschaftsgüter des beweglichen wie auch des unbeweglichen Anlagevermögens nicht in den Bestandsvergleich einfließen, sind entsprechende Aufwendungen im Rahmen der steuerlichen Gewinnermittlung i. S. d. § 4 Abs. 1 Satz 1 EStG über **Aufwands- bzw. Kostenkorrektureinlagen** i. S. d. § 4 Abs. 1 Satz 5 EStG in Ansatz zu bringen.[415]

287 Für Wirtschaftsgüter sowohl des Anlagevermögens als auch des Umlaufvermögens sind im Bereich der bilanziellen Gewinnermittlung auch **außerplanmäßige Abschreibungen** auf den niedrigeren Teilwert möglich (steuerlich Teilwertabschreibung, § 6 Abs. 1 Nr. 1 und 2 EStG). Die Voraussetzungen für die Vornahme einer entsprechenden Teilwertabschreibung sind steuerlich durch eine Neufassung der zentralen steuerlichen Bewertungsnorm des § 6 EStG durch das StEntlG 1999/2000/2002 mit Wirkung ab VZ 1999 verschärft worden. Neben der für die Vornahme einer Teilwertabschreibung nunmehr erforderlichen voraussichtlich andauernden Wertminderung ist in folgender Bilanz ein grundsätzliches Wertaufholungsgebot zu beachten.[416] Eine in früheren Wirtschaftsjahren vorgenommene Teilwertabschreibung ist danach bei veränderten Wertverhältnissen bis zur Bewertungsobergrenze (historische Anschaffungs- oder Herstellungskosten, verringert um

---

413 S. R 18 Abs. 1 EStR.

414 S. OFD Hannover v. 23. 2. 1996 – S 0183 A – 14 – St II 12, DB 1996, 859, OFD Frankfurt am Main v. 23. 2. 1996 – S 0183 A – 14 – St II 12, KSt-Kartei § 5 KStG Karte H 93 sowie BMF v. 19. 10. 1998 – IV C 6 – S 0171–10/98 –, BStBl. I 1998, 1423, Tz. 2 sowie Rz. 274.

415 S. *Lang/Seer* FR 1994, 521, 534 sowie *Kießling/Buchna* 342 ff.

416 S. hierzu iE BMF v. 25. 2. 2000 – IV C2-S 2171 b-14/00, BStBl. I 2000, 372.

planmäßige Abschreibungen bzw. sonstige Absetzungen) erfolgswirksam rückgängig zu machen. Für die gemeinnützigkeitsrechtliche Mittelverwendung erlangen außerplanmäßige Abschreibungen als noch nicht realisierte Vermögensminderung keine Bedeutung (s. § 8 Rz. 87).

Im wirtschaftlichen Geschäftsbetrieb entstandene **AfA-Verluste** erfahren aus gemeinnützigkeitsrechtlicher Sicht im Hinblick auf die Frage eines steuerschädlichen Mittelverzehrs im ideellen Bereich nach der Verwaltungspraxis eine Sonderbehandlung.[417] Abschreibungsbedingte Verluste sind danach für die Gemeinnützigkeit der Körperschaft unschädlich, wenn diese ausschließlich durch die Berücksichtigung von anteiligen Abschreibungen auf gemischtgenutzte Wirtschaftsgüter entstanden sind und diese u. a. für den ideellen Bereich angeschafft worden sind und lediglich zur besseren Kapazitätsauslastung und Mittelbeschaffung teil- oder zeitweise für wirtschaftliche Betätigungen genutzt werden. 288

Soweit durch die Vornahme von Abschreibungen Betriebseinnahmen neutralisiert und hierdurch vorhandene Mittel nicht als Gewinne ausgewiesen werden, entspricht es dem Sinn der Abschreibungen, die dadurch gewonnenen Mittel im Sinne einer Ansparrücklage zur Ersatzbeschaffung zu verwenden.[418]

(4) Bildung von Rückstellungen

Die Bildung von Rückstellungen für ungewisse Verbindlichkeiten und künftig drohende Verluste (§ 249 HGB) sowohl in handels- als auch steuerrechtlicher Rechnungslegung dient der **Verlustantizipation** und setzt eine **bilanzielle Gewinnermittlung** voraus. Bereits entstandene, jedoch noch nicht realisierte Verluste und Risiken werden nach dem kaufmännischen Vorsichtsprinzip (§ 252 Abs. 1 Nr. 4 HGB) auch nach steuerbilanziellen Grundsätzen (§ 5 Abs. 1 EStG) bereits im Wirtschaftsjahr der Verursachung gewinnmindernd mit dem zur Erfüllung voraussichtlich notwendigen Betrag (s. § 253 Abs. 1 Satz 2 HGB, § 6 Abs. 1 Nr. 3 a EStG) in Ansatz gebracht. Nach dem Aufwands- und Ertragsprinzip (s. § 252 Abs. 1 Nr. 5 HGB) wird der wirtschaftlich im abgelaufenen Wirtschaftsjahr verursachte Aufwand ungeachtet der späteren Zahlungsvorgänge bereits im Rahmen der Gewinnermittlung für das abgelaufene Wirtschaftsjahr berücksichtigt. Drohverlustrückstellungen, die handelsrechtlich nach § 249 Abs. 1 Satz 1 HGB weiterhin passivierungspflichtig sind, erlangen nach § 5 Abs. 4 a EStG ab dem VZ 1997 (§ 52 Abs. 6 a EStG) keine ertragsteuerliche Beachtung mehr. 290

Der Begriff der Rückstellung ist von dem der **Rücklagen** zu unterscheiden. Während Rückstellungen der Höhe und/oder dem Grunde nach ungewisse Verbindlichkeiten, mithin Fremdkapital ausweisen, 291

---

417 S. OFD Hannover v. 23. 2. 1996 – S 0183 A – 14 – St II 12, DB 1996, 859 sowie OFD Frankfurt am Main v. 23. 2. 1996 – S 0183 A – 14 – St II 12, KSt-Kartei § 5 KStG Karte H 93, sowie BMF v. 19. 10. 1998 – IV C 6 – S 0171–10/98, BStBl. I 1998, 1423, Tz. 2.

418 S. BFH v. 26. 4. 1989 I R 209/85, BStBl. II 1989, 670, *Thiel* DB 1992, 1900, 1904 sowie *Kießling/Buchna* 106 und § 8 Rz. 84.

stellen Rücklagen aus erwirtschaftetem Gewinn bzw. aus von außen zugeführtem Kapital gebildetes Eigenkapital dar (s. §§ 266, 272 Abs. 2 und 3 HGB).

Zur Bildung von Rücklagen nach § 58 Nr. 6 und 7 AO auch außerhalb einer bilanziellen Rechnungslegung als Ausnahme zur zeitnahen Mittelverwendung nach § 55 Abs. 1 Nr. 1 AO s. § 8 Rz. 90 ff.; zur Bildung von Rücklagen im wirtschaftlichen Geschäftsbetrieb s. Rz. 300.

292 Ermittelt die partiell steuerpflichtige gemeinnützige Einrichtung ihren Gewinn aus wirtschaftlichem Geschäftsbetrieb mittels **Überschußrechnung**, scheidet die gewinnmindernde Bildung von Rückstellungen wegen der lediglich auf Zahlungsvorgänge abstellenden Gewinnermittlungsmethode (s. Rz. 249) aus. Der Aufwand tritt mit steuerlicher Wirkung hier im Wirtschaftsjahr der Zahlung und damit zeitlich nachversetzt mit der Realisierung der Vermögensminderung ein.

Die Möglichkeit der gemeinnützigkeitsrechtlich bedeutsamen Bildung von Rücklagen i. S. d. § 58 Nr. 6 und 7 AO bleibt allerdings auch hier unberührt.

(5) Verwendung der im wirtschaftlichen Geschäftsbetrieb erwirtschafteten Mittel

295 Das Mittelverwendungsgebot des **§ 55 Abs. 1 Nr. 1 AO**, nach dem Mittel der Körperschaft nur zu steuerbegünstigten Zwecken verwendet werden dürfen (s. § 8 Rz. 1 ff.), erstreckt sich nicht nur auf Vermögenszuflüsse der steuerbegünstigten Einrichtung im ideellen oder steuerbefreiten Bereich (Spenden, Beiträge und Erträge des Vermögens), sondern auf sämtliche Vermögenswerte der Körperschaft und damit auch auf Gewinne aus einem wirtschaftlichen Geschäftsbetrieb.[419] Die im wirtschaftlichen Geschäftsbetrieb erwirtschafteten Gewinne sind daher grds. unmittelbar und zeitnah für die **satzungsmäßigen steuerbegünstigten Zwecke** zu verwenden. Im Gegensatz zu steuerpflichtigen Unternehmen kann der wirtschaftliche Geschäftsbetrieb einer im übrigen steuerbegünstigten Körperschaft damit grds. nicht über seine Mittel frei verfügen.[420] Die satzungsgemäße Verwendung für steuerbegünstigte Zwecke stellt für die partiell steuerpflichtige Körperschaft wie auch für jedes andere steuerpflichtige Unternehmen eine im Rahmen der Einkommensermittlung unbeachtliche Einkommensverwendung dar, die die steuerliche Bemessungsgrundlage nicht mindern darf (s. Rz. 213, zu § 10 Nr. 1 KStG s. Rz. 177, zu § 8 Abs. 3 KStG s. Rz. 178).

296 Die Möglichkeit der Bildung von **Rücklagen** für konkrete Vorhaben i. S. d. § 58 Nr. 6 AO zur nachhaltigen Erfüllung der steuerbegünstigten Zwecke als Ausnahme zur zeitnahen Mittelverwendung nach § 55 Abs. 1 Nr. 1 AO erstreckt sich auf sämtliche Mittel der gemeinnützigen Körperschaft und damit auch auf Ergebnisse, die diese im Rah-

[419] S. BFH v. 15. 7. 1998 I R 156/94, DStR 1998, 1710 sowie BFH v. 23. 10. 1991 I R 19/91, BStBl. II 1992, 62, AEAO, zu § 55 AO Rz. 2, zum Begriff der Mittel i. S. d. § 55 Abs. 1 Nr. 1 AO siehe auch *Hüttemann* 81 f.

[420] S. BFH v. 22. 1. 1997 I R 156/94, BFH/NV 1999, 145.

men eines wirtschaftlichen Geschäftsbetriebs erwirtschaftet. Die Bildung einer Rücklage i. S. d. § 58 Nr. 7 a AO setzt Einkünfte aus Vermögensverwaltung voraus und erlangt folglich für Ergebnisse aus wirtschaftlichem Geschäftsbetrieb keine Bedeutung.[421]

Die gemeinnützige Körperschaft kann darüber hinaus bereits **im wirtschaftlichen Geschäftsbetrieb** Rücklagen bilden und insoweit Mittel von einer gegenwartsnahen Verwendung für steuerbegünstigte Zwecke ausnehmen, als dies nach vernünftiger kaufmännischer Beurteilung wirtschaftlich begründet ist (s. Rz. 300 f.).

Neben der Bestimmung des § 55 Abs. 1 Nr. 1 AO hat die gemeinnützige Einrichtung auch im Rahmen des von ihr unterhaltenen wirtschaftlichen Geschäftsbetriebs die Vorschrift des **§ 55 Abs. 1 Nr. 3 AO** zu beachten, nach der keine Person durch Ausgaben, die dem Zweck der Körperschaft fremd sind, oder durch unverhältnismäßig hohe Vergütungen begünstigt werden darf. Eine Begünstigung der Mitglieder (bzw. bei der Rechtsform der GmbH deren Gesellschafter) durch unangemessen hohe Leistungen bzw. unangemessen niedrig berechnete Entgelte stellt gemeinnützigkeitsrechtlich einen Verstoß gegen die gebotene satzungsmäßige Mittelverwendung sowie ertragsteuerlich eine Einkommensminderung bzw. verhinderte Vermögensmehrung und somit eine **vGA** i. S. d. § 8 Abs. 3 Satz 2 KStG dar, die das steuerliche Einkommen aus wirtschaftlichem Geschäftsbetrieb nicht mindern darf (s. Rz. 100). **297**

(6) Rücklagen im wirtschaftlichen Geschäftsbetrieb

Über die gesetzlich geregelten Ausnahmebestimmungen des § 58 Nr. 6 und 7 AO hinaus hat die **FinVerw** bislang bereits die Bildung von Rücklagen innerhalb des wirtschaftlichen Geschäftsbetriebs zugelassen, soweit diese nach vernünftiger kaufmännischer Beurteilung wirtschaftlich begründet sind.[422] Unter entsprechender Anwendung der Regelung des § 14 Nr. 5 KStG zur Bildung von Rücklagen der zur Ergebnisabführung verpflichteten Organgesellschaft kann die gemeinnützige Körperschaft danach Mittel in ihrem betrieblichen Bereich „zurückbehalten“ und damit dem Anwendungsbereich des § 55 Abs. 1 Nr. 1 AO entziehen, sofern ein konkreter Anlaß gegeben ist, der auch **aus objektiver unternehmerischer Sicht** die Bildung der Rücklage als Reservepolster rechtfertigt. Als Anwendungsbeispiele führt die FinVerw. eine geplante Betriebsverlegung, eine Werkserneuerung oder auch eine Kapazitätsausweitung an.[423] **300**

Der **BFH** hat diese bisherige Verwaltungspraxis mit Urteil v. 15. 7. 1998[424] für eine Stiftung bestätigt, die im Rahmen eines ihr zugewen- **301**

---

[421] S. OFD Frankfurt am Main v. 4. 3. 1993 – S 0177 A – 1 – St II 12, KSt-Kartei § 5 KStG Karte H 71, Tz II.3.1.

[422] S. AEAO, zu § 55 AO Rz. 2, OFD Frankfurt am Main v. 4. 3. 1993 – S 0171 A 1 – St II 12, KSt-Kartei § 5 KStG Karte H 71, Tz II.4.1, gl. A. *Märkle* 179, *Kießling/Buchna* 107, 151.

[423] S. AEAO, zu § 55 AO Rz. 2.

[424] I R 156/94, DStR 1998, 1710.

deten wirtschaftlichen Geschäftsbetriebs lediglich unter Berücksichtigung der notwendigen Kapitalstärke, der Kreditwürdigkeit und der Wettbewerbsfähigkeit des wirtschaftlichen Geschäftsbetriebs Mittel zur Erfüllung der steuerbegünstigten Satzungszwecke aufbringt und in erheblichem Umfang Gewinne des wirtschaftlichen Geschäftsbetriebs zur Verstärkung des Eigenkapitals thesauriert.

Das Gebot der steuerbegünstigten Mittelverwendung i. S. d. § 55 Abs. 1 Nr. 1 AO erfaßt nach Auffassung des BFH nur solche Mittel des wirtschaftlichen Geschäftsbetriebs, die bei vernünftiger kaufmännischer Beurteilung nicht zur **Sicherung des wirtschaftlichen Erfolgs** des Unternehmens (wirtschaftlichen Geschäftsbetriebs) benötigt werden. Betriebswirtschaftlich notwendiges Kapital kann von der gemeinnützigen Einrichtung in freie Rücklagen eingestellt und z. B. für existenziell notwendige strukturelle Marktanpassungen und Betriebserweiterungen ohne Gefährdung der nach § 55 Abs. 1 AO gebotenen Selbstlosigkeit vorgehalten werden. Eine entsprechend gebotene betriebliche Mittelverwendung zur Sicherung der Existenz des wirtschaftlichen Geschäftsbetriebs hat die partiell steuerpflichtige Körperschaft nachzuweisen.[425]

302 Nach vernünftiger kaufmännischer Beurteilung erforderliche Gewinnrücklagen des wirtschaftlichen Geschäftsbetriebs stellen Eigenkapital dar, die aus **versteuertem Gewinn** gebildet werden.[426] Als Reservepolster für künftige konkrete Vorhaben sind im wirtschaftlichen Geschäftsbetrieb gebildete Gewinnrücklagen von einkommenswirksamen passivierungspflichtigen Rückstellungen für in der Vergangenheit wirtschaftlich verursachte Aufwendungen abzugrenzen (s. Rz. 290).

Gemeinnützigkeitsrechtlich zulässige Gewinnrücklagen für konkrete Vorhaben des wirtschaftlichen Geschäftsbetriebs können im Einzelfall dem Charakter nach Aufwandsrückstellungen i. S. d. § 249 Abs. 2 HGB entsprechen, die aufgrund des insoweit bestehenden handelsrechtlichen Passivierungswahlrechts im Rahmen der allgemeinen handelsrechtlichen Rechnungslegungsvorschriften der §§ 238 bis 263 HGB lediglich ausgewiesen werden können und nach dem insoweit einschränkend zu beachtenden Maßgeblichkeitsgrundsatz[427] steuerlich unbeachtlich sind.

303 Wenngleich die Bildung von Rücklagen die steuerliche Bemessungsgrundlage der partiell steuerpflichtigen Einrichtung unberührt läßt, wirkt sich die Einstellung in Rücklagen im wirtschaftlichen Geschäftsbetrieb nach dem **StSenkG**[428] im Zuge der Einführung des Halbeinkünfteverfahrens ab VZ 2001[429] grundsätzlich auf die Bemessung der zur körperschaftsteuerlichen Tarifbelastung (25 v. H., § 23 Abs. 1 KStG) flankierend[430] erhobenen KapESt i. H. v. 10 v. H. des bilanziell ermittel-

---

[425] S. auch § 8 Rz. 88 f.

[426] S. AEAO zu § 58 AO Rz. 11.

[427] S. grundlegend BFH v. 3. 2. 1969 GrS 2/68, BStBl. II 1969, 291.

[428] S. Gesetzentwurf, BT-Drs. 14/2683, 5 ff., 114 ff.

[429] § 52 Abs. 53 Satz 2 EStG.

[430] S. BT-Drs. 14/2683, 114 f.

ten Gewinns aus wirtschaftlichem Geschäftsbetrieb aus. Soweit der Gewinn Rücklagen für Zwecke des wirtschaftlichen Geschäftsbetriebs zugeführt und damit „thesauriert" wird, liegt nach § 20 Abs. 1 Nr. 10 b EStG kein nach § 20 EStG i.V. m. § 43 ff. EStG dem KapSt-Abzug zu unterwerfender „Kapitalertrag" der partiell steuerpflichtigen Körperschaft vor. Für gemeinnützige Einrichtungen als „Gläubiger" entsprechender „Kapitalerträge" (s. Rz. 117) ermöglicht § 44 a Abs. 7 EStG allerdings eine Abstandnahme vom KapESt-Abzug, die insoweit die Ausweitung der steuerabzugspflichtigen Tatbestände durch das StSenkG wieder relativiert (s. Rz. 359).

cc) Reingewinnschätzung bei Altmaterialverwertung

Führen gemeinnützige Körperschaften Altmaterialsammlungen mit dem Ziel der Veräußerung der gesammelten Gegenstände zur Mittelbeschaffung durch, werden sie im Rahmen eines steuerschädlichen wirtschaftlichen Geschäftsbetriebs i. S. d. § 64 Abs. 1 AO tätig.[431] Für die Gewinnermittlung bei Altmaterialsammlungen sieht die durch das VereinsförderG mit Wirkung ab VZ 1990 aufgenommene Bestimmung des § 64 Abs. 5 AO eine **pauschalierte Reingewinnschätzung** als Alternative zur Gewinnermittlung nach allgemeinen Grundsätzen vor. Gemeinnützige Einrichtungen können danach der KSt unterliegende Überschüsse aus der Verwertung **unentgeltlich erworbenen Altmaterials** in Höhe des branchenüblichen Reingewinns schätzen, sofern für die Verwertung keine ständige Verkaufsstelle vorgehalten wird. Die Vorschrift des § 64 Abs. 5 AO gilt nur für Altmaterialsammlungen, nicht hingegen für den Einzelverkauf gebrauchter Sachen; mithin für Gebrauchtwarenhandel, Basare und ähnliche Einrichtungen.[432] 305

Der branchenübliche **Reingewinn** ist bei der Verwertung von **Altpapier** mit **5 v. H.** sowie bei der Verwertung von **anderen Altmaterialien** mit **20 v. H.** der Einnahmen (ohne USt) anzusetzen.[433] 306

Die Regelung des § 64 Abs. 5 AO dient der Vereinfachung[434] und berücksichtigt im Ergebnis aufgrund einer gesetzlichen Ausnahmeregelung **fiktive Lohnaufwendungen**.[435] Der Gesetzgeber vermeidet hiermit einen bei gemeinnützigen Körperschaften infolge des ehrenamtlichen Einsatzes von Mitgliedern entstehenden überhöhten steuerlichen Gewinn, der auf im Vergleich zur gewerblichen Wirtschaft fehlende Lohnaufwendungen zurückzuführen wäre. Die Vorschrift erübrigt ein aufwändiges Verfahren, das die Zahlung von Löhnen an die Helfer mit anschließender freiwilliger Rückgewähr als Spende zum Gegenstand 307

---

[431] S. BFH v. 26. 2. 1992 I R 149/90, BStBl. II 1992, 693, BFH v. 10. 6. 1992 I R 76/90, BFH/NV 1992, 839, BFH v. 21. 12. 1994 I B 14/94, BFH/NV 1995, 568 sowie OFD Frankfurt am Main v. 30. 10. 1995 – S 0171 A – 22 – St II 12, KSt-Kartei § 5 KStG Karte H 8.

[432] S. AEAO, zu § 64 AO Rz. 19.

[433] S. AEAO, zu § 64 AO Rz. 23.

[434] Vgl. BT-Drs. 11/4176, 16.

[435] Vgl. BT-Drs. 11/5582, 31.

hätte.[436] Mit der Bestimmung des § 64 Abs. 5 AO schafft der Gesetzgeber eine gesetzliche Ausnahme von dem Grundsatz, daß der Gewinn aus wirtschaftlichem Geschäftsbetrieb lediglich durch tatsächlich entstandene, nicht hingegen durch fiktive Aufwendungen gemindert werden darf (s. Rz. 275).

Die Vorschrift trägt zudem der Tatsache Rechnung, daß unentgeltlich erworbene Altmaterialien als wirtschaftliche Vorteile i. S. d. § 14 Satz 1 AO unmittelbar dem unternehmerischen Bereich zuzurechnen sind und **keine Spende in den ideellen Bereich darstellen**, die anschließend zu Teilwerten in den wirtschaftlichen Geschäftsbetrieb eingelegt werden können.[437]

308 Entscheidet sich die gemeinnützige Körperschaft bei der Ermittlung des Gewinns aus Altmaterialverwertung für die pauschalierte Gewinnschätzung des § 64 Abs. 5 AO (Antragstatbestand),[438] muß sie durch gesonderte **Aufzeichnung** die auf diese wirtschaftliche Tätigkeit entfallenden **Einnahmen und Ausgaben** festhalten. Für die Schätzung wird die Höhe der Einnahmen benötigt. Auch dürfen die angefallenen Ausgaben nicht das Ergebnis aus anderen wirtschaftlichen Betätigungen mindern.[439]

Die Ausgestaltung der Regelung als Antragstatbestand eröffnet der gemeinnützigen Körperschaft eine Gewinnermittlung nach allgemeinen Grundsätzen, wenn die im Zusammenhang mit der Verwertung unentgeltlich erworbenen Altmaterials entstandenen Aufwendungen zu einem im Vergleich zur Reingewinnschätzung niedrigeren steuerlichen Gewinn führen.

309 Die Vorschrift des § 64 Abs. 5 AO kommt für die gemeinnützige Körperschaft auch dann zum Tragen, wenn die Altmaterialsammlung von ihr nicht in alleiniger Regie, sondern unter ihrer Beteiligung von einer Gesellschaft bürgerlichen Rechts durchgeführt wird. Die Beteiligung nichtbegünstigter Körperschaften steht der Inanspruchnahme der Regelung des § 64 Abs. 5 AO durch die gemeinnützige Körperschaft für deren anteiliges Ergebnis (anteilige Einnahmen) nicht entgegen.[440]

310 Die Anwendung des § 64 Abs. 5 AO setzt zur KSt heranzuziehende Ergebnisse aus wirtschaftlichem Geschäftsbetrieb voraus. Diese Voraussetzung ist nur dann erfüllt, wenn die gemeinnützige Körperschaft mit ihren Einnahmen aus sämtlichen steuerschädlichen wirtschaftlichen Betätigungen i. S. d. § 64 Abs. 1, 2 AO die **Besteuerungsgrenze** des § 64 Abs. 3 AO i. H. v. 60 000 DM (s. Rz. 47 ff.) **überschreitet**. Die Einnah-

---

436 S. *Thiel/Eversberg* DB 1990, 344, 347.

437 S. BFH v. v. 26. 2. 1992 I R 149/90, BStBl. II 1992, 693 sowie koord. Ländererlaß, FinMin Niedersachsen v. 10. 9. 1979 S 0183 – 1 – 312, StEK AO 1977 § 14 Nr. 4 sowie OFD Frankfurt am Main v. 30. 10. 1995 – S 0171 A – 22 – St II 12, KSt-Kartei § 5 KStG Karte H 8.

438 S. AEAO, zu § 64 AO Rz. 20.

439 S. AEAO, zu § 64 AO Rz. 21, 22.

440 S. OFD Frankfurt am Main v. 31. 3. 1993 – S 0171 A – 22 – St II 12, KSt-Kartei § 5 KStG Karte H 74.

men aus der Verwertung von Altmaterial gehören auch dann zu den Einnahmen i. S. d. § 64 Abs. 3 AO, wenn die Voraussetzungen für eine Reingewinnschätzung nach § 64 Abs. 5 AO gegeben sind.[441]

4. Steuersatz

Die partiell steuerpflichtige Körperschaft i. S. d. § 5 Abs. 1 Nr. 9 Satz 2 KStG unterliegt **ab VZ 1999** mit ihrem Einkommen aus wirtschaftlichen Geschäftsbetrieben rechtsformunabhängig einem Steuersatz i. H. v. **40 v. H.** (§ 23 Abs. 1 KStG). Die bis einschl. VZ 1998 maßgebende Unterscheidung (s. Rz. 317) in Regelsteuersatz und ermäßigten Steuersatz ist mit der Neufassung des § 23 KStG durch das StEntlG 1999/2000/2002 v. 24. 3. 1999[442] mit Wirkung ab VZ 1999[443] entfallen. 315

Von dem **besonderen Steuersatz** nach § 23 Abs. 2 KStG i. H. v. **45 v. H.**, den der Gesetzgeber ab VZ 1999 übergangsweise (vgl. § 54 Abs. 11 KStG) auf der Ebene des Anteilseigners für bezogene und aus EK 45 finanzierte Gewinnausschüttungen zur Aufrechterhaltung der ursprünglichen Tarifbelastung[444] in das KStG aufgenommen hat, bleiben partiell steuerpflichtige **gemeinnützige Einrichtungen** i. S. d. § 5 Abs. 1 Nr. 9 Satz 2 KStG **ausgenommen** (§ 23 Abs. 2 Satz 4 KStG). Dividenden, die partiell steuerpflichtige gemeinnützige Einrichtungen in ihrem wirtschaftlichen Geschäftsbetrieb vereinnahmen, werden danach zur Vermeidung einer Überbesteuerung[445] lediglich mit dem neuen Regelsteuersatz i. H. v. 40 v. H. der KSt unterworfen. 316

Für Veranlagungszeiträume **bis VZ 1998** richtet sich der auf das zu versteuernde Einkommen anzuwendende KSt-Tarif i. S. d. § 23 KStG grds. nach der Rechtsform des Steuersubjekts. 317

- In das körperschaftsteuerliche Anrechnungsverfahren (§§ 27 ff. KStG) einbezogene Steuersubjekte wie z. B. die **GmbH** als Kapitalgesellschaft i. S. d. § 1 Abs. 1 Nr. 1 KStG unterliegen hier einem Regelsteuersatz i. H. v. **45 v. H.** (§ 23 Abs. 1 KStG a. F.). Dies gilt auch, soweit die gemeinnützige GmbH nach § 5 Abs. 1 Nr. 9 Satz 2 KStG lediglich mit einem Teilbereich zur KSt herangezogen wird.
- Für partiell steuerpflichtige gemeinnützige Körperschaften, Personenvereinigungen und Vermögensmassen i. S. d. § 1 Abs. 1 Nr. 3 bis 6 KStG, mithin Steuersubjekte in der Rechtsform von **Verein, Stiftung und Betrieb gewerblicher Art** ist hingegen der ermäßigte Steuersatz i. H. v. **42 v. H.** anzuwenden (§ 23 Abs. 2 Satz 1 KStG a. F.). Mit dem ermäßigten Steuersatz trägt der Gesetzgeber der Tatsache Rechnung, daß bei diesen Steuersubjekten keine Gewinnausschüttungen vorgenommen werden können, die über das körperschaftsteuerliche Anrechnungsverfahren auf der Ebene der ausschüttenden

---

[441] S. AEAO, zu § 64 AO Rz. 10.
[442] BGBl. I 1999, 402.
[443] § 54 Abs. 1 KStG i. d. F. StEntlG 1999/2000/2002.
[444] S. BT-Drs. 14/23, 192 f.
[445] S. BT-Drs. 14/443.

Körperschaft (§§ 27 ff., 43 KStG) eine körperschaftsteuerliche Entlastung erfahren.

Der ermäßigte Steuersatz i. H. v. 42 v. H. gilt auch für rechtsfähige oder nichtrechtsfähige **Stiftungen** i. S. d. § 1 Abs. 1 Nr. 4 und 5 KStG, die nach § 5 Abs. 1 Nr. 9 Satz 2 KStG mit einem wirtschaftlichen Geschäftsbetrieb der partiellen Steuerpflicht unterliegen (§ 23 Abs. 2 Satz 2 Nr. 2 Halbs. 2 KStG a. F.). Sie erhalten eine Sonderstellung im Vergleich zu den voll steuerpflichtigen Stiftungen, die nach § 23 Abs. 2 Satz 2 Nr. 2 KStG a. F. von der Anwendung des ermäßigten Steuersatzes ausgenommen bleiben; auf sie ist der Regelsteuersatz nach § 23 Abs. 1 KStG anzuwenden.[446]

318 Nach dem **StSenkG**[447] verringert sich **ab VZ 2001** die auch für partiell steuerpflichtige gemeinnützige Einrichtungen maßgebende Tarifbelastung auf **25 v. H.** (§ 23 Abs. 1 KStG). Im Zuge der Einführung des Halbeinkünfteverfahrens wird ergänzend zur definitiven körperschaftsteuerlichen Belastung im Falle der Ausschüttung bzw. vergleichbarer Verwendungstatbestände auch auf der Ebene des Anteilseigners bzw. der hinter der Körperschaft stehenden Personen eine die KSt ergänzende Ertragsteuer erhoben.

Für die mit dem Ergebnis aus wirtschaftlichem Geschäftsbetrieb partiell steuerpflichtige Körperschaft ist bei bilanzieller Gewinnermittlung (s. Rz. 235 ff.) ab VZ 2002[448] grundsätzlich eine auf den Gewinn aus wirtschaftlichem Geschäftsbetrieb flankierend[449] zu erhebende **KapESt i. H. v. 10 v. H.** vorgesehen, soweit der Gewinn nicht Rücklagen für Zwecke des wirtschaftlichen Geschäftsbetriebs zugeführt wird (§ 20 Abs. 1 Nr. 10 b EStG i. V. m. § 43 Abs. 1 Nr. 7 c, § 43 a Abs. 1 Nr. 6 EStG, vgl. Rz. 303). Soweit der Gewinn aus wirtschaftlichem Geschäftsbetrieb in Rücklagen eingestellt wird, liegt kein aus der Sicht der gemeinnützigen Einrichtung steuerbarer und dem KapSt-Abzug zu unterwerfender „Kapitalertrag" vor (§ 20 Abs. 1 Nr. 10 b Satz 3 i. V. m. Satz 1 EStG). Die steuerliche Gesamtbelastung beschränkt sich hier (zunächst) auf die körperschaftsteuerliche Tarifbelastung i. H. v. 25 v. H. Werden die Rücklagen zu Zwecken außerhalb des wirtschaftlichen Geschäftsbetriebs aufgelöst, mithin „entnommen", entsteht insoweit ein nach § 20 Abs. 1 Nr. 10 b i. V. m. § 43 Abs. 1 Nr. 7 c EStG steuerbarer „Kapitalertrag" der den wirtschaftlichen Geschäftsbetrieb tragenden Körperschaft (§ 20 Abs. 1 Nr. 10 b Satz 2 EStG). Für partiell steuerpflichtige gemeinnützige Einrichtungen als „Gläubiger" entsprechender „Kapitalerträge" (s. Rz. 117) ermöglicht § 44 a Abs. 7 EStG allerdings eine **Abstandnahme** vom KapESt-Abzug, die insoweit die Ausweitung der steuerabzugspflichtigen Tatbestände durch das StSenkG wieder relativiert (s. Rz. 359).

---

[446] Vgl. *Streck* § 23 KStG Rz. 6 f.

[447] S. Gesetzentwurf, BT-Drs. 14/2683 sowie Beschlußempfehlung und Bericht des Finanzausschusses des Dt. BT. v. 10. 5. 2000, BT-Drs. 14/3366.

[448] § 52 Abs. 37 a Satz 2 EStG.

[449] S. BT-Drs. 14/2683, 114 f.

5. Grundsätze der Eigenkapitalgliederung

Gemeinnützige Körperschaften sind in das körperschaftsteuerliche Anrechnungsverfahren auf der Ebene der „ausschüttenden Körperschaft" i. S. d. **§§ 27 ff., 43 KStG** mit der Folge der Gliederung ihres verwendbaren Eigenkapitals (§§ 29, 30 ff. KStG) einbezogen, wenn ihre Ausschüttungen bei den Anteilseignern zu Kapitalerträgen i. S. d. § 20 Abs. 1 Nr. 1 und 2 EStG führen können. Hiervon ist im Rahmen der partiellen Steuerpflicht nach § 5 Abs. 1 Nr. 9 Satz 2 KStG insbesondere die **GmbH** betroffen. Vereine, Stiftungen oder Betriebe der öffentlichen Hand sind hingegen nicht gliederungspflichtig. 320

Die Verpflichtung zur Gliederung des vEK (§§ 30 ff. KStG) sowie zur Abgabe einer Feststellungserklärung i. S. d. § 47 KStG trifft die GmbH nicht nur bei partieller Steuerpflicht, sondern auch bei vollständiger Steuerbefreiung.[450] Die Gliederung des vEK dient dem Vermerk der bisherigen **Tarifbelastung** (§ 23 KStG). Im Ausschüttungsfall wird die bisherige tarifäre Vorbelastung der ausschüttenden Körperschaft grds. auf einen konstanten v. H.-Satz von 30 v. H. verändert.[451] Das grds. Ausschüttungsverbot der gemeinnützigen Körperschaft (s. § 55 Abs. 1 Nr. 1 Satz 2 AO) steht der Einbindung der GmbH in das körperschaftsteuerliche Anrechnungsverfahren i. S. d. §§ 27 ff. KStG nicht entgegen;[452] die körperschaftsteuerliche Vorbelastung erlangt nicht nur Bedeutung für Ausschüttungen an gemeinnützige Anteilseigner unter Verwendung belasteten vEK (s. Rz. 360 ff.), sondern auch für eine der Befreiung nachfolgende volle Steuerpflicht. Das vEK der GmbH leitet sich nach § 29 Abs. 1, 2 KStG aus dem „steuerbilanziellen" Betriebsvermögen ab und umfaßt sämtliche zur Ausschüttung verfügbaren Mittel, mithin nicht nur steuerpflichtige (Teil-)Ergebnisse, sondern auch Vermögensmehrungen bzw. -minderungen des ideellen bzw. steuerbefreiten Bereichs der partiell steuerpflichtigen Körperschaft. 321

Einkommen aus wirtschaftlichem Geschäftsbetrieb unterliegen bei der partiell steuerpflichtigen GmbH nach § 23 Abs. 1 KStG ungemildert der KSt i. H. v. 40 v. H. (bis einschl. VZ 1998: 45 v. H., s. Rz. 315 ff.). Hieraus resultiert die Bildung eines entsprechend ungemildert belasteten vEK (§ 30 Abs. 1 Nr. 1 KStG), das in der Gliederungsrechnung ab VZ 1999 als **EK 40**, bis einschl. VZ 1998 als EK 45 ausgewiesen wird. 322

Die nicht der KSt unterliegenden Vermögensmehrungen sind nicht mit KSt vorbelastet und in der Gliederungsrechnung dementsprechend unter den EK 0-Töpfen auszuweisen (§ 30 Abs. 1 Nr. 3 KStG). Eigenkapital, das im ideellen Bereich, im steuerfreien Bereich der Vermögensverwaltung und Forstwirtschaft sowie im Rahmen von steuerbefreiten Zweckbetrieben gebildet wird, führt idR zur Entstehung von **EK 02** (§ 30 Abs. 1 Nr. 3 i.V. m. Abs. 2 Nr. 2 KStG). Einlagen des An- 323

---

[450] S. BFH v. 24. 1. 1990 I R 33/86, BStBl. II 1990, 470.

[451] § 23 Abs. 5 i.V. m. § 27 KStG, zu Ausnahmen nach § 40 KStG s. Rz. 325 sowie Rz. 360 ff.

[452] S. BFH v. 24. 1. 1990, a. a. O.

teilseigners werden gesondert unter dem Teilbetrag **EK 04** (§ 30 Abs. 2 Nr. 4 KStG) ausgewiesen.

Ausländische steuerbefreite Einkünfte (z. B. nach DBA) sowie sonstige steuerbefreite Vermögensmehrungen aus Auslandsbeteiligungen i. S. d. § 8 b Abs. 1, 2 KStG, die auch innerhalb eines wirtschaftlichen Geschäftsbetriebs anfallen können, werden in das **EK 01** eingestellt (§ 30 Abs. 2 Nr. 1 KStG). Bereits vor dem VZ 1977 vorhandenes Eigenkapital wird als Altkapital unter dem Teilbetrag **EK 03** ausgewiesen (§ 30 Abs. 2 Nr. 3 KStG).

324 Das (für Ausschüttungen) verwendbare Eigenkapital der GmbH wird zum Schluß eines Wirtschaftsjahres mit den einzelnen Teilbeträgen **gesondert festgestellt** (§ 47 Abs. 1 Nr. 1 KStG). Zu versteuerndes Einkommen, Tarifbelastung und evtl. KSt-Änderung (§ 23 Abs. 5 i.V. m. 27 Abs. 1 KStG) werden mit dem KSt-Bescheid für Zwecke der vEK-Gliederung gesondert festgestellt (s. § 47 Abs. 2 KStG).

325 Soweit eine Gewinnausschüttung zur Herstellung der **Ausschüttungsbelastung** führt, wird für die gemeinnützige Körperschaft nach § 5 Abs. 2 Nr. 2 KStG eine **besondere partielle Steuerpflicht** (s. hierzu Rz. 360 ff.) begründet, die eine bei der ausschüttenden Körperschaft eingetretene körperschaftsteuerliche Vorbelastung aufrechterhält.

Nimmt die GmbH eine Ausschüttung an ihren gleichfalls **steuerbefreiten Anteilseigner** vor, ist eine Ausschüttungsbelastung i. S. d. § 27 Abs. 1 KStG lediglich bei Verwendung von belastetem vEK herzustellen. Finanziert die GmbH ihre Ausschüttung mit unbelastetem vEK, wird keine Ausschüttungsbelastung hergestellt. Gelten für die Ausschüttung die Teilbeträge EK 02 und EK 03 als verwendet, stellt die Regelung des § 40 Satz 1 Nr. 3 KStG für diese Fallgestaltung sicher, dass keine KSt-Erhöhung vorzunehmen ist. Die Verwendung von EK 01 bzw. EK 04 ist bereits nach § 40 Satz 1 Nr. 1 und 2 KStG von der Herstellung der Ausschüttungsbelastung ausgenommen.

Die Vornahme einer Gewinnausschüttung an einen gleichfalls steuerbegünstigten bzw. auf gemeinnützigem Gebiet tätigen Gesellschafter ist gemeinnützigkeitsrechtlich auf der Grundlage der Ausnahmebestimmungen der § 58 Nr. 1 und 2 AO möglich.[453]

326 Nach dem **StSenkG**[454] wird das körperschaftsteuerliche Anrechnungsverfahren **ab VZ 2001**[455] durch das sog. **Halbeinkünfteverfahren**[456] ersetzt. Anstelle der Beseitigung der körperschaftsteuerlichen Vorbelastung der ausschüttenden Körperschaft durch Anrechnung der Ausschüttungsbelastung auf die ESt/KSt des Anteilseigners wird danach die künftig definitive körperschaftsteuerliche Belastung i. H. v. 25 v. H. (§ 23 Abs. 1 KStG) im Ausschüttungsfall bzw. diesem gleichstehenden Verwendungstatbeständen auf der Ebene des Anteilseigners

---

453 S. AEAO, zu § 58 AO Rz. 2.

454 S. Gesetzentwurf, BT-Drs. 14/2683 sowie Beschlußempfehlung und Bericht des Finanzausschusses des Dt. BT. v. 10. 5. 2000, BT-Drs. 14/3366.

455 Bei abweichendem Wirtschaftsjahr ab VZ 2002, § 34 Abs. 1 und Abs. 1 a KStG.

456 S. BT-Drs. 14/2683, 113 ff., 120 ff.

bzw. der hinter der Körperschaft stehenden Personen durch eine Ertragsteuer des Anteilseigners auf die zur Hälfte erfaßten Einkünfte (§ 3 Nr. 40 EStG) ergänzt. Für den Bezug von Beteiligungserträgen und wirtschaftlich vergleichbare Einnahmen durch eine Körperschaft, Personenvereinigung oder Vermögensmasse sieht § 8 b KStG eine weitreichende Freistellung vor.

Mit dem **Wegfall des Anrechnungsverfahrens** und der Aufhebung der §§ 27 ff. KStG entfällt ab VZ 2001 eine der bisherigen Gliederungsrechnung entsprechende Fortschreibung des für Ausschüttungen verwendbaren Eigenkapitals sowie die Herstellung einer Ausschüttungsbelastung. Eine Fortentwicklung und gesonderte Feststellung des Bestandes ist lediglich für dem bisherigen Teilbetrag EK 04 entsprechende Einlagen des Gesellschafters auf einem steuerlichen Einlagekonto (§ 27 KStG) vorgesehen.

Die in den §§ 36 ff. KStG enthaltenen Übergangsregelungen sehen eine Ermittlung der Endbestände des vEK (§ 36 KStG) sowie des zum Zeitpunkt des Systemwechsels vorhandenen KSt-Guthabens (§ 37 KStG) bei einer unterstellten Herabschleusung der Tarifbelastung auf 30 v. H. vor. Für eine Übergangsdauer von 15 Jahren kommt bei der Vornahme von Gewinnausschüttungen eine der Herstellung der Ausschüttungsbelastung vergleichbare KSt-Minderung (§ 37 KStG) bzw. KSt-Erhöhung (§ 38 KStG) in Betracht (s. Rz. 369).

6. Verfahrensrechtliche Aspekte

Über Art und Umfang der Steuerbefreiung entscheidet das Finanzamt von Amts wegen für die jeweilige Steuerart und den jeweiligen Besteuerungsabschnitt.[457] Ein besonderes förmliches Verfahren ist für die **Anerkennung** einer Körperschaft als steuerbegünstigt i. S. d. § 5 Abs. 1 Nr. 9 KStG i.V. m. §§ 51 ff. AO nicht vorgesehen; die Freistellung ist vielmehr Bestandteil des Veranlagungs- bzw. Festsetzungsverfahrens.[458] Die aus der gemeinnützigen Betätigung resultierende Freistellung stellt keinen Antragstatbestand dar; die steuerbegünstigte Körperschaft kann daher auf die Inanspruchnahme der Befreiung nicht verzichten.[459] 330

Die neu gegründete steuerbegünstigte Einrichtung erhält für Zwecke der Spendenbestätigung bereits auf der Grundlage der Satzung bzw. des Gesellschaftsvertrags eine **vorläufige Bescheinigung** der Steuerbefreiung i. S. d. § 5 Abs. 1 Nr. 9 KStG (Vordruck Gem. 5), wenn die formelle Satzungsmäßigkeit i. S. d. § 60 AO gegeben ist.[460] Die vor- 331

---

[457] Veranlagungszeitraum, § 49 Abs. 1 KStG i.V. m. § 25 EStG; zur Prüfung der Gemeinnützigkeit s. auch § 5 Rz. 115 ff.

[458] S. BFH v. 13. 12. 1978 I R 77/76, BStBl. II 1979, 481; BFH v. 21. 8. 1985 I R 208/81, BFH/NV 1987, 397; BFH v. 19. 4. 1989 I R 3/88, BStBl. II 1989, 595, BFH v. 13. 11. 1996 I R 152/93, BStBl. II 1998, 711.

[459] So auch AEAO, zu § 59 AO Rz. 3 sowie koord. Ländererl., FinMin Niedersachsen v. 22. 1. 1962 – S 2512–46 – 31 3, KStHA 1998 § 5 KStG H 1, s. hierzu auch Einleitung Rz. 71.

[460] S. AEAO, zu § 59 AO Rz. 4.

läufige Bescheinigung stellt keinen Verwaltungsakt i. S. d. § 118 AO, sondern eine das Finanzamt nicht bindende Rechtsauskunft über einen Teilbereich der für die Steuervergünstigung erforderlichen Voraussetzungen dar.[461] Die vorläufige Bescheinigung wird idR auf 18 Monate befristet und ist frei widerruflich; sie wird nach Überprüfung der tatsächlichen Geschäftsführung durch den Freistellungs- bzw. Steuerbescheid (s. Rz. 332 ff.) ersetzt.[462] Aus der vorläufigen Anerkennung der Gemeinnützigkeit kann kein Anspruch auf eine abschließende Freistellung im Veranlagungsverfahren hergeleitet werden.[463]

Die Ausstellung einer vorläufigen Bescheinigung kann nach Auffassung des BFH außerhalb der Neugründungsfälle bei bestimmten Fallgestaltungen auch im Rahmen eines **vorläufigen Rechtsschutzes** in Betracht kommen.[464] Das Finanzamt kann danach im Wege der einstweiligen Anordnung (§ 114 FGO) zur Ausstellung einer vorläufigen Bescheinigung mit der Aussage der vorläufigen Anerkennung verpflichtet werden, sofern die Körperschaft auf den Erhalt steuerbegünstigter Spenden angewiesen ist und die wirtschaftliche Existenz ohne eine derartige Regelungsanordnung bedroht ist. Die vorläufige Anerkennung ist in diesem Fall bis zum Abschluß des Hauptsacheverfahrens zu befristen und kann mit Auflagen zur zeitnahen Überprüfung der Mittelverwendung verbunden werden. Der BFH stützt seine geänderte Rspr. auf die durch das VereinsfördG mit Wirkung ab VZ 1990 aufgenommene Bestimmung des § 10 b Abs. 4 EStG, die mit einem Vertrauensschutz für Spender die Spendenbereitschaft fördern soll und Fehlleitungen mit einer Spendenhaftung sanktioniert. Die FinVerw. hat diese der bisherigen Rechtsprechung und Verwaltungspraxis entgegenstehende Entscheidung des BFH bislang noch nicht amtlich veröffentlicht.

332 Kann das Finanzamt auf der Grundlage der Satzung sowie insbesondere auch unter Würdigung der tatsächlichen Geschäftsführung zur Gewährung der steuerlichen Vergünstigung i. S. d. §§ 51 ff. AO eine abschließende Wertung vornehmen (s. § 59 AO) und liegen die Voraussetzungen für eine vollständige oder teilweise Befreiung der steuerbegünstigten Körperschaft i. S. d. § 5 Abs. 1 Nr. 9 KStG vor, erläßt das Finanzamt einen **Freistellungsbescheid**, der nach § 155 Abs. 1 Satz 3 AO einen Steuerbescheid darstellt und lediglich für die

---

[461] Std. Rspr, s. BFH v. 11. 9. 1956 I 188/55 U BStBl. III 1956, 309; BFH v. 7. 5. 1986, BStBl. II 1986, 677 sowie AEAO, zu § 59 AO Rz. 5, hinsichtlich der faktischen Wirkung für den Spendenabzug s. allerdings BFH v. 15. 6. 1973 VI R 35/70, BStBl. II 1973, 850 und BFH v. 19. 7. 1978 I B 14/78, BStBl. II 1978 für VZ bis einschl. VZ 1989 sowie BFH v. 23. 9. 1998 I B 82/98, BFH/NV 1999, 105 unter Hinweis auf § 10 b Abs. 4 EStG für VZ ab VZ 1990.

[462] S. BFH v. 13. 7. 1994 I R 5/93, BStBl. II 1995, 134, BFH v. 20. 5. 1992 I R 138/90 BFH/NV 1993, 150, sowie AEAO, zu § 59 AO Rz. 6.

[463] S. BFH v. 19. 4. 1989 I R 3/88, BStBl. II 1989, 595, BFH v. 2. 8. 1989 I R 72/87, BFH/NV 1990, 146, BFH v. 23. 9. 1998 I B 82/98, BFH/NV 1999, 105.

[464] S. BFH v. 23. 9. 1998 I B 82/98, BFH/NV 1999, 105, Änd. d. Rspr., a. A. noch BFH v. 7. 5. 1986 I B 58/85 BStBl. II 1986, 677.

jeweilige Steuerart und den jeweils betroffenen Veranlagungszeitraum gilt.[465]

Für die Aufhebung oder Änderung eines Freistellungsbescheids gelten die Vorschriften über die Korrektur eines Steuerbescheids entsprechend. Ein bereits erlassener Freistellungsbescheid kann daher in entsprechender Anwendung des § 173 Abs. 1 Nr. 1 AO im Veranlagungsverfahren aufgehoben und zu Lasten der Einrichtung auch durch einen KSt-Bescheid ersetzt werden, wenn Tatsachen oder Beweismittel nachträglich bekannt werden, die zur Versagung der Gemeinnützigkeit führen.[466] Ein Widerruf der Anerkennung der Gemeinnützigkeit in einer Verfügung unabhängig von einem Veranlagungs- bzw. Steuerfestsetzungsverfahren ist nicht zulässig.[467] Hiervon zu unterscheiden ist der im Anschluß an die Beurteilung abgelaufener Veranlagungszeiträume lediglich für Zwecke der Spendenberechtigung zeitnah und ggf. separat erteilte Hinweis, daß die Voraussetzungen für eine Anerkennung als gemeinnützige Körperschaft nicht mehr vorliegen und die Körperschaft demzufolge keine Spendenbestätigungen mehr ausstellen darf (s. Rz. 335).

Auch ein auf Null DM lautender KSt-Bescheid, durch den das Finanzamt der Körperschaft eine Gemeinnützigkeit abspricht, **beschwert** die Körperschaft und kann von ihr mit dem Rechtsbehelf angefochten werden, wenn geltend gemacht wird, daß die Voraussetzungen für eine Befreiung nach § 5 Abs. 1 Nr. 9 KStG vorliegen und der angefochtene Bescheid ggf. zu Unrecht die sachliche KSt-Pflicht (dem Grunde nach) bejaht.[468] 333

Auch bei **partieller Steuerpflicht** i. S. d. § 5 Abs. 1 Nr. 9 Satz 2 KStG ergeht im Veranlagungs- bzw. Festsetzungsverfahren lediglich ein die FinVerw. bindender und von seiten der Körperschaft anfechtbarer Bescheid (s. § 155 Abs. 1 AO), der Aussagen sowohl zur sachlichen Steuerpflicht dem Grunde und der Höhe nach als auch zur Steuerbefreiung im übrigen beinhaltet.[469] 334

– Führt die partielle Steuerpflicht zur **Festsetzung einer KSt**, wird in einer Anlage zum Steuerbescheid auf die Befreiung der Körperschaft im übrigen hingewiesen (s. Vordruck Gem. 4). Die Anlage beinhaltet i. d. R. zudem Hinweise zur Spendenbestätigungskompetenz der Körperschaft (s. Rz. 335). Die im Festsetzungsverfahren neben der Steuerfestsetzung für die partielle Steuerpflicht zu treffende Aussage zur Steuerbefreiung im übrigen ist als unselbständige Besteuerungsgrundlage i. S. d. § 157 Abs. 2 AO nicht gesondert anfechtbar.

---

[465] Ständ. Rspr, s. BFH v. 30. 11. 1995 V R 29/91, BStBl. II 1997, 189; BFH v. 11. 3. 1999 V R 57,58/96, BStBl. II 1999, 331.

[466] S. BFH v. 13. 11. 1996 I R 152/93, BStBl. II 1998, 711 zu Verstoß gegen Mittelverwendungsgebot.

[467] S. BFH v. 13. 12. 1978 I R 77/76, BStBl. II 1979, 481.

[468] S. BFH v. 13.7. 1994 I R 5/93 BStBl. II 1995, 134, BFH v. 14. 9. 1994 I R 153/93 BStBl. II 1995, 499, BFH v. 13. 11. 1996 I R 152/93, BStBl. II 1998, 711.

[469] S. BFH v. 21. 8. 1985 I R 208/81, BFH/NV 1987, 397 sowie FG Rheinland-Pfalz v. 30. 1. 1984 5 K 81/83, EFG 1984, 518.

– **Unterbleibt** trotz partieller Steuerpflicht die **Festsetzung einer KSt**, z. B. im Hinblick auf die Freibetragsregelung des § 24 KStG oder die Besteuerungsgrenze des § 64 Abs. 3 AO, ergeht ein Freistellungsbescheid, der auf die partielle Steuerpflicht dem Grunde nach aufmerksam macht (vgl. Vordruck Gem. 2).

335 Der mit dem Freistellungs- bzw. Steuerbescheid verbundene **Hinweis zur Spendenberechtigung**, d. h. ob die gemeinnützige Körperschaft selbst Spendenbestätigungen ausstellen darf (bis 1999) bzw. ob sie auch die Zuwendung von Mitgliedsbeiträgen als Ausgabe i. S. d. § 10 b EStG, § 9 Abs. 1 Nr. 2 KStG bestätigen kann (ab 2000),[470] stellt wie die entsprechende Aussage in der vorläufigen Bescheinigung (s. Rz. 331) keinen Verwaltungsakt i. S. d. § 118 AO, sondern lediglich eine unverbindliche und außerhalb der Regelung in einem Einzelfall erteilte Rechtsauskunft dar,[471] die jederzeit korrigiert werden kann.[472]

336 Das Finanzamt überprüft die Voraussetzungen der Steuerbefreiung i. d. R. für einen **Turnus** von jeweils drei Jahren.[473] Mit der Erklärung für den jeweils letzten Veranlagungszeitraum des Prüfungsturnus hat die gemeinnützige Körperschaft Unterlagen zum Nachweis der tatsächlichen Geschäftsführung für sämtliche drei Jahre des Prüfungsturnus abzugeben (s. Vordruck Gem 1). Der Freistellungsbescheid wird für sämtliche drei Veranlagungszeiträume des Prüfungsturnus erteilt (s. Vordruck Gem 2).

Führt eine partielle Steuerpflicht i. S. d. § 5 Abs. 1 Nr. 9 Satz 2 KStG kontinuierlich zu einer KSt-Festsetzung, wird das Finanzamt die gemeinnützige Einrichtung ggf. zur (zusätzlichen) jährlichen Abgabe einer KSt-Erklärung auffordern. Von der turnusmäßigen Überprüfung der Gemeinnützigkeitsvoraussetzungen bleibt auch die ggf. erforderliche jährliche Abgabe der USt-Erklärung unberührt.

337 Das FA ist an eine gemeinnützigkeitsrechtliche **Beurteilung früherer Veranlagungszeiträume** oder auch einer anderen Steuerart des gleichen Veranlagungszeitraums **nicht gebunden**.[474] Ein schutzwürdiger Vertrauenstatbestand nach den Grundsätzen von Treu und Glauben wird für die Folgezeit auch durch das Schweigen des Finanzamts im Anschluß an eine ausgesprochene Anerkennung nicht geschaffen.[475]

---

[470] Zur Reform des Spendenrechts ab VZ 2000 s. §§ 48 ff. EStDV i. d. F. v. 10. 12. 1999, BGBl. I 1999, 2413, BMF v. 18. 11. 1999 – IV C 4-S 2223-211/99, BStBl. I 1999, 979, OFD Düsseldorf v. 1. 12. 1999 – S 2223 – 191 – St 133, DB 1999, 2606, BMF v. 2. 6. 2000 – IV C4 – S 223 – 568/00, BStBl. I 2000, 552 sowie *Hüttemann* NJW 2000, 638.

[471] S. BFH v. 10. 6. 1992 I R 107/91, BFH/NV 1993, 13.

[472] S. BFH v. 11. 9. 1956 I 188/55 U, BStBl. III 1956, 309, BFH v. 13. 7. 1994 I R 5/93, BStBl. II 1995, 134.

[473] Vgl. *Märkle* 244 sowie *Kießling/Buchna* 328 ff.

[474] S. BFH v. 11. 3. 1999 V R 57,58/96, BStBl. II 1999, 331, zur umsatzsteuerlichen Behandlung eines Musikvereins bei bereits bestandskräftiger KSt-Festsetzung sowie BFH v. 11. 8. 1961 III 91/53 HFR 1962, 197.

[475] S. BFH v. 19. 4. 1989 I R 3/88, BStBl. II 1989, 595, BFH v. 13. 12. 1978 I R 77/76, BStBl. II 1979, 481.

338 Ist die im übrigen steuerbefreite Körperschaft z. B. als Mitunternehmer an einer Personengesellschaft mit gewerblichen Einkünften i. S. d. § 15 Abs. 1 Nr. 2 EStG beteiligt, wird im Rahmen der **gesonderten Gewinnfeststellung** (§ 179 Abs. 2, § 180 AO) bereits bindend[476] entschieden, ob die beteiligte Körperschaft gewerbliche Einkünfte i. S. d. § 15 EStG bezieht und damit einen **wirtschaftlichen Geschäftsbetriebs i. S. d. § 14 AO** unterhält.[477] Einwendungen der steuerbegünstigten Körperschaft, die gegen die Qualifizierung der Einkünfte mit dem Ziel der Annahme von Einkünften aus Kapitalvermögen gerichtet sind, sind daher im Einspruchsverfahren gegen den Feststellungsbescheid geltend zu machen.[478]

Die Frage, ob der wirtschaftliche Geschäftsbetrieb auf der Ebene der steuerbegünstigten Körperschaft einen steuerunschädlichen **Zweckbetrieb** i. S. d. §§ 65 ff. AO darstellt, der im Rahmen des § 5 Abs. 1 Nr. 9 KStG von der KSt befreit ist, wird hingegen erst im Rahmen der KSt-Veranlagung der steuerbegünstigten Körperschaft unter Berücksichtigung ihrer satzungsmäßigen Zielsetzung entschieden.[479]

7. Sonstige Arten der partiellen Steuerpflicht

a) Inländische steuerabzugspflichtige Einkünfte

340 Bezieht eine nach § 5 KStG befreite Körperschaft, Personenvereinigung oder Vermögensmasse inländische Einkünfte, die dem **Steuerabzug** unterliegen, ist die Steuerbefreiung nach § 5 Abs. 2 Nr. 1 KStG insoweit ausgeschlossen.

Die nach § 5 Abs. 2 Nr. 1 KStG aus Gründen der verfahrenstechnischen Vereinfachung[480] vorgesehene **besondere partielle Steuerpflicht** für inländische, dem Steuerabzug unterliegende Einkünfte erstreckt sich auch bei gemeinnützigen Körperschaften grundsätzlich auf die dem KapESt-Abzug unterliegenden Tatbestände (s. Rz. 342). Im Hinblick auf die entlastenden Bestimmungen der §§ 44 a ff. EStG erlangt die Regelung des § 5 Abs. 2 Nr. 1 KStG im Anwendungsbereich der Befreiung nach § 5 Abs. 1 Nr. 9 KStG letztlich jedoch keine Bedeutung (s. Rz. 344 ff.).

341 Die Anwendung des § 5 Abs. 2 Nr. 1 KStG setzt voraus, daß die steuerabzugspflichtigen Einkünfte **im steuerbefreiten Bereich** anfallen. Für Kapitalerträge, die in einem wirtschaftlichen Geschäftsbetrieb vereinnahmt werden und damit im Rahmen einer bereits bestehenden partiellen Steuerpflicht nach § 5 Abs. 1 Nr. 9 Satz 2 KStG zu

---

476 S. § 182 Abs. 1 AO.

477 S. BFH v. 27. 7. 1988 I R 113/84 BStBl. II 1989, 134, BFH v. 4. 3. 1976 IV R 189/71, BStBl. II 1976, 472.

478 S. FG Rheinland-Pfalz v. 28. 7. 1999 – 2 K 2248/98, EFG 1999, 1002, rev., Az. des BFH: I R 78/99, zu kapitalistisch ausgeprägter Publikums-Personengesellschaft.

479 S. AEAO, zu § 64 AO Rz. 3 sowie *Kümpel* DStR 1999, 1505, 1507 f.

480 S. *Bott* in Arthur Andersen, § 5 KStG Rz. 841 ff.

erfassen sind (s. hierzu Rz. 354 ff.), kommt die Vorschrift nicht zum Tragen.[481]

342 Der Anwendungsbereich des § 5 Abs. 2 Nr. 1 KStG erstreckt sich auf Kapitalerträge, die nach § 43 EStG dem Steuerabzug vom Kapitalertrag (KapESt) zu unterwerfen sind. Der **KapESt** unterliegen Beteiligungserträge i. w. S. (§ 43 Abs. 1 Nr. 1 bis 3, 6 EStG, z. B. Dividenden) sowie in Form des Zinsabschlags seit dem 1. 1. 1993 auch Zinserträge (§ 43 Abs. 1 Nr. 7 EStG) und seit dem 1. 1. 1994 Stückzinsen und Emissionsrenditen (§ 43 Abs. 1 Nr. 8 EStG). KapESt wird nach Maßgabe der §§ 43, 43 a EStG grds. i. H. v. 25 bzw. 30 v. H. des vollen Kapitalertrags[482] erhoben. Die KapESt wird von dem Schuldner der Kapitalerträge bzw. der die Kapitalerträge auszahlenden Stelle für Rechnung des Gläubigers der Kapitalerträge, mithin für die steuerbefreite Körperschaft, Personenvereinigung oder Vermögensmasse als Steuerschuldner einbehalten und abgeführt (§ 44 Abs. 1 Satz 1 und 3 EStG).

343 Die der partiellen Steuerpflicht nach § 5 Abs. 2 Nr. 1 KStG unterliegenden Einkünfte werden nicht im Rahmen einer Veranlagung i. S. d. § 49 Abs. 1 KStG zur KSt herangezogen. Die auf sie entfallende KSt ist durch den Steuerabzug (KapESt) nach § 50 Abs. 1 Nr. 1 KStG **abgegolten**. Der auf die steuerabzugspflichtigen Einnahmen entfallende Steuerabzug bleibt damit grundsätzlich bestehen (s. allerdings Rz. 344 ff.). Die abgeltende Wirkung des Steuerabzugs nach § 50 Abs. 1 Nr. 1 KStG gilt auch dann, wenn die steuerbefreite Körperschaft mit anderen Einkünften einer partiellen Steuerpflicht (z. B. mit einem wirtschaftlichen Geschäftsbetrieb nach § 5 Abs. 1 Nr. 9 Satz 2 KStG) unterliegt und insoweit in ein Veranlagungsverfahren (s. § 49 KStG) einbezogen wird. Die mit abgeltender Wirkung erhobene KapESt ist in einem solchen Veranlagungsverfahren nicht anrechenbar (s. § 36 Abs. 2 Nr. 2 EStG).

344 Eine wesentliche **Einschränkung** erfahren partielle Steuerpflicht i. S. d. § 5 Abs. 2 Nr. 1 KStG und vorgesehene Abgeltungswirkung des Steuerabzugs im Anwendungsbereich der **Befreiung nach § 5 Abs. 1 Nr. 9 KStG** durch die entlastenden Bestimmungen des EStG zur Abstandnahme vom KapESt-Abzug (§ 44 a EStG, s. Rz. 345 ff.) und zur Erstattung der KapESt (§ 44 c EStG, s. Rz. 349 ff.).

345 Die **Abstandnahme vom KapESt-Abzug** (§ 44 a EStG) bedeutet einen Verzicht der die Kapitalerträge auszahlenden Stelle auf die Vornahme des Steuerabzugs, der dazu führt, daß der Tatbestand der partiellen Steuerpflicht i. S. d. § 5 Abs. 2 Nr. 1 KStG nicht erfüllt ist und die steuerbefreite Körperschaft letztlich nicht mit KapESt belastet wird.

Eine Abstandnahme vom KapESt-Abzug ist nach § 44 a Abs. 4 EStG möglich bei

- **Einnahmen aus stiller Beteiligung** i. S. d. § 43 Abs. 1 Satz 1 Nr. 3 EStG und

---

[481] S. BFH v. 31. 7. 1991 I R 4/89, BStBl. II 1992, 98, 99.

[482] S. § 43 a Abs. 2 Satz 1 EStG sowie § 8 Abs. 7 KStG. Zur Neuregelung dieser Bestimmung aufgrund des Steuersenkungsgesetzes 2001 s. Rz. 359.

- **Zinserträgen** i. S. d. § 43 Abs. 1 Satz 1 Nr. 4, 7 und 8 und Satz 2 EStG (s. § 44 a Abs. 4 Satz 1 Nr. 1 EStG) sowie bei
- **Gewinnanteilen**, die eine steuerbefreite Körperschaft, Personenvereinigung oder Vermögensmasse **von einer anderen steuerbefreiten Körperschaft** bezieht (s. § 44 a Abs. 4 Satz 2 EStG); zu dem weitgehend korrespondierenden Verzicht auf die Herstellung der Ausschüttungsbelastung bei Finanzierung der Gewinnausschüttung mit nichtbelastetem vEK s. Rz. 364 ff.

Die Abstandnahme vom KapESt-Abzug setzt die Vorlage einer von **346**
dem zuständigen Finanzamt erteilten **NV-Bescheinigung** (NV 2) voraus, die den Gemeinnützigkeitsstatus der Körperschaft belegt (§ 44 a Abs. 4 Satz 3 EStG). Die NV-2-Bescheinigung wird nicht erteilt, wenn die Kapitalerträge in einem steuerschädlichen wirtschaftlichen Geschäftsbetrieb der gemeinnützigen Körperschaft i. S. d. § 5 Abs. 1 Nr. 9 Satz 2 KStG anfallen (§ 44 a Abs. 4 Satz 5 EStG). Zur Behandlung der im wirtschaftlichen Geschäftsbetrieb vereinnahmten Kapitalerträge s. Rz. 354 ff.

Anstelle der Vorlage einer NV 2-Bescheinigung läßt die FinVerw. **347**
für die Abstandnahme vom KapESt-Abzug aus Vereinfachungsgründen auch die Vorlage einer **amtlich beglaubigten Kopie** des zuletzt erteilten Freistellungsbescheides (Vordruck Gem 2), der Anlage zum KSt-Bescheid (Vordruck Gem 4) bei partieller Steuerpflicht mit KSt-Festsetzung (s. Rz. 334) bzw. der vorläufigen Bescheinigung (Vordruck Gem 5) in Gründungsfällen genügen.[483] Der Freistellungsbescheid darf hierbei längstens für den fünften Veranlagungszeitraum vor dem Veranlagungszeitraum des Zuflusses der Kapitalerträge erteilt worden sein; die Gültigkeitsdauer der vorläufigen Bescheinigung muß im Veranlagungszeitraum des Zuflusses der Kapitalerträge oder später enden.

Wird in den Fällen der partiellen Steuerpflicht der Nachweis der Steuerbegünstigung durch Vorlage einer amtlich beglaubigten Kopie der Anlage zum KSt-Bescheid (Vordruck Gem 4) geführt, setzt die Abstandnahme voraus, daß die Körperschaft bestätigt, daß die betreffenden Kapitalerträge nicht dem wirtschaftlichen Geschäftsbetrieb zuzuordnen sind.[484]

Ist KapESt (insbes. Zinsabschlag) einbehalten worden, weil dem **348**
Schuldner der Kapitalerträge bzw. der die Kapitalerträge auszahlenden Stelle eine NV 2-Bescheinigung bzw. eine dieser in ihrer Wirkung gleichstehende, vorstehend erwähnte Unterlage (s. Rz. 347) nicht rechtzeitig vorgelegt worden ist und der Abzugsschuldner von der Möglichkeit der Korrektur seiner KapESt-Anmeldung nach § 44 b Abs. 4 EStG keinen Gebrauch gemacht hat, läßt die FinVerw. zur Vermeidung von sachlichen Härten im Hinblick auf die abgeltende Wirkung des Steuerabzugs (s. Rz. 343) eine **Billigkeitserstattung** der einbehaltenen KapESt

---

483 S. BMF v. 27. 11. 1992 – IV B 4 – S 2000 – 272/92 / IV B 7 – S 2299 a – 25/92, BStBl. I 1992, 772, Tz. 2.

484 S. OFD Frankfurt am Main v. 21. 7. 1997 – S 2400 A – 14 – St II 11, ESt-Kartei § 44 a Karte 13, Tz. 2.5

durch das für die gemeinnützige Einrichtung zuständige Finanzamt zu.[485]

349 Neben der Abstandnahme vom KapESt-Abzug bei den Kapitalerträgen i. S. d. § 44 a Abs. 4 EStG sieht der Gesetzgeber für steuerbegünstigte Körperschaften i. S. d. § 5 Abs. 1 Nr. 9 KStG eine **Erstattung der KapESt** in voller Höhe **bei anderen** als den in § 44 a Abs. 4 EStG genannten **Kapitalerträgen** vor (§ 44 c Abs. 1 Nr. 1 EStG), z. B. bei **Dividenden**, die eine gemeinnützige Körperschaft von einer steuerpflichtigen Kapitalgesellschaft bezieht.

Da entsprechende Kapitalerträge einer Abstandnahme vom Steuerabzug nach § 44 a Abs. 4 EStG nicht zugänglich sind, hat der Schuldner der Kapitalerträge den Steuerabzug zunächst vorzunehmen.[486]

350 Die Erstattung der KapESt erfolgt auf Antrag durch das **Bundesamt für Finanzen**. Dem Antrag ist eine Bescheinigung des für die steuerbegünstigte Körperschaft zuständigen Finanzamts über den Gemeinnützigkeitsstatus (NV-2-Bescheinigung, § 44 c Abs. 1 Satz 2 EStG) sowie eine Bescheinigung über die einbehaltene KapESt (§ 45 a Abs. 2 und 3 EStG) beizufügen. Die Bescheinigung (sog. **NV-2-Bescheinigung**) wird für eine Geltungsdauer von max. drei Jahren ausgestellt (§ 44 c Abs. 1 Satz 3 EStG).

Die Erteilung einer NV-2-Bescheinigung ist ausgeschlossen, wenn die Beteiligung in einem partiell steuerpflichtigen wirtschaftlichen Geschäftsbetrieb gehalten wird (§ 44 c Abs. 1 Satz 4 EStG). In diesem Fall werden die Kapitalerträge in die Veranlagung der nach § 5 Abs. 1 Nr. 9 Satz 2 KStG partiell steuerpflichtigen Körperschaft einbezogen (§ 49 Abs. 1 KStG i.V. m. § 25 Abs. 1 EStG) und die einbehaltene KapESt auf die KSt der im übrigen steuerbefreiten Einrichtung nach § 36 Abs. 2 Nr. 2 EStG angerechnet (s. Rz. 354 ff.). Entsprechendes gilt für die anrechenbare KSt nach § 36 Abs. 2 Nr. 3 EStG.

351 Die **Anrechnung oder Vergütung** der auf den Kapitalerträgen (z. B. Dividenden) ruhenden **Ausschüttungsbelastung** (anrechenbare KSt), die keine Steuer des steuerbefreiten Anteilseigners, sondern eine der ausschüttenden Körperschaft darstellt, ist bei steuerbefreiten, nach § 5 Abs. 2 Nr. 1 KStG partiell steuerpflichtigen Körperschaften **ausgeschlossen**, wenn die Kapitalerträge im steuerbefreiten Bereich vereinnahmt werden (§ 51 i.V. m. § 50 Abs. 1 Nr. 1 KStG). Der Ausschluß der steuerbefreiten Einrichtungen von der Anrechnung bzw. Vergütung der KSt verstößt nicht gegen den in Art. 3 Abs. 1 GG verankerten

---

[485] S. BMF v. 26. 10. 1992 – IV B 4 – S 2000–252/92 –, BStBl. I 1992, 693, Rz. 9.

[486] Eine Ausnahme von diesem Grundsatz läßt die FinVerw. aus **Billigkeitsgründen** hinsichtlich der Erhebung von KapESt auf verdeckte Gewinnausschüttungen zu, die eine gemeinnützige Einrichtung bezieht; eine KapSt ist danach entsprechend der Billigkeitserstattung bei Kapitalerträgen, die einer Abstandnahme vom Steuerabzug zugänglich sind (s. Rz. 348), nicht zu erheben, soweit bei rechtzeitigem Antrag nach § 44 c EStG die Voraussetzungen für die Erstattung der KapESt vorgelegen hätten, vgl. OFD Frankfurt am Main v. 3. 1. 2000 – S 2410 A – 27 – St II 13, ESt-Kartei § 44 c EStG Karte 3.

Grundsatz der Gleichmäßigkeit der Besteuerung.[487] Anrechnung und Vergütung der KSt sollen lediglich eine Doppelbelastung des von der ausschüttenden Körperschaft erwirtschafteten Gewinns unterbinden, nicht hingegen eine im Falle des steuerbefreiten Anteilseigners einmalige, auf der Ebene der ausschüttenden Körperschaft eingetretene ertragsteuerliche Belastung beseitigen. Die bei der ausschüttenden Körperschaft entstandene Vorbelastung (Ausschüttungsbelastung i. H. v. 30 v. H., § 27 Abs. 1 KStG) wird insoweit definitiv. Zur Anrechnung der körperschaftsteuerlichen Vorbelastung der ausschüttenden Körperschaft bei Beteiligungserträgen, die von einem wirtschaftlichen Geschäftsbetrieb i. S. d. § 5 Abs. 1 Nr. 9 Satz 2 KStG vereinnahmt werden, s. Rz. 354 ff.

Zur Vergütung eines bei der ausschüttenden Körperschaft entstandenen KSt-Erhöhungsbetrags an den steuerbefreiten Anteilseigner bei Finanzierung der Gewinnausschüttung mit EK 03 (vEK i. S. d. § 30 Abs. 2 Nr. 3 KStG) s. § 52 KStG.

Mit der Abstandnahme vom KapESt-Abzug bzw. der Erstattung 352
von KapESt ist eine entsprechende Entlastung des **auf die KapESt entfallenden Solidaritätszuschlags** verbunden (§ 49 Abs. 1 KStG i.V. m. § 51 a Abs. 1 EStG).

Im Überblick stellen sich die entlastenden Maßnahmen bei Kapital- 353
erträgen im steuerbefreiten Bereich wie folgt dar:

[487] S. BFH v. 12. 12. 1990 I R 43/89, BStBl. II 1991, 427, nachgehend BVerfG v. 29. 11. 1993 2 BvR 629/81, StEd 1993, 708 zum Ausschluß gemeinnütziger Stiftungen.

Abb. 4. Kapitalerträge im steuerbefreiten Bereich

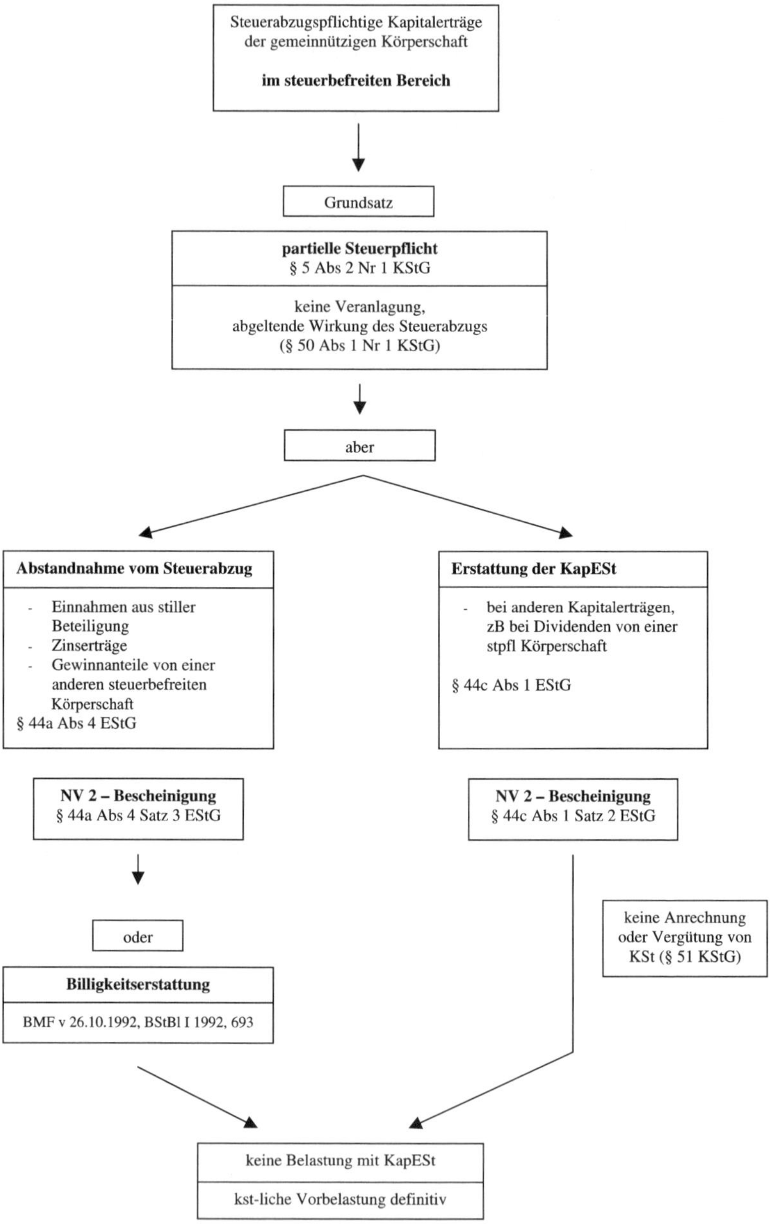

Sind vereinnahmte Kapitalerträge einem steuerpflichtigen **wirtschaftlichen Geschäftsbetrieb** zuzuordnen, werden die Kapitalerträge im Rahmen der partiellen Steuerpflicht nach § 5 Abs. 1 Nr. 9 Satz 2 KStG steuerlich grds. im Veranlagungsverfahren erfaßt. Im Hinblick auf die unter Berücksichtigung der individuellen Verhältnisse der partiell steuerpflichtigen Körperschaft durchzuführende Veranlagung scheiden insoweit sowohl eine Abstandnahme vom KapESt-Abzug als auch eine Erstattung von KapESt durch das Bundesamt für Finanzen aus.[488] Die mit dem Bezug der Kapitalerträge verbundenen Vorbelastungen (KSt, KapESt) werden grds. im Veranlagungsverfahren als anrechenbare Beträge nach § 49 Abs. 1 KStG i.V.m. § 36 Abs. 2 Nr. 2 und 3 EStG berücksichtigt und im Ergebnis durch die individuelle ertragsteuerliche Belastung der partiell steuerpflichtigen Einrichtung ersetzt. 354

Im Hinblick auf die Besteuerungsgrenze des § 64 Abs. 3 AO (s. Rz. 47 ff.), die eine partielle Steuerpflicht der die vereinnahmten Kapitalerträge umfassenden wirtschaftlichen Betätigung unberührt läßt und insbesondere nicht zu einer Vereinnahmung im steuerbefreiten Bereich führt, ist wie folgt zu unterscheiden: 355

- **Überschreitet** die partiell steuerpflichtige Körperschaft mit ihren Einnahmen aus wirtschaftlichem Geschäftsbetrieb die **Besteuerungsgrenze des § 64 Abs. 3 AO**, erhöhen die Kapitalerträge i. S. d. § 20 EStG (einschl. anrechenbarer KSt)[489] die steuerliche Bemessungsgrundlage der mit dem Ergebnis aus wirtschaftlichem Geschäftsbetrieb nach § 5 Abs. 1 Nr. 9 Satz 2 KStG partiell steuerpflichtigen Einrichtung, für die insoweit eine KSt-Veranlagung durchzuführen ist (§ 49 Abs. 1 KStG i.V.m. § 25 Abs. 1 EStG). Die auf die im Rahmen der KSt-Veranlagung erfaßten Kapitalerträge entfallende **KapESt** (einschl. Zinsabschlag) **und KSt** (Ausschüttungsbelastung) werden nach § 49 Abs. 1 KStG i.V.m. § 36 Abs. 2 Nr. 2 und 3 EStG auf die festzusetzende KSt der partiell steuerpflichtigen Einrichtung **angerechnet**.

  Führt der Abzug des **Freibetrags** nach § 24 KStG i. H. v. max. 7500 DM (s. Rz. 111) zu einer festzusetzenden KSt, die die auf die im Rahmen der Veranlagung berücksichtigten Kapitalerträge entfallenden Anrechnungsbeträge nicht erreicht, werden die übersteigenden Beträge im Veranlagungsverfahren erstattet. Die Kapitalerträge sind insbesondere auch dann bei der Veranlagung erfaßt i. S. d. § 36 Abs. 2 Nr. 2 EStG, wenn diese nach Abzug von Freibeträgen im Ergebnis unbesteuert bleiben.[490]

  Alternativ zur Erstattung im Rahmen des Veranlagungsverfahrens kommt im Hinblick auf den Freibetrag nach § 24 KStG i. H. v. 7500 DM auch die Erteilung einer sog **NV-3-Bescheinigung** (§ 49 Abs. 1 KStG i.V.m. § 44 a Abs. 2 Nr. 2, Abs. 1 Nr. 2 EStG) in Be-

---

488 S. § 44 a Abs. 4 Satz 5, § 44 c Abs. 1 Satz 4 EStG.

489 § 20 Abs. 1 Nr. 3 i.V.m. § 36 Abs. 2 Nr. 3 EStG.

490 Vgl. OFD Rostock v. 12. 7. 1999 – S 2298 – St 233, StEd 1999, 808.

tracht, die bei Zinserträgen eine Abstandnahme vom Steuerabzug sowie bei Dividendenerträgen die Erstattung von KapESt (§ 44 Abs. 1 EStG) und die Vergütung von KSt (§ 36b Abs. 1, 2 EStG) ermöglicht.[491]

356 – Liegt die Körperschaft mit ihren Einnahmen aus steuerschädlichem wirtschaftlichem Geschäftsbetrieb **unter der Besteuerungsgrenze des § 64 Abs. 3 AO**, findet eine Veranlagung zur KSt ungeachtet der dem Grunde nach bestehenden partiellen Steuerpflicht i. S. d. § 5 Abs. 1 Nr. 9 Satz 2 KStG aus Vereinfachungsgründen (s. Rz. 47 ff.) nicht statt.

Die Körperschaft kann hier m. E. durch Vorlage einer **NV-3-Bescheinigung** (§ 49 Abs. 1 KStG i.V. m. § 44 a Abs. 2 Nr. 2, Abs. 1 Nr. 2 EStG) bei Zinserträgen eine Abstandnahme vom KapESt-Abzug nach § 44 a Abs. 1 Nr. 2 EStG sowie bei Dividendenerträgen eine Erstattung der KapESt nach § 44 b Abs. 1 EStG und eine Vergütung der KSt nach § 36 b EStG gleichfalls erreichen.[492] Der hierdurch erzielte Gleichklang mit einer Entlastung im Hinblick auf die Inanspruchnahme des Freibetrags nach § 24 KStG (s. Rz. 355) wird durch die Überlegung gestützt, daß die Besteuerungsgrenze bei Einnahmen i. H. v. max. 60 000 DM vereinfachend ein steuerliches Einkommen i. H. v. max. 7500 DM unterstellt.[493]

Die Grundsätze zur Billigkeitserstattung bereits einbehaltener KapESt auf Kapitalerträge, die eine Abstandnahme zulassen (s. Rz. 348), kommen auch hier zum Tragen und ermöglichen als Alternative zur Korrektur der KapESt-Anmeldung des Abzugsschuldners nach § 44 b Abs. 4 EStG im nachhinein eine Erstattung der auf Zinserträge einbehaltenen KapESt durch das für die Körperschaft zuständige Finanzamt.

357 Die Behandlung von Kapitalerträgen, die eine nach § 5 Abs. 1 Nr. 9 Satz 2 KStG partiell steuerpflichtige Körperschaft im Rahmen eines wirtschaftlichen Geschäftsbetriebs vereinnahmt, stellt sich im Überblick wie folgt dar:

---

[491] S. Abschn. 74 Abs. 3 KStR sowie BMF v. 27. 11. 1992 – IV B 4 – S 2000 – 272/92 / IV B 7 – S 2299 a – 25/92, BStBl. I 1992, 772, Tz. 1, OFD Frankfurt am Main v. 21. 7. 1997 – S 2400 A – 14 – St II 11, ESt-Kartei § 44 a Karte 13, Tz 1, 3.1.

[492] A. A. *Thiel/Eversberg* DB 1990, 344, 346, die bei Dividendenerträgen hier die Regelung des § 51 KStG für einschlägig erachten, sich jedoch hinsichtlich der KapESt aufgrund der Freistellung nach § 64 Abs. 3 AO bei unverändertem Charakter des wirtschaftlichen Geschäftsbetriebs ungeachtet der Bestimmung des § 44 c Abs. 1 Satz 4 EStG für die Erteilung einer NV-2-Bescheinigung i. S. d. § 44c Abs. 1 EStG aussprechen.

[493] S. hierzu FG Rheinland-Pfalz v. 28. 7. 1999 – 2 K 2248/98, EFG 1999, 1002.

Abb. 5. Kapitalerträge im wirtschaftlichen Geschäftsbetrieb

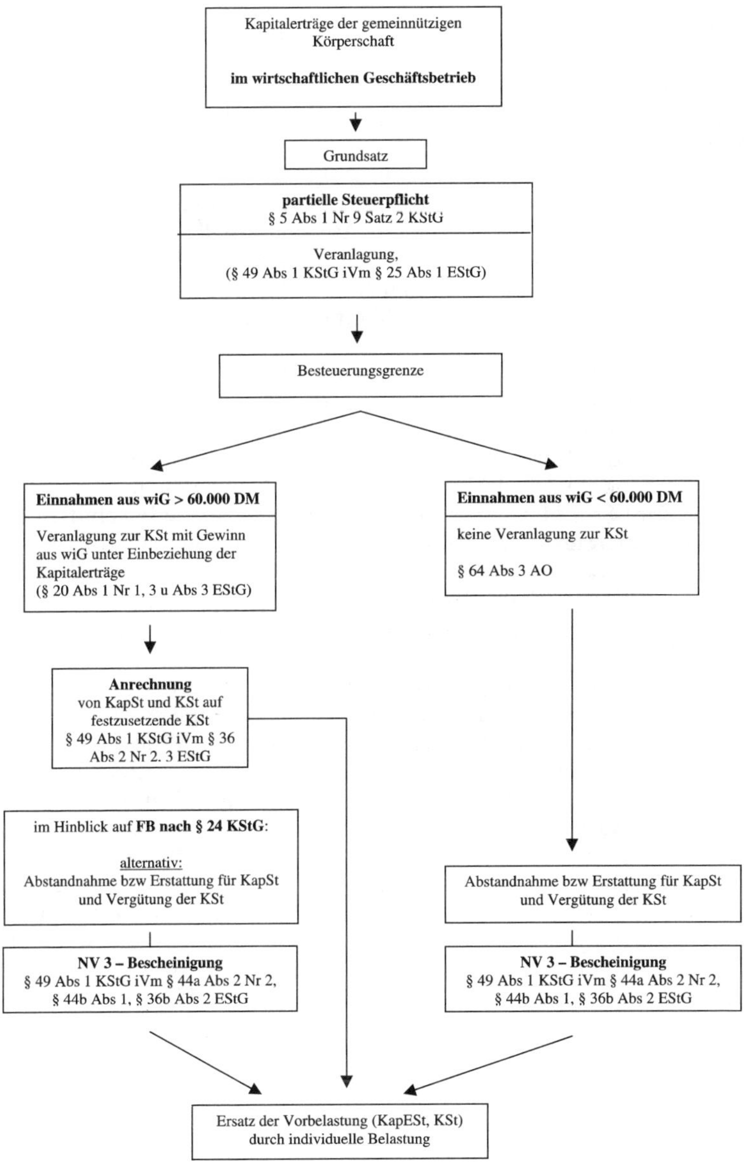

358 Die Erteilung eines **Freistellungsauftrags** (§ 44 a Abs. 2 Nr. 1 EStG) setzt die Möglichkeit der Inanspruchnahme von Freibeträgen im Rahmen der Einkunftsart des § 20 EStG voraus (s. § 44 a Abs. 1 Nr. 1 EStG) und kommt lediglich für steuerpflichtige, nicht hingegen für steuerbefreite Einrichtungen in Betracht.[494]

Ein Freistellungsauftrag scheidet auch bei Kapitalerträgen aus, die dem wirtschaftlichen Geschäftsbetrieb einer nach § 5 Abs. 1 Nr. 9 Satz 2 KStG partiell steuerpflichtigen Einrichtung zuzuordnen sind. Die Vereinnahmung der Kapitalerträge im Rahmen eines wirtschaftlichen Geschäftsbetriebs führt i. d. R. zu gewerblichen Einnahmen i. S. d. § 15 EStG i.V. m. § 20 Abs. 3 EStG. Die Anwendung der Subsidiaritätsklausel des § 20 Abs. 3 EStG schließt allerdings die Gewährung des Sparerfreibetrags i. H. v. 3000 DM (§ 20 Abs. 4 EStG, bis VZ 1999: 6000 DM) sowie des Werbungskostenpauschbetrags i. H. v. 100 DM (§ 9 a Satz 1 Nr. 2 EStG) aus.[495]

359 Das **StSenkG**[496] dehnt die kapitalertragsteuerabzugspflichtigen Tatbestände im Zuge der Einführung des Halbeinkünfteverfahrens aus. Für die mit dem Ergebnis aus wirtschaftlichem Geschäftsbetrieb partiell steuerpflichtige Körperschaft erlangt hierbei insbesondere der neue Tatbestand des § 20 Abs. 1 Nr. 10 b Satz 3 EStG sowie die hieran anknüpfende KapESt i. H. v. **10 v. H.** des **Gewinns aus wirtschaftlichem Geschäftsbetrieb**[497] Bedeutung. Die zur abgesenkten körperschaftsteuerlichen Tarifbelastung i. H. v. 25 v. H. (§ 23 Abs. 1 KStG) auf der Ebene der Körperschaft, Personenvereinigung oder Vermögensmasse als „Anteilseigner" grundsätzlich ergänzend zu erhebende KapESt i. H. v. **10 v. H.** für insoweit im steuerbefreiten Bereich „vereinnahmte Kapitalerträge" erhöht die Gesamtsteuerbelastung der partiell steuerpflichtigen Körperschaft.[498] Mit einer auf 10 v. H. verringerten KapESt trägt der Gesetzgeber dem im übrigen nach § 44 c Abs. 1 und 2 EStG möglichen Erstattungsverfahren für bestimmte Körperschaften, Personenvereinigungen und Vermögensmassen Rechnung.[499] Zur Abstandnahme vom Steuerabzug bei gemeinnützigen Einrichtungen nach § 44 a Abs. 7 EStG s. u.

Ein die partielle Steuerpflicht i. S. d. § 5 Abs. 2 Nr. 1 KStG auslösender steuerbarer Bezug i. S. d. § 20 Abs. 1 Nr. 10 b EStG setzt eine Gewinnermittlung durch Betriebsvermögensvergleich voraus und erfaßt den Gewinn aus wirtschaftlichem Geschäftsbetrieb, soweit dieser nicht den Rücklagen zugeführt worden ist (s. Rz. 303). Werden die Rücklagen zu Zwecken außerhalb des wirtschaftlichen Geschäftsbetriebs wie-

494 S. BMF v. 27. 11. 1992 – IV B 4 – S 2000 – 272/92 / IV B 7 – S 2299a – 25/92, BStBl. I 1992, 772, Tz., gl. A. *Märkle* 342.

495 S. OFD Frankfurt am Main v. 18. 6. 1997 – S 2400 A – 33 – St II 11, ESt-Kartei § 44 a Karte 4, Tz. 2.3.

496 S. Gesetzentwurf, BT-Drs. 14/2683 sowie Beschlußempfehlung und Bericht des Finanzausschusses des Dt. BT. v. 10. 5. 2000, BT-Drs. 14/3366.

497 § 43 Abs. 1 Nr. 7 c, § 43 a Abs. 1 Nr. 6 EStG.

498 S. BT-Drs. 14/2683, 114 f.

499 S. BT-Drs. 14/2683, 117.

der aufgelöst, mithin „entnommen", entsteht insoweit ein nach § 20 Abs. 1 Nr. 10 b i.V. m. § 43 Abs. 1 Nr. 7 c EStG steuerbarer „Kapitalertrag" der den wirtschaftlichen Geschäftsbetrieb tragenden und im übrigen steuerbefreiten Körperschaft (§ 20 Abs. 1 Nr. 10 b Satz 2 EStG).

Die Regelung des § 20 Abs. 1 Nr. 10 b EStG kommt erstmals für Gewinne zum Tragen, die in nach dem 31. 12. 2001 beginnenden Wirtschaftsjahren erzielt werden, mithin Gewinne des **Wirtschaftsjahrs 2002** bzw. bei vom Kalenderjahr abweichendem Wirtschaftsjahr des Wirtschaftsjahrs 2002/2003 (§ 52 Abs. 37 a Satz 2 EStG).

Im Rahmen einer fiktiven steuerlichen Verselbständigung für Zwekke des KapESt-Abzugs[500] gilt der wirtschaftliche Geschäftsbetrieb als Schuldner der Kapitalerträge sowie die im übrigen steuerbefreite Einrichtung als Gläubiger der Kapitalerträge (§ 44 Abs. 6 Satz 1 EStG).

Die Möglichkeit der **Abstandnahme vom KapESt-Abzug** wird bei gemeinnützigen Einrichtungen i. S. d. § 5 Abs. 1 Nr. 9 KStG als Gläubigern der Kapitalerträge nach § 44 a Abs. 7 EStG zur Vermeidung eines Erstattungsverfahrens u. a. auf Kapitalerträge i. S. d. § 20 Abs. 1 Nr. 10 v i.V. m. § 43 Abs. 1 Nr. 7 c EStG ausgedehnt.[501] Die grundsätzlich durch den Bezug steuerabzugspflichtiger Einkünfte ausgelöste partielle Steuerpflicht i. S. d. § 5 Abs. 2 Nr. 1 KStG sowie die hiermit korrespondierende abgeltende Wirkung des Steuerabzugs nach § 50 Abs. 1 Nr. 1 KStG a. F. (= § 32 Abs. 1 Nr. 1 KStG n. F.) werden hierdurch verdrängt. Zur entsprechenden Entlastung gemeinnütziger Einrichtungen nach §44 a Abs. 4 EStG s. Rz. 345 ff.

Zu den weiteren steuerabzugspflichtigen Tatbeständen des § 43 EStG i. d. F. des StSenkG zählen Einnahmen aus Leistungen eines sonstigen KSt-Subjekts i. S. d. § 1 Abs. 1 Nr. 3 bis 5 KStG (§ 20 Abs. 1 Nr. 9 EStG, § 43 Abs. 1 Nr. 7 a EStG) mit einer KapESt i. H. v. 20 v. H. (§ 43 a Abs. 1 Nr. 4 EStG) sowie Einnahmen aus Leistungen eines Betriebs gewerblicher Art mit eigener Rechtspersönlichkeit i. S. d. § 4 Abs. 2 KStG (§ 20 Abs. 1 Nr. 10 a EStG, § 43 Abs. 1 Nr. 7 b EStG) mit einer KapESt i. H. v. 10 v. H. (§ 43 a Abs. 1 Nr. 5 EStG). Für gemeinnützige Einrichtungen i. S. d. § 5 Abs. 1 Nr. 9 KStG ist auch hier bei Vereinnahmung im steuerbefreiten Bereich nach § 44 a Abs. 7 EStG eine den Steuerabzug vermeidende und damit eine die partielle Steuerpflicht unterbindende Abstandnahme möglich.

b) Ausschüttungsbelastung

Eine weitere Form der partiellen Steuerpflicht bei steuerbefreiten 360
Einrichtungen sieht der Gesetzgeber mit § 5 Abs. 2 Nr. 2 KStG für in das **körperschaftsteuerliche Anrechnungsverfahren** (§§ 27 ff. KStG) einbezogene Steuersubjekte vor, wenn diese Gewinnausschüttungen an ihre Anteilseigner vornehmen und nach Maßgabe der §§ 27 ff., § 40 KStG eine Ausschüttungsbelastung i. H. v. 30 v. H. (§ 27

---

[500] S. BT-Drs. 14/2683, 117.
[501] S. BT-Drs. 14/2683, 117.

Abs. 1 KStG) herzustellen ist. Die Ausschüttungsbelastung stellt eine konstante körperschaftsteuerliche Vorbelastung sicher. Bei Vereinnahmung der Dividende im steuerbefreiten Bereich wird sie als einmalige ertragsteuerliche Belastung definitiv (s. § 51 KStG), und bei Vereinnahmung im steuerpflichtigen Bereich gewährleistet sie eine verfahrenstechnisch erforderliche einheitliche Größe (s. § 36 Abs. 2 Nr. 3 EStG). So wird im Zuge der Anrechnung auf der Ebene des Anteilseigners eine Doppelbelastung vermieden und der Ersatz der körperschaftsteuerlichen Vorbelastung durch die individuelle ertragsteuerliche Belastung des Anteilseigners ermöglicht.

361 Im Rahmen der Steuerbefreiung nach § 5 Abs. 1 Nr. 9 KStG erlangt die partielle Steuerpflicht i. S. d. § 5 Abs. 2 Nr. 2 KStG für die **GmbH** im Hinblick auf die gemeinnützigkeitsrechtlichen Vorgaben zur Einkünfte- und Vermögensbindung einer Ausschüttung an nicht gemeinnützige Anteilseigner entgegenstehen (s. § 55 Abs. 1 Nr. 1 Satz 2 AO), allerdings lediglich für Ausschüttungen an einen gleichfalls nach § 5 Abs. 1 Nr. 9 KStG steuerbefreiten Anteilseigner Bedeutung, die auf der Grundlage der Ausnahmebestimmungen in § 58 Nr. 1 und 2 AO auch gemeinsam zulässig sind.[502] Die darüber hinausgehende Vornahme von Gewinnausschüttungen führt zum Verlust der Steuerbefreiung i. S. d. § 5 Abs. 1 Nr. 9 KStG und erübrigt die Anwendung der besonderen Bestimmung des § 5 Abs. 2 Nr. 2 KStG.

362 Nimmt die GmbH eine gemeinnützigkeitsrechtlich zulässige Gewinnausschüttung an einen **steuerbefreiten Anteilseigner** in dessen steuerbefreiten Bereich vor, ist für die eine partielle Steuerpflicht der ausschüttenden Körperschaft nach § 5 Abs. 2 Nr. 2 KStG begründende Herstellung der Ausschüttungsbelastung danach wie folgt zu unterscheiden:

363 Verwendet die GmbH zur Finanzierung der Gewinnausschüttung an ihren steuerbefreiten Anteilseigner **belastetes vEK**, das z. B. aus wirtschaftlichem Geschäftsbetrieb entstanden und unter den Teilbeträgen **EK 40 bzw. EK 30** (übergangsweise auch EK 45) ausgewiesen sein kann, ist nach § 23 Abs. 5 i.V. m. § 27 Abs. 1 KStG eine körperschaftsteuerliche Vorbelastung i. H. v. 30 v. H. sicherzustellen. Die Verwendung von EK 45 bzw. EK 40 führt aufgrund der erforderlichen Herabschleusung zu einer KSt-Minderung und einem hierauf basierenden Erstattungsanspruch der ausschüttenden GmbH.

364 Gilt für die Gewinnausschüttung **unbelastetes vEK** (EK 0) als verwendet, ist für die Ausschüttung an den steuerbefreiten Anteilseigner keine KSt-Erhöhung vorzunehmen, mithin keine Ausschüttungsbelastung herzustellen, die eine körperschaftsteuerliche Vorbelastung bei der ausschüttenden GmbH i. H. v. 30 v. H.[503] im Zuge der Ausschüttung begründet:

365 – Für die Verwendung von **EK 02** und **EK 03**, d. h. für sonstige steuerbefreite Vermögensmehrungen (z. B. aufgrund der Befreiungsnorm des § 5 Abs. 1 Nr. 9 KStG) sowie für bereits vor dem 1. 1. 1977 ent-

[502] S. AEAO, zu § 58 AO Rz. 2.
[503] § 23 Abs. 5 i.V. m. § 27 Abs. 1 KStG.

standenes Altkapital sieht die Ausnahmeregelung des § 40 Satz 1 Nr. 3 KStG einen Verzicht auf die Vornahme einer KSt-Erhöhung vor. Die von der (gemeinnützigen) Beteiligungsgesellschaft im steuerfreien Bereich erwirtschafteten Gewinne können auf diese Weise ohne Verlust der Befreiung an den gleichfalls steuerbefreiten Anteilseigner weitergeleitet werden. Eine partielle Steuerpflicht der steuerbefreiten Einrichtung nach § 5 Abs. 2 Nr. 2 KStG wird insoweit abgeschirmt. Der Verzicht auf die Herstellung der Ausschüttungsbelastung setzt die Vorlage einer NV 2 -Bescheinigung i. S. d. § 40 Satz 1 Nr. 3 Satz 2 KStG voraus, die das für den Anteilseigner zuständige Finanzamt ausstellt und dessen steuerbefreiten Status ausweist.

Hält der Anteilseigner die Beteiligung an der gemeinnützigen Kapitalgesellschaft in einem steuerpflichtigen wirtschaftlichen Geschäftsbetrieb oder einem nicht steuerbefreiten Betrieb gewerblicher Art, kommt die Ausnahmeregelung des § 40 Satz 1 Nr. 3 KStG nicht zum Tragen (§ 40 Satz 2 KSG). In diesem Fall sind die von dem Gesellschafter erzielten Beteiligungserträge in dessen Veranlagungsverfahren mit der Folge der Anrechnung von KapESt und KSt (§ 49 Abs. 1 KStG i.V. m. § 36 Abs. 2 Nr. 2 und 3 EStG) einbezogen.

– Für die Verwendung von **EK 01** und **EK 04**, mithin für Eigenkapitalien, die aus ausländischen Einkunftsquellen bzw. aus Einlagen der Anteilseigner stammen, sieht der Gesetzgeber bereits mit § 40 Satz 1 Nr. 1 und 2 KStG generell für sämtliche in das Anrechnungsverfahren einbezogenen Körperschaften von der Herstellung einer Ausschüttungsbelastung ab. Eine partielle Steuerpflicht der ausschüttenden GmbH i. S. d. § 5 Abs. 2 Nr. 2 KStG kann insoweit nicht begründet werden. **366**

Die Finanzierung einer Gewinnausschüttung mit vorhandenen Teilbeträgen des vEK richtet sich nach der **Verwendungsreihenfolge** des § 28 Abs. 3 KStG. Danach gelten zunächst die ungemildert und ermäßigt belasteten vEK-Teilbeträge (EK 45, EK 40, EK 30) und sodann die unbelasteten Teilbeträge in der Reihenfolge EK 01, EK 02, EK 03 und EK 04 als verwendet. Das im Rahmen eines wirtschaftlichen Geschäftsbetriebs erzielte Einkommen, das zur Bildung belasteten vEK i. S. d. § 30 Abs. 1 Nr. 1 KStG (EK 40) führt, gilt mithin vorrangig für eine Gewinnausschüttung als verwendet und führt mit der Herstellung der Ausschüttungsbelastung zur partiellen Steuerpflicht der ausschüttenden Körperschaft i. S. d. § 5 Abs. 2 Nr. 2 KStG. Zur Festschreibung der Verwendung von vEK bei im nachhinein veränderter Zusammensetzung des vEK s. § 28 Abs. 4, 5 und 7 KStG. **367**

Zur Abstandnahme vom KapESt-Abzug bei Gewinnausschüttungen von steuerbefreiten Körperschaften an deren gleichfalls steuerbefreite Anteilseigner nach § 44 a Abs. 4 Satz 1 und 2 EStG s. Rz. 345 ff. **368**

Mit dem Wegfall des körperschaftsteuerlichen Anrechnungsverfahrens und der Einführung des sog. Halbeinkünfteverfahrens[504] nach dem **369**

[504] S. BT-Drs. 14/2683, 113 ff., 120 ff.

StSenkG[505] (s. Rz. 326) erübrigt sich die Herstellung einer Ausschüttungsbelastung sowie eine hieran anknüpfende partielle Steuerpflicht i. S. d. § 5 Abs. 2 Nr. 2 KStG. Eine **Aufhebung** der Bestimmung des § 5 Abs. 2 Nr. 2 KStG sieht § 34 Abs. 1 KStG **ab VZ 2001** vor. Die bisherigen Bestimmungen der §§ 27 ff. KStG zur Durchführung des körperschaftsteuerlichen Anrechnungsverfahrens auf der Ebene der ausschüttenden Körperschaft sind letztmals für Ausschüttungen anzuwenden, die im Falle eines dem Kalenderjahr entsprechenden Wirtschaftsjahrs mit dem vEK zum 31. 12. 2000 zu verrechnen sind (s. § 34 Abs. 10 a Satz 1 KStG).

Nach den mit §§ 36 ff. KStG vorgesehenen Übergangsregelungen werden zum Zeitpunkt des Systemwechsels die Endbestände des vEK ermittelt (§ 36 KStG) und auf der Grundlage einer unterstellten Herabschleusung der Tarifbelastung auf 30 v. H. ein hieraus resultierendes KSt-Guthaben berechnet (§ 37 KStG). Das ermittelte KSt-Guthaben steht für eine **Übergangsdauer** von 15 Jahren zur Minderung der KSt i. H. v. 1/6 der Gewinnausschüttung zur Verfügung (§ 37 KStG).

Bei Verwendung unbelasteten vEK (EK 02 bzw. zusammengefaßtes EK 01/EK 03) kommt für dieses Übergangsstadium grds. auch eine KSt-Erhöhung in Betracht (§ 38 KStG). Bei Gewinnausschüttungen einer steuerbefreiten Körperschaft an eine andere steuerbefreite Körperschaft bzw. juristische Person des öffentlichen Rechts in deren nicht steuerverhafteten Bereich wird insoweit entsprechend der bisherigen Ausnahmeregelung des § 40 Satz 1 Nr. 3 KStG (s. Rz. 365) keine KSt-Erhöhung vorgenommen (§ 38 Abs. 3 KStG).

c) Sonstiges, § 21 Abs. 3 UmwStG

370 Eine besondere Form der partiellen Steuerpflicht einer gemeinnützigen Körperschaft wird nach § 21 Abs. 3 Nr. 2 UmwStG für die Erfassung eines Veräußerungsgewinns hinsichtlich **einbringungsgeborener Anteile** i. S. d. § 20 Abs. 1, § 23 UmwStG begründet. Die Steuerbefreiung des § 5 Abs. 1 Nr. 9 Satz 1 KStG wird nach der spezialgesetzlichen Bestimmung des § 21 Abs. 3 Nr. 2 KStG insoweit ausgeschlossen.

371 Einbringungsgeborene Anteile können bei der gemeinnützigen Körperschaft z. B. durch die Ausgliederung eines steuerpflichtigen wirtschaftlichen Geschäftsbetriebs in eine Kapitalgesellschaft entstehen.[506] Wird ein Betrieb, Teilbetrieb oder Mitunternehmeranteil bzw. eine mehrheitsvermittelnde Beteiligung an einer Kapitalgesellschaft in eine Kapitalgesellschaft gegen Gewährung von Gesellschaftsrechten eingebracht (§ 20 Abs. 1 UmwStG), stellen die erhaltenen Anteile **steuerverstrickte** einbringungsgeborene Anteile dar, soweit im Rahmen des Einbringungsvorgangs nicht sämtliche stille Reserven aufgedeckt worden sind, mithin die aufnehmende Kapitalgesellschaft die übernommenen Wirtschaftsgüter lediglich mit dem Buchwert oder einem Zwi-

---

[505] S. Gesetzentwurf, BT-Drs. 14/2683 sowie Beschlußempfehlung und Bericht des Finanzausschusses des Dt. BT. v. 10. 5. 2000, BT-Drs. 14/3366.

[506] Vgl. § 17 Rz. 28.

schenwert, nicht hingegen mit dem Teilwert in Ansatz gebracht hat (§ 20 Abs. 2 und 4, § 21 Abs. 1 UmwStG). Die spezialgesetzlichen Bestimmungen des UmwStG lassen im Interesse einer steuerneutralen Fortführung des unternehmerischen Engagements in verändertem Rechtskleid eine Überführung (steuerverhafteter) stiller Reserven in den Vermögensbereich der aufnehmenden Kapitalgesellschaft zu, begründen allerdings im Gegenzug eine Steuerverhaftung der erworbenen Kapitalbeteiligung nach § 21 UmwStG.

Die Steuerverhaftung der Kapitalbeteiligung nach § 21 Abs. 3 Nr. 2 372
UmwStG bedeutet für die gemeinnützige Einrichtung letztlich einen **latenten wirtschaftlichen Geschäftsbetrieb**, der insbes. im Zeitpunkt der Veräußerung auflebt (§ 21 Abs. 1 UmwStG). Wird die durch Einbringung erworbene Kapitalbeteiligung veräußert, entsteht auch dann ein die Substanzveränderung erfassender steuerpflichtiger gewerblicher Veräußerungsgewinn i. S. d. § 16 EStG, wenn die Anteile bislang im außerbetrieblichen Bereich gehalten worden sind.

Im Gegensatz zur Steuerverhaftung von Kapitalbeteiligungen, die im Rahmen einer Betriebsaufspaltung, der steuerschädlichen Einflußnahme auf die laufende tatsächliche Geschäftsführung oder einer sonstigen betrieblichen Verstrickung Gegenstand eines wirtschaftlichen Geschäftsbetriebs i. S. d. § 5 Abs. 1 Nr. 9 Satz 2 KStG sind (s. Rz. 128), erstreckt sich die Regelung des § 21 Abs. 3 Nr. 2 UmwStG lediglich auf die Erfassung eines Veräußerungsergebnisses. Aus der einbringungsgeborenen Kapitalbeteiligung bezogene Dividenden bleiben nach § 5 Abs. 1 Nr. 9 Satz 1 KStG steuerbefreit, sofern die Kapitalbeteiligung dem steuerfreien Bereich der Vermögensverwaltung zuzuordnen ist.[507] Entsprechende Kapitalerträge bleiben hier mit einer von der Kapitalgesellschaft herzustellenden Ausschüttungsbelastung definitiv vorbelastet (s. § 51 KStG).

Der im Schrifttum unstreitigen Erfassung des Gewinns aus der Ver- 373
äußerung einer einbringungsgeborenen Beteiligung bei gemeinnützigen und nach § 5 Abs. 1 Nr. 9 KStG sachlich steuerbefreiten Einrichtungen steht nicht entgegen, daß der Wortlaut des § 21 Abs. 3 Nr. 2 KStG bislang auf eine persönliche Steuerbefreiung abstellt.[508] Die Diktion der Regelung ist rechtshistorisch auf die Rechtslage und Terminologie vor Inkrafttreten des KStG 1977 zurückzuführen und bedurfte insoweit einer redaktionellen Anpassung; eine entsprechende Klarstellung durch Streichung des Wortes „persönlich" in § 21 Abs. 3 Nr. 2 UmwStG ist in früheren Gesetzgebungsverfahren bereits angeregt sowie schließlich im Rahmen des StBereinG 1999 v. 22. 12. 1999 (BStBl. I 2000, 13) vorgenommen worden.[509]

---

507 Gl. A. *Kümpel* DStR 1999, 1505, 1512.

508 Gl. A. *Schauhoff* DStR 1996, 366, 370, *Lang* WPHdU, Kap. T Rz. 140, *Kießling/Buchna* 121, *Kümpel* DStR 1999, 1505, 1511 sowie *Märkle* 307 f.; a. A. *Dehmer* § 21 UmwStG Rz. 152.

509 S. Bericht und Beschlußempfehlung des Finanzausschusses des BT v. 20. 6. 1997 zu den Entwürfen eines Steuerreformgesetzes 1999, BT-Drs. 13/8022 und BT-Drs. 13/8023, 34 sowie BT-Drs. 14/1655, 14; a. A. *Haritz/Wisniewski* DStR 2000, 221, die von einer konstitutiven Gesetzesänderung ausgehen.

374 Zu den in § 21 Abs. 2 UmwStG aufgelisteten Ersatzrealisierungstatbeständen, die einer Veräußerung der einbringungsgeborenen Anteile gleichgestellt werden, zählen u. a. der Antrag des Anteilseigners (§ 21 Abs. 2 Nr. 1 UmwStG), die Auskehrung von EK 04 (§ 21 Abs. 2 Nr. 3 UmwStG) sowie die verdeckte Einlage der Anteile in einer Kapitalgesellschaft (§ 21 Abs. 2 Nr. 4 UmwStG).

375 Entsprechend der Behandlung von Veräußerungserlösen i. S. d. § 16 EStG (s. Rz. 49) sind auch Erlöse aus der Veräußerung von einbringungsgeborenen Anteilen im Rahmen der Besteuerungsgrenze des **§ 64 Abs. 3 AO** zu berücksichtigen.[510]

II. Gewerbesteuer

380 Die GewSt stellt sich für die Erhebungszeiträume **ab 1998** als reine **Gewerbeertragsteuer** dar. Mit der Neufassung des § 6 GewStG durch das Gesetz zur Fortsetzung der Unternehmenssteuerreform v. 29. 10. 1997[511] ist das Gewerbekapital nicht mehr Besteuerungsgrundlage der GewSt. Zur Einbeziehung des Gewerbekapitals in die Ermittlung der GewSt für die Erhebungszeiträume bis 1997 s. Rz. 425 ff.

381 Gemeinnützige Körperschaften unterliegen partiell der GewSt, soweit sie einen Gewerbebetrieb i. S. d. § 2 GewStG unterhalten (s. Rz. 382 f.) und nicht der Befreiungstatbestand des § 3 Nr. 6 GewStG (s. Rz. 386 ff.) bzw. die Besteuerungsgrenze des § 64 Abs. 3 AO (s. Rz. 392) oder der Freibetrag nach § 11 Abs. 1 Nr. 2 GewStG (s. Rz. 393) zu einer Freistellung führen.

382 Besteuerungsgegenstand der GewSt ist nach § 2 Abs. 1 GewStG der **inländische Gewerbebetrieb**, d. h. grds. das gewerbliche Unternehmen i. S. d. § 15 EStG.[512]

Ein der GewSt unterliegender Gewerbebetrieb liegt hierbei vor, wenn

– ein **gewerbliches Unternehmen i. S. d. § 15 EStG** betrieben wird (§ 2 Abs. 1 Satz 2 GewStG) oder
– bei Körperschaften, Personenvereinigungen und Vermögensmassen ungeachtet der Tatbestandsmerkmale des § 15 Abs. 2 Satz 1 EStG aufgrund einer **Fiktion** nach Maßgabe der Bestimmung in **§ 2 Abs. 2 und Abs. 3 GewStG** von einem Gewerbebetrieb i. S. d. GewStG auszugehen ist.

383 Nach **§ 2 Abs. 2 GewStG** gilt die Tätigkeit der Kapitalgesellschaft kraft Rechtsform stets und in vollem Umfang als Gewerbebetrieb i. S. d. § 2 GewStG (vgl. Abschn. 13 GewStR 1998). Dies gilt auch dann, wenn die Tätigkeit nicht unter eine der sieben Einkunftsarten des § 2 Abs. 1 EStG fällt.[513]

---

510 Gl. A. *Märkle* 307 f.

511 BGBl. I 1997, 2590.

512 S. auch Abschn. 11 Abs. 1 GewStR.

513 BFH v. 22. 2. 1990 I R 67/88, BStBl. II 1990, 250, zur entsprechenden Tragweite des § 8 Abs. 2 KStG für kstliche Zwecke s. BFH v. 4. 12. 1996 I R 54/95, DStR 1997, 492.

Eine Fiktion der gewerblichen Betätigung sieht darüber hinaus auch die Vorschrift des **§ 2 Abs. 3 GewStG** für die Tätigkeit der sonstigen juristischen Personen des privaten Rechts und der nichtrechtsfähigen Vereine vor, soweit diese einen **wirtschaftlichen Geschäftsbetrieb** (ausgenommen Land- und Forstwirtschaft) unterhalten. 384

Die Fiktion des § 2 Abs. 3 GewStG erweitert mit der Anknüpfung an wirtschaftliche Geschäftsbetriebe (§ 14 AO) den Kreis der Gewerbebetriebe und dehnt die Gewerbesteuerpflicht auch auf wirtschaftliche Geschäftsbetriebe aus, die keinen Gewerbebetrieb i. S. d. § 2 Abs. 1 GewStG i.V. m. § 15 Abs. 2 Satz 1 EStG darstellen.[514] Die zur Besteuerung herangezogene wirtschaftliche Tätigkeit muß nach § 14 Satz 2 AO nicht mit Gewinnerzielungsabsicht betrieben werden.[515] Mit der Bezugnahme auf einen wirtschaftlichen Geschäftsbetrieb (§ 14 AO) erfaßt der Gesetzgeber im Rahmen des § 2 Abs. 3 GewStG letztlich jede erwerbswirtschaftliche Betätigung außerhalb der Vermögensverwaltung.[516]

Im Hinblick auf die Bestimmung des § 7 GewStG, die den Gewerbeertrag als Bemessungsgrundlage der GewSt mit dem nach den Bestimmungen des EStG bzw. KStG zu ermittelnden Gewinn aus Gewerbebetrieb definiert, wird der Regelung des § 2 Abs. 3 GewStG bei wirtschaftlichen Geschäftsbetrieben ohne Gewinnerzielungsabsicht im Schrifttum auch lediglich für die Gewerbekapitalsteuer[517] Bedeutung beigemessen.[518] Zur Frage der Bedeutung des § 2 Abs. 3 GewStG für die Ermittlung des körperschaftsteuerlichen Einkommens s. Rz. 42.

Für die **steuerbegünstigten Einrichtungen i. S. d. §§ 51 ff. AO** ist für die Frage der Gewerbesteuerpflicht daher nach der Rechtsform wie folgt zu unterscheiden: 385

- **GmbH** als Kapitalgesellschaft stets und in vollem Umfang kraft Rechtsform nach § 2 Abs. 2 GewStG,
- gemeinnützige **rechtsfähige Vereine und Stiftungen** des privaten Rechts, soweit diese einen wirtschaftlichen Geschäftsbetrieb unterhalten nach § 2 Abs. 3 GewStG,
- **nichtrechtsfähige Vereine**, soweit diese einen wirtschaftlichen Geschäftsbetrieb unterhalten nach § 2 Abs. 3 GewStG,
- gemeinnützige **nichtrechtsfähige Stiftungen** und Zweckvermögen, soweit diese einen Gewerbebetrieb i. S. d. § 2 Abs. 1 GewStG i.V. m. § 15 EStG unterhalten,[519]

---

514 S. Abschn. 15 Abs. 1 GewStR.

515 S. BFH v. 18. 1. 1984 I R 138/79, BStBl. II 1984, 451 zur GewSt-Pflicht eines ärztlichen Laborvereins.

516 S. § 6 Rz. 116 ff., 119, u. a. BFH v. 24. 1. 1990 X R 44/88, BFH/NV 1990, 798 sowie *Hüttemann* 136 f.

517 I.V. m. § 12 Abs. 1 GewStG a. F., § 97 Abs. 2 BewG, letztmals für Erhebungszeitraum 1997, s. Rz. 380, 425 ff.

518 So *Hüttemann* 131, *Fischer* in Hübschmann/Hepp/Spitaler, § 14 AO Rz. 45 und § 64 AO Rz. 18 sowie FG Berlin v. 12. 10. 1998 – 8 K 8567/97, EFG 1998, 1031.

519 S. Abschn. 15 Abs. 4 GewStR.

– Betriebe der **öffentlichen Hand,** soweit diese einen Gewerbebetrieb i. S. d. § 2 Abs. 1 GewStG i.V. m. § 15 EStG darstellen.[520]

386 Für Körperschaften, Personenvereinigungen und Vermögensmassen, die nach Satzung und tatsächlicher Geschäftsführung ausschließlich und unmittelbar gemeinnützige, mildtätige oder kirchliche Zwecke verfolgen, sieht § 3 Nr. 6 Satz 1 GewStG eine **Befreiung** von der GewSt vor, die der Vorschrift des § 5 Abs. 1 Nr. 9 Satz 1 KStG (s. Rz. 10 ff.) entspricht und gleichfalls an die Bestimmungen der **§§ 51 ff. AO** anknüpft.

387 Unterhält die steuerbegünstigte Einrichtung einen **wirtschaftlichen Geschäftsbetrieb** – ausgenommen Land- und Forstwirtschaft –, ist die Steuerbefreiung nach § 3 Nr. 6 Satz 2 GewStG insoweit mit der Folge einer **partiellen Steuerpflicht** ausgeschlossen. Parallel zur Bestimmung des § 5 Abs. 1 Nr. 9 Satz 2 KStG unterliegt die gemeinnützige Körperschaft mit einem wirtschaftlichen Geschäftsbetrieb, der nicht die Voraussetzungen eines Zweckbetriebs i. S. d. §§ 65 ff. AO erfüllt, zur Vermeidung von Wettbewerbsverzerrungen (s. Rz. 38 f.) der partiellen GewSt-Pflicht. Mit der Rückausnahme des § 3 Nr. 6 Satz 2 GewStG i.V. m. §§ 14, 64 Abs. 1 AO wird die Steuervergünstigung des § 3 Nr. 6 Satz 1 GewStG insoweit aufgehoben. Werden von einer sonstigen juristischen Person des privaten Rechts oder einem nichtrechtsfähigen Verein (§ 2 Abs. 3 GewStG) mehrere wirtschaftliche Geschäftsbetriebe unterhalten, so gelten sie nach § 8 GewStDV als ein einheitlicher Gewerbebetrieb.

388 Besteuerungsgrundlage ist seit VZ 1998 ausschließlich der Gewerbeertrag (§ 6 Satz 1 GewStG). Zur Einbeziehung des Gewerbekapitals für Erhebungszeiträume bis einschl. 1997 s. Rz. 425 ff.

Der **Gewerbeertrag** ist nach § 7 GewStG der nach den Vorschriften des KStG und des EStG ermittelte **Gewinn aus Gewerbebetrieb**, der bei der Ermittlung des Einkommens für den dem Erhebungszeitraum entsprechenden Veranlagungszeitraum zu berücksichtigen ist, vermehrt bzw. vermindert um die Hinzurechnungen bzw. Kürzungen nach den §§ 8, 9 GewStG. Erhebungszeitraum ist das Kalenderjahr (§ 14 GewStG).

389 Zu den **Hinzurechnungen**, die den für den einheitlichen wirtschaftlichen Geschäftsbetrieb ermittelten Gewinn nach § 8 GewStG erhöhen, zählen u. a.
– die Hälfte der Dauerschuldzinsen (§ 8 Nr. 1 GewStG), zum Begriff der Dauerschulden s. Abschn. 45 ff. GewStR,
– die Hälfte der Miet- und Pachtzinsen für nicht in Grundbesitz bestehende Anlagegüter (§ 8 Nr. 7 GewStG) sowie
– Anteile am Verlust einer Mitunternehmerschaft (§ 8 Nr. 8 GewStG).

390 Die Summe des Gewinns aus Gewerbebetrieb und der Hinzurechnungen (§ 8 GewStG) erfährt nach § 9 GewStG u. a. folgende **Kürzungen**:

---

[520] S. § 2 Abs. 1 GewStDV, Abschn. 17 GewStR.

- 1,2 v.H. des Einheitswerts des betrieblich genutzten Grundbesitzes (§ 9 Nr. 1 GewStG), i. d. R. Ansatz mit 140 v. H. des Einheitswerts (s. Abschn. 59 Abs. 4 GewStR)
- Anteile am Gewinn einer Mitunternehmerschaft (§ 9 Nr. 2 GewStG)
- Gewinne aus Anteilen an einer steuerpflichtigen inländischen Kapitalgesellschaft bei Beteiligung von mehr als 10 v.H. (§ 9 Nr. 2a GewStG)
- Spenden (§ 9 Nr. 5 GewStG).

Ein nach Maßgabe der §§ 7 bis 10 GewStG ermittelter **Gewerbeverlust** wird nach § 10a GewStG gesondert festgestellt und auf spätere Erhebungszeiträume vorgetragen. Im Unterschied zur Körperschaftsteuer kennt das GewStG keinen Verlustrücktrag, sondern lediglich einen Verlustvortrag. 391

Die umsatzabhängige **Besteuerungsgrenze des § 64 Abs. 3 AO** gilt auch für Zwecke der GewSt. Erzielt die mit dem wirtschaftlichen Geschäftsbetrieb nach § 3 Nr. 6 Satz 2 GewStG partiell steuerpflichtige gemeinnützige Einrichtung Einnahmen aus steuerschädlichen wirtschaftlichen Geschäftsbetrieben i. S. d. §§ 14, 64 AO von max. **60000 DM** (einschl. USt), wird sie mit dem Ergebnis aus wirtschaftlichem Geschäftsbetrieb nicht zur GewSt herangezogen. Der steuerschädliche Charakter des wirtschaftlichen Geschäftsbetriebs bleibt auch bei Unterschreiten der Besteuerungsgrenze unberührt. Zur Regelung des § 64 Abs. 3 AO im einzelnen s. Rz. 47ff. sowie AEAO.[521] 392

Überschreitet die partiell steuerpflichtige gemeinnützige Einrichtung mit ihren Einnahmen die Besteuerungsgrenze des § 64 Abs. 3 AO, ist im Rahmen der Ermittlung der gewerbesteuerlichen Bemessungsgrundlage ein **Freibetrag i. H. v. 7500 DM** zu berücksichtigen (§ 11 Abs. 1 Nr. 2 GewStG). Der Freibetrag knüpft an den Befreiungstatbestand des § 3 Nr. 6 GewStG an und kommt damit im Rahmen der partiellen Steuerpflicht nach § 3 Nr. 6 Satz 2 GewStG im Gegensatz zum körperschaftsteuerlichen Freibetrag nach § 24 KStG (s. Rz. 111) auch für gemeinnützige Kapitalgesellschaften zum Tragen. 393

Der auf volle 100 DM abgerundete und nach Abzug des Freibetrags verbleibende Gewerbeertrag bildet die gewerbesteuerliche Bemessungsgrundlage, die mit einer Steuermeßzahl i. H. v. 5 v. H. (§ 11 Abs. 2 Nr. 2 GewStG) den **Steuermeßbetrag** ergibt (§ 11 Abs. 1 GewStG). Der Steuermeßbetrag wird nach § 14 GewStG für den jeweiligen Erhebungszeitraum festgesetzt. 394

Auf den Steuermeßbetrag wendet die Gemeinde im Rahmen der Ermittlung und Veranlagung der GewSt ihren jeweiligen **Hebesatz** an (§ 16 GewStG). 395

[521] Zu § 64 AO Rz. 8 bis 17.

III. Solidaritätszuschlag

400 Nach dem SolZG[522] wird als Ergänzungsabgabe zur ESt und KSt **ab 1. 1. 1998** ein Solidaritätszuschlag (SolZ) i. H. v. **5,5 v. H.** (§ 4 SolZG) erhoben (§ 1 SolZG). Für die VZ 1995 bis 1997 beträgt der SolZ 7,5 v. H.

401 Der SolZ wird sowohl auf die festzusetzende KSt als auch auf die im Abzugsverfahren einbehaltene Ertragsteuer erhoben (§ 3 Abs. 1 SolZG). Der KSt-Festsetzung, der Festsetzung von KSt-Vorauszahlungen sowie der Anmeldung von Abzugssteuern für die gemeinnützige Einrichtung kommt für die Festsetzung des SolZ nach § 49 Abs. 1 KStG i. V. m. § 51 a EStG eine **Grundlagenfunktion** zu.[523]

402 Soweit für die partiell steuerpflichtige gemeinnützige Einrichtung eine Veranlagung zur KSt vorzunehmen ist, bemißt sich der SolZ nach der **festgesetzten KSt,** vermindert um die anzurechnende oder vergütete KSt, wenn ein positiver Betrag verbleibt (§ 3 Abs. 1 Nr. 1 SolZG). Die festgesetzte KSt ist die tarifliche KSt nach Berücksichtigung der KSt-Änderung (Minderung bzw. Erhöhung der KSt) gemäß §§ 27 ff. KStG.

Mit einem vereinfachten **Anrechnungsverfahren** hinsichtlich der anzurechnenden bzw. vergüteten KSt (§ 36 Abs. 2 Nr. 3, §§ 36 b ff. EStG) aus bezogenen Beteiligungserträgen im Rahmen der Ermittlung der Bemessungsgrundlage für den SolZ auf der Ebene des Anteilseigners vermeidet der Gesetzgeber eine Mehrfachbelastung ausgeschütteter Gewinne. Die Verringerung der Bemessungsgrundlage auf der Ebene des Anteilseigners um die anzurechnende bzw. vergütete KSt (§ 3 Abs. 1 Nr. 1 SolZG) trägt der Tatsache Rechnung, daß SolZ bereits bei der ausschüttenden Körperschaft als Ergänzungsabgabe zur KSt erhoben worden ist.

Der Gesetzgeber vermeidet damit eine Doppelbelastung von ausgeschütteten Gewinnen mit SolZ auf der Ebene der Kapitalgesellschaft und der Ebene des Anteilseigners. Im Gegensatz zum körperschaftsteuerlichen Anrechnungsverfahren (§§ 27 ff. KStG) findet aus Vereinfachungsgründen für den SolZ keine eigenständige Gliederungsrechnung i. S. der vEK-Gliederung zur Feststellung der konkreten SolZ-Vorbelastung auf der Ebene der Kapitalgesellschaft statt.

Mit der Einschränkung „wenn ein positiver Betrag verbleibt“ in § 3 Abs. 1 Nr. 1 SolZG verhindert der Gesetzgeber, daß infolge einer KSt-Minderung (§ 27 Abs. 1, 3 KStG) bzw. einer Anrechnung von KSt auf Beteiligungserträge (§ 36 Abs. 2 Nr. 3 EStG) ein negativer SolZ festzusetzen ist.

403 Soweit Vorauszahlungen zur KSt zu leisten sind, bemißt sich der SolZ nach den **Vorauszahlungen** auf die Steuer (§ 3 Abs. 1 Nr. 2

---

[522] V. 23. 6. 1993, BGBl. I 1993, 944, 975, zuletzt geändert durch das Gesetz zur Senkung des Solidaritätszuschlags vom 21. 11. 1997, BGBl. I 1997, 2743.

[523] S. BFH v. 17. 4. 1996 I R 123/95, BStBl. II 1996, 619, BFH v. 9. 11. 1994 I R 67/94, BStBl. II 1995, 305.

SolZG). Der auf Vorauszahlungen zur KSt erhobene SolZ wird auf den SolZ zum veranlagten Ergebnis angerechnet (§ 51a Abs. 1 i.V.m. § 36 Abs. 2 Nr. 1 EStG, § 49 Abs. 1 KStG).

Im Falle eines vom Kalenderjahr abweichenden Wirtschaftsjahrs (s. Rz. 114) werden die Vorauszahlungen auf den SolZ parallel zu den Vorauszahlungen zur KSt erhoben (§ 51a Abs. 4 EStG i.V.m. § 49 Abs. 3 KStG).

Soweit für die partiell steuerpflichtige gemeinnützige Körperschaft 404
als Gläubiger von Kapitalerträgen **KapESt oder Zinsabschlag** zu erheben ist (s. Rz. 342), bemißt sich der SolZ nach der zu erhebenden KapESt oder dem ab diesem Zeitpunkt zu erhebenden Zinsabschlag (§ 3 Abs. 1 Nr. 5 SolZG). Der im Steuerabzugsverfahren erhobene SolZ wird auf den SolZ zum veranlagten Ergebnis angerechnet (§ 51a Abs. 1 i.V.m. § 36 Abs. 2 Nr. 2 EStG).

Wird für gemeinnützige Körperschaften von der Durchführung des KapESt-Abzugs bzw. der Einbehaltung des Zinsabschlags nach § 44a Abs. 4 EStG Abstand genommen (s. Rz. 345ff.), entsteht weder KapESt noch ein hieran anknüpfender SolZ. Wird der steuerbegünstigten Einrichtung i.S.d. § 5 Abs. 1 Nr. 9 KStG nach Maßgabe des § 44c EStG bereits einbehaltene KapSt erstattet (s. Rz. 349f.), schließt sich hieran auch eine Erstattung des hierauf entfallenden SolZ an (s. § 51a Abs. 1 EStG). Entsprechendes gilt für die Erstattung von Zinsabschlag aus Billigkeitsgründen (s. Rz. 348).

Als Ergänzungsabgabe zu einer nichtabziehbaren Personensteuer 405
(KSt) stellt der SolZ ebenfalls eine im Rahmen der Einkommensermittlung **nichtabziehbare Ausgabe** dar (§ 10 Nr. 2 KStG, s. Rz. 185ff.). Im Rahmen der Gliederung des vEK verringert der SolZ als sonstige nichtabziehbare Ausgabe i.S.d. § 31 Abs. 1 Nr. 4 KStG das belastete vEK.

C. Substanzsteuern

I. Vermögensteuer

Das VStG ist bislang nicht aufgehoben. Auf der Grundlage des Be- 410
schlusses des **BVerfG** v. 22. 6. 1995[524] wird die VSt allerdings wegen teilweiser Verfassungswidrigkeit ab VZ 1997 nicht mehr erhoben. Der Aufforderung des BVerfG, eine verfassungsgemäße Neuregelung spätestens bis zum 31. 12. 1996 zu treffen, ist der Gesetzgeber nicht nachgekommen. Nach der Entscheidung des BVerfG ist das bisherige Vermögensteuerrecht daher nur noch bis zum 31. 12. 1996 anwendbar. Für Veranlagungszeiträume **bis VZ 1996** erlangt das VStG allerdings auch heute noch Bedeutung. Die Entscheidung des BVerfG läßt auch nach dem 31. 12. 1996 noch eine verfassungsgemäße Festsetzung der VSt für

[524] 2 BvL 37/91, BStBl. II 1995, 655, 665.

Stichtage vor dem 1. 1. 1997, mithin für alle bis zum 31. 12. 1996 verwirklichten Tatbestände zu.[525]

411 Körperschaften, Personenvereinigungen und Vermögensmassen sind nach dem in § 1 Abs. 1 Nr. 2 VStG enthaltenen Katalog[526] **Steuersubjekt** der unbeschränkten VSt-Pflicht. Gemeinnützige Einrichtungen unterliegen danach als Kapitalgesellschaften (§ 1 Abs. 1 Nr. 2 Buchst. a VStG), als rechtsfähige oder nichtrechtsfähige Vereine oder Stiftungen des privaten Rechts (§ 1 Abs. 1 Nr. 2 Buchst. d und e) oder als Gewerbebetrieb der öffentlichen Hand (§ 1 Abs. 1 Nr. 2 Buchst. g) der VSt.

412 Körperschaften, Personenvereinigungen und Vermögensmassen, die nach Satzung und tatsächlicher Geschäftsführung ausschließlich und unmittelbar **gemeinnützigen, mildtätigen oder kirchlichen Zwecken** dienen, sind nach § 3 Abs. 1 Nr. 12 Satz 1 VStG grds. von der Vermögensteuer befreit. Wenngleich das VStG keinen Verweis auf die Bestimmungen der §§ 51 ff. AO enthält, richtet sich die Steuerbefreiung als Steuerbegünstigung auch hier nach diesen Vorschriften (s. § 51 Satz 1 AO, Abschn. 95 Satz 1 VStR).

Da die VSt als Stichtagssteuer nach den Verhältnissen **zu Beginn des Kalenderjahres** (Veranlagungszeitpunkt, §§ 15 bis 17 VStG) festgesetzt wird (§ 5 Abs. 1 VStG), müssen die Voraussetzungen der Steuerbefreiung, mithin eine nach Satzung und tatsächlicher Geschäftsführung den Bestimmungen der §§ 51 ff. AO entsprechende Aufgabenstellung und Betätigung, zu diesem Zeitpunkt erfüllt sein (s. Abschn. 91 Abs. 1 VStR).

413 Die Steuerbefreiung ist nach § 3 Abs. 1 Nr. 12 Satz 2 und 3 VStG mit der Folge der **partiellen Steuerpflicht** ausgeschlossen, soweit die gemeinnützige Körperschaft einen **wirtschaftlichen Geschäftsbetrieb** – mit Ausnahme des selbstbewirtschafteten Forstbetriebs – unterhält, der nicht die Voraussetzungen eines Zweckbetriebs i. S. d. §§ 65 ff. AO erfüllt (§§ 14, 64 Abs. 1 AO). Steuersubjekt ist entsprechend der körperschaftsteuerlichen Behandlung (s. Rz. 115) nicht der wirtschaftliche Geschäftsbetrieb, sondern die diesen unterhaltende Körperschaft.

Der Begriff des wirtschaftlichen Geschäftsbetriebs (§ 14 AO) als Gegenstand der partiellen VSt-Pflicht gemeinnütziger Einrichtungen umfaßt den Gewerbebetrieb, den Betrieb der Land- und Forstwirtschaft und den sonstigen wirtschaftlichen Geschäftsbetrieb (s. Abschn. 35 Abs. 1 Satz 1 VStR).

414 Bemessungsgrundlage der Vermögensteuer ist nach § 4 Abs. 1 Nr. 1 VStG das **Gesamtvermögen** (§ 114 BewG a. F.).[527] Das Gesamtvermögen umfaßt Wirtschaftsgüter, die unter eine der vier Vermögensarten

---

525 S. u. a. BFH v. 24. 6. 1998 II R 104/97 BStBl. II 1998, 632, BFH v. 29. 7. 1998 II R 103/97, BFH/NV 1999, 228 sowie FinMin Baden-Württemberg v. 30. 4. 1998 – S 3400 /5 – zu Nichtannahmebeschluß des BVerfG v. 30. 3. 1998 1 BvR 1831/97, BStBl. II 1998, 422.

526 Entspr. § 1 Abs. 1 KStG.

527 Aufgehoben zum 1. 1. 1997 durch das JStG 1997 v. 20. 12. 1996.

des Bewertungsgesetzes (s. § 18 BewG) fallen, mithin land- und forstwirtschaftliches Vermögen, Grundvermögen, Betriebsvermögen und sonstiges Vermögen. Bei der Ermittlung des Gesamtvermögens werden Wirtschaftsgüter, für die ein Einheitswert festzustellen ist, mit dem festgestellten Einheitswert erfaßt.

Unterhält die steuerbegünstigte Einrichtung i. S. d. §§ 51 ff. AO einen wirtschaftlichen Geschäftsbetrieb, bildet das Vermögen nicht nur bei Kapitalgesellschaften, sondern auch bei den sonstigen juristischen Personen des privaten Rechts sowie bei den nicht rechtsfähigen Vereinen, Stiftungen und sonstigen Zweckvermögen **Betriebsvermögen**, das nach § 95 Abs. 1 BewG alle Teile eines Gewerbebetriebs im Sinne des § 15 Abs. 1 und 2 EStG umfaßt, die bei der steuerlichen Gewinnermittlung zum Betriebsvermögen gehören. Das Vermögen einer Körperschaft, das einem sonstigen wirtschaftlichen Geschäftsbetrieb dient, ist nach § 97 Abs. 2 BewG auch dann wie Betriebsvermögen zu behandeln, wenn der wirtschaftliche Geschäftsbetrieb mangels Gewinnerzielungsabsicht nicht als Gewerbebetrieb anzusehen ist.[528] **415**

Eine Zuordnung zur Vermögensart Betriebsvermögen ist nicht vorzunehmen, soweit es sich um einen Betrieb der Land- und Forstwirtschaft handelt (s. Abschn. 34 Satz 1, 35 Abs. 1 Satz 3 VStR).

Für den Gewerbebetrieb als wirtschaftliche Einheit des Betriebsvermögens wird ein für die Vermögensbesteuerung maßgebender **Einheitswert** festgestellt (§ 19 Abs. 1 Nr. 2 BewG, § 95 Abs. 1 BewG). Er umfaßt die positiven und negativen Wirtschaftsgüter der partiell steuerpflichtigen gemeinnützigen Einrichtung, soweit diese dem wirtschaftlichen Geschäftsbetrieb (ausgenommen Land- und Forstwirtschaft) dienen (§ 97 Abs. 2 BewG). Für das einem oder mehreren Geschäftsbetrieben dienende Vermögen wird nur ein Einheitswert festgestellt (s. Abschn. 34 Satz 2 VStR). **416**

Neben Schulden und Lasten, die mit dem wirtschaftlichen Geschäftsbetrieb in unmittelbarem wirtschaftlichen Zusammenhang stehen, sind bei der Ermittlung des Einheitswerts für den wirtschaftlichen Geschäftsbetrieb ggf. auch lediglich mittelbar zuzuordnende Schulden anteilig in Abzug zu bringen (s. Abschn. 35 Abs. 2 VStR).

Der Einheitswert des Betriebsvermögens bildet eine **gesondert festgestellte Besteuerungsgrundlage** (§§ 18, 179 ff. AO) mit Grundlagenfunktion (§ 171 Abs. 10 AO) für Zwecke der Vermögensbesteuerung. **417**

Der Ansatz des Betriebsvermögens wird für Zwecke der VSt durch die Gewährung eines **Freibetrags** nach § 117 a BewG a. F.[529] begünstigt. Der Einheitswert des Betriebsvermögens bleibt danach bei Ermittlung des Gesamtvermögens i. H. v. **500.000 DM** außer Ansatz (§ 117 a Abs. 1 Satz 1 BewG). Ein diesen Freibetrag übersteigender Betrag ist lediglich mit 75 v. H. anzusetzen (§ 117 a Abs. 1 Satz 2 BewG). **418**

---

528 S. Abschn. 34, 35 VStR.

529 Seit 1993, aufgehoben zum 1. 1. 1997 durch das JStG 1997.

419 Nach der **Besteuerungsgrenze** des § 8 Abs. 1 VStG wird von den unbeschränkt steuerpflichtigen Körperschaften, Personenvereinigungen und Vermögensmassen im Sinne des § 1 Abs. 1 Nr. 2 VStG eine VSt nur erhoben, wenn das Gesamtvermögen mindestens **20 000 DM** beträgt. Steuerpflichtiges Vermögen ist das diesen Betrag übersteigende Vermögen (§ 9 Nr. 1 Buchst. b VStG).

420 Der auf das steuerpflichtige Vermögen anzuwendende **Steuersatz** beträgt bei partiell steuerpflichtigen gemeinnützigen Einrichtungen 0,6 v. H. (§ 10 Nr. 2 VStG).

II. Gewerbekapitalsteuer

425 Für Erhebungszeiträume **bis 1997** bemißt sich die GewSt nach § 6 GewStG a. F. nicht nur nach dem Gewerbeertrag, sondern zusätzlich auch nach dem Gewerbekapital. Mit der Aufhebung der Gewerbekapitalsteuer in §§ 6, 12 ff. GewStG durch das Gesetz zur Fortsetzung der Unternehmenssteuerreform v. 29. 10. 1997[530] ist das Gewerbekapital ab Erhebungszeitraum 1998 nicht mehr Besteuerungsgrundlage der GewSt (s. Rz. 380 ff.). Die bewertungsrechtlichen Bestimmungen sind im Hinblick auf die Aufhebung der Gewerbekapitalsteuer zum 1. 1. 1998 angepaßt worden (s. § 152 Abs. 1 BewG). Für die Feststellung des Einheitswerts des Betriebsvermögens zum 1. 1. 1997 beinhaltet § 136 BewG eine Sondervorschrift.

426 Im **Beitrittsgebiet** sind die Bestimmungen zur Gewerbekapitalsteuer für die Erhebungszeiträume bis zur Aufhebung der Gewerbekapitalsteuer (1991 bis 1997) nach Maßgabe des § 37 GewStG nicht anzuwenden. Das Gewerbekapital von Betriebsstätten, die im Beitrittsgebiet unterhalten werden, bleibt danach für die Ermittlung der GewSt unberücksichtigt.

427 Das **Gewerbekapital**, das bis VZ 1997 neben dem Gewerbeertrag Besteuerungsgrundlage der GewSt ist (§ 6 Satz 1 GewStG a. F.), ist nach § 12 Abs. 1 GewStG a. F. der für den wirtschaftlichen Geschäftsbetrieb der nach § 3 Nr. 6 Satz 2 GewStG partiell steuerpflichtigen Einrichtung festgestellte Einheitswert des Betriebsvermögens mit den sich aus § 12 Abs. 2 bis 4 GewStG a. F. ergebenden Änderungen.

- Der für die Ermittlung des Gewerbekapitals maßgebende **Einheitswert des Betriebsvermögens** ist der Wert, der für den wirtschaftlichen Geschäftsbetrieb auf den letzten Feststellungszeitpunkt vor dem Ende des Erhebungszeitraums gesondert festgestellt worden ist (§ 12 Abs. 1 Satz 1 GewStG a. F.).
- Die **Hinzurechnungen und Kürzungen** nach § 12 Abs. 2 bis 4 GewStG a. F. knüpfen an die Werte an, die in der Vermögensaufstellung zu diesem Feststellungszeitpunkt ihren Niederschlag gefunden haben (s. Abschn. 75 GewStR a. F.).

---

[530] BGBl. I 1997, 2590.

Das nach Maßgabe des § 12 GewStG a. F. ermittelte Gewerbekapital wird auf volle tausend DM nach unten abgerundet und um einen **Freibetrag i. H. v. 120.000 DM** gekürzt (§ 13 Abs. 1 GewStG a. F.). 428

Der **Steuermeßbetrag** nach dem Gewerbekapital ermittelt sich durch Anwendung der Steuermeßzahl i. H. v. 2 v.T. (§ 13 Abs. 2 GewStG a. F.) auf den nach Abzug des Freibetrags i. H. v. 120 000 DM verbleibenden Gewerbekapitals. 429

Der Steuermeßbetrag nach dem Gewerbekapital ergibt zusammen mit dem Steuermeßbetrag nach dem Gewerbeertrag (s. Rz. 394) den bis VZ 1997 festzusetzenden **einheitlichen Steuermeßbetrag** (§ 14 GewStG a. F.). 430

Auf diesen einheitlichen Steuermeßbetrag wendet die hebeberechtigte Gemeinde im Rahmen der Ermittlung und Veranlagung der Gewerbesteuer ihren jeweiligen **Hebesatz** an (s. § 16 GewStG).

III. Erbschaftsteuer

1. Allgemeines

Der Erbschaftsteuer bzw. Schenkungsteuer unterliegen nach § 1 ErbStG 435
- der Erwerb von Todes wegen (§ 3 ErbStG),
- Schenkungen unter Lebenden (§ 7 ErbStG),
- Zweckzuwendungen (§ 8 ErbStG) und
- das Vermögen einer inländischen Familienstiftung[531] in Zeitabständen von jeweils 30 Jahren (§ 2 Abs. 1 Nr. 2, § 9 Abs. 1 Nr. 4 ErbStG).

Erhält eine **Körperschaft, Personenvereinigung oder Vermögensmasse** eine den Tatbestand des ErbStG erfüllende **Zuwendung**, fällt grds. ErbSt in der **Steuerklasse III** an, die gestaffelt nach dem Wert des Vermögens von 17 v. H. bis zu 50 v. H. beträgt (§ 15 Abs. 1, § 19 Abs. 1 ErbStG).[532] 436

Bemessungsgrundlage für die Erbschaft- und Schenkungsteuer ist der **steuerpflichtige Erwerb** (§ 10 ErbStG). 437

Mehrere innerhalb von zehn Jahren von derselben Person anfallende Erwerbe sind bei der Besteuerung des jeweils letzten Erwerbs zusammenzurechnen (§ 14 ErbStG).

Für die **Bewertung** der Zuwendung sind nach § 12 Abs. 1 ErbStG grundsätzlich die Vorschriften des allgemeinen Teils des BewG (§§ 1 bis 16 BewG) anzuwenden. Für die Bewertung von Anteilen an Kapitalgesellschaften, Grundbesitz und Betriebsvermögen beinhaltet § 12 Abs. 2 bis 6 ErbStG besondere Bestimmungen. 438

Bei der Ermittlung des steuerpflichtigen Erwerbs bleiben u. a. **steuerfrei**: 439

---

[531] Zum Begriff s. R 2 Abs. 2 ErbStR.
[532] I. d. F. v. 27. 2. 1997, BGBl. I 1997, 378

- ein **Freibetrag** i. H. v. 10 000 DM bei Zuwendung durch einen Inländer (§ 16 Abs. 1 Nr. 5 ErbStG) sowie i. H. v. 2000 DM bei Zuwendung durch einen Ausländer (§ 16 Abs. 2 ErbStG),
- die Zuwendung von (echten) **Mitgliedsbeiträgen** an eine Personenvereinigung bis zu einem jährlichen Betrag i. H. v. 500 DM steuerfrei (§ 18 Satz 1 ErbStG). Hiervon unberührt bleibt nach § 18 Satz 2 ErbStG die Befreiung von Zuwendungen an Religionsgesellschaften und gemeinnützige Körperschaften nach § 13 Abs. 1 Nr. 16 ErbStG (s. Rz. 441 ff.) sowie an politische Parteien nach § 13 Abs. 1 Nr. 18 ErbStG,
- die Zuwendung von **Betriebsvermögen, land- und forstwirtschaftliches Vermögen** sowie **wesentliche Beteiligungen an Kapitalgesellschaften** bei Erwerb von Todes wegen sowie im Rahmen der vorweggenommenen Erbfolge bis zu einem Wert von **500 000 DM** (§ 13 a Abs. 1 und 4 ErbStG). Der übersteigende Betrag wird lediglich zu 60 v. H. in Ansatz gebracht (§ 13 a Abs. 2 ErbStG). Zur Tarifbegrenzung bei entsprechenden Erwerben s. § 19 a ErbStG.

440 Steuerschuldner der ErbSt ist der Erwerber, bei einer Schenkung auch der Schenker (§ 20 Abs. 1 ErbStG).

2. Zuwendungen an gemeinnützige Körperschaften

441 Zuwendungen an **inländische Körperschaften, Personenvereinigungen und Vermögensmassen**, die nach Satzung und tatsächlicher Geschäftsführung, ausschließlich und unmittelbar **kirchlichen, gemeinnützigen oder mildtätigen Zwecken i. S. d. §§ 51 ff. AO** dienen, sind nach § 13 Abs. 1 Nr. 16 Buchst. b ErbStG von der Erbschaft- und Schenkungsteuer **befreit**.[533]

442 Die Voraussetzungen der §§ 51 ff. AO, die sowohl ein der formellen Satzungsmäßigkeit entsprechendes Statut als auch eine hiermit konforme tatsächliche Geschäftsführung beinhalten, müssen im Zeitpunkt der Entstehung der ErbSt, d. h. im **Zeitpunkt der Zuwendung** (s. § 9 ErbStG), vorliegen.[534]

443 Die Steuerbefreiung setzt das Vorliegen der Voraussetzungen i. S. d. §§ 51 ff. AO voraus und läßt damit neben der Unterhaltung von Zweckbetrieben auch die eines steuerschädlichen **wirtschaftlichen Geschäftsbetriebs** (§ 64 Abs. 1 AO) sowie eine Durchbrechung des Unmittelbarkeitsgebots nach Maßgabe des § 58 AO zu.[535] Die einzelne Zuwendung unterliegt allerdings dann der ErbSt und fällt nicht in den Anwendungsbereich der Befreiungsnorm des § 3 Abs. 1 Nr. 16 Buchst. b Satz 1 ErbStG, wenn die steuerbegünstigte Einrichtung die Zuwendung im Bereich des wirtschaftlichen Geschäftsbetriebs verwendet.[536]

---

[533] S. auch § 6 Rz. 20 ff.

[534] S. R 47 Abs. 1 ErbStR sowie AEAO, zu § 60 AO Rz. 6.

[535] Vgl. R 47 Abs. 2 Satz 1 ff. ErbStR.

[536] S. R 47 Abs. 2 Satz 4 ErbStR sowie OFD Frankfurt am Main v. 9. 10. 1995 – S 3806 A – 5 – St III 70, ErbSt-Kartei § 13 Abs. 1 Nr. 16 ErbStG Karte 1.

Die Zuwendung eines wirtschaftlichen Geschäftsbetriebs selbst läßt sowohl die Befreiung dieser Zuwendung als auch weiterer Zuwendungen an die gemeinnützige Einrichtung auch im Falle der Fortführung des Betriebs durch die gemeinnützige Körperschaft unberührt, sofern die Ergebnisse des wirtschaftlichen Geschäftsbetriebs entsprechend dem Mittelverwendungsgebot des § 55 Abs. 1 Nr. 1 AO für steuerbegünstigte Zwecke verwendet werden (s. R 47 Abs. 2 Satz 5 f. ErbStR sowie § 6 Rz. 21).

Die **Befreiung** der einzelnen Zuwendung **fällt** nach § 13 Abs. 1 Nr. 16 Buchst. b Satz 2 ErbStG **mit Wirkung für die Vergangenheit weg**, wenn 444

- die Voraussetzungen für die Anerkennung als steuerbegünstigte Einrichtung i. S. d. §§ 51 ff. AO innerhalb von zehn Jahren nach der Zuwendung entfallen und
- das Vermögen nicht begünstigten Zwecken zugeführt wird.

Das ErbStG beinhaltet insoweit eine der Bestimmung des § 61 Abs. 3 AO vergleichbare Regelung, die eine entsprechende Nachversteuerung im ertragsteuerlichen Bereich gleichfalls bei einem Verstoß gegen die satzungsmäßige Vermögensbindung sicherstellt.[537]

Wird ein steuerpflichtiger Erwerb innerhalb von **2 Jahren** nach dem Zeitpunkt der Entstehung der ErbSt (§ 9 ErbStG) einer steuerbegünstigten Stiftung i. S. d. §§ 51 ff. AO zugewendet, die wissenschaftlichen oder kulturellen Zwecken dient, **erlischt die Steuer** mit Wirkung für die Vergangenheit (§ 29 Abs. 1 Nr. 4 Satz 1 ErbStG). Dies gilt nicht, wenn die Stiftung Leistungen i. S. d. § 58 Nr. 5 AO an den Stifter bzw. an dessen nächste Angehörige zu erbringen hat oder für die Zuwendung der Spendenabzug nach § 10 b EStG bzw. § 9 Abs. 1 Nr. 2 KStG geltend gemacht wird (§ 29 Abs. 1 Nr. 4 Satz 2 ErbStG). 445

Im Rahmen der **Reform des Stiftungssteuerrechts** durch das Gesetz zur weiteren steuerlichen Förderung von Stiftungen v. 14. 7. 2000[538] ist die nach § 29 Abs. 1 Nr. 4 ErbStG vorgesehene Möglichkeit der steuerbegünstigten Weitergabe ererbter Vermögensgegenstände an gemeinnützige Organisationen mit Wirkung vom 1. 1. 2000[539] auf alle Tatbestände der §§ 52 bis 54 AO (mit Ausnahme der Zwecke i. S. d. § 52 Abs. 2 Nr. 4 AO) erweitert worden.[540] Von einer gleichzeitig erwogenen zeitlichen Ausdehnung des Erlöschungstatbestandes auf 36 Monate nach dem Zeitpunkt der Entstehung der Steuer ist im Interesse einer zügigen Entscheidung potenzieller Stifter Abstand genommen worden.[541]

---

537 S. hierzu § 9 Rz. 70 ff., zur Nachversteuerung nach § 13 Abs. 1 Nr. 16 ErbStG s. § 9 Rz. 52.

538 BGBl. I 2000, 1034.

539 § 37 Abs. 4 ErbStG i. d. F. des ÄndG.

540 S. BT-Drs. 14/2340, 6 sowie BT-Drs. 351/00.

541 S. BT-Drs. 14/2340, 6.

446 Neben der Befreiung von Zuwendungen an gemeinnützige Körperschaften i. S. d. §§ 51 ff. AO nach § 13 Abs. 1 Nr. 16 b ErbStG sieht der Gesetzgeber eine Befreiung von der ErbSt vor für

- Zuwendungen an **ausländische Einrichtungen**, die den inländischen steuerbegünstigten Einrichtungen i. S. d. §§ 51 ff. AO vergleichbar sind, wenn der ausländische Staat für Zuwendungen an deutsche gemeinnützige Rechtsträger eine entsprechende Steuerbefreiung gewährt und das BMF dies durch förmlichen Austausch entsprechender Erklärungen mit dem ausländischen Staat feststellt (§ 13 Abs. 1 Nr. 16 Buchst. c ErbStG),[542] sowie für
- Zuwendungen, die **ausschließlich kirchlichen, gemeinnützigen oder mildtätigen Zwecken** gewidmet sind, sofern die Verwendung zu dem bestimmten Zweck gesichert ist (§ 13 Abs. 1 Nr. 17 ErbStG). Die Regelung befreit die Bildung eines selbständigen Zweckvermögens, das der nicht bereits in den Anwendungsbereich des § 13 Abs. 1 Nr. 16 b ErbStG fallende Empfänger im Weg einer Zweckzuwendung erhalten hat (s. R 49 ErbStR). Die Befreiung erstreckt sich nach Auffassung des BFH darüber hinaus auch auf Zuwendungen an ausländische gemeinnützige Einrichtungen.[543]

IV. Grundsteuer

450 Grundbesitz, der von einer inländischen Körperschaft, Personenvereinigung oder Vermögensmasse, die nach Satzung und tatsächlicher Geschäftsführung ausschließlich und unmittelbar gemeinnützigen oder mildtätigen Zwecken dient, **für gemeinnützige oder mildtätige Zwecke benutzt** wird, ist nach § 3 Abs. 1 Nr. 3 Buchst. b GrStG von der Grundsteuer befreit, sofern er diesem begünstigten Rechtsträger ausschließlich zuzurechnen ist (§ 3 Abs. 1 Satz 2 GrStG). Für die Begriffe gemeinnützige oder mildtätige Zwecke gelten die Vorschriften der §§ 51 ff. AO entsprechend.

Die Steuerbefreiung setzt voraus, daß der Grundbesitz für den steuerbegünstigten Zweck unmittelbar benutzt wird (§ 7 GrStG).

451 Eine (partielle) **Steuerpflicht** resultiert aus dem eingeschränkten Anwendungsbereich der Steuerbefreiung hinsichtlich des Grundbesitzes, der von der gemeinnützigen Einrichtung außerhalb des ideellen begünstigten Bereichs, z. B. im Rahmen eines steuerschädlichen wirtschaftlichen Geschäftsbetriebs i. S. d. §§ 14, 64 Abs. 1 AO, genutzt wird. Zweckbetriebe i. S. d. §§ 65 bis 68 AO gehören zu dem steuerbegünstigten Bereich (s. Abschn. 12 Abs. 4 GrStR).

Dient ein Grundstück sowohl steuerbegünstigten als auch nichtsteuerbegünstigten Zwecken, ist der für steuerbegünstigte Zwecke benutzte Teil steuerfrei, sofern es sich hierbei um einen räumlich

---

[542] Zur erforderlichen Gegenseitigkeitsregelung s. R 48 ErbStR sowie H 48 ErbStH 1999.

[543] S. BFH v. 4. 9. 1996 II R 21/95, BFH/NV 1997, 231 sowie FG Hamburg v. 28. 9. 1999 I 20/99, EFG 2000, 227, rev., Az. des BFH: II R 82/99.

abgegrenzten Grundstücksteil handelt (§ 8 Abs. 1 GrStG). Ist eine räumliche Abgrenzung nicht möglich, setzt die Steuerbefreiung des Grundbesitzes voraus, daß die Benutzung für steuerbegünstigte Zwecke überwiegt (§ 8 Abs. 2 GrStG). Für die Anwendung der Überwiegensregelung des § 8 Abs. 2 GrStG ist hierbei unerheblich, ob Benutzung für steuerbegünstigte und nichtsteuerbegünstigte Zwecke gleichzeitig, nebeneinander oder zeitlich hintereinander erfolgt (s. Abschn. 32 Abs. 2 GrStR).

Über die Befreiungsvorschrift des § 3 Abs. 1 Nr. 3 Buchst. b GrStG **452** hinaus beinhaltet § 4 Nr. 6 GrStG eine Steuerbefreiung für Grundbesitz, der für die Zwecke eines **Krankenhauses** benutzt wird, das die Voraussetzungen des § 67 Abs. 1 oder 2 AO erfüllt.

Zur Steuerbefreiung sowie zur Steuerpflicht gemeinnütziger Ein- **453** richtungen im Rahmen der GrSt im einzelnen s. § 12 Rz. 60 ff.

D. Verkehrsteuern

I. Umsatzsteuer

Steuerbegünstigte Körperschaften i. S. d. §§ 51 ff. AO werden zur **455** USt herangezogen, soweit sie als **Unternehmer** (§ 2 UStG) Lieferungen oder sonstige Leistungen (s. § 3 Abs. 3 und 9 UStG) im Erhebungsgebiet gegen Entgelt erbringen bzw. eigenverbrauchsähnliche[544] oder sonstige umsatzsteuerlich relevante Tatbestände i. S. d. § 1 UStG verwirklichen.

Der **unternehmerische Bereich** i. S. d. UStG umfaßt die gesamte **456** berufliche oder gewerbliche Tätigkeit (§ 2 Abs. 1 Satz 2 UStG) der gemeinnützigen Körperschaft, Personenvereinigung oder Vermögensmasse und erstreckt sich nicht nur auf wirtschaftliche Geschäftsbetrieb (§ 64 Abs. 1 AO) und Zweckbetriebe (§§ 65 ff. AO), sondern ggf. auch auf Bereiche der Vermögensverwaltung, soweit die gemeinnützige Einrichtung hier eine nachhaltige Tätigkeit zur Erzielung von Einnahmen ausübt. Gewinnerzielungsabsicht ist nicht erforderlich (§ 2 Abs. 1 Satz 3 UStG).

Die Besteuerungsgrenze des § 64 Abs. 3 AO (s. Rz. 47 f.) gilt für Zwecke der KSt und GewSt, nicht hingegen für die USt.

Zu den **Vergünstigungen**, die der Gesetzgeber gemeinnützigen Ein- **457** richtungen einräumt, zählen

- der **ermäßigte Steuersatz** i. H. v. 7 v. H. für Lieferungen und Leistungen außerhalb eines wirtschaftlichen Geschäftsbetriebs (§ 12 Abs. 2 Nr. 8 a UStG)
- die **VorSt-Pauschalierung** i. H. v. 7 v. H. des Umsatzes bei nicht buchführungspflichtigen und bilanzierenden gemeinnützigen Einrichtungen (§ 23 a UStG)

---

[544] ab 1. 4. 1999 nach § 3 Abs. 1 b, § 3 Abs. 9 a UStG i. d. F. des StEntlG 1999/2000/2002 v. 24. 3. 1999, BStBl. I 1999, 304 den Lieferungen und sonstigen Leistungen gleichgestellt.

– **Vergütung von VorSt** zum Ausgleich der auf Eingangsumsätzen (Lieferung, Einfuhr, innergemeinschaftlicher Erwerb) lastenden Steuer, sofern der erworbene Gegenstand im humanitären, karitativen oder erzieherischen Bereich sowie außerhalb eines wirtschaftlichen Geschäftsbetriebs verwendet wird (§ 4 a UStG)

458 Darüber hinaus sind für steuerbegünstigte Einrichtungen i. S. d. § 51 ff. AO folgende auch für andere Unternehmer anwendbare Bestimmungen von Bedeutung:

– **Steuerbefreiung** für
  – die Vermietung und Verpachtung von Grundbesitz (§ 4 Nr. 12 UStG) mit Optionsmöglichkeit zur den VorSt-Abzug ermöglichenden Steuerpflicht (§ 9 UStG)
  – den Betrieb von Krankenhäusern (§ 4 Nr. 16 UStG)
  – Leistungen der Wohlfahrtsverbände und deren Mitglieder (§ 4 Nr. 18 UStG)
  – kulturelle Einrichtungen wie Theater, Orchester, Museen, zoologische Gärten, Tierparks etc. (§ 4 Nr. 20 UStG)
  – private Schulen und Bildungseinrichtungen (§ 4 Nr. 21 a UStG)
  – Vorträge, Kurse und andere Veranstaltungen wissenschaftlicher oder belehrender Art. (§ 4 Nr. 22 UStG)
  – Beherbergung, Bewirtungsleistungen und Naturalleistungen für Jugendliche zu Erziehungs-, Ausbildungs- und Fortbildungszwekken (§ 4 Nr. 23 UStG)
  – Jugendherbergen (§ 4 Nr. 24 UStG)
  – Leistungen der Jugendhilfe (§ 4 Nr. 25 UStG)
  – Personalgestellung geistlicher Genossenschaften und Mutterhäuser (§ 4 Nr. 27 UStG)
– die **Kleinunternehmerregelung** bei Umsätzen (zzgl. USt) bis zu 32500 DM im vorangegangenen Jahr und voraussichtlich nicht mehr als 100000 DM im laufenden Kalenderjahr (§ 19 Abs. 1 UStG), mit Optionsmöglichkeit zur den Vorsteuerabzug eröffnenden Steuerpflicht (§ 19 Abs. 2 UStG)
– **Istbesteuerung** (§ 20 UStG), Besteuerung nach vereinnahmten anstelle nach vereinbarten Entgelten

459 Zur USt bei gemeinnützigen Körperschaften im einzelnen s. § 11 Rz. 1 ff.

II. Grunderwerbsteuer

465 Das GrEStG beinhaltet **keine konkrete Befreiungsvorschrift** für Erwerbsvorgänge durch eine steuerbegünstigte Körperschaft, Personenvereinigung oder Vermögensmasse i. S. d. §§ 51 ff. AO.

466 Die in den §§ 3, 4 GrEStG geregelten **Ausnahmen** von der Besteuerung können im Einzelfall jedoch auch bei gemeinnützigen Einrichtungen zum Tragen kommen.

467 Zur GrESt bei gemeinnützigen Körperschaften im einzelnen s. § 12 Rz. 1 ff.

III. Kraftfahrzeugsteuer

470 Die gemeinnützige Körperschaft, Personenvereinigung oder Vermögensmasse ist mit Fahrzeugen von der KraftSt nicht generell, sondern nur dann befreit, wenn die Fahrzeuge **zu bestimmten gemeinnützigen Zwecken** i. S. d. §§ 51 ff. AO **eingesetzt** werden.

Nach § 3 Nr. 5 und Nr. 5 a KraftStG zählen hierzu die Verwendung im Feuerwehrdienst, im Katastrophenschutz, für Zwecke des zivilen Luftschutzes, bei Unglücksfällen, im Rettungsdienst oder zur Krankenbeförderung sowie für humanitäre Hilfsgütertransporte in das Ausland.

471 Zur KraftSt bei gemeinnützigen Einrichtungen im einzelnen s. § 12 Rz. 30 ff.

§ 8 Gemeinnützige Mittelverwendung

Bearbeiter: Dr. Stephan Schauhoff

Übersicht

A. Gemeinnützigkeitsrechtliche Anforderungen

I. Grundsätze

1. Gesetzliche Grundlagen

1 In § 52 Abs. 1 Satz 1 AO ist bestimmt, daß eine Körperschaft dann gemeinnützige Zwecke verfolgt, wenn ihre Tätigkeit darauf **gerichtet** ist, die **Allgemeinheit selbstlos** zu fördern. In § 63 Abs. 1 AO wird

der für das Gemeinnützigkeitsrecht zentrale Gedanke noch einmal gesetzlich festgehalten: Die tatsächliche Geschäftsführung einer gemeinnützigen Körperschaft muß auf die **ausschließliche** und **unmittelbare** Erfüllung der steuerbegünstigten Zwecke gerichtet sein und den Bestimmungen entsprechen, die die Satzung über die Voraussetzungen für die Steuervergünstigung enthält. § 55 Abs. 1 Nr. 1 AO bestimmt dementsprechend, daß die Mittel der gemeinnützigen Körperschaft nur für die satzungsmäßigen Zwecke verwendet werden dürfen. Unter Mittel sind sämtliche Mittel der Körperschaft zu verstehen, d. h. das gesamte Vermögen, welches sich im Eigentum der gemeinnützigen Körperschaft befindet.[1] Ausnahmen können nur für das sog. Ausstattungskapital, d. h. für die von den Gesellschaftern oder Mitgliedern eingezahlten Kapitalanteile, oder aber das vom Stifter hingegebene Stiftungskapital (vgl. § 55 Abs. 1 i.V. m. § 55 Abs. 1 Nr. 4 AO) gelten.[2] Das **Ausstattungskapital** kann, wie sich aus § 55 Abs. 1 Nr. 4, Abs. 2 AO ergibt, bei Beendigung der gemeinnützigen Tätigkeit an die Stifter oder Zuwendenden zurückfallen, wenn es nicht der gemeinnützigkeitsrechtlichen Vermögensbindung unterstellt wurde.[3] In der Regel unterliegt allerdings die Pflicht, das Vermögen für gemeinnützige Zwecke zu verwenden, zeitlichen Bindungsfristen. Die Verwendung der Mittel darf nicht erst irgendwann erfolgen, sondern es gilt das **Gebot der zeitnahen Verwendung**.[4] Denn das Sparen von Geldern ist nicht gemeinnützig, sondern die Geldausgabe, um den gemeinnützigen Zweck zu fördern. Alle vorgenannten **Voraussetzungen** muß die gemeinnützige Körperschaft **kumulativ** erfüllen. Sie werden daher, ebenso wie die gesetzlich geregelten Ausnahmen, im folgenden näher erläutert.

Die Geschäftsführung einer gemeinnützigen Körperschaft muß auf 2
die Erfüllung der gemeinnützigen Satzungszwecke gerichtet sein. Aus der gesetzlichen Formulierung wird deutlich, daß nicht maßgebend ist, ob tatsächlich eine Förderung des gemeinnützigen Zwecks erreicht werden konnte. Vielmehr genügt es, wenn die Maßnahme, die zur Zweckerfüllung ergriffen wurde, dazu diente, den gemeinnützigen Zweck zu fördern.[5] Dient die Maßnahme selbst nicht der unmittelbaren Förderung des gemeinnützigen Zwecks, so kann sie dennoch auf die gemeinnützige Zweckerfüllung gerichtet sein, sofern sie als **Hilfs- oder Nebentätigkeit** zur Förderung der gemeinnützigen Zwecke angesehen werden kann. Typische Hilfstätigkeiten sind die Verwaltungsarbeiten, ggf. aber auch Maßnahmen, die der Pflege des Mitgliederbestands dienen, wie beispielsweise die Öffentlichkeitsarbeit oder die vermögensverwaltenden Tätigkeiten. Diese **Hilfstätigkeiten** dürfen

---

[1] BFH v. 23. 10. 1991, BStBl. 1992 II, 62.

[2] Vgl. Ziff. 15–18 AEAO zu § 55 AO; vgl. im einzelnen dazu § 6 Rz. 20–29 sowie unten Rz. 71–101.

[3] Zum Grundsatz der Vermögensbindung ausführlich § 5 Rz. 102–107.

[4] Vgl. unten Rz. 71 ff.

[5] BFH v. 11. 12. 1994, I R 104/75, BStBl. II 1975, 458; *Sauer* in: Beermann, § 63 AO Rz. 7.

nicht Selbstzweck werden. Sobald diese Tätigkeiten einen eigenen Zweck der gemeinnützigen Körperschaft bilden, wird eine ausschließlich gemeinnützige Zweckverfolgung nicht mehr festzustellen sein. Die Frage, ob eine gemeinnützigkeitsunschädliche Hilfstätigkeit vorliegt, wird insbesondere in bezug auf die Unterhaltung steuerpflichtiger wirtschaftlicher Geschäftsbetriebe diskutiert.[6] Im Gemeinnützigkeitsrecht ist auch der Grundsatz der zeitnahen Mittelverwendung u. a. deswegen entwickelt worden, weil das Ansparen von Vermögenswerten, um damit irgendwann einmal gemeinnützige Zwecke zu verfolgen, für sich allein betrachtet eben keine gemeinnützige Zweckverfolgung darstellt. Nur wenn festgestellt werden kann, daß ernsthaft und überprüfbar Mittel tatsächlich demnächst für die gemeinnützige Zweckverfolgung eingesetzt werden sollen, wird die Vermögensverwaltung nicht zum Selbstzweck.[7] Ebenso wenig sind Maßnahmen, die weder jetzt noch in Zukunft den gemeinnützigen Zweck fördern können, gemeinnützigkeitsrechtlich zu rechtfertigen.

3 In § 55 Abs. 1 Nr. 1 und Nr. 3 AO hat der Gesetzgeber **negativ abgegrenzt**, welche Formen der Mittelverwendung durch eine gemeinnützige Körperschaft unzulässig sind. Die Mitglieder oder Gesellschafter der gemeinnützigen Körperschaft dürfen keine Gewinnanteile und keine sonstigen Zuwendungen aus Mitteln der Körperschaft erhalten, nur weil sie ein Mitgliedschaftsverhältnis gegenüber der Körperschaft innehaben oder dem Stifter nahestehen. Damit grenzt § 55 Abs. 1 Nr. 1 Satz 2 AO die Fälle, in denen Gewinnausschüttungen an Gesellschafter oder sonstige Zuwendungen an Vereinsmitglieder gemacht werden, von den Fällen ab, in denen die Mitglieder Aufwendungen ersparen oder Zuwendungen aus Mitteln der gemeinnützigen Körperschaft deswegen erhalten, weil sie selbst zum **geförderten Personenkreis** gehören.[8] Selbstverständlich macht ein Sportverein fortlaufend Zuwendungen an seine Mitglieder, indem er diesen die kostenlose Benutzung der Sportgeräte gestattet. Eine unzulässige Zuwendung ist darin nicht zu sehen, weil diese Zuwendung nicht an die Mitglieder in ihrer Eigenschaft als Vereinsmitglieder erfolgt, sondern die Mitglieder in ihrer Eigenschaft als der Personenkreis, der durch die steuerbegünstigte Tätigkeit gefördert werden soll, angesprochen werden. Verboten ist es auch, wenn die gemeinnützige Körperschaft ihre Mittel für die Unterstützung oder Förderung politischer Parteien verwenden sollte, oder irgendeine Person durch Ausgaben, die dem Zweck der Körperschaft fremd sind, oder durch unverhältnismäßig hohe Vergütungen begünstigt werden sollte. Aus diesen Präzisierungen wird ebenfalls deutlich, daß ausschließlich die gemeinnützigen Zwecke verfolgt werden dürfen. Alle diese speziellen Verwendungsverbote werden im folgenden näher erläutert.[9]

---

[6] § 6 Rz. 5–11; Rz. 112–117.
[7] Siehe unten Rz. 71 ff.
[8] Vgl. BFH v. 13. 4. 1956, BStBl. 1956 III, 171; *Hüttemann* S. 67.
[9] Rz. 13–18.

2. Ausschließlichkeit

4 In § 56 AO ist bestimmt, daß eine Körperschaft dann ausschließlich ihre steuerbegünstigten Zwecke verfolgt, wenn das Tätigwerden nur auf die Erfüllung der **satzungsmäßigen gemeinnützigen Zwecke** gerichtet ist. Das Ausschließlichkeitsgebot besagt, daß die Gesellschafter, Mitglieder und Organe der gemeinnützigen Körperschaft verpflichtet sind, ihr Handeln ausschließlich an diesem Zweck auszurichten und seine Verwirklichung zu fördern. Der Satz darf nicht dahin verstanden werden, daß jede einzelne Tätigkeit selbst gemeinnützig sein müsse. Verwaltungstätigkeiten, wie die Vermögensanlage oder Gebäudepflege, können für sich betrachtet nicht gemeinnützig sein.[10] Sie können aber dem gemeinnützigen Zweck dienen, wenn sie ein taugliches Mittel sind, um den gemeinnützigen Zweck zu fördern. Maßnahmen, die nicht selbst den gemeinnützigen Zweck verwirklichen, müssen zumindest geeignet sein, die gemeinnützige Zweckerfüllung zu unterstützen.[11] Daher muß jede Aktivität, die der Mittelbeschaffung dient, wie die Anlage von Geldvermögen oder erwerbswirtschaftliche Betätigungen, die selbst nicht, wie die sog. Zweckbetriebe, Teil der gemeinnützigen Tätigkeit sind, letztlich auf Gewinnerzielung ausgerichtet sein.[12] Die Finanzverwaltung verlangt bei einer **mittelbeschaffenden Tätigkeit** im Rahmen eines steuerpflichtigen wirtschaftlichen Geschäftsbetriebes den Nachweis, daß innerhalb bestimmter Fristen zumindest **ausgeglichene Ergebnisse** aus dem steuerpflichtigen wirtschaftlichen Geschäftsbetrieb erwirtschaftet werden.[13] Der Erlaß ist insofern zu eng gefaßt, als die gemeinnützigen Körperschaften gezwungen werden, eine – entgegen den ursprünglichen Erwartungen – verlustbringende Tätigkeit fortzuführen, bis einmal entstandene Anlaufverluste ausgeglichen sind. Dabei wird verkannt, daß das Gemeinnützigkeitsrecht nicht positive wirtschaftliche Ergebnisse verlangt, sondern nur erwartet wird, daß die mittelbeschaffende Aktivität auf Gewinnerzielung gerichtet ist, was das Recht auf eine – ex post betrachtete – wirtschaftliche Fehlentscheidung einschließt.[14] Gemeinnützigkeitsrechtlich kann die umgehende Einstellung einer verlustbringenden Tätigkeit geradezu geboten sein, um eine weitere Schmälerung der für gemeinnützige Zwecke zur Verfügung stehenden Mittel zu vermeiden. Da die Körperschaft ihr gesamtes Verhalten auf die gemeinnützige Zweckerfüllung ausrichten muß, muß auch der **Verwaltungsaufwand**, der beispielsweise betrieben wird, um neue Mitglieder oder Spender zu werben, im Verhältnis zu den eingeworbenen Beträgen angemessen bleiben.[15] Dies gilt allgemein für das Verhältnis zwischen den Aufwendungen zur Verwaltung der Körperschaft und den Mitteln, die tatsächlich der gemeinnützigen

---

[10] *Hüttemann* S. 35 ff.; *Fischer* in: Hübschmann/Hepp/Spitaler, § 55 AO Rz. 71 ff.

[11] BFH v. 23. 10. 1991, BStBl. II 1992, 62; *Sauer* in: Beermann, § 56 AO Rz. 7.

[12] *Schauhoff* DStR 1998, 738; s. eingehend § 6 Rz. 5–11; Rz. 112–117.

[13] BMF-Schreiben v. 19. 10. 1998, BStBl. I 1998, 1423; s. § 6 Rz. 113.

[14] *Schauhoff* DStR 1998, 738.

[15] BFH v. 23. 09. 1998, I B 82/98, DStR 1998, 1674.

Zweckerfüllung zugute kommen. Die **Verwaltung einer gemeinnützigen Körperschaft darf nicht Selbstzweck** werden, ansonsten ist die Gemeinnützigkeit gefährdet.[16] Soweit den Mitgliedern einer gemeinnützigen Körperschaft bestimmte Zuwendungen gemacht werden, die diese nicht als geförderten Personenkreis ansprechen, liegt im Grundsatz eine gemeinnützigkeitsschädliche Mittelverwendung vor (§ 55 Abs. 1 Satz 2 AO). Die **Gewährung von Vorteilen an die Mitglieder** ist dann jedoch gerechtfertigt, wenn sie sich als eine zulässige und wirtschaftlich erfolgreiche Maßnahme darstellt, um Mitglieder anzuwerben und damit die für die gemeinnützige Zweckerfüllung zur Verfügung stehenden Mittel zu erhöhen. Dann ist jedoch der Nachweis erforderlich, daß der Aufwand für entsprechende Aktivitäten in einem angemessenen Verhältnis zu den Einnahmen aus diesen Hilfstätigkeiten steht.[17] Die ausschließliche gemeinnützige Zweckverfolgung wird ebenfalls nicht berührt, wenn lange Zeit nur Vorbereitungsmaßnahmen getroffen werden sollten, um später die Mittel tatsächlich für die gemeinnützigen Zwecke zu verwenden. Allerdings müssen derartige Vorbereitungsmaßnahmen sich vor dem Gebot der zeitnahen Mittelverwendung rechtfertigen lassen.[18]

3. Unmittelbarkeit

5 In § 57 Abs. 1 AO ist bestimmt, daß eine gemeinnützige Körperschaft nur dann unmittelbar ihre steuerbegünstigten satzungsmäßigen Zwecke verfolgt, wenn sie selbst diese Zwecke verwirklicht. Die Eigenverwirklichung durch die gemeinnützige Körperschaft ist auch dann gegeben, wenn nach den Umständen des Falles, insbesondere nach den rechtlichen und tatsächlichen Beziehungen, die zwischen der Körperschaft und einer anderen Person bestehen, das Wirken dieser anderen Person wie eigenes Wirken der Körperschaft anzusehen ist. Derartige andere Personen werden in § 57 Abs. 1 Satz 2 AO als Hilfspersonen definiert. Allein juristische Personen oder den juristischen Personen ähnliche nicht rechtsfähige Körperschaften können die Steuerbefreiung der Gemeinnützigkeit erlangen. Juristische Personen müssen zwangsläufig durch ihre Organe oder die bei ihnen angestellten oder freiberuflich beschäftigten Personen handeln. Soweit nicht die Organe selbst, sondern die beschäftigten oder selbständig tätigen Dritten, was durchaus auch wiederum juristische Personen, die selbst nicht steuerbefreit sind, sein können, tätig werden, kommt es entscheidend darauf an, daß **deren Wirken wie eigenes Wirken** der gemeinnützigen Körperschaft anzusehen ist.[19] Je selbständiger, d. h. unabhängiger von den Organen der gemeinnützigen Körperschaft, diese dritten Personen agieren können,

---

[16] Vgl. dazu unten Rz. 20.

[17] Vgl. dazu unten Rz. 16.

[18] Vgl. dazu unten Rz. 71 ff.

[19] Zu Recht weist *Fischer* in: Hübschmann/Hepp/Spitaler § 57 AO Rz. 19 darauf hin, daß die Zurechnung des Organhandelns bei der juristischen Person nicht der Zweck des § 57 Abs. 1 S. 2 AO sein könne.

desto höhere Anforderungen werden an den Nachweis gestellt werden, daß es sich bei ihnen tatsächlich um Hilfspersonen handelt.[20]

Von dem Grundsatz der Unmittelbarkeit gibt es zahlreiche Ausnahmen. 6 Nach § 58 Nr. 1 AO kann eine andere inländische steuerbegünstigte Körperschaft oder eine im Ausland ansässige Körperschaft, die zwar selbst nicht nach den deutschen Rechtsvorschriften steuerbegünstigt sein kann, aber gemeinnützige Zwecke verfolgt und ähnlich den Regelungen des deutschen Gemeinnützigkeitsrechts einer Kontrolle ihrer Mittelverwendung unterliegt, gefördert werden. Die Bestimmung dient in erster Linie für in Deutschland ansässige sog. **Spendensammelvereine**. Abgesehen davon darf eine gemeinnützige Körperschaft andere gemeinnützige Körperschaften oder Körperschaften des öffentlichen Rechts finanziell, durch Überlassung ihrer Arbeitskräfte oder der Räumlichkeiten unterstützen. Der Katalog des § 58 Nr. 1 bis 4 AO unterscheidet sich dadurch von der unmittelbaren Tätigkeit i. S. d. § 57 Abs. 1 AO, daß das Wirken derartiger anderer steuerbegünstigter Einrichtungen oder Körperschaften des öffentlichen Rechts eben nicht wie eigenes Wirken der gemeinnützigen Körperschaft selbst erscheinen muß. Vielmehr kann in diesen Fällen die gemeinnützige Zweckerfüllung durch den anderen Rechtsträger erfolgen. Der Zuwendungsgeber beschränkt sich auf die Finanzierung der Maßnahmen, ohne die konkrete Verwirklichung der gemeinnützigen Zwecke vorschreiben oder kontrollieren zu müssen.[21]

Eine weitere Ausnahme vom Grundsatz der Unmittelbarkeit enthält 7 § 57 Abs. 2 AO, wonach sich auch sog. **Dachverbände**, die selbst keine gemeinnützigen Zwecke verfolgen, denen aber ausschließlich gemeinnützige Körperschaften angeschlossen sind, das Wirken der angeschlossenen gemeinnützigen Körperschaften wie eigenes Wirken zurechnen lassen können.[22]

4. Förderung der steuerbegünstigten satzungsmäßigen Zwecke

a) Geeignetheit der Maßnahme

Grundsätzlich steht es allein im Ermessen der zuständigen Organe 8 der gemeinnützigen Körperschaft, auf welche Weise die Mittel der Körperschaft für die gemeinnützigen Zwecke verwendet werden sollen. Zu beachten ist dabei jedoch § 59 AO, wonach die tatsächliche Geschäftsführung einer gemeinnützigen Körperschaft den **Satzungsbestimmungen** entsprechen muß. Aus dem Satzungszweck ergeben sich auch die stiftungsrechtlichen,[23] vereinsrechtlichen[24] oder gesellschaftsrechtlichen[25] Begrenzungen für das Handeln der Organe. Die Förderung gemeinnütziger Zwecke, welche nicht in der Satzung geregelt sind, ist

[20] Vgl. unten Rz. 49 ff.
[21] S. näher dazu unten, Rz. 53 ff.
[22] S. unten Rz. 63.
[23] S. § 3 Rz. 91–93; Rz. 57–60.
[24] S. § 2 Rz. 13.
[25] S. § 4 Rz. 17 ff.

gemeinnützigkeitsrechtlich grundsätzlich unzulässig.[26] Eine Ausnahme besteht, wenn eine andere steuerbegünstigte Körperschaft gefördert werden sollte, die andere gemeinnützige Zwecke als die zuwendende Körperschaft verfolgt.[27]

9 Das **Ermessen der zuständigen Organe** bezieht sich darauf, daß diese unter der Vielzahl der möglichen geeigneten Maßnahmen diejenigen auswählen dürfen, die tatsächlich verwirklicht werden sollen. Wesentlich ist stets, daß die im einzelnen getroffene Maßnahme geeignet sein kann, den gemeinnützigen Zweck zu fördern. Unzulässig sind Maßnahmen, die tatsächlich nicht die Allgemeinheit fördern sollen, sondern auf die Förderung der Interessen einzelner gerichtet sind, es sei denn, die Interessen der einzelnen decken sich mit den Interessen der Allgemeinheit. Problematisch in diesem Zusammenhang ist stets, wenn mit den Interessen der Allgemeinheit gleichzeitig die Interessen der Mitglieder der gemeinnützigen Körperschaft unterstützt werden.[28]

10 Die Frage, welche Geschäftsführungsmaßnahme im Einzelfall zulässig ist, setzt eine **sorgfältige Abgrenzung** und Definition dessen voraus, **worin die gemeinnützige Zweckverfolgung** besteht.[29] Die Förderung der Wissenschaft als solche ist beispielsweise nicht gemeinnützig, wohl aber die Förderung der Wissenschaft, soweit sie der Allgemeinheit zugute kommt.[30] Wissenschaftsförderung erfolgt vielfach in der Weise, daß Stipendien an Wissenschaftler vergeben werden, die mit dem Stipendium in die Lage versetzt werden sollen, Forschung im Interesse der Allgemeinheit zu betreiben. Die gemeinnützige Körperschaft muß sicherstellen, daß die Allgemeinheit Zugang zu den ausgeschriebenen Stipendien hat und die Forschungsergebnisse nach Abschluß der Forschung veröffentlicht werden. Dagegen ist ein Vorbehalt der Rechte zur wirtschaftlichen Nutzung der Forschungsergebnisse gemeinnützigkeitsrechtlich nicht geboten, denn abgesehen davon, daß schon allein aufgrund der Bestimmungen des Arbeitnehmererfindungsgesetzes es rechtlich kaum möglich sein wird, den geförderten Wissenschaftler von der Verwertung der Forschungsergebnisse auf eigene Rechnung abzuhalten,[31] will das Gemeinnützigkeitsrecht allein das Betreiben der Forschung ermöglichen. Der wirtschaftliche Erfolg der gemeinnützigen Körperschaft selbst soll nicht sichergestellt werden. Ist das Ergebnis der Forschung, daß der Forscher wirtschaftlichen Nutzen aus dieser ziehen kann, so stellt sich derartiger Nutzen allein als **Reflex** aus der gewährten Förderung dar.[32] In Abgrenzung dazu hat der Bun-

---

[26] S. § 59 a. E. AO.

[27] Vgl. Ziff. 18 zu § 58 AEAO; unten Rz. 53 ff.

[28] Vgl. dazu unten Rz. 13 ff.

[29] Vgl. dazu näher oben § 5 Rz. 51–88.

[30] *Thiel* DB 1996, 1944; *Seer* DStR 1997, 436.

[31] Vgl. zum Recht auf Ausnutzung von Forschungsergebnissen OLG Düsseldorf v. 10. 6. 1999–2 U 11/98, GmbHR 1999, 1093.

[32] Ähnlich zur Förderung von Sportlern FinMin Thüringen v. 25. 4. 1996, DStR 1996, 921, wobei allerdings im Gegensatz zur Stipendienvergabe bei der Sportförderung eine Bedürftigkeitsprüfung verlangt wird.

desfinanzhof eindeutig entschieden, daß direkte Wirtschaftsförderung keine gemeinnützige Zweckverwirklichung darstellt.[33] Die Wirtschaftsförderung Dritter darf durch Maßnahmen der gemeinnützigen Körperschaft nicht intendiert sein, sieht man von der unterstützenden Hilfe an Einzelpersonen in wirtschaftlicher Not unter den Voraussetzungen des § 53 Abs. 2 AO ab. Ein typisches Beispiel für die Verwendung von Mitteln für nicht gemeinnützige Zwecke ist dann gegeben, wenn Ratschläge im Interesse Einzelner erteilt werden, ohne daß der gemeinnützige Zweck auf eine derartige Beratungstätigkeit ausgerichtet ist. Eine Ausrichtung auf die gemeinnützige Zweckverfolgung wird bei der Schuldner- oder begleitenden Gesundheitsberatung gegeben sein. Die Rechtsberatung, Berufsberatung oder Unternehmensberatung sind dagegen vielfach im Rahmen der gemeinnützigen Zweckverfolgung nicht möglich. Derartige Maßnahmen sind, sofern sie unentgeltlich oder unter Marktpreisniveau gewährt werden, eine gemeinnützigkeitsrechtliche Fehlverwendung von Mitteln, weil damit Personen durch Ausgaben, die dem Zweck der Körperschaft fremd sind, begünstigt werden (§ 55 Abs. 1 Nr. 3 AO). Soweit sich derartige Leistungen allein an die Vereinsmitglieder richten und bei diesen zu besonderen wirtschaftlichen Vorteilen führen, können die Mitgliedsbeiträge Einnahmen in einem steuerpflichtigen wirtschaftlichen Geschäftsbetrieb darstellen.[34] Im übrigen nimmt die Finanzverwaltung dann, wenn eine derartige unentgeltliche Tätigkeit, die selbst nicht den gemeinnützigen Zweck fördert, von untergeordneter Bedeutung im Verhältnis zur gesamten Tätigkeit ist, keine Mittelfehlverwendung an. So ist das gelegentliche unentgeltliche Vermitteln von Babysittern durch einen Verein, dessen Satzungszweck die Fortbildung von Babysittern und Tagesmüttern ist, unschädlich.[35] Kritisch wird diese Vermittlungstätigkeit allerdings dann, wenn anstelle der Fortbildung die Arbeitsvermittlung für Lehrgangsteilnehmer als nicht gemeinnützige Tätigkeit planmäßig von der Geschäftsführung des Vereins verfolgt würde.

Gemeinnützige Körperschaften müssen heutzutage vielfach das Licht 11
der Öffentlichkeit suchen, um die gemeinnützigen Zwecke fördern zu können. Je mehr die Medien über die gemeinnützige Tätigkeit berichten, desto größer ist das Spendenaufkommen und die Bereitschaft in der Bevölkerung, die wohltätigen Aktivitäten zu unterstützen. Auch auf lokaler Ebene erfordern diese Notwendigkeiten, daß sich gemeinnützige Körperschaften nicht als „graue Kirchenmaus", sondern als selbstbewußte, auch wirtschaftlich solide Organisationen präsentieren. Aufwendungen, um die **Öffentlichkeit zu informieren** und die **Aufmerksamkeit der Medien zu erhalten**, sind daher geeignet, den gemeinnützigen Zweck zu fördern. Allerdings müssen sie angemessen sein. Die gemeinnützige Körperschaft muß nachweisen können, daß

---

[33] BFH v. 21. 5. 1997, BFH/NV 1997, 904; vgl. § 5 Rz. 73.

[34] BFH v. 15. 10. 1997, I R 2/97, BStBl. II 1998, 175; näher § 6 Rz 123; § 7 Rz. 125.

[35] OFD Frankfurt, Vfg. v. 9. 10. 1998 – SO 171 A – 120 – StII 12, DB 1998, 2245.

sich der Aufwand, zumindest auf Dauer gesehen, „gelohnt" hat, indem die Investition in den Bekanntheitsgrad Früchte getragen hat, beispielsweise in der Form von erhöhtem Spendenaufkommen, verbesserten Beziehungen zu den für die gemeinnützige Tätigkeit wichtigen Entscheidungsträgern oder das eine gesellschaftliche Diskussion über das Thema der gemeinnützigen Körperschaft angestoßen werden konnte. Von daher kann bei Preisverleihungen, Pressegesprächen oder der Gestaltung von Werbebroschüren durchaus einiger Aufwand betrieben werden. Allerdings muß der betriebene Aufwand in einem angemessenen Verhältnis zu den für die gemeinnützigen Zwecke selbst aufgewandten Mitteln stehen.[36]

b) Unterstützung anderer

12 Vielfach besteht die gemeinnützige Zweckverwirklichung gerade darin, daß andere Personen in ihrer Tätigkeit gefördert werden. Typische Beispiele dafür sind die Sportförderung, die Stipendienvergabe an Wissenschaftler, die wirtschaftliche Unterstützung von Menschen in Not[37] oder aber die Subventionierung von Jugendtreffs[38] und Gründung von Beschäftigungsgesellschaften.[39] In allen diesen Fällen wird zu prüfen sein, ob der Gesetzgeber die **Unterstützung Dritter unabhängig von** den Voraussetzungen einer **Bedürftigkeitsprüfung**, wie sie in § 53 AO vorgesehen ist, erlauben wollte, oder aber, ob die Mittelvergabe davon abhängig gemacht werden muß, daß die unterstützten Personen nicht in der Lage sind, ohne finanzielle Unterstützung auszukommen. Bei der Förderung von Wissenschaftlern wird eine Prüfung der finanziellen Bedürftigkeit nicht vorausgesetzt. Vielmehr dürfen Wissenschaftler stets Stipendien, die sich selbstverständlich in angemessenem Rahmen halten müssen, vereinnahmen, ohne daß ihre sonstigen Vermögenseinkünfte oder die Möglichkeit der Eltern oder anderer Personen, diese zu unterhalten, geprüft würde.[40] Eine Ausnahme besteht in der Konkurrenzsituation gegenüber dem Bundesausbildungsförderungsgesetz, wenn es zunächst nur darum geht, das Studium zu vollenden, beispielsweise im Bereich der Begabtenförderung. Bei der Stipendienvergabe an Wissenschaftler wird aber nicht die **Ausbildung einzelner Personen** gefördert, sondern die **wissenschaftliche Tätigkeit** der Stipendiaten, die allein für sich genommen der Wissenschaftsförderung dient. Dagegen ist die Ausbildungsförderung, sieht man von den Bildungsmaßnahmen selbst ab, für sich betrachtet keine gemeinnützige Zweckverfolgung. Deswegen setzt die finanzielle Unterstützung junger Menschen den Nachweis von deren wirtschaftlicher Bedürftig-

---

[36] S. Rz. 19–24.

[37] Vgl. § 5 Rz. 39.

[38] Vgl. Erlaß FinMin Brandenburg v. 22. 7. 1993 III/5 – S 0185–1/93; FG Brandenburg v. 25. 11. 1998, EFG 1999, 199.

[39] FG Brandenburg a.a.O.; BFH v. 26. 4. 1995, BStBl. II 1995, 767. BMF-Schreiben v. 11. 3. 1992, IV B 4–50170–32/92,

[40] Vgl. *Kießling/Buchna* S. 52; *Kirchhof* in: Kirchhof/Söhn § 10 b EStG Rz. B 90.

keit voraus.[41] Wird dagegen ein kostenloses Seminar angeboten, steht das zusätzliche Bildungsangebot allen Interessierten zur Verfügung. Im Unterschied dazu wird die Sportförderung durchaus davon abhängig gemacht, daß der Sportler nicht in der Lage ist, seinen Lebensunterhalt aus anderen Quellen, und sei es bei unter 27jährigen Sportlern durch die Unterstützung der Eltern, zu finanzieren.[42] Die Förderung der Ausbildung zum Spitzensportler ist keine gemeinnützige Tätigkeit, da der Sport deswegen als gemeinnützig anerkannt ist, um die sportliche Ertüchtigung der Allgemeinheit zu fördern. Talentierte Nachwuchskräfte können daher unmittelbar bei ihrer sportlichen Betätigung durch Sachzuwendungen gefördert werden, ihnen kann aber nicht ermöglicht werden, nur noch Sport zu betreiben. Die Allgemeinheit profitiert von sportlichen Höchstleistungen Einzelner nicht in gleicher Weise wie von den publik gemachten Forschungsergebnissen. Ähnlich detaillierte Regelungen bestehen für Jugendtreffs und Beschäftigungsgesellschaften. Bei Jugendtreffs wird regelmäßig unterstellt, daß dort ausschließlich bedürftige Personen verpflegt werden, so daß die Gemeinnützigkeit nicht durch die Subventionierung von Essen und Getränken gefährdet wird.[43] Bei Beschäftigungsgesellschaften wird dagegen eine strenge Überprüfung der Notlage der Beschäftigten erwartet.[44] An diesen wenigen Beispielen zeigt sich, welche detaillierte Erwägungen Rechtsprechung und Finanzverwaltung je nach dem im Einzelfall verwirklichten gemeinnützigen Zweck anstellen, um festzustellen, ob bei einzelnen Maßnahmen eine Förderung der Allgemeinheit in Abgrenzung zu einer unzulässigen Begünstigung einzelner vorliegt. Wichtig ist zunächst zu bestimmen, welche Tätigkeiten unter den als gemeinnützig anerkannten Zweck nach dem Willen des Gesetzgebers gefaßt werden sollen, und dann **anhand** dieser **offengelegten Wertungen** die Zulässigkeit einer einzelnen Maßnahme zu ergründen. Dabei ist zu beachten, daß die Rechtsprechung – zu Recht – die durch den Gesetzgeber in dem Katalog des § 52 Abs. 2 AO getroffenen Wertungen positivistisch übernimmt, ohne diese – in sich möglicherweise widersprüchlichen – Wertentscheidungen durch Auslegung verändern zu wollen.[45]

c) Förderung der Interessen der Mitglieder, Gesellschafter und Stifter

aa) Förderung der Allgemeinheit

In § 55 Abs. 1 Nr. 1 Satz 2 i.V.m. Abs. 3 AO ist bestimmt, daß die Mitglieder, Gesellschafter oder Stifter sowie deren Erben in dieser Ei- 13

[41] Vgl. für Unterstützungskassen OFD Ffm. v. 11. 9. 1996 S2723 A- 9 – St II 13.

[42] FinMin Thüringen v. 25. 4. 1996, DStR 1996, 921.

[43] Vgl. BFH v. 11. 5. 1988 V R 76/83; BStBl. II 1988, 908; Erlaß FinMin NRW v. 8. 4. 1991 S 2729–7-VB 4; vgl. aber auch SenFin Hamburg v. 22. 2. 1995, 53-S 0187–3/91.

[44] Vgl. Rz. 12 Fn. 27.

[45] BFH v. 29. 10. 1997 I R 13/97, BStBl. II 1998, 9; zu der Entwicklung der Rspr. sehr instruktiv *Hofmeister* Münchner Steuerfachtagung 1999, S. 3 ff.; s. § 5 Rz. 25–29.

genschaft keine Zuwendungen aus Mitteln der Körperschaft erhalten dürfen. Bei dieser Regelung handelt es sich um eine Konkretisierung des Gebotes der Selbstlosigkeit, wonach durch eine gemeinnützige Zweckverfolgung nicht in erster Linie **eigenwirtschaftliche Zwecke** – z. B. gewerbliche Zwecke oder sonstige Erwerbszwecke – der Mitglieder eines gemeinnützigen Vereins, der Gesellschafter einer gemeinnützigen Kapitalgesellschaft oder der Stifter und ihrer Erben verfolgt werden dürfen. § 55 AO verbietet nicht das Gewähren jeglichen Vorteils für die Mitglieder. Vielmehr stellt die Vorschrift allein auf wirtschaftliche Vorteile ab.[46] Nicht selbstlos ist auch die wirtschaftliche Förderung von Angehörigen der Mitglieder oder anderen ihnen nahestehenden Personen.[47] **Ideelle Vorteile**, die die Mitglieder aufgrund der Tätigkeit der gemeinnützigen Körperschaft empfangen, beispielsweise die Möglichkeit, Sport zu betreiben, oder aber an den Bildungsveranstaltungen der gemeinnützigen Körperschaft teilzunehmen, dürfen diese Personen empfangen. Das Gewähren derartiger ideeller Vorteile wäre allerdings dann nicht zulässig, wenn die gemeinnützige Körperschaft nur einen eng umgrenzten Kreis von Mitgliedern oder den Stifter und dessen Familie oder die Gesellschafter fördern sollte. Dann liegt keine Förderung der Allgemeinheit vor.[48] Aus diesem Grund hat die Finanzverwaltung insbesondere für die Aufnahmebestimmungen in Sportvereine bestimmte Grenzen aufgestellt, durch die sichergestellt werden soll, daß breite Bevölkerungskreise die Möglichkeit haben, ihren Sport in den jeweiligen Vereinen auszuüben.[49] Verboten ist aber nicht, daß der Zugang zu einem gemeinnützigen Verein durch **Aufnahmebestimmungen** gesteuert wird.[50] Es versteht sich von selbst, daß kein Verein verpflichtet werden kann, alle Interessierten aufzunehmen. Aus sachlichen Gründen können selbstverständlich Zugangsbeschränkungen eingeführt werden.[51] Derartige Zugangsbeschränkungen erkennt auch das Gemeinnützigkeitsrecht an, solange noch eine **Förderung der Allgemeinheit** gegeben ist.

bb) Ausschließlichkeit

14 § 55 Abs. 1 Satz 1 AO darf nicht dahin verstanden werden, als ob eine gemeinnützige Körperschaft zu einem geringeren Teil durch ihre Geschäftspolitik den wirtschaftlichen Interessen ihrer Mitglieder dienen dürfte. Vielmehr muß die gesamte Geschäftspolitik immer ausschließlich auf den gemeinnützigen Verbandszweck gerichtet sein. Die Geschäftspolitik kann aber auch dann immer noch **ausschließlich auf**

---

[46] RFH RStBl. 1930, 702; BFH BStBl. III 1956, 270; BFH BStBl. II 1990, 550; BStBl. II 1992, 62 (64); *Tipke/Lang* § 55 AO Rz. 6; *Hofmeister* Münchner Steuerfachtagung 1999, S. 9.

[47] *Fischer* in Hübschmann/Hepp/Spitaler § 55 AO Tz. 25 ff.

[48] S. § 5 Rz. 42–45.

[49] BMF-Schreiben v. 6. 11. 1998, BStBl. I 1998, 1424; § 5 Rz. 43.

[50] BFH v. 13. 11. 1996 I R 152/93, BStBl. II 1996, 711.

[51] BFH a.a.O.

den gemeinnützigen Verbandszweck ausgerichtet sein, wenn zeitweise oder teilweise in Verfolgung des gemeinnützigen Verbandszwecks insbesondere die beruflichen und damit möglicherweise eigenwirtschaftlichen Interessen der Mitglieder gefördert werden. Die tatsächliche Geschäftsführung einer gemeinnützigen Körperschaft ist solange auf die gegenwartsnahe Erfüllung der satzungsmäßigen Zwecke gerichtet, solange – bei einer typisierenden Betrachtung – der **Schwerpunkt der verbandsmäßigen Tätigkeit** im Bereich solcher Tätigkeiten liegt, welche als gegenwärtige Erfüllung der gemeinnützigen Ziele anzusehen sind und Art und Umfang vorbereitender Maßnahmen das für eine gegenwartsnahe Verwirklichung erforderliche Maß nicht wesentlich überschreiten. Soweit dies nach den Umständen zweifelhaft ist, trägt die gemeinnützige Körperschaft die Beweislast dafür, daß die getroffenen vorbereitenden Maßnahmen, die beispielsweise der Pflege des Mitgliederbestandes dienen können, für eine gemeinnützige Zweckverwirklichung geeignet gewesen sind.[52] Von daher ist es unschädlich, wenn zur Pflege des Mitgliederbestandes auch Tätigkeiten ausgeübt werden, die nicht unmittelbar der gemeinnützigen Zweckverfolgung dienen, aber doch als geeignete Maßnahme dargestellt werden können, um auf Dauer mehr Mittel den gemeinnützigen Zwecken zuführen zu können.[53]

cc) Förderung eigenwirtschaftlicher Zwecke

Somit muß die Tätigkeit einer gemeinnützigen Körperschaft stets auf 15
die Zweckerfüllung ausschließlich für gemeinnützige Zwecke ausgerichtet sein. Doch auch wenn diese Voraussetzung gegeben ist, muß die Förderung der gemeinnützigen Zwecke **selbstlos** geschehen, d. h. die Mitglieder dürfen nicht in erster Linie ihre eigenwirtschaftlichen Interessen verfolgen. Ein typisches Beispiel für das Verfolgen eigenwirtschaftlicher Interessen ist gegeben, wenn sich das Allgemeininteresse und das wirtschaftliche Interesse der Mitglieder decken. Wenn durch die Tätigkeit der gemeinnützigen Körperschaft in erster Linie wirtschaftliche Vorteile in der erwerbswirtschaftlichen Sphäre der Mitglieder entstehen, kann die Körperschaft die Steuerbegünstigung verlieren. Die Gemeinnützigkeit versagt wurde deswegen berufsständischen Vereinigungen,[54] Fremdenverkehrsvereinen,[55] Börsenvereinen[56] und Wirtschaftsförderungsgesellschaften,[57] da in diesen Fällen die Förderung der Erwerbstätigkeit im Vordergrund stand. Sofern allerdings ein Berufstand die Aus- und Weiterbildung der Berufsträger sowie die Festlegung und Überwachung der Einhaltung berufsspezifischer Normen in den Mittelpunkt seiner Tätigkeit rückt, liegt eine gemeinnützige Zweckver-

---

[52] *Hüttemann* S. 35.
[53] Siehe unten Rz. 18.
[54] Vgl. Abschn. 8 KStR.
[55] OFD Frankfurt v. 27. 10. 1995, DB 1995, 2500.
[56] BFH v. 16. 11. 1954, BStBl. 1955 III, 12.
[57] BFH v. 21. 5. 1997, BFH/NV 1997, 904; vgl. § 5 Rz. 73, 74.

folgung im Interesse der Allgemeinheit vor. Zweifelhaft ist, ob es schädlich ist, wenn die Mitglieder außerhalb ihrer Erwerbssphäre Aufwendungen durch die Tätigkeit der gemeinnützigen Körperschaft ersparen. Ein derartiger Fall der **Aufwandsersparnis** ist beispielsweise durch die Nutzung von Vereinseinrichtungen beim Sportverein gegeben. Dasselbe gilt, wenn die Mitglieder verbilligten Zutritt zu den Veranstaltungen des Bildungsvereins erhalten. Das Gewähren derartiger Vorteile könnte gleichfalls als Verfolgung eigenwirtschaftlicher Zwecke angesehen werden, so daß es darauf ankommt, ob der Verein **in erster Linie** derartige **eigenwirtschaftliche** Zwecke verfolgt.[58] Bei der Prüfung, ob in erster Linie eigenwirtschaftliche Zwecke verfolgt werden, ist abzuwägen, ob die wirtschaftlichen Vorteile, die bei den einzelnen Mitgliedern entstehen, im Interesse des Allgemeinwohls hinzunehmen sind, weil die allgemeinwohlfördernde Tätigkeit der Körperschaft im Vordergrund steht, oder ob der Nutzen für das Allgemeinwohl hinter dem Eigennutz der Beteiligten zurückbleibt. Dabei sind Art und Ausmaß des eigenwirtschaftlichen Vorteils des einzelnen Mitglieds ebenso zu berücksichtigen wie die Anzahl der wirtschaftlich geförderten Mitglieder im Verhältnis zur Gesamtzahl der Mitglieder und der geförderten Personen insgesamt. Eine überwiegend mitgliederbezogene Tätigkeit wird von dem Steuergesetzgeber durchaus als selbstlos angesehen, wie die gemeinnützigkeitsrechtliche Anerkennung der Sport- und Freizeitvereine zeigt. Daraus ergibt sich, daß die Förderung der Mitgliederinteressen in diesen Fällen nach der im Gesetz getroffenen Wertung allein auf ideellem Gebiet liegt. Eine eigenwirtschaftliche Förderung wird in diesen Fällen auch dann nicht angenommen, wenn durch die Mitgliedschaft in einem gemeinnützigen Verein Ausgaben erspart werden können.

dd) Förderung als Mitglied

16 Mitglieder gemeinnütziger Körperschaften erhalten häufig dadurch Vorteile aus ihrer Mitgliedschaft, daß sie kostenlos über die Tätigkeit der gemeinnützigen Körperschaft informiert werden oder Verbilligungen für den Besuch von Bildungsveranstaltungen oder den Bezug wissenschaftlicher Werke erhalten. Auch wenn § 55 Abs. 1 Nr. 1 Satz 2 AO bestimmt, daß die Mitglieder keine Zuwendungen aus Mitteln der Körperschaft erhalten dürfen, so ist es wesentlich, daß sie diese Zuwendungen allein **aufgrund ihrer Eigenschaft als Mitglieder** erhalten haben. Wurde die Zuwendung gemacht, weil der Empfänger als Teil der an der gemeinnützigen Zweckverfolgung interessierten Öffentlichkeit angesehen werden kann, liegt keine Zuwendung an diese Person speziell in ihrer Eigenschaft als Mitglied vor.[59] Eine schädliche Mittelzuwendung ist daher nur gegeben, wenn das Mitglied, ohne selbst eine angemessene Gegenleistung zu erbringen,[60] einen wirtschaftlichen Vor-

---

[58] *Hüttemann* S. 67.

[59] BFH v. 23. 10. 1991, I R 19/91, BStBl. II 1992, 62(64) v. 7. 12. 1988 I R 25/82, BStBl. II 1989, 248; *Fischer* in: Hübschmann/Hepp/Spitaler § 55 AO Rz. 135.

[60] Vgl. BFH v. 3. 12. 1996, I R 67/95, BStBl. 1997 II, 474.

teil erhält, der in der eigenen erwerbswirtschaftlichen Sphäre liegt, ohne daß die gemeinnützige Körperschaft bei der Zuwendung selbst ihre gemeinnützigen Zwecke verfolgt. Der durch den Mitgliedsbeitrag abgedeckte verbilligte Bezug von Fachzeitschriften oder begünstigte Besuch von Bildungs- oder wissenschaftlichen Veranstaltungen führt nicht zu einer unzulässigen Zuwendung an das Mitglied, da derartige Maßnahmen der gemeinnützigen Zweckverfolgung dienen. Gemeinnützigkeitsrechtlich kritisch können derartige Maßnahmen allerdings werden, wenn sie den Schluß erlauben sollten, daß die Körperschaft in erster Linie dem kollektiven Eigennutz ihrer Mitglieder dienen sollte. Stets muß erkennbar sein, daß die Allgemeinheit durch die Maßnahmen angesprochen wird, d. h. bei Bildungsmaßnahmen muß der freie Zugang für alle Interessierten gegeben sein, bei der Wissenschaftsförderung die Publikation der Forschungsergebnisse die Förderung der Allgemeinheit sicherstellen. Sofern eine weitgehende Identität von Vereinsmitgliedschaft und interessierter Öffentlichkeit gegeben ist, schadet es nicht, wenn die Mitglieder Zuwendungen erhalten.[61] Verbilligungen für Mitglieder können zudem auch deren größeres Engagement bei der Verfolgung der gemeinnützigen Zwecke, den ehrenamtlichen Einsatz, abgelten. Wenn die besonders engagierte Öffentlichkeit vorab oder verbilligt über die gemeinnützige Zweckverfolgung informiert wird, liegt keine gemeinnützigkeitsrechtlich zu beanstandende Mittelfehlverwendung vor. Gemeinnützigkeitsschädlich sind allerdings stets Zuwendungen an alle oder einzelne Mitglieder oder auch an den Stifter und seine Angehörigen oder die Gesellschafter und deren Angehörige, die eine Vermögensminderung bei der gemeinnützigen Körperschaft bewirken, ohne daß damit die gemeinnützigen Zwecke verfolgt werden. Typisches Beispiel ist die kostenlose Rechtsberatung der Mitglieder,[62] die verbilligte Abgabe von Unterkunft und Mahlzeiten an Mitglieder[63] oder die verbilligte Darlehensgewährung.[64] Unschädlich wären derartige Maßnahmen möglicherweise bei der Verfolgung mildtätiger Zwecke oder der Rechtsberatung im Rahmen des Verbraucherschutzes. Die verhinderte Vermögensmehrung steht, wie die Beispiele zeigen, der Vermögensminderung gleich.[65] Letztlich ist stets eine genaue Analyse der verfolgten gemeinnützigen Zwecke erforderlich.[66] Unabhängig von einer gemeinnützigkeitswidrigen Begünstigung der der Körperschaft nahestehenden Personen kann auch bei unangemessenen Zuwendungen an Dritte der Verlust der Gemeinnützigkeit drohen.[67]

---

[61] BFH v. 13. 4. 1956, BStBl. 1956 III, 171.
[62] *Kießling/Buchna* S. 124.
[63] FG München v. 29. 2. 1996, EFG 1996, 938.
[64] BMF-Schreiben v. 14. 12. 1994, DB 1995, 119.
[65] FG Saarland v. 5. 5. 1997, EFG 1997, 1335.
[66] S. dazu § 5 Rz. 20–87.
[67] Zur Prüfung der Angemessenheit s. unten Rz. 19–24.

ee) Gegenleistung Mitgliedsbeitrag

17 Von den Fällen, in denen die Mitglieder bei Verfolgung einer gemeinnützigen Tätigkeit gegenüber Nichtmitgliedern begünstigt werden, sind die Fälle zu unterscheiden, in denen sie **wirtschaftliche Vorteile allein aufgrund des Mitgliedschaftsverhältnisses** erhalten. Ein typisches Beispiel für eine derartige Vorteilsgewährung ist das Anrecht der Mitglieder, verbilligt Veranstaltungen des Sportvereins, die dieser im Lizenzspielbetrieb und damit, gemeinnützigkeitsrechtlich gesprochen, im Rahmen eines steuerpflichtigen wirtschaftlichen Geschäftsbetriebs abhält, zu besuchen. Die verbilligte Eintrittskarte zu Fußball-Bundesligaspielen ist vom Bundesrechnungshof einmal als Verstoß gegen das Verbot, den Mitgliedern Zuwendungen zu gewähren, gewertet worden.[68] Die Finanzverwaltung hat demgegenüber argumentiert, solange die Verbilligungen insgesamt für das einzelne Mitglied nicht den Mitgliedsbeitrag erreichen, seien derartige Vorteile unschädlich.[69] Folge einer entsprechenden Argumentation ist allerdings, daß der Teil des Mitgliedsbeitrags, den die Mitglieder für den Erwerb der Eintrittskarte aufwenden, als Einnahme in einem steuerpflichtigen wirtschaftlichen Geschäftsbetrieb zu erfassen und entsprechend zu besteuern ist.[70]

ff) Förderung der Geselligkeit

18 Außer derartigen wirtschaftlichen Vorteilen, die die Mitglieder sich direkt durch den Mitgliedsbeitrag erkaufen können, ist auch die Gewährung ideeller Vorteile an die Mitglieder, die nicht in Erfüllung der gemeinnützigen Zweckverfolgung gewährt werden, nur in sehr eingeschränktem Rahmen gemeinnützigkeitsrechtlich zulässig. § 58 Nr. 8 AO bestimmt, daß eine gemeinnützige Körperschaft gesellige Zusammenkünfte für ihre Mitglieder veranstalten darf, sofern diese Veranstaltungen im Vergleich zu der steuerbegünstigten Tätigkeit von untergeordneter Bedeutung sind. Die Finanzverwaltung geht davon aus, daß die unentgeltliche Bereitstellung oder Überlassung von Speisen und Getränken durch einen Verein anläßlich geselliger Veranstaltungen oder die Gewährung von Zuschüssen grundsätzlich eine schädliche Mittelverwendung darstellt. Nur insoweit, als die Ausgaben nach allgemeiner Verkehrsauffassung für die Betreuung von Mitgliedern üblich sind, wird die Gemeinnützigkeit dadurch nicht ausgeschlossen. In Ziff. 3 zu § 55 AEAO hat die Finanzverwaltung festgelegt, daß bei der Mitgliederbetreuung im Rahmen von Vereinsfesten, Ausflügen oder Geschenken für besondere persönliche Ereignisse dann keine schädliche Zuwendung an die Mitglieder anzunehmen sei, wenn es sich bei den Aufwendungen um Annehmlichkeiten handelt, wie sie im Rahmen der Betreuung von Mitgliedern

---

[68] Bericht Bundesrechnungshof, zitiert von *Jansen* DStR 1992, 133.
[69] *Jansen* DStR 1992, 133.
[70] BFH v. 15. 10. 1997, I R 2/97, BStBl. 1990 II, 175; dazu *Fidorra* DB 1999, 559; vgl. § 6 Rz. 123.

allgemein üblich sind. Eine feste betragsmäßige Grenze wird nicht genannt. Grundsätzlich sind Geldgeschenke sehr problematisch. Sonderzuwendungen an einzelne Mitglieder sollten ebenfalls vermieden werden. Teilweise geht die Finanzverwaltung für die Pflege des Mitgliederbestandes von ganz unerheblichen Beträgen von unter DM 10 je Jahr und Mitglied aus, häufiger werden DM 60,– je Jahr und tatsächlich betreutem Mitglied genannt. Wird beispielsweise mehrmals ein Vereinsfest veranstaltet, zu dem die Mitglieder und deren Ehepartner oder Lebensgefährten kostenlos Zugang haben, darf der Aufwand für den Verein je teilnehmendem Mitglied im Jahr nicht DM 60,– übersteigen.[71] Eine derartig feste betragsmäßige Grenze läßt sich dem Gesetz aber nicht entnehmen. Vielmehr ist wesentlich, ob im Verhältnis zu dem Beitragsaufkommen die Aufwendungen der Körperschaft für die Pflege des Mitgliederbestandes von untergeordneter Bedeutung sind. Dazu zählen alle Aufwendungen, die nicht der gemeinnützigen Zweckverfolgung dienen, sondern allein das Abhalten von Vereinsfesten, wie Pflege der Geselligkeit, oder der Gewährung sonstiger Vorteile an die Mitglieder bezwecken. Aus **§ 58 Nr. 8 AO** läßt sich der Rechtsgedanke entnehmen, daß derartige Aufwendungen von untergeordneter Bedeutung sein müssen. Eine untergeordnete Bedeutung wird anzunehmen sein, sofern die **Aufwendungen nicht 10 v. H. der Einnahmen aus den Mitgliedsbeiträgen übersteigen**.[72] Diese Grenze bezieht sich allein auf die Gewährung eigenwirtschaftlicher Vorteile an die Mitglieder in dieser Eigenschaft. Darüber hinaus wird es eine absolute Grenze der denkbaren Zuwendungen an das einzelne Mitglied geben, die aber der Höhe nach von Jahr zu Jahr variieren kann (in Jubiläumsjahren kann mehr ausgegeben werden). Sachzuwendungen aus besonderem Anlaß an verdiente ehrenamtliche Helfer können durchaus auch wertvoll sein.[73] Wesentlich ist, daß der Verein nicht übertriebenen Aufwand zu Gunsten der Mitglieder betreibt, sondern die Verfolgung gemeinnütziger Zwecke fördert, indem er ehrenamtliches Engagement auszeichnet, um die ehrenamtliche Tätigkeit anzuregen.

d) Sparsame Mittelverwendung

aa) Grundsätze

Nach § 55 Abs. 1 Nr. 1 Satz 1 AO ist eine gemeinnützige Körper- 19
schaft gehindert, ihre Mittel für andere als die satzungsmäßigen steuerbegünstigten Zwecke zu verwenden. Die Steuervergünstigungen der Gemeinnützigkeit werden gewährt, um steuerbegünstigte Zwecke zu fördern. Dieses Ziel wird verfehlt, wenn die Körperschaft die von ihr erworbenen Mittel weitgehend nicht für ihre satzungsmäßigen

[71] So *Maier* Sportvereine, Rz. 58.

[72] Vgl. dazu FG Köln v. 14. 1. 1998, EFG 1998, 753; BGH v. 10. 11. 1994, DB 1995, 483; OFD Frankfurt v. 12. 7. 1994; cit. *Kießling/Buchna* S. 119; ebenso jetzt BMF-Schreiben v. 15. 5. 2000, DstR 2000, 968.

[73] *Kirchhof* in: Kirchhof/Söhn; § 10 b EStG Rz. B 83.

steuerbegünstigten Zwecke, sondern für die eigene Verwaltung eingesetzt.[74] Allerdings enthält das Gesetz keine absoluten oder prozentualen Obergrenzen dafür, in welchem Verhältnis **Verwaltungskosten** zu den Aufwendungen für gemeinnützige Zwecke stehen müssen. Entscheidendes Kriterium ist deshalb allein, ob bei Berücksichtigung der Umstände des Einzelfalles das Ausgabeverhalten der gemeinnützigen Körperschaft angemessen ist.[75] Derselbe Rechtsgedanke läßt sich aus § 55 Abs. 1 Nr. 3 AO entnehmen, wonach keine Person durch unverhältnismäßig hohe Vergütungen begünstigt werden darf. **Angemessen** ist ein Ausgabeverhalten stets dann, wenn es wirtschaftlich sinnvoll ist und dazu beiträgt, daß ein möglichst **hoher Anteil der Mittel unmittelbar** und **effektiv** den gemeinnützigen Zwecken zugute kommt. Die **erforderliche Prognose**, wie Mittel wirtschaftlich effektiv eingesetzt werden können, **obliegt den Organen** der gemeinnützigen Körperschaft. Es ist zu berücksichtigen, ob sich die Körperschaft noch in der Aufbauphase befindet, in der sie zunächst und in der Regel unvermeidbar einen sehr hohen Anteil ihrer Mittel für die Verwaltung und die Öffentlichkeitsarbeit verwenden muß. Doch muß aus dem gesamten Ausgabeverhalten, auch aus der Höhe der gezahlten Gehälter, deutlich werden, daß der überwiegende Teil der eingenommenen Mittel jedenfalls im Regelfall für die gemeinnützigen Zwecke verwendet wird. Dementsprechend hat der BFH entschieden, daß eine vorläufige Bescheinigung für die Gemeinnützigkeit jedenfalls dann wieder aberkannt werden darf, wenn die Einnahmen aus Geldspenden zu mehr als 50 v. H. für die Verwaltung und die Spendenwerbung eingesetzt werden.[76] Soweit die Kosten durch die Vergütung für Personal entstehen, sind für die Ermittlung dieser Grenze die Personalkosten entsprechend der für die einzelnen Tätigkeiten aufgewendeten Arbeitszeit zuzuordnen. Sachkosten werden direkt zugeordnet, soweit sie in einem bestimmten Bereich anfallen, im übrigen können Schlüssel, beispielsweise nach den Gesamtaufwendungen, eingesetzt werden. Die gemeinnützige Körperschaft hat die Möglichkeit, mit jedem sachgerechten Aufteilungsverfahren nachzuweisen, daß ihr Ausgabeverhalten angemessen ist. Die Finanzverwaltung hat das Urteil des BFH in einem soeben veröffentlichten Erlaß nur eingeschränkt umgesetzt.[77] Zum einen sieht sie eine Anlaufphase von vier Jahren, in denen die Verwaltungskosten die für gemeinnützige Zwecke verwandten Mittel übersteigen dürfen, nur als absolute Obergrenze an, im Regelfall sei von einem kürzeren Zeitraum auszugehen. Zum anderen möchte sie die Gehaltskosten des Geschäftsführers im Regelfall den Verwaltungskosten zurechnen, es sei denn, dieser wür-

[74] BFH v. 23. 09. 1998, I B 82 / 98, FR 1998 1033 unter 4d; bestätigt durch BFH v. 23. 2. 1999 – XIB 128/98, BFH/NV 1999, 1055; BFH v. 23. 2. 1999 – XI B 130/98, BFH/NV 1999, 1089; ähnlich schon FG Baden-Württemberg v. 6. 12. 1990–10 K 236/86 n. v.; vgl. *Hofmeister* Münchner Steuerfachtagung 1999, S. 10.

[75] *Trzaskalik* StuW 1986, 219 (229 Fn. 54); *Fischer* in: Hübschmann/Hepp/Spitaler § 55 AO Rz. 114

[76] BFH v. 23. 9. 1998, a.a.O.

[77] BMF-Schreiben v. 15. 5. 2000, DStR 2000, 968.

de im Einzelfall und nachweislich bei gemeinnützigen Projekten mitarbeiten. Schließlich wird in dem BMF-Schreiben das Urteil dahin präzisiert, daß die Aufwendungen für Verwaltungskosten einschließlich der Aufwendungen für Spendenwerbung im Regelfall nicht 50 v.H. der gesamten Einnahmen übersteigen dürfen. Unklar ist, ob es stets auf den Bruttobegriff ankommen soll, oder in bezug auf den wirtschaftlichen Geschäftsbetrieb, ob steuerpflichtig oder steuerbefreit, und auf die Vermögensverwaltung auf den Überschuß oder den Gewinn abzustellen ist, wie die Finanzverwaltung wohl möchte. Soweit Aufwendungen diesen drei Bereichen zuzuordnen sind, müßten sie dann bei der Ermittlung der schädlichen Verwaltungskosten unberücksichtigt bleiben. In dem Erlaß wird somit festgelegt, daß unabhängig von der Höhe der Spendeneinnahmen die sog. Verwaltungsausgaben nicht 50 v.H. der Einnahmen im ideellen Bereich und Überschüsse aus Vermögensverwaltung und wirtschaftlichen Geschäftsbetrieben übersteigen dürfen. Dies gilt auch für beitragsfinanzierte Vereine, für die als zusätzliche Grenze festgelegt ist, daß im Regelfall allenfalls 10 v.H. der Mitgliedsbeiträge für die Werbung neuer Mitglieder aufgewendet werden dürfen. Offen läßt der Erlaß, was unter „Verwaltungsausgaben" zu verstehen ist. Aufgrund der Rechtsprechung des BFH[78] ist davon auszugehen, daß stets die ideelle Motivation für eine Ausgabe im Vordergrund steht, es sei denn, im Einzelfall wäre die Zuordnung von Aufwendungen zu reinen Verwaltungstätigkeiten offenkundig, während der Erlaß für die Tätigkeit eines Geschäftsführers ein abweichendes Regel-Ausnahme-Verhältnis festlegt. Zutreffend ist, daß stets nur im Einzelfall entschieden werden kann, ob die für gemeinnützige Zwecke eingesetzten Mittel im Verhältnis zu den insgesamt ausgegebenen Mitteln angemessen waren. Zudem bleibt die Prüfung unangemessener Ausgaben im Einzelfall, beispielsweise Zahlung eines überhöhten Geschäftsführergehalts, als Kontrollmaßstab neben der Prüfung eines angemessenen Ausgabeverhaltens insgesamt bestehen. Die Rechtskontrolle durch die Finanzverwaltung bezieht sich aber letztlich darauf, die mißbräuchliche Verwendung von Mitteln festzustellen, nicht aber bei jeder Einzelentscheidung, die sich aus der ex-post-Sicht als unglücklich herausstellt, die später erworbene Erkenntnis zum Maßstab zu erheben. Die steuerrechtliche Sanktion der Versagung der Gemeinnützigkeit wegen überhöhter Aufwendungen sollte sich insbesondere auf die Fälle beschränken, in denen die Körperschaften zu Selbstbedienungsläden degenerieren.[79] Jede prozentuale Grenze ist deswegen problematisch, weil die gemeinnützige Körperschaft zunächst den Verwaltungsapparat aufbauen muß, der Kosten produziert, um damit Einnahmen zu erwirtschaften, die den gemeinnützigen Zwecken dienen sollen. Dies zeigt, daß maßgebend ist, ob ein gewissenhafter Geschäftsleiter einer gemeinnützigen Körperschaft bei für ihn erkennbarer Sachlage gleichfalls die in Frage stehenden Ausgaben getätigt hätte, um den gemeinnützigen

[78] BFH v. 21. 7. 1999 – IR 55/98, HFR 2000, 29.

[79] *Hofmeister* Münchner Steuerfachtagung 1999, S. 10.

Zweck zu fördern.[80] Hat das Organ sich um eine realistische Einschätzung der „Rendite" für den gemeinnützigen Zweck durch die Einzelmaßnahme bemüht, gefährdet ein Fehlschlag nicht die Gemeinnützigkeit. Aufgrund dieser Grundsätze sollte im jeweiligen Einzelfall anhand der nachfolgenden Maßstäbe geprüft werden, ob das Ausgabeverhalten der gemeinnützigen Körperschaft angemessen ist.

bb) Angemessene Aufwendungen für die gemeinnützige Zweckverfolgung

20 Die erste Angemessenheitsprüfung bezieht sich auf die Frage, ob die Gesamtaufwendungen der Körperschaft, die nicht unmittelbar den gemeinnützigen Zwecken dienen, sondern nur mittelbar, im Verhältnis zu den Mitteln, die für gemeinnützige Zwecke zur Verfügung stehen, angemessen sind. Dabei ist zu beachten, daß diese Grundsätze zunächst nur für Tätigkeiten im **ideellen Bereich** und in der **Vermögensverwaltung** angewandt werden können. Soweit die Körperschaft einer erwerbswirtschaftlichen Tätigkeit nachgeht, und die daraus erzielten Einnahmen als **Zweckbetriebseinnahmen** steuerbefreit sind, stellt sich die Frage der Angemessenheit der Aufwendungen im Verhältnis zu den Ausgaben für die gemeinnützigen Zwecke nicht mehr. Gleichzeitig mit den Aufwendungen, die dem Erwirtschaften von Einnahmen im Zweckbetrieb dienen, werden unmittelbar die gemeinnützigen Zwecke verfolgt. Die Aufwendungen haben daher über ihren wirtschaftlichen Wert hinaus unmittelbar einen eigenen ideellen Nutzen. Sofern die Aufwendungen in einem **steuerpflichtigen wirtschaftlichen Geschäftsbetrieb** anfallen, ist zu beachten, daß die Körperschaft in diesem Bereich besteuert wird. Das Gebot der steuerbegünstigten Mittelverwendung erfaßt nur solche Mittel des wirtschaftlichen Geschäftsbetriebs, die bei vernünftiger kaufmännischer Beurteilung nicht zur Sicherung des wirtschaftlichen Erfolgs des wirtschaftlichen Geschäftsbetriebs benötigt werden. Es liefe dem Ziel der steuerlichen Förderung gemeinnütziger Zwecke zuwider, Körperschaften allein wegen der Größe der von ihnen unterhaltenen wirtschaftlichen Geschäftsbetriebe die Möglichkeit gemeinnütziger Tätigkeiten vorzuenthalten.[81] Von daher darf die Gemeinnützigkeit nicht mit der Begründung versagt werden, es seien ganz erhebliche Erwerbsaufwendungen erforderlich, um überhaupt Mittel für die gemeinnützige Tätigkeit zu erwirtschaften. Wesentlich ist dabei, daß das Erwirtschaften in einem steuerpflichtigen Bereich stattfindet und nicht durch Spenden finanziert wird. Solange mit dem steuerpflichtigen wirtschaftlichen Geschäftsbetrieb eine angemessene Rendite im Verhältnis zum Mitteleinsatz erwirtschaftet wird, kann dieser fortgeführt werden. Solange der steuerpflichtige wirtschaft-

[80] *Tipke/Kruse* § 55 AO Rz. 4; *Koch/Scholtz* § 55 AO Rz. 11; *Fischer* in: Hübschmann/Hepp/Spitaler § 55 AO Rz. 141.

[81] BFH v. 15. 07. 1998 I R 156/94 DB 1998, 2304 (2305); dazu *Hofmeister* Münchner Steuerfachtagung 1999, S. 15 ff.; *von Oertzen* ZEV 1999, 157; vgl. dazu § 6 Rz. 111, 112.

liche Geschäftsbetrieb keine gemeinnützigkeitsschädlichen Verluste erwirtschaftet, sind die insgesamt getätigten Aufwendungen angemessen.[82] Einer gesonderten Prüfung, ob die Gehälter vor dem Hintergrund der Gemeinnützigkeit angemessen sind, bedarf es nicht, solange sie marktüblich sind.[83] Die übliche Rendite sollte auch im Bereich der Vermögensverwaltung angestrebt werden. Überhöhte Bankspesen mindern ebenso wie ein eigener, unwirtschaftlicher Verwaltungsapparat die Rendite und erfordern eine Kurskorrektur.[84] Im übrigen gelten die Verlustgrundsätze für den steuerpflichtigen wirtschaftlichen Geschäftsbetrieb entsprechend.[85] Maßnahmen, die unmittelbar der gemeinnützigen Zweckverfolgung dienen, sind gleichfalls daraufhin zu überprüfen, ob der angestrebte Zweck zu vertretbaren Kosten erreicht wurde. Die Stipendienvergabe, Armenspeisung oder Musikaufführung darf nicht mit einem bürokratischen Aufwand betrieben werden, der außer Verhältnis zu dem ausgelobten Preis, den ausgegebenen Essen oder den Kosten der Aufführung selbst steht. Allerdings wird der Finanzverwaltung nur in Extremfällen der Nachweis gelingen, daß die getätigten Aufwendungen im Verhältnis zum erreichbaren Ziel unangemessen waren, weil der Beurteilungsmaßstab nicht überspannt werden darf.[86] Insbesondere die Unterscheidung zwischen Verwaltungskosten und sonstigen Kosten für die gemeinnützige Zweckverfolgung ist unglücklich. Eine gemeinnützige Körperschaft kann nur durch ihr Organ handeln. Dieses ist für das Wirken der Körperschaft insgesamt verantwortlich. Eine Zuordnung seines Gehaltes zu den Verwaltungskosten oder den gemeinnützigen Aufwendungen ist willkürlich. Je nach betrachtetem Veranlagungsjahr werden höhere oder niedrigere Verwaltungskosten anfallen. Eine operativ tätige Körperschaft wird im Verhältnis zu den Einnahmen ungleich höhere Verwaltungskosten als eine fördernde Körperschaft haben. Eine kleinere Körperschaft hat oft höhere Verwaltungskosten als eine größere. All das muß bei Schlüssen aus der Ermittlung eines Verhältnisses zwischen Verwaltungskosten und Aufwendungen für gemeinnützige Zwecke bedacht werden.

cc) Angemessenheitsprüfung im Einzelfall

Von diesem ersten Grundsatz, daß die Aufwendungen für die Mittelbeschaffung und Verwaltung der gemeinnützigen Körperschaft im Verhältnis zu den Ausgaben für die gemeinnützigen Zwecke angemessen sein müssen, ist eine zweite Angemessenheitsprüfung zu unterscheiden. Eine gemeinnützige Körperschaft muß in ihrem **gesamten Ausgabeverhalten** nach **Sparsamkeit** streben. Die gezahlten Vergütungen müssen angemessen sein. Davon ist bei Honoraren oder Entgelten, die 21

82 Vgl. dazu § 6 Rz. 113–115.

83 Vgl. OFH v. 7. 9. 1949 I D 1/49, BFHE 1954, 386; *Koch/Scholtz* § 55 AO Rz. 7/5; *Trzaskalik* StuW 1986, 229; *Herrnkind* DStZ/A 1988, 581 (583).

84 Vgl. *Herfurth* Inf. 1999, 48 (50).

85 Vgl. § 6 Rz. 73.

86 *Hofmeister* Münchner Steuerfachtagung 1999, S. 15 ff.

mit fremden Dritten vereinbart werden, in aller Regel auszugehen. Als angemessen kann immer angesehen werden, was für eine vergleichbare Tätigkeit oder Leistung üblicher Weise von nicht steuerbegünstigten Einrichtungen (Wirtschaftsunternehmen, staatlichen Stellen) gezahlt wird. Die Bezahlungen im Rahmen der Tariflöhne oder höhere Bezahlungen, die branchenüblich oder durch besondere Leistungen des Arbeitnehmers oder Beraters der gemeinnützigen Körperschaft gerechtfertigt sind, sind zulässig.[87] Bei der Frage der Angemessenheit kommt es letztlich auf die Leistung, den erbrachten Zeitaufwand, das wirtschaftliche Gewicht der Tätigkeit und die wirtschaftliche Lage der Körperschaft insgesamt an. Eine Anlehnung der Gehaltsstruktur an den öffentlichen Dienst ist nicht geboten.[88] Bei der Beurteilung ist aber auch zu prüfen, ob eine Ausgabe, die nicht mehr den gemeinnützigen Zwecken dient, angenommen werden muß. Aus diesem Grund werden Zuwendungen an Amateursportler, soweit sie eine Aufwandspauschale von DM 700 im Monatsdurchschnitt übersteigen oder über den nachgewiesenen höheren Aufwand hinausgehen, als unangemessene Zuwendungen angesehen.[89] Wesentlich dafür ist, daß nach dem jetzt in § 67 a AO verankerten Grundsatz die Bezahlung von Amateursportlern, die über Aufwandsentschädigungen hinausgeht, nicht mehr als eine Zuwendung im gemeinnützigen Bereich angesehen werden kann.[90] Es liegen lohnsteuerpflichtige Gehaltszahlungen vor.[91] Werden höhere Aufwendungen erstattet, sind die gesamten Aufwendungen im einzelnen nachzuweisen. In diesen Fällen geht es letztlich um den Nachweis, daß die gemeinnützige Zweckerfüllung gegeben ist und nicht Zuwendungen zu nicht gemeinnützigen Zwecken, eben zu der Förderung von Berufssportlern, gemacht werden. Unangemessen sind jedenfalls Zuwendungen an professionelle Spendenwerber, die ein derartiges Ausmaß annehmen, daß die Spende überwiegend zur Bezahlung des Spendenwerbers und nicht tatsächlich für gemeinnützige Zwecke verwendet wird. Derartige **Ausgaben widersprechen der gemeinnützigen Zweckverfolgung**, auch wenn das Entgelt für den Spendenwerber für sich betrachtet angemessen sein sollte.[92]

22 Generell zulässig ist ein Ersatz von Aufwendungen, wenn die Aufwendungen pauschal entsprechend den steuerlichen Vorschriften erstattet werden, selbst wenn die Erstattung aus einer Spende des Aufwandsersatzberechtigten bezahlt werden sollte.[93] Soweit eine gemeinnützige Körperschaft haupt- oder nebenberuflich bei ihr Beschäftigte bezahlt, können diese selbstverständlich im Rahmen dieses Dienstverhältnisses die üblichen Sonderzuwendungen erhalten. Bei der Angemessenheitsprüfung kommt es allein darauf an, daß der **Gesamtgehaltsrahmen**

[87] *Fischer* in: Hübschmann/Hepp/Spitaler § 55 AO Rz. 143.

[88] *Herfurth/Dehesselles* Stiftung & Sponsoring 2000, 22.

[89] OFD Köln, FR 1976, 407.

[90] Ziff. 8 ff. zu § 67 a Abs. 3 AEAO.

[91] FG Bremen v. 30. 6. 1999–99 O 24 K 6, EFG 1999, 1125.

[92] OLG Stuttgart, DB 1985, 911: In dem entschiedenen Fall gab es eine Provisionsmarge von 60 % der Spenden; vgl. auch FG Köln v. 14. 1. 1998, EFG 1998, 753.

[93] BFH v. 3. 12. 1994 I R 67/95, BStBl. 1997 II, 474.

einer üblichen Vergütung für die ausgeübte Tätigkeit entspricht. Ohne entsprechende Gegenleistungen, beispielsweise von Vereinsmitgliedern oder ehrenamtlich Tätige, sind Zuwendungen an Mitglieder grundsätzlich nur bis zu einer Grenze von DM 60 zulässig.[94] Bei der Untersuchung, ob im Einzelfall eine **angemessene Zuwendung** getätigt wurde, können die Grundsätze, die die Rechtsprechung zur Prüfung von **verdeckten Gewinnausschüttungen** entwickelt hat, übertragen werden.[95] Insbesondere bei **verbundenen Unternehmen**, d. h. der Abrechnung der Leistungsbeziehungen zwischen einer gemeinnützigen Mutterkörperschaft und der steuerpflichtigen Tochter-GmbH, geben die Verwaltungsgrundsätze für die Prüfung der Einkunftsabgrenzung bei international verbundenen Unternehmen[96] Maßstäbe zur Notwendigkeit der Berechnung von Gewinnzuschlägen vor. Maßgebend sind die marktüblichen Preise bei Leistungen außerhalb des gemeinnützigen Bereichs. Umstritten ist, ob es gemeinnützigen Körperschaften verboten ist, **rückwirkende** Vereinbarungen mit verbundenen Unternehmen oder den Mitgliedern, Stiftern oder Gesellschaftern und ihren Angehörigen abzuschließen.[97] Auch wird die These vertreten, diese Vereinbarungen müßten stets **schriftlich** getroffen werden. Bei dieser These wird verkannt, daß § 55 Abs. 1 Nr. 3 AO nach dem eindeutigen Wortlaut nur eine Angemessenheitsprüfung verlangt, nicht aber rückwirkende oder mündliche Korrekturen gewählter Preise mit einer Anpassung auf das Marktpreisniveau verbieten möchte.[98]

dd) Rentierliche Vermögensanlage

Außer diesen beiden Grundsätzen erfordert ein angemessenes Ausga- 23
beverhalten einer gemeinnützigen Körperschaft auch, daß die Mittel der gemeinnützigen Körperschaft zu jeder Zeit wirtschaftlich angelegt werden. Der Verzicht auf die Einnahmeerzielung entspricht ebenfalls nicht der sparsamen Mittelverwendung. Daraus folgt, daß die Vermögensmittel, die noch nicht für gemeinnützige Zwecke ausgegeben werden müssen, in der Zwischenphase rentierlich angelegt werden sollen. Sofern freigewordene Mittel, die nicht mehr für gemeinnützige Zwecke gebunden sind, vorübergehend nicht eingesetzt werden können, ist eine **Zwischennutzung für nicht gemeinnützige Zwecke** zu erwägen. Ein Beispielsfall dafür liegt vor, wenn der Trakt eines Krankenhauses, welches nicht mehr voll ausgelastet werden kann, zwischenzeitlich an fremde Nutzer im Rahmen einer Vermögensverwaltung vermietet wird.[99] Damit wird der entsprechende Trakt vorübergehend aus der gemeinnützigen Zweckverwendung in dem Bereich der Vermögensverwaltung überführt. Eine derartige vorübergehende Zwischenver-

---

[94] Vgl. oben Rz. 18.
[95] *Hüttemann* S. 66; *Kießling/Buchna* S. 123.
[96] BMF-Schreiben v. 23. 2. 1983, BStBl. I 1983, 218.
[97] So FG Saarland v. 2. 10. 1996, EFG 1997, 38.
[98] Vgl. § 6 Rz. 74.
[99] OFD Cottbus, Vfg. v. 18. 12. 1998-S0186–1-St 124, BB 1999, 407.

wendung ist geboten, da sie vorzugswürdig gegenüber dem ertraglosen Liegenlassen nicht mehr ausgelasteter Gebäude ist. Steht endgültig fest, daß der gemeinnützige Zweck mit diesem Gebäudeteil nicht mehr verfolgt werden kann, ist die gemeinnützige Körperschaft gehalten, die gebundenen Mittel frei zu setzen, um dann auf andere Weise die gemeinnützigen Zwecke zu verfolgen, beispielsweise in dem das Gebäude verkauft und der Erlös für andere gemeinnützige Tätigkeiten eingesetzt wird. Das Gemeinnützigkeitsrecht verbietet allenfalls das ertraglose Liegenlassen, nicht aber den wirtschaftlichen Einsatz des eigenen Vermögens.[100]

ee) Zweck der Angemessenheitskontrolle

24 Insgesamt ist bei der Angemessenheitsprüfung Zurückhaltung geboten. Es gilt der Grundsatz, daß es im Ermessen der gemeinnützigen Körperschaft steht, wie sie ihre Mittel einsetzt. Die Finanzverwaltung darf nur einschreiten, wenn offenkundig ist, daß die getätigten Ausgaben im Verhältnis zu dem angestrebten Erfolg unangemessen sind. Insofern dient die Angemessenheitskontrolle in erster Linie der **Verhinderung von Mißbräuchen**.[101] Sie darf aber nicht dazu benutzt werden, um **unternehmerische Entscheidungen**, die noch vertretbar sind, aus der ex-post-Sicht durch sicherere Entscheidungen zu ersetzen, oder gemeinnützige Körperschaften, die innovativ und damit wagemutig sein sollen, zu auf Absicherung bedachte Behörden mutieren zu lassen.

e) Angewandtes Mittel

aa) Geeignetheit des Mittels

25 Die Entscheidung darüber, welches von den zahlreichen Mitteln, die eine gemeinnützige Körperschaft zur Förderung ihres Zwecks einsetzen kann, tatsächlich ergriffen wird, obliegt allein den Organen der gemeinnützigen Körperschaft. Im Rahmen der Satzungszwecke sind sie frei, jedes geeignete Mittel zur Förderung des gemeinnützigen Zwecks zu ergreifen. Unerheblich ist, ob möglicherweise ein anderes Mittel besser geeignet gewesen wäre, den gemeinnützigen Zweck zu fördern. Das Gemeinnützigkeitsrecht verlangt nicht die Auswahl des besten Mittels, sondern allein, daß eine **Maßnahme** ergriffen wird, die **neben anderen geeignet** erscheint, den gemeinnützigen Zweck zu fördern.

bb) Mittelverwendung im Ausland

26 Unerheblich ist grundsätzlich auch, wo die gemeinnützigen Zwecke verwirklicht werden. Grundsätzlich kann **jeder steuerbegünstigte Zweck auch im Ausland** verwirklicht werden, es sei denn, die För-

---

[100] *Schauhoff* DStR 1998, 738; vgl. § 6 Rz. 73; 5–11; 113.
[101] *Hofmeister* Münchner Steuerfachtagung 1999, S. 14.

dermaßnahmen wären aufgrund der ausdrücklichen gesetzlichen Regelung nur auf das Inland beschränkt.[102] Die Zweckverwirklichung im Ausland ist dem Grunde nach weder für die Steuerbefreiung noch für den Spendenabzug schädlich. Eine Förderung der Allgemeinheit i. S. v. § 52 AO setzt nicht voraus, daß die Fördermaßnahmen Bewohnern oder Staatsangehörigen Deutschlands zugute kommen. Erforderlich ist nur, daß die Verwirklichung im Ausland der Förderung staatspolitischer Ziele Deutschlands dient oder sich zumindest nicht zum Nachteil für Deutschland auswirkt. Die Finanzbehörden sind allerdings verpflichtet, die konkrete Verwendung der Mittel im Ausland zu überprüfen. Die gemeinnützige Körperschaft muß durch ordnungsgemäße Aufzeichnungen die Mittelverwendung nach § 63 Abs. 3 AO im Rahmen des Nachweises ihrer tatsächlichen Geschäftsführung belegen. Aufgrund des § 90 Abs. 2 AO besteht bei Auslandssachverhalten eine erhöhte Mitwirkungs- und Beweisvorsorgepflicht. Taugliche Nachweise für die Förderung der gemeinnützigen Zwecke im Ausland können Verträge sein, Belege über den Abfluß der Mittel ins Ausland und Quittungen des Zahlungsempfängers über den Erhalt der Mittel, ausführliche Tätigkeitsbeschreibungen oder Werbematerial über die getätigten Projekte bis hin zu Gutachten eines örtlichen Wirtschaftsprüfers bei großen oder andauernden Projekten oder Zuwendungsbescheiden ausländischer Behörden oder Bestätigungen deutscher Auslandsvertretungen. Abrechnungs- und Buchführungsunterlagen zum Nachweis der gemeinnützigen Zweckverwirklichung im Ausland sind im Inland aufzubewahren (§ 146 Abs. 2 AO). Grundsätzlich ist es nach § 58 Nr. 1 AO auch möglich, die Mittel an eine ausländische Körperschaft weiterzugeben, die die Mittel der Art nach für gemeinnützige, mildtätige oder kirchliche Zwecke verwendet. Auch in diesen Fällen ist der **Nachweis** mit den oben angesprochenen **Dokumenten** erforderlich. Der erforderliche Nachweis kann mit der freien Wahl zwischen tauglichen Beweismitteln geführt werden. Wesentlich ist allein, daß zur Überzeugung des kontrollierenden Finanzbeamten feststeht, daß die Mittel tatsächlich im Ausland für steuerbegünstigte Zwecke verwandt worden sind.

cc) Übereinstimmung mit der allgemeinen Rechtsordnung

Allerdings ist stets erforderlich, daß sich die **tatsächliche Geschäftsführung** einer gemeinnützigen Körperschaft **im Rahmen der allgemeinen Rechtsordnung** hält. Von einer Förderung der Allgemeinheit kann bei einer Mißachtung der Rechtsordnung, z. B. durch Gewalt gegen Personen oder Sachen, Unterschlagung, Betrügereien, aber auch durch die Ankündigung von gewaltsamen Widerstand und die Nichtbefolgung polizeilicher Anordnungen, keine Rede sein.[103] Dabei ist al- 27

[102] Vgl. gleichlautende Erlasse der Oberfinanzdirektionen, beispielsweise OFD Hannover, Vfg. v. 25. 9. 1998, S2729–325-StO214, FR 1998, 1101.

[103] BFH v. 29. 8. 1984, BStBl. 1985 II, 106; BFH v. 13. 12. 1978, BStBl. 1979 II, 482; v. 29. 8. 1984, BStBl. 1984 II, 844.

lerdings zunächst zu prüfen, ob die jeweiligen Rechtsverstöße auch tatsächlich der gemeinnützigen Körperschaft zuzurechnen sind oder ob es sich dabei um Verstöße einzelner Mitglieder dieser gemeinnützigen Körperschaft handelt. Wenn die Geschäftstätigkeit des Vereins selbst auf die Umgehung eines gesetzlichen Verbotes, Geldmittel zur Förderung kommunaler Einrichtungen zu erlangen, gerichtet sein sollte, ist die Gemeinnützigkeit abzuerkennen.[104] Maßgebend für die Zurechnung des Handelns einzelner Organmitglieder bei der Körperschaft selbst ist, wie die Mitglieder auf ihnen bekannt werdende Rechtsverstöße reagieren und ob es sich um Maßnahmen der Geschäftsführer, deren Fortsetzung zu besorgen ist, oder um Verstöße anderer Angestellter handelt.[105] Demnach berechtigt nicht jeder Rechtsverstoß zur Aberkennung der Gemeinnützigkeit. Nur wenn die Geschäftsführung der gemeinnützigen Körperschaft insgesamt auf Methoden gerichtet ist, die mit der Rechtsordnung nicht zu vereinbaren sind, ist die Gemeinnützigkeit zu versagen.[106] Wenn systematische Verstöße gegen die Rechtsordnung von den Mitgliedern geduldet werden, ist die Tätigkeit insgesamt nicht mehr gemeinnützig.[107] Nicht jeder Verstoß gegen eine Rechtsvorschrift berechtigt zur Aberkennung der Gemeinnützigkeit, weil die Rechtsordnung einzelne Gesetzesverstöße in der Regel aufgrund spezieller Vorschriften, beispielsweise mit Ordnungsgeldern, sanktioniert, ohne daß deswegen ein bewußter Verstoß gegen die Rechtsordnung und damit ein gemeinnützigkeitswidriges Handeln angenommen werden könnte. Hat eine gemeinnützige Körperschaft mehrere Geschäftsführer, beispielsweise Vorstandsmitglieder, so wird die tatsächliche Geschäftsführung in der Regel nach den Handlungen beurteilt, die von sämtlichen Geschäftsführern gemeinschaftlich oder von einem oder mehreren mit Zustimmung der anderen vorgenommen werden.[108] Sind einzelne Geschäftsführer für die Ausführung gemeinnützigkeitswidriger Handlungen verantwortlich, beeinträchtigen allein diese Handlungen grundsätzlich die Gemeinnützigkeit der Körperschaft, selbst wenn diese Geschäftsführer damit ihre Gesamtvertretungsmacht überschritten haben sollten, sofern sie innerhalb des ihnen zugewiesenen Wirkungskreises tätig wurden.[109] Ob die Person, die die Geschäftsführung für die Körperschaft besorgt hat, zu der gemeinnützigkeitswidrigen Handlung berechtigt war, ist für die Folge des Handelns nicht entscheidend. Daraus können sich allenfalls Haftungsprobleme, ggf. auch strafrechtlicher Natur, ergeben. Im Rahmen der steuerbegünstigten Tätigkeit kommt es nur auf das tatsächliche aktive Handeln einer bestimmten Person im

[104] BFH v. 13. 7. 1994, DB 1995, 557.

[105] FG Köln v. 24. 2. 1999, 13 K 242/99, EFG 1999, 721.

[106] Zu eng FG Berlin, EFG 1997, 1006: Aberkennung der Gemeinnützigkeit, weil trotz mehrfacher Aufforderung und Erinnerung keine Steuererklärungen abgegeben wurden.

[107] Vgl. BFH/NV 1997 R. 332, 333; a. A. *Tipke/Kruse* § 63 AO Anm. 1.

[108] BFH v. 31. 7. 1963 I 319/60, StRK, KStG § 4 Abs. 1 R. 13.

[109] BFH v. 8. 7. 1986 VI ZR 47/85, DB 1986, 2275.

Namen und für Rechnung der Körperschaft an, die deren Wirken in dem Veranlagungszeitraum geprägt hat.[110]

Ein gravierender Verstoß, der zur Aberkennung der Gemeinnützigkeit berechtigt, liegt vor, wenn **Spendenquittungen aus Gefälligkeit** falsch ausgestellt werden.[111] Dafür ist maßgebend, daß ein Mißbrauch des Status der Gemeinnützigkeit vorliegt. Damit ist die tatsächliche Geschäftsführung nicht mehr auf die Erfüllung der gemeinnützigen Zwecke gerichtet. Allerdings darf nicht jede irrtümlich falsch ausgestellte Spendenbescheinigung zur Aberkennung der Gemeinnützigkeit führen. Nur wenn die Geschäftsführung methodisch die gemeinnützige Körperschaft benutzt, um rechtsfehlerhafte Spendenbescheinigungen auszustellen, ist ein Grund für die Aberkennung der Gemeinnützigkeit gegeben. Unerheblich ist, wenn einzelne Mitarbeiter unter Mißachtung ihrer arbeitsvertraglichen Befugnisse falsche Spendenbescheinigungen ausstellen sollten, es sei denn diese Verstöße würden von den Organen der Körperschaft geduldet. 28

f) Umfang der zu verwendenden Mittel

Eine gemeinnützige Körperschaft ist verpflichtet, **sämtliche Mittel** nur **für die satzungsmäßigen Zwecke zu verwenden**. Mittel im Sinne der gesetzlichen Vorschrift sind sämtliche Vermögenswerte der gemeinnützigen Körperschaft.[112] Dazu gehört insbesondere der Überschuß aus einem Zweckbetrieb und einem steuerpflichtigen wirtschaftlichen Geschäftsbetrieb sowie der Überschuß aus der Vermögensverwaltung. Eine Ausnahme von dieser Verwendungspflicht besteht dauerhaft allein für das sog. Ausstattungskapital, worunter beispielsweise Zuwendungen von Todes wegen, das Stiftungskapital und andere Zuwendungen, die ihrer Natur nach oder aufgrund der Bestimmung des Zuwendenden der Vermögensbildung dienen, zu verstehen sind.[113] Soweit die Vermögensmittel dem Gebot der zeitnahen Mittelverwendung unterliegen, kann die Verwendungspflicht zeitlich hinausgeschoben sein, weil eine der nach Gemeinnützigkeitsrecht zulässigen Rücklagen mit den betreffenden Vermögensmitteln gebildet worden ist. Wurde aber keine Rücklage gebildet, so sind die Vermögensmittel spätestens bis zum Ende des Jahres, welches auf den Zufluß des Vermögenswertes folgt, für die satzungsmäßigen Zwecke zu verwenden.[114] Verwendung meint nicht, daß die Vermögensmittel im handelsrechtlichen Sinn zu einem Aufwand geführt haben müssen. Eine Verwendung für gemeinnützige Zwecke liegt auch vor, wenn mit den Mitteln ein Gegenstand für die Verfolgung der gemeinnützigen Zwecke angeschafft worden sein sollte.[115] 29

[110] *Sauer* in: Beermann, § 63 AO Rz. 6.
[111] Ziff. 2 zu § 63 AEAO; OFD Frankfurt/M. v. 12. 8. 1992, DB 1992, 2009.
[112] BFH v. 23. 10. 1991, BStBl. 1992 II, 62.
[113] Vgl. unten Rz. 81f.
[114] Vgl. unten Rz. 99.
[115] Vgl. näher unten unter Rz. 84f.

5. Prüfungszeitraum und Prüfungsmaßstab

a) Prüfungszeitraum

30 § 63 Abs. 1 AO bestimmt, daß die tatsächliche Geschäftsführung einer gemeinnützigen Körperschaft auf die ausschließliche und unmittelbare Erfüllung der steuerbegünstigten Zwecke gerichtet sein muß. Aus § 63 Abs. 2 AO i.V.m. § 60 Abs. 2 AO ergibt sich, daß für die Körperschaft- und Gewerbesteuer während des **ganzen Veranlagung- oder Bemessungszeitraums** die tatsächliche Geschäftsführung auf die Förderung der gemeinnützigen Zwecke ausgerichtet sein muß, bei den anderen Steuern im Zeitpunkt der Entstehung der Steuer diese Voraussetzung vorliegen muß. Veranlagungszeitraum ist regelmäßig das Kalenderjahr, im Ausnahmefall kann eine gemeinnützige Körperschaft auch ein abweichendes Wirtschaftsjahr gewählt haben, so daß sich daraus der Veranlagungszeitraum ergibt.[116] Eine Besonderheit gilt für die Erbschaftsteuer, wonach die Gemeinnützigkeit nicht nur im Moment der Zuwendung, sondern, wenn nicht unmittelbar für die gemeinnützigen Zwecke nach § 13 Abs. 1 Nr. 17 ErbStG eingesetzte Vermögenswerte vorliegen, die Steuerbefreiung auch noch während der zehn Jahre nach der Zuwendung erhalten bleiben muß.[117]

31 Die Formulierung in § 63 Abs. 1 AO bedeutet nicht, daß die Steuervergünstigung davon abhängt, daß sich die Körperschaft ohne Unterbrechung satzungsgemäß betätigt hat. Das Gesetz verlangt lediglich, daß die Geschäftsführung auf die Erfüllung der satzungsmäßigen Zwecke gerichtet ist, d.h. daß sich die Körperschaft nicht anderweitig betätigt und die Erreichung der steuerbegünstigten Zwecke nicht endgültig aufgegeben wurde.[118] Allerdings wird dieses Urteil heute einschränkend ausgelegt. Danach darf das Bemühen, die gemeinnützigen Zwecke zu verfolgen, aufgrund des mittlerweile präzisierten Gebotes der zeitnahen Mittelverwendung nur dann nachlassen, wenn die gemeinnützige Körperschaft durch **außergewöhnliche**, von ihr nicht zu beeinflussende **Umstände**, die an **höhere Gewalt** heranreichen, gehindert ist, zeitweilig die gemeinnützigen Zwecke zu verfolgen.[119]

b) Prüfungsmaßstab

32 Schwieriger ist die Frage zu beantworten, wie sich das in § 63 Abs. 1 Satz 1 AO aufgestellte Erfordernis, daß die Geschäftsführung auf die Erfüllung der steuerbegünstigten Zwecke gerichtet sein muß, mit dem in § 55 Abs. 1 Nr. 1 und Nr. 3 AO aufgestellten Postulat verträgt, daß jegliche Mittelverwendung ausschließlich zur Erfüllung der satzungsgemäßen Zwecke vorgenommen werden darf. Ohne weiteres lassen sich Fälle denken, in denen die Geschäftsführung der gemeinnützi-

[116] Vgl. A 7 Abs. 4 KStG bzw. A 26 Abs. 2 KStR; Ziff. 14 zu § 64 AEAO; Vfg. OFD Magdeburg v. 2. 4. 1994 S 0170–13-St 233; a. A. *Kießling/Buchna* S. 173.

[117] Siehe § 13 Abs. 1 Nr. 16 b ErbStG; § 7 Rz. 445; § 3 Rz. 27.

[118] BFH, Urteil v. 11. 12. 1975 I R 104/73, BStBl. II 1975, 458.

[119] *Sauer* in: Beermann, § 63 AO Rz. 10.

gen Körperschaft subjektiv der Auffassung ist, ihre Tätigkeit sei stets auf die Erfüllung der satzungsmäßigen Zwecke gerichtet, während objektiv eine Mittelfehlverwendung vorliegt, weil in einem Einzelfall eine unangemessene Vergütung bezahlt worden ist. Mit anderen Worten: Auf den gesamten Veranlagungszeitraum bezogen kann durchaus der gemeinnützige Zweck verfolgt werden, auch wenn eine einzelne Geschäftsführungsmaßnahme dem Zweck der Körperschaft fremd war. Zunächst besteht Einigkeit darüber, daß die **Ausrichtung der Tätigkeit** auf die steuerbegünstigten Zwecke zur Erfüllung des § 63 Abs. 1 AO genügt. Es ist nicht entscheidend, ob die Tätigkeit die steuerbegünstigten Zwecke auch tatsächlich erfüllt. Die Tätigkeit muß aber grundsätzlich geeignet sein, die Erfüllung der steuerbegünstigten Zwecke herbeizuführen. Ein unverschuldetes Scheitern der Bemühungen ist nicht steuerschädlich.[120] Somit bleibt die Frage, ob **jede einzelne Geschäftsführungsmaßnahme** für sich betrachtet objektiv geeignet gewesen sein muß, die gemeinnützigen Zwecke zu erfüllen, oder ob es auf das **Gesamtverhalten** im Veranlagungszeitraum ankommt. Soweit bislang einzelne gemeinnützigkeitsrechtliche Gebote, beispielsweise das Gebot der sparsamen Mittelverwendung, konkretisiert worden sind, hat sich gezeigt, daß letztlich bei der aufzustellenden Angemessenheitsprüfung auf ein Gesamtverhalten über einen oder mehrere Veranlagungszeiträume abgestellt wird. Schon allein die Herausbildung dieser Maßstäbe belegt, daß es insofern nicht auf eine einzelne Maßnahme ankommt, sondern auf das Gesamtverhalten der Geschäftsführung. Andererseits sind Verstöße der Geschäftsführung gegen die Gebote des Gemeinnützigkeitsrechts denkbar, die so schwerwiegend sind, daß schon allein wegen eines einzelnen Verstoßes die Gemeinnützigkeit aberkannt werden muß. Werden beispielsweise entgegen § 55 Abs. 1 Satz 1 Nr. 1 AO Gewinnausschüttungen an die Mitglieder vorgenommen, die auch nicht mit einer irrtümlichen Überzahlung für geleistete Dienste gerechtfertigt werden können, liegt ein derart schwerwiegender Verstoß gegen das Gemeinnützigkeitsrecht vor, daß die Steuerbefreiung für diesen Veranlagungszeitraum abzuerkennen ist. Dasselbe gilt, falls erhebliche Geldmittel abgeflossen sein sollten, ohne daß ihr Verbleib und ihre Verwendung für gemeinnützigkeitsrechtlich zulässige Zwecke nachgewiesen werden kann. Die gemeinnützige Körperschaft, die die Steuerbefreiung für einen Veranlagungszeitraum begehrt, hat die Pflicht, die gemeinnützigkeitsrechtlich unbedenkliche Mittelverwendung nachzuweisen. Demnach ist § 63 Abs. 1 AO i.V.m. § 55 AO in der Weise auszulegen, daß untersucht werden muß, ob eine einzelne Maßnahme einen derart schwerwiegenden Verstoß gegen die Bestimmungen des Gemeinnützigkeitsrechts darstellt, daß der Schluß erlaubt ist, die tatsächliche Geschäftsführung sei an einem Tag in dem betreffenden Veranlagungszeitraum nicht mehr auf die gemeinnützige Zweckerfüllung gerichtet gewesen. Der Prüfungsmaßstab, den § 63 Abs. 1 AO enthält, ist demnach, entgegen den teilweise in der Literatur

---

[120] *Sauer* in: Beermann, § 63 AO Rz. 7.

geäußerten Auffassungen,[121] nicht unverhältnismäßig. Vielmehr sieht der Tatbestand des § 63 Abs. 1 AO selbst vor, die Bedeutung einer einzelnen Fehlmaßnahme im Hinblick auf das Gesamtverhalten der Körperschaft im Veranlagungszeitraum zu gewichten. Die Praxis der Finanzverwaltung liest deswegen zu Recht den Verhältnismäßigkeitsgrundsatz in die Auslegung des § 63 Abs. 1 AO hinein.

7. Rechtsfolgen eines Verstoßes

33 Liegt ein Verstoß gegen die Gemeinnützigkeitsvorschriften vor, der zur Aberkennung der Gemeinnützigkeit berechtigt, so ist zwischen drei unterschiedlichen Typen von Verstößen zu unterscheiden:[122]

34 – Werden gemeinnützigkeitsrechtlich gebundene **Mittel nicht rechtzeitig** für die gemeinnützigen Zwecke **verwendet** (sog. **Verwendungsrückstand**), so kann das Finanzamt nach § 63 Abs. 4 AO eine Frist setzen, bis zu deren Ablauf die Mittel für die steuerbegünstigten Zwecke verwendet worden sein müssen. § 63 Abs. 4 AO behandelt den mildesten Verstoß gegen die gemeinnützigkeitsrechtlichen Vorschriften, weil die Mittel nicht fehlverwendet wurden, sondern nur zeitlich verspätet für die gemeinnützigen Zwecke eingesetzt werden. § 63 Abs. 4 AO entspricht einem verfassungsrechtlichen Gebot, da es übermäßig wäre, wenn jede zeitliche Verspätung bei der Mittelverwendung bereits zur Aberkennung der Gemeinnützigkeit führen würde. Die Dauer der Frist richtet sich nach der Relation zwischen den durchschnittlichen Einnahmen und der Höhe des Verwendungsrückstandes sowie den Möglichkeiten, die Mittel einer sinnvollen Verwendung zuzuführen. Sie soll in der Regel drei Jahre nicht übersteigen.[123]

35 – Wenn die tatsächliche Geschäftsführung der Körperschaft in einem Veranlagungszeitraum zeitweilig nicht auf die Erfüllung der steuerbegünstigten Zwecke gerichtet war, geht nach § 63 Abs. 1 AO i.V.m. § 60 Abs. 2 AO **für diesen Veranlagungszeitraum bei den Ertragsteuern die Steuerbefreiung verloren**. Unerheblich ist, aus welchem Grund in dem entsprechenden Veranlagungsjahr ein Verstoß gegen die Gemeinnützigkeitsvorschriften vorgelegen hat, ob unerlaubte Zuwendungen an die Mitglieder oder Gesellschafter oder Verstöße gegen das Gebot der Sparsamkeit festgestellt werden konnten. Die Rechtsfolge ist, daß sämtliche steuerbaren Einkünfte unabhängig davon, ob ein wirtschaftlicher Geschäftsbetrieb vorlag, regelmäßig steuerpflichtig werden. Dies betrifft insbesondere die Einkünfte aus Kapitalvermögen und Vermietung und Verpachtung sowie Einkünfte, die bei Geltung der Gemeinnützigkeitsvorschriften als Zweckbetriebseinnahmen steuerbefreit hätten sein können. Dagegen sind beispielsweise Mitgliedsbeiträge aufgrund der besonderen Bestimmung des § 8 Abs. 6 KStG nicht

---

[121] *Tipke/Kruse* § 63 AO Rz. 4.

[122] Vgl. dazu eingehend auch § 9.

[123] *Schmitthuisen* NWB 1998, Fach 4 S. 4244.

steuerbar, unabhängig davon, ob der Verein sich gemeinnützig betätigt hat oder nicht. Dasselbe gilt im Regelfall für Veräußerungsgewinne bei Vereinen und Stiftungen, da derartige Gewinne, sofern sie außerhalb der steuerlichen Spekulationsfristen anfallen, regelmäßig nicht steuerbar sind. Gravierend wirkt sich der Verlust der Gemeinnützigkeit für einen einzelnen Veranlagungszeitraum häufig bei der Umsatzsteuer aus, da zahlreiche Umsatzsteuerbefreiungen an den Status der Gemeinnützigkeit anknüpfen und Umsätze im Rahmen eines steuerbefreiten Zweckbetriebes dem ermäßigten Steuersatz von 7 v. H. unterliegen, bei Verlust der Gemeinnützigkeit aber der Regelsteuersatz von 16 v. H. angewendet wird. Soweit die Körperschaft in dem betreffenden Zeitraum Spenden vereinnahmt hat, kann es unter den Voraussetzungen der §§ 10 b Abs. 4 EStG, 9 Abs. 3 KStG zur Spendenhaftung der Körperschaft selbst oder ihrer zuständigen Organe persönlich kommen.[124]

– In § 63 Abs. 2 AO ist ausdrücklich bestimmt, daß dann, wenn das Vermögen der gemeinnützigen Körperschaft dauerhaft fehlverwendet wird, nicht nur für einen Veranlagungszeitraum die Gemeinnützigkeit aberkannt wird, sondern dieser Verstoß so gewertet wird, als ob die gemeinnützige Körperschaft ihren Satzungszweck hin zu einer nicht steuerbegünstigten Körperschaft geändert hätte. Ein derart schwerwiegender Verstoß liegt vor, wenn die Körperschaft nachhaltig über mehrere Veranlagungszeiträume Aktivitäten verfolgt, die nicht im Einklang mit den gemeinnützigkeitsrechtlichen Bestimmungen stehen. Dies kann beispielsweise der Fall sein, wenn nicht ausschließlich steuerbegünstigte Zwecke verfolgt werden, und diese gemeinnützigkeitsschädliche Betätigung beibehalten werden soll. Die Unterscheidung in § 63 Abs. 2 AO zwischen einer **schädlichen Vermögensverwendung** und einer zeitlich begrenzten Fehlverwendung von gemeinnützgkeitsrechtlich gebundenen Mitteln knüpft an die Vorstellung an, daß die Mittel, die die gemeinnützige Körperschaft in einem Veranlagungsjahr erwirtschaftet, sämtlich für die gemeinnützigen Zwecke eingesetzt werden müssen. Werden bei dem Verstoß gegen die Gemeinnützigkeitsvorschriften nur Vermögenswerte fehlverwendet, die in dem betreffenden Veranlagungsjahr erwirtschaftet wurden, soll auch nur die Gemeinnützigkeit für dieses Veranlagungsjahr aberkannt werden. Wird dagegen das Vermögen der Körperschaft, das in zahlreichen Jahren erwirtschaftet oder steuerbefreit an die Körperschaft gegeben wurde, fehlverwendet, liegt ein Eingriff in den Grundsatz der Vermögensbindung vor, der dazu berechtigt, die Steuerbefreiung rückwirkend für zehn Veranlagungsjahre abzuerkennen, falls die Körperschaft nicht ihr Vermögen rechtzeitig auf eine andere gemeinnützige Körperschaft überträgt. Außer § 63 Abs. 2 i.V. m. § 60 AO enthält auch § 13 Abs. 1 Nr. 16 ErbStG noch eine besondere Bestimmung, daß rückwirkend die Steuerbefreiung für eine 36

[124] Vgl. oben § 6 Rz. 49.

unentgeltliche Zuwendung verloren geht, sofern das Vermögen einer gemeinnützigen Körperschaft fehlverwendet werden sollte. Danach können noch zehn Jahre nach einer unentgeltlichen Zuwendung erhebliche Erbschaftsteuerlasten anfallen, wenn die Gemeinnützigkeit endgültig verlorengehen sollte.[125]

II. Nachweis der satzungsgemäßen Mittelverwendung

37 In § 63 Abs. 3 AO ist ausdrücklich bestimmt, daß die gemeinnützige Körperschaft verpflichtet ist, die **satzungsgemäße Mittelverwendung nachzuweisen**. § 63 Abs. 3 AO spricht aus, daß die gemeinnützige Körperschaft diesen Nachweis durch ordnungsmäßige Aufzeichnungen über ihre Einnahmen und Ausgaben zu führen hat. Dabei sind die Vorschriften der Abgabenordnung über die Führung von Büchern und Aufzeichnungen (§§ 140 ff. AO) zu beachten. Die Vorschriften des Handelsrechts einschließlich der entsprechenden Buchungsvorschriften gelten nur, sofern sich deren Geltung aus der Rechtsform der Körperschaft, d. h. insbesondere bei der gemeinnützigen GmbH oder AG, oder aus der wirtschaftlichen Tätigkeit, d. h. insbesondere bei dem Unterhalten eines kaufmännischen Gewerbes im Rahmen eines steuerpflichtigen oder steuerbefreiten wirtschaftlichen Geschäftsbetriebs, ergeben sollte.[126]

III. Unmittelbare Zweckverwirklichung

1. Einführung

46 In § 57 Abs. 1 AO ist bestimmt, daß eine gemeinnützige Körperschaft dann unmittelbar ihre steuerbegünstigten satzungsmäßigen Zwecke verfolgt, wenn sie selbst diese Zwecke verwirklicht. Obwohl der Grundsatz der unmittelbaren Zweckverwirklichung in einer Reihe von Vorschriften des Gemeinnützigkeitsrechts festgeschrieben ist, wird er durch Ausnahmebestimmungen in § 58 AO stark eingeschränkt. Die Tätigkeit gemeinnütziger Körperschaften wird unabhängig von den rechtlichen Gegebenheiten in der Praxis in sog. **operativ tätige Körperschaften**, die selbst kraft eines größeren Personalstammes in der Lage sind, gemeinnützige Zwecke aktiv zu fördern, und in sog. **fördernde gemeinnützige Körperschaften**, die sich im wesentlichen auf die finanzielle Förderung der gemeinnützigen Tätigkeit einer Körperschaft des öffentlichen Rechts oder anderer gemeinnütziger Körperschaften beschränken, unterschieden. Bei vielen gemeinnützigen Körperschaften wechseln sich operative und fördernde Tätigkeit im Laufe eines Veranlagungszeitraums, mitunter auch bezogen auf mehrere Veranlagungszeiträume, ab. Während die operative Tätigkeit einer gemeinnützigen Tätigkeit stets und ohne weiteres möglich ist, gilt dies für die fördernde

[125] Vgl. näher § 9; zur Erbschaftsteuer § 7 Rz. 247.

[126] Vgl. zur Gewinnermittlung im Rahmen eines steuerpflichtigen wirtschaftlichen Geschäftsbetriebs § 7 Rz. 235 ff. und zu den Rechnungslegungspflichten § 10.

Tätigkeit nicht. Vielmehr bestimmt § 58 AO, unter welchen Voraussetzungen eine fördernde Tätigkeit zulässig ist.

Die scharfe Unterscheidung, die zwischen einer operativen und einer fördernden Tätigkeit in der Rechtstheorie möglich ist, erweist sich in der Praxis vielfach als fließend. Denn die gemeinnützige Körperschaft muß sich auch bei ihrer operativen Tätigkeit vielfach Dritter bedienen, um die gemeinnützige Tätigkeit zu bewirken. Nur wenn diese Dritten **Hilfspersonen** i. S. d. § 57 Abs. 1 Satz 2 AO sind, kann deren Tätigkeit der gemeinnützigen Körperschaft zugerechnet werden. Liegen dagegen die Voraussetzungen für die Annahme einer Hilfsperson nicht vor, kann die Geldhingabe an den Dritten nur gerechtfertigt sein, sofern die Zuwendung an den Dritten aufgrund des § 58 AO zulässig ist. Hilfsperson ist eine natürliche oder juristische Person, deren Wirken nach den Umständen des Falles, insbesondere nach den rechtlichen und tatsächlichen Beziehungen, die zwischen der gemeinnützigen Körperschaft und dieser Person bestehen, wie eigenes Wirken der gemeinnützigen Körperschaft anzusehen ist. Da auch die Vergabe von Fördermitteln regelmäßig unter bestimmten Auflagen erfolgt, die sicherstellen sollen, daß der gemeinnützige Zweck tatsächlich mit den zugewandten Mitteln verwirklicht wird, zeigt sich, daß die Grenze zwischen der Annahme einer Hilfsperson und der einer geförderten gemeinnützigen Einrichtung fließend sein kann. Wesentlich ist letztlich, ob die gemeinnützige Körperschaft selbst die Durchführung und Art der Mittelverwendung bestimmt, oder ob sie sich lediglich darauf beschränkt, die gemeinnützige Tätigkeit eines anderen zu finanzieren. 47

Die **Förderung** anderer gemeinnütziger Körperschaften oder Körperschaften des öffentlichen Rechts sowie im Ausland ansässiger Körperschaften wird in erster Linie **durch finanzielle Unterstützung** erfolgen. Nach § 58 Nr. 2 AO kann, auch ohne daß dies in der Satzung ausdrücklich vorgesehen wäre, eine gemeinnützige Körperschaft ihre finanziellen Mittel jederzeit teilweise einer anderen, ebenfalls steuerbegünstigten Körperschaft oder einer Körperschaft des öffentlichen Rechts zur Verwendung zu steuerbegünstigten Zwecken zuwenden.[127] Zulässig ist unter bestimmten Voraussetzungen auch die **Überlassung von Arbeitskräften** und **Räumlichkeiten**. Unter den Voraussetzungen des § 58 Nr. 1 AO können die Mittel auch überwiegend an andere Körperschaften weitergegeben werden.[128] Neben der eigenen operativen und der Fördertätigkeit besteht die dritte Möglichkeit, gemeinnützige Zwecke zu verfolgen, darin, daß das Wirken von anderen steuerbegünstigten Körperschaften dem Wirken einer Mutter-Körperschaft zugerechnet wird. In § 57 Abs. 2 AO ist bestimmt, daß sog. **Dachverbände**, die selbst aufgrund ihrer eigenen Tätigkeit nicht gemeinnützige Zwecke verfolgen, dennoch als gemeinnützig anerkannt werden können, wenn in ihnen steuerbegünstigte Körperschaften zusammengefaßt sind.[129] 48

[127] Vgl. Rz. 53–59.

[128] Vgl. näher Rz. 53–62.

[129] Vgl. dazu Rz 63.

2. Operative gemeinnützige Körperschaft

49 Eine operativ tätige gemeinnützige Körperschaft verwirklicht entweder selbst oder durch Hilfspersonen die gemeinnützigen Zwecke. Eine gemeinnützige Körperschaft ist in aller Regel eine juristische Person, d. h. sie kann nicht selbst handeln, sondern nur durch ihre Organe oder Angestellten und Auftragnehmer oder ehrenamtlich tätigen Helfer. Alle diese Personen sind ohne weiteres **Hilfspersonen der gemeinnützigen Körperschaft**, da sie für diese tätig werden. Wichtig ist stets, daß tatsächlich durch die Tätigkeiten, die als eigene Tätigkeit der gemeinnützigen Körperschaft erscheint, gemeinnützige Zwecke verwirklicht werden. Davon abzugrenzen sind die Fälle, in denen Dritte von der gemeinnützigen Körperschaft unterstützt werden. Typisches Beispiel dafür ist die Vergabe von Stipendien an Nachwuchswissenschaftler. Die Nachwuchswissenschaftler sind keine Hilfspersonen im Verhältnis zu der gemeinnützigen Körperschaft. Dies würde nämlich voraussetzen, daß ihre Forschungstätigkeit als eigenes Wirken der gemeinnützigen Körperschaft angesehen werden könnte. Vielmehr verwirklicht eine Körperschaft, die Stipendien an Wissenschaftler vergibt, ihre gemeinnützigen Zwecke dadurch, daß sie andere Personen in die Lage versetzt, wissenschaftlich tätig zu werden. Eine Förderung der Allgemeinheit liegt in diesen Fällen dann vor, wenn das Ergebnis der wissenschaftlichen Forschung publiziert wird. Die Stipendienvergabe selbst bildet das Mittel, um die Wissenschaft zu fördern. Die konkrete Durchführung eines bestimmten Forschungsprojekts[130] selbst ist in diesen Fällen bereits nicht mehr Teil der gemeinnützigen Zweckverwirklichung, so daß sich die gemeinnützige Körperschaft darauf beschränken kann, die Verwendung der hingegebenen Mittel für ein Forschungsprojekt sicherzustellen, ohne die Forschungstätigkeit im einzelnen vorschreiben zu müssen.[131] Auch kann der gemeinnützige Zweck beispielsweise dadurch bereits verwirklicht werden, daß das öffentliche Bewußtsein für die Notwendigkeit bestimmter Maßnahmen geweckt wird. Ein prominentes Beispiel ist die Organisation Greenpeace e.V., die die Öffentlichkeit für den Naturschutz aufrüttelt. Derartige Maßnahmen verwirklichen selbst und unmittelbar den gemeinnützigen Zweck, weil die Förderung des Naturschutzes nicht nur einzelne landschaftspflegerische Maßnahmen umfaßt, sondern die **Bewußtseinsbildung in der Öffentlichkeit**[132] für die Verwirklichung des konkreten gemeinnützigen Zwecks ausreichend sein kann. Einen weiteren Anwendungsfall dafür, daß in jedem Einzelfall geprüft werden muß, ob tatsächlich durch die Tätigkeit der gemeinnützigen Körperschaft oder ihrer Hilfsperson gemeinnützige Zwecke verwirklicht werden, legt § 58 Nr. 10 AO fest. Danach wird die Steuervergünstigung nicht dadurch ausgeschlossen,

---

[130] Ebenso OFD Münster v. 2. 2. 1979 – S2729–24-St 13–31, KSt-Kartei NRW, § 5 KStG-Karte H 12.

[131] *Kirchhof* in: Kirchhof/Söhn, § 10 b EStG Rz. B. 89.

[132] Vgl. dazu auch BFH v. 29. 8. 1984, BStBl. II 1985, 844; v. 29. 8. 1984, BStBl. II 1985, 106; v. 23. 11. 1988, BStBl. II 1989, 391.

daß eine von einer Gebietskörperschaft errichtete Stiftung zur Erfüllung ihrer steuerbegünstigten Zwecke **Zuschüsse an Wirtschaftsunternehmen** vergibt. Die Finanzverwaltung bezeichnet die Regelung als Ausnahmeregelung, die es den ausschließlich von einer oder mehreren Gebietskörperschaften errichteten rechtsfähigen und nichtrechtsfähigen Stiftung ermögliche, die Erfüllung ihrer steuerbegünstigten Zwecke mittelbar durch Zuschüsse an Wirtschaftsunternehmen zu verwirklichen.[133] Die in § 58 Nr. 10 AO zum Ausdruck kommende Rechtsauffassung des Gesetzgebers und der Verwaltung ist zweifelhaft. Richtig ist, daß Zuschüsse an Wirtschaftsunternehmen vielfach nicht zur Erfüllung von steuerbegünstigten Zwecken geleistet werden können, da die Förderung von Wirtschaftsunternehmen für sich betrachtet keinen gemeinnützigen Zweck darstellt.[134] Allerdings können gemeinnützige Zwecke mitunter durchaus dadurch gefördert werden, daß Wirtschaftsunternehmen in den Genuß der Förderung gelangen. Ein Beispielsfall dafür könnte die überbetriebliche Ausbildung von Auszubildenden sein, von der Wirtschaftsunternehmen profitieren können, oder aber Zuschüsse zur Durchführung von Umweltschutzmaßnahmen, in deren Genuß auch Wirtschaftsunternehmen kommen dürfen. Durch derartige Zuschüsse wird unmittelbar der steuerbegünstigte Zweck gefördert. Wesentlich ist jeweils nur, daß die Förderung des steuerbegünstigten Zwecks, also der Aus- und Fortbildung der Jugendlichen oder des Umweltschutzes, eindeutig im Vordergrund steht und die **Förderung des Wirtschaftsunternehmens** selbst dem gegenüber allein eine **Reflexwirkung** hat. Wenn der gemeinnützige Zweck dadurch verwirklicht wird, daß durch Zuschüsse Verhaltensänderungen bei Dritten herbeigeführt werden sollen, so sind diese Dritten weder Hilfspersonen noch Zuwendungsempfänger einer Förder-Körperschaft, sondern ein Katalysator, ein Mittel zur Verwirklichung des gemeinnützigen Zwecks. Der Fall der Förderung des gemeinnützigen Zwecks durch Zuschüsse an Wirtschaftsunternehmen ist unter den gleichen Voraussetzungen zu sehen, wie die Stipendienvergabe an Künstler oder Wissenschaftler oder die Unterstützung von Personen, welche in den Genuß gemeinnütziger Bildungsmaßnahmen kommen. Im übrigen läßt sich die Regelung des **§ 58 Nr. 10 AO** vor dem Gleichheitsgrundsatz kaum rechtfertigen, denn wieso nur Stiftungen, nicht aber Vereine und nur die von Gebietskörperschaften gegründeten Stiftungen in den Genuß dieser besonderen Begünstigung kommen, läßt sich kaum durch sachliche Differenzierungsgründe erklären.

Dagegen werden die gemeinnützigen Zwecke nicht unmittelbar ver- 50
wirklicht, wenn die Tätigkeit der gemeinnützigen Körperschaft als entgeltliche Hilfstätigkeit für eine andere gemeinnützige Körperschaft anzusehen ist. **Dienstleistungstätigkeiten**, auch wenn sie **für andere gemeinnützige Körperschaften** ausgeführt werden sollten, fördern

[133] Ziff. 17 AEAO zu § 58 Nr. 10 AO.
[134] S. § 5 Rz. 73, 74.

nach der Auffassung der Rechtsprechung nicht unmittelbar die gemeinnützigen Zwecke.[135] Im Ergebnis werden derartige Tätigkeiten deswegen als steuerpflichtige Tätigkeiten eingeordnet.[136] Derartige Tätigkeiten können von einer gemeinnützigen Körperschaft selbst für ihre eigenen Bedürfnisse selbstverständlich ausgeführt werden. Sie sind sogar notwendig. Sie dienen dem gemeinnützigen Zweck. Wenn derartige Tätigkeiten aber gegen Entgelt für Dritte, seien dies auch andere gemeinnützige Körperschaften, ausgeführt werden sollten, verwirklichen diese Tätigkeiten nicht unmittelbar den gemeinnützigen Zweck. Es liegen insoweit steuerpflichtige Tätigkeiten vor. Soweit derartige Tätigkeiten für andere gemeinnützige Körperschaften ausgeführt werden, ist die ausführende Körperschaft Hilfsperson i. S. d. § 57 Abs. 1 Satz 2 AO für diese andere gemeinnützige Körperschaft. Der Umstand, daß eine gemeinnützige Körperschaft gegenüber einer anderen gemeinnützigen Körperschaft eine Hilfsperson darstellt, zeigt, daß die eine gemeinnützige Körperschaft damit eben nicht ihre eigenen gemeinnützigen Zwecke verwirklicht. Dasselbe gilt, wenn eine gemeinnützige Körperschaft als Beliehener der öffentlichen Hand tätig wird.[137] Die Folge ist, daß derartige Dienstleistungstätigkeiten in einem steuerpflichtigen wirtschaftlichen Geschäftsbetrieb ausgeführt werden. Etwas anderes kann gelten, wenn die Unterstützung der gemeinnützigen Tätigkeit einer anderen Körperschaft unentgeltlich geschieht.[138] Unschädlich ist es auch, wenn eine gemeinnützige Körperschaft einer anderen kein Entgelt für die Durchführung eines bestimmten Vorhabens zahlt, sondern mit einem Zuschuß deren eigene gemeinnützige Tätigkeit fördert. Schließlich bietet sich in derartigen Fällen vielfach an, daß die beiden gemeinnützigen Körperschaften eine **Arbeitsgemeinschaft** bilden, damit eine gemeinschaftliche, gemeinnützige Zweckverwirklichung vorliegt. Derartige Arbeitsgemeinschaften können auch mit steuerpflichtigen Anbietern eingegangen werden. Der gemeinnützige und der steuerpflichtige Anbieter können gemeinschaftlich eine Weiterbildungsveranstaltung ausrichten. „Unmittelbarkeit" bedeutet nicht „allein" oder „allein-verantwortlich". Mitverantwortlichkeit genügt.[139] Daher muß der gemeinnützigen Körperschaft in derartigen Fällen zumindest ein Vetorecht bezüglich der Preisgestaltung und der Ausgestaltung der Veranstaltung, beispielsweise in bezug auf den Vortragsinhalt zustehen.[140]

51 **Hilfspersonen** können somit natürliche wie auch steuerlich begünstigte oder nichtbegünstigte juristische Personen sein. Die Hilfsperso-

---

[135] Vgl. § 6 Rz. 126–130.

[136] Vgl. BFH v. 25. 2. 1981, BStBl. 1981 II, 478; v. 26. 10. 1989, BStBl. 1990 II, 98; v. 18. 10. 1990, BStBl. 1991 II, 157; v. 26. 4. 1990, BStBl. 1991 II, 268; v. 30. 11. 1995, DB 1996, 967; FinSen Berlin v. 29. 12. 1992, DB 1993, 500; FG Baden-Württemberg v. 3. 2. 1993, EFG 1993, 619.

[137] Nds. FG v. 8. 7. 1999, V 362/97, EFG 1999, 1256; vgl. § 6 Rz. 85.

[138] Vgl. dazu Rz. 59 ff.

[139] *Frotscher* in: Schwarz, § 57 AO Rz. 1.

[140] FG Hamburg v. 8. 12. 1997, II 98/95, EFG 1998, 916.

nen müssen nicht Angestellte, Organe oder Hilfskräfte der steuerbegünstigten Körperschaft sein. Wesentlich ist, daß die gemeinnützige Körperschaft auf das Wirken der Hilfspersonen tatsächlich fortlaufend einwirken kann.[141] Aus den vertraglichen Beziehungen zwischen der gemeinnützigen Körperschaft und der Hilfsperson muß deutlich werden, daß eine derartige Einwirkung stets möglich ist. Die Hilfsperson muß nach den Weisungen der gemeinnützigen Körperschaft einen konkreten Auftrag ausführen. Beruft sich die gemeinnützige Körperschaft darauf, eine Hilfsperson sei für sie tätig geworden, so hat sie nachzuweisen, daß sie den Inhalt und den Umfang der Tätigkeit der Hilfsperson bestimmen konnte. Der Nachweis ist auch geführt, wenn sich bereits aufgrund der im Zivilrecht anwendbaren gesetzlichen Regelungen, wie beispielsweise im Auftragsrecht, das Weisungsrecht der gemeinnützigen Körperschaft ergibt. Bei ihrer Tätigkeit ist die Hilfsperson an die Weisungen der gemeinnützigen Körperschaft, d. h. ihrer Organe, und an deren Satzung gebunden.[142]

Die **Einhaltung der vertraglichen Bindungen** muß nach Auffas- 52
sung der Finanzverwaltung durch die gemeinnützige Körperschaft **überwacht** werden.[143] Diese muß sich regelmäßig über den Fortgang des gemeinnützigen Projekts informieren. Mit dieser Rechtsauffassung wird allerdings verkannt, was der eigentliche Zweck des § 57 Abs. 1 Satz 2 AO ist. Durch die Regelung ist festgelegt, daß die gemeinnützige Körperschaft **für das Wirken der Hilfsperson unmittelbar einzustehen** hat. Erfüllt die Hilfsperson nicht die Vorgaben, die durch das Gemeinnützigkeitsrecht dem Auftraggeber vorgegeben sind, so liegt eine Mittelfehlverwendung der gemeinnützigen Körperschaft selbst vor. Im Unterschied dazu haftet eine gemeinnützige Körperschaft, die ihre Mittel einer anderen, ebenfalls steuerbegünstigten Körperschaft oder einer Körperschaft des öffentlichen Rechts zur Verwendung zu steuerbegünstigten Zwecken zuwendet, nicht dafür, wenn der **Zuwendungsempfänger** unter Verstoß gegen die Vorschriften des Gemeinnützigkeitsrechts **eine Mittelfehlverwendung begehen sollte**. Die Gemeinnützigkeit des Zuwendungsgebers bleibt von dem Verstoß eines Zuwendungsempfängers gegen die Mittelverwendungsvorschriften unberührt. Aufgrund dieses Unterschieds zwischen einer Hilfsperson und einer geförderten Körperschaft sind keine besonderen Anforderungen an die Kontrolltätigkeit der gemeinnützigen Körperschaft über ihre Hilfsperson zu stellen. Solange die Hilfsperson die gemeinnützigkeitsrechtlichen Vorgaben beachtet und die Bezahlung der Hilfsperson angemessen ist, liegt kein Verstoß gegen das Gemeinnützigkeitsrecht bei der gemeinnützigen Körperschaft selbst vor. Auf die vertragliche Ausgestaltung der Beziehungen zwischen der gemeinnützigen Körperschaft und der Hilfsperson kommt es nur deswegen an, weil die gemeinnützige Körperschaft die Möglichkeit behalten muß, jederzeit reagieren zu kön-

[141] Vgl. BFH v. 31. 10. 1957, BStBl. 1958 III, 170.

[142] OFD Frankfurt/M. Vfg. v. 2. 7. 1997 – S0176A-1-StII12, DB 1997, 1745.

[143] OFD Frankfurt/M. Vfg. v. 2. 7. 1997, DB 1997, 1745.

nen, falls die Hilfsperson die gemeinnützigkeitsrechtlichen Vorgaben mißachten sollte. Allein um beurteilen zu können, ob die gemeinnützigkeitsrechtlichen Vorgaben beachtet werden, ist eine fortlaufende Kontrolle der Tätigkeit der Hilfsperson durch die gemeinnützige Körperschaft zu empfehlen. Wenn die gemeinnützige Körperschaft nach einem Verstoß rechtzeitig eingreift, kann ihre Geschäftsführung trotz der Zurechnung des Verstoßes doch auf die Erfüllung der satzungsmäßigen Zwecke gerichtet bleiben.[144]

3. Fördernde Tätigkeit einer gemeinnützigen Körperschaft

a) Einführung

53 Zahlreiche gemeinnützige Körperschaften verwirklichen den gemeinnützigen Zweck nicht ausschließlich selbst, sondern betätigen sich auch in der Weise gemeinnützig, daß sie die gemeinnützige Tätigkeit anderer steuerbegünstigter Körperschaften oder Körperschaften des öffentlichen Rechts oder im Ausland ansässiger Körperschaften unterstützen. Diese **Unterstützung** kann **durch Geld oder Sachzuwendungen** (§ 58 Nr. 1, Nr. 2 AO) oder die **unentgeltliche Personalüberlassung** (§ 58 Nr. 3 AO) bzw. die **unentgeltliche Überlassung von Räumlichkeiten** (§ 58 Nr. 4 AO) erfolgen. Nicht im Gesetz erwähnt ist die Möglichkeit, unentgeltlich sonstige Sachmittel für steuerbegünstigte Zwecke zu überlassen, beispielsweise indem der Förderverein Musikinstrumente, Noten und den Dirigenten für die Musikaufführung eines anderen gemeinnützigen Vereins stellt. Die Förderung einer anderen steuerbegünstigten Einrichtung oder einer Körperschaft des öffentlichen Rechts zur Förderung für steuerbegünstigte Zwecke kann die gesamte gemeinnützige Tätigkeit einer gemeinnützigen Körperschaft ausmachen. Besonders häufig ist dies bei den sogenannten **Spendensammelvereinen** der Fall. Wenn eine gemeinnützige Körperschaft ihre gemeinnützigen Zwecke ausschließlich dadurch verfolgt, daß sie ihre sämtlichen Mittel einer anderen gemeinnützigen Körperschaft zuwendet, muß diese Form der gemeinnützigen Zweckverfolgung selbstverständlich in der Satzung aufgeführt werden (§ 58 Nr. 1 AO).[145] Regelmäßig verfolgen gemeinnützige Körperschaften ihre Zwecke unter Einschaltung von Hilfspersonen selbst. Zumindest partiell wird oft daneben die gemeinnützige Tätigkeit anderer Körperschaften gefördert. Beim Aufbau einer gemeinnützigen Körperschaft wird anfangs oft mit anderen Trägern zusammengearbeitet, bevor der eigene operative Apparat in der Lage ist, selbst gemeinnützige Tätigkeiten zu entfalten. Darüber hinaus gibt es zahlreiche mit anderen gemeinnützigen Körperschaften verbundene Einrichtungen, bei denen sich dann stets die Frage stellt, inwiefern die Quersubventionierung gemeinnütziger Tätigkeiten möglich ist. Die gesetzlichen Anforderungen dazu sind in den §§ 58 Nr. 2, Nr. 3 und Nr. 4 AO aufgestellt. Schließlich können die gemein-

[144] Vgl. oben Rz. 27, 32.
[145] Ziff. 18 zu § 58 AEAO.

nützigen Zwecke sowohl durch eine Unterstützung der gemeinnützigen Tätigkeit im In- wie im Ausland vorgenommen werden. Auch die Unterstützung ausländischer Körperschaften, die steuerbegünstigte Zwecke verfolgen, ist grundsätzlich zulässig (vgl. § 58 Nr. 1 AO).[146] Der Unterschied zwischen der Einschaltung einer Hilfsperson und der Förderung der gemeinnützigen Tätigkeit eines anderen nach § 58 Nr. 1 bis Nr. 4 AO besteht darin, daß eine gemeinnützige Körperschaft, die sich auf die Förderung der steuerbegünstigten Tätigkeit eines anderen beschränkt hat, selbst nicht ihre Gemeinnützigkeit verliert, wenn die geförderte Körperschaft die ihr zugewendeten oder überlassenen Mittel in gemeinnützigkeitswidriger Weise verwenden sollte. Wesentlich bei der Förderung ist allein, daß die Zuwendung zu steuerbegünstigten Zwecken erfolgt und durch entsprechende Auflagen ggf. sichergestellt ist, daß die Zuwendung nicht zweckwidrig verwandt wird. Ist nach einer zweckwidrigen Verwendung die Rückforderung der Mittel aussichtslos, muß sie selbstverständlich nicht betrieben werden. Regelmäßig kann aber die Rückforderung aufgrund der zivilrechtlich gemachten Mittelauflage verlangt werden.

b) Spendensammelverein

In § 58 Nr. 1 AO ist bestimmt, daß die Steuervergünstigung der Ge- 54
meinnützigkeit nicht dadurch ausgeschlossen wird, daß eine Körperschaft Mittel für die Verwirklichung der steuerbegünstigten Zwecke einer anderen Körperschaft oder für die Verwirklichung steuerbegünstigter Zwecke durch eine Körperschaft des öffentlichen Rechts beschafft. Diese Ausnahme ermöglicht insbesondere, sogenannte Fördervereine und Spendensammelvereine als steuerbegünstigte Körperschaften anzuerkennen. Die **Beschaffung von Mitteln** muß **als Satzungszweck** festgelegt sein.[147] Die Körperschaft, für die Mittel beschafft werden, muß nicht steuerbegünstigt sein. Allerdings gilt diese Ausnahme nur für im Ausland ansässige Körperschaften, da diese nicht selbst die Steuerbegünstigung nach der Abgabenordnung erlangen können. Es ist nicht erforderlich, daß die Spendensammelkörperschaft die Körperschaft, für die sie Mittel beschafft, namentlich in ihrer Satzung nennt.[148] Wenn aber die unterstützte Körperschaft in der Satzung angegeben sein sollte, darf der Förderverein bzw. die Förderstiftung ihre Mittel erst nach einer entsprechenden Satzungsänderung an eine andere oder weitere Körperschaft weitergeben. Zu Recht läßt es die Finanzverwaltung zu, wenn in der Satzung die geförderten Körperschaften in einem bestimmten Gebiet genannt werden. Ein Förderverein oder eine Förderstiftung müssen, wenn in ihrer Satzung vorgesehen ist, daß sie ihre

---

[146] *Kirchhof* in: Kirchhof/Söhn, § 10b EStG Rz. B 87; s. Rz. 55.

[147] S. OFD Frankfurt/Main, Vfg. v. 11. 12. 1996, RIW 1997, 267 (28); Ziff. 18 zu § 58 AEAO.

[148] FinMin Bayern Erlaß vom 25. 06. 1997–33 – SO 177–19–11–32948, DB 1997, 1746; a. A. FG Köln v. 18. 5. 1983 – I 283/82 K, EFG 1984, 83; *Kirchhof* in: Kirchhof/Söhn, § 10b EStG Rz. B 87.

Mittel an andere Körperschaften weitergeben, diesen Zweck nicht ständig verfolgen. Es ist grundsätzlich nicht schädlich für die Steuerbegünstigung einer gemeinnützigen Körperschaft, wenn sie mehrere gemeinnützige Satzungszwecke hat und in jedem Jahr mindestens einen davon verfolgt oder einen Satzungszweck über einen längeren Zeitraum hinweg nicht fördert.[149] Als gemeinnütziger Satzungszweck ist aber auch die Beschaffung von Mitteln anzusehen. Eine Satzungsänderung ist erst dann erforderlich, wenn die Körperschaft diesen Zweck endgültig aufgeben sollte.[150]

55 Die gemeinnützige Körperschaft kann ihre steuerbegünstigten Zwecke auch dadurch verwirklichen, daß sie **Mittel für eine im Ausland ansässige Körperschaft** beschafft. Eine derartige inländische Spendensammelkörperschaft kann Spendenquittungen ausstellen, auch wenn ihre Tätigkeit sich darauf beschränken sollte, ihre Mittel vollständig an die im Ausland ansässige Körperschaft weiterzugeben. Die Finanzverwaltung verlangt, daß in der Satzung die ausländische Körperschaft, für die gesammelt wird, ausdrücklich bezeichnet und festgelegt wird, daß die gesamten Mittel für diesen Zweck zu verwenden sind, falls die gemeinnützige Körperschaft nicht neben der Weitergabe an eine bestimmte ausländische Körperschaft auch noch andere gemeinnützige Zwecke verfolgt.[151] Für die damit festgelegte Ungleichbehandlung von Spendensammelvereinen, die ausländische oder inländische Körperschaften fördern, fehlt es an einem sachlichen Grund. Die Finanzverwaltung prüft in diesen Fällen, ob der ausländische Empfänger tatsächlich die Rechtsform einer Körperschaft aufweist. Hierzu ist ggf. dessen Satzung in deutscher Übersetzung vorzulegen. Im übrigen muß die in Deutschland ansässige Körperschaft nachweisen, daß die ausländische Körperschaft eine Tätigkeit entfaltet, die dann, wenn sie in Deutschland ausgeführt würde, steuerbegünstigt wäre. Dieser Nachweis kann durch abgeschlossene Verträge und entsprechende Vorgänge, Belege über den Abfluß der Mittel ins Ausland und Quittung des Zahlungsempfängers über den Erhalt der Mittel, ausführliche Tätigkeitsbeschreibung der im Ausland entfalteten Aktivitäten und Material über die getätigten Projekte wie Prospekte oder Presseveröffentlichungen oder Gutachten eines im Ausland ansässigen Wirtschaftsprüfers oder ausländischer Behörden, wenn diese die Maßnahme gleichfalls durch Zuschüsse fördern sollten oder ggf. auch die Bestätigung einer deutschen Auslandsvertretung geführt werden. Grundsätzlich gilt der Freibeweis, d. h. die in Deutschland ansässige Körperschaft kann diesen Beweis durch jegliches zulässiges Beweismittel führen. Allerdings trifft die in Deutschland ansässige Körperschaft eine erhöhte Nachweispflicht nach § 90 Abs. 2 AO, wonach die in Deutschland ansässige Körperschaft

[149] BFH v. 15. 7. 1998, IR 156/94, DB 1998, 2304.

[150] FinMin Bayern, a.a.O.

[151] Vgl. hierzu FG Köln vom 18. 5. 1983, EFG 1984,83; OFD Frankfurt/Main, Vfg. v. 11. 12. 1996 – R-S 0177 A-2-St II 12 RIW 1997, 267 (268); BFH v. 15. 7. 1998 I R 156/94, ZEV 1999, 155 m. Anm. *von Oertzen.*

ggf. Beweismittel zu beschaffen hat und dabei alle für sie bestehenden rechtlichen und tatsächlichen Möglichkeiten ausschöpfen muß. Die inländische Körperschaft kann sich insbesondere nicht darauf berufen, daß sie den Sachverhalt nicht aufklären oder Beweismittel nicht beschaffen könne, wenn sie nach Lage des Falles bei der Gestaltung der Verhältnisse die Möglichkeit dazu gehabt hätte oder sich insbesondere vor Zuwendung der Mittel an die ausländische Körperschaft entsprechende Nachweispflichten durch den Zuwendungsempfänger hätte ausbedingen können.

c) Zuwendung von Geld- und Sachmitteln

Nach § 58 Nr. 2 AO kann eine gemeinnützige Körperschaft jederzeit 56
ihre Geld- und Sachmittel einer anderen steuerbegünstigten Körperschaft oder einer Körperschaft des öffentlichen Rechts zur Verwendung zu steuerbegünstigten Zwecken zuwenden. Derartige Zuwendungen sind auch dann zulässig, wenn ihre Möglichkeit in der Satzung der gemeinnützigen Körperschaft nicht vorgesehen ist.[152] Die Zuwendung kann aus gemeinnützigkeitsrechtlicher Sicht zu jedem beliebigen gemeinnützigen Zweck erfolgen. Der steuerbegünstigte Zweck, für den die Mittel von der Empfängerkörperschaft verwendet werden, muß nicht Satzungszweck der Körperschaft sein, die die Mittel weitergibt.[153] Allerdings wird die gemeinnützige Körperschaft regelmäßig aufgrund der vereins-, stiftungs- oder gesellschaftsrechtlichen Bestimmungen gehindert sein, jedenfalls in größerem Maße Zuwendungen zu gemeinnützigen Zwecken zu machen, die selbst nicht eigener Satzungszweck sind. Die Zuwendungen nach § 58 Nr. 2 AO können nicht an eine im Ausland ansässige Organisation gemacht werden. Soll eine ausländische Organisation bei ihrer steuerbegünstigten Tätigkeit unterstützt werden, muß diese entweder als Hilfsperson i. S. d. § 57 Abs. 1 AO, was entsprechende rechtliche Vereinbarungen voraussetzt, eingeschaltet werden oder die ausländische Organisation muß von vornherein als Zuwendungsempfänger gem. § 58 Nr. 1 AO in der Satzung der gemeinnützigen Körperschaft benannt werden.[154] Diese Auffassung der Finanzverwaltung ergibt sich zwingend aus dem Gesetzeswortlaut des § 58 Nr. 2 AO. In § 58 Nr. 2 AO ist darüber hinaus bestimmt, daß die Mittel nur teilweise für andere gemeinnützige Zwecke verwendet werden dürfen. Die Finanzverwaltung schließt daraus, daß die Mittel in einem Veranlagungszeitraum zu nicht mehr als 50 v. H. für die Zuwendung an andere gemeinnützige Körperschaften eingesetzt werden dürfen.[155] Unklar ist dabei, ob sich der Mittelbegriff auf **sämtliche Vermögenswerte** der Körperschaft bezieht oder nur auf die in dem jeweiligen Veranlagungs-

---

[152] Ziff. 18 AEAO zu § 58 AO.

[153] FinMin Bayern, Erlaß v. 25. 6. 1997–33-S0177–19-11–32948, DB 1997, 1746.

[154] OFD Frankfurt/Main, Vfg. v. 11. 12. 1996 – S0177A-2-StII12, RIW 1997, 267 (268); s. o. Rz. 55.

[155] Vgl. Ziff. 2 AEAO zu § 58 AO; FinMin Bayern, Erlaß vom 25. 6. 1997–33-S0177–19/11–32948, DB 1997, 1746.

zeitraum zeitnah zu verwendenden Mittel. Nach der Rechtsprechung des Bundesfinanzhofes gehören zu den Mitteln i. S. d. §§ 55, 58 AO sämtliche Vermögenswerte einer gemeinnützigen Körperschaft.[156] Überträgt man diese Auslegung auf § 58 Nr. 2 AO, so wäre erst die Weggabe der Hälfte des gesamten Vermögens der gemeinnützigen Körperschaft schädlich. Die Finanzverwaltung stellt allerdings darauf ab, daß nach § 58 Nr. 2 AO die in dem betreffenden Veranlagungszeitraum **tatsächlich für gemeinnützige Zwecke verwandten Mittel nur zu weniger als der Hälfte** an andere steuerbegünstigte Körperschaften weitergegeben werden dürfen. Im Gegensatz zur Auffassung der Finanzverwaltung hat der BFH entschieden, daß der Begriff „teilweise" in § 58 Nr. 2 AO nicht isoliert im Hinblick auf einen einzelnen Veranlagungszeitraum ausgelegt werden dürfe. Denn gerade dann, wenn in Erfüllung des steuerbegünstigten satzungsmäßigen Zweckes ein gemeinnütziges „Großprojekt" geplant ist, das eine entsprechende Mittelansammlung voraussetzt, reicht es aus, wenn die Körperschaft in späteren Veranlagungszeiträumen ihre satzungsmäßigen Zwecke unmittelbar, d. h. selbst oder durch eine Hilfsperson, verwirklicht. So gesehen schadet es nicht, wenn eine gemeinnützige Körperschaft in einzelnen Jahren ausschließlich anderen gemeinnützigen Körperschaften Mittel zuwendet.[157] Die Auffassung des BFH läuft darauf hinaus, daß die Mittelweitergabe an eine andere gemeinnützige Körperschaft, jedenfalls im Rahmen des von der zuwendenden Körperschaft selbst verfolgten gemeinnützigen Zwecks, jederzeit und unbegrenzt zulässig ist. Nur wenn die gemeinnützige Körperschaft sich darauf beschränken sollte, ausschließlich andere gemeinnützige Körperschaften zu unterstützen, muß dies in der Satzung deutlich gemacht werden. In der Literatur wird wiederum die Auffassung vertreten, es genüge, wenn die unmittelbare operative Tätigkeit nicht nur von untergeordneter Bedeutung sei, d. h. mehr als 10 v. H. der Mittel dafür verwandt werden.[158]

57 Die Mittelhingabe nach § 58 Nr. 2 AO ist dann zulässig, wenn die **Empfängerkörperschaft** im Zeitpunkt der Hingabe der Mittel **steuerbegünstigt** war. Der Nachweis kann von der zuwendenden Körperschaft durch Vorlage der Kopie des letzten Freistellungsbescheides der Empfängerkörperschaft erbracht werden. Das gilt grundsätzlich auch für den Nachweis der korrekten Verwendung von erhöht abzugsfähigen Spendenbeiträgen.[159] Wird der Empfängerkörperschaft im nachhinein die Steuerbegünstigung aberkannt, so bleibt die Gemeinnützigkeit der zuwendenden Körperschaft doch erhalten, wenn diese bei der Zuwendung darauf vertrauen konnte, daß die zugewandten Mittel von der Empfängerkörperschaft entsprechend den gemeinnützigkeitsrechtlichen Erfordernissen verwandt werden wür-

---

[156] BFH v. 23. 10. 1991, BStBl. 1992, II, 62.

[157] BFH v. 15. 7. 1998 I R 156/94, FR 1998, 1089 unter 3. a).

[158] *Herbert* BB 1991, 179 (182); *Tipke/Kruse* § 58 AO Rz. 3; *Fischer* in: Hübschmann/Hepp/Spitaler, § 58 AO Rz. 21.

[159] OFD Frankfurt/Main v. 28. 7. 1994, DB 1994, 1902.

den.[160] Dies ergibt sich aus dem systematischen Zusammenwirken von § 57 Abs. 1 Satz 2 AO und § 58 Nr. 2 AO, wonach die finanzierende Körperschaft nur für die Mittelfehlverwendung durch Hilfspersonen haftet.

Die Weitergabe der Mittel an eine andere gemeinnützige Körper- 58
schaft muß nicht in der Weise erfolgen, daß die **zeitgerechte Verwendung der Mittel bei der Empfängerkörperschaft** sichergestellt wird. In bezug auf die zeitlichen Bindungsfristen gilt für die Empfängerkörperschaft, daß zugewendete Mittel zeitnah zu verwenden sind, es sei denn, die zuwendende Körperschaft hätte ausdrücklich etwas anderes bestimmt.[161] Eine derartige besondere Bestimmung darf die zuwendende Körperschaft wiederum nur vornehmen, wenn sie selbst die Mittel nicht zeitnah zu verwenden hat. Deswegen darf eine gemeinnützige Körperschaft zeitnah zu verwendende Mittel auch nicht als Ausstattungskapital einer von ihr errichteten gemeinnützigen Stiftung zuwenden.[162] Im Regelfall muß daher eine Verwendung der Mittel in der Form erfolgen, daß eine Rücklagenbildung nach § 58 Nr. 6 AO bei der Empfängerkörperschaft vorgenommen wird. Zulässig ist es auch, wenn die Förderkörperschaft selbst Mittel in einer Rücklage ansammelt, um sie später an eine bestimmte andere gemeinnützige Körperschaft weiterzugeben.[163]

Vielfach erfolgt die Zuwendung von Sach- oder Geldmitteln in der 59
Weise, daß einer **anderen gemeinnützigen Körperschaft verbilligt Leistungen** erbracht werden. Entsprechende Zuwendungen sind zulässig. Gegenüber anderen gemeinnützigen Körperschaften müssen keine Marktpreise verlangt werden, da eine Verbilligung eine besondere Form einer Geld- oder Sachmittelzuwendung darstellt. Entsprechende Verbilligungen können sich durchaus auch auf Dienstleistungen beziehen, da § 58 Nr. 2 AO allein eine Zuwendung an eine andere steuerbegünstigte Körperschaft vorsieht, ohne dies auf die unmittelbare Förderung der steuerbegünstigten Zwecke der Empfängerkörperschaft zu beschränken.[164]

d) Überlassung von Arbeitskräften

In § 58 Nr. 3 AO ist bestimmt, daß eine Körperschaft ihre Arbeits- 60
kräfte anderen Personen, Unternehmen oder Einrichtungen für steuerbegünstigte Zwecke zur Verfügung stellen kann. Vom Zurverfügungstellen für andere ist entsprechend den Regeln über die Personalüberlassung im Arbeitsrecht die Ausübung der eigenen gemeinnützigen Tätigkeit abzugrenzen. § 58 Nr. 3 AO betrifft den Ausnahmefall, daß die **Überlassung nicht an steuerbegünstigte Einrichtungen** er-

---

[160] Zu eng *Kießling/Buchna* S. 142; ebenso wie hier BFH v. 15. 7. 1998 – I R 156/94, FR 1998, 1089 unter 3. b); vgl. auch BFH v. 11. 6. 1997 X R 242/93, BStBl. 1997 II, 612.

[161] A. A. *Kießling/Buchna* S. 140.

[162] Ziff. 8 zu § 55 AEAO.

[163] BFH v. 13. 9. 1989, BStBl. II 1990, 28; Ziff. 10 zu § 58 AEAO.

[164] Ebenso *Kießling/Buchna* S. 140 f.; *Sauer* in: Beermann, § 58 AO Rz. 18.

folgt, sondern an nicht gemeinnützige Einrichtungen zu steuerbegünstigten Zwecken vorgenommen wird. Soweit die Personalüberlassung an steuerbegünstigte Organisationen in der Form gemacht wird, daß dieses unter Preis überlassen wird, greift vorrangig § 58 Nr. 2 AO ein. § 58 Nr. 3 AO gilt für den Fall, daß gelegentlich bei steuerbegünstigten Tätigkeiten ausgeholfen wird. Wird beispielsweise das Pflegepersonal einer gemeinnützigen Krankenanstalt zeitweise für pflegerische Zwecke in einem steuerpflichtigen Krankenhausunternehmen eingesetzt, um die Versorgung der Kranken sicherzustellen, so ist eine derartige Tätigkeit nach § 58 Nr. 3 AO erlaubt. Allerdings muß mit der Tätigkeit der steuerbegünstigte Zweck verfolgt werden, d. h. im Vordergrund muß eindeutig das krankenpflegerische Ansinnen, nicht aber die Entlastung des steuerpflichtigen Unternehmens von Kosten stehen. Gleichzeitig ist auch die Bereitstellung von Arbeitsmitteln eingeschlossen.[165] Nicht von § 58 Nr. 3 AO erfaßt ist die wirtschaftliche Förderung steuerpflichtiger Unternehmen. Soweit eine gemeinnützige Körperschaft Dienstleistungen erbringt, liegt insofern gegenüber steuerpflichtigen Unternehmen zwingend eine Tätigkeit vor, die aufgrund des § 55 Abs. 1 Nr. 3 AO zwingend zu einem **angemessenen Entgelt**, welches den **Marktpreisbedingungen** entspricht, ausgeführt werden muß. Für die gemeinnützige Körperschaft selbst wird dadurch ein steuerpflichtiger wirtschaftlicher Geschäftsbetrieb begründet.[166]

e) Überlassung von Räumen

61 In § 58 Nr. 4 AO ist bestimmt, daß die Steuervergünstigung einer gemeinnützigen Körperschaft nicht dadurch ausgeschlossen wird, daß die Körperschaft ihr gehörende Räume einer anderen steuerbegünstigten Körperschaft zur Benutzung für deren steuerbegünstigte Zwecke überläßt. Der Begriff der Räume ist weit auszulegen, er umfaßt beispielsweise auch Sportstätten und Freibäder.[167] Entscheidend ist, daß die Räumlichkeiten tatsächlich für steuerbegünstigte Zwecke verwendet werden. § 58 Nr. 4 AO begründet nach Auffassung der Verwaltung keinen eigenständigen Zweck. Ein Verein, dessen alleiniger Zweck es ist, eine Halle zu errichten und sie anderen steuerbegünstigten Körperschaften für deren steuerbegünstigte Zwecke zu überlassen (sog. Hallenbau-Verein), kann nicht als gemeinnützig anerkannt werden.[168] Erfolgt neben seiner eigenen gemeinnützigen Tätigkeit die Überlassung von Räumlichkeiten unentgeltlich, liegt darin keine schädliche Mittelverwendung, sofern die Voraussetzungen des § 58 Nr. 4 AO vorliegen. Diese Vorschrift ist für die Überlassung von Räumlichkeiten im Ver-

---

[165] Ziff. 3 zu § 58 AEAO.

[166] Vgl. dazu BFH v. 18. 10. 1990, BStBl. 1991 II, 157 und 268; OFD Frankfurt/Main v. 12. 8. 1992, DB 1992, 2064; FG Baden-Württemberg v. 3. 2. 1993, EFG 1993, 619; BFH v. 7. 11. 1996, DB 1997, 859; s. § 6 Rz. 127–128.

[167] Ziff. 4 AEAO zu § 58 Nr. 4 AO; *Fischer* in: Hübschmann/Hepp/Spitaler, § 58 AO Rz. 26; FG Schleswig-Holstein, EFG 1997, 132 (133).

[168] FinMin NRW v. 6. 8. 1990, DB 1990, 1745.

hältnis zu § 58 Nr. 1 oder § 58 Nr. 2 AO als lex specialis zu verstehen. Allerdings sollte sich der Gesetzgeber überlegen, warum speziell für die Überlassung von Räumlichkeiten wiederum andere Kriterien gelten als für die Überlassung von Personal. Eine Vereinheitlichung der Maßstäbe im Bereich des § 58 AO ist angezeigt.

Sofern die Räumlichkeiten entgeltlich oder gegen ein Teilentgelt überlassen werden, stellt sich die Frage, ob die Einnahmen aus der Vermietung zu **Einnahmen** im Bereich der **steuerfreien Vermögensverwaltung** oder im Bereich eines **steuerpflichtigen wirtschaftlichen Geschäftsbetriebs** erfolgen. Regelmäßig wird Vermögensverwaltung vorliegen, da auch dann, wenn die Räumlichkeiten kurzfristig jeweils vermietet werden, sofern dies zur Auslastung der vorhandenen Raumkapazität führt, Einnahmen im Bereich der steuerfreien Vermögensverwaltung angenommen werden.[169] Sofern die Überlassung der Räumlichkeiten an eine andere steuerbegünstigte oder steuerpflichtige Person nicht unmittelbar zur Förderung steuerbegünstigter Zwecke vorgenommen wird, muß die gemeinnützige Körperschaft für die Überlassung der Räumlichkeiten den Marktpreis erheben (§ 55 Abs. 1 Nr. 3 AO). Damit gelten für die Überlassung von Räumlichkeiten strengere Maßstäbe als für Geld- oder Sachzuwendungen nach § 58 Nr. 2 AO. 62

4. Dachorganisationen

In § 57 Abs. 2 AO ist bestimmt, daß eine Körperschaft, in der steuerbegünstigte Körperschaften zusammengefaßt sind, wie eine Körperschaft, die unmittelbar steuerbegünstigte Zwecke verfolgt, behandelt wird. § 57 Abs. 2 AO gilt nicht für die Fälle, in denen eine gemeinnützige Körperschaft selbst, und sei es unter Einsatz von Hilfspersonal, gemeinnützige Zwecke verwirklicht. Die Vorschrift betrifft insbesondere die Dachverbände von Sportvereinen. Da bei den Dachverbänden selbst kein Sport betrieben wird und auch keine finanziellen Mittel zur Verfügung stehen, um die sportlichen Aktivitäten anderer zu unterstützen, es sich vielmehr nur um Organisationseinheiten für andere gemeinnützige Körperschaften handelt, bestand das Bedürfnis, eine entsprechende Sonderregelung zu schaffen. Ein Zusammenschluß i. S. d. § 57 Abs. 2 AO ist gegeben, wenn die Einrichtung allgemeine, aus der Tätigkeit und Aufgabenstellung der Mitglieder-Körperschaften erwachsende Interessen wahrnimmt.[170] Besonders problematisch ist in diesem Fall, daß der Dachverband selbst nur dann die Gemeinnützigkeit behält, wenn jede der zusammengeschlossenen Einrichtungen sämtliche Voraussetzungen für die steuerliche Vergünstigung erfüllt.[171] In den Satzungen entsprechender Dachverbände ist deswegen stets vorgesehen, daß die Vereine mit der eigenen Gemeinnützigkeit die Mitgliedschaft im Dachverband verlieren, um so die Gemeinnützigkeit des Dachverbandes zu erhalten. Die Finanzverwaltung billigt allerdings auch, wenn im Falle des rückwirkenden 63

[169] BFH v. 17. 12. 1957, BStBl. 1958 III, 96; vgl. § 6 Rz. 63.
[170] Ziff. 2 zu § 57 AEAO.
[171] Vfg. OFD Düsseldorf v. 25. 6. 1980 – S2729 A-St 13H.

Widerrufs der Gemeinnützigkeit eines Mitgliedsverbandes dieser erst dann die Mitgliedschaft im Dachverband verliert.[172] Unschädlich ist dies für den Dachverband, wenn er selbst gemeinnützige Tätigkeiten ausübt und die steuerpflichtigen Mitgliedsvereine tatkräftig unterstützt.[173]

IV. Gebot der zeitnahen Mittelverwendung

1. Grundlagen

71 In § 55 Abs. 1 Nr. 5 AO ist nunmehr ausdrücklich festgelegt, daß **sämtliche Mittel** einer gemeinnützigen Körperschaft grundsätzlich **zeitnah für die gemeinnützigen Zwecke zu verwenden** sind. Der Gesetzgeber hat ausdrücklich geregelt, in welchen Fällen die Steuervergünstigung nicht dadurch ausgeschlossen wird, daß eine Körperschaft ihre Mittel ganz oder teilweise einer Rücklage zuführt und welche Vermögensmittel nicht zeitnah für gemeinnützige Zwecke ausgegeben werden müssen.[174] Nicht von dem Gebot der zeitnahen Mittelverwendung werden Vermögenswerte der gemeinnützigen Körperschaft erfaßt, die aufgrund der vorgreiflichen Bestimmung durch den Zuwendenden selbst als Vermögensgrundlage bei der gemeinnützigen Körperschaft dienen sollen. Das Steuerrecht erkennt damit in § 58 Nr. 11 AO an, daß eine gemeinnützige Körperschaft nicht verpflichtet werden kann, Mittel zeitnah auszugeben, die ihr unter der Auflage zugewendet worden sind, sie als Vermögensstock einzusetzen. Dies erfaßt klassischerweise das Stiftungsvermögen oder Zuwendungen von Todes wegen oder aufgrund eines Spendenaufrufs zugewandte Mittel, wenn aus diesem Spendenaufruf ersichtlich ist, daß die Beträge zur Aufstockung des Vermögens erbeten werden. Zustiftungen und Einzelzuwendungen, bei denen der Zuwendende ausdrücklich erklärt, daß sie zur Ausstattung der Körperschaft mit Vermögen oder zur Erhöhung des Vermögens bestimmt sind, außer dem Dotationskapital bei Stiftungen beispielsweise das Stammkapital oder Einlagen der Gesellschafter bei einer gemeinnützigen GmbH, bilden das sog. **Ausstattungskapital**, welches nicht zeitnah verwendet werden muß. Schließlich gehören dazu auch Sachzuwendungen, die ihrer Natur nach der Vermögensbildung dienen, wie beispielsweise ein Grundstück. Die Finanzverwaltung hat zutreffend festgelegt, daß außer dem Vermögensstock selbst auch die Surrogate des Vermögensstocks, die durch Umschichtungen entstanden sind, nicht dem Gebot der zeitnahen Mittelverwendung unterliegen.[175] Allerdings ist dieser Satz nicht in die gesetzliche Regelung des § 58 Nr. 11 AO aufgenommen worden, doch würde es keinen Sinn machen, den Erlös aus einer Vermögensumschichtung der zeitnahen

---

172 Vfg. OFD Düsseldorf a.a.O.

173 Ziff. 2 zu § 57 AEAO.

174 Vgl. grundlegend *Thiel* DB 1992, S. 1900 ff.; BFH v. 13. 9. 1990, BStBl. 1990 II, 28; *Hüttemann* S. 23 ff.

175 Vgl. im einzelnen Tz. 11 zu § 55 AEAO.

Mittelverwendung zu unterwerfen, wenn das zugeordnete Vermögen selbst nicht zeitnah verwandt werden muß.

Zeitnah zu verwenden sind selbstverständlich auch nur diejenigen Vermögenswerte, über die die gemeinnützige Körperschaft dauerhaft verfügen kann. Beträge, die demnächst auszugeben sind, weil damit **Verbindlichkeiten** und **Rückstellungen**, d. h. demnächst mit überwiegender Wahrscheinlichkeit zu erwartende Verbindlichkeiten, erfüllt werden müssen, mindern die zeitnah zu verwendenden Mittel. 72

Darüber hinaus erfaßt das Gebot der zeitnahen Mittelverwendung nur **Beträge**, die der gemeinnützigen Körperschaft **am** jeweiligen **Veranlagungsstichtag** bereits **zugeflossen** sind. Dies hat der Gesetzgeber nunmehr ausdrücklich in § 55 Abs. 1 Nr. 5 S. 3 AO festgelegt. Dementsprechend ist eine gemeinnützige Körperschaft nicht verpflichtet, Vermögenswerte, die ihr noch nicht zugeflossen sind, aber die sie zu fordern berechtigt ist, bereits für gemeinnützige Zwecke zu verwenden. Die Verwendungspflicht bezieht sich allein auf zugeflossene Mittel. Gemeinnützige Körperschaften, die bilanzieren, können, wenn sie die zeitnah zu verwendenden Mittel errechnen, den Ertrag aus der Erhöhung des Forderungsbestandes, der nach handelsrechtlichen Vorschriften zur Erhöhung des Jahresüberschusses geführt hat, wieder herausrechnen, weil die entsprechenden Erträge noch nicht zugeflossen sind. Umgekehrt mindern aber Verbindlichkeiten bereits vor Abfluß der entsprechenden Beträge die zeitnah zu verwendenden Mittel, weil die gemeinnützige Körperschaft nicht gezwungen ist, Mittel für gemeinnützige Zwecke auszugeben, die tatsächlich benötigt werden, um demnächst die Gläubiger zu befriedigen. 73

Der Begriff der **Verwendung** von Mitteln für gemeinnützige Zwecke darf nicht dahin verstanden werden, daß es auf einen Aufwand der Körperschaft für die gemeinnützigen Zwecke ankommt. Vielmehr sind ebenso vorstellbar Investitionen in das Anlagevermögen, welches im gemeinnützigen Bereich genutzt werden soll. Bilanziell kommt es zu einem Aktivtausch. Dennoch liegt, wie jetzt auch in § 55 Abs. 1 Nr. 5 S. 2 AO festgestellt wird, eine Mittelverwendung vor, es entsteht, in der gemeinnützigkeitsrechtlichen Terminologie gesprochen, sogenanntes **nutzungsgebundenes Kapital**.[176] 74

Eine andere Form der Mittelverwendung liegt vor, wenn eine **Rücklage nach § 58 Nr. 6 AO** gebildet wird, weil das Ansparen von Vermögen erforderlich ist, um die steuerbegünstigten satzungsmäßigen Zwecke nachhaltig erfüllen zu können. Eine weitere Form der Rücklagenbildung stellt das gemeinnützigkeitsrechtlich zulässige Ansparen von Mitteln nach § 58 Nr. 7 AO dar. Soweit eine gemeinnützige Körperschaft aufgrund weniger gesetzlicher Ausnahmevorschriften, beispielsweise nach § 58 Nr. 5 AO, Mittel außerhalb des gemeinnützigen Zwecks verwendet, liegt gleichfalls eine zulässige Form der Mittelverwendung vor. 75

---

[176] Vgl. *Thiel* DB 1992, 1900.

76 Demnach hat die gemeinnützige Körperschaft zunächst zu **ermitteln**, welche Mittel sie **in dem betreffenden Wirtschaftsjahr für gemeinnützige Zwecke zu verwenden** hat. Unberücksichtigt bleibt dabei insbesondere das Ausstattungskapital, realisierte Wertsteigerungen des Ausstattungskapitals und sonstige Zuwendungen, die aufgrund der Vorgabe des Zuwendenden der Vermögensbildung dienen. Dagegen sind sämtliche Einnahmen, gleichgültig ob sie aus dem Bereich der steuerbefreiten Zweckbetriebe oder Vermögensverwaltung, in einem steuerpflichtigen wirtschaftlichen Geschäftsbetrieb oder aus Spenden herrühren, grundsätzlich zeitnah für gemeinnützige Zwecke zu verwenden. Soweit die eingenommenen Mittel gebunden sind, weil demnächst eine Verpflichtung zu erfüllen ist, müssen sie nicht zeitnah verwandt werden. Eine **Verwendung** ist im abgelaufenen Wirtschaftsjahr **erfolgt**, soweit die Mittel entweder ausgegeben worden sind oder damit nutzungsgebundenes Kapital angeschafft oder hergestellt wurde oder aber eine Rücklage nach den §§ 58 Nr. 6, Nr. 7 AO gebildet worden sein sollte.

77 Ergibt sich nach einer entsprechenden Berechnung, daß die für die gemeinnützigen Zwecke zu verwendenden Mittel die tatsächlich vereinnahmten Mittel übersteigen, so müssen – wie § 55 Abs. 1 Nr. 5 S. 3 AO bestimmt – diese **Mittel spätestens** in dem **auf den Zufluß der Mittel folgenden Kalender- oder Wirtschaftsjahr** für die steuerbegünstigten satzungsmäßigen Zwecke verwendet werden.[177] Wenn umgekehrt mehr Mittel für die gemeinnützigen Zwecke ausgegeben worden sein sollten, als tatsächlich verwendet werden mußten, ist ein sog. Verwendungsüberhang entstanden. Die Folge davon ist, daß der **Verwendungsüberhang** in den darauffolgenden Wirtschaftsjahren durch die später zufließenden Mitteleinnahmen aufgefüllt werden darf. Zwar spricht § 55 Abs. 1 Nr. 5 AO diese Fallkonstellation nicht ausdrücklich an, doch ergibt sich, daß Mittel, die bereits im Vorgriff auf einen erwarteten Mittelzufluß oder trotz noch zu begleichender Verbindlichkeiten für die gemeinnützigen Zwecke verwendet wurden, nicht erneut der Verwendungspflicht unterliegen. Die Erfüllung der Pflicht der zeitnahen Mittelverwendung kann danach über mehrere Jahre ausgesetzt sein, wenn beispielsweise am Anfang der gemeinnützigen Tätigkeit eine hohe Verbindlichkeit aufgenommen worden sein sollte, um ein Krankenhaus zu errichten. Die Verwendung der aufgenommenen Mittel für gemeinnützige Zwecke durch die Herstellung der Krankenanstalt hat zunächst zu einem erheblichen Verwendungsüberhang geführt. Die Tilgung des Kredites aus neu zufließenden Mitteln bewirkt den Abbau dieses Verwendungsüberhanges. Die neu zufließenden Mittel müssen nicht noch einmal für gemeinnützige Zwecke ausgegeben werden.

78 Die Einhaltung des **Gebotes der zeitnahen Mittelverwendung** ist von der gemeinnützigen Körperschaft nachzuweisen. Ergibt sich der Nachweis nicht unmittelbar aus dem Jahresabschluß der gemeinnützigen Körperschaft, so ist eine Nebenrechnung, die sog. Mittelverwen-

[177] Tz. 10 zu § 55 AEAO.

dungsrechnung, aufzustellen, aus der sich die Einhaltung der gesetzlichen Verpflichtungen ersehen läßt.[178] Die **Form der Mittelverwendungsrechnung** ist nicht vorgeschrieben. Wesentlich ist allein, daß die gemeinnützige Körperschaft den Nachweis führen kann, daß sie dem Gebot der zeitnahen Mittelverwendung in dem jeweils zu beurteilenden Veranlagungszeitraum genügt hat.

Offen ist, wie das Ansparen von Mitteln in Zeiten, in denen die Fi- 79
nanzverwaltung den Nachweis der zeitnahen Mittelverwendung nicht verlangt hat, zu behandeln ist. Grundsätzlich geht die Finanzverwaltung davon aus, daß sämtliche bei der Körperschaft vorhandenen Mitteln zeitnah für gemeinnützige Zwecke zu verwenden sind, es sei denn, die Körperschaft kann nachweisen, daß eine derartige Verwendungspflicht nicht besteht. Folge dieser Rechtsauffassung ist, daß die **in vergangenen Wirtschaftsjahren angesparten Mittel** grundsätzlich ebenfalls der **Verpflichtung zur zeitnahen Mittelverwendung** unterliegen, es sei denn, es kann nachgewiesen werden, daß eine derartige Verwendungspflicht nicht gegeben ist. Eine Ausnahme macht die Finanzverwaltung für Vermögenswerte, die aus der Zeit von vor 1977, als die Abgabenordnung in Kraft trat, stammen. Die Auffassung der Finanzverwaltung widerspricht der Bestandskraft der Freistellungsbescheide, die die gemeinnützige Körperschaft für abgelaufene Wirtschaftsjahre regelmäßig erhalten haben wird. Wenn ein Wirtschaftsjahr abgelaufen ist, wird der Körperschaft regelmäßig durch einen Freistellungsbescheid bescheinigt, daß bis dahin sämtliche Vermögenswerte, die zeitnah zu verwenden waren, auch tatsächlich zeitnah verwendet wurden. Denn die Gemeinnützigkeit hätte aberkannt werden müssen, wenn die Verwendungspflicht nicht erfüllt worden wäre. Es besteht keine rechtliche Möglichkeit, die Bestandskraft der Bescheide zu durchbrechen, indem der Körperschaft erneut der Nachweis auferlegt wird, daß in der Vergangenheit angesammeltes Vermögen nicht dem Gebot der zeitnahen Mittelverwendung unterliegt. Vielmehr kann allein in bezug auf die noch nicht bestandskräftig veranlagten Jahre von der Finanzverwaltung der Nachweis verlangt werden, daß die neu zugeflossenen Einnahmen tatsächlich zeitnah für gemeinnützige Zwecke verwendet worden sind. Das in der Vergangenheit aus welchen Gründen auch immer erwirtschaftete Kapital bleibt damit ebenfalls von dem Gebot der zeitnahen Mittelverwendung ausgenommen.

Sollte die gemeinnützige Körperschaft in einem Veranlagungsjahr 80
gegen das Gebot der zeitnahen Mittelverwendung verstoßen, so wird die Finanzverwaltung regelmäßig nach § 63 Abs. 4 AO vorgehen. Dort ist bestimmt, daß das Finanzamt der Körperschaft eine **Frist für die Verwendung der Mittel** setzen kann, die zu Unrecht angesammelt worden sind. Die tatsächliche Geschäftsführung der gemeinnützigen Körperschaft in dem Veranlagungsjahr, in dem die Mittel zu Unrecht angesammelt wurden, gilt als ordnungsgemäß, wenn die Körperschaft die Mittel innerhalb der gesetzten Frist für steuerbegünstigte Zwecke

[178] Tz. 10 zu § 55 AEAO.

verwendet haben sollte. Erfahrungsgemäß ist die Finanzverwaltung bei der Fristbemessung großzügig, doch soll die Frist nicht drei Jahre übersteigen. Die gemeinnützige Körperschaft darf nicht gezwungen werden, die angesammelten Mittel zu verschleudern.[179] Gerade größere gemeinnützige Projekte erfordern ihre Zeit, um sie umsetzen zu können.

2. Einzelfragen

a) Ausstattungskapital

81 Das sogenannte Ausstattungskapital muß, wie § 58 Nr. 11 AO nunmehr ausdrücklich regelt, nicht zeitnah für gemeinnützige Zwecke verwendet werden.[180] Zum Ausstattungskapital gehört der Teil des Eigenkapitals einer gemeinnützigen Körperschaft, der beispielsweise vom Stifter, den Gesellschaftern oder Vereinsmitgliedern bzw. Dritten an die gemeinnützige Körperschaft mit der Auflage gegeben worden ist, das Vermögen dauerhaft zu erhalten, um die gemeinnützige Tätigkeit aus den Erträgen dieses Vermögens zu finanzieren. Unerheblich ist, ob das ursprüngliche Ausstattungskapital in natura noch vorhanden ist. Rechtsprechung und Finanzverwaltung erkennen die **Ersetzung des ursprünglichen Ausstattungskapitals durch andere Vermögensgegenstände** an. Von daher sollte das Eigenkapital einer gemeinnützigen Körperschaft so aufgeteilt werden, daß deutlich wird, welcher Teil des Eigenkapitals zum Ausstattungskapital gehört. In der Höhe des Buchwertes der dazu gehörenden Vermögensgegenstände kann auf der Passivseite ein entsprechendes Ausstattungskapital dargestellt werden. Sollten Wertsteigerungen des Ausstattungskapitals realisiert werden, so erhöht sich das Ausstattungskapital entsprechend.[181] Nicht sämtliche Vermögensmehrungen einer gemeinnützigen Körperschaft, die durch Umschichtungen entstehen, unterliegen nicht dem Gebot der zeitnahen Mittelverwendung.[182] Wenn beispielsweise das Ausstattungskapital 100 beträgt und die in eine Rücklage nach § 58 Nr. 6 AO eingestellten Vermögensmittel ebenfalls 100 betragen, denen auf der Aktivseite ein Wertpapierbestand von 200 gegenübersteht, und im Laufe eines Wirtschaftsjahres Zinserträge von 10 und ein Veräußerungsgewinn von 20 realisiert werden, so ist wie folgt aufzuteilen:

Nicht zeitnah zu verwenden ist der Teil der Erträge aus der Vermögensveräußerung, der auf das Ausstattungskapital entfällt. Zur Vereinfachung kann geschlüsselt werden nach dem Verhältnis der Vermögensbestände am Anfang des Wirtschaftsjahres. Daraus ergibt sich, daß 10 der Vermögenserträge nicht zeitnah zu verwenden sind. Die Zinserträge und sonstigen Vermögenserträge stammen aus der Vermögensverwaltung. In Höhe von einem Drittel des Überschusses von Einnahmen von

---

[179] *Schmitthuisen* NWB 1998, Fach 4 S. 4239 (4240).

[180] *Kießling/Buchna* S. 97; *Ley,* KÖSDI 1998, 11686; Ziff. 10 zu § 55 AEAO.

[181] Tz. 11 zu § 55 AEAO.

[182] *Schmitthuisen* NWB 1998, Fach 4 S. 4239 (4240).

20 abzüglich der Kosten, die bei der Vermögensverwaltung angefallen sind, kann eine Rücklage nach § 58 Nr. 7 a AO gebildet werden. Darüber hinaus sieht § 58 Nr. 12 AO mit Wirkung ab 1. 1. 2000 vor, daß gemeinnützige Stiftungen, gleichgültig ob rechtsfähig oder nicht, im Jahr der Errichtung und den beiden folgenden Jahren ihre sämtlichen Überschüsse aus der Vermögensverwaltung und Gewinne aus wirtschaftlichen Geschäftsbetrieben, auch wenn diese steuerbefreit sind, dem Ausstattungskapital zuschlagen dürfen. Für einen derartigen Beschluß wird eine satzungsrechtliche Grundlage erforderlich sein. Das Ausstattungskapital kann auch infolge Spendenaufrufen oder bestimmten Sachzuwendungen gemehrt werden. Maßgebend ist der Wille des Zuwendungsgebers, wobei § 58 Nr. 11 c) und d) AO für größere Sachzuwendungen und Spenden infolge bestimmter Spendenaufrufe das Einverständnis des Zuwendungsgebers mit einer Zuführung der Zuwendung zum Vermögen unterstellt.

Wertverluste des Ausstattungskapitals mindern dagegen die zeitnah 82
zu verwendenden Mittel nicht.[183] Das Gemeinnützigkeitsrecht berechtigt nicht dazu, entstandene Wertverluste durch langfristiges Ansparen wieder aufzufüllen, weil der vorhandene Bestand des Ausstattungskapitals die Grundlage für die gemeinnützige Zweckerfüllung bildet. Wenn beispielsweise die Vermögensgegenstände des Stiftungsvermögen veräußert werden, mindert eine möglicherweise realisierte Körperschaftsteuerlast das Ausstattungskapital. Soweit allerdings der Wertverlust zur Einschränkung der gemeinnützigen Tätigkeit geführt hat, bleibt es selbstverständlich ggf. zulässig, zunächst aus neuen Einnahmen unter den Voraussetzungen des § 58 Nr. 6 AO eine Rücklage zu bilden, bis die Vermögensausstattung die Durchführung der gemeinnützigen Tätigkeit auf altem Niveau erlaubt.[184]

b) Nutzungsgebundenes Kapital

Der Unterschied zwischen dem sogenannten Ausstattungskapital 83
und dem nutzungsgebundenen Kapital besteht darin, daß das nutzungsgebundene Kapital eine **Form bereits verwendeter Mittel** darstellt.[185] Eine Mittelverwendung kann, wie § 55 Abs. 1 Nr. 5 S. 2 AO bestimmt, auch durch die Anschaffung oder Herstellung von Vermögensgegenständen, die satzungsmäßigen Zwecken dienen, erfolgen. Allerdings muß andererseits nutzungsgebundenes Kapital, welches nicht mehr für gemeinnützige Zwecke eingesetzt wird, einer neuen gemeinnützigen Verwendung zugeführt werden. Wird beispielsweise das Grundstück, auf dem die Sporthalle steht, veräußert, so muß der Veräußerungserlös für gemeinnützige Zwecke neu verwendet werden, wenn die Sporthalle aus zeitnah zu verwendenden Mitteln finanziert

---

183 *Ley* KÖSDI, 1998, 11685; *Fischer* in: Hübschmann/Hepp/Spitaler, § 55 AO Rz. 121; *Kießling/Buchna* S. 102; a. A. *Thiel* Mittelverwendung S. 9.

184 Zur stiftungsrechtlichen Frage, inwiefern Ansparen von Mitteln zur Aufholung von Wertverlusten erlaubt ist, vgl. § 3 Rz. 91–93.

185 *Hardorp* BB 1985, 566; *Thiel* Mittelverwendung S. 6.

worden war. Selbstverständlich ist es möglich, mit dem Veräußerungserlös zunächst eine Rücklage nach § 58 Nr. 6 AO zu bilden.[186] Ein Fall einer Rücklagenbildung liegt auch dann vor, wenn Teile des nutzungsgebundenen Kapitals vorübergehend zweckentfremdet eingesetzt werden müssen, beispielsweise einzelne Etagen eines Krankenhauses vorübergehend an Feriengäste vermietet werden müssen.[187] Dagegen steht es der gemeinnützigen Körperschaft frei, wie sie das Ausstattungskapital einsetzt, ob das Ausstattungskapital selbst für Investitionen im gemeinnützigen Bereich verwendet wird, oder ob es den Vermögensstamm im Bereich der Vermögensverwaltung oder eines steuerpflichtigen wirtschaftlichen Geschäftsbetriebes darstellt. Bei der letztgenannten Investition sind allerdings die spendenrechtlichen Auswirkungen zu beachten, falls für das Ausstattungskapital der Spendenabzug in Anspruch genommen worden sein sollte.[188]

84 Die Gegenstände des Anlagevermögens, die dem nutzungsgebundenen Kapital gegenüberstehen, können, soweit es sich um abschreibungsfähige Wirtschaftsgüter handelt, abgeschrieben werden. Es stellt sich die Frage, ob die Abschreibungen, die selbstverständlich keine Kürzung der Einnahmen bewirken, dennoch gemeinnützigkeitsrechtlich die zeitnah zu verwendenden Mittel mindern. Dabei kommt es nicht auf steuerrechtlich wirksame Sonderabschreibungen an, sondern auf die Abschreibungen, die ein ordentlicher und gewissenhafter Kaufmann vornehmen würde. In Höhe dieser **Abschreibungen** werden die **zeitnah zu verwendenden Mittel gemindert**. In der Sache bewirken die Abschreibungen damit die Bildung einer Ansparrücklage bei der gemeinnützigen Körperschaft.[189] Die Ansparrücklage dient dazu, Mittel für eine irgendwann einmal erforderliche Ersatzinvestition anzusammeln. Offen ist, ob der laufende Erhaltungsaufwand oder nachträgliche Anschaffungs- und Herstellungskosten gegebenenfalls mit dieser einmal gebildeten Ansparrücklage zu verrechnen sind.[190] Durch die Möglichkeit der Bildung einer Ansparrücklage ist die Körperschaft nicht genötigt, innerhalb der zeitlich engeren Bindungsfristen des § 58 Nr. 6 AO im Hinblick auf eine Ersatzinvestition anzusparen.

c) Erfüllung von Verbindlichkeiten und Auflagen

85 Die Mittel einer gemeinnützigen Körperschaft, die diese **zur Erfüllung von Verbindlichkeiten** oder Auflagen zu verwenden hat, **mindern** selbstverständlich das für die gemeinnützigen Zwecke zur Verfügung stehende **Vermögen**. Eine gemeinnützige Körperschaft kann stets diejenigen Mittel, die sie zur Erfüllung von Verbindlichkeiten und Auflagen benötigt, ansparen.[191] Die Erfüllung derartiger Ansprüche stellt

---

186 *Kießling/Buchna* S. 108.

187 Vfg. OFD Cottbus v. 18. 12. 1998 – SO 186–1 – St 124; BB 1999, 407.

188 Vgl. § 6 Rz. 40

189 *Thiel* DB 1992, 1900 (1902); *Ley* KÖSDI 1998, 11688

190 So *Kießling/Buchna* S. 107.

191 Vgl. BFH v. 21. 1. 1998 II 16/95, BStBl. 1998 II, 758.

keinen Verstoß gegen das Gebot der Selbstlosigkeit und der ausschließlich gemeinnützigen Zweckverfolgung dar.[192] Es stellt sich allerdings die Frage, ob der Mittelbedarf für die Erfüllung dieser Verbindlichkeiten und Verpflichtungen nicht auf den Zeitpunkt der Aufstellung der Vermögensbilanz abzuzinsen ist.[193] Gibt die gemeinnützige Körperschaft nämlich die dafür benötigten Mittel nicht aus, so hat sie die Möglichkeit, daraus Erträge in der Zukunft zu erwirtschaften. Andererseits hat der Ansatz der Verpflichtungen mit dem Nominalwert zur Folge, daß die zukünftig anfallenden Erträge ungeschmälert zeitnah verwendet werden müssen. Aus Vereinfachungsgründen verzichtet die Finanzverwaltung jedenfalls gegenwärtig auf eine Diskontierung. In bezug auf die Auflagen ist zu beachten, daß nur dann, wenn die Erfüllung der Verpflichtung unabhängig von einer Entscheidung der Organe der gemeinnützigen Körperschaft gewiß ist, die entsprechenden Mittel angespart werden dürfen. Ansonsten ist eine Prognose erforderlich, wie wahrscheinlich die Belastung der gemeinnützigen Körperschaft mit dieser Verpflichtung in der Zukunft tatsächlich ist. Analog den handelsrechtlichen Regelungen über die Bildung von Rückstellungen können Mittel für die spätere Erfüllung dieser Verpflichtung angespart werden. Rechnet die Körperschaft mit einer Inanspruchnahme auf gemeinnützigem Gebiet, kann, auch wenn die Voraussetzungen für eine Rückstellung nicht vorliegen, eine Rücklage nach § 58 Nr. 6 AO gebildet werden. Betrifft die Auflage eine nicht-gemeinnützige Mittelverwendung, darf die Körperschaft diese unter Umständen nicht erfüllen.[194]

d) Aufwendungen für die Mittelverwendung oder die Mittelbeschaffung

Eine gemeinnützige Körperschaft muß den Nachweis führen, daß 86
sie ihre Mittel dazu verwendet hat, ausschließlich die gemeinnützigen Zwecke zu fördern. Aus der Notwendigkeit dieses Nachweises ergibt sich wiederum, daß getrennt werden muß zwischen **Aufwendungen**, die der **Mittelbeschaffung** dienen, und Aufwendungen, die die **Mittelverwendung** bezwecken. Zwischen den Aufwendungen, die der Mittelbeschaffung dienen, wobei Mittelbeschaffung nicht nur die Mittelbeschaffung im Bereich des steuerpflichtigen wirtschaftlichen Geschäftsbetriebes oder der Vermögensverwaltung meint, sondern durchaus auch die Mittelbeschaffung durch Spendenakquisition erfaßt, und den Mitteln, die letztlich **für die gemeinnützigen Zwecke** eingesetzt werden, muß ein **angemessenes Verhältnis** bestehen.[195] Die Notwendigkeit, die Aufwendungen, je nachdem, wozu sie gedient haben, aufzuteilen, erfordert wiederum, die gesamten Gemeinkosten einer gemeinnützigen Körperschaft den jeweiligen Tätigkeitsbereichen zu-

---

[192] *Fischer* in: Hübschmann/Hepp/Spitaler, § 58 AO Tz. 36, vgl. bereits RFH v. 12. 1. 1933 III A 399/32, RFHE 32, 255 (257).

[193] *Thiel* Mittelverwendung S. 7; ähnlich *Ley* KÖSDI 1998, 11689.

[194] Vgl. BMF-Schreiben v. 6. 11. 1998 – IV C 6 – SO 177–6198, BStBl. I 1998, 1448.

[195] Vgl. BFH v. 23. 9. 1998 I B 82/98, DStR 1998, 1674; oben Rz. 19 ff.

zuordnen. Aufwendungen für die Mittelbeschaffung müssen gemeinnützigkeitsrechtlich gerechtfertigt werden. Gemischte Aufwendungen, z. B. der zeitweise Einsatz des Personals für die eine oder die andere Tätigkeit, sind schätzweise aufzuteilen.[196] Personalkosten sind den Kosten der Verwaltung und der Spendenwerbung bzw. den Aufwendungen für die gemeinnützigen Zwecke entsprechend den für diese Tätigkeiten aufgewendeten Arbeitszeiten des eingesetzten Personals zuzuordnen.[197] Sachmittelaufwendungen, die dem Personaleinsatz dienen, sind entsprechend zuzuordnen. Soweit eine direkte Zuordnung einzelner Aufwendungen zu dem einen oder anderen Bereich vorgenommen werden kann, ist diese vorzunehmen.

e) Wertverluste als Mittelverwendungen?

87 Nach § 253 Abs. 2 Satz 3, Abs. 4 HGB sind Wirtschaftsgüter auf ihren niedrigeren Teilwert abzuschreiben, sofern am Bilanzstichtag der Wert der Wirtschaftsgüter des Umlaufvermögens unter den Anschaffungs- oder Herstellungskosten liegen sollte. Beim Anlagevermögen besteht ein Wahlrecht, auf den niedrigeren Wert abzuschreiben. Zuschreibungen auf den Teilwert müssen nach den handelsrechtlichen Bestimmungen nicht vorgenommen werden. Für das Gemeinnützigkeitsrecht sind derartige Wertberichtigungen in der Bilanz grundsätzlich unbeachtlich. Die zeitnahe Mittelverwendung erfaßt allein die zugeflossenen Mittel.[198] **Unrealisierte Wertsteigerungen** bleiben deswegen unberücksichtigt. Ebenso haben **unrealisierte Wertminderungen** keinen Einfluß dahingehend, daß die zeitnah zu verwendenden Mittel dadurch gemindert werden würden.[199] Die zeitnah zu verwendenden Mittel, deren Höhe unmittelbar von dem Wertverlust nicht berührt werden, können allerdings ggf. dadurch verwendet werden, daß die Körperschaft beschließt, den Wertverlust beispielsweise durch notwendige Reparaturmaßnahmen in der Zukunft wieder auszugleichen, und deswegen eine Rücklage im Bereich der Vermögensverwaltung oder nach § 58 Nr. 6 AO bildet. Letztlich geht es allein darum, Wertminderungen des Ausstattungskapitals nur unter Berücksichtigung der Regeln über die Rücklagenbildung auf die zeitnah zu verwendenden Mittel durchschlagen zu lassen.

f) Verwendung der Erträge aus wirtschaftlicher Tätigkeit

88 Sämtliche Mittel des ideellen Bereichs und **Erträge aus der Vermögensverwaltung** sowie aus einem **wirtschaftlichen Geschäftsbetrieb** sind zeitnah zu verwenden.[200] Allerdings ist es zulässig, über die

---

[196] Vgl. BMF-Schreiben vom 19. 10. 1998, BStBl. 1998 I, 1423.

[197] BFH v. 23. 9. 1998 I B 82/98, DStR 1998, 1674 unter 6.

[198] Vgl. Tz. 10 zu § 55 AEAO.

[199] A. A. *Ley*, KÖSDI 1998, 11682 (11685); im Ergebnis ebenso *Thiel* DB 1992, 1906.

[200] Tz. 9 zu § 55 AEAO.

in § 58 Nr. 6, Nr. 7 AO festgelegten Regeln hinaus im Bereich der **Vermögensverwaltung** oder **eines steuerpflichtigen wirtschaftlichen Geschäftsbetriebes** eine **Rücklage** zu bilden.[201] Zwar sieht § 58 Nr. 7 a) AO nunmehr vor, daß die Höhe einer Rücklage aus Mitteln des ideellen Bereiches oder der Vermögensverwaltung auf 10 v. H. der zugeflossenen Mittel beschränkt ist, doch darf aus dieser Vorschrift nicht im Umkehrschluß geschlossen werden, eine weitergehende Rücklagenbildung sei im wirtschaftlichen Geschäftsbetrieb ausgeschlossen. Denn § 58 Nr. 7 a) AO bezweckt die Vermögensbildung bei der gemeinnützigen Körperschaft, während die hier angesprochenen Rücklagen zur Existenzsicherung der Ertragsquelle gedanklich von vornherein die zeitnah zu verwendenden Mittel beschränken. Die Rücklage muß bei vernünftiger kaufmännischer Beurteilung wirtschaftlich begründet sein. Für die Bildung der Rücklage muß ein konkreter Anlaß gegeben sein, der auch aus objektiver unternehmerischer Sicht die Bildung der Rücklage rechtfertigt (z. B. eine geplante Betriebsverlegung, Werkserneuerung oder Kapazitätsausweitung). Im Bereich der Vermögensverwaltung dürfen Rücklagen grundsätzlich nur für die Durchführung konkreter Reparatur oder Erhaltungsmaßnahmen an Vermögensgegenständen i. S. des § 21 EStG gebildet werden. Die Maßnahmen, für deren Durchführung die Rücklage gebildet wird, müssen notwendig sein, um den ordnungsgemäßen Zustand des Vermögensgegenstandes zu erhalten oder wieder herzustellen und in einem angemessenen Zeitraum durchgeführt werden können (z. B. geplante Erneuerung eines undichten Daches), dürfen aber nicht der Vermögensmehrung dienen.[202] Nach der Rechtsprechung des Bundesfinanzhofes erfaßt das Gebot der steuerbegünstigten Mittelverwendung nur solche Mittel des wirtschaftlichen Geschäftsbetriebs, die bei vernünftiger kaufmännischer Beurteilung nicht zur Sicherung des wirtschaftlichen Erfolgs des wirtschaftlichen Geschäftsbetriebs benötigt werden. Die Körperschaft hat nachzuweisen, daß die betriebliche Mittelverwendung zur Sicherung der Existenz des Betriebes geboten war.[203] Gemeinnützigen Körperschaften wird es nicht allein überlassen, die Verwirklichung gemeinnütziger Zwecke durch ständige Verlängerung von Planungsphasen hinauszuschieben. Sofern ein erhebliches und mit dem Geschäftsumfang eines wirtschaftlichen Geschäftsbetriebes notwendiges Eigenkapital gebildet wird, ist dies gemeinnützigkeitsrechtlich nicht zu beanstanden, doch muß die Gewinnthesaurierung in einem wirtschaftlichen Geschäftsbetrieb vor dem Hintergrund der eigentlichen Zielsetzung einer gemeinnützigen Körperschaft gerechtfertigt werden können. Man darf die Körperschaft nicht vor die Alternative stellen, entweder ihre Wettbewerbsfähigkeit und damit die langfristige Existenz ihres wirtschaftlichen Geschäftsbetriebs durch weitgehende Entnahme der Gewinne zu gefährden oder wegen der betriebswirtschaftlich notwendigen Bildung

[201] Ziff. 2 zu § 55 Abs. 1 Nr. 1 AEAO.
[202] *Schmitthuisen* NWB 1998, Fach 4 S. 4239 (4240).
[203] BFH v. 15. 7. 1998, I R 156/94, DStR 1998, 1710.

von Rücklagen auf die Vergünstigung für gemeinnützige Körperschaften zu verzichten. Sofern die gemeinnützige Körperschaft glaubhaft darlegen kann, daß das von ihr betriebene Unternehmen auf dem Weltmarkt nur eine Überlebenschance hat, wenn es über eine bestimmte Größenordnung verfügt und das dafür benötigte Eigenkapital im Unternehmen belassen wird, ist dies gemeinnützigkeitsrechtlich nicht zu beanstanden. Die Rücklage im steuerpflichtigen wirtschaftlichen Geschäftsbetrieb kann nur aus dem versteuerten Einkommen des wirtschaftlichen Geschäftsbetriebs selbst gebildet werden.[204]

89 Die Grundsätze dieser Rechtsprechung gelten nicht nur für die Thesaurierung von Erträgen in steuerpflichtigen wirtschaftlichen Geschäftsbetrieben, sondern ebenso, wenn eine gemeinnützige Körperschaft eine **wesentliche Beteiligung an einer Kapitalgesellschaft** hält, die steuerrechtlich im Bereich der Vermögensverwaltung geführt wird. Aufgrund der Gesellschafterstellung kann die gemeinnützige Körperschaft, sofern ihr dies rechtlich möglich ist, die Entscheidung über die Dividendenausschüttung ggf. bestimmen. Bei den Beschlüssen über die Gewinnverwendung in der Kapitalgesellschaft hat die gemeinnützige Körperschaft im Rahmen des rechtlich möglichen die soeben angegebenen Grundsätze ebenfalls zu beachten. Eine **unbegrenzte Thesaurierung** der Gewinne bei der Tochtergesellschaft zum stetigen Ausbau des Unternehmens ist **nicht zulässig**.[205] Vielfach werden in diesen Fällen besondere Gestaltungen geschaffen, um übermäßige Ausschüttungen aus einer Kapitalgesellschaft, die aufgrund des Gemeinnützigkeitsrechtes einmal verlangt werden könnten, zu blockieren. Dazu gehören beispielsweise die sog. Doppelstiftungen, bei denen die Beteiligungsrechte in einer Tochtergesellschaft von einer anderen Stiftung wahrgenommen werden, als derjenigen, der die Ausschüttungen zufließen, oder die Einräumung von Mehrstimmrechten an Minderheitsgesellschafter.[206]

3. Mittelverwendung durch Rücklagenbildung nach § 58 Nr. 6 AO

90 In § 58 Nr. 6 AO ist geregelt, daß eine Mittelverwendung auch dann vorliegt, wenn eine gemeinnützige Körperschaft ihre Mittel ganz oder teilweise einer **Rücklage** zuführt, soweit dies **erforderlich** ist, **damit** die **gemeinnützige** Körperschaft ihre steuerbegünstigten satzungsmäßigen **Zwecke nachhaltig erfüllen** kann. Bei der Bildung dieser Rücklage kommt es nicht auf die Herkunft der Mittel an. Der Rücklage dürfen daher auch Spendenmittel zugeführt werden. Voraussetzung für die Bildung der Rücklage ist in jedem Fall, daß ohne die Rücklagenbildung die steuerbegünstigten satzungsmäßigen Zwecke nachhaltig nicht erfüllt werden können. Das Bestreben, ganz allgemein die Leistungsfähigkeit zu erhalten, reicht für eine steuerlich unschädliche

[204] Ziff. 11 zu § 58 AEAO; *Schmitthuisen* NWB 1998, Fach 4, 4239 (4244).
[205] *Hofmeister* Münchner Steuerfachtagung 1999, S. 20.
[206] Zur Doppelstiftung beispw. *Berndt* Stiftung und Unternehmen, S. 432 ff.

Rücklagenbildung nicht aus. Vielmehr müssen die Mittel für bestimmte – die steuerbegünstigten Satzungszwecke verwirklichende – Vorhaben angesammelt werden, für deren Durchführung bereits konkrete Zeitvorstellungen bestehen.[207] Bestehen noch keine konkreten Zeitvorstellungen, ist eine Rücklagenbildung zulässig, wenn die Durchführung des Vorhabens glaubhaft und bei den finanziellen Verhältnissen der steuerbegünstigten Körperschaft in einem angemessenen Zeitraum möglich ist.[208] Dabei ist nicht erforderlich, daß das Vorhaben in dem angemessenen Zeitraum vollständig aus angespartem Eigenkapital finanziert werden kann. Vielmehr genügt es, wenn das angesparte Eigenkapital eine ausreichende Grundlage bildet, um einen fehlenden Restbetrag durch die Aufnahme von Fremdmitteln finanzieren zu können. Welcher Zeitraum als angemessen angesehen werden kann, hängt von der dauerhaften finanziellen Ausstattung der Körperschaft ab. Jedenfalls muß die Verwirklichung der gemeinnützigen Zwecke in einem überschaubaren Zeitraum möglich sein. Zeiträume, die über zehn Jahre hinausgehen, werden von der Finanzverwaltung nur im sehr gut begründeten Einzelfall als angemessen angesehen werden.

Für die Rücklagenbildung ist jeweils ein **Beschluß der zuständigen Organe** der gemeinnützigen Körperschaft erforderlich. Dieser Beschluß wird regelmäßig im Rahmen der Feststellung der Vermögensaufstellung für das abgelaufene Wirtschaftsjahr gefaßt werden. Die Mittel gelten damit in dem Wirtschaftsjahr, für das der Beschluß gefaßt wird, der Rücklage zugeführt. Ob der entsprechende Beschluß von einem ehrenamtlich tätigen Vorstand oder der Geschäftsführung gefällt werden kann, ergibt sich aus den Satzungsregelungen in Verbindung mit einer möglicherweise bestehenden generellen Ermächtigung für ein einzelnes Organ, beispielsweise in einer Geschäftsordnung. Das Vorhaben und der dafür benötigte finanzielle Bedarf müssen konkret geplant worden sein, sollen Mittel dafür zurückgelegt werden. Am Ende eines jeden Wirtschaftsjahres wird das zuständige Organ überprüfen müssen, ob das ursprünglich geplante Vorhaben weiterhin zu dem geplanten Termin ausgeführt werden soll. Sollte das Vorhaben aufgegeben worden sein, ist die **Rücklage aufzulösen**. Die durch die Auflösung frei werdenden Mittel müssen wiederum für die gemeinnützigen Zwecke eingesetzt werden. Die Mittel sind so zu behandeln, als ob sie in dem betreffenden Kalenderjahr der gemeinnützigen Körperschaft erneut zugeflossen wären. Daraus folgt, daß die Verwendung der durch eine Rücklagenauflösung frei gewordenen Mittel bis zum Ende des darauffolgenden Kalenderjahres erforderlich ist. 91

Ein Unterfall der Rücklagenbildung nach § 58 Nr. 6 AO ist die sog. „**Betriebsmittelrücklage**". Für periodisch wiederkehrende Ausgaben, wie Löhne, Gehälter oder Mieten, kann in Höhe des Mittelbedarfs für eine angemessene Zeitperiode eine Rücklage gebildet werden.[209] We- 92

[207] Ziff. 9 zu § 59 AEAO.

[208] AEAO, a.a.O.

[209] Tz. 9 letzter Satz zu § 58 Nr. 6 AEAO.

sentlich ist der Gedanke, daß bei der Körperschaft die Ausgaben weiterlaufen, während die Einnahmesituation nicht sicher ist, weil die Körperschaft zur Finanzierung ihrer laufenden Ausgaben auf ungewisse staatliche Zuschüsse oder Spenden angewiesen ist.[210] In der Höhe, in der die Körperschaft Mittel benötigt, um ihren Geschäftsbetrieb umzustellen, wenn die Einnahmen ausbleiben sollten, beispielsweise weil der bislang gewährte staatliche Zuschuß gekürzt wird, kann eine Betriebsmittelrücklage gebildet werden. Die Finanzverwaltung läßt die Betriebsmittelrücklage für einen Mittelbedarf der bei der Körperschaft laufenden wiederkehrenden Ausgaben von einem Monat bis zu 12 Monaten zu.[211] Soweit die gemeinnützige Körperschaft ihre Aufgaben aus stetig wiederkehrenden Erträgen aus der Vermögensverwaltung finanzieren kann, ist die Bildung der Betriebsmittelrücklage nicht zulässig. Dasselbe gilt, sofern Mitgliedsbeiträge bezogen werden, deren Zahlung die Mitglieder erst nach Ablauf einer gewissen Kündigungsfrist einstellen können. Bei sicheren Einnahmen, beispielsweise durch staatliche Zuschüsse oder von öffentlichen Kostenträgern kann nur der Mittelbedarf eines Monats zurückgelegt werden. Die nach § 58 Nr. 7 a) AO gebildete Rücklage wird auf die Betriebsmittelrücklage angerechnet, da daraus bereits Mittel für die Überwindung von Krisensituationen zur Verfügung stehen.[212]

93 Auch sog. **Spendensammelvereine** können eine Rücklage nach § 58 Nr. 6 AO bilden. Voraussetzung dafür ist jedoch, daß die Mittelbeschaffungskörperschaft wegen Verzögerung in bezug auf die Umsetzung der von ihr zu finanzierenden steuerbegünstigten Maßnahmen gezwungen ist, die beschafften Mittel zunächst selbst zu thesaurieren.[213]

94 Umstritten ist, ob die Rücklagenbildung der Höhe nach derart beschränkt ist, daß der in die **Rücklage einzustellende Betrag abzuzinsen** ist. Angehörige der Finanzverwaltung schlagen dabei einen Abzinsungssatz von 5,5 v. H. analog § 12 Abs. 3 BewG vor.[214] In der Praxis der Finanzverwaltung wird eine Abzinsung gegenwärtig nicht verlangt. Vielmehr können die Mittel in die Rücklage eingestellt werden, die im Jahr der Rücklagenbildung voraussichtlich für die Durchführung des geplanten Vorhabens benötigt werden. Ein Ansatz zum Nominalwert berücksichtigt, daß die möglichen zusätzlichen Erträge, die mit den in die Rücklage eingestellten Mitteln bis zur Verwirklichung des Projekts erwirtschaftet werden können, voraussichtlich wegen der allgemeinen Preissteigerung bis zum Zeitpunkt der Verwirklichung des Projekts benötigt werden, so daß eine Abzinsung auf den Zeitpunkt der Rücklagenbildung nicht notwendig erscheint. Sollte sich allerdings in der Zwischenzeit bis zur Verwirklichung des Vorhabens herausstellen, daß

---

210 *Kießling/Buchna* S. 149.
211 *Hüttemann* S. 91.
212 *Buchna* Stiftung & Sponsoring 2000, 8.
213 Tz. 10 zu § 58 Nr. 6 AEAO.
214 *Thiel* DB 1992, 1900, Tz. IV.4; *Kießling/Buchna* S. 150.

die Rücklage nicht in voller Höhe für die Verwirklichung des Projekts benötigt werden wird, ist sie teilweise aufzulösen.

Verwendet eine gemeinnützige Körperschaft ihre Mittel in der Weise 95
für die gemeinnützigen Zwecke, daß sie eine Rücklage nach § 58 Nr. 6 AO bildet, so trägt sie die **Beweislast** dafür, daß die Voraussetzungen **für die Rücklagenbildung** vorliegen.[215] Es muß ein entsprechender Beschluß des zuständigen Organs vorgelegt werden können und das geplante Projekt sowie die dafür benötigten Mittel müssen im einzelnen dargelegt werden können. Dieser Nachweis wird vielfach allein durch einen entsprechenden Bilanzausweis nicht geführt werden können. Vielmehr werden regelmäßig weitere Nachweise, aus denen sich diese Voraussetzungen ergeben, wie beispielsweise Planungsrechnungen oder Erkundigungen über den Finanzbedarf für das geplante Vorhaben und dessen exakte Beschreibung, erforderlich sein.

4. Vermögenserhaltungsrücklagen

a) Freie Rücklage

Grundsätzlich ist es einer gemeinnützigen Körperschaft nicht erlaubt, 96
in ihrem Bestreben, allgemein die Leistungsfähigkeit zu erhalten, eine Rücklage zu bilden.[216] Dafür können allein nach § 58 Nr. 7 AO Rücklagen gebildet werden. Zunächst sieht § 58 Nr. 7a AO vor, daß eine Körperschaft höchstens **ein Drittel des Überschusses der Einnahmen über die Kosten** aus der Vermögensverwaltung einer **freien Rücklage** zuführen darf. Der Satz von einem Drittel wurde mit dem Gesetz zur weiteren steuerlichen Förderung von Stiftungen mit Wirkung ab 1. 1. 2000 eingeführt, bis einschließlich 1999 gilt statt dessen ein Viertel.[217] Unter Kosten sind die Aufwendungen zu verstehen, die die Körperschaft, wäre sie steuerpflichtig, nach § 8 Abs. 1 KStG i.V.m. § 9 EStG als Werbungskosten ansetzen könnte. Die freie Rücklage darf allein aus Mitteln, die aus der Vermögensverwaltung herrühren, gebildet werden. Damit sind Vereine, die Mitgliedsbeiträge beziehen, oder Körperschaften, die sich überwiegend aus einem Zweckbetrieb finanzieren, in bezug auf die Möglichkeit, zur Finanzierung der gemeinnützigen Tätigkeit Vermögen zu bilden, schlechter gestellt. Die Überlegung des Gesetzgebers dabei war, daß Mitgliedsbeiträge entsprechend dem Mittelbedarf ggf. erhöht werden können und auch die Einnahmen in einem Zweckbetrieb entsprechend der allgemeinen Preisentwicklung steigen können, während eine gemeinnützige Körperschaft, die sich aus Vermögenserträgen finanziert, auf Dauer schlechter gestellt wäre, wenn der Wertverlust des Vermögens infolge der allgemeinen Preissteigerung nicht durch das Ansparen von Vermögenswerten ausgeglichen werden könnte. Allerdings sieht § 58 Nr. 7 a) AO mit Wirkung ab 2000 für derartige Mittelzuflüsse gleichfalls eine beschränkte Rückla-

[215] BFH v. 20. 12. 1978, BStBl. 1979 II, 496.
[216] Ziff. 15 zu § 58 AEAO.
[217] BT-Drs. 14/2340.

genbildung vor.[218] Erwirtschaftet eine gemeinnützige Körperschaft mit ihrem Kapitalvermögen eine Rendite von 5 %, so können nach Abzug der Kosten, die hier mit einem $^1/_2$ % unterstellt werden, 1,5 % der Erträge in eine freie Rücklage nach § 58 Nr. 7 a AO eingestellt werden. Es zeigt sich, daß die Inflationsrate in den letzten Jahrzehnten sehr häufig über diesem Wert gelegen hat, so daß gemeinnützige Körperschaften, die sich aus dem Vermögen finanzieren mußten, tatsächlich vielfach von der Substanz gelebt haben. Da andererseits aber Erträge, die durch Vermögensumschichtungen erzielt werden konnten, nicht dem Gebot der zeitnahen Mittelverwendung unterlegen haben, und darüber hinaus die Inflation zu Wertsteigerungen des eingebrachten Vermögens geführt hat, konnte dieses Problem in der Praxis vielfach doch bewältigt werden. Sofern die gemeinnützige Körperschaft in einem Wirtschaftsjahr die Höchstgrenze von jetzt einem Drittel nicht voll ausschöpft, ist nach Auffassung der Finanzverwaltung eine **Nachholung** in späteren Jahren **nicht zulässig**.[219]

97 Da die Drittelregelung allein für Mittel aus dem Bereich der Vermögensverwaltung gilt, ist es erforderlich, **Erträge aus** der **Vermögensverwaltung** von Einnahmen in anderen Bereichen, insbesondere im Bereich des Zweckbetriebs oder eines steuerpflichtigen wirtschaftlichen Geschäftsbetriebs, **abzugrenzen**.[220] Das Problem tritt insbesondere in den Fällen auf, in denen Liquidität im Rahmen eines Zweckbetriebs, beispielsweise eines Krankenhauses, kurzfristig angelegt wird. Es stellt sich dann die Frage, ob die Zinserträge dem Bereich des Zweckbetriebs oder der Vermögensverwaltung zuzuordnen sind. Dazu läßt sich die These vertreten, nach der Vorstellung des Gesetzgebers handele es sich bei dem Zweckbetrieb nicht nur um eine isoliert zu betrachtende erwerbswirtschaftliche Betätigung, sondern um die Zusammenfassung von Betriebsmitteln zu einem bestimmten Zweck. Dementsprechend blieben derartige Vermögenserträge dem Zweckbetrieb zugeordnet, es sei denn, sie würden aus dem Bereich des Zweckbetriebs entnommen und gesondert durch die gemeinnützige Körperschaft angelegt werden, d. h. förmlich in den Bereich der Vermögensverwaltung überführt werden. Dem läßt sich entgegenhalten, daß jede erwerbswirtschaftliche Tätigkeit grundsätzlich einen wirtschaftlichen Geschäftsbetrieb begründen kann. Es sei daher nicht auf eine Betriebseinrichtung abzustellen, sondern auf die jeweils isoliert für sich zu betrachtende Tätigkeit. Mehr spricht für die letztgenannte Auffassung, da sich ansonsten schwierige Abgrenzungsfragen stellen. Dann ist es den gemeinnützigen Körperschaften möglich, sämtliche Erträge aus der Vermögensanlage in eine Rücklage nach § 58 Nr. 7 a AO einzustellen. Soweit die Erträge aus der Vermögensverwaltung als Erträge aus einer Vermögensumschichtung nicht dem Gebot der zeitnahen Mittelverwendung unterliegen, bleiben

---

[218] S. Rz. 98.

[219] Tz. 12 zu § 58 Nr. 7 AEAO.

[220] Vgl. § 6 Rz. 82.

sie für die Rücklagenbildung nach § 58 Nr. 7 a AO unberücksichtigt.[221]

b) 10-v. H.-Rücklage aus sonstigen Mitteln

Mit Wirkung ab dem 1. 1. 2000 hat der Gesetzgeber in § 58 Nr. 7 a) AO die Regelung eingeführt, daß eine gemeinnützige Körperschaft über die Rücklage aus Mitteln der Vermögensverwaltung hinaus aus den sonstigen zeitnah zu verwendenden Mitteln eine jährliche Rücklage von höchstens **10 v. H.** dieser Mittel als freie Rücklage bilden darf. Unklar an der Vorschrift ist, was die Bemessungsgrundlage für die Rücklagenbildung ist. **„Mittel"** i. S. d. § 55 Abs. 1 Nr. 5 AO könnte sich sowohl auf die **zugeflossenen Einnahmen**, als auch auf die **Überschüsse oder Gewinne aus einem steuerpflichtigen wirtschaftlichen Geschäftsbetrieb oder Zweckbetrieb** beziehen. Zwar deutet der Wortlaut des § 55 Abs. 1 Nr. 5 AO, insbesondere Satz 3, eher auf den Bruttobegriff hin, doch würde es keinen Sinn machen, Einnahmen auch insofern dem Gebot der zeitnahen Mittelverwendung zu unterwerfen, als sie benötigt werden, um Erwerbsaufwendungen abzudecken. Daher müssen nur die Gewinne oder Überschüsse aus einem wirtschaftlichen Geschäftsbetrieb zeitnah verwendet werden. Diese Auffassung entspricht auch der jüngsten Rechtsprechung zum Mittelbegriff, wonach das Gebot der gemeinnützigen Mittelverwendung nur die Gewinne des wirtschaftlichen Geschäftsbetriebs erfaßt, die nicht zur Sicherung des wirtschaftlichen Erfolges benötigt werden.[222] Daraus folgt andererseits, daß Rücklagen im Bereich des wirtschaftlichen Geschäftsbetriebes oder der Vermögensverwaltung auch weiterhin neben der Regelung des § 58 Nr. 7 a) AO gebildet werden dürfen.[223] In bezug auf die Einnahmen im ideellen Bereich, also insbesondere **Spenden und Mitgliedsbeiträge** und echte Zuschüsse, bleiben Erwerbsaufwendungen, auch wenn sie – beispielsweise bei Spender- oder Mitgliederwerbung – in einem wirtschaftlichen Zusammenhang mit den Einnahmen stehen, nach Auffassung der Finanzverwaltung vermutlich unberücksichtigt, da die freiwillige Zuwendung den Mittelzufluß bestimmt. Allerdings stellt sich die Frage, ob als „Mittel" i. S. d. § 55 Abs. 1 Nr. 5 AO nicht generell der Überschuß oder Gewinn der gemeinnützigen Körperschaft verstanden werden sollte, da nur der am Ende des Wirtschaftsjahres verbliebene Überschuß im nächsten Wirtschaftsjahr noch für gemeinnützige Zwecke ausgegeben werden muß. Keine „Mittel" wären dann Gelder, die zur Deckung von Verbindlichkeiten oder überwiegend wahrscheinlichen Verpflichtungen dienen oder bereits zeitnah verwendet wurden oder nicht zeitnah verwendet werden müssen, wie das Ausstattungskapital, das nutzungsgebundene Kapital oder die Rücklagen nach § 58 Nr. 6 AO. Allerdings läßt sich die Regelung in § 55 Abs. 1 S. 1 AO auch so verstehen, daß „Mittel" i. S. d. Vorschrift der 98

[221] Vgl. oben Rz. 82; *Schmitthuisen* NWB 1998, Fach 4, S. 4243.

[222] BFH v. 15. 7. 1998 IR 156/94, DStR 1998, 1710.

[223] Vgl. oben Rz. 88.

gesamte Gewinn vor Zuführung von Teilen des Gewinns zum Vermögen nach § 58 Nr. 11 AO oder Bildung einer Rücklage nach § 58 Nr. 6 AO ist. Auch insofern sind die Vorschriften auslegungsbedürftig. Dann würde aus dem Gesamtgewinn des Wirtschaftsjahres allein der Überschuß aus der Vermögensverwaltung herausgerechnet. Die 10 v. H.-Rücklage darf nicht aus dem Überschuß aus der Vermögensverwaltung gebildet werden, sondern nur die sonstigen Einnahmen bzw. Überschüsse oder Gewinne umfassen.[224] Die Rücklagenbildung setzt ebenfalls einen förmlichen Beschluß des zuständigen Organs voraus und kann nicht nachgeholt werden, da es sich um ein auszuübendes Wahlrecht handelt.[225] Je nach Mittelzusammensetzung und Auslegung des Begriffs „Mittel" kann die gemeinnützige Körperschaft damit erhebliche freie Rücklagen bilden. Beträgt beispielsweise die Wertsteigerung im Ausstattungskapital 10, der Überschuß aus Vermögensverwaltung 30 und die Mitgliedsbeiträge und Spenden 60, so müßte aufgrund einer denkbaren Auslegung nach Bildung der Rücklage nach § 58 Nr. 7 a AO von Gesamterträgen von 100 ein Anteil von 74 zeitnah verwendet werden. Angespart werden kann die Wertsteigerung von 10[226], $^1/_3$ von 30 sowie $^1/_{10}$ von 60 = 26. Denkbar wäre aber auch die Interpretation, daß ein Gesamtgewinn unter Berücksichtigung der realisierten Wertsteigerungen und unter Abzug von Verwaltungsaufwendungen und laufenden Mittelverwendungen von hier unterstellt 30 als Bemessungsgrundlage genommen wird. Dann könnten $^1/_3$ von 30 sowie 10 v. H. von 10 + 60 ./. 30 = 4, somit als freie Rücklage 14, und als Wertsteigerung 10, insgesamt 24, in die nicht zeitnah zu verwendenden Mittel eingestellt werden. Die Möglichkeiten der Rücklagenbildung sollten bei jeder Feststellung einer Vermögensübersicht genau geprüft werden.

c) Ansparen von Mitteln für eine Kapitalerhöhung

99 In § 58 Nr. 7 b AO ist vorgesehen, daß eine gemeinnützige Körperschaft ihre **Mittel zum Erwerb von Gesellschaftsrechten** zur Erhaltung der prozentualen Beteiligung an Kapitalgesellschaften ansammeln oder im Jahr des Zuflusses verwenden kann. Die angesammelten Beträge sind auf die nach § 58 Nr. 7 a AO bildbare Rücklage anzurechnen. Der Unterschied zur Rücklage nach § 58 Nr. 7 a AO besteht zum einen darin, daß die Herkunft der Mittel ohne Bedeutung ist, und daher auch Mittel verwandt werden dürfen, die nicht aus der Vermögensverwaltung stammen.[227] Übersteigt allerdings der für die Erhaltung der Beteiligungsquote verwendete oder bereitgestellte Betrag ein Drittel des Überschusses aus der Vermögensverwaltung des laufenden Jahres und der 10-v. H.-Rücklage ist auch in den Folgejahren eine Zuführung zu der freien Rücklage nach § 58 Nr. 7 a AO erst wieder möglich, wenn die für eine freie Rücklage verwendbaren Teile der Mittel insgesamt die für die Erhaltung

[224] Zur Abgrenzung s. Rz. 97.
[225] S. Rz. 97; Rz. 91.
[226] S. dazu oben Rz. 81.
[227] Tz. 13 zu § 58 AEAO.

der Beteiligungsquote verwendeten oder bereitgestellten Mittel übersteigen. Zum anderen bildet § 58 Nr. 7 b AO gegenüber § 58 Nr. 7 a AO eine Ausnahme zu dem Grundsatz, daß eine Vermögensbildung generell nicht möglich ist. Die **Verwendung der Mittel** zur Teilnahme an einer Kapitalerhöhung ist **der Höhe nach unbegrenzt** möglich. Eine Rücklagenbildung nach § 58 Nr. 7 b AO ist jedoch nur zulässig, wenn sich der Bedarf für eine Kapitalerhöhung bereits konkret abzeichnet und sie wirtschaftlich begründet ist. Umstritten ist, ob eine Rücklage nach § 58 Nr. 7 b AO auch dann gebildet werden kann, wenn alleiniger Gesellschafter der Tochter-Kapitalgesellschaft die gemeinnützige Körperschaft ist, so daß sie sich durch Kapitalerhöhungsbeschlüsse selbst fortlaufend die Möglichkeit zur Vermögensbildung schafft. Sofern die gemeinnützige Körperschaft eine Sperrminorität an der Kapitalgesellschaft hält, wird die Notwendigkeit der Kapitalerhöhung bei der Tochter-Kapitalgesellschaft nach den Grundsätzen nachzuweisen sein, die bereits oben in bezug auf die Zulässigkeit einer Thesaurierung von Jahresüberschüssen bei der Tochter-Kapitalgesellschaft beschrieben sind.[228]

5. Mittelvortrag und Verwendungsüberhang

Eine gemeinnützige Körperschaft wird, wenn sie ihre Jahresrechnung aufstellt, notwendigerweise feststellen, daß nicht sämtliche Mittel, die ihr in dem abgelaufenen Wirtschaftsjahr zugeflossen sind, auch tatsächlich für gemeinnützige Zwecke verwendet wurden. Es ist unmöglich, das Ausgabeverhalten bis zum 31. 12. oder einem abweichenden Bilanzstichtag in der Weise zu steuern, daß exakt die eingenommenen Mittel auch tatsächlich für gemeinnützige Zwecke verwendet wurden. Entweder wurden mehr Mittel für gemeinnützige Zwecke verwendet als verwendet werden mußten, dann hat die gemeinnützige Körperschaft einen sog. **Verwendungsüberhang** erzielt, der es ihr erlaubt, die in den Folgejahren zu verwendenden Mittel zunächst mit diesem Verwendungsüberhang zu verrechnen,[229] oder aber die gemeinnützige Körperschaft hat weniger Mittel für die gemeinnützigen Zwecke verwendet, als sie tatsächlich eingenommen hat. Dieser Überschuß ist sodann in den sog. **Mittelvortrag** einzustellen. Eine zeitnahe Mittelverwendung ist auch dann gegeben, wenn die Körperschaft aus den in dem Wirtschaftsjahr zugeflossenen Einnahmen einen Mittelvortrag gebildet hat. Eine zeitnahe Mittelverwendung liegt gem. § 55 Abs. 1 Nr. 5 AO vor, wenn die eingenommenen Mittel spätestens in dem auf den Zufluß folgenden Kalender- oder Wirtschaftsjahr für die steuerbegünstigten satzungsmäßigen Zwecke verwendet werden.[230] Demnach muß die gemeinnützige Körperschaft allein den Nachweis führen, daß der im Vorjahr gebildete Mittelvortrag in dem darauf folgenden Wirtschaftsjahr tatsächlich für gemeinnützige Zwecke verwendet wird. Keine zeitnahe Mittelverwendung, sondern ein **Verwendungsrückstand** liegt vor, 100

[228] Rz. 89; zu großzügig *Schmitthuisen* NWB 1998, Fach 4, S. 4243.
[229] Vgl. oben Rz. 77.
[230] Tz. 10 zu § 55 AEAO.

wenn der Mittelvortrag des Vorjahres im laufenden Jahr nicht verwendet worden sein sollte. Dabei folgt die Mittelverwendung dem FIFO-Verfahren, d. h. es wird unterstellt, daß die ältesten Mittelzuflüsse zuerst verbraucht werden.[231]

6. Die Mittelverwendungsrechnung

101 Die gemeinnützige Körperschaft trägt die Feststellungslast dafür, daß sie ihre Mittel zeitnah für gemeinnützige Zwecke verwendet hat. Wie sie diesen Nachweis führt, ist nicht gesetzlich vorgeschrieben. Sofern sich aus der Jahresrechnung oder der Bilanz der gemeinnützigen Körperschaft ergibt, daß dem Gebot der zeitnahen Mittelverwendung genügt worden ist, ist das Erstellen einer gesonderten Mittelverwendungsrechnung überflüssig.[232] Vielfach wird die Mittelverwendungsrechnung, bei der es darum geht, insbesondere bei unübersichtlichen Vermögensverhältnissen festzustellen, ob die gemeinnützige Körperschaft dem Gebot der zeitnahen Mittelverwendung genügt hat, durch eine Ableitung aus einer Handels- oder Steuerbilanz erstellt werden können.[233] Zeigt sich aufgrund einer derartigen Berechnung, daß ein Mittelüberhang gegeben ist, weil der Mittelvortrag aus Vermögen besteht, welches bereits vor Beginn des vorangegangenen Wirtschaftsjahres zugeflossen ist, so ist ein schädlicher **Verwendungsrückstand** gegeben, der zur Aberkennung der Gemeinnützigkeit für das betreffende Wirtschaftsjahr führt, es sei denn, die Finanzverwaltung setzt eine Frist nach § 63 Abs. 4 AO.[234]

102 Umstritten ist, ob die Mittelverwendungsrechnung in die allgemeine Rechnungslegung integriert[235] oder aber die Mittelverwendungsrechnung in der Form einer **gesonderten Nebenrechnung** zur Jahresrechnung erstellt werden soll.[236] Für die zuständigen Gremien einer gemeinnützigen Körperschaft wird die **Einheitsrechnungslegung** regelmäßig vorzuziehen sein, da sie weitaus informativer ist als verschiedene Rechenwerke, deren Abstimmung untereinander mit fortschreitender Zeitdauer ständig an Komplexität zunehmen wird. Auf der anderen Seite macht gerade bei bilanzierenden gemeinnützigen Körperschaften mitunter die Überleitung der Gewinn- und Verlustrechnung auf eine Mittelverwendungsrechnung, die nach dem Zufluß-/Abflußprinzip erstellt wird, Schwierigkeiten. Allerdings können diese Schwierigkeiten vielfach dadurch bewältigt werden, daß der entsprechende Teil des Jahresüberschusses für Zwecke der Ermittlung des Betrages, der zeitnah für gemeinnützige Zwecke zu verwenden ist, neutralisiert wird. Eine allgemein gültige Antwort verbietet sich zu dieser Frage. Vielmehr wird jeweils nach den Verhältnissen des Einzelfalles entschieden werden

---

[231] *Ley* KÖSDI 1998, 11691.

[232] Unklar Tz. 10 zu § 55 AEAO; vgl. auch *Thiel* DB 1992, 1900; *Ley* KÖSDI 1998, 11694.

[233] Siehe dazu *Kießling/Buchna* S. 94.

[234] Vgl. dazu oben Rz. 34.

[235] So bspw. *Ley* KÖSDI 1998, 11694.

[236] So anscheinend *Thiel* DB 1992, 1900; Tz. 10 zu § 55 AEAO.

müssen, welche Form der Rechnungslegung für die gemeinnützige Körperschaft zweckmäßig ist.

V. Gemeinnützige Mittelverwendung im Zweckbetrieb

Eine besondere Form der Mittelverwendung erfolgt in dem sog. Zweckbetrieb.[237] Der Zweckbetrieb zeichnet sich dadurch aus, daß **Mittelbeschaffung** und **gemeinnützige Mittelverwendung einhergehen**. Mit der Tätigkeit, die unmittelbar der gemeinnützigen Zweckerfüllung dient, werden gleichzeitig Einnahmen erwirtschaftet. Die Mittelverwendung im Zweckbetrieb muß den Gemeinnützigkeitsvorschriften entsprechen. Die Tätigkeit im Zweckbetrieb muß auf die ausschließlich gemeinnützige Zweckerfüllung gerichtet sein. Daraus ergibt sich, daß bei der Preisgestaltung in einem Zweckbetrieb nicht die Mittelbeschaffung im Vordergrund stehen darf, sondern eine Preisgestaltung gewählt werden muß, die erkennen läßt, daß es um gemeinnützige Zweckerfüllung geht.[238] Bei der Tätigkeit in einem Zweckbetrieb gelten im übrigen dieselben Grenzen für die gemeinnützige Mittelverwendung wie für jede andere gemeinnützige Körperschaft, bei der Mittelbeschaffung und Mittelverwendung eindeutig getrennt sind. 103

VI. Ausnahmen von dem Gebot der gemeinnützigen Mittelverwendung

1. Zuwendungen an den Stifter und seine nächsten Angehörigen

Der Gesetzgeber hat einige wenige Ausnahmebestimmungen erlassen, die es gemeinnützigen Körperschaften ermöglichen, neben der gemeinnützigen Zweckerfüllung einen weiteren Zweck zu verfolgen. Zweck dieser Ausnahmebestimmungen ist es, gemeinnützige Körperschaften attraktiv zu machen, damit möglichst viele Mittel für die gemeinnützigen Zwecke zusammenkommen. Eine derartige Ausnahmebestimmung enthält § 58 Nr. 5 AO, wonach eine Stiftung einen Teil, jedoch höchstens ein Drittel ihres Einkommens, dazu verwenden darf, um in angemessener Weise **den Stifter und seine nächsten Angehörigen zu unterhalten, ihre Gräber zu pflegen und ihr Andenken zu ehren**. Unter Einkommen i. S. d. § 58 Nr. 5 AO ist die Summe der Einkünfte aus den einzelnen Einkunftsarten i. S. d. § 2 Abs. 1 EStG zu verstehen, unabhängig davon, ob die Einkünfte steuerpflichtig sind oder nicht. Bei ihrer Ermittlung sind von den Einnahmen die damit zusammenhängenden Aufwendungen einschließlich der Abschreibungsbeträge abzuziehen. Der Begriff der nächsten Angehörigen wird in § 58 Nr. 5 AO durch die Finanzverwaltung sehr eng gefaßt. Er umfaßt nur Ehegatten, Eltern, Großeltern, Kinder, Enkel, Geschwister und Pflegeeltern sowie Pflegekinder.[239] Diese Rechtsauffassung ist insofern 104

---

237 Vgl. dazu ausführlich oben § 6 Rz. 81–104.

238 Vgl. dazu oben § 6 Rz. 85.

239 Tz. 6 zu § 58 Nr. 5 AO.

zu eng, als der Gesetzgeber mit § 58 Nr. 5 AO die Errichtung von Stiftungen anregen wollte und daher zumindest sämtliche Angehörigen in direkter Linie als nächste Angehörige aufgefaßt werden sollten, damit der Stifter einer gemeinnützigen Stiftung seine Nachkommenschaft über die Generation der Enkel hinaus mit der Errichtung der Stiftung versorgen kann.[240] § 58 Nr. 5 AO enthält außer der relativen Grenze von einem Drittel des Einkommens eine gewisse absolute Grenze. Maßstab für die Angemessenheit des Unterhalts ist nach Auffassung der Finanzverwaltung der Lebensstandard des Zuwendungsempfängers.[241] Auch diese Rechtsauffassung ist zu eng, vielmehr ist auf den Lebensstandard des Stifters, der seiner Nachkommenschaft einen ähnlichen Unterhalt zubilligen möchte, wie er ihn schon selbst genoß, abzustellen.[242]

105 Umstritten ist, ob die $^1/_3$-Grenze des § 58 Nr. 5 AO auch für die Fälle Bedeutung hat, in denen der Stifter mittels einer **Auflage** die gemeinnützige Stiftung zur Zahlung, beispielsweise einer Rente, verpflichtet hat, die über das jährliche Drittel des Einkommens der Stiftung hinausgeht.[243] Grundsätzlich ist es gemeinnützigkeitsrechtlich unschädlich, wenn eine gemeinnützige Körperschaft Belastungen, die mit dem ihr zugewendeten Vermögen verbunden waren, erfüllt. Dies gilt beispielsweise für die Erfüllung von Vermächtnissen oder Grundschulden.[244] Selbst wenn die liquiden zugewandten Vermögensmittel nicht ausreichen, um diese Ansprüche zu erfüllen, dürfen derartige Ansprüche aus den Erträgen der gemeinnützigen Körperschaft erfüllt werden. Allerdings wendet die **Finanzverwaltung** in diesen Fällen die **$^1/_3$-Grenze** des § 58 Nr. 5 AO **analog** an. Die $^1/_3$-Grenze umfaßt bei Rentenverpflichtungen bezogen auf den Veranlagungszeitraum die gesamten Zahlungen, und nicht nur die Zahlungen, die über den Barwert hinausgehen.[245] Der BFH hat demgegenüber entschieden, daß die $^1/_3$-Grenze des § 58 Nr. 5 AO stets nur für freiwillige Zuwendungen einer gemeinnützigen Stiftung greift. Soweit der Stifter die Stiftung mittels einer Auflage zu einer Rentenzahlung verpflichtet, die über die $^1/_3$-Grenze hinausgeht, kann diese Auflage gemeinnützigkeitsunschädlich erfüllt werden.[246] Die Finanzverwaltung hat angeordnet, diese Rechtsprechung nicht über den entschiedenen Einzelfall hinaus anzuwenden.[247] Freiwillige Zuwendungen an bestimmte Personen sind nach § 58 Nr. 5 AO allein den Stiftungen vorbehalten. Speziell bei Stiftungen wird da-

---

[240] *Schauhoff* DB 1996, 1693; *Gersch* in: Klein, § 58 AO Anm. 5; *Tipke/Kruse* § 58 AO Rz. 6.

[241] Tz. 7 zu § 58 AEAO.

[242] *Schauhoff* DB 1996, 1693.

[243] Zu den ertrag- und erbschaftsteuerlichen Aspekten der Begründung entsprechender Verpflichtungen ausführlich *Schauhoff* DB 1996, 1693.

[244] Tz. 5 zu § 55 AEAO.

[245] Tz. 6 zu § 55 AEAO.

[246] BFH v. 21. 1. 1998 II R 16/95, BStBl. II 1998, 758; a. A. noch FG München v. 12. 1. 1995, EFG 1995, 650.

[247] BMF-Schreiben v. 6. 11. 1998 IV C 6 – S 0177–6/98, BStBl. I 1998, 1446; so auch *Schauhoff* a.a.O.

mit der Handlungsrahmen erweitert. Bei anderen gemeinnützigen Körperschaften führt dagegen jegliche Zuwendung, die nicht den gemeinnützigen Satzungszwecken dient, zum Verlust der Gemeinnützigkeit, es sei denn, eine Verbindlichkeit, Vermächtnis oder Auflage eines Zuwendungsgebers würde erfüllt werden und – wenigstens nach Auffassung der Finanzverwaltung – die Ein-Drittel-Grenze beachtet werden.

2. Gesellige Zusammenkünfte

Die Finanzierung von geselligen Zusammenkünften durch eine ge- **106**
meinnützige Körperschaft dient insofern der gemeinnützigen Zweckerfüllung, als damit das Zusammengehörigkeitsgefühl und das bessere Kennenlernen der Mitglieder und deren Angehörigen und die Werbung neuer Mitglieder gefördert werden. Soweit gesellige Zusammenkünfte von untergeordneter Bedeutung sind, wird die Steuerbegünstigung für die Körperschaft dadurch nicht ausgeschlossen.[248]

3. Förderung des bezahlten Sports

Eine gemeinnützige Körperschaft muß ausschließlich auf die gemein- **107**
nützige Zweckerfüllung gerichtet sein. Die Steuerbefreiung der Gemeinnützigkeit wird grundsätzlich allein Sportvereinen gewährt, die den unbezahlten Sport fördern (vgl. § 67 a AO). Sofern die Sportvereine neben der Förderung des unbezahlten Sports auch den bezahlten Sport unterstützen, ist dies allerdings unschädlich. Doch darf die Förderung des bezahlten Sports nur aus Mitteln vorgenommen werden, die in einem steuerpflichtigen wirtschaftlichen Geschäftsbetrieb selbst erwirtschaftet werden oder von Dritten, ohne die Möglichkeit, daß diese den Spendenabzug geltend machen können, dem Verein bereitgestellt werden.[249]

4. Zuschüsse an Wirtschaftsunternehmen

In § 58 Nr. 10 AO ist geregelt, daß Zuschüsse an Wirtschaftsunter- **108**
nehmen durch Stiftungen, welche von Gebietskörperschaften eingerichtet werden, durchaus in Übereinstimmung mit dem Gemeinnützigkeitsrecht gegeben werden können. Diese Vorschrift konkretisiert ebenso wie § 58 Nr. 9 AO das Ausschließlichkeitsgebot.[250]

VII. Verbotene Mittelverwendungen

1. Gewinnausschüttung

§ 55 enthält eine Reihe von Vorschriften, in denen geregelt ist, wel- **109**
che Mittelverwendungen zum Verlust der Gemeinnützigkeit für das entsprechende Veranlagungsjahr führen. In § 55 Abs. 1 Nr. 1 Satz 2 AO

---

[248] Näher siehe oben Rz. 18 f.

[249] Vgl. näher § 6 Rz. 49.

[250] Vgl. dazu oben Rz. 49.

ist geregelt, daß die Mitglieder oder Gesellschafter einer gemeinnützigen Körperschaft, worunter bei Stiftungen als Mitglieder, wie sich aus § 55 Abs. 3 AO ergibt, auch der Stifter und seine Erben, bei Betrieben gewerblicher Art die Trägerkörperschaft fällt, keine Gewinnanteile und keine sonstigen Zuwendungen aus Mitteln der Körperschaft erhalten dürfen. **Offene Gewinnausschüttungen** an die Gesellschafter **sind** damit von vornherein **untersagt**. Eine Ausnahme gilt nur, sofern die Gesellschafter oder Mitglieder als Begünstigte ihrerseits ausschließlich steuerbegünstigte Körperschaften sind.[251] Die Vorschrift untersagt aber nicht nur die offenen, sondern auch die verdeckt geleisteten Gewinnausschüttungen, die unter unangemessene Zuwendungen fallen. **Keine Zuwendung** liegt vor, wenn der Leistung der Körperschaft eine Gegenleistung des Empfängers gegenübersteht und die Werte von Leistung und Gegenleistung nach wirtschaftlichen Grundsätzen gegeneinander abgewogen sind.[252] Unschädlich ist es, wenn den formellen Voraussetzungen, wie der Schriftlichkeit oder dem Rückwirkungsverbot, welches aufgrund der Rechtsprechung des Bundesfinanzhofes zur verdeckten Gewinnausschüttung im Verhältnis zwischen einer Kapitalgesellschaft und ihrem beherrschenden Gesellschafter gilt, nicht genügt werden sollte. Insofern sind die gemeinnützigkeitsrechtlichen Anforderungen weniger streng.[253] Letztlich ist damit maßgebend, ob die Gegenleistung des Mitglieds oder Gesellschafters angemessen war. Besondere Schwierigkeiten bereitet die Vorschrift, soweit die gemeinnützige Körperschaft ihren Mitgliedern besondere Incentives gewährt, um auf diese Weise neue Mitglieder zu gewinnen oder die vorhandenen Mitglieder an die gemeinnützige Körperschaft zu binden.[254] Eine Zuwendung liegt auch nicht vor, wenn Ansprüche aus einem zugewendeten Vermögen, welches mit einer Verbindlichkeit im Moment der Zuwendung belastet war, erfüllt werden.[255] Erfaßt werden von § 55 Abs. 1 AO insbesondere die satzungswidrigen Begünstigungen. Unerheblich ist dann auch, ob die rechtsgrundlos gezahlte Vergütung aus einer Spende des Mitglieds selbst stammt.

2. Begünstigungsverbot

110 In § 55 Abs. 1 Nr. 3 AO ist geregelt, daß eine gemeinnützige Körperschaft keine Person durch Ausgaben, die dem Zweck der Körperschaft fremd sind, oder durch unverhältnismäßig hohe Vergütungen begünstigen darf. Im Gemeinnützigkeitsrecht gilt im Unterschied zu den steuerrechtlichen Vorschriften für andere Körperschaften ein **generelles Angemessenheitsgebot**. Die Tätigkeit einer gemeinnützigen Körperschaft muß stets auf die Erfüllung der steuerbegünstigten Zwecke gerichtet sein, weswegen niemand unzulässig begünstigt werden darf. Die Angemessenheitsprüfung wird im Hinblick auf mehrere Rechts-

[251] Ziff. 2 Satz 2 zu § 58 AEAO; vgl. dazu auch § 7 Rz. 122.
[252] Ziff. 4 zu § 55 AEAO; BFH v. 21. 1. 1998 II R 16/95, BStBl. II 1998, 758.
[253] *Hüttemann* S. 66; *Kießling/Buchna* S. 123; s. o. Rz. 22.
[254] Vgl. dazu oben Rz. 13 ff.
[255] Ziff. 5 Satz 3 zu § 55 AEAO.

sätze angewandt.[256] Bei der Bestimmung der Marktpreise im Rahmen des § 55 Abs. 1 Nr. 3 AO ist stets die konkrete geschäftspolitische Situation der gemeinnützigen Körperschaft und ihrer Geschäftspartner zu berücksichtigen. Im Rahmen des § 55 Abs. 1 Nr. 3 AO wird nur geprüft, ob die Werte von Leistung und Gegenleistung nach wirtschaftlichen Grundsätzen gegeneinander abgewogen worden sind. Einzelne Fehlgriffe, die die gemeinnützige Körperschaft bei für sie letztlich ungünstigen Vertragsschlüssen gemacht hat, führen nicht zur Aberkennung der Gemeinnützigkeit. Vielmehr bestimmt § 63 Abs. 1 AO, daß die tatsächliche Geschäftsführung der Körperschaft auf die ausschließliche und unmittelbare Erfüllung des steuerbegünstigten Zwecks gerichtet sein muß. In diesem Sinn darf die gemeinnützige Körperschaft keine Person durch Ausgaben, die dem Zweck der Körperschaft fremd sind, oder durch unverhältnismäßig hohe Vergütungen begünstigen. Nur wenn ein Vertragsabschluß den Schluß rechtfertigt, daß die zuständigen Organe der gemeinnützigen Körperschaft bewußt und zielgerichtet gegen das Begünstigungsverbot verstoßen haben, kann die Gemeinnützigkeit für das Veranlagungsjahr aberkannt werden.[257]

3. Unterstützung politischer Parteien

In § 55 Abs. 1 Nr. 1 Satz 3 AO ist bestimmt, daß die gemeinnützige Körperschaft ihre Mittel weder für die unmittelbare noch für die mittelbare Unterstützung oder Förderung politischer Parteien verwenden darf. Nach dieser Vorschrift kommt es auf die absolute oder relative Höhe der Parteispenden nicht an.[258] Unerheblich ist, ob die Parteispende aus dem steuerpflichtigen wirtschaftlichen Geschäftsbetrieb oder aus dem gemeinnützigkeitsrechtlich gebundenen Vermögen der Körperschaft geleistet wird.[259] Eine **mittelbare Unterstützung von politischen Parteien** ist schon dann gegeben, wenn die gemeinnützige Körperschaft in Verfolgung ihres Zwecks politische Ziele unterstützt, die gleichermaßen von einer Partei verfolgt werden. Ein Fall der mittelbaren Unterstützung einer politischen Partei setzt vielmehr voraus, daß eine Partei bezogen auf ihren politischen Erfolg unterstützt wird und die Tätigkeit der gemeinnützigen Körperschaft über die Unterstützung bestimmter politischer Ziele hinausgeht.[260] Eine **Wahlaussage** aus Anlaß einer bevorstehenden Wahl kann dagegen zur Versagung der Gemeinnützigkeit führen, weil eine solche Tätigkeit auf eine bestimmte politische Meinungsbildung gerichtet ist. Die Gemeinnützigkeit ist auch zu versagen, wenn die Körperschaft tatsächlich ausschließlich oder überwiegend einen **politischen Zweck** verfolgt.[261] 111

---

[256] Vgl. dazu oben Rz. 19 ff.

[257] Vgl. dazu auch oben Rz. 32.

[258] BFH v. 22. 1. 1997 I R 156/94, DStZ 1999, 186.

[259] BFH, a.a.O.

[260] Vgl. BFH v. 23. 11. 1988, BStBl. 1989 II, 391.

[261] Zur Abgrenzung zur parteipolitischen Bildung siehe FinMin Thüringen v. 23. 6. 1993, StEK AO 1977, § 52 Nr. 73.

B. Die Organisation der Mittelverwendungstätigkeit

120 Ist eine gemeinnützige Einrichtung neu gegründet worden, stellt sich die Frage, wie nunmehr die gemeinnützige Tätigkeit organisiert werden soll. Die **Perspektiven** der Zweckerfüllung müssen festgelegt werden und davon ausgehend Förderungsschwerpunkte gebildet und ein Plan entwickelt werden, um auf der Grundlage der verfügbaren Finanzmittel und Personalkräfte in einem Zeitraster die Tätigkeit der gemeinnützigen Einrichtung näher zu definieren. Hier sollen nur kurz **überblicksartig** einige Gedanken zur Entwicklung der Tätigkeit gemeinnütziger Körperschaften vorgestellt werden. Ausgehend von diesen Leitlinien ist die Organisation innerhalb der gemeinnützigen Einrichtung zu entwickeln und die Art und Weise der Tätigkeit festzulegen. Dazu können Maßgaben für die Projektförderung, die Informations- und Öffentlichkeitsarbeit, die interne Verwaltung und die Mitarbeiterführung festgelegt werden. Regelmäßig sollte am Ende der Projekttätigkeit einer gemeinnützigen Körperschaft eine Bewertung des Geleisteten stehen. Problematisch ist bei gemeinnützigen Körperschaften stets, daß nicht der Markt durch Umsatz oder Gewinn den Erfolg der Tätigkeit bewertet, sondern diese Bewertung anhand selbst entwickelter Kriterien von der gemeinnützigen Körperschaft und ihren Organen vorgenommen werden muß.

121 Gemeinnützige Körperschaften zeichnen sich dadurch aus, daß sie in Ergänzung zu dem staatlichen Angebot auf **neuen Tätigkeitsfeldern das Gemeinwesen weiterentwickeln**. Voraussetzung für eine erfolgreiche Erfüllung der gemeinnützigen Tätigkeit ist daher zunächst, den Bedarf an Förderungstätigkeit möglichst präzise zu erfassen, sodann die dafür erforderliche Kompetenz entweder selbst, durch eigene Kräfte, oder in Zusammenarbeit mit anderen, häufig anderen gemeinnützigen Körperschaften, zu erwerben und dann das erkannte Problem entsprechend anzugehen.

122 Ist die selbst gestaltete Aufgabe im Rahmen des gemeinnützigen Zwecks genau definiert, können im Rahmen der finanziellen und personellen Möglichkeiten der gemeinnützigen Körperschaft ein **Förderprogramm** entwickelt werden. Das Förderprogramm ist Basis für die konkrete Fördertätigkeit und Projektarbeit. Die Programme und die sich daraus ableitende Projektentwicklung sind bei auf Antrag fördernden und operativen gemeinnützigen Körperschaften unterschiedlich intensiv. Im Rahmen des Förderprogrammes sind das Ziel, die Bildung von Schwerpunkten, die Realisierbarkeit und Operationalisierbarkeit von Zielen, die Kosten und Finanzierung des Programms, die zeitliche Strukturierung sowie Überschneidung der Aufgaben mit anderen Körperschaften, die auf diesem Fördergebiet tätig sind, und die Möglichkeit zur Kooperation mit Dritten zu beantworten. Verbietet sich aufgrund der konkreten finanziellen Situation der gemeinnützigen Körperschaft das Halten eines eigenen Apparates, kann sie sich auch darauf beschränken, die gemeinnützige Tätigkeit anderer zu finanzieren.

Zum Aufbau und zur Entwicklung von fachlicher Kompetenz kann die Körperschaft eigene Beratungsgremien installieren, die entweder auf satzungsmäßiger Grundlage oder nur zeitlich begrenzt für einzelne Projekte installiert werden. Darüber hinaus können externe **Berater** hinzugeholt werden. Gemeinnützige Körperschaften bedienen sich vielfach ihrer Mitglieder und des ehrenamtlichen Engagements, um die gemeinnützige Tätigkeit voranzubringen. Die Mitwirkung von **Ehrenamtlichen** setzt zum einen eine Zieldefinition voraus, die ggf. auch gemeinsam entwickelt werden kann, aber auch die ständige Betreuung und ggf. Fortbildung der ehrenamtlich Tätigen. Unter Umständen ist es erforderlich, die Zusammenarbeit von ehrenamtlich und hauptberuflich tätigen Mitarbeitern zu regeln. 123

Eine gemeinnützige Körperschaft kann ihren Schwerpunkt darin setzen, die Möglichkeit, daß sie **finanzielle Zuschüsse** zur Verwirklichung bestimmter Projekte vergibt, allgemein bekannt zu machen und dann auf Anträge von Interessierten zu warten. Ihre Tätigkeit wird sich dann schwerpunktmäßig auf die Prüfung des zur Förderung beantragten Projektes hinsichtlich der Ziele, der Methoden und der Kosten erstrecken. Eine operativ tätige gemeinnützige Körperschaft wird **aktives Projektmanagement** betreiben, d. h. die Projektziele selbst vorgeben, kompetente Partner in der Projektkonzeption und Realisierung auswählen und ein erfolgsorientiertes Projektmanagement und Projektcontrolling betreiben. Die Projekte werden dann in zivilrechtlich bindende Vereinbarungen gebracht. Typisch für eine Kunststiftung wird der Ausstellungsvertrag mit Künstlern sein.[262] Bei einer gemeinnützigen Forschungstätigkeit stellt sich die Frage, wem letztlich Patentverwertungsrechte zugeordnet werden sollen.[263] 124

Wichtig ist für gemeinnützige Körperschaften das Controlling und die **Evaluation**. Mit dem **Controlling** wird überwacht, daß die Kosten für das jeweils durchgeführte Projekt angemessen waren. Es kommt zur Prüfung der Wirtschaftlichkeit der gemeinnützigen Tätigkeit. Bei der Evaluation der Leistungen geht es darum, die Mittelvergabe effektiv auf die bestmögliche Problemlösung auszurichten. Es stellt sich die Frage, ob das Projekt unter Berücksichtigung des angefallenen Aufwandes das angestrebte Ziel erreicht hat. Da gemeinnützige Körperschaften hinsichtlich ihrer gemeinnützigen Tätigkeit nicht in Wettbewerb zu anderen Körperschaften stehen, ist bei ihnen die Effektivität und Wirtschaftlichkeit der Maßnahmen in besonderer Weise gefährdet, so daß eine fortlaufende Erfolgskontrolle, die die Hauptaufgabe von ehrenamtlich tätigen Gremien ist, erforderlich ist. Eine dauerhaft angelegte Evaluation führt zu einem Prozeß der kontinuierlichen Verbesserung der Leistungsfähigkeit einer gemeinnützigen Einrichtung. 125

Damit die Allgemeinheit durch die Tätigkeit der Körperschaft gefördert wird, ist es erforderlich, sie an den Ergebnissen der gemeinnützigen Tätigkeit teilhaben zu lassen. Dazu kann beispielsweise die 126

[262] Vgl. dazu OLG Düsseldorf v. 22. 4. 1997, NJW-RR 1999, 1001.
[263] Vgl. OLG Düsseldorf v. 10. 6. 1999, GmbHR 1999, 1093.

Informations- und Öffentlichkeitsarbeit oder die Abhaltung von Veranstaltungen, Beratungen oder Vorstellung von Projekten, die Modell-, Beispiel- oder Pilotcharakter haben, beitragen. Gleichzeitig ist die Informations- und Öffentlichkeitsarbeit nützlich, um das Profil der gemeinnützigen Körperschaft zu stärken und ihr die weitere Verfolgung der gemeinnützigen Tätigkeit zu erleichtern, indem die Bevölkerung in wachsendem Maße Anregungen zur Zweckverwirklichung an die gemeinnützige Körperschaft heranträgt. Zielgruppe der Öffentlichkeitsarbeit wird im Regelfall nur eine Teilöffentlichkeit sein, der man sich gegenüber präsentiert. Eine gemeinnützige Körperschaft kann sich dementsprechend durch ihre Tätigkeit und ein effizientes zielförderndes Programm durchaus ebenfalls einen „Markt" schaffen, so daß sie zunehmend in der Öffentlichkeit wahrgenommen und als Gesprächspartner geschätzt wird. Der Erfolg bei der gemeinnützigen Mittelverwendung im Sinne einer effizienten Mittelverwendung läßt sich daher zumindest partiell messen. Für die Steuerbefreiung der Gemeinnützigkeit kommt es allerdings nicht auf eine besonders erfolgreiche Tätigkeit an, sondern auf das Bemühen, die gemeinnützigen Zwecke zu fördern.[264]

---

[264] Siehe oben Rz. 32.

§ 9 Rechtsfolgen bei Verstoß gegen Gemeinnützigkeitsvorschriften

Bearbeiter: Dipl.-Finw. Harald Bott

Übersicht

I. Allgemeines

1 Über Art und Umfang der Steuervergünstigungen, die gemeinnützigen Körperschaften i. S. d. §§ 51 ff. AO zustehen, entscheidet das Finanzamt im jeweiligen Veranlagungsverfahren gesondert für jede Steuerart und für jeden Besteuerungsabschnitt (s. Rz. 7 Rz. 330 ff.). Da die an die Bestimmungen der §§ 51 ff. AO anknüpfenden Vergünstigungen der einzelnen Steuerarten (s. § 7 Rz. 2) sowohl eine formelle Satzungsmäßigkeit (§ 60 AO) als auch eine hiermit korrespondierende tatsächliche Geschäftsführung (§ 63 AO) voraussetzen (§ 59 AO), sind gemeinnützigkeitsrelevante **Verstöße** in diesen beiden Teilbereichen möglich.

2 Ein Verstoß gegen gemeinnützigkeitsrechtliche Bestimmungen hat grds. den **Verlust der Steuervergünstigungen** zur Folge, die das Einzelsteuergesetz bzw. materiell-rechtliche Bestimmungen der AO[1] für die jeweilige Steuerart an das Vorliegen der Voraussetzungen der

[1] S. § 64 Abs. 3 AO zur Besteuerungsgrenze sowie zur Reingewinnschätzung bei Altmaterialverwertung § 64 Abs. 5 AO.

§§ 51 ff. AO knüpft. Zur Bedeutung des Grundsatzes der Verhältnismäßigkeit im Rahmen der gemeinnützigkeitsrechtlichen Würdigung des einzelnen Verstoßes s. Rz. 4 sowie Rz. 30 ff.

3 Für eine Inanspruchnahme der einzelnen Steuervergünstigungen müssen die Voraussetzungen i. S. d. §§ 51 ff. AO für die KSt und GewSt während des gesamten Veranlagungs- bzw. Erhebungszeitraums, für die anderen Steuerarten im Zeitpunkt der Entstehung der Steuer gewährleistet sein (§ 60 Abs. 2, § 63 Abs. 2 AO).

Der Verlust der Steuervergünstigung tritt daher bei einem die Rechtsfolgen tragenden Verstoß

– für die **KSt und GewSt** für den jeweiligen Besteuerungsabschnitt dann ein, wenn zu einem Zeitpunkt innerhalb des Veranlagungs- bzw. Erhebungszeitraums[2] der Grundsatz der formellen Satzungsmäßigkeit bzw. derjenige der korrespondierenden tatsächlichen Geschäftsführung verletzt wird,
– sowie für die **anderen Steuern** dann ein, wenn die Voraussetzungen für eine Anerkennung als steuerbegünstigte Körperschaft i. S. d. §§ 51 ff. AO im Zeitpunkt der Entstehung der Steuer (§ 38 AO) nicht erfüllt sind, d. h. für die ErbSt im Zeitpunkt der Zuwendung (§ 9 ErbStG),[3] für die GrSt und die VSt zu Beginn des Kalenderjahrs (§ 9 Abs. 2 GrStG, § 5 Abs. 2 VStG), für die USt mit Ablauf des Voranmeldungszeitraums (§ 13 Abs. 1 UStG).[4]

4 Hinsichtlich der Tragweite der Rechtsfolgen ist bei einem gravierenden Verstoß gegen gemeinnützigkeitsrechtliche Bestimmungen insbesondere von Bedeutung, ob die Körperschaft den Grundsatz der satzungsmäßigen Vermögensbindung (§ 55 Abs. 1 Nr. 4, § 61 AO) verletzt hat. Während der Gesetzgeber

– Verstöße gegen allgemeine Bestimmungen des Gemeinnützigkeitsrechts mit einem Entzug der Gemeinnützigkeit für den **betroffenen Besteuerungsabschnitt** bzw. -zeitpunkt ahndet (s. Rz. 10 ff.),
– zieht ein Verstoß gegen die satzungsmäßige Vermögensbindung eine **Nachversteuerung für die letzten 10 Jahre** nach sich (s. Rz. 63, 70 ff.). Eine Nachversteuerung sieht das ErbStG für einen Zeitraum von 10 Jahren seit Zuwendung auch bei sonstigen Verstößen gegen gemeinnützigkeitsrechtliche Bestimmungen vor, sofern sie zu einem Wegfall der Anerkennung als steuerbegünstigte Einrichtung führen und das Vermögen fehlverwendet worden ist (s. Rz. 52).

5 Beschränkt sich ein Verstoß gegen gemeinnützigkeitsrechtliche Bestimmungen in seiner **Wirkung** nicht nur auf einen Besteuerungsabschnitt, sondern wirkt er z. B. im Falle der dauerhaften Mittelfehl-

---

[2] Kalenderjahr, s. § 49 Abs. 1 KStG i.V. m. § 25 Abs. 1 EStG bzw.. § 14 Satz 2 GewStG.

[3] S. hierzu Rz. 52 sowie FG Nürnberg v. 30. 9. 1997 IV 4/95, EFG 1998, 121.

[4] S. AEAO, zu § 60 AO Rz. 6.

verwendung darüber hinaus in die Zukunft fort, erlangt dieser Verstoß bis zu seiner Behebung auch für künftige Besteuerungszeiträume bzw. -zeitpunkte gemeinnützigkeitsrechtliche Relevanz.

Die mit einem Verstoß gegen Gemeinnützigkeitsrecht verbundenen Sanktionen können in ihrer kumulativen Wirkung für die einzelnen Steuerarten sowohl auf der Ebene der Körperschaft als auch im Hinblick auf eine Inanspruchnahme der Verantwortlichen eine erhebliche finanzielle Belastung bedeuten.[5] Zu der Körperschaft zuzurechnenden Handlungen s. Rz. 75 ff., zur Spendenhaftung s. Rz. 80 ff.

II. Verstoß gegen allgemeine gemeinnützigkeitsrechtliche Bestimmungen

1. Mögliche Verstöße

a) Formelle Satzungsmäßigkeit

Die Steuerbegünstigung i. S. d. §§ 51 ff. AO setzt mit der formellen Satzungsmäßigkeit i. S. d. § 60 Abs. 1 AO voraus, daß die Körperschaft in ihrem Statut die Satzungszwecke und die Art der Verwirklichung so genau bestimmt, daß bereits aufgrund der Satzung die satzungsmäßigen Voraussetzungen für die steuerlichen Vergünstigungen geprüft werden können.[6] Danach muß sich bereits aus der Satzung ergeben, welchen Zweck die Körperschaft verfolgt, daß dieser Zweck den Anforderungen der §§ 52 bis 55 AO entspricht und daß dieser ausschließlich und unmittelbar verfolgt wird. Der formellen Satzungsmäßigkeit i. S. d. § 60 AO ist genügt, wenn sich die satzungsmäßigen Voraussetzungen für die steuerliche Vergünstigung aufgrund einer Auslegung aller Satzungsbestimmungen ergeben.[7] Eine vorläufige Bescheinigung wird nur auf der Grundlage eines den Grundsätzen der formellen Satzungsmäßigkeit genügenden Statuts erteilt (s. § 7 Rz. 330 ff.). 10

Bei **Errichtung einer steuerbegünstigten Körperschaft** werden in der Praxis oft bereits die Satzungsentwürfe mit dem zuständigen Finanzamt abgestimmt. Vorhandene **Satzungsmängel**, die sämtliche Bereiche der gemeinnützigkeitsrechtlichen Anforderungen, mithin Selbstlosigkeit (§ 55 AO), Ausschließlichkeit (§ 56 AO), Unmittelbarkeit (§ 57 AO), Bestimmtheit der satzungsmäßigen steuerbegünstigten Zielsetzung und Tätigkeit der Körperschaft zur Erreichung des steuerbegünstigten Zwecks (§ 60 AO) sowie Vermögensbindung (§ 61 AO) betreffen können, werden hierbei idR bereits im Vorfeld der Gründung der gemeinnützigen Einrichtung behoben. Andernfalls kommt die 11

---

[5] Vgl. § 1 Rz. 60.

[6] S. BFH v. 13. 12. 1978 I R 39/78, BStBl II 1979, 482, BFH v. 29. 8. 1984 I r 203/81, BStBl II 1984, 844 sowie BFH v 20. 7. 1988 I R 244/83, BFH/NV 1989, 479, BFH v. 21. 7. 1999 I R 2/98, BFH/NV 2000, 297 und § 5 Rz. 95 ff.

[7] S. BFH v. 12. 8. 1997 I B 72/96, BFH/NV 1998, 146 sowie BFH v. 13. 8. 1997 I R 19/96, BStBl II 1997, 794 mwN.

Körperschaft nicht in den Genuß der (vorläufigen) Steuerbefreiung und wird demzufolge als sachlich voll steuerpflichtige Körperschaft erfaßt.

12 Steht die Satzung einer **bereits bestehenden Körperschaft** zunächst nicht in Einklang mit den Bestimmungen der §§ 51 ff. AO und wird sie erst nachträglich an die Erfordernisse des § 60 AO **angepaßt**, ist die Körperschaft bis zu diesem Veranlagungszeitraum als steuerpflichtige Einrichtung zur KSt zu veranlagen. Da die Gewährung einer an die Bestimmungen der §§ 51 ff. AO anknüpfenden Steuervergünstigung eine formelle Satzungsmäßigkeit nach § 60 Abs. 2 AO für KSt und GewSt während des gesamten Veranlagungszeitraums sowie für die anderen Steuern im Zeitpunkt der Entstehung der Steuer voraussetzt (s. Rz. 3), kommt eine Befreiung nach § 5 Abs. 1 Nr. 9 KStG bzw. § 3 Nr. 6 GewStG i.V.m. §§ 51 ff. AO erst für den nächsten Veranlagungszeitraum, die Inanspruchnahme sonstiger Steuervergünstigungen erst für nachfolgende Stichtage bzw. Besteuerungsabschnitte in Betracht.

Eine Betätigung der gemeinnützigen Körperschaft auf steuerbegünstigtem Gebiet, die nicht durch die in der Satzung formulierten Zwecke abgedeckt wird, genügt nicht den Anforderungen der §§ 59, 60 AO und bedarf einer entsprechenden Anpassung des Statuts bzw. der tatsächlichen Geschäftsführung.[8]

Wird die Satzung einer steuerbegünstigten Einrichtung im Laufe eines Veranlagungszeitraums nachträglich zu Lasten der formellen Satzungsmäßigkeit abgeändert, kann im Bereich der Veranlagungssteuern die Gemeinnützigkeit für diesen Veranlagungszeitraum insgesamt nicht mehr anerkannt werden. Zu den weiterreichenden Folgen der Aufhebung der satzungsmäßigen Vermögensbindung s. Rz. 60 ff.

b) Tatsächliche Geschäftsführung

15 Die tatsächliche Geschäftsführung der gemeinnützigen Einrichtung muss nach § 63 Abs. 1 AO auf die Erfüllung der satzungsmäßigen Zwecke gerichtet sein, d.h. die Körperschaft darf sich weder anderweitig betätigen noch die Erreichung der steuerbegünstigten Zwecke endgültig aufgeben.[9] Aus den Bestimmungen der §§ 55 Abs. 1 Nr. 1 i.V.m. § 58 Nr. 6, 7 AO resultiert zudem das Erfordernis einer gegenwartsnahen Mittelverwendung zur Erreichung der steuerbegünstigten satzungsmäßigen Zwecke.[10]

Eine den steuerbegünstigten Satzungszwecken entsprechende tatsächliche Geschäftsführung muss nach § 63 Abs. 2 i.V.m. § 60 Abs. 2 AO für KSt und GewSt während des gesamten Veranlagungszeitraums, für die sonstigen Steuern im Zeitraum bzw. Zeitpunkt der Entstehung der Steuer gewährleistet sein (s. Rz. 3 sowie § 8 Rz. 30 ff). Eine Besonderheit sieht das ErbStG für die Steuerbefreiung von Zuwendungen an gemeinnützige Einrichtungen vor; die Befreiung steht nach § 13 Abs. 1

[8] Gleicher Ansicht *Kießling/Buchna* 161, 171.
[9] S. BFH v. 11. 12. 1975 I R 104/73, BStBl II 1975, 458 sowie § 8 Rz. 31 f.
[10] S. *Hüttemann* 78 ff. sowie § 8 Rz. 71 ff.

Nr. 16 b Satz 2 ErbStG für einen sich an die Zuwendung anschließenden Zeitraum von 10 Jahren unter dem Vorbehalt einer entsprechenden Verwendung für steuerbegünstigte Zwecke (s. Rz. 52)

Ein gemeinnützigkeitsrelevanter Verstoß im Rahmen einer mit den steuerbegünstigten Satzungszwecken nicht korrespondierenden tatsächlichen Geschäftsführung ist insbesondere dann denkbar, wenn die Aktivitäten der Körperschaft nicht (ausschließlich) auf steuerbegünstigte Zwecke ausgerichtet sind,[11] wenn Mittel nicht in der gebotenen zeitlichen Nähe für steuerbegünstigte Zwecke (Verwendungsrückstand)[12] oder wenn Mittel in schädlicher Weise für nichtbegünstigte Zwecke (Fehlverwendung)[13] verwendet werden. Zu den Verstößen der tatsächlichen Geschäftsführung gegen allgemeine gemeinnützigkeitsrechtliche Bestimmungen, die einer Anerkennung als gemeinnützige Körperschaft i. S. d. §§ 51 ff. AO entgegenstehen, zählen u. a. die nachfolgend aufgelisteten Beispiele: 16

Förderung der Allgemeinheit 17

Keine Förderung der Allgemeinheit (§ 52 Abs. 1 Satz 1 AO) bei unzulässiger Begrenzung des Mitgliederkreises durch überhöhte **Mitgliedsbeiträge** (max. 2.000 DM/Jahr), Aufnahmegebühren (max. 3.000 DM) und Investitionsumlagen (max. 10.000 DM),[14]

Verstoß gegen Grundsatz der Ausschließlichkeit und Selbstlosigkeit 18

- keine Verfolgung steuerbegünstigter Zwecke i. S. d. §§ 55, 56 AO aufgrund **bloßer vermögensverwaltender Tätigkeit** und unzulässiger Rücklagenbildung,[15]
- Untätigkeit der steuerbegünstigten Körperschaft, soweit diese auf eine Einstellung bzw. Unterbrechung der steuerbegünstigten Tätigkeit ohne erkennbares Bestreben zur Fortsetzung zurückzuführen ist,[16]
- vorrangige **Verfolgung eigenwirtschaftlicher** Zwecke entgegen der Bestimmung des § 55 Abs. 1 Satz 1 AO führt zu Wegfall der Steuerbegünstigung; werden eigenwirtschaftliche Interessen der Körperschaft oder deren Mitglieder vorrangig und nicht nur nebenbei gefördert, ist die Tätigkeit der Körperschaft nicht auf eine erforderliche selbstlose Förderung steuerbegünstigter Zwecke gerichtet,[17]

---

[11] S. § 8 Rz. 4, 8 ff.

[12] S. § 8 Rz. 71 ff.

[13] S. § 8 Rz. 108 ff.

[14] S. BMF v. 20. 10. 1998 IV C 6 – S. 0171–11/98, BStBl I 1998, 1424 mit Berechnungshinweisen, s. auch BFH v. 13. 11. 1996 I R 152/93, BStBl II 1998, 711 sowie BFH v. 13. 8. 1997 I R 19/96, BStBl II 1997, 794 zu Golfclub und § 6 Rz. 1 ff.

[15] S. BFH v. 13. 9. 1989 I R 19/85, BStBl II 1990, 28 zu Spendensammel- und Förderverein sowie BFH v. 23. 10. 1991 I R 19/91, BStBl II 1992, 62.

[16] S. BFH v. 11. 12. 1974 I R 104/73, BStBl II 1975, 458.

[17] S. BFH v. 23. 10. 1991 I R 19/91, BStBl II 1992, 62 zur Vortragstätigkeit sowie BFH v. 21. 3. 1952 III 271/51 S BStBl III 1952, 112 zur Förderung der wirtschaftlichen Interessen der Gesellschafter, mehrheitlich Unternehmer (Regionalflughafen) sowie

– Verstoß gegen Selbstlosigkeit, wenn eine Kapitalgesellschaft von einem Hoheitsträger (Gesellschafter) zur Erfüllung **hoheitlicher Aufgaben** eingeschaltet wird und von dieser gesetzlich zugewiesene Pflichtaufgaben des Gesellschafters wahrgenommen werden,[18]
– **Zuwendungen an Mitglieder** in deren Eigenschaft als Mitglied oder Gesellschafter der steuerbegünstigten Körperschaft als Verstoß gegen § 55 Abs. 1 Nr. 1 Satz 2 bzw.. Nr. 3 AO,[19] die entsprechend heranziehbaren Grundsätze zum Institut der verdeckten Gewinnausschüttung[20] kommen nicht nur bei Vermögensminderungen, sondern auch bei verhinderter Vermögensmehrung zum Tragen; der Maßstab des ordentlichen und gewissenhaften Geschäftsführers fungiert als ausreichendes Kriterium zur Abgrenzung einer außerbetrieblichen Veranlassung,[21]
– Die Vornahme von **Gewinnausschüttungen** der GmbH an deren Gesellschafter begründet einen Verstoß gegen das Begünstigungsverbot des § 55 Abs- 1 Nr. 1 Satz 2 AO (Ausnahme: Zuwendung an gleichfalls nach §§ 51 ff. AO steuerbegünstigten Gesellschafter, s. § 58 Nr. 2 AO);[22] Entsprechendes gilt für Vorteilsgewährungen eines Vereins oder sonstiger Steuersubjekte an deren Mitglieder oder Gewährträger (§ 55 Abs. 3 AO)
– **Unangemessen hoher Auslagenersatz** führt zu einem gemeinnützigkeitsrechtlich relevanten Verstoß gegen das Begünstigungsverbot des § 55 Abs. 1 Nr. 3 AO,[23]

19 **Verstoß gegen Grundsatz der Unmittelbarkeit**

Keine nach § 57 AO gebotene unmittelbare Verfolgung steuerbegünstigter Zwecke, sofern diese lediglich **mittelbar** und nicht durch die Körperschaft selbst, sondern durch Dritte verwirklicht werden, deren Handlungen der Körperschaft nicht zugerechnet werden können, Ausnahme: Voraussetzungen des § 58 Nr. 1 und 2 AO, § 58 Nr. 3 und 4 AO (Förderfunktion) bzw. des § 57 Abs. 2 AO (Dachverband) sind erfüllt.[24]

BFH v. 21. 5. 1997 I R 38/96, BFH/NV 1997, 904 zur Wirtschaftsförderungsgesellschaft, *Kießling/Buchna* 90 sowie § 8 Rz. 13 ff.

[18] S. OFD Frankfurt am Main v. 19. 6. 1985 – S 0171 A – 44 – St II 12, KSt-Kartei § 5 KStG Karte H 32, FG München v. 21. 6. 1990 14 K 14279/85, GmbHR 1991, 346 sowie BFH v. 23. 10. 1996 I R 1 – 2/94, BStBl II 1997, 139 zur Abfallbeseitigung und BMF v. 27. 12. 1990 – IV A 2 – S 7300 – 66/90, BStBl I 1991, 81 zur umsatzsteuerlichen Behandlung.

[19] S. BFH v. 23. 10. 1991 I R 19/91, BStBl II 1992, 62, zur zinsverbilligten oder zinsfreien Darlehensgewährung an Vereinsmitglieder, BMF v. 14. 12. 1994, DB 1995, 119 sowie § 8 Rz. 16, 109.

[20] So auch *Tipke/Kruse* § 55 AO Rz. 9 f., *Hüttemann* 66 sowie *Fischer* in Hübschmann/Hepp/Spitaler, § 55 AO Rz. 134 f., 141.

[21] S. § 6 Rz. 74, s. auch FG Saarland v. 2. 10. 1996 1 K 85/95, EFG 1997, 38, nachgehend BFH v. 20. 8. 1997 I B 128/96, BFH/NV 1998, 353 zur fehlenden tatsächlichen Durchführung getroffener Vereinbarungen.

[22] S. AEAO, zu § 58 AO Rz. 2, *Kießling/Buchna* 126 sowie § 8 Rz. 108.

[23] S. BMF v. 7. 6. 1999 – IV C 4 – S 2223 – 111/99, BStBl. I 1999, 591, Tz. 5.

[24] S. im einzelnen § 8 Rz. 5, 46 ff.

Mißbräuchliche Spendenbescheinigungspraxis 20

Eine mißbräuchliche Spendenbescheinigungspraxis führt als Bestandteil der tatsächlichen Geschäftsführung (§ 63 AO) zur Versagung der Steuerbegünstigung i. S. d. §§ 51 ff. AO.[25] Mißbräuche einer Körperschaft in bezug auf Spenden können sich gemeinnützigkeitsschädlich auswirken, wenn eine selbst zum Empfang von Spenden berechtigte Körperschaft Gefälligkeitsspendenbescheinigungen ausstellt oder die Betätigung einer nicht selbst zum Spendenempfang und zur Ausstellung von Spendenbestätigungen berechtigten Körperschaft (bis VZ 1999) bewußt darauf gerichtet ist, ihren Mitgliedern einen ungerechtfertigten Abzug von Durchlaufspenden zu ermöglichen. Die tatsächliche Geschäftsführung muß sich im Rahmen der Rechtsordnung halten,[26] zur Spendenhaftung s. Rz. 80 ff.

Verstoß gegen Rechtsordnung, verfassungsmäßige Ordnung 21

– Nicht nur die Normen des Grundgesetzes, sondern jede **formell und materiell verfassungsgemäße Norm** sind von einer steuerbegünstigten Körperschaft i. S. d. §§ 51 ff. AO zu beachten;[27] ein gesetzeswidriges Verhalten muß hierbei allerdings der Körperschaft selbst und nicht lediglich einzelnen Mitgliedern zuzurechnen sein (s. Rz. 75 ff.).

Fehlerhafte Mittelverwendung 22

– Eine nach § 55 Abs. 1 Nr. 1 Satz 3 AO untersagte Verwendung von Mitteln für die unmittelbare oder mittelbare **Unterstützung** oder Förderung **politischer Parteien** führt zum Verlust der Gemeinnützigkeit.[28]
– Der Ausgleich von **Verlusten des wirtschaftlichen Geschäftsbetriebs** mit Mitteln aus Zweckbetrieben, Vermögensverwaltung oder ideellem Bereich führt zu einer steuerschädlichen Alimentation des wirtschaftlichen Geschäftsbetriebs mit steuerlich subventionierten Mitteln des Vereins und führt zudem zu einem Verstoß gegen den Grundsatz der Wettbewerbsneutralität des Steuerrechts.[29]

---

[25] S. OFD Frankfurt am Main v. 12. 8. 1992 – S 0170 A – 16 – St II 12, KSt-Kartei § 5 KStG Karte H 67, AEAO, zu § 63 AO Rz. 2, BFH v. 3. 12. 1996 I R 67/95, BStBl II 1997, 474 sowie § 8 Rz. 28.

[26] S. BFH v. 29. 8. 1984 I R 203/81, BStBl II 1984, 844, BFH v. 29. 8. 1984 I R 215/81, BStBl II 1985, 106.

[27] S. AEAO, zu § 52 AO Rz. 11, BFH v. 29. 8. 1984 I R 215/81, BStBl II 1985, 106 zu Ankündigung von „gewaltfreiem Widerstand" und Nichtbefolgung von polizeilichen Anordnungen, BFH v. 16. 10. 1991 I B 16/91, BFH/NV 1992, 505 zu satzungsmäßigen Zielen einer Religionsgesellschaft, die nicht in Einklang mit den durch das GG garantierten Freiheiten stehen, BFH v. 13. 7. 1994 I R 5/93, BStBl II 1995, 134 zur Erlangung von Geldmitteln zur Förderung kommunaler Einrichtungen unter Umgehung eines gesetzlichen Verbots sowie § 8 Rz. 27.

[28] S. BFH v. 22. 1. 1997 I R 156/94, BFH/NV 1999, 145 zu Spenden an politische Parteien.

[29] Zur modifizierten Umsetzung der restriktiven Entscheidung des BFH v. 13. 11. 1996 I R 152/93, BStBl II 1998, 711 im Rahmen der Verwaltungspraxis s. BMF v. 19. 10. 1998 – IV C 6 – S 0171–10/98, BStBl I 1998, 1423 sowie hierzu *Märkle* 155 ff., s. auch oben § 6 Rz. 5 ff.

– Der Ausgleich von **Verlusten aus der Vermögensverwaltung** mit Mitteln, die für satzungsmäßige steuerbegünstigte Zwecke zu verwenden sind, stellt gleichfalls einer steuerschädliche Mittelverwendung dar,[30]
– Die Verwendung von **Spendenmitteln** zur Ausstattung eines steuerpflichtigen wirtschaftlichen Geschäftsbetriebs begründet eine i. S. d. § 55 Abs. 1 Nr. 1 AO fehlerhafte Mittelverwendung,[31]
– Werden Mittel der gemeinnützigen Körperschaft in einem nach Lage des Einzelfalles unangemessen hohem Umfang nicht für satzungsgemäße steuerbegünstigte Zwecke, sondern zur **Deckung von Verwaltungskosten und Spendenwerbung** verwendet, begründet dies eine fehlerhafte Mittelverwendung,[32]
– Die **Unterschlagung** von Vereinsmitteln durch den Vertretungsbefugten der Körperschaft (Vorstand, Geschäftsführer) führt zu einer der Körperschaft zuzurechnenden fehlerhaften Mittelverwendung, soweit dieser im Rahmen seiner ihm kraft Statut zustehenden Vertretungsmacht handelt; bei Unterschlagungen und Betrügereien außerhalb der Vertretungsmacht sowie durch sonstige Personen wird ein Fehlverhalten des Vereins lediglich bei Verletzung von Aufsichts- bzw. Kontrollpflichten bzw. bei unterlassenen Regreßbemühungen trotz positiver Kenntnis begründet,[33] s. auch Rz. 75 ff.,

23 **Zeitnahe Mittelverwendung**

– Eine unzulässige **Vermögensansammlung** wird als Verstoß gegen den Grundsatz der zeitnahen Mittelverwendung durch eine Rücklagenbildung außerhalb des § 58 Nr. 6, 7 AO begründet,[34] die steuerbegünstigte Körperschaft muss ihre Mittel grds. zeitnah für steuerbegünstigte satzungsmäßige Zwecke verwenden (§ 55 Abs. 1 Nr. 1 AO i.V. m. § 58 Nr. 6, 7 AO), d. h. spätestens in dem auf den Zufluß folgenden Kalenderjahr bzw. Wirtschaftsjahr.[35] Zur fehlerbeseitigenden Verwendung des Mittelüberhangs innerhalb der vom Finanzamt nach § 63 Abs. 4 AO gesetzten Frist s. Rz. 31.

---

[30] S. OFD Hannover v. 29. 7. 1999 – S 0177 – 8 – StO 214/ S 2729–326 – StH 233, FN-IDW 1999, 483, BFH v. 13. 11. 1996 I R 152/93, BStBl II 1998, 711, BMF v. 19. 10. 1998 IV C 6 – S 0171–10/98, BStBl I 1998, 1423, *Schauhoff* DStR 1998, 701 mwN. sowie § 6 Rz. 10.

[31] S. FG Köln v. 27. 10. 1998 – 6 V 6023/97, EFG 1998, 756, nachgehend BFH v. 23. 2. 1999 XI B 130/98, n. v., zu Erwerb eines Hotels.

[32] S. BFH v. 23. 9. 1998 I B 82/98, DStR 1998, 1674; s. auch OFD Frankfurt am Main v. 12. 7. 1994 – S 0171 A – 57 – St II 12 –, KSt-Kartei, § 5 KStG Karte H 79 zur Verwendung von Mitteln für die Mitgliederwerbung i. H. v. max 10 v. H. der Mitgliedsbeiträge, hierzu einschränkend s. BFH v. 23. 2. 1999 XI 130/98, n. v., s. auch § 6 Rz. 44.

[33] S. OFD Frankfurt am Main v. 5. 1. 1993 – S 0171 A – 89 – St II 12, KSt-Kartei § 5 KStG Karte H 69.

[34] S. BFH v. 13. 9. 1989 I R 19/85, BStBl II 1990, 28 zu Spendensammelverein.

[35] S. AEAO, zu § 55 AO Rz. 9, *Kießling/Buchna* 93 ff., *Thiel* DB 1992, 1900 sowie im einzelnen § 6 Rz. 12 und § 8 Rz. 71 ff.

– Ein entsprechender Verstoß gegen gemeinnützigkeitsrechtliche Bestimmungen liegt im Falle einer schädlichen Mittelansammlung auch dann vor, wenn eine von dem FA gesetzte **Frist i. S. d. § 63 Abs. 4 AO** zur Verwendung unzulässig angesammelter Mittel (s. Rz. 31) nicht beachtet wird.
– Die Verwendung von für die zeitnahe Verfolgung steuerbegünstigter Zwecke gebundenen Mitteln[36] für die **Vermögensausstattung einer Stiftung** stellt gleichfalls einen Verstoß gegen das Gebot der zeitnahen Mittelverwendung dar.[37]

2. Rechtsfolge

Im Rahmen der Prüfung der Voraussetzungen i. S. d. §§ 51ff. AO wird das Finanzamt den einzelnen Verstoß der tatsächlichen Geschäftsführung gegen gemeinnützigkeitsrechtliche Vorschriften unter Berücksichtigung des Grundsatzes der **Verhältnismäßigkeit** würdigen.[38] Eine entsprechende Gewichtung der einzelnen Fehlmaßnahme im Hinblick auf die gemeinnützigkeitsrechtlichen Folgerungen nimmt der Gesetzgeber mit den Bestimmungen in § 63 Abs. 4 AO zum Verwendungsrückstand (s. Rz. 31) sowie in § 63 Abs. 2 AO zum Verstoß gegen die Vermögensbindung (s. Rz. 32, 60ff.) vor. 30

Führt der Verstoß gegen die gemeinnützigkeitsrechtlichen Bestimmungen lediglich zu einer **vorübergehender Mittelfehlverwendung**, hält der Gesetzgeber mit der Regelung des § 63 Abs. 4 AO eine den praktischen Bedürfnissen entsprechende Bestimmung vor, die als Ausfluß des Grundsatzes der Verhältnismäßigkeit zu werten ist und einen Entzug der Gemeinnützigkeit bei korrigierbaren Fehlmaßnahmen unterbindet. 31

Verstößt die gemeinnützige Körperschaft gegen das Gebot der zeitnahen Mittelverwendung i. S. d. § 55 Abs. 1 Nr. 1 i.V. m. § 58 Nr. 6, 7 AO,[39] läßt die durch das KultStiftFG v. 13. 12. 1990[40] aufgenommene Bestimmung des **§ 63 Abs. 4 AO** eine Fristsetzung durch das Finanzamt zu, innerhalb derer die für steuerbegünstigte Zwecke gebundenen Mittel fehlerbeseitigend zu verwenden sind. Der Verstoß der Körperschaft gegen das Gebot der zeitnahen Mittelverwendung wird geheilt und die tatsächliche Geschäftsführung gilt als ordnungsgemäß, wenn die steuerbegünstigte Körperschaft die Mittel innerhalb der von dem Finanzamt gesetzten **Frist** für steuerbegünstigte Zwecke verwendet werden (§ 63 Abs. 4 Satz 2 AO). Der Verlust der Steuervergünstigungen, der im Falle einer unzulässige Mittelthesaurierung bis zu deren Beseitigung fortbesteht, stellt insbesondere bei einer Ansammlung ver-

---

[36] S. hierzu § 8 Rz. 29.
[37] S. AEAO, zu § 55 AO Rz. 8 sowie OFD Frankfurt am Main v. 23. 3. 1998 – S 0174 A – 8 – St II 12, KSt-Kartei § 5 KStG Karte H 111.
[38] Vgl. § 8 Rz. 32 sowie *Märkle* 323.
[39] S. § 8 Rz. 71ff.
[40] BStBl. I 1991, 51.

hältnismäßig unbedeutender Mittel auch nach Auffassung des Gesetzgebers eine übermäßige Rechtsfolge dar.[41]

Auf der Grundlage der als Ermessensvorschrift ausgestalteten Regelung des § 63 Abs. 4 AO wird das Finanzamt regelmäßig bei erstmaliger bzw. entschuldbarer Versäumnis anstelle einer Aberkennung der Gemeinnützigkeit für den betreffenden Besteuerungsabschnitt eine Frist von max. 2 bis 3 Jahren für die Verwendung des Mittelverwendungsüberhangs setzen.[42] Bei planmäßiger unzulässiger Mittelansammlung als bewußtem und hartnäckigem Verstoß der Körperschaft gegen die Bestimmungen des § 58 Nr. 6, 7 AO ist allerdings auch ein Entzug der Gemeinnützigkeit ohne Fristsetzung i. S. d. § 63 Abs. 4 AO denkbar.[43]

32 Ein Fehlverhalten, das zu einer **dauerhaften Fehlverwendung** von Mitteln führt, wird hingegen idR mit dem Verlust der Gemeinnützigkeit verbunden sein. Entsprechende Verstöße gegen gemeinnützigkeitsrechtliche Bestimmungen stellen z. B. unzulässige offene oder verdeckte Gewinnausschüttungen, die Unterstützung politischer Parteien, die Verfolgung eigenwirtschaftlicher Zwecke der Mitglieder, der Ausgleich von Verlusten aus wirtschaftlichen Geschäftsbetrieben mit Mitteln des ideellen Bereichs[44] sowie die Unterschlagung und Betrügereien durch den vertretungsberechtigten Verantwortlichen der Körperschaft[45] dar (s. Rz. 18, 22). Eine dauerhafte Fehlverwendung von Mitteln stellt sich auch dann ein, wenn die gemeinnützige Körperschaft entgegen dem Ausschließlichkeitsgebot des § 56 AO neben steuerbegünstigten satzungsmäßigen Zwecken auch nicht begünstigte Zwecke verfolgt und diese Tätigkeit mit Mitteln der Körperschaft finanziert.

Eine Differenzierung der Rechtsfolgen nach dem Ausmaß der Fehlmaßnahme nimmt der Gesetzgeber mit der Bezugnahme des § 63 Abs. 2 AO auf die Regelung des § 61 Abs. 2 AO vor. Kommt die Fehlverwendung von Mitteln nach ihrem Ausmaß einer Aufhebung der **Vermögensbindung** gleich, treten an die Stelle einer auf den einzelnen Besteuerungsabschnitt beschränkten Aberkennung (s. Rz. 34) der

---

[41] S. BT-Drs 11/7884, Anl. 2 Nr. 4 sowie BT-Drs 11/8346,22.

[42] S. OFD Frankfurt am Main v. 4. 3. 1993 – S 0177 A – 1 – St II 12, KSt-Kartei § 5 KStG Karte H 71, Tz II.1, *Märkle* 159: max. 5 Jahre, s. auch *Buchna/Koopmann* StBp 1998, 225, 253 sowie § 8 Rz. 34, 80.

[43] Gl. A. *Kießling/Buchna* 183, *Fischer* in Hübschmann/Hepp/Spitaler, § 63 AO Rz. 24 sowie *Klein/Gersch* § 63 AO Rz. 3 und *Tipke/Kruse* § 64 AO Rz. 4.

[44] Eine dauerhafte Fehlverwendung liegt nach Auffassung der FinVerw z. B. nicht vor, wenn sich Verluste aus wirtschaftlichem Geschäftsbetrieb mit Gewinnen aus wirtschaftlicher Betätigung des nachfolgenden bzw. der letzten 6 vorangegangenen Wirtschaftsjahren ausgleichen lassen, s. BMF v. 19. 10. 1998 – IV C 6 – S 0171–10/98, BStBl I 1998, 1423, Tz. 1 und 3, zum lediglich zeitweiligen Entzug von Mitteln aus dem ideellen Tätigkeitsbereich als keine den Wettbewerb nachhaltig beeinflussende Daueralimentation des stpfl. wirtschaftlichen Bereichs s. auch BFH v. 13. 11. 1996 I R 152/93, BStBl II 1998, 711, 714.

[45] S. Rz. 75 ff.

Wegfall der Gemeinnützigkeit von Anfang an und die Nachversteuerung für die letzten 10 Jahre (s. Rz. 70 ff.).

Neben einer dauerhaften Mittelfehlverwendung führen insbesondere Verstöße gegen die **Rechtsordnung** (s. Rz. 20 f.) zu einem Entzug der Gemeinnützigkeit. Das gesetzeswidrige Verhalten muss hierbei allerdings der Körperschaft selbst zuzurechnen sein (s. Rz. 75 ff.). 33

Ist die Gemeinnützigkeit aufgrund von Verstößen gegen die Bestimmungen der §§ 51 ff. AO – außerhalb der Aufhebung der satzungsmäßigen Vermögensbindung (s. Rz. 60 ff.) – abzuerkennen, werden die **Steuervergünstigungen**, die das jeweilige Einzelsteuergesetz bei der Verwirklichung steuerbegünstigter Zwecke sowohl nach Satzung als auch nach tatsächlicher Geschäftsführung vorsieht (s. Rz. 40 ff.), (lediglich) für den **Besteuerungsabschnitt bzw. -zeitpunkt** nicht gewährt, der von dem Verstoß betroffen ist. Eine in die Folgezeit hineinwirkende und noch nicht behobene Fehlmaßnahme schließt allerdings auch für folgende Besteuerungszeiträume eine Anerkennung als steuerbegünstigte Einrichtung i. S. d. § 51 ff. AO aus. So kommt z. B. im Falle einer unzulässigen Mittelthesaurierung bzw. eines durch eine Fehlmaßnahme bewirkten Vermögensnachteils der gemeinnützigen Körperschaft eine Anerkennung so lange nicht in Betracht, bis die gemeinnützigkeitsrechtlichen Anforderungen wieder erfüllt sind.[46] 34

Der von einer Fehlmaßnahme betroffene Besteuerungsabschnitt bleibt auch dann gemeinnützigkeitsrechtlich auf dem Prüfstand, wenn ein Entzug der Gemeinnützigkeit aufgrund von Überlegungen der Verhältnismäßigkeit zunächst zurückgestellt und eine weitergehende Anerkennung von der künftigen Entwicklung bzw. Geschäftsführung der Körperschaft abhängig gemacht wird.

- Wird im Falle einer unzulässigen Rücklagenbildung eine vom Finanzamt nach § 63 Abs. 4 AO gesetzte Frist zum Abbau eines Verwendungsrückstands (s. Rz. 31) nicht genutzt, ist die Gemeinnützigkeit bereits für den Besteuerungsabschnitt der unzulässigen Mittelansammlung abzuerkennen. Dementsprechend ist auch die Fiktion der ordnungsgemäßen tatsächlichen Geschäftsführung nach § 63 Abs. 4 Satz 2 AO im Falle einer der Aufforderung des Finanzamts Rechnung tragenden nachträglichen Mittelverwendung auf diesen Besteuerungsabschnitt gerichtet.
- Lässt sich ein Verlust aus wirtschaftlichem Geschäftsbetrieb im nachfolgenden Wirtschaftsjahr nicht durch einen Gewinn aus der wirtschaftlichen Betätigung oder durch Umlagen und Zuschüsse von außen fehlerbeseitigend ausgleichen, liegt eine steuerschädlicher Verstoß gegen das Mittelverwendungsgebot des § 55 Abs. 1 Nr. 1 AO bereits im Verlustentstehungsjahr vor.[47]

---

[46] Gl. A. *Kießling/Buchna* 129 zu überteuertem Erwerb von Wirtschaftsgütern von Gesellschafter bzw. diesem nahestehende Person und fehlender Geltendmachung des Anspruchs aus ungerechtfertigter Bereicherung.

[47] Vgl. BFH v. 13. 11. 1996 I R 152/93, BStBl II 1998, 711, a. A. *Märkle* 159 für Aberkennung erst für den dem Verlustentstehungsjahr folgenden Veranlagungszeitraum.

35 Der Widerruf der Gemeinnützigkeit erfolgt im Rahmen des **Festsetzungs- und Veranlagungsverfahrens**. Die Aberkennung ist Bestandteil und Ergebnis der Überprüfung für den jeweiligen Besteuerungsabschnitt und die jeweilige Steuerart (s. § 5 Rz. 115 ff. sowie § 7 Rz. 330 ff.). Liegen die Voraussetzungen für die Berücksichtigung einer an die Bestimmungen der §§ 51 ff. AO anknüpfenden Steuervergünstigung nicht mehr vor, wird das Finanzamt für die jeweilige Steuerart einen regulären rechtsbehelfsfähigen Steuerbescheid erlassen.

36 Die Schlußfolgerungen nach einem Verstoß können nicht nur im Rahmen der erstmaligen Überprüfung, sondern auch nach Eintritt der Bestandskraft des Freistellungs- oder Steuerbescheids aufgrund der Korrekturvorschriften (§§ 172 ff. AO) innerhalb der regulären **Festsetzungsfrist** (§§ 169 ff. AO) gezogen werden.[48] Ein gemeinnützigkeitsrechtlicher Verstoß wird hierbei idR die Voraussetzungen einer neuen Tatsache i. S. d. § 173 Abs. 1 Nr. 1 AO erfüllen.

a) Ertragsteuern

aa) Laufende Besteuerung

40 Die Aberkennung der Gemeinnützigkeit bedeutet für die laufende Ertragsbesteuerung im Rahmen der KSt und der GewSt, daß die Körperschaft für die entsprechende Veranlagungszeiträume **keine Steuerbefreiung** i. S. d. § 5 Abs 1 Nr. 9 KStG bzw. § 3 Nr. 6 GewStG in Anspruch nehmen kann.

41 Der Wegfall der Vergünstigungen hat für die **Einkommensermittlung** zur Folge, daß der Umfang der steuerbaren und im Rahmen der regulären Steuerpflicht heranzuziehenden Einkünfte ausschließlich nach Maßgabe des § 8 Abs. 1, 2 KStG i.V. m. § 2 Abs. 1 EStG zu bestimmen ist.[49] Die einschränkenden Voraussetzungen des wirtschaftlichen Geschäftsbetriebs i. S. d. § 14 AO, die im Falle einer lediglich partiellen Steuerpflicht i. S. d. § 5 Abs. 1 Nr. 9 Satz 2 KStG gleichzeitig erfüllt sein müssen (s. Rz. § 7 Rz. 66 ff.), erlangen im Rahmen der vollen Steuerpflicht keine Bedeutung.[50]

42 Im Vergleich zur partiellen Steuerpflicht der gemeinnützigen Körperschaft führt die **volle Steuerpflicht** zu folgenden Abweichungen:
- Mit dem Wegfall der Befreiung nach § 5 Abs. 1 Nr. 9 Satz 1 und 3 KStG entfällt bei voller Steuerpflicht die Freistellung für **Einkünfte aus Vermögensverwaltung** (§§ 20, 21 EStG) und selbstbewirtschafteten Forstbetrieben (§ 13 EStG), s. hierzu § 7 Rz. 127 ff.
- Neben bislang bereits unterhaltenen partiell steuerpflichtigen wirtschaftlichen Geschäftsbetrieben führen auch bislang in die Steuerbe-

---

[48] Vgl. § 7 Rz. 332.

[49] S. BFH v. 15. 7. 1987 I R 280/81, BStBl II 1988, 75 zu Verein der Fußball-Bundesliga sowie FG Rheinland-Pfalz v. 23. 5. 1996 – 6 K 2210/92, EFG 1996, 937 zu vereinnahmten Spenden bei fehlender Gemeinnützigkeit eines Vereins.

[50] S. BFH v. 16. 12. 1998 I R 36/98, BFH/NV 1999, 1250 zu Lohnsteuerhilfeverein.

freiung nach § 5 Abs. 1 Nr. 9 Satz 1 KStG einbezogene **Zweckbetriebe** i. S. d. §§ 65 ff. AO als dem Grunde nach wirtschaftliche Geschäftsbetriebe i. S. d. § 14 AO[51] zu steuerbaren und im Rahmen der vollen Steuerpflicht zur KSt heranzuziehenden Erwerbseinkünften i. S. d. § 2 EStG.

– Bei Veräußerung einer wesentlichen Kapitalbeteiligung i. S. d. § 17 EStG,[52] die bislang dem nicht verstrickten Bereich der Vermögensverwaltung zuzuordnen war, ist ein evtl. **Veräußerungsgewinn** als gewerblicher Gewinn i. S. d. § 15 EStG zu erfassen,[53] eine sachliche Steuerpflicht entsteht auch für Veräußerungsgeschäfte i. S. d. § 22 Nr. 2 i.V. m. § 23 EStG, s. hierzu § 7 Rz. 130.
– Für Körperschaften in der Rechtsform des **Vereins oder** der **Stiftung** bleiben im ideellen Bereich vereinnahmte Mitgliederbeiträge als nichtsteuerbare Vermögensmehrungen im Rahmen der Einkommensermittlung außer Ansatz (s. § 8 Abs. 6 KStG sowie § 7 Rz. 125). Entsprechendes gilt für echte Zuschüsse, die von der Körperschaft ohne Gegenleistung vereinnahmt werden sowie für vereinnahmte Spenden, selbst wenn diese satzungswidrig verwendet werden.[54] Die Regelung des § 10 Nr. 1 KStG erlangt im Hinblick auf die Abgrenzung des ideellen Bereichs auch bei voller Steuerpflicht dieser Steuersubjekte Bedeutung. Satzungsmäßige Aufwendungen, die nicht Gegenstand einer Erwerbseinkunft sind, dürfen das steuerliche Ergebnis aus den einzelnen Einkunftsarten nicht mindern.[55]
– Für Steuersubjekte, die – wie z. B. die **GmbH** – infolge handelsrechtlicher Buchführungspflicht nach § 8 Abs. 2 KStG ausschließlich gewerbliche Einkünfte erzielen (s. § 7 Rz. 69), bedeutet die volle Steuerpflicht die Steuerbarkeit sämtlicher Vermögensmehrungen, die die GmbH im Rahmen ihres gesellschaftsvertraglich geregelten Unternehmensgegenstandes als betriebliche Zuflüsse vereinnahmt. Mit dem Wegfall der partiellen Steuerbefreiung verliert die ehemals gemeinnützige GmbH ihren außerbetrieblichen Bereich (s. § 7 Rz. 94 ff.). Die bilanzielle Gewinnermittlung erstreckt sich auf die nunmehr ausschließlich verbleibende betriebliche Sphäre.[56] Nach der Fiktion des § 8 Abs. 2 KStG erhöhen hierbei auch ohne Einkünfteerzielungsabsicht und außerhalb einer Erwerbseinkunft i. S. d. § 2 EStG realisierte Vermögensmehrungen wie z. B. Spenden und Zu-

---

51 Vgl. § 7 Rz. 54, 65 ff.

52 Wesentliche Beteiligung i. S. d. § 17 Abs. 1 EStG bis 31. 12. 1998: 25 v. H., ab VZ 1999: 10 v. H.

53 Das **StSenkG 2001** sieht mit § 8 b Abs. 2 KStG im Rahmen der Einkommensermittlung von KSt-Subjekten für die Übertragung von Kapitalbeteiligungen nach dem 31. 12. 2001 (§ 34 Abs. 6 d Nr. 2 KStG) eine allgemeine Befreiung für Veräußerungsgewinne vor, vgl. BT-Drs. 14/2683, 78, 124.

54 S. FG Rheinland-Pfalz v. 23. 5. 1996 – 6 K 22100/92, EFG 1996, 937.

55 S. BFH v. 15. 7. 1987 I R 280/81, BStBl II 1988, 75 sowie im einzelnen § 7 Rz. 176 ff.

56 Vgl. BFH v. 4. 12. 1996 I R 54/95, DB 1997, 707, BFH v. 22. 1. 1997 I R 64/96, BStBl II 1997, 548 sowie BFH v. 8. 7. 1998 I R 123/97, DStR 1998, 1749.

schüsse das betriebliche Ergebnis.[57] Andererseits sind Aufwendungen der Kapitalgesellschaft, die im Rahmen des nunmehr erweiterten steuerlich relevanten Unternehmensgegenstandes betrieblich veranlaßt sind, im Rahmen der Gewinnermittlung als Betriebsausgaben zu berücksichtigen; die Vorschrift des § 10 Nr. 1 KStG wird insoweit überlagert (s. § 7 Rz. 179). Unberührt bleibt die durch § 8 Abs. 1 KStG i.V.m. § 4 Abs. 1 Satz 1 EStG gewährleistete Abgrenzung verdeckter Gewinnausschüttungen und verdeckter Einlagen als gesellschaftlich veranlaßte Vorgänge (s. § 7 Rz. 99 ff.).

- Die **Besteuerungsgrenze** i. S. d. § 64 Abs. 3 AO, die im Rahmen der partiellen Steuerpflicht bei Einnahmen aus wirtschaftlicher Betätigung bis max 60.000 DM Gewinne aus wirtschaftlichem Geschäftsbetrieb i. S. d. § 14, 64 AO von der KSt und GewSt freistellt (s. § 7 Rz. 47 ff.), gelangt bei voller Steuerpflicht nicht zur Anwendung.
- Eine **Reingewinnschätzung** i. S. d. § 64 Abs. 5 AO für Ergebnisse aus der Verwertung von unentgeltlich erworbenem Altmaterial knüpft an einen wirtschaftlichen Geschäftsbetrieb i. S. d. § 64 AO und damit an eine partielle Steuerpflicht i. S. d. § 5 Abs. 1 Nr. 9 Satz 2 KStG. Die für die steuerbegünstigte Einrichtung günstige Regelung, die im Ergebnis fiktive Aufwendungen berücksichtigt (s. § 7 Rz. 307), kann bei voller Steuerpflicht nicht in Anspruch genommen werden.
- Mit dem Wegfall der im Rahmen der partiellen Steuerpflicht nach § 5 Abs. 1 Nr. 9 Satz 2 KStG erforderlichen Abgrenzung des steuerrelevanten Bereichs ist im Rahmen der vollen Steuerpflicht eine Saldierung zwischen Einkünften aus VuV bzw. sonstigen bislang steuerbefreiten Einkünften und gewerblichen Einkünften mit der Folge des **Verlustausgleichs** bei Ermittlung der Summe der Einkünfte (§ 2 Abs. 3 EStG) möglich.
- Der **gewerbesteuerliche Freibetrag** i. S. d. § 11 Abs. 1 Nr. 2 GewStG i. H. v. 7500 DM, der für die gemeinnützige GmbH aufgrund der Anknüpfung an den Befreiungstatbestand i. S. d. § 3 Nr. 6 GewStG Bedeutung erlangt (s. § 7 Rz. 393), kommt mit dem Wegfall der Steuerbefreiung bei der voll steuerpflichtigen GmbH nicht mehr zum Tragen.
- Mit dem Wegfall der Steuerbefreiung fällt schließlich auch die Vergünstigung des 23 Abs. 2 Satz 4 KStG, die für die Bestimmungen des **Steuersatzes** partiell steuerpflichtige Einrichtungen i. S. d. § 5 Abs. 1 Nr. 9 Satz 2 KStG von der Anwendung des erhöhten Steuersatzes nach § 23 Abs. 2 KStG (45 v. H.) bei Bezug EK 45-finanzierter Gewinnausschüttungen ausnimmt (s. § 7 Rz. 316).[58]

---

[57] Gl. A. *Thiel* GmbHR 1997, 10, 13, *ders.* DB 1993, 1208, 1209; a. A. *Fischer* in Hübschmann/Hepp/Spitaler, § 64 AO Rz. 15.

[58] Zur Anwendung des § 23 Abs. 2 KStG auch bei Zuordnung der Kapitalerträge zu einer anderen Einkunftsart nach § 20 Abs. 3 EStG s. BMF v. 28. 12. 1999 – IV A 5 – S 2800–16/99 –, BStBl I 2000, 70.

bb) Abgrenzung stiller Reserven

43 Neben der Besteuerung der laufenden Ergebnisse führt der ggf. partielle Beginn der Steuerpflicht im Hinblick auf die Steuerverhaftung des Vermögens im betrieblichen Einkünftebereich zu einer **Abgrenzung der stillen Reserven**. Wechselt die bislang in vollem Umfang befreite Körperschaft zur vollen Steuerpflicht, stellt sich die Frage der Abgrenzung sämtlicher während steuerbefreiter Zeit entstandener stiller Reserven. War die nunmehr voll steuerpflichtige Körperschaft mit der Unterhaltung eines wirtschaftlichen Geschäftsbetriebs bislang bereits nach § 5 Abs. 1 Nr. 9 Satz 2 KStG partiell steuerpflichtig (s. § 7 Rz. 65 ff.), erlangt eine Abgrenzung stiller Reserven lediglich für die nunmehr in den steuerpflichtigen Bereich überführten Wirtschaftsgüter Bedeutung.

44 Die Anwendung des § 13 Abs. 2 i.V. m. Abs. 5 KStG ermöglicht im **substanzverhafteten Einkünftebereich** eine Freistellung der vor Beginn der Steuerpflicht entstandenen stillen Reserven. Wirtschaftsgüter, die bislang dem steuerbefreiten Bereich zuzuordnen waren und künftig Gegenstand einer bilanziellen Gewinnermittlung sind, werden danach in einer **Anfangsbilanz** auf den Beginn der Steuerpflicht zu Teilwerten (§ 13 Abs. 3 Satz 1 KStG) in den steuerpflichtigen Bereich überführt.

Die Regelung, die bei Verein und Stiftung für bisherige Zweckbetriebe und selbstbewirtschaftete Forstbetriebe mit künftig steuerpflichtigen Einkünften i. S. d. §§ 13, 15 EStG sowie für die GmbH ggf. in vollem Umfang (s. Rz. 42) Bedeutung erlangt, gewährleistet im späteren Veräußerungsfall einen um die zum Zeitpunkt des Beginns der Steuerpflicht vorhandenen stillen Reserven aufgestockten Restbuchwert und damit eine dauerhafte Freistellung der in steuerbefreiter Zeit entstandenen stillen Reserven.[59]

45 Die Vorschrift des § 13 Abs. 2 KStG geht von einer **bilanziellen Gewinnermittlung** aus. Hat die Körperschaft, Personenvereinigung oder Vermögensmasse vor dem Wegfall der Steuerbefreiung ihren Gewinn im Rahmen einer vereinfachten Überschußrechnung i. S. d. § 4 Abs. 3 EStG ermittelt, setzt eine erfolgsneutrale Aufdeckung der stillen Reserven voraus, daß sie ihren Gewinn mit Beginn der Steuerpflicht durch Bestandsvergleich i. S. d. § 4 Abs. 1, § 5 EStG i.V. m. § 8 Abs. 1 KStG ermittelt.[60]

46 Der Anwendung des § 13 Abs. 2 KStG[61] steht nicht entgegen, daß der Eintritt in die Steuerpflicht nur **vorübergehend** (z. B. nur für einen Veranlagungszeitraum) erfolgt und die steuerlichen Auswirkungen

---

[59] S. im einzelnen *Bott* in Arthur Andersen, § 13 KStG Rz. 36 ff., 172 ff. und 202 ff. sowie *Märkle* 323 ff.

[60] S. *Bott* in Arthur Andersen, § 13 KStG Rz. 45 ff., a. A. *Märkle* 324, der sich insoweit auch ohne Wechsel der Gewinnermittlungsart für eine analoge Anwendung des § 13 Abs. 2, 3 KStG ausspricht und eine Aufnahme der Wirtschaftsgüter in ein Anlageverzeichnis zu Teilwerten für ausreichend erachtet.

[61] I.V. m. § 13 Abs. 5 KStG bei bislang bereits partieller Steuerpflicht, s. § 7 Rz. 135 ff., 143.

gering sind.[62] Der anschließende (erneute) Wechsel zur Steuerbefreiung führt nach § 13 Abs. 1 i.V. m. Abs. 5 KStG grundsätzlich zu einer Schlußbesteuerung mit der Aufdeckung vorhandener stiller Reserven. Im Anwendungsbereich der § 5 Abs. 1 Nr. 9 KStG können die Wirtschaftsgüter allerdings zu Buchwerten in die Steuerbefreiung überführt werden, soweit die Wirtschaftsgüter spendenbegünstigten Zwecken i. S. d. § 9 Abs. 1 Nr. 2 KStG dienen (§ 13 Abs. 4 Satz 1 KStG).[63] Die im Falle der anschließenden Veräußerung realisierten stillen Reserven werden auch insoweit durch § 5 Abs. 1 Nr. 9 KStG freigestellt, als sie während der Steuerpflicht begründet worden sind.[64]

47 Die Anwendung der Ausnahmebestimmung des § 13 Abs. 4 Satz 2 KStG, die bei beginnender Steuerpflicht im Anwendungsbereich des § 5 Abs. 1 Nr. 9 KStG mit einer Buchwertfortführung eine weitergehende Verstrickung der stillen Reserven sicherstellt, kommt lediglich in Ausnahmefällen zum Tragen; sie setzt einen bereits vorausgegangenen Wechsel zur Steuerbefreiung mit einer Buchwertverknüpfung nach § 13 Abs. 4 Satz 1 KStG voraus.[65]

48 Für eine bislang im steuerbefreiten Bereich gehaltene **wesentliche Kapitalbeteiligung i. S. d. § 17 EStG**, die auch außerhalb des Betriebsvermögens aufgrund des Befreiungstatbestandes des § 5 Abs. 1 Nr. 9 KStG nicht steuerverhaftet war (s. § 7 Rz. 130), sieht § 13 Abs. 6 Satz 3 KStG für die mit dem Eintritt in die Steuerpflicht nunmehr vorliegende Substanzverhaftung eine die Körperschaft begünstigende Fiktion der Anschaffungskosten i. S. d. § 17 EStG mit dem gemeinen Wert vor.[66] Die mit dem Ansatz des gemeinen Werts erfolgende steuerneutrale Aufdeckung vorhandener stiller Reserven gewährleistet bei Veräußerung während steuerpflichtiger Zeit einen entsprechend geringeren Veräußerungsgewinn i. S. d. § 17 Abs. 2 EStG.

Bei erneutem Eintritt in die Steuerbefreiung wird der nach § 13 Abs. 6 Satz 1 und 2 KStG fingierte Veräußerungsgewinn i. S. d. § 17 EStG[67] im Anwendungsbereich spendenbegünstigter gemeinnütziger Zwecke durch eine Buchwertfortführung verdrängt (§ 13 Abs. 6 Satz 4 i.V. m. Abs. 4 Satz 1 KStG).

b) Sonstige Steuern

50 Bei den sonstigen Steuern, die im Gegensatz zur KSt und GewSt keinen das Kalenderjahr umspannenden Begünstigungszeitraum kennen, sondern auf das Vorliegen der Voraussetzungen der Steuerbegünstigung zum **Entstehungszeitpunkt** der Steuer abstellen (§ 63 Abs. 2 i.V. m. § 60 Abs. 2 AO), sind die Rechtsfolgen einer Aberkennung der Gemein-

---

[62] S. koord. Ländererl., FinMin Hessen v. 6. 10. 1980, DB 1980, 2163 zu land- und forstwirtschaftlichen Kooperationen i. S. d. § 5 Abs. 1 Nr. 14 KStG, glA *Kießling/Buchna* 103.

[63] S. § 9 Rz. 163 ff.

[64] S. *Bott* in Arthur Andersen, § 13 KStG Rz. 153 ff.

[65] S. *Bott* in Arthur Andersen, § 13 KStG Rz. 165 ff., glA. *Märkle* 325.

[66] S. hierzu *Bott* in Arthur Andersen, § 13 KStG Rz. 218 f., 227 ff.

[67] S. *Bott* in Arthur Andersen, § 13 KStG Rz. 224 ff.

nützigkeit idR zeitpunktbezogen zu untersuchen. Liegen zum Zeitpunkt der Entstehung der Steuern die kumulativen gemeinnützigkeitsrechtlichen Voraussetzungen nicht (mehr) vor, kann die nach dem Einzelsteuergesetz vorgesehene Steuervergünstigung nicht gewährt werden.

Die Steuervergünstigungen, die das UStG für gemeinnützige Ein- 51
richtungen vorsieht, setzen eine den Anforderungen der §§ 51ff. AO entsprechende Satzung und tatsächliche Geschäftsführung zum Zeitpunkt der Entstehung der **USt** voraus (§ 60 Abs. 2, § 63 Abs. 2 AO). Die USt entsteht nach Maßgabe des § 13 UStG, d.h. grds. mit Ablauf des jeweiligen Voranmeldungszeitraums. Ein Verstoß gegen die gemeinnützigkeitsrechtlichen Vorschriften führt bereits für diesen Voranmeldungszeitraum zu einem Wegfall der an die Bestimmungen der §§ 51ff. AO anknüpfenden Vergünstigungen.

Neben der fehlenden Einschlägigkeit einzelner Befreiungstatbestände fällt hierbei insbesondere der Wegfall des ermäßigten Steuersatzes i. S. d. § 12 Abs. 2 Nr. 8a UStG für Umsätze des bisherigen Zweckbetriebsbereich sowie im Bereich der Vermögensverwaltung ins Gewicht (s. im Überblick § 7 Rz. 457).

Die Steuerbefreiung für Zuwendungen an gemeinnützige Einrich- 52
tungen i. S. d. §§ 51ff. AO wird nach § 13 Abs. 1 Nr. 16b ErbStG dann gewährt, wenn die Körperschaft im Zeitpunkt der Entstehung der **ErbSt**, d.h. im Zeitpunkt der Zuwendung (s. § 9 Abs. 1 ErbStG), steuerbegünstigten Zwecken i. S. d. §§ 51ff. AO dient.[68] Die Anknüpfung der Befreiungsvorschrift an Satzung und tatsächliche Geschäftsführung bedeutet die Maßgeblichkeit eines der Bestimmung des § 59 AO entsprechenden Dauerzustandes bis zum Zeitpunkt der Zuwendung.[69] Die Steuerbefreiung der Zuwendungen setzt nach § 13 Abs. 1 Nr. 16b Satz 2 ErbStG zudem voraus, daß die gemeinnützigkeitsrechtlichen Voraussetzungen auch für die Zeit nach der Zuwendung vorliegen bzw. das Vermögen der Körperschaft (die erhaltene Zuwendung)[70] für steuerbegünstigte Zwecke verwendet wird.

Hinsichtlich der erbschaftsteuerlichen Behandlung von Zuwendungen ist danach bei Wegfall der Steuerbegünstigung infolge eines Verstoßes gegen gemeinnützigkeitsrechtliche Bestimmungen wie folgt zu unterscheiden:

- Zuwendungen, die eine Körperschaft nach dem Wegfall der Voraussetzungen für eine Steuerbegünstigung i. S. d. §§ 51ff. AO erhält, gelangen nicht mehr in den Anwendungsbereich des § 13 Abs. 1 Nr. 16b ErbStG und unterliegen grds. der ErbSt.[71]
- Zuwendungen, die eine ehemals gemeinnützige Körperschaft während steuerbegünstigter Zeit erhalten hat, unterliegen bei einer an-

[68] S. R 47 Abs. 1 ErbStR.

[69] S. FG Nürnberg v. 30. 9. 1997 IV 4/95, EFG 1998, 121, rkr.

[70] Gl. A. *Kießling/Buchna* 387.

[71] S. § 9 Rz. 435ff.; zum nachträglichen Erlöschen der ErbSt bei Zuwendung eines steuerpflichtigen Erwerbs an eine gemeinnützige Stiftung nach § 29 Abs. 1 Nr. 4 ErbStG s. § 7 Rz. 445.

schließenden Versagung der Gemeinnützigkeit nach § 13 Abs. 1 Nr. 16 b Satz 2 ErbStG einer **Nachversteuerung**, wenn die Voraussetzungen für eine Anerkennung als steuerbegünstigte Körperschaft i. S. d. §§ 51 ff. AO innerhalb von zehn Jahren nach der Zuwendung entfallen und das Vermögen (die erhaltene Zuwendung) nicht begünstigten Zwecken zugeführt wird.

Eine lediglich vorübergehende Aberkennung der Gemeinnützigkeit führt nicht zwingend zu einer Nachversteuerung nach § 13 Abs. 1 Nr. 16 b Satz 2 ErbStG. Die rückwirkende Annahme eines steuerpflichtigen Erwerbs setzt eine Fehlverwendung des Vermögens voraus. Der Wegfall der Gemeinnützigkeit führt daher dann nicht zu einer rückwirkenden Belastung mit ErbSt, wenn die Körperschaft ungeachtet der Versagung der Steuerbegünstigung gleichwohl die erhaltene Zuwendung für steuerbegünstigte Zwecke i. S. d. §§ 51 ff. AO verwendet oder bereits verwendet hat. Eine erbschaftsteuerliche Nachversteuerung wird jedoch eintreten, wenn der Wegfall der Gemeinnützigkeit innerhalb des Zehnjahreszeitraums mit einer dauerhaften Fehlverwendung der erhaltenen Zuwendung einhergeht. Soweit erhaltene Zuwendungen noch nicht für steuerbegünstigte Zwecke verwendet worden sind, erlangen hierbei insbesondere auch Verstöße gegen den Grundsatz der Vermögensbindung (s. Rz. 60 ff.) Bedeutung.[72]

Der auf eine zielgerichtete Verwendung der erhaltenen Zuwendung für steuerbegünstigte Zwecke ausgerichteten Regelung des § 13 Abs. 1 Nr. 16 b Satz 2 ErbStG zum nachträglichen Wegfall der Steuerbefreiung entspricht der Befreiungstatbestand des § 13 Abs. 1 Nr. 17 ErbStG, der Zuwendungen, die verwendungsgesichert ausschließlich kirchlichen, gemeinnützigen oder mildtätigen Zwecken gewidmet sind, auch dann von der ErbSt freistellt, wenn der Empfänger keine i. S. d. §§ 51 ff. AO begünstigte Körperschaft darstellt.[73]

III. Verstoß gegen die satzungsmäßige Vermögensbindung

60 Die nach § 55 Abs. 1 Nr. 4 i.V. m. § 61 AO in der Satzung der Körperschaft zu regelnde Vermögensbindung stellt eine der steuerbegünstigten Zielsetzung entsprechende Verwendung des Vermögens bei Auflösung oder Aufhebung der Körperschaft bzw. bei Wegfall der steuerbegünstigten Zwecke[74] sicher. Das Vermögen kann hierzu auch auf eine andere steuerbegünstigte Körperschaft oder eine Körperschaft des öffentlichen Rechts übertragen werden.[75] Die erforderliche satzungsmäßige **Vermögensbindung** steht im Zusammenhang mit der Privilegierung

[72] Vgl. *Kießling/Buchna* 388.

[73] S. § 7 Rz. 446.

[74] S. AEAO, Anlagen 1, 2 zu § 60 AO, Mustersatzung § 5 mit einer den engeren Wortlaut des § 55 Abs. 1 Nr. 4 bzw. § 61 Abs. 1 AO sachgerecht interpretierenden Fassung der Vermögensbindung, die auch einen Austausch steuerbegünstigter Zwecke ohne vorherige Auskehrung des Vermögens zuläßt.

[75] S. § 55 Abs. 1 Nr. 4 Satz 2 AO.

der gemeinnützigen Einrichtung zum einen auf der Besteuerungsebene der Körperschaft selbst sowie zum anderen im Hinblick auf die Finanzierung der gemeinnützigen Einrichtung durch Spender und deren ertragsteuerlichen Entlastung (§ 10b EStG, § 9 Abs. 1 Nr. 2 KStG). Die Regelung des § 61 AO beinhaltet formelle Bestimmungen zur Sicherstellung der Selbstlosigkeit.[76] Vermögen der Körperschaft, das sich aufgrund der Steuervergünstigungen einschl. eingetretener Wertsteigerungen gebildet hat, darf später nicht zu nichtbegünstigten Zwecken verwendet werden.[77] Die im Statut der Körperschaft aufgenommene Vermögensbindung erstreckt sich auch auf Vermögen der Körperschaft, das sich bereits vor Eintritt in die Steuerbegünstigung gebildet hat.[78] Mit der Vermögensbindung stellt der Gesetzgeber über die Dauer der Steuervergünstigung hinaus eine den §§ 51 ff. AO entsprechende Verwendung der in steuerbegünstigter Zeit erwirtschafteten Mittel sicher. Die satzungsmäßige Vermögensbindung ist daher auch dann noch zu beachten, wenn die Körperschaft bereits steuerpflichtig und nicht mehr als gemeinnützig anerkannt sein sollte.[79]

Die der satzungsmäßigen Vermögensbindung entsprechende Aus- **61**
kehrung an den in der Satzung konkret benannten Anfallsberechtigten bzw. einen begünstigten Empfänger mit einem konkret bezeichneten Verwendungszweck[80] erstreckt sich auf das zum Schluß noch vorhandene Vermögen der Körperschaft. Sind hierin **Spenden** enthalten, deren Verwendung anderweitig bestätigt worden ist, ist insoweit eine von der satzungsmäßigen Vermögensbindung abweichende und der erteilten Spendenbestätigung entsprechende Verwendung (v. H.-Satz) der Mittel durch die Körperschaft bzw. den Anfallsberechtigten erforderlich, sofern die bestätigte Verwendung eine höhere steuerliche Entlastung auf der Ebene des Spenders ermöglicht hat.[81] Andernfalls erfüllt die von der erteilten Spendenbestätigung abweichende Verwendung der Spenden den Tatbestand der Spendenhaftung i. S. d. § 10b Abs. 4 Satz 2 EStG (s. Rz. 80 ff.).

Der Grundsatz der Vermögensbindung gilt auch für Körperschaften, **62**
die wie juristische Personen des öffentlichen Rechts, staatlich beaufsichtigte oder verwaltete Stiftungen und geistliche Genossenschaften nach **§ 62 AO** von einer Regelung der Vermögensbindung im Statut ausgenommen sind, eine entsprechende Verwendung ihres Vermögens ausschließlich zu steuerbegünstigten Zwecken jedoch gleichfalls zu beachten haben.[82]

---

[76] S. BFH v. 12. 8. 1997 I B 134/96, BFH/NV 1998, 146.

[77] S. AEAO, zu § 55 AO Rz. 15, 16.

[78] S. OFD Frankfurt am Main v 27. 8. 1993 – S 0174 A – 7 – St II 12, KSt-Kartei § 5 KStG Karte H 75.

[79] S. AEAO, zu § 61 AO Rz. 4, glA. *Märkle* 240 und *Kießling/Buchna* 169.

[80] S. § 55 Abs. 1 Nr. 4 i.V. m. § 61 Abs. 1 und 2 AO sowie AEAO, Anlage 1, 2 zu § 60 AO, Mustersatzung § 5.

[81] Gl. A. *Kießling/Buchna* 167.

[82] S. AEAO, zu § 62 AO Rz. 1.

63 Wird die **satzungsmäßige Vermögensbindung** der gemeinnützigen Körperschaft i. S. d. §§ 51 ff. AO nachträglich **aufgehoben** oder dahingehend abgeändert, dass sie den Anforderungen i. S. d. § 55 Abs. 1 Nr. 4 AO nicht mehr genügt, entfällt die Grundlage für die nach Maßgabe der Einzelsteuergesetze gewährten Befreiung bzw. sonstigen Vergünstigung. Einen entsprechend gravierenden Verstoß ahndet das Gesetz sowohl im Fall der Änderung des Statuts (§ 61 Abs. 3 AO, s. Rz. 65 f.) als auch bei einer dieser gleichkommenden tatsächlichen Geschäftsführung (§ 63 Abs. 2 AO, s. Rz. 67 f.) mit einem Wegfall der steuerlichen Vergünstigungen von Anfang an und einer hiermit korrespondierenden Nachversteuerung für die letzten, dem Verstoß vorhergehenden zehn Kalenderjahre (s. Rz. 70 ff.). Im Hinblick auf die steuerlich subventionierte Vermögensbildung der gemeinnützigen Körperschaft sind entsprechende Folgerungen auch dann zu ziehen, wenn der zunächst beachtete Grundsatz der Vermögensbindung zu einem Zeitpunkt verletzt wird, zu dem die Körperschaft nicht mehr als steuerbegünstigte Einrichtung anerkannt ist.[83] Zum Ausmaß der Nachversteuerung und der hiermit verbundenen Straffunktion der Norm s. Rz. 72.

1. Mögliche Verstöße

a) Satzungsänderung

65 Ein den Grundsatz der Vermögensbindung verletzender Verstoß i. S. d. § 61 Abs. 3 AO liegt vor, wenn die Vermögensbindung einer steuerbegünstigten Körperschaft in ihrer Satzung nachträglich dahingehend abgeändert wird, daß die satzungsmäßige Regelung zur Vermögensbindung nicht mehr in der erforderlichen Bestimmtheit **gewährleistet** (§ 61 Abs. 1 AO), daß das bei Auflösung oder Aufhebung der Körperschaft bzw. bei Wegfall der steuerbegünstigten Zwecke vorhandene Vermögen i. S. d. § 55 Abs. 1 Nr. 4 AO[84] ausschließlich für steuerbegünstigte Zwecke verwendet wird.

66 Entsprechend gravierende Verstöße liegen vor, wenn z. B.
- die Vermögensbindung für steuerbegünstigte Zwecke komplett **aufgehoben** wird und das Vereinsvermögen als Auseinandersetzungsguthaben damit für eine Verwendung zugunsten der Mitglieder zur Verfügung steht oder
- in der Bestimmung zur Vermögensbindung als **Anfallsberechtigter** entgegen der Vorschrift des § 55 Abs. 1 Nr. 4 Satz 2 AO keine steuerbegünstigte Einrichtung i. S. d. §§ 51 ff. AO oder eine Körperschaft des öffentlichen Rechts, sondern eine andere natürliche oder juristische Person eingesetzt wird.[85]

---

[83] S. AEAO, zu § 61 AO Rz. 4, glA. *Kießling/Buchna* 169.

[84] D. h. bei gemeinnütziger GmbH abzgl. eingezahlter Kapitalanteile bzw. gemeiner Wert der Sacheinlagen zum Zeitpunkt der Einlage, s. § 55 Abs. 2 AO.

[85] Vgl. BFH v. 12. 8. 1997 I B 134/96, BFH/NV 1998, 146 zur unzureichenden bloßen Benennung eines gemeinnützigen Gesellschafters.

b) Tatsächliche Geschäftsführung

Mit dem Verweis in § 63 Abs. 2 AO auf die Vorschrift des § 61 Abs. 3 AO stellt der Gesetzgeber gravierende Verstöße der tatsächlichen Geschäftsführung, die eine **Verletzung der** Vorschrift über die **Vermögensbindung** (§ 61 Abs. 1, 2 AO) darstellen, einer steuerschädlichen Satzungsänderung gleich. 67

Eine schwerwiegende Fehlmaßnahme der tatsächlichen Geschäftsführung, die einer Verletzung der satzungsmäßigen Vermögensbindung gleichkommt und eine Nachversteuerung i. S. d. § 61 Abs. 3 AO (s. Rz. 70 ff.) auslöst, liegt z. B. vor, 68

– wenn die gemeinnützige Körperschaft bei **Auflösung oder Aufgabe** des begünstigten Satzungszwecks ihr Vermögen entgegen der Regelung zur Vermögensbindung in ihrem Statut **tatsächlich nicht für begünstigte Zwecke verwendet**,[86] oder
– sonstige schwerwiegende Verstöße der tatsächlichen Geschäftsführung gegen die Bestimmungen zur Selbstlosigkeit in § 55 Abs. 1 Nr 1 bis 3 AO vorkommen, die als dauerhafte Fehlverwendung (s. Rz. 32) bereits einen **Verbrauch des gesamten Vermögens** für satzungsfremde Zwecke bedeuten.[87]

2. Rechtsfolge

Wird die satzungsmäßige Vermögensbindung durch Satzungsänderung oder durch entsprechende Verstöße der tatsächlichen Geschäftsführung nachträglich so geändert, daß sie den Anforderungen des § 55 Abs. 1 Nr. 4 i.V. m. § 61 Abs. 1, 2 AO nicht mehr entspricht, so gilt diese nach § 61 Abs. 3 Satz 1 AO **von Anfang an** als steuerlich nicht ausreichend. Die Körperschaft ist demzufolge von Anfang an als uneingeschränkt steuerpflichtig zu behandeln.[88] 70

Der danach fehlende Wechsel in der Steuerpflicht i. S. d. § 13 Abs. 2 KStG schließt eine Abgrenzung der stillen Reserven zu Beginn des Zehnjahreszeitraums der Nachversteuerung (s. Rz. 71) nach Maßgabe des § 13 Abs. 3 Satz 1 KStG (Teilwertansatz) und damit eine steuerfreie Aufdeckung der vor dem Nachversteuerungszeitraum begründeten stillen Reserven aus.[89] Die Nachversteuerung unterscheidet sich hiermit von einem Eintritt in die Steuerpflicht infolge einer Aberkennung der Gemeinnützigkeit lediglich für einzelne Besteuerungszeiträume (s. Rz. 43 ff.).

Der Verstoß gegen die satzungsmäßige Vermögensbindung löst eine **Nachversteuerung für die letzten zehn Kalenderjahre** vor der Änderung bzw. der Verletzung der Bestimmung über die Vermögensbindung aus (§ 61 Abs. 3 Satz 2 AO). Zu den steuerlichen Folgen einer entsprechenden vollen Steuerpflicht im Rahmen der einzelnen Steuerarten 71

---

86 S. AEAO, zu § 61 AO Rz. 7.
87 S. AEAO, zu § 61 AO Rz. 8.
88 S. AEAO, zu § 61 AO Rz. 9.
89 S. AEAO, zu § 61 AO Rz. 9.

s. Rz. 40 bis 42, 50 ff., zur Nachversteuerung im Rahmen der ErbSt s. Rz. 52.

72 Die Nachversteuerung erstreckt sich in ihrem **Ausmaß** auf Steuern, die innerhalb dieses Nachversteuerungszeitraums entstanden sind und erfaßt hierbei sämtliche steuerrelevanten Tatbestände, unabhängig davon, ob die hierbei erzielten Einnahmen noch im Vereinsvermögen vorhanden sind und einer der Vermögensbindung entsprechenden Verwendung noch zugeführt werden könnten.[90] Der Nachversteuerung i. S. d. § 61 Abs. 3 AO unterliegen damit auch Ergebnisse aus steuerrelevanten Betätigungen, die bereits im Einklang mit gemeinnützigkeitsrechtlichen Bestimmungen für steuerbegünstigte Zwecke verwendet worden sind. Mit der hiermit verbundenen Härte erlangt die Regelung des § 61 Abs. 3 AO eine Straffunktion, die im Schrifttum auch kritisch sowie als übermäßig gewürdigt wird.[91]

73 Für die Nachversteuerung i. S. d. § 61 Abs. 3 AO bildet die reguläre **Festsetzungsverjährung** i. S. d. §§ 169 ff. AO keine der Nacherhebung entgegenstehende zeitliche Begrenzung.[92] Der Verstoß gegen die satzungsmäßige Vermögensbindung, der nach der gesetzlichen Vorgabe des § 61 Abs. 3 Satz 1 AO einen Wegfall der Steuervergünstigungen von Anfang an nach sich zieht, begründet als rückwirkendes Ereignis i. S. d. § 175 Abs. 1 Nr. 2 AO einen eigenständigen Lauf der Festsetzungsfrist für die durchzuführenden Korrekturen (s. § 175 Abs. 1 Satz 2 AO), die nach § 61 Abs. 3 Satz 2 AO auf die letzten zehn Kalenderjahre vor der Verletzung der Bestimmung über die Vermögensbindung begrenzt werden.

Die im Zuge der Nachversteuerung erforderlichen Veranlagungs- und Festsetzungsarbeiten können innerhalb der regulären Festsetzungsfrist von vier Jahren vorgenommen werden, die mit Ablauf des Kalenderjahres beginnt, in dem die satzungsmäßige Vermögensbindung steuerschädlich aufgehoben bzw. verletzt worden ist (§ 175 Abs. 1 Satz 2 AO).

IV. Zurechnung von Handlungen

75 Insbesondere bei Fehlverhalten im Rahmen der tatsächlichen Geschäftsführung, das zu einem Entzug des Gemeinnützigkeitsstatus bzw. einer Nachversteuerung für zehn Kalenderjahre führen kann, stellt sich die Frage der Verantwortlichkeit sowie der Zurechnung von Handlungen sowohl von Organen als auch von nicht vertretungsbefugten Personen der Körperschaft. Die gemeinnützige Körperschaft hat sich entsprechendes Fehlverhalten ihrer Beschäftigten als **eigenes Verschulden** mit gemeinnützigkeitsrechtlichen Konsequenzen zurechnen zu lassen,

---

[90] S. AEAO, zu 61 AO Rz. 5 mit Bsp. zu Verstoß in VZ 11 und Nacherhebung von Steuern für die VZ 01 ff.

[91] So *Tipke/Kruse* § 61 AO Rz. 3 sowie *Herbert* BB 1991, 178, 185, a. A. *Fischer* in Hübschmann/Hepp/Spitaler, § 61 AO Rz. 8.

[92] S. AEAO, zu § 61 AO Rz. 5.

wenn die Beschäftigten (z. B. als Organ) im Rahmen ihrer Vertretungsmacht für die gemeinnützige Körperschaft gehandelt haben, die Körperschaft bzw. deren Vertreter im übrigen ihren Pflichten nicht mit der gebotenen Sorgfalt nachgekommen sind oder bestehende Schadensersatzansprüche nicht zeitnah geltend gemacht werden.

Die gemeinnützige Körperschaft, Personenvereinigung oder Vermö- 76
gensmasse tritt im Geschäftsleben nicht selbst auf, sondern wird hier mit Außen- und Innenwirkung durch ihre geschäftsführenden **Organe** vertreten. Die Funktion des gesetzlichen Vertreters obliegt bei Verein[93] und Stiftung[94] dem Vorstand (§ 26 Abs. 2, § 86 Abs. 2 BGB) sowie bei der GmbH[95] dem Geschäftsführer (§ 6 Abs. 1, § 35 Abs. 1 GmbHG). Bei einem Handeln dieser Personen innerhalb der ihnen eingeräumten Vertretungsmacht hat sich die Körperschaft als Vertretene das Verschulden des Vertreters zurechnen zu lassen (s. § 31 BGB).[96] Der Umfang der Vertretungsbefugnis kann bei Verein und Stiftung in der Satzung der Körperschaft mit Wirkung gegen Dritte beschränkt werden (s. § 26 Abs. 2 Satz 2 BGB), die Vertretungsmacht der Geschäftsführer einer GmbH ist im Außenverhältnis nicht beschränkbar (s. § 37 Abs. 2 GmbHG). Eine Beschränkung der Geschäftsführungsbefugnis im Innenverhältnis ist hingegen auch bei der GmbH möglich (s. § 37 Abs. 1 GmbHG).

– Mittelfehlverwendungen und sonstige gemeinnützigkeitsrechtliche Verstöße, die von Vertretungsorganen der gemeinnützigen Einrichtung im Rahmen der ihnen kraft Statut zustehenden **Vertretungsmacht** vornehmen, sind der vertretenen Körperschaft als eigenes Verschulden anzulasten. Dies gilt auch dann, wenn die Vertreter hierbei die im Innenverhältnis zwischen Körperschaft und Organ zu beachtenden Beschränkungen mißachten.[97]
– Handeln vertretungsberechtigte Personen der Körperschaft **außerhalb ihrer Vertretungsmacht** in gemeinnützigkeitsschädlicher Weise, kann ein entsprechendes Fehlverhalten gemeinnützigkeitsrechtlich nur dann der Körperschaft angelastet werden, wenn diese die notwendigen Kontrollen (auch grob fahrlässig) vernachlässigt hat.[98] Das Fehlverhalten einer nicht zur Vertretung befugten Person

---

[93] S. § 2 Rz. 135 ff.

[94] S. § 3 Rz. 67 ff.

[95] S. § 4 Rz. 31, 80 ff.

[96] S. BFH v. 29. 8. 1984 I R 215/81, BStBl II 1985, 106 zur Ankündigung von gewaltfreiem Widerstand und Nichtbefolgung von polizeilichen Anordnungen.

[97] S. OFD Frankfurt am Main v. 5. 1. 1993 – S 0171 A – 89 – St II 12, KSt-Kartei § 5 KStG Karte H 69 zu Unterschlagungen und Betrügereien des Vorsitzenden sowie BFH v. 23. 6. 1998 VII R 4/98, BStBl II 1998, 761 zum Grundsatz der Gesamtverantwortung bei Bestellung mehrerer gesetzlicher Vertreter einer juristischen Person sowie zur Übertragung der für einen GmbH-Geschäftsführer geltenden Sorgfaltspflichten auch auf einen lediglich ehrenamtlich tätigen Vereinsvorsitzenden.

[98] S. OFD Frankfurt am Main v. 5. 1. 1993, aaO., mit Bsp. der lediglich gemeinschaftlichen Vertretungsbefugnis zweier Geschäftsführer und der schädlichen Mittelverwendung durch einen der beiden Geschäftsführer allein

kann hierbei der Körperschaft nach den Grundsätzen der **Duldungs- und Anscheinsvollmacht** zuzurechnen sein.[99] Eine Duldungsvollmacht liegt vor, wenn der Vertretene es wissentlich geschehen läßt, daß ein anderer für ihn auftritt; eine Anscheinsvollmacht ist gegeben, wenn der Vertretene das Handeln der für ihn auftretenden Person nicht kennt, es aber bei pflichtgemäßer Sorgfalt hätte erkennen und verhindern können. Der Vertretene muß sich hier nach dem Grundsatz von Treu und Glauben den schuldhaft verursachten Rechtsschein zurechnen lassen, wenn er von gewisser Dauer und Häufigkeit ist.

77 Kann das steuerschädliche Verhalten eines Organs oder einer anderen Person der gemeinnützigen Körperschaft nach vorstehenden Grundsätzen nicht als eigenes Fehlverhalten zugerechnet werden, kann von nachteiligen gemeinnützigkeitsrechtlichen Folgen nur dann abgesehen werden, wenn die Körperschaft unmittelbar nach Erlangung der Kenntnis über einen Vermögensschaden u. a. entsprechende **Schadensersatzansprüche** geltend macht und ernsthaft verfolgt.[100] Zu den Fällen nicht zurechenbaren Fehlverhaltens zählen idR auch strafbare Handlungen eines Vereinsorgans, die erkennbar aus dem Kreis seiner Obliegenheiten herausfallen und nicht im Rahmen der tatsächlichen Geschäftsführung für die Körperschaft, sondern allein zu eigenen Gunsten auf Kosten des Vermögens der Körperschaft begangen werden.[101]

V. Spendenhaftung

80 Die steuerliche Berücksichtigung von Spenden setzt zum einen die Zuwendung an einen steuerbegünstigten Empfänger sowie zum anderen eine der erteilten Spendenbestätigung entsprechende Verwendung der erhaltenen Mittel für steuerbegünstigte Zwecke voraus.[102] Sind vereinnahmte Spenden entgegen der erteilten Bestätigung nicht für steuerbegünstigte Zwecke verwendet worden, stellt sich die Frage der Spendenhaftung nach **§ 10b Abs. 4 EStG, § 9 Abs. 3 KStG** für die Körperschaft selbst bzw. deren Verantwortlichen.[103] Entsprechendes gilt bei Ausstellung unzutreffender Spendenbestätigungen sowohl dem Grunde als auch der Höhe nach.

---

[99] S. FG Köln v. 24. 2. 1999 13 K 242/99, DStRE 1999, 721, rev, Az d BFH: V R 17/99 zu inoffiziellen Zahlungen an Fußballspieler durch den nicht vertretungsberechtigten Manager ohne Wissen des Vorstands.

[100] Zu Schadensersatzpflichten der Geschäftsführer gegenüber einer GmbH gem. § 43 GmbHG bei von der Satzung abweichender tatsächlicher Geschäftsführung und hiermit einhergehenden steuerlichen Nachforderungen s. *Priester* GmbHR 1999, 149, 151.

[101] S. OFD Frankfurt am Main v. 5. 1. 1993, aaO. sowie *Märkle* 161.

[102] S. § 48 Abs. 3 EStDV.

[103] Vgl. § 6 Rz. 49.

Der durch das VereinsförderG[104] mit Wirkung ab VZ 1990 eingeführte Haftungstatbestand des § 10b Abs. 4 Satz 2 EStG geht einher mit dem zeitgleich in Satz 1 dieser Norm aufgenommenen **Vertrauenstatbestand**.[105] Danach kann der Spender auf die Richtigkeit der Spendenbestätigung vertrauen, es sei denn, daß er die Bestätigung durch unlautere Mittel oder falsche Angaben erwirkt hat oder daß ihm die Unrichtigkeit der Bestätigung bekannt oder infolge grober Fahrlässigkeit nicht bekannt war. Die korrespondierende Bestimmung in § 9 Abs. 3 KStG gewährleistet einen entsprechenden Vertrauensschutz für Zuwendungen, die eine Körperschaft leistet.[106] Der Spendenabzug bleibt damit bei dem gutgläubigen Spender auch dann aufrechterhalten, wenn die Gemeinnützigkeit des Zuwendungsempfängers rückwirkend aberkannt wird oder Mittel fehlverwendet worden sind. Das Risiko der Steuerrückforderung bei im Ergebnis unberechtigtem Spendenabzug geht im Anwendungsbereich des Vertrauensschutzes nach § 10b Abs. 4 Satz 1 EStG/§ 9 Abs. 3 Satz 1 KStG auf den Spendenempfänger bzw. die für diesen tätigen Personen im Rahmen des Haftungsverfahrens über. Mit der Einbeziehung von Fällen der unzulässigen Mittelverwendung geht der nunmehr gesetzlich geregelte Vertrauensschutz über die bis einschl. VZ 1989 maßgebende Rechtslage hinaus.[107] 81

Der Haftungsregelung des § 10b Abs. 4 Satz 2 EStG unterscheidet zwischen einer Ausstellerhaftung und einer Veranlasserhaftung und beinhaltet damit zwei **Haftungstatbestände**, die alternativ zum Tragen kommen können: 82

– Nach der in § 10b Abs. 4 Satz 2 1. Alt EStG geregelten **Ausstellerhaftung** haftet für den Steuerausfall, wer vorsätzlich oder grob fahrlässig eine unrichtige Spendenbestätigung (Zuwendungsbestätigung) ausstellt.
  Die Ausstellerhaftung steht in Zusammenhang mit der Vertrauensschutzregelung des § 10b Abs. 4 Satz 1 EStG und setzt eine Gutgläubigkeit des Spenders voraus.[108] Eine den Spendenabzug und die Haftung ausschließende Bösgläubigkeit des Spenders ist durch den Aussteller der unzutreffenden Bescheinigung nachzuweisen.[109]
  Für Spendenbestätigungen, die aufgrund lediglich mittelbarer Spendenberechtigung der gemeinnützigen Körperschaft (bis VZ 1999)[110] bei Durchlaufspenden durch eine Körperschaft des öffent-

---

[104] BStBl I 1989, 499.

[105] S. *Thiel/Eversberg* DB 1990, 390, 398.

[106] Entsprechend § 9 Nr. 5 Satz 4 GewStG für eine im Rahmen der Ermittlung des GewSt-Messbetrags vorgenommene Kürzung.

[107] S. hierzu *Thiel/Eversberg* aaO. sowie *Kießling/Buchna* 302ff., jeweils mwN., zum Vertrauensschutz bei Durchlaufspenden s. auch BFH v. 11. 6. 1997 X R 242/93, BStBl II 1997, 612.

[108] S. FG Schleswig-Holstein v. 19. 3. 1998 I 184/95, EFG 1998, 1197 unter Hinweis auf amtl. Begründung BT-Drs 11/5582, 40 sowie *Wallenhorst* DB 1991, 1410.

[109] S. OFD Frankfurt am Main v. 27. 5. 1994 – S 2223 A – 95 – St II 12 –, ESt-Kartei § 10b EStG Fach 1 Karte 16, Tz. 3.

[110] Zur Reform des Spendenrechts ab VZ 2000 s. §§ 48ff. EStDV i. d. F. v. 10. 12. 1999, BGBl I 1999, 2413 sowie § 6 Rz. 30ff.

lichen Rechts oder eine öffentliche Dienststelle erteilt worden sind, kommt eine Haftungsinanspruchnahme sowohl für die Durchlaufstelle (bei Vernachlässigung ihrer Prüfungspflichten) als auch der gemeinnützigen Körperschaft bzw. deren Vertreter (bei unzutreffenden Angaben) in Betracht.[111]

– Nach der **Veranlasserhaftung** des § 10 b Abs. 4 Satz 2 2. Alt EStG haftet für die entgangene Steuer, wer veranlaßt, daß Zuwendungen nicht zu den in der Bestätigung angegebenen steuerbegünstigten Zwecken verwendet werden. Der Haftungstatbestand wird nicht nur im Falle einer Verwendung der Zuwendungen für nichtbegünstigte Zwecke, z. B. bei Mittelfehlverwendung im wirtschaftlichen Geschäftsbetrieb, sondern auch dann erfüllt, wenn die erhaltenen Mittel zwar für spendenbegünstigte Zwecke, nicht aber zu den in der Bestätigung ausgewiesenen Zwecken verwendet werden und die bestätigte Verwendung im Gegensatz zur tatsächlichen Verwendung einen mit 10 vH erhöhten Spendenabzug ermöglicht.[112]
Die Veranlasserhaftung nach § 10 b Abs. 4 Satz 2 2. Alt EStG setzt als Gefährdungshaftung im Gegensatz zur Ausstellerhaftung nach § 10 b Abs. 4 Satz 2 1. Alt EStG kein Verschulden voraus. Der Haftungstatbestand ist mit der tatsächlichen objektiven Fehlverwendung von Spendengeldern erfüllt und kommt sowohl für die für die Körperschaft handelnden Personen als auch für die von diesen vertretene Körperschaft als Haftungsschuldner in Betracht. Die in ihrem Anwendungsbereich weitgefaßte Bestimmung ist nicht auf den Kreis der vertretungsberechtigten Personen beschränkt.[113] Die Haftungsinanspruchnahme infolge einer fehlerhaften Mittelverwendung setzt eine den Vertrauensschutz nach § 10 b Abs. 4 Satz 1 EStG tragende Gutgläubigkeit des Spenders voraus.[114]

83 Kommen für eine Haftungsinanspruchnahme mehrere Personen in Betracht, hat das Finanzamt nach allgemeinen Haftungsgrundsätzen sein **Auswahlermessen** auszuüben und zu begründen.[115] Soweit das haftungsbegründende Handeln auf Maßnahmen vertretungsberechtigter Organe der Körperschaft im Rahmen deren Vertretungsmacht zurückzuführen ist, hat sich die vertretene Körperschaft das schuldhafte Verhalten der Vertreter zurechnen zu lassen (s. § 31 BGB) und kommt

[111] S. OFD Frankfurt am Main v. 27. 5. 1994, aaO., Tz. 2 sowie *Kießling/Buchna* 307.

[112] Gleicher Ansicht *Thiel/Eversberg* DB 1990, 395, 399, *Märkle* 280 f.

[113] S. BFH v. 23. 2. 1999 XI B 130/89, BFH/NV 1999, 1089.

[114] S. OFD Frankfurt am Main v. 27. 5. 1994, aaO., Tz. 3, glA. *Kießling/Buchna* 308.

[115] Zur Ausübung des Auswahlermessens und des idR auf Null reduzierten Entschließungsermessens s. Hess FG v. 14. 1. 1998 4 K 2594/94, EFG 1998, 757; zu entsprechend reduziertem Auswahlermessen bei Leistungsfähigkeit lediglich eines Gesamtschuldners oder gleichrangigem Nebeneinanderstehen der Haftungsschuldner s. FG Köln v. 14. 1. 1998 6 V 6026/97, EFG 1998, 353, nachgehend BFH v. 23. 2. 1999 XI B 129/98, n. v.

insoweit selbst als Haftungsschuldner i. S. d. § 10 b Abs. 4 EStG mit der Folge der Gesamtschuldnerschaft i. S. d. § 44 Abs. 1 AO in Betracht.[116] Die Inanspruchnahme des Vertreters begegnet insbesondere dann keine Bedenken, wenn dieser als für die Körperschaft handelnde Person selbst eine Fehlverwendung von Mitteln veranlaßt hat.[117]

Als Rechtsfolge, die sich im Falle eines verwirklichten Haftungstatbestandes i. S. d. § 10 b Abs. 4 Satz 2 EStG ergibt, resultiert eine **Haftungsschuld**, die das Finanzamt mittels Haftungsbescheid (§ 191 AO) geltend machen wird. Die infolge des unberechtigten Spendenabzugs entgangene **ESt/KSt** (des Spenders) wird hierbei nach § 10 b Abs. 4 Satz 3 EStG unwiderlegbar mit **40 v. H.** der Zuwendung fingiert. Die gesetzliche Vorgabe läßt die persönlichen Verhältnisse des Spenders unberücksichtigt, eine einzelfallbezogene Ermittlung des Steuerausfalls unterbleibt aus Vereinfachungsgründen. Nach insoweit schlüssiger Auffassung der FinVerw bleibt die Frage der tatsächlichen steuerlichen Auswirkung des Spendenabzugs beim Leistenden, mithin die Frage eines tatsächlichen Steuerausfalls für die Haftungsfrage ohne Bedeutung.[118] Im Rahmen der Veranlasserhaftung wird die Haftungsschuld auf 40 v. H. der objektiv fehlverwendeten Mittel begrenzt.[119] **84**

Erfolgt die Zuwendung aus einem Gewerbebetrieb, sieht § 9 Nr. 5 Satz 4 ff. GewStG einen der Regelung des § 10b Abs. 4 EStG entsprechenden eigenständigen Haftungstatbestand für die durch den Spendenabzug entgangene **GewSt** vor, die den Ausfall der GewSt mit **10 v. H.** der Zuwendung unwiderlegbar fingiert. **85**

---

[116] S. OFD Frankfurt am Main v. 27. 5. 1994, aaO., Tz. 1 sowie Hess FG v. 14. 1. 1998, aaO.; zur Frage der vorrangigen Inanspruchnahme der Körperschaft s. *Kießling/Buchna* 310 sowie *Märkle* 86, 279, vgl. hierzu auch § 6 Rz. 49.

[117] S. BFH v. 23. 2. 1999 XI B 130/98, BFH/NV 1999, 1089 zur Bildung einer Rücklage für Erwerb eines Hotels als Gegenstand eines wirtschaftlichen Geschäftsbetriebs.

[118] S. OFD Frankfurt am Main v. 27. 5. 1994, aaO., Tz. 5, glA *Kießling/Buchna* 312, für Möglichkeit der Exculpation bei fehlender steuerlicher Auswirkung s. allerdings *Schmidt/Heinicke* § 10 b EStG Rz. 56, mwN.

[119] S. BFH v. 23. 2. 1999, aaO.; s. hierzu auch Hess FG v. 14. 1. 1998 4 K 2594/94, aaO. zur vollumfänglichen Fehlverwendung von Spendengeldern unabhängig von der konkreten Verwendung bei fehlender Gemeinnützigkeit im Zeitpunkt der Verwendung der Spendengelder.

§ 10 Rechnungslegung

Bearbeiter: Christian Hoppen

Übersicht

A. Jahresabschluß

I. Allgemeine Grundsätze

1 Die Rechnungslegung von gemeinnützigen Körperschaften ist grundsätzlich nicht einheitlich oder gar in einem separaten Gemeinnützigkeitsgesetz geregelt. So richtet sich die Rechnungslegung im wesentlichen nach den jeweiligen spezifischen Rechtsnormen, die auf die einzelnen gemeinnützigen Körperschaften je nach Rechtsform der Körperschaft – Verein, Stiftung, GmbH – anzuwenden sind. Dies sind insbesondere das Vereinsrecht, das Stiftungsrecht sowie das Handelsrecht und das Gesetz für Gesellschaften mit beschränkter Haftung. Nicht zuletzt ergeben sich darüber hinaus Anforderungen an die Rechnungslegung einer gemeinnützigen Körperschaft aufgrund steuerrechtlicher Bestimmungen. Diese sind in den Vorschriften der AO und ggf. den Verwaltungserlassen der Finanzbehörden kodifiziert. Hinsichtlich der Rechnungslegung von Stiftungen ist zu beachten, daß keine einheitlichen Regelungen auf Bundesebene existieren. Sie wird jeweils auf Landesebene in den **Landesstiftungsgesetzen** geregelt. Diese gesetzlichen Regelungen sind speziellere Rechtsnormen und gehen den bürgerlich rechtlichen Anforderungen an die Rechnungslegung vor.[1] Grundsätzlich ist die Rechnungslegung nicht von der Steuerpflicht oder einer Steuerbegünstigung der gemeinnützigen Institution abhängig.

II. Aufstellungspflicht

1. Vereinsrecht

2 Die im bürgerlichen Gesetzbuch kodifizierten **Rechtsnormen** des Gemeinnützigkeitsrechts, insbesondere des Stiftungsrechts, verweisen in § 86 BGB auf die Regelungen des Vereinsrechts, die in den §§ 21–79 BGB niedergelegt sind und wiederum auf die für den Auftrag geltenden Vorschriften der §§ 664–670 BGB verweisen (§ 27 Abs. 3 BGB). Hiernach ist der Beauftragte gem. § 666 BGB verpflichtet, **Rechenschaft** abzulegen.[2] In den einschlägigen Vorschriften finden sich jedoch keine Regelungen darüber, in welchen zeitlichen Abständen diese Rechenschaft abzulegen ist. Aus dem Auftragsrecht ergibt sich grundsätzlich, daß der Beauftragte erst mit Beendigung seines Auftrages Rechenschaft ablegen muß. Dies bedeutet, daß ein Vereinsvorstand grundsätz-

[1] Vgl. § 3 Rz. 94, 95.
[2] Vgl. § 2 Rz. 148.

lich erst mit Ablauf seiner Vorstandstätigkeit zur Rechenschaftslegung verpflichtet ist. Dies kann mitunter ein Zeitraum von mehreren Jahren sein. Allgemein interpretiert die Lehre die privatrechtliche Pflicht, Rechenschaft abzulegen, jedoch als Pflicht zur **periodischen Rechnungslegung**.[3] Gem. §§ 259, 260 BGB sind laufende Aufzeichnungen in Form einer geordneten Zusammenstellung der Einnahmen über die Ausgaben sowie in periodischen Abständen ein Bestandsverzeichnis über das Vermögen zu führen. Diese Unterlagen sollten um einen Geschäftsbericht über sämtliche wichtigen Ereignisse ergänzt werden.[4] Die bürgerlich-rechtlichen Rechtsnormen regeln grundsätzlich zunächst die interne Rechenschaftspflicht. Weitergehende Regelungen hinsichtlich einer externen Rechenschaftspflicht und somit einer Rechnungslegung enthält das BGB nicht. Der Vereinsvorstand ist gem. § 666 BGB lediglich im Rahmen einer Mitgliederversammlung verpflichtet, Auskünfte zu erteilen. Außerhalb einer Mitgliederversammlung ist der Vorstand grundsätzlich weder den Vereinsmitgliedern noch anderen Personen zur Erteilung von Auskünften verpflichtet. In zahlreichen Satzungen finden sich jedoch weitergehende Regelungen, die eine Rechenschaftslegung auslösen. Ferner ergeben sich aus anderen gesetzlichen Bestimmungen sowie nichtgesetzlichen Vorschriften von den bürgerlich-rechtlichen Bestimmungen abweichende Regelungen.[5]

2. Stiftungsrecht

a) Stiftungsgesetz

Die **Aufstellungspflichten** bezüglich der Jahresrechnung der Stif- 3
tung sind neben den weit gefaßten und wenig konkreten bundeseinheitlichen Regelungen des BGB in den einzelnen Landesstiftungsgesetzen geregelt. In den Ländern Sachsen, Sachsen-Anhalt und Thüringen unterliegen Stiftungen keinen landesspezifischen Rechnungslegungsvorschriften. Es gelten daher die einschlägigen Vorschriften des BGB und somit die des Vereinsrechts. Das in diesen Ländern geltende Landesrecht verlangt von Stiftungen lediglich eine **ordnungsgemäße Wirtschaftsführung**.[6] Andere Landesstiftungsgesetze fordern einheitlich nach Ablauf des Geschäftsjahres eine **Jahresabrechnung** mit einer **Vermögensübersicht**. Diese sind um einen Bericht über die Erfüllung des Stiftungszwecks zu ergänzen.[7] Dabei sind die einzelnen Landesstif-

---

[3] Vgl. *Galli* Das Rechnungswesen im Berufsfußball S. 76.

[4] Zu letzterem besteht jedoch keine bindende Rechtspflicht, sofern die Aufstellung nicht in der Satzung oder Geschäftsordnung ausdrücklich gefordert wird; siehe dazu *Sauer/Luger* Vereine und Steuern, S. 55.

[5] Hierunter fallen z. B. Sonderregelungen für Krankenhäuser, Vorschriften seitens des DFB für Fußballvereine oder auch Auflagen seitens des Zuwendungsgebers bei Stiftungen.

[6] § 14 Abs. 3 StiftG Neue Länder.

[7] Ist der Bericht über die Erfüllung des Stiftungszwecks nicht in allen Landesstiftungsgesetzen vorgeschrieben, so wird er doch vom IdW empfohlen. An dieser Stelle sollte genauer auf die geförderten Zwecke eingegangen werden. Darüber hinaus sind

tungsgesetze unterschiedlich in der Konkretisierung der Rechnungslegung.[8] Die meisten Landesstiftungsgesetze fordern, das Stiftungsvermögen von anderen Vermögen bzw. Vermögensmassen getrennt zu halten. Die Landesstiftungsgesetze der Länder Nordrhein-Westfalen, Rheinland-Pfalz, Baden-Württemberg, Saarland, Schleswig-Holstein und Mecklenburg-Vorpommern verpflichten die Stiftung ausdrücklich zur laufenden ordnungsmäßigen Buchführung.[9] Die Länder Bayern und Rheinland-Pfalz verpflichten Stiftungen darüber hinaus zur Vorlage eines Haushaltsplans bzw. eines Voranschlags zu Beginn eines Geschäftsjahres.[10]

b) Satzung

4 Neben den gesetzlichen Regelungen über die Rechnungslegung der Stiftungen werden in vielen Stiftungssatzungen (oder in der Geschäftsordnung des zuständigen Organs) **spezifische Regelungen** über die Rechnungslegung der Stiftung enthalten sein. Derartige **Satzungsbestimmungen** können die Rechnungslegung der Stiftung – und somit auch deren Aufstellungsgrundsätze – gegenüber den gesetzlichen Regelungen jedoch lediglich stärkeren Auflagen unterwerfen. Die satzungsmäßigen Bestimmungen können dagegen zwingende gesetzliche Regelungen nicht außer Kraft setzen. Die Satzung bietet dem Stifter allerdings die Möglichkeit, bereits bei Errichtung der Stiftung, diese seinen Vorstellungen über eine sachgerechte Rechnungslegung und über die zeitlichen Fristen über deren Aufstellung und Feststellung zu unterwerfen.

3. Handelsrecht

5 Stiftungen und Vereine sind **grundsätzlich keine Kaufleute** kraft Rechtsform. Die handelsrechtliche Verpflichtung, Bücher zu führen, trifft Stiftungen und Vereine dann, wenn sie ihrer Tätigkeit oder einzelner Tätigkeitsfelder nach Kaufmann gem. § 1 Abs. 1 HGB sind oder die Firma gem. § 2 HGB im Handelsregister eingetragen ist[11] und demzufolge die §§ 238 ff. HGB Anwendung finden. Eine zwingende Anwendung der erweiterten handelsrechtlichen Vorschriften für Kapitalgesell-

---

auch noch Angaben über die Erfüllung von Auflagen und Nachlaßverbindlichkeiten und die Unterhaltung des Stifters und seiner Angehörigen vorstellbar. Vgl. dazu IDW RS HFA 5, TZ 88 in: FN-IDW 4/2000, S. 141 sowie *Orth* Rechnungslegung und Publizität in: *Seifart/v. Campenhausen* Handbuch des Stiftungsrechts Rz. 47 und 179.

[8] Art 25 Abs. 1 StiftG Bay, § 8 Abs. 1 Ziff. 2 StiftG Berlin, § 12 Abs. 2 Ziff. 2 StiftG Bremen, § 9 Abs. 2 Ziff. 2 StiftG BW, § 13 Abs. 1 c Hamb. AGBGB, § 7 Ziff. 2 StiftG Hess, § 15 Abs. 2 Ziff. 2 StiftG MV, § 11 Abs. 2 Ziff. 2 StiftG Nds, § 17 StiftG RP, § 11 Abs. 2 Ziff. 2 StiftG Saar, § 10 Abs. 2 Ziff. 2 StiftG SH.

[9] § 10 Abs. 1 StiftG NW, § 17 Abs. 2 StiftG RP, § 7 Abs. 3 StiftG BW, § 5 Abs. 1 StiftG Saar, § 4 Abs. 2 StiftG SH, § 9 Abs. 3 StiftG MV.

[10] Art 24 StiftG Bay, § 17 Abs. 1 und 4 StiftG RP.

[11] Vgl. § 3 Rz. 131 ff.

schaften ist jedoch nicht gegeben. Unterhält eine Stiftung oder ein Verein einen **wirtschaftlichen Geschäftsbetrieb**, sollte geprüft werden, ob die Kaufmannseigenschaft erfüllt ist.[12]

Im Falle von Bundesligavereinen vertritt *Reichert*[13] die in der Literatur nicht unstrittige Auffassung, daß der **Profibereich** eines **Sportvereins** die Kaufmannseigenschaften generell erfüllt und damit die handelsrechtlichen Rechnungslegungsvorschriften zu erfüllen hat. Grund dafür sind die folgenden Merkmale, die auf diesen Bereich zutreffen: erstens stellt der Profibereich einen **Gewerbebetrieb** dar, da er am Markt „als Leistungsanbieter durch die regelmäßigen Veranstaltungen von Wettkampfspielen gegen Bezahlung von Eintrittsgeldern teilnimmt".[14] Zweitens ist der Vereinsführung eine **Gewinnerzielungsabsicht** zu unterstellen. Drittens erfordert die Verwaltung dieser Abteilung einen **Geschäftsbetrieb**, der in kaufmännischer Weise eingerichtet ist.[15] 6

Die handelsrechtliche Verpflichtung, Rechnung zu legen, umfaßt, sofern es sich nicht um eine GmbH handelt, lediglich den **unternehmerischen Bereich** und nicht den übrigen Bereich einer Stiftung oder eines Vereins bzw. diese insgesamt. Die Rechnungslegung des unternehmerischen Bereichs ist von der der Stiftung oder des Vereins zu trennen. Handelt es sich bei der gemeinnützigen Körperschaft um eine GmbH oder sind im unternehmerischen Bereich einer solchen Körperschaft zwei der drei Schwellenwerte der §§ 1 und 11 PublG überschritten, so besteht stets die Verpflichtung (im betrieblichen Bereich), nach den handelsrechtlichen Vorschriften für Kapitalgesellschaften (§§ 264 ff. HGB) zu bilanzieren. 7

4. Steuerrecht

Die steuerlichen Regelungen über die Führung von Büchern und Aufzeichnungen sind in den §§ 140–148 AO kodifiziert und erlangen ggf. Anwendungsbedeutung, sofern die gemeinnützige Körperschaft in Teilbereichen steuerpflichtig ist.[16] Grundsätzlich wird zwischen den sog. **abgeleiteten** und den **originären** steuerlichen **Buchführungs- und Aufzeichnungspflichten** unterschieden. Diese Vorschriften greifen jedoch nur, wenn der Betreffende steuerpflichtig ist. 8

Die **abgeleiteten Buchführungspflichten** ergeben sich aus § 140 AO. Hiernach hat derjenige, der nach anderen Gesetzen als den Steuergesetzen Bücher und Aufzeichnungen zu führen hat, die für die Besteuerung von Bedeutung sind, die Verpflichtungen, die ihm nach diesen Gesetzen obliegen, auch für die Besteuerung zu erfüllen. Das bedeutet, daß hierdurch auch gemeinnützige Körperschaften, insbesondere 9

---

[12] Vgl. § 3, Rz. 131 ff.

[13] *Reichert* Rechtsfragen beim Konkurs von Sportvereinen mit Profi- und Amateurabteilungen in: Grunsky, W. (Hrsg.) Der Sportverein in der wirtschaftlichen Krise, S. 4 f. und 14 f.

[14] *Galli* Das Rechnungswesen im Berufsfußball, S. 103.

[15] Vgl. *Galli* Das Rechnungswesen im Berufsfußball, S. 102 f.

[16] Vgl. BFH-Urteil vom 14. 9. 1994, R116/93; vgl. § 6 Rz. 111 ff.

GmbHs, entsprechend den Regelungen des BGB, der Landesstiftungsgesetze sowie ggf. des HGB für Zwecke der Herleitung der Besteuerungsgrundlagen zur Führung von Büchern und Aufzeichnungen verpflichtet werden. Gemäß § 146 AO unterliegen die zu führenden Bücher und Aufzeichnungen bestimmten Ordnungsvorschriften, die gem. § 146 Abs. 6 AO auch anzuwenden sind, wenn Bücher und Aufzeichnungen freiwillig geführt werden. Führt eine gemeinnützige Körperschaft freiwillig oder aufgrund von Satzungsbestimmungen Bücher, so sind diese daher so zu führen, daß ein ermittelter Gewinn im Falle einer teilweisen Steuerpflicht auch der Besteuerung zugrunde gelegt werden kann.

10 Darüber hinaus ergeben sich gem. § 141 AO **originäre steuerliche Buchführungspflichten**. Hiernach sind Stiftungen oder Vereine auch dann verpflichtet, Bücher zu führen und auf Grund jährlicher Bestandsaufnahmen Abschlüsse zu machen, wenn gewisse Voraussetzungen vorliegen und sich nicht bereits eine abgeleitete Buchführungspflicht aus § 140 AO ergibt. Die originären steuerlichen Buchführungspflichten greifen dann ein, wenn sich gemeinnützige Körperschaften als gewerbliche Unternehmer oder als Land- und Forstwirte betätigen und bereits eines der folgenden **Größenmerkmale** überschritten ist:

- Umsätze einschließlich der steuerfreien Umsätze, ausgenommen die Umsätze nach §§ 4 Nr. 8 bis 10 UStG, von mehr als DM 500 000 im Kalenderjahr oder
- ein Betriebsvermögen von mehr als DM 125 000 oder
- selbstbewirtschaftete land- und forstwirtschaftliche Flächen mit einem Wirtschaftswert (§ 46 BewG) von mehr als DM 40 000 oder
- einen Gewinn aus Gewerbebetrieb von mehr als DM 48 000 im Wirtschaftsjahr oder
- einen Gewinn aus Land- und Forstwirtschaft von mehr als DM 48 000 im Kalenderjahr.

Die **Rechnungslegungspflicht** nach § 141 AO beginnt in dem Wirtschaftsjahr, das auf den Zeitpunkt folgt, zu dem das Finanzamt die Überschreitung festgestellt und mitgeteilt hat.[17] Sie endet wiederum erst dann, nachdem das Finanzamt darauf hingewiesen hat. Unterliegt eine gemeinnützige Körperschaft den **originären steuerlichen Buchführungspflichten**, so gelten die §§ 238, 240 bis 242 Abs. 1 und die §§ 243 bis 256 HGB sinngemäß, sofern sich nicht aus den Steuergesetzen etwas anderes ergibt. Weiterhin ergeben sich originäre Buchführungspflichten aus § 22 UStG, wenn gemeinnützige Institutionen unternehmerisch im Sinne des UStG tätig sind.[18]

11 Unterliegt eine gemeinnützige Körperschaft bereits den **abgeleiteten Buchführungspflichten** nach § 140 AO, so ist § 141 AO hinsichtlich seiner Anwendung subsidiär. Aufgrund der unterschiedlichen Anforderungen an die Rechnungslegung gemeinnütziger Körperschaften kann § 141 AO jedoch auch zur Anwendung gelangen, wenn die gemeinnützigen Körperschaften zwar abgeleiteten Rechnungslegungs-

---

[17] Vgl. dazu *Galli* Das Rechnungswesen im Berufsfußball, S. 109 f.

[18] Vgl. § 11, Rz. 120.

vorschriften unterliegen, diese jedoch von ihrem Regelungsinhalt her hinter den Anforderungen des § 141 AO oder § 22 UStG zurückbleiben.

5. Gemeinnützigkeitsrecht

Weitere Rechnungslegungsvorschriften ergeben sich aus dem ge- 12
meinnützigkeitsrechtlichen Teil der Abgabenordnung (§§ 51 bis 68 AO). Gemäß § 63 Abs. 3 AO ist die gemeinnützige Körperschaft unabhängig von ihrer Steuerpflicht angehalten, „**ordnungsmäßige Aufzeichnungen** über ihre Einnahmen und Ausgaben zu führen". Diese Unterlagen sollen Aufschluß darüber geben, ob die tatsächliche Geschäftsführung der Körperschaft auf die ausschließliche und unmittelbare Erfüllung ihrer steuerbegünstigten Zwecke gerichtet ist.[19] Eine bestimmte Form (z. B. doppelte Buchführung) schreibt der Gesetzgeber jedoch in § 63 Abs. 3 AO nicht vor.[20] Die **Aufbewahrungszeiträume** für die Unterlagen, aus denen jedoch Art und Höhe der Einnahmen und Ausgaben hervorgehen muß, ergeben sich aus § 147 AO. Danach sind die in Abs. 1 Nr. 1 und 4 der Vorschrift aufgezählten Unterlagen zehn Jahre aufzubewahren. Hierzu gehören Jahresabschlüsse, Inventarlisten sowie (Kassen-)Bücher und Aufzeichnungen sowie alle für ihr Verständnis erforderlichen Unterlagen. Ebenfalls hierzu gehören die Buchungsbelege. Sonstige Unterlagen sind sechs Jahre aufzubewahren.

Ferner ist gem. § 63 Abs. 3 AO der Nachweis zu erbringen, daß die 13
erhaltenen und bescheinigten Spenden auch zweckentsprechend verwendet worden sind. Auch diese Unterlagen müssen erstellt und gem. § 147 AO aufbewahrt und evtl. vorgelegt werden. Die aus § 63 Abs. 3 AO abzuleitende Pflicht nachzuweisen, daß die Mittel zeitnah verwendet wurden, kann durch die Aufstellung der **Mittelverwendungsrechnung** entsprochen werden.[21]

III. Verantwortlichkeit des Vorstands

Der Vorstand führt und leitet die gemeinnützige Körperschaft in 20
den Grenzen der ihm erteilten Weisungen **eigenverantwortlich**. Dabei haftet er auch für die Fehler Dritter, die er mit der Erfüllung bestimmter Aufgaben betraut hat, sofern er seiner allgemeinen Pflicht zur Dienstaufsicht nicht nachkommt. Die Verantwortlichkeit des Vorstands im Rahmen der Rechnungslegung ergibt sich aus den unterschiedlichen Regelungswerken. Sie bestimmen, welche Aufzeichnungspflichten der Vorstand befolgen muß. Der Vorstand haftet ebenso wie die gemeinnützige Körperschaft selbst für die **Richtigkeit** von Spendenbescheinigungen. Werden die zugeflossenen Mittel nicht für die **steuerbegünstigten Zwecke** verwendet, die auf der Steuerbescheinigung

---

[19] Siehe dazu § 8 Rz. 37.

[20] *Schleder* Steuerrecht der Vereine, S. 338, Rz. 1576; *Tipke/Kruse* Kommentar zur AO und FGO, § 63, Abs. 3.

[21] Siehe hierzu Rz. 52, 77 sowie § 8 Rz. 71 ff.

angegeben sind, muß derjenige, der für die abweichende Mittelverwendung verantwortlich ist, für die entgangene Steuer einstehen.[22] Grundsätzlich wird vom Vorstand verlangt, daß eine Person, die in steuerlichen Angelegenheiten nicht bewandert ist, in Zweifelsfragen Rat bei einer geeigneten Stelle einholt.[23]

IV. Aufstellungsfrist

21 Wie bereits die Rechnungslegungspflichten insgesamt, so unterliegen gemeinnützige Körperschaften, insbesondere Stiftungen, unterschiedlichen **Aufstellungsfristen** hinsichtlich der geforderten Rechnungslegung. Soweit nicht die allgemeinen Grundsätze der jeweiligen Gesetze zur Anwendung kommen, so sind für Stiftungen die entsprechenden Regelungen der Landesstiftungsgesetze anzuwenden. Für gemeinnützige Körperschaften lassen sich aus den privatrechtlichen Vorschriften des BGB keine Aufstellungsfristen ableiten. Wie bereits ausgeführt, interpretiert die Lehre die privatrechtliche Pflicht der Rechenschaftslegung jedoch als periodische Pflicht der Rechnungslegung. Unterliegen gemeinnützige Körperschaften jedoch weiteren gesetzlichen Regelungen als denen des BGB (Landesstiftungsgesetze, HGB, GmbHG), so bestimmt sich die Aufstellungsfrist nach den in diesen Gesetzen verankerten Rechtsnormen.

22 Für Stiftungen ergeben sich aus den **Landesstiftungsgesetzen** folgende Verpflichtungen:

Die Länder Baden-Württemberg, Bayern, Mecklenburg-Vorpommern und Saarland verlangen die Vorlage der jeweiligen Rechnungslegungswerke bei der Stiftungsbehörde innerhalb von sechs Monaten.[24] Dabei können die Stiftungsbehörden der Länder Baden-Württemberg und Saarland die Vorlage der geforderten Unterlagen in größeren als jährlichen Zeitabständen zulassen. Die Länder Hessen, Niedersachsen und Schleswig-Holstein verlangen die Vorlage innerhalb einer Frist von fünf Monaten.[25] Das Landesstiftungsgesetz Schleswig-Holstein gestattet jedoch auf Antrag eine Verlängerung der Frist. Gemäß Landesstiftungsgesetz Berlin soll das Rechnungslegungswerk dagegen bereits nach vier Monaten vorgelegt werden.[26] Gemäß Landesstiftungsgesetz Hamburg sind die Stiftungsorgane bereits nach drei Monaten verpflichtet, die vorgeschriebenen Rechnungslegungsunterlagen der Aufsichtsbehörde einzureichen.[27] Die übrigen Landesstiftungsgesetze sehen keine

---

[22] Vgl. § 10 b Abs. 4 S. 2 EStG; vgl. auch § 6 Rz. 47 ff.

[23] Siehe auch *Schleder* Steuerrecht und Vereine, Rz. 1648 ff.

[24] § 9 Abs. 2 Ziff. 2 StiftG BW, Art 25 Abs. 1 StiftG Bay, § 15 Abs. 2 Ziff. 2 StiftG MV und § 11 Abs. 2 Ziff. 2 StiftG Saar.

[25] § 7 Ziff. 2 StiftG Hess, § 11 Abs. 2 Ziff. 2 StiftG Nds und § 10 Abs. 2 Ziff. 2 StiftG SH.

[26] § 8 Abs. 1 Ziff. 2 StiftG Berlin.

[27] § 13 Abs. 1 c Hamb. AGBG.

explíziten Aufstellungs- oder Vorlagefristen vor. Die Aufsichtsbehörden können sich jedoch berichten lassen.

Das **Vereinsrecht** schreibt ebenfalls keine konkreten Fristen vor, innerhalb derer die Rechnungslegung erfolgen muß. Aus § 666 BGB ergibt sich lediglich, daß Rechenschaft nach der Ausführung des Auftrags abgelegt werden muß. Davon abweichend kann in der **Satzung** festgelegt werden, daß sie periodisch nach festen Zeiträumen, etwa zum Jahresende, erteilt werden muß. Die Pflicht entsteht § 666 BGB zufolge nur auf Verlangen des Auftraggebers und wird dann sofort fällig. 23

Unterliegen gemeinnützige Körperschaften den Regelungen des **HGB** und des **GmbHG**, so sind die Jahresabschlüsse von großen und mittelgroßen gemeinnützigen Körperschaften (Kapitalgesellschaften) i. S. d. § 267 Abs. 1 HGB innerhalb von 3 Monaten aufzustellen. Kleine Kapitalgesellschaften[28] dürfen den Jahresabschluß auch innerhalb einer Frist von 6 Monaten aufstellen, wenn dies einem geordneten Geschäftsgang entspricht.[29] 24

B. Ergebnisermittlung

I. Allgemeine Grundsätze

Gemeinnützige Körperschaften haben in Abhängigkeit von ihrer Rechtsform nach den verschiedensten Rechtsnormen sowie nach etwaigen besonderen Regelungen ihrer Statuten Rechnung zu legen. Ausgehend von den privatrechtlichen Regelungen wird zunächst nur eine **Aufzeichnung** der Einnahmen über die Ausgaben sowie ein **Vermögensbestandsverzeichnis** gefordert. Dabei ergeben sich aus öffentlich-rechtlichen Aufzeichnungspflichten steuerliche **Gliederungs- und Abgrenzungsanforderungen**, die eine Trennung der verschiedenen Tätigkeitsbereiche in einen ideellen Bereich, die Vermögensverwaltung, wirtschaftliche Geschäftsbetriebe sowie Zweckbetriebe erforderlich machen können.[30] Aus **handelsrechtlichen** Verpflichtungen kann sich ferner die Aufstellung eines Jahresabschlusses bestehend aus Bilanz, Gewinn- und Verlustrechnung sowie Anhang und ggf. Lagebericht ergeben. Je nach Tätigkeitsbereich der gemeinnützigen Körperschaft sind in der Praxis auch **Mischformen** der Rechnungslegung anzutreffen, auf die im weiteren jedoch nicht näher eingegangen werden soll. Im folgenden sollen die Anforderungen nach den einzelnen Rechtsgebieten genauer dargestellt werden. 30

---

[28] Vgl. § 267 HGB.
[29] Vgl. § 264 Abs. 1 HGB.
[30] Vgl. zur Abgrenzung § 6.

II. Ergebnisermittlungsregeln

1. Gemeinnütziger Bereich

a) Vereinsrecht

31 Gemäß §§ 259, 260 BGB sind **laufende** Aufzeichnungen in Form einer geordneten Zusammenstellung der Einnahmen über die Ausgaben sowie ein **Bestandsverzeichnis** über das Vermögen zu führen. Gesetzliche Vorgaben über Form und Inhalt der Einnahmen-/Ausgaben-Rechnung sowie des Bestandsverzeichnisses bestehen nicht. Insbesondere wird aus vereinsrechtlicher Sicht eine Aufteilung der Rechenschaftslegung in die einzelnen Tätigkeitsbereiche der gemeinnützigen Körperschaft nicht verlangt. Die Rechenschaftsabgabe sollte, da sich aus anderen gesetzlichen Regelungen Entsprechendes ergibt (z. B. Steuerrecht), zweckmäßigerweise als **Jahresrechnung** aufgestellt werden.

32 Die **Jahresrechnung** hat dabei ein zutreffendes, vollständiges und klares Bild über die Geschäfte der gemeinnützigen Körperschaft zu vermitteln. Dies bedingt, daß die allgemeinen **Grundsätze ordnungsmäßiger Rechnungslegung** zu erfüllen sind. Dies sind insbesondere die Grundsätze der:
- Richtigkeit und Willkürfreiheit,
- Klarheit und Übersichtlichkeit,
- Vollständigkeit und des Saldierungsverbots,
- Einzelbewertung der Vermögens- und Schuldposten,
- Vorsichtigen Bewertung von Vermögen und Schulden,
- Bewertungs- und Gliederungsstetigkeit,
- Fortführung der Unternehmenstätigkeit.[31]

33 Unter Einnahmen und Ausgaben sind alle Zu- und Abflüsse an Geldmitteln im engeren Sinne zu verstehen. Hierzu gehören neben den reinen **Zahlungsströmen** aus der laufenden Tätigkeit (z. B. Beiträge, Spenden, Zuschüsse, Verwendung von Mitteln für satzungsmäßige Aufgaben etc.) auch **Geldbewegungen** aus Finanzierungs- und Investitionsvorgängen sowie Geldbewegungen im Namen und für Rechnung Dritter.[32]

34 Um dem Gebot der Klarheit gerecht zu werden, hat der Hauptfachausschuß des IdW das nachfolgende Grundschema getrennt nach laufendem Geschäft, Investitionstätigkeit und Finanzbereich aufgestellt. Die Summe der Mittelbewegungen aus diesen drei Teilbereichen stimmt dabei mit der Änderung der Geldmittel im engeren Sinne in der Berichtsperiode überein:[33]

1. Einnahmen aus laufender Tätigkeit
2. – Ausgaben aus laufender Tätigkeit

[31] Vgl. Stellungnahme des *IdW* HFA 4/1995, S. 305.
[32] Vgl. Stellungnahme des *IdW* HFA 4/1995, S. 311.
[33] Vgl. Stellungnahme des *IdW* HFA 4/1995, S. 312.

3.	= Einnahmen-/Ausgabenüberschuß aus laufender Tätigkeit

4.	Einnahmen aus Abgängen von Gegenständen des Anlagevermögens mit Ausnahme der Finanzanlagen
5.	– Ausgaben für Investitionen in das Anlagevermögen mit Ausnahme der Finanzanlagen

6.	Einnahmen-/Ausgabenüberschuß aus der Investitionstätigkeit

7.	Finanzierungsfreisetzung/-bedarf (Summe der Zeilen 3 und 6)

8.	Einnahmen aus dem Finanzbereich
9.	– Ausgaben aus dem Finanzbereich

10.	Einnahmen-/Ausgabenüberschuß aus dem Finanzbereich

11.	Erhöhung/Verminderung des Bestandes an Geldmitteln im engeren Sinne (Summe der Zeilen 7 und 10)
12.	+ Bestand der Geldmittel im engeren Sinne am Anfang der Periode

13.	= Bestand der Geldmittel im engeren Sinne am Ende der Periode

Dabei ist es sinnvoll, die **Struktur** der Einnahmen und Ausgaben aus laufender Tätigkeit durch weitere sachgerechte Untergliederung zu verdeutlichen. Die Untergliederung sollte sich nach den wesentlichen Einnahmequellen und Ausgabearten der betreffenden Organisation richten.[34]

Wie bereits für die Einnahmen-/Ausgabenrechnung gibt es für die 35
Form der Vermögensrechnung ebenfalls keine gesetzlichen Vorschriften. Das IdW hat hierzu ebenfalls einen Vorschlag erarbeitet, der sich gliederungstechnisch an den Regelungen des § 266 HGB orientiert. Hiernach sollen unter Berücksichtigung der Gegebenheiten der jeweiligen Körperschaft mindestens folgende Vermögensgegenstände und Schulden einzeln ausgewiesen werden:[35]

Rohvermögen
- immaterielle Vermögensgegenstände;
- Grundstücke und grundstücksgleiche Rechte einschließlich Bauten;
- übrige Sachanlagen;
- Finanzanlagen;
- Vorräte;
- Wertpapiere, soweit nicht unter Finanzanlagen auszuweisen;
- Schecks, Kassenbestand, Bundesbankguthaben, Guthaben bei Kreditinstituten;
- Forderungen und übrige Vermögensgegenstände.

---

[34] Vgl. Stellungnahme des *IdW* HFA 4/1995, S. 312.
[35] Vgl. Stellungnahme des *IdW* HFA 4/1995, S. 314.

Eigenmittel und Schulden
- frei verfügbare Eigenmittel (einschließlich freier Rücklagen);
- zweckgebundene Rücklagen;
- Verbindlichkeiten aus noch nicht zweckentsprechend verwendeten Mitteln;
- ungewisse Verbindlichkeiten;
- Verbindlichkeiten gegenüber Kreditinstituten;
- übrige Verbindlichkeiten.

Gemäß HFA-Stellungnahme 4/1995 sollte die **Bewertung** der Vermögens- und Schuldenpositionen gemäß handelsrechtlicher Vorschriften (§§ 252 ff. HGB) erfolgen. Für den Fall, daß eine von dieser Regelung abweichende Bewertung vorgenommen wird, indem z. B. Zeitwerte herangezogen werden, sollte darauf ausdrücklich hingewiesen werden.[36]

36 Neben der soeben dargestellten Einnahmen-Ausgabenrechnung des IdW soll ein weiteres zweckmäßiges Schema dargestellt werden. Es orientiert sich an den vier Sphären einer gemeinnützigen Institution[37] und ist ebenfalls gliederungstechnisch den Bedürfnissen der jeweiligen Körperschaft anzupassen.

Einnahmen- u. Ausgabenrechnung einer gemeinnützigen Körperschaft

Ideeller Bereich

Einnahmen	**Ausgaben**
Mitgliedsbeiträge	Verwaltungskosten
Spenden	– Personalaufwendungen
Zuschüsse	– sonstige Geschäfts- und Verwaltungskosten
...	Mitgliederverwaltung
...	Verbandsabgaben
...	Allgemeine Betriebskosten
Sonstige Einnahmen	Sonstige Ausgaben
Summe der Einnahmen aus dem ideellen Bereich	Summe der Ausgaben aus dem ideellen Bereich

[36] Vgl. Stellungnahme des *IdW* HFA 4/1995, S. 315.
[37] Vgl. *Sauer/Luger* Vereine und Steuern, S. 61.

Vermögensverwaltung

Einnahmen	Ausgaben
Kapitalerträge	Ausgaben im Zusammenhang mit Finanzanlagen (Zinsen u. ä. Aufwendungen)
Miet- und Pachteinnahmen	Ausgaben im Zusammenhang mit Vermietung und Verpachtung
Rechtevergabe	Ausgaben im Zusammenhang mit Rechtevergabe
Anlagenverkäufe	Buchwerte Anlageverkäufe
Zuschreibungen	Abschreibungen auf immaterielle Vermögensgegenstände und Sachanlagen
Summe der Einnahmen aus der Vermögensverwaltung	Summe der Ausgaben aus der Vermögensverwaltung

Zweckbetriebe

Einnahmen	Ausgaben
Einnahmen aus Sportveranstaltungen	Ausgaben für Sportveranstaltungen
Einnahmen aus kulturellen Veranstaltungen	Ausgaben für kulturelle Veranstaltungen
Einnahmen aus Sonderleistungen	Ausgaben für Sonderleistungen
Summe der Einnahmen aus Zweckbetrieben	Summe der Ausgaben aus Zweckbetrieben

Wirtschaftliche Geschäftsbetriebe

Einnahmen	Ausgaben
Einnahmen aus Profisportveranstaltungen	Ausgaben für Profisportveranstaltungen
Einnahmen aus der Vermarktung von kulturellen Tätigkeiten	Ausgaben im Zusammenhang mit der Vermarktung von kulturellen Tätigkeiten
Einnahmen Gastronomie und gesellige Veranstaltungen	Ausgaben im Zusammenhang mit Gastronomie und geselligen Veranstaltungen
Einnahmen aus der Vermarktung des Sports	Ausgaben im Zusammenhang mit der Vermarktung des Sports
Einnahmen sonstiger wirtschaftlicher Geschäftsbetriebe	Ausgaben sonstiger wirtschaftlicher Geschäftsbetriebe
Sonstige Einnahmen	Sonstige Ausgaben
Summe der Einnahmen aus wirtschaftlichen Geschäftsbetrieben	Summe der Ausgaben aus wirtschaftlichen Geschäftsbetrieben

Fraglich ist, wie jene Aufwendungen zu behandeln sind, die in mehreren Bereichen entstanden sind. Während die Finanzverwaltung eine **Aufteilung** verlangt, spricht sich die Rechtsprechung für eine **Zuordnung** entsprechend der Primärveranlassung aus.[38]

b) Stiftungsrecht

37 Wie bereits ausgeführt,[39] sind die Detailanforderungen an die Rechnungslegung von Stiftungen in den Rechtsquellen des Stiftungsrechts, dem Bürgerlichen Gesetzbuch und den Stiftungsgesetzen der einzelnen Bundesländer uneinheitlich und meist nur grob geregelt.

38 Die für die Stiftungen in den Ländern Sachsen, Sachsen-Anhalt und Thüringen maßgeblichen Vorschriften des BGB über die Rechnungslegung von Vereinen verlangen im Rahmen der internen Rechenschaftslegung lediglich, daß zum einen die **Feststellbarkeit** einer etwaigen Überschuldung gewährleistet sein muß[40] und zum anderen, daß die Einnahmen und Ausgaben einer Periode zusammengestellt werden[41] und nach Abschluß des Geschäftsjahres ein **Vermögensbestandsverzeichnis** erstellt wird.[42] Hier bietet es sich an, sich an die vom IdW veröffentlichten und unter Rz. 35 vorgestellten Grundschemata anzulehnen.[43] Dabei ist aber zu beachten, daß sich in der Vermögensrechnung aufgrund stiftungsbezogener Eigenschaften einige Abweichungen ergeben. Demnach lauten die einzelnen Posten im Rahmen der **Kapital- und Schuldenaufstellung** hier wie folgt:

Stiftungskapital und Schulden
- Stiftungskapital (Grundstockvermögen und Zustiftungen)
- Kapitalerhaltungsrücklage
- sonstige Rücklagen
- Mittelvortrag (Mittelüberschuß/ -fehlbetrag)
- Verbindlichkeiten aus erteilten Zusagen (= noch nicht zweckentsprechend verwendete Mittel)
- ungewisse Verbindlichkeiten
- Verbindlichkeiten gegenüber Kreditinstituten
- übrige Verbindlichkeiten.[44]

39 In den übrigen Bundesländern finden die Rechnungslegungsvorschriften der jeweiligen Landesstiftungsgesetze Anwendung. Ihnen ist wiederum einzig und allein gemeinsam, daß sie das Ablegen der Rechenschaft über die Verwaltung des Stiftungsvermögens verlangen, in-

---

[38] *Orth* Rechnungslegung der Nonprofit-Organisationen in: Festschrift für Albert J. Rädler zum 65. Geburtstag, S. 481.
[39] Vgl. Rz 3.
[40] § 86 BGB i.V. m. § 42 BGB.
[41] § 259 BGB.
[42] § 260 BGB.
[43] Vgl. Stellungnahme des *IdW* HFA 4/1995, S. 312 ff.
[44] Vgl. IDW RS HFA 5, TZ 82 in: FN-IDW 4/2000, S. 141.

dem Bücher geführt werden und nach Ablauf des Geschäftsjahres ein Abschluß erstellt wird. I. d. R. beinhaltet die geforderte **Jahres(ab)-rechnung** neben einer Einnahmen- und Ausgabenrechnung eine **Vermögensübersicht** sowie einen Bericht über die Erfüllung des Stiftungszwecks.[45] Wesentliche Unterschiede lassen sich aber in Inhalt und Umfang der Detailregelung erkennen. Die Stiftungsgesetze der Länder Mecklenburg-Vorpommern, Nordrhein-Westfalen, Rheinland-Pfalz, Baden-Württemberg, Saarland und Schleswig-Holstein verlangen explizit eine **ordnungsmäßige Buchführung**.[46] In Bayern und Rheinland-Pfalz wird darüber hinaus noch ein **Voranschlag** bzw. ein **Haushaltsplan** verlangt.[47]

Aufgrund der Tatsache, daß die **Stiftungssatzung** selbst auf Inhalt, 40
Umfang und Gestalt der Rechnungslegung Einfluß nehmen kann, und die landesrechtlichen Vorschriften zum Teil erheblich voneinander abweichen, sind in der Praxis keine einheitlichen Formen zu erkennen, die einen Vergleich verschiedener Stiftungen erlauben würden. So stößt man in praxi nicht nur auf die doppelte, sondern auch auf die einfache und auf die kameralistische Buchführung. Aus diesem Grund hat sich das IdW veranlaßt gesehen, die Rechnungslegungspflichten der Stiftungen in einer Stellungnahme zur Rechnungslegung von Stiftungen zu vereinheitlichen, ohne den Gesetzgeber anzurufen.[48] Die in diesem Zusammenhang behandelten Stiftungen sind ausschließlich rechtsfähige Stiftungen des bürgerlichen Rechts.[49] Das IdW erkennt in seiner Stellungnahme, daß für Stiftungen mehrere Formen der Rechnungslegung Anwendung finden. So stehen, soweit in dem jeweiligen Landesstiftungsgesetz oder in der Satzung nichts Gegenteiliges gefordert wird, auf der einen Seite die **Einnahmen-Ausgabenrechnung** mit der **Vermögensrechnung** und auf der anderen Seite die Erstellung eines kaufmännischen **Jahresabschlusses** in Konkurrenz zueinander. Aufgrund der Erkenntnis, daß die Einnahmen-Ausgabenrechnung

[45] Art 25 Abs. 1 StiftG Bay, § 8 Abs. 1 Ziff. 2 StiftG Berlin, § 12 Abs. 2 Ziff. 2 StiftG Bremen, § 9 Abs. 2 Ziff. 2 StiftG BW, § 13 Abs. 1c Hamb. AGBGB, § 7 Ziff. 2 StiftG Hess, § 15 Abs. 2 Ziff. 2 StiftG MV, § 11 Abs. 2 Ziff. 2 StiftG Nds, § 17 StiftG RP, § 11 Abs. 2 Ziff. 2 StiftG Saar, § 10 Abs. 2 Ziff. 2 StiftG SH.

[46] § 7 Abs. 3 StiftG BW, § 10 Abs. 1 StiftG NW, § 17 Abs. 2 StiftG RP, § 4 Abs. 2 S. 3 StiftG SH, § 9 Abs. 3 StiftG MV und § 5 Abs. 1 StiftG Saar.

[47] Art 24 StiftG Bay bzw. § 17 Abs. 1 und 4 StiftG RP.

[48] IDW RS HFA 5, in: FN-IDW 4/2000, S. 129 ff. Zur Bedeutung von Verlautbarungen siehe *Merl* Die Rechnungslegung der Stiftung in: Stiftungen, S. 106 f.; *Brandmüller* Gewerbliche Stiftungen, S. 188 ff. und WP-Handbuch, 1. Band, 1996, S. 103 ff.

[49] IDW RS HFA 5, TZ 2, in: FN-IDW 4/2000, S. 130. Parallel dazu gibt es Gesetzesinitiativen seitens der Bundestagsfraktion von Bündnis 90/Die Grünen sowie der FDP. Durch deren „Gesetz zur Förderung des Stiftungswesens" (BT-Drs. 13/9320) bzw. „Gesetz zur Reform des Stiftungsrechts" (BT-Drs. 14/336) soll ua auch die Rechnungslegung von Stiftungen neu geregelt werden. Beide Entwürfe sind inhaltlich gleich. Sie sehen in einem neugefaßten § 85 Abs. 2 BGB bzw. § 84 Abs. 2 BGB vor, daß alle Stiftungen einen Jahresabschluß nach den Vorschriften der §§ 238 HGB aufzustellen haben. Die Einhaltung der strengen handelsrechtlichen Vorschriften für Kapitalgesellschaften wird jedoch nicht als erforderlich erachtet.

keine periodengerechte Zuordnung der Einnahmen und Ausgaben garantiert,[50] legt das IdW zumindest jenen Stiftungen, die umfangreiche und komplizierte Verhältnisse aufweisen, eine periodengerechte Rechnungslegung nahe. Hier wiederum ist nach der **Größe der Stiftungen** zu differenzieren. Während für kleinere Stiftungen eine Rechnungslegung nach den §§ 238 ff. HGB, also jenen Vorschriften, die für alle Kaufleute gelten, ausreichen, sollen sich jene Stiftungen an den restriktiveren Vorschriften gemäß §§ 264 ff. HGB orientieren, deren Bilanzsumme 5,31 Mio. DM überschreitet.[51] Die anderen Kriterien[52] des § 267 HGB (Umsatz und Arbeitnehmerzahl), die dazu dienen, kleine, mittelgroße und große Kapitalgesellschaften voneinander zu unterscheiden, sind bei der Betrachtung der Stiftungen von zu vernachlässigender Aussagekraft.

41 Eine Alternative zu den weiter oben dargestellten Einnahmen- Überschußrechnungen und Vermögensrechnungen, die ebenfalls stiftungsspezifische Besonderheiten berücksichtigt, soll im folgenden vorgestellt werden. Sie genügt den Vorschriften der Rechnungslegung, sofern es sich um kleine und mittlere Stiftungen handelt, bei denen weder wirtschaftliche Geschäftsbetriebe noch Zweckbetriebe vorliegen und gleichzeitig große Teile des Vermögens in Rentenwerten, Aktien und Fondsanteilen angelegt worden sind.[53]

---

[50] Die Gefahr, die sich auf Grund der fehlenden Periodisierung ergibt, besteht zum einen darin, daß das Stiftungsvermögen durch eine vorzeitige Verwendung der Stiftungsmittel geschmälert werden kann, und zum anderen, daß die Stiftungsergebnisse zweier aufeinanderfolgender Abrechnungszeiträume nicht miteinander verglichen werden können; vgl. *Marquard/Hauck* Rechnungslegung und Prüfung von Stiftungen in: Die roten Seiten zum Magazin Stiftung&Sponsoring, Heft 1, 1998, S. 4.

[51] *Orth* empfiehlt aus arbeitsökonomischen Überlegungen, für den Fall, daß für einzelne Teilbereiche der Stiftung Bücher nach kaufmännischen Regeln geführt werden, dies auch für die gesamte Stiftung zu tun. Vgl. dazu *Orth* Rechnungslegung und Publizität in: Seifart/v. Campenhausen, Handbuch des Stiftungsrechts, S. 560, Rz. 24; vgl. auch Diskussionsentwurf des *IdW* in: Stiftungen, S. 312.

[52] An dieser Stelle sei angemerkt, daß durch Inkrafttreten des Kapitalgesellschaften- & Co. Richtlinie-Gesetzes (KapCoRiliG) die Werte des § 267 HGB heraufgesetzt werden; vgl. dazu Rz. 99.

[53] Vgl. *Schindler* Rechnungslegung von Stiftungen in: Festschrift für Lutz Fischer, 1999, S. 427 ff.

XY – Stiftung

Vermögensrechnung:	**DM**	**DM**
Stiftungsvermögen am 01. 01.		________
Zustiftungen	________	
Zuführung aus freien Rücklagen gem. § 58 Nr. 7 a AO	________	________
Veräußerungsverluste	________	
Veräußerungsgewinne	________	________
Stiftungsvermögen am 31. 12.		________
Freie Rücklage gem. § 58 Nr. 7a AO am 01. 01.		________
Einstellung	________	
Entnahmen		
Zur Zuführung zum Stiftungsvermögen	________	
Zur Zuführung zu Stiftungsmitteln	________	________
Freie Rücklage gem. § 58 Nr. 7 a AO am 31. 12.		________
Gesamtvermögen (o. Stiftungsmittel) zum 31. 12.		________

Mittelrechnung:

Stiftungsmittel am 01. 01.		________
Zugänge		
Zuwendungen zur unmittelbaren Vergabe (Spenden)	________	
Zinsen, Dividenden, Mieten, etc.	________	
Entnahmen aus der freien Rücklage gem. § 58 Nr. 7 a AO	________	________
Abgänge		
Satzungsmäßige Leistungen	________	
Einstellungen in die freie Rücklage gem. § 58 Nr. 7 a AO	________	
Verwaltungskosten	________	________
Stiftungsmittel am 31. 12.		________

Projektrücklagen-Rechnung

Projektrücklagen / Förderverbindlichkeiten

Am 01. 01.		________
Zugänge	________	
Abgänge	________	________
Projektrücklagen / Förderverbindlichkeiten am 31. 12.		________

Diese modifizierte Einnahmen-Ausgabenrechnung vermag es, den interessierten Instanzen (Finanzverwaltung, Stiftungsaufsicht, Stiftungsvorstand) die entscheidenden Daten für die jeweiligen Zwecke zur Verfügung zu stellen. Die **Vermögensrechnung** berücksichtigt, daß sich das Stiftungsvermögen durch Zustiftungen zwangsläufig erhöhen muß, daß die Veräußerungsgewinne und -verluste allein die Höhe des Stiftungsvermögens, nicht jedoch die der Stiftungsmittel beeinflussen dürfen und daß eine Zuführung aus freien Rücklagen möglich ist.[54] Die **Stiftungsmittelrechnung** orientiert sich grob an den Bedürfnissen einer gemeinnützigen Institution. Notwendige Verfeinerungen werden in der Praxis dadurch erreicht, daß weitere Unterpositionen geschaffen werden. Die steuerlich geforderte zeitnahe Mittelverwendung ist dann gegeben, wenn der Stiftungsmittelbestand zu Beginn des Wirtschaftsjahres abzüglich der satzungsmäßigen Leistungen des selben Jahres und abzüglich der Projektrücklagen/Förderverbindlichkeiten zum Jahresende kleiner oder gleich Null ist. Der Grundsatz der **zeitnahen Mittelverwendung** wird an anderer Stelle näher beleuchtet.[55] Eine auf Stiftungen zugeschnittene Gestalt der Bilanz und GuV wird im folgenden Abschnitt vorgestellt. 42

c) Handelsrecht

Kaufleute sind verpflichtet, Rechnung nach den Vorschriften des HGB (§§ 238 ff. HGB) einschließlich der nicht kodifizierten GoB zu legen. Das bedeutet, daß sie die **doppelte Buchführung** anzuwenden und nach Ablauf eines jeden Geschäftsjahres eine Bilanz und eine Gewinn- und Verlustrechnung als **Jahresabschluß** aufzustellen haben. Vervollständigt werden diese Unterlagen durch den aufzustellenden Anhang und ggf. durch einen **Lagebericht**. 43

Für gemeinnützige Körperschaften sind nach geltendem Recht diese strengen Vorschriften i. d. R. nicht relevant. Dies gilt für Vereine ebenso wie für Stiftungen. Da Stiftungen und Vereine grundsätzlich keine Kaufleute i. S. d. §§ 1 ff. HGB sind, gelten für sie auch in der Regel nicht die Rechnungslegungsvorschriften des HGB. Die §§ 238 ff. HGB sind lediglich dann anzuwenden, wenn die gemeinnützigen Institutionen kraft **Gewerbebetriebes Kaufleute** sind, sofern also ihre Tätigkeit einen solchen Umfang besitzt, daß ein in kaufmännischer Art und Weise eingerichteter **Geschäftsbetrieb** unabdingbar ist, oder ihre Firma gem. § 2 HGB im Handelsregister eingetragen ist. Die Vorschriften sind in diesen Fällen auf den unternehmerischen Bereich der Körperschaften anzuwenden. Es ist jedoch möglich, diese aus Gründen der Einheitlichkeit und Übersichtlichkeit auch auf den nichtunternehmerischen Bereich anzuwenden. Anderes gilt jedoch, wenn die gemeinnützige Institution in der Rechtsform einer **GmbH** geführt wird. In die- 44

---

[54] Vgl. *Schindler* Rechnungslegung und Stiftungen in: Festschrift für Lutz Fischer, 1999, S. 428.

[55] Siehe dazu Rz. 52 ff. sowie *Schindler* Rechnungslegung und Stiftungen in: Festschrift für Lutz Fischer, 1999, S. 429.

sem Fall gelten für sie zusätzlich zu den für alle Kaufleute geltenden Rechnungslegungsvorschriften gemäß § 13 Abs. 3 GmbHG auch die ergänzenden Rechnungslegungsvorschriften der §§ 264 ff. HGB, und zwar nicht nur für den unternehmerischen Bereich, sondern für die gesamte gemeinnützige Körperschaft.[56] Zusätzlich sind rechtsformspezifische Vorschriften der §§ 41, 42 GmbHG einzuhalten. Zu beachten sind daher die besonderen Gliederungs-[57] und Bewertungsvorschriften,[58] die Verpflichtungen, den Jahresabschluß um einen Anhang gemäß §§ 284 ff. HGB zu erweitern, einen Lagebericht[59] zu erstellen, sowie den Jahresabschluß prüfen zu lassen[60] und diesen offenzulegen.[61] **Größenabhängige Erleichterungen** für kleine und mittelgroße Kapitalgesellschaften gem. § 267 HGB können aber in Anspruch genommen werden. Die Normen des HGB sind auch dann anzuwenden, wenn die Satzung der gemeinnützigen Institution explizit die Rechnungslegung anhand dieser Vorschriften vorsieht.

45 Den Vorschriften für Kapitalgesellschaften unterliegen auch jene gemeinnützigen Körperschaften, die mit ihrem wirtschaftlichen Geschäftsbetrieb zwei von drei der in den §§ 1 und 11 **PublG** genannten Größen überschreiten, jedoch auch hier nur bezogen auf den unternehmerischen Bereich.

Die **Größenmerkmale** sind folgende:

1. Die Bilanzsumme einer auf den Abschlußstichtag aufgestellten Jahresbilanz übersteigt einhundertfünfundzwanzig Millionen Deutsche Mark.
2. Die Umsatzerlöse des Unternehmens in den zwölf Monaten vor dem Abschlußstichtag übersteigen zweihundertfünfzig Millionen Deutsche Mark.
3. Das Unternehmen hat in den zwölf Monaten vor dem Abschlußstichtag durchschnittlich mehr als fünftausend Arbeitnehmer beschäftigt.

Auf die Frage, wie die unternehmerischen Bereiche einer gemeinnützigen Körperschaft, die wirtschaftlichen Geschäftsbetriebe, Rechnung zu legen haben, wird genauer in Rz. 55 ff. eingegangen.

46 Bilanz und GuV einer nicht an die Vorschriften des zweiten Abschnitts des dritten Buches des HGB gebundenen Stiftung, in denen stiftungsbezogene Besonderheiten berücksichtigt werden, könnten wie folgt aussehen:[62]

---

[56] Vgl. *Thiel* Die gemeinnützige GmbH in GmbHR 1/1997, S. 10 ff.; § 4 Rz. 95 ff.

[57] Vgl. §§ 266 ff. HGB.

[58] Vgl. §§ 279 ff. HGB.

[59] Vgl. § 289 HGB.

[60] Vgl. §§ 316 ff. HGB.

[61] Vgl. §§ 325 ff. HGB.

[62] Vgl. *Schindler* Rechnungslegung und Stiftungen in: Festschrift für Lutz Fischer, 1999, S. 429 ff.

Bilanz der xy-Stiftung

	31. 12. Berichtsjahr DM	31. 12. Vorjahr DM
Aktiva		
A. Anlagevermögen		
I. Immaterielle Vermögensgegenstände Patente, Lizenzen	....	....
II. Sachanlagen		
1. Grundstücke	....	....
2. Geschäftsausstattung	....	....
III. Finanzanlagen		
Wertpapiere des Anlagevermögens	....	....
B. Umlaufvermögen		
I. Forderungen und sonstige Vermögensgegenstände		
1. Forderungen	....	....
2. Sonstige Vermögensgegenstände	....	....
II. Wertpapiere		
Sonstige Wertpapiere	....	....
III. Guthaben bei Kreditinstituten	....	....
	________	________

Passiva

A. Eigenkapital		
I. Stiftungskapital		
1. Errichtungsdotation	....	....
2. Zustiftungen	....	....
II. Ergebnisrücklagen		
1. Kapitalerhaltungsrücklagen		
a) Freie Rücklagen gem. § 58 Nr. 7a AO	....	....
b) Rücklagen aus Vermögens-umschichtungen	....	....
2. Sonstige Ergebnisrücklagen	....	....
III. Mittelvortrag	....	....
B. Sonstige Rückstellungen		
C. Verpflichtungen aus Fördermaßnahmen		
I. Rückstellungen für beschlossene Fördermaßnahmen, § 58 Nr. 10 AO	....	....
II. Verbindlichkeiten aus bewilligten Fördermaßnahmen	....	....
D. Verbindlichkeiten		
Verbindlichkeiten aus Lieferungen und Leistungen	....	....
Sonstige Verbindlichkeiten		
	....	....
	________	________

Gewinn- und Verlustrechnung der xy-Stiftung

	Ideeller Bereich	Vermögensverwaltung	Zweckbetriebe	Wirtschaftliche Geschäftsbetriebe	Gesamt
Erträge aus					
Umsatzerlösen			....	....	....
Spenden	....		....		....
Beteiligungen		....	....	....	....
Wertpapieren		....		....	....
Dienstleistungen			....	....	....
Verwaltungstätigkeit	....	....	....	....	....
Sonstige Erträge	....	....	....	....	....
	___	___	___	___	___
Aufwendungen für					
Material	....	....	....	....	....
Personal	....	....	....	....	....
Abschreibungen	....	....	....	....	....
Steuern vom Einkommen und vom Ertrag				....	....
Satzungsmäßige Zwecke	....		....		....
Einstellungen/Entnahmen in/aus					
– Rücklagen gem. § 58 Nr. 6 AO	....		....		....
– Rücklagen gem. § 58 Nr. 7 a AO		....			....
– Rücklagen gem. § 58 Nr. 7 b AO		....			....
Vermögensumschichtungen		....			....
Mittelvortrag auf neue Rechnung	....	....	....	....	....
	___	___	___	___	___

47 **Stiftungsspezifische** Eigenschaften finden besonders auf der Passivseite der Bilanz ihren Niederschlag. Das Eigenkapital besteht aus dem Stiftungskapital, den Kapitalerhaltungsrücklagen sowie dem Mittelvortrag. Läßt man sowohl letzteren als auch die projektbezogenen Rücklagen außen vor, kann das gesamte Eigenkapital langfristig angelegt und zur Substanzerhaltung genutzt werden. Die Position „Verpflichtungen aus Fördermaßnahmen" sollte aufgeteilt werden in jene, die intern beschlossen wurden, und jene, die externen Dritten gegenüber gelten.[63] Der restliche Teil der Bilanz entspricht im wesentlichen dem Bilanzschema des HGB. Die Trennung der Stiftung in die **vier Sphären** einer gemeinnützigen Körperschaft ist im Rahmen der GuV erforderlich. Hier sind sowohl die Erträge als auch die Aufwendungen aufzuspalten. In der Praxis zeigt sich, daß Erträge relativ leicht dem jeweiligen Bereich zuzuordnen sind. Schwierigkeiten ergeben sich hingegen bei der Zuordnung der Aufwendungen, da häufig die Mitarbeiter von Stiftungen in allen vier Bereichen eingesetzt werden. In solchen Fällen muß es Aufgabe sein, die **Kostenrechnung** auf die jeweilige Struktur der Körperschaft auszurichten und auf diesem Wege die für die Rechnungslegung erforderlichen Daten zu bekommen.[64] An dieser Stelle sei außerdem auf die Ausführungen unter Rz. 55 hingewiesen.

d) GmbH-Recht

48 Aus § 13 Abs. 3 GmbHG i.V.m. § 6 Abs. 1 HGB folgt, daß die für die Kapitalgesellschaften geltenden strengen **Rechnungslegungsvorschriften** des HGB für die GmbH anzuwenden sind. Der aufzustellende Jahresabschluß hat gemäß § 264 Abs. 2 HGB die Vermögens-, Finanz- und Ertragslage der GmbH nach den handelsrechtlichen Grundsätzen ordnungsmäßiger Buchführung wiederzugeben.

49 Zu beachten ist dabei aber, daß die gemeinnützige GmbH im Gegensatz zu einer gemeinnützigen Stiftung oder einem gemeinnützigen Verein nur über **eine einzige Sphäre** verfügt, und zwar der betrieblichen. Die Vorschriften sind demzufolge auf die gesamte Gesellschaft anzuwenden. Im anzufertigenden Jahresabschluß werden somit keine steuerlichen Besonderheiten berücksichtigt. Soweit aus gemeinnützigkeitsrechtlichen Gründen ein besonderer Ausweis einzelner Bilanzpositionen, beispielsweise bei den Rücklagen, zweckmäßig ist, kann dieser als „davon"-Vermerk erfolgen oder eine Erweiterung der Gliederung im Rahmen des § 265 Abs. 5 HGB vorgenommen werden. Dabei werden sämtliche **Vermögensmehrungen** als Ertrag aufgefaßt, die nicht Zuzahlung in das Eigenkapital der Gesellschaft sind. Parallel dazu gelten alle **Vermögensminderungen** als Aufwand, sofern sie – wie in aller Regel – keine Gewinnausschüttungen an die Gesellschafter darstellen.[65]

---

[63] Vgl. *Schindler* Rechnungslegung und Stiftungen in: Festschrift für Lutz Fischer, 1999, S. 430.

[64] *Schindler* Rechnungslegung und Stiftungen in: Festschrift für Lutz Fischer, 1999, S. 429 ff.

[65] Vgl. *Thiel* Die gemeinnützige GmbH in: GmbHR, 1/1997, S. 12.

Nur wenn der Gesellschafter selbst eine gemeinnützige Körperschaft sein sollte, ist eine Gewinnausschüttung denkbar.[66] Sowohl die Einnahmen als auch die Ausgaben des nicht wirtschaftlichen Bereiches werden somit erfolgswirksam.[67] Dementsprechend spiegelt die Steuerbilanz das gesamte Betriebsvermögen der gemeinnützigen GmbH wider, ungeachtet der Tatsache, daß ein Teil z. B. aus Spenden zur Erfüllung von Satzungszwecken stammt. Anhand dieser Steuerbilanz ist es möglich, den Gesamtgewinn der GmbH zu ermitteln. Ist man nun bestrebt, den **steuerpflichtigen** von dem **steuerfreien Ergebnisanteil**, der sich aus der Gemeinnützigkeit ergibt, zu trennen, ist die Gewinn- und Verlustrechnung heranzuziehen. Hiervon ausgehend, sind die Aufwendungen und Erträge des wirtschaftlichen Geschäftsbetriebs zu isolieren, ohne daß dabei die Wertbewegungen zwischen dem steuerpflichtigen und dem steuerfreien Bereich zu berücksichtigen sind. Als Ergebnis ergibt sich der steuerfreie Anteil des Gewinns.[68]

e) Steuerrecht

Wie unter Rz. 8 ff. bereits dargestellt, sind auch steuerrechtliche Vorschriften für die Rechnungslegung maßgebend. In diesem Rahmen ist vor allem die **gemeinnützigkeitsspezifische** zusätzliche Anforderung an die Rechnungslegung hervorzuheben. Sofern dies die Klarheit erfordert, müssen die Einnahmen getrennt nach allen **vier Sphären** der gemeinnützigen Körperschaft aufgezeichnet werden. Dadurch wird die Beurteilung erleichtert, ob der steuerpflichtige wirtschaftliche Geschäftsbetrieb die in § 64 Abs. 3 AO festgesetzte Aufgriffsgrenze von 60 000 DM überschreitet.[69] Im steuerfreien Teilbereich ist es Aufgabe der Rechnungslegung, die Rechtmäßigkeit der Steuerbefreiung wegen der Gemeinnützigkeit zu ermitteln bzw. zu belegen.[70] So unterliegen die gemeinnützigen Körperschaften der **Aufzeichnungspflicht** des § 63 Abs. 3 AO. Sie haben durch ordnungsmäßige Aufzeichnung von Einnahmen und Ausgaben den Nachweis über eine gemeinnützige Geschäftsführung zu erbringen. 50

Während ein bestimmtes Buchführungssystem nicht vorgeschrieben ist, müssen die Bestimmungen über die **Ordnungsmäßigkeit der Buchführung** eingehalten werden. Die Geschäftsvorfälle müssen sich gemäß § 145 AO in ihrer Entstehung und Abwicklung verfolgen lassen. Buchungen und darüber hinaus erforderliche Aufzeichnungen müssen in **vollständiger, richtiger, zeitgerechter** und geordneter Weise erfolgen. Sie dürfen nicht so geändert werden, daß der ursprüngliche Inhalt nicht mehr feststellbar ist. Das Führen der Bücher und sonstiger Aufzeichnungen auf Datenträgern ist dann zulässig, wenn die Daten während des gesetzlichen Aufbewahrungszeitraumes in angemessener 51

---

[66] Siehe § 55 Abs. 1 Nr. 1 S. 2 AO.

[67] Vgl. *Thiel* Die gemeinnützige GmbH in: GmbHR, 1/1997, S. 12.

[68] Vgl. *Thiel* Die gemeinnützige GmbH in: GmbHR, 1/1997, S. 10 ff.

[69] Vgl. § 7 Rz. 47.

[70] Vgl. § 8 Rz. 37.

Zeit wieder lesbar gemacht werden können.[71] Die obigen Vorschriften über die Ordnungsmäßigkeit der Buchführung greifen laut § 146 Abs. 6 AO auch dann, wenn die Körperschaft die Bücher und Aufzeichnungen, die für die Besteuerung relevant sind, führt, ohne dazu verpflichtet zu sein. § 147 AO enthält Vorschriften für die Aufbewahrung von Unterlagen.[72] Für jene Fälle, in denen die Einhaltung der steuerlichen Buchführungs-, Aufzeichnungs- und Aufbewahrungsfristen Härten mit sich bringt, sieht § 148 AO die Einräumung von **Erleichterungen** durch die Finanzbehörde vor, sofern die Besteuerung nicht negativ beeinflußt wird.

52 Die gemeinnützigen Körperschaften müssen ferner beweisen, daß die tatsächliche Geschäftsführung auch den Bestimmungen der **Satzung** über die Voraussetzungen der Steuervergünstigungen entspricht. Im Rahmen der steuerlichen Anforderungen an eine der Gemeinnützigkeit gerecht werdende Geschäftsführung ist vor allem die geforderte **zeitnahe**[73] **Mittelverwendung**[74] nachzuweisen. Falls sich aus der Rechnungslegung selbst nicht die **zeitgerechte Mittelverwendung** und **zulässige Rücklagenbildung** ergibt, sind gegebenenfalls Nebenrechnungen zu fertigen. Eine genauere Form dieser Rechnung schreibt § 63 Abs. 3 AO jedoch nicht vor. Eine konkretere Regelung findet man im Anwendungserlaß zur Abgabenordnung (AEAO Nr. 9 Satz 3 zu § 55). Hieraus ergibt sich folgendes: „Soweit Mittel nicht schon im Jahr des Zuflusses für die steuerbegünstigten Zwecke verwendet oder zufälligerweise dem Vermögen zugeführt werden, muß ihre zeitnahe Verwendung durch eine Nebenrechnung nachgewiesen werden **(Mittelverwendungsrechnung)**." Als mögliche Form einer solchen Mittelverwendungsrechnung kann das Schema *Thiels*[75] herangezogen werden. Aufzeichnungen nach handelsrechtlichen Regelungen bzw. nach den §§ 140, 141 AO sind zu diesem Zweck mitunter ungeeignet, wenn sie nicht in der Lage sind, den spezifischen Anforderungen gemeinnütziger Körperschaften gerecht zu werden.

53 Die mögliche Gestalt einer Mittelverwendungsrechnung sei hier kurz skizziert:

---

[71] § 146 AO.

[72] Vgl. Rz 12 ff.

[73] Die geforderte Zeitnähe ist noch gewahrt, wenn die in einem Geschäftsjahr vereinnahmten Mittel bis zum Ablauf des nachfolgenden Geschäftsjahres für die steuerbegünstigten satzungsmäßigen Zwecke verwendet worden sind. Vgl. § 55 Abs. 1 Nr. 5 Satz 3 AO sowie dazu ausführlich § 6 Rz. 12.

[74] Nach der Definition des BFH sind unter „Mittel" nicht nur Geldbeträge zu verstehen, die der Organisation durch Spenden, Beiträge und Erträge ihres Vermögens und ihrer wirtschaftlichen Zweckbetriebe zur Verfügung stehen, sondern sämtliche Vermögenswerte einer Körperschaft. Vgl. dazu BFH-Urteil vom 23. 10. 91 I R 19/91, BStBl, II, 1992, S. 62.

[75] Vgl. *Thiel* Die zeitnahe Mittelverwendung – Aufgabe und Bürde gemeinnütziger Körperschaften in: DB, Heft 38, 1992, S. 1900–1907.

Mittelverwendungsrechnung in 01

Mittel	Bindung
1. Zugeflossene Mittel	1. Ausstattungskapital
a)	2. Nutzungsgebundenes Kapital
b)	
c)	3. Rücklagen
2. Verwendungsüberhang	a) nach § 58 Nr. 6 AO
	b) nach § 58 Nr. 7 a AO
	c) nach § 58 Nr. 7 b AO
	d) im wirtschaftlichen Geschäftsbetrieb
	e) ....
	4. Abschreibungen
	5. Verbindlichkeiten
	6. Mittelverwendung
	(1) Mittelvortrag aus 00 ....
	(2) verwendet in 01 ....
	(3) Rückstand aus 00 ....
	(4) zu verwenden aus 01 ....
	(5) verwendet in 01 ....
	(6) Mittelvortrag 01 ....
Summe	Summe

Was die Gestalt anbelangt, stellt die Mittelverwendungsrechnung eine auf dem Zu- und Abflußprinzip basierende Vermögensübersicht dar. Zugeflossene Mittel stehen auf der Aktivseite, die Verwendung und Bindung der Mittel auf der Passivseite. Diese Form der Mittelverwendungsrechnung vermag es ebenfalls, den **Mittelvortrag**, den **Verwendungsrückstand** sowie den **Verwendungsüberhang** auszuweisen.[76]

Im folgenden sei noch der dritte Posten auf der Bindungsseite der 54
Mittelverwendungsrechnung erläutert. In § 58 AO sind die Ausnahmefälle geregelt, die es der gemeinnützigen Körperschaft erlauben, bei bestehendem Mittelverwendungsgebot des § 55 Abs. 1 Nr. 1 AO Vermögen aufzubauen. Dies geschieht dadurch, daß Mittel den Rücklagen zugeführt werden. Der gemeinnützigkeitsrechtliche **Rücklagenbegriff**

[76] Vgl. *Orth* Zur Rechnungslegung von Stiftungen – Überlegungen aus Anlaß des IdW-Diskussionsentwurfs in: DB, 1997, Heft 27/28, S. 1349 sowie *Thiel* Die zeitnahe Mittelverwendung – Aufgabe und Bürde gemeinnütziger Körperschaften in: DB, 1992, Heft 38, S. 1905.

ist vom bilanzrechtlichen zu unterscheiden.[77] Die Rücklagen, die sich aus § 58 AO ergeben und die als Posten in der Mittelverwendungsrechnung auszuweisen sind, sind folgende:

a) gebundene Rücklagen nach § 58 Nr. 6 AO
b) „freie" Rücklagen nach § 58 Nr. 7 a AO
c) Rücklagen zum Erwerb von Gesellschaftsrechten nach § 58 Nr. 7 b AO
d) Rücklagen im Rahmen wirtschaftlicher Geschäftsbetriebe und der Vermögensverwaltung

2. Wirtschaftlicher Geschäftsbetrieb

a) Handelsrecht

55 Im folgenden sei erörtert, worauf gemeinnützige Körperschaften zu achten haben, die aufgrund ihrer Rechtsform, ihrer wirtschaftlichen Tätigkeit oder ihrer Satzung zur handelsrechtlichen Rechnungslegung gemäß §§ 238 ff. HGB verpflichtet sind, sei es auch nur im Rahmen der Sphäre des wirtschaftlichen Geschäftsbetriebes. Grundlage einer solchen strengen Rechnungslegung ist die Einhaltung der **Grundsätze ordnungsmäßiger Rechnungslegung**. Diese Grundsätze sind jedoch nicht nur von Kaufleuten i. S. d. HGB zu berücksichtigen. Ihre Einhaltung wird allgemein ebenfalls von einigen Stiftungsgesetzen[78] und in IDW Stellungnahme zur Rechnungslegung von Stiftungen[79] verlangt. Den übrigen Organisationen, die nicht dazu verpflichtet sind, wird in demselben Diskussionsentwurf eine Befolgung jener Vorschrift nahegelegt.

56 Laut HFA-Stellungnahme 4/1995 des IdW ist bei der Aufstellung eines Jahresabschlusses seitens einer spendensammelnden Körperschaft eine Bilanz und eine Gewinn- und Verlustrechnung aufzustellen. Bei letzterer ist zu beachten, daß die Gliederung nach dem Gesamtkostenverfahren gem. § 275 Abs. 2 HGB erfolgt. Darüber hinaus setzt sich die HFA-Stellungnahme intensiv mit der Rechnungslegung über

- erhaltene Spenden,
- Mitgliedsbeiträge,
- erhaltene Spenden mit Zweckbindung,
- Zinserträge aus ihrer Zwischenanlage bis zur Verwendung,
- erhaltene Sponsorenleistungen

sowie dem Ausweis des Spendenerhalts und der Spendenverwendung in der Gewinn- und Verlustrechnung auseinander.

57 Ferner ist zu beachten, daß der Vorstand im **Anhang** zusätzlich Angaben über das Spendenaufkommen sowie dessen Verwendung zu ma-

---

[77] Zu den gemeinnützigkeitsrechtlichen Rücklagen siehe § 8 Rz. 90 ff. sowie *Orth* Rechnungslegung von Nonprofit-Organisationen in: Festschrift für Albert J. Rädler zum 65. Geburtstag, S. 484.

[78] § 7 Abs. 3 StiftG BW, § 10 Abs. 1 StiftG NW, § 17 Abs. 2 StiftG RP, § 4 Abs. 2 S. 3 StiftG SH, § 9 Abs. 3 StiftG MV und § 5 Abs. 1 StiftG Saar.

[79] Vgl. IDW RS HFA 5, TZ 31, in: FN-IDW 4/2000, S. 133.

chen hat. Dabei sollte eine Gliederung des Mitteleinsatzes vor allem nach geographischen und inhaltlichen Merkmalen unter sinngemäßer Berücksichtigung des § 285 Abs. 4 HGB erfolgen.[80] Zusätzlich wird im Anhang auch eine Stellungnahme darüber verlangt, wie die erhaltenen Spenden bewertet worden sind.[81]

Die IDW Stellungnahme zur Rechnungslegung von Stiftungen setzt sich in ihren Überlegungen, wie die Rechnungslegung der Stiftungen aussehen sollte, ebenfalls mit **Detailregelungen** bezüglich des Jahresabschlusses auseinander.[82] 58

Demnach soll auch auf die Gewinn- und Verlustrechnung der Stiftungen das Gesamtkostenverfahren nach § 275 Abs. 2 HGB Anwendung finden. Zusätzlich sollen stiftungseigene Besonderheiten wie z. B. empfangene Spenden, Zuschüsse und die stiftungsbezogene Mittelverwendung berücksichtigt werden.[83]

Bei der Gliederung der Bilanz ist das Schema von Kapitalgesellschaften vergleichbarer Größe zu übernehmen. Hierbei gilt der Grundsatz, mittels der Bilanz einen vollständigen, klaren und zutreffenden Einblick in die Tätigkeit der Stiftung zu ermöglichen. Auch hier sind wieder die **stiftungsbezogenen Eigenarten** zu beachten, indem ggf. Leerposten weggelassen, neue Posten hinzugefügt und die Gliederungs- und Postenbezeichnungen modifiziert werden.[84] Jenen Stiftungen, die nicht nach kaufmännischen Regeln für Kapitalgesellschaften Rechnung legen, wird nahegelegt, das Anlagevermögen und das Umlaufvermögen auf der Aktivseite der Bilanz und das Eigenkapital, die Schulden sowie die Rechnungsabgrenzungsposten auf der Passivseite auszuweisen. Nötige Untergliederungen sind vorzunehmen. 59

Die **Bewertung** hat dem IdW zufolge nach dem **Anschaffungskostenprinzip** zu erfolgen. Sollte dieser Forderung jedoch nicht entsprochen werden und die Bewertung auf **Zeitwerten** aufbauen, ist dies hinreichend zu verdeutlichen. Gleichzeitig ist aber sicherzustellen, daß über die AK/HK hinausgehende Aufwertungsbeträge nicht Teil des verwendungsfähigen Ergebnisses werden.[85] Es ist allerdings zu beachten, daß es bei gemeinnützigen Körperschaften regelmäßig einen **Verstoß** gegen das Gebot der zeitnahen Mittelverwendung bedeutet, wenn über den Anwendungsbereich des § 58 Nr. 7a AO hinaus Rücklagen als Ausgleich für inflationäre Wertminderungen gebildet werden sollten.[86] 60

[80] Vgl. Stellungnahme des *IdW* HFA 4/1995, S. 311.

[81] Vgl. Stellungnahme des *IdW* HFA 4/1995, S. 306 ff.

[82] Vgl. IDW RS HFA 5, TZ 43–70, in: FN-IDW 4/2000, S. 135–139.

[83] Vgl. IDW RS HFA 5, TZ 43, in: FN-IDW 4/2000, S. 135.

[84] Vgl. IDW RS HFA 5, TZ 44, in: FN-IDW 4/2000, S. 135.

[85] Vgl. IDW RS HFA 5, TZ 49, in: FN-IDW 4/2000, S. 136.

[86] Vgl. dazu *Hüttemann* Der Grundsatz der Vermögenserhaltung im Stiftungsrecht in: Festgabe für Werner Flume zum 90. Geburtstag, 1998; *Schauhoff* Neue Entwicklungen im Stiftungs- und Stiftungssteuerrecht in: ZEV, 1999, S. 122.

61 Des weiteren sind laut IdW Abschreibungen nach § 253 Abs. 4 HGB nicht zulässig. Eine Wertaufholung i. S. d. § 280 HGB muß vorgenommen werden.[87]

62 Bei dem **Eigenkapitalausweis** und der Kapitalerhaltung ist wie folgt vorzugehen: Das Eigenkapital wird im Falle der Stiftungen in drei Posten aufgeteilt: das Stiftungskapital, die Ergebnisrücklagen und den Mittelvortrag. Die Vermögensgegenstände des Grundstockvermögens werden in die Posten Anlagevermögen bzw. Umlaufvermögen nach allgemeinen handelsrechtlichen Grundsätzen untergliedert. Die Ergebnisrücklage wird aus dem Ergebnis gebildet. Sie wird in der Bilanz untergliedert in Kapitalerhaltungsrücklage und sonstige Ergebnisrücklagen.[88]

63 Eine **Darstellung der Ergebnisverwendung** ist als Ergänzung der Gewinn- und Verlustrechnung vorzunehmen. Dabei bietet sich folgendes Schema an:[89]

  Jahresüberschuß/Jahresfehlbetrag
– Änderungen des Stiftungskapitals aus realisierten Vermögensumschichtungen
+ Mittelvortrag aus dem Vorjahr
– Entnahmen aus der Kapitalerhaltungsrücklage
+ Einstellung in die Kapitalerhaltungsrücklage
– Entnahmen aus sonstigen Ergebnisrücklagen
+ Einstellung in sonstige Ergebnisrücklagen

= Mittelvortrag

Satzungsmäßige Leistungen sind sowohl in der Bilanz als auch in der Gewinn- und Verlustrechnung auszuweisen.[90]

64 Für die bilanzielle Behandlung von Spenden ist die HFA-Stellungnahme 4/1995 zu beachten, sofern die jeweils vorliegende Stiftung als **spendensammelnde Organisation** eingestuft werden kann. Daraus ergibt sich, daß ein Ausweis empfangener Sachspenden im Anlagevermögen dann geboten ist, wenn die unentgeltlichen Zuwendungen der dauernden Nutzung zur Zweckerfüllung dienen. Für jene Gegenstände, die in den Herstellungsprozeß einer Investition eingehen sollen, gilt Entsprechendes. Empfangene Sachspenden stellen hingegen Vorratsvermögen dar, wenn sie an die von der Körperschaft geförderten Hilfsempfänger weitergegeben werden sollen.[91]

---

[87] Vgl. zur Bewertung von Vermögensgegenständen und Schulden auch *Orth* Rechnungslegung und Publizität in: *Seifart/v. Campenhausen* Handbuch des Stiftungsrechts, S. 582 ff., § 37 Rz. 119 ff; *Marquard/Hauck* Rechnungslegung und Prüfung von Stiftungen in: Die roten Seiten zum Magazin Stiftung&Sponsoring, Heft 1, 1998, S. 6, 9 sowie *Orth* Zur Rechnungslegung von Stiftungen – Überlegungen aus Anlaß des IdW-Diskussionsentwurfs in: DB, Heft 27/28, S. 1347 f.

[88] Vgl. IDW RS HFA 5, TZ 51–54, in: FN-IDW 4/2000, S. 136, 137.

[89] Vgl. IDW RS HFA 5, TZ 61, in: FN-IDW 4/2000, S. 137.

[90] Vgl. IDW RS HFA 5, TZ 63, in: FN-IDW 4/2000, S. 138.

[91] Vgl. Stellungnahme des *IdW* HFA 4/1995, S. 307.

Im Rahmen der **Bewertung** unentgeltlich erworbener, aktivierungspflichtiger Vermögensgegenstände werden fiktive Anschaffungskosten in Höhe des vorsichtig geschätzten beizulegenden Wertes als sachgerecht angesehen. Die Vermögensgegenstände sind somit mit dem Wert anzusetzen, den die Körperschaft bei einem entgeltlichen Erwerb hätte aufbringen müssen. Der Wert, der beim Ausstellen einer Spendenbescheinigung angesetzt wird, kann als Anhaltspunkt für die bilanzielle Wertermittlung dienen.[92] 65

Selbsterstellte immaterielle Vermögensgegenstände des Anlagevermögens sollen gemäß des IdW in der Vermögensrechnung erfaßt werden, obwohl die für alle Kaufleute geltenden handelsrechtlichen Vorschriften in diesem Fall ein Bilanzierungsverbot vorsehen.[93] 66

Im Rahmen der **Pensionsverpflichtungen** ist es für eine gemeinnützige Körperschaft nicht zulässig, das Wahlrecht des Art 28 EGHGB auszuüben, sofern sie kein Kaufmann ist.[94] Die Rentenverpflichtungen gegenüber den Destinatären und deren Angehörigen sind als satzungsmäßige Leistungen auszuweisen und zu bewerten (siehe oben).[95] 67

Inhalt und Umfang des **Anhangs** richtet sich auch bei Stiftungen nach den §§ 284 ff. HGB. Hinzu kommt jedoch, daß Leistungszusagen, die unter Vorbehalt ausreichender Stiftungsmittel erteilt werden und noch nicht in der Bilanz berücksichtigt wurden, hier anzugeben sind.[96] 68

b) Steuerrecht

Während das Handelsrecht die Dokumentation der Geschäftsvorfälle und den Gläubigerschutz in den Vordergrund stellt, haben die steuerrechtlichen Buchführungs- und Aufzeichnungspflichten für gemeinnützige Körperschaften in erster Linie die Funktion, nachzuweisen, daß die (partielle) **Steuerfreiheit** zu Recht gewährt wird. Ferner dient die steuerliche Gewinnermittlung der Feststellung der **Besteuerungsgrundlagen** für den steuerpflichtigen wirtschaftlichen Bereich. Auch das Steuerrecht enthält für den wirtschaftlichen Geschäftsbetrieb einer gemeinnützigen Körperschaft weitere Vorschriften. Es sieht diese Sphäre als steuerschädlich oder anders ausgedrückt als **steuerpflichtig** an. 69

---

92 Vgl. Stellungnahme des *IdW* HFA 4/1995, S. 307 f.

93 *Orth* Rechnungslegung der Nonprofit-Organisationen in: Festschrift für Albert J. Rädler, S. 472.

94 Dieser Vorschrift zufolge braucht für eine laufende Pension oder eine Anwartschaft auf eine Pension, die auf einer unmittelbaren Zusage basiert, eine Rückstellung nach § 249 Abs. 1 S. 1 HGB nicht gebildet zu werden, sofern der Pensionsberechtigte seinen Rechtsanspruch schon vor dem 1. 1. 1987 erworben hat oder sich ein vor diesem Zeitpunkt erworbener Rechtsanspruch nach dem 31. 12. 1986 erhöht. Für eine mittelbare Verpflichtung braucht eine Rückstellung in keinem Fall gebildet zu werden.

95 Vgl. IDW RS HFA 5, TZ 67, in: FN-IDW 4/2000, S. 138.

96 Vgl. IDW RS HFA 5, TZ 68, in: FN-IDW 4/2000, S. 138.

Sie unterliegt grundsätzlich der uneingeschränkten Besteuerung (KSt, GewSt, USt usw.).[97]

Gemäß § 14 AO zählt zu diesem Bereich jede selbständige, nachhaltige Tätigkeit, durch die Einnahmen oder andere wirtschaftliche Vorteile erzielt werden und die gleichzeitig über den Rahmen einer Vermögensverwaltung hinausgeht.

70 Der **wirtschaftliche Geschäftsbetrieb** ist von dem ideellen Bereich aufzeichnungstechnisch zu trennen. Zu letzterem werden auch die Vermögensverwaltung und die Zweckbetriebe gerechnet.[98] Verfügt eine gemeinnützige Institution über mehrere **wirtschaftliche Geschäftsbetriebe**, so sind diese nach § 64 Abs. 2 AO steuerrechtlich als eine Einheit zu betrachten. Um die Steuerpflicht des steuerschädlichen Bereichs zu bestimmen, ist die Körperschaft verpflichtet, die Einnahmen und Ausgaben aller steuerpflichtigen Einheiten zu erfassen. Dabei reicht es laut § 64 Abs. 2 AO aus, den Gewinn des gesamten steuerpflichtigen Bereichs aus den saldierten Ergebnissen aller wirtschaftlichen Geschäftsbetriebe abzuleiten.[99] Wird die in § 64 Abs. 3 festgesetzte Besteuerungsgrenze von DM 60 000 überschritten, unterliegt der gesamte Gewinn der Körperschaftsteuer und der Gewerbesteuer.[100] Es ist zweckmäßig, die Gewinnermittlung für jeden steuerpflichtigen wirtschaftlichen Geschäftsbetrieb durchzuführen. Die sich ergebenden Gewinne und Verluste sind im Rahmen der Körperschaftsteuerveranlagung zusammenzufassen. Dabei genügt für die **Gewinnermittlung** in der Regel die Einnahmen-Ausgabenrechnung nach § 4 Abs. 3 EStG.[101] Mögliche Schemata wurden bereits in Rz. 31 ff. vorgestellt. Gemäß § 141 AO sind gemeinnützige Körperschaften jedoch dann im Rahmen des wirtschaftlichen Geschäftsbetriebs zur Bilanzierung verpflichtet, wenn die in dieser Vorschrift festgelegten Grenzen überschritten werden. Auch in diesem Fall werden gemäß AEAO Nr. 3 zu § 141 AO i.V.m. § 64 Abs. 2 AO mehrere wirtschaftliche Geschäftsbetriebe als eine Einheit betrachtet. Über § 140 AO werden auch nichtsteuerliche Rechnungslegungsvorschriften für die Besteuerung herangezogen (abgeleitete Buchführungspflicht).

[97] Vgl. zur Abgrenzung der steuerfreien von der steuerpflichtigen Sphäre § 6; zur Gewinnermittlung im steuerpflichtigen Bereich § 7.

[98] Der Zwang zur Trennung ergibt sich aus den §§ 64 Abs. 3, 67 a Abs. 1 AO und der Tatsache, daß steuerpflichtige und steuerbare Einkünfte abzugrenzen sind; vgl. *Marquard/Hauck* Rechnungslegung und Prüfung von Stiftungen in: Die roten Seiten zum Magazin Stiftung & Sponsoring, Heft 1, 1998, S. 7.

[99] Vgl. § 6 Rz. 135 sowie § 7 Rz. 243.

[100] Es sei an dieser Stelle noch einmal darauf hingewiesen, daß der Betrag von DM 60 000 kein Freibetrag ist, sondern eine Freigrenze darstellt.

[101] *Gierlich* Besteuerung der Vereine, NWB, Nr. 45, S. 6813.

III. Zweckmäßigkeitserwägungen

1. Zweck der Bilanzierung bei der gemeinnützigen Körperschaft

Die Rechnungslegung von gemeinnützigen Körperschaften verfolgt **Ziele**, die auch im Handelsrecht zu finden sind. Dort spricht man von der Dokumentations-, der Informations- und der Zahlungsbemessungsfunktion. Jedoch liegt im vorliegenden Fall der Schwerpunkt eher auf der **Dokumentations- und Informationsfunktion**. Die Rechnungslegung soll in erster Linie den zuständigen Behörden (Stiftungsaufsichtsbehörde, Finanzverwaltung) sowie den Organen der Körperschaft selbst Datenmaterial zur Verfügung stellen. Des weiteren sind Spender, Zustifter, Empfänger von Stiftungsleistungen und die interessierte Öffentlichkeit als potentielle Adressaten zu nennen.[102] Während die handelsrechtlichen Bilanzierungsregelungen auf die Ermittlung eines ausschüttungsfähigen Ergebnisses abzielen und darüber hinaus den Gläubigerschutz in den Vordergrund stellen, dient die Bilanzierung bei Vereinen und Stiftungen überwiegend der **Dokumentation der Mittelverwendung**. Insoweit wären Modifikationen für die Anwendung der einschlägigen handelsrechlichen Vorschriften auf die Bilanzierung von Vereinen und Stiftungen sinnvoll. 75

Hinsichtlich des Gläubigerschutzes kommt das IdW zu folgendem Schluß: „Eine Zahlungsbemessungsfunktion – wie sie den handelsrechtlichen Jahresabschlüssen von erwerbswirtschaftlichen Unternehmen immanent ist – liegt der Rechnungslegung von Stiftungen dabei insofern zugrunde, als die Stiftung unter Beachtung der **Verpflichtung der Vermögenserhaltung** die Erträge (hierzu zählen z. B. auch die erhaltenen Spenden) auszuweisen hat, die sie für Stiftungszwecke verwenden kann."[103] Die Anwendung kaufmännischer Rechnungslegungsvorschriften gemäß HGB führt jedoch im Falle der Stiftung dazu, daß die Möglichkeit, Reserven zu bilden, eingeschränkt wird. Gerade die Anwendung dieser – für Kapitalgesellschaften geltenden – Vorschriften (§§ 279 ff. HGB) möchte das IdW weitgehend für alle Stiftungen durchsetzen. Hier muß aber darauf hingewiesen werden, daß für Stiftungen aufgrund des Vermögenserhaltungsgebots die Bildung stiller Reserven von besonderer Bedeutung ist.[104] 76

2. Ausweis der Mittelverwendung

Die Aufzeichnungen, die gemäß den landesstiftungsrechtlichen, handelsrechtlichen und steuerrechtlichen Vorschriften (§§ 140, 141 AO) gefordert werden, genügen alleine nicht den gemeinnützigkeitsrechtlichen Anforderungen. Die Aufgabe der Mittelverwendungsrechnung soll es sein, zum einen die Zustifter, die Spender, die Empfänger von 77

---

[102] Vgl. *Turner* Die Stiftung – eine Möglichkeit individueller Nachfolgegestaltung in: DStR, 37/96, S. 1452.

[103] Vgl. IDW RS HFA 5, TZ 29, in: FN-IDW 4/2000, S. 133.

[104] Vgl. *Brandmüller* Gewerbliche Stiftungen, S. 191; siehe auch Rz. 80.

Stiftungsleistungen und weitere interessierte Dritte als auch die Finanzbehörden über die Verwendung der zugeflossenen Mittel zu **informieren**. Sie soll den Einsatz der Mittel **dokumentieren** und damit Aufschluß darüber geben, ob die Mittel zweckentfremdet eingesetzt oder eine Mittelanhäufung betrieben wurde. Dieses Informationsinstrument, welches in § 63 Abs. 3 AO gefordert, im Anwendungserlaß zur Abgabenordnung (AEAO Nr. 9 S. 3 zu § 55) konkretisiert und in der **Mittelverwendungsrechnung** von *Thiel* Gestalt annimmt, dient in erster Linie den Finanzbehörden, indem es die Einhaltung der gemeinnützigkeitsrechtlichen Vorgaben überprüft. Diese Rechnungslegung nimmt also Bezug auf das Gebot der **zeitnahen Mittelverwendung** für satzungsmäßige Zwecke der §§ 55 Abs. 1 Nr. 1 S. 1 AO, 58 Nr. 6, 7 AO. Zu Inhalt und Form dieser Mittelverwendungsrechnung sei auf Rz. 50 ff. verwiesen.

78 Neben dieser von *Thiel* aufgestellten Mittelverwendungsrechnung in Form einer Nebenrechnung wird in der einschlägigen Literatur in zunehmendem Maße das Konzept einer **Einheitsrechnungslegung** oder die **Nebenrechnung** nach *Kießling/Buchna* favorisiert. Letztere lehnt sich an den Jahresabschluß und damit an die Aufwendungen und Erträge an, während *Thiels* Ansatz allein auf die Einnahmen und Ausgaben abstellt. Dies führt dazu, daß beide Ansätze bezogen auf die zu verwendenden Mittel einer Periode zu divergierenden Ergebnissen kommen. Besonders aus Vereinfachungsgründen sollten bilanzierende Körperschaften ihre Mittelverwendungsrechnung mit dem Jahresabschluß verknüpfen. Dadurch entfallen ansonsten erforderliche aufwendige Umrechnungen. Zudem ist *Thiels* Mittelverwendungsrechnung nicht mit der Bilanz und der GuV-Rechnung in Einklang zu bringen.[105]

3. Ansatz- und Bewertungsfragen

79 Die handelsrechtlichen Ansatz- und Bewertungsvorschriften sind so gestaltet, daß sie den wichtigen Funktionen der Bilanz – dem Gläubigerschutz und der Ausschüttungsbemessung – gerecht werden. Besonders der in § 252 Abs. 1 Nr. 4 HGB kodifizierte Grundsatz der Vorsicht, der unter anderem neben dem Realisationsprinzip auch das Imparitätsprinzip umfaßt, macht deutlich, daß es nicht um die Ermittlung eines Vermögenszuwachses als Ausdruck des „wirklichen" Vermögenszuwachses geht, sondern vielmehr um den unbedenklich „ausschüttbaren" Vermögenszuwachs. Gemäß § 252 Abs. 1 Nr. 4 HGB wird eine Antizipation der Verluste und gleichzeitig die alleinige Berücksichtigung der bereits zum Abschlußstichtag realisierten Gewinne verlangt (Imparitätsprinzip).

[105] *Ley* Mittelverwendungsrechnung gemeinnütziger Institutionen, in KÖSDI, 9/98, S. 11682 ff. Gemäß *Orth* soll auch *Thiel* nun die Position vertreten, daß die Mittelverwendungsrechnung in die Handelsbilanz eingebettet werden kann. Dies kann z. B. dadurch geschehen, daß der Verwendungsüberhang oder -rückstand anhand von davon-Vermerken bei den jeweiligen Bilanzpositionen ausgewiesen werden kann. Vgl. dazu *Orth* Rechnungslegung der Nonprofit-Organisationen in: Festschrift für Albert J. Rädler zum 65. Geburtstag, S. 480.

Im Falle der Stiftung weichen die **Ziele der Rechnungslegung** jedoch davon ab. Wie bereits angedeutet, sind der Gläubigerschutz und die Ausschüttungsbemessung ohne bzw. nur von untergeordneter Bedeutung. Die vorrangige Zielformulierung lautet dagegen, „ob das **Vermögen** der Stiftung in seinem Bestand ungeschmälert **erhalten** worden ist". Diese Forderung ist in sämtlichen Landesstiftungsgesetzen enthalten. Aber gerade dies ist wegen der dem Handelsrecht zugrundeliegenden Grundsätze nicht gewährleistet. Dies gilt in erster Linie für die vom IdW favorisierte Aufstellung des Jahresabschlusses nach den für Kapitalgesellschaften geltenden Vorschriften. Die handelsrechtlichen Möglichkeiten der Legung stiller Reserven gemäß der für alle Kaufleute geltenden Vorschriften führen auf der anderen Seite dazu, daß die zeitnahe Mittelverwendung wegen der gelegten stillen Reserven zu gering vorgenommen wird und insoweit die Steuerfreiheit der gemeinnützigen Institution gefährdet ist. Statt der Legung stiller Reserven wird in der Literatur befürwortet, so unter anderem das *IdW* und *Carstensen*, offene Reserven in der Gestalt von Kapitalerhaltungsrücklagen zu bilden.[106] Eine konträre Position nehmen hingegen *Brandmüller* und *Orth* ein. Beide vertreten die Ansicht, daß „das deutsche Bilanzrecht wegen des Nominalwertprinzips eine solche offene, das Ergebnis nicht beeinflussende Substanzerhaltung nicht kennt".[107] **80**

4. Gliederungsschema

Die kaufmännische Rechnungslegung ist nur dann in der Lage, ein klares Bild der gemeinnützigen Körperschaft zu liefern, wenn sie ihre Besonderheiten im Gliederungsschema zu berücksichtigen vermag. Wie diese im Falle der Vereine und Stiftungen aussehen sollte, ist bereits skizziert worden. Während das IdW bei der Bilanz der gemeinnützigen Institution im wesentlichen von einer Gliederung ausgeht, die das HGB für Kapitalgesellschaften vorsieht, akzeptiert es in der Gewinn- und Verlustrechnung lediglich das **Gesamtkostenverfahren** gemäß § 275 Abs. 2 HGB.[108] Dies erscheint jedoch zweckmäßig, da das Umsatzkostenverfahren überwiegend keine befriedigenden Informationen liefern kann; dies zumindest, solange es sich um die Rechnungslegung im gemeinnützigen ideellen Bereich handelt. **81**

---

[106] Vgl. zu diesem Thema die unterschiedlichen Positionen in: *Orth* Rechnungslegung und Publizität in: *Seifart/v. Campenhausen*, Handbuch des Stiftungsrechts S. 582 ff., § 37 Rz. 119 ff; *Marquard/Hauck* Rechnungslegung und Prüfung von Stiftungen in: Die roten Seiten zum Magazin Stiftung&Sponsoring, Heft 1, 1998, S. 6, 9; *Orth* Zur Rechnungslegung von Stiftungen – Überlegungen aus Anlaß des IdW-Diskussionsentwurfs in: DB, 1997, Heft 27/28, S. 1347 f.; *Carstensen* Vermögensverwaltung, Vermögenserhaltung und Rechnungslegung gemeinnütziger Stiftungen; *Hüttemann* Der Grundsatz der Vermögenserhaltung im Stiftungsrecht in: Festgabe für Werner Flume zum 90. Geburtstag, 1998 sowie *Orth* Rechnungslegung der Nonprofit-Organisationen in: Festschrift für Albert J. Rädler zum 65. Geburtstag, S. 472 f.

[107] *Brandmüller* Gewerbliche Stiftungen, S. 191 sowie *Orth* Zur Rechnungslegung von Stiftungen, DB, 1997, S. 1341 ff.

[108] Vgl. IDW RS HFA 5, TZ 43 in: FN-IDW 4/2000, S. 135; Stellungnahme des *IdW* HFA 4/1995, S. 307.

C. Prüfung

I. Prüfungspflichten

1. Stiftungs- und Vereinsrecht

90 Die Prüfungspflicht kann sich bei **Stiftungen** lediglich aus den Stiftungsgesetzen oder der Stiftungssatzung ergeben. Allein die Stiftungen, die (zusätzlich) ein Gewerbe betreiben und mit diesem gleichzeitig die Grenzen des PublG überschreiten, oder diejenigen Stiftungen, die unter das Stiftungsgesetz des Landes Nordrhein-Westfalen fallen, müssen gemäß §§ 6, 14 PublG bzw. § 10 StiftG NW nach handelsrechtlichen Vorschriften (§§ 316–324 HGB) geprüft werden. In einigen Bundesländern sind die Stiftungsaufsichtsbehörden befugt, die Prüfung selbst durchzuführen oder zu veranlassen. Allein in Bayern ist die Stiftungsaufsichtsbehörde zur Prüfung verpflichtet.[109] Für die Durchführung der Prüfung kommen in erster Linie Wirtschaftsprüfer und Wirtschaftsprüfungsgesellschaften in Frage. Darüber hinaus ist es den Stiftungen gestattet, selbst die Prüfung in Auftrag zu geben.[110]

91 Aus dem **Vereinsrecht** ergeben sich grundsätzlich keine Prüfungspflichten der periodischen Rechnungslegung.[111] Ausnahmen gelten jedoch für gemeinnützige Wohnungsbauvereine, Lohnsteuerhilfevereine sowie Rabattvereine.[112]

92 **Krankenhäuser** sind nach der Krankenhaus-Buchführungsverordnung (KHBV) nicht zur Abschlußprüfung verpflichtet. Mehrere Bundesländer haben jedoch eine Prüfung der periodischen Rechnungslegung in ihrem Landesrecht verankert, die im Vergleich zu den Vorschriften des HGB erweitert worden sind.[113]

93 Eine weitere **Sonderregelung** ist auch im **Berufsfußball** zu erkennen. Hiernach besteht für Lizenzvereine des DFB ebenfalls eine Prüfungspflicht. Die Prüfung der Lizenzvereine besteht aus zwei Teilen. Der DFB schreibt vor, daß die **Rechnungslegungsunterlagen** zum einen gemäß Anhang Nr. 2 zum Lizenzspielerstatut durch externe Wirtschaftsprüfer geprüft und testiert werden müssen. Dabei wird auf die allgemeinen Regelungen der §§ 316 ff. HGB unter Beachtung der berufsüblichen Grundsätze verwiesen, wobei explizit die Einhaltung der vom IdW verfaßten „Grundsätze ordnungsmäßiger Durchführung von Abschlußprüfungen" gefordert wird. Zum anderen sind die Rech-

---

[109] Art 25 Abs. 1 StiftG Bay.

[110] Vgl. *Heinemann* Die Prüfung der Stiftung in: *IdW,* Stiftungen, S. 128.

[111] Zur Prüfung von Vereinen siehe auch *Goerdeler* Rechnungswesen und Prüfung im Gemeinnützigkeitsbereich in: Festschrift für Moxter, 1994, S. 739.

[112] Vgl. *Galli* Das Rechnungswesen im Berufsfußball, S. 103 sowie *Lutter* Zur Rechnungslegung und Publizität gemeinnütziger Spendenvereine in: BB, Heft 8, 1988, S. 491.

[113] Vgl. WP-Handbuch, 1. Band, 1996, S. 1233.

nungslegungsunterlagen beim DFB einzureichen, wo sie einer zweiten, DFB-internen Prüfung, unterzogen werden.[114]

94 Gemeinnützige Körperschaften, die in der Rechtsform einer GmbH geführt werden, unterliegen hingegen aufgrund ihrer Rechtsform den handelsrechtlichen Prüfungsbestimmungen für **Kapitalgesellschaften**, die sich aus den §§ 316 ff. HGB ergeben. Sie unterliegen lediglich dann nicht der Verpflichtung, den Jahresabschluß und den Lagebericht durch einen Abschlußprüfer prüfen zu lassen, wenn sie kleine Gesellschaften i. S. d. § 267 Abs. 1 HGB sind.

2. Steuerrecht

95 Neben dem Veranlagungsverfahren, bei dem die Finanzbehörde grundsätzlich nur die Abschlüsse bzw. die Zusammenstellung der Einnahmen und Ausgaben prüft, kennt das Steuerrecht die **Außenprüfung** (Betriebsprüfung). Sie umfaßt die vollständige Prüfung der Bücher und Aufzeichnungen. Als Prüfungsgegenstand umfaßt sie somit die laufende Buchführung und Aufzeichnungen sowie die Abschlüsse bzw. Zusammenstellung der Einnahmen und Ausgaben. Bei gemeinnützigen Körperschaften erfolgt eine Außenprüfung, sofern eine Prüfung an Amtsstelle nicht zweckmäßig ist.[115] Üblicherweise werden gemeinnützige Stiftungen alle drei Jahre steuerlich veranlagt.[116] Eine jährliche Veranlagung erfolgt dagegen, wenn die Stiftung Zuschüsse seitens der öffentlichen Hand erhält oder aufgrund der betrieblichen Sphäre (partiell) steuerpflichtig ist. **Prüfungsgegenstand** ist im Rahmen der **Veranlagung** die formelle und materielle Satzungsmäßigkeit. Es ist dabei also zu prüfen, ob die Satzung mit den §§ 51 ff. AO und die tatsächliche Geschäftsführung mit der Satzung in Einklang stehen. Vorzulegen sind seitens der zu prüfenden gemeinnützigen Körperschaften in diesem Zusammenhang gemäß § 63 Abs. 3 AO die aktuelle Satzung, die Zusammenstellung der Einnahmen und Ausgaben zusammen mit der Mittelverwendungsrechnung sowie ein Tätigkeitsbericht.[117]

96 Die geschilderten steuerrechtlichen Vorschriften gelten gleichermaßen für gemeinnützige Vereine.

Was die Gemeinnützigkeitserfordernisse und deren Überprüfung durch die Finanzbehörde anbelangt, sind GmbHs den Vereinen und Stiftungen gleichgestellt.[118]

---

[114] Vgl. *Galli* Das Rechnungswesen im Berufsfußball, S. 203 ff.

[115] Vgl. § 193 Abs. 2 Nr. 2 AO. Im Rahmen der Außenprüfung wird nicht nur der steuerpflichtige Geschäftsbetrieb geprüft. Auch der ideelle Bereich steht im Mittelpunkt der Betrachtung. Hauptaugenmerk wird hier z. B. darauf gerichtet sein, ob die Mitglieder der gemeinnützigen Körperschaft zulässige Zuwendungen erhalten haben, und ob die Rücklagenbildung den gesetzlichen Vorschriften entspricht.

[116] Vgl. § 7 Rz. 330 ff.

[117] Vgl. *Orth* Rechnungslegung und Publizität in: *Seifart/v. Campenhausen* Handbuch des Stiftungsrechts, S. 641, § 37 Rz. 245 sowie *Goerdeler* Rechnungswesen und Prüfung im Gemeinnützigkeitsbereich in: Festschrift für Moxter, 1994, S. 738 f.

[118] Vgl. dazu § 4 Rz. 95 ff. und *Goerdeler* Rechnungslegung und Prüfung im Gemeinnützigkeitsbereich in: Festschrift für Moxter, 1994, S. 739 f.

II. Bestellung des Abschlußprüfers

97 Die externe Prüfung, also jene, die nicht von einem Stiftungsorgan selbst vorgenommen wird, gehört zum Aufgabenfeld der **Stiftungsaufsichtsbehörde**. Andere Prüfer können hinzugezogen werden, und zwar[119]

- kraft **stiftungsrechtlicher** Regelung
  Dies ist in Nordrhein-Westfalen und Brandenburg[120] dann vorgesehen, wenn ein erwerbswirtschaftliches Unternehmen von der Stiftung betrieben wird. In diesem Fall sind die Buchführung und der Jahresabschluß durch Wirtschaftsprüfer oder Wirtschaftsprüfungsgesellschaften als Abschlußprüfer zu prüfen. Bei Zustimmung der Aufsichtsbehörde können Stiftungen mit geringem Vermögen von der Prüfung durch einen solchen Abschlußprüfer absehen.
- kraft **Auftrag** der Stiftungsaufsichtsbehörde
  Die meisten Landesstiftungsgesetze erlauben der Stiftungsaufsichtsbehörde, einen **externen Prüfer** mit der Durchführung der Prüfung zu beauftragen.[121] Als Abschlußprüfer kommen demnach Wirtschaftsprüfer, Wirtschaftsprüfungsgesellschaften oder andere befugte Sachverständige in Frage.
- kraft **Auftrag** der Stiftung
  Gibt die Stiftung selbst freiwillig oder gemäß ihrer Satzung eine Prüfung in Auftrag und reicht den **Prüfungsbericht** bei der Aufsichtsbehörde ein, so reduziert sich die Prüfung seitens der Behörde. In Bayern, Berlin und Brandenburg wird im Gegenzug jedoch verlangt, daß die Prüfung von Wirtschaftsprüfern bzw. Wirtschaftsprüfungsgesellschaften, staatlichen Rechnungsprüfungsbehörden, Prüfungsverbänden oder anderen Prüfungsinstitutionen mit gleicher Qualifizierung durchgeführt wird.[122] Durch den Entschluß einer Stiftung, die eigenen Bücher und Abschlüsse durch Wirtschaftsprüfer oder Wirtschaftsprüfungsgesellschaften **freiwillig** prüfen zu lassen, wird zum einen erreicht, daß die Stiftung gezwungen wird, die Buchführung und die Rechnungslegung ordnungsgemäß vorzunehmen, zum anderen wird durch die mit der Prüfung verbundene Redepflicht eine ordnungs-

---

[119] Vgl. *Orth* Rechnungslegung und Publizität in: *Seifart/v. Campenhausen*, Handbuch des Stiftungsrechts, Rz. 183 ff., S. 606 ff.

[120] § 10 StiftG NW; §§ 12, 19 Abs. 3 StiftG Brandenburg.

[121] Eine Prüfung der Stiftungsverwaltung durch Dritte ist beispielsweise in den §§ 9 Abs. 3 StiftG BW, 12 Abs. 1 StiftG Bremen, 15 Abs. 1 StiftG MV, 11 Abs. 3 StiftG Saar kodifiziert. Eine mögliche Prüfung durch Dritte, die die Geschäfts- und Kassenführung bzw. Wirtschaftsführung der Stiftung zum Gegenstand hat, ist in den §§ 12 StiftG Hess, 11 Abs. 1 StiftG Nds, 33 Abs. 2 StiftG RP, 10 Abs. 1 StiftG SH sowie dem Art 25 Abs. 3 StiftG Bay kodifiziert.

[122] Vgl. *Orth* Rechnungslegung und Publizität in Seifart/v. Campenhausen, Handbuch des Stiftungsrechts, Rz. 186, S. 608; siehe Art 25 Abs. 2 Satz 2 StiftG Bay sowie § 8 Abs. 3 StiftG Bln.

mäßige Verwaltung und Besetzung der Stiftungsorgane herbeigeführt.[123]

Jene Stiftungen, die (zusätzlich) ein **Gewerbe** betreiben, **müssen** (insoweit) von Wirtschaftsprüfern oder Wirtschaftsprüfungsgesellschaften geprüft werden, wenn sie die Größen des PublG überschreiten.

Das Vereinsrecht sieht vor, daß die **Vereinssatzung** eine Prüfung 98
zur Pflicht machen kann. Diese kann **interner**, durch ein Mitglied, oder **externer** Art, also durch einen außenstehenden **Prüfer**, sein. Ansonsten gelten die obigen Ausführungen zu Stiftungen, sofern ein Verein ein Gewerbe betreibt oder die Größen des PublG überschreitet.

Im Falle der GmbH ergibt sich die Bestellung der Abschlußprüfer 99
aus den Vorschriften des HGB aufgrund ihrer Rechtsform. Gemäß § 316 HGB müssen mittlere und große GmbHs[124] ihren Jahresabschluß durch einen Abschlußprüfer prüfen lassen. Während bei einer mittleren GmbH vereidigte Buchprüfer oder Buchprüfungsgesellschaften beauftragt werden können, kann die Prüfung bei großen Gesellschaften nur von Wirtschaftsprüfern oder Wirtschaftsprüfungsgesellschaften durchgeführt werden.

III. Prüfungsgegenstand

Sofern die gemeinnützige Körperschaft keinen gesetzlichen Vor- 100
schriften unterliegt, hat sie die Möglichkeit, sowohl den **Prüfungsgegenstand** als auch den **Prüfungsumfang** festzulegen und im **Prüfungsauftrag** zu fixieren. Das IdW vertritt die Auffassung, daß bei der Prüfung der Ordnungsmäßigkeit der Rechnungslegung – Buchführung, Jahresabschluß und ggf. der Bericht über die Erfüllung des Stiftungszwecks – **auch** die **folgenden Punkte** einbezogen werden sollten, wenn Hinweise auf Verstöße gegen maßgebliche Bestimmungen erkennbar oder weitergehende Prüfungshandlungen wegen möglicher Auswirkungen auf den Abschluß der gemeinnützigen Körperschaft notwendig sind:

- Erhaltung des Stiftungsvermögens,
- die Ordnungsmäßigkeit der Geschäftsführung,

---

[123] Vgl. *Berndt* Stiftung und Unternehmen, S. 127 f, Rz. 423.

[124] Die Größenklassen ergeben sich aus § 267 HGB. Die Kapitalgesellschaften werden gemäß Abs. 1 dieser Vorschrift als *klein* eingestuft, wenn sie zwei der drei folgenden Merkmale nicht überschreiten: 1.) Bilanzsumme von 6.720.000 DM, 2.) Umsatzerlöse von 13.440.000 DM sowie 3.) im Jahresdurchschnitt 50 Arbeitnehmer. Als *mittelgroß* gelten die Kapitalgesellschaften laut Abs. 2, wenn sie mindestens zwei der oben genannten Merkmale überschreiten und gleichzeitig mindestens zwei der folgenden drei Merkmale nicht überschreiten: 1.) Bilanzsumme von 26.890.000 DM, 2.) Umsatzerlöse von 53.780.000 DM und 3.) im Jahresdurchschnitt 250 Arbeitnehmer. *Groß* sind jene Kapitalgesellschaften, die gem. Abs. 3 zwei der drei zuletzt genannten Merkmale übersteigen. Die Größenklassenmerkmale Umsatzerlöse und Bilanzsumme wurden durch Inkrafttreten des Kapitalgesellschaften- & Co. Richtlinie-Gesetzes (KapCoRiliG) heraufgesetzt.

– die Ordnungsmäßigkeit der satzungs- und bestimmungsgemäßen Mittelverwendung,
– die Einhaltung des steuerlichen Gemeinnützigkeitsrechts.[125]

101 Darüber hinaus sind diverse **Sonderprüfungen** möglich. Dazu gehören etwa
– die Mißbrauchsprüfung und
– die Veruntreuungsprüfung.[126]

Denkbar sind auch Prüfungen, die andere Sachverhalte untersuchen. Sie richten sich dann nach dem jeweils zwischen Abschlußprüfer und Auftraggeber vereinbarten Inhalt der Erweiterung des Prüfungsauftrags. Eine Erweiterung des Prüfungsauftrags ist z. B. im Fall der Stiftungen vor allen Dingen aufgrund der besonderen Ansprüche der Stiftungsaufsichtsbehörde in bezug auf die Rechnungslegung und die Prüfung ratsam.[127] Die **Pflichten des Prüfers** resultieren zum einen aus den gesetzlichen Vorschriften, zum anderen aus der Berufsausübung.

102 Für den Fall, daß ein dem handelsrechtlichen Bestätigungsvermerk gemäß § 322 Abs. 1 HGB entsprechendes **Testat** erteilt werden soll, ist eine Prüfung der Ordnungsmäßigkeit der Buchführung durchzuführen. Diese umfaßt eine eingehende Auseinandersetzung mit
– der Buchführung,
– dem Jahresabschluß,
– dem Anhang und
– dem Lagebericht (falls dieser zu erstellen ist).[128]

IV. Prüfungsergebnis

1. Prüfungsbericht

103 In einem **Prüfungsbericht**, der sich auf die Prüfung einer gemeinnützigen Körperschaft beziehen soll, sind die allgemeinen **Berichtsgrundsätze** anzuwenden. Dies sind die Grundsätze der Klarheit, der Unparteilichkeit, der Vollständigkeit und der Wahrheit.[129] Die Gestaltung des Prüfungsberichtes ergibt sich aus dem Prüfungsauftrag. Wird eine Prüfung nach §§ 316 ff. HGB oder analog §§ 316 ff. HGB in Auftrag gegeben, so ist der Prüfungsbericht entsprechend IdW PS 450 an-

---

[125] Vgl. Stellungnahme des *IdW* HFA 4/1995, S. 315; *Schindler* Rechnungslegung von Stiftungen in: Festschrift für Lutz Fischer, 1999, S. 432 f.; *Marquard/Hauck* Rechnungslegung und Prüfung von Stiftungen in: Die roten Seiten zum Magazin Stiftung&Sponsoring, Heft 1, 1998, S. 10 ff.

[126] Vgl. *Orth* Rechnungslegung und Publizität in: *Seifart/v. Campenhausen* Handbuch des Stiftungsrechts, 1999, S. 605, § 37 Rz. 180.

[127] Vgl. *Turner* Die Stiftung – eine Möglichkeit individueller Nachfolgegestaltung in: DStR 37/96, S. 1453; *Heinemann* Die Prüfung der Stiftung in: Stiftungen, S. 139 f.; Stellungnahme des *IdW* HFA 4/1995, S. 320.

[128] Vgl. IDW PS 740, TZ 11 in: FN-IDW 4/2000, S. 143.

[129] Vgl. Prüfungsstandard des *IdW* IdW PS 450 in: IdW Fachnachrichten, 7/99, S. 242.

zufertigen.[130] Da keine grundsätzliche Pflicht zur Beachtung der handelsrechtlichen Gliederungsvorschriften besteht, sind die Besonderheiten eigener **Gliederungsschemata** gemeinnütziger Körperschaften im Prüfungsbericht zu berücksichtigen. Bei gesetzlich nicht vorgeschriebenen Prüfungen muß der Prüfungsauftrag genau definiert werden. Der **Auftragsdarstellung** kommt in diesem Fall eine besondere Bedeutung zu.[131] Sinnvoll ist z. B. eine Erweiterung des Auftrages dahingehend, daß die Prüfung die ordnungsgemäße Anwendung besonderer gesetzlicher oder satzungsmäßiger Bestimmungen (z. B. Mittelverwendung) und die Erhaltung des Stiftungsvermögens vorsieht.[132] Wird der **Prüfungsauftrag** erweitert, muß im Prüfungsbericht gem. IdW PS 450 auch auf das Ergebnis der zusätzlichen Prüfung, die sich auf den Jahresabschluß oder den Lagebericht bezieht, eingegangen werden.[133] Soll ein **Testat** gem. § 322 HGB erteilt werden, kann der Prüfungsauftrag lediglich durch den Auftraggeber erweitert werden. Dieser kann den Umfang der Berichterstattung durch den Abschlußprüfer nicht reduzieren.

Der **Inhalt** des Prüfungsberichts sollte gemäß IdW PS 450 folgende 104
Punkte enthalten:

• Prüfungsauftrag

Neben der oben angesprochenen Darstellung des Prüfungsauftrags sollte hier vor allem auch deutlich gemacht werden, daß das Auftragsverhältnis gegenüber der gemeinnützigen Körperschaft und nicht gegenüber Dritten besteht.[134]

• Grundsätzliche Feststellungen

Der Abschlußprüfer ist dazu verpflichtet, auf die Beurteilung der **Lage des Unternehmens** durch seine gesetzlichen Vertreter Stellung zu nehmen, soweit es die geprüften Unterlagen und der Lagebericht zulassen.[135] Zusätzlich muß der Abschlußprüfer eine Aussage darüber treffen, ob im Rahmen der Durchführung der Prüfung Unrichtigkeiten oder gar Verstöße gegen gesetzliche Vorschriften sowie Tatsachen festgestellt worden sind, die den **Bestand** des geprüften Unternehmens **gefährden** oder seine **Entwicklung** wesentlich **beeinträchtigen** können oder die schwerwiegende **Verstöße** der gesetzlichen Vertreter oder von Arbeitnehmern gegen Gesetz, Gesellschaftsrecht oder Satzung darstellen. Zu nennen ist dabei z. B. die potentielle Gefährdung der steuerlichen Anerkennung als gemeinnützige Körperschaft.

---

[130] Vgl. Prüfungsstandard des *IdW* IdW PS 450: Grundsätze ordnungsmäßiger Berichterstattung bei Abschlußprüfungen in: IdW Fachnachrichten, 7/99, S. 241.

[131] Vgl. IDW PS 740, TZ 27 ff., in: FN-IDW 4/2000, S. 146 ff.

[132] Dies wird in Bayern schon gesetzlich gefordert. Siehe dazu die Neufassung des Bayerischen Stiftungsgesetzes Art 25 Abs. 2 Satz 1 StiftG Bay.

[133] Vgl. Prüfungsstandard des *IdW* IdW PS 450: Grundsätze ordnungsmäßiger Berichterstattung bei Abschlußprüfungen in: FN 7/99, Rz. 16, S. 244.

[134] Vgl. Prüfungsstandard des *IdW* IdW PS 450: Grundsätze ordnungsmäßiger Berichterstattung bei Abschlußprüfungen in: IdW Fachnachrichten, 7/99, S. 244, Rz. 18.

[135] § 321 Abs. 1 Satz 2 HGB.

• Gegenstand, Art und Umfang der Prüfung

Das IdW sieht in Anlehnung an § 321 Abs. 3 HGB vor, daß der beauftragte Prüfer Gegenstand, Art und Umfang der Prüfung in einem gesonderten Abschnitt zu erläutern hat. Gehen Prüfungsgegenstand und -umfang über den § 317 HGB hinaus, ist an dieser Stelle zu berichten, und zwar unabhängig davon, ob darüber im Bestätigungsvermerk zu berichten ist.

• Feststellungen und Erläuterungen zur Rechnungslegung

Gemäß § 321 Abs. 2 HGB ist im Hauptteil darzustellen, ob die Buchführung und die weiteren geprüften Unterlagen, der Jahresabschluß und der Lagebericht, mit den gesetzlichen Vorschriften und den ergänzenden Bestimmungen des Gesellschaftsvertrags oder der Satzung in Einklang stehen. So muß u. a. geklärt werden, ob die Buchführung nach § 239 Abs. 2 HGB, unabhängig von der angewandten Form der Rechnungslegung, vollständig, richtig, zeitgerecht und geordnet vorgenommen worden ist. Ferner kann es angebracht sein, auf die **Beachtung steuerlicher Vorschriften** Bezug zu nehmen.

Bezüglich des Jahresabschlusses bzw. der Einnahmen-/Ausgabenrechnung in Verbindung mit einer Vermögensrechnung ist darauf einzugehen, auf welcher Grundlage der Nachweis, der Ausweis und die Vermögens- und Schuldenbewertung erfolgt sind. Dabei sollen genauso wie beim kaufmännischen Jahresabschluß für die Einnahmen-Ausgabenrechnung einschließlich Vermögensrechnung die Grundsätze zur Erläuterung des Jahresabschlusses nach den Bestimmungen des Prüfungsstandards PS 450 gelten. Die **Posten** des Jahresabschlusses sind **aufzugliedern** und ausreichend zu **erläutern**, sofern dadurch die Vermögens-, Finanz- und Ertragslage besser zum Ausdruck kommt und diese Angaben nicht im Anhang enthalten sind. Die Erläuterungen sollen dabei auf **rechtsformspezifische Besonderheiten** von Vereinen und Stiftungen abstellen.

Darüber hinaus ist auch darauf einzugehen, ob der Abschluß insgesamt unter Beachtung der Grundsätze ordnungsmäßiger Buchführung ein den tatsächlichen Verhältnissen entsprechendes Bild der Vermögens-, Finanz- und Ertragslage vermitteln. An dieser Stelle bietet es sich an, **analysierende Darstellungen** in den Bericht mit aufzunehmen. Neben Bilanzstruktur- und Erfolgsquellenanalysen ist es sinnvoll, eine Kapitalflußrechnung[136] oder eine Cash-Flow-Analyse in den Bericht einzubringen, um ergänzende Angaben über die finanzielle Entwicklung des Unternehmens zu machen, die aus dem Abschluß entweder gar nicht oder nur mittelbar abgeleitet werden können. Auch hier sind die Schemata an die Belange der gemeinnützigen Körperschaften anzupassen.

• Feststellungen zu Erweiterungen des Prüfungsauftrags

Wurde der Prüfungsauftrag erweitert, so ist auf das Ergebnis der zusätzlichen Prüfungen, sofern sie sich nicht auf den Jahresabschluß oder

---

[136] Vgl. dazu Stellungnahme HFA 1/1995: Die Kapitalflußrechnung als Ergänzung des Jahres- und Konzernabschlusses, FN-IdW 1995, S. 72.

den Lagebericht beziehen, in einem **separaten Abschnitt** des Prüfungsberichts einzugehen.

• Bestätigungsvermerk/Bescheinigung

Der Bestätigungsvermerk gem. § 322 Abs. 5 HGB ist ebenfalls im Prüfungsbericht aufzunehmen. Gleiches kann auch für die Bescheinigung für nicht bilanzierende Körperschaften, der nicht die handelsrechtlichen Vorschriften zu Grunde liegen, empfohlen werden.

• Anlagen zum Prüfungsbericht

Neben dem geprüften Abschluß und evtl. dem Lagebericht sowie den zugrunde liegenden Auftragsbedingungen können dem Prüfungsbericht noch weitere Anlagen beigefügt werden.

Zu letzteren kommen z. B. in Frage:

– eine Darstellung der rechtlichen Verhältnisse
  Gefordert wird eine Darstellung der grundsätzlichen **rechtlichen Struktur** der Körperschaft. Dabei sind Angaben über die Aufbauorganisation, Ausschüsse und Beiräte, einer etwaigen Mitgliedschaft in einem Spitzenverband über die Eintragung ins Register, den wesentlichen Inhalt des Gesellschaftsvertrags bzw. der Satzung, den Vorstand bzw. die Geschäftsführung, die Beteiligungsverhältnisse sowie die Gesellschafter-/Mitgliederversammlung zu machen. An dieser Stelle sollten auch Angaben zu dem Abschluß **langfristiger Verträge** sowie **schwebender Prozesse** gemacht werden.
  Zu berichten ist auch über steuerlich relevante Sachverhalte, wie z. B. über den letzten steuerlichen **Freistellungsbescheid** oder die letzte steuerliche **Betriebsprüfung** und sonstige steuerliche Besonderheiten.[137]
– umfassende Aufgliederungen und Erläuterungen der Jahresabschlußposten
– eine weitergehende Analyse der wirtschaftlichen Lage durch den Abschlußprüfer.

2. Prüfungsvermerk (Testat)

Die Erteilung des Bestätigungsvermerks zu einem Jahresabschluß 105
einer gemeinnützigen Körperschaft orientiert sich an den vom IdW verfaßten **Grundsätzen für die ordnungsmäßige Erteilung von Bestätigungsvermerken** bei Abschlußprüfungen gemäß IdW PS 400. Daraus ergibt sich, daß jene Prüfungen, die nach Art und Umfang denen von Kapitalgesellschaften nach §§ 316 ff. HGB entsprechen, mit einem Vermerk gemäß § 322 HGB schließen. Nachdem der Abschlußprüfer kurz den Gegenstand, die Art sowie den Umfang der Prüfung skizziert hat, hat er im Bestätigungsvermerk sein **Prüfungsergebnis** zu beurteilen. Sind vom Abschlußprüfer keine Einwendungen zu erheben, so hat er in seinem Bestätigungsvermerk zu erklären, daß die von ihm

---

[137] Vgl. IDW PS 740, TZ 43 in: FN-IDW 4/2000, S. 148 und Stellungnahme des *IdW* HFA 4/1995, S. 317 f.

nach § 317 HGB durchgeführte Prüfung zu keinen Einwendungen geführt hat und daß der von den gesetzlichen Vertretern der gemeinnützigen Körperschaft aufgestellte Jahresabschluß aufgrund der bei der Prüfung gewonnenen Erkenntnisse des Abschlußprüfers nach seiner Beurteilung unter Beachtung der Grundsätze ordnungsmäßiger Buchführung ein den tatsächlichen Verhältnissen entsprechendes Bild der Vermögens-, Finanz- und Ertragslage der gemeinnützigen Körperschaft vermittelt. Auf **Risiken**, die den Fortbestand der Körperschaft gefährden, ist laut § 322 Abs. 2 HGB gesondert einzugehen. Zusätzlich ist gemäß § 322 Abs. 3 HGB im Bestätigungsvermerk eine Aussage darüber zu treffen, ob der Lagebericht nach der Beurteilung des Abschlußprüfers ein richtiges Bild von der Lage der gemeinnützigen Körperschaft vermittelt. In diesem Zusammenhang ist auch zu klären, ob die Risiken der künftigen Entwicklung zutreffend dargestellt sind.[138] Im Mittelpunkt steht hier die Frage nach einem möglichen Verlust der Gemeinnützigkeit.

106 Dabei ist zu beachten, daß

– sich Ergänzungen, Einschränkungen und Versagungen des Bestätigungsvermerks ebenfalls nach den Grundsätzen des IdW PS 400 richten.
– auf vertragliche, satzungsmäßige oder gesellschaftsvertragliche Erweiterungen nur Bezug genommen werden kann, wenn sie zusätzliche Normen für den Jahresabschluß oder den Lagebericht betreffen.
– das Ergebnis jener Prüfungen, die in Auftrag gegeben wurden und nicht den Jahresabschluß oder den Lagebericht betreffen, nicht im Bestätigungsvermerk aufzunehmen sind. Es ist entweder gesondert zu bescheinigen oder lediglich im Prüfungsbericht darzustellen. An dieser Stelle können z. B. Aussagen über die Ordnungsmäßigkeit der Mittelverwendung, die Ordnungsmäßigkeit der Geschäftsführung, die Einhaltung steuerrechtlicher Vorschriften oder die Einhaltung stiftungsrechtlicher und satzungsmäßiger Vorschriften getroffen werden,[139] sofern sie nicht kraft Gesetz in den Vermerk aufzunehmen sind. Sollten die **Zusatzaufträge** aber vom Gesetzgeber vorgeschrieben sein, wie das z. B. in Bayern (Art 25 Abs. 2

---

[138] Die vom *IdW* entworfenen Testatformulierungen können dem Anhang des IdW PS 400 entnommen werden. Die Formulierungshilfe gemäß IDW PS 400, TZ 46 kann nur dann unverändert übernommen werden, wenn der Abschluß bezüglich Ansatz, Bewertung, Gliederung und Anhangangaben unter Beachtung der Grundsätze ordnungsmäßiger Buchführung ein den tatsächlichen Verhältnissen entsprechendes Bild der Vermögens-, Finanz- und Ertragslage der Gesellschaft vermittelt oder die Auswirkungen der von den Regelungen für Kapitalgesellschaften abweichenden Bewertungsvorschriften auf die Vermögens- und Ertragslage im Anhang oder in einer Erläuterung zum Abschluß dargelegt sind.
Ein Formulierungsbeispiel für den Bestätigungsvermerk bei der Abschlußprüfung einer Stiftung ergibt sich aus dem Anhang des IDW PS 740 in: FN-IDW 4/2000, S. 149.

[139] Vgl. Diskussionsentwurf des *IdW* in: Stiftungen, S. 336 f.

StiftG Bay n. F.) der Fall ist, müssen die ergänzenden Prüfungsfeststellungen in den Bestätigungsvermerk aufgenommen werden.

Orientiert sich die gemeinnützige Körperschaft nicht an der kaufmännischen Rechnungslegung, kann auch folgende Formulierung der Bescheinigung in Frage kommen: 107

„Die Buchführung, die Einnahmen-/Ausgabenrechnung sowie die Vermögensrechnung der... (Rechtsform bzw. vollständiger Name der Organisation)... entsprechen nach meiner/unserer pflichtgemäßen Prüfung den Grundsätzen einer ordnungsgemäßen Rechnungslegung den gesetzlichen Vorschriften und der Satzung. Die Prüfung der Erhaltung des Stiftungsvermögens und der satzungsgemäßen Verwendung der Erträge des Stiftungsvermögens hat keine Einwendungen ergeben."

D. Offenlegung

Eine **generelle Publizität** besteht im Falle der gemeinnützigen Körperschaften **nicht**. Stiftungen sind lediglich dann zur Offenlegung in sinngemäßer Anwendung der §§ 325–329 HGB verpflichtet, wenn sie den §§ 9, 15 PublG unterliegen.[140] In diesem Rahmen muß der Jahresabschluß zum Handelsregister eingereicht werden und die Veröffentlichung im Bundesanzeiger sowie die Prüfung seitens des Registergerichts erfolgen. Trotz dieser Rechtslage ist zu beobachten, daß viele gemeinnützige Organisationen **Publizität auf freiwilliger Basis** betreiben und so ihre Unterlagen nicht nur einem gesetzlich festgelegten Kreis, sondern auch der interessierten Öffentlichkeit zugänglich machen.[141] Diese Bereitschaft wird in gewisser Weise auch dadurch unterstützt, daß spendensammelnde Institutionen das begehrte Spendensiegel des Deutschen Zentralinstitutes für soziale Fragen (DZI) nur dann erhalten, wenn sie ihre Bücher und sonstigen Aufzeichnungen offenlegen. 110

[140] Vgl. IDW RS HFA 5, TZ 89, in: FN-IDW 4/2000 S. 141 und *Orth* Rechnungslegung und Publizität in: *Seifart/v. Campenhausen* Handbuch des Stiftungsrechts, S. 614, § 37, Rz. 204.

[141] Vgl. *Berndt* Stiftung und Unternehmen, S. 133, Rz. 461.

§ 11 Umsatzsteuer

Bearbeiter: Ralf Rasche

Übersicht

A. Grundsätze

1 Die wichtigsten **Rechtsgrundlagen** der Umsatzsteuer sind:

- die 6. EG-Richtlinie zur Harmonisierung der Umsatzsteuern vom 17. 5. 1977, 77/338/EWG,[1] zuletzt geändert durch Richtlinie vom 22. 10. 1999.[2]
- Umsatzsteuergesetz 1993[3] idF der Bekanntmachung vom 9. 6. 1999 (BGBl. I S. 1270) zuletzt geändert durch SteuerbereinG 1999 vom 22. 12. 1999 (BGBl. I S. 2601).
- Umsatzsteuer-Durchführungs-VO 1993[4] idF der Bekanntmachung vom 9. 6. 1999 (BGBl. I S. 1270) zuletzt geändert durch SteuerbereinG 1999 vom 22. 12. 1999 (BGBl. I S. 2601).

2 Die Umsatzsteuer ist konzipiert als eine Allphasen-Netto-Steuer mit Vorsteuerabzug. Sie zielt wirtschaftlich darauf ab, den privaten (End-)Verbrauch zu belasten:
jeder Unternehmer in der einzelnen Phase (Hersteller, Großhändler, Einzelhändler) überwälzt die von ihm geschuldete Steuer auf seinen Abnehmer und setzt die auf ihn überwälzte Umsatzsteuer als Vorsteuer ab; der Endverbraucher schließlich hat keine Möglichkeit, die Steuer zu überwälzen und/oder einen Vorsteuerabzug in Anspruch zu nehmen.

3 Dieses auf den ersten Blick relativ einfach erscheinende theoretische Prinzip könnte den Eindruck erwecken, dem Unternehmer als Steuerpflichtigen könne die Höhe seiner Umsatzsteuerschuld wegen der Überwälzungsmöglichkeit gleichgültig sein, so daß es auf diesem Steuerrechtsgebiet keine Problemfelder und Rechtsstreitigkeiten geben dürfte. Richtig ist jedoch, daß der Unternehmer bei rechtsfehlerhafter Behandlung eines Umsatzes an einen Endverbraucher diesem gegenüber zivilrechtlich eine Nachbelastung mit Umsatzsteuer regelmäßig nicht durchsetzen kann (die Überwälzung scheitert), so daß er selbst die Steuer zu tragen hat. Eine Überwälzung der Steuer ist auch dann ausgeschlossen, wenn der Unternehmer selbst als Endverbraucher anzusehen ist (Tatbestände des Eigenverbrauchs). Daraus ergibt sich die Notwendigkeit für jeden Unternehmer, insbesondere für denjenigen, der Umsätze an einen (privaten/ nichtunternehmerischen) Verbraucher tätigt – dazu gehört regelmäßig auch die gemeinnützige Körperschaft –, sich rechtzeitig mit den umsatzsteuerrechtlichen Regelungen vertraut zu machen bzw. rechtzeitig eine gestaltende Steuerberatung auf diesem Rechtsgebiet in Anspruch zu nehmen. Rechtsfehler in diesem Bereich

---

[1] ABl.EG 1977 Nr. L 145

[2] ABl.EG 1999 Nr. L 277, 34.

[3] BGBl. I 1993, 565

[4] BGBl. I 1993, 600

könnten nicht reparable finanzielle Auswirkungen bis hin zur Existenzgefährdung nach sich ziehen.

4 In finanzverfassungsrechtlicher und steuerverfahrensrechtlicher Hinsicht gehört die Umsatzsteuer (ausgenommen die Einfuhrumsatzsteuer) nach allgemeiner Auffassung nicht zu den Verbrauchsteuern.[5] Die Umsatzsteuer wird nach Art 108 Abs. 2 und 3 i. V. m. Art 106 Abs. 3 GG durch die Landesfinanzbehörden im Auftrage des Bundes verwaltet. Die Festsetzungsfrist beträgt nach § 169 Abs. 2 Nr. 2 AO vier Jahre; die – allein pflichtgemäßes Ermessen der Finanzbehörde voraussetzende – Änderungsvorschrift des § 172 Abs. 1 Nr. 1 AO für Bescheide über Zölle und Verbrauchsteuern ist nicht anwendbar.

5 Praktisch bedeutsame umsatzsteuerrechtliche Streitpunkte ergeben sich zunehmend unter dem Aspekt, ob das deutsche UStG die 6. EG-Richtlinie richtig und vollständig umgesetzt hat. Insoweit ist die Feststellung wichtig, daß sich der Unternehmer unmittelbar auf eine nicht im UStG umgesetzte Regelung der 6. EG-Richtlinie (zu seinen Gunsten) berufen kann.[6] Daher erscheint es angebracht, den Hinweis an den Steuerpflichtigen und seinen Berater auf ein gründliches Studium der 6. EG-Richtlinie zu wiederholen.[7] Andererseits darf der Steuerpflichtige jedoch auf eine für ihn günstige nicht richtlinienkonforme Regelung des UStG vertrauen; ein Anwendungsvorrang der Richtlinie besteht in derartigen Fällen nicht.[8] Der Mitgliedstaat als Adressat der EG-Richtlinie muß sich die unterlassene gesetzgeberische Umsetzung zurechnen lassen.[9]

6 Die folgende Darstellung ist nach der Systematik des UStG gegliedert, die in Deutschland nach wie vor dem Rechtsverständnis der weitaus überwiegenden Zahl der Rechtsanwender entsprechen wird. Hinzuweisen ist jedoch darauf, daß es nach der Systematik der 6. EG-Richtlinie und nach dem chronologischem Ablauf in der Praxis vorzugswürdig wäre, den Punkt „Vorsteuerabzug“ vor den Punkten „Leistungen im Leistungsaustausch“ und „Eigenverbrauch und eigenverbrauchsähnliche Tatbestände“ darzustellen.

7 Gerade für gemeinnützige Körperschaften wirft das Umsatzsteuerrecht in der Praxis gravierende Fragen auf. Regelmäßig unterhält die gemeinnützige Körperschaft neben ihrem ideellen und damit typischerweise nichtunternehmerischen Bereich (Rz. 13) auch einen unternehmerischen Bereich (Rz. 14 f.), die nicht immer leicht und einwandfrei voneinander zu trennen sind. Beim Bezug von Vermögensgegenständen ist dies im Hinblick auf den Vorsteuerabzug zu beachten (Rz. 95 ff.); die Finanzverwaltung gewährt praktische Erleichterungen

[5] BFH V B 64/86 v. 16. 10. 1986, BStBl. II 1987, 95.

[6] *Klenk* in Sölch/Ringleb/List UStG vor § 1 Rz. 16ff m. w. N.

[7] *Birkenfeld* DStR 1996, 1709, 1715.

[8] *Klenk* a.a.O. (FN 8), vor § 1 Rz. 19.

[9] A. A. jedoch neuerdings BFH V R 34/797 v. 2. 4. 1998, BStBl. II, 695. Darin wird erstmals ein BFH-Urteil auf eine „richtlinienkonforme“ Auslegung zu Lasten des Steuerpflichtigen gestützt (Abweichung von BFH V R 110/88 v. 19. 5. 1993, BStBl. II S. 779, 781).

(Rz. 100). Wichtig für kleinere gemeinnützige Körperschaften ist der wahlweise Vorsteuerabzug nach Durchschnittssätzen (Rz. 104). Zahlreiche Umsatzsteuerbefreiungen sind speziell auf die Leistungen gemeinnütziger Körperschaften zugeschnitten (Rz. 46 ff.). Für Leistungen einer gemeinnützigen Körperschaft außerhalb eines steuerpflichtigen wirtschaftlichen Geschäftsbetriebs gewährt das UStG einen ermäßigten Steuersatz (Rz. 88). Gemeinnützige Körperschaften, die mangels größerer Investitionen für ihren unternehmerischen Bereich keine erheblichen Vorsteuerbeträge in Anspruch nehmen können, sollten die Inanspruchnahme der Kleinunternehmerregelung prüfen (Rz. 112 ff.).

B. Berechnung der Umsatzsteuer

I. Unternehmereigenschaft der gemeinnützigen Körperschaft

Die Unternehmereigenschaft ist der zentrale Begriff des Umsatzsteuerrechts.[10] Grundsätzlich kann ein steuerbarer Umsatz nur durch einen Unternehmer erbracht werden. Regelmäßig kann nur ein Unternehmer Steuerschuldner (§ 13 Abs. 2 UStG) und Steuerpflichtiger (§ 33 AO) sein. Der Vorsteuerabzug (§ 15 UStG) setzt die Unternehmereigenschaft voraus. 10

Die umsatzsteuerliche Unternehmereigenschaft der gemeinnützigen Körperschaft bzw. die Abgrenzung zwischen ihrem unternehmerischem und nichtunternehmerischem Bereich einer gemeinnützigen Körperschaft ist nach den Normen des Umsatzsteuerrechts zu entscheiden. Die Merkmale des allgemeinen steuerlichen Gemeinnützigkeitsrechts: ideeller Bereich, Vermögensverwaltung, wirtschaftlicher Geschäftsbetrieb bzw. Zweckbetrieb (siehe § 6 Rz. 18) stimmen mit den allgemeinen umsatzsteuerrechtlichen Abgrenzungskriterien nicht zwingend überein (siehe dazu Rz. 13 ff.).

Nach der **Legaldefinition des § 2 Abs. 1 UStG** erfordert die Unternehmereigenschaft: 11

- **Steuerrechtsfähigkeit**
  Jedes Wirtschaftsgebilde, das sich am Wirtschaftsverkehr beteiligt, kann Unternehmer sein.[11] Auf die Rechtsfähigkeit nach Zivilrecht kommt es nicht an. Praktisch bedeutsam wird dies für regionale und organisatorische Untergliederungen gemeinnütziger Körperschaften (insbesondere Großvereine), die unter dieser Bezeichnung („Ortsverband“, „Kreisverband“ u. ä.) nach außen auftreten.
- **Selbständigkeit**
  Insoweit enthält § 2 Abs. 2 UStG lediglich zwei negative Abgrenzungsfälle. Für die gemeinnützige Körperschaft könnte u. U. die zweite Alternative (Organschaft) zur Unselbständigkeit führen. Ein gemeinnütziger Verein kann nicht Organ i. S. d. § 2 Abs. 2 UStG sein, da eine

[10] *Klenk* in Sölch/Ringleb/List UStG § 2 Rz. 1.
[11] BFH V R 37/84 v. 22. 6. 1989, BStBl. II 1989, 913.

finanzielle Eingliederung in das Unternehmen eines Organträgers nicht denkbar ist. Zur Organschaft siehe Rz. 16ff.

- **Gewerbliche oder berufliche Tätigkeit**

Dieses Tatbestandsmerkmal wird in § 2 Abs. 1 S. 3 UStG definiert als nachhaltige Tätigkeit zur Erzielung von Einnahmen. Eine derartige **Tätigkeit** erfordert grundsätzlich die Ausführung von Leistungen gegen Entgelt i. S. d. § 1 Abs. 1 Nr. 1 UStG.[12] Denn ohne Bewirkung derartiger Leistungen ist die Erzielung von Einnahmen objektiv unmöglich.[13] Im Fall (vergeblicher) Vorbereitungshandlungen, in dem es nicht oder nicht nachhaltig zur Ausführung entgeltlicher Leistungen kommt (sog. „erfolgloser Unternehmer"), reicht allerdings nach Auffassung des EuGH[14] die nachweisbare Absicht, entgeltliche Leistungen auszuführen.[15]

Nachhaltig ist eine Tätigkeit, die auf Dauer angelegt ist.[16] Bei der Nachhaltigkeit handelt es sich um einen unbestimmten Rechtsbegriff, der nach dem Gesamtbild der Verhältnisse im Einzelfall zu prüfen ist.[17] Es bietet sich im Fall einer gemeinnützigen Körperschaft an, zunächst festzustellen, ob es sich um eine nur einmalige bzw. nur gelegentliche Tätigkeit (vgl. insoweit Art 4 Abs. 2 und 3 der 6. EG-Richtl.)[18] handelt. Diese gegen die Nachhaltigkeit sprechenden Merkmale sind gegen evtl. positive Merkmale abzuwägen. Dabei kommt folgenden – in Abschn. 18 Abs. 2 S. 4 UStR wiedergegebenen – Kriterien aus der BFH-Rechtsprechung besondere praktische Bedeutung zu:

- Wiederholungsabsicht (Beispiel: Leistungen im Rahmen eines jährlich stattfindenden Vereinsfests)
- Ausführung mehr als nur eines Umsatzes (Beispiel: mehrmalige Veräußerung von Gegenständen durch einen Verein, die ihm von Todes wegen zugunsten der Verfolgung seiner gemeinnützigen Zwecke zugewendet worden waren)[19].

12 **Unerheblich** für die Annahme einer gewerblichen oder beruflichen Tätigkeit ist nach der ausdrücklichen gesetzlichen Regelung in § 2 Abs. 1 S. 3, 2.Halbs. UStG eine **fehlende Gewinnerzielungsabsicht** sowie der Umstand, daß eine Personenvereinigung nur gegenüber ihren Mitgliedern tätig wird. Dieser Regelung kommt nur klarstellende Bedeutung zu.

---

[12] BFH V R 45/88 v. 6. 5. 1993, BStBl. II 1993, 564 m. w. N.

[13] *Rasche* DStR 1993, 1400 (2.b)

[14] EuGH Rs. C 110/94 v. 29. 02. 1996, BStBl. II 1996, 655.

[15] Wegen weiterer Einzelheiten vgl. das zur allgemeinen Anwendbarkeit des EuGH-Urteils vom 29. 02. 1996 durch die Steuerverwaltung ergangene BMF-Schreiben vom 2. 12. 1996, BStBl. I, 1461.

[16] BFH V R 41/76 v. 30. 7. 1986, BStBl. II 1986, 874; V R 86/87 v. 18.7. 1991, BStBl. II 1991, 776; V R 8/89 v. 24. 11. 1993, BStBl. II 1993, 379.

[17] BFH V R 23/93 v. 12. 12. 1996, BStBl. II 1997, 368, 370.

[18] EuGH Rs. C 230/94 v. 26. 9. 1996, UVR 1996, 338 Rz. 20

[19] BFH V R 24/89 v. 9.9. 1993, BStBl. II 1994, 57.

1. Ideeller Bereich

Der ideelle Bereich der gemeinnützigen Körperschaft gehört zu ihrer nichtunternehmerischen Sphäre.[20] 13

Es handelt sich um Tätigkeiten der gemeinnützigen Körperschaft, die ausschließlich und unmittelbar gemeinnützigen, mildtätigen oder kirchlichen Zwecken dienen und durch die keine Einnahmen oder andere wirtschaftliche Vorteile erzielt werden.[21] Derartige Tätigkeiten dienen also nicht der Erzielung von Einnahmen, es **fehlt an der Erbringung von Leistungen im Leistungsaustausch**, soweit die gemeinnützige Körperschaft ausschließlich echte Mitgliederbeiträge erhebt (siehe im einzelnen Rz. 26f.). Damit handelt es sich nach § 2 Abs. 1 UStG nicht um unternehmerische Tätigkeiten. Der ideelle Bereich der gemeinnützigen Körperschaft gehört zu ihrer nichtunternehmerischen Sphäre.[22]

Sogenannte **Hilfsgeschäfte**, im Rahmen des nichtunternehmerischen Bereichs der gemeinnützigen Körperschaft sind auch dann nicht steuerbar, wenn sie wiederholt oder mit einer gewissen Regelmäßigkeit ausgeführt werden.[23]

Beispiele:
Veräußerungen von Gegenständen (z. B. Kraftfahrzeugen, Einrichtungsgegenständen), die im nichtunternehmerischen Bereich eingesetzt bzw. dem nichtunternehmerischen Bereich zugeordnet waren (siehe Rz. 96f.). Bei anteiliger Zuordnung des Gegenstands zum unternehmerischen und nichtunternehmerischen Bereich (im Zusammenhang mit dem Vorsteuerabzug) ist dessen Veräußerung anteilig steuerbar.[24]

2. Vermögensverwaltung

§ 14 S. 3 AO nennt zur Abgrenzung von einem wirtschaftlichen Geschäftsbetrieb als Beispiele für Vermögensverwaltung die verzinsliche Anlage von Kapitalvermögen und die Vermietung oder Verpachtung von unbeweglichem Vermögen. Die gemeinnützige Körperschaft erzielt also durch die **Nutzung von Vermögen** Miet- oder Pachteinnahmen, so daß diese Tätigkeit – deren **Nachhaltigkeit vorausgesetzt – unternehmerisch i. S. d. § 2 Abs. 1 UStG** ist. Dies gilt insbesondere für die Vermietung/Verpachtung von Grundstücken (siehe Rz. 42) Dagegen beruht die Einnahmeerzielung durch Zufluß von Zinsen und anderen Erträgen aus Kapitalvermögen und Anteilen an Kapitalgesellschaften regelmäßig nicht auf nachhaltiger gewerblicher oder beruf- 14

---

[20] BFH V R 25/76 v. 20. 12. 1984, BStBl. II 1985, 176; *Klenk* a.a.O. (FN 12) § 2 Rz. 50.

[21] Gutachten der Unabhängigen Sachverständigenkommission zur Prüfung des Gemeinnützigkeits- und Spendenrechts, BMF-Schriftenreihe Heft 40, unter B. I. 2.2.1.

[22] BFH V R 25/76 v. 20. 12. 1984, BStBl. II 1985, 176; *Klenk* a.a.O. (FN 12) § 2 Rz. 50.

[23] Abschn. 22 Abs. 1 S. 9 UStR

[24] BMF-Schreiben v. 27. 6. 1996 (Nr. I.3), BStBl. I 1996, 702.

licher Betätigung i. S. d. § 2 Abs. 1 UStG und gehört damit grundsätzlich nicht zum Unternehmen.[25]

3. Wirtschaftlicher Geschäftsbetrieb

15 Die Definition des wirtschaftlichen Geschäftsbetriebs in § 14 S. 1 und 2 AO stimmt – abgesehen von der Abgrenzung zur Vermögensverwaltung – mit der Definition der unternehmerischen Tätigkeit nach § 2 Abs. 1 UStG nahezu wörtlich überein. Tätigkeiten der gemeinnützigen Körperschaft im Rahmen eines wirtschaftlichen Geschäftsbetriebs gehören damit **stets zu** deren **unternehmerischem Bereich**. Die Abgrenzungsfrage zum Zweckbetrieb nach § 65 AO ist für die Einordnung der Tätigkeiten zum unternehmerischen Bereich unerheblich; sie stellt sich umsatzsteuerrechtlich allein für die Anwendbarkeit des ermäßigten Steuersatzes nach § 12 Abs. 2 Nr. 8 UStG (siehe Rz. 88).

4. Organschaft

16 Im Fall der Organschaft nach § 2 Abs. 2 Nr. 2 UStG sind die untergeordneten juristischen Personen (Organgesellschaften, Tochtergesellschaften) zwar zivilrechtlich selbständige Rechtssubjekte; umsatzsteuerrechtlich fehlt ihnen die für die Unternehmereigenschaft nach § 2 Abs. 1 UStG erforderliche Selbständigkeit. Insoweit sind sie Arbeitnehmern des übergeordneten (beherrschenden) Unternehmers (Organträger) vergleichbar. **Unternehmer** im Sinne des § 2 Abs. 1 UStG und damit **Schuldner der Umsatzsteuer** nach § 13 Abs. 2 Nr. 1 UStG ist der **Organträger**. Diesem sind die von der Organgesellschaft ausgeführten Leistungen an Dritte umsatzsteuerrechtlich zuzurechnen.[26]

Umsätze zwischen Organträger und Organgesellschaft und auch zwischen mehreren Organgesellschaften eines Organträgers sind nichtsteuerbare Umsätze innerhalb eines Unternehmens (**Innenumsätze**), auch wenn hierüber besondere Abrechnungen erstellt werden. Auf derartige Belege mit gesondertem Ausweis der Umsatzsteuer ist nach Auffassung der Finanzverwaltung § 14 Abs. 3 UStG nicht anzuwenden.[27]

Für gemeinnützige Körperschaften mit steuerfreien Umsätzen ohne Vorsteuerabzugsberechtigung (§ 4 Nrn. 7ff. UStG) wird sich die Organschaft nicht selten als steuerlich vorteilhaft erweisen. Dies gilt vor allem im Fall personalintensiver und damit überwiegend nicht vorsteuerbehafteter Leistungen innerhalb des Organkreises (z. B. einer Organgesellschaft an eine andere Organgesellschaft oder an den Organträger), die bei isolierter Betrachtung steuerpflichtig wären. Aus orga-

---

25 BFH V R 3/77 v. 15. 1. 1987, BStBl. II 1987, 512; EuGH Rs, C-155/94 v. 20. 6. 1996, EuGHE I 1996, 3013 = IStR 1996, 380 („Wellcome Trust Ltd").

26 BFH vom 19. 10. 1995 V R 71/93, BFH/NV 1996, 273.

27 Abschn. 183 Abs. 3 UStR; *Stadie* in Rau/Dürrwächter UStG § 2 Rz.. 655; differenzierend: *Wagner* in Sölch/Ringleb/List UStG § 14 Rz. 160: Eigenschaft als bloßer unternehmenseigener Buchungsbeleg muß sich aus dem Papier ergeben.

nisatorischen und betriebswirtschaftlichen Gründen kann es sich für eine gemeinnützige Körperschaft anbieten, bestimmte Tätigkeitsbereiche auf eine von ihr beherrschte (gemeinnützige) GmbH (Tochtergesellschaft) zu übertragen.

Beispiel:
Eine gemeinnützige Stiftung, die ein Krankenhaus betreibt, gründet eine GmbH, die die Aufgaben einer Wäscherei für das Krankenhaus erfüllt; zur besseren Auslastung ihrer Kapazitäten soll die GmbH auch für „fremde" Auftraggeber (Krankenhäuser) tätig werden können. Unter den Voraussetzungen der Organschaft sind die Umsätze der GmbH an die Stiftung als sog. Innenleistungen nicht steuerbar und lösen damit keine Umsatzsteuerbelastung aus.[28]

Eine Organschaft setzt nach § 2 Abs. 2 Nr. 2 UStG voraus, daß eine **juristische Person** (Organ) nach dem Gesamtbild der tatsächlichen Verhältnisse **finanziell, wirtschaftlich** und **organisatorisch** in das Unternehmen des Organträgers eingegliedert ist.

a) Organträger

Organträger kann **unabhängig** von seiner **Rechtsform** jeder Unternehmer sein, also auch eine gemeinnützige Körperschaft (GmbH, Stiftung, e.V.). Für die Frage, ob der Organträger eine unternehmerische Tätigkeit i. S. d. § 2 Abs. 1 UStG ausübt, ist nicht erforderlich, daß er selbst nach außen zur Bewirkung nachhaltiger entgeltlicher Leistungen auftritt. Es reicht aus, wenn er sich hierbei der – zivilrechtlich in eigenem Namen tätigen – Tochtergesellschaft(en) als Organ(e) bedient.[29] 17

b) Organgesellschaft

Als Organgesellschaft kommt **nur** eine **juristische Person des privaten Rechts**[30] in Betracht, vornehmlich also eine GmbH. Ob diese Kapitalgesellschaft selbst steuerbegünstigte Zwecke i. S. d. §§ 51ff. AO verfolgt, ist für die Annahme einer umsatzsteuerlichen Organschaft unerheblich. 18

c) Finanzielle Eingliederung

Die Organgesellschaft ist in das Unternehmen des Organträgers finanziell eingegliedert, wenn dieser die entscheidende Anteilsmehrheit besitzt, die es ihm ermöglicht, **Beschlüsse** in der Organgesellschaft durchzusetzen **(Mehrheit der Stimmrechte)**. Die gemeinnützige Körperschaft müßte also nach den gesetzlichen Regelungen (§ 47 Abs. 1 und 2 GmbHG, §§ 133, 134 AktG) zu mehr als 50 v. H. an der 19

---

[28] *Klenk* in Sölch/Ringleb/List UStG § 2 Rz. 79 m. w. N.; *Stadie* in Rau/Dürrwächter UStG § 2 Rz. 632ff. mit Beispielen; BFH VR 80/85 v. 20. 2. 1992, BFH/NV 1993, 133.

[29] Abschn. 21 Abs. 1 S. 4 UStR mit Hinweis auf BFH V 209/56 U v. 26. 2. 1959, BStBl. III, 204.

[30] BFH V R 87/70 v. 20. 12. 1973, BStBl. II 1974, 311.

Kapitalgesellschaft beteiligt sein. Eine von den gesetzlichen Bestimmungen abweichende Regelung zur Stimmrechtsmehrheit (Stimmrechtsvereinbarung) ist jedoch zu beachten (vgl. § 133 Abs. 1, 2. Halbs. AG).

d) Wirtschaftliche Eingliederung

20 Das Merkmal der wirtschaftlichen Eingliederung dürfte allgemein in der Praxis die streitanfälligste Voraussetzung der Organschaft sein.[31]

Eine Kapitalgesellschaft ist wirtschaftlich in ein Unternehmen eingegliedert, wenn sie gemäß dem Willen des beherrschenden Unternehmers (Organträger) im Sinne einer wirtschaftlichen Einheit, Kooperation oder Verflechtung mit dem Gesamtunternehmen tätig ist[32]. Es muß sich um Tätigkeiten im wirtschaftlichen Sinne handeln, d. h.: es müssen umsatzsteuerliche Leistungen ausgeführt werden. Die Tätigkeiten von Organträger und Organgesellschaft müssen sich fördern und ergänzen.[33] Die Organgesellschaft braucht nicht ausschließlich und nicht überwiegend für den Organträger tätig zu sein.[34] Die wirtschaftliche Eingliederung ist typischerweise z. B. vollzogen, wenn die Organgesellschaft die Produkte des beherrschenden Unternehmers vertreibt oder wenn sie mit der Belieferung des Organträgers betraut ist[35]. Im Fall der „Ausgliederung" von Tätigkeitsbereichen einer gemeinnützigen Körperschaft auf eine GmbH wird diese GmbH regelmäßig als „Abteilung" im Geschäftsbetrieb der gemeinnützigen Körperschaft fungieren,[36] so daß eine wirtschaftliche Eingliederung unproblematisch erscheint.

e) Organisatorische Eingliederung

21 Die organisatorische Eingliederung liegt vor, wenn der beherrschende Unternehmer seinen **Willen** in der Kapitalgesellschaft **durchsetzen** kann. Dies ist typischerweise erfüllt, wenn der bzw. die Geschäftsführer des Organträgers auch Geschäftsführer der Organgesellschaft ist bzw. sind[37]. Der Organträger kann aber z. B. auch einen Geschäftsführer seines Vertrauens bestellen oder die Geschäfte der Organgesellschaft durch einen eigenen Angestellten führen lassen.

Es handelt sich um das Eingliederungsmerkmal der geringsten Gewichtung, denn der beherrschende Unternehmer wird regelmäßig durch seine Stimmenmehrheit (finanzielle Eingliederung der Organgesellschaft) seinen unternehmerischen Willen durchsetzen können, ggf. durch Bestimmung eines anderen Geschäftsführers.[38] Daher schei-

[31] Vgl. Rechtsprechungsnachweise bei *Birkenfeld* USt-Handbuch § 37 Rz. 222 f.
[32] BFH vom 9. 9. 1993 V R 124/89, BStBl. 1994 II, 129.
[33] BFH vom 25. 6. 1998 V R 76/97, BFH/NV 1998, 1534.
[34] BFH vom 9. 9. 1993 V R 124/89, BStBl. 1994 II, 129.
[35] Vgl. dazu BFH vom 27. 8. 1964 V 101/62 U, BStBl. III, 539.
[36] Vgl. *Klenk* in Sölch/Ringleb/List UStG § 2 Rz. 93.
[37] Abschn. 21 Abs. 6 UStR.
[38] So auch *Stadie* in Rau/Dürrwächter UStG § 2 Rz. 696.

tert im Fall eines gemeinnützigen Vereins als alleinigem Anteilseigner einer GmbH deren organisatorische Eingliederung in das Unternehmen des Vereins nicht daran, daß der GmbH-Geschäftsführer weder der Geschäftsführung noch dem Vorstand des Vereins angehörten. Die gegenteilige Auffassung des BFH[39] erscheint im Hinblick auf ihre Begründung wenig lebensnah und führt zur Rechtsunsicherheit für die Beteiligten: jeder (inkongruente) Wechsel im jeweiligen Personalbestand der GmbH- bzw. Vereinsgeschäftsführung zwänge zur Umstellung der bisherigen umsatzsteuerlichen Behandlung. Da diese BFH-Rechtsprechung allerdings mangels Veröffentlichung im BStBl II durch die Finanzverwaltung nicht allgemein anzuwenden ist, bleibt zu hoffen, daß sich derartige Probleme in der Praxis vermeiden bzw. durch das zuständige Finanzamt sachgerecht lösen lassen (ggf. im Rahmen einer verbindlichen Auskunft).

f) Gesamtbild der tatsächlichen Verhältnisse

Es ist nicht erforderlich, daß die drei kumulativen Eingliederungs- 22
merkmale der Organschaft gleichermaßen ausgeprägt sind. Da es auf das Gesamtbild der tatsächlichen Verhältnisse ankommt, reicht es für die Annahme einer Organschaft aus, wenn die wirtschaftliche oder organisatorische Eingliederung nicht vollkommen und dafür die Eingliederung auf anderen Gebieten um so deutlicher ist.[40] Die finanzielle Eingliederung ist jedoch unabdingbar.

II. Leistungen im Leistungsaustausch

1. Allgemeines

Eine Leistung im **Leistungsaustausch** als Grundtatbestand der Um- 25
satzsteuer[41] ist Voraussetzung für die Steuerbarkeit nach § 1 Abs. 1 Nr. 1 S. 1 UStG. Als Leistung kommt jedes Tun, Dulden und Unterlassen in Betracht (vgl. Wortlaut des § 3 Abs. 9 UStG). Das UStG nennt in § 3 Abs. 1 UStG als Leistung ausdrücklich die Lieferung (Verschaffung der Verfügungsmacht an einem Gegenstand). Unter den Anwendungsbereich des UStG fallen allein **Leistungen im wirtschaftlichen Sinne**; dieser Leistungbegriff ist weit auszulegen.[42] Nicht der Umsatzsteuer unterliegen dagegen Leistungen, bei denen kein über die reine Entgeltsentrichtung hinausgehendes eigenes wirtschaftliches Interesse des Entrichtenden verfolgt wird (z. B. Geldzahlung, Überweisung).[43]

Leistungen der gemeinnützigen Körperschaft im umsatzsteuerrechtlichen Sinne kommen grundsätzlich für alle gemeinnützigkeitsrecht-

---

[39] BFH vom 20. 2. 1992 V R 80/85, BFH/NV 1993, 133.

[40] BFH vom 15. 6. 1972 V R 15/69, BStBl. II S. 840.

[41] *Mößlang* in Sölch/Ringleb/List UStG § 1 Rz. 4; *Zeuner* in Bunjes/Geist UStG § 1 Anm. 4.

[42] *Mößlang* in Sölch/Ringleb/List UStG § 1 Rz. 4.

[43] Grundlegend BFH v. 31.7. 1969, BStBl. II 1969, 637

lichen Tätigkeitsbereiche (ideeller Bereich, Vermögensverwaltung und wirtschaftlicher Geschäftsbetrieb einschließlich Zweckbetrieb) in Betracht.

Die Leistung muß **gegen Entgelt** ausgeführt werden. Die Legaldefinition des Entgelts enthält § 10 Abs. 1 S. 2 UStG: „alles, was der Leistungsempfänger aufwendet, um die Leistung zu erhalten, jedoch abzüglich Umsatzsteuer". Demnach ist die Sicht des Leistungsempfängers für die Frage der Entgeltlichkeit maßgebend. Der BFH stellt jedoch auf ein finales Moment beim Leistenden ab:[44] es müsse ein zweckgerichtetes Handeln des Leistenden gegeben sein, das sich auf eine gewollte, erwartete oder erwartbare Gegenleistung richtet. Der Tatbestand des Leistungsaustausches setze danach zwar voraus, daß eine Leistung, nicht aber auch, daß das Entgelt tatsächlich erbracht wird. Wie § 17 UStG erweise, stehe es der Annahme eines Leistungsaustausches nicht entgegen, daß der Leistende die gewollte, erwartete oder erwartbare Gegenleistung, das Entgelt, nicht erhalte.

2. Leistungen zur Erfüllung der satzungsgemäßen (gemeinnützigen) Zwecke

26 Die gemeinnützige Körperschaft wird in ihrer Satzung regelmäßig beispielhaft aufführen, durch welche Tätigkeiten sie den Satzungszweck verwirklichen will,[45] z. B. Durchführung wissenschaftlicher Veranstaltungen und Forschungsvorhaben, Unterhaltung einer Schule, einer Erziehungsberatungsstelle, eines Kindergartens, Kinder-, Jugendheimes, Unterhaltung eines Altenheimes, eines Erholungsheimes.

Auch für diese Leistungen zur Erfüllung der satzungsgemäßen Zwecke ist nach den allgemeinen umsatzsteuerrechtlichen Grundsätzen zu beurteilen, ob sie im Leistungsaustausch erbracht werden. Die Frage, ob evtl. Einnahmen der gemeinnützigen Körperschaft als Entgelt für diese Leistungen anzusehen sind, stellt sich vornehmlich im Zusammenhang mit Zahlungen der Mitglieder (**Abgrenzung zu Mitgliederbeiträgen**, siehe Rz. 27) und der öffentlichen Hand (**Abgrenzung zu „echten" Zuschüssen**, siehe Rz. 28). Bei Zahlungen anderer Personen (Nicht-Mitglieder) muß nach den tatsächlichen Umständen des Einzelfalls entschieden werden, ob bzw. inwieweit es sich um Entgelt für eine Leistung der gemeinnützigen Körperschaft oder um eine Spende handelt. Auf die Bezeichnung der Beteiligten kommt es insoweit nicht an.

3. Leistungen an die Mitglieder

27 Wie bereits ausgeführt, ist nach § 2 Abs. 1 S. 3 UStG ein Leistungsaustausch nicht ausgeschlossen, wenn eine Personenvereinigung nur gegenüber ihren Mitgliedern und lediglich zur Erfüllung ihrer sat-

---

[44] St. Rspr., u. a.: BFH V R 37/84 v. 22. 6. 1989, BStBl. II 1989, 913; zustimmend: *Zeuner* a.a.O. (FN 43) m. w. N.

[45] Vgl. AEAO zu § 60, Anlage 1 (Mustersatzung).

zungsgemäßen Zwecke tätig wird.[46] Erbringt die gemeinnützige Körperschaft eine Leistung an ein Mitglied, für die eine besondere Vergütung zu zahlen ist (die also nicht mit dem durch Satzung festgelegten Beitrag abgegolten ist), so ist ein Entgelt und damit ein Leistungsaustausch offenkundig.[47]

Beispiele:
Der Tennisverein „Grün-Weiß e.V" überläßt seinem Mitglied A einen Tennisplatz zur Benutzung für zwei Stunden zum Preis von 60 DM.
Der Skiverein „Piste frei e.V". veranstaltet eine 10-tägige Skifreizeit in Südtirol zum Preis von 1.000 DM für jedes teilnehmende Mitglied.

Erbringt die gemeinnützige Körperschaft Leistungen an Mitglieder, für die diese keine gesondert vereinbarten Zahlungen zu erbringen haben, stellt sich die Frage, ob und ggf. inwieweit die als „Mitgliederbeiträge" bezeichneten Zahlungen als umsatzsteuerrechtliche Gegenleistung anzusehen sind.

In einem ersten Schritt ist jedoch stets zu prüfen, ob überhaupt eine Leistung der gemeinnützigen Körperschaft vorliegt.

Beispiel:
Ein Sportverein erbringt gegenüber einem Mitglied, das sich nicht zum Trainings- und Spielbetrieb angemeldet hat („passives Mitglied") regelmäßig keine Leistung.

Liegt eine Leistung an ein einzelnes Mitglied bzw. an alle Mitglieder vor, so gelten nach Auffassung der Finanzverwaltung folgende **Abgrenzungsmerkmale**:[48]

Leistungsaustausch wird angenommen, soweit eine Personenvereinigung **Sonderbelange** ihrer Mitglieder wahrnimmt. Der für einen Leistungsaustausch erforderliche Zusammenhang zu den Beiträgen der Mitglieder wird verneint, soweit die Personenvereinigung den satzungsgemäßen Gemeinschaftszweck für die Gesamtbelange der Mitglieder erfüllt.

Durch diese Kriterien Sonderbelange bzw. Gesamtbelange/Gemeinschaftszweck werden die Tatbestandsvoraussetzungen des Leistungsaustausches jedoch nur unzureichend erfaßt und abgegrenzt.[49] So steht der Subsumtion einer Tätigkeit unter den Begriff Leistungsaustausch nicht entgegen, daß sie für alle Mitglieder gleich ist und mit ihnen die (satzungsgemäße) Hauptaufgabe der Personenvereinigung erfüllt wird. Auch die Finanzverwaltung beurteilt einen Sachverhalt als Leistungsaustausch, bei dem die Personenvereinigung gegenüber allen Mitgliedern gleichartige Leistungen erbringt, nämlich Hilfe in Lohnsteuersachen leistet oder zumindest dazu bereit ist.[50]

---

[46] BFH V R 107/76 v. 4. 7. 1985, BStBl. 1986 II, 153.

[47] BFH V R 46/92 v. 8. 9. 1994, BStBl. 1994 II, 957.

[48] Abschn. 4 UStR; siehe auch: BFH V 134/59 U v. 12. 4. 1962, BStBl. III 1962, 260; V 138/64 v. 2. 2. 1967, BStBl. III 1967, 502; V 228/65 v. 5. 12. 1968, BStBl. II 1969, 302 und V R 128/71 v. 9. 5. 1974, BStBl. II 1974, 530.

[49] BFH V R 107/76 v. 4. 7. 1985 BStBl. II 1986, 153.

[50] Abschn. 4 Abs. 2 UStR, gestützt auf BFH V R 128/71 v. 9. 5. 1974, BStBl. II 1974, 530.

Es ist demnach jeweils im **Einzelfall** zu entscheiden, inwieweit eine als Mitgliedsbeitrag bezeichnete Zahlung als Entgelt für eine Leistung anzusehen ist. Vor diesem Hintergrund erscheint die dargestellte vereinfachende Abgrenzungsmethode der Finanzverwaltung zur Vermeidung von langwierigen Rechtsstreitigkeiten zweckmäßig und praktikabel[51] und damit trotz systematischer Bedenken[52] vorzugswürdig.

4. Zahlungen der öffentlichen Hand

28 Auch auf Zahlungen der öffentlichen Hand an die gemeinnützige Körperschaft sind unabhängig von ihrer Bezeichnung als „Zuschuß, Zuwendungen, Beihilfe, Prämie, Ausgleichsbetrag" u. ä. die allgemeinen Grundsätze für die Annahme eines Leistungsaustauschs anzuwenden.

Erbringt die gemeinnützige Körperschaft an den Zahlenden („Zuschußgeber") eine Leistung, die derart mit der Zahlung verknüpft ist, daß sie sich auf den Erhalt einer Gegenleistung (Zahlung) richtet, so sind die Voraussetzungen für einen Leistungsaustausch erfüllt. Für die Prüfung dieser Frage sind die Vereinbarungen des Zahlungsempfängers mit dem Zahlenden, z. B. die zugrundeliegenden Verträge oder die Vergaberichtlinien, ein wesentliches Indiz.[53]

Erbringt die gemeinnützige Körperschaft an die öffentliche Hand als „Zuschußgeber" keine Leistung, so kann deren Zahlung zusätzliches Entgelt eines Dritten im Sinne des § 10 Abs. 1 Satz 3 UStG für die Leistung der gemeinnützigen Körperschaft sein. Ein zusätzliches Entgelt liegt vor, wenn der Leistungsempfänger einen Rechtsanspruch auf die Zahlung hat, die Zahlung in Erfüllung einer öffentlich-rechtlichen Verpflichtung gegenüber dem Leistungsempfänger oder zumindest im Interesse des Leistungsempfängers gewährt wird.[54] Siehe dazu Rz. 81.

Die Zahlung der öffentlichen Hand an die gemeinnützige Körperschaft ist dagegen **nicht als Entgelt** anzusehen, wenn sie nicht in einem konkreten Zusammenhang mit einer Leistung erbracht wird, z. B., wenn sie **der allgemeinen Förderung** der gemeinnützigen Körperschaft und nicht überwiegend dem Interesse eines möglichen Leistungsempfängers **dient** oder wenn Mittel **zur Unterstützung der ideellen Tätigkeit** der gemeinnützigen Körperschaft gewährt werden.[55] Zuwendungen aus öffentlichen Kassen, die ausschließlich auf der Grundlage des Haushaltsrechts und den dazu erlassenen Allgemeinen

---

[51] Siehe auch Beispiele bei *Mößlang* in Sölch/Ringleb/List UStG § 1 Rz. 107.

[52] Vgl. neben BFH V R 107/76 v. 4. 7. 1985 BStBl. II 1986, 153, die Literaturnachweise in BFH V R 25/76 v. 20. 12. 1984, BStBl. II 1985, 176, sowie *Stadie* in Rau/Dürrwächter UStG § 2 Rz. 186ff.

[53] Wegen weiterer Einzelheiten vgl. Abschn. 150 Abs. 2 UStR sowie BMF-Schreiben v. 1. 2. 1994, BStBl. I 1994, 187, und v. 26. 6. 1999, BStBl. I 1999, 854, betreffend Zuwendungen des Bundesministeriums für Bildung, Wissenschaft, Forschung und Technologie für Forschungs- und Entwicklungsvorhaben.

[54] Siehe Abschn. 150 Abs. 3 UStR m. w. N.

[55] Siehe Abschn. 150 Abs. 4, Abs. 7 und 8 UStR m. w. N.

Nebenbestimmungen vergeben werden, sind grundsätzlich echte, nicht steuerbare Zuschüsse.

III. Eigenverbrauch und eigenverbrauchsähnliche Tatbestände

1. Leistungen aus dem unternehmerischen Bereich an den ideellen Bereich

Für die gemeinnützige Körperschaft sind die allgemeinen Grundsätze 33 der Eigenverbrauchsbesteuerung anzuwenden.[56] Durch diesen Steuertatbestand wird ein systemwidriger unversteuerter (End-) Verbrauch verhindert, denn der Vorsteuerabzug des Unternehmers wird insoweit im Ergebnis korrigiert.[57] Durch das Steuerentlastungsgesetz 1999/2000/2002 ist der in §§ 1 Abs. 1 Nr. 2 und 3 UStG normierte Eigenverbrauchstatbestand entsprechend Art 5 Abs. 6 bzw. Art 6 Abs. 2 der 6. EG-Richtlinie durch die Fiktion einer entgeltlichen Lieferung in § 3 Abs. 1b UStG bzw. einer entgeltlichen sonstigen Leistung in § 3 Abs. 9a UStG ersetzt worden. Im Ergebnis bleibt die bisherige Besteuerungspraxis von dieser Neuregelung grundsätzlich unberührt; es erscheint deshalb vorzugswürdig, an der dem Rechtsanwender geläufigen Terminologie festzuhalten, obwohl der Begriff „Eigenverbrauch" im Gesetz nicht mehr verwendet wird. Steuerbar sind demnach alle Leistungen aus dem unternehmerischen Bereich für unternehmensfremde Zwecke. Die Entnahme bzw. die Verwendung eines dem Unternehmen zugeordneten Gegenstandes für unternehmensfremde Zwecke kann nur dann als Lieferung bzw. als Dienstleistung besteuert werden, wenn der „Gegenstand (bzw. seine Bestandteile) zum vollen oder teilweisen Abzug der Mehrwertsteuer berechtigt hat" (siehe dazu auch Rz. 98). Bereits vor Inkrafttreten der **Novellierung der Eigenverbrauchsbesteuerung** durch das Steuerentlastungsgesetz 1999/2000/2002 konnte sich der Steuerpflichtige in diesem Punkt auf die vorrangigen Bestimmungen der 6. EG-Richtlinie berufen.[58]

Die gemeinnützige Körperschaft kann deshalb nur im Hinblick auf die ihrem Unternehmen zugeordneten Gegenstände einen Eigenverbrauchstatbestand verwirklichen. Die Zuordnung eines Gegenstands zum Unternehmen[59] erfolgt regelmäßig bereits im Zeitpunkt seines Erwerbs bzw. seiner Herstellung und wird dokumentiert durch die Inanspruchnahme des Vorsteuerabzugs (siehe Rz. 99). Die Entnahme sowie die Verwendung derartiger Gegenstände für Zwecke außerhalb des Unternehmens der gemeinnützigen Körperschaft, insbesondere für ideelle Zwecke, stellt einen steuerbaren Eigenverbrauch dar.

---

[56] Abschn. 7 Abs. 1 UStR.
[57] *Mößlang* in Sölch/Ringleb/List UStG § 1 Rz. 172.
[58] EuGH Rs. C-193/91 v. 25. 5. 1993, BStBl. II 1993, 812.
[59] Vgl. im einzelnen Abschn. 24b Abs. 1 UStR.

Beispiele:

- Der Fußballverein „Blau-Gelb" stellt nach Ablauf der Saison 1997/1998 die bisher von seiner Lizenzspielermannschaft genutzten Trainingsanzüge und -bälle (für deren Erwerb er den Vorsteuerabzug in Anspruch genommen hat) seiner Altherrenmannschaft zur Verfügung, für deren Spiele der Fußballverein keine Eintrittsgelder erhebt. Es handelt sich um einen Entnahmeeigenverbrauch nach § 3 Abs. 1b S. 1 Nr. 2 UStG.
- Der in vollem Umfang dem unternehmerischen Bereich zugeordnete (mit Vorsteuerabzug erworbene) Personalcomputer einer gemeinnützigen Körperschaft wird zu 25 v. H. im ideellen Bereich genutzt. Es handelt sich um einen Verwendungseigenverbrauch nach § 3 Abs. 9a S. 1 Nr. 1 UStG.

Bei anteiliger Zuordnung eines Gegenstands zum unternehmerischen und nichtunternehmerischen Bereich (im Zusammenhang mit dem Vorsteuerabzug) kommt ein Entnahme- oder Verwendungseigenverbrauch nur hinsichtlich des unternehmerischen Anteils in Betracht.[60]

Entgegen der früheren Terminologie des § 1 Abs. 1 Nr. 2 Buchst. b UStG („Leistungseigenverbrauch") unterscheidet § 3 Abs. 9 a Nr. 1 bzw. Nr. 2 UStG wie die 6. EG-Richtlinie in Art 6 Abs. 2 Buchst a bzw. Buchst. b ausdrücklich zwischen **„Verwendungseigenverbrauch"** und **„Leistungseigenverbrauch"**. Im zweiten Fall ist nach dem Wortlaut der Vorschrift der Vorsteuerabzug nicht Tatbestandsmerkmal für einen steuerbaren Umsatz. Die systematische Rechtfertigung für diese Unterscheidung sowie die konkrete Abgrenzung dieser beiden Unterfälle nach der Terminologie des Art 6 Abs. 2 der 6. EG-Richtlinie sind gegenwärtig nicht abschließend geklärt.

2. Leistungen für andere unternehmensfremde Zwecke

34 Zur nichtunternehmerischen Sphäre der gemeinnützigen Körperschaft gehören allgemein alle nicht auf nachhaltige Einnahmeerzielung gerichteten Tätigkeiten (unternehmensfremde Zwecke). Insoweit gelten für die gemeinnützige Körperschaft die für alle Unternehmer anzuwendenden Grundsätze. Unternehmensfremden Zwecken dienen regelmäßig auch unentgeltliche Leistungen an Arbeitnehmer[61] und an Mitglieder bzw. Gesellschafter/Anteilseigner.

Beispiel:

Der Fußballverein Blau-Gelb gewährt seinen Vorstandmitgliedern freien Eintritt zu den Heimspielen seiner Bundesligamannschaft. Seine Spieler erhalten kostenlos jeweils drei Tribünenkarten zur Weitergabe an Familienangehörige und Freunde.

Dem allgemeinen Eigenverbrauchstatbestand nach § 3 Abs. 1 b bzw. Abs. 9 a UStG unterfällt ab dem 1. 4. 1999 auch der zuvor als eigener

---

[60] BMF-Schreiben v. 27. 6. 1996, BStBl. I 1996, 702.

[61] Die Frage, ob insoweit die Spezialregelung in § 1 Abs. 1 Nr. 1 S. 2 Buchst. b UStG a. F. vorrangig war, war bereits vor Inkrafttreten des Steuerentlastungsgesetzes 1999 (Normierung der „neuen" Eigenverbrauchsbesteuerung) ohne praktische Bedeutung.

Tatbestand normierte „Gesellschafter"- bzw. „Mitgliederverbrauch" in § 1 Abs. 1 Nr. 3 UStG a. F..

IV. Steuerbefreiungsvorschriften

1. Allgemeines

Ein steuerbarer Umsatz ist steuerpflichtig, wenn er nicht durch § 4 oder § 25 Abs. 2 UStG bzw. eine Rechtsverordnung auf Grundlage des § 26 UStG befreit wird. Unter den Voraussetzungen des § 9 UStG kann die gemeinnützige Körperschaft für die dort genannten Umsätze auf die Steuerbefreiung verzichten (Option zur Steuerpflicht). 40

Im übrigen sind die Befreiungstatbestände für den Unternehmer nicht dispositiv. Der gemeinnützigen Körperschaft steht also außerhalb des Anwendungsbereichs des § 9 UStG kein Wahlrecht zu, einen nach dem UStG steuerfreien Umsatz als steuerpflichtig zu behandeln. Derartige Überlegungen machen aus Sicht der gemeinnützigen Körperschaft Sinn, wenn ein Vorsteuerabzug i. H. v. 16 v. H. aus den bezogenen Leistungen begründet wird und der Ausgangsumsatz nach § 12 Abs. 2 Nr. 8 UStG ermäßigt mit 7 v. H. zu versteuern ist (Rz. 88).

Im folgenden werden die wichtigsten im Bereich der gemeinnützigen Körperschaft denkbaren Steuerbefreiungsvorschriften und evtl. Optionsmöglichkeiten nach § 9 UStG dargestellt. Die hier dargestellten Steuerbefreiungen schließen den Vorsteuerabzug aus (siehe Rz. 103).

2. Umsätze, die unter das Grunderwerbsteuergesetz fallen

Von der Umsatzsteuer befreit sind nach § 4 Nr. 9 Buchst. a UStG grunderwerbsteuerbare Vorgänge (siehe dazu im einzelnen § 12 Rz. 1 ff., 10 ff.). Sinn und Zweck dieses Befreiungstatbestands ist es, einen Lebenssachverhalt grundsätzlich nicht mehrfach durch Verkehrsteuern (im rechtlichen Sinne, siehe Rz. 4) zu belasten.[62] Die Formulierung des § 4 Nr. 9 Buchst. a UStG ist aus systematischer Sicht zu kritisieren, denn die Grunderwerbsteuer besteuert regelmäßig Rechtsvorgänge (zivilrechtliche Verpflichtungsgeschäfte) und nicht „Umsätze" (zivilrechtliche Erfüllungsgeschäfte).[63] 41

Ob der „Umsatz" von der Grunderwerbsteuer befreit (siehe § 12 Rz. 13 ff. oder grunderwerbsteuerpflichtig ist, ist für die Anwendbarkeit des § 4 Nr. 9 Buchst. a UStG unerheblich.[64] Unerheblich ist ferner, ob das Finanzamt die Festsetzung der Grunderwerbsteuer für einen „Umsatz" (rechtsirrtümlich oder mangels Kenntnis des Sachverhalts)

---

[62] *List* in Sölch/Ringleb/List UStG § 4 Nr. 9 Rz. 3.

[63] Siehe auch *List* in Sölch/Ringleb/List UStG § 4 Nr. 9 Rz. 5; präziser dagegen die Formulierung der 6. EG-Richtlinie in Art 13 Teil B Buchst. g und h: „ (. . .) die Mitgliedstaaten (..) befreien von der Steuer: die Lieferungen von Gebäuden oder Gebäudeteilen und dem dazugehörigen Grund und Boden, (. . .) die Lieferungen unbebauter Grundstücke (. . .)".

[64] *List* in Sölch/Ringleb/List UStG § 4 Nr. 9 Rz. 3 m. w. N.

unterlassen hat. Zwischen Grunderwerbsteuerfestsetzung und Umsatzsteuerfestsetzung besteht keine Bindungswirkung i. S. d. §§ 171 Abs. 10, 175 Abs. 1 Nr. 1 AO. Über die Befreiung eines Umsatzes nach § 4 Nr. 9 Buchst. a UStG ist nach umsatzsteuerrechtlichen Grundsätzen zu entscheiden.[65]

Unter die Steuerbefreiung nach § 4 Nr. 9 Buchstabe a UStG fallen:

- die Veräußerung von Grundstücken sowie die Bestellung und die Übertragung von Erbbaurechten
- die Übertragung von Miteigentumsanteilen an einem Grundstück, die Lieferung von auf fremden Boden errichteten Gebäuden nach Ablauf der Miet- oder Pachtzeit
- die Übertragung eines Betriebsgrundstückes zur Vermeidung einer drohenden Enteignung.[66]

Maßgeblich ist der Grundstücksbegriff des Grunderwerbsteuerrechts mit den Erweiterungen und Einschränkungen des § 2 GrEStG (Siehe § 12 Rz. 7ff.). Die gemeinnützige Körperschaft kann auf die Steuerbefreiung nach § 4 Nr. 9 Buchst. a UStG unter den Voraussetzungen des § 9 UStG verzichten (Option).[67]

3. Vermietung/Verpachtung von Grundstücken

42 Steuerfrei ist nach § 4 Nr. 12 Buchst. a UStG die Vermietung und die Verpachtung von Grundstücken. Für den Grundstücksbegriff ist auf das Zivilrecht abzustellen.[68] Dabei ist eine negative Abgrenzung zu den Betriebsvorrichtungen erforderlich,[69] insbesondere im Fall der Überlassung von Sportanlagen.[70]

Die Leistung „Vermietung/Verpachtung" ist nach zivilrechtlichen Grundsätzen[71] abzugrenzen von der Leistung aufgrund eines gemischten Vertrags mit der Folge einer Aufteilung in einen steuerfreien und steuerpflichtigen Anteil[72] und von der Leistung aufgrund eines Vertrags besonderer Art mit der Folge einer Steuerpflicht in vollem Umfang.[73]

---

[65] BFH V R 99/88 v. 10. 9. 1992, BStBl. II 1993, 316 (II.1.d) m. w. N.

[66] Abschn. 71 Abs. 2 UStR m. w. N.

[67] Siehe dazu im einzelnen Abschn. 148 UStR; zum zeitlichen Anwendungsbereich der Einschränkung der Optionsmöglichkeiten (§ 27 UStG) siehe Übersicht in der Verfügung der OFD Erfurt v. 29. 8. 1994, UVR 1994 S. 344.

[68] Statt aller: *Klenk* in Sölch/Ringleb/List UStG § 4 Nr. 12 Rz. 6ff. m. w. N.

[69] Abschn. 85 UStR; *Klenk* a.a.O. Rz. 12f. (jeweils mit umfangreicher Beispielssammlung).

[70] Beispielssammlung in Abschn. 86 UStR; der BFH beabsichtigt, abweichend von seiner bisherigen Rspr. die Überlassung von Sportanlagen stärker unter dem Gesichtspunkt einer einheitlichen steuerpflichtigen Leistung zu beurteilen: Beschluß V R 97/98 v. 21. 10. 1999, ÜR 2000, 30, mit dem das BMF zum Beitritt zum Revisionsverfahren aufgefordert wird.

[71] BFH V R 60/79 v. 4. 12. 1980, BStBl. II 1981 S. 231; *Klenk* in Sölch/Ringleb/List UStG § 4 Nr. 12 Rz. 16f.

[72] *Klenk* a.a.O. Rz. 19; Abschn. 80 UStR mit Beispielen.

[73] *Klenk* a.a.O. Rz. 20; Abschn. 81, 86 Abs. 1 S. 2 bis 4 UStR; siehe auch BFH V R 97/98 v. 21. 10. 1999 a.a.O.

Eine Vermietung oder Verpachtung setzt voraus, daß dem Mieter oder Pächter eine bestimmte, nur ihm zur Verfügung stehende Grundstücksfläche unter Ausschluß anderer zum Gebrauch überlassen wird.[74]

Ein Verzicht auf die Steuerbefreiung (Option) ist unter den Voraussetzungen des § 9 UStG möglich.[75]

4. Krankenhäuser, Alten- und Pflegeheime

Nach § 4 Nr. 16 UStG sind unter anderem befreit die mit dem Be- 43
trieb der Krankenhäuser sowie der Altenheime, Altenwohnheime und Pflegeheime eng verbundenen Umsätze. Eng verbunden sind solche Umsätze, die für diese Einrichtungen nach der Verkehrsauffassung typisch sind, regelmäßig und allgemein beim laufenden Betrieb vorkommen und damit unmittelbar oder mittelbar zusammenhängen.[76] Weitere Voraussetzungen für Einrichtungen, die nicht von juristischen Personen des öffentlichen Rechts betrieben werden:

a) Krankenhäuser

Krankenhäuser sind Einrichtungen, in denen durch ärztliche und 44
pflegerische Hilfeleistung Krankheiten, Leiden oder Körperschäden festgestellt, geheilt oder gelindert werden sollen oder Geburtshilfe geleistet wird und in denen die zu versorgenden Personen untergebracht und verpflegt werden können (§ 2 Nr. 1 des Krankenhausfinanzierungsgesetzes). Bei Krankenhäusern müssen im vorangegangenen Kalenderjahr die in § 67 Abs. 1 oder 2 AO bezeichneten Voraussetzungen erfüllt worden sein (§ 4 Nr. 16 Buchst. b UStG). Siehe dazu § 6 Rz. 93.

b) Alten- und Pflegeheime

Altenheime, Altenwohnheime und Pflegeheime sind Einrichtungen, 45
in denen alte Menschen sowie pflegebedürftige oder behinderte Volljährige nicht nur vorübergehend aufgenommen und betreut werden (§ 1 Heimgesetz). Mindestens 40 v. H. der Leistungen müssen im vorangegangenen Kalenderjahr den in § 68 Abs. 1 des Bundessozialhilfegesetzes oder den in § 53 Nr. 2 AO genannten Personen zugute gekommen sein (§ 4 Nr. 16 Buchst. d UStG). Zu den Voraussetzungen für einen steuerfreien Zweckbetrieb nach § 68 Nr. 1 a AO siehe § 6 Rz. 97.

---

[74] BFH V R 150/78 v. 9. 4. 1987, BStBl. II 1987, 659: keine Vermietung, sondern Vertrag besonderer Art bei Benutzung eines Golfplatzes durch einen clubfremden Golfspieler gegen Entrichtung von Greenfee.

[75] Zu weiteren Einzelheiten siehe Abschn. 148, 148a UStR; zu § 27 UStG Hinweis auf die Übersicht in der Verfügung der OFD Erfurt v. 29. 8. 1994, UVR 1994 S. 344.

[76] Abschn. 100 UStR mit Beispielsfällen.

5. Leistungen der Wohlfahrtseinrichtungen

46 § 4 Nr. 18 UStG befreit unter folgenden Voraussetzungen Leistungen der Wohlfahrtseinrichtungen von der Umsatzsteuer:

a) Subjekte der Steuerbefreiung

aa) Amtlich anerkannte Verbände der freien Wohlfahrtspflege

47 Dies sind nach der abschließenden Aufzählung in § 23 UStDV:

1. Diakonisches Werk der Evangelischen Kirche in Deutschland e.V.,
2. Deutscher Caritasverband e. V.,
3. Deutscher Paritätischer Wohlfahrtsverband e. V.,
4. Deutsches Rotes Kreuz,
5. Arbeiterwohlfahrt – Bundesverband e. V. –,
6. Zentralwohlfahrtsstelle der Juden in Deutschland e. V.,
7. Deutscher Blindenverband e. V.,
8. Bund der Kriegsblinden Deutschlands e. V.,
9. Verband Deutscher Wohltätigkeitsstiftungen e. V.,
10. Bundesarbeitsgemeinschaft „Hilfe für Behinderte" e. V.,
11. Verband der Kriegs- und Wehrdienstopfer, Behinderten und Sozialrentner Deutschland e. V.

bb) Verbandsmitglieder

48 Es muß sich um rechtlich selbständige Körperschaften, Personenvereinigungen und Vermögensmassen handeln, die einem der unter aa) genannten Wohlfahrtsverbände als Mitglied angeschlossen sind. Nach Auffassung der Finanzverwaltung reicht eine mittelbare Mitgliedschaft aus, also die Mitgliedschaft bei einer der freien Wohlfahrtspflege dienenden Körperschaft oder Personenvereinigung, die ihrerseits einem amtlich anerkannten Wohlfahrtsverband als Mitglied angeschlossen ist (z. B. Werkstätten für Behinderte als Mitglieder einer Wohlfahrtseinrichtung, die Mitglied eines amtlich anerkannten Wohlfahrtsverbandes ist).[77] Das Verbandsmitglied muß (selbst) der freien Wohlfahrtspflege dienen. Ob diese Voraussetzung erfüllt ist, muß in jedem Einzelfall nach der Legaldefinition des § 66 Abs. 2 AO geprüft werden. Hinweis auf die Ausführungen unter § 6 Rz. 91.

b) Zweckbestimmung des Unternehmers

49 Der unter a) genannte Unternehmer muß ausschließlich und unmittelbar gemeinnützigen, mildtätigen oder kirchlichen Zwecken dienen. Ob dies der Fall ist, ist nach den allgemeinen Grundsätzen der §§ 52 bis 68 AO zu beurteilen.[78] Hinweis auf die Ausführungen unter § 5, Rz. 20ff.

---

[77] Abschn. 103 Abs. 4 UStR.

[78] Abschn. 103 Abs. 2 UStR; *Husmann* in Rau/Dürrwächter/Flick/Geist, UStG § 4 Nr. 18 Rz. 22ff.

c) Objektive Voraussetzungen

aa) Unmittelbare Leistungen an den begünstigten Personenkreis

Die Leistungen des unter § 4 Nr. 18 Satz 1 Buchst. a UStG fallenden 50
Unternehmers müssen unmittelbar dem nach der Satzung, Stiftung oder sonstigen Verfassung begünstigten Personenkreis zugute kommen (§ 4 Nr. 18 Satz 1 Buchst. b UStG).

Zur Abgrenzung des begünstigten Personenkreises ist auf die Satzungszwecke und die Art ihrer Verwirklichung im Sinne der §§ 59 und 60 AO abzustellen.[79]

Das Merkmal der Unmittelbarkeit ist leistungsbezogen.[80] Das bedeutet, daß die Leistungen regelmäßig an die in §§ 53, 66 AO genannten Personen als Leistungsempfänger ausgeführt werden müssen. Allein bei personenbezogenen Leistungen ist es denkbar, daß diese auch dann **unmittelbar** den begünstigten notleidenden und gefährdeten Mitmenschen zugute kommen, wenn Leistungsempfänger ein anderer Wohlfahrtsverband oder eine Behörde ist.[81] Denn § 4 Nr. 18 UStG bezweckt nicht die Förderung mehrstufiger Wohlfahrtsorganisationen. Demnach sind insbesondere folgende Leistungen einer Wohlfahrtseinrichtung an eine andere Wohlfahrtseinrichtung nicht nach § 4 Nr. 18 UStG befreit: Wäsche für ein fremdes Krankenhaus, Lieferungen von Arzneimitteln an ein fremdes Krankenhaus, Vermietung von Räumen, Beratung oder Information, Fortbildung von Mitarbeitern, Personalgestellung für die Übernahme der Verwaltungsaufgaben, Nutzungsüberlassung einer Telefonanlage.[82]

bb) Niedrige Entgelte

Nach § 4 Nr. 18 Satz 1 Buchst. c UStG müssen die Entgelte für die 51
in Betracht kommenden Leistungen hinter den durchschnittlich für gleichartige Leistungen von Erwerbsunternehmen verlangten Entgelten zurückbleiben. Mit dieser Voraussetzung soll sichergestellt werden, daß die Steuerbefreiung nicht zu Wettbewerbsverzerrungen zuungunsten von der Umsatzsteuer unterliegenden gewerblichen Unternehmen führt (vgl. Art 13 A Abs. 2a, 4. Spiegelstrich, Abs. 2b, 2. Spiegelstrich, Abs. 1 Buchst. g der 6. EG-Richtlinie).

Es ist ein **Preisvergleich** zwischen Leistungen der Wohlfahrtseinrichtungen und anderer Unternehmer erforderlich. Dieser Preisvergleich wird in der Praxis mit nicht unerheblichen Schwierigkeiten verbunden sein, weil Art und Umfang der Leistungen und die äußeren Bedingungen der Leistungserbringung, insbesondere Standort, Verkehrsverhält-

---

[79] *Husmann* in Rau/Dürrwächter/ Flick/Geist UStG § 4 Nr. 18 Rz. 36

[80] BFH V R 25/84 v. 26. 10. 1989, BStBl. II 1990, 98, m. w. N.; BFH V R 76/89 v. 18. 10. 1990, BStBl. II 1991, 268; V R 35/85 v. 8. 10. 1990, BStBl. II 1991, 157; V R 34/96 v. 7.11. 1996, BStBl. II 1997, 366.

[81] BFH V R 34/96 v. 7.11. 1996, BStBl. II 1997, 366 mit Beispielen; Abschn. 103 Abs. 6 UStR.

[82] BFH a.a.O. (FN 83); *Klever* in UStR-krit 1997/98 K 3/103.

nisse etc. gleichartig sein müssen; u. U. werden vergleichbare Erwerbsunternehmen fehlen.[83] Die Wohlfahrtseinrichtung wird allerdings regelmäßig davon ausgehen dürfen, daß das Erfordernis niedriger Entgelte erfüllt ist, wenn ihre Preise nach Selbstkosten ermittelt werden.[84]

d) Sachzuwendungen

52 Befreit sind nach § 4 Nr. 18 Satz 2 UStG auch die Beherbergung, Beköstigung und die üblichen Naturalleistungen, die die Wohlfahrtseinrichtung den Personen, die bei Leistungen nach § 4 Nr. 18 Satz 1 UStG tätig sind, als Vergütung für die geleisteten Dienste gewähren. Ob diese Steuerbefreiung durch Art 13 A Abs. 1 Buchst. g der 6. EG-Richtlinie („eng" mit der Sozialfürsorge ... verbundene Leistungen) gedeckt ist, erscheint zweifelhaft. Die mit § 4 Nr. 18 Satz 2 UStG offensichtlich bezweckte Vereinfachung (die Aufteilung der Vorsteuer unterbleibt)[85] wird jedenfalls nicht vollständig erreicht, weil die Tatbestandsmerkmale „übliche Naturalleistung" und „für geleistete Dienste" im Einzelfall nicht unerhebliche Auslegungsschwierigkeiten hervorrufen können.[86]

6. Kulturelle Einrichtungen

63 Die Umsätze der gemeinnützigen Körperschaften aus dem Betrieb von Theatern, Orchestern, Kammermusikensembles, Chören, Museen, botanischen und zoologischen Gärten, Tierparks, Archiven, Büchereien sowie Denkmälern der Bau- und Gartenbaukunst sind nach § 4 Nr. 20 Buchst. a UStG steuerfrei, wenn die zuständige Landesbehörde bescheinigt, daß sie die gleichen kulturellen Aufgaben wie die gleichartigen Einrichtungen des Bundes, der Länder, der Gemeinden oder der Gemeindeverbände erfüllen.

64 Zu den Begriffen Theater, Orchester etc. Hinweis auf Abschn. 106 bis 109 UStR.[87] Die Bescheinigung der zuständigen Landesbehörde ist materiell-rechtliche Voraussetzung für die Steuerbefreiung; sie ist für die Finanzbehörden bindend und kann auch von Amts wegen eingeholt werden.[88] Steuerbefreit sind nach der durch Art 13 A Abs. 1 Buchst. n und Abs. 2a Buchst. b, zweiter Spiegelstrich der 6. EG- Richtlinie gebotenen Auslegung die kulturelle Dienstleistung selbst und die eng damit verbundenen Lieferungen von Gegenständen, die zur Ausführung der Dienstleistung unerläßlich sind. Inwieweit es sich um derart üblicherweise mit der kulturellen Dienstleistung verbundene Nebenlei-

[83] *List* in Sölch/Ringleb/List UStG § 4 Nr. 18 Rz. 23 ff.
[84] *Klever* in UStR-krit 1997/98 V § 4 Nr. 18/2.
[85] *List* in Sölch/Ringleb/List UStG § 4 Nr. 18 Rz. 26.
[86] Vgl *List* in Sölch/Ringleb/List UStG § 4 Nr. 18 Rz. 27ff.; Abschn. 103 Abs. 6 UStR.
[87] Siehe auch *List* in Sölch/Ringleb/List UStG § 4 Nr. 20 Rz. 9ff.
[88] Siehe Abschn. 110 und 114 Abs. 2 UStR m. w. N.

stungen handelt, bedarf einer naturgemäß streitanfälligen Einzelfallprüfung.[89]

7. Veranstaltungen wissenschaftlicher oder belehrender Art, andere kulturelle und sportliche Veranstaltungen

Führt eine gemeinnützigen Zwecken (§ 52 AO) oder dem Zweck 65
eines Berufsverbandes[90] dienende Einrichtung **Veranstaltungen wissenschaftlicher oder belehrender Art**, insbesondere Vorträge und Kurse, durch,[91] so sind diese Leistungen nach § 4 Nr. 22 Buchst. a UStG steuerfrei, wenn die **Einnahmen überwiegend zur Deckung der Unkosten verwendet** werden. Zu den in § 4 Nr. 22 Buchst. a UStG bezeichneten Veranstaltungen belehrender Art gehören auch Kurse zur Berufsausbildung und -fortbildung[92] sowie die Erteilung von Sportunterricht, z. B. die Erteilung von Schwimm-, Tennis-, Reit-, Segel- und Skiunterricht.[93]

Hinsichtlich der Veranstaltungen belehrender Art können sich Überschneidungen zu den Steuerbefreiungen nach § 4 Nr. 21 UStG (allgemeinbildende oder berufsbildende Einrichtungen, die auf einen Beruf oder eine vor einer juristische Person des öffentlichen Rechts abzulegende Prüfung ordnungsgemäß vorbereiten) und § 4 Nr. 23 UStG (Beherbergung, Beköstigung etc. von Personen unter 27 Jahren zu Erziehungs- und Ausbildungzwecken) ergeben. Auf diese nicht nur für gemeinnützige Körperschaften, sondern für alle Unternehmer anwendbaren Steuerbefreiungsvorschriften kann hier nicht näher eingegangen werden.[94]

Nach § 4 Nr. 22 Buchst. b UStG sind **andere kulturelle und sportliche Veranstaltungen** der in § 4 Nr. 22 Buchst. a UStG genannten Unternehmer steuerfrei, soweit das Entgelt in Teilnehmergebühren besteht. Mit dieser Regelung wird erreicht, daß aktive Teilnehmer an sportlichen Veranstaltungen nicht mit Umsatzsteuer belastet werden. Befreit sind kulturelle und sportliche Veranstaltungen aller gemeinnützigen Einrichtungen, es muß sich bei dem Veranstalter nicht um eine kulturelle Einrichtung i. S. d. § 68 Nr. 7 AO, z. B. Museum, Theater, oder um einen Sportverein (§ 67 a, § 52 Abs. 2 Nr. 2 AO) handeln.[95]

---

[89] Vgl. Abschn. 106 Abs. 3 UStR zu Nebenleistungen im Zusammenhang mit Theateraufführungen; *List* in Sölch/Ringleb/List UStG § 4 Nr. 20 Rz. 26 (Theater), 30 (Museen), 32 (botanische, zoologische Gärten, Tierparks).

[90] Z. B.: Gewerkschaft, Arbeitgeberverband, Fachvereinigung, Berufsvertretung (Handwerkskammer, Industrie- und Handelskammer, Ärztekammer usw.); zu Einzelheiten siehe *List* in Sölch/Ringleb/List UStG § 4 Nr. 22 Rz. 13f.

[91] Vgl. die insoweit übereinstimmenden Voraussetzungen für einen Zweckbetrieb nach § 68 Nr. 8 AO; Hinweis auf § 6 Rz. 103.

[92] *List* in Sölch/Ringleb/List UStG § 4 Nr. 22 Rz. 17

[93] Abschn. 115 Abs. 3 UStR.

[94] Hinweis auf Abschn. 112ff. bzw. 117 UStR.

[95] BFH V R 7/95 v. 25. 7. 1996, BStBl. II 1997, 154.

Zum Begriff der kulturellen Veranstaltung kann auf die Auslegung der §§ 68 Nr. 7 und 52 Abs. 2 Nr. 1 AO („Kunst und Kultur") verwiesen werden; dazu gehören Literatur, Musik, darstellende und bildende Künste.[96] Der Begriff der sportlichen Veranstaltung hat in § 4 Nr. 22 Buchst. b UStG dieselbe Bedeutung wie in § 67a AO.[97] Beispiele für kulturelle bzw. sportliche Veranstaltungen sind: Musikwettbewerbe, Trachtenfeste, Volkswandertage und Sportwettkämpfe.[98] **Teilnehmergebühren** sind Entgelte, die für die aktive Teilnahme an den Veranstaltungen gezahlt werden, z. B. Startgelder und Meldegelder. Soweit das Entgelt für die Veranstaltungen in Eintrittsgeldern der Zuschauer besteht, ist die Befreiungsvorschrift nicht anzuwenden.

8. Jugendherbergswesen

69 Nach § 4 Nr. 24 UStG sind steuerfrei: Leistungen des Deutschen Jugendherbergswerkes, Hauptverband für Jugendwandern und Jugendherbergen e.V., einschließlich der diesem Verband angeschlossenen Untergliederungen, Einrichtungen und Jugendherbergen, soweit die Leistungen den Satzungszwecken unmittelbar dienen. Befreit sind demnach insbesondere die Beherbergung und die Beköstigung von Personen bis zur Vollendung des 27. Lebensjahres in Jugendherbergen. Befreit sind entsprechend § 4 Nr. 18 Satz 2 UStG (siehe Rz. 52) auch die als Vergütung für die geleisteten Dienste gewährten üblichen Naturalleistungen an Personen, die bei diesen Leistungen tätig sind. Zu weiteren Einzelheiten Hinweis auf Abschn. 118 UStR.

9. Leistungen im Rahmen der Jugendhilfe

70 Nach § 4 Nr. 25 UStG sind Leistungen im Rahmen der Jugendhilfe steuerfrei. **Begünstigte Unternehmer** sind neben Trägern der öffentlichen Jugendhilfe (Kreise, kreisfreie Städte) die **Träger der freien Jugendhilfe**, die kraft Gesetzes oder von der zuständigen Jugendbehörde anerkannt sind oder die die Voraussetzungen für eine Förderung durch die Träger der öffentlichen Jugendhilfe erfüllen. Die Abgrenzung richtet sich nach § 75 des Sozialgesetzbuchs (Achtes Buch).

Objektiv begünstigt sind

- die Durchführung von Lehrgängen, Freizeiten, etc. sowie von Veranstaltungen, die dem Sport oder der Erholung dienen;[99] die Leistungen müssen den Jugendlichen (Personen vor Vollendung des 27. Lebensjahres) oder den Mitarbeitern in der Jugendhilfe unmittelbar zugute kommen (vgl. insoweit die Ausführungen zu § 4 Nr. 18 UStG, Rz. 50).[100]

---

[96] *Klein* AO § 52 Rz. 5.

[97] BFH V R 7/95 v. 25. 7. 1996, BStBl. II 1997, 154 mit weiteren Einzelheiten; siehe auch § 6 Rz. 93ff.

[98] Abschn. 116 Abs. 1 S. 1 UStR.

[99] Zu Definitionen und Einzelfällen siehe *List* in Sölch/Ringleb/List UStG § 4 Nr. 25 Rz. 10f. und Abschn. 119 Abs. 3 bis 5 UStR.

[100] Siehe auch Abschn. 119 Abs. 2 UStR.

- Die im Rahmen dieser Veranstaltungen gewährten üblichen Naturalleistungen an die Jugendlichen, sowie – entsprechend § 4 Nr. 18 Satz 2 UStG (siehe Rz. 52) – entsprechende Leistungen an die Mitarbeiter und an die bei diesen Leistungen tätigen Personen als Vergütung für die geleisteten Dienste
- Durchführung von kulturellen und sportlichen Veranstaltungen im Rahmen der Jugendhilfe, wenn die Darbietungen von den Jugendlichen selbst erbracht oder die Einnahmen überwiegend zur Deckung der Kosten verwendet werden (entspricht der Regelung in § 4 Nr. 22 UStG, siehe Rz. 65).

V. Steuervergütung

Der gemeinnützigen Körperschaft wird nach § 4 a UStG die Steuer 75
auf die an sie bewirkte Lieferung, auf die Einfuhr oder den innergemeinschaftlichen Erwerb (Eingangsumsatz) eines Gegenstandes vergütet, der in das Drittlandsgebiet gelangt ist und dort zu humanitären, karitativen oder erzieherischen Zwecken verwendet wird. Es handelt sich der Art nach um eine **„Vorsteuer"-Vergütung**, um in diesen Fällen eine regelmäßig unentgeltlichen und nichtunternehmerischen Zwecken dienende „**Ausfuhrlieferung**" von der Belastung mit inländischer Umsatzsteuer freizustellen.[101]

Humanitär im Sinne des § 4a Abs. 1 S. 1 Nr. 5 UStG ist nicht nur die Beseitigung und Milderung besonderer Notlagen, sondern auch die Verbesserung der wirtschaftlichen und sozialen Verhältnisse und der Umweltbedingungen. **Karitative Zwecke** werden verfolgt, wenn anderen selbstlose Hilfe gewährt wird. **Erzieherischen Zwecken** dienen auch Gegenstände, die für die berufliche und nichtberufliche Aus- und Weiterbildung einschließlich der Bildungsarbeit auf politischem, weltanschaulichem, künstlerischem und wissenschaftlichem Gebiet verwendet werden.[102]

Weitere Voraussetzungen für die Steuervergütung nach § 4 a UStG:
- Der Eingangsumsatz des Gegenstandes muß steuerpflichtig gewesen sein (§ 4 a Abs. 1 S. 1 Nr. 1 UStG)
- Im Fall der Lieferung des Gegenstandes: gesonderter Ausweis der Steuer nach § 14 Abs. 1 UStG und Zahlung der Steuer mit dem Kaufpreis (§ 4 a Abs. 1 S. 1 Nr. 2 UStG)
- Im Fall der Einfuhr oder des innergemeinschaftlichen Erwerb des Gegenstandes: Entrichtung der auf diesen Umsatz geschuldeten Steuer (§ 4 a Abs. 1 S. 1 Nr. 3 UStG)
- Der Erwerb oder die Einfuhr des Gegenstandes und seine Ausfuhr erfolgen nicht im Rahmen eines steuerpflichtigen wirtschaftlichen Geschäftsbetriebes der gemeinnützigen Körperschaft (§ 4 a Abs. 1 S. 1 Nr. 6 UStG)
- Nachweis der Voraussetzungen (§ 4 a Abs. 1 S. 1 Nr. 7 UStG)

---

[101] *Wagner* in Sölch/Ringleb/List UStG § 4 a Rz. 1.
[102] Abschn. 124 UStR.

- Antrag nach amtlich vorgeschriebenem Vordruck mit Selbstberechnung (§ 4 a Abs. 1 S. 2 UStG).

Der Antrag auf Steuervergütung ist bei dem für die Umsatzbesteuerung der gemeinnützigen Körperschaft nach § 21 AO zuständigen Finanzamt zu stellen. Die Antragsfrist endet nach § 24 Abs. 1 UStDV mit Ablauf des Kalenderjahres, das auf das Kalenderjahr folgt, in dem der Gegenstand in das Drittlandsgebiet gelangt. Der Nachweis, daß der Gegenstand in das Drittlandsgebiet gelangt ist, muß nach § 24 Abs. 2 UStDV in der gleichen Weise wie bei Ausfuhrlieferungen geführt werden (§§ 8 bis 11 UStDV). Die Voraussetzungen für die Steuervergütung sind buchmäßig nachzuweisen (weitere Einzelheiten dazu in § 24 Abs. 3 UStDV und Abschn. 125 Abs. 2 UStR).

VI. Bemessungsgrundlage

1. Entgeltliche Leistungen und innergemeinschaftlicher Erwerb

80 Bemessungsgrundlage für diese Umsätze ist nach § 10 Abs. 1 S. 1 UStG das **Entgelt**. Entgelt ist nach der Legaldefinition des § 10 Abs. 1 S. 2 UStG alles, was der Leistungsempfänger aufwendet, um die Leistung zu erhalten, jedoch abzüglich der Umsatzsteuer. Zur Ermittlung des Entgelts ist also der in der Gegenleistung enthaltene Umsatzsteuerbetrag in Abzug zu bringen bzw. herauszurechnen. Für die Preiskalkulation jedes Unternehmers ist es deshalb notwendig, sich frühzeitig über die Frage der Umsatzsteuerpflicht und den ggf. anwendbaren Steuersatz zu informieren.

Beispiele:
Ein gemeinnütziger Verein erzielt Einnahmen aus folgenden Leistungen:

- Eintritt zu sportlichen Veranstaltungen (Zweckbetrieb): 21.400 DM.
  Die Leistung ist nach § 12 Abs. 2 Nr. 8 Buchst. a UStG mit 7 v. H. ermäßigt zu besteuern (siehe Rz. 88). Auf den Brutto-Umsatz ist daher ein Divisor von 1,07 anzuwenden; die Bemessungsgrundlage beträgt 20.000 DM.
- Verkauf von Bier, Limonade und Mineralwasser in der Vereinsgaststätte: 23.200 DM.
  Die Leistungen unterliegen dem Regelsteuersatz nach § 12 Abs. 1 UStG i. H. v. 16 v. H.. Auf den Brutto-Umsatz ist daher ein Divisor von 1,16 anzuwenden; die Bemessungsgrundlage beträgt 20.000 DM.

Zum Entgelt nach § 10 Abs. 1 S. 2 UStG gehören auch **Aufwendungen**, die der Leistungsempfänger für den Erhalt der Leistung an einen Dritten erbringt, vorausgesetzt, die Aufwendung erfolgt für Rechnung des leistenden Unternehmers. Soweit der Leistungsempfänger eine Verpflichtung des leistenden Unternehmers erfüllt, handelt es sich um eine **Abkürzung des Zahlungswegs**. Beispielhaft sei die Übernahme der gesamten Grunderwerbsteuer durch einen Grundstückskäufer genannt.[103]

[103] Vgl. Abschn. 149 Abs. 7 UStR.

Besteht das Entgelt für eine Leistung in einer Lieferung oder in einer sonstigen Leistung (**Tausch**, **tauschähnlicher Umsatz** nach § 3 Abs. 12 UStG) so ist der gemeine Wert (§ 9 BewG) der Gegenleistung als Bemessungsgrundlage anzusetzen, § 10 Abs. 2 UStG.[104] **Durchlaufende Posten** nach § 10 Abs. 1 S. 5 UStG gehören nicht zum Entgelt.[105]

2. Aufwendungen eines Dritten für die Leistung/ Zuschußproblematik

Nach **§ 10 Abs. 1 S. 3 UStG** gehört zum Entgelt auch, was ein anderer als der Leistungsempfänger (also ein Dritter) dem Unternehmer für die Leistung gewährt. Dieser Vorschrift kommt wegen der umsatzsteuerrechtlich gebotenen wirtschaftlichen Betrachtungsweise nur **klarstellende Bedeutung** zu. § 10 Abs. 1 S. 3 UStG ist ohnehin nur dann anwendbar, wenn keine unmittelbaren Leistungsbeziehungen zwischen dem Leistenden und dem zahlenden Dritten vorliegen.[106] Denn in diesem Fall läge ein weiterer, eigenständig zu beurteilender Umsatz vor. 81

Nur wenn der **zahlende Dritte nicht Leistungsempfänger** ist, kann § 10 Abs. 1 S. 3 UStG zur Anwendung kommen. Eine Zahlung *für* die Leistung des Unternehmers an den Leistungsempfänger kommt also nur in Betracht, wenn der Dritte insoweit eine rechtliche Verpflichtung gegenüber dem Leistungsempfänger zu erfüllen hat oder zumindest überwiegend in dessen Interesse handelt.[107] Es kann keinen Unterschied machen, ob der Dritte zunächst an den Leistungsempfänger zahlt, damit dieser die Zahlung an den leistenden Unternehmer weiterleitet (§ 10 Abs. 1 S. 2 UStG) oder ob der Dritte unmittelbar an den Leistenden zahlt (abgekürzter Zahlungsweg).[108]

Zahlungen eines Dritten zur Förderung des leistenden Unternehmers stellen keine Gegenleistung für einen Umsatz dar. Insoweit handelt es sich um einen (echten), nicht der Umsatzsteuer zu unterwerfenden **Zuschuß**. Die Abgrenzung zwischen Entgelt von dritter Seite und Zuschuß ist nach der Person des Bedachten und dem Förderungsziel vorzunehmen (siehe Rz. 28).[109]

VII. Steuersätze

1. Ermäßigter Steuersatz

Neben den allgemeinen Steuersatzermäßigungen nach § 12 Abs. 2 Nrn. 1 bis 7 und 9 UStG ist für die steuerpflichtigen Leistungen einer 88

---

[104] Zu Einzelheiten vgl. Abschn. 153 UStR m. w. N..

[105] Hinweis auf Abschn. 152 UStR.

[106] BFH v. 15. 07. 1987, BFH/NV 1988, 56; BFH V R 107/87 v. 20. 02. 1992, BStBl. II 1992, 705 m. w. N.

[107] BFH V R 109/78 v. 25. 1. 1986, BStBl. II 1987, 228 m. w. N.

[108] *Wagner* in Sölch/Ringleb/List UStG § 10 Rz. 74.

[109] BFH V R 67/89 v. 8. 3. 1990, BStBl. II 1990, 708.

gemeinnützigen Körperschaft, die nicht im Rahmen eines wirtschaftlichen Zweckbetriebs ausgeführt werden, die Umsatzsteuer nach **§ 12 Abs. 2 Nr. 8 Buchst. a UStG** auf 7 v. H. zu ermäßigen. Positiv formuliert fallen darunter also alle **Leistungen** im Rahmen der **Vermögensverwaltung** und eines **Zweckbetriebs** nach §§ 65 bis 68 AO. Für die Entscheidung über diese gemeinnützigkeitsrechtlichen Abgrenzungen besteht keine verfahrensrechtliche Bindung an einen Freistellungsbescheid für eine andere Steuerart (z. B. Körperschaft- oder Gewerbesteuer). Die Finanzverwaltung legt eine derartige Entscheidung allerdings aus vernünftigen verwaltungsökonomischen Gründen im allgemeinen auch für Umsatzsteuerzwecke zu Grunde.[110] Daher wird zu den gemeinnützigkeitsrechtlichen Abgrenzungsfragen auf die Ausführungen unter § 6 Rz. 62ff. und 124 ff. verwiesen.[111]

Nach § 12 Abs. 2 Nr. 8 Buchst. b UStG werden unter entsprechenden Voraussetzungen auch die Leistungen der Zusammenschlüsse steuerbegünstigter Einrichtungen ermäßigt.[112]

2. Regelsteuersatz

89 Für alle anderen (nicht in § 12 Abs. 2 UStG aufgeführten) Umsätze gilt der Regelsteuersatz i. H. v. 16 v. H.

C. Vorsteuerabzug

I. Grundsätze

95 Der Vorsteuerabzug setzt nach § 15 Abs. 1 Nr. 1 UStG voraus:
- Leistung eines anderen Unternehmers (Eingangsleistung)
- an die gemeinnützige Körperschaft
- für deren unternehmerischen Bereich – ggf. Zuordnungsentscheidung
- Rechnung i. S. d. § 14 UStG.

Negative Voraussetzung ist, daß kein Ausschlußtatbestand nach § 15 Abs. 2 UStG vorliegt, d. h.: die Verwendung der Eingangsleistung für bestimmte steuerfreie Umsätze der gemeinnützigen Körperschaft schließt den Vorsteuerabzug aus (Hinweis auf Rz. 103 und Rz. 40 ff.).

II. Zuordnung der Eingangsleistung zum unternehmerischen Bereich

1. Allgemeines

96 Für Eingangsleistungen, die sowohl für den unternehmerischen als auch den nichtunternehmerischen Bereich eines Unternehmers be-

---

[110] Abschn. 170 Abs. 1 S. 4 UStR.

[111] Siehe auch *Schöll* in Sölch/Ringleb/List UStG § 12 Rz. 254, 257ff.

[112] Siehe im einzelnen *Schöll* in Sölch/Ringleb/List UStG § 12 Rz. 278ff.; Abschn. 170 Abs. 7 UStR.

stimmt sind, enthält das UStG keine ausdrückliche Regelung zum Umfang des Vorsteuerabzugs. Dagegen ist nach Art 17 Abs. 2 der 6. EG-Richtlinie der Steuerpflichtige (unter weiteren, zum Teil in Art 18 der 6. EG-Richtlinie normierten Voraussetzungen) zum Vorsteuerabzug befugt, „*soweit* die Gegenstände und Dienstleistungen für Zwecke seiner besteuerten Umsätze verwendet werden".

Die Eingangsleistungen sind grundsätzlich **konkret** dem unternehmerischen und dem nichtunternehmerischen Bereich **zuzuordnen.** Die auf den Bezug von sonstigen Leistungen und von vertretbaren Sachen entfallende Steuer ist grundsätzlich entsprechend dem Verwendungszweck in einen abzugsfähigen und nicht abzugsfähigen Anteil aufzuteilen.[113]

Bei **sog. gemischt genutzten einheitlichen Gegenständen** steht der gemeinnützigen Körperschaft wie allen anderen Unternehmern ein **Wahlrecht** zu.[114] Durch § 15 Abs. 1 Satz 2 UStG i. d. F. des Steuerentlastungsgesetzes 1999/2000/2002 wird der Grundsatz der freien Zuordnungsentscheidung eingeschränkt: Lieferungen von nicht zu mindestens 10 v. H. unternehmerisch genutzten Gegenständen, die nach Inkrafttreten der Gesetzesänderung zum 1. 4. 1999 ausgeführt werden, gelten nicht als für das Unternehmen bezogen. Es handelt sich also um eine gesetzlich fingierte Zuordnung derartiger Gegenstände zum Nicht-Unternehmensvermögen (Privatvermögen). Für alle anderen Wirtschaftsgüter gilt:

2. Zuordnung in vollem Umfang zum nichtunternehmerischen Bereich

Die Vorsteuer aus dieser Eingangsleistung ist nicht abzugsfähig, auch 97
soweit diese unternehmerisch verwendet wird. Auf der anderen Seite kann ein nicht zum Unternehmensvermögen der gemeinnützigen Körperschaft gehörender Gegenstand nicht zu einer steuerbaren Lieferung, einem Entnahme- oder Verwendungseigenverbrauch führen.

3. Zuordnung in vollem Umfang zum unternehmerischen Bereich

Die **Vorsteuer** aus dieser Eingangsleistung ist – vorbehaltlich der 98
Sonderregelung für Fahrzeuge nach § 15 Abs. 1 b UStG (siehe Rz. 99) – **in vollem Umfang abzugsfähig** (siehe jedoch Rz. 103 zu § 15 Abs. 2 UStG). Die **unternehmensfremde Verwendung** der Eingangsleistung unterliegt als **Eigenverbrauch** der Umsatzsteuer (Rz. 33), so daß der Vorsteuerabzug im Ergebnis teilweise kompensiert wird. Diese Art der Zuordnungsentscheidung bietet jedoch für den Unternehmer insbesondere bei Investitionen größeren Ausmaßes regelmäßig einen nicht geringen **Liquiditätsvorteil**, da dem sofortigen Vorsteuerabzug ledig-

---

[113] Abschn. 192 Abs. 18 Nr. 1 UStR; *Birkenfeld* USt-Handbuch § 43 a Rzn. 399, 23 ff. m.w.N.

[114] EuGH Rs C-291/92 v. 04. 10. 1995, BStBl. II 1996, 392; BMF v. 27. 06. 1996, BStBl. I 1996, 702; Abschn. 192 Abs. 18 Nr. 2 UStR; *Birkenfeld* USt-Handbuch § 43 a Rz. 399, 27 ff.

lich eine pro-rata-Besteuerung der nichtunternehmerischen Verwendung (verteilt auf die voraussichtliche Nutzungsdauer der Eingangsleistung) gegenübersteht.

4. Anteilige Zuordnung

99 Der Gegenstand kann **quotal** dem unternehmerischen und dem nichtunternehmerischen Bereich zugeordnet werden. Der Unternehmer ist bei seiner **Zuordnungsentscheidung** frei, jeden beliebigen v. H.-Satz anzuwenden (mit entsprechenden Auswirkungen auf den anteiligen Vorsteuerabzug und die ggf. anteilige Eigenverbrauchsbesteuerung).

Idealerweise sollte die Zuordnung nach dem Anteil der (voraussichtlichen) Nutzung für unternehmerische und nichtunternehmerische Zwecke erfolgen. Damit entfiele – vorbehaltlich einer späteren Änderung der Nutzungsanteile – der Ansatz des Eigenverbrauchs (siehe Rz. 33). Für Fahrzeuge, die unter § 15 Abs. 1 b UStG n. F. fallen, entfällt ebenfalls eine Besteuerung des Eigenverbrauchs (§ 3 Abs. 9 a S. 2 UStG).

Die Ausübung des Wahlrechts einer vollständigen oder teilweisen Zuordnung einer Eingangsleistung zum unternehmerischen Bereich wird regelmäßig durch die Inanspruchnahme des (teilweisen) Vorsteuerabzugs dokumentiert. Eine Änderung der Wahlrechtsausübung mit Konsequenzen für die Umsatzbesteuerung des Eigenverbrauchs und der evtl. späteren Veräußerung des Gegenstands ist möglich, solange die Umsatzsteuerfestsetzung hinsichtlich des Vorsteuerabzugs verfahrensrechtlich noch änderbar ist.

II. Aufteilung der Vorsteuerbeträge

100 Die gemeinnützige Körperschaft wird in vielen Fällen Eingangsleistungen beziehen, die sowohl ihren unternehmerischen als auch ihren nichtunternehmerischen Bereich betreffen. Für Vereine, Forschungsbetriebe und ähnliche Einrichtungen läßt die Finanzverwaltung auf Antrag eine **Aufteilung der Vorsteuerbeträge nach dem Verhältnis der Einnahmen** (unternehmerisch zu nichtunternehmerisch) zu. Dies dient der verfahrensmäßigen **Erleichterung** für die sachgerechte Zuordnung der Vorsteuern und für die Besteuerung des Eigenverbrauchs.

Das vereinfachte Aufteilungsverfahren darf nicht zu einem offensichtlich unzutreffenden Ergebnis führen. Es wird nur unter dem Vorbehalt des jederzeitigen Widerrufs genehmigt und bindet die Einrichtung mindestens für fünf Kalenderjahre. Ein Wechsel des Verfahrens wird vom Finanzamt jeweils nur zu Beginn eines Besteuerungszeitraums gestattet.[115]

Zur Ermittlung des Aufteilungsmaßstabs werden die Einnahmen aus Umsätzen ohne Hilfsgeschäfte (also insbesondere ohne Veräuße-

---

[115] Abschn. 22 Abs. 7 bis 9 UStR.

rungserlöse für Wirtschaftsgüter des Anlagevermögens, die zum umsatzsteuerrechtlichen Unternehmensvermögen gehören) gegenübergestellt den Einnahmen aus Mitgliederbeiträgen, Zuschüssen, Spenden usw.. Werden in diese Aufteilung Vorsteuerbeträge einbezogen, die durch den Erwerb, die Herstellung oder die Einfuhr einheitlicher Gegenstände angefallen sind, z. B. durch den Ankauf eines für den unternehmerischen und den nichtunternehmerischen Bereich bestimmten Wirtschaftsguts, so braucht der Anteil der nichtunternehmerischen Verwendung des Gegenstandes nicht als Eigenverbrauch versteuert zu werden. Das Finanzamt kann im Einzelfall ein anderes Aufteilungsverfahren zulassen.[116]

III. Ausschluß des Vorsteuerabzugs

Verwendet die gemeinnützige Körperschaft die bezogenen Leistun- 103
gen bzw. die Eingangsumsätze für die Ausführung von steuerfreien Umsätzen z. B. nach § 4 Nr. 18 oder Nr. 22 UStG (zu den Befreiungsvorschriften siehe Rz. 40 bis 70), so ist der Vorsteuerabzug nach § 15 Abs. 2 UStG ausgeschlossen. Bei einer teilweisen „abzugsschädlichen" Verwendung der Eingangsleistung ist nach § 15 Abs. 4 UStG der abziehbare Teil der Vorsteuer durch wirtschaftliche Zurechnung zu ermitteln. Für eine evtl. erforderliche sachgerechte Schätzung[117] kann i. d. R. nicht allein auf die Höhe der abzugsschädlichen und der übrigen Umsätze abgestellt werden.[118]

IV. Durchschnittsatz zur Berechnung der abziehbaren Vorsteuerbeträge

Die gemeinnützige Körperschaft i. S. d. § 5 Abs. 1 Nr. 9 KStG hat 104
nach § 23 a UStG ein Wahlrecht, die abziehbaren Vorsteuerbeträge mit einem Durchschnittsatz von 7 v. H. des steuerpflichtigen Umsatzes ohne Einfuhren und innergemeinschaftliche Erwerbe in Anspruch zu nehmen. Damit entfällt eine Einzelermittlung und -zuordnung; ein weiterer Vorsteuerabzug neben dem Durchschnittsatz ist ausgeschlossen (§ 23 a Abs. 1 S. 2 UStG).

Voraussetzungen des Wahlrechts sind:

- keine Buchführungspflicht (§ 141 AO)
- steuerpflichtiger **Vorjahresumsatz** ohne Einfuhren und innergemeinschaftliche Erwerbe **nicht über 60.000 DM**
- Antrag bis zum zehnten Tag nach Ablauf des ersten Voranmeldungszeitraums des betreffenden Kalenderjahrs (also regelmäßig: 10.4.).[119]

Die Ausübung des Wahlrechts nach § 23 a UStG bindet die gemeinnützige Körperschaft für mindestens fünf Kalenderjahre (§ 23 a Abs. 3 S. 2 UStG). Wird die Umsatzgrenze von 60.000 DM überschritten, ist

---

116 Abschn. 22 Abs. 8 UStR.
117 Vgl. Abschn. 208 UStR.
118 BFH V R 49/74 v. 14. 2. 1980, BStBl. II S. 533.
119 Siehe dazu BFH V R 22/94 v. 30. 3. 1995, BStBl. II S. 567.

eine Anwendung des Durchschnittsatzes im Folgejahr ausgeschlossen; die fünfjährige Bindungsfrist wird dadurch nicht hinausgeschoben. Einzelheiten zum Widerruf des Wahlrechts mit anschließender Bindung an die Regelbesteuerung regeln § 23 a Abs. 3 S. 3 bis 5 UStG.

V. Berichtigung des Vorsteuerabzugs

110 Der Vorsteuerabzug aus der Anschaffung oder Herstellung eines dem Unternehmen zugeordneten Wirtschaftsguts ist nach § 15 a UStG zu berichtigen, wenn sich die Verhältnisse für den Vorsteuerabzug gegenüber dem Erstjahr der Verwendung innerhalb von 5 Jahren, bei Grundstücken einschließlich ihrer wesentlichen Bestandteile innerhalb von 10 Jahren ändern (**Berichtigungszeitraum**). Dies gilt zugunsten wie zu Ungunsten des Unternehmers. Als Hauptfall einer „**Änderung der Verhältnisse**" i. S. d. § 15 a UStG im allgemeinen ist zu nennen: gegenüber dem Erstjahr erhöht oder vermindert sich der Anteil der vorsteuerabzugsschädlichen Verwendung des Wirtschaftsguts i. S. d. § 15 Abs. 2 UStG (siehe Rz. 103).[120]

111 Ein für die gemeinnützige Körperschaft wichtiger Anwendungsfall einer „Änderung der Verhältnisse" nach § 15 a UStG ist der **Wechsel** zwischen dem Verfahren nach § 23 a UStG (**Ermittlung der Vorsteuer mit einem Durchschnittsatz** (siehe Rz. 104) und der **Regelbesteuerung** (und umgekehrt). Im Fall der Inanspruchnahme des Durchschnittsatzes schließt § 23 a Abs. 1 S. 2 UStG den Vorsteuerabzug aus tatsächlichen Eingangsleistungen aus; dieser Umstand ist dem Vorsteuerausschluß nach § 15 Abs. 2 UStG gleichzusetzen. Der Vorsteuerabzug für Wirtschaftsgüter, deren Berichtigungszeitraum nach § 15 a UStG noch nicht abgelaufen ist, ist daher nach § 15 a UStG zu berichtigen.[121]

Beispiel 1:
Ein der Regelbesteuerung unterliegender gemeinnütziger Sportverein erwirbt Anfang Januar des Jahres 01 für seine Vereinsgaststätte Inventar (bewegliche Wirtschaftsgüter, Verwendungsdauer: 10 Jahre) zum Preis von 10.000 DM zuzüglich 1.600 DM Umsatzsteuer. Ab dem Jahr 02 wählt er nach § 23 a UStG die Ermittlung der abziehbaren Vorsteuerbeträge mit einem Durchschnittsatz von 7 v. H.

Beispiel 2:
Wie Beispiel 1, der gemeinnützige Sportverein ist jedoch für das Jahr 01 letztmalig an die Inanspruchnahme des Durchschnittsatzes nach § 23 a UStG gebunden. Mit Wirkung vom Beginn des Jahres 02 widerruft er diese Erklärung (§ 23 a Abs. 3 S. 4 UStG).

---

[120] Zu weiteren „Änderungsfällen" siehe *Wagner* in Sölch/Ringleb/List UStG § 15 a Rz. 26.

[121] Vgl. BMF v. 29. 12. 1995, BStBl. I 1995, 831 zum Wechsel zwischen Durchschnittsatzbesteuerung nach § 24 UStG (Land- und Forstwirte) und Regelbesteuerung: Auswirkungen des sog. Mähdrescher-Urteils des BFH V R 79/91 vom 16. 12. 1993, BStBl. II 1994, 339; *Klever* UStR-Krit 1997/98, K 215/26; a. A. *Wagner* in Sölch/Ringleb/List UStG § 15 a Rz. 40 b.

Die Umsatzsteuerfestsetzung des Erstjahrs der Verwendung ist im Hinblick auf den Vorsteuerabzug für derartige Wirtschaftsgüter materiell-rechtlich zutreffend und nicht zu ändern. Die **Vorsteuerberichtigung** erfolgt **anteilig für die Kalenderjahre, in denen eine Änderung der Verhältnisse vorliegt**.[122] Es ist von einem Fünftel bzw. einem Zehntel des Vorsteuerbetrags auszugehen; eine Verwendungsdauer des Wirtschaftsguts unter 5 bzw. 10 Jahren ist zu berücksichtigen (§ 15 a Abs. 2 UStG). Zu Vereinfachungen bei der Durchführung der **Vorsteuerberichtigung** nach § 15 a UStG siehe § 44 UStDV.

D. Kleinunternehmerregelung

I. Voraussetzungen

Für die gemeinnützige Körperschaft kommt – wie für andere Unternehmer – die Kleinunternehmerregelung nach § 19 UStG unter folgenden Voraussetzungen zur Anwendung: 112

- Der Unternehmer muß im Inland (§ 1 Abs. 2 UStG) oder in einem der Freihäfen bzw. im Küstengebiet (§ 1 Abs. 3 UStG) ansässig sein.
- **Umsatzgrenze**: Der nach vereinnahmten Entgelten bemessene Gesamtumsatz (definiert in § 19 Abs. 3 UStG),[123] gekürzt um die Umsätze aus Wirtschaftsgütern des Anlagevermögens, zzgl. Umsatzsteuer (also die insoweit vereinnahmten Bruttobeträge) beträgt
  - im **Vorjahr** nicht mehr als **32.500 DM** und
  - im **laufenden Jahr** voraussichtlich nicht mehr als **100.000 DM**.

  Zum Gesamtumsatz gehören regelmäßig nicht die besonders für die gemeinnützigen Körperschaften praktisch bedeutsamen steuerfreien Umsätze nach § 4 Nrn. 20ff. UStG.
- **Kein Verzicht** (**Option zur Umsatzbesteuerung nach allg. Vorschriften**): Der Unternehmer kann nach § 19 Abs. 2 UStG auf die Anwendung der Kleinunternehmerregelung verzichten (Option zur Regelbesteuerung). Die Ausübung der Optionsmöglichkeit setzt eine Erklärung gegenüber dem Finanzamt voraus, für die eine Form im UStG nicht bestimmt ist. Die Abgabe einer Voranmeldung oder Jahreserklärung, in der die Umsatzsteuer nach allgemeinen Vorschriften errechnet ist, reicht als entsprechende Verzichtserklärung aus[124]. Der Verzicht auf die Anwendung des § 19 Abs. 1 UStG muß bis zur Unanfechtbarkeit der Steuerfestsetzung erklärt werden. Unanfechtbar ist eine Steuerfestsetzung, wenn sie mit (zulässigen) förmlichen Rechtsbehelfen (Einspruch, Klage, Nichtzulassungsbeschwerde, Revision) nicht mehr angegriffen werden kann. Regelfall ist insoweit der Ablauf der Einspruchsfrist nach § 355 Abs. 1 S. 2 i. V. m. § 168 AO. Die

---

[122] BFH V R 79/87 v. 14. 5. 1992, BStBl. II 1992, 983 unter II. 1. A; BFH V R 79/91 v. 16. 12. 1993, BStBl. II 1994, 339 unter II.2.b, bb.

[123] Siehe auch *Mößlang* in Sölch/Ringleb/List UStG § 19 Rz. 59ff.; Abschn. 251 UStR m. w. N.

[124] Abschn. 247 Abs. 1 S. 3 Nr. 2 S. 2 UStR.

Verzichtserklärung **bindet** den Unternehmer **für mindestens fünf Jahre**, anschließend kann sie mit Wirkung für den Beginn eines Kalenderjahres widerrufen werden und zwar ebenfalls bis zur Unanfechtbarkeit der Steuerfestsetzung für das betreffende Kalenderjahr.

II. Rechtsfolgen

113 Die wichtigsten Rechtsfolgen der Kleinunternehmerregelung sind:

- **Nichterhebung der Umsatzsteuer** für Lieferungen und sonstige Leistungen einschließlich Eigenverbrauch mit Ausnahme der nach § 14 Abs. 3 UStG (unberechtigter Steuerausweis) und nach § 25 b Abs. 2 UStG (Lieferung an den letzten Abnehmer im Rahmen eines innergemeinschaftlichen Dreiecksgeschäfts) geschuldeten Steuer.
- **kein Vorsteuerabzug** nach § 15 UStG (Rz. 95 ff.)
- keine Option nach § 9 UStG (Verzicht auf Steuerbefreiungen (Rz. 41 und 42)
- kein Recht zum gesonderten Steuerausweis nach § 14 Abs. 1 UStG
- erleichterte Aufzeichnungspflichten nach § 22 Abs. 6 Nr. 1 UStG, § 65 UStDV.

Beim Wechsel zwischen Regelbesteuerung und Kleinunternehmerregelung ist die Anwendbarkeit der Vorsteuerberichtigung nach § 15 a UStG (Rz. 110 f.) zu prüfen.[125]

Auch bei Anwendung der Kleinunternehmerregelung, die damit regelmäßig zu einer Umsatzsteuerfestsetzung von 0 DM führt, besteht die **gesetzliche Steuererklärungspflicht** nach § 18 Abs. 3 UStG für das **Kalenderjahr.**[126] Von der Abgabe von Voranmeldungen wird das Finanzamt den Kleinunternehmer allerdings regelmäßig (stillschweigend) nach § 18 Abs. 2 S. 3 UStG befreien.

E. Verfahrensrechtliches

I. Aufzeichnungspflichten

120 Neben den Aufzeichnungs- und Buchführungspflichten nach § 140 AO (i. V. m. einem Nicht-Steuergesetz) bzw. §§ 141 bis 147 AO, die allgemein für Besteuerungszwecke und damit alle Steuerarten gelten (siehe auch § 10 Rz. 2 ff.), normiert § 22 UStG spezielle Aufzeichnungspflichten zur Feststellung der Umsatzsteuer und der Grundlagen ihrer Berechnung. Der Umfang dieser speziellen Aufzeichnungspflich-

[125] *Wagner* in Sölch/Ringleb/List UStG § 15 a Rz. 40, 41; *Klever* UStR-Krit 1997/98, K 215/11f.; BFH vom 11. 11. 1993, BStBl. II 1994, 582 und vom 28. 6. 1995, BStBl. II 1995, 339.

[126] Differenzierend *Mößlang* in Sölch/Ringleb/List UStG § 18 Rz. 63: wenn Steuern für innergemeinschaftliche Erwerbe (§ 1 Abs. 1 Nr. 5 UStG) oder für innergemeinschaftliche Dreiecksgeschäfte (§ 25 b Abs. 2 UStG) zu entrichten sind.

ten (§ 22 Abs. 2 bis 4 b UStG i. V. m. §§ 63 bis 67 UStDV) läßt sich verkürzt folgendermaßen zusammenfassen:

Im **Ausgangsbereich** (Umsätze des Steuerpflichtigen) und **Eingangsbereich** (Leistungsbezüge) müssen jeweils das Entgelt für den Umsatz sowie der auf das Entgelt entfallende Steuerbetrag aus den Aufzeichnungen zu ersehen sein. Die Aufzeichnungen können in der Weise geführt werden, daß Entgelt und Steuerbetrag getrennt nach Steuersätzen, jeweils in einer Summe erfaßt werden. Am Schluß jedes Voranmeldungszeitraums sind die Summe der Entgelte und die Summe der Steuer- und Vorsteuerbeträge zu errechnen und aufzuzeichnen. Aufzeichnungen und Belege sind geordnet aufzubewahren.

II. Steuererklärungspflichten

1. Anmeldung der Umsatzsteuer

a) Prinzip der Steueranmeldung

In den Umsatzsteuererklärungen hat der Steuerpflichtige die zu ent- 122
richtende **Steuer** oder den Überschuß, der sich zu seinen Gunsten ergibt, **selbst zu berechnen** (§ 18 Abs. 1 und Abs. 3 UStG). Es handelt sich sowohl bei den Voranmeldungen als auch bei der Jahreserklärung um Steueranmeldungen im Sinne des § 150 Abs. 1 S. 2 AO. Nach § 167 Abs. 1 S. 1 AO ist in diesen Fällen eine Festsetzung der Steuer durch Steuerbescheid (§ 155 AO) nur erforderlich, wenn das Finanzamt von der Steueranmeldung abzuweichen hat. Die Steueranmeldung steht nach § 168 S. 1 AO einer Steuerfestsetzung unter Vorbehalt der Nachprüfung gleich, das heißt: mit dem Zugang der Steueranmeldung beim Finanzamt wird die Festsetzung wirksam. Die **Einspruchsfrist** endet nach § 355 Abs. 1 S. 2 AO einen Monat nach Eingang der Steueranmeldung bei der Finanzbehörde.

Etwas anderes gilt nach § 168 S. 2 AO, wenn die Steueranmeldung zu einer Herabsetzung der bisher zu entrichtenden Steuer oder zu einer Steuervergütung („**Vorsteuerüberhang**") führt. In diesen Fällen bedarf es zur Wirksamkeit als Steuerfestsetzung unter dem Vorbehalt der Nachprüfung der – nicht formbedürftigen – **Zustimmung des Finanzamts**.

b) Voranmeldung (§ 18 Abs. 1 UStG)

Für Vorauszahlungszwecke ist eine Steueranmeldung für den Vor- 123
anmeldungszeitraum abzugeben (Voranmeldung). **Voranmeldungszeitraum** ist nach § 18 Abs. 2 UStG das Kalendervierteljahr, bei einer Umsatzsteuer für das vorangegangene Kalenderjahr in Höhe von mehr als 12.000 DM: der Kalendermonat. Nach § 18 Abs. 2 S. 3 UStG kann das Finanzamt den Unternehmer von der Verpflichtung zur Abgabe von Voranmeldungen und Entrichtung der Vorauszahlungen befreien, wenn die Umsatzsteuer für das vorangegangene Kalenderjahr nicht mehr als 1.000 DM betragen hat. Die Voranmeldung ist nach § 18 Abs. 1 UStG

bis zum 10. Tag nach Ablauf jedes Voranmeldungszeitraums abzugeben.

c) „Jahreserklärung" (§ 18 Abs. 3 UStG)

124 Für den Besteuerungszeitraum (regelmäßig: das Kalenderjahr, § 16 Abs. 1 S. 2 UStG) ist eine Steueranmeldung abzugeben.

Abgabefrist ist nach § 149 Abs. 2 AO der **31.5. des Folgejahrs**. Auf Antrag kann das Finanzamt Fristverlängerung gewähren (§ 109 AO).

d) Berichtigungspflichten nach § 17 UStG

125 Im Fall der **Änderung der Bemessungsgrundlage** für einen steuerpflichtigen Umsatz i. S. d. § 1 Abs. 1 Nr. 1 UStG ist für den Besteuerungszeitraum (i. d. R. das Kalenderjahr), in dem die Änderung eintritt, eine Berichtigung vorzunehmen. Die ursprüngliche Steuerfestsetzung wird nicht geändert. Der ausführende Unternehmer hat den Steuerbetrag, der Leistungsempfänger/Unternehmer den Vorsteuerabzug zu berichtigen. Dies gilt sinngemäß für den Fall der Uneinbringlichkeit eines vereinbarten Entgelts und der Nichtausführung einer vereinbarten Leistung, für die ein Entgelt entrichtet worden ist.

2. Fälligkeit der Umsatzsteuer

126 Die Vorauszahlung (vorangemeldeter Betrag) ist am 10. Tag nach Ablauf des jeweiligen Voranmeldungszeitraums fällig (§ 18 Abs. 1 S. 5 AO). Die in der „Jahreserklärung" vom Unternehmer errechnete Abschlußzahlung ist einen Monat nach Eingang der Steuererklärung beim Finanzamt fällig (§ 18 Abs. 4 S. 1 UStG). Nach § 240 Abs. 2 AO gilt eine **Schonfrist** von fünf Tagen (Ausnahme: § 224 Abs. 2 Nr. 1 AO, also regelmäßig bei Zahlung per Scheck).

3. Verantwortlichkeit für die Abgabe der Steueranmeldungen und die Entrichtung der Steuern

127 Die Pflicht zur Abgabe der Steueranmeldungen sowie die Aufzeichnungs- und Buchführungspflichten der gemeinnützigen Körperschaft haben nach § 34 i. V. m. § 33 AO deren **gesetzliche Vertreter** zu erfüllen. Dies ist bei einem eingetragenen Verein oder einer Stiftung der **Vorstand** (§ 26 Abs. 2 und § 80 BGB), bei einer GmbH der **Geschäftsführer** (§ 35 GmbHG).

Die gesetzlichen Vertreter haben nach § 34 Abs. 1 S. 2 AO auch dafür zu sorgen, daß die Steuern aus den Mitteln entrichtet werden, die sie verwalten. Steuerschuldner bleibt jedoch die vertretene gemeinnützige Körperschaft.

Die vorsätzliche oder grob fahrlässige **Pflichtverletzung** eines gesetzlichen Vertreters kann eine **Haftung** nach § 69 AO auslösen.[127] Mehrere gesetzliche Vertreter (z. B. der aus mehreren Personen bestehende Vorstand eines Vereins) haften grundsätzlich nach § 44 AO als Gesamtschuldner.[128] Die Verantwortlichkeit eines Vorstandsmitglieds für die Erfüllung der steuerlichen Pflichten kann jedoch durch vorweg getroffene, eindeutige und deshalb schriftliche Geschäftsverteilung begrenzt werden.[129] Der Haftungsschuldner darf nach § 219 S. 1 AO grundsätzlich nur auf Zahlung der Umsatzsteuer in Anspruch genommen werden, wenn die Vollstreckung in das bewegliche Vermögen des Steuerschuldners ohne Erfolg geblieben ist oder anzunehmen ist, daß die Vollstreckung aussichtslos sein würde.

---

[127] Wegen weiterer Einzelheiten siehe Kommentierungen zur AO, insbesondere *Klein* AO 5. Aufl. zu § 69 m. w. N.; vgl. auch *Beck GmbH-HB/Axhausen* § 5 Rz. 230 ff.

[128] Zu Einzelheiten und Ausnahmefällen siehe *Klein* AO 5. Aufl. § 34 Anm. 2.

[129] BFH VII R 143/97 v. 23. 6. 1998, BStBl. II 1998, 761.

§ 12 Besondere Verkehrsteuern und Grundsteuer

Bearbeiter: Ralf Rasche

Übersicht

A. Grunderwerbsteuer

I. Allgemeines

1 Rechtsgrundlage ist das GrEStG in der Fassung der Bekanntmachung v. 26. 2. 1997 (BGBl. I, 418; ber. 1804), zuletzt geändert durch Art. 15 StEntlG 1999/2000/2002 v. 24. 3. 1999 (BGBl. I, 402).

Die Grunderwerbsteuer ist eine Verkehrsteuer,[1] jedenfalls in finanzverfassungsrechtlicher und steuerverfahrensrechtlicher Hinsicht.[2] Das Steueraufkommen steht nach Art. 105 Abs. 2 Nr. 4 GG allein dem jeweiligen Bundesland zu.

Die GrESt wird nach Art. 108 Abs. 2 S. 1 GG durch die Landesfinanzbehörden verwaltet. Örtlich zuständig für die Besteuerung ist nach § 17 Abs. 1 S. 1 GrEStG das FA, in dessen Bezirk das Grundstück oder dessen wertvollster Teil liegt.

2 Der GrESt unterliegen Rechtsvorgänge, die auf den Eigentumsübergang eines inländischen Grundstücks abzielen („Erwerbsvorgänge" nach § 1 GrEStG), insbesondere Kaufverträge (§ 1 Abs. 1 Nr. 1 GrEStG) und der Übergang des Eigentums unmittelbar kraft Gesetzes oder durch behördlichen Ausspruch (§ 1 Abs. 1 Nr. 3 GrEStG).

3 Die Frage, ob es sich um einen nach § 1 GrEStG grunderwerbsteuerbaren Vorgang handelt, ist auch für die Anwendbarkeit der **Umsatzsteuerbefreiung** nach § 4 Nr. 9 Buchst. a UStG zu prüfen (siehe § 11 Rz. 41).

4 **Bemessungsgrundlage** für die GrESt ist nach § 8 Abs. 1 GrEStG der Wert der Gegenleistung. Die Steuer wird nach den Grundbesitzwerten des § 138 Abs. 2 oder 3 BewG bemessen (§ 8 Abs. 2 GrEStG):

- wenn eine Gegenleistung nicht vorhanden oder nicht zu ermitteln ist
- bei einer Umwandlung iSd UmwG, einer Einbringung sowie anderen Erwerbsvorgängen auf gesellschaftsvertraglicher Grundlage,
- in den Fällen des § 1 Abs. 2a und 3 GrEStG (Übertragung bzw. Vereinigung von 95 v. H. der Anteile an einer Gesellschaft, der ein Grundstück zuzurechnen ist).

5 Der **Steuersatz** beträgt seit dem 1. 1. 1997 **3,5 v. H.** (§ 11 Abs. 1 GrEStG).

[1] *Fischer* in Boruttau: Grunderwerbsteuer Vorb. Rz. 101.

[2] ungeachtet ihrer verbrauchsteuermäßigen Belastungswirkung, vgl. *Fischer* in Boruttau a.a.O. (FN 1), Vorb. Rz. 109.

6 **Steuerschuldner** sind nach § 13 Nr. 1 bzw. Nr. 2 GrEStG der bisherige Eigentümer (Veräußerer) und der Erwerber als Gesamtschuldner (§ 44 Abs. 1 AO).

II. Begriff des Grundstücks

7 § 2 GrEStG enthält die grunderwerbsteuerrechtliche Definition des Grundstücks. Grds. ist von dem **Grundstücksbegriff des Zivilrechts** auszugehen: räumlich abgegrenzter, d. h. katastermäßig vermessener und bezeichneter Teil der Erdoberfläche, einschließlich der Bestandteile i. S. d. §§ 93, 94 und 96 BGB.[3] Zu den wesentlichen Bestandteilen eines Grundstücks gehören nach § 94 Abs. 1 BGB die mit dem Grund und Boden fest verbundenen Sachen, insbesondere Gebäude.[4]

8 **Ausgenommen** von dem grunderwerbsteuerlichen Grundstücksbegriff sind nach § 2 Abs. 1 S. 2 GrEStG

- Maschinen und sonstige Vorrichtungen aller Art, die zu einer Betriebsanlage gehören[5] (Betriebsvorrichtungen) und
- Mineralgewinnungsrechte und sonstige Gewerbeberechtigungen.[6]

9 Nach § 2 Abs. 2 GrEStG stehen den Grundstücken gleich:

- Erbbaurechte
- Gebäude auf fremdem Boden
- dinglich gesicherte Sondernutzungsrechte i. S. d. § 15 des Wohnungseigentumsgesetzes und des § 1010 BGB.

III. Beispiele für steuerbare Erwerbsvorgänge

1. Kaufvertrag und andere Rechtsgeschäfte, die den Anspruch auf Übereignung begründen

10 Grunderwerbsteuerbar nach § 1 Abs. 1 Nr. 1 GrEStG ist das schuldrechtliche (Verpflichtungs-)Geschäft, das auf die Übereignung eines Grundstücks (Erfüllungsgeschäft) gerichtet ist. Neben dem wegen seiner praktischen Bedeutung ausdrücklich im Gesetz genannten Kaufvertrag (§ 433 BGB) kommen in Betracht:

- Tausch (§ 515 BGB); vgl. klarstellende Regelung in § 1 Abs. 5 GrEStG
- Schenkung (§ 518 BGB) und Verträge, die der vorweggenommenen Erbfolge dienen (Übergabe- und Altenteilsverträge)
- Erbschaftskauf (§§ 2371 ff. BGB)

---

[3] § 96 BGB (Rechte als Bestandteile eines Grundstücks) ist für die Grunderwerbsteuer nur mit Einschränkungen anzuwenden, *Pahlke/Franz* GrEStG § 2 Rz. 26 ff. m. w. N.

[4] Wegen weiterer Einzelheiten Hinweis auf *Viskorf* in Boruttau Grunderwerbsteuer § 2 Rz. 26 ff. und *Pahlke/Franz* GrEStG § 2 Rz. 11 ff.

[5] Hinweis auf *Viskorf* a.a.O. (FN 4) § 2 Rz. 85 ff. und *Pahlke/Franz* GrEStG § 2 Rz. 40 ff., jeweils mit ausgewählten Einzelfällen; zu Sportanlagen siehe BMF-Schreiben v. 16. 1. 1984, BStBl. I, 40.

[6] *Viskorf* a.a.O. (FN 4) § 2 Rz. 96 ff.; *Pahlke/Franz* GrEStG § 2 Rz. 47 ff.

- Einbringungsverträge, z. B. bei Sacheinlage in eine Kapitalgesellschaft (siehe „Umstrukturierung", § 17 Rz. 25, 30, Rz. 33 ff.). Dies gilt jedoch nicht, wenn der Wechsel des Grundeigentums Rechtsfolge einer Umwandlung im Wege der Gesamtrechtsnachfolge ist[7] (siehe dazu Rz. 11).

2. Der Eigentumsübergang unmittelbar kraft Gesetzes

11 Grunderwerbsteuerbar nach § 1 Abs. 1 Nr. 3 GrEStG ist der Übergang des Eigentums, wenn kein den Anspruch auf Übereignung begründendes Rechtsgeschäft vorausgegangen ist und es auch keiner Auflassung bedarf.

Hauptfälle dieses Steuertatbestands sind die Grundstückserwerbe durch Gesamtrechtsnachfolge, also durch Erbschaft (§§ 1922 ff. BGB), Anfall des Vereinsvermögens an den Fiskus bei Auflösung des Vereins (§§ 45, 46 BGB)[8] und folgende Umwandlungsvorgänge:

- Verschmelzung i. S. d. §§ 2 bis 122 UmwG (siehe „Umstrukturierung", § 17 Rz. 45 ff.)
- Spaltung i. S. d. §§ 123 ff. UmwG.

Aus grunderwerbsteuerlicher Sicht empfiehlt es sich, bei Umstrukturierungsmaßnahmen die Körperschaft als übernehmenden Rechtsträger zu bestimmen, in deren Eigentum alle oder die wertvollsten Grundstücke stehen.[9]

12 Nicht zur Grunderwerbsteuerbarkeit führt der **Formwechsel** eines gemeinnützigen eingetragenen Vereins in eine Kapitalgesellschaft und einer Kapitalgesellschaft in eine Kapitalgesellschaft anderer Rechtsform (siehe „Umstrukturierung", § 17 Rz. 76). Es liegt kein Rechtsträgerwechsel vor.[10]

IV. Steuerbefreiungen

13 Für die gemeinnützige Körperschaft existieren keine speziellen Befreiungstatbestände. In Betracht kommen:

1. Bagatellfälle

14 Von der Besteuerung ausgenommen ist nach § 3 Nr. 1 GrEStG der Erwerb eines Grundstücks, dessen Bemessungsgrundlage (§ 8 GrEStG) 5000 DM nicht übersteigt. Es handelt sich um eine Freigrenze, d. h. bei Überschreitung des Betrags von 5.000 DM ist die Steuer auf die gesamte Bemessungsgrundlage mit 3,5 v. H. festzusetzen.

---

[7] *Fischer* in Boruttau a.a.O. (FN 1), § 1 Rz. 377.

[8] Vgl. *Palandt/Heinrichs* BGB § 47 Rz 4.

[9] *Fischer* in Boruttau a.a.O. (FN 1), § 1 Rz. 566 m. w. N.

[10] Koordinierte Ländererlasse v. 8. 12. 1994, UVR 1995, 63; v. 14. 7. 1995, DB 1995, 1685; *Thiel* DB 1995, 1196,1203; a. A. *Fischer* in Boruttau a.a.O. (FN 1), § 1 Rz. 549 m. w. N.

2. Erwerbe nach Maßgabe des ErbStG

15 Von der Besteuerung ausgenommen sind nach § 3 Nr. 2 S. 1 GrEStG der Grundstückserwerb von Todes wegen und Grundstücksschenkungen unter Lebenden i. S. d. ErbStG.

a) Erwerb von Todes wegen

16 Die Voraussetzungen für die Grunderwerbsteuerbefreiung sind erfüllt, wenn der Erwerb durch die gemeinnützige Körperschaft einen erbschaftsteuerbaren Tatbestand i. S. d. § 3 ErbStG erfüllt:

- der Erwerb durch Erbanfall (§ 1922 BGB)
- der Erwerb auf Grund Erbersatzanspruchs (§§ 1934 a ff. BGB)
- der Erwerb durch Vermächtnis (§§ 2147 ff. BGB)
- der Erwerb auf Grund eines geltend gemachten Pflichtteilsanspruchs (§§ 2303 ff. BGB)
- der Erwerb durch Schenkung auf den Todesfall (§ 2301 BGB)
- der Übergang von Vermögen auf eine vom Erblasser angeordnete Stiftung.

17 Wichtig in diesem Zusammenhang ist die Befreiung von der Erbschaftsteuer nach § 13 Abs. 1 Nr. 16 Buchst. b ErbStG für Zuwendungen an inländische gemeinnützige Körperschaften. Diese Befreiung ändert nichts an der GrESt-Befreiung.

b) Grundstücksschenkung unter Lebenden

18 Die Voraussetzungen für die Grunderwerbsteuerbefreiung sind erfüllt, wenn der Erwerb einen schenkungsteuerbaren Tatbestand i. S. d. § 7 ErbStG erfüllt. Daß die Tatbestände des § 1 Abs. 1 bis 3 GrEStG (Steuerbarkeit des Verpflichtungsgeschäfts) und des § 7 ErbStG (Erfüllungsgeschäft als Steuertatbestand) rechtstechnisch nicht übereinstimmen, ist für die Befreiungsvorschrift nach § 3 Nr. 2 S. 1 GrEStG unerheblich.[11]

19 Schenkung ist nach § 7 Abs. 1 Nr. 1 ErbStG jede freigebige Zuwendung unter Lebenden, soweit der Bedachte durch sie auf Kosten des Zuwendenden bereichert wird. Der Grundstückserwerb muß sich im Verhältnis zwischen Schenker und Bedachtem vollziehen.[12] Unerheblich ist auch insoweit die Befreiung von der Schenkungsteuer in Fällen des § 13 Abs. 1 Nr. 16 Buchst. b ErbStG für Zuwendungen an inländische gemeinnützige Körperschaften.

20 **Schenkungen unter einer Auflage** unterliegen nach § 3 Nr. 2 S. 2 GrEStG der Besteuerung jedoch hinsichtlich des Werts solcher Auflagen, die bei der Schenkungsteuer abziehbar sind. Eine Auflage wird grunderwerbsteuerrechtlich als Gegenleistung des Erwerbers angesehen. Ihr Wert wird der GrESt unterworfen, es sei denn, sie ist nach § 25 ErbStG bei der Berechnung der Schenkungsteuer nicht abzugsfähig (Vermeidung einer Doppelbesteuerung).[13]

---

[11] *Sack* in Boruttau Grunderwerbsteuer § 3 Rz. 202.
[12] *Sack* in Boruttau a.a.O. (FN 11) Rz. 206.
[13] *Sack* in Boruttau a.a.O. (FN 11) Rz. 241 ff.

B. Kraftfahrzeugsteuer

I. Allgemeines

30 **Rechtsgrundlagen** sind das Kraftfahrzeugsteuergesetz vom 24. 5. 1994 (BGBl. I S. 1103) – **KraftStG** 1994 –, zuletzt geändert durch das Steuerbereinigungsgesetz 1999 vom 22. 12. 1999 (BGBl. I S. 2601) und die Kraftfahrzeugsteuer-Durchführungsverordnung vom 24. 5. 1994 (BGBl I S. 1145) – KraftStDV 1994 –, zuletzt geändert durch das Zerlegungs- und Kraftfahrzeugsteueränderungsgesetz vom 6. 8. 1998 (BGBl. I S. 1998).

31 Die Kraftfahrzeugsteuer ist eine Verkehrsteuer. Das Steueraufkommen steht nach Art. 105 Abs. 2 Nr. 3 GG allein dem jeweiligen Bundesland zu. Der Kraftfahrzeugsteuer unterliegt in erster Linie das Halten von inländischen Fahrzeugen zum Verkehr auf öffentlichen Straßen (§ 1 Abs. 1 Nr. 1 KraftStG). Fahrzeuge i. S. d. KraftStG sind Kraftfahrzeuge und Kraftfahrzeuganhänger (§ 2 Abs. 1 KraftStG).

32 Steuerschuldner ist nach § 7 Nr. 1 KraftStG bei einem inländischen Fahrzeug die Person, für die das Fahrzeug zum Verkehr zugelassen ist (Halter).

33 Die Steuer bemißt sich nach § 8 KraftStG
- bei Krafträdern und Personenkraftwagen nach dem Hubraum und der Antriebsart, soweit diese Fahrzeuge durch Hubkolbenmotoren angetrieben werden,
- bei anderen Fahrzeugen nach dem verkehrsrechtlich zulässigen Gesamtgewicht, bei Kraftfahrzeugen mit einem verkehrsrechtlich zulässigen Gesamtgewicht über 3500 kg zusätzlich nach Schadstoff- und Geräuschemissionen.

34 Der Steuersatz nach § 9 Abs. 1 Nr. 2 KraftStG hängt bei Personenkraftwagen mit Hubkolbenmotoren von der Antriebsart (Fremd- bzw. Selbstzündungsmotor) und der Anerkennung als schadstoffarm bzw. bedingt schadstoffarm ab; außerdem existieren verschiedenene Staffelungen nach dem Besteuerungszeitraum. Die Steuersätze divergieren je 100 Kubikzentimeter zwischen 10,00 DM (§ 9 Abs. 1 Nr. 2 Buchst. a, Doppelbuchst. aa KraftStG) und 73,50 DM (§ 9 Abs. 1 Nr. 2 Buchst. f, Doppelbuchst. bb KraftStG: ab dem 1. 1. 2001).

Für alle übrigen Fahrzeuge richtet sich der Steuersatz nach einem progressiv ausgestalteten Tarif, abhängig von dem verkehrsrechtlich zulässigen Gesamtgewicht und von der Schadstoff- oder Geräuschemission (§ 9 Abs. 1 Nrn. 3 bis 5 KraftStG). Für Kraftfahrzeuganhänger bestehen Sonderregelungen in § 10 KraftStG.

II. Ausnahmen von der Besteuerung

35 Folgende Steuerbefreiungen nach § 3 KraftStG sind für die gemeinnützige Körperschaft als Fahrzeughalter von besonderem Interesse.[14]

[14] Auf die für alle Fahrzeughalter anwendbaren Steuerbefreiungen nach § 3 Nrn. 1, 6 bis 9, §§ 3 b und 3 d KraftStG wird hingewiesen.

1. Steuerbefreiung für Feuerwehrdienst, Katastrophenschutz, Rettungsdienst und Krankenbeförderung

Nach § 3 Nr. 5 KraftStG ist das Halten von Fahrzeugen steuerbefreit, solange sie ausschließlich im Feuerwehrdienst, im Katastrophenschutz, für Zwecke des zivilen Luftschutzes, bei Unglücksfällen, im Rettungsdienst oder zur Krankenbeförderung verwendet werden. Die Fahrzeuge müssen **äußerlich** als für diese Zwecke bestimmt **erkennbar** sein.[15] Außerdem ist Voraussetzung für die Steuerbefreiung von nicht auf eine Körperschaft des öffentlichen Rechts zugelassene Fahrzeuge, daß diese nach ihrer Bauart und Einrichtung den bezeichneten Verwendungszwecken angepaßt sind. 36

Die begünstigten Verwendungen sind jeweils durch die Notwendigkeit eines dringenden Soforteinsatzes gekennzeichnet, mit dem einem akuten Notstand begegnet werden soll.[16]

Eine begünstigte Verwendung kommt u. a. in Betracht für[17] 37

- Einsatzfahrzeuge z. B. des Technischen Hilfswerks (Katastrophenschutz)
- Notarzt- und Rettungswagen der Hilfsorganisationen wie „Deutsches Rotes Kreuz", „Johanniter", „Malteser" und „Arbeiter-Samariter-Bund" (Rettungsdienst)
- Krankentransportfahrzeuge sowie speziell für den Transport von Schwerbehinderten hergerichtete Fahrzeuge z.B: der Verbände der freien Wohlfahrtspflege oder der Behindertenorganisationen (Krankenbeförderung). Auch handelsübliche Fahrzeuge ohne besondere Einrichtungen und Ausstattungen können als für die Krankenbeförderung hinreichend angepaßt angesehen werden.[18]

2. Humanitäre Hilfsgütertransporte in das Ausland und Vorbereitungsfahrten

Diese im Rahmen des Jahressteuergesetzes 1996 eingefügte Steuerbefreiung nach § 3 Nr. 5a KraftStG ist auf alle Fahrzeuge i. S. d. § 2 Abs. 1 KraftStG anwendbar. Anders als die Befreiungsvorschriften in § 3 Nrn. 2 bis 5 KraftStG ist hier **nicht Voraussetzung**, daß die **Fahrzeuge äußerlich** als für diese Zwecke bestimmt **erkennbar** sein müssen. 38

Die Steuerbefreiung ist auf Halter beschränkt, die gemeinnützige oder mildtätige Organisationen sind. Die Begriffe „gemeinnützig" und „mildtätig" sind nach den allgemeinen steuerrechtlichen Grundsätzen (hier §§ 52 und 53 AO) zu bestimmen. Dagegen ist der Begriff „Organisation" weder zivilrechtlich noch steuerrechtlich definiert. § 51 S. 2 39

---

[15] Siehe dazu BFH v. 2. 8. 1988, BStBl. II 1988, 904 und ausführlich *Strodthoff* Kraftfahrzeugsteuer § 3 Rz. 17 ff.

[16] BFH v. 22. 8. 1989, BStBl. II 1989, 936.

[17] *Strodthoff* a.a.O. (FN 15) § 3 Rz. 38 ff., vgl. dort auch zu detaillierten Abgrenzungsfragen.

[18] *Strodthoff* a.a.O. (FN 15) § 3 Rz. 51.

AO legt allein den Begriff der „Körperschaft" fest: Körperschaft (im engeren Sinne), Personvereinigung und Vermögensmasse i. S. d. KStG. Für eine Beschränkung der Kraftfahrzeugsteuerbefreiung nach § 3 Nr. 5a auf „größere", bundesweit organisierte Körperschaften („Hilfsorganisationen" i. S. d. allgemeinen Sprachgebrauchs) sind allerdings keine sachlichen Gründe erkennbar. Daher ist der Begriff „Organisation" hier mit dem Begriff „Körperschaft" nach § 51 S. 2 AO identisch,[19] so daß auch Fahrzeuge „kleinerer" Körperschaften, z. B. gemeinnütziger Vereine, unter die Befreiungsvorschrift fallen können.

40 Im Gesetzeswortlaut wird der **Begriff „humanitär"** als Beschreibung für den Transport der Hilfsgüter gebraucht. Diese Formulierung ist sprachlich verkürzt und bringt nicht genügend zum Ausdruck, daß es sich um das wesentliche Tatbestandsmerkmal dieser Steuerbefreiungsvorschrift handelt. Inhaltlich ist ein Hilfsgütertransport „aus humanitären Gründen" gemeint. Der Begriff „humanitär" ist zunächst als Gegensatz zu dem Begriff „kommerziell", in der steuerrechtlichen Terminologie: „gewerblich" zu verstehen. Die Verwendung von Fahrzeugen für Hilfsgütertransporte einer gemeinnützigen Körperschaft im Rahmen eines steuerschädlichen wirtschaftlichen Geschäftsbetriebs (§§ 14 und 64 AO) wäre also nicht begünstigt.

41 Positiv definiert bedeutet „aus humanitären Gründen" (in Anlehnung an § 53 AO): zur Unterstützung von hilfsbedürftigen Menschen in einer Notlage.[20] Auf welchen Anlaß die Notlage zurückzuführen ist und ob diese ggf. selbstverschuldet oder durch politische Entscheidungen verursacht ist, ist für die Bejahung humanitärer Gründe unerheblich. Maßgeblich ist allein die Unterstützungsbedürftigkeit der Menschen.

42 § 3 Nr. 5a KraftStG enthält keine Einschränkung auf bestimmte Hilfsgüter. Welche Gegenstände zur Hilfe der Menschen dienen können, wird sich nach der Art der Notlage richten. Regelmäßig werden Nahrungsmittel, Kleidung, Medikamente und medizinische Geräte in Betracht kommen.

43 Erforderlich ist, daß das Fahrzeug tatsächlich für einen Transport verwendet wird. Diese Voraussetzung erfüllt auch ein **Begleitfahrzeug**, in dem selbst keine Hilfsgüter befördert werden. Das Ziel des Transports muß im Ausland belegen sein; eine Begrenzung auf Regionen, die als „Krisengebiet" zu bezeichnen sind, ist nach dem Wortlaut des Gesetzes nicht möglich.[21]

44 Begünstigt sind auch Fahrzeuge, die für zeitlich mit den Hilfsgütertransporten zusammenhängende Vorbereitungsfahrten verwendet werden. Vorbereitungsfahrten sind u. a.: Fahrten zum Einsammeln der Hilfsgüter, Fahrten in die vorgesehenen Zielgebiete zur Erkundung der Fahrtroute und zum Ausfindigmachen von Zwischenlagern (auch mit einem Pkw).[22]

---

[19] I. E. glA *Strodthoff* a.a.O. (FN 15) § 3 Rz. 53a.
[20] Ähnlich: *Strodthoff* a.a.O. (FN 15) § 3 Rz. 53b.
[21] Erlaß des Bayer. FM v. 6. 20. 1996–37 – S 6105–57/32–6271, StEd 1996, 174.
[22] Erlaß des Bayer. FM v. 6. 2. 1996, a.a.O. (FN 22).

3. Ausschließliche Verwendung zu den begünstigten Zwecken

Voraussetzung für die genannten Steuerbefreiungen nach § 3 Nr. 5 und Nr. 5a KraftStG ist die ausschließliche Verwendung zu den dort aufgeführten Zwecken. „Ausschließlich" bedeutet, daß das Fahrzeug allein dem begünstigten Zweck dienen muß, also ohne eine anderweitige Mitbenutzung.[23] Auch eine nur einmalige Benutzung zu einem nicht begünstigten Zweck (zweckfremde Benutzung) führt zum Wegfall der Steuerbefreiung. Bei einer vorübergehenden zweckfremden Benutzung dauert die Steuerpflicht, solange die zweckfremde Benutzung währt, mindestens jedoch einen Monat (§ 5 Abs. 2 S. 4 KraftStG). 45

Ein Fahrzeug, dessen Halten nach § 3 Nr. 5 von der Steuer befreit ist (s. o. Rz. 36), wird nicht deshalb zweckfremd benutzt, weil es für humanitäre Hilfsgütertransporte in das Ausland oder für zeitlich damit zusammenhängende Vorbereitungsfahrten (s. o. Rz. 44) verwendet wird (§ 5 Abs. 2 S. 5 KraftStG). 46

Keine zweckfremde Benutzung liegt vor, wenn ein Fahrzeug für einen anderen begünstigten Zweck nach § 3 KraftStG verwendet wird, denn die Befreiungsvorschriften sind grds. untereinander austauschbar.[24] 47

War das Fahrzeug nur zeitlich befristet von der Steuer befreit, so ist die Regelung zur Mindeststeuerpflicht (ein Monat) nach § 5 Abs. 1 Nr. 1 letzter Halbs. KraftStG nicht anzuwenden (§ 5 Abs. 2 S. 2 KraftStG). Die Steuer ist für die steuerpflichtigen Zeiträume tageweise zu berechnen (§ 11 Abs. 4 S. 1 Nr. 2 KraftStG). 48

III. Verfahrensfragen im Zusammenhang mit Steuerbefreiungsvorschriften

Eine Steuerbefreiung wird **nur auf Antrag** des Steuerpflichtigen gewährt, der diese nach § 7 Abs. 1 S. 1 und S. 5, letzter Teilsatz KraftStDV beim FA unter Angabe der Gründe geltend zu machen hat. Den Wegfall der Voraussetzungen für eine Steuervergünstigung hat der Steuerpflichtige nach § 7 Abs. 1 S. 2 KraftStDV dem FA unverzüglich anzuzeigen. Die vorbezeichneten Anträge und Anzeigen sind bei der Zulassungsstelle einzureichen, wenn sie bei der Zulassung des Fahrzeugs gestellt werden (§ 7 Abs. 1 S. 5, erster Teilsatz KraftStDV). 49

Bei Eintritt oder Wegfall der Voraussetzungen für eine Steuerbefreiung ist die Steuer nach § 12 Abs. 2 Nr. 2 KraftStG neu festzusetzen. Diese Rechtsfolge tritt auch ein, wenn nachträglich festgestellt wird, daß die Voraussetzungen für eine Steuerbefreiung nicht vorgelegen haben oder nicht vorliegen. 50

---

[23] BFH v. 23. 05. 1989, BStBl. II 1989, 907.

[24] *Strodthoff* a.a.O. (FN 15) § 3 Rz. 27.

C. Grundsteuer

I. Allgemeines

60 **Rechtsgrundlage** ist das Grundsteuergesetz (GrStG) vom 7. August 1973 (BGBl. I S. 965), zuletzt geändert durch das Steuerbereinigungsgesetz 1999 vom 22. 12. 1999 (BGBl. I S. 2601). Als allgemeine Verwaltungsanweisung auf dem Gebiet des Grundsteuerrechts sind die Grundsteuer-Richtlinien 1978 (GrStR 1978) vom 9. Dezember 1978 (BStBl. I S. 553) ergangen.

61 Bei der Grundsteuer handelt es sich um eine Realsteuer (§ 3 Abs. 2 AO).

Steuergegenstand ist der Grundbesitz i. S. d. BewG:

- Betriebe der Land- und Forstwirtschaft (§§ 33, 48a und 51a BewG) [25] und Betriebsgrundstücke nach § 99 Abs. 1 Nr. 2 BewG,[26] „Grundsteuer A" (§ 2 Abs. 1 Nr. 1 GrStG)
- Grundstücke (§§ 68, 70 BewG)[27] und Betriebsgrundstücke nach § 99 Abs. 1 Nr. 1 BewG,[28] „Grundsteuer B" (§ 2 Abs. 1 Nr. 2 GrStG).

62 **Hebeberechtigt** ist nach § 1 Abs. 1 GrStG die Gemeinde, in deren Gebiet der Grundbesitz belegen ist. Ihr obliegt nach § 46 GrStG vorbehaltlich einer anderen landesrechtlichen Regelung die Festsetzung und Erhebung der Grundsteuer. In Bundesländern ohne Gemeinden (Berlin und Hamburg) stehen nach § 1 Abs. 2 GrStG das Heberecht und die im GrStG bestimmten weiteren Rechte dem Land zu.

63 **Schuldner** der Grundsteuer ist nach § 10 Abs. 1 GrStG derjenige, dem der Steuergegenstand bei der Feststellung des Einheitswerts zugerechnet ist. Abweichend davon ist nach § 10 Abs. 2 GrStG derjenige, dem ein Erbbaurecht zugerechnet ist, Schuldner der Grundsteuer auch für die ihm nicht zuzurechnende wirtschaftliche Einheit des belasteten Grundstücks (und nicht nur für die wirtschaftliche Einheit „Erbbaurecht").

64 Bei der **Berechnung** der Grundsteuer ist von einem Steuermeßbetrag auszugehen (§ 13 GrStG). Ausgangsgröße ist der Einheitswert des Steuergegenstands (durch Grundlagenbescheid nach § 180 Abs. 1 Nr. 1, 182 Abs. 1 AO bindend festgestellt) bzw. sein grundsteuerpflichtiger Teil,[29] auf den ein Tausendsatz (**Steuermeßzahl**) anzuwenden ist (§ 13 Abs. 1 S. 2 GrStG).

---

[25] Zur Begriffsbestimmung vgl. im einzelnen *Troll* GrStG 7. Aufl. § 2 Rz. 3 ff.

[26] *Troll* a.a.O., § 2 Rz. 24

[27] *Troll* a.a.O., § 2 Rz. 15

[28] siehe FN

[29] *Troll* a.a.O. (FN) § 13 Rz. 2: „Wenn der Steuergegenstand nur mit einem räumlich abgegrenzten Teil den Steuern unterliegt, so ist auch nur für diesen Teil ein Einheitswert festzustellen". Dies folgt aus § 19 Abs. 4 BewG. Zu verfahrensrechtlichen Fragen im Zusammenhang mit Steuerbefreiungen Hinweis auf die Ausführungen unter Rz. 83 ff.

Die Steuermeßzahl beträgt für:

- Betriebe der Land- und Forstwirtschaft: 6 v. T. (§ 14 GrStG)
- Grundstücke in den alten Bundesländern: 3,5 v. T. (§ 15 Abs. 1 GrStG); für Einfamilienhäuser i. S. d. § 75 Abs. 5 BewG – ausgenommen Wohnungseigentum und Wohnungserbbaurecht – reduziert sich die Steuermeßzahl auf 2,6 v. T. für die ersten 75 000 Deutsche Mark des Einheitswerts oder seines steuerpflichtigen Teils (§ 15 Abs. 2 Nr. 1 GrStG). Für Zweifamilienhäuser i. S. d. § 75 Abs. 6 BewG beträgt die Steuermeßzahl 3,1 vom Tausend (§ 15 Abs. 2 Nr. 2 GrStG)
- Grundstücke in den neuen Ländern: je nach Art und Gemeindegruppe zwischen 5 und 10 v. T. (§ 41 GrStG, §§ 29 bis 33 der Grundsteuerdurchführungsverordnung vom 1. Juli 1937, RGBl. I S. 733).[30]

Der Grundsteuermeßbetrag wird vom Lage-FA (§ 22 Abs. 1 i. V. m. 65
§ 18 Abs. 1 Nr. 1 AO) durch Meßbescheid festgesetzt, in dem auch über die sachliche Steuerpflicht entschieden wird (§ 184 Abs. 1 AO). Der Meßbescheid hat Bindungswirkung für die Festsetzung der Grundsteuer (§ 184 Abs. 1 S. 4 i. V. m. § 182 Abs. 1 AO). Die Grundsteuer wird in Höhe des von der Gemeinde bestimmten Hundertsatzes (Hebesatz, § 25 GrStG) des Meßbetrags festgesetzt.

II. Steuerbefreiung für Grundbesitz bestimmter Rechtsträger

Von der Grundsteuer befreit ist nach § 3 Abs. 1 S. 1 Nr. 3 Buchst. b 66
GrStG Grundbesitz einer inländischen gemeinnützigen oder mildtätigen Zwecken dienenden Körperschaft, Personenvereinigung oder Vermögensmasse, der für gemeinnützige oder mildtätige Zwecke benutzt wird.

Die Befreiung nach § 3 GrStG hängt von zwei Voraussetzungen ab:

- Der Grundbesitz muß einem der in § 3 Abs. 1 S. 1 GrStG genannten begünstigten Rechtsträger ausschließlich zuzurechnen sein - subjektive Voraussetzung – (§ 3 Abs. 1 S. 2 GrStG),
- der Grundbesitz muß für einen bestimmten steuerbegünstigten Zweck unmittelbar benutzt werden – objektive Voraussetzung – (§ 7 GrStG).

1. Subjektive Voraussetzung für die Steuerbefreiung

Für die Frage, ob die Körperschaft, der der Grundbesitz zugerechnet 67
ist, nach ihrer Satzung und ihrer tatsächlichen Geschäftsführung unmittelbar gemeinnützigen oder mildtätigen Zwecken dient, sind die §§ 52, 53, 55 bis 68 AO zu prüfen (§ 51 AO 1977).

Für die Entscheidung über die Voraussetzungen des § 3 GrStG besteht keine verfahrensrechtliche Bindung an einen Freistellungsbescheid für eine andere Steuerart (z. B. KSt oder GewSt).[31] Die Finanzverwal-

---

[30] Für Mietwohngrundstücke und Einfamilienhäuser bemißt sich die Grundsteuer im Fall des § 132 BewG nach der Wohnfläche und bei anderweitiger Nutzung nach der Nutzfläche (Ersatzbemessungsgrundlage), § 42 GrStG.

[31] *Troll* GrStG § 3 Rz. 25.

tung hat allerdings in Abschn. 12 Abs. 2 GrStR aus vernünftigen verwaltungsökonomischen Gründen folgende Regelung getroffen:

Bei inländischen Körperschaften usw., die berechtigt sind, Spendenbescheinigungen nach § 10b EStG in Verbindung mit § 48 Abs. 2 und 3 EStDV auszustellen, kann das für die Einheitsbewertung bzw. die Festsetzung des Grundsteuermeßbetrags zuständige Lage-FA die subjektiven Voraussetzungen ohne weitere Nachprüfung unterstellen. In Zweifelsfällen hat das Lage-FA bei dem für die KSt zuständigen FA anzufragen, ob und ggf. in welchem Veranlagungszeitraum die Körperschaft usw. bei der KSt als gemeinnützig oder mildtätig anerkannt worden ist. Diese Entscheidung ist für die Grundsteuer zu übernehmen.

2. Objektive Voraussetzung

68 Der Grundbesitz muß für gemeinnützige oder mildtätige Zwecke benutzt werden. Für diese objektive Voraussetzung ist die Mitteilung des KSt-FA zur Anerkennung der Körperschaft als gemeinnützig (subjektive Voraussetzung) nicht hinreichend, denn der Körperschaft kann auch nicht unmittelbar gemeinnützigen Zwecken dienender Grundbesitz zuzurechnen sein, ohne daß ihre Anerkennung als gemeinnützig entfällt.[32]

69 Die Benutzung des Grundbesitzes für gemeinnützige oder mildtätige Zwecke hat das Lage-FA für die Grundsteuer anhand der §§ 52, 53, 55 bis 68 AO 1977 jeweils selbständig zu prüfen. Handelt es sich um einen Zweck, der in der Anlage 7 zu den EStR als besonders förderungswürdig anerkannt ist, so ist die objektive Voraussetzung für die Grundsteuerbefreiung erfüllt. Bei der Benutzung des Grundbesitzes zu einem anderen Zweck hat das Lage-FA nach Abschn. 12 Abs. 3 GrStR die Entscheidung des für die KSt zuständigen FAs zur Anerkennung dieses Zwecks als gemeinnützig zu übernehmen.

70 Die Befreiung nach § 3 GrStG ist nach dem Wortlaut dieser Vorschrift nicht davon abhängig, daß die gemeinnützige Körperschaft, der der Grundbesitz zugerechnet worden ist, den Grundbesitz *selbst* für gemeinnützige oder mildtätige Zwecke nutzt. Dies folgt aus § 3 Abs. 1 S. 2 GrStG, wonach Eigentümer und Nutzer nicht identisch sein müssen; auch der Nutzer muß allerdings zu den begünstigten Rechtsträgern i. S. d. § 3 Abs. 1 S. 1 GrStG gehören.[33] Dieses Ergebnis wird dadurch gestützt, daß in § 3 GrStG eine Einschränkung auf eigengenutzte Grundstücke fehlt, wie sie für die Befreiungstatbestände der § 4 Nr. 5 und Nr. 6 GrStG im jeweiligen S. 2 ausdrücklich normiert ist. Der Grundbesitz einer gemeinnützigen Körperschaft ist also nach § 3 GrStG auch dann befreit, wenn er einer anderen inländischen gemeinnützigen Körperschaft unentgeltlich oder entgeltlich, z. B. gegen Miete oder Pacht, zur Benutzung für einen in § 3 Abs. 1 S. 1 Nr. 3 GrStG angeführten begünstigten Zweck überlassen wird.

---

[32] *Troll* GrStG § 3 Rz. 27 und 43 ff.

[33] Abschn. 6 Abs. 2 GrStR; *Troll* GrStG § 3 Rz. 60.

Das gleiche gilt für Nutzungsüberlasssungen an eine andere begünstigte Person i. S. d. § 3 Abs. 1 S. 1 Nrn. 1 und 2 bis 4 GrStG zu den jeweils dort genannten Zwecken.[34]

Grundsteuerfrei ist auch der Grundbesitz, auf dem ein **Zweckbetrieb** im Sinne der §§ 65 bis 68 AO unterhalten wird. Die bei der KSt getroffene Entscheidung, ob ein solcher Zweckbetrieb vorliegt, ist vom Lage-FA für die Grundsteuer zu übernehmen.[35] **71**

Unmittelbar gemeinnützigen oder mildtätigen Zwecken dient auch der Grundbesitz, auf dem die Körperschaft ihre **Verwaltungstätigkeit** ausübt. Verwaltungsräume, die der Verwaltung von steuerpflichtigem Grundbesitz dienen, sind dagegen steuerpflichtig.[36] Hat die Körperschaft auch einen oder mehrere wirtschaftliche Geschäftsbetriebe, die nicht Zweckbetriebe im Sinne der §§ 65 bis 68 AO sind, so ist der Grundbesitz oder Teil des Grundbesitzes steuerpflichtig, der für deren Verwaltung benutzt wird.[37] **72**

Abschn. 12 Abs. 6 GrStR zählt auf, in welchen Fällen Grundbesitz einer als gemeinnützig anerkannten Körperschaft die objektiven Voraussetzungen für die Steuerbefreiung nicht erfüllt: **73**

steuerpflichtig ist Grundbesitz,

- der zu Wohnzwecken benutzt wird, soweit er nicht unter § 5 Abs. 1 GrStG fällt,[38]
- auf dem ein wirtschaftlicher Geschäftsbetrieb ausgeübt wird, der nicht Zweckbetrieb im Sinne der §§ 65 bis 68 AO ist,
- der land- und forstwirtschaftlich genutzt wird, soweit nicht § 6 GrStG[39] anzuwenden ist,
- der als unbebautes Grundstück bewertet ist, soweit nicht die Voraussetzungen des § 7 GrStG[40] erfüllt sind,
- der einem Dritten zur Benutzung überlassen ist. Das gilt nicht, wenn auch der Dritte zu den nach § 3 Abs. 1 GrStG begünstigten Rechtsträgern gehört und er den Grundbesitz für einen begünstigten Zweck benutzt. Auch Grundstücke, die im Rahmen der ertragsteuerrechtlich befreiten Vermögensverwaltung genutzt werden, können somit der GrSt unterliegen.

---

[34] *Troll* GrStG § 3 Rz. 60, Buchst. c.

[35] Abschn. 12 Abs. 4 GrStR.

[36] BFH v. 10. 12. 1954, BStBl. 1955 III, 63 und v. 6. 10. 1961, BStBl. III, 571.

[37] Abschn. 12 Abs. 5 GrStR.

[38] Während Wohnungen, von dem Ausnahmefall des § 3 Abs. 1 Nr. 5 GrStG (Dienstwohnungen für Geistliche und Kirchendiener) abgesehen, stets steuerpflichtig sind, können Wohnräume, die gleichzeitig auch für steuerbegünstigte Zwecke benutzt werden, in den Fällen des § 5 Abs. 1 GrStG steuerfrei bleiben. Wegen der Einzelheiten siehe Abschn. 24 ff. GrStR.

[39] Hinweis auf Abschn. 30 GrStR.

[40] Nach § 7 S. 2 GrStG liegt unmittelbare Benutzung für den steuerbegünstigten Zweck vor, sobald der Steuergegenstand für diesen Zweck hergerichtet wird. Für den Beginn der unmittelbaren Benutzung ist regelmäßig auf den Beginn der Bauarbeiten abzustellen, BFH v. 30. 6. 1967, BStBl. 1969 III, 659 und v. 13. 11. 1985, BStBl. 1986 II, 191. Siehe auch Abschn. 31 Abs. 2 GrStR.

74 Einzelfragen zur Steuerbefreiung von Grundbesitz, der für sportliche Zwecke benutzt wird (**sportliche Anlagen**), enthalten Abschn. 13 GrStR und die gleichlautenden Erlasse der obersten Finanzbehörden der Länder vom 15. 03. 1984.[41]

75 Die Steuerbefreiungen nach § 4 GrStG haben regelmäßig für die schon nach § 3 GrStG begünstigte gemeinnützige Körperschaft als Eigentümerin keine Bedeutung, denn abgesehen von den Fällen des § 4 Nr. 5 und 6 GrStG kommt es hier auf die Zurechnung des Grundbesitzes und auf subjektive Voraussetzungen nicht an.[42]

3. Teilweise Benutzung für einen steuerbegünstigten Zweck

77 **§ 8 GrStG** regelt die Anwendung der Befreiungsvorschriften nach §§ 3 und 4 GrStG, wenn Grundbesitz (nur) teilweise für steuerbegünstigte Zwecke benutzt wird.

Erfüllt ein räumlich abgrenzbarer Teil des Grundbesitzes die objektiven Voraussetzungen der §§ 3 bzw. 4 GrStG, so ist dieser Teil steuerbefreit; der andere Teil des Grundbesitzes ist steuerpflichtig (§ 8 Abs. 1 GrStG). Die Aufteilung wird in den meisten Fällen nach dem Verhältnis der Nutzflächen erfolgen, ggf. nach dem Verhältnis der Mieteinnahmen bzw. der Mietwerte.[43]

Ist der Grundbesitz oder ein Teil i. S. d. § 8 Abs. 1 GrStG für die verschiedenen Zwecke nicht räumlich abgrenzbar, so ist der Grundbesitz oder sein Teil nur befreit, wenn die steuerbegünstigten Zwecke überwiegen (§ 8 Abs. 2 GrStG). Dies gilt in Fällen, in denen die Benutzung des Grundbesitzes bzw. seines Teils für die verschiedenen Zwecke gleichzeitig nebeneinander (Beispiel: Verwaltungsräume) oder zeitlich hintereinander (Beispiel: sportliche Anlagen) erfolgt.

78 Die steuerbegünstigten Zwecke überwiegen, wenn sie das Ausmaß der Benutzung zu anderen Zwecken übersteigen.[44] In Fällen der gleichzeitigen Nutzung zu verschiedenen Zwecken entfällt naturgemäß der Nutzungszeitraum als Vergleichsmaßstab. Hier müssen andere Schätzungsgrundlagen, jeweils bezogen auf die konkrete Nutzung, gefunden werden.[45] Dabei ist zu bedenken, daß die Kriterien für die jeweiligen Nutzungsarten vergleichbar sind. Z. B. wird für Verwaltungsräume, die gleichzeitig sowohl dem ideellen Bereich als auch einem steuerschädlichen wirtschaftlichen Geschäftsbetrieb dienen, regelmäßig nicht auf das Verhältnis der Einnahmen aus den beiden Tätigkeitsbereichen abgestellt werden können.

79 Liegen die verschiedenen Nutzungen zeitlich hintereinander, kommt es auf die Nutzungsdauer innerhalb des Kj. an, das dem VZ vorangeht.[46]

---

[41] BStBl. 1984 I, 323.

[42] Abschn. 16 GrStR.

[43] *Troll* GrStG § 8 Rz. 3.

[44] *Troll* GrStG § 8 Rz. 4, plädiert für Steuerbefreiung, auch wenn die verschiedenen Nutzungszwecke das gleiche Ausmaß haben („jeweils genau 50 v. H.").

[45] Vgl. *Troll* GrStG § 8 Rz. 4 mit Beispielen.

[46] Abschn. 33 S. 2 GrStR.

Hier empfiehlt es sich für die gemeinnützige Körperschaft, die jeweiligen Nutzungszeiten aufzuzeichnen. Dies gilt insb. für sportliche Anlagen, bei denen regelmäßig innerhalb desselben Tags steuerbegünstigte Benutzung (Trainings- und Übungszwecke von Amateuer- und Jugendmannschaften) und Benutzung zu anderen Zwecken (sportliche Veranstaltungen gegen Entgelt als steuerschädlicher wirtschaftlicher Geschäftsbetrieb) wechseln können.

Zeiten, in denen der Grundbesitz nicht genutzt wird (**Leerstand**), 80
sind für die Anwendung des § 8 Abs. 2 GrStG weder den steuerbegünstigten, noch den anderen Zwecken zuzurechnen. Es sind die tatsächlichen Nutzungszeiten zu vergleichen, die in der Summe auch den Zeitraum eines Kj. unterschreiten können.[47]

Läßt sich nicht feststellen, daß die steuerbegünstigten Zwecke über- 81
wiegen, so geht dieser Umstand nach den allgemeinen Regeln zur objektiven Beweislast (**Feststellungslast**) im Steuerrecht zu Lasten der gemeinnützigen Körperschaft. Der Grundbesitz bzw. sein Teil ist grundsteuerpflichtig.

§ 8 Abs. 2 GrStG ist nicht anzuwenden, wenn Räume sowohl Wohn- 82
zwecken als auch steuerbegünstigten Zwecken dienen. Hier kommt es nicht darauf an, welche Nutzung überwiegt. Es gilt allein § 5 GrStG.[48]

4. Verfahrensfragen zur Steuerbefreiung

Über die Voraussetzungen einer Steuerbefreiung ist zwar grundsätz- 83
lich im Rahmen der Festsetzung des Steuermeßbetrags zu entscheiden (§ 184 Abs. 1 S. 2 AO). Nach § 19 Abs. 4 BewG erfolgen Einheitswertfeststellungen jedoch nur, wenn und soweit sie für die Besteuerung von Bedeutung sind. Diese Rechtslage führt dazu, daß die Finanzbehörde selbst durch ihr Verhalten bestimmen kann, in welchem dieser beiden Verfahren der etwaige Streit über Grund und Umfang persönlicher und sachlicher Grundsteuerbefreiung stattfindet. Solange der Widerspruch zwischen § 184 Abs. 1 S. 2 AO 1977 und § 19 Abs. 4 BewG nicht beseitigt ist, ist der Betroffene daher nicht gehindert, seinen behaupteten Anspruch auf Befreiung von der Grundsteuer auch durch Anfechtung des Einheitswertbescheids geltend zu machen, sofern nicht die Finanz-

---

[47] a. A. *Troll* GrStG § 8 Rz. 4, der sich dafür ausspricht, für Zeiten der Nichtbenutzung das Fortbestehen der nicht begünstigten Nutzung zu unterstellen. Es komme darauf an, daß die Zeit der begünstigten Nutzung mehr als die Hälfte des Kalenderjahrs ausmache.
Überflüssig ist m. E. Abschn. 33 S. 3 GrStR: „Beschränkt sich die tatsächliche Benutzung des Grundstücks für steuerbegünstigte Zwecke nur auf bestimmte wiederkehrende Zeitabschnitte eines Kalenderjahres, während in der übrigen Zeit das Grundstück *nicht (Hervorhebung des Verf.)* benutzt wird, so ist zu unterstellen, daß die Benutzung für steuerbegünstigte Zwecke in der Zwischenzeit fortbesteht.“ In einem derartigen Fall dient der Grundbesitz keinen anderen als steuerbegünstigten Zwecke, so daß § 8 GrStG nicht zur Anwendung kommen kann.

[48] Abschn. 32 Abs. 3 GrStR

behörde ausdrücklich die Entscheidung über grundsteuerrechtliche Fragen dem Steuermeßbetragsverfahren vorbehalten hat.[49]

84 Abschn. 32 Abs. 1 GrStR bestimmt, daß die räumliche Aufteilung eines Steuergegenstandes nach seiner Benutzung für steuerbegünstigte Zwecke und für nichtsteuerbegünstigte Zwecke gem. § 8 Abs. 1 GrStG (s. o., Rz. 77) bereits bei der Einheitsbewertung des Grundbesitzes vorzunehmen ist.

85 Es sei noch einmal betont, daß die Grundsteuerbefreiung nicht im Rahmen der Steuerfestsetzung gegenüber der Gemeinde geltend gemacht werden kann, wenn die Gemeinde den Steuermeßbescheid als Grundlagenbescheid (§ 171 Abs. 10, § 184 Abs. 1 i. V. m. § 182 Abs. 1 AO) zutreffend ausgewertet hat.[50] Die Gemeinde ist insoweit auch an einen möglicherweise rechtswidrigen Steuermeßbescheid gebunden. Die gemeinnützige Körperschaft hat also in derartigen Fällen die Änderung des Einheitswert- und/ oder des Grundsteuermeßbescheids gegenüber dem Lage-FA geltend zu machen.

86 Wer als **Steuerschuldner** nach § 10 GrStG in Betracht kommt, hat gem. § 19 **jede Änderung** in der Nutzung und in den Eigentumsverhältnissen eines ganz oder teilweise von der Grundsteuer befreiten Steuergegenstands **innerhalb von drei Monaten** nach der Änderung dem **Lage-FA anzuzeigen**.

87 Für den Grundsteuermeßbescheid gelten neben den allgemeinen Änderungs- und Berichtigungsvorschriften der AO: §§ 17 Abs. 2, 20 und 21 GrStG. Von besonderer Bedeutung für die gemeinnützige Körperschaft können die Änderungsmöglichkeiten im Zusammenhang mit einem **Wegfall der Anerkennung als gemeinnützig** sein. In diesem Punkt wird auf die Ausführungen unter § 9 Rz. 30ff., 50ff. verwiesen. Durch den rückwirkenden Wegfall der Anerkennung als gemeinnützig entfällt die subjektive Voraussetzung der Steuerbefreiung nach § 3 GrStG. Im Hinblick auf das Stichtagsprinzip für die Grundsteuerveranlagung (§ 9 GrStG) bestehen allerdings **Bedenken gegen die rückwirkende Änderung** bzw. den rückwirkenden Erlaß von Grundsteuermeßbescheiden auf einen bis zu zehn Kj. vor der schädlichen Satzungsänderung zur Vermögensbindung (§ 61 Abs. 3, § 55 Abs. 1 Nr. 4 AO) bzw. vor dem Verstoß der tatsächlichen Geschäftsführung gegen die satzungsmäßige Vermögensbindung (§ 63 Abs. 2 i.V. m. § 61 Abs. 3 AO).[51]

II. Erlaß der Grundsteuer

1. Allgemeines

88 Für grundsteuerpflichtigen Grundbesitz der gemeinnützigen Körperschaft ist ein Erlaß nach § 32 GrStG (Rz. 91ff.) bzw. nach § 33 GrStG

[49] BFH v. 24. 7. 1985 BStBl. 1986 II, 128.

[50] Bei fehlerhafter Auswertung ist der Grundsteuerbescheid als Folgebescheid nach § 175 Abs. 1 S. 1 Nr. 1 AO zu ändern, BFH v. 14. 4. 1988, BStBl. 1988 II, 711.

[51] *Tipke/Kruse* AO § 63, Rz. 3; *Troll* GrStG § 3 Rz. 25.

(Rz. 97) zu prüfen. Liegen die Voraussetzungen der §§ 32 bzw. 33 GrStG vor, besteht auf den Grundsteuererlaß ein **Rechtsanspruch** („die Grundsteuer *ist* zu erlassen"), während die in anderen Fällen in Betracht kommenden Erlaßmöglichkeiten nach § 163 in Verbindung mit § 184 Abs. 2 und 3 sowie nach § 227 AO 1977 Billigkeitsmaßnahmen darstellen, die in das pflichtgemäße Ermessen der Finanzbehörde gestellt sind.

Der Erlaß wird nach § 34 Abs. 2 S. 1 GrStG nur **auf Antrag** gewährt. Der Antrag auf Erlaß ist *bis* zu dem auf den Erlaßzeitraum folgenden 31. März zu stellen, § 34 Abs. 2 S. 2 GrStG (gesetzliche Frist ohne Verlängerungsmöglichkeit). Geht der Grundsteuerbescheid für den Erlaßzeitraum dem Grundstückseigentümer nicht rechtzeitig zu oder wird die Jahressteuer durch Änderungsbescheid heraufgesetzt, so endet die Antragsfrist erst mit der Rechtsbehelfsfrist für den Grundsteuerbescheid oder den Änderungsbescheid.[52] **Anbringungsbehörde** ist die Gemeinde, da diese für die Erhebung der Grundsteuer nach § 46 GrStG zuständig ist. 89

Der Erlaß wird jeweils nach Ablauf eines Kj. für die Grundsteuer ausgesprochen, die für das Kj. festgesetzt worden ist (Erlaßzeitraum). Maßgebend für die Entscheidung über den Erlaß sind die Verhältnisse des Erlaßzeitraums (§ 34 Abs. 1 GrStG). Der Steuerschuldner ist in den Fällen des § 32 GrStG (s. u. Rz. 91 ff.) der Gemeinde gegenüber **zur Anzeige verpflichtet**, wenn die Voraussetzungen für den Grundsteuererlaß wegfallen oder sich das Ausmaß des Grundsteuererlasses ändert (§ 34 Abs. 3 GrStG). 90

2. Erlaß für Kulturgut und Grünanlagen

a) Grundbesitz, dessen Erhaltung im öffentlichen Interesse liegt

Nach § 32 Abs. 1 Nr. 1 GrStG ist die Grundsteuer für Grundbesitz oder Teile von Grundbesitz zu erlassen, dessen Erhaltung wegen seiner Bedeutung für Kunst, Geschichte, Wissenschaft oder Naturschutz im öffentlichen Interesse liegt, wenn der Rohertrag in der Regel unter den jährlichen Kosten liegt. Ist zweifelhaft, ob die **erste dieser beiden Voraussetzungen** erfüllt ist, ist eine Bestätigung der zuständigen Landesbehörde vorzulegen. Liegen danach die Voraussetzungen für einen Erlaß bei einem bebauten Grundstuck vor, so umfaßt der Erlaß auch die Grundsteuer, die auf den Grund und Boden entfällt.[53] 91

Für die **zweite Voraussetzung (Unrentierlichkeit des Grundbesitzes)** sollte regelmäßig auf einen Zeitraum von drei Jahren abgestellt werden.[54] 92

Liegen die Voraussetzungen für den Erlaß der Grundsteuer vor, so kommt es nicht darauf an, ob der Grundbesitz der Öffentlichkeit zu-

---

[52] Abschn. 41 Abs. 1 S. 2 GrStR.

[53] Abschn. 35 Abs. 1 GrStR.

[54] Abschn. 35 Abs. 2 GrStR; *Troll* GrStG § 34 Rz. 5 (jeweils mit weiteren Einzelheiten zur Ermittlung).

gänglich ist. Park- und Garten anlagen müssen jedoch nach § 32 Abs. 1 Nr. 1 S. 2 GrStG in einem billigerweise zu fordernden Umfang der Öffentlichkeit zugänglich sein. Es genügt, daß sie mindestens den interessierten Kreisen ohne weiteres zugänglich sind und dies auch allgemein erkennbar ist.[55]

b) Öffentliche Grünanlagen, Sport- und Spielplätze

93 Nach § 32 Abs. 1 Nr. 2 GrStG ist die Grundsteuer für öffentliche Grünanlagen, Sport- und Spielplätze zu erlassen, wenn die jährlichen Kosten in der Regel den Rohertrag übersteigen.

Öffentliche Kinderspielplätze und öffentliche Grünanlagen, die von einer als gemeinnützig anerkannten Körperschaft unterhalten werden, sind regelmäßig bereits nach § 3 Abs. 1 GrStG von der Grundsteuer befreit,[56] so daß allein der Erlaß für Sportplätze zu prüfen bleibt.

94 **Sportplätze** eines privaten Eigentümers sind „öffentlich" erst durch entsprechende Widmung, die regelmäßig von der Gemeinde ausgesprochen wird.[57] Die Öffnung von Grundbesitz zu den begünstigten Zwekken reicht dagegen nicht aus. Für die Benutzung kann auch ein Eintrittsgeld verlangt werden. Bei einer Beschränkung der Benutzung auf bestimmte Personengruppen, z. B. auf Mitglieder bestimmter Vereine, fehlt es an einer Benutzung durch die Allgemeinheit.[58]

95 Für die Beurteilung der Frage, ob die jährlichen Kosten den Rohertrag übersteigen (**Unrentierlichkeit des Grundbesitzes**), siehe Rz. 92 (Fußnote 54).

c) Grundbesitz, in dessen Gebäuden Gegenstände von wissenschaftlicher, künstlerischer oder geschichtlicher Bedeutung untergebracht sind

96 Für diesen Grundbesitz ist unter den Voraussetzungen des § 32 Abs. 2 GrStG die Grundsteuer zu erlassen. Das Gesetz nennt in nicht abschließender Aufzählung als begünstigte Gegenstände Sammlungen und Bibliotheken. Die wissenschaftliche, künstlerische oder geschichtliche Bedeutung der untergebrachten Gegenstände muß nach § 32 Abs. 2 S. 2 GrStG durch die Landesregierung oder durch die von ihr beauftragte Stelle anerkannt sein. Aus der Anerkennung muß sich auch ergeben, daß die Gegenstände dem Zwecke der Forschung oder Volksbildung nutzbar gemacht sind.[59] Zur Voraussetzung der **Unrentierlichkeit** nach § 32 Abs. 2 GrStG Hinweis auf Abschn. 37 Abs. 3 und 4 GrStR.

---

[55] Abschn. 35 Abs. 3 S. 3 GrStR.

[56] Abschn. 18 Abs. 3 GrStR.

[57] Die Voraussetzungen im einzelnen sind unklar; ein besonderes Widmungsverfahren soll nach *Troll* GrStG § 32 Rz. 6 regelmäßig nicht erforderlich sein.

[58] Abschn. 36 Abs. 2 und 3 GrStR.

[59] Abschn. 37 Abs. 2 GrStR.

3. Erlaß wegen wesentlicher Ertragsminderung

Schließlich ist auch für die einer gemeinnützigen Körperschaft zuzurechnenden Betriebe der Land- und Forstwirtschaft und bebauten Grundstücke mit einer nicht von ihr zu vertretenden **Minderung des Rohertrags um mehr als 20 v. H.** die **Grundsteuer** nach § 33 GrStG **teilweise zu erlassen**. Wegen weiterer Einzelheiten wird auf die umfangreichen Ausführungen in Abschn. 38 ff. GrStR verwiesen. 97

§ 13 Arbeits- und Sozialversicherungsrecht

Bearbeiter: Karsten Tötter

Übersicht

A. Einleitung

1 Wird die Tätigkeit gemeinnütziger Unternehmen und Organisationen zu einem großen Teil durch Ehrenamtlichkeit geprägt, insb. bei den klassischen Hilfsorganisationen, so ist idR doch ein gewisser Stamm hauptamtlicher, d. h. in einem Arbeitsverhältnis stehender Mitarbeiter erforderlich. Dies gilt einerseits für die notwendigen Verwaltungsaufgaben, die Leitung und Koordinierung der ehrenamtlichen Arbeit und bestimmte Bereiche der gemeinnützigen Tätigkeit, die im gewerblichen Bereich angesiedelt sind, ohne den Status der Gemeinnützigkeit zu gefährden.[1] Als Beispiel hierfür mag der ambulante Pflegebereich gelten, der von vielen gemeinnützigen Organisationen wahrgenommen wird und in dem – neben ehrenamtlich tätigen Kräften – zahlreiche Arbeitnehmer beschäftigt sind.

2 Ein besonderes Problem stellen dabei die sog. geringfügig Beschäftigten[2] dar, die gerade in diesem Bereich häufig anzutreffen sind. Bzgl. dieses Personenkreises wird vielfach verkannt, daß es sich bei diesen Beschäftigungsverhältnissen um Arbeitsverhältnisse handelt, auf die nahezu alle arbeitsrechtlichen Vorschriften anzuwenden sind.[3]

3 Wurden noch in den 70er Jahren arbeitsrechtliche Fragen im Bereich gemeinnütziger Organisationen in Rspr. und Literatur eher untergeordnet behandelt,[4] so hat die Zunahme der Zahl der hauptamtlichen Mitarbeiter bei gemeinnützigen Organisationen und Unternehmen mittlerweile auch zu einer Steigerung der Zahl gerichtlicher Entscheidungen geführt. Dabei erweist sich im wesentlichen, daß diese Unternehmen und Organisationen von der Rspr. nicht anders behandelt werden als Arbeitgeber, deren Tätigkeit auf Gewinnerzielung ausgerichtet ist.

---

[1] Vgl. hierzu § 7 Rz. 3 ff.

[2] S. u. Rz. 93 ff., 113.

[3] Z. B. für Entgeltfortzahlung EuGH vom 13. 07. 1989 – Rs 171/88 – Vorabentscheidung DB 1989, 1574, 1574 f; *Wißmann* „Lohnfortzahlung auch für geringfügig beschäftigte Arbeiter“ DB 1989, 1922–1925.

[4] *Kluge* S. 1.

B. Arbeitsrecht der hauptamtlichen Mitarbeiter

I. Der geschäftsführende Vorstand

Die **Führungsverantwortlichkeit** liegt bei einer gemeinnützigen Organisation, soweit diese in der überwiegend üblichen Form des Vereins oder der Stiftung[5] organisiert wird, beim **Vorstand** (§ 26 Abs. 2 BGB), der jedoch häufig ehrenamtlich tätig ist und deshalb laufende Verwaltungsaufgaben auf einen hauptamtlichen Geschäftsführer delegiert.[6] Handelt es sich um ein gemeinnütziges Unternehmen, welches in Form der Gesellschaft mit beschränkter Haftung (GmbH) organisiert ist, so liegt die Führungsverantwortlichkeit bei dem **Geschäftsführer** der GmbH (§ 35 Abs. 1 GmbHG). 4

Die Vorschriften des GmbHG gelten grds. ohne Einschränkungen auch für die **gemeinnützige GmbH**,[7] so daß im Folgenden die Ausführungen zur GmbH ebenfalls gelten. Wesentliche Unterschiede bestehen insb. im Steuerrecht.[8] 5

1. Begründung des Anstellungsverhältnisses

Bei allen Organisationsformen gemeinnütziger Institutionen oder Unternehmen ist grds. zwischen der **organschaftlichen Stellung** und Bestellung hauptamtlicher Mitarbeiter bzw. Führungskräfte und dem daneben vorliegenden **Dienst- oder Arbeitsverhältnis** zu unterscheiden. Die organschaftliche Stellung, also die Bestellung zum Vorstandsmitglied eines Vereins oder einer Stiftung[9] bzw. zum Geschäftsführer einer GmbH, richtet sich nach den jeweiligen vereinsrechtlichen bzw. gesellschaftsrechtlichen Vorschriften.[10] 6

Die **Bestellung** und die Abberufung des Vorstandes eines Vereins erfolgt formell durch einen Beschluß der Mitgliederversammlung (§ 27 Abs. 1 BGB). Ein solcher Beschluß kommt in aller Regel durch eine demokratische Wahl der Vereinsmitglieder zustande. Bei einer Stiftung richtet sich die Bestellung des Vorstandes nach der zu Grunde liegenden Stiftungssatzung. Der Vorstand erlangt durch die Bestellung die Stellung des vertretungsberechtigten Organs, was für den Rechtsverkehr durch Eintragung in das Vereinsregister kenntlich gemacht wird (§ 68 BGB). Die Einzelheiten der Wahl ergeben sich aus der Satzung des Vereins oder der Stiftung bzw. einer besonders geschaffenen Wahlordnung. 7

---

[5] Die gesamten Ausführungen beziehen sich ausschließlich auf Stiftungen iSd. BGB und nicht auf öffentlich-rechtliche Stiftungen.

[6] *Stöber* Rz. 340f.

[7] Die sogenannte gGmbH.

[8] Vgl. §§ 51–68 AO, § 5 KStG; §§ 4–7 d. Handbuchs.

[9] Der Vorstand einer Stiftung wird häufig auch als „Direktorium", „Kuratorium" oder „Verwaltungsrat" bezeichnet, *Seifart/Hof* § 9 Rz. 8.

[10] Vgl. für den Verein § 2 Rz. 40f., für die Stiftung § 3 Rz. 67f., für die GmbH § 4 Rz. 34.

Der Geschäftsführer einer GmbH erlangt seine organschaftliche Stellung durch einen **Beschluß der Gesellschafter** der GmbH, der in notariell beglaubigter Form zum Handelsregister anzumelden ist (§ 39 Abs. 1 GmbHG).

8 Streng von der organschaftlichen Stellung zu trennen ist der einem **Anstellungsverhältnis** zugrunde liegende Dienst- oder Arbeitsvertrag. Während die organschaftliche Stellung des Vorstandsmitgliedes oder GmbH-Geschäftsführers die Vertretung der Institution nach außen sowie die Haftung des Vertretungsorgans im Innen- wie im Außenverhältnis betrifft, regelt der Anstellungsvertrag ausschließlich das Rechtsverhältnis zwischen der Institution und seinem hauptamtlichen bestellten Vorstand bzw. Geschäftsführer.

a) Dienstvertrag oder Arbeitsvertrag

9 Das – hier als Oberbegriff verwendete – Anstellungsverhältnis kann je nach seiner Ausgestaltung bzw. der zugrundeliegenden Organisationsform als Dienstvertrag oder als Arbeitsvertrag ausgestaltet sein.

Beiden Vertragsformen liegt die Erbringung von Diensten für einen anderen zugrunde.[11] So gesehen ist jedes Arbeitsverhältnis ein Dienstverhältnis. Umgekehrt gilt dies jedoch nicht. Insb. bei Organmitgliedern juristischer Personen kann die **Abgrenzung** beider Vertragstypen Schwierigkeiten bereiten. Gleichzeitig ist die Feststellung des richtigen Vertragstypus von grundlegender Bedeutung, da sie die sehr weitgehenden arbeitsrechtlichen Schutzvorschriften ausschließt oder gerade zur Anwendung bringt.

10 Bei dem Anstellungsverhältnis eines Organmitgliedes handelt es sich um einen **Dienstvertrag**,[12] denn die Voraussetzungen des § 611 BGB liegen vor, wonach derjenige, welcher Dienste zusagt, zur Leistung der versprochenen Dienste und der andere Teil zur Gewährung der vereinbarten Vergütung verpflichtet ist. Bei den Vorständen einer Stiftung oder eines Vereines liegt ein Dienstvertrag immer dann vor, wenn der Vorstand aufgrund einer **Vergütung** tätig wird, die keine bloße Aufwandsentschädigung darstellt.[13] Insoweit gelten die Vorschriften des Auftragsrechts über §§ 86, 27 Abs. 3, 662 ff. BGB.

11 Ob der Dienstvertrag gleichzeitig ein Arbeitsvertrag und damit ein Arbeitsverhältnis darstellt, kann nicht so klar entschieden werden, da gerade im Gegenteil aus der Organstellung vielfach das Nichtvorliegen eines Arbeitsverhältnisses geschlossen wird.[14]

Wesentliches Merkmal des Arbeitsvertrages ist die Dienstleistung für einen anderen in **persönlicher** und wirtschaftlicher **Abhängig-**

---

[11] *Palandt/Putzo* § 611 Rz. 1.

[12] *K. Schmidt* GesR, S. 1074; *Palandt/Putzo* Einf. v. § 611 Rz. 23; BAG vom 21. 2. 1994 – 2 AZB 28/93 – NJW 1995, 675, 676; BGH vom 9. 02. 1978 – II ZR 189/1976 – WM 1978, 319, 320.

[13] *Seifart/Hof* § 9 Rz. 119 u. 121; BFHE vom 31. 1. 1975 – VI R 230/75 – 114, 535, 537.

[14] *Henssler* „Das Anstellungsverhältnis der Organmitglieder" RdA 1992, 289–302, 291; *Palandt/Putzo* Einf. v § 611 Rz. 23.

keit.[15] Dabei drückt sich die persönliche Abhängigkeit insb. darin aus, daß der Arbeitnehmer hinsichtlich der Art und Weise, der Zeit und des Ortes seiner Dienstleistung den Weisungen seines Arbeitgebers unterworfen ist.[16] Diese **Weisungsgebundenheit** wird gerade bei Organmitgliedern gemeinnütziger juristischer Personen häufig fehlen, sind diese doch gerade deshalb in Vorstände gewählt oder zu Geschäftsführern bestellt worden, um die Geschicke des Unternehmens oder Vereins kraft ihrer Persönlichkeit oder ihrer Qualifikation aktiv zu fördern oder zu beeinflussen. Sie sind also idR berufen, unternehmerische Aufgaben zu übernehmen und damit ihrerseits Zeit, Ort und Art der Arbeitsleistung vorzugeben, also Weisungen zu erteilen.

Gänzlich weisungsfrei können Geschäftsführer einer GmbH jedoch nicht handeln, da sie ausdrücklich an die Beschlüsse der Gesellschafter gebunden sind.[17] Eine solche Weisungskompetenz der Gesellschafter durch Beschluß gilt aber nur im Innenverhältnis,[18] bei Zuwiderhandlungen ist jedoch ein Schadensersatzanspruch denkbar. Im Außenverhältnis ist eine Einschränkung der Befugnisse des Geschäftsführers nicht zulässig bzw. gegenüber Dritten unwirksam.[19]

Für das Arbeitsrecht entspricht es deshalb der ganz herrschenden Auf- 12
fassung, daß es sich bei dem Anstellungsverhältnis eines GmbH-Geschäftsführers nicht um ein Arbeitsverhältnis, sondern einen Dienstvertrag in Form eines **Geschäftsbesorgungsvertrages** (§§ 611, 675 BGB) handelt,[20] weil keine Weisungsunterworfenheit im Außenverhältnis besteht. Zunehmend wird die entspr. Anwendbarkeit arbeitsrechtlicher Vorschriften auf den GmbH-Geschäftsführer diskutiert.[21] Schließlich wird in Ausnahmefällen, in denen der Gesellschaftsvertrag den Gesellschaftern weitgehende Weisungsrechte gegenüber dem Geschäftsführer einräumt, dieser also keinen eigenen Gestaltungsspielraum und selbst auch keine maßgebliche Gesellschafterposition (Sperrminorität) hat, zumindest sozialversicherungsrechtlich von einem Arbeitsverhältnis (Beschäftigungsverhältnis) ausgegangen.[22] Von den eigentlichen arbeitsrechtlichen Schutzvorschriften, etwa des Kündigungsschutzgesetzes, des Schwerbehindertengesetzes u. ä. bleibt der GmbH-Geschäftsführer ausgeschlossen.[23]

---

[15] BAG vom 13. 10. 1983 – 5 AZR 149/82 – NJW 1984, 1985, 1986 f.

[16] *Palandt/Putzo* § 611 Rz. 25 ff.; BAG vom 17. 5. 1978 – 5 AZR 580/77 – AP Nr. 28 zu § 611 BGB – Abhängigkeit –; vom 9. 9. 1981 – 5 AZR 477/79 – AP Nr. 38 zu § 611 BGB – Abhängigkeit –.

[17] § 37 Abs. 1 GmbHG.

[18] *K. Schmidt* GesR S. 1076; *Scholz/Schneider* § 37 Anm. 30 f; *Roth/Altmeppen* § 37 Rz. 3.

[19] § 37 Abs. 2 GmbHG.

[20] BGHZ 10, 187, 191 f vom 11. 7. 1953 – II ZR 126/52 –; BGHZ 49, 30, 31 vom 9. 11. 1967 – II ZR 64/67 –; *Beck GmbH-HB/Axhausen* § 5 Rz. 121; *K. Schmidt* GesR, S. 1074.

[21] Vgl. *Beck GmbH-HB/Axhausen* § 5 Rz. 121.

[22] *Beck GmbH-HB/Axhausen* § 5 Rz. 128 mwN.

[23] S. u. Rz. 53 ff.

13 Im Falle eines **Vorstandsmitgliedes** eines Vereins oder einer Stiftung hat der Gesetzgeber eine Wertung vorgenommen, indem er in den §§ 26, 27 BGB grds. die Geschäftsführung des Vereins dem Vorstand auferlegt und in § 27 Abs. 3 BGB bzgl. der Geschäftsführung auf das Auftragsrecht des BGB.[24] verweist. Dies gilt kraft der Verweisung des § 86 BGB auch für die Stiftung, soweit deren Satzung keine Besonderheiten enthält.[25] Aus der Geschäftsführungsbefugnis folgt, daß ein bestelltes Vorstandsmitglied eines Vereins oder einer Stiftung daher hauptamtlich idR aufgrund eines Dienstvertrages tätig wird[26] und die arbeitsrechtlichen Vorschriften nicht anwendbar sind.

b) Abschluß des Vertrages

14 Wie bereits dargestellt, ist zwischen der organschaftlichen Bestellung des Vorstandsmitgliedes bzw. Geschäftsführers und dem Abschluß des Anstellungsvertrages zu unterscheiden. Ist die Bestellung des Organs typischer Ausdruck mitgliedschaftsrechtlicher, satzungsrechtlicher bzw. gesellschaftsrechtlicher Rechte und Pflichten, so ist der Abschluß schuldrechtlicher Verträge kennzeichnend für die Geschäftsführung einer Institution. Zur Geschäftsführung eines Vereins oder einer Stiftung ist grds. dessen Vorstand (§§ 26, 27, 86 BGB), bei einer GmbH nur dessen Geschäftsführer (§§ 35 ff. GmbHG) berufen.

15 Die Vereinsmitglieder, Destinatäre[27] und Gesellschafter sind in aller Regel von der unmittelbaren **Geschäftsführung ausgeschlossen**, so daß sich die Frage stellt, wer auf seiten der juristischen Person zum Abschluß des Anstellungsvertrages befugt ist. Für den Verein ist gesetzlich nur die organschaftliche Bestellung des Vorstandes geregelt. Gemäß § 27 Abs. 1 BGB erfolgt die Bestellung des Vorstandes durch Beschluß der Mitgliederversammlung,[28] wobei für Einzelheiten der Bestellung (Wahl) die Vereinssatzung maßgeblich ist (§ 25 BGB).

16 Da jedoch organschaftliche Bestellung und Abschluß eines Anstellungsvertrages zu trennen ist, was sich auch aus der Regelung über den Widerruf der Bestellung eines Vorstands ergibt, die „unbeschadet des Anspruchs auf die vertragsmäßige Vergütung…" erfolgen kann (§ 27 Abs. 2 1. Halbs. BGB), fehlt offenkundig eine Regelung der Zuständigkeit zum Vertragsabschluß auf seiten des Vereins. Diese Lücke hat die Rspr. dahingehend geschlossen, daß sich die **Zuständigkeit der Mitgliederversammlung** auch auf den Abschluß und die Lösung von Anstellungsverträgen mit Vorstandsmitgliedern erstreckt.[29]

---

[24] §§ 662 ff. BGB.

[25] *Seifart/Hof* § 9 Rz. 28.

[26] *Sauter/Schweyer* Rz. 263.

[27] Destinatäre sind die Genußberechtigten/Empfänger nach dem Satzungszweck; *MünchKomm/Reuter* § 85 BGB Rz. 9 f.

[28] *Sauter/Schweyer* Rz. 268; *Stöber* Rz. 320.

[29] BGHZ 113, 237, 245 vom 21. 1. 1991 – II ZR 144/90 –; *Palandt/Heinrichs* § 27 BGB Rz. 1.

Etwas anderes kann allerdings die **Satzung** des Vereins als Verfassung der juristischen Person vorsehen. So ist etwa denkbar, daß bei einem aus mehreren Personen bestehenden Vorstand (§ 26 Abs. 1 S. 2 BGB) einzelne Vorstandsmitglieder ermächtigt werden, die Anstellungsverträge für den Verein mit den jeweils anderen Vorstandsmitgliedern abzuschließen. Besteht der Vorstand einer gemeinnützigen Organisation nur aus einer Person, so kann die Satzung diese Person vom Verbot des Selbstkontrahierens gemäß § 181 BGB freistellen.[30] Allerdings dürfte dieser Fall eher zu den Ausnahmen gehören.

Für die Stiftung gilt dies nicht, denn § 86 verweist gerade nicht auf 17
§ 27 Abs. 1 BGB, weil eine Stiftung keine Mitglieder hat. Wird eine Stiftung neu gegründet, so nimmt in aller Regel der **Stifter** selbst die erste Bestellung des Vorstandes vor.[31] Nach dem Tode des Stifters erfolgt eine Bestellung nach den entspr. Regelungen in der Satzung der Stiftung. Der schuldrechtliche Anstellungsvertrag folgt grds. denselben Regelungen.

Im Falle der GmbH deutet die gesetzliche Regelung des § 46 Ziff. 5 18
GmbHG, wonach Aufgabe der **Gesellschafter** „die Bestellung und Abberufung der Geschäftsführer" ist, dem Wortlaut nach ebenfalls auf den organschaftlichen Akt hin, da die Begriffe „Bestellung" und „Abberufung" eben dem Gesellschaftsrecht und nicht dem Schuldrecht entstammen. Gleichwohl ist auch hier hM, daß die Gesellschafter neben dem organschaftlichen Bestellungs- und Abberufungsvorgang die Gesellschaft auch beim Abschluß, der Änderung und der Kündigung von Anstellungsverträgen mit Geschäftsführern vertreten.[32] Selbstverständlich kann auch bei einer GmbH die Satzung, also der Gesellschaftsvertrag, andere Regelungen vorschreiben.

c) Form des Anstellungsvertrages

Eine bestimmte Form des Anstellungsvertrages mit dem Organ einer 19
juristischen Person ist nicht vorgeschrieben. Aus Gründen der Rechtssicherheit und zur Vermeidung späterer Streitigkeiten empfiehlt es sich allerdings, sowohl für den Abschluß des Anstellungsvertrages als auch für spätere Änderungen unbedingt die **Schriftform** einzuhalten. Dies ist insb. bei Vereinen, in denen idR eine gewisse Fluktuation im Mitgliederkreis zu verzeichnen ist, auch aus der Sicht des hauptamtlichen Vorstandsmitgliedes erforderlich, da dieses nur durch schriftliche Verträge seine Rechte, etwa auf die Vergütung, neuen Vereinsmitgliedern gegenüber nachweisen kann. Auch der Nachweis der Entgeltlichkeit der Tätigkeit überhaupt kann u. U. beim Idealverein, der also nicht auf wirtschaftliche Gewinnerzielung ausgerichtet ist, erforderlich werden.

Bei der **Formulierung des Anstellungsvertrages** eines Vorstands- 20
mitgliedes oder GmbH-Geschäftsführers wird in der Praxis häufig versucht, ein Arbeitsverhältnis zu konstruieren, sei es, um das Organ der Sozialversicherungspflicht zu unterwerfen, sei es, um die gesetzlich gegebe-

---

[30] BGHZ 87, 59, 60 vom 28. 2. 1983 – II ZB 8/82 –.
[31] *Seifart/Hof* § 9 Rz. 75; § 3 Rz. 68.
[32] *Scholz/Schneider* § 35 Rz. 171; *Beck GmbH-HB/Axhausen* § 5 Rz. 123.

nen Vertretungsbefugnisse und sonstige Kompetenzen zu beschneiden. Bzgl. dieser Formulierungen ist darauf hinzuweisen, daß es sowohl nach der Rspr. des BAG[33] als auch des BSG[34] grds. nicht darauf ankommt, was die Vertragsparteien vereinbart haben, sondern allein darauf, wie das Vertragsverhältnis in der tatsächlichen Handhabung und aufgrund aller maßgeblicher Vorschriften, also etwa der Satzung, ausgestaltet ist. So ist der Anstellungsvertrag eines hauptamtlichen Vorstandsmitgliedes auch dann kein Arbeitsvertrag, wenn zwar eine weitgehende Weisungsgebundenheit an Beschlüsse der Mitgliederversammlung vertraglich vereinbart ist, tatsächlich aber das Vorstandsmitglied de facto ohne Einschränkungen und Kontrolle selbständig die Geschicke des Vereins führt.

Wird der Anstellungsvertrag mit dem Vorstandsmitglied oder dem GmbH-Geschäftsführer nicht durch die Mitglieder- bzw. Gesellschafterversammlung abgeschlossen, sondern von bereits gewählten bzw. bestellten anderen Vorstandsmitgliedern oder Geschäftsführern, so ist auf die entspr. Vertretungsbefugnis zu achten.

21 Viele Satzungen sehen vor, daß wirksame Willenserklärungen für den Verein oder die GmbH nur von zwei Vorstandsmitgliedern oder Geschäftsführern gemeinschaftlich abgegeben werden können. Eine Verletzung dieser Vertretungsregelungen macht den Vertrag zwar nicht unwirksam, da der Abschluß formlos möglich ist und – zumindest nach erfolgter Aufnahme der Tätigkeit – die Grundsätze über den fehlerhaften (faktischen) Vertrag eingreifen.[35] Von praktischer Bedeutung kann dies aber z. B. im Streit um die Höhe der Vergütung – im Zweifel ist nur die „übliche" Vergütung geschuldet – oder um die Wirksamkeit einer Kündigung sein.

2. Sozialversicherungsrechtliche Stellung der geschäftsführenden Organe

22 In der Sozialversicherung sind grds. alle Personen versichert, die aufgrund eines Beschäftigungsverhältnisses tätig werden. Ein solches **Beschäftigungsverhältnis** ist die nichtselbständige Arbeit, insb. in einem Arbeitsverhältnis (§ 7 Abs. 1 SGB IV). Wesentliches Kriterium ist die persönliche Abhängigkeit vom Unternehmer.[36]

23 Wie bereits festgestellt, begründet die Bestellung zum hauptamtlichen Vorstand eines Vereins bzw. Stiftung oder zum Geschäftsführer einer GmbH die gesellschaftsrechtliche Organstellung und ein Anstellungsverhältnis. Dieses Anstellungsverhältnis wird im Arbeitsrecht grds. als Dienstvertrag und somit nicht als Arbeitsverhältnis charakterisiert.[37] Das Sozialversicherungsrecht folgt dieser Begriffsdefinition

---

[33] BAGE 30, 163, 169 ff. vom 15. 3. 1978 – 5 AZR 819/76 –; 41, 247, 258 ff. vom 13. 1. 1983 – 5 AZR 149/82 –.

[34] BSGE 25, 51, 55 vom 26. 5. 1966 – 2 RU 178/64 –; 36, 262, 263 vom 22. 11. 1973 – 12 RK 17/72 –.

[35] *Palandt/Putzo* § 611 Rz. 29.

[36] BSGE 25, 51, 55 vom 26. 5. 1966 – 2 RU 178/64 –; BSG vom 28. 2. 1980 – 8 a RU 88/78 – in *Breithaupt* 1981, 121, 122.

[37] S. o. § 13 A. I. 1. a).

des Arbeitsrechts jedoch nicht; das BSG und das sozialrechtliche Schrifttum beurteilt den **Versicherungsstatus von Organmitgliedern** nach eigenen Kriterien.[38] Hierbei spielt für die sozialversicherungsrechtliche Versicherungspflicht von Organmitgliedern neben einer persönlichen Abhängigkeit das Unternehmerrisiko eine entscheidende Rolle.[39]

a) Geschäftsführer einer GmbH

24 Bei Geschäftsführern einer GmbH muß grds. zwischen Gesellschafter-Geschäftsführern und Geschäftsführern ohne Kapitalbeteiligung an der GmbH unterschieden werden.

aa) Geschäftsführer ohne Kapitalbeteiligung

25 Die Geschäftsführertätigkeit ohne Kapitalbeteiligung (z.T. als **Fremdgeschäftsführer**[40] bezeichnet) an der GmbH begründet in aller Regel ein sozialversicherungspflichtiges Beschäftigungsverhältnis. Es kommt hierbei nicht allein auf die rechtliche Ausgestaltung des Anstellungsvertrages, sondern auf die tatsächlichen Verhältnisse an.[41]

Obwohl der Geschäftsführer die GmbH gerichtlich und außergerichtlich vertritt (§ 35 Abs. 1 GmbHG), d. h. die Geschicke der Gesellschaft im Rechtsverkehr (Außenverhältnis) lenkt, hat er dennoch keinen maßgeblichen Einfluß auf die Grundentscheidungen (Innenverhältnis) der GmbH.[42] Solche Grundentscheidungen werden ausschließlich von den Gesellschaftern getroffen (§§ 45 ff. GmbHG).

Die Gesellschafter der GmbH können durch Beschluß dem Geschäftsführer jederzeit unmittelbar Weisungen zur Geschäftsführung erteilen.[43] Er ist in gewissem Umfang persönlich abhängig und übt insb. keine selbständige Tätigkeit aus, denn er trägt kein eigenes Unternehmerrisiko.[44] Die Bestellung zum Geschäftsführer ist nach § 38 Abs. 1 GmbHG ohne Angabe von Gründen jederzeit widerruflich. Aus diesen Gründen wird die Stellung des Geschäftsführers einer GmbH sozialversicherungsrechtlich als „abhängiges Beschäftigungsverhältnis" gewertet.

---

[38] BSGE 13, 196, 200 f vom 13. 12. 1960 – 3 RK 2/56 –; 17, 15, 20 vom 30. 3. 1962 2 RU 109/60 –; 38, 53, 57 vom 31. 7. 1972 – 12 RK 26/72 –; z. B. *Bereiter-Hahn/Schieke/Mehrtens* zu § 2 SGB VII Rz. 6.20.

[39] BSG vom 30. 1. 1997 – 10 RAr 6/95 – HVBG-Info 1997, 1485, 1487.

[40] Z. B. BGHZ 91, 1, 4 vom 26. 3. 1984 – II ZR 229/83 –; *Erdmann* ZfS 1996, 101, 102.

[41] BSGE 36, 262, 263 vom 22. 10. 1973 – 12 RK 17/72 –; BSG-Urteil vom 14. 12. 1995 – 2 RU 41/94 - in HVBG-Info 1996, 829, 832.

[42] BSGE 66, 168, 171 vom 30. 1. 1990 – 11 RAr 47/88 –; 67, 183, 185 vom 9. 08. 1990 – 11 RAr 119/88 –.

[43] *K. Schmidt* GesR, S. 1076; *Scholz/Schneider* § 37 Rz. 30 f; *Roth/Altmeppen* § 37 Rz. 3.

[44] BSG vom 30. 01. 1997 – 10 RAr 6/95 – HVBG-Info 1997, 1485, 1487.

bb) Gesellschafter-Geschäftsführer

26 Ein Gesellschafter-Geschäftsführer unterliegt grds. nicht der Sozialversicherungspflicht, wenn er über eine **Sperrminorität** verfügt. Diese liegt vor, wenn der Gesellschafter-Geschäftsführer aufgrund der eigenen Kapitalbeteiligung und der sich daraus ergebenden Stimmenverhältnisse in der GmbH ihm nicht genehme Gesellschafterbeschlüsse einseitig verhindern kann.[45] Entscheidend ist die einschlägige Regelung in dem zugrunde liegenden Gesellschaftsvertrag. Eine persönliche Abhängigkeit scheidet daher aus.

Durch diesen maßgeblichen Einfluß auf die Gesellschaft und seine Kapitalbeteiligung trägt er z.T. auch das Unternehmerrisiko. Dieser Personenkreis wird als „unternehmerähnlich" bezeichnet, da die GmbH als juristische Person der Unternehmer ist. Mit Ausnahme der Arbeitslosenversicherung hat dieser Personenkreis in der Sozialversicherung die Zugangsberechtigung durch den Abschluß von freiwilligen Versicherungen gefunden.[46]

27 Solche Formen einer maßgeblichen Beteiligung an einer GmbH dürften im Bereich von **gemeinnützigen Unternehmen** in der Praxis eher selten vorkommen. Liegt keine gesellschaftsrechtliche Sperrminorität vor, so kann die Mitarbeit im Unternehmen (egal in welcher rechtlichen Position) ein abhängiges Beschäftigungsverhältnis begründen.[47]

28 Ein abhängiges Beschäftigungsverhältnis liegt nicht vor, wenn die tatsächlichen und rechtlichen Verhältnisse dem Geschäftsführer uneingeschränkte Befugnisse im Leiten der GmbH einräumen.[48] Hierbei muß auch der zugrunde liegende Gesellschaftsvertrag berücksichtigt werden. Dieser in der Praxis eher seltene Zustand liegt nur vor, wenn die Gesellschafter der GmbH kaum oder überhaupt keinen Einfluß auf die Tätigkeit des Geschäftsführers nehmen und er sich im Innenverhältnis für keine wesentlichen Entscheidungen zu rechtfertigen hat. In Ausnahmefällen kann eine vertragliche treuhänderische Bindung bei „Strohmann-Gesellschafter-Geschäftsführern" zu einem Beschäftigungsverhältnis führen.[49]

---

[45] BSGE 38, 53, 56 vom 31. 7. 1972 – 12 RK 26/72 –; 42, 1, 2 vom 30. 4. 1976 – 8 RU 78/75 –; 17, 15, 20 vom 30. 3. 1962–2 RU 109/60 –; BSG vom 30. 1. 1997–10 RAr 6/95 – HVBG-Info 1997, 1485, 1487.

[46] Z. B. § 6 Abs. 1 Nr. 2 SGB VII (UV); § 9 SGB V (KV); § 7 SGB VI (RV).

[47] BSGE 25, 51, 53 vom 26. 5. 1966 – 2 RU 178/64 – = SGB 1967, 355, 357 m. Anm. *Gurgel*.

[48] Dies kann vorliegen, wenn der Geschäftsführer durch sein überragendes Branchenwissen unabhängig tätig ist, hierzu *Erdmann* ZfS 1996, 102, 104.

[49] S. BSG HVBG-Info 1997, 1485, 1488 und BGH DB 1976, 2295, 2296 vom 11. 10. 1976 – II ZR 119/75 –; BGHZ 118, 107, 114 = NJW 1992, 2023, 2024f vom 13. 4. 1992 – II ZR 225/91 –.

b) Geschäftsführende hauptamtliche Vorstände eines Vereins

29 Die hauptamtlich bestellten Vorstände, die die Geschäftsführung des Vereins übernehmen, werden aufgrund eines sozialversicherungspflichtigen Beschäftigungsverhältnisses tätig. Hier gilt ähnliches wie bei den Geschäftsführern ohne Kapitalbeteiligung, denn auch die Vorstände üben nur die Leitungsfunktion des Vereins im Außenverhältnis aus, ohne selbständig auf wesentliche Entscheidungen des Vereins direkten Einfluß nehmen zu können oder das Unternehmerrisiko zu tragen. Das oberste Organ des Vereins ist die Mitgliederversammlung, die die Kontrolle und Bestellung sowie Abberufung[50] des hauptamtlichen Vorstandes vornimmt.[51]

c) Vorstand von Stiftungen

30 Ob durch das zugrundeliegende Anstellungsverhältnis der hauptamtlich geschäftsführenden Vorstandsmitglieder einer Stiftung ein sozialversicherungspflichtiges Beschäftigungsverhältnis begründet wird, kann nicht eindeutig abstrakt festgestellt werden.

Eine Kontrolle des Organs wie bei einem Verein durch die Mitglieder oder die Gesellschafter bei einer GmbH ist idR ausgeschlossen. Mit der Genehmigung/Bestellung zum Vorstandsmitglied durch den Stifter oder die entspr. satzungsmäßigen Gremien sind deren Einwirkungsmöglichkeiten abgeschnitten.[52] Die Destinatäre haben zwar einen Auskunfts- bzw. Rechenschaftsanspruch und somit eine quasi Aufsicht über die Tätigkeit des Vorstandes. Diese reine Rechtsaufsicht der **Destinatäre** (Berechtigte) ist aber keine Kontrollfunktion, sondern nur eine Anspruchswahrung der Stiftung gegenüber dem Vorstand, daß dieser dem Stiftungszweck entsprechend handelt.[53]

31 Ob ein sozialversicherungspflichtiges Beschäftigungsverhältnis vorliegt, muß jeweils am konkreten tatsächlichen Einzelfall entschieden werden. Liegt eine persönliche Abhängigkeit bei der Tätigkeit – im oben beschriebenen Sinne – vor, so ist ein Beschäftigungsverhältnis gegeben. Ein bloßer schriftlicher Vertrag deutet noch nicht auf das Vorliegen eines solchen abhängigen Beschäftigungsverhältnisses hin.[54]

3. Beendigung des Anstellungsverhältnisses

32 Entspr. der Tatsache, daß sowohl bei geschäftsführenden Vorstandsmitgliedern von Vereinen und Stiftungen als auch bei Geschäftsführern gemeinnütziger Gesellschaften mit beschränkter Haftung zwei Rechtskreise maßgeblich sind, nämlich einerseits das Vereins- und Stiftungs- bzw. Gesellschaftsrecht und andererseits das Schuldrecht des BGB, muß

[50] BGHZ 113, 237, 245 vom 21. 1. 1991 – II ZR 144/90 –; *Palandt/Heinrichs* § 27 Rz. 1.

[51] *Palandt/Heinrichs* § 32 Rz. 1.

[52] *Seifart/Hof* § 9 Rz. 41.

[53] *Seifart/Hof* § 9 Rz. 42.

[54] *Seifart/Hof* § 9 Rz. 121.

auch die Beendigung der Anstellungsverhältnisse dieses Personenkreises unter beiden rechtlichen Gesichtspunkten gesehen werden.

Dabei ist es nicht zwingend, daß die Beendigung beider Rechtsverhältnisse, also des organschaftlichen und des schuldrechtlichen, voneinander abhängen, einander bedingen oder gleichzeitig erfolgen müssen.[55] So ist es z. B. denkbar, daß ein geschäftsführendes Vorstandsmitglied oder ein GmbH-Geschäftsführer als Organ ausscheidet, der Anstellungsvertrag aber gleichwohl – wenn auch z.T. inhaltsleer – bestehen bleibt.[56] Umgekehrt ist es denkbar, daß das Anstellungsverhältnis endet, die Organstellung aber bestehen bleibt. Letzteres kann z. B. der Fall sein, wenn ein hauptamtliches Vorstandsmitglied in den Ruhestand tritt, als Organ des Vereins aber ehrenamtlich weiter tätig bleibt.

a) Beendigung der Organstellung

33 Als actus contrarius zur Bestellung des Vorstandsmitgliedes eines Vereins oder einer Stiftung bzw. als Geschäftsführer einer GmbH ist die Abberufung durch dieselben Gremien (Mitglieder- bzw. Gesellschafterversammlung) vorgesehen.

34 Für den Verein folgt dies aus § 27 Abs. 2 S. 1 BGB, wonach die Bestellung des Vorstandes jederzeit „widerruflich" ist. Aus dieser begrifflichen Anknüpfung an die ursprüngliche Willenserklärung der Bestellung ist zu schließen, daß für die **Abberufung** des Vorstandes das Vereinsorgan zuständig ist, das die Willenserklärung zur Bestellung abgegeben hat,[57] idR die **Mitgliederversammlung**.[58] Allerdings kann die Satzung gemäß § 27 Abs. 2 S. 2 BGB das Widerrufsrecht auf Fälle des Vorliegens eines wichtigen Grundes einschränken. Ein völliger Ausschluß des Widerrufsrechts ist allerdings nicht möglich.[59]

35 Für die Stiftung gilt dies insoweit nicht, als § 86 BGB wiederum nicht auf § 27 Abs. 2 BGB verweist. Zur Abberufung ist trotzdem dasselbe **satzungsmäßige Organ** zuständig, das auch die Bestellung vorgenommen hat,[60] möglicherweise daher der Stifter selbst. Auch hier können satzungsmäßige Einschränkungen vorgenommen werden.

36 Die Bestellung eines GmbH-Geschäftsführers kann ebenfalls jederzeit widerrufen werden (§ 38 Abs. 1 GmbHG), sofern der Gesellschaftsvertrag nicht auch eine andere Regelung vorsieht. Nach § 46 Ziff. 5 GmbHG ist die **Gesellschafterversammlung** kraft ausdrücklicher gesetzlicher Regelung für die Abberufung des Geschäftsführers durch Beschluß zuständig.

---

[55] *Stöber* Rz. 321.

[56] BGH vom 9. 2. 1978 – II ZR 189/1976 – WM 1978, 319, 319 f vom 9. 2. 1978 – II ZR 189/1976 –; *Sauter/Schweyer* Rz. 274.

[57] *Sauter/Schweyer* Rz. 268.

[58] BGHZ 113, 237, 245 vom 21. 01. 1991 – II ZR 144/90 –; *Stöber* Rz. 320.

[59] *Palandt/Heinrichs* § 27 Rz. 2.

[60] *Seifart/Hof* § 9 Rz. 103.

Sofern keine Beschränkung durch die Satzung oder den Gesellschaftsvertrag für eine Abberufung auf Fälle des wichtigen Grundes besteht (§ 27 Abs. 2 S. 2 BGB bzw. § 38 Abs. 2 GmbHG), bedarf die Abberufung keiner besonderen Begründung.[61] Sie wird nach § 130 Abs. 1 BGB wirksam, sobald der Beschluß der Mitgliederversammlung bzw. der Gesellschafterversammlung dem Vorstandsmitglied bzw. Geschäftsführer bekanntgegeben worden ist.[62]

Umgekehrt können sowohl der Geschäftsführer einer GmbH, der Vorstand einer Stiftung oder eines Vereines jederzeit ohne Angabe von Gründen und ohne Vorliegen eines wichtigen Grundes ihre Organschaft **niederlegen**, wenn keine anderslautende Vereinbarung entgegensteht.[63] Dies darf grds. nicht zur Unzeit erfolgen, weil sonst ein Verstoß gegen Treu und Glauben vorliegen könnte und ggf. Schadensersatzansprüche entstehen.[64]

Außenwirkung entfaltet die Abberufung des Organs allerdings erst mit der Eintragung in das Vereins- bzw. Handelsregister.[65] 37

b) Beendigung des Anstellungsvertrages

Von der Abberufung als Organ der juristischen Person ist die Beendigung eines etwa bestehenden Anstellungsverhältnisses zu trennen. Beim Anstellungsverhältnis handelt es sich wegen der fehlenden Weisungsgebundenheit idR um einen Dienstvertrag, nicht aber um einen Arbeitsvertrag.[66] 38

Anders als bei der Abberufung als Organ, die im Prinzip jederzeit möglich ist, können bei der Beendigung des Anstellungsverhältnisses Form und Frist der Beendigung eine Rolle spielen. Ferner kann u. U. Kündigungsschutz bestehen. Schließlich ist von Bedeutung, welches Gericht für etwaige Streitigkeiten zwischen dem Organmitglied und der juristischen Person zuständig ist. Für Streitigkeiten aus dem organschaftlichen Verhältnis ist der Zivilrechtsweg eröffnet; aus dem Anstellungsverhältnis, wenn ein Arbeitsverhältnis vorliegt, die Arbeitsgerichtsbarkeit.[67]

Die ausschließliche Zuständigkeit der Arbeitsgerichtsbarkeit kann nach § 2 Abs. 4 Arbeitsgerichtsgesetz (ArbGG) für Organmitglieder vereinbart werden.[68] 39

---

[61] *Sauter/Schweyer* Rz. 268 ff.

[62] *Beck GmbH-HB/Axhausen* § 5 Rz. 109.

[63] Für Geschäftsführer einer GmbH s. BGH vom 8. 2. 1993 – II ZR 58/92 – NJW 1993, 1198, 1200; für den Verein s. *Sauter/Schweyer* Rz. 274.

[64] *Sauter/Schweyer* Rz. 274; *Palandt/Heinrichs* § 27 Rz. 3.

[65] § 68 BGB (Vorstand); § 15 HGB (Geschäftsführer) s. auch *Baumbach/Hopt* zu § 15.

[66] Vgl. oben Rz. 10.

[67] BAG vom 28. 9. 1995 – 5 AZB 4/95 – NJW 1996, 614, 615; vom 21. 2. 1994 – 2 AZB 28/93 – 1995, 675, 676; *Grunsky* § 5 Rz. 27 a und b.

[68] *Reichert/van Look/Häuser* Rz. 1252.

aa) Kündigungserklärung

40 Die Abberufung als Organ der juristischen Person kann u. U. gleichzeitig die Beendigung des zugrundeliegenden Anstellungsvertrages bedeuten. Hierzu ist jedoch eine ausdrückliche Vereinbarung im Anstellungsvertrag etwa dergestalt erforderlich, daß eine Abberufung als Organ gleichzeitig auch den Dienstvertrag beendet.[69] Bei einer derartigen ausdrücklichen Koppelung zwischen Organstellung und Vertrag bedarf es einer gesonderten Kündigung des Dienstvertrages nicht mehr.[70]

Fehlt allerdings eine entspr. vertragliche Vereinbarung oder ist sie unklar formuliert, ist eine Kündigung des Anstellungsvertrages neben dem Abberufungsbeschluß erforderlich. Diese Kündigung als einseitige, empfangsbedürftige Willenserklärung wird mit Zugang beim Kündigungsempfänger wirksam.[71]

41 Die Kündigung muß ferner von vertretungsberechtigten Organen der juristischen Person ausgesprochen werden bzw. unterzeichnet sein. Aus der Befugnis der Mitgliederversammlung des Vereins bzw. der Gesellschafterversammlung einer GmbH zum Abschluß auch des Anstellungsvertrages folgt die Befugnis, diesen Vertrag auch wieder beenden, also kündigen zu können. In der Praxis kann dies zu Schwierigkeiten führen, da, jedenfalls bei größeren Personengesamtheiten, kaum alle Mitglieder des Vereins oder Gesellschafter der GmbH die Kündigungserklärung unterzeichnen werden. Diese Beschlußgremien werden daher idR eine oder mehrere Personen beauftragen und bevollmächtigen, die entspr. Kündigungserklärung gegenüber dem abzuberufenden Vorstandsmitglied oder Geschäftsführer abzugeben. Um jede Unklarheit zu vermeiden, sollte diese Bevollmächtigung durch Beifügung einer Abschrift des entspr. Beschlusses der Mitglieder- bzw. Gesellschafterversammlung nachgewiesen werden. Fehlt ein entspr. Nachweis, so kann der Kündigungsempfänger die Erklärung unter Berufung auf eine fehlende Bevollmächtigung unverzüglich zurückweisen mit der Folge, daß die Erklärung unwirksam wird (§ 174 Satz 1 BGB).[72]

42 Bei der Stiftung muß eine spezielle Regelung der Abberufung in der jeweiligen Satzung enthalten sein, die insb. auch das zuständige Organ für die Abberufung nennt. IdR ist es das gleiche Organ, das die Bestellung zum Vorstand vorgenommen hat.[73]

---

[69] BGH vom 29. 5. 1989 – II ZR 220/88 – WM 1989, 1246, 1248 f = BB 1989, 1577, 1579; vom 27. 10. 1986 – II ZR 240/85 – BB 1987, 218, 219; *Bauer* S. 856; *Beck GmbH-HB/Axhausen* § 5 Rz. 131; *KR/Rost* § 14 KSchG Rz. 6; *Reichert/van Look/Häuser* Rz. 1255.

[70] BGH vom 29. 5. 1989 – II ZR 220/88 – WM 1989, 1246, 1248 f. = BB 1989, 1577, 1579.

[71] S. § 130 Abs. 1 BGB.

[72] *Palandt/Heinrichs* § 611 Rz. 2.

[73] *Seifart/Hof* § 9 Rz. 103.

bb) Kündigungsfrist

43 Die Kündigung des Anstellungsvertrages wird mit Zugang beim Empfänger wirksam.[74] Damit ist allerdings nicht unbedingt eine sofortige Beendigung des Vertragsverhältnisses und damit des Vergütungsanspruches verbunden.[75] Dieses ist nur dann der Fall, wenn ein wichtiger Grund zur Kündigung iSd § 626 Abs. 1 BGB vorliegt. Nach dieser Vorschrift muß der Grund für die Beendigung des Dienstverhältnisses so schwerwiegend sein, daß es dem Kündigenden unter Abwägung aller gegenseitigen Interessen unzumutbar ist, den Kündigungsempfänger auch nur bis zum Ablauf der ordentlichen Kündigungsfrist bzw. bis zum vereinbarten Ende des Dienstverhältnisses weiterzubeschäftigen.[76]

44 Ein solcher wichtiger Grund für die Beendigung des Dienstvertrages ist **nicht** die Tatsache der Abberufung als Organ der juristischen Person. Dies kommt allenfalls dann in Betracht, wenn die Abberufung wegen einer schwerwiegenden Verfehlung des Organmitgliedes erfolgt ist und diese Verfehlung gleichzeitig auch einen schweren Verstoß gegen die Pflichten aus dem Anstellungsverhältnis darstellt.

45 Ansonsten setzt der Zugang einer Kündigung – auch wenn die Abberufung als Organ mit sofortiger Wirkung erfolgt ist – die **Kündigungsfristen der §§ 621 oder 622 BGB** in Lauf. Welche dieser beiden Vorschriften, die unterschiedlich lange Kündigungsfristen vorsehen, anwendbar ist, richtet sich nach dem Grad der Abhängigkeit des gekündigten Vorstandsmitgliedes oder Geschäftsführers. Grundsätzlich knüpft § 622 BGB an Arbeitsverhältnisse an, die bei Vorstandsmitgliedern von Vereinen und Stiftungen bzw. Geschäftsführern von GmbHs wegen der Weisungsungebundenheit idR nicht vorliegen dürften.

(1) GmbH-Geschäftsführer

46 Der BGH hat jedoch diese deutlich längeren Kündigungsfristen, jedenfalls in seiner Rspr. zu § 622 BGB a. F., auch auf abhängige Fremdgeschäftsführer einer GmbH und auf geschäftsführende Gesellschafter entsprechend angewendet, wenn diese keine beherrschende Gesellschafterstellung hatten.[77] Dies galt jedenfalls grds. für die sog. Grundkündigungsfrist des § 622 Abs. 1 BGB a. F. von sechs Wochen zum Ende eines Kalendervierteljahres.

47 Nach der Neufassung des § 622 BGB durch Art 1 des Kündigungsfristengesetzes[78] wird die entspr. Anwendung des § 622 Abs. 1 BGB n. F. auf GmbH-Geschäftsführer unterschiedlich beurteilt. Einerseits wird die Auf-

[74] *Palandt/Heinrichs* § 130 Rz. 4 f.

[75] BAGE 55, 137, 146 f vom 12. 3. 1987 – 2 AZR 336/86 –; BAG vom 28. 9. 1995 – 5 AZB 4/95 – NJW 1996, 614, 615.

[76] *Palandt/Putzo* § 626 Rz. 2.

[77] BGHZ 79, 291, 294 vom 28. 1. 1981 – II ZR 92/80 –; 91, 217, 220 vom 26. 3. 1984 II ZR 120/83 –; BAG vom 9. 5. 1985 – 2 AZR 330/84 – NZA 1986, 792, 793.

[78] Vom 7. 10. 1993, BGBl. 1668.

rechterhaltung der bisherigen Rspr. für zweifelhaft gehalten,[79] andererseits wird erwartet, daß der BGH an seiner bisherigen Rspr. festhalten wird.[80] Diese Auffassung hält nicht nur § 622 Abs. 1 BGB für entsprechend anwendbar, sondern auch die weiteren, neu gefaßten Vorschriften des § 622 BGB, wonach je nach Dauer der Betriebszugehörigkeit Kündigungsfristen von bis zu sieben Monaten zum Monatsende in Betracht kommen.[81]

48 Die bisherige Rspr. des BGH bezog sich auf Fremdgeschäftsführer von GmbH, d. h. solcher Personen, die nicht auch gleichzeitig Gesellschafter der juristischen Person sind, und solche geschäftsführenden Gesellschafter, die eine Minderheitsbeteiligung halten.[82] Für beherrschende geschäftsführende Gesellschafter galt und gilt in jedem Falle die kurze Kündigungsfrist gem. § 621 BGB.

49 Bei **gemeinnützigen Organisationen**, die in Form einer GmbH organisiert sind, dürfte eine beherrschende Gesellschafterstellung eines Geschäftsführers von vornherein ausscheiden. IdR handelt es sich bei derartigen GmbH nämlich um sog. Ausgründungen, d. h. Ausgliederungen bestimmter Betriebsteile oder Tätigkeitsfelder einer gemeinnützigen Organisation in eine zu diesem Zweck gegründete GmbH. Gesellschafter einer solchen GmbH bleibt idR der gemeinnützige Verein und nicht eine oder mehrere Einzelpersonen. Bei dem diese GmbH leitenden Geschäftsführer wird es sich damit immer um einen „Fremdgeschäftsührer" iSd bisherigen Rspr. des BGH handeln.

50 Es ist kein Grund ersichtlich, der eine Änderung der bisherigen Rspr. erfordern würde.[83] Auf die Kündigung eines solchen Geschäftsführers sind deshalb iSd Rspr. des BGH die längeren Kündigungsfristen des § 622 BGB anzuwenden, auch wenn es sich zweifellos nicht um ein Arbeitsverhältnis handelt.

(2) Vorstände

51 Für die Vorstände von Vereinen und Stiftungen gilt im Grunde das gleiche wie für Geschäftsführer einer GmbH. Nach dem Widerruf der Organstellung durch die zuständigen Gremien bleibt das Anstellungsverhältnis als schuldrechtliche Vertragsgrundlage bestehen.[84] Diese beiden Rechtsverhältnisse sind jeweils strikt zu trennen.

52 Für das Anstellungsverhältnis der Vereinsvorstände gelten idR dann auch die längeren Kündigungsfristen des § 622 BGB.[85] Bei den Stiftungsvorständen liegt, soweit ersichtlich, bisher noch keine abschlie-

---

[79] *Palandt/Putzo* § 622 Rz. 5; *Hümmerich* Grenzfälle des Arbeitsrechts – Kündigung des GmbH-Geschäftsführers, NJW 1995, 1177–1182.

[80] *Bauer* S. 856; *MünchKomm-Schwerdtner* § 622 Rz. 6 ff.

[81] *Bauer* S. 856.

[82] BGHZ 79, 291, 294 vom 28. 1. 1981 – II ZR 92/80 –; 91, 217, 220 vom 26. 3. 1984 II ZR 120/83 –.

[83] *Beck GmbH-HB/Axhausen* § 5 Rz. 137.

[84] BGH vom 9. 2. 1978 – II ZR 189/1976 – WM 1978, 319, 319; *Sauter/Schweyer* Rz. 274.

[85] *Reichert/van Look/Häuser* Rz. 1246.

ßende Entscheidung vor.[86] Es ist jedoch davon auszugehen, daß auch hier der BGH an seiner schlüssigen Rspr. festhalten und § 622 BGB entsprechend anwenden wird.

cc) Kündigungsschutz

Die formale Kündigungserklärung und die Einhaltung der maßgeblichen Kündigungsfristen ist unabhängig von der Qualifizierung des Anstellungsverhältnisses eines geschäftsführenden Vorstandsmitgliedes eines Vereins oder Geschäftsführers einer GmbH als Dienstvertrag oder Arbeitsvertrag. Diese rechtliche Einordnung ist jedoch für die Frage, ob das betroffene Vorstandsmitglied bzw. der Geschäftsführer Kündigungsschutz genießt oder nicht, von entscheidender Bedeutung. 53

Kündigungsschutz kann an besondere persönliche Voraussetzungen geknüpft sein, wie z. B. eine anerkannte Schwerbehinderteneigenschaft oder das Bestehen einer Schwangerschaft, oder aber an eine gewisse Betriebszugehörigkeit und Betriebsgröße (allgemeiner Kündigungsschutz, §§ 1, 23 KSchG).[87] 54

Der besondere Kündigungsschutz, der an bestimmte Tatbestände bzw. Eigenschaften anknüpft, z. B. nach §§ 15 ff. des Schwerbehindertengesetzes an einem Grad der Behinderung von mindestens 50[88] oder nach § 9 des Mutterschutzgesetzes an das Vorliegen einer Schwangerschaft im Zeitpunkt des Zuganges der Kündigung, setzt generell voraus, daß es sich bei dem zugrundeliegenden Anstellungsverhältnis um einen **Arbeitsvertrag** handelt. Dies folgt für das Schwerbehindertengesetz aus § 15, in dem von der Kündigung eines „Arbeitsverhältnisses" die Rede ist. Für das Mutterschutzgesetz folgt dies aus § 1, in dem der Geltungsbereich des Gesetzes festgelegt ist: „Frauen, die in einem Arbeitsverhältnis stehen". Der Kündigungsschutz nach dem Bundeserziehungsgeldgesetz richtet sich nach dessen § 18 Abs. 1 und der für das Arbeitsplatzschutzgesetz nach § 2 Abs. 1. Hier wird in beiden Fällen ebenfalls auf das Bestehen eines Arbeitsverhältnisses abgestellt.[89] 55

Daraus folgt, daß die **Organmitglieder** des Vorstandes bzw. geschäftsführenden Vorstandes eines gemeinnützigen Vereins oder einer Stiftung bzw. die Geschäftsführer einer gemeinnützigen GmbH in aller Regel *keinen* Kündigungsschutz nach den genannten gesetzlichen Vorschriften in Anspruch nehmen können, weil es sich bei diesen Anstellungsverhältnissen, wie bereits dargestellt, idR nicht um Arbeitsverhältnisse im arbeitsrechtlichen Sinne handelt,[90] sondern um Dienstverträge in Form von entgeltlichen Geschäftsbesorgungsverträgen. 56

---

[86] *Seifart/Hof* § 9 Rz. 102.

[87] Zu den Einzelheiten des allgemeinen Kündigungsschutzes s. u. Rz. 134 ff.

[88] Bei gleichgestellten Personen genügt ein Grad der Behinderung von 30, vgl. § 2 SchwbG.

[89] Zu den Einzelheiten des besonderen Kündigungsschutzes s. u. Rz. 151 ff.

[90] BGH vom 9. 2. 1978 – II ZR 189/1976 – WM 1978, 319, 320; *K. Schmidt* GesR, S. 1074; *Palandt/Putzo* Einf. v. § 611 Rz. 23; BAG vom 21. 2. 1994 – 2 AZB 28/93 – NJW 1995, 675, 676.

57 Von diesem Grundsatz dürfte es, jedenfalls was den GmbH-Geschäftsführer anbetrifft, auch keine Ausnahmen geben.

58 Im Vereins- bzw. Stiftungsrecht wäre dies allerdings dann denkbar, wenn etwa ein hauptamtlich beschäftigter Geschäftsführer, dessen Anstellungsverhältnis eindeutig als Arbeitsvertrag ausgestaltet ist, weil er den Weisungen des Vorstandes vollständig unterworfen ist, aus formalen Gründen gleichzeitig Mitglied des gesetzlichen Vorstandes gem. § 26 BGB ist. Denn die bloße Zugehörigkeit zum Vereinsvorstand bzw. die Eintragung im Vereinsregister schließt nicht aus, daß es sich bei dem zugrundeliegenden Anstellungsverhältnis um einen Arbeitsvertrag handelt.[91] Dies ist – wie dargelegt – von der tatsächlichen Ausgestaltung des Vertragsverhältnisses, insb. vom Vorliegen eines weitgehenden Direktions- und Weisungsrechtes des Vorstandes gegenüber dem hauptamtlichen Geschäftsführer bzw. Vorstandsmitglied, abhängig.

Liegt somit ausnahmsweise bei geschäftsführenden Vorstandsmitgliedern eines Vereins bzw. einer Stiftung ein echtes Arbeitsverhältnis vor, so können darauf auch die kündigungsschutzrechtlichen Regelungen des Schwerbehindertengesetzes, des Mutterschutzgesetzes, des Bundeserziehungsgeldgesetzes und des Arbeitsplatzschutzgesetzes Anwendung finden.

59 Demgegenüber ist aber der allgemeine Kündigungsschutz des Kündigungsschutzgesetzes auf diesen Personenkreis *nicht* – auch nicht ausnahmsweise – anwendbar.[92] Dies ergibt sich unmittelbar aus dem Kündigungsschutzgesetz selbst, welches in § 14 Abs. 1 Ziff. 1 regelt, daß die kündigungsschutzrechtlichen Vorschriften der §§ 1 bis 13 KSchG in Betrieben einer juristischen Person für die Mitglieder des Organs, das zur gesetzlichen Vertretung der juristischen Person berufen ist, nicht gelten. Das Gesetz knüpft somit an die formelle Organstellung an, und zwar unabhängig davon, ob das der organschaftlichen Stellung zugrundeliegende Vertragsverhältnis als unentgeltlicher Auftrag (§§ 662 ff. BGB), als Dienstvertrag oder als Arbeitsverhältnis zu qualifizieren ist.[93]

60 Für das zugrundeliegende Anstellungsverhältnis gilt dagegen dann das Kündigungsschutzgesetz, wenn es ein Arbeitsverhältnis darstellt.[94]

61 Die Geschäftsführer eines gemeinnützigen Vereins bzw. einer Stiftung können damit allgemeinen Kündigungsschutz nicht in Anspruch nehmen, wenn sie zum Vorstand iSd § 26 BGB gehören, also im Vereinsregister eingetragen sind.[95] Der Geschäftsführer einer GmbH genießt als Organ der GmbH ebenfalls keinen allgemeinen Kündigungsschutz nach dem Kündigungsschutzgesetz.

---

[91] S. o. Rz. 9 ff.

[92] *Beck GmbH-HB/Axhausen* § 5 Rz. 138; *KR/Rost* § 14 KSchG Rz. 10 ff.

[93] *KR/Rost* Rz. 3 zu § 14 KSchG; BAG vom 27. 6. 1985 – 2 AZR 425/84 – DB 1986, 2132, 2133.

[94] BAG vom 27. 6. 1985 – 2 AZR 425/84 – DB 1986, 2132, 2133; *Kittner/Trittin* § 14 Rz. 3 und 5; a. A. *Hueck/v. Hoyningen-Huene* § 14 Rz. 7 c, hiernach besteht kein Kündigungsschutz für Organmitglieder.

[95] *KR/Rost* § 14 KSchG Rz. 12, 15.

Abweichend von der gesetzlichen Regelung ist es allerdings den Vertragsparteien unbenommen, die Regelungen des Kündigungsschutzgesetzes auch auf ihr Vertragsverhältnis anzuwenden. Eine entspr. **einzelvertragliche Vereinbarung** ist vom Grundsatz der Vertragsfreiheit (§ 305 BGB) gedeckt, sollte aber wegen der anderslautenden gesetzlichen Regelung aus Beweisgründen stets **schriftlich** vereinbart werden. Die Vereinbarung einzelvertraglichen Kündigungsschutzes geschieht in der Praxis allerdings idR nicht durch eine Vereinbarung der Anwendbarkeit des Kündigungsschutzgesetzes, sondern individualvertraglich in der Weise, daß etwa eine bestimmte Vertragslaufzeit vereinbart wird und während dieser Laufzeit die ordentliche Kündigung des Vertragsverhältnisses nicht möglich sein soll. 62

Eine Kündigung des Anstellungsvertrages ist dann nur bei Vorliegen 63
eines **wichtigen Grundes** iSd § 626 Abs. 1 BGB möglich. Dieses Kündigungsrecht, welches voraussetzt, daß dem Kündigenden unter Berücksichtigung aller Umstände des Einzelfalls und unter Abwägung der Interessen beider Vertragsteile die Fortsetzung des Vertragsverhältnisses bis zum Ablauf der Kündigungsfrist oder bis zu der vereinbarten Beendigung des Dienstverhältnisses nicht zugemutet werden kann, ist **nicht abdingbar**, d. h. es kann auch nicht durch einzelvertragliche Abrede ausgeschlossen werden.[96] Bereits eine Beschränkung des Kündigungsrechtes aus § 626 Abs. 1 BGB wird weitgehend für unzulässig gehalten.[97]

Eine Einschränkung des **außerordentlichen Kündigungsrechtes** 64
ergibt sich damit lediglich aus § 626 BGB selbst, der in Abs. 2 festlegt, daß eine außerordentliche Kündigung nur innerhalb einer Frist von zwei Wochen ausgesprochen werden kann. Maßgeblicher Zeitpunkt für den Beginn dieser Frist ist die Kenntniserlangung des Kündigungsberechtigten von den die Kündigung rechtfertigenden Umständen. Kündigungsberechtigter ist der gesetzliche Vertreter, geht es um dessen Kündigung, die Mitglieder- bzw. Gesellschafterversammlung. Diese Regelung, die der Rechtssicherheit der Parteien dienen soll,[98] ist ebenfalls unabdingbar, kann also nicht durch Parteivereinbarung, Tarifvertrag oder ähnliche Regelung verlängert oder verkürzt werden. Es handelt sich hierbei auch um eine **Ausschlußfrist**, gegen deren Versäumung es keine Wiedereinsetzung gibt.[99]

Ein Kündigungsgrund, der zur außerordentlichen Kündigung des 65
Anstellungsverhältnisses berechtigen würde, aber nicht innerhalb der zweiwöchigen Frist des § 626 Abs. 2 BGB durch Zugang der Kündigung beim Kündigungsempfänger „geltend gemacht“ wird, ist endgültig „verfristet“, kann also nicht mehr zum Gegenstand einer außer-

---

[96] *Palandt/Putzo* § 626 RZ. 2.

[97] BAGE 6, 109, 115 vom 11. 7. 1958 – 1 AZR 366/55 –; BAG vom 22. 11. 1973 – 2 AZR 580/72 – NJW 74, 1155, 1155; BAG 26. 1. 1962 – 2 AZR 244/61 – AP Nr. 8 zu § 626 BGB.

[98] *KR/Hillebrecht* § 626 BGB Rz. 218.

[99] *KR/Hillebrecht* § 626 BGB Rz. 219 a.

ordentlichen Kündigung gemacht werden.[100] Ist aber die ordentliche Kündigung einzelvertraglich ausgeschlossen, so kann auch dieser verfristete Kündigungsgrund nicht zur Begründung einer ordentlichen Kündigung herangezogen werden.

66 In der Praxis ist festzustellen, daß die weitaus meisten außerordentlichen Kündigungen daran scheitern, daß die zweiwöchige Frist des § 626 Abs. 2 BGB überschritten worden ist und es damit zu einer gerichtlichen Überprüfung der materiellen Kündigungsgründe gar nicht erst kommt.

II. Die hauptamtlichen Mitarbeiter

80 Gemeinnützige Organisationen werden nur zu einem Teil von ehrenamtlicher Arbeit getragen. Die Aufgabengebiete, in denen diese Organisationen tätig sind, bringen es mit sich, daß eine große Anzahl hauptamtlicher Mitarbeiter beschäftigt werden muß. So dürften etwa im Bereich der sog. klassischen Hilfsorganisationen, wie dem Deutschen Roten Kreuz, dem Malteser Hilfsdienst, der Johanniter Unfallhilfe und dem Arbeiter Samariterbund mehr als 300 000 Arbeitsplätze in der Bundesrepublik Deutschland bestehen.[101] Bei dem weit überwiegenden Teil dieser Anstellungsverhältnisse handelt es sich um Arbeitsverträge.[102] Besonders ausgeprägt sind in diesem Bereich die sog. geringfügigen Beschäftigungsverhältnisse.

1. Begründung des Anstellungsverhältnisses

81 Grundform des Anstellungsverhältnisses ist der Dienstvertrag gemäß § 611 ff. BGB, also ein gegenseitiger auf Leistungsaustausch gerichteter zivilrechtlicher Vertrag. Vertragsparteien sind dabei einerseits der Dienstverpflichtete und andererseits der Dienstberechtigte, in diesem Fall die gemeinnützige Organisation als juristische Person.

Anstellungsträger ist der Verein oder die Stiftung, soweit es sich bei diesen Organisationen um rechtsfähige Einrichtungen, also juristische Personen handelt, oder aber die als gemeinnützig anerkannte GmbH. Beim Vertragsabschluß werden diese juristischen Personen durch ihre jeweiligen Organe vertreten, der Verein oder die Stiftung durch den Vorstand und die GmbH durch den oder die Geschäftsführer.[103]

82 Von der Ausgestaltung des Vertragsverhältnisses, d. h. von der tatsächlichen Handhabung in der Praxis und nicht von der Bezeichnung im Vertragstext, ist es abhängig, ob die vielfältigen arbeitsrechtlichen Schutzvorschriften einschließlich des Kündigungsschutzes auf das Vertragsverhältnis Anwendung finden. Zunehmend wird auch im Bereich der gemeinnützigen Organisationen versucht, Aufgaben durch sog. „freie Mitarbeiter" oder „Honorarkräfte"[104] erledigen zu lassen, um

---

[100] *Palandt/Putzo* § 626 Rz. 30.
[101] Vgl. Einleitung Rz. 1.
[102] S. u. Rz. 91.
[103] S. o. Rz. 14.
[104] S. u. Rz. 106 ff.

einerseits der sozialversicherungsrechtlichen Bindung, die dem Arbeitgeber zusätzliche Beiträge abverlangt, zu entgehen und andererseits auch den im Arbeitsverhältnis gegebenen Kündigungsschutz, der eine kurzfristige Personalplanung und -anpassung erschwert, zu umgehen. Bei der Mehrzahl dieser Dienstverhältnisse handelt es sich dennoch um Arbeitsverhältnisse, weil die das Dienstverhältnis kennzeichnende Weisungsfreiheit idR nicht gegeben ist.

Soweit der Dienstverpflichtete dem **Direktions- und Weisungsrecht** des Dienstherrn unterworfen ist, also der Dienstherr festlegt, wann, wo und auf welche Weise die Arbeitsleistung zu erbringen ist und der Dienstverpflichtete dabei in einer vom Dienstherrn vorgegebenen Organisation aus sachlichen und personellen Mitteln eingebunden ist, handelt es sich bei dem Vertragsverhältnis um ein **Arbeitsverhältnis** (in der Sozialversicherung „Beschäftigungsverhältnis" genannt). Nur wenn der Dienstverpflichtete im wesentlichen seine Tätigkeit frei gestalten kann und insb. im Hinblick auf Zeit[105] und Ort der Arbeitsleistung im wesentlichen frei von Weisungen seines Dienstherrn ist, kann es sich um einen (unabhängigen) Dienstvertrag handeln, auf den arbeitsrechtliche Vorschriften idR nicht anwendbar sind.[106] 83

Diese Grundsätze sind gleichermaßen auf die sog. **geringfügigen Beschäftigungsverhältnisse**[107] anzuwenden. Solche Beschäftigungsverhältnisse werden häufig *nicht* als Arbeitsverhältnisse angesehen. Diese Auffassung wurde fälschlicherweise aus dem Umstand der früheren teilweisen Sozialversicherungsfreiheit abgeleitet. Dieser Rückschluß ist jedoch unzutreffend. Ob eine Tätigkeit im Rahmen eines geringfügigen Beschäftigungsverhältnisses sozialversicherungsfrei ausgeübt wird, hat keine Auswirkungen auf die Beurteilung, daß idR ein abhängiges Arbeitsverhältnis nach § 611 BGB vorliegt. Aus der möglichen Sozialversicherungsfreiheit darf nicht geschlossen werden, daß die Beschäftigung im Umkehrschluß kein Arbeitsverhältnis begründet. 84

Die **Sozialversicherungsfreiheit**[108] von geringfügigen Beschäftigungsverhältnissen folgt eigenen – politisch gewollten – gesetzlichen Regelungen. 85

Der Gesetzgeber hat zum 1. 4. 1999[109] den Umfang dieser Beschäftigungsverhältnisse im sozialversicherungsrechtlichen Sinne neu geregelt, mit dem Willen, die Zahl solcher geringfügigen Tätigkeiten zu reduzieren und in sozialversicherungspflichtige Beschäftigungsverhältnisse umzuwandeln.[110] Ob ein Mitarbeiter „Arbeitnehmer" ist, auch wenn er im Rahmen der Geringfügigkeitsgrenzen des Sozialversicherungsrechtes tätig wird, beurteilt sich nach den bereits erläuterten allge-

---

[105] S. auch § 84 Abs. 1 HGB.

[106] *Palandt/Putzo* Einf. v § 611 Rz. 16.

[107] Zu den Einzelheiten bei geringfügigen Beschäftigungsverhältnissen s. u. Rz. 93ff.

[108] Zur Besonderheit in der gesetzlichen Unfallversicherung s. u. Rz. 99.

[109] Durch das Gesetz zur Neuregelung der geringfügigen Beschäftigungsverhältnisse; BGBl. I. S. 318

[110] S. hierzu BT-Drs. 14/280 und 14/441.

meinen Grundsätzen der persönlichen und wirtschaftlichen Abhängigkeit, insb. nach dem Grad der Weisungsgebundenheit.

86 Bei Zugrundelegung dieses Beurteilungsmaßstabes sind die weitaus meisten geringfügigen Beschäftigungsverhältnisse rechtlich als Arbeitsverhältnisse zu qualifizieren, da diese Mitarbeiter sehr weitgehend dem Direktions- und Weisungsrecht hinsichtlich Inhalt, Ort und Zeit der Arbeitsleistung durch den Arbeitgeber unterliegen. Dies hat zur Folge, daß die **arbeitsrechtlichen Schutzvorschriften** grds. auf diese Beschäftigungsverhältnisse anzuwenden sind.[111]

Der geringfügig Beschäftigte hat demnach dieselben Ansprüche, wie sie ein vollzeitbeschäftigter Arbeitnehmer kraft Gesetzes hat. Als herausragende und in der Praxis wichtigsten Beispiele mögen hierbei die Entgeltfortzahlung im Krankheitsfalle[112] sowie an gesetzlichen Feiertagen nach dem Entgeltfortzahlungsgesetz vom 26. 5. 1994 und der Anspruch auf Erholungsurlaub gemäß §§ 1 und 3 des Bundesurlaubsgesetzes (BUrlG) genannt werden.

87 Für alle Arbeitsverhältnisse gilt, daß eine bestimmte Form, insb. **Schriftform** des Arbeitsvertrages, zu dessen Wirksamkeit **nicht** erforderlich ist.[113] Der Vertrag kommt grds. durch zwei übereinstimmende Willenserklärungen der Vertragsparteien zustande. Auch konkludentes Handeln reicht hierzu aus. Danach ist von einem wirksamen Arbeitsverhältnis auszugehen, wenn eine Partei die versprochenen Dienste leistet, diese von der anderen Partei entgegengenommen und entsprechend vergütet werden. Wird eine Vergütung nicht ausdrücklich vereinbart, so gilt diese nach § 612 Abs. 1 BGB als stillschweigend vereinbart, wenn die Dienstleistung nur gegen Entgelt zu erwarten ist.

88 Abgesehen davon, daß die wesentlichen Vertragsbedingungen des Arbeitsverhältnisses – insb. bei vom Normalfall abweichenden Vereinbarungen z. B. bzgl. Arbeitszeit, Befristung oder Vergütung – zur Beweiserleichterung im Streitfalle schriftlich niedergelegt werden sollten, schreiben das Nachweisgesetz und häufig auch Tarifverträge die Schriftform des Vertrages vor. Nach dem Gesetz über den Nachweis der für ein Arbeitsverhältnis geltenden wesentlichen Bedingungen – Nachweisgesetz – (NachwG) vom 20. 7. 1995 ist der Arbeitgeber verpflichtet, spätestens innerhalb eines Monats nach dem vereinbarten Beginn des Arbeitsverhältnisses die wesentlichen Vertragsbedingungen schriftlich niederzulegen, die Niederschrift zu unterzeichnen und dem Arbeitnehmer auszuhändigen, wobei § 2 NachwG die einzelnen in die Niederschrift aufzunehmenden Daten aufführt. Auch Tarifverträge enthalten idR die Klausel, daß der Arbeitsvertrag schriftlich abzuschließen ist.[114]

---

[111] *Schaub* § 43 III.

[112] EuGH vom 13. 7. 1989 – Rs 171/88 – Vorabentscheidung DB 1989, 1574, 1574 f; *Wißmann* „Lohnfortzahlung auch für geringfügig beschäftigte Arbeiter" DB 1989, 1922–1925.

[113] *Palandt/Putzo* § 611 Rz. 2.

[114] Z. B. § 4 Abs. 1 S. 1 Tarifvertrag des DRK-West.

Weder die Einhaltung der Vorschriften des NachwG noch die Beachtung der Schriftformklausel eines Tarifvertrages sind jedoch Wirksamkeitsvoraussetzungen für den Arbeitsvertrag. Diese Formvorschriften begründen lediglich selbständig einklagbare Ansprüche des Arbeitnehmers gegen den Arbeitgeber auf Ausstellung entspr. schriftlicher Urkunden und können, sofern sich aus der Verletzung dieser Formvorschriften Nachteile zu Lasten des Arbeitnehmers ergeben, Grundlage für Schadenersatzansprüche sein. **89**

Mit Gesetz vom 20. 1. 2000 hat der Gesetzgeber per 1. 5. 2000 einen § 623 BGB eingefügt, wonach der Abschluß eines befristeten Arbeitsvertrages nur wirksam ist, wenn er schriftlich erfolgt. Gleiches gilt für den Abschluß eines Aufhebungsvertrages und die Kündigung. Erfolgt die Befristung entgegen dieser Vorschrift nur mündlich, dürfte – die bisherige Rspr. des BAG zugrunde gelegt – ein unbefristetes Arbeitsverhältnis anzunehmen sein. **89a**

2. Sozialversicherungsrechtliche Stellung der hauptamtlichen Mitarbeiter

Die Sozialversicherung umfaßt Personen, die kraft Gesetzes oder Satzung (**Versicherungspflicht**) oder aufgrund freiwilligen Beitritts oder freiwilliger Fortsetzung der Versicherung (**Versicherungsberechtigung**) versichert sind.[115] Eine solche Versicherungspflicht wird insb. durch die Aufnahme einer Beschäftigung begründet. **90**

Eine Beschäftigung ist die nichtselbständige Arbeit, insb. in einem Arbeitsverhältnis.[116] Ein versicherungspflichtiges Arbeitsverhältnis (= **Beschäftigungsverhältnis**) ist anzunehmen, wenn ein Verhältnis persönlicher und wirtschaftlicher[117] Abhängigkeit zum Unternehmer vorliegt. Wesentliches Kriterium ist hierbei die persönliche Abhängigkeit.[118] Diese äußert sich vornehmlich in der Eingliederung des Arbeitenden in den Betrieb und in dem damit in aller Regel verbundenen Direktionsrecht des Arbeitgebers. Das **Direktionsrecht** des Arbeitgebers erlaubt diesem, dem weisungsabhängigen Beschäftigten Vorgaben hinsichtlich Zeit, Ort, Art und Dauer seiner Arbeitsleistung zu erteilen. Es gelten mithin im Prinzip dieselben Grundsätze wie im Arbeitsrecht zur Feststellung eines Arbeitsverhältnisses. **91**

Nach dieser Definition unterfallen bereits ein Großteil aller hauptamtlich Beschäftigten in den gemeinnützigen Organisationen der Sozialversicherungspflicht im Ganzen. Es sind jedoch einige Ausnahmen und Besonderheiten für einzelne Personengruppen und Versicherungszweige zu beachten. **92**

---

115 § 2 Abs. 1 SGB IV.

116 § 7 Abs. 1 SGB IV.

117 Der wirtschaftlichen Abhängigkeit kommt z. B. große Bedeutung bei „ehrenamtlicher Tätigkeit" zu, vgl. unten § 14 Rz. 6.

118 Ständige Rechtsprechung des BSG z. B. BSG vom 28. 2. 1980 – 8a RU 88/78 – in *Breithaupt* 1981, 121, 122; BSGE 25, 51, 55 vom 26. 5. 1966 – 2 RU 178/64 –.

a) Geringfügig Beschäftigte

93 Eine geringfügige Beschäftigung liegt vor, wenn die Beschäftigung regelmäßig weniger als fünfzehn Stunden in der Woche ausgeübt wird und das Arbeitsentgelt regelmäßig im Monat **DM 630,–** nicht übersteigt.[119] Ein geringfügiges Beschäftigungsverhältnis liegt ebenfalls bei einer „kurzzeitigen" Beschäftigung vor, wenn diese ihrer Eigenart nach innerhalb eines Jahres auf zwei Monate oder 50 Arbeitstage begrenzt zu sein pflegt oder vertraglich im voraus begrenzt ist, es sei denn, diese Tätigkeit wird berufsmäßig ausgeübt.[120] Sind die Voraussetzungen einer kurzzeitigen Beschäftigung gegeben, kommt es auf die Höhe der gezahlten Vergütung nicht an. „Berufsmäßig" wird eine kurzzeitige Beschäftigung ausgeübt, wenn sie zeitlich und wirtschaftlich den Schwerpunkt der Erwerbstätigkeit des Arbeitnehmers darstellt.

Werden zwei oder mehrere geringfügige Beschäftigungsverhältnisse ausgeübt, so sind diese nach § 8 Abs. 2 SGB IV zusammenzuzählen. Diese geringfügigen Beschäftigungsverhältnisse werden dann sozialversicherungspflichtig, wenn sie zusammen die zeitlichen und wirtschaftlichen Grenzen überschreiten.[121]

94 Wird eine geringfügige Beschäftigung neben einer sozialversicherungspflichtigen Tätigkeit (Hauptberuf) ausgeübt, so wird die geringfügige – nicht aber die kurzzeitige – Beschäftigung grds. durch die Addition sozialversicherungspflichtig. Hierbei ist zu beachten, daß ein Verdienst im Hauptberuf, der über den jeweiligen Bemessungsgrenzen[122] liegt, nicht mehr zur Beitragspflicht bei der geringfügigen Beschäftigung führt, da der jeweilige Höchstsatz durch den Hauptberuf bereits erreicht wird.[123]

Für die **Arbeitslosenversicherung** bleibt eine geringfügige Beschäftigung neben dem versicherungspflichtigen Hauptberuf versicherungsfrei.[124] Ebenso können hier durch die Addition von zwei oder mehr geringfügigen Beschäftigungsverhältnissen keine Leistungsansprüche begründet werden.

aa) Änderungen ab 1. 4. 1999

95 Bis zum 31. 3. 1999 waren Nebentätigkeiten, die ein Hinzuverdienst zum Hauptberuf darstellten, grds. im Rahmen der Geringfügigkeitsgrenzen für alle Beschäftigten sozialversicherungsfrei.[125]

---

[119] § 8 Abs. 1 Nr. 1 SGB IV.

[120] § 8 Abs. 1 Nr. 2 SGB IV.

[121] Einzelheiten zur Auslegung von § 8 SGB IV enthalten die „Richtlinien 1999 für die versicherungsrechtliche Beurteilung von geringfügigen Beschäftigungsverhältnissen" – Geringfügigkeitsrichtlinien –, die von den Spitzenverbänden der Versicherungsträger am 25. 3. 1999 verabschiedet wurden; Leitnummer 115 in der Sozialgesetzessammlung „Aichberger".

[122] Für die Krankenversicherung 2000 DM 6.450,– (West) und DM 5.325,– (Ost); für die Rentenversicherung DM 8.600,– und DM 7.100,–.

[123] Solche Fälle dürften aber in der Praxis eher die Ausnahme bilden.

[124] Vgl. § 27 Abs. 2 S. 1 SGB III.

[125] Für die alten Bundesländer galt bis dahin die 630-Mark-Grenze, in den Neuen

Der Gesetzgeber wollte dem starken Anstieg der geringfügigen Beschäftigungsverhältnisse und der Umwandlung von sozialversicherungspflichtigen in sozialversicherungsfreie, geringfügige Beschäftigungsverhältnisse entgegentreten und somit ein „Ausbluten" der Sozialversicherung insgesamt verhindern.[126] Gleichzeitig sollten mit der Gesetzesänderung solche Tätigkeiten in den sozialen Schutzbereich wieder eingegliedert werden, damit insb. eine verbesserte Altersabsicherung dieser Gruppe gewährleistet ist.[127]

Als wesentliche Änderung ist neben den bereits geschilderten Neuerungen festzuhalten, daß die Obergrenze von DM 630,– bis auf weiteres festgeschrieben wurde und es keine jährliche Anpassung/Erhöhung mehr gibt. Anstelle der bisherigen Pauschalversteuerung von 20 Prozent und zwei Prozent Solidaritätszuschlag hat der Arbeitgeber nunmehr einen Pauschalbetrag von zwölf Prozent des gezahlten Entgelts an die Rentenversicherung und zehn Prozent an die Krankenversicherung abzuführen.

Der Krankenversicherungsbeitrag entfällt, wenn der geringfügig Beschäftigte nicht gesetzlich krankenversichert ist, z. B. bei **Beamten** oder **Selbständigen** bzw. privat Versicherten. Der pauschale Beitrag zur Rentenversicherung hingegen wird immer fällig, auch bei Tätigkeiten des vorgenannten Personenkreises.

Der geringfügig Beschäftigte kann in einer Erklärung gegenüber dem Arbeitgeber verbindlich und unwiderruflich eine eigene **Aufstokkung** der Rentenversicherungsbeiträge auf 19,5 % veranlassen, um so in den Genuß der vollen Leistungsansprüche (Kuren und Berufsunfähigkeits- oder Erwerbsunfähigkeitsrente) aus der gesetzlichen Rentenversicherung[128] zu kommen. Der Differenzbetrag in Höhe von 7,5 % ist hierbei jedoch ausschließlich vom Arbeitnehmer aufzubringen. Dies ist dann sinnvoll, wenn der Beschäftigte für einen Rentenanspruch noch nicht die erforderliche Wartezeit erfüllt hat, denn der zu zahlende Aufstockungsbetrag beträgt bei einem Verdienst von DM 630,– immerhin DM 47,25[129] monatlich.

Bei einer kurzfristigen Beschäftigung iSd § 8 Abs. 1 Nr. 2 SGB IV ist der Arbeitgeber weder zu pauschalen Beiträgen in die Rentenversicherung, noch in die Krankenversicherung verpflichtet. Diese Beschäftigungsverhältnisse sind auch nach den Neuregelungen seit dem 1. 4. 1999 vollständig versicherungsfrei.

Bundesländern waren es hingegen DM 530,–, wenn die Tätigkeit unter 15 Wochenstunden ausgeübt wurde.

126 Anfang 1999 waren ca. 5,6 Mio. geringfügige Beschäftigungsverhältnisse registriert.

127 S. BT-Drs. 14/280 und 14/441.

128 Eine solche Aufstockung ist nur möglich, wenn ein monatliches Einkommen von mindestens DM 300 erzielt wird.

129 Der monatliche Rentenanspruch wächst hierbei nur von DM 4,17 auf DM 6,79.

bb) Besonderheiten in der Unfallversicherung

96 In der gesetzlichen Unfallversicherung gilt die Versicherungsfreiheit für geringfügige Beschäftigungsverhältnisse und damit die Beitragsfreiheit *nicht*, da die Schutzrichtung in diesem Zweig der Sozialversicherung eine andere ist. Jeder Beschäftigte ist nach § 2 Abs. 1 Nr. 1 SGB VII gegen Arbeitsunfälle und Berufskrankheiten (Versicherungsfälle) kraft Gesetzes versichert. In der gesetzlichen Unfallversicherung, für die der Unternehmer die Beiträge ausschließlich allein aufbringen muß,[130] besteht immer dann Versicherungsschutz, wenn eine Tätigkeit – unabhängig vom zeitlichen Umfange oder einer Entgeltzahlung – dem betrieblichen Zweck dient, d. h., ein innerer Zusammenhang besteht.[131]

Nach § 2 Abs. 2 SGB VII kann Versicherungsschutz auch bei nur sehr kurzzeitigen Tätigkeiten bestehen, wenn eine Tätigkeit im betrieblichen Zusammenhang „wie" eine Beschäftigung ausgeübt wird.[132]

b) Studenten

97 In gemeinnützigen Einrichtungen werden vielfältige Tätigkeiten häufig von Studenten ausgeübt, da sie durch ihr Studium relativ flexibel einsetzbar sind. Solche „Jobs" sind grds. **sozialversicherungsfrei**, wenn weniger als 20 Stunden[133] in der Woche neben dem Studium gearbeitet wird.[134] Für Tätigkeiten in den Semesterferien gibt es keine zeitliche Beschränkung. Der Student selbst wird in aller Regel in der gesetzlichen Krankenversicherung „als Student" oder „familienversichert",[135] bzw. privat versichert sein.

aa) Rentenversicherung

98 Für die **Rentenversicherung** gilt dies seit dem 1. 10. 1996 so nicht mehr. Der Gesetzgeber hat die Anrechnung für Ausbildungszeiten von 7 auf 3 Jahre verkürzt, so daß eine **studentische Nebentätigkeit**, die keine geringfügige Tätigkeit iSd. § 8 SGB IV ist, ab diesem Zeitpunkt als Beitragszeit voll gewertet wird. Es soll damit eine Schlechterstellung durch eine lange Studienzeit verhindert werden, wenn in einer versicherungspflichtigen Tätigkeit neben dem Studium gearbeitet wird.[136]

---

[130] § 150 Abs. 1 SGB VII.

[131] BSGE 5, 168, 171f vom 28. 5. 1957 – 2 RU 150/55 –; 43, 10, 13 vom 28. 10. 1976 – 8 RU 144/75 –; BSG SozR 2200 § 539 RVO Nr. 60.

[132] *Bereiter-Hahn/Schieke/Mehrtens* zu § 2 SGB VII Rz. 34.8.; s. hierzu unten § 14 Rz. 69ff.

[133] Die 20-Stunden-Grenze gilt nicht bei Tätigkeiten, die außerhalb der „regulären" Arbeitszeiten liegt, z. B. nachts, wenn das Studium weiterhin hauptsächlich betrieben wird und durch die Tätigkeit nicht erheblich leidet.

[134] Für Tätigkeiten eines Studenten im Rahmen der Geringfügigkeitsgrenzen s. o. Rz. 95.

[135] Der Versicherungsstatus ergibt sich aus § 5 Abs. 1 Nr. 10 oder § 10 SGB V.

[136] *Wannagat/Kleemann* SGB VI (RV) zu § 5 Rz. 18.

Studentische Beschäftigungsverhältnisse, die bereits vor dem 1. 10. 1996 geschlossen wurden, bleiben versicherungsfrei, werden aber auf Antrag rentenversicherungspflichtig.[137]

bb) Unfallversicherung

Die Tätigkeiten von Studenten unterliegen grds. der Versicherungspflicht in der gesetzlichen Unfallversicherung, auch wenn sie im Rahmen einer geringfügigen Beschäftigung ausgeübt werden.[138] **99**

c) Praktikanten

Tätigkeiten von Praktikanten in sozialen Einrichtungen sind differenziert zu betrachten. Handelt es sich um ein **Schulpraktikum** o. ä., so liegt keine Sozialversicherungspflicht vor, auch nicht in der gesetzlichen Unfallversicherung.[139] **100**

Bei **sonstigen Praktika** ist idR von einem Beschäftigungsverhältnis auszugehen, da der Praktikant im Einsatzbetrieb eingegliedert und weisungsabhängig tätig wird. Ein Praktikum kann durch den zeitlichen Umfang auch zu einem tatsächlichen Beschäftigungsverhältnis führen oder als ein geringfügiges Beschäftigungsverhältnis ausgestaltet sein. Zu beachten ist hier, daß keine geringfügige Tätigkeit mehr vorliegt, wenn eine unentgeltliche Tätigkeit über 15 Stunden wöchentlich ausgeübt wird.[140] **101**

Hier sei besonders darauf hingewiesen, daß viele gemeinnützige Organisationen im Rahmen von **überbetrieblichen Aus- und Fortbildungskursen** Praktikanten vermitteln, damit diese eine Chance auf dem Arbeitsmarkt haben. In der Unfallversicherung gilt der Grundsatz, daß der Unfallversicherungsschutz über den Unternehmer durch die zuständige Berufsgenossenschaft gewährt wird, der die organisatorische und rechtliche Verantwortung für das Praktikum trägt. Dies meint, wer die Maßnahme in tatsächlicher Hinsicht im wesentlichen selbstverantwortlich gestaltet und insb. die Aufsicht über den Praktikanten und damit eine Eingriffsmöglichkeit hat. Eine solche Eingriffs- und Weisungsmöglichkeit liegt in aller Regel bei dem Einsatzbetrieb und nicht bei der Entsendestelle. Ob sich durch die Einführung des SGB VII – vormals RVO – eine Änderung der Zuständigkeit ergibt, wird derzeit durch den Spitzenverband der Berufsgenossenschaften geprüft.[141] **102**

---

[137] S. § 230 Abs. 4 SGB VI.

[138] Vgl. oben Rz. 93 ff.

[139] Solche Tätigkeiten bleiben dem organisatorischen Verantwortungsbereich der Schule zugeordnet, so daß der Schutz über den Unfallversicherungsträger der Schule besteht.

[140] S. o. Rz. 93 ff.

[141] Nach § 2 Abs. 1 Nr. 2 SGB VII sind „Lernende" gesondert erfaßt worden. Hieraus kann sich möglicherweise die Zuständigkeit ändern, wenn es sich bei diesen Personen um Umschüler etc. handelt.

103 Eine Umgehung dieser Zuständigkeit durch vertragliche Regelungen zwischen Entsendestelle und dem Einsatzbetrieb bzgl. einer Übernahme des Unfallversicherungsschutzes durch die Berufsgenossenschaft der Entsendestelle ist als Vertrag zu Lasten Dritter unwirksam.

d) Freiwilliges soziales/ökologisches Jahr

104 Für Tätigkeiten aufgrund eines freiwilligen sozialen oder ökologischen Jahres besteht **Versicherungsschutz in allen Bereichen** der Sozialversicherung, da hier ein Beschäftigungsverhältnis begründet bzw. fingiert wird. Der Versicherungsschutz besteht auch, wenn die Tätigkeit unter den Grenzen der Geringfügigkeit liegt.[142] Die Beiträge hierfür hat der Arbeitgeber allein aufzubringen.[143] In der Unfallversicherung gilt eine solche Tätigkeit ebenfalls als Beschäftigungsverhältnis und ist somit versichert und bei Entgeltbezug grds. beitragspflichtig.

e) Zivildienstleistende

105 Zivildienstleistende sind grds. über die zuständige Zivildienstbehörde versichert und somit nicht über die gemeinnützigen Einrichtungen, für die sie tätig werden, zu versichern. Es liegt **kein** Beschäftigungsverhältnis vor, denn Zivildienstleistende sind keine Arbeitnehmer.[144] Es wird auch kein Beschäftigungsverhältnis fingiert. Z.T. gilt die entspr. Anwendung des Bundesversorgungsgesetzes (BVG).

f) Honorarkräfte

106 Die meisten Honorarkräfte sind in der Sozialversicherung **pflichtversichert**. Bei der Beurteilung dieser Sozialversicherungspflicht ist dennoch zwischen den verschiedenen Gruppen der Honorarkräfte zu unterscheiden. Wie oben bereits festgestellt wurde, handelt es sich bei den meisten „Honorarverträgen" eigentlich um Arbeitsverträge[145] und somit um abhängige Beschäftigungsverhältnisse im sozialversicherungsrechtlichen Sinne.

107 Nach der bereits erläuterten Definition liegt ein Beschäftigungsverhältnis vor, wenn eine persönliche Abhängigkeit zum Unternehmer/Arbeitgeber vorliegt. Diese äußert sich in der Eingliederung des Arbeitenden in den Betrieb und in dem damit verbundenen Direktionsrecht hinsichtlich Zeit, Ort, Art und Dauer der Arbeitsleistung durch den Unternehmer.

---

142 § 7 Nr. 2 und 3 SGB V (Krankenversicherung); § 5 Abs. 2 S. 2 SGB VI (Rentenversicherung); § 27 Abs. 2 Nr. 1 SGB III (Arbeitslosenversicherung).

143 § 249 Abs. 2 Nr. 2 SGB V; § 346 Abs. 2 Nr. 3 SGB III; § 168 Abs. 1 Nr. 1 SGB VI.

144 *MünchArbR/Richardi* § 23 Rz. 97.

145 S. o. Rz. 82 ff.

aa) Scheinselbständigkeit

Im Zusammenhang mit Honorarkräften sei auf die Problematik von Scheinselbständigen hingewiesen.[146] 108

Unter dem Begriff der „Scheinselbständigkeit" versteht man allgemein eine tatsächlich vorliegende abhängige Beschäftigung, die unter dem „Deckmantel" einer selbständigen Tätigkeit ausgeübt wird. Der Scheinselbständige ist jedoch in Wirklichkeit bei seinem „Auftraggeber" abhängig beschäftigt, da eine **persönliche Abhängigkeit** besteht. Oft war der Scheinselbständige bereits vorher in einem Arbeits- bzw. Beschäftigungsverhältnis für seinen jetzigen Auftraggeber tätig. Dieser hat ihn dann aufgrund von betrieblichen „Einsparungen" (Kostenreduzierungen) gekündigt und ihm eine (erneute) Beauftragung angeboten, wenn er selbst ein Gewerbe anmeldet. Hierbei stellt der gewerbliche Auftraggeber häufig auch die Arbeitsmittel, z. B. einen LKW, zur Verfügung oder finanziert Entsprechendes. Bei der Ermittlung von Scheinselbständigkeit wird z. T. von der Rspr. auch auf die wirtschaftliche Abhängigkeit als Indiz abgestellt.[147]

Solche Tätigkeiten sind bei gemeinnützigen Organisationen und Verbänden insb. im Pflegebereich, Fahrdiensten oder ähnlichen Tätigkeitsfeldern möglich. Werden demnach Tätigkeiten an Selbständige übertragen, so ist stets zu prüfen, ob rechtlich und tatsächlich nicht ein (sozialversicherungspflichtiges) Beschäftigungsverhältnis vorliegt. Hierbei ist zu beachten, daß grds. die tatsächlichen Verhältnisse entscheidend sind, d. h., die rechtliche Ausgestaltung der Verträge nur eine untergeordnete Funktion bei der Prüfung einer Sozialversicherungspflicht hat. 109

Durch das heftig kritisierte[148] Gesetz zu Korrekturen in der Sozialversicherung und zur Sicherung der Arbeitnehmerrechte vom 19. 12. 1998[149] sollte ab 1. 1. 1999 durch die Einführung einer gesetzlichen Vermutungsregelung die Einbeziehung scheinselbständiger Arbeitnehmer in die Sozialversicherung erleichtert werden. Mit dem „Gesetz zur Förderung der Selbständigkeit",[150] wurde das Korrekturgesetz abermals korrigiert und der überwiegenden Literaturmeinung und der Rechtsprechung angepaßt. Der bisherige § 7 Abs. 1 SGB IV wurde um eine Regelung ergänzt, wonach eine (sozialversicherungsrechtliche) Beschäftigung in einem Arbeitsverhältnis insbesondere dann vorliegt, wenn der Beschäftigte Weisungen des Beschäftigungsgebers unterworfen und in dessen Arbeitsorganisation eingegliedert ist. § 7 Abs. 4 SGB IV enthält nunmehr einen Katalog von fünf Kriterien, die für ein abhängiges Beschäftigungsverhältnis sprechen. Sofern die Betroffenen, 110

---

[146] S. zum Ganzen: „Empirische Befunde zur Scheinselbständigkeit", BMA, Bonn 1996; Kurzfassung in RdA 1997, S. 171–175.

[147] BGH vom 4. 11. 1998 – VIII ZB 12/98 – NJW 1999, 218, 220 „Eismann-Entscheidung".

[148] S. z. B. *Bauer/Diller/Lorenzen* „Das neue Gesetz zur Scheinselbständigkeit" NZA 1999, 169–177; *Buchner* DB 1999, 146–151.

[149] BGBl. I S. 3843.

[150] Vom 12. 12. 1999, BGBl. I 2000, S. 2.

also der Selbständige und der Auftraggeber sich weigern, an der Feststellung, ob ein sozialversicherungspflichtiges Beschäftigungsverhältnis vorliegt, mitzuwirken, wird ein solches widerleglich vermutet, wenn drei der fünf Kriterien vorliegen. Diese Merkmale sind die folgenden:

Nr. 1: Die Person beschäftigt in Zusammenhang mit ihrer Tätigkeit regelmäßig keinen versicherungspflichtigen Arbeitnehmer, dessen Arbeitsentgelt aus diesem Beschäftigungsverhältnis regelmäßig im Monat 630 Deutsche Mark übersteigt;
Nr. 2: sie ist auf Dauer und im Wesentlichen nur für einen Auftraggeber tätig;
Nr. 3: ihr Auftraggeber oder ein vergleichbarer Auftraggeber läßt entsprechende Tätigkeiten regelmäßig durch von ihm beschäftigte Arbeitnehmer verrichten;
Nr. 4: ihre Tätigkeit läßt typische Merkmale unternehmerischen Handelns nicht erkennen;
Nr. 5: ihre Tätigkeit entspricht dem äußeren Erscheinungsbild nach der Tätigkeit, die sie für denselben Auftraggeber zuvor aufgrund eines Beschäftigungsverhältnisses ausgeübt hatte.

111 Damit ist zwar der in der Literatur geäußerten Kritik zum Teil Rechnung getragen worden. Gleichwohl bleiben bei der Handhabung insbesondere der ersten beiden Merkmale rechtliche Bedenken:

Zur Nr. 1: Ein echtes Beschäftigungsverhältnis mit einem **Familienangehörigen**, welches in der Fassung des „Korrekturgesetzes" nicht ausreichte, die Vermutung zu widerlegen, ist nunmehr offensichtlich anerkannt.

Fraglich ist aber nach wie vor, ob es auf die tatsächliche Beschäftigung von Mitarbeitern ankommt, wofür der Wortlaut spricht, oder ob die vertragliche und tatsächliche „Berechtigung", die geschuldete Dienstleistung auch von Mitarbeitern erbringen zu lassen, ausreicht, um die Nr. 1 zu widerlegen. Das BAG[151] jedenfalls hat darauf abgestellt, daß es als tatsächliches Indiz für eine Selbständigkeit ausreiche, wenn die übertragene Arbeitsleistung von vornherein nicht durch den Auftragnehmer selbst erbracht werden müßte, sondern rechtlich und tatsächlich auch von einem Mitarbeiter des Auftragnehmers erbracht werden könnte.

Zur Nr. 2: Die Tätigkeit „auf Dauer und im Wesentlichen nur für einen Auftraggeber" bezieht sich auf eine **wirtschaftliche Abhängigkeit**, die ein Beschäftigungsverhältnis begründen kann. Bei der Prüfung in der Praxis werden sich ebenfalls rechtliche Probleme ergeben:

So ist fraglich, ob derjenige, der zwar formal, also von der vertraglichen Gestaltung, für andere Auftraggeber tätig werden darf, dies aber tatsächlich, aus welchen Gründen auch immer, nicht tut, sich in eine wirtschaftliche Abhängigkeit begibt und so bereits das Kriterium des § 7 Abs. 4 Nr. 2 SGB IV erfüllt. Dies kann m. E. nicht der Fall sein. Lediglich im Falle einer vertraglichen Ausschließlichkeitsbindung wird man davon ausgehen müssen, daß die Tätigkeit „im Wesentlichen" nur für einen Auftraggeber erfolgt. Die Sozialversicherungsträger wollen von diesem Tatbestand ausgehen, wenn der Dienstleistende seine Ein-

[151] BAG v. 19. 11. 1997, 5 AZR 653/96, NZA 1998, 364

künfte zu 5/6 aus diesem Vertragsverhältnis bezieht. Diese Grenze erscheint zum einen recht willkürlich, zum anderen kann m. E. nicht allein auf die Einkünfte abgestellt werden. Zu berücksichtigen ist auch der zeitliche Umfang der Tätigkeit, da es gerade in vielen Dienstleistungsbereichen deutliche Unterschiede zwischen zeitlichem Einsatz und erzieltem Umsatz gibt.

Nach der – für das Sozialversicherungsrecht neuartigen – Konstruk- 112
tion einer Vermutungswirkung des Gesetzes soll eine sozialversicherungspflichtige Beschäftigung dann vorliegen, wenn drei der fünf genannten Kriterien erfüllt sind.

Jede gesetzliche Vermutung ist allerdings widerleglich. Es ist daher festzuhalten, daß unabhängig vom Kriterienkatalog des § 7 Abs. 4 SGB IV die tatsächlichen Verhältnisse maßgeblich sind und anhand sämtlicher – von der Rechtsprechung zum Arbeitnehmer- bzw. Beschäftigtenbegriff entwickelten Merkmale – zu prüfen ist, ob ein Beschäftigungsverhältnis oder eine selbständige Tätigkeit vorliegt.

bb) Geringfügig Beschäftigte

Geringfügig Beschäftigte werden oft als Honorarkräfte bezeichnet, 113
da sie idR für ein festes Stunden- bzw. Monatshonorar tätig werden (z. B. Reinigungskräfte, Hausmeister etc.). Solche geringfügig beschäftigten Mitarbeiter stehen jedoch grds. in einem abhängigen Beschäftigungsverhältnis nach § 7 SGB IV, das nach den obigen Erläuterungen, mit Ausnahme der gesetzlichen Unfallversicherung, unter den Voraussetzungen des § 8 SGB IV sozialversicherungsfrei ist.[152]

cc) Dozententätigkeit/Lehrkräfte

Als Honorarkräfte werden oftmals auch Dozenten und Lehrkräfte 114
bezeichnet. Solche Tätigkeiten „höherer Art" lassen sich nicht ohne weiteres unter die Definition eines Beschäftigungsverhältnisses in bezug auf das Weisungs- und Direktionsrecht subsumieren. Das **Direktionsrecht** des Arbeitgebers kann **bei Tätigkeiten höherer Art** hinsichtlich der Ausführung der Arbeitsleistung stark **eingeschränkt** sein und im Einzelfall sogar völlig zurücktreten bzw. zur funktionsgerechten Teilhabe am Arbeitsprozeß verfeinert sein.[153] Trotzdem bleibt die Arbeitsleistung dann fremdbestimmt, wenn sie ihr Gepräge von der Ordnung des Betriebes erhält, in dessen Dienst sie verrichtet wird.[154]

Die Unterscheidung zwischen einem abhängig Beschäftigten und 115
einem freien (selbständigen) Mitarbeiter bestimmt sich nach dem Umfang, den die persönliche Abhängigkeit im Einzelfall erreicht. Es kommt darauf an, ob die zu beurteilende Tätigkeit „in" oder „für" den

---

[152] S. o. Rz. 93 ff.

[153] BSGE 16, 289; 294 vom 29. 3. 1962 – 3 RK 74/57 –; 38, 53, 57 vom 31. 7. 1972 – 12 RK 26/72 –.

[154] BSGE 20, 6, 8 vom 29. 8. 1963 – 3 RK 86/59 –; BSG vom 27. 9. 1972 – 12/3 RK 31/71 – *Breithaupt* 1973, 7, 8.

Betrieb erfolgt.[155] Der Beschäftigte stellt seine Arbeitskraft mit seinen speziellen Kenntnissen dem Arbeitgeber für eine gewisse Zeit zur Verfügung und arbeitet funktionsgerecht und somit fremdbestimmt „in" dem Betrieb.

Der Arbeitgeber macht von seinem Direktionsrecht dadurch Gebrauch, daß er den Beschäftigten anweist, wie und wozu er seine Arbeitskraft während der vertraglich vereinbarten Zeit „in" dem Betrieb einzusetzen hat.[156] Hierbei schuldet er die weisungsgemäße Verwendung seiner Arbeitskraft. Im Gegensatz hierzu wird der aufgrund eines Dienstvertrages Tätige nur „für" den Betrieb tätig, begründet damit eine selbstbestimmte (selbständige) Tätigkeit. Das **tatsächliche Gesamtbild** der verrichteten Tätigkeit ist für die Sozialversicherungspflicht ausschlaggebend. Hierbei steht es außer Frage, daß eine unmittelbare Weisungsbefugnis hinsichtlich der Durchführung/Ausführung der konkreten Tätigkeit gegenüber den Dozenten/Lehrkräften fehlt.[157] Eine Dozententätigkeit hat die Eigenart, daß der Auftraggeber/Arbeitgeber idR nur die Thematik sowie Zeit und Ort der Lehrveranstaltung vorgibt und der Dozent die Umsetzung selbständig frei gestaltet.

116 Eine **wirtschaftliche Abhängigkeit** des Dienstverpflichteten vom Arbeitgeber ist hierbei in aller Regel kein brauchbares Abgrenzungskriterium, denn auch viele Freischaffende sind von ihrem Auftraggeber wirtschaftlich abhängig. Der BGH[158] hat in seiner „Eismann-Entscheidung" erneut dieses Kriterium fruchtbar gemacht.

117 Als Faustregel zur Abgrenzung der Sozialversicherungspflicht bei Dozententätigkeiten kann folgendes gelten:

- *Versicherungsfreiheit* liegt idR vor, wenn der Dozent/die Lehrkraft selber einen „freien" Beruf ausübt[159] und selbständig für diesen Beruf Einkommenssteuer entrichten muß (z. B. Rechtsanwälte, Ärzte, Architekten etc.).
- Studenten, die nur in geringem Umfange neben ihrem Studium dozieren, sind idR ebenfalls *versicherungsfrei*, da sie höchstens wirtschaftlich abhängig sind, grds. aber nicht persönlich. Dies gilt um so mehr, wenn die Tätigkeit nur stunden- oder tageweise ausgeübt wird.[160]
- *Versicherungspflicht* besteht hingegen grds., wenn ein Dozent/eine Lehrkraft dieselbe oder eine ähnliche Tätigkeit ausübt wie festangestellte Mitarbeiter.
- Beauftragtes Lehrpersonal ist dann *versicherungspflichtig*, wenn es regelmäßig und überwiegend nur für einen Arbeitgeber tätig wird. Dies

---

[155] BSG vom 22. 6. 1966–3 RK 103/63 – SozR 2000 Nr. 4 zu § 2 AVG = *Breithaupt* 1967, 1, 3.

[156] BSGE 36, 262, 263 vom 22. 11. 1973 – 12 RK 17/72 –.

[157] BSG vom 28. 02. 1980 – 8 a RU 88/78 – in *Breithaupt* 1981, 121, 122 = BB 1980, 1800, 1801.

[158] BGH vom 4. 11. 1998 – VIII ZB 12/98 – NJW 1999, 218, 220.

[159] BSGE 35, 212, 213 vom 22. 02. 1973 – 2 RU 110/71 –.

[160] Zu den Besonderheiten bei einer regelmäßigen Beschäftigung von Studenten s. o. Rz. 97 ff.

gilt insb. dann, wenn die Tätigkeit im Rahmen eines festen Lehrplanes erfolgt.

g) Versicherungsfreie Tätigkeiten

Der Sozialversicherung unterliegen nicht die Tätigkeiten von satzungsmäßigen Mitgliedern geistlicher Genossenschaften, Religionsgemeinschaften,[161] Diakonissen und ähnliche Personen, wenn sie überwiegend aus religiösen und sittlichen Motiven im Rahmen ihrer Gemeinschaft tätig werden und ggf. nur ein geringes Entgelt erhalten.[162] **118**

Versicherungspflichtig sind hingegen z. B. Novizen und Postulanten, **119**
da diese noch keine volle Versorgungszusage haben.[163] Für die Renten- und Unfallversicherung muß zusätzlich noch eine lebenslange satzungsmäßige Versorgung zur Begründung der Versicherungsfreiheit hinzukommen.[164] Diese Tätigkeiten sind keine echten „ehrenamtlichen Tätigkeiten" iSd § 14.[165]

3. Tarifrechtliche Regelungen

Der Inhalt des Arbeitsverhältnisses, also die gegenseitigen Rechte **120**
und Pflichten von Arbeitnehmern und Arbeitgebern, richtet sich nach den einzelvertraglichen Vereinbarungen, soweit diese nicht die gesetzlichen Mindesterfordernisse unterschreiten.[166] Maßgeblich geprägt werden die arbeitsvertraglichen Rechte und Pflichten jedoch durch Tarifverträge. Tarifrechtliche Regelungen sind im Bereich der gemeinnützigen Organisationen weit verbreitet, vielfach lehnen sich diese Regelungen an den Bundesangestelltentarifvertrag (BAT), also an das Tarifrecht der Angestellten des öffentlichen Dienstes an.[167]

Tarifvertragliche Vorschriften können auf verschiedene Weise Gegen- **121**
stand des Arbeitsvertrages werden. § 4 des Tarifvertragsgesetzes (TVG) legt fest, daß die Rechtsnormen des Tarifvertrages, die den Inhalt, den Abschluß oder die Beendigung von Arbeitsverhältnissen ordnen, unmittelbar und zwingend zwischen den beiderseits Tarifgebundenen gelten, die unter den Geltungsbereich des Tarifvertrages fallen.

Unterfällt ein Arbeitgeber dem tariflichen Geltungsbereich mehrerer **122**
Tarifverträge, so entsteht eine Tarifkonkurrenz. In solchen und ähnlichen Fällen gilt der sachnähere Tarifvertrag für Arbeitgeber und Arbeitnehmer gleichermaßen zwingend.[168]

---

[161] Zur Anwendung des Betriebsverfassungsgesetzes (BetrVG) s. u. Rz. 271 ff.

[162] § 27 Abs. 1 Nr. 4 SGB III (ALV), § 6 Abs. 1 Nr. 7 SGB V (KV), § 5 Abs. 1 Nr. 3 SGB VI (RV), § 4 Abs. 1 Nr. 3 SGB VII (UV).

[163] *Wannagat/Kleemann* SGB VI (RV) zu § 5 Rz. 12; *Krauskopf/Baier* § 6 SGB V Rz. 16; *Lauterbach/Schwerdtfeger* SGB VII zu § 4 Rz. 25 ff.

[164] § 5 Abs. 1 Nr. 3 SGB VI (RV); § 4 Abs. 1 Nr. 3 SGB VII (UV).

[165] S. u. § 14 zu „ehrenamtlicher Tätigkeit".

[166] *Schaub* § 31 II.

[167] Z. B. Tarifvertrag über die Arbeitsbedingungen der Angestellten und Arbeiter des DRK.

[168] BAG vom 20. 03. 1991 – 4 AZR 455/90 – AP Nr. 20 zu § 4 TVG „Tarifkonkurrenz" = NZA 1991, 736, 739.

123 Eine „unmittelbare Wirkung" der tariflichen Normen bedeutet dabei, daß es keines gesonderten Umsetzungsaktes seitens der Arbeitsvertragsparteien bedarf, die tariflichen Normen im Individualarbeitsverhältnis wirksam werden zu lassen. Mit Abschluß oder Änderung der tarifvertraglichen Normen durch die Tarifvertragsparteien sind diese zugleich für das Individualarbeitsverhältnis verbindlich.[169]

124 Die „zwingende Wirkung" der tarifvertraglichen Normen unterstreicht die Verbindlichkeit der tarifvertraglichen Festlegungen, d. h. von diesen dürfen Arbeitgeber und Arbeitnehmer einzelvertraglich nicht abweichen. Auch ein vom Arbeitnehmer bewilligter Verzicht auf tarifvertragliche Regelungen ist nicht möglich, es sei denn, die Tarifvertragsparteien stimmen einer solchen vergleichsweisen Regelung ausdrücklich zu.[170] Das BAG hat dementsprechend den Gewerkschaften ein eigenständiges Klagerecht eingeräumt, wenn etwa die Betriebsparteien, also Arbeitgeber und Betriebsrat ggfl. unter vertraglicher Einbeziehung der Arbeitnehmer, Vereinbarungen treffen, die vom Tarifvertrag abweichen.[171]

125 Diese unmittelbare und zwingende Wirkung als Rechtsfolge des § 4 Abs. 1 TVG gilt zunächst für die beiderseits tarifgebundenen Arbeitsvertragsparteien. Tarifgebunden sind gemäß § 3 Abs. 1 TVG die **Mitglieder der Tarifvertragsparteien** bzw. im Falle eines sog. Haustarifvertrages der Arbeitgeber, der selbst Partei des Tarifvertrages ist. Demzufolge sind die Mitglieder der tarifvertragschließenden Gewerkschaften auf Arbeitnehmerseite tarifgebunden und auf Arbeitgeberseite diejenigen Arbeitgeber, die dem tarifvertragschließenden Arbeitgeberverband angehören.

126 Bei **nicht** unmittelbar **tarifgebundenen Arbeitsvertragsparteien** wirken tarifvertragliche Normen über schuldrechtliche Vereinbarungen bzw. den betrieblichen Gleichbehandlungsgrundsatz auf das individuelle Arbeitsverhältnis ein.

127 Häufig werden tarifvertragliche Regelungen durch **einzelvertragliche Vereinbarung** zum Gegenstand des Individualarbeitsverhältnisses gemacht. Eine solche einzelvertragliche Inbezugnahme kann als statische und dynamische Verweisung auf die tarifvertraglichen Normen wirken. Eine statische Verweisung macht die Regelungen eines zum Zeitpunkt des Vertragsschlusses gültigen Tarifvertrages zum Gegenstand des Einzelarbeitsverhältnisses.[172] Die – sehr viel häufigere und im Zweifel[173] anzunehmende – dynamische Verweisung, d. h. die Verweisung auf einen Tarifvertrag „in der jeweils geltenden Fassung", führt zu einer Fortschreibung der tarifvertraglichen Vorschriften im

[169] *Schaub* § 206 II.
[170] *MünchArbR/Löwisch* § 267 Rz. 8 ff.
[171] BAG v. 20. 4. 1999 – 1 ABR 72/98 – AP GG Art 9 Nr. 89
[172] *MünchArbR/Hanau* § 60 Rz. 35.
[173] BAG vom 20. 3. 1991 – 4 AZR 455/90 – AP Nr. 20 zu § 4 TVG Tarifkonkurrenz.

Einzelarbeitsvertrag auch bei einer Änderung der tariflichen Normen.

Gegenüber der unmittelbaren und zwingenden Wirkung tarifvertraglicher Normen für beiderseits tarifgebundene Arbeitsvertragsparteien ist die Wirkung der einzelvertraglich in Bezug genommenen Tarifklauseln abgeschwächt, was sich insb. in einem Verzicht auf tarifvertragliche Rechte und der Fortgeltung tarifvertraglicher Normen im Falle der Kündigung des Tarifvertrages auswirkt. 128

Der Arbeitgeber, der einer tarifvertragschließenden Arbeitgebervereinigung beitritt, unternimmt dies idR, damit die tarifvertraglichen Regelungen[174] für alle bei ihm beschäftigten Arbeitnehmer anzuwenden sind. Andererseits ist kein Arbeitnehmer verpflichtet, seine Gewerkschaftszugehörigkeit dem Arbeitgeber zu offenbaren,[175] so daß dem Arbeitgeber im Regelfall nicht bekannt ist, wie hoch der Organisationsgrad unter seinen Arbeitnehmern ist. 129

Wäre der Arbeitgeber nur verpflichtet, den Tarifvertrag im Verhältnis zu tarifgebundenen Arbeitnehmern anzuwenden, im übrigen jedoch nicht, bestünde einerseits Unsicherheit darüber, gegenüber welchen Arbeitnehmern die tariflichen Normen nun gelten und gegenüber welchen nicht und andererseits bestünde die Gefahr der Anwendung unterschiedlicher arbeitsrechtlicher Vorschriften, was zu einer erheblichen Störung des Betriebsfriedens führen könnte. Der Arbeitgeber ist deshalb, soweit er selbst tarifgebunden ist, aufgrund des von ihm in seinem Betrieb zu beachtenden **Gleichbehandlungsgrundsatzes** verpflichtet, die tariflichen Regelungen einheitlich auf alle Arbeitnehmer anzuwenden, unabhängig davon, ob diese der vertragschließenden Gewerkschaft angehören oder nicht.[176] 130

Zur Einhaltung dieses Gleichbehandlungsgrundsatzes wird der Arbeitgeber im übrigen auch durch die Tarifverträge selbst gezwungen, die den Arbeitgeber idR zumindest schuldrechtlich verpflichten, die Regelungen des Tarifvertrages unterschiedslos auf alle Arbeitnehmer seines Betriebes anzuwenden.[177]

Nach § 5 TVG kann der Bundesminister für Arbeit und Sozialordnung, bzw. können – bei regionaler Bedeutung – die jeweiligen Landesminister einen Tarifvertrag im Einvernehmen mit den Spitzenverbänden der Arbeitgeber- und Arbeitnehmerseite für „allgemeinverbindlich" erklären. Eine **Allgemeinverbindlichkeitserklärung** hat die Wirkung, daß der Tarifvertrag für alle Betriebe und Arbeitnehmer der entspr. Branche unabhängig davon gilt, ob Arbeitgeber oder Arbeitnehmer einer der tarifschließenden Koalitionen angehören. Dies 131

---

[174] Der schuldrechtliche Teil von Tarifverträgen ist auf Außenseiter anwendbar; vgl. BAGE – GS – 20, 175, 185 ff. vom 29. 11. 1967 – GS 1/67 – = NJW 1968, 1903, 1903 f = AP Nr. 13 zu Art 9 GG.

[175] *Löwisch/Rieble* TVG § 3 Rz. 95.

[176] BAGE – GS – 20, 175, 185 ff. vom 29. 11. 1967 – GS 1/67 – = NJW 1968, 1903, 1903 f = AP Nr. 13 zu Art 9 GG.

[177] Z. B. §§ 1 und 2 TV-DRK.

verstößt nicht gegen die Grundrechte der Tarifungebundenen (= Außenseiter).[178]

132 Tarifvertragliche Regelungen haben im Bereich gemeinnütziger Organisationen nicht nur die Funktion der Festlegung einheitlicher Arbeitsbedingungen zwischen Arbeitgeber und Arbeitnehmern. Sie sind in vielfältigen Bereichen Rechtsgrundlage für die wirtschaftlichen Einnahmen gemeinnütziger Organisationen. In den Bereichen, die pflegesatzabhängig sind oder sonstige öffentliche Förderung genießen, sind die aufgrund von Tarifverträgen gezahlten Entgelte häufig Bemessungsgrundlage für die Erstattung der Kosten des Personaleinsatzes. Auf diese Weise regeln Tarifverträge im Bereich gemeinnütziger Organisationen nicht selten den Wettbewerb der Organisationen untereinander.

4. Kündigungsschutz

133 Grds. gilt auch im Bereich gemeinnütziger Organisationen der allgemeine und besondere Kündigungsschutz für Arbeitnehmer.[179] Der allgemeine Kündigungsschutz des Kündigungsschutzgesetzes kann allerdings im Bereich der sog. Tendenzbetriebe, zu denen zumeist gemeinnützige Körperschaften zählen, eingeschränkt sein.[180]

a) Allgemeiner Kündigungsschutz

134 Die Wirksamkeit einer ordentlichen Kündigung bedarf grds. keines besonderen Kündigungsgrundes, da der zivilrechtliche Grundsatz der Kündigungsfreiheit gilt.[181] Dieser allgemeine Grundsatz ist jedoch durch das Kündigungsschutzgesetz (KSchG) weitgehend eingeschränkt worden.

135 Der Kündigungsschutz von Arbeitnehmern nach dem Kündigungsschutzgesetz setzt in persönlicher Hinsicht voraus, daß der Arbeitnehmer länger als **sechs Monate** ununterbrochen in demselben Betrieb oder Unternehmen beschäftigt war.[182]

136 Den sachlichen Anwendungsbereich des KSchG regelt § 23 Abs. 1 KSchG. Durch das Gesetz zu Korrekturen in der Sozialversicherung und zur Sicherung der Arbeitnehmerrechte vom 19. 12. 1998[183] wurde dieser sachliche Anwendungsbereich auf den Stand vor dem 1. 10. 1996 korrigiert.[184]

---

[178] BVerfGE 44, 322, 338 ff. vom 24. 5. 1977 – 2 BvL 11/74 – = AP Nr. 15 zu § 5 TVG = NJW 1977, 2255, 2256 ff.

[179] Im Folgenden wird der „Arbeitnehmer"-Begriff geschlechtsneutral verwendet.

[180] S. hierzu *Fittig* § 118 Rz. 19; *KR/Etzel* § 1 KSchG Rz. 82 ff.

[181] BAG vom 16. 2. 1989 2 AZR 347/88 – AP Nr. 46 zu § 138 BGB = NZA 1989, 962, 962.

[182] § 1 Abs. 1 KSchG.

[183] BGBl. I. S. 3843 ff. (Artikel 6).

[184] Zwischen 1. 10. 1996 – 31. 12. 1998 hieß es in § 23 Abs. 1 KSchG „mehr als *zehn* Arbeitnehmer".

Danach besteht Kündigungsschutz für die Arbeitnehmer in Betrieben, die idR **mehr als fünf** Arbeitnehmer beschäftigen. Bei der Ermittlung dieser Arbeitnehmerzahl werden Auszubildende nicht mitgezählt. Teilzeitbeschäftigte Arbeitnehmer mit einer regelmäßigen wöchentlichen Arbeitszeit von nicht mehr als 20 Wochenstunden werden mit 0,50 und von nicht mehr als 30 Stunden mit 0,75 gezählt.

Ist das Kündigungsschutzgesetz danach in persönlicher und sachlicher Hinsicht anwendbar, ergibt sich, daß arbeitgeberseitige Kündigungen unwirksam sind, wenn sie **sozial ungerechtfertigt** sind, § 1 Abs. 1 KSchG. In § 1 Abs. 2 KSchG definiert der Gesetzgeber, was unter sozial ungerechtfertigten Kündigungen zu verstehen ist. Danach ist eine Kündigung seitens des Arbeitgebers sozial ungerechtfertigt, wenn sie nicht durch Gründe in der Person oder dem Verhalten des Arbeitnehmers oder durch dringende betriebliche Erfordernisse gerechtfertigt ist. 137

aa) Personenbedingte Kündigung

Eine personenbedingte Kündigung setzt einen Kündigungsgrund voraus, der durch die persönlichen Eigenschaften und Verhältnisse des Arbeitnehmers geprägt ist. Ein solcher kann z. B. bei häufigen Kurzerkrankungen,[185] lang andauernden Erkrankungen[186] oder dauerhaft krankheitsbedingten Leistungsminderungen[187] vorliegen. 138

Ein personenbedingter Kündigungsgrund liegt beispielsweise auch bei einer Lehrerin an einem katholischen Gymnasium vor, wenn diese einen geschiedenen Mann heiratet.[188] 139

Bei einer Kündigung aus **Krankheitsgründen** hat der Arbeitgeber zu beachten, daß zunächst eine negative Prognose hinsichtlich der Erkrankung des Arbeitnehmers vorliegen muß. Danach müssen Fehlzeiten auch in Zukunft zu erwarten sein und für den Betrieb eine erhebliche Belastung darstellen. Nicht die Fehlzeiten in der Vergangenheit stellen den tatsächlichen Kündigungsgrund dar, sondern die negativ prognostizierten Fehlzeiten in der Zukunft. 140

Eine ordentliche Kündigung wegen personenbedingter zukünftiger Leistungsminderung oder -unfähigkeit ist nur dann sozial gerechtfertigt, wenn im Zuge einer umfassenden Interessenabwägung die **Verhältnismäßigkeit** gewährleistet ist. Das ist regelmäßig nicht der Fall, wenn eine anderweitige Beschäftigungsmöglichkeit besteht, auch wenn diese nur zu schlechteren Bedingungen möglich ist. Eine Änderungskündigung hat immer Vorrang vor einer Beendigungskündigung.[189] 141

---

185 BAG vom 5. 7. 1990 – 2 AZR 154/90 – NZA 1991, 185, 186 ff.

186 BAG vom 15. 8. 1984 – 7 AZR 536/82 – BB 1985, 800, 801; vom 21. 5. 1992 – 2 AZR 399/91 -BB 1993, 727, 727 f.

187 BAG vom 26. 9. 1991 – 2 AZR 132/91 – DB 1992, 2196, 2197; vom 30. 1. 1986 – 2 AZR 668/84 – NZA 1987, 555, 557.

188 BAG vom 31. 10. 1984 – 7 AZR 232/83 – NJW 1985, 1855, 1856 f = BAG AP Nr. 20 zu Art 140 GG.

189 BAG vom 28. 2. 1990 – 2 AZR 401/90 – NZA 1990, 727, 729 = NJW 1990, 2953 ff.

Der Arbeitgeber ist jedoch nicht verpflichtet, neue Arbeitsplätze zu schaffen oder andere Arbeitsplätze „freizukündigen". Eine Änderungskündigung bezieht sich immer nur auf tatsächlich vorhandene freie Arbeitsplätze.[190] Ist der Arbeitgeber allerdings durch Ausübung seines Direktionsrechts in der Lage, einen Arbeitsplatz – etwa durch Versetzung eines anderen Arbeitnehmers – zu schaffen, kann er im Einzelfall hierzu auch verpflichtet sein.

bb) Verhaltensbedingte Kündigung

142 Das **schuldhafte Verhalten** eines Arbeitnehmers kann Anlaß zu einer Kündigung sein. Als Gründe[191] kommen insbesondere Verletzungen vertraglicher Haupt- und Nebenpflichten in Betracht, sofern sie sich auf das Arbeitsverhältnis auswirken. Letzteres Kriterium läßt häufig außerdienstliches Verhalten nicht als Kündigungsgrund ausreichen.

Beim Vorliegen eines solchen Grundes muß es nicht zu einer entspr. Störung des Betriebsablaufes kommen, ein solcher ist aber im Rahmen der Interessenabwägung zu berücksichtigen.[192]

143 Eine sozial gerechtfertigte Kündigung liegt jedoch nur vor, wenn der Arbeitnehmer vor Ausspruch der verhaltensbedingten Kündigung auf sein Fehlverhalten hin vergeblich abgemahnt wurde.[193] Die **Abmahnung** stellt eine Vorstufe zur Kündigung dar und muß als milderes Mittel vorher ausgesprochen werden, damit sie dem Arbeitnehmer seinen Vertragsverstoß vor Augen führt und ihn entsprechend warnt.

Eine Abmahnung sollte aus Beweisgründen stets schriftlich erfolgen und den beanstandeten Sachverhalt genau beschreiben, damit der Arbeitnehmer sein Fehlverhalten klar erkennen kann. Pauschale Behauptungen, wie z. B. „Unzuverlässigkeit", „schlechte Arbeitsleistung", „Kundenbeschwerden" u. ä.[194] reichen hierbei nicht aus.

144 Wann eine Abmahnung ihre Wirkung durch Zeitablauf verliert, kann nur am jeweiligen Einzelfall entschieden werden. Hierbei gilt wiederum der Grundsatz der Verhältnismäßigkeit.

Die Abmahnung kann durch den jeweiligen Vorgesetzten ausgesprochen werden, ohne daß der Betriebsrat vorher anzuhören ist. Sie wird Bestandteil der Personalakte, wobei der Arbeitnehmer ein Recht auf eine Gegendarstellung hat.[195] Eine unwirksame Abmahnung darf nicht in der Personalakte verbleiben.

---

[190] BAG vom 29. 3. 1990 – 2 AZR 369/89 – NZA 1991, 181, 182; vom 7. 2. 1991 – 2 AZR 205/90 – NZA 1991, 806, 807.

[191] Beispiele bei *Schaub* § 130 II.

[192] BAG vom 16. 8. 1991 – 2 AZR 604/90 – NZA 1993, 17, 18 f zur Verletzung von Mitteilungspflichten bei Krankheit.

[193] Dies folgt aus dem sog. Ultima-ratio-Prinzip einer Kündigung vgl. BAG vom 30. 5. 1978 – 2 AZR 630/78 – AP Nr. 70 zu § 626 BGB.

[194] BAG vom 9. 8. 1984 – 2 AZR 400/83 – NZA 1985, 124, 125.

[195] Vgl. § 83 Abs. 2 BetrVG.

Eine Abmahnung ist ausnahmsweise entbehrlich, wenn der Arbeitnehmer durch sein schuldhaftes Verhalten den Vertrauensbereich (z. B. Tätlichkeiten, grobe Beleidigungen, Spesenbetrug, Vermögensstraftaten o. ä.) verletzt. Bei einer solchen Pflichtverletzung muß der Arbeitnehmer von vornherein damit rechnen, daß sein Verhalten nicht geduldet wird. 145

cc) Betriebsbedingte Kündigung

Betriebsbedingte Kündigungen sind idR bei Betriebs- oder Teilbetriebsstillegungen, Auftragsrückgang, Absatzschwierigkeiten oder Rationalisierungsmaßnahmen erforderlich, wenn diese Ereignisse gleichzeitig zu einem Wegfall von Arbeitsplätzen führen. 146

Der **Unternehmer entscheidet** über die organisatorische, technische oder wirtschaftliche Einsatzmöglichkeit der bei ihm beschäftigten Arbeitnehmer allein. Eine gerichtliche Überprüfung seiner Entscheidung, Arbeitsplätze abzubauen, ist nur bei offensichtlicher Willkür oder **Mißbrauch** möglich.[196] Diese Einschränkung der gerichtlichen Kontrolle einer Unternehmerentscheidung ist immer wieder Gegenstand heftiger Kontroversen.[197] Das BAG hat auch seine – z. T. sehr weitgehende – Rechtsprechung in jüngster Zeit eingeschränkt. Danach darf sich eine Unternehmerentscheidung nicht auf die Kündigung an sich beschränken. Je mehr sich die unternehmerische Organisationsentscheidung auf die Kündigung reduziert, desto eingehender muß der Arbeitgeber durch Tatsachen darlegen und beweisen, daß ein Beschäftigungsbedürfnis für den gekündigten Arbeitnehmer tatsächlich entfallen ist.[198] 147

Wird nur ein Teil der Belegschaft entlassen, so muß der Arbeitgeber allerdings eine gerechte **Sozialauswahl** treffen. Eine aus dringenden betrieblichen Erfordernissen ausgesprochene Kündigung ist gemäß § 1 Abs. 3 KSchG nämlich auch dann sozial ungerechtfertigt, wenn der Arbeitgeber bei der Auswahl der zu kündigenden Arbeitnehmer **soziale Gesichtspunkte** nicht oder nicht ausreichend berücksichtigt hat.[199] 148

Diese sozialen Gesichtspunkte hatte das KSchG bis zum 31. 12. 1998 noch in der Weise definiert,[200] daß bei der Auswahl der zu kündigenden Arbeitnehmer „die Dauer der Betriebszugehörigkeit, das Lebensalter und die Unterhaltspflichten des Arbeitnehmers" zu berücksichtigen waren. Durch die Gesetzesänderung zum 1. 1. 1999[201] hat der Gesetzgeber

---

[196] BAG vom 30. 4. 1987 – 2 AZR 184/86 – AP Nr. 42 zu § 1 KSchG Betriebsbedingte Kündigung.

[197] Z. B. Preis, Unternehmerentscheidung und „dringendes betriebliches Erfordernis", NZA 1995, 241

[198] BAG v. 17. 06. 1999 – 2 AZR 141/99 – NZA 1999, 1095 ff

[199] § 1 Abs. 3 Satz 1 KSchG.

[200] S. hierzu *Meisel* „Die soziale Auswahl bei betriebsbedingten Kündigungen", DB 1991, 92; BAG vom 29. 3. 1990 – 2 AZR 369/89 – NZA 1991, 181, 184.

[201] Durch das Gesetz zu Korrekturen in der Sozialversicherung und zur Sicherung der Arbeitnehmerrechte vom 19. 12. 1998 BGBl. I S. 3843 ff.

den Schutz der Arbeitnehmer vor betriebsbedingten Kündigungen wesentlich erweitert, da nunmehr – über die nach wie vor maßgeblichen Kriterien Betriebszugehörigkeit, Alter und Unterhaltspflichten hinaus – alle denkbaren „sozialen Gesichtspunkte" berücksichtigt werden müssen. Als solche kommen etwa in Betracht die Erwerbstätigkeit des Ehegatten, die Chancen auf dem Arbeitsmarkt, der Gesundheitszustand des Arbeitnehmers, besondere familiäre Umstände wie Pflegebedürftigkeit eines Angehörigen o. ä.

149 Dem Unternehmer bleibt jedoch unter bestimmten Voraussetzungen das Recht erhalten, einzelne, für seinen Betrieb „wichtige" Arbeitnehmer entgegen der Sozialauswahl weiter zu beschäftigen. Diese Arbeitnehmer müssen aufgrund betriebstechnischer oder wirtschaftlicher berechtigter betrieblicher Bedürfnisse unabkömmlich sein.[202]

150 Wie bei allen Kündigungen sind auch bei betriebsbedingten Entlassungen anderweitige Beschäftigungsmöglichkeiten im Betrieb zu berücksichtigen, wobei auch schlechtere Arbeitsbedingungen, die durch Änderungskündigungen durchzusetzen wären, Vorrang haben.[203]

b) Besonderer Kündigungsschutz

151 Beim Vorliegen bestimmter persönlicher Konstellationen in der Person des Arbeitnehmers greift – unabhängig von der jeweiligen Größe des Betriebes – ein besonderer Kündigungsschutz. Dies ist namentlich der Fall im Schwerbehindertenrecht, dem Mutterschutz, der Sicherung des Erziehungsurlaubes, bei wehrpflichtigen[204] Arbeitnehmern, im Berufsausbildungsverhältnis und bei betriebsverfassungsrechtlichen Mandatsträgern bzw. Bewerbern.

aa) Schwerbehinderte Arbeitnehmer

152 Schwerbehinderte iSd. Schwerbehindertengesetzes (SchwbG) sind gemäß § 1 solche Personen, deren Grad der Behinderung amtlich auf 50 vom Hundert festgelegt worden ist. Arbeitnehmer mit einem Grad der Behinderung von mindestens 30 vom Hundert können schwerbehinderten Arbeitnehmern gleichgestellt werden, wenn sie geltend machen können, ohne die Gleichstellung in ihrem beruflichen Fortkommen wegen ihrer Behinderung benachteiligt zu sein oder befürchten zu müssen, ohne die Gleichstellung wegen der Behinderung ihren derzeitigen Arbeitsplatz zu verlieren (§ 2 SchwbG).

153 Liegt eine dieser Voraussetzungen vor und besteht das Arbeitsverhältnis mit einem schwerbehinderten Arbeitnehmer in demselben Betrieb oder Unternehmen mindestens sechs Monate ununterbrochen, so ist eine Kündigung des Arbeitsverhältnisses mit diesem Arbeitnehmer nur mit **vorheriger Zustimmung der Hauptfürsorgestelle** zulässig.[205]

---

[202] Vgl. § 1 Abs. 3 S. 2 KSchG.

[203] BAG vom 28. 2. 1990 – 2 AZR 401/90 – NZA 1990, 727, 729.

[204] Auch bei Zivildienstleistenden.

[205] § 15 SchwbG.

Die Hauptfürsorgestelle ist seitens des Arbeitgebers, der das Arbeitsverhältnis mit einem Schwerbehinderten kündigen will, vor Ausspruch der Kündigung schriftlich anzuhören. Die Kündigung selbst darf erst nach positiver, wenngleich auch noch nicht rechtskräftiger, Entscheidung der Hauptfürsorgestelle gegenüber dem Arbeitnehmer ausgesprochen werden. Eine ohne vorherige Anhörung und ausdrückliche Zustimmung der Hauptfürsorgestelle ausgesprochene Kündigung gegenüber einem schwerbehinderten Arbeitnehmer ist unheilbar unwirksam.[206]

Im Anhörungsverfahren hat die Hauptfürsorgestelle zu prüfen, ob 154
eine **gütliche Einigung** zwischen den Arbeitsvertragsparteien mit dem Ziel einer Fortsetzung des Arbeitsverhältnisses möglich ist und insb., ob die beabsichtigte Kündigung des Arbeitgebers ihre Gründe in der Schwerbehinderteneigenschaft des Arbeitnehmers hat. Ist letzteres der Fall, wird eine Zustimmung der Hauptfürsorgestelle idR versagt werden, bestehen keinerlei Zusammenhänge zwischen der Schwerbehinderteneigenschaft des Arbeitnehmers und den Gründen für die beabsichtigte Kündigung, kann sich der Ermessensspielraum der Hauptfürsorgestelle auf eine Zustimmungsverpflichtung reduzieren. Dies ist z. B. bei einer Betriebsstillegung der Fall.

Der Schutz des schwerbehinderten Arbeitnehmers besteht unabhän- 155
gig davon, ob er die anerkannte **Schwerbehinderteneigenschaft** dem Arbeitgeber gegenüber **offenbart** hat oder nicht.[207] Es ist somit ausreichend, wenn der Arbeitnehmer bei und nach Zugang einer arbeitgeberseitigen Kündigung die Schwerbehinderteneigenschaft offenbart und sich insoweit auf das Fehlen einer Zustimmung der Hauptfürsorgestelle beruft.[208] Der Arbeitgeber ist in einem solchen Falle gehalten, ein Anhörungsverfahren nach § 15 SchwbG einzuleiten und zunächst die Zustimmung der Hauptfürsorgestelle einzuholen um dann ggf. erneut kündigen zu können. Das Zustimmungserfordernis der Hauptfürsorgestelle gemäß §§ 15 ff. SchwbG gilt für sämtliche Kündigungen, also neben der ordentlichen und außerordentlichen Kündigung (§ 21 SchwbG) auch für eine beabsichtigte Änderungskündigung.

bb) Mutterschutzgesetz

Schwangere Arbeitnehmerinnen genießen Kündigungsschutz nach 156
dem Mutterschutzgesetz (MuSchG) für die Zeit vom Eintritt der Schwangerschaft (Empfängnis) bis zum Ablauf von vier Monaten nach der Entbindung (§ 9 Abs. 1 Satz 1 MuSchG). Voraussetzung für diesen Kündigungsschutz ist allerdings, daß dem Arbeitgeber bei Zugang der Kündigung an die Arbeitnehmerin das Bestehen einer Schwangerschaft bekannt war oder ihm spätestens innerhalb von zwei Wochen nach Zugang der Kündigung durch ein ärztliches Attest nachgewiesen wird.

---

206 BAG vom 16. 10. 1991 – 2 AZR 332/91 – NZA 1992, 503, 505.

207 BAG vom 5. 7. 1990 – 2 AZR 8/90 – NZA 1991, 667, 668.

208 BAG vom 16. 8. 1991 – 2 AZR 241/90 – NZA 1992, 23, 25; *KR/Etzel* §§ 15–20 SchwbG Rz. 14 ff.

157 Eine nach Zugang der Kündigung eintretende Schwangerschaft begründet keinen Kündigungsschutz nach dem MuSchG. Erfährt die Arbeitnehmerin allerdings selbst erst nach Ablauf von zwei Wochen nach Zugang der Kündigung von der bestehenden Schwangerschaft, so kann sie sich den Kündigungsschutz erhalten, sofern sie unverzüglich dem Arbeitgeber durch ärztliches Attest nachweist, daß im Zeitpunkt des Zuganges der Kündigungserklärung eine Schwangerschaft bestand.[209] Das Kündigungsverbot nach dem MuSchG besteht für alle Arten von Kündigungen, also für ordentliche und außerordentliche Kündigungen sowie für Änderungskündigungen.

158 Ausnahmsweise kann die für den Arbeitsschutz zuständige oberste Landesbehörde eine Kündigung in besonderen Fällen genehmigen, wenn der Kündigungsgrund nicht mit dem Zustand einer schwangeren Frau bzw. der Situation bis zum Ablauf von vier Monaten nach der Entbindung zusammenhängt.[210] Dies ist namentlich der Fall bei **Betriebsstillegungen** oder bei verhaltensbedingten Kündigungen, die nicht mit dem besonderen Zustand der Arbeitnehmerin zusammenhängen. Ein vertraglicher Ausschluß der zwingenden Regelungen des MuSchG ist unzulässig und führt nicht nach § 139 BGB zur Gesamtnichtigkeit des Arbeitsvertrages, sondern nur zur Teilnichtigkeit einer solchen Vereinbarung.[211]

cc) Bundeserziehungsgeldgesetz

159 Das Bundeserziehungsgeldgesetz (BErzGG) räumt Arbeitnehmerinnen und Arbeitnehmern,[212] die nach diesem Gesetz Erziehungsurlaub bis zu drei Jahren in Anspruch nehmen können, besonderen Kündigungsschutz ein. Gemäß § 18 BErzGG darf das Arbeitsverhältnis seitens des Arbeitgebers ab dem Zeitpunkt, von dem an Erziehungsurlaub verlangt worden ist und während des Erziehungsurlaubes nicht gekündigt werden.

160 Von diesem Kündigungsverbot kann die oberste Landesbehörde eine Ausnahmegenehmigung in besonderen Fällen erteilen. Es wird sich hierbei ausschließlich um Kündigungen aus betriebsbedingten Gründen handeln, also etwa Betriebs- oder Teilbetriebsstillegungen. Aus der Tatsache, daß die Arbeitnehmer während des Erziehungsurlaubes nicht im Betrieb anwesend sind, ergibt sich zugleich, daß in aller Regel verhaltensbedingte und personenbedingte Kündigungsgründe ausscheiden.

dd) Wehr- und Zivildienst

161 Die Arbeitsverhältnisse von wehrpflichtigen Arbeitnehmern, die zur Teilnahme an einer Wehrübung aufgefordert werden, stehen unter dem besonderen Schutz des Arbeitsplatzschutzgesetzes (ArbPlSchG). Für Zi-

---

[209] BAG vom 20. 5. 1988 – 2 AZR 739/87 – NZA 1988, 799, 800; vom 15. 11. 1990 – 2 AZR 270/90 – NZA 1991, 669, 670 f.

[210] § 9 MuSchG.

[211] *Schaub* § 170 III. 1.; *Palandt/Heinrichs* § 139 Rz. 3.

[212] Der Kündigungsschutz gilt auch für Männer, die den Erziehungsurlaub in Anspruch nehmen.

vildienstleistende gilt der Kündigungsschutz des ArbPlSchG über § 78 Abs. 1 Nr. 1 Zivildienstgesetz (ZDG) entspr.

Nach § 2 Abs. 1 ArbPlSchG besteht von der Zustellung des Einberu- 162
fungsbescheides bis zur Beendigung des Grundwehrdienstes sowie während einer Wehrübung Kündigungsschutz. Allerdings ist dieser Kündigungsschutz auf die ordentliche Kündigung beschränkt. Gemäß § 2 Abs. 3 Satz 1 ArbPlSchG bleibt das Recht zur außerordentlichen Kündigung seitens des Arbeitgebers unberührt, wobei diese Vorschrift zugleich feststellt, daß die Einberufung zum Wehrdienst kein wichtiger Grund iSd. § 626 Abs. 1 BGB ist. Das ArbPlSchG gilt ebenso für EU-Ausländer,[213] nicht jedoch für Nicht-EU-Ausländer.[214]

ee) Auszubildende

Nach dem Berufsbildungsgesetz (BBiG) genießen Auszubildende 163
einen Kündigungsschutz nach Ablauf einer **dreimonatigen gesetzlich** festgelegten **Probezeit**. Während dieser Probezeit kann jederzeit ohne Angabe von Gründen gekündigt werden.[215] Nach Ablauf dieser Frist kann das Ausbildungsverhältnis nicht mehr ordentlich gekündigt werden.

Gemäß § 15 Abs. 2 BBiG ist eine Kündigung des Ausbilders nur aus 164
wichtigem Grund ohne Einhaltung einer Kündigungsfrist möglich. Der Auszubildende kann mit einer Kündigungsfrist von vier Wochen kündigen, wenn er die Ausbildung aufgeben oder sich für eine andere Berufstätigkeit ausbilden lassen will. Auf das Ausbildungsverhältnis sind die besonderen Kündigungsschutzbestimmungen, insb. § 9 MuSchG, § 18 BErzGG und die §§ 15, 21 SchwbG anwendbar.[216] Nach Abschluß der Ausbildung – mit erfolgreicher Prüfung – besteht kein Anspruch auf die Übernahme in ein normales Beschäftigungsverhältnis.[217] Wird allerdings der Auszubildende nach bestandener Abschlußprüfung ohne besondere Vereinbarung weiterbeschäftigt, gilt ein Arbeitsverhältnis als auf unbestimmte Zeit begründet.[218]

ff) Betriebsratsmitglieder

Besonderen Kündigungsschutz genießen auch die Organe der Be- 165
triebsverfassung[219] sowie die Bewerber um diese Ämter. Gemäß § 15 KSchG ist die ordentliche Kündigung gegenüber einem Betriebsratsmitglied während der Amtszeit und bis zu einem Jahr nach Beendigung der Amtszeit unzulässig.

---

[213] BAG vom 5. 12. 1969 – 5 AZR 215/68 – AP Nr. 3 zu Art 177 EWG-Vertrag; *MünchArbR/Birk* § 18 Rz. 117.

[214] BAG vom 20. 5. 1988 – 2 AZR 682/87 – NZA 1989, 464, 466.

[215] BAG vom 10. 11. 1988 – 2 AZR 26/88 – NJW 1989, 1107, 1108.

[216] BAG vom 10. 12. 1987 – 2 AZR 385/87 – NZA 1988, 428, 429.

[217] BAG vom 29. 11. 1989 – 7 ABR 66/88 – NZA 1991, 233, 236 ff.; Hessischer VGH vom 7. 12. 1988 – HPV 3847/88 – NZA 1989, 525, 525.

[218] § 17 BBiG.

[219] Nach dem Betriebsverfassungsgesetz (BetrVG).

166 Zu beachten ist in diesem Zusammenhang, daß der **Kündigungsschutz** auch **für Ersatzmitglieder** des Betriebsrates gilt, solche Arbeitnehmer also, die zum Betriebsrat gewählt worden sind, diesem jedoch wegen der Begrenzung der Zahl der Betriebsratsmitglieder nicht ständig angehören. Werden diese Arbeitnehmer betriebsverfassungsrechtlich tätig, z. B. im Rahmen einer Sitzung des Betriebsrates, greift der betriebsverfassungsrechtliche Kündigungsschutz ein, und zwar insb. auch der **nachwirkende Kündigungsschutz** von einem Jahr. Die Mitglieder des Wahlvorstandes bei einer Wahl zum Betriebsrat und die Wahlbewerber genießen Kündigungsschutz bis zur Feststellung des Wahlergebnisses und darüber hinaus weitere sechs Monate.[220]

Diese kündigungsschutzrechtlichen Vorschriften gelten für jede ordentliche Kündigung, also auch für Änderungskündigungen und Massenentlassungen.[221]

167 Liegen Gründe vor, die den Arbeitgeber zu einer außerordentlichen Kündigung nach § 626 Abs. 1 BGB berechtigen würden, so ist eine Kündigung zulässig, wenn zuvor der Betriebsrat – unter Ausschluß des betroffenen Betriebsratsmitgliedes – der Kündigung *ausdrücklich* gemäß § 103 BetrVG zugestimmt hat. Verweigert er diese Zustimmung, muß sie der Arbeitgeber durch vorherige Entscheidung des Arbeitsgerichts ersetzen lassen.[222]

168 Eine ordentliche Kündigung von Mandatsträgern, Wahlvorstandsmitgliedern und Wahlbewerbern ist allerdings gemäß § 15 Abs. 4 KSchG im Falle einer **Betriebsstillegung** möglich. In diesem Fall ist die Kündigung unabhängig von einer Kündigungsfrist erst zum Zeitpunkt der Stillegung des gesamten Betriebes zulässig.[223] Eine ausdrückliche Zustimmung des Betriebsrates gemäß §§ 15 KSchG, 103 BetrVG ist in diesem Falle nicht erforderlich. Der Betriebsrat ist aber – wie bei jedem anderen Arbeitnehmer – gemäß § 102 BetrVG zu beteiligen.

---

[220] BAG vom 9. 10. 1986 – 2 AZR 650/85 – NZA 1987, 279, 280 f.

[221] BAG vom 6. 3. 1986 – 2 ABR 14/85 – NZA 1987, 102, 103 ff.; vom 9. 4. 1987 – 2 AZR 279/86 – NZA 1987, 807, 807 f.

[222] S. hierzu BAG vom 10. 12. 1992 – 2 ABR 32/92 – DB 1993, 889, 890 f.

[223] BAG vom 13. 8. 1992 – 2 AZR 22/92 – NZA 1993, 224, 226.

§ 14 Lohnsteuer

Bearbeiter: Dr. Klaus J. Wagner

Übersicht

A. Begriff und Rechtsgrundlagen der Lohnsteuer

1 Die Lohnsteuer ist keine eigenständige Steuerart, sondern bezeichnet eine besondere Form der Einkommensteuererhebung bei Arbeitnehmern. Entsprechend der Legaldefinition in § 38 Abs. 1 EStG ist die Lohnsteuer die Einkommensteuer, die durch den Abzug vom Arbeitslohn erhoben wird. Damit wird eine Erhebung der Steuer an der Quelle der Einkunftserzielung, nämlich beim Arbeitgeber, bewirkt. Um die Erhebung der Steuer an der Quelle sicherzustellen, ist der Arbeitgeber

in das Lohnsteuerabzugsverfahren eingeschaltet. Er muß die Lohnsteuer für Rechnung des Arbeitnehmers bei jeder Lohnzahlung einbehalten (§ 38 Abs. 3 Satz 1 EStG). Der Arbeitgeber bildet damit die Schnittstelle zwischen dem Arbeitnehmer und der Finanzverwaltung. Im Verhältnis zur Finanzverwaltung nimmt der Arbeitgeber eine öffentlich-rechtliche Aufgabe wahr, während die Rechtsbeziehungen zum Arbeitnehmer auch hinsichtlich der Mitwirkung im Besteuerungsverfahren zivilrechtlicher Natur bleiben.

Ihre Rechtsgrundlage findet die Lohnsteuer im Einkommensteuer- 2
gesetz und der Lohnsteuerdurchführungsverordnung (LStDV). Die LStDV ist eine Rechtsverordnung, die von der Bundesregierung mit Zustimmung des Bundesrates erlassen worden ist. Sie hat Gesetzesqualität (§ 4 AO).

Zudem hat die FinVerw Lohnsteuerrichtlinien (LStR)[1] erlassen. Die 3
LStR behandeln in der Hauptsache Zweifelsfragen und Auslegungsfragen, die sich bei der Anwendung des Lohnsteuerrechts in der Praxis ergeben und von allgemeiner Bedeutung sind. Sie sollen eine möglichst einheitliche Rechtsanwendung auf dem Gebiet des Lohnsteuerrechts im gesamten Bundesgebiet bewirken, besitzen aber keine Rechtsnormqualität. Damit wenden sich die LStR in erster Linie an die Finanzverwaltung. Denn während die Finanzgerichtsbarkeit (Finanzgerichte und Bundesfinanzhof) nur an Vorschriften mit Rechtsnormqualität (z. B. EStG, LStDV) gebunden sind, sind die LStR für die Finanzverwaltung verbindlich.[2]

Gleiches gilt auch für einzelne **Verwaltungsanweisungen**, die z. B. 4
in Form sog. BMF-Schreiben im Lohnsteuerrecht häufig sind. Diese Erlasse regeln bestimmte Einzelfragen von allgemeiner Bedeutung. Die Steuerpflichtigen können sich gegenüber der Finanzverwaltung auf die Regelungen der Verwaltungsanweisungen berufen. Dies hat vor allem für die stets haftungsgefährdeten Arbeitgeber Bedeutung. Denn eine Haftungsinanspruchnahme kommt nicht in Betracht, wenn der Arbeitgeber aufgrund von Regelungen der Finanzverwaltung davon ausgehen konnte, daß eine Lohnsteuerabführungspflicht nicht besteht.[3] Seit dem Veranlagungszeitraum 1999 sind die Verwaltungsanweisungen um sog. Lohnsteuerhinweise ergänzt, die den LStR angefügt sind. Der Hinweisteil ist jedoch keine Verwaltungsvorschrift.

Für die lohnsteuerlichen Pflichten der gemeinnützigen Einrichtungen 5
gibt es keine Sonderregelungen. Dementsprechend gelten die Vorschriften über den Steuerabzug vom Arbeitslohn (§§ 38 ff. EStG) ohne Einschränkung. Demnach ist die gemeinnützige Körperschaft zum Abzug der Lohnsteuer vom Arbeitslohn verpflichtet, wenn sie als Arbeitgeber an einen Arbeitnehmer Arbeitslohn zahlt und der Arbeitslohn nicht

[1] Zuletzt: Allgemeine Verwaltungsvorschrift zum Steuerabzug vom Arbeitslohn v. 29. 10. 1999, BStBl. I Sondernummer 1.

[2] Vgl BFH v. 15. 11. 1991 VI R 36/89, BStBl. II 1987, 78.

[3] BFH v. 25. 10. 1985 VI R 130/82, BStBl. II 1986, 98; v. 6. 12. 1996 VI R 18/96, BStBl. II 1997, 413.

steuerfrei ist. Für die Beurteilung der Lohnsteuerabführungspflicht sind damit drei Begriffe von maßgebender Bedeutung, nämlich der
– Arbeitgeberbegriff
– Arbeitnehmerbegriff
– Arbeitslohnbegriff.

B. Die gemeinnützige Einrichtung als Arbeitgeber

10 Obwohl im Gesetz die Person des Arbeitgebers wiederholt erwähnt wird, definiert das Gesetz den Arbeitgeberbegriff nicht. Allerdings läßt sich der Arbeitgeberbegriff aus dem in § 1 Abs. 2 LStDV normierten Arbeitnehmerbegriff ableiten, da der Arbeitgeberbegriff die Umkehrung des Arbeitnehmerbegriffs ist.[4] Danach ist Arbeitgeber derjenige, dem der Arbeitnehmer seine Arbeitskraft schuldet, unter dessen Weisung er steht und in dessen Organismus er eingebunden ist. Arbeitgeber können alle natürlichen oder juristischen Personen, aber auch nicht rechtsfähige Personenzusammenschlüsse sein.[5] Deshalb können nicht nur rechtsfähige, sondern auch nichtrechtsfähige gemeinnützige Einrichtungen Arbeitgeber im steuerechtlichen Sinne sein. Bei den gemeinnützigen Körperschaften, die als juristische Personen rechtsfähig sind, beschränkt sich die Arbeitgeberstellung auf die juristische Person, so daß deren gesetzliche Vertreter nicht als Arbeitgeber anzusehen sind. Allerdings besteht für die Vertreter gleichwohl ein Haftungsrisiko.

11 Besteht bei gemeinnützigen Körperschaften eine **Organschaft**,[6] ist diejenige Körperschaft Arbeitgeber, mit der das Dienstverhältnis besteht, also in aller Regel die Organgesellschaft. Dies gilt auch dann, wenn der Organträger unmittelbar als Arbeitslohn zu qualifizierende Leistungen an die Arbeitnehmer der Organgesellschaft erbringt.

C. Die Arbeitnehmer der gemeinnützigen Einrichtung

15 Arbeitnehmer sind Personen, die im öffentlichen oder privaten Dienst angestellt oder beschäftigt sind oder waren und die aus diesem oder einem früheren Dienstverhältnis Arbeitslohn erhalten. Arbeitnehmer sind auch die Rechtsnachfolger dieser Personen, soweit sie Arbeitslohn aus einem früheren Dienstverhältnis ihres Rechtsvorgängers beziehen (§ 1 Abs. 1 LStDV). Es kommt also entscheidend darauf an, ob zu der gemeinnützigen Körperschaft ein Dienstverhältnis besteht oder bestanden hat.

16 Ein Dienstverhältnis im steuerrechtlichen Sinn liegt vor, wenn der Arbeitnehmer dem Arbeitgeber seine Arbeitskraft schuldet. Dies ist der Fall, wenn die tätige Person in der Betätigung ihres geschäftlichen Willens unter der Leitung des Arbeitgebers steht oder im geschäftlichen

[4] BFH v. 17. 12. 1995 VI R 41/92, BStBl. II 1995, 390.
[5] BFH v. 17. 12. 1995, aaO.
[6] Zum Begriff vgl. *Blümich/Danelsing* Vorb. zu §§ 14–19 KStG.

Organismus des Arbeitgebers dessen Weisungen zu folgen verpflichtet ist. Der steuerrechtliche Arbeitnehmerbegriff ist mit dem arbeitsrechtlichen Arbeitnehmerbegriff nicht deckungsgleich. So können z. B. Geschäftsführer oder Vorstände arbeitsrechtlich nicht zu den Arbeitnehmern gehören,[7] während die Einkünfte steuerrechtlich zu den Einnahmen aus nichtselbständiger Tätigkeit gehören. Die steuerliche Beurteilung ist auch unabhängig davon, wie das Beschäftigungsverhältnis sozialrechtlich zu qualifizieren ist. Deshalb haben die neuen Regelungen des Sozialrechts zur Scheinselbständigkeit für die steuerrechtliche Abgrenzung keinen Einfluß.

I. Merkmale eines Dienstverhältnisses

Das Dienstverhältnis ist in aller Regel dadurch gekennzeichnet, daß 17
die Arbeitskraft aufgrund eines Dienstvertrages geschuldet wird. Zumeist liegt dem Dienstverhältnis eine vertragliche Vereinbarung zugrunde. Eines schriftlichen Vertrages bedarf es nicht, so daß auch mündlich getroffene Abreden ein Dienstverhältnis begründen können. Darüber hinaus kann in Einzelfällen auch ein tatsächliches Verhalten für die Annahme eines Dienstverhältnisses ausreichen.[8] Deshalb steht die zivilrechtliche Unwirksamkeit oder die Ausführung sittenwidriger Tätigkeiten der Annahme eines steuerrechtlichen Dienstverhältnisses nicht entgegen.[9]

Für die Beurteilung, ob ein steuerrechtliches Dienstverhältnis vor- 18
liegt, kommt es auf das Gesamtbild des zwischen den Beteiligten bestehenden Verhältnisses an. Dazu hat die Rechtsprechung[10] Kriterien entwickelt, die für das Vorliegen eines steuerrechtlichen Dienstverhältnisses sprechen:

– Schulden der Arbeitskraft und nicht eines Arbeitserfolges
– persönliche Abhängigkeit
– Weisungsgebundenheit bezüglich Ort, Zeit und Inhalt der Tätigkeit
– feste Arbeitszeiten
– Ausübung der Tätigkeit gleichbleibend an einem bestimmten Ort
– feste Bezüge
– Urlaubsanspruch
– Anspruch auf sonstige Sozialleistungen
– Fortzahlung der Bezüge im Krankheitsfall
– Notwendigkeit der engen ständigen Zusammenarbeit mit anderen Mitarbeitern
– Eingliederung in den Betrieb
– Ausführung einfacher Tätigkeiten, bei denen Weisungsgebundenheit die Regel ist.

---

[7] S. § 13 Rz. 12, 22 ff.

[8] BFH v. 23. 10. 1992 VI R 59/91, BStBl. II 1993, 303.

[9] Vgl. Nachweise bei *Heuermann/Wagner* Teil C Rz. 12.

[10] BFH v. 14. 6. 1985 VI R 150–152/82, BStBl. II 1986, 661; v. 30. 6. 1996 V R 2/95, BStBl. II 1996, 493.

Demgegenüber sprechen für Selbständigkeit:
- Selbständigkeit in Organisation und Durchführung der Tätigkeit
- Unternehmerrisiko und Unternehmerinitiative
- geschäftliche Beziehungen zu mehreren Vertragspartnern

Die Abgrenzungsmerkmale sind nicht abschließend, vielmehr können bei der erforderlichen wertenden Gesamtbetrachtung[11] weitere (Hilfs-)Kriterien in die Betrachtung einzubeziehen sein.

II. Einzelfälle zur Abgrenzung von Dienstverhältnissen

23 Da die Bestimmung, ob ein Dienstverhältnis vorliegt, nur anhand der auf den Einzelfall bezogenen Anwendung der Abgrenzungskriterien möglich ist, läßt sich nicht generell bestimmen, wann die Voraussetzungen eines steuerrechtlichen Dienstverhältnisses erfüllt sind. Deshalb hat sich im Laufe der Zeit eine umfangreiche Kasuistik entwickelt, aus der hier nur einige – für gemeinnützige Einrichtungen bedeutsame – Beispiele dargestellt werden können.[12]

24 **Amateursportler** stehen in einem Dienstverhältnis, wenn die für Training und Spieleinsätze gezahlten Vergütungen die den Sportlern tatsächlich entstandenen Aufwendungen übersteigen.[13] Soweit der Sportler Werbeeinnahmen erzielt, gehören die daraus fließenden Einnahme zu Einkünften aus Gewerbebetrieb.[14] Hingegen gehören Einnahmen von Mannschaftssportlern aus Werbetätigkeiten für Vermarktungsgesellschaften zu Einkünften aus nichtselbständiger Tätigkeit.[15]

25 Der im Krankenhaus einer gemeinnützigen Körperschaft im Rahmen eines Anstellungsverhältnisses beschäftigte **Arzt** ist Arbeitnehmer. Wird ein Arzt nur von Fall zu Fall aufgrund eines Rahmenvertrages für eine gemeinnützige Körperschaft tätig, z. B. als Mannschaftsbetreuer, kann ein steuerrechtliches Dienstverhältnis vorliegen, wenn der Arzt nach Weisung des Auftraggebers zu bestimmten Tätigkeiten verpflichtet ist und er dafür eine regelmäßig gezahlte feste Vergütung erhält. Dies ist anhand der vertraglichen Vereinbarung zu prüfen. Hingegen liegt kein Dienstverhältnis vor, wenn nur vereinzelte Tätigkeiten gegen Honorierung übernommen werden.[16] Auch bei einer sog. ehrenamtlichen Tätigkeit[17] kann ein Dienstverhältnis vorliegen.

26 Studenten, die im **ASTA** tätig werden, sind Arbeitnehmer, sofern sie Verwaltungsaufgaben wahrnehmen.[18]

---

[11] BFH v. 30. 5. 1996 V R 2/92, BStBl. II 1996, 493.

[12] Vgl. auch die Übersicht bei *Heuermann/Wagner* Teil C Rz. 1.

[13] BFH v. 23. 10. 1992 VI R 59/91, BStBl. II 1993, 303.

[14] BFH v. 19. 11. 1985 VIII R 104/85, BStBl. II 1986, 424.

[15] Zu Abgrenzungsfragen Hess FinMin StEK § 19 Nr. 309; BMF v. 25. 8. 1998 StEK § 19 Nr. 293.

[16] BFH v. 19. 11. 1959 IV 157/58, BStBl. III 1960, 88.

[17] S. dazu unten Rz. 31.

[18] FinVerw NW v. 4. 2. 1977, FR 1977, 173; a. A SchlHolst FG v. 17. 2. 1972, EFG 1972, 343.

Aufsichtsratsmitglieder sind keine Arbeitnehmer. Dies gilt auch für Arbeitnehmervertreter[19] und entgegen der Ansicht des BFH[20] auch für Beamte, die von ihrem Dienstherrn in Aufsichtsräte entsandt werden.[21] 27

Auszubildende sind Arbeitnehmer, wenn sie im Rahmen eines Ausbildungsdienstverhältnisses tätig werden.[22] Maßgebend ist, daß der Auszubildende in den Betrieb des Arbeitgebers eingegliedert und weisungsgebunden ist. 28

Berufssportler sind Arbeitnehmer, wenn sie ihre Arbeitskraft einem Verein oder einem anderen Unternehmer für bestimmte Zeit zur Verfügung stellen. 29

Fest angestellte **Dozenten** an Universitäten und anderen Lehranstalten sind Arbeitnehmer. Hingegen sind Lehrbeauftragte oder nebenberufliche Dozenten, die nur an wenigen Wochenstunden oder gelegentlich tätig werden, in der Regel keine Arbeitnehmer des Auftraggebers; dies gilt auch dann, wenn die Lehrtätigkeit bei einem anderen Auftraggeber hauptberuflich ausgeübt wird.[23] 30

Eine besonders wichtige Erscheinungsform bei gemeinnützigen Einrichtungen ist die **ehrenamtliche Tätigkeit**.[24] Werden für diese Zahlungen geleistet, bedarf es der Prüfung, ob die Zahlungen noch im steuerlich unbeachtlichen Rahmen liegen oder bereits eine Tätigkeit im Einkunftserzielungsbereich vorliegt. Denn auch wenn die Tätigkeit vorwiegend durch soziale oder altruistische Motive bestimmt ist, können die damit verbundenen Vergütungen steuerpflichtig sein. Nach Ansicht des BFH[25] ist der einkommensteuerrechtlich relevante Bereich erreicht, wenn die gezahlten Beträge den Ersatz von Aufwendungen übersteigen, die dem Steuerpflichtigen im Zusammenhang mit der Tätigkeit entstanden sind. Es kommt nicht darauf an, wie die Zahlungen bezeichnet sind. Deshalb schließt auch die Bezeichnung als sog. Aufwandsentschädigung die Steuerpflicht nicht aus. Ist die Steuerpflicht dem Grunde nach zu bejahen, stellt sich weiter die Frage, ob die ehrenamtliche Tätigkeit im Rahmen eines Dienstverhältnisses und damit als Arbeitnehmer ausgeübt wird. Dabei wird man vor allem darauf abstellen müssen, ob nach Art und Umfang der Tätigkeit von einer Eingliederung in den Organismus des Leistenden auszugehen ist. Eine Arbeitnehmerstellung ist daher bei Überschreitung des echten Aufwendungsersatzes z. B. gegeben bei DRK-Schwestern,[26] Sanitätshelfern des DRK,[27] Rettungsschwimmern der DLRG[28] und ähnlichen Tätigkeiten. Für be- 31

[19] BFH v. 9. 10. 1980 IV R 81/76, BStBl. II 1981, 29.
[20] V. 15. 3. 1957 VI 84/55, BStBl. III 1957, 226.
[21] GlA Nds FG v. 8. 9. 1994, EFG 1994, 1119.
[22] BFH v 18. 7. 1985 VI R 93/80, BStBl. II 1985, 644.
[23] BFH v. 4. 10. 1987 4 IV R 131/82, BStBl. II 1985, 51.
[24] S. auch § 16.
[25] V. 4. 8. 1994 VI R 94/93, BStBl. II 1944, 944; kritisch *K. Wagner* FR 1991, 683.
[26] BFH v. 25. 11. 1993 VI R 115/93, BStBl. II 1994, 424.
[27] BFH v. 4. 8. 1994 VI R 94/93, aaO.
[28] A. A. FG SchlHolst. v. 12. 8. 1980, EFG 1981, 96.

stimmte steuerpflichtige Vergütungen kommt die Steuerbefreiung nach § 3 Nr. 26 EStG und eine Pauschalbesteuerung in Betracht.[29]

32 **Ferienhelfer**, die im Auftrag von Wohltätigkeitsorganisationen Kinder und Jugendliche auf Ferienreisen betreuen und die dafür ein Entgelt erhalten, sind Arbeitnehmer.[30]

33 **Fußballspieler**, die eine den Aufwand übersteigende Vergütung erhalten, sind Arbeitnehmer; dies gilt gleichermaßen für Lizenzspieler von Bundesligavereinen als auch für andere Spieler, wenn ihre Tätigkeit tatsächlich vergütet wird und die Zahlungen den Ersatz entstandener Aufwendungen übersteigen.

34 **Fußballtrainer**, die von einem Verein für eine bestimmte Zeit für die Trainertätigkeit verpflichtet werden, sind Arbeitnehmer. Bei einer Tätigkeit für mehrere Vereine kann es sich um mehrere Dienstverhältnisse handeln, sofern nicht schon die Merkmale einer freiberuflichen und damit selbständigen Tätigkeit überwiegen.

35 **Geschäftsführer**, die für eine gemeinnützige Einrichtung im Rahmen eines Anstellungsvertrages tätig werden, sind Arbeitnehmer. Dies gilt auch, wenn der angestellte Geschäftsführer nebenberuflich tätig ist und im Hauptberuf eine freiberufliche Tätigkeit ausübt.[31]

36 **Herbergsvater** ist Arbeitnehmer des Herbergsverbandes, soweit es um die Verwaltung und den Betrieb der Jugendherberge geht. Der Verkauf von Getränken, Süßigkeiten usw. gehört indes nicht zur Tätigkeit im Rahmen des Dienstverhältnisses, sondern ist eine gewerbliche Tätigkeit.

37 Personen, die im Bereich der **Jugendhilfe** zur Betreuung von Kindern und Jugendlichen eingesetzt werden und die dafür ein Entgelt erhalten, sind auch dann Arbeitnehmer, wenn sie für Wohltätigkeitsorganisationen tätig werden. Hingegen stehen Personen, die lediglich eine nicht weisungsgebundene Vortrags- oder Beratungstätigkeit ausüben, nicht in einem Dienstverhältnis.

38 **Katecheten**, die Religionsunterricht an Schulen erteilen, sind Arbeitnehmer der Schulen.

39 **Musiker** und andere Unterhaltungskünstler sind Arbeitnehmer, wenn ihr Vertragsverhältnis zu der sie engagierenden gemeinnützigen Körperschaft die Merkmale eines Dienstverhältnisses erfüllt. Dies wird vor allem der Fall sein, wenn eine Verpflichtung zur regelmäßigen Tätigkeit bei Zahlung eines regelmäßigen Entgelts besteht. Werden Künstler nur gelegentlich aufgrund einzelner Aufträge zu bestimmten Anlässen tätig, begründet dies keine Arbeitnehmerstellung. Maßgeblich ist stets eine Einzelfallprüfung.

40 **Ordensangehörige** sollen keine Arbeitnehmer ihres katholischen Ordens oder ihrer evangelischen Gemeinschaft sein.[32] Dies soll auch dann gelten, wenn das Ordensmitglied im Rahmen eines mit einem

---

[29] S. unten Rz. 111 ff. und Rz. 225 ff.

[30] BFH v. 28. 2. 1975 VI R 8/73, BStBl. II 1976, 134.

[31] Zur arbeitsrechtlichen Beurteilung s. § 13 Rz. 9 ff.

[32] BFH v. 30. 7. 1965 VI 205/64 U, BStBl. III 1962, 610.

Dritten abgeschlossenen Vertrages zur Tätigkeit außerhalb des Ordens, z. B. in Krankenhäusern, Schulen, Kindergarten, verpflichtet wird oder es in einem wirtschaftlichen Geschäftsbetrieb des Ordens oder der Gemeinschaft herangezogen wird. Zur Begründung dieser – u. E. nicht mehr zeitgemäßen – Privilegierung wird angeführt, die Tätigkeit beruhe auf einem familienähnlichen Verhältnis eigener Art, das durch das aus religiösen Gründen geleistete Gelübde begründet wird. Eine Rechtsgrundlage für diese Ansicht ist nicht ersichtlich; vielmehr ist auch bei Ordensangehörigen allein darauf abzustellen, ob die Tätigkeit die Merkmale des steuerrechtlichen Dienstverhältnisses aufweist. Allerdings liegt auch nach der bisherigen Auffassung stets ein Dienstverhältnis vor, wenn dieses ausdrücklich vereinbart und tatsächlich durchgeführt wird.

Sportlehrer sind Arbeitnehmer, wenn sie in einem Anstellungsver- 41
hältnis z. B. bei Schulen stehen. Aber auch durch die Tätigkeit für gemeinnützige Sportvereine kann ein Dienstverhältnis begründet werden, wenn die Tätigkeit in Gewinnerzielungsabsicht ausgeübt wird und das gezahlte Entgelt den Ersatz entstandener Aufwendungen überschreitet.[33] Übernimmt der Sportlehrer jedoch nur gelegentlich die Kursleitung, z. B. für Kurse bestimmter Sportarten, wird es regelmäßig an der Eingliederung in den Organismus der gemeinnützigen Körperschaft und damit an einem Dienstverhältnis fehlen. Indes ist eine Einzelfallwürdigung unabdingbar.

Die Tätigkeit für einen **Sportverein** kann vielfacher Art sein. So 42
können neben Berufs- und Amateursportlern auch Platzwarte, Platzkassierer und sonstige Hilfskräfte tätig sein. Ob dieser Personenkreis in einem Dienstverhältnis steht, ist nach den oben dargestellten Abgrenzungskriterien zu bestimmen; insbesondere schließt die Vereinsmitgliedschaft die Annahme eines Dienstverhältnisses nicht aus.[34]

Vereinsorgane und Vereinsvorsitzende können Arbeitnehmer des 43
Vereins sein, soweit Art und Umfang ihrer Tätigkeit sowie das gezahlte Entgelt den Schluß zuläßt, daß die Tätigkeit auch in Gewinnerzielungsabsicht ausgeübt wird.[35]

Die an einen **Vorstand** einer rechtsfähigen gemeinnützigen Körper- 44
schaft gezahlten Entgelte beruhen regelmäßig auf einem Dienstverhältnis und gehören daher zu den Einkünften aus nichtselbständiger Tätigkeit.[36] Dies gilt auch, wenn das Entgelt für eine als ehrenamtlich bezeichnete Tätigkeit gezahlt wird und als Auslagenersatz für diese Tätigkeit bezeichnet ist, wenn mit der Zahlung nicht nur tatsächlich entstandener Aufwand, sondern auch die mit der Tätigkeit verbundenen Mühen, entgangener Verdienst oder Zeitaufwand abgegolten wird.[37]

[33] A. A. Hess FG v. 9. 7. 1993, EFG 1994, 396, das mindestens eine sechsstündige Tätigkeit wöchentlich verlangt.

[34] So schon BFH v. 25. 10. 1957 VI 143/56 U, BStBl. III 1958, 15.

[35] Vgl. FG Köln v. 1. 4. 1987, EFG 1987, 524; FG RhPf. v. 3. 10. 1986, EFG 1986, 494.

[36] Zur arbeitsrechtlichen Beurteilung s. § 13 Rz. 4 ff.

[37] FG RhPf. v. 1. 6. 1994, EFG 1995, 29; BFH v. 31. 1. 1975 VI R 230/71, BStBl. II 1975, 358.

Nur wenn die Zahlungen die Aufwendungen des Vorstandsmitglieds nicht übersteigen (z. B. Telefon-, Reisekosten) sind die Zuwendungen als Auslagenersatz steuerfrei.

III. Früheres Dienstverhältnis

50 Zu beachten ist, daß auch Zahlungen oder geldwerte Vorteile, die im Zusammenhang mit einem früheren Dienstverhältnis gezahlt werden, zu steuerpflichtigem Arbeitslohn und zur Lohnsteuerabführungspflicht führen.

51 Handelt es sich um **Versorgungsbezüge**, so bleibt ein Betrag von 40 v. H. dieser Bezüge, höchstens jedoch 6000 DM im Veranlagungszeitraum, steuerfrei (Versorgungsfreibetrag, § 19 Abs. 2 EStG). Zu den Versorgungsbezügen gehören Bezüge und Vorteile aus früheren Dienstleistungen, die als Ruhegehalt, Witwen- oder Waisengeld, Unterhaltsbeitrag oder als gleichartiger Bezug aufgrund beamtenrechtlicher Vorschriften oder entsprechender gesetzlicher Vorschriften oder nach beamtenrechtlichen Grundsätzen von Körperschaften, Anstalten oder Stiftungen des öffentlichen Rechts oder öffentlich-rechtlichen Verbänden von Einrichtungen gewährt werden. Diesen Bezügen sind gleichgestellt Zahlungen wegen Erreichens einer Altersgrenze, Berufsunfähigkeit, Erwerbsunfähigkeit und Hinterbliebenenbezüge. Bei Zahlungen wegen Erreichens der Altersgrenze setzt die Steuerbefreiung voraus, daß der Steuerpflichtige das 63. Lebensjahr bzw. bei Schwerbehinderten das 60. Lebensjahr vollendet hat.

52 Zahlungen aus der **gesetzlichen Rentenversicherung** gehören nicht zu den Einkünften aus nichtselbständiger Tätigkeit, sondern sind sonstige Einkünfte (§ 22 EStG).

D. Arbeitslohn

I. Begriff des Arbeitslohns

58 Die Lohnsteuerabführungspflicht setzt weiter voraus, daß dem Arbeitnehmer aus dem Dienstverhältnis Arbeitslohn zufließt. Der Begriff „Arbeitslohn“, der für die Einkünfte aus nichtselbständiger Tätigkeit i. S. d. § 19 EStG verwendet wird, ist in § 2 Abs. 1 LStDV erläutert. Danach gehören alle Einnahmen, die dem Arbeitnehmer aus dem Dienstverhältnis zufließen, zum Arbeitslohn. Dazu gehören nicht nur Geldzahlungen, sondern auch andere Güter und geldwerte Vorteile, die durch das Dienstverhältnis veranlaßt sind. Für die Qualifikation als Arbeitslohn ist es unerheblich, wie die Leistungen bezeichnet werden, da es ausschließlich darauf ankommt, ob der Arbeitslohnbegriff erfüllt ist. Ohne Belang für die Entstehung der Steuerpflicht ist auch, ob es sich um laufende oder einmalige Zuwendungen handelt.

59 § 19 EStG und § 2 Abs. 2 LStDV zählen einige Arten von Arbeitslohn auf. So gehören zum Arbeitslohn

- Gehälter, Löhne, Provisionen, Gratifikationen, Tantiemen und andere Bezüge und Vorteile aus einem Dienstverhältnis,
- Wartegelder, Ruhegelder, Witwen- und Waisengelder und andere Bezüge für eine frühere Dienstleistung unabhängig davon, ob sie dem Arbeitnehmer oder seinem Rechtsnachfolger zufließen,
- andere Bezüge und Vorteile, die für eine aktive oder frühere Beschäftigung gewährt werden,
- Einnahmen im Hinblick auf ein früheres Dienstverhältnis,
- Ausgaben des Arbeitgebers für die Zukunftssicherung des Arbeitnehmers; hier kann aber Steuerfreiheit nach § 3 Nr. 62 EStG bestehen,[38]
- Entschädigungen, die dem Arbeitnehmer oder seinem Rechtsnachfolger als Ersatz für entgangenen oder entgehenden Arbeitslohn oder für die Aufgabe oder Nichtausübung einer Tätigkeit gewährt werden; hierunter fällt die in der Praxis bedeutsame Zahlung von Entlassungsentschädigungen, die unter den Voraussetzungen des § 3 Nr. 9 EStG steuerfrei sein können oder nach § 34 EStG der ermäßigten Besteuerung unterliegen können,[39]
- besondere Zuwendungen, wie z. B. Zuschüsse im Krankheitsfall,
- besondere Entlohnungen für Dienste, die über die regelmäßige Arbeitszeit hinaus geleistet werden, wie die Entlohnung für Überstunden, Überschichten und Sonntagsarbeit; allerdings sind diese Lohnzahlungen nach Maßgabe des § 3 b EStG steuerfrei,[40]
- Lohnzuschläge, die wegen der Besonderheit der Arbeit gewährt werden, sowie Entschädigungen für Nebenämter und Nebenbeschäftigungen im Rahmen eines Dienstverhältnisses.

Die Aufzählung ist nur beispielhaft und nicht abschließend. Einen **60** weiteren – aufgrund der Rechtsprechung entwickelten und ebenfalls nur Beispiele nennenden – Katalog möglicher Arten des Arbeitslohns enthalten die LStH 70. Eine vollständige Aufzählung aller denkbaren Arten des Arbeitslohns ist wegen der weiten Auslegung des Arbeitslohnbegriffs nicht möglich. Dies führt zwar dazu, daß stets im Einzelfall und damit bei jeder Zuwendung zu prüfen ist, ob diese als Arbeitslohn zu qualifizieren ist, hat aber den Vorteil, daß auf diese Weise eine möglichst gleichmäßige Besteuerung erreicht werden kann.

Im allgemeinen wird eine Zuwendung in Geld oder Geldeswert **61** zum Arbeitslohn gehören, wenn sie als Gegenleistung für das Bereitstellen der individuellen Arbeitskraft zugewendet wird, wobei es nur auf den tatsächlichen Zusammenhang von Zuwendung und Dienstleistung ankommt. Nicht erforderlich ist, daß der Arbeitnehmer eine konkrete Arbeitsleistung erbracht hat.[41]

---

[38] S. unten Rz. 111 ff.

[39] S. unten Rz. 175 ff.

[40] S. unten Rz. 190 ff.

[41] BFH v. 11. 3. 1988 VI R 106/84, BStBl. II 1988, 727; 7. 12. 1984 VI R 164/79, BStBl. II 1985, 164.

II. Arten des Arbeitslohns

1. Geldleistungen

65 Die häufigste Art der Arbeitslohnzahlung ist die Zuwendung von Geld (vgl. § 8 Abs. 1 EStG). Es kann sich um laufende Zahlungen, d. h. um Zahlungen handeln, die in bestimmten Lohnzahlungszeiträumen (Woche, Monat) wiederkehren. Aber auch einmalige Zahlungen gehören zum Arbeitslohn, wenn der Zusammenhang mit dem Dienstverhältnis besteht. Zu den in der Praxis bedeutendsten Einmalzahlungen gehören das Weihnachtsgeld, Urlaubsgeld und ähnliche Zuwendungen. Der Arbeitslohncharakter entfällt auch dann nicht, wenn die Zahlungen geleistet werden, um den Arbeitnehmer zur Beendigung des Arbeitsverhältnisses zu veranlassen. Solche als Abfindungen oder Entlassungsentschädigungen bezeichneten Zahlungen sind aber unter den Voraussetzungen des § 3 Nr. 9 EStG steuerfrei bzw. können nach § 34 EStG ermäßigt besteuert werden.[42]

2. Andere geldwerte Vorteile

66 Während die Besteuerung der Geldleistungen in der Regel unproblematisch ist, bedarf es bei der Beurteilung anderer Zuwendungen einer zweistufigen Prüfung. Zunächst ist festzustellen, ob es sich um eine Zuwendung handelt, die als Einnahme in Geldeswert zu Arbeitslohn führt. Ist dies der Fall, ist die Höhe des zu versteuernden Vorteils durch **Bewertung** zu ermitteln.

a) Begriff des geldwerten Vorteils

67 Ein **geldwerter Vorteil** entsteht, wenn der Arbeitnehmer bereichert wird. Es muß ihm ein wirtschaftlicher Wert zufließen.[43] Daran fehlt es, wenn es sich um Zuwendungen handelt, die nicht in Geld ausgedrückt werden können, bei sog. ideellen Vorteilen.[44] Ob eine Bereicherung eintritt, ist ausschließlich nach objektiven Kriterien zu beurteilen. Auf die subjektiven Vorstellungen der Beteiligten kommt es nicht an. Deshalb ist auf seiten des Arbeitgebers eine Bereicherungsabsicht ebenso entbehrlich wie auf seiten des Arbeitnehmers die Vorstellung, einen Vorteil erhalten zu haben. Es reicht vielmehr aus, wenn der Arbeitnehmer den Vorteil tatsächlich erhält.[45] Es kommt auch nicht darauf an, ob der Vorteil auch von Dritten gegen Entgelt in Anspruch genommen würde, er also marktgängig ist. Auch die Höhe des Vorteils ist für die Beurteilung, ob eine Bereicherung vorliegt, ohne Bedeutung. Für die Annahme einer Geringfügigkeitsgrenze gibt es keine rechtliche Grundlage.[46]

---

[42] S. unten Rz. 175 ff.

[43] BFH v. 9. 3. 1990 VI R 48/87, BStBl. II 1990, 711 mwN.

[44] BFH v. 17. 9. 1982 VI R 75/79, BStBl. II 1983, 39.

[45] BFH v. 2. 2. 1990 VI R 15/86, BStBl. II 1990, 472.

[46] Vgl. *Heuermann/Wagner* Teil D Rz. 6 ff. mwN auch zur Kritik.

Nur in zwei Ausnahmefällen führt ein geldwerter Vorteil nicht zu Arbeitslohn, nämlich bei einer aufgedrängten Bereicherung oder wenn die Zuwendung überwiegend im eigenbetrieblichen Interesse des Arbeitgebers erfolgt. Eine **aufgedrängte Bereicherung** ist aber nur dann anzunehmen, wenn dem Arbeitnehmer bei Nichtannahme des Vorteils berufliche oder finanzielle Nachteile in Aussicht gestellt werden.[47] Im **überwiegenden eigenbetrieblichen Interesse** liegen zunächst die Aufwendungen des Arbeitgebers für die **Ausstattung** und **Ausgestaltung des Arbeitsplatzes**, und zwar ungeachtet dessen, ob dadurch die Tätigkeit als angenehmer empfunden wird.[48] Im übrigen soll ein überwiegend eigenbetriebliches Interesse des Arbeitgebers gegeben sein, wenn die Zuwendungen nicht durch das individuelle Dienstverhältnis, sondern durch den Betrieb veranlaßt sind. Es muß sich also um Maßnahmen handeln, die den Betriebsablauf sicherstellen oder verbessern sollen und die der Belegschaft insgesamt zugute kommen (sog. betriebsfunktionale Zielsetzung).[49] Mangels eindeutiger Abgrenzungskriterien läßt sich die Entscheidung, ob das Interesse des Arbeitgebers weit überwiegt, nur anhand des Gesamtbildes der Verhältnisse treffen. Dabei besteht eine Wechselwirkung zwischen der Intensität des eigenbetrieblichen Interesses des Arbeitgebers und dem Ausmaß der Bereicherung des Arbeitnehmers durch die Zuwendung. Je höher aus Sicht des Arbeitnehmers die Bereicherung anzusetzen ist, desto mehr tritt das eigenbetriebliche Interesse in den Hintergrund.[50] Unter dem Aspekt des eigenbetrieblichen Interesses sind vor allem von Bedeutung: 68

Betriebsveranstaltungen im weiteren Sinne sind alle Maßnahmen, die für die Mitarbeiter eines Betriebes durchgeführt werden. Betriebsveranstaltungen im engeren Sinn sind Veranstaltungen mit gesellschaftlichem Charakter, also z. B. Betriebsfeste, Betriebsausflüge. Macht der Arbeitgeber in diesem Zusammenhang Zuwendungen, soll das eigenbetriebliche Interesse des Arbeitgebers an der Verbesserung des Betriebsklimas überwiegen, sofern sich die Veranstaltung im Rahmen des Üblichen bewegt. Hierzu hat die Rechtsprechung Kriterien entwickelt, an denen sich die Arbeitgeber zur Verminderung eines Haftungsrisikos orientieren sollten.[51] Danach muß die Teilnahme an einer Betriebsveranstaltung grds. allen Arbeitnehmern ohne Berücksichtigung individueller Auswahlkriterien (z. B. Gehaltsgruppe, Leistung) offenstehen. Unschädlich ist jedoch die Beschränkung auf bestimmte Abteilungen sowie die Durchführung von Pensionärstreffen oder Jubilarfeiern. Ferner gelten höchstens zwei Betriebsveranstaltungen im Jahr als üblich, 69

---

[47] BFH v. 17. 9. 1982 aaO.; v. 16. 9. 1986 VI B 93/86, BStBl. II 1987, 37; v. 31. 10. 1986 VI R 73/83, BStBl. II 1987, 142.

[48] Vgl. FG RhPf. v. 7. 12. 1995, EFG 1996, 474; FG Köln v. 23. 4. 1996, EFG 1996, 919.

[49] Ausführlich *Heuermann/Wagner* Teil D Rz. 106 ff.

[50] BFH v. 11. 3. 1988 VI R 106/84, BStBl. II 1988, 726.

[51] Vgl. BFH v. 6. 12. 1996 VI R 48/94, BStBl. II 1997, 331; v. 17. 2. 1995 VI R 41/92, BStBl. II 1995, 390; v. 25. 5. 1992 VI R 85/90, VI R 146/88 u. VI R 91/89, BStBl. II 1992, 655, 700, 856.

die nicht länger als einen Tag andauern dürfen. Dabei kommt es auf die Verhältnisse des jeweiligen Veranlagungszeitraums an; eine Durchschnittsberechnung über mehrere Jahre ist nicht zulässig. Schließlich kommt auch der Höhe der Aufwendungen maßgebliche Bedeutung zu. So dürfen die Aufwendungen des Arbeitgebers 200 DM je teilnehmendem Arbeitnehmer nicht übersteigen. In die Berechnung der Grenze sind alle Aufwendungen, die im Zusammenhang mit der Betriebsveranstaltung stehen, einzubeziehen, z. B. Saalmiete, Fahrtkosten, Speisen und Getränke. Nehmen an der Veranstaltung Angehörige teil, sind die auf diese Personen entfallenden Aufwendungen dem Arbeitnehmer zuzurechnen. Wird der Betrag von 200 DM überschritten, fällt in voller Höhe der Aufwendungen Arbeitslohn an; es handelt sich also um eine Freigrenze, nicht um einen Freibetrag.[52]

70 **Fortbildungsmaßnahmen**, die vom Arbeitgeber durchgeführt werden oder für die er die Aufwendungen trägt, liegen im überwiegenden eigenbetrieblichen Interesse, sofern Inhalte vermittelt werden, die der beruflichen Tätigkeit unmittelbar dienen. Dies gilt auch für Sprachkurse, sofern die Sprachkenntnisse für den Betrieb notwendig sind. Maßnahmen der Allgemeinbildung werden indes in aller Regel überwiegend im Interesse des Arbeitnehmers liegen (vgl. LStR 74).

71 Maßnahmen der **Gesundheitsförderung**, wie etwa die Betreuung durch einen werksärztlichen Dienst, die Übernahme der Kosten für Pflichtuntersuchungen, gelegentliche – auf die betrieblichen Gegebenheiten abgestimmte – kostenlose Vorsorgeuntersuchungen, eine Kreislauftrainingskur unter Anleitung von Betriebsärzten, die der Erhaltung der Arbeitskraft dienen, liegen im überwiegenden betrieblichen Interesse des Arbeitgebers.[53] Die Aufwendungen für eine Kur liegen hingegen in aller Regel nicht im überwiegend betrieblichen Interesse des Arbeitnehmers. Eine Ausnahme kann nur dann gelten, wenn die Kurmaßnahme ihre Ursache unmittelbar in der beruflichen Tätigkeit hat, also z. B. bei typischen Berufskrankheiten.[54]

72 Im weiteren Sinne der Gesundheitsförderung dient auch die Bereitstellung von **Sportmöglichkeiten**. So dürfte während der Arbeitspausen angebotener Ausgleichssport überwiegend im Interesse des Arbeitgebers liegen. Allerdings ist eine Abgrenzung schwierig. Insbesondere die Bereitstellung von Tennisplätzen und ähnlichen Sportanlagen sowie von Sportgeräten sieht der Bundesfinanzhof als Arbeitslohn an. Die Abgrenzung erfolgt danach, ob für die Nutzung der Sportanlage oder des Sportgerätes üblicherweise ein Entgelt zu entrichten ist.[55] Damit dürfte die Mehrzahl der Sportmöglichkeiten zu Arbeitslohn führen.

---

[52] Zu weiteren Einzelheiten LStR 72.

[53] BFH v. 17. 9. 1982 VI R 75/79, BStBl. II 1983, 39; v. 24. 1. 1975 VI R 242/71, BStBl. II 1975, 340.

[54] BFH v. 31. 10. 1986 VI R 72/83, BStBl. II 1987, 142; v. 5. 11. 1993 VI R 56/93, BFH/NV 1994, 313.

[55] BFH v. 27. 9. 1996 VI R 44/96, BStBl. II 1997, 146; v. 8. 11. 1996 VI R 74/96, BFH/NV 1997, 473; zur Kritik vgl. *Heuermann/Wagner* Teil D Rz. 151 ff.

Aufmerksamkeiten, die der Arbeitgeber in Form von **Gelegenheitsgeschenken** zu bestimmten Anlässen übergibt, liegen – auch wenn damit zweifelsohne eine Verbesserung des Betriebsklimas verbunden ist – nicht im eigenbetrieblichen Interesse des Arbeitgebers und gehören daher zum Arbeitslohn. Die FinVerw nimmt jedoch Sachleistungen, die im gesellschaftlichen Verkehr üblicherweise ausgetauscht werden, bis zu einem Wert von 60 DM von der Besteuerung aus (LStR 73). 73

Erfolgsprämien sollen den Arbeitnehmer zwar für die geleistete Arbeit belohnen und dienen damit der zukünftigen Motivation. Gleichwohl tritt hier das betriebliche Interesse so stark in den Hintergrund, daß diese Zuwendungen zu Arbeitslohn führen. 74

Reisen werden nur dann im überwiegenden betrieblichen Interesse durchgeführt, wenn sie nahezu ausschließlich den betrieblichen Zwekken des Arbeitgebers dienen und dementsprechend die individuellen Interessen des Arbeitnehmers in den Hintergrund treten. Im Grundsatz gilt: Je mehr touristische Elemente die Reise ausweist, desto mehr besteht Veranlassung, das eigenbetriebliche Interesse des Arbeitgebers zu prüfen. Maßgebend ist das Gesamtbild der Verhältnisse.[56] Sind die Zuwendungen bei einer Reise, die neben beruflichen auch privaten Zwekken dient, teilbar, so liegt nur der berufliche Teil im eigenbetrieblichen Interesse des Arbeitgebers. Hinsichtlich der anderen Zuwendungen liegt Arbeitslohn vor. 75

b) Arten geldwerter Vorteile

Wegen der weiten Auslegung des Arbeitslohnbegriffs führt nahezu jede Zuwendung des Arbeitgebers zu Arbeitslohn. Die in der Praxis bedeutendsten Zuwendungen sind die Gestellung von Wohnraum, Mahlzeiten und Getränken, Bezugsrechten, Deputate, Kraftfahrzeugüberlassung, Freifahrten und Freiflüge, Energielieferungen, Incentive-Reisen und die Personalrabatte. 80

c) Bewertung geldwerter Vorteile

Die Bewertung der geldwerten Vorteile ist in § 8 Abs. 2 und 3 EStG geregelt. 81

aa) Waren und Dienstleistungen, die der Arbeitgeber überwiegend für die eigenen Arbeitnehmer herstellt, vertreibt oder erbringt, § 8 Abs. 2 EStG

Nach § 8 Abs. 2 Satz 1 EStG sind Einnahmen, die nicht in Geld bestehen, mit den um übliche Preisnachlässe geminderten üblichen Endpreisen am Abgabeort anzusetzen. Dieser **Grundsatz der Einzelbewertung** besagt, daß bei der Bewertung der Marktpreis zugrunde zu legen ist, den ein Dritter unter gewöhnlichen Umständen für das Gut 82

---

[56] BFH v. 16. 4. 1993 VI R 6/89, BStBl. II 1993, 640.

aufzuwenden hätte. Abzustellen ist also auf den niedrigsten Marktpreis ohne Berücksichtigung nur im Einzelfall gewährter Sonderrabatte. Der Ansatz eines Durchschnittspreises ist nicht zulässig. Läßt sich der Marktpreis nicht ermitteln, kann der Arbeitgeber ihn unter Zugrundelegung der ihm bekannten Preise schätzen (vgl. LStR 31 Abs. 2). Für die wichtigsten Einzelfälle geldwerter Vorteile sind jedoch besondere Bewertungsregelungen geschaffen worden.

83 So ist nach § 8 Abs. 2 Satz 3 bis 5 i.V.m. § 6 Abs. 1 Nr. 4 EStG die unentgeltliche **Überlassung eines Kraftfahrzeuges zur privaten Nutzung** (Dienstwagen) wie folgt zu versteuern: Für jeden Monat der Nutzung ist der der Lohnsteuer zu unterwerfende Nutzungswert mit 1 v.H. des inländischen Listenpreises des Fahrzeugs im Zeitpunkt der Erstzulassung zuzüglich der Aufpreise für Zusatzausstattungen und der Umsatzsteuer zu bemessen. Kann das Fahrzeug auch für Fahrten zwischen Wohnung und Arbeitsstätte genutzt werden, erhöht sich der monatliche Nutzungswert um 0,03 v.H. für jeden Entfernungskilometer zwischen Wohnung und Arbeitsstätte. Der so ermittelte Wert ist nach der eindeutigen gesetzlichen Regelung in allen Fällen der Nutzungsüberlassung anzuwenden, also nicht nur bei der Überlassung von Neufahrzeugen, sondern auch bei Gebrauchtfahrzeugen und Re-Importen. Bei Importfahrzeugen ist auf die unverbindliche Preisempfehlung abzustellen, mit der das Fahrzeug am deutschen Markt angeboten wird. Preisnachlässe – auch in Gestalt sog. Hauspreise – bleiben außer Betracht (LStR 31 Abs. 9 Satz 6). Obwohl dieses Verfahren vor allem bei Gebrauchtwagen und hochpreisigen Fahrzeugen mit geringer Privatnutzung zu unverhältnismäßig hohen Nutzungswerten führen kann, bestehen gegen die Regelung keine durchgreifenden verfassungsrechtlichen Bedenken,[57] zumal die 1-v.H.-Regelung durch Führung eines Fahrtenbuches umgangen werden kann (§ 8 Abs. 2 Satz 4 EStG). Indes sind die Anforderungen an ein – wie es im Gesetz ausdrücklich heißt – „ordnungsgemäßes" Fahrtenbuch so hoch, daß sie in der Praxis nur selten erfüllt werden. So müssen alle Aufwendungen für das Fahrzeug durch die dazu gehörenden Belege nachgewiesen werden. Ferner sind im Fahrtenbuch alle beruflich und privat zurückgelegten Fahrten gesondert und laufend nachzuweisen. Dabei muß bei dienstlichen Fahrten angegeben werden:

- Datum und Kilometerstand zu Beginn und am Ende jeder einzelnen Auswärtstätigkeit
- Reiseziele und bei Umwegen auch die Reiseroute
- Reisezweck und aufgesuchte Geschäftspartner

84 Für **Privatfahrten** genügen die Km-Angaben, Fahrten zwischen Wohnung und Arbeitsstätte sind gesondert zu vermerken. Trotz dieser ersichtlich hohen Anforderungen läßt die FinVerw die Führung eines Fahrtenbuches nur für einen repräsentativen Zeitraum nicht zu (LStR 31 Abs. 9 Nr. 2). Als zu versteuernder Nutzungswert ist bei dieser Methode der Anteil der Privatfahrten an den Gesamtkosten anzusetzen.

[57] FG Münster v. 6. 5. 1998, EFG 1998, 1252.

Soweit der Arbeitnehmer für die Überlassung des Fahrzeuges ein Nutzungsentgelt zahlt, mindert dies den Nutzungswert.

85 Der ermittelte Nutzungswert erhöht grds. den Bruttoarbeitslohn des Arbeitnehmers, von dem der Lohnsteuerabzug vorzunehmen ist, und fließt insoweit mit dem individuellen Steuersatz in die Besteuerung ein. Alternativ dazu kann der Arbeitgeber den Nutzungswert für die unentgeltliche Überlassung des Fahrzeuges für Fahrten zwischen Wohnung und Arbeitsstätte nach § 40 Abs. 2 Satz 2 EStG mit einem Pauschsteuersatz von 15 v.H. erheben. Eine Pauschalversteuerung für die übrige Privatnutzung ist jedoch nicht zulässig. Die Pauschalversteuerung führt dazu, daß der Arbeitgeber Schuldner der auf diesen Vorteil entfallenden pauschalen Lohnsteuer wird. Zugleich bleiben diese Bezüge bei der Besteuerung des Arbeitnehmers außer Ansatz, so daß sich wegen des im Verhältnis zur Regelbesteuerung geringeren Pauschsteuersatzes eine geringere Steuerbelastung ergibt. Allerdings kann der Vorteil nur bei behinderten Arbeitnehmern i. S. d. § 9 Abs. 2 EStG pauschal versteuert werden; bei anderen Arbeitnehmern ist die Pauschalierung nur bis zu einem Höchstbetrag von 0,70 DM je Entfernungskilometer zulässig.

86 Eine weitere Durchbrechung des Grundsatzes der Einzelbewertung ist die Bewertung nach der **Sachbezugsverordnung** (SachBezV), die ihre Rechtsgrundlage in § 8 Abs. 2 Satz 6 EStG findet. In ihr sind in der Praxis häufig vorkommende Sachbezüge pauschal bewertet. Die Werte werden für jeden Veranlagungszeitraum neu festgesetzt.[58] Erfaßt ist zunächst der Fall der freien Verpflegung, d. h. die Gewährung von Mahlzeiten über einen längeren Zeitraum (§ 1 SachBezV). Einzelne Bewirtungen sind nach § 8 Abs. 2 Satz 1 EStG zu bewerten.[59] Die SachBezV differenziert nach Voll- und Teilverpflegung sowie nach der Anzahl der mitbeköstigten Familienmitglieder. Darüber hinaus werden die Monatswerte in Tageswerte umgerechnet (§ 1 Abs. 3 SachBezV). Letztere sind auch für die Bemessung des geldwerten Vorteils aus der Ausgabe von Essensmarken anzuwenden.[60] Darüber hinaus regelt die SachBezV die Bewertung der Überlassung einer **Wohnung** (sog. „freie Wohnung"), wobei die Werte der SachBezV nur zur Anwendung kommen, wenn für die Wohnung kein ortsüblicher Mietpreis feststellbar ist (§ 2 i.V. m. § 4 SachBezV). Im Gegensatz zur Wohnung, in der ein selbständiger Haushalt geführt werden kann, ist die Gewährung **freier Unterkunft** nur die Bereitstellung von Schlaf- und Aufenthaltsmöglichkeiten. Deshalb sieht § 2 i.V. m. § 3 SachBezV für die Bewertung niedrigere Sachbezugswerte vor.

87 Zur Vermeidung eines übermäßigen Besteuerungsaufwands bleiben nach der **Bagatellregelung** des § 8 Abs. 2 Satz 9 EStG Sachbezüge, die nach § 8 Abs. 2 Satz 1 EStG zu bewerten sind, außer Ansatz, wenn die

---

[58] Zuletzt für den Veranlagungszeitraum 2000 (VO v. 20. 12. 1999, BGBl. I 1999, 2482, BStBl. I 1999, 1140).

[59] BFH v. 6. 2. 1987 VI R 24/84, BStBl. II 1987, 355.

[60] Zu Einzelheiten vgl. LStR 31 Abs. 6.

sich nach der Anrechnung der vom Steuerpflichtigen gezahlten Entgelte ergebenden Vorteile im Kalendermonat 50 DM nicht übersteigen. Es handelt sich um eine Freigrenze, so daß die Zuwendungen in vollem Umfang der Besteuerung unterliegen, sofern die Grenze überschritten wird. Nach Ansicht der FinVerw (LStR 31 Abs. 3) scheidet die Anwendung der Freigrenze nicht nur in den Fällen des § 8 Abs. 3 EStG, der Pauschalversteuerung, der Bewertung nach § 19a EStG und bei Zukunftssicherungsleistungen, sondern auch bei einer Bewertung nach § 8 Abs. 2 Satz 2 bis 8 und bei Zinsersparnissen aus. Demnach ist die Regelung bei der Kfz-Überlassung und der Bewertung nach der SachBezV nicht anzuwenden. Allerdings bleiben diese Zuwendungen auch bei der Berechnung der Grenze unberücksichtigt, so daß daneben noch Sachbezüge im Rahmen der Bagatellgrenze gewährt werden können. Da das Gesetz ausdrücklich auf die monatlichen Verhältnisse abstellt, scheidet eine auf das Kalenderjahr bezogene Durchschnittsberechnung aus.

bb) Waren und Dienstleistungen, die überwiegend an Dritte abgegeben werden, § 8 Abs. 3 EStG

88 § 8 Abs. 3 EStG sieht besondere Bewertungsregelungen für die Überlassung von Waren und Dienstleistungen vor, die vom Arbeitgeber nicht überwiegend für den Bedarf der Arbeitnehmer hergestellt, vertrieben oder erbracht werden. Damit ist einer der in Praxis häufigsten Fälle der Gewährung geldwerter Vorteile angesprochen, die sog. **Personal- oder Belegschaftsrabatte**. Die Vorschrift ist eine spezielle Regelung, die die Anwendung der Bewertungsgrundsätze des § 8 Abs. 2 EStG ausschließt, so daß insbesondere die Regelungen der SachBezV nicht zur Anwendung kommen.

89 Die Bewertung nach § 8 Abs. 3 EStG setzt das Bestehen eines **steuerrechtlichen Dienstverhältnisses** voraus, wobei auch ein früheres Dienstverhältnis ausreicht. Das Dienstverhältnis muß mit dem Arbeitgeber bestehen, der den Rabatt gewährt. Dies gilt auch bei Arbeitgebern, die in einem Konzernverbund verflochten sind. Auf diese Weise sollen ungerechtfertigte Steuervorteile von Arbeitnehmern, die in einem Konzern beschäftigt sind, vermieden werden.[61]

90 Erfaßt wird die Überlassung von Waren und Dienstleistungen. Die Begriffe sind weit auszulegen. So fallen unter den **Warenbegriff** alle Wirtschaftsgüter, die im Wirtschaftsverkehr wie Sachen behandelt werden, also z. B. auch die Lieferung von Energie (Strom, Gas u. ä.). Zu den **Dienstleistungen** gehören alle Leistungen des Arbeitgebers, die üblicherweise gegen Entgelt erbracht werden. Dazu gehören Beförderungsleistungen, Beratung, Werbung, Datenverarbeitung, Kontoführung und Versicherungsschutz, Reiseveranstaltungen, aber auch die leihweise Überlassung von Grundstücken, Wohnungen, möblierten Zimmern oder Kraftfahrzeugen oder Maschinen und anderen beweg-

---

[61] BFH v. 15. 1. 1993 VI R 32/92, BStBl. II 1993, 356; v. 8. 11. 1996 VI R 100/95, BStBl. II 1997, 330; BVerfG v. 1. 2. 1993 2 BvR 2486/93, StE 1994, 46.

lichen Sachen (LStH 32 „Dienstleistungen"). Auch die Gewährung von Darlehen gehört zu den Dienstleistungen.[62]

Die Waren oder Dienstleistungen müssen nicht überwiegend für den Bedarf der Arbeitnehmer hergestellt, vertrieben oder erbracht werden. Dies bedeutet, daß es sich um die Produkte handeln muß, mit denen der Arbeitgeber am Markt nach außen auftritt. Dabei reicht es aus, wenn der Arbeitgeber die Waren oder Dienstleistungen nur über einen beschränkten Zeitraum anbietet. Unklar ist die Behandlung der Überlassung von Rohstoffen, Zutaten und Halbfertigprodukten sowie von fehlerhafter oder anderweitig minderwertiger Ware sowie von Hilfsgeschäften. Die – nicht überzeugende[63] – Ansicht der FinVerw (LStR 32 Abs. 1 Nr. 3) differenziert danach, ob die Rohstoffe, Zutaten und Halbfertigprodukte mengenmäßig überwiegend in die Erzeugnisse des Betriebs eingehen. Hier soll § 8 Abs. 3 EStG zur Anwendung kommen. Bei Betriebs- und Hilfsstoffen soll dies jedoch nur gelten, wenn diese ebenfalls überwiegend an fremde Dritte abgegeben werden.[64] ME kommt es nur darauf an, ob der Arbeitgeber mit den Waren oder Dienstleistungen am Markt auftritt. Es hängt also davon ab, ob die überlassenen Waren und Dienstleistungen zur externen Produktpalette des Arbeitgebers gehören. 91

Als geldwerter Vorteil ist bei der Bewertung nach § 8 Abs. 3 EStG der **um 4 v. H. geminderte Endpreis** anzusetzen, zu dem der Arbeitgeber oder der dem Abgabeort nächstansässige Abnehmer die Waren oder Dienstleistungen fremden Letztverbrauchern im allgemeinen Geschäftsverkehr anbietet. Dies sind grds. die Preise, mit denen die Waren ausgezeichnet werden.[65] Preisnachlässe können indes dann erfaßt werden, wenn offenkundig ist, daß sie jedem Kunden ohne besondere Nachfrage gewährt werden (z. B. sog. Hauspreise). Von dem so ermittelten Vorteil sind vom Arbeitnehmer etwa geleistete Zahlungen in Abzug zu bringen. 92

Die Bewertung nach § 8 Abs. 3 EStG führt zugleich dazu, daß dem Arbeitnehmer der **Rabattfreibetrag** des § 8 Abs. 3 Satz 2 EStG zusteht. Danach bleiben die Vorteile steuerfrei, sofern sie 2400 DM im Kalenderjahr nicht übersteigen. Bei mehreren Dienstverhältnissen kann der Arbeitnehmer den Freibetrag für jedes Dienstverhältnis in Anspruch nehmen. 93

Die Wertermittlung nach § 8 Abs. 3 EStG ist nicht anzuwenden, wenn der Arbeitgeber die Vorteile nach § 40 EStG pauschal versteuert. In diesem Fall kommt auch der Freibetrag nicht zur Anwendung, so daß sich im Verhältnis zur Regelbesteuerung eine höhere Steuerbelastung ergeben kann. 94

---

[62] BFH v. 4. 11. 1995 VI R 81/93, BStBl. II 1995, 338.

[63] Zur Kritik *Heuermann/Wagner* Teil D Rz. 193; *Wagner* in PzL Gruppe 2 Teil 2 Rz. 275.

[64] Vgl. Hess FG. v. 23. 5. 1997, EFG 1997, 1014 zur Abgabe medizinischen Bedarfs an Krankenhauspersonal.

[65] BFH v. 4. 6. 1993 VI R 95/92, BStBl. II 1993, 687.

3. Zuwendungen Dritter

100 Neben den Zahlungen und geldwerten Vorteilen, die der Arbeitgeber dem Arbeitnehmer gewährt, gehören auch Zuwendungen Dritter zum Arbeitslohn, wenn sie aufgrund des Dienstverhältnisses gewährt werden. Dritter idS ist jeder, der nicht als Zahlstelle oder Vertreter des Arbeitgebers Zahlungen leistet, sondern derjenige, der dem Arbeitnehmer aus eigenem Antrieb mit Rücksicht auf das Dienstverhältnis Zuwendungen macht.

101 Zu den wichtigsten Fallgruppen gehört die Gewährung freiwilliger **Trinkgelder**, die nach allgemeiner Ansicht zu Arbeitslohn führen.[66] Im Bereich gemeinnütziger Einrichtungen sind insoweit vor allem die Trinkgelder an Pflegepersonal in Krankenhäusern oder ähnlichen Einrichtungen von Bedeutung. Trinkgeldzahlungen Dritter, die ohne Rechtsgrund gezahlt werden, sind bis zu einem Betrag von 2400 DM nach § 3 Nr. 51 EStG steuerfrei. Läßt sich die Höhe der Trinkgelder nicht ermitteln, sind sie zu schätzen. Der Arbeitgeber ist grds. auch verpflichtet, die Lohnsteuer auf den Freibetrag übersteigende Trinkgeldzahlungen Dritter einzubehalten und an das Finanzamt abzuführen.[67] Dies soll durch eine Anzeigepflicht des Arbeitnehmers gewährleistet werden (LStR 106 Abs. 4 Satz 3). Eine andere Frage ist jedoch, ob der Arbeitgeber, dem der Arbeitnehmer die Höhe des Trinkgelds nicht oder unzutreffend mitteilt, als Haftender in Anspruch genommen werden kann.[68] Dies ist zu verneinen, da der Arbeitgeber keine Möglichkeit hat, den Arbeitnehmer zu wahren Angaben zu veranlassen. Allerdings bleibt die Haftung für dem Arbeitgeber bekannte Zahlungen unberührt.[69]

102 Im Bereich der Gemeinnützigkeit kann zudem die Frage der Gewährung von **Prämien durch Dritte** von Bedeutung sein. Hier entsteht Arbeitslohn und damit eine Lohnsteuerabführungspflicht nur dann, wenn die Prämiengewährung im Zusammenhang mit einem zu einer gemeinnützigen Körperschaft bestehenden Dienstverhältnis steht.

103 Von besonderer Bedeutung sind ferner **Preisnachlässe Dritter**, die diese im Hinblick auf das Arbeitsverhältnis gewähren. Hier sollen diejenigen Preisvorteile Arbeitslohn sein, an deren Verschaffung der Arbeitgeber mitgewirkt hat.[70] Eine Mitwirkung liegt vor, wenn

- aus dem Handeln des Arbeitgebers ein Anspruch des Arbeitnehmers auf den Preisvorteil entstanden ist,
- der Arbeitgeber für den Dritten Verpflichtungen übernommen hat, z. B. Inkasso oder Haftung,

---

[66] BFH v. 24. 10. 1997 VI R 23/94, DStR 1997, 2016; v. 23. 10. 1992 VI R 62/88, BStBl. II 1993, 117.

[67] BFH. v. 24. 10. 1997, aaO.

[68] Zur Haftung allgemein s. unten Rz. 276 ff.

[69] Vgl. auch *Heuermann/Wagner* Teil J Rz. 37.

[70] BMF v. 27. 9. 1993, BStBl. I 1993, 814.

- zwischen dem Arbeitgeber und dem Dritten eine enge wirtschaftliche oder tatsächliche Verflechtung oder eine enge Beziehung sonstiger Art besteht, z. B. ein Organschaftsverhältnis,
- dem Arbeitnehmer Preisvorteile von einem Unternehmen eingeräumt werden, dessen Arbeitnehmer ihrerseits Preisvorteile vom Arbeitgeber erhalten.

Eine Mitwirkung ist hingegen nicht anzunehmen, wenn der Arbeitgeber

- Angebote Dritter in seinem Betrieb bekanntmacht,
- Angebote Dritter an die Arbeitnehmer in seinem Betrieb duldet
- die Betriebszugehörigkeit des Arbeitnehmers bescheinigt.

An einer Mitwirkung des Arbeitgebers fehlt es ferner dann, wenn die Preisnachlässe auf einer Vereinbarung der Personalvertretung beruhen.[71]

III. Steuerfreie Zuwendungen

Angesichts der weiten Auslegung des Arbeitslohnbegriffs, der zu einem annähernd lückenlosen Besteuerungszugriff beim Arbeitnehmer führt, kommt der Frage, unter welchen Voraussetzungen Zuwendungen des Arbeitgebers steuerfrei bleiben können, eine hohe Bedeutung zu. Für den Arbeitnehmer ist es dabei ohne Belang, ob die Steuerpflicht schon deshalb entfällt, weil es sich um nicht steuerbare oder um zwar steuerbare, aber steuerbefreite Zuwendungen handelt.[72] Einen umfassenden, jedoch unsystematischen, Katalog von Befreiungstatbeständen enthält § 3 EStG. Von Bedeutung sind darüber hinaus die Steuerfreiheit von Sonntags-, Feiertags- oder Nachtarbeitszuschlägen nach § 3b EStG und der Versorgungsfreibetrag nach § 19 Abs. 2 EStG.[73] Ferner sieht § 19a EStG einen Freibetrag von 300 DM bei Überlassung von Vermögensbeteiligungen an Arbeitnehmer vor, der jedoch – vor allem wegen der im Verhältnis zur Höhe des Freibetrags viel zu komplizierten Regelung – in der Praxis kaum Bedeutung hat. Steuerfrei sind weiter die Arbeitnehmer-Sparzulage (§ 13 Abs. 1 5. VermBG) und die Wohnungsbauprämie (§ 6 WoPG). Neben diesen gesetzlichen Steuerbefreiungen hat die FinVerw in Verwaltungsvorschriften weitere Befreiungstatbestände geschaffen. 110

Da für gemeinnützige Einrichtungen keine Besonderheiten bei der Besteuerung bestehen, können sie – sofern die gesetzlichen Voraussetzungen erfüllt sind – wie jeder andere Arbeitgeber auch steuerfreie Leistungen gewähren. Von Bedeutung sind insbesondere:[74]

---

[71] Ausführlich dazu *Heuermann/Wagner* Teil D Rz. 204.

[72] Deshalb ist die in der Literatur stets erörterte Frage, welche Steuerbefreiungen deklaratorisch oder konstitutiv sind, in der Regel in der Praxis ohne Bedeutung. Vgl. hierzu *Heuermann/Wagner* Teil E Rz. 2.

[73] S. oben Rz. 51.

[74] Vgl. auch das ABC der steuerfreien Einnahmen bei *Heuermann/Wagner* Teil E Rz. 1.

1. Steuerbefreiung für nebenberufliche Tätigkeit

111 Die für Vereine, Wohltätigkeitsorganisationen und ähnliche gemeinnützige Einrichtungen wichtigste Steuerbefreiung ist in § 3 Nr. 26 EStG geregelt. Danach sind steuerfrei Einnahmen aus nebenberuflichen Tätigkeiten als Übungsleiter, Ausbilder, Erzieher, Betreuer oder einer vergleichbaren nebenberuflichen Tätigkeit, für nebenberufliche künstlerische Tätigkeiten oder für die nebenberufliche Pflege alter, kranker oder behinderter Menschen im Dienst oder Auftrag einer inländischen Person des öffentlichen Rechts oder einer unter § 5 Abs. 1 Nr. 9 KStG fallenden Einrichtung zur Förderung gemeinnütziger, mildtätiger oder kirchlicher Zwecke (§§ 52 bis 54 AO). Steuerfrei sind Einnahmen für die genannten Tätigkeiten bis zur Höhe von 3600 DM im Kalenderjahr (bis zum Veranlagungszeitraum 1999 blieben 2400 DM als fiktive Aufwandsentschädigung steuerfrei).

a) Nebenberufliche Tätigkeit

112 Die Steuerbefreiung ist auf eine nebenberufliche Tätigkeit beschränkt. Demzufolge ist eine hauptamtliche Tätigkeit in keinem Fall begünstigt. Dies läßt sich damit rechtfertigen, daß die Steuerbefreiung nicht eine generelle Förderung der begünstigten Einrichtungen bezweckt, sondern vor allem das nebenberufliche, ehrenamtliche Engagement fördern soll. Gleichwohl kommt die Steuerbefreiung wegen der damit verbundenen Anreizwirkung mittelbar auch den gemeinnützigen Einrichtungen zugute.

113 Ob eine Tätigkeit **nebenberuflich** ist, ist allein nach dem zeitlichen Umfang zu bestimmen. Die nebenberufliche Tätigkeit muß den zeitlichen Umfang für eine vergleichbare nichtselbständige Tätigkeit erheblich unterschreiten. Dies hat die Rechtsprechung[75] dahingehend konkretisiert, daß eine nebenberufliche Tätigkeit nicht mehr als ein Drittel der Arbeitszeit des vergleichbaren Vollzeiterwerbs beanspruchen darf. Dabei ist von der im vergleichbaren Hauptberuf üblichen (tarifvertraglichen) Arbeitszeit auszugehen. Es ist allerdings nicht erforderlich, daß neben der begünstigten Tätigkeit ein Hauptberuf ausgeübt wird. Deshalb können auch Hausfrauen, Rentner, Schüler und Studenten nebenberuflich i. S. d. § 3 Nr. 26 EStG tätig sein.

114 Keine begünstigte Nebentätigkeit liegt vor, wenn sie **in unmittelbarem Zusammenhang** mit dem Hauptberuf steht. Dies ist anzunehmen, wenn der Steuerpflichtige aufgrund der Haupttätigkeit rechtlich oder faktisch zur Übernahme der Nebentätigkeit verpflichtet ist, der Auftraggeber also die Übernahme der Tätigkeit nach der tatsächlichen Gestaltung des Vertragsverhältnisses und der Verkehrsanschauung erwarten kann.[76] Der unmittelbare Zusammenhang kann ferner dann be-

[75] BFH v. 30. 3. 1990 VI R 188/87, BStBl. II 1990, 854; v. 25. 9. 1992 VI R 41/90, BFH/NV 1993, 97

[76] BFH v. 22. 11. 1996 VI R 59/96, BStBl. II 1997, 254; v. 29. 1. 1987 IV R 189/85, BStBl. II 1987, 783.

stehen, wenn Haupt- und Nebentätigkeit unter den gleichen organisatorischen Bedingungen ausgeübt werden, so daß eine klare Trennung nicht möglich ist. Erforderlich ist jeweils eine Beurteilung anhand der Umstände des Einzelfalles; in der Regel wird jedoch der Zusammenhang bestehen, wenn Haupt- und Nebentätigkeit für einen Auftraggeber ausgeübt werden.

Bei **mehreren Tätigkeiten** ist die Nebenberuflichkeit jeweils ge- 115
sondert zu prüfen. Die Steuerbefreiung des § 3 Nr. 26 EStG kann der Steuerpflichtige jedoch nur einmal in Anspruch nehmen.[77]

b) Begünstigte Tätigkeiten

Die begünstigten Tätigkeiten sind in § 3 Nr. 26 EStG abschließend 120
aufgezählt, jedoch im einzelnen nicht definiert.

Unter **Übungsleiter** sind Personen zu verstehen, die Veranstaltungen leiten, in denen Menschen ihre Fähigkeiten selbst entwickeln und verbessern. Hierzu zählen vor allem die Tätigkeiten im sportlichen Bereich, z. B. als Trainer. Es kommt ausschließlich auf die tatsächlich ausgeübte Tätigkeit an. Unerheblich ist, ob der Übungsleiter im Besitz einer – von vielen Verbänden vorgesehenen – Übungsleiterlizenz ist.

Ausbilder fördern die Entwicklung geistiger und leiblicher Fähig- 121
keiten durch Ausbildung der vorhandenen Anlagen.[78] Dabei geht der Ausbildungsbegriff über den der Berufsausbildung hinaus und erfaßt auch alle Aus- und Fortbildungstätigkeiten, die der Allgemeinbildung zugute kommen.

Erzieher tragen – über die bloße Ausbildung hinaus – zur körper- 122
lichen, sittlichen und geistigen Formung von Kindern und Jugendlichen bei.[79]

Seit dem Veranlagungszeitraum 2000 ist auch die Tätigkeit eines **Be-** 123
treuers begünstigt. Der Inhalt dieses Begriffs ist nicht eindeutig geklärt. Nach der Gesetzesbegründung sollen Betreuungsleistungen mit pädagogischem Bezug begünstigt sein. Damit ist die Abgrenzung zum Erzieher fließend. UE kann der pädagogische Bezug bei Betreuungsleistungen nur untergeordneter Natur sein, so dass alle Betreuungsleistungen begünstigt sind, die einem Betreuungsbedürftigen gewährt werden. Dazu gehört die körperliche Betreuung ebenso wie die Hilfe im Haushalt und in Vermögensangelegenheiten.

Problematisch ist die Bestimmung, wann eine **vergleichbare Tätig-** 124
keit vorliegt. Abzustellen ist darauf, ob die zu vergleichende Tätigkeit der eines Übungsleiters, Ausbilders, Erziehers oder Betreuers in allen typischen und wichtigen Merkmalen entspricht.[80] Es muß sich also – mit Ausnahme des insoweit problematischen Falls des Betreuers – um Tätigkeiten handeln, die anderen Menschen Wissen, Kenntnisse, Fähig-

---

[77] BFH v. 30. 3. 1990 VI R 188/87, BStBl. II 1990, 854; v. 23. 6. 1988 VI R 21/86, BStBl. II 1988, 890.

[78] BFH v. 23. 1. 1986 IV R 24/84, BStBl. II 1986, 398.

[79] BFH v. 21. 12. 1965 V 24/62 U, BStBl. III 1966, 182.

[80] *Wagner* FR 1991, 683.

keiten oder Fertigkeiten jeglicher Art vermitteln[81] und in ihrem Kern pädagogisch geprägt sind.[82] Dies setzt einen persönlichen Kontakt zu Personen voraus, denen die Tätigkeit zugute kommt. Welche Tätigkeiten denen eines Betreuers vergleichbar sind, wird wohl erst durch die Rechtsprechung geklärt werden müssen.

125 Eine **künstlerische Tätigkeit** liegt nur dann vor, wenn die Person, die die Steuerbefreiung in Anspruch nehmen will, selbst eine schöpferische Leistung vollbringt, die den Kunstbegriff erfüllt.[83]

126 Die **Pflege alter, kranker und behinderter Menschen** umfaßt zum einen die körperliche Pflege in Form der kurzfristigen oder dauerhaften Grund- und Behandlungspflege, und zwar sowohl bei stationärer Unterbringung als auch bei häuslicher (ambulanter) Pflege. Darüber hinaus sieht die FinVerw (LStR 17 Abs. 1 Satz 2) auch Unterstützungen bei häuslichen Verrichtungen und Einkäufen, beim Schriftverkehr, bei der Altenhilfe entsprechend § 75 BSHG, z. B. der Wohnungs- oder Heimplatzbeschaffung und in Fragen der Inanspruchnahme altersgerechter Dienste als begünstigt an. Allerdings fällt eine reine Betreuung nicht unter die Steuerbefreiung, da der Begriff der Pflege eine konkret bestehende Pflegebedürftigkeit voraussetzt.

127 Von § 3 Nr. 26 EStG erfaßt sein soll ferner auch die Tätigkeit der **Rettungssanitäter und Ersthelfer** (LStR 7 Abs. 1 Satz 2). Dies muß m. E. auch für den präventiven Einsatz von Helfern im Sanitäts- und Rettungsdienst bei Veranstaltungen gelten.[84]

128 Nicht zu den begünstigten Tätigkeiten gehören alle Verrichtungen, die nur mittelbar den begünstigten Zwecken zugute kommen. Deshalb sind Aufwandsentschädigungen, die für **Hilfstätigkeiten** oder die **Bereitstellung des organisatorischen Rahmens** gezahlt werden, nicht steuerfrei. Unter diesen Personenkreis fallen z. B. Vereinsvorsitzende, Geschäftsführer, Hausmeister, Platzwarte und -kassierer, Reinigungskräfte.

c) Begünstigte Auftraggeber

131 Der Kreis der begünstigten Auftraggeber ist in § 3 Nr. 26 EStG abschließend beschrieben. Es muß sich um eine inländische Person des öffentlichen Rechts oder eine unter § 5 Abs. 1 Nr. 9 KStG fallende Einrichtung zur Förderung gemeinnütziger, mildtätiger und kirchlicher Zwecke handeln. Zur Bestimmung dieser Zwecke verweist das Gesetz auf die §§ 52 bis 54 AO.[85] Erfüllt der Auftraggeber diese Voraussetzungen nicht, sind gezahlte Entschädigungen auch dann nicht steuerfrei, wenn eine der begünstigten Tätigkeiten ausgeübt wird.

---

[81] FG Münster v. 8. 11. 1994, EFG 1995, 415; Nds. FG v. 2. 3. 1989, EFG 1989, 619.
[82] BFH v. 17. 10. 1991 IV R 106/90, BStBl. II 1992, 176.
[83] Vgl. BFH v. 11. 7. 1991 IV R 102/90, BStBl. II 1992, 413.
[84] *Wagner* FR 1991, 683; *Gaul* DStR 1993, 1169.
[85] Zu den Begriffsbestimmungen s. § 5.

d) Höhe der Steuerbefreiung

132 Steuerfrei sind Einnahmen von bis zu 3600 DM im Jahr. Damit ist das Kalenderjahr gemeint. Es handelt sich um einen Freibetrag, so daß nur Einnahmen, die diesen Betrag übersteigen, steuerpflichtig sind. Der Freibetrag steht dem Steuerpflichtigen pro Jahr nur einmal zu. Einnahmen aus mehreren Tätigkeiten sind zusammenzurechnen.[86] Der Freibetrag erhöht sich auch dann nicht, wenn die Einnahmen eine mehrjährige Tätigkeit abgelten sollen.[87]

2. Geringfügige Beschäftigung[88]

a) Verhältnis zur Sozialversicherung und Lohnsteuerpauschalierung

136 Insbesondere bei Sportvereinen, aber auch bei Wohltätigkeitsorganisationen wird ein großer Teil der anfallenden Aufgaben durch in der Regel geringfügig beschäftigte Arbeitnehmer, vor allem Hausfrauen und Studenten, übernommen. Deshalb kommt der Frage der steuerlichen Behandlung dieser Beschäftigungsverhältnisse in der Praxis hohe Bedeutung zu. Seit dem 1. 4. 1999[89] sieht § 3 Nr. 39 EStG für bestimmte Fälle der geringfügigen Beschäftigung eine Steuerbefreiung vor.

137 Steuerfrei ist das Arbeitsentgelt aus einer geringfügigen Beschäftigung i. S. d. § 8 Abs. 1 Nr. 1 SGB IV, für das der Arbeitgeber Beiträge nach § 168 Abs. 1 Nr. 1b SGB VI (geringfügig versicherungspflichtig Beschäftigte) oder nach § 172 Abs. 3 SGB VI (versicherungsfrei geringfügig Beschäftigte) zu entrichten hat, wenn die Summe der anderen Einkünfte des Arbeitnehmers nicht positiv ist. Die Vorschrift soll einen Ausgleich dafür schaffen, daß die Bezüge aus geringfügigen Beschäftigungsverhältnissen ab dem 1. 4. 1999 in die Sozialversicherungspflicht einbezogen worden sind und der Arbeitgeber pauschale Sozialversicherungsbeiträge abführen muß.[90]

138 Sind die Voraussetzungen der Steuerbefreiung erfüllt, tritt die Steuerfreiheit kraft Gesetzes ein. Der Arbeitgeber muß also keine Lohnsteuer einbehalten und abführen. Eine Pauschalversteuerung für geringfügig Beschäftigte kommt damit nur noch in den Fällen in Betracht, in denen der Arbeitslohn nicht nach § 3 Nr. 39 EStG steuerfrei ist, vor allem, wenn der geringfügig Beschäftigte noch über andere positive Einkünfte verfügt.[91]

---

[86] BFH v. 23. 6. 1998 IV R 21/86, BStBl. II 1988, 890.

[87] BFH v. 15. 2. 1990 IV R 87/89, BStBl. II 1990, 686.

[88] Zum Arbeitsrecht der geringfügig Beschäftigten s. § 13 Rz. 84.

[89] Gesetz zur Neuregelung der geringfügigen Beschäftigungsverhältnisse v. 24. 3. 1999, BGBl. I 1999, 388, BStBl. I 1999, 302.

[90] S. § 13 Rz. 95.

[91] S. unten Rz. 225 ff.

b) Voraussetzungen der Steuerbefreiung

aa) 15-Stunden-Grenze

139 § 3 Nr. 39 EStG verweist auf die sozialversicherungsrechtlichen Grenzen. Eine geringfügige Beschäftigung liegt danach vor, wenn die Beschäftigung weniger als 15 Stunden in der Woche ausgeübt wird und das Arbeitsentgelt regelmäßig im Monat 630 DM nicht übersteigt (§ 8 Abs. 1 Nr. 1 SGB IV). Da § 3 Nr. 39 EStG nicht auf § 8 Abs. 1 Nr. 2 SGB IV verweist, weicht der steuerrechtliche Begriff der geringfügigen Beschäftigung von der sozialversicherungsrechtlichen Definition dahingehend ab, daß kurzfristige Beschäftigungen nicht erfaßt werden. Arbeitslohn aus diesen Beschäftigungsverhältnissen ist also nur steuerfrei, wenn zugleich die Voraussetzung des § 8 Abs. 1 Nr. 1 SGB IV erfüllt ist. Im übrigen kommt bei kurzfristigen Beschäftigungsverhältnissen eine Pauschalierung nach § 40 a Abs. 1 EStG in Betracht.

140 Die Beschäftigung muß weniger als 15 Stunden in der Woche ausgeübt werden. Maßgeblich ist die tatsächlich geleistete Beschäftigungszeit, so daß z. B. Zeiten einer Bereitschaft nicht in die Berechnung einzubeziehen sind. „Woche" ist die **Kalenderwoche**, also ein Zeitraum von Montag bis Sonntag. Da das Gesetz ausdrücklich auf eine wochenbezogene Grenze abstellt, ist eine auf den Monat bezogene Durchschnittsberechnung unzulässig. Die 15-Stunden-Grenze gilt nur für die Frage der Steuerbefreiung, nicht für die Lohnsteuerpauschalierung nach § 40 a Abs. 2 EStG.

bb) 630-DM-Grenze

141 Der **regelmäßige** monatliche Arbeitslohn darf nicht mehr als 630 DM betragen. Danach steht der Steuerfreiheit nicht entgegen, wenn der Arbeitslohn gelegentlich die 630-DM-Grenze übersteigt. Nicht geregelt ist indes, unter welchen Voraussetzungen ein nur gelegentliches Überschreiten anzunehmen ist. Unschädlich dürften nur gelegentliche Sonderzahlungen in Form sonstiger Bezüge, wie z. B. Urlaubsgeld, Weihnachtsgratifikation, sein. Grenze ist der Gestaltungsmißbrauch nach § 42 AO.[92]

142 Für die Einhaltung der Grenze ist das Monatseinkommen maßgeblich. Bei kürzeren Lohnzahlungszeiträumen ist das im Kalendermonat gezahlte Entgelt zusammenzurechnen. Die Wochenlohngrenze des § 40 a Abs. 2 Satz 2 EStG findet keine Anwendung. Eine Stundenlohngrenze ist zwar nicht vorgesehen, diese ergibt sich jedoch aus dem Verhältnis des steuerfreien Höchstbetrages zur Wochenlohngrenze.

cc) Ausschluß der Steuerbefreiung bei anderen positiven Einkünften

143 Die Steuerbefreiung entfällt, wenn die Summe der anderen Einkünfte des geringfügig Beschäftigten positiv ist. Dies hat zur Folge, daß in einer Vielzahl von Fällen, in denen die geringfügige Tätigkeit als Zweit-

---

[92] *Heuermann/Wagner* Teil E Rz. 396

beschäftigung ausgeübt wird, neben den Sozialversicherungsabgaben zusätzlich Lohnsteuer anfällt, die entweder im Regelbesteuerungsverfahren oder pauschal nach § 40 a Abs. 2 EStG zu erheben ist. Diese Regelung trifft vor allem alle Einrichtungen, die nebenberufliche Übungsleiter beschäftigen. Neben dem Arbeitslohn aus einem anderen Dienstverhältnis sind andere Einkünfte alle Einkünfte i. S. d. § 2 Abs. 1 EStG, also z. B. auch der Ertragsanteil einer Rente, Zinseinnahmen oberhalb der Freibeträge, Einkünfte aus Gewerbebetrieb, selbständiger Tätigkeit oder aus Vermietung und Verpachtung. Zu den schädlichen Einkünften gehören auch Unterhaltszahlungen des geschiedenen Ehegatten, sofern dieser dafür den Sonderausgabenabzug in Anspruch nimmt. Unschädlich sind steuerfreie Einnahmen, wie z. B. Arbeitslosengeld, Arbeitslosenhilfe, Mutterschaftsgeld, und zwar auch dann, wenn diese Einkünfte dem Progressionsvorbehalt unterliegen. Auch pauschal besteuerte Bezüge sind nicht in die Berechnung einzubeziehen. Einkünfte des Ehegatten sind unschädlich, auch wenn die Ehegatten zusammen zur Einkommensteuer veranlagt werden. Damit sollen vor allem die geringfügigen Beschäftigungsverhältnisse von Hausfrauen begünstigt werden.[93]

c) Verfahren

Die gemeinnützige Körperschaft als Arbeitgeber darf den Arbeits- 144
lohn aus der geringfügigen Beschäftigung nur dann steuerfrei auszahlen, wenn der Arbeitnehmer eine **Freistellungsbescheinigung** nach amtlichem Muster vorlegt (§ 39 b Abs. 7 EStG), die der Arbeitnehmer beim Wohnsitzfinanzamt beantragen muß (§ 39 a Abs. 6 EStG). Die Freistellungsbescheinigung ist zum Lohnkonto zu nehmen. Dort ist das Datum der Bescheinigung, die Steuernummer sowie das steuerfrei gezahlte Arbeitsentgelt einzutragen. Bei Ende der Beschäftigung oder nach Ablauf des Veranlagungszeitraums ist auf der Freistellungsbescheinigung eine Lohnsteuerbescheinigung zu erteilen, aus der sich die Höhe des gezahlten Arbeitslohns und die Dauer der Beschäftigung ergibt.

3. Reisekostenvergütungen

Reisekostenvergütungen aus **öffentlichen Kassen** (zum Begriff der 150
öffentlichen Kasse LStH 14 a) sind nach § 3 Nr. 13 EStG steuerfrei. Seit dem Veranlagungszeitraum 2000 reicht es für die Steuerbefreiung nicht mehr aus, daß die reisekostenrechtlichen Bestimmungen zutreffend angewandt wurden. Infolge der Entscheidung des Bundesverfassungsgerichts zur Verfassungswidrigkeit der Gewährung der Aufwandsentschädigungen für Tätigkeiten in den neuen Bundesländern (sog. Buschzulage),[94] setzt auch die Finanzverwaltung nunmehr voraus, dass der Reisekostenvergütung ein entsprechender Aufwand gegenübergestanden hat, den der Steuerpflichtige im Zweifel nachweisen muß.

---

[93] Zur Prüfung, ob positive Einkünfte vorliegen, vgl. *Heuermann/Wagner* Teil E Rz. 398.

[94] V. 11. 11. 1998 1 BvL 10/95, FR 1999, 517 mit Anm. *Bergkemper.*

151 Reisekostenvergütungen aus **privaten Kassen** und damit auch Zahlungen gemeinnütziger Einrichtungen, die nicht unter den Begriff der öffentlichen Kasse fallen, sind nach § 3 Nr. 16 EStG steuerfrei. Den im Gesetz nicht definierten Reisekostenbegriff hat die FinVerw (LStR 37 mit Hinweisen) konkretisiert. Reisekosten sind: Fahrtkosten, Verpflegungsmehraufwendungen und Übernachtungs- und Reisenebenkosten, die im Zusammenhang mit einer beruflich veranlaßten Reise (Dienstreise, Fahrtätigkeit oder Einsatzwechseltätigkeit)[95] entstehen.

152 Im Rahmen dieser Tätigkeiten anfallende **Fahrtkosten** kann der Arbeitgeber bei Benutzung öffentlicher Verkehrsmittel in voller Höhe steuerfrei ersetzen. Nutzt der Arbeitnehmer eigene Fahrzeuge, können entweder die nachgewiesenen anteiligen Fahrzeugkosten oder aber pauschale Kilometersätze steuerfrei gezahlt werden. Letztere betragen je Fahrtkilometer

- bei einem Kraftwagen 0,52 DM
- bei einem Motorrad oder Motorroller 0,23 DM
- bei einem Moped oder Mofa 0,14 DM
- bei einem Fahrrad 0,07 DM

Nimmt der Arbeitnehmer weitere Personen mit, erhöhen sich die Pauschalen für Kraftwagen um 0,03 DM je Fahrtkilometer, für Motorräder oder Motorroller um 0,02 DM je Fahrtkilometer.

153 Mit diesen Beträgen sind grds. alle mit dem Betrieb des Fahrzeugs verbundenen Kosten abgedeckt. Daneben können nur außergewöhnliche Kosten steuerfrei ersetzt werden, wie z. B. Unfallschäden oder Aufwendungen für Reparaturen, die nicht auf Verschleiß beruhen.[96]

154 Infolge der Dienstreise entstehende **Verpflegungsmehraufwendungen** können bis zur Höhe der Verpflegungspauschalen des § 4 Abs. 5 Satz 1 Nr. 5 EStG steuerfrei ersetzt werden. Dies sind bei einer Dienstreise im Inland bei einer Abwesenheitszeit von

- weniger als 14, mindestens aber 8 Stunden 10 DM
- weniger als 24 Stunden, aber mindestens 14 Stunden 20 DM und
- vom mehr als 24 Stunden 46 DM.

Übersteigen die Erstattungen des Arbeitgebers diese Beträge, liegt steuerpflichtiger Arbeitslohn vor, der aber nach § 40 Abs. 2 Satz 1 Nr. 4 EStG pauschal besteuert werden kann (vgl. LStR 127). Dies gilt auch, wenn dem Arbeitnehmer tatsächlich höhere Aufwendungen als die Pauschbeträge entstanden sind.

155 Bei **Auslandsreisen** kommen die Pauschbeträge nicht zur Anwendung. In diesen Fällen kann der Arbeitgeber steuerfrei ersetzen bei einer Abwesenheitszeit von

- weniger als 14, mindestens aber 8 Stunden 40 v. H.
- weniger als 24 Stunden, aber mindestens 14 Stunden 80 v. H. und
- vom mehr als 24 Stunden 120 v. H.

---

[95] Zu den Begriffen ausführlich *Heuermann/Wagner* Teil E Rz. 261 ff, 600 „Dienstreise"; „Fahrtätigkeit".

[96] BFH v. 17. 10. 1973 VI R 26/73, BStBl. II 1974, 186; v. 25. 5. 1992 VI R 171/88, BStBl. II 1993, 44.

der höchsten Auslandstagegelder nach dem Bundesreisekostengesetz, die vom BMF im Einvernehmen mit den obersten Finanzbehörden der Länder festgesetzt werden.

Übernachtungskosten können grds. – bei entsprechendem Nachweis – in voller Höhe steuerfrei erstattet werden. Fehlen Belege, darf der Arbeitgeber für jede Übernachtung einen Pauschbetrag von 39 DM steuerfrei zahlen (LStR 40 Abs. 3). 156

4. Durchlaufende Gelder und Auslagenersatz

Nach § 3 Nr. 50 EStG sind steuerfrei die Beträge, die der Arbeitnehmer vom Arbeitgeber erhält, um sie für ihn auszugeben (durchlaufende Gelder), und die Beträge, durch die Auslagen des Arbeitnehmers für den Arbeitgeber ersetzt werden (Auslagenersatz). Es muß sich also um die Erstattung von Ausgaben handeln, die der Arbeitnehmer für Rechnung des Arbeitgebers macht und über die im einzelnen abgerechnet wird. Dies sind Zahlungen, die sich für einen Dritten bei wirtschaftlicher Betrachtung als Aufwendungen des Arbeitgebers darstellen. Pauschaler Auslagenersatz führt regelmäßig zu Arbeitslohn. Eine Ausnahme gilt für regelmäßige Zahlungen, sofern die pauschale Abgeltung im großen und ganzen den tatsächlichen Aufwendungen des Arbeitnehmers entspricht. Hierzu ist erforderlich, daß der Arbeitnehmer die entstandenen Aufwendungen über einen Zeitraum von 12 Monaten im einzelnen nachweist.[97] Auch die Erstattung von **Telefonkosten** kann Auslagenersatz sein, sofern Aufwendungen für dienstliche Gespräche vergütet werden.[98] Zu sog. Aufwandsentschädigungen, die an Vorstandsmitglieder gezahlt werden, s. Rz. 44. 160

5. Werkzeuggeld

Steuerfrei sind Entschädigungen für die betriebliche Nutzung von Werkzeugen eines Arbeitnehmers, soweit sie die entsprechenden Aufwendungen des Arbeitnehmers nicht offensichtlich übersteigen, § 3 Nr. 30 EStG. Es muß sich um **eigene** Werkzeuge des Arbeitnehmers handeln, die dieser angeschafft hat. Der Werkzeugbegriff ist eng auszulegen. Es muß sich um Handwerkszeuge handeln, die zur leichteren Handhabung, zur Herstellung oder Bearbeitung eines Gegenstands verwendet werden.[99] Deshalb sind z. B. Musikinstrumente und deren Einzelteile sowie EDV-Geräte kein Werkzeug i. S. d. § 3 Nr. 30 EStG, so daß diesbezügliche Erstattungen des Arbeitgebers zu Arbeitslohn führen (vgl. LStR 19). 161

Pauschale Erstattungen sind zulässig, sofern damit die üblicherweise durch die betriebliche Nutzung des Werkzeugs entstehenden Aufwendungen abgegolten werden (Abnutzung, Wartung, Instandhaltung). 162

---

97 BFH v. 21. 8. 1995 VI R 30/95, BStBl. II 1995, 906; LStR 22 Abs. 2.

98 Vgl. hierzu BMF v. 11. 6. 1990, BStBl. I 1990, 290; v. 14. 10. 1993, BStBl. I 1993, 908.

99 BFH v. 21. 8. 1995 aaO.

6. Berufskleidung

163 Nach § 3 Nr. 31 EStG ist die Überlassung typischer Berufskleidung steuerfrei. Dies gilt nicht nur für die Nutzungsüberlassung, sondern auch, wenn die Kleidungsstücke in das Eigentum des Arbeitnehmers übergehen. Zur typischen Berufskleidung gehören Kleidungsstücke, die als Arbeitsschutzkleidung auf die jeweilige Berufstätigkeit zugeschnitten sind oder nach ihrer z. B. uniformartigen Beschaffenheit oder einer dauerhaft angebrachten Kennzeichnung durch ein Firmen- oder Vereinsemblem objektiv eine berufliche Funktion erfüllen, sofern eine private Nutzung so gut wie ausgeschlossen ist (LStR 20). Die Berufskleidung ist zur sog. bürgerlichen Kleidung abzugrenzen, die auch üblicherweise im Alltag getragen wird. Maßgeblich ist eine Einzelfallbetrachtung, so daß sich eine umfangreiche Kasuistik entwickelt hat.[100]

164 Steuerfrei ist auch die Erstattung von Aufwendungen des Arbeitnehmers, die diesem durch den Erwerb typischer Berufskleidung entstehen. Voraussetzung ist aber, daß der Arbeitnehmer einen nicht nur einzelvertraglichen Anspruch auf die Gestellung der Berufskleidung hat, also z. B. aufgrund von Unfallverhütungsvorschriften, Tarifvertrag oder Betriebsvereinbarung. Für die betriebliche Veranlassung der Barablösung reicht aus, wenn die Beschaffung der Kleidungsstücke durch den Arbeitnehmer für den Arbeitgeber vorteilhafter ist. Auch pauschale Erstattungen sind zulässig, sofern sie nur die tatsächlichen entstehenden Aufwendungen abgelten.

7. Fahrtkostenzuschüsse

165 Steuerfrei sind nach § 3 Nr. 34 EStG auch **Fahrtkostenzuschüsse**, die der Arbeitgeber zusätzlich zum ohnehin geschuldeten Arbeitslohn zu den Aufwendungen des Arbeitnehmers für Fahrten zwischen Wohnung und Arbeitsstätte mit öffentlichen Verkehrsmitteln im Linienverkehr zahlt. Es muß sich um Zahlungen handeln, mit denen dem Arbeitnehmer tatsächlich entstehende Aufwendungen ersetzt werden. Pauschale Erstattungen sind steuerfrei, sofern sie den tatsächlichen Aufwand nicht übersteigen. Zuschüsse des Arbeitgebers zu den Aufwendungen für die Nutzung eines privaten Kraftfahrzeugs sind nach dem eindeutigen Gesetzeswortlaut nicht steuerfrei. Solche Zuwendungen können aber nach § 40 Abs. 2 Satz 2 EStG pauschal versteuert werden.[101]

166 Die Steuerfreiheit erstreckt sich auch auf die unentgeltliche oder verbilligte **Nutzung öffentlicher Verkehrsmittel** im Linienverkehr. Auch hier ist erforderlich, daß der Arbeitnehmer die Beförderungsleistung zusätzlich zum ohnehin geschuldeten Arbeitslohn in Anspruch nehmen kann. Damit sind die Fälle erfaßt, in denen der Arbeitgeber dem Arbeitnehmer die Fahrausweise zur Verfügung stellt.

---

[100] Vgl. zur Abgrenzung BFH v. 18. 4. 1991 IV R 13/90, BStBl. II 1991, 751; v. 16. 8. 1994 I B 5/94, BFH/NV 1995, 207; Beispiele bei *Heuermann/Wagner* Teil F Rz. 416.

[101] S. unten Rz. 230.

Kann der Arbeitnehmer die Fahrberechtigung auch privat nutzen (z. B. am Wochenende, Mitnahmemöglichkeit von Familienangehörigen), steht dies der Steuerbefreiung nicht entgegen, sofern der Umfang der Privatnutzung von verhältnismäßig geringer Bedeutung ist (LStR 21 b). **167**

8. Zukunftssicherungsleistungen

Nach § 3 Nr. 62 EStG sind steuerfrei die Leistungen des Arbeitgebers für die Zukunftssicherung des Arbeitnehmers, sofern der Arbeitgeber nach sozialversicherungsrechtlichen oder anderen Vorschriften zur Zahlung dieser Beträge verpflichtet ist. Dazu gehören insbesondere die Beitragsanteile des Arbeitgebers am Gesamtsozialversicherungsbeitrag (Rentenversicherung, Krankenversicherung, Pflegeversicherung und Arbeitslosenversicherung, einschließlich der Beiträge für geringfügig Beschäftigte) und Beiträge des Arbeitgebers nach § 172 Abs. 2 SGB VI zu einer berufsständischen Versorgungseinrichtung für Arbeitnehmer, die nach § 6 Abs. 1 Satz 1 Nr. 1 SGB VI von der Versicherungspflicht in der gesetzlichen Rentenversicherung befreit sind. **168**

Hinsichtlich der Arbeitgeberzuschüsse zu Krankenversicherungsbeiträgen und Beiträgen zur Pflegeversicherung nichtversicherungspflichtiger Arbeitnehmer besteht Steuerfreiheit, soweit der Arbeitgeber nach § 257 Abs. 1 SGB V und nach § 61 Abs. 1 SGB XI zur Zuschußleistung verpflichtet ist, d. h. steuerfrei ist die Hälfte des von versicherungspflichtigen Arbeitnehmern geschuldeten Beitrags, höchstens aber die Hälfte des tatsächlich gezahlten Beitrags (zu Einzelheiten LStR 24).

9. Abfindungen

Nach § 3 Nr. 9 EStG sind Abfindungen wegen einer vom Arbeitgeber veranlaßten oder gerichtlich ausgesprochenen Auflösung eines Dienstverhältnisses steuerfrei, soweit sie **16 000 DM** nicht überschreiten. Dieser steuerfreie Höchstbetrag, der echter Freibetrag ist, erhöht sich auf **20 000 DM**, wenn der Arbeitnehmer das 50. Lebensjahr vollendet und darüber hinaus das Dienstverhältnis mindestens 15 Jahre bestanden hat. Ist der Arbeitnehmer älter als 55 Jahre und besteht das Dienstverhältnis mindestens 20 Jahre, erhöht sich der Freibetrag auf **24 000 DM**. **175**

Damit werden **Entlassungsentschädigungen** erfaßt, die dem Arbeitnehmer zum Ausgleich für den Verlust des Arbeitsplatzes gezahlt werden. Es gilt der steuerrechtliche Arbeitnehmerbegriff, so daß z. B. auch Abfindungszahlungen an Geschäftsführer gemeinnütziger Einrichtungen unter die Steuerbefreiung fallen. **176**

Der **Abfindungsbegriff** ist weit zu fassen. Darunter fallen alle Zuwendungen, die zum Ausgleich für den Verlust des Arbeitsplatzes gewährt werden, also alle einmaligen oder laufenden Geldzahlungen einschließlich Vorruhestandsleistungen, aber auch die Gewährung anderer geldwerter Vorteile, z. B. die Überlassung des bisherigen Firmenfahr- **177** zeugs. Insoweit gilt: Alles was beim Arbeitnehmer als Arbeitslohn zufließen kann, kann auch als Abfindung geleistet werden.[102]

178 Die Steuerbefreiung kommt nur zur Anwendung, wenn es zu einer Auflösung des Dienstverhältnisses kommt, d. h. das bestehende Dienstverhältnis muß mit allen zivilrechtlichen Konsequenzen beendet sein. Eine Fortführung ist nur dann unschädlich, wenn ein inhaltlich anderer Arbeitsvertrag abgeschlossen wird.[103] Dies läßt sich nur anhand der Umstände des Einzelfalles bestimmen. Eine Betriebsübernahme führt wegen § 613 a BGB nicht zu einer Beendigung des Dienstverhältnisses.[104] Auch eine Freistellung von der Arbeit ist noch keine Beendigung des Dienstverhältnisses, so daß die während des Freistellungszeitraums geleisteten Zahlungen „normal" zu versteuern sind.[105]

179 Steuerfrei sind nur Zahlungen, die der Arbeitnehmer **wegen** der Beendigung des Dienstverhältnisses erhält. Deshalb können Zahlungen, auf die der Arbeitnehmer bereits einen Anspruch erworben hatte, auch nach Beendigung des Dienstverhältnisses nicht steuerfrei gezahlt werden. Damit sind z. B. Auszahlungen rückständigen Arbeitslohns, anteiliges Urlaubsgeld oder Tantiemen gemeint.

180 Erforderlich ist weiter eine arbeitgeberseitige Veranlassung oder eine gerichtlich ausgesprochene Auflösung des Dienstverhältnisses. Die Auflösung ist immer dann vom Arbeitgeber veranlaßt, wenn er die Ursache für die Beendigung des Dienstverhältnisses gesetzt hat. Dies setzt nicht immer eine Kündigung des Arbeitgebers voraus. Vielmehr kann die Ursache für die Beendigung des Dienstverhältnisses auch dann beim Arbeitgeber liegen, wenn dieser den Arbeitnehmer zu Kündigung oder zum Abschluß einer Aufhebungsvereinbarung veranlaßt.[106] Endet ein befristetes Arbeitsverhältnis durch Zeitablauf oder erreicht der Arbeitnehmer die Altersgrenze, fehlt es an einer arbeitgeberseitigen Veranlassung der Beendigung des Dienstverhältnisses, so daß in diesem Zusammenhang geleistete Zahlungen nicht steuerfrei sind. Bei einer durch das Gericht ausgesprochenen Auflösung des Dienstverhältnisses bleibt die Abfindung stets steuerfrei. Eine Ausnahme gilt nur dann, wenn durch die gerichtliche Entscheidung eine von einer Vertragspartei ausgesprochene Kündigung nur bestätigt wird (LStR 9 Abs. 2 Satz 3).

181 Die gesetzlich festgelegten Freibeträge sind **Höchstgrenzen**, die auch dann nur einmal zu berücksichtigen sind, wenn die Zahlung in mehreren Teilbeträgen erfolgt. In diesem Fall sind die Zahlungen so lange steuerfrei, bis der Höchstbetrag erreicht wird.

182 Werden die Höchstbeträge überschritten, entsteht in Höhe des den Freibetrag übersteigenden Teils Arbeitslohn. Es kann jedoch eine er-

---

102 Vgl. BFH v. 11. 1. 1980 VI R 167/77, BStBl. II 1980, 205.

103 BFH v. 10. 10. 1986 VI R 178/83, BStBl. II 1987, 186; FG Münster v. 16. 5. 1997, EFG 1997, 1298.

104 BFH v. 16. 7. 1997 XI R 85/86, BStBl. II 1997, 666.

105 BFH v. 27. 4. 1994 XI R 41/93, BStBl. II 1994, 653; FG BaWü v. 16. 6. 1997, EFG 1997, 1297.

106 BFH v. 17. 5. 1977, BStBl. II 1977, 735.

mäßigte Besteuerung nach § 34 Abs. 1 und Abs. 2 EStG möglich sein, sofern es sich bei der Abfindung um **außerordentliche Einkünfte** in Form von Entschädigungen für entgangene Einnahmen handelt. Dies sind Zuwendungen, die den Schaden ausgleichen sollen, der durch den Wegfall von Einnahmen entsteht. Sie sind damit abzugrenzen von Zahlungen, die in Erfüllung eines bestehenden gesetzlichen oder vertraglichen Anspruchs erfolgen. Sie müssen deshalb auf einer neuen Rechts- oder Billigkeitsgrundlage beruhen.[107] Diese Voraussetzung wird bei der Vereinbarung von Abfindungen aus Anlaß der Beendigung eines Dienstverhältnisses in aller Regel gegeben sein. Denn die Abfindungszahlung findet ihre Rechtsgrundlage gerade nicht in dem bislang bestehenden Schuldverhältnis (= Arbeitsvertrag) und dient nicht der Erfüllung der daraus folgenden Verpflichtungen, sondern sie beruht auf einer eigenen Vereinbarung, die eine neue rechtliche Grundlage darstellt.

Da § 34 EStG Tarifvorschrift ist, führt jedoch nicht jede Entschädi- **183**
gung zu außerordentlichen Einkünften. Vielmehr darf eine Entschädigung nur dann dem ermäßigten Steuersatz unterworfen werden, wenn Einnahmen, die sich bei normalem Ablauf der Dinge auf mehrere Jahre verteilt hätten, dem Empfänger **geballt zufließen**.[108] Dementsprechend kommt die ermäßigte Besteuerung grds. nur zur Anwendung, wenn die Abfindung für entgangene oder entgehende Einnahmen, die sich bei normalem Verlauf über mehrere Jahre verteilt hätte, **in einem Veranlagungszeitraum** gezahlt wird. Der Steuerpflichtige muß also in einem Veranlagungszeitraum mehr erhalten, als ihm bei normalem Verlauf der Dinge zugestanden hätte. Wird demnach eine Abfindungszahlung über mehrere Jahre verteilt, führt dies dazu, daß die Zahlungen – soweit sie nicht steuerfrei sind – mit dem Regelsteuersatz der Besteuerung unterliegen. Insbesondere beim Zusammentreffen mit einer hohen Einmalzahlung in einem Veranlagungszeitraum und geringen Zahlungen in den Folgejahren kann dies zu erheblichen Steuernachteilen führen.[109]

Die Anwendung der Tarifermäßigung ist **antragsgebunden**. Dem **184**
Steuerpflichtigen steht damit ein Wahlrecht zu, ob die Tarifermäßigung oder das Regelbesteuerungsverfahren zur Anwendung kommt. Das Wahlrecht kann aber nur einmal ausgeübt werden, da der Antrag unwiderruflich ist.

Liegen die Voraussetzungen für die Tarifermäßigung vor, ist die Steu- **185**
er nach dem Gesetzeswortlaut wie folgt zu berechnen: Die für die außerordentlichen Einkünfte anzusetzende Steuer beträgt das Fünffache des Unterschiedsbetrags zwischen der Einkommensteuer für das um diese Einkünfte verminderte zu versteuernde Einkommen (verbleibendes zu versteuerndes Einkommen) und der Einkommensteuer für das

---

107 St. Rspr. vgl. BFH v. 25. 8. 1993 XI R 8/93, BStBl. II 1994, 167 mwN; v. 16. 3. 1993 XI R 10/92, BStBl. II 1993, 497; *Schmidt/Seeger* § 24 EStG Rz. 6.

108 Vgl. BFH v. 20. 10. 1978 VI R 107/77, BStBl. II 1979, 176; v. 2. 9. 1992 XI R 63/89, BStBl. II 1993, 831; *Offerhaus* DStZ 1997, 108 (110)

109 Im einzelnen ist in diesem Zusammenhang noch vieles streitig. Ausführlich zum Streitstand *Heuermann/Wagner* Teil E Rz. 115 ff.

verbleibende zu versteuernde Einkommen zuzüglich eines Fünftels dieser Einkünfte. Sofern das verbleibende zu versteuernde Einkommen negativ und das zu versteuernde Einkommen positiv ist, so gelten als außerordentliche Einkünfte das positive zu versteuernde Einkommen.

Die Berechnung vollzieht sich also in vier Stufen:

1. Schritt: Für das zu versteuernde Einkommen ohne die außerordentlichen Einkünfte (= das verbleibende zu versteuernde Einkommen = vzvE) wird die Einkommensteuer nach dem Regeltarif ermittelt.
2. Schritt: Sodann erfolgt die Ermittlung der Einkommensteuer nach dem Regeltarif für das um ein Fünftel der außerordentlichen Einkünfte erhöhte vzvE
3. Schritt: Die Differenz zwischen den in den Schritten 1 und 2 errechneten Steuerbeträgen wird ermittelt und verfünffacht.
4. Schritt: Addition der in Schritt 1 und Schritt 3 ermittelten Beträge = festzusetzende Steuer.

10. Sonntags-, Feiertags-, Nachtarbeitszuschläge

190 Nach § 3 b EStG sind steuerfrei Zuschläge, die für tatsächlich geleistete Sonntags-, Feiertags- oder Nachtarbeit neben dem Grundlohn gezahlt werden, soweit sie bestimmte v. H.-Sätze nicht übersteigen. Darüber hinausgehende Beträge sind steuerpflichtig und dem Lohnsteuerabzug zu unterwerfen. Die Steuerfreiheit gilt nur für tatsächlich geleistete Arbeit, so daß z. B. Bereitschaftsdienstentschädigungen, die ohne Rücksicht auf ein tatsächliches Tätigwerden gezahlt werden, steuerpflichtig sind. Gleiches gilt für pauschale Zuschläge, sofern es sich nicht um Abschlagszahlungen handelt (zu Einzelheiten LStR 30).

Im **Überblick** stellt sich die **Steuerbefreiung** wie folgt dar:[110]

Begünstigte Arbeitszeit	Höchstmöglicher Zuschlagssatz	Besonderheiten
Nachtarbeit 20–6 Uhr	25 v. H.	bei Aufnahme vor 0 Uhr; 40 v. H. von 0–4 Uhr, zusätzlich Zuschlag für Sonntags- und Feiertagsarbeit von 0–4 Uhr des auf den Sonn- oder Feiertag folgenden Tages
Sonntagsarbeit 0–24 Uhr	50 v. H.	nicht neben Feiertagszuschlägen
Feiertagsarbeit 0–24 Uhr und Silvester ab 14 Uhr	125 vH	daneben kein Zuschlag für Sonntagsarbeit
Weihnachten 24. 12. bis 26. 12. 24 Uhr sowie 1. Mai	150 v. H.	daneben kein Zuschlag für Sonntagsarbeit

[110] Nach *Küttner* Personalbuch, Stw. Sonn- und Feiertagsarbeit, Rz. 29.

11. Sonstige steuerfreie Zuwendungen

Neben den im einzelnen dargestellten steuerfreien Zuwendungen des Arbeitgebers gibt es noch eine Vielzahl weiterer Befreiungen. Zu erwähnen sind hier z. B. Kinderbetreuungsaufwendungen (§ 3 Nr. 33 EStG), Erstattung von Aufwendungen für eine beruflich veranlaßte doppelte Haushaltsführung (§ 3 Nr. 16 EStG), Heirats- und Geburtsbeihilfen (§ 3 Nr. 15 EStG), Sammelbeförderung (§ 3 Nr. 32 EStG), Umzugskostenvergütungen (§ 3 Nr. 13 und 16 EStG), Trinkgeldzahlungen Dritter bis zur Höhe von 2400 DM im Kalenderjahr. 194

E. Lohnsteuerverfahren

I. Allgemeines

Unter dem Lohnsteuer(abzugs)verfahren ist die Ermittlung, Festsetzung und Erhebung der Lohnsteuer sowie des Solidaritätszuschlags und ggf der Kirchensteuer zu verstehen (§§ 38 ff. EStG). Da die Lohnsteuer keine eigene Steuerart ist, sind die Lohnsteuereinbehaltungen ihrem Charakter nach die Vorauszahlungen auf die mit Ablauf des Kalenderjahrs entstehende und auf die Einkünfte aus nichtselbständiger Arbeit entfallende Einkommensteuerschuld.[111] Der Arbeitnehmer ist und bleibt – außer in den Fällen der Lohnsteuerpauschalierung[112] – Schuldner der Lohnsteuer (§ 38 Abs. 2 Satz 1 EStG). Die Besonderheit der Steuererhebung besteht in der Einschaltung des Arbeitgebers in das Erhebungsverfahren. Er hat die Besteuerungsgrundlagen zu ermitteln, die Steuer zu berechnen, einzubehalten und für Rechnung des Arbeitnehmers an das Finanzamt abzuführen. Die Inanspruchnahme des Arbeitgebers für die Zwecke der Steuererhebung ist verfassungsgemäß. 200

Das Lohnsteuerabzugsverfahren nach den §§ 38 ff. EStG kommt zum einen zur Anwendung, wenn der Arbeitslohn von einem **inländischen Arbeitgeber** gezahlt wird. Dies ist der Fall, wenn die gemeinnützige Einrichtung im Inland einen gewöhnlichen Aufenthalt, die Geschäftsleitung, den Sitz, eine Betriebsstätte oder einen ständigen Vertreter im Sinne der §§ 8 bis 13 AO hat (§ 38 Abs. 1 Satz 1 Nr. 1 EStG). § 38 Abs. 1 Satz 1 Nr. 2 EStG erstreckt das Lohnsteuerabzugsverfahren auf ausländische Arbeitgeber, die einem Dritten (Entleiher) Arbeitnehmer gewerbsmäßig zur Arbeitsleistung im Inland überläßt, sog. **ausländischer Verleiher**. 201

II. Einbehaltungspflicht des Arbeitgebers

Nach § 38 Abs. 3 EStG hat der Arbeitgeber die Lohnsteuer bei jeder Lohnzahlung vom Arbeitslohn einzubehalten. Da die Lohnsteuer erst 202

[111] BFH v. 18. 7. 1985 VI R 208/82, BStBl. II 1986, 152.
[112] S. unten Rz. 225.

im Zeitpunkt des Zuflusses beim Arbeitnehmer entsteht, kommt ein Lohnsteuerabzug vor dem Zufluß nicht in Betracht. Der Arbeitslohn ist zugeflossen, wenn der Arbeitnehmer wirtschaftlich über ihn verfügen kann, wie z. B. bei Zahlung, Verrechnung oder Gutschrift.[113] Eine Lohnverwendungsabrede steht der Annahme des Zuflusses nicht entgegen. Bei Lohnverzicht kommt es nur dann nicht zum Zufluß, wenn der Verzicht nicht mit einer Verwendungsauflage verbunden ist.[114]

203 Die Einbehaltungspflicht des Arbeitgebers erfaßt auch **Zuwendungen Dritter**, sofern diese als Arbeitslohn zu qualifizieren sind. Damit wird vor allem die Gewährung von Trinkgeldern erfaßt. Sie unterliegen dem Lohnsteuerabzug jedenfalls dann, wenn der Arbeitgeber in die Verteilung eingeschaltet ist, er also z. B. eine Trinkgeldkasse führt. Ist er nicht eingeschaltet, ist der Arbeitnehmer verpflichtet, die Zuwendungen dem Arbeitgeber anzuzeigen. Die so ermittelten Beträge hat der Arbeitgeber bei der Lohnversteuerung zugrunde zu legen (LStR 106 Abs. 4). Die Anzeige hat der Arbeitgeber zum Lohnkonto zu nehmen; ferner ist der Trinkgeldfreibetrag des § 3 Nr. 51 EStG zu berücksichtigen, so daß nur Trinkgelder, soweit sie den Betrag von 200 DM bei monatlicher Lohnzahlung, 46,70 DM bei wöchentlicher Lohnzahlung und 6,70 DM bei täglicher Lohnzahlung übersteigen, zum Lohnsteuerabzug führen. Kommt der Arbeitnehmer der Anzeigepflicht nicht nach, entfällt eine Einbehaltungspflicht und damit auch eine Haftung des Arbeitgebers, da der Arbeitgeber nicht zu einer Schätzung der Trinkgeldeinnahmen befugt ist.[115]

204 Die Einbehaltungspflicht besteht auch dann, wenn der Arbeitslohn von Dritten **gepfändet** ist.

205 Von der Einbehaltungspflicht kann der inländische Arbeitgeber aber dann befreit sein, wenn ihm eine **Freistellungsbescheinigung** des Betriebsstättenfinanzamts vorliegt. Diese kann erteilt werden, wenn der von einem inländischen Arbeitgeber gezahlte Arbeitslohn durch ein Doppelbesteuerungsabkommen oder den Auslandstätigkeitserlaß[116] von der Lohnsteuer freigestellt ist.

III. Berechnung der Lohnsteuer

210 Hinsichtlich der Berechnung der einzubehaltenden Steuerbeträge ist zwischen unbeschränkt steuerpflichtigen und beschränkt steuerpflichtigen Arbeitnehmern zu unterscheiden.

1. Unbeschränkt steuerpflichtige Arbeitnehmer

211 Die Durchführung des Lohnsteuerabzugs für unbeschränkt steuerpflichtige Arbeitnehmer ist in § 39 b EStG geregelt. Unbeschränkt steuerpflichtig sind nach § 1 Abs. 1 Satz 1 EStG alle natürlichen Perso-

---

[113] BFH v. 10. 12. 1985 VIII R 15/83, BStBl. II 1986, 342.
[114] BFH v. 30. 7. 1993 VI R 87/92, BStBl. II 1993, 884.
[115] BFH v. 24. 10. 1997 VI R 23/94, BStBl. II 1999, 323.
[116] BMF v. 31. 10. 1983, BStBl. I 1983, 470.

nen, die ihren Wohnsitz oder gewöhnlichen Aufenthalt im Inland haben (§ 1 Abs. 1 EStG). Nach dem steuerrechtlichen Wohnsitzbegriff des § 8 AO hat der Steuerpflichtige einen **Wohnsitz**, wenn er eine Wohnung unter Umständen innehat, die darauf schließen lassen, daß er die Wohnung beibehalten und benutzen wird. Maßgeblich sind die tatsächlichen Verhältnisse im maßgeblichen Veranlagungszeitraum, nicht die melderechtliche Lage. Einen gewöhnlichen Aufenthalt (§ 9 AO) hat eine Person dort, wo sie sich unter Umständen aufhält, die erkennen lassen, daß sie in diesem Ort oder in diesem Gebiet nicht nur vorübergehend verweilt. Ein gewöhnlicher Aufenthalt – und damit die unbeschränkte Steuerpflicht – ist stets und von Anfang an anzunehmen, wenn es sich um einen zeitlich zusammenhängenden Aufenthalt von mehr als sechs Monaten handelt (§ 9 Satz 2 AO).

Grenzgänger, die von ihrer Arbeitsstätte im Inland täglich in ihr **212** Heimatland zurückkehren, haben im Inland keinen gewöhnlichen Aufenthalt.[117] Sie können jedoch auf Antrag unbeschränkt steuerpflichtig werden (sog. erweiterte unbeschränkte Steuerpflicht), wenn ihre Einkünfte zu mindestens 90 v. H. der deutschen Besteuerung unterliegen bzw. ihre nicht der deutschen Besteuerung unterliegenden Einkünfte nicht mehr als 12000 DM im Kalenderjahr betragen. Die Höhe der nicht der deutschen Einkommensteuer unterliegenden Einkünfte ist durch eine Bescheinigung der ausländischen Steuerbehörde nachzuweisen (vgl. § 1 Abs. 3 EStG). Unbeschränkt einkommensteuerpflichtig sind – ohne Antrag – nach § 1 Abs. 2 EStG ferner deutsche Staatsangehörige, die keinen Wohnsitz oder gewöhnlichen Aufenthalt im Inland haben, aber in einem Dienstverhältnis zu einer inländischen Person des öffentlichen Rechts stehen und dafür Arbeitslohn aus einer inländischen öffentlichen Kasse beziehen, einschließlich der im Haushalt lebenden Angehörigen, sofern diese die deutsche Staatsangehörigkeit besitzen oder keine bzw. nur im Inland steuerpflichtige Einkünfte beziehen. Für die Durchführung des Lohnsteuerabzugs gelten für den von § 1 Abs. 2 und Abs. 2 EStG erfaßten Personenkreis Sonderregelungen (§ 39c Abs. 3 und 4 EStG), da nicht in Inland Ansässigen keine Lohnsteuerkarte ausgestellt wird (§ 39 Abs. 1 EStG).

Grundlage des Lohnsteuerabzugs ist die von der Gemeinde (§ 39 **213** EStG) ausgestellte **Lohnsteuerkarte**, die der Arbeitnehmer dem Arbeitgeber bei Beginn des Arbeitsverhältnisses und zu Beginn eines jeden Kalenderjahres vorzulegen hat. Die Lohnsteuerkarte enthält die für die Besteuerung maßgeblichen Merkmale. Dazu gehören neben Namen und Anschrift des Steuerpflichtigen und dem Geburtsdatum vor allem die Steuerklasse, die Zahl der Kinderfreibeträge bei den Steuerklassen I bis IV und die – für den Kirchensteuerabzug wichtige – Angabe der Religionszugehörigkeit. Ferner kann sich der Arbeitnehmer verschiedene Freibeträge eintragen lassen (§ 39b EStG), die beim Lohnsteuerabzug zu beachten sind. Der Arbeitgeber ist an die Eintragungen in der

---

[117] BFH v. 20. 4. 1988 I R 219/82, BStBl. II 1990, 701; v. 6. 2. 1985 I R 23/82, BStBl. II 1985, 331.

Lohnsteuerkarte selbst dann gebunden, wenn sie für ihn erkennbar unrichtig sind.[118] Der Arbeitgeber darf die Angaben in der Lohnsteuerkarte nur für die Zwecke des Lohnsteuerverfahrens verwenden; eine Offenlegung gegenüber Dritten ist nur aufgrund gesetzlicher Vorschriften möglich. Verletzt der Arbeitgeber das Offenbarungsverbot, kann er sich schadensersatzpflichtig machen.

Nach Abschluß des Kalenderjahres oder bei einer Beendigung des Arbeitsverhältnisses hat der Arbeitgeber die Lohnsteuerkarte dem Arbeitnehmer auszuhändigen, nachdem er die Lohnsteuerbescheinigung erteilt hat.

214 Um seiner Einbehaltungspflicht zu entsprechen, hat der Arbeitgeber beim Steuerabzug vom **laufenden Arbeitslohn** zunächst den Lohnzahlungszeitraum und die Höhe des in diesem Zeitraum zugeflossenen laufenden Arbeitslohns festzustellen. Zum laufenden Arbeitslohn gehören die Zuwendungen, die dem Arbeitnehmer regelmäßig zufließen (z. B. Lohn, Gehalt, Zuschläge, Zulagen, regelmäßige Sachbezüge). Sonstige Bezüge sind dem laufenden Arbeitslohn hinzuzurechnen, wenn sie 300 DM im Lohnzahlungszeitraum nicht übersteigen (§ 39 b Abs. 3 Satz 8 EStG). Vorauszahlungen oder Nachzahlungen, die das laufende Kalenderjahr betreffen, sind zum Zwecke des Lohnsteuerabzugs den Lohnzahlungszeiträumen zuzurechnen, zu denen sie gehören.[119] Der so vom Arbeitgeber auf den Veranlagungszeitraum entfallende Arbeitslohn ist sodann ggf. um den anteiligen Versorgungsfreibetrag und den Entlastungsfreibetrag zu kürzen. Ferner sind die in der Lohnsteuerkarte ausgewiesenen Freibeträge in Abzug zu bringen. Der verbleibende Rest ist der steuerpflichtige Arbeitslohn, der der Besteuerung zugrunde zu legen ist. Die auf diesen entfallende Lohnsteuer hat der Arbeitgeber aus den dafür erstellten **Lohnsteuertabellen** abzulesen. Bei der heute wohl gebräuchlicheren **maschinellen Lohnabrechnung** und Lohnsteuerberechnung kann der Arbeitgeber die Lohnsteuer ohne besondere Genehmigung unabhängig von den Lohnsteuertabellen ermitteln, solange die ermittelten Beträge nur unwesentlich von den Lohnsteuertabellen abweichen (LStR 121 Abs. 1). Bei einer **Nettolohnvereinbarung** ist die Lohnsteuer nach dem Bruttolohn zu berechnen, der nach Abzug der Lohnsteuer den ausgezahlten Nettobetrag ergibt.

215 Gewährt der Arbeitgeber neben den laufenden Bezügen **sog. sonstige Bezüge** (z. B. Erfolgs- oder Siegprämien, Weihnachtsgeld, Urlaubsgeld, Gratifikationen, Erfindervergütungen und ähnliche Zuwendungen), gelten für die Ermittlung der Lohnsteuer besondere Regelungen (§ 39 b Abs. 3 EStG). Die auf den sonstigen Bezug entfallende Lohnsteuer wird mit dem Unterschiedsbetrag erhoben, der sich bei Anwendung der Jahrestabelle auf den voraussichtlichen Arbeitslohn zuzüglich des sonstigen Bezuges und auf den voraussichtlichen Jahresarbeitslohn ohne den sonstigen Bezug ergibt (Einzelheiten LStR 119).

---

[118] BFH v. 26. 7. 1974 VI R 24/69, BStBl. II 1974, 756.

[119] *Schmidt/Drenseck* § 39b Rz. 2.

2. Beschränkt steuerpflichtige Arbeitnehmer

220 Hat der Arbeitnehmer im Inland weder einen Wohnsitz noch einen gewöhnlichen Aufenthalt und liegen die Voraussetzungen einer erweiterten unbeschränkten Steuerpflicht nicht vor, ist er mit seinen im Inland erzielten Einkünften beschränkt steuerpflichtig. Für den Lohnsteuerabzug wird der Arbeitnehmer hinsichtlich des ersten Dienstverhältnisses in die Steuerklasse I, hinsichtlich weiterer Dienstverhältnisse in die Steuerklasse VI eingereiht. Grundlage dieser Besteuerung ist eine vom Betriebsstättenfinanzamt auszustellende Bescheinigung, aus der sich die Steuerklasse ergibt und in die auch etwaige Steuerbefreiungen oder Freibeträge eingetragen werden. Die Bescheinigung übernimmt somit die Funktion der Lohnsteuerkarte. Wird die Bescheinigung nicht vorgelegt, hat die Einbehaltung der Lohnsteuer nach Steuerklasse VI zu erfolgen. Da eine Einkommensteuerveranlagung bei beschränkt Steuerpflichtigen nicht durchgeführt wird, gilt die auf den Arbeitslohn entfallende Steuer mit dem Lohnsteuerabzug als abgegolten.

3. Arbeitnehmer ohne Steuerkarte

221 Legt der Arbeitnehmer schuldhaft seine Lohnsteuerkarte nicht vor, ist die Lohnsteuer nach der Steuerklasse VI zu ermitteln. Ein schuldhaftes Verhalten liegt nicht vor, wenn der Arbeitnehmer die Lohnsteuerkarte für das laufende Kalenderjahr bis zum 31. 3., nach Eintritt in das Dienstverhältnis innerhalb von sechs Wochen vorlegt oder die ihm während des Dienstverhältnisses – z. B. für Änderungen – ausgehändigte Lohnsteuerkarte innerhalb von sechs Wochen zurückgibt.

4. Sonderfall: Pauschalierung der Lohnsteuer

225 In verschiedenen, in den §§ 40, 40 a und 40 b EStG abschließend genannten Fällen kann der Arbeitgeber vom Regelbesteuerungsverfahren abweichen und die Lohnsteuer mit variablen Steuersätzen, die jeweils von Fall zu Fall ermittelt werden müssen, oder mit gesetzlich festgelegten festen Steuersätzen erheben. Die Anwendung dieser Erhebungsform steht dem Arbeitgeber frei; ihm steht ein Pauschalierungswahlrecht zu. Als Folge der Pauschalierung hat der Arbeitgeber die pauschale Lohnsteuer zu übernehmen. Er wird Schuldner der Lohnsteuer. Im Gegenzug bleibt der pauschal besteuerte Arbeitslohn bei der Einkommensteuerveranlagung des Arbeitnehmers außer Ansatz. Die pauschale Lohnsteuer ist weder auf die Einkommensteuer noch auf die Jahreslohnsteuer des Arbeitnehmers anzurechnen. Die arbeitsrechtlich zulässige Vereinbarung, daß der Arbeitnehmer die Pauschalsteuer wirtschaftlich trägt (Überwälzung), ist steuerlich unbeachtlich (§ 40 Abs. 3 EStG).[120]

---

[120] Dies ist seit dem 1. 4. 1999 durch das StEntlG 1999/2000/2002 klargestellt. Vgl. hierzu auch BMF-Schreiben v. 10. 1. 2000, DStR 2000, 157.

a) Pauschalierung mit variablem Steuersatz

226 Die Pauschalierung mit einem variablen Steuersatz ist nach § 40 Abs. 1 Satz 1 Nr. 1 EStG zum einen dann möglich, wenn der Arbeitgeber **sonstige Bezüge**, also z. B. Weihnachts-, Urlaubsgeld oder ähnliche einmalige Zuwendungen, in einer größeren Zahl von Fällen gewährt. Eine größere Zahl von Fällen setzt nach Ansicht der FinVerw (LStR 126 Abs. 1) voraus, daß mindestens 20 Arbeitnehmer in die Pauschalierung einbezogen werden.[121] Die Pauschalierung ist jedoch ausgeschlossen, soweit der Arbeitgeber einem Arbeitnehmer sonstige Bezüge von mehr als 2000 DM im Kalenderjahr gewährt. Ob die Grenze überschritten ist, hat der Arbeitgeber anhand der Aufzeichnungen im Lohnkonto zu prüfen. Für die übrigen Arbeitnehmer bleibt die Pauschalierung zulässig, soweit die 20-Personen-Grenze überschritten bleibt.

227 Zum anderen ist die Pauschalierung zulässig, wenn Lohnsteuer in einer größeren Zahl von Fällen – auch hier gilt die 20-Personen-Grenze – **nachzuerheben** ist, weil der Arbeitgeber die Lohnsteuer nicht ordnungsgemäß einbehalten hat. Die 2000-DM-Grenze gilt für diesen Pauschalierungsfall nicht.

228 Die Pauschalierung setzt einen **Antrag** und eine entsprechende **Genehmigung** des Finanzamts voraus. Dem Antrag hat der Arbeitgeber eine Berechnung des Pauschsteuersatzes beizufügen. Es empfiehlt sich, das von der FinVerw beispielhaft genannte Berechnungsverfahren anzuwenden (LStR 126 Abs. 3).

b) Pauschalierung mit festem Steuersatz

229 Nach § 40 Abs. 2 Satz 1 EStG kann der Arbeitgeber – ohne daß es eines Antrags und einer Genehmigung durch das Finanzamt bedarf – die Lohnsteuer für bestimmte Arten des Arbeitslohns mit einem Pauschsteuersatz von 25 v. H. erheben (vgl. LStR 127). Die Pauschalierung ist zulässig, wenn der Arbeitgeber

- im Betrieb an die Arbeitnehmer arbeitstäglich oder verbilligt Mahlzeiten abgibt oder Barzuschüsse an ein anderes Unternehmen leistet, das arbeitstäglich Mahlzeiten an die Arbeitnehmer unentgeltlich oder verbilligt abgibt. Pauschalierungsfähig ist der Unterschiedsbetrag zwischen dem amtlichen Sachbezugswert und dem niedrigeren Entgelt, das der Arbeitnehmer für die Mahlzeit zu entrichten hat (LStR 127 Abs. 1 Nr. 1). Voraussetzung der Pauschalierung ist aber, daß die Mahlzeiten nicht als Lohnbestandteile vereinbart sind;
- Arbeitslohn aus Anlaß von Betriebsveranstaltungen zahlt, die wegen fehlenden überwiegenden eigenbetrieblichen Interesses nicht steuerfrei sind,[122] weil z. B. die Freigrenze von 200 DM überschritten ist oder es sich um eine dritte oder weitere Betriebsveranstaltung im Kalenderjahr handelt. Pauschalierungsfähig sind nur die Aufwendungen, die im unmittelbaren Zusammenhang mit der Veranstaltung ste-

[121] Vgl. auch *Wagner* in HHR § 40 Anm. 22.
[122] S. oben Rz. 69.

hen. Nutzt der Arbeitgeber die Betriebsveranstaltung, um einzelnen Arbeitnehmern Zuwendungen zu machen, wie z. B. Auszahlung von Prämien, Tantiemen, ist eine Pauschalierung ausgeschlossen. Barzuwendungen können nur dann pauschal versteuert werden, wenn es sich um Zehrgeld handelt;[123]

- Erholungsbeihilfen gewährt, die 300 DM für den Arbeitnehmer, 200 DM für dessen Ehegatten und 100 DM für jedes auf der Lohnsteuerkarte eingetragene Kind nicht übersteigen;
- Vergütungen für Verpflegungsmehraufwendungen zahlt, die anläßlich einer Dienstreise, Fahr- oder Einsatzwechseltätigkeit mit einer Abwesenheitsdauer von mindestens 8 Stunden gezahlt werden, soweit die Vergütungen die Pauschbeträge, die steuerfrei ersetzt werden können, um nicht mehr als 100 vH übersteigen.[124]

Ein Pauschsteuersatz von 15 v. H. ist anzuwenden, wenn der Arbeit- 230
geber den Wert der unentgeltlichen oder teilentgeltlichen Überlassung eines Kraftfahrzeugs zu Fahrten zwischen Wohnung und Arbeitsstätte pauschal versteuert. Die Pauschalierung ist aber nur bis zu dem Teilbetrag des privaten Nutzungswertes möglich, den der Arbeitnehmer als Werbungskosten geltend machen könnte, wenn der Betrag nicht pauschal versteuert würde, d. h. also bis zur Höhe der Fahrtkosten-Pauschbeträge. Nur bei behinderten Arbeitnehmern i. S. d. § 9 Abs. 2 EStG ist die Pauschalierung in voller Höhe zulässig. Darüber hinaus ist die Pauschalierung zulässig für Fahrtkostenzuschüsse, die der Arbeitgeber dem Arbeitnehmer für Fahrten zwischen Wohnung und Arbeitsstätte zahlt, aber nur bis zur Höhe des Betrags, den der Arbeitnehmer als Werbungskosten abziehen könnte, soweit es sich nicht ohnehin um nach § 3 Nr. 34 EStG steuerfreie Fahrtkostenzuschüsse handelt.

c) Teilzeitbeschäftigte

Der für gemeinnützige Einrichtungen wohl bedeutendste Pauschalie- 235
rungsfall betrifft den Bereich der Teilzeitbeschäftigten, bei denen zwischen **kurzfristig** (§ 40 a Abs. 1 EStG: Steuersatz 25 v. H.) und **geringfügig** Beschäftigten (§ 40 a Abs. 2 EStG: Steuersatz 20 v. H.) zu unterscheiden ist.[125] Die Pauschalierung des Arbeitslohns von Aushilfskräften im Bereich der Land- und Forstwirtschaft (§ 40 a Abs. 3 EStG: Steuersatz 5 v. H.) hat im Bereich der gemeinnützigen Einrichtungen keine nennenswerte Bedeutung.

In allen Fällen ist die Pauschalierung nur zulässig, wenn der Arbeitslohn während der Beschäftigungsdauer durchschnittlich je Arbeitsstunde 22 DM nicht übersteigt. Ferner ist die Pauschalierung ausgeschlossen, wenn der Arbeitnehmer von demselben Arbeitgeber Arbeitslohn bezieht, der dem Regelbesteuerungsverfahren unterworfen ist (§ 40 Abs. 4 EStG).

[123] BFH v. 7. 2. 1997 VI R 3/96, BStBl. II 1997, 365.
[124] Zu Einzelheiten *Wagner* in HHR § 40 Anm. 41.
[125] Zu arbeits- und sozialversicherungsrechtlichen Fragen s. § 13 Rz. 93.

Die Durchführung der Pauschalierung steht im Ermessen des Arbeitgebers. Ihm steht ein **Pauschalierungswahlrecht** zu. Ein Antrag oder eine Genehmigung des Finanzamts ist nicht erforderlich.

aa) Kurzfristige Beschäftigung

236 Eine kurzfristige Beschäftigung setzt zunächst voraus, daß der Arbeitnehmer gelegentlich, nicht regelmäßig wiederkehrend beschäftigt wird. Damit soll einer Pauschalversteuerung (verdeckter) Dauerarbeitsverhältnisse entgegengewirkt werden. Das Arbeitsverhältnis muß bei jeder Beschäftigung neu begründet werden; die Absicht, nach Beendigung einer kurzfristigen Beschäftigung in Zukunft erneut ein solches Beschäftigungsverhältnis einzugehen, schließt die Pauschalierung jedoch nicht aus.[126] Bei einer viermaligen Beschäftigung im Kalenderjahr geht die FinVerw von einer regelmäßig wiederkehrenden Beschäftigung aus.[127]

237 Die Dauer der Beschäftigung darf 18 zusammenhängende Arbeitstage nicht übersteigen. Arbeitstag ist jeder Tag, an dem der Arbeitnehmer zur Dienstleistung verpflichtet ist. Dies kann auch ein Samstag, Sonntag oder Feiertag sein.

238 Die Pauschalierung ist ferner nur zulässig, wenn der Arbeitslohn während der Beschäftigungsdauer 120 DM durchschnittlich je Arbeitstag nicht übersteigt. Demnach schließen unterschiedlich hohe Tagesverdienste die Pauschalierung nicht aus, solange die Pauschalierungsgrenze im Durchschnitt nicht überschritten wird. Es ist also auf die Gesamtvergütung abzustellen, die der Arbeitnehmer für die Tätigkeit erhält. Die 120-DM-Grenze gilt indes nicht, wenn die Beschäftigung des Arbeitnehmers zu einem unvorhergesehenen Zeitpunkt sofort erforderlich wird. Diese Voraussetzung ist erfüllt, wenn das Arbeitsverhältnis dem Ersatz einer ausgefallenen Arbeitskraft dient oder plötzliche Bedarf an zusätzlichen Arbeitskräften entstanden ist. Ist der Arbeitskräftebedarf vorhersehbar, z. B. bei Veranstaltungen oder Messen, kommt eine Pauschalierung nicht in Betracht.

bb) Geringfügige Beschäftigung

239 Unter den Voraussetzungen des § 3 Nr. 39 EStG sind Einnahmen aus geringfügigen Beschäftigungen steuerfrei.[128] Sind diese Voraussetzungen nicht erfüllt, kann der Arbeitgeber – statt das Regelbesteuerungsverfahren durchzuführen – unter Verzicht auf die Vorlage der Lohnsteuerkarte die Lohnsteuer mit einem Pauschsteuersatz von 20 v. H. des Arbeitslohns erheben. Eine Beschäftigung in geringem Umfang und gegen geringen Arbeitslohn liegt vor, wenn bei monatlicher Lohnzahlung der Arbeitslohn 630 DM oder bei kürzeren Lohnzahlungszeiträumen 147 DM nicht übersteigt. Ferner darf die Stunden-

---

[126] FG BaWü v. 28. 1. 1987, EFG 1987, 378; *Wagner* in HHR § 40 a Anm. 26.

[127] OFD Köln v. 12. 12. 1973, DB 1974, 215.

[128] S. oben Rz 136 ff.

lohngrenze von 22 DM nicht überschritten sein. Eine Höchstbeschäftigungsdauer ist seit dem 1. 4. 1999 nicht mehr Pauschalierungsvoraussetzung;[129] sie ergibt sich aber aus dem Verhältnis der monatlichen Pauschalierungsgrenze und dem Stundenlohn.[130] In die Berechnung, ob die 630-DM-Grenze überschritten ist, sind auch sonstige Bezüge und Sonderzahlungen einzubeziehen. Dabei sind die Sonderzuwendungen nach Ansicht des BFH[131] bei der Berechnung der Pauschalierungsgrenze auf die Lohnzahlungszeiträume zu verteilen, für die sie erbracht werden.[132] Bei kürzeren Lohnzahlungszeiträumen findet eine Umrechnung der Wochenlohngrenze nicht statt, so daß auf die während der Woche geleisteten Zahlungen abzustellen ist (LStR 128 Abs. 5).

d) Pauschalierung bei bestimmten Zukunftssicherungsleistungen

Nach § 40 b EStG kann der Arbeitgeber bei Gewährung bestimmter 245 Zukunftssicherungsleistungen die Lohnsteuer mit einem Pauschsteuersatz von 20 v. H. erheben. Da das Gesetz nicht ausdrücklich verlangt, daß die Zuwendungen zusätzlich zum ohnehin geschuldeten Arbeitslohn erbracht werden, ist eine Barlohnumwandlung zulässig.[133]

aa) Direktversicherungen und Pensionskassen

Nach § 40 b Abs. 1 EStG sind begünstigt Zuwendungen an eine Pen- 246 sionskasse (vgl LStR 129 Abs. 4) und die Beiträge zu einer Direktversicherung (vgl. LStR 129 Abs. 1), sofern die Versicherung nicht auf den Erlebensfall eines früheren als des 60. Lebensjahres des Arbeitnehmers abgeschlossen ist, die Abtretung oder Beleihung eines dem Arbeitnehmer eingeräumten Bezugsrechts sowie die vorzeitige Kündigung des Vertrages durch den Arbeitnehmer ausgeschlossen ist. Voraussetzung der Pauschalierung ist, daß die Zukunftssicherungsleistungen aus einem **ersten Dienstverhältnis** bezogen werden. Bei Arbeitnehmern, deren Entgelt nach Lohnsteuerklasse VI versteuert wird, scheidet eine Pauschalierung daher aus. Bemessungsgrundlage für die Steuer sind die tatsächlichen Leistungen, die der Arbeitgeber erbringt. Wegen des vergleichsweise günstigen Steuersatzes von 20 v. H. ist die Pauschalierung ausgeschlossen, soweit die Beiträge und Zuwendungen für den Arbeitnehmer 3408 DM im Kalenderjahr übersteigen. Darüber hinausgehende Beträge sind im Regelbesteuerungsverfahren zu versteuern. Sind mehrere Arbeitnehmer versichert, ist eine Durchschnittsberechnung zulässig, in die jedoch Arbeitnehmer nicht einbezogen werden dürfen, für die Beiträge oder Zuwendungen in Höhe von mehr als 4200 DM

---

[129] Bis zum 31. 3. 1999 durfte die maximale Beschäftigungsdauer bei monatlicher Lohnzahlung 86 Stunden (wöchentliche Lohnzahlung: 20 Stunden) betragen.

[130] Bei einer Zahlung von 630 DM darf der Arbeitnehmer bei Vereinbarung eines Stndenlohns von 20 DM 31,5 Stunden tätig sein.

[131] V. 13. 1. 1989 VI R 66/87, BStBl. II 1987, 1030.

[132] A. A. *Wagner* in HHR § 40 a Anm. 42: Auswirkungen nur auf die Pauschalierungsgrenze im Zuflußmonat; so wohl jetzt auch LStR 128 Abs. 4.

[133] BFH v. 29. 4. 1991 VI R 61/88, BStBl. II 1991, 647.

im Kalenderjahr geleistet werden (zur Berechnung LStR 129 Abs. 9–11). Werden die Beiträge oder Zuwendungen aus Anlaß der Beendigung des Dienstverhältnisses erbracht, vervielfältigt sich der Betrag mit der Anzahl der Kalenderjahre, in denen das Dienstverhältnis bestanden hat, jedoch vermindert um die pauschal besteuerten Beträge, die der Arbeitgeber im Jahr der Beendigung des Dienstverhältnisses und in vorhergehenden sechs Jahren erbracht hat.

bb) Gruppenunfallversicherung[134]

247 Begünstigt sind ferner Beiträge für eine Gruppenunfallversicherung, wenn mehrere Arbeitnehmer gemeinsam in einem Versicherungsvertrag versichert sind und der Teilbetrag, der sich bei einer Aufteilung der gesamten Beiträge nach Abzug der Versicherungsteuer durch die Zahl der begünstigten Arbeitnehmer ergibt, 120 DM im Kalenderjahr nicht übersteigt.

IV. Anmeldung und Abführung der Lohnsteuer

253 Der Arbeitgeber hat für die von ihm ermittelte Lohnsteuer spätestens am zehnten Tag nach Ablauf des Lohnsteueranmeldungszeitraums dem Betriebsstättenfinanzamt eine Steuererklärung einzureichen, in der er die Summe der einzubehaltenen und zu übernehmenden Lohnsteuer angibt. Diese als **Lohnsteuer-Anmeldung** bezeichnete Steuererklärung hat nach amtlich vorgeschriebenem Vordruck zu erfolgen und ist vom Arbeitgeber oder von einer zu seiner Vertretung befugten Person zu unterschreiben. Binnen des gleichen Zeitraums sind die ermittelten Beträge an das Betriebsstättenfinanzamt abzuführen. Damit ist schlicht die Zahlung gemeint. Bei Scheckzahlung gilt der Tag des Eingangs des Schecks beim Finanzamt als Zahlungstag, bei Überweisungen der Tag der Gutschrift auf dem Konto der Finanzkasse.

254 **Lohnsteuer-Anmeldungszeitraum** ist grds. der Kalendermonat. Er verlängert sich auf das Vierteljahr, wenn im vorangegangenen Kalenderjahr mehr als 1600 DM, aber nicht mehr als 6000 DM Lohnsteuer abgeführt worden ist. Wurde im vergangenen Jahr nicht mehr als 1600 DM Lohnsteuer abgeführt, ist das Kalenderjahr Voranmeldungszeitraum.

255 Als Steueranmeldung ist die Lohnsteuer-Anmeldung Steuerfestsetzung unter dem Vorbehalt der Nachprüfung, die nach § 164 AO von Amts wegen oder auf Antrag des Arbeitgebers geändert werden kann. Dementsprechend ist der Arbeitgeber zur Anfechtung der Lohnsteueranmeldung berechtigt.[135]

---

[134] Zu unfallversicherungsrechtlichen Fragen bei ehrenamtlicher Tätigkeit s. auch § 16 Rz. 54.

[135] BFH v. 12. 6. 1997 I R 72/96, BStBl. II 1997, 642. Ob auch dem Arbeitnehmer eine Anfechtungsbefugnis zusteht ist str, vgl. *Heuermann/Wagner* Teil G Rz. 169 c.

V. Verspätete Abgabe der Lohnsteueranmeldung

Bei verspäteter Abgabe der Lohnsteueranmeldung kann das Finanzamt einen Verspätungszuschlag (§ 152 AO) festsetzen. Ferner kann die Abgabe mit Zwangsmitteln (§ 328 ff. AO), insbesondere der Festsetzung eines Zwangsgeldes, durchgesetzt werden. Schließlich kann das Finanzamt die Lohnsteuer schätzen und durch Steuerbescheid festsetzen. 260

Wird die Lohnsteuer verspätet abgeführt, sind Säumniszuschläge (§ 240 AO) verwirkt, die der Arbeitgeber zu tragen hat.

VI. Aufzeichnungspflichten

Zur Sicherung des Lohnsteueraufkommens sieht § 41 EStG Aufzeichnungspflichten vor. Der Arbeitgeber hat am Ort der Betriebsstätte für jeden Arbeitnehmer und für jedes Kalenderjahr ein Lohnkonto (§ 4 LStDV) zu führen. Ab dem VZ 2000 entfällt die Verpflichtung zur Führung des Lohnkontos auch dann nicht mehr, wenn der Arbeitslohn des Arbeitnehmers während des ganzen Kalenderjahrs 780 DM monatlich (182 DM wöchentlich, 26 DM täglich) nicht übersteigt, sofern nicht dennoch Lohn- oder Kirchensteuer einzubehalten ist (zur Rechtslage bis VZ 1999 vgl. § 4 Abs. 4 LStDV a. F.). 261

In das **Lohnkonto**, das bis zum Ablauf des sechsten Kalenderjahres, das auf die letzte Lohnzahlung folgt, aufzubewahren ist, sind alle für den Lohnsteuerabzug erforderlichen Merkmale einzutragen. Eine bestimmte Form ist nicht vorgeschrieben, es müssen jedoch folgende Angaben festgehalten werden: 262

- persönliche Daten des Arbeitnehmers (Vorname, Familienname, Geburtstag, Wohnort, Wohnung;
- die Gemeinde, die die Lohnsteuerkarte ausgestellt hat;
- das Finanzamt, in dessen Bezirk die Lohnsteuerkarte oder die entsprechende Bescheinigung ausgestellt ist;
- die auf der Lohnsteuerkarte oder der entsprechenden Bescheinigung eingetragenen allgemeinen Besteuerungsmerkmale (Steuerklasse, Kinder, Religionszugehörigkeit);
- bei Änderungen der Lohnsteuerkarte oder der entsprechenden Bescheinigung auch der Zeitpunkt der Änderung;
- der steuerfreie Jahresbetrag und Monatsbetrag, Wochen- oder Tagesbetrag, der auf der Lohnsteuerkarte oder der entsprechenden Bescheinigung angegeben ist, und der Zeitraum, für den diese Eintragung gilt.

Neben diesen für den Lohnsteuerabzug grundlegenden Angaben hat der Arbeitgeber bei jeder Lohnabrechnung über den laufenden Arbeitslohn oder über sonstige Bezüge aufzuzeichnen:

- den Tag der Lohnzahlung und den Lohnzahlungszeitraum;
- den Arbeitslohn, getrennt nach Barlohn und Sachbezügen sowie die davon einbehaltene Lohnsteuer; die Sachbezüge müssen einzeln bezeichnet sein und sind unter Angabe des Abgabetags oder Zeitraums, des Abgabeortes und des Entgelts mit dem nach § 8 Abs. 2

oder 3 EStG um das gezahlte Entgelt geminderten ermittelten Wert zu erfassen;
- steuerfreie Bezüge mit Ausnahme der Trinkgelder, wenn anzunehmen ist, daß die Trinkgelder 2400 DM im Kalenderjahr nicht übersteigen; weitere Ausnahmen kann das Betriebsstättenfinanzamt zulassen;
- Bezüge, die nach einem Doppelbesteuerungsabkommen oder nach internationalem Steuerrecht von der Lohnsteuer freigestellt sind;
- Bezüge iSd § 34 Abs. 3 EStG sowie Entschädigungen iSd § 34 Abs. 1 und Abs. 2 Nr. 2 EStG und die darauf einbehaltene Lohnsteuer;
- pauschal besteuerte Bezüge und die darauf entfallende Lohnsteuer; sofern sich in den Fällen des § 40 Abs. 1 Nr. 2 und Abs. 2 EStG auf den einzelnen Arbeitnehmer entfallende Beträge nicht ermitteln lassen, ist die Führung eines Sammelkontos zulässig.

263 Bei Beendigung des Dienstverhältnisses oder bei Ablauf des Kalenderjahres hat der Arbeitgeber das Lohnkonto abzuschließen (§ 41 b EStG) und eine Lohnsteuerbescheinigung auszustellen, die dem Arbeitnehmer auszuhändigen ist. In die Lohnsteuerbescheinigung sind die für die Besteuerung maßgeblichen Aufzeichnungen aus dem Lohnkonto zu übernehmen. Die Bescheinigung kann auf der Lohnsteuerkarte oder nach einem amtlich vorgeschriebenen Vordruck erteilt werden, dem sich auch die geforderten Angaben entnehmen lassen.

VII. Lohnsteueranrufungsauskunft

268 Auf Anfrage eines Beteiligten, also Arbeitgeber oder Arbeitnehmer, hat das Betriebsstättenfinanzamt darüber Auskunft zu geben, ob und inwieweit im einzelnen Fall Vorschriften über die Lohnsteuer anzuwenden sind (§ 42 e Satz 1 EStG). Sofern mehrere Betriebsstättenfinanzämter für einen Arbeitgeber zuständig sind, so ist das Finanzamt für die Erteilung der Auskunft zuständig, in dessen Bezirk sich die Geschäftsleitung des Arbeitgebers im Inland befindet. Sofern dies kein Betriebsstättenfinanzamt ist, ist das Finanzamt zuständig, in dessen Bezirk sich die Betriebsstätte mit den meisten Arbeitnehmern befindet (§ 42 e Satz 2 und 3 EStG).

Im Wege der Anrufungsauskunft kann z. B. Auskunft darüber verlangt werden, ob eine Arbeitnehmereigenschaft vorliegt oder ob bestimmte Zuwendungen steuerpflichtig sind. Mit der Möglichkeit der Auskunft soll vor allem dem Arbeitgeber Gelegenheit gegeben werden, Fehler bei der Einbehaltung und der Abführung der Lohnsteuer zu vermeiden und damit das Haftungsrisiko zu verringern. Die Beteiligten haben einen Anspruch auf die Erteilung der Auskunft, nicht jedoch auf einen bestimmten Inhalt. Deshalb kann die Ablehnung der Auskunftserteilung mit dem Einspruch und ggf. anschließender Verpflichtungsklage angefochten werden.[136] An die erteilte Auskunft ist das Finanzamt

---

[136] Str., vgl. *Schmidt/Drenseck* § 42 e Rz. 7, 13.

– sofern keine Änderung des Sachverhalts eintritt – gebunden. Allerdings bindet eine dem Arbeitgeber durch das Betriebsstättenfinanzamt erteilte Auskunft nicht das für die Arbeitnehmerveranlagung zuständige Finanzamt.[137] Schon aus Beweisgründen sollte die Auskunft schriftlich erteilt werden.

VIII. Lohnsteuer-Außenprüfung

Das Betriebsstättenfinanzamt kann die Einbehaltung und Abführung der Lohnsteuer im Rahmen einer Lohnsteuer-Außenprüfung überwachen (§ 42f. EStG). Die Lohnsteuer-Außenprüfung ist eine Außenprüfung im Sinne der § 193ff. AO. Da die Prüfung jeden Arbeitgeber erfassen kann, gelten für die Prüfung bei gemeinnützigen Einrichtungen keine Besonderheiten. Die Prüfung hat sich hauptsächlich darauf zu erstrecken, ob sämtliche Arbeitnehmer erfaßt sind, die zum Arbeitslohn gehörenden Zuwendungen dem Steuerabzug unterworfen wurden und ob bei der Berechnung der Lohnsteuer von der richtigen Lohnhöhe ausgegangen wurde (LStR 148 Abs. 3). Sowohl Arbeitgeber als auch Arbeitnehmer sind zur Mitwirkung bei der Durchführung der Prüfung verpflichtet. 269

Bei Abschluß der Prüfung ist eine **Schlußbesprechung** durchzuführen. Sie ist nur entbehrlich, wenn die Prüfung zu keiner Änderung der Besteuerungsgrundlagen geführt hat oder der Arbeitgeber auf die Schlußbesprechung verzichtet hat. Ferner ist ein Betriebsprüfungsbericht zu übersenden; kommt es nicht zu einer Änderung der Besteuerungsgrundlagen, reicht eine schriftliche Mitteilung an den Arbeitgeber aus (§ 202 AO). 270

Führt die Prüfung zu einer Änderung der Besteuerungsgrundlagen, kann das Finanzamt diese Änderungen durch Erlaß von Nachforderungs- oder Haftungsbescheiden umsetzen. Auch eine Lohnsteuer-Außenprüfung löst die **Änderungssperre** des § 173 Abs. 2 AO aus, so daß (weitere) Änderungen für die geprüften Zeiträume nur erfolgen können, wenn es sich um Sachverhalte handelt, die von der Prüfung nicht erfaßt wurden.[138] 271

F. Haftungsfragen

Sofern die gemeinnützige Einrichtung als Arbeitgeber zur Einbehaltung und Abführung der Lohnsteuer verpflichtet ist, trägt sie das Haftungsrisiko, nach § 42d EStG in Anspruch genommen zu werden. Neben diese Haftung tritt die Haftung der Organe nach § 69 i.V.m. §§ 34 Abs. 1, 35 AO. 275

---

[137] BFH v. 28. 8. 1991 I R 3/89, BStBl. II 1992, 107; v. 9. 10. 1992 VI R 97/90, BStBl. II 1993, 166.

[138] Vgl. BFH v. 21. 6. 1989 VI R 31/86, BStBl. II 1989, 909; v. 15. 5. 1992 VI R 183/88, BStBl. II 1993, 829; v. 15. 5. 1992 VI R 106/88, BStBl. II 1993, 840.

I. Arbeitgeberhaftung für Lohnsteuer

276 Da Haftung die Inanspruchnahme für fremde Schuld ist, kommt die Arbeitgeberhaftung nur in Betracht, wenn der Arbeitnehmer Schuldner der Lohnsteuer ist. Demzufolge scheidet bei der Lohnsteuerpauschalierung[139] eine Haftung aus, so daß der Arbeitgeber auch nicht durch Haftungsbescheid für pauschale Lohnsteuer in Anspruch genommen werden kann.[140] Die Haftungstatbestände sind in § 42 d Abs. 1 EStG geregelt. Danach haftet der Arbeitgeber für die

- Lohnsteuer, die er einzubehalten und abzuführen hat (Nr. 1)
- Lohnsteuer, die er beim Lohnsteuer-Jahresausgleich zu Unrecht erstattet hat (Nr. 2)
- Einkommensteuer (Lohnsteuer), die aufgrund fehlerhafter Angaben im Lohnkonto oder in der Lohnsteuerbescheinigung verkürzt wird (Nr. 3).

277 Nach dem Gesetzeswortlaut setzt die Haftung des Arbeitgebers kein Verschulden voraus, so daß jede objektiv vorliegende Pflichtverletzung den Haftungstatbestand erfüllen kann.[141] Indes ist der Grad des Verschuldens im Rahmen der Ermessensausübung zu berücksichtigen. Folglich begründet § 42 d EStG eine Erfolgshaftung für alle lohnsteuerabzugsrelevanten Faktoren im Risikobereich des Arbeitgebers. Dem entspricht es, daß der Arbeitgeber grds. auch für Lohnzahlungen Dritter haftet, sofern er in die Zahlungen eingeschaltet ist oder der Arbeitnehmer Angaben zur Höhe der Zahlungen macht.[142]

278 Der Haftungsanspruch entsteht frühestens, sobald der Arbeitgeber die Lohnsteuer nicht richtig einbehalten hat, und spätestens, wenn der Arbeitgeber die einzubehaltende Steuer nicht am Fälligkeitstag an das Finanzamt abführt.[143] Für das Erlöschen der Haftungsschuld gelten die in § 47 AO aufgeführten Erlöschensgründe. Bei der Verjährung des Haftungsanspruchs ist zu beachten, daß die Festsetzungsfrist für die Haftungsinanspruchnahme nicht vor Ablauf der Festsetzungsfrist für die Steuerfestsetzung endet (§ 191 Abs. 3 Satz 4 AO). Ist die Steuerschuld gegenüber dem Arbeitnehmer bereits festgesetzt, beträgt die Festsetzungsfrist – sofern nicht eine Steuerhinterziehung oder leichtfertige Steuerverkürzung vorliegt – vier Jahre (§ 191 Abs. 3 Satz 2 AO). Eine Inanspruchnahme des Arbeitgebers ist ausgeschlossen, wenn der Steueranspruch gegenüber dem Arbeitnehmer bereits verjährt ist (§ 191 Abs. 5 AO). Zur Vermeidung überflüssigen Verwaltungsaufwands ist von einer Inanspruchnahme abzusehen, wenn der Haftungsbetrag 20 DM nicht übersteigt (Bagatellgrenze, § 42 d Abs. 5 EStG).

---

[139] S. oben Rz. 225 ff.

[140] BFH v. 6. 12. 1996 VI R 48/94, BStBl. II 1997, 331; v. 17. 3. 1994 VI R 120/92, BStBl. II 1994, 536.

[141] Str., vgl. Nachweise bei *Schmidt/Drenseck* § 42 d Rz. 6; offengelassen von BFH v. 29. 10. 1993 VI R 26/92, BStBl. II 1994, 197.

[142] BFH v. 24. 10. 1997 VI R 23/94, DStR 1997, 2016; *Völlmeke* DStR 1998, 157 ff.; zum Streitstand *Heuermann/Wagner* Teil G Rz. 9.

[143] Str., vgl. *Schmidt/Drenseck* § 42 d Rz. 10.

Die Haftung des Arbeitgebers ist nach § 42 d Abs. 2 Nr. 1 EStG ausgeschlossen, wenn 278

- die Eintragungen auf der Lohnsteuerkarte unzutreffend sind, auch wenn der Arbeitnehmer der Verpflichtung, Änderungen einzutragen, nicht nachgekommen ist,
- ein auf der Lohnsteuerkarte eingetragener Freibetrag unzutreffend ist
- die Lohnsteuer aus dem geschuldeten Barlohn nicht gedeckt werden kann, der Arbeitnehmer den Fehlbetrag nicht zur Verfügung stellt, der Arbeitgeber den Fehlbetrag nicht anderweitig verrechnen kann und dies dem Betriebsstättenfinanzamt mitgeteilt wird,
- der Arbeitgeber in den Fällen des § 41 c Abs. 4 EStG die Lohnsteuer nicht mehr einbehalten kann.

Nach § 42 d Abs. 3 EStG sind der Arbeitnehmer als Steuerschuldner und der Arbeitgeber als Haftender **Gesamtschuldner**. Deshalb steht es im Ermessen des Finanzamts, welcher der Gesamtschuldner in Anspruch genommen werden soll. Allerdings ist das Ermessen des Finanzamts bezüglich einer Inanspruchnahme des Arbeitnehmers durch § 42 d Abs. 3 Satz 4 EStG erheblich eingeschränkt. Eine Inanspruchnahme des Arbeitnehmers kommt nur in Betracht, wenn der Arbeitgeber die Lohnsteuer nicht vorschriftsmäßig vom Arbeitslohn einbehalten hat oder wenn der Arbeitnehmer weiß, daß der Arbeitgeber die einbehaltene Lohnsteuer nicht vorschriftsmäßig angemeldet hat; die Inanspruchnahme ist jedoch ausgeschlossen, wenn der Arbeitnehmer dies dem Finanzamt unverzüglich mitgeteilt hat. 279

Die Inanspruchnahme des Arbeitgebers kann **ermessensfehlerhaft** sein, wenn das Finanzamt die Ursache für die fehlerhafte Einbehaltung und Abführung der Lohnsteuer gesetzt hat, z. B. wenn der Arbeitgeber 280

- eine bestimmte Methode der Steuerberechnung anwendet, die dem Finanzamt bekannt ist und nicht beanstandet wurde;
- durch das Finanzamt in einer unrichtigen Rechtsauslegung bestärkt wurde;
- einem entschuldbaren Rechtsirrtum unterliegt, weil das Finanzamt eine unklare oder falsche Auskunft erteilt hat
- Angaben in einem Manteltarifvertrag über die Steuerfreiheit von Zuwendungen vertraut hat;
- den Lohnsteuerabzug nach einer von einer Oberfinanzdirektion geäußerten Auffassung durchführt, und zwar auch dann, wenn er die entsprechende Verfügung der Oberfinanzdirektion nicht kannte; dies gilt aber nicht, wenn der Arbeitgeber eine gegenteilige Ansicht des Betriebsstättenfinanzamts kannte.
- wegen unklarer und uneinheitlicher Verwaltungspraxis einem entschuldbaren Rechtsirrtum unterliegt;
- wiederholt geprüft wurde und die (Lohnsteuer-)Außenprüfung eine bestimmte Handhabung nicht beanstandet hat.

Ferner kann eine Inanspruchnahme ermessensfehlerhaft sein, wenn

- der Arbeitgeber den Lohnsteuerabzug ohne Berücksichtigung von Gesetzesänderungen durchgeführt hat, sofern es ihm wegen der

kurzen Zeit zwischen Verkündung des Gesetzes und den folgenden Lohnabrechnungen bei Anwendung eines strengen Maßstabs nicht zumutbar war, die Gesetzesänderungen zu berücksichtigen;
- die Lohnsteuer schnell und einfach beim Arbeitnehmer nacherhoben werden kann, weil er z. B. zu veranlagen ist, insbesondere dann, wenn der Arbeitnehmer bereits aus dem Unternehmen ausgeschieden ist;[144]
- der Arbeitnehmer für die Einbehaltung und Abführung der Lohnsteuern im Betrieb des Arbeitgebers verantwortlich war;
- damit gerechnet werden kann, daß die Einkünfte des Arbeitnehmers nicht zu einer Steuerpflicht führen.[145]

281 Hingegen ist eine Inanspruchnahme des Arbeitgebers in aller Regel **ermessenfehlerfrei**, wenn
- der Arbeitgeber die Einbehaltung und Abführung der Steuer bewußt oder leichtfertig versäumt hat;
- ihm die für den Lohnsteuerabzug maßgeblichen Vorschriften nicht bekannt waren;
- eine Vielzahl kleinerer Beträge aufgrund von vergleichbaren Sachverhalten nachzufordern ist;
- die Steuer wegen unbekannten Aufenthalts nicht mehr vom Arbeitnehmer nachgefordert werden kann.[146]

282 Die Inanspruchnahme des Arbeitgebers erfolgt durch **Haftungsbescheid** (§ 191 AO), der nur entbehrlich ist, wenn der Arbeitgeber die einzubehaltende Steuer angemeldet hat oder er nach Abschluß einer Lohnsteuer-Außenprüfung die Zahlungsverpflichtung schriftlich anerkennt (§ 42d Abs. 4 EStG). Erläßt das Finanzamt einen Haftungsbescheid, muß es die Steuerbeträge, für die der Arbeitgeber haftet, getrennt nach Arbeitnehmern und Erhebungszeitraum angeben. Allerdings hält der BFH die Aufteilung zunehmend für entbehrlich.[147] Es muß für den Arbeitgeber erkennbar sein, daß er als Haftender und nicht als Steuerschuldner in Anspruch genommen wird.[148] Darüber hinaus müssen die für die Inanspruchnahme maßgeblichen Ermessenserwägungen dargelegt werden; nur floskelhafte und nicht auf den Einzelfall bezogene Wendungen über die Zweckmäßigkeit und Billigkeit der Inanspruchnahme reichen nicht aus. Genügt der Haftungsbescheid diesen Anforderungen nicht, ist er rechtswidrig. Allerdings können die Ermessenserwägungen noch bis zum Erlaß der Einspruchsentscheidung nachgeholt werden.

283 Für die **Änderung von Haftungsbescheiden** gelten die Vorschriften der §§ 130ff. AO; die Vorschriften über die Änderung von Steuerbescheiden finden keine Anwendung.

---

[144] BFH v. 19. 7. 1995 VI B 28/95, BFH/NV 1996, 32.

[145] BFH v. 3. 6. 1982 VI R 48/79, BStBl. II 1982, 710.

[146] Zu den Anforderungen an die Ermessensentscheidung des FA vgl. auch LStH 145.

[147] BFH v. 3. 12. 1996 I B 44/96, BStBl. II 1997, 306; v. 8. 3. 1988 VII R 6/87, BStBl. II 1988, 480; a. A. zu Recht *Gersch* in HHR § 42d Anm. 219.

[148] BFH v. 11. 10. 1989 I R 139/85, BFH/NV 1991, 497.

Gegen einen Haftungsbescheid kann der Arbeitgeber Einspruch einlegen und nachfolgend Anfechtungsklage erheben.[149] 284

II. Haftung der Organe

Neben dem Arbeitnehmer als Steuerschuldner und dem Arbeitgeber als nach § 42 d EStG Haftenden kann auch der in §§ 69, 34, 35 AO genannte Personenkreis im Haftungswege in Anspruch genommen werden, also – unter anderem – gesetzliche Vertreter natürlicher oder juristischer Personen, Geschäftsführer nicht rechtsfähiger Personenvereinigungen und Vermögensmassen, Liquidatoren und Verfügungsberechtigte. Dieser Haftungstatbestand hat für den Bereich der Gemeinnützigkeit hohe Bedeutung, da er ein nicht zu unterschätzendes Haftungsrisiko gerade für oftmals unentgeltlich tätig werdende Vorstände von Vereinen darstellt, die – wenn auch nur gelegentlich – Arbeitnehmer beschäftigen. Eine Haftung als Verfügungsberechtigter kommt sogar bei nur kommissarischer Tätigkeit in Betracht, wenn sie den kommissarisch bestellten Vorstand in die Lage versetzt, die steuerlichen Pflichten des Vereins zu erfüllen.[150] Sofern der Haftungstatbestand erfüllt ist, tritt der Haftende als **Gesamtschuldner** neben den Arbeitgeber und den Arbeitnehmer, dessen Inanspruchnahme im Ermessen des Finanzamts steht. 290

Von der Arbeitgeberhaftung unterscheidet sich die Vertreterhaftung dadurch, daß eine Haftung nur bei **vorsätzlicher oder grob fahrlässiger** Verletzung der ihnen obliegenden Pflichten in Betracht kommt. Allerdings stellt der BFH[151] sehr hohe Anforderungen an die gesetzlichen Vertreter und kommt auf diese Weise oftmals zur Annahme zumindest grob fahrlässigen Verhaltens. Es reicht aus, wenn dem Vertreter die maßgebenden tatsächlichen Umstände bekannt waren, die zur Lohnsteuerabführungspflicht führen. Eine bewußte nicht rechtzeitige Abführung der Steuerabzugsbeträge ist regelmäßig eine vorsätzliche Pflichtverletzung, da der Vertreter insoweit bewußt ein Haftungsrisiko eingeht. Diese Grundsätze gelten auch dann bei Liquiditätsschwierigkeiten der gemeinnützigen Einrichtung, selbst wenn der Vertreter darauf vertraut, daß die Steuerrückstände später ausgeglichen werden können.[152] Der Haftung kann der Vertreter daher nur entgehen, wenn er im Falle eines Liquiditätsengpasses die Löhne nur gekürzt oder als Vorschuß auszahlt, so daß er aus dann übrigbleibenden Mitteln die entsprechende Lohnsteuer abführen kann. Die Pflicht zur Kürzung der Löhne entfällt nur dann, wenn zwischen dem Zeitpunkt der Lohnzahlung und der Lohnsteuerfälligkeit eine unvorhergesehene Verschlechterung der Zahlungsfähigkeit eingetreten ist. 291

---

149 Zum Anfechtungsrecht des Arbeitnehmers vgl. *Schmidt/Drenseck* § 42 d Rz. 58.

150 BFH v. 20. 1. 1998 VII R 80/97, BFH/NV 1998, 814.

151 V. 20. 1. 1998, aaO.

152 BFH v. 20. 4. 1993 VII R 67/92, BFH/NV 1994, 142.

292 Die Haftung umfaßt neben den Steuerabzugsbeträgen auch die **Nebenleistungen** (Säumnis- und Verspätungszuschläge), soweit sie vor dem Zeitpunkt der nachweislichen Überschuldung und Zahlungsunfähigkeit entstanden sind.[153]

G. Nebenabgaben

295 Neben der Lohnsteuer ist der Arbeitgeber auch zur Einbehaltung und Abführung der Zuschlagsteuern auf die Lohnsteuer verpflichtet. Derzeit sind die Kirchensteuer und der Solidaritätszuschlag mit der Lohnsteuer anzumelden und abzuführen.

296 Die **Kirchensteuer** ist bei allen Arbeitnehmern zu erheben, die einer steuererhebungsberechtigten Religionsgemeinschaft angehören. Dies ist aus der Eintragung in der Lohnsteuerkarte zu entnehmen. Die Kirchensteuerpflicht richtet sich nach landesrechtlichen Bestimmungen. Die Höhe des Kirchensteuerhebesatzes bestimmen die Religionsgemeinschaften. Derzeit liegen die Hebesätze – je nach Religionsgemeinschaft – bei 8 und 9 v. H. der Lohnsteuer. Bei der Lohnsteuerpauschalierung erstreckt sich die Verpflichtung zur Steuerübernahme auch auf die Kirchensteuer. Da dem Arbeitgeber vor allem bei der Pauschalierung der Lohnsteuer in den Fällen des § 40 a EStG wegen fehlender Vorlage der Lohnsteuerkarte die Religionszugehörigkeit des Arbeitnehmers nicht bekannt sein dürfte, wird die pauschale Lohnkirchensteuer in der Regel mit einem ermäßigten Steuersatz erhoben.[154]

297 Auch der **Solidaritätszuschlag** wird nach dem Lohnsteuerabzugsbetrag berechnet. Der Zuschlagsatz beträgt 5,5 vH. Um das steuerfreie Existenzminimum zu sichern, ist der Solidaritätszuschlag aber nur dann zu erheben, wenn die Lohnsteuer

– bei monatlicher Lohnzahlung in der Steuerklasse III mehr als 306 DM und in den Steuerklassen I, II, IV und VI mehr als 153 DM
– bei wöchentlicher Lohnzahlung in der Steuerklasse III mehr als 71,40 DM und in den Steuerklassen I, II, IV und VI mehr als 35,70 DM
– bei täglicher Lohnzahlung in der Steuerklasse III mehr als 10,20 DM und in den Steuerklassen I, II, IV und VI mehr als 5,10 DM

beträgt.

---

[153] BFH v. 26. 7. 1988 VII R 83/87, BStBl. II 1988, 859.

[154] Vgl. ausführlich *Wagner* in HHR § 40 Anm. 62 ff; BMF-Schreiben vom 15. 5. 1999, BStBl. II 1999, 509.

§ 15 Betriebsverfassungsrecht

Bearbeiter: Karsten Tötter

Übersicht

A. Einleitung

Das Betriebsverfassungsgesetz (BetrVG) von 1972, erneut bekanntgemacht am 23. 12. 1988,[1] regelt die **Beteiligung der Mitarbeiter** eines Betriebes oder Unternehmens in Fragen der **sozialen und wirtschaftlichen Angelegenheiten** sowie bei **personellen Einzelmaßnahmen**, soweit dadurch die Rechte und Interessen der Mehrheit der Be- 1

[1] BGBl. I 1989, S. 1ff.

legschaft, also kollektive Interessen, berührt sind.[2] Die Beteiligungsrechte der Belegschaft werden dabei durch gewählte Betriebsräte wahrgenommen, deren Amt unter dem besonderen Schutz des Gesetzes steht (besonderer Kündigungsschutz gemäß § 15 KSchG, 103 BetrVG) und die ihr Amt ehrenamtlich[3] wahrnehmen, allerdings gegen den Arbeitgeber einen Aufwendungsersatz- und Freistellungsanspruch haben und ihr Entgelt weiter beziehen.

2 Durch die Regelungen des Betriebsverfassungsgesetzes haben auch die **Gewerkschaften** Möglichkeiten der Einflußnahme im Betrieb, soweit sie „im Betrieb vertreten" sind. Dies ist immer dann der Fall, wenn mindestens ein Arbeitnehmer des Betriebes Mitglied der betreffenden Gewerkschaft ist.[4]

3 Im Bereich gemeinnütziger Organisationen gelten für einige Bereiche des Betriebsverfassungsrechtes Einschränkungen, so insb. für die Mitbestimmung in wirtschaftlichen Angelegenheiten, soweit es sich – was häufig der Fall ist – bei der gemeinnützigen Organisation gleichzeitig um einen **Tendenzbetrieb** iSd § 118 BetrVG handelt. Der Tendenzcharakter eines Unternehmens, der sich aus grundrechtlich geschützten Positionen ableitet,[5] soll nach dem Willen des Gesetzgebers nicht durch die weitgehenden Mitwirkungs- und Beteiligungsrechte des Betriebsrates und damit der Belegschaft beeinträchtigt werden können.[6]

4 Da andererseits auch die im Betriebsverfassungsgesetz niedergelegten Beteiligungsrechte des Betriebsrates aus grundrechtlichen Positionen erwachsen, nämlich letztlich dem Sozialstaatsprinzip des Art 20 Abs. 1 GG, ist zwischen diesen Rechten und dem Recht des Unternehmens an der Wahrung seines Tendenzcharakters eine Abwägung dahingehend erforderlich, daß die sich aus dem Betriebsverfassungsgesetz ergebenden Beteiligungsrechte des Betriebsrates nur eingeschränkt sind, soweit dadurch die Eigenart des Tendenzbetriebes betroffen ist.[7] Damit unterliegen tendenzneutrale Maßnahmen des Arbeitgebers in vollem Umfange der Mitbestimmung des Betriebsrates, soweit diese aufgrund der Vorschriften des Betriebsverfassungsgesetzes gegeben ist.[8]

---

[2] *MünchArbR/v. Hoyningen-Huene* § 292 Rz. 88.

[3] Hierbei handelt es sich um ein privatrechtliches „Ehrenamt", das nicht unter die ehrenamtlichen Tätigkeiten des § 14 fällt, da es insoweit Ausfluß des zugrundeliegenden Beschäftigungsverhältnisses ist.

[4] *MünchArbR/Löwisch* § 239 Rz. 195.

[5] BAG vom 22. 4. 1975 – 1 AZR 604/73 – AP Nr. 2 zu § 118 BetrVG 1972.

[6] *MünchArbR/Richardi* § 234 Rz. 33.

[7] BAG vom 28. 10. 1986 – 1 ABR 16/85 – AP Nr. 32 zu § 118 BetrVG 1972; vom 30. 1. 1990 – 1 ABR 101/88 – AP Nr. 44 zu § 118 BetrVG 1972; vom 20. 11. 1990 – 1 ABR 87/89 – AP Nr. 47 zu § 118 BetrVG 1972.

[8] *Fitting* § 118 Rz. 4 a.

B. Die Errichtung von Betriebsräten

§ 1 des BetrVG stellt relativ lapidar fest, daß in Betrieben mit idR. mehr als fünf wahlberechtigten Arbeitnehmern, von denen drei wählbar sein müssen, „Betriebsräte gewählt werden". Diese Formulierung ist insoweit mißverständlich, als sie eine Verpflichtung zur Wahl von Betriebsräten suggeriert. Fest steht, daß eine entspr. Verpflichtung weder die Arbeitnehmer eines Betriebes noch den Arbeitgeber trifft.[9] Vielmehr ist es der **Initiative der Belegschaft** überlassen, die Wahl von Betriebsräten zu fördern. 5

I. Geltungsbereich des Betriebsverfassungsgesetzes

Das BetrVG gilt für alle Betriebe innerhalb der Bundesrepublik Deutschland, in denen mindestens fünf wahlberechtigte Arbeitnehmer, von denen drei wählbar sein müssen, beschäftigt sind.[10] 6

Soweit das Gesetz an den Begriff des Betriebes anknüpft, ist damit der **allgemeine Betriebsbegriff** des Arbeitsrechts gemeint. Danach ist unter Betrieb die organisatorische Einheit, innerhalb derer ein Arbeitgeber allein oder mit seinen Arbeitnehmern mit Hilfe von technischen und immateriellen Mitteln bestimmte arbeitstechnische Zwecke fortgesetzt verfolgt, die sich nicht in der Befriedigung eines Eigenbedarfs erschöpfen.[11] Ein Betrieb liegt somit vor, wenn die in einer Betriebsstätte vorhandenen materiellen Betriebsmittel für den oder für die verfolgten arbeitstechnischen Zwecke zusammengefaßt, geordnet und gezielt eingesetzt werden und wenn der Einsatz der menschlichen Arbeitskraft von einem einheitlichen Leitungsapparat gesteuert wird. Auf die Art des verfolgten Zweckes, also etwa Produktion, Verwaltung oder Dienstleistung, kommt es ebenso wenig an wie darauf, ob der Arbeitgeber wirtschaftliche Ziele verfolgt, also Gewinn erzielen will, oder – wie im Falle gemeinnütziger Organisationen – keine Gewinnerzielungsabsicht hat.[12] 7

1. Wahl des Betriebsrats

Voraussetzung für die Wahlberechtigung zum Betriebsrat und generell die Anwendung des BetrVG ist die **Arbeitnehmereigenschaft**. Wer Arbeitnehmer iSd BetrVG ist, stellt § 5 BetrVG fest. Diese Vorschrift bezieht sich zunächst auf Arbeiter und Angestellte einschließlich der Auszubildenden. Danach scheiden sog. „freie Mitarbeiter" bzw. „Honorarkräfte"[13] aus dem Geltungsbereich des BetrVG aus, wenn sie 8

[9] *MünchArbR/Joost* § 296 Rz. 150.
[10] *Fitting* § 1 Rz. 6.
[11] BAG vom 5. 5. 1994 – 2 AZR 917/93 – AP Nr. 5 zu § 1 BetrVG 1972.
[12] *Fitting* § 1 Rz. 58.
[13] S. zu den Grundsätzen insb. oben § 13 Rz. 106 ff.

nicht persönlich abhängig sind.[14] Darüber hinaus ist gesetzlich definiert, wer nicht als Arbeitnehmer iSd Gesetzes zählt. Dazu gehören gemäß § 5 Abs. 2 BetrVG u. a. Vertretungsorgane juristischer Personen, Gesellschafter von Handelsgesellschaften oder anderer Personengesamtheiten sowie Personen, deren Beschäftigung nicht in erster Linie ihrem Erwerb dient, sondern durch Beweggründe karitativer oder religiöser Art bestimmt sind.[15]

9 Darüber hinaus gilt das BetrVG nicht für die sog. **leitenden Angestellten** iSd § 5 Abs. 3 und 4 BetrVG. Danach ist insb. leitender Angestellter, wer nach Arbeitsvertrag und Stellung zur selbständigen Einstellung und Entlassung im Betrieb oder der Betriebsabteilung beschäftigter Arbeitnehmer berechtigt ist. Darüber hinaus ist leitender Angestellter, wer Generalvollmacht oder Prokura hat bzw., wer regelmäßig sonstige Aufgaben wahrnimmt, die für den Bestand und die Entwicklung des Unternehmens oder eines Betriebes von Bedeutung sind, soweit er die Entscheidungen im wesentlichen frei von Weisungen treffen kann oder die Entscheidungen jedenfalls maßgeblich beeinflußt.[16]

10 Das **passive Wahlrecht**, also die Wählbarkeit zum Betriebsrat, setzt gem. § 8 Abs. 1 BetrVG die Wahlberechtigung und darüber hinaus eine mindestens sechsmonatige Betriebszugehörigkeit voraus. Von letzterer Voraussetzung kann abgewichen werden, wenn der Betrieb selbst noch keine sechs Monate besteht.[17]

11 Das **aktive Wahlrecht** zum Betriebsrat ist in § 7 BetrVG geregelt. Danach sind wahlberechtigt alle Arbeitnehmer, die das 18. Lebensjahr am Wahltag vollendet haben. Es kommt somit im Gegensatz zur Wählbarkeit nicht auf eine Dauer der Betriebszugehörigkeit an.[18] Voraussetzung ist lediglich die Erreichung des Mindestalters und Arbeitnehmereigenschaft. Wahlberechtigt sind damit also auch **Auszubildende**, sofern sie das 18. Lebensjahr vollendet haben, und wählbar, wenn sie mindestens sechs Monate im Betrieb beschäftigt sind. **Wehrpflichtige und zivildienstleistende** Arbeitnehmer sind ebenfalls wahlberechtigt und wählbar, sofern sie ein berechtigtes Interesse hieran nachweisen.[19] Wahlberechtigt sind auch Arbeitnehmer, deren Arbeitsverhältnis ruht. Hierzu zählen beispielsweise Arbeitnehmerinnen, die sich im Mutterschutz befinden, und Arbeitnehmer oder Arbeitnehmerinnen, die Erziehungsurlaub nach dem Bundeserziehungsgeldgesetz in Anspruch nehmen.[20]

12 Bei einer **außerordentlichen Kündigung** verliert der Arbeitnehmer seine Wahlberechtigung mit Zugang der Kündigungserklärung, wenn nicht nach den Regeln des § 102 BetrVG ein Weiterbeschäfti-

[14] BAG vom 25. 3. 1992 – 7 ABR 52/91 – AP Nr. 48 zu § 5 BetrVG 1972.

[15] *Fitting* § 5 Rz. 23.

[16] BAG vom 23. 1. 1986 – 6 ABR 51/81 – AP Nr. 32 zu § 5 BetrVG 1972.

[17] § 8 Abs. 2 BetrVG.

[18] *Fitting* § 7 Rz. 12.

[19] BAG vom 29. 3. 1974 – 1 ABR 27/73 – AP Nr. 2 zu § 19 BetrVG 1972; *Fitting* § 8 Rz. 7.

[20] *MünchArbR/Joost* § 296 Rz. 68.

gungsanspruch besteht.[21] Streitig ist die Frage der Wahlberechtigung und der Wählbarkeit bzgl. Arbeitnehmern, deren Arbeitsverhältnis ordentlich gekündigt ist. Hier muß zwischen der Situation unterschieden werden, daß die maßgebliche Kündigungsfrist noch nicht abgelaufen ist, sowie derjenigen des Ablaufes der Kündigungsfrist zum Zeitpunkt der Betriebsratswahlen, wenn aber der Arbeitnehmer Kündigungsschutzklage erhoben hat.

13 Nach der hM. ist ein Arbeitnehmer, dessen Arbeitsverhältnis gekündigt ist, zur Wahl berechtigt, wenn die Kündigungsfrist im Wahlzeitpunkt noch nicht abgelaufen ist.[22] Gleiches gilt für das passive Wahlrecht.

14 Ist aber die Kündigungsfrist abgelaufen und hat der Arbeitnehmer Kündigungsschutzklage erhoben, so ist er nicht wahlberechtigt.[23] Nach hM. sind solche Arbeitnehmer aber dennoch wählbar, da verhindert werden soll, daß der Arbeitgeber durch Kündigung einen unliebsamen Arbeitnehmer an der Kandidatur hindert.[24] Wird der betroffene Arbeitnehmer für den Betriebsrat gewählt, so bleibt die Wirksamkeit der Wahl zunächst in der Schwebe, bis das Arbeitsgericht über die Kündigungsschutzklage des Arbeitnehmers entschieden hat.[25]

2. Größe des Betriebsrats

15 Die **Anzahl der Betriebsratsmitglieder** richtet sich nach der Betriebsgröße, d. h. danach, wie viele Arbeitnehmer idR. beschäftigt sind. Dabei legt § 9 BetrVG fest, daß der Betriebsrat mit idR. 5 bis 20 wahlberechtigten Arbeitnehmern aus einer Person, 21 bis 50 wahlberechtigten Arbeitnehmern aus drei Mitgliedern, 51 bis 150 wahlberechtigten Arbeitnehmern aus fünf Mitgliedern besteht. Entspr. der Staffel des § 9 BetrVG vergrößert sich dann der Betriebsrat weiter mit zunehmender Anzahl von Arbeitnehmern. Bis zur Zahl von 150 Arbeitnehmern kommt es dabei auf die Wahlberechtigung an, darüber hinaus ist dies nicht mehr entscheidend.[26] Es zählt dann allein die Arbeitnehmereigenschaft.

16 Besteht der Betriebsrat nur aus einer Person, dem sog. **Betriebsobmann**, hat dieser sämtliche Rechte nach dem Betriebsverfassungsgesetz wahrzunehmen. Bei einem mehrköpfigen Betriebsrat wählt der Betriebsrat selbst einen Vorsitzenden sowie einen Stellvertreter. Der **Vorsitzende** vertritt den Betriebsrat im Rahmen der von diesem gefaßten Beschlüsse. Da der Betriebsrat selbst keine juristische Person ist, sondern die besondere Stellung eines Organs der Belegschaft innehat, ist der Vorsitzende des Betriebsrates auch kein gesetzlicher Vertreter des

[21] *Fitting* § 7 Rz. 15 a.

[22] *MünchArbR/Joost* § 296 Rz. 70 ff.

[23] LAG Berlin vom 2. 5. 1994 – 9 TaBV 1/94 – BB 1994, 1857 -LS-.

[24] *Fitting* § 8 Rz. 8 ff.

[25] BAG vom 10. 3. 1987 – 8 AZR 146/84 – AP Nr. 1 zu § 611 BGB „Weiterbeschäftigung“ m. Anm. *v. Hoyningen-Huene.*

[26] *Fitting* § 39 Rz. 7.

Betriebsrates oder dessen Bevollmächtigter.[27] Er ist lediglich Vertreter in der Erklärung, nimmt also für den Betriebsrat die Erklärungen des Arbeitgebers entgegen und gibt die Beschlüsse des Betriebsrates nach außen bekannt. Daneben obliegen dem Betriebsratsvorsitzenden verschiedene Aufgaben,[28] wie die Einberufung der Betriebsratssitzungen, die Leitung von Betriebsversammlungen und ähnliches.

17 Wichtig für den Arbeitgeber ist die Funktion des Betriebsratsvorsitzenden als Erklärungsempfänger mit verbindlicher Wirkung.[29] Im Rahmen von personellen Einzelmaßnahmen und Kündigungen hängt die Wirksamkeit dieser Maßnahmen unter anderem davon ab, ob der Betriebsrat rechtzeitig und umfassend mit dem Sachverhalt vertraut gemacht worden ist.[30] Der Beginn der insoweit maßgeblichen Fristen ist an die Kenntnisnahme durch den Betriebsratsvorsitzenden geknüpft. Dieser ist also Zustellungsempfänger der Willenserklärungen des Arbeitgebers.[31] Andere Mitglieder des Betriebsrates gelten nur als Boten, die die Willenserklärung des Arbeitgebers nur übermitteln können, nicht aber selbständig „empfangen" dürfen. Die Willenserklärung wird erst mit Zugang/Kenntnis des Vorsitzenden wirksam.[32]

Im Falle der Verhinderung des Vorsitzenden des Betriebrates ist dessen **Stellvertreter** die maßgebliche Person zur Entgegennahme dieser Erklärungen.[33]

II. Kosten des Betriebsrates

18 Die Kosten des Betriebsrates trägt gemäß § 40 Abs. 1 BetrVG der Arbeitgeber. § 40 Abs. 1 BetrVG stellt die Generalnorm dar, die eine **generelle Kostenübernahme des Arbeitgebers** festlegt.[34] Daneben beinhaltet eine Reihe anderer Vorschriften noch weitergehende Kostenübernahmeverpflichtungen des Arbeitgebers.

1. Materielle Kosten

19 So ist in § 40 Abs. 2 BetrVG geregelt, daß der Arbeitgeber den **notwendigen Sachaufwand** zu übernehmen hat. Er hat dem Betriebsrat für die Sitzungen, die Sprechstunden und laufende Geschäftsführung in erforderlichem Umfang **Räume, Sachmittel** und **Büropersonal** zur Verfügung zu stellen. Im Rahmen dieser Vorschrift hat der Betriebsrat zunächst einmal Anspruch auf Zuweisung eines eigenen Geschäftszimmers, lediglich wenn dies aus betrieblichen Gründen nicht möglich ist,

[27] *Fitting* § 26 Rz. 33.

[28] Auflistung bei *Fitting* § 26 Rz. 32.

[29] BAG vom 15. 12. 1961 – 1 AZR 207/59 – AP Nr. 1 zu § 615 BGB „Kurzarbeit"; vom 14. 2. 1991 – 2 AZR 415/90 – AP Nr. 4 zu § 615 BGB „Kurzarbeit".

[30] S. §§ 99, 102 BetrVG.

[31] *Fitting* § 26 Rz. 44.

[32] BAG vom 27. 6. 1985 – 2 AZR 412/84 – AP Nr. 37 zu § 102 BetrVG 1972.

[33] *Fitting* § 26 Rz. 47 f.

[34] *MünchArbR/Joost* § 301 Rz. 2.

kann der Betriebsrat darauf verwiesen werden, zeitweise gemeinschaftliche Räume zu nutzen.[35] In diesem Fall muß dem Betriebsrat jedoch zumindest die Möglichkeit gegeben werden, die für seine Geschäftsführung erforderlichen Unterlagen vor dem Zugriff Dritter schützen zu können,[36] also in einem eigenen Schrank verschließen zu können. Der Regelfall ist jedoch die Zuweisung eines eigenen Raumes, je nach Größe des Betriebsrates auch mehrerer Räume.

Unter der Zurverfügungstellung von Sachmitteln ist die gesamte 20
notwendige Sachausstattung des Betriebsrates zu verstehen. Dies beginnt mit dem erforderlichen **Mobiliar**, also Schreibtischen und Schränken sowie der **technischen Büroausstattung**, zu der heutzutage auch ein oder mehrere **Computer** zählen. Schließlich ist die Ausstattung mit **Gesetzestexten, Kommentaren** hierzu sowie Fachzeitschriften vorzunehmen, soweit diese für die Betriebsratstätigkeit erforderlich sind. Dabei ist nach der Rspr. des BAG der Betriebsrat berechtigt, mindestens eine **Fachzeitschrift** im Abonnement zu beziehen, auch wenn dies eine von einer Gewerkschaft herausgegebene Zeitschrift ist.[37]

Der Umfang der Verpflichtung, dem Betriebsrat **Büropersonal** zur 21
Verfügung zu stellen, richtet sich nach dem tatsächlichen Arbeitsanfall und damit letzten Endes auch nach der Betriebsgröße. In kleinen und mittleren Betrieben wird es ausreichen, wenn der Arbeitgeber dem Betriebsrat stunden- oder tageweise Büropersonal zur Verfügung stellt. In größeren Betrieben wird es erforderlich sein, daß dem Betriebsrat Büropersonal in Teilzeit- oder Vollzeittätigkeit zur Verfügung gestellt wird. Ob der Betriebsrat bei der Auswahl dieses Personals ein Mitspracherecht hat, da zwischen ihm und dem Büropersonal ein gewisses Vertrauensverhältnis bestehen muß, ist noch streitig.[38] Allerdings bleibt der Arbeitgeber der Vertragspartner des Büropersonals, wobei sein Direktions- und Weisungsrecht insoweit eingeschränkt ist, als der Betriebsrat berechtigt ist, Arbeitsanweisungen zu erteilen.

Alle weiteren notwendigen **Kosten der Geschäftsführung** des Be- 22
triebsrates, also etwa Fahrtkosten und andere Auslagen, sind dem Betriebsrat vom Arbeitgeber zu erstatten. Bzgl. dieser Kosten bedarf der Betriebsrat keiner vorherigen Zustimmung des Arbeitgebers, es sei denn, es handelt sich erkennbar um außergewöhnliche Ausgaben.

2. Personelle Kosten

Soweit der Betriebsrat aufgrund komplexer oder komplizierter recht- 23
licher Sachverhalte nicht in der Lage ist, sich das notwendige Fachwissen selbst anzueignen, kann er gemäß § 80 Abs. 3 BetrVG berechtigt

[35] *Fitting* § 40 Rz. 80.

[36] *MünchArbR/Joost* § 301 Rz. 38.

[37] BAG vom 21. 4. 1983 – 6 ABR 70/82 – AP Nr. 20 zu § 40 BetrVG 1972.

[38] Für Mitspracherecht *Fitting* § 40 Rz. 107; dagegen *MünchArbR/Joost* § 301 Rz. 43; offengelassen BAG vom 17. 10. 1990 – 7 ABR 69/89 – AP Nr. 8 zu § 108 BetrVG 1972.

sein, **Sachverständige** nach näherer Abstimmung mit dem Arbeitgeber hinzuzuziehen. Das Erfordernis der näheren Abstimmung beinhaltet eine vorherige Vereinbarung mit dem Arbeitgeber bzgl. der Kostenübernahme für den vom Betriebsrat hinzugezogenen Sachverständigen. Eine Hinzuziehung ohne vorherige Vereinbarung mit dem Arbeitgeber löst bei diesem keine Kostenübernahmeverpflichtung aus.[39]

24 Verweigert der Arbeitgeber seine Zustimmung zur Hinzuziehung eines Sachverständigen, insb. dessen Kostenübernahme, so ist der Betriebsrat gehalten, diese Zustimmung durch ein arbeitsgerichtliches Beschlußverfahren ersetzen zu lassen. In eilbedürftigen Angelegenheiten kann dies unter Umständen auch in einem einstweiligen Verfügungsverfahren erfolgen.[40] Der Arbeitgeber kann die Hinzuziehung eines Sachverständigen nicht mit dem Argument verweigern, dieser sei nicht neutral.[41] Eine derartige Neutralitätsverpflichtung besteht nicht. Der Sachverständige soll den Betriebsrat im Rahmen der Wahrnehmung betriebsverfassungsrechtlicher Aufgaben beraten, was eine gewisse Parteilichkeit mit sich bringen kann.

25 Nicht zu den Sachverständigen iSd § 80 Abs. 3 BetrVG zählen sog. **Auskunftspersonen**, d. h. Personen, die aufgrund ihrer beruflichen Tätigkeit dem Betriebsrat unentgeltlich zur Auskunftserteilung zur Verfügung stehen.[42] Dies können z. B. Gewerkschaftssekretäre sein. Die Hinzuziehung einer solchen Auskunftsperson bedarf keiner vorherigen Vereinbarung mit dem Arbeitgeber.

26 Streitig kann die **Beauftragung von Rechtsanwälten** durch den Betriebsrat sein. Rechtsanwälte können im Rahmen des § 80 Abs. 3 BetrVG als Sachverständige vom Betriebsrat hinzugezogen werden.[43] In diesem Fall bedarf es einer Vereinbarung mit dem Arbeitgeber. Bei aktuellen Auseinandersetzungen zwischen Arbeitgeber und Betriebsrat, insb. arbeitsgerichtlichen Beschlußverfahren, kann der Betriebsrat sich jedoch durch einen Rechtsanwalt beraten und vertreten lassen, ohne daß eine vorherige Abstimmung mit dem Arbeitgeber erforderlich ist. Die Beauftragung des Rechtsanwaltes zählt in diesen Fällen zur Geschäftsführung des Betriebsrates. Voraussetzung ist dabei allerdings, daß die anwaltliche Vertretung erforderlich ist. Die Erforderlichkeit der anwaltlichen Vertretung kann auf Antrag des Arbeitgebers in einem arbeitsgerichtlichen Verfahren überprüft werden.[44]

---

[39] *MünchArbR/Joost* § 301 Rz. 23.

[40] BAG vom 25. 4. 1978 – 6 ABR 9/75 – AP Nr. 11 zu § 80 BetrVG 1972.

[41] BAG vom 19. 4. 1989 – 7 ABR 87/87 – AP Nr. 35 zu § 80 BetrVG 1972; vom 25. 7. 1989 – 1 ABR 41/88 – AP Nr. 38 zu § 80 BetrVG 1972.

[42] *Fitting* § 80 Rz. 61.

[43] BAG vom 19. 4. 1989 – 7 ABR 87/87 – AP Nr. 35 zu § 80 BetrVG 1972; vom 25. 7. 1989 – 1 ABR 41/88 – AP Nr. 38 zu § 80 BetrVG 1972; vom 26. 2. 1992 – 7 ABR 51/90 – AP Nr. 48 zu § 80 BetrVG 1972.

[44] BAG vom 27. 9. 1974 – 1 ABR 67/73 – AP Nr. 8 zu § 40 BetrVG 1972.

3. Freistellung

27 Betriebsratsmitglieder haben Anspruch auf **bezahlte Freistellung** von der vertraglich geschuldeten Arbeitsleistung zur Durchführung ihrer Betriebsratsaufgaben.[45] Dabei darf der Arbeitgeber weder das Arbeitsentgelt des Betriebsratsmitgliedes mindern, noch diese Arbeitnehmer von den üblichen Lohn- und Gehaltserhöhungen oder Zulagen für vergleichbare Arbeitnehmer, die nicht als Betriebsräte tätig sind, ausnehmen. Dieses Benachteiligungsverbot von Betriebsratsmitgliedern gilt während der vierjährigen Amtszeit und nachwirkend bis zum Ablauf eines Jahres nach Beendigung der Amtszeit.[46]

28 Der zeitliche Umfang der bezahlten Freistellung richtet sich nach den betrieblichen Notwendigkeiten. Der Arbeitgeber hat hier kaum Prüfungsrechte. Der Betriebsrat ist insoweit weitgehend souverän bei dem zeitlichen Aufwand, den ein Betriebsratsmitglied bei vernünftiger und ruhiger Würdigung aller Umstände für die Betriebsratstätigkeit für erforderlich hält.[47] Der Betriebsrat ist in diesem Zusammenhang dem Arbeitgeber auch keine Rechenschaft schuldig, welche einzelnen betriebsverfassungsrechtlichen Tätigkeiten er auszuführen für nötig hält.[48]

29 In Betrieben mit mehr als 300 Arbeitnehmern besteht der Anspruch des Betriebsrates, eines seiner Mitglieder, zumeist den Vorsitzenden, vollständig von der Arbeitsleistung zu befreien. In diesem Fall wird also die Betriebsratstätigkeit zum Hauptinhalt des Arbeitsverhältnisses. Mit zunehmender Zahl von Arbeitnehmern sind weitere Betriebsratsmitglieder gemäß § 38 BetrVG von der Arbeitsleistung freizustellen. Die Notwendigkeit der vollständigen Freistellung eines Betriebsratsmitgliedes von der Arbeitsleistung kann sich auch bereits unterhalb der gesetzlichen Schwelle von 300 Arbeitnehmern ergeben.[49] So etwa, wenn laufend besondere Arbeitssicherheitsvorschriften zu überwachen sind, eine starke Fluktuation von Arbeitnehmern die häufige Mitbestimmung des Betriebsrates bei personellen Einzelmaßnahmen erfordert oder aus sonstigen Gründen der Betriebsrat besonders arbeitsbelastet ist.[50]

30 Der Grundsatz der bezahlten Freistellung gilt gemäß § 37 Abs. 6 BetrVG auch für die Teilnahme des Betriebsrates an Schulungs- und Bildungsveranstaltungen, soweit diese Kenntnisse vermitteln, die für die Arbeit des Betriebsrates erforderlich sind.[51] Dieser Freistellungs-

---

[45] § 37 Abs. 2 BetrVG.

[46] *MünchArbR/Joost* § 300 Rz. 160 ff.

[47] BAG vom 9. 10. 1973 – 1 ABR 6/73 – AP Nr. 4 zu § 37 BetrVG 1972; vom 18. 12. 1973 – 1 ABR 35/73 – AP Nr. 7 zu § 37 BetrVG 1972; vom 6. 8. 1981 – 6 AZR 1086/79 – AP Nr. 4, 7 und 40 zu § 37 BetrVG 1972.

[48] *Fitting* § 37 Rz. 35.

[49] *Fitting* § 38 Rz. 19.

[50] BAG vom 2. 4. 1974 – 1 ABR 43/73 – AP Nr. 10 zu § 37 BetrVG 1972; vom 21. 11. 1978 – 6 AZR 247/76 – AP Nr. 34 zu § 37 BetrVG 1972; vom 13. 11. 1991 – 7 ABR 5/91 – AP Nr. 80 zu § 37 BetrVG 1972.

[51] *MünchArbR/Joost* § 300 Rz. 105.

anspruch ist von dem Anspruch einzelner Betriebsratsmitglieder auf Teilnahme an Fortbildungsveranstaltungen gemäß § 37 Abs. 7 BetrVG zu unterscheiden. Die Schulungs- und Bildungsveranstaltungen gemäß § 37 Abs. 7 BetrVG sollen das einzelne Betriebsratsmitglied in die Lage versetzen, seine Tätigkeit ordnungsgemäß zu erfüllen.

31 Der insoweit **individuelle Anspruch** des einzelnen Betriebsratsmitgliedes beinhaltet die Freistellungsverpflichtung des Arbeitgebers zur Teilnahme an bestimmten, von der obersten Arbeitsbehörde des Landes als geeignet anerkannten Schulungs- und Bildungsveranstaltungen.[52] Der Anspruch ist begrenzt auf höchstens drei Wochen pro Amtszeit für jedes Betriebsratsmitglied (vier Jahre), bei erstmaliger Wahl in einen Betriebsrat auf vier Wochen.[53]

32 Demgegenüber ist der Freistellungsanspruch zur Teilnahme an Schulungs- und Bildungsveranstaltungen des § 37 Abs. 6 BetrVG ein **kollektiver Anspruch** des Betriebsrates. Der Betriebsrat hat also über die Teilnahme einzelner Betriebsratsmitglieder an entspr. Schulungs- und Bildungsveranstaltungen einen Beschluß zu fassen und muß ggf. dem Arbeitgeber nachweisen, daß die Teilnahme an dieser Veranstaltung für die Arbeit des Betriebsrates erforderlich ist.[54]

33 Während das einzelne Betriebsratsmitglied seinen Anspruch gemäß § 37 Abs. 7 BetrVG durch Klage gegen den Arbeitgeber durchsetzen kann, ist bei einer Weigerung des Arbeitgebers, dem Beschluß des Betriebsrates auf Teilnahme an einer Veranstaltung gemäß § 37 Abs. 6 BetrVG zu entsprechen, ein arbeitsgerichtliches Beschlußverfahren des Betriebsrates insgesamt gegen den Arbeitgeber erforderlich.[55]

34 Streitigkeiten entstehen in diesem Zusammenhang häufig durch die Frage, ob der Betriebsrat berechtigt ist, alle seine Mitglieder zu einer Schulungs- und Bildungsveranstaltung iSd § 37 Abs. 6 BetrVG zu entsenden. Hierbei wird zu unterscheiden sein nach dem Inhalt der Schulungs- und Bildungsveranstaltung. Soweit in dieser Kenntnisse im allgemeinen Arbeitsrecht[56] und im Betriebsverfassungsrecht[57] vermittelt werden, sind diese Kenntnisse für jedes Betriebsratsmitglied und dessen Betriebsratstätigkeit erforderlich iSd Gesetzes. Je spezialisierter das Schulungs- und Bildungsangebot ist, desto differenzierter muß die Beschlußfassung des Betriebsrates erfolgen. Insb. in größeren Betrieben erfolgt idR. eine Spezialisierung einzelner Betriebsratsmitglieder auf bestimmte Themen, etwa Arbeitsschutz, EDV oder ähnliches.[58] Dieser Spezialisierung muß der Betriebsrat bei seiner Beschlußfassung Rechnung tragen, so daß unter Umständen nur einzelne Betriebsratsmitglie-

---

[52] BAG vom 30. 8. 1989 – 7 ABR 65/87 – NZA 1990, 483.

[53] *MünchArbR/Joost* § 300 Rz. 140.

[54] BAG vom 9. 10. 1973 – 1 ABR 6/73 – AP Nr. 4 zu § 37 BetrVG 1972. m. Anm. *Natzel*

[55] BAG vom 6. 11. 1973 – 1 ABR 8/73 – AP Nr. 5 zu § 37 BetrVG 1972. m. Anm. *Kittner.*

[56] BAG vom 16. 10. 1986 – 6 ABR 14/86 – AP Nr. 58 zu § 37 BetrVG 1972.

[57] *MünchArbR/Joost* § 300 Rz. 107.

[58] *Fitting* § 37 Rz. 134.

der bestimmte Schulungs- und Bildungsveranstaltungen zu Spezialthemen besuchen können.[59] Im Grundsatz gilt hier, daß eine Erforderlichkeit vorliegt, wenn die Schulungsmaßnahme eine aktuelle Betriebsbezogenheit aufweist.[60]

Der Betriebsrat hat bei seiner Beschlußfassung über die Teilnahme seiner Mitglieder an Schulungs- und Bildungsveranstaltungen nach § 37 Abs. 6 BetrVG betriebliche Belange in der Weise zu berücksichtigen, daß bei der Festlegung der zeitlichen Lage der Teilnahme an solchen Veranstaltungen die betrieblichen Notwendigkeiten zu beachten sind.[61] Um den Arbeitgeber in die Lage zu versetzen, sich rechtzeitig auf das Fehlen des Arbeitnehmers am Arbeitsplatz einzustellen, sind dem Arbeitgeber die Teilnahme und die zeitliche Lage der Schulungs- und Bildungsveranstaltungen rechtzeitig bekanntzugeben.[62] Kommt es hierbei zu Streitigkeiten bei der Frage, ob die betrieblichen Notwendigkeiten hinreichend berücksichtigt worden sind, kann der Arbeitgeber die Einigungsstelle anrufen,[63] deren Beschluß die Einigung zwischen Arbeitgeber und Betriebsrat ersetzt. Diese in § 37 Abs. 6 BetrVG enthaltenen Vorschriften gelten auch für die Teilnahme einzelner Betriebsratsmitglieder an Schulungs- und Bildungsveranstaltungen gemäß § 37 Abs. 7 BetrVG.[64] 35

Aus dem unterschiedlichen Charakter des Freistellungsanspruches zwischen § 37 Abs. 6 und Abs. 7 BetrVG folgt auch eine unterschiedliche Kostentragungsverpflichtung des Arbeitgebers. Während der Arbeitgeber im Falle des Besuchs einer Schulungs- und Bildungsveranstaltung gemäß § 37 Abs. 6 BetrVG, also im Falle der Realisierung des kollektiven Anspruches des Betriebsrates, Fahrt, Unterkunft, Verpflegung und Lehrgangsgebühren zu tragen hat, hat das Betriebsratsmitglied, welches gemäß § 37 Abs. 7 BetrVG an einer Schulungs- und Bildungsveranstaltung teilnimmt, lediglich Anspruch auf bezahlte Freistellung von der Arbeit. Weitere Kosten muß der Arbeitgeber in diesem Falle nicht übernehmen.[65] 36

C. Die Mitbestimmung des Betriebsrates

Der Betriebsrat hat umfassende Antrags-, Initiativ-, Unterstützungs-, Überwachungs-, Teilnahme- und Mitbestimmungsrechte, die in ihrer Ausgestaltung und Gewichtung unterschiedlich sind. Die in der Praxis wichtigsten Rechte des Betriebsrates sind die Mitbestimmungsrechte in sozialen Angelegenheiten gemäß §§ 87 ff BetrVG, die Mitbestimmungsrechte bei personellen Einzelmaßnahmen im Sinne der §§ 99 ff 40

---

59 BAG vom 29. 4. 1992 – 7 ABR 61/91 – NZA 1993, 375.

60 BAG vom 14. 6. 1977 – 1 ABR 92/74 – AP Nr. 30 zu § 37 BetrVG 1972.

61 *Fitting* § 37 Rz. 193.

62 BAG vom 21. 7. 1978 – 6 AZR 561/75 – AP Nr. 4 zu § 38 BetrVG 1972.

63 *MünchArbR/Joost* § 300 Rz. 130.

64 *Fitting* § 37 Rz. 151.

65 *Fitting* § 37 Rz. 181.

BetrVG und bei Kündigungen gemäß § 102 BetrVG. Dieses sind deshalb die bedeutsamsten Vorschriften, weil die Mitbestimmungsrechte in sozialen Angelegenheiten durch den Betriebsrat erzwingbar[66] sind und die Nichtbeachtung der Mitbestimmungsrechte des Betriebsrates bei personellen Einzelmaßnahmen und Kündigungen zur Unwirksamkeit dieser Maßnahmen führen können.

I. Mitbestimmung in sozialen Angelegenheiten

41 Die Mitbestimmung des Betriebsrates in sozialen Angelegenheiten ist in den §§ 87–91 BetrVG geregelt. Doch grds. dürfen der Betriebsrat und der Arbeitgeber nicht alles im Betrieb regeln, denn einige Angelegenheiten sind gem. § 77 BetrVG den Tarifvertragsparteien vorbehalten.

1. Mitbestimmungsrecht nach § 87 BetrVG

42 Die bedeutsamsten Regelungen der Mitbestimmung des Betriebsrates in sozialen Angelegenheiten finden sich in der **abschließenden Aufzählung** des § 87 Abs. 1 BetrVG.[67]

43 Die in der Praxis wichtigsten Angelegenheiten der Mitbestimmung sind danach:

- Ordnung im Betrieb und Verhalten der Arbeitnehmer (z. B.: Alkohol- und Rauchverbote)
- Beginn und Ende der täglichen Arbeitszeit sowie die Festlegung der Pausenzeiten und betriebliche Urlaubsregelungen
- Anordnung von Überstunden sowie die vorübergehende Verkürzung oder Verlängerung der täglichen Arbeitszeiten
- Auszahlung der Arbeitsentgelte
- Einführung und Anwendung technischer Einrichtungen zur Leistungskontrolle der Arbeitnehmer (z. B.: Stechuhr, EDV, Telefonanlage)
- Festsetzung von Akkord- und Prämiensätzen

44 Mitbestimmung bedeutet, daß der Arbeitgeber in diesen Bereichen nicht wirksam ohne den Betriebsrat handeln kann. Sie wird idR in Form von Betriebsvereinbarungen oder Regelungsabreden ausgeübt.[68] Aus der Erzwingbarkeit der Mitbestimmung in sozialen Angelegenheiten folgt ein **Initiativrecht** des Betriebsrates bzgl. der in § 87 BetrVG genannten sozialen Angelegenheiten, da sonst beide Seiten keine gleichen Rechte hätten.[69]

---

[66] *MünchArbR/Matthes* § 318 Rz. 25.

[67] *MünchArbR/Matthes* § 324 Rz. 6.

[68] *Fitting* § 87 Rz. 391.

[69] BAG (ohne Datum und AZ) in AP Nr. 1 zu § 87 BetrVG 1972 „Initiativrecht"; vom 8. 8. 1989 – 1 ABR 62/88 – AP Nr. 3 zu § 87 BetrVG 1972 „Initiativrecht" m. Anm. *Wiese.*

Das Mitbestimmungsrecht des Betriebsrates besteht nur, soweit keine gesetzliche oder tarifvertragliche Regelung besteht.[70] Es dient dem Schutz der Arbeitnehmer und soll zu einer gerechten Teilhabe an den betrieblichen Regelungen in sozialen Angelegenheiten führen.[71] Bestehen bereits gesetzliche oder tarifvertragliche Regelungen in diesem Bereich, ist ihnen der Vorrang der stärkeren Rechtsquelle einzuräumen.[72] Liegt eine solche eindeutige Regelung durch Tarifvertrag oder Gesetz bereits vor, bedarf es keiner weiteren erzwingbaren Mitbestimmung mehr.[73] 45

2. Verhältnis zu § 77 Abs. 3 BetrVG

Streitig ist in diesem Zusammenhang das Verhältnis zu § 77 Abs. 3 BetrVG. Vom Wortlaut her schließt § 77 Abs. 3 BetrVG die Mitbestimmung nach § 87 Abs. 1 BetrVG aus, wenn es sich um die Regelung von Arbeitsentgelten oder sonstigen Arbeitsbedingungen handelt, die durch Tarifvertrag geregelt sind oder üblicherweise von den Tarifvertragsparteien geregelt werden. Der diesbzgl. geführte Theorienstreit ist vom BAG[74] – GS – in der Weise entschieden worden, daß für die Praxis keine großen Probleme mehr bestehen. Das BAG geht davon aus, daß § 87 BetrVG grds. die speziellere Norm ist und daher Vorrang habe (**Vorrangtheorie**).[75] In diesem Zusammenhang hat der GS gleichzeitig klargestellt, daß § 77 Abs. 3 BetrVG nur den Abschluß von Betriebsvereinbarungen, nicht aber die Mitbestimmung als solche gänzlich ausschließe. Durch entspr. **Regelungsabreden** sei eine Mitbestimmung auf betrieblicher Ebene gerade nicht ausgeschlossen.[76] Eine betriebliche Regelungsabrede ist demnach keine Betriebsvereinbarung. 46

3. Einigungsstelle

Nach § 87 Abs. 2 BetrVG kann der Betriebsrat eine unterbliebene Mitbestimmung durch Anrufung der Einigungsstelle erzwingen. Die Einigungsstelle wird nur **auf Antrag** tätig. Der Spruch der Einigungsstelle ersetzt den Abschluß einer Betriebsvereinbarung.[77] 47

---

[70] *MünchArbR/Matthes* § 324 Rz. 9.

[71] Zwei Urteile des BAG GS vom 3. 12. 1991 – GS 2/90 und 1/90 – in AP Nr. 51 und 52 zu § 87 BetrVG 1972 „Lohngestaltung".

[72] *Fitting* § 87 Rz. 31.

[73] *Fitting* § 87 Rz. 32.

[74] Zwei Urteile des BAG GS vom 3. 12. 1991 – GS 2/90 und 1/90 – in AP Nr. 51 und 52 zu § 87 BetrVG 1972 „Lohngestaltung".

[75] S. auch BAG vom 24. 2. 1987 – 1 ABR 18/85 – AP Nr. 21 zu § 77 BetrVG 1972.

[76] Zum Theorienstreit (mit der Zwei-Schranken-Theorie) s. *Fitting* § 77 Rz. 96 ff; *MünchArbR/Matthes* § 318 Rz. 68 ff.

[77] *Fitting* § 76 Rz. 67.

a) Einrichtung der Einigungsstelle

48 Die Einigungsstelle ist in allen gesetzlich bestimmten Fällen zuständig, in denen ihr Spruch die Einigung der Betriebspartner ersetzt.[78] Sie soll als Organ der Betriebsverfassung eine Schlichtung über streitige Interessen herbeiführen.[79] Die Einigungsstelle wird idR. von Fall zu Fall durch den Antrag einer Partei gebildet[80] und von einem unparteiischen Vorsitzenden geleitet. Können sich die Betriebspartner nicht auf einen Vorsitzenden einigen, so wird er auf Antrag einer Betriebspartei durch das Arbeitsgericht eingesetzt.

49 Arbeitgeber und Betriebsrat bestellen jeweils die gleiche Anzahl von Beisitzern, die nach ihrer freien Überzeugung zu entscheiden haben.[81] Die Einigungsstelle entscheidet mit einfacher Mehrheit durch schriftlichen Beschluß.[82]

b) Kosten und Rechtsmittel

50 Die Kosten des gesamten Verfahrens trägt der Arbeitgeber.[83] Den Einwand einer unverhältnismäßig hohen Zahl an Beisitzern hat der Arbeitgeber bereits im Bestellungsverfahren der Einigungsstelle geltend zu machen.[84] Nach § 76 a Abs. 4 S. 1 BetrVG sollte eine Verordnung über die Vergütung der Einigungsstellenmitglieder erlassen werden, die bis heute fehlt, so daß über die Höhe der Vergütung weiterhin Unklarheit besteht.[85] Die Beisitzer, die dem Betrieb angehören, haben keinen Anspruch auf eine Sondervergütung neben der Fortzahlung ihres Entgeltes.[86] Betriebsfremde Beisitzer erhalten idR. 7/10 der Vergütung des Vorsitzenden,[87] die wiederum in freier Vereinbarung mit diesem festzulegen ist.

51 Obwohl der Spruch der Einigungsstelle die Einigung ersetzt, unterliegt er inhaltlich der arbeitsgerichtlichen Überprüfung im Beschlußverfahren.[88] Arbeitgeber und Betriebsrat sind antragsberechtigt. Der **Antrag** muß innerhalb einer Frist von zwei Wochen nach dem Spruch der Einigungsstelle beim Arbeitsgericht gestellt werden. Haben sich Arbeitgeber und Betriebsrat jedoch vorher bereits dem Spruch der Einigungsstelle verbindlich unterworfen, ist eine gerichtliche Überprüfung grds. ausgeschlossen.[89]

---

[78] Eine Übersicht über die gesetzlichen Vorschriften, die ein erzwingbares Einigungsstellenverfahren begründen können, findet sich bei *Fitting* § 76 Rz. 47.

[79] BAG vom 6. 4. 1973 – 1 ABR 20/72 – AP Nr. 1 zu § 76 BetrVG 1972.

[80] In größeren Betrieben oder bei Bedarf kann durch Betriebsvereinbarung eine ständige Einigungsstelle eingerichtet werden, § 76 Abs. 1 S. 2 BetrVG.

[81] *MünchArbR/Joost* § 312 Rz. 47.

[82] S. hierzu § 76 Abs. 3 BetrVG.

[83] BAG vom 13. 11. 1991 – 7 ABR 70/90 – AP Nr. 1 zu § 76 a BetrVG 1972.

[84] *MünchArbR/Joost* § 312 Rz. 104.

[85] S. hierzu *Fitting* § 76 a Rz. 23.

[86] BAG vom 11. 5. 1976 – 1 ABR 15/75 – AP Nr. 2 zu § 76 BetrVG 1972.

[87] *Fitting* § 76 a Rz. 24.

[88] Vgl. §§ 2 a Abs. 1 Nr. 1 80 ff. ArbGG.

[89] *MünchArbR/Joost* § 312 Rz. 65.

Ob der **einzelne Arbeitnehmer** gerichtlich gegen den Spruch der Einigungsstelle vorgehen kann, erscheint zweifelhaft.[90] Dem Arbeitnehmer bleibt idR. nur die einfache Klage vor dem Arbeitsgericht aufgrund von Ansprüchen, die sich aus dem Spruch der Einigungsstelle ergeben oder nach Auffassung des Arbeitnehmers hätten ergeben müssen. 52

II. Mitbestimmung bei personellen Einzelmaßnahmen

Der Betriebsrat hat in Betrieben mit idR. mehr als 20[91] wahlberechtigten Beschäftigten ein Mitbestimmungsrecht vor jeder Einstellung, Eingruppierung, Umgruppierung und Versetzung.[92] Der Arbeitgeber hat den Betriebsrat rechtzeitig und umfassend vor jeder dieser Maßnahmen zu informieren. Die Zustimmung ist an keine ausdrückliche Form gebunden, sie kann demnach schriftlich, mündlich, konkludent oder auch stillschweigend erfolgen.[93] 53

Ein Mitbestimmungsrecht des Betriebsrates bei der Beschäftigung von **„freien Mitarbeitern"** hängt davon ab, ob ein echtes sozialversicherungspflichtiges Beschäftigungsverhältnis begründet wird. Es gelten für die „freien Mitarbeiter" die Grundsätze zur persönlichen Abhängigkeit.[94] Liegt demnach ein abhängiges Beschäftigungsverhältnis vor, ist eine Mitbestimmung nach § 99 Abs. 1 BetrVG gegeben.[95] Anderenfalls wird der freie Mitarbeiter selbständig tätig, so daß eine Mitbestimmung ausscheidet. Wird dieser „Selbständige" jedoch im Betrieb tätig, d. h. es erfolgt eine tatsächliche **Eingliederung** in den Betriebsablauf,[96] so liegt nach der Rspr. des BAG gleichwohl eine mitbestimmungspflichtige personelle Einzelmaßnahme vor.[97] 54

Der Betriebsrat kann die Zustimmung verweigern, wenn die Maßnahme gegen ein Gesetz, Tarifvertrag, Betriebsvereinbarung oder ähnliche hoheitliche Entscheidungen oder eine Auswahlrichtlinie verstößt. Ein Widerspruchsrecht besteht auch, wenn durch die geplante Maßnah- 55

---

[90] *Fitting* § 76 Rz. 82; *MünchArbR/Joost* § 312 Rz. 79.

[91] Streitig ist, ob der einzustellende Mitarbeiter bereits mitgezählt werden darf; dafür *MünchArbR/Matthes* § 344 Rz. 6; dagegen *Fitting* § 99 Rz. 4.

[92] § 99 Abs. 1 BetrVG.

[93] *Fitting* § 99 Rz. 62.

[94] S. hierzu oben § 13 Rz. 106 ff.

[95] BAG vom 30. 8. 1994 – 1 ABR 3/94 – AP Nr. 6 zu § 99 BetrVG 1972 „Einstellung".

[96] Die Beschäftigung von Zivildienstleistenden stellt hiernach ebenfalls eine mitbestimmungspflichtige Einzelmaßnahme dar, weil er in der Regel in den Betriebsablauf eingegliedert ist.

[97] BAG vom 15. 4. 1986 – 1 ABR 44/84 – AP Nr. 35 zu § 99 BetrVG 1972; vom 18. 4. 1989 – 1 ABR 97/87 – AP Nr. 65 zu § 99 BetrVG 1972; vom 1. 8. 1989 – 1 ABR – 54/88 – AP Nr. 68 zu § 99 BetrVG 1972; vom 8. 5. 1990 – 1 ABR 7/89 – AP Nr. 80 zu § 99 BetrVG 1972; vom 3. 7. 1990 – 1 ABR 36/89 – AP Nr. 81 zu § 99 BetrVG 1972; vom 28. 4. 1992 – 1 ABR 73/91 – AP Nr. 98 zu § 99 BetrVG 1972; vom 20. 4. 1993 – 1 ABR 59/92 – AP Nr. 106 zu § 99 BetrVG 1972.

me der betroffene Arbeitnehmer selbst oder andere Arbeitnehmer des Betriebes Nachteile erleiden könnten oder die Maßnahme den Betriebsfrieden beeinträchtigen könnte.[98]

56 Der Betriebsrat muß innerhalb einer Woche schriftlich die Zustimmung verweigern, anderenfalls gilt die Zustimmung als erteilt.[99] Hierbei sind die konkreten Gründe im einzelnen aufzuführen. Durch Tarifvertrag oder Betriebsvereinbarung kann die Wochenfrist verlängert werden.[100]

57 Wird die Zustimmung durch den Betriebsrat endgültig verweigert, so muß der Arbeitgeber diese durch einen Beschluß beim Arbeitsgericht ersetzen lassen. Ein Einigungsstellenverfahren ist hier grds. nicht vorgesehen.

58 Beim Vorliegen besonderer betrieblicher Notwendigkeiten kann der Arbeitgeber bereits innerhalb der Wochenfrist die personelle Maßnahme vorläufig durchführen.[101] Es muß sich aber um sehr gewichtige Gründe handeln, die ein Abwarten unmöglich machen, z. B. Versetzung, damit die Lohnabrechnung noch rechtzeitig erfolgen kann.[102]

59 Unterläßt der Arbeitgeber die Einleitung des Mitbestimmungsverfahrens gänzlich, ist die getroffene Einzelmaßnahme von vornherein unwirksam.[103] Der Betriebsrat kann die Rückgängigmachung der Maßnahme gerichtlich durchsetzen.

III. Mitbestimmung bei Kündigungen

60 Bei Kündigungen hat der Betriebsrat ein weitreichendes Mitbestimmungsrecht.

1. Mitbestimmung nach § 102 BetrVG

61 Der Betriebsrat ist **vor jeder Kündigung** unter Angabe der Kündigungsgründe zu hören.[104] Der Arbeitgeber hat hierbei sämtliche Gründe, die eine Kündigung seiner Auffassung nach rechtfertigen, mitzuteilen.[105] Gründe, die der Arbeitgeber dem Betriebsrat nicht mitgeteilt hat, kann er in einem späteren Kündigungsschutzprozeß nicht mehr zur Begründung der Kündigung anführen, es sei denn, sie sind nach Zugang der Kündigung entstanden oder bekannt geworden und der Arbeitgeber hat sie dem Betriebsrat nachträglich mitgeteilt.[106]

---

[98] *Fitting* § 99 Rz. 57 f.

[99] § 99 Abs. 3 BetrVG.

[100] BAG vom 17. 5. 1983 – 1 ABR 5/80 – AP Nr. 18 zu § 99 BetrVG 1972; vom 28. 1. 1986 – 1 ABR 8/84 – AP Nr. 32 zu § 99 BetrVG 1972.

[101] § 100 Abs. 1 BetrVG.

[102] BAG vom 7. 11. 1977 – 1 ABR 55/75 – AP Nr. 1 zu § 100 BetrVG 1972.

[103] *Fitting* § 99 Rz. 64 a.

[104] § 102 Abs. 1 BetrVG.

[105] BAG vom 24. 3. 1977 – 2 AZR 289/76 – AP Nr. 12 zu § 102 BetrVG 1972.

[106] BAG vom 11. 4. 1985 – 2 AZR 239/84 – AP Nr. 39 zu § 102 BetrVG 1972.

Die Anhörungsverpflichtung gilt ihrem Umfang nach auch bei Arbeitnehmern, die noch nicht unter den Geltungsbereich des Kündigungsschutzgesetzes fallen.[107]

Ohne diese vorherige Anhörung des Betriebsrates ist jede Kündigung unwirksam,[108] ohne daß es noch auf materielle Gründe ankommt.[109]

Ist der Betriebsrat mit einer Kündigung einverstanden, so bedarf es keiner ausdrücklichen Zustimmung. Anderenfalls muß er sich schriftlich innerhalb einer Woche zur Kündigung unter Angabe der Gründe äußern. Bei außerordentlichen Kündigungen beträgt diese Frist **drei** Kalendertage.

Zu beachten ist hierbei, daß der Betriebsrat idR. ein Organ aus mehreren Personen ist, was zur wirksamen Beschlußfassung[110] grds. eine Beratungssitzung erforderlich macht. Der Arbeitgeber hat daher unverzüglich eine Mitteilung an den Betriebsrat zu machen.[111] **62**

Widerspricht der Betriebsrat einer Kündigung, so kann – anders als im Falle des Widerspruchs gemäß § 99 BetrVG – die Kündigung vom Arbeitgeber gleichwohl ausgesprochen werden. **63**

Hat der Betriebsrat einer Kündigung schriftlich widersprochen, ist der Widerspruch jedoch der Kündigung beizufügen. Für den betroffenen Arbeitnehmer besteht in einem solchen Fall ein **Weiterbeschäftigungsanspruch** zu den gleichen Konditionen bis zum rechtskräftigen Abschluß eines Kündigungsschutzprozesses, wenn der Betriebsrat unter Bezugnahme auf einen der Gründe des § 102 Abs. 3 BetrVG widersprochen hat, er ordnungsgemäß eine Kündigungsschutzklage erhoben hat und die Weiterbeschäftigung ausdrücklich verlangt.[112] Dem Arbeitgeber verbleibt hiergegen nur einstweiliger Rechtsschutz.[113] **64**

Durch Betriebsvereinbarung kann geregelt werden, daß jede Kündigung einer ausdrücklichen Zustimmung des Betriebsrates bedarf. Wurde eine solche Betriebsvereinbarung geschlossen, so liegt ein Fall des erzwingbaren Einigungsstellenverfahrens vor.[114] **65**

Die Mitglieder des Betriebsrates selbst genießen Kündigungsschutz gemäß § 15 KSchG, so daß eine ordentliche Kündigung ausgeschlossen ist.[115] **66**

2. Mitbestimmung nach § 103 BetrVG

Nach § 78 BetrVG werden Mitglieder der betriebsverfassungsrechtlichen Organe geschützt.[116] Dieser Schutz umfaßt auch den Bereich der **67**

---

107 BAG vom 13. 7. 1978 – 2 AZR 717/76 – AP Nr. 17 zu § 102 BetrVG 1972.
108 *KR/Etzel* § 102 BetrVG Rz. 245 a.
109 BAG vom 16. 9. 1993 – 2 AZR 267/93 – AP Nr. 62 zu § 102 BetrVG 1972.
110 § 33 Abs. 1 BetrVG.
111 *Fitting* § 102 Rz. 20.
112 § 102 Abs. 4 und 5 BetrVG.
113 *Fitting* § 102 Rz. 68.
114 *KR/Etzel* § 102 BetrVG Rz. 245.
115 S. hierzu oben § 13 A. II 4. b) ff).
116 *Fitting* § 78 Rz. 6.

außerordentlichen Kündigung. Soll ein Mitglied des Betriebsrates außerordentlich nach § 626 BGB gekündigt werden, ist vorher nach § 103 Abs. 1 BetrVG der Betriebsrat – unter Ausschluß des betroffenen Betriebsratsmitglieds – anzuhören. Die Zustimmung ist Wirksamkeitsvoraussetzung, die ausnahmslos vor dem Zugang der außerordentlichen Kündigung vorliegen muß.[117] Da es sich um eine außerordentliche Kündigung handelt, gilt die dreitägige Anhörungsfrist des § 102 Abs. 2 S. 3 BetrVG.[118]

68 Grds. hat der Arbeitgeber auch in diesem Fall die 2-Wochen-Frist des § 626 Abs. 2 BGB einzuhalten.[119] Die Frist beginnt mit Kenntniserlangung der für die Kündigung maßgeblichen Tatsachen. Innerhalb dieser Frist muß der Arbeitgeber sowohl den Betriebsrat anhören, als auch die Kündigung aussprechen,[120] soweit der Betriebsrat der Kündigung ausdrücklich zustimmt.[121] Verweigert der Betriebsrat die Zustimmung oder äußert er sich innerhalb von 3 Kalendertagen ab Zugang der Anhörung nicht, muß der Arbeitgeber noch innerhalb der 2-Wochen-Frist des § 626 Abs. 2 BGB die ersetzende Zustimmung beim Arbeitsgericht beantragt haben.[122]

IV. Besonderheiten beim Tendenzbetrieb

69 Für Tendenzbetriebe und -unternehmen gelten **Einschränkungen** bei der betriebsverfassungsrechtlichen Mitbestimmung durch den Betriebsrat.[123] Dadurch soll der Freiheit des Tendenzunternehmens einerseits und den verfassungsrechtlich garantierten Beteiligungsrechten der Mitarbeiter andererseits Rechnung getragen werden.[124] Durch die Eigenart des Tendenzcharakters des Betriebes wird die Mitbestimmung allerdings nur eingeschränkt, wenn der Tendenzbereich berührt wird. **Tendenzneutrale Bereiche** unterliegen der vollen Mitbestimmung durch den Betriebsrat. Daß der geschützte Bereich betroffen ist, muß der Arbeitgeber in jedem Einzelfall nachweisen.[125]

1. Tendenzbetrieb

70 Ein Tendenzbetrieb liegt vor, wenn ein Unternehmen in seinem Tätigkeitsfeld nicht neutral, sondern nach einer bestimmten geistig-ideellen Zielsetzung handelt.[126] Die Aufzählung dieser Zielrichtungen

---

[117] BAG vom 22. 8. 1974 – 2 ABR 17/74 – AP Nr. 1 zu § 103 BetrVG 1972.
[118] *Fitting* § 103 Rz. 21.
[119] BAG vom 18. 8. 1977 – 2 ABR 19/77 – AP Nr. 10 zu § 103 BetrVG 1972.
[120] BAG vom 30. 4. 1974 – 1 ABR 33/73 – AP Nr. 1 zu § 118 BetrVG 1972.
[121] BAG vom 18. 8. 1977 – 2 ABR 19/77 – AP Nr. 10 zu § 103 BetrVG 1972.
[122] *MünchArbR/Matthes* § 349 Rz. 20.
[123] § 118 BetrVG.
[124] *MünchArbR/Matthes* § 356 Rz. 3.
[125] *Fitting* § 118 Rz. 30.
[126] *MünchArbR/Matthes* § 356 Rz. 1.

in § 118 BetrVG ist erschöpfend,[127] so daß eine entspr. Anwendung auf ähnliche Sachverhalte ausscheidet.

71 Im Bereich der gemeinnützigen Tätigkeit sind alle **karitativen** und **konfessionellen Einrichtungen** Tendenzbetriebe. Hierzu zählen insb. die Organisationen der freien Wohlfahrtspflege.[128]

72 Nicht zu den Tendenzbetrieben gehören dagegen solche Einrichtungen, die **ausschließlich mit Gewinnerzielungsabsicht** betrieben werden,[129] z. B. Krankenhäuser, Altenheime, Dialysezentren u. ä. Soweit solche Einrichtungen jedoch von Religionsgemeinschaften (Caritas oder Innere Mission) betrieben werden, fallen sie nach § 118 Abs. 2 BetrVG überhaupt nicht unter das BetrVG.[130] Mit Beschluß vom 23. 3. 1999 hat das BAG einem Dachverband, der lediglich die Tätigkeit seiner Mitgliedsverbände finanziell und organisatorisch unterstützt und staatliche Fördermittel für diese beschafft, die Tendenzeigenschaft abgesprochen, auch wenn die Mitgliedsverbände als Tendenzbetriebe anerkannt sind.[131]

2. Besonderheiten bei der Mitbestimmung

73 Soweit der Tendenzbereich eines Unternehmens betroffen ist, finden die Vorschriften des BetrVG nur Anwendung, soweit dieser Anwendung der Tendenzcharakter des Betriebes nicht entgegen steht.

a) Wirtschaftsausschuß

74 In Unternehmen mit mehr als 100 ständig beschäftigten Arbeitnehmern wird nach den §§ 106 ff. BetrVG ein Wirtschaftsausschuß gebildet. Der Arbeitgeber hat umfangreiche Informations- und Beratungspflichten bzgl. der wirtschaftlichen Lage des Unternehmens gegenüber dem Wirtschaftsausschuß zu erfüllen. Diese Vorschriften zum Wirtschaftsausschuß finden nach § 118 Abs. 1 BetrVG keine Anwendung, so daß ein **Wirtschaftsausschuß in gemeinnützigen Unternehmen nicht existiert**. In einem Konzern ist auf das jeweilige Unternehmen abzustellen, so daß in abhängigen Unternehmen, die selbst keinen Tendenzcharakter haben, ebenfalls kein Wirtschaftsausschuß gebildet werden kann.[132] Damit entfallen auch sämtliche Unterrichtungs- und Beratungsrechte des Betriebsrates in wirtschaftlichen Angelegenheiten des Unternehmens.

---

[127] *Fitting* § 118 Rz. 5.

[128] Aufzählung und Rechtsprechungsnachweise finden sich bei *MünchArbR/Matthes* § 356 Rz. 16; *Fitting* § 118 Rz. 19.

[129] BAG vom 18. 4. 1989 – 1 ABR 97/87 – AP Nr. 65 zu § 99 BetrVG 1972.

[130] *Fitting* § 118 Rz. 20.

[131] BAG v. 23. 3. 1999 – 1 ABR 28/98 – AP BetrVG 1972 § 118 Nr. 66

[132] *MünchArbR/Matthes* § 357 Rz. 2.

b) Eingeschränkte Mitbestimmung

75 Die Mitbestimmungsrechte in personellen Einzelmaßnahmen können in Tendenzbetrieben stark eingeschränkt sein, wenn von der Maßnahme ein **Tendenzträger betroffen** ist oder die **Maßnahme** selbst **Tendenzcharakter** hat. Tendenzträger sind Arbeitnehmer, die unmittelbar der geistig-ideellen Verwirklichung des Unternehmens dienen.[133] Nach der Rspr. des BAG zählen hierzu u. a. Lehrer, Erzieher, Musiker, Redakteure, Psychologen und z.T. sonstige Führungskräfte.[134] Die Mitbestimmung entfällt jedoch idR. nur, wenn die einzelne Maßnahme tendenzbezogen ist.[135] Eine solche Tendenzbezogenheit der Maßnahme liegt vor, wenn sie untrennbar mit der Tendenz des Unternehmens verbunden ist.[136] Dies ist idR. bei der Einstellung von Tendenzträgern der Fall.

76 Unberührt bleiben die Rechte des Betriebsrates, wenn keine tendenzbezogene Maßnahme erfolgen soll, z. B. eine innerbetriebliche Stellenausschreibung,[137] eine Umgruppierung oder Eingruppierung.

77 Auch bei **Kündigungen von Tendenzträgern** ist der Betriebsrat generell zu hören, und ihm sind sämtliche, nicht nur die tendenzfreien Gründe mitzuteilen.[138] Ein Widerspruch des Betriebsrates begründet in einem solchen Fall jedoch keinen Weiterbeschäftigungsanspruch.[139] Eine ohne Anhörung des Betriebsrates erfolgte Kündigung ist auch bei Tendenzträgern unwirksam.

78 Der Kündigungsschutz nach § 15 KSchG und § 103 BetrVG von Mitgliedern der Betriebsverfassungsorgane findet unabhängig von der Tendenzträgerschaft uneingeschränkt Anwendung.[140]

79 Die Mitbestimmung in den sozialen Angelegenheiten des § 87 BetrVG ist im Bereich der gemeinnützigen Einrichtungen dann eingeschränkt, wenn solche Maßnahmen tendenzbezogen sind und nicht nur der Ordnung im Betrieb dienen.[141] Besteht ein Tendenzbezug, z. B. bei der Anweisung zum Tragen einheitlicher Dienstkleidung oder einer Arbeitszeitregelung in karitativen Einrichtungen aus therapeutischen Erwägungen und in Ganztagsschulen aus erzieherischen Gründen,[142] so bestehen gegenüber dem Betriebsrat nur Unterrichtungspflichten. Eine erzwingbare Mitbestimmung ist ausgeschlossen.

---

[133] BAG vom 28. 10. 1986 – 1 ABR 16/85 – AP Nr. 32 zu § 118 BetrVG 1972; vom 8. 11. 1988 – 1 ABR 17/87 – AP Nr. 38 zu § 118 BetrVG 1972; vom 20. 11. 1990 – 1 ABR 87/89 – AP Nr. 47 zu § 118 BetrVG 1972.

[134] Z. B. Leiter einer Sozialstation.

[135] *Fitting* § 118 Rz. 37.

[136] BAG vom 14. 1. 1992 – 1 ABR 35/91 – AP Nr. 49 zu § 118 BetrVG 1972; vom 11. 2. 1991 – 1 ABR 49/91 – AP Nr. 50 zu § 118 BetrVG 1972.

[137] BAG vom 30. 1. 1979 – 1 ABR 78/76 – AP Nr. 11 zu § 118 BetrVG 1972.

[138] BAG vom 7. 11. 1975 – 1 AZR 74/74 – AP Nr. 1 zu § 130 BetrVG 1972 m. Anm. *Mayer-Maly.*

[139] *MünchArbR/Matthes* § 357 Rz. 28.

[140] *KR/Etzel* § 103 BetrVG Rz. 16.

[141] BAG vom 22. 5. 1979 – 1 ABR 100/77 – AP Nr. 13 zu § 118 BetrVG 1972.

[142] BAG vom 13. 1. 1987 – 1 ABR 49/85 – AP Nr. 33 zu § 118 BetrVG 1972.

Die Mitbestimmung ist bei Betriebsänderungen in Tendenzbetrieben nur beim Ausgleich und der Milderung von wirtschaftlichen Nachteilen für die betroffenen Arbeitnehmer gegeben. Dem Betriebsrat steht gerade kein Beteiligungsrecht am Interessenausgleich, sondern nur an einem Sozialplan nach den §§ 111 bis 113 BetrVG zu.[143] **80**

3. Religionsgemeinschaften

Das gesamte BetrVG findet auf Religionsgemeinschaften[144] und deren karitative und erzieherische Einrichtungen keine Anwendung.[145] Hintergrund ist die verfassungsrechtlich garantierte Autonomie der Kirchen nach Art 140 GG i.V.m. Art 137 Weimarer Verfassung (WRV).[146] **81**

Nach § 130 BetrVG findet das BetrVG auf alle öffentlich-rechtlichen Einrichtungen keine Anwendung, d.h., für die evangelische und katholische Kirche, als Körperschaften des öffentlichen Rechts,[147] gilt das BetrVG nicht. Für den „Öffentlichen Dienst" gilt das Personalvertretungsgesetz des Bundes (BPersVG). **82**

Die evangelische und die katholische Kirche haben für ihre beschäftigten Arbeitnehmer eigene „Arbeitsgesetze" zu Grunde gelegt.[148] **83**

Die Scientology-Sekte fällt nicht unter diese Religionsgemeinschaften, da sie unter dem Deckmantel einer Kirche wirtschaftliche Zwecke verfolgt.[149] **84**

---

143 *Fitting* § 118 Rz. 46.

144 Zur sozialrechtlichen Behandlung s. o. § 13 A. II. 2. g).

145 § 118 Abs. 2 BetrVG.

146 BVerfGE 24, 236, 244 ff vom 16. 10. 1968 – 1 BvR 241/66 –.

147 *Fitting* § 118 Rz. 48.

148 Zu den Einzelheiten mit Nachweisen s. *Fitting* § 118 Rz. 53 ff.

149 S. hierzu BAG vom 22. 3. 1995 – 5 AZR 21/94 – AP Nr. 21 zu § 5 ArbGG 1979.

§ 16 Recht der ehrenamtlichen Tätigkeit

Bearbeiter: Karsten Tötter

Übersicht

I. Die rechtliche Stellung der ehrenamtlichen Mitarbeiter

Ein allgemeines Recht oder ein **Rechtsstatus** für ehrenamtliche Tä- 1
tigkeit existiert in der Bundesrepublik nicht.[1] Obwohl in den vergangenen Jahren vermehrt gerichtliche Entscheidungen und auch Literatur über das Thema „ehrenamtliche Tätigkeit“ erschienen sind, bestehen in arbeits- und sozialversicherungsrechtlicher Hinsicht noch viele Unklarheiten über einzelne Rechtsfragen zur ehrenamtlichen Tätigkeit.

1. Begriff der ehrenamtlichen Tätigkeit

Eine ehrenamtliche Tätigkeit liegt im Wortsinn vor, wenn ein 2
„**Amt**“ iSd Gesetze, der Satzung oder Statuten etc. ausgeübt wird, z. B.

[1] *Igl* ZfSH/SGB 1994, 561, 561.

als Vorstands-, Ausschuß-, Aufsichtsrats-, Beirats-, Betriebsratsmitglied oder ehrenamtlicher Richter.[2]

3 In gemeinnützigen Betrieben, Einrichtungen, Organisationen, Unternehmen oder Verbänden werden häufig Personen aus ideellen, altruistischen oder anderen Motiven tätig, ohne ein „Amt" für die Organisation zu bekleiden. Solche Tätigkeiten werden idR durch Mitglieder der gemeinnützigen Institutionen ausgeübt.[3] Für die dort geleisteten Tätigkeiten erhalten sie idR kein Entgelt. Solche **unentgeltliche** Tätigkeit wird häufig ebenfalls als „ehrenamtliche Tätigkeit" bezeichnet.

4 Tätigkeiten im Rahmen von **Religionsgemeinschaften**[4] sind grds. nicht als ehrenamtliche Tätigkeiten zu verstehen, denn durch die Gewährung einer lebenslangen Versorgung gelten hier die besonderen Regeln der Gemeinschaft.

2. Beschäftigungsverhältnis bei ehrenamtlicher Tätigkeit

5 Grds. stehen ehrenamtlich oder unentgeltlich Tätige in keinem Beschäftigungsverhältnis[5] zur juristischen Person. Es liegen zwar idR einige Merkmale eines Beschäftigungsverhältnisses vor,[6] jedoch wird hierdurch gerade keine Abhängigkeit zur gemeinnützigen Organisation begründet, weil der ehrenamtlich Tätige nicht wirtschaftlich abhängig ist.[7]

6 Erhält der ehrenamtlich oder unentgeltlich Tätige tatsächlich ein **Entgelt** für seine Tätigkeit, so liegt ein abhängiges Beschäftigungsverhältnis vor,[8] das unter die Pauschalbesteuerung bzw. Sozialversicherungspflicht fällt.[9] Hierbei sind die Grundsätze zur geringfügigen Tätigkeit zu beachten, denn ein solches Beschäftigungsverhältnis kann sozialversicherungspflichtig sein.[10] Die bloße Zahlung einer Aufwandsentschädigung spielt hierbei dann keine Rolle, wenn die steuerlichen Grenzen berücksichtigt werden.[11]

7 Unentgeltliche oder ehrenamtliche Tätigkeiten, die im Rahmen von **nichtgemeinnützigen Organisationen** ausgeübt werden, begründen grds. ein Beschäftigungsverhältnis, ohne daß es hierbei auf die Zahlung von Entgelt ankommt. Solche Tätigkeiten sind idR unter die Voraussetzungen der geringfügigen Beschäftigung zu subsumieren.[12] Ein Beschäf-

---

[2] Weitere ehrenamtliche Funktionen/Tätigkeiten finden sich bei *Brämer/Deter* ZfSH/SGB 1994, 57, 58 ff.

[3] Z. B. beim DRK.

[4] Z. B. Tätigkeiten von satzungsmäßigen Mitgliedern geistlicher Genossenschaften wie Mönchen, Diakonissen etc.; s. o. § 13 Rz. 118 f.

[5] Vgl. zum „Beschäftigungsverhältnis" o. § 13 Rz. 81 ff.

[6] Z. B. liegt zumeist eine Eingliederung in den Betriebsablauf vor.

[7] Hier spielt das Kriterium der wirtschaftlichen Abhängigkeit (= Entgeltzahlung) zur Abgrenzung eine Rolle, da durch die Eingliederung eine gewisse persönliche Abhängigkeit begründet werden kann.

[8] *Igl* Rechtsfragen des freiwilligen sozialen Engagements, S. 42 f.

[9] S. o. § 13 Rz. 93 ff.

[10] Zur Besonderheit in der gesetzlichen Unfallversicherung s. o. § 13 Rz. 99.

[11] Vgl. oben § 14 Rz. 111 ff

[12] S. o. § 13 Rz. 93 ff.

tigungsverhältnis wird jedoch dann nicht begründet, wenn die Arbeitsleistungen der Mitglieder aufgrund mitgliedschaftsrechtlicher Verpflichtungen (z. B. durch einen Satzungsbeschluß etc.) verrichtet werden.[13]

Die folgenden Ausführungen zur „ehrenamtlichen oder unentgeltlichen Tätigkeit" gelten insb. für die Tätigkeiten, die für gemeinnützige Institutionen ausschließlich aus selbstlosen altruistischen Motiven ausgeübt werden. Hierbei wird der Verein exemplarisch für alle gemeinnützigen juristischen Personen dargestellt und der Begriff „ehrenamtliche Tätigkeit" synonym für „unentgeltliche Tätigkeit" verwendet.[14] 8

II. Rechtsgrundlagen für ehrenamtliche Tätigkeit

Bei ehrenamtlicher Tätigkeit für gemeinnützige Organisationen fragt sich, welches **Rechtsverhältnis** zwischen der gemeinnützigen Institution und der ehrenamtlich tätigen Person besteht. Weiterhin ist fraglich, ob überhaupt eine Notwendigkeit für feste rechtliche Regelungen besteht, da es sich um freiwillige und karitative Tätigkeiten handelt. Ferner ist problematisch, ob und inwieweit das Arbeitsrecht Anwendung findet. 15

Die Notwendigkeit für rechtliche Grundlagen ergibt sich, wenn durch die ehrenamtliche Tätigkeit Rechtskreise Dritter betroffen werden[15] oder der Abschluß von Rechtsgeschäften[16] zur Erledigung der ehrenamtlichen Tätigkeit notwendig wird, bei denen sowohl Rechte (z. B. Erstattungsansprüche/Aufwandsentschädigungen) geltend gemacht, als auch Pflichten (z. B. Sorgfaltspflichten bei der Pflege/Betreuung von Dritten) zu beachten sind. 16

1. Vertragliche Rechtsgrundlagen

Ein **Dienstvertrag** iSd § 611 Abs. 1 BGB liegt nicht vor. Zum einen scheitert dieser – in der Form eines **Arbeitsvertrages**[17] – an der Abhängigkeit zum Verein. Zum anderen fehlt es gerade an der vereinbarten „Vergütung" als geschuldete Gegenleistung zu den versprochenen Diensten. 17

Nach § 662 BGB verpflichtet sich der Beauftragte durch die Annahme des Auftrages zur unentgeltlichen Besorgung des Rechtsgeschäftes für den Auftraggeber. Grds. gilt daher im Verhältnis zwischen dem Verein und der ehrenamtlich tätigen Person das **Auftragsrecht** des BGB.[18] Ein solches Auftragsverhältnis kann konkludent[19] durch die bloße Annahme der ehrenamtlichen Tätigkeit geschlossen werden. 18

---

13 *Sauter/Schweyer* Rz. 347.

14 Das Gesetz verwendet häufig ebenfalls die Formulierung: „... *unentgeltlich, insbesondere ehrenamtlich* ...", so daß *hier* auf eine genaue Abgrenzung verzichtet wird.

15 Z. B. bei unentgeltlichen Betreuungs- oder Pflegetätigkeiten.

16 Z. B. Kauf einer Fahrkarte.

17 S. o. § 13 Rz. 9 ff.

18 *Palandt/Heinrichs* § 27 Rz. 4; *Sauter/Schweyer* Rz. 277.

19 *Palandt/Thomas* § 662 Rz. 2.

a) Beendigung des Auftrages

19 Ein Auftragsverhältnis wird vom Auftraggeber durch den **Widerruf**, vom Beauftragten hingegen durch **Kündigung** beendet.[20] Eine Beendigung kann ebenfalls durch Zeitablauf, Erfüllung oder durch sonstige Zweckerreichung des Auftrages eintreten.[21] Die Kündigung darf jedoch nicht zur Unzeit erfolgen, denn der Auftraggeber muß anderweitige Fürsorge für den Auftrag treffen können, sonst sind Schadensersatzansprüche möglich.[22] Bei ehrenamtlicher Tätigkeit liegt eine Kündigung zur Unzeit nur vor, wenn der gesamte Einsatz durch die Kündigung gefährdet ist, wenn beispielsweise eine Sammlung nicht mehr durchführbar wäre oder keine Ersatzpflegekraft einsetzbar ist. Aus wichtigem Grunde kann jederzeit beiderseits eine Beendigung erfolgen.[23]

20 Die arbeitsrechtlichen Vorschriften über **Kündigungsschutz** sind, da es sich nicht um Arbeits- oder Beschäftigungsverhältnisse handelt, auf ehrenamtliche Tätigkeiten nicht, auch nicht entspr., anwendbar. Es besteht hier insoweit kein adäquates Schutzbedürfnis wie bei Arbeitnehmern.[24]

b) Aufwandsentschädigung

21 Der Begriff „Aufwandsentschädigung" gilt grds. nur im öffentlichen Dienst und unter bestimmten Voraussetzungen.[25] Für private Aufwendungen wird dieser Begriff jedoch ebenfalls ohne große Unterscheidung verwendet.[26] Bei allen Leistungen von gemeinnützigen Organisationen an ihre ehrenamtlich tätigen Mitarbeiter handelt es sich um solche private Aufwandsentschädigungen.

Der ehrenamtlich Tätige hat einen Anspruch auf Ersatz seiner erforderlichen Aufwendungen. Dieser Anspruch kann sich je nach der Ausgestaltung der Rechtsbeziehung aus einem zugrundeliegenden Vertrag oder direkt aus dem Auftragsrecht[27] ergeben.

22 Bei der Gewährung von Aufwandsentschädigungen kann es sich um **steuer- und beitragspflichtige Zahlungen** handeln. Beitragspflicht in der Sozialversicherung entsteht, wenn ein sozialversicherungspflichtiges Beschäftigungsverhältnis begründet wird. Bis zu einer Entschädigung von DM 3600,–/jährlich bzw. DM 300,–/monatlich[28] liegt idR Steuer- und Beitragsfreiheit vor.[29]

---

[20] § 671 Abs. 1 BGB.
[21] *Palandt/Thomas* § 671 Rz. 4.
[22] *Palandt/Thomas* § 671 Rz. 3.
[23] *Sauter/Schweyer* Rz. 268.
[24] Vgl. o. § 13 Rz. 123 ff.
[25] Vgl. § 3 Nr. 12 EStG, R 13 LStR.
[26] S. *Benner/Bals* BB 1998, 3, 13 f Stichwort: *Nebenberufliche Tätigkeit.*
[27] § 670 BGB.
[28] § 3 Nr. 26 EStG, s. o. § 14 Rz. 111 ff
[29] Zu steuerlichen Einzelheiten s. *Igl* Rechtsfragen des freiwilligen sozialen Engagements, S. 79 ff.

Die Aufwandsentschädigung kann die tatsächlichen Aufwendungen des ehrenamtlich Tätigen abgelten oder für den persönlichen und zeitlichen Einsatz gewährt werden. Die Zahlungen können hierbei auch pauschalisiert sein.

aa) Tatsächliche Aufwendungen

23 Unter tatsächlichen Aufwendungen sind alle **belegbaren Auslagen** zu verstehen. Solch ein Auslagenersatz ist grds. steuer- und beitragsfrei.[30] Hierunter fallen beispielsweise **Fahrt- und Telefonkosten**, Fehlgeldentschädigungen, durchlaufende Gelder, Ausgaben für **Dienstkleidung**, Bildungsmaterial u. ä. Eine pauschale Abgeltung erfolgt bei tatsächlich gemachten und belegbaren Aufwendungen idR nicht.

bb) Pauschale Abgeltung

24 Werden Aufwandsentschädigungen pauschal abgegolten, so ist darauf zu achten, daß es sich nicht um ein **verdecktes Entgelt** handelt.[31] Um ein verdecktes Entgelt handelt es sich bei einer laufend gezahlten pauschalen Vergütung, egal wie diese von den Parteien bezeichnet wird. Pauschale Einnahmen aus ehrenamtlicher Tätigkeit werden steuerlich als nebenberufliche Tätigkeiten behandelt und sind nur nach den o. g. Entgeltgrenzen steuerfrei.

2. Betriebliche Mitbestimmung

25 In den gemeinnützigen Institutionen sind viele ehrenamtliche Kräfte tätig, ohne die die Institutionen ihre Aufgaben idR nicht oder nicht so umfangreich wahrnehmen könnten. Daneben werden auch hauptamtliche Mitarbeiter beschäftigt. Diese Arbeitnehmer der gemeinnützigen Einrichtungen können unter den Voraussetzungen des **Betriebsverfassungsgesetzes** einen Betriebsrat bilden.[32] Die ehrenamtlich Tätigen sind bei der Bildung und Mitarbeit des Betriebsrates nach § 5 Abs. 2 Nr. 3 BetrVG gänzlich ausgeschlossen, da es sich nicht um Arbeitnehmer im betriebsverfassungsrechtlichen Sinne handelt.[33]

26 Bei der Vielzahl der ehrenamtlich Tätigen erscheint ein solcher Ausschluß fragwürdig. Bevor der Gesetzgeber hier neue Regelungen schafft, sollte eine genaue Analyse des Bedarfs erfolgen, ob eine **Mitarbeitervertretung** von ehrenamtlich Tätigen in den Organisationen der Wohlfahrtspflege notwendig und wünschenswert ist.[34]

---

[30] *Benner/Bals* BB 1998, 3, 13 f Stichwort: *Nebenberufliche Tätigkeit.*
[31] *Igl* Rechtsfragen des freiwilligen sozialen Engagements, S. 46.
[32] Zu den Einzelheiten s. o. § 15 Rz. 6 ff.
[33] *Igl* Rechtsfragen des freiwilligen sozialen Engagements, S. 47.
[34] *Igl* Rechtsfragen des freiwilligen sozialen Engagements, S. 47 f.

3. Arbeitsrechtliche Schutzbestimmungen

27 Für Arbeitnehmer gibt es eine Fülle von arbeitsrechtlichen Schutzbestimmungen.[35] Diese Vorschriften sind im Laufe der Zeit zum Schutz der Arbeitnehmer aus § 618 Abs. 1 BGB entwickelt worden, wobei sie sich am jeweiligen Stand der Technik orientieren. Durch die **allgemeine Fürsorgepflicht** des Arbeitgebers, d. h. desjenigen, der „Geschäftsräume" und ähnliche Einrichtungen zur Verfügung stellt, wirken die arbeitsrechtlichen Schutzbestimmungen auf die ehrenamtlich Tätigen mit ein. Die gemeinnützige Einrichtung hat sämtliche Fürsorge-, Treue- und Sorgfaltspflichten auch gegenüber der ehrenamtlich tätigen Person zu beachten und zu gewährleisten.[36]

Der Arbeitgeber (= Unternehmer) hat sämtliche gesetzlichen Schutzvorschriften auch im Verhältnis zu seinen ehrenamtlich tätigen Kräften zu beachten und für deren Einhaltung Sorge zu tragen.

III. Haftung bei ehrenamtlicher Tätigkeit

35 Bei ehrenamtlicher Tätigkeit kann es zu Schadensfällen in vielerlei Hinsicht kommen. Der ehrenamtlich Tätige könnte bei seiner Tätigkeit selbst zu Schaden[37] kommen, einen Dritten schädigen oder innerbetrieblich einen Schaden verursachen.

1. Organhaftung

36 Jede juristische Person ist nach § 31 BGB für die Schäden verantwortlich, die seine verfassungsmäßigen Organe einem Dritten zugefügt haben. Der Verein haftet für Schäden, die seine Organe in Ausübung der Vereinstätigkeit vorsätzlich oder fahrlässig verursachen.[38] Die umfangreichen Einzelheiten zur Organhaftung können in dieser Darstellung nicht behandelt werden.[39]

37 Für Vereinsmitglieder ist eine Organhaftung nach § 31 BGB nach dem Wortlaut der Vorschrift nicht anwendbar, da sie keine verfassungsmäßigen Organe sind. Bei ehrenamtlichen Verrichtungen könnte der Verein nach § 831 BGB für Schäden seiner „Verrichtungsgehilfen" haften, hätte jedoch eine **Exkulpationsmöglichkeit.**[40] Dies bedeutet, daß eine Haftung des Vereins dann nicht in Betracht kommt, wenn er seine Verrichtungsgehilfen sorgfältig ausgesucht und eingewiesen hat. Kennzeichnend für die Tätigkeit von Verrichtungsgehilfen ist eine gewisse persönliche Abhängigkeit zum Geschäftsherrn.[41] Bei der ehrenamt-

[35] Z. B. die Unfallverhütungsvorschriften „UVVen".

[36] Zu diesen Schutzpflichten s. *Palandt/Putzo* § 611 Rz. 96 ff.

[37] Für Körperschäden aufgrund eines Arbeitsunfalles s. u. „Sozialversicherungsrecht".

[38] Der Haftungsmaßstab richtet sich hier nach § 276 BGB.

[39] Zur Stiftung s. § 3 Rz. 122; zum Verein s. § 2 Rz. 68; zur GmbH s. § 4 Rz. 83 ff.

[40] Exkulpieren = rechtfertigen, entlasten, von einer Schuld freisprechen.

[41] Vgl. dazu *Palandt/Thomas* § 831 Rz. 6.

lichen Tätigkeit von Vereinsmitgliedern erscheint daher die Anwendung des § 831 BGB äußerst fraglich. Für die Haftung der verfassungsmäßigen Organe gilt ausschließlich § 31 BGB.[42]

Die Rspr. hat die **Organhaftung** nach § 31 BGB – ohne Exkulpationsmöglichkeit – sehr weit ausgedehnt, um den Anwendungsbereich des § 831 BGB zurückzudrängen.[43] Der Verein hat eine besondere Organisationspflicht in wichtigen Tätigkeitsbereichen zu beachten. Hierunter ist ein erhöhtes Maß an Verantwortung und Überwachung bei der Übertragung bestimmter Aufgaben/Tätigkeiten zu verstehen, die eigentlich an Mitglieder des Vorstandes oder sonstige „besondere Vertreter" hätten übertragen werden müssen.[44] Überträgt der Verein schadensträchtige Tätigkeiten auf ein „einfaches" Vereinsmitglied, liegt ein Haftungsfall nach der Lehre vom **Organisationsmangel**[45] vor, weil der Verein es versäumt hat, diese Tätigkeit auf eines seiner Organe oder Funktionsträger[46] zu übertragen. Der Verein haftet dann nach § 31 BGB für Schäden, die aus der Tätigkeit folgen. Die Rspr. hat mit der Lehre vom Organisationsmangel die Haftung des Vereins grds. auf alle Repräsentanten, die für ihn in der Öffentlichkeit tätig werden, ausgedehnt.[47] Zu den Repräsentanten zählen sowohl die ehrenamtlich tätigen Vereinsmitglieder als auch die Personen, die nicht Mitglied sind, aber für den Verein ehrenamtlich tätig werden. **38**

2. Innerbetriebliche Haftung

Bei ehrenamtlicher Tätigkeit können innerbetrieblich sowohl Sach- als auch Personenschäden eintreten. **39**

a) Sachschäden

Würde es sich bei einem ehrenamtlich Tätigen um einen Arbeitnehmer handeln, so wären die **Grundsätze zur betriebsbezogenen** (früher **gefahrgeneigten) Tätigkeit**[48] anwendbar. **40**

Entsteht dem Verein durch eine schuldhafte unerlaubte Handlung des ehrenamtlich Tätigen ein Sachschaden, so haftet der Ehrenamtliche an sich grds. auch bei leichtester Fahrlässigkeit nach den gesetzlichen Regelungen[49] auf Schadensersatz. Die **Satzung** kann den Haftungsmaßstab auf grobe Fahrlässigkeit und Vorsatz reduzieren,[50] d. h. unterhalb dieser Schwelle entfiele die Haftung des ehrenamtlich Tätigen gänzlich. **41**

---

42 *Palandt/Thomas* § 831 Rz. 8.
43 BGHZ 49, 21, 23 ff vom 30. 10. 1967 – VII ZR 82/65 –.
44 *Sauter/Schweyer* Rz. 291.
45 *Palandt/Heinrichs* § 27 Rz. 7 f.
46 Funktionsträger werden allgemein mit „leitenden Angestellten" gleichgesetzt.
47 *Sauter/Schweyer* Rz. 292
48 Jede Tätigkeit, die arbeitsvertraglich übertragen wurde oder im Interesse des Arbeitgebers ausgeführt wird.
49 Insb. §§ 823 ff. BGB.
50 *Sauter/Schweyer* Rz. 291.

42 Der BGH hat jedoch klargestellt, daß die arbeitsrechtliche **Haftungsmilderung** auch bei ehrenamtlicher Tätigkeit zur Anwendung kommt.[51] Dieser arbeitsrechtliche Haftungsmaßstab richtet sich nach dem jeweiligen Grad des Verschuldens:

- Vorsatz – unbeschränkte Haftung.
- Grobe Fahrlässigkeit – grds. unbeschränkte Haftung, es sei denn, daß der Verdienst im deutlichen Mißverhältnis zum Schaden steht.[52] Für ehrenamtlich Tätige muß daher die Schadenshöhe genau betrachtet werden (Zumutbarkeit).
- mittlere (= normale) Fahrlässigkeit – idR Schadensteilung; vom Einzelfall abhängig.
- leichteste Fahrlässigkeit (geringe Schuld) – keine Haftung.

Zu den jeweiligen Einzelheiten gibt es eine Fülle von Rspr. und Literatur, auf die verwiesen werden muß.[53]

43 Häufig werden aber auch gerade im Bereich der gemeinnützigen Organisationen **Haftpflichtversicherungen** für ehrenamtlich Tätige abgeschlossen, die im Schadensfall vorrangig in Anspruch zu nehmen sind.[54] Ein solcher Abschluß ist idR auch empfehlenswert.

b) Arbeitsrechtlicher Freistellungsanspruch

44 Für Sachschäden bei anderen Arbeitnehmern[55] der gemeinnützigen Einrichtung oder für Personen- und Sachschäden bei Dritten müßte der ehrenamtlich Tätige grds. auch nach § 823 Abs. 1 BGB Schadensersatz leisten. Nach den Haftungsmilderungen kann er jedoch eine Freistellung vom Arbeitgeber verlangen.[56] Dieser **Freistellungsanspruch** gilt jedoch nur im Innenverhältnis zwischen Arbeitnehmer und Arbeitgeber (Ehrenamtlichen und Verein). Der Dritte kann sich an den Ehrenamtlichen als Schädiger oder an den Arbeitgeber halten, ihm darf durch den Freistellungsanspruch kein Nachteil entstehen, was von besonderer Bedeutung ist, wenn der Arbeitgeber insolvent wird.[57]

c) Innerbetriebliche Personenschäden

45 Bei innerbetrieblichen Personenschäden liegt idR ein Arbeitsunfall nach § 8 Abs. 1 SGB VII vor, so daß diese Schäden von der **gesetzlichen Unfallversicherung** abgedeckt sind. Ein gesetzlicher Forderungsübergang erfolgt nach § 116 SGB X bzw. über die haftungsrechtlichen Vorschriften der gesetzlichen Unfallversicherung.[58] Diese Vorschriften sind

---

[51] BGHZ 89, 153, 157 vom 5. 12. 1983 – II ZR 252/82 –.

[52] BAG vom 12. 10. 1989 – 8 AZR 276/88 – NJW 1990, 468, 469 ff.

[53] Z. B. BAG vom 12. 06. 1992 – GS 1/89 – DB 1993, 939 ff; vom 25. 9. 1957 – GS 4 (5)/56 – NJW 1958, 235 ff; vom 12. 10. 1989 – 8 AZR 276/88 – NZA 1990, 97, 98 f.

[54] *Palandt/Heinrichs* § 27 Rz. 4.

[55] Auch andere ehrenamtlich Tätige.

[56] *Palandt/Putzo* § 611 Rz. 156 ff.

[57] Vgl. BGH vom 19. 9. 1989 – VI ZR 349/88 – NJW 1989, 3273, 3274 f.

[58] §§ 104 ff SGB VII, vor dem 1. 1. 1997 galten die §§ 636 ff. RVO.

bei Personenschäden (hinsichtlich Arbeitgeber und Arbeitnehmer) direkt anwendbar, da nicht von „Arbeitnehmern", sondern von „Versicherten" und „betrieblicher Tätigkeit" die Rede ist.[59] Zu den Einzelheiten der Haftungsprivilegierung wird auf entspr. Fachliteratur verwiesen.[60]

IV. Sozialversicherungsrecht bei ehrenamtlich Tätigen

Das Sozialversicherungsrecht knüpft bei der Versicherungspflicht und der Versicherungsberechtigung idR am Vorliegen eines entgeltlichen Beschäftigungsverhältnisses an.[61] Ein solches Beschäftigungsverhältnis liegt bei ehrenamtlicher Tätigkeit mangels Abhängigkeit zum Arbeitgeber nicht vor. 50

1. Grundsatz der Versicherungsfreiheit

Im Bereich der gesetzlichen **Kranken-, Pflege-, Renten- und Arbeitslosenversicherung** begründen ehrenamtliche oder unentgeltliche Tätigkeiten grds. keine Versicherungspflicht, da in aller Regel ein Beschäftigungsverhältnis nicht ausgeübt wird. 51

Für ehrenamtliche Tätigkeiten besteht insoweit kein besonderes Schutzinteresse,[62] als in aller Regel eine soziale Absicherung über das Beschäftigungsverhältnis des Hauptberufes bzw. über eine Familienversicherung[63] in der Krankenversicherung besteht. Freiwillige Versicherungen oder Beitragszahlungen sind dennoch grds. möglich, in der Praxis aber eher selten zu finden.

Der Gesetzgeber hat einige spezielle Sondertatbestände geschaffen, um diesem Personenkreis eine gewisse Zusatzversorgung in der Sozialversicherung zu ermöglichen und weiterhin zur ehrenamtlichen oder unentgeltlichen Tätigkeit zu motivieren.[64] 52

Wird durch eine ehrenamtliche Tätigkeit nur ein vermindertes oder kein Arbeitsentgelt erzielt, so gilt in der Rentenversicherung das Arbeitsentgelt als erzielt, das fiktiv anstelle der ehrenamtlichen Tätigkeit erzielt worden wäre. Diese Erhöhung bis höchstens zur Beitragsbemessungsgrenze muß der Arbeitnehmer beim Arbeitgeber allerdings beantragen. Diese Regelung gilt nur für ehrenamtliche Tätigkeit im öffentlichen Bereich und für gemeinnützige Einrichtungen oder Unternehmen, die von der Körperschaftsteuer befreit sind.[65] 53

---

[59] Zu den Einzelheiten über den Kreis der versicherten Personen s. u. „Sozialversicherung" Rz. 50 ff.

[60] S. z. B. *Bereiter-Hahn/Schieke/Mehrtens* zu den entsprechenden Vorschriften.

[61] Das Entgelt ist in der Regel die Grundlage für Leistungen und der Beitragsberechnung.

[62] Auf eine sinnvolle Erweiterung der sozialen Absicherung soll hier nicht eingegangen werden; s. dazu *Igl* ZfSH/SGB 1994 S. 561–581.

[63] § 10 SGB V.

[64] S. *Igl* Rechtsfragen des freiwilligen sozialen Engagements; *Igl* ZfSH/SGB 1994 S. 561–581.

[65] S. § 163 Abs. 3 SGB VI.

54 Personen, die **nichtgewerbsmäßige Pflegetätigkeiten** verrichten, stehen unter gewissen Voraussetzungen ebenfalls unter besonderem Schutz in der Sozialversicherung.[66] Da solche Pflegekräfte idR nicht bei gemeinnützigen Einrichtungen tätig werden, wird hier nicht näher darauf eingegangen.

2. Besonderheiten in der Unfallversicherung

55 Wer in gemeinnützigen Organisationen, Verbänden, Einrichtungen oder **Unternehmen der Wohlfahrtspflege** ehrenamtlich oder unentgeltlich tätig wird, genießt hierbei in aller Regel gesetzlichen Unfallversicherungsschutz. Dies gilt auch für Personen, die in **Unternehmen zur Hilfe bei Unglücksfällen** oder im Zivilschutz unentgeltlich, insb. ehrenamtlich tätig sind oder an Ausbildungsveranstaltungen dieser Unternehmen teilnehmen. Unfallversicherungsschutz besteht auch bei Tätigkeiten, die **„wie"** eine Beschäftigung ausgeübt werden.

a) Unternehmen der Wohlfahrtspflege

56 Nach § 2 Abs. 1 Nr. 9 SBG VII wird Unfallversicherungsschutz für Personen gewährt, die selbständig oder unentgeltlich, insb. ehrenamtlich in der Wohlfahrtspflege tätig sind.

Zentraler Begriff zur Begründung des Unfallversicherungsschutzes ist die **Wohlfahrtspflege**. Unter Wohlfahrtspflege ist die planmäßige, zum Wohle der Allgemeinheit und nicht des Erwerbs wegen ausgeübte unmittelbare vorbeugende oder abhelfende Hilfeleistung für gesundheitlich, sittlich oder wirtschaftlich gefährdete oder notleidende Mitmenschen zu verstehen.[67] Es steht jedoch nicht jede ehrenamtliche oder unentgeltliche Tätigkeit, die „mildtätig" oder „wohltätig" ausgeübt wird, unter Unfallversicherungsschutz. **Spontane oder kurzzeitige** Hilfeleistungen werden idR nicht planmäßig ausgeübt und sind nicht nach § 2 Abs. 1 Nr. 9 SGB VII versichert.[68] Hierbei ist nicht die organisatorische Gestaltung, sondern die Zweckbestimmung der Einrichtung oder Tätigkeit maßgebend.[69] Der Begriff der „wohlfahrtspflegerischen Tätigkeit" wird häufig durch das **Bundessozialhilfegesetz** (BSHG) in einzelnen Bereichen konkretisiert.[70]

---

[66] S. z. B. § 2 Abs. 1 Nr. 17 SGB VII; § 69 b BSHG; § 45 SGB XI.

[67] BSGE 6, 74, 77 f. vom 25. 10. 1957 – 2 RU 122/54 –; 15, 116, 117 vom 26. 9. 1961 – 2 RU 31/60 –; 18, 133, 134 vom 30. 11. 1962 – 2 RU 260/58 –; 58, 210, 212 vom 26. 6. 1985 – 2 RU 79/84 – = SGB 1986, 207, 208 = SozR 2200 § 539 Nr. 111; ebenso *Lauterbach* zu § 539 Ziff. 44; *Bereiter-Hahn/Schieke/Mehrtens* zu § 2 SGB VII Rz. 20.18; vgl. auch § 66 Abs. 2 AO.

[68] SG Hamburg vom 23. 9. 1997 – 24 U 15/96 – ZfS 1998, 117, 119; *Bereiter-Hahn/Schieke/Mehrtens* zu § 2 SGB VII Rz. 20.19.

[69] BSGE 6, 74, 77 vom 25. 10. 1957 – 2 RU 122/54 –; 58, 210, 212 vom 26. 6. 1985 – 2 RU 79/84 –.

[70] Z. B. nach § 75 BSHG liegt bei Tätigkeiten in der Altenpflege Wohlfahrtspflege vor; BSGE 58, 210, 212 vom 26. 6.1985–2 RU 79/84 –.

Ehrenamtliche oder unentgeltliche Tätigkeiten im Bereich von gemeinnützigen Organisationen/Unternehmen werden idR planmäßig ausgeübt und sind somit der Wohlfahrtspflege zuzurechnen und versichert. 57

- **Unfallversicherungsschutz** besteht idR bei folgenden Tätigkeiten:

Tätigkeit im **ursächlichen Zusammenhang** mit dem Ehrenamt, wenn die unfallbringende Tätigkeit dem Aufgaben- und organisatorischen Verantwortungsbereich zuzurechnen ist; außerhalb dieses Bereiches besteht kein Unfallversicherungsschutz.[71] 58

- **Helfer/innen**, bei den von den Spitzenverbänden der Freien Wohlfahrtspflege veranstalteten **Sammlungen**, unabhängig davon, welche Stelle im einzelnen die Sammler beauftragt und wem das Sammelergebnis zugute kommt.
- **Sonntagshelfer/innen** in Krankenhäusern, Altenheimen und ähnlichen wohlfahrtspflegerischen Einrichtungen, die an Wochenenden für Arbeitskräfte einspringen, in Stationen helfen oder sich in der Küche oder ähnlich nützlich machen.
- Tätigkeiten, die im Rahmen der Krankenhaus- und Altenheimhilfen ausgeübt werden (z. B. Laienhelfer/innen, **Grüne Damen**, Gelbe Damen, **Krankenhausbesuchsdienste** etc.).
- Leiter/innen von Selbsthilfegruppen u. a.
- Personen, die iSd Satzungszweckes mithelfen und unentgeltlich tätig werden.
- Unfallversicherungsschutz besteht auch bei unentgeltlich bzw. ehrenamtlich ausgeübter **Verwaltungstätigkeit**, die unmittelbar im Zusammenhang mit dem gemeinnützigen Unternehmen steht.[72]

Nicht versichert ist z. B. die bloße Teilnahme eines Vereinsmitgliedes an einer **Mitgliederversammlung** etc., da es sich hierbei nicht um „Tätigkeiten in der Wohlfahrtspflege" handelt. 59

Für den Unfallversicherungsschutz in der freien Wohlfahrtspflege nach § 2 Abs. 1 Nr. 9 SGB VII ist die Berufsgenossenschaft für Gesundheitsdienst und Wohlfahrtspflege (BGW) der zuständige Unfallversicherungsträger.[73] Dies schließt grds. die rechtlich verselbständigten Teile der **Kirche** mit ein, die der Wohlfahrtspflege zuzurechnen sind (z. B. Kindergärten in der Rechtsform eines eingetragenen Vereins).[74] 60

Der Unfallversicherungsschutz für solche Tätigkeiten wird derzeit noch **beitragsfrei** über die BGW gewährt, da keine Entgeltzahlung für diese Tätigkeiten erfolgt.[75] 61

---

[71] *Bereiter-Hahn/Schieke/Mehrtens* zu § 2 SGB VII Rz. 20.7; BSG vom 18. 9. 1991 – 8 RKnU 3/90 – SozR 3–2200 zu § 539 RVO Nr. 13.

[72] BSGE 58, 210, 212 vom 26. 6. 1985 – 2 RU 79/84 – = SozR 2200 zu § 539 RVO Nr. 111 = SGB 1986, 207, 208.

[73] § 3 der BGW-Satzung; s. auch Reichsversicherungsamt (RVA) vom 23. 9. 1942 – III A. V. 13.42 B. S. – AN (Amtliche Nachrichten) 1943, 183.

[74] *Bereiter-Hahn/Schieke/Mehrtens* zu § 2 SGB VII Rz. 20.25.

[75] Dies ergibt sich aus der Satzung der BGW.

62 Für die **öffentliche Wohlfahrtspflege** der Gemeinden etc. liegt deren eigene Zuständigkeit vor, da es sich um eigene Einrichtungen der Gemeinde handelt.[76]

63 Organisationen, Verbände, Einrichtungen oder Unternehmen, die nicht Mitglieder in der Berufsgenossenschaft für Gesundheitsdienst und Wohlfahrtspflege sind, genießen keinen Unfallversicherungsschutz bei Tätigkeiten im Bereich von Wohlfahrtspflege oder ähnlichen ehrenamtlichen/unentgeltlichen Tätigkeiten. Werden daher einzelne Tätigkeiten von den gemeinnützigen Organisationen ausgegliedert, z. B. auf GmbH übertragen, so kann dies zu einem berufsgenossenschaftlichen **Zuständigkeitswechsel** führen. Ist danach z. B. die Verwaltungsberufsgenossenschaft (VBG) zuständig, entfällt der Unfallversicherungsschutz nach § 2 Abs. 1 Nr. 9 SGB VII gänzlich.

Unfallversicherungsschutz ist in diesen Fällen bei ehrenamtlicher oder unentgeltlicher Tätigkeit nur noch unter den sehr engen Voraussetzungen des § 2 Abs. 2 iVm. Abs. 1 Nr. 1 SGB VII möglich.[77]

b) Unternehmen des Rettungsdienstes

64 Nach § 2 Abs. 1 Nr. 12 SGB VII wird Unfallversicherungsschutz für Personen gewährt, die in Unternehmen zur **Hilfe bei Unglücksfällen** oder im Zivilschutz[78] unentgeltlich, insb. ehrenamtlich tätig sind oder an Ausbildungsveranstaltungen dieser Unternehmen teilnehmen.

65 **Unternehmen** in diesem Sinne sind z. B. das Deutsche Rote Kreuz,[79] die Sanitäts- und Rettungseinheiten vom Malteser- und Johanniterorden und des Arbeitersamariterbundes sowie von Automobilclubs; die Gesellschaft zur Rettung Schiffbrüchiger, Deutsche Lebensrettungsgesellschaft, Bergwacht, Wasserwacht, Freiwillige Feuerwehr, das Technische Hilfswerk und andere Katastrophenschutzeinheiten etc.[80]

66 **Unfallversicherungsschutz** besteht bei allen unentgeltlichen oder ehrenamtlichen Tätigkeiten, die in einem inneren Zusammenhang mit den Unternehmen stehen, also auch die administrativen und organisatorischen Arbeiten.[81] Nicht versichert sind Tätigkeiten, die nur rein gesellschaftliches Gepräge aufweisen oder von der Organisation als geringfügig erwartet werden können, so z. B. die Teilnahme am Feuerwehrfest mit teilweisen Bierausschänken.[82]

---

[76] §§ 125 Abs. 1 Nr. 1, 128 Abs. 1 Nr. 1, 129 Abs. 1 Nr. 1 SGB VII.

[77] Dies setzt ausschließlich eine Tätigkeit „wie" ein Beschäftigter voraus; s. u. Rz. 69 ff.

[78] Der Umfang des Zivilschutzes richtet sich nach § 3 des Gesetzes über den Zivilschutz.

[79] BSGE 51, 176, 177 vom 11. 2. 1981 – 2 RU 35/78 –; 49, 222, 225 vom 18. 12. 1979 – 2 RU 67/77 –.

[80] Einige Beispiele finden sich in BSG vom 18. 12. 1980 – 8 a RU 92/79 – SozR 2200 § 539 RVO Nr. 75.

[81] BSG vom 29. 11. 1990 – 2 RU 16/90 – SozR 3–2200 § 539 RVO Nr. 5.

[82] BSGE 14, 1, 3 vom 31. 1. 1961 – 2 RU 173/58 –; 17, 211, 216 vom 31. 7. 1962 – 2 RU 110/58 –.

Der Versicherungsschutz erfaßt auch die **Teilnahme an Ausbildungsveranstaltungen**, die dem unmittelbaren Zweck des Unternehmens dienen, d. h., die eine hinreichend unmittelbare Sachnähe zur Hilfeleistung bei Unglücksfällen aufweisen.[83] IdR stehen alle organisierten Ausbildungen unter Unfallversicherungsschutz, die als Ausbildungsziel eine **Fremdrettung** haben.[84] 67

Versichert ist beispielsweise die Teilnahme am Erste-Hilfe-Kurs, Schwestern- und Pflegedienstkurse, die Teilnahme am Führerscheinkurs „Sofortmaßnahmen am Unfallort",[85] wie auch Rettungsschwimmer- oder Rettungstaucherkurse. Zwar ist ggf. ein Anfängerschwimmkursus die erforderliche Grundlage für einen späteren Rettungsschwimmerkurs, das BSG hat den Unfallversicherungsschutz jedoch abgelehnt, da vordergründig die eigene Fähigkeit des Schwimmens und nicht eine mögliche Fremdrettung ursächlich ist.[86]

Die **Ausbilder** stehen ebenfalls unter Unfallversicherungsschutz, wenn sie ehrenamtlich oder unentgeltlich tätig werden. Handelt es sich um hauptamtliche Mitarbeiter, sind diese über ihr Beschäftigungsverhältnis versichert.[87] 68

Zuständig für den Unfallversicherungsschutz nach § 2 Abs. 1 Nr. 12 SGB VII im Zivilschutz oder bei Ausbildungsveranstaltungen ist der Bund, soweit nicht die Länder oder die Kommunen und Gemeinden vorrangig als Träger verpflichtet sind.[88] Für die ehrenamtlich und unentgeltlich Tätigen der Gemeinschaften und Einrichtungen des Deutschen Roten Kreuzes ist ausschließlich der Bund Träger der Unfallversicherung, mit Ausnahme der Unternehmen des Gesundheitsdienstes und der Wohlfahrtspflege.[89] 69

c) Unfallversicherungsschutz bei Vereinstätigkeiten „wie" ein Beschäftigter

Im Zuge der Transformation des Gesetzes der gesetzlichen Unfallversicherung aus der Reichsversicherungsordnung (RVO) in das SGB VII,[90] hat der Gesetzgeber den Unfallversicherungsschutz nach § 539 Abs. 2 RVO a. F. in der Weise stark eingeschränkt, daß nunmehr nur noch Unfallversicherungsschutz bei Tätigkeiten **„wie" ein Beschäftigter** besteht.[91] Unfallversicherungsschutz liegt nach § 2 Abs. 2 S. 1 SGB VII immer dann vor, wenn eine ernste, dem Unternehmen we- 70

---

[83] BSG SozR 2200 § 539 RVO Nr. 75.

[84] Nicht versichert ist daher der Erwerb des Jugendschwimmabzeichens, *Bereiter-Hahn/Schieke/Mehrtens* zu § 2 SGB VII Rz. 24.8.

[85] BSGE 51, 176, 177 vom 11. 2. 1981 – 2 RU 35/78 –.

[86] BSG SozR 2200 § 539 RVO Nr. 75.

[87] S. o. § 13 Rz. 114 f.

[88] §§ 125 Abs. 1 Nr. 1 und 4, 128 Abs. 1 Nr. 6, 129 Abs. 1 Nr. 1 SGB VII.

[89] § 125 Abs. 1 Nr. 5 SGB VII. Für diese Unternehmungen ist die BGW der zuständige Unfallversicherungsträger.

[90] BGBl. I S. 1254 ff; das SGB VII trat am 1. 1. 1997 in Kraft.

[91] Vorher galt die Verweisung des § 539 Abs. 2 RVO a. F. generell auf sämtliche Nr. des Abs. 1.

sentlich zu dienen bestimmte Tätigkeit ausgeübt wird. Diese Tätigkeit muß dem ausdrücklichen oder mutmaßlichen Willen des Unternehmers entsprechen und ihrer Art nach konkret einem Beschäftigungsverhältnis ähnlich sein, d. h., dem allgemeinen Arbeitsmarkt zugänglich sein. Eine persönliche oder wirtschaftliche Abhängigkeit zum Unternehmer ist gerade nicht erforderlich.[92]

71 Liegt keine der unter a) oder b) genannten versicherten Tätigkeiten vor, ist Unfallversicherungsschutz grds. somit nur noch über § 2 Abs. 2 iVm Abs. 1 Nr. 1 SGB VII möglich. Ein solcher Versicherungsschutz besteht für ehrenamtliche Tätigkeiten nur, wenn kein Beschäftigungsverhältnis begründet wird[93] und die Tätigkeiten über die normalen Vereinspflichten hinausgehen.[94] Ein Beschäftigungsverhältnis liegt nicht vor, wenn keine Abhängigkeit zum Unternehmer gegeben ist.[95]

72 Die Vereinsmitglieder müssen „wie“ Beschäftigte des Vereins tätig werden. **Nicht versichert** sind hierbei insb. geringfügige Arbeitsleistungen,[96] die vom Vereinsmitglied erwartet werden können.[97] Hierzu zählen die Tätigkeiten, die aus mitgliedschaftsrechtlicher Verpflichtung ausgeführt werden,[98] nicht versichert sind z. B. ehrenamtliche Vorstandstätigkeiten, die Tätigkeit als Funktionär einer Gewerkschaft bei einem Streik, umfangreiche Tätigkeiten im Rahmen eines Vereinsbeschlusses, der Satzung oder allgemeiner Übung, wenn eine rechtliche Verpflichtung der Mitglieder zur Tätigkeit besteht.[99]

73 Gehen die ehrenamtlichen oder unentgeltlichen Tätigkeiten *über* die Mitgliedschaftspflichten hinaus, z. B. beim Bau eines Vereinsheimes etc., so besteht Unfallversicherungsschutz.[100]

74 Diese Grundsätze gelten für **nichtrechtsfähige Vereine**[101] entsprechend.[102]

---

[92] S. zu den einzelnen Voraussetzungen *Bereiter-Hahn/Schieke/Mehrtens* zu § 2 SGB VII Rz. 34ff.

[93] Sonst liegt bereits Unfallversicherungsschutz über dieses (ggf. geringfügige) Beschäftigungsverhältnis vor; s. o. § 13 Rz. 96.

[94] BSGE 14, 1, 3f vom 31. 1. 1961 – 2 RU 173/58 –; 17, 211, 216 vom 31. 7. 1962 – 2 RU 110/58 –; *Bereiter-Hahn/Schieke/Mehrtens* zu § 2 SGB VII Rz. 34.23.

[95] BSGE 59, 284, 287 vom 29. 1. 1986 – 9b RU 68/84 –.

[96] Nicht zu verwechseln mit einem „geringfügigen Beschäftigungsverhältnis“.

[97] *Bereiter-Hahn/Schieke/Mehrtens* zu § 2 SGB II Rz. 34.23.

[98] BSGE 5, 168, 172 vom 28. 5. 1957 – 2 RU 150/55 –; 14, 1, 3 vom 31. 1. 1961 – 2 RU 173/58 –; 17, 211, 216 vom 31. 7. 1962 – 2 RU 110/58 –; 59, 284, 287 vom 29. 1. 1986 – 9b RU 68/84 –.

[99] BSGE 17, 211, 216 vom 31. 7. 1962 – 2 RU 110/58 –; 59, 284, 287 vom 29. 1. 1986 – 9b RU 68/84 –.

[100] BSG vom 9. 12. 1993 – 2 RU 54/92 – HVBG-Info 1994, 413.

[101] § 54 BGB.

[102] BSGE 17, 211, 214 vom 31. 7. 1962 – 2 RU 110/58 –.

§ 17 Umstrukturierung gemeinnütziger Körperschaften

Bearbeiter: Dr. Stephan Schauhoff

Übersicht

A. Einführung

I. Umstrukturierung

1. Umstrukturierungsmöglichkeiten

1 Die Umstrukturierung von gemeinnützigen Körperschaften dient ebenso wie die Umstrukturierung von Unternehmen der Reorganisation, um in der neuen Rechtsstruktur betriebswirtschaftliche oder organisationsrechtliche Vorteile für die gemeinnützige Körperschaft erschließen zu können. Die Umstrukturierung bezweckt die Aufrechterhaltung oder Verbesserung der Rahmenbedingungen, innerhalb derer die gemeinnützige Körperschaft ihr Wirken entfaltet. Ein Ziel der Um-

strukturierung kann auch die Verminderung der Risiken, die sich aus dem Gemeinnützigkeitsrecht für eine gemeinnützige Körperschaft ergeben können, sein, beispielsweise wenn diese unter demselben Rechtsdach gemeinnützige und erwerbswirtschaftliche Aktivitäten verfolgt. Die vermutlich häufigste Form der Umstrukturierung betrifft deswegen die **Ausgründung wirtschaftlicher Aktivitäten einer gemeinnützigen Körperschaft** in eine Kapital- oder Personengesellschaft. Typisch dafür ist, daß die gemeinnützige Körperschaft einen bei ihr vorhandenen steuerpflichtigen wirtschaftlichen Geschäftsbetrieb auf eine steuerpflichtige Kapitalgesellschaft, seltener in eine Personengesellschaft, ausgliedert.[1] Typisches Beispiel für derartige Ausgründungen ist die rechtliche Verselbständigung der Lizenzspielerabteilungen in Fußball und Eishockey oder anderen Sportarten in Sportkapitalgesellschaften.[2]

Eine andere Form der Umstrukturierung bildet die **Verselbständigung gemeinnütziger Aktivitäten**. Typisches Beispiel dafür ist die 2
rechtliche Verselbständigung eines Krankenhauses in einer gemeinnützigen GmbH. Zweck derartiger Maßnahmen ist es oft die Kostenlast, häufig in erster Linie das Personalkostenniveau, für den gemeinnützigen Rechtsträger durch die Verselbständigung zu vermindern und ein wettbewerbsfähiges unternehmerisches Konzept zu verfolgen.[3] Ein anderes Beispiel für die Verselbständigung gemeinnütziger Aktivitäten stellt die Regionalisierung bei Vereinen oder die rechtliche Verselbständigung von Abteilungen eines ehemals einheitlichen Vereins dar. Dann gründen sich aus einem Verein heraus neue Rechtsträger, die gegebenenfalls mit ihrem Mutterverein nicht mehr unmittelbar verbunden sind.

Eine derartige Verselbständigung kann durchaus auch unerkannt vonstatten gegangen sein, beispielsweise wenn die Landesgruppen eines Vereins als nicht rechtsfähige Vereine unbewußt rechtlich selbständig geworden sein sollten.[4]

Mitunter erwägen gemeinnützige Körperschaften auch, ihre bislang als 3
gemeinnützig anerkannten Aktivitäten in steuerpflichtige Tochtergesellschaften auszugründen. Hintergrund derartiger Erwägungen ist, daß eine Ausdehnung der Geschäftsaktivitäten in dem betriebenen Geschäftsfeld, so wie sie der Markt erfordert, nur möglich ist, wenn zumindest für diese Aktivität der Verlust der Steuerbefreiung in Kauf genommen wird. Es kann zudem die Infizierung der bislang als gemeinnützig anerkannten Aktivitäten mit der zukünftig beabsichtigten steuerpflichtigen Tätigkeit drohen, so daß schnelles Handeln geboten erscheint. Darüber hinaus kann ein Wechsel der Rechtsanschauungen bei der Finanzverwaltung oder in der Rechtsprechung dazu zwingen, bislang als steuerfrei anerkannte Aktivi-

[1] S. dazu unten Rz. 21 ff.

[2] Vgl. dazu *Schäfer* in: Scherrer (Hrsg.), Sportkapitalgesellschaften S. 17 ff.

[3] S. dazu unten Rz. 29 ff.

[4] Vgl. dazu § 5 Rz. 6 ff.; BMF-Schreiben v. 18. 10. 1988 IV A 2 – S71014 – 22/88, BStBl. 1988 I, 443.

täten zukünftig im Rahmen einer steuerpflichtigen Tochtergesellschaft zu betreiben. Dann ist mit der rechtlichen Umstrukturierung gleichzeitig der Wechsel eines Teilbereiches von der Steuerfreiheit in die Steuerpflicht verbunden, wobei zahlreiche gemeinnützigkeitsrechtliche und steuerrechtliche Besonderheiten zu beachten sind.[5]

4 Das Gegenteil der Verselbständigung gemeinnütziger Aktivitäten bildet die **Aufhebung der rechtlichen Selbständigkeit** einer gemeinnützigen Körperschaft. Typisch dafür ist die Fusion bislang rechtlich selbständiger Verbände oder die Zusammenlegung von Stiftungen, weil die zuständigen Organe meinen, die Aktivitäten könnten zukünftig gemeinsam schlagkräftiger entwickelt werden. Nicht selten wird auch die ursprünglich einmal vorgenommene Verselbständigung einer steuerpflichtigen Tochter-GmbH wieder rückgängig gemacht, weil sich die Trennung der Aktivitäten auf einen Mutterverein oder Stiftung und eine Tochter-GmbH als zu aufwendig erwiesen hat. Auch können die betriebswirtschaftlichen Gründe, die einstmals für die Verselbständigung einer gemeinnützigen Tochter-GmbH gesprochen haben, wieder weggefallen sein oder die Erwartungen, die mit dem Outsourcing verbunden waren, nämlich eine Ausweitung der wirtschaftlichen Aktivitäten durch das Gewinnen von Kunden außerhalb der gemeinnützigen Organisation, haben sich nicht erfüllt. Die Verschmelzung, wie die Fusion zweier rechtlich selbständiger Körperschaften in der Rechtssprache heißt, ist aus umwandlungsrechtlichen Gründen für gemeinnützige Körperschaften nur bedingt möglich. Als aufnehmende Rechtsträger kommen nur GmbHs und Vereine in Betracht, die entweder bereits bestehen oder neu gegründet werden müssen. Dagegen kann eine GmbH nach dem Umwandlungsrecht nicht auf eine Stiftung verschmolzen werden. Denkbar ist allenfalls ein Zusammenschluß zweier rechtlich selbständiger Stiftungen nach den Bestimmungen einzelner Landesstiftungsgesetze.[6] Möglich ist noch die Verschmelzung von zwei GmbHs[7] oder von zwei Vereinen.[8] Dagegen kann eine GmbH nicht auf einen Verein verschmolzen werden. Durch verschiedene Gestaltungsmaßnahmen können die nicht direkt möglichen Umstrukturierungen allerdings dennoch verwirklicht werden, so daß das wirtschaftliche Ziel der Fusion vielfach doch realisiert werden kann.[9]

5 Schließlich ist auch denkbar, daß allein bei einer Tochtergesellschaft einer gemeinnützigen Körperschaft eine Umstrukturierung vorgenommen werden soll. Eine derartige **Umstrukturierung bei einer Tochtergesellschaft** kann Auswirkungen auf den Steuerstatus der gemeinnützigen Körperschaft selbst haben. Deswegen wird auch auf die damit zusammenhängenden Fragestellungen kurz eingegangen werden.[10]

---

[5] Vgl. dazu unten Rz. 29 ff.
[6] Vgl. dazu unten Rz. 55 ff.
[7] Vgl. dazu unten Rz. 60 ff.
[8] Vgl. dazu unten Rz. 45 ff.
[9] S. dazu unten Rz. 62 ff.
[10] Vgl. unten Rz. 71 f.

Seltener als die Ausgliederung einzelner Tätigkeitsbereiche bei einer gemeinnützigen Körperschaft ist die **Aufspaltung oder eine Abspaltung** eines Teiles des Vermögens des gemeinnützigen Rechtsträgers. Selbstverständlich gibt es aber auch diese Umwandlungsformen. Allerdings gilt es zu beachten, daß das Umwandlungsgesetz den gemeinnützigen Körperschaften nicht sämtliche denkbaren Umstrukturierungsmöglichkeiten eröffnet.[11] 6

Darüber hinaus kann eine gemeinnützige Körperschaft im Einzelfall auch einen Formwechsel erwägen. **Formwechsel** soll dabei über den in § 191 Umwandlungsgesetz vorgegebenen Bedeutungsinhalt hinaus nicht nur die Fälle meinen, in denen mittels Gesamtrechtsnachfolge beispielsweise ein Verein in eine gemeinnützige GmbH umgewandelt werden kann, sondern meint auch die Fälle, in denen das Vermögen eines Vereins auf eine Stiftung übertragen werden soll, weil die Vereinsmitglieder ihr Engagement beenden möchten, oder in denen umgekehrt das Vermögen einer Stiftung auf einen Verein übertragen werden soll.[12] 7

2. Umfang der Darstellung

Im Folgenden kann zu diesen zahlreichen Umstrukturierungsanlässen und ihren rechtlichen und steuerrechtlichen Voraussetzungen jeweils nur kurz Stellung genommen werden. Bei Umstrukturierungen sind immer zahlreiche **Detailfragen** zu beachten, auf die im Rahmen dieses Beitrags **nicht eingegangen** werden kann. Vielmehr sollen nur die umwandlungsrechtlichen, gemeinnützigkeitsrechtlichen und steuerrechtlichen Besonderheiten, die sich für gemeinnützige Körperschaften stellen, herausgearbeitet werden. Dabei geht es in erster Linie um die Fälle, in denen vorhandenes Vermögen auf einen anderen Rechtsträger übertragen wird. Die Umstrukturierung als rein betriebswirtschaftliche Organisationsänderung, ohne daß Vermögen übertragen wird, kann allein das Personal betreffen und damit nur arbeitsrechtliche Fragen berühren. Die rechtlichen Fragestellungen, die sich beispielsweise aus dem Arbeitsrecht anläßlich einer Umwandlung ergeben, unterscheiden sich für gemeinnützige und steuerpflichtige Körperschaften vielfach nicht, so daß an dieser Stelle nicht näher darauf eingegangen wird. Im Arbeitsrecht besteht allerdings insofern häufig eine Besonderheit, weil zahlreiche gemeinnützige Körperschaften ihren Arbeitnehmern über eine öffentlich-rechtlich geführte Versorgungsanstalt eine **Altersversorgungszusage** gemacht haben, was beim Übergang auf andere Rechtsträger besondere Schwierigkeiten hervorrufen kann. Auf diese Besonderheiten wird nicht vertieft eingegangen. Daneben erfordert die Gründung einer neuen rechtlichen Einheit die Aufbringung des Gründungskapitals. So stellt sich die Frage, wie der Wert von Fernsehrechten oder Spielerverträgen bei der Ausgründung von Vermögen 8

[11] Vgl. dazu unten Rz. 73 ff.
[12] S. dazu unten Rz. 76.

auf eine Sportkapitalgesellschaft zu bemessen ist.[13] Wird Vermögen in einer steuerpflichtigen Gesellschaft verwandt, können sich Probleme bei der Pflicht zur gemeinnützigen Mittelverwendung ergeben.[14] Auch kann eine Umstrukturierung erhebliche **verkehrssteuerliche Lasten**, insbesondere Grunderwerbsteuer, bewirken. Gemeinnützige Körperschaften sind grunderwerbsteuerlich nicht begünstigt. Auch diese Besonderheiten, die alle im Rahmen einer Umstrukturierung eingehend untersucht und beachtet werden müssen, können hier nicht näher behandelt werden.

II. Rechtsgrundlagen

1. Zivilrecht

a) Umwandlungsgesetz

9 Einige Umstrukturierungen, an denen gemeinnützige Körperschaften beteiligt sind, können nach den **Vorschriften des Umwandlungsgesetzes** vorgenommen werden. An Verschmelzungen können nach § 3 UmwG als übertragende oder übernehmende oder neue Rechtsträger eingetragene Vereine im Sinne des § 21 BGB sowie Kapitalgesellschaften beteiligt sein. Allerdings bestimmt § 99 Abs. 2 UmwG, daß ein eingetragener Verein nicht eine Kapitalgesellschaft aufnehmen kann. Dagegen gehören die **Stiftungen** nach § 3 UmwG nicht zu den **verschmelzungsfähigen Rechtsträgern**, weswegen beispielsweise die Verschmelzung einer Tochter-GmbH auf die Mutterstiftung nicht möglich ist. Ebensowenig ist im Umwandlungsgesetz die Verschmelzung zweier Stiftungen vorgesehen. Die Fusion von Stiftungen kann allein auf stiftungsrechtlicher Grundlage als Zusammenschluß nach landesgesetzlichen Bestimmungen in einzelnen Stiftungsgesetzen erfolgen.

10 Außer der Verschmelzung ist im Umwandlungsgesetz auch abschließend die Spaltung und der Formwechsel geregelt. Einen Unterfall der Spaltung bildet die sogenannte Ausgliederung (§ 123 Abs. 3 UmwG). Die **Ausgliederung** stellt eine Alternative zur Sacheinlage, mit der ebenfalls Vermögen auf eine neugegründete Tochtergesellschaft übertragen werden kann, dar. Während es bei der Ausgliederung des Vermögens auf eine Tochtergesellschaft zu einer Gesamtrechtsnachfolge kommt, unterliegt die Sacheinlage der Einzelrechtsnachfolge. Ob eine der beiden Strukturmaßnahmen strengeren Voraussetzungen unterliegt, ist umstritten.[15]

11 Ausgliederung und Spaltung, das heißt die Aufspaltung einer gemeinnützigen Körperschaft im Ganzen oder die Abspaltung eines Teiles

---

[13] Dazu *Habersack* in: Scherrer, Sportkapitalgesellschaften, 45 (55 ff.).

[14] Vgl. dazu unten Rz. 27, 34 f.

[15] Vgl. LG Hamburg DB 1997, 516; LG Karlsruhe ZIP 1998, 385, 387 ff.; *Lutter/Leinekugel* ZIP 1998, 805 (806); *Herrmann* ZIP 1998, 1249 ff.; *Joost* ZHR 163 (1999), 164 ff.; *Priester* ZHR 163 (1999), 187 ff.

des Vermögens einer gemeinnützigen Körperschaft durch Übertragung von Vermögensteilen auf einen übernehmenden Rechtsträger gegen Gewährung von Mitgliedschaftsrechten, ist wiederum nur möglich, wenn ein **eingetragener Verein** oder eine **Kapitalgesellschaft,** entweder als übertragender oder übernehmender Rechtsträger, fungieren (§ 124 Abs. 1 UmwG). Nicht möglich ist nach § 149 Abs. 2 UmwG aber die Abspaltung von Vermögen von einer GmbH auf einen eingetragenen Verein. Zusätzlich sieht § 124 Abs. 1 UmwG vor, daß auch Stiftungen an einer Ausgliederung als übertragender Rechtsträger beteiligt sein können. Eine gemeinnützige Stiftung kann daher ihr Vermögen mittels der Ausgliederung auf eine Tochterkapitalgesellschaft übertragen. Dagegen ist die Spaltung einer Stiftung nicht möglich, vielmehr erfordert dies die Neuerrichtung einer Schwesterstiftung durch die bestehende Stiftung.

Sodann sieht das Umwandlungsgesetz in § 191 UmwG vor, daß ein 12 Formwechsel vorgenommen werden kann. Allerdings sind die Möglichkeiten des Formwechsels begrenzt. Denkbar ist, daß ein **rechtsfähiger Verein** in eine **Kapitalgesellschaftsform** gewechselt wird. Weitere Formen des Formwechsels werden für gemeinnützige Körperschaften praktisch nicht in Betracht kommen.

Abschließend sei noch kurz auf die Vermögensübertragung hinge- 13 wiesen, die in den §§ 174 ff. UmwG geregelt ist. Die Besonderheit der **Vermögensübertragung** besteht darin, daß die Gesellschafter der übertragenden Gesellschaft keine Anteile an der übernehmenden Körperschaft erhalten. Der typische Fall ist die Vermögensübertragung einer gemeinnützigen GmbH auf ihren Anteilseigner, eine Körperschaft des öffentlichen Rechts (§§ 174, 175 UmwG).

Der Überblick über die Rechtsgrundlagen hat gezeigt, daß zahlreiche 14 Umstrukturierungswünsche, die bei gemeinnützigen Körperschaften auftreten können, nicht nach den Vorschriften des Umwandlungsgesetzes realisiert werden können. Dies betrifft insbesondere alle Umstrukturierungen, an denen Stiftungen beteiligt sind, aber auch bestimmte Umstrukturierungen, die Vereine betreffen. Dann muß die Umstrukturierung nach den **allgemeinen gesellschaftsrechtlichen Vorschriften** realisiert werden.

b) Gesellschaftsrecht

Soll eine GmbH mit einer Stiftung oder einem Verein als aufneh- 15 mendem Rechtsträger fusioniert werden, so ist dies nach den Vorschriften des Umwandlungsgesetzes nicht möglich. Vielmehr kann die GmbH liquidiert werden und das Vermögen an die Gesellschafterin, Stiftung oder Verein ausgekehrt werden.[16] Gemeinhin schreckt man vor einem **Liquidationsverfahren** zurück. Sollte es sich aber bei der GmbH um eine gemeinnützige GmbH handeln, löst die Liquidation keine zusätzliche Ertragsteuerbelastung aus, wenn kein wirtschaftlicher

[16] Vgl. hierzu § 19 Rz. 90 ff.

Geschäftsbetrieb unterhalten wird. Das Vermögen der gemeinnützigen GmbH darf bei Auflösung an die Mutter-Stiftung ausgekehrt werden, wobei die Vorschriften über die satzungsmäßige Vermögensbindung beachtet werden müssen.[17]

c) Schenkung

16 Bei gemeinnützigen Körperschaften kann, im Gegensatz zu steuerpflichtigen Organisationen, auch durchaus einmal daran gedacht werden, eine Umstrukturierung durch eine **Schenkung des Vermögens** auf einen anderen gemeinnützigen Rechtsträger durchzuführen. Nach § 58 Nr. 1 AO ist es einer gemeinnützigen Körperschaft möglich, ihre Mittel, was das gesamte Vermögen der Körperschaft meint, auf eine andere gemeinnützige Körperschaft oder Körperschaft des öffentlichen Rechts zu gemeinnützigen Zwecken zu übertragen. Allerdings muß eine entsprechende Vermögensübertragung in der Satzung des Rechtsträgers geregelt sein.[18] Eine entsprechende Vermögensübertragung erfolgt nach der zivilrechtlichen Terminologie als Schenkung. Eine derartige Schenkung bleibt nach § 13 Abs. 1 Nr. 16 b) ErbStG schenkungsteuerfrei, sofern der **Empfänger** seinerseits eine gemeinnützige Körperschaft ist. Allerdings ist zu berücksichtigen, daß dann, wenn das Vermögen bei der übertragenden Körperschaft der zeitnahen Mittelverwendung unterlegen hat, die Mittel auch bei der empfangenden gemeinnützigen Körperschaft entsprechend verwendet werden müssen.[19] Deswegen ist es nach Auffassung der Finanzverwaltung unzulässig, wenn beispielsweise ein gemeinnütziger Verein, der unter Verstoß gegen das Gebot der zeitnahen Mittelverwendung Vermögen angesammelt hat, mit diesem Vermögen eine gemeinnützige Stiftung errichten möchte, bei der nur noch die Erträge aus dem zugewandten Vermögen der zeitnahen Mittelverwendung unterliegen sollen.[20]

2. Steuerrecht

17 Aus steuerrechtlicher Sicht sind bei der Umstrukturierung gemeinnütziger Körperschaften zahlreiche verschiedene Rechtsmaterien zu beachten. Zunächst muß stets geprüft werden, ob die Umstrukturierung aus **gemeinnützlichkeitsrechtlicher Sicht** überhaupt möglich ist. Dies gilt beispielsweise bei der Vermögensübertragung von einer gemeinnützigen Körperschaft auf eine andere gemeinnützige Körperschaft. Diese Vermögensübertragung kann sich als Mittelfehlverwendung darstellen, wenn die Voraussetzungen des § 58 Nr. 1 AO nicht vorliegen. Umstritten ist, ob eine derartige **Mittelfehlverwendung** auch gegeben ist, wenn das Vermögen aus einem steuerpflichtigen wirtschaftlichen Geschäftsbetrieb mittels Sacheinlage auf eine Tochter-

---

[17] Vgl. dazu § 5 Rz. 102–107; § 9 Rz. 60 ff.
[18] § 8 Rz. 54, 56.
[19] Vgl. § 8 Rz. 57 f.
[20] Vgl. Tz. 8 Satz 5 zu § 55 AEAO.

gesellschaft übertragen wird.[21] Sodann spielt aus gemeinnützigkeitsrechtlicher Sicht noch eine Rolle, ob durch die Umstrukturierung nicht gegen das **Gebot** der **zeitnahen Mittelverwendung** verstoßen wird.[22]

Die zweite wesentliche steuerrechtliche Materie bildet das **Umwandlungssteuerrecht**, um gegebenenfalls die ertragsteuerneutrale 18
Übertragung von Wirtschaftsgütern von der gemeinnützigen Körperschaft auf eine steuerpflichtige Körperschaft zu ermöglichen. Dieses Problem stellt sich dann, wenn Vermögen aus einem steuerpflichtigen wirtschaftlichen Geschäftsbetrieb ausgegliedert werden sollte. Sodann ist im Umwandlungssteuerrecht teilweise geregelt, ob der Vermögensübergang von einer steuerfreien auf eine steuerpflichtige Körperschaft Ertragsteuern auslöst und welche Wertansätze dann für das übertragene Vermögen aus steuerrechtlicher Sicht zu wählen sind. Dabei ergänzt sich das Umwandlungssteuerrecht mit der grundlegenden Vorschrift des § 13 KStG, die teilweise ähnliche Fragen regelt.[23]

Bei der Umstrukturierung gemeinnütziger Körperschaften kann 19
häufig zur Vermögensübertragung die **Schenkung** eingesetzt werden, weil die unentgeltliche Vermögensübertragung zwischen gemeinnützigen Körperschaften sowohl aus gemeinnützigkeitsrechtlicher als auch aus schenkungsteuerrechtlicher Sicht steuerfrei erfolgen kann.[24]

Bei der Umstrukturierung von gemeinnützigen Körperschaften sind 20
jedoch stets auch die **Verkehrssteuern** zu beachten. Sofern eine gemeinnützige Körperschaft ihren unternehmerischen Teilbereich auf eine andere Körperschaft überträgt, ist zu prüfen, ob der Vorgang tatsächlich nicht umsatzsteuerbar ist, weil die Voraussetzung des § 1 Abs. 1a UStG erfüllt werden. Zudem sind die grunderwerbsteuerlichen Vorschriften zu berücksichtigen. Das Grunderwerbsteuerrecht kennt keine spezielle Befreiungsvorschrift für gemeinnützige Körperschaften. Sofern das Vermögen unentgeltlich übertragen wird, kann sich die Grunderwerbsteuerfreiheit aus § 3 Nr. 2 GrEStG ergeben. Dagegen führt die Einlage eines Grundstückes gegen Gewährung von Gesellschaftsrechten in eine Kapitalgesellschaft grundsätzlich zur Entstehung von Grunderwerbsteuer, wobei Bemessungsgrundlage der sogenannte Bedarfswert nach § 8 Abs. 2 Nr. 2 GrEStG ist. Auf die verkehrssteuerlichen Besonderheiten kann im folgenden Überblick nicht näher eingegangen werden. Ihnen ist bei einer Umstrukturierung aber stets besondere Aufmerksamkeit zu widmen.

---

[21] Vgl. dazu unten Rz. 27 f.

[22] Vgl. dazu eingehend § 8 Rz. 71–101.

[23] Zu § 13 KStG vgl. § 7 Rz. 144 ff.

[24] Zur Schenkungsteuer § 7 Rz. 441 ff.; § 6 Rz. 20, 21.

B. Verselbständigung steuerpflichtiger Aktivitäten

I. Vorteile und Nachteile

21 Unterhält eine gemeinnützige Körperschaft einen steuerpflichtigen, wirtschaftlichen Geschäftsbetrieb, der eine gewisse Größe erreicht hat, wird vielfach die rechtliche Verselbständigung dieses wirtschaftlichen Geschäftsbetriebes in einer Tochterkapitalgesellschaft oder Tochterpersonengesellschaft angestrebt. Typisches Beispiel dafür ist die rechtliche Verselbständigung des Lizenzspielerbereiches bei Fußballbundesliga-[25] oder Eishockeyvereinen.[26] Aus betriebswirtschaftlicher Sicht wird mit der Ausgründung des wirtschaftlichen Geschäftsbetriebes in eine eigene Kapitalgesellschaft die Herausbildung einer klaren Struktur verfolgt, um einerseits eine eindeutige Personalverantwortlichkeit und andererseits eine klare Ergebnisrechnung zu erreichen, sowie den gemeinnützigen Bereich vor den wirtschaftlichen Risiken des Lizenzspielerbereiches abzuschotten.

22 Aus **gemeinnützigkeitsrechtlicher Sicht** besteht die Hauptgefahr bei einem steuerpflichtigen wirtschaftlichen Geschäftsbetrieb darin, daß dieser der gemeinnützigen Körperschaft das **Gepräge** geben könnte, so daß die Steuerfreiheit der gemeinnützigen Körperschaft selbst gefährdet wäre.[27] Dieses Risiko wird durch eine Ausgründung des steuerpflichtigen wirtschaftlichen Geschäftsbetriebes in eine GmbH verringert, da dann die Tätigkeit der steuerpflichtigen GmbH nicht mehr unmittelbar der gemeinnützigen Körperschaft zugerechnet wird. Auch gemeinnützigkeitsrechtlich ist das sogenannte Trennungsprinzip zu beachten, wonach die Tätigkeit eines jeden Steuersubjektes für sich betrachtet wird. Allerdings kann die Beteiligung einer gemeinnützigen Körperschaft an einer steuerpflichtigen Kapitalgesellschaft dazu führen, daß zahlreiche Verrechnungen zwischen der gemeinnützigen Körperschaft und der Tochtergesellschaft erforderlich werden. Die **Verrechnungspreise** zwischen den beiden Körperschaften müssen angemessen sein und den Marktpreisen entsprechen, ggf. auch mit entsprechenden Gewinnaufschlägen gestaltet werden.[28] Wird die Tätigkeit der steuerpflichtigen Kapitalgesellschaft mit Darlehen finanziert, ist offen, ob der Marktzins für Kreditaufnahmen genommen werden muß oder ob eine Margenteilung zwischen Soll- und Habenzinsen zwischen Mutter- und Tochtergesellschaft zulässig ist.[29] Bei Preisen, die nicht dem Markt-

---

[25] Vgl. *Raupach* Grundfragen der Umsetzung des Zivil- und Steuerrechts im Sport / dargestellt am Thema „Profigesellschaften", SpuRt 1995, 241; *Fuhrmann* Idealverein oder Kapitalgesellschaft im bezahlten Fußball, SpuRt 1995, 12; *Segna* Bundesligavereine und Börse, ZIP 1997, 19, 1; *Hermann* ZIP 1998, 1249.

[26] Vgl. dazu *Schäfer* in: Scherrer (Hrsg.), Sportkapitalgesellschaften, 17 ff.; Vfg. FinMin. Brbg. v. 7. 3. 1996, DB 1996, 61.

[27] Vgl. dazu § 6 Rz. 111 f.

[28] Vgl. dazu § 8 Rz. 22.

[29] So *Orth* in Scherrer (Hrsg.), Sportkapitalgesellschaften 65 (86) unter Berufung auf BFH v. 28. 2. 1990, BStBl. II 1990, 649.

preisniveau entsprechen, ist es denkbar, daß auf der einen Seite die gemeinnützige Körperschaft bei zu niedrigen Preisen gegen das Angemessenheitsgebot des § 55 Abs. 1 Nr. 3 AO verstößt, was den Verlust der Gemeinnützigkeit zur Folge hat, während andererseits die Tochterkapitalgesellschaft bei einer Überpreiszahlung eine verdeckte Gewinnausschüttung begehen könnte, was deren steuerpflichtigen Gewinn erhöht. Hinzu kommt, daß die Beteiligung einer gemeinnützigen Körperschaft an einer steuerpflichtigen GmbH aus gemeinnützigkeitsrechtlicher Sicht nur dann gerechtfertigt werden kann, wenn diese GmbH durch ihre Gewinnausschüttungen fortlaufend zur Mittelbeschaffung für die gemeinnützige Tätigkeit beiträgt.[30] Sollte die GmbH am Markt keinerlei Gewinne erwirtschaften, kann die Mutterkörperschaft gezwungen sein, sich zum Erhalt der Gemeinnützigkeit von der Beteiligung zu trennen. Denn der Verbrauch der Einlage durch Verluste der Tochterkapitalgesellschaft führt zu einer Mittelfehlverwendung, wenn nicht der „Verlusterlaß" der Finanzverwaltung beachtet wird, und damit zum Verlust der Gemeinnützigkeit.[31] Nicht geklärt ist zudem, wie sich eine Thesaurierung der Gewinne bei der steuerpflichtigen Tochterkapitalgesellschaft auswirkt.[32] Schließlich ist zweifelhaft, ob die Übertragung eines bestehenden steuerpflichtigen wirtschaftlichen Geschäftsbetriebs auf eine Tochter-GmbH gemeinnützigkeitsrechtlich überhaupt gerechtfertigt werden kann. Nur wenn gewährleistet ist, daß das in dem Geschäftsbetrieb steckende Gewinnpotential durch Ausschüttungen an die gemeinnützige Körperschaft zurückfließt, führt die Übertragung nicht zu einer Mittelfehlverwendung.[33]

Aus ertragsteuerlicher Sicht kann es vorteilhaft sein, eine steuerpflichtige Aktivität durch eine steuerpflichtige GmbH und nicht in einem steuerpflichtigen wirtschaftlichen Geschäftsbetrieb zu entfalten. Sollte die Beteiligung an der steuerpflichtigen GmbH, wie häufig, im Bereich der steuerfreien Vermögensverwaltung gehalten werden und der gesamte Gewinn, den die steuerpflichtige GmbH erwirtschaftet, an die gemeinnützige Körperschaft ausgeschüttet werden, wird die **definitive Steuerbelastung** für die wirtschaftliche Aktivität auf 30 v. H. Ausschüttungskörperschaftsteuerbelastung zzgl. Solidaritätszuschlag und Gewerbesteuer **abgesenkt**, während der Gewinn eines steuerpflichtigen wirtschaftlichen Geschäftsbetriebes mit Körperschaftsteuern gegenwärtig in Höhe von 40 v. H. neben den anderen Steuern belastet ist.[34] Der maßgebende Körperschaftsteuersatz wird auf 25 v. H. absinken, sofern die Unternehmenssteuerreform mit Wirkung ab 2001 in Kraft treten sollte. Soweit die steuerpflichtige Tochterkapitalgesellschaft von der gemeinnützigen Mutter in den Grenzen des § 8a KStG fremdfinanziert wird, kann die Steuerbelastung noch erheblich niedriger ausgestaltet 23

---

[30] Vgl. oben § 6 Rz. 73.
[31] Vgl. § 6 Rz. 113–115; Hess. FG, Beschl. v. 23. 10. 1991 8 V 2484/91, EFG 1992, 329.
[32] Vgl. dazu oben § 6 Rz. 4 und 11 ff.
[33] Vgl. dazu Rz. 27.
[34] Vgl. § 6 Rz. 67 ff.

werden.[35] Etwas anderes gilt allerdings dann, wenn die Beteiligung selbst in einem wirtschaftlichen Geschäftsbetrieb gehalten werden sollte, weil **tatsächlich fortlaufend Einfluß auf die Geschäftsführung** bei der Tochter-GmbH genommen wird[36] oder eine sogenannte **Betriebsaufspaltung** vorliegt, da ein wesentliches Wirtschaftsgut, beispielsweise das Logo der gemeinnützigen Körperschaft als immaterielles Wirtschaftsgut, der GmbH zur Nutzung überlassen wurde.[37]

24 Wenn wirtschaftliche Aktivitäten in der Rechtsform einer steuerpflichtigen GmbH durchgeführt werden, dabei aber **Zentralfunktionen** von der gemeinnützigen Körperschaft selbst wahrgenommen werden, wie bspw. die gesamte Gebäudeverwaltung, die Rechnungslegung oder Personalverwaltung, werden durch die Hilfstätigkeit für die steuerpflichtige Tochtergesellschaft neue wirtschaftliche Geschäftsbetriebe bei der gemeinnützigen Körperschaft begründet werden.[38] Der steuerpflichtigen Tochtergesellschaft muß für diese Dienstleistungen ein Gewinnaufschlag in Rechnung gestellt werden, der wiederum der Besteuerung unterliegt. Dagegen wird bei der Gewinnermittlung in einem rechtlich unselbständigen wirtschaftlichen Geschäftsbetrieb allein der Aufwand, der durch diese Gemeinkosten entsteht, abgezogen, ohne daß ein zusätzlicher Gewinnaufschlag zu berücksichtigen wäre. Aus allen diesen Gründen ist sorgfältig abzuwägen, in welchen Fällen eine rechtliche Verselbständigung wirtschaftlicher Aktivitäten aus betriebswirtschaftlicher, gemeinnützigkeits- und steuerrechtlicher Sicht tatsächlich vorteilhaft ist.

II. Rechtliche Gestaltung

25 Die Ausgründung eines wirtschaftlichen Geschäftsbetriebes auf eine steuerpflichtige Tochtergesellschaft kann auf drei verschiedenen Wegen vorgenommen werden:

– Denkbar ist, daß eine **Ausgliederung** nach den Vorschriften der § 123 Abs. 3 i. V. m. § 149 bzw. §§ 161 ff. UmwG vorgenommen wird. Bei der Ausgliederung findet eine partielle Gesamtrechtsnachfolge statt, so daß insbesondere Verbindlichkeiten auch gegen den Willen der Gläubiger der gemeinnützigen Körperschaft auf die Tochtergesellschaft übertragen werden können. Nachteilig an einer Ausgliederung ist, daß diese verhältnismäßig gestaltungsaufwendig ist, da die Form- und Mehrheitserfordernisse nach dem Umwandlungsgesetz eingehalten werden müssen. Die Ausgliederung wird als rechtliches Mittel daher vergleichsweise selten gewählt werden.

---

[35] Vgl. § 6 Rz. 70.

[36] Für die herrschende Meinung *Lex* DB 1997, 349; a. A. zu Recht bspw. *Fischer* in: HHSp § 14 AO Rz. 101. Die Auffassung der Finanzverwaltung ist wiedergegeben in Abschn. 8 Abs. 5 KStR 1995, vgl. auch BFH v. 30. 6. 1971 I R 75C/70 BStBl. 1971 II 753; dazu § 6 Rz. 68.

[37] Vgl. dazu BFH v. 21. 5. 1997 I R 164/ 94, BStBl. 1997 II 825; *Fischer* in HHSp § 14 AO Rz. 107; dazu § 6 Rz. 66.

[38] Vgl. *Buchna/Koopmann* StBp 1998, 225 (230 f.); § 6 Rz. 126 ff.

– Alternativ zur Ausgliederung kann das Vermögen des wirtschaftliche Geschäftsbetriebes auch mittels einer **Sacheinlage** auf eine steuerpflichtige Tochterkapital- oder Personengesellschaft übertragen werden. Die Sacheinlage kann nach § 20 UmwStG bei der Übertragung auf eine Kapitalgesellschaft regelmäßig ebenfalls zu steuerlichen Buchwerten durchgeführt werden. Die Sacheinlage ist erheblich einfacher zu realisieren als die Ausgliederung. Allerdings ist in der Rechtsprechung und zivilrechtlichen Literatur umstritten, unter welchen Voraussetzungen anstelle einer Ausgliederung nach den Vorschriften des Umwandlungsgesetzes eine Sacheinlage gewählt werden kann.[39] Einigkeit besteht darüber, daß ein Verein nur dann eine wesentliche Beteiligung an einer Kapitalgesellschaft eingehen darf, wenn die Vereinssatzung dies ausdrücklich vorsieht.[40] Umstritten ist, wie die Grundsätze der sog. Holzmüller-Entscheidung des BFH auf Vereine übertragen werden können, d. h. in welchen Fällen die Übertragung von Vermögen zu einer Zweckänderung führt, so daß in der Regel ein einstimmiger Beschluß der Mitgliederversammlung erforderlich ist, oder in welchen Fällen eine satzungsändernde oder einfache Mehrheit in der Mitgliederversammlung ausreicht.[41]
– Die dritte Möglichkeit neben der Ausgliederung und der Sacheinlage besteht darin, in einem ersten Schritt die steuerpflichtige Tochterkapitalgesellschaft bar zu gründen, die dann den gesamten wirtschaftlichen Geschäftsbetrieb der gemeinnützigen Körperschaft abkauft. Bei einem derartigen **Abkauf** ist jedoch zu berücksichtigen, daß dadurch die stillen Reserven der im wirtschaftlichen Geschäftsbetrieb genutzten Wirtschaftsgüter aufgedeckt werden. Auch wenn ein Kauf zu Buchwerten vereinbart worden sein sollte, nimmt das Steuerrecht in diesen Fällen eine verdeckte Einlage der Wirtschaftsgüter in die steuerpflichtige Kapitalgesellschaft an. In der Höhe der Differenz zwischen dem Kaufpreis für die Wirtschaftsgüter und dem Verkehrswert dieser Wirtschaftsgüter kommt es zur Gewinnrealisierung. Gleichzeitig erhöhen sich gemäß § 6 Abs. 6 Satz 2 EStG i. V. m. § 8 Abs. 1 KStG in gleicher Höhe die Anschaffungskosten der Beteiligung an der Kapitalgesellschaft. Wegen der drohenden hohen Steuerlasten wird dieser Verkauf vielfach nicht möglich sein. Die Risiken, die in einem derartigen Verkauf liegen, sind insbesondere zu beachten, wenn der nicht bilanzierte Geschäftswert oder Kundenstamm, der in dem wirtschaftlichen Geschäftsbetrieb geschaffen wurde, mittels einer verdeckten Einlage auf die steuerpflichtige GmbH übergehen sollte.[42] Dies ist der Fall, wenn die aufnehmende GmbH für den Erwerb entweder nicht den Marktpreis bezahlt oder

---

[39] Vgl. zur Wahl zwischen diesen Alternativen *Herrmann* ZIP 1998, 1249 ff.; *Joost* ZHR 163 (1999), 164 ff.; *Priester* ZHR 163 (1999), 187 ff.

[40] *Neufang* StBp 1995, 112 vgl. § 40 BSB.

[41] Vgl. dazu *Herrmann* ZIP 1998, 1249 (1252 ff.).

[42] Aus diesem Grund fordert *Neufang* StBp 1995, 112, bei der Ausgründung bestehender wirtschaftlicher Geschäftsbetriebe die Gewinnrealisierung.

das Sacheinlageverfahren nach den Vorschriften des GmbHG nicht beachtet wird.

III. Verselbständigung eines wirtschaftlichen Geschäftsbetriebes durch eine Sachgründung

26 Sofern es sich bei dem steuerpflichtigen wirtschaftlichen Geschäftsbetrieb um einen Betrieb oder Teilbetrieb handelt, kann dessen Vermögen steuerneutral auf der Rechtsgrundlage des § 20 UmwStG auf eine Kapitalgesellschaft übertragen werden.[43] Entscheidend für die Steuerneutralität einer derartigen Ausgründung ist es, daß **alle wesentlichen Betriebsgrundlagen** von der gemeinnützigen Körperschaft auf die steuerpflichtige Kapitalgesellschaft übertragen werden. Zweifelhaft kann dies insbesondere sein, wenn Immaterialgüterrechte, wie das Recht, das Vereinslogo zu nutzen, nicht übertragen werden, sondern bei der gemeinnützigen Körperschaft zurückgelassen werden. Dann wird die Anwendung des § 20 UmwStG auf die Vermögensübertragung zweifelhaft sein. Nachdem der Gesetzgeber die Möglichkeiten einer steuerneutralen Übertragung von Wirtschaftsgütern im Wege der kapitalistischen Betriebsaufspaltung durch die Neufassung des § 6 Abs. 6 EStG erheblich eingeschränkt hat, ist insbesondere in derartigen Fällen sorgfältig zu prüfen, ob die Steuerneutralität der Übertragung gewährleistet ist. In vielen Fällen können wesentliche Betriebsgrundlagen der erwerbswirtschaftlichen Betätigung nicht auf eine steuerpflichtige Tochtergesellschaft ausgegliedert werden, weil es sich bspw. um ein höchstpersönliches Recht des ausgliedernden Vereins, wie die Mitgliedschaft in einem nationalen Verband, handelt.[44] So führt die Verwertung von Forschungsergebnissen mittels der Lizenzvergabe durch eine rechtlich selbständige steuerpflichtige Tochtergesellschaft regelmäßig zur Betriebsaufspaltung.[45] Dann bleibt nur die Überlassung dieser Rechte an die Tochterkapitalgesellschaft. Sie muß gegen **angemessenes Pachtentgelt** erfolgen, soll nicht die Gemeinnützigkeit der ausgliedernden Körperschaft gefährdet werden.[46] Ist eine Vermögensübertragung wegen der dabei auftretenden Steuerlast nicht durchführbar, kann alternativ die Betriebsverpachtung an die eigene Tochtergesellschaft erwogen werden, um zumindest die mit der Betriebsführung verbundenen Risiken von dem Vermögen der gemeinnützigen Körperschaft abzuschotten.

27 Umstritten ist, ob die Übertragung von Vermögen aus einer gemeinnützigen Körperschaft auf eine steuerpflichtige Tochter-GmbH als **Verstoß gegen das Mittelverwendungsgebot** angesehen werden kann. Von der herrschenden Meinung wird die These vertreten, daß die für

---

[43] Ausführlich dazu *Orth* JBFfStR, 1993/1994, 357 ff.; *Wegehenkel* DB 1986, 2514 (2516); *Tönnes/Wewel* DStR 1998, 279 ff.

[44] Vgl. *Raupach*, SpuRt 1996, 2 (5)

[45] So *Strahl* FR 1998, 761 (773).

[46] *Streck/Mack/Schwedhelm* AG 1998, 518.

die Übertragung der Vermögenswerte eingetauschten Anteile an der Kapitalgesellschaft bewirkten, daß das Vermögen der gemeinnützigen Körperschaft erhalten bleibt, weswegen keine Mittelfehlverwendung vorliegen könne.[47] Demgegenüber wird eingewandt, daß das gesamte Vermögen einer gemeinnützigen Körperschaft für gemeinnützige Zwecke gebunden sei. Die Übertragung von Vermögenswerten für kommerzielle Zwecke führe zu einer Mittelfehlverwendung.[48] Dem liegt der Gedanke zugrunde, daß der Einsatz von Vermögen im Rahmen eines steuerpflichtigen wirtschaftlichen Geschäftsbetriebes nicht die zeitnah für gemeinnützige Zwecke zu verwendenden Mittel mindern darf. Soweit eine gemeinnützige Körperschaft allerdings zulässigerweise aus den Erträgen, die sie in einem steuerpflichtigen wirtschaftlichen Geschäftsbetrieb erwirtschaftet hat, Vermögen gebildet hat, welches nach den allgemeinen Regeln im wirtschaftlichen Geschäftsbetrieb als Grundlage für die Mittelbeschaffung eingesetzt werden durfte,[49] können die gebildeten Rücklagen, wie die herrschende Meinung zu Recht annimmt, nunmehr auch in eine Tochterkapitalgesellschaft eingelegt werden. Die Bildung derartiger Rücklagen ist nur zulässig, wenn diese bei vernünftiger kaufmännischer Beurteilung wirtschaftlich begründet sind. Dafür muß ein konkreter Anlaß gegeben sein, der auch aus objektiver unternehmerischer Sicht die Bildung der Rücklage rechtfertigt, wie z. B. eine geplante Betriebsverlegung, Werkserneuerung oder Kapazitätsausweitung. Damit erkennt das Gemeinnützigkeitsrecht die Erwägung an, daß eine gemeinnützige Körperschaft gewisse Vermögensgrundlagen für die Mittelbeschaffung benötigt. Die gemeinnützige Körperschaft ist nicht gezwungen, sich ihre eigene Existenzgrundlage abzugraben, indem fortlaufend sämtliche Vermögenswerte vollständig für die gemeinnützigen Zwecke verwendet werden.[50] Insofern ist es möglich, daß gemeinnützigkeitsrechtlich gebundenes Vermögen aus einem steuerpflichtigen wirtschaftlichen Geschäftsbetrieb in den Bereich der Vermögensverwaltung durch Einbringen des Vermögens in eine Tochterkapitalgesellschaft überführt wird. Eines Teilwertansatzes der Wirtschaftsgüter bedarf es nicht, solange durch Ausschüttungen sichergestellt ist, daß die Erträge aus der erwerbswirtschaftlichen Betätigung auch nach der Ausgliederung zeitnah der gemeinnützigen Zweckverfolgung zugute kommen.[51]

Wird ein steuerpflichtiger wirtschaftlicher Geschäftsbetrieb in eine Kapitalgesellschaft ausgegliedert, stellt sich für die gemeinnützige Körperschaft selbst ein weiteres Problem dadurch, daß der **wirtschaftliche** 28

---

[47] So *Orth* JbFStR 1993/1994, 35 ff.; vgl. FinMin Brbg. v. 7. 3. 1996, DB 1996, 1161; *Wegehenkel* DB 1986, 2514 (2516); *Kießling/Buchna* 120; a. A. *Tönnes/Wewel* DStR 1998, 274 (279); *Neufang* StBp 1995, 112.

[48] *Fischer* in: HHSp § 64 AO Rz. 55 ff.; ders. in: HHSp § 14 AO, Rz. 94; vgl. auch *Hüttemann* S. 84 ff.

[49] Ziff. 2 zu § 55 AEAO.

[50] *Hofmeister* DStZ 1999, 545 (548); vgl. BFH v. 15. 7. 1998 I R 156/94, BFH 186, 546.

[51] A. A. *Tönnes/Wewel* DStR 1998, 274 (279); *Fischer* in: HHSp § 14 AO, Rz. 94.

Geschäftsbetrieb damit seine **Tätigkeit einstellt**. Die Anteile an der Kapitalgesellschaft werden infolge der Einbringung mittels einer Sacheinlage bei Wahl der Fortführung der steuerlichen Buchwertansätze in der Eröffnungsbilanz der aufnehmenden Tochterkapitalgesellschaft nach § 20 UmwStG sogenannte einbringungsgeborene Anteile. Deren spätere Veräußerung ist nach § 21 Abs. 3 Nr. 2 UmwStG wiederum steuerpflichtig, auch wenn die Beteiligung an der Kapitalgesellschaft von der gemeinnützigen Körperschaft im steuerfreien Bereich der Vermögensverwaltung gehalten werden sollte.[52] Die Einbringung des Vermögens mittels der Sacheinlage in eine Tochterkapitalgesellschaft ist nicht als Betriebsaufgabe des steuerpflichtigen wirtschaftlichen Geschäftsbetriebes anzusehen, da die Vorschriften der §§ 20, 21 UmwStG im Verhältnis zu § 8 Abs. 1 KStG i. V. m. § 16 Abs. 3 EStG leges speciales sind. Problematisch kann es allerdings sein, falls einzelne Wirtschaftsgüter nicht mit in die Tochterkapitalgesellschaft eingebracht worden sein sollten, durch die Einbringung aber der wirtschaftliche Geschäftsbetrieb eingestellt wird. Sofern diese Wirtschaftsgüter zukünftig im Rahmen der Vermögensverwaltung genutzt werden, ist umstritten, ob die Auflösung des wirtschaftlichen Geschäftsbetriebes unter § 8 Abs. 1 KStG i. V. m. § 16 Abs. 3 EStG fällt, oder ob es nach § 13 Abs. 4 KStG möglich ist, die in den Bereich der steuerfreien Vermögensverwaltung überführten Wirtschaftsgüter in der Schlußbilanz für den wirtschaftlichen Geschäftsbetrieb mit den Buchwerten anzusetzen.[53]

C. Verselbständigung gemeinnütziger Aktivitäten

I. Umstrukturierungsanlässe

29 Gemeinnützige Körperschaften möchten häufig nicht nur ihre steuerpflichtigen, sondern auch ihre **gemeinnützigen Aktivitäten rechtlich verselbständigen**. Denkbarer Anlaß ist beispielsweise die Regionalisierung eines gemeinnützigen Verbandes, der das Vermögen teilweise auf nunmehr rechtlich selbständige Landes- oder Ortsvereine übertragen möchte. Ein anderes Motiv für die rechtliche Verselbständigung einer Abteilung ist mitunter im Tarifrecht zu finden. Damit die gemeinnützige Mutterkörperschaft tarifrechtlichen Bindungen entfliehen kann, soll eine Abteilung in einer gemeinnützigen GmbH rechtlich verselbständigt werden. Auch Profit-Center-Erwägungen können dazu führen, Teile des Vermögens in eine gemeinnützige Tochter-GmbH ein-

---

[52] A. A. *Dehmer* § 21 UmwStG Rz. 152; ebenso *Widmann/Maier* § 21 UmwStG, Rz. 152; *Haritz/Benkert* § 21 UmwStG Rz. 280 ff.; allerdings ist § 21 UmwStG durch den Gesetzgeber mit Wirkung ab 1. 1. 2000 so geändert worden, daß der frühere Meinungsstreit sich erledigt hat.

[53] Zum Meinungsstreit: für Buchwertfortführung *Schauhoff* DStR 1996, 33, 63 ff.; ebenso *Fischer* in: HHSp, § 14 AO Rz. 109; *Thiel* DStJG 20 (1997), 127 ff.; *Kießling/Buchna* S. 132; a. A. möglicherweise die Finanzverwaltung in Abschn. 47 Abs. 12 KStR 1995; § 7 Rz. 157.

zubringen. Mitunter sollen auch Teilbereiche einer gemeinnützigen Körperschaft deswegen auf eine steuerpflichtige Tochtergesellschaft übertragen werden, weil befürchtet wird, daß die Gemeinnützigkeit für diesen Teilbereich verlorengehen könnte. Die Abgrenzung zwischen einem steuerpflichtigen wirtschaftlichen Geschäftsbetrieb und einem steuerbefreiten Zweckbetrieb ist im Einzelfall häufig schwierig. Die Marktentwicklung kann gemeinnützige Körperschaften dazu zwingen, ihr Angebot im Rahmen eines ursprünglich steuerfreien Zweckbetriebes fortlaufend zu erweitern, so daß der steuerfreie Zweckbetrieb zum steuerpflichtigen wirtschaftlichen Geschäftsbetrieb mutieren kann, oder aber durch aufkommenden Wettbewerb droht ein bislang als steuerbefreit anerkannter Zweckbetrieb aufgrund des § 65 Nr. 3 AO diese Qualifikation zu verlieren. Dann stellt sich die Frage, ob durch die rechtliche Verselbständigung einer bislang gemeinnützigen Aktivität die Gemeinnützigkeit der Körperschaft im Ganzen erhalten werden kann.

II. Übertragung des Vermögens auf eine gemeinnützige Tochtergesellschaft

1. Zivilrecht

Möchte eine gemeinnützige Körperschaft Teile ihres Vermögens auf 30
eine andere gemeinnützige Körperschaft, die gleichzeitig ihre Tochtergesellschaft ist, übertragen, ist dies zivilrechtlich auf mehreren Wegen möglich:

- Zunächst kann die Übertragung mittels einer **Ausgliederung** oder einer **Sacheinlage** vorgenommen werden, falls es sich um eine gemeinnützige Tochter-GmbH handeln sollte. Dieser Weg wird regelmäßig aber nicht gewählt werden, weil er verhältnismäßig gestaltungsaufwendig ist.[54]
- Alternativ möglich ist es, das Vermögen an die gemeinnützige Tochtergesellschaft zu „**schenken**". Unter zivilrechtlichen und ertragsteuerlichen Gesichtspunkten handelt es sich um eine sogenannte **verdeckte Einlage**, die ohne ertragsteuerliche Folgen bleibt, wenn die gemeinnützige Körperschaft die Vermögensübertragung aus ihrem steuerbefreiten Bereich heraus vornimmt. Eine Vermögenszuwendung i. S. d. § 58 Nr. 1, Nr. 2 AO ist nicht gegeben, wenn die Mutterkörperschaft alleiniger Gesellschafter der gemeinnützigen GmbH ist, da der Erwerb der GmbH-Anteile einen Vermögensverlust verhindert.[55] Sofern die Vermögensübertragung nicht an eine Tochter-GmbH, sondern an einen anderen Verein, beispielsweise einen Landesverband, erfolgt, ist die Vermögensübertragung schenkungsteuerrechtlich ohne Relevanz, da Schenkungen an den Landesverband als gleichfalls gemeinnütziger Verband steuerbefreit sind (§ 13 Abs. 1

[54] S. dazu Rz. 25.
[55] So *Kießling/Buchna* S. 122.

Nr. 16 b) ErbStG). Insofern ist jedoch zu beachten, daß das Vermögen, welches übertragen wird, für die Dauer von zehn Jahren nach der Schenkung für gemeinnützige Zwecke eingesetzt werden muß, soll es nicht zum nachträglichen Anfall von Schenkungsteuer kommen.

– Schließlich ist noch denkbar, daß die eine gemeinnützige Körperschaft der anderen gemeinnützigen Körperschaft das benötigte Vermögen **abkauft**. Der Verkauf kann zu jedem beliebigen Preis erfolgen, ohne daß steuerlich eine Gewinnkorrektur nach den Grundsätzen der verdeckten Einlage möglich wäre, weil der Vorgang im steuerbefreiten Raum stattfindet. Allerdings ist aus gemeinnützigkeitsrechtlicher Sicht zu überprüfen, ob die Voraussetzungen des § 58 Nr. 1 oder Nr. 2 AO vorliegen, wenn kein Fremdvergleichspreis vereinbart werden sollte.[56]

2. Steuerrechtliche Erwägungen bei einer Ausgliederung

a) Gemeinnützigkeitsrecht

31 Wird das Vermögen von einer gemeinnützigen Körperschaft auf eine gemeinnützige Tochter-GmbH oder einen anderen gemeinnützigen Verein übertragen, ist zu beachten, daß das Vermögen in bezug auf die Verwendungspflicht bei der aufnehmenden gemeinnützigen Körperschaft denselben **zeitlichen Bindungsfristen** unterliegt, wie bei der übertragenden Körperschaft.[57] Häufig wird ein steuerbefreiter Zweckbetrieb auf eine gemeinnützige Tochter-GmbH ausgegründet. Das Vermögen, welches in einem Zweckbetrieb eingesetzt wird, ist als sogenanntes nutzungsgebundenes Kapital für gemeinnützige Zwecke verwendet worden.[58] Wird es nunmehr zu dem gleichen Zweck bei einer gemeinnützigen Tochtergesellschaft eingesetzt, bleibt dieser Verwendungszweck erhalten und gegen die Vermögensübertragung bestehen unter dem Gesichtspunkt der Pflicht zur zeitnahen Mittelverwendung keine Bedenken. Insbesondere kann auch das Stammkapital einer gemeinnützigen GmbH in diesen Fällen mittels einer Sacheinlage aufgebracht werden. Aus Sicht der übertragenden Mutterkörperschaft werden Vermögensgegenstände in Anteile an einer GmbH getauscht. Die Anteile an einer GmbH gehören gleichfalls zum nutzungsgebundenen Kapital. In den Fällen, in denen die Vermögensübertragung unentgeltlich auf einen anderen Verein erfolgt, ist zu berücksichtigen, daß ein derartiger Beschluß zur Vermögensübertragung nach § 58 Nr. 1 AO regelmäßig eine Ermächtigung für eine derartige Übertragung in der Satzung der gemeinnützigen Körperschaft voraussetzt.[59]

---

[56] Vgl. dazu oben § 8 Rz. 59.
[57] Vgl. § 8 Rz. 58.
[58] Vgl. § 8 Rz. 83.
[59] Ziff. 18 zu § 58 AEAO; § 7 Rz. 54.

b) Steuerrechtliche Folgen einer Ausgliederung

Die Ausgliederung eines Teilbereiches aus einer gemeinnützigen Körperschaft auf eine andere gemeinnützige Körperschaft kann zahlreiche steuerrechtliche Folgen hervorrufen. Häufig wird die Mutterkörperschaft weiterhin bestimmte **Zentralfunktionen** für die gemeinnützige Tochtergesellschaft erbringen. Dann kann sich die rechtliche Verselbständigung der Tochtergesellschaft als nachteilig erweisen, weil nach herrschender Meinung das Erbringen von Dienstleistungen für eine gemeinnützige Tochtergesellschaft zu der Begründung eines steuerpflichtigen wirtschaftlichen Geschäftsbetriebes bei der gemeinnützigen Mutter führt.[60] Wichtig ist dann, das zwischen der gemeinnützigen Mutter- und der Tochtergesellschaft eine **umsatzsteuerliche Organschaft** begründet werden kann,[61] damit es nicht zur Zusatzbelastung mit Umsatzsteuer kommt, insbesondere, wenn die bezogenen Dienstleistungen von der gemeinnützigen Tochtergesellschaft außerhalb des unternehmerischen Bereiches verwendet werden, so daß ein Vorsteuerabzug ausscheidet. Dieselbe Problematik kann sich stellen, wenn die gemeinnützige Tochter-GmbH eine Umsatzsteuerbefreiung beanspruchen kann. Darüber hinaus kann infolge der Ausgliederung für die gemeinnützige Mutterkörperschaft selbst die Unternehmereigenschaft verlorengehen, was erhebliche umsatzsteuerliche Folgen haben kann.[62] Zudem ist umstritten, ob eine gemeinnützige Mutterkörperschaft, die Dienstleistungen für ihre Tochter erbringt, dabei ein am Markt übliches Entgelt in Rechnung stellen muß, oder ob eine kostendeckende Leistungserbringung genügt. M. E. ist die gemeinnützige Mutterkörperschaft berechtigt, derartige **Zentraltätigkeiten ohne Gewinnaufschlag** zu erbringen, weil es sich dabei um die Förderung der Tätigkeit einer anderen gemeinnützigen Körperschaft nach § 58 Nr. 2 AO handelt. Das Steuerrecht enthält keinen Rechtssatz, wonach verdeckte Nutzungs- oder Dienstleistungseinlagen zugunsten einer gemeinnützigen Tochtergesellschaft verboten wären.[63] Darüber hinaus ist auch offen, ob in diesen Fällen nicht die besondere Vorschrift des § 51 Satz 3 AO eingreift, in der eine Sonderform einer gemeinnützigkeitsrechtlichen Organschaft geregelt sein könnte.[64] Eine Besonderheit gilt, falls die gemeinnützige Tochterkörperschaft Wirtschaftsgüter nutzen sollte, die bei ihr wesentliche Betriebsgrundlagen bilden und von der Mutterkörperschaft zur Nutzung überlassen worden sind. Dann wird selbstverständlich kein wirtschaftlicher Geschäftsbetrieb bei der gemeinnützigen Mutter begründet, weil die Grundsätze der steuerpflichtigen **Betriebsaufspaltung** im Verhältnis zwischen zwei gemeinnützigen Körperschaften nicht gelten.[65] Die Pachtentgelte führen bei 32

[60] Vgl. dazu § 6 Rz. 126 ff.; *Buchna/Koopmann* StBp 1998, 225 (230).

[61] Vgl. dazu FG Baden Württemberg v. 31. 7. 1997 3 K 264/92, EFG 1997, 1561; § 11 Rz. 16–22.

[62] *Wegehenkel* DB 1996, 2514 (2517).

[63] Vgl. § 8 Rz. 59; *Kümpel* DStR 1999, 93 (97).

[64] Vgl. dazu § 5 Rz. 7 f.

[65] OFD Hannover v. 23. 7. 1998, FR 1998, 911; OFD Münster v. 26. 7. 1995, DB 1995, 1785; *Fischer* in HHSp § 14 AO Rz. 107; *Streck* § 5 KStG Anm. 11.

der Mutterkörperschaft zu Einnahmen aus der Vermögensverwaltung.[66] Soweit allerdings die gemeinnützige Tochterkapitalgesellschaft die Wirtschaftsgüter teilweise im Rahmen eines steuerpflichtigen wirtschaftlichen Geschäftsbetriebes nutzt, fallen die Pachteinnahmen bei der Mutterkörperschaft ebenfalls im wirtschaftlichen Geschäftsbetrieb an.[67] Unbedenklich ist es auch, wenn die gemeinnützige Tochtergesellschaft erhebliche Gewinne erwirtschaften sollte. Diese können mittels offenen oder verdeckten Gewinnausschüttungen der gemeinnützigen Mutterkörperschaft für deren Tätigkeit zur Verfügung gestellt werden.[68]

III. Übertragung des Vermögens auf eine steuerpflichtige Tochtergesellschaft

1. Zivilrecht

33 Denkbar ist, daß die gemeinnützige Körperschaft erwägt, Teile ihres Vermögens auf eine **steuerpflichtige Tochter-GmbH** zu übertragen. Diese Übertragung kann zivilrechtlich entweder mittels der Ausgliederung nach den Vorschriften des Umwandlungsgesetzes, oder aber als Sacheinlage, oder aber als Verkauf erfolgen.[69]

2. Gemeinnützigkeitsrecht

34 Wird Vermögen, welches bislang von der gemeinnützigen Körperschaft für gemeinnützige Zwecke genutzt wurde, auf eine steuerpflichtige Tochter-GmbH übertragen, so kann dies zu einem **Verstoß gegen das Gebot der gemeinnützigen Mittelverwendung** führen. Vermögen, welches bis dahin für gemeinnützige Zwecke gewidmet war, wird entwidmet und steuerpflichtigen Zwecken zugeführt. Unerheblich ist insofern, daß ein tauschähnlicher Vorgang vorliegt. Das Vermögen, welches für gemeinnützige Zwecke eingesetzt war und als nutzungsgebundenes Vermögen bezeichnet werden kann, wechselt in den Bereich der Vermögensverwaltung. Die eingetauschten Anteile an der Kapitalgesellschaft bzw. deren Gegenwert zu Verkehrswerten gerechnet in Geld müssen zeitnah für gemeinnützige Zwecke eingesetzt werden.[70] Sollte der Gegenwert in Geld für die eingetauschten Anteile an der Kapitalgesellschaft tatsächlich zeitnah für gemeinnützige Zwecke eingesetzt werden, wobei der zeitnahe Einsatz auch durch die zulässige Bildung einer Rücklage nach § 58 Nr. 6 AO dargestellt werden kann, ist es zulässig, bislang als gemeinnützig behandelte Aktivitäten mittels der Ausgliederung zu steuerpflichtigen Aktivitäten zu machen. Letztlich geschieht nur das, was § 13 Abs. 5 i. V. m. Abs. 4 KStG für die Fälle vorsieht, in

[66] *Kümpel* DStR 1999, 93 (96).
[67] Vgl. OFD Chemnitz, Vfg. v. 11. 5. 1998, S. 2729–6/8-St 33, DStR 1998, 1265.
[68] Ziff. 2 zu § 58 Nr. 2 AEAO; *Strahl* FR 1998, 761 (774).
[69] S. o. Rz. 25
[70] Ebenso *Kießling/Buchna* 122 f.; *Kümpel* DStR 1999, 93 (96).

denen eine bislang als Zweckbetrieb eingeschätzte Tätigkeit zu einer steuerpflichtigen Tätigkeit wird. Erlischt die Steuerbefreiung, so ist in der Anfangsbilanz für diese Wirtschaftsgüter der Teilwert anzusetzen.[71] Das Vermögen, welches fortan nicht mehr für gemeinnützige Zwecke eingesetzt wird, muß, damit dem gemeinnützigkeitsrechtlichen Grundsatz der Vermögensbindung entsprochen wird, durch gleichwertige Vermögenswerte, die den gemeinnützigen Zwecken dienen, ersetzt werden.

Allerdings ist zweifelhaft, ob diese strenge Auslegung des gemein- 35
nützigkeitsrechtlichen Mittelverwendungsgebotes tatsächlich zutreffend ist. Die Bedenken ergeben sich daraus, daß die gemeinnützige Körperschaft den Bedeutungswandel, dem die Einschätzung einer Tätigkeit als gemeinnützig unterliegen kann, häufig nicht zu vertreten hat, so daß es übermäßig ist, wenn die Körperschaft gezwungen wird, das unter den Gemeinnützigkeitsvorschriften geschaffene Vermögen nun für eine andere Tätigkeit einzusetzen, nur um weiter den Status der Gemeinnützigkeit behalten zu können. Doch sind die damit in Zusammenhang stehenden Fragen letztlich nicht geklärt. Der **Grundsatz der Vermögensbindung**, der in § 55 Abs. 1 Nr. 4 AO verankert ist, könnte abgeschwächt werden, wenn durch eine strenge Anwendung des Gebotes der zeitnahen Mittelverwendung sichergestellt ist, daß die Vermögensmittel nicht unzulässig thesauriert wurden.[72]

Häufig bietet es sich für die Übertragung eines gemeinnützigen Teil- 36
bereiches auf eine steuerpflichtige Tochtergesellschaft an, daß die steuerpflichtige Tochter-GmbH zunächst bar gegründet wird und anschließend der gemeinnützigen Mutterkörperschaft die entsprechenden **Wirtschaftsgüter zum Verkehrswert abgekauft werden**. Die entsprechende Verbindlichkeit kann zu angemessenen Marktkonditionen gestundet werden. Die Zinsen können von der steuerpflichtigen Tochter-GmbH im Rahmen des § 8a KStG steuerlich geltend gemacht werden und von der Mutterkörperschaft steuerfrei vereinnahmt werden. Das der Kaufpreisforderung der Mutterkörperschaft entsprechende Eigenkapital ist bei der gemeinnützigen Körperschaft nunmehr zeitnah für gemeinnützige Zwecke zu verwenden. Das ursprünglich nutzungsgebundene Kapital ist aus der Verwendung für gemeinnützige Zwecke durch den Verkauf gelöst worden. Der Verkaufserlös muß zeitnah für gemeinnützige Zwecke eingesetzt werden, was auch durch eine Rücklage nach § 58 Nr. 6 AO geschehen kann. Gegebenenfalls muß die steuerpflichtige Tochter-GmbH sich bei einer Bank fremdfinanzieren, um den Kaufpreis bezahlen zu können. Eine derartige Umstrukturierung ist nur in den Fällen möglich, in denen die finanziellen Möglichkeiten der gemeinnützigen Körperschaft ausreichen, um die stillen Reserven der bislang steuerbefreiten Tätigkeit zu vergüten. Entscheidend wird oft sein, ob der bislang gemeinnützigen Tätigkeit überhaupt ein Ertragswert zugemessen werden kann. Offen ist noch, ob der Grund-

---

[71] Vgl. dazu *Schauhoff* DStR 1993, 363 ff.; *Kümpel* DStR 1999, 93 (96).

[72] Vgl. oben § 8 Rz. 71–101.

satz der Vermögensbindung nicht nur die Bindung der Wirtschaftsgüter im steuerbefreiten Bereich zu Liquidationswerten fordert. Folge einer derartigen Umstrukturierung ist zwangsläufig, daß die gemeinnützigen Aktivitäten deutlich ausgeweitet werden. Durch die nunmehr steuerpflichtige Tätigkeit muß diese Ausweitung finanziert werden, was mit entsprechenden wirtschaftlichen Risiken verbunden ist. Insofern erlaubt das Gemeinnützigkeitsrecht die Vorfinanzierung einer erwerbswirtschaftlichen steuerpflichtigen Tätigkeit, solange dadurch die Pflicht zur zeitnahen und satzungsgemäßen Mittelverwendung nicht verletzt wird.[73] Der gemeinnützigen Körperschaft ist es nämlich auch erlaubt, eine ertragbringende Vermögensanlage oder Investition in einem steuerpflichtigen wirtschaftlichen Geschäftsbetrieb mit demnächst für gemeinnützige Zwecke zu verwendenden Geldmitteln vorzunehmen.[74]

D. Fusion gemeinnütziger Körperschaften

I. Rechtliche und steuerrechtliche Gestaltungsmöglichkeiten

1. Umwandlungsrecht

37 Der Fusion zwischen gemeinnützigen Körperschaften sind aufgrund zivilrechtlicher Besonderheiten, die für **Vereine** und insbesondere **Stiftungen** gelten, Grenzen gesetzt. In § 3 UmwG sind als verschmelzungsfähige Rechtsträger u. a. Kapitalgesellschaften und eingetragene Vereine genannt. Dagegen werden weder die Stiftung noch der nicht rechtsfähige Verein oder die nicht rechtsfähige Stiftung erwähnt. Auch kann ein rechtsfähiger Verein wegen § 99 Abs. 2 UmwG nur mit einem anderen Verein verschmelzen. Die Folge ist, daß eine Kapitalgesellschaft weder auf einen Verein, noch auf eine Stiftung, auch wenn diese alleinige Anteilseignerin der Kapitalgesellschaft sein sollte, verschmolzen werden kann. Allerdings ist es nach dem Stiftungsrecht einzelner Bundesländer möglich, daß Stiftungen aufgrund der Genehmigung einer Stiftungsaufsichtsbehörde zusammengeschlossen werden.[75] Soweit das Umwandlungsrecht oder Stiftungsrecht keine direkte Möglichkeit einer Verschmelzung zwischen gemeinnützigen Körperschaften vorsieht, bleibt als Ausweggestaltung dann, wenn die Tochtergesellschaft selbst aufgrund des Gemeinnützigkeitsrechts von den Ertragsteuern befreit ist und die Mutter gleichfalls gemeinnützig ist, häufig wahlweise die Liquidation der Tochterkapitalgesellschaft, oder aber die Ausschüttung des gesamten Vermögens von der Tochterkapitalgesellschaft an die Mutter zur Verwirklichung der gemeinnützigen Zwecke.[76]

---

[73] Ähnlich *Tönnes/Wewel* DStR 1998, 274 (278).
[74] § 6 Rz. 12.
[75] S. Rz. 55.
[76] Siehe Rz. 62 ff.

2. Gemeinnützigkeitsrecht

Nach § 55 Abs. 1 Nr. 4 AO darf eine gemeinnützige Körperschaft ihr Vermögen bei der Auflösung, soweit es die eingezahlten Kapitalanteile der Mitglieder und den gemeinen Wert der von den Mitgliedern geleisteten Sacheinlagen übersteigt, nur für steuerbegünstigte Zwecke verwenden (sog. **Grundsatz der Vermögensbindung**).[77] Daraus folgt, daß das Vermögen einer gemeinnützigen Körperschaft bei einer Verschmelzung oder Fusion mit einer anderen Körperschaft nur auf einen anderen gemeinnützigen Rechtsträger übertragen werden darf, soll nicht rückwirkend für zehn Jahre gem. § 61 AO die übertragende Körperschaft besteuert werden.[78] Wesentlich ist, daß das Vermögen der gemeinnützigen Körperschaft an einen anderen gemeinnützigen Rechtsträger fällt. Der Grundsatz der Vermögensbindung erfordert nicht, daß das Vermögen für denselben gemeinnützigen Zweck ausgegeben wird, für den es von der übertragenden Körperschaft verwandt wurde. Auch kann die Verschmelzung mit einer anderen Körperschaft beschlossen werden, als derjenigen, die in der Satzung der gemeinnützigen Körperschaft als Letztbegünstigter bei einer Auflösung festgelegt ist. **Durch den Verschmelzungsbeschluß** bestimmt die Körperschaft **mit satzungsändernder Mehrheit**, an wen das Vermögen bei ihrer Auflösung fallen soll. Es ist unerheblich, wenn in der Satzung zunächst eine andere Bestimmung enthalten war.[79] Wesentlich ist allein, daß der Vermögensempfänger gleichfalls eine gemeinnützige Körperschaft ist. 38

Allerdings kommt es in den Fällen, in denen **Vermögen** bei der übertragenden Körperschaft **aus Spenden** gebildet wurde, entscheidend darauf an, daß das Vermögen bei der übernehmenden Körperschaft für einen in gleicher Weise spendenbegünstigten Zweck verwendet wird. Spendenrechtlich wird zwischen verschiedenen gemeinnützigen Zwekken unterschieden. Die gemeinnützige Körperschaft muß den Nachweis führen können, daß die Erträge aus dem gebildeten Vermögen weiterhin für den spendenbegünstigten Zweck verwendet werden, für den ursprünglich eine Spendenbescheinigung ausgestellt worden ist. Allerdings ist es insofern ausreichend, wenn dieselbe Spendenabzugsklasse, d. h., es wurde eine Spendenbescheinigung zu einem Spendenhöchstbetrag von 10 v. H. oder 5 v. H. ausgestellt, gewährleistet ist.[80] Die Finanzverwaltung sollte es auch aus Billigkeitsgründen nach Ablauf einer gewissen Frist zulassen, daß die Körperschaft nicht mehr den Nachweis führen muß, daß die Erträge aus dem gespendeten Vermögen weiterhin für den ursprünglich bescheinigten Spendenzweck eingesetzt werden. Unabhängig von der steuerrechtlichen Qualifikation einer Spende wird es einer übertragenden Körperschaft auch zivilrechtlich oft nicht mög- 39

---

[77] S. § 5 Rz. 102–107.

[78] Zu den Rechtsfolgen bei Verstoß gegen den Grundsatz der Vermögensbindung § 9 Rz. 60–74.

[79] § 5 Rz. 104.

[80] Vgl. § 6 Rz. 36–49.

lich sein, daß aus Spendenmitteln gebildete Vermögen für andere Zwecke als die einzusetzen, für die der Spender die Mittel hingegeben hat.

40 Vermögensgegenstände, die im Zuge einer Verschmelzung auf eine andere gemeinnützige Körperschaft übertragen werden, müssen von der aufnehmenden gemeinnützigen Körperschaft entsprechend dem **Gebot der zeitnahen Mittelverwendung** für gemeinnützige Zwecke verwandt werden. Soweit die Vermögensgegenstände von der übertragenden Körperschaft nicht zeitnah verwendet werden mußten, kann auch die übernehmende Körperschaft diese in ihr Vermögen einstellen. Soweit die übertragenen Vermögensgegenstände dem Gebot der zeitnahen Mittelverwendung unterlegen haben, muß die übernehmende Körperschaft entweder eine Rücklage nach § 58 Nr. 6 AO bilden, oder aber das empfangene Vermögen zeitnah für gemeinnützige Zwecke einsetzen.[81] Das gilt auch, falls Vermögensgegenstände, die bislang als nutzungsgebundenes Vermögen eingesetzt waren, im Zuge der Verschmelzung veräußert werden sollten und daher nur der entsprechende Wert bei der übernehmenden Körperschaft erhalten bleibt. Dieser Wert muß dann wiederum zeitnah für gemeinnützige Zwecke eingesetzt werden.[82]

3. Steuerrecht

41 Bei der Verschmelzung von gemeinnützigen Körperschaften findet das **Umwandlungssteuergesetz** nur dann Anwendung, sofern es sich um eine Verschmelzung nach den Vorschriften des UmwG handelt (§ 1 Abs. 1 UmwStG). Damit sind Vermögensübertragungen zwischen Stiftungen oder auf eine Stiftung vom UmwStG nicht erfaßt. Im Grundsatz regelt §§ 11ff. UmwStG für die Verschmelzung, daß diese erfolgsneutral durchgeführt werden kann, falls die Buchwerte der Wirtschaftsgüter eines steuerpflichtigen wirtschaftlichen Geschäftsbetriebes fortgeführt werden. Bedeutung hat diese Regelung nur in den Fällen, in denen eine gemeinnützige Körperschaft einen steuerpflichtigen wirtschaftlichen Geschäftsbetrieb unterhält, dem bestimmte Wirtschaftsgüter zugeordnet werden können, und der bei der übernehmenden Körperschaft fortgeführt werden soll. Zwar unterhalten zahlreiche gemeinnützige Körperschaften einen steuerpflichtigen wirtschaftlichen Geschäftsbetrieb, doch ist diesem häufig kein Wirtschaftsgut zuzuordnen, weil kein Wirtschaftsgut der gemeinnützigen Körperschaft zu mehr als der Hälfte im steuerpflichtigen Bereich genutzt wird und auch nicht aufgrund einer Willkürung dem steuerpflichtigen Bereich zugeordnet worden ist.[83] Liegen diese Voraussetzungen nicht vor, d. h., wird entweder der steuerpflichtige wirtschaftliche Geschäftsbetrieb nicht fortgeführt oder werden mit der Verschmelzung die Vermögensgegenstände aus dem steuerpflichtigen in den steuerbefreiten Bereich übertra-

[81] Vgl. § 8 Rz. 58.
[82] Vgl. dazu oben Rz. 34ff.; § 8 Rz. 83f.
[83] Vgl. dazu § 7 Rz. 247, 274.

gen oder werden umgekehrt die Wirtschaftsgüter aus dem steuerfreien in den steuerpflichtigen Bereich übertragen, greift § 11 Abs. 2 UmwStG ein, wonach die stillen Reserven in den übertragenen Wirtschaftsgütern aufzudecken sind. Bei der übertragenden Körperschaft ist eine steuerpflichtige Schlußbesteuerung vorzunehmen, wenn der steuerpflichtige wirtschaftliche Geschäftsbetrieb mit der Verschmelzung aufgegeben wird. Dann stellt sich allerdings die Frage, warum die übertragende Körperschaft nicht das Bewertungsprivileg des § 6 Abs. 1 Nr. 4 Satz 4 EStG in Anspruch nehmen darf, wenn die Wirtschaftsgüter mit der Verschmelzung von einer anderen gemeinnützigen Körperschaft aufgenommen werden.[84]

In dem Fall, daß zwischen **Stiftungen** ein **Zusammenschluß** durchgeführt wird, greift § 7 Abs. 1 Nr. 9 ErbStG, wonach die Auflösung einer Stiftung grundsätzlich Schenkungsteuer auslöst. Sofern Empfänger des Vermögens aber eine gemeinnützige Körperschaft ist, kommt die Schenkungsteuerbefreiungsvorschrift des § 13 Abs. 1 Nr. 16 b ErbStG zur Anwendung. Die Auflösung der Stiftung wird in diesem Fall nicht besteuert.[85] Wenn Wirtschaftsgüter geschenkt werden, die einem steuerpflichtigen wirtschaftlichen Geschäftsbetrieb bei der übertragenden und übernehmenden Stiftung zuzuordnen sind, kommt es nicht zur Aufdeckung stiller Reserven, weil insoweit § 6 Abs. 3 EStG eingreift, der zwingend die Buchwertfortführung vorschreibt. 42

Wenn das Vermögen einer **steuerpflichtigen GmbH** auf eine gemeinnützige **Stiftung oder Verein** übertragen wird, ist eine erfolgsneutrale Vermögensübertragung nicht möglich. Die Vorschriften des UmwStG finden keine Anwendung, da das UmwG keine Verschmelzung zuläßt. Eine unentgeltliche Übertragung von Vermögen der steuerpflichtigen GmbH auf ihre Gesellschafterin ist zwangsläufig als verdeckte Gewinnausschüttung i. S. d. § 8 Abs. 3 KStG zu beurteilen, so daß die übertragenen Vermögensgegenstände mit ihrem gemeinen Wert anzusetzen sind und die stillen Reserven in den Wirtschaftsgütern bei der Vermögensübertragung aufgedeckt werden. Der Ausweg, daß die Tochter-GmbH ihre Vermögensgegenstände im ganzen auf eine gemeinnützige Stiftung überträgt, ist im Verhältnis zur Mutterkörperschaft nicht zum Buchwert möglich, da § 6 Abs. 1 Nr. 4 Satz 4 EStG voraussetzt, daß eine Spende im steuerlichen Sinne vorliegt. § 9 Abs. 1 Nr. 2 KStG legt aber fest, daß die Regelungen über die verdeckte Gewinnausschüttung gegenüber den Bestimmungen über den Spendenabzug vorgreiflich sind, so daß eine Buchwertübertragung im Verhältnis zur Alleingesellschafterin „Stiftung" nicht möglich ist. In diesen Fällen bleibt nur, die Schlußbesteuerung bei der steuerpflichtigen GmbH durchzuführen, oder aber das Vermögen an eine andere gemeinnützige Körperschaft, die nicht selbst Gesellschafterin der steuerpflichtigen GmbH ist, zu spenden. 43

[84] Vgl. § 7 Rz. 210 ff.
[85] Vgl. § 7 Rz. 435 ff.

4. Verkehrsteuern

44 Bei der Verschmelzung von gemeinnützigen Körperschaften fällt, wenn zum Vermögen der übertragenden Körperschaft Grundstücke gehören, regelmäßig **Grunderwerbsteuer** an. Diese Grunderwerbsteuer wird aufgrund des § 8 Abs. 2 Nr. 2 GrEStG nach dem sog. Bedarfswert gemessen. Eine Ausnahme gilt nur, falls ein Zusammenschluß von Stiftungen vorliegen sollte, der nach schenkungsteuerrechtlichen Vorschriften behandelt wird. Dann liegt ein Befreiungstatbestand von der Grunderwerbsteuer nach § 3 Nr. 2 GrEStG vor. **Umsatzsteuerlich** ist die Vermögensübertragung, soweit die Vermögensgegenstände aus dem nichtunternehmerischen Bereich der gemeinnützigen Körperschaft stammen, regelmäßig irrelevant. Soweit die gemeinnützige Körperschaft über einen unternehmerischen Bereich verfügt, der als sog. Zweckbetrieb auch durchaus von den Ertragsteuern befreit sein kann,[86] wird die Vermögensübertragung im Zuge einer Verschmelzung aufgrund der Sonderbestimmungen des § 1 Abs. 1 a UStG regelmäßig nicht umsatzsteuerbar sein. Dies gilt auch, wenn einzelne wesentliche Wirtschaftsgüter nicht mit dinglicher Wirkung übertragen, sondern lediglich an die Gesellschaft vermietet oder verpachtet werden.[87]

II. Verschmelzung von rechtsfähigen Vereinen

1. Umwandlungsrecht

45 Nach § 3 Abs. 1 Nr. 4 UmwG können eingetragene Vereine miteinander verschmolzen werden. Die Verschmelzung kann in der Form erfolgen, daß das Vermögen des einen Vereins auf den anderen Verein übertragen wird, wobei die Mitglieder des übertragenden Vereins dafür die Mitgliedschaft im übernehmenden Verein erhalten (**Verschmelzung zur Aufnahme**). Alternativ dazu ist auch die **Verschmelzung zur Neugründung** eines Vereins möglich, bei der das Vermögen beider Vereine auf einen neugegründeten Verein übertragen wird. Bei gemeinnützigen Vereinen werden regelmäßig nicht Vermögensinteressen, sondern die Erwägung, die Mitgliedschaftsverhältnisse mit der Verschmelzung von Gesetzes wegen überführen zu können, im Vordergrund stehen. Zwischen den beiden Vereinen muß ein **Verschmelzungsvertrag** abgeschlossen werden, in dem Einzelheiten über den Erwerb der Mitgliedschaft bei dem übernehmenden Rechtsträger geregelt sein müssen, insbesondere über die Beitragsregelung für die Vereinsmitglieder nach der Verschmelzung. Zudem muß der Verschmelzungsstichtag festgelegt werden sowie die Rechte, die der übernehmende Rechtsträger einzelnen Inhabern sowie Inhabern besonderer Rechte gewährt. Wesentlich für den Inhalt des Verschmelzungsvertrages ist es auch, daß die Folgen der Verschmelzung für die Arbeitnehmer und ihre Vertretungen sowie die insoweit vorgesehenen Maßnahmen

[86] Vgl. § 6 Rz. 83 ff.; zur Umsatzsteuer § 11 Rz. 10–28.
[87] BFH v. 26. 1. 1994, BStBl. II 1994, 458; Abschn. 5 UstR 2000; *Orth* in: Scherrer (Hrsg.), Sportkapitalgesellschaften, 65 (84).

dargestellt werden (§ 5 UmwG). Der Verschmelzungsvertrag oder sein Entwurf ist spätestens einen Monat vor dem Tag der Mitgliederversammlung dem zuständigen Betriebsrat jedes Rechtsträgers zuzuleiten. Der Verschmelzungsvertrag muß notariell beurkundet werden und bedarf der Zustimmung der Mitgliederversammlung beider beteiligten Vereine. Ein rechtsfähiger Verein kann sich an der Verschmelzung nur beteiligen, wenn die Satzung des Vereins dem nicht entgegensteht (§ 99 Abs. 1 UmwG).

Bei einem eingetragenen Verein ist die **Prüfung der Verschmelzung** nur erforderlich, wenn mindestens 10 v. H. der Mitglieder eines der beteiligten Vereine sie schriftlich verlangen. Problematisch an dieser Vorschrift ist, daß vor der maßgebenden Mitgliederversammlung meist nicht eingeschätzt werden kann, ob eine Opposition gegen die Verschmelzung mit 10 v. H. der Mitglieder zustande kommt.[88] Diese haben durch die Vorschrift des § 100 UmwG die Möglichkeit, einen Verschmelzungsbeschluß zu torpedieren, indem sie auf der Mitgliederversammlung schriftlich die Prüfung der Verschmelzung verlangen. Als – allerdings nicht ganz rechtssicherer – Ausweg wird vorgeschlagen, allen Vereinsmitgliedern die relevanten Verschmelzungsunterlagen, insbesondere den Entwurf des Verschmelzungsvertrages, zuzusenden und eine Ausschlußfrist über das Verlangen einer Verschmelzungsprüfung zu setzen.[89] Wegen der Rechtsunsicherheit wird eine entsprechende Verschmelzungsprüfung häufig freiwillig durchgeführt. 46

Der **Verschmelzungsbeschluß** bedarf stets einer Mehrheit von drei Vierteln der erschienenen Mitglieder auf der jeweiligen **Mitgliederversammlung**. Die Satzung jedes der beteiligten Vereine kann eine größere Mehrheit und weitere Erfordernisse bestimmen. Ein **einstimmiger Beschluß** der Mitglieder ist i. d. R. erforderlich, wenn es durch die Verschmelzung zu einer **Änderung des Vereinszwecks** kommen sollte, weil der aufnehmende Verein einen anderen Zweck als der übertragende verfolgt.[90] Nach § 102 UmwG i.V. m. §§ 4 und 63, 64 UmwG ist es erforderlich, von der Einberufung der Mitgliederversammlung an in dem Geschäftsraum jedes beteiligten Vereins den Verschmelzungsvertrag oder seinen Entwurf, die Jahresabschlüsse und Lageberichte der an der Verschmelzung beteiligten Rechtsträger für die letzten drei Geschäftsjahre, ggf. einen Zwischenabschluß nach § 63 Abs. 1 Nr. 3 UmwG, die Verschmelzungsberichte der beteiligten Vorstände sowie ggf. einen Prüfungsbericht während der Mitgliederversammlung auszulegen. Sofern der Verein, wie regelmäßig, bislang nicht bilanziert haben sollte,[91] ist offen, ob entgegen des Wortlautes des § 63 UmwG keine Bilanz erstellt werden muß, da das UmwG keine verschärften Rech- 47

[88] Vgl. dazu *Hadding/Hennrichs* FS Boujong (1996), S. 203 ff.; *Stöber* HdB zum Vereinsrecht, Rz. 770 ff. Vgl. auch Gutachten DNotI-Report 1996, 115 ff.

[89] So *Wiedemann/Thüsing* WM 1999, 2237 (2248).

[90] So zu Recht *Hadding/Hennrichs* FS Boujong (1996) 203 (214); *Stöber* HdB zum Vereinsrecht Rz. 784; vgl. zum Vereinszweck auch § 2 Rz. 35.

[91] § 10 Rz. 31–36.

nungslegungsvorschriften aufstellen wollte.[92] Allerdings können die Mitglieder zumindest einen Vermögensstatus erwarten, um eine qualifizierte Entscheidung über die Vermögenszusammenführung treffen zu können. Der Verschmelzungsbericht wird bei gemeinnützigen Vereinen nicht im Hinblick auf ein denkbares Umtauschverhältnis erstellt werden, sondern inhaltlich muß der Bericht darlegen, welche vereinspolitischen, wirtschaftlichen und rechtlichen Gründe die Verschmelzung als geeignetes Mittel zur Verfolgung des gemeinnützigen Zwecks erscheinen lassen. Der Bericht soll Alternativen und Konsequenzen aufzeigen, die für die Abstimmung der Mitglieder maßgebend werden können. Nur Tatsachen, deren Bekanntgabe geeignet ist, einem an der Verschmelzung beteiligten Rechtsträger einen nicht unerheblichen Nachteil zuzufügen, dürfen unter den Voraussetzungen des § 8 Abs. 2 UmwG verschwiegen werden. Die Zustimmung der Mitgliederversammlung zu dem Verschmelzungsvertrag oder seinem Entwurf muß jeweils notariell beurkundet werden (§ 13 Abs. 3 UmwG). Es ist eine Dreiviertelmehrheit der anwesenden Mitglieder erforderlich, wobei auch eine Delegiertenversammlung über die Verschmelzung entscheiden kann.[93] Jedes Mitglied der beiden Vereine kann innerhalb eines Monats nach der Beschlußfassung Klage gegen die Wirksamkeit des Verschmelzungsbeschlusses erheben (§ 14 UmwG). Bei der Verschmelzung zwischen gemeinnützigen Körperschaften ist es gem. § 104a UmwG nicht möglich, daß widersprechende Mitglieder eine Abfindung erhalten. Dem liegt der Gedanke zugrunde, daß nach § 55 AO den Mitgliedern eines gemeinnützigen Vereins kein Vorteil aus dem Vermögen der gemeinnützigen Körperschaft gewährt werden darf. Von daher können die Mitglieder auch keine Abfindung erwarten.

48 Wird binnen dieses Monats keine Klage erhoben, kann die **Verschmelzung beim Vereinsregister** von den Vertretungsorganen jedes der an der Verschmelzung beteiligten Rechtsträger **angemeldet** werden. Der Anmeldung sind in Ausfertigung oder öffentlich beglaubigter Abschrift der Verschmelzungsvertrag, die Niederschriften der Verschmelzungsbeschlüsse, die ggf. erforderlichen Zustimmungserklärungen einzelner Sonderberechtigter, der Verschmelzungsbericht, der Prüfungsbericht und die Schlußbilanz des übertragenden Rechtsträgers beizufügen. Offen ist, ob der übertragende Verein bei der Verschmelzung zwingend eine Schlußbilanz aufstellen muß[94] oder ob die Vorlage einer Vermögensaufstellung und Einnahme/Überschußrechnung ausreicht.[95] Das Registergericht darf die Verschmelzung nur eintragen, wenn bei einem bilanzierenden Verein die Bilanz auf einen höchstens acht Monate vor der Anmeldung liegenden Stichtag aufgestellt worden

---

[92] *Lutter/Hadding* UmwG §§ 101, 102, Rz. 5; *Wiedemann/Thüsing* WM 1999, 2237/2248.

[93] *Wiedemann/Thüsing* WM 1999, 2237 (2247).

[94] So *Vossius* in: Widmann/Mayer, § 99 UmwG Rz. 119; wohl auch *Hadding/Hennrichs* FS Boujong, 203 (206 ff.).

[95] *Dehmer* § 104 UmwG Anm. 3; *Neumayer/Schulz* DStR 1996, 872 (874); *Wiedemann/Thüsing* WM 1999, 2237 (2248).

ist (§ 17 Abs. 2 UmwG). Die Verschmelzung wird zunächst im Vereinsregister des übertragenden Rechtsträgers eingetragen. Anschließend wird sie im Vereinsregister des übernehmenden Rechtsträgers eingetragen werden.

49 Liegt diese Eintragung vor, geht das Vermögen des übertragenden Rechtsträgers einschließlich der Verbindlichkeiten von Gesetzes wegen auf den übernehmenden Rechtsträger über und der **übertragende Rechtsträger** erlischt ohne eine besondere Löschung. Gleichzeitig werden die Mitglieder des übertragenden Vereins Mitglieder beim übernehmenden Verein mit wirtschaftlicher Wirkung ab dem Verschmelzungsstichtag. Es wird die These vertreten, jedes einzelne Mitglied erwerbe analog § 90 UmwG das Recht, die Mitgliedschaft außerordentlich binnen 6 Monaten nach der Eintragung zu kündigen.[96] Sämtliche Rechte und Verbindlichkeiten gehen auf den übernehmenden Verein über. Die Gläubiger der an der Verschmelzung beteiligten Rechtsträger können dem Übergang nicht widersprechen, sondern haben nur die Möglichkeit, Sicherheit zu verlangen, wenn sie glaubhaft machen können, daß durch die Verschmelzung die Erfüllung ihrer Forderung gefährdet wird.

2. Steuerrecht

a) Verschmelzung auf einen anderen gemeinnützigen Verein

50 Steuerrechtlich fällt die Verschmelzung zwischen zwei gemeinnützigen Vereinen zunächst unter § 11 UmwStG. In der steuerlichen Schlußbilanz für das letzte Wirtschaftsjahr der übertragenden Körperschaft können für die Vermögensgegenstände, die einem **steuerpflichtigen wirtschaftlichen Geschäftsbetrieb** zuzuordnen sind, die steuerlichen Buchwerte fortgeführt werden, sofern der steuerpflichtige wirtschaftliche Geschäftsbetrieb von dem aufnehmenden Verein fortgeführt wird. Die Buchwertfortführung wird auch nicht durch § 11 Abs. 1 Nr. 2 UmwStG ausgeschlossen. Die bei einer Verschmelzung zwischen Vereinen gewährten Mitgliedschaften bilden keine Gegenleistung, so daß bei der Verschmelzung von Vereinen überhaupt keine Gegenleistung gewährt wird.[97] Soweit dagegen die Wirtschaftsgüter, beispielsweise, weil sie von dem aufnehmenden Verein nicht im Rahmen eines steuerpflichtigen wirtschaftlichen Geschäftsbetriebes, sondern im ideellen Bereich genutzt werden, aus dem wirtschaftlichen Geschäftsbetrieb herausfallen, ist die Schlußbesteuerung nach § 11 Abs. 2 UmwStG für die Wirtschaftsgüter des steuerpflichtigen wirtschaftlichen Geschäftsbetriebes durchzuführen.[98] Soweit **Wirtschaftsgüter** des gemeinnützigen Vereins betroffen sind, die im **ideellen Bereich** genutzt werden und keinem steuerpflichtigen wirtschaftlichen Geschäftsbetrieb zuzuordnen

---

[96] *Wiedemann/Thüsing* WM 1999, 2277 (2278 f.).

[97] *Dehmer* § 11 UmwStG Rz. 76

[98] *Dehmer* § 11 UmwStG Rz. 65; *Widmann/Maier* § 11 UmwStG Rn. 5970, 5878; *Sarrazin* FR 1977, 365 (370).

sind, sind nach § 11 Abs. 2 UmwStG zwingend die **Teilwerte** beim Vermögensübergang anzusetzen. Allerdings ließe sich die These vertreten, daß § 11 UmwStG auf die Verschmelzung von Vereinen deswegen keine Anwendung findet, weil die Vorschriften des § 11 UmwStG auf Körperschaften abgestellt sind, die bilanzieren. Vereine bilanzieren in aller Regel nicht. Sie erstellen daher regelmäßig auch keine Schlußbilanz, in der das Wahlrecht nach § 11 Abs. 2 UmwStG ausgeübt werden könnte. Etwas anderes gilt allerdings vielfach dann, wenn ein gemeinnütziger Verein einen steuerpflichtigen wirtschaftlichen Geschäftsbetrieb unterhält.[99] In diesen Fällen kann durchaus eine Schlußbilanz vorhanden sein, in der das Wahlrecht nach § 11 UmwStG ausgeübt wird. Letztlich findet der Wortlaut des § 11 UmwStG auf den ersten Blick auf die Verschmelzung von Vereinen Anwendung, andererseits paßt die Vorschrift aber nicht in jeder Beziehung. Es handelt sich dabei um ungeklärte Rechtsfragen.

51 Unproblematisch ist die **Verschmelzung aus gemeinnützigkeitsrechtlicher** Sicht, sofern die satzungsmäßigen Voraussetzungen erfüllt sind. Besonderheiten können sich allenfalls in bezug auf Vermögen ergeben, welches unter Inanspruchnahme des Spendenabzugs angesammelt worden ist.[100] Die ggf. nach § 11 UmwStG erforderliche Aufstockung der Bilanzansätze berührt die zeitnahe Mittelverwendung nicht, da weder das sog. Ausstattungskapital noch das nutzungsgebundene Kapital zeitnah verwendet werden müssen.[101]

b) Verschmelzung auf einen steuerbefreiten Berufsverband

52 Wird eine gemeinnützige Körperschaft auf einen steuerbefreiten Berufsverband verschmolzen, so greift wiederum § 11 Abs. 2 UmwStG ein, soweit die Wirtschaftsgüter nicht einem steuerpflichtigen wirtschaftlichen Geschäftsbetrieb bei der übertragenden Körperschaft zuzuordnen sind. Zum Anfall von Steuern kommt es bei der gemeinnützigen Körperschaft nicht, da deren Wirtschaftsgüter in der Schlußbilanz zwar mit dem Teilwert anzusetzen sind, aber die Wertaufstockung in der Schlußbilanz regelmäßig steuerfrei bleibt. Der **Verlust der Gemeinnützigkeit** kommt dann in Betracht, wenn die Verschmelzung zu einem Verstoß gegen den Grundsatz der Vermögensbindung, wie er in § 55 Abs. 1 Nr. 4 AO niedergelegt ist, führen würde. Danach muß das Vermögen der gemeinnützigen Körperschaft, das ist ihr gesamtes Eigenkapital einschl. der stillen Reserven des Vermögens, für gemeinnützige Zwecke gewidmet bleiben.[102] Eine entsprechend hohe Verbindlichkeit zugunsten einer anderen gemeinnützigen Körperschaft muß in der Schlußbilanz der übertragenden gemeinnützigen Körperschaft ausgewiesen sein und auf diesem Weg mit der Verschmelzung auf den übernehmenden Berufsverband übergehen. Wird die Vermögensüber-

---

[99] Vgl. dazu oben § 10 Rz. 55–69; § 7 Rz. 240 ff.
[100] Vgl. oben Rz. 39.
[101] Vgl. § 8 Rz. 81–84.
[102] Vgl. dazu § 5 Rz. 102–107; § 9 Rz. 60–74.

tragung auf einen anderen gemeinnützigen Rechtsträger nicht vorgenommen, kommt es zwangsläufig zum Verlust der Gemeinnützigkeit und der Durchführung der Schlußbesteuerung nach § 11 Abs. 2 UmwStG, da § 5 Abs. 1 Nr. 9 KStG keine Anwendung im letzten Veranlagungsjahr findet. Eine Wahl zur Buchwertfortführung ist für die gemeinnützige Körperschaft dann nicht möglich, da bei dem steuerbefreiten Berufsverband die stillen Reserven in den Wirtschaftsgütern nicht der Körperschaftsteuer unterliegen. Wenn der Verein die Wirtschaftsgüter bei Verlust der Gemeinnützigkeit nicht im Betriebsvermögen hält, können Vermögensgegenstände regelmäßig ohne steuerliche Belastung außerhalb der Spekulationsfrist auf den aufnehmenden Verein übertragen werden, da die Verschmelzung ebensowenig wie die Veräußerung steuerbar ist. § 11 Abs. 2 UmwStG läuft in diesen Fällen leer.

c) Verschmelzung auf einen steuerpflichtigen Verein

Wird eine bislang gemeinnützige Körperschaft auf einen steuer- 53
pflichtigen Verein verschmolzen, sind in der Schlußbilanz des gemeinnützigen Vereins, sofern eine solche zu erstellen ist, zwingend die stillen Reserven aufzudecken. Die Wirtschaftsgüter sind mit dem Teilwert anzusetzen. Die Aufstockung der Wirtschaftsgüter auf den Teilwert hat bei einem Verein außerhalb des steuerpflichtigen wirtschaftlichen Geschäftsbetriebes aber keine Relevanz, da eine entsprechende Wertsteigerung in der – steuerrechtlich gesprochenen – Sphäre des Privatvermögens unbeachtlich ist. § 12 Abs. 1 Satz 2 UmwStG bestimmt noch einmal ausdrücklich, daß beim Vermögensübergang von einer steuerfreien auf eine steuerpflichtige Körperschaft die übergangenen Wirtschaftsgüter zwingend mit dem **Teilwert anzusetzen** sind. Auch bei der Verschmelzung eines gemeinnützigen Vereins auf einen steuerpflichtigen Verein führt die Vermögensübertragung dann, wenn ein Verstoß gegen den Grundsatz der Vermögensbindung vorliegen sollte, zwingend zur rückwirkenden Besteuerung, die aber regelmäßig Wertsteigerungen des Vermögens nicht erfassen wird, da außerhalb eines Gewerbebetriebes Wertsteigerungen im Vermögen nicht steuerbar sind.[103]

d) Schenkungsteuer

Die Verschmelzung eines steuerbefreiten gemeinnützigen Vereins auf 54
einen steuerpflichtigen Verein oder einen steuerbefreiten Berufsverband kann nach einer im Schenkungsteuerrecht vertretenen Meinung aufgrund der Bestimmung des § 7 Abs. 1 Nr. 9 ErbStG **Schenkungsteuer** auslösen. Nach dieser Vorschrift unterliegt das, was bei Auflösung eines Vereins, dessen Zweck auf die Bindung von Vermögen gerichtet ist, erworben wird, der Schenkungsteuer. Der Zweck der Vermögensbindung soll immer dann gegeben sein, wenn der Verein sich nach den tatsächlichen Gegebenheiten auf eine kleine Anzahl von Mitgliedern be-

---

[103] Vgl. § 7 Rz. 23 ff.

schränkt und das Vereinsvermögen im Verhältnis zur Mitgliederzahl und im Verhältnis zu dem Vermögen, das zur Erfüllung der ideellen Vereinszwecke erforderlich ist, einen relativ großen Umfang hat.[104] Es wird offensichtlich teilweise die These vertreten, auch bei einer Verschmelzung fiele Schenkungsteuer an.[105] Die Auffassung, daß in diesen Fällen Schenkungsteuer neben eine Besteuerung nach den Vorschriften des Umwandlungssteuergesetzes tritt, ist allerdings sehr zweifelhaft. Die Schenkungsteuer soll den Vermögensanfall bei natürlichen Personen erfassen, nicht aber den Vermögensübergang durch Umstrukturierungen behindern. Die Vorschriften des Umwandlungssteuergesetzes sind daher nach richtiger Ansicht als lex specialis zu den schenkungsteuerrechtlichen Bestimmungen aufzufassen.

III. Zusammenschluß von Stiftungen

55 Aus § 3 UmwG ergibt sich, daß eine Verschmelzung zweier Stiftungen nicht möglich ist. Vielmehr müssen Stiftungen, wenn sie ihre Aktivitäten in einer rechtlichen Einheit zusammenführen möchten, zusammengeschlossen werden. In den **Stiftungsgesetzen** einer Reihe **von Bundesländern** ist vorgesehen, daß Stiftungen entweder sich freiwillig zusammenlegen oder zusammenschließen können, oder aber von den Stiftungsaufsichtsbehörden gegen den Willen der Organe zusammengelegt werden können.[106] Soweit in einzelnen Bundesländern ein freiwilliger Zusammenschluß von Stiftungen nicht möglich ist, kann es angezeigt sein, den Rechtssitz der Stiftung vor dem Zusammenschluß in ein Bundesland zu verlegen, welches den freiwilligen Zusammenschluß von Stiftungen kennt. Nach den Regelungen in den meisten Bundesländern setzt die Genehmigung des Zusammenschlusses durch die Stiftungsaufsichtsbehörde voraus, daß wesentliche Veränderungen der Verhältnisse eingetreten sind, die es erforderlich erscheinen lassen, daß zwei Stiftungen, die ihnen jeweils von den Stiftern gesetzten Aufgaben gemeinsam verwirklichen. Typische Fälle dafür, daß diese Voraussetzungen vorliegen, sind der Vermögensschwund, der es einer der beiden Stiftungen nicht mehr möglich macht, die Aufgaben eigenständig zu erfüllen. Aber auch wenn die Stiftungszwecke im wesentlichen deckungsgleich sind und sich einer Stiftungssatzung der Wille der Stifter entnehmen läßt, daß diese eine größere Einheit der eigenen Stiftung vorgezogen hätten, kann ein Zusammenschluß genehmigt werden. Eine wesentliche Änderung der Verhältnisse kann insofern auch dann gegeben sein, wenn die Stifter ursprünglich keine Kenntnis

---

[104] *Troll/Gebel/Jülicher* § 7 ErbStG, Rz. 345.

[105] Vgl. beispielsweise *Lutter* § 272 UmwG Rz. 4; a. A. *Troll/Gebel/Jülicher* § 7 ErbStG Rz. 344; *Petersen* BB 1997, 1981.

[106] Vgl. § 14 Abs. 2, 3 StiftG BaWü; Art 16 Abs. 1 BayStiftG; § 5 Abs. 1 BerlStiftG; § 14 Abs. 2, § 15 Abs. 2 Brb.StiftG; § 8 BreStiftG; § 9 Abs. 2 HessStiftG; § 11 StiftG MeVo; § 8 Nds.StiftG; § 12 Abs. 2, 13 NW StiftG; §§ 7, 8 Saarl. StiftG; §§ 5, 6 StiftG S-H.

davon hatten, daß ein ganz ähnliches Aufgabengebiet auch von einer anderen Stiftung verwirklicht wird. Entscheidend ist letztlich immer, daß der Stifterwille bei einer entsprechenden Entscheidung der Stiftungsaufsichtsbehörde beachtet wird.[107]

Wirksam wird der Zusammenschluß erst mit der **Genehmigung** 56
der **Stiftungsaufsichtsbehörde**. Die Genehmigung wirkt konstitutiv. Die Vermögensmassen beider Stiftungen vereinigen sich zu einer neuen Stiftung. Denkbar erscheint auch, daß das Vermögen der einen Stiftung auf eine andere Stiftung übertragen wird. Der Zusammenschluß muß, auch wenn die Formulierungen in den Stiftungsgesetzen der Bundesländer vielfach unzureichend sind, nicht immer den Zusammenschluß zur Neuerrichtung einer Stiftung bedeuten. Zwar deutet die Formulierung in den Stiftungsgesetzen der Bundesländer stets darauf hin, daß der Zusammenschluß immer nur zur Neuerrichtung der zusammengeschlossenen Stiftung führen kann. Doch wird sich mit dem Gesetzestext auch ein Zusammenschluß in der Weise vereinbaren lassen, daß eine der beiden beteiligten Stiftungen als aufnehmender Rechtsträger fungiert.

Von dem freiwilligen Zusammenschluß, der von den zuständigen 57
Organen der beiden beteiligten Stiftungen beschlossen werden muß und außerdem durch wesentliche Änderungen der Verhältnisse gegenüber dem ursprünglichen Stifterwillen geprägt sein muß, ist die **zwangsweise Zusammenlegung** von Stiftungen durch die Stiftungsaufsichtsbehörden zu unterscheiden.[108] Eine derartige Zusammenlegung ist das stiftungsaufsichtsbehördlich gesehen mildere Mittel gegenüber der Auflösung der Stiftung. Die Zusammenlegung ermöglicht es, daß der Stiftungszweck überhaupt fortgeführt wird. Eine entsprechende aufsichtsbehördliche Maßnahme kann nur unter den Voraussetzungen des § 87 BGB erfolgen. Die Erfüllung des Stiftungszwecks muß unmöglich geworden sein oder das Gemeinwohl muß durch die Stiftungstätigkeit gefährdet werden. Diese Voraussetzungen werden nur selten vorliegen. Aus gemeinnützigkeitsrechtlicher Sicht führt der Zusammenschluß von Stiftungen oder deren Zusammenlegung zu denselben Rechtsfolgen, die auch eine Verschmelzung von Vereinen haben kann.

Problematisch ist allerdings, daß Stiftungen, die sich zusammen- 58
schließen, von der Möglichkeit einer Buchwertfortführung nach den Vorschriften des Umwandlungsteuergesetzes keinen Gebrauch machen können, denn nach § 1 UmwG gilt dieses nicht für den Zusammenschluß von Stiftungen. Falls eine der beteiligten Stiftungen einen steuerpflichtigen wirtschaftlichen Geschäftsbetrieb unterhalten sollte, stellt sich damit die Frage, wie der Zusammenschluß ertragsteuerlich zu würdigen ist. Nach richtiger Auffassung wird der Zusammenschluß von Stiftungen aufgrund der gesetzgeberischen Vorschrift des § 7 Abs. 1 Nr. 8 ErbStG als ein **schenkungsteuerbarer Vorgang** angesehen, der

[107] Vgl. dazu § 3 Rz. 75 ff.; § 19 Rz. 61–80.

[108] Vgl. § 3 Rz. 168; § 19 Rz. 69–75.

ertragsteuerlich irrelevant ist. Soweit eine der beteiligten Stiftungen einen steuerpflichtigen wirtschaftlichen Geschäftsbetrieb unterhält, führt die aufnehmende Stiftung die Buchwerte dieses steuerpflichtigen wirtschaftlichen Geschäftsbetriebes nach § 8 Abs. 1 KStG i. V. m. § 5 Abs. 1 Nr. 9 KStG i. V. m. § 6 Abs. 3 EStG fort. Ein Wahlrecht zur Buchwertaufstockung besteht nicht. Eine steuerpflichtige Vermögensveräußerung kann deswegen nicht angenommen werden, weil die sich auflösende Stiftung keine Gegenleistung für die Hingabe ihres Vermögens erwirbt. Schenkungsteuerlich wird in aller Regel Schenkungsteuerfreiheit nach § 13 Abs. 1 Nr. 16 b) ErbStG gegeben sein. Unerheblich ist insofern auch, wenn ein steuerpflichtiger wirtschaftlicher Geschäftsbetrieb übergeht, weil der Übergang die Steuerbefreiung des § 13 Abs. 1 Nr. 16 b) ErbStG nicht in Frage stellt.[109] Sollte ein Grundstück anläßlich des Zusammenschlusses übergehen, kommt die besondere Grunderwerbsteuerbefreiung des § 3 Nr. 2 GrEStG in Betracht.

IV. Umwandlung einer nichtrechtsfähigen Stiftung

59 Eine nichtrechtsfähige Stiftung bildet ein eigenes Rechts- und Steuersubjekt.[110] Soll eine nichtrechtsfähige Stiftung in eine rechtsfähige Stiftung „umgewandelt" werden, so stellt dies zivilrechtlich gesehen die **Auflösung** der **nichtrechtsfähigen Stiftung** und die Übertragung von deren Vermögen auf eine gleichzeitig neu errichtete rechtsfähige Stiftung dar. Weder das Stiftungsgesetz noch das Umwandlungsgesetz enthalten Regelungen, die es ermöglichen, daß nichtrechtsfähige Stiftungen beispielsweise mittels eines Formwechsels zu einer rechtsfähigen Stiftung werden. Denkbar ist, daß der Stifter der nichtrechtsfähigen Stiftung gemeinschaftlich mit deren Rechtsträger bei der Stiftungsaufsichtsbehörde die Genehmigung der Stiftung beantragt. Mit der Genehmigung der Stiftungserrichtung geht das Vermögen der nicht rechtsfähigen Stiftung von Gesetzes wegen auf die rechtsfähige Stiftung über. Gleichzeitig entäußert sich der Rechtsträger dieses Vermögens. Die nicht rechtsfähige Stiftung geht in die rechtsfähige Stiftung über. Auch wenn mit der rechtlichen Verselbständigung des Stiftungsvermögens ein Rechtsträgerwechsel verbunden ist, ließe sich durchaus die These vertreten, daß die juristische Person, für die der Rechtsträger gehandelt hat, rechtlich identisch bleibt, wenn die Stiftung rechtsfähig wird. Steuerrechtlich liegt keine Vermögensübertragung vor, vielmehr ist das Vermögen steuerrechtlich demselben Steuersubjekt zuzurechnen, welches als Rechtsnachfolger anzusehen ist. Der Vermögensübergang erfolgte unentgeltlich und wird bei gemeinnützigen Stiftungen nach § 13 Abs. 1 Nr. 16 b ErbStG steuerbefreit sein. Die Auflösung einer nicht rechtsfähigen Stiftung bleibt erbschaftsteuerfrei, wenn das Vermögen auf eine andere rechtsfähige gemeinnützige Stiftung übertragen

---

[109] Vgl. § 6 Rz. 21.
[110] § 3 Rz. 181–195.

wird. Ertragsteuern fallen bei der Übertragung eines steuerpflichtigen wirtschaftlichen Geschäftsbetriebes nicht an, da nach § 8 Abs. 1 KStG i. V. m. § 6 Abs. 3 EStG zwingend die Buchwerte des wirtschaftlichen Geschäftsbetriebes bei der Vermögensübertragung fortzuführen sind.

V. Verschmelzung mit GmbHs

1. Verschmelzung von zwei gemeinnützigen GmbHs

Werden zwei gemeinnützige GmbHs verschmolzen, gilt in bezug auf die **umwandlungsrechtlichen Bestimmungen** im wesentlichen dasselbe, was bereits für die Verschmelzung von Vereinen gesagt worden ist. Umwandlungsrechtlich können zwei GmbHs in der Weise miteinander verschmolzen werden, daß das Vermögen beider GmbHs unter Auflösung ohne Abwicklung im Wege der Aufnahme durch Übertragung des Vermögens der GmbHs als Ganzes auf einen neuen, von ihnen dadurch gegründeten Rechtsträger verschmolzen wird, wobei die Gesellschafter der beiden GmbHs Gesellschaftsanteile an der aufnehmenden GmbH erwerben. Alternativ ist denkbar, daß die eine GmbH auf die andere GmbH als übernehmenden Rechtsträger verschmolzen wird. Das Umwandlungsgesetz enthält eine Reihe von umwandlungsrechtlichen Erleichterungen, wenn der übernehmende Rechtsträger der alleinige Anteilseigner der übertragenden GmbH sein sollte. Auf die umwandlungsrechtlichen Besonderheiten kann an dieser Stelle nicht näher eingegangen werden.[111] 60

Steuerrechtlich bildet die Verschmelzung von zwei GmbHs für die GmbHs selbst zunächst einen Liquidationsvorgang, der bei gemeinnützigen GmbHs dann, wenn die Voraussetzungen des § 5 Abs. 1 Nr. 9 KStG gegeben sind, dennoch nicht zur Aufdeckung der stillen Reserven führen würde. Für die Anteilseigner liegt ein tauschähnlicher Vorgang vor, da sie die Anteile an dem übertragenden Rechtsträger gegen Anteile an dem übernehmenden Rechtsträger tauschen. Auch dieser tauschähnliche Vorgang könnte Ertragsteuern auslösen. Für diese Fälle enthält allerdings das UmwStG in den §§ 11 ff. UmwStG Sonderbestimmungen. Eine Wahlmöglichkeit zur Buchwertfortführung ist bei der Verschmelzung gemeinnütziger Körperschaften nicht erforderlich, wenn die Vermögensgegenstände dem steuerbefreiten Bereich zugehören. Die Voraussetzung des § 11 Abs. 1 Satz 1 Nr. 1 UmwStG, wonach sichergestellt sein muß, daß die in dem übergegangenen Vermögen enthaltenen stillen Reserven später bei der übernehmenden Körperschaft der Körperschaftsteuer unterliegen, ist bei gemeinnützigen Körperschaften nicht gegeben.[112] Vielmehr sieht § 11 Abs. 2 UmwStG für diesen Fall vor, daß die übergegangenen Wirtschaftsgüter mit dem Teilwert anzusetzen sind. Bei der Verschmelzung zwischen zwei gemeinnützigen GmbHs wird regelmäßig eine Gegenleistung in der Weise 61

---

[111] Vgl. dazu beispielsweise *Orth* Handbuch der GmbH, § 14 Rz. 120–141.

[112] *Dehmer* § 11 UmwStG Rz. 65; *Widmann/Mayer* § 11 UmwStG Rz. 5970, 5878.

gewährt, daß Anteile an der übernehmenden Gesellschaft gewährt werden. Die übergegangenen Wirtschaftsgüter sind mit dem Wert der für die Übertragung gewährten Gegenleistung, eben dem gemeinen Wert der Gesellschaftsanteile an der übernehmenden Gesellschaft, anzusetzen. In diesen Fällen stellt sich ein besonderes Problem dadurch, daß bei gemeinnützigen Körperschaften aufgrund des Grundsatzes der Vermögensbindung vorgesehen ist, daß die Anteilseigner einer übernehmenden gemeinnützigen GmbH im Falle der Liquidation der gemeinnützigen GmbH allenfalls den Nominalbetrag ihrer Einlage oder den gemeinen Wert einer Sacheinlage, je nach Satzungsgestaltung, zurückerlangen können. Sieht die Satzung der übernehmenden gemeinnützigen GmbH eine derartige Einschränkung in bezug auf die Anteilsrechte vor, ist der Fall ebenso zu behandeln, wie bei einer nicht vollwertigen Gegenleistung, d. h., es sind grundsätzlich für die übertragenen Wirtschaftsgüter deren Teilwerte in der Steuerbilanz anzusetzen.[113] Die Teilwertaufstockung in der Schlußbilanz der übertragenden gemeinnützigen GmbH ist steuerlich unschädlich, sofern die gemeinnützige GmbH die Steuerbefreiung des § 5 Abs. 1 Nr. 9 KStG bzw. die entsprechende gewerbesteuerliche Befreiung behält. Voraussetzung dafür ist, daß das Vermögen auf einen anderen gemeinnützigen Rechtsträger übergeht, damit der Grundsatz der Vermögensbindung gewahrt bleibt.[114] Die übernehmende gemeinnützige GmbH übernimmt die Wirtschaftsgüter gleichfalls mit ihrem Teilwert. Für die Anteile an der übertragenden Kapitalgesellschaft bzw. für die Anteile an der übernehmenden Kapitalgesellschaft gilt § 13 UmwStG, wonach die Anschaffungskosten fortgeführt werden. Eine Besonderheit gilt, wenn das Vermögen einer gemeinnützigen GmbH auf die Gesellschafterin, die gleichfalls eine gemeinnützige GmbH ist, verschmolzen wird. § 13 UmwStG ist dann nicht anwendbar, weil in diesen Fällen wegen §§ 58, 68, 78 UmwG eine Kapitalerhöhung bei der übernehmenden Kapitalgesellschaft nicht stattgefunden hat und eigene Anteile nicht hingegeben worden sind.

2. Fusion einer gemeinnützigen GmbH mit einem gemeinnützigen Verein oder Stiftung

a) Zivilrecht

62 Soll eine gemeinnützige GmbH mit einem gemeinnützigen Verein oder Stiftung fusioniert werden, so ist dies aus umwandlungsrechtlichen Gründen nicht im Wege der **Verschmelzung** möglich. Typischerweise wird dieser Fall auftreten, wenn eine gemeinnützige GmbH als 100 %ige Tochtergesellschaft eines Vereins oder einer Stiftung wieder mit der Mutterkörperschaft zusammengeführt werden soll. In § 99 Abs. 2 UmwG ist ausdrücklich bestimmt, daß ein eingetragener Verein im Wege der Verschmelzung nur andere eingetragene Vereine aufneh-

---

[113] Vgl. *Widmann/Mayer* Rn. 5839.1; *Dehmer* § 11 UmwStG Rz. 86.

[114] Siehe dazu § 5 Rz. 102 ff.

men oder mit ihnen einen eingetragenen Verein oder einen Rechtsträger anderer Rechtsform neu gründen kann. Damit scheidet die Verschmelzung einer GmbH auf einen eingetragenen Verein aus. In § 3 UmwG wird die Stiftung als aufnehmender Rechtsträger von vornherein nicht erwähnt. Somit können gemeinnützige Stiftungen oder Vereine, die beabsichtigen, die gemeinnützige Tochter-GmbH einzugliedern, dieses wirtschaftliche Ziel nur dadurch erreichen, daß die GmbH liquidiert wird. Die Liquidation der GmbH benötigt nach den GmbH-rechtlichen Vorschriften zumindest ein Jahr, nachdem das dritte Mal im Bundesanzeiger die Liquidation angezeigt worden ist.[115] Selbstverständlich ist es ohne weiteres möglich, den Liquidationsprozeß dadurch zu verkürzen, daß wesentliche Vermögensteile vorab an den Mutterverein oder die Mutterstiftung ausgeschüttet werden. Bei den Ausschüttungen einer GmbH an ihren Gesellschafter ist allerdings der **Grundsatz der Kapitalerhaltung** zu beachten. Nach § 30 GmbHG dürfen Ausschüttungen nur vorgenommen werden, sofern das offen ausgewiesene Eigenkapital der Gesellschaft das Stammkapital übersteigt. Ausschüttungen, die das Stammkapital angreifen, sind unzulässig und führen gesellschaftsrechtlich gesehen zu einer verdeckten Gewinnausschüttung, die einen Rückforderungsanspruch der GmbH gegenüber der Mutterkörperschaft auslöst (§ 31 GmbHG) bzw. die Geschäftsführer der GmbH verpflichtet, die Ausschüttung zu unterlassen. Wenn die gemeinnützige GmbH faktisch keine Gläubiger hat, deren Interessen durch die verdeckte Gewinnausschüttung gefährdet werden könnten, kann aber zumindest ein Darlehen an den Gesellschafter gegeben werden und gleichzeitig mit der Liquidation begonnen werden.[116]

b) Gemeinnützige Mittelverwendung

Schüttet eine gemeinnützige GmbH ihr Vermögen ganz oder teil- 63
weise an die gemeinnützige Mutterkörperschaft aus, so ist darin gemeinnützigkeitsrechtlich eine **Mittelverwendung** der gemeinnützigen Tochter zu sehen. Die gemeinnützige Mittelverwendung ist gemäß § 58 Nr. 2 AO zulässig, wenn nicht mehr als die Hälfte der Mittel auf diese Art verwendet wird, es sei denn, in dem Gesellschaftsvertrag wäre eine Satzungsgrundlage für eine höhere Auskehrung vorhanden.[117] Wird mehr als die Hälfte des Vermögens der gemeinnützigen GmbH ausgeschüttet, verlangt Ziff. 18 AEAO zu § 58 AO, daß in der Satzung der gemeinnützigen GmbH eine entsprechende Ermächtigung für eine Mittelverwendung dergestalt, daß die Mittel einer anderen gemeinnützigen Körperschaft zugeführt werden, vorgesehen ist. Eine derartige Ermächtigung in der Satzung der gemeinnützigen GmbH fordert darüber hinaus, daß die gemeinnützigen Zwecke, die die Tochter- und Muttergesellschaft verfolgen, insofern identisch sind. Sollte es zur Liquidation der gemeinnützigen GmbH kommen, muß nach § 55 Abs. 1

[115] Vgl. dazu § 19 Rz. 90–113.
[116] Zu derartigen Vorabauskehrungen *Erle* in: HdB der GmbH § 16 Rz. 43.
[117] Vgl. Rz. 2 zu § 58 AEAO; § 8 Rz. 53–59.

Nr. 4 AO i. V. m. § 61 AO in der Satzung der gemeinnützigen GmbH geregelt sein, daß das Vermögen der gemeinnützigen GmbH bei Auflösung der Körperschaft an die gemeinnützige Mutter fällt.

64 Fließen einem gemeinnützigen Verein oder einer Stiftung erhebliche Vermögenswerte zu, stellt sich die Frage, ob das übertragene Vermögen bei der Mutterkörperschaft dem Grundsatz der **zeitnahen Mittelverwendung** unterliegt.[118] Dabei ist zunächst nach der Art der zugeflossenen Vermögensgegenstände zu unterscheiden. Soweit es sich um Vermögensgegenstände handelt, die bei der gemeinnützigen GmbH selbst der Zweckerfüllung dienten, handelt es sich um sogenanntes nutzungsgebundenes Kapital, welches auch von der gemeinnützigen Mutterkörperschaft für dieselben Zwecke eingesetzt werden kann. Diese Vermögensgegenstände werden bereits für gemeinnützige Zwecke verwandt. Sie sind bei der Mutterkörperschaft in das nutzungsgebundene Kapital einzustellen. Soweit mit der Auflösung der gemeinnützigen GmbH gleichzeitig deren gemeinnützige Tätigkeit beendet wird, ohne daß diese von der Mutterkörperschaft fortgeführt werden würde, wird in aller Regel bislang bei einer gemeinnützigen Tochter für gemeinnützige Zwecke verwandtes Kapital frei werden. Die Zuwendungen unterliegen bei der Mutterkörperschaft dem Gebot der zeitnahen Mittelverwendung. Sie können ggf. in eine Rücklage nach § 58 Nr. 6 AO eingestellt werden. Unerheblich ist insofern, daß die zu übertragenden Vermögensgegenstände teilweise in der Bilanz der Mutterkörperschaft in der Form von Anteilen an der gemeinnützigen GmbH verbucht waren. Diese Anteile an einer gemeinnützigen GmbH werden regelmäßig bei der gemeinnützigen Mutterkörperschaft gleichfalls als nutzungsgebundenes Kapital geführt worden sein. Wird die gemeinnützige GmbH aufgelöst und diese gemeinnützige Aktivität beendet, endet gleichzeitig die Qualifikation der Vermögensgegenstände bzw. Anteile an der gemeinnützigen GmbH und die frei werdenden Mittel müssen zeitnah für andere gemeinnützige Aktivitäten eingesetzt werden.

c) Steuerrecht

65 Sofern das Vermögen von einer gemeinnützigen GmbH auf eine gemeinnützige Mutterkörperschaft übertragen wird, handelt es sich entweder um eine **offene** oder **verdeckte Gewinnausschüttung** bzw. die Auskehrung des **Liquidationserlöses**. Nur wenn die Vermögensübertragung entsprechend den gesellschaftsrechtlichen Bestimmungen aufgrund eines förmlichen Ausschüttungsbeschlusses erfolgt, liegt eine offene Ausschüttung vor. Sofern die Vermögensübertragung als Schenkung oder Mittelzuwendung an eine andere gemeinnützige Körperschaft bezeichnet wird, wird regelmäßig eine verdeckte Gewinnausschüttung gegeben sein. Steuerlich hat die Übertragung von Vermögensgegenständen zunächst zur Folge, daß die in den übertragenen Wirtschaftsgütern steckenden stillen Reserven aufgedeckt werden.

---

[118] Vgl. auch § 8 Rz. 58.

Allerdings bleibt der insofern entstehende Gewinn bei der gemeinnützigen GmbH aufgrund des § 5 Abs. 1 Nr. 9 KStG bzw. 3 Nr. 6 GewStG steuerfrei, sofern die Voraussetzungen für die Steuerfreiheit durch die Ausschüttung nicht gefährdet werden, d. h. insbesondere die gemeinnützigkeitsrechtlichen Voraussetzungen eingehalten werden. Bei der Ausschüttung ist nach § 40 Nr. 3 KStG keine Ausschüttungsbelastung herzustellen.[119] Der Vermögenszugang bei der Mutterkörperschaft bleibt bei dieser wiederum aufgrund des § 5 Abs. 1 Nr. 9 KStG bzw. 3 Nr. 6 GewStG steuerfrei. Es wird sich um eine Vermögenszuführung im Zweckbetrieb oder ideellen Bereich handeln. Die Auskehrung des Liquidationserlöses bleibt, obwohl der Verein oder die Stiftung zunächst den Tatbestand des § 17 Abs. 4 EStG i. V. m. § 8 Abs. 1 KStG erfüllen werden, gleichfalls nach diesen Vorschriften steuerfrei.

3. Fusion einer steuerpflichtigen GmbH mit der gemeinnützigen Mutterkörperschaft

a) Zivilrecht

Soll das Vermögen einer steuerpflichtigen GmbH auf die gemeinnützige Mutterkörperschaft übertragen werden, so scheidet aus den oben genannten **umwandlungsrechtlichen** Gründen wiederum eine Verschmelzung aus.[120] Vielmehr kann das Vermögen nur mittels **Dividendenausschüttungen** bzw. der **Liquidation** der steuerpflichtigen GmbH auf die gemeinnützige Mutterkörperschaft übertragen werden. Insbesondere ist auch der Grundsatz der Kapitalerhaltung bei der Vermögensübertragung zu beachten. 66

b) Gemeinnützige Mittelverwendung

Die Anteile, die eine gemeinnützige Körperschaft an ihrer steuerpflichtigen Tochtergesellschaft hält, gehören regelmäßig zur Sphäre der Vermögensverwaltung.[121] Ausschüttungen aus der steuerpflichtigen GmbH sind grundsätzlich von der gemeinnützigen Mutterkörperschaft zeitnah für gemeinnützige Zwecke zu verwenden. Allerdings besteht nach § 58 Nr. 7 a) AO die Möglichkeit, ein Viertel, bzw. ab 2000 ein Drittel, des Einnahmeüberschusses aus dem Dividendenbezug in eine freie Rücklage einzustellen. An dieser Rechtslage ändert sich auch nichts dadurch, wenn auf einen Schlag das Vermögen der steuerpflichtigen Tochtergesellschaft an die Mutterkörperschaft ausgekehrt wird. Allerdings stellt sich die Frage, inwiefern Wertsteigerungen der Anteile an der GmbH zeitnah für gemeinnützige Zwecke von der Mutterkörperschaft eingesetzt werden müssen. Ziff. 11 AEAO zu § 58 Abs. 1 Nr. 1 AO bestimmt, daß das Ausstattungsvermögen der Körperschaften, auch soweit es durch Umschichtungen entstanden ist, nicht dem Gebot der zeitnahen Mittelverwendung unterliegt. Soweit der **Liquidationserlös** 67

[119] Vgl. dazu § 7 Rz. 325.
[120] Vgl. oben Rz. 62.
[121] Vgl. § 6 Rz. 67–71.

die Vermögenssubstanz der steuerpflichtigen GmbH widerspiegelt, kann man vertreten, daß diese Vermögensteile nicht dem Gebot der zeitnahen Mittelverwendung unterliegen, sondern als Wertsteigerung des Vermögens behandelt werden. Soweit allerdings anläßlich der Liquidation in der Vergangenheit thesaurierte Gewinne an die Mutterkörperschaft ausgeschüttet werden, handelt es sich um Dividenden, die, abgesehen von der Ausnahme des § 58 Nr. 7 a) AO, grundsätzlich zeitnah für gemeinnützige Zwecke einzusetzen sind.[122]

c) Steuerrecht

68 Steuerrechtlich führt die Vermögensausschüttung von der steuerpflichtigen GmbH an die gemeinnützige Mutterkörperschaft dazu, daß die **stillen Reserven** in dem bei der GmbH vorhandenen Vermögen **aufgedeckt** werden müssen. Besonders umstritten ist allerdings die Frage, ob die Übertragung einzelner Vermögensgegenstände, die fortan bei der Mutterkörperschaft für gemeinnützige Zwecke eingesetzt werden sollen, nicht nach § 8 Abs. 1 KStG i. V. m. § 6 Abs. 1 Nr. 4 Satz 4 EStG zum Buchwert vorgenommen werden kann. Letztlich geht es um die Frage, ob die Regelungen über die Buchwertentnahme den Bestimmungen über die verdeckte Gewinnausschüttung vorgehen oder nicht. Aus der Bestimmung des § 9 Nr. 2 KStG wird argumentiert, daß der Gesetzgeber die Gewinnverwendung durch eine steuerpflichtige Tochtergesellschaft zugunsten der gemeinnützigen Mutterkörperschaft schlechter stellen wollte als die Vermögensübertragung auf dritte gemeinnützige Körperschaften, denn in § 9 Nr. 2 KStG sei der Vorrang der Regelungen über die verdeckte Gewinnausschüttung vor dem Spendenabzug festgelegt. Zweifelhaft ist aber, ob dieser Vorrang umfassend gilt. Die Sachzuwendung an eine gemeinnützige Körperschaft ist ein spezieller Fall. Wenn ein Wirtschaftsgut fortan für gemeinnützige Zwecke eingesetzt wird, könnte umfassend auf die Besteuerung des Übertragungsvorganges verzichtet worden sein. Soweit der Gewinn an die gemeinnützige Mutter ausgeschüttet wird, ist von der steuerpflichtigen Tochter-GmbH die sogenannte Ausschüttungsbelastung nach § 40 Nr. 3 KStG herzustellen.[123] Wenn die gemeinnützige Mutterkörperschaft die Beteiligung an der steuerpflichtigen Tochtergesellschaft in der Vermögensverwaltung hält, gilt grundsätzlich § 8 Abs. 1 KStG i. V. m. § 17 Abs. 4 EStG. Gleichzeitig findet § 20 Abs. 1 Nr. 1 oder 2 EStG Anwendung. Allerdings bleiben die Erträge bei der gemeinnützigen Mutterkörperschaft regelmäßig aufgrund der §§ 5 Abs. 1 Nr. 9 KStG bzw. 3 Nr. 6 GewStG steuerfrei. Die Ausschüttung unterliegt bei der steuerpflichtigen GmbH der Kapitalertragsteuer, allerdings kann die gemeinnützige Mutterkörperschaft nach § 44 c) Abs. 1 EStG die Erstattung der einbehaltenen und abgeführten Kapitalertragsteuer erreichen.[124] Die Liquidation wird damit im Ergebnis zumindest mit der

---

[122] Vgl. § 8 Rz. 81.
[123] S. § 7 Rz. 320–324.
[124] S. § 7 Rz. 340–353.

sog. Ausschüttungsbelastung von 30 v. H. auf den dadurch entstehenden Gewinn neben der Gewerbesteuer belastet sein.

d) Beteiligung im steuerpflichtigen wirtschaftlichen Geschäftsbetrieb

Ganz häufig wird die Beteiligung an einer steuerpflichtigen GmbH 69
von der gemeinnützigen Mutterkörperschaft in einem steuerpflichtigen wirtschaftlichen Geschäftsbetrieb gehalten werden.[125] In diesem Fall führt der Dividendenzufluß aus der Ausschüttung zu steuerpflichtigen Einnahmen im wirtschaftlichen Geschäftsbetrieb. Die von der steuerpflichtigen GmbH einzubehaltende Kapitalertragsteuer wird nicht vergütet, sondern auf die entstehende Steuerbelastung angerechnet. Gewerbesteuer wird aufgrund des gewerbesteuerlichen Schachtelprivilegs nur bei der steuerpflichtigen GmbH anfallen. Körperschaftsteuerlich ist allerdings zu berücksichtigen, daß ein gemeinnütziger Verein oder Stiftung, die eine Beteiligung an einer steuerpflichtigen GmbH im Rahmen eines wirtschaftlichen Geschäftsbetriebes halten, deswegen doch nicht unbedingt einen Gewerbebetrieb durch das Halten der Beteiligung begründet haben werden.[126] Liegt kein Fall der Betriebsaufspaltung vor, kann die GmbH-Beteiligung als Gegenstand der privaten, aber steuerpflichtigen, Vermögensverwaltung nach § 8 Abs. 1 KStG i. V. m. § 17 EStG anzusehen sein. Die Vermögensauskehrung könnte dann bei der gemeinnützigen Mutterkörperschaft nach § 17 Abs. 4 EStG steuerpflichtig sein. Häufig wird gleichzeitig mit dem Beschluß zur Liquidation der steuerpflichtigen GmbH aber auch der entsprechende wirtschaftliche Geschäftsbetrieb aufgegeben werden. Die Einstellung eines derartigen wirtschaftlichen Geschäftsbetriebes ist nach § 13 Abs. 6 KStG i. V. m. § 13 Abs. 4 KStG steuerlich privilegiert.[127] Wird mit der Liquidation der steuerpflichtigen GmbH beschlossen, diese steuerpflichtige Tätigkeit einzustellen, werden die Anteile an der GmbH aus dem steuerpflichtigen wirtschaftlichen Geschäftsbetrieb in den steuerbefreiten Bereich der Vermögensverwaltung überführt. Die Überführung erfolgt steuerfrei. Die Auskehrung des Liquidationserlöses führt zwar zur Herstellung der Ausschüttungsbelastung von 30 v. H. bei der steuerpflichtigen GmbH, bleibt aber bei der gemeinnützigen Mutterkörperschaft selbst steuerfrei.

4. Fusion einer gemeinnützigen GmbH mit wirtschaftlichem Geschäftsbetrieb auf eine gemeinnützige Mutterkörperschaft

Zivilrechtlich folgt auch diese Fusion den allgemeinen Bestim- 70
mungen.[128] Sofern der steuerpflichtige wirtschaftliche Geschäftsbetrieb bei der Mutterkörperschaft fortgeführt werden kann, gehen grundsätzlich die Regeln über die verdeckte Gewinnausschüttung der Möglich-

---

[125] Vgl. dazu § 6 Rz. 67–71.
[126] Siehe hierzu *Hüttemann* S. 154 ff.
[127] Vgl. dazu *Schauhoff* DStR 1996, 366; zum Meinungsstand § 7 Rz. 160 ff.
[128] Vgl. Rz. 62.

keit, eine **Schenkung zu Buchwerten** an die Mutterkörperschaft zu machen, vor. Doch kann erwogen werden, den Gedanken des § 6 Abs. 3 EStG in diesen besonderen Konstellationen analog heranzuziehen, wenn die Zuwendung an einen anderen gemeinnützigen Rechtsträger erfolgt. Die steuerliche Problematik ergibt sich in diesen Fällen allein daraus, daß die §§ 11ff. UmwStG nicht anwendbar sind, weil die umwandlungsrechtlichen Vorschriften an die Möglichkeit anknüpfen, daß das Umwandlungsgesetz eine Verschmelzung zuläßt. Grundsätzlich sehen die §§ 11ff. UmwStG aber die Fortführung der Buchwerte bei einem steuerpflichtigen wirtschaftlichen Geschäftsbetrieb vor, wenn beispielsweise zwei gemeinnützige GmbHs verschmolzen werden. Es ist nicht ersichtlich, warum die Vermögensübertragung von einer gemeinnützigen GmbH auf einen gemeinnützigen Verein schlechter gestellt werden soll, als wenn zwei gemeinnützige GmbHs ihr Vermögen zusammenführen. Insofern liegt eine planwidrige Gesetzeslücke vor, die durch die Anwendung von Billigkeitsregelungen geschlossen werden könnte.

E. Umstrukturierung bei einer steuerpflichtigen Tochtergesellschaft der gemeinnützigen Körperschaft

71 Nicht selten halten gemeinnützige Körperschaften Beteiligungen an steuerpflichtigen Tochtergesellschaften. Diese Tochtergesellschaften werden in aller Regel in der Rechtsform der Kapital- oder der Personenhandelsgesellschaft geführt. In diesen Fällen stellt sich stets die Frage, wie sich eine **Umstrukturierung bei der Tochtergesellschaft** auf die gemeinnützige Mutterkörperschaft auswirkt. Werden zwei steuerpflichtige Kapitalgesellschaften **verschmolzen**, deren einer Anteilseigner eine steuerbefreite Kapitalgesellschaft ist, so wird in aller Regel § 13 UmwStG Anwendung finden. Handelt es sich bei der Mutterkörperschaft um eine gemeinnützige GmbH, so hält sie die Anteile an der steuerpflichtigen Kapitalgesellschaft im Betriebsvermögen, womit noch nicht gesagt ist, daß die Anteile auch in einem steuerpflichtigen wirtschaftlichen Geschäftsbetrieb gehalten werden.[129] Handelt es sich dagegen bei der Mutterkörperschaft um einen Verein oder eine Stiftung, so wird sie die Beteiligung im steuerlichen Privatvermögen halten. Die Rechtsfolge ist dann, wenn eine wesentliche Beteiligung vorliegt, daß sich die Anschaffungskosten fortsetzen. Eine Rechtsgrundlage für eine Gewinnrealisation oder ein Wahlrecht, die Anschaffungskosten anläßlich der Verschmelzung aufzustocken, was steuerfrei möglich ist, wenn die Beteiligung im Bereich der steuerfreien Vermögensverwaltung gehalten wird, besteht nach dem Wortlaut des § 13 UmwStG nicht. Liegt eine **Verschmelzung** auf eine **Personenhandelsgesellschaft** vor, gilt für gemeinnützige Körperschaften die Beson-

[129] Vgl. zur Abgrenzung zwischen wirtschaftlichem Geschäftsbetrieb und Vermögensverwaltung § 6 Rz. 67–71.

derheit, daß die offen ausgewiesenen Rücklagen der Tochterkapitalgesellschaft bei ihnen nicht als Einkünfte aus Kapitalvermögen besteuert werden. Denn entsprechende Einkünfte aus Kapitalvermögen, die § 7 UmwStG für die nicht wesentlich beteiligten Anteilseigner einer Kapitalgesellschaft, die auf eine Personengesellschaft verschmolzen wird, statuiert, fallen dann, wenn die Beteiligung im Bereich der steuerfreien Vermögensverwaltung gehalten wurde,[130] nicht an.

Wird eine Kapitalgesellschaft **gespalten**, an der eine gemeinnützige Körperschaft beteiligt ist, wird regelmäßig über § 15 UmwStG gleichfalls die Regelung des § 13 UmwStG eingreifen. Der Buchwert bzw. die Anschaffungskosten für die hingegebenen Anteile an der Kapitalgesellschaft setzen sich für die Anteile an der übernehmenden Kapitalgesellschaft fort. Schließlich ist auch denkbar, daß eine Tochterkapitalgesellschaft in eine Personengesellschaft **formgewechselt** wird. In diesem Fall finden über § 14 UmwStG die §§ 3 bis 8, 10 UmwStG entsprechende Anwendung. Sollte die gemeinnützige Körperschaft an der Kapitalgesellschaft nicht wesentlich beteiligt gewesen sein, so kommt es nicht dazu, daß sich die Einkünfte aus Kapitalvermögen um die offen ausgewiesenen Rücklagen der formgewechselten Kapitalgesellschaft erhöhen. Wenn die Beteiligung in einem Betriebsvermögen und einem steuerpflichtigen wirtschaftlichen Geschäftsbetrieb gehalten worden sein sollte, wird regelmäßig die Buchwertfortführung gewählt werden. Wenn die gemeinnützige Körperschaft wesentlich an der Kapitalgesellschaft beteiligt gewesen sein sollte, greift § 5 Abs. 2 UmwStG ein. Es sind zwingend die Anschaffungskosten fortzuführen. Durch einen Formwechsel kann ein Übernahmegewinn entstehen, wenn eine Kapitalgesellschaft, an der eine gemeinnützige Körperschaft beteiligt ist, in eine Personenhandelsgesellschaft formgewechselt werden sollte. Die Beteiligung an einer gewerblich tätigen Personenhandelsgesellschaft gehört bei einer gemeinnützigen Körperschaft zwingend zu einem steuerpflichtigen wirtschaftlichen Geschäftsbetrieb.[131] Nach richtiger Auffassung ist bei der Übernahmegewinnermittlung aber zu berücksichtigen, daß die Beteiligung an der Personenhandelsgesellschaft erst mit der Übernahme als in den steuerpflichtigen wirtschaftlichen Geschäftsbetrieb eingelegt gilt. Der Übernahmegewinn selbst bleibt damit steuerfrei. Der Übernahmegewinn darf in den Fällen, in denen in der Übertragungsbilanz selbst die Buchwerte fortgeführt wurden, der Übernahmegewinn aber allein aufgrund der niedrigeren Anteilswerte entstanden ist, nicht besteuert werden, wenn auch die Ausschüttung der entsprechenden Vermögenssubstanz an die gemeinnützige Mutterkörperschaft steuerfrei geblieben wäre. Wird eine Personengesellschaft in eine Kapitalgesellschaft formgewechselt, deren Anteilseigner eine gemeinnützige Körperschaft ist, bleibt das Rechtssubjekt erhalten. Steuerliche Auswirkungen ergeben sich dadurch nicht. 72

[130] Dazu wiederum § 6 Rz. 67–71.
[131] Vgl. § 6 Rz. 67.

F. Spaltung

I. Spaltung eines Vereins

73 Ein eingetragener rechtsfähiger **Verein** kann gem. §§ 123 bis 137, 149 UmwG in **zwei rechtlich selbständige Vereine** aufgespalten werden.[132] Die Spaltung selbst hat den Vorteil, daß die Vereinsmitgliedschaften fortgeführt werden können, ohne jeweils bei dem aufnehmenden Verein neu begründet werden zu müssen. Denkbar ist auch, daß die Mitgliedschaften bei beiden Vereinen bestehenbleiben. Werden gemeinnützige Vereine aufgespalten, haben die Anteilseigner nach § 104a UmwG keinen Anspruch auf Abfindung.

74 **Steuerrechtlich** wird die Spaltung zweier gemeinnütziger Vereine in der Regel als Vermögensübertragung auf einen anderen gemeinnützigen Rechtsträger ausgestaltet werden. In einem ersten Schritt kann deswegen ein neuer gemeinnütziger Verein gegründet werden. Der übertragende Verein ändert seine Satzung dahingehend, daß das Vermögen teilweise auf den übernehmenden neuen gemeinnützigen Verein unter Beachtung des Grundsatzes der Vermögensbindung übertragen werden kann. Sodann wird die Abspaltung unter Beachtung der umwandlungsrechtlichen Vorschriften beschlossen, wobei festgesetzt wird, welche Mitgliedschaftsverhältnisse sich an dem aufnehmenden Verein fortsetzen. Dabei kann die Spaltung auch als nicht verhältniswahrende Spaltung durchgeführt werden, indem einige Mitglieder aus dem übertragenden Verein ausscheiden und Mitgliedschaftsrechte an dem aufnehmenden Verein erwerben. Steuerrechtlich wird die Spaltung eines gemeinnützigen Vereins jedenfalls dann, wenn dieser über keinen eigenen steuerpflichtigen wirtschaftlichen Geschäftsbetrieb, dem erhebliche Vermögensteile zuzuordnen sind, verfügt, ohne Beachtung des § 15 UmwG durchgeführt werden können. Meist wird es auch schon an der Voraussetzung „Teilbetrieb beim übertragenden und beim übernehmenden Verein" fehlen. Die Weggabe des Vermögens durch den gemeinnützigen übertragenden Verein an einen anderen gemeinnützigen Verein stellt steuerlich gesehen eine bei Beachtung der Gemeinnützigkeitsvorschriften zulässige Mittelverwendung dar.[133] Beim aufnehmenden gemeinnützigen Verein ist ein Schenkungsteuertatbestand erfüllt, wobei allerdings der Erwerb nach § 13 Abs. 1 Nr. 16 b) ErbStG schenkungsteuerfrei bleibt.

II. „Spaltung" einer Stiftung

75 Nach den Vorschriften des Umwandlungsgesetzes kann eine Stiftung nicht in zwei Stiftungen aufgespalten werden. Auch die Landesstiftungsgesetze sehen diese Möglichkeit nicht vor. Soll daher wirtschaftlich betrachtet das Vermögen einer Stiftung teilweise auf einen anderen

[132] Dazu *Stöber* HdB zum Vereinsrecht Rz. 797 ff.
[133] Vgl. § 8 Rz. 53 ff.

gemeinnützigen Rechtsträger übertragen werden, so kann dies nur als Mittelverwendung und Schenkung an einen anderen gemeinnützigen Rechtsträger gestaltet werden. Denkbar ist, daß eine Stiftung eine Schwesterstiftung errichtet, indem sie einen Teil des Vermögens als Stiftungskapital in die Schwesterstiftung einbringt. Gemeinnützigkeitsrechtlich ist dies zulässig, sofern dabei die Grundsätze der Vermögensbindung und der zeitnahen Mittelverwendung beachtet werden. Stiftungsrechtlich wird eine derartige Vermögensübertragung **nur im Ausnahmefall genehmigt** werden.[134]

G. Formwechsel gemeinnütziger Körperschaften

Gem. den §§ 190 bis 213 bzw. 272 bis 282 UmwG kann ein rechtsfähiger eingetragener **Verein in eine GmbH formgewechselt** werden.[135] Ein entsprechender Formwechsel hat zur Folge, daß die Vereinsmitglieder Anteilseigner der Kapitalgesellschaft werden. In der Urkunde über den Formwechsel kann gleichzeitig die Abtretung des Anwartschaftsrechtes auf den GmbH-Geschäftsanteil vereinbart werden. Bei gemeinnützigen Vereinen ist der Formwechsel nur denkbar, sofern der gemeinnützige Verein über Vermögen verfügen sollte, das es ermöglicht, daß dieses Vermögen als Kapitalanteil an die früheren Vereinsmitglieder geht, es sei denn, die Vereinsmitglieder resp. GmbH-Gesellschafter verzichten auf die Rückgabe ihrer Einlage nach Auflösung oder Zweckänderung der gemeinnützigen Körperschaft.[136] Nach § 55 Abs. 1 Nr. 3 AO ist es denkbar, daß Vereinsmitglieder Vermögen in den gemeinnützigen Verein eingebracht haben, welches nicht für steuerbegünstigte Zwecke gebunden worden ist. Dieses Vermögen kann den Mitgliedern in der Form von Kapitalanteilen an einer GmbH im Zuge des Formwechsels eines eingetragenen Vereins zurückgewährt werden, sofern es bei Auflösung der GmbH oder Zweckänderung noch vorhanden sein sollte. Steuerlich ist der Formwechsel eines eingetragenen Vereins in eine gemeinnützige GmbH regelmäßig ohne Auswirkungen. Die Identität des Steuersubjektes „Verein" wird durch den Formwechsel in eine GmbH nicht berührt.[137] Die Anschaffungskosten für die GmbH-Anteile belaufen sich für das frühere Vereinsmitglied auf 0 DM.[138] Maßgebend ist allein, daß die Gemeinnützigkeitsvorschriften beachtet werden. Der **Formwechsel** eines **Vereins** in eine **Stiftung** ist aufgrund der ausdrücklichen gesetzlichen Bestimmungen in § 272 UmwG nicht möglich. Soll das Vermögen eines Vereins auf eine Stiftung übertragen werden, muß dieses als Neuerrichtung der Stiftung gestaltet werden. Nachdem der Verein selbst als Stifter aufgetreten ist, kann er sich auflösen. 76

134 Vgl. oben Rz. 55.
135 *Stöber* HdB zum Vereinsrecht Rz. 811 ff.
136 Vgl. § 5 Rz. 102 ff.
137 Vgl. Tz. 01. 05 UmwStG-E, BMF-Schreiben v. 25. 3. 1998, BStBl. 1998 I, 268.
138 Vgl. Tz. 13. 02 UmwStG-E, a.a.O.

§ 18 Gemeinnützige Körperschaft in der Krise

Bearbeiter: Dr. Jens Eric Gotthardt

Übersicht

A. Die Krise, Einführung

1 Die Betriebswirtschaft definiert die Krise eines Unternehmens als diejenige Wirtschaftslage, in der die Existenz des Unternehmens be-

droht ist.[1] Die wirtschaftliche Krise entspricht begrifflich der Insolvenz, wobei dem Begriff „Insolvenz" über die betriebswirtschaftliche Definition des Begriffes „Krise" hinaus insoweit juristische Bedeutung zukommt, als bei Vorliegen der Insolvenzgründe (Überschuldung und Zahlungsunfähigkeit) Insolvenzantrag gestellt werden muß. Damit ist die juristische Bedeutung der „Krise" jedoch noch nicht ausgeschöpft. So knüpfen z. B. Vorschriften des Strafrechts (vgl. §§ 283, 283a, c, d StGB), die Kapitalerhaltungsvorschriften des Gesellschaftsrechts (vgl. §§ 30 ff. GmbHG), die sog. Redepflicht des Wirtschaftsprüfers nach § 321 Abs. 1 Satz 3 HGB sowie die Einstandspflicht von Pensions-Sicherungsvereinen nach § 7 Abs. 1 Satz 3 Nr. 5 BetrAVG an das Vorliegen einer „Krise" an, ohne jedoch eine einheitliche Terminologie zu verwenden.

2 Ein wesentlicher Unterschied zwischen den betriebswirtschaftlichen Bemühungen um die Definition der „Krise" und dem geltenden **Insolvenzrecht** ist jedoch, daß letzteres nicht das Unternehmen zum Gegenstand hat, d. h. die „Unternehmensinsolvenz" ist keine Kategorie des geltenden Rechts.[2] Das Insolvenzrecht knüpft vielmehr ausschließlich an die Rechtsform des Schuldners an (vgl. § 11 InsO). Aus diesem Grunde werden im folgenden die sich aus einer Krise ergebenden Pflichten und Rechtsfolgen für Verein, Stiftung und GmbH getrennt dargestellt.

B. Der Verein

I. Pflichten des Vorstands

1. Einberufung der Mitgliederversammlung

3 Nach § 36 BGB ist die Mitgliederversammlung in den durch die Satzung bestimmten Fällen sowie dann zu berufen, wenn das Interesse des Vereins es erfordert. Diese Unterscheidung zwischen den satzungsmäßig festgelegten und den im Interesse des Vereins gebotenen Mitgliederversammlungen entspricht in etwa der Unterscheidung von ordentlicher und **außerordentlicher Mitgliederversammlung** in der Praxis.[3] Entsprechend dem Sinn und Zweck der Vorschriften der §§ 92 Abs. 1 AktG und 49 Abs. 3 GmbHG, die die Geschäftsführung in dort näher geregelten Krisen-Situationen verpflichtet, eine Haupt- bzw. Gesellschafterversammlung einzuberufen, ist auch für den Verein davon auszugehen, daß der Vorstand verpflichtet ist, die Mitglieder im Rahmen einer Mitgliederversammlung über eine Krise des Vereins zu informieren. Dies erfordert „das Interesse des Vereins" i. S. v. von § 36 BGB, auch wenn es für den Verein, anders als für die AG und GmbH, kein gesetzlich bestimmtes Mindestkapital gibt. Damit wird das – vorbehalt-

[1] Ausführlich zu den betriebswirtschaftlichen Definitionen des Krisenbegriffs *Gottwald/Maus* § 2 Rz. 1 ff.

[2] *Gottwald/Timm/Körber* § 80 Rz. 1.

[3] *Sauter/Schweyer* Rz. 155.

lich anderer satzungsmäßiger Regelungen – zentrale Willensbildungsorgan des Vereins überhaupt erst in die Lage versetzt, eine grundsätzliche Diskussion über die weitere Vereinspolitik zu führen und etwa notwendige Maßnahmen, z. B. Bestellung eines neuen Vorstands, zu ergreifen.

2. Pflicht zur Sanierung

4 Auch ohne besonderen Auftrag der Mitgliederversammlung ist der Vorstand des Vereins schon aufgrund seiner Organstellung zum Wohle des Vereins verpflichtet, zur Überwindung der Krise **zweckmäßige Sanierungsmaßnahmen** zu ergreifen. Unterläßt er solche Maßnahmen, die eine gewissenhafte und ihrer Aufgabe gewachsene Person ergriffen hätte, kann er hierfür vom Verein grundsätzlich haftbar gemacht werden, denn der Vorstand hat dem Verein – nicht den Vereinsmitgliedern – für ein Verschulden bei der Geschäftsführung einzustehen (§ 276 BGB).[4] Bei der Beurteilung, ob der Vorstand in der Krise seine **Sorgfaltspflichten** verletzt hat, sind die Umstände des Einzelfalls, insbesondere Art und Größe des Vereins, der Vereinszweck sowie auch ein wirtschaftlicher Nebenbetrieb des Vereins zu berücksichtigen. Jedenfalls kann der Vorstand sich nicht mit dem Mangel an Befähigung, Gewandtheit oder Erfahrung entschuldigen; er muß vielmehr für die Kenntnisse und Fähigkeiten einstehen, die die übernommene Geschäftsaufgabe erfordert. *Sauter/Schweyer* weisen bezüglich des – nicht nur in der Krise bestehenden – Haftungsrisikos des Vorstands darauf hin, daß jeder Kandidat, bevor er ein ihm angetragenes Vorstandsamt annimmt, sich selbstkritisch prüfen sollte, ob er die erforderlichen Kenntnisse und Fähigkeiten besitzt und auch über die für eine gewissenhafte Geschäftsführung notwendige Zeit verfügt. Die gleiche Überlegung sollte angestellt werden, wenn sich nach der Übernahme des Vorstandsamtes der Verein zu einem Unternehmen entwickelt, dessen Geschäftsführung einen ehrenamtlich tätigen Vorstand überfordert.[5]

3. Antragspflicht

5 Nach § 42 Abs. 2 BGB ist der Vorstand im Falle der Zahlungsunfähigkeit oder Überschuldung verpflichtet, die Eröffnung des Insolvenzverfahrens zu beantragen.

Der durch die InsO eingeführte neue **Eröffnungsgrund der drohenden Zahlungsunfähigkeit** (§ 18 InsO) begründet dagegen keine Antragspflicht. Der Gesetzgeber befürchtete, daß andernfalls die Möglichkeiten der Sanierung außerhalb eines Insolvenzverfahrens übermäßig eingeschränkt würden. Zu den Begriffen „drohende Zahlungsunfähigkeit", „Zahlungsunfähigkeit" und „Überschuldung" vgl. Rz. 37 ff.

---

[4] *Grunewald* ZIP 1989, 962, 964.

[5] *Sauter/Schweyer* Rz. 278.

Die Antragspflicht nach § 42 Abs. 2 BGB trifft gem. § 48 Abs. 2 BGB während der Liquidation des Vereins die Liquidatoren (vgl. auch § 53 BGB).

6 Besteht der Vorstand aus **mehreren Personen**, ist jedes Vorstandsmitglied unabhängig von anderweitigen Vereinbarungen über die Vertretungsmacht zur Stellung des Insolvenzantrages berechtigt und verpflichtet.[6]

7 Den Mitgliedern eines Vereins steht es grundsätzlich frei, Geschäftsführungsaufgaben neben dem Vorstand auf ein **anderes Vereinsorgan** zu übertragen. Soweit dieses Organ neben der Geschäftsführung nicht zur Vertretung des Vereins berechtigt ist, sind seine Mitglieder keine „Vorstandsmitglieder" i. S. v. § 26 Abs. 2 BGB und daher nicht zur Stellung des Insolvenzantrags nach § 42 Abs. 2 BGB verpflichtet. Nehmen jedoch einzelne Vereinsmitglieder – z. B. die Mitglieder eines solchen Organs – die Geschicke des Vereins – und zwar nicht nur durch interne Einwirkung auf den satzungsmäßigen Vorstand, sondern durch eigenes, auch nach außen hervortretendes, üblicherweise dem Vorstand zuzurechnendes Verhalten – so maßgeblich in die Hand, daß sie, ohne die Stellung eines Vorstands zu bekleiden, tatsächlich wie ein solcher tätig werden, trifft auch sie die Verpflichtung zur Stellung des Insolvenzantrags nach § 42 Abs. 2 BGB. Für die GmbH ist diese Antragspflicht des **sog. faktischen Geschäftsführers** anerkannt[7] (vgl. Rz. 64). Für „faktische Vorstände" eines Vereins kann nichts anderes gelten.[8]

8 Umstritten ist, ob ein Vorstand durch Amtsniederlegung sich der Pflicht zur Antragstellung entziehen kann.[9] Auch diese Rechtsfrage ist in Anlehnung an den zu § 64 GmbHG entwickelten Meinungsstand zu entscheiden (vgl. hierzu Rz. 46).

II. Haftung des Vorstands

9 Wird die Stellung des Antrags nach § 42 Abs. 2 BGB verzögert, so sind die Vorstandsmitglieder den Gläubigern des Vereins für den daraus entstehenden Schaden verantwortlich; sie haften als Gesamtschuldner (§ 42 Abs. 2 Satz 2 BGB). Die **Schadensersatzpflicht** ist **verschuldensabhängig**. Maßstab für dieses Verschulden ist die Sorgfalt eines ordentlichen, gewissenhaften Sachwalters. Fehlendes Interesse oder mangelnde Sachkenntnis läßt die Verantwortung unberührt, vielmehr ist jedes Vorstandsmitglied verpflichtet, sich fortlaufend über den Vermögensstand des Vereins zu unterrichten.[10] Die Schadensersatzpflicht gegenüber den Gläubigern des Vereins ergibt sich aus § 823 Abs. 2 BGB, da es sich bei § 42 Abs. 2 BGB um ein Schutzgesetz im Sinne der Vorschrift handelt.

---

[6] *Gottwald/Timm/Körber* § 83 Rz. 25 mwN.

[7] BGH v. 21. 3. 1988, NJW 1988, 1789; *Scholz/K. Schmidt* § 64 Rz. 7 und 44 mwN.

[8] *Sauter/Schweyer* Rz. 280; *Reichert/Dannecker* Rz. 1548 a.

[9] Ablehnend: *Reichert/Dannecker* Rz. 1548.

[10] *Reichert/Dannecker* Rz. 1942.

Sog. **Altgläubiger**, also diejenigen, die bei Eintritt der Insolvenzreife ihre Gläubigerstellung bereits erlangt hatten, erhalten den sog. „**Quotenschaden**" ersetzt. Dieser Schaden besteht in der Differenz der tatsächlich erzielten Quote zur Quote, die nach pflichtgemäßer (nicht verzögerter) Antragstellung auf die Gläubiger entfallen wäre. 10

Umstritten war hingegen, ob auch die sog. **Neugläubiger**, d. h. solche Gläubiger, die erst nach Eintritt der Insolvenzreife überhaupt Rechtsbeziehungen zum Verein begründet haben, lediglich den „Quotenschaden", ersetzt erhalten. Der BGH hat jedoch im Jahre 1994 für die GmbH entschieden, daß solchen Neugläubigern nicht bloß ein „Quotenschaden" sondern das **volle negative Interesse** zu ersetzen ist.[11] In der Urteilsbegründung weist er ausdrücklich darauf hin, daß diese Rechtsansicht, der er sich anschließt, in der Literatur „auch zu den dem § 64 GmbHG entsprechenden Konkursantragsvorschriften für die anderen juristischen Personen mit beschränktem Haftungsvermögen" vertreten wird. Diesem Hinweis kann entnommen werden, daß der BGH zukünftig auch im Rahmen von §§ 42 Abs. 2, 823 Abs. 2 BGB eine Pflicht des Vorstands zum vollen Schadensausgleich gegenüber den Neugläubigern annehmen wird (vgl. auch Rz. 50 ff.). 11

C. Die Stiftung

I. Pflichten des Vorstands

1. Information der Aufsichtsbehörde

Die Stiftungsgesetze der Länder enthalten keine speziellen Informationspflichten des Vorstands gegenüber der Aufsichtsbehörde für den Fall der „Krise" der Stiftung. Nahezu alle Stiftungsgesetze enthalten jedoch eine Verpflichtung der Stiftung, der Aufsichtsbehörde den Jahresabschluß bzw. die Jahresrechnung vorzulegen,[12] z. T. wird sogar die Aufstellung eines Voranschlags bzw. eines Haushaltsplans verlangt.[13] Mit der Verpflichtung zur Vorlage der Jahresrechnung ist vielfach die **Vorlage einer Vermögensübersicht** sowie eines Berichts über die Erfüllung des Stiftungszwecks verbunden. Im Rahmen dieser **Berichtspflicht** hat der Vorstand auch auf das Vorliegen bzw. auf erste Anzeichen einer „Krise" der Stiftung hinzuweisen. Ausnahmsweise, z. B. bei plötzlichen unerwarteten Entwicklungen, wird man auch eine entsprechende Berichtspflicht des Vorstands außerhalb der turnusmäßigen Berichte verlangen müssen. Schließlich kann die Verpflichtung der Stiftungsorgane zur dauernden und nachhaltigen Erfüllung des Stiftungszwecks nur eingehalten werden, wenn das Stiftungsvermögen als materielle Grundlage für die dauerhafte Zweckerfüllung ungeschmälert 20

---

[11] BGH v. 06. 06. 1994, NJW 1994, 2220; BGH v. 30. 3. 1998, DStR 1998, 651; BGH v. 8. 3. 1999, ZIP 1999, 967.

[12] *Bürmann* in: IDW-Symposium „Stiftung", S. 42 mwN.

[13] Vgl. Art 27 Abs. 1 StiftGBay. und § 17 StiftGRP.

erhalten bleibt. Diese den Stiftungsorganen obliegende ungeschmälerte Erhaltung des Stiftungsvermögens durch sachgemäße Verwaltung und die Verwendung der Erträge entsprechend dem Stiftungszweck ist das „oberste Ziel staatlicher Aufsicht".[14] Diesem Ziel kann die Aufsichtsbehörde im Falle der „Krise" aber nur nachkommen, wenn sie rechtzeitig informiert wird.

2. Pflicht zur Sanierung

21 Der soeben beschriebenen Verpflichtung der Organe der Stiftung und der Stiftungsaufsicht zur Erhaltung des Vermögens der Stiftung kann auch eine Pflicht zur Sanierung der Stiftung entnommen werden. Die Stiftungsorgane haben dabei die notwendigen Entscheidungen für die **Werterhaltung des Stiftungsvermögens** zu treffen, die Stiftungsaufsicht hat zu überprüfen, ob dieses Ziel erreicht worden ist. Als eine solche Maßnahme kommt z. B. die Nichtausschüttung von Vermögenserträgen und ihre Zuführung zum Stiftungsvermögen in Betracht.[15] Art 26 BayStiftG sieht z. B. für Fälle, in denen das Vermögen einer Stiftung so erheblich geschwächt ist, daß die nachhaltige Erfüllung des Stiftungszwecks beeinträchtigt wird, ausdrücklich vor, daß die Aufsichtsbehörde – auf Antrag des Stiftungsorgans oder von Amts wegen – anordnen kann, daß der Ertrag des Stiftungsvermögens ganz oder teilweise so lange anzusammeln ist, bis die Stiftung ihre Leistungsfähigkeit wieder erlangt hat.[16] Für gemeinnützige Stiftungen ergeben sich aus §§ 55, 58 AO (Grundsatz der zeitnahen Mittelverwendung für steuerbegünstigte Zwecke) Grenzen der **Rücklagenbildung**. Ist die Rücklagenbildung jedoch konkret dazu notwendig, eine „Krise" der Stiftung abzuwenden bzw. zukünftig zu vermeiden, ist sie auch i. S. v. § 58 Nr. 6 AO „erforderlich, um die steuerbegünstigten satzungsmäßigen Zwecke nachhaltig erfüllen zu können" – und damit zulässig.

22 Des weiteren sehen die meisten Stiftungsgesetze die Möglichkeit der **Abberufung von Organmitgliedern** der Stiftung durch die Aufsichtsbehörde vor. Sollte die Aufsichtsbehörde zu dem Schluß kommen, daß die „Krise" der Stiftung maßgeblich auf die „Unfähigkeit" des Vorstands zurückzuführen ist, kann es sich hierbei um eine geeignete Sanierungsmaßnahme handeln. Auch stehen der Aufsichtsbehörde in Zusammenwirken mit dem Vorstand die Maßnahmen der **Zulegung und Zusammenlegung von Stiftungen** (vgl. hierzu § 19 Rz. 72) zur Sanierung einer Stiftung zur Verfügung.[17] Eine solche Maßnahme wird jedoch nur in den Fällen in Frage kommen, in denen die beteiligten Stiftungen durch die in der „Krise" befindliche Stiftung nicht so stark infiziert werden, daß sie selbst in eine krisenhafte Situation geraten.

---

[14] *Andrick* Stiftungsrecht und Staatsaufsicht unter besonderer Berücksichtigung der nordrhein-westfälischen Verhältnisse, Baden-Baden 1988, S. 121.

[15] *Carstensen* IDW-Symposium „Stiftung", S. 67.

[16] Zum sog. Admassierungsverbot *Carstensen* IDW-Symposium „Stiftung", S. 71 ff.

[17] *Seifart/Hof* § 12 Rz. 35.

3. Antragspflicht

§ 86 BGB verweist bezüglich der Antragspflicht des Vorstands im Falle der Überschuldung der Stiftung auf das **Vereinsrecht** (§ 42 BGB). Es kann daher zunächst auf die dortigen Ausführungen verwiesen werden (vgl. Rz. 5 ff.). Geht nach Eröffnung des Insolvenzverfahrens das Verwaltungs- und Verfügungsrecht auf den Insolvenzverwalter über (§ 22 InsO), so soll auch dieser bei bestimmten Geschäften der stiftungsrechtlichen Genehmigung der zuständigen Behörde bedürfen.[18] 23

II. Haftung des Vorstands

Auch die Frage der Haftung des Vorstands für eine eventuell verzögerte Antragstellung ist für die Stiftung lediglich durch einen Verweis auf das Vereinsrecht geregelt (§ 86 i.V.m. § 42 BGB). Auch insoweit kann daher auf die obigen Ausführungen verwiesen werden (vgl. Rz. 9 ff). 24

D. Die GmbH

I. Pflichten der Geschäftsführer

1. Einberufung der Gesellschafterversammlung

Nach § 49 Abs. 3 GmbHG sind die Geschäftsführer der GmbH verpflichtet, unverzüglich die Gesellschafterversammlung einzuberufen, wenn aus der Jahresbilanz oder aus einer im Laufe des Geschäftsjahres aufgestellten Bilanz sich ergibt, daß die **Hälfte des Stammkapitals verloren** ist. Zweck der Vorschrift ist es, den Gesellschaftern eine grundsätzliche Diskussion über die weitere Geschäftspolitik zu ermöglichen.[19] Die Gesellschafter werden dabei insbesondere zu diskutieren haben, ob die Gesellschaft sanierungsbedürftig ist, und wenn ja, ob sie auch sanierungswürdig und sanierungsfähig ist.[20] 30

Die Hälfte des Stammkapitals ist „verloren“, wenn die Bewertung des Vermögens der GmbH nicht mehr als die Hälfte des in der Satzung festgelegten Nennbetrags des Stammkapitals ergibt. Umstritten ist, nach welchen Regeln der Verlust des hälftigen Stammkapitals festzustellen ist, insbesondere, ob das Vermögen nach den Buchwerten der Jahresbilanz festzustellen ist oder ob stille Reserven durch Ansatz der Verkehrswerte der Vermögensgegenstände aufgelöst werden dürfen. Die herrschende Meinung in der Literatur geht davon aus, daß die **Ansatz- und Bewertungsregeln** der Jahresbilanz maßgeblich sind.[21] Ge- 31

---

[18] *Soergel/Neuhoff* § 86 Rz. 17.

[19] *Rowedder/Koppensteiner* § 49 Rz. 1.; ausführlich zur Bedeutung des neuen Insolvenzrechts für GmbH-Geschäftsführer *Uhlenbruck* GmbHR 1999, 313 ff. und 390 ff.

[20] Vgl. hierzu *Gottwald/Maus* § 3 Rz. 1 ff.

[21] *Scholz/K. Schmidt* § 49 Rz. 22; *Rowedder/Koppensteiner* § 49 Rz. 10; *Hachenburg/Hüffer* § 49 Rz. 23.

messen am Zweck der Vorschrift, die Gesellschafter von einer krisenhaften Entwicklung zu informieren, kann es nur sinnvoll sein, diese Informationspflicht auf ein möglichst frühes Stadium der Krise zu legen. Dieser Zweck würde durch den Ansatz von Verkehrswerten gerade unterlaufen.

32 Stellen die Geschäftsführer im vorgeschriebenen Sinne fest, daß die Hälfte des Stammkapitals verloren ist, müssen sie unverzüglich, d. h. „ohne schuldhaftes Zögern" (vgl. § 121 Abs. 1 Satz 1 BGB), eine Gesellschafterversammlung einberufen. Das Erfordernis „**unverzüglich**" ist nicht nur auf die Einladung, sondern auch auf den Versammlungstermin zu beziehen.[22] Die Einberufung kann unterbleiben, wenn sich bereits alle Gesellschafter mit der Angelegenheit befaßt haben oder – in voller Kenntnis des Sachverhalts – auf die Einberufung verzichten.[23] Die Rechtsfolgen eines Verstoßes gegen die Pflicht zur Einberufung der Versammlung richten sich nach § 43 GmbHG (Schadensersatz gegenüber der GmbH).[24] Unterläßt der Geschäftsführer die Verlustanzeige (vorsätzlich oder fahrlässig), so macht er sich seit der GmbH-Novelle 1980 gem. § 84 GmbHG **strafbar**.

2. Pflicht zur Sanierung

33 Kommen die Gesellschafter der GmbH auf der nach § 49 GmbHG einberufenen Gesellschafterversammlung zu dem Schluß, daß die Gesellschaft sanierungsbedürftig, -würdig und -fähig[25] ist, sind die Geschäftsführer naturgemäß verpflichtet, zweckmäßige Sanierungsmaßnahmen – evtl. aufgrund besonderer Weisungen der Gesellschafter – zu ergreifen. Diese Verpflichtung besteht im **Innenverhältnis** zur Gesellschaft aber auch ohne vorherige Einberufung einer Gesellschafterversammlung nach § 49 GmbHG bzw. ohne entsprechende Weisungen der Gesellschafter. Sie ergibt sich bereits aus § 43 GmbHG, d. h. die Geschäftsführer würden sich gegenüber der Gesellschaft schadensersatzpflichtig machen, wenn sie schuldhaft notwendige Sanierungsmaßnahmen unterlassen.[26]

34 Diese Pflicht zur Sanierung gilt jedoch nicht für das **Außenverhältnis**, d. h. gegenüber den Gläubigern der Gesellschaft. Die Organe der Gesellschaft erfüllen ihre insolvenzrechtlichen Verpflichtungen nach § 64 GmbHG durch den bloßen Antrag auf Eröffnung eines Insolvenzverfahrens, unabhängig davon, ob sie erfolgversprechende Sanierungsmaßnahmen unternommen oder von vornherein unterlassen haben. Die Haftung des Geschäftsführers gegenüber den Gläubigern aus § 823 Abs. 2 BGB i. V. m. § 64 GmbHG wird nicht durch Unterlassen der Sa-

[22] *Scholz/Schmidt* § 49 Rz. 26; *Rowedder/Koppensteiner* § 49 Rz. 11.

[23] *Hachenburg/Hüffer* § 49 Rz. 27; *Scholz/Schmidt* § 49 Rz. 24; *Rowedder/Koppensteiner* § 49 Rz. 11.

[24] Vgl. hierzu *Hachenburg/Hüffer* § 49 Rz. 29.

[25] Vgl. hierzu *Gottwald/Maus* § 3 Rz. 1 ff.

[26] *Uhlenbruck* GmbH & Co. KG, S. 87; *Gottwald/Maus* § 4 Rz. 2; BGH v. 9. 7. 1979, WM 1979, 853, 855.

nierungsmaßnahmen ausgelöst, sondern lediglich durch eine nicht rechtzeitige Antragstellung. Das sich hierin widerspiegelnde „antiquierte zerstörerische Konkursdenken"[27] ist auch durch die am 1. 1. 1999 in Kraft getretene InsO nicht korrigiert worden.

3. Antragspflicht

Wird eine GmbH zahlungsunfähig oder tritt bei ihr der Zustand der Überschuldung ein, so trifft ihre Geschäftsführer nach § 64 GmbHG die Pflicht, **ohne schuldhaftes Zögern**, spätestens drei Wochen nach Eintritt der Zahlungsunfähigkeit bzw. Überschuldung die Eröffnung des Insolvenzverfahrens zu beantragen. Diese Regelung wurde durch das EGInsO nur insoweit verändert, daß die bisher enthaltene tatbestandliche Ausnahme, daß ein Konkursantrag nicht schuldhaft verzögert ist, wenn die Eröffnung des gerichtlichen Vergleichsverfahrens (statt eines Konkursverfahrens) mit der erforderlichen Sorgfalt betrieben wurde, nicht mehr gilt. Hierdurch soll klargestellt werden, daß die Antragsfrist nicht durch außergerichtliche Sanierungsbemühungen überschritten werden darf[28] bzw. solche Sanierungsbemühungen keine Fristüberschreitung rechtfertigen. 35

Als Grund für die Eröffnung des Insolvenzverfahrens nennt § 63 GmbHG den Fall der Zahlungsunfähigkeit und den Fall der Überschuldung. Beide Insolvenzgründe sind in den §§ 17 und 19 InsO (bisher 207, 209, 213 KO; § 1 GesO) geregelt und durch die InsO um den Insolvenzgrund der „drohenden Zahlungsunfähigkeit" (§ 18 InsO) ergänzt. 36

a) Drohende Zahlungsunfähigkeit

Nach § 18 InsO droht der Schuldner zahlungsunfähig zu werden, wenn er voraussichtlich nicht in der Lage sein wird, die bestehenden Zahlungspflichten im Zeitpunkt der Fälligkeit zu erfüllen.[29] Mit dieser Erweiterung der Eröffnungsgründe hat der Gesetzgeber den Bedenken Rechnung getragen, die gegen eine Beschränkung des Begriffs der Zahlungsunfähigkeit auf den Zeitpunkt der Illiquidität geltend gemacht werden. So wurde bereits unter der Konkursordnung, die die „drohende Zahlungsunfähigkeit" noch nicht ausdrücklich regelte, verlangt, daß die Zahlungsunfähigkeit nicht nur im Sinne einer Zeitpunkt-, sondern auch einer **Zeitraum-Illiquidität** zu verstehen ist.[30] Es ist von den Geschäftsführern eine Prognose anzustellen, in die die gesamte Entwicklung der Finanzlage der Gesellschaft bis zur Fälligkeit aller bestehenden Verbindlichkeiten einbezogen werden; in diesem 37

---

[27] *K. Schmidt* ZIP 1980, 329.

[28] Vgl. Begr. zu Nr. 3 Art 38 RegE EG, abgedruckt bei *Balz/Landfermann* Die neuen Insolvenzgesetze, S. 558, 581.

[29] Der Begriff „drohende Zahlungsunfähigkeit" wird bisher bereits im Strafrecht verwandt (§§ 283, 283 d StGB), ohne dort jedoch näher bestimmt zu werden; kritisch zu diesem neuen Insolvenzgrund und zu Möglichkeiten des Mißbrauchs *K. Schmidt* Kölner Schrift zur InsO, S. 915.

[30] Vgl. insb. *Kilger* ZIP 1982, 781; ZRP 1984, 48.

Rahmen sind neben den zu erwartenden Einnahmen auch die zukünftigen, noch nicht begründeten Zahlungspflichten mitzuberücksichtigen. Die vorhandene Liquidität und die Einnahmen, die bis zum genannten Zeitpunkt zu erwarten sind, müssen den Verbindlichkeiten gegenübergestellt werden, die bereits fällig sind oder bis zu diesem Zeitpunkt voraussichtlich fällig werden. Der Geschäftsführer, der seinen Eröffnungsantrag auf drohende Zahlungsunfähigkeit stützt, kann vom Gericht aufgefordert werden, einen derartigen **Liquiditätsplan** einzureichen (§ 20 InsO).[31] Die Gesellschaft ist „voraussichtlich" nicht in der Lage, die bestehenden Zahlungspflichten im Zeitpunkt der Fälligkeit zu erfüllen, wenn der Eintritt der Zahlungsunfähigkeit wahrscheinlicher ist als deren Vermeidung.

38 Der Eröffnungsgrund der drohenden Zahlungsunfähigkeit ist jedoch auf den Fall des **Schuldnerantrags** beschränkt. Hierdurch soll vermieden werden, daß Außenstehende den Schuldner schon im Vorfeld der Insolvenz durch einen Insolvenzantrag unter Druck setzen können und so Bemühungen um eine außergerichtliche Sanierung behindern.[32]

b) Zahlungsunfähigkeit

39 Endgültige Zahlungsunfähigkeit ist gem. § 17 Abs. 2 InsO insbesondere anzunehmen, wenn **Zahlungseinstellung** erfolgt ist. Neben dieser Vermutungsregel enthält § 17 Abs. 2 InsO noch die allgemeine Definition, daß der Schuldner zahlungsunfähig ist, wenn er nicht in der Lage ist, die fälligen Zahlungspflichten zu erfüllen. Diese Umschreibung soll dem Interesse der Rechtsklarheit dienen und entspricht der Definition, die sich in Rechtsprechung und Literatur für die Zahlungsunfähigkeit durchgesetzt hat.[33]

40 Daß eine nur vorübergehende **Zahlungsstockung** keine Zahlungsunfähigkeit begründet, wurde im Gesetzestext der InsO nicht besonders zum Ausdruck gebracht. Nach Ansicht des Gesetzgebers versteht sich von selbst, daß ein Schuldner, dem in einem bestimmten Zeitpunkt liquide Mittel fehlen – etwa weil eine erwartete Zahlung nicht eingegangen ist –, der sich die Liquidität aber kurzfristig wiederbeschaffen kann, im Sinne der Vorschrift „in der Lage ist, die fälligen Zahlungspflichten zu erfüllen".[34] Auch verzichtete man darauf, im Gesetz vorzuschreiben, daß die Unfähigkeit zur Zahlung einen „wesentlichen Teil" der Verbindlichkeiten betreffen muß, da man es ebenfalls für selbstverständlich hielt, daß ganz **geringfügige Liquiditätslücken** außer Betracht bleiben müssen, jedoch die Festlegung auf einen bestimmten Bruchteil der Gesamtsumme der Verbindlichkeiten nicht gerechtfertigt sei.[35]

---

[31] Vgl. Begr. zu § 22 RegE, abgedr. bei *Balz/Landfermann* Die neuen Insolvenzgesetze, S. 91.

[32] Begr. zu § 22 RegE, abgedr. bei *Balz/Landfermann* Die neuen Insolvenzgesetze, S. 91.

[33] Begr. zu § 21 RegE, abgedr. bei *Balz/Landfermann* Die neuen Insolvenzgesetze, S. 90.

[34] Begr. zu § 21 InsO, abgedr. bei *Balz/Landfermann* Die neuen Insolvenzgesetze, S. 90.

[35] Begr. zu § 21 InsO, abgedr. bei *Balz/Landfermann* Die neuen Insolvenzgesetze, S. 90; kritisch, *Jaeger* BB 1997, 1575, 1577.

c) Überschuldung

41 Nach § 19 Abs. 2 Satz 1 InsO liegt eine Überschuldung vor, wenn das Vermögen der Gesellschaft nicht mehr die Schulden deckt. Diese Definition wird in § 19 Abs. 2 Satz 2 InsO ergänzt: *„Bei der Bewertung des Vermögens des Schuldners ist jedoch die Fortführung des Unternehmens zugrunde zu legen, wenn diese nach den Umständen überwiegend wahrscheinlich ist."* Hierbei handelt es sich um eine neue **Definition der Überschuldung**, die von dem im Schrifttum entwickelten[36] und von der Rechtsprechung übernommenen zweistufigen Überschuldungsbegriff[37] abweicht.

42 Nach dieser bisher herrschenden Meinung sind für die Überschuldungsbilanz stets Liquidationswerte maßgeblich; trotz rechnerischer Überschuldung liegt „Überschuldung" im Rechtssinne dennoch nicht vor, wenn die **Überlebensprognose** der Gesellschaft günstig ist. „Überschuldung" setzt sich danach zusammen aus der Kombination von rechnerischer Überschuldung und negativer Überlebensprognose für die Gesellschaft (sog. zweistufige Prüfung).[38]

43 In der Begründung zum Regierungsentwurf[39] wird dazu ausdrücklich bemerkt, eine positive Prognose für die Lebensfähigkeit des Unternehmens, die leicht vorschnell zugrunde gelegt werde, dürfe die Annahme einer Überschuldung noch nicht ausschließen; sei sie nach den Umständen gerechtfertigt, erlaube sie nur eine andere Art der Vermögensbewertung. § 19 Abs. 2 Satz 2 InsO geht daher vom sog. **alternativen Überschuldungsbegriff** aus: Grundsätzlich ist die Überschuldung durch Gegenüberstellung von Vermögen und Verbindlichkeiten unter Ansatz der Liquidationswerte festzustellen. Erscheint die Gesellschaft wirtschaftlich lebensfähig und soll sie fortgeführt werden, hat die Gegenüberstellung von Vermögen und Schulden zu Fortführungswerten (unter Zugrundelegung des Going-concern-Prinzips) zu erfolgen.[40] Kommt es nach dieser Bilanz zu Fortführungswerten zu einer rechnerischen Überschuldung, ist der Überschuldungstatbestand trotz positiver Überlebensprognose erfüllt.[41]

d) Antragspflichten bei Vorhandensein mehrerer Geschäftsführer

44 Die Antragspflicht trifft bei mehreren Geschäftsführern jedes der Organmitglieder. In der Praxis werden häufig die Geschäftsführungsauf-

---

[36] *K. Schmidt* AG 1978, 337; *ders.* ZIP 1980, 233, 236.

[37] BGH v. 13. 7. 1992, BGHZ 119, 201, 214 f.; BGH v. 21. 2. 1994, BGHZ 125, 141, 146; BGH v. 6. 6. 1994, BGHZ 126, 181, 199.

[38] Anders die Auslegung des zweistufigen Überschuldungsbegriffs bei *Lutter* ZIP 1999, 641, 642, der zu einer Übereinstimmung mit der Rechtslage nach der InsO kommt.

[39] Begr. zu § 23 RegE, abgedruckt bei *Balz/Landfermann* Die neuen Insolvenzgesetze, S. 93.

[40] Zur praktischen Bedeutung der Neuregelung vgl. *K. Schmidt* Kölner Schrift zur InsO, S. 917; *Uhlenbruck* Das neue Insolvenzrecht, S. 77.

[41] Weiterführend vgl. *Lutter* ZIP 1999, 641

gaben intern aufgeteilt, so daß diejenigen Mitglieder des Führungsorgans, die nicht mit der kaufmännischen Seite betraut sind, von der Zahlungsunfähigkeit oder Überschuldung selbst überrascht werden können. Eine solche interne Aufteilung entlastet jedoch nicht von der **individuellen Antragspflicht**. Jedes Organmitglied muß seiner Einstandspflicht für die Gesetzmäßigkeit der Unternehmensleitung durch eine strenge Kontrolle und **Überwachung der Mitgeschäftsführer** nachkommen.[42]

45 Von der Antragspflicht werden die Geschäftsführer auch nicht dadurch befreit, daß sie von der Gesellschafterversammlung, dem Mehrheitsgesellschafter, dem Aufsichtsrat oder Beirat die **Weisung** erhalten haben, die Antragstellung zu unterlassen. Die Organstellung erfordert selbstverantwortliches Handeln der Geschäftsführer.[43]

46 Bisher nicht höchstrichterlich entschieden ist die Frage, ob sich ein Geschäftsführer dadurch der Insolvenzantragspflicht entziehen kann, daß er, z.B. noch innerhalb der Dreiwochenfrist des § 64 Abs. 1 GmbHG, sein Amt niederlegt. Eine solche **Amtsniederlegung** wird z.T. als rechtsmißbräuchlich und deshalb unwirksam angesehen, d.h. die Befugnis und Pflicht zur Antragstellung bleibt bestehen.[44] Da die gerichtliche Feststellung, ob die Amtsniederlegung im Einzelfall rechtsmißbräuchlich war, sich jedoch über Jahre hinweg ziehen kann, wird z.T. aus Gründen der Rechtssicherheit dafür plädiert, auch die Amtsniederlegung nach Insolvenzreife grundsätzlich als sofort wirksam anzusehen. Die damit endende Insolvenzantragspflicht soll sich nach dieser – m.E. zutreffenden – Meinung in die Verpflichtung des früheren Geschäftsführers wandeln, die verbleibenden Geschäftsführer zu veranlassen, den Antrag zu stellen.[45]

47 Eine Einschränkung der Antragsberechtigung jedes Geschäftsführers (§ 15 Abs. 1 InsO) ist lediglich bei dem – nicht zu den zwingenden Antragsgründen des § 64 Abs. 1 GmbHG zählenden – neuen Eröffnungsgrund der „**drohenden Zahlungsunfähigkeit**" vorgesehen: Wird der Insolvenzantrag nicht von allen Geschäftsführern gestellt, darf das Insolvenzverfahren wegen drohender Zahlungsunfähigkeit nur dann eröffnet werden, wenn der oder die Antragsteller zur Vertretung der GmbH berechtigt sind (§ 18 Abs. 3 InsO).

e) Antragsfrist

48 Nach dem Wortlaut des § 64 Abs. 1 GmbHG ist der **Beginn der Frist** von drei Wochen, innerhalb deren der Antrag gestellt werden muß, an den Eintritt der Zahlungsunfähigkeit bzw. der Überschuldung geknüpft. Die Rechtsprechung hat die Vorschrift dahin ausgelegt, die

---

[42] BGH v. 1. 3. 1993, GmbHR 1994, 460, 461.

[43] *Rowedder/Rowedder* § 64 Rz. 12.

[44] Vgl. BayObLG v. 29. 7. 1992, GmbHR 1992, 671, 672; offengelassen in BGH v. 8. 2. 1993, BGHZ 121, 257, 262.

[45] *Rowedder/Rowedder* § 64 Rz. 12; *Scholz/K. Schmidt* § 64 Rz. 23; *Hachenburg/Ulmer* § 64 Rz. 9.

Frist beginne im Fall der Überschuldung erst in dem Zeitpunkt zu laufen, in dem die Geschäftsführer **positive Kenntnis** von der Überschuldung erlangt haben.[46] Als ordentliche Geschäftsleiter sind die Geschäftsführer allerdings verpflichtet, laufend die wirtschaftliche Lage des Unternehmens zu beobachten.[47] Zeigen sich erste Anzeichen einer Krise, müssen sie sich durch Aufstellung eines Vermögensstatus einen Überblick über den Stand der Aktiva und Passiva verschaffen.[48] Aufgrund der ihnen vorgelegten Aufstellung haben sie unverzüglich eine eingehende Analyse der finanziellen Situation selbst vorzunehmen oder eine fachkundige Fremdanalyse zu veranlassen.[49]

Zu dem Fristbeginn für dic Zahlungsunfähigkeit liegt eine Entschei- 49
dung des BGH nicht vor. Im Schrifttum ist umstritten, ob er von dem Eintritt der Zahlungsunfähigkeit oder – ebenfalls – davon abhängig ist, daß das geschäftsführende Organ Kenntnis von dem Eintritt erlangt.[50]

II. Haftung der Geschäftsführer

§ 64 GmbHG normiert nicht nur besondere Pflichten der Geschäfts- 50
führer in der „Krise", sondern schafft auch Haftungstatbestände, die z. T. mit den allgemeineren Haftungstatbeständen des § 43 GmbHG konkurrieren.[51] Dabei handelt es sich zum einen um den Vorwurf der sog. Insolvenzverschleppung (der Insolvenzantrag wird verspätet gestellt) und den Vorwurf der Masseschmälerung (das der Masse zugedachte Vermögen wird in der Zeit zwischen Fristbeginn und Antragstellung vermindert).

1. Insolvenzverschleppung

Erfüllen die Geschäftsführer nicht innerhalb der Dreiwochenfrist ihre 51
Verpflichtung zum Stellen des Insolvenzantrages, führt dies nach § 823 Abs. 2 BGB zur Schadensersatzhaftung der Geschäftsführer gegenüber den Gläubigern der Gesellschaft.[52] Die **Altgläubiger**, also diejenigen, die bei Eintritt der Insolvenzreife ihre Gläubigerstellung bereits erlangt hatten, sollen durch § 64 Abs. 1 GmbHG vor der Schmälerung des ihnen haftenden Vermögens als Folge verspäteter Stellung des Insolvenzantrages geschützt werden.[53] Sie erhalten nach ganz herrschender Mei-

---

[46] BGH v. 9. 7. 1979, WM 1979, 853, 856; kritisch *Scholz/K. Schmidt* § 64 Rz. 18.

[47] Zu den Pflichten der Geschäftsführer bei der Erstellung des Jahresabschlusses und des Lageberichts in der Krise vgl. *Beck GmbH-HB/Nonnenmacher* § 15 Rz. 45.

[48] BGH v. 6. 6. 1994, NJW 1994, 2220.

[49] BGH v. 7. 11. 1994, GmbHR 1995, 130; anschaulich *Lutter* ZIP 1999, 641.

[50] *Baumbach/Hueck/Schulze-Osterloh* § 64 Rz. 9; *Lutter/Hommelhoff* § 64 Rz. 3; *Hachenburg/Ulmer* § 64 Rz. 25; a. A. *Scholz/K. Schmidt* § 64 Rz. 14, 18.

[51] Vgl. *Roth/Altmeppen* § 64 Rz. 29 m. w. N.; *Uhlenbruck* GmbHR 1999, 313, 324.

[52] Nach § 823 Abs. 2 ist derjenige zu Schadensersatz verpflichtet, welcher gegen ein den Schutz eines anderen bezweckendes Gesetz verstößt; § 64 Abs. 1 GmbHG bezweckt den Schutz der Gläubiger.

[53] *Scholz/K. Schmidt* § 64 Rz. 49.

nung und ständiger Rechtsprechung des BGH den sog. „**Quotenschaden**" ersetzt.[54] Der Schaden besteht in der Differenz der tatsächlich erzielten Quote zu der Quote, die nach pflichtgemäßer (fristgerechter) Antragstellung auf die Gläubiger entfallen wäre.[55] Da die Berechnung dieser Differenz meist an den erheblichen Beweisschwierigkeiten scheitert, ist die praktische Relevanz der Haftung wegen Insolvenzverschleppung gering.[56]

52 Auch ein Schadenersatzanspruch der **Neugläubiger**, d. h. solcher Gesellschaftsgläubiger, deren vertraglicher Anspruch nach dem Zeitpunkt entstanden ist, in dem der Insolvenzantrag hätte gestellt werden müssen, wurde bisher nur in der Höhe zuerkannt, die die Quote bei entstehen der Forderung erreichte. Der BGH änderte jedoch im Jahre 1994 seine Rechtsprechung.[57] Den Neugläubigern wird jetzt aus § 823 Abs. 2 BGB i.V. m. § 64 Abs. 1 GmbHG bei Rechtsgeschäften mit der Gesellschaft nach Eintritt der Insolvenzreife als Schadenersatz das volle **negative Interesse** zugebilligt, d. h. es ist der volle Schaden zu ersetzen, der ihnen dadurch entstanden ist, daß sie in Rechtsbeziehung zu einer überschuldeten oder zahlungsunfähigen Gesellschaft getreten sind.[58] Die geänderte Rechtsprechung führt zu einer erheblichen Verschärfung der Geschäftsführerhaftung.[59] Das Inkrafttreten der InsO änderte an diesem Rechtszustand nichts.

53 Obwohl der Anspruch der Altgläubiger auf Ersatz ihres Quotenschadens an sich jedem einzelnen Gläubiger zusteht, ging bereits vor Inkrafttreten der InsO die herrschende Meinung davon aus, daß diese Ansprüche im Konkurs vom Konkursverwalter geltend gemacht werden.[60] Dagegen war der Neugläubiger nach der geänderten Rechtsprechung des BGH berechtigt, auch während des Konkursverfahrens seinen Anspruch aus § 823 Abs. 2 BGB i.V. m. § 64 Abs. 1 GmbHG geltend zu machen.[61]

54 Nach § 92 InsO wird die **Aktivlegitimation** von Alt- sowie Neugläubigern ab 1. 1. 1999 dahingehend einheitlich geregelt, daß Ansprüche der Gläubiger auf Ersatz eines Schadens, den diese Gläubiger gemeinschaftlich durch eine Verminderung des zur Insolvenzmasse gehö-

---

[54] Vgl. stellvertretend *Lutter/Hommelhoff* § 64 Rz. 14; BGH v. 6. 6. 1994, NJW 1994, 2220.

[55] *Scholz/K. Schmidt* § 64 Rz. 38.

[56] Als Bsp. für die praktischen Schwierigkeiten bei der Ermittlung der hypothetischen Insolvenzmasse vgl. BGH v. 28. 4. 1997, GmbHR 1997, 898.

[57] BGH v. 6. 6. 1994, NJW 1994, 2220.

[58] BGH aaO.; bestätigt durch BGH v. 7. 11. 1994, GmbHR 1995, 130; BGH v. 30. 3. 1998 DStR 1998, 651; BGH v. 8. 3. 1999 ZIP 1999, 967.

[59] Vgl. *Uhlenbruck* ZIP 1996, R 53; der Begründung der Entscheidung v. 6. 6. 1994, aaO., läßt sich jedoch entnehmen, daß nach neuerem Verständnis für eine Haftung des Geschäftsführers wegen Verschuldens bei Vertragsschluß nur noch unter dem Gesichtspunkt der Inanspruchnahme eines besonderen persönlichen Vertrauens Raum bleibt.

[60] *Lutter/Hommelhoff* § 64 Rz. 21; *Hachenburg/Ulmer* § 63 Rz. 56; *Rowedder/Rowedder* § 64 Rz. 24.

[61] BGH v. 6. 6. 1994, NJW 1994, 2220.

renden Vermögens vor oder nach Eröffnung des Insolvenzverfahrens erlitten haben (Gesamtschaden), nur vom Insolvenzverwalter geltend gemacht werden können. Dieser Regelung liegen Praktikabilitätserwägungen – welcher Gläubiger verfügt schon über die Informationen, aus denen sich seine Einstufung als Alt- oder Neugläubiger ergibt[62] – sowie die Überlegung zugrunde, daß sich nur so gesonderte Zugriffe einzelner Gläubiger, die die gleichmäßige Befriedigung der Insolvenzgläubiger verletzten, verhindern lassen.[63]

Nicht unter den Schutzbereich des § 64 Abs. 1 GmbHG fallen solche 55
Gläubiger, die erst mit oder nach der tatsächlichen Insolvenzeröffnung Gläubiger der Gesellschaft geworden sind.[64]

Wie jeder Schadensersatzanspruch setzt auch der Anspruch aus § 823 56
Abs. 2 BGB i.V.m. § 64 Abs. 1 GmbHG **Verschulden** voraus, wobei fahrlässiges Verhalten genügt. Steht der Insolvenzgrund fest, wird Verschulden vermutet. Der Geschäftsführer, der das Unternehmen nicht durch Insolvenzantrag stillegt, muß also darlegen und beweisen, weshalb er trotz Insolvenzreife der GmbH nicht schuldhaft gehandelt hat.[65] Stellt der Geschäftsführer den Insolvenzantrag nicht, weil ihm ein Rechtsanwalt oder Steuerberater auf Anfrage mitgeteilt hat, eine Überschuldung i. S. v. § 64 GmbHG liege nicht vor, soll z. B. ein solcher nicht schuldhafter Verstoß gegen die Insolvenzantragspflicht vorliegen.[66] Bei **Mitverschulden** des Gläubigers kommt eine Kürzung des Schadensersatzanspruches nach § 254 BGB nach allgemeinen Grundsätzen in Frage. Doch begründet die Kenntnis von einem geringen Stammkapital noch kein Mitverschulden, weil sonst den Gläubigern das Risiko einer materiellen Unterkapitalisierung aufgebürdet würde.[67]

Eine **Verschärfung der Geschäftsführerhaftung** wurde im Ver- 57
gleich zu der nach der Konkursordnung geltenden Rechtslage durch § 26 Abs. 3 InsO herbeigeführt. Reicht das Vermögen des Schuldners voraussichtlich zur Deckung der Verfahrenskosten nicht aus und hat ein antragsberechtigter Gläubiger (§§ 13, 14 InsO) einen ausreichenden Geldbetrag vorgeschossen, um die Eröffnung des Insolvenzverfahrens zu bewirken (§§ 27, 26 Abs. 1 Satz 2 InsO), kann er die Erstattung des vorgeschossenen Betrages u. a. von den Geschäftsführern verlangen, die entgegen § 64 Abs. 1 GmbHG den Antrag auf Eröffnung des Insolvenzverfahrens pflichtwidrig und schuldhaft nicht gestellt haben. Die Regelung kommt auch zur Anwendung, wenn ein Massegläubiger einen Kostenvorschuß leistet, um eine sonst drohende Einstellung mangels Masse abzuwenden (§ 207 InsO).[68]

---

[62] *Wilhelm* ZIP 1993, 1833, 1836.

[63] Beg. zu § 103 RegE, abgedruckt bei *Balz/Landfermann* Die neuen Insolvenzgesetze, S. 173.

[64] *Rowedder/Rowedder* § 64 Rz. 20.

[65] BGH v. 6. 6. 1994, NJW 1994 2220.

[66] OLG Stuttgart v. 28. 10. 1997, GmbHR 1998, 89.

[67] BGH v. 6. 6. 1994, aaO.

[68] Vgl. Begr. zu § 317 RegE, abgedruckt bei *Balz/Landfermann* Die neuen Insolvenzgesetze, S. 309; kritisch *K. Schmidt* Kölner Schrift zur InsO, S. 926.

2. Masseschmälerung

58 § 64 Abs. 2 GmbHG knüpft die Haftung des Geschäftsführers daran, daß er nach Eintritt der Zahlungsunfähigkeit oder nach Feststellung der Überschuldung noch Zahlungen leistet. Der Anspruch ist ein Schadensersatzanspruch, der im Interesse der Masse, also der Gesamtheit der Insolvenzgläubiger, von der Gesellschaft, vertreten durch den Insolvenzverwalter, geltend gemacht wird.[69]

59 Den **Begriff der „Zahlung“** legt die herrschende Meinung nicht wörtlich aus. Er ist vielmehr im weitesten Sinne zu verstehen und erfaßt jeden das Gesellschaftsvermögen belastenden Transfer.[70] Zu einer Haftung führen solche Zahlungen jedoch nur dann nicht, wenn ihnen eine vollwertige Gegenleistung des jeweiligen Vertragspartners gegenübersteht und der Wert dieser Gegenleistung in der Masse noch vorhanden ist.[71] Der durch die Befriedigung eines Gläubigers gemäß § 64 Abs. 2 GmbHG entstehende Schaden ist zu kürzen um den Quotenbetrag, den der Leistungsempfänger ohne die „Zahlung“ zur beanspruchen gehabt hätte.[72]

60 Der Schadensersatzanspruch wegen Insolvenzverschleppung (§ 823 Abs. 2 BGB i.V. m. § 64 Abs. 1 GmbHG) **verjährt** gemäß § 852 BGB in drei Jahren, während der Schadensersatzanspruch wegen Masseschmälerung gemäß § 64 Abs. 2 Satz 3 i.V. m. § 43 Abs. 4 GmbHG in fünf Jahren verjährt.

III. Pflichten der Gesellschafter

61 Die Gesellschafter einer GmbH sind im **Außenverhältnis**, d. h. im Verhältnis zu den Gläubigern der GmbH, nicht verpflichtet, den Geschäftsbetrieb der Gesellschaft im Interesse der Gläubiger im bisherigen Umfang fortzuführen.[73] Sie können daher jederzeit die Beendigung des Geschäftsbetriebs und die Auflösung der Gesellschaft beschließen. Auch in der Krise besteht keine Sanierungspflicht der Gesellschafter gegenüber den Gläubigern.[74]

62 Auch im **Innenverhältnis**, d. h. gegenüber den übrigen Gesellschaftern, besteht keine dahingehende Treuepflicht, an Sanierungsmaßnahmen mitzuwirken. Lediglich die aktive Verhinderung einer sinnvollen und mehrheitlich angestrebten Sanierung der Gesellschaft – einschließlich einer zum Sanierungskonzept gehörenden Kapitalherabsetzung – aus eigennützigen Gründen soll gegen die Treuepflichten des Gesellschafters verstoßen.[75]

---

[69] *Rowedder/Rowedder* § 64 Rz. 14.

[70] Vgl. die Beispiele *bei Rowedder/Rowedder* § 64 Rz. 14; *Roth/Altmeppen* § 64 Rz. 25.

[71] Vgl. OLG Celle v. 18. 5. 1994, NJW-RR 1995, 558 mwN.; *Lutter/Hommelhoff* § 64 Rz. 11 mwN.

[72] BGH v. 24. 5. 1995, NJW 1996, 2149, 2150; *Roth/Altmeppen* § 64 Rz. 26 mwN.

[73] BGH v. 12. 2. 1996, ZIP 1996, 637.

[74] *K. Schmidt* GesR, S. 142.

[75] Zur Aktiengesellschaft: BGH v. 20. 3. 1995, NJW 1995, 1739 m. Anm. *Altmeppen.*

Keinesfalls sind die Gesellschafter der GmbH in Krisensituationen verpflichtet, **Kapital nachzuschießen**. Es gehört zu den allgemeinen Grundsätzen des Verbandsrechts, daß kein Mitglied gegen seinen Willen über die eingegangenen, in der Satzung festgelegten Verpflichtungen hinaus Beiträge leisten muß.[76] Zur Haftung der Gesellschafter wegen Insolvenzverschleppung vgl. nachstehend in Rz. 64. 63

IV. Haftung Dritter

Umstritten ist, ob gemäß § 64 GmbHG auch ein Dritter schadener- 64
satzpflichtig sein kann. Anerkannt ist dies bisher unstreitig nur für den Fall des „**faktischen Geschäftsführers**", der tatsächlich die Stellung eines Geschäftsführers innehat, ohne förmlich wirksam bestellt zu sein. Dieser unterliegt der Antragspflicht des § 64 GmbHG und damit auch der Haftung.[77] Ungeklärt ist hingegen, ob auch ein (Mehrheits-)Gesellschafter, dessen Einflußnahme auf die Gesellschaft unterhalb der Schwelle eines „faktischen Geschäftsführers" bleibt, den Gläubigern der Gesellschaft nach § 64 GmbHG schadenersatzpflichtig sein kann. Dies wird – entgegen der noch herrschenden Meinung[78] – zunehmend bejaht, wobei Grund und Grenzen jedoch unterschiedlich gesehen werden.[79] Grundsätzlich sind die **Gesellschafter** nicht verpflichtet, für einen rechtzeitigen Insolvenzantrag zu sorgen, sie dürfen sich insoweit vielmehr auf die Geschäftsführer verlassen. Dadurch, daß sie sich in einer Krisensituation aus der Geschäftsführung heraushalten, können sie also eine Haftung nach § 64 GmbHG wirksam ausschließen. Greifen sie jedoch in die Geschäftsführung ein, indem sie z. B. die Geschäftsführer anweisen, keinen Insolvenzantrag zu stellen, bzw. für sich übergeordnete Geschäftsführungskompetenzen beanspruchen, unterliegen sie im Gläubigerinteresse einer eigenen Sorgfaltshaftung.[80] Der Minderheitsgesellschafter haftet danach regelmäßig nicht, weil er keinen bestimmenden Einfluß nehmen kann.

Bezüglich des Schadensersatzanspruches wegen Insolvenzverschlep- 65
pung nach § 823 Abs. 2 i.V. m. § 64 GmbHG kann sich eine sog. **deliktische Mithaftung** Dritter (auch Gesellschafter) als Mittäter oder Beteiligte ergeben. Eine solche Haftung setzt jedoch voraus, daß der Geschäftsführer als Haupttäter vorsätzlich seine Insolvenzantragspflicht verletzt, der Mittäter oder Beteiligte von dieser Verletzung weiß (insb. ihm dieses Wissen nachgewiesen werden kann!) und er dessen Tat fördert.[81] In der Praxis wird die Geltendmachung dieses Anspruchs regel-

---

[76] *K. Schmidt* GesR, S. 142.

[77] BGH v. 21. 3. 1988, NJW 1988, 1789; *Scholz/K. Schmidt* § 64 Rz. 7 und 44 mwN.

[78] Vgl. die Nachweise beim *Baumbach/Hueck/Schulze-Osterloh* § 64 Rz. 36.

[79] Vgl. *Scholz/K. Schmidt* § 64 Rz. 45, 47; *Hachenburg/Ulmer* § 64 Rz. 77; *Roth/Altmeppen* § 64 Rz. 65 ff.; *Karollus* ZIP 1995, 269, 273.

[80] *Roth/Altmeppen* § 64 Rz. 630.

[81] BGH v. 7. 11. 1994, ZIP 1995, 124, 126; *Baumbach/Hueck/Schulze-Osterloh* § 64 Rz. 36.

mäßig daran scheitern, daß die positive Kenntnis der Insolvenzverschleppung nicht nachzuweisen ist.

66 **Berater** der Gesellschaft unterliegen grundsätzlich nicht einer Haftung nach § 64 GmbHG. So schuldet z. B. der Steuerberater grundsätzlich keine Beratung zur Insolvenzanmeldung. Bezieht sich ausnahmsweise das Beratungsverhältnis explizit auf diese Fragen und wird die Insolvenzantragspflicht verletzt, weil die Geschäftsführer sich auf den – falschen – Rat des Beraters verlassen haben, haftet der Berater der Gesellschaft aus der Verletzung des Beratervertrages, nicht jedoch den Gläubigern nach § 64 GmbHG. Entsprechendes gilt bei der unrichtigen Rechnungslegung durch den Abschlußprüfer, die zu einer verspäteten Antragstellung führt.[82]

[82] *Roth/Altmeppen* § 64 Rz. 34.

§ 19 Beendigung der gemeinnützigen Tätigkeit

Bearbeiter: Dr. Jens Eric Gotthardt

Übersicht

A. Zweckänderung durch formelle Satzungsänderung

1 Die von *Ihering* im 19. Jahrhundert aufgestellte These vom Zweck als Schöpfer des ganzen Rechts[1] gilt besonders für das Gemeinnützigkeitsrecht. Die Zwecksetzung stellt hier geradezu das Herzstück dar. Der gemeinnützige Zweck ist der Grund für die vom Staat gewährten Vergünstigungen, sie sollen Gemeinwohlzwecken dienen.[2] Folgerichtig führt die Änderung des Zwecks einer gemeinnützigen Körperschaft, soweit der geänderte Zweck nicht mehr auf das Gemeinwohl ausgerichtet ist, zu einer Beendigung der gemeinnützigen Tätigkeit.

2 Nach § 60 Abs. 1 AO müssen die Satzungszwecke und die Art ihrer Verwirklichung so genau in der Satzung der gemeinnützigen Körperschaft bestimmt sein, daß aufgrund der Satzung geprüft werden kann, ob die satzungsmäßigen Voraussetzungen für Steuervergünstigungen gegeben sind. Da das Gesetz jedoch keine Pflicht zu gemeinnützigem Handeln kennt, steht es der Körperschaft grundsätzlich frei, ihren – gemeinnützigen – Zweck zu ändern. Für gemeinnützige Körperschaften hat dies jedoch regelmäßig zur Folge, daß die gewährte Gunst vom Staat zurückgefordert wird.[3] Zu unterscheiden ist die formelle Änderungen des Satzungszweckes von der **bloßen Satzungsdurchbrechung**, unter der man die Abweichung von einer Satzungsbestimmung in einem konkreten Fall (evtl. auch einer Mehrzahl von Fällen), ohne daß die Satzung selbst geändert wird, versteht.[4] Solche Satzungsdurchbrechungen stellen z. B. satzungswidrige Handlungen des Vorstands, aber auch satzungsverletzende Beschlüsse dar. Auch sie können die Gemeinnützigkeit der Körperschaft gefährden, insbesondere wenn aufgrund von Satzungsdurchbrechungen die in § 63 AO normierten Anforderungen an die tatsächliche Geschäftsführung der gemeinnützigen Körperschaft nicht erfüllt sind (vgl. hierzu § 9 Rz. 15 ff.).

I. Verein

3 Der Zweck ist der den Charakter des Vereins bestimmende oberste Leitsatz der Vereinstätigkeit, in dem das alle Mitglieder verbindende gemeinsame Interesse zum Ausdruck kommt.[5] Folgerichtig bestimmt § 57 Abs. 1 BGB, daß die Satzung eines Vereins, der durch Registereintragung rechtsfähig werden will, den Zweck angeben muß. Der Zweck hat für das Vereinsleben eine fundamentale Bedeutung, da er der Grund für die Bildung des Vereins und für die Mitgliedschaft ist. Die nachfolgenden Betrachtungen beziehen sich, soweit nicht ausdrücklich anders erwähnt, auf den nichtwirtschaftlichen Verein im Sinne von § 21 BGB, d. h. ein Verein, dessen Zweck nicht auf einen wirtschaftlichen Ge-

---

[1] *Ihering* Der Zweck im Recht, Bd. 1, 1877, Einleitung.
[2] *Tipke* Die Steuerrechtsordnung, 1993, 367 ff.
[3] *Trzaskalik* StuW 1986, 219 (230).
[4] *Staudinger/Weick* § 33 Rz. 9.
[5] BGH v. 11. 11. 1985, NJW 1986, 1033; *Häuser-van Look* ZIP 1986, 754; differenzierend *K. Schmidt* BB 1987, 556.

schäftsbetrieb gerichtet ist (zur Abgrenzung des nichtwirtschaftlichen zum wirtschaftlichen und des nichtrechtsfähigen zum rechtsfähigen Verein vgl. § 2 Rz. 2 ff.).

Begrifflich zu trennen ist der Zweck von der **Zweckverwirklichung**. Daher fordert § 60 AO auch, daß die Satzungszwecke *und* die Art ihrer Verwirklichung in der Satzung bestimmt sein müssen. Die Änderung der Mittel zur Erreichung des Vereinszwecks allein, also der in der Satzung beschriebenen Vereinsaufgaben, bedingt zwar eine Satzungsänderung, stellt jedoch keine Zweckänderung dar.[6] Dies soll jedoch dann nicht gelten, wenn die bisher eingesetzten Mittel zur Zweckerreichung das Wesen des Vereins geprägt haben.[7] 4

§ 33 BGB sieht vor, daß ein die Satzung des Vereins ändernder Beschluß grundsätzlich mit einer Mehrheit von drei Vierteilen der erschienenen Mitglieder gefaßt werden kann. Zur Änderung des Zwekkes des Vereins soll nach § 33 Abs. 1 BGB jedoch grundsätzlich die **Zustimmung aller Mitglieder** erforderlich sein. Soweit nicht alle Mitglieder an der beschlußfassenden Versammlung teilnehmen, kann – und muß – ihre Zustimmung schriftlich erfolgen, d. h., die Zweckänderung erfordert keine Vollversammlung. 5

Nach dem Gesetz ist für die Zweckänderung also die **Mitgliederversammlung zuständig**, die in Form eines Beschlusses entscheidet. Nach § 32 Abs. 1 Satz 2 BGB hängt die Gültigkeit der Beschlußfassung in der Mitgliederversammlung davon ab, daß der Beratungsgegenstand bei der Einberufung den Mitgliedern mitgeteilt wird. Die Bekanntmachung der Tagesordnung soll den Mitgliedern die Möglichkeit gegeben, sich über die Notwendigkeit der Teilnahme an der Mitgliederversammlung zu entscheiden und sich auf die Beratung anstehender Themen vorzubereiten.[8] 6

Vom Erfordernis der Einstimmigkeit kann die Satzung, da es sich gem. § 40 BGB um **dispositives Recht** handelt, abweichen. Wurde der Verein jedoch nicht bereits mit einer solchen abweichenden Satzungsbestimmung gegründet, kann eine spätere Satzungsänderung nur durch einstimmigen Änderungsbeschluß erfolgen. Die in Satzungen häufig anzutreffende Formulierung „Änderungen der Satzung bedürfen der Mehrheit von drei Vierteilen der Stimmen aller anwesenden Mitglieder“ legitimiert jedoch noch nicht zu einer Zweckänderung durch Mehrheitsbeschluß. Soll durch eine Satzungsregelung von der Grundregel des § 33 BGB abgewichen werden, muß sich aus der Satzungsbestimmung eindeutig, d. h. im Regelfall ausdrücklich und bestimmt, ergeben, daß sie auch für Zweckänderungen gilt. Dieses Erfordernis ergibt sich bereits aus der Systematik des Gesetzes, das in § 33 Abs. 1 BGB zwischen einfachen und qualifizierten, nämlich zweckändernden, Satzungsänderungen unterscheidet.[9] 7

---

[6] BGH v. 11. 11. 1985, NJW 1986, 1033.

[7] *Sauter/Schweyer* Rz. 147; *Reichert/Dannecker* Rz. 414.

[8] BGH v. 17. 11. 1986, DB 1987, 479.

[9] BGH v. 11. 11. 1985, NJW 1986, 1033.

8 Die **Satzung** kann das gesetzliche Erfordernis der Einstimmigkeit mildern (z. B. einfache Mehrheit der erschienenen und abstimmenden Mitglieder), aber auch erschweren (z. B. in dem sie die Anwesenheit aller Mitglieder, das Erfordernis der Zustimmung eines bestimmten Vereinsorgans, das Verbot der Beschlußfassung in einer außerordentlichen Mitgliederversammlung usw. anordnet).

9 Beim eingetragenen Verein wird die Satzungsänderung gemäß § 71 Abs. 1 Satz 1 BGB erst mit der **Eintragung in das Vereinsregister** wirksam. Vorher ist die Satzungsänderung weder im Außenverhältnis noch für die Mitglieder und Organe verbindlich. Soweit also § 61 Abs. 3 AO an die nachträgliche Änderung der Satzungsbestimmungen über die Vermögensbindung (§ 55 Abs. 1 Nr. 4 AO) bestimmte Rechtsfolgen knüpft, dürfen diese Sanktionen frühestens nach Eintragung der Satzungsänderung in das Vereinsregister eingreifen. Kommt es lediglich zu einem satzungsändernden Beschluß, nicht aber zu einer Eintragung, kann der Status der Gemeinnützigkeit also allenfalls durch die tatsächliche Geschäftsführung gemäß § 63 AO gefährdet sein.

II. Stiftung

12 Der Stiftungszweck ist die Seele der Stiftung. Unter den drei Elementen des Stiftungsbegriffs – Stiftungszweck, Stiftungsvermögen und Stiftungsorganisation – kommt ihm die **Zentralfunktion** zu.[10] Bestimmt wird der Stiftungszweck durch den **Willen des Stifters**. Er bildet die Leitlinie der Stiftungstätigkeit und ist nach Genehmigung der Stiftung grundsätzlich sowohl der Disposition des Stifters als auch dem Zugriff der Stiftungsorgane entzogen. Zweckänderungen sind nur unter engen Voraussetzungen und nur mit staatlicher Genehmigung zulässig. Während der Zweck einer Kapitalgesellschaft oder der eines Vereins vom wandelbaren Willen ihrer Mitglieder getragen wird, gibt das Institut der Stiftung dem Stifter grundsätzlich die Möglichkeit, seinen im Stiftungszweck verkörperten Willen zu institutionalisieren und über die Grenzen seiner eigenen Existenz hinaus zu verewigen.

13 Nach § 87 Abs. 1 BGB kann die zuständige Behörde der Stiftung eine andere Zweckbestimmung geben, wenn die Erfüllung des Stiftungszwecks unmöglich geworden ist oder das Gemeinwohl gefährdet. Maßnahmen nach § 87 BGB und ergänzendem Landesrecht sind jedoch stets subsidiär, d. h., die Stiftungsbehörden dürfen erst eingreifen, wenn die Stiftungsorgane selbst keine Abhilfe schaffen oder schaffen können.[11] Die entsprechenden Beschlüsse der Organe der Stiftung bedürfen zu ihrer Wirksamkeit allerdings wiederum der behördlichen Genehmigung.[12] Ein auf die Zweckänderung der Stiftung abzielender **Organbeschluß** ist aber immer nur dann zulässig bzw. wird die zu seiner

---

[10] *Seifart* Handbuch des Stiftungsrechts, § 1 Rz. 7; *Staudinger/Rawert* Vorbem. zu §§ 80 ff., Rz. 6 m. w. N.

[11] *Staudinger/Rawert* § 87 Rz. 15.

[12] Vgl. z. B. § 12 NRWStiftG, § 9 HessStiftG, § 8 BayStiftG; *Staudinger/Rawert* § 87 Rz. 18.

Wirksamkeit erforderliche **behördliche Genehmigung** nur erhalten, wenn eine wesentliche Veränderung der Verhältnisse vorliegt.[13] Dies folgt bereits aus dem allgemeinen stiftungsrechtlichen Grundsatz, daß Eingriffe in den Bestand und die Zwecksetzung einer Stiftung nur erfolgen dürfen, wenn für sie ein rechtfertigender Grund besteht.[14] Bei der Prüfung der Zulässigkeit der Zweckänderung kommt dem Stifterwillen die überragende Bedeutung zu. Der Stifter kann in der Satzung Ersatzzwecke vorgeben, Zweckänderungsgründe enumerieren, oder aber auch die Zweckänderung ausdrücklich untersagen. Im letzteren Fall könnte die Zweckänderung nur noch durch hoheitlichen Eingriff gem. § 87 Abs. 1 BGB durchgeführt werden.

Für die hier interessierende Frage der Beendigung der Gemeinnüt- 14
zigkeit durch eine Änderung des Zwecks der gemeinnützigen Körperschaft ist also im Hinblick auf die Stiftung davon auszugehen, daß eine solche **Zweckänderung regelmäßig ausscheidet**. Wurde die Stiftung nach dem Willen des Stifters als gemeinnützige Stiftung errichtet, wäre eine Änderung dieses Zwecks, sollte sie von den Organen der Stiftung beschlossen werden, nicht genehmigungsfähig und könnte auch nicht gem. § 87 BGB von der Aufsichtsbehörde angeordnet werden, da eine solche Änderung dem Willen des Stifters widerspricht. Eine Zweckänderung käme daher immer nur dergestalt in Frage, daß statt des einen gemeinnützigen Zweckes ein anderer verfolgt wird, es also gerade nicht zu der hier zu untersuchenden Beendigung der Gemeinnützigkeit kommt. Eine Beendigung der Gemeinnützigkeit ist im Falle der Stiftung also nur im Rahmen der Beendigung der Stiftung selbst denkbar (vgl. hierzu Rz. 61 ff.).

III. GmbH

Nach § 1 GmbHG kann eine GmbH „zu jedem gesetzlich zulässigen 17
Zweck" errichtet werden. Im Unterschied zu den Personenhandelsgesellschaften (§§ 105, 161 HGB) muß der Zweck der GmbH nicht auf den Betrieb eines Handelsgewerbes gerichtet sein. Die GmbH kann vielmehr auch zur Verfolgung **ideeller Zwecke** verwendet werden, ohne daß hierdurch ihre Eigenschaft als **Formkaufmann** (§ 13 Abs. 3 GmbHG, § 6 HGB) tangiert wird.

Neben dem in §§ 1, 61 Abs. 1 erwähnten „(Gesellschafts-)Zweck" 18
kennt das GmbHG aber noch den **„Gegenstand des Unternehmens"** (vgl. z. B. §§ 3 Abs. 1 Nr. 2, 4 Abs. 1 Satz 1, 8 Abs. 1 Nr. 6, 10 Abs. 1 Satz 1, 75 Abs. 1, 76). Das Verhältnis beider Begriffe zueinander ist bis heute ungeklärt. Jedenfalls wird die früher vom Reichsgericht vertretene Auffassung, Zweck und Unternehmensgegenstand seien dasselbe, heute nicht mehr vertreten.[15] Nach der heute wohl herrschenden Mei-

---

13 *Soergel/Neuhoff* § 87 Rz. 7.

14 BGH v. 22. 1. 1987, BGHZ 99, 344.

15 Vgl. die Nachweise bei *Hachenburg/Ulmer* § 1 Rz. 5; *K. Schmidt* BB 1987, 556 leitet dieses Ergebnis positivrechtlich aus § 61 GmbHG ab: Nur der Gesellschaftszweck könne unmöglich werden, nicht aber der Unternehmensgegenstand.

nung ist der „Zweck" die zur Geschäftsführungsgrundlage erhobene – vorrangig das gesellschaftsinterne Verhältnis betreffende – gemeinsame Zielsetzung der Gesellschafter, der „Gegenstand des Unternehmens" umschreibt dagegen die satzungsmäßige Tätigkeit der GmbH im Verhältnis zu außenstehenden Dritten.[16]

19 Zwar umfaßt beim Betrieb eines Handelsgewerbes der Gesellschaftszweck meist auch den Unternehmensgegenstand, da Zweck der Gesellschaft regelmäßig die Gewinnerzielung durch erwerbswirtschaftlichen Betrieb eines Unternehmens nach Maßgabe seines statutarischen Unternehmensgegenstandes ist.[17] Aber gerade im Falle der gemeinnützigen GmbH bildet der Unternehmensgegenstand lediglich das Mittel zur Verfolgung des gemeinnützigen Zweckes.

20 Die Änderung des Gesellschaftszweckes stellt grundsätzlich eine **Änderung des Gesellschaftsvertrages** dar. Eine solche ist nach § 53 Abs. 2 GmbHG bereits durch einen Beschluß mit einer Mehrheit mit drei Vierteilen der abgegebenen Stimmen möglich. Wegen seiner zentralen Bedeutung für den Zusammenschluß der Gesellschafter soll jedoch der Beschluß zur Änderung des Gesellschaftszwecks statt der satzungsändernden Dreiviertelmehrheit die **Zustimmung sämtlicher Gesellschafter** erfordern. Dieses Zustimmungserfordernis ergibt sich nicht aus dem GmbHG, sondern wird aus der – bereits dargestellten – vereinsrechtlichen Regelung des § 33 Abs. 1 Satz 2 BGB abgeleitet, die Ausdruck eines allgemeinen, für alle Körperschaften des Privatrechts geltenden Prinzips ist.[18] Die erhöhten Anforderungen an das Zustandekommen des Änderungsbeschlusses gelten vor allem für den hier interessierenden Übergang von idealen Zwecken zum Gewinnstreben.[19]

21 Aus der Anwendung der vereinsrechtlichen Regelung des § 33 BGB ergibt sich allerdings auch, daß das Erfordernis der Zustimmung sämtlicher Gesellschafter nicht zwingend ist.[20] In entsprechender Anwendung des § 40 BGB ist den Gesellschaftern der GmbH die Möglichkeit eröffnet, im Gesellschaftsvertrag abweichende Regelungen zu treffen. Werden solche **abweichenden Regelungen** jedoch erst nachträglich eingeführt, bedarf diese Satzungsänderung wiederum der Einstimmigkeit.

22 Für die Einberufung der Gesellschafterversammlung und die Beschlußfassung gelten die allgemeinen Regeln des GmbH-Rechts. Da nach § 54 Abs. 3 GmbHG die Zweckänderung keine rechtliche Wirkung hat, bevor sie in das Handelsregister des Sitzes der Gesellschaft eingetragen ist, können auch hier – wie beim Verein – Rechtsfolgen im Sinne von § 61 Abs. 3 AO frühestens ab diesem Zeitpunkt eintreten.

---

[16] *K. Schmidt* Gesellschaftsrecht, § 4 II 3; *ders.* BB 1987 556, 557; *Hachenburg/Ulmer* § 1 Rz. 8; *Baumbach/Hueck* § 1 Rz. 5; *Rowedder/Rittner* § 1 Rz. 5; *Wochner* DStR 1998, 1835.

[17] *Hachenburg/Ulmer* § 53 Rz. 103.

[18] *Baumbach/Hueck/Zöllner* § 53 Rz. 14; *Lutter/Hommelhoff* § 53 Rz. 21; *Hachenburg/Ulmer* § 53 Rz. 103; *Scholz/Priester* § 53 Rz. 175; *Zöllner* KölnKomm § 175 Rz. 13.

[19] *Zöllner* KölnKomm § 179 Rz. 114; *Hachenburg/Ulmer* § 53 Rz. 103.

[20] *Zöllner* KölnKomm § 179 Rz. 114.

B. Beendigung der gemeinnützigen Körperschaft

Die Beendigung der gemeinnützigen Tätigkeit kann selbstverständlich auch einhergehen mit der Beendigung der gemeinnützigen Körperschaft als solcher. Was unter der Beendigung einer Körperschaft zu verstehen ist und wie sie vonstatten gehen soll, ist im Gesetz nicht allgemeingültig definiert, d. h. es gibt **keinen allgemeinen Tatbestand** „Beendigung einer Körperschaft". Begriffe wie Auflösung, Aufhebung, Entziehung oder Verlust der Rechtsfähigkeit, Erlöschen und Liquidation werden im allgemeinen Sprachgebrauch zwar oft synonym verwandt, umschreiben jedoch unterschiedliche Vorgänge und Rechtsfolgen. Betrachtet man den Ablauf einer Beendigung, so lassen sich grundsätzlich zwei Verfahrensmöglichkeiten unterscheiden. Das ist zum einen die Beendigung in einem „**gestreckten Verfahren**" und zum anderen die Beendigung „**uno actu**". Während das „gestreckte Verfahren" durch einen bestimmten Tatbestand eingeleitet wird, auf den dann ein Abwicklungsverfahren folgt, an dessen Ende erst die sog. Vollbeendigung eintritt, zeichnet sich der Beendigungsmodus „uno actu" dadurch aus, daß es kein – wie auch immer geartetes – Abwicklungsverfahren gibt, die Vollbeendigung vielmehr unmittelbar eintritt.[21] 30

I. Beendigung des Vereins

Das BGB unterscheidet in den §§ 41ff. zwischen Auflösung (vgl. §§ 41, 50, 74 Abs. 1 und 2) und Verlust (vgl. § 42) bzw. Entziehung der Rechtsfähigkeit (vgl. §§ 43, 44 Abs. 2, 45, 50, 74 Abs. 1 und 3). Die **Auflösung** bezeichnet dabei einen Vorgang, durch den das „Dasein" des Vereins überhaupt beendet wird.[22] **Verlust oder Entziehung der Rechtsfähigkeit** betreffen dagegen lediglich die Fortdauer als juristische Person, d. h. die Beendigung der nach §§ 21 bis 23 BGB erlangten Eigenschaft. Die Personenvereinigung kann demnach als nicht rechtsfähiger Verein fortbestehen. Der Verlust bzw. die Entziehung der Rechtsfähigkeit muß daher nicht zur Beendigung der gemeinnützigen Körperschaft führen, da es sich auch bei dem nicht rechtsfähigen Verein um eine gemeinnützige Körperschaft i. S. von § 51 AO i. V. m. § 1 Abs. 1 Nr. 5 KStG handeln kann. 31

Die Auflösung ist auch zu unterscheiden vom **Erlöschen des Vereins**. Letzteres tritt grundsätzlich erst am Ende eines Prozesses (der Liquidation) ein, an dessen Anfang die Auflösung stehen kann. Ausnahmsweise soll nach wohl überwiegender Meinung in dem Falle, daß sämtliche Mitglieder wegfallen (z. B. durch Austritt oder Tod), der Verein auch ohne Liquidation erlöschen.[23] Hatte der Verein zum Zeitpunkt 32

---

[21] *Hubert Schmidt* Zur Vollbeendigung juristischer Personen, 1989, S. 13.

[22] *Münch.Komm./Reuter* § 41 Rz. 1.

[23] *Staudinger/Weick* § 41 Rz. 12; *Soergel/Hadding* §§ 41 bis 53 Rz. 11; *Sauter/Schweyer* Rz. 360; a. A. *Münch.Komm./Reuter* § 41 Rz. 4; *K. Schmidt* Gesellschaftsrecht, § 24 VII 3 d, jeweils m. w. N.

des **Wegfalls sämtlicher Mitglieder** noch Vermögen, soll dessen Abwicklung durch einen gem. § 1913 BGB (Pflegschaft für unbekannte Beteiligte) bestellten Pfleger erfolgen.

33 Gegen diese Meinung wird überzeugend angeführt, daß sie **mißbräuchliches Verhalten begünstige**, in dem sie den Mitgliedern eines Vereins ermögliche, durch geschlossenen Austritt unliebsame Rechtsfolgen wie die Bindung an einen vom Verein abgeschlossenen Vertrag oder den Antrag auf Eröffnung des Insolvenzverfahrens über das überschuldete Vermögen des Vereins zu vermeiden.[24] Daher soll auch der Wegfall sämtlicher Mitglieder nach dieser Meinung nicht unmittelbar zum Erlöschen, sondern zunächst nur zur Auflösung – mit sich anschließender Liquidation – des Vereins führen. Die Liquidation soll dabei durch den Vorstand als geborenen Liquidator (§ 48 BGB) erfolgen. Gibt es auch keinen Vorstand mehr – eine Situation, die nicht automatisch eintreten muß, da auch ein Nichtmitglied in den Vorstand eines Vereins gewählt werden kann –, besteht die Möglichkeit der gerichtlichen Bestellung eines Notvorstands nach § 29 BGB. Der hierfür notwendige „Antrag eines Beteiligten" kann auch von Dritten, z. B. Gläubigern des Vereins, gestellt werden.[25]

Die verschiedenen möglichen Tatbestände im Rahmen der Beendigung eines Vereins stellen sich im einzelnen wie folgt dar:

1. Auflösung durch Beschluß der Mitgliederversammlung, § 41 BGB

34 Ein Verein kann gem. § 41 BGB durch Beschluß der Mitgliederversammlung aufgelöst werden. Zu dem Beschluß ist eine Mehrheit von drei Vierteilen der erschienenen Mitglieder erforderlich, wenn nicht die Satzung etwas anderes bestimmt. Die Satzung kann also die Auflösung sowohl erschweren als auch erleichtern (z. B. Festlegung einer höheren oder geringeren Mehrheit).[26] Als Rechtsfolge tritt der Verein in das Liquidationsstadium ein. Umstritten ist die Frage, ob die Satzung bestimmen kann, daß die von der Mitgliederversammlung beschlossene Auflösung des Vereins der **Genehmigung eines** dem Verein nicht angehörenden **Dritten** bedarf. Sie wird jedoch, mit Ausnahmen für kirchliche und sonstige religiöse Vereine, denen aufgrund des besonderen verfassungsrechtlichen Schutzes der religiösen Vereinigungsfreiheit nach Art 4 i. V. m. Art 140 GG, 137 WRV eine Sonderstellung zukommt, allgemein verneint.[27] Bis zum Abschluß der Liquidation bleibt der Verein gem. § 49 Abs. 2 BGB rechtsfähig, und erst nach Abwicklung aller Vermögensangelegenheiten besteht die Personenvereinigung als solche nicht mehr (Vollbeendigung).

---

[24] *K. Schmidt* JZ 1987, 394; *Münch.Komm./Reuter* § 41 Rz. 4.

[25] *Staudinger/Weick* § 29 Rz. 8.

[26] *Sauter/Schweyer* Rz. 354.

[27] Vgl. die Darstellung bei *Staudinger/Weick* § 41 Rz. 6; *Soergel/Hadding* § 41 Rz. 3; *Sauter/Schweyer* Rz. 355.

2. Verzicht auf die Rechtsfähigkeit

Als ein Minus gegenüber der Auflösung soll dem Verein nach wohl überwiegender Meinung die Möglichkeit gegeben sein, auf die Eigenschaft als juristische Person zu verzichten.[28] Der Verzicht erfolgt in entsprechender Anwendung der Regelung des § 41 BGB durch Beschluß der Mitgliederversammlung und muß, um wirksam zu werden, gegenüber der verleihenden Behörde des Landes oder dem zuständigen Bundesministerium (§ 23 BGB) oder durch Löschungsantrag zum Amtsgericht erklärt werden.[29] Bisher nicht geklärt ist die Frage, ob auch der Verzicht auf die Rechtsfähigkeit eine Liquidation des Vereins erforderlich macht.[30] 35

3. Auflösung durch Zeitablauf oder Bedingungseintritt (§ 74 Abs. 2 BGB)

Der Verein wird ferner aufgelöst durch Ablauf der in der Satzung festgelegten Zeitdauer oder Eintritt einer hinreichend bestimmten auflösenden Bedingung. Da auch hier der Verein erst nach Abwicklung aller Vermögensangelegenheiten nach §§ 47 ff. BGB voll beendigt ist, kann die Mitgliederversammlung während der Liquidation die Fortsetzung des Vereins beschließen. Hierzu bedarf es einer Satzungsänderung hinsichtlich der Satzungsbestimmungen über den Endtermin bzw. die auflösende Bedingung.[31] 36

4. Sitzverlegung ins Ausland

Der Beschluß, den Sitz des Vereins an einen Ort im Ausland zu verlegen, ist nach herrschender Ansicht als Auflösungsbeschluß unter **Neugründung des Vereins am neuen Sitz** zu behandeln.[32] Obwohl Gegenstand des Beschlusses in erster Linie die Sitzverlegung ist, soll er als Auflösungsbeschluß auszulegen sein, da der Verein mit der Sitzverlegung seinen Bestand für den deutschen Rechtsbereich verliert. 37

5. Gerichtliche oder behördliche Maßnahmen

Nach § 73 BGB muß einem Verein auf Antrag des Vorstands oder, wenn dieser nicht binnen drei Monaten gestellt wird, von Amts wegen die Rechtsfähigkeit entzogen werden, wenn die Zahl seiner Mitglieder dauerhaft unter drei herabsinkt. Die Vorschrift zeigt, daß die noch für die Gründung erforderliche **Mindestmitgliederzahl** des § 56 BGB (sieben) nicht gehalten werden muß und daß sogar ein nur aus einem Mitglied noch bestehender Verein nicht automatisch seine Eigenschaft als juristische Person verliert (zum Wegfall sämtlicher Mitglieder vgl. 38

---

[28] *Staudinger/Weick* § 41 Rz. 19; *Soergel/Hadding* §§ 41 bis 53 Rz. 9 jeweils m. w. N.

[29] *Münch.Komm./Reuter* § 42 Rz. 2; *Staudinger/Weick* § 41 Rz. 19.

[30] *Kollhosser* ZIP 1984, 1434, 1437 ff.; *Soergel/Hadding* §§ 41 bis 53 Rz. 8; *Münch.-Komm./Reuter* § 42 Rz. 3.

[31] *Sauter/Schweyer* Rz. 356.

[32] *Soergel/Hadding* § 24 Rz. 5.

Rz. 32). War schon die Eintragung im Vereinsregister „wegen Mangels einer wesentlichen Voraussetzung" unzulässig, so kann das Registergericht sie von Amts wegen gem. §§ 159, 142, 143 FGG löschen. Darüber hinaus hat das Bundesverfassungsgericht nach § 39 Abs. 2 BVerfGG die Auflösung des Vereins anzuordnen, wenn es festgestellt hat, daß ein Verein die in Art 18 Satz 1 GG genannten Grundrechte verwirkt hat.

39 Die Möglichkeiten der Verwaltungsbehörden, die Beendigung eines Vereins herbeizuführen, sind konkurrierend im BGB und im **Vereinsgesetz** angesprochen.[33] Nach § 3 VereinsG ist die Auflösung des Vereins in der Verfügung (Verbot) anzuordnen, in der festgestellt wird, daß die Zwecke des Vereins oder seine Tätigkeit den Strafgesetzen zuwiderläuft oder daß er sich gegen die verfassungsmäßige Ordnung oder den Gedanken der Völkerverständigung richtet. Mit diesem Verbot ist in der Regel die Beschlagnahme und die Einziehung des Vereinsvermögens zu verbinden. Die Vermögensbeschlagnahme und die Vermögenseinziehung richten sich nach den §§ 10 ff. des VereinsG, d. h., eine Liquidation im Sinne von § 47 BGB findet nicht statt.

40 Neben dieser Möglichkeit des Verbots nach öffentlichem Vereinsrecht gibt das private Vereinsrecht den Verwaltungsbehörden das Recht zur **Entziehung der Rechtsfähigkeit** (vgl. § 30 Abs. 2 Nr. 2 VereinsG i. V. m. §§ 43, 44 BGB). Ein Vorgehen der Verwaltungsbehörden nach § 43 BGB setzt voraus, daß der Verein durch einen gesetzwidrigen Beschluß der Mitgliederversammlung oder durch gesetzwidriges Verhalten des Vorstands das **Gemeinwohl gefährdet** (Abs. 1), ein Idealverein i. S. d. § 21 BGB satzungswidrig einen wirtschaftlichen Zweck verfolgt (Abs. 2) oder ein wirtschaftlicher Verein i. S. d. § 22 BGB einen anderen als in der Satzung bestimmten Zweck verfolgt (Abs. 4). Von praktischem Gewicht sind nur die beiden letztgenannten Anwendungsfälle der Vorschrift.[34]

6. Insolvenz

41 Nach § 42 BGB alter Fassung verlor der Verein die Rechtsfähigkeit durch die Eröffnung des Konkursverfahrens. Die seit Inkrafttreten der Insolvenzordnung (1. 1. 1999) geltende Fassung des § 42 BGB besagt nunmehr, daß der Verein durch die **Eröffnung des Insolvenzverfahrens lediglich aufgelöst** wird.[35] Der neue Satz 1 entspricht den gesetzlichen Regelungen, die für die Insolvenz der OHG (§ 131 Abs. 1 Nr. 3 HGB), der AG (§ 226 Abs. 1 Nr. 3 AktG), der GmbH (§ 60 Abs. 1 Nr. 4 GmbHG) und der Genossenschaft (§ 101 GenG) gelten und die auf das einheitliche Insolvenzverfahren umgestellt wurden. Eine entsprechende Regelung ist auch für die Gesellschaft des bürgerlichen Rechts (§ 728 BGB) vorgesehen. Auch ist nunmehr ausdrücklich vorgesehen, daß durch die Satzung bestimmt werden kann, daß der Verein im Falle der

[33] *Staudinger/Weick* § 43 Rz. 1.

[34] *Soergel/Hadding* vor §§ 41 bis 53 Rz. 19.

[35] So bereits die Rspr. zu § 42 BGB a. F., vgl. BGH v. 11. 11. 1985, BGHZ 96, 253, 254.

Eröffnung des Insolvenzverfahrens als nichtrechtsfähiger Verein fortbesteht (§ 42 Abs. 1 Satz 3 BGB).

7. Umwandlung

Das Vereinsrecht des BGB kennt keine Verschmelzung im eigentlichen Sinne als Gesamtrechtsnachfolge. Eine solche Verschmelzung kann auch nicht entsprechend den Vorschriften des Aktienrechts oder des Genossenschaftsrechts vollzogen werden. Im Ergebnis ließ sich die **Verschmelzung zweier Vereine** in der Vergangenheit nur dadurch erreichen, daß der übertragende Verein aufgelöst wurde, sein Vermögen – per Einzelrechtsnachfolge und Übertragungsakt – durch Benennung des übernehmenden Vereins als Anfallberechtigten gem. § 45 BGB überging, wobei das Sperrjahr gem. § 51 BGB zu beachten war, und die Mitglieder des übertragenden Vereins in den übernehmenden Verein eintraten.[36] Dieser Weg ist weiterhin zulässig.[37] Das seit dem 1. 1. 1995 geltende **Umwandlungsrecht** sieht nunmehr jedoch die Möglichkeit der Verschmelzung von eingetragenen Vereinen (§ 21 BGB) und wirtschaftlichen Vereinen (§ 22 BGB) im Wege der Gesamtrechtsnachfolge auf einen übernehmenden Verein gegen Gewährung von Mitgliedschaftsrechten des übernehmenden Vereins an die Mitglieder des übertragenden Vereins vor. Ein wirtschaftlicher Verein kann nur als übertragender Rechtsträger an einer Verschmelzung beteiligt sein. 42

Die zulässigen **Verschmelzungskombinationen** unter Beteiligung rechtsfähiger Vereine ergeben sich zunächst aus § 3 UmwG. Nur für nichtwirtschaftliche Vereine im Sinne von § 21 BGB (das UmwG spricht von „eingetragenen Vereinen") gilt § 99 Abs. 2 UmwG, der von den nach § 3 UmwG möglichen Verschmelzungskombination einzelne ausschließt. Der Wortlaut des § 99 Abs. 2 UmwG wurde durch Gesetz vom 22. 7. 1998[38] neu gefaßt. Die nunmehr geltende Fassung bringt sprachlich deutlicher als bisher zum Ausdruck, daß nur Mischverschmelzungen „auf" einen eingetragenen Verein als aufnehmender oder neuer Rechtsträger ausgeschlossen sein soll, nicht aber die Verschmelzung „aus" einem eingetragenen Verein auf einen Rechtsträger anderer Rechtsform.[39] 43

Daneben gibt es nach neuem Umwandlungsrecht die Möglichkeit, das Vermögen eines rechtsfähigen Vereins unter Auflösung ohne Abwicklung aufzuspalten (§ 123 Abs. 1 UmwG), vorausgesetzt, die Satzung des Vereins oder Vorschriften des Landesrechts stehen nicht entgegen (§ 149 Abs. 1 UmwG). Ein eingetragener Verein kann als übernehmender Rechtsträger im Wege der **Spaltung** nur andere eingetragene Vereine aufnehmen oder mit ihnen einen eingetragenen Verein gründen (weiterführend vgl. § 17). 44

---

[36] *Staudinger/Weick* § 41 Rz. 9 m. w. N.
[37] *Neumayer/Schulz* DStR 1996, 872.
[38] BGBl. I S. 1878
[39] *Lutter/Hadding* UmwG § 99 Rz. 16 m. w. N.

8. Anfall des Vereinsvermögens, Liquidation

45 Nach § 45 BGB fällt mit der Auflösung des Vereins oder Entziehung der Rechtsfähigkeit das Vermögen des Vereins an die in der Satzung bestimmten Personen. Abweichend vom Wortlaut des § 45 Abs. 1 BGB kommt es zu einem solchen Anfall des Vereinsvermögens aber nicht nur im Falle der Auflösung durch Beschluß der Mitgliederversammlung (§ 41 BGB) oder der Entziehung der Rechtsfähigkeit nach den §§ 43, 73 BGB, sondern auch im Falle der übrigen vorgenannten Beendigungstatbestände[40] mit Ausnahme der Insolvenz des Vereins, die mit dem Insolvenzverfahren ein Liquidationsverfahren eigener Art nach sich zieht, des Verbots des Vereins nach § 3 VereinsG,[41] welches in der Regel mit der Beschlagnahme und der Einziehung des Vereinsvermögens zu verbinden ist (zugunsten des Landes oder des Bundes) und – nach zumindest teilweise vertretener Meinung – des Verzichts auf die Rechtsfähigkeit.[42] Ebenfalls zu keinem Anfall des Vereinsvermögens im Sinne von § 45 BGB kommt es in den Fällen der Umwandlung, da hier die Beendigung des Vereins „uno actu" eintritt und sich der Vermögensübergang nach den spezialgesetzlichen Vorschriften des UmwG richtet.

46 Anstatt den oder die Anfallberechtigen selbst zu bestimmen, kann die Satzung auch vorschreiben, daß der oder die **Anfallberechtigten** durch Beschluß der Mitgliederversammlung oder eines anderen Vereinsorgans bestimmt werden. Fehlt auch eine solche Bestimmung in der Vereinssatzung, kann die Mitgliederversammlung das Vermögen nur einer öffentlichen Stiftung oder Anstalt zuweisen, und dies auch nur dann, wenn der Zweck des Vereins nicht auf einen wirtschaftlichen Geschäftsbetrieb gerichtet ist, § 45 Abs. 2 BGB. Kommt es nach keiner der vorgenannten Möglichkeiten zu einer Bestimmung des oder der Anfallberechtigten, so fällt gem. § 45 Abs. 3 BGB das Vermögen, wenn der Verein nach der Satzung ausschließlich den Interessen seiner Mitglieder diente, an die „zur Zeit der Auflösung oder der Entziehung der Rechtsfähigkeit" vorhandenen **Mitglieder** zu gleichen Teilen, andernfalls an den **Fiskus** des Landes, in dessen Gebiet der Verein seinen Sitz hatte. Sind die anfallberechtigten Mitglieder nicht zu ermitteln, so sind sie in entsprechender Anwendung des § 50 BGB öffentlich zur Anmeldung aufzufordern; nach Ablauf der Sperrfrist ist das Vermögen an die bis dahin sich meldenden Mitglieder auszufolgen.[43]

---

[40] *Soergel/Hadding* § 45 Rz. 2 (analoge Anwendung); *Münch.Komm./Reuter* § 47 Rz. 1 (unmittelbare Anwendung).

[41] Eine weitere Ausnahme stellt die Auflösung des Vereins durch eine Entscheidung des BVerfG dar; die hierzu in § 46 Abs. 2 BVerfGG vorgesehen Einziehung des Vermögens zugunsten gemeinnütziger Einrichtungen läßt jedoch die Frage nach dem Schicksal der Verbindlichkeiten des Vereins offen; vgl. *Münch.Komm./Reuter* § 41 Rz. 5.

[42] *Kollhosser* ZIP 1984, 1434, 1437 ff.; *Soergel/Hadding* §§ 41 bis 53 Rz. 8; *Münch.-Komm./Reuter* § 42 Rz. 3.

[43] LG Berlin NJW 1958, 1874; *Sauter/Schweyer* Rz. 368; *Grziwotz* DStR 1992, 1404.

Der Kreis der Anfallberechtigten wird in bezug auf gemeinnützige Vereine durch das **Steuerrecht** jedoch stark eingeschränkt. So verlangt § 45 Abs. 1 Nr. 4 AO, daß bei Auflösung oder Aufhebung der gemeinnützigen Körperschaft oder bei Wegfall ihres bisherigen Zwecks das Vermögen der Körperschaft, soweit es die eingezahlten Kapitalanteile der Mitglieder und den gemeinsamen Wert der von den Mitgliedern geleisteten Sacheinlagen übersteigt, nur für steuerbegünstigte Zwecke verwendet werden darf (**Grundsatz der Vermögensbindung**). Zu den Rechtsfolgen eines Verstoßes gegen diese steuerrechtlich vorgeschriebenen satzungsmäßige Vermögensbindung vgl. § 9 Rz. 60 ff. 47

Fällt das Vereinsvermögen an den Fiskus, findet gem. § 46 BGB eine Gesamtrechtsnachfolge (**Universalsukzession**) entsprechend §§ 1922 Abs. 1, 1936 BGB statt, d. h., der Vermögensübergang geschieht als Ganzes kraft Gesetz, einzelner Übertragungsakte (Übergabe, Auflassung, Abtretung) bedarf es nicht. Andere Anfallberechtigte als der Fiskus erwerben mit Eintritt des Beendigungstatbestands dagegen nur einen durch die Befriedigung der Gläubiger des Vereins und den Ablauf des Sperrjahres (§ 51 BGB) bedingten und befristeten **schuldrechtlichen (Geld-)Anspruch** auf Übertragung des Überschusses aus dem nach Abschluß der Liquidation verbleibenden Vereinsvermögens.[44] 48

In all den Fällen, in denen es zu einem Anfall des Vereinsvermögens nach § 45 BGB kommt (also nicht im Falle der Insolvenz, der Umwandlung etc., vgl. oben) und Anfallberechtigter nicht der Fiskus ist, muß gem. § 47 BGB eine **Liquidation** stattfinden. 49

Geborener Liquidator ist nach § 48 BGB der Vorstand, solange nicht durch die Satzung oder die Mitgliederversammlung andere Personen als **Liquidatoren** „gekoren" werden. Die rechtliche Stellung der Liquidatoren entspricht gem. § 48 Abs. 2 BGB grundsätzlich der des Vorstandes, ihnen obliegt also die Geschäftsführung und Vertretung des Vereins, jedoch modifiziert durch den auf Abwicklung des Vereinsvermögens gerichteten besonderen Aufgabenkreis. Ihre Aufgaben sind in § 49 BGB näher umrissen. Danach haben sie die laufenden Geschäfte zu beendigen, die Forderungen einzuziehen, das übrige Vermögen in Geld umzusetzen („Verflüssigung" = „Liquidation"), die Gläubiger zu befriedigen und den Überschuß den Anfallberechtigten auszuantworten. Zur Beendigung schwebender Geschäfte können sie auch neue Geschäfte eingehen. Die Verpflichtung zur „Verflüssigung" besteht jedoch nicht, soweit sie nicht zur Befriedigung der Gläubiger oder zur Verteilung des Überschusses unter die Anfallberechtigten erforderlich ist, z. B. wenn die Anfallberechtigten mit einer Verteilung des Restvermögens in Natur einverstanden sind.[45] 50

Die Liquidatoren sind nach § 50 BGB verpflichtet, die Auflösung des Vereins, die Entziehung der Rechtsfähigkeit als juristische Person oder einen vergleichbaren Beendigungsgrund, durch den das Liquidationsverfahren in Gang gesetzt wurde, öffentlich bekanntzumachen. 51

[44] Vgl. *Soergel/Hadding* § 45 Rz. 10.
[45] *Münch.Komm./Reuter* § 49 Rz. 4; *Staudinger/Weick* § 49 Rn. 10.

Durch diese **Bekanntmachung** sollen die Gläubiger in die Lage versetzt werden, ihre Rechte wahrzunehmen. Die Bekanntmachung muß daher eine Aufforderung der Gläubiger zur Anmeldung ihrer Ansprüche enthalten. Darüber hinaus sind bekannte Gläubiger durch besondere Mitteilung zur Anmeldung aufzufordern. Bekanntmachungsorgan ist nach herrschender Meinung immer – soweit die Satzung keine anderweitige Regelung trifft – das Bekanntmachungsblatt des Amtsgerichts des Vereinssitzes, selbst dann, wenn dieses Amtsgericht gem. § 55 Abs. 2 BGB nicht als Registergericht für den Verein zuständig ist.[46]

52 Mit der Bekanntmachung beginnt das sog. **Sperrjahr**, vor dessen Ablauf das Vermögen des Vereins an die Anfallberechtigten nicht verteilt werden darf, § 51 BGB.

53 Die Liquidatoren haften für die Führung der Vereinsgeschäfte nur dem Verein, nicht auch den einzelnen Vereinsmitgliedern, Gläubigern, Anfallberechtigten oder sonstigen Dritten, § 53 BGB. Eine unmittelbare **Schadensersatzpflicht der Liquidatoren** gegenüber den Gläubigern des Vereins kommt nur in den Fällen in Frage, in denen die Liquidatoren absichtlich oder fahrlässig ihre Pflichten nach den §§ 42 Abs. 2, 50–52 BGB verletzen oder vor Befriedigung der Gläubiger Vermögen an die Anfallberechtigten ausgehändigt haben. Die Haftung der Liquidatoren ist eine gesamtschuldnerische.[47]

54 Stellt sich nach Beendigung der Liquidation heraus, daß noch Vermögen des Vereins vorhanden ist, muß die Liquidation auf Antrag eines Gläubigers oder eines Anfallberechtigten wiederaufgenommen werden, sog. **Nachtragsliquidation**. Die Rechtsfähigkeit lebt dann insoweit wieder auf, nicht aber die Vertretungsbefugnis des früheren Liquidators. Vielmehr ist gem. § 29 BGB der bisherige oder ein anderer Liquidator neu zu bestellen.[48]

II. Beendigung der Stiftung

61 Auch für die Stiftung gibt es keinen allgemeinen Beendigungstatbestand. So kann unterschieden werden zwischen der „von innen" herbeigeführten Beendigung (satzungsmäßig vorgesehene Auflösungstatbestände) und einer „von außen" aufgezwungenen Beendigung (Aufhebung durch Behörde). Die entsprechenden Regelungen finden sich im **BGB** sowie in den verschiedenen **Stiftungsgesetzen der Länder**.

Die verschiedenen möglichen Tatbestände im Rahmen der Beendigung einer Stiftung stellen sich im einzelnen wie folgt dar:

1. Auflösung durch Organbeschluß

62 Der Stiftung fehlt es zwar an einer Mitgliederversammlung im Sinne von § 41 BGB, die über die Auflösung der Stiftung beschließen könnte.

---

[46] Vgl. *Sauer/Schweyer* Rz. 375; *Münch.Komm./Reuter* § 50 Rz. 1.

[47] *Sauer/Schweyer* Rz. 381.

[48] *Grziwotz* DStR 1992, 1813, 1815; *Sauer/Schweyer* Rz. 384; a. A. *Münch.Komm./Reuter* § 49 Rz. 12: Bestellung analog § 273 Abs. 4 AktG.

Es ist jedoch unstreitig, daß die Satzung ein Organ bestimmen kann, dem diese Kompetenz zukommen soll. So sieht z. B. auch § 12 Abs. 1 Nr. 1 StiftG-NW vor, daß das „**zuständige Stiftungsorgan**" die Auflösung der Stiftung beschließen kann, wenn dies dem erklärten oder mutmaßlichen Willen des Stifters entspricht.[49] Solche Auflösungsbeschlüsse bedürfen zu ihrer Wirksamkeit nach Landesrecht (nicht nach Bundesrecht) zusätzlich der Genehmigung durch die zuständige Behörde.[50] Die aufsichtliche Genehmigung des Auflösungsbeschlusses ist Maßnahme der Rechtsaufsicht. Durch sie soll insbesondere gewährleistet werden, daß der erklärte oder mutmaßliche Wille des Stifters Berücksichtigung findet. Daher kann die Genehmigung nur erteilt werden, wenn die vom Stifter in Stiftungsgeschäft oder Satzung vorgegebenen Auflösungsgründe zweifelsfrei gegeben sind. Für eigene Zweckmäßigkeitserwägungen der Aufsichtsbehörde ist daneben kein Raum.[51]

Trifft die Satzung keine anderweitige Zuständigkeitsregelung, fällt 63 die stiftungsinterne Entscheidung über die Auflösung grundsätzlich in die **Kompetenz des Vorstandes**. Regelmäßig wird jedoch nicht der Vorstand, sondern ein von der Satzung vorgesehenes Kontrollorgan mit dieser Entscheidungskompetenz versehen sein. Zulässig ist es auch, wenn der Stifter die Kompetenz zur Entscheidung über die Auflösung in Stiftungsgeschäft oder Satzung einem Dritten überantwortet.[52]

Die Auflösung der Stiftung kann auch so durchgeführt werden, daß 64 verschiedene Stiftungen sich zu einer neuen Stiftung zusammenschließen. Voraussetzung eines solchen **Zusammenschlusses** ist neben der für alle Auflösungsbeschlüsse erforderlichen aufsichtlichen Genehmigung, daß die beteiligten Stiftungen gleiche oder sehr ähnliche Zwecksetzungen verfolgen und die zuständigen Organe der beteiligten Stiftungen entsprechende gleichgerichtete Beschlüsse fassen.

Soweit das jeweils einschlägige Landesrecht vorsieht, daß die Be- 65 schlüsse über den Zusammenschluß der einzelnen Stiftungen als Stiftungsgeschäft für die neue Stiftung gilt (vgl. z. B. § 12 Abs. 2 StiftG-NW), soll sich der **Übergang des Stiftungsvermögens** im Wege der Gesamtrechtsnachfolge vollziehen.[53] Kommt nach dem jeweiligen Landesrecht den Beschlüssen eine solche Rechtswirkung nicht zu, hat zunächst die Liquidation der erlöschenden alten Stiftung zu erfolgen und sind die danach verbleibenden Vermögensgegenstände im Wege der Einzelrechtsnachfolge auf die neue Stiftung zu übertragen.[54] Im Rahmen dieser Liquidation wird jedoch die Einziehung von Forderungen sowie die Umsetzung des übrigen Vermögens in Geld weitestgehend

[49] Dementsprechend sieht § 5 Abs. 2 des StiftG-NW vor, daß das Stiftungsgeschäft Bestimmungen über die Auflösung der Stiftung enthalten soll.

[50] Vgl. z. B. § 12 Abs. 1 Satz 2 i. V. m. § 16 StiftG-NW.

[51] *Seifart/Hof* § 12 Rz. 6.

[52] *Seifart/Hof* § 12 Rz. 41.

[53] *Soergel/Neuhoff* § 87 Rz. 5 m. w. N.

[54] *Seifart/Hof* § 12 Rz. 40.

unterbleiben können, soweit diese Maßregeln nicht zur Befriedigung von Gläubigern erforderlich sind, die mit der Übertragung der Schuldnerstellung auf die neue Stiftung nicht einverstanden sind; vgl. § 49 Abs. 1 Satz 3 i. V. m. § 88 BGB.

66 Der Zusammenschluß kann auch dergestalt durchgeführt werden, daß – im Ergebnis einer Verschmelzung durch Aufnahme nach § 2 Nr. 1 UmwG entsprechend – die eine beteiligte Stiftung ihre eigene Organisation und Verwaltung aufgibt und von der anderen mitverwaltet wird, wobei erstere ihre eigene Rechtsfähigkeit verliert, liquidiert wird und erlischt.

67 Wie bereits ausgeführt, kommt eine Auflösung der Stiftung durch Organbeschluß immer nur dann in Frage, wenn die Satzung hierfür eine ausdrückliche Ermächtigung enthält. Eine Ausnahme von diesem Grundsatz soll der Fall des **Vermögensverlustes** darstellen. Da im Falle des völligen Vermögensverlustes unstreitig die Stiftung nicht von selbst erlischt, soll den Organen der Stiftung die Möglichkeit gegeben sein, auch ohne ausdrückliche Kompetenzzuweisung in der Satzung die Auflösung der Stiftung zu beschließen. Soweit der Vermögensverlust mit einer Überschuldung oder Zahlungsunfähigkeit der Stiftung einhergeht, hat der Vorstand gem. §§ 86, 42 Abs. 2 BGB die Eröffnung des Insolvenzverfahrens zu beantragen (vgl. hierzu § 18 Rz. 20 ff.).

2. In der Satzung definierte Auflösungstatbestände

68 Der Stifter hat die Möglichkeit, im Rahmen des Stiftungsgeschäfts Tatbestände zu definieren, die die Auflösung der Stiftung zur Folge haben. Als Beispiele hierfür werden allgemein **Zeitablauf**, Eintritt einer **auflösenden Bedingung** oder **Zweckerfüllung** genannt.[55] Im Falle der Zweckerfüllung wird man jedoch nicht davon ausgehen können, daß die Auflösung automatisch eintritt. Vielmehr bedarf es eines Organbeschlusses, der feststellt, daß die in Stiftungsgeschäft und Satzung angesprochenen Stiftungszwecke restlos und dauerhaft erfüllt sind.[56] Dieser feststellende Beschluß unterliegt der Kontrolle (Rechtsaufsicht) durch die Aufsichtsbehörde. Auch im Falle des Ablaufs einer in der Satzung für den Bestand der Stiftung gesetzten Frist oder des Eintritts einer auflösenden Bedingung wird, obwohl das Vorliegen dieser Voraussetzungen einfacher zu ermitteln ist als die „Zweckerfüllung", empfohlen, das Vorliegen dieser Auflösungstatbestände durch Beschluß der zuständigen Organe „beweiskräftig festzustellen".[57] Fraglich könnte sein, ob im Falle des Fristablaufs oder des Eintritts einer auflösenden Bedingung die Stiftung automatisch als aufgelöst gilt, ohne daß es einer Genehmigung durch die Aufsichtsbehörde bedarf. Für die Genehmigungsfreiheit dieser genau bestimmten Auflösungstatbestände spricht, daß schließlich bereits das Stiftungsgeschäft oder die Satzung, in der sie

[55] *Soergel/Neuhoff* § 87 Rz. 12.
[56] *Seifart/Hof* § 12 Rz. 21.
[57] *Seifart/Hof* § 12 Rz. 23.

definiert sind, von der zuständigen Aufsichtsbehörde genehmigt wurden.

3. Aufhebung durch die Verwaltungsbehörde

Erfolgt die Auflösung der Stiftung nicht durch Organbeschluß oder aufgrund von entsprechenden Satzungsbestimmungen von innen heraus, sondern wird sie **von außen aufgezwungen**, spricht man allgemein von „Aufhebung" der Stiftung. Möglichkeiten der Aufhebung sind in § 87 BGB und den Landesstiftungsgesetzen definiert. 69

Adressat dieser Ermächtigung sind die Aufsichtsbehörden der Länder. Ihnen steht mit Rücksicht auf die grundrechtlich geschützte Stiftungsfreiheit, die Grundsätze der Subsidiarität des staatlichen Eingriffs und seiner Verhältnismäßigkeit und den Stifterwillen diese Befugnis immer nur als **Ultima Ratio** zu.[58] 70

§ 87 BGB gestattet die Aufhebung der Stiftung, wenn die Erfüllung des Stiftungszwecks unmöglich geworden ist oder sie das Gemeinwohl gefährdet. Unmöglichkeit der Erfüllung des Stiftungszwecks ist nur dann anzunehmen, wenn er auf unabsehbare Dauer nicht mehr erfüllt werden kann. Nach *Reuter*[59] sind bei der Prüfung der **Unmöglichkeit der Zweckerreichung** die im Zivilrecht entwickelten allgemeinen Regeln über die objektive und subjektive Unmöglichkeit anzuwenden. Die Unmöglichkeit kann auf tatsächlichen (z. B. Wegfall des Stiftungsvermögens) oder rechtlichen Gründen (z. B. Verbot des Stiftungszwekkes) beruhen. Eine Gefährdung des Gemeinwohls soll vorliegen, wenn der Stiftungszweck nachträglich im Widerspruch zu Strafgesetzen oder zu Grundentscheidungen der Rechts- oder Verfassungsordnung gerät.[60] 71

Neben der Aufhebung als Eingriffsmodalität des § 87 BGB haben die Landesstiftungsgesetze fast durchgängig als zusätzliche Eingriffsmodalität die **Zusammenlegung oder Zulegung** eingeführt.[61] Im Falle der Unmöglichkeit des Stiftungszwecks kann die Aufsichtsbehörde danach mehrere Stiftungen zu einer neuen vereinigen (Zusammenlegung als Pendant zum „freiwilligen" Zusammenschluß, vgl. oben Rz. 64 ff.) oder die verschmelzende Aufnahme der Stiftung durch eine andere (Zulegung) vorsehen. Diese landesrechtliche Ergänzung wird im allgemeinen damit legitimiert, daß Zusammenlegung bzw. Zulegung im Verhältnis zur Aufhebung der vergleichsweise mildere Eingriff sei.[62] Als „noch milderes" Mittel besteht nach einigen Landesstiftungsgesetzen die Möglichkeit, durch die Aufsichtsbehörde auf die bloße **Zu-** 72

---

[58] Vgl. *Münch.Komm./Reuter* § 87 Rz. 2 m. w. N.

[59] *Münch. Komm./Reuter* § 87 Rz. 3.

[60] VerwG Düss. NVwZ 1994, 813; *Seifart/Hof* § 12 Rz. 46 macht die Eingriffsbefugnis der Aufsichtsbehörde in Anlehnung an die Schrankentrias des Art 2 Abs. 1 GG davon abhängig, daß Rechte anderer, die verfassungsmäßige Ordnung oder das Sittengesetz durch die Erfüllung des Stiftungszwecks verletzt werden.

[61] *Münch.Komm./Reuter* § 87 Rz. 8 m. w. N.

[62] Kritisch hierzu, *Münch.Komm./Reuter* § 87 Rz. 8.

sammenarbeit von Stiftungen, deren Wirksamkeit unbefriedigend ist, hinzuwirken, um so eine ausreichende Erfüllung ihrer Zwecke zu gewährleisten.[63]

73 Weitgehend ungeklärt ist die Frage der Beendigung der Stiftung im Falle des **Widerrufs** (einer rechtmäßigen) oder der **Rücknahme** (einer rechtswidrigen) Genehmigung.[64] Nach *Hof*[65] werden die für das allgemeine Verwaltungsverfahren entwickelten Regeln der §§ 48, 49 VwVfG durch § 87 BGB als lex specialis verdrängt.

74 Gegen sämtliche behördlichen Aufhebungsverfügungen nach Bundes- oder Landesrecht steht der Stiftung **Rechtsschutz** im Wege der Anfechtungsklage nach § 42 VwGO zu. Die Anfechtungsklage hat gem. § 80 VwGO aufschiebende Wirkung, d.h., die Stiftung gilt bis zum rechtskräftigen Abschluß des Verfahrens als nicht aufgelöst und wird weiterhin vom Vorstand (nicht etwa den Liquidatoren) vertreten.[66]

75 Die in § 87 Abs. 3 BGB vorgesehene Verpflichtung der Aufsichtsbehörde, vor der Umwandlung des Zweckes und der Änderung der Verfassung der Stiftung den **Vorstand zu hören**, ist – im Wege des „erst recht Schlusses" – auf die Fälle der Aufhebungsverfügungen zu übertragen.[67] Nach *Hof*[68] muß neben dem Vorstand auch der Stifter, soweit er noch lebt, gehört werden.

4. Insolvenz

76 Neben § 87 BGB regelt das Bundesrecht einen weiteren Beendigungstatbestand, die Insolvenz. § 86 BGB enthält diesbezüglich allerdings lediglich einen Verweis auf das **Vereinsrecht** (§ 42 BGB). Die hierzu gemachten Ausführungen gelten daher entsprechend (vgl. Rz. 41).

77 Wie der rechtsfähige Verein wird die Stiftung durch die Eröffnung des Insolvenzverfahrens gem. § 42 Abs. 1 BGB **aufgelöst**. Die Kompetenz zur Fassung des in § 42 Abs. 2 BGB vorgesehenen Fortsetzungsbeschlusses steht, in Ermangelung einer „Mitgliederversammlung" der Stiftung, dem Vorstand zu.

5. Anfall des Stiftungsvermögens, Liquidation

78 Mit Ausnahme des Falles der Insolvenz der Stiftung und des Übergangs des Vereinsvermögen im Wege der Gesamtrechtsnachfolge im Rahmen des landesrechtlich geregelten Zusammenschlusses bzw. der Zusammenlegung von Stiftungen kommt es in allen vorgenannten Fäl-

---

[63] Vgl. z. B. § 13 Abs. 3 StiftG-NW.

[64] Vgl. die Darstellungen bei *Münch.Komm./Reuter* § 88 Rz. 1 und *Seifart/Hof* § 12 Rz. 52.

[65] *Seifart/Hof* § 12 Rz. 52.

[66] Vgl. OLG Hamm vom 4. 10. 1993, NJW-RR 1995, 120, 121.

[67] *Münch.Komm./Reuter* § 87 Rz. 6.

[68] *Seifart/Hof* § 12 Rz. 43.

len der Beendigung einer Stiftung zum **Vermögensanfall nach § 88 BGB**. Auch hier finden die Vorschriften des Vereinsrechts (§§ 46–53 BGB) entsprechende Anwendung, so daß auf die hierzu gemachten Ausführungen verwiesen werden kann (vgl. Rz. 51 ff.).

Soweit das Vermögen der Stiftung nicht gem. § 88 i. V. m. §§ 46, 47 BGB an den Fiskus fällt, muß eine Liquidation stattfinden. Die Landesstiftungsgesetze sehen grundsätzlich vor, daß bei Fehlen von Angaben zu den **Anfallsberechtigten** bzw. der Bestimmungen der Anfallsberechtigten in Stiftungsgeschäft und Satzung das Vermögen der Stiftung dem Fiskus zufällt. Bei der Auswahl der Anfallsberechtigten ist der Stifter frei. Er kann sich auch darauf beschränken, in der Satzung ein Stiftungsorgan oder mehrere zu ermächtigen, die Anfallsberechtigten zu bestimmen. Eine Ermächtigung Außenstehender – mit Ausnahme der Aufsichtsbehörde – soll grundsätzlich nicht möglich sein, da damit die Stiftung einer sonst nicht zulässigen Fremdbestimmung unterworfen würde.[69] 79

Auch für die gemeinnützige Stiftung wird der zivilrechtlich denkbare Kreis der Anfallberechtigten **steuerrechtlich** stark eingeschränkt. So darf gem. § 55 Abs. 3 i. V. m. Abs. 1 Nr. 4 AO bei Auflösung oder Aufhebung der gemeinnützigen Stiftung das Vermögen der Stiftung nur für steuerbegünstigte Zwecke verwendet werden (**Grundsatz der Vermögensbindung**). Diese steuerliche Voraussetzung gilt auch als erfüllt, wenn das Vermögen einer anderen steuerbegünstigten Körperschaft oder einer Körperschaft des öffentlichen Rechts für steuerbegünstigte Zwecke übertragen wird. Zu den steuerrechtlichen Folgen eines Verstoßes gegen den Grundsatz der Vermögensbildung vgl. § 9 Rz. 66 ff. 80

III. Beendigung der GmbH

Wie für Verein und Stiftung findet sich auch für die GmbH **kein allgemeiner Beendigungstatbestand**. Die §§ 60–77 GmbHG bestimmen verschiedene Gründe, die zur Auflösung der GmbH führen, regeln das Liquidationsverfahren (§§ 65–74 GmbHG) und enthalten Vorschriften über die Nichtigkeit der Gesellschaft (§§ 75–77 GmbHG). Daneben finden sich in einer Vielzahl von Nebengesetzen Auflösungsgründe, die die GmbH betreffen. Grundsätzlich erfolgt die Beendigung der Gesellschaft in einem gestreckten Verfahren. Dabei handelt es sich um ein allgemeines, auf der Notwendigkeit der Liquidation des Gesellschaftsvermögens beruhendes Strukturprinzip des Gesellschaftsrechts, das sich ebenso im Recht der Personengesellschaften (§§ 723 ff. BGB, 131 ff. HGB) und im Aktienrecht (§ 262 AktG) findet.[70] 90

Im Rahmen dieses gestreckten Verfahrens ist die Auflösung derjenige Vorgang, durch den die Gesellschaft aus einer werbenden Tätigkeit in die Phase der Abwicklung ihrer Geschäfte zwecks Beendigung ihrer 91

---

[69] *Seifart/Hof* § 12 Rz. 14 m. w. N.

[70] *Hachenburg/Ulmer* § 60 Rz. 5.

Existenz eintritt. Diese Phase wird als Abwicklung oder **Liquidation** bezeichnet. Sie findet ihren Abschluß in der Beendigung der Existenz der Gesellschaft als Rechtspersönlichkeit, zum Teil auch „Vollbeendigung" genannt. Wann eine solche **Vollbeendigung** vorliegt, ist eine seit jeher umstrittene Frage. Ging die Rechtsprechung lange Zeit von der Vollbeendigung durch bloßen Eintritt der Vermögenslosigkeit und von der bloßen deklaratorischen Wirkung der Löschung im Handelsregister aus,[71] so hat sich im Schrifttum die Lehre vom Doppeltatbestand durchgesetzt, nach der die Löschung im Handelsregister konstitutive, aber nur bei gleichzeitigem Vorliegen der Vermögenslosigkeit vollbeendende Wirkung hat.[72] Die Löschung ohne Vermögenslosigkeit führt danach lediglich zur Auflösung der Gesellschaft.

Die verschiedenen möglichen Tatbestände im Rahmen der Beendigung einer GmbH stellen sich im einzelnen wie folgt dar:

1. Auflösung durch Zeitablauf

92 Ist im Gesellschaftsvertrag der GmbH vorgesehen, daß die Gesellschaft nur auf bestimmte Zeit geschlossen ist, erfolgt gem. § 60 Abs. 1 Nr. 1 GmbHG bei Eintritt des Endzeitpunkts **automatisch** die Auflösung der Gesellschaft, d. h. ohne weiteren Beschluß der Gesellschafter. Den Gesellschaftern steht es jedoch frei, die in der Satzung vereinbarte Zeitdauer zu beseitigen oder zu verlängern. Streitig ist diesbezüglich lediglich, ob solche Beschlüsse mit der gewöhnlichen satzungsändernden Mehrheit oder nur einstimmig gefaßt werden können.[73] Enthält der Gesellschaftsvertrag eine Bestimmung über die Zeitdauer der Gesellschaft, so ist diese Bestimmung gem. § 10 Abs. 2 und 3 GmbHG einzutragen und zu veröffentlichen. Die Eintragung der Bestimmung ist jedoch nicht Wirksamkeitserfordernis.[74] Die zeitliche Befristung kann gem. § 54 Abs. 2 GmbHG auch nachträglich durch Satzungsänderung und Eintragung in das Handelsregister begründet werden.

2. Auflösung durch Beschluß der Gesellschafter

93 Der in der Praxis neben der Insolvenz wohl **häufigste Fall der Auflösung** ist die Auflösung durch Beschluß der Gesellschafter. Die in § 60 Abs. 1 Nr. 2 GmbHG vorgesehene Möglichkeit des Auflösungsbeschlusses ist insofern unabdingbar, als die Gesellschafter selbst dann, wenn die Satzung die Gesellschaft als „unauflöslich" bezeichnet, sie einstimmig zur Auflösung bringen können. Der ordnungsgemäß gefaßte

---

[71] Vgl. stellvertretend BGH v. 22. 9. 1967, NJW 1968, 297; OLG Düsseldorf v. 13. 7. 1979, GmbHR 1979, 227.

[72] *Scholz/K. Schmidt* Anh. § 60 Rz. 18 ff.; *Rowedder/Rasner* Anh. nach § 60 Rz. 16; vgl. aber auch BAG v. 22. 3. 1988, GmbHR 1988, 388.

[73] Vgl. die Darstellungen bei *Hachenburg/Ulmer* § 60 Rz. 24; *Rowedder/Rasner* § 60 Rz. 19.

[74] *Scholz/K. Schmidt* § 60 Rz. 9.

Beschluß bedarf keiner besonderen Rechtfertigung, allenfalls Mißbrauch oder Verstoß gegen Treuepflichten können zur Anfechtbarkeit führen.[75]

Der Beschluß bedarf grundsätzlich gem. § 60 Abs. 1 Nr. 2 GmbHG 94
einer Mehrheit von drei Vierteilen der abgegebenen Stimmen, soweit nicht der Gesellschaftsvertrag eine andere Mehrheit (auch eine geringere) vorsieht.[76] Die Beschlußfassung über die Auflösung der Gesellschaft gehört, ebenso wie diejenige über Satzungsänderungen, zu den Gegenständen, für die ausschließlich die Gesellschafter zuständig sind. Weder kann die **Auflösungskompetenz** einem anderen Gesellschaftsorgan zugewiesen werden noch kann der Beschluß der Gesellschafter von der Zustimmung anderer Organe oder Personen abhängig gemacht werden.[77] Der Beschluß ist gem. § 48 GmbHG formlos gültig, d.h., er kann mündlich oder als schriftlicher Beschluß gem. § 48 Abs. 2 GmbHG gefaßt werden.[78] Kündigen alle Gesellschafter zum gleichen Zeitpunkt, soll dies als Auflösungsbeschluß gelten.[79]

3. Auflösung durch gerichtliches Urteil

Nach § 60 Abs. 1 Nr. 3 i.V. m. § 61 GmbHG kann die Gesellschaft 95
durch gerichtliches Urteil aufgelöst werden, wenn die Erreichung des Gesellschaftszwecks unmöglich wird oder wenn andere, in den Verhältnissen der Gesellschaft liegende, wichtige Gründe für die Auflösung vorhanden sind. Hierdurch soll dem Gesellschafter die Möglichkeit der **Befreiung aus der gesellschaftlichen Verbundenheit** gegeben werden, da er nach dem Gesetzestext, soweit ihm allein oder mit anderen nicht 75 % der Stimmen zustehen, weder eine Auflösungsmöglichkeit, noch ein Austrittsrecht hat, noch die Aufnahme eines Austritts- oder Kündigungsrechts in die Satzung erzwingen könnte. Da zudem GmbH-Anteile nur in Ausnahmefällen frei verkäuflich sind, wäre der Gesellschafter im allgemeinen blockiert, aus seiner Beteiligung wieder hinauszukommen.[80]

Diese Zwangslage wird durch die Möglichkeit der Auflösungsklage 96
gem. § 61 Abs. 3 GmbHG jedoch nur für solche Minderheitsgesellschafter aufgelöst, deren Geschäftsanteile zusammen mindestens dem zehnten Teil des Stammkapitals entsprechen. Die Satzung kann die Voraussetzungen für die Auflösungsklage erleichtern, nicht aber erschweren. Die Auflösungsklage kann nur darauf gestützt werden, daß

---

[75] Z. B. wenn der Mehrheitsgesellschafter schon vor dem Auflösungsbeschluß Anstalten zur Übernahme des Unternehmens trifft, vgl. BGH v. 1. 2. 1988, NJW 1988, 1579 („Linotype").

[76] *Baumbach/Hueck/Schulze-Osterloh* § 60 Rz. 15.

[77] *Hachenburg/Ulmer* § 60 Rz. 26; *Scholz/K. Schmidt* § 60 Rz. 12.

[78] Nach *Hachenburg/Ulmer* § 60 Rz. 33 bedarf der Auflösungsbeschluß dann, wenn er ausnahmsweise zugleich eine Satzungsänderung enthält, der notariellen Form; vgl. auch *Baumbach/Hueck/Schulze-Osterloh* § 60 Rz. 16 m. w. N.

[79] BayObLG v. 2. 11. 1994, GmbHR 1995, 54.

[80] *Rowedder/Rasner* § 61 Rz. 1.

ein wichtiger Grund für die Auflösung der Gesellschaft vorliegt. Maßstab für die Beurteilung des wichtigen Grunds ist die **Unzumutbarkeit des Fortbestandes** der Gesellschaft für den oder die klagenden Gesellschafter aus Gründen, die in den Verhältnissen der Gesellschaft liegen.[81] Die Auflösungsklage unterliegt dem **Subsidiaritätsgrundsatz**, d.h., als äußerstes, zur Liquidation der Gesellschaft führendes Instrument ist sie nur dann begründet, wenn kein milderes Mittel (z. B. Austritt des Klägers aus der Gesellschaft, Erwerb seines Geschäftsanteils durch die Mitgesellschafter) zur Behebung der eingetretenen Störung zur Verfügung steht.[82]

97 Ein weiterer Fall der Auflösung der Gesellschaft durch ein gerichtliches Urteil ist die **Nichtigkeitsklage** nach § 75 GmbHG. Entgegen der Überschrift des 5. Abschnitts des GmbHG („Auflösung und Nichtigkeit der Gesellschaft“) dient diese Nichtigkeitsklage nämlich nicht der bloßen Feststellung einer von Anfang an bestehenden Nichtigkeit. Die Gesellschaft wird vielmehr erst mit Rechtskraft des Nichtigkeitsurteils ex nunc vernichtet. Das rechtskräftige Urteil läßt die Gesellschaft auch nicht erlöschen, sondern löst sie lediglich auf und bringt sie zur Abwicklung, vgl. § 77 Abs. 1 GmbHG. Die Nichtigkeit ist deshalb in Wahrheit ein weiterer Auflösungsgrund entsprechend § 60 Abs. 1 Nr. 5 GmbHG.[83]

98 § 75 GmbH enthält eine **abschließende Regelung**. Nichtigkeitsklage kann daher nur erhoben werden, wenn der Gesellschaftsvertrag keine Bestimmungen über die Höhe des Stammkapitals oder über den Gegenstand des Unternehmens enthält oder die Bestimmungen des Gesellschaftsvertrages über den Gegenstand des Unternehmens nichtig sind. Klagebefugt ist jeder Gesellschafter, jeder Geschäftsführer und, wenn ein Aufsichtsrat bestellt ist, jedes Mitglied des Aufsichtsrats. Im übrigen finden die aktienrechtlichen Regelungen über die Anfechtungsklage entsprechende Anwendung. Neben der Nichtigkeitsklage besteht noch die Möglichkeit, das Amtslöschungsverfahren nach § 144 Abs. 1 FGG anzustrengen. Es ist an dieselben Voraussetzungen geknüpft wie die Nichtigkeitsklage und kann von jedermann angeregt werden, auch von demjenigen, der zur Nichtigkeitsklage berechtigt ist und sie bereits erhoben hat.[84]

4. Auflösung durch die Verwaltungsbehörde

99 Entsprechend den bereits dargestellten §§ 43, 44 und 87 BGB besteht nach §§ 60 Abs. 1 Nr. 3, 62 GmbHG die Möglichkeit, eine GmbH, die das Gemeinwohl gefährdet, durch Verwaltungsakt aufzuheben. Die **praktische Bedeutung** dieser Möglichkeit für das GmbH-Recht ist

---

[81] Vgl. hierzu im einzelnen *Hachenburg/Ulmer* § 61 Rz. 9; *Rowedder/Rasner* § 61 Rz. 4; *Baumbach/Hueck/Schulze-Osterloh* § 61 Rz. 6; *Scholz/K. Schmidt* § 61 Rz. 22.

[82] BGH v. 23. 2. 1981, NJW 1981, 2302; *Scholz/K. Schmidt* § 61 Rz. 3.

[83] *Rohwedder/Zimmermann* § 75 Rz. 1; *Hachenburg/Hohner* § 75 Rz. 1; *Scholz/K. Schmidt* § 75 Rz. 1.

[84] *Rohwedder/Zimmermann* § 75 Rz. 4.

jedoch **äußerst gering**.[85] Entsprechende Vorschriften, die die Auflösung einer GmbH durch Verwaltungsakt vorsehen, enthält § 38 KWG (Abwicklung eines Kreditinstituts) und §§ 3, 17 VereinsG. Letztere erlauben mit der Beschlagnahme und Vermögenseinziehung (§ 3 Abs. 1 Satz 2 VereinsG) erheblich schärfere Maßnahmen, die über die bloße Auflösung nach § 62 GmbHG mit nachfolgender Liquidation zugunsten der Gesellschafter hinausgehen.[86]

5. Insolvenz

Nach § 60 Abs. 1 Nr. 4 GmbHG wird die Gesellschaft durch die Eröffnung des Insolvenzverfahrens aufgelöst. Die Gesellschafter haben jedoch die Möglichkeit, die Fortsetzung der Gesellschaft zu beschließen, sofern das Verfahren auf Antrag des Schuldners eingestellt oder nach Bestätigung eines Insolvenzplans, der den Fortbestand der Gesellschaft vorsieht, aufgehoben wird. Ergänzend sieht § 60 Abs. 1 Nr. 5 GmbHG vor, daß die Gesellschaft mit der Rechtskraft des Beschlusses aufgelöst wird, durch den die Eröffnung des Insolvenzverfahrens mangels Masse abgelehnt worden ist (vgl. i. ü. zur Insolvenz der GmbH § 18 Rz. 33 ff.). 100

6. Auflösung durch Verfügung des Registergerichts

Enthält der Gesellschaftsvertrag einer GmbH keine Angaben über die Firma, den Sitz der Gesellschaft oder den Betrag der von jedem Gesellschafter auf das Stammkapital zu leistenden Einlage oder ist eine dieser Bestimmungen oder die Bestimmung über den Betrag des Stammkapitals nichtig, so hat das Registergericht gem. § 144 a FGG die Gesellschaft aufzufordern, innerhalb einer bestimmten Frist eine Satzungsänderung, die den **Mangel der Satzung** behebt, durchzuführen. Entsprechendes gilt gem. § 144 b FGG für den Fall, daß der Alleingesellschafter einer GmbH seiner Verpflichtung nach § 19 Abs. 4 GmbHG zur Volleinzahlung bzw. zur Bestellung einer Sicherung nicht nachkommt. Die Auflösung der GmbH wird vom Registergericht nicht besonders verfügt, sondern folgt aufgrund der Regelungen des § 60 Abs. 1 Nr. 5 GmbHG unmittelbar aus der Rechtskraft der den Mangel oder Verstoß feststellenden Verfügung des Registergerichts.[87] Das EGInsO sieht vor, daß der bisherige § 60 Abs. 1 Nr. 5 GmbHG ab dem 1. 1. 1999 zur Nr. 6 wird. 101

7. Sitzverlegung ins Ausland

Nach dem deutschen internationalen Privatrecht richtet sich das Gesellschaftsstatut nach dem tatsächlichen Verwaltungssitz der Gesellschaft. Anknüpfend hieran wird die Verlegung des Verwaltungssitzes ins 102

[85] *Hachenburg/Ulmer* § 62 Rz. 2; *Lutter/Hommelhoff* § 62 Rz. 1.

[86] Zum Spezialitätsverhältnis der Vorschriften vgl. *Baumbach/Hueck/Schulze-Osterloh* § 62 Rz. 10.

[87] *Hachenburg/Ulmer* § 60 Rz. 42.

Ausland allgemein als Auflösungsgrund angesehen.[88] Schon der Beschluß über die Sitzverlegung ins Ausland gilt als Auflösungsbeschluß.

8. Auflösungsgründe im Gesellschaftsvertrag

103 Den Gesellschaftern der GmbH steht es frei, im Gesellschaftsvertrag weitere Auflösungsgründe zu definieren. Solche Gründe können in der Person einzelner Gesellschafter (Insolvenz, Anteilspfändung, Tod, Geschäftsunfähigkeit u. a.) oder in den Verhältnissen der Gesellschaft (Entzug einer Gewerbekonzession oder Nutzungserlaubnis, Feststellung einer Unterbilanz bestimmten Ausmaßes, Ertragslosigkeit der GmbH während einer Mindestzeitdauer u. a.) eintreten. Voraussetzung für die Wirksamkeit solcher in der Satzung festgelegten Auflösungsgründe ist ihre **hinreichende Bestimmtheit**.[89] Als ein zu unbestimmter Auflösungsgrund wird es z. B. angesehen, wenn die Unmöglichkeit der Erreichung des (gemeinnützigen) Zwecks als Auflösungsgrund vereinbart wird.[90] Die Unmöglichkeit der Zweckerreichung bildet jedoch einen wichtigen Grund zur Auflösungsklage nach § 61 Abs. 1 GmbHG und kann im Gesellschaftsvertrag zur Voraussetzung eines vertraglichen Kündigungsrechts gemacht werden.

9. Sonstige Auflösungsgründe

104 Neben den bereits erwähnten § 17 i. V. m. § 3 Abs. 4 Satz 3 VereinsG und § 38 Abs. 1 Satz 1 KWG finden sich noch in weiteren Nebengesetzen Auflösungsgründe (z. B. GmbH-Novelle 1980, Einigungsvertrag, DMBilG, TreuhandG), auf die hier nicht weiter eingegangen werden soll.[91]

10. Löschung wegen Vermögenslosigkeit

105 Nach § 2 LöschG konnte eine GmbH, die kein Vermögen besitzt, auf Antrag der amtlichen Berufsvertretung des Handelsstandes oder der Steuerbehörde von Amts wegen gelöscht werden.[92] Mit der Löschung galt die Gesellschaft als aufgelöst, eine Liquidation fand nicht statt. Zum 1. 1. 1999 ist diese Regelung durch das EGInsO in den neu geschaffenen § 141 a FGG überführt worden. § 141 a FGG sieht zusätzlich vor, daß die Gesellschaft **von Amts wegen zu löschen** ist, wenn das Insolvenzverfahren über das Vermögen der Gesellschaft durchgeführt

---

[88] Vgl. BayObLG v. 7. 5. 1992, DB 1992, 1400; *Baumbach/Hueck/Schulze-Osterloh* § 60 Rz. 36; *Rohwedder/Rasner* § 60 Rz. 12.

[89] Allg. M., vgl. *Rohwedder/Rasner* § 60 Rz. 33.

[90] *Scholz/K. Schmidt* § 60 Rz. 40; *Baumbach/Hueck/Schulze-Osterloh* § 60 Rz. 45; *Rohwedder/Rasner* § 60 Rz. 33; *Hachenburg/Ulmer* § 60 Rz. 66.

[91] Vgl. die Darstellung bei *Baumbach/Hueck/Schulze-Osterloh* § 60 Rz. 25 ff.; *Rohwedder/Rasner* § 60 Rz. 8 ff.

[92] Die in § 2 Abs. 1 Satz 2 LöschG vorgesehene Möglichkeit der Löschung wegen fehlender Rechnungslegungspublizität wurde durch das EGInsO mit Verkündung (18. 10. 1994) aufgehoben.

worden ist und keine Anhaltspunkte dafür vorliegen, daß die Gesellschaft noch Vermögen besitzt. In der Regierungsbegründung heißt es hierzu, daß durch die Neuregelung vermieden werden soll, daß sich an die Liquidation im Insolvenzverfahren noch eine gesellschaftsrechtliche Liquidation anschließen muß.[93] Hierbei handelt es sich um eine **Neuregelung grundlegender Art**, denn das Verfahrensziel eines Insolvenzverfahrens wurde bisher allein in der Verwertung des Aktivvermögens zugunsten der Gläubiger erblickt, nicht in der Vollabwicklung des Rechtsträgers.[94]

Auf diesen „ergänzten § 2 Satz 1 LöschG", also den § 141 a FGG n. F. **106** verweist der ab dem 1. 1. 1999 geltende § 60 Abs. 1 Nr. 7 GmbHG und ordnet an, daß durch die Löschung der Gesellschaft wegen Vermögenslosigkeit nach § 141 a FGG „die GmbH aufgelöst wird". *K. Schmidt*[95] weist darauf hin, daß diese **Rechtsfolge** im Falle der Löschung wegen Vermögenslosigkeit nach Abwicklung im Insolvenzverfahren und im bisherigen Fall des § 2 Abs. 1 Satz 1 LöschG aber gerade nicht eintritt, die Löschung führt hier vielmehr zur Vollbeendigung. Lediglich im Falle der Löschung bei nur vermeintlicher Vermögenslosigkeit ist die in § 60 Abs. 1 Nr. 7 GmbHG angeordnete Rechtsfolge (Auflösung) korrekt, § 66 Abs. 5 GmbH ordnet für diesen Fall die Liquidation an.

11. Umwandlung

Nach dem UmwG (1994) bieten sich für GmbHs vielfältige Möglich- **107** keiten der Umwandlung (Verschmelzung, Spaltung, Formwechsel). Soweit die GmbH dabei als übertragender Rechtsträger aufgelöst wird, erfolgt diese Auflösung ohne Abwicklung, d. h., die Umwandlung führt uno acto zur Vollbeendigung.

12. Liquidation

Außer im Falle der Umwandlung, des Konkurses und der Löschung **108** der Gesellschaft wegen (echter) Vermögenslosigkeit schließt sich an die Auflösung die Liquidation der Gesellschaft an.[96] **Geborene Liquidatoren** sind die Geschäftsführer, soweit nicht durch den Gesellschaftsvertrag oder durch Beschluß der Gesellschafter andere Personen als Liquidatoren gekoren werden.

Es obliegt noch den Geschäftsführern, die Auflösung der Gesellschaft **109** (§ 65 Abs. 1 GmbHG) und die ersten Liquidatoren – also eventuell sich selbst – sowie ihre Vertretungsbefugnis (§ 67 Abs. 1 GmbHG) zur **Eintragung in das Handelsregister** anzumelden. Die Anmeldung der

---

[93] BT-Drs. 12/3803, S. 70.

[94] *K. Schmidt* GmbHR 1994, 829, 831; *Pape* NJW 1994, 2205.

[95] *K. Schmidt* GmbHR 1994, 829, 831.

[96] Zum Teil wird die analoge Anwendung des § 46 BGB, d. h. der liquidationslose Anfall des Gesellschaftsvermögens im Wege der Gesamtrechtsnachfolge, für den Fall gefordert, daß der Fiskus Anfallberechtigter einer gemeinnützigen GmbH sei, vgl. *Schick/Rüd* Stiftung und Verein als Unternehmensträger, 1988, S. 115.

Auflösung und der Liquidatoren kann zusammengefaßt erfolgen. Konstitutive Wirkung kommt keiner der beiden Eintragungen zu.[97]

110 Die Liquidatoren haben die laufenden Geschäfte zu beenden, das Vermögen der GmbH „zu versilbern", die Gesellschaftsgläubiger zu befriedigen und danach das restliche Vermögen entsprechend dem Gesellschaftsvertrag zu verteilen. Nach § 72 GmbHG wird das Vermögen grundsätzlich unter die Gesellschafter nach Verhältnis ihrer Geschäftsanteile verteilt. Die Satzung einer gemeinnützigen GmbH muß gem. §§ 55 Abs. 1 Nr. 4, 61 AO eine hiervon abweichende Regelung des Inhalts aufweisen, daß im Falle der Auflösung der gemeinnützigen GmbH nur die eingezahlten Kapitalanteile und der gemeine Wert der geleisteten Sacheinlagen an die Gesellschafter zurückgezahlt werden dürfen, daß darüber hinaus aber das Vermögen nur für bestimmte steuerbegünstigte Zwecke verwendet werden darf (**Grundsatz der Vermögensbindung**). Diese Voraussetzung ist auch erfüllt, wenn das Vermögen einer anderen steuerbegünstigten Körperschaft oder einer Körperschaft des öffentlichen Rechts für steuerbegünstigte Zwecke übertragen werden soll. Gesellschaftsrechtlich kann diese Satzungsklausel jederzeit – auch noch im Stadium der Liquidation – durch Gesellschafterbeschluß aufgehoben bzw. geändert werden, z. B. durch Bestimmung eines anderen Anfallberechtigten.[98] Zu den steuerrechtlichen Folgen eines Verstoßes gegen den vorbeschriebenen Grundsatz der Vermögensbindung vgl. § 9 Rz. 60 ff. Der dingliche Vollzug der Vermögensverteilung erfolgt durch Verfügungsgeschäfte; die Gesellschaft wird auch hierbei von den Liquidatoren vertreten.

111 Zum Schutz der Gläubiger der Gesellschaft sind die Liquidatoren verpflichtet, die Auflösung dreimal in den Gesellschaftsblättern bekanntzumachen und in der **Bekanntmachung** zugleich die Gläubiger der Gesellschaft aufzufordern, sich bei derselben zu melden, § 65 Abs. 2 GmbHG. Mit der dritten Gläubigeraufforderung beginnt das **Sperrjahr** des § 73 GmbHG, wurde also einmal ohne Gläubigeraufforderung lediglich die Auflösung bekanntgemacht, so ist die Gläubigeraufforderung eigens nachzuholen. Erst nach Ablauf des Sperrjahres kann das Vermögen der Gesellschaft verteilt werden.

112 Zu Beginn der Liquidation haben die Liquidatoren eine **Bilanz** (Eröffnungsbilanz) und einen die Eröffnungsbilanz erläuternden Bericht sowie für den Schluß eines jeden Jahres einen Jahresabschluß und einen Lagebericht aufzustellen (§ 71 GmbHG). Auf allen **Geschäftsbriefen** muß sich während der Liquidation ein Hinweis auf die Tatsache finden, daß die Gesellschaft sich in Liquidation befindet, sowie die Namen der Liquidatoren angegeben werden. Mißachten die Liquidatoren das

---

[97] Das gilt für die Eintragung der Auflösung mit der Ausnahme, daß ein Auflösungsbeschluß, der zugleich eine Satzungsänderung enthält, wegen § 54 Abs. 3 GmbHG erst mit der Eintragung im Handelsregister wirksam wird, *Scholz/K. Schmidt* § 65 Rz. 1.

[98] *Hachenburg/Hohner* § 72 Rz. 8; *Scholz/K. Schmidt* § 72 Rz. 5; *Baumbach/Hueck/Schulze-Osterloh* § 72 Rz. 13; *Lutter/Hommelhoff* § 72 Rz. 9.

Sperrjahr oder nehmen sie nach Ablauf des Sperrjahres unter Übergehung bekannter Forderungen eine Verteilung vor, haften sie der Gesellschaft solidarisch auf Schadensersatz. Nach zutreffender und inzwischen herrschender Meinung kann auch ein Gläubiger den Anspruch der GmbH gegen die Liquidatoren, sofern die GmbH nicht für die Inanspruchnahme sorgt, in entsprechender Anwendung der §§ 93 Abs. 5, 268 Abs. 6 AktG geltend machen.[99]

13. Nachtragsliquidation

Sind nach Löschung der GmbH im Handelsregister noch irgendwelche Abwicklungsmaßnahmen erforderlich, so findet auf Antrag eine Nachtragsliquidation statt. Ausdrücklich gesetzlich geregelt ist die Nachtragsliquidation nur im Fall der vorangegangenen Löschung wegen (vermeintlicher) Vermögenslosigkeit nach § 66 Abs. 5 GmbHG n. F.). Auch steuerliche Pflichten der gelöschten GmbH können Anlaß für eine Nachtragsliquidation sein, doch genügt allein die Zustellung eines Steuerbescheids nicht, wenn nicht zugleich Erfüllungsaussicht behauptet wird.[100] Der Nachtragsliquidator wird gerichtlich bestellt. Die ursprüngliche Vertretungsmacht der Geschäftsführer oder der Liquidatoren lebt nicht wieder auf, jedoch wird i. d. R. aus diesem Kreis der Nachtragsliquidator durch das Gericht bestimmt. Auf die Durchführung der Nachtragsliquidation finden grundsätzlich die allgemeinen Bestimmungen über die Liquidation Anwendung. In der Sache selbst findet eine **Fortsetzung des alten Liquidationsverfahrens** statt, d. h., dessen Eröffnungsakte (Gläubigeraufforderung, Eröffnungsbilanz) müssen nicht nochmals wiederholt werden, insbesondere beginnt das Sperrjahr nicht von neuem zu laufen.[101] 113

---

[99] *Hachenburg/Hohner* § 73 Rz. 41; *Baumbach/Hueck/Schulze-Osterloh* § 73 Rz. 13; *Scholz/K. Schmidt* § 73 Rz. 29; *Lutter/Hommelhoff* § 73 Rz. 13.

[100] OLG Karlsruhe v. 21. 6. 1989, NJW-RR 1990, 100 m. w. N.

[101] *Roth/Altmeppen* § 74 Rz. 19.

§ 20 Konzernrechtliche Besonderheiten

Bearbeiter: Dr. Jens Eric Gotthardt

Übersicht

A. Grundbegriffe des Konzernrechts

I. Konzernrecht als Schutzrecht

Unter Konzernrecht versteht man allgemein den Versuch, Verbindungen zwischen Unternehmen rechtlich zu strukturieren. Gegenstand des Konzernrechts sind mithin in erster Linie die gesellschaftsrechtlichen Fragen, die sich aus der Verbindung mehrerer Unternehmen zu einer neuen wirtschaftlichen Einheit ergeben, wie sie zwischen Unternehmen aller Rechtsformen möglich sind.[1] Dabei besteht für Deutschland – im internationalen Vergleich[2] – die Besonderheit, daß einzelne 1

[1] *Emmerich/Sonnenschein* Konzernrecht, § 1 I.

[2] Nach *Hirte* NJW 1996, 3392, 3395 handelt es sich bei Deutschland neben Portugal und Brasilien um das einzige Land, das eine Kodifikation des Konzernrechts aufweist.

Aspekte des Konzernrechts kodifiziert wurden, und zwar erstmals im **Aktiengesetz von 1965**. Die Intention des Gesetzgebers von 1965 bestand in erster Linie darin, einen Schutz der abhängigen Gesellschaft, ihrer Aktionäre und ihrer Gläubiger zu etablieren, d.h. das Konzernrecht als Schutzrecht auszugestalten. Wie die Aufnahme der Regelungen in das Aktiengesetz bereits zeigt, handelt es sich nicht um eine umfassende, rechtsformunabhängige Kodifizierung. Die einschlägigen Normen sind im ersten Teil des ersten Buchs (§§ 15–19) sowie im dritten Buch (§§ 291–328, § 337) des Aktiengesetzes enthalten.

2 Auch heute noch liegt der Schwerpunkt der Auseinandersetzung mit dem Konzernrecht durch Rechtsprechung und Literatur auf dem Gedanken des Konzernrechts als Schutzrecht. Daneben gewinnt jedoch das sog. **Konzernverfassungs- oder Konzernorganisationsrecht** immer mehr an Bedeutung. Die Schlagworte lauten hier: Konzernleitung und Konzernleitungspflicht, d. h. der Schwerpunkt liegt nicht auf der Frage, ob die Obergesellschaft befugt ist, Herrschaftsmacht auszuüben, sondern vielmehr darauf, unter welchen Umständen sie verpflichtet ist, Herrschaftsmacht auszuüben und in welcher Art und Weise dies zu geschehen hat.[3]

II. Die Einzeltatbestände der §§ 15 bis 19 AktG

5 Die §§ 15–19 AktG enthalten den „Allgemeinen Teil" des deutschen Konzernrechts, in dem sie einige der wichtigsten konzernrechtlichen Begriffe definieren.[4] Diese **Definitionen** werden dann in den weiteren Vorschriften des Aktiengesetzes zugrunde gelegt. Darüber hinaus greifen auch andere Gesetze, wie z. B. das Mitbestimmungsgesetz von 1976 (§ 5) sowie das Gesetz gegen Wettbewerbsbeschränkungen (§ 36 Abs. 2) auf die Begriffsbestimmungen der §§ 15–19 AktG zurück. Daneben existieren jedoch auch eigenständige Definitionen konzernrechtlicher Tatbestände in anderen Gesetzen, wie z. B. in den auf gemeinschaftsrechtlichen Vorgaben beruhenden Vorschriften des HGB zum Konzernabschluß (vgl. § 290 Abs. 2 HGB).

6 Mit § 15 AktG hat der Gesetzgeber eine Definition der „**verbundenen Unternehmen**" vor die Klammer der sich daran anschließenden Definitionen verschiedener Einzeltatbestände gezogen: „Verbundene Unternehmen sind rechtlich selbständige Unternehmen, die im Verhältnis zueinander in Mehrheitsbesitz stehende Unternehmen und mit Mehrheit beteiligte Unternehmen (§ 16), abhängige und herrschende Unternehmen (§ 17), Konzernunternehmen (§ 18), wechselseitig beteiligte Unternehmen (§ 19) oder Vertragsteile eines Unternehmensvertrages (§§ 291, 292) sind." Zu ergänzen wäre diese Definition noch um die an einer Eingliederung beteiligten Unternehmen, die nur deshalb in § 15 AktG nicht gesondert aufgeführt worden sind, weil sie immer auch schon unter die in Mehrheitsbesitz stehenden Unternehmen und

---

[3] *K. Schmidt* Gesellschaftsrecht § 17 I mwN.

[4] *Emmerich/Sonnenschein* Konzernrecht § 2 I.

mit Mehrheit beteiligte Unternehmen iSv § 16 AktG und die Konzernunternehmen iSv § 18 AktG fallen.

7 Die im Anschluß an § 15 AktG in den §§ 16–19 AktG geregelten Einzeltatbestände stellen dann geradezu eine Steigerungsreihenfolge der Unternehmensverbindungen dar, d.h. an die Einzeltatbestände knüpfen abgestufte, mit aufsteigender Numerierung strenger werdende Rechtsfolgen an.[5] So bestehen z. B. die Informationsrechte des Sonderprüfers nach § 145 AktG nur gegenüber abhängigen oder konzernierten Unternehmen iSv §§ 17 und 18 AktG, nicht jedoch, soweit die Vermutung des § 17 Abs. 2 AktG widerlegt ist, gegenüber „bloß" in Mehrheitsbesitz stehenden Unternehmen.[6]

8 Im folgenden soll das Schwergewicht der Betrachtung auf den Besonderheiten eines Konzerns und der Konzernunternehmen iSv § 18 AktG liegen. Der typische Fall ist der **Unterordnungskonzern**, bei dem ein herrschendes Unternehmen ein oder mehrere abhängige Unternehmen unter seiner Leitung zusammenfaßt (§ 18 Abs. 1 AktG). Besteht eine einheitliche Leitung, ohne daß ein Unternehmen vom anderen abhängig ist, handelt es sich um ein **Gleichordnungskonzern** (§ 18 Abs. 2 AktG). Die Einzelunternehmen, die einem Unterordnungs- oder Gleichordnungskonzern angehören, bezeichnet das Gesetz als Konzernunternehmen. Das in § 18 AktG aufgestellte Tatbestandsmerkmal der „einheitlichen Leitung" ist im Falle des Unterordnungskonzerns das „Plus des Konzerntatbestands" gegenüber dem bloßen Abhängigkeitstatbestand[7] und im Falle des Gleichordnungskonzerns die Grundvoraussetzung für die Einordnung des Unternehmensgebildes als „Konzern".

9 Nach § 18 Abs. 1 Satz 2 AktG sind Unternehmen als unter „einheitlicher Leitung zusammengefaßt" anzusehen, wenn zwischen ihnen ein Beherrschungsvertrag besteht oder das eine in das andere eingegliedert ist. Von einem abhängigen Unternehmen wird gemäß § 18 Abs. 1 Satz 3 lediglich vermutet, daß es unter der **einheitlichen Leitung** des herrschenden Unternehmens steht. Außerhalb dieser gesetzgeberischen Vorgaben ist weitestgehend umstritten, welchen Umfang die einheitliche Leitung haben muß, um einen Konzern zu begründen. Nach wohl herrschender Auffassung genügt die Wahrnehmung der unternehmerischen Leitungsfunktion hinsichtlich einzelner Bereiche der Unternehmenspolitik (weiter Konzernbegriff).[8] Nach dieser Ansicht genügt es, wenn sich die einheitliche Leitung auf einzelne Funktionsbereiche, z. B. Investitions-, Finanz-, Produktions-, Absatz- oder Personalpolitik beschränkt und damit die unternehmerischen Leitungsfunktionen nicht in vollem Umfang vom herrschenden Unternehmen wahrgenommen werden; eine Beschränkung auf die Kontrolle durch das herrschende Unternehmen soll allerdings nicht genügen. Eine andere Auffassung

---

[5] *K. Schmidt* Gesellschaftsrecht § 31 II 2.

[6] Vgl. im einzelnen *K. Schmidt* Gesellschaftsrecht § 31 II 2.

[7] *K. Schmidt* Gesellschaftsrecht § 31 II 3 c.

[8] *Geßler/Hefermehl/Geßler* § 18 Rz. 29; MünchHdB des Gesellschaftsrechts, Aktiengesellschaft; *Krieger* § 68 Rz. 67; *Emmerich/Sonnenschein* Konzernrecht § 4 II 1.

stellt die Finanzpolitik in den Vordergrund und hält eine konzernweite Finanzplanung für erforderlich, aber auch ausreichend (enger Konzernbegriff).[9] Die Rechtsprechung tendiert eher zum weiten Konzernbegriff.[10] Sie läßt es für die Annahme eines Konzerns genügen, wenn mehrere Unternehmen von denselben Personen geleitet und auf diese Weise einem übergeordneten gesamtunternehmerischen Interesse dienstbar gemacht werden[11] oder wenn sie nach Art von Betriebsabteilungen im Rahmen einer einheitlichen Unternehmensplanung eingesetzt werden.[12] Dabei wird die einheitliche Finanzplanung zwar als ein wichtiges Indiz für die zusammengefaßten Unternehmen angesehen. Aber auch eine sonstige planmäßige Koordinierung der zusammengefaßten Unternehmen, z. B. in organisatorischen Fragen oder hinsichtlich der Kontrolle der Verwirklichung der einheitlichen festgesetzten Unternehmensziele reicht für die Annahme eines Konzerns aus.[13]

10 Neben dem Unterordnungs- und Gleichordnungskonzern unterscheidet das Konzernrecht zwischen den durch Unternehmensverträge verbundenen Unternehmen (§§ 291 ff., 308 ff. AktG), dem sog. **Vertragskonzern**, und der Beherrschung von Unternehmen bei Fehlen eines Beherrschungsvertrags (§§ 311 ff. AktG), dem sog. **faktischen Konzern**. Vertragskonzerne können grundsätzlich nur durch Abschluß eines Beherrschungsvertrages begründet werden, weil allein dieser ein echtes Weisungsrecht begründet. Gleich steht lediglich die Eingliederung nach den §§ 319 und 320 AktG (vgl. auch § 18 Abs. 1 Satz 2 AktG). Alle übrigen Konzerne sind faktische Konzerne, mögen sie auf bloßer faktischer Leitungsmacht oder auf einem der anderen Unternehmensverträge der §§ 291, 292 AktG (Gewinnabführungsvertrag, Betriebspacht- und Betriebsüberlassungsvertrag) beruhen.

11 Zum Abschluß dieser kurzen Einführung in die Grundbegriffe des Konzernrechts muß noch auf den Schlüsselbegriff des deutschen Konzernrechts, den **Begriff des „Unternehmens“**, eingegangen werden. Die §§ 15 ff. AktG verwenden diesen Begriff des „Unternehmens“, ohne ihn zu definieren. Nach dem Willen des Gesetzgebers des Aktiengesetzes 1965 sollte durch die Verwendung dieses Begriffs der Anwendungsbereich des Konzernrechts eingeschränkt werden. Vor dem Hintergrund des Leitbilds des Konzernrechts als Schutzrecht war man der Ansicht, allein bei einem „Unternehmensgesellschafter“ bestehe die Gefahr, daß er die Rechte aus der Beteiligung zum Nachteil der Gesellschaft für seine sonstigen unternehmerischen Interessen ausnützen werde, während bei einem „Privatgesellschafter“ eine vergleichbare Gefahr nicht drohe.[14] Dieser gesetzgeberischen Leitlinie ist die Rechtsprechung

---

[9] *Koppensteiner* Kölner Komm AktG § 18 Rz. 19 mwN.

[10] OLG Düsseldorf v. 30. 1. 1979, DB 1979, 699; LG Stuttgart v. 29. 11. 1988 AG 1989, 445, 447.

[11] BGH v. 16. 12. 1991, NJW 1992, 1167.

[12] LG Oldenburg v. 4. 3. 1992, ZIP 1992, 1632, 1636.

[13] LG Mainz v. 16. 10. 1990, AG 1991, 30 zu § 290 HGB.

[14] *Kropff* AktG S. 41 u. 42 (Ausschußbericht zu den §§ 20 u. 21).

gefolgt. So stellte der BGH in seiner grundlegenden VEBA/Gelsenberg-Entscheidung aus dem Jahre 1977[15] klar, daß eine noch so hohe Beteiligung an einer Gesellschaft den Inhaber (Aktionär) allein noch nicht zum herrschenden Unternehmen mache. Es müsse vielmehr eine wirtschaftliche Interessenverbindung außerhalb der Gesellschaft hinzukommen, die stark genug ist, um die Besorgnis zu begründen, der Aktionär könnte um ihretwillen seinen Einfluß zum Nachteil der Gesellschaft geltend machen. Herrschendes Unternehmen kann danach nicht nur sein, wer selbst ein Unternehmen betreibt, sondern auch derjenige, der – z. B. als Holdinggesellschaft, aber auch als Einzelperson[16] – seine wirtschaftlichen Interessen nicht nur in der betreffenden Gesellschaft, sondern auch in anderen Unternehmen maßgebend verfolgen kann.[17] Die Rechtsform des Gesellschafters spielt in diesem Zusammenhang keine Rolle. Nicht nur Kapitalgesellschaften und Einzelkaufleute, sondern auch Personengesellschaften, Genossenschaften, Vereine, Stiftungen, ja auch die öffentliche Hand, können unter den genannten Voraussetzungen Unternehmen im Sinne des Konzernrechts sein.[18]

Bejaht man das Vorliegen eines Konzerns, so stellt sich die Frage nach 12
den **Rechtsfolgen der Konzernierung**. Im Sinne des Grundgedankens des Konzernrechts als Schutzrecht ist dies in erster Linie die Haftung des herrschenden Unternehmens zum Schutze der abhängigen Gesellschaft, ihrer Gesellschafter und ihrer Gläubiger. Für den Vertragskonzern ergibt sich die Pflichtenlage des herrschenden Unternehmens aus den – ggf. entsprechend anzuwendenden – §§ 291 bis 310 AktG. Für den faktischen Konzern wurden hierzu verschiedene Haftungsmodelle entwickelt.[19] Die Rechtsprechung sieht die Grundlage des Minderheitenschutzes im einfachen faktischen Konzern in einem umfassenden Schädigungsverbot für die Mehrheit, das seine Grundlage in erster Linie in der Treuepflicht der Mehrheit gegenüber der Gesellschaft und den Mitgesellschaftern findet und bei dessen Verletzung die Mehrheit schadensersatzpflichtig ist (im faktischen GmbH-Konzern analog § 43 GmbHG).[20] Im sog. qualifizierten faktischen Konzern kommt es dagegen zum Schutze der Gläubiger durch eine entsprechende Anwendung der §§ 302 und 303 AktG zu einer umfassenden Verlustausgleichspflicht des herrschenden Unternehmens (vgl. Rz. 38).

Über die Schaffung bloßer Haftungstatbestände hinaus ist es das 13
Hauptanliegen der jüngeren konzernrechtlichen Diskussion, im Sinne einer **Konzernbildungskontrolle** bzw. eines **Konzerneingangsschutzes** den Schutz der Minderheitsgesellschafter bereits im Augenblick der Begründung der Abhängigkeit der Gesellschaft von einem an-

---

[15] BGH v. 13. 10. 1977, NJW 1978, 104; BGHZ 69, 334, 337.

[16] OLG Karlsruhe v. 9. 6. 1999, BB 1999, 1451 („MLP AG").

[17] *K. Schmidt* Gesellschaftsrecht § 31 II mwN.

[18] *Emmerich/Sonnenschein* § 2 III mwN.

[19] Vgl. die Darstellung bei *Emmerich/Sonnenschein* § 24 II.

[20] Vgl. BGH v. 16. 2. 1981 NJW 1981, 1512 (ITT); BGH v. 16. 9. 1985 NJW 1986, 188 (Autokran); BGH v. 23. 9. 1991 NJW 1991, 3142 (Video).

deren Unternehmen so zu verstärken, daß die Minderheit in der Lage ist, selbst für die Wahrung ihrer Rechte Sorge zu tragen, namentlich durch die Einführung entsprechender Zustimmungserfordernisse mit qualifizierter Mehrheit oder sogar mit Einstimmigkeit.[21]

Daneben können sich für eine Kapitalgesellschaft aus der Einordnung als Konzernunternehmen besondere Pflichten bei der Rechnungslegung ergeben (§§ 290 ff. HGB).

B. Rechtsformspezifische Vorgaben

15 Im folgenden soll zunächst ein kurzer Überblick über die rechtsformabhängigen Besonderheiten der Konzernierung eines Vereins, einer Stiftung und einer GmbH gegeben werden. Zu unterscheiden hiervon sind die – rechtsformübergreifenden – gemeinnützigkeitsrechtlichen Besonderheiten. Diese werden im Abschnitt C. dargestellt.

I. Der Verein

16 Das BGB unterscheidet in den §§ 21 und 22 nichtwirtschaftliche und wirtschaftliche Vereine, je nachdem, ob der Zweck des Vereins auf einen wirtschaftlichen Geschäftsbetrieb gerichtet ist oder nicht. Da für die Leser dieses Handbuchs ausschließlich der **nichtwirtschaftliche Verein** (Idealverein) als Vereinstypus interessant sein wird, beschränkt sich die nachfolgende Darstellung auf diesen.

17 Obwohl gemäß § 21 BGB der Zweck eines Idealvereins per definitionem nicht auf einen wirtschaftlichen Geschäftsbetrieb gerichtet ist, stellen die Idealvereine im Wirtschaftsleben einen bedeutenden Faktor dar. Ausschlaggebend hierfür ist das sog. **Nebenzweckprivileg**, nach dem ein Verein ein nichtwirtschaftlicher Verein i. S. von § 21 BGB auch dann sein kann, wenn er zur Erreichung seiner idealen Ziele unternehmerische Tätigkeiten entfaltet, sofern diese dem nichtwirtschaftlichen Hauptzweck zu- und untergeordnet und Hilfsmittel zu dessen Erreichung sind.[22] Wieweit die „Nebentätigkeit" reichen darf und ab wann der Idealverein durch seine „Nebentätigkeit" zum – genehmigungspflichtigen – wirtschaftlichen Verein i. S. von § 22 BGB wird, hängt von der relativen Bedeutung der geschäftlichen im Vergleich zu den ideellen Aktivitäten ab. Entscheiden soll, ob das geschäftliche oder das ideelle Tätigkeitsfeld dem Verein das Gepräge gibt.[23] Als unproblematisch, d. h. als unabhängig von den Grenzen des Nebenzweckprivilegs zulässig, gelten die in gesellschaftsrechtlicher Form verselbständigten Geschäftsbetriebe.[24]

---

[21] Vgl. *Emmerich/Sonnenschein* § 4 a IV 2.

[22] Vgl. bereits RGZ 83, 232, 237; BGH v. 29. 09. 1982, BGHZ 85, 84, 93; *Palandt/Heinrichs* BGB § 21 Rz. 5.

[23] *K. Schmidt* Rpfleger 1972, 343, 352

[24] BGH v. 29. 09. 1982 BGHZ 85, 84 (ADAC); kritisch Münch. Komm./*Reuter* BGB §§ 21, 22 Rz. 9 ff.

1. Der Verein als Konzernspitze

Gemäß den in Rz. 5 ff. dargestellten Grundbegriffen des Konzernrechts bedarf es für die Anwendung des Konzernrechts auf einen Idealverein zunächst der Einordnung desselben als „Unternehmen" im Sinne des Konzernrechts. Dies ist z. B. bei den in der Praxis häufig anzutreffenden sog. **Holding-Vereinen** dann der Fall, wenn sie an mehreren Unternehmen beteiligt sind und – im Rahmen des Nebenzweckprivilegs – ihre wirtschaftlichen Interessen in mehreren Unternehmen verfolgen. So gibt es eine Reihe von Idealvereinen, unter deren Leitung eine erstaunliche Zahl unterschiedlichster Unternehmen, meistens in der Rechtsform einer Kapitalgesellschaft, zusammengefaßt sind.[25] Das Fehlen von Publizitätsregeln ermöglicht es diesen Vereinen, ihr Vermögen weitgehend vor der Öffentlichkeit geheimzuhalten. 18

In der Literatur wird zum Teil gefordert, daß jedenfalls in Konzernen, d. h. bei einheitlicher Leitung der abhängigen Unternehmen durch den Idealverein, die Tätigkeit der abhängigen Unternehmen dem herrschenden Verein zugerechnet werden muß, so daß er als **unzulässiger wirtschaftlicher Verein** zu qualifizieren ist, gegen den die Verwaltungsbehörden einschreiten können (§§ 22, 43 Abs. 2 BGB).[26] Nach Ansicht des BGH schließt jedoch im Falle des Haltens von Beteiligungen an Kapitalgesellschaften durch einen Idealverein die rechtliche und organisatorische Trennung des Idealvereins von den abhängigen Kapitalgesellschaften es aus, die Geschäftstätigkeit der Kapitalgesellschaften vereinsrechtlich als eigene unternehmerische Betätigung des Idealvereins anzusehen.[27] Insoweit sei entscheidend, daß die Kapitalgesellschaften ihren Gläubigern alle Sicherheiten bieten, die mit der Rechtsform einer solchen Gesellschaft verbunden sind (Aufbringung und Erhaltung des Grund- bzw. Stammkapitals), ohne daß es besonderer vereinsrechtlicher Maßnahmen auf der Stufe des (Holding-)Vereins bedürfe. *Reuter*[28] ist dieser Ansicht mit dem Argument entgegengetreten, das Grund- bzw. Stammkapital sei von seiner gesetzlich garantierten Größenordnung her weder geeignet noch bestimmt, als Haftungsgrundlage für die Gesellschaftsverbindlichkeiten zu dienen. Gläubigerschutz finde vielmehr dadurch statt, daß die Grund- bzw. Stammkapitalvorschriften das eigene Interesse der Gesellschafter am wirtschaftlichen Erfolg der Gesellschaften i. S. einer „verhaltenssteuernden Risikobeteiligung" beeinflusse. Die im Anschluß hieran aufgestellte These, daß eine solche „**verhaltenssteuernde Risikobeteiligung**" nur im Falle von „natürlichen Trägerpersonen" ihre Wirkung entfalten könne, vermag m. E. nicht zu überzeugen. Schließlich ist die von einem Vereinsvorstand für eine Ka- 19

[25] ADAC, Technische Überwachungsvereine (TÜV), DEKRA, GfK-Nürnberg e.V. (Marktforschung), EDEKA-Verband, weitere Beispiele bei *Emmerich/Sonnenschein* § 29 a I 1; zu VVaG (i. R. von Gleichordnungskonzernen) vgl *Hübner/Lutter* UmwG Anh. 2 § 189 Rz. 9.

[26] *Emmerich/Sonnenschein* § 29 a I 3 mwN.

[27] BGH v. 29. 9. 1982, BGHZ 85, 84, 88.

[28] *Münch.Komm./Reuter* BGB, §§ 21, 22 Rz. 10.

pitalbeteiligung geschuldete Rechenschaft gegenüber den einzelnen Vereinsmitgliedern sicherlich nicht weniger „verhaltenssteuernd" als die vom Vorstand einer großen börsennotierten Aktiengesellschaft für den Erfolg oder Mißerfolg einer entsprechenden Beteiligung den Aktionären geschuldete Rechenschaft. Daher ist auch nicht ersichtlich, warum an das Halten von Beteiligungen durch Vereine höhere Anforderungen gestellt werden sollten.

20 Auch die Tatsache, daß eine Haftung des Idealvereins als herrschendes Konzernunternehmen (§§ 309, 317 AktG) mangels einer – für den Idealverein gesetzlich nicht vorgeschriebenen – **Mindestkapitalausstattung** ggf. nicht zu verwirklichen ist, stellt keine Besonderheit im Rahmen des Konzernrechts dar, die es aus Sicht des Vereinsrechts notwendig machen würde, den herrschenden Verein als unzulässigen „wirtschaftlichen Verein" zu qualifizieren, um gegen ihn öffentlich-rechtlich vorgehen zu können. So gibt es auch für natürliche Personen und Personengesellschaften als herrschende Unternehmen eines Konzerns keine gesetzlich vorgeschriebene Mindestkapitalausstattung, ohne daß hier der Ruf nach einer Untersagung der entsprechenden wirtschaftlichen Tätigkeit laut würde.[29]

2. Der Verein als untergeordnetes Konzernunternehmen

21 Auch wenn der Verein keine Möglichkeit zur „Mehrheitsbeteiligung", sondern grundsätzlich nur zur einfachen Mitgliedschaft (§ 38 BGB) bietet, sind Konstellationen denkbar, die ein konzernrechtliches Abhängigkeitsverhältnis begründen. So ist bereits nach dem Normalstatut eines Idealvereins die Beherrschung desselben durch eine Gruppe von Mitgliedern (Unternehmen) über die Mitgliederversammlung (§ 32 BGB) möglich, wobei ein solches Abhängigkeitsverhältnis aufgrund der Nachgiebigkeit der gesetzlichen Vorschriften (§ 40 BGB) durch entsprechende Satzungsregelungen noch verstärkt und z. B. auch gegenüber einer Minderheit von Mitgliedern begründet werden kann. Daneben ist es einem Verein möglich, ein Abhängigkeitsverhältnis durch Abschluß von Unternehmensverträgen i. S. von §§ 293 ff. AktG zu begründen.[30]

II. Die Stiftung

25 Nach heutiger allgemeiner Ansicht unterliegt auch die Stiftung dem Konzernrecht. Eine etwaige Sonderstellung, insbesondere ein Vorrang des Stiftungsrechts vor dem Gesellschaftsrecht einschließlich des Konzernrecht gibt es nicht.[31]

---

[29] BGH v. 29. 9. 1982, BGHZ 85, 84, 91; a. A. *Emmerich/Sonnenschein* § 29 a I 3 mwN.

[30] *Emmerich/Sonnenschein* § 29 a I 2 c.

[31] *Schwintowski* NJW 1991, 2736; *Kohl* NJW 1992, 1922; *Künnemann* Die Stiftung im System des Unterordnungs-Konzerns, 1995; *Schlinkert* Unternehmensstiftung und Konzernleitung, 1994.

1. Die Stiftung als Konzernspitze

Auch als Voraussetzung für die Anwendung des Konzernrechts auf die Stiftung als Konzernspitze bedarf es zunächst der Einordnung der in Bezug genommenen Stiftung als „Unternehmen" im Sinne des Konzernrechts. Erforderlich ist also das Vorliegen des bereits dargestellten (vgl. Rz. 11) konzerntypischen Interessenkonflikts, d. h. die Verfolgung von anderen wirtschaftlichen Interessen neben der Beteiligung an einer Gesellschaft durch die Stiftung, die die Gefahr beinhalten, daß die Stiftung ihren Einfluß zum Nachteil der Gesellschaft geltend macht.[32] Ein solcher konzerntypischer Interessenkonflikt kann dadurch entstehen, daß die Stiftung sich selbst direkt unternehmerisch betätigt (Unternehmensträger-Stiftung) oder aber an mindestens einer weiteren Gesellschaft beteiligt ist (Beteiligungs-Stiftung). 26

Unmittelbare **Unternehmensträger-Stiftungen** sind heute in der Praxis selten, obwohl sie historisch am Anfang der Verbindung von Stiftung und Unternehmen standen. Bekanntestes Beispiel für eine Unternehmensträger-Stiftung ist sicherlich die Carl-Zeiss-Stiftung von 1989 in Heidenheim.[33] Daneben existieren eine Anzahl von Sparkassen und Krankenhäuser in der Form der unmittelbaren Unternehmensträger-Stiftung. 27

Die Gründung einer Unternehmensträger-Stiftung wird zum Teil von **landesrechtlichen Vorschriften** erschwert, indem Versagungsgründe bei privatnützigen und unternehmensbezogenen Stiftungszwecken aufgestellt werden.[34] So kann nach § 4 Abs. 2 StiftGNW die **Genehmigung** einer Stiftung versagt werden, wenn der Hauptzweck der Stiftung in dem Betrieb oder der Verwaltung eines erwerbswirtschaftlichen Unternehmens besteht, das ausschließlich oder überwiegend eigennützigen Interessen des Stifters oder seiner Erben dient. Hierdurch soll verhindert werden, daß der größere Teil des Stiftungsvermögens unternehmerischem Risiko ausgesetzt wird.[35] Damit ist jedoch nicht gesagt, daß Unternehmensstiftungen nicht genehmigungsfähig wären, die Genehmigung steht vielmehr im Ermessen der Genehmigungsbehörde. Die praktische Bedeutung dieser Ermessensklausel scheint gering, effektive Versagungen von Genehmigungen nach § 4 Abs. 2 StiftGNW dringen zumindest nicht an die Öffentlichkeit.[36] Auch ist die Umgehung des Genehmigungserfordernisses leicht dadurch möglich, daß der Stifter zu Lebzeiten die Stiftung mit einem nicht unternehmerischen Vermögen errichtet und erst von Todes wegen unternehmerisches Vermögen der Stiftung zuwendet. Die Annahme einer aus Unternehmen oder Unternehmensbeteiligung bestehenden 28

---

[32] BGH v. 13. 10. 1977, NJW 1978, 104.

[33] Zur Historie und Entwicklung vgl. *Schlinkert* S. 32; *Kronke* Stiftungstypus und Unternehmensträger-Stiftung, 1988, S. 234 ff.

[34] § 9 AV BayStG, § 4 Abs. 1 und 2 StiftGNW.

[35] *Weimar/Geitzhaus/Delp* BB 1986, 2002.

[36] *Härtel* Ist das Stiftungsrecht reformbedürftig?, 1990, S. 122.

Erbschaft fällt nicht unter die Genehmigungspflicht des § 21 StiftGNW.[37]

29 Der in der Praxis häufigste Fall der Überschneidung von Konzernrecht und Stiftungsrecht ist der Fall der **Beteiligungs-Stiftung**. Einer Stiftung ist es nicht verwehrt, in ihrem Vermögen Beteiligungen an anderen Gesellschaften zu halten. So bestimmt z. B. § 11 AV BayStG, daß zum Vermögen einer Stiftung Kapitalanlagen und Rechte gehören können. Je nach Umfang der Beteiligung und vertraglichem Verhältnis zu den Beteiligungsunternehmen sind die verschiedenen Stufen der Konzernbildung im Unterordnungskonzern denkbar: Einfache Abhängigkeit, einheitliche Leitung, faktischer Konzern, Vertragskonzern.[38] Zum Teil werden als besondere Vorzüge einer solchen „Holdingstiftung" hervorgehoben, daß keine Pflicht zur Aufstellung von Konzernabschlüssen und keine Publizitätspflicht besteht.[39]

2. Die Stiftung als untergeordnetes Konzernunternehmen

30 Die Eignung einer Stiftung als Konzernuntergesellschaft wird meist pauschal mit dem Hinweis abgelehnt, daß die Stiftung als selbständige Organisation wegen ihrer Eigentümer- und Mitgliederlosigkeit keine Möglichkeit einer Beteiligung biete.[40] *Künnemann*[41] weist jedoch zu Recht darauf hin, daß auch ohne Kapitalbeteiligung beherrschende Einflüsse denkbar sind, die die Voraussetzung eines faktischen Konzerns erfüllen. So wäre es z. B. denkbar, daß der Stifter eine Personenidentität des Vorstandes der Stiftung mit dem Vertretungsorgan einer anderen Gesellschaft anordnet oder die Vertretungsorgane dieser Gesellschaft als Bestellungsinstanz für den Vorstand einsetzt.[42] Dagegen steht dem Abschluß eines Beherrschungsvertrages und damit der Begründung eines Vertragskonzerns mit einer Stiftung als Untergesellschaft die gesetzlich festgelegte organisatorische Selbständigkeit der Stiftung und die besondere Bedeutung des Stiftungszwecks entgegen.[43]

III. Die GmbH

35 Anders als Verein und Stiftung ist die GmbH als Konzerngesellschaft eine alltägliche Erscheinung. Es wird vermutlich kein Konzern-Organigramm geben, in dem sich nicht, insbesondere als Untergesellschaften, mehrere GmbHs finden. Trotz der großen praktischen Bedeutung der Rechtsform GmbH für das Konzernrecht enthält das GmbH-Gesetz

---

[37] *Berndt* Stiftung und Unternehmen, 6. Aufl., S. 68.

[38] *Künnemann* S. 110 mwN.; Abschnitt A II.

[39] Vgl. *Schlinkert* S. 60 mwN; kritisch zum Mißbrauch unternehmensverbundener Stiftungen *Rawert* ZEV 1999, 294.

[40] *Staudinger/Rawert* Vorbem. Rz. 119 zu §§ 80 ff.; *Emmerich/Sonnenschein* § 29 a II 1.

[41] AaO., S. 183.

[42] Zu den Folgen einer solchen faktischen Konzernierung vgl. *Künnemann* S. 185 ff.

[43] *Künnemann* S. 186; *Staudinger/Rawert* Vorbem Zu §§ 80 ff. Rz. 119.

keine einschlägigen Regelungen. Versuche einer gesetzlichen Regelung sind über das Entwurfsstadium nicht hinausgekommen.[44] Dennoch existiert ein umfangreiches **GmbH-Konzernrecht**, das von Rechtsprechung und Lehre entwickelt wurde. Auf die einschlägige Spezialliteratur kann hier nur verwiesen werden.[45]

1. Die GmbH als Konzernspitze

In der Regel bildet eine Kapitalgesellschaft die Spitze eines Konzerns. 36
Soweit es den Anteilseignern dabei nicht darum geht, über die Börse Eigenkapital aufzunehmen bzw. mit leicht übertragbaren Gesellschaftsanteilen einen möglichst großen Gesellschafterkreis zu erreichen, bietet sich die GmbH (gegenüber der Aktiengesellschaft) aufgrund ihrer geringeren Formstrenge und dem damit verbundenen einfachen „handling" als Konzern-Obergesellschaft an. Daher stellt die GmbH, soweit nicht steuerliche Gründe für eine Personengesellschaft (insbesondere GmbH & Co. KG) sprechen, typischerweise die Obergesellschaft von familiengetragenen Konzernen dar. Als Konzern-Obergesellschaft sind der GmbH sämtliche Formen der Konzernbildung möglich. So kann sie z. B. andere Unternehmen über bloße Mehrheitsbeteiligungen beherrschen (faktischer Konzern) oder aber Unternehmensverträge iSv §§ 291 ff. AktG abschließen (Vertragskonzern).

2. Die GmbH als untergeordnetes Konzernunternehmen

Im Vergleich zur Aktiengesellschaft zeichnet sich die GmbH als Kon- 37
zernuntergesellschaft dadurch aus, daß die Geschäftsführer unbeschränkt den Weisungen der Gesellschafter unterliegen, während der Vorstand der Aktiengesellschaft diese unter eigener Verantwortung (§ 76 Abs. 1 AktG) leitet. Man kann insofern von einer im GmbH-Gesetz angelegten „natürlichen" Konzernoffenheit der GmbH sprechen, die diese geradezu prädestiniert, als **gefügige Konzerntochter** zu dienen.[46] Soweit nicht ausnahmsweise steuerliche Gründe, z. B. zur Begründung einer sog. Organschaft, für den Abschluß eines Unternehmensvertrages sprechen, läßt sich in der GmbH bereits bloße Mehrheitsherrschaft mühelos – und insbesondere ohne Verlustausgleichspflicht – in Leitungsmacht umsetzen. Das typische Erscheinungsbild eines GmbH-Konzerns ist daher auch der faktische Konzern.

Die sich aus der besonders leicht erreichbaren Konzernierung einer 38
GmbH für die Minderheitsgesellschafter und die Gläubiger ergebenden Gefahren liegen ebenso auf der Hand wie die Notwendigkeit besonderer Vorkehrung zu ihrem Schutze. Zu diesem Zweck wurden von Rechtsprechung und Literatur die **Lehre vom faktischen und vom qualifiziert faktischen Konzern** entwickelt. In dem einfachen fakti-

[44] Vgl. den RefE v. 1969 sowie den RegE eines neuen GmbHG von 1971/73.

[45] Vgl. stellvertretend *K. Schmidt* Gesellschaftsrecht, § 39; *Emmerich/Sonnenschein* § 23, jeweils mit ausführlichen weiteren Nachweisen.

[46] *K. Schmidt* Gesellschaftsrecht, § 17 II 2; § 36 I 2.

schen Konzern bildet die Grundlage des Minderheiten- und Gläubigerschutzes ein umfassendes Schädigungsverbot für das herrschende Unternehmen, hergeleitet aus dessen Treuepflicht gegenüber der abhängigen GmbH und den Mitgesellschaftern.[47] Von einem qualifiziert faktischen Konzern spricht man, wenn das Eigeninteresse der abhängigen GmbH in einem durch die Kontrolle von Einzelmaßnahmen und durch individuellen Nachteilsausgleich nicht mehr beherrschbaren Ausmaß nachhaltig beeinträchtigt wird.[48] In diesen Situationen darf der Schutz der abhängigen Gesellschaft, ihrer Gläubiger und etwa vorhandenen Minderheitsgesellschafter nicht hinter der Rechtslage bei Bestehen eines Beherrschungsvertrages zurückbleiben. Hauptanwendungsfall dieser Analogie zum Aktienrecht ist die Verlustausgleichspflicht gemäß § 302 AktG.[49] Die Diskussion um die Rechtsfolgen des qualifiziert faktischen Konzerns hält weiter an. Noch nicht geklärt ist insbesondere die Frage, ob sich die Ausgleichspflicht des herrschenden Unternehmens auf solche Verluste beschränkt, die eine Unterbilanz herbeiführen bzw. verschärfen, also das zur Erhaltung des gesetzlich garantierten Mindestkapitals erforderliche Vermögen schmälern, oder ob jeder Verlust der Untergesellschaft analog § 302 AktG auszugleichen ist.[50]

C. Gemeinnützigkeitsrechtliche Vorgaben

40 Nachdem in den Rz. 15 ff. aufgezeigt wurde, daß Verein, Stiftung und GmbH aufgrund ihrer Rechtsform sowohl die Spitze als auch ein untergeordnetes Unternehmen eines Konzerns sein können, soll hier untersucht werden, ob sich eine solche Konzernierung mit dem Status der Gemeinnützigkeit verträgt bzw. ob die von den Steuergesetzen im Hinblick auf die ausschließlich und unmittelbar verfolgten gemeinnützigen, mildtätigen oder kirchlichen Zwecke (steuerbegünstigte Zwecke, vgl. hierzu § 5) gewährten Steuervergünstigungen als Folge der Konzernierung wegfallen.

I. Die gemeinnützige Körperschaft als Konzernspitze

41 Verein, Stiftung und GmbH ist es auch als gemeinnützige Körperschaft grundsätzlich nicht untersagt, mehrere Beteiligungen zu halten, so daß der in Rz. 11 beschriebene konzerntypische Interessenkonflikt auch hier grundsätzlich denkbar ist. Die **Verwaltung von Beteiligungen** kann bei der steuerbegünstigten Körperschaft dem Bereich der Vermögensverwaltung, einem steuerbegünstigten Zweckbetrieb oder einem wirtschaftlichen Geschäftsbetrieb zuzuordnen sein. Im Gegensatz zum ideellen Bereich, der Vermögensverwaltung und dem steuer-

47 Vgl. stellvertretend *Emmerich/Sonnenschein* § 24 II.
48 *K. Schmidt* Gesellschaftsrecht, § 39 III 3.
49 *Hachenburg/Ulmer* GmbHG, Anh. § 77 Rdnr. 102, 159.
50 Zum Meinungsstand vgl. *K. Schmidt* Gesellschaftsrecht § 39 III 3.

begünstigten Zweckbetrieb, ist der wirtschaftliche Geschäftsbetrieb nach § 64 AO in vollem Umfang steuerpflichtig.[51]

Die Beteiligung einer steuerbegünstigten Körperschaft an einer Kapitalgesellschaft stellt grundsätzlich Vermögensverwaltung dar. Seit die Grundzüge der Entscheidung des BFH vom 30. 6. 1971[52] in den Anwendungserlaß zur AO (AEAO)[53] und in Abschn. 8 Abs. 5 KStR aufgenommen wurden, ist dieser Grundsatz auch für mehrheitliche Beteiligungen und die Stellung als Alleingesellschafter anerkannt.[54] Die Grenze zum steuerpflichtigen wirtschaftlichen Geschäftsbetrieb überschreitet der Inhaber einer Beteiligung an einer Kapitalgesellschaft gem. AEAO Nr. 3 zu § 64 Abs. 1 AO dann, wenn mit der Beteiligung tatsächlich ein entscheidender **Einfluß auf die laufende Geschäftsführung** der Kapitalgesellschaft ausgeübt wird. Das Steuerrecht bedient sich hier also eigenständiger Definitionen, ohne auf die vom Konzernrecht entwickelten Begriffe zurückzugreifen. Es drängt sich jedoch ein Vergleich mit den konzernrechtlichen Begriffen der Abhängigkeit (§ 17 AktG) und der einheitlichen Leitung (§ 18 AktG) auf. Während ein bloßes Abhängigkeitsverhältnis nach § 17 AktG noch mit der Annahme einer reinen Vermögensverwaltung zu vereinbaren ist,[55] führt die einheitliche Leitung, d. h. die Konzernierung, zur Annahme eines steuerpflichtigen wirtschaftlichen Geschäftsbetriebs. 42

Lediglich die Beteiligung an einer **Mitunternehmerschaft** i. S. d. § 15 EStG (gewerblich tätige oder gewerblich geprägte Personengesellschaft) führt unabhängig von der Höhe der Beteiligung und unabhängig von einer Einflußnahme auf die laufende Geschäftsführung in der Regel zur Annahme eines wirtschaftlichen Geschäftsbetriebs, d. h. eine Zuordnung zur Vermögensverwaltung ist nicht möglich.[56] 43

Eine Vermutung für das Vorliegen der „Ausübung eines entscheidenden Einflusses auf die laufende Geschäftsführung" einer Kapitalgesellschaft soll insbesondere dann bestehen, wenn die Geschäftsführungsorgane der gemeinnützigen Körperschaft und der Beteiligungsgesellschaft identisch besetzt sind.[57] Darüber hinaus ist aber auch denkbar, z. B. wenn die Konzernuntergesellschaft in der Rechtsform der GmbH organisiert ist, daß die Einflußnahme auf die laufende Geschäftsführung auch ohne **Personenidentität** auf der Grundlage der Weisungsgebundenheit der Geschäftsführer der GmbH erreicht wird (vgl. hierzu Rz. 37). Allein die gesetzliche und satzungsmäßige Möglichkeit einer Einflußnahme auf die laufende Geschäftsführung ist jedoch für die Annahme eines wirtschaftlichen Geschäftsbetriebs nicht ausreichend. Vielmehr muß der Einfluß tatsächlich auch ausgeübt werden. Als „entschei- 44

---

51 Vgl. ausführlich § 6 Rz. 67–71; *Schick* DB 1999, 1187.

52 BStBl. II 1971, 753.

53 Nr. 3 S. 4 zu § 64 Abs. 1 AO.

54 § 6 Rz. 68 ff., *Lex* DB 1997, 349 mwN.

55 *Schlinkert* Unternehmensstiftung und Konzernleitung, S. 51.

56 Vgl. zum Meinungsstand § 6 Rz. 67.

57 BFH v. 30. 6. 1971 BStBl. II 1971, 753; *Lex* DB 1997, 349; *Reuber* Die Besteuerung der Vereine, Stichwort „Beteiligung an einer Kapitalgesellschaft"; *Schick* DB 1999, 1187.

dend“ wird der Einfluß dabei nur eingestuft werden können, wenn er eine Geschäftsführungsentscheidung herbeiführt, die ansonsten nicht oder nicht in dieser Weise zustande gekommen wäre. Des weiteren ist Voraussetzung, daß die entscheidende Einflußnahme auf die „laufende Geschäftsführung“ einwirkt. Die **Einflußnahme auf grundsätzliche Strukturen** der Geschäftsführung, z. B. Bestellung und Abberufung der Geschäftsführer, Erlaß von Geschäftsordnungen, Beschlußfassungen über die Unternehmensplanung und die Ausübung von Informationsrechten führen demgemäß nicht zur Annahme eines wirtschaftlichen Geschäftsbetriebes.[58]

45 Begründet wird die Behandlung der Beteiligungsverwaltung als steuerpflichtiger wirtschaftlicher Geschäftsbetrieb damit, daß die steuerbegünstigte Körperschaft gewissermaßen über ihre Beteiligung an einem anderen Unternehmen am allgemeinen Geschäftsverkehr teilnimmt.[59] Es tritt somit eine **Zurechnung der Aktivitäten des geleiteten Unternehmens** bei der steuerbegünstigten Körperschaft ein. Folgerichtig im Sinne dieser Zurechnung wird die Beteiligung an einer Kapitalgesellschaft auch bei einer Einflußnahme auf das Tagesgeschäft dann in der Vermögensverwaltung gehalten, wenn sich die Kapitalgesellschaft selbst auf eine reine Vermögensverwaltung beschränkt.[60] Und letztlich führt diese Zurechnung insbesondere dazu, daß die geschäftsleitende Beteiligung einer steuerbegünstigenden Körperschaft an einer ebenfalls steuerbegünstigten Körperschaft sowie die geschäftsleitende Beteiligung einer steuerbegünstigten Körperschaft an steuerbegünstigten Zweckbetrieben steuerunschädlich bleibt.[61]

46 Führt die Einstufung der Beteiligungsverwaltung als wirtschaftlicher Geschäftsbetrieb einerseits zum (partiellen) Verlust der einer gemeinnützigen Körperschaft zustehenden steuerlichen Privilegien, so eröffnet sie andererseits erst die Möglichkeit eines sonst verschlossenen steuerlichen Privilegs, der **Organschaft**. Sowie das Konzernrecht für die Einstufung als „Unternehmen“ iSv §§ 15 ff. AktG voraussetzt, daß der betrachtete Rechtsträger selbst ein Unternehmen betreibt oder aber zumindest zwei Beteiligungen an anderen Unternehmen hält, so ist dies auch Grundvoraussetzung für die Annahme eines „Organträgers“.[62] Darüber hinaus muß die Organträgerin, wenn sie nicht selbst ein eigenes Unternehmen betreibt, durch ihre Beteiligungsverwaltung eine eigene „gewerbliche Tätigkeit“ ausüben, in die die Organgesellschaften wirtschaftlich eingegliedert werden können.[63] Als ausreichend für die Annahme einer solchen eigenen „gewerblichen Tätigkeit“ wird es angesehen, wenn der Organträger in einer durch äußere Merkmale erkenn-

---

[58] So *Lex* DB 1997, 349 (str., enger die FinVerw.).

[59] BFH v. 30. 6. 1971, BStBl. II 1971, 753.

[60] AEAO zu § 64 Abs. 1 Nr. 3 Satz 5; *Schick* DB 1999, 1187.

[61] Vgl. § 57 Abs. 2 AO; *Schick* DB 1999, 1187.

[62] BFH v. 17. 12. 1969, BStBl. II 1970, 257.

[63] BFH v. 15. 4. 1970, BStBl. II 1970, 554; BFH v. 18. 4. 1973, BStBl. II 1973, 740; BFH v. 13. 9. 1989, BStBl. II 1990, 24.

baren Form als „geschäftsleitende Holding" auftritt.[64] Die körperschaft- und gewerbesteuerliche Organschaft bedeutet, daß das Geschäftsergebnis der beherrschten Organgesellschaften dem herrschenden Unternehmen (Organträger) zugerechnet wird, so daß ein konzernumfassender Gewinn- und Verlustausgleich entsteht. Im Rahmen der umsatzsteuerlichen Organschaft führt dies dazu, daß die im Organkreis getätigten Umsätze (Innenumsätze) nicht steuerbar sind.[65]

Um die gemeinnützige Körperschaft vor einer ungewollten Einstu- 47
fung ihrer Beteiligungsverwaltung als steuerpflichtigen wirtschaftlichen Geschäftsbetrieb zu schützen, werden in der Literatur meist sogenannte **Doppelmodelle** empfohlen. Im Rahmen dieser Modelle ist die gemeinnützige Körperschaft mehrheitlich am operativen Unternehmen oder einer (Zwischen-)Holding beteiligt. Diese Mehrheitsbeteiligung repräsentiert jedoch nur Vermögensrechte, während die Stimmrechte von einem (nicht steuerbegünstigten) anderen Rechtsträger ausgeübt werden. Durch diesen anderen Rechtsträger erfolgt also die Konzernleitung, während die gemeinnützige Körperschaft ihre Mitgliedschaftsrechte allenfalls in Form einer Aufsicht ausübt.[66]

II. Die gemeinnützige Körperschaft als untergeordnetes Konzernunternehmen

Wie bereits erwähnt, können gemeinnützige Unternehmen unter 48
der einheitlichen Leitung eines anderen gemeinnützigen Unternehmens stehen und gemeinsam mit diesem einen „gemeinnützigen Konzern" bilden (vgl. § 57 Abs. 2 AO). Häufiger sind in der Praxis jedoch die Fälle, in denen rechtlich verselbständigte **Zweckbetriebe** iSv §§ 65 ff. AO wie z. B. Krankenhausgesellschaften, Behindertenwerkstätten etc. die Untergesellschaft im Rahmen eines solchen Konzerns bilden.

Dagegen ist eine gemeinnützige Körperschaft als (untergeordnete) 49
Organgesellschaft eines Organkreises nicht denkbar, da in diesen Fällen es notwendigerweise an der wirtschaftlichen Eingliederung, die neben der finanziellen und organisatorischen Eingliederung eine unverzichtbare Voraussetzung für die Anerkennung eines Organschaftsverhältnisses ist, fehlen wird. Voraussetzung für eine solche wirtschaftliche Eingliederung ist, daß die Organgesellschaft selbst gewerbliche Zwecke verfolgt und sich im Sinne einer Zweckabhängigkeit so dem herrschenden Unternehmen unterordnet.[67] Wie beim Organträger schließen sich daher auch bei der Organgesellschaft körperschaft- und gewerbesteuerliche Organschaft und Gemeinnützigkeit gegenseitig aus.

---

[64] Abschn. 50 Abs. 2 Nr. 2 KStR.

[65] Zu den weiteren Voraussetzungen und detaillierten Rechtsfolgen der Organschaft vgl. die einschlägige Spezialliteratur zu §§ 14 ff. KStG sowie jeweils § 2 Abs. 2 GewStG und UStG.

[66] *Schlinkert* Unternehmensstiftung und Konzernleitung, S. 64 ff. mwN.

[67] Abschn. 50 Abs. 1 KStR.

§ 21 Europarechtliche Einflüsse

Bearbeiter: Dr. Christoph Benicke

Übersicht

A. Gemeinnützige Einrichtungen als Gegenstand des Europarechts

I. Bedeutung des Europarechts für gemeinnützige Einrichtungen

Die Europäische Gemeinschaft ist als **Wirtschaftsgemeinschaft** gegründet worden. 1 Auch nach der Weiterentwicklung zur Europäischen Union[1] liegt der Schwerpunkt ihrer Zuständigkeiten und damit auch des Europarechts im wirtschaftlichen Bereich. Dies gilt insbesondere für den EG-Vertrag, in dessen Rahmen die europäischen Organe unmittelbar eigene Rechtsetzungs- und Verwaltungsbefugnisse besitzen. In den wichtigsten Tätigkeitsgebieten gemeinnütziger Einrichtungen verfügen die europäischen Organe nur eingeschränkt über eigene spezielle Kompetenzen.

Dennoch ist das Europarecht[2] von zunehmender Bedeutung auch 2 für gemeinnützige Organisationen. Zum einen besteht seit der Schaffung des europäischen Binnenmarktes auch für gemeinnützige Einrichtungen vermehrt die Notwendigkeit, **grenzüberschreitend** tätig zu werden. Mit der Errichtung des Binnenmarktes, der weitgehenden Öffnung der Grenzen und der Einführung einer Unionsbürgerschaft mit einer allgemeineren Freizügigkeit für den Personenverkehr werden auch die Bereiche, in denen gemeinnützige Einrichtungen arbeiten, grenzüberschreitend. Dies gilt zum einen für die innergemeinschaftlichen Grenzregionen, für welche die nationalstaatlichen Grenzen ihre trennende Funktion immer mehr verlieren. Mit dem Entstehen eines einheitlichen europäischen Binnenraums entfallen darüber hinaus allgemein die Gründe, das Tätigkeitsfeld national zu beschränken. Dies gilt um so mehr, als klassische Tätigkeitsfelder gemeinnütziger Organisationen (Umweltschutz, soziale Dienste, Wissenschaftsförderung) eu-

---

[1] Zu den Begriffen: Die **Europäische Union** wurde durch den Vertrag von Maastricht geschaffen; sie wird üblicherweise durch das sog. „Drei-Säulen-Modell“ dargestellt. Die erste und weiterhin wichtigste Säule bilden die drei Gemeinschaftsverträge; unter ihnen ist der bedeutendste der vormalige Vertrag über die Europäische Wirtschaftsgemeinschaft, durch den der Vertrag von Maastricht in den Vertrag über die Europäische Gemeinschaft umbenannt wurde. Die Säulen zwei und drei bilden die gemeinsame Außen- und Sicherheitspolitik sowie die Zusammenarbeit in den Bereichen Justiz und Inneres. Nur im Bereich der ersten Säule verfügen die europäischen Organe über eigenständige Kompetenzen im Sinne einer Supranationalität; der Vertrag von Amsterdam hat diese rechtliche Konstruktion beibehalten; im allgemeinen Sprachgebrauch wird meist das Kürzel EU für die Gesamtheit dieser verschiedenen Bestandteile gebraucht; s. hierzu *Schweitzer/Hummer* Europarecht, 5. Aufl. 1996, Rz. 5f., 872; *Oppermann* Europarecht, 2. Aufl. 1999, Rz. 151–154.

[2] Der Begriff des **Europarechts** wird hier grundsätzlich in dem engen Sinn verstanden als Recht der Europäischen Gemeinschaft. Das umfaßt zum einen das Primärrecht der drei Gründungsverträge, insb. des Vertrages über die Europäische Gemeinschaft, sowie das Sekundärrecht, d. h. das auf der Grundlage des Primärrechts vom Rat in Zusammenarbeit mit Parlament und Kommission erlassene europäische Gemeinschaftsrecht, insb. Verordnungen und Richtlinien.

ropa- und weltweite Dimensionen haben. Daraus ergibt sich für viele gemeinnützige Einrichtungen das Erfordernis, ihre Tätigkeitsbereiche über die Grenzen hinweg zu erweitern oder mit Einrichtungen aus anderen Mitgliedstaaten zu kooperieren.

3 Von Bedeutung sind für gemeinnützige Einrichtungen dabei zum einen die **Binnenmarktregelungen**. Es stellt sich die Frage, ob sich auch gemeinnützige Einrichtungen auf die Grundfreiheiten des EG-Vertrages, insbesondere die Niederlassungs- und Dienstleistungsfreiheit, für ihre grenzüberschreitende Tätigkeit berufen können. Aus den Grundfreiheiten und dem europäischen Wettbewerbsrecht können sich Schranken für die staatlichen Maßnahmen ergeben, die eine Bevorzugung inländischer gemeinnütziger Einrichtungen gegenüber ausländischen gemeinnützigen oder allgemein gegenüber kommerziellen Unternehmen anordnen. Die gemeinnützigen Einrichtungen können bei ihren wirtschaftlichen Tätigkeiten ihrerseits dem europäischen Wettbewerbsrecht, insbesondere dem Kartellverbot, unterliegen.

4 Darüber hinaus hat die Europäische Gemeinschaft im Zuge der weiter fortschreitenden Integration durch die Einheitliche Europäische Akte 1986, den Verträgen von Maastricht und Amsterdam **zusätzliche Kompetenzen** erhalten. So enthält der EG-Vertrag nun auch gewisse Kompetenzen der Gemeinschaft in den Bereichen Forschung und Technologie (Art. 163 ff.), Bildung (Art. 149 f.) und Kultur (Art. 151), Umwelt (Art. 174 f.), Verbraucherschutz (Art. 153), Entwicklungspolitik (Art. 177 ff.) sowie in der Sozialpolitik (Art. 136 ff.). Beispielhaft soll die Art. der Kompetenz für die Bereiche Kultur- und Sozialpolitik näher dargestellt werden.

5 Nach Art. 151 Abs. 1 EG leistet die Gemeinschaft einen Beitrag zur Entfaltung der **Kulturen** der Mitgliedstaaten unter Wahrung ihrer nationalen und regionalen Vielfalt sowie gleichzeitiger Hervorhebung des gemeinsamen kulturellen Erbes. Dazu fördert die Gemeinschaft nach Absatz 2 die Zusammenarbeit zwischen den Mitgliedstaaten und ergänzt erforderlichenfalls deren Tätigkeit in den Bereichen: Verbesserung der Kenntnis und Verbreitung der Kultur und Geschichte der europäischen Völker; Erhaltung und Schutz des kulturellen Erbes von europäischer Bedeutung; nichtkommerzieller Kulturaustausch; künstlerisches und literarisches Schaffen, einschließlich im audiovisuellen Bereich. Wesentliche Elemente der Kompetenz nach Art. 151 EGV sind das Subsidiaritätsprinzip und der unterstützende Charakter.[3] Neben der Unterstützung der Mitgliedstaaten ist aber auch die Möglichkeit einer eigenen Kulturpolitik eröffnet. Der Schwerpunkt der eigenen Kulturpolitik liegt in der von Art. 151 Abs. 5 EG vorgesehenen Befugnis, Fördermaßnahmen und Empfehlungen zu erlassen.[4] Die in Art. 51 Abs. 4 EG an-

---

[3] *Schneider* in Bleckmann, Europarecht, 6. Aufl. 1997 § 32 Rz. 2710 c; *Oppermann* (Fn. 1) Rz. 1970; *Ress/Ukrow* in Grabitz/Hilf, Kommentar zur Europäischen Union (Stand Mai 1999), Art. 128 EGV Rz. 14 ff.

[4] *Ress/Ukrow* in Grabitz/Hilf (Fn. 3), Art. 128 EGV Rz. 63 ff.; *Oppermann* (Fn. 1) Rz. 1970, zur kulturpolitischen Praxis Rz. 1982 ff.

geordnete Querschnitt- oder Kulturverträglichkeitsklausel verpflichtet die Gemeinschaft, den kulturellen Aspekten auch bei Handlungen in anderen Bereichen Rechnung zu tragen.[5]

Auf dem Gebiet der **Sozialpolitik** verfügt die Europäische Gemeinschaft nur punktuell über eigene Kompetenzen.[6] Die bisherigen Aktivitäten der Europäischen Gemeinschaft lassen sich etwa folgendermaßen einteilen:[7] Maßnahmen, die vor dem Hintergrund der Mobilität des Faktors „Arbeit" zu sehen sind. Dazu gehört als umfangreichster Bereich der Sozialpolitik der EG die Koordinierung der nationalen Sozialschutzsysteme, damit sich aus ihren Unterschieden kein Hindernis für die Freizügigkeit der Personen ergibt.[8] Daneben gibt es einen Bereich, der gewissermaßen als das „soziale Gewissen" der Gemeinschaft bezeichnet werden kann. Hierzu gehören die Regelungen über die Gleichbehandlung von Frauen und Männern im Arbeitsprozeß oder die Eingliederung von Behinderten. Ein weiterer Bereich umfaßt das Setzen von sozialen Mindeststandards. Diese dienen einerseits als garantiertes Mindestniveau für die Personen, die von den Freizügigkeitsrechten Gebrauch machen. Zum anderen hat die Festlegung von Mindeststandards insoweit Bedeutung, als das Niveau des Sozialschutzes auch einen Kostenfaktor für die Wirtschaft darstellt. Umstritten ist, ob Mindeststandards erlassen werden sollen, um der Gefahr eines sozialen Dumpings vorzubeugen.[9] Im Bereich der Setzung von Mindeststandards sind insbesondere die zusätzlichen Kompetenzen von Bedeutung, die zuerst in dem Sozialprotokoll und Sozialabkommen und seit dem Amsterdamer Vertrag in den Art. 136–145 EG enthalten sind.[10] Durch den Amsterdamer Vertrag wurden außerdem Art. 125–130 EG eingefügt, die eine Zuständigkeit der Gemeinschaft zur Koordinierung der Beschäftigungsstrategien der Mitgliedstaaten begründen.[11] Einfluß nimmt die Europäische Gemeinschaft auf die Sozialpolitik auch über den Europäischen Sozialfonds. Da es sich in der Regel um eine Mischfinanzierung handelt, kann die Kommission so einen gewissen Einfluß auf die Sozialpolitik in den Mitgliedstaaten nehmen. Grundsätzlich liegt aber die Zuständigkeit für die Sozialpolitk weiterhin bei den Mitgliedstaaten. Das gilt insbesondere für die Frage der Ausgestaltung der Systeme der sozialen Sicherheit,[12] d. h. z. B. der gesetzlichen Kranken- und Rentenversicherung. Insoweit besteht neben der Koordinierung 6

---

[5] *Ress/Ukrow* in Grabitz/Hilf (Fn. 3), Art. 128 EGV Rz. 56 ff.

[6] *Borchardt* in Dauses, Handbuch des EG-Wirtschaftsrechts (Stand Januar 1999), D.II Rz. 5.

[7] *Kuhn* Die soziale Dimension der Europäischen Gemeinschaft, 1995, S. 406.

[8] VO (EWG) 1408/71, ABl. EG L 149, 5. 7. 1971, S. 2; die Kommission hat eine Überarbeitung zur Vereinfachung und Aktualisierung vorgeschlagen, KOM (98) 779 = BR-Ds 32/99.

[9] S. *Bieback* EuR 1993, 150, 157 ff.

[10] *Oppermann* (Fn. 1) Rz. 1630, 1635.

[11] *Oppermann* (Fn. 1) Rz. 1635, 1644 ff.

[12] EuGH 7. 2. 1984, Rs 238/82 –Duphar, NJW 1985, 542, 543 Rz. 16; EuGH 15. 1. 1986, Rs 41/84 –Pinna, Slg. 1986, 1, 24, Rz. 20.

nur eine Politik der Konvergenz im Sinne der gemeinsamen Festlegung von Minimalzielen.[13] Kein Ziel ist die Harmonisierung der unterschiedlichen nationalen Sozialschutzsysteme.[14]

7 Allgemein haben die **Politiken der Gemeinschaft** in den Bereichen, in denen die Schwerpunkte der Tätigkeiten gemeinnütziger Organisationen liegen, vor allem einen koordinierenden und **fördernden Charakter**. Sie treten neben Förderungsprogramme der Mitgliedstaaten. Durch spezielle Zielsetzungen und Schwerpunktbildung können sie die Arbeit der entsprechenden gemeinnützigen Organisationen beeinflussen.

II. Politik der Kommission zur économie sociale

8 Die Europäische Kommission sah sich durch die beiden Aspekte, Eröffnung eines europaweiten Betätigungsfeldes durch Vollendung des Binnenmarktes und Betonung der sozialen Dimension der wirtschaftlichen Integration, dazu veranlaßt, Aktivitäten im Hinblick auf die Unternehmen der von ihr so genannten **„économie sociale"** zu entwikkeln. Einer näheren Erläuterung bedarf der französische Begriff der économie sociale.[15] Er stammt aus dem französischen Rechtskreis. Erfaßt werden von ihm Einrichtungen aufgrund ihrer **Rechtsform**: Vereine, Genossenschaften, Gegenseitigkeitsgesellschaften und Stiftungen. Als Charakteristika dieser Rechtsformen hebt die Kommission hervor: Vorrang der Person vor dem Kapital, Entfaltung der Person (durch Bildung und Ausbildung), Beitrittsfreiheit, demokratische Verwaltung, Unabhängigkeit und demokratische Verantwortung als Werte. Der Unterschied zu „gewöhnlichen" kommerziellen Gesellschaften, insbesondere Kapitalgesellschaften, wird damit vor allem in der **internen Organisationsstruktur** gesehen. „Das ‚soziale' Merkmal dieser Organisationen ist durch die verfolgten Ziele gegeben, welche darin bestehen, eine produktive Aktivität auszuüben und dabei eine spezifische Form der Organisation und Betriebsführung zu verwirklichen; das ‚Soziale' an der Economie Sociale hat nichts damit zu tun, was für Güter und Dienstleistungen produziert beziehungsweise erbracht werden: dieser Aspekt gehört, wie gesagt, zur wirtschaftlichen Dimension."[16] Von dem Begriff der „économie sociale" werden sowohl Idealvereine im Sinne des deutschen Rechts erfaßt, die eine wirtschaftliche Betätigung nur als Nebenzweck betreiben, als auch Genossenschaften und Gegenseitigkeitsgesellschaften, die im Fall von Genossenschaftsbanken oder Ver-

[13] *Bieback* EuR 1993, 150, 153 f.; *Oppermann* (Fn. 1) Rz. 1651.

[14] S. aber zu den Auswirkungen der Grundfreiheiten und des Wettbewerbrechts auf die Sozialsicherungssysteme *Bieback* EWS 1999, 361; *Berg* EuZW 1999, 587; *Benicke* ZFSH/SGB 1998, 22, 31 ff.

[15] S. dazu *v. Moltke* Die Betriebskrankenkasse 1992, 340; *Ipsen* Soziale Dienstleistungen und EG-Recht (1997), 64 f.

[16] Mitteilung der Kommission der Europäischen Gemeinschaften an den Rat über die Unternehmen der Economie Sociale und die Schaffung des europäischen Marktes ohne Grenzen, SEK (89) 2187, S. 17, abgedruckt in BR-Drs. 33/90.

triebsgenossenschaften nach außen **wie kommerzielle Unternehmen auftreten.**[17] Für den Begriff der „économie sociale“ ist damit nicht der durch eine Tätigkeit im Außenverhältnis verfolgte Zweck entscheidend, wie dies etwa für gemeinnützige Einrichtungen im Sinne des deutschen Rechts gilt.

Die Kommission entfaltet eine **Politik der Förderung** der Unternehmen der „économie sociale“. 1989 verfaßte die Kommission eine Mitteilung an den Ministerrat über „Die Unternehmen der Economie Sociale und die Schaffung des Europäischen Marktes ohne Grenzen“.[18] Im Februar 1994 legte die Kommission dem Rat den Vorschlag für einen Beschluß über ein mehrjähriges Arbeitsprogramm (1994–1996) der Gemeinschaft zugunsten von Genossenschaften, Gegenseitigkeitsgesellschaften, Vereinen und Stiftungen in der Gemeinschaft vor.[19] Trotz zwischenzeitlicher Änderungen[20] wurde das Programm im Dezember 1995 nicht angenommen.[21] Dänemark und Deutschland lehnten das Programm ab. Einwände waren vor allem, daß die Gemeinschaft für ein solches Programm keine originäre Kompetenz besitzt und daß für ein Tätigwerden aufgrund von Art. 308 EG (Art. 235 EGV) kein nachhaltiges Bedürfnis besteht. Außerdem bestanden Bedenken gegen eine rechtsformabhängige Wirtschaftsförderung. Die Heterogenität der Wirtschafts- und Gesellschaftsbereiche, in denen die von der „économie sociale“ umfaßten Rechtsform zur Anwendung kommen, spreche gegen eine Zusammenfassung in einem Programm. Soweit es sich um kleine oder mittlere Unternehmen (KMU) handele, sei die Förderung durch die speziellen KMU-Programme gegeben.[22] Von Bedeutung ist der Vorschlag aber, da er die Einstellung der Kommission zu den Einrichtungen aufzeigt, die unter den Begriff der „économie sociale“ fallen. So betont die Kommission zwar einerseits die soziale Bedeutung der Unternehmen der „économie sociale“. Andererseits hebt sie entscheidend auf ihre **wirtschaftliche Rolle** ab. Die Unternehmen der „économie sociale“ sollten daher die Möglichkeit haben, die Vorteile des Binnenmarktes wahrzunehmen. Dafür bedürfe es vergleichbar wie bei den kleinen und mittleren Unternehmen (KMU) einer besonderen Förderung. Andererseits bedeute dies, daß auf sie auch die Regelungen des Binnenmarkts, insbesondere das Wettbewerbsrecht, Anwendung finden müsse.[23] **9**

Diese Politik der Kommission wird kritisiert. Ihr wird zum Vorwurf gemacht, damit die Strategie zu verfolgen, die **sozialen Dienstleistun-** **10**

---

[17] S. z. B. die Genossenschaft der dänischen Pelztierzüchter, gegen die die Kommission eine Entscheidung wegen Verstoßes gegen Art. 85 EGV erlassen hat; dazu EuG 2. 7. 1992, Rs T-61/62 Dansk Pelsdyravlerforening, Slg. 1992, II 1931.

[18] S. oben Fn. 16.

[19] KOM (93) 650 endg., ABl. EG Nr. C 87, 24. 3. 1994, S. 6 ff.

[20] KOM (95) 253 endg., 8. 6. 1995.

[21] *Ipsen* (Fn. 15), 62.

[22] So die Argumentation im Beschluß des Bundesrates, BR-Drs. 204/94, 20. 5. 1994.

[23] Mitteilung der Kommission (Fn. 16), S. 7.

gen zu ökonomisieren, um sie so dem „normalen", marktgesteuerten Dienstleistungsverkehr anzugleichen, so daß sie auch von den marktrelevanten Vorschriften des EG-Vertrages erfaßt werden. Gelinge dies der Kommission, so ginge sie daran, auch im Bereich der sozialen Dienstleistungen ihre prinzipielle Zielvorstellung zu verwirklichen, bestehende oder vermeintliche Monopole aufzubrechen und den Wettbewerb zu ermöglichen.[24]

11 Im September 1997 legte die Kommission eine Mitteilung über die Förderung der Rolle gemeinnütziger Vereine und Stiftungen in Europa vor.[25] Die Vorbemerkung nennt als Gegenstand der Mitteilung den gesamten „Sektor der Genossenschaften, Gegenseitigkeitsgesellschaften und Vereine in der Europäischen Gemeinschaft – insbesondere gemeinnützige Vereine und Stiftungen". Die Mitteilung konzentriert sich aber im folgenden weitgehend auf die „gemeinnützigen Vereine und Stiftungen". Fünf Merkmale werden für den „gemeinnützigen" Verein als prägend herausgestellt:

- gewisser Grad an Formalität oder Institutionalität;
- keine Ausschüttung von Gewinnen;
- Uneigennützigkeit in dem Sinn, daß der Verein selbst keine Gewinnerzielungsabsicht hat und daß auch die Vorstandsmitglieder ihre Tätigkeit nicht zum Zweck der persönlichen Bereicherung ausüben;
- Tätigkeit in gewissem Grade in der Öffentlichkeit und zumindest teilweise auf das Gemeinwohl ausgerichtet.

12 Diese Mitteilung unterscheidet sich von den früheren Vorschlägen der Kommission vor allem dadurch, daß sie in besonderem Maße die soziale und politische und weniger die wirtschaftliche Bedeutung des nichtkommerziellen Sektors betont. Die vorgeschlagene Förderung und Verbesserung der Rahmenbedingungen konzentriert sich auf die nicht wirtschaftlichen Aktivitäten. Die Kommission will die Entwicklung des Dialogs zwischen den Institutionen der EU und dem „gemeinnützigen" Sektor weiter ausbauen. Sie will helfen, den „gemeinnützigen" Vereinen und ihrer Arbeit eine größere Öffentlichkeitsarbeit zu verschaffen, und schlägt die Durchführung eines Jahres der „gemeinnützigen Vereine und der Europabürgerschaft" vor. Sie unterstützt den Vorschlag des Europäischen Parlaments, Untersuchungen über die Expansion des Sozialsektors in der Europäischen Union durchzuführen und insbesondere eine Beobachtungsstelle zur Erfassung der Entwicklungen dieses Sektors im Binnenmarkt einzurichten. Außerdem sollen die grenzüberschreitenden Aktivitäten „gemeinnütziger" Vereine gefördert werden. Die Kommission regt die Errichtung europäischer Ausbildungsprogramme speziell für Mitarbeiter „gemeinnütziger" Vereine an und will die Instrumente für die Partnersuche auf EU-Ebene den Bedürfnissen der „gemeinnützigen" Vereine besser anpassen.

---

[24] *Ipsen* (Fn. 15), 62 ff., 69 ff.; *Kuper* NDV 1990, 307, 309: „Kapitalistische Wohlfahrtspflege"?; positiver in caritas 97 (1996), 70, 73.

[25] KOM (97) 241 endg.; Ratsdok. 10783/97, abgedruckt in BR-Drs. 748/97.

Die **wirtschaftliche Bedeutung**, insbesondere als Arbeitgeber und Erbringer von Leistungen, wird eher am Rande erwähnt. Auffallend ist, daß die wirtschaftliche Bedeutung der „gemeinnützigen“ Vereine und Stiftungen mit Statistiken für den gesamten Sektor, d. h. einschließlich der Genossenschaften und Gegenseitigkeitsgesellschaften, unterstrichen wird.[26] Soweit der „Sektor“ auch wirtschaftlich tätig wird, scheint die Kommission weiterhin gegen eine Sonderbehandlung im **Verhältnis zu kommerziellen Unternehmen** zu sein. So sieht sie es als Aufgabe der Mitgliedstaaten an, die Besteuerungsregeln für den Sektor klar und einfach zu gestalten. Begünstigungen und Befreiungen müßten eingehend untersucht werden. „Jede einzelne steuerrechtliche Behandlung muß im Hinblick auf die für den Sektor spezifischen Einschränkungen und seine interne Organisationsmethode **gerechtfertigt** sein, durch die er sich von den traditionellen wirtschaftlichen Akteuren unterscheidet.“[27] 13

B. Anwendbarkeit der Binnenmarktregeln auf gemeinnützige Einrichtungen

Da die Europäische Gemeinschaft nur geringe Kompetenzen besitzt, die sich speziell auf gemeinnützige Organisationen und deren Haupttätigkeitsfelder beziehen, ist vor allem der Einfluß des **allgemeinen Gemeinschaftsrechts** von Bedeutung. Die Frage der Anwendbarkeit der Binnenmarktregelungen auf die Tätigkeiten gemeinnütziger Einrichtungen ist wegen der Ausrichtung dieser Regelungen auf die **wirtschaftliche Integration** in einem Binnenmarkt nicht selbstverständlich und daher auch umstritten. Diese Fragen verlangen ein Eingehen auf das Konzept des Binnenmarktes und die grundsätzlichen Anwendbarkeitsvoraussetzungen seiner Regelungen. 20

I. Konzept des Binnenmarktes

Kernpunkt der wirtschaftlichen Integration der Europäischen Gemeinschaft ist der Gemeinsame Markt; nun als Binnenmarkt weitgehend verwirklicht. Grundgedanke ist die Schaffung eines großen einheitlichen Wirtschaftsraums, um so durch Arbeitsteilung und höhere Produktivität die allgemeine wirtschaftliche Entwicklung zu fördern. Der Binnenmarkt ist geprägt durch die Prinzipien der Gleichheit und Freiheit. Das bedeutet zum einen das Verbot von Diskriminierungen aufgrund der Herkunft. Zum anderen heißt dies auch Abbau von Behinderungen. So ist die Verwirklichung des Binnenmarktes auch verbunden mit einer weitreichenden Deregulierung im Sinne einer weiteren **Marktöffnung**.[28] 21

In Bereichen, in denen eine Regulierung der Produkte oder Tätigkeiten aus im Allgemeininteresse liegenden Gründen notwendig ist, sollte 22

[26] Mitteilung (Fn. 25), S. 5.

[27] Mitteilung (Fn. 25), S. 16.

[28] *Müller-Graff* in Dauses (Fn. 6), A.I Rz. 102.

einmal geprüft werden, ob die **gegenseitige Anerkennung** bereits existierender Regeln ausreicht, Art. 100 b EG-Vertrag. Für die Gebiete, in denen dies nicht der Fall war, sollten die erforderlichen nationalen Regelungen **harmonisiert** werden, um so eine gegenseitige Anerkennung zu ermöglichen, Art. 95 Abs. 1 EG (Art. 100 a EG-Vertrag). Ziel ist ein Raum ohne Binnengrenzen, in dem der freie Verkehr von Waren, Personen, Dienstleistungen und Kapital tatsächlich gewährleistet ist. Ein Unternehmen soll seine Leistungen in der gesamten Gemeinschaft möglichst unter den Bedingungen anbieten können, die in seinem **Herkunftsland** gelten. Die Verwirklichung des Binnenmarktes bedeutet damit vor allem auch, die Voraussetzungen dafür zu schaffen, daß die Grundfreiheiten (Warenverkehrsfreiheit, Arbeitnehmerfreizügigkeit, Niederlassungsfreiheit, Dienstleistungsfreiheit, Kapitalverkehrsfreiheit) effektiv verwirklicht werden können.

23 Charakteristikum des Binnenmarktes ist seine **marktwirtschaftliche Struktur**. Die Steuerung der Waren- und Leistungsströme soll nicht hoheitlich, sondern selbstregulierend durch den Markt, auf dem Wettbewerb herrscht, erfolgen. Nach Art. 3 Abs. 1 Buchst. g) EG umfaßt die Tätigkeit der Gemeinschaft ein System, das den Wettbewerb innerhalb des Binnenmarkts vor Verfälschungen schützt. Art. 4 Abs. 1 EG bestimmt, daß die Tätigkeit der Gemeinschaft einer offenen Marktwirtschaft mit freiem Wettbewerb verpflichtet ist.[29]

II. Anwendbarkeit der Grundfreiheiten auf gemeinnützige Einrichtungen

1. Wirtschaftliche Tätigkeit

24 Die Regelungen des Binnenmarktes sind auf wirtschaftliche Tätigkeiten anwendbar. Dies ergibt sich zum einen allgemein aus der Aufgabe der Gemeinschaft nach Art. 2 EG, durch die Errichtung eines Gemeinsamen Marktes eine harmonische und ausgewogene Entwicklung des **Wirtschaftslebens** innerhalb der Gemeinschaft zu fördern. So spricht der EuGH vom Wirtschaftsleben im Sinne des Art. 2 EG als Voraussetzung dafür, daß der Anwendungsbereich des EG-Vertrages eröffnet ist.[30] Auch die unterschiedlich lautenden Tatbestandsvoraussetzungen der einzelnen Vorschriften werden in dem einheitlichen Sinn ausgelegt, daß sie eine wirtschaftliche Tätigkeit voraussetzen. So wird der Begriff der selbständigen Erwerbstätigkeit in Art. 43 EG umschrieben als „jede Art. wirtschaftlicher Tätigkeit, i. S. einer **entgeltlichen Tätigkeit**". Der Gegensatz sei die rein karitative Betätigung. Auf Gewinnerzielungsabsicht komme es nicht an.[31] Ebenso wird auch der Be-

---

[29] *Zuleeg* in Groeben/Thiesing/Ehlermann, EU-/EG-Vertrag, Band 1, 5. Aufl. 1997, Art. 1 Rz. 47, Art. 2 Rz. 13; *v. Estorff/Molitor* in Groeben/Thiesing/Ehlermann aaO. Art. 3 a Rz. 17 ff.; *Emmerich* in Dauses (Fn. 6), H.I Rz. 2

[30] EuGH 15. 12. 1995, Rs C-415/93 – Bosman, NJW 1996, 505, 508 Rz. 73.

[31] *Scheuer* in Lenz, EG-Vertrag-Kommentar, 2. Aufl. 1999, Art. 43 Rz. 2; *Troberg* in Groeben/Thiesing/Ehlermann (Fn. 29), Art. 52 Rz. 27, 31.

griff „Leistung, die in der Regel gegen Entgelt erbracht wird" in Art. 50 EG verstanden.[32]

2. Grundfreiheiten als Schranken mitgliedstaatlicher Regelungsautonomie

Umstritten ist nun, ob die Tätigkeiten gemeinnütziger Einrichtungen von den genannten Vertragsbestimmungen erfaßt werden. Die Kommission vertritt eine weite Auffassung und möchte ausreichen lassen, daß als Haupt- oder Nebenzweck eine normalerweise entgeltliche Tätigkeit ausgeübt wird.[33] Die Gegenmeinung stellt demgegenüber darauf ab, daß gemeinnützige Einrichtungen nur im Rahmen von im deutschen Sinn steuerbegünstigten Zwecken tätig werden, daher keine wirtschaftlichen Geschäftsbetriebe, sondern nur Zweckbetriebe unterhalten.[34] Insbesondere wird auch auf Art. 48 Abs. 2 EG verwiesen. Da darin auf den **Erwerbszweck** der Einrichtung abgestellt werde, seien die Niederlassungsfreiheit und Dienstleistungsfreiheit auf Einrichtungen, die gemeinnützig arbeiten, nicht anwendbar.[35] 25

Für diese Problematik ist m. E. klärend, wenn man die Frage, ob sich gemeinnützige Einrichtungen auf die Grundfreiheiten berufen können, von der Frage unterscheidet, ob die Binnenmarktregelungen dem Verhalten der gemeinnützigen Einrichtungen und den staatlichen Regelungen in bezug auf gemeinnützige Einrichtungen **Schranken** setzen können. Unstreitig ist, daß sich alle kommerziellen Anbieter von Leistungen auf die Grundfreiheiten berufen können. Die Grundfreiheiten gewährleisten diesen Anbietern damit ein gemeinschaftsweites Tätigwerden. Diskriminierungen oder **Behinderungen der kommerziellen Unternehmen** durch staatliche Maßnahmen sind daher grundsätzlich unzulässig. Erfaßt werden auch solche staatlichen Maßnahmen, die durch eine Bevorzugung gemeinnütziger Einrichtungen kommerzielle Unternehmen bei der Wahrnehmung der Grundfreiheiten diskriminieren oder behindern. Dies bedeutet, daß die Vorschriften für gemeinnützige Einrichtungen insoweit der Kontrolle nach den Grundfreiheiten unterliegen, als sie ausländische kommerzielle Anbieter bei Wahrnehmung der Niederlassungs- oder Dienstleistungsfreiheit diskriminieren oder behindern. Auf die Frage, ob sich die gemeinnützigen Einrichtungen ihrerseits auf die Grundfreiheiten berufen können, kommt es insoweit überhaupt nicht an. 26

---

[32] *Troberg* in Groeben/Thiesing/Ehlermann (Fn. 29), Art. 60 Rz. 7.

[33] Mitteilung der Kommission (Fn. 16), 26 f.

[34] *Kuper* NDV 1990, 307, 308.

[35] *Ipsen* (Fn. 15), 55 ff.; *Vollmer* ZHR 157 (1993), 373, 380 für den Idealverein nach § 21 BGB auch soweit er i. R. des Nebenzweckprivilegs wirtschaftlich tätig wird; nicht eindeutig *Randelzhofer* in Grabitz/Hilf (Fn. 3), Art. 58 EWG-Vertrag Rz. 6 f., der zum einen Idealvereine von der Ausnahme erfaßt sieht, andererseits auf Art. 2 des (nicht in Kraft getretenen) Übereinkommens v. 29. 2. 1968 über die gegenseitige Anerkennung der Gesellschaften und juristischen Personen verweist, das auch Gesellschaften erfaßt, die nur als Nebenzweck eine normalerweise entgeltliche, wirtschaftliche Tätigkeit ausüben.

3. Gemeinnützige Einrichtungen als Begünstigte der Grundfreiheiten

27 Offen ist damit noch, ob sich gemeinnützige Einrichtungen ihrerseits auf die Niederlassungs- und Dienstleistungsfreiheit berufen können. Entscheidend ist hierfür zum einen, ob gemeinnützige Einrichtungen selbst auch **wirtschaftlich** tätig sind und ob **Art. 48 Abs. 2 EG** die Anwendbarkeit der Niederlassungs- und Dienstleistungsfreiheit auf gemeinnützige Einrichtungen generell ausschließt.

28 Eine wirtschaftliche Tätigkeit liegt vor, wenn eine **Leistung gegen Entgelt** erbracht wird. Der wirtschaftliche Zweck braucht nach der Rechtsprechung des EuGH dabei nicht im Vordergrund zu stehen.[36] Entgeltlich sind auch solche Leistungen, bei denen das Entgelt nicht von dem Empfänger der Leistung, sondern von einem Dritten erbracht wird.[37] Damit ist der weite Bereich der Tätigkeiten von gemeinnützigen Einrichtungen als wirtschaftlich im Sinne dieser Vorschriften zu qualifizieren, der gegen Entgelt erbracht wird.[38] Diese Betrachtung ist auch der Systematik des Gemeinnützigkeitsrechts in Deutschland nicht fremd. So setzt die Annahme eines wirtschaftlichen Geschäftsbetriebes nach **§ 14 AO** die Absicht, Gewinn zu erzielen, nicht voraus. Zwar darf eine gemeinnützige Einrichtung nur unter Einschränkungen einen wirtschaftlichen Geschäftsbetrieb betreiben.[39] Grundsätzlich zulässig sind aber Zweckbetriebe. Diese sind ihrer Definition nach wirtschaftliche Geschäftsbetriebe, § 65 AO. Aufgrund der engen Verknüpfung mit der gemeinnützigen Zweckverfolgung der Einrichtung sind sie dennoch steuerbegünstigt zulässig.[40]

29 Trotz der Weite des Begriffs der Tätigkeit gegen Entgelt im Sinne der Art. 43 und 50 EG, könnten die gemeinnützigen Einrichtungen von den Grundfreiheiten durch **Art. 48 Abs. 2 EG** ausgenommen sein. Art. 48 EG bestimmt die Anwendbarkeit der Niederlassungs- und Dienstleistungsfreiheit auch für Gesellschaften und juristische Personen des öffentlichen oder privaten Rechts, die ihren satzungsmäßigen Sitz, ihre Hauptverwaltung oder ihre Hauptniederlassung innerhalb der Gemeinschaft haben. In Art. 48 Abs. 2 EGV werden die Gesellschaften und juristischen Personen von der Anwendbarkeit ausgenommen, „die keinen **Erwerbszweck** verfolgen".

30 Diese Regelung kann in zweierlei Weise verstanden werden: einmal in dem Sinn, daß die Gesellschaft selbst nicht auf Erwerb ausgerichtet

---

[36] EuGH 12. 12. 1974, Rs 36/74 –Walrave– Slg. 1974, 1405, 1418, Rz. 4/10; EuGH 5. 10. 1988, Rs 196/87 –Steymann– Slg. 1988, 6159, 6172 f. Rz. 10 u. 14.

[37] EuGH 26. 4. 1988, Rs 352/85 –Kabelregeling, NJW 1989, 2189, 2190 Rz. 16; *Troberg* in Groeben/Thiesing/Ehlermann (Fn. 29), Art. 60 Rz. 7.

[38] § 6 Rz. 81–104; nach Angabe der *Bundesarbeitsgemeinschaft Sozialmarketing*, Zahlen zum deutschen Spendenwesen, 1998, machen die selbsterwirtschafteten Mittel 28 % der Einnahmen von Nonprofit-Organisationen in Deutschland aus (nach AG Report 1999, R 164, 170); zur Finanzierung der Leistungen der freien Wohlfahrtspflege *Boessenecker* Spitzenverbände der freien Wohlfahrtsverbände in der BRD, 1995, S. 107 ff.

[39] S. oben § 6 Rz. 111 ff.

[40] S. oben § 6 Rz. 84 ff.

ist;[41] andererseits in einem funktionalen Sinn, daß die konkrete Tätigkeit nicht gegen ein Entgelt erfolgt. Für die zuletzt genannte Auslegung spricht, daß ein genereller Ausschluß gemeinnütziger Einrichtungen unabhängig von der konkreten Tätigkeit nur eine **einseitige Schlechterstellung** bedeuten würde. Sie unterstehen für ihre Tätigkeiten, die sie in Konkurrenz zu kommerziellen Anbietern erbringen, den Wettbewerbsregeln des EG-Vertrages,[42] und die kommerzielle Konkurrenz kann sich auf die Grundfreiheiten berufen, wenn nationale Vorschriften den nicht kommerziellen Einrichtungen eine Vorzugsstellung einräumen. Die gemeinnützig arbeitenden Einrichtungen müßten die Beschränkungen der Binnenmarktordnung tragen, kämen aber nicht in den Vorteil der Grundfreiheiten.

31 Außerdem dient es dem Ziel eines einheitlichen Wirtschaftsraums, wenn alle Anbieter von vergleichbaren und in Konkurrenz stehenden Leistungen unter den **gleichen Bedingungen** handeln können. Dies spricht dafür, auch für den Anwendungsbereich der Grundfreiheiten nur auf die jeweils wahrgenommene Tätigkeit und die erbrachten Leistungen abzustellen und einen Erwerbszweck der Organisation als solcher nicht zu fordern. Vorzugswürdig ist daher die Ansicht, daß der Begriff des Erwerbszwecks in Art. 48 Abs. 2 EG keine zusätzliche über den Begriff der Tätigkeit gegen Entgelt in Art. 43 und 50 EG hinausgehende Voraussetzung enthält.[43]

32 Für gemeinnützige Einrichtungen bedeutet dies **zusammenfassend**: Viele der von ihnen erbrachten Leistungen sind in dem dargestellten Sinn wirtschaftlich. Sie werden gegen Entgelt und in tatsächlicher oder möglicher Konkurrenz zu kommerziellen Anbietern erbracht. Damit finden die Binnenmarktregelungen jedenfalls insoweit Anwendung, als sich die kommerzielle Konkurrenz auf den Schutz der Grundfreiheiten berufen kann. Außerdem können sich nach der hier vertretenen Ansicht die gemeinnützigen Einrichtungen insoweit auch ihrerseits auf die Grundfreiheiten berufen.

III. Wettbewerbsrecht

1. Zielsetzung des Wettbewerbsrechts

33 In seiner Grundlinie folgt das europäische Wettbewerbsrecht der **neoliberalen** wirtschaftspolitischen Philosophie, daß dem Wohle der Wirtschaft einschließlich des Verbrauchers am besten mit einem unverfälschten, d. h. von privaten und öffentlichen Einschränkungen möglichst befreiten Wettbewerb gedient ist.[44] Die Hoheitsgewalt hat die Aufgabe, durch eine Wettbewerbsordnung das Funktionieren und die Aufrechterhaltung des Wettbewerbs zu gewährleisten. Daneben sichert das Wettbewerbsrecht auch die Verwirklichung des Binnenmarktes. Es

---

41 So die oben Fn. 35 Genannten.

42 S. dazu sogleich unten Rz. 35 ff.

43 *Troberg* in Groeben/Thiesing/Ehlermann (Fn. 29), Art. 58 Rz. 4.

44 *Oppermann* (Fn. 1), Rz. 1026.

soll verhindern, daß aufgrund wettbewerbswidriger Verhaltensweisen weiterhin nationale Teilmärkte bestehen. So eignen sich internationale Kartelle hervorragend als Ersatz für Zölle und staatlich verordnete Kontingente.[45]

34 Art. 81 bis 85 EG haben den Zweck, den vom Vertrag angestrebten, wettbewerblich organisierten Binnenmarkt gegen private Beschränkungen in Form von Kartellen oder Mißbrauch einer marktbeherrschenden Stellung zu schützen.[46] Über Art. 86 EG und den Grundsatz der Gemeinschaftstreue, Art. 10 EG, binden sie aber auch staatliche Maßnahmen.[47] Art. 87 und 88 EG sollen staatliche Interventionen, in Form von Subventionen, an bestimmte Regeln binden, um ihre Verträglichkeit mit dem System eines unverfälschten Wettbewerbs sicherzustellen.[48]

2. Funktionaler Unternehmensbegriff

35 Der **gegenständliche Anwendungsbereich** des europäischen Wettbewerbsrechts wird durch den Begriff des Unternehmens bestimmt. Der Begriff des Unternehmens[49] des Wettbewerbsrechts steht in enger Beziehung zum Anwendungsbereich der Niederlassungsfreiheit und der Dienstleistungsfreiheit, Art. 43 ff., 49 ff. EG. Da es der Zweck des europäischen Wettbewerbsrechts ist, das Funktionieren des Wettbewerbs auf dem von öffentlichen Beschränkungen befreiten Binnenmarkt zu schützen, muß das Wettbewerbsrecht für all die Aktivitäten und Personen gelten, für welche der Binnenmarkt aufgrund der Freizügigkeitsrechte eröffnet ist. Nach dem EuGH umfaßt der Unternehmensbegriff im Rahmen des Wettbewerbsrechts jede eine **wirtschaftliche Tätigkeit ausübende Einheit**, unabhängig von ihrer Rechtsform und der Art. ihrer Finanzierung. Wesentlich ist daher neben der Rechtspersönlichkeit die nicht nur gelegentliche und vorübergehende Teilnahme am Wirtschaftsleben.[50] Teilnahme am Wirtschaftsleben setzt

---

[45] *Emmerich* Kartellrecht, 8. Aufl., 1999, § 36, 2.

[46] *Emmerich* (Fn. 45) § 33, 2.

[47] EuGH 16. 11. 1977, Rs 133/77 –Inno, Slg. 1977, 2115, 2145 Rz. 30/35; EuGH 17. 11. 1992, Rs 271 u. a./90, Slg. 1992, I 5833, 5868 Rz. 36; *Möschel* in Weiterentwicklung der Europäischen Gemeinschaften und der Marktwirtschaft – Referate des XXV. FIW-Symposiums, 1992, S. 89, 92 ff.

[48] *Seidel* in Ress/Will, Vorträge, Reden und Berichte aus dem Europa-Institut (Universität des Saarlandes), 1984, S. 9 ff.; *Caspari* FS Groeben, 1987, S. 74.

[49] S. dazu *Mederer* in Groeben/Thiesing/Ehlermann, Kommentar zum EU-/EG-Vertrag, Band 2/II, 5. Aufl. 1999, Art. 92 Rz. 21; *Schröter* in Groeben/Thiesing/Ehlermann, Kommentar zum EU-/EG-Vertrag, Band 2/I, 5. Aufl. 1999, Vorbem. zu Art. 85 bis 89, Rz. 16, 19 ff.; *Koch* in Grabitz/Hilf (Fn. 3), Art. 85 EWGV Rz. 7 ff., *Gleiss/Hirsch* Kommentar zum EG-Kartellrecht, Band 1, 4. Aufl. 1993, Art. 85, Rz. 1 ff.; *Benicke* EWS 1997, 373, 374 ff. jeweils mwN.

[50] EuGH 23. 4. 1991, Rs C-41/90 – *Höfner/Elser* NJW 1991, 2891 f. Rz. 21; *Schröter* in Groeben/Thiesing/Ehlermann, Kommentar zum EU-/EG-Vertrag, Band 2/I, 5. Aufl. 1999, Vorbem. zu Art. 85 bis 89, Rz. 21.

wie bei Art. 52, 58 Abs. 2, 59, 60 EGV keine Gewinnerzielungsabsicht voraus.[51]

Der Begriff der wirtschaftlichen Tätigkeit ist für die Bestimmung des Unternehmensbegriffs tendenziell weiter als bei den Grundfreiheiten. Die Zielsetzung des Wettbewerbsrechts, den durch die Grundfreiheiten eröffneten Binnenmarkt vor Wettbewerbsverfälschungen zu schützen, erfordert, daß diese Vorschriften auch solche Einrichtungen erfassen, die Leistungen zwar nicht selbst gegen Entgelt anbieten, aber in **Konkurrenz** zu solchen Anbietern stehen. So hat der EuGH in dem Urteil in der Rechtssache Höfner/Elser entschieden: Da Arbeitsvermittlung auch von kommerziellen Anbietern erbracht wird bzw. erbracht werden kann, unterliegt auch die deutsche **Bundesanstalt für Arbeit**, soweit sie die Arbeitsvermittlung betreibt, den Wettbewerbsvorschriften, obgleich sie für diese Tätigkeit kein Entgelt erhält.[52] Entsprechend bilden die Wettbewerbsvorschriften auch für staatliche Maßnahmen Schranken, wenn diese den Wettbewerb zugunsten nichtgewinnorientiert arbeitender Einrichtungen zum Nachteil der kommerziellen Unternehmen beeinflussen. Aus der Sicht des kommerziellen Konkurrenten macht es keinen Unterschied, ob seine Schlechterstellung in der Wettbewerbsposition daher rührt, daß ein anderes gewinnorientiertes Unternehmen oder eine konkurrierende gemeinnützige Einrichtung eine Beihilfe erhält. Entscheidend für den Unternehmensbegriff ist damit, ob eine Einrichtung Leistungen gegen Entgelt oder in Konkurrenz zu Anbietern, die Entgelt verlangen, erbringt. 36

In der Entscheidung Poucet/Pistre[53] verneinte der EuGH allerdings die Unternehmenseigenschaft von französischen sozialen Pflichtversicherungen mit dem Argument, daß sie eine Aufgabe mit ausschließlich **sozialem Charakter** erfüllten. Diese Tätigkeit beruhe auf dem Grundsatz der nationalen Solidarität und werde ohne Gewinnzweck ausgeübt. Die Leistungen würden von Gesetzes wegen und unabhängig von der Höhe der Beiträge erbracht. 37

Man kann daraus aber nicht schließen, daß der grundsätzlich weite Begriff des Unternehmens, wie er der Entscheidung Höfner/Elser zugrunde lag, allgemein eingeschränkt werden soll, so daß soziale Tätigkeiten nicht mehr umfaßt wären.[54] Der EuGH bezieht sich bei der Bestimmung des Unternehmensbegriffs ausdrücklich auf die Entscheidung Höfner/Elser. Die Herausnahme der sozialen Pflichtversicherung aus dem Unternehmensbegriff des Wettbewerbsrechts erklärt sich dadurch, daß das Gemeinschaftsrecht die Befugnis der Mitgliedstaaten 38

---

[51] *Schröter* in Groeben/Thiesing/Ehlermann (Fn. 50), Vorbem. zu Art. 85 bis 89, Rz. 22.

[52] EuGH (Fn. 50), 2891f. Rz. 21f.; s. auch Entscheidung der Kommission 98/353/EG, ABl. EG L 159, 3. 6. 1998, S. 58, 62.

[53] EuGH 17. 2. 1993, Rs C 159, 160/91 –Poucet/Pistre, NJW 1993, 2597; s. dazu *Eichenhofer* NJW 1993, 2598; *Schwintowski* ZEuP 1994, 296.

[54] *Benicke* EWS 1997, 373, 376ff.

unberührt läßt, ihre **Systeme der sozialen Sicherheit** auszugestalten.[55] Das in Frage stehende System der sozialen Sicherheit beruht auf dem Prinzip der nationalen Solidarität und setzt daher zwingend das Bestehen einer Pflichtmitgliedschaft und den Ausschluß kommerzieller Konkurrenz voraus.

39 Diese einschränkende Auslegung der Entscheidung Poucet/Pistre wird durch eine neuere Entscheidung des EuGH gestützt.[56] Darin qualifizierte der EuGH auf Vorlage des französischen Conseil d'État ein durch Gesetz errichtetes und durch die Träger der Pflichtversicherung verwaltetes freiwilliges Zusatzrentenversicherungssystem für die Selbständigen landwirtschaftlicher Berufe als **Unternehmen**. Die besondere **sozialpolitische Zielsetzung**, die mit der Errichtung und der Ausgestaltung der Versicherung verbunden war, genügte nicht, die Unternehmenseigenschaft zu verneinen. Entscheidend war, daß die Versicherung auf dem Kapitalisierungsgrundsatz beruhte und keine Pflichtmitgliedschaft bestand. Die Versicherung konnte in einer entsprechenden Form auch von privaten Versicherungsunternehmen angeboten werden.[57] Der EuGH läßt allerdings ausdrücklich offen, ob sich aufgrund der sozialmotivierten besonderen Ausgestaltung die ausschließliche Befugnis dieser Einrichtung rechtfertigen läßt, daß die Beiträge von den steuerpflichtigen Einkünften abezogen werden können.[58] In der Endentscheidung lehnte der Conseil d'État jedoch eine Rechtfertigung der Bevorzugung der Zusatzrentenversicherung ab und hielt sie für unvereinbar mit Art. 82 EG (Art. 86 EG-Vertrag).[59]

40 **Zusammenfassend** bedeutet dies, daß auch gemeinnützige Einrichtungen Unternehmen im Sinne des Wettbewerbsrechts sein können.[60] Die Qualifizierung als Unternehmen erfaßt nicht eine Einrichtung als solche, sondern nur soweit sie eine wirtschaftliche Tätigkeit ausübt (funktionaler Unternehmensbegriff). Eine wirtschaftliche Tätigkeit liegt vor, wenn Leistungen gegen Entgelt oder auch ohne Entgelt, aber in **Konkurrenz zu entgeltlichen Anbietern** erbracht werden. Ein Unternehmen i. S. des europäischen Wettbewerbsrechts liegt daher regelmäßig vor, wenn die gemeinnützige Einrichtung einen wirtschaftlichen Geschäftsbetrieb beispielsweise als Zweckbetrieb führt.

---

[55] EuGH (Fn. 12) Slg. 1986, 1, 43 f.

[56] EuGH 16. 11. 1995, Rs C-244/94 – CNAVMA, EuZW 1996, 277; s. dazu *Benicke* EWS 1997, 373, 374 u. 378.

[57] EuGH (Fn. 56) 278 Rz. 17 ff.

[58] EuGH (Fn. 56) 279 Rz. 20.

[59] Conseil d'État 8. 11. 1996, Receuil Dalloz 1997 (Jurisprudence), 281 mit Anmerkung *Briard* 282 ff.

[60] Entscheidung der Kommission 98/353/EG, 16. 9. 1997, ABl. EG Nr. L 159/58; *Schröter* in Groeben/Thiesing/Ehlermann (Fn. 50), Vorbem. zu Art. 85 bis 89, Rz. 22; *Gleiss/Hirsch* (Fn. 49), Art. 85 Rz. 22.

C. Rechtlicher Rahmen für grenzüberschreitendes Tätigwerden

I. Übersicht: Europäische Rechtsformen

Im Rahmen der EG bestehen Bestrebungen, europäische Organisationsformen zu schaffen. Verwirklicht wurde bisher die Europäische Wirtschaftliche Interessenvereinigung (EWIV). Vorschläge bestehen für eine Europäische Aktiengesellschaft,[61] einen Europäischen Verein, eine Europäische Genossenschaft[62] und eine Europäische Gegenseitigkeitsgesellschaft.[63] Ziel dieser fakultativen, alternativen europäischen Rechtsformen ist zum einen, die **Rahmenbedingungen für die Geschäftstätigkeit** im Europäischen Binnenmarkt zu verbessern.[64] Darüber hinaus soll gerade die Rechtsform des Europäischen Vereins einer weitergehenden Integration Europas als **Europa der Bürger** dienen. Der Europäische Verein soll nach der Kommission „ein lebendiges Beispiel für das Europa der Bürger sein, da er die aktive Teilnahme der Menschen am Leben der Gemeinschaft erleichtern und fördern wird".[65] 50

Hintergrund dieser Bestrebungen ist zum einen, daß sich zwar auch Gesellschaften und juristische Personen auf die Niederlassungs- und Dienstleistungsfreiheit berufen können, Art. 48 EG, eine **Sitzverlegung** von einem Mitgliedstaat in einen anderen aber bisher unter Wahrung der Identität der Gesellschaft nicht möglich ist. Die Gesellschaft muß vielmehr grundsätzlich in dem Herkunftsstaat aufgelöst und in dem Aufnahmestaat neu errichtet werden.[66] Zum anderen verspricht man sich von einheitlichen europäischen Organisationsformen, daß **psychologische Hemmnisse** bei der Zusammenarbeit von Personen aus verschiedenen Mitgliedstaaten vermieden werden.[67] 51

---

[61] Erster Entwurf ABl. EG 1970 Nr. C 124, S. 1; neuester Entwurf ABl. EG 1989 Nr. C 263, S. 69; dazu (insgesamt ablehnend) *Rasner* ZGR 1992, 314; *Hommelhoff* AG 1990, 422 ff.

[62] *Kessel* EuZW 1992, 475; *Luttermann* ZVglRWiss 93 (1994), 1; *ders.* EWS 1994, 14; *Bacher* in *M. Henssler* u. a. (Hg.), Europäische Integration und globaler Wettbewerb, 1993, S. 457.

[63] ABl. EG Nr. C 99, 21. 4. 1992; geänderte Fassung ABl. EG Nr. C 236, 31. 8. 1993; allgemein hierzu *v. Moltke* Die Betriebskrankenkasse 1992, 340, 343 ff.; *Schneider* EuZW 1992, 193.

[64] *v. Moltke* Die Betriebskrankenkasse 1992, 340, 342 speziell für die grenzüberschreitende Wirtschaftsaktivität von Vereinen, Genossenschaften und Gegenseitigkeitsgesellschaften.

[65] KOM (91) 273 endg. – SYN 386, S. 23 zit. nach *Vollmer* ZHR 157 (1993), 377.

[66] S. EuGH 27. 9. 1988, Rs 81/87 – Daily Mail, NJW 1989, 2186; *Großfeld* WM 1992, 2121, 2123 ff.; *Lüderitz* in Soergel BGB, Band 10, 12. Aufl. 1997, Art. 10 Anh. Rz. 47 ff.; *Luttermann* ZVglRWiss 93 (1994), 1, 5; auch EuGH 9. 3. 1999, Rs C-212/97 – Centros, EuZW 1999, 216 hat dies nicht geändert, sondern betrifft nur die Anerkennung einer in einem anderen Mitgliedstaat rechtswirksam errichteten juristischen Person, s. dazu *Behrens* IPRax 1999, 232; *W.-H. Roth* ZGR 2000, 311.

[67] *Großfeld* WM 1992, 2121, 2127.

II. Europäische Wirtschaftliche Interessenvereinigung (EWIV)

52 Die Europäische Wirtschaftliche Interessenvereinigung[68] soll die Möglichkeiten für eine **grenzüberschreitende Zusammenarbeit** verbessern und damit der Verwirklichung und Stärkung des Binnenmarktes dienen.[69] Es wurde als dringlich erachtet, eine neutrale Rechtsform für die grenzüberschreitende Zusammenarbeit bereitzustellen, um so rechtliche, steuerliche und psychologische Schwierigkeiten zu beseitigen, die sich aus der Notwendigkeit der Wahl der nationalen Rechtsform eines bestimmten Mitgliedstaates ergaben.[70] Die EWIV kommt grundsätzlich auch als Instrument für die grenzüberschreitende Kooperation von gemeinnützigen Einrichtungen in Betracht. Die Kommission sieht in der EWIV ein geeignetes Instrument der europäischen Zusammenarbeit von Unternehmen der Economie sociale.[71]

1. Rechtsgrundlagen

53 Die EWIV wurde durch die EWG-Verordnung Nr. 2137/85 vom 25. 7. 1985 (EWIV-VO),[72] die auf Art. 308 EG (Art. 235 EG-Vertrag) gestützt wurde, geschaffen. Die Verordnung ist in den Mitgliedstaaten **unmittelbar anwendbares Recht** und bedarf anders als eine Richtlinie keiner Umsetzung und regelt selbst die wichtigsten Fragen der Gründung und der inneren Verfassung. Die den Mitgliedstaaten zur Regelung überlassenen Fragen wurden in Deutschland in dem Ausführungsgesetz zur EWIV (EWIVG) geregelt.[73] Soweit eine Frage weder von der Verordnung noch von dem EWIVG geregelt ist, gelten nach § 1 EWIVG die Regelungen für die OHG (§§ 105 ff. HGB) entsprechend. Der **Sitz** der EWIV muß in der EU oder im EWR liegen. Nach dem Sitz bestimmt sich das subsidiär anwendbare nationale Recht, Art. 2 EWIV-VO. Die EWIV ist damit nur teilweise eine wirklich einheitliche europäische Rechtsform. Durch die zusätzliche Anwendbarkeit des jeweiligen nationalen Ausführungsgesetzes und des nationalen Gesellschaftsrechts bestehen **Unterschiede** je nach Sitz der EWIV. Die Anwendbarkeit der verschiedenen Rechtsmaterien führt außerdem zu einem hohen Grad an **Komplexität** der rechtlichen Grundlagen der EWIV.

---

[68] Ausgewählte Lit. zur EWIV: *Autenrieth* BB 1989, 305; *Klein-Blenkers* DB 1994, 2224; *Müller-Gugenberger* NJW 1989, 1449; ausführliche, auch rechtsvergleichende Darstellung *Müller-Gugenberger/Schotthöfer* (Hg.), Die EWIV in Europa, 1995; *Habersack* Europäisches Gesellschaftsrecht, 1999, Rz. 353 ff.

[69] 1. Erwägungsgrund der VO Nr. 2137/85, ABl. EG Nr. L 199/1, 31. 7. 1985; abgedruckt auch in *Müller-Gugenberger/Schotthöfer* (Fn. 68) 1. Teil, 2. Kapitel A.

[70] 2. Erwägungsgrund der VO Nr. 2137/85 (Fn. 69); *Baumbach/Hopt* HGB, 29. Aufl. 1995, Anh. § 160 Rz. 2.

[71] S. Mitteilung (Fn. 25) S. 8 f., 11.

[72] S. Fn. 69.

[73] Gesetz zur Ausführung der EWG-Verordnung über die Europäische wirtschaftliche Interessenvereinigung v. 14. 8. 1988, BGBl. I 514; abgedruckt auch in *Müller-Gugenberger/Schotthöfer* (Fn. 68) 2. Teil, 1. Abschnitt, 1. Kapitel A.

2. Rechtliche Zulässigkeit der Europäischen Wirtschaftlichen Interessenvereinigung (EWIV)

Aufgrund der begrenzten Zielsetzung, ein Instrument grenzüberschreitender Kooperationen zu sein, ist die EWIV in ihrer **Zwecksetzung** nicht frei. Art. 3 Abs. 1 EWIV-VO bestimmt: „Die Vereinigung hat den Zweck, die wirtschaftliche Tätigkeit ihrer Mitglieder zu erleichtern oder zu entwickeln sowie die Ergebnisse dieser Tätigkeit zu verbessern oder zu steigern; sie hat nicht den Zweck, Gewinn für sich selbst zu erzielen. Ihre Tätigkeit muß im Zusammenhang mit der wirtschaftlichen Tätigkeit ihrer Mitglieder stehen und darf nur eine Hilfstätigkeit hierzu bilden." Nach Art. 3 Abs. 2 EWIV-VO darf die EWIV insbesondere nicht die Leitungs- oder Kontrollmacht über die eigene Tätigkeit ihrer Mitglieder oder die Tätigkeiten eines anderen Unternehmens ausüben (Konzernleitungsverbot), weder unmittelbar noch mittelbar Anteile oder Aktien an einem Mitgliedsunternehmen halten und an anderen Unternehmen nur für Rechnung ihrer Mitglieder und nur insoweit, als es für das Kooperationsziel notwendig ist (Holdingsverbot), nicht mehr als 500 Arbeitnehmer beschäftigen (Arbeitnehmermitbestimmung soll nicht unterlaufen werden). 54

Der Begriff der **wirtschaftlichen Tätigkeit** ist nach dem 5. Erwägungsgrund der EWIV-VO im weitesten Sinn auszulegen. Mitglieder können nach Art. 4 EWIV-VO neben bestimmten natürlichen Personen auch Gesellschaften i. S. des Art. 58 Abs. 2 EGV sowie andere juristische Einheiten des öffentlichen oder des Privatrechts sein, die nach dem Recht eines Mitgliedstaats gegründet worden sind und ihren satzungsgemäßen oder gesetzlichen Sitz und ihre Hauptverwaltung in der Gemeinschaft haben. Die EWIV steht als Kooperationsform damit auch gemeinnützigen Einrichtungen und vergleichbaren Einrichtungen in den anderen EU- und EWR-Staaten offen. Sie sind zumindest andere juristische Einheiten des Privatrechts. Vorausgesetzt ist, daß sie eine wirtschaftliche Tätigkeit im weitesten Sinn ausüben, zu der die Tätigkeit der EWIV eine Hilfstätigkeit darstellt. Der Kreis möglicher Mitglieder ist absichtlich sehr weit gezogen worden.[74] Wegen ihrer Zielsetzung, nationalen Organisationen aus verschiedenen Mitgliedstaaten als **Kooperationsform** zu dienen, ist es nicht möglich, eine europaweit tätige gemeinnützige Einrichtung unmittelbar als EWIV zu gründen. Praktische Bedeutung hat die EWIV bisher in Deutschland vor allem für die Kooperation des Handels und von Freiberuflern erlangt.[75] 55

[74] *Müller-Gugenberger* in Müller-Gugenberger/Schotthöfer (Fn. 68) 1. Teil, 4. Kapitel Rz. 99.

[75] *Döring* Grenzüberschreitende Wirtschaftliche Zusammenarbeit in Europa (EWIV), 1993, S. 113: Handel, Unternehmensberater, Anwälte.; *v. Rechenberg* ZGR 1992, 299, 300 f. mit einem statistischen Überblick zum Stand Ende 1991.

3. Errichtung

56 Nach Art. 4 Abs. 2 EWIV-VO muß eine EWIV von mindestens zwei Gesellschaftern gegründet werden, von denen wiederum mindestens zwei nach dem Ort ihrer wirtschaftlichen Haupttätigkeit (bei natürlichen Personen) oder nach dem Ort ihrer Hauptverwaltung (Gesellschaft oder andere juristische Person) aus **verschiedenen Mitgliedstaaten**[76] stammen. Die unmittelbare Beteiligung von Gesellschaftern aus Drittstaaten ist nicht zulässig. Die EWIV wird durch Abschluß eines schriftlichen Gründungsvertrages mit dem in Art. 5 EWIV-VO vorgeschriebenen Mindestgehalt und durch die Eintragung in das Handelsregister im Staat ihres Sitzes errichtet.[77] Der **Sitz** der EWIV kann im von Art. 12 EWIV-VO vorgegebenen Rahmen gewählt werden. Es kann der Ort sein, an dem die EWIV ihre tatsächliche Hauptverwaltung hat, oder der Ort, an dem einer der Gesellschafter seine Hauptverwaltung (Gesellschaften) hat oder seine Haupttätigkeit ausübt (natürliche Personen), sofern die EWIV dort zumindest eine nicht ganz untergeordnete Nebentätigkeit tatsächlich ausübt.[78]

4. Organe

57 Die Organe der EWIV sind die gemeinschaftlich handelnden Gesellschafter und der oder die Geschäftsführer, Art. 16 EWIV-VO. Eine Gesellschafterversammlung ist nicht zwingend; die **gemeinschaftlich handelnden Gesellschafter** können durch formlosen Beschluß handeln. Jeder Gesellschafter hat zwingend eine Stimme; Mehrstimmrecht ist möglich, darf aber nicht dazu führen, daß ein Gesellschafter allein über die Stimmenmehrheit verfügt. Bestimmte in Art. 17 Abs. 2 EWIV-VO abschließend aufgezählte Grundlagengeschäfte sind nur einstimmig möglich.[79]

58 Die **Geschäftsführung** obliegt nicht wie bei der OHG den Gesellschaftern, sondern einem oder mehreren Geschäftsführer(n), Art. 19 EWIV-VO. Die Geschäftsführung umfaßt sowohl gewöhnliche als auch außergewöhnliche Geschäfte.[80] Die Gesellschafter können als Organ der gemeinschaftlich handelnden Mitglieder uneingeschränkt auch über Fragen der Geschäftsführung beschließen, allerdings die Geschäftsführung nicht vollständig an sich ziehen. Außerdem kommt den Beschlüssen keine unmittelbare Wirkung im Außenverhältnis zu. Der

[76] Durch das EWR-Abkommen ist der Kreis auf die Mitgliedstaaten des EWR erweitert worden, s. *Müller-Gugenberger* EWS 1994, 346.

[77] Vertragsmuster für eine EWIV mit Sitz in Deutschland in *Heidenhain/Meister* Münchener Vertragshandbuch Band 1 Gesellschaftsrecht, 1996, XIV; *Hopt/Volhard* Vertrags- und Formularbuch zum Handels-, Gesellschafts-, Bank- und Transportrecht, 1994, II. C.1; *Wegener* Europäische Wirtschaftliche Interessenvereinigung, Heidelberger Musterverträge Heft 77, 1992.

[78] *Baumbach/Hopt* HGB (Fn. 70), Anh. § 160 Rz. 20: Regelung ist Kompromiß zwischen Sitz- und Gründungstheorie.

[79] *Baumbach/Hopt* HGB (Fn. 70), Anh. § 160 Rz. 38.

[80] *Baumbach/Hopt* HGB (Fn. 70), Anh. § 160 Rz. 30.

Geschäftsführer muß bei einer EWIV mit Sitz in Deutschland eine natürliche Person sein. Das EWIVG hat von der in Art. 19 Abs. 2 EWIV-VO eingeräumten Möglichkeit der Zulassung von juristischen Personen als Geschäftsführer keinen Gebrauch gemacht.[81]

5. Rechtsverhältnis der Gesellschaft zu Dritten

Nach Art. 1 Abs. 2 EWIV-VO hat die EWIV von der Eintragung an die Fähigkeit, im eigenen Namen Träger von Rechten und Pflichten jeder Art zu sein, Verträge zu schließen oder andere Rechtshandlungen vorzunehmen und vor Gericht zu stehen. Ob die EWIV eine eigene **Rechtspersönlichkeit** besitzt, bestimmt sich nach dem nationalen Recht. In Deutschland gilt nach § 1 EWIVG insoweit OHG-Recht, so daß die EWIV mit Sitz in Deutschland keine juristische Person ist. 59

Die organschaftliche **Vertretung** der EWIV erfolgt ausschließlich durch einen Geschäftsführer oder durch mehrere Geschäftsführer zusammen, wenn im Gesellschaftsvertrag Gesamtvertretung angeordnet ist, Art. 20 Abs. 2 EWIV-VO. Eine weitergehende Beschränkung der Vertretungsmacht ist nicht möglich. Die Vertretungsmacht ist darüber hinaus nicht an die Einhaltung des Unternehmensgegenstandes gebunden. Der Dritte kann sich nicht auf die Vertretungsmacht berufen, wenn die EWIV beweisen kann, daß dem Dritten bekannt war oder daß er darüber nach den Umständen nicht in Unkenntnis sein konnte, daß die Handlung die Grenzen des Unternehmensgegenstandes der EWIV überschritt, Art. 20 Abs. 1 S. 2 EWIV-VO. 60

Neben der EWIV selbst **haften** die Gesellschafter persönlich und unbeschränkt für sämtliche Verpflichtungen als Gesamtschuldner, Art. 24 Abs. EWIV-VO.[82] Der Geschäftsführer handelt als Vertreter und haftet daher grundsätzlich nicht für Verbindlichkeiten der EWIV. Eine Haftung kann sich aber wie beim Geschäftsführer einer GmbH aus besonderen Haftungstatbeständen ergeben.[83] 61

6. Gesellschafterwechsel und Auflösung

Die Möglichkeit eines Gesellschafters, durch **Kündigung** aus der EWIV auszuscheiden, bestimmt sich primär nach dem Gesellschaftsvertrag. Enthält dieser keine Regelung, ist das Ausscheiden bei einstimmiger Zustimmung der übrigen Mitglieder möglich. In jedem Fall kann ein Mitglied aus wichtigem Grund kündigen, Art. 27 Abs. 1 EWIV-VO. Der Gesellschaftsanteil kann an einen Dritten wirksam übertragen werden, wenn die übrigen Gesellschafter einstimmig zustimmen. Der **Ausschluß** eines Gesellschafters gegen seinen Willen ist unter den Bedingungen möglich, die der Gesellschaftsvertrag bestimmt, in jedem 62

---

[81] *Müller-Gugenberger* in Müller-Gugenberger/Schotthöfer (Fn. 68) 1. Teil, 4. Kapitel Rz. 72.

[82] *Müller-Gugenberger* in Müller-Gugenberger/Schotthöfer (Fn. 68) 1. Teil, 4. Kapitel Rz. 73.

[83] *Baumbach/Hopt* HGB (Fn. 70), Anh. § 160 Rz. 47.

Fall aber, wenn der Gesellschafter grob gegen seine Pflichten verstößt oder wenn er schwere Störungen der Arbeit der Vereinigung verursacht oder zu verursachen droht. Der Ausschluß kann, falls der Gesellschaftsvertrag keine besonderen Bestimmungen enthält, nur durch gerichtliche Entscheidung auf Antrag der Mehrheit der übrigen Gesellschafter erfolgen, Art. 27 Abs. 2 und 3 EWIV-VO. Deutschland hat von der in Art. 28 Abs. 2 EWIV-VO eingeräumten Möglichkeit Gebrauch gemacht, das automatische Ausscheiden eines Gesellschafters im Falle seines Konkurses anzuordnen, § 8 EWIVG.

63 Der Ausscheidende **haftet** für die Verbindlichkeiten, die sich aus der Tätigkeit der EWIV vor seinem Ausscheiden ergeben, Art. 34 EWIV-VO. Die Ansprüche gegen ihn verjähren nach Art. 37 Abs. 1 EWIV-VO, § 159 HGB innerhalb von fünf Jahren nach der Bekanntmachung des Ausscheidens oder der Eintragung des Ausscheidens im Handelsregister.

64 Die **Auflösung** der EWIV erfolgt aufgrund eines einstimmigen Beschlusses der Gesellschafter. Im Gesellschaftsvertrag kann auch die Mehrheitsentscheidung vorgesehen werden. Nach Art. 32 EWIV-VO erfolgt die Auflösung durch gerichtliche Entscheidung, wenn der Zweck unzulässig ist, der Sitz nicht der Regelung des Art. 12 entspricht oder die Gesellschafterzusammensetzung nicht den Anforderungen des Art. 4 EWIV-VO entspricht. Die Entscheidung ergeht auf Antrag eines Beteiligten oder der zuständigen Behörde. Ein Gesellschafter kann auch aus einem wichtigen Grund die Auflösung der EWIV durch gerichtliche Entscheidung beantragen, Art. 32 Abs. 2 EWIV-VO. Das einzelstaatliche Recht regelt die **Liquidation** einer aufgelösten EWIV, Art. 35 Abs. 2 EWIV-VO, §§ 145 ff. HGB, und auch die Folgen von **Zahlungsunfähigkeit** und Zahlungseinstellung, Art. 36 EWIV-VO.

7. Steuerliche Behandlung

65 Nach Art. 40 EWIV-VO wird das Ergebnis der Tätigkeit der EWIV nur bei ihren Mitgliedern besteuert. Die steuerliche Behandlung nach dem **Mitunternehmerkonzept** beruht darauf, daß die Körperschaftsteuerpflicht wegen der mit der internationalen Doppelbesteuerung ausgeschütteter Gewinne verbundenen Probleme ausgeschlossen sein sollte. Im übrigen ist nach dem 14. Erwägungsgrund der EWIV-VO „das einzelstaatliche Steuerrecht anzuwenden, und zwar insbesondere in bezug auf Gewinnverteilung, Steuerverfahren und allen Verpflichtungen, die durch die einzelstaatlichen Steuervorschriften auferlegt werden". Mangels gemeinschaftsrechtlicher Regelung richtet es sich nach dem innerstaatlichen Recht der betroffenen Mitgliedstaaten, ob ein Steuertatbestand verwirklicht ist oder durch ein Doppelbesteuerungsabkommen die Besteuerungshoheit eingeschränkt ist.[84]

---

[84] *Knobbe-Keuk* EWS 1992, 1, 2, dort auch weitere Einzelheiten zur Besteuerung der EWIV; s. auch *dies.* Bilanz- und Unternehmenssteuerrecht, 9. Aufl. 1993, § 9 II 4 b.

III. Vorschläge für einen europäischen Verein, eine europäische Genossenschaft und eine europäische Gegenseitigkeitsgesellschaft

Die Vorschläge zu den anderen europäischen Rechtsformen haben ein unterschiedliches Echo ausgelöst, wobei in Deutschland kritische Stellungnahmen überwiegen.[85] Im Mittelpunkt der Diskussion steht insoweit der mehrmals überarbeitete Vorschlag für eine Europäische Aktiengesellschaft.[86] Ihre **Realisierungschance** hängt davon ab, ob ein Kompromiß bei der umstrittenen Frage der Arbeitnehmermitbestimmung gefunden werden kann.[87] Solange hierfür im Rahmen der Europäischen Aktiengesellschaft keine Lösung gefunden wird, lassen sich auch die anderen Rechtsformvorhaben nicht verwirklichen. 66

Daher soll hier nur kurz auf den häufigsten Kritikpunkt zum Vorschlag für einen **Europäischen Verein** eingegangen werden. Der Vorschlag sei in zu weitem Umfang einer Einheitskonzeption verhaftet. Danach darf der Verein neben dem ideellen Hauptzweck in großem Umfang wirtschaftliche Nebentätigkeiten entfalten oder der Vereinszweck darf wie bei einer Genossenschaft in der Unterstützung der beruflichen oder gewerblichen Interessen seiner Mitglieder bestehen. Folge sei, daß die Regelung viele Elemente des Kapitalgesellschaftsrechts enthalte, die durch Vorschriften zur Rechnungslegung, Besteuerung und Mitbestimmung zu einer Belastung der Vereinstätigkeit auch für Vereine ohne bedeutende wirtschaftliche (Neben-)Tätigkeiten führen würde.[88] Außerdem wird die Gefahr gesehen, daß die starke wirtschaftliche Ausrichtung des Europäischen Vereins einen entsprechenden Einfluß auf die Entwicklung des nationalen Vereinsrechts ausüben könnte.[89] 67

IV. Konvention des Europarats über die Anerkennung von Nicht-Regierungsorganisationen

Im Rahmen des Europarats in Straßburg ist die Konvention über die Anerkennung von Nicht-Regierungsorganisationen (Convention européenne sur la reconnaissance de la personalité juridique des organisations internationales non-gouvernementales; European Convention on the Recognition of the Legal Personality of International Non-Governmental Organisations) erarbeitet und am 24. April 1986 zur Zeichnung ausgelegt worden. Sie ist am 1. Januar 1991 für Großbritannien, Griechenland und Belgien in Kraft getreten. **Ziel** der Konvention ist es, die Arbeit von Nicht-Regierungsorganisationen durch die automatische Anerkennung ihrer Rechtspersönlichkeit zu erleichtern. 68

---

[85] *Merkt* BB 1992, 652; *Trojan-Limmer* RIW 1991, 1010; *Vollmer* ZHR 157 (1993), 373, 378 ff.; positiver, aber kritisch zur Ausgestaltung im einzelnen *Schneider* EuZW 1992, 193.

[86] *Lutter* Europäisches Unternehmensrecht, 4. Aufl. 1996, 2. Teil, 6. Kapitel, 1.

[87] *Hopt* ZGR 1992, 265, 276 ff.; *Habersack* (Fn. 68) Rz. 394; *Monti* WM 1997, 607, 608.

[88] *Vollmer* ZHR 157 (1993), 373, 386.

[89] *Vollmer* ZHR 157 (1993), 373, 378.

69 **Anwendung** findet die Konvention auf **Nicht-Regierungsorganisationen**, die in Art. 1 folgendermaßen definiert werden: Vereine, Stiftungen oder andere private Institutionen, die ohne Gewinnerzielungsabsicht ein Ziel von internationalem Nutzen verfolgen und die nach dem internen Recht eines Mitgliedstaats errichtet worden sind, die in mindestens zwei Staaten tätig sind und ihren satzungsmäßigen Sitz im Gebiet eines Mitgliedstaates und die zentrale Verwaltung und Kontrolle in diesem oder einem anderen Mitgliedstaat haben.

70 Erfaßt werden damit nur Organisationen, deren Ziel international ist und die in **mindestens zwei Staaten**, nicht notwendigerweise zwei Mitgliedstaaten, aktiv sind. Das Erfordernis, daß der Zweck der Organisation auf ein solches von internationalem Nutzen gerichtet sein muß, erklärt sich aus dem Ziel der Konvention, gerade die international tätigen Organisationen zu fördern, die wichtige Kooperationspartner bei der Verwirklichung der Ziele von internationalen Organisationen wie dem Europarat sind. Der Begriff „**Zweck von internationalem Nutzen**" wird nicht definiert, kann aber anhand der Präambel konkretisiert werden.[90] Diese führt als Grund für die Konvention die wertvolle Arbeit an, die Nicht-Regierungsorganisationen für die internationale Gemeinschaft durchführen, und nennt insbesondere ihre Arbeit in wissenschaftlichen, kulturellen, gemeinwohlorientierten Bereichen, dem Gesundheits- und Erziehungswesen. Außerdem trügen sie zur Verwirklichung der Ziele und Prinzipien der Charta der Vereinten Nationen und dem Statut des Europarates bei.

71 Zentrale Bestimmung der Konvention ist Art. 2 Abs. 1, nach dem die Rechtspersönlichkeit, die einer Nicht-Regierungsorganisation nach dem Staat ihres satzungsmäßigen Sitzes zukommt, in allen Vertragsstaaten **ex lege**, d. h. ohne besonderes Anerkennungsverfahren, **anzuerkennen** ist. Die Konvention entscheidet sich damit für den satzungsmäßigen Sitz und nicht wie im deutschen internationalen Gesellschaftsrecht für den tatsächlichen Sitz der Hauptverwaltung als Anknüpfungspunkt für die Frage der Wirksamkeit und der Rechtsfolgen der Errichtung der Organisation.[91] Diese Entscheidung wird damit gerechtfertigt, daß der effektive Verwaltungssitz bei international tätigen Organisationen wechseln kann, wenn ein neuer Präsident oder Generalsekretär gewählt wird. Die Anknüpfung an den satzungsmäßigen Sitz gewährleistet damit Kontinuität in der rechtlichen Beurteilung. Außerdem seien die Gründe, die bei kommerziell tätigen Gesellschaften für den Sitz der effektiven Verwaltung sprächen, bei nicht kommerziellen Organisationen weniger bedeutsam. Den Gläubigerinteressen wird insoweit entgegengekommen, als sich die Verwaltung der Organisation nach Art. 1 zwar nicht im Staat des satzungsmäßigen Sitzes, aber zumindest in einem Mitgliedstaat befinden muß.[92]

---

[90] *Council of Europe*, Explanatory Report on the European Convention on the Recognition of the Legal Personality of International Non-Governmental Organisations, 1986, S. 8.

[91] *Lüderitz* in Soergel (Fn. 66) Art.. 10 Anh. Rz. 4 ff.

[92] *Council of Europe*, Explanatory Report (Fn. 90) S. 9.

In **Deutschland** werden ausländische juristische Personen bereits nach nationalem Recht anerkannt, ohne daß es eines Anerkennungsverfahrens bedarf. Allerdings beurteilt sich aus deutscher Sicht die Frage, ob eine Organisation wirksam errichtet worden ist und danach die Rechtsfähigkeit erworben hat, nach dem Recht am Sitz der Hauptverwaltung.[93] Die Ratifikation der Konvention durch Deutschland wäre daher für ausländische Nicht-Regierungsorganisationen, die auch in Deutschland tätig sind, ohne große Bedeutung. Einen Vorteil brächte eine Ratifikation für in Deutschland errichtete Nicht-Regierungsorganisationen, da sie dadurch in den anderen Mitgliedstaaten in den Genuß der Anerkennung nach der Konvention kämen. 72

Die Regelung der Konvention beschränkt sich auf die Anerkennung der Rechtspersönlichkeit. Sie erfaßt **nicht** die **Verpflichtung der Gleichbehandlung** der ausländischen Organisation in anderen Bereichen, insbesondere im Steuerrecht. Genausowenig ermöglicht sie eine identitätswahrende **Verlegung** des satzungsmäßigen Sitzes. Möglich ist aber, daß der Ort, an dem die Organisation verwaltet und geführt wird, von einem in einen anderen Mitgliedstaat wechselt, ohne daß dies die für die wirksame Errichtung der Organisiation anwendbaren Rechtsvorschriften ändert. Die Konvention schafft **keine neue Organisationsform** für eine international tätige Nicht-Regierungsorganisation, sondern erleichtert nur die Tätigkeiten einer nach einem nationalen Recht errichteten Organisation in einem anderen Staat. 73

D. Beihilfeverbot, Art. 87 EG

I. Begriff der Beihilfe

Art. 7 Abs. 1 enthält ein allgemeines Verbot staatlicher Beihilfen, die durch Begünstigung bestimmter Unternehmen oder Produktionszweige den Wettbewerb verfälschen oder zu verfälschen drohen und den Handel zwischen den Mitgliedstaaten beeinträchtigen. Art. 87 Abs. 2 und 3 EG enthalten Ausnahmetatbestände. 80

1. Allgemeines

Der Begriff der Beihilfe i. S. von Art. 87 Abs. 1 EG ist weit zu fassen. 81
Er umfaßt alle Begünstigungen, soweit sie nicht durch eine entsprechende marktgerechte Gegenleistung kompensiert werden. Neben der positiven Leistungsgewährung fällt auch die Entlastung von Kosten darunter, die ein Unternehmen normalerweise zu tragen hat.[94] Beschränkt wird der Beihilfebegriff aber durch das Erfordernis der Spezifizität, d. h. die Begünstigung darf nicht allen Unternehmen zukom-

[93] *Lüderitz* in Soergel (Fn. 66) Art. 10 Anh. Rz. 16.

[94] EuGH 23. 2. 1961, Rs 30/59 – Bergmannsprämie, Slg. 1961, 1, 42, zu Art. 4 Buchst. c) EGKS-Vertrag; *Geiger* EG-Vertrag, 2. Aufl. 1995, Art. 92 Rz. 10; *Müller-Graff* ZHR 152 (1988), 403 (410) mwN.; *Seidel* (Fn. 48), 20.

men, sondern bestimmte Unternehmen bevorzugen.[95] Entscheidend ist nicht die Form, sondern die Wirkung einer Maßnahme.[96] Beihilfen sind zum einen die direkten finanziellen Zuwendungen, die gemeinnützige Einrichtungen vom Bund, den Ländern und den kommunalen Gebietskörperschaften erhalten.[97] Zum anderen stellt auch die **Befreiung von Steuern**, die den gemeinnützigen Einrichtungen gewährt wird, eine Begünstigung dar, die unter den weiten Beihilfebegriff des Art. 87 fällt.[98]

2. Staatliche Mittel

82 Erfaßt werden Begünstigungen, die unmittelbar von einer staatlichen Stelle oder von einer anderen Organisation aus staatlichen Mitteln gewährt werden. Damit soll die Umgehung des Beihilfeverbots durch Einschaltung von Zwischenorganisationen unmöglich gemacht werden.[99] Notwendig ist aber, daß das finanzielle Opfer letztlich beim Staat eintritt und die Begünstigung dem Staat zugerechnet werden kann.[100] Die Rechtsform der Einrichtung, die die Begünstigung gewährt, ist aber ohne Bedeutung. So hat die Kommission einen Zuschuß an ein gewerbliches Unternehmen, den die Deutsche Bundesstiftung Umwelt, eine Stiftung bürgerlichen Rechts, gewährt hat, als Beihilfe i. S. v. Art. 87 Abs. 1 EG qualifiziert. Sie stellte darauf ab, daß die Stiftung mit den Erlösen aus der Privatisierung der ehemals staatlichen Salzgitter AG errichtet wurde und daß sie staatlichem Einfluß unterliegt. Die Bundesregierung ernennt laut Satzung alle Mitglieder des Vorstandes, der auch über die Zuwendungen entscheidet. Außerdem wird die Stiftung durch den Bundesrechnungshof geprüft.[101]

3. Insbesondere: steuerbegünstigte Spenden

83 Ob auch die Berechtigung bestimmter gemeinnütziger Einrichtungen, **steuerbegünstigte Spenden** Dritter entgegenzunehmen,[102] eine

[95] *Mederer* in Groeben/Thiesing/Ehlermann, Kommentar zum EU-/EG-Vertrag, Band 2/II, 5. Aufl. 1999, Art. 92 Rz. 26ff.; nicht erfaßt werden damit allgemeine wirtschaftliche Maßnahmen.

[96] *Caspari* (Fn. 48), 78.

[97] Dazu § 6 Rz. 51; nach Angabe der *Bundesarbeitsgemeinschaft Sozialmarketing*, Zahlen zum deutschen Spendenwesen, 1998, stammen 68 % der Einnahmen von Nonprofit-Organisationen in Deutschland aus öffentlichen Mitteln (nach AG Report 1999, R 164, 170).

[98] *Benicke* EuZW 1996, 165, 169; s. zur Beihilfeneigenschaft von Maßnahmen der direkten Unternehmensbesteuerung Mitteilung der Kommission 98/C 384/03, ABl. C 384/3, 10. 12. 1998.

[99] *Mederer* in Groeben/Thiesing/Ehlermann (Fn. 95) Art. 92 Rz. 13.

[100] *Müller-Graff* ZHR 152 (1988), 403 (412).

[101] Mitteilung der Kommission, ABl. EG C 385, 19. 12. 1997, S. 9.

[102] S. dazu § 6 Rz. 36ff.; *Kießling/Buchna* Gemeinnützigkeit im Steuerrecht, 6. Aufl. 1997, Kapitel 3, insb. 3.2; Gutachten der Unabhängigen Sachverständigenkommission zur Prüfung des Gemeinnützigkeits- und Spendenrechts, Schriftenreihe des Bundesministeriums der Finanzen, Heft 40, 1988, S. 57ff.

Behilfe darstellt, ist noch nicht geklärt. Fraglich ist die Beihilfeneigenschaft, da das finanzielle Opfer beim Staat eintreten und die Begünstigung dem Staat zugerechnet werden können muß.[103] Die Besonderheit einer steuerbegünstigten Spende liegt zum einen darin, daß die finanziellen Mittel der Spende zuerst von dem privaten Spender aufgebracht werden. Dieser kann aber einen Teil des finanziellen Opfers auf den Staatshaushalt abwälzen, da sich aufgrund der Spende seine Steuerschuld gegenüber dem Staat ermäßigt. In Höhe dieses Steuerausfalls erfolgt die Zuwendung an den Empfänger der Spende damit letztlich, wenn auch mittelbar,[104] **aus staatlichen Mitteln**. Zum anderen trifft bei der steuerbegünstigten Spende nicht eine staatliche Stelle, sondern der einzelne Spender die Entscheidung, wer in welcher Höhe eine Zuwendung erhält. Notwendig für die Annahme einer Beihilfe ist aber, daß sie auf der **Entscheidung einer staatlichen Stelle** beruht.[105] Auch wenn der Staat bei den steuerbegünstigten Spenden direkt keinen Einfluß darauf nehmen kann, welche Organisation wieviel an Zuwendungen erhält, so liegt doch ein indirekt wirkender Einfluß vor. Eine direkte staatliche Entscheidung ist, wer überhaupt berechtigt ist, steuerbegünstigte Spenden zu erhalten. Zu berücksichtigen ist dabei, daß die Steuerbegünstigung wesentliche Grundlage für die Entscheidung zu einer Spende darstellt. Die tatsächlichen Verhältnisse auf dem „Spendenmarkt" führen bei der Organisation, die zur Entgegennahme von steuerbegünstigten Spenden berechtigt ist, zu einem wesentlichen Vorteil bei der Spendenwerbung. Der potentielle Spender hat bei gleicher von ihm erbrachter Spendenleistung für die „gute Tat" nur einen Teil des finanziellen Opfers zu tragen. Außerdem stellt die Berechtigung zum Empfang steuerbegünstigter Spenden auch eine Art. staatliches Gütesiegel dar. Dadurch, daß der Staat festlegt, welche Organisationen steuerbegünstigte Spenden erhalten können, bestimmt er mittelbar, welche Organisationen tatsächlich Spenden in nennenswertem Umfang erhalten und welche nicht. Auch eine solche mittelbare, über die Marktverhältnisse vermittelte Einflußnahme auf die Bestimmung der Zuwendungen muß für die Annahme einer Beihilfe ausreichen.

---

[103] *Müller-Graff* ZHR 152 (1988), 403 (412).

[104] S. dazu, daß auch mittelbare Zuwendungen unter den Beihilfebegriff fallen, *Rengeling* in Börner/Neundörfer (Hg.), Recht und Praxis der Beihilfen im Gemeinsamen Markt, 1984, S. 23, 27.

[105] EuGH 2. 2. 1988, Rs 67, 68,70/85 – van der Kooy, Slg. 1988, 219, 272 Rz. 35 ff.; *Benicke* EuZW 1996, 165, 169.

II. Wettbewerbsverfälschung und Beeinträchtigung des innergemeinschaftlichen Handelsverkehrs

1. Wettbewerbsverfälschung

84 Eine Wettbewerbsverfälschung i. S. von Art. 87 EG[106] ist möglich im Verhältnis nationaler Unternehmen untereinander und im Verhältnis nationaler Unternehmen zu Konkurrenten in anderen Mitgliedstaaten.[107] Regelmäßig verfälscht eine nur einzelnen Unternehmen gewährte Beihilfe den Wettbewerb, da die Position des begünstigten Unternehmens im Wettbewerb gestärkt wird.[108] Ausreichend ist, daß die Maßnahme in ein möglicherweise zur Entstehung kommendes Wettbewerbsverhältnis eingreift.[109] Die Kommission muß aber im Einzelfall die tatsächliche oder potentielle Wettbewerbsverfälschung konkret belegen können. Ob und inwieweit auch in anderen Mitgliedstaaten entsprechende gemeinschaftswidrige Beihilfen für nationale Einrichtungen bestehen, ist dabei nicht zu berücksichtigen.[110] Die den gemeinnützigen Einrichtungen gewährten Zuschüsse und Steuererleichterungen verbessern deren **Kostensituation** im Vergleich zu gewerblichen Anbietern der gleichen Leistungen in Deutschland. Außerdem erhalten auch die Anbieter der entsprechenden Leistungen in anderen Mitgliedstaaten diese Unterstützung nicht.

85 Eine Wettbewerbsverfälschung ist allerdings dann ausgeschlossen, wenn eine **Wettbewerbssituation** zwischen begünstigten und nicht begünstigten Unternehmen nicht gegeben ist.[111] Zwischen gemeinnützigen Einrichtungen und inländischen kommerziellen Anbietern bestehen vielfältige Wettbewerbssituationen (s. Einleitung Rz. 1). So besteht beispielsweise ein Wettbewerb zwischen kommerziellen und gemeinnützigen Trägern von Altenhilfeeinrichtungen. Ein gewerblicher Anbieter hat höhere Kosten und kann daher vergleichbare Leistungen in der Regel nur zu einem höheren Entgelt anbieten als eine geförderte Einrichtung. Dadurch entsteht ihm ein Preis- und damit Wettbewerbs-

---

[106] Im Gegensatz zu Art. 81 EG, der von Verhinderung, Einschränkung oder Verfälschung des Wettbewerbs spricht, nennt Art. 87 EG nur die Verfälschung des Wettbewerbs; der Begriff der Wettbewerbsverfälschung ist extensiv auszulegen, s. *v. Wallenberg* in Grabitz/Hilf (Fn. 3), Art. 92 EGV Rz. 23; er ist unabhängig von dem Begriff der Wettbewerbsverfälschung in Art. 81 EGV auszulegen, s. *Müller-Graff* ZHR 152 (1988), 403, 431.

[107] *v. Wallenberg* in Grabitz/Hilf (Fn. 3), Art. 92 EGV Rz. 24.

[108] S. zur Frage, ob es auf einen bestimmten Grad der Wettbewerbsverfälschung ankommt, *v. Wallenberg* in Grabitz/Hilf (Fn. 3), Art. 92 EGV Rz. 27.

[109] *Mederer* in Groeben/Thiesing/Ehlermann (Fn. 95), Art. 92 Rz. 32.

[110] *Mederer* in Groeben/Thiesing/Ehlermann (Fn. 95), Art. 92 Rz. 34; *Müller-Graff* ZHR 152 (1988), 403, 433.

[111] Vgl. *EG-Kommission* VI. Wettbewerbsbericht, 1977, S. 141 Rz. 239 zu Beihilfen an die Presse, die in der Regel keine wettbewerbsverzerrende Auswirkung haben, da die begünstigten Presseunternehmen nicht in Wettbewerb zu Anbietern aus anderen Mitgliedstaaten stehen; *Wenig* in Groeben/Thiesing/Ehlermann, Band 2, 4. Aufl. 1991, Art. 92 Rz. 18 Fn. 85.

nachteil gegenüber den geförderten Einrichtungen. Besteht in einem Bereich kein aktuelles Wettbewerbsverhältnis, so kommt in Betracht, daß dies gerade auf die Beihilfepraxis zurückzuführen ist. Art. 87 EG hat auch den Zweck, solche Beihilfen zu verhindern, die ein Wettbewerbsverhältnis zu nicht geförderten Konkurrenten völlig ausschließen.

2. Beeinträchtigung des innergemeinschaftlichen Handels

a) Begriff

Innergemeinschaftlicher Handel i. S. d. Art. 87 EG umfaßt nicht nur den Austausch von Waren, sondern ganz allgemein den **gesamten Wirtschaftsverkehr** zwischen den Mitgliedstaaten, d. h. den Waren-, Dienstleistungs- und Zahlungsverkehr.[112] Der innergemeinschaftliche Wirtschaftsverkehr wird beeinträchtigt, wenn sich die Beihilfe über das Gebiet des Mitgliedstaates, der die Beihilfe gewährt, hinaus auf die Konkurrenzsituation in anderen Mitgliedstaaten auswirkt. Zwischen Wettbewerbsverfälschung und Beeinträchtigung des innergemeinschaftlichen Wirtschaftsverkehrs besteht insoweit ein Zusammenhang, als die Verbesserung der Wettbewerbsposition gegenüber Konkurrenten aus anderen Mitgliedstaaten eine Vermutung für die Beeinträchtigung begründet. Aufgrund der weit fortgeschrittenen Integration der nationalen Märkte hat eine Wettbewerbsverfälschung regelmäßig auch eine Beeinträchtigung des innergemeinschaftlichen Handels zur Folge. Dies gilt aber nur für die Bereiche, in denen ein innergemeinschaftlicher Wirtschaftsverkehr besteht. Primär ist daher zu untersuchen, ob in dem fraglichen Markt Angebot oder Nachfrage **grenzüberschreitend** sind. Fehlt es für ein bestimmtes Produkt oder für eine Dienstleistung an einem innergemeinschaftlichen Wirtschaftsverkehr, da die Wirtschaftsleistungen jeweils nur national angeboten und nachgefragt werden, so liegt eine Beeinträchtigung des innergemeinschaftlichen Handels nur in Ausnahmefällen vor.[113] 86

b) Grenzüberschreitende Tätigkeiten gemeinnütziger Einrichtungen

Die Tätigkeiten gemeinnütziger Organisationen sind oft auf lokale, regionale oder höchstens **nationale Bereiche** beschränkt. Dies beruht zum einen auf der konkreten Zielsetzung, die vielfach auf den geographisch überschaubaren Raum bezogen ist. Auf der anderen Seite ist dies auch auf die starke Abhängigkeit von der Zuschußgewährung in dem jeweiligen Land und insbesondere von der Struktur der sozialen Sicherungssysteme zurückzuführen.[114] Die Bedeutung der nationalen Grenzen aufgrund der Abhängigkeit sozialer Einrichtungen von der Struk- 87

---

[112] Ausgenommen ist nur die Ausübung des Freizügigkeits- und Niederlassungsrechts; vgl. *Mederer* in Groeben/Thiesing/Ehlermann (Fn. 95), Art. 92 Rz. 37.

[113] *Rengeling* ZHR 152 (1988), 455, 465.

[114] S. zu Gemeinsamkeiten und Unterschieden der Sozialschutzsysteme in Europa *Schulte* ZIAS 6 (1992), 191, 225.

tur der jeweiligen sozialen Sicherungssysteme wird in Zukunft abnehmen: Zum einen, weil sich die sozialen Sicherungssysteme stärker angleichen werden;[115] zum anderen, weil sie so ausgestaltet sein müssen, daß sie keinen Verstoß gegen die Niederlassungs- und Dienstleistungsfreiheit oder das Wettbewerbsrecht darstellen.[116]

88 Mit **zunehmender Integration** werden sich gemeinnützige Einrichtungen verstärkt mit grenzüberschreitenden Aufgaben befassen.[117] Hierzu gehört schon jetzt der Umwelt- und Naturschutz. Aufgrund einer stärkeren Integration auf persönlicher Ebene werden aber auch personenbezogene soziale Dienste nicht mehr an Landesgrenzen haltmachen. Dies gilt zum einen für innergemeinschaftliche Grenzregionen.[118] Dies wird zum anderen aufgrund der in der Gemeinschaft erhöhten Mobilität der Marktbürger immer öfter der Fall sein. Praktische Bedeutung hat die grenzüberschreitende Leistungserbringung bereits bei den medizinischen Dienstleistungen.[119] Aber auch andere Dienstleistungen gemeinnütziger Einrichtungen werden zunehmend grenzüberschreitend angeboten und nachgefragt.[120] Außerdem ist die Tätigkeit der gemeinnützigen Einrichtungen regelmäßig Teil eines bestehenden innergemeinschaftlichen Wirtschaftsverkehrs, wenn die Gemeinnützigkeit einer Einrichtung nicht auf den angebotenen Leistungen, sondern auf der Art. ihrer Herstellung beruht, wie dies bei Behindertenwerkstätten oder bei Arbeitsbeschaffungsprojekten für benachteiligte Gruppen der Fall ist. Selbst wenn die gemeinnützigen Einrichtungen in einem Bereich ihre Tätigkeiten auf das Inland beschränken, besteht ein innergemeinschaftlicher Wirtschaftsverkehr, sofern die **kommerzielle Konkurrenz** grenzüberschreitend tätig ist.[121]

---

115 *Schulte* ZIAS 6 (1992), 191, 218.

116 EuGH 23. 4. 1991, Rs. C-158/96 – Kohll, EuZW 1998, 345; EuGH 28. 4. 1998, Rs C 120/95 – Decker, EuZW 1998, 343; *Schulte* ZIAS 6 (1992), 191, 227; *Bieback* EWS 1999, 361; *Berg* EuZW 1999, 587; *Benicke* ZFSH/SGB 1998, 22, 31 ff.

117 Vgl. *Prognos AG* Freie Wohlfahrtspflege im zukünftigen Europa. Herausforderungen und Chancen im Europäischen Binnenmarkt, Studie im Auftrag der Bank für Sozialwirtschaft GmbH, 1991, S. 21 ff.

118 S. Bericht von *Walz* ZfStrVo 1994, 168 über die Gründung eines deutsch-französischen Trägervereins, der als Anlauf-, Beratungs- und Betreuungsstelle für Straffällige beider Länder dienen soll, die im jeweils anderen Land eine Straftat begangen haben.

119 Inanspruchnahme medizinischer Behandlung in einem anderen Mitgliedstaat wird von der Dienstleistungsfreiheit nach Art. 49 EGV erfaßt, s. EuGH 31. 1. 1984, Rs. 286/82 u. 26/83 – Luisi/Carbone, NJW 1984, 1288 Rz. 16; EuGH 4. 10. 1991, Rs 159/90 – Grogan, Slg. 1991, I 4685, 4738 f. Rz. 16 f.

120 Vgl. *Thünte* in Sozialwirtschaft in Europa, Freie Wohlfahrtsverbände und ihre Rolle im EG-Binnenmarkt (Dokumentation des Evangelischen Pressedienstes) 1993, S. 65, 68.

121 S. zur Annahme einer möglichen Wettbewerbsverfälschung und Handelsbeeinträchtigung im Fall der Aachener Altstoffverwertung ABl. EG L 159, 3. 6. 1998, S. 58, 62.

c) De-minimis-Regel

Nach h. M. kommte es auf einen bestimmten **Grad der Handelsbeeinträchtigung** durch die staatliche Beihilfe bei Art. 87 nicht an.[122] Allerdings hat die Kommission erklärt, daß sie Art. 87 EG auf Beihilfen bis zu einem bestimmten Schwellenwert allgemein nicht für anwendbar hält (sog. **„de-minimis"-Beihilfen**), da insoweit eine spürbare Beeinträchtigung innergemeinschaftlichen Handels nicht vorliegt. Übersteigt die staatliche Förderung eines Unternehmens innerhalb von drei Jahren nicht den Gesamtbetrag von **100.000 ECU**, liegt nach dieser Interpretation der Kommission keine Beihilfe i. S. des Art. 87 Abs. 1 EG vor, so daß auch keine Anmeldepflicht besteht.[123] **89**

III. Rechtfertigung einer Beihilfengewährung

Liegen die Voraussetzungen des Art. 87 Abs. 1 EG vor, so ist die als Beihilfe zu qualifizierende Maßnahme grundsätzlich mit dem Gemeinsamen Markt unvereinbar und kann nur aufgrund Art. 87 Abs. 2 oder 3 EG ausnahmsweise doch zulässig sein. **90**

1. Art. 87 Abs. 2 EG

Art. 87 Abs. 2 EG enthält **Legalausnahmen** des Beihilfeverbots. Von gewisser Bedeutung für gemeinnützige Einrichtungen können die Ausnahmen nach Art. 87 Abs. 2 Buchstaben a und b sein.[124] Nach Abs. 2 Buchstabe a sind Beihilfen **sozialer Art. an einzelne Verbraucher** zulässig, wenn sie ohne Diskriminierung nach der Herkunft der Waren gewährt werden. Abs. 2 Buchstabe b betrifft Beihilfen zur Beseitigung von Schäden, die durch **Naturkatastrophen** oder sonstige außergewöhnliche Ereignisse entstanden sind. Nicht erfaßt werden von diesen Ausnahmen der größte Teil der den gemeinnützigen Einrichtungen zufließenden staatlichen Mittel. **91**

---

[122] Vgl. EuGH 11. 11. 1987, Rs 259/85, Slg. 1987, 4393, 4418 f. Rz. 24; EuGH 21. 3. 1990, Rs C 142/87, EuZW 1990, 224, 225; *v. Wallenberg* in Grabitz/Hilf (Fn. 3), Art. 92 EGV Rz. 31; differenzierend *Müller-Graff* ZHR 152 (1988), 403, 434; a. A. *Mederer* in Groeben/Thiesing/Ehlermann (Fn. 95), Art. 92 Rz. 39.

[123] Mitteilung der Kommission über „de minimis"-Beihilfen, ABl. EG C 68, 6. 3. 1996, S. 9; zum Charakter der Mitteilung als Auslegung des Art. 87 Abs. 1 EG durch die Kommission *Mederer* in Groeben/Thiesing/Ehlermann (Fn. 95), Art. 92 Rz. 76.

[124] S. ausführlicher zu Art. 87 Abs. 2 EG *Benicke* EuZW 1996, 165, 174.

2. Art. 87 Abs. 3 EG

a) Ausnahmetatbestände

92 Art. 87 Abs. 3 EG enthält einen Katalog von Zielen, deren Verfolgung die Gewährung einer Beihilfe rechtfertigen kann. Die Entscheidung darüber steht im Ermessen der Kommission.[125] Bei der Entscheidung über die Zulässigkeit einer Beihilfe nach Art. 87 Abs. 3 EG geht es darum, einen Ausgleich zu schaffen zwischen dem Interesse an einem unverfälschten Wettbewerb nach Art. 3 Abs. 1 Buchst g) EG und den legitimen Interessen der Mitgliedstaaten, Beihilfen als Instrumente ihrer Wirtschafts-, Sozial- und Strukturpolitik einzusetzen.[126] Nach Art. 87 Abs. 3 Buchstabe a EG können Beihilfen zur **Förderung der wirtschaftlichen Entwicklung** von Gebieten, in denen die Lebenshaltung außergewöhnlich niedrig ist oder eine erhebliche Unterbeschäftigung herrscht, für mit dem Gemeinsamen Markt vereinbar erklärt werden.

Buchstabe b ordnet an, daß Beihilfen zur Förderung wichtiger Vorhaben von **gemeinsamem europäischem Interesse** oder zur Behebung einer beträchtlichen Störung im Wirtschaftsleben eines Mitgliedstaates für zulässig erklärt werden können. Zur Ausfüllung des Begriffs „wichtige Vorhaben von gemeinsamem europäischem Interesse" ist vor allem auf die Ziele der Gemeinschaft nach Art. 2 EG und auf die Programme der Gemeinschaft abzustellen. Erfaßt werden vor allem grenzüberschreitende Programme, die von verschiedenen Mitgliedstaaten unterstützt werden.[127]

Nach Buchstabe c können Beihilfen zur Förderung gewisser **Wirtschaftszweige** oder **Wirtschaftsgebiete** für zulässig erklärt werden. Dies wird ausdrücklich unter den Vorbehalt gestellt, daß die Handelsbedingungen nicht in einer Weise verändert werden dürfen, die dem gemeinsamen Interesse zuwiderläuft. Der Begriff Wirtschaftszweige wird in dem weiten Sinn von wirtschaftlichen Aktivitäten verstanden. Buchstabe c ist die praktisch bedeutendste Ausnahmevorschrift. Danach richtet sich die Zulässigkeit der wettbewerbspolitisch besonders fraglichen sektoralen Beihilfen, d. h. der Beihilfen an einzelne Industriezweige, wie auch der horizontalen Beihilfen, etwa für Forschung und Entwicklung, Umweltschutz, Rettung und Umstrukturierung von Unternehmen und für kleinere und mittlere Unternehmen.[128]

---

[125] EuGH 21. 3. 1991, Rs C-303/88, Slg. 1991, S. I-1433, 1471 Rz. 39; *Bleckmann/Koch* in Bleckmann (Fn. 3), § 25 Rz. 2063; nach Art. 87 Abs. 3 Buchst e) EG kann außerdem der Rat mit qualifizierter Mehrheit auf Vorschlag der Kommission eine Beihilfe für zulässig erklären, hat dies bisher nur für Schiffbau-Beihilfen getan, s. *Mederer* in Groeben/Thiesing/Ehlermann (Fn. 95), Art. 92 Rz. 213.

[126] *Mederer* in Groeben/Thiesing/Ehlermann (Fn. 95), Art. 92 Rz. 69.

[127] *v. Wallenberg* in Grabitz/Hilf (Fn. 3), Art. 92 EGV Rz. 50; *Oppermann* (Fn. 1) Rz. 1131.

[128] *Mederer* in Groeben/Thiesing/Ehlermann (Fn. 95), Art. 92 Rz. 105; *Oppermann* (Fn. 1) Rz. 1132 ff.

Buchstabe d, eingeführt durch den Vertrag von Maastricht, bestimmt, daß Beihilfen zur Förderung der **Kultur** und der Erhaltung des kulturellen Erbes genehmigt werden können.[129] Kultur wird wie in Art. 151 EG weit verstanden. Kulturförderung ist eine auch für das Beihilferecht privilegierte Zielsetzung der Gemeinschaft. Dies kommt im Text dadurch zum Ausdruck, daß nur der Vorbehalt aufgestellt wird, daß die Handels- und Wettbewerbsbedingungen nicht in einem Maße **beeinträchtigt** werden dürfen, das dem gemeinsamen Interesse zuwiderläuft.[130]

b) Leitlinien und Gemeinschaftsrahmen

In der Praxis haben für die Anwendung dieser Ausnahmetatbestände die Mitteilungen der Kommission in Form von Leitlinien oder sogenannten Gemeinschaftsrahmen große Bedeutung erlangt, durch die eine Selbstbindung der Kommission bei ihrer Ermessensentscheidung nach Art. 87 Abs. 3 EG eintritt.[131] Die für gemeinnützige Einrichtungen bedeutendsten sollen kurz vorgestellt werden. **93**

(1) Beihilfen für kleine und mittlere Unternehmen (KMU)

Die Kommission steht der Unterstützung von kleineren und mittleren Unternehmen (KMU) grundsätzlich positiv gegenüber, da sie eine **bedeutende Rolle** für die Schaffung von Arbeitsplätzen, für die soziale Stabilität sowie für die wirtschaftliche Dynamik besitzen und gleichzeitig besonderen Hindernissen vor allem bei der Finanzierung im Vergleich zu großen Unternehmen gegenüberstehen. Als kleine bzw. mittlere Unternehmen werden derzeit unabhängige[132] Unternehmen **definiert**, die weniger als 50 bzw. 250 Personen beschäftigen und einen Jahresumsatz von höchstens 7 bzw. 40 Mio. ECU oder eine Jahresbilanzsumme von maximal 5 bzw. 27 Mio. ECU haben.[133] Förderfähig sind zum einen Investitionen bis zu bestimmten Prozentsätzen. Die Höchstgrenzen sind abgestuft, je nachdem, ob es sich um materielle oder immaterielle Investitionen, kleine oder mittlere Unternehmen handelt und ob sich das Unternehmen in einem besonderen Fördergebiet befindet.[134] Die Bezuschussung der Kosten für externe Beratung kann allgemein bis zur Höhe von 50 % genehmigt wer- **94**

---

129 *EG-Kommission* XXIII. Bericht über die Wettbewerbspolitik (1993) Rz. 172 ff.; s. auch allgemeiner zu Kulturbeihilfen *Kruse* EWS 1996, 113; *Koenig/Kühling* EuZW, 2000, 197.

130 *Oppermann* (Fn. 1) Rz. 1135; *Ress/Ukrow* in Grabitz/Hilf (Fn. 3), Art. 128 EGV Rz. 26.

131 S. dazu *Oppermann* (Fn. 1) Rz. 1129; *Jestaedt/Häsemeyer* EuZW 1995, 787, 790

132 Zu dem Kriterium der Unabhängigkeit s. Gemeinschaftsrahmen für staatliche Beihilfen an kleine und mittlere Unternehmen, ABl. EG C 213, 23. 7. 1996, S. 4 unter 3.2.

133 Empfehlung der Kommission betreffend die Definition der kleinen und mittleren Unternehmen, ABl. EG L 107, 30. 4. 1996, S. 4; Gemeinschaftsrahmen KMU (Fn. 132) unter 3.2.

134 Gemeinschaftsrahmen KMU (Fn. 132) unter 4.2.1 und 4.2.2.

den.[135] Bei Beihilfen für Umweltschutzmaßnahmen und Forschungs- und Entwicklungsmaßnahmen (F&E) ist bei KMU ein Aufschlag von zehn Prozentpunkten auf die nach den speziellen beihilferechtlichen Regeln geltenden Förderungsmöglichkeiten für Großunternehmen zulässig.[136]

(2) Regionalbeihilfen

95 Für Regionalbeihilfen hat die Kommission 1998 eine neue Leitlinie verabschiedet, die seit 1. 1. 2000 maßgebend ist.[137] **Regionalförderung** ist einmal möglich nach Art. 87 Abs. 3 Buchstabe a EG in Gebieten, in denen Lebensstandard bzw. Unterbeschäftigung am Gemeinschaftsniveau gemessen besonders gering sind. In Deutschland gehören nur die neuen Bundesländer zu den Fördergebieten nach Buchstabe a.[138] Daneben ist eine Regionalförderung noch nach Buchstabe c zulässig. Die Förderwürdigkeit dieser Gebiete wird nach ihrer Situation hinsichtlich Bruttoinlandsprodukt und Arbeitslosigkeit im Verhältnis sowohl zum nationalen Durchschnitt als auch zum Gemeinschaftsdurchschnitt beurteilt.[139] Auf der Grundlage dieser Vorgaben und einem für jeden Mitgliedstaat unterschiedlichen maximalen Prozentsatz der Bevölkerung, die in Regionalfördergebieten leben,[140] erstellt jeder Mitgliedstaat eine Regionalförderkarte, die von der Kommission genehmigt werden muß. Förderfähig sind grundsätzlich nur Regionalbeihilfen, die entweder produktive Investitionen oder die investitionsgebundene Schaffung von Arbeitsplätzen zum Ziel haben. Nur in Ausnahmefällen ist auch eine bloße Betriebsbeihilfe möglich. Die zulässige Beihilfeintensität für die Gebiete nach Buchstabe a ist höher als für die nach Buchstabe c.[141] Besondere Zuschläge gelten für KMU.[142]

96 1997 hat die Kommission außerdem einen Gemeinschaftsrahmen für staatliche Beihilfen an Unternehmen in **benachteiligten Stadtvierteln** veröffentlicht.[143] Danach sind staatliche Förderungen für bestimmte lokale Gewerbe und Dienstleistungen, die von Unternehmen mit bis zu 50 Beschäftigten ausgeübt werden, zulässig.

---

[135] Gemeinschaftsrahmen KMU (Fn. 132) unter 4.2.3.

[136] Gemeinschaftsrahmen KMU (Fn. 132) unter 4.2.5 und 4.2.6.

[137] ABl. EG C 74, 10. 3. 1998, S. 9; *Rawlinson* in Lenz (Fn. 31) Art. 87 Rz. 44; *Jestaedt/Schelling* EWS 1999, 1.

[138] *Mederer* in Groeben/Thiesing/Ehlermann (Fn. 95), Art. 92 Rz. 86.

[139] S. im einzelnen ABl. EG C 74, 10. 3. 1998, S. 9 unter 3.6–3.10; *Mederer* in Groeben/Thiesing/Ehlermann (Fn. 95), Art. 92 Rz. 87.

[140] Die Höchstgrenze für den Bevölkerungsanteil in Fördergebieten ist für den Zeitraum 2000 bis 2006 für die gesamte Gemeinschaft auf 42,7 % und für Deutschland auf 34,9 % festgesetzt worden, *EG-Kommission* XXVIII. Bericht über Wettbewerbspolitik (1998) Rz. 225; ABl. EG C 16, 21. 1. 1999, S. 5.

[141] ABl. EG C 74, 10. 3. 1998, S. 9 unter 4.1.

[142] ABl. EG C 74, 10. 3. 1998, S. 9 unter 4.9.

[143] ABl. EG C 146, 14. 5. 1997, S. 6.

(3) Beschäftigungs- und Ausbildungsbeihilfen

Der finanziellen Unterstützung von Vorhaben, welche die berufliche Qualifizierung, die Umschulung oder die soziale Betreuung von **Arbeitslosen** oder auch von Personen, die einen Ausbildungsplatz suchen, fördern,[144] steht die Kommission positiv gegenüber. 1995 veröffentlichte sie eine Leitlinie, die sich auf die Schaffung und Erhaltung von nicht an Investitionen gebundenen Arbeitsplätzen bezieht.[145] Darin werden Kriterien und Modalitäten festgelegt, nach denen die Genehmigungsfähigkeit von Beschäftigungsbeihilfen[146] beurteilt werden kann. Als förderungswürdig werden vor allem Beihilfen zur Schaffung neuer Arbeitsplätze bei KMU, in Regionalfördergebieten und für benachteiligte Arbeitnehmergruppen eingestuft.[147] Vermeiden will die Kommission, daß Beschäftigungsbeihilfen zum Schutz von Unternehmen verwendet werden und dadurch die für die Wettbewerbsfähigkeit notwendigen Anpassungen verzögert werden. Solche Beihilfen verlagern nur die Arbeitslosigkeit in andere Mitgliedstaaten und führen zu einem Beihilfewettlauf zwischen den Mitgliedstaaten. [148] 97

Der Gemeinschaftsrahmen für Ausbildungsbeihilfen geht von der überragenden Bedeutung eines hohen Ausbildungsniveaus sowohl für die Arbeitnehmer als auch für die Unternehmen aus.[149] Als legitimes Ziel wird dabei angesehen, daß Unternehmer durch Beihilfen angeregt werden sollen, in **Ausbildungsmaßnahmen** zu investieren. Die Bereitschaft zu solchen Investitionen ist um so geringer und die Notwendigkeit einer staatlichen Förderung um so höher, je kleiner das Unternehmen und je geringer die regionale Wirtschaftskraft ist sowie je größer die Übertragbarkeit der erworbenen Kenntnisse auf andere Arbeitsplätze ist.[150] Der Gemeinschaftsrahmen legt eine Höchstförderungsintensität von 25 % bei spezifischen und 50 % bei allgemeinen Ausbildungsvorhaben fest. Diese Sätze erhöhen sich, wenn es sich um ein KMU handelt, die Beihilfe in einem Regionalfördergebiet gewährt wird oder sich die Ausbildung an benachteiligte Arbeitnehmergruppen richtet.[151] 98

---

[144] S. zur Gemeinnützigkeit dieser Ziele § 5 Rz. 73.

[145] ABl. EG C 334, 12. 12. 1995, S. 4.

[146] Keine Beihilfen i. S. v. Art. 87 Abs. 1 EG sind die Förderung einzelner Personen oder allgemeine Maßnahmen, die nicht spezifische Unternehmen oder Unternehmenszweige begünstigen, etwa berufliche Beratung und Qualifizierung von Arbeitslosen und Maßnahmen zur Verbesserung des Ausbildungssystems, s. ABl. EG C 334, 12. 12. 1995, S. 4, Rz. 5, 8 f.

[147] ABl. EG C 334, 12. 12. 1995, S. 4, Rz. 21.

[148] ABl. EG C 334, 12. 12. 1995, S. 4, Rz. 12; ABl. EG C 1, 3. 1. 1997, S. 10 Rz. 18.

[149] ABl. EG C 343, 11. 11. 1998, S. 10 Rz. 3; die Abgrenzung zur Beschäftigungsbeihilfe erfolgt dergestalt, daß eine Beschäftigungsbeihilfe angenommen wird, wenn es um die Schaffung einer Stelle geht, auch wenn eine Verpflichtung zur Ausbildung damit verbunden ist, s. aaO. Rz. 20.

[150] ABl. EG C 343, 11. 11. 1998, S. 10 Rz. 9, 12.

[151] ABl. EG C 343, 11. 11. 1998, S. 10 Rz. 32 f.

c) **Umfang zulässiger Beihilfen**

99 Soweit eine Leitlinie oder ein Gemeinschaftsrahmen einschlägig ist, ergeben sich daraus relativ konkrete Kriterien für die Beurteilung der Zulässigkeit einer Beihilfe. Sofern solche ermessensleitenden Instrumente nicht anwendbar sind oder die Beurteilung offenlassen, folgt die Zulässigkeit der Beihilfe nicht automatisch daraus, daß sie der Verwirklichung eines der in Art. 87 Abs. 3 EG genannten Ziele dient. Die Gewährung der Beihilfe muß auch **notwendig** sein, d. h. das angestrebte Ziel wird nicht oder nicht ausreichend ohne die Beihilfe erreicht. Außerdem muß die Beihilfe im Hinblick auf die Beihilfeintensität und Ausgestaltung in einem **angemessenen** Verhältnis zu dem verfolgten Ziel stehen.[152]

100 Die **begrenzte Reichweite der Ausnahme** nach Art. 87 Abs. 3 EG und das Vorgehen der Kommission bei der Beurteilung einer Beihilfe kann anhand des Falls der Gemeinnützigen Altstoffverwertung GmbH (GAV) in Aachen[153] verdeutlicht werden. Die GAV gehört dem eingetragenen Verein Sozialwerk Aachener Christen. Von 58 Beschäftigten sind 14 objektiv benachteiligt, und 29 fallen in die Kategorie der Langzeitarbeitslosen. Die GAV hatte seit 1991 staatliche Zuwendungen in Höhe von 3.531.832 DM erhalten. Davon waren 2,7 Mio DM ein einmaliger Zuschuß zu einer Investition von insgesamt 4 Mio DM für den Bau einer neuen Gewerbehalle. Der übrige Betrag bestand aus jährlichen Zuschüssen. Das Verfahren wurde aufgrund von Beschwerden, die Konkurrenzunternehmen auch aus dem benachbarten Ausland erhoben hatten, eröffnet.

101 Zum einen stellt die Kommission klar, daß staatliche Zuwendungen, auch soweit sie ein soziales Ziel verfolgen und nur die sozialen Mehrkosten ausgleichen, unter den Begriff der Beihilfe nach Art. 87 EG fallen. Ob ein bestimmter Kostenfaktor durch eine staatliche Zuwendung neutralisiert werden darf, kann sich erst aufgrund einer **wertenden Entscheidung** ergeben. Kriterien für diese Wertung sind dem Art. 87 Abs. 3 EG zu entnehmen.

102 Im Ergebnis sieht die Kommission die Zuschüsse als zulässig an. Die **jährlichen Zuschüsse** dienten dem Zweck, dem Unternehmen zu ermöglichen, benachteiligte Personen in den Arbeitsprozeß einzugliedern, indem sie die dadurch entstehenden Mehrkosten ausglichen. Die Aktivitäten stünden nicht im Widerspruch zu den Leitlinien für Beschäftigungsbeihilfen. Entscheidend stellt die Kommission darauf ab, daß die Beihilfen nicht über den Ausgleich der sozialen Mehrkosten hinausgingen und nicht zu einem aggressiven Marktverhalten verwendet wurden und ein solches Verhalten präventiv durch hinreichende Kontrollen der Tätigkeit des geförderten Unternehmens ausgeschlossen

---

[152] *Mederer* in Groeben/Thiesing/Ehlermann (Fn. 95), Art. 92 Rz. 71–73.

[153] Beschluß über die Eröffnung des Verfahrens ABl. EG C 144, 16. 5. 1996, S. 9; Entscheidung 353/98/EG, ABl. EG L 159, 3. 6. 1998, S. 58; mit einer entsprechenden Fragestellung war die Kommission bereits im Fall der britischen sozialen Einrichtung Remploy Ltd. befaßt, s. dazu *Benicke* EuZW 1996, 165, 173.

wurde. Den einmaligen **Investitionszuschuß** hält die Kommission nach Art. 87 Abs. 3 Buchstabe c EG in Verbindung mit ihren gemeinschaftlichen Leitlinien für staatliche Beihilfen zur Rettung und Umstrukturierung von Unternehmen in Schwierigkeiten[154] für genehmigungsfähig. Insoweit stellt sie zum einen darauf ab, daß es sich um ein kleines Unternehmen handelte und daß ohne den Zuschuß die Tätigkeit eingestellt hätte werden müssen. Besonders hebt die Kommission aber auch insoweit die enge Verbindung hervor, die zwischen der Gewährung des Investitionszuschusses und der sozialen Aktivität bestand, der formell auch in entsprechenden Auflagen niedergelegt wurde. Der Zuschuß sei ebenfalls nicht für ein aggressives Marktverhalten mißbraucht worden.

Zusammenfassend bedeutet dies: Die Förderung eines der in Art. 87 **103**
Abs. 3 EG genannten Ziele rechtfertigt nicht schlechthin die Gewährung von Beihilfen. Die Beihilfe ist insoweit gerechtfertigt, als sie besondere Nachteile ausgleicht, die sich aus der Verfolgung des förderungswürdigen Ziels ergeben. Durch den **Ausgleich der Mehrkosten** wird der soziale Kostenfaktor neutralisiert. Hierdurch wird die gemeinnützige Einrichtung erst in die Lage versetzt, am Wettbewerb teilzunehmen. Unzulässig ist es aber, der gemeinnützigen Einrichtung durch Zuschüsse einen darüber hinausgehenden **Wettbewerbsvorteil** zu gewähren. Ohne Bedeutung ist, daß eine weitergehende Unterstützung der Einrichtung auch das verfolgte Ziel der Integration schwer vermittelbarer Arbeitsloser fördern würde.[155]

Im Einzelfall kann es schwer sein zu bestimmen, ob eine Förderung **104**
nur einen aus der besonderen Zielsetzung resultierenden Nachteil ausgleicht oder ob sie einen unzulässigen Wettbewerbsvorteil verschafft. So wird ein finanzieller Ausgleich für die **„menschlich-sozialen Mehrleistungen"** der freien Wohlfahrtspflege als allgemein erwünscht eingefordert.[156] Das besondere im Allgemeininteresse liegende Ziel, diese Mehrleistungen zu erbringen, verursacht höhere Kosten und könnte insoweit eine Beihilfe rechtfertigen. Auf der anderen Seite führt das im Allgemeininteresse liegende Ziel, die „menschlich-sozialen Mehrleistungen", zu einem Wettbewerbsvorteil gegenüber anderen Anbietern, die diese Mehrleistungen nicht anbieten können.

---

[154] ABl. C 368, 23. 12. 1994, S. 12 in der Fassung von ABl. C 283, 19. 9. 1997, S. 2.

[155] S. auch die Leitlinien der Kommission für Beschäftigungsbeihilfen, ABl. EG C 334, 12. 12. 1995, S. 4 Rz. 3; *Europäische Kommission* XXV. Bericht über die Wettbewerbspolitik (1995), S. 94.

[156] S. dazu *Spiegelhalter* caritas 97 (1996), 56, 58: „Ohne einen finanziellen Ausgleich ließen sich die von der Allgemeinheit gewünschten menschlich-sozialen Mehrleistungen (der freien Wohlfahrtspflege) auf Dauer im privaten Markt nicht ausreichend erbringen". Für mehr Markt und Wettbewerb, allerdings unter Betonung des qualitativen Unterschieds zu kommerziellen Anbietern *Dünner/Gebhardt* caritas 97 (1996), 58.

105 Da der Kommission bei der Zulassung von Beihilfen ein **Ermessen** zusteht,[157] ist die Ansicht der Kommission von der Funktion des Beihilfeverbots und von der grundsätzlichen **Rolle gemeinnütziger Einrichtungen** von Bedeutung. Allgemein scheint in der Kommission die Ansicht vorzuherrschen, daß der Markt, auf dem ein weitgehend **freier Wettbewerb** vorhanden ist, das optimale Steuerungsmittel der Wirtschaft ist, wodurch auch die beste Effizienz für den Verbraucher gewährleistet und Innovationen gefördert werden. Zur Wiederherstellung der internationalen Wettbewerbsfähigkeit Europas sieht die Kommission in einer konsequenten Wettbewerbspolitik im Binnenmarkt und der Überwachung staatlicher Beihilfen einen wesentlichen Faktor.[158] Außerdem verlangt die weitere Festigung des Binnenmarktes nach einer strikten Beachtung des Beihilfeverbots, damit nationale Subventionen nicht zu Marktspaltungen führen.[159] In den Mitteilungen zur économie sociale oder zum nichtkommerziellen Sektor[160] bringt die Kommission zum Ausdruck, daß sie diese Einrichtungen wegen ihrer besonderen Ziele und ihrer auch nichtwirtschaftlichen Bedeutung unterstützen will. Allerdings betont sie dabei jeweils, daß die Förderung nicht mit einer **Benachteiligung** privatwirtschaftlicher Unternehmen einhergehen darf. Die Unterstützung soll nur spezifische Nachteile dieser Einrichtungen ausgleichen.

106 In der Entscheidung der Gemeinnützigen Altstoffverwertung Aachen zeigt die Kommission aber keine restriktive Haltung bei der Zulassung von Beihilfen an gemeinnützige Einrichtungen und fordert keinen weitgehenden Vorrang des Marktes für soziale Leistungen. So stellt sie sich nicht auf den Standpunkt, daß die Förderung der Eingliederung von benachteiligten Arbeitslosen auch durch entsprechende Förderangebote an kommerzielle Unternehmen möglich ist, sondern hält eine Sonderförderung von gemeinnützigen Einrichtungen grundsätzlich für zulässig. Das Interesse der kommerziellen Konkurrenten, keinen gemeinnützigen Konkurrenten zu erhalten, wird daher nicht geschützt. Es muß nach der Kommission nur gewährleistet sein, daß die Zuschüsse nicht zu einem Wettbewerbsvorteil auf dem Markt, inbesondere bei der Preisgestaltung, im Vergleich zu kommerziellen, nicht geförderten Unternehmen mißbraucht werden.

---

[157] S. Rz. 105.

[158] S. *EG-Kommission* Weißbuch über „Wachstum, Wettbewerbsfähigkeit, Beschäftigung. Herausforderungen der Gegenwart und Wege ins 21. Jahrhundert", S. 76; *EG-Kommission* XXIII. Bericht über die Wettbewerbspolitik 1993, Rz. 17 ff.; 27 f.; *van Miert* in Europäische Kommission XXVI. Bericht über die Wettbewerbspolitik, 1996, S. 7.

[159] *Caspari* (Fn. 48), 90 f.

[160] S. oben Rz. 8–13.

3. Verfahren

107 Unabhängig davon, ob die staatlichen finanziellen Zuwendungen an gemeinnützige Einrichtungen insbesondere aufgrund von Art. 87 Abs. 3 EG gerechtfertigt sein können, stellen sie Beihilfen i. S. des Art. 87 Abs. 1 EG dar und unterliegen damit der **Kontrolle der Kommission** nach Art. 88 EG.[161] Für die Überprüfung von Beihilfe durch die Kommission hat der Rat 1999 auf Vorschlag der Kommission aufgrund von Art. 89 EG (Art. 94 EG-Vertrag) eine Verfahrensordnung in Form einer Verordnung (VVO) geschaffen.[162] Neue Beihilfen oder Umgestaltungen von Beihilfen[163] müssen vor Inkraftsetzen der Kommission **angemeldet** werden, Art. 88 Abs. 3 EG, Art. 2 Abs. 1 S. 1 VVO.

108 Das Prüfverfahren besteht potentiell aus **zwei Stufen**. In einer ersten Stufe überprüft die Kommission, ob gegen eine Beihilfe Bedenken bestehen (sog vorläufiges Prüfungsverfahren). Bestehen keine Bedenken, erläßt die Kommission eine Entscheidung, keine Einwände zu erheben, Art. 4 Abs. 3 VVO. Bestehen Bedenken, erläßt die Kommission eine Entscheidung über die Eröffnung des förmlichen Prüfverfahrens, Art. 4 Abs. 4 VVO. Diese zweite Stufe des Verfahrens wird entweder durch eine Positiventscheidung, Art. 7 Abs. 3 VVO, eine mit Bedingungen und Auflagen verbundene Entscheidung, Art. 7 Abs. 4 VVO, oder eine Negativentscheidung, Art. 7 Abs. 5 VVO, abgeschlossen.

109 Ein Verfahren kann nicht nur aufgrund einer Anmeldung durch den Mitgliedstaat, sondern auch eröffnet werden, wenn die Kommission „Informationen gleich welcher Herkunft" über **angeblich rechtswidrige Beihilfen** erhält. Praktisch bedeutend sind die Beschwerden von Wettbewerbern. Wird über eine bereits gewährte Beihilfe eine Negativentscheidung getroffen, so ergeht grundsätzlich auch eine **Rückforderungsentscheidung**, Art. 14 Abs. 1 VVO.[164] Nach Art. 11 kann die Kommission auch vor Beendigung des Verfahrens eine Entscheidung erlassen, daß die wegen fehlender Anmeldung formell rechtswidrige Beihilfe ausgesetzt wird (Aussetzungsanordnung), und unter bestimmten Bedingungen, daß die Beihilfe einstweilen zurückzufordern ist (Rückforderungsanordnung).

110 Das Beihilfeverfahren ist als bilaterales Verfahren zwischen Kommission und Mitgliedstaat ausgestaltet. Weitere **Beteiligte** sind andere Mitgliedstaaten, Personen, Unternehmen oder Unternehmensvereinigun-

---

161 Kommissionsentscheidung 353/98/EG, ABl. EG L 159, 3. 6. 1998, S. 58, 62; *Seidel* in Börner/Neundörfer, Recht und Praxis der Beihilfen im Gemeinsamen Markt, 1984, S. 55 ff.

162 Verordnung EG 659/1999 ABl. EG L 83, 27. 3. 1999, S. 1 = EuZW 1999, 277; s. dazu *Mederer* in Groeben/Thiesing/Ehlermann (Fn. 95), Art. 93 Rz. 5 ff.; *Sinnaeve* EuZW 1999, 270; *Bartosch* ZIP 2000, 601.

163 Bestehende, d.h. insbes. früher von der Kommission genehmigte Beihilferegelungen werden nach Art. 88 Abs. 1 EG, Art. 17 ff. VVO laufend von der Kommission überprüft.

164 S. zur Rückforderung und den engen Voraussetzungen, unter denen sie ausgeschlossen ist, *Magiera* in FS Börner, 1992, S. 213; *Hakenberg/Tremmel* EWS 1999, 167, 172 ff.; *Sinnaeve* EuZW 1999, 270, 273 ff.

gen, deren Interessen aufgrund der Gewährung einer Beihilfe beeinträchtigt sein können, insbesondere der Beihilfeempfänger, Wettbewerber und Berufsverbände, Art. 1 Buchstabe h VVO.[165] Diese Beteiligten haben das Recht zur Abgabe einer Stellungnahme, wenn die Kommission ein förmliches Prüfungsverfahren eröffnet, Art. 20 Abs. 1 VVO. Die Kommission muß den Beteiligten, der ihr eine Mitteilung über eine mutmaßlich rechtswidrige Beihilfe gemacht hat, davon unterrichten, wenn sie keine ausreichenden Gründe für die Eröffnung eines Verfahrens sieht oder sonst eine Entscheidung trifft, Art. 20 Abs. 2 VVO. Gegen Entscheidungen der Kommission steht den Beteiligten in begrenztem Rahmen Rechtsschutz durch Anrufung des EuGH bzw. EuG zu.[166]

4. Gruppenfreistellungen

111 Durch eine auf Art. 89 EG (Art. 94 EG-Vertrag) gestützte Verordnung[167] hat der Rat die Kommission 1998 zum Erlaß von **Gruppenfreistellungsverordnungen** ermächtigt. Danach kann die Kommission bestimmte Gruppen von Beihilfen für zulässig erklären und von der Pflicht vorheriger Anmeldung befreien. Es ist zu erwarten, daß solche Gruppenfreistellungen zu den bereits bestehenden Leitlinien und Gemeinschaftsrahmen hinzutreten, diese aber nicht vollständig verdrängen werden. Wegen der Notwendigkeit, die Voraussetzungen der Freistellung genau zu definieren, wird jeweils nur ein Kernbereich einer Beihilfeart freigestellt werden können.[168] Durch das Entfallen der Anmeldepflicht im Einzelfall ist eine erhebliche Entlastung der Kommission zu erwarten. Zur Herstellung einer ausreichenden Transparenz sind die Mitgliedstaaten aber verpflichtet, eine zusammenfassende Beschreibung der Beihilfe zur Veröffentlichung im Amtsblatt der EG zu übermitteln, Art. 3 der Verordnung. Die Überwachung der Kommission soll durch das Recht, stichprobenartige Überprüfungen vornehmen zu können, und durch die Pflicht der Mitgliedstaaten, Jahresberichte über die Durchführung der Gruppenfreistellungen vorzulegen, gewährleistet werden, Art. 3 Abs. 3 und 4 der Verordnung.

---

[165] S. zu den Rechten der Beteiligten *Sinnaeve* EuZW 1999, 270, 275 f.; *Harrings* EWS 1999, 286.

[166] Art. 230 Abs. 3 und 4, Art. 232 Abs. 3 EG, Beschluß 94/149/EGKS, EG, Euratom des Rates, 7. 3. 1994; zur Klagemöglichkeit des Konkurrenten in Beihilfesachen *Birk* EWS 1999, 176; *Núnez Müller/Kamann* EWS 1999, 332.

[167] VO EG 994/98 des Rates ABl. EG L 142, 14. 5. 1998, S. 1.

[168] *Mederer* in Groeben/Thiesing/Ehlermann (Fn. 95), Art. 94 Rz. 9.

E. Niederlassungs- und Dienstleistungsfreiheit

I. Tatbestände

Sofern gemeinnützige Einrichtungen im oben beschriebenen Sinn wirtschaftlich tätig werden,[169] finden die Grundfreiheiten Anwendung. Von Bedeutung sind insbesondere die Niederlassungs- und die Dienstleistungsfreiheit, die die Freizügigkeit der **selbständig wirtschaftlich tätigen** EG-Angehörigen im Binnenmarkt rechtlich gewährleisten sollen. 120

Die **Niederlassungsfreiheit** umfaßt nach Art. 43 Abs. 2 EG die Aufnahme und Ausübung selbständiger Erwerbstätigkeiten sowie die Gründung und Leitung von Unternehmen nach den Bestimmungen des Aufnahmestaates für seine eigenen Angehörigen. Erfaßt wird auch die sogenannte sekundäre Niederlassungsfreiheit, d.h. die Gründung von Agenturen, Zweigniederlassungen oder Tochtergesellschaften.[170] 121

Die **Dienstleistungsfreiheit**, Art. 49, 50 EG, beinhaltet die zeitlich beschränkte, grenzüberschreitende Erbringung einer Leistung. Sie stellt einen Auffangtatbestand dar, indem sie jede gegen Entgelt geleistete Tätigkeit erfaßt, die nicht unter den freien Waren- und Kapitalverkehr oder in die Personenfreizügigkeit fällt. Die Abgrenzung zur Niederlassungsfreiheit erfolgt durch das Moment der Ansässigkeit, d.h., Dienstleistungserbringer und -empfänger sind in verschiedenen Mitgliedstaaten ansässig.[171] Die Dienstleistungsfreiheit erfaßt drei Grundtypen der grenzüberschreitenden Leistungserbringung.[172] Der Normalfall ist, daß der Leistungserbringer sich zeitlich vorübergehend zu dem Leistungsempfänger begibt, um dort die Leistung zu erbringen. Bei der sogenannten passiven Dienstleistungsfreiheit begibt sich der Leistungsempfänger zeitlich vorübergehend zum Leistungserbringer, um die Leistung zu erhalten. Im dritten Fall, z.B. beim grenzüberschreitenden Rundfunk,[173] überschreitet nur die Leistung die Grenze. 122

---

[169] Oben Rz. 24–32.

[170] *W.-H. Roth* in Dauses (Fn. 6), E.I. Rz. 36.

[171] *W.-H. Roth* in Dauses (Fn. 6), E.I. Rz. 103f.; erfaßt wird auch der Fall, daß beide zwar in demselben Mitgliedstaat ansässig sind, die Dienstleistung aber in einem anderen Mitgliedstaat erbracht wird.

[172] *Müller-Graff* FS Lukes, 1989, S. 471.

[173] EuGH 30. 4. 1974, Rs 155/73 – Sacchi, Slg. 1974, 409, 428 Rz. 6f.

123 Niederlassungs- und Dienstleistungsfreiheit sind zum einen **besondere Diskriminierungsverbote**. Sie sollen die Gleichbehandlung der EG-Angehörigen mit den jeweiligen Inländern garantieren. Darüber hinaus beinhaltet insbesondere die Dienstleistungsfreiheit auch das generelle **Verbot jeder Behinderung** der grenzüberschreitenden Leistungserbringung.[174] Subsidiär greift das **allgemeine Diskriminierungsverbot** des Art. 12 Abs. 1 EG ein. Nach Art. 12 Abs. 1 EG ist im Anwendungsbereich des EG-Vertrages jede Diskriminierung aus Gründen der Staatsangehörigkeit verboten.[175]

II. Verstöße

124 Für die Frage, ob eine Maßnahme gegen diese Grundfreiheiten verstößt, ist grundsätzlich zu differenzieren. Maßnahmen, die auf die Staatsangehörigkeit oder die Ansässigkeit abstellen und **diskriminierenden Charakter** haben, erfüllen den Tatbestand des Art. 43 oder Art. 49 EG. Sie können nur durch die in Art. 46 Abs. 1 EG genannten Gründe der öffentlichen Sicherheit und Ordnung oder Gesundheit gerechtfertigt sein.[176] Maßnahmen ohne diskriminierenden Charakter, die aber die grenzüberschreitende Erbringung von Dienstleistungen **behindern**, sind ebenfalls unzulässig, es sei denn, sie sind durch zwingende Gründe des **Allgemeininteresses** gerechtfertigt.[177] Notwendig ist, daß die Maßnahme auch verhältnismäßig ist.[178] Eine Behinderung kann insbesondere deswegen unverhältnismäßig sein, da das Allgemeininteresse bereits durch die Rechtsvorschriften im Niederlassungsstaat des Dienstleistungserbringers gewahrt wird.[179]

125 Diese prinzipielle Unterscheidung erfährt aber in der Praxis der Rechtsprechung des EuGH **Modifikationen**. Zum einen ist der EuGH sehr restriktiv bei der Annahme einer diskriminierenden Maßnahme.[180] Damit wird erreicht, daß als Rechtfertigungsgründe nicht nur die in Art. 46 EG ausdrücklich genannten Gründe, sondern alle zwingenden Gründe des Allgemeininteresses in Betracht kommen. So hat der EuGH eine belgische Regelung, nach der Zahlungen an bestimmte Versicherungen nur bei inländischem Sitz der Versicherungsgesellschaft im Rahmen der Einkommenssteuer abzugsfähig sind, nicht als diskrimi-

---

[174] EuGH 25. 7. 1991, Rs C 288/89, EuZW 1991, 699, 700 Rz. 12; *W.-H. Roth* in Dauses (Fn. 6), E.I Rz. 117 u. 61 ff. zur Frage, ob auch Art. 43 EG ein Behinderungsverbot enthält; *Troberg* in Groeben/Thiesing/Ehlermann (Fn. 29), Vorbem. zu Art. 59 bis 66 Rz. 20–26, Art. 59 Rz. 21.

[175] S. dazu *Bleckmann* in Bleckmann (Fn. 3), § 22.

[176] EuGH (Fn. 37) 2191 Rz. 32 f.

[177] EuGH (Fn. 174) 700 Rz. 12 ff.

[178] EuGH (Fn. 174) 700 Rz. 15; *W.-H. Roth* in Dauses (Fn. 6), E.I Rz. 118; *Troberg* in Groeben/Thiesing/Ehlermann (Fn. 29), Art. 59 Rz. 19, 23.

[179] EuGH 26. 2. 1991, Rs C-154/89, Slg. 1991, I-659, 686 Rz. 14; *Randelzhofer* in Grabitz/Hilf (Fn. 3), Art. 60 EWG Rz. 22; *Troberg* in Groeben/Thiesing/Ehlermann (Fn. 29), Art. 59 Rz. 25.

[180] *W.-H. Roth* in Dauses (Fn. 6), E.I Rz. 125.

nierende, sondern nur als die Dienstleistungsfreiheit behindernde Regelung aufgefaßt und daher eine Rechtfertigung aus Gründen des Allgemeininteresses, insbesondere zur Gewährleistung der Kohärenz des Steuersystems, für möglich gehalten.[181]

Zum anderen scheint der EuGH Art. 46 EG nicht auf ausländerpoli- **126**
zeiliche Maßnahmen beschränken zu wollen, sondern auch solche Sonderregeln für Ausländer als gerechtfertigt anzusehen, die für die Vermeidung ernsthafter **Störungen des Gemeinwohls** notwendig sind. So hat er die Aufrechterhaltung des pluralistischen Charakters des inländischen Rundfunks als einen Rechtfertigungsgrund im Rahmen von Art. 46 EG erwogen.[182] In einer anderen Entscheidung hat der EuGH eine luxemburgische Regelung, die die Gewährung einer sozialen Beihilfe für den Wohnungsbau davon abhängig machte, daß das Darlehen bei einem in Luxemburg ansässigen Kreditinstitut aufgenommen wurde, einerseits als eine Diskriminierung aus Gründen der Niederlassung angesehen, die nur aus den in Art. 46 EG genannten Gründen gerechtfertigt sein könnte, andererseits im Rahmen von Art. 46 EG die Gewährleistung der Kohärenz des Steuersystems als Rechtfertigungsgrund in Betracht gezogen.[183]

III. Bedeutung für gemeinnützige Einrichtungen

Für die Tätigkeiten von gemeinnützigen Einrichtungen sind die **127**
Grundfreiheiten und das allgemeine Diskriminierungsverbot in verschiedener Hinsicht von Bedeutung. Zum einen stellen sie ein grundsätzliches **Verbot der diskriminierenden Behandlung** von in- und ausländischen nicht gewinnorientierten Einrichtungen dar. Das bedeutet, daß sich deutsche gemeinnützige Einrichtungen bei Tätigkeiten im Ausland grundsätzlich auf die dort für entsprechende inländische Einrichtungen geltenden Regelungen berufen können, wie auch umgekehrt ausländische auf die deutschen inländischen. Auf der anderen Seite können die Grundfreiheiten die bevorzugte Stellung der gemeinnützigen Einrichtungen im Vergleich zu kommerziellen Anbietern der gleichen Leistungen in Frage stellen. Die Bevorzugung einer bestimmten Gruppe von inländischen Anbietern stellt grundsätzlich eine Behinderung der grenzüberschreitenden Dienstleistungserbringung durch andere, eben kommerzielle Anbieter dar.

Es stellt sich für beide Bereiche die Frage, ob die Beeinträchtigungen **128**
der Grundfreiheiten **gerechtfertigt** werden können. Die Benachteiligung ausländischer gegenüber inländischen gemeinwohlorientierten Einrichtungen bedarf einer anderen Rechtfertigung als die Benachteiligung ausländischer kommerzieller Konkurrenz gegenüber inländischen

---

181 EuGH 28. 1. 1992, Rs C-204/90 – *Bachmann* EuZW 1992, 215, 217 Rz. 31 ff.

182 EuGH (Fn. 37) 2191 Rz. 35 f.; *W.-H. Roth* in Dauses (Fn. 6), E.I Rz. 74 f.; *Troberg* in Groeben/Thiesing/Ehlermann (Fn. 29), Art. 59 Rz. 27.

183 EuGH 14. 11. 1995, Rs C 484/93 –Svensson-Gustavsson, Slg. 1995, 3955, 3976 f. Rz. 15 ff.

gemeinwohlorientierten Einrichtungen. Gegenüber ausländischen kommerziellen Einrichtungen kann gerade in der Gemeinwohlorientierung ein Rechtfertigungsgrund für die Behinderung liegen. Gegenüber ausländischen auch gemeinwohlorientierten Einrichtungen kommen hingegen nur andere Gründe, wie steuerliche Belange oder Kontrollmöglichkeiten, in Betracht.

IV. Einzelfälle

1. Sport

129 Für den Bereich des Sports hat der EuGH entschieden, daß die Ausübung von Sport insoweit unter das Gemeinschaftsrecht fällt, als sie zum Wirtschaftsleben i. S. v. Art. 2 EG gehört.[184] Dies nahm der EuGH bei Fußballprofis und -halbprofis an.[185] Allerdings geht der EuGH davon aus, daß aufgrund der „beträchtlichen **sozialen Bedeutung**, die der sportlichen Tätigkeit und insbesondere dem Fußball in der Gemeinschaft zukommt", Beschränkungen der Grundfreiheiten gerechtfertigt sein können.[186] Im Fall Bosman hielt er die die Grundfreiheiten einschränkende Pflicht zur Zahlung einer Ablösesumme für ungeeignet bzw. unverhältnismäßig, den damit angeblich verfolgten Zweck zu erreichen, das Gleichgewicht zwischen den Vereinen unter Wahrung einer bestimmten Chancengleichheit und der Ungewißheit der Ergebnisse aufrechtzuerhalten und die Einstellung und Ausbildung junger Spieler zu fördern.[187]

130 Nach einer früheren Entscheidung des EuGH stehen die Vorschriften der Arbeitnehmerfreizügigkeit und die Dienstleistungsfreiheit „einer Regelung nicht entgegen, welche ausländische Spieler von der Mitwirkung bei bestimmten Begegnungen aus nichtwirtschaftlichen Gründen ausschließt, die mit dem besonderen Charakter und Rahmen dieser Begegnungen zusammenhängen und deshalb ausschließlich den Sport als solchen betreffen, wie dies zum Beispiel bei Begegnungen zwischen Nationalmannschaften verschiedener Länder der Fall ist. Diese Beschränkung des Geltungsbereichs der fraglichen Vertragsartikel darf indessen nicht weiter gehen, als ihr Zweck dies erfordert".[188]

2. Kunstförderung

131 Durch den Vertrag von Amsterdam wurde Art. 151 Abs. 4 EG eingefügt, der in Form einer sog **Querschnittsklausel** die Gemeinschaft verpflichtet, bei ihrer Tätigkeit den kulturellen Aspekten, insbesondere zur Wahrung und Förderung der Vielfalt ihrer Kulturen, Rechnung zu tragen. Inwieweit kulturelle Gründe eine diskriminierende oder die

---

184 EuGH (Fn. 30) 510 Rz. 73.
185 EuGH 14. 7. 1976, Rs 13/76 – Donà, Slg. 1976, 1333, 1340 Rz. 12/13.
186 EuGH (Fn. 30) 510 Rz. 106.
187 EuGH (Fn. 30) 510 Rz. 105 ff.
188 EuGH (Fn. 185) 1340 Rz. 14/16.

Grundfreiheiten beschränkende Regelung eines Mitgliedstaates rechtfertigen können, ist noch weitgehend ungeklärt.[189] Einen Verstoß gegen die Niederlassungsfreiheit nahm der EuGH bei einem örtlichen Kunstförderungsprogramm an, das nur für Staatsangehörige des Mitgliedstaates galt.[190] Für das Verbot der Beschränkung der Warenverkehrsfreiheit nach Art. 28 EG enthält Art. 30 EG eine Ausnahme für Maßnahmen zum Schutz des nationalen Kulturguts von künstlerischem, geschichtlichem oder archäologischem Wert. Diese Ausnahme wird vom EuGH aber sehr restriktiv interpretiert.[191] Als möglicher im Allgemeininteresse liegender Grund für eine Beschränkung der Dienstleistungsfreiheit hat der EuGH „(d)as allgemeine Interesse an der Aufwertung historischer Reichtümer an der bestmöglichen Verbreitung von Kenntnissen über das künstlerische und kulturelle Erbe eines Landes" angesehen. Das Erfordernis einer besonderen inländischen Prüfung für Reiseführer hat er aber als unverhältnismäßig zurückgewiesen.[192]

3. Körperschaftsteuer

Die deutsche Vorschrift, nach der die Befreiung von der Körperschaftsteuer auf inländische gemeinnützige Einrichtungen beschränkt ist, könnte gegen die Dienstleistungsfreiheit verstoßen. Beschränkt steuerpflichtige, d. h. **ausländische** Körperschaften, die weder Sitz noch Geschäftsleitung im Inland haben, unterliegen mit ihren inländischen Einkünften voll der Körperschaftsteuer, auch wenn sie steuerbegünstigte Zwecke i. S. des deutschen Rechts verfolgen.[193] Fraglich ist, ob es sich um eine Maßnahme handelt, die formal nach dem Kriterium der Staatsangehörigkeit **diskriminiert**. Dafür würde sprechen, daß sie auf den Sitz der Einrichtung abstellt, und Einrichtungen mit Sitz im Ausland gegenüber solchen mit Sitz im Inland schlechter behandelt. Allerdings könnte diese Regelung auch als bloße **Behinderung** der Dienstleistungsfreiheit aufgefaßt werden. 132

Aber auch im Fall einer bloßen Behinderung ist es sehr fraglich, ob sich die Regelung aus Gründen des Allgemeinwohls rechtfertigen läßt. Die erwähnte belgische Steuerregelung hielt der EuGH nur insoweit 133

[189] S. *Ress/Ukrow* in Grabitz/Hilf (Fn. 3), Art. 128 EGV Rz. 58, 60.

[190] EuGH 18. 6. 1985, Rs 197/84 – Steinhauser, Slg. 1985, 1819, 1823 (Vermietung von Fischerschuppen für Kunstausstellungen in Biarritz).

[191] EuGH 10. 1. 1985, Rs 229/83 – Leclerc, NJW 1985, 1615, 1617 Rz. 30; s. auch *Schneider* in Bleckmann (Fn. 3), Rz. 2710 Fn. 184, die die Unzulässigkeit nationaler Filmförderungsprogramme, die aus Gründen der „nationalen Identität" des Films nur für inländische Autoren, Regisseure, Schauspieler und Produzenten zugänglich sind, annimmt; da mit dem Wegfall der Grenzkontrollen innerhalb der Gemeinschaft nationale Regelungen ihre Wirksamkeit verloren haben, wurde eine Richtlinie über die Rückgabe von unrechtmäßig verbrachten Kulturgütern erlassen (93/7 EWG 15. 3. 1993, ABl. L Nr. 74, 27. 3. 1993, S. 74; s. dazu *Schwarze* JZ 1994, 111. Umgesetzt in Deutschland durch Kulturgutsicherungsgesetz v. 15. 10. 1998, BGBl. I, 3162; s. dazu *Prenschen* EuZW 1999, 40.

[192] EuGH (Fn. 179) 687 Rz. 17.

[193] S. § 5 Rz. 11 f.; *Kießling/Buchna* (Fn. 102), 4.1.3 c).

für zulässig, als dies die **Kohärenz des Steuersystems** erfordert. Im konkreten Fall waren die Beiträge einerseits steuerlich begünstigt, die aufgrund der Versicherungen zu zahlenden Pensionen, Renten und Kapitalabfindungen waren aber steuerpflichtig. Demgegenüber waren die Pensionen, Renten oder Kapitalabfindungen von der Steuer befreit, wenn die Zahlung der Versicherungsprämie nicht bei der Einkommenssteuer berücksichtigt werden konnte.[194] Schwierigkeiten der **steuerlichen Kontrolle** von in anderen Mitgliedstaaten geleistete Beitragszahlungen hielt der EuGH in diesem Fall nicht für einen hinreichenden Grund. Die Finanzbehörden könnten von den Betroffenen die erforderlichen Belege verlangen und den Abzug bei Nichtvorlage der Belege verweigern.[195] Ebenso hat der EuGH **verwaltungstechnische Schwierigkeiten** nicht als Beschränkungsgrund anerkannt. Mit der Richtlinie 77/788/EWG des Rates vom 19. 12. 1977 über die gegenseitige Amtshilfe zwischen den zuständigen Behörden der Mitgliedstaaten im Bereich der direkten Steuern[196] bestehe eine hinreichende Möglichkeit, die notwendigen Auskünfte zu erlangen.[197]

F. Unzulässige Wettbewerbsbeschränkungen, Art. 81, 82 EG

I. Zielsetzung der Regelungen

140 Während sich Art. 87 EG an den die Beihilfe gewährenden Staat richtet, wenden sich die Art. 81 und 82 EG **direkt** an die **Unternehmen.**[198] Nach Art. 81 EG sind alle Vereinbarungen zwischen Unternehmen, Beschlüsse von Unternehmensvereinigungen und aufeinander abgestimmte Verhaltensweisen mit dem Gemeinsamen Markt unvereinbar und verboten, wenn sie den Handel zwischen den Mitgliedstaaten zu beeinträchtigen geeignet sind und eine Verhinderung, Einschränkung oder Verfälschung des Wettbewerbs innerhalb des Gemeinsamen Marktes bezwecken oder bewirken. Nach Art. 82 EG ist die mißbräuchliche Ausnutzung einer beherrschenden Stellung auf dem Gemeinsamen Markt oder auf einem wesentlichen Teil desselben durch ein oder mehrere Unternehmen verboten, soweit dies dazu führen kann, den Handel zwischen den Mitgliedstaaten zu beeinträchtigen.

[194] EuGH (Fn. 181), 216 Rz. 21 ff.

[195] EuGH (Fn. 181), 216 Rz. 20.

[196] ABl. EG Nr. L 336, 27. 12. 1977, S. 15.

[197] EuGH 14. 2. 1995, Rs C-279/93 – Schumacker, NJW 1995, 1207, 1209 Rz. 43 ff.

[198] *Schröter* in Groeben/Thiesing/Ehlermann (Fn. 50), Vorbem. zu Art. 85–89 Rz. 1.

II. Kartellverbot, Art. 81 EG

1. Vereinbarungen zwischen gemeinnützigen Einrichtungen

141 Zwischen den verschiedenen gemeinnützigen Einrichtungen besteht eine Vielzahl von Kontakten und Vereinbarungen bis hin zu organisatorischen Zusammenschlüssen. So gehört die Mehrzahl der sozialen gemeinnützigen Einrichtungen zu einer der sechs Spitzenorganisationen der freien Wohlfahrtspflege.[199] Die Spitzenorganisationen ihrerseits sind in der Bundesarbeitsgemeinschaft der freien Wohlfahrtspflege e.V. zusammengeschlossen. Die einzelne soziale Einrichtung, z. B. das einzelne Altenheim, ist ein **Unternehmen** i. S. des Art. 81 EG. Wenn mehrere solcher Einrichtungen eine Vereinbarung treffen, kann es sich einmal um eine Vereinbarung zwischen Unternehmen handeln.[200] Möglich ist aber auch, daß die Spitzenorganisation gleichlautende Weisungen an die Mitgliedseinrichtungen ausgibt. Dabei kann es sich dann um Beschlüsse einer Unternehmensvereinigung[201] handeln. Werden unverbindliche Empfehlungen erteilt, die von den Mitgliedseinrichtungen befolgt werden, so kommt eine aufeinander abgestimmte Verhaltensweise in Betracht. Gegenstand solcher Vereinbarungen, Beschlüsse oder Empfehlungen kann beispielsweise die geographische Abgrenzung des Tätigkeitsbereichs sein. Ein anderes Beispiel sind die vom Bundesverband privater Alten- und Pflegeheime e.V. und der Arbeitsgemeinschaft der Spitzenverbände der freien Wohlfahrtspflege jeweils herausgegebenen Muster für allgemeine Geschäftsbedingungen für Heimverträge. In Betracht kommen aber auch Absprachen zwischen Einrichtungen aus verschiedenen Mitgliedstaaten über die Aufteilung der Märkte. Denkbar ist dies z. B. bei internationalen Krankentransporten oder Rettungsflügen. Die Anwendbarkeit von Art. 85 EGV auf derartige Maßnahmen ist auch nicht etwa deswegen ausgeschlossen, weil die Spitzenorganisationen in der Rechtsform eines Vereins organisiert sind.[202]

2. Rechtsfolgen

142 Nach Art. 81 Abs. 2 EG sind die gegen das Kartellverbot verstoßenden Vereinbarungen und Beschlüsse grundsätzlich **nichtig**. Nach Art. 81 Abs. 3 EG kann die Kommission aber **Ausnahmen** machen. Die an sich unter Art. 81 Abs. 1 EG fallende Kartellabsprache muß unter angemessener Beteiligung der Verbraucher an dem entstehenden Ge-

---

199 Arbeiterwohlfahrt, Diakonisches Werk der EKD, Deutscher Caritasverband, Deutscher Paritätischer Wohlfahrtsverband, Deutsches Rotes Kreuz, Zentralwohlfahrtsstelle der Juden in Deutschland; s. auch *Bundesarbeitsgemeinschaft der Freien Wohlfahrtspflege* (Hg.) Die Spitzenverbände der Freien Wohlfahrtspflege – Aufgaben und Finanzierung, 1985.

200 S. *Gleiss/Hirsch* (Fn. 49), Art. 85 Rz. 74 ff. zu den Begriffen Vereinbarung, Beschluß und abgestimmte Verhaltensweise.

201 S. dazu *Gleiss/Hirsch* (Fn. 49), Art. 85 Rz. 69: Die Unternehmensvereinigung braucht nicht selbst die Voraussetzungen des Unternehmensbegriffs zu erfüllen.

202 *Gleiss/Hirsch* (Fn. 49), Art. 85 Rz. 70.

winn zur Verbesserung der Warenerzeugung oder -verteilung oder zur Förderung des technischen oder wirtschaftlichen Fortschritts beitragen, ohne daß den beteiligten Unternehmen Beschränkungen auferlegt werden, die für die Verwirklichung dieser Ziele nicht unerläßlich sind, oder Möglichkeiten eröffnet werden, für einen wesentlichen Teil der betreffenden Waren den Wettbewerb auszuschalten. Zuständig ist allein die Kommission. In der Praxis besteht das Massenproblem der Freistellungsanträge. Eine große Bedeutung haben die Gruppenfreistellungsverordnungen, durch die bestimmte Gruppen von Vereinbarungen generell freigestellt werden. Ein anderes Mittel ist neben der formalen Freistellung nach Art. 85 Abs. 3 die Unbedenklichkeitsbescheinigung durch einfaches Verwaltungsschreiben, sog. **„comfort letter"**.[203]

143 Nach der auf der Grundlage von Art. 83 EG (Art. 87 EG-Vertrag) erlassenen Verordnung Nr. 17[204] hat die Kommission zur Durchsetzung des Kartellverbots unmittelbare eigene Verwaltungsbefugnisse und kann insbesondere nach Art. 15 VO Nr. 17 bei Verstößen **Geldbußen** verhängen.[205] Wenn die verbotene Schädigung der Wettbewerbsfreiheit unmittelbar gegen eine andere Person gerichtet ist, so kann diese zivilrechtlichen **Schadensersatz** etwa nach § 823 Abs. 2 BGB verlangen.[206]

III. Mißbrauch einer marktbeherrschenden Stellung, Art. 82 EG

144 Im Einzelfall ist es auch möglich, daß durch eine gemeinnützige Einrichtung der Tatbestand des Art. 82 EG, Ausnützung einer marktbeherrschenden Stellung, verwirklicht wird. Verschiedene gemeinnützige Einrichtungen verfügen über eine beherrschende Stellung in bestimmten Märkten. So beträgt der Marktanteil des ADAC bei Automobilclubs in Deutschland 86 %.[207]

---

[203] *Emmerich* in Dauses (Fn. 6), H.I Rz. 166 a; um dem Massenproblem zu entgehen, schlägt die Kommission vor, das Genehmigungs- und Anmeldesystem abzuschaffen und ein System der gesetzlichen Ausnahmen vom Kartellverbot einzuführen, was zu einer dezentralen Anwendung des europäischen Kartellrechts durch Behörden und Gerichte der Mitgliedstaaten führen würde, Weißbuch der Kommission über die Modernisierung der Vorschriften zur Anwendung der Art. 85 und 86 EGV, ABl. EG C 132, 12. 5. 1999, S. 1; kritisch dazu *Mestmäcker* EWS 1999, 523.

[204] Erste Durchführungsverordnung zu den Artikeln 85 und 86 des Vertrages v. 6. 2. 1962.

[205] Einzelheiten bei *de Bronett* in Groeben/Thiesing/Ehlermann (Fn. 50), Art. 87 – Zweiter Teil, Verordnung Nr. 17 Rz. 50 ff.

[206] EuGH 127/73 – SABAM I, Slg. 1974, 51/62; *Koch* in Grabitz/Hilf (Fn. 3), Art. 85 EWGV Rz. 149 ff.

[207] S. Süddeutsche Zeitung, 12. 10. 1994, S. 33: ADAC mit ungebrochenem Expansions-Tempo; Süddeutsche Zeitung, 14. 9. 1995, S. 23: SPD fährt ADAC an den Wagen.

G. Gemeinnützigkeitsrecht in anderen Mitgliedstaaten der EU

In allen Mitgliedstaaten werden bestimmten Einrichtungen, die einen dem Gemeinwohl dienenden Zweck verfolgen, Entlastungen bei der Besteuerung gewährt.[208] Es bestehen aber **zwei** grundsätzlich **verschiedene Ansätze**. In einigen Ländern ist Bestandteil der Definition von Vereinen und Stiftungen, daß sie einen dem Gemeinwohl dienenden Zweck verfolgen. In diesen Fällen ist die Steuerbegünstigung von Rechts wegen an die Rechtsform geknüpft. Die Rechtsform kann auch nur für die Verfolgung solcher Zwecke nutzbar gemacht werden. Die andere Konzeption unterwirft die Vereine im Prinzip der gleichen Besteuerung wie andere Organisationen. Die Steuerbefreiung wird unabhängig von der Rechtsform nur gewährt, weil und soweit bestimmte anerkannte Zwecke verfolgt werden. 150

Große Unterschiede bestehen hinsichtlich des Umfangs der Befreiungen von **direkten Steuern** und hinsichtlich der Tätigkeitsbereiche, die als dem Gemeinwohl zurechenbar und damit förderungswürdig anerkannt werden. Teilweise wird der Bereich des Gemeinwohls sehr allgemein und breit definiert, so daß alle Tätigkeiten von allgemeinem Nutzen oder Interesse erfaßt werden. Andere Mitgliedstaaten kennen restriktivere Regelungen. Die Steuerbefreiungen können alle Einkommensarten erfassen oder bestimmte, z. B. aus Grundbesitz, ausnehmen. 151

Eine Pflicht der Mitgliedstaaten „bestimmte dem Gemeinwohl dienende Tätigkeiten" von der **Mehrwertsteuer** zu befreien, folgt aus Art. 13 (A) (1) der Sechsten Mehrwertsteuerrichtlinie.[209] Nach Art. 13 (A) (2) könnten die Mitgliedstaaten für Einrichtungen, die keine Einrichtungen des öffentlichen Rechts sind, die Erfüllung einer Reihe von Bedingungen verlangen, damit sichergestellt wird, daß die befreiten Einrichtungen mit ihren Tätigkeiten die Wettbewerbsposition steuerpflichtiger Unternehmen nicht beeinträchtigen. In der Praxis haben fast alle Mitgliedstaaten die Befreiungen nach Art. 13 (A) (1) ohne wesentliche Einschränkungen umgesetzt. Verbreitet sind auch noch andere Tätigkeiten von der Mehrwertsteuer befreit oder unterliegen dem ermäßigten Steuersatz. 152

Alle Mitgliedstaaten kennen die Möglichkeit, daß **Spenden** an bestimmte Organisationen zu Steuerermäßigungen des Spenders führen. Zum Teil sind alle Einrichtungen, die ihrerseits steuerlich begünstigt 153

---

[208] S. dazu ausführlich Mitteilung der Kommission (Fn. 25), Anhang II, S. 32 ff.; dort auch Länderberichte in Form von Fragebögen; Länderberichte zum Vereinsrecht und die steuerliche Behandlung für Deutschland, Belgien, Spanien, Frankreich, Italien, Luxemburg, Portugal und Großbritannien enthält auch eine Publikation des *Comité européen des associations d'intérêt général/European Committee of general interest associations* (CEDAG) The Associations in Europe, 1991; zur Rechtslage in Frankreich *Häusler* ZögU 1993, 203; in Großbritannien *Pantenburg* ZögU 1993, 289.

[209] Richtlinie 77/388/EWG, 17. 5. 1977.

werden, auch zum Empfang von steuerlich begünstigten Spenden berechtigt. Zum Teil wird der Kreis der empfangsberechtigten Einrichtungen enger gezogen. Verbreitet ist die Höhe der steuerbegünstigten Spende pro Spender entweder durch einen Höchstbetrag oder einen gewissen Prozentsatz des Einkommens begrenzt.

Stichwortverzeichnis

Die fettgedruckten Zahlen bezeichnen die Kapitel, die mageren Zahlen beziehen sich auf die Randziffern.